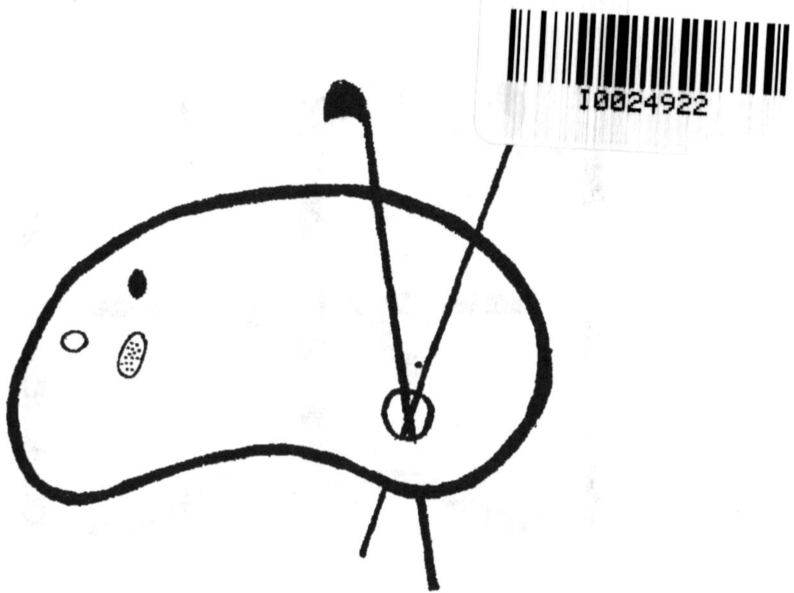

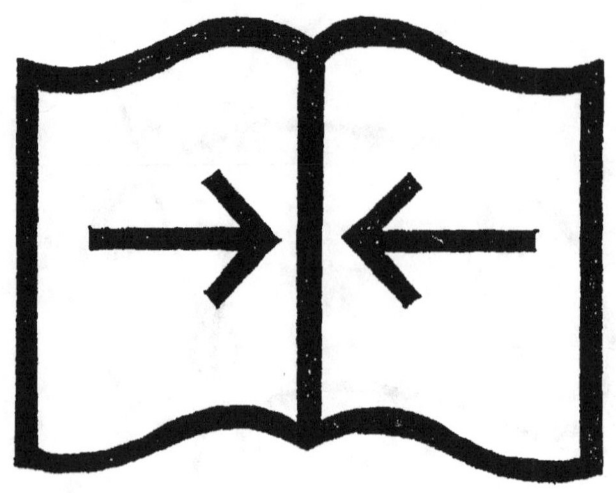

RELIURE SERRÉE
ABSENCE DE MARGES INTÉRIEURES

VALABLE POUR TOUT OU PARTIE DU DOCUMENT REPRODUIT

DICTIONNAIRE GÉNÉALOGIQUE

DES

FAMILLES CANADIENNES

DEPUIS LA FONDATION DE LA COLONIE JUSQU'A NOS JOURS

PAR

MGR CYPRIEN TANGUAY

Camérier Secret de Sa Sainteté.
Attaché du Bureau des Statistiques du Canada, Docteur-ès-Lettres de l'Université Laval,
membre de la Société Royale du Canada, membre des Sociétés historiques
de Montréal et du Missouri.

Monumentum exegi ære perennius.
HOR., LIV. III, Odes.

SEPTIÈME VOLUME

MONTRÉAL, (CANADA)

EUSÈBE SENÉCAL & FILS, IMPRIMEURS-ÉDITEURS

MDCCCLXXXX

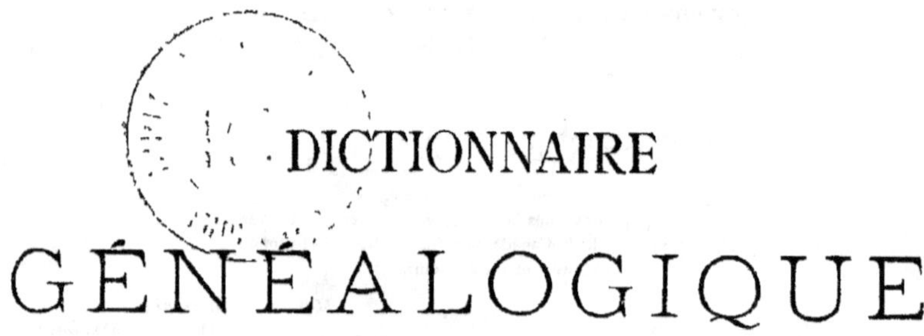

DICTIONNAIRE GÉNÉALOGIQUE

DES

FAMILLES CANADIENNES

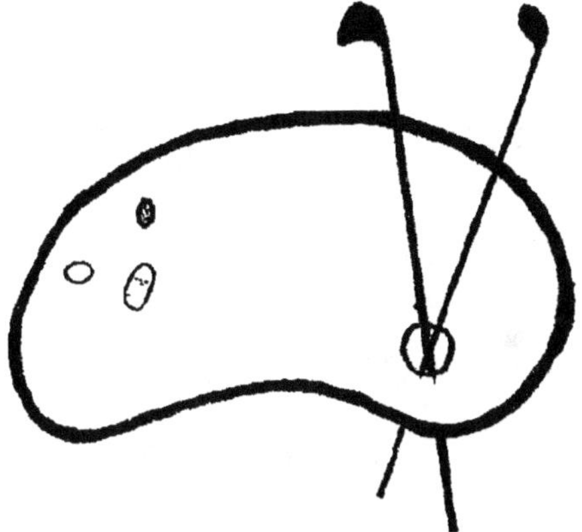

DICTIONNAIRE GÉNÉALOGIQUE

DES

FAMILLES CANADIENNES

DEPUIS LA FONDATION DE LA COLONIE
JUSQU'A NOS JOURS

PAR

MGR CYPRIEN TANGUAY

Camérier Secret de Sa Sainteté.
Attaché du Bureau des Statistiques du Canada, Docteur-ès-Lettres de l'Université Laval,
membre de la Société Royale du Canada, membre des Sociétés historiques
de Montréal et du Missouri.

Monumentum eregi ære perennius
Hor., Liv. III, Odes.

SEPTIÈME VOLUME

MONTRÉAL (CANADA)

EUSÈBE SENÉCAL & FILS, IMPRIMEURS-ÉDITEURS

MDCCCLXXX[illegible]

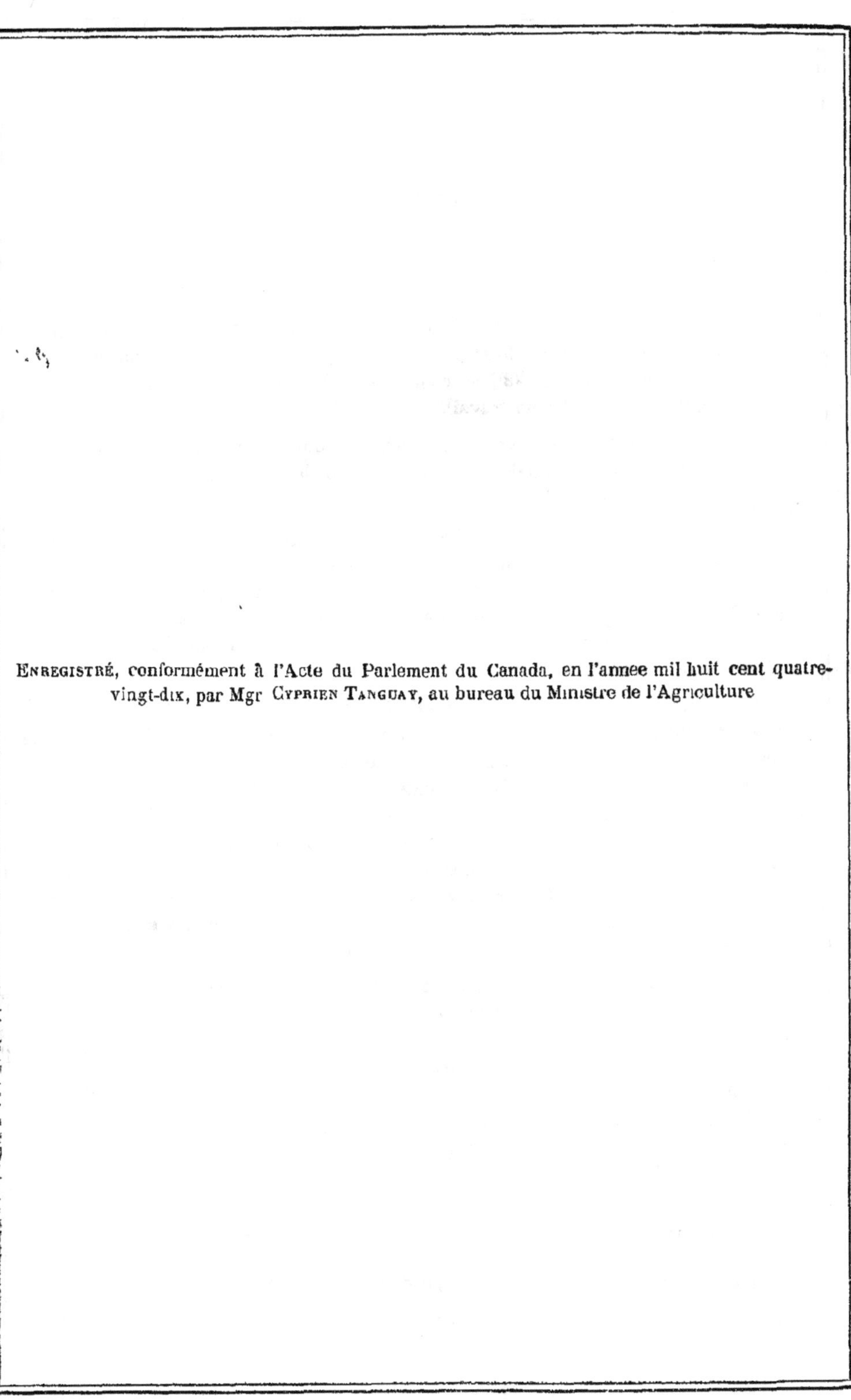

EPILOGUE.

Il y a maintenant un quart de siècle : sur la demande du gouvernement canadien (1), et avec l'approbation de Mgr Baillargeon, évêque de Tloa, administrateur de l'archidiocèse de Québec (2), je commençais le grand ouvrage qui a absorbé depuis lors, mon temps et mon travail.

En me dévouant à une œuvre si importante dont il n'y avait de modèle chez aucun peuple, je voulais contribuer, dans la mesure de mes aptitudes, à la gloire de mon pays et au service de la religion.

Ce genre de travail qui semble si aride à un très grand nombre de personnes, a toujours eu des charmes pour moi. Je trouvais une véritable jouissance à rechercher, à connaître ce qui pouvait me rappeler l'existence des premiers colons canadiens, les liens de parenté qui unissent les familles actuelles à leurs ancêtres ; j'aimais à me trouver en quelque sorte au milieu de ces pionniers de la civilisation française dans l'Amérique du Nord.

Sans craindre le reproche qu'adressait à Samuel l'ombre de Saul : " Pourquoi viens-tu troubler ici mon repos "—je me plaisais à interroger ces chers *morts*, afin de transmettre à leurs descendants les souvenirs de leur héroïsme et de leur foi. J'avais lu au livre du Deutéronome (32-7) un passage qui m'avait frappé : " Souviens-toi des anciens jours, pense à chacune des générations, interroge tes ancêtres." Ces paroles étaient depuis longtemps gravées dans ma mémoire, et c'est après y avoir bien pensé que je crus devoir commencer une œuvre regardée comme impossible par tant de personnes. " *La généalogie de toute une nation.*" Cette œuvre était heureusement possible pour le peuple canadien. J'en ai donné ailleurs la raison, tout en faisant connaître les nombreuses difficultés que j'ai rencontrées.

Désormais le peuple canadien pourra retracer son arbre généalogique dans ses multiples ramifications, depuis l'arrivée des premiers colons français jusqu'à nos jours. Mon travail assure à la plupart de nos familles la connaissance, trop longtemps ignorée, de leurs aïeux. Il assure de plus la conservation des documents qui les ont fait revivre et qui sont si souvent menacés de destruction par une foule d'accidents. Enfin, ce n'est pas un médiocre avantage que de dire qu'il affirme l'authenticité de notre race, et la pureté intègre de toute la filiation du peuple canadien depuis plus de deux siècles.

(1) Lettre Officielle du departement de l'Agriculture, voir page X.

(2) Lettres de l'abbé Tanguay et de l'evêque de Tloa, voir page X.

Pour recueillir les pièces nécessaires à l'exécution de cet ouvrage, il m'a fallu parcourir non seulement la province de Québec, mais encore tout le territoire, qui constituait la Nouvelle-France ; les provinces maritimes, du golfe Saint-Laurent aux rives du Mississipi, et du golfe du Mexique. Deux fois j'ai visité l'Europe pour compléter, par de nouveaux documents, ceux que déjà je possédais.

Cette longue tâche a peut-être eu son côté pénible et fatiguant ; mais je puis dire, avec un orgueil bien légitime, qu'aucun obstacle n'a ralenti mon courage. Il est vrai que j'ai été soutenu et encouragé par le concours bienveillant que j'ai trouvé partout dans le gouvernement, et chez les laïques, sans distinction de croyance religieuse que j'avais l'occasion de rencontrer ou qui m'écrivaient spontanément.

Le Saint Père a daigné bénir mes travaux en m'adressant des paroles pleines de bienveillance. Je n'apprendrai rien à personne en disant que j'ai reçu les plus grands encouragements de l'épiscopat canadien. Des évêques étrangers ont bien voulu me témoigner de la sympathie. Qu'il me soit permis de faire ici une mention spéciale : je n'oublierai jamais les appréciations pleines de justesse que m'adressait Son Eminence le cardinal Pie ; je n'oublierai jamais, non plus, les paroles flatteuses et l'hospitalité si cordiale de Mgr Thomas, archevêque de Rouen.

Non, je n'oublierai rien de tout cela, car il s'agissait de mon œuvre et non de ma personne.

Vingt-cinq ans de labeur terminés aujourd'hui ! Je crois devoir clore la deuxième série du *Dictionnaire Généalogique*, à la cession de la nouvelle France à l'Angleterre. Cette partie est évidemment la plus importante à tous les points de vue, surtout au point de vue statistique. Avec elle s'arrêtent les causes étrangères qui pouvaient augmenter ou diminuer l'expansion régulière du peuple canadien : l'immigration française, qui était bien faible vers le milieu du 18ème siècle, et nos guerres incessantes, où la victoire ne pouvait compenser les cruelles trouées faites dans chaque famille.

A partir de 1763, la paix, puis bientôt le commerce, les années prospères permettent à la population de suivre le cours de son développement naturel. On la voit doubler et quadrupler avec une rapidité incroyable.

La conquête est donc pour notre histoire généalogique plus qu'une date : c'est un évènement qui apporte une transformation complète dans notre existence. Il était rigoureusement exact d'y faire terminer la seconde série de mes recherches, et d'y faire commencer la troisième, qui sera continuée, s'il plait à Dieu, jusqu'à nos jours (1).

(1) Dans la crainte, cependant, de ne pouvoir pousser plus loin mon travail, j'ai fait entrer dans la seconde série un grand nombre des donnees genealogiques qui appartiendraient à la troisième, et qui s'etaient accumulees dans mes recherches.

On trouvera à la fin de ce septième volume une table des noms de famille, avec l'indication des modifications qu'ils ont subies et des nombreux surnoms qui sont venus s'y adjoindre.

J'ai de plus ajouté une table spéciale des noms de famille, pour les femmes qui ne sont connues que par leurs mariages. Ce sont celles qui n'ont pas de généalogie, soit parce que leurs parents sont demeurés à l'étranger, soit parce qu'ils sont restés complètement inconnus.

***

Le tableau qui se trouve à la page 687 fait connaître les mariages contractés pendant deux siècles entre les colons et les filles d'origine sauvage. Le nombre de ces mariages est bien moindre qu'on ne le croirait, et même les enfants nés de ces alliances étaient morts avant la fin du siècle dernier. Parfois des métis, nés dans l'ouest, de pères français-canadiens, sont venus s'établir dans notre pays, et y ont épousé des femmes de race purement européennes; mais je suis sûr qu'ils sont peu nombreux.

Voila une réfutation des étranges préjugés qui font croire, en certains pays, que la race franco-canadienne est d'origine métisse, sinon presque sauvage.

Les descendants de ces quelques familles, dans une nation de deux millions d'âmes, sont un élément à peu près imperceptible.

Parum pro nihilo reputatur.

***

Je ne ferai que rappeler ici les éclaircissements que j'ai donnés ailleurs (1) au sujet des noms de famille pour faire connaître les curieuses modifications et les changements complets qu'un grand nombre d'entre eux ont subis dans un espace de temps assez court. Par exemple, le surnom de Jolicœur a été donné à quarante-huit individus qui l'ont transmis à leurs familles respectives soit comme surnom, soit comme nom propre. Il y a là une complication qui déroute au premier abord, et qui a exigé des recherches spéciales, souvent très longues, parce que dans certaines familles on prenait tantôt le nom, tantôt le surnom, tandis que dans quelques autres on trouve deux branches distinctes dont l'une garde le nom patronymique et l'autre le surnom (2).

Qu'on juge, par le fait suivant, des difficultés que j'ai rencontrées plus d'une fois.

L'acte de baptême de Louis, né en 1739, le dit fils de Claude Jolicœur et de Marie-Anne Defond.

(1) Ier Vol. pp. XXIII-XXXII.

(2) Un nombre considerable de familles offre des exemples de ce dédoublement; ainsi: LeNoir—Rolland,—Robidas—LeManseau,—Dasilva—Le Portugais,—Guillet—Le Tourangeau.

Le surnom Jolicœur, comme je viens de le dire, appartient à quarante-huit familles différentes. Quelle est celle qui va reclamer l'enfant ?

Pour résoudre la difficulté, il faut parcourir les diverses familles surnommées Jolicœur, jusqu'à ce qu'on en trouve une, et ce sera peut-être la quarante-huitième, qui, à l'époque mentionnée dans l'acte du baptême, comptait parmi ses membres un Claude .... dit Jolicœur marié à une Marie-Anne DEFOND.

Mais il peut arriver que je ne rencontre dans aucune de ces familles l'époux en question, et c'est ce qui est arrivé en effet. Alors j'ai dû recourir à la famille DEFOND, pour chercher une Marie-Anne DEFOND, mariée à un certain Claude......... dit Jolicœur, avant 1739, et dont le nom, avec ou sans variations devra se trouver dans la liste des quarante-huit Jolicœur. Je rencontre bien un nommé Claude Georgeteau, marié en 1732 à Marie-Anne Defond ; mais avant de considérer ce nom comme primitif pour l'inscrire avec les quarante-sept autres qui ont reçu l'appellation de Jolicœur, il faut que je m'assure qu'il n'a pas lui-même subi de transformations. Après de nouvelles recherches, j'arrive à constater que Georgeteau n'est qu'un nom *fusionné*, si je puis m'exprimer ainsi, et dont les éléments sont George et Hosteau, nom et prénom du chef de la famille.

Ainsi l'enfant dont on cherche à identifier la famille n'est ni un Jolicœur, quoiqu'il ait été baptisé sous ce nom, ni un Georgeteau, quoique son père ait été connu avec ce surnom ; il appartient à la famille Hosteau.

Voilà pourquoi, dans mon dictionnaire sous le titre Jolicœur, j'ai inscrit Hosteau parmi les quarante-huit appellations qui diversifient le nom de Jolicœur, et réciproquement au nom Hosteau, on renvoie à Jolicœur.

Ces recherches qui semblent n'avoir d'autre utilité que de compléter la généalogie des familles, produiront dans bien des occasions, des résultats d'une grande importance.

Tantôt elles ont fait découvrir des empêchements de parenté ou d'affinité qui auraient invalidé des mariages, tantôt elles ont permis aux cours civiles d'assigner, promptement et sûrement, des successions à des parents qui n'auraient pu, sans mes données, établir leurs droits d'une manière certaine.

Pour résumer en un mot : " ce Dictionnaire est la *somme généalogique* de tous " les actes et registres, accumulés dans les archives des paroisses et des greffes du " pays, depuis son origine."

Je crois ne rien exagérer en parlant ainsi.

Pour composer le Dictionnaire j'ai inscrit chaque famille sur un bulletin séparé. Or, il n'a pas fallu moins de 122,623 bulletins pour réunir toutes les familles.

En moyenne chaque bulletin contient dix actes (1) ou dates, ce qui produit un chiffre total de 1,226,230 actes.

J'ajouterai un dernier détail que je destine aux amateurs de statistiques.

En rangeant les bulletins par ordre alphabétique, c'est-à-dire par la première lettre qui commence chaque nom de famille on trouve les nombres suivants :

	Bulletins.		Bulletins.		Bulletins.		Bulletins.
A........	3,413	H........	4,145	O........	680	V........	3,258
B........	15,094	I........	149	P........	9,706	W........	101
C........	11,289	J........	2,743	Q........	543	X........	5
D........	13,624	K........	70	R........	7,288	Y........	54
E........	496	L........	14,324	S........	4,248	Z........	24
F........	4,056	M........	9,793	T........	4,690		
G........	11,565	N........	1,249	U........	16	Total........	122,623

Soit 1,220,000 dates de baptêmes, mariages et sépultures.

***

Je ne puis clore cette seconde série du *Dictionnaire généalogique* sans rappeler qu'une grande partie du mérite de cet ouvrage revient à M. J. C. Taché, chevalier de la Légion d'Honneur, ancien député ministre de l'Agriculture et des statistiques.

L'autorité de sa position officielle, et ses conseils éclairés m'ont été d'un grand secours. Aussi j'avais cru ne pouvoir mieux lui témoigner ma reconnaissance qu'en lui dédiant mon premier volume. M. Taché, par des motifs d'une haute considération et d'une modestie que je devais respecter, refusa ce qu'il appelait un honneur, mais ce qui était une faveur pour moi (2). Je pus au moins placer son nom au frontispice de mon ouvrage, en donnant la généalogie de sa famille.

C'est ce même nom que je suis heureux de mentionner aujourd'hui. Avec les mêmes sentiments de reconnaissance, je l'inscris à la fin de ce *Dictionnaire*, comme un sceau qui en authentiquera les derniers feuillets.

En me séparant de MM. Senécal et Fils, je ne saurais oublier le concours intelligent qu'ils m'ont donné dans l'exécution matérielle de mon ouvrage. Leur bonne volonté, je pourrais dire leur dévouement, ne s'est pas démentie un instant depuis 1871, où le premier volume a été publié jusqu'à aujourd'hui que se termine l'impression du dernier.

Il n'est pas nécessaire d'être initié aux secrets et aux difficultés de l'imprimerie pour reconnaître que leur œuvre est un monument élevé à l'industrie nationale.

Montréal, 1er mai 1890.

C. TANGUAY, ptre.
C. S. de S. S.

(1) Cette moyenne d'après laquelle chaque famille est composée de quatre personnes, pèche par défaut plutôt que par excès.

(2) Voyez la lettre p. XI.

BUREAU DE L'AGRICULTURE, Québec, 13 mars 1865.

A M. l'abbé TANGUAY, curé de Ste-Hénédine,

Monsieur l'abbé,

Le ministre de l'Agriculture ayant été informé du fait que des études et des travaux entrepris par vous, depuis plusieurs années, vous ont acquis des connaissances toutes spéciales sur les statistiques des premiers temps de l'établissement du pays, et ayant l'intention de constituer la statistique canadienne à dater de cette époque, le ministre de l'Agriculture m'a chargé de vous demander l'assistance de vos aptitudes, de votre expérience et de votre travail dans l'exécution du projet que je viens de vous indiquer.

Si vous acceptiez la proposition que je suis chargé de vous faire en ce moment, vous occuperiez le poste d'*Attaché* de ce département, chargé du travail spécial dont j'ai indiqué plus haut la nature.

Je suis, monsieur, avec considération,

Votre obéissant serviteur,

J. C. TACHÉ, D. M. de l'Agriculture.

Québec, 22 mars 1865.

A Sa Grandeur Mgr de Tloa,
administrateur de l'Archidiocèse de Québec.

MONSEIGNEUR,

L'honorable ministre de l'Agriculture m'ayant proposé de constituer la statistique civile et religieuse à dater des premiers temps du pays, j'ai cru devoir accepter, avec l'agrement de Votre Grandeur, cette mission spéciale qui fera profiter mon pays de travaux entrepris par moi depuis longtemps, mais que je n'aurais jamais pu mener à bonne fin, avec mes seules ressources.

En conséquence, je remets à Votre Grandeur la paroisse de Ste-Hénédine qu'Elle m'avait confiée.

Je devrai me rendre à mon nouveau poste le 30 avril prochain.

Veuillez, Monseigneur, en bénissant les nouveaux travaux que j'entreprends pour l'honneur de la religion autant que pour celui de mon pays, benir aussi celui qui a l'honneur d'être,

Monseigneur,

Votre très respectueux serviteur,

CYPRIEN TANGUAY, ptre.

Archevêché de Québec, 23 mars 1865.

MON CHER CURÉ,

Par votre lettre, datée d'hier, vous m'informez que « vous avez cru devoir accepter, avec ma « permission, la commission de constituer la statistique religieuse du Canada, à vous offerte par « l'honorable ministre de l'Agriculture » et en conséquence vous me remettez la cure de Ste-Hénédine.

En reponse, je ne puis, tout en approuvant votre acceptation de cette honorable et importante commission, me dispenser de vous exprimer le regret que j'éprouve d'être privé de vos services dans le saint ministère.

J'accepte cependant votre démission de la paroisse de Ste-Hénédine que vous serez libre de laisser le 30 avril prochain.

Demeurant,

Votre dévoue serviteur,

† C.-F., évêque de Tloa.

M. C. Tanguay, ptre curé de Ste-Hénédine, comté Dorchester.

Ottawa, 24 avril 1871.

A M. l'abbé Tanguay, Québec,

Mon cher monsieur,

Vous me demandez, par votre dernière lettre, de vous permettre de me dédier votre grand ouvrage de généalogie canadienne : j'apprécie l'honneur qui serait fait à mon nom d'être inscrit, à ce titre, en tête d'un aussi beau travail, d'un édifice qui subsistera encore, alors que bien des choses de notre temps auront été oubliees ; j'apprécie également le motif qui vous a poussé à m'offrir cet honneur ; mais à cause de cela même, je me crois oblige de vous demander la permission de ne pas accepter votre offre, pour la raison que je vais vous donner, et que je vous prie de vouloir bien trouver bonne.

Le livre que vous allez publier est d'une importance trop grande, d'une portée trop vaste, il se lie d'ailleurs à des souvenirs et à des intérêts trop generaux pour pouvoir être convenablement dedié à un individu.

C'est l'histoire de chacune des familles, qui aujourd'hui constituent la population catholique française du pays, c'est le registre des générations, qui reposent dans le sein de notre terre canadienne, ou se meuvent à sa surface, que vous avez collationnés, arrangés et ordonnés, et c'est l'Eglise qui vous a fourni les sources où vous avez dû puiser vos renseignements ; j'ose donc vous suggerer la dedicace suivante pour le précieux monument que vous avez elevé :

A L'ÉGLISE ET A MON PAYS.

Agréez, mon cher M. Tanguay, l'expression de mon admiration pour vos travaux et de mon amitié pour vous.

J. C. Taché, D. M. de l'Agriculture.

EXPLICATION DE L'ECUSSON

QUI

ORNE LE FRONTISPICE.

—:o:—

L'Auteur, breton d'origine, a pris pour armes, un soleil levant, dans un ciel sans nuage; annonce d'un *temps gai*. Ses rayons, dorant le sommet des montagnes, découvrent à l'univers les beautés que la nuit lui cachait.

C'est l'emblême du livre révélateur qui doit apprendre aux familles canadiennes ce que la nuit du temps leur cachait sur leurs origines.

La devise : " NON UT VIDEAR " semble dire au peuple canadien : " SI JE ME LÈVE, C'EST POUR VOUS."

Deux griffons affrontés (1) emblêmes de la vieille Bretagne, supportent l'écu. Le cimier est un castor, emblême du Canada posé sur un tronc d'érable feuillé.

Ces armes se lisent :

" *D'azur, au soleil d'or levant, éclairant, en pointe, l'océan et la cime des montagnes, le tout au naturel.*"

Exergue : NON UT VIDEAR.

(1) Le griffon, moitié lion, moitié aigle, représente la force jointe à la vitesse. Il est classé parmi les animaux fantastiques et symboliques. On le trouve dans divers blasons, entre autres dans les armes de la Bretagne.

DICTIONNAIRE
GÉNÉALOGIQUE
DES
FAMILLES CANADIENNES

R

1678.

I.—ROBILLARD (1), Claude.

1° Binard, Marie.

Adrien, b 9 oct. 1679, à Champlain[5]; m à Domitilde Sacatchi8c8a; s 4 janvier 1721, à Kaskakia.

2° Grandin, Marie,
b 1651; veuve de Michel Morel; s 31 oct 1708, à Montreal.[6]

Nicolas, b[5] 2 août 1684, m 28 avril 1709, à Françoise Cecire, à Lachine[7]; s 11 août 1751, au Bout-de-l'Ile, M.—*Therese*, b[6] 5 sept. 1686; 1° m[6] 19 oct. 1701, à Jean Moisan; 2° m[6] 5 avril 1732, à Pierre Campeau, s[7] 11 nov. 1759.—*Joseph*, b[6] 13 avril 1689, m 20 avril 1711, à Marguerite Basinet, à la Pte-aux-Trembles, M.—*Pierre*, b[6] 28 sept. 1692; 1° m à Therèse Colin, 2° m à Catherine Cottu, s 31 janvier 1750, à Lavaltrie

1709, (27 janvier).[6]

3° Guillin, Françoise,
veuve d'Andre Trajot.

1701, (17 oct.) Lachine.[1]

II.—ROBILLARD (2), Claude, [Claude I.
b 1681.

Cecire, Angelique, [Claude I.
b 1684; s[1] 15 fevrier 1720

Angélique, b[1] 25 août et s[1] 8 nov. 1702.—*Angélique*, b[1] 2 sept. 1703, s 18 sept. 1729, à Montreal.[2]—*Françoise*, b[1] 27 fevrier 1705; m[1] 26 nov. 1725, à Jean-Baptiste Roy.—*Marie-Joseph*, b[1] 31 août 1706, m[1] 7 janvier 1726, à Honoré Dany; s[2] 27 fevrier 1750.—*Marguerite*, b[1] 14 oct. 1709; m[1] 20 fevrier 1730, à Alexandre Hunaut; s 9 mars 1748, à St-Vincent-de-Paul.—*Jean-Baptiste*, b[1] 3 fevrier 1711 1° m 10 juin 1734, à Marie-Anne Beauchamp, à St-François, I. J.; 2° m 8 mai 1747, à Angelique Touin, à Ste-Rose.—*Marie-Thérèse*, b[1] 11 et s[1] 13 fevrier 1720.

(1) Voy. vol. I, p. 523.

(2) Voyageur, 1726.

II.—ROBILLARD (1), Adrien, [Claude I.
b 1679 s 4 janvier 1721, à Kaskakia.

Sacatchi8c8a, Domitilde,
Illinoise

1709, (28 avril) Lachine.[3]

II.—ROBILLARD, Nicolas, [Claude I.
b 1684, s 11 août 1751, au Bout-de-l'Ile, M.[4]

Cecire, Françoise, [Claude I.
b 1692.

Nicolas, b[3] 13 août 1710; m[4] 5 mai 1732, à Anne Lalonde.—*Marie-Angélique*, b[3] 8 sept. 1711; m[4] 29 oct. 1738, à Paul Ranger.—*Claude*, b 1712; m 31 janvier 1735, à Marie-Isabelle Daoust, à la Pointe-Claire[5]—*Hubert*, b[5] 10 avril et s[5] 20 juin 1714.—*Joseph*, b[4] 7 août 1715.—*Lambert*, b[4] 17 juillet 1716, m[4] 5 février 1743, à Judith Merlot.—*Pierre-Antoine*, b[4] 25 oct. 1717; 1° m[4] 7 janvier 1740, à Marie-Catherine Léger; 2° m[4] 3 nov. 1745, à Madeleine Sauve.—*François*, b[5] 3 et s[5] 24 fevrier 1720—*Catherine*, b[4] 14 mars et s[4] 19 août 1721.—*Joseph*, b[4] 18 juin 1722, m[4] 25 janvier 1751, à Marie-Joseph Ranger.—*Michel*, b[4] 15 et s[4] 18 juillet 1723.—*Marie-Joseph*, b[4] 14 oct. 1724; m[4] 19 avril 1751, à Louis Sauvé.—*Marie-Anne*, b[4] 21 oct 1725; m[4] 30 oct. 1747, à Augustin Pilon.—*Marie-Véronique*, b[4] 31 mars 1727, m[4] 8 oct. 1759, à Joseph Tabeau.—*Charles-Marie*, b[4] 21 juillet 1728, m[4] 6 nov 1752, à Marie-Amable

(1) Il était, le 4 oct 1718, à Kaskakia.

Ranger.—*Louis-Amable*, b [4] 3 sept 1729; m [4] 7 juillet 1760, à Therèse Tadeau.—*Jacques-Philippe*, b [4] 8 et s [4] 30 janvier 1731.—*Marie-Joseph*, b [4] 17 février 1732.—*Marie-Elisabeth*, b [4] 3 nov. 1733; m [4] 10 avril 1752, à Hubert Ranger.—*François-Marie*, b [4] 5 et s [4] 7 mai 1736.—*Marie-Charlotte*, b... m [4] 3 mai 1756, à Pierre Poirier.

1711, (20 avril) Pte-aux-Trembles, M. [6]

II.—ROBILLARD (1), Joseph, [Claude I.
b 1689.

Basinet (2), Marguerite, [Antoine I.
b 1687; s 7 mars 1745, à Lavaltrie.[7]

Joseph, b [6] 27 juillet 1712; m 1737, à Marie-Louise Delpé.—*Claude*, b 14 février 1714, à Repentigny, m 1721, à Judith Delpé.—*Jean-Baptiste-Lambert*, b 1716, m 1743, à Marie-Antoinette Mazeau.—*Louis*, b 1717; 1° m 1747, à Madeleine Mousseaux-Desilets; 2° m 1756, à Madeleine Beignier.—*Marie-Marguerite*, b [6] 7 et s [6] 9 mars 1719.—*Marguerite*, b [6] 19 oct. 1720; m [7] 7 avril 1739, à Jean-Baptiste Delpèches.

1714.

II.—ROBILLARD, Pierre, [Claude I.
b 1692, s 31 janvier 1750, à Lavaltrie. [9]

1° Colin, Thérèse, [Mathurin I.
b 1692; veuve de Pierre César.

Pierre, b 1716; m 1749, à Marie-Amable Beignier.

2° Cottu, Catherine, [François I.
b 1694.

Marie-Joseph, b... m [9] 25 février 1743, à Louis Beauchamp.—*Marie-Anne*, b... m [9] 30 oct. 1747, à Louis Colin.—*Catherine*, b... m [9] 17 nov. 1749, à Jean-Baptiste Hétu.—*Marie-Madeleine*, b... m [9] 21 juin 1751, à Jean-Baptiste Perrault.—*Claude*, b 1730; m 31 janvier 1752, à Anne Rondeau, à Lanoraie.—*Joseph*, b 1732; m [9] 5 fevrier 1759, à Madeleine Brault.—*Jean-Baptiste*, b [9] 20 sept 1738.

1732, (5 mai) Bout-de-l'Ile, M [6]

III.—ROBILLARD, Nicolas, [Nicolas II.
b 1710.

Lalonde, Anne, [Jean-Bte II.
b 1715; s [6] 28 juillet 1754.

Jean-Baptiste, b 1733; m [6] 14 fevrier 1757, à Marie-Anne Sauvé.—*Nicolas*, b [6] 7 fevrier 1735.—*Paul-Gabriel*, b [6] 1er juillet 1737; m [6] 11 janvier 1762, à Marie-Madeline Magdeleine.—*Joseph-Marie*, b [6] 3 mai 1739; s [6] 13 juin 1757.—*Marie-Joseph*, b [6] 15 mai 1741. *Marie-Rose*, b 1742; m [6] 24 nov. 1760, à Pierre Sauvé; s [6] 19 mars 1765.—*Marie-Anne*, b 1744; m [6] 26 janvier 1761, à Antoine Sauvé.—*Marie-Félicité*, b... m [6] 13 février 1764, à Jacques Sagolas.

1734, (10 juin) St-François, I. J.[1]

III.—ROBILLARD, Jean-Bte, [Claude II.
b 1711.

1° Beauchamp, Marie-Anne, [Jacques II.
b 1712.

Jean-Baptiste, b [1] 17 mai 1735; m 28 mai 1760, à Marie-Joseph Blondin, à Terrebonne.[2]—*Marie-Joseph*, b [1] 25 janvier 1737; 1° m à Joseph Olivier; 2° m [2] 7 mai 1759, à Louis Hubou.—*Marie-Louise*, b 25 août 1738, à Lachenaye[3], m [2] 30 mars 1761, à Claude Ethier.—*Marie-Geneviève*, b [3] 16 juin 1741.—*Claude*, b [3] 12 juillet 1744.

1747, (8 mai) Ste-Rose.

2° Touin, Angelique. [Roch II.

Etienne, b [2] 3 fevrier 1748; s [2] 23 mars 1749.—*Louis*, b [2] 3 avril et s [2] 30 juin 1749.—*Marie-Félicité*, b [2] 21 mars 1750; m [2] 5 juillet 1773, à Jean-Baptiste Valiquet.—*Marie-Françoise*, b [2] 21 mars 1750, s [2] 21 oct. 1751.—*Augustin*, b [2] 28 août 1751.—*Frédéric*, b [2] 6 fevrier et s [2] 1er mars 1753.—*Joseph*, b [2] 6 fevrier 1755.—*Marie-Agathe*, b [2] 6 février 1755; s [2] 10 janvier 1756.—*Pierre*, b [2] 17 sept. et s [2] 11 dec. 1757.—*Pierre*, b [2] 30 août et s [2] 6 sept. 1758.—*Amant*, b [2] 30 août et s [2] 6 sept. 1758.

1735, (31 janvier) Pointe-Claire.

III.—ROBILLARD, Claude, [Nicolas II.
b 1712.

Daoust, Marie-Isabelle, [Guillaume II.
b 1717.

Marie-Elisabeth, b 23 mai 1736, au Bout-de-l'Ile, M [5], m [5] 23 nov. 1756, à Jacques Vinet.—*Marie-Joseph*, b [5] 9 juin 1738; m [5] 24 janvier 1757, à Louis St. Denis.—*Joseph-Marie*, b [5] 12 juin 1740, m [5] 19 avril 1762, à Marie-Reine Ranger.—*Raphael*, b [5] 16 dec. 1742.—*Adrien* et *Marie-Anne*, b [5] 10 août 1743.—*Marie-Agathe*, b [5] 30 août 1744; m [5] 19 avril 1762, à Louis-Amable Ranger.—*Marie-Félicité*, b [5] 20 sept. 1745.—*Claude-Amable*, b [5] 28 juin 1746; s [5] 11 août 1760.—*Elisabeth*, b [5] 28 et s [5] 30 nov. 1747.—*Augustin*, b [5] 9 et s [5] 21 février 1748.—*Pierre*, b [5] 18 nov. 1748.—*Marie-Françoise*, b [5] 5 dec 1750; s [5] 15 juillet 1751.—*Marie-Agathe*, b [5] 24 mai 1752.—*Marie-Amable*, b [5] 9 juillet 1754; s [5] 26 janvier 1755.

1737.

III.—ROBILLARD (1), Joseph, [Joseph II.
b 1712.

Delpé (2), Marie-Louise, [Pierre II.
b 1720.

Marie-Madeleine, b 30 déc. 1738, à Lavaltrie[1], m [1] 30 janvier 1758, à Joseph Casseneuve.—*Antoine-Joseph*, b [1] 4 juillet 1739; m 26 août 1793, à Marie Charon, à St-Cuthbert.—*Marie-Joseph*, b [1] 30 dec. 1741; m [1] 27 oct. 1760, à Michel Frapier.—*Marie-Anne*, b [1] 9 février 1744; s [1] 7 nov. 1745.—*Louis-Claude*, b [1] 23 fevrier 1746.—*Michel*, b [1] 17 mars et s [1] 6 sept. 1750.—*Antoine*, b [1] 17 mars 1750; s [1] 9 fevrier 1751.—*Marie-Thérèse*, b [1] 6 avril 1752.—*Maurice*, b [1] 22 août 1754.

(1) Capitaine de milice.
(2) Tourblanche.

(1) Capitaine de milice.
(2) Dalpecque, 1760.

1740.

III.—ROBILLARD, Claude, [Joseph II.
b 1714.
Dalpé, Judith, [Pierre II.
b 1721.
Louise, b 18 sept. 1740, à Lavaltrie — *Joseph*, b 1741 ; m 16 juin 1760, à Marie-Charlotte Cauchon, à Lanoraie.

1740, (7 janvier) Bout-de-l'Ile, M [4]
III.—ROBILLARD, Pierre-Ant., [Nicolas II.
b 1717.
1° Léger, Marie-Catherine, [Pierre I.
b 1720.
1745, (3 nov.) [4]
2° Sauvé, Madeleine. [Pierre I.
Pierre, b [4] 30 sept. 1748 ; s [4] 9 nov. 1767. — *Marie-Charlotte*, b [4] 10 mars 1751 ; s [4] 13 sept. 1762. — *Marie-Anastasie*, b [4] 27 janvier et s [4] 22 mai 1753.

ROBILLARD, Pierre.
Marette, Angélique.
Marie-Angélique, b 1743 ; s 6 janvier 1757, à Lanoraie.

1743, (5 février) Bout-de-l'Ile, M. [8]
III.—ROBILLARD, Lambert, [Nicolas II.
b 1716.
Merlot, Judith, [Joachim II.
b 1718.
Marie-Joseph, b [8] 19 dec. 1743 ; m [8] 13 oct. 1760, à Ambroise Pilon. — *Françoise-Amable*, b [8] 7 nov. 1745. — *Marie-Rose*, b [3] 30 nov. 1747, m [8] 24 nov. 1766, à Augustin-François Ranger.— *Marie-Archange*, b [8] 9 sept. 1749, m [8] 27 janvier 1766, à Louis Charlebois.—*Lambert-Amable*, b [8] 30 mars 1751. — *Marie-Anne*, b [8] 7 oct. 1752.— *Marie-Charlotte*, b [8] 18 sept. 1754. — *Marie*, b [8] 1er fevrier 1756 ; s [8] 16 juillet 1759. — *Marie-Renée*, b [8] 21 mai 1759. — *Marie-Rosalie*, b [8] 12 dec. 1760.

1743.

III.—ROBILLARD, J.-Bte-Lambert, [Jos. II.
b 1716
Mazeau (1), Marie-Antoinette, [Jean I.
b 1717.
Pierre-Sulpice, b 5 avril 1744, à Lavaltrie. [5]— *Louis*, b [5] 30 avril 1745, m 1770, à Marie-Agathe Chaussé. — *Jean-Baptiste*, b 1746 ; m 1769 à Agathe Coussy. — *Marie-Joseph*, b [5] 17 fevrier 1747 ; s [5] 11 avril 1748. — *Marie-Amable*, b... s [5] 23 mars 1748.—*Antoine-Jean-Baptiste*, b [5] 8 mars 1750.—*Joseph*, b [5] 8 avril 1751.— *Marie-Thérèse*, b [5] 12 sept. 1752. — *Marie-Madeleine*, b [5] 16 juin 1754 ; s [5] 11 août 1756. — *Pierre-Michel*, b [5] 6 janvier 1756. — *Nicolas*, b [5] 16 mai 1757 ; s [5] 5 avril 1758.—*Michel*, b [5] 5 mai 1759.

(1) Et Mageau.

1747.

III.—ROBILLARD, Louis, [Joseph II.
b 1717.
1° Mousseaux (1), Marie-Madeleine, [Jos. III.
b 1731.
Louis, b 3 sept. 1748, à Lavaltrie [1]—*Joseph*, b 1750 ; m 11 janvier 1771, à Marie-Louise Barbot, à St-Cuthbert.—*Marie-Amable*, b [1] 11 janvier 1751 ; s [1] 23 août 1756.—*Marie-Madeleine*, b [1] 31 juillet 1751.—*Marie-Amable*, b [1] 10 mars 1754 ; s [1] 22 janvier 1755.—*Marie-Amable*, b [1] 27 sept. et s [1] 10 nov. 1755.—*Marie-Archange*, b [1] 27 sept. et s [1] 16 déc. 1755.
1756.
2° Beignier, Madeleine, [Etienne III.
b 1737.
Jean-Baptiste, b [1] 3 et s [1] 27 juin 1757.—*Jean-Baptiste*, b [1] 25 août 1758, s [1] 6 juin 1759.

1749.

ROBILLARD, Pierre.
Provost, Marie-Jeanne.
Marie-Jeanne, b 18 mars 1750, à Lavaltrie.— *Marie-Barbe*, b 23 avril 1751, à Lanoraie. [8] — *Louis*, b [8] 15 et s [8] 17 juillet 1752.—*Marie-Madeleine*, b [8] 15 juillet 1753.—*Michel*, b [8] 29 sept. 1754.—*Louis* et *Jean-Baptiste*, b [8] et s [8] 2 juillet 1757.—*Marguerite*, b [8] 2 juillet et s [8] 23 sept. 1758.

1749.

III.—ROBILLARD, Pierre, [Pierre II.
b 1716.
Beignier, Marie-Amable. [Etienne III.
Marie-Amable, b 28 février 1750, à Lavaltrie. [5] —*Pierre*, b [5] 18 dec. 1751.—*Michel*, b [5] 13 sept. 1753.—*Louis-Maurice*, b [5] 18 sept. 1754 ; m 12 oct. 1778, à Marie-Thérèse Bérard, à St-Cuthbert. —*Marie-Françoise*, b [5] 18 nov. 1756.—*Laurent-Sulpice*, b [5] 30 sept. 1758.

1751, (25 janvier) Bout-de-l'Ile, M [7]
III.—ROBILLARD, Joseph, [Nicolas II.
b 1722.
Ranger, Marie-Joseph, [Joseph II.
b 1730.
Joseph, b [7] 26 oct 1751.—*Nicolas*, b [7] 5 août 1753.—*Paul*, b [7] 24 août 1755.—*Luc*, b [7] 19 mai et s [7] 3 août 1757.—*Anne*, b [7] 30 juillet 1758.— *Geneviève*, b [7] 11 sept. 1761.—*Simon*, b [7] 12 juillet 1763 ; s [7] 14 juillet 1764.—*Hubert*, b [7] 2 et s [7] 19 sept. 1766.—*Paschal*, b [7] 4 et s [7] 14 avril 1768.

1752, (31 janvier) Lanoraie. [8]
III—ROBILLARD, Claude, [Pierre II.
b 1730.
Rondeau, Marie-Anne, [Jean II.
b 1729.
Jean-Baptiste, b [8] 4 mars 1753.—*Marie-Anne*, b 20 fevrier 1755, à Lavaltrie. [9]— *Louis*, b [9] 3 et s [9] 20 fevrier 1758. — *Jean-Louis*, b [9] 21 août 1759.

(1) Desilets.

1752, (6 nov.) Bout-de-l'Ile, M. [3]
III.—ROBILLARD, Chs-Marie, [Nicolas II.
b 1728.
Ranger, Marguerite-Amable, [Pierre II.
b 1736; s [3] 14 février 1766.
Marie-Louise, b [3] 26 sept. et s [3] 8 nov. 1753.—*Charles-Amable*, b [3] 26 sept. 1753, s [3] 21 nov. 1755.—*Joseph-Laurent*, b [3] 10 août 1755.—*Anne-Amable*, b [3] 12 fevrier 1759.—*Charles-Elie*, b [3] 5 fevrier 1761.—*François*, b [3] 20 nov. 1762.—*Marie-Louise*, b [3] 29 nov. 1764; s [3] 10 mai 1765.—*Anonyme*, b [3] et s [3] 14 fevrier 1766.

1757, (14 fevrier) Bout-de-l'Ile, M. [9]
IV.—ROBILLARD, Jean-Bte, [Nicolas III.
b 1733.
Sauvé-Laplante, Marie-Anne, [Pierre II.
b 1737.
Jean-Baptiste, b 20 nov. 1758, au Lac-des-Deux-Montagnes [8], s [9] 20 avril 1764. — *Marie-Geneviève*, b [9] 29 oct. 1760. — *Marie-Joseph*, b [8] 28 août 1762. — *Marie-Rose*, b [8] 22 fevrier 1764 — *Marie-Charlotte*, b [8] 15 mars 1765. — *Marie-Louise*, b [8] 7 avril 1766. — *Joseph*, b [8] 13 février 1768.

1759, (5 fevrier) Lavaltrie [6]
III.—ROBILLARD, Joseph, [Pierre II
b 1732.
Brault, Madeleine, [Antoine II
b 1738.
Joseph, b [6] 1er mars 1760.

1760, (28 mai) Terrebonne.
IV.—ROBILLARD, Jean-Bte, [Jean-Bte III.
b 1735.
Blondin, Marie-Joseph, [Pierre II.
b 1736.

1760, (16 juin) Lanoraie.
IV.—ROBILLARD, Joseph, [Claude III.
b 1741.
Cauchon, Marie-Charlotte, [Jacques V.
b 1739.

1760, (7 juillet) Bout-de-l'Ile, M. [8]
III.—ROBILLARD, Ls-Amable, [Nicolas II.
b 1729
Tabaut, Marie-Therèse, [Pierre-Joseph III.
b 1737.
Louis-Amable, b [8] 24 mai et s [8] 15 juillet 1761. —*Louis-Elie*, b [8] 13 août 1762, s [8] 6 mai 1765.—*Luc-Amable*, b [8] 18 fevrier 1764 —*Jean-Gualbert*, b [8] 12 juillet 1766. — *Marie-Françoise*, b [8] 8 juin 1768.

1762, (11 janvier) Bout-de-l'Ile, M [7]
IV.—ROBILLARD, Paul-Gabriel, [Nicolas III.
b 1737.
Magdeleine, Marie-Madeleine, [Jean-Bte III
b 1743.
Paul, b [7] 12 et s [7] 15 oct. 1762. — *Paul*, b [7] 10 et s [7] 15 août 1763. — *Joseph-Marie*, b [7] 14 sept 1764. — *Marie-Madeleine*, b [7] 1er juin 1766. — *Anonyme*, b [7] et s [7] 27 août 1767

1762, (19 avril) Bout-de-l'Ile, M. [1]
IV.—ROBILLARD, Jos.-Marie, [Claude III.
b 1740.
Ranger, Marie-Reine, [Joseph II.
b 1742.
Anonyme, b [1] et s [1] 23 mai 1763. — *Joseph-Marie*, b [1] 6 août 1764; s [1] 29 mars 1765.—*Athanase*, b [1] 9 mai 1765. — *Marie-Reine*, b [1] 31 janvier 1766.—*Claude*, b [1] 31 janvier et s [1] 22 juillet 1767.—*Marie-Geneviève*, b [1] 5 fevrier 1768.

1769.
IV.—ROBILLARD (1), J.-Bte, [J.-B.-Lamb. III.
b 1746.
Coussy (2), Marie-Agathe, [Jean-Bte II.
b 1749.
Marguerite, b 1770; m 15 fevrier 1790, à Noel Gélinas, à St-Cuthbert. [9]— *Louis-Cuthbert*, b [9] 5 juillet 1775. — *Maurice*, b [9] 22 juillet 1777. — *François*, b [9] 1er avril 1779. — *Ursule*, b [9] 30 juillet 1781.—*Joseph*, b [9] 7 fevrier 1785 —*Pierre*, b [9] 21 nov. 1786. — *Anonyme*, b [9] et s [9] 19 avril 1789.

1769.
ROBILLARD, Jean-Bte.
Forcier, Marie-Louise
Jean-Baptiste, b... s 20 nov. 1770, à St-Cuthbert. [1]— *Marie-Apolline*, b [1] 21 sept. 1771.

1770.
IV.—ROBILLARD (3), Ls, [J.-Bte-Lambert III.
b 1745
Chaussé (4), Marie-Agathe.
Louis, b 1771; s 1er mai 1777, à St-Cuthbert. [2] —*Marguerite*, b 1772, s [2] 20 avril 1774.—*Maurice*, b [2] 12 fevrier 1774, s [2] 3 mai 1777 —*Marie-Genevieve*, b [2] 10 sept 1775 —*Charles*, b [2] 8 juillet 1779 —*François*, b [2] 21 avril 1782.—*Marie-Felicite*, b [2] 1er avril 1784 —*Louis*, b [2] 6 oct 1785; s [2] 19 avril 1790.—*Marie-Joseph*, b [2] 19 mars 1787. —*Marie-Archange*, b [2] 21 sept 1788 —*Marie-Judith*, b [2] 15 mai 1790; s [2] 11 avril 1791 —*Anonyme*, b [2] et s [2] 13 janvier 1792.—*Marie-Sophie*, b [2] 31 oct. et s [2] 5 nov. 1792

1771, (11 janvier) St-Cuthbert [9]
IV.—ROBILLARD, Joseph, [Louis III.
b 1750.
Barbeau, Marie-Louise, [François III
b 1751.
Joseph, b [9] 22 mai 1774 —*Marie-Charlotte*, b [9] 1er sept. 1776.—*Pierre*, b [9] 23 et s [9] 29 sept. 1778 —*Marie-Madeleine*, b [9] 21 août 1779 —*François-Martin*, b [9] 12 nov. 1781.—*Marie*, b... s [9] 16 mars 1785.—*Jean-Louis*, b [9] 20 fevrier 1785 — *Marie-Louise*, b [9] 14 mars 1786.—*François*, b [9] 25 avril 1788 —*Louis*, b [9] 9 août 1790

---

(1) Dit Lambert.
(2) Lafleur, 1777.
(3) Dit Lambert.
(4) Provost, 1784.

1773.

ROBILLARD, François.
Bourdon, Marguerite.
Marguerite, b 16 avril 1774, à St-Cuthbert.[1] — *Anonyme*, b[1] et s[1] 2 août 1775. — *Marie-Madeleine*, b[1] 30 août et s[1] 24 sept. 1777.

1776.

ROBILLARD, Joseph.
Laporte, Marie-Elisabeth.
Joseph, b 3 avril 1777, à St-Cuthbert.

1778, (12 oct.) St-Cuthbert.[3]

IV.—ROBILLARD (1), Ls-Maurice, [Pierre III.
b 1754.
Berard, Marie-Thérèse, [Pierre III
b 1758.
Pierre-Maurice, b[3] 18 déc. 1779. — *Marie-Madeleine*, b[3] 26 oct. 1782.—*Marie-Geneviève*, b[3] 31 oct. 1786.—*Marie-Suzanne*, b[3] 24 mars 1788. —*Joseph-Maurice*, b[3] 21 oct. 1790, s[3] 4 février 1792.—*Marie-Françoise*, b[3] 25 janvier 1793.

1778.

ROBILLARD, Pierre.
Gautier, Marguerite.
Pierre, b... s 11 déc. 1779, à Repentigny.[9] — *Elisabeth*, b... s[9] 7 oct. 1780.—*Marguerite*, b.. s[9] 7 juin 1784.—*Felicité*, b[9] 20 juin 1790.—*Marie-Louise*, b[9] 4 oct. 1792.

1782.

ROBILLARD, Laurent.
Laporte, Marie-Joseph.
Marie-Louise, b 13 mars 1783, à St-Cuthbert.

1782.

ROBILLARD (1), Joseph.
Souet, Marie-Joseph.
Marie-Joseph, b 3 mai 1783, à St-Cuthbert.

1782.

ROBILLARD, André.
........., Judith.
Joseph-Salomon, b 12 déc. 1783, à St-Cuthbert.

1783.

ROBILLARD, Lambert-Antoine.
Valin (2), Françoise.
Jean-Baptiste, b 25 janvier 1784, à St-Cuthbert.[6] — *Marie-Thérèse*, b[6] 26 mars 1786. — *Pierre*, b[6] 16 avril 1788. — *Antoine*, b[6] 17 mai 1790.—*Geneviève*, b[6] 6 janvier 1793. — *Maurice*, b[6] 30 avril 1795.

1788.

ROBILLARD, Louis.
Henaut, Marie-Joseph.
Marie-Joseph, b 4 avril 1789, à Repentigny.[9]— *Marie-Charlotte*, b[9] 11 janvier 1791.

(1) Dit Lambert.
(2) Bonin, 1788.

1791.

ROBILLARD, Laurent.
Hénaut, Therèse.
Marie-Angélique, b 30 août 1792, à Repentigny.

1793, (26 août) St-Cuthbert.[9]

IV.—ROBILLARD, Joseph, [Joseph III.
b 1739.
Charon (1), Marie, [Joseph III.
b 1749, veuve de Louis Ouetté.
Marguerite, b[9] 10 et s[9] 15 février 1794.— *André*, b[9] 5 et s[9] 15 juin 1795.

ROBIN.—*Variation et surnoms :* Badin-Lacroix —Desforges—Lapointe—Latouche.

1667, (10 oct.) Quebec.

I—ROBIN (2), Jean.
Charton-Chartran, Jeanne,
b 1643, s 6 juin 1703, à Longueuil.[1]
Michel, b 15 déc. 1681, à Boucherville[2]; m[2] 4 janvier 1711, à Angelique Dupré. — *Marie-Joseph*, b[2] 30 juin 1684, m[1] 3 sept. 1702, à Etienne Charles-Lajeunesse; s 18 avril 1729, à Montreal.—*Catherine*, b 1685, m[1] 12 février 1714, à Thomas Radune, s[1] 12 mars 1726.

1697.

I.—ROBIN, Pierre,
b 1658, s 3 sept. 1698, à Quebec.[3]
Guilbout, Geneviève, [Charles I.
b 1651; veuve de Sebastien Gingras, s 21 janvier 1709, à Ste-Foye.[4]
Gertrude, b 1697; 1° m[4] 20 janvier 1721, à Pierre Chatel; 2° m[3] 14 nov. 1734, à Nicolas Bergeron.

1699, (7 juillet) Boucherville.

II.—ROBIN (2), Jean, [Jean I.
b 1678.
Sergent, Marie-Claude,
b 1674
Jean-Baptiste, b 26 avril 1702, à Longueuil[5]; s 30 juillet 1731, à Terrebonne.[6] — *Pierre*, b 29 sept. 1704, à St-François, I. J[7]; 1° m 23 oct. 1730, à Therèse Marié, à Lachenaye, 2° m[6] 26 février 1759, à Marie-Therèse Bonhomme; s[6] 20 déc. 1760.—*Catherine*, b[7] 25 déc. 1708, m[6] 25 février 1732, à François-Denis Véronneau, s[6] 22 déc. 1751.—*Joseph*, b 1710; m[6] 24 nov. 1733, à Louise Bouchard, s[6] 13 sept. 1768.—*Etienne*, b[7] 7 mai 1713, m[6] 3 nov. 1734, à Marie Charles.— *Marie-Anne*, b[7] 14 avril 1715; m[6] 18 février 1737, à Ambroise Paris; s[6] 5 mai 1760.

1699.

II.—ROBIN (3), François, [François I.
b 1671, s 24 mars 1731, à St-Thomas.[7]
Migneron, Françoise, [Laurent I.
b 1677, s[7] 8 juin 1760.

(1) Ducharme.
(2) Dit Lapointe ; voy. vol. I, p. 523.
(3) Voy. vol. I, p. 523.

François, b 20 janvier 1701, au Cap-St-Ignace; m [7] 9 février 1728, à Marie COURTEAU; s [7] 28 avril 1757.— *Charles*, b [7] 18 août 1703; s [7] 16 août 1720. — *Marie-Félicité*, b [7] 27 mars 1705; 1° m [7] 20 nov. 1725, à Joseph COURTEAU, 2° m [7] 24 nov. 1732, à Amant GAUMONT; s [7] 13 août 1733.— *Ursule*, b [7] 28 février 1707; m [7] 27 nov. 1730, à Jean-Baptiste DECHOISY; s [7] 3 mars 1745. —*Françoise*, b [7] et s [7] 23 oct. 1710. — *Augustin*, b [7] 1er janvier 1712; s [7] 22 sept. 1733.— *Alexis*, b [7] 15 nov. 1713; s [7] 23 sept. 1715.—*Marie*, b 1717; s 17 février 1739, à Levis.

1711, (4 janvier) Boucherville. [7]

II.—ROBIN (1), MICHEL, [JEAN I.
b 1681.
DUPRÉ-ROCHEFORT, Angélique, [ANTOINE I.
b 1689.

Marie, b 1711; m 5 fevrier 1731, à Michel VIAU, à Longueuil. [8] — *Marie-Charlotte*, b 1713, m [8] 11 mai 1739, à François ROBERT. — *Marie-Elisabeth*, b 1716; m [8] 10 oct. 1740, à François QUINTAL.—*Anonyme*, b [8] et s [8] 20 janvier 1718. — *Marie-Rose*, b [8] 6 mars 1719; s [8] 10 juin 1726.— *Jean-Baptiste*, b [8] 18 fevrier 1721; m [7] 23 juillet 1742, à Marie-Joseph PAYET —*Joseph*, b [8] 21 janvier 1723. — *Michel*, b [7] 28 juin 1725. — *Marie-Joseph*, b [7] 28 juin et s [8] 11 juillet 1725.—*Marie-Pélagie*, b [8] 10 dec. 1727; m [7] 23 nov. 1744, à Charles RACICOT. — *Michel-Amable*, b [8] 12 mars et s [8] 14 mai 1730.— *Louis*, b [8] 7 juin 1731; s [8] 14 avril 1733.

1719, (6 nov) Boucherville [1]

II.—ROBIN (2), LOUIS, [PIERRE I.
b 1694.
1° CHICOT, Marie, [JEAN II.
b 1698.
1743, (22 avril) [1]
2° GAREAUT, Geneviève, [JEAN I.
b 1698; veuve de Nicolas Labossière.

1724, (30 janvier) Quebec. [1]

I.—ROBIN, PIERRE, fils de Pierre et de Judith Mosé, de St-Jean, ville de LaRochelle, Aunis.
GUILLOT, Anne-Madeleine, [JEAN I.
b 1699; s [1] 27 juin 1758.

Jeanne, b 1724; s [1] 11 oct. 1729.

1724, (15 juillet) Pte-aux-Trembles, M.

I.—ROBIN, JACQUES, b 1684, meunier; fils de Louis et de Marie Bastien, de Vanier, diocèse de Poitiers, Poitou.
1° TÊTU-FLAMAND, Marie, [JACQUES I.
b 1698, veuve de René Lonquetin; s 25 fevrier 1728, à Lachenaye. [2]

Jacques, b 1725; m 9 sept. 1748, à Marie-Louise DUFAUT, à la Pte-du-Lac.—*Anonyme*, b [2] et s [2] 20 fevrier 1728.

1729, (20 avril). [2]
2° BEAUCHAMP, Marie-Françoise, [JEAN I.
b 1670, veuve de Louis Truchon; s 28 mai 1752, à St-Henri-de-Mascouche.

(1) Dit Lapointe.

(2) Pour Babin dit Lacroix, voy. vol. II, p. 92.

1728, (9 février) St-Thomas. [9]

III.—ROBIN, FRANÇOIS, [FRANÇOIS II.
b 1701; s [9] 28 avril 1757.
COURTEAU, Marie, [PIERRE I.
b 1706; s [9] 19 mai 1773.

François, b [9] 9 mai 1728; 1° m [9] 28 janvier 1754, à Geneviève-Régis BOULET; 2° m [9] 24 janvier 1757, à Angelique BOULET.—*Marie-Françoise*, b [9] 12 mars 1730, s [9] 19 nov. 1746.—*Louise*, b [9] 8 janvier 1733; m [9] 28 janvier 1754, à Joseph FOURNIER; s [9] 14 fevrier 1758.—*Marie-Françoise*, b [9] 28 oct 1734; m [9] 7 janvier 1754, à Pierre-Basile FOURNIER.—*Augustin*, b [9] 7 janvier 1737; m [9] 27 nov. 1758, à Marie GAUMONT.—*Charles*, b [9] 5 déc. 1738; m à Marie-Anne ROY; s 8 juin 1779, à Kaskakia.—*Alexis*, b [9] 12 et s [9] 15 dec. 1740.—*Marie-Madeleine*, b [9] 5 juin 1743; s [9] 9 fevrier 1745.—*Alexis*, b [9] 4 mai 1745; m [9] 8 avril 1766, à Geneviève HOROSTEILLE.—*Marie-Brigitte*, b [9] 12 mai 1748; m [9] 7 janvier 1771, à Jean-Baptiste DESTROISMAISONS-PICARD.

1730, (23 oct.) Lachenaye.

III.—ROBIN (1), PIERRE, [JEAN II.
b 1704, s 20 dec. 1760, à Terrebonne. [8]
1° MARIE, Therèse, [THOMAS II.
b 1713; s [8] 30 oct. 1755.

Pierre, b [8] 25 nov. 1731; m [8] 14 janvier 1760, à Marie-Charlotte MAISONNEUVE. — *Pierre-Antoine*, b [8] 16 juin 1733. — *Jean-Baptiste*, b [8] 27 fevrier 1735; m [8] 12 oct. 1761, à Marie-Joseph HYVON. —*Thomas-Amable*, b [8] 24 mars 1737; m [8] 26 janvier 1761, à Marie-Angelique FILION. — *Marie-Joseph*, b [8] 2 mars 1739; m [8] 8 janvier 1759, à Jacques MAURICE.—*Marie-Charlotte*, b [8] 26 sept 1740; m [8] 2 février 1761, à Adrien CUSSON.—*Marie-Thérèse*, b [8] 18 mars 1742; s [8] 4 janvier 1750.—*Etienne*, b [8] 29 fevrier 1744.—*Anonyme*, b [8] et s [8] 10 mars 1745.—*Françoise*, b 12 mars 1746, à Ste-Rose; 1° m [8] 9 fevrier 1767, à Jean-Baptiste CLÉMENT; 2° m [8] 5 fevrier 1770, à Joseph FILION.—*Marie-Elisabeth*, b [8] 17 juillet 1748; s [8] 1er avril 1749.—*Marie-Elisabeth*, b [8] 24 mai 1750. —*Marie-Catherine*, b [8] 27 avril et s [8] 5 mai 1752. —*Marie-Marguerite*, b [8] 27 avril et s [8] 13 mai 1752.—*Louis*, b [8] 29 mars 1754; s [8] 9 janvier 1755.—*Toussaint*, b [8] 23 oct. et s [8] 3 nov. 1755.

1759, (26 février). [8]
2° BONHOMME, Marie-Therèse, [CHS-IGNACE III.
b 1708, veuve de Jean-Baptiste Delage.

1733, (24 nov.) Terrebonne. [6]

III.—ROBIN (1), JOSEPH, [JEAN II.
b 1710, s [6] 13 sept. 1768.
BOUCHARD (2), Louise, [RENÉ I.
b 1710, s [6] 11 avril 1774.

Joseph, b [6] 26 déc. 1734.—*Marie-Louise*, b [6] 16 mars 1736; m 26 février 1759, à François LAPIERRE, à Ste-Rose. [7] — *Pierre*, b [6] 12 et s [6] 18 avril 1737.—*Marie-Amable*, b [6] 8 août 1738; s [6] 4 dec. 1739 —*Etienne*, b [6] 21 avril 1740; m [6] 29 sept. 1766, à Marie-Angelique LAPOINTE.—*Apolline*, b [6] 9 et s [6] 23 fevrier 1742.—*Jean*, b [6] 6 août

(1) Dit Lapointe.

(2) Lavallee.

1743; s [6] 7 avril 1744.—*Antoine*, b [6] 23 fevrier et s [6] 12 sept. 1745.—*Marie-Anne*, b [7] 22 sept. 1746. —*Marguerite*, b [7] 22 janvier et s [7] 13 août 1750.

1734, (3 nov.) Terrebonne [5]

III.—ROBIN, Etienne, [Jean II.
b 1713.
Charles, Marie, [Clément II
b 1715.

Etienne, b 20 sept. 1735, à Lachenaye; s [5] (noyé) 6 juillet 1737.—*Jean-Baptiste*, b [5] 30 dec. 1736; s [5] 8 janvier 1739.—*Anonyme*, b [5] et s [5] 27 juillet 1738.—*Marie-Françoise*, b [5] 27 juillet et s [5] 9 août 1738. — *Etienne*, b [5] 8 août 1739.—*Marie-Reine*, b [5] 20 fevrier 1741 : m [5] 6 nov. 1758, à Louis Brière.—*Joseph*, b [5] 20 juillet et s [5] 4 août 1742. — *Jean-Baptiste*, b [5] 27 oct. 1743 ; m [5] 22 nov. 1773, à Marie-Joseph Guyon ; s [5] 15 janvier 1781. — *Michel*, b [5] 23 sept. 1745 : m [5] 25 nov. 1771, à Rosalie Guyon. — *François*, b [5] 22 nov. 1746; s [5] 2 août 1747 — *Marie-Joseph*, b [5] 20 juillet 1747. — *Marie-Joseph*, b [5] 10 juin et s [5] 14 juillet 1748. — *Joseph*, b [5] 25 juillet et s [5] 9 août 1749.— *Marie-Catherine*, b [5] 8 et s [5] 22 nov. 1751. —*Louis*, b [5] 27 août et s [5] 6 sept. 1753.—*Pierre*, b [5] 27 août et s [5] 12 sept. 1753. — *Marie-Angélique*, b [5] 8 dec. 1754.— *Pierre*, b [5] 13 sept. 1756 —*François*, b 6 oct. 1758, à Ste-Rose; m [6] 14 oct. 1782, à Marie-Louise Chabot.

1735, (11 août) Quebec. [1]

I.—ROBIN, Louis, b 1710, ecrivain et notaire-royal; fils de Louis et de Marie Boullard, de St-Vincent, diocèse du Mans, Maine; s [1] 19 mai 1782.
Métivier, Geneviève, [Jean III
b 1709 , s [1] 20 fevrier 1747.

Louise-Angélique, b [1] 13 août 1735 , s [1] 15 août 1777.—*Antoine-Bonaventure*, b [1] 23 janvier 1737 —*Louis-François*, b [1] 7 août 1739 ; s [1] 20 avril 1761.—*Charlotte*, b [1] 8 avril 1741. — *Louise-Geneviève*, b [1] 18 sept. 1743 ; s [1] 22 sept. 1744 — *Jean-Jacques*, b [1] 29 nov. 1745 —*Marie-Françoise*, b [1] 16 fevrier 1747; m [1] 9 oct. 1781, à Alexis Mongeon ; s [1] 9 avril 1832.

ROBIN (1), Louis,
marchand.

1738, (9 juin) Montréal [4]

I.—ROBIN, Jean, b 1708; fils d Etienne et de Marie Bonnat, de Chateau-Maillant, diocèse de Bourges, en Berry.
Brouillet, Marie-Françoise, [Jean II
b 1708.

Marie-Joseph, b [4] 15 août 1738; m [4] 30 août 1762, à François Blanchard.— *Marie-Elisabeth*, b [4] 8 oct. 1740; s [4] 15 août 1741. — *Marie-Elisabeth*, b [4] 22 avril 1742 ; m [4] 10 nov. 1760, à Pierre-Joseph Dumilon.— *Jean-Baptiste*, b [4] 21 août 1746 , s [4] 2 oct. 1749.

(1) Il etait, le 15 janvier 1762, à Lorette

1739, (27 avril) Québec. [2]

I —ROBIN (1), Jean, fils de Jean et de Jeanne Gadolet, de Chanier, diocèse de Xaintes, Saintonge.
Roy, Marguerite, [Pierre I.
b 1704 ; s [2] 21 avril 1755.

Jean-Marie, b [2] 6 sept. 1739. — *Pierre*, b [2] 14 août 1741. — *Marguerite*, b [2] 22 nov. 1744 ; s [2] 2 fevrier 1747.

1739, (14 sept.) Québec. [2]

I —ROBIN, Jean, fils de Joseph et d'Edme Danot, de Notre-Dame-de-Femur, diocèse d'Autun, Bourgogne.
Ferré, Charlotte, [Thomas I.
b 1724.

Marie-Charlotte, b [2] 10 août 1740.

1740, (8 fevrier) Montréal.

I.—ROBIN, Hubert, b 1718, soldat; fils de Philippe et de Marie Roy, de St-Gervais, Paris.
Roy, Catherine, [Pierre II.
veuve de Laurent Desnoyers.

1742, (23 juillet) Boucherville. [4]

III.—ROBIN, Jean-Bte, [Michel II.
b 1721.
Payet (2), Marie-Joseph, [Nicolas II.
b 1726.

Jerôme (3), b 1740; m [4] 16 janvier 1769, à Marie-Joseph Denoyon.

1747, (19 juin) Québec. [9]

I.—ROBIN, Pierre, b 1709, soldat; fils de François et de Marguerite Champoux, de St-Pardou-de-Mailh, diocèse de Sarlac, Guienne; s [9] 16 juin 1789.
Bedard, Marie-Jeanne-Elisabeth, [Jacques III.
b 1708 , s [9] 12 janvier 1782.

1748, (9 sept.) Pte-du-Lac. [1]

II.—ROBIN, Jacques, [Jacques I.
b 1725.
Dufaut (4), Marie-Louise, [Frs-Léonard I.
b 1732.

Joseph, b [1] 31 oct. et s [1] 21 nov. 1751 —*Jacques*, b [1] 10 et s [1] 13 janvier 1752—*Marie-Joseph*, b [1] 26 février 1753; 1° m 16 oct. 1769, à Hubert Lorrain, à la Longue-Pointe [2]; 2° m [2] 2 fevrier 1778, à Andre Paschal , s [2] 15 mars 1783.

1754, (28 janvier) St-Thomas. [3]

IV —ROBIN, François, [François III.
b 1728.
1° Boulet, Geneviève-Regis, [François III.
b 1732 , s [3] 25 mars 1756.

François-Régis, b [3] 11 nov. 1754. — *Joseph-Marie*, b [3] 27 fevrier 1756.

1757, (24 janvier). [3]

2° Boulet, Angelique. [Jacques III.

(1) Dit Latouche.
(2) Et Paillet.
(3) Fils adopté.
(4) Lamarche.

Alexis, b [3] 6 nov. 1757 ; m 13 janvier 1789, à Marie-Thérèse Coté, à l'Ile-Verte.—*Marie-Angélique*, b [3] 28 nov. et s [3] 2 déc. 1758.—*Augustin*, b [3] 27 et s [3] 28 juin 1760.

1758, (27 nov.) St-Thomas. [4]

IV.—ROBIN, Augustin, [François III.
b 1737.
Gaumont, Marie, [Amand III.
b 1736.
Augustin, b [4] 14 oct 1759 ; s [4] 10 fevrier 1760.
—*Marie-Geneviève*, b [4] 9 dec. 1760.

1760, (14 janvier) Terrebonne. [5]

IV.—ROBIN (1), Pierre, [Pierre III.
b 1731.
Maisonneuve, Marie-Charlotte, [Prisque II.
b 1740 ; s [5] 7 sept. 1778.

1761, (26 janvier) Terrebonne.

IV.—ROBIN (1), Thomas-Amable, [Pierre III.
b 1737.
Filion, Marie-Angélique, [Joseph III.
b 1739.

1761, (12 oct.) Terrebonne. [6]

IV.—ROBIN (1), Jean-Bte, [Pierre III.
b 1735.
Hivon, Marie-Joseph. [Joseph
Marie-Rose, b... m [6] 4 février 1782, à Benjamin Touin.—*Jean-Baptiste*, b 31 août 1769, à Lachenaye.

1766, (8 avril) St-Thomas.

IV.—ROBIN, Alexis, [François III.
b 1745.
Horosteille, Geneviève, [Mathieu I.
b 1750.

1766, (29 sept.) Terrebonne.

IV.—ROBIN, Etienne, [Joseph III.
b 1740.
Lapointe, Marie-Angelique. [Louis.

1769, (16 janvier) Boucherville.

IV.—ROBIN (2), Jérome, [Jean-Bte III
b 1740.
Denoyon, Marie-Joseph, [François III.
b 1741.

1771, (25 nov.) Terrebonne.

IV.—ROBIN (1), Michel, [Etienne III.
b 1745.
Guyon, Rosalie, [François-Louis IV.
b 1747.

1773, (22 nov.) Terrebonne. [7]

IV.—ROBIN (1), Jean-Bte, [Etienne III.
b 1743 ; s [7] 15 janvier 1781.
Guyon-Desprès, Marie-Jos., [Frs-Louis IV.
b 1749.

(1) Dit Lapointe.

(2) Dit Lapointe, fils adopté

1777.

IV.—ROBIN (1), Charles, [François III.
b 1738 ; s 8 juin 1779, à Kaskakia. [8]
Roy, Marie-Anne.
Charles, b 1778 ; s [8] 5 janvier 1779.

1782, (14 oct.) Terrebonne.

IV.—ROBIN (2), François, [Etienne III.
b 1758.
Chabot, Marie-Louise, [Nicolas-Amant I.
b 1761.

1788, (4 fevrier) St-Cuthbert. [9]

I.—ROBIN, Louis, fils de Jacques et de Marie Menante, de Poitiers, Poitou.
Généreux, Catherine,
veuve de Pierre Paradis.
Louis, b [9] 6 oct. 1790.

1789, (13 janvier) Ile-Verte.

V.—ROBIN, Alexis, [François IV.
b 1757.
Cote, Marie-Therèse. [Joseph V.

ROBINAU.—Voy. Robineau.

ROBINAUT.—Voy. Robineau.

ROBINEAU.—*Variations et surnoms* : Lobineau —Robinau — Robinaut — Robinot — DeBécancour — DeNeuvillet — DePortneuf — DesIsles et DesIslets—DeMoulin, Desmoulins et Dumoulin—DeVillebon—Rabi.

1652, (21 oct.) (3).

I.—ROBINEAU (4), René,
b 1629 ; s 12 dec. 1699, à Québec. [2]
LeNeuf, Marie-Anne, [Jacques I.
s [2] 5 dec. 1702.
Pierre, b 1654 ; m à Marie-Charlotte LeGardeur ; s 14 juin 1729, à Becancour.— *René*, b [2] 3 sept 1659, m 26 juillet 1706, à Marguerite-Philippe Daneaux, à Montreal [3], s [3] 5 oct. 1726.— *Louise-Catherine*, b [2] 25 sept. 1677 ; m à François Desjordy.

II.—ROBINEAU (5), Pierre, [René I.
b 1654 ; s 14 juin 1729, à Bécancour. [4]
LeGardeur, Marie-Charlotte, [Chs-Pierre III.
b 1667 ; s [4] 2 dec. 1736.

II.—ROBINEAU (6), Joseph, [René I.
b 1655.

(1) Tué par les sauvages, à la pointe de la rivière des Kaskakias. Son corps a été inhumé dans une île du Mississipi.

(2) Dit Lapointe.

(3) Date du contrat de mariage.

(4) Voy. vol. I, p 523.

(5) Baron de Becancour et seigneur de Portneuf, Grand-Voyer (24 mai 1689) Edits, t. III, p 91.

(6) Sieur de Villebon ; il etait, en 1684, a Repentigny.

II.—ROBINEAU (1), JACQUES, [RENÉ I.
s 26 mars 1715, à Quebec.

....

Marie-Anne (2), b 1687; m 1708, à Charles LEGARDEUR DE CROIZILLE: s 13 déc. 1760, aux Trois-Rivières.—*Marguerite-Renée* (2), b...

II.—ROBINEAU (3), MICHEL, [RENÉ I.
b 1674.

II.—ROBINEAU (4), DANIEL, [RENÉ I.
b 1673.

....

Etienne, b...

1706, (26 juillet) Montreal. [7]

II.—ROBINEAU (5), RENÉ, [RENÉ I.
b 1659; s [7] 5 oct. 1726.
DANEAUX (6), Margte-Philippe, [NICOLAS I.
b 1688, s [7] 3 fevrier 1772.

Philippe-René (7), b [7] 13 août 1707; ordonne 21 oct. 1731, s 26 août 1759, à Ste-Anne.—*Pierre*, b [7] 19 août 1708, m [7] 22 avril 1748, à Marie-Louise DANDONNEAU.—*Louise-Catherine*, b [7] 4 dec. 1709.—*Louis-Nicolas*, b [7] 23 dec. 1710.—*Marguerite*, b [7] 16 fevrier 1712; sœur Ste Helène, Cong. Notre-Dame; s 1er mai 1740, à Quebec.—*Marie-Catherine*, b [7] 5 fevrier 1714.—*Pierre-Jacques*, b [7] 18 mars 1716.—*Thérèse*, b [7] 10 oct. et s 5 dec. 1717, a Lachine.—*Marguerite*, b [7] 18 dec. 1718.—*Louise-Ignace*, b [7] 8 août 1720.—*Louis*, b [7] 4 sept. 1721; s [7] 15 sept. 1722.—*Louise*, b [7] 13 février 1723; s [7] 9 janvier 1729.—*Etienne*, b 30 nov. 1725, à Chambly.

1710, (25 fevrier) Montreal [4]

I.—ROBINEAU (8), MICHEL, b 1683; fils de Simon et d'Anne Larché, de St-Roch-de Paris; s [4] 28 oct 1738.
1° BARON, Marie-Louise, [LÉGER I.
b 1685.

Marie-Louise, b [4] 10 août 1711.—*Anne*, b [4] 29 avril et s [4] 26 mai 1714.—*Louis-Joseph*, b [4] 28 avril 1716; 1° m 1736, à Marie MOREAU; 2° m à Marie DESROSIERS.—*Ignace*, b [4] 6 juin 1718.—*Marie-Joseph*, b 4 mars 1721, à St-Laurent, M. [5]: m [4] 6 nov. 1747, a Toussaint GROU.—*Pierre*, b 1727; m [4] 14 fevrier 1747, à Marie-Amable MOREAU.

1732, (15 sept.) [5]

2° MARANDA, Marie-Louise,
veuve de Victor Couvret.

Louis-Joseph, b 1733, s [4] 16 juin 1734.—*Pierre*, b [4] 10 sept. 1738.

---

(1) Seigneur de Portneuf.

(2) Les deux seules héritieres de leur père (1723). Edits, t. III, p. 203.

(3) De Bécancour; sieur Desisles, officier, 1699, à Repentigny.

(4) Sieur de Neuvillet; il était, en 1690, à la Pte-aux-Trembles, Q.

(5) DePortneuf, Baron de Becancour, capitaine commandant le fort Chambly en 1725.

(6) DeMuy.

(7) Voy. Portneuf, vol VI, p. 418.

(8) Et Labineau—Desmoulins, soldat de Manteth.

1733, (27 janvier) L'Ange-Gardien.

I.—ROBINEAU, FRANÇOIS,
journalier.
HUOT, Marie-Anne. [RENÉ II.
b 1705: s 20 fevrier 1758, à Québec. [2]

Marie-Louise, b... m [2] 8 fevrier 1751, à François-Gabriel FERRIÈRE.—*Marie-Anne*, b 6 mars 1735, à St-Augustin [3]; s [3] 13 mai 1737.—*Jean-François*, b [3] 2 mai et s [3] 15 août 1736.—*Marie-Françoise*, b [3] 21 juin 1737.—*Anonyme*, b [3] et s [3] 9 oct. 1738.—*Marie-Anne-Amable*, b [3] 20 janvier 1740.—*Angélique*, b [3] 4 août 1741.—*Jean-François*, b [3] 30 sept. 1743; s [2] 31 mai 1744.—*Louis-Joseph*, b [2] 16 nov. 1746; m 22 février 1773, à Marie-Anne VÉSINA, à Sorel.—*François-Amable*, b [2] 16 nov. 1746; s [2] 27 fevrier 1747.

II.—ROBINEAU (1), IGNACE, [MICHEL I.
b 1718.

1736.

II.—ROBINEAU (1), LOUIS-JOSEPH, [MICHEL I.
b 1716.
1° MOREAU, Marie.

Joseph, b 1737; m 24 avril 1758, à Marie BEAUNE, à Ste-Geneviève, M.—*Pierre*, b 1743; s 18 janvier 1749, au Sault-au-Récollet.

2° DESNOSIERS, Marie.

Marguerite, b nov. et s 4 déc. 1750, à Montreal.

1747, (14 fevrier) Montréal. [4]

II.—ROBINEAU (1), PIERRE, [MICHEL I.
b 1727.
MOREAU, Marie-Amable, [FRANÇOIS-URBAIN II.
b 1730.

Marie-Francoise-Amable, b [4] 22 février 1748; m [4] 26 nov. 1764, à Jean-Baptiste SERAT.

1748, (22 avril) Montréal. [5]

III.—ROBINEAU (2), PIERRE, [RENÉ II.
b 1708.
DANDONNEAU, Marie-Louise, [LOUIS-ADRIEN III.
b 1723.

Pierre-Michel, b [5] 28 juin 1749.

1748.

ROBINEAU, PIERRE.
MOREL-MADOR, Marie-Louise. [FRANÇOIS II.

Marie-Louise, b 18 oct. 1749, à Montréal.

1757, (31 oct.) Châteauguay.

I.—ROBINEAU, JACQUES, fils de Joseph et de Marie Choulame, de Suède.
GENDRON, Françoise. [JEAN-FRANÇOIS III.

1758, (24 avril) Ste-Geneviève, M. [6]

III.—ROBINEAU (1), JOS., [LOUIS-JOSEPH II.
b 1737.
BEAUNE, Marie, [FRANÇOIS III.
b 1738.

Joseph-Amable, b [6] 17 janvier 1759.

---

(1) Dit Desmoulins

(2) Sieur de Portneuf—Becancour; officier.

III.—ROBINEAU (1), Etienne. [Daniel II.

1760, (7 janvier) Montréal.

I.—ROBINEAU, Pierre, b 1736; fils de Pierre et de Jeanne Desacors, de St-Sulpice, Paris.
Aubry (2), Françoise, [François I.
b 1736.
Charles-François, b 1763; s 5 juillet 1764, à Québec.

1773, (22 fevrier) Sorel.

II.—ROBINEAU, Louis-Joseph, [François I.
b 1746.
Vesina, Marie-Anne, [François IV.
b 1749.

ROBINOT.—Voy. Robineau.

I.—ROBINSON, Jean.
Glacé, Elisabeth.
Marguerite, b... m 19 janvier 1796, à Charles Manning, à Québec.

I.—ROBINSON, Jean.
Soucy, Marguerite.
Marie-Mectilde, b 2 nov. 1786, à Rimouski.

I.—ROBINSON (3), Jean-Bte.
Guedon, Marie-Anne,
b 1773; s 2 juillet 1797, à Quebec.

1670, (27 nov.) Quebec. [1]

I.—ROBITAILLE (4), Jean,
s [1] 23 mars 1715.
Buletez, Marguerite,
s [1] 26 juin 1732.

1675, (5 mai) (5).

I.—ROBITAILLE (6), Pierre,
b 1655; s 8 mai 1715, à Lorette. [2]
Maufait, Marie, [Pierre I.
b 1660; s [2] 21 sept. 1730.
André, b [2] 17 juillet 1678; 1° m [2] 19 janvier 1706, à Marguerite Hamel; 2° m 11 août 1713, à Françoise-Catherine Chevalier, à Ste-Foye [8]; s [2] 16 janvier 1736.—*Jean,* b 1687; m [2] 26 janvier 1717, à Marguerite Meunier; s [2] 24 nov. 1749.—*Marie-Agnès,* b 1689; m [2] 4 nov. 1715, à Eustache Liénard; s [2] 28 dec. 1759.—*Joseph,* b [2] 27 oct. 1693; m [2] 21 janvier 1722, à Catherine Drolet; s [2] 3 mars 1756.—*Romain,* b [2] 26 juillet 1696, m [3] 10 oct. 1723, à Marie-Françoise Lemarié; s [2] 3 déc. 1749.

---

(1) Chevalier de Portneuf, sieur de Neuvillet, lieutenant des troupes; il était, le 13 oct. 1759, au Detroit.

(2) Voy. Laviolette, 1736.

(3) Soldat du 24e régiment.

(4) Voy. vol. I, pp. 523-524.

(5) Date du contrat de mariage.

(6) Frere du précédent; voy. vol I, p. 524.

1693, (15 oct.) Montreal. [5]

I.—ROBITAILLE (1), Philippe,
b 1663; s [5] 5 oct. 1740.
Warren, Madeleine, [Jacques I.
b 1661; veuve de Richard Theys; s [5] 27 oct. 1750.
Philippe, b [5] 5 février 1695; s [5] 18 dec. 1720.—*Marguerite,* b [5] 2 avril 1703; m [5] 13 avril 1722, à Jean-Bte Biron.

1705, (26 oct.) Pte-aux-Trembles, Q. [7]

II.—ROBITAILLE, Charles-François, [Jean I.
b 1681; maître-taillandier; s [7] 11 mars 1727.
Delisle, Marie-Louise, [Louis I.
b 1684.
Marie-Charlotte, b [7] 10 sept. 1706.—*Charles-François,* b [7] 27 oct. 1708; m [7] 22 fevrier 1751, à Madeleine Roberge. — *Marie-Angelique,* b [7] 9 mars 1711; m [7] 23 sept. 1748, à Charles Letartre.—*Monique,* b [7] 4 mai 1713; m [7] 7 fevrier 1735, à Louis-Joseph Dolbec—*Marguerite,* b [7] 8 juin 1716; m [7] 18 oct. 1756, à Pierre Maugard.—*Marie-Louise,* b [7] 25 août 1718; m [7] 14 février 1746, à Joseph De la Rue.

1706, (19 janvier) Lorette. [8]

II—ROBITAILLE, André, [Pierre I.
b 1678; s [8] 16 janvier 1736.
1° Hamel, Marguerite, [Jean-François II.
b 1686.
André, b [8] 30 oct. 1706; m [8] 2 mars 1734, à Marie-Louise Drolet; s [8] 18 dec. 1749.—*Pierre,* b [8] 13 mai 1708; m [8] 15 janvier 1732, à Geneviève Jourdain.—*Jean,* b [8] 12 avril 1710; m [8] 15 nov. 1735, à Marguerite Drolet; s [8] 5 dec. 1749.

1713, (11 août) Ste-Foye.

2° Chevalier, Françoise-Catherine, [Etienne I.
b 1689; veuve de Denis Masse, s [8] 3 déc. 1748.
Marie-Charlotte, b [8] 22 août et s [8] 25 sept. 1714.—*Marie-Charlotte,* b [8] 11 oct. 1715; m 18 nov. 1743, à Jean Custaud, à Montreal.—*Louis-Joseph,* b [8] 8 oct. 1717, m [8] 26 nov. 1742, à Marguerite Hamel.—*Marie-Catherine,* b [8] 31 juillet 1719; m [8] 29 nov. 1749, à Michel Plamondon.—*François,* b [8] 27 juin et s [8] 3 oct. 1721.—*Marguerite,* b 1722; m [8] 26 nov. 1742, à Joseph-Charles Hamel.—*Michel,* b 1724; m [8] 30 juin 1751, à Madeleine Robitaille.—*Marie-Catherine,* b [8] 1er nov. 1727.—*François,* b 1729, m [8] 26 janvier 1750, à Angelique Chartrain.—*Jean-Marie,* b [8] 29 sept. 1731; m 1752, à Agathe Gauvin.

1717, (26 janvier) Lorette. [3]

II.—ROBITAILLE, Jean, [Pierre I.
b 1687; s [3] 24 nov. 1749.
Meunier (2), Marguerite. [Mathurin II.
Marguerite, b [3] 1er dec. 1717; m [3] 22 avril 1743, à Noel Poitras. — *Marie-Catherine,* b [3] 6 juin 1719; s [3] 6 juillet 1739—*Jean-François,* b 20 fevrier 1721, à Ste-Foye [4]; 1° m [3] 22 fevrier 1745, à Marie-Jeanne Vésina; 2° m [3] 6 avril 1761, à

---

(1) Voy. vol. I, p. 524

(2) Elle epouse, le 19 juillet 1751, Antoine Ouvrard, à Lorette.

Claire-Amable Belleau. — *Joseph*, b [3] 31 mai 1722; 1° m [3] 6 juin 1748, à Marie-Anne Voyer, 2° m [3] 14 avril 1755, à Marie-Joseph Moisan.— *Marie-Louise*, b [4] 17 fevrier 1723; m [3] 6 juin 1748, à François Voyer.—*Marie-Madeleine*, b [3] 15 mai 1726; m [3] 30 juin 1751, à Michel Robitaille. — *Pierre*, b [3] 3 août 1728; s [3] 8 janvier 1730. — *Pierre*, b [3] 27 mars et s [3] 25 juillet 1730. — *Marguerite*, b [3] 17 juillet 1731; s [3] 15 juin 1733.— *François*, b [3] 29 janvier 1733; m [3] 3 fevrier 1755, à Felicite Moisan. — *Françoise*, b [3] 26 fevrier et s [3] 9 mars 1734.

1721, (27 nov.) Ste-Foye. [2]

II.—ROBITAILLE (1), Pierre, [Pierre I.
b 1682.

Berthiaume, Madeleine, [Jacques I.
b 1686; veuve de Charles Danest; s [2] 27 dec. 1755.

Françoise-Angélique, b [2] 27 août 1722, m [2] 18 février 1743, à Pierre Sédilot. — *Marie-Agnès*, b [2] 28 août 1724; m [2] 21 oct. 1743, à Pierre Sédilot. — ...... (2), b 1728; s [2] 25 mars 1734. — *Jean-François*, b [2] 24 janvier et s [2] 10 fevrier 1732.— ...... (2), b [2] et s [2] 21 mars 1734.

1722, (21 janvier) Lorette. [9]

II.—ROBITAILLE, Joseph, [Pierre I.
b 1693; s [9] 3 mars 1756.

Drolet, Catherine, [Pierre II.
b 1704.

Marie-Catherine, b [9] 7 sept. 1723; m [9] 27 juin 1743, à Pierre Boivin. —*Joseph*, b [9] 28 fevrier 1726; m [9] 26 nov. 1753, à Marie-Anne Moisan.— *André*, b [9] 3 janvier 1728; m [9] 30 juillet 1758, à Marie-Louise Trudel.—*Pierre*, b [9] 1er mars 1730, m [9] 11 fèvrier 1765, à Marie-Geneviève Valin.— *Etienne*, b [9] 6 sept. 1731. — *Marie-Joseph*, b [9] 29 janvier 1734 · m [9] 27 août 1753, à Joseph Chartrain. — *Marguerite*, b [9] 19 nov. 1735; m [9] 4 fevrier 1765, à Pierre Drolet.— *Marie-Thérèse*, b [9] 15 février 1737; 1° m [9] 24 nov. 1760, à Louis Chartrain; 2° m [9] 1er oct. 1764, à Louis-Benjamin Drolet; s 28 février 1788, à Quebec.— *Louise*, b [9] 15 fevrier 1739; m [9] 27 août 1764, à Louis Fiset.—*Jean*, b [9] 22 janvier 1741.—*François*, b [9] 27 avril 1743.

1723, (10 oct.) Ste-Foye. [3]

II —ROBITAILLE, Romain, [Pierre I.
b 1696; s 3 dec. 1749, à Lorette. [4]

Lemarié, Marie-Françoise, [Charles II.
b 1691.

Romain, b [4] 12 juillet 1724; m [4] 19 avril 1751, à Marie-Joseph Drolet. — *Antoine*, b [4] 17 août 1726. — *Antoine*, b [4] 5 juin 1727. — *Marie-Geneviève*, b [3] 6 janvier 1729; m [4] 23 juin 1749, à Joseph Bouin-Dufresne. — *Marie-Françoise*, b [4] 8 janvier 1732; m [4] 11 janvier 1751, à Charles Noreau. — *Marie-Marguerite*, b [4] 21 sept. 1734, m à Jacques Dufresne. — *Charles*, b [4] 9 mars 1737; s [4] 17 nov. 1740.—*Marie-Madeleine*, b [4] 28 janvier 1740; m [4] 6 fevrier 1758, à Gabriel Trudel.

(1) François, 1743.
(2) Le nom manque au registre.

1732, (15 janvier) Loretto. [4]

III.—ROBITAILLE, Pierre, [André II.
b 1708.

Jourdain, Geneviève, [Thomas I.
b 1712; s [4] 7 mai 1755.

Geneviève, b [4] 9 nov. 1732; m [4] 12 janvier 1756, à Jean-Baptiste Gély. — *Pierre*, b [4] 3 juin 1734; m 7 nov. 1757, à Marie-Geneviève Parant, à Quebec.—*Jean*, b [4] 16 sept. 1735.—*Charles*, b [4] 7 dec. 1737; m 8 avril 1771, à Marie-Anne Ménard, à Montréal. — *Marie-Joseph*, b [4] 11 mai 1739; s [4] 17 mars 1741. — *Marie-Louise*, b [4] 28 nov. 1740; m [4] 30 janvier 1764, à Michel Drolet. — *Claude*, b [4] 20 août 1742. — *François*, b [4] 24 juin 1744; s [4] 25 fevrier 1749. — *Marie-Joseph*, b [4] 27 août 1747; s [4] 24 sept. 1748. — *Joseph*, b [4] 15 et s [4] 27 oct. 1748.—*Marie-Madeleine*, b [4] 28 mars 1750.— *Anonyme*, b [4] et s [4] 11 dec. 1751.

1734, (2 mars) Lorette. [8]

III —ROBITAILLE, André, [André II.
b 1706; s [8] 18 dec. 1749.

Drolet, Marie-Louise, [Pierre II.
b 1713.

Marie-Louise, b [8] 5 fevrier 1735.—*André*, b [8] 8 août 1736; m [8] 27 fevrier 1764, à Catherine Hamel. — *Marie-Catherine*, b [8] 24 avril 1738; m [8] 11 fevrier 1765, à Pierre Moisan. — *Marguerite*, b [8] 18 avril 1740; m 5 août 1765, à Michel Fiset, à Ste-Foye. — *Joseph*, b [8] 18 août 1742.— *Pierre*, b [8] 23 sept. 1744. — *Michel*, b [8] 24 nov. 1746, m à Françoise Poitras; s 19 mai 1832, à Québec.—*Marie-Thérèse*, b [8] 9 août 1749.

1735, (15 nov.) Lorette. [6]

III.—ROBITAILLE, Jean, [André II.
b 1710, s [6] 5 dec. 1749.

Drolet (1), Marguerite, [Pierre II.
b 1715.

Jean, b [6] 24 fevrier et s [6] 5 mars 1737.—*Marie-Catherine*, b [6] 5 mars et s [6] 5 avril 1738.—*Jean*, b [6] 16 fevrier et s [6] 5 avril 1739.—*Marguerite*, b [6] 14 juillet 1740; s [6] 10 nov. 1741. — *François*, b 1741; m [6] 10 mai 1762, à Marie Noreau; s 13 janvier 1787, à Quebec.—*Louis*, b [6] 11 fevrier 1742.—*Jean-Baptiste*, b [6] 24 janvier et s [6] 4 mars 1744.—*Joseph*, b [6] 14 mars 1745.—*Louise*, b [6] 11 avril 1747.—*Marie-Thérèse*, b [6] 1er avril 1748.— *Jean-François* (posthume), b [6] 5 et s [6] 23 janvier 1750.

1742, (26 nov.) Lorette. [2]

III.—ROBITAILLE, Louis-Joseph, [André II.
b 1717.

Hamel, Marguerite, [Jean-Charles III
b 1720.

Marguerite, b [2] 11 février 1745; m 1768, à Jean Alain.—*Catherine*, b 26 sept. 1746, à Ste-Foye. [3] — *Marie-Madeleine*, b [2] 25 mai 1749. — *Marie-Louise*, b [2] 21 janvier 1751. —*Joseph*, b [2] 18

(1) Elle épouse, le 3 sept. 1754, François Lienard, à Lorette.

février 1754. — *Michel*, b [2] 19 juin 1756. — *Jean-Baptiste* et *Joseph*, b [2] 4 et s [2] 16 déc. 1757. — *Jean-Ignace*, b [2] 12 juillet 1759.—*Marie-Thérèse*, b [3] 6 février 1761.

1745, (22 fevrier) Lorette. [5]

III.—ROBITAILLE, Jean-François, [Jean II. b 1721.

1° Vésina, Marie-Jeanne, [Joseph III. b 1719; s [5] 12 oct 1759.

Marie-Jeanne, b 1746; m à Pierre Drolet.— *Jean-Baptiste*, b [5] 23 mars 1750; s [5] 18 sept. 1756. *Marie-Catherine*, b [5] 13 août et s [5] 5 sept. 1755. —*Marie-Ursule*, b [5] 13 juillet 1756 —*Marie-Agnès*, b [5] 24 janvier et s [5] 27 juillet 1759.

1761, (6 avril). [5]

2° Belleau, Claire-Amable, [Pierre II. b 1740.

Jean-Baptiste-François, b [5] 12 février 1762.— *Marie-Amable*, b [5] 6 juin 1763.—*Marie-Madeleine*, b [5] 17 et s [5] 21 mai 1764.

1748, (6 juin) Lorette. [6]

III.—ROBITAILLE, Joseph, [Jean II. b 1722.

1° Voyer, Marie-Anne. [Pierre II

Joseph, b [6] 11 août 1749.—*François*, b [6] 16 dec 1750; m 25 nov. 1783, à Marie Rocheleau, à Québec. [7]

1755, (14 avril). [6]

2° Moisan, Marie-Joseph, [Pierre III b 1739.

Antoine, b [6] 2 dec. 1757; s [6] 14 dec. 1758.— *Pierre*, b [6] 17 fevrier 1760; s 6 mai 1780, aux Grondines.—*Marie-Joseph*, b [6] 27 juin 1762; s [6] 20 mars 1765.—*Esther*, b... m [7] 7 janvier 1783, à Jean Chevalier.—*Marie-Madeleine*, b [6] 18 janvier 1765; m [7] 25 juillet 1780, à Joseph-Raymond Ponsant.—*Marie-Joseph*, b... m [7] 22 juillet 1783, à Charles Rocheleau.—*Michel*, b 16 janvier 1771, à Ste-Foye.—*Thérèse*, b... 1° m [7] 29 juillet 1794, à François Desruisseaux; 2° m à François Bonneville.—*Jacques*, b 1776; s [7] (noyé) 22 mai 1798.

1750, (26 janvier) Lorette. [2]

III.—ROBITAILLE, François, [André II b 1729.

Chartrain, Angelique, [Bernard-Noel II b 1735.

Marie-Françoise-Angélique, b [2] 10 avril 1751 —*Marie-Catherine*, b [2] 6 juillet 1753 —*Marie-Louise*, b [2] 7 août 1755.—*Jean-Marie*, b [2] 7 fevrier et s [2] 14 juillet 1759 —*Jean-Louis*, b [2] 19 fevrier 1761; s [2] 27 fevrier 1762.—*Marie-Joseph*, b [2] 20 mars 1763 —*Louis*, b [2] 16 sept. 1764.—*François*, b 1766, m 13 fevrier 1787, à Marguerite Vincent, à Québec.

1751, (22 février) Pte-aux-Trembles, Q. [3]

III.—ROBITAILLE, Chs-Frs, [Charles-Frs II. b 1708; forgeron.

Roberge, Madeleine, [Jean II. b 1727.

Charles, b [3] 29 mai 1752.—*Marguerite*, b 1754; s [3] 6 fevrier 1774.—*Charles*, b [3] 15 avril 1757.— ...... (1), b... s [3] 18 août 1759.—*Augustin*, b [3] 1er nov. 1760.—*Marie-Anne*, b [3] 4 dec. 1763.—*François*, b [3] 9 juin et s [3] 20 sept. 1766.

1751, (19 avril) Lorette. [1]

III.—ROBITAILLE (2), Romain, [Romain II. b 1724.

Drolet, Marie-Joseph, [Jacques III. b 1733.

Romain, b 1751; m à Marguerite Poitras.— *Marie-Joseph*, b [1] 5 février 1754; s [1] 23 mai 1761. —*Etienne*, b [1] 13 mars 1755.—*Marie-Anne*, b [1] 13 fevrier 1757.—*Louis-Joseph*, b [1] 10 avril 1758.— *Marie-Madeleine*, b 9 juillet 1760, à St-Augustin. —*Marie-Charlotte*, b [1] 15 juillet 1762.—*Pierre*, b [1] 3 mars 1764.—*Marguerite*, b 2 juin 1765, à Ste-Foye. [2] —*Louis*, b [2] 19 juin 1779.—*Jean-Baptiste*, b [2] 8 sept. 1780.

1751, (30 juin) Lorette. [3]

III.—ROBITAILLE, Michel, [André II. b 1724.

Robitaille, Madeleine, [Jean II. b 1726.

Marie-Madeleine, b [3] 17 avril 1753.—*Marie-Anne*, b [3] 23 sept 1754.—*Michel*, b [3] 21 et s [3] 26 fevrier 1757. — *Michel*, b [3] 11 déc. 1758.—*Marie-Thérèse*, b [3] 4 et s [3] 13 août 1762.—*Marie-Louise*, b [3] 26 janvier 1765.

1752.

III —ROBITAILLE, Jean-Marie, [André II. b 1731.

Gauvin, Agathe, [Etienne II. b 1733.

Marie-Agathe, b 14 juin 1753, à Lorette. [5] — *Marie-Joseph*, b [5] 20 sept. 1754.—*Jean-Marie*, b [5] 8 mars 1756.—*Marie-Marguerite*, b [5] 24 mai 1757, s [5] 24 mars 1758 —*Marie-Louise*, b [5] 23 août 1758; s [5] 21 janvier 1761.—*Louis*, b [5] 29 oct. 1760; s [5] 27 fevrier 1762.—*Marie-Marguerite*, b [5] 17 nov. 1762.—*Pierre*, b [5] 1er dec. 1764.

1753, (26 nov.) Lorette. [6]

III.—ROBITAILLE, Joseph, [Joseph II. b 1726.

Moisan, Marie-Anne, [Denis III. b 1738.

Joseph-Marie, b [6] 15 sept. 1754.—*Pierre*, b [6] 24 oct. 1755. — *Marie-Anne-Elisabeth*, b [6] 19 nov. 1756.—*Etienne*, b [6] 10 nov. 1758.—*Pierre*, b [6] 13 janvier 1761.—*Michel*, b [6] 24 dec 1762, s [6] 9 nov. 1763.—*Marie-Louise*, b [6] 30 juin 1764.—*Charles*, b 1766, m 11 fevrier 1793, à Theotiste Bideau, à St-Augustin.

1755, (3 fevrier) Lorette. [7]

III.—ROBITAILLE, François, [Jean II. b 1733.

Moisan, Felicité, [Michel II. b 1727.

Marie-Félicité, b [7] 20 avril et s [7] 14 mai 1756.

(1) Le nom manque au registre.

(2) Adopte un enfant nommé Pierre, qui se marie le 18 février 1765.

—*Marie-Félicité*, b [7] 12 juin et s [7] 3 juillet 1757 —*François*, b 11 avril 1759, à Québec. [8]— *François-Xavier*, b [8] 10 mars 1762.—*Paul*, b [8] 20 juillet 1764.

1757, (7 nov.) Québec. [1]
IV.—ROBITAILLE, PIERRE, [PIERRE III.
b 1734.
PARANT, Geneviève, [JOSEPH-MATHIEU IV.
b 1732.
Pierre, b 12 sept. 1758, à Lorette. [2]— *Marie-Geneviève*, b [2] 10 sept. 1760, m [1] 25 août 1777, à Jean-Nicolas AMIOT —*Marie-Louise*, b [2] 21 juillet 1762.—*Marie-Madeleine*, b [2] 16 oct. 1763.—*Louis*, b 1765; m [1] 21 avril 1789, à Louise MUNRO.—*Marie-Joseph*, b 1767; m [1] 19 mai 1785, à Rene KIMBERT.—*Marie-Anne*, b... m [1] 30 août 1785, à Pierre BRUNEAU.

1758, (30 juillet) Lorette [3]
III.—ROBITAILLE, ANDRÉ, [JOSEPH II.
b 1728.
TRUDEL, Marie-Louise,
veuve de Louis Trudel.
André-Joseph, b [3] 1er sept. 1759.—*Marie-Louise*, b 18 oct. 1760, à Ste-Foye. [4]— *André*, b [3] 28 avril et s [3] 14 août 1762.—*André*, b [3] 12 juillet 1763.—*Jean-Baptiste*, b [3] 18 juin 1765.—*Marie-Joseph*, b [4] 14 juin 1771.

1762, (10 mai) Lorette [1]
IV.—ROBITAILLE, FRANÇOIS, [JEAN III.
b 1741; s 13 janvier 1787, à Quebec [2]
NOREAU, Marie, [MATHURIN I.
b 1745.
Marie, b [1] 27 mars 1763.—*Marie-Louise*, b [1] 18 mai 1765, m [2] 14 janvier 1783, à François HUOT, s [2] 3 mai 1796.—*Marie-Joseph*, b... m [2] 22 janvier 1788, à Joseph DROUIN —*Marguerite*, b... m [2] 9 sept. 1794, à François DECHAVIGNY.

1764, (27 fevrier) Lorette. [3]
IV.—ROBITAILLE, ANDRÉ, [ANDRÉ III.
b 1736.
HAMEL, Catherine, [NOEL III.
b 1738.
André, b [3] 10 mars 1765.

1765, (11 fevrier) Lorette.
III.—ROBITAILLE, PIERRE, [JOSEPH II.
b 1730.
VALIN, Marie-Geneviève, [FRANÇOIS II.
b 1734.

1765, (18 fevrier) Lorette.
I.—ROBITAILLE (1), PIERRE.
PARANT, Marie-Catherine, [PIERRE IV.
b 1748.

IV.—ROBITAILLE, MICHEL, [ANDRÉ III.
b 1746; s 19 mai 1832, à Québec. [4]
POITRAS-LUCIEN, Françoise.

(1) Fils adoptif de Romain Robitaille.

Marie, b... m [4] 11 juillet 1797, à Augustin GINGRAS.

IV.—ROBITAILLE, ROMAIN, [ROMAIN III.
b 1751.
POITRAS, Marguerite,
b 1741; s 21 dec. 1796, à Québec [1]
François, b... m [1] 19 sept. 1797, à Marie TIBAUDEAU.

ROBITAILLE, FRANÇOIS,
b 1742; s 11 oct. 1795, à Québec.
VALIN (1), Marie-Louise.

1771, (8 avril) Montréal.
IV.—ROBITAILLE, CHARLES, [PIERRE III.
b 1737.
MÉNARD, Marie-Anne, [JOSEPH III.
b 1731.

ROBITAILLE, FRANÇOIS.
TARDIF, Barbe.
François, b 20 janvier 1780, à Ste-Foye.

ROBITAILLE, CLAUDE.
ST. PIERRE (2), Marie-Charlotte.
Marie-Charlotte, b et s 24 août 1780, à Repentigny. [2]— *Marguerite*, b [2] et s [2] 4 juillet 1784.—*Marie-Louise*, b [2] 25 mai 1787.

ROBITAILLE, IGNACE.
PROU, Marie-Jeanne.
Marie-Jeanne, b 2 août 1781, à Ste-Foye.

1783, (25 nov.) Québec.
IV.—ROBITAILLE, FRANÇOIS, [JOSEPH III.
b 1750.
ROCHELEAU, Marie. [BASILE III.

ROBITAILLE, JOSEPH
DUBEAU, Marie.
Alexis, b 3 mai 1787, à St-Cuthbert.

1787, (13 fevrier) Québec.
IV.—ROBITAILLE, FRANÇOIS, [FRANÇOIS III.
b 1766.
VINCENT, Marguerite. [PIERRE.

1789, (21 avril) Québec.
V.—ROBITAILLE, LOUIS, [PIERRE IV.
b 1765, orfèvre.
MUNRO, Louise. [GEORGES I.

1793, (11 fevrier) St-Augustin.
IV.—ROBITAILLE, CHARLES, [JOSEPH III.
b 1766.
BIDEAU, Theotiste, [MATHURIN I.
b 1765.

1797, (19 sept.) Québec.
V.—ROBITAILLE, FRANÇOIS. [ROMAIN IV.
TIBAUDEAU, Marie. [PAUL-OLIVIER.

(1) Elle épouse, le 19 sept. 1797, Antoine Gauvin, à Québec.
(2) Carderon, 1787.

ROBLAY.—Voy. ROBLINC.

ROBLINC.—*Variation :* ROBLAY.

1737, (19 janvier) Ste-Foye.[1]
I.—ROBLINC, PIERRE, b 1696 ; fils de Charles et d'Adrienne Caumont, de Condé, diocèse de Bayonne, Gascogne ; s 6 avril 1771, à l'Hôpital-General, M.
SÉDILOT, Marie-Anne, [JEAN III.
b 1708 ; veuve de Joseph Samson.
Gabrielle-Françoise, b [1] 25 oct. 1737.

ROBRAU.—Voy. ROBREAU.

ROBREAU.—*Variation et surnoms :* ROBRAU—ROBRO—DUPLESSIS—LEROUX.

1712, (1er août) Lévis.[1]
I.—ROBREAU (1), PIERRE, b 1676 ; fils de Jacques (maître-tanneur) et de Madeleine Brunel ; de St-Jacques, ville de Pondoge, diocèse de Luçon, Poitou.
GUAY, Jeanne, [IGNACE II.
b 1689.
Ignace, b [1] 4 dec. 1713 ; m 14 janvier 1745, à Marie-Louise AUGÉ, à Montréal.[2]—*Jacques,* b [2] 12 mars 1716.—*Marie-Joseph,* b [2] 11 mars 1718 ; m [2] 17 fevrier 1738, à Joseph BRAZEAU. — *Marie-Françoise,* b [2] 3 sept. 1719 ; 1° m [2] 24 avril 1743, à Pierre HAY ; 2° m [2] 8 fevrier 1762, à François AUBAN.—*Elisabeth,* b [2] 13 février 1723 ; 1° m [2] 14 nov. 1746, à Gilles CAMPEAU ; 2° m [2] 29 juin 1773, à Jean-Baptiste JÉROME. — *Marie-Madeleine,* b [2] 9 mai 1725 ; m [2] 12 août 1748, à Andre BODIN ; s [2] 29 sept. 1748. — *Marie-Anne,* b [2] 9 avril 1727, m [2] 25 fevrier 1754, à Antoine BULINGER.—*Pierre,* b [2] 3 sept. 1729 ; m [2] 8 janvier 1753, à Marie-Louise PLESSY. — *Geneviève,* b 1730 ; m [2] 21 février 1757, à Jacques BERTRAND.—*Louis-Amable,* b 1733 ; 1° m 31 janvier 1763, à Marguerite PATENOTE, à Longueuil, 2° m [2] 21 juin 1766, à Marie-Louise ROY.

1745, (14 janvier) Montreal.[1]
II.—ROBREAU (2), IGNACE, [PIERRE I.
b 1713.
AUGÉ (3), Marie-Louise, [JULIEN I.
b 1712.
Marie-Anne, b [1] 22 sept. et s [1] 19 nov. 1745.—*Michel-Ignace,* b [1] 2 dec. 1746 ; s [1] 30 juillet 1749. —*Joseph,* b [1] 22 mars et s 23 mai 1748, au Sault-au-Recollet. — *Jean-Baptiste,* b [1] 28 juin et s [1] 26 juillet 1749.

1753, (8 janvier) Montréal.
II.—ROBREAU (2), PIERRE, [PIERRE I.
b 1729.
PLESSY, Marie-Louise, [JEAN-LOUIS I.
b 1736.

(1) Dit Leroux—Duplessis ; soldat de la compagnie de M. Chalus.

(2) Dit Duplessis.

(3) Grandchamps.

1763, (31 janvier) Longueuil.
II.—ROBREAU, LOUIS-AMABLE, [PIERRE I
b 1733.
1° PATENOTE, Marguerite, [JOSEPH III
b 1742.
1766, (21 juin) Montréal.
2° ROY, Marie-Louise, [JACQUES III.
b 1745.

ROBRO.—Voy. ROBREAU.

ROBUTEL.—*Surnom.* DE LA NOUE.

1689, (18 avril) Montreal.[1]
II.—ROBUTEL (1), ZACHARIE, [CLAUDE I
b 1665.
LEMOINE, Catherine, [JACQUES I.
b 1665.
Anne-Suzanne, b [1] 27 mars 1690 ; sœur Ste-Cecile, Cong. Notre-Dame ; s [1] 9 fevrier 1717.—*Catherine-Angélique,* b [1] 26 août 1691 ; s [1] 18 juin 1714. — *Marie-Joseph,* b [1] 11 avril 1693 ; s [1] 11 mars 1713. — *Marie-Anne,* b [1] 13 oct. 1697, sœur Ste-Suzanne, Cong. Notre-Dame ; s [1] 4 nov. 1785.—*Thomas,* b [1] 21 déc. 1702 ; s [1] 3 avril 1754. —*Joachim,* b 11 juin 1705, au Bout-de-l'Ile, M.

III.—ROBUTEL (2), THOMAS, [ZACHARIE II.
b 1702, enseigne ; s 3 avril 1754, à Montreal

ROC.—Voy. LAROCQUEBRUNE—ROCQ.

ROCANT.—Voy. ROQUAN.

ROCBERT.—*Variations et surnom :* NOBERT—ROBERT—DE LA MORANDIÈRE.

1695, (25 sept.) Montreal.[1]
I.—ROCBERT (3), ETIENNE,
b 1668.
DUVERGER, Elisabeth,
b 1673 ; s [1] 6 sept. 1730.
Louis-Joseph, b [1] 6 août 1697 ; m [1] 1er oct. 1731, à Marguerite PETIT-LEVILLIERS ; s [1] 19 oct 1743. — *Etienne,* b [1] 22 février 1701 ; m [1] 15 janvier 1730, à Marguerite PUYGIBAULT, s [1] 25 nov 1760.—*François Bernardin,* b [1] 20 mai 1702 ; s [1] 8 juillet 1719. — *Anne-Geneviève,* b [1] 23 avril 1704 ; m [1] 8 juin 1726, à Jean-Baptiste LEGARDEUR.

I.—ROCBERT (4), JACQUES-URBAIN, b 1668 ; s 18 mars 1710, à Montreal.

(1) De la Noue ; voy vol. I, p. 524.

(2) Sieur de la Noue.

(3) De la Morandière ; garde-magasin du Roy ; voy. vol I, p. 524.

(4) De la Morandière, secrétaire de l'Intendant Raudot (1708, Montréal).

1730, (15 janvier) Montreal.[1]

II.—ROCBERT (1), ETIENNE, [ETIENNE I.
b 1701; s[1] 25 nov. 1760.

PUYGIBAULT (2), Marguerite, [LOUIS I.
b 1709.

Marguerite-Elisabeth-Ursule, b[1] 26 nov. 1730; m[1] 19 janvier 1751, à Daniel JONCAIRE; s 21 janvier 1773, au Détroit. — *René-Etienne-Marie*, b[1] 15 sept. 1733. — *Abel-Etienne*, b[1] 17 oct. 1735; m 25 mai 1766, à Louise-Charlotte BAILLY, à Varennes —*Louise-Antoinette-Marguerite*, b[1] 31 dec. 1736. — *Honoré-Etienne-Emmanuel*, b[1] 1er janvier 1740. — *Jean-Archange*, b[1] 2 et s[1] 15 août 1743.

1731, (1er oct.) Montréal.[2]

II—ROCBERT (3), LOUIS-JOS., [ETIENNE I.
b 1697; s[2] 19 oct. 1743.

PETIT-LEVILLIERS (4), Marguerite, [CHARLES I.
b 1704.

Louis-Joseph-Etienne, b[2] 10 et s[2] 19 juillet 1732.—*Etienne-Joseph-René*, b[2] 24 avril et s[2] 31 oct 1734. — *Marguerite-Charlotte*, b[2] 20 déc. 1735; m 6 nov. 1755, à Jacques-Joseph LEMOINE, à Quebec.—*Marie-Elisabeth-Catherine*, b[2] 6 mars 1742.—*Jean-Archange*, b[2] 15 août 1743.

1766, (25 mai) Varennes.[7]

III.—ROCBERT (5), ABEL-ETIENNE, [ETIENNE II.
b 1735.

BAILLY, Lse-Charlotte, [FRS-AUGUSTIN II.
b 1748.

Marie-Anne-Julie, b... m[7] 17 avril 1792, à Joseph-Marie CREVIER.

ROCH.—Voy. COUILLAU—LAROCQUE—LAROCQUEBRUNE.

1776.

ROCH, MATHURIN-JOSEPH,
capitaine.

COUTU, Marie-Joseph, [JEAN-BTE II.
b 1760.

Joseph-Marie, b 24 déc. 1776, à St-Cuthbert.[7] *Charles-Emmanuel*, b[7] 18 sept. 1789.

ROCHE.—*Variations et surnom*: DESROCHES—LAROCHE—LAFONTAINE.

1665, (9 nov.) Château-Richer.

I.—ROCHE (6), PIERRE, b 1636; de St-Salvadin, Castel-Sarazin, diocèse de Montauban, en Guienne.

1° L'ANFILÉ, Marie,
b 1646; de St-Sulpice, Paris.

1669, (7 oct) Ste-Famille, I. O[2]

2° BLAY (1), Isabelle, fille de Claude et de Marguerite Verrier, de St-Eustache, Paris.

Vincent, b 1671. — *Elisabeth*, b[2] 25 sept. 1672. —*Marie*, b[2] 16 sept. 1674; s 28 déc. 1693, à St-Pierre, I. O. — *Philippe*, b[2] 3 dec. 1676; s[2] 10 janvier 1678.

1703.

I.—ROCHE (2), JEAN-BTE.

MOUSSEAU, Marguerite-Périnne, [JACQUES I.
b 1663.

Marie-Angélique, b 11 août 1704, à l'Ile-Dupas.

I.—ROCHE (3), BENOIT, b 1675; Prêtre S. S.; du Puy; s 3 juillet 1715, à Montréal.

ROCHEBLAVE.—Voy. DERASTEL.

ROCHECHOUÈRE.—Voy. BOUCHARD—DESGROSEILLERS.

ROCHEFORT.—Voy. AUDIN ou ODON—BAUDIN—DUPRÉ—HURETTE—JOY—LAIBET—PERRAU—YOU.

1711, (16 nov.) St-Thomas.

I.—ROCHEFORT (4), BERNARD-PIERRE.

2° LAVERGNE, Marguerite, [ARNOUX II.
b 1694.

Gabriel, b 13 mai 1727, à Ste-Anne-de-la-Pérade; m 16 nov. 1750, à Madeleine LEBEUF, à Châteauguay.

1750, (16 nov.) Châteauguay.

II.—ROCHEFORT (5), GABRIEL, [PIERRE I.
b 1727.

LEBEUF, Madeleine, [JEAN-BTE III.
b 1731.

1768.

III.—ROCHEFORT (6), JEAN-BTE, [JEAN-BTE II.
b 1732.

BLANCHET, Marie-Françoise, [FRANÇOIS III.
b 1746.

Louis, b 12 mars et s 31 déc. 1769, à St-Michel-d'Yamaska.[7] — *Laurent*, b[7] 9 sept. 1770.

1770, (12 fevrier) St-Thomas.

I.—ROCHEFORT, JULIEN, fils de Guillaume et de Julienne Jourdain, de Menubeu, diocèse d'Avranches, Normandie.

COTÉ, Marguerite-Hélène, [FRANÇOIS V.
b 1751.

ROCHELAU.—Voy. ROCHEREAU.

ROCHELAUT.—Voy. ROCHEREAU.

---

(1) Sieur de la Morandière; lieutenant et ingénieur; capitaine des troupes.

(2) Elle épouse, le 9 sept. 1768, Claude-Pierre Pécody, à Montréal.

(3) Garde-magasin du Roy.

(4) Elle épouse, le 16 nov. 1744, Antoine Chapt de Lacorne, à Montréal.

(5) Sieur de la Morandière; ci-lieutenant des troupes.

(6) Voy. vol. I, p. 524.

(1) Elle épouse, le 28 avril 1677, Vincent Guillot, à Ste-Famille, I. O.

(2) Soldat de M. de Longueuil.

(3) Curé de la Pte-aux-Trembles de Montréal, arrivé au Canada, le 6 août 1702.

(4) Voy. Hurette de 1690, vol. IV, p. 559.

(5) Hurette.

(6) Voy. Hurette dit Rochefort, vol. IV, p. 559.

ROCHELEAU.—Voy. ROCHEREAU.

ROCHELET.—Voy. LOUPE.

ROCHELOIS.—Voy. ROCHEREAU.

ROCHELOT.—Voy. ROCHEREAU.

ROCHER. — *Variations :* DESROCHERS — DUROCHER.

I.—ROCHER (1), FRANÇOIS, des Biards, diocèse d'Avranches, Normandie.

1760, (22 sept.) Montréal.

I.—ROCHER, JACQUES-BARTHÉLEMI, b 1732; fils d'Antoine et de Marie Pineau, de Thionville, dans le Luxembourg.
LEFEBVRE, Marie-Joseph, [JOSEPH I.
b 1740.
François, b... m 31 janvier 1799, à Marie MERCIER, à St-Charles, Mo.

1763, (16 mai) Cap-St-Ignace.

I.—ROCHER, FRANÇOIS, fils de Pierre et d'Angélique Tibaut, de N.-D.-des-Champs, diocèse d'Avranches, Normandie
BLANCHET, Marie-Marthe, [PIERRE-GUILL. II.
b 1722, veuve de Joseph Buteau.

1799, (31 janvier) St-Charles, Mo.

II.—ROCHER, FRANÇOIS. [JACQ.-BARTHÉLEMI I.
MERCIER, Marie. [JEAN-MARIE.

ROCHEREAU.—*Variations et surnoms :* JUSSEREAU—ROCHELAU — ROCHELAUT—ROCHELEAU —ROCHELOIS— ROCHELOT — ROCHERON—ROCHON—ROTUREAU— ROUSSELON—SOUCHEREAU —BABOIR—DUVIVIER— LANGOUMOIS—LAPERCHE — LESPÉRANCE — MAURISSEAU—MONTRICEAU—MORICEAU— MORISSEAU—ST. AMANT—VIVIEN—VIVIER.

I.—ROCHEREAU (2), VIVIEN,
b 1624; s 12 janvier 1716, à Ste-Anne-de-la-Perade [6]
LANGELIER, Marie. [SÉBASTIEN I.
Jacques, b 1680; m 2 juin 1710, à Marie-Madeleine TIFAULT, à Batiscan [7]; s [6] 13 mars 1746.—*Joseph*, b [7] 1er juin 1685; 1° m [6] 4 juin 1708, à Marie GUIBORD; 2° m [7] 21 nov. 1728, à Catherine LÉCUYER; s [6] 2 juillet 1736.

I.—ROCHEREAU (3), MICHEL,
b 1636.
BIGOT, Marie,
b 1649.
François, b 1664; m 1695, à Marie-Anne BARET. — *Pierre*, b 1674; m 21 janvier 1702, à Marie-Anne GÉLINAS, aux Trois-Rivieres; s 17 dec. 1741, au Cap-de-la-Madeleine.

(1) Venu au Canada, 1752 (Procès-verbaux)
(2) Voy. Rocheleau, vol. I, p. 525.
(3) Voy. vol. I, p. 525.

1678.

I.—ROCHEREAU, BERNARD.
DURAND (1), Marguerite, [NICOLAS I
b 1683.
Jean-Baptiste, b 1679; m 11 avril 1712, à Elisabeth DÉRY, à Charlesbourg; s 11 juin 1757, à Beauport.

1695.

II.—ROCHEREAU, FRANÇOIS, [MICHEL I.
b 1664.
BARET-COURVILLE, Marie-Jeanne, [GUILLAUME I
b 1664.
François, b 1696; m 1725, à Marguerite PROVENCHER; s 4 janvier 1756, au Cap-de-la-Madeleine. — *Marie-Anne*, b 1700, m 5 juin 1730, à Louis GUIBORD, à Ste-Anne-de-la-Perade [2]; s [2] 26 janvier 1750 —*Marguerite*, b 1701; m 17 janvier 1735, à Michel CHARBONNEAU, à Lachenaye. — *Joseph*, b 1703; m 6 nov. 1741, à Marie-Anne BARET, à Laprairie.

1702, (21 janvier) Trois-Rivières. [1]

II.—ROCHEREAU (2), PIERRE, [MICHEL I
b 1674; s 17 déc. 1741, au Cap-de-la-Madeleine. [2]
GELINAS (3), Marie-Anne, [JEAN II.
b 1678.
Michel, b [1] 16 sept 1702; m 13 février 1741, à Marie HUBOU, à Lachenaye [3]; s [3] 18 nov. 1785.—*Charles-Louis*, b [1] 10 oct. 1704.— *Marie-Anne*, b [2] 18 déc. 1705. — *Joseph*, b [1] 15 janvier 1708, m 8 fevrier 1745, à Marie-Anne SERRÉ, à Montreal [4]; s [4] 30 nov. 1746. — *Marie-Thérèse*, b [1] 19 mars 1710; m à Maurice DERY; s [1] 17 déc. 1733. — *Françoise-Véronique*, b [1] 28 janvier 1712; s [1] 24 dec. 1739. — .. ..(4), b... s [1] 29 mai 1714.—*Jean-Baptiste* (5), b [1] 28 oct. 1715; s [2] 10 fevrier 1745.

1705, (24 février) Ste-Anne-de-la-Pérade. [1]

II.—ROCHEREAU (6), ANTOINE, [VIVIEN I
b 1686.
LESIEUR (7), Madeleine, [JEAN-FRANÇOIS I.
b 1692.
Marie-Madeleine, b 13 mars 1709, à Quebec [2], m 15 oct. 1725, à Jean SETO, à Montréal. [3] — *Marie-Joseph*, b [1] 28 nov. 1711; 1° m à Jean-Baptiste NORMAND; 2° m 3 fevrier 1755, à Jean-Baptiste DESPLANS, aux Trois-Rivières. [4]—*Marie-Catherine*, b [2] 8 août 1714.—*Antoine*, b [2] 29 mars et s [2] 23 avril 1717.—*Marie-Marguerite*, b [4] 28 oct 1718, m [3] 17 fevrier 1749, à Jean-François GIRAUDOT.—*Marie-Louise*, b [3] 11 janvier 1722; m [3] 26 nov. 1742, à Antoine SOYER. — *Antoine-Bernard*, b [3] 27 nov. et s [3] 4 dec. 1724. — *Louis-Exupère*, b [3] 18 janvier 1726; m 13 mai 1748, à

(1) Elle épouse, le 1er oct 1714, Louis Dunière, à Québec
(2) Dit Montriceau, 1701—Moriceau, 1708.
(3) Et Genat.
(4) Le nom manque au registre.
(5) Appele Maurisseau, dans l'acte de 1745.
(6) Dit Vivier—Vivien
(7) Et Lesieur; elle epouse, le 7 janvier 1733, Marin Augias, à Montreal.

Marie-Joseph GUITARD, à Ste-Geneviève, M. — *Suzanne,* b [8] 18 janvier 1726. — *Geneviève,* b... 1° m [8] 25 nov. 1748, à Charles ROSSIGNOL ; 2° m [3] 10 oct. 1757, à Pierre CHARTIER. — *Suzanne-Claire,* b [8] 10 avril 1728 ; s [8] 18 avril 1729.

1708, (4 juin) Ste-Anne-de-la-Pérade. [5]

II.—ROCHEREAU (1), JOSEPH, [VIVIEN I.
b 1685 ; s [6] 2 juillet 1736.

1° GUIBORD, Marie, [ANTOINE I.
b 1686 ; s [5] 13 mars 1726.

François, b [5] 23 sept. 1713 ; s [5] 11 janvier 1734. —*Joseph-Alexis,* b [5] 21 oct. 1715 ; m 28 oct. 1737, à Catherine HERBECQ, à Batiscan [6] ; s [5] 18 mars 1760.—*Anonyme,* b [5] et s [5] 10 mai 1724.

1728, (21 nov.) [6]

2° L'ECUYER, Catherine, [ANTOINE I.
b 1696, s [5] 28 nov. 1759.

Anonyme, b [5] et s [6] 29 oct. 1730.—*Paul-François,* b [5] 29 oct. 1731 ; s [5] 20 nov. 1748.—*Marie-Catherine,* b [6] 10 mars et s [5] 30 dec. 1733. — *Marie-Madeleine,* b [5] 29 nov. 1734. — *Anonyme,* b [5] et s [5] 29 nov. 1734.

1710, (2 juin) Batiscan.

II.—ROCHEREAU, JACQUES, [VIVIEN I.
b 1680 ; bedeau ; s 13 mars 1746, à Ste-Anne-de-la-Perade. [5]

TIFAULT, Marie-Madeleine, [JACQUES I.
b 1687 ; s [5] 28 fevrier 1748.

Jacques-Joseph, b [5] 13 fevrier 1711 ; s [5] 19 déc. 1769. — *Alexis,* b [6] 27 mars 1712 ; 1° m 1743, à Marie-Joseph LÉVESQUE ; 2° m [5] 22 fevrier 1751, à Marie-Joseph DUBOIS-LAFRANCE ; 3° m [5] 11 nov. 1753, à Angélique TOUSIGNAN ; 4° m [5] 11 oct 1760, à Marguerite LAROCHE ; s [5] 14 nov. 1768.— *Marie-Madeleine,* b [5] 16 avril 1713 ; m [5] 10 nov. 1738, à Joseph LEVESQUE. — *Louis,* b [5] 11 avril 1716 ; m 1748, à Elisabeth COTÉ ; s [5] 3 mai 1769. —*Jean-Baptiste,* b [5] 4 mai 1720 ; s [5] 10 avril 1726. —*Marie-Ursule,* b [5] 23 mars 1723 ; 1° m [5] 18 janvier 1745, à Joseph LÉVESQUE ; 2° m [5] 11 janvier 1751, à Pierre-René TESSIER.—*Marie-Louise,* b [5] 26 juillet 1726 ; s [5] 27 mars 1731. — *Marie-Anne,* b [5] 11 fevrier 1728.

1712, (11 avril) Charlesbourg.

II.—ROCHEREAU (2), JEAN-BTE, [BERNARD I.
b 1679 ; s 11 juin 1757, à Beauport. [2]

DENY, Elisabeth, [MAURICE I.
b 1693.

Catherine, b [2] 1er nov. 1713 ; m [2] 24 avril 1741, à François-René PARANT. — *Jean-Baptiste,* b [2] 26 janvier 1716 ; m [2] 6 février 1747, à Marie-Louise VALLÉE. — *François,* b [2] 20 sept. 1718 ; m 13 janvier 1755, à Marie-Joseph MÉLOCHE, au Detroit. [3] — *Germain,* b [2] 12 mars 1721 ; m 1er mars 1756, à Marie-Joseph DUMAS, à Sorel. — *Basile,* b [2] 24 mars 1723 ; m [2] 21 août 1752, à Marie-Jeanne PARANT ; s 5 déc. 1781, à Quebec.— *Joseph,* b [2] 11 mai 1725 ; m [3] 7 janvier 1754, à Catherine PILET. — *Simon,* b [2] 20 déc. 1727.— *Thomas,* b [2] 3 mars 1730 ; m [2] 21 août 1758, à Marie PARANT. — *Marguerite-Françoise,* b [2] 12 juillet 1732 ; m [2] 6 nov. 1758, à Jean-Baptiste CHAMBERLAND.

(1) Dit Laperche.

(2) Dit Lespérance.

1712.

I.—ROCHEREAU (1), MICHEL,
b 1682 ; s 20 mai 1742, au Cap-de-la-Madeleine. [7]

LEFEBVRE, Marie-Rose.

François, b 1713 ; m [7] 20 nov. 1752, à Catherine BARET ; s [7] 22 avril 1755.—*Thérèse,* b 1716 ; m [7] 7 oct. 1765, à Jean-Baptiste MARTIN ; s [7] 29 août 1792. — *Joseph,* b 1721 ; m 25 nov. 1748, à Marie-Louise RIVARD, à Yamachiche [8] ; s [8] 15 janvier 1756.—*Madeleine,* b... m [7] 19 juillet 1762, à Pierre MARTIN.—*Louise,* b... m [7] 5 oct. 1767, à François TIFAULT.

1725.

III.—ROCHEREAU, FRANÇOIS, [FRANÇOIS II.
b 1696 ; capitaine ; s 4 janvier 1756, au Cap-de-la-Madeleine. [7]

PROVENCHER, Marguerite.

François-Xavier, b... m 29 janvier 1759, à Marie BOULANGER, aux Trois-Rivières. — *Madeleine,* b 1727 ; m [7] 21 oct. 1754, à Jacques LEFEBVRE ; s [7] 12 avril 1762.—*Joseph,* b 1730 ; m [7] 12 fevrier 1755, à Elisabeth PANNETON. — *Anonyme,* b [7] et s [7] 5 oct. 1735.—*Joseph,* b [7] 14 avril 1737.—*Jean-Marie,* b 1738 ; m [7] 26 avril 1763, à Françoise BOULANGER.—*Marguerite,* b [7] 10 juillet 1740 ; m [7] 22 juillet 1757, à Joseph POULIN. — *Antoine,* b [7] 26 nov. 1742 ; m [7] 16 juin 1766, à Marie-Anne DUBORD. — *Alexis,* b [7] 2 et s [7] 5 février 1748.

1737, (28 oct.) Batiscan.

III.—ROCHEREAU (2), JOS.-ALEXIS, [JOS. II.
b 1715 ; s 18 mars 1760, à Ste-Anne-de-la-Perade. [1]

HERBECQ, Catherine, [NICOLAS-FRANÇOIS I.
b 1704 ; veuve de Pierre Lafond ; s [1] 19 avril 1762.

François-Joseph, b [1] 25 février 1740.—*Marie-Thérèse,* b [1] 15 juin 1741 —*Marie-Anne,* b... m [1] 4 fevrier 1765, à Joseph-Louis GERVAIS —*Michel,* b [1] 8 juin 1744, s [1] 14 juillet 1745.—*Louise,* b [1] 11 nov. 1745.—*Paul-Marie,* b [1] 13 avril 1747.— *François-Félix,* b [1] 17 juin et s [1] 22 dec 1748.— *Claude,* b [1] 20 sept. 1751 ; s [1] 19 avril 1762.— *Joachim,* b [1] 25 avril 1754 ; s [1] (noyé) 22 juin 1774.—*Marie-Catherine,* b [1] 29 avril 1756.

ROCHEREAU, MICHEL.

LAROCHE, Françoise.

Marie-Catherine, b... m 23 oct. 1757, à François-Raphael GAGNÉ, à St-Constant.

(1) Dit Duvivier.

(2) Dit Laperle.

1741, (13 février) Lachenaye. [2]

III.—ROCHEREAU (1), Michel, [Pierre II.
b 1702; s [2] 18 nov. 1785.
Hubout (2), Marie, [Augustin III.
b 1714; s [2] 11 juin 1776.
Michel, b [2] 28 oct. 1741; m 19 janvier 1761, à Marie-Joseph Boesmé, à St-Henri-de-Mascouche[3]; s [3] 4 avril 1768.—*Etienne*, b [2] 4 fevrier 1743.—*Marie-Anne*, b [2] 26 juillet 1744; m [2] 22 nov. 1762, à Michel Picard; s [3] 19 février 1765. —*Jean-Marie*, b [2] 9 nov. 1746; m 20 février 1775, à Marie-Joseph Belisle, à Terrebonne.—*Joseph-Marie*, b [2] 19 juillet 1748; s [2] 3 mars 1778.—*Marie-Charlotte*, b [2] 25 sept. 1749, m [2] 16 août 1774, à Augustin Hubout; s [2] 19 mars 1782.—*Joseph-Marie*, b [2] 20 sept. 1751.—*Marie-Louise*, b [2] 16 août 1753; s [2] 26 nov. 1774.—*Jean-Baptiste* et *Marie-Catherine*, b [2] 1er janvier 1758.—*Marie-Marguerite*, b [2] 5 et s [2] 16 fevrier 1759.

1741, (6 nov.) Laprairie. [4]

III.—ROCHEREAU, Joseph, [François II.
b 1703.
Baret, Marie-Anne, [Guillaume II.
b 1711.
Antoine-Marie, b [4] 26 mai et s 20 oct. 1744, à St-Constant.

1743.

III.—ROCHEREAU, Alexis, [Jacques II.
b 1712; s 14 nov. 1768, à Ste-Anne-de-la-Pérade. [9]
1° Lévesque, Marie-Joseph,
b 1720; s [9] 28 janvier 1750.
Marie-Joseph-Ursule, b [9] 24 oct. 1744; m [9] 3 fevrier 1767, à Henri Perrault.—*Joseph-Alexis*, b [9] 9 juillet 1746; m 1775, à Angelique Jussiaume.—*Louis*, b [9] 1er avril 1748.

1751, (22 février). [9]

2° Dubois (3), Marie-Joseph, [François II.
b 1719; veuve de Joseph Desroches; s [9] 5 février 1753.
Marie-Catherine, b [9] 31 déc. 1751; s [9] 14 janvier 1752.—*Marie-Elisabeth*, b [9] 5 et s [9] 23 janvier 1753.

1753, (11 nov.) [9]

3° Tousignan, Angélique, [Jean-Bte II.
b 1725; s [9] 16 nov. 1757.
Marie-Angélique, b [9] 8 sept. 1754.—*Marie-Geneviève*, b [9] 13 oct. 1755.—*François-René*, b [9] 31 oct. 1757; s [9] 6 déc. 1758.

1760, (11 oct.) [9]

4° Laroche, Marie-Marguerite, [Jean-Frs III.
b 1721; veuve de Bernardin Lesage.
Louis-Joseph, b [9] 18 oct. 1762.

1745, (8 fevrier) Montréal. [5]

III.—ROCHEREAU (1), Joseph, [Pierre II.
b 1708; s [5] 30 nov. 1746.
Serré-St. Jean, Marie-Anne, [André I.
b 1723.
Marie-Joseph, b 13 janvier 1746, au Cap-de-la-Madeleine.

1747, (6 fevrier) Beauport. [6]

III.—ROCHEREAU (1), Jean-Bte, [Jean-Bte II.
b 1716.
Vallée, Marie-Louise, [Charles II.
b 1721.
Marie-Louise, b [6] 12 nov. 1747; s [6] 22 sept. 1748.—*Jean-Baptiste*, b [6] 24 dec. 1748.—*Louis*, b [6] 24 fevrier 1750.—*Charles*, b [6] 21 déc. 1751.—*Marie-Louise*, b [6] 29 avril 1753.—*Marie-Madeleine*, b [6] 13 déc. 1754.—*Jean-Baptiste*, b [6] 5 juillet 1756.—*Jacques*, b [6] 26 fevrier 1758; s [6] 8 janvier 1759.—*Pierre*, b [6] 16 janvier 1760. — *Joseph-Marie*, b [6] 18 déc. 1761.

1748, (13 mai) Ste-Geneviève, M.

III.—ROCHEREAU (2), Ls-Exupère, [Ant. II.
b 1726.
Guitard, Marie-Joseph, [Jean I.
b 1728.
Marie-Joseph, b 24 avril et s 30 oct. 1750, à Montreal.

1748, (25 nov.) Yamachiche. [7]

II.—ROCHEREAU (3), Joseph, [Michel I.
b 1721; s [7] 15 janvier 1756.
Rivard (4), Marie-Louise, [Julien III.
b 1726.
Marie-Louise, b [7] 27 déc. 1749.—*Joseph*, b 1751; s 20 juin 1753, à la Pte-du-Lac.—*Geneviève*, b [7] 3 mars 1752.—*Joseph*, b 1754; s [7] 26 janvier 1756.—*Marie-Joseph*, b [7] 26 oct. 1755.

1748.

III.—ROCHEREAU, Louis, [Jacques II.
b 1716; s 3 mai 1769, à Ste-Anne-de-la-Pérade. [7]
Coté (5), Elisabeth, [Jean IV.
b 1726.
Marie-Elisabeth, b [7] 29 juillet 1749.—*Louise-Geneviève*, b [7] 18 oct. 1750.—*Marie-Angélique*, b [7] 8 avril 1753.—*Jeanne-Madeleine*, b [7] 22 janvier 1755.—*Joseph-Daniel*, b [7] 11 dec. 1756.—*Louis-Joseph*, b [7] 9 mars 1759.—*Marie-Joseph*, b [7] 28 fevrier 1761.—*Antoine*, b [7] 14 mars 1763.— *Paul-Joseph* et *Marie-Judith*, b [7] 9 janvier 1766.

1752, (21 août) Beauport. [8]

III.—ROCHEREAU (1), Basile, [Jean-Bte II.
b 1723; s 5 dec 1781, à Quebec. [9]
Parant, Marie-Jeanne, [Simon-Pierre III.
b 1731.
Marie-Elisabeth, b [9] 22 et s [9] 29 janvier 1755.—*Marie-Angélique*, b [9] 3 mai 1756; s [9] 9 oct. 1759.—*Marie-Angélique*, b [9] 28 oct. 1757; s [8] 28

(1) Dit Mauriceau.
(2) Tourville.
(3) Mariée sous le nom de Lafrance.

(1) Dit Lespérance.
(2) Et Rocheleau, marié sous le nom de Vivier.
(3) Dit Duvivier.
(4) Elle épouse, le 14 nov. 1757, Antoine LeSieur, à Yamachiche.
(5) Elle épouse, le 23 juillet 1770, Joseph Boulet, à Ste-Anne-de-la-Pérade.

oct. 1759.—*Marie-Madeleine*, b [9] 5 mars 1759.—*Charles*, b 13 mai 1761, à Beaumont; m [9] 22 juillet 1783, à Marie-Joseph ROBITAILLE.—*Marie-Louise*, b [9] 26 février 1763.—*Marie*, b... m [9] 25 nov. 1783, à François ROBITAILLE.—*Marie*, b... 1° m [9] 7 sept. 1790, à Guillaume ROY; 2° m [9] 17 juin 1794, à Augustin BERTRAND.—*Elisabeth*, b 1765; m [9] 17 janvier 1792, à Louis JACKSON.

1752, (20 nov.) Cap-de-la-Madeleine. [1]
II.—ROCHEREAU, FRANÇOIS, [MICHEL I.
b 1713; s [1] 22 avril 1755.
BARET (1), Catherine, [ADRIEN II.
b 1720.
François (posthume), b [1] 29 sept. 1755.

1753.
ROCHEREAU (2), FRANÇOIS.
FAGNANT, Geneviève. [PRISQUE I.
François, b... s 5 août 1754, à Lanoraie.—*Marie-Geneviève*, b 19 juin 1761, à St-Antoine-de-Chambly.

1754, (7 janvier) Détroit. [2]
III.—ROCHEREAU (3), JOSEPH, [JEAN-BTE II
b 1725.
PILET, Catherine, [JACQUES II.
b 1736; s [2] 5 juin 1763.
Marie-Catherine, b [2] 3 oct. 1754.—*Marie-Desanges*, b [2] 8 oct. 1755; m à Antoine LANGLOIS.—*Susanne*, b [2] 14 février 1757; s [2] 17 mars 1758.—*Joseph*, b [2] 26 et s [2] 28 oct. 1758.—*Marie-Catherine*, b [2] 25 mai 1760.

1755, (13 janvier) Détroit. [3]
III.—ROCHEREAU (4), FRANÇOIS, [JEAN-BTE II
b 1718.
MÉLOCHE, Marie-Joseph, [PIERRE II
b 1739.
Marie-Joseph, b [3] 4 et s [3] 18 oct. 1755.—*Pierre*, b [3] 20 juin et s [3] 11 juillet 1757.—*Thérèse*, b... s [3] 20 mars 1760.—*Madeleine*, b [3] 12 et s [3] 24 fevrier 1761.

1755, (12 février) Cap-de-la-Madeleine. [4]
IV.—ROCHEREAU (5), JOSEPH, [FRANÇOIS III
b 1736.
PANNETON, Elisabeth, [THÉODOSE II
b 1738; s [4] 28 août 1768.
Marie-Marguerite, b [4] 12 et s [4] 14 avril 1756.—*Marie-Louise*, b 28 mai 1757, aux Trois-Rivières [5]—*Joseph*, b [5] 15 oct. 1758.—*Marguerite*, b [4] 8 juillet 1760.—*Elisabeth*, b [4] 3 juillet 1764.

1756, (1er mars) Sorel. [6]
III.—ROCHEREAU (3), GERMAIN, [JEAN-BTE II
b 1721.
DUMAS, Marie-Joseph, [PIERRE III.
b 1733.

(1) Descormiers; elle épouse, le 25 nov. 1756, Pierre Bareau, au Cap-de-la-Madeleine.
(2) Dit Morisseau.
(3) Dit Lespérance.
(4) Et Rocheleau dit Lespérance.
(5) Et Rochelaut, 1756.

Germain, b [6] 8 janvier 1757; s [6] 13 oct. 1758.—*Marie-Joseph*, b [6] 13 déc. 1758.—*Marie*, b 31 déc. 1759, à St-Ours.

1758, (21 août) Beauport. [8]
III.—ROCHEREAU (1), THOMAS, [JEAN-BTE II.
b 1730.
PARANT, Marie-Geneviève, [JACQUES III.
b 1740.
Marie-Geneviève, b 6 janvier 1761, à St-Joseph, Beauce. — *Marie-Madeleine*, b [6] 30 mai 1762. — *Louise-Angélique*, b [6] 23 août 1763. — *Thomas*, b [6] 19 dec. 1764; s [6] 1er mars 1765.

III.—ROCHEREAU, JACQ.-JOSEPH, [JACQUES II.
b 1711; s 19 dec. 1769, à Ste-Anne-de-la-Pérade.

1759, (29 janvier) Trois-Rivières.
IV.—ROCHEREAU, FRS-XAV. [FRANÇOIS III.
BOULANGER (2), Marie, [JOSEPH II.
b 1705; veuve d'Antoine Lacommande.
Marie-Louise, b et s 31 août 1757, au Cap-de-la-Madeleine [6] — *Marie-Elisabeth*, b [6] 20 janvier 1760; s [6] 25 janvier 1761. — *François-Xavier*, b [6] 6 juillet 1761.—*Marguerite*, b [6] 8 juin 1764.

1761, (19 janvier) St-Henri-de-Mascouche. [7]
IV.—ROCHEREAU (3), MICHEL, [MICHEL III.
b 1741; s [7] 4 avril 1768.
BOESMÉ (4), Marie-Joseph. [MICHEL III.
Joseph, b 21 juillet 1766, à Lachenaye.

1763.
ROCHEREAU (5), JOSEPH.
GILBERT, Elisabeth-Joseph.
Jean-Baptiste, b 12 fevrier 1764, au Cap-de-la-Madeleine. [7] — *Marie-Joseph*, b [7] 16 oct. 1765. — *Alexis*, b [7] 25 mars 1768.

1763, (26 avril) Cap-de-la-Madeleine. [7]
IV.—ROCHEREAU, JEAN-MARIE, [FRANÇOIS III.
b 1738.
BOULANGER, Françoise, [JOSEPH-PIERRE II.
b 1741.
Jean-Marie, b [7] 23 nov. 1763.

1766.
ROCHEREAU (6), PIERRE.
TESSIER, Therèse.
Antoine, b 18 juillet 1767, à Repentigny [6] — *Philippe*, b [6] 22 mai et s [6] 11 août 1769.—*Joseph*, b [6] 16 juillet 1770.

1766, (16 juin) Cap-de-la-Madeleine.
IV.—ROCHEREAU, ANTOINE, [FRANÇOIS III.
b 1742.
DUBORD, Marie-Anne, [CHARLES III.
b 1749.

(1) Dit Lespérance.
(2) Voy. aussi LeBoulanger.
(3) Marié Mauriceau, voy. ce nom.
(4) Elle épouse, le 24 avril 1769, Jean-Baptiste Bourgoin, à St-Henri-de-Mascouche.
(5) Dit Vivier.
(6) Dit Mauriceau.

ROCHEREAU, Joseph.
Gaudreau, Angélique.
Marie-Joseph, b... m 11 juillet 1803, à Joseph Cadieu, à Ste-Thérèse.

1775.

IV.—ROCHEREAU, Jos.-Alexis, [Alexis III.
b 1746.
Jussiaume, Angélique, [Alexandre II.
b 1756 ; s 1er mai 1779, à Ste-Anne-de-la-Pérade. [7]
Marie-Angélique, b [7] 4 et s [7] 11 mars 1776. — *Madeleine*, b 1777 ; s [7] 4 dec. 1778. — *Anonyme*, b [7] et s [7] 25 avril 1779.

1775.

ROCHEREAU, Alexis.
Biguet, Marguerite, [Pierre III.
b 1754.
Pierre, b 12 juin 1776, à Ste-Anne-de-la-Perade. [7] — *Marie-Marguerite*, b [7] 13 juin 1778.— *Marie-Joseph*, b [7] 14 mai 1780.

1775, (20 février) Terrebonne.

IV.—ROCHEREAU (1), J.-Marie, [Michel III.
b 1746.
Belisle, Marie-Joseph, [Charles III.
b 1750.

ROCHEREAU (1), Louis, b 1750 ; s 10 déc. 1782, à Repentigny.

1783, (22 juillet) Québec.

IV.—ROCHEREAU (1), Charles, [Basile III.
b 1761.
Robitaille, Marie-Joseph. [Joseph III.

1784.

ROCHEREAU, Joseph.
Perrin, Geneviève.
François-Xavier, b 15 juin 1786, au Cap-de-la-Madeleine. [7] — *Elisabeth*, b [7] 5 sept. 1790. — *Geneviève*, b 1792 ; s [7] 22 nov. 1793.

1786.

ROCHEREAU, Joseph.
Généreux, Elisabeth.
Marie-Marguerite, b 21 juin 1787, à St-Cuthbert.

1788.

ROCHEREAU, Joseph.
Laperche, Ursule.
Louis, b 24 juillet 1789, à St-Cuthbert. [1] — *Rosalie*, b [1] 17 janvier 1795.

1793.

ROCHEREAU, Louis.
Laperche, Elisabeth.
Marie-Louise, b 13 nov. 1794, à St-Cuthbert.

(1) Dit Morisseau.

ROCHERI, Jean-Bte.
Macé, Marie-Agathe.
Marie-Catherine, b 22 juillet 1754, à la Baie-du-Febvre.

ROCHERON.—*Variations :* Rochereau—Rochon.

1663, (12 sept.) Château-Richer.

I.—ROCHERON (1), Simon.
Bisson, Mathurine, [Gervais I
b 1636 ; veuve de Nicolas Dupre ; s 29 sept. 1691, à Quebec.
Jean, b 1680 ; m 12 juin 1702, à Geneviève Garnier, à St-François, I. J. ; s 30 oct. 1750, à Lachenaye.

1671, (26 oct.) Ste-Famille, I. O. [3]

I.—ROCHERON (2), Gervais,
b 1633 ; s [3] 14 dec. 1705.
Guyon (3), Madeleine, [Claude II.
b 1657.
Thérèse, b [3] 17 oct. 1685 ; m [3] 3 juin 1704, à Jean Gagnon ; s 8 avril 1748, au Château-Richer. [4] —*Gervais*, b [3] 19 juin 1688 ; m [4] 12 nov. 1714, à Marie David-Pontife ; s [3] 10 avril 1736.—*Elisabeth*, b [3] 28 mars 1690 ; m [3] 1er juillet 1710, à Rene Meneux ; s [3] 20 dec. 1735. — *Charles-Jacques*, b [3] 13 sept. 1692 ; 1° m [4] 8 nov. 1723, à Therèse David ; 2° m 22 fevrier 1745, à Marie Amiot, à St-Augustin. [5] — *Nicolas*, b [3] 8 avril 1694 ; s (4) 22 avril 1727, à St-Thomas.—*François*, b [3] 9 mai 1695 ; 1° m à Marie-Anne Filiatreau ; 2° m [5] 3 fevrier 1728, à Marie-Charlotte Gingras.—*Julien*, b [3] 31 dec. 1696 ; 1° m 1727, à Marie-Anne Beauchamp ; 2° m 7 janvier 1734, à Jeanne Lajeunesse, à Terrebonne [6] ; 3° m à Marie Content ; s [6] 18 mars 1777.

1693, (26 juillet) Lévis. [7]

II.—ROCHERON (1), Etienne, [Simon I.
b 1668.
1° Bégin, Elisabeth, [Louis I.
b 1675 ; s [7] 22 dec. 1695.
1698, (26 juin) Québec.
2° Jeanne (5), Charlotte, [Robert I.
b 1680.

1702, (12 juin) St-François, I. J. [1]

II.—ROCHERON (6), Jean, [Simon I.
b 1680 ; s 30 oct. 1750, à Lachenaye [2]
Garnier, Geneviève, [Julien I.
b 1682 ; s [2] 2 mars 1758.
Marie-Suzanne, b [1] 23 mai 1703 ; m 1722, à François Charbonneau.—*Geneviève*, b [1] 2 oct. 1704 ; m [2] 29 oct. 1726, à Pierre Beauchamp.— *Michel*, b [1] 20 avril 1706 ; m [2] 12 nov. 1731, à Marie-Joseph Cusson ; s [2] 27 janvier 1784.—*Catherine*, b [1] 24 sept. 1708.—*Jean*, b [1] 7 février 1710 ; m [1] 16 janvier 1736, à Marguerite Beau-

(1) Voy. vol. I, p. 525.
(2) Frère du précédent ; voy. vol. I, p. 525.
(3) Elle épouse, plus tard, Clément Langlois.
(4) Perdu sur les glaces près de Montréal.
(5) Elle épouse, plus tard, Jacques Morin.
(6) Et Rochon.

CHAMP; s 27 oct. 1750, à St-Vincent-de-Paul. — *Elisabeth*, b [1] 16 nov. 1711; m [2] 10 juillet 1731, à Michel RENAULT.—*Ambroise*, b [1] 1er oct. 1713; m [2] 10 avril 1736, à Madeleine BEAUCHAMP.—*Joseph*, b [1] 22 et s [1] 23 juillet 1715.—*Anne*, b [1] 26 juillet 1716; m [2] 21 janvier 1737, à Jean ETHIER. —*Athanase*, b 1719; m 1743, à Françoise LEMARIÉ; s [2] 8 avril 1749.—*Agathe*, b 1721; m [2] 19 nov. 1742, à Jacques COTINEAU; s [2] 12 mars 1751. —*Joseph*, b 1723; m 22 nov. 1751, à Agathe BEAUCHAMP, à St-Henri-de-Mascouche.

1714, (12 nov.) Château-Richer.

II.—ROCHERON, GERVAIS, [GERVAIS I.
b 1688; s 10 avril 1736, à Ste-Famille, I. O.[8]
DAVID-PONTIFE, Marie, [JEAN II.
b 1695; s [8] 15 avril 1755.

Marie-Madeleine, b [8] 10 janvier 1719.—*Marguerite*, b [8] 8 oct. 1720; m [8] 10 fevrier 1744, à Etienne DROUIN.—*Clément*, b [8] 4 sept. 1722; m [8] 19 oct. 1750, à Veronique GOSSELIN.—*Jacques*, b [8] 30 mai 1729; m 31 mai 1756, à Marie-Anne QUÉRET, à St-Michel.—*Céleste*, b [8] 7 avril 1731; 1° m [8] 23 fevrier 1756, à François BILODEAU; 2° m [8] 10 août 1761, à Jacques BLOUIN.—*Marie-Anne*, b [8] 15 août 1732.—*Michel*, b [8] 18 avril 1734; m 30 janvier 1758, à Marie-Louise RAPIDIOU, à St-Laurent, M.

1723, (8 nov.) Château-Richer.

II.—ROCHERON, CHS-JACQUES, [GERVAIS I.
b 1692.
1° DAVID, Thérèse, [JEAN II.
b 1698; s 18 avril 1743, à St-Augustin. [1]

Charles, b [1] 10 nov. 1725.—*Thérèse-Joseph*, b [1] 10 août 1727; m à Charles CATIN.—*Marie-Françoise*, b [1] 22 février 1729. — *Marie-Madeleine*, b [1] 11 avril 1731; m 1758, à Louis-Augustin GINGRAS. — *Jacques-Augustin*, b [1] 25 mai 1733; m 1761, à Marie-Joseph ROBITAILLE.—*Raphael*, b [1] 29 avril 1735; m [1] 5 juillet 1762, à Marie COTÉ.—*Ignace*, b [1] 19 juin et s [1] 5 juillet 1738.

1745, (22 fevrier). [1]

2° AMIOT-VILLENEUVE, Marie, [PIERRE IV.
b 1718.

Joseph-Marie, b [1] 19 mars 1747; m à Madeleine MARTEL —*Marie-Augustine*, b 13 août 1749, à la Pte-aux-Trembles, Q. [2] — *Jean-François*, b [2] 16 nov. 1750; m 1781, à Catherine COTÉ. — *Marie-Joseph*, b 1752; s [1] 3 oct. 1755.

II.—ROCHERON, FRANÇOIS, [GERVAIS I.
b 1695.
1° FILIATREAU, Marie-Anne.

1728, (3 fevrier) St-Augustin.

2° GINGRAS, Marie-Charlotte, [CHARLES I.
b 1700.

Augustin, b 25 dec. 1728, à St-François, I. J. [1]; 1° m 25 fevrier 1754, à Marie-Joseph BEAUCHAMP, à Lachenaye [2]; 2° m [2] 23 janvier 1758, à Therèse FILION.—*François*, b [1] 20 fevrier 1730; m 14 janvier 1754, à Catherine LAMOUREUX, à Ste-Rose. [3] —*Jean*, b [2] 9 juillet 1731; m [3] 16 janvier 1758, à Marie-Catherine MASSON; s [3] 9 mars 1761. — *Louis*, b [1] 13 août et s [1] 8 oct. 1732.—*Marguerite*, b [1] 5 janvier 1734; m 1754, à Joseph BEAUCHAMP. — *Charlotte*, b [1] 4 mars 1735; m 1756, à Jean-Baptiste BEAUCHAMP; s 3 oct. 1764, à St-Henri-de-Mascouche. — *Jean-Baptiste* et *Marie-Joseph*, b 10, à Terrebonne [4] et s [1] 11 mars 1736.—*Marie-Jeanne*, b [4] 15 juillet 1737. — *Antoine*, b [4] 11 janvier 1739; m [2] 19 avril 1762, à Marguerite MATTE. —*Jacques*, b [1] 24 janvier 1740.—*Joseph*, b 1742; m [2] 2 juillet 1764, à Marie-Thérèse FILION. — *Marie*, b... m [2] 29 juillet 1765, à Jean-Baptiste THIBAUT.

1727.

II.—ROCHERON, JULIEN, [GERVAIS I.
b 1696; s 18 mars 1777, à Terrebonne. [2]
1° BEAUCHAMP, Marie-Anne,
b 1703; s [2] 14 juillet 1732.

Jean-Baptiste, b 1728; m 27 février 1748, à Suzanne LABELLE, à St-Vincent-de-Paul. — *Germain*, b [2] 15 avril 1729.—*Julien*, b 23 juin et s 10 août 1730, à St-François, I. J.

1734, (7 janvier). [2]

2° LAJEUNESSE (1), Jeanne, [ETIENNE-CHS II.
b 1710; s [2] 2 fevrier 1740.

Julien, b [2] 8 nov. 1734.—*Joseph*, b [2] 24 mars et s [2] 1er mai 1737. — *Jacques*, b [2] 1er mai et s [2] 11 nov. 1738.—*François*, b [2] 14 et s [2] 27 oct. 1739.

3° CONTENT, Marie.

II.—ROCHERON, NICOLAS, [GERVAIS I.
b 1694; s (2) 22 avril 1727, à St-Thomas.

1731, (12 nov.) Lachenaye. [7]

III.—ROCHERON, MICHEL, [JEAN II.
b 1706; s [7] 27 janvier 1784.
CUSSON, Marie-Joseph, [JEAN-BTE II.
b 1711.

Marie-Joseph, b [7] 19 août 1732; 1° m [7] 4 février 1754, à Louis ALARD; 2° m 21 janvier 1765, à Joseph BERLOIN, à St-Henri-de-Mascouche [8]; 3° m [8] 11 mai 1772, à Louis LEGRAND. — *Monique*, b [7] 11 janvier 1734; s [7] 2 juin 1749.— *Catherine*, b 23 mai 1735, à St-François, I. J.; s [7] 18 juin 1749. — *Marie-Geneviève*, b [7] 12 août 1736. — *Agathe*, b [7] 31 oct. et s [7] 10 nov. 1737. — *Pélagie*, b [7] 22 oct. 1738; 1° m [7] 21 février 1757, à Charles VAILLANCOUR; 2° m [8] 19 juillet 1762, à François DUBOIS.—*Michel*, b [7] 6 juin 1740; m [8] 20 juillet 1767, à Euphrosine BOISMIER.—*Jean-François*, b [7] 10 mars et s [7] 24 août 1742. — *Julie*, b [7] 23 mars 1743; m [7] 6 août 1764, à Nicolas HENRIOL.—*Louis-François*, b [7] 23 nov. 1744; m 18 juillet 1774, à Marguerite GAUTIER, à Terrebonne.—*Rosalie*, b [7] 8 mars 1747. — *Marie-Françoise*, b [7] 22 avril 1749; m [7] 30 janvier 1775, à Alexandre GAUTIER.—*Ursule*, b [7] 18 avril 1750.

1736, (16 janvier) St-François, I. J.

III.—ROCHERON, JEAN, [JEAN II.
b 1710; s 27 oct. 1750, à St-Vincent-de-Paul. [6]
BEAUCHAMP (3), Marguerite, [JACQUES II.
b 1716.

(1) Charles.

(2) Perdu sur les glaces, près Montréal, quelques jours avant le carême

(3) Elle épouse, le 3 juillet 1751, François Alaire, à St-Vincent-de-Paul.

Marie-Marguerite, b 9 et s 12 août 1737, à Lachenaye. [7] — *Jean-Simon*, b [7] 10 janvier 1739 ; m 31 mars 1761, à Thérèse Taillon, à Terrebonne. —*Marie-Marguerite*, b [7] 5 mars 1741 ; m [6] 4 août 1760, à François Truteau. — *Charles*, b 1743 ; m [6] 16 nov. 1767, à Marguerite Gautreau. — *Marie-Catherine*, b [6] 17 mars 1745 ; m [6] 14 février 1763, à Louis Vaillancour. — *Jacques*, b [6] 26 août 1747 ; m 1769, à Marie-Charlotte Maillot. —*Marie-Joseph*, b [6] 7 avril 1750 ; m 11 oct. 1773, à Louis Gautier, à St-Henri-de-Mascouche.

1736, (10 avril) Lachenaye. [2]

III.—ROCHERON, Ambroise, [Jean II.
b 1713.
Beauchamp (1), Madeleine, [Nicolas II.
b 1715.

Marie-Madeleine, b [2] 12 janvier 1737 ; m 1754, à Joseph-Amable Bélanger.—*Nicolas*, b 1er mars 1746, à St-Vincent-de-Paul [8] ; s [3] 11 mai 1752.—*Marie-Geneviève*, b [3] 11 mars 1755 ; m [2] 25 janvier 1773, à Joseph Charbonneau.—*Jean*, b 1759 ; s [2] 14 juin 1770. — *Marie-Charlotte*, b... m [2] 10 février 1783, à Jean-Baptiste Charbonneau.

1743.

III.—ROCHERON, Athanase, [Jean II.
b 1719 ; s 8 avril 1749, à Lachenaye. [5]
Lemarié (2), Françoise, [Michel III.
b 1726.

Jean-Athanase, b [5] 18 janvier 1744 ; s [5] 29 avril 1761.—*Michel-Clément*, b [5] 30 août 1745.—*Michel*, b [5] 30 oct. 1746 ; s [5] 21 juin 1747.—*Marie-Agathe*, b [5] 14 mai 1748.

1748, (27 février) St-Vincent-de-Paul.

III.—ROCHERON, Jean-Bte, [Julien II.
b 1728.
Labelle, Suzanne, [Jacques II.
b 1733.

Jean-Baptiste, b 24 déc. 1751, à Terrebonne [1] ; m [1] 14 février 1774, à Marie-Joseph Cadet. — *Guillaume-Amable*, b [1] 1er oct. 1753 ; m 10 août 1778, à Marie-Rose Richard, à Lachenaye. — *Paul-Charles*, b [1] 17 avril 1755. — *Marie-Joseph*, b [1] 2 avril 1759.—*Marie*, b [1] 24 mai 1760.

1750, (19 oct.) Ste-Famille, I. O.

III.—ROCHERON, Clément, [Gervais II.
b 1722.
Gosselin (3), Veronique, [Gabriel III.
b 1730.

1751, (22 nov.) St-Henri-de-Mascouche.

III.—ROCHERON, Joseph, [Jean II.
b 1723.
Beauchamp, Agathe, [Joseph III.
b 1734.

Joseph-Paschal, b 22 déc 1752, à Lachenaye [2], s [2] 21 août 1753. — *Marie-Agathe*, b [2] 5 janvier 1754.—*Joseph-Charles*, b [2] 19 juin 1755.—*Pierre*, b [2] 1er mars 1757. — *Joseph-Jean*, b [2] 26 nov. 1758 ; m 5 oct. 1779, à Marie-Louise Renaud, à Terrebonne.—*Julie* et *Marie-Suzanne*, b [3] 9 avril 1761. — *Marie-Amable*, b [2] 12 mars 1762.—*Jean-Baptiste-Emmanuel*, b [2] 5 mai 1763. — *Augustin*, b [2] 19 dec. 1764 ; s [2] 23 janvier 1765. — *Marie*, b [2] 10 déc. 1765 ; s [2] 29 août 1766. — *Ignace*, b [2] 23 avril et s [2] 26 juillet 1767. — *Théophile*, b [2] 25 nov. 1770. — *Pierre*, b 1771 ; s [2] 1er mars 1772.

ROCHERON, Pierre.
Grou, Catherine.

Jeanne, b 1753 ; s 13 mars 1760, à St-Laurent, M.

1754, (14 janvier) Ste-Rose. [5]

III.—ROCHERON, François, [François II.
b 1730.
Lamoureux, Catherine, [Jean-Bte III.
b 1727 ; s [5] 23 juin 1761.

Paul, b 1754 ; s [5] 3 nov. 1755. — *Catherine*, b [5] 18 oct. et s [5] 4 nov. 1756. — *Marie-Françoise*, b [5] 31 janvier 1758. — *François*, b [5] 15 juin 1761.

1754, (25 février) Lachenaye. [1]

III.—ROCHERON, Augustin, [François II
b 1728.
1° Beauchamp, Marie-Joseph, [Jean III.
b 1728.

Anonyme, b et s 15 mai 1756, à Ste-Rose. [2]

1758, (23 janvier). [1]

2° Filion, Thérèse, [François III.
b 1738.

Augustin, b [2] 19 janvier 1759.—*Marie-Thérèse*, b [2] 10 août 1760. — *Marie-Angélique*, b [2] 7 oct. 1761.

1756, (31 mai) St-Michel. [6]

III.—ROCHERON, Jacques, [Gervais II.
b 1729.
Quéret, Marie-Anne, [Joseph II.
b 1736, veuve de Jean-Baptiste Bacquet.

Marie-Anne, b [6] 20 avril 1757.—*Jacques*, b [6] 5 avril 1759.

IV.—ROCHERON, Jean, [Jean III.
b 1759.
Lapierre-Pepin, Marie-Anne.

Véronique, b... m 18 juillet 1803, à Basile Piche, à Ste-Thérèse.

1758, (16 janvier) Ste-Rose. [1]

III.—ROCHERON, Jean, [François II.
b 1731 ; s [1] 9 mars 1761.
Masson (1), Marie-Catherine, [Pierre III.
b 1741.

Marie-Joseph, b [1] et s [1] 6 août 1759. — *Jean-Baptiste*, b [1] 5 dec. 1759.—*Marie-Rose* (posthume), b [1] 30 août 1761.

(1) Voy. Beauchamp et Bachand, vol. II.—Bachand est le vrai nom.

(2) Elle épouse, le 26 février 1753, Jacques Cotinault, à Lachenaye.

(3) Elle epouse, le 18 avril 1763, Louis Létourneau, à Ste-Famille, I. O.

(1) Elle epouse, le 12 oct. 1761, Joseph-Marie Meilleu, à Ste-Rose.

1758, (30 janvier) St-Laurent, M. [9]
III.—ROCHERON, Michel, [Gervais II.
b 1734.
Rapidiou (1), Marie-Louise. [Paul II.
Marie-Anne, b [9] 3 juin 1759.—*Marie-Catherine*, b [9] 24 août 1760.

1761, (31 mars) Terrebonne.
IV.—ROCHERON, Jean-Simon, [Jean III.
b 1739.
Taillon, Thérèse, [Jean-François III.
b 1742.

1761.
III.—ROCHERON, Jacques, [Chs-Jacques II.
b 1733.
Robitaille, Marie-Joseph,
b 1735; s 5 mai 1786, à St-Augustin. [6]
Rose, b [6] 16 mai 1762; m [6] 13 nov. 1780, à François-Xavier Girard; s [6] 2 nov. 1787. — *Brigitte*, b 1763; m [6] 24 janvier 1785, à Joseph Martel. — *Marie-Joseph*, b... 1° m à Charles Tinon; 2° m [6] 23 fevrier 1789, à Jacques Ouvrard. — *Marie*, b... m [6] 28 fevrier 1791, à Augustin Verrlt.

1762, (19 avril) Lachenaye. [2]
III.—ROCHERON, Antoine, [François II.
b 1739.
Matte, Marguerite, [Pierre-François III.
b 1742.
Joseph, b [2] 1er mars 1769.

1762, (5 juillet) St-Augustin. [6]
III.—ROCHERON, Raphael, [Jacques II.
b 1735.
Coté, Marie, [François IV.
b 1743.
Thérèse, b 1763; m [6] 30 janvier 1786, à Augustin Gingras. — *Jacques*, b... m [6] 28 février 1791, à Marguerite Verret.

1764, (2 juillet) Lachenaye. [7]
III—ROCHERON, Joseph, [François II.
b 1742.
Filion, Marie-Thérèse, [François III.
b 1744; s [7] 8 sept. 1765.

1767, (20 juillet) St-Henri-de-Mascouche.
IV.—ROCHERON, Michel, [Michel III.
b 1740.
Boismer, Euphrosine, [Pierre III.
b 1751.
Marie-Euphrosine, b 21 avril et s 24 juin 1769, à Lachenaye. [8] — *Marie-Euphrosine*, b 1775; s [8] 13 août 1786. — *Marguerite*, b [8] 22 janvier et s [8] 17 août 1782. — *Joseph-Marie*, b [8] 11 mai 1783; s [8] 21 juillet 1784. — *Marie-Marguerite*, b [8] 29 avril 1785; s [8] 8 février 1786. — *Marie-Monique*, b [8] et s [8] 5 mars 1789.

(1) Lamarre.

1767, (16 nov.) St-Vincent-de-Paul.
IV.—ROCHERON, Charles, [Jean III.
b 1743.
Gautreau, Marguerite. [Bénoni.

1769.
IV.—ROCHERON, Jacques, [Jean III.
b 1747.
Maillot, Marie-Charlotte-Frse, [Jean-Frs II.
b 1729.
François, b 21 août 1770, à Lachenaye.

III.—ROCHERON, Joseph, [Chs-Jacques II.
b 1747.
Martel, Madeleine.
Madeleine, b... m 6 février 1792, à Pierre Jobin, à St-Augustin.

1774, (14 février) Terrebonne.
IV.—ROCHERON, Jean-Bte, [Jean-Bte III.
b 1751.
Cadet, Marie-Joseph.
Ignace-Amable, b 2 juin 1782, à Lachenaye.

1774, (18 juillet) Terrebonne.
IV.—ROCHERON, François, [Michel III.
b 1744.
Gautier, Marguerite, [Joseph III.
b 1755.
François-Germain, b 31 juillet et s 1er août 1775, à Lachenaye. [1] — *Marie-Marguerite*, b [1] 3 nov. 1776.—*Marie-Euphrosine*, b [1] 23 oct. 1780. —*Marie-Amable*, b [1] 27 janvier et s [1] 3 février 1782.—*François-Elie*, b [1] 20 février 1783.—*Marie-Apolline*, b [1] 16 sept. 1784.—*Antoine*, b [1] 18 déc. 1787.

1778, (10 août) Lachenaye.
IV.—ROCHERON, Guill.-Amable, [J.-Bte III.
b 1753.
Richard, Marie-Rose. [Alexis III.

1779, (5 oct.) Terrebonne.
IV.—ROCHERON, Joseph-Jean, [Joseph III.
b 1758.
Renaud, Marie-Louise. [Pierre III.

1781.
III.—ROCHERON, Jean, [Charles-Jacques II.
b 1750.
Coté, Catherine.
Catherine, b 25 sept. 1782, à St-Augustin. [2] — *Brigitte*, b [2] 24 sept. 1784.—*Jean-Baptiste*, b [2] 3 avril 1788.—*Louise*, b [2] 15 déc. 1791; s [2] 11 fevrier 1792.

1788.
ROCHERON, Jacques.
Poitras, Marie.
Jacques, b 7 janvier 1789, à St-Augustin. [3] — *Raphael*, b [3] 11 juillet 1790.—*Thérèse*, b [3] 11 fevrier 1792.—*Louise*, b [3] 11 nov. 1794.

1791, (28 février) St-Augustin.[4]
IV.—ROCHERON, JACQUES. [RAPHAEL III.
VERRET, Marguerite. [YVES.
Raphael, b [4] 20 oct. 1793.

ROCHETTE.—*Surnom :* LAFONTAINE.

1757, (16 mai) Montréal.
I.—ROCHETTE (1), ETIENNE, b 1717, soldat; fils d'Etienne et de Madeleine Meure, de St-Nicolas, Grenoble; s 9 mai 1780, à l'Ile-aux-Coudres.
ROUSSEAU, Marie-Françoise, [JEAN-BTE I.
b 1738.
Marie-Amable, b 10 nov. 1760, à Longueuil.

1778.
ROCHETTE, CHARLES.
GAUDIN, Madeleine.
Michel, b 1779; s 8 juillet 1791, à St-Augustin.

ROCHEVILLE.—Voy. CASAUBON.

ROCHON.—Voy. ROCHERON.

ROCHOUARD.—Voy. BOUCHARD—CHOUART.

ROCLOFF.—*Surnom :* VAN DE WERKEN.

1708, (31 dec.) Montréal.[4]
I.—ROCLOFF (2), HENRI, b 1683; fils de Gérard et de Gertrude Tariksen, de Halvemann, Nouvelle-Hollande.
POUPART, Marie, [RENÉ I.
b 1686.
Charlotte, b [4] 20 mars 1708.

ROCOUX.—Voy. ROUCOUX.

ROCQ—*Variations et surnom :* LAROCQUEBRUNE—RAUQUE—LALANCETTE.

1722.
II.—ROCQ (3), FRANÇOIS, [PHILBERT I.
b 1686.
GRENON (4), Marie-Joseph, [PIERRE I.
b 1688.
Marie, b... m 16 janvier 1751, à Noël GODARD-LAPOINTE, à St-Michel-d'Yamaska.[5]—*Alexis*, b 24 janvier 1727, à St-Ours; m [5] 8 janvier 1753, à Catherine GODARD-LAPOINTE.—*Catherine*, b... m [5] 8 janvier 1753, à Alexis ROCQ.—*Isabelle* (*Elisabeth-Amable*), b [5] 20 juillet 1733; m 30 août 1757, à Antoine LATOUR, à Berthier, M.

1753, (8 janvier) St-Michel-d'Yamaska.[6]
III.—ROCQ (5), ALEXIS, [FRANÇOIS II.
b 1727.
GODARD-LAPOINTE, Catherine, [NOEL II.
b 1732.
Agathe, b... s [6] 22 avril 1758.—*Marie-Angélique*, b [6] 3 oct. 1763.—*Joseph*, b [6] 20 janvier 1765.

1763, (4 oct.) St-Michel-d'Yamaska.
I.—ROCQ (1), JACQUES, fils de Jacques et de Marie-Anne Tessier, de Notre-Dame-de-Villefranche, diocèse d'Alby, Languedoc.
GIGUÈRE, Agathe, [LOUIS III.
b 1742.

ROCQUE.—*Surnom :* FUSEAU.

1774.
ROCQUE (2), ANTOINE-SULPICE.
TELLIER, Geneviève.
Antoine-Sulpice, b 7 oct. 1775, à St-Cuthbert.[7]—*Marie-Julie*, b [7] 8 déc. 1780.—*Joseph-Antoine*, b [7] 19 mars 1786.—*Jean-Baptiste*, b [7] 21 février 1790.

ROCQUETAILLADE.—Voy. GODFROY.

1760, (17 nov.) Ste-Famille, I. O.[8]
I.—ROCRAY (3), JEAN, b 1733; fils de Nicolas et de Jeanne Ferret, de Lizieux, Normandie.
1° DEBLOIS, Angélique, [GERMAIN II.
b 1718; veuve de Pierre Serand; s [8] 28 avril 1770.
1777, (7 avril) Québec.
2° SAVARD, Marie-Anne, [CHARLES III.
b 1755.

RODDE.—*Variations et surnom :* RODE—RODES—RODET—LANDEAU.

I.—RODDE, ANTOINE.
SERISIÉ, Jeanne.
Pierre, b 1735; m 19 avril 1762, à Therèse-Brigitte ALAIN, à Lorette; s 27 avril 1777, à Quebec. — *Marie*, b 10 mai 1750, au Cap-St-Ignace.

1757, (15 nov.) Lévis.[6]
I.—RODDE, PIERRE, fils d'Emeric et de Jeanne Lambert, de Lestignac, diocèse de Sarlat, Guienne.
GUAY, Geneviève, [CHARLES III.
b 1734.
Marie-Geneviève, b [6] 6 déc. 1758.

1759, (19 fevrier) St-Augustin.[1]
I.—RODDE (4), JOSEPH, fils de Jean et de Madeleine Avouenne, de Vasselon, Alsace.
AMIOT, Marie-Madeleine, [ETIENNE III.
veuve de Charles Cottin.
Marie-Louise, b [1] 14 août 1761.

(1) Dit Lafontaine.
(2) Dit Van de Werken.
(3) Pour Larocquebrune, voy. vol. V, p. 172.
(4) Laviolette.
(5) Et Larocquebrune, voy. vol. V, p. 174.

(1) Et Rauque dit Lalancette.
(2) Dit Fuseau.
(3) Grenadier du regiment de Berry.
(4) Dit Landeau; soldat de la Reine, compagnie de Paschales.

1762, (19 avril) Lorette. [2]

II.—RODDE, Pierre, [Antoine I.
b 1735; s 27 avril 1777, à Québec.
Alain, Thérèse-Brigitte, [Joseph III.
b 1740.
Antoine, b [2] 7 sept. 1763.—*Pierre*, b [2] 25 juillet 1764.—*Pierre*, b 21 mars 1770, à Ste-Foye.

1787, (8 juin) Détroit.

I.—RODDE, Gérard, fils de Joseph et d'Elisabeth Densefort, de Bordeaux, Guienne.
Rivard, Marie-Joseph. [Antoine.

RODE.—Voy. Rodde.

RODEAU.—Voy. Roseau.

RODES.—Voy. Rodde.

RODET.—Voy. Rodde.

RODIER.—*Surnoms :* Lafleur—St. Martin.

1748, (8 janvier) Québec.

I.—RODIER (1), Jacques, fils de Jean et de Marie Morel, de St-Cyr, diocèse de Chartres, Beauce.
Laurent-Lortie, Charlotte, [Jean-Bte II.
b 1717.

1754, (22 juillet) Montréal.

I.—RODIER (2), Jean, b 1718, soldat; fils d'Antoine et de Claire Bontour, de Sinard, diocèse de Die, Dauphine.
Dumay, Marie-Madeleine, [Nicolas III
b 1736.

1763, (10 janvier) Montréal.

I.—RODIER, Pierre, b 1734; fils de François et de Marie Dunière, de St-Andre-d'Oranges, Dauphine.
Vallee, Marie, [Barthélemi-Etienne I.
b 1736.

RODRIGUE.—*Variation :* Rodriguez.

1671, (28 oct.) Quebec. [2]

I.—RODRIGUE (3), Jean,
b 1650; s 15 nov. 1720, à Beauport. [3]
LeRoy, Anne.
Pierre-Jean, b [2] 21 août 1672; m 1712, à Anne Bellisle.—*Vincent*, b [3] 10 août 1681; m [3] 11 janvier 1707, à Rodrigue Giroux, s [3] 31 juillet 1726. —*Jacques*, b [3] 27 mai 1685; m 1717, à Geneviève Caron; s 18 août 1752, au Cap-St-Ignace.

1703, (22 nov.) Beauport. [9]

II.—RODRIGUE, René, [Jean I.
b 1678; s [9] 23 mars 1715.
Dauphin (4), Elisabeth, [René II.
b 1687.
René-Joseph, b [9] 29 août 1704; m [9] 29 avril 1731, à Marguerite Pepin.—*Marie*, b [9] 16 mai 1706; m [9] 19 nov. 1731, à Noël Giroux.—*Geneviève*, b [9] 19 janvier 1708; m [9] 28 août 1724, à Jacques Glinel; s [9] 12 février 1730.—*Jean*, b [9] 29 déc. 1709; s [9] 22 août 1710.—*Jean*, b [9] 27 août 1711; 1° m [9] 7 mai 1731, à Dorothée Fougère; 2° m 12 nov. 1759, à Marie Boulet, à St-Joseph, Beauce.—*Louis*, b [9] 12 avril et s 22 juillet 1714, à Lorette.

1707, (11 janvier) Beauport. [2]

II.—RODRIGUE, Vincent, [Jean I.
b 1681; s [2] 31 juillet 1726.
Giroux (1), Angélique, [Toussaint I.
b 1688.
Madeleine-Angélique, b [2] 25 déc. 1707; m [2] 12 mai 1727, à Pierre Grète.—*Vincent*, b [2] 30 mars 1709; s [2] 7 février 1727.—*Marie-Thérèse*, b [2] 9 mai 1711; m [2] 31 juillet 1741, à Pierre Bélanger; s 8 déc. 1741, à Quebec. [8]—*Marguerite*, b [2] 21 mai et s [2] 2 juin 1712.—*Louis*, b [2] 30 août 1713; m [2] 3 fevrier 1738, à Françoise Binet.—*Barthélemi*, b [2] 24 août 1715; m [2] 3 fevrier 1739, à Marguerite Lépinay.—*Geneviève-Louise*, b [2] 28 août 1717; m 7 nov. 1740, à Joseph Bonhomme, à la Longue-Pointe.—*Marie-Madeleine*, b [2] 17 sept. 1719; s [3] 4 mai 1733.—*Marie-Françoise*, b [2] 29 juillet 1721; 1° m [2] 13 juin 1740, à Guillaume Létourneau; 2° m 7 janvier 1766, à Jean Gagné, à St-Joseph, Beauce.—*Ignace*, b 1722; m [2] 8 janvier 1748, à Madeleine Lépinay.—*Isaac*, b [2] 27 mai 1724.—*Pierre*, b [2] 17 mai 1726; m [2] 21 février 1746, à Marie-Cecile Tibaut; s [2] 6 juin 1771.

1712.

II.—RODRIGUE, Pierre-Jean, [Jean I.
b 1672.
Bellisle, Anne.
Jean-François, b 24 août 1713, à Québec.

1717.

II.—RODRIGUE, Jacques, [Jean I.
b 1685; s 18 août 1752, au Cap-St-Ignace. [4]
Caron, Geneviève, [Jean II.
b 1677; veuve de Jean Bernier; s [4] 9 janvier 1746.
Jacques, b [4] 24 sept. 1718; m [4] 20 juillet 1744, à Madeleine Lemieux; s [4] 18 mars 1755.

1731, (29 avril) Beauport.

III.—RODRIGUE, René-Joseph, [René II.
b 1704.
Pepin (2), Marguerite, [Jean II.
b 1697; veuve d'André Parant.

1731, (7 mai) Beauport. [7]

III.—RODRIGUE, Jean, [René II.
b 1711.
1° Fougère, Dorothée, [Pierre I.
b 1707; veuve de François Vachon; s 23 nov. 1758, à St-Joseph, Beauce. [8]

(1) Dit Lafleur.
(2) Dit St. Martin.
(3) Voy. vol. I, p. 525.
(4) Elle épouse, le 11 nov. 1715, Ignace De l'Epinay, à Beauport.

(1) Elle épouse, le 15 février 1729, Jacques Paradis, à Beauport.
(2) Elle épouse, le 20 janvier 1732, Joseph Grenier, à Beauport.

Louis-Marie, b [7] 30 avril 1732.—*Jean-Baptiste*, b [7] 10 juin 1734; s [7] 9 avril 1736.—*Jean-Baptiste*, b [7] 1er sept. 1736.—*Marie-Madeleine*, b [7] 28 mars 1739; m [8] 26 fevrier 1759, à Augustin Veilleux. —*François*, b [7] 7 nov. 1741; m [8] 18 avril 1768, à Marie-Angélique Racine.—*Pierre*, b [7] 2 nov. 1743; m [8] 27 janvier 1766, à Marie-Joseph Jobin.—*Marie-Angélique*, b [8] 25 déc. 1745; s [8] 26 nov. 1755.—*Marie-Louise*, b... m à Jean Busque.—*Angélique*, b... m [8] 25 janvier 1762, à Joseph Poulin.—*Charles*, b 1751; m [8] 6 fevrier 1775, à Marie-Angélique Poulin.

1759, (12 nov.) [8]

2° Boulet, Marie, [Pierre III.
b 1736.

Joseph, b [8] 22 avril 1761.—*Marie-Joseph*, b [8] 12 juillet 1763.—*Jean-Marie*, b [8] 15 nov. 1767.

1738, (3 février) Beauport. [9]

III.—RODRIGUE, Louis, [Vincent II.
b 1713.

Binet, Françoise, [Nicolas II.
b 1714.

Marie-Angélique, b [9] 25 mai 1739; m [9] 18 février 1754, à Charles Mailloc.—*Marie-Marguerite*, b [9] 17 sept. 1743; s [9] 11 avril 1744.—*Louis-Barthélemi*, b [9] 30 sept. et s [9] 17 oct. 1745.—*Marie-Françoise*, b [9] 30 sept. 1745; m [9] 8 fevrier 1762, à Joseph Garneau.

1739, (3 février) Beauport.

III.—RODRIGUE, Barthelemi, [Vincent II.
b 1715.

Lépinay, Marguerite, [Ignace II.
b 1721.

1744, (20 juillet) Cap-St-Ignace. [4]

III.—RODRIGUE, Jacques, [Jacques II.
b 1718; s [4] 18 mars 1755.

Lemieux (1), Madeleine, [Louis II.
b 1724.

Joseph, b [4] 12 mai 1746; 1° m à Marie-Elisabeth Fortin; 2° m 8 mai 1781, à Claire Cloutier, à l'Islet.—*Marie-Louise*, b [4] 4 août 1747.—*Marie-Madeleine*, b [4] 27 juin 1749; s [4] 30 dec. 1750.—*Charles*, b [4] 31 oct. 1750.—*Louis*, b [4] 5 mars 1752. —*Jean-François*, b [4] 2 fevrier 1754.

1746, (21 fevrier) Beauport. [5]

III.—RODRIGUE, Pierre, [Vincent II.
b 1726; s [5] 6 juin 1771.

Tibaut, Marie-Cecile, [Louis II.
b 1724.

Louise-Cécile, b [5] 22 déc. 1746; s [5] 5 janvier 1747.—*Pierre*, b [5] 30 oct. 1747.—*Marguerite*, b [5] 21 mars et s [5] 23 mai 1752.—*Marie-Barbe*, b [5] 25 avril et s [5] 11 juillet 1753.—*Marie-Angélique*, b [5] 4 juillet 1754.—*Anonyme*, b [5] et s [5] 12 nov. 1755.—*Joseph*, b [5] 12 oct. et s [5] 26 nov. 1756.—*Marie-Barbe*, b [5] 3 et s [5] 20 fevrier 1758.—*Pierre-Augustin*, b [5] 18 sept. et s [5] 19 dec. 1759.—*Marie-Charlotte*, b [5] 25 avril 1761.—*Marie-Madeleine*, b [5] 3 oct. 1762.

1748, (8 janvier) Beauport. [6]

III.—RODRIGUE, Ignace, [Vincent II.
b 1722.

Lépinay, Madeleine, [Ignace II.
b 1726.

Marie-Madeleine, b [6] 31 mars et s [6] 20 mai 1755. —*Marie-Louise*, b 10 juin 1757, à Lanoraie [7]; s [7] 3 oct. 1758.—*Louis*, b [7] 15 janvier 1759.—*Ignace*, b 1er oct. 1760, à Lavaltrie.

1751.

I.—RODRIGUE, Bernard, navigateur.

Eriver, Marie-Antoinette, Espagnole.

Marie-Marguerite, b 1er mars 1752, à Québec.

1755, (3 février) Soulanges. [7]

I.—RODRIGUE, Sébastien, fils de Jean et de Marie Rodrigue, de Ste-Marie, diocèse d'Eure.

1° Prieur, Amable-Charlotte, [Pierre I.
s [7] 1er dec. 1755.

Edouard, b [7] 13 nov. et s [7] 1er dec. 1755.

1757, (21 février). [7]

2° Parant, Marie-Anne. [Etienne-Joseph II.

Jean-Sébastien, b [7] 28 dec. 1757.—*Marie-Anne*, b [7] 2 sept. 1759.—*Angélique-Amable*, b [7] 20 fevrier 1762.

1766, (27 janvier) St-Joseph, Beauce. [6]

IV.—RODRIGUE, Pierre, [Jean III.
b 1743.

Jobin, Marie-Joseph, [Jean-Charles III.
b 1743.

Marie-Joseph, b [6] 5 fevrier 1769.—*Pierre*, b [6] 10 avril 1774.—*Jean-Baptiste*, b [6] 12 mai 1776; s [6] 3 février 1778.—*Marie-Charlotte*, b [6] 29 mars 1778.

1768, (18 avril) St-Joseph, Beauce. [2]

IV.—RODRIGUE, François, [Jean III.
b 1741.

Racine, Marie-Angélique, [Etienne IV.
b 1747; s [2] 28 juillet 1777.

François, b [2] 3 avril 1768, s [2] 18 mars 1773.—*Marie-Charlotte*, b [2] 21 janvier 1770.

1775, (6 fevrier) St-Joseph, Beauce. [1]

IV.—RODRIGUE, Charles, [Jean III.
b 1751.

Poulin, Marie-Angélique, [Pierre IV.
b 1760.

Charles, b [1] 27 avril et s [1] 12 mai 1776.—*Marie-Angélique*, b [1] 29 juin 1777.—*Marie-Joseph*, b [1] 5 sept. 1779.

RODRIGUE, Michel.

Drouin, Catherine, [Joseph IV.
b 1754; s 11 sept. 1827, à Beaumont.

(1) Elle épouse, le 17 janvier 1759, Jean-Baptiste Simoneau, au Cap-St-Ignace.—Au vol. V, p. 327, on voit qu'elle est la fille de Joseph-Alexis Lemieux et de Geneviève Fortin; c'est une erreur. Elle est, au contraire, la fille de Louis Lemieux et de Geneviève Fortin. (Voy. même page.)

1776, (14 oct.) Québec.[3]
IV.—RODRIGUE, Joseph, [Jacques III.
b 1746.
1° Fortin, Marie-Elisabeth, [Joseph III.
b 1751; s[3] 4 mai 1779.
1781, (8 mai) Islet.
2° Cloutier, Claire, [Pierre V.
b 1758.

RODRIGUE, Augustin,
b 1783; s (1) 8 juin 1819, à St-Jean-Deschaillons.[1]
Gaudreau, Apolline.
Toussaint, b 1812; s[1] (1) 8 juin 1819.

RODRIGUEZ.—*Variation :* Rodrigue.

1749, (28 avril) Deschambault.[2]
I.—RODRIGUEZ, Pierre, b 1714; fils d'Emmanuel et de Marie Fressaud, de St-Joseph, diocèse de Tolède, Espagne; s[2] 13 avril 1759.
Perron (2), Marie-Louise, [Gaspard III.
b 1727.
Marie-Louise, b[2] 14 février 1750. — *Marie-Joseph*, b[2] 5 février 1752; m à Louis-Joseph Robert-St. Amant; s[2] 14 avril 1789.—*Pierre*, b[2] 23 mars 1753; m[2] 3 mars 1783, à Angélique Robert-St. Amant.— *Marie-Marguerite*, b[2] 27 avril 1754. — *Marie-Ursule*, b[2] 28 mai 1756. — *Michel*, b[2] 24 sept. 1758; s[2] 21 juin 1759.

1783, (3 mars) Deschambault.
II.—RODRIGUEZ, Pierre, [Pierre I.
b 1753.
Robert-St. Amant, Angélique, [Ls-Joseph II.
b 1756.

ROGER.— *Variations et surnoms :* Derogé — Rogers— De Franfleur — Deschamps — De Villers—Labrie—Latouche.

1669, (30 oct.) Québec.
I.—ROGER (3), Gabriel.
De la Cour, Marie.
Joseph, b 1er mai 1676, à Ste-Famille, I. O.; 1° m 20 avril 1694, à Marie-Reine Marceau, à St-François, I. O.; 2° m 23 oct. 1724, à Marie Cochon, à St-Antoine-Tilly; s 28 avril 1738, à St-Nicolas.

1694, (20 avril) St-François, I. O.[1]
II.—ROGER (3), Joseph, [Gabriel I.
b 1676; s 28 avril 1738, à St-Nicolas.[2]
1° Marceau, Marie-Reine, [François I.
b 1676; s[2] 2 janvier 1724.
Jeanne, b 27 déc. 1698, à St-Jean, I. O.; m[2] 2 mai 1724, à Joseph Huot.— *Marie-Louise*, b... s[1] 10 sept. 1708. — *Marie-Anne*, b 1718; m 4 février 1737, à Charles-François Daigle, à St-Antoine-Tilly[3]; s[3] 18 avril 1758. — *Gabriel*, b[1] 30 avril 1719; 1° m 1746, à Marie-Charlotte Boucher; 2° m[3] 5 sept. 1763, à Marie-Charlotte Bergeron.
1724, (23 oct.)[3]
2° Cochon, Marie, [Jacques II.
b 1685; s[2] 7 janvier 1736.
Marie-Joseph, b[3] 10 nov. 1725; m[2] 1er juillet 1743, à Claude Paré.

1709, (28 oct.) Montréal.[4]
I.—ROGER (1), Louis, b 1668; fils de Toussaint et de Geneviève Roy, de Lagny-sur-Marne, diocèse de Paris; s 3 juillet 1734, à la Longue-Pointe.
Benoit, Marie-Anne, [Gabriel I.
b 1669; veuve de Michel Parant.
Marie-Thérèse, b[4] 18 oct. 1710. — *Charles-François*, b[4] 3 août 1712 — *Jean-Baptiste*, b 21 avril et s 25 mai 1714, à la Pte-aux-Trembles, M.

1731, (4 mai) Québec.[2]
I.—ROGER, Jean-Louis, fils de François et de Jeanne Marvant, de Languirie, diocèse de Vannes, Bretagne.
Couillaud, Marie-Anne-Barbe, [Philibert I.
b 1681; veuve de Julien Gardet.
Marie-Anne, b[2] 16 avril 1732; s[2] 30 mars 1733.— *Marie-Madeleine*, b[2] 11 oct. 1734; s[2] 13 sept. 1736.

1736, (22 oct.) Sault-au-Recollet.[3]
III.—ROGER, Joseph, [Joseph II.
b 1704; s[d] 12 mai 1747.
Leblanc (2), Suzanne, [Charles II.
b 1716.
Joseph, b[3] 6 nov. 1737 — *Charles*, b[3] 8 nov. 1741.—*Louis-François*, b[3] 23 mars 1744; m 30 janvier 1769, à Marie-Louise Leblanc, à Montréal.—*Jean-Baptiste*, b[3] 30 nov. 1746; s[d] 13 mai 1748.

1741, (30 oct.) Québec.[2]
I.—ROGER (3), Pierre.
Cadoret, Marie-Anne, [Pierre II.
b 1723.
Marie-Anne, b[2] 23 août 1742; m 12 janvier 1761, à François Liandra, à Montréal.

1746.
III.—ROGER, Gabriel, [Joseph II.
b 1719.
1° Boucher, Marie-Charlotte, [Jean-Frs IV.
b 1726; s 19 août 1760, à St-Antoine-Tilly[7]
Marie-Charlotte, b[7] 12 février 1747, m[7] 12 nov. 1764, à Charles Gingras —*Marie-Geneviève*, b[7] 21 avril et s[7] 28 sept. 1749. — *Judith*, b[7] 29 août 1750; s[7] 14 oct. 1755. — *Marie-Catherine*, b[7] 23 sept. 1752; s[7] 25 avril 1756. — *Etienne*, b[7] 9 août 1754. — *Gabriel*, b[7] 8 oct. 1756. — *Gabriel*, b[7] 26 janvier 1758.

(1) Tué par le tonnerre.
(2) Elle épouse, le 2 nov. 1760, Jean-François Guste, à Deschambault.
(3) Voy. vol. I, p. 526.

(1) Dit Labrie.
(2) Elle épouse, le 15 juillet 1748, Louis Brisebois, au Sault-au-Récollet.
(3) Pour Pierre-Roger Deschamps, voy. vol. III, p. 366.— Roger, nom de baptême, est devenu nom de famille.

1763, (5 sept.) [7]
2° BERGERON, Marie-Charlotte, [JEAN II.
b 1717 ; veuve de Pierre-Charles Gingras.
Pierre, b [7] 15 oct. 1763.

1749, (7 juillet) Québec. [6]
I.—ROGER (1), PIERRE, sergent et chirurgien ; fils d'Antoine (notaire-royal) et de Marguerite Delavarre, de Vannes, Bretagne.
GUAY, Marie-Anne (2), [MATHIEU II.
b 1717.
Angélique-Catherine, b [6] 15 oct. 1749 ; m 24 oct. 1768, à Louis-Joseph PARMENTIER, à la Baie-du-Febvre. — *Pierre*, b [6] 1er mai 1751. — *Marie-Louise*, b [6] 1er nov. 1752. — *Jean-Barthélemi*, b [6] 18 et s 29 août 1754, à St-Augustin. — *Nicolas*, b [6] 14 février et s [6] 16 mars 1756.— *Joseph*, b [6] 2 sept. 1759.

1758, (7 janvier) Montréal. [4]
I.—ROGER, FRANÇOIS, b 1728 ; fils de Jacques et de Rose Huot, de St-Pierre-de-Châlons, diocèse du Mans, Maine.
1° BOUTIN, Marie-Jeanne, [PIERRE III.
b 1738.
1760, (10 nov.) [4]
2° LATOUCHE (3), Scholast.-Amable, [JEAN I.
b 1729, veuve de Paul Auger.

1758, (31 mars) Soulanges.
ROGER, PIERRE.
DAGEN, Catherine.

1769, (30 janvier) Montréal.
IV.—ROGER, LOUIS-FRANÇOIS, [JOSEPH III.
b 1744.
LEBLANC, Marie-Louise, [JACQUES III.
b 1746.

ROGERI.—Voy. ROGERY.

ROGERIE.—Voy. ROGERY.

ROGERS.—Voy. ROGER.

ROGERY.—*Variations :* ROGERI—ROGERIE.

1747, (14 janvier) Pte-aux-Trembles, M.
I.—ROGERY, JEAN, fils de Jacques et de Nicole Lehoyer, de St-Ursin, diocèse de Coutances, Normandie.
MERSAN, Elisabeth, [FRANÇOIS II.
b 1719.
Jean-Baptiste, b 12 mars 1753, à Lavaltrie. [4] — *Marie-Elisabeth*, b [4] 5 mai 1755.—*Marie-Joseph*, b [4] 12 sept. 1757 ; s [4] 2 nov. 1758.

(1) Aussi appelé Derogé, voy. vol III, p. 353.
(2) Baptisée Jeanne.
(3) Soupras.

1749, (4 nov.) Berthier.
I.—ROGERY (1), JEAN-BTE, fils de Jean et de Jeanne Paré, de St-Planché, diocèse de Coutances, Normandie.
1° LAUNAY (2), Agathe-Angél., [FRS-NICOLAS I.
b 1730.
Marguerite, b 1758 ; s 11 juillet 1761, à l'Hôpital-Général, M. [5] — *Marie-Joseph*, b 1760 ; s [5] 13 avril 1761.
1761, (19 sept.) Laprairie.
2° TIBAUT, Marguerite, [PIERRE.
b 1722 ; veuve de Guillaume Lemaître.

ROGERY, JEAN-BTE.
MASSÉ, Marie.
Marie-Joseph, b 20 août 1752, à St-Antoine-Tilly.

ROGNON.—*Variation et surnom :* ROIGNON—LAROCHE.

1670, (14 sept.) Quebec. [6]
I.—ROGNON (3), MICHEL,
b 1639 ; s 10 nov. 1684, à la Pte-aux-Trembles, Q. [7]
LAMAIN (4), Marguerite.
Charles, b [6] 26 fevrier 1673 ; 1° m [6] 9 nov. 1699, à Marie-Anne MARTEL ; 2° m 2 juillet 1703, à Marie-Charlotte HUOT, à St-Antoine-Tilly ; s 22 janvier 1718, à St-Augustin.—*Denis*, b [6] 20 oct. 1674 ; m [7] 16 fevrier 1700, à Marie CHIRON ; s [7] 31 dec. 1746.—*Guillaume*, b [6] 2 nov. 1676 ; 1° m à Marie-Angelique HOUDE ; 2° m 8 janvier 1731, à Marie-Madeleine GIRARD, à Lotbinière ; s 16 mars 1750, à Ste-Croix.

1699, (9 nov.) Québec.
II.—ROGNON (3), CHARLES, [MICHEL I.
b 1673 ; s 22 janvier 1718, à St-Augustin.
1° MARTEL, Marie-Anne, [HONORÉ I.
b 1683 ; s 21 fevrier 1703, à St-Antoine-Tilly. [2]
Marie-Charlotte, b 28 oct. 1701, à la Pte-aux-Trembles, Q. [3] ; s [2] 6 janvier 1702.—*Anonyme*, b [2] et s [2] 21 fevrier 1703.
1703, (2 juillet). [2]
2° HUOT, Marie-Charlotte, [NICOLAS I.
b 1672.
Anonyme, b et s 22 avril 1704, à Ste-Anne.—*Charles*, b 8 mai 1705, à L'Ange-Gardien ; m [3] 5 sept. 1731, à Marie-Angélique MATHIEU ; s [3] 25 janvier 1777.—*Marie-Anne*, b [3] 12 mars 1708 ; s [4] 25 juillet 1709.—*Joseph*, b [3] 24 fevrier 1710 ; m 1745, à Marie-Joseph DUBOIS. — *Gabriel*, b [3] 23 sept. 1712 ; s [3] 10 dec. 1713.

II.—ROGNON (5), GUILLAUME, [MICHEL I.
b 1676 ; s 16 mars 1750, à Ste-Croix. [6]
1° HOUDE, Marie-Angelique,
b 1685 ; s 23 avril 1727, à Lotbinière. [7]

(1) Et Rogeri—Rogerie.
(2) Et Baudoin ; sa mère était veuve de Louis Baudoin
(3) Dit Laroche ; voy. vol. I, p. 526.
(4) Elle épouse, le 8 janvier 1685, Pierre Mercier, à la Pte aux-Trembles, Q.
(5) Dit Laroche.

Marie-Jeanne, b... m [6] 3 fevrier 1728, à François BIRON.—*Marie-Louise*, b... m [6] 13 fevrier 1730, à Jacques BIRON.—*Françoise*, b 1709; m [7] 20 janvier 1727, à Joseph MAROT-LABONTÉ.—*Michel*, b 1710; m [4] 7 janvier 1732, à Marie-Joseph DENEVERS. — *Jean-Baptiste*, b [7] 17 juin 1719; m à Suzanne CHORET.—*Gervais*, b [7] 29 mars 1722.—*Anonyme*, b [7] et s [7] 15 avril 1727.

1731, (8 janvier). [7]

2° GIRARD, Marie-Madeleine, [PIERRE I.
b 1674; veuve de Daniel Denevers.

1700, (16 février) Pte-aux-Trembles, Q. [9]

II.—ROGNON, DENIS, [MICHEL I.
b 1674; s [9] 31 déc. 1746.

CHIRON, Marie, [LOUIS I.
b 1674; s [9] 26 avril 1748.

Marie-Françoise, b [9] 3 déc. 1700; m [9] 19 nov. 1736, à Nicolas CROTEAU. — *Louis-Joseph*, b [9] 28 oct. 1702; s [9] 30 janvier 1703. — *Louis-Joseph*, b [9] 11 et s [9] 14 janvier 1704.—*Jean-François*, b [9] 10 avril et s [9] 3 mai 1705.— *Marie-Louise*, b [9] 24 août 1706; s [9] 15 juillet 1738. — *Marie-Thérèse*, b [9] 26 mai 1709; m [9] 19 nov. 1736, à Claude BERGERON —*Marie-Charlotte*, b [9] 8 nov. 1711; s [9] 16 sept. 1713. — *Marie-Charlotte*, b [9] 12 mars 1714; m [9] 3 février 1739, à Jean-Baptiste HOUDE. — *Marie-Madeleine*, b [9] 12 mars 1714; m [9] 9 février 1733, à Pierre GARNIER; s [9] 30 mai 1748.

1707, (30 août) Pte-aux-Trembles, Q. [5]

II.—ROGNON, LOUIS, [MICHEL I.
b 1683.

GRENON (1), Marie-Anne, [PIERRE I.
b 1686.

Louis-Joseph, b [5] 3 nov. 1708; m 19 juin 1730, à Louise CROTEAU, à St-Antoine-Tilly [6]; s [6] 12 nov. 1754. — *Louise*, b 24 mars 1711, à St-Nicolas [7], m [6] 25 nov. 1727, à Jean BARON.— *Marie-Anne*, b 21 février 1713, à la Pte-aux-Trembles, Q. [8] — *Louis*, b [8] 13 mars 1715; m [6] 7 mai 1741, à Marie-Joseph CROTEAU. — *François*, b [8] 18 avril 1717; m [8] 24 nov. 1737, à Marguerite GRENIER; s [6] 16 janvier 1775. — *Antoine*, b 1718; m [6] 26 juin 1741, à Marie-Charlotte HOUDE.

1730, (19 juin) St-Antoine-Tilly. [1]

III.—ROGNON, LOUIS-JOSEPH, [LOUIS II.
b 1708; s [1] 12 nov. 1754.

CROTEAU, Louise (2), [CHARLES II.
b 1715; s [1] 27 janvier 1755.

Marie-Joseph, b [1] 27 oct. 1731.— *Louis-Joseph*, b [1] 8 sept. 1733; m [1] 16 janvier 1758, à Marie-Joseph HOUDE. — *Marie-Louise*, b... m [1] 15 nov. 1756, à Jacques CROTEAU.— *Marie-Françoise*, b [1] 29 janvier 1737; m [1] 21 janvier 1759, à François HOUDE. — *Angélique-Louise*, b [1] 14 nov. 1738, m [1] 10 janvier 1757, à Jean-François HOUDE.— *Marie-Elisabeth*, b [1] 5 mars 1741. — *Jean-Baptiste*, b [1] 17 avril 1743. — *Marie-Françoise*, b [1] 5 mai 1745; m [1] 16 mai 1763, à Pierre-François MAROT. — *Charles*, b [1] 27 janvier et s [1] 27 oct. 1747.—*Véronique*, b [1] 2 janvier 1750.—*François*, b [1] 29 juillet 1752; s [1] (noye dans un puits) 15 juin 1755.

(1) Elle épouse, le 17 nov. 1721, Jacques Barron, à St-Antoine-Tilly

(2) Aussi appelée Anne-Marie-Françoise.

1731, (3 sept.) Pte-aux-Trembles, Q. [2]

III.—ROGNON, CHARLES, [CHARLES II.
b 1705; s [2] 25 janvier 1777.

MATHIEU, Marie-Angélique, [NICOLAS II.
b 1716.

Angélique, b 1732; m [2] 20 janvier 1766, à Jean GOULET. — *Jean-Baptiste*, b [2] 27 oct. 1733; m [2] 2 fevrier 1756, à Felicité JEAN-DENIS. — *Charles*, b [2] 12 fevrier 1736; m [2] 24 nov. 1760, à Helène GOULET.— *François-de-Sales*, b [2] 22 déc. 1737; m 24 août 1767, à Catherine LÉVEILLÉ, aux Ecureuils [3]; s [2] 30 nov. 1774.— *Marie-Françoise*, b [2] 9 et s [2] 15 mars 1740.—*Anonyme*, b [2] et s [2] 11 mars 1740. — *Augustin*, b [2] 19 juillet 1741. — *Marie-Charlotte*, b 1742; s [2] 27 janvier 1750. — *Thierry*, b [2] 17 fevrier 1744; m [3] 16 janvier 1769, à Marie-Joseph LÉVEILLÉ. — *Nicolas*, b [2] 25 avril et s [2] 10 mai 1746. — *Marie-Angélique*, b [2] 16 juillet 1747.—*Joseph*, b 1749; m [3] 28 avril 1777, à Madeleine GAUDIN. — *Marie-Anne*, b [2] 26 mars 1751. — *Michel*, b [2] 22 sept. 1757; m [2] 23 février 1778, à Marie-Joseph GRÉGOIRE.

1732, (7 janvier) Ste-Croix. [4]

III.—ROGNON, MICHEL, [GUILLAUME II.
b 1710.

DENEVERS (1), Marie-Joseph, [FRANÇOIS III.
b 1709.

Marie-Joseph, b [4] 1er oct. 1732; m 17 mars 1762, à François HOULE, aux Trois-Rivières. — *Jean-Baptiste*, b 1734; m [4] 14 sept. 1754, à Marie-Catherine LAMBERT.— *Françoise*, b 1746; s [4] 1er oct. 1749.

1737, (24 nov.) Pte-aux-Trembles, Q.

III.—ROGNON, FRANÇOIS, [LOUIS II.
b 1717; s 16 janvier 1775, à St-Antoine-Tilly. [9]

GARNIER, Marguerite, [ETIENNE II.
b 1709.

Jean-François, b [9] 19 oct. 1738; s [9] 7 fevrier 1748.—*Charles*, b [9] 31 août 1740; m 1763, à Marie-Joseph DENEVERS.—*Joseph*, b [9] 27 janvier et s [9] 29 juillet 1742.—*Louis-Joseph*, b [9] 13 mai et s [9] 22 nov. 1744.—*Antoine*, b [9] 9 avril 1746; m [9] 23 fevrier 1767, à Marie-Françoise COULOMBE.— *Toussaint*, b [9] 29 juin et s [9] 19 dec. 1750.—*Louis-François*, b [9] 28 juin 1754.

1741, (7 mai) St-Antoine-Tilly. [8]

III.—ROGNON, LOUIS, [LOUIS II.
b 1715.

CROTEAU, Marie-Joseph, [PIERRE II.
b 1723; s [8] 7 avril 1760.

Louis-Joseph, b [8] 29 juillet 1743; s [8] 3 nov. 1744.—*Marie-Joseph*, b [8] 20 sept. 1745.—*Louis*, b [8] 10 avril 1748. — *Marie-Joseph*, b [8] 9 fevrier 1751.—*Louis-Joseph*, b [8] 14 nov. 1753 —*Marie-*

(1) Elle épouse, en 1748, Joseph Hamel.

Anne, b [8] 16 mars 1756. — *Jean-François*, b [8] 7 mars 1758.

1741, (26 juin) St-Antoine-Tilly. [7]

III.—ROGNON, ANTOINE, [LOUIS II. b 1718.

HOUDE, Marie-Charlotte, [CLAUDE II. b 1716.

Marie-Charlotte, b [7] 15 et s [7] 16 avril 1742.—*Marie-Charlotte*, b [7] 8 avril 1743.—*Antoine-Marie*, b [7] 31 mai et s [7] 13 juillet 1745.—*Jean-Baptiste*, b [7] 14 juin 1746; s [7] 15 août 1747.—*Antoine*, b [7] 18 juin 1748; s [7] 21 sept. 1749.—*Jean-Baptiste*, b [7] 31 août 1750.—*Marie-Joseph*, b [7] 20 août 1752. — *Marie-Geneviève*, b [7] 6 oct. 1754. — *Antoine-Marie*, b [7] 15 janvier 1757.

1745.

III.—ROGNON, JOSEPH, [CHARLES II. b 1710.

DUBOIS, Marie-Joseph, [FRANÇOIS II. b 1719.

Joseph-Gervais, b... s 19 mars 1746, à St-Antoine-Tilly. [6] — *Marie-Joseph* (posthume), b [6] 2 oct. et s [6] 9 nov. 1746.

1747.

III.—ROGNON (1), JEAN-BTE, [GUILLAUME II. b 1719.

CHORET (2), Suzanne, [JEAN III. b 1714.

Suzanne, b 1747; s 7 mars 1750, à Ste-Croix. [5] —*Jean-Baptiste*, b [5] 12 sept. 1749.

1754, (14 sept.) Ste-Croix. [4]

IV.—ROGNON, JEAN-BTE, [MICHEL III. b 1734.

LAMBERT, Marie-Catherine, [MICHEL II. b 1732.

Jean-Marie, b [4] 14 février 1756.

1756, (2 février) Pte-aux-Trembles, Q. [3]

IV.—ROGNON, JEAN-BTE, [CHARLES III. b 1733.

JEAN-DENIS, Félicité, [JEAN-FRANÇOIS III. b 1737.

Jean-Baptiste, b [3] 15 oct. 1757.—*Marie-Félicité*, b [3] 19 sept. 1760; m [3] 4 août 1777, à Jean-Baptiste PAGÉ.—*Marie-Angélique*, b [3] 9 déc. 1762.—*Marie-Joseph*, b [3] 4 avril 1765.—*Marie-Catherine*, b [3] 24 nov. 1767.—*Marie-Françoise*, b 16 sept. 1769, aux Ecureuils.—*Marie-Louise*, b [3] 21 juillet 1777.

1758, (16 janvier) St-Antoine-Tilly. [9]

IV.—ROGNON, LOUIS-JOS., [LOUIS-JOSEPH III. b 1733.

HOUDE, Marie-Joseph, [JEAN-BTE III. b 1728; s [9] 17 mai 1775.

Marie-Joseph, b [9] 7 sept. 1759.—*Louis-Joseph*, b [9] 10 janvier 1761.—*Jacques*, b [9] 8 août 1762.—*Marie-Charlotte*, b [9] 28 sept. 1765.—*Marie-Louise*, b [9] 11 mai et s [9] 17 juin 1767.

(1) Dit Laroche.

(2) Elle épouse, le 10 août 1761, Jean-Baptiste Delage, à Québec.

1760, (24 nov.) Pte-aux-Trembles, Q [6]

IV.—ROGNON, CHARLES, [CHARLES III. b 1736.

GOULET, Hélène, [JOSEPH III. b 1735.

Marie-Angélique, b [6] 26 et s [6] 29 oct. 1761.—*Marie-Hélène*, b 4 juin 1764, à Lorette. [7] —*Marie-Angélique*, b [7] 31 mai 1765.

1763.

IV.—ROGNON, CHARLES, [FRANÇOIS III. b 1740.

DENEVERS, Marie-Joseph.

Charles, b 24 déc. 1764, à St-Antoine-Tilly. [8]—*Marie-Joseph*, b [8] 3 juillet et s [8] 10 août 1766. — *Charles*, b [8] 31 mai 1767.

1767, (23 février) St-Antoine-Tilly. [9]

IV.—ROGNON, ANTOINE, [FRANÇOIS III. b 1746.

COULOMBE, Marie-Françoise, [PIERRE III. b 1744.

Antoine, b [9] 8 janvier 1768.

1767, (24 août) Ecureuils. [4]

IV.—ROGNON, FRS-DE-SALES, [CHARLES III. b 1737, s 30 nov. 1774, à la Pte-aux-Trembles, Q. [5]

LÉVEILLÉ (1), Catherine, [JEAN III. b 1740.

François, b [4] 5 mars 1770; s [5] 7 mars 1776.—*Pierre*, b [4] 19 avril 1772.

1769, (16 janvier) Ecureuils. [5]

IV.—ROGNON, THIERRY, [CHARLES III. b 1744.

LEVEILLÉ, Marie-Joseph, [JEAN III. b 1743.

Thierry, b [5] 28 mars 1770. — *Jean*, b 20 nov. 1771, à la Pte-aux-Trembles, Q. [3] — *Joseph*, b [3] 5 nov. 1773. — *Jacques*, b 27 février 1782, à Ste-Foye.

1777, (28 avril) Ecureuils.

IV.—ROGNON, JOSEPH, [CHARLES III. b 1749.

GAUDIN, Madeleine, [GUILLAUME III. b 1746.

Madeleine, b 3 juin et s 14 août 1777, à la Pte-aux-Trembles, Q.— *Gabriel*, b 2 oct. 1781, à St-Augustin. [2] — *Charles*, b [2] 5 oct. 1784. — *Jean-Baptiste*, b [2] 24 sept. 1786.

1778, (23 février) Pte-aux-Trembles, Q.

IV.—ROGNON, MICHEL, [CHARLES III. b 1757.

GRÉGOIRE, Marie-Joseph, [FRANÇOIS II. b 1754.

(1) Elle épouse, le 3 février 1777, Louis Vésina, à la Pte-aux-Trembles, Q.

1759, (26 fevrier) Baie-St-Paul. [8]
I.—ROGON, GEORGES, fils d'Antoine et de Catherine Boissel, de Ste-Claire, diocèse de Vienne, Dauphine.
PERRON (1), Félicité, [PIERRE III.
b 1731.
Félicité, b [8] 28 février 1760.

ROIGNON.—Voy. ROGNON.

ROIROUX.—Voy. ROY—LALIBERTÉ.

1745, (11 janvier) Lorette. [7]
I.—ROJOUX, JOSEPH, fils de Charles et d'Anne Boisnelle, de St-Malo, Bretagne.
BOUTIN, Marie-Suzanne, [GABRIEL III.
b 1726 ; s [7] 26 déc. 1747.
Marie, b 1745 ; s 11 février 1759, à Charlesbourg.—*Joseph*, b [7] 13 mars 1747.

1761, (15 juin) Bout-de-l'Ile, M.
I.—ROLAIN, PIERRE, fils de Pierre et de Françoise Gautier, de St-Clément, diocèse de Mâcon, Bourgogne.
FOREST, Marguerite, [JEAN-BTE I.
Acadienne.

ROLAND.—*Variation et surnoms* : ROLLAND—BONNEAU—LAGIROFLÉE—LENOIR.

1706, (12 avril) Québec [6]
I.—ROLAND (2), FRANÇOIS, b 1682 ; fils de Jean et de ...., de Carmeri, diocèse de Tours, Touraine ; s [6] 17 mai 1711.
MOREAU (3), Marie-Madeleine, [PIERRE I.
b 1684.
Marie-Madeleine. b [6] 8 août 1706 ; m [6] 3 avril 1731, à Gaspard-Richard CORBIN. — *Angélique-Françoise*, b [6] 11 dec. 1707 ; s [6] 6 mars 1715.—*Angelique*, b... m 8 janvier 1731, à Charles CORON, à Montreal.—*Elisabeth*, b [6] 22 août 1709.—*Pierre*, b [6] 1er mai 1711 ; m 3 fevrier 1734, à Cécile DAVELUY, à L'Assomption.

1714, (15 avril) Montreal. [7]
II.—ROLAND (4), GABRIEL, [FRANÇOIS I.
b 1688 , s [7] 4 janvier 1751.
DELAUNAY, Marie-Joseph, [CHARLES II.
b 1697.
Marie-Madeleine, b [7] 12 février 1739 ; m 1754, à Joseph RENAUD-LOCAT.

(1) Elle épouse, le 27 janvier 1777, Michel Tremblay, à la Baie-St-Paul.
(2) Dit Bonneau ; soldat de M. Mantet
(3) Elle épouse, le 5 avril 1712, Jean Bonneau, à Québec.
(4) Voy. Lenoir-Rolland, vol V, p. 341.

1730, (18 avril) Montréal. [8]
I.—ROLAND, PHILIPPE-CHARLES, b 1705 ; fils de Charles et de Geneviève Gobelin, de St-Nicolas, Paris ; s [8] 17 juin 1743.
BARBOT (1), Geneviève, [JEAN I.
b 1689 ; veuve de Jean-Baptiste Séguin-Laderoute.
Geneviève-Marguerite, b [8] 17 déc. 1730.

1734, (3 fevrier) L'Assomption.
II.—ROLAND, PIERRE, [FRANÇOIS I.
b 1711.
DAVELUY, Cécile, [JEAN II.
b 1716.

1735.
II.—ROLAND (2), JACQUES, [VINCENT I.
b 1715.
1° LÉPINE-LALIME, Geneviève, [ANTOINE I.
b 1714.
1748.
2° DUFAYE, Hélène, [ETIENNE I.
b 1730.
Marie-Joseph, b 1749 ; m 27 janvier 1766, à Rene FESCH, à la Pte-aux-Trembles, M. [9]—*Marie-Françoise*, b [9] 4 mars 1752.

1742, (30 juillet) Montréal. [4]
I.—ROLAND (3), CLAUDE, b 1718 ; fils de Jean et de Geneviève Peret, de St-Laurent, Paris.
BOURSIER, Marie-Joseph, [ALEXANDRE II.
b 1710.
Claude, b [4] 12 et s [4] 23 sept. 1742. — *Marie-Céleste*, b [4] 10 déc. 1745.—*Jean-Baptiste*, b [4] 4 et s [4] 18 août 1747.

1751, (8 février) Montréal. [5]
III.—ROLAND (4), LOUIS-GABRIEL, [GABRIEL II.
b 1725.
MONET, Marie-Madeleine, [FRANÇOIS II.
b 1723.
François, b 1753 ; m [5] 3 oct. 1774, à Archange LAPLANTE.

1752, (7 fevrier) Montréal. [6]
III.—ROLAND (4), CHARLES, [GABRIEL II.
b 1728.
CHÉNIER, Marie-Angelique, [JOSEPH III.
b 1732.
Charles, b 1762 ; m [6] 1er oct. 1781, à Félicite MAUFAY.

I.—ROLAND, ROLAND.
DESJARDINS, Marguerite, [JOSEPH III.
b 1738 ; s 22 oct. 1782, à Terrebonne.

(1) Elle epouse, le 3 février 1744, Jean Besnard, à Montréal.
(2) Lenoir-Rolland.
(3) Dit Lagiroflée ; soldat.
(4) Voy. Lenoir, vol. V, p. 342.

1774, (3 oct.) Montréal.
IV.—ROLAND, François, [Louis-Gabriel III.
b 1753.
Laplante, Archange, [Pierre.
b 1749.

1775, (6 nov.) Montréal.
IV.—ROLAND (1), Pierre, [Pierre III.
b 1755.
Meunier, Marie-Louise, [Jean-Mathurin III.
b 1755.

I.—ROLAND (2), Henri.

ROLAND, Joseph.
Payet, Marguerite.
Marie-Claire, b... m 22 nov. 1790, à Antoine Lorion, à Repentigny.[7] — *Jean-Baptiste*, b... s[7] 6 juin 1780.

1781, (1er oct.) Montréal.
IV.—ROLAND (3), Charles, [Charles III.
b 1762.
Maufay, Félicité, [Gilles IV.
b 1762.

1784.
ROLAND, Pierre.
Archambault, Madeleine.
François, b... s 1er sept. 1785, à Repentigny.

ROLANDEAU. — *Variations :* Laurandeau — Laurando—Laurendeau—Laurendo.

1680, (24 avril) Québec.
I.—ROLANDEAU (4), Jean,
b 1655 : s 2 fevrier 1715, à St-Thomas.[9]
Tibaut, Marie, [Michel I.
b 1660 ; s[9] 19 août 1711.
Marie-Anne, b[9] 1er nov. 1696 ; m[9] 20 avril 1716, à Jean-Baptiste Marot.—*Catherine*, b[9] 31 mai 1698 ; m[9] 16 août 1717, à Jean-Baptiste Boutin.—*Louise*, b[9] 5 oct. 1699 ; m[9] 14 nov. 1724, à Pierre Gendron, s[9] 6 mai 1772.—*Geneviève*, b 1700 ; m[9] 13 mai 1726, à Joseph Lefebvre.—*Louis-Joseph*, b[9] 7 fevrier 1701 ; m 1725, à Angelique Fournier.— *Marguerite*, b 1702 ; s 10 mai 1770, à Berthier.

1725.
II.—ROLANDEAU (5), Louis-Joseph, [Jean I.
b 1701.
Fournier, Angélique, [Pierre II.
b 1707.
Joseph, b 1726 ; m 23 janvier 1747, à Marguerite Gagnon, à St-Valier ; s 8 mai 1756, à St-Pierre-du-Sud.[2] — *Louis-Joseph*, b 1727 ; m 1748, à Therèse Destroismaisons.—*Louis*, b 1729, m[2] 23 oct. 1752, à Marie-Claire Mignot.—*Jean-Baptiste*, b 1732 ; s[2] 12 juin 1752.—*Marie-Rose*, b... m[2] 18 fevrier 1754, à Joseph Baudoin.—*Marie-Anne*, b 1739, s[2] 9 mars 1755.

(1) Voy. Lenoir-Rolland, vol. V, p. 342.
(2) Lieutenant du régiment du Languedoc ; il était, le 12 fevrier 1760, à la Pointe-aux-Trembles, Q.
(3) Marié sous le nom de Lenoir.
(4) Souvent appelé Laurandeau ; voy. vol. I, p 526.
(5) Et Laurendeau.

1747, (23 janvier) St-Valier.
III.—ROLANDEAU (1), Jos., [Louis-Joseph II.
b 1726, s 8 mai 1756, à St-Pierre-du-Sud[4]
Gagnon (2), Marguerite, [Mathurin III.
b 1726.
Marie-Marthe, b[4] 22 déc. 1749 ; s[4] 28 nov. 1752. — *Marthe*, b[4] 21 fevrier 1750. — *Joseph-Marie*, b[4] 11 février 1751 ; m 13 nov. 1780, à Marie-Anne DeRainville, à St-Cuthbert.—*Marie-Louise*, b[4] 26 fevrier 1753 ; m 9 janvier 1775, à Joseph-Marie Rémillard, à l'Ile-Dupas.[5]—*Marie-Anne*, b[4] 13 avril 1755 ; m[5] 30 janvier 1775, à Joseph Brulé.

1748.
III.—ROLANDEAU (1), Ls-Jos., [Louis-Jos. II.
b 1727.
Destroismaisons, Thérèse, [Louis III.
b 1730.
André, b 24 mars 1749, à St-Pierre-du-Sud.[6] — *Madeleine*, b... m 15 janvier 1771, à Pierre Miville, à Ste-Anne-de-la-Pocatière.— ......(3), b... s[6] 28 juillet 1751.—*Marie-Geneviève*, b 14 juin 1752, à St-Frs-du-Sud.[7] — *Anonyme*, b[6] et s[6] 9 janvier 1755 —*Marie-Thérèse*, b[7] 15 juillet 1756. —*Marie-Marguerite*, b[6] 28 mars 1759.

1752, (23 oct.) St-Pierre-du-Sud.[9]
III —ROLANDEAU (1), Louis, [Louis-Joseph II
b 1729.
Mignot, Marie-Claire. [Joseph
Marie-Thérèse, b[9] 14 oct. et s[9] 31 déc. 1753 —*Marie-Marguerite*, b[9] 2 août 1755.—*Marie-Louise*, b[9] 9 mars et s[9] 1er avril 1758.—*Marie-Anne*, b[9] 18 août 1759.

1763.
ROLANDEAU (1), Louis-Charles-François.
Moyen, Marie-Louise. [Jacques.
Marie, b 1765 ; m 10 oct. 1785, à Claude Troy, à Lachenaye.[8]—*Louis-Charles-François*, b 1767, m[8] 29 oct. 1787, à Marie-Anne Manceau.—*Marie-Françoise*, b[8] 17 avril 1770.—*Marie-Marguerite*, b[8] 10 oct. 1772.—*Gabriel*, b[8] 26 janvier et s[8] 28 mai 1775.—*Marie-Madeleine*, b[8] 9 avril et s[8] 4 juin 1776.—*Jean-François*, b[8] 17 juillet 1777.—*Louis-Amable*, b[8] 13 janvier 1783.

1780, (13 nov.) St-Cuthbert.[1]
IV.—ROLANDEAU (1), Jos.-Marie, [Jos. III
b 1751.
DeRainville, Marie-Anne, [Pierre-Ignace IV.
b 1763.
Joseph-René, b[1] 17 mars 1781.—*Pierre*, b[1] 21 juillet 1783. — *Marie-Marguerite*, b[1] 29 juillet 1786.—*Marie-Geneviève*, b[1] 22 juin 1788.—*Louis-de-Gonzague*, b[1] 16 août 1789. — *Antoine*, b[1] 17

(1) Et Laurandeau.
(2) Elle epouse, le 10 janvier 1757, Pierre Rouleau, à St-Frs-du-Sud.
(3) Le nom manque au registre.

oct. 1791. — *Vital*, b [1] 14 août 1793.—*Alexis*, b [1] 18 mars et s [1] 14 avril 1795.

1787, (29 oct.) Lachenaye. [1]

ROLANDEAU (1), Ls-Chs-Frs, [Ls-Chs-Frs
b 1767.
Manceau, Marie-Anne. [Jean-Bte.
Anonyme, b [1] et s [1] 25 août 1788. — *Marie-Joseph*, b [1] 9 oct. 1791.

1760, (6 oct.) Terrebonne. [2]

I.—ROLARD, Joseph, fils de François et de Thérèse Mini, du diocèse de Besançon, Franche-Comté.
Forget, Catherine, [Jean-Bte II.
b 1727 ; veuve de Philippe Charbonneau ; s [2] 30 avril 1767.

ROLET.—*Surnoms :* Ladéroute—Ripau.

1727, (6 août) Québec. [4]

I.—ROLET, François, fils de Michel et de Jeanne Mermet, de St-Sauveur, diocèse de Genève, en Savoye.
1° Grenier, Marie, [Pierre-Nicolas I.
b 1703 ; s [4] 6 juin 1738.
Marie-Louise, b [4] 30 juillet 1728 ; s [4] 3 janvier 1730. — *Marie-Madeleine*, b [4] 30 nov. 1732. — *Etienne*, b [4] 25 avril 1734 ; s [4] 21 janvier 1738.— *François*, b [4] 13 avril et s [4] 6 juillet 1735.—*François*, b [4] 20 juillet 1736 ; m 8 fevrier 1763, à Geneviève Cadoret, à Lévis [5] ; s [4] 5 oct. 1789. — *Jean-Pierre*, b [4] 3 et s [4] 5 mai 1738.

1739, (9 février). [4]

2° Grenet, Thérèse, [Jean I.
b 1707 ; veuve de Marc Bouchet ; s [4] 5 juin 1794.
Suzanne, b [4] 19 déc. 1739 ; m [4] 24 juin 1760, à Martin Chennequi. — *Marie-Joseph*, b [4] 16 sept. 1741 ; m [4] 9 janvier 1764, à Bernard Farendiet ; s [4] 28 juillet 1777.—*Jean-Joseph*, b [4] 18 dec. 1744 , m [4] 23 nov. 1778, à Marie-Angelique Lortie.— *Louis*, b [4] 1er janvier et s [5] 22 juin 1746.

I.—ROLET (2), Pierre, b 1736 ; de St-Nicolas, St-Martin-de-Rhé.

1763, (8 fevrier) Lévis.

II.—ROLET, François, [François I.
b 1736 ; s 5 oct. 1789, à Quebec. [6]
Cadoret, Geneviève, [Antoine II.
b 1740 ; s [6] 14 août 1790.
Geneviève, b [6] 7 nov. 1763. — *André*, b 1764 ; 1° m [6] 31 juillet 1792, à Angelique Derome ; 2° m [6] 14 avril 1795, à Anne Dugas. — *Euphrosine*, b 25 février 1773, à Ste-Foye.

1766.

I.—ROLET (3), Michel.
Legrain (4), Jeanne-Marguerite.

(1) Et Laurendeau.
(2) Venu en 1753, sur la *Reine des Anges*.
(3) Dit Ladéroute.
(4) Elle épouse, le 19 août 1778, Jean Olivier, à St-Louis, Mo.

Catherine, b 20 oct. 1767, à St-Louis, Mo [1] ; m [1] 21 sept. 1782, à Joseph Robidou. — *Michel*, b [1] 25 juin 1770 ; m [1] 28 avril 1800, à Marie-Joseph Mauriceau.— *Françoise*, b [1] 12 juin 1772. —*Jean-Baptiste*, b [1] 7 déc. 1774.

1778, (23 nov.) Quebec.

II.—ROLET, Jean-Joseph, [François I.
b 1744.
Lortie (1), Marie-Angélique, [Charles III.
b 1755.
Madeleine, b et s 14 août 1787, à St-Augustin.

1792, (31 juillet) Québec. [1]

III.—ROLET, André, [François II.
b 1764 ; pilote.
1° Derome, Angelique, [Jean-Bte IV.
b 1764 ; s [1] 21 août 1793.

1795, (14 avril). [1]

2° Dugas, Anne, [Michel I.
b 1758.

1800, (28 avril) St-Louis, Mo. [9]

II.—ROLET (2), Michel, [Michel I.
b 1770.
Mauriceau, Marie-Joseph. [Pierre.
Marie, b [9] 12 mars 1801. — *Michel*, b [9] 13 juin 1802 ; m 1824, à Suzanne Ladéroute.— *Antoine*, b... m [9] 11 mai 1835, à Florence Simoneau.— *Marie-Emélie*, b [9] 7 juin 1818. — *André*, b [9] 12 oct. 1819.—*Louis-Guillaume*, b [9] 14 oct. 1821.

1824.

III.—ROLET, Michel, [Michel II.
b 1802.
Ladéroute, Suzanne.
Théodore, b 24 fevrier 1825, à St-Louis, Mo.

1835, (11 mai) St-Louis, Mo. [2]

III.—ROLET (2), Antoine, [Michel II.
b 1804.
Simoneau (3), Florence. [Jean-Bte IV.
Joséphine, b [2] 30 avril 1837. — *Antoine-Philippe*, b [2] 26 mai 1839.

ROLIN.—*Variation :* Rollin.

1723, (13 sept.) St-Laurent, M. [1]

I.—ROLIN (4), Philippe.
Blénier-Jarry (5), Marie-Chtte, [Bernard I.
b 1707.
Philippe, b 1724 ; m 25 janvier 1751, à Marie-Joseph Gautier, à Ste-Geneviève, M. [2] — *Charlotte*, b... m [2] 22 fevrier 1751, à Jean-Baptiste Langevin-Lacroix. — *Madeleine*, b 1734 ; s 31 août 1749, à Montreal. — *Jean*, b 1735 ; s [2] 2 janvier 1754. — *Pierre*, b 1736 ; m [2] 31 janvier 1757, à Marie-Joseph Lauzon.—*Jacques*, b 1737 ; s [1] 14

(1) Voy. Charles Laurent-Lortie, marié, en 1754, à Charlotte Nadeau-Lachapelle, vol. V, p 194.
(2) Dit Ladéroute.
(3) Sanschagrin.
(4) Soldat de la compagnie de Beauvais.
(5) Elle épouse, le 14 février 1747, Pierre Dubé, à Ste-Geneviève, M.

oct. 1755. — *Jean-Baptiste*, b 1738; s [2] 17 nov. 1755.

1751, (25 janvier) Ste-Geneviève, M.[3]
II.—ROLIN, PHILIPPE, [PHILIPPE I.
b 1724.
GAUTIER, Marie-Joseph, [JOSEPH II.
b 1719; veuve d'Ignace Choret; s [3] 4 août 1759.
Jacques, b [3] 8 et s [3] 11 juillet 1752. — *Marguerite*, b [3] 27 juillet et s [3] 12 août 1759.

1757, (31 janvier) Ste-Geneviève, M.[3]
II.—ROLIN, PIERRE, [PHILIPPE I.
b 1736.
LAUZON, Marie-Joseph, [PIERRE III.
b 1737.
Marie-Catherine, b [3] 20 et s [3] 23 nov. 1757. — *Marie-Amable*, b [3] 9 et s [3] 20 août 1759.

1760, (27 oct.) Longueuil.[9]
I.—ROLIN, DOMINIQUE, fils de Marcel et d'Anne-Catherine Leclerc, de Rainville, diocèse de Toul, Lorraine.
BOUTEILLER (1), Angélique, [FRANÇOIS II.
b 1732.
Marie-Angélique, b [9] 12 sept. 1761.

I.—ROLING (2), CHARLES-GUILLAUME, né 1715, fils de Guillaume et de Marie Décy.

ROLLAND.—Voy. ROLAND.

ROLLIN.—Voy. ROLIN.

ROLO.—Voy. ROULEAU.

ROMAIN.—*Variations et surnoms* : RAYMOND—ROMAN—AUDIVERT—SANSCRAINTE.

1722, (30 juin) Montréal.[8]
I.—ROMAIN (3), JEAN, b 1696; fils de Charles et de Catherine Coste, de St-Martial, Angoulesme, Angoumois.
LEBLANC, Marie-Joseph, [JULIEN II.
b 1698.
Jean-Baptiste, b [8] 16 mai 1723; m [8] 25 février 1754, à Suzanne-Amable DENEAU.—*François*, b [8] 3 avril 1725; m [8] 8 janvier 1748, à Marie-Anne PAQUET.—*Louise*, b [8] 29 avril 1727.—*Jean*, b [8] 11 et s [8] 17 avril 1729. — *Marie-Catherine*, b [8] 11 et s [8] 22 avril 1729.—*Pierre-Charles*, b 1730; m à Marie-Anne PERIER. — *Michel*, b [8] 16 juin 1735; s [8] 23 août 1749.— *Louise*, b [8] 4 juin 1737; 1° m [8] 9 février 1756, à François BÈZ; 2° m [8] 2 juin 1760, à Pierre BARDET; 3° m [8] 27 juillet 1761, à Richard PÉRON.—*Marie-Anne*, b [8] 20 juin 1739.

(1) Bonneville.

(2) Fait prisonnier, en 1728, par les Abénaquis et racheté par M. Jérémie, marchand, il est baptisé à Québec le 23 avril 1729.

(3) Et Raymond, 1723—Roman dit Sanscrainte, aspède de M. de Gannes.

I.—ROMAIN (1), FRANÇOIS.
. ...
Michel, b 1740; s 13 février 1741, à Lorette.—*Joseph*, b et s 8 nov. 1741, à St-Augustin.—*Jean* b et s 14 sept. 1742, à Ste-Foye. — *François*, b 1744; m 1781, à Louise DROUET-LEPERCHE.

1748, (8 janvier) Montréal.[6]
II.—ROMAIN (2), FRANÇOIS, [JEAN I
b 1725.
PAQUET, Marie-Anne, [ETIENNE III
b 1721.
François, b [6] 22 oct. 1748; s [6] 26 janvier 1749 — *Marie-Anne-Joseph*, b [6] 8 mars et s [6] 23 sept. 1750. — *Joseph*, b 2 février 1759, à St-Philippe.[7] —*Marie-Joseph*, b 8 mars 1762, à St-Constant.—*Alexis*, b [7] 17 juillet 1764.

1754, (25 février) Montréal.
II.—ROMAIN (3), JEAN-BTE, [JEAN I
b 1723; marchand.
DENEAU, Suzanne-Amable, [ANDRÉ III
b 1729.
Jean-Baptiste, b 1754; m 12 oct. 1778, à Marguerite SOLO, au Détroit.

1763.
II.—ROMAIN, PIERRE-CHARLES, [JEAN I
b 1730.
PÉRIER, Marie-Anne,
b 1725; s 17 sept. 1770, à St-Philippe.[7]
Charles, b [7] 13 et s [7] 30 nov. 1764.

1778, (12 oct.) Détroit.[7]
III.—ROMAIN (3), JEAN-BTE, [JEAN-BTE II
b 1754.
SOLO, Marguerite, [CLAUDE-PIERRE II
b 1761; s [7] 19 mars 1793.
Jean-Baptiste, b [7] 7 janvier 1779.—*Marie-Amable*, b [7] 19 mars 1784.

1781.
II.—ROMAIN, FRANÇOIS, [FRANÇOIS I
b 1744.
DROUET-LEPERCHE, Louise, [FRANÇOIS II
b 1760.
Louise, b et s 7 sept. 1782, à St-Augustin.[4] —*Louis*, b [4] et s [4] 8 sept. 1784.

ROMAINVILLE.—Voy. BOURDON.

ROMAN.—Voy. ROMAIN.

1757.
I.—ROMARNE, SIMON,
soldat.
ECHPRATREN, Anne.
Louis-Joseph, b 2 nov. 1758, à Québec.

ROMPREZ.—Voy. LÉVESQUE.

(1) Maitre d'office au palais.

(2) Et Raymond, 1762—Roman dit Sanscrainte.

(3) Dit Sanscrainte.

ROMUR.—*Variation et surnom :* ROMURE — ST. PIERRE.

1742, (29 juillet) Montréal.[1]

I.—ROMUR (1), PIERRE-PHILIPPE, b 1709, soldat; fils d'Antoine et de Jeanne Dachan, de Beuvreau, diocèse de Noyon, Picardie.

ROSE, Charlotte, [GUILLAUME-CHARLES II. b 1713; s 27 juillet 1803, à l'Hôpital-Général, M.[2]

Marie-Charlotte, b [1] 13 février et s août 1743, au Sault-au-Récollet.[3] — *Marie-Charlotte,* b [3] 13 juin 1746; m 19 janvier 1767, à Ignace PAQUET, à St-Vincent-de-Paul.[4] — *Louis-Pierre,* b [3] 8 sept. 1747. — *Marie-Angélique,* b [4] 23 sept. 1751; s [2] 24 mai 1803 —*Marie-Louise,* b [4] 2 sept. 1753; s [4] 12 avril 1756. — *Marie-Louise,* b [4] 6 juillet 1756.

RONCELAY.—Voy. RONSERAY.

RONCERÉ.—Voy. RONSERAY.

RONCERET.—Voy. RONSERAY.

RONDAL.—Voy. RONDEL.

RONDART.—*Surnom :* ST. JACQUES.

1741, (25 sept.) Montréal.[7]

I.—RONDART (2), JACQUES, b 1703, tourneur, fils de Jacques et de Marie Baubiraud, de St-Sauveur, LaRochelle, Aunis.

CHOTARD, Marie-Anne, [JEAN-BTE I. b 1701; veuve d'Antoine Perrin; s [7] 7 nov. 1750.

Marie, b [7] 13 février 1740.—*Marguerite,* b [7] 28 juin 1742; s [7] 22 juillet 1743.—*Jacques-Philippe,* b [7] 2 mai 1744; s [7] 5 avril 1746.

RONDEAU.—*Surnoms :* ST. LAURENT—ST. SAUVIN.

1667.

I.—RONDEAU (3), THOMAS, b 1625; s 10 nov. 1721, à St-Pierre, I. O.[6]

REMONDIÈRE, Andree, s [6] 22 nov. 1702.

Isabelle, b 25 oct. 1670, à Ste-Famille, I. O.[7]; m [6] 7 fevrier 1690, à Pierre LECLERC.—*Marie,* b [7] 9 janvier 1673; m [6] 5 nov. 1692, à Philippe NOEL; s [6] 31 mai 1751. — *Françoise,* b [7] 3 sept. 1674; m [6] 22 août 1694, à Charles DUMAS. — *Ursule,* b [7] 10 août 1676; m [6] 21 avril 1694, à Jean BUSSIÈRE; s [6] 18 janvier 1745. — *François,* b [7] 9 avril 1678; 1° m 21 juillet 1705, à Marie SINDECO, à St-Laurent, I. O.; 2° m 7 janvier 1728, à Marie-Anne DENEVERS, à Ste-Croix; s 28 oct. 1748, à St-Antoine-Tilly.[8] — *Madeleine,* b [6] 5 janvier 1680; m [6] 8 fevrier 1706, à Jacques COTÉ; s 11 sept. 1712, à St-Nicolas.—*Fabien,* b [6] 28 oct. 1681; m à Marie DENEVERS-BOISVERD.—*Anonyme,* b [6] et s [6] 28 oct. 1683.—*Marie-Charlotte,* b [6] 25 déc. 1684; m [6] 27 avril 1707, à Pierre COTÉ.—*Jean-Baptiste,* b [6] 28 mars 1688; s [6] 23 janvier 1709. — *Claire,* b [6] 12 et s [6] 18 juillet 1690.—*Thomas,* b [6] 18 nov. 1692; m [8] 25 oct. 1717, à Catherine BOURGOIN; s [8] 26 mars 1734. — *Anne,* b [6] 5 nov. 1694. — *Joseph,* b... m à Marguerite BOUCHER.

(1) Dit St. Pierre.

(2) Dit St. Jacques; soldat de la compagnie de M. de Lagauchetière.

(3) Voy. vol. I, pp. 526-527.

1669, (30 sept.) Ste-Famille, I. O.

I.—RONDEAU (1), PIERRE; fils de Jean et de Jaquette Pallereau, de Marsilly, diocèse de Maillezais, Poitou.

1° VERRIER, Catherine, b 1650.

1683, (5 sept.) St-Jean, I. O.[8]

2° ANGELIN (2), Marie, [RENÉ I. b 1669.

Etienne, b [8] 19 mars 1685; m 1710, à Louise MOREAU; s 3 nov. 1758, à St-Michel.—*Jean,* b [8] 7 juin 1688; 1° m 24 janvier 1718, à Madeleine GUIGNARD, à St-Ours[9]; 2° m [9] 21 juillet 1721, à Marie-Joseph BAILLARGEON.— *Joseph,* b [8] 1er nov. 1690; m 1718, à Marie PASSERIEU-BONNEFOND.

1700, (8 nov.) St-Jean, I. O.[1]

II.—RONDEAU, PIERRE, [PIERRE I. b 1679; s [1] 20 fevrier 1704.

JOUIN (3), Marie-Anne, [PIERRE I. b 1679.

Marie-Agathe, b 26 mars et s 23 juin 1702, à St-Michel.

II.—RONDEAU, FABIEN, [THOMAS I. b 1681.

DENEVERS-BOISVERD, Marie, [GUILLAUME II. b 1677; s 13 avril 1712, à St-Nicolas.

1705, (21 juillet) St-Laurent, I. O.

II.—RONDEAU, FRANÇOIS, [THOMAS I. b 1678; s 28 oct. 1748, à St-Antoine-Tilly.[1]

1° SINDECO (4), Marie-Anne, [JEAN. b 1687; s [1] 12 août 1723.

Marie-Elisabeth, b 7 août 1706, à St-Nicolas[2]; m [1] 17 fevrier 1727, à Jacques MARTEL; s [1] 5 fevrier 1740. — *François,* b [2] 28 oct. 1708; 1° m 29 oct. 1732, à Marguerite GUÉRIN, au Château-Richer; 2° m [1] 29 janvier 1736, à Marie DUBOIS. — *Marie-Anne,* b [2] 11 nov. 1710; m 11 juillet 1735, à Jacques AUVRAY (5), à Québec.[3]—*Pierre,* b [1] 2 mai et s [2] 16 oct. 1712. — *André,* b [2] 3 nov. et s [2] 3 dec. 1713. — *Marie-Charlotte,* b [1] 28 avril 1715.—*Pierre,* b [2] 24 mai et s [2] 3 juin 1717.—*Antoine,* b [1] 8 avril 1719; 1° m [3] 16 août 1740, à Louise CHRÉTIEN; 2° m [1] 22 avril 1754, à Françoise BOUCHER. — *Marie-Angélique,* b [1] 9 fevrier 1721; s [3] 15 février 1730.—*Marie-Joseph,* b [1] 5 et s [1] 13 juin 1723.—*Marie-Françoise,* b [1] 5 et s [1] 20 juin 1723.

(1) Voy. vol. I, p 527.

(2) Elle épouse, le 30 juillet 1693, Pierre Fournier, à Quebec.

(3) Voy. Juin, vol. I, p. 329; elle épouse, le 1er fevrier 1706, Clément Dubois, à Beaumont.

(4) Aussi appelée Decau-Gatien.

(5) Voy. aussi Ouvray.

1728, (7 janvier) Ste-Croix.
2° DENEVERS, Marie-Anne, [FRANÇOIS III.
b 1704; s[1] 10 mars 1720.

1710.

II.—RONDEAU, ETIENNE, [PIERRE I.
b 1685; s 3 nov. 1758, à St-Michel.[8]
MOREAU, Gabrielle-Louise, [JEAN II.
b 1694; s[8] 3 janvier 1750.
Marie-Louise, née 1711; b 12 oct. 1713, à Quebec[7]; s 20 mai 1733, à St-Jean, I. O.[9]—*Marie*, b... s[9] 30 avril 1733. — *Catherine*, b[7] 12 oct. 1713; m[9] 18 août 1732, à Jean-Baptiste AUDET. — *Cécile*, b 10 juin 1717, à Repentigny; s[9] 2 juin 1733.—*Marie-Anne*, b 1719; s[9] 18 nov. 1747.—*Marie*, b... m[9] 8 fevrier 1745, à François AUDET.

1717, (25 oct.) St-Antoine-Tilly.[1]
II.—RONDEAU, THOMAS, [THOMAS I
b 1692; s[1] 26 mars 1734.
BOURGOIN, Catherine, [CLAUDE II.
b 1700.
Marie-Charlotte, b[1] 10 mai 1719; s[1] 28 février 1729.—*Marie-Anne*, b 27 juillet 1721, à St-Nicolas; s[1] 26 fevrier 1730.—*Joseph*, b 20 avril et s 23 juin 1724, à Nicolet.[2]— *Joseph*, b 1725, s 13 juillet 1733, à St-Pierre, I. O.— *Thomas*, b[2] 26 janvier 1726.—*Louise-Catherine*, b[1] 23 juin 1728; s[1] 3 août 1733.—*Pierre-Noel*, b[1] 15 dec 1730.

1718, (24 janvier) St-Ours.[3]
II.—RONDEAU, JEAN, [PIERRE I.
b 1688.
1° GUIGNARD, Madeleine, [PIERRE I
b 1690; s[3] 30 sept. 1720.
Jean-Baptiste, b 1er déc. 1718, à Sorel[4]; m 1750, à Madeleine HOULE.—*Madeleine*, b[3] 29 sept. et s[3] 27 déc. 1720.
1721, (21 juillet).[3]
2° BAILLARGEON, Marie-Joseph, [NICOLAS II.
b 1697.
Marie-Joseph, b... m 1737, à Jean DIDIER.—*Jeanne*, b 1722; m 1746, à Pierre-Louis MARTIN—*Nicolas*, b[3] 17 avril 1724; m 1750, à Therèse LENORMAND; s 27 mars 1774, à St-Cuthbert.—*Antoine*, b[4] 6 nov. 1725.—*Jean*, b 1727; m 7 sept. 1750, à Louise CHARPENTIER, à Lavaltrie.—*Anne*, b 1729; m 31 janvier 1752, à Claude RODILLARD, à Lanoraie.[5]—*Marguerite*, b... m[5] 2 mai 1752, à Alexis PAILLET.

1718.

II.—RONDEAU, JOSEPH, [PIERRE I.
b 1690.
PASSERIEU-BONNEFOND, Marie, [PIERRE I
b 1692.
Jeanne, b 27 février 1719, à Verchères—*Marie-Marguerite*, b 23 avril 1724, à St-Ours[8]; m[8] 20 août 1753, à Théodore VALENTIN.—*Joseph*, b[8] 5 avril 1726; m[8] 8 janvier 1753, à Marie-Joseph EMERY.—*Marie-Louise*, b... 1° m à Adrien PICHET; 2° m[8] 27 juin 1757, à François TELLIER—*Marie-Charlotte*, b... m[8] 8 juillet 1754, à Michel DESAUTELS.—*Marie-Elisabeth*, b... m[8] 16 février 1756, à André PICHET-DUPRÉ.

1722.

I.—RONDEAU, THOMAS.
CAUCHOIS, Marguerite, [JACQUES I.
b 1706.
Marguerite, b 1723; m 22 janvier 1748, à Etienne GIROUX, à Montreal.

RONDEAU, MATHURIN, b 1701; s 30 mai 1756, à Montreal.

1725, (23 juillet) St-Augustin.
I.—RONDEAU (1), PIERRE, b 1703; fils de Jean et de Françoise Gautier, de St-Saurant, diocèse de Xaintes, Saintonge; s 14 dec. 1757, à Québec.[9]
RASSET, Louise, [JEAN I
b 1702.
Marie-Françoise-Louise, b[9] 23 oct. 1725; m[9] 18 août 1749, à Michel ROUEN.—*Jean-Pierre*, b[9] 25 fevrier 1727; s[9] 26 février 1729. — *Jean-Antoine*, b[9] 14 fevrier 1729.—*Pierre-Joseph*, b[9] 22 mars 1730. — *Louis-Joseph*, b[9] 22 mars et s[9] 15 juillet 1730. — *Louis-Charles*, b[9] 9 sept. 1731 s[9] 30 juillet 1732. — *Marie-Madeleine*, b[9] 7 dec 1733.—*Gabriel*, b[9] 15 août 1736; s[9] 8 juin 1737

1728.

II.—RONDEAU, JOSEPH. [THOMAS I
BOUCHER, Marguerite,
b 1702; s 13 mars 1747, à St-Roch.
Thomas, b 1729; m 27 janvier 1755, à Marie-Louise DEBIEN, à Montréal.

I.—RONDEAU (2), JEAN.
....
Pierre, b... s 3 juillet 1730, à Québec.[7]—*Joseph*, b 1731; s[7] 5 juin 1733.

1732, (29 oct.) Château-Richer.
III—RONDEAU, FRANÇOIS, [FRANÇOIS II
b 1708.
1° GUÉRIN (3), Marguerite, [GUILLAUME I
b 1714.
1736, (29 janvier) St-Antoine-Tilly.[7]
2° DUBOIS, Marie. [PIERRE II
Marie-Elisabeth, b[7] 11 nov. 1736; m[7] 7 nov 1757, à Charles DUBOIS.—*Françoise*, b[7] 30 nov 1738; m[7] 13 fevrier 1764, à Jacques BERGERON, —*François-Joseph*, b[7] 10 déc. 1740; s[7] 11 avril 1743.—*Charles-François-Marie*, b[7] 4 mars 1743, s[7] 30 dec. 1749.—*Pierre*, b[7] 20 août 1745; s[7] 30 dec. 1749.—*Louise*, b[7] 4 août 1747.—*Marie*, b... m[7] juin 1767, à .... — *Marie-Joseph*, b[7] 22 nov. 1749. — *Jean-Baptiste*, b[7] 30 sept. 1752—*Marie-Genevieve*, b[7] 3 mars 1755.—*Marie-Marguerite*, b[7] 16 avril 1757.—*Thérèse*, b[7] 28 janvier 1760; s[7] 26 mars 1765.

(1) Dit St. Laurent; soldat de la compagnie de M. De la Ronde.
(2) Dit St. Sauvin.
(3) St. Hilaire.

1733.

I.—RONDEAU, JEAN-BTE, b1699 ; de LaRochelle, Aunis ; s 21 juillet 1741, à Montreal.[1]
GAUTIER, Marie.
Jean-Baptiste, b [1] 8 et s [1] 17 août 1734.

1740, (16 août) Québec.

III.—RONDEAU, ANTOINE, [FRANÇOIS II. b 1719.
1° CHRÉTIEN, Louise, [JEAN II. b 1714; s 24 février 1754, à St-Antoine-Tilly.[2]
1754, (22 avril).[2]
2° BOUCHER, Marie-Françoise, [JOSEPH IV. b 1732.
Antoine, b [2] 19 juillet 1755.—*Etienne*, b [2] 10 février 1757.—*Jean-Baptiste*, b [2] 26 oct. 1760.

1750.

III.—RONDEAU, JEAN-BTE, [JEAN II. b 1718.
HOULE, Madeleine, [MICHEL III. b 1719.
Marie-Geneviève, b 11 mai 1751, à Lanoraie.[4] *Jean-Baptiste*, b [4] 31 déc. 1752.—*Joseph*, b... s [4] 22 sept. 1754.—*Marie*, b [4] 23 mars 1756.—*Marie-Joseph*, b [4] 16 juillet 1758.

1750.

III.—RONDEAU, NICOLAS, [JEAN II. b 1724 ; s 27 mars 1774, à St-Cuthbert.[5]
LENORMAND, Thérèse.
Marie-Anne, b... m 1772, à Joseph GLADUS.—*Marie-Joseph*, b... m [6] 30 janvier 1775, à Joseph TELLIER.—*Jean-Baptiste*, b 13 oct. 1756, à Contrecœur.

1750, (7 sept) (1) Lavaltrie.

III.—RONDEAU, JEAN. [JEAN II.
CHARPENTIER, Louise. [JEAN II.
Louis, b 17 et s 28 août 1751, à Lanoraie.[6] — *Louis*, b [6] 28 août 1754.

1751.

RONDEAU, NICOLAS.
CHARPENTIER, Elisabeth. [JEAN II.
Joseph, b 23 août 1752, à Lanoraie.[7] — *Pierre*, b [7] 26 août 1756. — *Joseph-Ambroise*, b [7] 4 et s [7] 10 nov. 1759.

1753, (8 janvier) St-Ours.[8]

III.—RONDEAU, JOSEPH, [JOSEPH II. b 1726.
CODERRE-EMERY, Marie-Joseph, [LOUIS III. b 1722.
Joseph, b [8] 24 sept. 1753.—*Marie-Joseph*, b [8] 13 mars 1755.—*François-Marie*, b [8] 30 sept. 1756.

1755, (27 janvier) Montréal.

III.—RONDEAU, THOMAS, [JOSEPH II b 1729.
DUBIEN, Marie-Louise, [JEAN-BTE II. b 1733.

(1) Sans date, au registre. Le nom des parents n'est pas entré à l'acte.

RONDEAU, ...
AUGÉ, Geneviève.
Elisabeth, b et s 30 août 1758, à St-Laurent, M.

1776.

RONDEAU, JOSEPH.
TESSIER, Marie.
Joseph, b 17 juillet 1777, à St-Cuthbert.[5]—*Bonaventure*, b [5] 17 sept. 1784.

1786.

RONDEAU, JEAN.
CODERRE, Marguerite.
Antoine-Frédéric, b 20 juillet 1787, à St-Cuthbert.

RONDEAU. LOUIS.
TESSIER, Marie-Anne.
Marie-Françoise, b 26 mars 1791, à St-Cuthbert.

RONDEAU, PIERRE.
ROCH, Marie-Joseph.
Marie-Joseph, b 17 mai 1791, à St-Cuthbert.

RONDEAU, PIERRE.
GOULET, Marie-Joseph.
Angélique, b 23 mai 1793, à St-Cuthbert.

RONDEAU, LOUIS.
DOIRON, Marie-Anne.
Amable, b 9 juillet 1794, à St-Cuthbert.[7]—*Antoine*, b [7] 28 août 1795.

RONDEL.— *Variation et surnom :* RONDAL — DUBOIS.

I.—RONDEL (1), MATHURIN, de St-Rieu, près St-Malo, Bretagne ; s 4 déc. 1734, à Montreal.[6]
1° POTIER, Françoise, b... s à St-Rieu, près St-Malo, Bretagne.
1727, (29 juillet) Berthier.[7]
2° MIVILLE (2), Therèse, [CHARLES III. b 1703.
Marie-Joseph, b [7] 23 juillet 1727 ; m [6] 3 février 1744, à Jean-Claude BARON. — *Marie-Anne*, b... m 7 avril 1750, à Pierre COTÉ, à Quebec.—*Marie-Thérèse*, b [6] 22 fevrier 1734 ; m [6] 16 janvier 1752, à Jean-François BABEU. — *Jacques*, b... m 12 janvier 1756, à Catherine BABEU, à Laprairie.

1723.

I.—RONDEL, SIMON.
BOSCHER, Madeleine, [RENÉ I. b 1700.
Louise-Françoise, b 5 oct. 1724, à Québec.

(1) Et Rondal dit Dubois — appelé Jacques Dubois au mariage de son fils Jacques.
(2) Elle épouse, le 7 février 1736, Jean-Baptiste LeNormand, a Montréal.

1750, (12 janvier) Laprairie.
II.—RONDEL (1), JACQUES. [MATHURIN I.
BABEU, Catherine, [ANDRÉ II.
b 1732.

RONSERAY.—*Variations et surnoms :* RONCELAY—RONCERÉ—RONCERET—RONCE — ROUSSERAY—LEBRETON—REL.

1665, (13 oct.) Québec.
I.—RONSERAY (2), JEAN,
b 1643.
SERVIGNAN, Jeanne,
b 1644 ; s 21 fevrier 1683, à Boucherville. [1]
Jeanne-Françoise, b [1] 3 déc. 1674 ; 1° m 29 dec. 1692, à Pierre BÉTOURNÉ, à Montreal[2] ; 2° m [2] 11 juin 1708, à Jean GERVAIS ; 3° m 14 mai 1742, à François LANCTOT, à Longueuil[3] ; s [3] 26 février 1761. — *Marie-Anne,* b [2] 7 oct. 1677 ; m [1] 29 oct. 1697, à Nicolas VARIN ; s [2] 9 avril 1736.

ROQUAN.—*Variation et surnom :* ROQUANT—LAVILLE.

1709, (10 nov.) Montréal. [2]
I.—ROQUAN (3), PIERRE, b 1676, cordonnier ; fils de Jacques et de Marie Raudor, de St-Martin, Ile-Ré, diocèse de LaRochelle, Aunis.
1° AIGRON, Marie-Louise, [PIERRE I.
b 1684.
Marie-Gabrielle, b [2] 15 août 1710.—*Louis,* b [2] 16 déc. 1711 ; s [2] 24 sept. 1712.—*Marie-Rosalie,* b [2] 16 mars 1713 ; s 10 oct. 1714, à la Pte-aux-Trembles, M. [4]
1717, (26 avril). [2]
2° DUFAUT, Françoise, [GILLES-FRANÇOIS I.
b 1693.
Marie-Catherine, b [3] 31 janvier 1718.—*Marie-Suzanne,* b [3] 2 janvier 1719 ; s [3] 11 sept. 1722.—*Marie-Françoise,* b [4] 16 et s [3] 19 janvier 1721.—*Louis,* b [3] 24 août 1722 ; m à Madeleine COITOU. —*Marie-Francoise,* b [3] 11 fevrier 1724 ; m [2] 22 juillet 1748, à Marc-Antoine GOGUET.—*Suzanne,* b 1726 ; m [2] 25 janvier 1751, à Nicolas VERRAT. —*Sébastien,* b 1728 ; m 15 mai 1752, à Marie-Anne HOGUES, à St-Vincent-de-Paul.

II.—ROQUAN, LOUIS, [PIERRE I.
b 1722.
COITOU (4), Madeleine, [JEAN-BTE II.
b 1723.
Marie-Charlotte, b 1753 ; m 17 mai 1779, à Jean-Baptiste PUET, à Montreal.

1752, (15 mai) St-Vincent-de-Paul. [4]
II.—ROQUAN, SÉBASTIEN, [PIERRE I.
b 1728.
HOGUES, Marie-Anne, [FRANÇOIS II.
b 1727.
François, b [4] 5 avril 1753.—*Pierre-Sébastien,* b [4] 14 juillet 1755.

ROQUANT.—Voy. ROQUAN.

I.—ROQUART (1), PIERRE, b 1657 ; s 27 sept 1707, à Montreal.

ROQUE.—Voy. LAROCQUE.

ROQUEBRUNE.—Voy. COUILLAU — LAROCQUE-LAROCQUEBRUNE.

ROQUET.—*Surnom :* BLONDIN.

1756, (26 avril) Montréal.
I.—ROQUET (2), JEAN-BTE, b 1731, sergent ; fils de Bernard et d'Elisabeth Midon, de St-Paul, Besançon, Franche-Comté.
SADÉ, Marie-Joseph, [JEAN-BTE I
b 1738.

ROSA.—*Variations et surnom :* ROSE—ROZA—BARTHÉLEMY.

I.—ROSA, FRANÇOIS.
SENEZ, Marie-Anne,
b 1687 ; s 27 juin 1775, à Quebec.

1714, (16 avril) Québec. [5]
I.—ROSA (3) BARTHÉLEMI, fils de Guillaume et de Catherine Impériale, de St-Laurent, ville de Gênes, Italie.
1° DASILVA (4), Marie-Anne, [PIERRE I
b 1695 ; s [5] 14 fevrier 1732.
Pierre, b et s 18 fevrier 1717, à Charlesbourg — *Pierre-Barthélemi,* b [5] 9 avril 1719 ; m 2 février 1749, à Marie LEFEBVRE, à Montréal.—*Marguerite,* b 1720 ; m [5] 8 nov. 1745, à Michel CHARLERY ; s [5] 18 mai 1760. — *Joseph,* b [5] 18 mai 1721 ; m [5] 2 sept. 1743, à Marguerite RASSET ; s [5] 3 juin 1754. — *Henri,* b [5] 15 nov. 1722. — *Marie-Louise,* b [5] 6 mai 1724. — *Angélique,* b [5] 30 dec 1725 ; m [5] 14 avril 1749, à Jean BERLINGUET ; s [5] 3 mars 1763.—*Louis,* b [5] 21 avril et s [5] 22 juillet 1727.—*Marie-Catherine,* b [5] 29 déc. 1728 ; m [5] 29 août 1757, à Louis MAILLOU. — *Antoine,* b [5] 19 août 1730 ; m à Marie LACHANCE. — *Marie-Thérèse,* b [5] 13 fevrier 1732 ; m [5] 1er août 1752, à Jean-Jacques MARIEU. — *Barthélemi,* b... m 13 juin 1756, à Hélène GUÉRARD, à St-François, I. O.
1734, (9 juillet). [5]
2° LAISNÉ (5), Marie-Anne, [BERNARD I
b 1694 ; veuve de Maurice Larrivee.
François, b [5] 18 déc. 1736 ; m [5] 24 janvier 1757, à Charlotte DELESTRE ; s [5] 4 janvier 1796.

(1) Marié sous le nom de Dubois et son père est appelé Jacques.
(2) Voy. vol. I, p. 527.
(3) Et Roquant dit Laville.
(4) Voy. Coiteux.

(1) Sergent de la compagnie de M. Desjordis.
(2) Dit Blondin.
(3) Et Rose—Roza dit Barthélemy.
(4) Portugais.
(5) Laliberté

1743, (2 sept.) Québec.[4]

II.—ROSA, Joseph, [Barthélemi I.
b 1721 ; voilier ; s[4] 3 juin 1754.
Rasset (1), Marguerite, [Jean-Bte II.
b 1722.
Joseph, b[4] 19 août 1745 ; s[4] 28 oct. 1749.—*Jean-Paul*, b[4] 6 oct. 1746 ; s[4] 20 nov. 1748. —*Marie-Marguerite*, b[4] 12 déc. 1748.— *Joseph*, b[4] 17 mars 1750. — *Elisabeth-Joseph*, b[4] 8 février 1751; m 17 février 1772, à Jean-Baptiste Dubuc, à Montréal.—*François*, b[4] 13 juin 1752.—*Louise-Amable*, b[4] 21 juin 1753.—*François* (posthume), b[4] 1er oct. et s[4] 17 nov. 1754.

1749, (2 février) Montréal.[1]

II.—ROSA (2), Pierre-Barth., [Barthélemi I.
b 1719 ; tailleur.
Lefebvre (3), Marie, [Louis I.
b 1725.
Louis-Barthélemi, b[1] 3 nov. 1749 ; s[1] 20 mai 1750. — *Barthélemi*, b 1er oct. 1755, à Quebec[2] ; s[2] 29 juin 1758. — *Jacques*, b[2] 15 mai 1757 ; s[2] 23 juin 1758.

1756, (13 juin) St-François, I. O.[5]

II.—ROSA, Barthélemi, [Barthélemi I.
b 1731.
Guérard, Hélène, [Charles III.
b 1732.
Marie-Madeleine, b 30 juillet 1757, à Québec. —*Marie-Joseph*, b[5] 8 août 1760.—*François*, b 17 avril 1763, à St-Joseph, Beauce.

1757, (24 janvier) Québec[8]

II.—ROSA, François, [Barthélemi I.
b 1736 ; s[8] 4 janvier 1796.
Delestre, Charlotte, [Pierre III.
b 1740.
Marie-Anne, b[8] 25 août et s[8] 24 nov. 1760.

II.—ROSA, Antoine, [Barthélemi I.
b 1730.
Lachance, Marie.
Anonyme, b et s 26 février 1778, au Château-Richer.

ROSE.—*Variations :* Larose—Rosa.

1666, (7 janvier) Québec.[8]

I.—ROSE (4), Noel,
b 1642.
DuMontmesny (5), Marie,
b 1645.
Marie, b 22 déc. 1666, à Ste-Famille, I. O. ; m[8] 12 janvier 1688, à Jean Turcot ; s 20 juin 1711, à Charlesbourg.[1] — *Nicolas*, b[8] 26 août 1674 ; m 1er fevrier 1722, à Marie-Joseph Prudromme, à Montréal[9], s[9] 4 janvier 1746. — *Marie-Françoise*, b[8] 26 février 1677 ; m[8] 2 août 1694, à Jacques Lepage. — *Charles*, b[8] 12 oct. 1679 ; m[8] 29 juillet 1704, à Marie Patenotre ; s 29 juillet 1745, à St-Vincent-de-Paul. —*Charles-François*, b[8] 18 avril 1683 ; m[9] 3 nov. 1723, à Therèse Dubau. — *Jeanne*, b[8] 4 déc. 1685 ; m[1] 24 juillet 1702, à Louis-René Jobin.

1704, (29 juillet) Québec.

II.—ROSE (1), Charles, [Noel I.
b 1679 ; s 29 juillet 1745, à St-Vincent-de-Paul.[2]
Patenotre, Marie, [Jean II.
b 1686 ; s 10 nov. 1737, au Sault-au-Récollet.[3]
Pierre, b 10 nov. 1705, à Charlesbourg[4] ; s[4] 9 janvier 1706.—*Marie-Angélique*, b[4] 13 déc. 1706 ; m à Pierre Hallé.—*Marie-Thérèse*, b[4] 30 sept. 1708 ; m à Jean-Baptiste Sareau ; s 9 déc. 1771, à l'Hôpital-Général, M.[5]—*Marie-Anne*, b[4] 19 juillet 1710 ; s[4] 8 mai 1711.—*Charles-François*, b[4] 12 mars 1712 ; m 1733, à Angelique Sicard.—*Marie-Charlotte*, b[4] 1er dec. 1713 ; m 29 juillet 1742, à Pierre-Philippe Romur, à Montréal[6] ; s[5] 27 juillet 1803.—*Marie-Madeleine*, b[4] 21 avril 1716 ; m[3] 22 sept. 1739, à Jacques Renaud.—*Pierre-Joseph*, b[6] 27 février 1718 ; 1° m[3] 14 nov. 1740, à Elisabeth Crevier ; 2° m 5 mai 1749, à Marie Lajoie, à la Pte-aux-Trembles, M.[7] — *François-Marie*, b[6] 8 mai 1720 ; m[3] 8 janvier 1742, à Marie Chartran. —*Marie-Joseph*, b 11 déc. 1721, à St-Laurent, M.[8] ; m[3] 19 oct. 1739, à Jean-Baptiste Syre.—*Louis*, b 1724 ; 1° m[7] 14 avril 1749, à Madeleine Mercan ; 2° m[3] 3 nov. 1751, à Marie-Catherine Barbeau. —*Marie-Joseph*, b 1726 ; m[6] 3 nov. 1751, à Charles Lejeune.—*Noël*, b 1728 ; m[2] 7 janvier 1755, à Marie-Joseph Semur.—*Marie*, b... s[3] 19 janvier 1762.

1722, (1er fevrier) Montréal.[9]

II.—ROSE, Nicolas, [Noel I.
b 1674 ; s[9] 4 janvier 1746.
Prudhomme, Marie-Joseph, [Pierre II.
b 1696 ; s[9] 14 mars 1723.
Marie-Joseph, b[9] 19 février 1723 ; s[9] 29 déc. 1737.

1723, (3 nov.) Montréal.[2]

II.—ROSE, Charles-François, [Noel I.
b 1683.
Dubau, Marie-Therèse, [Laurent II.
b 1706 ; s[2] 3 juin 1725.
Marie-Thérèse, b[2] 11 oct. 1724 ; s[2] 11 avril 1725.

1733.

III.—ROSE, Charles-François, [Charles II.
b 1712.
Sicard, Marie-Angelique, [Jean I.
b 1705 ; s 25 avril 1738, au Sault-au-Recollet[5]
Marie, b 1734 ; m 1754, à Jean-Baptiste Robidoux.—*Angélique-Amable*, b 1735, 1° m[5] 17 août 1750, à Joseph-Marie Picard ; 2° m[5] 20 oct. 1760, à Louis-François Ménard — *Angélique-Amable*, b[5] 23 mars et s[5] 26 juillet 1737 —*Marie-Joseph*,

(1) Elle épouse, le 5 nov. 1755, Germain Blondeau, à Quebec.
(2) Dit Barthélemy.
(3) Duchouquet.
(4) Voy. vol. I, p. 527.
(5) Elle épouse, le 25 nov. 1687, François Dumas, à Quebec.

(1) Marié sous le nom de Larose.

b [5] 23 mars et s [5] 14 avril 1737.—*Charles-Roch*, b [5] 21 avril 1738.

1740, (14 nov.) Sault-au-Récollet. [6]

III.—ROSE, PIERRE-JOSEPH, [CHARLES II.
b 1718.
1° CREVIER, Elisabeth, [JEAN I.
b 1715; s [6] 28 fevrier 1748.

Pierre, b [6] 24 sept. 1741; m 10 février 1766, à Marie SÉGUIN, à St-Vincent-de-Paul.[7]—*Marie*, b... m [7] 21 janvier 1760, à Joseph PAQUET. — *Marie-Elisabeth*, b [6] 6 février 1743.—*Etienne*, b [6] 26 déc. 1744.—*Marie-Madeleine*, b [6] 18 avril 1746.—*Louis-Gabriel*, b [6] 21 fevrier 1748; s [6] 25 avril 1749.—*Marie-Joseph*, b [6] 21 fevrier et s [6] 14 juin 1748.

1749, (5 mai) Pte-aux-Trembles, M.
2° ROUSSEAU (1), Marie-Jeanne, [PIERRE I.
b 1709; veuve de Stanislas Circe.

Marie-Joseph, b [7] 5 sept. 1750; s [7] 18 oct. 1751. — *Marie-Joseph*, b [7] 21 fevrier 1752; s [7] 24 déc. 1753.

1742, (8 janvier) Sault-au-Recollet. [8]

III.—ROSE, FRANÇOIS-MARIE, [CHARLES II.
b 1720.
CHARTRAN (2), Marie, [CHARLES III.
b 1722.

Jean-Baptiste, b [8] 30 nov. 1742, m 1766, à Marie-Catherine SICARD.—*François*, b 18 juillet 1744, à St-Vincent-de-Paul.[9]—*Charles*, b [9] 25 et s 27 avril 1746, à Ste-Rose.—*Joseph-Marie*, b [9] 13 sept. 1747; s [9] 16 oct. 1751.—*Jacques*, b [9] 9 avril 1750.—*Joseph*, b [9] 7 juillet 1752.—*Jean-Marie*, b [9] 12 juin 1754.

1749, (14 avril) Pte-aux-Trembles, M. [4]

III.—ROSE, LOUIS, [CHARLES II.
b 1724.
1° MERÇAN, Madeleine, [JOSEPH II.
b 1726; s [4] 6 avril 1750.

Marie-Madeleine, b [4] 4 et s [4] 23 mars 1750.

1751, (3 nov.) Sault-au-Recollet.
2° BARBEAU, Marie-Catherine, [FRANÇOIS I.
b 1694; veuve de Marin Fortin.

1755, (7 janvier) St-Vincent-de-Paul.

III.—ROSE, NOEL, [CHARLES II.
b 1728.
SEMUR, Marie-Joseph, [MARC II.
b 1736.

1757, (23 février) Château-Richer. [1]

I.—ROSE, JEAN, fils de Jean et de Jeanne Lachigan, de Nustris.
GRAVEL (3), Marie-Louise, [CLAUDE III.
b 1731.

Marie-Louise, b [1] 18 mars 1758.

(1) Mariée sous le nom de Lajoie.

(2) Elle épouse, le 7 février 1757, Antoine Quenneville, au Sault-au-Récollet.

(3) Elle épouse, le 23 nov. 1763, Claude Frerot, au Château-Richer.

1766, (10 fevrier) St-Vincent-de-Paul.

IV.—ROSE, PIERRE, [PIERRE-JOSEPH III.
b 1741.
SÉGUIN, Marie, [JEAN III
b 1749.

1766.

IV.—ROSE, JEAN-BTE, [FRANÇOIS III.
b 1742.
SICARD, Marie-Catherine, [LOUIS II.
b 1737.

Elisabeth-Catherine, b 17 juin 1767, à Lachenaye.

ROSEAU.—*Variation:* RODEAU.

1721, (9 dec.) Ile-Dupas.

I.—ROSEAU (1), JACQUES, fils de Pierre et de Françoise Drapron, de N.-D. de LaRochelle, Aunis; s 14 avril 1757, à Ste-Anne-de-la-Perade. [1]
LEMIRE, Marie-Anne, [ISAAC I.
b 1692; veuve de Jean Titas; s [1] 21 oct. 1742.

Marie-Joseph, b [1] 29 avril 1724; m 30 oct. 1747, à Pierre GLADU, au Cap-de-la-Madeleine; s 16 avril 1754, à la Pointe-du-Lac. — *Marie-Anne*, b [1] 24 oct. 1725; m [1] 13 fevrier 1748, à Joseph CHARRON. — *Marie*, b... m [1] 17 oct. 1747, à François-Michel NIOF. — *Marie-Madeleine*, b [1] 28 oct. et s [1] 25 nov. 1729.—*Marie-Madeleine*, b [1] 21 janvier 1731; s [1] 2 fevrier 1748.

1760, (4 nov.) St-François, I. O. [8]

I.—ROSEN (2), JEAN, fils de Georges et d'Agnès ...., de Cercle, Canton-Lucerne, Suisse.
LANDRY (3), Geneviève, [CHARLES III.
b 1731.

Marie-Geneviève, b [8] 25 nov. 1761; m 3 avril 1780, à Charles BELISLE, à Terrebonne.

ROSIER.—*Surnom:* ST. MICHEL.

I.—ROSIER (4), MICHEL, b 1727; s 27 janvier 1759, à l'Hôpital-Genéral, M.

ROSOIR.—Voy. MONCEAU.

ROSON.—*Surnom:* DAUPHIN.

I.—ROSON (5), GEORGES, s 12 mai 1761, au Château-Richer.

1764, (9 janvier) St-Thomas.

I.—ROSS, GUILLAUME, fils d'Alexandre et d'Hélène Baine, de Guenne, Ecosse.
PROU, Marie-Joseph, [JEAN-BTE III.
b 1743.

(1) Et Rodeau.

(2) Caporal au régiment américain, compagnie de Fesh.

(3) Elle épouse, le 11 oct. 1773, Joseph Truchon, à St-Henri-de-Mascouche.

(4) Dit St. Michel, tambour de la compagnie de M. de la Corne.

(5) Dit Dauphin.

Guillaume, b 20 fevrier 1765, au Cap-St-Ignace; m 6 sept. 1792, à Marie-Joseph BOUCHER, à Québec. — *Jean*, b 1766; m 8 oct. 1787, à Geneviève LAURENT, à Rimouski. [7] — *Alexandre*, b 1768; m 1793, à Félicité GAGNÉ. — *Hector*, b 1770; m [7] 3 février 1801, à Marie BOUILLON. — *Laughlin*, b 1775; m [7] 26 avril 1803, à Marie CHORET.

1787, (8 oct.) Rimouski. [8]

II.—ROSS, JEAN, [GUILLAUME I.
b 1766.
LAURENT, Geneviève. [GABRIEL III.
Marie, b... m [8] 29 février 1808, à Emmanuel CHOUINARD. — *Jean-Baptiste*, b [8] 19 juillet 1790; m [8] 29 janvier 1811, à Ursule COTÉ. — *Hélène*, b [8] 19 déc. 1792; m [8] 2 fevrier 1813, à Barthélemi LEMIEUX. — *Hector*, b [8] 23 février 1795.

1792, (6 sept.) Québec.

II.—ROSS, GUILLAUME, [GUILLAUME I.
b 1765.
BOUCHER, Marie-Joseph, [PRISQUE IV.
b 1772.
Guillaume, b 1793; m 16 février 1813, à Thérèse GAGNÉ, à Rimouski. [9] — *Marie-Joseph*, b 1794, m [9] 5 janvier 1813, à André CHORET. — *Aline*, b [9] 27 mars 1795.

1793.

II.—ROSS, ALEXANDRE, [GUILLAUME I.
b 1768.
GAGNÉ, Félicité, [LOUIS V.
b 1773.
Marie-Félicité, b 5 mai 1794, à Rimouski [7]; s [7] 25 janvier 1795.

1801, (3 février) Rimouski.

II.—ROSS, HECTOR, [GUILLAUME I.
b 1770.
BOUILLON, Marie, [AMBROISE II.
b 1783.

1803, (26 avril) Rimouski.

II.—ROSS, LAUGHLIN, [GUILLAUME I.
b 1775.
CHORET, Marie, [AUGUSTIN V.
b 1781.

1811, (29 janvier) Rimouski.

III.—ROSS, JEAN-BTE, [JEAN II.
b 1790.
COTÉ, Ursule, [PIERRE V.
b 1788.

1813, (16 février) Rimouski.

III.—ROSS, GUILLAUME, [GUILLAUME II.
b 1793.
GAGNÉ, Thérèse. [PIERRE-BASILE V.

ROSSELOU, JOSEPH, b 1707; s 7 juin 1755, à Montreal.

ROSSIGNOL.— *Surnoms* : CORMIER — DUMETS-MERS—LAJEUNESSE—PETIT.

1748, (25 nov.) Montréal. [3]

I.—ROSSIGNOL (1), CHARLES, b 1723, soldat; fils de Nicolas et de Julienne Midoux, de St-Laurent de Baricourt, diocèse de Reims, Champagne.
ROCHELEAU (2), Geneviève. [ANTOINE II.
Marie-Angélique, b [3] 4 oct. 1749.— *Jean-François*, b [3] 20 et s [3] 23 oct. 1750. — *Louis*, b 1754; m [3] 20 fevrier 1775, à Marie-Joseph SÉNÉ.

1771, (7 janvier) Kamouraska. [9]

I.—ROSSIGNOL (3), JULIEN, b 1743; fils de Jean et de Michelle Nicole, de Sonjal, diocèse de Rennes, Bretagne
MICHAUD, Marie-Catherine, [ALEXANDRE III.
b 1744.
Marie-Ursule, b [9] 10 oct. 1771.—*Marie-Félicité*, b [9] 15 juillet 1774.—*Alexandre*, b 11 juillet 1783, à la Rivière-Ouelle.

1775, (20 fevrier) Montréal.

II.—ROSSIGNOL (4), LOUIS, [CHARLES I.
b 1754.
SÉRÉ (5), Marie-Joseph, [PIERRE-ANDRÉ II.
b 1755.

ROTEAU.—*Surnom* : SASEINE.

ROTEAU (6), JEAN-BTE.
CARON, Geneviève.
Jean-Baptiste, b 29 mai 1762, à l'Islet. [4]—*Geneviève*, b [4] 29 mai et s [4] 5 juin 1763.

I —ROTENOHEISLER, JOSEPH, b 1736; fils de Georges et d'Ursule Wisoforin, de Wingard, diocèse de Constance, Allemagne.
1° VAIPECAPIN, Catherine.
1769, (27 sept.) Montreal.
2° GUILBOT, Marie-Joseph, [LOUIS III.
b 1747.

ROTOT.—Voy. LIARD—PROTEAU—TREFFLÉ.

ROTURE.—Voy. ROTUREAU.

ROTUREAU —*Variations et surnom* : ROCHEREAU—ROTURE—BELISLE.

1689, (11 juillet) Beauport. [4]

I.—ROTUREAU (7), NICOLAS, b 1659, s [4] 9 fevrier 1719.
1° GALLIEN, Marguerite, [ROBERT I.
b 1671; s [4] 25 janvier 1703.
Michel, b [4] 3 mars 1695; 1° m 29 oct 1720, à

(1) Dit Lajeunesse.
(2) Vivier; elle épouse, le 10 oct. 1757, Pierre Chartier, à Montreal.
(3) Venu en 1765 (procès-verbaux)
(4) Marié Meis, pour Demers.
(5) St. Jean.
(6) Dit Saseine.
(7) Dit Belisle; voy. vol. I, p. 527.

Marie-Thérèse Chorет, à Charlesbourg; 2° m 1750, à Marie-Anne Desjardins ; s 12 mars 1762, à Terrebonne. — *François*, b [4] 2 août 1697 ; m 1722, à Angélique Drapeau. — *Louis*, b [4] 27 oct. 1699 ; 1° m 1728, à Françoise Hétu ; 2° m à Madeleine Neveu-Lacroix.

1704, (24 nov.) L'Ange-Gardien.

2° Gignard, Marie, [Laurent I.
b 1679 ; veuve de Simon Touchet.

1720, (29 oct.) Charlesbourg.

II.—ROTUREAU (1), Michel, [Nicolas I.
b 1695 ; s 12 mars 1762, à Terrebonne. [8]

1° Choret, Marie-Therèse, [Pierre II.
b 1697 ; s [8] 10 déc. 1749.

Jean-Baptiste, b 29 juillet et s 9 nov. 1721, à Beauport. [9] — *Michel*, b [9] 13 avril 1723 ; s 12 avril 1738, à Lachenaye. [7] — *Pierre*, b [9] 14 nov. 1724 ; s [9] 2 sept. 1725. — *Jean-Charles* (2), b [9] 31 mars 1726. — *Jean-Charles*, b [9] 25 mars 1728 ; 1° m [8] 16 fevrier 1756, à Marie-Joseph Ouimet ; 2° m [8] 23 oct. 1769, à Marie-Françoise Renaud. — *Joseph*, b 25 nov. 1729, à L'Assomption [6], s [8] 8 janvier 1749. — *Pierre*, b [6] 6 août 1731 ; 1° m [8] 26 fevrier 1759, à Marie-Marguerite Ouimet ; 2° m [8] 30 sept. 1771, à Madeleine Laroche. — *Jacques*, b 1733 ; m 1751, à Marie-Joseph Lauzon. — *Etienne*, b [7] 14 janvier 1736 ; m [8] 12 fevrier 1759, à Angelique Berloin. — *Michel*, b [7] 21 mai 1738 ; 1° m [7] 13 juillet 1767, à Marie-Joseph Chevaudier ; 2° m [8] 6 nov. 1769, à Marguerite Gauvreau. — *Marie*, b 1741 ; m [8] 6 janvier 1765, à Pierre-André Bergeron. — *Jean-Baptiste*, b 1743 ; m [8] 7 janvier 1772, à Marie-Catherine Limoges.

1750.

2° Desjardins, Marie-Anne,
b 1713 ; s [8] 4 juillet 1751.

Françoise, b [8] 20 juin et s [8] 9 sept. 1751.

1722.

II —ROTUREAU (1), François, [Nicolas I.
b 1697.

Drapeau (3), Marie-Angélique, [Jean I.
b 1697.

François, b 1723 ; s 3 oct. 1725, à St-François, I. J. [9] — *Françoise*, b [9] 22 août 1731. — *Marie*, b [9] 3 mai et s [9] 4 août 1733. — *Charles*, b [9] 8 juillet 1737. — *Marie-Catherine*, b [9] 28 nov. 1740, s 5 fevrier 1757, à St-Vincent-de-Paul. [8] — *Marie-Angélique*, b [8] 19 juillet 1744. — *Marie-Joseph*, b 1746 ; m [8] 14 février 1765, à Pierre Dédiel. — *Pierre*, b [8] 10 et s [8] 22 sept. 1747.

1728.

II.—ROTUREAU (1), Louis, [Nicolas I.
b 1699.

1° Hétu, Françoise, [Georges I.
b 1699.

Marie-Françoise, b 25 nov. 1729, à L'Assomption. [1] — *Marie-Geneviève*, b [1] 10 mai 1731. — *Louis*, b [1] 14 sept. 1732.

2° Neveu-Lacroix, Madeleine.

Claude, b 1741 ; m 27 oct. 1766, à Marie-Louise Gadois, à St-Vincent-de-Paul.

1751.

III.—ROTUREAU (1), Jacques, [Michel II.
b 1733.

Lauzon (2), Marie-Joseph, [Jacques III.
b 1734.

Marie-Joseph, b 18 et s 22 avril 1752, à Terrebonne. [1] — *Anonyme*, b [1] et s [1] 13 avril 1753. — *Marie-Joseph*, b [1] 4 juillet 1754 ; m [1] 19 fevrier 1776, à Michel Villeneuve. — *Joseph*, b 4 oct. 1756, à Ste-Rose ; m [1] 5 nov. 1781, à Madeleine Bélanger. — *Jean-Charles*, b [1] 26 fevrier et s [1] 22 juillet 1759. — *Jean-Charles*, b [1] 13 et s [1] 17 juillet 1760. — *François*, b 1761 ; s [1] 19 avril 1780.

1756, (16 février) Terrebonne. [2]

III.—ROTUREAU (1), Jean-Chs, [Michel II.
b 1728.

1° Ouimet, Marie-Joseph, [Albert III.
b 1735.

Marie-Rose, b 5 fevrier 1757, à Ste-Rose. [3] — *Marie-Joseph*, b [3] 9 juillet 1758 ; m [2] 20 fevrier 1775, à Jean-Marie Morisseau. — *Charles*, b [3] 31 janvier 1760 ; m [2] 3 avril 1780, à Geneviève Rose. — *Marie*, b 21 mai 1764, à Lachenaye.

1769, (23 oct.). [2]

2° Renaud-Locat, Françoise, [Louis II.
b 1721 ; veuve de Jean-Baptiste Nantel ; s [2] 24 fevrier 1781.

1759, (12 fevrier) Terrebonne.

III.—ROTUREAU (1), Etienne, [Michel II.
b 1736.

Berloin-Nantel (3), Angélique, [Jean II.
b 1741.

1759, (26 février) Terrebonne. [2]

III.—ROTUREAU (1), Pierre, [Michel II.
b 1731.

1° Ouimet, Marguerite, [Albert III.
b 1741 ; s [2] 17 sept. 1770.

Pierre, b [2] 13 fevrier 1760. — *Marguerite*, b... m [2] 22 janvier 1781, à Joseph Lauzon.

1771, (30 sept.) [2]

2° Laroche, Madeleine, [Jean-François III.
b 1731 ; veuve de Sébastien Etienne.

1766, (27 oct.) St-Vincent-de-Paul.

III.—ROTUREAU, Claude, [Louis II.
b 1741.

Gadois, Marie-Louise. [Frs-Xavier III.

---

(1) Dit Belisle.

(2) Cet acte se trouve au folio VI de l'année 1704, à Beauport.

(3) Laforge.

(1) Dit Belisle.

(2) Elle épouse, en 1770, Charles-Philippe Bélanger.

(3) Elle épouse, le 13 juillet 1762, Michel Forget, à Terrebonne.

1767, (13 juillet) Lachenaye.
III.—ROTUREAU (1), MICHEL, [MICHEL II.
b 1738.
1° CHEVAUDIER, Marie-Joseph, [PAUL-CHS III.
b 1746 ; s 29 août 1768, à Terrebonne.[8]
1769, (6 nov.)[8]
2° GAUVREAU, Marguerite, [JOSEPH II.
b 1749.

1772, (7 janvier) Terrebonne.
III.—ROTUREAU, JEAN-BTE, [MICHEL II.
b 1743.
LIMOGES, Marie-Catherine, [JOSEPH II.
b 1747.

1780, (3 avril) Terrebonne.
IV.—ROTUREAU (2), CHARLES, [JEAN-CHS III.
b 1760.
ROSE, Geneviève. [JOSEPH.

1781, (5 nov.) Terrebonne.
IV.—ROTUREAU, JOSEPH, [JACQUES III.
b 1756.
BÉLANGER, Madeleine. [FRANÇOIS IV.

ROUAN.—Voy. ROUEN.

1723.
I.—ROUANAIS, JEAN.
DUBIEN, Marie-Joseph.
Jean-Baptiste, b 1er avril 1724, à Montréal.

ROUANGE.—*Surnoms :* JEANNOT—JOANNET.

I.—ROUANGE (3), JOSEPH,
b 1690 ; s 1er mai 1760, à Terrebonne.
FLEURY, Marie-Joseph, [JOSEPH II.
b 1720.
Marie-Joseph, b 1738 ; m 7 février 1758, à Joseph DEBIEN, au Sault-au-Récollet. — *Marie-Jeanne*, b... m 12 février 1759, à Ignace TIBAUT, à St-Laurent, M.[1] — *Marguerite*, b[1] 26 juillet et s[1] 8 août 1750.—*Marie-Amable*, b[1] 8 mars et s[1] 22 août 1752.—*Noel*, b[1] 24 dec. 1755.—*Marie-Elisabeth*, b[1] 24 fevrier et s[1] 25 avril 1759.

ROUARD.—Voy. RÉAL.

ROUAU.—Voy. REGAULT—ROUAULT.

ROUAUD.—Voy. RÉAL.

ROUAULT. —*Variation et surnom :* ROUAU—DURAZOIR.

1757, (20 juin) Québec.[2]
I.—ROUAULT (4), PIERRE, soldat ; fils d'Etienne et de Radegonde Courtin, de Notre-Dame-de-la-Ferte, diocèse du Mans, Maine.
PARANT, Geneviève-Ursule, [HENRI III.
b 1737.

(1) Dit Belisle.
(2) Marié sous le nom de Belisle.
(3) Dit Jeannot—Joannet.
(4) Et Rouau dit Durazoir.

Marie-Joseph, b[2] 28 déc. 1756.—*Pierre-Henri*, b[2] 25 déc. 1757 ; s[2] 7 août 1758.—*Marie-Geneviève*, b[2] 31 mai 1759.—*Françoise*, b 1762 ; m[2] 8 avril 1788, à Jean MARTINET.

ROUBLINE.—Voy. COTTARD.

ROUCE.—Voy. RONSERAY.

ROUCOU.—Voy. ROUSSEAU.

ROUCOUX.—*Variation :* ROCOUX.

1765, (15 mai) Détroit.[1]
I.—ROUCOUX (1), JEAN-BTE, fils de Claude et d'Elisabeth Domage, de St-Severin, Paris.
DESHÊTRES, Marie-Joseph, [ANTOINE I.
b 1751.
Marie-Joseph, b[1] 31 janvier et s[1] 14 février 1766.—*Alexis*, b[1] 4 déc. 1772. — *Marie-Euphrasie*, b[1] 5 sept. 1774. — *Suzanne*, b[1] 1er avril 1780.

ROUDIER.—*Surnom :* ST. ONGE.

1729, (24 avril) Québec.[7]
I.—ROUDIER (2), JEAN, navigateur ; fils de Jean et d'Anne Chouette, de Retau, diocèse de Xaintes, Saintonge.
1° BERNARD, Marie-Catherine, [HILAIRE I.
b 1706 ; s 13 mai 1733, à Charlesbourg.[8]
Jean-Marie, b[8] 23 nov. 1729 , s[7] 3 nov. 1730.
1735, (7 nov.)[8]
2° PRESSEAU, Marie-Joseph, [JEAN II.
b 1714 ; s[7] 3 juin 1747.
Joseph-Marie, b[8] 15 août 1736. — *Jean*, b[8] 26 sept. 1738.—*Charles*, b[8] 25 avril 1740. — *Pierre-Louis*, b[8] 14 nov. 1741 ; s[8] 5 août 1743.—*Marie-Charlotte*, b[8] 2 juillet 1744.

ROUDOT.—*Surnom :* LADOUCEUR.

1733, (30 juin) Montréal.
I.—ROUDOT (3), JEAN, b 1700, soldat ; fils de Bernard et de Jeanne Borderon, de St-Sauveur, ville de LaRochelle, Aunis.
GAUTIER (4), Marie-Françoise, [GERMAIN I.
b 1687 ; veuve de Pierre Botquin.

ROUELLE. — *Variations :* HÉRUEL, 1749 — ROUILLE—ROY, 1742.

(1) Et Rocoux, 1766.—Directeur des Ecoles chrétiennes au Détroit et premier chantre de la paroisse—Demeurant rue St-Jacques.
(2) Dit St. Onge.
(3) Dit Ladouceur.
(4) Elle épouse, le 15 février 1745, Antoine Daunay, à Boucherville.

1725, (15 juillet) Québec. [1]
I.—ROUELLE (1), EDMÉ, navigateur; fils de Philippe et de Catherine Masson, d'Armoncour, diocèse de Langres, Champagne.
BERTHELOT (2), Therèse-Lse-Cath., [JACQUES I. b 1708.
Jean-François, b [1] 18 sept. 1727; s [1] 29 sept. 1729.—*Marie-Catherine*, b [1] 14 oct. 1731; s [1] 16 janvier 1734.—*Marie-Marthe*, b [1] 9 juin 1734; s [1] 13 mars 1736. — *Marie*, b [1] 12 avril 1738; m 23 sept. 1760, à Vincent BOURGAUT, à Montréal.—*Noël*, b [1] 8 nov. 1742. — *Geneviève*, b [1] 4 avril 1745.—*Charlotte-Louise*, b [1] 28 nov. 1747; s [1] 17 juillet 1748. — *Joseph*, b [1] 19 sept. 1749; s [1] 23 mars 1750. — *Geneviève*, b [1] 1er février et s [1] 5 juin 1751.—*Claude*, b [1] 12 sept. 1753.

ROUEN.—*Variation* : ROUAN.

1749, (18 août) Québec. [7]
I.—ROUEN, MICHEL, b 1710, soldat canonnier; fils de Charles et de Madeleine Dohors, de Pont-St-Pierre, Rouen, Normandie; s (3) 15 oct. 1778, à St-Cuthbert.
RONDEAU, Louise, [PIERRE I. b 1725.
Marie-Louise, b [7] 18 oct. 1750.— *Ursule*, b [7] 23 juillet et s [7] 22 août 1761.

ROUER.—*Variation et surnoms* : ROUHER — D'ARTIGNY et DARTIGNY — DE LA CARDONNIÈRE—DEVILLERAY et VILLERAY—DEVITRÉ.

1658, (19 fevrier) Quebec. [5]
I.—ROUER (4), LOUIS, b 1629; fils de Jacques et de Marie Perthuis, de N.-D.-des-Grèves, ville d'Amboise, diocèse de Tours, Touraine; s [5] 7 déc. 1700.
1° SEVESTRE, Catherine, [CHARLES II. b 1644; s [5] 24 janvier 1670.
Louis, b [5] 9 février 1667; s [5] 5 juillet 1744.
1675, (26 nov.) [5]
2° DUSAUSSAY, Marie-Anne.

1689, (1er sept.) Québec. [5]
II.—ROUER (5), AUGUSTIN, [LOUIS I. b 1664; conseiller.
1° LEGARDEUR, Marie-Louise, [CHARLES II. b 1667.
Angélique-Hyacinthe, b [5] 14 juillet 1692; 1° m 20 mai 1717, à Charles DAMOURS, à Ste-Foye [6]; 2° m 7 juin 1736, à Denis ROUSSEAU, à St-Nicolas [7]; s [7] 26 nov. 1749.— *Geneviève*, b 1700; m [5] 16 nov. 1722, à Louis-Joseph LAMBERT; s [7] 16 avril 1760.—*Benjamin*, b 1701; m 16 août 1735, à Marie-Joseph PEPIN-LAFORCE, à Montreal. [8] — *Hector*, b 25 déc. 1702, à St-Laurent, I. O.; m [8] 13 août 1731, à Marie NEVEU. — *Louis*, b 1er juin et s 9 dec. 1705, à Ste-Famille, I. O. [9]— *Marie-Catherine*, b [9] 1er juin 1705.

(1) Héruel, 1749—Roy, 1742.
(2) Elle épouse, le 14 avril 1760, Charles Laurent, à Québec.
(3) Ecrasé sous un arbre.
(4) DeVilleray; voy. vol. I, pp. 527-528.
(5) DeVilleray—De la Cordonnière; voy. vol. I, p. 528.

1706.
2° POLLET, Marie-Louise. [FRANÇOIS I.
Marie-Catherine, b [6] 23 août 1709; 1° m [5] 10 nov. 1726, à Michel DROUARD; 2° m [5] 14 mai 1735, à Michel SALLABERRY; s [5] 26 août 1740.

II.—ROUER (1), LOUIS, [LOUIS I. b 1667; conseiller; s (dans l'église) 5 juillet 1744, à Québec.

1722, (14 juillet) Québec. [3]
III.—ROUER (2), AUGUSTIN, [AUGUSTIN II. b 1698; s [3] 21 dec. 1762.
FOULON (3), Marie-Madeleine, [NICOLAS I. b 1699; s [3] 28 dec. 1767.
Marie-Madeleine, b [3] 1er mai 1723; m 7 août 1752, à Michel FRÉCHET, à St-Nicolas.—*Augustin*, b [3] 12 janvier 1725; m 1755, à Anne LE BORGNE DE BELLISLE; s 17 juillet 1787, à l'Hôtel-Dieu, Q. —*Louis-Charles*, b [3] 18 sept. 1726; m [3] 11 février 1749, à Therèse LAGUERRE-MORVILLE. — *Anne-Catherine-Joseph*, b [3] 26 oct. 1727. — *Angélique-Michelle*, b [3] 17 mars et s [3] 14 sept. 1729. — *Augustin-Michel*, b [3] 13 mai et s [3] 3 juin 1730 — *Jeanne-Angélique*, b [3] 30 déc. 1731.—*Alexis* (4), b [3] 18 janvier 1734; s [3] (noyé accidentellement) 8 juillet 1761.—*Geneviève*, b [3] 22 juin 1735.—*Joseph*, b [3] 11 nov. 1736.—*Marie-Denise*, b [3] 8 mars 1740.

1731, (13 août) Montréal. [8]
III.—ROUER (5), HECTOR, [AUGUSTIN II. b 1702, officier.
NEVEU, Marie, [JEAN-BTE II. b 1706.
Mathieu-Hector, b [8] 23 mars et s 22 sept. 1734, à la Longue-Pointe.—*Jean-Maurice*, b [8] 9 août 1735; s [8] 8 mars 1736.—*Marie-Gertrude*, b [8] 27 avril 1737; s [8] 7 juillet 1738.—*Marie-Hypolite*, b [8] 28 juin 1741; m [8] 1er mars 1756, à Charles DEMARILLAC.—*Marie-Elisabeth*, b [8] 15 et s [8] 17 nov. 1742.—*Louis-Hector*, b [8] 28 janvier 1745.

1735, (16 août) Montréal. [9]
III.—ROUER (6), BENJAMIN, [AUGUSTIN II. b 1701; officier.
PEPIN-LAFORCE, Marie-Joseph, [PIERRE III. b 1716.
Hector-Hyacinthe, b [9] 3 oct. 1738; s [9] 31 janvier 1739.—*René-Benjamin*, b [9] 4 mai 1740.—*Marie-Joseph-Amable*, b [9] 26 oct. 1744.—*Marguerite*, b [9] 23 dec. 1745; s [9] 5 avril 1748.—*Antoine*, b [9] 7 dec. 1746; s [9] 9 janvier 1750.

1749, (11 février) Québec. [6]
IV.—ROUER (7), LOUIS-CHARLES, [AUGUSTIN III. b 1726.
LAGUERRE (8), Marie-Thérèse, [CLAUDE I b 1718.

(1) D'Artigny.
(2) Sieur de Villeray.
(3) Dumont; appelée Cartier, 1740.
(4) Cadet dans les troupes; appelé Joseph-Alexis.
(5) DeVilleray, sieur d'Artigny; aussi appelé Ignace.
(6) DeVilleray, sieur d'Artigny.
(7) DeVilleray.
(8) DeMorville.

Marie-Louise, b [6] 22 nov. 1749; s [6] 2 janvier 1750. — *Louis-René*, b [6] 9 janvier 1751. — *Anonyme*, b [6] et s [6] 26 déc. 1751. — *Madeleine-Augustin*, b [6] 28 nov. 1753; s 17 juillet 1754, à Lévis.

1755.

IV.—ROUER (1), AUGUSTIN, [AUGUSTIN III
b 1725, s 17 juillet 1787, à l'Hôtel-Dieu, Q
LEBORGNE-BELISLE, Marie-Anne.
Marie-Joseph, b 1756; s 26 août 1757, à Quebec. — *Marie-Joseph*, b 3 sept. 1760, à l'Islet — *Joseph*, b 1761; s 15 mars 1774, à Kamouraska. [7] — *Anastasie*, b 31 mars 1762, au Cap-St-Ignace. — *Hypolite*, b [7] 22 oct. 1763. — *Madeleine*, b... m 26 août 1788, à Louis JÉRÉMIE-DOUVILLE, à St-Nicolas.

ROUET. — *Surnom* : VIVE L'AMOUR.

1759, (18 juin) Trois-Rivières. [5]

I.—ROUET (2), JOSEPH, fils de Pierre et de Catherine Pelletier, de St-Nicolas-de-Cambray, Flandre.
BIRON, Marie-Joseph, [FRANÇOIS III.
b 1730.
Marie-Joseph, b [5] 21 mars 1760.

1755, (8 avril) Québec [6]

I.—ROUFFIO, JOSEPH, marchand; fils de Jacques et de Marc Nègre, de Ville-Nouvelle, Montauban, Guienne.
CADDÉ (3), Louise-Joseph, [AUGUSTIN II.
b 1736.
Marie-Joseph, b [6] 4 avril 1757. — *Joseph*, b [6] 8 juillet 1758.

1758, (9 janvier) Charlesbourg.

I.—ROUFIAT (4), JOSEPH, fils de Jean-Pierre et d'Anne Bernard, de St-Salvy, diocèse d'Alby, Languedoc.
PEPIN (5), Marie-Charlotte, [LOUIS II.
b 1736.

ROUGEAU. — *Variation et surnoms* : ROJOUX — BERGÉ et BERGER — LATOUCHE — RÉGNIER.

1686.

I.—ROUGEAU (6), JEAN, b 1644; du diocèse d'Angers, Anjou; s 28 janvier 1718, à Boucherville [3]
DAUDELIN, Marie, [NICOLAS I.
b 1669.
Marie-Anne, b 5 août 1687, à Batiscan; m 28 sept. 1705, à Luc JOACHIM, à Varennes. [4] — *René*, b [3] 24 avril 1690; s [3] 23 déc. 1699. — *Françoise*, b [3] 5 oct. 1692; 1° m [3] 20 janvier 1710, à Joseph VÉRONNEAU; 2° m [3] 9 février 1728, à Denis DESNOYERS. — *Pierre*, b [4] 15 mai 1696; m [3] 17 janvier 1718, à Therèse COLE. — *Marie-Joseph*, b [4] 9 déc. 1698. — *Marie-Jeanne*, b... s [3] 25 nov. 1699. — *Jean-Baptiste*, b [3] 14 déc. 1701; 1° m [3] 19 juin 1724, à Marie-Anne LATOUCHE; 2° m [4] 16 avril 1731, à Marguerite LALEU. — *Madeleine*, b 1706; m [3] 24 janvier 1724, à Jean-Baptiste LATOUCHE.

(1) DeVilleray—Villeray.
(2) Dit Vive L'Amour; soldat de Raymond.
(3) Voy. Cadet.
(4) Grenadier au régiment de la Reine.
(5) Elle épouse, le 8 nov. 1762, Pierre Saucier, à Yamachiche.
(6) Dit Berger; voy. vol. I, p. 528.

1718, (17 janvier) Boucherville. [8]

II.—ROUGEAU (1), PIERRE, [JEAN I.
b 1696.
COLE, Thérèse, [JOSEPH I.
b 1700; s 12 janvier 1761, à Verchères.
Pierre, b [8] 29 dec. 1718; m 10 janvier 1746, à Marie-Joseph COULON-COURAULT, à Varennes. [9] — *Jacques*, b 1719; m [9] 10 janvier 1746, à Marie-Joseph COULON-COURAULT. — *Jean-Baptiste*, b [8] 25 nov. 1720. — *Thérèse*, b... m [9] 18 oct. 1745, à Paul PETIT.

1724, (19 juin) Boucherville. [6]

II.—ROUGEAU (1), JEAN-BTE, [JEAN-BTE I.
b 1701.
1° LATOUCHE, Marie-Anne, [ROGER I.
b 1698.
Marie-Anne, b [6] 25 mai 1725; m 15 fevrier 1745, à Pierre JOLY, à Varennes. [7] — *Véronique*, b... m [7] 9 fevrier 1744, à Joseph BISSONNET. — *Jean-Baptiste*, b 1727; 1° m 1747, à Madeleine ROCHER; 2° m [6] 19 nov. 1759, à Catherine LERICHE.

1731, (16 avril). [7]

2° LALEU, Marguerite, [LEONARD-ANTOINE I.
b 1703.
Antoine, b 1734; m [7] 24 juin 1765, à Marie-Louise SENÉCAL. — *Jacques*, b 1736; m [7] 12 janvier 1767, à Marie-Anne JODOIN.

1746, (10 janvier) Varennes.

III.—ROUGEAU (1), PIERRE, [PIERRE II.
b 1718.
COULON (2), Marie-Joseph, [LOUIS-ANTOINE III.
b 1726.
Marie-Joseph, b... m 15 juin 1767, à Pierre LEMOIS, à Repentigny. [9] — *Geneviève*, b... m [9] 16 nov. 1767, à François JOLIVET.

1746, (10 janvier) Varennes.

III.—ROUGEAU, JACQUES, [PIERRE II.
b 1719.
COULON (2), Marie-Joseph, [LOUIS-ANTOINE III.
b 1720.
Marie-Rose, b 19 juillet 1752, à Verchères [7] — *Marie-Anne*, b [7] 6 février et s [7] 10 juillet 1754.

1747.

III.—ROUGEAU (3), JEAN-BTE, [JEAN-BTE II.
b 1727.
1° ROCHER, Madeleine.
Thérèse, b... m 27 avril 1768, à Jean-Pierre TESSEUR, à Varennes.

(1) Dit Berger.
(2) Et Courault.
(3) Dit Latouche, du nom de sa mère.

1759, (19 nov.) Boucherville.
2° Leriche, Catherine, [François II.
b 1733.

1765, (24 juin) Varennes.
III.—ROUGEAU, Antoine, [Jean-Bte II.
b 1734.
Sénécal, Marie-Louise, [Paul III.
b 1740.

1767, (12 janvier) Varennes.
III.—ROUGEAU, Jacques, [Jean-Bte II.
b 1736.
Jodoin, Marie-Anne, [Jean-Bte III.
b 1743.

I.—ROUGET (1), Jean-Joseph, b 1651; s 18 janvier 1735, à Montreal.

ROUGIER.—Voy. Rougieu.

ROUGIEU.—*Variation et surnom :* Rougier—Lafrance.

1699.
I.—ROUGIEU (2), Antoine,
b 1660; s 17 nov. 1715, à Laprairie.[1]
1° Roy, Catherine, [Pierre I.
b 1678; s[1] 16 avril 1700.
1702, (3 juillet).[1]
2° Faye-Lafayette, Jeanne, [Mathieu I.
b 1684.
Marie-Jeanne, b[1] 30 nov. 1704; m[1] 3 février 1722, à François Dupuis.—*Clément*, b[1] 19 août 1706; m[1] 23 nov. 1733, à Angelique Dupuis.—*Suzanne-Françoise*, b[1] 1er déc. 1709; m[1] 20 oct. 1738, à Joseph Lalanne.—*Elisabeth*, b[1] 1er sept. 1711.—*Marie-Louise*, b 1712; s[1] 3 sept. 1729.—*Amable*, b 1713; m 1735, à Catherine Ardoise.—*Marie-Catherine*, b[1] 28 juillet 1715; m[1] 14 nov. 1740, à Jean-Baptiste Lérigen.

1733, (23 nov.) Laprairie.[2]
II.—ROUGIEU (3), Clément, [Antoine I.
b 1706.
Dupuis, Angélique, [René II.
b 1699; s 27 janvier 1765, à St-Philippe.
Joseph-Benjamin, b[2] 15 août 1734.—*Monique*, b[2] 4 janvier 1736.—*René-Albert*, b[2] 26 août 1737.—*Marie-Angélique*, b[2] 3 mai 1739; s[2] 7 mai 1740.—*Clément*, b[2] 3 oct. 1740.—*Joseph*, b[2] 8 juin 1743; s[2] 25 mars 1744.

1735.
II.—ROUGIEU, Amable, [Antoine I.
b 1713.
Ardoise, Catherine.
François-Marie, b 11 février 1736, à Laprairie.

(1) Serviteur au séminaire.
(2) Et Rougier dit Lafrance; voy. vol. I, p. 523; soldat de la compagnie de M. de Noyan.
(3) Marié sous le nom de Rougier.

ROUILLARD.—*Variation et surnoms :* Rémillard—Audin—De la Forest—Fondville—Gauvin—Larivière—Prénouveau—St. Cyr

1653, (22 avril) Québec.[3]
I.—ROUILLARD (1), Antoine,
b 1616; charpentier; s[3] 28 avril 1660.
Girard, Marie,
b 1640.
Jean, b[3] 24 août 1654; m 1685, à Jeanne Levasseur; s[3] 24 août 1711.—*Noel*, b[3] 9 sept. 1661, m[3] 23 nov. 1688, à Anne-Madeleine Larchevêque; s 30 juin 1718, à Lorette.

1670.
I.—ROUILLARD (2), Mathieu.
Guillet, Jeanne, [Pierre I
b 1652; s 18 nov. 1723, à Batiscan.[9]
Guillaume, b 1675; m 1700, à Marie Léger.—*Mathieu*, b 1677; 1° m[9] 2 juin 1704, à Marguerite Trotain; 2° m 1725, à Marie-Anne Lemay.—*Marie-Jeanne*, b[9] 31 août 1683; m 1er mars 1729, à Michel Billy, à Champlain.—*Joseph*, b[9] 28 juin 1688; m[9] 2 août 1715, à Marie-Charlotte Trotain; s[9] 4 avril 1764.—*Damien*, b[9] 27 oct. 1691: m 20 mai 1723, à Marie-Joseph Desrosiers, à Becancour.—*Marie-Madeleine*, b[9] 8 juillet 1694; m[9] 10 janvier 1714, à Etienne Carpentier.

1672, (11 février) Château-Richer.
I.—ROUILLARD (3), Pierre, fils de Pierre et de Françoise Jourdain, du diocèse de Bourges, en Berry.
Bidon (4), Marie, [Louis I
b 1657.

II.—ROUILLARD, Charles, [Antoine I.
b 1656; s 11 mars 1679, à Montreal.

1685.
II.—ROUILLARD (2), Jean, [Antoine I
b 1654; s 24 août 1711, à Québec.[7]
Levasseur, Jeanne, [Pierre I
b 1664; s[7] 18 juin 1711.
François, b 3 mai 1701, à Ste-Foye; ordonné 16 juin 1726; s 16 dec. 1760, à Ste-Anne-de-la-Perade.

1688, (23 nov.) Québec[4]
II.—ROUILLARD (5), Noel, [Antoine I
b 1661; s 30 juin 1718, à Lorette.[5]
Larchevêque (6), Anne-Madeleine, [Jean II
b 1670, veuve de François Guay.
Jean, b[4] 26 sept. 1689; m[5] 30 janvier 1713, à Catherine Bureau; s[5] 5 déc. 1730.—*Pierre*, b[5] 20 janvier 1695; m[5] 13 janvier 1720, à Marie-Charlotte Routier.—*Marie-Anne*, b 1696; m[5]

(1) Dit Larivière; voy. vol. I, p. 528.
(2) Voy. vol I, p. 528.
(3) De la Forest.
(4) Elle épouse, le 11 avril 1673, Michel Isabel, au Château-Richer.
(5) Voy. vol. I, pp. 528-529.
(6) Elle épouse, le 8 juillet 1728, Jacques Corriveau, à Québec.

7 janvier 1717, à Guillaume Deguise; s 4 21 déc. 1756.—*Joseph*, b 17 janvier 1703, à Ste-Foye; m 4 12 sept. 1724, à Jeanne-Thérèse Lecompte; s 27 fevrier 1771, à Nicolet. — *Charles*, b 5 9 juin 1709: 1° m 4 4 juin 1731, à Marie-Joseph Gaboury; 2° m 30 mars 1761, à Geneviève Trudel, à Deschambault; s 4 8 avril 1776.—*Noël-Charles*, b 5 1er nov. 1717; m 13 nov. 1741, à Marie-Joseph Brideau, à St-Michel.

—

1700.

II.—ROUILLARD (1), Guillaume, [Mathieu I.
b 1675.
Léger, Marie.
Guillaume, b 1701; m 18 juillet 1722, à Marie Lemoyne-d'Iberville, à Ste-Anne-de-la-Pérade.

—

1702, (7 janvier) Batiscan. 7

II.—ROUILLARD (2), Jacques, [Mathieu I.
b 1672; s 7 10 dec 1749.
Trotain, Marie-Geneviève, [François I.
b 1683; s 7 18 mars 1751.
Jacques-François, b 7 6 et s 7 7 déc. 1702.—*Jacques-François*, b 7 14 juillet 1704; m 7 2 avril 1731, à Marie-Anne Proteau, s 7 30 mai 1777.—*Ignace*, b 7 13 février et s 7 15 nov. 1706.—*Louis-Joseph*, b 7 10 mai 1707; s 7 20 février 1726.—*Jacques-Ignace*, b 7 4 fevrier 1709; s 7 18 avril 1737.—*Jean-Baptiste* et *Louis*, b 7 26 janvier 1711.—*Marie-Catherine*, b 7 21 avril 1713.—*Gervais*, b 7 2 et s 7 3 fevrier 1716.—*Pierre*, b 7 13 et s 7 15 juillet 1719.

—

1704, (2 juin) Batiscan 6

II.—ROUILLARD (3), Mathieu, [Mathieu I
b 1677.
1° Trotain (4), Marguerite, [François I
b 1681; s 6 28 mars 1723.
Joseph, b 6 11 oct. et s 6 25 nov. 1706.—*Marie-Joseph*, b 6 13 avril 1708; s 6 20 oct. 1725.—*François*, b 6 31 mars 1710.—*Marie-Anne* et *Marie-Marguerite*, b 6 12 et s 6 13 juillet 1712—*Deux anonymes*, b 6 et s 6 12 avril 1713.—*Marie-Catherine*, b 6 22 et s 6 30 juillet 1714.—*Antoine*, b 6 et s 6 1er août 1716.—*Mathieu*, b 6 15 mars et s 6 2 mai 1718.—*Marie-Marguerite*, b 6 3 juin 1719.

1725.

2° Lemay, Marie-Anne, [Michel II.
b 1687.
Marie-Anne, b 6 28 fevrier 1726.—*François*, b 6 27 oct. 1729.—*Marie-Brigitte*, b 29 oct. 1731, à Ste-Geneviève. 7—*Louis-Joseph*, b 6 16 nov. 1733; s 6 23 mai 1785.—*Ignace*, b 7 27 nov. 1735; m 6 11 avril 1763, à Marie-Anne Desranlot.—*Damien*, b 7 5 juin 1738.

(1) Dit St. Cyr, capitaine d'une compagnie de la marine.
(2) Dit St. Cyr, juge et prevost de la seigneurie de Batiscan.
(3) Dit Prénouveau, 1714.
(4) St. Surin, 1714.

1713, (30 janvier) Lorette. 7

III.—ROUILLARD, Jean, [Noel II.
b 1689; s 7 5 déc. 1730.
Bureau, Catherine, [Louis I.
b 1690; s 7 8 oct. 1750.
Catherine, b 7 8 mars et s 7 27 août 1714.—*Félicité*, b 7 20 oct. 1715; 1° m 11 juin 1743, à Alexis Charland, à Quebec 8; 2° m 8 15 nov. 1756, à Antoine Couturier.—*Joseph*, b 7 14 mai 1718.—*Marie-Thérèse*, b 7 3 mai 1720.—*Jean-Baptiste*, b 7 24 juillet 1722.—*Pierre-Joseph*, b 7 6 août 1724.—*Etienne*, b 7 12 fevrier 1727.—*Marie-Anne*, b 7 9 mars et s 7 4 août 1729.—*Noël-François*, b 7 22 août 1730.

—

1715, (2 août) Batiscan. 8

II.—ROUILLARD (1), Joseph, [Mathieu I.
b 1688; notaire royal; s 8 4 avril 1764.
Trotain (2), Marie-Charlotte, [François I.
b 1684; s 8 21 janvier 1758.
Marie-Joseph, b 8 24 avril et s 8 12 mai 1716.—*Joseph*, b 8 1er et s 8 14 avril 1717.—*François-Xavier*, b 8 10 avril 1718.—*Marie-Anne*, b 8 30 sept. 1719; m 8 9 janvier 1736, à François Vésina.—*Marie-Charlotte*, b 8 13 août 1721.—*Anonyme*, b 8 et s 8 19 août 1722.

—

1716, (13 janvier) Québec. 4

III.—ROUILLARD, Michel, [Noel II.
b 1690; navigateur; s 4 9 juin 1755.
Rinfret, Marie-Françoise, [Jean I.
b 1697.
Michel, b 4 19 oct. 1716; m 4 16 oct. 1741, à Anne Garigue.—*Marie-Joseph*, b 4 9 juin 1720; 1° m 4 3 oct. 1740, à Augustin Laisné; 2° m 4 25 janvier 1745, à Jean-Antoine Barthélemi; s 4 18 juillet 1747.—*Antoine*, b 4 15 dec. 1722.—*Jean-Marie*, b 4 19 août 1725; m 4 30 oct. 1752, à Marguerite-Elisabeth Rancour.—*Marie-Suzanne*, b 4 12 déc. 1727; s 4 8 sept. 1728.—*François*, b 4 28 oct. 1729; m 4 2 août 1751, à Marie-Charlotte Marchand; s 4 30 août 1783.—*Marie-Louise*, b 4 20 déc. 1731; m 4 10 août 1761, à Louis Gobert.—*Jeanne-Marie-Anne*, b 4 30 janvier 1734; m 4 22 janvier 1759, à Pierre Malafosse.—*Ursule*, b 4 8 dec. 1737; m 4 8 janvier 1759, à Etienne Caze—*Pierre*, b 4 27 dec. 1739; s 4 2 août 1742.

—

1719, (28 août) Québec. 8

III.—ROUILLARD, Pierre, [Jean II.
b 1686; s 8 14 août 1757.
Charland, Renée-Charlotte, [Noel II.
b 1692.

—

1720, (13 janvier) Lorette.

III.—ROUILLARD, Pierre, [Noel II.
b 1695.
Routier, Marie-Charlotte, [Charles-Marie II.
b 1698.

(1) Dit Fondville.
(2) St. Surin.

1722, (18 juillet) Ste-Anne-de-la-Pérade.
III.—ROUILLARD (1), Guill., [Guillaume II.
b 1701.
Lemoyne-d'Iberville, Marie, [Pierre II.
b 1694.

1723, (20 mai) Bécancour.[1]
II.—ROUILLARD, Damien, [Mathieu I.
b 1691.
Desrosiers, Marie-Joseph, [Pierre II.
b 1702.
Joseph, b 1723; 1° m 9 nov. 1750, à Marie Guibord, à Lachenaye[2]; 2° m 18 avril 1757, à Françoise Lemay, au Sault-au-Récollet.—*Pierre*, b[1] 13 nov. 1725; m[2] 27 juillet 1750, à Marie-Joseph Truchon; s 20 mai 1796, à Deschambault.—*Charles*, b 1728; s 5 nov. 1730, à St-François-du-Lac.[3]—*Jean-Baptiste*, b 15 août 1729, à la Rivière-du-Loup.[4]—*Marie-Claire*, b[3] 21 août 1731; m 1752, à Simon Longueville.—*Jean-Baptiste*, b[4] 12 mai 1734; m 10 janvier 1757, à Marie-Madeleine Tessier, à la Longue-Pointe.[5] — *Marguerite*, b 1735; s 31 juillet 1754, à Nicolet.[6]—*François*, b 31 mars 1736, à Terrebonne. —*Marie-Joseph*, b 1738; s[6] 27 juillet 1754.—*Amable*, b[5] 2 janvier 1739; m 19 oct. 1767, à Charlotte Dubuc, à Montreal.[7]—*Marie-Joseph*, b 25 janvier 1741, à Laprairie; m[7] 10 oct. 1763, à Etienne Canac.

1724, (12 sept.) Québec.[2]
III.—ROUILLARD, Joseph, [Noel II.
b 1703; s 27 février 1771, à Nicolet.[3]
Lecompte, Jeanne-Thérèse, [Jean I.
b 1699; s[3] 3 avril 1784.
Jean-Joseph, b[2] 12 août 1725; m[3] 17 nov. 1749, à Marguerite Pinard; s[3] 29 dec. 1796.—*Marie-Jeanne*, b[2] 27 août 1727; s[2] 15 janvier 1730.—*Jacques-Philippe*, b[2] 5 mai 1729.—*Marie-Marguerite*, b[2] 12 avril 1731; s[2] 12 juin 1733.—*Marie-Marguerite*, b[2] 13 juin 1733.—*Urbain*, b[2] 25 sept. 1736; m 18 janvier 1768, à Marie-Rose Langlois, à la Baie-du-Febvre.[4]—*Marie-Joseph*, b[2] 7 août 1738.—*Marie-Joseph*, b[3] 27 avril 1741; m[3] 2 février 1761, à Joseph Benoit; s[3] 4 avril 1785.—*Pierre*, b[3] 1er août 1745; m[4] 5 nov. 1764, à Thérèse Lemire; s[3] 15 fevrier 1793.

1731, (2 avril) Batiscan.[8]
III.—ROUILLARD (2), Jacq.-Frs, [Jacques II.
b 1704; s[8] 30 mai 1777.
Proteau, Marie-Anne, [Luc I.
b 1712; s[8] 7 dec. 1755.
Marie-Françoise, b[8] 23 sept. 1732; m[8] 25 avril 1756, à Joseph Gaillou.—*Louis-François*, b[8] 3 février 1735; m[8] 18 oct. 1762, à Marie-Joseph Gaillou.—*Pierre*, b[8] 3 fevrier 1737; m[8] 9 nov. 1762, à Rosalie Cormier.—*Marie-Anne*, b[8] 16 juillet 1739; m[8] 22 avril 1759, à Pierre Trépanier.—*Marie-Marguerite*, b[8] 8 juillet 1742.—*Claude-Joseph*, b[8] 14 août 1744.—*Marie-Joseph*, b[8] 12 août 1746; m 27 fevrier 1775, à Augustin Trudel, à Ste-Geneviève—*René-Alexis*, b[8] 16 juillet 1748; s[8] 7 sept. 1751.—*Hyacinthe-Amable*, b[8] 2 sept. 1751; m 25 fevrier 1783, à Helène Hébert, à St-Louis, Mo.

(1) Marié sous le nom de St. Cyr.
(2) Dit St. Cyr.

1731, (4 juin) Québec.[1]
III.—ROUILLARD, Charles, [Noel II
b 1709; maître-boucher; s[1] 8 avril 1776.
1° Gaboury, Marie-Joseph, [Joseph II
b 1708; s[1] (dans l'eglise) 28 août 1758.
Marie-Joseph, b[1] 22 sept. 1732; m[1] 22 avril 1748, à Jean Landrevik.—*Louis-Charles*, b[1] 3 août 1734.—*Jean-Baptiste*, b[1] 31 janvier 1737.—*Marie-Anne*, b[1] 8 avril 1739.—*Marie-Thérèse*, b[1] 15 oct. 1741.—*Marguerite*, b[1] 28 oct. 1743.—*Cécile-Charlotte*, b[1] 22 nov. 1745; 1° m[1] 14 mai 1764, à Rene Grajon; 2° m[1] 5 sept. 1774, à Charles Parant.—*Geneviève*, b[1] 30 dec. 1746.—*François-Joseph*, b[1] 14 nov. 1748.—*Elisabeth-Marcelle*, b[1] 3 nov. 1750.—*Joseph-Antoine*, b[1] 17 nov. 1751; m 30 juin 1772, à Marie-Joseph Bloi, à Montréal.—*Pierre*, b[1] 26 janvier 1754.
1761, (30 mars) Deschambault.
2° Trudel, Geneviève, [Charles III
b 1734; veuve de Jean Nau.
Marie-Cécile, b[1] 31 mai et s[1] 13 sept. 1762.—*Geneviève*, b[1] 8 juillet 1763; m[1] 30 oct. 1786, à Joseph Alary.

1741, (16 oct.) Quebec.[2]
IV.—ROUILLARD, Michel, [Michel III
b 1716.
Garigue (1), Marie-Anne, [Jean I.
b 1718.
Marie-Anne, b[2] 11 nov. 1742; s[2] 12 oct. 1743

1741, (13 nov.) St-Michel.[6]
III.—ROUILLARD, Noel-Charles, [Noel II
b 1717.
Brideau, Marie-Joseph, [Jean-Hilaire II
b 1717.
Marie-Madeleine, b 3 nov. 1742, à St-Valier[7], s[7] 8 sept. 1743.—*Marie-Joseph*, b[7] 19 oct. 1743, s[7] 22 mai 1744.—*Marie*, b 1745; s[6] 24 avril 1749.—*Joseph-Charles*, b[7] 20 janvier 1746.—*Etienne*, b[7] 4 août 1747.—*Pierre*, b[7] 11 sept 1748.—*Marie-Thérèse*, b[6] 14 oct. 1749.—*Antoine-Sévère*, b[6] 18 mai 1751; s[6] 15 oct. 1752—*Marie-Félicité*, b[6] 3 juin 1752; s[6] 29 dec. 1753—*Marie-Françoise*, b[6] 16 mai 1754; s[6] 2 mai 1755.—*Marie-Joseph*, b[6] 5 juillet 1759.

1749, (17 nov.) Nicolet.[9]
IV.—ROUILLARD, Jean-Joseph, [Joseph III
b 1725; s[9] 29 dec. 1796.
Pinard (2), Marguerite, [Guillaume II
b 1725; s[9] 31 janvier 1786.
Marie-Joseph, b[9] 15 août 1750; m[9] 16 fevrier 1795, à Pierre Laspron.—*Joseph-Marie*, b[9] 27 dec. 1751; m[9] 8 mai 1784, à Charlotte Charlery—*Louis-Hyacinthe*, b[9] 3 sept. 1753; m[9] 24 juillet 1797, à Ursule Richard.—*Antoine*, b[9] 15 mars 1756.—*Marie-Marguerite*, b[9] 17 avril 1759,

(1) Languedoc.
(2) Beauchemin.

s[9] 15 mai 1760. — *Marguerite*, b... m[9] 4 nov. 1794, à Jean-Baptiste DUVAL.

1750, (27 juillet) Lachenaye.

III.—ROUILLARD (1), PIERRE, [DAMIEN II
b 1725 ; s 20 mai 1796, à Deschambault.
TRUCHON, Marie-Joseph, [PIERRE II.
b 1726.
Pierre, b 20 oct. 1751, à St-Henri-de-Mascouche ; m 8 août 1774, à Marie-Louise LONGPRÉ, à Montréal.[1] — *Louis-Joseph*, b 18 et s 19 mai 1753, à Terrebonne.—*Marie-Joseph*, b 1er juin et s 22 sept. 1754, à la Longue-Pointe.—*Geneviève*, b 1755 ; m[1] 30 août 1773, à Jean-Baptiste CHARLAND.—*Marie-Joseph*, b 1757 ; m[1] 10 nov. 1777, à Joseph NADEAU.

1750, (9 nov.) Lachenaye.

III.—ROUILLARD, JOSEPH, [DAMIEN II
b 1723.
1° GUIBORD, Marie, [JOSEPH II.
b 1727 ; s 2 juin 1753, à Terrebonne.[2]
Joseph-Marie, b 14 sept. 1751, à St-Henri-de-Mascouche ; s[2] 8 sept. 1753.—*Marie-Marguerite*, b[2] 7 et s[2] 27 mai 1753.
1757, (18 avril) Sault-au-Récollet.
2° LEMAY, Françoise, [JOSEPH III.
b 1741.
Louis, b... 1° m 5 mai 1795, à Catherine LEFEBVRE, à Cahokia[3] ; 2° m[3] 2 déc. 1805, à Rosalie MALLET.

1751, (2 août) Québec.[5]

IV.—ROUILLARD, FRANÇOIS, [MICHEL III
b 1729 ; s[5] 30 août 1783.
MARCHAND, Marie-Charlotte, [CHARLES III.
b 1732 ; s[5] 23 avril 1794.
Marie-Charlotte, b[5] 26 mai 1752 ; m[5] 10 mai 1796, à Pierre TRAHAN.—*François*, b[5] 29 janvier 1754 ; m[5] 11 sept. 1781, à Marie GOBERT. — *Catherine*, b[5] 9 août 1755 ; m[5] 30 juin 1776, à Michel DEROME. — *Marie-Anne*, b[5] 20 août et s[5] 5 nov. 1757.—*Marie-Louise*, b[5] 24 oct. 1759 ; m[5] 10 janvier 1786, à Joseph DUGAS. — *Marie-Françoise*, b[5] 14 oct. 1761.— *Ursule*, b[5] 16 oct. 1763.

1752, (30 oct.) Québec.

IV.—ROUILLARD, JEAN-MARIE, [MICHEL III
b 1725.
RANCOUR, Marguerite-Elisabeth, [CHS-FRS II.
b 1732.

1757, (10 janvier) Longue-Pointe.[1]

III.—ROUILLARD, JEAN-BTE, [DAMIEN II.
b 1734.
TESSIER, Marie-Madeleine, [PAUL III.
b 1728.
Jean-Baptiste, b[1] 31 juillet 1759.— *Marie-Thérèse*, b... m 8 janvier 1781, à Joseph MERÇAN, à Terrebonne.

(1) Dit Gauvin.

1762, (18 oct.) Batiscan.[8]

IV.—ROUILLARD (1), LS-FRS, [JACQ.-FRS III.
b 1735.
GAILLOU, Marie-Joseph, [JOSEPH II.
b 1734 ; s[8] 8 avril 1772.
Marie-Madeleine, b[8] 29 mai et s[8] 16 juin 1769. —*Pierre*, b[8] 15 oct. 1770.

1762, (9 nov.) Batiscan.[1]

IV.—ROUILLARD (1), PIERRE, [JACQ.-FRS III.
b 1737.
CORMIER (2), Rosalie,
Acadienne.
Pierre, b[1] 15 août 1763. — *Louis*, b 1766 ; s[1] 14 oct. 1795. — *Marie-Joseph*, b... m[1] 16 février 1789, à Alexis RAUX.—*Joseph*, b[1] 12 oct. 1771.

1763, (11 avril) Batiscan.

III.—ROUILLARD (3), IGNACE, [MATHIEU II.
b 1735.
DESHANLOT (4), Marie-Anne, [JEAN-BTE II.
b 1742.
Ignace, b 1er oct. 1763, à Ste-Anne-de-la-Pérade.[1] — *Jean-Baptiste*, b[1] 9 avril 1771.

1764, (5 nov.) Baie-du-Febvre.

IV.—ROUILLARD, PIERRE, [JOSEPH III.
b 1745, s 15 fevrier 1793, à Nicolet.[2]
LEMIRE, Therèse, [JEAN-FRANÇOIS III.
b 1744.
Joseph, b... s[2] 7 juin 1794.—*Thérèse*, b... m[2] 8 fevrier 1790, à Jean-Baptiste TOPHINÉ.

ROUILLARD, PIERRE.
CYR, Marie.
François, b 16 mai 1765, à Batiscan.

1767, (19 oct.) Montréal.

III.—ROUILLARD, AMABLE, [DAMIEN II.
b 1739.
DUBUC, Charlotte, [ANDRÉ III.
b 1750.

1768, (18 janvier) Baie-du-Febvre.

IV.—ROUILLARD, URBAIN, [JOSEPH III.
b 1736.
LANGLOIS, Marie-Rose, [NOEL III.
b 1743.

1772. (30 juin) Montréal.

IV.—ROUILLARD, JOS.-ANT., [CHARLES III.
b 1751 ; voyageur.
BLOT, Marie-Joseph, [ETIENNE.
b 1750.
Catherine, b 27 mai 1775, au Detroit.

1774, (8 août) Montréal.

IV.—ROUILLARD, PIERRE, [PIERRE III.
b 1751.
LONGPRÉ, Marie-Louise, [JEAN I.
b 1753.

(1) Dit St. Cyr.
(2) Appelée Corbier, 1763.
(3) Dit Prenouveau.
(4) Châteauneuf.

1781, (11 sept.) Québec.
V.—ROUILLARD, François, [François IV.
b 1754.
Gobert, Marie, [Jean I.
b 1764.

1783, (28 fevrier) St-Louis, Mo. [4]
IV.—ROUILLARD (1), Hyac., [Jacq.-Frs III.
b 1751.
Hébert, Hélène, [Joseph.
b 1767.
Hyacinthe, b [4] 27 juin 1784; m 1819, à Marie-Anne .... — *Marie-Constance*, b [4] 19 mars 1786.—*Léon-Narcisse*, b [4] 10 déc. 1787. — *Marie-Hélène*, b [4] 2 nov. 1789; m 1807, à Nicolas Boilvin.—*Francoise-Agnès*, b [4] 15 avril 1792; m 5 mai 1818, à Lowellin Hickman, à Florissant, Mo. [5] —*Hyacinthe-Mélanie*, b [4] 27 déc. 1793; m [5] 12 nov. 1816, à Augustin Brazeau.—*Thérèse*, b [4] 16 mai 1796. — *François*, b [4] 15 oct. 1797; m [5] 1er janvier 1825, à Marthe-Amable Belley.—*Brigitte*, b [5] 28 oct. 1799. —*Brigitte*, nee 1801; b [4] 30 sept. 1804; m [5] 15 oct. 1822, à Samuel Abbott. — *Paschal*, b [4] 11 avril 1803.

1784, (8 mai) Nicolet.
V.—ROUILLARD, Jos.-Marie, [Jean-Joseph IV.
b 1751.
Charlfry, Charlotte, [Michel II.
b 1762.

1785.
ROUILLARD, Jean-Bte.
Ricard, Marie-Joseph.
Jean-Baptiste, b 8 et s 18 juin 1786, à St-Cuthbert. [6] — *Joseph-Marie*, b [6] 23 juillet 1787.

ROUILLARD, Jean-Bte, b 1755; s 7 mars 1790, à Nicolet.

ROUILLARD, Joseph,
b 1769; s 6 février 1811, à Beaumont.
Tanguay, Marie.

ROUILLARD (2), Louis.
Voligny, Marie-Louise.
François-Xavier, b 25 oct. 1794, à Batiscan.

1795, (5 mai) Cahokia. [2]
IV.—ROUILLARD, Louis. [Joseph III.
1° Lefebvre, Catherine,
veuve de Pierre-Amable Liénard-Durbois.
Cécile, b... 1° m [2] 5 août 1816, à Louis Laberge; 2° m [2] 8 nov. 1819, à Hubert Delorme.—*Louis*, b... m [2] 29 janvier 1822, à Spasie Chartran.
1805, (2 dec.) [2]
2° Mallet, Rosalie.
Adelaide, b... m [2] 1er avril 1827, à Alexis Berkion.—*Raphael*, b... m [2] 28 mai 1832, à Victoire Leclerc.

(1) Marié sous le nom de St. Cyr.
(2) Dit St. Cyr.

1797, (24 juillet) Nicolet.
V.—ROUILLARD, Louis-Hyac., [Jean-Jos. IV.
b 1753.
Richard, Ursule. [Joseph.

1819.
V.—ROUILLARD (1), Hyac., [Hyac.-Amable IV.
b 1784.
........., Marie-Anne.
Marie, b 3 juillet 1820, à St-Louis, Mo.

1822, (29 janvier) Cahokia.
V.—ROUILLARD, Louis. [Louis IV.
Chartran, Spasie. [Jean-Bte

1825, (1er janvier) Florissant, Mo.
V.—ROUILLARD (2), Frs, [Hyac.-Amable IV
b 1797.
Belley, Marthe-Amable.

1832, (28 mai) Cahokia.
V.—ROUILLARD, Raphael. [Louis IV.
Leclerc, Victoire. [Michel

ROUILLE.—Voy. Rouelle.

ROUILLÉ.—Voy. Boulier, 1699—Roulier.

ROUILLER.—Voy. Roulier.

ROUISSE.— *Variation et surnoms:* Rousse — Languedoc—Martel.

1768, (20 juin) Petite-Rivière.
I.—ROUISSE (3), François,
b 1737; chirurgien.
Bouchard (4), Marie-Dorothée, [Jos.-Frs III.
b 1747.
Alexis, b... s 7 nov. 1773, à Repentigny. [8] — *Marie*, b 24 juillet, à Lachenaye et s [8] 8 aout 1775.

1740, (25 janvier) Quebec. [8]
I.—ROUJAS (5), Jacques, b 1712, marchand, fils de Michel et de Marie Courant, de St-Jacques, diocèse de Rieux, Languedoc; s [8] 2 mars 1742.
Morin (6), Catherine, [Simon II
b 1719.
Jacques-François, b [8] 19 et s [8] 22 fevrier 1741. — *Marie-Joseph*, b [8] 9 janvier 1742.

ROUL.—Voy. Leroux.

ROULEAU.— *Variations et surnoms:* Rolo — Rulau—Rulo—Sanssoucy—Trefflé.

(1) Dit St. Cyr.
(2) Marié sous le nom de St. Cyr.
(3) Appelé Rouisse, du nom de sa mère (Ruisse); Martel est son vrai nom, voy. vol. V, p. 534.
(4) Savard, 1775.
(5) Il était, le 26 janvier 1739, à Ste-Anne-de-la-Pérade
(6) Elle épouse, le 6 sept. 1745, Pierre Cardos, à Quebec.

1652.

I.—ROULEAU (1), Gabriel,
b 1618; s 23 février 1673, à Ste-Famille, I. O.[1]
Leroux (2), Mathurine,
b 1636.

Anne, b 3 mai 1662, au Château-Richer[2]; m[1] 23 août 1678, à Jean Houde; s 15 janvier 1703, à St-Antoine-Tilly.—*Guillaume*, b[2] 3 mai 1662, m 3 février 1688, à Catherine Dufresne, à St-Laurent, I. O.[3]; s[3] 7 mars 1703.—*Gabriel*, b[2] 15 juillet 1665; 1° m[3] 25 nov. 1687, à Jeanne Dufresne; 2° m[2] 6 février 1713, à Catherine Roulois; s[3] 20 déc. 1730.

1687, (25 nov.) St-Laurent, I. O.[6]

II.—ROULEAU (3), Gabriel, [Gabriel I
b 1665; s[6] 20 déc. 1730.
1° Dufresne, Jeanne, [Pierre I.
b 1666; s[6] 6 février 1711.

Gabriel, b[6] 19 déc. 1688; m 30 août 1717, à Geneviève Petitclerc, à Ste-Foye; s[6] 6 janvier 1761.—*Jeanne*, b... 1° m[6] 8 août 1707, à Nicolas Baillargeon; 2° m[6] 6 avril 1717, à François Dumas.—*Marie*, b 8 février 1693, à St-Pierre, I. O.[7]—*Marguerite*, b... m[6] 11 août 1717, à François Dumas.—*Louis*, b[6] 6 déc. 1708; 1° m[6] 28 août 1730, à Marguerite Denis; 2° m[6] 20 janvier 1738, à Catherine Colombe; s[6] 20 mai 1758.

1713, (6 février) Château-Richer.

2° Roulois, Catherine, [Michel II
b 1684; s[6] 20 avril 1725.

Antoine, b[6] 28 mai 1714, 1° m 9 mai 1740, à Marguerite Tremblay, à L'Ange-Gardien; 2° m 8 oct. 1742, à Marie Alarie, à St-Augustin.—*Catherine*, b[6] 29 juillet 1716; m[7] 3 février 1739, à Louis Tremblay.—*Laurent*, b[6] 8 avril 1721; s[6] 25 avril 1725.—*Marie-Anne*, b[6] 2 février 1724.

1688, (3 février) St-Laurent, I. O.[1]

II.—ROULEAU (3), Guillaume, [Gabriel I
b 1662; s[1] 7 mars 1703.
Dufresne (4), Catherine, [Pierre I.
b 1668.

Marie-Catherine, b 1689; m 23 mai 1712, à Jean-Baptiste Rousseau, à St-Thomas.—*Guillaume*, b 1690; m 1721, à Cécile Gaudin.—*Marguerite*, b 15 déc. 1691, à St-Pierre, I. O.; s[1] 2 mars 1746.—*Geneviève*, b... m[1] 21 avril 1721, à Antoine Godbout.—*Marie-Anne*, b[1] 29 mars 1701; m 12 janvier 1722, à Pierre-Joseph Dérocher, à St-Frs-du-Lac.—*Jean-Baptiste* (posthume), b[1] 21 mars 1703.

1696, (5 mars) Montréal.[8]

I.—ROULEAU (3), Louis,
b 1661; s[8] 25 nov. 1722.
Joffrion, Françoise, [Pierre I.
b 1678; s[8] 26 mars 1740.

Charlotte-Gertrude, b[8] 12 janvier 1699; m[8] 27 juillet 1722, à Jean-Baptiste Huberdeau.—*Marie-Françoise*, b[8] 25 sept. 1700; 1° m[8] 28 février 1718, à Thomas Hust, 2° m 19 nov. 1742, à Jean-Baptiste Leblanc, au Sault-au-Récollet.—*Marie*, b... m[8] 28 juillet 1721, à François Ménard.—*Louis*, b[8] 13 janvier 1703, m 4 nov. 1726, à Marie-Jeanne Plouf, à St-Laurent, M.—*Jean-Baptiste*, b[8] 20 oct. 1704; 1° m 1728, à Françoise Bourg-Vandandaique; 2° m 1735, à Françoise Rapidiou.—*Joseph-Marie*, b[8] 31 mai 1706; 1° m 14 avril 1733, à Catherine Brunet, à la Pointe-Claire; 2° m 1737, à Anne Lauzon.—*Alexis*, b[8] 23 sept. 1708, m 29 janvier 1753, à Marie Rancin, à St-Vincent-de-Paul.—*Marie-Anne*, b[8] 17 juin 1710; 1° m[8] 29 oct. 1736, à René Bigeot; 2° m[8] 28 août 1752, à Louis Corbière.—*Marie-Joseph*, b[8] 22 janvier 1712; m[8] 5 nov. 1736, à Jacques Leblanc.—*Marie-Madeleine*, b[8] 30 avril 1714.—*François*, b 1716; s 4 juillet 1759, à Lachine.—*Michel*, b[8] 4 et s[8] 20 oct. 1717.—*Henri*, b[8] 17 oct. 1719.

1717, (30 août) Ste-Foye.

III.—ROULEAU, Gabriel, [Gabriel II.
b 1688; s 6 janvier 1761, à St-Laurent, I. O.[7]
Petitclerc, Geneviève, [Pierre I.
b 1689.

Gabriel-Michel, b[7] 29 sept. et s[7] 18 oct. 1718.—*Marie-Geneviève*, b 5 nov. 1719, à la Baie-du-Febvre[8]; s 11 oct. 1723, à St-Frs-du-Lac.[9]—*Gabriel*, b[9] 26 oct. 1721.—*Jean-Baptiste*, b[9] 2 janvier 1724; s[8] 8 oct. 1727.—*Geneviève*, b[9] 5 oct. 1726, s[8] 23 oct. 1727.—*Marie-Joseph*, b[8] 18 mai 1728; m[7] 4 nov. 1748, à Paul Paradis.—*Charles*, b[8] 21 janvier 1731; m[7] 12 février 1753, à Geneviève Gosselin.—*Louis*, b[8] 27 février 1733; m[7] 22 nov. 1756, à Geneviève Ruel.

1721.

III.—ROULEAU, Guillaume, [Guillaume II.
b 1690.
Gaudin, Cécile, [Pierre II.
b 1702; s 6 avril 1756, à St-Frs-du-Sud.[7]

Marie-Catherine, b 1722; 1° m[7] 17 oct. 1746, à Louis Quemeneur; 2° m[7] 15 juillet 1754, à Jean-Baptiste Martineau.—*Marie-Geneviève*, b 1723; m[7] 24 nov. 1749, à Louis Greffard; s[7] 3 avril 1758.—*Pierre*, b... m[7] 10 janvier 1757, à Marguerite Gagnon.—*Jean-Baptiste*, b 27 juillet 1728, à Berthier.[8]—*Joseph-Marie*, b[8] 28 mai 1730; m 22 nov. 1758, à Marie-Louise Aube, à St-Valier.—*Jean-Baptiste*, b[8] 26 février 1732.—*François-Joseph*, b[8] 7 déc. 1733.—*Jacques*, b[7] 10 juillet 1735, s[7] 6 août 1736.—*Félicité*, b 1738; 1° m[7] 26 août 1760, à Augustin Martineau; 2° m[7] 5 mars 1764, à Claude Vaillancour; 3° m[7] 27 janvier 1766, à Jean-Baptiste Marceau.—*Charles*, b[7] 28 août 1741; m 20 nov. 1765, à Françoise Sageau, à St-François, I. O.

1726, (4 nov.) St-Laurent, M.[3]

II.—ROULEAU, Louis, [Louis I.
b 1703.
Plouf (1), Jeanne-Marguerite, [François II.
b 1704.

(1) Dit Sanssoucy; voy. vol. I, p. 529.
(2) Elle épouse, le 5 février 1674, Martin Mercier, à Ste-Famille, I. O.
(3) Voy. vol. I, p. 529.
(4) Elle épouse, le 6 janvier 1706, Claude Plante, à St-Laurent, I. O.

(1) Elle épouse, en 1755, Antoine Dupuis.

Marie-Louise, b... m [3] 7 fevrier 1746, à Joseph OUELLET.—*Marie-Amable*, b... m 20 juillet 1750, à Antoine GERMAIN, au Sault-au-Recollet. [4]—*Madeleine*, b 1734; m [4] 5 nov. 1752, à François-L'Ange OUELLET. — *Marguerite*, b... m [3] 4 nov. 1760, à Joseph-Dominique COUVRET. — *Louis*, b 1740; s [3] 3 juillet 1760.

1728.

II.—ROULEAU, JEAN-BTE, [LOUIS I.
b 1704.
1° BOURG (1), Françoise, [ANTOINE I.
b 1707.
Marie-Elisabeth, b 16 juin 1729, à Montreal [6]; m 19 février 1748, à Louis BLAY, à Ste-Geneviève, M. [7] —*Marie-Anne*, b [6] 13 dec. 1730.

1735.
2° RAPIDIOU, Françoise, [JEAN I.
b 1705.
Jean-Baptiste, b 1736; m [7] 17 janvier 1757, à Françoise BRAZEAU.—*Joseph-Amable*, b [7] 21 mars 1741; m 1766, à Marguerite BLAY.—*Louis*, b [7] 14 février et s [7] 7 août 1743.—*Paul*, b [7] 18 juin 1746. —*Louis*, b [7] 6 août 1748.

1730, (28 août) St-Laurent, I. O. [8]

III.—ROULEAU, LOUIS, [GABRIEL II.
b 1708; s [8] 20 mai 1758.
1° DENIS-LAPIERRE, Marguerite, [PIERRE I.
b 1709; s [8] 30 janvier 1735.
Louis, b [8] 1er et s [8] 28 juin 1731.—*Louis*, b [8] 6 et s [8] 26 mai 1732. — *Marguerite*, b [8] 28 avril et s [8] 6 juin 1733. — *Jean-Baptiste*, b [8] 23 juin 1734; m 16 avril 1760, à Geneviève DUQUET, à St-Charles.

1738, (20 janvier). [8]
2° COLOMBE, Catherine, [LOUIS II.
b 1717.
Louis, b [8] 7 et s [8] 17 janvier 1739 — *Louis-Gabriel*, b [8] 20 juillet 1740. — *Marie-Catherine*, b [8] 31 mars 1742.—*Judith*, b [8] 30 janvier 1745.— *Antoine*, b [8] 22 janvier 1747. — *Gabriel*, b [8] 12 dec. 1748. — *Marguerite*, b [8] 27 sept. 1750. — *Marie-Louise*, b [8] 17 oct. 1752. — *Guillaume*, b [8] 15 mai et s [8] 2 juin 1755. — *Jacques*, b [8] 15 mai 1755; s [8] 29 mai 1756. — *Geneviève*, b [8] 15 mai 1755; s [8] 15 mars 1756.

1733, (14 avril) Pointe-Claire.

II.—ROULEAU, JOSEPH-MARIE, [LOUIS I.
b 1706.
1° BRUNET, Catherine, [THOMAS II.
b 1702.

1737.
2° LAUZON, Anne, [PAUL II.
b 1712.
Joseph, b 1737; m 1757, à Marie-Louise PILON. — *Marie-Joseph*, b 1739; m 5 février 1759, à Andre CHARLEBOIS, à Ste-Geneviève, M. [9] —*Anne*, b [9] 1er avril 1741.—*Marie-Gabrielle*, b [9] 15 sept. 1742. — *Jean-Baptiste-Amable*, b [9] 27 janvier et s [9] 11 juillet 1744.—*Marie-Françoise*, b [9] 3 mai et s [9] 31 août 1745.—*Louis-Eustache*, b [9] 28 mai et s [9] 1er sept. 1746.—*François*, b [9] 27 juin 1747.— *Marie-Geneviève*, b [9] 14 nov. 1748.—*Louis-Marie*, b [9] 12 nov. 1749; s [9] 13 juillet 1750. — *Jean-Baptiste*, b [9] 24 juin et s [9] 6 juillet 1751. — *Marie-Charlotte*, b [9] 24 juillet 1752.—*Eustache-Amable*, b [9] 11 nov. 1754. — *Marie-Angélique*, b [9] 12 oct. 1756.

(1) Lachapelle—aussi appelée Vandandaique, du nom de sa mère.

1740, (9 mai) L'Ange-Gardien.

III.—ROULEAU (1), ANTOINE, [GABRIEL II.
b 1714.
1° TREMBLAY, Marguerite, [JACQUES II
b 1700; s 22 fevrier 1742, à St-Augustin. [1]

1742, (8 oct.) [7]
2° ALARIE, Marie, [JEAN-BTE II.
b 1718.
Marie-Catherine, b 26 oct. 1743, à la Pte-aux-Trembles, Q. [8]; m 5 mars 1764, à Jacques MILET, à Yamachiche. [9] — *Antoine*, b [7] 26 juin 1745.— *Louis*, b [7] 28 oct. 1747. — *Marie-Louise*, b [8] 25 oct. 1749.—*Marie-Anne*, b [9] 16 mai 1755.

1741, (6 nov.) St-Michel. [2]

III.—ROULEAU, PIERRE, [GABRIEL II.
b 1719; s [2] 15 janvier 1747.
DANIAU (2), Madeleine, [JEAN II.
b 1721.
Pierre, b [2] 5 déc. 1742.—*Jean-Marie*, b [2] 3 mars 1745. — *François* (posthume), b [2] 27 et s [2] 30 juillet 1747.

1748, (15 janvier) Ste-Anne-de-la-Pocatière. [1]

I.—ROULEAU (3), PIERRE, fils de Pierre et d'Elisabeth Pholin, de Basilly, diocèse d'Avranches, Normandie.
BOUCHER (4), Marie-Joseph, [PIERRE I.
b 1726.
Marie-Anne-Joseph, b [1] 11 nov. 1748; m [1] 9 nov. 1772, à François LISOT.—*Marie-Joseph*, b [1] 17 août 1750; m 9 août 1773, à François BOUCHER, à Kamouraska.—*Marie-Geneviève*, b [1] 28 mars 1752; s [1] 1er avril 1761.—*Marie-Catherine*, b [1] 28 juillet 1753.—*Marguerite*, b [1] 31 oct. 1754.—*Marie-Charlotte*, b [1] 10 août 1761.

1753, (29 janvier) St-Vincent-de-Paul.

II.—ROULEAU, ALEXIS, [LOUIS I.
b 1708.
RANGIN, Marie. [JEAN-MARIE III.

1753, (12 février) St-Laurent, I. O. [2]

IV.—ROULEAU, CHARLES, [GABRIEL III.
b 1731.
GOSSELIN, Geneviève, [GABRIEL III.
b 1734.
Gabriel, b [2] 12 janvier 1754; s [2] 24 janvier 1758.—*Charles*, b [2] 3 janvier et s [2] 24 sept. 1755. —*Geneviève*, b [2] 3 juillet 1756; m 1783, à Antoine ROUSSEAU.—*Guillaume*, b [2] 12 nov. 1757.—*Agathe*,

(1) Dit Rolo.

(2) Elle épouse, le 29 janvier 1748, Pierre Patry, à St-Michel.

(3) Dit Rulo; frère de Jean de 1754.

(4) St. Pierre; aussi appelée Michaud, 1761.

b 23 juin 1759, à Beauport.—*Charles*, b [2] 26 avril 1761.—*Jean*, b [2] 28 janvier 1763; m 17 nov. 1795, à Geneviève CARRIER, à Beaumont.—*Pierre*, b... m 28 avril 1801, à Scholastique REHEL, à Rimouski.

1754, (28 janvier) Rivière-Ouelle. [3]

I.—ROULEAU (1), JEAN, fils de Pierre et d'Elisabeth Pholin, de Basilly, diocèse d'Avranches, Normandie.

1° LANGEVIN, Marie-Marguerite, [LOUIS I. b 1736.

Marie Perpétue, b 8 nov. 1754, à Ste-Anne-de-la-Pocatière.

1756, (20 sept.) [3]

2° BOUCHER, Marie-Joseph, [PHILIPPE IV. b 1736.

1756, (22 nov.) St-Laurent, I. O [4]

IV.—ROULEAU, LOUIS, [GABRIEL III. b 1733.

RUEL, Geneviève, [JEAN II. b 1726; veuve de François Noël.

Louis, b [4] 3 sept. 1758; s [4] 17 mars 1759.—*Marie-Geneviève*, b... s [4] 14 dec. 1762.—*Jean*, b [4] 7 déc. 1761; s [4] 9 janvier 1762.

1757, (10 janvier) St-Frs-du-Sud.

IV.—ROULEAU, PIERRE, [GUILLAUME III. b 1725.

GAGNON, Marguerite, [MATHURIN III. b 1721; veuve de Joseph Laurando.

François, b 10 avril 1758, à St-Pierre-du-Sud.—*Mathurin*, b 28 août 1762, à l'Ile-Dupas. [5] —*Vital*, b [5] 15 sept. 1764; m 21 juillet 1794, à Euphrosine OUELLET, à St-Cuthbert. [6] — *Marie-Marguerite*, b [5] 18 mai 1766, s [5] 12 mars 1768.—*Marie-Geneviève*, b... m [6] 23 juin 1794, à Pierre GOUIN.—*Pierre*, b... m [6] 24 nov. 1794, à Geneviève PROVOST.

1757, (17 janvier) Ste-Geneviève, M. [7]

III.—ROULEAU, JEAN-BTE, [JEAN-BTE II. b 1736.

BRAZEAU, Françoise, [FRANÇOIS III. b 1736.

Jean-Baptiste, b [7] 23 déc. 1757. — *Marie-Françoise*, b [7] 26 nov. 1758.—*Louis-Amable*, b 27 août 1766, au Bout-de-l'Ile, M.

1757.

III—ROULEAU, JOSEPH, [JOSEPH-MARIE II. b 1737.

PILON, Marie-Louise.

Marie-Joseph, b 19 nov. 1758, au Lac-des-Deux-Montagnes [8]; s 13 juin 1759, à Ste-Geneviève, M.—*Marie-Louise*, b 1759; s 7 déc. 1763, au Bout-de-l'Ile, M. [9] — *Marie-Joseph*, b [8] 9 nov. 1761.—*Marie-Eugénie*, b [8] 17 mai 1763.—*Joseph-Marie*, b [9] 2 et s [9] 10 mars 1765. — *Marie-Louise*, b [8] 1er juillet 1766.

(1) Et Rulau, frère de Pierre de 1748.

1758, (22 nov.) St-Valier.

IV.—ROULEAU, JOS.-MARIE, [GUILLAUME III. b 1730.

AUBÉ, Marie-Louise, [ANDRÉ I. b 1727; veuve de Louis Langlois.

Marie-Louise, b 5 déc. 1759, à St-Pierre-du-Sud.

II.—ROULEAU, FRANÇOIS. [LOUIS I. b 1716; s 4 juillet 1759, à Lachine.

1760, (16 avril) St-Charles.

IV.—ROULEAU, JEAN-BTE, [LOUIS III. b 1734.

DUQUET, Geneviève, [GABRIEL IV. b 1741.

1765, (20 nov.) St-François, I. O.

IV.—ROULEAU, CHARLES, [GUILLAUME III. b 1741.

SAGEAU, Françoise-Madeleine, [PIERRE I. b 1749.

Marie-Madeleine, b 12 mai 1768, à l'Ile-Dupas.

1766.

III.—ROULEAU, JOS.-AMABLE, [JEAN-BTE II. b 1741.

BLAY, Marguerite, [LOUIS I b 1744.

Joseph, b 4 janvier 1767, au Bout-de-l'Ile, M.

1794, (21 juillet) St-Cuthbert. [8]

V.—ROULEAU, VITAL, [PIERRE IV. b 1764.

OUELLET, Euphrosine, [AUGUSTIN IV. b 1766.

Vital, b [8] 11 avril 1795.

ROULEAU, JEAN.

CARPENTIER, Marguerite, b 1766; s 27 juin 1796, à Québec.

1794, (24 nov.) St-Cuthbert.

V.—ROULEAU, PIERRE. [PIERRE IV.

PROVOST, Marie-Geneviève, [PIERRE IV. veuve de Louis-Marie-Balthazar Robert.

1795, (17 nov.) Beaumont.

V.—ROULEAU, JEAN, [CHARLES IV. b 1763.

CARRIER, Geneviève, [JOSEPH-MARIE IV. b 1773.

1801, (28 avril) Rimouski.

V.—ROULEAU, PIERRE. [CHARLES IV.

REHEL, Scholastique, [JULIEN II. b 1784.

I.—ROULETTE, LOUIS, b... s (1) 24 juin 1753, à Soulanges.

(1) Tué par le tonnerre, sur le lac St-François, avec Pierre Daigneau.

ROULIER.—*Variations et surnoms :* Boulier—Rouillé—Rouiller— Lamarche — Lamarre —Lasoudure.

1699, (19 mars) Montréal.[4]

I.—ROULIER (1), Pierre, b 1676; fils de Mathurin et de Michelle Toublan, de Bassemer, diocèse de Nantes, Haute-Bretagne.

Drouet (2), Elisabeth, [Mathurin I. b 1683.

Jean-Baptiste, b 27 oct. 1700, à Repentigny.—*Pierre,* b 15 oct. 1702, à St-François, I. J.[1]—*Marie-Elisabeth,* b[1] 22 août 1704. — *Marie,* b... m à Jean-Baptiste Sansoucy.— *Marguerite,* b[1] 2 sept. 1706. — *Joseph,* b 20 dec. 1707, à Laprairie[2]; m 18 oct. 1728, à Marie-Joseph Adam, à Longueuil.[3]—*Servant,* b[2] 21 mars 1709.—*Marguerite,* b[4] 21 janvier 1711; s[4] 20 avril 1713.—*Michel,* b 3 oct. 1723, à l'Ile-Dupas; 1° m[3] 16 sept. 1742, à Anne Edeline; 2° m 31 mai 1756, à Marie-Anne Monet, à St-Constant.

1728, (18 oct.) Longueuil.[1]

II.—ROULIER (3), Joseph, [Pierre I. b 1707.

Adam, Marie-Joseph, [Guillaume I. b 1707; s[1] 30 nov. 1752.

Joseph, b[1] 15 et s[1] 25 août 1731. — *Charlotte,* b 1732; m à Pierre Quintin.—*Marie-Louise,* b[1] 8 oct. 1734; 1° m[1] 12 oct. 1750, à Toussaint Benoit; 2° m[1] 14 août 1763, à François-Seraphin Lamarre.

1742, (16 sept.) Longueuil.[2]

II.—ROULIER (4), Michel, [Pierre I. b 1723.

1° Edeline, Marie-Anne, [Charles II. b 1709.

Marie-Anne, b[2] 28 avril et s[2] 15 juin 1744.—*Michel,* b[2] 28 avril 1744.

1756, (31 mai) St-Constant.[3]

2° Monet, Marie-Anne, [François II. b 1735.

Joseph, b 26 février et s 24 juillet 1759, à St-Philippe.[4]—*Marie-Anne,* b[4] 15 juin 1760.—*Marie-Joseph,* b[3] 11 dec. 1761.— *Ignace,* b[4] 29 oct. 1763.

1748, (12 fevrier) Chambly.

II.—ROULIER (5), François. [François I.

Griseville, Françoise. [Antoine I.

I.—ROULIER (6), René, b 1730; s 8 juin 1765, à Soulanges.

(1) Et Boulier dit Lamarche; soldat de la compagnie de M. Duplessis.

(2) Elle épouse, le 30 mars 1728, Armand Dudemaine, à Champlain.

(3) Dit Lamarche.

(4) Voy. aussi Lamarre, vol. V, p. 108, pour Lamarche qui est le surnom de Roulier.

(5) Pour Boutier; voy. ce nom, vol. II, p. 435.

(6) Dit Lasoudure.

1676, (24 nov.) Château-Richer.[5]

II.—ROULOIS (1), Michel, [Michel I. b 1655; s[5] 16 fevrier 1686.

Drouin (2), Catherine, [Robert I. b 1660.

Catherine, b[5] 7 février 1684; m[5] 6 fevrier 1713, à Gabriel Rouleau; s 20 avril 1725, à St-Laurent, I. O. — *Noel,* b 1685; m 7 février 1708, à Agnès Bonhomme, à Ste-Foye[6]; s[6] 9 juin 1711.

1708, (7 février) Ste-Foye.[7]

III.—ROULOIS, Noel, [Michel II. b 1685; s[7] 9 juin 1711.

Bonhomme (3), Agnès, [Guillaume II. b 1684.

Marie-Catherine, b[7] 3 août 1708: s[7] 12 sept 1711.—*Madeleine,* b[7] 20 janvier 1710; m 3 mai 1732, à Michel Pampalon, à Quebec.[8]—*Angélique-Agnès* (posthume), b[7] 4 juillet 1711; m[8] 18 avril 1735, à Jean Dangeuger; s 6 nov. 1783, à Beaumont.

1760, (26 oct.) St-Laurent, M.

I.—ROUPE, Joseph-Antoine, fils de Georges et d'Elisabeth Asselin, de Colmart, diocèse de Vannes, Bretagne.

Dufresne, Marie-Charlotte, [François III. b 1740; veuve de Jacques Joyaux-Bourbonnais.

1765, (29 mai) Montréal.[9]

I.—ROUPE, Samuel, b 1734; fils de Daniel et d'Elisabeth Eurre, de Linsbourg, canton de Berne, Allemagne.

1° Couvret, Marguerite, [Charles II b 1741.

1768, (11 avril).[9]

2° Clocher, Marie-Joseph, [Jean-Bte III b 1746.

1766, (7 janvier) Terrebonne.

I.—ROUPILLE, Jérome, fils de Denis et de Marguerite Landirac, du diocèse de St-Flour, Auvergne.

Paris, Marie-Joseph, [Ambroise II. b 1748.

1737, (20 mai) Montréal.

I.—ROUSSAY, Claude, b 1710; fils de Claude et de Marie Pontard, de St-Sauveur, diocèse de Besançon, Franche-Comte.

Robert, Marie-Anne, [Nicolas I. b 1715.

ROUSSE.—*Variations et surnoms :* Dugrousse—Rouisse—Comptois—Hugues—Languedoc.

(1) Voy. vol. I, p. 529.

(2) Elle épouse, le 17 nov. 1688, Guillaume Simon, au Chateau-Richer.

(3) Elle épouse, le 16 oct. 1713, François Lienard, à Ste-Foye.

1746, (18 avril) Ste-Foye. [2]

I.—ROUSSE (1), HUGUES, charretier; fils de Claude et de Marguerite Blondeau, de Nisard, diocèse de Besançon, Franche-Comte.

1° SEDILOT, Marie, [JEAN-ADRIEN III. b 1726; s 29 mars 1756, à Quebec. [3]

Hugues, b [2] 19 février 1747.—*Marie*, b [2] 11 janvier 1748.—*Marie*, b [2] 11 fevrier 1749; s [3] 6 janvier 1751.—*Jean-Hugues*, b [3] 29 janvier et s [3] 14 juillet 1751.—*Jean-Baptiste*, b [3] 1er avril 1753. —*Marie-Louise*, b [3] 26 juin et s [3] 7 oct. 1755.

1760, (23 nov.) Ste-Anne-de-la-Pérade. [4]

2° BROUSSON (2), Apolline, [LUC II. b 1736.

Louis-Joseph, b [4] 4 juin et s [4] 27 juillet 1761.—*Joseph*, b [4] 23 juillet 1762.—*Pierre*, b [4] 18 février 1764; s [4] 20 juin 1765.—*Marie-Marguerite*, b [4] 25 dec. 1765. — *Marie-Anne*, b [4] 10 sept. 1767. — *Marie-Joseph*, b 6 juin et s 6 août 1769, à la Baie-du-Febvre. [5] — *Geneviève*, b [5] 31 déc. 1770.

1751.

I.—ROUSSE (3), LOUIS, marchand.

COMEAU, Marie, Acadienne.

Louis, b 1752; s 20 sept. 1755, à Québec. [1] — *Marie-Louise*, b [1] 14 dec. 1756; s [1] 8 fevrier 1757. — *Marie-Louise*, b [1] 23 janvier 1758; s 7 mai 1766, à Yamachiche. [2] —*Angélique*, b 1759; s 10 mai 1760, à St-Pierre-les-Becquets.—*René*, b [2] 16 sept. 1764. — *Madeleine*, b [2] 17 oct. 1765; s [2] 23 avril 1766. — *Marie-Anne*, b [2] 17 oct. 1765.—*Geneviève*, b [2] 9 dec. 1766; s [2] 7 janvier 1767. — *Michel*, b [2] 26 sept. 1768.

ROUSSEAU.— *Variations et surnoms:* BROSSEAU—BROUSSEAU— RUSSEAU—BEAUSOLEIL—BONNET — LABONTÉ — LAFLEUR— LAFOND— LAJOIE—ST. JEAN—ST. MICHEL.

I.—ROUSSEAU, LAURENT, b 1647; s 26 février 1717, à Montreal.

1658, (17 nov.) Québec.

I.—ROUSSEAU (4), SYMPHORIEN, b 1633; s 21 janvier 1688, à Ste-Famille, I. O. [7]

1° SINNALLON, Jeanne.

1670, (30 août). [7]

2° BINAUDIÈRE (5), Marguerite, b 1637.

1667, (5 oct.) Québec. [1]

I.—ROUSSEAU (6), THOMAS, b 1626.

1° OLIVIER, Madeleine, b 1636.

Anne-Catherine, b [1] 26 juillet 1668; m 12 nov. 1691, à Simon FOURNIER, à St-Pierre, I. O. [2] — *Geneviève*, b 26 mai 1671, à Ste-Famille, I. O. [3]; m [2] 28 janvier 1692, à Jean LANGLOIS. — *Martin*, b [3] 25 déc. 1673; m 3 mai 1700, à Elisabeth TIBAUT, à l'Islet. — *Louise*, b 20 mars 1682, à St-Laurent, I. O. [4]; m 14 juin 1701, à Jean-Baptiste PROU, à St-Thomas [5]; s [5] 2 oct. 1759. — *Antoine*, b [4] 3 avril 1684; m [4] 9 avril 1709, à Catherine BOUFFARD. — *Jean-Baptiste*, b [4] 25 juillet 1686; m [5] 23 mai 1712, à Catherine ROULEAU.

1691, (4 juillet). [2]

2° BÉLANGER, Frse-Charlotte, [FRANÇOIS I. b 1650; veuve de Jean Langlois.

Guillaume, b [2] 9 juin 1694; s 22 juillet 1715, au Château-Richer.

1675.

I.—ROUSSEAU (1), ANTOINE, b 1651; s 8 juillet 1697, à Laprairie. [1]

ROANNES, Marie, [FRANÇOIS I. b 1661; s [1] 31 mars 1736.

Angélique, b [1] 3 avril 1686; m [1] 17 nov. 1710, à Benoît PLAMONDON.

1677.

I.—ROUSSEAU (2), JACQUES, b 1644.

GUILLEBOUT, Marguerite, [CHARLES I. b 1656; veuve d'Antoine Pouliot; s 15 dec. 1729, à St-Nicolas. [3]

Charles, b 28 déc. 1678, à Quebec [4]; m [3] 23 nov. 1705, à Charlotte-Judith JÉRÉMIE; s 31 mars 1731, à St-Antoine-Tilly. [5]— *Denis*, b 15 mars 1681, à la Pte-aux-Trembles, Q. [6]; m [3] 7 juin 1736, à Angelique ROUER DE VILLERAY. — *Marie-Anne*, b [6] 27 mai 1683; m [3] 30 sept. 1706, à Joseph JÉRÉMIE; s [5] 9 fevrier 1726 — *Marie-Thérèse*, b... m [3] 25 fevrier 1710, à Louis JÉRÉMIE. — *Marie*, b 1691; m [3] 13 nov. 1724, à Jean BOURASSA; s [5] 18 janvier 1726.—*Michel*, b 1692; m [4] 17 sept. 1714, à Marie-Madeleine COCHEU, s [3] 4 janvier 1723. — *Pierre*, b [4] 24 sept. 1696; m [3] 17 janvier 1735, à Marie-Charlotte FRÉCHET; s [3] 15 mai 1759. — *Ursule*, b... m [3] 16 août 1718, à Jean-Baptiste FRÉCHET. — *René*, b 1701; 1° m [3] 18 juillet 1723, à Marie-Ursule FRÉCHET; 2° m [5] 9 sept. 1737, à Catherine BORDELEAU.

1699, (22 juin) Cap-St-Ignace.

I.—ROUSSEAU (2), JEAN, b 1664; s 14 janvier 1713, à St-Thomas. [2]

DESTROISMAISONS (3), Madeleine, [PHILIPPE I. b 1672; s 11 fevrier 1757, à St-Pierre-du-Sud.

Louis, b [2] 26 août 1700; m 1727, à Marie-Anne HURET. — *Jean*, b [2] 12 juin 1711; m 1736, à Madeleine DESTROISMAISONS.

1700, (3 mai) Islet. [5]

II.—ROUSSEAU, MARTIN, [THOMAS I. b 1673.

THIBAUT, Marie-Elisabeth, [FRANÇOIS-LS I. b 1673; veuve de Jacques Belanger; s [5] 14 juin 1756.

(1) Aussi appelé Dugrousse, 1748—Comptois—Hugues.

(2) Aussi appelée Brosseau—Rousseau.

(3) Et Rouisse dit Languedoc.

(4) Voy. vol. I, pp. 530-531.

(5) Elle épouse, le 1er déc. 1688, Claude Guyon, à Ste-Famille, I O.

(6) Voy. vol. I, p. 530.

(1) Dit Labonté; voy. vol. I, p. 530.

(2) Voy. vol. I, p. 530.

(3) Picard.

Joseph-Blaise, b [5] 3 février 1701; m 6 avril 1733, à Marguerite LAMOTTE, à Québec.—*Marie-Ursule*, b [5] 13 mai 1703; m [5] 13 février 1730, à François DESTROISMAISONS. — *Geneviève*, b [5] 23 oct. 1707; m [5] 19 janvier 1728, à André MIGNIER. —*Marguerite*. b [5] 7 avril 1710; m [5] 5 juillet 1734, à Ignace CARON. — *Madeleine-Charlotte*, b [5] 5 mars 1712; 1° m [5] 26 mars 1738, à Jean-Baptiste AMYOT; 2° m 26 nov. 1744, à Joseph GAUDREAU, au Cap-St-Ignace.—*François*, b [5] 28 juin 1714.—*Claire*, b 1715; m [5] 3 juillet 1735, à François SOUCY.

1705, (23 nov.) St-Nicolas.

II.—ROUSSEAU, CHARLES, [JACQUES I.
b 1678; capitaine; s 31 mars 1731, à St-Antoine-Tilly.[8]

JÉRÉMIE, Charlotte-Judith, [NOEL I.
b 1683; s [8] 13 nov. 1748.

Charles, b 1708; m 1730, à Catherine TALBOT.

1707, (29 août) Laprairie.[2]

I.—ROUSSEAU (1), PIERRE,
b 1669; s 10 février 1714, à Montreal.

DUVAL (2), Marie-Louise, [JEAN I.
b 1687.

Louis, b 1708; s [2] 17 mars 1730. — *Marie-Jeanne* b [2] 28 oct. 1709; 1° m [2] 4 avril 1731, à Stanislas CIRCÉ; 2° m 5 mai 1749, à Pierre-Joseph ROSE, à la Pte-aux-Trembles, M. — *Jacques*, b [2] 25 oct. 1711. — *Marie-Marguerite*, b... m [2] 10 avril 1741, à Joseph DENEAU.

1709, (9 avril) St-Laurent, I. O.[8]

II.—ROUSSEAU, ANTOINE, [THOMAS I.
b 1684.

BOUFFARD, Catherine, [JACQUES I.
b 1688; s [8] 15 oct. 1748.

Geneviève, b [8] 22 avril 1710; m [8] 1er février 1734, à François GOSSELIN.—*Antoine*, b [8] 19 sept. 1711; s [8] 16 sept. 1714. — *Clément*, b [8] 24 août 1713; s [8] 13 sept. 1714. — *Catherine*, b [8] 20 janvier 1715.—*Jacques*, b [8] 21 août 1716; m 16 nov. 1744, à Véronique BUSSIÈRE, à St-Pierre, I. O.[9] — *Marie*, b 1717; m [8] 24 nov. 1738, à Ignace GOSSELIN.—*Agnès*, b [8] 24 sept. 1718; m [8] 18 oct. 1751, à François COTÉ. — *Antoine*, b [8] 21 déc. 1720; m [8] 7 nov. 1746, à Cécile NOEL. — *Angélique*, b [8] 21 oct. 1722; m [8] 5 nov. 1742, à Antoine PAQUET; s 4 sept. 1747, à Beaumont. — *Jean-Baptiste*, b [8] 18 oct. 1724; m [9] 15 février 1751, à Marie-Joseph COTÉ; s [8] 31 déc. 1759.—*Jean*, b [8] 1er juin 1727. — *Thérèse*, b [8] 19 déc 1734; s [8] 6 déc. 1759.

1711, (8 juin) Québec.

I.—ROUSSEAU, LOUIS, fils de Jerôme et de Louise Provost, d'Augre, diocèse d'Orleans, Orleanois.

FAUX (3), Geneviève, [JACQUES I
b 1666; veuve de François Hubert; s 10 mai 1752, à Ste-Foye.

(1) Et Brosseau dit Lajoie.

(2) Elle épouse, le 30 juin 1714, Jean Lacetière, à Laprairie.

(3) Pour Fauques.

1712, (23 mai) St-Thomas.[3]

II.—ROUSSEAU, JEAN-BTE, [THOMAS I.
b 1689.

ROULEAU, Catherine, [GUILLAUME II.
b 1689.

Anonyme, b [3] et s [3] 2 mars 1713. — *Catherine*, b [3] 25 avril 1714; m à Pierre BLANCHET.—*Louis*, b 1723; m 1744, à Angelique DUBÉ. — *Antoine*, b 1727; 1° m 17 nov. 1749, à Marie-Anne JANOT, à St-Pierre-du-Sud [4]; 2° m [4] 26 février 1759, à Rose GUILLET. — *Augustin*, b 1729; m 1749, à Madeleine ISABEL. — *Jean-Baptiste*, b 1730; m [4] 9 février 1751, à Marie VALLIÈRE.

1714, (17 sept.) Québec.[8]

II.—ROUSSEAU, MICHEL, [JACQUES I.
b 1692; s 4 janvier 1723, à St-Nicolas.[9]

COCHEU (1), Marie-Madeleine, [JACQUES I.
b 1693.

Marie-Catherine, b [9] 30 avril et s [9] 9 juillet 1715. — *Pierre*, b [8] 23 août 1716. — *Jean*, b [9] 22 mars 1718; m 29 juillet 1743, à Marie-Geneviève BORDELEAU, à la Pte-aux-Trembles, Q. — *Michel*, b [9] 8 juin 1719.—*Jacques*, b [9] 8 sept. 1720; s [9] 13 juillet 1721. — *Marie-Ursule*, b [9] 28 oct. 1721; s [9] 16 août 1725. — *Nicolas*, b 1722; m [9] 7 oct. 1743, à Marie-Louise DEMERS. — *Ursule*, b... m 1745, à Louis BOULET. — *Louis-Jacques* (posthume), b [9] 30 janvier 1723; m 1746, à Marie-Françoise MARION.

1716, (23 nov.) Laprairie.[4]

II.—ROUSSEAU, ANTOINE, [ANTOINE I.
b 1683.

LEMIEUX (2), Jeanne, [GABRIEL II.
b 1696.

Antoine, b [4] 9 juillet 1718.—*Julien*, b [4] 19 nov. 1719; m [4] 26 nov. 1742, à Marie-Joseph DUMAIS. — *Joseph*, b [4] 19 avril 1721.

1722, (23 nov.) Laprairie.[6]

II.—ROUSSEAU (3), JOSEPH, [ANTOINE I.
b 1695.

LEMIEUX (4), Marie-Joseph, [GABRIEL II.
b 1702; s 1er déc. 1744, à Montréal.

Marie-Joseph, b [6] 16 oct. 1723. — *Joseph*, b [6] 9 oct. 1724. — *Marie-Catherine*, b [6] 3 déc. 1725 — *Jean-Baptiste*, b [6] 4 mai 1728. — *Joseph-Amable*, b [6] 6 février 1730.—*Marie-Hélène*, b [6] 10 oct. 1731. —*Antoine*, b [6] 12 février 1733. — *Félicité*, b [6] 10 et s [6] 15 juillet 1734. — *Marie-Louise*, b [6] 2 oct. 1735; m 16 février 1756, à François LEFEBVRE, au Bout-de-l'Ile, M.—*Louis-Albert*, b [6] 7 sept. 1737; m 28 oct. 1765, à Isabelle LALONDE, à Soulanges.[7] — *Michelle*, b [6] 22 nov. 1739. — *Etienne-Jérémie*, b [6] 20 mai 1741. — *Marie-Archange*, b 1742; m [7] 18 février 1765, à Gabriel RANGER.

(1) Elle épouse, le 17 janvier 1735, François Fréchet, à St-Nicolas.

(2) Elle épouse, le 17 février 1723, François Longtain, à Laprairie.

(3) Dit Labonté.

(4) Appelée Lemedec au mariage de sa fille, Marie-Louise.

1723, (18 juillet) St-Nicolas.[9]
II.—ROUSSEAU, René, [Jacques I.
b 1701.
1° Fréchet, Marie-Ursule, [François I.
b 1703 ; s[9] 4 nov. 1735.
René, b[9] 10 juillet 1724, m[9] 6 juillet 1750, à Marie-Françoise Dupont.—*Marie-Ursule*, b[9] 27 août et s[9] 13 sept. 1725.—*Ursule*, b[9] 3 mars 1727; s[9] 25 oct. 1741.—*Jean-Baptiste*, b[9] 9 juillet 1728 ; m 7 janvier 1754, à Madeleine Valière, à Quebec.—*Marguerite*, b[9] 6 nov. 1729.—*Joseph*, b[9] 17 sept. et s[9] 8 dec. 1731.—*Pierre*, b[9] 9 janvier et s[9] 6 mai 1733.—*Charlotte*, b[9] 9 janvier 1733.—*Pierre*, b[9] 4 mai 1734; s[9] 30 juin 1742.—*Denis-François*, b[9] 30 oct. 1735.—*Marie-Anne*, b[9] 30 oct. 1735; s[9] 19 août 1740.
1737, (9 sept) Pte-aux-Trembles, Q.
2° Bordeleau (1), Marie-Catherine, [Ant. II.
b 1699.
Charles-Michel, b[9] 11 août 1740.

1726, (21 janvier) Montréal.[7]
I.—ROUSSEAU (2), Jean-Bte, b 1704, cabaretier; fils de Jean et de Marie Rigaut, de Jarenec, diocèse de Xaintes, Saintonge.
1° Compain (3), Marie-Catherine, [Bonav. I.
b 1707; s[7] 20 déc. 1749.
Jean-Bonaventure, b[7] 22 avril 1727; m 9 mai 1757, à Marie-Reine Brunet, au Sault-au-Récollet.—*Marie-Catherine*, b[7] 4 et s[7] 13 janvier 1729.—*Pierre-Amable*, b[7] 22 mars 1730.—*Françoise*, b[7] 2 juin et s[7] 5 août 1735.—*Marie-Françoise*, b[7] 4 juillet 1738; m[7] 16 mai 1757, à Etienne Rochette—*Amable-Catherine*, b[7] 18 oct. 1739 ; s[7] 14 fevrier 1740.—*Joseph-François*, b[7] 16 mai et s[7] 9 juin 1741—*Clément-Joseph*, b[7] 9 fevrier et s[7] 25 août 1745
1750, (25 mai).[7]
2° Beaumont (4), Marguerite, [Antoine I.
b 1725.
Jean-Baptiste, b... s 21 sept. 1753, à la Pte-aux-Trembles, M.

1727.
II.—ROUSSEAU, Louis, [Jean I.
b 1700.
Huret-Rochefort, Marie-Anne, [Bernard I.
b 1702.
François, b 1728; m 11 janvier 1751, à Rose Guillet, à St-Pierre-du-Sud[8]; s[8] 15 oct. 1757.—*Charles*, b 6 mai 1732, à St-Thomas.[9] —*Jean-Baptiste*, b 1733; 1° m 11 fevrier 1754, à Marie-Françoise Destroismaisons-Picard, à St-Frs-du-Sud, 2° m[9] 16 fevrier 1767, à Marie-Geneviève Fournier; s 23 nov. 1788, à Nicolet.

1730.
III.—ROUSSEAU, Charles, [Charles II.
b 1708.
Talbot, Marie-Catherine, [Jacques I.
b 1712.
Marie-Catherine, b... m 27 janvier 1755, à Joseph Fournier, à St-Pierre-du-Sud.[1]—*Charles*, b 1740; m 22 fevrier 1762, à Marie Baudoin, à Berthier.—*Marie-Thérèse*, b 16 sept. 1749, à St-Thomas[2]; m[2] 22 nov. 1773, à Joseph Pelletier.—*Jacques*, b[1] 30 août 1751.—*Marie-Clotilde*, b 13 sept. 1753, à St-Frs-du-Sud.—*Marie-Marguerite-Lutgarde*, b[1] 22 sept. 1755.

(1) Elle épouse, plus tard, Joseph Bergeron.
(2) Dit St. Jean ; soldat de la compagnie de M. de Lacorne.
(3) Laplante.
(4) Elle épouse, le 2 oct. 1758, Jean-Baptiste Lemoine, à Montréal.

1733, (6 avril) Quebec.[1]
III.—ROUSSEAU, Joseph-Blaise, [Martin II.
b 1701.
Lamotte, Marguerite, [Jean I.
b 1707 ; s[1] 9 mars 1745.
Joseph, b[1] 13 avril et s[1] 2 mai 1733.—*Marguerite*, b[1] 7 mai 1734 ; m[1] 2 mai 1752, à Jean-François Deguise.—*Marie-Anne*, b[1] 18 juillet 1735 ; m[1] 22 nov. 1756, à Vincent Janson.—*Pierre*, b[1] 25 juillet 1736, m[1] 24 avril 1759, à Marie Digré.—*Jean-François*, b[1] 18 août et s[1] 4 sept. 1737.—*Jean-Baptiste*, b[1] 30 août 1738 ; m 22 nov. 1762, à Louise Sarault, à Montréal.—*Marie-Anne*, b[1] 6 sept. et s[1] 19 oct. 1739.—*Joseph*, b[1] 27 mars et s[1] 2 avril 1741.—*Marie-Catherine*, b[1] 9 et s[1] 18 mars 1742.

1735, (17 janvier) St-Nicolas.[2]
II.—ROUSSEAU, Pierre, [Jacques I.
b 1696 ; s[2] 15 mai 1759.
Fréchet, Marie-Charlotte, [François II.
b 1718.
Angélique-Charlotte-Hyacinthe, b[2] 5 et s[2] 30 août 1736—*Etienne-Joseph*, b[2] 9 juin 1737; m 11 janvier 1767, à Elisabeth Marchand, à Levis.—*Pierre-François*, b[2] 9 juin 1737 ; m 26 nov. 1765, à Angélique Coté, à St-Antoine-Tilly.—*Jean-Baptiste*, b[2] 28 juin 1739.—*Denis-Hyacinthe*, b[2] 9 dec. 1740; s[2] 27 fevrier 1741.—*Marie-Charlotte*, b[2] 19 janvier et s[2] 7 fevrier 1743.—*Marie-Charlotte*, b[2] 11 avril et s[2] 3 juin 1744.—*Louis-Hyacinthe*, b[2] 28 mai et s[2] 8 juin 1748.—*Marie-Angélique*, b[2] 24 avril 1750; m 23 avril 1770, à Louis Courval, à Terrebonne.—*Charles*, b[2] 18 et s[2] 29 nov. 1751.—*Charles-Michel*, b[2] 11 et s[2] 19 nov. 1752.—*Marie-Anne*, b[2] 31 oct. 1754; m 15 fevrier 1790, à Jean-Baptiste Leduc, à Batiscan.—*Marie-Thècle*, b[2] 14 juin 1756.—*Marie-Ursule*, b[2] 17 sept. 1757; s[2] 26 août 1758.

1736.
II.—ROUSSEAU, Jean, [Jean I.
b 1711.
Destroismaisons (1), Madeleine, [Jacques II.
b 1711; veuve de Pierre Lavergne.
Michel, b 1737; m 9 janvier 1758, à Geneviève Morin, à St-Pierre-du-Sud.[3] —*Charles*, b 1738; s[3] 13 oct. 1750.—*Joseph*, b 1742; s[3] 18 nov. 1750.—*Marie-Angélique*, b 1745 ; s[3] 4 nov. 1750.—*Julien*, b 6 juillet, à St-Frs-du-Sud[4] et s[3] 6 nov. 1749.—*Geneviève*, b[4] 28 sept. 1751 ; m 25 janvier 1773, à Jean-Baptiste Boutin, à Berthier[5]; s[5] 13 mars 1782.—*Joseph*, b[3] 31 janvier 1754.

(1) Picard.

1736, (7 juin) St-Nicolas. [6]
II.—ROUSSEAU, DENIS, [JACQUES I.
b 1681.
ROUER DE VILLERAY, Angélique, [AUGUSTIN II.
b 1692; veuve de Charles Damours; s [6] 26 nov. 1749.

1738, (21 juillet) Montréal.
I.—ROUSSEAU, ETIENNE, b 1715; fils d'Etienne et de Jeanne Papin, de St-Mathurin, diocèse de Luçon, Poitou.
MORISSEAU, Agathe-Charlotte, [JEAN-BTE II.
b 1717.

1742, (26 nov.) Laprairie. [7]
III.—ROUSSEAU (1), JULIEN, [ANTOINE II.
b 1719.
DUMAIS (2), Marie-Joseph, [JACQUES III.
b 1724.
François, b [7] 4 oct. 1743.—*Marie-Charlotte*, b 11 avril 1757, à Longueuil.

1743, (29 juillet) Pte-aux-Trembles, Q. [8]
III.—ROUSSEAU (3), JEAN, [MICHEL II.
b 1718.
BORDELEAU, Marie-Geneviève, [JEAN-BTE III.
b 1723.
Jean-Baptiste, b [8] 4 juin 1744; m 4 février 1771, à Marie-Charlotte TROYE, à Varennes.—*Augustin*, b [8] 27 et s [8] 29 juillet 1745.—*Marie-Geneviève*, b [8] 28 sept. et s [8] 24 oct. 1746.—*Joseph*, b [8] 26 juillet 1748.—*Marie-Geneviève*, b [8] 3 avril 1750.—*Pierre-Henri*, b [8] 15 mars et s [8] 27 août 1751.—*Marie-Geneviève*, b [8] 8 et s [8] 11 août 1752.—*Hyacinthe*, b [8] 1er mars 1757.—*Catherine*, b [8] 30 mars 1758 —*Augustin*, b [8] 8 mai 1761.—*François*, b [8] 4 et s [8] 23 juillet 1762.

1743, (7 oct.) St-Nicolas. [9]
III.—ROUSSEAU, NICOLAS, [MICHEL II.
b 1722.
DEMERS, Marie-Louise, [NICOLAS II
b 1720.
Marie-Louise, b [9] 22 et s [9] 30 avril 1750.—*Michel*, b [9] 25 nov. 1753; s [9] 23 février 1760.

1744, (13 janvier) Charlesbourg.
I.—ROUSSEAU (4), LOUIS-ALEXANDRE, marchand; fils de Louis et de Marie-Anne Privat de St-Hilaire-du-Bois (5), diocèse de Luçon, Poitou; s 7 avril 1780, aux Grondines. [0]
1° SAVARD, Marie-Madeleine, [JEAN-FRS III.
b 1718; s 8 mai 1750, à Québec. [9]
Henri, b [9] 14 avril 1746; m 8 avril 1766, à Geneviève LEFRANÇOIS, au Château-Richer.—*Marie-Madeleine*, b [9] 6 août 1747.—*Marie-Louise*, b [9] 2 janvier 1749; s [9] 5 nov. 1751.—*Anonyme*, b [9] et s [9] 7 dec. 1749.

(1) Dit Labonté.
(2) Voy. Dumay.
(3) Et Brousseau.
(4) Dit Beausoleil; caporal de la compagnie d'Arnaud.
(5) Il est dit aussi venu de la paroisse St-Jean l'Evangéliste, de la Callière en-bois.

1750.
2° CHABOT, Marie-Joseph, [JOSEPH III.
b 1737.
Françoise, b [9] 8 sept. 1751.—*Marie-Joseph*, b [9] 6 oct. 1752; s [9] 18 février 1753.—*Pierre*, b [9] 16 déc. 1753; m [9] 25 janvier 1780, à Marie-Joseph FILTEAU; s [8] 25 dec. 1787.—*Dominique*, b [9] 9 nov. 1755.—*Marie-Catherine*, b [9] 25 mai 1757, m 17 avril 1780, à Louis GOUIN, à Ste-Anne-de-la-Perade.—*Joseph*, b [9] 13 janvier 1759.—*Joseph-Alexandre*, b [9] 18 avril 1763.—*François*, b... m [9] 31 janvier 1792, à Catherine MORARE.

1744, (16 nov.) St-Pierre, I. O.
III.—ROUSSEAU, JACQUES, [ANTOINE II.
b 1716.
BUSSIÈRE, Véronique, [JEAN III.
b 1727.
Jacques, b 11 déc. 1745, à St-Laurent, I. O. [9]—*Marie-Véronique*, b [9] 22 mai 1747.—*Jean-Baptiste*, b [9] 21 mai et s [9] 20 août 1749.—*Ignace*, b [9] 4 août 1750; m 16 juillet 1781, à Françoise RICHARD, aux Ecureuils.—*Marie-Geneviève*, b [9] 30 avril et s [9] 15 août 1754.—*François*, b [9] 23 juin et s [9] 8 juillet 1758.—*Laurent*, b [9] 23 juin et s [9] 9 juillet 1758.

1744.
III.—ROUSSEAU, LOUIS, [JEAN-BTE II.
b 1723.
DUBÉ, Angélique, [LOUIS II
b 1724.
Pierre, b 1745; m 14 oct. 1765, à Marie-Geneviève TALBOT, à St-Thomas. [9]—*Augustin*, b [9] 5 août 1748.—*Joseph-Marie*, b 8 dec. 1750, à St-Pierre-du-Sud.—*Marie-Charlotte*, b... m [9] 8 avril 1771, à Claude CHAMBERLAN.

1746.
III.—ROUSSEAU, LS-JACQUES, [MICHEL II.
b 1723; forgeron.
MARION, Marie-Françoise, [FRANÇOIS II
b 1731.
Louis-Jacques, b 1747; s 17 mai 1748, à St-Nicolas. [3]—*Marie-Louise*, b [3] 6 oct. 1748.—*Marie-Joseph*, b [3] 27 août 1750; s [3] 31 juillet 1751.—*Marie-Marguerite*, b [3] 6 juin 1752.—*Catherine*, b [8] 1er juin 1754; s 25 janvier 1759, à Quebec.—*Louis-Jacques*, b [3] 23 fevrier 1756.—*Marie-Thècle*, b [3] 9 nov. 1757; s [3] 31 août 1758.—*Anonyme*, b [3] et s [3] 11 dec. 1758.—*Marie-Madeleine*, b 14 mars 1760, à St-Antoine-Tilly.—*Charles-Denis*, b [3] 7 avril 1761.—*Marie-Thècle*, b [3] 13 mars et s [3] 24 déc. 1762.

1746, (7 nov.) St-Laurent, I O.
III.—ROUSSEAU, ANTOINE, [ANTOINE II
b 1720.
NOEL, Cecile, [IGNACE II
b 1728.
Cécile, b 25 août 1747, à St-Michel [1]; s [1] 6 oct 1749.—*Marie-Louise*, b [1] 8 avril 1749.—*Antoine*, b [1] 1er août 1750.—*Jean-Baptiste*, b [1] 31 mai 1752 —*Marie-Catherine*, b [1] 11 avril 1755.—*Bibianne*, b [1] 22 avril 1757.—*Charles*, b 1758; s [1] 20 nov 1762.—*Marie-Marguerite*, b [1] 30 avril 1759.—*Cécile*, b [1] 28 oct. 1762.

1749, (3 juin) Québec. [1]

I.—ROUSSEAU, François-Dominique, b 1723, marchand et notaire-royal; fils de Charles (docteur en medecine) et d'Anne Poirier, de Bouteville, diocèse de Xaintes, Saintonge; s [1] 30 juillet 1785.

Cureux, Marie-Anne, [Michel-Marie II. b 1728.

Marie-Anne, b [1] 19 juin 1750.—*Louis-François,* b [1] 8 dec. 1751.—*Louise,* b [1] 23 déc. 1752.—*Marguerite,* b [1] 20 juillet et s 5 août 1754, à Levis.—*Charles,* b [1] 12 dec. 1755; s [1] 29 juin 1794.

1749, (17 nov.) St-Pierre-du-Sud. [2]

III.—ROUSSEAU, Antoine, [Jean-Bte II. b 1727.

1° Janeau (1), Marie-Anne, [Jean-Bte II. b 1730.

Antoine, b 11 avril 1751, à Levis [3]; m 1783, à Geneviève Rouleau. — *Marie-Elisabeth,* b [3] 17 dec. 1752.—*Jean-Baptiste,* b... s [3] 25 juillet 1755.

1759, (26 février). [2]

2° Guillet, Rose, [Mathieu I. b 1714; veuve de François Rousseau.

1749.

III.—ROUSSEAU, Augustin, [Jean-Bte II. b 1729.

Isabel, Madeleine, [Louis II. b 1727.

Joseph, b 18 janvier 1750, à St-Pierre-du-Sud. [4] —*Noel,* b 1751; s [4] 16 juillet 1752.—*Pierre,* b [4] 18 avril 1753.—*François,* b [4] 16 sept. 1754.—*Louis,* b [4] 3 juillet 1756; m 18 nov. 1783, à Marie Dachas, à Québec. — *Antoine,* b [4] 3 fevrier 1758.

1750, (6 juillet) St-Nicolas. [5]

III.—ROUSSEAU, René, [René II. b 1724.

Dupont, Marie-Françoise, [Jean-François II. b 1731.

Marie-Françoise, b [5] 22 août 1751; m 6 sept. 1791, à Antoine Gosselin, à Quebec.—*Pierre,* b [5] 21 fevrier 1753.—*Madeleine,* b [5] 29 nov. 1754. —*Joseph-Louis,* b [5] 22 mars 1756; s [5] 3 fevrier 1758.—*Marie-Louise,* b [5] 23 mai et s [5] 31 août 1758.—*Jean-Baptiste,* b 1er oct. 1759, à St-Antoine-Tilly.—*Charles,* b [5] 1er janvier 1763.

1751, (11 janvier) St-Pierre-du-Sud. [6]

III.—ROUSSEAU, François, [Louis II. b 1728; s [6] 15 oct. 1757.

Guillet (2), Rose, [Mathieu I. b 1714; veuve de Jacques Chartier.

1751, (9 fevrier) St-Pierre-du-Sud. [7]

III.—ROUSSEAU, Jean-Bte, [Jean-Bte II b 1730.

Vallière, Marie, [Jean III. b 1731.

Marie-Madeleine, b [7] 24 nov. 1752.—*Marie-Françoise,* b [7] 10 février 1754.—*Marie-Madeleine,* b [7] 31 août 1755. — *Jean-Baptiste,* b [7] 25 sept. 1757.

(1) Et Jehannot—Mariée sous le nom de Janot.

(2) Elle épouse, le 26 février 1759, Antoine Rousseau, à St-Pierre-du-Sud

1751, (15 février) St-Pierre, I. O. [8]

III.—ROUSSEAU, Jean-Bte, [Antoine II b 1724; s 31 déc. 1759, à St-Laurent, I. O. [9]

Coté (1), Marie-Joseph, [Augustin III. b 1725.

Marie-Joseph, b [9] 9 déc. 1751.—*Marie-Thérèse,* b [9] 14 avril 1753.—*Cécile,* b [9] 28 oct. 1754; s [9] 4 août 1756.—*Marie-Madeleine,* b [8] 9 août 1756.—*Jean-Baptiste,* b [9] 26 juillet 1758; s [9] 1er fevrier 1759. — *Jean-Baptiste* (posthume), b [9] 8 mars 1760.

1754, (7 janvier) Québec. [4]

III.—ROUSSEAU, Jean-Bte, [René II. b 1728.

Vallière (2), Marguerite, [Pierre III. b 1736.

Jean-Baptiste, b [4] 5 oct. 1754. — *Charles,* b 15 août 1756, à St-Charles. — *Augustin,* b 15 juillet 1759, à St-Valier [5]; s [5] 2 juin 1760. — *Pierre,* b [5] 3 avril 1761; m 3 oct. 1791, à Marie-Claire Pelletier, à Nicolet. [6] — *François,* b 1763; m [4] 19 fevrier 1787, à Marguerite Fraser.— *Marguerite,* b... m [6] 11 janvier 1790, à Joseph-Germain Belisle. — *Charlotte,* b... m [5] 15 juillet 1793, à Antoine Benoit.

1754, (11 février) St-Frs-du-Sud. [1]

III.—ROUSSEAU, Jean-Bte, [Louis II. b 1733; s 23 nov. 1788, à Nicolet. [2]

1° Destroismaisons (3), Marie-Frse, [René III. b 1735; veuve d'Eustache Bacon.

Marie-Madeleine, b 15 janvier 1755, à St-Pierre-du-Sud. [3] — *Marie-Françoise,* b [3] 12 nov. 1757. — *Jean-Baptiste,* b [3] 19 février 1759; m [2] 4 juin 1787, à Marguerite Pinard. — *Rosalie,* b [1] 8 oct. 1760.

1767, (16 février) St-Thomas.

2° Fournier, Marie-Geneviève, [Jean-Bte IV. b 1749.

1757, (2 mai) Pte-aux-Trembles, M.

I.—ROUSSEAU (4), Antoine, b 1720; fils de Pierre et de Catherine Deselliers, de Crecousac, diocèse de Cahors, Guienne.

1° Petit, Marie-Anne, [Louis II. b 1731.

Marguerite, b... m 26 janvier 1778, à Thomas Gagnon, à Terrebonne. — *Marie-Anne,* b... m 16 juillet 1787, à Joseph Filion, à Lachenaye.

1767.

2° Supernant, Marguerite, [Marin II. b 1741.

Joseph-Amable, b 30 mai 1768, à St-Constant.

(1) Elle épouse, le 15 février 1762, Jean Godbout, à St-Laurent, I. O.

(2) Appelée Dallaire, 1760.

(3) Picard.

(4) Dit Lafond; grenadier au régiment de Guienne.

1757, (9 mai) Sault-au-Recollet.
II.—ROUSSEAU (1), JEAN-BONAV., [JEAN-BTE I. b 1727.
BRUNET, Marie-Reine, [JEAN-FRANÇOIS III. b 1738.

1758, (9 janvier) St-Pierre-du-Sud. [5]
III.—ROUSSEAU, MICHEL, [JEAN II. b 1737.
MORIN, Geneviève, [DENIS II. b 1738.
Marie-Madeleine, b [5] 6 nov. 1758. — *Marie-Joseph*, b mars 1764 ; s 12 mai 1765, à Lévis.

1759, (24 avril) Quebec. [7]
IV.—ROUSSEAU, PIERRE, [JOS.-BLAISE III. b 1736 ; menuisier.
DEGRÉ, Marie, [FRANÇOIS-DIDIER I. b 1743.
Pierre-François, b [7] 29 oct. 1759 ; s [7] 13 janvier 1760.—*Marie-Joseph*, b 2 fevrier, à Charlesbourg et s [7] 20 juillet 1761. — *Joseph*, b [7] 4 juin 1762.—*Marie-Angélique*, b [7] 10 et s [7] 13 juin 1763.

1761, (26 janvier) Montréal.
I.—ROUSSEAU, PIERRE, b 1735; fils de Jean et de Raymonde Rivière, de St-Michel-de-Carcassonne, Languedoc.
LAURENT, Veronique, [JEAN I. b 1742.

1762, (22 fevrier) Berthier. [5]
IV.—ROUSSEAU, CHARLES, [CHARLES III. b 1740.
BAUDOIN, Marie, [JOSEPH III. b 1743.
Charles-François, b [5] 11 déc. 1767.

1762, (22 nov.) Montréal.
IV.—ROUSSEAU, JEAN-BTE, [JOS.-BLAISE III. b 1738.
SARAULT, Louise, [JEAN II. b 1743.

ROUSSEAU, CHARLES, b 1724 ; s 19 sept. 1790, au Detroit.

1763.
ROUSSEAU, CHARLES.
MARTINEAU, Angelique.
Marie-Louise, b 13 août 1764, à St-Antoine-Tilly.

1765, (14 oct.) St-Thomas.
IV.—ROUSSEAU, PIERRE, [LOUIS III. b 1745.
TALBOT, Marie-Geneviève, [AUGUSTIN. b 1745.

1765, (28 oct.) Soulanges.
III.—ROUSSEAU, LS-ALBERT, [JOSEPH II. b 1737.
LALONDE, Isabelle, [FRANÇOIS III. b 1746.

(1) Dit St. Jean.

1765, (26 nov.) St-Antoine-Tilly.
III.—ROUSSEAU, PIERRE, [PIERRE II b 1737.
COTÉ, Angelique, [JEAN-BTE IV b 1742.

1766, (8 avril) Château-Richer.
II.—ROUSSEAU, HENRI, [LS-ALEXANDRE I b 1746 ; marchand.
LEFRANÇOIS, Geneviève, [NICOLAS-ALEXIS III b 1748.
Marie-Elisabeth, b 30 mars 1775, à Ste-Anne-de-la-Perade. [1]—*Joseph*, b [1] 4 sept. 1776. — *Laurent-François*, b [1] 10 août 1778. — *Marie-Joseph* b [1] 28 déc. 1780. — *Catherine*, b 15 mars 1782, aux Grondines.

1768, (11 janvier) Lévis. [1]
ROUSSEAU (1), JOSEPH. [PIERRE
MARCHAND, Elisabeth, [LOUIS II b 1725 ; veuve de Pierre Joly.
Joseph, b [1] 3 sept. 1768.

1768, (6 nov.) St-Thomas. [2]
I.—ROUSSEAU (2), FRANÇOIS, b 1736 ; fils de François et de Marie Asselin, de St-Vivien, diocèse de LaRochelle, Aunis ; s [2] 17 oct. 1772.
LANGLOIS, Marie-Claire, [JEAN-BTE IV b 1739.

1771, (4 février) Varennes.
IV.—ROUSSEAU, JEAN-BTE, [JEAN-BTE III b 1744.
TROYE, Marie-Charlotte. [JEAN II

1780, (25 janvier) Québec.
II.—ROUSSEAU (3), PIERRE, [LS-ALEXANDRE I b 1753 ; s 25 déc. 1787, aux Grondines. [4]
FILTEAU, Marie-Joseph, [JOSEPH III b 1759 ; s [3] 2 avril 1789.
Henri (4), b 13 oct. 1783, à St-Cuthbert. [4] — *Joseph-Alexandre*, b [4] 4 mars 1785.

1781, (16 juillet) Ecureuils.
IV.—ROUSSEAU, IGNACE, [JACQUES III b 1750.
RICHARD, Françoise, [FRANÇOIS III b 1757.

1783, (18 nov.) Québec.
IV.—ROUSSEAU, LOUIS, [AUGUSTIN III b 1756.
DACHAS (5), Marie, [GILLES I. b 1764.

(1) Il était, en 1777, à Batiscan.
(2) Dit Bonnet. Venu en 1752, mousse sur le navire du capitaine Vincelote, qu'il déserte, et se retire à St-Thomas chez François Gosselin, syndic de la nouvelle église.
(3) Dit Beausoleil.
(4) Filleul du curé Catin.
(5) Mariée sous le nom de Dachapt.

1783.

V.—ROUSSEAU, Antoine, [Antoine III.
b 1751.
Rouleau, Geneviève, [Charles IV.
b 1756.
Ambroise, b 16 oct. 1784, aux Trois-Pistoles [9]
-*François*, b [9] 11 avril 1787.—*Laurent*, b [9] 24
éc. 1788.—*Basile*, b [9] 16 juillet 1790.—*Marie-Elisabeth*, b [9] 2 août 1792; s [9] 29 sept. 1793.—
Marie-Geneviève, b [9] 3 nov. 1793.—*David-Hilarion*, b [9] 3 mai 1795; s [9] 14 mai 1797.—*Agathe*,
[9] 22 mai 1796.—*Alexis*, b [9] 11 février 1798.

1785.

ROUSSEAU, Charles.
Maufet, Marie-Joseph.
Joseph, b 3 déc. 1786, à Ste-Foye [1]; s [1] 28
juillet 1787.—*François*, b [1] 16 dec. 1787; s [1] 27
août 1788.

1787, (19 fevrier) Québec.

V—ROUSSEAU, François, [Jean-Bte III.
b 1763.
Fraser, Marguerite, [Hughes I.
b 1764.

1787, (4 juin) Nicolet.

V—ROUSSEAU, Jean-Bte, [Jean-Bte III
b 1759.
Pinard (1), Marguerite, [Guillaume III.
b 1766.

1790.

ROUSSEAU, Jean-Bte.
Faucher, Marie-Antoinette.
Thomas, b 8 janvier 1791, à St-Cuthbert. [2] —
Antoine, b [2] 8 janvier et s [2] 25 fevrier 1791.—
Marie-Angélique, b [2] 4 mars 1792.—*Marie-Charlotte*, b [2] 11 avril et s [2] 5 juillet 1793.—*François-Xavier*, b [2] 27 janvier 1795.

1791, (3 oct.) Nicolet.

V.—ROUSSEAU, Pierre, [Jean-Bte III
b 1761.
Pelletier (2), Marie-Claire, [Hyacinthe IV.
b 1765.

1792, (31 janvier) Québec.

I—ROUSSEAU, Frs. [Louis-Alexandre I.
Morare (3), Catherine. [Jean-Bte II.

ROUSSEL.—*Variations et surnoms:* Rousselot—Rousset—Rouxel—DeMorambert—Latulippe—Sanssoucy—Tranchemontagne.

1667, (22 nov.) Québec. [6]

I—ROUSSEL (4), Timothée,
chirurgien; s [6] 11 dec. 1700.
1° DuMortier, Madeleine.

(1) Beauchemin.
(2) Mariée sous le nom d'Antaya.
(3) Voy. Mourand dit Laforme.
(4) Voy. vol. I, p. 530.

1688, (16 août). [6]
2° Fournier, Catherine, [Jacques I.
b 1668; s [6] 8 fevrier 1752.

1700, (29 avril) Montréal.

I.—ROUSSEL (1), Guillaume,
soldat.
Filiatreau, Nicole, [René I.
b 1662; veuve d'Etienne Lalande.
Antoine, b 1707; 1° m 26 janvier 1728, à Angélique Massiot, à Lachine; 2° m 1750, à Antoinette Degame. — *Pierre*, b 1710; m 1739, à Marie-Catherine Moran.

1725, (4 avril) Détroit. [6]

II.—ROUSSEL (2), Jacques, [Guillaume I.
b 1700; s [6] 7 oct. 1738.
Bienvenu, Marie-Anne, [François I.
b 1705.

1728, (26 janvier) Lachine. [4]

II.—ROUSSEL (2), Antoine, [Guillaume I.
b 1707.
1° Massiot (3), Angélique, [Jean-Bte I.
b 1706.
Marie-Joseph-Angélique, b [4] 14 déc. 1728; m [4] 11 avril 1763, à Ambroise Brousson-Lafleur. — *Elisabeth*, b [4] 28 déc. 1729; m [4] 2 nov. 1761, à Pierre St. Yves. — *Jean-Baptiste-Marie*, b [4] 1er juillet 1731; m 10 nov. 1760, à Marie-Joseph Fauber, à Châteauguay. — *Marie-Joseph*, b... 1° m [4] 30 oct. 1752, à Gabriel Bourhis; 2° m [4] 10 juillet 1769, à Joseph Deneau. — *Louis*, b 1734; s [4] 20 mai 1760. — *Gabriel*, b 1738; m [4] 26 oct. 1761, à Madeleine Picard. — *Jacques*, b 1740; m [4] 23 nov. 1763, à Suzanne Picard.

1750.

2° Degame, Antoinette, [Léon I.
b 1708.
Marie-Catherine, b [4] 16 nov. 1759.

1730, (17 janvier) Quebec. [2]

II.—ROUSSEL, Jos.-François, [Timothée I.
b 1699; marchand; s [2] (dans l'eglise des Récollets) 2 janvier 1758.
Gauvreau, Madeleine, [Pierre II.
b 1711; s [2] (dans l'église) 6 mars 1758.
Joseph-Antoine, b [2] 13 juin 1731; s [2] 2 fevrier 1736.—*Marie-Louise*, b [2] 6 juin 1732; m [2] 8 janvier 1757, à Charles-Simon Soupiran. — *Louis-Marie*, b [2] 15 et s 18 août 1733, à St-Augustin.—*Louise-Catherine*, b [2] 16 fevrier 1735; m [2] 21 mai 1757, à Antoine-Jean Saillant; s [2] 24 oct. 1782. —*Joseph-Stanislas*, b [2] 30 mai 1736; m 22 février 1762, à Pelagie-Modeste Simard, à la Baie-St-Paul.—*Jean-Baptiste*, b [2] 24 sept. 1737. — *Marie-Joseph*, b [2] 28 dec. 1738. — *Marie-Anne*, b [2] 14 déc. 1740. — *Henri-Antoine*, b [2] 13 mars et s 26 juillet 1743, à Charlesbourg.— *Antoine*, b [2] 19 juillet 1744. — *Françoise*, b [2] 16 mars 1747; m [2] 15 sept. 1778, à Louis Marchand.

(1) Dit Sanssoucy; voy. vol. I, p. 531.
(2) Dit Sanssoucy.
(3) Aussi appelée Maillot.

1739.

II.—ROUSSEL, Pierre, [Guillaume I.
b 1710.
Morand, Marie-Catherine, [Jean II.
b 1708.
Pierre, b 28 février 1740, au Bout-de-l'Ile, M. —*Marie-Joseph*, b 19 février 1745, à Montréal[1]; 1° m à Denis Roux; 2° m[1] 2 mars 1767, à Pierre Payan.

1743, (10 juin) St-Valier.[2]

I.—ROUSSEL, François, fils de François et de Reine Lemarchand, de Dinan, diocèse de St-Malo, Bretagne.
Roy, Marie-Agnès, [Jean-Noel III.
b 1726.
Jean-François, b[2] 15 juillet 1743.—*Marie-Marguerite*, b[2] 18 sept. 1748.—*Marie-Louise*, b 4 janvier 1751, à St-Frs-du-Sud.[3]—*Augustin-Pierre*, b[3] 12 fevrier 1753.—*Marie*, b 1754; s[2] 22 fevrier 1759.—*Claude-Athanase*, b[2] 5 avril 1757.—*Marie-Anne*, b[2] 1er mars 1759.—*André*, b[2] 17 déc. 1761.

I.—ROUSSEL (1), Etienne, b 1718; de St-Souan, diocèse de St-Malo, Bretagne; s 17 août 1748, à Québec.

1750, (12 janvier) Rivière-Ouelle.[7]

I.—ROUSSEL, Jacques, fils de Jean et de Jeanne Charpentier, d'Ervaux, diocèse de St-Malo, Bretagne.
1° Bérubé, Marie-Geneviève, [Mathurin II.
b 1730; s[7] 19 avril 1766.
Joseph-Marie, b[7] 9 oct. et s[7] 20 nov. 1750.—*Marie-Joseph*, b[7] 17 sept. 1752; m[7] 19 nov. 1781, à Jean Bérubé.—*Marie-Geneviève*, b[7] 21 oct. 1754.—*Jacques*, b[7] 23 oct. 1756.—*Jean-François*, b 1757; m 21 août 1785, à Marie-Thérèse Coté, à l'Ile-Verte.—*Jean-Marie*, b[7] 26 janvier 1759.—*Marie-Catherine*, b[7] 14 nov. 1760; m[7] 21 oct. 1782, à Joseph-Marie Paradis.
1767, (7 janvier).[7]
2° Emond, Genev.-Gab., [Pierre-Augustin II.
b 1735.

1757, (26 sept.) Montréal.

I.—ROUSSEL, Adrien, b 1724; fils d'Adrien et de Marie Marchand, de Cliponville-en-Caux, diocèse de Rouen, Normandie.
Baudry, Catherine, [Toussaint I.
b 1740.

1760, (10 nov.) Châteauguay.

III.—ROUSSEL, Jean-Bte-Marie, [Antoine II.
b 1731.
Foubert, Marie-Joseph, [François II.
b 1736.

1761, (26 oct.) Lachine.

III.—ROUSSEL, Gabriel, [Antoine II.
b 1738.
Picard, Madeleine, [Joseph-Marie III.
b 1741.

(1) Matelot sur "Le fleuve St. Laurent."

1762, (22 février) Baie-St-Paul.[8]

III.—ROUSSEL (1), Jos.-Stanislas, [Jos.-Frs II.
b 1736.
Simard, Pélagie-Modeste, [Etienne III.
b 1739.
Joseph-Marie, b[8] 7 mars 1763.—*Simon-Stanislas*, b[8] 4 juillet 1764.

1762, (30 août) Montréal.[1]

I.—ROUSSEL (2), Mathieu, b 1726; fils de Philippe et de Geneviève Montpellier, de St-Etienne, Rouen, Normandie.
1° Morin, Marie-Angélique, [Pierre-Jean III.
b 1729.
1771, (30 sept.)[1]
2° Pineau, Geneviève, [Mathurin II.
b 1728; veuve de Louis Marcour dit Langevin.

1763, (23 nov.) Lachine.

III.—ROUSSEL (3), Jacques, [Antoine II.
b 1740.
Picard, Suzanne, [Joseph-Marie III.
b 1743.

I.—ROUSSEL (4), Jean-Bte.
1° Briquet-Lefebvre, Catherine, [Louis I.
b 1746.
1773, (7 janvier) Varennes.
2° Soumande, Marie-Anne, [Frs-Marie III.
b 1744.
Marie-Anne, b... m 31 juillet 1797, à André Papineau, à Montreal.

1779, (15 fevrier) Québec.

I.—ROUSSEL, Yves, de St-Malo, Bretagne.
Couture, Louise-Elisabeth, [Guillaume II.
b 1728; veuve de Jean-François-Paul Lanvière.

1785, (21 août) Ile-Verte.[3]

II.—ROUSSEL, Jean-François, [Jacques I.
b 1757.
Coté, Marie-Thérèse, [Basile V.
b 1751.
François-Simon, b[3] 18 sept. 1786.—*Hilarion*, b[3] 21 oct. 1788.

1791.

ROUSSEL, Athanase.
Desjardins, Marie.
Augustin, b 9 février 1792, à Repentigny.

1793.

ROUSSEL, Claude.
Desjardins, Marie.
Joseph, b 12 fevrier et s 28 juillet 1794, à Repentigny.

(1) Il était, le 10 sept. 1760, au Detroit.

(2) A son second mariage, il est dit de la paroisse de St-Sevère, diocese d'Aire.

(3) Dit Sanssoucy.

(4) Sieur de Morambert; lieutenant du régiment de Guyenne; il était, le 25 février 1760, à Verchères.

ROUSSELON.—Voy. Rochereau.

ROUSSELOT.—*Variation et surnom :* Roussel —De LaPrairie.

1673, (17 oct.) Québec. [4]

I.—ROUSSELOT (1), Nicolas,
b 1638 ; s [4] 21 août 1708.
1° De la Fitte, Apolline,
b 1660 ; s [4] 17 sept. 1685.
1686, (14 janvier). [4]
2° Hurault, Marie, [François I.
b 1669.
Pierre-François, b [4] 20 avril 1698 ; 1° m [4] 25 sept. 1727, à Marie-Angelique Jorian ; 2° m 9 avril 1755, à Elisabeth Gautron, à St-Michel [5] ; s [5] 17 nov. 1756.

1727, (25 sept.) Quebec. [6]

II.—ROUSSELOT (2), Pierre-Frs, [Nicolas I.
b 1698 ; notaire-royal ; s 17 nov. 1756, à St-Michel. [7]
1° Jorian, Marie-Angélique, [André I.
b 1704, s [6] 6 juin 1752.
1755, (9 avril) [7] (3).
2° Gautron (4), Marie-Elisabeth, [Pierre II.
b 1735.
Marguerite (posthume), b [7] 12 avril et s 22 août 1757, à St-Charles.

ROUSSERAY.—Voy. Ronseray.

ROUSSET.—*Variation et surnoms :* Roussel— Beaucourt — Beaumont — Chateaufort — St. Jean.

1669, (3 nov.) Ste-Famille, I. O. [8]

I.—ROUSSET (5), Pierre.
Chartier (6), Jeanne,
b 1648.
François, b [8] 20 janvier 1675 ; 1° m 27 nov. 1708, à Rosalie DeLavoye, à la Baie-St-Paul [9] ; 2° m [9] 17 nov. 1720, à Louise Tremblay ; s [9] 18 mai 1731.

I.—ROUSSET (7), Jean.

1708, (27 nov.) Baie-St-Paul. [1]

II.—ROUSSET, François, [Pierre I.
b 1675 ; s [1] 18 mai 1731.
1° DeLavoye (8), Rosalie, [René II
b 1686 ; s 29 janvier 1717, à Québec. [2]

(1) De LaPrairie ; voy. vol I, p 531.
(2) Aussi appele Roussel, 1757.
(3) Le contrat de mariage passé la veille par messire Chaufour.
(4) Elle épouse, le 1er février 1757, Michel-François Maguac, a St-Michel.
(5) Dit Beaucourt ; il échange, avec Martin St. Aignan, sa terre située à l'Ile d'Orleans, contre une maison, en la ville de la Roche-Beaucourt, en Périgord ; voy. vol. I, p. 531.
(6) Elle épouse, le 10 sept. 1702, François Lavergne, à Québec.
(7) Dit St. Jean ; soldat de M. LeVerrier, 1699.
(8) Elle est appelée Bouchard, 1744.

Angelique, b [1] 22 et s [1] 23 août 1709. — *François,* b [1] et s [1] 26 juin 1710. — *François,* b 1714 ; s [2] 10 février 1717.—*Elisabeth,* b [1] 15 nov. 1715 ; m 13 nov. 1744, à Jean Simard, à la Petite-Rivière. [3] — *Véronique,* b... m [3] 15 sept. 1761, à François Coste.
1720, (17 nov.) [1]
2° Tremblay, Louise, [Louis II.
b 1697.
Angélique, b [1] 1er mai 1722 ; m 26 avril 1756, à Etienne Savard, à l'Ile-aux-Coudres. [4] —*Louise-Françoise,* b [1] 24 juillet 1724 ; m [4] 13 nov. 1741, à Jacques Bouchard. — *Monique,* b [1] 28 oct. 1726 ; m 9 mai 1755, à Jean-François Girard, aux Eboulements. — *Marie-Thérèse,* b [1] 10 avril 1730 ; s [1] 3 juin 1731.—*François-Sébastien,* b [1] 16 avril 1730, s [4] 29 nov. 1749.

1709, (10 juin) Quebec. [7]

II.—ROUSSET (1), Nicolas, [Pierre I.
b 1677 ; s [7] 4 oct. 1758.
1° Martin, Marie-Hélène, [Pierre I.
b 1689 ; s [7] 11 oct. 1714.
Nicolas, b [7] 15 avril 1710 ; m [7] 16 août 1742, à Marie Vallée ; s [7] 15 oct. 1756. — *Joseph,* b [7] 28 oct. et s [7] 2 dec. 1712.
1716, (17 février). [7]
2° Guay (2), Charlotte, [Mathieu II.
b 1696 ; s [7] 12 déc. 1783.
Pierre-Ignace, b [7] 25 avril 1722 ; m [7] 5 juillet 1751, à Marie-Joseph Chevalier. — *Jeanne-Charlotte,* b [7] 20 mars 1725 ; m [7] 12 janvier 1750, à Timothée Pelot-Laflèche.—*Charles,* b [7] 22 et s [7] 23 fevrier 1727. — *Marie-Louise,* b [7] 22 et s [7] 24 fevrier 1727. — *François-Eugène,* b [7] 29 avril 1729 ; s [7] 4 juillet 1730. — *François,* b [7] 23 sept. 1731 ; m [7] 9 janvier 1764, à Marie-Rose Raté.

1728, (28 oct.) Québec.

I.—ROUSSET (3). Pierre, fils de Pierre et de Catherine Renee, de Notre-Dame de Poitiers, Poitou.
Mireau (4), Françoise, [Mathieu I.
b 1704.

1732, (7 janvier) Québec. [5]

I.—ROUSSET (5), Claude-Vincent, fils de Vincent et de Marie-Therèse Henin, de St-Jacques-de-Châtellereau.
Vergeat, Marie-Therèse, [Jean I.
b 1694.
Joseph-Michel, b [5] 18 nov. 1732. — *Marie-Thérèse,* b [5] 2 dec. 1734 ; s [5] 3 juin 1735.—*Jean-Baptiste,* b [5] 8 mars 1736 ; s [5] (noye au passage de la rivière St-Charles) 12 sept. 1763.— *Marie-Louise,* b [5] 21 juillet et s [5] 9 août 1737.

I.—ROUSSET, Jean, b 1712 ; de Vivé, Franche-Comte, diocèse de Lyon, Lyonnois ; s 13 sept 1734, à Montreal.

(1) Et Roussel.
(2) Et Gastonguay.
(3) Dit St. Pierre.
(4) La Bouteille.
(5) Dit Châteaufort.

1742, (16 août) Quebec.[5]
III.—ROUSSET (1), Nicolas, [Nicolas II.
b 1710; maçon; s[5] 15 oct. 1756.
Vallée (2), Marie, [Nicolas-Marie II.
b 1715.
Nicolas-Michel, b[5] 17 sept. 1743.—*Marie-Charlotte*, b[5] 8 avril 1746; s[5] 2 nov. 1748.—*François*, b[5] 20 oct. 1747; s[5] 24 août 1748. — *Alexis*, b[5] 10 fevrier 1749; s[5] 27 sept. 1751.—*Ignace*, b[5] 12 août 1750.— *Marie-Marguerite*, b[5] 30 août 1752. — *François*, b[5] 27 juin et s[5] 14 juillet 1754. — *Jean-Bernard*, b[5] 3 mai et s[5] 14 dec. 1756.

1751, (5 juillet) Québec.[1]
III.—ROUSSET (1), Pierre-Ign., [Nicolas II.
b 1722.
Chevalier, Marie-Joseph, [Louis III.
b 1733; s[1] 7 nov. 1758.
Marie-Joseph, b[1] 9 avril 1752; s[1] 14 avril 1753.—*Marie-Jeanne*, b[1] 19 sept. 1753. — *Marie-Joseph*, b[1] 17 mars et s[1] 6 sept. 1755.

1764, (9 janvier) Quebec[1]
III.—ROUSSET (1), François, [Nicolas II
b 1731.
Raté, Marie-Rose, [Pierre III
b 1740.
Catherine, b... m[1] 28 mai 1793, à François-Philippe Deschamps.

I.—ROUSSIÈRE (3), Jean-Bte.

I.—ROUSSIN (4), Jean.
...............(5)
Jean-Isaac, b... 1° m à Madeleine Giguères; 2° m 28 oct. 1655, à Marie Lessard, à Quebec.

II.—ROUSSIN (4), Jean-Isaac. [Jean I
1° Giguères, Madeleine.
1655, (28 oct.) Québec.
2° Lessard (6), Marie.

1668.
II.—ROUSSIN (4), Nicolas, [Jean I
s 7 mars 1697, à L'Ange-Gardien.[1]
1° Paradis, Madeleine, [Pierre I
b 1653; s 29 nov. 1669, au Château-Richer.[2]
Marie, b[2] 25 nov. 1669; m[1] 15 nov. 1685, à Pierre Tremblay.
1671, (25 nov.)[1]
2° Tremblay, Madeleine, [Pierre I.
b 1658; s[1] 10 avril 1736.
Jacques, b[1] 22 oct. 1685; m[1] 12 avril 1712, à Madeleine Guyon; s[1] 13 nov. 1753.—*Nicolas*, b[1] 14 janvier 1688; 1° m 1711, à Marie-Anne Goulet; 2° m[1] 13 août 1741, à Marie-Anne Coté; s 19 mai 1762, à St-Augustin.

(1) Et Roussel.

(2) Voy. Lavallée; elle épouse, le 5 avril 1758, François-Joseph Dérumé, à Québec.

(3) Sergent dans les troupes de Sa Majesté—il était, le 18 février 1736, à Charlesbourg.

(4) Voy. vol. I, p. 531.

(5) Le nom de la mère manque au registre.

(6) Ou Letard; voir contrat de mariage de Louis Bedard 1678—Vachau. N. P.

1704, (24 nov.) L'Ange-Gardien.[3]
III.—ROUSSIN, Joseph, [Nicolas II
b 1687.
Jacob, Anne, [Etienne I.
b 1682; s[3] 4 déc 1749.
Marie-Jeanne, b[3] 18 sept. 1705; m[3] 23 janvier 1730, à Joseph Coté.—*Anne*, b[3] 4 mai 1707; m[3] 28 oct. 1748, à Ignace Gagné; s 5 août 1785, à Quebec.—*Nicolas*, b[3] 18 fevrier 1711.—*Thérèse*, b[3] 16 avril 1713.—*Joseph*, b[3] 23 mars 1715.—*Scholastique*, b 1718; m[3] 12 nov. 1736, à Pierre Dumesny.

1711.
III.—ROUSSIN, Nicolas, [Nicolas II
b 1688; s 19 mai 1762, à St-Augustin.[4]
1° Goulet (1), Marie-Anne, [Joseph II.
b 1695; s[4] 27 nov. 1738.
1741, (13 août) L'Ange-Gardien.
2° Coté (2), Marie-Anne, [Joseph III.
b 1715.

1712, (12 avril) L'Ange-Gardien.[5]
III.—ROUSSIN, Jacques, [Nicolas II
b 1685; s[5] 13 nov. 1753.
Guyon, Madeleine, [Joseph III
b 1674; veuve d'Antoine Goulet; s[5] 12 mai 1758.
Pierre, b[5] 15 juillet 1713; 1° m[5] 21 oct. 1738, à Marie-Madeleine Coté; 2° m[5] 26 juillet 1751, à Marie Fugère.

1716, (10 fevrier) Château-Richer.
III.—ROUSSIN, Jean, [Nicolas II
b 1690.
Posé, Geneviève, [Jacques I
b 1697.
Geneviève, b 29 déc. 1716, à St-Thomas[6]; m[6] 3 oct. 1735, à Eustache Sylvestre. — *Jean-Baptiste*, b[6] 18 mars 1719; m 1756, à Françoise Boudreau.—*Pierre*, b[6] 1er mai 1723.—*François*, b[6] 3 sept. 1725.—*Louis*, b[6] 2 oct. 1727.—*Simon*, b[6] 29 oct. 1729.— ......(3), b... s[6] 27 juillet 1730. — ......(3), b... s[6] 13 août 1730. — ......(3), b.. s[6] 13 août 1730.—*Barthélemi*, b[6] 22 août 1731. —*Michel-Charles*, b[6] 29 sept. 1733; s[6] 2 dec 1742.—*Anonyme*, b[6] et s[6] 15 juin 1736.—*Nicolas*, b[6] 8 nov. 1737.—*Joseph*, b... m[6] 10 nov. 1760, à Marie-Claire Joncas.—*Marie-Angélique*, b[6] 19 fevrier 1740; m[6] 16 nov. 1761, à Augustin Regault.

1718, (18 juillet) L'Ange-Gardien.
III.—ROUSSIN, Louis, [Nicolas II.
b 1695.
Trudel, Catherine, [Philippe II.
b 1702.
Angélique, b 1720; m 8 janvier 1742, à Toussaint Masta, à Lachenaye.[3]—*Elisabeth*, b 1722; m[3] 6 nov. 1741, à Ignace Charles; s 15 oct. 1756, à Terrebonne.[4]—*Marie*, b 1724, m 2 fevrier

(1) Elle était, le 20 sept. 1732, à Lorette.

(2) Elle était, le 18 janvier 1763, à Lorette.

(3) Le nom manque au registre.

1750, à Antoine DUPRÉ, à Montréal.[5] — *Louis*, b 1726; m[4] 19 mai 1750, à Judith DUPRÉ.—*Marguerite*, b 1727; m[3] 27 mai 1748, à Louis FORGET. —*Auyide* (pour *Oside*), b[3] 8 février 1729; s[3] 15 mars 1730.—*Marie-Joseph*, b[3] 9 fevrier 1731; m[5] 12 janvier 1750, à Nicolas LEDOUX.—*Marie-Madeleine*, b[3] 29 août 1732; m[5] 8 janvier 1753, à Julien DELINEL; s[4] 7 juin 1762.—*François*, b[3] 15 mars 1734.—*Marie-Agathe*, b[3] 24 juillet et s[3] 8 août 1735.—*François*, b[3] 24 mai 1736.—*Joseph-Paschal*, b[3] 13 oct. 1736; m 18 fevrier 1760, à Catherine DEMERS, à Laprairie.—*Nicolas*, b[3] 27 oct. 1737.—*Jacques*, b[3] 20 janvier 1739; m[5] 23 nov. 1767, à Marie-Joseph POUPARD. — *Marie-Catherine*, b[3] 29 août 1740; m[5] 26 janvier 1756, à Joseph-Amable LORRAIN.—*Jean-Baptiste*, b[3] 20 mai 1742; s[3] 11 déc. 1748.—*Scholastique*, b[3] 28 avril 1744.

1738, (21 oct.) L'Ange-Gardien.[1]

IV.—ROUSSIN, PIERRE, [JACQUES III.
b 1713.
1° COTE, Marie-Madeleine, [JEAN-MARIE III.
b 1717.

Anne, b[1] et s[1] 8 août 1739.—*Marie-Reine*, b[1] 1er sept. 1741; m[1] 3 nov. 1761, à Mathieu TESSIER. —*Angélique*, b[1] 22 fevrier 1745.

1751, (26 juillet).[1]

2° FUGÈRE, Marie, [PIERRE I.
b 1726.

Jacques, b[1] 3 mai 1752.—*Marie-Madeleine*, b[1] 1er nov. 1753; s[1] 30 oct. 1758.—*Marthe*, b[1] 25 avril 1755; s[1] 15 janvier 1759.—*Marie*, b[1] 22 janvier 1757; s[1] 30 janvier 1759.—*Pierre*, b[1] 15 sept. 1758.—*Jean*, b[1] 13 sept. 1761.

1750, (19 mai) Terrebonne.[2]

IV.—ROUSSIN, LOUIS, [LOUIS III.
b 1726.
DUPRÉ (1), Judith, [JEAN II.
b 1727.

Marie-Judith, b[2] 25 février 1751; m 9 juin 1777, à Jean-Baptiste MORAND, à Montreal. — *Louis*, b[2] 17 mars 1754.—*Félicité*, b[2] 26 juillet 1759.

1756.

IV.—ROUSSIN, JEAN-BTE, [JEAN III.
b 1719.
BOUDREAU, Françoise,
Acadienne.

Jean-Baptiste, b 26 juin 1757, à St-Thomas.—*Joseph*, b 1761; m 11 janvier 1791, à Marie-Anne WILLAMS, à Quebec.

1760, (18 fevrier) Laprairie.

IV.—ROUSSIN, JOSEPH-PASCHAL, [LOUIS III.
b 1736.
DEMERS (2), Catherine, [JEAN-FRANÇOIS III.
b 1740.

1760, (10 nov.) St-Thomas.

IV.—ROUSSIN, JOSEPH. [JEAN III.
JONCAS, Marie-Claire, [PIERRE III.
b 1739.

1767, (23 nov.) Montréal.

IV.—ROUSSIN, JACQUES, [LOUIS III.
b 1739.
POUPARD, Marie-Joseph, [JEAN-BTE III.
b 1746; veuve de Jacques Chardon.

1791, (11 janvier) Québec.

V.—ROUSSIN, JOSEPH, [JEAN-BTE IV.
b 1761.
WILLAMS, Marie-Anne. [WILLIAM.

ROUSSON.—Voy. LEROUX—LEVERRIER (DE).

ROUTIER.—*Variation :* RATIER.

1662, (20 nov.) Quebec.[3]

I.—ROUTIER (1), JEAN.
MÉLIOT (2), Catherine.

Jean-Baptiste, b 24 janvier 1670, à Sillery; 1° m 1699, à Marguerite TRUD; 2° m[3] 29 avril 1709, à Louise MOISAN; s 12 mars 1747, à Ste-Foye.

1697.

II.—ROUTIER (3), CHARLES-MARIE, [JEAN I.
b 1677.
DELAVOYE, Brigitte-Angelique, [RENÉ I.
b 1675.

Marie-Charlotte, b 17 nov. 1698, à Quebec[4]; m 13 janvier 1720, à Pierre ROUILLARD, à Lorette.[5] —*Louise*, b 7 fevrier 1701, à St-Pierre, I. O.; 1° m[5] 13 janvier 1720, à Michel BONHOMME 2° m[5] 23 nov. 1729, à Guillaume TAPHORIN; s[4] 5 mai 1756.—*Marie-Catherine*, b[5] 11 mars 1703; m à Gabriel BOUTIN; s[5] 27 avril 1745.—*Anne-Félicité*, b[5] 30 janvier 1711; m[4] 16 nov. 1729, à Philippe POREAU; s 12 fevrier 1736, à St-Augustin. — *Marie-Thérèse*, b[5] 2 février 1715; m[4] 28 nov. 1741, à Antoine GALARD-DESCLU; s[4] 19 mars 1752.—*Gabriel*, b[5] 10 janvier 1718; m[4] 1er déc. 1742, à Barbe CHAPEAU; s[4] 12 janvier 1747.

1699.

II—ROUTIER (3), JEAN-BTE. [JEAN I.
b 1670; s 12 mars 1747, à Ste-Foye.[7]
1° TRUD, Marguerite-Madeleine, [MATHURIN I.
b 1677; s[7] 17 déc. 1708.

Jean-Noël, b[7] 24 juillet 1700; m[7] 17 janvier 1724, à Madeleine SAMSON; s[7] 19 janvier 1764.—*Catherine-Charlotte*, b[7] 1er mai 1706; m 31 janvier 1729, à Jacques VÉSINA, à Lorette.

1709, (29 avril) Québec.

2° MOISAN, Louise-Barbe, [PIERRE I.
b 1689; s[7] 7 avril 1767,

Charles-Amador, b[7] 22 janvier 1710; m 7 janvier 1747, à Jeanne DESNOYERS, à Cahokia.—*Marie-Louise*, b[7] 15 avril 1713; 1° m 11 août

(1) Elle épouse, le 21 juin 1762, Pierre De la Rue, à Terrebonne.

(2) Voy. Dumay.

(1) Voy. vol. I, pp. 531-532.

(2) Elle épouse, le 4 janvier 1678, Pierre Bouvier, à Québec.

(3) Voy. vol. I, p. 532.

1737, à François Grégoire, à St-Augustin; 2° m 27 sept. 1773, à Jean-Baptiste Lépine, à Montréal.—*François*, b 7 21 juillet 1723; 1° m à Marie Bonin; 2° m 27 août 1792, à Marguerite Sylvestre, à St-Cuthbert. — *Louis-Gabriel*, b 7 11 sept. 1726; 1° m 7 6 janvier 1758, à Marie-Angélique Hamel; 2° m 7 9 février 1779, à Geneviève Guérard.

1724, (17 janvier) Ste-Foye. 8
III.—ROUTIER, Jean-Noel, [Jean-Bte II.
b 1700; s 8 19 janvier 1764.
Samson, Madeleine, [Louis II.
b 1701; s 8 27 mai 1780.
Marie-Geneviève, b 8 30 avril 1725; m 8 15 février 1745, à Pierre Gagnon. — *Marie-Anne*, b 8 20 août 1726; s 8 24 sept. 1727.— *Félicien*, b 8 18 avril 1728 —*Pierre*, b 8 1er août 1729; s 8 11 mai 1730. — *Florent*, b 8 18 janvier 1731; s 8 21 janvier 1747 —*Joseph*, b 8 27 avril 1732; m 1763, à Joseph-Marguerite Auclair. — *Marie-Madeleine-Louise*, b 8 10 mai 1733; m 8 12 nov. 1753, à Pierre-Ignace Hamel. — *Charles*, b 1735; s 8 13 déc. 1759. — *Marguerite*, b 8 18 juin 1736; s 8 28 janvier 1776.—*André*, b 8 16 juillet 1738.—*Catherine*, b 8 28 avril 1742; m 8 12 janvier 1767, à François-Michel Létourneau. —*Félicité*, b... m 8 15 juin 1767, à Antoine Samson.

1731, (29 oct.) Ste-Foye. 1
III.—ROUTIER, Antoine, [Jean II.
b 1702; s 1 12 mars 1766.
Moreau, Marie-Françoise, [Michel II.
b 1713; s 1 28 février 1760.
Antoine, b 1 14 nov. 1730; 1° m 1 7 février 1763, à Marie-Charlotte Bonhomme; 2° m 1 14 oct. 1771, à Françoise Belleau. — *Marie-Françoise*, b 1 29 août 1733; s 1 3 juin 1734. — *Marie-Anne*, b... m 1 12 nov. 1753, à Jean-Baptiste Bonhomme. —*Marie-Félicité*, b 1 4 février 1737; m 1 18 sept. 1758, à Noël Belleau. — *Pierre-Antoine*, b 8 février 1740, à Lorette.—*Marie-Françoise*, b 1 15 juillet 1742; m 1 17 juin 1767, à Antoine Lemarié. —*Michel*, b 1 3 oct. 1745.

1742, (23 avril) Québec. 6
III.—ROUTIER, Joseph, [Jean-Bte II.
b 1708; s 6 (dans l'eglise) 20 mai 1759.
Villiars (1), Claire-Françoise, [Germain I.
b 1723.
Joseph-Germain, b 6 13 déc. 1742; s 6 22 août 1749.—*Anonyme*, b 6 et s 6 13 avril 1744.—*Marie-Joseph*, b 6 10 avril 1745; s 6 15 février 1749.—*Marie-Françoise*, b 6 17 nov. 1746. — *François*, b 6 8 août 1748; s 6 2 janvier 1749. — *Marie*, b 6 11 et s 6 22 nov. 1749.—*Marie-Louise*, b 6 23 sept. 1750.— *Elisabeth*, b 6 7 août et s 6 22 sept. 1752. —*Jean-Baptiste*, b 6 6 juin 1753; s 6 7 nov. 1759. — *Germain*, b 6 31 mai et s 6 12 juillet 1754.— *Geneviève*, b 6 26 avril et s 6 13 sept. 1755. — *François*, b 6 11 mai 1756; s 6 23 août 1760. — *Jean-Louis*, b 6 9 dec. 1757. — *Marie-Joseph*, b 6 15 nov. et s 6 10 dec. 1758.

(1) Elle épouse, le 8 juillet 1761, Joseph Voyer, à Québec.

1742, (1er déc.) Québec. 3
III.—ROUTIER, Gabriel, [Chs-Marie II.
b 1718; voiturier; s 3 12 janvier 1747.
Chapeau (1), Barbe, [Jean I.
b 1720.
Gabriel, b 3 17 sept. 1743; m 3 nov. 1772, à Marie-Louise Barbeau, à Montréal. — *Marie-Barbe*, b 3 31 janvier 1746. — *Frédéric-François* (posthume), b 3 11 sept. 1747.

III.—ROUTIER, François, [Jean-Bte II
b 1723.
1° Bonin, Marie.
Joseph, b 1765; m 9 février 1795, à Geneviève Sylvestre, à St-Cuthbert. 4
1792, (27 août). 4
2° Sylvestre, Marguerite. [Joseph III

1747, (7 janvier) Cahokia. 7
III.—ROUTIER, Chs-Amador, [Jean-Bte II
b 1710.
Desnoyers (2), Jeanne. [Joseph
Charles, b 7 5 nov. 1747. — *Geneviève*, b 7 6 avril 1749; m 30 avril 1771, à Louis Bissonnet, à St-Louis, Mo.

1747, (9 oct.) Ste-Foye. 7
III.—ROUTIER, Michel, [Jean II
b 1720.
Maufay, Angélique, [Charles III
b 1724.
Louise-Charlotte-Angélique, b 7 11 nov. 1748, m 7 10 oct. 1774, à Joseph Blais.—*Marie-Andrée*, b 7 3 déc. 1750; s 7 20 juillet 1751.— *Marie-Marguerite*, b 7 26 avril 1752; m 7 10 oct. 1774, à François Petitclerc. — *Ursule-Elisabeth*, b 7 28 fevrier 1754; m 7 16 nov. 1778, à Michel Langlois.—*Elisabeth-Françoise*, b 7 3 mai 1757; m 7 16 nov. 1778, à Joseph-Régis Carrier.

1758, (6 janvier) Ste-Foye. 2
III.—ROUTIER, Louis-Gabriel, [Jean-Bte II
b 1726.
1° Hamel, Marie-Angélique, [André III
b 1736.
Louis-Michel, b 2 9 janvier 1759. — *Charlotte-Angélique*, b 2 16 mars 1760.—*Michel*, b 2 16 dec 1761.—*Joseph*, b 2 2 déc. 1763; m 9 mai 1797, à Marie-Anne Bruneau, à Québec. 3—*André*, b 2 1 janvier 1766. —*Marie-Louise-Andrée*, b 2 3 mars 1768. — *Jean-Marie*, b 2 7 janvier 1770; m 3 24 mai 1796, à Angélique Hamel.— *François*, b 2 31 mars et s 2 22 avril 1772.—*Pierre-Noel*, b 2 6 mai 1773; m 3 27 mai 1800, à Marie-Angélique Gagnon.—*Anonyme*, b 2 et s 2 21 avril 1776.
1779, (9 février). 2
2° Guérard, Geneviève, [Joseph III
b 1748.
Marie-Geneviève, b 2 et s 2 20 août 1780.— *Marie-Angélique*, b 2 29 mai 1781.—*François*, b 2 28 janvier 1787.

(1) Laframboise; elle épouse, le 30 août 1751, Jean-Baptiste Gautier, a Québec.
(2) Marcheteau.

1763, (7 février) Ste-Foye.[1]

IV.—ROUTIER, ANTOINE, [ANTOINE III.
b 1730.

1° BONHOMME, Marie-Charlotte, [FRANÇOIS III.
b 1735; s[1] 12 mai 1770.

Marie-Charlotte, b[1] 4 février 1764.—*Antoine*, b[1] 10 avril 1765.—*Marie*, b[1] 19 janvier 1767; m 22 janvier 1793, à Jean-Baptiste LÉGARÉ, à Québec.—*Joseph*, b[1] 21 et s[1] 22 avril 1770.

1771, (14 oct.)[1]

2° BELLEAU, Françoise, [PIERRE III.
b 1753.

Marie-Françoise, b[1] 6 oct. et s[1] 1er déc. 1772. —*Marie-Anne*, b[1] 22 janvier 1774.—*Marie-Françoise*, b[1] 15 nov. 1777.—*Michel*, b[1] 30 sept. 1780. —*Pierre*, b[1] 18 avril et s[1] 11 oct. 1786.—*Marie-Françoise*, b[1] 29 juin 1787; m 8 janvier 1812, à François-Xavier HAMEL, à l'Hôpital-Général, Q.— *François*, b[1] 31 janvier 1789.

1763.

IV.—ROUTIER, JOSEPH, [JEAN-NOEL III.
b 1732.

AUCLAIR, Marguerite-Joseph.

Pierre-Joseph, b 19 oct. 1764, à Ste-Foye.[2] — *Marie-Marguerite*, b[2] 15 août 1766.—*Antoine*, b[2] 20 avril 1768; s[2] 4 dec. 1769.—*Alexis*, b[2] 13 mai 1770 —*Marie-Louise*, b[2] 16 mars 1772. — *Louis-Joseph*, b[2] 18 mai 1774.—*Elisabeth*, b[2] 24 janvier 1776.

1772, (3 nov.) Montréal.

IV.—ROUTIER, GABRIEL, [GABRIEL III.
b 1743.

BARBEAU, Marie-Louise, [SIMON.
b 1753.

1795, (9 février) St-Cuthbert.

IV.—ROUTIER, JOSEPH, [FRANÇOIS III.
b 1765.

SYLVESTRE, Geneviève. [FRANÇOIS III.

1796, (24 mai) Québec.

IV.—ROUTIER, JEAN-MARIE, [LOUIS-GAB. III.
b 1770.

HAMEL, Angélique. [MICHEL.

1797, (9 mai) Québec.

IV.—ROUTIER, JOSEPH, [LOUIS-GABRIEL III.
b 1763.

BRUNEAU, Marie-Anne. [GUILLAUME-PIERRE I.

1800, (27 mai) Québec.

IV.—ROUTIER, PIERRE-NOEL, [LOUIS-GAB. III.
b 1773; boulanger.

GAGNON, Marie-Angélique. [BARTHÉLEMI.

1744, (9 sept.) Montréal.[4]

I.—ROUTOY, BARTHÉLEMI, fils de Silvain et de Gabrielle Boussaland, de Jaris-de-Clusière, diocèse de Bourges, en Berry.

PITALIER, Charlotte, [CHARLES I.
b 1722.

Louise-Catherine, b[4] 19 juin 1745; s[4] 5 janvier 1750.—*Nicolas*, b[4] 6 avril et s[4] 9 juin 1748.— *Barthélemi*, b[4] 17 nov. 1749.

ROUVILLE.—Voy. HERTEL.

ROUX.—*Variations et surnoms :* RAOUL—RAUX —GIROUX—LAPLANTE—VADEBONCŒUR.

1733, (7 janvier) Montréal.[5]

I.—ROUX (1), THOMAS,
b 1700; s[5] 25 juin 1756.

1° VALADE, Marie-Joseph, [JEAN I.
s[5] 15 nov. 1747.

Dominique, b[5] 13 sept. 1738; s[5] 30 mai 1740.

I.—ROUX, JACQUES.

CHATEL, Marie.

Jean-Jacques, b 4 janvier 1740, à Montréal.

I.—ROUX (2), PIERRE, de Sève, en Dauphiné.

1753, (29 oct.) Châteauguay.

ROUX (3), JEAN.

AYMARD, Judith, [FRANÇOIS II.
b 1739.

1760, (27 oct.) St-Pierre-les-Becquets.

I.—ROUX, SIMON, fils de Prisque et de Marguerite Perrin, de Mirecour, diocèse de Tours, Touraine.

LEMAY, Marie-Louise, [FRANÇOIS IV.
b 1742.

1766, (29 sept.) Terrebonne.

I.—ROUX, PIERRE, fils de Gaspard et de Catherine Perrier, de Grenoble.

LAPOINTE, Marie-Geneviève, [LOUIS.
b 1746.

ROUXEL.—Voy. ROUSSEL.

ROWLANDS.—*Variation :* ROWLING.

1775, (13 juillet) Quebec.[5]

I.—ROWLANDS (4), JACQUES, b 1745; fils de Jacques et d'Anne Rowland, du comté de Camarthen, principaute de Galles, Angleterre; s[5] 20 mars 1783.

DUPÉRON (5), Elisabeth, [CHS-NICOLAS I.
b 1748.

Jacques, b[5] 24 janvier 1780.

ROWLING.—Voy. ROWLANDS.

(1) Pour Giroux; voy. vol. IV, p. 295.

(2) Il était, le 23 janvier 1758, à St-Jean, I. O.

(3) Dit Vadeboncœur.

(4) Et Rowling.

(5) Sansregret; elle épouse, le 25 oct. 1784, Pierre Pagé, à Québec.

ROY.—*Variations et surnoms :* DeRoy—DuRoy —LeRoy—Audy—Chatellerault et Chatelleheau—Dagenais—De la Barre—De la Potherie — DeMaran—DeMonte-a-peine—Desjardins — DeSt. Lambert—LaCérène—Laliberté—LaPensée—Larose—Lasseigne —Lauzier — Lepage—L'Éveillé—Lilois—Louvois—Poitevin—Portelance et Portelas—Roiroux — Royhaut — Sauvage—St. Amour—St. Louis—Tintamarre.

I.—ROY (1), Mathurin,
b 1610.
Bibe, Marguerite,
b 1616.
Etienne, b... m 26 août 1669, à Marguerite Navarre, à Quebec; s 1er mars 1690, à Charlesbourg.

1658.

I.—ROY (1), Nicolas,
b 1633.
Lelièvre (2), Jeanne,
b 1640.
Nicolas, b 1661 ; 1° m 18 nov. 1686, à Marie-Madeleine Leblond, à Ste-Famille, I. O.[1]; 2° m 18 avril 1723, à Marie-Renee Rivière, à Québec[2]; s 4 février 1727, à St-Valier.[3] — *Noel,* b 1663 ; 1° m 27 avril 1690, à Jeanne-Thérèse Cassé, à Lévis; 2° m[1] 27 avril 1700, à Marguerite Rabouin ; s[3] 6 février 1731. — *Jean-Baptiste,* b[3] 20 oct. 1678; 1° m 17 nov. 1698, à Marie-Marguerite Bazin, à St-Michel[4]; 2° m[4] 17 oct. 1701, à Claire Cadrin; s[3] 2 avril 1743.

1658, (23 sept.) Montréal.

I.—ROY (1), Simon.
Godard (3), Jeanne,
b 1638.

1659.

I.—ROY (4), Jean,
b 1633 ; s 1er nov. 1676, à Lachine.[8]
Bouet (5), Françoise,
b 1630.
Jean, b 8 février 1661, à Montréal[9]; m[9] 6 février 1690, à Marie-Anne Bouchard ; s[9] 4 avril 1741. — *François,* b[9] 7 mai 1670 ; m[8] 28 déc. 1693, à Marie Cecire ; s[8] 8 sept. 1760.— *Louis,* b[9] 23 déc. 1672 ; m[8] 29 oct. 1697, à Françoise Roy ; s[9] 31 mars 1716.— *André,* b[9] 3 déc. 1675 ; m[9] 9 mai 1701, à Jeanne Pladeau ; s 31 mars 1753, à Ste-Geneviève, M.

1668, (3 sept.) Québec.[3]

I.—ROY (6), Siméon,
b 1640.
DesChalets, Claude,
b 1651.

(1) Voy. vol. I, p. 532.

(2) Elle épouse, le 8 février 1695, François Molinet, à Beaumont.

(3) Elle épouse, le 20 nov. 1662, Pierre Pigeon, à Montréal.

(4) Voy. vol. I, p. 533.

(5) Elle épouse, en 1678, Alexis Buet, à Lachine.

(6) Dit Audy ; voy. vol. I, p. 533.

Jean, b[3] 7 sept. 1670 ; m 5 fevrier 1691, à Thérèse Jobin, à Charlesbourg[4]; s[4] 14 mars 1741.

1668, (11 sept.) Québec.[3]

I.—ROY (1), Antoine.
Major, Marie.
Pierre, b 1670 ; 1° m 12 février 1691, à Marie-Anne Martin, à St-Pierre, I. O. ; 2° m 25 nov. 1710, à Angelique Autin, à la Rivière-Ouelle.— *Augustin,* b[3] 18 dec. 1671 ; s 11 oct 1748, à Lorette.—*Pierre-Jean-Baptiste,* b 1691 ; 1° m 30 oct 1727, à Marie DeLeugré, à Repentigny ; 2° m 1729, à Catherine Cotinaut.

1668, (8 oct.) Québec.

I.—ROY (2), Michel,
b 1649 ; s 14 janvier 1709, à Ste-Anne-de-la-Pérade.[6]
Hobbé, Françoise,
b 1639 ; s[6] 12 janvier 1709.
Pierre, b 1679 ; m 27 fevrier 1710, à Marie Hamelin, aux Grondines ; s[6] 24 juillet 1749.

1668, (6 nov.) Québec.[7]

I.—ROY (3), Olivier,
b 1636 ; s 24 janvier 1699, à Charlesbourg.[8]
Rentier, Madeleine,
b 1647 ; s[8] 13 janvier 1686.
Mathurin, b[7] 13 août 1669 ; m[8] 28 mai 1699, à Marie-Anne Leclerc ; s[8] 14 février 1756.

1669, (26 août) Québec.[8]

II.—ROY (3), Etienne, [Mathurin I.
s 1er mars 1690, à Charlesbourg.[9]
Navarre, Marguerite,
b 1643 ; s[9] 12 mars 1725.
Jean-Baptiste, b[8] 10 sept. 1675 ; 1° m[9] 22 oct. 1696, à Anne Hotte ; 2° m[9] 5 oct. 1712, à Agnès Gagnon ; s[9] 16 avril 1722.

1672, (12 janvier) Montréal.[4]

I.—ROY (3), Pierre,
b 1638 ; s[4] 28 oct. 1721.
Ducharme, Catherine.
Pierre, b 3 janvier 1677, à Laprairie[5]; m[5] 20 avril 1705, à Angélique Faye ; s[5] 27 avril 1743. —*Catherine,* b[5] 11 avril 1678 ; m à Antoine Rougieu ; s[5] 16 avril 1700. — *Madeleine,* b[5] 17 août 1684 ; m[5] 25 oct. 1701, à Jean Perras ; s[4] 23 fevrier 1726.— *Jacques,* b[5] 13 mai 1688 ; m[4] 24 nov. 1711, à Marthe-Marguerite French.—*François,* b[5] 8 janvier 1691 ; m 27 août 1731, à Madeleine Truteau, à Longueuil.[6] — *André,* b[5] 14 dec. 1692 ; m[4] 7 nov. 1718, à Suzanne Goudon, s[6] 9 nov. 1754.—*Marie-Joseph,* b[5] 20 mai 1697, m[4] 31 mai 1719, à Louis Truteau.

(1) Voy. vol. I, p 533.— Il est l'ancêtre des familles Roy Desjardins dit Lauzier.

(2) Dit Châtellereau ; voy. vol I, p. 533.

(3) Voy. vol. I, p. 533.

1676, (11 août) Montréal.[1]

I.—ROY (1), JEAN,
b 1646; s[1] 14 avril 1719.
1° MALTEAU (2), Jeanne,
b 1645; veuve de Jean Foucher; s[1] 31 mai 1715.

François, b 28 mai 1677, à Lachine[2]; m[2] 17 juin 1698, à Catherine PLUMEREAU; s[2] 6 déc. 1749. — *Françoise*, b 1680; m[2] 29 oct. 1697, à Louis ROY; s[1] 5 août 1720.

1716, (16 février).[1]

2° GUESSELIN, Marie,
veuve de Charles Pétrimoux.

1680, (15 juillet) Pte-aux-Trembles, M.[5]

II.—ROY (3), JEAN, [SIMON I.
b 1661.
COURTEMANCHE, Madeleine, [ANTOINE I.
b 1664; s[5] 3 août 1714.

Jean, b 1682; m à Françoise LAMOUREUX.—*Barbe*, b[5] 12 oct. 1685; m[5] 26 oct. 1703, à Philippe VINET.

1682, (déc.) (4).

II.—ROY (3), LOUIS, [NICOLAS I.
b 1659.
LEDRAN, Marie, [TOUSSAINT I.
b 1666; s 13 nov. 1713, à Beaumont.[7]

Jean, b... 1° m[7] 6 juin 1716, à Jeanne BIZEAU; 2° m[7] 29 janvier 1725, à Anne GUENET. — *Louis*, b 21 mars 1690, à Levis; m[7] 1er juin 1722, à Marie-Françoise CASSÉ; s 7 dec. 1749, à St-Charles.[8] — *Charles*, b[7] 1er déc. 1698; s[8] 3 nov. 1755.

1683, (10 oct.) Levis.[3]

I.—ROY (5), JEAN,
b 1653.
FORGUES, Anne, [JEAN-PIERRE I.
b 1669.

Marie-Anne, b 1685; s[3] 25 mars 1686.—*Marie-Catherine*, b[3] 22 oct. 1687.—*Jean-Jacques*, b[3] 11 dec. 1690. — *Joseph*, b 1694; m 29 janvier 1714, à Jeanne GAUTRON, à Beaumont[4]; s 31 juillet 1767, à Lotbiniere.—*Louis-Paul*, b[4] 4 sept. 1696; m[4] 7 janvier 1723, à Angelique ALAIRE; s 25 août 1754, à Nicolet.

1686, (18 nov.) Ste-Famille, I. O.

II.—ROY (3), NICOLAS, [NICOLAS I.
b 1661; lieutenant de milice; s (dans l'église) 4 février 1727, à St-Valier.[2]
1° LEBLOND, Marie-Madeleine, [NICOLAS I.
b 1665; s[2] 6 février 1722.

Etienne, b 7 mai 1690, à Lévis.—*Alexis*, b 8 mars 1693, à St-Michel[3]; m 20 juillet 1716, à Marie-Madeleine LECLERC, à St-Laurent, I. O.; s[3] 5 sept. 1746.—*Anne*, b[3] 19 déc 1698; m[2] 8 janvier 1720, à Jean NAVARRE.—*Elisabeth*, b... 1° m à Gabriel BILODEAU; 2° m 17 avril 1730, à Philippe CHARTIER, à Berthier[4]; s[4] 27 février 1773.—*François*, b[3] 15 juillet 1708; m 4 juin 1731, à Marie-Thérèse ALARD, à Charlesbourg; s[3] 29 nov. 1749.

1723, (18 avril) Québec.

2° RIVIÈRE (1), Marie-Renée, [JÉROME-FRS I.
b 1700.

Ursule-Agnès, b[2] 6 sept. 1726; 1° m[2] 6 août 1743, à Noël LEBRUN-CARRIER; 2° m[2] 22 juin 1750, à Pierre BOUCHARD.

1688, (7 janvier) Boucherville.

I.—ROY (2), YVES,
b 1665.
COLIN, Marie, [MATHURIN I.
b 1670.

Marie-Angélique, b[5] 10 nov. 1690; m 24 nov. 1709, à Guillaume-Alexandre JOURDAIN, à Montréal[6]; s[6] 15 mars 1741.—*Jacques*, b 25 juillet et s 14 sept. 1703, à Longueuil.[7]—*Joseph-Marie*, b[6] nov. 1704; s[6] 4 sept. 1713.—*Marie-Anne*, b[6] 14 avril 1706; m[7] 13 mars 1729, à Louis MERCIER. —*Françoise* et *Marie-Anne*, b[5] 23 mai 1707.

1689.

II.—ROY (3), GUILLAUME, [NICOLAS I.
b 1667; s 4 avril 1743, à Québec.[2]
BAZIN, Angélique, [PIERRE I.
b 1674; s 23 mars 1738, à Beaumont.[3]

Guillaume, b 11 sept. 1690, à Lévis; m[3] 23 nov. 1712, à Geneviève COUTURE; s[2] 29 mars 1748.—*Claude-Joseph*, b[2] 14 sept. 1692; 1° m[3] 16 nov. 1716, à Jeanne COUTURE; 2° m[3] 6 juin 1746, à Catherine PRUDHOMME; s[3] 26 avril 1756. — *Marguerite*, b 18 oct. 1694, à St-Michel; 1° m[3] 23 nov. 1712, à Gabriel FILTEAU; 2° m à Joseph JAHAN; s 17 mai 1763, à St-Jean, I. O. — *Marie-Françoise*, b[3] 26 juin 1701; 1° m[3] 22 sept. 1721, à Jean-Baptiste FILTEAU; 2° m[3] 11 août 1742, à Jacques COPPIN.—*Charles*, b[3] 23 nov. 1703; 1° m[3] 8 nov. 1728, à Marie-Joseph LECOURS; 2° m[3] 30 avril 1733, à Anne MIGNEAU; s[3] 30 mai 1765.—*Pierre-Bernard*, b[3] 2 février 1706; 1° m[3] 20 nov. 1730, à Marguerite COUTURE; 2° m[3] 8 nov. 1756, à Marie AUDET; s[3] 26 mars 1783.—*Madeleine*, b[3] 15 nov. 1707; m[3] 8 mars 1734, à Jean VALLIÈRE; s[3] 29 avril 1772.—*Michel*, b[3] 19 avril 1708; m[3] 4 mai 1733, à Marguerite AYMOND; s[3] 2 mars 1744.—*Angélique*, b[3] 31 août 1710; m[3] 13 nov. 1731, à Joseph COUTURE.— *Thérèse*, b[3] 6 nov. 1717; m[3] 27 février 1737, à Guillaume NADEAU; s[3] 3 avril 1746.

1690, (6 février) Montréal.[9]

II.—ROY (2), JEAN, [JEAN I.
b 1661; s[9] 4 avril 1741.
BOUCHARD, Marie-Anne, [ETIENNE I.
b 1673; s[9] 23 avril 1746.

Marie, b... m[9] 1er dec. 1708, à François MOREL. —*Angélique*, b[9] 16 avril 1694; 1° m[9] 6 juin 1713,

(1) Dit LaPensée; voy. vol. I, p. 534.
(2) DeRichecourt.
(3) Voy. vol. I, p. 534.
(4) Date du contrat.
(5) Dit Portelance; voy. vol. I, p. 534.

(1) Jérôme-DesRivières; elle épouse, le 10 avril 1731, Jean Poitevin, à Québec.
(2) Voy. vol. I, p. 534.
(3) Voy. vol. I, p. 536.

à Antoine Thunay; 2° m [9] 10 février 1749, à Jean-Baptiste Moison.—*Madeleine*, b [9] 31 mai 1695; m [9] 7 oct. 1715, à Louis Langevin.—*Marguerite*, b [9] 19 août 1696; m [9] 30 juillet 1731, à Charles Pothier; s [9] 21 mars 1735.—*Etienne*, b [9] 8 sept. 1698; m [9] 17 janvier 1725, à Marie Lescuyer.—*Marie-Anne*, b [9] 11 avril 1700; m [9] 25 oct. 1723, à Jean-Baptiste Jarry.—*Judith*, b 1704; s [9] 16 avril 1744.—*Paul*, b [9] 4 et s [9] 7 oct. 1705.—*Marie*, b [9] 2 janvier 1707; m [9] 8 nov. 1728, à Jean-François Malet.—*Guillaume*, b [9] 11 février 1708.—*Françoise*, b [9] 21 mars 1709; m [9] 1er mars 1745, à Pierre-Joseph DeRainville.—*Elisabeth*, b [9] 5 juillet 1710; m [9] 20 juin 1746, à Jean-Baptiste Morin.—*Marie-Louise*, b [9] 11 et s [9] 24 janvier 1712.—*Antoine*, b [9] 14 février et s [9] 6 mars 1713.—*Louise*, b [9] 15 avril 1714; m [9] 8 janvier 1748, à Joseph Lombard.—*Marie-Anne*, b [9] 30 déc. 1715; m [9] 30 juillet 1742, à Claude Bineau.—*Angélique*, b [9] 20 juin 1717.

1690, (27 avril) Lévis.

II.—ROY (1), Noel, [Nicolas I.
b 1663; s 6 février 1731, à St-Valier.[4]
1° Cassé, Jeanne-Therèse, [Antoine I.
b 1673; s 25 août 1699, à St-Michel.[5]

Jeanne, b 1691; m 26 août 1712, à Ignace Bouchard, à Berthier[6]; s [6] 15 janvier 1743.—*Noël*, b [5] 8 juin 1698; m 1723, à Angélique Lacasse.

1700, (27 avril) Ste-Famille, I. O.

2° Rabouin, Marguerite, [Jean I.
b 1679.

Joseph-Noël, b [5] 21 juin 1706; 1° m [4] 14 juillet 1729, à Agathe Fradet; 2° m [4] 17 février 1749, à Brigitte Meneux; 3° m [4] 28 avril 1760, à Marie Elot-Labrie. — *Marguerite*, b [5] 15 juillet 1708; m [4] 13 juin 1726, à Jean-Baptiste Blais.— *François*, b [5] 13 mai 1711; m [4] 25 janvier 1734, à Marie-Anne Fortier.—*Augustin*, b 1713; m [4] 13 juin 1735, à Marie-Isabelle Fradet. — *Pierre*, b 1714; 1° m [4] 11 nov. 1737, à Françoise Alaire; 2° m 11 août 1750, à Geneviève Bouchard, à St-Pierre, I. O. — *Louis*, b [4] 2 juin 1715; m [4] 2 février 1739, à Brigitte Marceau.— *Jacques-Philippe*, b [4] 26 juillet 1717; 1° m [4] 21 fevrier 1746, à Cecile Fradet; 2° m [4] 18 janvier 1751, à Elisabeth Courteau; 3° m [4] 11 janvier 1755, à Marie-Joseph Brochu.—*Etienne*, b [4] 31 mars 1720; m [4] 15 janvier 1742, à Marie-Reine Fradet.—*Agathe*, b [4] 30 nov. 1722; m [4] 17 fevrier 1744, à Andre Patry.

1691, (5 février) Charlesbourg.[9]

II.—ROY (2), Jean, [Siméon I.
b 1670; s [9] 14 mars 1741.
Jobin, Thérèse, [Charles I.
b 1672; s [9] 2 déc. 1743.

Jean, b [9] 19 juin 1695; m [9] 5 nov. 1719, à Marie Chalifour; s [9] 20 déc. 1754. — *Louis-Joseph*, b [9] 19 oct. 1698; 1° m 21 oct. 1726, à Marguerite Lefrançois, au Château-Richer[8]; 2° m [8] 21 avril 1732, à Elisabeth Pichet; 3° m [9] 18 juillet 1735, à Jeanne Pepin. — *Simon*, b [9] 2 janvier 1702; m [9] 26 nov. 1731, à Marie-Joseph Renault; s [9] 13 avril 1747. — *Madeleine*, b [9] 9 août 1707; m [9] 3 février 1732, à François Drouin; s 2 déc. 1776, à Quebec. — *Marie-Charlotte*, b [9] 21 déc. 1709; m [9] 10 fevrier 1733, à Jean-Baptiste Auclair.—*Charles-Joseph*, b [9] 10 sept. 1712; m 22 juillet 1737, à Marie-Catherine Parant, à Beauport.

(1) Voy. vol. I, p. 534.

(2) Dit Audy; commandant de milices.—Voy. vol. I, pp. 534-535.

1691, (12 février) St-Pierre, I O.[2]

II.—ROY (1), Pierre, [Antoine I
b 1670.
1° Martin, Marie-Anne, [Joachim I
b 1673; s 8 fevrier 1709, à la Rivière-Ouelle[1]

Pierre, b [2] 11 nov. 1691; m [8] 7 juin 1717, à Marie Bouchard; s 13 sept. 1771, à Kamouraska.[4] — *Alexandre*, b [2] 12 juin 1693; s [3] 30 janvier 1709. — *Marie-Françoise*, b [2] 29 sept. 1695; m 1722, à François Sirois. — *Marie-Geneviève*, b [1] 7 déc. 1697; 1° m 17 février 1716, à Charles Tardif, à L'Ange-Gardien; 2° m [4] 29 juillet 1743, à Pierre Hautbois; 3° m [3] 27 janvier 1755, à Guillaume Hayot; s [4] 10 janvier 1771.— *Jean-Baptiste*, b [3] 26 août 1699; m 1725, à Marie-Madeleine Michaud; s [4] 30 août 1781. —*Augustin*, b [3] 2 juillet 1701; m 22 oct. 1725, à Jeanne Boucher-Montbrun, à Boucherville.—*Louis*, b [1] 5 mai 1703; m 1731, à Marie-Louise Hervieux.

1710, (25 nov.)[3]

2° Autin, Angélique, [François I
b 1691.

Charles-Alexandre, b 1711; 1° m 2 juin 1747, à Marie-Joseph Adam, à St-Pierre-les-Becquets, 2° m 4 fevrier 1754, à Marie Renaud, à Chambly —*Anne*, b 1713; m 26 oct. 1735, à Jacques Miville, à Ste-Anne-de-la-Pocatière. — *Agathe*, b 1715; m [4] 3 février 1739, à Pierre Migneau.

1691.

I.—ROY (2), Pierre.
Dagenais (3), Françoise, [Pierre I
b 1668.

Pierre, b... m 20 janvier 1711, à Elisabeth Chartier, à la Pte-aux-Trembles, M.—*Catherine*, b 1692; s 19 déc. 1742, à Montreal.

1693, (28 déc.) Lachine.[1]

II.—ROY (4), François, [Jean I
b 1670; s [1] 8 sept. 1760.
Cecire, Marie, [Claude I
b 1678.

François-Marie, b [1] 24 août 1697; m [1] 20 avril 1722, à Jeanne Trottier; s [1] 1er sept. 1757.—*Joseph*, b [1] 16 août 1704; s [1] 16 juin 1728.—*Marie-Thérèse*, b [1] 17 avril 1707; m [1] 9 mai 1729, à Simon Valois. — *Jean-Baptiste*, b [1] 8 mars et s [1] 13 avril 1710. — *Jean-François*, b [1] 10 fevrier 1718; m [1] 27 janvier 1755, à Catherine Tétreau.

(1) Dit Desjardins; voy. vol. I, p 535.

(2) Dit Dagenais.

(3) Elle épouse, le 22 avril 1699, Pierre Chouanard, à Montreal.

(4) Dit LaPensée; voy. vol, I, p. 535.

1693.

I.—ROY (1), GASPARD.
HÉBERT (2), Marguerite, [MICHEL I.
b 1676; s 9 février 1754, à St-Jean-Deschaillons.[6]
Michel, b 1694; m 27 juillet 1721, à Marguerite LEBEUF, à Lotbinière; s[6] 29 sept. 1774.—*Jean-Baptiste*, b 1700; m 5 février 1731, à Jeanne GERVAIS, à Ste-Anne-de-la-Pérade[7]; s[6] 18 nov. 1775—*Marguerite*, b 1702; m[7] 11 juin 1730, à Nicolas BAILLARGEON; s[7] 24 mai 1739.—*Joseph*, b 1er juillet 1712, aux Grondines; m[7] 3 nov. 1735, à Marie-Joseph LEDUC.

1694, (18 avril) (3).

II.—ROY (4), JEAN, [NICOLAS I.
b 1669.
NADEAU, Catherine, [JOSEPH-OSANNY I.
b 1676; s 22 juillet 1746, à St-Pierre, I. O.[1]
Marie, b... m 6 août 1726, à Jean PAULET, à St-Laurent, I. O.[2] — *Geneviève*, b[2] 28 déc. 1701; m[2] 16 nov. 1722, à Ignace RUEL.—*Marie-Madeleine*, b[2] 8 juillet 1704; m[2] 21 juin 1723, à Paul BAILLARGEON.—*Angelique*, b[2] 13 mai 1706; m 3 août 1734, à Joseph MALARD, à Québec.[3]—*Pierre*, b[3] 14 sept. 1708; m[1] 13 avril 1733, à Madeleine BUSSIÈRE.—*Jean-Baptiste*, b[2] 19 et s[2] 22 sept. 1710.—*Joseph*, b[2] 18 juin 1714; m[3] 27 janvier 1742, à Marie-Joseph CHALOU.—*Elisabeth*, b[2] 4 juillet 1716; m[3] 17 août 1739, à François CHEVRET.

1694, (16 août) Québec.[4]

I.—ROY (4), JOSEPH.
MARTIN (5), Marguerite, [PIERRE I.
b 1671; veuve de Jacques Charpentier-Lapaille.
Jacques, b[4] 1er février 1695; m 5 février 1719, à Marguerite LALONGÉ, à Repentigny[5]; s[5] 28 mai 1773.—*Guillaume*, b[4] 21 janvier 1697; m 1722, à Marie-Anne TARTE.

1696, (22 oct.) Charlesbourg.[6]

III.—ROY (4), JEAN-BTE, [ETIENNE II.
b 1675; s[6] 16 avril 1722.
1° HOTTE, Anne-Jeanne, [PIERRE I.
b 1681.
Marguerite, b[6] 21 sept. 1697; s[6] (de mort subite) 30 janvier 1719. — *Marie-Joseph*, b[6] 21 mars 1704; m 20 sept. 1723, à Charles CHORET, à Québec.[7] —*Madeleine*, b[6] 23 nov. 1706; m 18 nov. 1726, à André-Lucien PARANT, à Beauport[8] — *Geneviève*, b[6] 8 déc. 1708; m[8] 19 nov. 1731, à Louis CHORET; s[7] 6 oct. 1744.
1712, (5 oct.)[6]
2° GAGNON (6), Agnès, [JEAN II.
b 1688; veuve de Jacques Réaume.

(1) Roiroux, 1735—Laliberté. Prend titre de concession d'une terre, à St-Jean-Deschaillons, le 20 mars 1717.—(TROTAIN, notaire royal).
(2) Laverdure; inhumée sous ce nom.
(3) Date du contrat.
(4) Voy. vol. I, p. 535.
(5) Elle épouse, le 31 juillet 1719, Jacques Beaujean, à Repentigny.
(6) Elle épouse, plus tard, Jean Larane.

Joseph, b[6] 18 août 1715; 1° m 6 nov. 1741, à Marie-Louise GAGNON, au Château-Richer; 2° m 4 nov. 1760, à Jeanne DROUIN, à St-Joseph, Beauce. —*Charles-François*, b[6] 15 janvier 1720; s[6] 13 avril 1722.—*Agnès-Marie-Anne*, b[6] 11 avril 1722.

1697, (29 oct.) Lachine.[2]

II.—ROY (1), LOUIS, [JEAN I.
b 1672; s 31 mars 1716, à Montréal.[3]
ROY-LAPENSÉE, Françoise, [JEAN I.
b 1680, s[3] 5 août 1720.
Louis, b[2] 31 janvier 1700; m 1729, à Marie RENAUD.—*Angélique*, b[2] 17 sept. 1707; s[3] 9 déc. 1724.—*Jean-Baptiste*, b[2] 15 mars 1711.—*François*, b 1713; m 10 avril 1747, à Françoise DUMAY, à Ste-Geneviève, M.

1698, (17 juin) Lachine.[4]

II.—ROY (2), FRANÇOIS, [JEAN I.
b 1677; s[4] 6 déc. 1749.
PLUMEREAU, Catherine, [JULIEN I.
b 1682; s[4] 10 janvier 1752.
Jean-Baptiste, b[4] 19 sept. 1699; m 1727, à Marguerite MASTA; s 24 déc. 1749, à Lachenaye. —*Marguerite*, b 1701; 1° m 24 février 1727, à Mathieu GUY (3), à Montréal[5]; 2° m[5] 30 juin 1733, à Michel PARMIER.—*François*, b[4] 17 mars 1704; m 1730, à Angelique BRAU.—*Madeleine*, b... 1° m à Joseph MARTEL; 2° m[5] 26 août 1738, à Pierre BARETTE.—*Jean*, b[4] 31 mars 1708; 1° m[5] 24 avril 1741, à Marguerite BOYER; 2° m 15 février 1752, à Marie PANCRASSE, à Cahokia.—*Pierre*, b 1717; 1° m 1743, à Louise BRAU; 2° m[5] 7 février 1757, à Céleste LEGAUT-DESLAURIERS.—*Antoine*, b[5] 19 juillet 1718.—*Marie-Catherine*, b[5] 25 mai 1720.—*Jacques*, b[5] 7 mai 1722; 1° m 1744, à Marie-Anne TABEAU; 2° m[5] 27 avril 1750, à Marie-Madeleine BOYER; 3° m[4] 2 février 1761, à Marguerite HUNAUT.

1698, (17 nov.) St-Michel.[2]

II.—ROY (4), JEAN-BTE, [NICOLAS I.
b 1678; s 2 avril 1743, à St-Valier.[3]
1° BAZIN, Marie-Marguerite, [PIERRE I.
b 1680; s[2] 5 oct. 1699.
Jean, b[2] 5 oct. 1699; m 12 juin 1728, à Madeleine BOURGET, à Beaumont; s[3] 16 mai 1760.
1701, (17 oct.)[2]
2° CADRIN-LECLERC, Claire, [NICOLAS I.
b 1683; s[3] 3 déc. 1749.
Marie-Claire, b[2] 25 juillet 1702; m[3] 30 mai 1728, à Simon QUÉRET. — *Joseph*, b[2] 12 avril 1705; m 20 sept. 1733, à Marie-Joseph CONSTANTIN, à St-Augustin; s 30 déc. 1757, à Quebec.—*Geneviève*, b... m[3] 5 février 1731, à Noel MÉRIVIER.—*Augustin*, b 8 sept. 1711, à Berthier[4]; 1° m[3] 15 février 1740, à Agathe AUBÉ; 2° m 11 août 1750, à Catherine BOUCHARD-DORVAL, à St-Pierre, I. O.— *Marie-Theodore*, b[3] 27 mai 1714; m[3] 22 oct. 1738, à Guillaume GUILLEMET; s[4] 26

(1) DeMaran; voy. vol. I, p. 535.
(2) Dit LaPensée; voy. vol. I, p. 535.
(3) Pour Guay.
(4) Voy. vol. I, p. 535.

mars 1772. — *Etienne*, b [3] 13 mars 1717; m [3] 17 janvier 1752, à Françoise LEMELIN; s [3] 28 juillet 1767.—*Michel*, b [3] 1er janvier 1719; m [3] 24 nov. 1749, à Michelle-Justine FRADET. — *François-Marie*, b [3] 23 juillet et s [3] 4 août 1720.—*Jean-Baptiste*, b [3] 22 août 1722; m [3] 22 juillet 1748, à Madeleine TANGUAY. — *Marie-Claire*, b [3] 31 janvier 1725; m [3] 24 nov. 1749, à Jean-Baptiste TIBAUT.

1699, (28 mai) Charlesbourg. [2]

II.—ROY (1), MATHURIN, [OLIVIER I.
b 1669; s [2] 14 février 1756.
LECLERC, Marie-Anne, [ROBERT I.
b 1683; s [2] 9 avril 1751.

Marie-Joseph, b [2] 21 janvier 1704; m 28 août 1730, à Joseph PERRON, à Quebec. — *Jean-Baptiste*, b [2] 14 oct. 1705: m [2] 27 sept. 1734, à Marie-Madeleine CHRÉTIEN. — *Anne-Françoise*, b [2] 13 juillet 1707; m [2] 17 février 1749, à Joseph HÉLY. —*Angélique*, b [2] 7 août 1712; s [2] 25 oct. 1729.—*Elisabeth*, b [2] 14 août 1714; s [2] 25 nov. 1729.—*Marie-Anne*, b [2] 4 mai 1721; m [2] 18 fevrier 1743, à Pierre-François PARANT. — *Anonyme*, b [2] et s [2] 13 mars 1724.

1701, (7 février) Ste-Anne-de-la-Pérade. [1]

II.—ROY (2), EDMOND, [MICHEL I.
b 1675.
JANVIER (3), Marie-Anne, [JEAN I.
b 1684.

Michel, b [1] 22 nov. 1701; m [1] 16 nov. 1728, à Angélique PERRAULT; s [1] 11 fevrier 1761. — *Marie-Françoise*, b [1] 12 nov. 1703; m [1] 20 nov. 1725, à Pierre-Thomas LAQUERRE; s [1] 5 déc. 1760. — *Marguerite*, b [1] 10 oct. 1705; m [1] 9 fevrier 1728, à Jean-Baptiste GUILLET; s 7 mai 1788, à Batiscan. — *Marie-Joseph*, b [1] 19 sept. 1707; m [1] 12 fevrier 1730, à François PERRAULT; s [1] 7 janvier 1779.—*Joseph*, b [1] 25 août 1709; m 19 mars 1736, à Madeleine PERTHUIS, au Détroit.

1701, (9 mai) Montréal. [4]

II.—ROY, ANDRÉ, [JEAN I
b 1675; s 31 mars 1753, à Ste-Geneviève, M.
PLADEAU-ST. JEAN, Jeanne, [JEAN I.
b 1685.

Pierre, b 6 et s 21 mars 1702, à Lachine. [5]— *Jean-Baptiste*, b [4] 16 sept. 1703; 1° m [5] 26 nov 1725, à Françoise ROBILLARD; 2° m [4] 3 mai 1734, à Marie-Joseph DUBUISSON; s [4] 27 oct. 1747. — *Pierre*, b 1705; m [5] 17 août 1729, à Marguerite TRÉPAGNY.—*Charles*, b [5] 13 oct. 1707.—*François*, b 13 mai 1709, au Bout-de-l'Ile, M. [9]; s 25 mars 1729, à Lachenaye. — *Marie-Joseph*, b... m 27 juin 1729, à Antoine PILON, à la Pointe-Claire. [6] —*Jeanne*, b... m [6] 12 oct. 1732, à Pierre LAUZON. — *François*, b 1713; 1° m [6] 8 mars 1734, à Charlotte CHAMAILLARD; 2° m [9] 27 fevrier 1764, à Angélique GAVILLON. — *Marie*, b [6] 3 juin 1714. — *Marie-Anne*, b [4] 23 août 1717; s [4] 23 avril 1720. — *Joseph*, b [4] 19 nov. 1719; s [4] 21 janvier 1720. — *Geneviève*, b [4] 26 mai 1721, m [6] 22 février 1740, à Jacques PÉRIER. — *André*, b [4] 18 avril et s [4] 19 mai 1724. — *Marie-Anne*, b [4] 28 mars 1725; m [6] 16 janvier 1747, à Antoine PROU.—*André-Amable*, b [4] 7 oct. 1726; s [4] 2 janvier 1727.

1703.

I.—ROY (1), PIERRE.
OUABANQUIQUOIS, Madeleine,
Miamis de nation; s 31 oct. 1732, au Détroit.

Marguerite, b [8] 27 avril 1704; m 27 avril 1739, à Jean ROBIN, à Québec [6]; s [6] 21 avril 1755.

1704, (19 mai) Charlesbourg. [1]

II.—ROY, PIERRE, [OLIVIER I.
b 1680.
ROY, Madeleine, [ETIENNE II
b 1683; s [1] 3 déc. 1762.

Marie-Madeleine, b [1] 5 oct. 1705; m [1] 16 nov 1733, à Michel JOUBERT.—*Jeanne-Véronique*, b [1] 13 mars 1708; m [1] 26 nov. 1731, à François BLONDEAU; s [1] 9 août 1753.—*Marguerite*, b [1] 19 août 1710.—*Pierre*, b [1] 5 février 1714; m [1] 25 juin 1742, à Marie-Charlotte VÉSINA, à L'Ange-Gardien — *Bernardine*, b [1] 11 mars 1718; m [1] 23 janvier 1741, à Jean VÉSINA.—*Louise*, b [1] 2 août 1720; m [1] 1 oct. 1747, à Etienne GLINEL; s [1] 1er août 1763.—*Gabriel*, b [1] 10 mai 1723; m 10 nov. 1749, à Marie-Joseph CLOUTIER, à Lorette.—*Joseph-Charles*, b [1] 28 juillet 1726.

1705, (20 avril) Laprairie. [2]

II.—ROY, PIERRE, [PIERRE I
b 1677; s [2] 27 avril 1743.
FAYE (2), Angelique, [MATHIEU I
b 1683; s [2] 3 sept. 1731.

Pierre, b [2] 4 avril 1706; m [2] 14 janvier 1737, à Louise LEFEBVRE.—*Marguerite*, b 27 mars 1707, à Montréal [3]; m [2] 19 mai 1733, à Louis DUPUIS.—*Catherine*, b... 1° m [2] 8 oct. 1725, à Laurent MARCHETON-DESNOYERS; 2° m [3] 8 février 1740, à Hubert ROBIN.—*Marie-Renée*, b [2] 26 janvier 1710; 1° m [1] 21 février 1731, à Jacques TREMBLAY; 2° m [3] 18 avril 1757, à Jacques VERRON.—*Marie-Anne*, b [2] 29 janvier 1712; m [2] 12 janvier 1733, à François DUPUIS.—*François-Augustin*, b [2] 15 mai 1715.—*Marie-Angélique*, b 1717; m [2] 4 février 1737, à Joseph BOYER; s [2] 12 février 1738.—*Marie-Rose*, b [2] 2 oct. 1718; m [2] 15 janvier 1742, à François DÉNIGER. — *Marie-Charlotte*, b [2] 30 juin 1720, 1° m [2] 3 avril 1742, à Jean-Louis LAMARRE; 2° m [1] 10 fevrier 1749, à Jean BOYER.—*Jacques*, b [2] 3 juin 1723; m 7 janvier 1754, à Marguerite BITOURNÉ, à St-Constant.

1709, (18 nov.) Beaumont. [4]

II.—ROY, ETIENNE, [NICOLAS I.
b 1690.
CASSÉ, Marie, [JOSEPH II
b 1692.

Joseph, b 11 avril 1711, à St-Michel [5]; 1° m [5] 23 nov. 1739, à Geneviève FILTEAU; 2° m [5] 15 juillet

(1) Voy. vol. I, p. 535.
(2) Dit Châtellerault.
(3) Elle épouse, le 5 mai 1733, Louis Gouin, à Ste-Anne-de-la-Pérade.

(1) Voy vol. I, p. 536.
(2) Et Lafaillette.

1749, à Marthe Cadrin; s [6] 8 janvier 1760.—*Marie-Joseph*, b 2 avril 1714, à St-Valier[6]; m [6] 6 août 1743, à André Tanguay; s [6] 17 sept. 1769.—*Etienne*, b [4] 30 mars 1716; m [6] 7 août 1747, à Marthe Morisset.—*Marguerite*, b [4] 21 août 1718; m [6] 4 août 1739, à Joseph Fortier; s [6] 18 janvier 1748.—*Marie-Madeleine*, b [6] 17 dec. 1720.—*Elisabeth*, b [6] 20 février 1723; m [6] 23 nov. 1744, à Joseph Gautron: s [6] 17 août 1753.—*Pierre*, b [6] 9 avril 1725; 1° m [6] 9 nov. 1750, à Marie-Angelique Gautron; 2° m [6] 22 juillet 1755, à Hélène Bidet.—*Françoise-Basilisse*, b [6] 25 janvier 1728.—*Jean-Baptiste*, b [6] 19 juin 1730.—*Marie-Geneviève*, b [6] 3 mai 1733; m [6] 30 juillet 1753, à Pierre Brochu.

1709.

III.—ROY, Jean, [Jean II.
b 1682.
Lamoureux, Françoise, [Pierre II.
b 1687.

Jean, b 1710; m 25 janvier 1740, à Thérèse Vinet, à la Longue-Pointe.

1710, (27 fevrier) Grondines.

II.—ROY, Pierre, [Michel I.
b 1679; lieutenant; s 24 juillet 1749, à Ste-Anne-de-la-Pérade.[7]
Hamelin, Marie, [Louis I.
b 1683; s [7] 27 nov. 1733.

Marie-Françoise, b [7] 10 janvier 1711.—*Michel*, b [7] 22 avril 1712.—*Marie-Anne*, b [7] 16 déc. 1714.—*Marie-Madeleine*, b [7] 13 février et s [7] 4 avril 1716.—*Marie-Marguerite*, b [7] 5 avril 1717; m [7] 23 janvier 1736, à Rene Trotier.—*Marie-Françoise*, b [7] 25 mai 1719; m [7] 29 fevrier 1740, à Charles Trotier.—*Pierre*, b [7] 17 avril 1721; s [7] 27 nov. 1733.—*Joseph*, b [7] 18 février et s [7] 7 août 1724.—*Joseph*, b [7] 16 juin 1726; s [7] 20 avril 1749.—*Marie-Joseph*, b... m [7] 23 nov. 1750, à François Laquerre.

1711, (20 janvier) Pte-aux-Trembles, M.[3]

II.—ROY, Pierre, [Pierre I.
b 1679.
Chartier, Elisabeth, [Guillaume I.
b 1683; veuve de Jean Petit.

Antoine, b [3] 19 février 1712.—*Elisabeth*, b [3] 28 février et s [3] 5 mars 1714.—*Marie-Joseph*, b 1718; 1° m 1742, à François Raynaud; 2° m 10 avril 1758, à Joseph Lahaise, à la Longue-Pointe.—*André*, b [3] 17 et s [3] 20 avril 1722.—*Pierre*, b [3] 17 et s [3] 23 déc. 1723.—*Laurent*, b 1725; m [3] 14 janvier 1747, à Marie Duclos.

1711, (24 nov.) Montréal.[3]

II.—ROY (1), Jacques, [Pierre I.
b 1688.
French (2), Marthe-Marguerite, [Thomas I.
b 1707.

Marie-Marguerite, b [3] 29 nov. 1712; s [3] 27 avril 1713.—*Marie-Joseph*, b [3] 31 mars 1714; m [3] 20 juin 1739, à Pierre Archambault.—*Marie-Catherine*, b [3] 3 sept. et s [3] 28 dec. 1716.—*Jacques*, b [3] 5 avril 1718; m [3] 16 août 1740, à Françoise Prudhomme.—*André*, b [3] 28 avril 1720.—*Pierre*, b [3] 29 janvier 1722; 1° m 24 nov. 1749, à Elisabeth Fournier, à Longueuil; 2° m [3] 8 février 1762, à Marie-Anne Simon.—*Marguerite*, b [3] 22 janvier 1724.—*Laurent*, b 1725; m [3] 22 avril 1748, à Catherine Cordier.—*Marie-Suzanne*, b [3] 16 nov. 1727.

(1) Sieur de St. Lambert.

(2) Nee le 22 mai 1695, à Dearfield, Nouvelle-Angleterre; elle épouse, le 4 mai 1733, Jean-Louis Ménard, à St-Laurent, M.

1712, (3 février) Batiscan.[8]

II.—ROY (1), Michel, [Michel I.
b 1677; s [8] 1er février 1718.
Quatresous (2), Madeleine, [Damien I.
b 1687.

Joseph, b [8] 28 nov. 1712; m [8] 15 fevrier 1735, à Marie-Charlotte Duclos; s [8] 6 mai 1758.—*Michel*, b [8] 6 août 1714; s [8] 4 fevrier 1734.—*Marie-Marguerite*, b [8] 22 janvier 1717; m [8] 19 avril 1735, à Michel-Stanislas Lepellé; s [8] 30 août 1737.

1712, (19 oct.) Québec.[1]

II.—ROY, Laurent, [Jean I.
b 1683.
Louineau, Marie-Angélique, [Pierre I.
b 1692; s [1] 18 nov. 1740.

Marguerite, b [1] 1er sept. 1713; s [1] 16 août 1714.—*Jean-Laurent*, b [1] 6 fevrier et s [1] 2 mars 1715.—*Marie-Barbe*, b [1] 27 oct. 1716; s [1] 30 juillet 1717.—*Marie-Ignace*, b [1] 16 déc. 1717; m [1] 27 juin 1735, à François Clesse.—*Charles-François*, b [1] 18 nov. 1719; s [1] 23 août 1720.—*Laurent*, b [1] 17 août 1721; s [1] 24 juin 1723.—*Ignace*, b [1] 16 janvier 1724; m [1] 29 oct. 1743, à Marie-Louise Laroche, s [1] 9 mai 1744.—*Michel*, b [1] 23 avril et s [1] 20 mai 1726.

1712, (23 nov.) Beaumont.[2]

III.—ROY, Guillaume, [Guillaume II.
b 1690; s 29 mars 1748, à Québec.
Couture-Lafrenaie, Geneviève, [Charles II.
b 1693.

Charles-Guillaume, b [2] 27 mars 1714; 1° m [2] 11 oct. 1734, à Louise Gontier; 2° m [2] 30 janvier 1746, à Marie-Joseph Paquet.—*Marie-Joseph*, b [2] 29 mars 1716; m [2] 17 juin 1734, à Joseph Labrecque; s [2] 25 avril 1758.—*Marguerite*, b [2] 4 avril et s [2] 4 juin 1718.—*Joseph*, b [2] 27 nov. 1719; m [2] 11 sept. 1741, à Marie-Madeleine Gontier; s 9 dec. 1749, à St-Charles.—*Jean-Baptiste*, b [2] 11 mai 1724; s [2] 4 janvier 1728.—*Pierre*, b [2] 15 mai 1726; s [2] 9 août 1733.—*Marie-Louise*, b [2] 18 juillet 1728; m [2] 9 nov. 1745, à Louis Labrecque.—*Jean-Baptiste*, b [2] 2 oct. 1730; m [2] 23 janvier 1759, à Geneviève Guay.—*Ignace*, b [2] 9 oct. 1731; s [2] 31 août 1733.—*Pierre*, b [2] 17 nov. 1733; 1° m [2] 11 fevrier 1760, à Charlotte Dalaire; 2° m 1766, à Marie-Catherine Drouin; s [2] 29 dec. 1798.—*Jean-François*, b 14 avril et s 17 juin 1736, à St-Michel.[3]—*Marie-Guillaume*, b [3] 11 février et s [3] 15 juin 1738.—*Joseph*, b 1742; s [2] 11 avril 1748.

(1) Dit Châtellereau.

(2) Elle épouse, le 13 février 1725, Jean-Baptiste Bransard, à Batiscan.

1712, (11 déc.) Montréal.[6]

I.—ROY (1), Pierre, b 1682 ; fils de François et de Marie-Louise ...., de St-Julien, diocèse de Poitiers, Poitou.

Pagésy, Anne, [Jean-Bte I.
b 1690.

Catherine, b [6] 26 février 1713 ; s [6] 2 mai 1714. —*Pierre*, b [6] 26 mai 1715 ; s [6] 4 dec. 1716.—*Gabriel*, b [6] 1er dec. 1718.—*Marie*, b [6] 14 mars 1720.

1714, (29 janvier) Beaumont.[8]

II.—ROY (2), Joseph, [Jean I.
b 1694 ; s 31 juillet 1767, à Lotbinière.[9]

Gautron, Jeanne, [Michel I.
b 1695 ; veuve d'Arnoux Lavergne.

Jean-Baptiste, b [8] 22 nov. 1714 ; s [8] 8 janvier 1715.—*Joseph*, b [8] 15 oct. 1715 ; m 21 août 1741, à Françoise Hubert, à Batiscan.— *Marie*, b [8] 15 oct. 1715.—*Marie-Joseph*, b [8] 10 août 1717, m à François Bacquet ; s 11 nov. 1759, à St-Michel — *Marie-Thérèse*, b 26 déc. 1719, à St-Nicolas ; m 1741, à Jean Hubert.—*Marie-Anne*, b 3 février 1722, aux Grondines ; m 1749, à Joseph Gauron. — *Marie-Louise*, b... m [9] 3 nov. 1750, à Joseph Gauron.—*Marie-Agathe*, b... m [9] 23 août 1751, à Joseph Houde. — *Isidore*, b [9] 14 mars 1729 ; m [9] 20 oct. 1749, à Marguerite Hubert. — *Marie-Geneviève*, b [9] 27 mars 1731 ; m [9] 26 juillet 1751, à Jean-Louis Augé. — *Louis*, b 1733 ; m 15 janvier 1756, à Marie-Françoise Houde, à St-Jean-Deschaillons.

1714.

I.—ROY, François.

Baudet, Simone-Anne, [Jean I.
b 1673 ; veuve de Michel Pinot.

Jean, b 27 déc. 1714, à Ste-Anne-de-la-Pérade ; s 17 avril 1717, à Beauport. — *Marie-Renée* (3), b 1717 ; s 21 nov. 1733, aux Trois-Rivières.

1715, (16 dec.) Québec.[8]

I.—ROY (4), Pierre, de St-Sulpice, Paris.

Braquil, Marie-Louise, [Jean I.
b 1698 ; s [8] 3 déc. 1746.

Guillaume, b [8] 2 et s [8] 8 oct. 1717.

1716, (6 juin) Beaumont.[7]

III.—ROY, Jean, [Louis II.
b 1694.

1° Bizeau (5), Jeanne, [Jean I.
b 1698 ; s [7] 7 déc. 1723.

Pierre, b [7] 1er juillet 1717 ; s [7] 28 août 1733.—*Jean*, b [7] 7 oct. 1719 ; m 1747, à Angelique Huard.—*Marie-Anne*, b... m [7] 5 oct. 1744, à Jean Poliquin.

1725, (29 janvier).[7]

2° Guenet, Anne, [Pierre II.
b 1702.

Marguerite, b [7] 3 février 1726 ; m [7] 22 nov. 1745, à Etienne Casse. — *Elisabeth*, b [7] 21 dec. 1727 ; m [7] 10 janvier 1746, à Jacques Fournier ; s [7] 8 nov. 1747.—*Marie*, b [7] 10 mars 1730 ; m 27 nov. 1749, à Jean-Joseph Cassé, à St-Charles. —*Joseph*, b [7] 14 oct. 1731. — *Etienne*, b [7] 29 nov. 1733 ; m 10 janvier 1757, à Marie-Geneviève Joncas, à St-Thomas.— *Anonyme*, b [7] et s [7] 16 mai. 1735. — *Pierre*, b [7] 3 et s [7] 19 juillet 1736.—*Anonyme*, b [7] et s [7] 4 avril 1737. — *Louis*, b [7] 29 avril et s [7] 3 juillet 1738. — *Marie-Cécile*, b [7] 15 mai 1739 ; m [8] 22 janvier 1759, à Louis Labrecque ; s [8] 15 août 1760. —*Jean-François*, b [7] 30 mars 1741 ; m 10 oct. 1763, à Marie-Anne Bernier, à Charlesbourg. — *Marie-Louise*, b [7] 12 sept. 1743 ; s [8] 18 fevrier 1751. — *Pierre*, b [7] 5 avril 1746.

1716, (20 juillet) St-Laurent, I. O.

III.—ROY, Alexis, [Nicolas II
b 1693 ; s 5 sept. 1746, à St-Valier.[9]

Leclerc, Madeleine, [Pierre II
b 1694.

Alexis, b [9] 15 et s [9] 24 juillet 1717. — *Marie-Anne*, b [9] 23 oct. 1718.—*Marie-Louise*, b [9] 26 oct et s [9] 4 nov. 1720. — *Alexis*, b [9] 17 et s [9] 25 mars 1722. — *Alexis*, b [9] 16 oct. 1723, m [9] 10 fevrier 1749, à Marie-Anne Lemarié ; s [9] 3 février 1761 — *Joseph*, b [9] 14 oct. 1725 ; m [9] 28 sept. 1761, à Geneviève Plante. — *Marie-Claire*, b... m [9] 17 janvier 1746, à Pierre-Noël Cochon. — *Jacques-Callixte*, b [9] 14 oct. 1727. —*Jean-Baptiste*, b [9] 8 avril 1730 ; m [9] 26 nov. 1753, à Veronique Delfournaux. — *Joseph-Marcel*, b [9] 2 nov. 1731.—*Pierre*, b [9] 22 mars 1734 ; m [9] 24 oct. 1757, à Marie-Joseph Bidet.—*Marc-Antoine*, b [9] 25 avril 1737.

1716, (16 nov.) Beaumont.[8]

III.—ROY (1), Claude-Joseph, [Guillaume II
b 1692 ; s [8] 26 avril 1756.

1° Couture, Jeanne, [Charles II
b 1696 ; s [8] 24 août 1745.

Joseph, b [8] 1er sept. et s [8] 18 oct. 1717.—*Marie-Jeanne*, b [8] 22 et s [8] 23 avril 1720.—*Joseph*, b [8] 4 fevrier et s [8] 28 août 1721.—*Marie*, b [8] 30 nov 1723 ; 1° m [8] 4 nov. 1743, à Joseph Lépine ; 2° m 1er juillet 1754, à Jean Corpron, à Quebec.[9] —*Marguerite*, b [8] 28 déc. 1725 ; m [8] 19 nov. 1742, à Charles Lecours ; s [9] 14 fevrier 1787.—*Charlotte*, b [8] 13 mars 1728 ; m [8] 17 fevrier 1744, à Pierre Revot.—*Joseph*, b [8] 29 oct. et s [8] 6 nov. 1730 —*Marie-Joseph*, b [8] 15 dec. 1732 ; s [8] 12 avril 1733 — *Joseph*, b [8] 26 oct. 1734 ; m 22 nov. 1756, à Marie-Gabrielle Sarault, à St-Charles ; s [8] 19 fevrier 1794.—*Etienne*, b [8] 5 oct. 1738 ; s [8] 29 mai 1742.

1746, (6 juin).[8]

2° Prudhomme, Catherine, [Pierre II
b 1694 ; veuve de François Pineau.

1717, (18 janvier) Annapolis, Acadie.

I.—ROY, Jean-François, fils de Jean et de Marie Dubois (Acadiens).

Bergeron, Marie-Joseph, fille de Barthelemi et de Geneviève Lersau (Acadiens)

(1) Dit Poitevin—Royhaut, 1713 ; soldat de Chalus.

(2) Dit Portelance.

(3) Elevée chez M. LaRoche.

(4) Dit L'Eveillé.

(5) Voy. Bizeux dit Larose.

(1) Seigneur de Monte-à-peine.

Marie, b... m 20 oct. 1762, à Jacques Lefebvre, au Cap-de-la-Madeleine. [1] — *Marie-Elisabeth*, b... m [1] 10 oct. 1763, à Elisabeth Tremblay.

1717, (7 juin) Rivière-Ouelle. [6]

III.—ROY (1), Pierre, [Pierre II.
b 1691; s 13 sept. 1771, à Kamouraska. [7]
Bouchard, Marie,
b 1700; s [7] 24 janvier 1774.

Marie-Anne, b 1718; m [7] 20 nov. 1736, à Jean-Bernard Paradis; 2° m [7] 10 juillet 1752, à Gabriel Asselin; s [7] 12 février 1756.—*Jean*, b 1720; s [7] 4 sept. 1753.—*Pierre*, b 1722; m [7] 4 nov. 1748, à Marguerite Boucher.—*Joseph*, b 1724; s [7] 9 juillet 1746.—*Jean-Baptiste*, b [7] 24 déc. 1727; m 1750, à Marie-Joseph Paradis; s [7] 11 janvier 1770.—*Marie-Louise*, b [7] 26 août 1729; s [7] 20 sept. 1730. —*Joseph-Antoine*, b [7] 3 août 1731; 1° m [7] 19 nov. 1753, à Marie-Madeleine Plante; 2° m [7] 22 février 1762, à Marie Michaud; s [7] 6 dec. 1780.—*Marie-Catherine*, b [7] 11 oct. 1733.—*Jean-Baptiste*, b [7] 31 août 1735; m [7] 28 sept. 1761, à Catherine Cordeau. — *Alexandre*, b [7] 14 janvier 1738; m [6] 24 janvier 1763, à Marie-Joseph Plourde.—*Ignace*, b [7] 23 février 1740; m [7] 17 janvier 1763, à Marie-Rose Lebel. — *Marie-Joseph*, b [7] 3 fevrier 1742; m [7] 20 février 1759, à Jean-Baptiste Boucher.

1718, (24 avril) Laprairie.

II.—ROY, Louis, [Pierre I.
b 1694.
Dumay, Marguerite, [Eustache II.
b 1694.

Marie-Marguerite, b 11 février 1720, au Détroit.[8] —*Marie-Joseph*, b [8] 4 sept. 1722.—*Marie-Madeleine*, b [8] 5 fevrier 1726.

1718, (7 nov.) Montréal. [1]

II.—ROY, André, [Pierre I.
b 1692; forgeron; s (noyé) 9 nov. 1754, à Longueuil.
Gourdon, Suzanne, [Jean-Bte I.
b 1689.

Marie-Catherine, b [1] 6 sept. 1719; m 12 nov. 1742, à Joseph Lefebvre, à Laprairie [2]; s [2] 16 fevrier 1743.—*André*, b [1] 24 sept. 1721, m [2] 3 février 1744, à Marie Joly.—*Marie-Suzanne*, b [1] 24 janvier 1724; s [2] 1er avril 1733.—*Jean-Baptiste*, b [1] 17 sept. 1726; m 1750, à Françoise Menard —*Louis-Laurent*, b [1] 10 août 1728.—*Marie-Marguerite*, b [2] 18 mai 1733.

1719, (5 fevrier) Repentigny [4]

II.—ROY, Jacques, [Joseph I.
b 1695; s [4] 28 mai 1773.
Lalongé-Marié, Margte, [Pierre-Bertrand I.
b 1700; s [4] 1er oct. 1785.

Michel, b [4] 4 janvier 1720.—*Marguerite*, b 25 janvier 1725, à L'Assomption.—*Anonyme*, b [4] et s [4] 18 août 1726.—*Marie-Joseph*, b [4] 29 juin 1727; s [4] 16 juin 1728.—*Jacques-Pierre*, b [4] 1er mars 1729; m 1758, à Agathe Roy.—*Marie-Joseph*, b... m [4] 20 oct. 1766, à Joseph Janot.

(1) Dit Desjardins.

1719, (5 nov.) Charlesbourg. [9]

III.—ROY (1), Jean, [Jean II.
b 1695; s [9] 20 déc. 1754.
Chalifour, Marie, [Pierre II.
b 1697.

Jean-Baptiste, b [9] 27 déc. 1720; m [9] 10 nov. 1749, à Marie-Joseph Parant. — *Pierre*, b [9] 2 août 1722; m 24 nov. 1746, à Angelique Normandeau, à Québec. — *Marie-Joseph*, b [9] 19 mai 1725; m [9] 29 oct. 1743, à Jean-Baptiste Bedard. — *Marie-Joseph*, b [9] 2 mars 1729; m [9] 25 sept. 1747, à Jean-Baptiste Laberge. — *Charles*, b [9] 9 avril 1731; s [9] 27 dec. 1734. — *Marie-Françoise*, b [9] 15 nov. 1732; m [9] 15 février 1751, à Joseph Fiset.—*Marguerite*, b... m [9] 20 oct. 1759, à Jean Bourdeau.

1720, (30 janvier) St-Jean, I. O. [4]

II.—ROY (2), Pierre, [Bernard I.
b 1692; s [4] 26 janvier 1748.
Plante, Marguerite, [Pierre II.
b 1692.

Joseph, b [4] 19 mars 1725; m 19 janvier 1753, à Angelique Asselin, à St-François, I. O.; s [4] 21 fevrier 1760.

1721, (27 juillet) Lotbinière.

II.—ROY (3), Michel, [Gaspard I.
b 1694; s 29 sept. 1774, à St-Jean-Deschaillons. [5]
Lebeuf, Marguerite, [Jean II.
b 1696.

Jean-Baptiste, b 31 oct. 1723, à Ste-Anne-de-la-Perade [6]; m 22 avril 1748, à Marie-Madeleine Brisson, à St-Pierre-les-Becquets. — *Marie-Marguerite*, b [6] 29 juillet 1725; m [5] 28 janvier 1754, à Nicolas Barabé; s [5] 7 oct. 1800. — *Michel*, b [6] 7 nov. 1728; m 1751, à Catherine Maillot.—*Marie-Joseph*, b [6] 29 sept. 1730; m [5] 10 janvier 1753, à François Maillot; s [5] 15 oct. 1807. — *Joseph*, b [6] 21 sept. 1732; 1° m [5] 4 avril 1758, à Marie-Elisabeth Barabé; 2° m [5] 15 fevrier 1768, à Marie-Thérèse Hubert; s [5] 27 nov. 1804. — *Marie-Louise*, b [6] 29 août 1734; m [5] 1er mai 1764, à Joseph Richer; s [5] 25 nov. 1816.

1722, (20 avril) Lachine [5]

III.—ROY, François-Marie, [François II.
b 1697; s [5] 1er sept. 1757.
Trotier, Jeanne, [Joseph III.
b 1699; veuve de Joseph Cecyre; s [5] 28 avril 1767.

Joseph, b 1726; 1° m 18 février 1753, à Marie-Anne DesLandes, à Montréal [6]; 2° m [6] 11 janvier 1768, à Elisabeth Papillon.—*Agathe*, b [5] 1er nov. 1728; m [5] 19 avril 1751, à Jean-Marie Flibot; s [5] 30 juillet 1756. —*François-Marie*, b [5] 5 juillet 1730; m 12 juin 1758, à Marie-Françoise Viau, à St-Laurent, M. — *Marie-Angélique-Amable*, b... m [5] 31 janvier 1754, à Antoine-Etienne Boyer.—*Jeanne*, b... m [5] 10 fevrier 1755, à Pierre Mar-

(1) Dit Audy.

(2) Voy. Laisné, vol. V, p 98.—Marié Laisné dit Laliberté, puis appele Roy, Roiroux dit Laliberté.

(3) Et Roironx dit Laliberté.

CHETEAU.—*Marie-Amable*, b... m[5] 7 nov. 1757, à Louis VINCENT. — *Marie-Anne*, b... m à Jean-Baptiste BONHOMME.

1722, (1er juin) Beaumont.

III.—ROY, LOUIS, [LOUIS II.
b 1690; s 7 déc. 1749, à St-Charles.
CASSÉ, Marie-Françoise, [JOSEPH II.
b 1695.

1722.

II.—ROY, JOSEPH-GUILLAUME, [JOSEPH I.
b 1697.
TARTE, Marie-Anne, [GUILLAUME I.
b 1699.

Joseph, b 1723; s 18 juillet 1724, à Montréal.[5] —*Marie-Anne*, b[5] 17 déc. 1724; m[5] 27 oct. 1745, à Pierre MARTEL. — *Marie*, b[5] 7 déc. 1725. — *François*, b[5] 2 mars 1727; 1° m[5] 1er février 1751, à Louise BARITAULT; 2° m[5] 30 janvier 1768, à Elisabeth DAVENNE. — *Charles*, b[5] 15 avril 1728; s[5] 15 déc. 1730. — *Joseph*, b[5] 8 oct. 1729; s[5] 5 nov. 1730. — *Joseph*, b 1732; m[5] 26 nov. 1759, à Marie-Amable JÉROME. — *Marie-Amable*, b[5] 15 avril 1734; m[5] 25 fevrier 1759, à Andre BESNARD.—*Guillaume*, b 1735; m[5] 8 janvier 1759, à Madeleine HUNAULT.—*Geneviève*, b[5] 16 avril 1737; m[5] 27 nov. 1758, à Hypolite DUTALMÉ.—*Jean-Marie*, b[5] 20 janvier 1741; m[5] 28 oct. 1765, à Marie-Catherine-Angélique HUBERT.

1723, (7 janvier) Beaumont.

II.—ROY (1), LOUIS-PAUL, [JEAN I.
b 1696; s 25 août 1754, à Nicolet.
ALAIRE (2), Angélique, [JEAN-FRANÇOIS II.
b 1702.

François, b 18 nov. et s 10 déc. 1723, à St-Valier. — *Marie-Catherine*, b 10 fevrier 1726, à Montreal[3]; m 7 janvier 1745, à Jacques CHARLEBOIS, au Bout-de-l'Ile, M. — *Louis*, b[3] 19 nov. 1727. — *Jean-Baptiste*, b[3] 30 mars 1730. — *Alexis*, b 1734; m 9 janvier 1761, à Marie-Joseph BRAU, à Lachine.[4] — *Marie-Marguerite*, b 20 janvier 1736, au Sault-au-Recollet[5]; m[4] 29 mai 1758, à Joseph MALLET.—*Joseph-Noël*, b[5] 25 déc. 1737. — *Marie*, b... m[4] 3 août 1761, à Jean-Marie DUCHARME. — *Marie-Angélique*, b[5] 1er avril 1740; m[4] 26 janvier 1753, à Jean-Baptiste ABRAHAM. — *Jacques*, b[5] 21 juillet 1742; m[4] 14 avril 1766, à Angélique ROY. — *Marie-Thérèse*, b[5] et s[5] 5 fevrier 1744. — *Marie-Charlotte*, b 1745; m[4] 29 juillet 1765, à Joseph SÉRAT.

1723.

III.—ROY, JEAN-NOEL, [NOEL II.
b 1698.
CASSE, Angélique, [JOSEPH II.
b 1701; s 30 nov. 1768, à St-Valier[8]

Marie-Agnès, b[8] 29 mars 1726; m[8] 10 juin 1743, à François ROUSSEL. — *Angélique*, b[8] 22 nov. 1727.—*Marie-Louise*, b[8] 22 sept. 1729; m[8] 6 août 1756, à Pierre BOLDUC. — *Geneviève*, b[8] 3 avril 1731. — *Jean-Valier*, b[8] 31 dec. 1732; m 18 janvier 1757, à Marie-Joseph MERCIER, à Berthier.—*Augustin*, b[8] 9 mai 1734; m[8] 24 janvier 1757, à Marie-Angélique CLÉMENT; s[8] 28 nov 1768. — *Marguerite*, b... m[8] 11 janvier 1755, à Julien MARCEAU.—*Marie-Marthe*, b[8] 14 fevrier 1737. — *Joseph-Marie*, b[8] 21 juin 1739. — *Marie-Agathe*, b[8] 23 février 1743; m[8] 8 nov. 1762, à Jean LEBEUF.

1725, (17 janvier) Montréal.[3]

III.—ROY, ETIENNE, [JEAN II
b 1698.
LÉCUYER, Marie, [PIERRE I.
b 1695; s[3] 26 février 1734.

Marie-Joseph, b[3] 27 oct. 1726.— *Michel*, b[3] 11 sept. 1728; m[3] 12 février 1759, à Madeleine VALLIÈRE.—*Catherine*, b[3] 25 nov. 1729; m à Robert BEAUVAIS; s[3] 27 nov. 1748.—*Marie-Amable*, b... m[3] 23 sept. 1754, à Joseph BOURHIS.—*Pierre*, b[3] 7 février 1734.

ROY, LOUIS, b 1687; s 23 avril 1756, à Lorette.

1725, (22 oct.) Boucherville.

III.—ROY (1), AUGUSTIN, [PIERRE II
b 1701.
BOUCHER-MONTBRUN (2), Jeanne, [JEAN III
b 1693; s 3 juillet 1749, à Ste-Anne-de-la Pocatière.[2]

Marie-Anne-Madeleine, b[2] 24 oct. 1727; m[2] 1 août 1747, à Jacques PELLETIER.—*Jeanne-Catherine*, b[2] 29 nov. 1729; m[2] 22 fevrier 1751, à Gabriel PELLETIER.—*Augustin*, b 1731; m[2] 1er nov. 1753, à Marie-Angélique LISOT.—*Louis*, b[1] 24 janvier 1732; m 18 août 1760, à Marie-Angelique PELLETIER, à St-Roch.—*Marie-Elisabeth*, b[1] 27 juin 1736.—*Marie-Joseph*, b... m 11 oct. 1756, à Jacques BERTRAND, au Lac-des-Deux-Montagnes.—*Marie-Judith*, b... m[2] 7 juillet 1761, à Joseph MARCEREAU.

1725, (26 nov.) Lachine.

III.—ROY, JEAN-BTE, [ANDRÉ II
b 1703; s 27 oct. 1747, à Montréal.[5]
1° ROBILLARD, Françoise, [CLAUDE II
b 1705.

1734, (3 mai).[5]

2° DUBUISSON-ARIÉ, Marie-Joseph. [ANTOINE I
Catherine, b... m 26 janvier 1761, à François VILLIARD, au Bout-de-l'Ile, M.—*Marie-Françoise*, b... s[5] 9 juin 1750.

1725.

I.—ROY (3), FRANÇOIS, b 1700; fils de François et de Louise Huctier, de Notre-Dame-de-Rochefort, Saintonge.
1° LAMARCHE (4), Angélique, [JULIEN II.
b 1703.

(1) Dit Portelance.

(2) Et Alard, 1753.

(1) Desjardins dit Lauzier; ont légitimé un enfant de deux ans, baptisé à Contrecœur.

(2) Petite-fille de Pierre Boucher, sieur de Grosbois, gouverneur des Trois-Rivières en 1663, fondateur et seigneur de Boucherville.

(3) Dit Tintamarre.

(4) Baritaut dit Lamarche.

Jean, b 10 déc. 1726, à Montréal[6]; s[6] 29 nov. 729.—*Angélique*, b 1727; s[6] 16 avril 1729.

1728, (22 nov.)[6]

2° Poitevin (1), Marie-Angélique, b 1709.

Catherine-Françoise, b[6] 31 janvier 1729.—*Marie-Françoise*, b[6] 12 février 1730.—*Simon-Amable*, b[6] 31 janvier 1734.—*Marie-Anne-Catherine*, b[6] 22 juin 1736; m[6] 24 juillet 1758, à Jean Caillot.—*Marie-Joseph*, b[6] 6 août 1738; 1° m[6] 2 nov. 1756, à André Mulligan; 2° m[6] 12 oct. 1761, à Joseph Girard.—*Marguerite*, b[6] 1er juillet 1740; s[6] 26 avril 1741.—*Marie-Louise*, b[6] 15 nov. 1742; s[6] 22 février 1744.—*Marie-Louise*, b[6] 11 août 1745; m[6] 24 nov. 1777, à Jean-Louis Gautier.

1725.

II.—ROY (2), Jean-Bte, [Pierre II. b 1699; s 30 août 1781, à Kamouraska.[7]

Michaud, Marie-Madeleine, [Pierre I. b 1692; veuve de Nicolas Lebel; s[7] 1er mai 1775.

Jean-Baptiste, b 1725; m 1er juillet 1749, à Marie-Geneviève Coté, aux Trois-Pistoles; s[7] 28 février 1756.—*Louis*, b 1726; s[7] 18 déc. 1746.—*Marie-Joseph*, b[7] 24 sept. 1728; m[7] 23 nov. 1751, à Pierre Lebel-Pepin-Laforce; s[7] 12 déc. 1755.—*Louis-Clément*, b 1731; m 26 nov. 1754, à Marie-Catherine Moreau, à Ste-Anne-de-la-Pocatière; s[7] 13 janvier 1756.—*Joseph-Marie*, b[7] 23 février 1737; m 12 sept. 1757, à Marie-Anne Mignot, à la Rivière-Ouelle.

1726, (16 sept.) Montréal.

I.—ROY, Joseph, fils de Pierre et de Marie Barbeau, de St-Vivien-du-Pont, Xaintes, Saintonge.

Cavelier, Marie-Catherine, [Jean-Bte I. b 1701.

ROY, Joseph, boulanger.

Basque, Marie.

Jean-Louis, b 10 et s 30 avril 1728, à Montréal.

1726, (21 oct.) Château-Richer.[5]

II.—ROY, Louis-Joseph, [Jean II. b 1698.

1° Lefrançois, Margte, [Alexis-Nicolas II. b 1705, s 7 février 1731, à Charlesbourg.[6]

Marguerite, b[6] 7 et s[6] 24 juin 1728.—*Marie-Thérèse*, b[6] 18 juillet 1729; m[6] 7 avril 1750, à Pierre-Baptiste Lefebvre; s[6] 16 déc. 1760.—*Joseph*, b[6] 3 et s[6] 5 février 1731.

1732, (21 avril).[5]

2° Pichet, Marie-Elisabeth, [Jacques II. b 1708; s[6] 9 août 1734.

Marie-Elisabeth, b[6] 23 février 1733; 1° m 5 oct. 1750, à Ignace Caron, à Ste-Anne[7]; 2° m[7] 20 oct. 1760, à Augustin Giguère.

1735, (18 juillet).[6]

3° Pepin, Marie-Jeanne, [Jean II. b 1707.

Marie-Jeanne, b[6] 7 juin 1736.—*Marie-Louise*, b[6] 10 juillet 1737; m[7] 3 juillet 1770, à Ignace Caron.—*Joseph-Charles*, b[6] 3 nov. 1738; m 1766, à Marie-Joseph Filion.—*Louis*, b[6] 23 janvier 1740.—*Marguerite*, b[6] 4 mars 1741.—*Pierre*, b[6] 15 oct. 1742; s[6] 2 janvier 1749.—*Charles-Joseph*, b[6] 13 avril 1744.—*Madeleine*, b[6] 25 mars 1746.—*Jean-François*, b[6] 23 août et s[6] 21 sept. 1747.—*Jean-Simon*, b[6] 27 oct. 1748.—*Pierre*, b[6] 3 juillet 1751.

1726, (30 nov.) Ste-Foye.[7]

I.—ROY, Jean-Pierre, fils de Claude et de Jeanne Gigot, de Pierre-Paul, diocèse de Paris.

Mallet (1), Geneviève, [Denis I. b 1703; s 12 nov. 1766, à St-Joseph, Beauce.[8]

Jean-Baptiste, b[7] 19 oct. 1727.—*Pierre*, b[7] 21 février 1729.—*Thomas*, b 1731; 1° m[8] 30 janvier 1754, à Marie-Joseph Grandin; 2° m[8] 11 avril 1763, à Marie-Joseph Huard; s[8] 23 sept. 1769.—*Marie-Louise*, b[7] 17 sept. 1736.

I.—ROY, Jean.

Bisson, Marie-Anne, [René II. b 1681.

Jean, b 1727; m 7 février 1752, à Marguerite Roy, à St-Charles.

1727.

III.—ROY (2), Jean-Bte, [François II. b 1699; s 24 dec. 1749, à Lachenaye.[7]

Masta, Marguerite, [Toussaint II. b 1706.

Marguerite, b 1727; m[7] 20 janvier 1744, à Gabriel Hubout.—*Marie-Anne*, b[7] 5 et s[7] 13 février 1728.—*Jean-Baptiste*, b[7] 5 et s[7] 14 février 1728.—*Jean-Baptiste*, b[7] 14 mars 1729; m 4 février 1754, à Helène Larchevêque, à la Longue-Pointe.—*Françoise*, b[7] 16 juillet 1731; m[7] 7 nov. 1752, à Joseph Charpentier.—*Marie-Joseph*, b[7] 8 et s[7] 16 janvier 1733.—*Joseph*, b[7] 21 avril 1734.—*Marie*, b 16 février 1736, à Terrebonne; m 13 janvier 1766, à Jean Duprat, à St-Henri-de-Mascouche.[8]—*François-Marie*, b[7] 24 mai 1738.—*Françoise*, b[7] 14 février 1740.—*Agathe*, b[7] 30 mai 1742; m 1758, à Jacques-Pierre Roy.—*Charles*, b[7] 22 nov. 1744; m[8] 23 nov. 1767, à Elisabeth Beauchamp.

1727, (4 juin) Boucherville.

I.—ROY (3), Louis, b 1695, journalier; fils de Pierre et de Marie Granate, de Niort, Poitou.

1° Charest, Marie-Joseph, [Jacques I. b 1701; s 16 mai 1743, à Beaumont.[3]

Marie-Charlotte, b 8 mars et s 20 sept. 1728, à Quebec.[4]—*Marie-Joseph*, b[4] 9 août 1729; s[4] 28 juin 1748.—*Marie-Angélique*, b[3] 22 oct. 1731; s[3] 23 oct. 1732.—*Louis*, b[3] 21 août 1735; s[3] 6

---

(1) Laviolette.

(2) Dit Desjardins.

(1) Aussi appelée Léonard pour Lénard, nom de sa mère.

(2) Capitaine de milice.

(3) Dit St. Louis.

oct. 1737.—*Pierre*, b [8] 11 et s [8] 27 fevrier 1737.—*Etienne*, b [8] 26 sept. 1738.—*Anonyme*, b [8] et s [8] 9 fevrier 1740.—*Louis*, b [8] 14 et s [8] 23 mai 1741.

1746, (21 février) St-Thomas.

2° CHRÉTIEN, Geneviève, [JEAN II.
b 1718.

Marie, b 18 mars et s 5 mai 1748, à Berthier.—*Marie-Geneviève*, b [4] 31 avril et s [4] 11 juin 1751.

1727, (30 oct.) Repentigny. [7]

II.—ROY, PIERRE-JEAN-BTE, [ANTOINE I.
b 1691.

1° DELUGRÉ, Marie, [JACQUES II.
b 1695.

Marie-Catherine, b [7] 23 juillet 1728. — *Jean-Baptiste*, b... m 12 août 1765, à Françoise CHARBONNEAU, à Varennes.

1729.

2° COTINAUT (1), Catherine, [FRS-JACQUES I.
b 1684; veuve de Charles Mathieu; s 8 mai 1765, à Lachenaye. [8]

Marie-Catherine, b [8] 27 sept. 1730.

1728, (12 avril) Québec. [2]

I.—ROY (2), LOUIS-ETIENNE, fils d'Antoine et de Marie-Anne Desprès, de St-André, diocèse de Tournay, Flandre.

CLOCHER (3), Marie-Louise, [JACQUES I.
b 1705; s 8 mars 1773, à St-Henri-de-Mascouche. [3]

Marie-Joseph, b 19 mars et s 26 août 1730, à Charlesbourg.[4] — *Louis*, b [4] 27 août 1731; s [4] 2 juin 1732.— *Marie-Louise*, b [4] 5 oct. 1733; m [4] 5 nov. 1759, à Jean-Charles VERRET. — *Louis-Antoine*, b [3] 26 juillet 1735; m [3] 2 février 1761, à Marie-Thérèse CODERRE. — *Marie-Joseph*, b [4] 18 juillet 1737; s [3] 22 juillet 1763. — *Etienne*, b [4] 7 mars 1739; m 8 avril 1766, à Marie-Madeleine MAILLOU, à Beauport.—*Marie-Marguerite*, b [4] 24 et s [4] 28 nov. 1741.—*Marie-Joseph*, b [4] 24 nov. 1741.—*Godfroid*, b [4] 9 juillet 1744; s [4] 8 février 1745.—*Marie*, b [4] 9 juillet et s [4] 16 déc. 1744.—*Marie-Thérèse*, b [4] 12 janvier et s [4] 3 août 1747.

1728, (12 juin) Beaumont. [2]

III.—ROY, JEAN, [JEAN-BTE II.
b 1699; s 16 mai 1760, à St-Valier. [3]

BOURGET, Madeleine, [PIERRE I.
b 1699; s [3] 30 oct. 1769.

Marie-Marthe, b [2] 12 mars 1729; m [3] 16 février 1751, à Joseph-Marie GUYON.— *Augustin-Pierre*, b [3] 22 avril 1731; m [3] 12 fevrier 1753, à Marie-Anne FRADET.— *Jean-Laurent*, b [3] 10 août 1733, m 4 février 1754, à Marguerite BOULET, à St-Frs-du-Sud.—*Joseph-Marie*, b [3] 7 juin 1735. — *François-Marie*, b [3] 20 fevrier 1738.—*Alexandre*, b [3] 8 mars 1740. — *Marie-Geneviève*, b [3] 7 nov. 1742; m [3] 23 nov. 1761, à Pierre GUILLEMET.

(1) Champlaurier.
(2) Et Lilois.
(3) St. Pierre.

1728, (29 sept.) Quebec.

I.—ROY, PIERRE, fils de Pierre et d'Elisabeth Rotureau, de N.-D.-de-LaRochelle, Aunis.

MILLET (1), Geneviève, [LOUIS I
b 1703.

1728, (8 nov.) Beaumont. [2]

III.—ROY, CHARLES, [GUILLAUME II
b 1703; s [2] 30 mai 1765.

1° LECOURS, Marie-Joseph, [CHARLES II
b 1710; s [2] 16 mai 1731.

Marie-Joseph, b [2] 18 fevrier 1730; m [2] 20 avril 1750, à Charles-François GIRARD.—*Catherine*, b [2] 22 avril 1731.

1733, (30 avril). [2]

2° MIGNEAU, Marie-Anne, [JEAN I
b 1708; s 23 dec. 1753, à St-Charles. [3]

Joseph, b [2] 8 avril 1734. — *Charles*, b 21 juin 1736, à Québec [4]; m [3] 17 janvier 1757, à Marguerite ROUTIER.—*François*, b [4] 12 oct. 1738; s [4] 1er mars 1739 —*Jean-Thierry*, b [4] 28 nov. 1739, s [4] 10 sept. 1740.

1728, (16 nov.) Ste-Anne-de-la-Pérade. [2]

III.—ROY (2), MICHEL, [EDMOND II
b 1701; s [2] 11 fevrier 1761.

PERRAULT, Angélique, [PIERRE I
b 1708; s [2] 9 février 1778.

Marie-Joseph, b [2] 6 août 1729; m [2] 22 fevrier 1751, à Charles COURTOIS. — *Michel*, b [2] 17 et s [2] 20 avril 1731.—*Michel*, b [2] 16 avril 1732.—*Marie-Angélique*, b [2] 17 mars 1734; s [2] 11 janvier 1735. — *Marie-Louise*, b [2] 22 et s [2] 24 nov. 1735.—*Joseph*, b [2] 26 nov. 1736; m [2] 2 fevrier 1761, à Louise HAMELIN; s [2] 4 déc. 1770. — *François-Xavier*, b [2] 9 août 1738; 1° m [2] 26 février 1764, à Marie-Joseph LÉVESQUE; 2° m [2] 24 fevrier 1778, à Catherine MAILLOU.—*Joachim*, b [2] 26 déc. 1739; m [2] 14 février 1763, à Therèse PAPLAU-PÉRIGNY.—*Marie-Thérèse*, b [2] 19 déc. 1741; m [2] 11 février 1765, à Joseph LAQUERRE. — *Marguerite*, b [2] 11 nov. 1743; m [2] 7 fevrier 1763, à Jean-Baptiste DESRANLOT; s 27 février 1783, à Batiscan.—*Charles*, b [2] 11 sept. 1745; s [2] 3 nov. 1748 —*Pierre*, b [2] 15 oct. 1747. — *Louis*, b [2] 21 et s [2] 23 avril 1749.—*Geneviève*, b [2] 15 août 1750; m [2] 15 avril 1771, à Pierre-Thomas TOUTAN.

1729, (14 juillet) St-Valier. [2]

III.—ROY, JOSEPH-NOEL, [NOEL II
b 1700.

1° FRADET, Agathe, [JEAN I
b 1704; s [2] 8 oct. 1747.

Joseph-Marie, b [2] 15 avril 1730; m [2] 24 mai 1762, à Marguerite RÉMILLARD.—*Jean-François* b [2] 10 mai 1733; m [2] 31 janvier 1763, à Louise LEBLOND.—*Marie-Anne*, b [2] 16 déc. 1734; m [2] 12 janvier 1756, à Louis VOISIN.—*Etienne*, b [2] 6 juillet 1736.—*Elisabeth-Agathe*, b [2] 22 fevrier 1738; m à Jean BROCHU.—*Marie-Marguerite*, b [2] 17 nov. 1739; 1° m [2] 5 fevrier 1759, à Louis BROCHU; 2° m 20 avril 1761, à Pierre COUPY, à

(1) Elle épouse, le 23 sept. 1748, Bertrand Meclervé, à Québec.
(2) Dit Châtellereau.

St-Michel.—*Athanase*, b... m [2] 12 juillet 1762, à Marie-Geneviève MARCEAU.—*Marie-Claire*, b [2] 17 août 1742.—*Marie-Christine*, b [2] 12 sept. 1743; m [2] 9 janvier 1769, à Joseph DODIER.—*Marie-Claire*, b [2] 5 avril 1745.—*Michel*, b [2] 25 sept. 1747.

1749, (17 février). [2]

2° MENEUX, Brigitte, [RENÉ II.
b 1729; s [2] 28 avril 1756.
André, b [2] 30 nov. 1749.—*Marie-Rose*, b [2] 23 août 1751.—*Michel*, b [2] 17 oct. 1753.—*Marie-Ursule*, b [2] 1er nov. 1755.

1760, (28 avril). [2]

3° ELOT-LABRIE, Marie.

1729, (17 août) Lachine.

III.—ROY, PIERRE, [ANDRÉ II.
b 1705.
DETRÉPAGNY, Marguerite, [FRANÇOIS III.
b 1714; s 5 fevrier 1767, à la Pointe-Claire.

1729.

III.—ROY, LOUIS, [LOUIS II.
b 1700.
RENAUD, Marie.
Louis-Marie, b 31 janvier et s 1er avril 1730, à St-François, I. J. [3] — *Marie-Louise*, b [3] 9 fevrier 1731.—*Marie*, b... m 25 février 1754, à Pierre BEAUSSERON, à St-Vincent-de-Paul. [4] —*Anonyme*, b [3] et s [3] 17 avril 1733.—*Louis*, b [3] 29 oct. 1735; m [4] 17 fevrier 1757, à Marie POTVIN.—*Jacques-Philippe*, b [3] 11 fevrier 1738; s [4] 7 nov. 1755.—*Michel*, b [3] 29 janvier 1740; m 23 nov. 1767, à Marie-Amable MOREL, à Lachine.—*Jean-Baptiste*, b 1743; m [4] 20 janvier 1766, à Marie-Claire CADIEU.—*Joseph-Marie*, b [4] 22 avril 1745; s [4] 16 janvier 1749.—*Joseph*, b [4] 1er juillet 1752.

1730.

III.—ROY, FRANÇOIS, [FRANÇOIS II.
b 1704.
BRAU, Angélique, [JEAN-BTE II.
b 1709.
Angélique-Amable, b 1732; m 31 janvier 1754, à Antoine BOYER, à Lachine. [5] —*Françoise-Amable*, b 1734; m [5] 16 janvier 1758, à Ignace BONHOMME.—*Marguerite-Amable*, b 1736; m [5] 19 oct. 1761, à Louis LAVIGNE.—*Marie-Anne*, b 1740; m [5] 19 oct. 1761, à Jean-Baptiste BONHOMME.—*François*, b 1746; m [5] 3 nov. 1767, à Madeleine BONHOMME.—*Jean-Louis*, b [5] 21 juin et s [5] 6 août 1751. — *Anonyme* et *Antoine*, b [5] 28 et s [5] 30 mai 1752.

ROY, PIERRE.
....
Marie-Anne, b... m 6 juillet 1753, à Jacques CODERRE, à St-Ours.

1730, (20 nov.) Beaumont. [7]

III.—ROY, PIERRE-BERNARD, [GUILLAUME II.
b 1706; s [7] 26 mars 1783.
1° COUTURE-LAFRENAIE, Margte, [CHARLES II.
b 1704; s [7] 20 avril 1756.
Marguerite, b [7] 5 oct. 1731; s [7] 7 sept. 1733.—*Pierre*, b [7] 23 oct. 1733; m [7] 29 janvier 1759, à Marie-Agathe TURGEON; s [7] 14 mai 1804.—*Joseph-Amable*, b [7] 6 nov. 1735.—*Charles-Etienne*, b [7] 30 juin 1738.—*Guillaume*, né mars et b [7] 11 sept. 1740; m [7] 30 juillet 1764, à Madeleine GRAVEL.—*Charles*, b [7] 11 fevrier 1742.—*Henri*, b... m 2 mai 1763, à Cecile AUDET, à St-Laurent, I. O.—*Joseph-Marie*, b [7] 17 avril et s [7] 13 mai 1744.—*Marie-Louise*, b [7] 28 avril 1745.—*Marie*, b... m [7] 1er août 1763, à Jean-Baptiste ROYER.—*Jean-Baptiste*, b [7] 23 juin et s [7] 3 sept. 1747.

1756, (8 nov.) [7]

2° AUDET, Marie, [NICOLAS II.
b 1704; veuve de Mathurin Boilard; s [7] 29 avril 1782.

I.—ROY (1), PIERRE, b 1703; s 20 février 1760, à Terrebonne.

1731, (5 fevrier) Ste-Anne-de-la-Pérade.

II.—ROY (2), JEAN-BTE, [GASPARD I.
b 1700; s 18 nov. 1775, à St-Jean-Deschaillons. [2]
GERVAIS, Marie-Jeanne, [JEAN-BTE I.
b 1707; s [2] 31 juillet 1794.
Jean-Baptiste, b 20 déc. 1731, à Lotbinière; 1° m 1752, à Françoise AUGÉ; 2° m [2] 16 nov. 1763, à Marie-Joseph BARIL; 3° m à Elisabeth CHARLEBEAU; s [2] 2 mai 1813.—*Marie-Joseph*, b 6 juin 1734, aux Grondines; m [2] 19 janvier 1756, à François COURTOIS; s [2] 5 mai 1814. — *Etienne*, b 1736; m [2] 8 sept. 1760, à Madeleine LEBEUF.—*Marie-Anne*, b... m [2] 2 sept. 1760, à Joseph LEBEUF; s [2] 22 oct. 1766. — *Louise-Charlotte*, b [2] 10 mars 1742.—*Joseph*, b 1743; m [2] 15 juillet 1765, à Monique CHARLAND; s [2] 29 déc. 1766.—*Michel*, b 1744; m [2] 30 juillet 1764, à Angelique BARABÉ; s [2] 31 mai 1794.—......... (3), b [2] 1er avril 1747.

1731, (4 avril) Terrebonne. [1]

I.—ROY, AUGUSTIN, fils de Pierre et de .... de Confeste, diocèse d'Amiens, Picardie.
THIBI (4), Marie-Joseph, [MARIN I.
b 1708.
Marie-Charlotte, b... m [1] 16 nov. 1750, à Etienne CHARLES. — *Marie-Joseph*, b... m 6 mai 1754, à Jean-François PILON, au Bout-de-l'Ile, M. [2] —*Marie-Joseph*, b... m 11 oct. 1756, à Jacques BERTRAND, au Lac-des-Deux-Montagnes. — *Augustin*, b [1] 18 avril 1735; m [2] 17 mai 1762, à Marie-Joseph ROBIDOU. — *Jean-Baptiste*, b [1] 19 février et s [1] 8 août 1737.— *Marie-Amable*, b [1] 29 mai 1741; m 8 janvier 1759, à Louis-Guillaume LEROUX-CARDINAL, à Chambly. — *Joseph*, b [1] 24 janvier 1749.

1731, (4 juin) Charlesbourg. [6]

III.—ROY, FRANÇOIS, [NICOLAS II.
b 1708; s 29 nov. 1749, à St-Michel. [7]
ALLARD, Marie-Thérèse, [JEAN II.
b 1712; s [7] 19 août 1759.

(1) Soldat au régiment de LaSarre.
(2) Et Roiroux dit Laliberté.
(3) Le nom manque au registre.
(4) Elle épouse, le 29 mai 1753, René Rivière, au Bout-de-l'Ile, M.

Jacques-François, b [6] 1er mai 1732; s [7] 4 déc. 1747. — *Jean-Baptiste*, b [7] 13 avril 1734; m [7] 22 oct. 1753, à Marie-Marthe GOUPY. — *Pierre*, b [7] 9 janvier 1736; m [7] 19 février 1759, à Marie-Louise GOUPY; s [7] 22 janvier 1763. — *Marie-Thérèse*, b 27 oct. 1737, à St-Valier. [8] — *Jacques-Grégoire*, b [8] 9 mai 1739.—*Marie-Joseph*, b [7] 19 mars 1741. —*Françoise*, b [7] 28 janvier 1743. —*Joseph*, b [7] 6 janvier 1745.—*Marie-Suzanne*, b [7] 11 nov. 1746. —*Marie-Thérèse*, b [7] 4 oct. et s [7] 2 déc. 1748. —*Louis*, b [7] 3 nov. 1749.

1731, (27 août) Longueuil.

II.—ROY, FRANÇOIS, [PIERRE I.
b 1691.
TRUTEAU, Madeleine, [CHARLES II.
b 1711; s 20 février 1750, à Montréal. [9]
Madeleine, b [9] 3 juin 1734; m [9] 15 janvier 1753, à Nicolas LEFEBVRE. — *Marguerite*, b [9] 6 nov. 1735; m [9] 30 avril 1753, à Antoine-Augustin HAMELIN.—*Marie-Barbe*, b [9] 28 oct. 1737. — *Marie-Louise*, b... 1° m à Charles HAMELIN; 2° m [9] 15 février 1762, à Charles LEPAILLEUR. — *Marie-Catherine*, b [9] 20 janvier 1739; m [9] 10 juin 1754, à François-Marie HAMELIN. — *Pierre-Amable*, b [9] 14 août et s [9] 24 nov. 1740 —*Louis*, b [9] 21 nov. 1741. —*Marie-Amable*, b [9] 24 déc. 1742. — *Charles*, b [9] 5 déc. 1743. — *Marie-Charlotte*, b [9] 4 nov. 1744; s [9] 5 mars 1749. — *Marie-Joseph*, b [9] 7 janvier 1746; m 28 août 1769, à Jacques HUBERT, à St-Constant.—*Marie*, b [9] 8 mars et s [9] 4 juillet 1747. — *Marie-Archange*, b [9] 1er et s [9] 2 sept. 1748. — *Joseph*, b [9] 5 janvier 1750.

1731, (26 nov.) Charlesbourg. [1]

III.—ROY (1), SIMON, [JEAN II.
b 1702; s [1] 13 avril 1747.
RENAULT (2), Marie-Joseph, [JEAN-BERNARD II.
b 1710.
Marie-Jeanne, b [1] 28 janvier 1733; m 27 janvier 1755, à Romain RASSET, à St-Augustin. — *Marie-Joseph*, b [1] 15 mai 1734; s [1] 12 oct. 1746. —*Marie-Charlotte*, b [1] 20 sept. 1735; s [1] 25 sept. 1748. — *Simon*, b [1] 27 mai 1737; m 1764, à Madeleine CHALIFOUR. — *Louis-Joseph*, b [1] 8 avril 1739; s 14 nov. 1776, à Québec.—*Jean-Marie*, b [1] 21 février 1741. — *Charles*, b [1] 12 mai 1743. — *Louis*, b [1] 18 sept. 1745.

1731.

III.—ROY (3), LOUIS, [PIERRE II.
b 1703.
HERVIEUX (4), Marie-Louise, [JACQUES II.
b 1707.
Marie-Amable, b 1er février et s 9 mai 1733, à Lavaltrie. [9] —*Marie-Louise*, b... m [9] 15 mai 1752, à Jean-Baptiste ABRAHAM.—*Marie-Angélique*, b... m 26 janvier 1753, à Jean-Baptiste ABRAHAM, à Lachine.—*Louis*, b 23 janvier 1736, à Lanoraie [8]; m [8] 31 mars 1761, à Victoire-Charlotte DAMOURS.

(1) Dit Audy.
(2) Elle épouse, le 24 janvier 1752, Jean-Baptiste Thibault, à Charlesbourg.
(3) Dit Desjardins.
(4) Lespérance.

1733, (13 avril) St-Pierre, I. O. [9]

III.—ROY, PIERRE, [JEAN II.
b 1708.
BUSSIÈRE (1), Madeleine, [JEAN II.
b 1710.
Pierre-François, b [9] 28 janvier 1734; m 27 janvier 1755, à Catherine SAUVAGE, à Montréal. — *Marie-Madeleine*, b 11 janvier 1736, à Lachenaye. [8] — *Marie-Madeleine*, b [8] 2 avril et s [8] 21 août 1737.—*Jean-Baptiste*, b [8] 6 sept. 1738.

1733, (4 mai) Québec.

III.—ROY, MICHEL, [GUILLAUME II
b 1708; s 2 mars 1744, à Beaumont. [6]
EMOND, Marguerite, [PIERRE I
b 1710.
Marguerite, b 18 février 1734, à Ste-Anne-de-la-Pocatière [7]; m 7 février 1752, à Jean ROY, à St-Charles. — *Michel*, b 15 février 1736, à St-Roch. — *Marie-Joseph*, b [7] 6 et s [7] 18 mars 1737 —*Joseph-Marie*, b [6] 20 sept. 1738; m 8 nov 1762, à Claire ASSELIN, à St-François, I. O.— *Etienne*, b [6] 19 mai 1741. — *Guillaume*, b [6] 15 juillet 1743; m 1763, à Marie-Anne DELISLE.

1733, (20 sept.) St-Augustin.

III.—ROY, JOSEPH, [JEAN-BTE II
b 1705; s 30 déc. 1757, à Québec. [9]
CONSTANTIN, Marie-Joseph, [PIERRE II.
b 1714; s [9] 18 mars 1796.
Joseph-Romain, b [9] 15 février 1735; s [9] 29 août 1755.—*Marie-Anne-Joseph*, b [9] 7 août 1736, s [9] 30 déc. 1756. — *Etienne*, b [9] 27 avril 1738; s 25 mars 1760, à St-Frs-du-Sud.—*Elisabeth-Françoise*, b [9] 23 juillet 1740; m [9] 14 février 1763, à Etienne PETIT.—*Marie-Louise*, b [9] 9 juillet 1742, s [9] 22 avril 1743. — *Marie-Madeleine*, b [9] 13 février 1744; m [9] 12 janvier 1761, à Charles-François LEBON. — *Marguerite-Suzanne*, b [9] 26 sept 1751. — *Charlotte-Joseph*, b [9] 2 sept. 1754. — *Louise-Marie-Anne*, b [9] 9 août 1756; s [9] 11 janvier 1758.

1733.

ROY, JEAN-BTE.
BOUCHER, Marie-Anne, [JACQUES I.
b 1715.
Marie-Anne, b 16 déc. 1734, à Montréal.

1734.

ROY, JEAN-BTE.
LESAGE, Madeleine. [JEAN II
Marguerite, b... m 7 oct. 1754, à Amable SAVARIA, à Varennes.

1734, (25 janvier) St-Valier. [1]

III.—ROY, FRANÇOIS, [NOEL II.
b 1711.
FORTIER, Marie-Anne, [PIERRE-NOEL II
b 1712.
Eloi-Eucher, b [1] 12 oct. 1734.—*François-Andronique*, b [1] 28 février 1736; m 27 nov. 1764, à Geneviève ROBERGE, à Levis. — *Marie-Anne*, b 29

(1) Elle épouse, le 13 avril 1744, Nicolas Deschênes, à Quebec.

juillet 1738, à St-Michel [2]; m [2] 24 nov. 1755, à Jean-Baptiste MERCIER.—*Joseph*, b [2] 6 avril 1740. —*Alexis*, b [2] 10 mai 1742.—*Marguerite*, b [1] 26 juin 1744.—*Marie*, b [2] 27 août 1745.—*Louis*, b... m 3 février 1766, à Marie DION, à Berthier.—*Marie-Angélique*, b [2] 22 avril et s [2] 4 août 1748. —*Geneviève*, b [2] 10 et s [2] 12 sept. 1749.—*Paul-Antoine*, b [2] 27 et s [2] 28 mars 1751.—*Marie-Marguerite*, b [2] 4 février 1753.

1734, (8 mars) Pointe-Claire.

III.—ROY, FRANÇOIS, [ANDRÉ II.
b 1713.
1° CHAMAILLARD, Charlotte, [JEAN II.
b 1714.
André, b... m 4 oct. 1762, à Marie-Geneviève LALONDE, au Bout-de-l'Ile, M. [3]
1764, (27 février). [3]
2° GAVILLON, Angélique, [LOUIS I.
veuve d'Antoine Quesnel.

1734, (27 sept.) Charlesbourg. [7]

III.—ROY, JEAN-BTE, [MATHURIN II.
b 1705.
CHRÉTIEN, Marie-Madeleine, [JEAN-BTE II.
b 1708.
Marie-Madeleine, b [7] 7 et s [7] 25 juillet 1735.—*Geneviève-Angélique*, b [7] 24 juin 1736.—*Elisabeth*, b [7] 2 août 1738.—*Marie-Madeleine*, b [7] 3 août 1740; s [7] 24 février 1751.—*Jean-Baptiste*, b [7] 16 juillet et s [7] 20 août 1742.—*Marguerite-Françoise*, b [7] 19 août et s [7] 1er sept. 1743.—*Marie-Joseph*, b [7] 20 mai 1745.—*Prisque*, b [7] 24 juin 1749.

1734, (11 oct.) Beaumont. [9]

IV.—ROY, CHARLES-GUILLAUME, [GUILLAUME III.
b 1714.
1° GONTIER, Louise, [DENIS II.
b 1717; s [9] 20 mars 1744.
Marie-Louise, b [9] 25 août et s [9] 15 sept. 1735. —*Marie-Louise*, b [9] 23 déc. 1736; s [9] 12 mars 1737.—*Marie-Madeleine*, b [9] 3 février 1738.—*Charles*, b [9] 8 avril 1740; m à Elisabeth TIVIERGE. —*Joseph-Etienne*, b [9] 27 février 1742.—*Marie-Geneviève*, b [9] 16 mars 1744.
1746, (30 janvier). [9]
2° PAQUET, Marie-Joseph, [CHARLES II.
b 1719.
Joseph-Marie, b [9] 2 janvier et s [9] 31 déc. 1747. —*Joseph*, b [9] 29 oct. 1748.—*Etienne*, b [9] 4 août 1751; m 21 juin 1779, à Marie JUSSIAUME, à Ste-Anne-de-la-Pérade.—*Pierre*, b [9] 16 oct. 1753.

I.—ROY, FRANÇOIS.
LACHINE, Elisabeth.
Marie-Catherine, b 9 et s 12 oct. 1736, au Détroit.

1735, (15 février) Batiscan. [1]

III.—ROY (1), JOSEPH, [MICHEL II.
b 1712; s [1] 6 mai 1758.
DUCLOS, Marie-Charlotte, [FRANÇOIS II.
b 1712.

(1) Dit Châtellereau.

Marie-Charlotte, b [1] 3 mars 1736; m [1] 23 février 1756, à Pierre-Robert LAFOND.—*Joseph*, b [1] 28 mars 1737; s [1] 16 nov. 1741.—*Marie-Françoise*, b [1] 17 sept. 1738; m [1] 13 avril 1760, à Louis-Joachim MARCHAND.—*Marguerite*, b 1739; m à Jean-Baptiste DESRANLOT; s [1] 27 février 1783.—*Marie-Anne*, b [1] 24 et s [1] 27 mai 1741.—*Marie-Madeleine*, b [1] 8 mars 1743.—*Claude-Joseph*, b [1] 25 mai et s [1] 5 août 1744.

1735, (13 juin) St-Valier. [6]

III.—ROY, AUGUSTIN, [NOEL II.
b 1713.
FRADET, Marie-Isabelle, [JEAN I.
b 1717.
Marie-Marguerite, b [6] 26 février 1737; m [6] 1er février 1762, à André HÉLY.—*Jean-Baptiste*, b [6] 10 nov. 1738.—*Augustin-François*, b [6] 25 déc. 1740.—*Marie-Anne*, b [6] 22 mars 1742.—*Jean-Noel*, b [6] 25 mai 1743; m 9 nov. 1767, à Angélique BOISSONNEAU, à Berthier.—*Marie-Françoise*, b [6] 31 oct. 1744.—*Louis*, b [6] 16 avril 1746. —*Marie-Isabelle*, b [6] 12 déc. 1747.—*François*, b [6] 22 août 1749.—*Marie-Catherine*, b [6] 27 oct. 1750. —*Marie-Rosalie*, b [6] 10 avril 1752.—*Marie-Thècle*, b [6] 22 août 1755.—*Michel*, b [6] 22 juillet 1757.

1735, (3 nov.) Ste-Anne-de-la-Pérade. [5]

II.—ROY (1), JOSEPH, [GASPARD I.
b 1712.
LEDUC, Marie-Joseph, [JEAN-BTE II.
b 1708.
Marie-Joseph, b [5] 22 août 1736.—*Marie-Charlotte*, b 8 nov. 1741, aux Grondines. [6]—*Marie-Anne*, b [6] 20 oct. 1747.

1736, (19 mars) Détroit. [8]

III.—ROY (2), JOSEPH, [EDMOND II.
b 1709.
PERTHUIS, Madeleine, [PIERRE II.
b 1720.
Joseph, b [8] 11 et s [8] 13 avril 1737.—*Pierre*, b [8] 15 mai 1738.

1737, (14 janvier) Laprairie. [8]

III.—ROY, PIERRE, [PIERRE II.
b 1706.
LEFEBVRE, Louise, [PIERRE II.
b 1716.
Marie-Louise-Angélique, b [8] 18 oct. 1737.—*Marie-Suzanne*, b [8] 20 mai 1739.—*Louis-Lambert* et *Marguerite-Monique*, b [8] 18 sept. 1740.—*Pierre-Henri*, b [8] 29 mai 1742.—*Joseph*, b [8] 24 février 1744; m 30 janvier 1769, à Marie-Suzanne VIAU, à St-Constant.

1737, (22 juillet) Beauport.

III.—ROY (3), CHARLES-JOSEPH, [JEAN II.
b 1712.
PARANT, Marie-Catherine, [JEAN II.
b 1712.

(1) Et Roiroux dit Laliberté.
(2) Dit Chatellereau.
(3) Dit Audy.

Jean-Charles, b 20 juin 1739, à Charlesbourg [5]; s [5] 6 déc. 1759. — *Jean-Baptiste*, b [5] 23 juin 1741. —*François*, b [5] 22 sept. 1742.— *François-Emmanuel*, b [5] 11 juillet 1746; s [5] 18 mars 1748. — *Marie-Joseph*, b [5] 28 juillet 1747; m [5] 11 avril 1763, à Jean-Baptiste Légaré. — *Joseph-Emmanuel*, b [5] 8 mai et s [5] 13 août 1749. — *Jean-Baptiste*, b [5] 23 avril 1750. — *Marie-Thérèse*, b [5] 8 et s [5] 21 janvier 1752. — *Pierre*, b [5] 23 mars 1756; s [5] 26 avril 1757. — *Marie-Elisabeth*, b [5] 23 mars et s [5] 4 mai 1756.

1737, (11 nov.) St-Valier. [8]

III.—ROY, Pierre, [Noel II.
b 1714.
1° Alaire, Françoise, [Joseph II.
b 1716; s [8] 20 mars 1750.
Pierre, b 14 fevrier 1739, à St-Michel. — *Eustache*, b [8] 9 mai 1741; m 19 sept. 1763, à Madeleine Chabot, à St-Laurent, I. O. — *Marie-Françoise*, b [8] 4 mars 1743; m [8] 9 fevrier 1767, à Joseph Laverdière. — *Jacques*, b [8] 4 nov. 1745; m [8] 16 nov 1767, à Suzanne Brochu. — *Marie-Françoise*, b [8] 12 avril 1748. — *Jean-Baptiste*, b [8] 18 déc. 1749.

1750, (11 août) St-Pierre, I. O.
2° Bouchard (1), Geneviève, [Charles III.
b 1728.

I.—ROY (2), François.
Lacroix, Angelique, [Louis II.
b 1708.
Jean-Baptiste-Marie, b 1736; m 30 mai 1774, à Angélique Bélanger, à Québec. [8] —*Marie-Joseph*, b 1738; m [8] 23 nov. 1761, à Pierre Dugast; s [8] 1er février 1763.

1739, (2 février) St-Valier. [2]

III.—ROY, Louis-David, [Noel II.
b 1715.
Marceau, Brigitte, [Jacques II.
b 1717.
Marie-Brigitte, b [2] 17 nov. 1739.—*Marie-Anne*, b 1740; s 25 oct. 1758, à St-Michel. [3] — *Louis-René*, b [2] 4 juin 1741. — *Augustin*, b [2] 28 août 1742.— *Marie-Marthe*, b [3] 28 juillet et s [3] 22 août 1744. — *Marie-Madeleine*, b [3] 19 sept. 1745. — *Marguerite-Angelique*, b [3] 7 mars 1748. — *Jean-Baptiste*, b [3] 21 août 1749.—*Jean-Baptiste*, b [3] 27 sept. 1750. — *Marie-Elisabeth*, b [3] 11 mars 1751; s [3] 25 janvier 1752. — *Marie-Joseph*, b [3] 13 mars 1756.—*Marie-Pélagie*, b [3] 20 juillet 1759; s [3] 15 sept. 1760.

1739, (23 nov.) St-Michel [9]

III.—ROY, Joseph, [Etienne II.
b 1711; s [9] 8 janvier 1760.
1° Filteau, Geneviève, [Nicolas II.
b 1718; s [9] 27 fevrier 1748.
Geneviève, b [9] 17 et s [9] 23 août 1741.—*Joseph*, b [9] 25 fevrier 1748.

1749, (15 juillet). [9]
2° Cadrin, Marie-Marthe, [Pierre II.
b 1732.
Marie-Marthe, b [9] 12 avril 1750.—*Pierre-Paul*, b [9] 9 janvier 1752.—*Marie-Geneviève*, b [9] 24 mars 1754.— *Marie-Madeleine*, b [9] 25 juin 1757. — *Michel*, b [9] 3 nov. 1759.

1740, (25 janvier) Longue-Pointe. [6]

IV.—ROY, Jean, [Jean III.
b 1710.
Vinet, Thérèse, [François II.
b 1722.
Marie-Thérèse, b [6] 14 oct. et s [6] 9 déc. 1740.—*Jean-Baptiste*, b [6] 23 mars 1742; 1° m [6] 21 oct. 1765, à Marie-Archange Tessier; 2° m [6] 10 oct 1774, à Marguerite Archambaut; s 5 juin 1782, à Terrebonne.

1740, (15 février) St-Valier. [7]

III.—ROY, Augustin, [Jean-Bte II.
b 1711.
1° Aubé, Marie-Agathe, [André I
b 1718; s [7] 26 dec. 1749.
Marie-Geneviève, b [7] 21 mai 1741. — *Marie-Agathe*, b [7] 19 oct. 1742; m [7] 1er février 1768, à Antoine Blanchet.—*Augustin-Paul*, b [7] 22 avril 1745; 1° m à Marie-Agnès Bolduc; 2° m 22 nov. 1791, à Marie-Anne Bauché, à Québec. — *Marie*, b... m [7] 9 fevrier 1770, à Jean Boucher.—*Joseph-Marie*, b [7] 28 mars 1749.

1750, (11 août) St-Pierre, I. O.
2° Bouchard (1), Catherine, [Charles III
b 1718.
Jean-Baptiste, b [7] 25 oct. 1751.— *Jean-Baptiste*, b [7] 13 janvier 1753. — *Pierre-Marie*, b [7] 24 mars 1754. — *Marie-Catherine*, b [7] 30 dec. 1755. — *François*, b [7] 16 mai 1759. — *Louis*, b [7] 10 avril 1761.

1740, (16 août) Montréal. [1]

III.—ROY, Jacques, [Jacques II
b 1718.
Prudhomme, Françoise, [François III.
b 1720.
Jacques-Amable, b [1] 20 mai 1741.—*André*, b [1] 15 sept. 1743.—*Marie-Louise*, b [1] 4 juin 1745; m [1] 21 juin 1766, à Louis-Amable Robreau.—*Cécile-Amable*, b [1] 3 avril 1747.—*Michel*, b [1] 30 sept 1748.—*Marie-Amable*, b [1] 15 août 1750.—*Agathe*, b 1753; m [1] 23 juillet 1772, à Jean-Baptiste Mayrand.—*Pierre*, b 1757; m [1] 22 nov. 1779, à Marie-Joseph Poitras.

1741, (24 avril) Montréal. [2]

III.—ROY (2), Jean, [François II.
b 1708.
1° Boyer, Marguerite, [Antoine II.
b 1711; s [2] 14 janvier 1748.
Jean-Baptiste-Joseph, b [2] 19 mars et s [2] 13 juillet 1742.—*Pierre-Jean*, b [2] 26 mai 1743.—*Ignace*, b [2] 31 déc. 1747; m 18 février 1770, à Marie-Joseph DeRainville, à St-Constant.

(1) Dorval.
(2) Dit Larose.

(1) Dorval.
(2) Dit LaPensée.

1752, (15 fevrier) Cahokia.[3]
2° PANCRASSE, Marie, [PANCRASSE.
veuve de Bernard Bouillon.
Jean-Pierre, b[3] 2 avril 1753.—*Marie-Thérèse*, b[3] 30 avril 1755.—*Joseph*, b[3] 19 fevrier 1757.—*Alexis*, b[3] 10 nov. 1758.—*François-Ange*, b[3] 2 oct. 1760.

I.—ROY, JEAN-BTE,
sauvage.
DELORME, Marie.
Jean-Baptiste, b 26 août 1742, à Longueuil.

1741, (21 août) Batiscan.
III.—ROY (1), JOSEPH, [JOSEPH II.
b 1715.
HUBERT, Marie-Françoise, [JEAN-BTE-RENÉ II.
b 1708; veuve de Charles Barrabé.
Catherine, b 19 nov. 1742, aux Trois-Rivières. —*Marie-Joseph*, b 24 nov. 1744, à Nicolet; m 23 sept. 1767, à Jacques MARTEL, à St-Antoine-de-Chambly.

1741, (11 sept.) Beaumont.[4]
IV.—ROY, JOSEPH, [GUILLAUME III.
b 1719; s 9 déc. 1749, à St-Charles.
GONTIER, Marie-Madeleine, [DENIS II.
b 1719.
Joseph, b[4] 17 juillet 1742.—*Joseph*, b[4] 13 avril 1744.—*François*, b... m 18 févrer 1765, à Felicité PLANTE, à St-Valier.—*Louise*, b[4] 10 avril 1746. —*Antoine*, b[4] 14 sept. 1749.

1741, (6 nov.) Château-Richer.
IV.—ROY, JOSEPH, [JEAN-BTE III.
b 1715.
1° GAGNON, Marie-Louise, [JOSEPH III.
b 1721; s 6 déc. 1758, à St-Joseph, Beauce[5]
Marie-Madeleine, b 17 sept. 1742, à Charlesbourg[6]; m[5] 7 fevrier 1763, à Joseph VEILLEUX. —*Joseph*, b[6] 31 juillet 1744; m[5] 3 février 1766, à Louise DUPUY.—*Marie-Joseph*, b[6] 8 mars 1746; m à Basile VEILLEUX.—*Barthelemi*, b 1750; s[5] 24 déc. 1760.—*Jean-Baptiste*, b[5] 16 nov. 1754.—*Thérèse*, b[5] 28 avril et s[5] 7 mai 1756.—*Marie-Anne*, b[5] 30 oct. 1757; m[5] 25 oct. 1779, à Zacharie BOLDUC.
1760, (4 nov.)[6]
2° DROUIN, Jeanne, [JEAN III.
b 1739.
François-Etienne, b[5] 10 janvier 1761.—*Marie-Françoise*, b[5] 13 avril 1763; s[5] 19 mai 1773.—*Marguerite*, b[5] 1er dec. 1767.—*Charles-François*, b[5] 22 sept. 1771.—*Jacques*, b[6] 18 avril 1773.—*Pierre*, b[6] 18 fevrier 1775.—*Jean-Marie*, b[6] 8 fevrier 1778; m 1er juillet 1800, à Helène MARQ, à Quebec.

1741, (27 nov.) Montréal.[5]
I.—ROY, SÉBASTIEN, b 1709; fils de Jean et d'Anne Sayer, de Grand, diocèse de Bourges, Berry.
PARANT, Marie, [CHARLES II.
b 1723.

(1) Dit Portelance.

Toussaint, b[5] 1er nov. 1742. — *Marie-Joseph*, b[5] 19 mars 1745; m[5] 10 fevrier 1766, à Louis MASSY.—*Marguerite*, b[5] 23 mars 1748.— *Michel*, b[5] 15 avril 1750. — *Louise-Amable*, b 1752; m[5] 3 juillet 1769, à François GAGNÉ.

1742, (15 janvier) St-Valier.[2]
III.—ROY, ETIENNE, [NOEL II.
b 1720.
FRADET, Marie-Reine, [JEAN I.
b 1721.
Etienne, b[2] 18 mai 1742; m à Geneviève NOEL. —*Jacques-Philippe*, b[2] 1er juillet 1743.— *Marie-Angélique*, b[2] 13 sept. 1744. — *Marie-Louise*, b[2] 14 déc. 1745; m[2] 25 nov. 1765, à Jacques DELAVOYE. — *Marie-Reine*, b[2] 22 mai 1747. — *Marie-Joseph*, b[2] 14 sept. 1748. — *Pierre*, b[2] 30 avril 1750.—*Marie-Anne*, b[2] 17 avril 1752; m 18 juin 1782, à François HENRY, à Quebec. — *Jean-Baptiste*, b[2] 21 avril 1753.—*Marie-Marguerite*, b[2] 20 juillet 1754. — *Charles-Pierre*, b[2] 6 mai 1756.— *Catherine*, b[2] 26 juillet 1757.

1742, (27 janvier) Québec.[1]
III.—ROY, JOSEPH, [JEAN II.
b 1714; marchand.
CHALOU, Marie-Joseph, [PIERRE-FRS I.
b 1727.
Joseph, b[1] 16 février et s[1] 23 juillet 1742.

1742, (25 juin) L'Ange-Gardien.
III.—ROY, PIERRE, [PIERRE II.
b 1714.
VÉSINA, Marie-Charlotte, [FRANÇOIS III.
b 1715.
Marie-Charlotte, b 30 sept. 1743, à Charlesbourg[1]; m 2 mai 1761, à André MINX, à Lorette.[2] —*Pierre-Michel*, b[1] 26 sept. et s[1] 14 nov. 1745. — *Marie-Louise*, b[1] 12 oct. 1746. — *Marguerite*, b[1] 19 juin 1748; m à Jean SOVIATE. — *Marie-Madeleine*, b[2] 5 avril 1751; m à François ALAIN. —*Marie-Joseph*, b[2] 22 avril 1753.—*Pierre-André*, b[2] 8 juillet 1755; s[2] 31 août 1758.—*Marie-Geneviève*, b 31 mai 1757, à Ste-Foye. — *Marie-Charlotte*, b[2] 15 août 1762.

ROY (1), JEAN-PIERRE, s (noyé) 15 oct. 1741, à St-Antoine-Tilly.

II.—ROY, AUGUSTIN, [ANTOINE I.
b 1671; s (de mort subite) 11 oct. 1748, à Lorette.

I.—ROY, JEAN-BTE,
Acadien.
BENOIT, Marie,
Acadienne.
Jean-Baptiste, b... m 27 février 1764, à Marie BASTARACHE, à Yamachiche.

(1) Maitre d'école.

1743, (5 janvier) Montréal.[6]

I.—ROY, François, b 1715, marchand; fils d'Emery et de Marie-Anne Delondière, de St-Pierre, diocèse de Poitiers, Poitou.

Duprac, Madeleine, [Jean I. b 1716.

Amable-Simon, b [6] 27 oct. 1743; s [6] 4 avril 1744. — *Jean-Baptiste,* b [6] 7 et s 24 sept. 1744, à Laprairie. — *François,* b [6] 2 oct. 1745. — *Pierre,* b [6] 27 sept. 1746. — *Gilles-Jacques,* b [6] 27 juin 1748.

I.—ROY (1), Jean, b 1720; de Xaintes, en Saintonge; s (noyé) 3 sept. 1743, à Quebec.

1743, (29 oct.) Québec.[4]

III.—ROY, Ignace, [Laurent II. b 1724; s [4] 9 mai 1744.

Laroche (2), Marie-Lse-Anne, [Michel II. b 1724.

1743.

III.—ROY (3), Pierre, [François II. b 1717.

1° Brau, Louise, [Jean-Bte II. b 1717; s 29 nov. 1751, à Lachine.[5]

Marie-Louise, b 1744; m [5] 20 fevrier 1764, à Jean-Baptiste Bergeron; s [5] 13 dec. 1764. — *Angélique,* b [5] et s [5] 8 août 1749. — *Joseph-Marie,* b [5] 10 et s [5] 12 juillet 1750. — *Elisabeth,* b [5] 27 nov. et s [5] 3 dec. 1751.

1757, (7 février) Montréal.

2° Legaut-Deslauriers (4), Céleste, [J.-Bte II. b 1734.

Pierre, b [5] 27 mai 1758. — *Marie-Victoire,* b [5] 15 sept. 1761.

ROY, Jean-Bte.

Dufresne, Marie-Joseph.

Marie-Joseph, b 11 et s 30 nov. 1744, à Longueuil. — *Joseph,* b 9 et s 10 avril 1747, à Nicolet.

1744, (3 février) Laprairie.[6]

III.—ROY, André, [André II. b 1721.

Joly, Marie, [Nicolas III. b 1723.

Marie-Suzanne, b [6] 17 déc. 1744; m 11 février 1765, à Jacques Robert, à St-Philippe. — *Marie-Joseph,* b 1750; s 16 sept. 1754, à St-Constant.[7] — *Joseph-Marie,* b [7] 30 sept. 1754. — *Angélique,* b [7] 30 déc. 1757.—*Amable,* b [7] 20 oct. 1761.

1744.

III.—ROY (3), Jacques, [François II. b 1722.

1° Tabeau, Marie-Anne, [Alexis II. b 1719.

(1) Matelot sur l'*Amphitrite.*

(2) Elle épouse, le 9 février 1751, Jacques Choret, à Québec.

(3) Dit LaPensée.

(4) Elle épouse, le 14 août 1769, Michel Biguet, à Lachine.

Angélique, b .. m 14 avril 1766, à Jacques Roy, à Lachine.[9] — *Marie-Joseph,* b... m 20 oct. 1766, à Joseph Janot, à Repentigny. — *Thérèse,* b... m 1766, à Michel Janot.

1750, (27 avril) Montréal.

2° Boyer, Marie-Madeleine, [Antoine II. b 1719; s [9] 4 fevrier 1757.

Antoine, b [9] 12 oct. 1751.—*Basile,* b [9] 16 mars 1753. — *Madeleine-Amable,* b [9] 20 avril 1754. — *Joseph,* b [9] 10 sept. 1755. — *Pierre,* b [9] 2 janvier 1757.

1761, (2 février).[9]

3° Hunaut, Marguerite, [Alexandre III. b 1737.

Marguerite, b [9] 27 juin 1761.

1746, (21 fevrier) St-Valier.[1]

III.—ROY, Jacques-Philippe, [Noel II. b 1717.

1° Fradet, Cécile, [Jean I. b 1726; s [1] 27 avril 1750.

Marie-Cécile, b 1747; m [1] 21 juillet 1765, à François Gosselin.

1751, (18 janvier).[1]

2° Courteau, Elisabeth, [Joseph II. b 1730; veuve de François Corriveau.

1755, (11 janvier).[1]

3° Brochu, Marie-Joseph, [Jean III. b 1738.

Jean-Olivier, b [1] 5 juillet 1761.

1746, (24 nov.) Charlesbourg.[2]

IV.—ROY (1), Pierre, [Jean III. b 1722; tonnelier.

Normandeau, Marie-Angélique, [Augustin II. b 1728.

Pierre, b 11 sept. 1747, à Québec.[3]—*Michel,* b [3] 17 oct. 1748.—*Angélique,* b [3] 3 mai 1750; m [3] 21 sept. 1779, à Pierre Couture.—*Jean-Baptiste,* b [3] 14 nov. 1753; m [3] 20 janvier 1778, à Marguerite Gauvreau.—*Charles,* b [2] 14 janvier 1756; m [3] .. nov. 1782, à Madeleine Gauvreau.—*Marie-Charlotte,* b [2] 28 mai 1762; m [3] 26 août 1783, à Charles Rancin.—*Laurent,* b... m [3] 8 mai 1787, à Geneviève Paquet.—*Elisabeth,* b... m [3] 7 juin 1791, à Henri Bouré.

1747.

IV.—ROY, Jean, [Jean III. b 1719.

Huard, Angélique, [Jacques II. b 1726.

Jean, b 17 oct. et s 28 nov. 1748, à Beaumont. —*Jean,* b 31 déc. 1749, à St-Charles[4]; s [4] 12 juin 1750.—*Marie-Angélique,* b [4] 8 mars et s [4] 15 oct. 1751.—*Jean-Isidore,* b [4] 11 avril 1752; s [4] 2 mai 1759.—*Joseph,* b [4] 8 juin 1753.—*Marie-Angélique,* b [4] 19 juin et s [4] 31 juillet 1754.—*Guillaume,* b [4] 17 sept. 1755; s [4] 12 avril 1756.—*Guillaume,* b [4] 8 juillet 1757.—*Anonyme,* b [4] et s [4] 8 fevrier 1759. —*Brigitte,* b [4] 6 mars 1760.

(1) Dit Audy.

1747, (14 janvier) Pte-aux-Trembles, M.[5]
III.—ROY, LAURENT, [PIERRE II.
b 1725.
DUCLOS (1), Marie, [JEAN-BTE II.
b 1725.
Marie-Cécile, b[5] 7 sept. 1749.—*Marie-Amable*, b[5] 10 mai 1751.—*Laurent*, b[5] 14 août 1753.

ROY, JACQUES.
ROBIN, Elisabeth,
s 13 fevrier 1754, à St-Valier.

1747, (10 avril) Ste-Geneviève, M.
III.—ROY (2), FRANÇOIS, [LOUIS II.
b 1713.
DUMAY, Françoise, [NICOLAS III.
b 1723.

1747, (2 juin) St-Pierre-les-Becquets.[6]
III—ROY (3), CHARLES-ALEXANDRE, [PIERRE II.
b 1711.
1° ADAM, Marie-Joseph, [GUILLAUME I.
b 1708; s 23 août 1753, à Lavaltrie.[7]
Charles-Alexis, b[6] 27 fevrier 1748; s[7] 21 janvier 1751.—*Marie-Rose*, b[7] 7 sept. 1750; s[7] 7 mars 1751.—*Marie-Judith*, b 1er juin 1752, à Lanoraie[8]; s[8] 29 août 1753.
1754, (4 février) Chambly.[9]
2° RENAUD, Marie, [ANDRÉ-RENÉ III.
b 1726.
Alexandre, b[9] 17 fevrier 1755.

1747.
ROY, JEAN-BTE,
marchand.
DUBOIS, Geneviève, [PIERRE-JACQUES II.
b 1726; s 27 dec. 1794, à Quebec.[6]
Geneviève, b[6] 12 sept. 1748. —*Marie-Anne*, b[6] 6 oct. 1750.

1747, (7 août) St-Valier.[1]
III.—ROY, ETIENNE, [ETIENNE II.
b 1716.
MORISSET, Marthe, [NICOLAS II.
b 1722; veuve de Louis Leblond.
Cécile, b[1] 17 juin 1748, m[1] 21 juillet 1765, à François GOSSELIN.—*Michel*, b[1] 6 août 1752; s[1] 8 dec. 1755.—*Nicolas*, b[1] 22 sept. 1754—*Marie-Marthe*, b[1] 26 juillet 1757. — *Marie*, b 1759; s[1] 25 août 1760.— *Marie-Louise*, b 11 janvier 1762, à Berthier.

ROY, CHARLES.
NADEAU, Charlotte,
b 1729; s 22 février 1808, à Beaumont.

ROY, OLIVIER, b 1723; s 20 sept. 1748, au Detroit.

(1) Elle épouse, le 31 mars 1761, Joseph Hugues, à la Pte-aux-Trembles, M.
(2) Dit LaPensée.
(3) Dit Desjardins.

ROY (1), GUILLAUME.
ETHIER, Marie-Joseph.
Joseph, b 12 août 1748, à Lavaltrie. — *Guillaume*, b 1750; s 8 déc. 1800, à l'Hôpital-Général, M.

1748, (22 avril) St-Pierre-les-Becquets.
III.—ROY (2), JEAN-BTE, [MICHEL II.
b 1723.
BRISSON, Marie-Madeleine, [MICHEL III.
b 1725.
François-Joseph, b 2 et s 14 déc. 1754, à St-Jean-Deschaillons.[6] —*Jean-Baptiste*, b[6] 4 janvier 1757 —*Joseph-François*, b[6] 27 déc. 1758.—*Marie-Theotiste*, b[6] 17 mars 1761. — *Joseph*, b 20 mars 1763, à la Baie-du-Febvre[7]; s[7] 22 fevrier 1765. —*Marie-Joseph*, b[7] 23 sept. 1764; s[6] 26 février 1770.—*Marie-Joseph*, b[7] 27 juillet 1766.

1748, (22 avril) Montréal.[1]
III.—ROY, LAURENT, [JACQUES II.
b 1725.
CORDIER (3), Catherine, [GABRIEL I.
b 1725.
Marguerite, b[1] 29 mars 1749; s[1] 31 janvier 1750.—*Marie-Anne*, b[1] 21 oct. 1750.—*Louis-Laurent*, b 12 avril et s 24 nov. 1754, à St-Constant.[2] — *Louis-Laurent*, b[2] 4 dec. 1756. — *Catherine*, b 12 mai 1757, à Contrecœur[3]; m[3] 10 août 1772, à François-Louis HAGUENIER.

1748, (22 juillet) St-Valier.[8]
III.—ROY, JEAN-BTE, [JEAN-BTE II.
b 1722.
TANGUAY, Marie-Madeleine, [JEAN-BTE II.
b 1731.
Jean-Baptiste, b[8] 16 avril 1749.—*Marie-Madeleine*, b 31 mai 1750, à Berthier; s 23 mars 1754, à St-Frs-du-Sud.[9]—*Jean-Baptiste*, b[8] 15 janvier 1752.—*Basile*, b[9] 1er juillet 1754.—*Joseph-Marie*, b[9] 27 nov. 1755. —*Augustin*, b[9] 22 nov. 1757.—*Françoise*, b[9] 29 janvier 1760.

1748, (4 nov.) Kamouraska.[1]
IV.—ROY (1), PIERRE, [PIERRE III.
b 1722.
BOUCHER (4), Marguerite, [PIERRE III.
b 1722.
Marie-Anne, b... m[1] 5 mai 1773, à Jean-Baptiste COTÉ.—*Marie-Catherine*, b[1] 29 mai 1753.

1749, (10 fevrier) St-Valier.[2]
IV.—ROY, ALEXIS, [ALEXIS III.
b 1723; s[2] 3 fevrier 1761.
LEMARIÉ (5), Marie-Anne, [MICHEL III.
b 1728.
Marie-Marguerite, b[2] 21 déc. 1750; s[2] 25 mars

(1) Dit Desjardins.
(2) Et Roiroux dit Laliberté; marié sous ce dernier nom.
(3) Et Bourdeau.
(4) Elle épouse, le 10 juin 1754, Gabriel Parant, à Kamouraska.
(5) Elle épouse, le 28 sept. 1761, Jean Toussaint, à St-Valier.

1752.—*Jean-Baptiste*, b [2] 3 avril 1752; m 8 février 1779, à Charlotte Suzor, à Beaumont.—*Marie-Joseph*, b [2] 25 fevrier 1754.—*Pierre*, b [2] 17 fevrier 1756.—*Marie-Jeanne*, b [2] 2 nov. 1757.—*Marie-Marguerite*, b [2] 16 fevrier 1760.

1749, (1er juillet) Trois-Pistoles.

IV.—ROY (1), Jean-Bte, [Jean-Bte III.
b 1725; s 28 février 1756, à Kamouraska. [3]
Coté (2), Marie-Geneviève, [Gabriel IV.
b 1726.
Jean-Baptiste, b 1750; m [3] 4 oct. 1773, à Marie-Louise Dionne.—*Joseph*, b 1752; s [3] 15 sept. 1759. —*Augustin*, b [3] 24 oct. 1753; m [3] 2 oct. 1775, à Ursule Cordeau.—*Joseph-Marie*, b [3] 5 janvier 1756; m [3] 26 oct. 1778, à Marie-Anne Michau.

1749, (20 oct.) Lotbinière. [4]

III.—ROY (3), Isidore, [Joseph II.
b 1729.
Hubert, Marguerite, [Jean-Bte-René II.
b 1731.
Joseph, b [4] 6 janvier 1751.—*Marie-Marguerite*, b [4] et s [4] 15 sept. 1752.—*François*, b [4] 20 oct. 1755; m 1780, à Marie-Joseph Brunet.—*Isidore*, b 6 mars 1757, à St-Jean-Deschaillons. [5] —*Michel*, b [4] 13 mai 1758.—*Basile*, b [5] 30 août 1759.—*Jean-Baptiste*, b 1761; m 23 août 1784, à Marie Mathieu, à Deschambault.—*Marie-Geneviève*, b [4] 18 mars 1765.—*Marie-Catherine*, b [4] 9 janvier 1767.—*Marie-Véronique*, b [4] 17 février 1768.

1749, (10 nov.) Lorette.

III.—ROY, Gabriel, [Pierre II.
b 1723.
Cloutier, Marie-Joseph, [Jean-Bte IV.
b 1731.
Pierre-Louis, b 16 juillet 1751, à Charlesbourg. [6] —*Gabriel*, b [6] 4 et s [6] 12 oct. 1753.—*François*, b [6] 5 juin 1755.—*Marie-Madeleine*, b [6] 1er juillet 1757.—*Marie-Geneviève*, b [6] 11 oct. 1759.

1749, (10 nov.) Charlesbourg. [7]

IV.—ROY (4), Jean-Bte, [Jean III.
b 1720.
Parant, Marie-Joseph, [Antoine III.
b 1732.
Marie-Joseph, b [7] 10 fevrier 1751.—*Marie-Charlotte*, b [7] 4 nov. 1752; s [7] 24 fevrier 1760.—*Marie-Marguerite*, b [7] 29 sept. 1754.—*Jean-Charles*, b [7] 4 nov. 1756.—*Jacques*, b [7] 24 mars 1759.

1749, (24 nov.) Longueuil.

III.—ROY, Pierre, [Jacques II.
b 1722; maitre-entrepreneur.
1° Fournier, Elisabeth, [Adrien II.
b 1721.
Catherine, b 26 nov. 1750, à Montréal [8]; m [8] 18 avril 1768, à Charles Simon.—*Elisabeth*, b 1752, m [8] 26 avril 1773, à Pierre Plessy.

(1) Dit Desjardins.

(2) Elle épouse, le 25 janvier 1757, Philippe Voisine, à Kamouraska.

(3) Dit Portelance.

(4) Dit Andy.

1762, (8 février). [8]
2° Simon-Delorme, Marie-Anne, [Joseph II.
b 1727; s 26 avril 1783, à Québec.

1749, (24 nov.) St-Valier. [5]

III.—ROY, Michel, [Jean-Bte II.
b 1719.
Fradet (1), Michelle-Justine, [Jean I.
b 1731.
Justine-Michelle, b [5] 9 février 1751.—*Jean-Michel*, b [5] 13 mars 1753.—*Jean-Laurent*, b [5] 11 juin 1756.—*Marguerite*, b [5] 18 juillet 1758.

1750.

III.—ROY, Jean-Bte, [André II.
b 1726.
Ménard, Françoise.
Marie-Geneviève, b 1744; m 12 janvier 1767, à Antoine Chapdelaine, à St-Antoine-de-Chambly. — *Joseph*, b [2] 8 déc. 1751; s [2] 25 juin 1752.—*Marie-Joseph*, b [2] 20 juin 1753.—*Louis-Hyacinthe*, b [2] 15 mai 1759.

1750, (20 juillet) Lorette. [3]

I.—ROY, Jean-Bte, b 1722; fils de Jean et de Louise Rousseau, de Cherac, diocèse de Xaintes, Saintonge; s [3] 30 sept. 1756.
Falardeau, Marie, [Jean II.
b 1728; s [3] 29 oct. 1756.
Jean-Baptiste, b [3] 29 mai 1751.—*Jean-Charles*, b [3] 30 janvier 1754.—*Marie-Marguerite*, b [3] 16 mai et s [3] 3 juillet 1755.—*Pierre*, b [3] 18 juin 1756; s [3] 13 sept. 1758.

1750, (9 nov.) St-Valier. [3]

III.—ROY, Pierre, [Etienne II.
b 1725.
1° Gautron, Marie-Angélique, [Joseph II.
b 1725; s [3] 17 janvier 1754.
Pierre, b [3] 7 février 1753.
1755, (22 juillet). [3]
2° Bidet (2), Helène, [Jacques III.
b 1732.

1750.

IV.—ROY (3), Jean-Bte, [Pierre III.
b 1727; s 11 janvier 1770, à Kamouraska. [4]
Paradis (4), Marie-Joseph, [Gabriel III.
b 1732.
Jean-Baptiste, b [4] 2 déc. 1751; m 3 nov. 1778, à Marie Miville, à St-Roch. — *Marie*, b... m [4] 30 sept. 1771, à Pierre Levasseur; s [4] 29 oct. 1776. —*Marie-Suzanne*, b [4] 22 mai 1753. — *Joseph*, b [4] 22 juillet 1754.—*Marie-Agathe*, b [4] 26 sept. 1755. — *Marie-Madeleine*, b [4] 11 fevrier 1757.—*Marie-Catherine*, b [4] 22 mars 1758. — *Catherine*, b [4] 13 déc. 1760. — *Madeleine*, b [4] 4 juillet 1762; s [4] 18 août 1764.—*Charles-Joseph*, b [4] 4 avril 1764—

(1) Elle épouse, le 5 mai 1761, Joseph Guillot, à St-Valier.

(2) Elle épouse, le 11 janvier 1757, Joseph Alaire, à St-Valier.

(3) Dit Desjardins.

(4) Elle épouse, le 26 nov. 1770, Joseph Nadeau, à Kamouraska.

Antoine, b [4] 9 mars 1766; m 18 sept. 1792, à Félicite VASQUEZ, à St-Louis, Mo.—*Pierre*, b [4] 25 mai 1767. — *Marie-Joseph*, b [4] 27 sept. 1769; s [4] 3 février 1770.

ROY, JEAN-BTE.
PICOT, Marie-Louise,
b 1721; s 24 mai 1781, à Repentigny.
Jean-Baptiste, b 26 déc. 1751, à Verchères. [1] — *Marguerite*, b... s [1] 20 janvier 1752. — *François-Marie*, b [1] 14 juillet 1753. — *Marie-Anne*, b 1er sept. 1756, à St-Antoine-de-Chambly.

ROY (1), LOUIS.
1° NEVEU, Marguerite.
Marie-Amable, b... m 31 mars 1788, à Nicolas LEFEBVRE, à Lachenaye.
2° BEAUMONT, Louise.

1751, (1er février) Montréal. [1]
III.—ROY, FRANÇOIS, [JOSEPH-GUILLAUME II.
b 1727.
1° BARITAUT, Louise, [FRANÇOIS-JULIEN III.
b 1728.
1768, (30 janvier). [1]
2° DAVENNE, Elisabeth, [CHARLES III.
b 1738; veuve de Jean Lechagne.

1751.
III.—ROY (2), MICHEL, [MICHEL II.
b 1728.
MAILLOT, Marie-Catherine, [JACQUES II.
b 1726.
Catherine, b 5 déc. 1752, à St-Jean-Deschaillons [2]; m [2] 12 août 1776, à Joseph HAMEL, s [2] 26 avril 1795.—*Marie-Elisabeth*, b [2] 3 oct. 1755; s [2] 19 janvier 1756. — *Augustin*, b [2] 12 mai 1757.—*Michel*, b [2] 1er déc. 1759; s [2] 21 février 1760.—*Marie-Elisabeth*, b [2] 23 juillet 1762; m [2] 17 février 1783, à François RIVARD.—*Louis*, b [2] 24 nov. 1765; s [2] 23 juillet 1772.—*Amable*, b [2] 29 mai 1768; s [2] 9 mars 1770.—*Guillaume*, b [2] 4 août 1771.

1752, (17 janvier) St-Valier. [5]
III.—ROY, ETIENNE, [JEAN-BTE II.
b 1717; s [5] 28 juillet 1767.
LEMELIN, Françoise, [LOUIS-THOMAS III.
b 1734; s [5] 18 oct. 1759.
Marie-Geneviève, b [5] 30 juillet 1756.—*Etienne*, b 23 sept. 1759, à St-Michel.

1752, (7 février) St-Charles. [6]
II.—ROY, JEAN, [JEAN I.
b 1727.
ROY, Marguerite, [MICHEL III.
b 1734.
Jean-Baptiste, b [6] 2 nov. 1752.—*Marguerite*, b [6] 19 février 1754; s [6] 14 février 1755.—*Charles*, b [6] 2 avril 1755.—*Joseph-Marie*, b [6] 9 oct. 1756; s [6] 21 août 1757.—*Marie-Joseph*, b [6] 14 janvier 1759. —*Catherine*, b [6] 4 oct. 1760.

(1) Dit Desjardins.
(2) Et Roiroux.

1752, (18 sept.) Charlesbourg.
I.—ROY, ANDRÉ, fils de Jean et de Rose Roy, de St-Sébastien, diocèse de Toux.
AUCLAIR, Marie-Joseph, [FRANÇOIS II.
b 1720; veuve de Jean Allard.
Jean-Baptiste, b 14 juin 1754, à Québec.—*Marie-Anne*, b 1756; m 8 août 1774, à Jean-Baptiste BAUTRON, à Montréal. [7] — *André*, b 15 et s 26 nov. 1758, à Yamachiche. [8] — *Françoise*, b [8] 28 février 1760.—*Marie-Joseph*, b 1761; m [7] 1er juillet 1782, à Louis PETITEAU.

1752.
III.—ROY (1), JEAN-BTE, [JEAN-BTE II.
b 1731; s 2 mai 1813, à St-Jean-Deschaillons. [9]
1° AUGÉ, Marie-Françoise, [FRANÇOIS III.
b 1731; s [9] 7 oct. 1753.
1763, (16 nov.) [9]
2° BARIL, Marie-Joseph, [ALEXIS II.
b 1741; s [9] 25 avril 1767.
Rose, b [9] 13 avril 1764; 1° m [9] 12 janvier 1784, à Charles HUBERT; 2° m [9] 17 février 1794, à Martial GOULET.—*Marie-Christine*, b [9] 23 sept. 1766.
3° CHARLELEAU, Elisabeth.

1753, (12 février) Québec. [1]
I.—ROY, EDME-GUILLAUME, fils de Claude-Guillaume et de Madeleine Maunois, de St-Paul, Paris.
AUBIN-DELISLE, Marie-Anne, [NICOLAS-GAB. I.
b 1733.
Marie-Françoise-Ignace, b [1] 28 déc. 1753; s [1] 15 avril 1754.—*Aubin*, b [1] 4 juillet 1764.

1753, (12 février) St-Valier. [2]
IV.—ROY, AUGUSTIN-PIERRE, [JEAN III.
b 1731.
FRADET, Marie-Anne, [JACQUES II.
b 1733.
Marie-Anne, b [2] 15 janvier 1754. — *Marie-Marthe*, b [2] 27 mai 1757.—*Marie-Joseph*, b [2] 26 février et s [2] 2 mai 1759.—*Augustin*, b [2] 9 sept. 1760.

1753, (18 février) Montréal. [4]
IV.—ROY, JOSEPH, [FRANÇOIS-MARIE III.
b 1726.
1° DESLANDES (2), Marie-Anne, [PIERRE II.
b 1734; s 25 oct. 1763, à St-Laurent, M. [5]
Joseph-Michel, b [5] 6 janvier et s [5] 22 juin 1754. —*Marie-Louise*, b [5] 10 juin 1755.—*Joseph-Marie*, b [5] 18 janvier 1757.—*Marguerite-Rose*, b [5] 31 déc. 1758.—*François*, b... s [5] 22 juillet 1760.—*Marie-Anne*, b [5] 21 et s [5] 24 oct. 1763.
1768, (11 janvier). [4]
2° PAPILLON, Elisabeth, [ETIENNE II.
b 1734; veuve de Charles McFerland.

(1) Et Roiroux dit Laliberté.
(2) Champigny.

1753, (22 oct.) St-Michel.[2]
IV.—ROY, JEAN-BTE, [FRANÇOIS III.
b 1734.
GOUPY, Marie-Marthe, [ANTOINE II.
b 1734.
Marie-Marthe, b [2] 27 nov. 1754.

1753, (12 nov.) Ste-Anne-de-la-Pocatière.[7]
IV.—ROY (1), AUGUSTIN, [AUGUSTIN III.
b 1731.
LISOT, Marie-Angélique, [JOSEPH II.
b 1732.
Joseph-Augustin, b [7] 18 oct. 1754; m 4 février 1782, à Marie-Joseph DUPÉRÉ, à la Rivière-Ouelle.—*Benoit*, né [7] 25 sept. et b [7] 11 nov. 1759. — *Abondance*, b [7] 25 janvier et s [7] 9 nov. 1761.— *Prosper*, b [7] 5 août 1762.— *Clément*, b... m [7] 21 sept. 1789, à Marie-Anne GAGNON.

1753, (19 nov.) Kamouraska.[5]
IV.—ROY (2), JOSEPH-ANTOINE, [PIERRE III.
b 1731; s [5] 6 dec. 1780.
1° PLANTE, Marie-Madeleine, [AUGUSTIN III.
b 1732.
1762, (22 février).[5]
2° MICHAUD, Marie, [JEAN-BTE III.
b 1745.
Marie-Catherine, b [5] 5 juin 1763.—*Antoine*, b [5] 11 janvier 1764.— *Marie-Apolline*, b [5] 15 fevrier 1767.—*Jean-Baptiste*, b [5] 17 août 1768. — *Marie-Rosalie*, b [5] 17 fevrier 1771.

1753, (26 nov.) St-Valier.[6]
IV.—ROY, JEAN-BTE, [ALEXIS III.
b 1730.
DELFOURNAUX (3), Véronique, [JEAN-FRS I.
b 1737; s [6] 11 août 1761.
Jean, b [6] 19 mai 1755. — *Marie-Véronique*, b [6] 7 mars 1757.—*Marie-Geneviève*, b [6] 19 août 1758. —*Joseph-Marie*, b [6] 12 mars et s [6] 14 mai 1761.

1754, (7 janvier) St-Constant.[8]
III.—ROY, JACQUES, [PIERRE II.
b 1723.
BÉTOURNÉ (4), Marguerite, [LOUIS III.
b 1726.
Marie-Marguerite, b [8] 20 juillet et s [8] 16 août 1755.

1754, (30 janvier) St-Joseph, Beauce.[7]
II.—ROY, THOMAS, [JEAN-PIERRE I.
b 1731; s [7] 23 sept. 1769.
1° GRANDIN, Marie-Joseph, [RENÉ II.
b 1735; s [7] 17 juillet 1762.
Joseph, b [7] 21 et s [7] 23 juillet 1755. — *Marie-Joseph*, b [7] 21 oct. 1756; m [7] 8 avril 1771, à Louis POULIN. — *Joseph*, b [7] 27 mars et s [7] 9 avril 1758. —*Thomas*, b [7] 14 mars 1759; m [7] 3 février 1777, à Angelique BOLDUC. — *Jacques-François*, b [7] 23 nov. 1760; m [7] 13 juillet 1779, à Louise JACQUES, s [7] (écrasé sous un arbre) 5 oct. 1779.
1763, (11 avril).[7]
2° HUARD (1), Marie-Joseph, [JEAN-BTE III.
b 1743.
Jean-Marie, b [7] 20 mars 1764. — *Marie-Geneviève*, b [7] 8 mai 1766.—*Jean-Baptiste*, b [7] 24 mai 1768.—*Joseph* (posthume), b [7] 19 mars 1770.

1754, (4 février) St-Frs-du-Sud.
IV.—ROY, JEAN-LAURENT, [JEAN III
b 1733.
BOULÉ, Marguerite, [JOSEPH III
b 1732.
Laurent-Jean, b 25 déc. 1754, à St-Valier.[8] — *Marie-Marguerite*, b [8] 18 janvier 1758. — *Marie-Joseph*, b [8] 19 sept. 1760.

1754, (4 février) Longue-Pointe.
IV.—ROY, JEAN-BTE, [JEAN-BTE III.
b 1729.
LARCHEVÊQUE, Hélène, [JOSEPH IV
b 1734.
Anonyme, b et s 28 nov. 1755, à St-Henri-de-Mascouche.[2] — *Joseph*, b [2] 20 janvier 1757.— *Jean-Baptiste*, b [2] 21 oct. 1758. — *Marie-Thérèse*, b [2] 30 janvier 1760. — *Jean-Baptiste*, b [2] 3 dec 1761. — *Paschal*, b 15 février 1765, à Lachenaye.[3] — *Marie-Charlotte*, b [3] 8 sept. 1766.— *Marie-Archange*, b [3] 8 juillet 1768.

1754, (26 nov.) Ste-Anne-de-la-Pocatière.
IV.—ROY (2), LOUIS-CLÉMENT, [JEAN-BTE III
b 1731; s 13 janvier 1756, à Kamouraska[9]
MOREAU, Catherine, [JEAN-FRANÇOIS III
b 1731; s [9] 29 dec. 1755.
Marie-Catherine, b [9] 25 nov. 1755.

1755, (27 janvier) Montréal.
IV.—ROY, PIERRE, [PIERRE III
b 1734.
SAUVAGE, Catherine, [GILLES I
b 1737; s 26 juillet 1792, à Repentigny.
Jacques, b 1760; m 1785, à Elisabeth MAURICE-LAFONTAINE.

1755, (27 janvier) Lachine.
III.—ROY, JEAN-FRANÇOIS, [FRANÇOIS II.
b 1718.
TÉTREAU-LAVERGNE, Catherine. [FRANÇOIS III

I.—ROY, RENÉ,
b 1712; Acadien; s 18 janvier 1758, à St-Frs-du-Sud.
DERIGLE (3), Marie-Joseph,
Acadienne.
Paul, b 18 janvier, à Quebec et s 9 sept. 1757, à St-Charles.

(1) Desjardins dit Lauzier.
(2) Dit Desjardins; le contrat de mariage a été passé par messire Plante, curé.
(3) Nouel—St. Jean.
(4) Elle épouse, le 20 août 1761, Michel Leclerc, à Laprairie.

(1) Elle épouse, le 11 juin 1770, Joseph Fortin, à St-Joseph, Beauce.
(2) Dit Desjardins.
(3) Et Daigle—Daigre.

ROY, JEAN-BTE.
TREMBLAY, Marie-Louise. [JACQUES III.
Marie-Louise, b 20 février 1756, à St-Michel.

1756, (15 janvier) St-Jean-Deschaillons. [1]
II.—ROY (1), LOUIS, [JOSEPH II.
b 1733.
HOUDE, Marie-Françoise, [JOSEPH III.
b 1735.
Joseph, b 31 mai 1757, à Lotbinière.—*François-Joseph*, b [1] 8 janvier 1761.—*Marie-Louise*, b [1] 31 mars 1763.

1756, (22 nov.) St-Charles. [2]
IV.—ROY (2), JOSEPH, [CLAUDE-JOSEPH III.
b 1734; s 19 février 1794, à Beaumont. [3]
SARAULT, Marie-Gabrielle, [PIERRE II.
b 1728; s [3] 23 janvier 1800.
Marie-Gabrielle, b [3] 14 sept. 1757; m [3] 9 janvier 1781, à Louis BLAIS.—*Marie-Charlotte*, b [3] 23 août 1758; m [3] 26 sept. 1785, à Joseph MIOT-GIRARD.—*Thérèse*, b... s [2] 20 déc. 1758.—*Jean-Joseph*, b 6 sept. 1759, à Montréal; ord. 20 sept. 1783; s 13 déc. 1824, à L'Assomption.

1757, (10 janvier) St-Thomas.
IV.—ROY, ETIENNE, [JEAN III.
b 1733.
JONCAS, Marie-Geneviève, [JACQUES III.
b 1736.
Marie-Geneviève, b 26 oct. 1757, à St-Charles [4]; s [4] 26 août 1758.—*Etienne*, b [4] 24 janvier 1759.

1757, (17 janvier) St-Charles. [5]
IV.—ROY, CHARLES, [CHARLES III.
b 1736.
GONTIER, Marguerite, [PIERRE-LOUIS III.
b 1739.
François, b [5] 8 mars 1758.—*Joseph*, b 1759; s [5] 26 août 1760.—*Guillaume*, b 1767; s 25 janvier 1768, à Lachenaye.

1757, (18 janvier) Berthier. [6]
IV.—ROY, JEAN-VALIER, [JEAN-NOEL III.
b 1732.
MERCIER, Marie-Joseph, [JULIEN III.
b 1738.
Marie-Joseph, b 20 nov. 1757, à St-Valier. [7] —*Joseph-Marie*, b [7] 17 mars 1759. — *Marie-Joseph*, b [7] 22 janvier 1761.—*Jacques*, b [6] 14 juillet 1765.—*Charles-Augustin*, b [6] 4 nov. 1768.

1757, (24 janvier) St-Valier. [8]
IV.—ROY, AUGUSTIN, [JEAN-NOEL III.
b 1734; s [8] 28 nov. 1768.
CLÉMENT (3), Marie-Angélique, [ANDRÉ II.
b 1742.
Louis-Augustin, b [8] 3 et s [8] 18 février 1758.—*Marie-Angélique*, b [8] 18 oct. 1761.

(1) Dit Portelance.
(2) Seigneur de Monte-à-peine.
(3) Labonté; elle épouse, le 26 février 1770, Jacques Labrèque, à St-Valier.

1757, (17 février) St-Vincent-de-Paul.
IV.—ROY, LOUIS, [LOUIS III.
b 1735.
POTVIN, Marie,
veuve de Jean Baquet.

1757, (12 sept.) Rivière-Ouelle.
IV.—ROY (1), JOSEPH-MARIE, [JEAN-BTE III.
b 1737.
1° MIGNOT, Marie-Anne, [MICHEL II.
b 1736; veuve de Joseph Michaud; s 29 mars 1762, à Kamouraska. [1]
Marie-Joseph, b [1] 21 juillet 1758; m [1] 19 juillet 1779, à Augustin MIVILLE.—*Hypolite*, b [1] 15 mars 1762.
1764, (13 février) St-Roch.
2° MIVILLE, Marie-Charlotte, [JOSEPH IV.
b 1743.
Marie-Charlotte, b [1] 24 juillet et s [1] 16 août 1764.—*Marie-Geneviève*, b [1] 26 juillet 1765; m [1] 10 avril 1780, à Gabriel PARADIS —*Alexandre*, b [1] 20 déc. 1766; s [1] 13 janvier 1767.—*Marie-Madeleine*, b [1] 25 nov. 1767.—*Marie-Judith*, b [1] 12 avril 1769.—*Ignace*, b [1] 17 nov. 1770.

1757, (24 oct.) St-Valier.
IV.—ROY, PIERRE-ALEXIS, [ALEXIS III.
b 1734.
BIDET, Marie-Joseph, [JACQUES III.
b 1739.
Marie-Barbe, b 3 sept. 1770, à Berthier.

I.—ROY (2), PIERRE, b 1734; menuisier; de Notre-Dame-de-Caen.

ROY, CHARLES.
LATULIPPE, Geneviève,
b 1737; s 6 sept. 1787, à Beaumont.

1758, (4 avril) St-Jean-Deschaillons. [2]
III.—ROY (3), JOSEPH, [MICHEL II
b 1732; s [2] 27 nov. 1804.
1° BARABÉ, Marie-Elisabeth, [NICOLAS III.
b 1736; s [2] 10 déc. 1766.
Marie-Marguerite, b [2] 19 sept. 1759. — *Marie-Elisabeth*, b [2] 4 juillet 1763; s [2] 27 juin 1765.—*Etienne*, b... m [2] 12 mai 1800, à Marguerite LEBEUF. — *Anonyme*, b [2] et s [2] 27 juin 1765.—*Anonyme*, b [2] et s [2] 9 sept. 1766.
1768, (15 février). [2]
2° HUBERT, Marie-Therèse, [JEAN-BTE III.
b 1746; s [2] 26 déc. 1818.
Joseph, b [2] 9 nov. 1769.—*Pierre*, b [2] 4 août 1771; m [2] 15 sept. 1794, à Modeste LEBEUF.—*Rose-Victoire*, b [2] 24 sept. 1775.—*Chrysostôme*, b [2] 2 sept. 1777.—*Thérèse*, b... m [2] 19 nov. 1798, à Pierre NORMANDEAU.

(1) Dit Desjardins.
(2) Venu en 1757; du régiment de Berry, compagnie de M. Villemonde. (Procès-verbaux.)
(3) Et Roiroux.

1758, (12 juin) St-Laurent, M.
IV.—ROY, FRS-MARIE, [FRANÇOIS-MARIE III.
b 1730.
VIAU, Marie-Françoise. [JACQUES.
Jacques, b 14 mars 1759, à Lachine.[3]—*Marie-Françoise*, b [3] 11 fevrier et s [3] 9 août 1761.

1758.
III.—ROY, JACQUES-PIERRE, [JACQUES II.
b 1729.
ROY, Agathe, [JEAN-BTE III.
b 1742.
Marie-Cécile, b 13 oct. 1759, à Lachenaye. — *Jean-Baptiste*, b... m 10 nov. 1788, à Marie-Charlotte MOREAU, à Repentigny.

ROY, ALEXANDRE.
CHARBONNEAU, Marie.
Michel, b 23 juin 1759, à St-Henri-de-Mascouche.

1759, (8 janvier) Montréal.
III.—ROY, GUILLAUME, [JOSEPH-GUILLAUME II.
b 1735.
HUNAULT, Madeleine, [LOUIS III.
b 1736.

1759, (23 janvier) Beaumont.[1]
IV.—ROY, JEAN-BTE, [GUILLAUME III.
b 1730.
GUAY, Geneviève, [JACQUES III.
b 1731.
Jean-Baptiste-Ignace, b [1] 1er fevrier 1760; m [1] 23 avril 1792, à Marguerite CARRIER; s [1] 18 avril 1821. — *Guillaume*, b... m 7 sept. 1790, à Marie ROCHELEAU, à Quebec. — *Joseph*, b... m 24 oct. 1791, à Marie-Joseph LEMIRE, à Nicolet.

1759, (29 janvier) Beaumont.[1]
IV.—ROY, PIERRE, [PIERRE-BERNARD III.
b 1733; s [1] 14 mai 1804.
TURGEON, Marie-Agathe, [JEAN III.
b 1739; s [1] 9 déc. 1811.
Pierre, b 3 nov. 1759, à St-Charles; m [1] 6 février 1787, à Marie-Anne GUAY. — *Marie*, b 1760; m [1] 28 nov. 1786, à Augustin FOURNIER; s [1] 11 août 1831. — *Joseph*, b 1767; m 26 août 1788, à Marie BRUNET, à Quebec[2]; s [2] 16 mars 1836.—*François*, b... m [1] 21 nov. 1791, à Angélique PAQUET.— *Marie-Elisabeth*, b... m [1] 20 janvier 1800, à Joseph FOURNIER.—*Marie-Charlotte*, b... m [1] 25 janvier 1802, à Antoine FOURNIER.— *Guillaume*, b... m [2] 12 janvier 1808, à Marie HAMEL.

1759, (12 fevrier) Montréal.
IV.—ROY, MICHEL, [ETIENNE III.
b 1728.
VALLIÈRES, Madeleine, [ANTOINE III.
b 1738.

1759, (19 fevrier) St-Michel.[7]
IV.—ROY, PIERRE, [FRANÇOIS III.
b 1736; s [7] 22 janvier 1763.
GOUPY, Marie-Louise, [ANTOINE II.
b 1736.
Marie-Louise, b [7] 18 dec. 1759; s [7] 21 mars 1760.—*Louise*, b [7] 20 fevrier 1761.

1759, (26 nov.) Montréal.
III.—ROY, JOSEPH, [JOSEPH-GUILLAUME II.
b 1732.
JÉROME, Marie-Amable, [FRS-JÉROME II.
b 1738.

ROY (1), JEAN-BTE.
GUÉRET (2), Marie-Louise, [JOS.-SIMON II.
b 1741.
Elisabeth, b 18 oct. 1760, à Kamouraska.

1760, (11 février) Beaumont.[3]
IV.—ROY, PIERRE, [GUILLAUME III.
b 1733; s [3] 29 déc. 1798.
1° DALAIRE (3), Charlotte, [JOSEPH III.
b 1735; s [3] 17 déc. 1761.
Anonyme, b [3] et s [3] 13 déc. 1760.
1766.
2° DROUIN, Marie-Catherine, [JOSEPH III.
b 1745; s [3] 22 mars 1788.
Marie-Angélique, b... m [3] 7 février 1791, à Paschal TURGEON.— *Charlotte*, b... m [3] 9 février 1795, à Joseph FILTEAU.

1760, (18 août) St-Roch.
IV.—ROY (4), LS-ETIENNE, [AUGUSTIN III.
b 1732.
PELLETIER, Marie-Angélique, [JOSEPH IV.
b 1733; veuve de Louis Fortin.
Louis-Etienne, b 27 mai 1761, à Ste-Anne-de-la-Pocatière.[1]—*Pierre*, b [1] 10 nov. 1762.—*Pierre-Antoine*, b... m 12 janvier 1784, à Madeleine PLOURDE, à la Rivière-Ouelle.

1760, (8 sept.) St-Jean-Deschaillons.[6]
III.—ROY (5), ETIENNE, [JEAN-BTE II.
b 1736.
LEBEUF, Madeleine, [JEAN-BTE III.
b 1739.
Anonyme, b [6] et s [6] 11 mai 1762. — *Marie-Madeleine*, b [6] 11 juillet 1763. — *Etienne*, b... s [6] 3 mars 1765.— *Etienne*, b [6] 8 mars 1765. — *Anonyme*, b [6] et s [6] 9 sept. 1767. — *Anonyme*, b [6] et s [6] 15 janvier 1770.

1760, (27 oct.) Yamachiche.[6]
I.—ROY, BENOIT, fils de Louis et de Marguerite Caret, de Lyon, Lyonnois.
GÉLINA-BELLEMARE, Louise, [PIERRE IV.
b 1741.
Marie-Louise, b [6] 11 mars 1762.—*Benoît*, b [6] 1[illegible] juillet 1764.—*Joseph*, b [6] 7 déc. 1766; s [6] 30 août 1767.—*Marguerite*, b [6] 4 sept. 1768.

ROY, JOSEPH.
NAU, Jeanne.

(1) Dit Desjardins; seigneur de Kamouraska, 1760
(2) Et Dumont, elle épouse, le 20 janvier 1772, Guillaume Campbell, à Kamouraska.
(3) Voy. Alaire.
(4) Dit Lauzon pour Lauzier.
(5) Et Roiroux dit Laliberté.

Joseph-Laurent, b 6 et s 11 sept. 1761, à St-Valier.

1761, (9 janvier) Lachine.[7]

II.—ROY (1), ALEXIS, [LS-PAUL II.
b 1734.
BRAU, Marie-Joseph, [JOSEPH III.
b 1736.
Alexis, b [7] 11 déc. 1761.

1761, (2 fevrier) St-Henri-de-Mascouche.

I.—ROY (2), LS-ANTOINE, [LS-ETIENNE I.
b 1735.
CODERRE (3), Marie-Thérèse, [ANTOINE III.
b 1736.
Louis-Antoine, b 12 mars 1762, à Lachenaye.

1761, (2 février) Ste-Anne-de-la-Pérade. [1]

V.—ROY (4), JOSEPH, [MICHEL III.
b 1736; s [1] 4 déc. 1770.
HAMELIN (5), Louise, [RENÉ II.
b 1734; veuve d'Antoine Dubord.
Marie-Joseph, b [1] 1er et s [1] 10 janvier 1762.—*Joseph*, b [1] 28 déc. 1762; m 19 mai 1794, à Archange DUSSAULT, au Détroit. — *Marie-Thérèse*, b [1] 25 avril et s [1] 7 août 1764.—*Alexis*, b [1] 7 avril 1766.—*Marie-Louise*, b [1] 5 oct. 1767; s [1] 7 avril 1768.—*Michel*, b [1] 3 mai 1769.

1761, (31 mars) Lanoraie.

V.—ROY, LOUIS, [LOUIS III.
b 1736.
DAMOURS, Victoire-Charlotte, [CHARLES II.
b 1701; veuve de Louis-Hector LeFournier-Duvivier.

1761, (28 sept.) St-Valier.

V.—ROY, JOS.-ALEXIS, [ALEXIS III.
b 1725.
PLANTE, Marie-Geneviève, [PIERRE III.
b 1726.
Marie-Geneviève, b 5 déc. 1763, à Berthier.

1761, (28 sept.) Kamouraska.[7]

V.—ROY (6), JEAN-BTE, [PIERRE III.
b 1735.
CORDEAU, Catherine, [TOUSSAINT III.
b 1740.
Marie-Anne, b [7] 10 août 1762.— *Jean-Baptiste*, b [7] 14 mai 1764. — *Marie-Catherine*, b [7] 1er oct. 1767; s [7] 26 oct. 1769. — *Marc-Antoine*, b [7] 26 mars 1771.

1761, (3 nov.) Québec.[2]

I.—ROY, PIERRE, fils de Nicolas et de Catherine Rossignol, de Notre-Dame-de-Caen, diocèse de Bayeux, Normandie.
MANSEAU, Marie-Anne, [PIERRE-JOSEPH II.
b 1735.

(1) Dit Portelance.
(2) Dit Lalois.
(3) Condert, 1762.
(4) Dit Châtellereau.
(5) Elle épouse, le 10 janvier 1774, Raphael Lisot, à Ste-Anne-de-la-Pérade.
(6) Dit Desjardins.

Louis, b [2] 16 août 1762.— *Pierre-Henri*, b [2] 23 sept. 1763. — *Françoise*, b... m [2] 30 juin 1790, à Jean-Baptiste BACQUET. — *François*, b... m [2] 16 sept. 1794, à Geneviève GAGNON.—*Angélique*, b... m [2] 7 juillet 1795, à Alexis FLUET.

1762, (17 mai) Bout-de-l'Ile, M.

II.—ROY, AUGUSTIN, [AUGUSTIN I.
b 1735.
ROBIDOU, Marie-Joseph, [ETIENNE IV.
b 1743.
Marie-Amable, b 13 juin 1764, au Lac-des-Deux-Montagnes.[8] — *Augustin* et *Hyacinthe*, b [8] 13 nov. 1765.—*Jean-Baptiste*, b [8] 3 mars 1767.—*Louis*, b [8] 3 mars 1767; s [8] 15 mai 1768.

1762, (24 mai) St-Valier.

IV.—ROY, JOSEPH-MARIE, [JOS.-MARIE III.
b 1730.
RÉMILLARD, Marguerite, [ETIENNE II.
b 1739.
André, b 14 août 1770, à Berthier.

1762, (12 juillet) St-Valier.

IV.—ROY, ATHANASE. [JOSEPH-NOEL III.
MARCEAU, Marie-Geneviève, [AUGUSTIN III.
b 1742.

1762, (4 oct.) Bout-de-l'Ile, M.

IV.—ROY, ANDRÉ. [FRANÇOIS III.
LALONDE, Marie-Geneviève, [JOSEPH III.
b 1747.

1762, (8 nov.) St-François, I. O.

IV.—ROY, JOSEPH-MARIE, [MICHEL III.
b 1738.
ASSELIN, Claire, [JEAN III.
b 1729.

ROY, FRANÇOIS.
CHOLET (1), Louise-Amable.
Marie-Louise, b 16 oct. 1763, au Bout-de-l'Ile, M.[7]; s [7] 16 nov. 1765. — *Agathe*, b [7] 14 juillet et s [7] 28 oct. 1765. — *François*, b [7] 30 juillet 1766; s [7] 16 juillet 1768. — *Marie-Amable*, b [7] 12 nov. 1767.

V.—ROY, CHARLES, [CHS-GUILLAUME IV.
b 1740.
TIVIERGE, Elisabeth,
b 1735; s 16 nov. 1770, à Beaumont [6]
Charles, b... m [6] 31 janvier 1791, à Marie-Angelique TURGEON.

1763, (17 janvier) Kamouraska.[4]

IV.—ROY, IGNACE, [PIERRE III.
b 1740.
LEBEL, Marie-Rose, [JOSEPH III.
b 1742.
Joseph, b [4] 21 juin 1764. — *Marie-Pélagie*, b [4] 29 juin 1765.—*Marie-Judith*, b [4] 31 juillet 1766; m [4] 19 nov. 1781, à Louis SIROIS. — *Catherine*, b [4] 4 sept. 1768.—*Antoine*, b [4] 27 juin 1771.

(1) Laviolette.

1763, (24 janvier) Rivière-Ouelle.
IV.—ROY (1), ALEXANDRE, [PIERRE III.
b 1738.
PLOURDE, Marie-Joseph, [PIERRE II.
b 1744.
Pierre, b 11 février 1764, à Kamouraska.[9] — *Marie-Joseph*, b[9] 15 sept. 1765. — *Louis*, b[9] 12 mai 1767.— *Marie-Catherine*, b[9] 14 et s[9] 31 oct. 1768. — *Marie-Rosalie*, b[9] 14 oct. et s[9] 16 dec. 1768. — *Marie-Euphrosine*, b[9] 24 sept. 1769. — *Joseph*, b[9] 30 oct. 1771.

1763, (31 janvier) St-Valier.[8]
IV.—ROY, JEAN-FRANÇOIS, [JOSEPH-NOEL III.
b 1733.
LEBLOND, Louise, [JOSEPH III.
b 1746 ; s[8] 21 janvier 1764.

1763, (14 fevrier) St-Anne-de-la-Pérade.[8]
IV.—ROY (2), JOACHIM, [MICHEL III.
b 1739.
PÉRIGNY (3), Thérèse. [PIERRE II.
Marie-Angélique, b[8] 14 juin 1764.—*Madeleine*, b[8] 29 avril 1766. — *Marie-Thérèse*, b[8] 8 mars 1768 ; s[8] 13 mars 1770. — *François*, b[8] 29 mars 1770. — *Thérèse*, b[8] 3 mai 1772. — *Marguerite*, b[8] 10 juin 1774. — *Marie-Henriette*, b[8] 11 avril 1776. — *Joachim*, b[8] 13 mars 1778. — *Pierre-Archange*, b[8] 7 juillet 1780.

1763, (2 mai) St-Laurent I. O.
IV.—ROY, HENRI. [PIERRE-BERNARD III.
AUDET, Cecile, [JEAN III.
b 1740.

1763, (19 sept.) St-Laurent, I. O.
IV.—ROY, EUSTACHE, [PIERRE III.
b 1741.
CHABOT, Madeleine, [ANTOINE III.
b 1742.

1763, (10 oct.) Charlesbourg.
IV.—ROY, JEAN-FRANÇOIS, [JEAN III.
b 1741.
BERNIER, Marie-Anne, [ANDRÉ II.
b 1741.

ROY, JEAN-BTE.
LEMIEUX, Marie-Anne.
Marie-Louise, b 12 juin et s 6 juillet 1764, à St-Philippe.

I.—ROY (4), LUC, b 1736 ; de Fribourg, diocèse de Constance.

1763.
IV.—ROY, GUILLAUME, [MICHEL III.
b 1743.
DELISLE, Marie-Anne,
s 19 sept. 1787, à Québec.[7]

(1) Dit Desjardins.
(2) Dit Châtellereau.
(3) Et Papilloux.
(4) Fait prisonnier dans un voyage de la Martinique en France, et conduit à New-York, depuis 2 ans au Canada. (Procès-Verbaux.)

Aubin, b juillet et s 12 août 1764, à Levis — *Marie-Anne*, b... m[7] 15 sept. 1789, à Paul EZECHIEL ; s[7] 8 nov. 1790. — *Marie-Louise*, b 1770 ; m[7] 12 janvier 1790, à Jacques CONTREMINE ; s[7] 3 nov. 1790.

1764, (30 janvier) Québec.[8]
I.—ROY, JEAN-BTE, b 1743 ; fils de Jean-Baptiste et de Marie-Louise Fréchette, de Louisbourg, Acadie ; s[8] 13 mars 1775.
BERGERON (1), Marguerite, [JOSEPH II
b 1736.
Charles, b... m[8] 15 février 1791, à Marie-Angélique COUTURE.

1764, (20 février) Ste-Anne-de-la-Pérade.[7]
IV.—ROY (2), FRS-XAVIER, [MICHEL III
b 1738.
1° LÉVESQUE (3), Marie-Joseph, [JOSEPH III
b 1740.
Thérèse, b[7] 15 nov. et s[7] 17 déc. 1764 — *François*, b[7] 24 février 1767. — *François*, b[7] et s[7] 15 août 1768. — *Marie-Joseph*, b[7] 26 juin 1769 ; s[7] 16 janvier 1773. — *Joseph*, b[7] 8 nov 1771 ; s[7] 1er janvier 1773.— *Joseph*, b[7] 17 juillet 1774.—*Pierre-Isidore*, b[7] 1er mars 1776.
1778, (24 février).[7]
2° MAILLOUX, Catherine, [LS-MARIE III.
b 1739.

1764, (27 février) Yamachiche.[8]
II.—ROY, JEAN-BTE, [JEAN-BTE I
Acadien.
BASTARACHE, Marie, [JEAN I
Acadienne.
Jean-Baptiste, b[8] 10 juin 1765; s[8] 11 mai 1766.

1764, (30 juillet) St-Jean-Deschaillons.[9]
III.—ROY (4), MICHEL, [JEAN-BTE II
b 1744 ; s[9] 31 mai 1794.
BARABÉ (5), Angélique, [NICOLAS III
b 1741.
Pierre, b[9] 3 et s[9] 12 mars 1766.—*Louis*, b[9] 3 juillet 1769 ; s[9] 11 août 1776.—*Marie-Angélique*, b[9] 22 mai 1771 ; m[9] 10 août 1795, à Jean-Marie BERGERON.—*Joseph-Amable*, b[9] 24 février 1773, m à Françoise GUIMONT. — *Marie-Jeanne*, b[9] 18 oct. 1776.

1764, (30 juillet) Beaumont.[8]
IV.—ROY, GUILLAUME, [PIERRE-BERNARD III
b 1740.
GRAVEL, Madeleine, [IGNACE III.
b 1738 ; s[8] 15 avril 1777.
Jean, b 1766 ; m[8] 23 nov. 1795, à Françoise DALAIRE ; s[8] 24 juin 1833. — *Madeleine*, b... m[8] 27 août 1792, à Louis BUSSIÈRE. —*Charlotte*, b... m[8] 16 janvier 1797, à Jean TURGEON.

(1) Elle épouse, le 29 sept. 1778, Jean-Baptiste Belleau, à Québec.
(2) Dit Châtellereau.
(3) Rompré.
(4) Et Roiroux dit Laliberté.
(5) Bergeron.

1764, (5 nov.) Montréal.

I.—ROY, GUILLAUME, fils de Jacques et de Madeleine Tibaut, de Maguy, diocèse de Bayeux, Normandie.
BIAIS (1), Marie-Anne, [GABRIEL I.
b 1745.

1764, (27 nov.) Lévis.

IV.—ROY, FRS-ANDRONIQUE, [FRANÇOIS III.
b 1736.
ROBERGE, Geneviève, [JOSEPH III.
b 1744.

1764.

IV.—ROY (2), SIMON, [SIMON III.
b 1739.
CHALIFOUR, Madeleine.
Simon, b 29 juillet 1765, à la Pte-aux-Trembles, Q.; m 29 oct. 1792, à Marie-Louise LAURENCEL, à St-Augustin.

ROY, FRANÇOIS,
b 1739; s 27 avril 1767, à St-Henri-de-Mascouche.
CHARLES (3), Marguerite, [JEAN-BTE III.
b 1744.
Ignace, b 16 oct. 1765, à Lachenaye.

ROY, JOSEPH.
LEGAUT, Marie-Charlotte.
Marie-Amable, b 18 dec. 1766, au Bout-de-l'Ile, M.

1765, (18 fevrier) St-Valier.

V.—ROY, FRANÇOIS. [JOSEPH IV.
PLANTE, Félicité, [JOSEPH III.
b 1740.

1765, (15 juillet) St-Jean-Deschaillons. [8]

III.—ROY (4), JOSEPH, [JEAN-BTE II.
b 1743; s [8] 29 dec. 1766.
CHARLAND (5), Monique, [JOSEPH III.
b 1743.
Marie-Anne, b [8] 24 juillet 1766.

1765, (12 août) Varennes.

III.—ROY (6), JEAN-BTE. [PIERRE-JEAN-BTE II.
CHARBONNEAU, Françoise. [JACQUES III.

1765, (21 oct.) Longue-Pointe. [1]

V.—ROY, JEAN-BTE, [JEAN IV.
b 1742; s 5 juin 1782, à Terrebonne.
1° TESSIER, Marie-Archange, [PAUL III.
b 1745; s [1] 4 avril 1774.
Paul, b [1] 19 nov. 1769.

(1) St. Martin.
(2) Dit Audy.
(3) Clément; elle épouse, le 17 août 1767, Jean-Baptiste Hubou, à St-Henri-de-Mascouche.
(4) Et Roiroux.
(5) Francœur; elle épouse, le 20 août 1770, Jean-Baptiste Barabe, à St-Jean-Deschaillons.
(6) Marié sous le nom de Desjardins.

1774, (10 oct.) [1]
2° ARCHAMBAUT, Marguerite, [JEAN-BTE IV.
b 1746.

1765, (28 oct.) Montréal.

III.—ROY, JEAN-MARIE, [JOS.-GUILLAUME II.
b 1741.
HUBERT (1), Marie-Cath.-Angel., [LS-JOS. III.
b 1741.

1766, (20 janvier) St-Vincent-de-Paul.

IV.—ROY, JEAN-BTE, [LOUIS III.
b 1743.
CADIEU, Marie-Claire. [FRANÇOIS.

1766, (3 fevrier) Berthier.

IV.—ROY, LOUIS. [FRANÇOIS III.
DION (2), Marie. [JOSEPH IV.

1766, (3 février) St-Joseph, Beauce. [4]

V.—ROY, JOSEPH, [JOSEPH IV.
b 1744.
DUPUY, Louise, [JEAN I.
b 1746.
Marie-Louise, b [4] 3 dec. 1769; s [4] 29 janvier 1770.—*Marie-Louise* et *Marguerite*, b [4] 5 janvier 1772. — *Marie-Charlotte*, b [4] 22 août 1773. — *Joseph*, b [4] 9 avril 1775.—*Jean-Marie*, b [4] 26 oct. 1777.

1766, (8 avril) Beauport.

II.—ROY, ETIENNE, [LOUIS-ETIENNE I.
b 1739.
MAILLOU, Marie-Madeleine, [NOEL III.
b 1746.

1766, (14 avril) Lachine.

III.—ROY (3), JACQUES, [LOUIS-PAUL II.
b 1742.
ROY (4), Angélique. [JACQUES III.

1766, (25 août) Ste-Anne-de-la-Pérade.

I.—ROY, JACQUES-PIERRE, fils de Pierre et de Marie Gatien, de St-Jean-de-Moulon, diocèse de Bordeaux; s 13 janvier 1782, à Batiscan. [4]
1° LEFEBVRE, Félicite, [PIERRE II.
b 1732.
1777, (3 février). [4]
2° MASSICOT, Marie-Joseph, [FRANÇOIS II.
b 1742; s [4] 20 mai 1778.
1779, (14 avril). [4]
3° GREFFARD, Marie-Madeleine, [JOACHIM III.
b 1756.
Anonyme, b [4] et s [4] 3 août 1780. — *Marie-Marguerite*, b [4] 13 dec. 1781; s [4] 2 mars 1784.

ROY, CHARLES,
b 1740, s 17 mai 1824, à Beaumont. [6]
POIRÉ, Angélique,
b 1760; s [6] 2 juillet 1829.

(1) Lacroix.
(2) Voy. Guyon.
(3) Dit Portelance.
(4) LaPensée.

1766.

IV.—ROY, Joseph-Charles, [Louis-Joseph III.
b 1738.
Filion, Marie-Joseph, [Jean III.
b 1740.
Anonyme, b et s 2 janvier 1767, à St-Joachim.[7]
—*Joseph*, b [7] 2 juin 1768.

ROY, Jean-Bte.
Gorpron, Marie-Françoise.
Madeleine, b... m 5 février 1786, à Henri King, à Repentigny.

1767, (3 nov.) Lachine.

IV.—ROY, François, [François III.
b 1746.
Bonhomme, Madeleine, [Michel IV.
b 1751.

1767, (9 nov.) Berthier.

IV.—ROY, Jean-Noel, [Augustin III.
b 1743.
Boissonneau, Marie-Angélique, [Nicolas III.
b 1751.

1767, (16 nov.) St-Valier.

IV.—ROY, Jacques, [Pierre III.
b 1745.
Brochu, Suzanne, [Jean III.
b 1749.

1767, (23 nov.) Lachine.

IV.—ROY, Michel, [Louis III.
b 1740.
Morel, Marie-Amable, [Jean-François III.
b 1750.

1767, (23 nov.) St-Henri-de-Mascouche.

IV.—ROY, Charles, [Jean-Bte III.
b 1744.
Beauchamp, Elisabeth, [Michel III.
b 1743.

1768.

ROY, Louis.
Denaud, Marie-Françoise.
Marie-Françoise, b 3 mars 1769, à St-Constant.

ROY, Joseph-Jean-Bte.
Daniel, Marie.
Marie-Louise, b 29 août 1768, à la Baie-du-Febvre.[6] — *Ambroise*, b [6] 9 dec. 1770.

I.—ROY (1), François, b 1734, de St-Gervais-de-Castel-Moront, diocèse d'Agen, Guienne-d'Agenois.

1769, (30 janvier) St-Constant.

IV.—ROY, Joseph, [Pierre III.
b 1744.
Viau, Marie-Suzanne. [Pierre III.

(1) Venu en 1757; infirmier à l'Hôpital-Général de Québec jusqu'en 1768. (Procès-verbaux).

IV.—ROY, Etienne, [Etienne III.
b 1742.
Noel, Geneviève.
Joseph, b... m 27 mai 1794, à Marguerite Marseau, à Quebec.

ROY, Jean.
1° Brochu, Marie-Marguerite, [Jean III.
b 17.6.
Jean-Baptiste, b... m 17 août 1801, à Cécile Dalaire, à Beaumont.—*Jean-Olivier*, b 5 dec. 1763, à Berthier.

1770, (5 février) St-Valier.

2° Fradet, Marguerite. [Jean I

1770, (18 février) St-Constant.[1]

IV.—ROY, Ignace, [Jean III
b 1747.
DeRainville, Marie-Jos., [Pierre-Joseph IV.
b 1751.
Ignace, b [1] 21 et s [1] 22 mars 1770.

1772, (4 oct.) Kamouraska.

V.—ROY (1), Jean-Bte, [Jean-Bte IV
b 1750.
Dionne, Marie-Louise, [Jean-Bte III
b 1758.

ROY, Augustin.
Beaumont, Marie-Louise.
Augustin, b... m 15 juillet 1793, à Elisabeth Bélanger, au Detroit.

1774, (30 mai) Québec.

II.—ROY (2), Jean-Marie, [François I
b 1736.
Bélanger, Angélique, [Augustin IV
b 1737; veuve de Pierre L'Enclus.

ROY, Simon.
Léveillé, Marie-Madeleine.
Marc-Antoine, b 28 janvier 1775, à St-Cuthbert.

1775, (2 oct.) Kamouraska.

V.—ROY, Augustin, [Jean-Bte IV.
b 1753.
Cordeau, Marie-Ursule, [Toussaint III
b 1757.

IV.—ROY, Augustin-Paul, [Augustin III
b 1745.
1° Bolduc, Marie-Agnès, [François IV
b 1753; s 31 janvier 1791, à Québec.[2]

1791, (22 nov.)[2]

2° Bauché, Marie-Anne. [Basile IV

1777, (3 fevrier) St-Joseph, Beauce.[3]

III.—ROY, Thomas, [Thomas II
b 1759.
Bolduc, Angélique, [Jean IV
b 1754.
Jean-Baptiste, b [3] 24 nov. 1777; s [3] 20 sept 1778.—*Thomas*, b [3] 29 juin 1779.

(1) Dit Desjardins.
(2) Dit Larose.

ROY, Pierre-Jean.
Maillet, Catherine.
Thérèse, b 1779; s 3 sept. 1789, à Lachenaye.

1778, (20 janvier) Quebec. [4]
V.—ROY (1), Jean-Bte, [Pierre IV.
b 1753.
Gauvreau, Marguerite, [Jacques-Alexis II.
b 1755; s [4] 15 juillet 1779.

1778, (26 oct.) Kamouraska.
V.—ROY (2), Joseph-Marie, [Jean-Bte IV.
b 1756.
Michau, Marie-Anne, [Jacques III.
b 1755.

1778, (3 nov.) St-Roch.
V.—ROY, Jean-Bte, [Jean-Bte IV.
b 1751.
Miville, Marie. [Joseph IV.

1779, (8 février) Beaumont.
V.—ROY, Jean-Bte, [Alexis IV.
b 1752.
Suzor, Charlotte, [François I.
b 1742; veuve de François Vien.

1779, (21 juin) Ste-Anne-de-la-Pérade. [5]
V.—ROY, Etienne, [Charles-Guillaume IV.
b 1751.
Jusseau, Marie, [Alexandre II.
b 1753.
Marie-Marguerite, b [5] 17 juin 1780.

1779, (13 juillet) St-Joseph, Beauce. [1]
III.—ROY, Jacques-François, [Thomas II.
b 1760; s [1] 5 oct. 1779.
Jacques, Louise, [Pierre III.
b 1761.

1779, (22 nov.) Montréal.
IV.—ROY, Pierre, [Jacques III.
b 1757.
Poitras, Marie-Joseph, [François-Joseph III.
b 1766.

1780.
IV.—ROY (3), François, [Isidore III.
b 1755.
Brunet (4), Marie-Joseph, [Pierre II.
b 1764.

ROY, Guillaume,
b 1740; s 29 mars 1800, à Beaumont. [1]
Chouinard, Geneviève,
b 1751; s [1] 21 déc. 1811.
Geneviève, b... m [1] 1er février 1802, à Jacques Fournier.—*Euphrosine*, b... m [1] 9 février 1808, à Jean-Baptiste Turgeon.—*Angélique*, b... m [1] 2 août 1808, à Charles Couillard-Hébert.

1782, (4 fevrier) Rivière-Ouelle.
V.—ROY (1), Joseph-Augustin, [Augustin IV.
b 1754.
Dupéré, Marie-Joseph, [Charles-Michel III.
b 1757.

1782, (5 nov.) Québec.
V.—ROY (2), Charles, [Pierre IV.
b 1756.
Gauvreau, Madeleine, [Jacques-Alexis II.
b 1759.

ROY, Jean-Bte.
Bourdon, Marie-Anne.
Marie-Anne, b... s 27 juin 1784, à Repentigny.

1784, (12 janvier) Rivière-Ouelle.
V.—ROY (3), Pierre-Antoine. [Ls-Etienne IV.
Plourde, Madeleine. [Jean III.

1784, (23 août) Deschambault.
IV.—ROY (4), Jean-Bte, [Isidore III.
b 1761.
Mathieu, Marie, [Jean III.
b 1752; veuve de Louis-Marie DeChavigny.

1785.
V.—ROY (5), Jacques, [Pierre IV.
b 1760.
Maurice (6), Elisabeth, [Bonaventure III.
b 1767.
Marie-Elisabeth, b 21 janvier 1786, à Repentigny. [7] — *Bonaventure*, b [7] 26 déc. 1786.—*Marie-Clémence*, b [7] 26 fevrier 1788.—*Jean-Marie*, b [7] 23 mai 1789.—*Marie-Françoise*, b... s [7] 21 juillet 1790.—*Marie-Desanges*, b [7] 26 avril et s [7] 10 nov. 1791.—*Jean*, b [7] 20 nov. 1792.—*Joseph*, b [7] 11 déc. 1793.—*Michel*, b [7] 16 juillet 1795.

1787, (6 fevrier) Beaumont.
V.—ROY, Pierre, [Pierre IV.
b 1759.
Guay, Marie-Anne. [Jean-Bte-Pierre IV.

1787, (8 mai) Québec.
V.—ROY (2), Laurent. [Pierre IV.
Paquet, Geneviève. [Pierre-François V.

1788, (26 août) Quebec. [8]
V.—ROY, Joseph, [Pierre IV.
b 1767; boulanger; s [8] 16 mars 1836.
Brunet, Marie, [Jean-Bte IV.
b 1771; s [8] (dans l'église) 2 mars 1852.
Marie-Adélaïde, b... m [8] 23 juin 1819, à André-Rémi Hamel.—*Jean-Olivier*, b [8] 13 juillet 1798.—

(1) Dit Audy.
(2) Dit Desjardins.
(3) Dit Portelance.
(4) Elle épouse, le 20 février 1792, Joseph Hamel, à Deschambault.

(1) Dit Lauzier.
(2) Dit Audy.
(3) Dit Lauzon pour Lauzier.
(4) Dit Portelance.
(5) Dit Sauvage, 1795, du nom de sa mère.
(6) Lafantaisie.

Etienne-Thomas, b... m [8] 19 mai 1835, à Reine-Elisabeth FAUCHER.

1788, (10 nov.) Repentigny.

IV.—ROY, JEAN-BTE. [JACQUES-PIERRE III.
MOREAU, Marie-Charlotte, [JOSEPH-MARIE III.
b 1772.

1789, (21 sept.) Ste-Anne-de-la-Pocatière. [1]

V.—ROY (1), CLÉMENT. [AUGUSTIN IV.
GAGNON, Marie-Anne. [JOSEPH-ANTOINE IV.
Clément, b [1] 13 sept. 1790; m 1er avril 1812, à Geneviève COUTURIER, à Kamouraska; s 4 juillet 1871, à St-Eloi.—*Joseph*, b [1] 3 avril 1792.—*Marie-Anne*, b [1] 13 mai 1793; m [1] 14 oct. 1811, à Germain PELLETIER.—*Joseph-Prime*, b [1] 11 et s [1] 24 dec. 1796.—*Pierre-Antoine*, b... m [1] 26 juillet 1819, à Angélique PELLETIER; s 5 mai 1855, à St-Arsène. —*Augustin*, b [1] 11 sept. 1798.—*Vinceslas*, b [1] 11 mars 1800. —*Marie-Angélique*, b [1] 28 sept. 1801. —*Joseph-Prudent* (2), b [1] 27 nov. 1802; m [1] 1823, à Marie MICHAUD.—*Fulgence*, b [1] 26 sept. 1804.—*Marie-Elisabeth*, b [1] 16 et s [1] 20 nov. 1806.—*Etienne*, b [1] 26 déc. 1807.— *Marie-Emérence* (3), b [1] 25 avril 1811; m 20 janvier 1831, à Hyacinthe LEBEL, à Cacouna [2]; s [2] 1er juillet 1856.—*Marie-Angélique*, b [1] 12 janvier 1813.

1790, (7 sept.) Quebec.

V.—ROY, GUILLAUME. [JEAN-BTE IV.
ROCHELEAU (4), Marie. [BASILE III.

1791, (31 janvier) Beaumont.

VI.—ROY, CHARLES. [CHARLES V.
TURGEON, Marie-Angélique. [FRANÇOIS.

1791, (15 fevrier) Quebec.

II.—ROY, CHARLES. [JEAN-BTE I.
COUTURE, Marie-Angélique. [ETIENNE IV.

1791, (24 oct.) Nicolet.

V.—ROY, JOSEPH. [JEAN-BTE IV.
LEMIRE, Marie-Joseph. [JOSEPH IV.

1791, (21 nov.) Beaumont.

V.—ROY, FRANÇOIS. [PIERRE IV.
PAQUET, Angelique. [CHARLES IV.

1792, (23 avril) Beaumont. [6]

V.—ROY, JEAN-BTE-IGNACE, [JEAN-BTE IV.
b 1760; s [6] 18 avril 1821.
CARRIER, Marguerite, [JOSEPH-MARIE IV.
b 1767.

1792, (29 oct.) St-Augustin. [9]

V.—ROY (5), SIMON, [SIMON IV.
b 1765.
LAURENCEL, Marie-Louise. [PIERRE I.
Louise, b [9] 27 août 1793.—*Simon*, b [9] 1er avril 1795.

ROY, FRANÇOIS.
JOLY, Marie.
Joseph-Ambroise, b 8 oct. 1793, à St-Cuthbert.

1793, (15 juillet) Détroit. [6]

ROY, AUGUSTIN. [AUGUSTIN
BÉLANGER, Elisabeth, [PHILIPPE II
s [6] 27 mai 1795.

ROY, GABRIEL.
ROBILLARD, Marie-Anne.
Joseph-Gabriel, b 30 sept. 1794, à St-Cuthbert.

1794, (19 mai) Détroit.

V.—ROY (1), JOSEPH, [JOSEPH IV
b 1762.
DUSSAULT, Archange,
veuve de Joseph Mesny.

1794, (27 mai) Québec.

V.—ROY, JOSEPH. [ETIENNE IV
MANSEAU, Marguerite. [JEAN-BTE IV

1794, (15 sept.) St-Jean-Deschaillons.

IV.—ROY (2), PIERRE, [JOSEPH II
b 1771.
LEBEUF, Modeste. [JOSEPH IV

1794, (16 sept.) Québec.

II.—ROY, FRANÇOIS. [PIERRE I
GAGNON, Geneviève, [JOSEPH-MARIE V
b 1769.

1795, (23 nov.) Beaumont. [6]

V.—ROY, JEAN, [GUILLAUME IV
b 1766; s [6] 24 juin 1833.
DALAIRE, Françoise. [LOUIS

1800, (12 mai) St-Jean-Deschaillons. [3]

IV.—ROY, ETIENNE. [JOSEPH III
LEBEUF, Marguerite, [JOSEPH IV
b 1774.
Marguerite, b... m [3] 24 janvier 1826, à Isaie MAILLOT.

1800, (1er juillet) Québec.

V.—ROY, JEAN-MARIE, [JOSEPH IV
b 1778.
MARQ, Helène, [CHARLES I
veuve de Jean-Wilson Cole.

IV.—ROY (2), JOS.-AMABLE, [MICHEL III
b 1773.
GUIMONT, Françoise.
Joseph, b... m 10 février 1823, à Adelaide ADAM, à St-Jean-Deschaillons.

(1) Desjardins dit Lauzier.
(2) Vit encore et réside dans le Manitoba (9 août 1889.)
(3) Mère du Rév. Père Guillaume LeBel, S. J.
(4) Lespérance; elle épouse, le 17 juin 1794, Augustin Bertrand, à Québec.
(5) Dit Audy.

(1) Marié Châtellereau.
(2) Et Roiroux.

1801, (17 août) Beaumont.

ROY, JEAN-BTE. [JEAN.
DALAIRE, Cécile. [LOUIS.

ROY (1), MICHEL,
b 1789; s 1er avril 1825, à St-Jean-Deschaillons.
BERTRAND (2), Madeleine.

1808, (12 janvier) Québec.

V.—ROY, GUILLAUME. [PIERRE IV.
HAMEL, Marie. [CHARLES V.

1812, (1er avril) Kamouraska.

VI.—ROY (3), CLÉMENT, [CLÉMENT V.
b 1790, s 14 juillet 1871, à St-Eloi. 1
COUTURIER, Geneviève,
b 1798; s 18 avril 1866, à St-Arsène. 2
Clement, b 1813, à Cacouna. 3 — *Louis*, b 3 1814.—*Bruno*, b 3 1815.—*Prime*, b 3 1816.—*Marie*, b 3 1817; m à Pierre OUELLET.—*Thomas*, b 3 1818; m à Henriette MICHAUD; s 1887, à St-Modeste.—*Amélie*, b 3 1819; m 3 à Gaspard ST. PIERRE; s 1 1888.—*Céleste*, b 3 1821; m 3 à Charles THERRIAULT (4). — *Robert*, b 3 18 avril 1823; 1° m 13 janvier 1846, à Marie GAGNON, à la Rivière-Ouelle; 2° m 22 fevrier 1863, à Marie DAMOURS, aux Trois-Pistoles.—*Véronique*, b 3 1824.—*Jean-Anthime*, b 3 1825; m 2 1854, à Henriette PELLETIER.—*Adéline*, b 3 1827; m à Clément GAGNON (5). —*Domitilde*, b 3 1829; m 2 à Louis CHAMBERLAND (6). — *Virginie*, b 3 1830. — *Edouard*, b 3 1832; s 1 1888. — *Démerise*, b 3 1833. — *Séraphine*, b 3 1834.—*Claire*, b 3 1835; m à H.-Eugène CHENETTE, à la Rivière-du-Loup (en bas). — *Charles* (7), b 3 1837; m à P. GAGNON.— *Clément*, b 3 1839.

1819, (26 juillet) Ste-Anne-de-la-Pocatière. 2

VI.—ROY (3), PIERRE-ANTOINE, [CLÉMENT V.
s 5 mai 1855, à St-Arsène. 6
PELLETIER, Angelique, [JOSEPH.
b 1797, s 6 26 fevrier 1858.
Pierre-Antoine (avocat), b 19 sept. 1820, à Cacouna 7; m 31 juillet 1856, à Marie-Julie PORCHE, à la Pointe-Coupée, Louisiane 8; s 8 1er sept. 1869. — *Henriette*, b 7 25 nov. 1822; m 7 18 oct. 1842, à Paschal BÉRUBÉ (8).—*Justine*, b 7 12 juin 1824; m 7 13 janvier 1846, à Alexis PELLETIER (9). —*Simyre*, b 9 juillet 1825, à la Rivière-du-Loup (en bas) 9, 1° m 7 4 juillet 1849, à Victor POTVIN (10), 2° m 2 26 mai 1862, à Jean-Baptiste PELLETIER. —*Elzear*, b 7 12 dec. 1826; m 9 1er mars 1854, à Marie PELLETIER; s 6 3 mars 1855.—*Victor* (*Hector*), b 7 15 sept. 1828; m 7 10 mai 1852, à Adélaïde MICHAUD. — *Emérence*, b 7 25 juillet 1831; m 6 20 mai 1861, à Charles DIONNE (1); s 7 24 nov. 1874. — *Marie-Clarisse*, b 7 5 sept. 1834; m 6 31 juillet 1855, à Théophile HUDON (2). — *Clément-Elie*, b 7 12 avril 1836; m 8 31 juillet 1865, à Marie-Rosaline POURCIAU. — *Alvina*, b 7 4 mars 1840; m 6 26 oct. 1858, à Philippe SAINDON.

(1) Et Roiroux.
(2) Elle épouse, le 15 janvier 1827, Marcel Mercier, à St-Jean-Deschaillons
(3) Desjardins dit Lauzier
(4) Résidant a New Irlande, Mégantic, 1889.
(5) Ils ont deux de leurs filles religieuses de la Cong. N.-D., à Montreal.
(6) Une fille religieuse chez les sœurs grises, à Ottawa.
(7) Deux fils religieux.
(8) Neuf enfants sont nés de ce mariage.
(9) Seize enfants de ce mariage.
(10) Six enfants de ce mariage.

1823, (10 février) St-Jean-Deschaillons.

V.—ROY (3), JOSEPH. [JOSEPH-AMABLE IV.
ADAM, Adélaïde. [JOSEPH.

1823, Ste-Anne-de-la-Pocatière.

VI.—ROY (4), JOSEPH-PRUDENT, [CLÉMENT V.
b 1802.
MICHAUD, Marie.
Nathalie, b à Cacouna 6; m à Baptiste BOULANGER, à St-Guillaume-d'Upton.—*Joseph*, b 6; s à Durham, comté de Drummond.—*Victor*, b 6; m à Philomène PICHETTE, à St-David. 7 —*Pierre*, b 6; m à Louise CLÉMENT, à Manchester, E.-U. — *François*, b 6; m 7 9 sept. 1860, à Marie PICHETTE. — *Adolphe*, b à la Rivière-du-Loup (en haut); m à Henriette BLAIS, à St-Félix-de-Kingsey; s 1878.

1835, (19 mai) Québec.

VI.—ROY, ETIENNE-THOMAS. [JOSEPH V.
FAUCHER, Reine-Elisabeth.

VII.—ROY (5), VICTOR. [JOSEPH-PRUDENT VI.
PICHETTE, Philomene.
Séraphine, b... m à Louis LALIBERTÉ.—*Ludger*, b... — *Eucharistie*, b... m à Elie ST. JACQUES, à Ste-Agathe, Manitoba. 9 —*Télesphore*, b...—*Thomas*, b 1864; m 9 27 janvier 1889, à Alexandrine MOUSSEAU. — *Horace*, b... — *Rosanna*, b...—*Albina*, b...—*Georges*, b...

VII.—ROY (5), PIERRE. [JOSEPH-PRUDENT VI.
CLÉMENT, Louise.
Ludger, b...—*Eudiquenne*, b...—*Edouard*, b... — *Emma*, b... — *Alfred*, b... — *Adolphe*, b... — *Ida*, b...

1846, (13 janvier) Rivière-Ouelle.

VII.—ROY (5), ROBERT, [CLÉMENT VI.
b 1823; cultivateur.
1° GAGNON, Marie.
Marie, b 27 déc 1846, à St-Arsène 3; m 3 5 mai 1863, à Charles CHENARD. — *Télesphore*, b 21 mars 1848, à la Rivière-du-Loup (en bas); m 28 août 1877, à Euphémie DAMOURS, aux Trois-Pistoles. 4 — *Ovide*, b 21 mai 1849, à Cacouna; m 3 18 janvier 1876, à Valerie LÉVESQUE. — *Ernestine*, b 3 31 juillet 1850; m 3 15 fevrier 1881, à Uldéric TREMBLAY. — *Aimé*, b 3 2 mars 1852; m 3 20 juillet 1875, à Philomène DIONNE.

(1) Cinq enfants de ce mariage.
(2) Treize enfants de ce mariage.
(3) Et Roiroux.
(4) Desjardins dit Lauzier; vit encore et réside dans le Manitoba (9 août 1889)
(5) Desjardins dit Lauzier.

— *Narcisse*, b [3] 1er juillet 1853; s 4 juin 1884, à Beauport. — *Philippe*, b [3] 27 nov. 1854; m [3] 3 sept. 1878, à Elmire BÉRUBÉ. — *Charles*, b [3] 6 mars 1856.

1863, (22 février). [4]

2° DAMOURS, Marie.

1852, (10 mai) Cacouna.

VII.—ROY (1), HECTOR, [PIERRE-ANTOINE VI.
b 1828.
MICHAUD, Adélaïde.

1854, (1er mars) Rivière-du-Loup (en bas).

VII.—ROY (1), ELZÉAR, [PIERRE-ANTOINE VI.
b 1826; s 3 mars 1855, à St-Arsène.
PELLETIER, Marie.
Lætitia, b...

1854, St-Arsène.

VII.—ROY (1), JEAN-ANTHIME, [CLÉMENT VI.
b 1825; notaire.
PELLETIER, Henriette. [GERMAIN.

Alix, b 30 dec. 1857, à la Rivière-du-Loup (en bas) [1]; sœur Marie-des-Anges, Ursuline (Stanstead 1889.) — *Joseph-Onésiphore*, b [1] 28 juillet 1858; m [1] 1881, à Marie DESLAURIERS. — *Marie-Alma*, b [1] 10 janvier 1861. —*Joseph-Anthime*, b [1] 2 juillet 1863; m [1] 7 juin 1887, à Marie SIROIS. —*Joseph-Epiphane*, b [1] 18 juillet 1865; s [1] (noyé) 18 août 1878. — *Marie-Amaryllis*, b [1] 25 avril 1867. — *Marie-Amélie*, b [1] 10 août 1869; s [1] 1872.—*Joseph-Henri*, b [1] 14 mai 1871.

1856, (31 juillet) Pte-Coupée, Louisiane. [1]

VII.—ROY (1), PIERRE-ANT, [PIERRE-ANT. VI.
b 1820; avocat; s [1] 1er sept. 1869.
PORCHE, Marie-Julie.

Antoinette, b...—*Pierre-Antoine*, b... s...—*Jefferson-Davis*, b...—*Fénelon*, b...—*Augustin*, b... s...—*Augustine*, b...

1860, (9 sept.) St-David.

VII.—ROY (1), FRANÇOIS. [JOSEPH-PRUDENT VI.
PICHETTE, Marie.

Georges-Edouard, b 11 mai 1861, à St-André-d'Acton; m 1885, à Minnie LORD, à Great Falls, E.-U. [2] — *François-Octave*, b 19 sept. 1862, à Durham. [5] — *Horace*, b [5] 23 sept. 1864. — *Marie-Esther*, b 9 oct. 1866, à Salmon Falls, E.-U. [3] — *Marie-Oliva*, b [3] 14 fevrier 1868.— *Louis-Homère*, b [3] 27 fevrier 1874. — *Emilienne*, b [2] 24 juillet 1877. — *Marie-Alma*, b 1er juillet 1881, à Ste-Agathe, Manitoba.

VII.—ROY (1), ADOLPHE, [JOS.-PRUDENT VI.
s 1878.
BLAIS, Henriette.

1865, (31 juillet) Pte-Coupée, Louisiane.

VII.—ROY (1), CLÉMENT-ELIE, [PIERRE-ANT. VI.
b 1836; notaire.
POURCIAU, Marie-Rosaline.

Elzéar, b... — *Clarisse*, b... — *Victor*, b... — *Joseph*, b...—*Jules*, b...—*Wilfrid*, b...— *Ignace*, b...—*Simyre*, b...—*Raphael*, b...—*Thomas*, b.

(1) Desjardins dit Lauzier.

1875, (20 juillet) St-Arsène.

VIII.—ROY (1), AIMÉ, [ROBERT VII.
b 1852.
DIONNE, Philomène.

1876, (18 janvier) St-Arsène.

VIII.—ROY (1), OVIDE, [ROBERT VII.
b 1849.
LÉVESQUE, Valérie.

1877, (28 août) Trois-Pistoles.

VIII.—ROY (1), TÉLESPHORE, [ROBERT VII.
b 1848.
DAMOURS Euphémie.

1878, (3 sept.) St-Arsène.

VIII.—ROY (1), PHILIPPE, [ROBERT VII.
b 1854.
BÉRUBÉ, Elmire.

1881, Rivière-du-Loup (en bas).

VIII.—ROY (2), JOS.-ONÉSIPHORE, [J.-ANTH VII.
b 1858.
DESLAURIERS, Marie. [ALEXIS.

1885, Great Falls, E.-U.

VIII.—ROY (1), GEO.-EDOUARD, [FRANÇOIS VII.
LORD, Minnie.

1887, (7 juin) Rivière-du-Loup.

VIII.—ROY (3), JOS.-ANTH., [JEAN-ANTHIME VII.
b 1863.
SIROIS, Marie, fille de F.-A., médecin et shérif du district de Kamouraska.

1889, (27 janvier) Ste-Agathe, Manitoba

VIII.—ROY (1), THOMAS, [VICTOR VII.
b 1864.
MOUSSEAU, Alexandrine.

ROYAL.—*Surnom* : BELLEFLEUR.

1752, (1er mai) Québec. [1]

I.—ROYAL (4), CHARLES, b 1720, soldat; fils de Christian et de Jeanne Rossin, de Mersbourg, Saxe, s [1] 21 avril 1782.

1° MONTARY, Marie-Angélique, [JEAN I.
b 1731; s 12 sept. 1774, à l'Hôpital-Général, M.

Marie-Jeanne, b [1] 16 avril et s [1] 1er mai 1752.—*Charles*, b [1] 4 août et s [1] 25 sept. 1753.—*Charles-Joseph*, b [1] 4 février 1755.—*Marie-Angélique*, b 11 mars 1759, au Cap-St-Ignace.—*Marie*, b [1] 5 juillet et s 12 août 1761, à St-Jean-Deschaillons.

(1) Desjardins dit Lauzier.

(2) Desjardins dit Lauzier. — Notaire à New-Carlisle, comté de Bonaventure (1889).

(3) Desjardins dit Lauzier.— Agent sur le chemin de fer Intercolonial (1889).

(4) Dit Bellefleur; à l'acte de sa sépulture il est dit de Frankfort, Alsace.

-Marie-Elisabeth, b 24 sept. 1762, à Ste-Anne-de-la-Perade.

1776.

2° Arbour, Geneviève, [Jean-François III.
b 1744.

ROYER.—*Variation et surnoms :* Royet—Comptois et Comtois—St. Jean.

I.—ROYER, Jean, b 1636; fils de Jean et de Marie Païse, du diocèse du Mans, Maine.
1° Dubois, Madeleine.
Jacques, b 1657; s (noyé) 12 nov. 1687, à Lévis.
—*Etienne*, b... m à Thérèse Viel.—*Marie-Madeleine*, b 7 février 1662, à Québec.[3]

1663, (2 nov.) Château-Richer.[3]

2° Targer (1), Marie, b 1641; fils de Daniel et de Louise Martin, de LaRochelle, Aunis.
Jean, b[3] 28 sept. 1664.—*Pierre*, b[3] 7 nov. 1667.
—*Elisabeth*, b 14 sept. 1669, à Ste-Famille, I. O.[4]; 1° m 5 juin 1689, à Pierre Blay, à St-Jean, I. O.[6]; 2° m[5] 16 nov. 1700, à Robert Pepin.—*Jean*, b[4] 6 nov. 1671; m 1695, à Catherine-Marguerite Dumont; s[6] 5 avril 1743.

1695.

II.—ROYER (2), Jean, [Jean I.
b 1671; s 5 avril 1743, à St-Jean, I. O.[6]
Dumont, Catherine, [Julien I.
b 1675; s 30 sept. 1757, à St-Charles.
Augustin, b[6] 12 juillet 1703; m[6] 26 mai 1732, à Angelique Pepin.—*Gabriel*, b[6] 1er mai 1713; 1° m 15 fevrier 1740, à Marie-Anne Hély, à St-Valier; 2° m à Marie-Charlotte Boucher.

1725, (26 nov.) Repentigny.

I.—ROYER (3), Jean-Bte, fils de Claude (officier dans les troupes de France) et de Jeanne Cousin, de Mezeray, diocèse de Besançon, Franche-Comté; s 31 oct. 1760, à St-Antoine-de-Chambly.[7]
Roy, Marie-Madeleine, [Joseph I.
b 1708.
Marie-Madeleine, b 7 aout 1726, à St-Ours.—*François*, b 1728; m[7] 28 avril 1755, à Marie-Ursule Bonin.—*Marie-Barbe*, b 1733; m[7] 28 avril 1755, à Jean-Baptiste Circé.—*Marie-Louise*, b 1738; m[7] 21 fevrier 1757, à Pierre Guertin.—*Pierre*, b 1739; m[7] 19 nov. 1764, à Marie-Ursule Bonin.—*Jean-Baptiste*, b 1742; s[7] 24 fevrier 1761.—*Marie-Marguerite*, b 1746; s[7] 25 mars 1752.—*Louis-Jacques*, b[7] 17 juillet 1751; s[7] 14 avril 1752.

1729.

I.—ROYER, Vincent.
Veillon, Madeleine,
b 1709.
Gabriel, b 1730; m 15 février 1757, à Marie-Joseph Gauvreau, à Quebec.

(1) Elle épouse, le 17 février 1676, Robert Tourneroche, à Ste-Famille, I. O.

(2) Voy. vol. I, p. 536.

(3) Et Royet dit Comptois; soldat de la compagnie de M. de la Corne.

1732, (26 mai) St-Jean, I. O.[6]

III.—ROYER, Augustin, [Jean II.
b 1703.
Pepin, Angélique, [Joseph II.
b 1711.
Augustin, b[6] 14 mars 1733.—*Marie-Joseph*, b[6] 13 nov. 1734.—*Joseph*, b... m[6] 20 janvier 1755, à Geneviève Terrien.—*Angélique*, b[6] 3 mai 1736; s[6] 15 sept. 1744.—*Marie-Louise*, b[6] 22 mai 1738; m[6] 20 février 1759, à Dominique Dussau-Lagrandeur. — *Jean-Baptiste*, b[6] 8 février 1740; m 1er août 1763, à Marie Roy, à Beaumont. — *Marie-Anne*, b[6] 19 avril 1743; m[6] 2 août 1762, à Louis Labrecque.—*Gabriel*, b[6] 11 avril 1745.—*Eustache*, b[6] 20 juillet 1747; m 19 oct. 1772, à Angelique Gosselin, à St-Charles.[7] — *Louis*, b[6] 11 nov. 1749. — *Laurent*, b[6] 15 mai 1752; s[6] 6 fevrier 1759. — *Pierre-Noël*, b[6] 24 mars 1755; m[7] 28 janvier 1777, à Angélique Audet.

1740, (15 février) St-Valier.

III.—ROYER, Gabriel, [Jean II.
b 1713.
1° Hély, Marie-Anne, [Pierre II.
b 1711.
2° Boucher, Marie-Charlotte, [Jean-Frs IV.
b 1726; s 19 août 1760, à St-Antoine-Tilly.

1755, (20 janvier) St-Jean, I. O.[1]

IV.—ROYER, Joseph. [Augustin III.
Terrien, Geneviève. [Pierre III.
Marie-Geneviève, b[1] 28 oct. 1755; s 16 juillet 1756, à St-Charles.[2] — *Joseph*, b[2] 14 avril 1757.

1755, (28 avril) St-Antoine-de-Chambly.[3]

II.—ROYER (1), François, [Jean-Bte I.
b 1728.
Bonin, Marie-Ursule, [Pierre I.
b 1732.
Marie-Françoise, b[3] 31 mars 1755.—*François*, b[3] 22 août et s[3] 9 sept. 1756.—*François*, b[3] 27 sept. et s[3] 10 oct. 1757.

1756, (12 janvier) Montréal.[4]

I.—ROYER, François, b 1726, soldat; fils de Jean et de Lucile Perron, de St-Pierre-de-Commercy, diocèse de Toul, Lorraine.
Palin, Radégonde, [Louis-Charles II.
b 1731.
Françoise, b... m[4] 22 mai 1769, à Louis Hunaut.

I.—ROYER, François, b 1724; d'Avranches, Normandie; s 13 avril 1760, à la Rivière-Ouelle.

1757, (15 février) Québec.[5]

II.—ROYER, Gabriel, [Vincent I.
b 1730.
Gauvreau, Marie-Joseph, [Etienne I.
b 1735.
Marie-Joseph, b[5] 10 et s[5] 20 déc. 1757.—*Gabriel*, b[5] 16 avril 1759.

(1) Dit Comptois.

1763, (1er août) Beaumont.

IV.—ROYER, Jean-Bte, [Augustin III.
b 1740.
Roy, Marie. [Pierre-Bernard III.
Jean-Baptiste, b 13 juin 1766, à St-François, I. O.

1764, (19 nov.) St-Antoine-de-Chambly.

II.—ROYER (1), Pierre, [Jean-Bte I.
b 1739.
Bonin, Marie-Ursule, [Louis III.
b 1744.

ROYER (2), Jean-Bte.
1° L'Archevêque, Françoise.
1797, (19 sept.) Québec.
2° Gibaut, Cecile,
veuve de François-Clement Vallereau.

1772, (19 oct.) St-Charles [7]

IV.—ROYER, Eustache, [Augustin III.
b 1747.
Gosselin, Angélique, [Jean-François IV.
b 1753.
Angélique, b[7] 17 nov. 1773 ; m 16 février 1795, à Pierre Doyer, à St-Gervais[8] ; s 6 août 1865, à St-Jean-Baptiste, Q.—*Reine*, b[7] 18 fevrier 1775.—*Eustache*, b[7] 21 déc. 1776.—*Joseph*, b[7] 2 fevrier 1779.—*Marie-Christine*, b[8] 12 mars 1795.

1777, (28 janvier) St-Charles.

IV.—ROYER, Pierre-Noel, [Augustin III.
b 1755.
Audet, Angélique, [Louis III.
b 1759.
Marie-Angélique, b 25 juin 1778, à St-Jean, I. O.

ROYET.—Voy. Royer.

I.—ROYET (3), Anatole, b 1681 ; s 7 janvier 1731, à Beauport.

ROZA.—Voy. Rosa.

I.—ROZÉ (4), Gui, b 1706 ; s 13 mai 1731, à la Baie-St-Paul.

ROZEROT.—*Variations :* Baudrau—Boudrault.

1718, (7 mai) Charlesbourg (5).

I.—ROZEROT (6), André, fils de Jean et de Marie Dupuis, de St-Pierre-de-Dijon, diocèse de Langres, Champagne.
Cousson, Suzanne, [François I.
b 1676 ; veuve de Pierre Pinaut.

ROZOTTY.—Voy. Orisse.

(1) Dit Comptois.
(2) Dit St. Jean.
(3) Curé de Beauport.
(4) Matelot de "La Manon," commandée par M. Lemoyne.
(5) Cet acte se trouve aussi, aux registres de Quebec, le 15 sept 1718.
(6) Dit Baudrau—Boudrault.

I.—ROZOTTY (1), Françoise.

RUAIS.—*Variations :* Rué—Ruel—Ruest.

1734, (7 janvier) Rimouski. [9]

I.—RUAIS (2), Antoine, fils de Georges et de Jeanne Chanu, de St-Michel, Basse-Normandie.
Desrosiers (3), Marie-Madeleine, [Michel III
b 1717.
Michel, b[9] 13 mai 1735 ; m 1762, à Marie Vaillancour.—*Jean*, b[9] 3 mars 1737 ; m[9] 5 juillet 1774, à Rosalie Gagnon, s[9] 21 août 1795.—*Joseph*, b[9] 13 août 1738 ; m 12 sept. 1774, à Hélène DeLavoye, aux Eboulements.—*Marie-Madeleine*, b[9] 15 fevrier 1740.—*Geneviève*, b[9] 27 nov 1741.—*Antoine*, b 1743 ; m[9] 26 janvier 1767, à Reine Lepage.—*Madeleine*, b[9] 28 janvier 1746.—*Louis*, b 1748 ; m 30 juillet 1770, à Marie Hudon à la Rivière-Ouelle.—*Marie-Agnès*, b[9] 27 dec 1749 ; m[9] 5 juillet 1774, à Toussaint St. Laurent.—*Véronique*, b[9] 23 nov. 1752 ; m[9] 5 juillet 1774 à Germain St. Laurent.—*Germain*, b[9] 18 avril 1754.—*Jean-Baptiste*, b[9] 7 mai 1758.—*Michel*, b[9] 17 fevrier 1760.

1762.

II.—RUAIS, Michel, [Antoine I.
b 1735.
Vaillancour, Marie, [Joseph III.
b 1736.
Michel, b 1763 ; m 16 oct. 1787, à Felicite DeLavoye, à Rimouski.

1767, (26 janvier) Rimouski. [1]

II.—RUAIS (2), Antoine, [Antoine I.
b 1743.
Lepage, Reine, [Paul II.
b 1744.
Marie-Reine, b[1] 14 juin 1784 ; s[1] 23 mars 179[illegible]

1770, (30 juillet) Rivière-Ouelle

II.—RUAIS, Louis, [Antoine I.
b 1748
Hudon, Marie, [Jean-François III
b 1751.
Jean-Baptiste, b 15 juillet 1783, à Rimouski.—*Paschal*, b[9] 31 oct. 1786.—*Alexandre*, b[9] [illegible] mai 1789.

1774, (5 juillet) Rimouski. [9]

II.—RUAIS, Jean, [Antoine I.
b 1737 ; s[9] 21 août 1795.
Gagnon, Rosalie, [Jacques III
b 1753.
Rosalie, b 1775 ; m[9] 24 juin 1794, à Alex Gagné.—*Véronique*, b 1777 ; m[9] 11 nov. 1794, à Pierre Banville.—*Marie-Marthe*, b[9] 15 juillet 1783, m[9] 13 janvier 1801, à Etienne Paquet—

(1) Nom formé de Françoise-Rose Othys ; enfant anglaise captive des sauvages et vendue au Canada, elle epousa en 1696, Jean-Baptiste Poitevin-Laviolette ; voy. vol. I, p. 493.
(2) Et Ruel.
(3) Aussi appelée Tremblay, 1770—Dutremble, 1774.

Agathe, b [9] 12 juin 1784; m [9] 21 fevrier 1803, à Pierre Poirier.—*Jean-Baptiste*, b [9] 22 mai 1786; m [9] 29 janvier 1811, à Thérèse Heppell. —*Appolline*, b [9] 6 mai 1788; m [9] 17 février 1806, à Joseph Poirier. — *Marie-Geneviève*, b [9] 18 mars 1791; m [9] 26 nov. 1811, à Jean-Joseph Heppell.—*Donatille*, b [9] 7 mai 1794.

1774, (12 sept.) Eboulements.

II.—RUAIS, Joseph, [Antoine I.
b 1738.
DeLavoye, Hélène, [Joseph IV.
b 1755.

Marie, b 1775; m 19 janvier 1802, à Jacques Parant, à Rimouski. [8] — *Joseph*, b 1777; m [8] 9 nov. 1802, à Gudulle Lepage. — *Hubert*, b 1781; m [8] 24 oct. 1809, à Agathe Lepage.—*Marie-Claire*, b [8] 14 juillet 1783; m [8] 27 janvier 1801, à André Coté — *Marie-Agnès*, b [8] 18 mai 1789; m [8] 29 janvier 1811, à Pierre Lepage.

1787, (16 oct.) Rimouski. [4]

III.—RUAIS, Michel, [Michel II.
b 1763.
DeLavoye (1), Felicité, [Joseph IV.
b 1762.

Michel-Louis-Alexis, b [4] 18 mai 1789.—*Gilbert*, b [4] 19 sept. 1790; m [4] 22 janvier 1811, à Rosalie Choret.—*Marie-Olive*, b [4] 28 oct. 1792. — *François*, b [4] 10 mars 1795.

1802, (9 nov.) Rimouski.

III—RUAIS, Joseph, [Joseph II.
b 1777.
Lepage, Marie-Gudulle, [Pierre IV.
b 1774.

1809, (24 oct.) Rimouski.

III.—RUAIS, Hubert, [Joseph II.
b 1781.
Lepage, Agathe, [Pierre V.
b 1790.

1811, (22 janvier) Rimouski.

IV.—RUAIS, Gilbert, [Michel III.
b 1790.
Choret, Rose, [Augustin V.
veuve de Théodore Bouillon.

1811, (29 janvier) Rimouski.

III.—RUAIS, Jean-Bte, [Jean II.
b 1786.
Heppell, Thérèse, [Jacob I.
b 1791.

1761, (15 sept.) Québec.

I—RUÉ (2), Nicolas, b 1739; fils de Nicolas et de Jeanne Roussel, de Pouloy, diocèse de Blois, Blaisois.
Gotreau (3) Marie-Françoise, [Jean III.
b 1744.

(1) Elle épouse, le 18 février 1805, Jean Pineau, à Rimouski.

(2) Venu en 1758 sur le *Lafilteau*. (Reg. P. V., 1761.)

(3) Elle épouse, le 25 juin 1764, François Bourgoin, à Kamouraska.

RUEL.—*Variations et surnoms:* Rel—Ruais et Ruest — Ruelle — Dreville— Sanssoucy— St. Jean.

1677, (22 nov.) Ste-Famille, I. O.

I.—RUEL (1), Clément, b 1654; fils de Jacques et de ...., de St-Paul, Paris; s 11 dec. 1709, à St-Laurent, I. O. [5]
Leclerc, Marguerite, [Jean I.
b 1661; s [5] 9 mai 1729.

Pierre, b [5] 26 déc. 1679; m 11 nov. 1709, à Marie Couture, à Beaumont; s [5] 25 sept. 1751.—*Louise*, b [5] 12 sept. 1683; s [5] 19 oct. 1759. —*Geneviève*, b [5] 21 oct. 1685; m [5] 13 nov. 1702, à Guillaume Dufresne; s 29 février 1768, à St-Thomas. [6] — *Madeleine*, b [5] 2 février 1688; m [5] 15 oct. 1708, à Jean Fortier. — *Henri*, b 1690; m [6] 30 oct. 1720, à Anne Prou; s [6] 5 sept. 1747. —*Jean*, b 19 mars 1693, à St-Pierre, I. O.; m 1719, à Marthe Fournier.—*Guillaume*, b 1695; s [5] 30 dec. 1704. — *Ignace*, b 1697, m [5] 16 nov. 1722, à Geneviève Roy; s [5] 25 nov. 1770 —*Louis*, b 1700; 1° m à Rosalie Fournier; 2° m [6] 17 mai 1736, à Marie-Anne Dandurand. — *Marie-Angélique*, b [5] 17 sept. 1704; m [5] 4 nov. 1732, à Joseph Fournier.

1709, (11 nov.) Beaumont.

II.—RUEL, Pierre, [Clément I.
b 1679; s 25 sept. 1751, à St-Laurent, I. O. [1]
Couture, Marie, [Charles II.
b 1690; s [1] 8 mai 1743.

Marguerite, b [1] 10 oct. 1710; m [1] 19 janvier 1733, à François Pouliot; s [1] 30 sept. 1733.—*Anne*, b [1] 7 août 1712; m [1] 8 fevrier 1745, à François Bussière; s 12 mai 1750, à St-Pierre, I. O. [2] —*Geneviève*, b [1] 17 avril et s [1] 15 déc. 1714.—*Pierre*, b [1] 10 nov. 1715, m [1] 16 nov. 1744, à Geneviève Gosselin.—*Guillaume*, b [2] 12 janvier 1718.—*Marie-Angélique*, b [1] 12 fevrier et s [1] 13 juin 1720.—*Jean-Baptiste*, b [1] 22 mai 1721; 1° m 26 oct. 1750, à Geneviève Lacroix, à St-Michel [3]; 2° m [3] 9 janvier 1758, à Marie-Madeleine Quéret. —*François*, b [1] 3 juin 1724; s [1] 12 mars 1753.—*Geneviève*, b [1] 30 oct. 1726; m [1] 6 août 1753, à Joseph Jahan.—*Françoise*, b [1] 1er avril 1729; m [1] 24 avril 1747, à François Dumas; s [1] 17 dec. 1756. —*Gertrude*, b [1] 3 mai 1732; m [1] 1er fevrier 1751, à Laurent Dumas.—*Marie-Joseph*, b... m [1] 8 mai 1753, à Jean Godbout; s [1] 6 dec. 1759.

1719.

II—RUEL, Jean, [Clément I.
b 1693.
Fournier, Marthe, [Simon II.
b 1699.

Jean-Baptiste, b 20 sept. et s 22 nov. 1720, à St-Laurent, I. O. [8] — *Marthe*, b [8] 16 oct. 1721; s [8] 25 août 1722. — *Marie-Marthe*, b [8] 17 fevrier 1724, m [8] 6 nov. 1747, à Jean-Marie Coté.—*Pierre*, b 28 dec. 1724, à Verchères.—*Geneviève*, b [8] 13 mai 1726; 1° m [8] 2 fevrier 1750, à François Noel; 2° m [8] 22 nov. 1756, à Louis Rouleau.—*Madeleine*, b [8] 6 juillet 1728; s [8] 20 avril 1738.—

(1) Voy. Ruelle, vol. I, p. 536.

Marguerite, b [8] 28 oct. 1730.—*Marie-Anne*, b [8] 24 mars 1733.—*Dorothée*, b [8] 29 juillet 1735.—*Angélique*, b [8] 20 nov. 1736.—*Anonyme*, b [8] et s [8] 13 mai 1739.

1720, (30 oct.) St-Thomas. [9]

II.—RUEL (1), HENRI, [CLÉMENT I.
b 1690; s [9] 5 sept. 1747.
PROU, Anne, [JEAN I.
b 1693; s [9] 7 déc. 1749.

Anne, b 1722; s [9] 6 février 1734.—*Marie*, b... m [9] 4 nov. 1748, à Charles GAUDREAU.—*Elisabeth*, b [9] 22 mars 1726; s [9] 5 nov. 1745.—*Clément*, b [9] 29 mars 1728; s [9] 30 juin 1731.—*Marie-Madeleine*, b [9] 28 déc. 1729; 1° m [9] 14 fevrier 1757, à François BOULET; 2° m [9] 25 juillet 1763, à François MORIN; s [9] 5 avril 1767.—*Joseph-Magloire*, b [9] 22 avril 1732; m [9] 21 nov. 1757, à Marie-Madeleine BOULET.—*Marie-Geneviève*, b [9] 5 mars 1735; m [9] 15 fevrier 1762, à Paul BOULET.—*Marie-Louise*, b [9] 5 mars 1735; 1° m 28 janvier 1754, à Joachim CARON, au Cap-St-Ignace; 2° m 6 sept. 1756, à Jacques BÉLANGER, à l'Islet.—*Clément*, b [9] 8 avril 1737.—*Marie-Marthe*, b [9] 1er mai 1739; m [9] 1er mai 1764, à François TIBAUT.

RUEL, JOSEPH.
DEMERS, Madeleine,
b 1698; s 11 oct. 1755, à Montréal.

1722, (16 nov.) St-Laurent, I. O. [1]

II.—RUEL, IGNACE, [CLEMENT I.
b 1697; s [1] 25 nov. 1770.
ROY, Geneviève, [JEAN II.
b 1701.

Ignace, b [1] 27 sept. 1723; m [1] 9 nov. 1750, à Elisabeth PAQUET. — *Jean-Baptiste*, b [1] 23 avril 1725; m [1] 26 février 1753, à Angelique LABRECQUE. — *Geneviève*, b [1] 18 février 1727; s [1] 15 mai 1746. — *Jean-François*, b [1] 4 avril 1729. — *Paul*, b 7 mars 1731, à St-Pierre, I. O.; s [1] 5 déc. 1749. —*Marie*, b [1] 24 fevrier 1733.—*Marie-Agathe*, b [1] 10 janvier 1735; m [1] 18 nov. 1760, à Jean TIBAUT. — *Isabelle*, b [1] 17 juillet 1737. — *Jean-François*, b [1] 16 juin 1739; m 1769, à Marie-Catherine BOIS. — *Laurent*, b [1] 3 mars 1741. — *Pierre*, b [1] 19 juillet et s [1] 29 août 1744.— *Marie*, b [1] 19 juillet 1744. — *Cécile*, b [1] 26 mai et s [1] 23 août 1747.

II.—RUEL (2), LOUIS, [CLÉMENT I.
b 1700.
1° FOURNIER, Rosalie, [SIMON II.
b 1712.
1736, (17 mai) St-Thomas.
2° DANDURAND (3), Marie-Anne, [ANTOINE I.
b 1718.

Marie, b... m 26 fevrier 1759, à Louis LANGELIER, au Cap-St-Ignace.

(1) Et Rel dit Sanssoucy.

(2) Dit Dreville.

(3) Elle épouse, le 7 sept. 1789, François Drugeot, à St-Thomas.

1744, (16 nov.) St-Laurent, I. O. [6]

III.—RUEL, PIERRE, [PIERRE II.
b 1715.
GOSSELIN, Geneviève, [IGNACE II.
b 1722.

Geneviève, b [6] 9 août et s [6] 1er sept. 1745.—*Marie-Geneviève*, b [6] 12 fevrier 1747. — *Marie-Anne*, b [6] 2 janvier 1748. — *Marie-Joseph*, b [6] 16 juin 1749. — *Pierre*, b [6] 2 nov. 1750. — *Marguerite*, b [6] 7 fevrier 1752. — *Jean-Baptiste*, b [6] 14 mai 1753.—*Joseph*, b [6] 5 janvier 1755.— *Nicolas-Jean*, b [6] 8 avril 1756.—*Jean-François*, b [6] 14 déc. 1757; s [6] 15 juillet 1758. — *Louise*, b [6] 12 nov. 1760.—*Ignace*, b [6] 14 août 1762.

III.—RUEL, FRANÇOIS, [PIERRE II.
b 1724; s 12 mars 1753, à St-Laurent, I. O.

1750, (26 oct.) St-Michel. [8]

III.—RUEL, JEAN-BTE, [PIERRE II.
b 1721.
1° LACROIX, Geneviève, [GABRIEL II.
b 1731; s [8] 2 fevrier 1756.

Anonyme, b [8] et s [8] 13 mai 1753. — *Jean-Baptiste*, b 15 sept. 1754, à St-Charles. [9] — *François*, b [9] 30 janvier et s [8] 14 février 1756.

1758, (9 janvier). [8]
2° QUÉRET, Madeleine. [CHARLES II.

Marie-Madeleine, b [8] 2 oct. 1758. — *François-Noel*, b [8] 13 nov. 1760. — *Alexandre*, b [8] 19 nov. 1762. — *Louis*, b... m 28 juillet 1795, à Marie-Joseph MAGNAN, à Quebec.

1750, (9 nov.) St-Laurent, I. O.

III.—RUEL, IGNACE, [IGNACE II.
b 1723.
PAQUET, Elisabeth, [ANTOINE II.
b 1719.

Ignace, b 26 fevrier et s 1er mars 1755, à St-Charles.

1753, (26 février) St-Laurent, I. O. [4]

III.—RUEL, JEAN-BTE, [IGNACE II.
b 1725.
LABRECQUE, Angelique, [JOSEPH II.
b 1726.

Marie-Angélique, b [4] 15 mars 1754.—*Jean-Baptiste*, b [4] 3 mai 1755 —*Marie-Gertrude*, b [4] 2 mai 1757; s [4] 30 juillet 1758. — *Antoine*, b 8 juin, à Beauport et s [4] 9 dec. 1759.—*Laurent*, b [4] 16 déc. 1760. — *Marie-Louise*, b [4] 12 mai et s [4] 5 juillet 1763.

1755, (7 janvier) Montréal.

I.—RUEL, JEAN-HUBERT, b 1727; fils de Claude et de Françoise Quelle, de St-Jean-Bourg-de-Vernois, Dijon, Bourgogne.
BOUTET-LEBOEUF, Geneviève, [PIERRE II.
b 1734.

Jean-Hubert, b 1756, m à Marie MATTE. — *Marie-Joseph*, b et s 24 oct. 1761, à Charlesbourg.

1757, (21 nov.) St-Thomas. [1]
II.—RUEL, JOSEPH-MAGLOIRE, [HENRI II.
b 1732.
BOULET, Marie-Madeleine, [AUGUSTIN III.
b 1730.
Madeleine, b 1758 ; m 9 janvier 1775, à Antoine JACQUES, à St-Cuthbert. [2] — *Joseph-Magloire*, b [1] 30 sept. 1760 ; m 1785, à Marie-Ursule LEVASSEUR. — *Marie-Charlotte*, b... m [2] 22 janvier 1781, à Joseph COMMARTIN.—*Charles*, b 1766 ; m [2] 10 janvier 1791, à Geneviève COLIN ; s [2] 15 nov. 1793.

RUEL, JACQUES.
GOSSELIN, Marie-Joseph.
Alexis, b et s 6 sept. 1759, à Charlesbourg.

1769.
II.—RUEL (1), JEAN-FRANÇOIS, [IGNACE II.
b 1739.
BOIS, Marie-Catherine, [CHARLES I.
b 1743.
Geneviève, b 19 janvier 1779, au Château-Richer.

I.—RUEL, JEAN-HUBERT, [JEAN-HUBERT I.
b 1756.
MATTE, Marie.
Ignace, b 3 fevrier 1779, au Château-Richer.

1785.
IV.—RUEL, JOS.-MAGLOIRE, [JOS.-MAGLOIRE III.
b 1760.
LEVASSEUR, Marie-Ursule
Marie-Ursule, b 3 août 1786, à St-Cuthbert. [8] — *Marie-Geneviève*, b [8] 25 avril 1788. — *Joseph*, b [8] 16 juillet 1791.—*Charles*, b [8] 11 juillet 1793, s [8] 30 janvier 1794. — *Marie-Pélagie*, b [8] 5 mars 1795.

RUEL, ALEXIS.
BLOUF, Marguerite.
Alexis, b 7 dec. 1789, à St-Cuthbert.

1791, (10 janvier) St-Cuthbert. [2]
IV.—RUEL, CHARLES, [JOSEPH-MAGLOIRE III.
b 1766 ; s [2] 15 nov. 1793.
COLIN (2), Geneviève. [GABRIEL.

1795, (28 juillet) Quebec.
V.—RUEL, LOUIS. [JEAN-BTE III.
MAGNAN, Marie-Joseph.

1760, (5 nov.) St-Michel.
I.—RUELLAND, JEAN-MARIE, fils de Louis et de Catherine Bonodain, de St-Mathurin-de-Moncontour, diocèse de St-Brieux, Bretagne.
FORGUES, Marie-Joseph, [JOSEPH III.
b 1718 ; veuve de Joseph Maupas.

(1) Dit St Jean.
(2) Elle épouse, le 2 juin 1794, Joseph Gilbert, à St-Cuthbert

1744, (26 nov.) Ste-Anne-de-la-Pocatière. [2]
I.—RUELLANS (1), JEAN-FRANÇOIS, fils d'Olivier et de Mathurine Frenière, de Plesla, diocèse de St-Brieux, Bretagne.
PINEL, Marie-Félicité, [FRS-XAVIER III.
b 1703 ; veuve de François Ouellet.
Marie-Félicité, b [2] 8 oct. 1745 ; m [2] 26 janvier 1761, à Jean-Bernard SAUCIER. — *Jean-François*, b [2] 4 et s [2] 27 dec. 1747.

RUELLE.—Voy. RUEL.

RUEST.—Voy. RUAIS—RUEL.

RUET.—Voy. D'AUTEUIL—MONCEAUX.

RUFFIANS.—Voy. RUFIANGE.

RUFFIGNY.—*Surnom* · SANSCHAGRIN.

1743, (25 nov.) Montréal. [8]
I.—RUFFIGNY (2), JEAN-BTE, b 1718 ; fils d'André et de Marie Bréjeon, de N.-D.-de-la-Grandet, diocese de Poitiers, Poitou.
DUBÉ, Françoise, [PIERRE II.
b 1719.
Joseph, b [8] 2 nov. 1743.— *Marie-Louise*, b [8] 18 mars et s [8] 28 juin 1745. — *Marie-Louise*, b [8] 31 dec. 1746.

RUFIAGE.—Voy. RUFIANGE.

RUFIANGE.—*Variations et surnom :* RUFFIANS —RUFIAGE—RUTIANGE—LAVIOLETTE.

1698, (24 nov.) Laprairie. [8]
I.—RUFIANGE (3), BERNARD.
DUMAS, Louise, [RENÉ I.
b 1680.
Catherine, b 20 août 1712, à Montréal [7] ; 1° m 30 avril 1736, à Jean-Baptiste DENIAU, à Châteauguay [6] ; 2° m [6] 24 mai 1756, à André FLORILDA. —*François*, b 1714 ; m à Marie-Anne POINEAU. —*Pierre*, b 1715, m [6] 18 janvier 1741, à Marie-Anne PRIMOT. — *Bernard*, b [8] 13 mars 1717. — *Jean-Baptiste*, b 1722 ; 1° m [7] 6 mai 1748, à Marie-Anne MALLET ; 2° m [6] 8 janvier 1759, à Catherine HUBERT. — *Marie-Joseph*, b 1727 ; m [6] 21 mars 1747, à Pierre DUMAIS. — *Marguerite*, b... m [6] 26 fevrier 1748, à Joseph ST. AGNE.

1737.
II.—RUFIANGE (4), FRANÇOIS, [BERNARD I.
b 1714.
POINEAU, Marie-Anne, [JEAN I.
b 1710.
Marie-Desanges, b 16 février 1738, à Châteauguay [5] ; m [5] 10 fevrier 1755, à Pierre GENDRON.

(1) De concert avec Pierre-Jacques Miville, il avait prêté son ministère à l'enlèvement d'une femme mariée. Ils sont absouts de l'excommunication majeure, le 11 avril 1772, à Ste-Anne-de-la-Pocatière.
(2) Dit Sanschagrin ; soldat de la compagnie de Lavaltrie.
(3) Dit Laviolette ; voy. vol. I, p. 586.
(4) Dit Laviolette.

—*Angélique*, b 1739; s 25 avril 1741, à Laprairie.[6] — *Ursule*, b... m[5] 13 janvier 1762, à Louis GENDRON. — *François-Amable*, b[6] 8 oct. 1742; m[5] 14 janvier 1765, à Marie-Joseph GENDRON.

1741, (18 janvier) Châteauguay.
II.—RUFIANGE, PIERRE, [BERNARD I.
b 1716.
PRIMOT, Marie-Amable, [CHARLES I.
b 1716; veuve de Jean-Nicolas Grandmaison.
Jean-Louis, b 1748; m 10 janvier 1774, à Madeleine PRUDHOMME, à Montreal.

1748, (6 mai) Montréal.
II.—RUFIANGE (1), JEAN-BTE, [BERNARD I.
b 1722.
1° MALLET, Marie-Anne, [JEAN-BTE III.
b 1719; veuve de Pierre Couillard; s 13 avril 1754, à Lachine.[8]
Jean-Baptiste, b[8] et s[8] 11 juillet 1752.
1759, (8 janvier) Châteauguay.
2° HUBERT, Catherine. [PIERRE.

1765, (14 janvier) Châteauguay.
III.—RUFIANGE (2), FRS-AMABLE, [FRS II.
b 1742.
GENDRON, Marie-Joseph, [PIERRE III.
b 1742.

1774, (10 janvier) Montréal.
III.—RUFIANGE (3), JEAN-LOUIS, [PIERRE II.
b 1748.
PRUDHOMME, Madeleine, [JOSEPH IV.
b 1744; veuve de Simon Cotignon.

RUHOT.—*Surnom :* DESROSIERS.

1759, (25 février) Montréal.
I.—RUHOT (4), RENÉ, b 1719; fils de Gacien et de Catherine Rouleau, d'Angoulesme, Angoumois.
CHRÉTIEN, Dorothée, [JACQUES II.
b 1717, veuve de Pierre Boucher.

RULAU.—Voy. ROULEAU.

RULLÉ.—*Surnom :* DESABRAIS.

1756, (30 mai) St-Laurent, M.[1]
I.—RULLÉ (5), FRANÇOIS, fils de Pierre et de Jeanne Primas, des Abrais, diocèse de Vienne, Dauphiné.
JABOT, Marie-Archange. [JEAN-NOEL I.

(1) Dit Laviolette.
(2) Voy. vol. IV. p. 239
(3) Et Ruffians dit Laviolette, marié sous ce dernier nom.
(4) Dit Desrosiers.
(5) Dit Desabrais.

François, b[1] 12 et s[1] 29 avril 1757.—*Charlotte-Elisabeth*, b[1] 10 mars 1758.—*Alexis*, b[1] 18 juillet 1760.

RULO.—Voy. ROULEAU.

I.—RUMEAU, JACQUES, de la ville d'Orléans, Orleanois.

RUPALLAY.—Voy. DERUPALLAY.

RUPARON.—*Surnom :* ST. MICHEL.

1722, (30 juin) Montréal.[2]
I.—RUPARON (1), PIERRE, b 1697; fils de Jean et de Marie-David Cordier, de St-For, ville de Cognac, diocèse de Xaintes, Saintonge.
PINAU, Marie. [PIERRE I.
Etienne-Louis, b[2] 29 sept. 1722; m 1742, à Marie HERVE.—*Charlotte*, b[2] 29 janvier 1724.

I.—RUPARON (2), ETIENNE, fils de Jean et de Marie-David Cordier, de St-For, ville de Cognac, diocèse de Xaintes, Saintonge.
GIGNARD, Marie.
Michel, b 1722; m 4 février 1743, à Françoise HERVÉ, à Montréal.

1742.
II.—RUPARON (3), ETIENNE-LOUIS, [PIERRE I.
b 1722.
HERVÉ, Marie.
Marie-Louise, b 13 nov. 1742, à Montréal.

1743, (4 février) Montréal.
II.—RUPARON, MICHEL, [ETIENNE I.
b 1722.
HERVÉ, Marie-Françoise, [JEAN I.
b 1722.

RUSSEAU.—*Variation :* ROUSSEAU.

1735, (19 sept.) Quebec.[3]
I.—RUSSEAU (4), ANDRÉ-JACQUES, b 1705; fils d'André et d'Anne-Elisabeth Sion, de St-Gervais, Paris; s[3] 6 avril 1741.
LEVASSEUR, Charlotte, [NOEL III.
b 1710; s[3] 17 fevrier 1742.

I.—RUSTAN (5), ...

RUTIANGE.—Voy. RUFIANGE.

RUTLOGNY.—Voy. RUFFIGNY.

(1) Dit St. Michel; soldat de la compagnie de M. Beauvais.
(2) Frère du précédent.
(3) Dit St. Michel.
(4) Et Rousseau.
(5) Il était, le 6 juin 1763, à la Longue-Pointe.

S

SABATÉ.—Voy. SABATIER.

SABATHÉ.—Voy. SABATIER.

SABATHIER.—Voy. SABATIER.

SABATIÉ.—Voy. SABATIER.

SABATIER.—*Variations et surnoms :* SABATÉ—SABATHÉ—SABATHIER — SABATIE—CHEVAL—FORTUNAT—PRÊT-A-BOIRE.

1751, (22 fevrier) Québec.[7]
I.—SABATIER, JEAN, fils de Bernard et de Marie Bernèche, de Tonain, diocèse de Toulouse, Languedoc.
COUTANT, Marie-Jeanne, [JEAN I.
b 1731.
Marie-Joseph, b [7] 27 déc. 1751. — *Jean-Baptiste*, b [7] 18 sept. 1753; m 10 janvier 1774, à Marguerite SIMON-DELORME, à Montréal. — *Louis*, b [7] mars et s [7] 10 août 1755. — *Jeanne*, b [7] 14 février 1757; s [7] 16 août 1758.—*Barbe*, b [7] 19 juin 1758; s [7] 5 juin 1759. — *Antoine*, b et s 18 déc. 1762, à la Longue-Pointe.

1759, (19 février) St-François, I. O.
I.—SABATIER (1), PIERRE, fils de Félix et de Claudine Rouvière, de Privas, diocèse de Viviers, en Vivarais.
ASSELIN, Marthe, [LOUIS III.
b 1742.

SABATIER (2), ANTOINE.
BASINET, Marie-Anne.
Marie-Anne, b... m 12 janvier 1784, à François ...PIN, à la Longue-Pointe [2] — *Louise*, b et s 5 juin 1767, à Repentigny. — *Louis*, b [2] 15 mai 1769, s [2] 18 janvier 1770.

1774, (10 janvier) Montreal.
II.—SABATIER (3), JEAN-BTE, [JEAN I.
b 1753.
SIMON-DELORME (4), Marguerite, [ETIENNE IV.
b 1758.

I.—SABOUREAU, ANTOINE, b... s 8 janvier 1750, à Montreal.

SABOURIN.—*Surnoms :* CHAUNIER, CHAUNIÈRE et CHONIÈRE—DE LA PERCHE — DE ST. BARTHELEMI.

I.—SABOURIN (5), JEAN.
1° REGNAUT, Mathurine,
b 1643; s 14 avril 1681, à Montréal.[2]

(1) Dit Prêt-à-boire; tambour-major au régiment de ...rry.

(2) Et Sabaté dit Cheval—Fortunat.

(3) Marié Sabathé.

(4) Cousine de Mgr Plessis.

(5) Voy. vol. I, p. 537.

Francoise, b 3 juillet 1670, à Québec[4]; 1° m 12 nov. 1685, à Claude DE LA MOTHE, à Lachine[3]; 2° m [3] 17 nov. 1687, à Pierre SÉRAT; 3° m [2] 12 nov. 1715, à Pierre LAFARGE; s [2] 27 nov. 1716.—*Jean*, b [4] 24 nov. 1674; 1° m 10 juin 1698, à Catherine CHARTIER, à la Pte-aux-Trembles, M. [5]; 2° m [5] 2 nov. 1701, à Françoise VOYNE; s 17 juillet 1756, à l'Hôpital-Géneral, M.
1682, (22 sept.) Beauport.
2° GAILLARD, Marie,
veuve de Jean-Baptiste Perrier.

1687, (1er sept.) Montréal.
I.—SABOURIN (1), DENIS-LOUIS.
NAFRECHON (2), Catherine, [ISAAC I.
b 1671.

1688, (24 mai) Montréal.[1]
II.—SABOURIN (3), PIERRE. [JEAN I.
PERRIER (4), Madeleine. [JEAN I.
Pierre, b [1] 20 mai 1694; m [1] 23 nov. 1716, à Charlotte SÉGUIN.—*Marie-Madeleine*, b 26 janvier 1699, à Lachine [2]; m 21 mai 1716, à Louis LAROCQUE, à la Pointe-Claire. [3] — *Jean-Baptiste*, b [2] 8 oct. 1701; m 29 juillet 1727, à Sara ENNESON, au Lac-des-Deux-Montagnes.—*Joseph*, b... m à Marie-Anne-Catherine LAPORTE.—*Jacques*, b 16 fevrier 1705, au Bout-de-l'Ile, M.[4]; 1° m [3] 25 nov. 1726, à Marie-Jeanne DUMAY; 2° m [4] 7 janvier 1744, à Angélique MADELEINE. — *Geneviève*, b... m [3] 11 août 1735, à Charles JULIEN.

1698, (10 juin) Pte-aux-Trembles, M.[4]
II.—SABOURIN (5), JEAN, [JEAN I.
b 1674; s 17 juillet 1756, à l'Hôpital-General, M.[5]
1° CHARTIER, Catherine, [GUILLAUME I.
b 1678; s [4] 22 déc. 1700.
Madeleine, b 1699, m 1730, à Sébastien MARTINEAU.—*Jean*, b... m 24 janvier 1735, à Barbe QUENNEVILLE, à Longueuil. — *Jean*, b [4] 27 nov. 1700, s [4] 2 janvier 1701.
1701, (2 nov.) [4]
2° VOYNE, Françoise, [JACQUES II.
b 1681; s 5 août 1734, à Montreal.
Marie-Françoise, b [4] 12 dec. 1703; m 16 février 1722, à Charles-Henri-Joseph TONTY-DESLIETTE, à Chambly. [6] — *Angélique*, b [4] 25 mai 1705; m [6] 18 juillet 1728, à Jean-Baptiste CATUDAS. — *Anonyme*, b [4] et s [4] 17 juin 1706.—*Marguerite*, b [4] 11 juin 1707; s [5] 23 avril 1764.— *Joseph-Toussaint*, b [4] 3 nov. 1708.—*Marie-Madeleine*, b [4] 29 janvier et s [4] 2 fevrier 1710. — *Jean-Pierre*, b [4] 19 avril 1711; m 22 fevrier 1735, à Catherine BOURDON, à Boucherville; s [6] 19 janvier 1760.

(1) Dit Chaunier; voy. vol. I, p. 537.

(2) Elle épouse, le 30 août 1691, François Foucault, à Montreal.

(3) Voy. vol. I, p. 537.

(4) Elle épouse, le 31 janvier 1710, René Fortin, au Bout-de l'Ile, M.

(5) Dit Chaunier.

1716, (23 nov.) Montréal.[1]
III.—SABOURIN, PIERRE, [PIERRE II.
b 1694.
SÉGUIN, Charlotte, [JACQUES I.
b 1700.
Pierre, b 9 déc. 1717, au Bout-de-l'Ile, M.[2]; 1° m 9 janvier 1741, à Marie-Anne FORTIER, à la Pointe-Claire[3]; 2° m[3] 2 mai 1746, à Marie-Joseph PILON. — *Thérèse*, b[3] 7 avril et s[3] 22 mai 1719. — *Jean-Baptiste*, b[3] 14 mai 1720; m à Marie-Joseph PAPINEAU. — *Marie-Joseph*, b... m 1749, à Marcellin FORAN; s 4 janvier 1754, au Lac-des-Deux-Montagnes. — *François*, b 1729; m[2] 7 janvier 1752, à Dorothée MADELEINE; s 16 avril 1755, à Ste-Geneviève, M.[5]—*Antoine*, b[1] 14 et s[1] 16 mai 1730.—*Paul*, b[5] 30 janvier 1744.

SABOURIN, JEAN-BTE.
SATAGAMIE, Marie-Joseph.
Pierre, b 16 mars 1719, au Bout-de-l'Ile, M.

1726, (25 nov.) Pointe-Claire.
III.—SABOURIN, JACQUES, [PIERRE II.
b 1705.
1° DUMAY, Marie-Jeanne. [CLAUDE.
Charles, b... m 17 janvier 1757, à Marie-Joseph ANDRÉ, au Bout-de-l'Ile, M.[8]
1744, (7 janvier).[3]
2° MADELEINE, Angélique, [JOSEPH II.
b 1703.

1727, (29 juillet) Lac-des-Deux-Montagnes.[7]
III.—SABOURIN, JEAN-BTE, [PIERRE II.
b 1701; capitaine de milices.
ENNESON (1), Sara, b 1710; fille de Jean et d'Elisabeth Medor (Anglais) du village Touba, Boston.
Jean-Baptiste, b... m 1745, à Anastasie RAIZENNE.—*Paul*, b[7] 4 mai 1731; m[7] 4 nov. 1752, à Marie-Joseph SÉGUIN. — *Jacques*, b... m[7] 7 janvier 1755, à Elisabeth CADIEUX. — *Jean-Baptiste*, b 22 mars 1734, au Bout-de-l'Ile, M.[8]; s[8] 10 mars 1735. — *Marie-Anne*, b[8] 25 déc. 1735. — *Catherine*, b[8] 25 sept. et s[8] 4 oct. 1737.—*Marie-Charlotte*, b[8] 18 février 1741; m[7] 15 février 1762, à Jean-Baptiste-Jérôme RAIZENNE. — *Guillaume*, b[7] 31 janvier et s[7] 24 mai 1752.

1735, (24 janvier) Longueuil.[8]
III.—SABOURIN (2), JEAN-BTE. [JEAN II.
QUENNEVILLE (3), Barbe, [ANTOINE II.
b 1717.
Marie-Barbe, b[8] 24 oct. 1735. — *Marie-Anne*, b 1737; m 2 février 1761, à François GUÉRIN, à Chambly.[9]—*Jacques*, b... m 3 juin 1766, à Marie-Joseph GALIPAU, à la Longue-Pointe.—*Catherine*, b 1739; m[9] 6 juillet 1761, à Charles MASSÉ. — *Joseph*, b[9] 7 août 1748. — *Marie-Amable*, b[9] 2 juillet 1750; m[9] 12 janvier 1767, à Joseph MÉNARD.

(1) Appelée Catherine Kigilekokoue.
(2) Dit Chaumière.
(3) Elle épouse, le 26 juillet 1762, Maurice Ménard, à Chambly.

1735, (22 février) Boucherville.
III.—SABOURIN, JEAN-PIERRE, [JEAN II.
b 1711; s 19 janvier 1760, à Chambly.
BOURDON, Catherine. [JOSEPH II.

III.—SABOURIN, JOSEPH. [PIERRE II.
LAPORTE, Marie-Anne-Catherine.
Marie-Catherine, b... m 4 oct. 1756, à Raymond CALMET, à Chambly.—*François-Toussaint*, b mars 1746, à Montreal.[1] — *Marie-Catherine*, b 17 août et s[1] 6 sept. 1747.—*Charlotte*, b[1] 19 nov. 1748; s[1] 18 août 1749.—*Louis-Marie*, b[1] 1er m... 1750.

1741, (9 janvier) Pointe-Claire.[3]
IV.—SABOURIN, PIERRE, [PIERRE III.
b 1717.
1° FORTIER, Marie-Anne, [LOUIS I.
b 1721; s[3] 18 février 1743.
Marie-Anne, b[3] 12 février et s[3] 20 avril 174[illegible].
1746, (2 mai).[3]
2° PILON, Marie-Joseph. [MATHIEU I.

1745.
IV.—SABOURIN, JEAN-BTE. [JEAN-BTE III.
RAIZENNE (1), Anastasie, [IGNACE
b 1728.
Charlotte-Amable, b 14 août 1746, à Ste-Geneviève, M.

1750, (14 avril) Québec.[4]
I.—SABOURIN (2), ANTOINE, marchand; fils d'Antoine et de Françoise Gougeon, de N.-D.-de-Niort, diocèse de Poitiers, Poitou.
LAFARGE, Marie-Madeleine, [ELIE
b 1722; veuve de Jean-Antoine Bachelier
Daniel, b[3] 6 avril 1751.—*Pierre-Antoine*, b[3] avril 1752.—*Marie-Charlotte*, b[3] 11 mai 1753.—*Charles*, b[3] 3 juin 1754.—*Marie-Joseph*, b[3] juin 1755.—*Jean-Baptiste*, b[3] 14 juillet 1756.—*François-Marie*, b 28 janvier 1759, à Ste-Anne-de-la-Pérade.[4] — *Marie-Reine*, b[4] 6 juin 1760.—*Jean-Baptiste*, b[4] 1er et s[4] 11 juillet 1761.—*Joseph*, b[4] 20 juillet et s[4] 5 sept. 1762.—*Jean-Baptiste*, b[4] 11 oct. 1763. — *Joseph*, b[4] 16 juin et s[4] juillet 1765.—*François-Noël*, b[4] 14 juin et s[4] juillet 1767.

IV.—SABOURIN (3), JEAN, [PIERRE III.
b 1720.
PAPINEAU, Marie-Joseph, [FRANÇOIS I.
b 1739; s 25 avril 1796, à Montréal.

1752, (7 janvier) Bout-de-l'Ile, M.[5]
IV.—SABOURIN, FRANÇOIS, [PIERRE III.
b 1729; s 16 avril 1755, à Ste-Geneviève, M.
MADELEINE (4), Dorothee, [JEAN-BTE II.
b 1736.
Marie-Anastasie, b[5] 15 et s[5] 19 oct. 175[illegible].

(1) Elle épouse, le 12 oct. 1750, Pierre Castonguay, Montréal.
(2) De la Perche—Laperche.
(3) Dit Chaumière.
(4) Ladouceur; elle épouse, le 1er mars 1756, Antoine Larocque, au Bout-de-l'Ile, M.

rie-Charlotte, b [6] 22 sept. et s [6] 3 oct. 1753.—
nçois, b [6] 13 nov. 1754.

1752, (4 nov.) Lac-des-Deux-Montagnes. [1]
.—SABOURIN, PAUL, [JEAN-BTE III.
b 1731.
SÉGUIN-LADÉROUTE, Marie-Joseph.
Jean-Paul, b [1] 19 sept. et s [1] 25 oct. 1754.—
rie-Catherine, b [1] 24 mai 1757.—*Jean-Baptiste,*
. s 19 sept. 1758, au Bout-de-l'Ile, M.—*Fran-*
is-Paul, b [1] 12 sept. 1758.—*Marie-Madeleine,*
7 janvier 1760.—*Paul-Vincent,* b [1] 13 avril
61.—*Hyacinthe,* b [1] 24 oct. 1762.—*Marie-Elisa-*
th, b [1] 20 et s [1] 23 nov. 1763.—*André-Paul,* b [1]
mars 1765.—*Jean-Baptiste,* b [1] 13 et s [1] 26
t. 1766.—*Marie-Louise-Amable,* b [1] 12 sept.
67.

1755, (7 janvier) Lac-des-Deux-Montagnes. [2]
—SABOURIN, JACQUES. [JEAN-BTE III.
CADIEUX, Elisabeth.
Pierre, b [2] 26 sept. 1755.—*Jacques,* b 11 oct.
56, au Bout-de-l'Ile, M. [3] — *Marie-Angélique,*
[3] 26 juin 1758; s [3] 20 juillet 1759.—*Marie-Reine,*
[3] 6 et s [3] 14 juillet 1760.—*Marie-Charlotte,* b [2]
juillet 1761.—*Philibert,* b [3] 1er août 1763.—
rie-Joseph, b [2] 18 juin 1765. — *Madeleine-*
nable, b [2] 11 juillet 1767.

1755, (5 mai) Montréal.
—SABOURIN, PIERRE, b 1725; fils d'Antoine
et de Françoise Goujon, de N.-D.-de-Niort,
Poitiers, Poitou.
DECOSTE (1), Marie-Anne, [JEAN-BTE I.
b 1734.

1757, (17 janvier) Bout-de-l'Ile, M. [4]
.—SABOURIN, CHARLES. [JACQUES III.
ANDRE, Marie-Joseph, [LOUIS I.
b 1737.
Marie-Charlotte, b 1757, s [4] 28 sept. 1758.

1757.
BOURIN, JOSEPH.
PILON, Marie-Anne.
Marie-Ursule, b 30 oct. 1758, au Bout-de-l'Ile,
[5] — *Pierre,* b [5] 6 janvier 1760.—*Marie-Joseph,*
[5] 23 juin 1761; s [5] 4 sept. 1765.—*Joseph,* b [5] 5
rier 1763.—*Louis,* b [5] 19 fevrier 1765 —*Marie-*
seph, b [5] 16 oct. 1766.—*Jean-Baptiste,* b [5] 20 et
21 mai 1768.

1763.
BOURIN, DOMINIQUE.
PILON, Marie-Anne.
Dominique, b 12 juin et s 4 juillet 1764, au
ut-de-l'Ile, M. [6] — *Dominique,* b [6] 14 juin 1765
Marie-Joseph, b [6] 5 mars 1767.—*Pierre-Mathieu,*
21 sept. 1768.

(1) Elle épouse, le 8 janvier 1759, Antoine Berthe, à
ntréal

1766, (3 juin) Longue-Pointe.
IV.—SABOURIN (1), JACQUES. [JEAN-BTE III.
GALIPAU, Marie-Joseph, [LAURENT II.
b 1733.

SABREVOIS.—*Variation et surnoms :* DESA-
BREVOIS—DEBLEURY—DESERMONVILLE—DE
ST. LOUIS—SERMONVILLE.

1695, (16 nov.) Boucherville. [7]
I.—SABREVOIS (2), JACQUES-CHARLES,
b 1667; s 19 janvier 1727, à Montréal. [8]
BOUCHER, Jeanne, [PIERRE II.
b 1670; s [7] 8 juillet 1703.
Christophe, b [7] 8 mars 1701; m [8] 16 août 1731,
à Agathe HERTEL.—*Clément,* b [7] 16 juillet 1702;
m [8] 26 août 1728, à Marie-Charlotte GUICHARD.

1728, (26 août) Montréal. [9]
II.—SABREVOIS (3), CLÉMENT, [JACQUES-CHS I.
b 1702; s [9] 19 avril 1781.
GUICHARD, Marie-Charlotte, [JEAN I.
b 1708; s [9] 24 janvier 1778.
Jean, b [9] 16 juin 1729; 1° m [9] 7 janvier 1754, à
Marie-Renée GAMELIN; 2° m [9] 9 fevrier 1779, à
Marie-Anne CLAVEAU. — *Marguerite,* b 1735;
1° m [9] 7 janvier 1754, à Louis-Adrien DANDON-
NEAU; 2° m [9] 16 août 1769, à François-Thomas
DELORIMIER.

1731, (16 août) Montréal. [5]
II.—SABREVOIS (4), CHRISTOPHE [JACQ.-CHS I.
b 1701; lieutenant des troupes.
HERTEL, Agathe, [JOSEPH III.
b 1706.
Joseph-Amable, b [5] 12 juin 1732. — *François,*
b [5] 30 juin 1733. — *Antoine,* b [5] 25 et s 31 oct.
1735, à Laprairie.—*Agathe-Joseph,* b [5] 6 et s [5] 14
nov. 1737. — *Agathe,* b [5] 1er déc. 1740; s [5] 23
août 1741.—*Rene-Marie,* b [5] 9 sept. 1742.—*Marie-*
Anne-Angélique, b [5] 27 juillet et s 6 août 1744,
à Longueuil. — *Marie-Anne-Angélique,* b [5] 27
juillet 1747.— *Charles* (5), b... s [9] 27 juillet 1755.

1754, (7 janvier) Montreal. [2]
III.—SABREVOIS (6), JEAN, [CLÉMENT II.
b 1729; enseigne, s [2] 4 mai 1784.
1° GAMELIN (7), Marie-Renee. [PIERRE III.
b 1736.
1779, (9 fevrier). [2]
2° CLAVEAU, Marie-Anne, [PIERRE I.
b 1748, s [2] 12 fevrier 1783.

SACÉPÉE.—*Variation et surnom :* DESACQUES-
PEE—DEGOMICOURT.

(1) Dit Chomière.
(2) DeBleury, chevalier de St. Louis, major de Montréal, commandant le fort de Chambly, 1724; voy. vol. I, p. 537.
(3) DeBleury.
(4) DeSermonville.
(5) Cadet à l'*Eguillette,* inhumé au fort Duquesne
(6) DeBleury, voy. aussi DeSabrevois, vol. III, p. 350.
(7) Maugras.

1725, (9 nov.) Longueuil.
I.—SACÉPÉE (1), JOACHIM,
b 1701; s 5 nov. 1767, à Montréal.
1° TROTIER, Louise-Catherine, [NOEL III.
b 1705; s 12 nov. 1731, à Batiscan.
2° DELORIMIER, Marie-Jeanne, [GUILLAUME I.
b 1702; s 13 mai 1765, à Lachine.

SACERLIER.—Voy. SARCELIER.

1745.
I.—SACHET, JACQUES.
BOILEAU, Madeleine.
Marguerite, b 11 janvier 1746, à Chambly.[9] — *Thérèse*, b [9] 12 déc. 1747; s [9] 14 nov. 1748. — *François*, b [9] 7 oct. 1749; s [9] 15 août 1750.—*Madeleine*, b [9] 30 mai 1751. — *Marie-Thérèse*, b [9] 9 mai 1753. — *Charlotte*, b [9] 10 août 1755; s [9] 5 sept. 1758. — *Hypolite*, b [9] 22 juin et s [9] 19 sept. 1760.

SADÉ.—*Surnom* : LALIME.

1736, (22 août) Montréal.[8]
I.—SADÉ (2), JEAN-BTE, b 1710, soldat; fils de Nicolas et de Louise Leclerc, de N.-D.-d'Eu, diocèse d'Amiens, Picardie.
1° BLUTEAU, Geneviève, [LOUIS II.
b 1704.
Geneviève, b [8] 22 oct. 1736. — *Marie-Joseph*, b 1738; m [8] 26 avril 1756, à Jean-Baptiste ROQUET. — *Marie*, b [8] 5 mars 1739. — *Jean-Baptiste*, b [8] et s [8] 25 juin 1741.—*Agathe*, b [8] 22 juin et s [8] 6 oct. 1742. — *Marie-Agathe*, b [8] 21 juin et s [8] 22 août 1744.
1756, (16 nov.)[8]
2° MALHERBE, Marie-Louise, [FRANÇOIS I.
b 1734.
Hyacinthe, b 23 mars 1758, à Contrecœur.

I.—SADEAU, FRANÇOIS, b 1717; de Normandie; s 2 juillet 1777, à Quebec.

1754, (22 juillet) Québec.[4]
I.—SADERLAN, GUILLAUME, fils de Jean et d'Elisabeth Menneson, de Torsow, Ecosse.
BOUDEAU (3), Marie-Louise, [JACQUES I
b 1738.
Jacques, b [4] 25 juillet 1756; s [4] 13 janvier 1757.

SADRELON.—Voy. SUTHERLAND.

1761, (2 fevrier) Montréal.
I.—SAFFRAY, EMMANUEL-JOSEPH, b 1729; fils de Pierre-Joseph et de Marie-Anne Hardy, de St-Germain-l'Auxerrois, Paris.
BRASSARD, Louise, [PIERRE III.
b 1743.

SAGEAU.—Voy. SAJOT.

(1) Sieur de Gomicourt, ancien capitaine dans les troupes de S. M. T. C.; voy. DeSacquespée, vol. III, p. 359.

(2) Dit Lalime.

(3) Elle épouse, le 11 janvier 1762, Pierre Aucheu, à Québec.

SAGEOT.—Voy. SAJOT.

SAGOLAS.—*Surnom* : SANSCHAGRIN.

1764, (13 février) Bout-de-l'Ile, M[5]
I.—SAGOLAS (1), JACQUES, fils de Pierre et de Françoise Mikelay, de Donz, diocèse de Perpignan, Roussillon.
ROBILLARD, Marie-Félicité. [NICOLAS III
Marie, b [5] 1er mars 1765. — *Marie-Rose*, b [5] 11 oct. 1766. — *Françoise*, b 1768; 1° m à Joseph PILON; 2° m 14 mai 1810, à Martin SEVAC, Soulanges.—*Félicité*, b... m à Claude RANGER.

SAGUIN.—Voy. GAUTIER.

SAILLANT.—*Variation et surnoms* : SALIEN—CHAIGNEAU—DECOLLÉGIEN—SANSOUCY—TONDRY.

1736, (2 juillet) Montréal.[4]
I.—SAILLANT (2), JULIEN, b 1714; fils de Julien et de Marie Janot, d'Andouillet, diocèse du Mans, Maine.
GRUARD, Marie-Joseph, [PIERRE
b 1711.
Marie-Joseph, b [4] 28 avril 1737.—*Pierre*, b [4] 30 oct. et s [4] 19 déc. 1739. — *Elisabeth*, b [4] 23 nov 1740, s [4] 18 avril 1743.

1750, (12 janvier) Montreal.
I.—SAILLANT (3), ANTOINE-JEAN, b 1720; fils de Jacques (avocat-conseiller du roy et contrôleur des rentes de l'hôtel-de-ville, Paris) et d'Anne Laurent, de St-Etienne-du-Mont, Paris; s 10 oct. 1776, à Quebec.[8]
1° PEPIN, Veronique, [PIERRE III.
b 1727, s [8] 22 mai 1756.
Antoine-Jacques, b [8] 16 déc. 1750; s 21 déc 1759, à St-Michel.— *Marie-Joseph-Véronique*, b [8] 24 dec. 1751; s [8] 17 oct. 1755.—*Catherine-Françoise*, b [8] 18 mars 1753; s [8] 8 oct. 1755. — *Hypolite-Elisabeth*, b [8] 15 juin 1754.
1757, (21 mai).[8]
2° ROUSSEL, Louise-Catherine, [JOSEPH II
b 1735; s [8] (dans l'eglise) 24 oct. 1782.
Joseph-François, b [8] 4 mars 1758.

1759.
I.—SAILLANT (4), DENIS.
MOREL, Geneviève.
Marie-Geneviève, b 29 janvier 1760, à Ste-Anne.[7] — *Marie-Joseph*, b [7] 1er août 1762.—*Antoine*, b [7] 1er oct. 1763.— *Louis*, b [7] 16 sept. 1765 —*Marie-Charlotte*, b 2 sept. 1767, à St-Joachim[8] s [8] 3 avril 1770.—*Julien*, b [8] 19 mars 1769, m

(1) Dit Sanschagrin.

(2) Et Salien dit Chaigneau—Tondry.

(3) DeCollégien; avocat au Conseil Supérieur de Québec et notaire-royal.

(4) Dit Sansoucy; soldat de la Reine, compagnie de Delmas, enterre Bellehumeur, soldat de la Reine, compagnie de Paschalis—tué le 6 juillet vers la chute de Carillon revenant de la découverte. (Registre des procès-verbaux 1763).

795, à Marguerite Guilbaut. — *Marie-Louise,* b 773; s[3] 11 oct. 1778.

1795, St-Joachim.[1]

I.—SAILLANT, Julien, [Denis I.
b 1769.
Guilbaut, Marguerite.
Françoise, b... m[1] 1825, à Augustin Simard.

I.—SAILLAR (1), Joseph, b 1734; de Toussaint, diocèse de Rennes, Bretagne.

SAINDON.—*Variation :* Sindon.

I.—SAINDON (2), Michel,
b 1718; notaire-royal; s 23 oct. 1780, à Kamouraska.[2]
Belle-Fontaine, Marie-Yve.
Louis, b... m[2] 23 août 1764, à Madeleine Thibaudeau.—*Pierre,* b... m[2] 7 janvier 1772, à Marguerite Ouellet.—*Marie-Ursule,* b... m[2] 16 juin 1779, à Pierre Coté.—*Charles,* b... m 21 janvier 1788, à Marie-Joseph Dion, aux Trois-Pistoles.

1764, (23 août) Kamouraska.[3]

II—SAINDON (3), Louis. [Michel I
Thibodeau, Madeleine, [Pierre I.
Acadienne.
Madeleine, nee 14 sept. 1763; b[3] 22 juillet 1764—*Louis,* b[3] 31 mars 1765.—*Françoise,* b... m à Benoit Bourguignon.

1772, (7 janvier) Kamouraska.

II—SAINDON, Pierre. [Michel I.
Ouellet, Marguerite. [André III.
Théodose, b 5 nov. 1785, à l'Ile-Verte.[4] — *Joseph* et *Jean-Baptiste,* b[4] 20 dec. 1788.

1788, (21 janvier) Trois-Pistoles.

II—SAINDON, Charles. [Michel I.
Dion (4), Marie-Joseph, [Basile.
b 1766.
Basile, b 30 août 1789, à l'Ile-Verte.

SAINSIENNE.—Voy. Sincennes.

SAINTON.—*Surnoms :* Carterel—Lagiroflée.

I—SAINTON (5), Jacques.
.........., Marie.
François, b... m 23 janvier 1720, à Catherine Desbois, aux Trois-Rivières.

1721.

I.—SAINTON (6), François.
LeBasque, Catherine.
François, b 18 et s 21 mai 1722, à Montréal.

(1) Venu en 1756. (Procès-verbaux.)
(2) Et Sindon; il était, le 22 juillet 1764, à Kamouraska.
(3) Ayant été marié sans prêtre pendant la dispersion des Acadiens; signe St. Don, 1765.
(4) Voy. Guyon.
(5) Dit Carterel.
(6) Dit Lagiroflée; soldat de la compagnie de M. Bégon.

1726, (23 janvier) Trois-Rivières.

II.—SAINTON (1), François. [Jacques I.
Desbois, Marie-Catherine,
Panise.
Ignace, b 21 mars 1729, au Cap-Santé.

I.—SAINTONGE, Hubert, b 1680; ancien sergent; s 1er janvier 1757, à l'Hôpital-Général, M.

SAJOT.—*Variations et surnom :* Sageau—Sageot—Picard.

1740, (27 juillet) Québec.[1]

I.—SAJOT (2), Pierre, b 1708; fils de François et de Marie Desjardins, de Neuville, diocèse d'Amiens, Picardie; s[1] 10 août 1758.
1° Ouimet, Marie-Anne, [Louis II.
b 1712; veuve de Charles-Henri Mahier; s[1] 29 mars 1747.
Marie-Charlotte, b... m 12 janvier 1766, à Pierre Darris, à Kamouraska. — *Jean,* b... s[1] 9 nov. 1750.

1748.

2° Vermet, Madeleine,
b 1722, s[1] 3 sept. 1752.
Françoise, b 1749, m 20 nov. 1765, à Charles Rouleau, à St-François, I. O. — *Marie-Madeleine,* b[1] 18 mai 1751. — *Joseph,* b[1] 13 et s[1] 14 août 1752.

1755, (25 août).[1]

3° Croisetière, Suzanne, fille de Geoffroy et de Suzanne Latour, de St-Barthélemi, diocèse de LaRochelle, Aunis.

SALABERRY —Voy. Sallaberry.

I.—SALADIN (3), Simon, né 12 janvier 1686, dans le diocèse de Viviers; ordonné (ptre S. S.) 4 sept. 1710; s 7 oct. 1747, à Montreal.

SALARDENNE.—Voy. Salardin.

SALARDIN.—*Variation :* Salardenne.

1767, (3 août) Montréal.

I.—SALARDIN (4), Jean, b 1735; fils de François et de Mathurine Guinebourdeau, de St-Nicolas-de-Charon, diocèse de LaRochelle, Aunis; s 26 juin 1806, à l'Hôpital-Général, M.
Angard (5), Marie-Antoinette, [Jos.-J.-Bte I.
b 1747.

(1) Dit Carterel; marié par Mgr de St. Valier, évêque de Quebec.
(2) Dit Picard.
(3) Voy. *Répertoire du clergé canadien,* p. 82.
(4) Inhumé sous le nom de Salardenne—Plusieurs fois témoin aux sépultures de Charlesbourg, 1751-52.
(5) Beausoleil.

1686, (11 février) Trois-Rivières.

I.—SALÉ (1), RENÉ,
b 1654; s 3 avril 1715, à Québec.[6]
JUNEAU (2), Marie-Anne, [PIERRE I.
b 1671.
Joseph, b [6] 3 avril 1709; s 8 sept. 1712, à Lorette.

II.—SALÉ, JACQUES, [RENÉ I.
b 1700; s (noyé) 7 juillet 1728, à Lévis.

1756, (16 fevrier) Sault-au-Récollet.

I.—SALES (3), GILLES, b 1736; fils de Jacques et de Marie-Anne Garangeau, de N.-D.-de-Vitré, diocèse de Rennes, Bretagne.
1° BAYARD, Marie-Angélique, [PIERRE III.
b 1734.
Marie-Angélique, b 1758; m 14 février 1774, à Jean-Baptiste CONSTANTINO, à Montréal.[6]
1772, (17 juin).[6]
2° CAMPAGNAC, Catherine, [LOUIS.
b 1749.

1720, (11 mars) Québec.[7]

I.—SALEUR, JOSEPH, bourgeois; fils de Claude et de Marie-Madeleine Henry, de St-Martin, ville de Metz, Lorraine.
WABERT, Marie. [SAMUEL I.
Marie-Joseph, b [7] 8 déc. 1720.—*Marie-Jacques*, b [7] 28 et s [7] 31 juillet 1723.—*Joseph-Louis*, b [7] 26 août et s [7] 3 oct. 1724. — *Joseph*, b [7] 14 mars et s [7] 8 mai 1726.—*Marie-Françoise*, b [7] 6 mai 1728. — *Jean-Baptiste-Joseph*, b [7] 14 mai et s 24 juillet 1730, à Charlesbourg.

SALIEN.—Voy. SAILLANT, 1736.

I.—SALIGOT, EDME.
BARBIER, Anne.
Marguerite-Charlotte, b et s 28 août 1759, à Beauport.

I.—SALIOT, JEAN-BTE.
JOURDAIN, Madeleine, [JEAN-BTE III.
b 1754.
Angélique, b... m 18 mai 1795, à Joseph LAMIRANDE, au Détroit.[5] — *Catherine*, b... m [5] 20 juillet 1795, à Antoine VERMET.

SALLABERRY.— *Variations* : DESALLABERRY — SALABERRY.

1735, (14 mai) Quebec.[1]

I.—SALLABERRY (4), MICHEL, fils de Martin et de Marie Michelance, de St-Vincent-de-Ciboure, diocèse de Bayonne, Gascogne.
1° ROUER, Marie-Catherine, [AUGUSTIN II.
b 1709; veuve de Michel Drouard; s [1] (de mort subite) 26 août 1740.
Marie-Angélique, b [1] 22 nov. 1735. — *Michel*, b [1] 7 sept. et s [1] 13 nov. 1736. — *Angélique-Denise*, b [1] 5 et s [1] 6 mai 1737. — *Louise-Geneviève*, b [1] 2 juin 1739; religieuse (Ste. Catherine) professe [1] 3 juin 1755; s 2 déc. 1823, à l'Hôpital-Général, Q.
1750, (30 juillet) Beauport.[2]
2° JUCHEREAU, Madeleine-Louise, [IGNACE II.
b 1711.
Ignace-Michel-Louis-Antoine, b [2] 5 juillet 175.; m 1778, à Françoise-Catherine HERTEL; s[1] . mars 1828.

1778.

II.—SALLABERRY (1), IGNACE, [MICHEL I.
b 1752; s 26 mars 1828, à Québec.[7]
HERTEL, Françoise-Catherine, [JOSEPH I.
b 1752.
Charles-Michel, b 19 nov. 1778, à Beauport; m 14 mai 1812, à Marie-Anne-Julie HERTEL, à St-Joseph-de-Chambly; s 3 mars 1829, à Chambly.—*Catherine-Adélaïde*, b [8] 27 mars 1782, s 17 déc. 1839. — *Maurice-Roch*, b [8] 2 oct. 1783. — *François-Louis*, b [8] 6 fevrier 1785. — *Charlotte-Hermine-Louise-Catherine*, b [8] 11 janvier 17.., m [8] 3 nov. 1808, à Michel-Louis JUCHEREAU, s 28 janvier 1824. — *Edouard-Alphonse* (2), b [8] . avril 1792.— *Catherine-Amelie-Charlotte*, b... s 5 oct. 1861.

1812, (14 mai) St-Joseph-de-Chambly.[9]

III.—SALLABERRY (3), CHS-MICHEL, [IGNACE I.
b 1778; s 3 mars 1829, à Chambly.
HERTEL, Anne-Julie, [JEAN-BTE-MELCHIOR I.
s [9] 24 avril 1854.
Melchior-Alphonse, b 20 mai 1813, à St-Philippe.—*Marie-Anne-Hermine*, b [9] 29 juillet 18.., m [9] 10 fevrier 1836 (4), à Jacob GLEN; s [9] 21 mai 1844.— *Charlotte-Emélie*, b [9] 16 mars 1817, m 27 fevrier 1838 (4), à Augustin HATTE. — *Louis-Michel* (5), b [9] 2 juillet 1818. — *Charles-René-Léonidas*, b [9] 27 août 1820; m 30 janvier 18.., à Marie-Victorine-Cordelia FRANCHÈRE, à St-Mathias.—*Maurice*, b [9] 1824; s [9] (tué accidentellement par son fusil) 1836. — *Catherine-Eugenie*, b [9] 1827; s (du choléra) 1832.

1849, (30 janvier) St-Mathias.[3]

IV.—SALLABERRY, CHS-RENÉ, [CHS-MICH III.
b 1820.
FRANCHÈRE, Marie-Victorine, [THIMOTHÉE.
s [3] 1854.
Léonidas-Charles, b [3] 24 nov. 1849. — *Marie-Anne-Cordélia-Lilia*, b [3] 1852.

SALLEZ.—*Surnom* : LAVIOLETTE.

(1) Voy. vol. I, p. 537.
(2) Elle épouse, le 3 août 1717, Jacques Ravion, à Québec.
(3) Dit Tranquille.
(4) Officier sur la frégate *L'Anglesea* (1750); capitaine de flûte du roy, commandant le vaisseau *Le Chariot Royal*, 1752.

(1) Major des volontaires canadiens royaux en 1796. En 1812, organise le 1er bataillon de milice incorporée, marche contre le général Dearborn qui menaçait la frontière. 4 fils dont 3 morts dans l'armée; le 4me est le héros de Châteauguay.
(2) Filleul du prince Edouard, baptisé par Mgr Charles-François Bailly de Messein, évêque de Capse et coadjuteur de Mgr Hubert.
(3) Le héros de Châteauguay.
(4) Registre de St-Stephen's, Chambly.
(5) Pas marié et demeure à Chambly.

1733, (22 juin) Montreal.
SALLEZ (1), Charles, b 1703, soldat; fils de Marc et de Catherine Durbecq, de St-Martin, diocèse de Marseilles, Provence; s 7 juin 1761, au Detroit.
Joriau, Marie-Anne. [Jean-Bte.

LMON—*Surnom :* Desjardins.

SALMON (2), Pierre, b 1706; soldat; s 15 mars 1741, à Montréal.

1756, (17 février) Nicolet. [7]
SALMON (3), Nicolas.
Bechet (4), Marie-Jeanne, [Gabriel II.
b 1733.
Gabriel, b [7] 15 déc. 1756—*Nicolas,* b... m [7] 17 vrier 1777, à Angelique Baron.

1777, (17 février) Nicolet.
SALMON, Nicolas. [Nicolas I.
Baron, Angélique, [Jacques IV.
b 1755.

LMONAYE (De la).—Voy. Poitevin.

LOI—Voy. Joyelle.

LOIS—*Variations et surnom :* Folloi—Saloue—Salouer—Denis.

1665.
SALOIS (5), Claude,
s 2 juin 1709, à Quebec.[2]
Mabile, Anne,
s 11 juillet 1702, à St-Laurent, I. O.[3]
Jean, b 6 nov. 1673, à Ste-Famille, I. O., m [2] août 1703, à Jeanne-Angelique Mérienne.—*rie,* b [2] 27 janvier 1677; m à Jean-Baptiste issel.—*Ignace,* b [3] 11 avril 1683; m [2] 25 nov. 15, à Marie-Louise Provost; s [2] 28 mai 1737. *Jeanne,* b [3] 5 sept. 1687; m 10 oct. 1712, à omas Jeffroy, à Charlesbourg.—*Louis,* b [3] 19 ril 1702.

1703, (28 août) Québec.
—SALOIS, Jean, [Claude I.
b 1673.
Merienne, Jeanne-Angélique, [Jean I.
b 1683; s 26 avril 1745, à Lorette.

1705, (10 janvier) Islet.
—SALOIS, Claude, [Claude I.
b 1668.
Galbrun, Marie, [Simon I.
b 1670; veuve de Jean Boiry.

1715, (25 nov.) Québec. [1]
II.—SALOIS, Ignace (1). [Claude I.
b 1683; s [1] 28 mai 1737.
Provost, Marie-Louise, [Jean-Bte II.
b 1698.
Ange, b 13 sept. 1716, à Ste-Foye [2]; m 13 janvier 1740, à Marguerite Pélissier, à St-Michel-d'Yamaska.[3] — *Ignace,* b [2] 12 juillet 1720; m 31 mai 1745, à Marguerite Joyelle, à St-Frs-du-Lac.[4] — *Denis,* b [1] 19 mars 1722; m [2] 17 avril 1752, à Marie-Françoise Brunet; s [2] 10 nov. 1760. — *Antoine,* b [4] 7 avril 1724; m [3] 16 juillet 1753, à Marie-Rose Breza.—*Marie-Louise,* b [4] 20 sept. 1725; s [2] 27 juin 1730.— *François,* b... m [4] 9 oct. 1747, à Agathe-Catherine Laurent.—*Antoine,* b [4] 18 et s [4] 30 oct. 1727.—*Marie-Geneviève,* b [1] 26 mai 1729; m [4] 8 janvier 1752, à Gabriel Desrochers.—*Antoine,* b [4] 30 mars 1732; s [4] 16 fevrier 1734. — *Marie-Joseph,* b [4] 12 juillet 1733; s [4] 16 février 1734.—*Gabriel,* b [4] 13 et s [4] 17 juin 1735. — *André,* b [4] 25 oct. 1736; m [3] 31 mars 1761, à Marie Vien. — *Amable,* b... s [4] 13 nov. 1740.

SALOIS, Charles.
Provost, Catherine.
Charles, b 10 juillet 1718, à Ste-Foye.

1740, (13 janvier) St-Michel-d'Yamaska [1]
III.—SALOIS (2), Ange (3), [Ignace II.
b 1716.
Pélissier, Marguerite. [Isaac-Pierre I.
François-Justinien, b [1] 5 sept. 1743; m 5 oct. 1767, à Marie-Angélique ...., à la Longue-Pointe.—*Marguerite,* b [1] 16 oct. 1755; s [1] 16 janvier 1756.

1745, (31 mai) St-Frs-du Lac. [2]
III.—SALOIS, Ignace, [Ignace II.
b 1720.
Joyelle, Marguerite, [Antoine II.
b 1720.
Ignace, b [2] 17 fevrier 1746.—*Marie-Marguerite,* b [2] 27 juin 1747; m 7 janvier 1766, à Jean McCutchon, à St-Michel-d'Yamaska[3]; s 27 déc. 1772, à la Baie-du-Febvre.—*Michel,* b [2] 25 déc. 1748. —*Elisabeth,* b [2] 1er juin 1750; s [2] 14 nov. 1751.— *Joseph,* b [2] 30 nov. 1751.—*Madeleine,* b [2] 4 mars 1753.—*Anonyme,* b [2] et s [2] 14 janvier 1754.— *Basile,* b [2] 28 mars 1755.—*Anonyme,* b [2] et s [2] 24 janvier 1756.—*Angélique,* b [2] 1er et s [2] 3 sept. 1756.—*Joseph-Clément,* b [2] 13 janvier 1759.— *Anonyme,* b [2] et s [2] 18 juin 1760.—*Pierre,* b [2] 20 mai 1762.—*Marie-Thérèse,* b [3] 19 juin 1768.

1747, (9 oct.) St-Frs-du-Lac. [4]
III.—SALOIS, François. [Ignace II.
Laurent (4), Agathe-Cath., [Jacq.-Julien II.
b 1723.
François, b [4] 8 sept. 1748; m 17 mai 1774, à Marie-Amable Lepire, à St-Michel-d'Yamaska [5]

(1) Dit Laviolette.
(2) Dit Desjardins.
(3) Soldat de la compagnie de M. de Villiers.
(4) Voy. Béchard.
(5) Voy. vol. I, p. 538.

(1) Appelé Etienne, 1752.
(2) Et Folloi—Saloue.
(3) Augustin, 1755.
(4) Aussi appelée Julien.

—*Marie-Agathe*, b [5] 31 août 1749; m [5] 3 nov. 1772, à Pierre LEROUX.—*Michel*, b [5] 26 août 1753. —*Louis-Laurent*, b [5] 25 sept. 1755.—*Jean*, b [5] 28 juillet et s [5] 25 août 1760.—*Marie-Jeanne*, b [5] 2 et s [5] 7 juin 1762.

—

1752, (17 avril) Ste-Foye. [6]

III.—SALOIS, DENIS, [IGNACE II.
b 1722; s [6] 10 nov. 1760.
BRUNET, Françoise, [JEAN III.
b 1732.
Jean-Denis, b [6] 27 février 1753; m 27 avril 1779, à Madeleine DUCHESNEAU, à Québec. [7] — *Jean-Baptiste*, b [6] 8 mai 1754; m [7] 18 mai 1779, à Marie LEGRIS. — *Marie-Françoise*, b [6] 26 mars et s [6] 18 mai 1756.—*Augustin*, b [6] 19 déc. 1759; m [7] 28 janvier 1783, à Marguerite PARANT.

—

1753, (16 juillet) St-Michel-d'Yamaska. [8]

III.—SALOIS, ANTOINE, [IGNACE II.
b 1724.
BREZA, Marie-Rose, [IGNACE II.
b 1725.
Marie-Rose, b [8] 16 nov. 1755.—*Louis*, b [8] 22 mars et s [8] 2 août 1758.—*Jean-Baptiste*, b [8] 10 août 1759; s [8] 19 janvier 1761.—*Joseph*, b [8] 24 janvier 1762.—*François-Marie*, b [8] 13 avril 1764. —*Joseph-Nicolas*, b 1767; s [8] 13 juin 1768.— *Marie-Jeanne*, b [8] 21 oct. 1770.

—

1761, (31 mars) St-Michel-d'Yamaska. [5]

III.—SALOIS, ANDRÉ, [IGNACE II.
b 1736.
VIEN, Marie. [PIERRE.
Pierre-André, b [5] 5 février 1762; s [5] 23 mars 1764.—*Marie-Catherine*, b [5] 5 avril 1763.

—

SALOIS, FRANÇOIS.
PRÉVILLE, Therèse.
Marie-Joseph, b 28 août 1768, à St-Michel-d'Yamaska.

—

1767, (5 oct.) Longue-Pointe.

IV.—SALOIS (1), FRS-JUSTINIEN, [ANGE III.
b 1743.
........, Marie-Angélique,
b 1750.
Marie-Angélique, b 25 dec. 1769, à Repentigny. [6] — *Louis*, b [6] 30 mars et s [6] 24 avril 1771.

—

1774, (17 mai) St-Michel-d'Yamaska.

IV.—SALOIS, FRANÇOIS, [FRANÇOIS III.
b 1748.
LEPIRE, Marie-Amable, [PIERRE III.
b 1743.

—

1779, (27 avril) Québec.

IV.—SALOIS, JEAN-DENIS, [DENIS III.
b 1753.
DUCHESNEAU, Madeleine, [JACQUES III.
b 1758.

(1) Marie Falloi.

1779, (18 mai) Québec.

IV.—SALOIS (1), JEAN-BTE, [DENIS I[II.]
b 1754.
LEGRIS, Marie. [JOSEPH I[II.]

—

1783, (28 janvier) Québec.

IV.—SALOIS, AUGUSTIN, [DENIS I[II.]
b 1759.
PARANT, Marguerite. [LOUIS I[II.]

—

SALOMON.—*Surnoms :* DEPALME—LAROCHE[LLE.]

—

1759, (23 avril) Montréal.

I.—SALOMON, FRANÇOIS, b 1722, soldat; [fils] de Léonard et de Françoise Delarque, [de] St-Martin-de-Blou, diocèse de Limoges, [Li]mousin.
AUMIER (2), Marie-Joseph, [MICHEL.]
b 1737.

—

I.—SALOMON (3), FRANÇOIS.

—

I.—SALOMON (4), CHARLES.

—

SALOUÉ.—Voy. SALOIS.

—

SALOUER.—Voy. SALOIS.

—

SALVA.—*Surnom :* LAVIOLETTE.

—

1761, (12 janvier) St-Michel-d'Yamaska [5]

I.—SALVA (5), JEAN, fils de Jean et de Ma[rie] Bruyère, de St-Remi, diocèse de Lang[res,] Champagne.
PELISSIER, Marie-Louise, [ISAAC-PIERRE.]
b 1721; veuve de Jean-Marie Thibert.
Joseph, b [6] 3 juin 1763.—*Jean-Baptiste*, b [5] ... janvier 1765.

—

SALVAYE.—*Variations et surnoms :* SALVAI[LLE]—SALVAILLE—SALVAY—SERAIL—DETRÉMO[NT]—TRÉMONT et TRÉMONT.

—

I.—SALVAYE, PIERRE.
LEROY (6), Catherine. [SIMON.]
Marie-Catherine, b 29 sept. 1675, à Sorel [5] — *Catherine*, b [5] 6 février 1678; m [5] 30 nov. 16[9?] à Pierre LAMY. — *Louise-Charlotte*, b [5] 3 ma[i] 1680; m [5] 25 dec. 1695, à Etienne DEMIRAY; s [5] ... nov. 1709, à l'Ile-Dupas. — *Marie-Thérèse*, b [5] ... sept. 1682.—*Pierre*, b [5] 4 nov. 1683; m [5] 1er j[...] 1714, à Geneviève Hus; s [5] 14 juillet 1741.—*[An]toine*, b [5] 3 juillet 1686; 1° m 24 avril 172[6,] Marguerite HERTEL, à St-Frs-du-Lac; 2° m ... oct. 1736, à Catherine-Delphine LEGARDEUR, à Montreal.

(1) Le père est appelé Jean-Baptiste à ce mariage.

(2) Et Omier; elle épouse, le 7 nov. 1768, Pierre-Hy[acinthe] Poitevin (Desève), à Montréal.

(3) Commandant la frégate *L'Outarde*; il était par[rain] le 31 oct. 1758, à Québec.

(4) DePalme; sergent de la compagnie de Benoît; [il] était, le 19 fevrier 1760, à la Pte-aux-Trembles, Q.

(5) Dit Laviolette.

(6) Elle épouse, en 1680, Jean DeMiray.

1714, (1er juin) Sorel. [7]
—SALVAYE, Pierre, [Pierre I.
b 1683; s [7] 14 juillet 1741.
Hus, Geneviève, [Paul I.
b 1691.
Antoine, b 1715; s [7] 29 mai 1731.—*Joseph*, b [7] sept. 1717; m [7] 9 mai 1757, à Catherine Péloquin; s [7] 14 mars 1761. — *Marie-Thérèse*, b [7] 18 ...i 1719; m [7] 28 avril 1755, à Charles Dandonneau. — *Marie-Marguerite*, b 1720; s [7] 9 sept. ...33.—*Geneviève*, b [7] 21 et s [7] 28 février 1723.—...rie-Catherine, b [7] 3 juillet et s [7] 6 déc. 1724. *Marie-Catherine-Marguerite*, b 9 juin 1726, à St-Frs-du-Lac; m [7] 10 oct. 1752, à Luc Latraverse — *Elisabeth*, b [7] 15 mai 1729; m [7] 7 janvier 1752, à Charles Péloquin. — *Agathe*, b [7] 24 ...n 1731; m [7] 4 nov. 1760, à Pierre Pelletier. *Jean-Baptiste*, b [7] 21 nov. 1732; m 20 juin ...63, à Elisabeth Fafard, à l'Ile-Dupas.

1726, (24 avril) St-Frs-du-Lac. [6]
—SALVAYE (1), Antoine, [Pierre I.
b 1686.
1° Hertel, Marguerite, [Joseph III.
b 1705; s 9 mai 1736, à Montréal. [7]
Joseph-Louis, b [6] 10 mai 1727. — *Antoine*, b [7] ... mars 1728.—*Catherine-Agathe*, b [7] 12 avril et ...8 juillet 1729.—*Antoine*, b [7] 19 avril 1730.
1736, (29 oct.) [7]
2° LeGardeur, Cath.-Delph., [Pierre-Noel III.
b 1697.

1757, (9 mai) Sorel. [2]
...—SALVAYE, Joseph, [Pierre II.
b 1717; s [2] 14 mars 1761.
Péloquin (2), Catherine, [Félix II.
b 1738.
Joseph, b [2] 21 nov. 1759.

1763, (20 juin) Ile-Dupas.
...—SALVAYE, Jean-Bte. [Pierre II.
Fafard, Elisabeth. [Charles III.

—SAMAIN (3), Pierre

1759, (22 janvier) Montreal.
—SAMAZIN, Blaise, b 1734; fils d'Antoine et de Marie-Anne Marcabé, de St-Leonard, diocèse d'Auch, Gascogne.
Toulouse, Marie.

...MINGOA.—Voy. Héry.

...MSON.—*Surnoms* : Beziers—Bezis.

1669, (29 nov.) Québec. [1]
—SAMSON (4), Gabriel.
Durand (5), Françoise.

(1) Et Salvail dit Trémont.
(2) Elle épouse, le 11 avril 1763, Joseph Letendre, à Sorel.
(3) Soldat du régiment du Languedoc. (Signe le 5 avril ...8, à Lorette.)
(4) Voy. vol. I, p 538.
(5) Elle épouse, le 1er février 1699, Yvon Richard, à Québec.

Périnne, b [1] 1er sept. 1672; m 12 juin 1691, à Ignace Guay, à Lévis. [2]—*Jean-Baptiste*, b [1] 6 oct. 1677; m 1706, à Charlotte Lecours; s [2] 29 avril 1746.—*Gabriel*, b... m 7 avril 1704, à Jeanne Martin, à Annapolis, Acadie.—*Eustache*, b 1690; m [2] 6 nov. 1730, à Louise-Françoise Lemieux; s [2] 5 déc. 1759.

1671, (26 nov.) Québec. [7]
I.—SAMSON (1), Jacques,
b 1655; s 4 mai 1699, à Lévis. [8]
Métru, Anne,
b 1656; s [8] 27 mars 1731.
Marguerite, b 1674; m [8] 8 nov. 1700, à Michel Lemieux; s [8] 30 juillet 1741.—*Ignace*, b [7] 16 mars 1676; 1° m [8] 5 juillet 1700, à Marie-Charlotte Lemieux; 2° m [7] 26 janvier 1711, à Madeleine Hubert.—*Charles-François*, b [8] 19 avril 1687.—*Jacques-Charles*, b [8] 22 sept. 1690.—*Jean*, b... s [8] 6 mai 1691.—*Etienne*, b... 1° m [8] 9 juin 1718, à Angélique Guay; 2° m 3 février 1739, à Madeleine Charon, à Beaumont, s [8] 5 février 1743.—*Jean-Baptiste*, b [8] 8 mars 1695; m 1721, à Elisabeth Lecours; s [7] 5 mars 1751.—*Joseph*, b [8] 8 mai 1697; m [8] 12 oct. 1722, à Catherine Guay.—*Louis*, b [8] 28 oct. 1698; m [8] 28 nov. 1731, à Catherine Bourassa; s [8] 14 juin 1751.

1695, (24 nov.) Québec.
II.—SAMSON (2), Pierre, [Gabriel I.
b 1671; s (3) 29 mai 1709, à Levis.
Gautier (4), Catherine, [Jean I.
b 1677.
Anne, b 1705; m 20 février 1730, à Louis André dit St. Amand, à Lachine.

1698, (8 mars) St-Thomas [1]
I.—SAMSON (5), Jean-Bte,
b 1668.
Damien (6), Madeleine. [Jacques I.
Jeanne, b [1] 27 dec. 1703; 1° m 8 janvier 1720, à Daniel Fontemont, à Quebec; 2° m 6 juillet 1722, à Jean Martin, à Montreal.

1698.
II.—SAMSON (7), Louis. [Louis I.
Larchevêque, Geneviève, [Jean II.
b 1676; s 3 mars 1738, à Québec.
Louis, b 2 août 1699, à Ste-Foye; s 22 oct. 1724, à Montreal.

I.—SAMSON, Pierre.
Filis (8), Marguerite.
Françoise, b 1701, 1° m 23 août 1721, à Louis Galoudec, à Beauport; 2° m 21 nov. 1746, à Mathieu Dumont, à Quebec.

(1) Frère du précédent; voy. vol. I, p 538.
(2) Voy. vol. I, p. 538.
(3) Noyé le 15 mai 1709.
(4) Elle épouse, le 27 oct. 1710, Edouard Clément, à Quebec.
(5) Et Beziers—Bézis; voy. ce nom, vol. I, p. 50.
(6) Elle épouse, le 21 janvier 1710, Louis Gautreau, à Québec.
(7) Voy. vol I, pp. 538-539.
(8) Et Joly.

1700, (5 juillet) Lévis.[2]
II.—SAMSON, IGNACE, [JACQUES I.
b 1676.
1° LEMIEUX, Marie-Charlotte, [GABRIEL I.
b 1677.
Ambroise, b [2] 5 avril 1701; m 1724, à Marie-Anne MORIN; s [2] 1er mars 1731.

1711, (26 janvier) Québec.[3]
2° HUBERT, Madeleine. [FRANÇOIS II.
Jean-Ignace, b [3] 29 oct. 1711; s [3] 9 oct. 1714.—*François*, b [3] 25 juin 1713; s [3] 31 oct. 1714.—*Marie-Angélique*, b [3] 6 mars 1716; m [2] 11 mai 1739, à Louis BOULET; s [2] 2 février 1742.—*Ignace*, b [3] 8 mars 1718; m [2] 22 juin 1739, à Rosalie BOULET.—*Marie-Madeleine*, b [3] 12 avril 1720; m [2] 3 février 1750, à Pierre-Noel SIMONEAU.—*Geneviève*, b [2] 25 déc. 1721, m [2] 20 janvier 1744, à Alexis BOULET; s [2] 8 mars 1756. — *François-Cécil*, b [3] 12 mars 1724; m [3] 15 juillet 1749, à Marie-Joseph-Guillemette HAYOT.—*Pierre*, b [3] 9 août 1726.

1704, (7 avril) Annapolis, Acadie.[5]
II.—SAMSON, GABRIEL. [GABRIEL I.
MARTIN, Jeanne, fille de Barnabé et de Jeanne Peltret (Acadiens).
Madeleine, née 9 janvier 1705, à Boston; b [5] 27 janvier 1706.—*Michel*, b [5] 12 juillet 1706.—*Jeanne*, b [5] 1er et s [5] 19 juillet 1708.—*Louise*, b [5] 1er et s [5] 10 juillet 1708.—*Mathieu*, b [5] 15 août 1709.—*Madeleine*, b [5] 18 juin 1713.—*Marguerite-Louise*, b [5] 6 oct. 1715.—*Charles*, b [5] 3 oct. 1717.—*Jeanne*, b [5] 29 oct. 1719.

1706.
II.—SAMSON, JEAN-BTE, [GABRIEL I.
b 1677; s 29 avril 1746, à Lévis.[5]
LECOURS, Charlotte, [MICHEL I.
b 1692; s [5] 12 déc. 1726.
Jean-Baptiste, b [5] 5 août 1707; 1° m [5] 23 janvier 1736, à Geneviève LEMIEUX; 2° m [5] 24 juillet 1744, à Marie-Anne GESSERON; s [5] 29 juin 1757. — *Etienne*, b... m 3 février 1739, à Madeleine CHARON, à Beaumont.[6] — *Pierre*, b [5] 11 et s [5] 25 avril 1709. — *Charles-François*, b [5] 7 juillet et s [5] 5 sept. 1710. — *Michel*, b [5] 17 mars 1712, s [5] 26 mai 1737. — *Marie-Joseph*, b... m [5] 14 sept. 1739, à Jean-Baptiste CHARON. — *Suzanne*, b [5] 29 mai 1717; m [5] 18 janvier 1740, à Louis BUISSON.— *Jean-Jacques*, b [5] 20 sept. 1720, 1° m 14 nov. 1746, à Elisabeth PROVOST, à Quebec[7], 2° m [7] 14 avril 1760, à Marie-Elisabeth DASILVA; s [7] 9 avril 1775. — *Charlotte*, b déc. 1721; s [5] 31 août 1722. — *Gabriel*, b [5] 8 et s [5] 17 oct. 1723.—*Pierre*, b [5] 5 avril 1725, s [6] 9 nov. 1747.—*Joseph-Marie*, b [5] 5 avril et s [5] 21 sept. 1725.

1718, (9 juin) Levis.[6]
II.—SAMSON, ETIENNE, [JACQUES I.
s [6] 5 février 1743.
1° GUAY, Angelique, [IGNACE II.
b 1697.
Louise, b 1719; s [6] 4 août 1733. — *Etienne*, b [6] 18 sept. 1720; m [6] 1er mars 1756, à Marguerite BÉGIN — *Catherine*, b [6] 29 juin 1722; m [6] 17 février 1744, à Michel GUAY; s [6] 1er janvier 1764.—*Marie-Charlotte*, b 31 oct. 1723, à Québec.—*Joseph-Marie*, b [6] 9 mai 1725; m [6] 24 nov 1756, à Marguerite GUAY. — *Anne-Suzanne*, b [6] 26 juillet 1727; m [6] 2 août 1751, à Jean GUAY. — *Ignace*, b [6] 3 juin 1729; m [6] 23 nov. 1751, à Véronique BÉGIN. — *Louise*, b [6] 30 sept. 1736; m [6] 24 août 1761, à Charles BÉGIN.

1739, (3 fevrier) Beaumont.
2° CHARON (1), Madeleine. [JEAN-BTE II
Augustin-Ambroise, b [6] 27 mars 1740. — *Geneviève*, b [6] 12 mai 1742; m 26 février 1759, à Joseph BLANCHET, à St-Pierre-du-Sud.

1721.
II.—SAMSON, JEAN-BTE, [JACQUES I
b 1695, voiturier; s 5 mars 1751, à Quebec.[3]
LECOURT, Elisabeth,
s [3] 21 oct. 1757.
Marie-Elisabeth, b [3] 5 mai 1722.— *Françoise-Louise*, b [3] 2 mars 1724; m [3] 21 oct. 1754, à François VALERAN. — *François-Marie*, b [3] 30 oct et s [3] 10 nov. 1726. — *Geneviève-Henriette*, b [3] 6 mai 1727; 1° m [3] 28 avril 1749, à Jean-Baptiste LEVITRE; 2° m 30 sept. 1765, à Louis MARCHAND, à Montréal. — *Joseph*, b [3] 21 janvier 1729, s [3] 12 mai 1733.—*Pierre*, b [3] 11 et s [3] 16 juillet 1731.—*Ignace*, b [3] 31 juillet 1733; s [3] 15 mars 1758 — *François*, b [3] 23 juin 1736; 1° m [3] 13 oct. 1760, à Therèse PROVOST; 2° m [3] 20 nov. 1775, à Marie-Geneviève DUTHU.

1722, (12 oct.) Lévis.[1]
II.—SAMSON, JOSEPH, [JACQUES I
b 1697.
GUAY, Catherine, [IGNACE II
b 1700; s [1] 14 sept. 1741.
Marie-Catherine, b [1] 1er mars 1723; m [1] 1er février 1752, à Charles-Louis GUAY. — *Jean-Louis*, b 21 avril 1724, à Quebec.[2] — *Geneviève*, b [1] 13 mai 1725; m [1] 23 nov. 1751, à Etienne BÉGIN; s [1] 9 sept. 1762.—*Martin*, b [2] 18 sept. 1726, s [1] 23 sept. 1760. — *François*, b [1] 27 août 1728, s [1] 5 sept. 1758. — *André*, b [1] 12 avril 1730; m 27 janvier 1755, à Marie-Marthe ADAM, à Beaumont, s [2] 24 août 1798. — *Véronique*, b [1] 23 mars 1732; m [1] 1er mars 1756, à Charles GUAY.—*Marie-Anne*, b [1] 2 juillet 1733.— *Marie-Charlotte*, b [1] 26 avril 1735; s [1] 30 avril 1767. — *Jacques*, b [1] 1er et s [1] 5 mai 1737. — *Joseph*, b [1] 11 oct. 1738. — *Suzanne* et *Louise*, b [1] 13 et s [1] 16 sept. 1741.

1724.
III.—SAMSON, AMBROISE, [IGNACE II
b 1701; s 1er mars 1731, à Lévis.[1]
MORIN (2), Marie-Anne, [JACQUES I
b 1705.
Marie-Anne, b [1] 9 oct. 1725; m 1748, à Joseph-Marie LECOURS.—*Joseph-Ambroise*, b [1] 4 avril 1727; m [1] 1er mars 1756, à Louise CARIÉ.—*Marie-Charlotte*, b [1] 15 mars 1729; m [1] 17 juin 1754, à Jacques BÉGIN.—*Ursule*, b [1] 25 déc. 1730, m [1] 14 fevrier 1752, à François BOURGET.

---

(1) Elle épouse, plus tard, Joseph Lavergne.
(2) Elle épouse, le 12 sept. 1735, Joseph Turgeon, à Québec.

1726.

III.—SAMSON, Joseph, [Antoine II.
b 1694, s 10 août 1733, à Ste-Foye.[2]
Sédilot (1), Marie-Anne, [Jean III.
b 1708.
Marie-Anne, b[2] 11 déc. 1727; m[2] 27 oct. 1750, à Charles Lemarié; s[2] 11 janvier 1755.—*Marie*, b... m[2] 16 nov. 1750, à Michel Langlois; s[2] 5 fevrier 1760. — *Antoine-Joseph*, b[2] 11 mai 1730; m[2] 22 mai 1758, à Suzanne Derome.—*Jean-Marie*, b[2] 9 nov. 1732.—*André*, b[2] 20 mai 1733.

1730, (6 nov.) Lévis.[7]

II.—SAMSON, Eustache, [Gabriel I.
b 1690; s[7] 5 déc. 1759.
Lemieux, Louise-Françoise, [Michel II.
b 1701; veuve de Michel Lecours; s[7] 15 sept. 1752.
Eustache-Etienne, b[7] 27 sept. 1731.—*Jacques*, b[7] 23 janvier 1734; m 15 oct. 1754, à Louise Lamarre-Bélisle, à Québec.—*Joseph*, b[7] 18 oct. 1735.—*Marie-Anne*, b[7] 12 août 1738; m 1755, à François Lecours.—*Marie-Geneviève*, b[7] 10 mars 1742; m[7] 19 août 1766, à Nicolas-Louis Parant.

1731, (28 nov.) Lévis.[9]

II.—SAMSON, Louis, [Jacques I.
b 1698; s[9] 14 juin 1751.
Bourassa, Catherine, [Jean II.
b 1706; s[9] 19 dec. 1749.
Jean-Ambroise, b[9] 2 fevrier et s[9] (picote) 16 juillet 1733.—*Pierre*, b[9] 25 août 1737, s[9] 17 dec. 1749.—*Marie-Louise*, b[9] 6 février 1741; s[9] 30 sept. 1754.—*Joseph-Pierre*, b[9] 17 mars et s[9] 4 août 1743.—*Marie-Joseph*, b... m[9] 15 oct. 1764, à Laurent Leclerc.

1734, (21 nov.) Québec.[1]

III.—SAMSON, Antoine, [Antoine II.
b 1707; s 20 mars 1757, à Ste-Foye.[2]
Jeanne, Marie-Louise, [Martin II.
b 1710; s[2] 22 avril 1775.
Jean, b 1734; s[1] 17 juin 1756.—*Antoine-Gabriel*, b[2] 8 mai 1736; 1° m[2] 30 janvier 1758, à Marie Alaire; 2° m[2] 15 juin 1767, à Felicite Routier.—*Pierre*, b[2] 29 dec. 1738.—*Elisabeth*, b 1740, m[2] 1er juin 1761, à Pierre Durand.—*Louise-Elisabeth*, b[2] 12 juin 1742; s[2] 28 mai 1745.—*Louis-Charles*, b[2] 21 mars 1746; s[2] 1er juin 1756.—*Marie-Louise*, b[2] 16 dec. 1747.—*Louise-Anne*, b[2] 21 fevrier 1755.

1736, (23 janvier) Levis.[7]

III.—SAMSON, Jean-Bte, [Jean-Bte II.
b 1707; s[7] 29 juin 1757.
1° Lemieux, Geneviève, [Michel II.
b 1706; s[7] 5 mars 1743.
Geneviève-Joseph, b[7] 20 et s[7] 29 mars 1737.—*Jean-Charles*, b[7] 1er fevrier 1739; m[7] 17 juillet 1764, à Geneviève Carié. — *Suzanne*, b[7] 25 et s[7] 27 mai 1740.—*Geneviève*, b[7] 14 juin 1741, s[7] 10 juin 1744.—*Catherine-Rosalie*, b[7] 4 mars et s[7] 11 juillet 1743.

1744, (24 juillet).[7]

2° Gesseron, Marie-Anne. [Charles II.
Marie-Anne, b[7] 28 avril 1745; m[7] 18 oct. 1762, à Jean-Baptiste Huard.—*Louis*, b[7] 2 oct. 1746.—*Marie-Charlotte*, b[7] 7 juin 1750.—*Marie-Louise*, b[7] 16 et s[7] 21 mars 1752.—*Gervais-Antoine*, b[7] 19 juin 1753; s[7] 26 nov. 1755.—*Marie-Geneviève*, b[7] 18 février et s[7] 12 avril 1756.—*Geneviève* (posthume), b[7] 1er janvier 1758.

1739, (22 juin) Lévis.[2]

III.—SAMSON, Ignace, [Ignace II.
b 1718.
Boulet, Rosalie, [Paul II.
b 1715.
Ignace, b[2] 22 avril 1740; m 11 janvier 1762, à Marie Blay, au Bout-de-l'Ile, M. — *François*, b[2] 10 sept. 1741. — *Alexis*, b[2] 1er et s[2] 26 mars 1743. — *Rose*, b[2] 30 oct. et s[2] 19 nov. 1744.—*Pierre*, b[2] 14 et s[2] 22 mai 1746.— *Marie-Louise*, b[2] 14 et s[2] 22 août 1750. — *Marie-Louise*, b[2] 13 et s[2] 24 août 1751. —*Julie*, b[2] 23 mai 1753. — *Joseph*, b[2] 1er oct. et s[2] 3 nov. 1755. — *Pierre*, b[2] 6 oct. 1756.

1746, (14 nov.) Quebec[8]

III.—SAMSON, Jean-Jacques, [Jean-Bte II.
b 1720; s[8] 9 avril 1775.
1° Provost, Elisabeth, [François.
b 1724; s[8] 3 oct 1754.
Claire-Elisabeth, b[8] 2 et s[8] 7 janvier 1748. — *Jean*, b[8] 23 janvier 1749, m 12 oct. 1772, à Charlotte Custau, à Montreal. — *Marie-Elisabeth*, b[8] 26 mars 1751.—*Ignace*, b[8] 16 sept. 1752; m[8] 21 mai 1781, à Marie-Joseph Valeran.

1760, (14 avril).[8]

2° Dasilva, Marie-Elisabeth, [Nicolas II.
b 1732; veuve de Nicolas Gauvreau.
Jean-Baptiste, b[8] 7 fevrier 1762. — *Marie*, b[8] 12 dec. 1763, m[8] 8 avril 1788, à Pierre Métayer.

1749, (15 juillet) Quebec.[6]

III.—SAMSON, Frs-Cécil, [Ignace II.
b 1724.
Hayot (1), Marie-Jos.-Guillemette, [Julien I.
b 1721
Marie-Françoise (posthume), b[6] 16 juin 1750.

1751, (23 nov.) Levis.[8]

III.—SAMSON, Ignace, [Etienne II.
b 1729.
Bégin, Veronique, [Jacques II.
b 1739.
Etienne, b[8] 21 oct. 1752; s[8] 8 sept. 1753. — *Marie-Angélique*, b[8] 29 juillet 1754. — *Charles-Ignace*, b 21 sept. 1756, à Quebec.[9] — *Etienne*, b[8] 30 janvier 1762; m[9] 19 sept. 1786, à Marie-Joseph Maillet.—*Gabriel*, b[8] 19 nov. 1763; s[8] 16 dec. 1765. — *Marie-Anne*, b... s[8] 13 janvier 1764 — *Joseph*, b[8] 13 fevrier et s[8] 29 mars 1766. —*François*, b[8] 16 juin 1769.

(1) Elle épouse, le 19 janvier 1737, Pierre Roblinc, à Ste-Foye.

(1) Voy. Hellot, elle épouse, le 24 oct. 1752, Jean-Baptiste Dubois, à Québec.

1754, (15 oct.) Quebec. [6]
III.—SAMSON, JACQUES, [EUSTACHE II.
b 1734 ; forgeron.
LAMARRE-BELLISLE, Louise. [HENRI II.
b 1729.
Henri, b [6] 23 août 1754.— *Catherine,* b [6] 27 oct. et s [6] 5 nov. 1755.—*Marie-Louise,* b [6] 14 nov. 1756.—*Antoine,* b [6] 21 oct. 1757. — *Nicolas,* b [6] 11 déc. 1758.—*Catherine,* b 6 août 1760, à Lévis [7] ; m [6] 9 janvier 1781, à Thomas MORRIS.—*Pierre,* b [6] 9 nov. 1762.—*Marie-Elisabeth,* b [6] 30 juillet 1764 , s [7] 11 juin 1765. — *Marguerite,* b... m [6] 15 fevrier 1791, à Louis DESRUISSEAUX.

1755, (27 janvier) Beaumont. [8]
III.—SAMSON, ANDRÉ-JOSEPH, [JOSEPH II.
b 1730 ; s 24 août 1798, à Québec.
ADAM, Marthe, [IGNACE III.
b 1733.
Joseph-Marie, b 16 et s 27 oct. 1755, à Lévis. [9] —*Joseph,* b 4 juin 1757, à St-Michel. — *Jacques,* b [9] 21 avril 1759. — *Marie-Marthe,* b [8] 23 sept. 1760 —*Charles-Joseph,* b [9] 9 dec. 1764.—*Monique,* b [9] 20 avril 1770.

1756, (1er mars) Levis [1]
III.—SAMSON, ETIENNE, [ETIENNE II.
b 1720.
BÉGIN, Marguerite, [JACQUES II.
b 1734.
Marguerite, b [1] 10 nov. 1756 —*François,* b [1] 20 août 1758.—*Jean-Baptiste,* b [1] 21 nov. 1760.—*Marie-Louise,* b [1] 5 avril 1763.—*Etienne,* b [1] 2 janvier 1765.—*Charles,* b [1] 13 janvier 1767.—*Ignace,* b [1] 30 sept. 1768.—*Agathe,* b [1] 26 mai 1770.

1756, (1er mars) Lévis [2]
IV.—SAMSON, JOSEPH-AMBROISE, [AMBROISE III.
b 1727.
CARIÉ, Louise, [CHARLES III.
b 1738.
Marie-Louise, b [2] 1er janvier 1757. — *François,* b [2] 30 janvier 1765.—*Pierre,* b [2] 6 avril 1767.—*Louis,* b [2] 27 mai 1769.

1756, (24 nov.) Lévis. [6]
III.—SAMSON, JOSEPH-MARIE, [ETIENNE II.
b 1725.
GUAY, Marguerite, [JEAN III.
b 1735.
Marie-Agathe, b [6] 26 août 1757.—*Joseph,* b 1759, s [6] 7 nov. 1765.—*François,* b [6] 4 dec. 1762.—*Pierre,* b [6] 1er fevrier et s [6] 4 juin 1765.—*Joseph-Marie,* b [6] 23 avril 1766.—*Louis-Gaspard,* b [6] 15 avril 1768.—*Marguerite,* b [6] 21 mars 1771.

1758, (30 janvier) Ste-Foye. [7]
IV.—SAMSON, ANTOINE-GABRIEL, [ANTOINE III.
b 1736 ; capitaine de milice.
1° ALAIN, Marie, [PIERRE I.
b 1734 ; s [7] 1er février 1766
Marie-Louise, b [7] 9 janvier 1759.—*Marie-Elisabeth,* b [7] 10 et s [7] 11 juillet 1760.—*Esther,* b [7] 22 oct. 1761.—*Marie-Catherine,* b [7] 6 mars 1763.

1767, (15 juin). [7]
2° ROUTIER, Felicite. [JEAN-NOEL III
Elisabeth, b [7] 18 avril 1768.—*Théotiste,* b [7] 2 mars 1770.—*Basilisse,* b [7] 6 dec. 1771 ; s [7] 30 août 1773.—*Judith,* b [7] 12 janvier 1774.—*Marie-Anne,* b [7] 25 fevrier et s [7] 16 juin 1778.

1758, (22 mai) Ste-Foye.
IV.—SAMSON, ANTOINE-JOSEPH, [JOSEPH III
b 1730.
DEROME, Suzanne, [JEAN-BTE III
b 1735.
Joseph, b 29 avril 1759, à Québec. [8] —*Antoine,* b... m [8] 3 juin 1794, à Marie DELAGE.

SAMSON, JOSEPH,
s 13 mai 1770, à St-Valier.

1760, (13 oct.) Quebec [9]
III.—SAMSON, FRANÇOIS, [JEAN II
b 1736.
1° PROVOST, Thérèse, [GUILLAUME III.
b 1739.
1775, (20 nov.) [9]
2° DUTHU, Marie-Geneviève, [JEAN-PAUL I
b 1754.

1760.
SAMSON, THOMAS.
TIBAUT, Claire.
Thomas, b 4 mai 1761, aux Trois-Rivières—*Marie-Claire,* b 1770 ; m 22 oct. 1787, à Jean-Baptiste WOLSCAMP, à Montreal.

1761.
SAMSON, FRANÇOIS.
ISABELLE, Angelique, [IGNACE III
b 1739.
Marie, b 19 dec. 1762, à Lévis. [1] —*Marie-Anne,* b [1] 6 mai 1764.—*Antoine,* b 7 oct. 1770, à la Baie-du-Febvre.

1762, (11 janvier) Bout-de-l'Ile, M [1]
IV.—SAMSON, IGNACE, [IGNACE III
b 1740.
BLAIS, Marie. [LOUIS I
Marie-Louise, b [1] 28 juin 1765.

1764, (17 juillet) Lévis. [1]
IV.—SAMSON, JEAN-CHS, [JEAN-BTE III
b 1739.
CARIÉ, Geneviève. [JACQUES-CHARLES III
Anonyme, b [1] et s [1] 20 avril 1765. — *Jean-Charles,* b [1] 19 mai 1766. — *Geneviève,* b [1] 25 mars 1768.—*Joseph-Marie,* b [1] 18 mars 1770.

1772, (12 oct.) Montréal.
IV.—SAMSON, JEAN-BTE, [JEAN-JACQUES III
b 1749.
CUSTAU, Charlotte, [JEAN-BTE
b 1753.

1781, (21 mai) Québec.[8]

IV.—SAMSON, IGNACE, [JEAN-JACQUES III.
b 1752.
VALERAN, Marie-Joseph, [JACQUES II.
b 1761.
Ignace, b [8] 5 mai 1781.

1786, (19 sept.) Québec.

IV.—SAMSON, ETIENNE, [IGNACE III.
b 1762.
MAILLET, Marie-Joseph. [JEAN-LOUIS I.

1794, (3 juin) Québec.

V.—SAMSON, ANTOINE. [ANT.-JOSEPH IV.
DELAGE, Marie. [PIERRE.

SANCER.—Voy. FÉRON—FORON—MACÉ—MASSÉ.

1735, (7 janvier) Montréal.[2]

II.—SANCER (1), JEAN-BTE, [JEAN I.
b 1705.
CHEVREUIL (2), Anne-Angelique, [GUILLAUME I.
b 1708.
Jean-Baptiste, b 26 juin 1737, au Détroit; m [2] 7 janvier 1769, à Monique DESFORGES.

1769, (7 janvier) Montréal.

III.—SANCER, JEAN-BTE, [JEAN-BTE II.
b 1737.
DESFORGES, Monique. [PAUL II.
b 1732; veuve d'André Hérault.

SANCHE.—*Variations et surnom :* CHANCE — CHANSE—LACHANCE—ESPAGNOL.

1758.

I.—SANCHE (3), ALEXANDRE-LÉONARD, natif d'Espagne.
TALON (4), Marie-Catherine.
Alexandre-Laurent, b 2 février 1759, à Ste-Rose [4]; m 5 nov. 1781, à Marie-Flavie OUIMET, à Terrebonne. — *Augustin*, b [4] 16 nov. 1760.—*Anonyme*, b [4] et s [4] 3 sept. 1762.

1781, (5 nov.) Terrebonne.

II.—SANCHE (5), ALEX.-LAUR., [ALEX.-LÉON I.
b 1759.
OUIMET, Marie-Flavie. [FRANÇOIS III.
André, b... 1° m 13 janvier 1812, à Emilie CHARBONNEAU, à Ste-Therèse [2]; 2° m [2] 12 juillet 1819, à Marie COTÉ; s 19 août 1871, à Montréal.

1812, (13 janvier) Ste-Therèse.[6]

III.—SANCHE, ANDRÉ, [ALEX.-LAURENT II.
maçon; s 19 août 1871, à Montréal.[5]
1° CHARBONNEAU, Emilie. [JEAN-BTE.
Evariste, b [6] 2 mars 1812; m [5] 9 sept. 1845, à Marie GENDRON; s [5] 8 dec. 1874.—*Hortense*, b [6] 1814; m [5] 1836, à Jean CATTLE; s [5] 2 mai 1870.

1819, (12 juillet).[6]
2° COTÉ, Marie.
Adolphe, b [6] 15 août 1825; m [5] 6 juillet 1850, à Reine LARIN.—*Gédéon*, b [6] 23 nov. 1833.—Et 18 autres decédés en bas âge.

1845, (9 sept.) Montréal.[5]

IV.—SANCHE (1), EVARISTE, [ANDRÉ III.
b 1812; maçon; s [5] 8 déc. 1874.
GENDRON, Marie, [PIERRE.
s 15 mai 1860, à St-Judes.[6]
Evariste-Napoléon, b [5] 27 juin 1846; m [5] 10 août 1868, à Eleonore PRÉVOST. — *Alphonsine*, b [6] 1er août 1848; religieuse au couvent d'Elisabeth, New-Jersey [7]; s [7] 25 janvier 1871.—*Hermine*, b [6] 21 avril 1850; s [5] 19 fevrier 1870. — *Oswald-Zoël*, b [6] 20 mars 1852; m [5] 8 juin 1874, à Angelique PRÉVOST. — *Olympe*, b [6] 9 juin 1854; sœur Lachance, de la Cong. N.-D., mai 1883; s 21 juillet 1889, à Villa-Maria.—*Elie*, b [6] 29 sept. 1857; s [5] 4 juin 1874.

1850, (6 juillet) Montréal.

IV.—SANCHE, ADOLPHE, [ANDRÉ III.
b 1825.
LARIN, Reine.

1868, (10 août) Montréal.[7]

V.—SANCHE (2), EVAR.-NAPOLÉON. [EVAR. IV.
b 1846.
PRÉVOST, Eléonore. [MICHEL.
Marie-Eléonore, b [7] 5 août 1869; s [7] 7 sept. 1870. — *Joseph-Napoléon*, b [7] 8 fevrier 1871. — *Marie-Reine-Victoire*, b [7] 13 mai 1873; s [7] 7 oct. 1879.—*Malvina-Angélique*, b [7] 8 oct. 1874; s [7] 10 mars 1875. — *Marie-Louise*, b [7] 9 janvier 1876; s [7] 15 oct. 1881.—*Rose-de-Lima*, b 3 oct. 1877, à St-Laurent, M. — *Félix-Rémi*, b [7] 25 août 1879. — *Joseph-Ulric*, b [7] 6 et s [7] 31 oct. 1881. — *Jean-Baptiste-Guillaume*, b [7] 6 et s [7] 9 oct. 1881. — *Cunégonde*, b [7] 4 et s [7] 5 mars 1883.—*Hélène*, b [7] 22 mai et s [7] 5 juillet 1884.—*Louise-Hermine*, b [7] 27 mai 1885. — *Edouard-Victorin*, b [7] 8 juillet 1886; s [7] 31 janvier 1888.—*Anonyme*, b [7] et s [7] 23 avril 1888.

1874, (8 juin) Montréal.[7]

V.—SANCHE, OSWALD-ZOEL, [EVARISTE IV.
b 1852.
PRÉVOST, Angelique. [MICHEL.
Irène, b [7] 26 juillet 1876.

SANCOUR.—*Surnom :* BEAUSÉJOUR.

1759, (26 février) Sault-au-Récollet.

I.—SANCOUR (3), JEAN-BTE, b 1720; de Barberi, diocèse de Derchenne, Champagne.
MONET, Marie-Joseph, [JOSEPH III.
b 1737.

(1) Voy Feron, vol IV, p. 21.
(2) Duval.
(3) Et Chanse dit Espagnol.
(4) Aussi appelée Lalor.
(5) Marié Chanse.

(1) Marié Chance.
(2) Appelé Chance—Connu sous le nom de Lachance.
(3) Dit Beauséjour; soldat du régiment de Béarn.

I.—SANDERS (1), Pierre.
.... Marie.
Pierre, né en 1673, à Corlar, Nouvelle-Angleterre; b 16 août 1705, à Montreal.

SANDRILLE.—Voy. Turpin.

I.—SANGUINE (2), b... s 22 avril 1711, à St-Frs-du-Lac.

I.—SANGUINET (3), Joseph.
Timan, Thérèse.
Simon, b... m 30 janvier 1729, à Angélique Lefebvre, à Varennes.

1729, (30 janvier) Varennes.
II.—SANGUINET, Simon, [Joseph I.
notaire royal.
Lefebvre, Angélique, [Louis I.
b 1709.
Simon, b 1733; 1° m 15 janvier 1759, à Therèse Réaume, à Montreal[1]; 2° m [1] 1er oct. 1788, à Marie-Jeanne Hervieux. — *Christophe*, b 1736; m [1] 14 fevrier 1763, à Catherine Baby. — *Joseph*, b 1739; m [1] 10 sept. 1764, à Marguerite Réaume. — *Charles*, b... 1° m 16 juin 1770, à Véronique Cardin, au Detroit; 2° m 12 avril 1779, à Marie-Anne Condé, à St-Louis, Mo.

1759, (15 janvier) Montréal.[6]
III.—SANGUINET (4), Simon, [Simon II.
b 1733.
1° Réaume, Thérèse, [Chs-Augustin III.
b 1743.
1788, (1er oct.)[6]
2° Hervieux, Marie-Jeanne, [Jacques III.
b 1755.

1763, (14 fevrier) Montréal.
III.—SANGUINET, Christophe, [Simon II.
b 1736.
Baby-Chenneville, Catherine, [Joseph III.
b 1747.
Marie-Catherine, b et s 17 sept. 1766, à la Longue-Pointe.[2] — *Marguerite*, b [2] nov. et s [2] 6 déc. 1767.

1764, (10 sept.) Montréal.
III.—SANGUINET, Joseph, [Simon II.
b 1739; notaire royal.
Réaume, Marguerite, [Chs-Augustin III.
b 1744.
Marguerite-Reine, b 28 mars 1765, à Lachenaye.

1770, (16 juin) Détroit.
III.—SANGUINET, Charles. [Simon II.
1° Cardin, Veronique, [Frs-Louis III.
b 1752.
1779, (12 avril) St-Louis, Mo.[8]
2° Condé, Marie-Anne. [Augustin.
Marie-Anne-Catherine, b [8] 23 fevrier 1781; m [8] 22 nov. 1798, à François-Marie Benoit.—*Charles*, b [8] 2 nov. 1783; m 1816, à Cecile Brazeau.—*Simon*, b [8] 19 nov. 1786; m [8] 9 mai 1824, à Marie Thoin. — *Céleste*, b [8] 13 nov. 1788; m [8] 27 mai 1812, à Jean-Baptiste Lemoyne. — *Marie*, b [8] 25 août 1790; m [8] 30 avril 1812, à Joseph-Victor Garnier.—*Constance*, b [8] 29 juillet 1792, m [8] 13 août 1814, à Augustin Chouteau. — *Christophe*, b [8] 11 août 1794.— *Eulalie-Angélique*, b [8] 14 mai 1796.— *Adélaide*, b [8] 2 déc. 1798; m [8] 5 janvier 1819, à Jean-Elie Tholozan. — *Caroline*, b [8] 13 mai 1800; m [8] 24 nov. 1818, à Horace Cozens.—*Sophie*, b [8] 1er mai 1803.

1816.
IV.—SANGUINET, Charles, [Charles III
b 1783.
Brazeau, Cecile.
Charles, b 25 mai 1817, à St-Louis, Mo.[1]—*Marie-Elisabeth*, b [1] 23 août 1819. — *Louis-Guillaume-Charles*, b [1] 31 déc. 1821.—*Julie-Virginie* et *Paul*, b [1] 12 oct. 1823.—*Martial-Henri-Paul*, b [1] 2 mars 1826.—*Julie-Virginie*, b [1] 25 dec. 1828, m [1] sept. 1853, à Narcisse Nadeau.—*Eulalie-Amanda*, nee 13 dec. 1831; b [1] 27 mai 1833.

1824, (9 mai) St-Louis, Mo.[2]
IV.—SANGUINET, Simon, [Charles III
b 1786.
Thoin, Marie. [Pierre
Frédéric-Paul-Simon, b [2] 29 mai 1825.—*Marie*, b [2] 5 juin 1831.

I.—SANIN (1), Pierre, b 1670; de Poitiers, Poitou; s 11 mars 1720, à Montreal.

I.—SANSARD (2), Claude.
L'Homme, Marie, [Michel I
b 1663; veuve de Nicolas Ozannes; s 8 avril 1730, à Lachine.

I.—SANSAVEU, Marie-Catherine, b 4 sept 1760, à St-Charles; 1° m 23 avril 1782, à Joseph-Elzéar Serin, à Québec[3]; 2° m [3] 23 mai 1785, à Jean-Baptiste François.

SANSCARTIER.—Voy. Astrud—Billot—Blaise—Boisson—Brébrion—Clauseret—Corbe-Dizier—Dury—Faye et Fayen—Guiraud-Lagu—Legal—Leprince—Mallete—Nevillon—Paysan—Prudhomme—Sel—Tessandier.

I.—SANSCARTIER, François, b 1660, soldat du diocèse de Narbonne, Languedoc, s 8 oct. 1710, à Montreal.

I.—SANSCARTIER, Pierre, b 1668; s 17 juin 1718, à Montreal.

(1) Nègre d'origine.
(2) Dit Lorange.
(3) Chirurgien-major.
(4) Seigneur de LaSalle.

(1) Dit Baquet; tambour de la compagnie de M. de Beaujeu.
(2) Sansort dit LePetit-Picard.

I.—SANSCARTIER (1), Pierre,
s (gelé) 20 mars 1714, à Montreal.[2]
........, Madeleine.
Marie-Françoise, b[2] 25 mars et s[2] 11 mai 1714.

SANSCERRE (2).—Voy. Curaux—Féron.

SANSCHAGRIN. — Voy. Alineau — Augias — Baron — Bertrand — Cétau — Chevalier — Courtin — De la Salle — Duberger — Garic — Girard — Girardet — Godon — Joannes — Lagrange — Limousin — Millet — Montagne — Rabaut — Rivé et Rivet — Ruffigny — Sagolas — Séjourné — Séto — Simoneau — Vivé.

I.—SANSCHAGRIN (3), ...,
s (noye) 13 mai 1760, à Chambly.

SANSCHAGRIN, ...
Martin, Geneviève, [Charles-François III.
b 1746.
Marie-Madeleine, b 17 oct. 1762, à l'Islet.

SANSCHAGRIN, ...
Savard, Catherine.
Marie-Catherine, b 6 fevrier 1774, à l'Ile-aux-Coudres.

SANSCHAGRIN, Pierre.
Descotois, Thérèse.
Antoine, b 15 et s 23 juin 1775, à Repentigny.

SANSÇOUCY.—Voy. Sansoucy.

SANSCRAINTE.—Voy. Delorme—Desfossés—Gélibert et Jolibert—Romain et Roman.

1758, (9 janvier) Ste-Anne.
I.—SANSCRAINTE (4), François.
Poulin, Thérèse, [André III.
b 1730.

SANSFAÇON.—Voy. Armand — Charpentier — Consigny—Courbier—Duhamel—Estiambre —Monidy—Monjoly—Pilet—Raymond.

SANSFAÇON, François.
Gagnon, Geneviève.
Jacques-Jérôme, b 29 juin et s 26 juillet 1760, à St-Frs du-Sud.

SANSFAÇON, Augustin.
Morand, Marie-Elisabeth. [Alexis II.
Augustin, b 3 juin et s 24 août 1763, à Ste-Anne-de-la-Pérade.

SANSFAÇON, Pierre.
Beaupré, Marie-Anne (5).

(1) Soldat de la compagnie de M. LeGardeur.

(2) Et Sancer—Sancerre.

(3) Tambour du régiment de la Reine.

(4) Voy Desfossés, vol. III, p. 373, soldat de la compagnie de M. Germain, régiment de la Reine; tué dans l'affaire du 6 juillet 1758, où il y eût 155 tués ou noyés. (Registres des Procès-verbaux, 1761, évêché).

(5) Et Marie-Marguerite, 1779.

Marie-Angélique, b juillet et s 16 août 1777, à Repentigny.[1] — *Marie-Angélique*, b... s[1] 11 déc. 1779.

SANSOUCY.—Voy. Audoin — Barbereau—Béchet et Rechet — Bouguillon — Bureau — Damien — DeNiger — Deshays — Dionne — Filion—Gilbert—Goguet—Huet—Jacques —Lamarque—Langlois—Lecornu—LeGardeur-St. Michel — Lequin—Lévesque—Mallet—Martin — Meunier — Noel—Orveaux —Pelletier—Reberdy— Rithemont — Rouleau — Roussel — Saillant—Sorieul et Sovieul — Supernant — Tanguay — Tauret— Vallée—Velle.

SANSOUCY, ...
Leclerc, Marguerite,
b 1672, s 29 oct. 1767, à Repentigny.

I.—SANSOUCY, Pierre,
b 1679, s 3 juin 1717, à Montréal.
....
Pierre, b... m 1755, à Marie Ratel.

SANSOUCY, Jean-Bte,
s 13 mars 1744, à Montréal.
Roulier, Marie. [Pierre I.

SANSOUCY, Joseph.
Liénard, Catherine.
Catherine, b... m 18 février 1765, à Louis-Basile Maillot, à Chambly.

1755.
II.—SANSOUCY, Pierre. [Pierre I.
Ratel, Marie, [Pierre II.
b 1717.
Marie-Joseph, b 1er nov. 1756, à Contrecœur[4]; s[4] 10 fevrier 1757.

SANSOUCY, Joseph.
Rosa, Therèse,
b 1730; s 28 août 1794, à Québec.

SANSOUCY, Jean-Bte.
Taillefer, Madeleine.
Jean-Baptiste, b 12 et s 24 juillet 1761, à la Longue-Pointe.

SANSOUCY, Joseph.
Piché, Marie-Anne,
b 1754; s 2 fevrier 1778, à Repentigny.

SANSOUCY, Julien.
Rivet, Marie-Joseph.
Julien, b... s 18 août 1778, à Repentigny.

SANSOUCY, Louis.
Robichau, Marie.
Marie-Anne, b 24 mai 1778, à l'Ile-Dupas.

SANSPEUR.—Voy. Amelot—Beneteau—Gélibert—Gélidas—Gilbert.

1713, (28 février) Montréal.
I.—SANSPEUR (1), GILBERT-SIMON, sergent.
LEPAGE, Marguerite, [JACQUES I.
b 1692; s 20 juillet 1730, au Détroit.[2]
François-Marie, b [2] 11 avril 1726.—*Catherine*, b [2] 15 février 1729.—*Angélique*, b [2] 5 juin 1730; m [2] 25 juillet 1746, à François RACINE.

SANSPITIÉ.— Voy. BEAUMONT — DESCENT ou DESSENS—DESRU—PÉRINAULT—TAVERNIER.

SANSQUARTIER.—Voy. SANSCARTIER.

SANSREGRET —Voy. BIRON—BRIAND—DUCHENEAU—DUMAS—DUPÉROUX—DUQUET —FARON — FÉRON — GIRARD — LINDE — MICHELIN—PONTBRIAND—SAR ou SER—TRAVERS.

SANSREGRET, ANTOINE.
CHAUSSÉ, Marie-Joseph,
b 1747; s 6 janvier 1779, à Repentigny.

SANSREGRET, JEAN-BTE.
JODOIN-LAROSE, Françoise, [CLAUDE II.
b 1727.
Marie-Joseph, b 18 juillet 1756, à Contrecœur.

SANSSOUCI.—Voy. SANSOUCY.

SANSTERRE.—Voy. FÉRON—LANCOGNARD.

SANSTERRE, JEAN-BTE.
BOILARD, Marie.
Marie, b... m 23 janvier 1788, à Jacques McGRAW, à Québec.

SANTERRE.—Voy. SANSTERRE.

1734.
I.—SANTIER, OLIVIER.
PRUNEAU, Geneviève, [JEAN I.
b 1706.
Louis-Charles, b 18 mai 1735, à Québec.[1]—*Claude*, b [1] 24 mai 1744.

I.—SANTILLY (2).

1761, (20 janvier) Longueuil.[2]
I. SANTOIRE, GÉRARD, fils d'Antoine, et d'Antoinette Pradier, de St-Michel-d'Ardre, diocèse de Clermont, Auvergne.
TRUDEAU, Marie-Amable, [ETIENNE III.
b 1739.
Jérôme, b [2] 3 déc. 1761.

I.—SAPIN (3), JEAN-BTE, b 1699; de Strasbourg, Alsace; s 1er janvier 1787, à l'Hôpital-Général, M.

SAPPÉ.—*Surnom :* POLIGNY.

(1) Voy. Gélibert, vol. IV, p. 230.
(2) Commandant du fort des Cahokias (oct. 1741.)
(3) Dit Picard; ancien soldat de la colonie.

1743, (8 janvier) Montréal.[3]
I.—SAPPÉ (1) JEAN-BTE, b 1720; fils de Charles et de Jeanne-Antoinette Gautier, de St-Hypolite-de-Poligny, diocèse de Besançon, Franche-Comte.
1° COLLET, Madeleine, [CLAUDE I
b 1725.
1752, (21 août) Détroit.[2]
2° MÉLOCHE (2), Catherine, [PIERRE II.
b 1737.
Marie-Madeleine, b [2] 13 oct. 1753; m [3] 26 janvier 1767, à Louis BOUTRON.

SARAIL.—Voy. SERAIL.

SARAU.—Voy. SAREAU.

SARAUD.—Voy. SAREAU.

SARAULT.—Voy. SAREAU.

SARAUT.—Voy. SAREAU—SUREAU.

SARAZIN.—*Variation et surnoms :* SARRAZIN—DEPELTAUT et DEPELTAUX.

1680, (23 avril) Charlesbourg.[5]
II.—SARAZIN (3), NICOLAS, [NICOLAS I
b 1655; médecin.
BLONDEAU (4), Catherine, [FRANÇOIS I
b 1663.
Pierre, b 26 fevrier 1684, à St-Thomas[6]; m 15 nov. 1717, à Marguerite LEDUC, à Montreal[7], s 28 oct. 1760, à Lachine.— *Nicolas*, b [6] 12 janvier 1686; m [7] 25 nov. 1715, à Marie-Louise JUILLET — *François*, b [5] 27 juin 1692; m 2 mai 1713, à Marie-Madeleine GOULET, à L'Ange-Gardien.

SARAZIN, PIERRE.
FISET, Madeleine.
Marie-Geneviève, b... m 4 nov. 1731, à Jacques GLINEL, à Beauport.

1712, (20 juin) Montréal.
I.—SARAZIN (5), MICHEL, b 1672, fils de Claude (juge des seigneuries de Citeaux) et de Madeleine de Bonnefoy, du diocèse d'Autun Bourgogne; s 9 sept. 1734, à Québec [1]
HAZEUR, Marie-Anne-Ursule, [FRANÇOIS I
b 1692; s [1] 4 avril 1743.
Joseph-Michel-François-Ignace, b [1] 13 juillet 1715.

1713, (2 mai) L'Ange-Gardien.[5]
III.—SARAZIN, FRANÇOIS, [NICOLAS II
b 1692.
GOULET, Marie-Madeleine, [ANTOINE II
b 1693.

(1) Dit Poligny.
(2) Elle épouse, le 11 fevrier 1755, Pierre-Louis Mallet, au Détroit.
(3) Voy. vol. I, p. 539.
(4) Elle épouse, le 24 nov. 1701, Pierre Jean, à Charlesbourg.
(5) Membre de l'Académie des Sciences, conseiller et médecin ordinaire de Sa Majesté; voy. vol. I, p. 539.

Marie, b [5] 11 avril 1714. — *Marie-Madeleine*, b [5] 7 mars 1715. — *Cécile*, b [5] 2 mars 1716. — *François*, b [5] 2 juillet 1717; m 3 avril 1742, à Marguerite BENOIT, à Verchères. — *Joseph*, b 1720; m 1757, à Marguerite ETHIER. — *Joseph*, b 1727; s 27 avril 1728, à St-François, I. J.[6] — *Jean-Baptiste*, b 6 avril 1728, à Lachenaye; m 12 janvier 1761, à Marie-Rose CHARBONNEAU, à Ste-Rose.[7] —*Pierre-François*, b [6] 17 et s [6] 25 avril 1729.—*Jean-Baptiste*, b [6] 31 mai et s [6] 3 juin 1730. —*Pierre*, b [6] 7 août et s [6] 20 sept. 1731. — *Jean-Baptiste*, b [6] 23 sept. 1732. — *Jacques*, b [6] 3 janvier 1734; m 1754, à Reine GARIÉPY. — *Antoine*, b 9 février, à Terrebonne [8] et s [6] 14 avril 1735.— *Marie-Madeleine*, b [8] 3 et s [6] 24 sept. 1736. — *Marie-Geneviève*, b 1738; m [7] 26 nov. 1759, à Georges FRÉMONT.—*Elisabeth*, b [8] 14 mai 1739.

1715, (25 nov.) Montréal.

III—SARAZIN, NICOLAS, [NICOLAS II.
b 1686.
JUILLET, Marie-Louise, [LOUIS II.
b 1699.

1716, (20 avril) Charlesbourg. [5]

III.—SARAZIN, THOMAS, [NICOLAS II.
b 1695.
CHORET, Agathe, [PIERRE II.
b 1699.

Marie-Agathe, b [5] 11 janvier 1717; m 21 janvier 1737, à Jean-Baptiste PRUDHOMME, à Montréal.[6] — *Paul*, b [6] 30 oct. et s [6] 2 déc. 1718.— *Louise-Suzanne*, b [6] 5 oct. 1719. — *Jean-Maurice*, b [6] 21 janvier 1722; m [6] 8 nov. 1745, à Geneviève DURAND.— *Marie-Thérèse*, b [6] 1er nov. 1723, m [6] 26 juin 1752, à Jean-Baptiste MONET; s [6] 16 oct. 1756.—*Agathe*, b [6] 13 déc. 1725; m [6] 6 nov. 1741, à André LEDUC. — *Marguerite*, b [6] 27 février 1728; m [6] 1er février 1751, à Jean-Baptiste TESSEREAU. — *Elisabeth-Françoise*, b [6] 1er août 1730; m [6] 22 juillet 1754, à Claude BAUDRIA. —*Jeanne*, b [6] 5 sept. 1734; m [6] 7 janvier 1758, à Louis BAUDRIA. — *Pierre*, b [6] 24 août 1736; m [6] 31 mars 1761, à Marie IMBAULT.—*Marie-Louise*, b [6] 20 juin et s [6] 25 août 1738. — *Marie-Joseph*, b [6] 20 juin 1738; m [6] 26 février 1759, à Pierre IMBAULT.—*Thomas*, b [6] 5 août 1740; s [6] 21 avril 1741.

1717, (15 nov.) Montréal. [1]

III—SARAZIN (1), PIERRE-VITAL, [NICOLAS II.
b 1684; s 28 oct. 1760, à Lachine. [2]
LEDUC, Marguerite, [JEAN II.
b 1696.

Pierre, b [2] 9 nov. 1718; m 21 mai 1750, à Marie-Anne CESIRE, au Détroit.[3] — *Vital*, b [2] 5 février 1720; m [3] 9 sept. 1776, à Cécile DEMARSAC. —*Anonyme*, b [2] et s [2] 26 nov. 1720 —*Marguerite*, b 1721; m [2] 10 janvier 1752, à Joseph LALONDE; s 23 juillet 1763, à Soulanges.—*Marie-Louise*, b... s [1] 24 oct. 1722.—*Gabriel*, b [1] 6 janvier 1723. —*Joseph*, b [1] 6 janvier et s [1] 6 juin 1723.—*Françoise*, b 1726, m [2] 27 avril 1750, à Simon MÉLOCHE; s [2] 27 sept. 1758.—*Philippe*, b [2] 7 sept. 1727; m [2] 30 avril 1759, à Angélique-Amable PARÉ.—*Nicolas*, b 1728; s [2] 18 déc. 1760.—*Jean-Régis*, b [2] 17 juin et s [2] 30 juillet 1729.—*Marie-Agathe*, b [2] 28 août 1730; m 1749, à François BRAULT.—*Marie-Angélique*, b... m [2] 26 janvier 1756, à René CARTIER.

(1) DePeltaux.

1738, (26 nov.) Québec. [4]

I.—SARAZIN, ANTOINE-FRANÇOIS, fils de Jean et de Jeanne Perroteau, de Lemousac, diocèse de Xaintes, Saintonge.
RENNERO (1), Marie-Joseph. [LUCAS I.
Jean-Louis, b [4] 29 août 1739; s [4] 8 nov. 1740. —*François* (posthume), b [4] 18 juin 1741; m 1773, à Marie-Françoise SYLVESTRE.

1742, (3 avril) Verchères.

IV.—SARAZIN, FRANÇOIS, [FRANÇOIS III.
b 1717.
BENOIT, Marguerite, [FRANÇOIS II.
b 1721.

François, b 4 mars 1743, à Terrebonne [8]; s [8] 15 nov. 1755.—*Louis*, b [8] 28 mars 1744.—*Marie-Marguerite*, b [8] 20 nov. 1746; m [8] 1er juillet 1765, à François FILION.—*Marie*, b [8] 26 sept. 1748.— *Marie-Françoise*, b 15 juin 1750, à Lachenaye.— *Marie-Elisabeth*, b [8] 17 août 1751; m à Jean-Baptiste FOUCAULT.—*Marie-Victoire*, b [8] 30 mars 1754.—*Jean-Baptiste*, b [8] 27 oct. 1755.—*Toussaint-Charles-François*, b [8] 6 février 1757, m [8] 10 février 1777, à Reine OUIMET.—*Joseph*, b [8] 11 sept. 1758.—*Marie-Reine*, b [8] 11 juillet 1760.

1745, (8 nov.) Montréal. [9]

IV.—SARAZIN, JEAN-MAURICE, [THOMAS III.
b 1722.
DURAND, Geneviève, [PIERRE II.
b 1719.

Geneviève, b [9] 19 mars 1746; m [9] 8 février 1768, à Jean-Baptiste BOURDRIAS.—*Marguerite*, b [9] 15 février 1748.—*Jean-Baptiste*, b [9] 10 nov. 1749.

1750, (21 mai) Détroit. [1]

IV.—SARAZIN (2), PIERRE, [PIERRE (3) III.
b 1718; bourgeois.
CESIRE, Marie-Anne, [JEAN II.
b 1730.

Pierre, b [1] 10 février 1751; s [1] 21 oct. 1753.— *Louis-Charles*, b [1] 28 février 1752.—*Julien-Noel*, b [1] 13 sept. et s [1] 26 oct. 1753.—*Jacques*, b [1] 29 oct. 1754.—*Angélique-Amable*, b 5 janvier 1756, à Lachine. [7] — *Marguerite*, b [7] 24 juin 1758.

1754.

IV.—SARAZIN, JACQUES, [FRANÇOIS III.
b 1734.
GARIÉPY, Reine, [ALEXIS II.
b 1735.

Jacques, b 26 juin 1755, à Ste-Rose.[1] — *Ignace*, b [1] 17 oct. 1756.—*Marie-Reine*, b [1] 16 mai 1758;

(1) Et Raynereau-Laframboise.
(2) DePeltaux.
(3) Aussi appelé Vital.

m 20 janvier 1777, à .... JACQUES, à Terrebonne.

1757.

IV.—SARAZIN, JOSEPH, [FRANÇOIS III.
b 1720.
ETHIER, Marguerite, [ETIENNE III.
b 1737.
Thérèse, b 13 août 1758, à Ste-Rose.[5]—*Joseph*, b[5] 3 sept. 1760; s[5] 9 avril 1762.— *Marie-Antoinette*, b[5] 27 mai 1762. — *Marie-Joseph*, b... m 7 février 1786, à Jean-Baptiste FORGET, à St-Eustache.

1759, (30 avril) Lachine.

IV.—SARAZIN (1), PHILIPPE, [PIERRE III.
b 1727.
PARÉ, Marie-Angélique-Amable. [JOSEPH II.

1760, (7 janvier) Montréal.

I.—SARAZIN, ETIENNE, b 1738; fils d'Etienne et de Marie-Anne Lary, de St-Vignol, diocèse de Xaintes, Saintonge.
BOURBON, Agathe, [JOSEPH II.
b 1730.

1761, (12 janvier) Ste-Rose.[4]

IV.—SARAZIN, JEAN-BTE, [FRANÇOIS III.
b 1728.
CHARBONNEAU, Marie-Rose, [JEAN III.
b 1742.
Marie-Rose, b[4] et s[4] 18 février 1762.

1761, (31 mars) Montréal.

IV.—SARAZIN, PIERRE, [THOMAS III.
b 1736.
IMBAULT, Marie, [SIMON II.
b 1739.

1773.

II.—SARAZIN, FRANÇOIS, [ANT.-FRANÇOIS I.
b 1741.
SYLVESTRE, Marie-Françoise.
Pierre-François, b 13 février 1774, à St-Cuthbert.[2]—*Alexis*, b[2] 19 juin 1778.— *Pierre*, b[2] 20 avril 1781. — *Marie-Louise*, b[2] 6 juillet 1782.— *Antoine*, b[2] 14 oct 1784.—*Etienne*, b[2] 11 février 1786.— *Joseph*, b[2] et s[2] 22 août 1787. — *Louis*, b[2] 12 sept. 1789.— *Antoine*, b[2] 13 mai 1791; s[2] 27 sept. 1792.— *Geneviève*, b[2] 25 août 1792; s[2] 28 sept. 1793.—*Charles*, b[2] 22 déc. 1793.

1776, (9 sept.) Détroit.[3]

IV.—SARAZIN (1), VITAL, [PIERRE-VITAL III.
b 1720.
DEMARSAC, Cécile, [FRANÇOIS II.
b 1735, s[3] 20 mars 1809.

1777, (10 février) Terrebonne.

V.—SARAZIN, TOUSS.-CHS-FRS, [FRANÇOIS IV.
b 1757.
OUIMET, Reine, [JOSEPH III
b 1756.

(1) DePeltaux.

SARAZIN, PIERRE.
SYLVESTRE, Marie-Joseph.
Jean-Baptiste, b 5 août 1783, à St-Cuthbert.[1]—*Pierre*, b 1785; s[3] 17 mars 1788.

SARCELIER. — *Variations et surnoms :* SACELIER—SERCELLIER—LABBÉ—LACHAPELLE.

1731, (9 avril) Québec.[3]

I.—SARCELIER (1), JACQUES-LOUIS, b 1711; fils de Jean et de Christine Gaudouin, de Lachapelle, en Brie; s 1er janvier 1750, à l'Islet.
1° RIOPEL, Marie-Anne, [PIERRE I.
b 1699; veuve d'Augustin Letarte; s[3] 21 mai 1735.
Marie-Anne-Angélique, b[3] 24 oct. 1731.—*Marie-Anne*, b[3] 2 avril 1733; m 20 sept. 1762, à Pierre TRUDEL, à L'Ange-Gardien.—*Marie-Louise* b[3] 14 juin et s[3] 15 juillet 1734. — *Pierre* et *Jacques*, b[3] 23 mai 1735.
1744, (26 avril).[4]
2° DEVIN (2), Marie-Joseph, [RENÉ I.
b 1724; s[4] 19 janvier 1750.
Marie-Claire, b[4] 7 août 1746; m[4] 5 mars 1764, à François-Xavier CARON.—*Marie-Joseph*, b... m 15 février 1768, à Joseph SIMONEAU, à St-Thomas. — *Marie-Marthe*, b... m 2 juillet 1776, à François-Xavier GAGNON, à St-Jean-Port-Joli.

1773.

SARCELIER (3), LOUIS-JOSEPH.
BROUSSON, Marie-Marguerite, [AMBROISE II.
b 1752.
Louis-Joseph, b 5 juillet 1774, à Ste-Anne-de-la-Pérade.[1] — *Pierre*, b[1] 26 mars 1776.—*Marie-Marguerite*, b[1] 20 mars 1778.—*François*, b[1] 1 mai 1780.

SAREAU.—*Variations et surnoms :* SARAU—SARAUD—SARAULT — SARAUT—SARRAULT—SARRAUT—SARROT—SUREAU—TAREAU—TERREAU — CHAMPAGNE — JAHAN—LALIBERTÉ—LAVIOLETTE.

1689, (26 avril) Montréal.[2]

I.—SAREAU (4), JEAN, fils d'Isaac et de Jacquette Archambault, de St-Symphorien, diocèse de Xaintes, Saintonge.
BROSSARD, Catherine, [URBAIN I.
b 1668; s[2] 12 juin 1738.
Pierre, b[2] 14 oct. 1694; m[2] 9 déc 1717, à Marie-Anne BOURBON.—*Marie-Madeleine*, b[2] 4 mars 1700; m 17 février 1727, à Eustache PRÉVOST, à St-Laurent, M.—*Marie-Joseph*, b[2] 9 juin 1706; s[2] 4 déc. 1726.—*Paul*, b[2] 19 août 1708; s[2] 24 avril 1755. — *Angélique*, b[2] 4 juillet 1710; m[2] 6 février 1739, à Claude COLLET.—*Joseph*, b 1712, m à Marie-Anne NORMAND.

(1) Dit Lachapelle; appelé Parseillé, 1768.
(2) Et DeVien, 1768.
(3) Dit Labbé.
(4) Et Sarrot dit Laviolette; voy. vol. I, p. 539.

1692, (20 janvier) Lévis.

I.—SAREAU (1), ISAAC-LAURENT,
b 1666; s 21 nov. 1736, à St-Valier.[3]
1° GABOURY, Jeanne, [LOUIS I.
b 1672; s 17 juillet 1712, à Beaumont.
Pierre-Olivier, b 26 avril 1705, à St-Michel[4]; m 18 août 1729, à Agathe LAISNÉ, à Québec.[5] — *Suzanne*, b[4] 27 sept. 1707; 1° m 2 mai 1728, à Claude LANDRY, à St-François, I. O.[6]; 2° m[5] 6 oct. 1756, à André DESCHEVAUX.

1715, (7 janvier)[5]

2° CADRIN (2), Marie-Charlotte, [NICOLAS I.
b 1685; s[3] 30 janvier 1733.
Geneviève, b[3] 24 juillet 1717; s[3] 3 mars 1718. —*Marie-Angélique*, b[3] 23 mars 1719; m 27 mai 1744, à Alexis LIMOUSIN, à Montreal.[7]—*François-de-Sales*, b[3] 5 mai 1721; m 31 janvier 1747, à Marie-Thérèse ALAIRE, au Château-Richer. — *Louis-Pierre*, b[3] 10 fevrier 1723; m 15 oct. 1745, à Marie-Agnès MÉTHOT, au Cap-St-Ignace. — *Marie-Françoise*, b[3] 8 sept. 1725; m[7] 6 juin 1757, à Jean HARDOY.—*Marie-Charlotte*, b[6] 27 avril 1728; m[5] 25 juin 1754, à François DARVEAU. —*Patrice*, b[3] 2 oct. 1730.

1717, (9 déc.) Montréal.[8]

II.—SAREAU, PIERRE, [JEAN I.
b 1694.
BOURBON, Marie-Anne, [JEAN I.
b 1689.
Marie-Marthe, b[8] 21 mai et s[8] 9 sept. 1719.—*Marie-Anne*, b[8] 7 juin 1720; m[8] 25 oct. 1751, à Urbain LECOMPTE.—*Paul*, b... s[8] 4 août 1721 — *Pierre*, b[8] 4 juin 1722; m[8] 26 avril 1756, à Marie-Catherine GAGNÉ. — *Jean-Baptiste*, b[8] 9 août 1723; s[8] 3 nov. 1752.—*Louise*, b[8] 12 avril et s[8] 6 sept. 1725.—*Louis-Paschal*, b[8] 20 avril 1726; ordonne 20 sept. 1749; s 18 oct. 1794, à St-Charles.[9] — *Marguerite-Helène*, b[8] 1er avril 1727. — *Marie-Gabrielle*, b 1728; m[9] 22 nov. 1756, à Joseph ROY; s 23 janvier 1800, à Beaumont. — *Charlotte*, b[8] 25 avril 1730. — *Jean-Baptiste*, b 1731; m 1753, à Cécile LAPOINTE.— *Marie-Amable*, b[8] 2 juillet et s[8] 2 oct. 1734.

1729, (18 août) Québec.[2]

II.—SAREAU (3), PIERRE-OLIV., [ISAAC-LAUR. I.
b 1705; navigateur.
LAISNÉ (4), Agathe, [BERNARD I.
b 1706.
Marie-Agathe, b[2] 17 mai et s[2] 7 juin 1730.— *Marie-Agathe*, b[2] 4 juillet 1731; m[2] 9 janvier 1747, à Michel JOSEPH.—*Pierre-Simon*, b[2] 10 sept. 1733 —*Louise*, b 1736; s[2] 28 juin 1738.— *François-Joseph*, b[2] 12 fevrier et s[2] 29 juillet 1739.—*Marie-Madeleine*, b[2] 29 avril 1741; m[2] 30 août 1763, à Yves TANCHO.—*Paul-Laurent*, b[2] 11 mai 1745; s[2] 24 fevrier 1747.—*Philippe-Antoine*, b[2] 25 sept. 1747; s[2] 27 nov. 1748.—*Marie-Anne*, b[2] 6 mai 1751.

(1) Et Tareau—Terreau dit Champagne, voy. vol. I. p. 536.

(2) Voy. Catrin.

(3) Et Terreau dit Laliberté.

(4) Elle épouse, le 11 fevrier 1760, Louis Godbout, à Québec.

1729.

II.—SAREAU, JEAN, [JEAN I.
b 1704.
ROSE (1), Marie-Thérèse, [CHARLES II.
b 1708; s 9 déc. 1771, à l'Hôpital-Général, M.
Marie-Anne, b 1730; m 5 mars 1753, à Michel PAPINEAU, à Montreal.[4] — *Marie-Amable*, b 1733; m[4] 3 nov. 1757, à François BERTIN. — *Jean-Baptiste*, b 1734; m 23 janvier 1758, à Marie-Joseph TRUDEL, à la Longue-Pointe. — *Jacques*, b 15 fevrier 1737, au Sault-au-Recollet.[5] — *Marie-Madeleine*, b[5] 2 juillet 1738; m[4] 14 fevrier 1763, à François-Joseph PASSELEUR.—*Pierre*, b[5] 18 juin 1740.—*Louise*, b[5] 2 mai 1743; m[4] 22 nov. 1762, à Jean-Baptiste ROUSSEAU.—*Anonyme*, b[5] et s[5] 21 avril 1745.—*François-Amable*, b[5] 13 mai 1747. —*Marie-Thérèse*, b[5] 25 mai 1749; m à Louis LAVERDURE.

II.—SAREAU, JOSEPH, [JEAN I.
b 1712.
NORMAND, Marie-Anne.
Marie-Anne, b 1740; m 20 avril 1761, à Jacques ROBERT, à Chambly.[6] — *Marie-Joseph*, b... m[6] 17 février 1763, à Joseph DENERS.

1745, (15 oct.) Cap-St-Ignace.[7]

II.—SAREAU (2), LS-PIERRE, [ISAAC-LAURENT I.
b 1723.
MÉTHOT, Marie-Agnès, [CHARLES II.
b 1726.
Louis, b... s[7] 24 janvier 1747.—*Louis*, b[7] 11 sept. 1748.—*Marguerite*, b... m 20 janvier 1772, à François BEAUCHAMP, à St-Henri-de-Mascouche. —*Laurent*, b[7] 11 nov. 1753.

1747, (31 janvier) Château-Richer.[2]

II.—SAREAU (2), FRS-DE-SALES, [ISAAC-LAUR I.
b 1721.
ALAIRE, Marie-Therèse, [JACQUES III.
b 1726.
Gabriel, b 11 février 1748, à St-Joseph, Beauce. —*François*, b 1749; m 6 nov. 1769, à Victoire BONNEAU, à St-François, I. O.—*Marie-Angélique*, b[2] 5 avril 1751.—*Jean-Baptiste*, b[2] 29 sept. 1752; s[2] 4 janvier 1753.—*Anonyme*, b et s 17 mars 1754, au Cap-St-Ignace.[3]—*Marie-Thérèse*, b[3] 11 avril 1755; s[3] 23 oct. 1756.—*Marie-Geneviève*, b[3] 29 juillet et s[4] 19 août 1756.—*Anonyme*, b[3] et s[3] 9 mars 1758.—*François*, b[4] 18 fevrier et s[3] 21 mars 1759.—*Joseph*, b 26 juin 1760, à l'Islet. —*Louis*, b 4 et s 18 juillet 1762, à Berthier.[4] — *Marie-Thérèse*, b[4] 25 août et s[4] 13 sept. 1763.— *Marie-Charlotte*, b 1er janvier 1769, à St-Michel-d'Yamaska.

II.—SAREAU, PAUL, [JEAN I.
b 1708; s 24 avril 1755, à Montreal.

(1) Aussi appelée Raux.

(2) Dit Champagne.

1753.

III.—SAREAU, JEAN-BTE, [PIERRE II.
b 1731.
LAPOINTE, Cecile.
Jean-Baptiste, b 1754; m 24 nov. 1777, à Madeleine BÉNARD, à la Longue-Pointe.

1756, (26 avril) Montréal. [1]

III.—SAREAU, PIERRE, [PIERRE II.
b 1722.
GAGNÉ (1), Marie-Catherine, [FRANÇOIS II.
b 1733.
Suzanne, b 1760; m [1] 17 nov. 1777, à Pierre POUPARD-LAFLEUR.

1758, (23 janvier) Longue-Pointe. [2]

III.—SAREAU, JEAN-BTE, [JEAN II.
b 1734.
TRUDEL, Marie-Joseph, [ANTOINE III.
b 1735.
Jean-Baptiste, b 26 sept. 1758, à St-Laurent, M.; s [2] 7 avril 1764.—*Marie-Joseph*, b... m [2] 13 janvier 1777, à Pierre DUCERPE.

1769, (6 nov.) St-François, I. O.

III.—SAREAU, FRANÇOIS, [FRS-DE-SALES II.
b 1749.
BONNEAU, Marie-Victoire, [JEAN-BTE III.
b 1750.

1777, (24 nov.) Longue-Pointe.

IV.—SAREAU, JEAN-BTE, [JEAN-BTE III.
b 1754.
BÉNARD, Marie-Madeleine, [JEAN I.
b 1726; veuve de François Tiriac.

I.—SARGEAUX, PIERRE,
marchand.
VERMET, Marie-Madeleine.
Paul-Antoine, b 5 janvier et s 7 mars 1750, à Québec.

SARGNAT.—*Variation et surnom :* SERMINAC—LAFOND.

1706, (23 août) Montréal. [9]

I.—SARGNAT (2), JEAN, b 1672; fils de Jean et de Catherine Fourie, de St-Pierre, ville de Chabane, diocèse d'Angoulême, Angoumois; s [9] 4 juin 1716.
CATIN, Marie, [HENRI I.
b 1684.
Marie-Catherine, b [9] 21 mai 1707.—*Marguerite*, b [9] 14 sept. 1708; s [9] 1er nov. 1722.—*Jean-Baptiste*, b [9] 8 avril 1711. — *François*, b [9] 3 déc. 1712. — *Louis-Marie*, b [9] 19 janvier et s [9] 30 juillet 1715.

I.—SARINDA (3), ANTOINE.
....
Marie-Joseph, b 1740; s 23 mai 1742, à Beauport.

(1) Et Gagnier.

(2) Et Serminac dit Lafond; il était, le 19 mars 1710, à Montreal

(3) Sergent de la marine.

I.—SARON, BERNARD, b 1706; de Lambeye, diocèse de Tarbes, Gascogne; s 18 février 1748, à Montréal.

SARRAULT.—Voy. SAREAU.

SARRAUT.—Voy. SAREAU.

SARRAZIN.—Voy. SARAZIN.

SARRÉ.—Voy. SÉRÉ.

SARRÈRE.—*Surnom :* LAVICTOIRE.

1758, (9 janvier) Montréal.

I.—SARRÈRE (1), PIERRE, b 1731, soldat; fils de Guillaume et de Raymonde Montel, de N.-D.-de-Carère, diocèse de Rieux, Languedoc.
MONTRET, Marie-Charlotte, [RENÉ-ETIENNE I
b 1725.

1747.

I.—SARROBERT, PIERRE-FRANÇOIS,
officier.
NEVEU, Marie-Françoise,
b 1725, s 17 juillet 1755, à Montréal. [2]
Françoise-Elisabeth, b [2] 11 et s 21 juillet 1748, à St-Vincent-de-Paul.—*Pierre-François*, b [2] 18 août et s [2] 7 sept. 1750.

SARROT.—Voy. SAREAU.

1670, (8 sept.) Château-Richer.

I.—SASSEVILLE (2), PIERRE, fils de Marin et de Catherine Vaillant, du Bourg-de-Fauille, diocèse de Rouen, Normandie.
LESEIGNEUR, Marie, fille de Jean et de Jeanne Godaillon, de St-Paul, Paris.
René, b 1671; m 12 nov. 1704, à Marie-Charlotte PARANT, à Beauport, s 3 oct. 1739, à Charlesbourg.

1704, (12 nov.) Beauport.

II.—SASSEVILLE, RENÉ, [PIERRE I
b 1671; s 3 oct. 1739, à Charlesbourg. [4]
PARANT, Marie-Charlotte, [JACQUES I.
b 1683.
Thérèse-Charlotte, b [4] 22 août 1708; m [4] 20 juillet 1733, à François DELESSARD; s 23 avril 1762, à Québec. [5]—*René*, b [4] 3 avril 1712; m [4] 15 nov. 1734, à Marie-Thérèse BEDARD; s [5] 1er juin 1751.—*Germain*, b [4] 5 mai et s [4] 28 août 1713.—*Louis*, b [4] 9 sept. 1714; m [4] 29 avril 1737, à Marie-Charlotte RENAULT; s [4] 2 nov. 1761.—*Nicolas*, b [4] 9 sept. 1719; s [4] 8 mai 1733.—*Joseph*, b [4] 30 mars 1721.—*Suzanne*, b [4] 7 février 1724; s [4] 10 sept. 1726.

(1) Dit Lavictoire.

(2) Voy. vol. I, pp 539-540.

1709, (29 oct.) Charlesbourg. [6]

I.—SASSEVILLE, PIERRE, [PIERRE I.
b 1683; s 27 janvier 1754, à Québec. [7]
JOBIN, Madeleine, [CHARLES I.
b 1689.
Jean-François, b [6] 27 janvier 1713; s [6] 17 avril 1715.—*Joachim*, b [6] 20 déc. 1714; s [6] 12 nov 1716.—*Marie-Louise*, b [6] 12 février 1717; m [7] 26 nov. 1736, à Pierre-Antoine PAYAN. — *Marie-Madeleine*, b [6] 18 mars 1719; m [7] 7 janvier 1745, à Barthelemi GROSLEAU.—*Marie-Joseph*, b [6] 12 mars 1721, m [7] 23 nov. 1741, à Charles-Gabriel PÉLISSIER; s [7] 16 avril 1788.—*Nicolas*, b [6] 23 et s [6] 27 mars 1723.—*Marie-Simone*, b [6] 30 juin 1724 — *Françoise-Thérèse*, b [6] 19 nov. 1727; s [6] 9 oct. 1728.—*François-Timothée*, b [7] 3 déc. 1733; m [7] 28 nov 1758, à Catherine PAYAN.

1734, (15 nov.) Charlesbourg [8]

II.—SASSEVILLE, RENÉ, [RENÉ II.
b 1712; s 1er juin 1751, à Quebec. [9]
BEDARD, Marie-Thérèse, [FRANÇOIS III.
b 1707; s [9] 11 avril 1779.
François-Simon, b [8] 28 oct. 1740; m 12 janvier 1761, à Marie-Louise DELAGE, à Beauport.—*René-Marie*, b [8] 7 mai 1742; m [9] 29 août 1774, à Marguerite LARRIVÉE.—*Marie-Joseph*, b [8] 23 janvier 1743, m [9] 19 avril 1762, à Guillaume DELUGA. — *Louis*, b [8] 20 août 1745; m [9] 22 oct 1783, à Marie-Charlotte BOURDAGE.—*Marie-Geneviève*, b [8] 16 déc. 1746.—*Pierre*, b [9] 12 juillet 1749; s [9] 3 janvier 1753.

1737, (29 avril) Charlesbourg. [1]

III.—SASSEVILLE, LOUIS, [RENÉ II.
b 1714; s [1] 2 nov. 1761.
RENAULT, Marie-Charlotte. [JOSEPH II.
Louis-Etienne, b [1] 13 sept. 1739; m 24 sept. 1764, à Charlotte ARCHAMBAUT, à St-Antoine-de-Chambly.—*Louise*, b [1] 26 mars 1742; 1° m [1] 26 février 1759, à Jacques GENDREAU; 2° m [1] 8 nov. 1762, à Pierre VERRET.—*Marie-Charlotte*, b [1] 1er mai 1745; s [1] 4 juillet 1747.—*Marie-Joseph*, b [1] 31 mai 1747; s [1] 30 août 1748.—*Thérèse*, b [1] 5 avril 1749.—*Alexis*, b [1] 16 oct. 1750, s [1] 1er mai 1759. —*Charles-Marie*, b [1] 18 juillet 1755, s [1] 23 janvier 1758.—*Joseph*, b 1757; s [1] 18 avril 1758.

1758, (28 nov.) Québec [2]

III.—SASSEVILLE, FRS-TIMOTHÉE, [PIERRE II.
b 1733
PAYAN, Catherine, [CHARLES II.
b 1736.
Etienne, b [2] 19 oct 1761.—*Catherine*, b [2] 12 mars 1763.

1761, (12 janvier) Beauport.

IV.—SASSEVILLE, FRANÇOIS-SIMON, [RENÉ III.
b 1740.
DELAGE, Marie-Louise, [CLAUDE II.
b 1737, s 22 avril 1763, à Québec.

1764, (24 sept.) St-Antoine-de-Chambly.

IV.—SASSEVILLE, LOUIS-ETIENNE, [LOUIS III.
b 1739.
ARCHAMBAUT, Charlotte, [FRANÇOIS IV.
b 1747.

1774, (29 août) Québec.

IV.—SASSEVILLE, RENÉ-MARIE, [RENÉ III.
b 1742.
LARRIVÉ, Marguerite, [JOSEPH III.
b 1746.

1783, (22 oct.) Québec.

IV.—SASSEVILLE, LOUIS, [RENÉ III.
b 1745.
BOURDAGE, Marie-Charlotte. [RAYMOND I.

SATAGUERÉ.—Voy. Martin BERTHELOT.

1806, (12 juin) Montréal.

I.—SATHERLAND (1), JACQUES.
WALKER (2), Julia. [JACQUES I.

1761, (19 janvier) Quebec. [2]

I.—SATIS, MICHEL, fils de Michel et d'Anne Charday, du Brail, diocèse de Lizieux, Normandie.
MORARD (3), Jeanne, [JEAN I.
b 1734.
Marie-Joseph, b [2] 5 janvier et s [2] 3 mai 1763.

I.—SAUBRAGE, JACQUES-CHRISTOPHE, fils de Thomas et d'Anne Lapierre, de l'Acadie.
COUTURE, Geneviève,
veuve de Jacques Rouillard.

SAUCIER.—*Variations* : SAUSSIER—SOCIER.

1671, (12 janvier) Québec [4] (4).

I.—SAUCIER (5), LOUIS-CHARLES, fils de Charles et de Charlotte Clairet, de St-Eustache, Paris.
GAILLARD-DUPLESSIS, Marguerite,
veuve de François Prevost, de Boulogne.
Charles, b [4] 1er sept. 1672, 1° m 1697, à Marie-Anne BISSON; 2° m 25 juin 1714, à Marie ST. DENIS, à St-Thomas; 3° m 3 juin 1720, à Marie-Françoise LEBEL, à la Rivière-Ouelle; s 11 juin 1723, à Ste-Anne-de-la-Pocatière.

1697.

II.—SAUCIER (5), CHARLES, [LOUIS I.
b 1672; s 11 juin 1723, à Ste-Anne-de-la-Pocatière. [3]
1° BISSON, Marie-Anne, [ANTOINE II.
b 1673, s 12 mars 1714, au Cap-St-Ignace. [4]
Charles, b 28 sept. 1699, à Ste-Foye; m [3] 8 juin 1722, à Marie-Rosalie BOUCHARD; s [3] 27 dec. 1759. —*Joseph*, b [4] 6 juillet 1704; m 1727, à Madeleine

---

(1) Ministre anglican.
(2) Elle épouse, le 28 déc. 1811, Jean-Marie Mondelet, à Montreal.
(3) Pour Moras, voy. ce nom.
(4) Le contrat avait été passé le 27 nov. 1670.
(5) Voy. vol. I, p. 540.

Boucher.—*Pierre*, b [4] 17 avril 1709 ; m 10 nov. 1732, à Geneviève Bérubé, à la Rivière-Ouelle [5] ; s [5] 12 janvier 1740.

1714, (25 juin) St-Thomas. [6]

2° St. Denis, Marie, [Pierre II.
b 1676 ; veuve de Pierre Courteau ; s [3] 19 janvier 1720.

Louis, b [6] 13 sept. 1715 ; m 21 juillet 1738, à Cécile Michaud, à Kamouraska [8] ; s [8] 3 janvier 1756.

1720, (3 juin). [5]

3° Lebel, Marie-Françoise, [Jean II.
b 1697.

Marie-Madeleine, b [8] 28 mai 1722 ; m [5] 1er mars 1745, à Jean-Bernard Hudon.—*Marie-Françoise*, b [8] 25 avril 1723 ; 1° m [8] 11 janvier 1740, à Pierre Michaud ; 2° m [8] 14 février 1746, à Charles Pelletier.

1722, (8 juin) Ste-Anne-de-la-Pocatière. [9]

III.—SAUCIER, Charles-François, [Charles II.
b 1699 ; s [9] 27 déc. 1759.
Bouchard (1), Marie-Rosalie, [Gabriel II.
b 1708.

Marie-Françoise, b [9] 4 oct. 1723 ; m [9] 17 juillet 1742, à Joseph Caron.—*Marie-Joseph*, b [9] 20 février 1725 ; m [9] 29 janvier 1748, à Joseph Lefebvre ; s [9] 15 oct. 1767.—*Catherine*, b [9] 28 déc. 1726, m [9] 21 fevrier 1746, à François Miville ; s [9] 1er sept. 1765.—*Marie-Rosalie*, b [9] 31 janvier 1733, m [9] 24 nov. 1750, à Nicolas Patoile.—*Jean-Bernard*, b [9] 26 nov. 1734 ; m [9] 26 janvier 1761, à Felicité Ruellans.—*Marie-Anne*, b [9] 4 dec. 1736.—*Marie-Charlotte*, b [9] 18 nov. 1740 ; m [9] 30 mars 1761, à Alexandre Hayot.—*Charles*, b [9] 10 oct. 1742 ; s 8 juin 1767, à Lachenaye.—*Marie-Louise*, b [9] 10 oct. 1744 ; m [9] 21 janvier 1766, à Joseph Miville ; s [9] 15 février 1769.—*Marie-Angéliqùe*, b [9] 10 avril 1747 ; m [9] 11 janvier 1768, à François-Maurice Pelletier. — *Henri-Marie*, b [9] 4 août 1749.

1727.

III.—SAUCIER, Joseph, [Charles II.
b 1704.
Boucher, Madeleine, [Pierre III.
b 1706.

Joseph, b 6 nov. 1728, à Ste-Anne-de-la-Pocatière [2] ; 1° m 1758, à Catherine Dupéré, 2° m [2] 27 juillet 1772, à Geneviève Gagnon.—*Pierre*, b [2] 18 avril 1730 ; m 3 nov. 1762, à Charlotte Pepin, à Yamachiche. [3] — *Marie-Anne*, b 1er mars 1733, à la Rivière-Ouelle. [4] — *Marie-Louise*, b [4] 24 fevrier 1735.—*Marie-Catherine*, b [2] 3 juin 1736 ; m 8 janvier 1759, à Joseph Bergeron, à la Rivière-du-Loup (en bas).—*Marie*, b... m [3] 20 sept. 1756, à Pierre Pepin.—*Marie-Geneviève*, b [4] 4 mars 1738.—*Charles-François*, b [2] 24 et s [2] 27 mai 1739.—*Marie-Joseph*, b [2] 7 nov. 1740 ; s [2] 27 fevrier 1741.—*Antoine*, b 10 nov. 1742, à St-Frs-du-Lac.—*Marie-Joseph*, b [3] 26 mai 1744.

(1) Elle épouse, le 8 janvier 1761, Pierre Colin, à Ste-Anne-de-la-Pocatière.

1732, (10 nov.) Rivière-Ouelle. [6]

III.—SAUCIER, Pierre, [Charles II.
b 1709 ; s [6] 12 janvier 1740.
Bérubé (1), Geneviève, [Pierre II.
b 1713.

Marie-Geneviève, b [6] 24 août 1733 ; s [6] 27 février 1740.—*Pierre*, b [6] 5 mars 1735.—*Marie-Thérèse*, b [6] 15 déc. 1736 ; m [6] 13 nov. 1753, à Joseph-Toussaint Miville.—*Marie-Madeleine*, b [6] 11 sept. 1738 ; m [6] 7 février 1757, à Joseph St. Pierre.—*Joseph-Marie* (posthume), b [6] 17 février 1740, m 10 août 1767, à Geneviève Tremblay, au Détroit.

1738, (21 juillet) Kamouraska. [7]

III.—SAUCIER, Louis, [Charles II.
b 1715 ; s [7] 3 janvier 1756.
Michaud, Cecile, [Pierre II.
b 1706 ; veuve de Jean Boucher.

Louis, b [7] 19 mai 1739 ; m [7] 16 janvier 1759, à Marie-Rose Paradis.—*Louise-Brigitte*, b [7] 4 mai 1741 ; m [7] 27 juin 1757, à Joseph-Marie Morin.—*Louis-Joseph*, b [7] 12 mai 1743 ; s [7] 30 juillet 1743.—*Marie-Joseph*, b [7] 27 juin 1745 ; m [7] 22 nov. 1762, à Prisque Bouchard.—*Jean-Baptiste*, b [7] 2 mars 1747 ; m [7] 26 oct. 1767, à Madeleine Miville.

1758.

IV.—SAUCIER, Joseph, [Joseph III.
b 1728.
1° Dupéré, Catherine, [Louis II.
b 1728 ; s 2 mars 1767, à Ste-Anne-de-la-Pocatière. [8]

Gabriel, b [8] 11 février 1761.

1772, (27 juillet). [8]

2° Gagnon, Geneviève, [Antoine III.
b 1744.

1758.

SAUCIER, Joseph.
Pallier, Louise,
b 1730 ; s 23 juillet 1760, à la Rivière-du-Loup (en bas). [9]

Pierre, b [9] 21 avril 1759.

1759, (16 janvier) Kamouraska. [1]

IV.—SAUCIER (2), Louis, [Louis III.
b 1739.
Paradis, Marie-Rose, [Jacques III.
b 1740.

Louis, b [1] 21 août 1761. *Jacques-Amable*, b [1] 5 dec. 1762.—*Agathe*, b [1] 13 mars 1764.—*Marie-Rosalie*, b [1] 25 juin 1765. — *Marie-Geneviève*, b [1] 13 fevrier 1767, s [1] 1er nov. 1770.—*Marie-Joseph*, b [1] 9 avril 1768.—*Jean-Baptiste*, b [1] 4 février 1770.—*Marie-Modeste*, b [1] 13 oct. 1771.

1761, (26 janvier) Ste-Anne-de-la-Pocatière. [2]

IV.—SAUCIER, Jean-Bernard, [Chs-Frs III.
b 1734.
Ruellans, Felicité, [Jean-François I.
b 1745.

Marie-Félicité, b [2] 29 mars 1762.

(1) Elle épouse, le 16 août 1740, Gregoire Ouellet, à la Rivière-Ouelle.
(2) Et Sossier.

1762, (3 nov.) Yamachiche.

IV.—SAUCIER, Pierre, [Joseph III.
b 1730.
Pepin, Charlotte, [Louis II.
b 1736; veuve de Joseph Rouflat.
Jean-Baptiste, b... m 29 oct. 1798, à Marie-Anne Derome, à Quebec.

1767, (10 août) Detroit.[4]

IV.—SAUCIER, Joseph-Marie, [Pierre III.
b 1740.
Tremblay, Geneviève, [Ambroise III.
b 1748.
Marie-Joseph, b[4] 5 avril 1768.—*Geneviève*, b[4] 18 dec. 1769; m[4] 26 avril 1785, à Joseph Bernard.—*Archange*, b[4] 3 juillet 1771.—*Cécile*, b[4] 3 mai 1773; m[4] 21 fevrier 1791, à François Demarsac.—*Agnès*, b[4] 2 juillet 1775; m[4] 3 fevrier 1794, à Michel Rivard.—*Etienne*, b[4] 7 mai 1777.—*Marie-Joseph*, b[4] 11 mai 1779.—*Jean-Baptiste*, b[4] 26 déc. 1783.

1767, (26 oct.) Kamouraska [5]

IV.—SAUCIER, Jean-Bte, [Louis III.
b 1747.
Miville, Madeleine, [Bernard IV.
b 1737.
Jean-Baptiste, b[5] 23 juillet 1768.—*Marie-Madeleine*, b[5] 18 oct. 1769.—*Jean-Charles*, b[5] 2 avril 1771.—*Alexandre*, b[5] 5 mai 1772.

1798, (29 oct.) Québec.

V.—SAUCIER, Jean-Bte. [Pierre IV.
Derome, Marie-Anne. [Charles IV

SAUCOURS.—*Surnom :* Prêt-a-boire.

I.—SAUCOURS, Nicolas.
Noiret, Françoise.
Jean, b... m 7 janvier 1761, à Louise Capelet, à St-Frs-du-Lac.

1761, (7 janvier) St-Frs-du-Lac.

II.—SAUCOURS (1), Jean. [Nicolas I.
Capelet, Louise, [Jean I.
b 1740.
Jean, b 11 oct. 1762, à St-Michel-d'Yamaska.[6]—*Marie-Louise*, b[6] 28 nov. 1768.

SAULIEUR.—*Variation :* Saulieux.

1757, (24 janvier) St-Valier.[7]

I.—SAULIEUR, Michel, fils de Michel et de Marguerite Martin, de Hauteville, diocèse de Coutances, Normandie.
DeBesnard, Marie-Barbe, [René I.
veuve de Pierre Rihouet.
Marie-Marguerite, b[7] 5 sept. 1758.—*Marie-Barbe*, b[7] 29 août 1760.

SAULIEUX.—Voy. Saulieur.

(1) Dit Prêt-à-boire.

SAULNIER.—*Variations et surnom :* Saunier—Soumis—Beausoleil.

1738.

I.—SAULNIER, Pierre,
de Beausejour, Acadie.
Haché-Galand, Madeleine,
de Beausejour, Acadie.
Anne, b 1739: s 31 dec. 1757, à Québec.[2]—*Madeleine*, b 1740; s[2] 10 janvier 1758.—*Marie*, b 1742; s[2] 30 nov. 1757.—*Françoise*, b... m 24 juin 1767, à Pierre Drapeau, à Levis.

1761.

I.—SAULNIER, Pierre,
b 1713; s 29 août 1765, à St-Joachim.[4]
DeLavoye, Marie-Joseph.
Guillaume-Hypolite, b[4] 13 août 1762.—*Jean-Baptiste-Joachim*, b[4] 1er déc. 1764.

1763.

I.—SAULNIER (1), Paul.
1° Généreux, Madeleine. [Louis II.
Marguerite, b 17 avril 1764, à Yamachiche.
1771, (30 sept.) Repentigny.[5]
2° Gautier, Marie-Louise, [Louis III.
b 1750.
Pierre, b[5] 13 et s[5] 25 juillet 1772.

SAULQUIN.—*Variations et surnom :* Poliquin—Solquin—St. Joseph.

1725, (3 nov.) Longue-Pointe.

I.—SAULQUIN (2), Joseph, huissier; fils de Jean et de Marie-Anne Moreau, de St-Ours, ville de Larche, diocèse de Tours, Touraine.
1° Trudel, Marie-Françoise, [Antoine II.
b 1697; s 9 déc. 1735, à Montréal.[6]
Marie-Joseph, b[6] 27 dec. 1727; s[6] 1er janvier 1728.—*Joseph-Amable*, b[6] 15 janvier 1731; m[6] 18 nov. 1754, à Catherine Lauzon.—*Amable*, b 1733; s[6] 23 mars 1734.—*Angélique*, b[6] 19 avril 1734.
1736.
2° Gour, Marie,
b 1712; s 15 août 1771, à Repentigny.
Marie-Anne, b[6] 26 juillet 1737.—*Jean-Baptiste*, b[6] 9 sept. 1740; m 1766, à Agathe Tessier.—*Marie-Louise-Charlotte*, b 9 dec. 1749, à Quebec.

1754, (18 nov.) Montréal.

II.—SAULQUIN, Joseph-Amable, [Joseph I.
b 1731.
Lauzon, Catherine, [Séraphin III.
b 1732.
Marie-Thérèse, b 19 juillet et s 5 août 1767, à Repentigny.

1766.

II.—SAULQUIN (3), Jean-Bte, [Joseph I.
b 1740.
Tessier, Agathe, [Antoine III.
b 1743.

(1) Dit Beausoleil.
(2) Dit St. Joseph.
(3) Et Poliquin—Solquin—St. Joseph.

Joseph-Amable, b 7 mai 1767, à Repentigny [7]; s [7] 4 février 1769.—*Marie-Agathe*, b [7] 5 mars 1769; s [7] 2 mai 1770.—*Paschal*, b [7] 6 août et s [7] 10 déc. 1770.—*Agathe*, b [7] 8 oct. 1771; s [7] 6 juin 1773.—*Marie-Joseph*, b [7] 13 mars et s [7] 2 août 1773.—*Marie-Angélique*, b [7] 16 avril 1774; m [7] 23 juillet 1792, à Joseph JUNEAU.

1731, (5 février) Baie-St-Paul. [9]

I.—SAULTON, OLIVIER, b 1708; fils de Pierre et d'Etiennette Beaujac, de St- Suliac, diocèse de St-Malo, Bretagne; s [9] 22 dec. 1743.
PÉRON, Ursule, [ANTOINE II.
b 1696; veuve de Simon Duchêne; s [9] 1er avril 1755.
Jean-Olivier, b [9] 29 juillet 1732.—*Félicité*, b [9] 15 dec. 1734; m [9] 13 nov. 1758, à Charles GRIGNON; s [9] (picote) 1er dec. 1760.—*Olivier*, b [9] 31 août 1737; s [9] (picote) 14 dec. 1760.—*Opportune-Cécile-Victoire*, b [9] 2 mars 1742, m 20 juillet 1762, à Louis GAGNÉ, à la Petite-Rivière.

SAUMURE.—Voy. SEMEUR.

SAUNIER —Voy. SAULNIER—SEMEUR.

1774, (10 janvier) Montreal.

I.—SAUPIN, JEAN-JOSEPH, b 1739, fils de Jean et de Jeanne Jarry, de St-Nicolas, ville de Nantes, Bretagne.
GUYON, Madeleine, [JEAN-BTE I.
b 1734.

SAURE.—Voy. SORE

SAUREAU.—*Variations et surnom :* FOREAU—SOREAU—DESLAURIERS.

1694, (15 janvier) St-Jean, I. O. [2]

I.—SAUREAU (1), RENÉ,
b 1665; s 2 janvier 1745, à Lévis.
BOISSONNEAU, Isabelle, [NICOLAS I.
b 1670; s 10 fevrier 1703, à Beaumont. [3]
Elisabeth, b [2] 22 oct. 1694.—*Anne*, b [2] 1er sept. 1696; m 1720, à Jacques JAHAN.—*Marie-Françoise*, b [3] 22 mars 1699, m 19 février 1730, à Maurice COUTELAUX, à Quebec.—*Marie-Anne*, b [3] 19 et s [3] 20 janvier 1702. — *Marie-Jeanne*, b [3] et s [3] 10 fevrier 1703.

SAUREL.—Voy. JOYELLE—SOREL.

I.—SAUROY, MARTIN, de LaRochelle, Aunis.
COEFFARD (2), Marie-Françoise.
Gaspard, b 1705; s 10 janvier 1718, à Québec.

SAUSSIER.—Voy. SAUCIER.

(1) Dit Deslauriers; soldat de la compagnie de M. Des Bergères.

(2) Sa sœur Thérèse, veuve de Gaspard Emery dit Lasonde, epouse, le 14 sept. 1718, Henri Coffinier, a Québec; voy. vol. I, p 135.

1764, (17 sept.) Kamouraska. [4]

I.—SAUSSIJOT, JEAN, fils de Leonard et de Marie-Louise ...., de Blouis, diocèse de Limoges, Limousin.
ASSELIN, Madeleine. [LOUIS III.
Marie-Euphrosine, b [4] 22 août 1765.—*Marie-Madeleine*, b [4] 9 juillet 1767.

I.—SAUTIER, JACQUES, b 1737; soldat; s 1er déc 1757, à l'Ile-Dupas.

SAUVAGE.—*Surnoms :* BOURDON—MICHAUD—ROY.

1716, (7 janvier) Trois-Rivières [6]

I.—SAUVAGE, FRANÇOIS, b 1681, sergent; fils de Pierre et de Jeanne Baudoin, de St-Pierre-Dovile, diocèse de Laon, Ile-de-France; s [6] 15 janvier 1736.
MOUET (1), Françoise, [PIERRE I.
b 1695.
Charlotte-Monique, b [6] 10 mai 1718; m [6] 31 janvier 1739, à Jean-Baptiste DELORME, s [6] 11 janvier 1750.—*Louise-Françoise*, b [6] 2 août 1719, m [6] 20 nov. 1740, à François CAISSE.—*Marie-Joseph*, b [6] 20 mars 1721, m [6] 8 août 1741, à Guillaume BOMES —*Marie-Charlotte*, b [6] 10 mars 1723; m [6] 13 nov. 1740, à Pierre MARCHAND, s [6] 31 juillet 1748.—*Thérèse-Elisabeth*, b [6] 17 et s [6] 31 mars 1725.—*Antoinette*, b [6] 6 avril 1726, m [6] 19 avril 1751, à Michel LECLERC —*Marguerite*, b [6] 27 mai 1728; m [6] 25 fevrier 1755, à Paul DIEL, s [6] 16 janvier 1762.—*Marie-Anne*, b [6] 10 avril 1730; m [6] 7 nov. 1757, à Louis LEFEBVRE.—*Pierre-Marie-François*, b [6] 5 nov. 1731.—*Marie-Françoise*, b [6] 9 mars et s [6] 7 juillet 1733.—*Joseph-Laurent*, b [6] 10 août 1734.—*Joseph*, b [6] 15 mai 1736.

1723, (22 sept.) Montréal. [9]

I.—SAUVAGE, GILLES, b 1698; fils de Pierre et de Jeanne Vaumous, de Vassy, diocese de Bayeux, Normandie.
LEBLANC, Marie-Anne, [JULIEN II.
b 1695.
Nicolas, b 1725; m [9] 7 janvier 1749, à Jeanne BARTHE.—*Pierre*, b [9] 3 oct. 1726; 1° m 21 sept 1750, à Marie-Joseph PEPIN, à la Longue-Pointe, 2° m [9] 16 juillet 1764, à Marie-Agathe VALLIÈRE —*Michel*, b [9] 18 août 1728; s [9] 29 nov. 1729—*Jacques*, b [9] 27 nov. 1730, m [9] 10 janvier 1752, à Marie-Anne BARDET.—*Catherine*, b 1737; m [9] 27 janvier 1755, à Pierre ROY; s 26 juillet 1792, à Repentigny.

1724, (15 oct.) Quebec. [1]

I.—SAUVAGE, PIERRE-CHARLES, fils de Pierre et de Marie Brienne, de la ville de Poitiers, Poitou.
BADEAU, Marie-Anne, [FABIEN III.
b 1701.
Marie-Anne, b [1] 30 juillet 1725.—*Marie-Charlotte*, b [1] 24 sept. 1726.—*Marie-Catherine*, b [1] 19

(1) Elle épouse, le 4 oct. 1741, Antoine Bélanger, aux Trois-Rivieres.

juin 1731.—*Joseph-Louis*, b [1] 26 janvier 1733.—*Jacques*, b [1] 19 dec. 1734. — *Marie-Cécile*, b [1] 15 fevrier 1736.

1749, (7 janvier) Montreal.

II.—SAUVAGE, Nicolas, [Gilles I.
b 1725.
Barthe, Jeanne, [Théophile I.
b 1724.

1750, (21 sept.) Longue-Pointe. [2]

II.—SAUVAGE, Pierre, [Gilles I.
b 1726.
1° Pepin, Marie-Joseph, [Jacques III.
b 1729; s [2] 2 août 1762.
Pierre, b 1751; m 11 août 1772, à Felicité Viger, à Montreal. [3] — *Jean-Baptiste*, b [2] 29 juin 1754.—*Joseph*, b [2] 31 juillet 1755.

1764, (16 juillet) [3] (1).

2° Vallières, Marie-Agathe, [Pierre II.
b 1725; veuve de Jean Carre.

1752, (10 janvier) Montreal.

II.—SAUVAGE, Jacques, [Gilles I.
b 1730.
Bardet, Marie-Anne, [Pierre II.
b 1734.
. .. (2), b... s 29 juillet 1766, à la Longue-Pointe

1758.

I.—SAUVAGE (3), Michel,
s (noyé) 8 août 1767, à la Longue-Pointe.
Geize, Marie.
Michel, b 4 et s 5 juin 1759, à Québec.

I.—SAUVAGE, Pierre, b 1718; s 10 oct. 1768, à Nicolet.

I.—SAUVAGE, Michel,
Acadien.
Larosette, Marie,
Acadienne.
Claire, b... m 1er avril 1788, à Jean Gaudin, à Batiscan.

1772, (11 août) Montréal. [4]

III.—SAUVAGE, Pierre, [Pierre II.
b 1751.
Viger, Félicité, [Charles III.
b 1743; veuve de .... Bourdon.
Marie, b... m [4] 27 oct. 1800, à Joseph Nadeau; s 16 juillet 1832, à Ottawa.

SAUVAGES.

Jean-Baptiste, Etchemin; ne 1620; b 29 juillet 1692, à Quebec.

Marie-Ursule, Micmac; née 1690; b 4 août 1692, à Quebec.

(1) L'acte est ainsi conçu : veuf de Joseph Pepin et de Marie-Anne Leblanc, ses père et mère. (M. Jolivet, vicaire, avait souvent des distractions.)
(2) Le nom manque au registre.
(3) Dit Michaud.

Marie-Madeleine, de l'Acadie; b 14 oct. 1692, à Quebec.

Marie-Joseph, Huronne; b 4 mai 1693, à Québec.

Marie-Françoise, b 24 juin 1693, à Québec.

Louise-Françoise, b 24 juin 1693, à Québec.

Charles, Abénaquis; b 5 oct. 1693, à Québec.

Jacques, b 6 avril 1694, à Québec.

Marie-Louise, Micmac; b 16 juin 1697, à Québec.

Joseph, Micmac; b 6 sept. 1697, à Quebec.

Marie-Louise, de l'Acadie; b 20 oct. 1697, à Quebec.

Jean-Baptiste, Panis; b 5 août 1700, à Québec.

Nicolas, b 24 déc. 1700, à Québec.

Charles-Louis (8an8asa8et), Abénaquis; b 16 janvier 1701, à Quebec.

Jean-Baptiste, Tamarois; né 1693; b 21 juin 1701, à Québec.

Marguerite (Nemelo), Micmac; b 7 août 1701, à Quebec.

Augustin, Abénaquis; b 21 déc. 1703, à Québec.

Jean-Baptiste, de Pantagouêt; né mars et b 10 juin 1704, à Quebec.

Etienne, né fevrier et b 21 août 1704, à Québec.

Joseph-Thomas, Abénaquis; né fevrier et b 23 avril 1705, à Quebec.

Marie-Jeanne, Abénaquise; née mai et b 1er juin 1705, à Quebec.

Louis, b 7 fevrier 1706, à Québec.

Marie-Catherine, Anapol; b 17 février 1706, à Québec.

François, Algonquin; ne janvier et b 17 juin 1706, à Quebec.

Marie-Ursule, Abenaquise; né 4 et b 19 sept. 1706, à Quebec.

Françoise-Louise, b 6 janvier 1707, à Québec.

Charlotte, de Medoctet; b 11 sept. 1707, à Québec.

Jacques, b 11 nov. 1707, à Québec.

Marie-Françoise, Abenaquise; b 7 juillet 1708, à Quebec.

Thérèse-Françoise, Panise ; née 1698 ; b 16 février 1709, à Quebec.

François (Ononaska), Abénaquis ; b 9 juillet 1709, à Quebec.

Pierre (Taxous), Abénaquis ; né février, en Acadie et b 23 août 1709, à Quebec.

Jacques-Alexis, Abénaquis ; b 26 août 1709, à Québec.

Joseph, Abénaquis ; b 26 août 1709, à Québec.

François, Abénaquis ; b 6 oct. 1709, à Québec.

Françoise, Abénaquise ; b 11 déc. 1709, à Québec.

Pierre, Abénaquis ; b 23 mars 1710, à Québec.

André, Abénaquis ; b 8 juillet 1710, à Québec.

Ambroise, Abenaquis ; b 16 juillet 1710, à Québec.

Pierre, Abénaquis ; b 3 juillet 1711, à Québec.

Angélique, Abénaquise ; b 25 juillet 1711, à Quebec.

Marie, b 23 avril 1712, à Québec.

Marie, Abénaquise ; b 18 dec. 1722, à Québec.

Jean-Baptiste, Micmac ; b 24 août 1713, à Québec.

Marie-Anne, Renard ; née 1707 ; b 26 nov. 1713, à Quebec.

Louise-Geneviève, Renard ; née 1708 ; b 26 nov. 1713, à Quebec.

Marie-Madeleine, Renard ; nee 1709 ; b 1er oct. 1714, à Quebec.

Pierre-François, Renard ; né 1706 ; b 12 oct. 1714, à Quebec.

Louise-Charlotte (Teremongouke), de l'Acadie ; b 28 nov. 1714, à Quebec.

Jean-Isidore (Guishe), Micmac ; b 30 nov. 1715, à Québec.

Marie, Abénaquise ; nee nov. 1715 ; b 30 juillet 1716, à Quebec.

Marie-Jeanne, Renard ; nee 1703 ; b 14 nov. 1716, à Québec.

Marguerite-Françoise, Panise ; née 1704 ; b 17 avril 1718, à Québec.

Marguerite, née 1717, b 16 juillet 1718, à Quebec.

Pierre-Louis (Cascaret), Panis, de la Louisiane, né 1704 ; b 25 août 1718, à Québec.

Marie-Françoise, Arkansas ; née 1712 ; b 26 fevrier 1719, à Québec.

Un garçon, né 1714 ; s 25 oct. 1720, à Québec.

Etienne, Abénaquis ; s 14 juillet 1726, à Quebec.

Marie-Louise Bertrand, Abenaquise ; b 12 sept 1728, à Québec.

Marie-de-Sébastien, Abénaquise ; née fevrier et s 1er mars 1736, à Quebec.

Marie-Mectilde, de Bécancour ; s 6 sept 1741, à Québec.

Joseph (Ouenimoët), de Bécancour ; s 17 oct. 1741, à Quebec.

Joseph et Marie, Micmacs ; b 14 août 1748, à Québec.

François Normand dit Ouaspoux, métis ; s 18 juin 1750, à Québec. (Il avait fait ses pâques ici.)

Louis, né 1750 ; s 22 février 1752, à Quebec.

François (Acomo), né 1739 ; s 8 juin 1753, à Quebec. (M. Marcereau, curé, l'avait élevé depuis l'âge de 4 ans.)

Barthélemi, appartenant au sieur Desaunier-Desruisseaux, ne 1742 ; s 6 mai 1755, à Quebec

Un sauvage, né 1750 ; s 26 août 1757, à Quebec.

Madeleine, née 1742, s 22 janvier 1758, à Quebec.

Jean-Baptiste-Augustin-Xavier, Abénaquis, b 23 mars 1758, à Quebec.

Marie-Anne, née 1696 ; s 24 sept. 1758, à Quebec

Charlotte, appartenant à Mme Turpin ; s 8 août 1761, à Québec.

Joseph, Micmac, ne 1734 ; s 26 août 1769, à Quebec.

Jacques, Abénaquis ; b 1665 ; s 12 mai 1710, à Quebec.

Marie-Apolline, Abénaquise, b 1702 ; s 26 juillet 1710, à Québec.

Louise, b 1682, s 11 février 1712, à Québec.

Nicolas, Montagnais ; b 1709 ; s 28 nov. 1714, à Quebec.

Jacques, Renard ; b 1709 ; s 13 février 1715, à Québec.

Domitilde, Abénaquise ; b 1693 ; s 4 mars 1701, à Québec.

Jaqueline, Abénaquise ; b 1690 ; s 27 fevrier 1702, à Québec.

Un chef, de la mission du Sault ; s 19 oct. 1702, à Québec (en présence d'un grand nombre de temoins).

Pierre, b 1693 ; s 21 dec. 1702, à Québec.

Gabriel, Amalécite ; b 1703 ; s 9 août 1709, à Quebec.

Marie-Madeleine (8taramg8amiskoué), Abénaquise ; b 1679, s 22 nov. 1709, à Québec.

Constance, Abénaquise ; b 1708 ; s 31 janvier 1710, à Quebec.

Michel, Abénaquis ; b 1702 ; s 13 février 1710, à Québec.

Jean-Thomas, b 1640 ; s 9 avril 1710, à Québec.

Marie-Louise-Geneviève, appartenant à Mme Chambalon ; b 1706 ; s 25 avril 1719, à Quebec.

Marguerite, appartenant à M. Chasle ; b 1707 ; s 14 nov. 1719, à Quebec.

Marie-Anne, Abénaquise ; b 1707 ; s 15 avril 1715, à Québec.

François, Panis ; b 1697, s 7 février 1717, à Quebec.

Jacques, Renard, appartenant à M. Demeule ; b 1700 ; s 15 fevrier 1717, à Quebec.

Charles-Michel, Panis ; ne 1709 ; b 14 oct. 1717, à Quebec.

Pierre, Panis ; né 1711 ; b 16 oct. 1717, à Québec.

Marie, Panise, appartenant à M. DeLouvigny ; nee 1704 ; b 29 mai 1718, à Québec.

Charles Maillot, né 1711, et Augustin Laprise, ne 1712 ; b 17 oct. 1718, à Québec. (Petits sauvages Panis, appartenant à M. Denis Roberge, capitaine de vaisseau.

Pierre-Louis, Cascaret-Panis, de la Louisianne ; b 25 août 1718, à Quebec. (Pierre Haimard, écolier, pensionnaire du seminaire de Quebec, fut son parrain.)

Marie-Anne, Panise, appartenant à M. Ambroise Renoyer ; nee 1707, b 24 juin 1719, à Québec.

Louise-Angélique-Catherine, Renard, appartenant à M. Guillaume Gaillard, conseiller ; nee 1702 ; b 9 juillet 1719, à Québec.

Pierre, Panis, appartenant au gouverneur de Vaudreuil ; ne 1716 ; b 22 sept. 1719, à Québec.

Jean-Baptiste, Panis, appartenant à Jean Mariette ; né 1711 ; b 10 nov. 1719, à Quebec.

Marie-Renée, Panise, appartenant à M. Damours de Cliancour ; née 1713 ; b 2 mars 1720, à Québec.

François, Panis, appartenant à Jean-Baptiste L'Archevêque-Grand-Pre ; né 1706 ; b 5 avril 1720, à Quebec.

Augustin-Joseph, Panis, appartenant à M. Claude Legris ; né 1714 ; b 26 janvier 1721, à Québec.

Marie-Anne, Panise, appartenant à M. Claude Legris ; née 1712 ; b 26 janvier 1721, à Quebec.

Marie-Joseph, appartenant à veuve Cadet ; née 1708 ; b 11 janvier 1722, à Quebec.

Pierre-Jean, Abénaquis ; b 30 juin 1722, à Québec.

Pierre-André, Caraïbe, appartenant à M. Pierre Jouanne ; né 1712 ; b 23 sept. 1722, à Québec.

Marie-Madeleine, Tête-platte, appartenant à M. Martin Curot ; née 1717 ; b 17 juillet 1723, à Québec.

Marie, appartenant à veuve Duplessis ; née 1702 ; b 20 août 1723, à Québec.

Marie-Louise, Renard, appartenant à M. Vaudreuil, gouverneur du Canada ; nee 1688 ; b 13 déc. 1723, à Québec.

Marguerite-Geneviève, Renard, appartenant à M. Vaudreuil, gouverneur du Canada ; nee 1709 ; b 13 déc. 1723, à Quebec.

Pierre, Amenékim, de Lorette ; b 27 janvier 1724, à Quebec.

Marie-Françoise, Panise, appartenant à Mme Cheron ; nee 1714 ; b 10 juillet 1724, à Quebec.

Marie-Anne, née sept., en Acadie et b 1er oct. 1724, à Québec.

Etienne-Ignace, Abénaquis ; b 15 août 1727, à Quebec.

Jean-Baptiste, Abénaquis ; b 30 août 1727, à Québec.

Michel, Algonquin ; b 10 sept. 1727, à Québec.

Cécile, Micmac ; b 1er nov. 1728, à Québec.

Marie-Philippe, Renard ; née 1684 ; b 17 et s 18 dec. 1729, à Quebec.

JEAN-BAPTISTE BARBARAN, Potocas, affranchi par le R. P. Grugnas; ne 1724; b 28 sept. 1730, à Québec.

PIERRE-DENIS, Renard, acheté par M. Denis-Charles Duplessis; ne 1724; b 28 dec. 1730, à Quebec.

NICOLAS, Renard, acheté par M. Louis Parant, après la defaite des Renards; ne 1725; b 11 janvier 1731, à Québec.

ALEXANDRE, Patocas, acheté par M. Bondy; né 1725; b 8 avril 1731, à Quebec.

JOSEPH-NICOLAS, du Missouri, adopté par Joseph Legris; né 1722; b 18 juillet 1731, à Québec.

CHARLES-HILARION, Esquimaux; né 1719; b 17 avril 1732, à Quebec. (Filleul du gouverneur M. de Beauharnais.)

CHARLES-LOUIS, Patocas; né 1721; b 17 avril 1732, à Quebec. (Filleul du gouverneur M. de Beauharnais.)

MADELEINE-GILLES, Panise; b 2 juin 1732, à Québec.

MARGUERITE, Abenaquise; b 27 juillet 1732, à Quebec.

JEAN-TAXOUS, chef des Abénaquis; s 12 février 1720, à Québec.

PIERRE, appartenant à M. Vaudreuil; né 1717; s 3 mai 1721, à Quebec.

AUGUSTIN, appartenant à M. De la Borde; ne 1715; s 1er juin 1724, à Quebec.

MARIE-ANNE, Renard, servante de M. De la Morille; nee 1704; s 24 oct. 1727, à Quebec.

MARIE, Illinoise; née 1701; s 17 déc. 1729, à Québec.

MARIE-LOUISE, appartenant à veuve Langlois; née 1716; s 21 avril 1733, à Quebec.

FRANÇOIS, appartenant à M. Lambert; né 1730; s 10 avril 1736, à Quebec.

ANTOINE, appartenant à M. Lamorille; né 1727; s 26 avril 1736, à Quebec.

CHARLOTTE, appartenant à M. Arguin; nee 1721; s 10 août 1736, à Quebec.

UN SAUVAGE, appartenant à M. Foucault; ne 1732; s 6 janvier 1737, à Québec.

MARIE, appartenant à M. de Beaurivage; née 1730; s 24 avril 1738, à Quebec.

PIERRE, appartenant à M. Philibert, né 1727; s 30 juillet 1738, à Quebec.

MADELEINE, du Labrador, appartenant à M. Charles L'Arche; nee 1731; s 6 mars 1741, à Quebec.

ELISABETH, appartenant à M. Lafontaine; née 1727; s 4 avril 1741, à Québec.

MARIE-ANNE, montagnaise, appartenant à M. de Fleury; nee 1731; s 27 avril 1742, à Quebec.

LOUISE, montagnaise; née 1732; s 25 juillet 1742, à Québec.

MARGUERITE, du Labrador, appartenant à M. de Beaurivage; née 1708; s 27 mars 1743, à Quebec.

CATHERINE-ANTOINETTE, née 1735; s 11 juillet 1744, à Québec.

JEAN-BAPTISTE, appartenant à Pierre Emond ne 1737; s 10 sept. 1744, à Quebec.

UN SAUVAGE et UNE SAUVAGESSE, appartenant à M. Etienne Desroches; nés 1739; s 16 sept. 1744, à Québec.

UN SAUVAGE, appartenant à Michel Jourdain; né 1732; s 27 sept. 1744, à Quebec.

MARIE-EULALIE, Abenaquise; née 1741; s 20 oct. 1744, à Quebec.

MARIE, née 1733; s 5 mars 1745, à Québec.

JACQUES, Abénaquis; ne 1733; s 22 juin 1746, à Quebec.

CLAIRE, Micmac; née 1730; s 15 juillet 1746, à Québec.

MARIE-LOUISE, appartenant à Julien Joly; née 1740; s 22 juillet 1746, à Quebec.

MARIE, née 1744; s 18 août 1746, à Québec.

UN SAUVAGE, venu du Lac Champlain; né 1745, s 24 août 1746, à Quebec.

UN SAUVAGE, venu du Lac Champlain; né 1741, s 24 août 1746, à Quebec.

UNE SAUVAGESSE, née 1706; s 1er sept. 1746, à Quebec.

FRANÇOIS-XAVIER, Abénaquis; né 1726; s 12 sept. 1746, à Quebec.

MICHEL, Montagnais; né 1732; s 22 février 1747, à Québec.

MATHIAS, ancien chef Huron du Détroit; ne 1697, s 4 août 1747, à Quebec.

FÉLICITÉ, née mars et s 9 août 1747, à Quebec.

LUC, Micmac; né 1744; s 10 août 1747, à Quebec

ANNE-MARIE, Micmac ; née 1740 ; s 10 août 1747, à *Québec*.

FRANÇOISE, appartenant à M. de Beaurivage ; née 1731 ; s 15 août 1747, à Québec.

MADELEINE, Micmac ; née 1687 ; s 26 août 1747, à Québec.

MARIE, Abénaquise ; née 1697 ; s 10 nov. 1747, à Québec.

UN SAUVAGE, Tsonnontouan ; né 1731 ; b 25 nov. dans la prison et s 2 dec. 1747, à Québec.

CHRISTINE, appartenant à Delle Philibert ; née 1722 ; s 19 février 1748, à Québec.

UN SAUVAGE, Oneyout, prisonnier de guerre ; s 10 mars 1748, à Québec.

PIERRE, chef micmac, breveté par la cour ; né 1678 ; s 8 juin 1748, à Québec.

BARBE, appartenant à M. Româ ; née 1723 ; s 8 juillet 1748, à Québec.

MARIE, née 1729 ; s 18 oct. 1748, à Quebec.

MARIE, Micmac ; née 1730 ; s 10 nov. 1748, à Québec.

CHARLES, Montagnais ; né 1733 ; s 14 nov. 1748, à Québec.

MARIE-JEANNE, née 1745 ; s 15 nov. 1748, à Québec.

URSULE-CÉCILE, s 16 nov. 1748, à Québec.

MARIE, Micmac ; nee 1730 ; s 10 nov. 1748, à Québec.

MARIE-LOUISE, Montagnaise, appartenant à Dme veuve Fornel ; nee 1747 ; s 5 déc. 1748, à Quebec.

MARIE, née 1719 ; s 2 fevrier 1749, à Québec.

THOMAS, Oneyouth ; ne 1719 ; s 3 février 1749, à Québec.

MARIE-LOUISE, de St-Domingue, achetée là par M. Lachenaye ; nee 1717 ; b 30 août 1732, à Quebec.

MARIE-LOUISE, Papinochoise ; née 1730 ; b 12 nov. 1732, à Quebec.

PIERRE, Patocas, appartenant à M. Petrimoulx ; ne 1722 ; b 4 avril 1733, à Québec.

MARIE-FRANÇOISE, Renard ; née 1727 ; b 6 avril 1733, à Québec.

CATHERINE, Esquimaux, appartenant à M. Bissot ; née 1719 ; b 10 août et s 22 sept. 1734, à Quebec.

LOUISE-CLAIRE, d'Anticosti, appartenant à M. De Fleury, Lagorgendière ; née 1731 ; b 9 août 1735, à Québec.

FRANÇOIS, né 1730 ; b 5 janvier 1736, à Québec.

JOSEPH-FRANÇOIS, né 1728 ; b 17 juin 1736, à Québec.

CHARLES-ANTOINE, appartenant à M. Guillemin ; né 1729 ; b 22 juillet 1736, à Quebec.

MARIE-ANNE, appartenant à Louise DeFleury ; née 1731 ; b 21 sept. 1736, à Québec.

MARIE-JEANNE, Malicite ; b 20 mai 1737, à Québec.

ANGÉLIQUE, Abénaquise ; b 4 août 1737, à Québec.

JOSEPH-GABRIEL, Patocas, appartenant à M. De la Tesserie ; ne 1727 ; b 20 oct. 1737, à Québec.

JACQUES-CHARLES, Montagnais ; né 1730 ; b 26 janvier 1738, à Quebec[4] ; s[4] 7 sept. 1740.

GILLES-HYACINTHE, Renard ; né 1718 ; b 24 mai 1738, à Québec.

MARIE-LOUISE, Renard, appartenant à François Dupont ; née 1731 ; b 8 juillet 1738, à Québec[5] ; s[5] 14 juillet 1741.

MARIE-AGATHE, Abénaquise ; b 14 août 1738, à Québec.

FRANÇOIS-DENIS, créole ; ne 1727 ; b 31 mars 1739, à Québec.

CHRISTINE, d'Assiniboine, appartenant à Nicolas Jacquin ; née 1726 ; b 19 avril 1739, à Quebec.

MARIE-LOUISE (Kickachia), appartenant à M. Aubert ; née 1709 ; b 16 mai 1739, à Quebec.

MARIE-CATHERINE, Esquimaux, appartenant à M. Desauniers ; neo 1723 ; b 19 mai 1739, à Québec.

HONORÉ, appartenant à M. Olivier D'Héman, médecin de la Martinique, ne 1722 ; b 6 sept. 1739, à Quebec.

MARIE-ANNE, Renard, appartenant à Jacques Philibert ; nee 1722 ; b 29 fevrier 1740, à Quebec.

ANGÉLIQUE, née 1727 ; b 16 avril 1740, à Québec.

GENEVIÈVE-GABRIELLE, Renard, appartenant à M. de Beaucourt, gouverneur de Montreal ; b 21 nov. 1740, à Québec.

MARIE-JOSEPH, Algonquine ; b 21 déc. 1740, à Quebec.

MARIE-JOSEPH, Panise ; née 1730 ; b 1er avril 1741, à Québec.

Jean-Baptiste, Renard ; né 1721 ; b 20 mai 1741, à Québec. (Baptisé la veille de la Pentecôte.)

Marie-Joseph, Renard ; nee 1705 ; b 20 mai 1741, à Québec.

Anne-Claire, Montagnaise ; née 1729 ; b 20 mai 1741, à Québec.

Louise, Montagnaise ; née 1711 ; b 28 mai 1741, à Québec.

Marie-Madeleine, Micmac, de Miramichi ; b 30 juillet 1741, à Quebec.

Marguerite-Catherine, appartenant à M. De Berman ; née 1728 ; b 28 août 1741, à Quebec.

Louise-Angélique, appartenant à Mme De la Ronde ; nee 1726 ; b 5 oct. 1741, à Quebec.

Jean, appartenant à M. Pagé, né 1729 ; b et s 9 nov. 1741, à Québec.

Charles-Joseph, b 1er janvier 1742, à Quebec.

Marie-Victoire, Panise, appartenant à M. Daine, née 1729 ; b 6 janvier 1743, à Québec.

Marie-Joseph, de la nation des Brochets, vers la mer de l'ouest ; née 1728 ; b 30 juin 1743, à Quebec.

Antoinette-Catherine, Brochet, appartenant à M. Arguin-Yves ; née 1735 ; b 30 juin 1743, à Québec.

Claire (Piscone), Montagnaise, appartenant à M. Volant ; nee 1721 ; b 15 sept. 1743, à Québec. (Filleule de Jean Taché et de Claire Joliet.)

Jean-Baptiste, Montagnais, appartenant à Pierre Emond ; né 1739 ; b 24 sept. 1743, à Quebec

Marie-Louise, appartenant à Julien Joly ; nee 1740 ; b 11 oct. 1743, à Quebec.

Jean-François, Cristinaux, appartenant à M. Duburon ; ne 1728 ; b 22 dec. 1743, à Quebec [1] ; s [2] 20 février 1744.

Antoine, Cristinaux ; ne 1727 ; b 22 déc. 1743, à Quebec.

Hélène, née 1742, en Acadie ; b 21 juin 1744, à Quebec.

Louis-Joseph et **Louise-Marie**, nes 1737 ; b 22 juillet 1744, à Quebec.

Louis, né 1730 ; s 24 août 1744, à Québec.

Marie-Thérèse, Montagnaise, appartenant à Charles Brousseau ; nee 1729 ; b 27 dec. 1744, à Québec.

Marie-Joseph, Siouse, appartenant à Antoine Gautier ; née 1738 ; b 7 mars 1745, à Quebec

Michel, Abénaquis ; b 9 août 1745, à Québec.

Athanase, Abénaquis ; b 21 août 1745, à Québec

Charles, Onontagué ; ne 1720 ; b 27 août 1745, à Québec. (Baptise par Mgr DePontBriand et filleul de M. de Beauharnais.)

Gilles, Onontague ; né 1718 ; b 27 août 1745, à Québec. (Filleul de M. Hocquart.)

Victor, Natchès ; ne 1712 ; b 27 août 1745, à Québec. (Filleul de M. Varin de la Mare.)

Marguerite, Montagnaise, appartenant à veuve Côte ; née 1720 ; b 4 sept. 1745, à Quebec.

Agathe, Panise, appartenant à M. Duplessis, nee 1717 ; b 15 oct. 1745, à Québec.

Angélique, du Missouri, appartenant à M. Lemaitre-Lamorille ; nee 1721 ; b 16 janvier 1746, à Quebec.

Marie-Jeanne, Montagnaise, appartenant à François Simon ; nee 1732, b 17 avril 1746, à Quebec.

Jean-Amable, de l'Ile-Royale ; b 25 avril 1746, à Quebec.

Grégoire, de Pictou ; b 5 mai 1746, à Québec.

Louis-Philippe, appartenant à M. Philippe Denis, b 3 juin 1746, à Quebec.

François, Abénaquis ; b 9 juin 1746, à Québec

Marie-Thérèse, Micmac ; b 11 juin 1746, à Quebec

Françoise-Marie, Naskapis, appartenant à Michel Legardeur ; b 19 juin 1746, à Quebec.

Gilette, d'Antigonish, b 21 juin 1746, à Quebec

Joseph, Abénaquis ; b 24 juillet 1746, à Quebec

Louise-Agnès, Abénaquise, b 20 août 1746, à Quebec.

Marie-Anne, b 16 sept. 1746, à Québec

Pierre-Joseph, Renard, appartenant à Pierre Rodrigue, ne 1742 ; b 9 nov. 1746, à Quebec

Charles, Brochet, appartenant au gouverneur né 1734, b 28 janvier 1747, à Quebec.

Marie-Louise, Brochet, appartenant à Jacques De la Fontaine, b 20 avril 1747, à Quebec

Marie-Joseph, Brochet, appartenant à Joseph Caddé, b 20 avril 1747, à Quebec.

CÉCILE-CHARLOTTE, Ouachesse, appartenant à M. Estebe; née 1723; b 4 mai 1747, à Québec.

MARIE-SUZANNE, Siouse, appartenant à Jean-Baptiste Dumont; née 1731; b 4 mai 1747, à Québec.

LOUIS dit L'EVEILLÉ, appartenant à François Léveille, capitaine de navire; b 4 mai 1747, à Quebec. (Les parents etaient de l'ancienne France et inconnus; il avait éte eleve par les Montagnais.)

MARIE-JOSEPH, b 1er sept. 1747, à Québec.

FRANÇOIS, Montagnais, appartenant à Jacques De la Fontaine; ne 1737; b 14 déc. 1747, à Quebec.

PAUL-CHARLES, Panis, appartenant à M. François Chalet, directeur-genéral de la compagnie des Indes; né 1730; b 28 avril 1748, à Québec.

MARIE-JOSEPH, appartenant à Damours-Deplaine; née 1740; b 5 juin 1752, à Quebec.

LOUIS-JACQUES, appartenant à Louis Parant; b 20 oct. 1752, à Québec.

MARIE-JOSEPH, Chicachats, appartenant au chevalier de Longueuil; nee 1729; b 30 janvier 1753, à Québec.

JACQUES-NICOLAS, appartenant à M. Bréard; né 1745; b 30 mars 1753, à Québec.

MARIE-CATHERINE, appartenant à M. Bréard; née 1743, b 30 mars 1753, à Quebec.

LOUIS, appartenant à Louis Volant d'Haubourg; ne 1734; b 12 mai 1753, à Quebec.

LOUIS-FRANÇOIS, Montagnais, appartenant à François Volant; ne 1744, b 12 mai 1753, à Quebec.

LOUIS-JOSEPH, Panis, appartenant à M. Monier; né 1739; b 14 août 1753, à Québec.

URSULE, appartenant à François Devienne; née 1741; b 7 août 1754, à Quebec.

MARIE-ANNE, appartenant à M. de Beaujeu-Villemonde; née 1740; b 14 janvier 1755, à Québec.

MARIE-MARGUERITE, appartenant à M. Duplessis-Morampont; née 1737; b 17 février 1755, à Quebec.

JEAN-LOUIS, Micmac: b 11 juin 1748, à Québec.

CATHERINE, Brochet, appartenant à M. Jacques De la Fontaine; nee 1736; b 21 juillet 1748, à Quebec.

PIERRE-JEAN, Abénaquis; b 7 août 1748, à Québec.

ANGÉLIQUE-JOSEPH, Huronne; b 26 août 1748, à Québec.

CHARLES, né 1734; b 11 nov. 1748, à Québec.

MARIE, née 1708; b 24 déc. 1748, à Québec.

MARIE-LOUISE, née 1737; b 3 mai 1749, à Québec.

FRANÇOIS, Amalécite, de l'Acadie; b 13 juin 1749, à Québec.

JEAN-BAPTISTE, Outaouis; né 1735; b 6 janvier 1750, à Quebec.

MARIE-JOSEPH, de la nation des Crochets, appartenant à M. Riverin; nee 1738; b 15 août 1750, à Québec.

ELISABETH-LOUISE, Montagnaise, adoptée par Denis Larche; née 1740; b 25 janvier 1751, à Quebec.

LOUIS-THOMAS, Patocas, appartenant à M. François Cugnet; ne 1741; b 25 mars 1751, à Québec.

ALEXANDRE, Brochet, appartenant à M. Gliné; né 1739; b 25 avril 1751, à Québec.

MARIE-MADELEINE, de Becancour; b 1er août 1751, à Quebec.

CATHERINE, Abénaquise; b 1704; s 6 nov. 1709, à Ste-Foye.

FRANÇOIS-MICHEL, adopte par messire Joseph De la Gorgendière; b 11 août 1758, à Ste-Foye.

UN SAUVAGE, de Miramichi; s 30 juillet 1759, à Ste-Foye.

SAUVAGE, JEAN-BTE.
MORAND, Marie-Charlotte.
Jean-Marie, b 28 juin 1737, à Lorette.

JEAN-MARIE-NICOLAS, ne 1723; b 13 mars 1738, à Lorette.

BRIGITTE, de Bécancour; b 1710: m à Etienne ...., Abenaquis; s 15 oct. 1733, à St-Augustin.

MARIE, b 1728; s 11 oct. 1733, à St-Augustin. (Fille de la précedente.)

JEAN-BAPTISTE, Micmac; b 1754; s 8 nov. 1755, à St-Augustin.

GENEVIÈVE, appartenant à Mme Besançon; nee 1734; b 18 mai et s 10 juin 1760, à Beauport.

MARIE-JOSEPH, appartenant à M. Châlou; nee 1730; b 18 mai 1760, à Beauport.

MARIE-MADELEINE, b 30 sept. 1726, à la Pte-aux-Trembles, Q.

JEAN-BAPTISTE, Huron, b 23 août 1704, à la Pte-aux-Trembles, Q.

LOUISE-CATHERINE, Huronne ; b 24 août 1704, à la Pte-aux-Trembles, Q.

CHARLES-FRANÇOIS, Abenaquis ; b 28 déc. 1709, à la Pte-aux-Trembles, Q.

MARIE-MADELEINE, b 24 nov. 1729, à la Pte-aux-Trembles, Q.

LOUISE, Panise, appartenant à M. De la Pérade ; née 1723 ; b 24 fevrier 1731, à Ste-Anne-de-la-Pérade[1] ; s[1] 9 mai 1742.

HYPOLITE, Panis, appartenant à M. Fleury de la Gorgendière ; ne 1718 ; b 7 et s 26 janvier 1733, à Ste-Anne-de-la-Pérade.

LOUIS, Panis, appartenant à Claude Gouin ; né 1731 ; b 15 sept. 1735, à Ste-Anne-de-la-Pérade.

MARIE-ANNE-JOSEPH, appartenant à M. De la Pérade ; nee 1704 ; b 2 fevrier 1735, à Ste-Anne-de-la-Pérade[3] ; s[3] 5 mai 1740.

LOUIS-JOSEPH-ISIDORE, de Cordule, appartenant à M. Gatineau ; b 12 mars 1737, à Ste-Anne-de-la-Perade.

MARIE-LOUISE-JACQUELINE, appartenant à M. Gatineau ; nee 1733 ; b 26 déc. 1737, à Ste-Anne-de-la-Perade.

MARIE, appartenant à M. De la Pérade ; b 1725, s 12 avril 1738, à Ste-Anne-de-la-Pérade.

JOSEPH, appartenant à M. Gautier, tanneur, né 1725 ; b 21 dec. 1739, à Ste-Anne-de-la-Perade.

MARIE-LOUISE, de Fanchon, appartenant à M. De la Pérade ; b 11 oct. 1741, à Ste-Anne-de-la-Pérade.

MARIE-JOSEPH, appartenant à M. De la Pérade ; nee 1719 ; s 3 avril 1742, à Ste-Anne-de-la-Pérade.

MARIE-ANNE, appartenant à M. De la Pérade ; née 1717 ; b 9 avril 1742, à Ste-Anne-de-la-Perade.

MARIE-MADELEINE, appartenant à Pierre Rivard-Lanouette ; née 1727 ; b 10 avril 1742, à Ste-Anne-de-la-Perade.

JACQUES, appartenant à M. De la Pérade ; né 1737 ; s 4 juillet 1742, à Ste-Anne-de-la-Perade.

THÉRÈSE, appartenant à M. De la Richardière ; nee 1735 ; b 22 juillet 1742, à Ste-Anne-de-la-Perade.

MADELEINE-MARIE-ANNE, appartenant à M. De la Pérade ; nee 1732 ; b 12 juin 1743, à Ste-Anne-de-la-Pérade.

AUGUSTIN, de la mer de l'ouest ; né 1741 ; b 24 oct. 1746, à Ste-Anne-de-la-Pérade.

CATHERINE, Siouse, appartenant à M. Pierre Hertel de Beau-Bassin ; née 1745 ; b 20 avril 1760, à Ste-Anne-de-la-Perade.

LAROSE, élevé chez M. Montendre ; b... s 5 oct. 1760, à Ste-Anne-de-la-Pérade.

LOUISE, appartenant à M. Louis Gouin ; b 1745, s 31 déc. 1760, à Ste-Anne-de-la-Perade

ANONYME, b et s 13 mars 1763, à Ste-Anne-de-la-Pérade.

JEANNE-FRANÇOISE-CUDULE, appartenant à M. Gatineau, seigneur de Ste-Marie ; nee 1701, b 9 janvier 1741, à Ste-Anne-de-la-Perade.

LOUISE-IGNACE-SUZANNE, appartenant à M. Gatineau ; née 1724 ; b 9 janvier 1741, à Ste-Anne-de-la-Pérade.

JEAN-BAPTISTE, Tête-de-Boule, de Chicoutimi fils de Jean-Baptiste Pixischet8illant ; né 1775 ; b 24 déc. 1778, à Ste-Anne-de-la-Perade.

MARIE-ANNE, Tete-de-Boule, de Chicoutimi ; fille de Guillaume Kapachtche8net ; née 1776, b 24 dec. 1778, à Ste-Anne-de-la-Pérade.

1779, (9 janvier) Ste-Anne-de-la-Pérade.
MÉKINAC, JOSEPH,
Algonquin.
JOUJOT, Marie-Louise,
Algonquinne.

1779, (25 février) Ste-Anne-de-la-Pérade.
CLAUDÉLÉ, JOSEPH,
Tête-de-Boule.
..........., Marguerite,
Algonquinne ; veuve de Jacques Abénaquis

1779, (25 février) Ste-Anne-de-la-Perade.
..........., JEAN,
Algonquin.
..........., Charlotte,
veuve de Guillaume, de Chicoutimi.

MARIE-JOSEPH, Patocas ; nee 1726 ; b 6 déc. 1733, à Ste-Geneviève.

MARIE-LOUISE, Algonquine ; b 29 janvier 1736, à Ste-Geneviève.

MARIE-CATHERINE, Algonquine ; b 21 avril 1738, à Ste-Geneviève.

DOMITILDE, b 1659 ; s 31 août 1759, à Bécancour

[F]RANÇOISE-URSULE, b 1er nov. 1734, à la Baie-du Febvre.

[J]EANNE, Abénaquise; b 4 sept. 1713, aux Trois-Rivières.

[M]ARIE-MADELEINE, Algonquine; b 8 sept. 1713, aux Trois-Rivières.

[M]ARGUERITE, Algonquine; b 8 oct. 1713, aux Trois-Rivières.

[F]RANÇOISE, Algonquine; b 10 oct. 1713, aux Trois-Rivières.

[M]ARIE-FRANÇOISE, b 29 juillet 1714, aux Trois-Rivières.

[J]OSEPH-ADRIEN, appartenant à Pierre-François DeVaudreuil, gouverneur; filleul d'Adrien Gourdeau; né 1751; b 18 oct. 1757, aux Trois-Rivières.

[M]ARIE-JOSEPH, appartenant au sieur Charles Alavoine, chevalier; née en 1772, dans l'ouest; b 4 avril 1783, à St-Cuthbert.

[C]HARLES, b 26 mars 1709, à St-Pierre, I. O.

[M]ICHEL, b 25 mars 1710, à St-Pierre, I. O.

[F]RANÇOISE, b 1673; s 24 mars 1713, à St-Pierre, I. O.

[F]RANÇOIS, b 1708; s 7 mars 1718, à St-Pierre, I. O.

[L]OUISE, b et s 20 avril 1718, à St-Pierre, I. O.

[L]OC-MOUTION, b... s 19 nov. 1718, à St-Pierre, I. O.

[J]EAN-PAUL, fils de Jean-Paul et de Marguerite Oyoic, b 12 sept. 1723, à St-Pierre, I. O.

[J]EAN-BAPTISTE, b 1721; s 31 déc. 1723, à St-Pierre, I. O.

[J]OSEPH, Panis; né 1730; b 19 mars 1744, à St-Pierre, I. O.

CHARLES, Panis; b 1682; s 14 avril 1703, à St-Laurent, I. O.

MARIE, femme d'Etienne Aneschom; b... s 9 août 1707, à Ste-Anne.

CHARLES, b 1694; s 1er sept. 1707, à Ste-Anne. (Demeurait chez Pierre Poulin.)

PIERRE, b... s 27 sept. 1707, à Ste-Anne.

MARIE-EDMÉE, b 1706; s 18 nov. 1707, à Ste-Anne.

ANGÉLIQUE, b 1694; s 7 mai 1712, à Ste-Anne.

JOSEPH, Micmac; b 12 déc. 1712, à Ste-Anne.

MARGUERITE, Montagnaise; b... s 15 mai 1715, à Ste-Anne.

FRANÇOIS, Abénaquis; b... s 14 juin 1715, à Ste-Anne.

MARIE-ANNE, Montagnaise; b 10 juillet 1715, à Ste-Anne.

MARIE-FRANÇOISE et MARGUERITE, Micmacs; b 17 juillet 1716, à Ste-Anne.

MARGUERITE RICHARD, Micmac; b 25 février 1720, à Ste-Anne.

MARIE-ANNE, Micmac; née 1699; b 26 juillet 1701, à Ste-Anne.

JOSEPH (Nemiraour), Micmac; né 1701; b 26 juillet 1702, à Ste-Anne.

MARIE-MADELEINE, né mai et b 13 août 1702, à Ste-Anne.

LOUIS, né 1692; b 13 août 1702, à Ste-Anne.

JEAN-BAPTISTE, Micmac; né 1702; b 13 juillet 1703, à Ste-Anne.

JOSEPH, Micmac; né 29 juin et b 13 juillet 1703, à Ste-Anne.

FRANÇOIS, Micmac; né juillet et b 4 sept. 1703, à Ste-Anne.

IGNACE, Micmac; né 26 et b 27 août 1704, à Ste-Anne.

ANGÉLIQUE, Micmac; b 24 nov. 1704, à Ste-Anne.

MARIE-MARGUERITE, Micmac; b 21 juillet 1705, à Ste-Anne.

MARIE-ANNE, Micmac; né 25 et b 26 juillet 1706, à Ste-Anne.

ETIENNE (Aneschom), Amalécite; né 1643; b 16 janvier 1707, à Ste-Anne. (A réhabilité son mariage avec Marie, Micmac, qu'il avait épousée 19 ans auparavant).

MARIE-JOSEPH, Micmac; née 5 et b 15 août 1707, à Ste-Anne.

AGNÈS, née août et b 8 nov. 1707, à Ste-Anne.

1719, (2 juin) Ste-Anne.[1]

PLAISANCHE, FRANÇOIS,
Montagnais.
........., Françoise,
Micmac.

Marie-Victoire, b [1] 22 oct. 1724. — *Martin*, b [1] 23 juillet 1725.

SADOUZANTE, Eustache.
Lamanel, Catherine.
Anne, b 28 juillet 1726, à Ste-Anne.

Jacques (8entabla8et), Micmac; b 18 avril 1693, à la Baie-St-Paul.

Jeanne (A8nem8t), Micmac; b 18 avril 1693, à la Baie-St-Paul.

Richard, Papinochois; b 29 juin 1697, à la Baie-St-Paul.

Marie, b 1er avril 1698, à la Baie-St-Paul.

Marie-Joseph, Migonin; b 23 mai 1752, à la Baie-St-Paul.

Joseph-Marie, b 23 mars 1760, à la Baie-St-Paul. (Fils de Madeleine 8ahache.)

NAPECHE, Joseph.
Pelletier, Marie-Louise.
Marie-Louise, b 26 sept. 1758, à la Baie-St-Paul.

Etienne, des Trois-Rivières; b 17 mai 1765, à la Baie-St-Paul.

Marguerite, du Mistassin; née 1762; b 23 sept. 1766, à la Baie-St-Paul.

Jean-Baptiste Renaud, Micmac; b 1687; s (trouve gelé) 9 fevrier 1767, à la Baie-St-Paul.

Marie-Françoise, b... s 23 fevrier 1760, aux Eboulements.

Pierre-René, b 14 août 1757, aux Eboulements.

Louis, b 4 avril 1760, aux Eboulements.

Marie-Renée, b 24 juin 1776, à la Baie-St-Paul; fille de Jacques-René et de Madeleine Godin.

Thérèse, de l'Acadie; b 28 oct. 1745, à St-Joseph, Beauce.

Marie, b 1743; s 3 dec. 1745, à St-Joseph, Beauce.

Pierre, b... s 18 dec. 1745, à St-Joseph, Beauce.

Michel, Abenaquis; b 3 janvier 1748, à St-Joseph, Beauce.

Marie, Abénaquise, de Bécancour; b 26 mai 1755, à St-Joseph. Beauce.

Angélique, b 10 déc. 1758, à St-Joseph, Beauce.

Pierre-Nicolas, b 10 dec. 1758, à St-Joseph, Beauce.

Pierre, Amalecite; b 1758; s 22 mai 1760, à St-Joseph, Beauce.

Pierre, Amalecite; b 1756; s 10 juin 1760, à St-Joseph, Beauce.

Pierre, Abénaquis, b... s 24 oct. 1760, à St-Joseph, Beauce.

Louis, Abénaquis; b 31 oct. 1760, à St-Joseph, Beauce.

Jean-Baptiste, Abénaquis; b 3 nov. 1760, à St-Joseph, Beauce.

Etienne, Abenaquis; b 1710; s 30 oct. 1760, à St-Joseph, Beauce.

Marie, Abénaquise; b 1759; s 17 déc. 1760, à St-Joseph, Beauce.

Joseph, Abénaquis; b 1730; s 20 déc. 1760, à St-Joseph, Beauce.

Marie, Abénaquise; b 1753; s 24 déc. 1760, à St-Joseph, Beauce.

Joseph-Marie, b 1731; s 8 janvier 1761, à St-Joseph, Beauce.

Bernard, Abénaquis; b 1726; s 30 janvier 1761, à St-Joseph, Beauce.

Pierre-Ambroise, Abénaquis; b 1753; s 21 fevrier 1761, à St-Joseph, Beauce.

Sébastien, Abenaquis, b 1721; s 25 février 1761, à St-Joseph, Beauce.

Agnès, Abénaquise; b 1759; s 28 février 1761, à St-Joseph, Beauce.

Vincent St. Castin, Abénaquis; b 1741; s 6 juin 1761, à St-Joseph, Beauce.

Marie-Joseph, Abénaquise, de Bécancour; b 11 mars 1762, à St-Joseph, Beauce.

Benoit, Abénaquis; b 8 juin 1762, à St-Joseph, Beauce.

Elisabeth, Abénaquise; b 8 janvier 1763, à St-Joseph, Beauce.

Suzanne, Abénaquise, du village St-François b 29 juin 1763, à St-Joseph, Beauce.

Marie, de l'Acadie; nee 1764; b 4 janvier 1767 à St-Joseph, Beauce.

Marie-Françoise, Abénaquise; b 18 janvier 1767 à St-Joseph, Beauce.

Pierre-Jacques, b 11 juin 1768, à St-Joseph, Beauce.

Jacques-Etienne, de Becancour; b 28 août 1768, à St-Joseph, Beauce.

Marie-Madeleine, b 28 août 1768, à St-Joseph, Beauce[1]; s[1] 1er avril 1770.

AN, Abénaquis, de St-François; b 1er oct. 1769, à St-Joseph, Beauce.

ARIE-FRANÇOISE, Abénaquise, de St-François; b 1er oct. 1769, à St-Joseph, Beauce.

ARIE-GENEVIÈVE, b 16 oct. 1769, à St-Joseph, Beauce.

ACQUES, Iroquois, du Sault-St-Louis; b 1754; s 1er mars 1770, à St-Joseph, Beauce.

EAN-FRANÇOIS, b 1er juillet 1770, à St-Joseph, Beauce.

HARLES, du Lac-des-Deux-Montagnes; b 15 juillet 1770, à St-Joseph, Beauce.

ARIE-PÉLAGIE, de St-François; b 14 janvier 1771, à St-Joseph, Beauce.

EAN-MARIE, Abénaquis, de St-François; b 24 février 1771, à St-Joseph, Beauce.

EAN, Abénaquis; b 25 août 1771, à St-Joseph, Beauce.

IERRE, PIERRE-JACQUES et MARIE-JOSEPH, Abénaquis, de St-François; b 22 sept. 1771, à St-Joseph, Beauce.

ARIE-LOUISE, de l'Acadie; b 8 déc. 1771, à St-Joseph, Beauce.

OUIS, Iroquois, du Lac-des-Deux-Montagnes; b 16 février 1772, à St-Joseph, Beauce.

THANASE, Abénaquis; né 1765; b 15 juin 1772, à St-Joseph, Beauce.

ADELEINE, Abénaquise, de l'Acadie; née 1767; b 15 juin 1772, à St-Joseph, Beauce. (Sœur du precedent.)

OSEPH-LOUIS, Abénaquis, de l'Acadie; b et s 2 août 1772, à St-Joseph, Beauce.

RANÇOISE-ANGÉLIQUE, Abenaquise; b 11 oct 1772, à St-Joseph, Beauce.

ARIE, Iroquoise, du Lac-des-Deux-Montagnes, b 6 février 1773, à St-Joseph, Beauce.

OUIS, Iroquois, du Lac-des-Deux-Montagnes; b 1772; s 6 février 1773, à St-Joseph, Beauce.

OUIS, Iroquois; b 1770; s 17 avril 1773, à St-Joseph, Beauce.

SIX SAUVAGES, de l'Acadie; b 18 sept. 1773, à St-Joseph, Beauce.

MARIE, de l'Acadie; b 10 oct. 1773, à St-Joseph, Beauce.

JEAN, VINCENT, PIERRE et MARIE, de l'Acadie; b 23 oct. 1773, à St-Joseph, Beauce.

SIX ENFANTS, de l'Acadie; b 1er nov. 1773, à St-Joseph, Beauce.

DEUX ENFANTS, de l'Acadie; b... s 1er nov. 1773, à St-Joseph, Beauce.

QUATRE ENFANTS, b 12 déc. 1773, à St-Joseph, Beauce.

DEUX ENFANTS, de l'Acadie; b... s 30 janvier 1774, à St-Joseph, Beauce.

FRANÇOIS-XAVIER, b 1760; s 5 février 1774, à St-Joseph, Beauce.

AGNÈS, Abénaquise, de l'Acadie; b 1769; s 12 mars 1774, à St-Joseph, Beauce.

PIERRE-MARIE, b 17 nov. 1776, à St-Joseph, Beauce.

MARIE-LOUISE, b 17 nov. 1776, à St-Joseph, Beauce.

PIERRE (Chégaret), b 1700; s 13 janvier 1750, à l'Islet.

MARIE-MARGUERITE, b 9 janvier 1776, à l'Islet; fille de Germain-Urbain et de Marie Denis, Micmacs.

AGATHE, né 1656; s 6 janvier 1716, à Ste-Anne-de-la-Pocatière.

GRÉGOIRE, b... s 24 février 1717, à Ste-Anne-de-la-Pocatière.

JEAN, b 1712; s 28 mars 1717, à Ste-Anne-de-la-Pocatière.

MADELEINE, b... s 3 avril 1717, à Ste-Anne-de-la-Pocatière.

JOSEPH-LAURENT, b 7 janvier 1717, à Ste-Anne-de-la-Pocatière.

UN SAUVAGE, Abenaquis; né 1656; s 7 mars 1766, à Ste-Anne-de-la-Pocatière.

CHARLOTTE, b 1735; s 10 mai 1749, à la Rivière-Ouelle.

JOSEPH, b 1735; s 4 août 1749, à la Rivière-Ouelle.

MARIE-ANNE, b 17 oct. 1749, à la Rivière-Ouelle.

JEAN-BAPTISTE, b 17 sept. 1756, à la Rivière-Ouelle.

GENEVIÈVE, b nov. et s 1er déc. 1757, à la Rivière-Ouelle.

MARIE-MADELEINE, Micmac; b 1725; s 19 mai 1729, à Kamouraska.

MARIE-GENEVIÈVE, Montagnaise ; b 3 mars 1730, à Kamouraska.

CHARLES-FRANÇOIS, Micmac; b 6 nov. 1730, à Kamouraska.

MARIE, Canibas ; b 13 janvier 1731, à Kamouraska.

MARGUERITE, Amalécite; b 27 déc. 1731, à Kamouraska.

PIERRE-BERNARD, Micmac ; b 27 déc. 1731, à Kamouraska.

MARIE-MADELEINE, Amalecite ; b 30 déc. 1731, à Kamouraska.

MARIE-JUDITH, Amalécite ; b 5 avril 1733, à Kamouraska.

MARIE-GENEVIÈVE, Micmac; b 12 août 1733, à Kamouraska.

PIERRE, Montagnais ; b 13 juin 1734, à Kamouraska.

GRÉGOIRE, Amalécite; b 21 juillet 1734, à Kamouraska.

ETIENNE, Amalécite; b 2 janvier 1735, à Kamouraska.

PIERRE, Amalécite ; b... s 28 mai 1736, à Kamouraska.

PIERRE-NOEL, Micmac ; b 1737 ; s 1er février 1738, à Kamouraska.

JEAN-CHARLES, Micmac ; b 9 déc. 1738, à Kamouraska.

MARIE-ANNE, Micmac, b 11 février 1739, à Kamouraska.

QUATRE SAUVAGES, b... s 23 février 1759, à Kamouraska. (L'acte dit : dont deux grands, un moyen et un petit)

MARIE, Micmac ; b 1773 ; s 23 mai 1787, à l'Ile-Verte.

MARGUERITE (Onodoca) ; b 2 février 1713, à Chambly. (Baptisée dans le bois par Pierre Pepin-Laforce.)

MARIE-ANNE, née 1740 ; b 17 mai 1755, à Longueuil. (Domestique de François-Pierre Cherrier, médecin.)

FRANÇOISE, b 7 janvier 1705, à Montréal.

JOSEPH-NICOLAS (Kionhatoni), né en mars et b 14 sept. 1750, à Montréal. (Fils de Kionhatoni, orateur sauvage du nouvel établissement de la Presentation-de-la-Rivière-Hoegatsi, et de Onhatsouaten, dame du conseil du dit etablissement.)

MARIE (Outaouis), b... s 3 nov. 1755, à l'Hôpital-Général, M.

MARIE (Michellimakina), née 1727 ; s 3 nov. 1755, à l'Hôpital-Genéral, M.

JOSEPH, né 1717 ; b et s 25 août 1757, à l'Hôpital-Géneral, M.

NOEL, Panis ; b 25 déc. 1719, à Lachine.

PIERRE, Arkansas ; b 29 juin 1718, à Lachine

JEAN-BAPTISTE (Ricara), b 15 juillet 1718, à Lachine[1] ; s[1] 19 oct. 1718.

MARIE-ANNE, b 1er août 1719, à Lachine.

MARIE-JEANNE, b 24 juin 1720, à Lachine.

PAUL, b 30 nov. 1720, à Lachine.

PIERRE (Karonyaras), Iroquois, du Lac ; b 27 mars 1744, au Sault-au-Récollet.

THOMAS, Nipissingue ; b 7 nov. 1712, à St-François, I. J.

FRANÇOIS, Algonquin ; b 16 janvier 1714, à St-François, I. J.

TOUSSAINT, Algonquin ; b 25 sept. 1730, à St-François, I. J.

PHILIPPE (De8atic), Algonquin ; b 1677 ; s 2 avril 1737, à St-François, I. J.

RENÉ (Tegoui), Abénaquis, de Bécancour ; b 1700, s 15 janvier 1745, à Lachenaye.

MARIE-AGNÈS, Patak, appartenant au sieur Lamotte, médecin ; b 1732 ; s 6 février 1748, à Lachenaye.

SUZANNE, Panise, appartenant à Jean Rochon père ; nee 1734 ; b 29 mars 1748, à Lachenaye.

AGNÈS, Siouse, appartenant à M. Normandin, b 1733 ; s 16 déc. 1755, à Lachenaye.

UNE SAUVAGESSE, appartenant à M. Lamotte, médecin ; b 1735 ; s 30 mars 1757, à Lachenaye.

MARIE-JOSEPH, née 1748 ; b 27 juillet 1768, à Lachenaye.

THOMAS AMIOT, de Lorette ; b 1751 ; s 13 sept. 1769, à Lachenaye.

AUGUSTIN, de Temiskaming ; né 1781 ; b 29 juillet 1785, à Lachenaye.

MARIE-ANNE, b 1680 ; s 8 sept. 1736, à Terrebonne

DEUX ENFANTS, de St-Frs-de-Sales.

...non (Sab8lak); b... s 7 sept. 1765, au Lac-des-Deux-Montagnes. (Grand chef des Algonquins, meurt de la picotte.)

...UVAGEAU.—*Variations et surnom :* SAUVAGEON—SAUVAGEOT—MAISONNEUVE.

1656.

...SAUVAGEAU (1), CLAUDE.
LEGENDRE, Jeanne.
Alexis, b 1672; m 19 avril 1694, à Marguerite ...ssé, aux Grondines[1]; s [1] 20 fevrier 1749.
Jacques, b 1679; m 1704, à Thérèse MARTI...AU.

1694, (19 avril) Grondines. [2]

...—SAUVAGEAU (1), ALEXIS, [CLAUDE I.
b 1672; s [2] 20 fevrier 1749.
MASSÉ, Marguerite, [MARTIN I.
b 1679, s [2] 24 déc. 1744.
Alexis, b [2] 1er mai 1695; 1° m 10 août 1723, à ...arguerite BELISLE-GERMAIN, à Deschambault[3], ...m [2] 4 sept. 1752, à Marie-Anne LEBRUN.—*Ma...leine*, b 1697; m à Rene TESSIER; s 28 janvier ...71, à Ste-Anne-de-la-Perade.—*Joseph*, b [2] 22 ...ars 1699.—*Marie-Anne*, b 1702; s [2] 29 janvier ...79.—*Bonaventure*, b [2] 10 nov. 1704; 1° m [2] 9 ...ov. 1739, à Françoise JOUBIN-BOISVERD; 2° m 22 ...vrier 1745, à Marie-Anne MASSICOT, à Batiscan; ...m [3] 23 oct. 1757, à Marie-Joseph ARCAN.—...*lexis*, b 1709; m 29 avril 1737, à Catherine ...UILLEMOT, à Québec[4]; s [4] 17 dec. 1749.—*Marie-Thérèse*, b [2] 29 juillet 1712; m [2] 30 juillet 1743, à ...an-Baptiste NAUD; s [3] 18 mars 1762.—*Jacques*, ...[2] 3 mai 1715; m [3] 29 juillet 1743, à Louise ...AUD.—*Jean-Baptiste*, b [2] 24 juillet 1718.—*Louis*, 1722; m [3] 27 avril 1745, à Ursule NAUD; s [2] 10 ...oût 1747.—*Joseph-Marie*, b [3] 11 mai 1724; m [3] ...5 oct. 1750, à Catherine ARCAN.—*Jean-Baptiste*, 1728, s [2] 17 avril 1739.

1704.

...—SAUVAGEAU, JACQUES, [CLAUDE I.
b 1679.
MARTINEAU, Thérèse, [JACQUES I.
b 1680.
François, b 1705; s 23 mai 1788, aux Grondines.

1723, (10 août) Deschambault. [1]

...I—SAUVAGEAU, ALEXIS, [ALEXIS II.
b 1695.
1° GERMAIN-BELISLE, Marguerite, [HENRI II.
b 1700; s 26 avril 1751, aux Grondines. [2]
François-Marie, b [1] 3 juin 1724.—*Joseph-Marie*, ...14 fevrier 1726; m [2] 7 avril 1750, à Françoise ...RUNET; s [2] 13 déc 1758.—*Marie-Marguerite*, b [1] ...4 fevrier et s [2] 7 avril 1728.—*Marie-Joseph*, b [1] ...2 fevrier 1729; m 10 août 1750, à Louis-Thomas ...IROUX, à Charlesbourg; s 11 sept. 1783, à ...uébec [3]— *Marguerite*, b [1] 4 août et s [2] 9 ...ept. 1732.—*Alexis*; b [1] 4 et s [2] 27 sept. 1733.—

(1) Voy. vol. I, p. 543.

Raphaël, b [1] 3 sept. 1734; s [1] (1) 27 avril 1749.—*Stanislas*, b [1] 7 oct. 1736; s [1] (1) 27 avril 1749.—*Thérèse*, b 1738; s [2] 20 oct. 1758.—*Michel*, b [1] 2 janvier 1739; m à Marie-Louise LEVASSEUR; s [3] 28 nov. 1797.—*Jean-Marie*, b [1] 25 sept. 1741; m [2] 13 mai 1771, à Rose TROTIER.

1752, (4 sept.) [2]

2° LEBRUN, Marie-Anne, [JACQUES I.
b 1711; s [2] 21 mai 1789.

1737, (29 avril) Québec. [4]

III.—SAUVAGEAU (2), ALEXIS, [ALEXIS II.
b 1709; charpentier; s [4] (dans l'eglise des Récollets) 17 déc. 1749.
GUILLEMOT (3), Catherine, [MATHURIN II.
b 1716.
Anonyme, b [4] et s [4] 17 mai 1740.—*Jean-François-Régis*, b [4] 25 mai 1741; s [4] 25 sept. 1743.—*Marie-Catherine*, b [4] 24 janvier 1743.—*Madeleine*, b [4] 9 mars 1744, s [4] 17 janvier 1749.—*Louise*, b [4] 15 et s 29 mars 1746, à Charlesbourg. [5] —*Alexis*, b [4] 14 janvier et s [5] 11 juillet 1748.—*François-Xavier*, b [4] 14 dec. 1749; m [4] 2 sept. 1777, à Marie-Anne D'ETCHEPART.

1739, (9 nov.) Grondines. [1]

III.—SAUVAGEAU, BONAVENTURE, [ALEXIS II.
b 1704.
1° JOUBIN-BOISVERD, Françoise, [JEAN II.
b 1713; s [1] 13 fevrier 1742.
Thérèse, b [1] 7 août 1740; s [1] 20 août 1754.—*Anonyme*, b [1] et s [1] 28 janvier 1742.

1745, (22 février) Batiscan.

2° MASSICOT, Marie-Anne, [JACQUES I.
b 1719; s [1] 11 juillet 1756.

1757, (23 oct.) Deschambault. [2]

3° ARCAN (4), Marie-Joseph, [SIMON II.
b 1731.
Marie-Joseph, b [1] 16 nov. 1758; m 20 fevrier 1775, à Michel MATHIEU, à Ste-Anne-de-la-Perade. —...... (5), b [1] 25 janvier 1760. —...... (5), b [1] 1er février 1761.—*Joseph-Marie*, b [1] 3 juin 1762; m [2] 5 août 1783, à Monique PERRON.

1743, (29 juillet) Deschambault. [3]

III.—SAUVAGEAU, JACQUES, [ALEXIS II.
b 1715.
NAUD, Louise, [FRANÇOIS II.
b 1722.
Jacques, b 27 avril 1744, aux Grondines[4]; m [4] 18 août 1766, à Marie-Joseph HAMELIN. — *Louis-Marie*, b [3] 18 fevrier 1746.—*Marie-Ursule*, b [4] 27 janvier 1748; m 18 août 1777, à Louis TESSIER, à Ste-Anne-de-la-Pérade. — *Joseph-Marie*, b [3] 12 janvier 1750.—*Bonaventure*, b [4] 30 janvier 1752. —*Marie-Louise*, b [4] 12 juin 1754.—*Marie*, b [4] 4 mars et s [4] 4 avril 1756.—*Marie-Catherine*, b [3] 16 avril 1757.—*René*, b [4] 12 juin et s [4] 1er juillet 1761. —*Marie-Françoise*, b [3] 18 fevrier 1763.

(1) Noyé dans la rivière de la Chevrotière.
(2) Il était du Tiers-Ordre.
(3) Elle épouse, le 2 déc. 1752, Antoine Laroque, à Québec.
(4) Elle épouse, le 30 juillet 1764, Pierre Mathieu, aux Grondines.
(5) Le nom manque au registre.

1745, (27 avril) Deschambault. [5]
III.—SAUVAGEAU, Louis, [Alexis II.
b 1722 ; s 10 août 1747, aux Grondines. [6]
Naud, Ursule, [François II.
b 1720 ; s [5] 27 février 1751.
Marie-Joseph, b [6] 27 mars 1746 ; m [5] 21 janvier 1771, à Pierre Paquin.—*Louis-Joseph* (posthume), b [6] 24 sept. 1747.

1750, (7 avril) Grondines. [7]
IV.—SAUVAGEAU, Joseph-Marie, [Alexis III.
b 1726 ; s [7] 13 déc. 1758.
Brunet, Françoise, [François I.
b 1718.
Marie-Joseph, b [7] 27 nov. 1751 ; m [7] 4 fevrier 1777, à Jean-François Tessier.—*Marie-Françoise*, b [7] 18 mars 1753.—*Marie-Angélique*, b [7] 18 mars 1754 ; s [7] 7 janvier 1756.—*Marie-Louise*, b [7] 2 nov. 1755 ; m 25 février 1783, à Joseph-Marie Hamelin, à Deschambault. [8] — *Marie-Catherine*, b [7] 17 sept. et s [7] 17 nov. 1757. — *Joseph-Marie*, b [7] 9 nov. 1758 ; m [8] 14 janvier 1783, à Marguerite Arcan.

1750, (26 oct.) Deschambault. [1]
III.—SAUVAGEAU, Joseph-Marie, [Alexis II.
b 1724.
Arcan, Catherine, [François II.
b 1728 ; s 29 mars 1756, aux Grondines. [2]
Marie-Joseph, b [2] 3 sept. 1751 ; m [2] 1er fevrier 1773, à François Demers.—*Joseph-Marie*, b [1] 14 fevrier 1753 ; m 1774, à Marie-Joseph-Louise Rodriguey.—*Louis*, b [1] 30 août 1754 ; m [2] 2 oct. 1775, à Therèse Boisverd.—*François-Marie*, b [1] 17 fevrier 1756.

1766, (18 août) Grondines. [6]
IV.—SAUVAGEAU, Jacques, [Jacques III.
b 1744.
Hamelin, Marie-Joseph, [Laurent II.
b 1745.
Marie-Joseph, b... m 3 mars 1794, à Joseph Doraire, à Deschambault.—*Pierre*, b 1774 ; s [6] 3 sept. 1775.—*Angélique*, b [6] 9 juin 1778.—*Marie-Anne*, b [6] 4 mars 1780.—*Geneviève*, b [6] 7 juin 1782.—*Pierre*, b [6] 21 sept. 1783.—*Geneviève*, b [6] 20 août et s [6] 2 sept. 1787.

IV.—SAUVAGEAU (1), Michel, [Alexis III.
b 1739 ; s 28 nov. 1797, à Québec.
Levasseur, Marie-Louise, [Louis IV.
b 1752.

1771, (13 mai) Grondines. [9]
IV.—SAUVAGEAU, Jean-Marie, [Alexis III.
b 1741.
Trotier-Houssard, Rose, [François IV.
b 1744.
Elisabeth, b [9] 4 avril 1775.—*François-Marie*, b [9] 7 nov. 1778.—*Alexis*, b [9] 15 sept. 1780.—*Marie-Charlotte-Judith*, b [9] 28 avril 1782.—*Anonyme*, b [9] et s [9] 20 mars 1784.—*Marie-Joseph*, b [9] 30 mars 1785.—*Louis*, b 1787 ; s [9] 8 mai 1789.

(1) Directeur des postes.

1774.
IV.—SAUVAGEAU, Joseph-M., [Jos.-Marie III.
b 1753.
Rodriguez-L'Espagnol, Marie-Joseph-Louise.
Joseph, b... s 10 sept. 1775, aux Grondines. [2] — *Pierre*, b [2] 16 juin 1776.—*Marie-Joseph*, b [2] ... janvier 1780 ; s [2] 20 août 1782.—*Marie-Joseph*, b 1786 ; s [2] 30 août 1788.

1775, (2 oct.) Grondines. [3]
IV.—SAUVAGEAU, Louis, [Joseph-Marie III.
b 1754.
Boisverd, Thérèse, [Charles II.
b 1755.
Archange, b... s [3] 19 août 1777 — *Marie-Archange*, b [3] 9 août 1778 ; s 20 nov. 1794, St-Cuthbert. [4] — *Marie-Joseph*, b [3] 9 août 1780 ; s [3] 3 nov. 1781.—*Louis*, b [4] 18 août 1790.—*Marie-Louise*, b [4] 5 nov. 1793.

1777, (2 sept.) Québec.
IV.—SAUVAGEAU, Frs-Xavier, [Alexis III.
b 1749.
Detchepard-Bayonne, Marie-Anne, [Jean ...
b 1753.

1778.
SAUVAGEAU, Joseph.
Paquin, Marie-Joseph.
François, b 23 juillet 1779, aux Grondines [5]. — *Marie-Joseph*, b [5] 16 janvier 1786.

1779.
SAUVAGEAU, Jean-Bte.
Hamelin, Rose.
Alexis, b 15 oct. 1780, aux Grondines.

1783, (14 janvier) Deschambault.
V.—SAUVAGEAU, Jos.-Marie, [Jos.-Marie IV.
b 1758.
Arcan, Marguerite, [Pierre-Joseph III.
b 1763.
Joseph-Marie, b 3 nov. 1783, aux Grondines. [1] —*Alexandre*, b 1786 ; s [1] 20 sept. 1788.

1783, (5 août) Deschambault.
IV.—SAUVAGEAU, Jos.-Marie (1), [Bonav. III.
b 1762.
Perron, Monique, [Joseph IV.
b 1762.
Joseph-Alexandre, b 3 mai 1784, aux Grondines. [2] — *Marie-Rosalie*, b [2] 6 avril 1788.

SAUVAGEAU, Joseph.
Landrille, Marie-Louise.
Pierre, b 7 mars 1786, aux Grondines.

SAUVÉ —*Surnoms :* Jeannes — Joannes — Laplante.

(1) Bonaventure, 1788.

1696, (27 février) Lachine. [6]

I.—SAUVÉ (1), PIERRE,
b 1652; s 4 mai 1737, au Bout-de-l'Ile, M. [7]
MICHEL (2), Marie-Renée, [JEAN I.
b 1677; s [7] 19 nov. 1750.

Pierre-Jacques, b [6] 24 fevrier 1697; m [7] 10 janvier 1736, à Marie MERLOT; s [7] 21 dec. 1751.—*François-Marie*, b [6] 27 août 1698; m [7] 4 avril 1731, à Elisabeth MADELEINE.—*Pierre*, b [6] 9 mai 1700; m 1726, à Louise-Angélique RANGER —*Louis*, b [7] 12 mars 1704; m [7] 3 nov. 1729, à Elisabeth MADELEINE.—*Suzanne*, b [6] 20 juin 1705; m [7] 20 oct. 1726, à Joseph RANGER.—*Marie-Joseph*, b 13 nov. 1707, à Montréal; m [7] 4 avril 1731, à Pierre-Joseph TABAUT; s [7] 9 fevrier 1759. — *Félicité*, b [7] 8 avril 1709; m [7] 26 avril 1735, à Antoine LALONDE.—*Charles*, b 1712; m [7] 10 fevrier 1738, à Marie-Joseph LÉGER.—*Antoine*, b 13 avril 1714, à la Pointe-Claire; 1° m 1746, à Marie-Joseph DUCHARME; 2° m [7] 17 janvier 1757, à Charlotte CHARLEBOIS; s [7] 19 mai 1760.—*Anne*, b [7] 14 mai 1717.—*Madeleine*, b... m [7] 3 nov. 1745, à Pierre ROBILLARD.

1713, (22 janvier) Montréal. [8]

I.—SAUVÉ (3), JEAN, [ROBERT I.
b 1676.
MARIE, Antoinette, [LOUIS I.
b 1683.

Marie-Charlotte, b [8] 14 juin 1714; m 13 août 1736, à François MÉNARD, à Laprairie.

1726.

II.—SAUVÉ (4), PIERRE, [PIERRE I.
b 1700.
RANGER, Louise-Angélique, [ROBERT I.
b 1706.

Félicité, b 21 juillet 1727, au Bout-de-l'Ile, M. [9]; 1° m [9] 15 janvier 1746, à Charles DIEL; 2° m [9] 8 janvier 1757, à Jean-Baptiste CRÊTE; s [9] 17 oct. 1759.—*Marie-Louise*, b [9] 12 fevrier 1730; m [9] 23 février 1753, à Nicolas VALADE.—*Pierre-Amable*, b [9] 17 sept. 1732; 1° m [9] 10 janvier 1757, à Geneviève DICAIRE; 2° m [9] 18 nov. 1766, à Marie-Madeleine DUFAUT.—*Marie-Antoine*, b [9] 17 dec. 1734; m [9] 26 janvier 1761, à Marie-Anne ROBILLARD.—*Marie-Anne*, b [9] 15 mai 1737; m [9] 14 février 1757, à Jean-Baptiste ROBILLARD. — *Cécile*, b [9] 19 nov. 1739; m [9] 19 fevrier 1760, à Louis-Antoine DENIS.—*Robert*, b [9] 4 août 1742. — *Marie-Joseph*, b [9] 25 mars 1745; m [9] 20 février 1764, à Joseph LAROQUE-BRUNE.—*Marie-Geneviève*, b [9] 6 juillet 1747; m 10 oct. 1768, à Charles LAROCQUE, à Soulanges. —*Marie-Archange*, b [9] 6 janvier 1750.

1729, (3 nov.) Bout-de-l'Ile, M. [8]

II.—SAUVÉ (4), LOUIS, [PIERRE I.
b 1704.
MADELEINE (5), Elisabeth, [ETIENNE II.
b 1706.

Louis, b [8] 20 août 1730; m [8] 19 avril 1751, à Marie-Joseph ROBILLARD.—*Agathe-Charlotte*, b [8] 12 et s [8] 15 avril 1733.—*Pierre*, b [8] 18 oct. 1734; m [8] 9 janvier 1764, à Marie-Renée CADIEU.—*Marie-Joseph*, b [8] 4 février 1737; m [8] 7 fevrier 1763, à Jean-Baptiste BRAZEAU —*Marie-Angélique*, b [8] 30 sept. 1739; m [8] 11 janvier 1762, à Antoine PILON. —*Agathe*, b [8] 12 oct. 1742; s [8] 9 nov. 1743.—*Amable-Esther*, b [8] 12 juin 1748.

1731, (4 avril) Bout-de-l'Ile, M. [7]

II.—SAUVÉ (1), FRANÇOIS-MARIE, [PIERRE I.
b 1698.
MADELEINE (2), Elisabeth, [JOSEPH II.
b 1707.

François-Marie, b [7] 27 déc. 1731; s [7] 3 août 1752.—*Marie-Joseph*, b [7] 21 et s [7] 23 avril 1734. —*Joseph-Marie*, b [7] 14 avril 1735; m [7] 10 fevrier 1755, à Marie-Catherine LALANDE.—*Jean-Baptiste*, b [7] 4 sept. 1737; m [7] 19 février 1759, à Marie-Rose LALONDE.—*Charles-Marie*, b [7] 10 mars 1740; m [7] 2 février 1761, à Marie-Angelique LALONDE. —*Marie-Charlotte*, b [7] 16 mars 1742; m [7] 2 fevrier 1761, à Guillaume LALONDE.—*Augustin* et *Michel*, b [7] 5 juin 1747.—*Marie-Joseph*, b [7] 5 oct. 1748.—*Marie-Françoise*, b 1750; m 18 janvier 1768, à Joseph POIRIER, à Soulanges.—*Amable-Eustache*, b [7] 31 juillet 1752.

1736, (10 janvier) Bout-de-l'Ile, M. [6]

II.—SAUVÉ, PIERRE-JACQUES, [PIERRE I.
b 1697; s [6] 21 dec. 1751.
MERLOT, Marie, [JOACHIM II.
b 1707.

1738, (10 février) Bout-de-l'Ile, M. [1]

II.—SAUVÉ, CHARLES, [PIERRE I.
b 1712.
LÉGER, Marie-Joseph, [PIERRE I.
b 1718.

Pierre, b [1] 26 février 1739; 1° m [1] 24 nov. 1760, à Marie-Rose ROBILLARD, 2° m [1] 8 avril 1766, à Françoise-Agathe MALLET.—*Charles-Marie*, b [1] 16 sept. 1740.—*Joseph*, b [1] 3 mai 1742; m 1766, à Marie-Françoise BARBARY.—*Basile-Amable*, b [1] 21 mars 1744.—*Paul*, b [1] 5 dec. 1745.—*Louis-Amable*, b [1] 19 juin 1747.—*Jean-Baptiste*, b [1] 22 juin 1749.—*Marie-Anne*, b [1] 22 juin 1751.—*Marie-Joseph*, b [1] 26 fevrier 1753.—*Luc-Antoine*, b [1] 22 janvier 1755; s [1] 20 mars 1756.—*François*, b [1] 6 mars et s [1] 6 juin 1757.—*Marie-Archange*, b [1] 11 fevrier et s [1] 17 avril 1759.—*Marie-Rose*, b [1] 18 sept. 1760; s [1] 1er fevrier 1761.

1746.

II.—SAUVÉ, ANTOINE, [PIERRE I.
b 1714; s 19 mai 1760, au Bout-de-l'Ile, M. [2]
1° DUCHARME, Marie-Joseph, [JEAN III.
b 1723; s [2] 21 mars 1755.

Joseph-Amable, b [2] 5 mars 1747.—*Marie-Catherine*, b [2] 16 dec. 1748.—*Jean-Baptiste*, b [2] 22 juin 1751; s [2] 21 janvier 1752.—*Jean-Baptiste*, b [2] 21

(1) Dit Laplante; voy. vol. I, p. 543.
(2) Et Michau—Lefebvre.
(3) Pour Jeannes, voy. vol. IV, p. 600; appelé Sauvé du nom de sa grand'mère, Savard.
(4) Dit Laplante.
(5) Ladouceur.

(1) Dit Laplante.
(2) Ladouceur.

oct. 1752.—*Hyacinthe*, b [2] 27 janvier et s [2] 29 juin 1754.

1757, (17 janvier). [2]

2° CHARLEBOIS, Charlotte, [JACQUES-CHARLES II. b 1717; veuve de Louis Denis.

Luc, b 1757; s [2] 30 juin 1759.

1751, (19 avril) Bout-de-l'Ile, M. [3]

III.—SAUVÉ, LOUIS, [LOUIS II. b 1730.

ROBILLARD, Marie-Joseph, [NICOLAS II. b 1724.

François, b [3] 10 sept. 1751.—*Marie-Archange*, b [3] 14 déc. 1753; s [3] 19 mai 1759.—*Louis-Luc*, b [3] 16 janvier 1756.—*Marie-Céleste*, b 1758; s [3] 14 mai 1759.—*Louis*, b [3] 4 avril 1760.—*Marie-Renée*, b [3] 14 mai 1762.—*Antoine*, b [3] 22 avril 1764.—*Marie-Antoinette*, b [3] 28 mars 1766.

1755, (10 février) Bout-de-l'Ile, M. [6]

III.—SAUVÉ, JOS.-MARIE, [FRANÇOIS-MARIE II. b 1735.

LALONDE, Marie-Catherine, [FRANÇOIS III. b 1738.

Anonyme, b [6] et s [6] 6 déc. 1755.—*Marie-Joseph*, b... s [6] 3 août 1758.—*Marie-Charlotte*, b [6] 27 juin et s [6] 11 juillet 1759.—*Marie-Joseph*, b [6] 6 août et s [6] 30 sept. 1760.—*Joseph-Marie*, b [6] 7 oct. 1761.—*Marie-Archange*, b [6] 29 avril 1763.—*Antoine*, b [6] 15 déc. 1764.—*Marie-Joseph*, b [6] 30 août 1766.—*Marie-Charlotte*, b [6] 15 avril et s [6] 16 août 1768.

1757, (10 janvier) Bout-de-l'Ile, M. [8]

III.—SAUVÉ, PIERRE-AMABLE, [PIERRE II. b 1732.

1° DICAIRE, Geneviève, [LOUIS I. b 1737; s [8] 6 mai 1765.

Laurent, b [8] 15 février 1759.—*François-Amable*, b [8] 27 avril 1761.—*Marie-Reine*, b [8] 1er juillet 1763.—*Félicité* et *Marie-Louise*, b [8] 13 et s [8] 15 avril 1765.

1766, (18 nov.) [8]

2° DUFAUT (1), Marie-Madeleine, [FRANÇOIS I. b 1738.

1759, (19 février) Bout-de-l'Ile, M. [9]

III.—SAUVÉ, JEAN-BTE, [FRANÇOIS-MARIE II. b 1737.

LALONDE, Marie-Rose, [FRANÇOIS III. b 1742.

Jean-Baptiste, b [9] 14 oct. 1760; s [9] 23 février 1761.—*Marie-Rosalie*, b [9] 30 nov. 1761.—*Jean-Baptiste*, b [9] 6 oct. 1763; s [9] (noyé dans un puit) 6 juillet 1766.—*Marie*, b... s [9] 28 déc. 1765.—*Elisabeth*, b... m 21 sept. 1789, à Joachim LEVAC, à Soulanges.

1760, (24 nov.) Bout-de-l'Ile, M. [6]

III.—SAUVÉ, PIERRE, [CHARLES II. b 1739.

1° ROBILLARD, Marie-Rose, [NICOLAS III. b 1742; s [6] 19 mars 1765.

Pierre, b [6] 30 janvier 1762; s [6] 11 mars 1766.

(1) Mariée sous le nom de Dufour.

1766, (8 avril). [6]

2° MALLET, Françoise-Agathe. [LOUIS III.

Louis, b 3 août 1767, au Lac-des-Deux-Montagnes.

1761, (26 janvier) Bout-de-l'Ile, M. [1]

III.—SAUVÉ, MARIE-ANTOINE, [PIERRE II. b 1734.

ROBILLARD, Marie-Anne, [NICOLAS III. b 1744.

Pierre-Antoine, b [1] 20 février 1762.—*Jean-Baptiste*, b 9 avril 1763, au Lac-des-Deux-Montagnes. [2] — *Marie-Louise*, b [2] 30 oct. 1764.—*Marie*, b [2] 7 mars 1766. — *Joseph-Amable*, b [2] 2 avril 1768.

1761, (2 février) Bout-de-l'Ile, M. [3]

III.—SAUVÉ, CHS-MARIE, [FRANÇOIS-MARIE II. b 1740.

LALONDE, Marie-Angélique, [GUILLAUME III. b 1741.

Charles, b [3] 5 mars et s [3] 3 juillet 1762.—*Marie-Madeleine*, b [3] 1er mai 1763.

1764, (9 janvier) Bout-de-l'Ile, M. [6]

III.—SAUVÉ, PIERRE, [LOUIS II. b 1734.

CADIEU, Marie-Renée, [PIERRE III. b 1733.

Noël-Louis, b [6] 24 déc. 1764.—*Marie-Reine*, b [6] 13 oct. 1766.

1766.

III.—SAUVÉ, JOSEPH, [CHARLES II. b 1742.

BARBARY, Marie-Françoise, [MICHEL III. b 1746.

Joseph-Amable, b 13 sept. 1767, au Bout-de-l'Ile, M.

1767.

SAUVÉ, HUBERT.

NEVEU, Marie-Joseph.

Marie-Marguerite, b 26 juin et s 21 juillet 1768, au Bout-de-l'Ile, M.

SAUVÉ (1), JOSEPH.

RABAU, Marie-Anne, [JEAN-JOSEPH II. s 31 mai 1798, à la Pointe-Claire.

1720, (3 juin) Rivière-Ouelle.

I.—SAUVEUR, CHARLES.

LEBEL (2), Marie-Françoise, [JEAN II. b 1697.

SAUVIAT.—Voy. SOVIAT.

I.—SAVARD (3), SIMON.

HURDOUIL (4), Marie, b 1626; s 25 nov. 1703, à Charlesbourg [1]

(1) Dit Laplante

(2) Elle épouse, en 1730, Pierre Martin.

(3) Voy. vol. I, pp. 543-544.

(4) Elle épouse, le 26 janvier 1665, Jean Rhéaume, à Québec.

Jean, b 1658 ; 1° m 14 avril 1687, à Marguerite Tremblay, à L'Ange-Gardien ; 2° m 22 nov. 1694, Marie-Anne Sasseville, à Quebec ; 3° m [1] 16 avril 1703, à Catherine Galarneau ; s [1] 7 mars 1735.

1682.

I.—SAVARD (1), Simon, [Simon I.
b 1655 . s 24 mars 1715, à Charlesbourg. [6]
LeTellier, Françoise, [Etienne I.
b 1668 , s [6] 26 février 1746.
Jean-François, b 1682 ; m [6] 7 nov. 1707, à Marguerite Renaud ; s [6] 3 avril 1761.—*Marie-Marguerite*, b 30 déc. 1683, à Lorette [7] ; m [6] 11 avril 1712, à Nicolas Estiambre.—*Catherine*, b... m [6] 8 nov 1717, à Pierre Drolet.—*Simon*, b [7] 1er déc. 1691 , s [7] oct. 1710.—*François*, b 1692 ; s [6] 22 mars 1695.—*Marie-Charlotte*, b [7] 10 juin 1694 ; 1° m [6] 9 sept. 1726, à Michel Balan ; 2° m 1er juillet 1741, à Louis Bourget, à Québec. [8] — *Nicolas*, b [7] 4 janvier 1695 ; s [6] 26 dec. 1707.—*Marie-Françoise*, b [6] 10 avril 1699 ; m à François Estiambre.—*Jacques*, b 1702 ; m [6] 14 nov. 1724, à Marie-Ambroise Falardeau ; s [6] 26 janvier 1743.—*Jean-Baptiste*, b [6] 25 nov. 1703 ; m [6] 9 oct. 1730, à Marie-Elisabeth Penisson.—*Charles*, b [6] 10 avril 1706 ; s [6] 2 oct. 1707.—*Marie-Joseph*, b [6] 1er mars 1709, m [6] 8 nov. 1734, à Thomas-Simon Courtois, s (de mort subite) 22 sept. 1748.—*Pierre*, b [6] 11 janvier 1711 ; m [6] 20 juillet 1739, à Angelique Bouré.—*Charles*, b [6] 15 nov. 1714 ; m [8] 4 oct. 1751, à Marie-Anne Bourbeau ; s [8] 19 mai 1795.

1687, (14 avril) L'Ange-Gardien. [1]

II.—SAVARD (1), Jean, [Simon I.
b 1658 ; s 7 mars 1735, à Charlesbourg. [2]
1° Tremblay, Marguerite, [Pierre I.
b 1665 ; s [2] 30 août 1694.
Joseph-Simon, b 1689 . 1° m 27 juillet 1711, à Marie-Joseph Morel, à Ste-Anne . 2° m 16 oct. 1727, à Catherine Dalaire, à St-François, I. O. , s 20 sept. 1755, à l'Ile-aux-Coudres.—*Pierre*, b 1691 , m [2] 29 oct. 1715, à Marguerite Dumont.—*Marie-Anne*, b 4 août 1692, à Quebec [3] ; m [3] 12 juin 1713, à Denis Lafontaine.—*Marguerite*, b [2] 30 août 1694 ; m 12 fevrier 1714, à François-Xavier DeLavoye, à la Baie-St-Paul. [4]

1694, (22 nov.) [3]

2° Sasseville, Anne-Jeanne, [Pierre I.
b 1672 , s [2] 7 janvier 1703.
Marie-Françoise, b 1697 , 1° m [1] 21 avril 1721, à Charles Grenier ; 2° m 17 fevrier 1738, à Louis Lebry, à Beauport ; s 17 juin 1740, à St-François, I. J.—*Jean-Bernard*, b [2] 13 nov. 1698. —*Philippe*, b [2] 14 nov. 1700 , m [4] 22 nov. 1729, à Genevieve Gagné ; s [4] 10 avril 1731.—*Simon*, b [2] et s [2] 18 janvier 1703.

1703, (16 avril). [2]

3° Galarneau, Catherine, [Jacques I.
b 1672 ; veuve de Jean Philippes ; s 10 juillet 1741, à Levis.
Françoise, b [2] 12 et s [2] 17 fevrier 1704.—*Marie-Catherine*, b [2] 7 avril 1705 ; s [2] 19 avril 1706.—*Marie-Thérèse*, b [2] 16 et s [2] 23 fevrier 1707.—*Jacques-Michel*, b [3] 28 mai et s [3] 15 juin 1708.—*Marguerite-Jeanne*, b [3] 30 mai et s [2] 28 juin 1709. —*Louis*, b [3] 27 sept. et s [3] 7 oct. 1710.—*Jean*, b [3] 13 août et s [3] 15 sept. 1712.

(1) Voy. vol I, p. 544.

1707, (7 nov.) Charlesbourg. [1]

III.—SAVARD, Jean-François, [Simon II.
b 1682 ; s [1] 3 avril 1761.
Renaud, Marguerite, [Guillaume I.
b 1685.
Marie-Marguerite, b [1] 26 sept. 1708 ; m [1] 12 nov. 1731, à Philippe Drolet ; s 7 avril 1789, à Quebec. [2] — *Thérèse-Simone*, b 18 déc. 1709, à Lorette [3] ; s [3] 4 avril 1711. — *Pierre-François*, b [3] 23 oct. 1711 ; m [1] 1er mars 1734, à Marie Bouré ; s [1] 16 nov. 1749.—*Simon*, b [3] 3 sept. 1713 , m [1] 23 janvier 1736, à Marie-Elisabeth Proteau ; s [1] 18 avril 1760.—*Marie-Jeanne*, b [3] 9 janvier 1715 ; m [1] 22 nov. 1734, à François-Michel Bedard.—*Marie-Madeleine*, b [3] 4 juin 1718 , m [1] 13 janvier 1744, à Louis-Alexandre Rousseau ; s [2] 8 mai 1750.—*Marguerite*, b [3] 1er janvier 1720 ; m [1] 15 juin 1739, à Charles Falardeau.—*Joseph*, b 1722 ; m 1746, à Marie-Agnès Fluet.—*Marie-Louise*, b [1] 20 nov. 1724 ; s [1] 6 sept. 1725.—*Charles*, b [1] 5 mai 1727 ; m [1] 10 nov. 1749, à Marguerite Pepin.—*Marie-Joseph*, b [1] 5 mai 1727 ; 1° m [1] 25 avril 1747, à François Falardeau ; 2° m [1] 23 sept. 1754, à François Girard.—*Marie-Thérèse*, b [1] 10 août 1729 ; s [1] 21 juillet 1730.

1711, (27 juillet) Ste-Anne.

III.—SAVARD, Joseph-Simon, [Jean II.
b 1689 ; s 20 sept. 1755, à l'Ile-aux-Coudres. [4]
1° Morel, Marie-Joseph, [Guillaume I.
b 1686 ; s 12 mars 1727, à la Baie-St-Paul. [5]
Pierre, b 1712 ; m [5] 21 nov. 1731, à Marie-Joseph Bouchard ; s [4] 24 juillet 1780.—*Charlotte*, b 1714 , m 18 nov. 1739, à Jean-Marc Bouillane, à la Petite-Rivière [6] ; s [4] 21 avril 1770. — *Barbe*, b [5] 21 août 1716 , s [5] 18 avril 1731 —*Marie-Dorothée*, b [5] 3 juin 1718 ; m [6] 17 nov. 1739, à Joseph Bouchard.—*Brigitte*, b [5] 19 mai 1720 ; m [4] 21 nov. 1746, à Barthelemi Terrien.—*Joseph*, b [5] 4 juin 1722.—*Marie*, b [5] 6 juin 1724.—*Scholastique*, b... m [4] 16 nov. 1744, à Charles Desmeules.

1727, (16 oct) St-François, I. O. [7]

2° Dalaire, Catherine, [Charles II.
b 1698 , veuve de Joseph DeLavoye ; s [4] 12 janvier 1759.
Charles, b [5] 15 nov. 1729 ; 1° m [7] 23 août 1751, à Madeleine Gaulin ; 2° m [4] 24 août 1767, à Marie-Françoise-Dorothee Paré.—*Catherine*, b [5] 4 juillet 1731 ; 1° m [4] 19 août 1748, à Antoine Marie ; 2° m [4] 24 sept. 1764, à Andre Couturier. —*Etienne*, b [5] 22 mars 1733 ; m [4] 26 avril 1756, à Angelique Rousset.—*Jean-Baptiste*, b [5] 10 juillet 1734 ; 1° m [6] 23 oct. 1756, à Madeleine DeLavoye , 2° m [6] 5 avril 1761, à Felicite Tremblay ; 3° m [4] 16 juillet 1770, à Marie-Charlotte Audibert.—*Geneviève*, b [6] 1er juin 1736 ; m [4] 19 août 1754, à Sebastien-Dominique Hervé ; s [4] 19 janvier 1781. —*Jean*, b 1738 ; m [4] 20 avril 1761, à Marie-Elisabeth Tremblay.

1715, (29 oct.) Charlesbourg. [8]

III.—SAVARD, PIERRE, [JEAN II.
b 1691.
DUMONT, Louise-Marguerite, [JEAN I.
b 1696.

Marie-Marguerite, b [8] 4 et s [8] 17 sept. 1716.—*Marie*, b [8] 20 oct. 1717 ; m [8] 26 janvier 1739, à Louis RENAULT.—*Jacques*, b [8] 7 déc. 1719 ; m [8] 11 nov. 1748, à Marie-Elisabeth PAGEOT ; s [8] 24 janvier 1758.—*Marie-Françoise*, b 1721 ; s [8] 14 janvier 1722.—*Jean-Baptiste*, b [8] 6 février 1723 ; m [8] 2 oct. 1747, à Marie-Joseph PAGEOT.—*Louis*, b [8] 24 oct. et s [8] 15 nov. 1724.—*Marie-Angélique*, b [8] 14 et s [8] 18 mars 1727.—*Marie-Joseph*, b [8] 4 juin et s [8] 15 juillet 1728.—*Etienne*, b [8] 27 février 1730.—*Marie-Joseph*, b [8] 19 mars 1732 ; m à Antoine BEDARD.—*Charles*, b [8] 24 oct. 1734 ; m [8] 8 nov. 1762, à Simone PAGEOT.—*Marie-Marguerite*, b [8] 3 et s [8] 23 juin 1736.—*Pierre*, b [8] 28 juillet et s [8] 6 août 1737. — *Marie-Marguerite*, b [8] 14 février 1741 ; m [8] 8 nov. 1762, à Jacques PASCHAL.

1724, (14 nov.) Charlesbourg. [7]

III.—SAVARD, JACQUES, [SIMON II.
b 1702, s [7] 26 janvier 1743.
FALARDEAU (1), Marie-Ambroise, [GUILLAUME I.
b 1707.

Marie-Françoise, b [7] 16 oct. 1725 ; m [7] 22 février 1740, à Jacques BARBOT.—*Marguerite*, b [7] 5 février 1727 ; m [7] 9 janvier 1747, à Pierre BEDARD.

1729, (22 nov.) Baie-St-Paul [6]

III.—SAVARD, PHILIPPE, [JEAN II.
b 1700 ; s [6] 10 avril 1731.
GAGNÉ, Geneviève, [IGNACE III.
b 1686 ; veuve de Louis Gontier, s [6] 9 avril 1731.

1730, (9 oct.) Charlesbourg. [2]

III.—SAVARD, JEAN-BTE, [SIMON II.
b 1703.
PENISSON, Marie-Elisabeth, [JEAN I.
b 1708.

Jean-Baptiste, b 27 et s 28 août 1731, à Quebec.—*Marie*, b [2] et s [2] 20 avril 1732.—*Jean-Baptiste*, b [2] 3 mai 1733.—*Denis-Simon*, b [2] 11 nov. 1734.—*Joseph*, b [2] 6 oct. 1736 ; m [2] 10 janvier 1763, à Marie-Louise FALARDEAU.—*Charles*, b [2] 12 janvier 1738.—*Marie-Elisabeth*, b [2] 2 sept. 1740.—*Pierre-Jean*, b [2] 3 février 1743.—*Marie-Angélique*, b [2] 25 avril 1745 ; s [2] 31 juillet 1749.—*Louis*, b [2] 4 juillet et s [2] 19 août 1747.—*Agathe*, b [2] 3 février 1749, s [2] 7 février 1759.—*Marie-Charlotte*, b [2] 12 février 1752.

1731, (21 nov.) Baie-St-Paul. [3]

IV.—SAVARD, PIERRE, [JOSEPH-SIMON III.
b 1712 ; s 24 juillet 1780, à l'Ile-aux-Coudres. [4]
BOUCHARD, Marie-Joseph, [FRANÇOIS II.
b 1713.

Anonyme, b [3] et s [3] 16 août 1732.—*François*, b [3] 5 juin 1733, 1° m 1756, à Marie-Louise TREMBLAY ; 2° m [4] 4 juillet 1763, à Marie-Anne-Victoire GIRARD.—*Cécile*, b 30 déc. 1734, à la Petite-Rivière [5] ; s [5] 9 janvier 1735.—*Pierre*, b [5] 13 mai 1737, 1° m [4] 18 nov. 1756, à Françoise TREMBLAY ; 2° m [4] 28 sept. 1761, à Marguerite BRISSON.—*Joseph*, b 1739 ; s [4] 8 janvier 1751.—*Louis* (Jean), b 1741 ; m [4] 1er oct. 1770, à Geneviève-Ursule BRISSON.—*Mathieu*, b [4] 5 mai 1742 ; m [3] 4 nov. 1766, à Cécile DEBIEN.—*Marie-Angélique*, b [4] 16 avril 1744 ; m 1769, à Jean DESGAGNÉS ; s [4] 22 mai 1843.—*Marie-Eulalie-Joseph*, b [4] 23 mars 1748 ; s [4] 29 janvier 1759.—*Marie-Louise*, b [4] 29 mars 1753 ; m [4] 27 janvier 1777, à André TREMBLAY.

1734, (1er mars) Charlesbourg. [6]

IV.—SAVARD, PIERRE-FRS, [JEAN-FRANÇOIS III.
b 1711, s [6] 16 nov. 1749.
BOURÉ, Marie, [FRANÇOIS-GILLES II.
b 1715.

Marie-Marguerite, b [6] 27 déc. 1734 ; m [6] 11 février 1754, à Pierre-Philippe DROLET.—*Marie-Madeleine*, b 1736 ; 1° m 18 avril 1757, à Charles BONNEAU, à Quebec [7] ; 2° m [7] 11 sept. 1758, à Jean-Baptiste-Charles-Louis JULIEN-HELLOT ; 3° m [7] 13 février 1787, à Benjamin SCHMARE ; s 18 août 1829, à Montréal.—*Marie-Angélique*, b [6] 30 oct. 1738 ; m [6] 8 février 1762, à Louis BERNARD.—*Charles*, b [6] 19 avril 1740 ; m [6] 6 février 1763, à Marie-Joseph LEBEAU. — *Marie-Jeanne*, b [6] 3 juillet 1741 ; m [6] 13 janvier 1761, à François DUVEAU.—*François*, b [6] 16 février 1743.—*Marie-Françoise*, b [6] 4 nov. 1744.—*Marie-Louise*, b [6] 14 sept. 1746.—*Marie-Elisabeth*, b [6] 11 janvier 1748 ; s [6] 22 juin 1754.

1736, (23 janvier) Charlesbourg [8]

IV.—SAVARD, SIMON, [JEAN-FRANÇOIS III.
b 1713 ; s [3] 18 avril 1760.
PROTEAU (1), Marie-Elisabeth, [MICHEL II.
b 1711.

Jean-François, b [8] 3 déc. 1736, s [8] 15 sept. 1740.—*Michel*, b [8] 5 déc. 1737 ; m [8] 5 sept. 1763, à Marie-Joseph BARBOT.—*Marie-Joseph*, b [8] 9 mars 1740.—*Marie-Geneviève*, b [8] 22 avril 1743.

1739, (20 juillet) Charlesbourg. [9]

III.—SAVARD, PIERRE, [SIMON II.
b 1711.
BOURÉ, Angélique, [FRANÇOIS-GILLES II.
b 1720.

Pierre, b [9] 23 nov. 1740 ; s [9] 22 mai 1760.—*Marie-Angélique*, b [9] 18 oct. 1742. — *Marguerite*, b [9] 25 avril et s [9] 19 juin 1744.—*Marie-Joseph*, b [9] 16 avril 1745 ; m à Charles BEDARD.—*Charles*, b [9] 21 juin 1749.—*Marie-Françoise*, b [9] 17 et s [9] 27 déc. 1751.—*Joseph*, b [9] 16 avril 1754.

1746.

IV.—SAVARD, JOSEPH, [JEAN-FRANÇOIS III.
b 1722.
FLUET (2), Marie-Agnès, [LOUIS II.
b 1726.

(1) Elle épouse, le 13 janvier 1749, Etienne Bedard, à Charlesbourg.

(1) Elle épouse, le 22 août 1763, Pierre Durand, à Charlesbourg.

(2) Elle épouse, le 18 janvier 1751, Pierre Falardeau, à Charlesbourg.

Joseph, b 28 déc. 1746, à Charlesbourg[1]; 1° m 1771, à Marie-Louise Lefebvre; 2° m 15 janvier 1787, à Marie-Anne Bussière, à St-Augustin.—*Marie-Agnès*, b [1] 3 mars 1748 ; s [1] 27 fevrier 1749.—*Louis-Alexis*, b 26 sept. 1749, à Quebec ; s [1] 1er mai 1750.—*Marie*, b... m à Joseph Pepin.

1747, (2 oct.) Charlesbourg. [7]

V.—SAVARD, Jean-Bte, [Pierre III.
b 1723.
Pageot, Marie-Joseph, [Joseph II.
b 1727.

Marie-Joseph, b [7] 29 juin 1748.—*Jean-Pierre*, b [7] 2 oct. 1749.—*Marie-Joseph*, b [7] 12 oct. 1751.—*Charles*, b [7] 29 nov. 1753.—*Joseph*, b [7] 3 juin 1756; s [7] 30 janvier 1760.—*Pierre*, b [7] 12 juillet 1758; s [7] 4 avril 1759.

1748, (11 nov.) Charlesbourg. [8]

V—SAVARD, Jacques, [Pierre III.
b 1719; s [8] 24 janvier 1758.
Pageot (1), Marie-Elisabeth, [Joseph II.
b 1729.

Marie-Elisabeth, b [8] 30 août 1749. — *Jacques*, b [8] 24 nov. 1750, m 1780, à Marie-Charlotte Ginbras; s 2 mars 1793, à St-Augustin. [9] — *Marie-Joseph*, b 1752 ; s [8] 17 août 1753.—*Pierre-Joseph*, b [8] 11 février 1755 ; m [9] 7 fevrier 1785, à Marie-Joseph Defoy. — *Louis* et *Marie-Louise*, b [8] 3 fevrier 1757.

1749, (10 nov.) Charlesbourg.

V—SAVARD, Charles, [Jean-François III.
b 1727.
Pepin, Marguerite, [Louis II.
b 1726.

1751, (23 août) St-François, I. O.

V.—SAVARD, Charles, [Joseph-Simon III.
b 1729.
1° Gaulin (2), Madeleine, [Louis III.
b 1726 ; s 12 mai 1767, à l'Ile-aux-Coudres. [3]

Charles-François, b [3] 7 août 1752; m 1770, à Marie Racine.—*Etienne*, b [3] 31 mars 1754 ; s [3] 29 janvier 1759.—*Marie-Madeleine*, b [3] 13 mars 1757.—*Dominique*, b [3] 12 juillet 1762.—*Joseph-David*, b [3] 13 avril 1767.

1767, (24 août). [3]

2° Paré, Marie-Frse-Dorothee, [Timothée III.
b 1734 ; veuve d'Etienne Morin.

Pierre, b [3] 17 mars 1770.—*Paul*, b [3] 10 oct. et s [3] 27 nov. 1773.—*Siméon*, b [3] 21 avril 1775.

1751, (4 oct.) Quebec. [6]

II.—SAVARD, Charles, [Simon II.
b 1714 ; boulanger ; s [6] 19 mai 1795
Bourbeau-Carignan, Marie-Anne, [Louis III.
b 1727.

Marie-Jeanne, b [6] 23 oct. 1752; s [6] 19 août 1756—*Charles-François*, b [6] 22 janvier 1754; s [6] 18 mars 1759.—*Marie-Anne*, b [6] 12 juillet 1755 ; m [6] avril 1777, à Jean-Baptiste Rochay.—*Charles*, b [6] 24 avril et s [6] 9 mai 1757.—*Charles-Michel*, b [6] 21 juin 1758.—*Joseph*, b [6] 19 oct. 1761 ; s [6] 31 déc. 1788.

(1) Elle épouse, le 27 nov. 1758, Jean-Marie Leroux, à Charlesbourg.

(2) Gautier, 1762.

1756.

V.—SAVARD, François, [Pierre IV.
b 1733.
1° Tremblay, Marie-Louise, [Guillaume III.
b 1736 ; s 8 dec. 1758, à l'Ile-aux-Coudres. [8]

Marie-Angélique, b [8] 20 nov. 1757; m [8] 28 avril 1778, à Louis-Joseph Martel.

1763, (4 juillet). [8]

2° Girard, Marie-Anne-Vict., [Nicolas III.
b 1745.

Marie-Louise, b [8] 2 juin 1765.—*Elisabeth*, b [8] 8 nov. 1767.—*Joseph-Marie*, b [8] 22 oct. 1769.—*François*, b [8] 20 mars 1772.—*Jean-François*, b [8] 18 sept. 1774.—*Basile*, b [8] 24 janvier 1777.—*Emérence*, b [8] 13 nov. 1778.—*Félicité*, b [8] 19 oct. 1781.

1756, (26 avril) Ile-aux-Coudres.

IV.—SAVARD, Etienne, [Joseph-Simon III.
b 1733.
Rousset, Angélique, [François II.
b 1722.

1756, (23 oct.) Petite-Rivière.

IV.—SAVARD, Jean-Bte, [Joseph-Simon III.
b 1734.
1° DeLavoye, Madeleine, [Michel III.
b 1736; s 23 mars 1759, à l'Ile-aux-Coudres [6]

Emérence, b [6] 20 nov. 1757 ; m [6] 7 janvier 1777, à Pierre Lord.

1761, (5 avril) Baie-St-Paul.

2° Tremblay, Félicité, [André III.
b 1742 ; s [6] 13 juin 1766.

Jean-Baptiste-André-Joseph-François, b [6] 11 avril 1763.—*Pierre*, b [6] 23 mai 1764.—*Joseph*, b [6] 12 juin 1766.

1770, (16 juillet). [6]

3° Audibert, Marie-Charlotte, [Etienne II.
b 1750.

Marie-Joseph, b [6] 9 juillet 1771.—*Etienne*, b [6] 7 mai 1773.—*Jacques*, b [6] 5 oct. 1774.—*Marie-Charlotte*, b [6] 29 mars 1776 ; s [6] 22 avril 1777.—*François*, b [6] 17 juillet 1778. — *Madeleine-Archange*, b [6] 5 oct. 1780.—*Jérémie*, b [6] 18 sept. et s [6] 13 oct. 1782.

1756, (18 nov.) Ile-aux-Coudres. [7]

V.—SAVARD, Pierre, [Pierre IV.
b 1737.
1° Tremblay, Françoise, [Guillaume III.
b 1730 ; s [7] 22 oct. 1758.

1761, (28 sept.) [7]

2° Brisson, Marguerite, [Ignace III.
b 1737.

Pierre-Mathieu, b [7] 28 août 1762. — *Marie-Joseph-Esther*, b [7] 4 oct. 1763.—*Marie-Marguerite*, b [7] 22 août 1764.—*Joseph-Marie*, b [7] 16 août 1766.—*Anonyme*, b [7] et s [7] 17 août 1766.—*Chrysostôme*, b [7] 20 août 1767.—*Anastasie*, b [7] 17 juillet 1771.—*Charlotte*, b [7] 18 oct. 1773.—*Antoine*, b [7] 27 mars 1776.—*Emérence*, b [7] 4 fevrier 1779.

1761, (20 avril) Ile-aux-Coudres.
IV.—SAVARD, JEAN, [JOSEPH-SIMON III.
b 1738.
TREMBLAY, Marie-Elisabeth. [ANDRÉ III.

1762, (8 nov.) Charlesbourg. [1]
IV.—SAVARD, CHARLES, [PIERRE III.
b 1734.
PAGEOT, Simone, [JOSEPH II
b 1741.
Charles-Toussaint, b [1] 2 nov. 1763.

1763, (10 janvier) Charlesbourg.
IV.—SAVARD, JOSEPH, [JEAN-BTE III.
b 1736.
FALARDEAU, Marie-Louise, [JEAN II.
b 1730; veuve de Charles Lereau.

1763, (6 février) Charlesbourg.
V.—SAVARD, CHARLES, [PIERRE-FRANÇOIS IV.
b 1740.
LEREAU (1), Marie-Joseph, [PIERRE IV.
b 1741.
Joseph, b... m 15 février 1791, à Marie LACHAINE, à Québec.

1763, (5 sept.) Charlesbourg.
V.—SAVARD, MICHEL, [MICHEL IV.
b 1737.
BARBOT, Marie-Joseph, [JACQUES III.
b 1750.

1766, (4 nov.) Baie-St-Paul.
V.—SAVARD, MATHIEU, [PIERRE IV.
b 1742.
DEBIEN, Cécile, [ETIENNE II.
b 1740.
Alexis, né 15 nov. 1767; b 24 janvier 1768, à l'Ile-aux-Coudres.[7]—*Alexandre,* b [7] 22 avril 1770.—*Joseph-Marie,* b [7] 25 mars 1772.—*Euphrosine,* b [7] 1er avril 1774.—*Laurent,* b [7] 14 mai 1776.—*Mathieu,* b [7] 11 juillet 1778.—*Ursule,* b [7] 9 mai 1780.—*Jean-Olivier,* b [7] 29 sept. 1782.

1770.
V.—SAVARD, CHARLES-FRANÇOIS, [CHARLES IV.
b 1752.
RACINE, Marie.
Joseph, b 26 nov. 1771, à l'Ile-aux-Coudres.

1770, (1er oct.) Ile-aux-Coudres. [8]
V.—SAVARD, LOUIS (JEAN), [PIERRE IV.
b 1741.
BRISSON, Geneviève-Ursule, [IGNACE III
b 1748; veuve de Jean-François Dufour.
Jean-Philippe, b [8] 4 janvier 1773. — *Joseph-Isaac,* b [8] 11 mai 1775.—*Etienne,* b [8] 11 juillet 1778.—*Madeleine-Geneviève,* b [8] 5 nov. 1780.

1771.
V.—SAVARD, JOSEPH, [JOSEPH IV.
b 1746.
1° LEFEBVRE, Marie-Louise, [LOUIS-JOSEPH II.
b 1747.

(1) Appelée L'heureux, 1791.

1787, (15 janvier). [2]
2° BUSSIÈRE, Marie-Anne. [CHARLES III

1780.
V.—SAVARD, JACQUES, [JACQUES IV
b 1750; s 2 mars 1793, à St-Augustin [1]
GINGRAS, Marie-Charlotte, [PIERRE III
b 1755.
Pierre, b [1] 5 juin 1781.—*Louis,* b [1] 16 mai 1781.—*Louise,* b [1] 30 mai 1786.—*Marie-Joseph,* b [1] 2 sept. 1788.—*Louise,* b [1] 1er juin 1792.

1785, (7 février) St-Augustin. [3]
V.—SAVARD, PIERRE-JOSEPH, [JACQUES IV
b 1755.
DEFOY, Marie-Joseph. [CHARLES-AUGUSTIN III
Marie-Joseph, b [3] 23 janvier 1786.—*Pierre,* b [3] 27 juin 1787, s [3] 20 mars 1792.—*Marguerite,* b [3] 3 août 1791.—*Joseph,* b [3] 17 janvier 1793.—*Jean,* b [3] 6 août 1795.

1791, (15 février) Québec.
VI.—SAVARD, JOSEPH. [CHARLES V
LACHAINE, Marie-Pélagie, [PIERRE III
b 1764; veuve de Jean-Baptiste-Etienne Bélanger.

SAVARI.—Voy. SAVARIA.

SAVARIA.—*Variations :* SAVARI — SAVARIAS—SAVARIAUX—SAVARIE—SAVARY—SAVARYA

1672, (17 oct.) Québec [6]
I.—SAVARIA (1), JACQUES,
b 1636, s [6] 18 mars 1724.
LACROIX, Suzanne,
b 1653; s [6] 14 déc. 1718.
Toussaint, b 1676; m 28 oct. 1702, à Marie-Anne GUILLOT, à Beauport [2], s [2] 7 juillet 1727.—*Joseph,* b [7] 17 oct. 1683; 1° m 21 oct 1715, Anne-Marguerite JAMMONEAU, à Varennes [8], 2° m 3 oct. 1718, à Rosalie JOURDAIN; s 12 nov. 1751 à Verchères.

1684.
I.—SAVARIA (2), FRANÇOIS.
PLUCHON (3), Catherine.
Pierre, b 25 nov. 1685, à la Pte-aux-Trembles Q [1]; m [1] 2 mai 1707, à Madeleine MINGOT, s [1] janvier 1750.—*Catherine,* b [1] 6 avril 1690; 1° m sept. 1708, à Louis ARNAULT, à Québec 2° m février 1718, à Paul LAPORTE, à Boucherville.

1702, (28 oct.) Beauport. [2]
II.—SAVARIA, TOUSSAINT, [JACQUES I
b 1676; s [2] 7 juillet 1727.
GUILLOT (4), Marie-Anne, [JEAN I
veuve de Gabriel Bertrand.

(1) Voy. Savariaux, vol. I, p. 544.
(2) Voy. vol. I, p. 544.
(3) Elle épouse, le 26 août 1715, Jean Marchet, à Québec.
(4) Voy. Petit, vol. I, p. 478.

1707, (2 mai) Pte-aux-Trembles, Q. [4]
II.—SAVARIA, PIERRE, [FRANÇOIS I.
b 1685 ; s [4] 2 janvier 1750.
MINGOT (1), Madeleine, [JEAN II.
b 1691.
Marie, b 9 et s 11 déc. 1707, à Québec. [5] — *Madeleine-Angélique*, b [5] 4 nov. 1708 ; m [4] 4 nov. 1727, à Antoine BORDULEAU.—*Louise*, b 7 nov. 1709, à St-Pierre, I. O. [6] ; s [6] 30 janvier 1710.—*Jean*, b [6] 7 et s [6] 30 mai 1711.—*Marie-Thérèse*, b [5] 5 avril 1712 ; m [4] 5 février 1731, à Ignace GIROUX. — *Marie-Joseph*, b 15 février 1714, à Lévis; m [4] 4 fevrier 1732, à Jean-François HARBOUR.—*Louise*, b [5] 12 mars 1716 ; m [4] 4 mars 1737, à Jean-Baptiste DEVAU.—*Marie-Angélique*, b [5] 30 nov. et s [5] 26 déc. 1717 —*Elisabeth*, b [5] 10 février 1719.—*Pierre*, b [5] 18 janvier 1720 ; m [4] 4 juin 1742, à Elisabeth BOSSU.—*Louis-Joseph*, b [4] 11 nov. 1721.—*Marie-Félicité*, b [4] 3 février et s [4] 1er mars 1723.—*Jean-Baptiste*, b [4] 26 mars 1724 ; m 1752, à Marguerite BOUGRET.—*François*, b [4] 3 mars 1726 ; m 8 janvier 1770, à Marie-Catherine BOUCHER, à Montréal.—*Marie-Françoise*, b [4] 17 juillet 1727.—*Charles*, b [4] 5 sept. et s [4] 23 oct. 1728.—*Marie-Angélique*, b [4] 21 et s [4] 30 sept. 1729. —*Augustin*, b [4] 23 oct. 1730.

I.—SAVARIA, ANDRÉ, b 1697 ; fils de François et de Geneviève Forest, d'Annapolis, Acadie [7] ; s (decédé sur le batiment) 8 nov. 1757, à St-Jean, I. O.
1° FOREST, Marie,
Acadienne.
Marie-Joseph, b... m 2 juin 1757, à Jean HORNE, à St-Charles. [8]
1712, (3 fevrier). [7]
2° DOUCET, Marthe, fille de Bernard et de Madeleine Corporon, Acadiens.
Madeleine, b [7] 25 nov. 1712.—*Bernard*, b [7] 12 oct. 1714.—*Marguerite*, b [7] 25 mars 1717.—*Marie-Yonne*, b... m 24 janvier 1752, à Honoré DOIRON, à l'Ile-St-Jean, Acadie. [9] — *Françoise*, b... m [9] 1er mars 1756, à Jacques HORNE.—*Joseph*, b 1733; m à Françoise BARIAU ; s [8] 11 janvier 1758.

1715, (21 oct.) Varennes. [1]
II.—SAVARIA, JOSEPH, [JACQUES I.
b 1683 ; s 12 nov. 1753, à Verchères. [2]
1° JAMMONEAU (2), Anne-Margte, [MICHEL-JEAN I.
b 1697.
Marie-Marguerite, b [1] 1er mai 1717.
1718, (3 oct.) [1]
2° JOURDAIN, Rosalie, [FRANÇOIS I.
b 1700 ; s [2] 18 nov. 1760.
Jean-Baptiste, b 1720 ; 1° m [1] 27 oct. 1749, à Marie-Charlotte CHAPUT ; 2° m [1] 26 avril 1751, à Marie-Françoise HAYET.—*Louis*, b 1725 ; m [1] 7 avril 1750, à Marie-Marguerite PETIT.—*Michel*, b [1] 17 juillet 1727.—*Amable*, b 1730 ; 1° m [1] 7 oct 1754, à Marguerite ROY ; 2° m [1] 24 sept. 1764, à Charlotte BRIEN.—*Joseph*, b 1732 ; m [2] 18 nov. 1754, à Charlotte HAGUENIER.—*Elisabeth*, b... m 1758, à Marc BENOIT.—*Marie*, b... m 21 juillet 1760, à Simon CORDEIL, à St-Antoine-de-Chambly [3] ; s [3] 2 avril 1768.—*Marie-Anne*, b... m [2] 6 oct. 1760, à Joseph BOUSQUET.

(1) Appelée Ducourt, 1721—Lamotte, 1723.—Voy. Mingou, vol. I, p. 435
(2) Voy Moineau.

1742, (4 juin) Pte-aux-Trembles, Q. [1]
III.—SAVARIA, PIERRE, [PIERRE II.
b 1720.
BOSSU, Elisabeth, [JEAN I.
b 1721.
Jean-Baptiste, b [1] 20 et s [1] 30 juillet 1744.—*Marie-Elisabeth*, b [1] 22 janvier 1746 ; m 18 nov. 1765, à Jean-Baptiste GUYARD DE FLEURY, aux Ecureuils.—*François*, b [1] 16 sept. 1747.—*Dominique*, b [1] 14 juillet 1749.—*Angélique*, b 1751 ; m 1787, à Pierre GINGRAS.—*Charles*, b 1752 ; s [1] 24 mars 1772.—*Marie-Marguerite*, b [1] 22 juillet et s [1] 16 sept. 1756.—*Geneviève*, b [1] 3 déc. 1757.—*Eustache-Joseph*, b [1] 3 janvier et s [1] 18 août 1759.—*Joseph*, b [1] 29 dec. 1760.—*Marie-Louise*, b [1] 11 mai 1763 ; s [1] 22 février 1765.—*Thérèse*, b [1] 5 mai et s [1] 15 juin 1765.

1749, (27 oct.) Varennes. [2]
III.—SAVARIA, JEAN-BTE, [JOSEPH II.
b 1720.
1° CHAPUT, Marie-Charlotte, [CHARLES II.
b 1727.
Marie-Charlotte, b 1750 ; m [2] 21 sept. 1772, à François QUINTAL.
1751, (26 avril). [2]
2° HAYET-MALO, Marie-Françoise, [LOUIS II.
b 1730.
Marie-Joseph, b [2] 4 dec. 1756 ; m [2] 14 nov. 1774, à Christophe MONJEAU.

1750, (7 avril) Varennes
III.—SAVARIA, LOUIS, [JOSEPH II.
b 1725.
PETIT (1), Marie-Marguerite, [MICHEL III.
b 1726.

II.—SAVARIA, JOSEPH, [ANDRÉ I.
b 1733 ; Acadien ; s 11 janvier 1758, à St-Charles. [3]
BARIAU, Françoise,
b 1728 ; Acadienne ; s [3] 1er janvier 1758.
Marie-Osithe, b 27 juillet 1750, à l'Ile-St-Jean, Acadie.

1752.
III.—SAVARIA, JEAN-BTE, [PIERRE II.
b 1724.
BOUGRET, Marguerite, [JEAN-LOUIS II.
b 1730.
Jean-Baptiste, b 12 oct. 1753, à St-Antoine-de-Chambly.

1754, (7 oct.) Varennes. [5]
III.—SAVARIA, AMABLE, [JOSEPH II.
b 1730.
1° ROY, Marguerite. [JEAN-BTE.

(1) Elle épouse, le 25 nov. 1764, Antoine Lacoste, à Varennes.

1764, (24 sept.) [5]
2° BRIEN, Charlotte [JULIEN II.
b 1729; veuve d'Etienne Senécal.

1754, (18 nov.) Verchères. [6]
III.—SAVARIA, JOSEPH, [JOSEPH II.
b 1732.
HAGUENIER, Charlotte, [LOUIS III.
b 1732.
Joseph, b [6] 14 janvier 1756.—*Jean-Baptiste*, b 1757; s [6] 9 sept. 1759.—*Jean-Victor*, b [6] 25 oct. 1759.

1770, (8 janvier) Montréal.
III.—SAVARIA, FRANÇOIS, [PIERRE II.
b 1726.
BOUCHER, Marie-Catherine, [FRANÇOIS.
b 1744; veuve de Pierre Luneau.

SAVARIAS.—Voy. SAVARIA.

SAVARIAUX.—Voy. SAVARIA.

SAVARIE.—Voy. SAVARIA.

SAVARY.—Voy. SAVARIA.

SAVARYA.—Voy. SAVARIA.

SAVIGNAC. — *Variations :* HAVIGNAC — SAVIGNIAC.

I.—SAVIGNAC, JEAN-BTE,
b 1762; s 4 oct 1791, au Détroit.
.........(1), Cecile.

1719, (22 nov.) Sorel. [1]
I.—SAVIGNAC, JEAN-BTE,
b 1688; de Bordeaux; s 5 août 1748, à Montréal.
HÉNAULT (2), Marie-Anne. [PIERRE I.
Jean-Baptiste, b 1722, m 24 oct. 1745, à Marie-Françoise LAHAYE, à Ste-Anne-de-la-Pérade.—*François*, b [1] 19 fevrier 1724; m 12 fevrier 1748, à Marie-Angélique GUILLET, à Varennes.—*Michel*, b [1] 26 fevrier 1726.—*Marie-Anne*, b... m à Robert PARIS.—*Yves*, b 1736; s 28 mars 1758, à Berthier (en haut).

1745, (24 oct.) Ste-Anne-de-la-Pérade.
II.—SAVIGNAC, JEAN-BTE, [JEAN-BTE I.
b 1722.
LAHAYE (3), Marie-Françoise, [JEAN-BTE II.
b 1726.

1748, (12 fevrier) Varennes.
II.—SAVIGNAC, FRANÇOIS, [JEAN-BTE I.
b 1724.
GUILLET, Marie-Angélique, [LOUIS III.
b 1726.
Marie-Françoise, b 26 juin et s 30 août 1752, à Verchères. [2]—*Marie-Amable*, b [2] 21 sept 1753.—*François*, b [2] 26 sept. 1755.—*Marie-Françoise*, b [2] 15 oct. 1759.

(1) Elle épouse, le 20 nov. 1792, Charles Lelièvre, au Détroit.
(2) Pour Enaud.
(3) Pour DeLahaye.

SAVIGNIAC.—Voy. SAVIGNAC.

I.—SAVIN (1), ALEXIS, b 1738; de Rennes, Bretagne.

SAVOIE.—Voy. SAVOYE.

SAVOIX.—Voy. SAVOYE.

SAVOYARD.—Voy. BERTHODY.

SAVOYE.—*Variations :* SAVOIE—SAVOIX.

1747.
I.—SAVOYE, JEAN-BTE,
b 1714; Acadien; s 28 déc. 1787, à St-Cuthbert.
HACHE, Marie-Anne,
Acadienne.
Jean-Baptiste, b 1748; m 24 juin 1771, à Geneviève LEBEAU, à l'Ile-Dupas.

1756.
I.—SAVOYE, ANDRÉ,
Acadien.
ARBOUR, Thérèse,
Acadienne.
Marie-Thérèse, b 13 oct. 1757, à St-Charles [1], s [2] 7 sept. 1758.—*Marie-Madeleine*, b [2] 23 déc 1759.

1758.
I.—SAVOYE, PIERRE,
Acadien.
1° LORD, Félicité,
b 1738; Acadienne; s 10 août 1760, à Charlesbourg. [3]
Elisabeth, b... s [3] 13 nov. 1759.
1761, (27 juillet). [3]
2° MELANÇON, Anne [CLAUDE I.
b 1731.

I.—SAVOYE, HONORÉ,
b 1708; Acadien; s 26 sept. 1797, à Deschambault. [5]
1° COMEAU, Marie,
Acadienne.
1764, (27 février). [5]
2° ARCAN, Marie-Joseph, [PIERRE II.
b 1717; veuve de Paul Paquin; s [5] 12 nov 1784.

1766.
I. SAVOYE, SIMON,
Acadien.
DELINEL (2), Angélique, [JACQUES II.
b 1743.

(1) Soldat du régiment de Berry. (Registre des Procès-verbaux, 1761, Evesché.)
(2) Pour Ghnel, voy. vol. IV, p. 302.

Joseph, b 13 février 1767, à Repentigny. [6] — *Louis,* b [6] 8 mai 1771.—*Marie-Marthe-Justine,* b [6] 8 sept. 1773.—*Louise,* b 14 août 1781, à Lachenaye.

1767, (3 nov.) Deschambault. [1]

I.—SAVOYE, FRANÇOIS,
Acadien.
PAQUIN, Geneviève, [JEAN II.
b 1741.
Raphael, b [1] 6 sept. 1768.—*Marie-Geneviève,* b 18 janvier 1780, à St-Cuthbert.[2]—*Paul-Emmanuel,* b [2] 23 déc. 1781.—*Marie-Marguerite,* b [2] 14 avril 1784.

1771, (24 juin) Ile-Dupas.

II.—SAVOYE, JEAN-BTE, [JEAN-BTE I.
b 1748.
LEBEAU-BONFILS, Geneviève, [PIERRE II.
b 1749.

1773, (8 fevrier) Berthier.

I.—SAVOYE, JOSEPH, fils de François et de Marguerite Tibaudeau, de Chipaudie, Acadie.
MARCOU, Marie-Joseph-Marguerite, [JEAN IV.
b 1750.

1779.

I—SAVOYE, PIERRE,
Acadien.
PAQUIN, Marie-Louise.
Marie-Louise, b 3 août 1780, à St-Cuthbert. [7] —*Geneviève,* b [7] 22 avril 1786.—*Grégoire,* b [7] 17 mars 1788.—*Cuthbert,* b [7] 20 mars 1791.—*Ambroise,* b [7] 17 oct. 1793.

I.—SAX, GUILLAUME,
b 1775; s 25 janvier 1840, à Québec. [8]
TREMBLAY, Osithe.
Guillaume, b...—*Pierre-Télesphore,* b [8] 11 nov. 1822, ordonné [8] 1er oct. 1846; s 19 déc. 1881, à St-Romuald.—*Georges,* b... arpenteur.

SAYEN.—Voy. SÉGUIN.

SCABIET.—Voy. L'ESCABIETTE.

1794, (6 mai) Québec.

I—SÇAVOIE (1), AUGUSTIN, fils de Marc et de Thérèse Mirepoix, de Thionville, Lorraine.
COUPEAU-LAVAL, Marie-Anne, [FRANÇOIS I.
b 1764.

I—SCAYANIS, ANTOINE, b 1758; s 22 oct. 1794, au Détroit.

SCELEUR.—Voy. LARSONNEUR.

I—SCHAPPERT, NICOLAS,
Allemand.
CHALOCHHEIRE (2), Claire,
Allemande.

(1) Maitre de musique de S. A. R. le Prince Edouard. (Voir *A Travers les Registres,* p. 225).
(2) Knolay, 1748.

Marie-Joseph, b 2 juillet 1747, au Detroit. [1] — *Marguerite,* b [1] 7 oct. 1748.

I.—SCHERER (1), JOSEPH.

SCHÉRÉT.—Voy. SQUERRÉ.

I.—SCHERLF, MICHEL, b 1756; d'Allemagne; s 7 mai 1784, à Quebec.

1784, (20 janvier) Québec.

I.—SCHETKY, FRÉDÉRIC, fils d'Ernest et de Marguerite Schetky, de Darmstad, Landgrave et Hesse, Allemagne.
MORARD (2), Marie. [ETIENNE II.

1716.

I.—SCHIAMBE (3), FRANÇOIS, fils de Louis et de Marguerite Leroux, de St-Pierre, ville de Fougère, diocèse de Rennes, Bretagne.
SAVARD, Marie-Françoise, [SIMON II.
b 1694; s 29 dec. 1753, à Charlesbourg.
François, b 1717; s 9 juin 1760, à Beauport.

1784, (16 février) Varennes.

I.—SCHILLER (4), JEAN-CHARLES, fils d'André et de Reine Larmant, de Bresleau, en Silesie, Allemagne.
DELFOSSE (5), Marie-Renée, [FERD.-JOSEPH I.
b 1762.

I.—SCHILLER (6), JOHAN-BENJAMIN.
HÉBERT, Marguerite.
Marie-Louise, b 21 juin 1787, à la Rivière-du-Loup.

SCHINDLER.—*Variations :* CHENNELER—SCHINLER.

1752, (10 avril) Québec. [7]

I.—SCHINDLER, JEAN-CHRÉTIEN, b 1728, marchand; fils de Jean et de Madeleine Summer, de Plaven, en Saxe, Allemagne; s 19 juillet 1789, à Ste-Foye. [8]
MICHAUD, Marguerite-Catherine, [FLORENT I.
b 1728.
Catherine-Elisabeth, b [7] 14 juin 1753.—*Thérèse,* b [7] 7 sept. 1754; s [7] 11 dec. 1756 —*Marguerite-Louise,* b [7] 21 février 1756.—*Jean-Gabriel,* b [7] 14 mai et s [8] 10 sept. 1757.—*Marie-Catherine,* b [7] 6 août 1758.—*Marie-Anne,* b 1er août 1761, à Lorette.— ......(7), b 1765; s [8] 20 mai 1766.

(1) Né à Vorrau, pays de Heuzmark; soldat de la compagnie du capitaine Dommes; licencié par le lieutenant-colonel Ferd.-Albert de Barner, à Québec, le 30 juillet 1783. (Copié sur son congé, deposé à St-Joseph-de-Levis.)
(2) Pour Mourand.
(3) Pour Estiambre, voy. vol. III, p. 596.
(4) Abjure le protestantisme le 4 fevrier 1784, à Varennes.
(5) Ladouceur.
(6) Assistant-chirurgien dans le 80ème régiment.
(7) Le nom manque au registre.

1764, (17 mai) Québec.

I.—SCHINDLER, Joseph, fils de Joseph et de Marguerite Gaspar, de St-Nicolas, ville de Gloris, Suisse.
Maranda, Geneviève, [Gabriel III. b 1742.

SCHINLER.—Voy. Schindler.

1753, (5 fevrier) Quebec. [9]

I.—SCHMID, Luc, b 1727, marchand; fils de Frederic et de Catherine Geymiller, de Bâle, Suisse; s [9] 9 juillet 1756.
Treffle (1), Madeleine, [François III. b 1731.
Catherine-Madeleine, b [9] 18 sept. 1754.

I.—SCHMIT (2), ..., b 1726; de la Lorraine-Allemande; s 25 mars 1766, au Détroit.

1787, (6 fevrier) Québec.

I.—SCHMORR, Benjamin, fils de Guillaume et de Marie Dessant, de la ville de Cobourg, Allemagne.
Savard, Marie-Madeleine, [Pierre-Frs IV. b 1736; veuve de Jean-Baptiste-Charles-Louis Helot-Julien.

SCHOUMARKER.—*Surnom :* Prêt-a-boire.

1759, (11 fevrier) Charlesbourg.

I.—SCHOUMARKER (3), Jean, fils de Bernard et de Madeleine Paysan, de Kampfre, diocèse de Trèves, Luxembourg.
Richard, Marie-Joseph, [Joseph I. b 1737; Acadienne.

I.—SCHUFFALIZKY, Frédéric, baron.
Vigneau, Rose.
Charles-Joseph, b 26 août 1789, à Boucherville.

SCIPION.—*Surnoms :* Debar—Lalancette.

1761, (22 juin) Pte-du-Lac. [1]

I.—SCIPION (4), François, fils d'Antoine-Martin et d'Anne Sautel.
Potier, Marie-Anne, [Jean-Bte II. b 1741.
Jean, b [1] 2 oct. 1761; m 18 nov. 1783, à Marie-Angelique Turcot, à Québec.—*François*, b 10 mars 1768, à Yamachiche.

1783, (18 nov.) Québec.

II.—SCIPION (5), Jean, [François I. b 1761.
Turcot, Marie-Angelique, [Louis III. b 1762.

(1) Elle épouse, le 15 avril 1701, Dominique Janson, à Québec.

(2) Demeurait au Maryland où était son épouse, et s'était rendu au Détroit pour commercer, devant retourner au Maryland.

(3) Dit Prêt-à-Boire; soldat du régiment de Berry, compagnie de la Reine.

(4) Pour Debar, voy. vol. III, p. 258.

(5) Dit Lalancette.

1739, (26 août) Montréal. [2]

I.—SCITOLEUR, Charles, b 1717; fils de Jean et de Périne Beaudisseau, de Chambaloy, diocèse d'Angers, Anjou.
Harel, Marie-Louise, [Jean-François II. b 1716.
Charles, b 1740; m [2] 21 janvier 1765, à Catherine Denis.

1765, (21 janvier) Montréal.

II.—SCITOLEUR, Charles, [Charles I. b 1740.
Denis (1), Catherine, [Charles II. b 1744.

1722, (25 juin) Montréal.

I.—SCOFEN, Jean-Bte, b 1691; fils de Neser et d'Anne Parson, de Londres, Angleterre
Laroque, Marie, [Philibert I. b 1696.

I.—SEAMAN (2), Marie-Marguerite, b 27 mai 1725, aux Trois-Rivières [3]; m [4] 11 fevrier 1740, à Louis-Joseph Godfroy.

I.—SEARLS, Jean.
Pommeray, Argail.
Michel (3), b 25 sept. 1705, à Montréal.

SEARS.—Voy. Secart.

1719.

I.—SEAUX (4), Louis.
Dupuis, Angelique, [Louis I. b 1692.
Marguerite, b 1720; m 8 janvier 1749, à Jean Marguerie, à Québec.

SECART.—*Surnom :* Sears ou Seers.

1763, (14 nov.) Charlesbourg.

I.—SECART (5), Michel, fils de Thomas et d'Anne ...., de Buckingham, Angleterre.
Berthaume, Marie-Ursule, [Jean III. b 1745.

1734, (27 juin) St-Frs-du-Lac. [1]

I.—SECHERET, Jean-Bte, fils de Jacques et de Louise Poirier, de Geure, Normandie.
Charon-Ducharme, Charlotte, [François II. b 1710.
Marie-Charlotte, b [7] 17 nov. 1734, s [7] 12 janvier 1735.—*Jean-Baptiste*, b [7] 3 mai 1736.—*Jean-François*, b [7] 1er mars 1738.

(1) Et St. Denis.

(2) Elle abjure le protestantisme ce jour, aux Ursulines. Elle demeure, avec sa tante Marie-Anne, chez Dlle Marguerite Boulanger-St. Pierre.

(3) Né à Northampton, Nouvelle-Angleterre; pris en guerre, en 1704, et emmené au Canada

(4) Voy. vol. I, p. 218.

(5) Et Misac Sears; il signait Seers; porte-enseigne au régiment de Meuron; décédé à Montréal et inhumé dans le cimetière anglais (protestant).

SECLERC (1), GEORGES,
Allemand.

SÉDILOT. — *Surnoms* : DEBOISVAL — DEMONTREUIL et MONTREUIL—DESNOYERS.

1628.

SÉDILOT (2), LOUIS,
b 1600 ; s 25 janvier 1672, à Québec [1]
1° CHARIER, Marie.
2° GRIMOULT, Marie,
b 1606.
Jean, b [1] 27 janvier 1647 ; 1° m [1] 27 nov. 1669, Marie-Claire DE LA HOGUE ; 2° m [1] 22 février 1689, à Françoise-Charlotte POITRAS.

1669, (27 nov.) Québec. [2]

I.—SÉDILOT (3), JEAN, [LOUIS I
b 1647.
1° DE LA HOGUE, Marie-Claire,
b 1652 ; s [2] 26 août 1687.
Jean-Adrien, b [2] 28 fevrier 1683 ; m [2] 25 nov. 1705, à Jeanne DORION ; s 29 mars 1771, à Ste-Anne-de-la-Pocatière. — *Geneviève*, b [2] 29 août 1685 ; m 3 fevrier 1712, à Jean-Baptiste PROVOST, à Ste-Foye [3] ; s [3] 16 dec. 1749.

1689, (22 fevrier). [2]
2° POITRAS, Marie-Frse-Charlotte, [JEAN I.
b 1665 ; s [2] 27 mai 1749.
Jean-Baptiste, b [2] 4 déc. 1689 ; m 23 déc. 1711, à Marie-Barbe RAPIN, à Montreal ; s 13 avril 1766, à Soulanges.—*François*, b [2] 14 mars 1701 ; m 31 juillet 1724, à Marie LAHAISE, à la Pte-aux-Trembles, M.

1704, (26 août) Québec. [3]

II.—SÉDILOT, LOUIS-CHARLES, [JEAN II.
b 1678 ; s 2 mai 1759, à Ste-Foye. [4]
SABATIER (4), Jeanne, [JEAN I.
b 1684 ; s [4] 9 mars 1757.
Louis, b 26 juin 1705, à Charlesbourg [5] ; s [4] 16 juin 1709.—*Guillaume*, b [5] 28 oct. et s [5] 2 dec. 1706.—*Jacques*, b [5] 28 oct. et s [5] 26 nov. 1706.—*Marguerite-Charlotte*, b [4] 28 nov. 1707 ; m [4] 19 nov. 1725, à Jean COUTURE.—*Marie-Louise*, b [4] 9 août 1709 ; m 1730, à Jean VÉSINA ; s 23 juin 1782, à St-Augustin.—*Charles*, b [4] 13 août 1711 ; m [3] 25 juin 1738, à Michelle-Jeanne RANCIN.—*Angélique*, b [4] 13 dec. 1713 ; s [4] 22 août 1716.—*Geneviève*, b 1716 ; m [4] 10 fevrier 1733, à Antoine LANGLOIS ; s [3] 18 avril 1793.—*Jean-Baptiste*, b [4] 7 mars 1717 ; m 21 nov. 1741, à Marguerite POIRIER, à Montreal.—*Pierre*, b [4] 6 fevrier 1719, m [4] 21 oct. 1743, à Marie ROBITAILLE ; s [3] 23 sept. 1776. — *Jeanne-Françoise*, b [4] 17 fevrier 1721 ; 1° m [4] 30 sept. 1743, à Charles MAUFET ; 2° m à Elie BOUTRON.—*Louis*, b [4] 8 janvier 1724 ; m 1751, à Marie-Louise ROBITAILLE.—*Jacques*, b [4] 25 oct. 1725 ; m [3] 20 sept. 1762, à Marie-Louise GAUTIER. —*Angélique*, b... m [4] 7 oct. 1736, à Etienne GUILBOURC.—*Jeanne*, b [4] 11 et s [4] 25 février 1732.

1705, (25 nov.) Québec. [6]

III.—SÉDILOT (1), JEAN-ADRIEN, [JEAN II.
b 1683 ; s 29 mars 1771, à Ste-Anne-de-la-Pérade. [7]
DORION, Jeanne, [PIERRE I.
b 1689 ; s 24 nov. 1749, à Ste-Foye. [8]
Françoise, b 16 mars 1707, au Cap-St-Ignace. — *Marie-Anne*, b [6] 30 mai 1708 ; 1° m à Joseph SAMSON ; 2° m [8] 19 janvier 1737, à Pierre ROBLINC. —*Jean-Baptiste*, b [8] 9 dec. 1710 ; m [8] 17 mai 1733, à Marie-Louise BISSON. — *Gervais*, b [8] 9 avril 1713, s [8] 17 juillet 1714.—*Pierre*, b [8] 27 sept. 1715.—*Marguerite*, b [8] 11 juin 1717 ; m [8] 25 janvier 1733, à Jean THOMELET.—*Marie-Catherine*, b [8] 15 sept. 1719 ; 1° m [8] 30 sept. 1737, à Pierre POIRIER ; 2° m [8] 8 janvier 1752, à Etienne GASTELIER.—*Pierre*, b [8] 27 nov. 1721 ; m [8] 18 fevrier 1743, à Angelique ROBITAILLE.—*Jeanne*, b [8] 8 sept. 1724 ; m [8] 11 février 1743, à Jean DUPUIS.—*Marie*, b 1726 ; m [8] 18 avril 1746, à Hugues ROUSSE ; s [6] 29 mars 1756.—*François*, b [8] 9 dec. 1728 ; s [8] 16 janvier 1753.—*Jacques*, b [8] 15 août 1730 ; 1° m [7] 17 août 1760, à Louise-Celeste BARIL ; 2° m [7] 30 janvier 1775, à Elisabeth PERRAULT.—*Louise*, b [8] 21 oct. 1735.—*Elisabeth*, b [8] 28 oct. 1735 ; s [8] 27 août 1736.

1711, (23 dec.) Montreal. [1]

III.—SÉDILOT (1), JEAN-BTE, [JEAN II.
b 1689 ; s 13 avril 1766, à Soulanges. [2]
RAPIN, Marie-Barbe, [ANDRÉ I.
b 1693.
Suzanne, b 1715 ; m 24 janvier 1735, à Edouard LALONDE, au Bout-de-l'Ile, M. [3] — *Marie-Anne*, b 25 juillet 1717, à Lachine [4] ; 1° m à Antoine GIGNAC ; 2° m [2] 7 janvier 1762, à Rene DROUILLARD ; 3° m [2] 23 fevrier 1767, à Jean POIRIER-DESLOGES.—*Antoine*, b [3] 18 mai 1719 ; m 1745, à Marie-Joseph LAFORGE. — *Joseph*, b [3] 18 mars 1721 ; s [1] 25 février 1744.—*Marie-Catherine*, b [3] 18 et s [3] 30 avril 1723.—*Charles*, b 1727 ; m 1755, à Suzanne PARANT ; s [2] 9 nov. 1757.—*Michel*, b 1728 ; m [3] 3 fevrier 1749, à Marie-Joseph LALONDE.—*Barbe-Amable*, b 1729, 1° m [3] 13 janvier 1750, à Pierre-Jean MARTIN ; 2° m [2] 21 janvier 1754, à Jean-Baptiste QUENNEVILLE. — *Jean-Gabriel*, b [4] 24 janvier 1731 ; m [2] 22 avril 1754, à Marie-Amable MIVILLE.—*Marie-Elisabeth*, b [3] 22 sept. 1733, m [2] 9 février 1756, à François PRIEUR. —*Jacques*, b [3] 15 et s [3] 28 mai 1735.—*Pierre-André*, b [3] 17 août 1736 ; m [2] 5 mars 1764, à Marie-Joseph VILLERAY.—*Marie-Joseph*, b [3] 19 juillet et s [3] 3 août 1739.—*Anonyme*, b [3] et s [3] 14 août 1740.

1724, (31 juillet) Pte-aux-Trembles, M.

III.—SÉDILOT (1), FRANÇOIS, [JEAN II.
b 1701.
LAHAISE (2), Marie, [JEAN-BTE I.
b 1697.

(1) Engagé, en 1755, à Philadelphie, dans le "Selse parmant Bland," il fut envoyé à Chibouctou, puis au siège de Québec, en 1759. (Registre du Procès-Verbal, 1766, Archevêché.)

(2) Voy. vol. I, p. 544.

(3) Voy. vol. I, p. 545.

(4) Inhumée sous le nom de Massé ; sa mère ayant épousé, en 2des noces, Jacques Massy.

(1) Dit Montreuil.

(2) Voy DeLahaye, vol. III, p. 200.

François-Marie, b 10 mars 1725, à Champlain. —*Joseph*, b 13 janvier 1729, à Montreal[5]; m 1750, à Marguerite POIRIER.—*Joseph-Amable*, b[5] 10 juillet et s[5] 16 août 1730.—*Marie-Louise*, b[5] 13 et s[5] 20 oct. 1734.—*Jean-Marie*, b 1736; m 1758, à Madeleine GIROUX.—*Louis-Amable*, b 13 août 1740, à Laprairie.

1733, (17 mai) Ste-Foye.

IV.—SÉDILOT, JEAN-BTE, [JEAN-ADRIEN III.
b 1710.
BISSON, Marie-Louise, [ANTOINE III.
b 1717.

1738, (25 juin) Québec. [6]

IV.—SÉDILOT (1), CHARLES, [LS-CHARLES III
b 1711; s[6] 28 juin 1785.
RANCIN, Michelle-Jeanne, [JEAN-BTE II.
b 1720.

Marie-Jeanne, b[6] 25 juin 1740.—*Charles*, b[6] 9 août 1741; s[6] 22 juin 1748. — *Alexis*, b[6] 0 juin et s[6] 3 oct. 1743. — *Louis*, b[6] 12 et s[6] 24 nov. 1744. — *Marie-Joseph*, b[6] 29 déc. 1745. — *Jean-Baptiste*, b[6] 1er avril 1747; s[6] 12 oct. 1759.— *Charles-Joseph*, b[6] 25 juillet 1748; s[6] 12 janvier 1750. — *François*, b[6] 7 déc. 1749; s[6] 2 janvier 1750.—*Jacques-Louis*, b[6] 26 déc. 1750.—*Charles*, b[6] 3 et s[6] 14 oct. 1752.—*Ignace*, b[6] 6 déc. 1753; s[6] 5 nov. 1759. — *Marie-Louise*, b[6] 29 janvier et s[6] 1er juillet 1755.— *Marie-Angélique*, b[6] 29 janvier 1755. — *Marie-Louise*, b[6] 29 avril et s[6] 14 mai 1756.—*Marie-Louise*, b[6] 31 mai 1762.

1741, (21 nov.) Montréal. [7]

IV.—SÉDILOT (1), JEAN-BTE, [LS-CHARLES III
b 1717.
POIRIER (2), Marguerite, [JOSEPH I.
b 1722.

Marie-Charlotte, b[7] 17 mai 1742; s[7] 12 déc. 1748.— *Jean-Alexis*, b[7] 28 avril 1744. — *Marie-Marguerite*, b[7] 13 août 1746; m[7] 11 oct. 1762, à Philippe ROBERT.—*Marie-Anne*, b[7] 3 juillet 1748. —*Louis-Joseph*, b[7] 10 mars 1750.

1743, (18 fevrier) Ste-Foye. [7]

IV.—SÉDILOT, PIERRE, [JEAN III.
b 1721.
ROBITAILLE, Angelique, [PIERRE-FRS II.
b 1722.

Marie-Jeanne-Michelle, b 13 août 1744, à Québec. [8] — *Marie-Charlotte*, b[7] 19 sept. 1745. — *Marie-Angélique*, b[8] 29 janvier et s[8] 4 fevrier 1747.—*Pierre*, b[7] 18 juin 1748. — *Louis*, b[7] 20 déc. 1750.— *Joseph*, b[7] 10 et s[7] 24 mars 1752.— *Marie-Marguerite*, b[7] 7 oct. 1758.— *Marie-Angélique*, b[7] 3 juin et s[7] 23 déc. 1760. — *Marie-Catherine*, b[8] 16 mai 1764.

1743, (21 oct.) Ste-Foye. [8]

IV.—SÉDILOT (1), PIERRE, [LS-CHARLES III.
b 1719; s 23 sept. 1776, à Quebec.[9]
ROBITAILLE, Marie-Agnès, [PIERRE-FRS II.
b 1724.

Pierre-Antoine, b[9] 22 sept. et s[9] 29 oct. 1744. —*Jean*, b[9] 7 sept. 1745. — *Madeleine*, b... m[8] 19 nov. 1764, à Louis-Antoine HAMEL. — *Pierre-Antoine*, b[8] 23 avril 1747. — *Pierre-Prisque*, b[8] 19 janvier 1748. — *Louis-Joseph*, b[8] 12 et s[8] 19 août 1749.—*Joseph-Hyacinthe*, b[9] 15 février 1750, s[8] 18 fevrier 1751.—*Marie-Angélique*, b[9] 28 oct. 1751.—*Etienne*, b[9] 14 sept. 1753. — *Charles-Clément*, b[8] 25 fevrier 1754. — *Ignace-François*, b[8] 25 janvier et s 26 août 1755, à St-Augustin.—*Joseph-Hyacinthe*, b[8] 15 février 1756; m 22 juillet 1776, à Marie BOUCHER, à la Rivière-Ouelle.—*Angélique*, b[8] 20 juin et s[8] 5 juillet 1757.—*François*, b[9] 7 juin 1758; m[9] 30 sept. 1788, à Geneviève BOURGET. — *François*, b[8] 11 oct. 1760, s[8] 9 avril 1761. — *Jean-Louis*, b[8] 4 et s[8] 18 mai 1762.—*Marie-Angélique*, b[8] 23 juillet 1764, m[8] 20 août 1782, à François CROCHON (1).—*Anonyme*, b[8] et s[8] 22 sept 1770.

1745.

IV.—SÉDILOT, ANTOINE, [JEAN-BTE III.
b 1719.
LAFORGE, Marie-Joseph.

Antoine-Lalonde, b 3 janvier 1746, au Bout-de-l'Ile, M.[2]—*Jean-Marie*, b[2] 28 juin 1750.—*Marie-Agathe*, b 3 juillet 1752, à Soulanges[3], s[3] 1.. nov. 1753.— *Marie-Suzanne*, b[3] 29 avril 1754.—*Jacques*, b[3] 23 fevrier 1758. — *Marie-Renée*, b[3] 19 fevrier et s[3] 6 août 1760. — *Vincent*, b[3] 16 juillet 1761.

1749, (3 février) Bout-de-l'Ile, M [2]

IV.—SÉDILOT, MICHEL, [JEAN-BTE III.
b 1728.
LALONDE, Marie-Joseph, [JOSEPH III.
b 1732.

Jean-Baptiste, b[2] 25 nov. 1749.—*Joseph-Marie*, b 14 sept. 1752, à Soulanges.[3] — *Marie-Joseph*, b[3] 27 fevrier 1757.— *Marie-Amable*, b[3] 1er avril 1760.

1750.

IV.—SÉDILOT (2), JOSEPH, [FRANÇOIS III.
b 1729.
POIRIER, Marguerite.

Marguerite, b... m 30 mai 1774, à Hyacinthe LECLERC, à St-Henri-de-Mascouche.

1751.

IV.—SÉDILOT, JOS.-LOUIS, [LS-CHARLES III.
b 1724.
ROBITAILLE, Marie-Louise,
b 1726; s 16 juillet 1786, à Ste-Foye [1]

Marie-Louise, b[1] 11 nov. 1752; m[1] 19 oct. 1772, à René HAMEL. — *Joseph*, b[1] 1er fevrier 1754; s[1] 3 déc. 1755. — *Jacques*, b[1] 21 sept et s[1] 6 oct. 1755. — *Marie-Marguerite*, b[1] 19 déc. 1756; s[1] 21 oct. 1759. — *Joseph*, b[1] 8 août 1758, s[1] 6 nov. 1759.—*André*, b[1] 3 sept. 1760.—*Marie-Joseph*, b[1] 11 mai 1762. — *Marie-Marguerite*, b[1] 12 mai 1764, m[1] 29 mai 1781, à Joseph GAGNÉ. — *Michel*, b[1] 7 juin 1766; s[1] 18 sept. 1767.—

---

(1) Dit Montreuil.

(2) Appelée Gibaut en 1742.

(1) Voy. Chon.

(2) Dit Montreuil.

Marie-Thérèse, b [1] 29 nov. 1768. — *Joseph*, b [1] 19 déc. 1771.—*Rose*, b [1] 3 mai 1774.

1754, (22 avril) Soulanges. [2]

IV.—SÉDILOT, JEAN-GABRIEL, [JEAN-BTE III.
b 1731.
MIVILLE, Marie-Amable, [FRANÇOIS IV.
b 1739.
Angélique-Amable, b [2] 14 et s [2] 16 mai 1755.—*Gabriel*, b [2] 1er et s [2] 3 avril 1758.—*Jean-Gabriel*, b [2] 22 juillet et s [2] 5 août 1759.—*Gabriel*, b... s [2] 4 avril 1760.—*Clémence*, b [2] 10 avril 1761.

1755.

IV.—SÉDILOT (1), CHARLES, [JEAN-BTE III.
b 1727; s 9 nov. 1757, à Soulanges. [2]
PARANT (2), Suzanne, [GUILLAUME II.
b 1725.
Antoine, b [2] 19 février 1756. — *Charles* (posthume), b [2] 24 déc. 1757; s [2] 28 janvier 1758.

1758.

IV.—SÉDILOT (1), JEAN-MARIE, [FRANÇOIS III.
b 1736.
GIROUX, Madeleine, [THOMAS I.
b 1742.
François, b 25 avril 1759, à St-Philippe. — *Louis*, b 10 janvier 1762, à St-Constant.

1760, (17 août) Ste-Anne-de-la-Pérade. [3]

IV.—SÉDILOT (1), JACQUES, [JEAN-ADRIEN III.
b 1730.
1° BARIL, Louise-Celeste, [PIERRE III.
b 1740.
Louis-Joseph, b [3] 17 août 1761.—*Jean-Baptiste*, b [3] 22 oct. 1762. — *Marie-Marguerite*, b [3] 6 sept. et s [3] 5 nov. 1764. —*Isidore*, b [3] 4 sept. 1768.—*Charles-Thierry*, b [3] 10 mars 1771.

1775, (30 janvier). [3]

2° PERRAULT, Elisabeth, [PIERRE-FRANÇOIS II.
b 1745.
Marie-Elisabeth, b [3] 24 nov. 1775.—*Pierre*, b [3] 17 janvier 1777. — *Marie-Angélique*, b [3] 23 sept. 1779. — *Geneviève*, b 18 juillet 1783, à Batiscan.

1762, (20 sept.) Quebec. [1]

IV.—SÉDILOT, JACQUES, [LOUIS-CHARLES III.
b 1725.
GAUTIER, Marie-Louise. [CHARLES.
Jacques, b [1] 29 février et s 25 mars 1764, à Ste-Foye. [2] — *Paul*, b [2] 17 nov. 1765. — *Marie-Françoise*, b [2] 15 février 1768.

1764, (5 mars) Soulanges.

IV.—SÉDILOT, PIERRE-ANDRÉ, [JEAN-BTE III.
b 1736.
VILLERAY, Marie-Joseph. [JEAN-BTE.

1776, (22 juillet) Rivière-Ouelle.

V.—SÉDILOT, JOSEPH-HYAC., [PIERRE IV.
b 1756.
BOUCHER, Marie [JOSEPH I.

(1) Dit Montreuil.
(2) Elle épouse, le 15 juin 1761, Jacques Arrivée, à Soulanges

SÉDILOT, ANDRÉ.
SAMSON, Esther.
Paschal, b 7 avril 1787, à Ste-Foye.

1788, (30 sept.) Québec.

V.—SÉDILOT, FRANÇOIS, [PIERRE IV.
b 1758.
BOURGET, Geneviève. [PIERRE.

I.—SEEVE, JEAN,
b 1728; Acadien; s 20 déc. 1758, à St-Charles. [5]
HOGUE (1), Marguerite. [JEAN-BTE II.
Jean-Baptiste (posthume), b [5] 18 mars 1759; s [5] 23 mai 1760.

SÉGLAS.—Voy. BÉLAIR—SÉGLASSE.

1757.

I.—SÉGLAS (2), ANTOINE-ETIENNE,
canonnier.
PEPIN, Marguerite, [LS-MICHEL III.
b 1733.
Etienne, b 30 juin et s 18 juillet 1758, à Québec. —*Marie-Marguerite*, b 19 oct. 1759, à Charlesbourg. — *Marie-Anne*, b 9 juin 1761, à Yamachiche.

1700, (16 août) Quebec.

I.—SEGNAY, PIERRE, fils de Mathurin et de Louise Durand, de St-Nicolas, diocèse de Luçon, Poitou,
GRESLEAU (3), Marie,
b 1641, veuve de Jean Chenier.

SEGNER.—*Variation :* SEQUENARD.

I.—SEGNER (4), EPHRAIM.
POMMEROY, Marie.
Marie-Joseph-Louise, b 1733; m 3 février 1756, à Joseph LEMIRE, à Montréal.

I.—SEGUENOT (5), FRANÇOIS, b 1644; s 8 août 1727, à Montréal.

SÉGUIN — *Variations et surnoms :* LEGUIN — SÉGOUIN—SIGOUIN — BELLEROSE — JANOT — JEAN-GODON—LADÉROUTE—LALANCETTE.

1669, (26 août) Quebec. [2]

I.—SÉGUIN (6), JEAN,
b 1630; s 23 déc. 1726, à Charlesbourg. [8]
BILLOT, Lucrèce,
b 1641; s [8] 23 nov. 1706.
Jean, b [2] 11 juin 1677; m [8] 24 nov. 1704, à Louise DUBAU; s [8] 5 février 1727. — *Marie-Madeleine*, b [2] 29 avril 1681; s [8] 8 août 1754.

(1) Roy, en 1759. Elle épouse, le 4 février 1765, Jean-Baptiste Bergeron, à St-Antoine-Tilly.
(2) Dit Bélair.
(3) Et Grusseau.
(4) Et Sequenard.
(5) Prêtre du séminaire de St-Sulpice.
(6) Voy. vol. I, p. 545.

1672, (31 oct.) Boucherville.[4]
I.—SÉGUIN (1), François.
Petit, Françoise-Jeanne,
b 1643 ; s 30 mars 1733, à Longueuil.[5]
Marie-Jeanne, b[4] 11 août 1680, m[5] 10 oct. 1701, à Joseph Robidou ; s[5] 21 dec. 1749.—*Pierre,* b[4] 24 août 1682 ; m[4] 4 février 1704, à Barbe Filion ; s 9 nov. 1760, à St-Henri-de-Mascouche.—*Simon,* b 1683 ; 1° m[4] 9 nov. 1706, à Marie Bau ; 2° m[4] 11 nov. 1715, à Madeleine Cole. — *Jean-Baptiste,* b[4] 12 nov. 1688 ; m[4] 7 juin 1710, à Geneviève Barbeau ; s 14 mai 1728, à Montreal. — *Joseph,* b[4] 13 sept. 1694 ; m 12 avril 1723, à Françoise Sauvage, au Detroit[7] ; s[7] 29 avril 1753.

1689, (28 nov.) Montréal.[4]
I.—SÉGUIN (2), Jacques,
b 1655 ; s[4] 14 janvier 1715.
Badel, Marie, [André I.
b 1675 ; s[4] 27 janvier 1738.
Marie, b[4] 23 janvier 1693 ; m[4] 31 janvier 1713, à Pierre Février.—*Jean,* b[4] 7 dec. 1697 ; m 1718, à Marie-Louise Quay. — *Barbe-Charlotte,* b[4] 25 janvier 1700 ; m[4] 23 nov. 1716, à Pierre Sabourin. — *Marie-Anne,* b[4] 27 fevrier 1702 ; s[4] 2 fevrier 1703. — *Marie-Anne,* b 1704 ; m[4] 3 nov. 1723, à Pierre Parant. — *Françoise,* b[4] 18 avril 1713, m[4] 4 juin 1731, à Jacques Grou.—*Augustin* (posthume), b[4] 7 août 1715 ; s[4] 15 avril 1717.

1694, (2 août) Charlesbourg.[2]
II.—SÉGUIN (3), Robert, [Jean I.
b 1670 ; s[2] 21 janvier 1703.
Chrétien (4), Claudine, [Michel I.
b 1675.
Marie-Madeleine, b[2] 30 juillet 1695 ; m 10 fevrier 1718, à Jean-Baptiste Joly, à la Pte-aux-Trembles, M. — *Germain,* b[2] 8 août 1699 ; s 29 nov. 1731, à la Longue-Pointe.

1702, (22 fevrier) Boucherville.
II.—SÉGUIN (5), François, [François I.
b 1678.
Feuillon, Marie-Louise, [Michel I.
b 1683 ; s 5 janvier 1758, à Terrebonne.[1]
François, b 22 avril 1706, à St-François, I. J.[2] ; s[2] 15 sept. 1709.—*Pierre,* b[2] 7 sept. 1708 ; s[1] 29 oct. 1734. — *Geneviève,* b[2] 18 nov. 1710, m[1] 10 janvier 1735, à Joachim Labelle —*Marie-Jeanne,* b[2] 8 juillet 1714 ; m 9 janvier 1736, à Jean Simon, à Lachenaye.—*Catherine,* b[2] 29 juin 1716 ; s[1] 21 déc 1736.—*Marie-Louise,* b... m[1] 23 nov. 1741, à Michel Miville.—*Louis,* b 1721 ; s[1] 22 janvier 1735.—*François,* b 1725 ; 1° m[1] 27 juillet 1750, à Geneviève Limoges ; 2° m[1] 30 sept. 1776, à Marie-Anne Proulx.

(1) Voy. vol. I, p. 545.
(2) Dit Ladéroute ; voy. vol. I, p. 545.
(3) Et Sigouin ; voy. vol. I, pp 545-546.
(4) Cypriot ; elle épouse, le 11 juillet 1703, Pierre Joubert, à Charlesbourg.
(5) Dit Laderoute.

1704, (4 février) Boucherville.
II.—SÉGUIN (1), Pierre, [François I.
b 1682 ; s 9 nov. 1760, à St-Henri-de-Mascouche.
Filion, Barbe, [Michel I.
b 1680 ; veuve de Jean-Baptiste Lebert s 12 fevrier 1750, à Lachenaye.[3]
Marie-Francoise, b 16 dec. 1704, à St-François, I. J.[4] ; m[4] 17 avril 1730, à Antoine Vermit.—*Marie-Elisabeth,* b[4] 28 nov. 1706 ; m 1727, à Michel Beauchamp.—*Pierre,* b[4] 22 sept. 1709.—*Geneviève,* b... m[3] 13 août 1731, à Jean Beauchamp.—*Barbe,* b... m[3] 17 juin 1734, à Jean Charbonneau.—*Marie-Louise,* b 1714 ; m à Pierre Carbonneau ; s 6 fevrier 1764, à Terrebonne.—*Antoine,* b[4] 4 avril 1716.—*Marie-Jeanne,* b 1719, m[3] 6 nov. 1741, à François Vaudry, s[3] 27 août 1749.—*Véronique,* b... m[3] 24 oct. 1740, à Pierre Beauchamp.

1704, (24 nov.) Charlesbourg.[5]
II.—SÉGUIN, Jean, [Jean I.
b 1677 ; s[5] 5 fevrier 1727.
Dubau (2), Louise, [Toussaint I.
b 1682.
Marie-Charlotte, b[5] 18 nov. 1705 ; s[5] 9 janvier 1706.—*Marie-Joseph,* b[5] 30 oct. 1706 ; s[5] 22 mars 1707.—*Marguerite,* b[5] 29 sept 1707 ; m[5] 9 fevrier 1728, à Pierre Dubé ; s 1er mars 1745, à Montreal.—*Marie-Anne,* b[5] 22 oct. 1708.—*Jean-Charles,* b[5] 19 dec. 1709.—*Joseph,* b[5] 12 mars et s[5] [illegible] dec. 1711.—*Marie-Joseph,* b[5] 26 mars 1712, s[5] [illegible] dec. 1713.—*Marie-Madeleine,* b[5] 30 avril et s[5] [illegible] mai 1713.—*Pierre,* b[5] 15 juillet 1714 ; 1° m 1736, à Geneviève Fafard ; 2° m[6] 9 juin 1760, à Madeleine Lamontagne-Durocher. — *Marie-Louise,* b[5] 28 mars 1716.—*Marie-Louise,* b[5] 26 juin 1718, m[5] 24 avril 1740, à Pierre-Louis Dupuy.—*Germain,* b[5] 3 avril 1720 ; m 1746, à Marie-Louise Ethier.—*Joseph,* b[5] 23 nov. 1721 ; m 26 sept. 1746, à Françoise Harbours, à Québec.—*Marie-Angélique,* b[5] 1er dec. 1723 ; s[5] 27 avril 1726.—*Agnès,* b... m[5] 13 janvier 1749, à Jean Gautier

---

1706, (9 nov.) Boucherville[6]
II.—SÉGUIN (3), Simon, [François I.
b 1683.
1° Bau-Lallouette, Marie, [Jean I.
b 1692.
1715, (11 nov.)
2° Cole (4), Madeleine, [Joseph I.
b 1696.
Marie-Madeleine, b[6] 30 nov. 1719.—*Marie-Marguerite,* b[6] 1er oct. 1721 ; 1° m[6] 21 fevrier 1746, à Joseph Ouilem ; 2° m[6] 13 mai 1771, à Adrien Senécal.—*Elisabeth,* b[6] 10 août 1723.—*Jean-Baptiste,* b[6] 16 nov. 1725 ; 1° m[6] 24 nov. 1749, à Marie-Joseph Reguindeau ; 2° m 1750, à Marie-Joseph Madeleine-Ladouceur. — *Marie*

(1) Dit Ladéroute ; à sa sépulture, il est dit âgé de 102 ans ; il n'en avait que 78.
(2) Elle épouse, le 5 février 1730, Pierre Jean dit Godon, à Charlesbourg.
(3) Dit Ladéroute.
(4) Appelée Serré, 1740, du nom de sa mère.

nne, b 1729; 1° m [6] 21 nov. 1746, à Simon AVREAU; 2° m [6] 10 avril 1758, à Pierre REGUINEAU.—*Angélique*, b 1731; m [6] 27 nov. 1752, à François REGUINDEAU.—*Pierre*, b 1732; 1° m [6] 5 vrier 1753, à Catherine FAVREAU; 2° m [6] 10 nvier 1763, à Françoise VÉRONNEAU-DENIS — *rançois*, b 1734; m [6] 14 février 1754, à Louise IICOT.

1710, (7 juin) Boucherville [1]

—SÉGUIN (1), JEAN-BTE, [FRANÇOIS I.
b 1688; s 14 mai 1728, à Montréal. [2]

BARBEAU (2), Geneviève, [JEAN I.
b 1689.

Louis, b 1713; m 1738, à Marie-Anne RAIZNNE; s 13 juillet 1763, au Lac-des-Deux-Montagnes. [3]— *Pierre*, b 1715; 1° m 3 février 1739, à Marie-Joseph MALET, au Bout-de-l'Ile, M. [4]; 2° m [4] nov. 1761, à Marie-Catherine ANDRÉ.—*Joseph*, b 24 nov. 1717; m 7 janvier 1751, à Marie-Thérèse TREMBLAY, au Détroit [5]; s [5] 17 février 95.— *Marie-Louise*, b [1] 24 sept. 1719; m [4] 29 vrier 1740, à René FORTIN. — *Jean*, b [1] 14 mars 22, 1° m 1744, à Marie-Joseph NADON; 2° m 5 ars 1764, à Elisabeth VALIÈRE, à St-Vincent-de-Paul. — *Charlotte*, b [1] 6 mars 1723. — *Jean-Baptiste-Louis*, b [1] 29 nov. 1724; 1° m 1749, à Marie-Amable MALET; 2° m [3] 6 nov. 1752, à Marguerite TOURANGEAU. — *Marie*, b 1725; m [2] 25 ov. 1743, à Etienne GUÉRIN.

1712, (27 juin) Charlesbourg. [3]

—SÉGUIN, JACQUES, [JEAN I.
b 1673.

DUBAU, Marguerite, [TOUSSAINT I.
b 1687.

Jean-Baptiste, b [2] 22 juin 1713; s [2] 7 nov. 1714. *Jean-Baptiste*, b [2] 1er juin 1716.—*Marie-Joseph*, b 13 août 1718; s [2] (brûlée) 15 juin 1719.—*Anonyme*, b [2] et s [2] 9 mars 1720.—*Marie-Marguerite*, b 8 janvier et s [2] 16 mai 1722.—*Marguerite*, b [2] avril 1723; s 31 mai 1733, à Québec.—*Pierre*, b 24 juin 1725.—*Marie-Catherine*, b [2] 7 janvier 27; s [2] 16 janvier 1728.

1718.

—SÉGUIN, JEAN, [JACQUES I.
b 1697.

QUAY (3), Marie-Louise, [LOUIS I.
b 1698.

Marguerite, b... m 19 juin 1752, à Thomas OQUET, à Lavaltrie.

1718, (14 nov.) Lachine.

—SÉGUIN, JACQUES, [JACQUES I.
b 1697.

MOREL (4), Jeanne, [FRANÇOIS II.
b 1698.

Jeanne, b 2 nov. 1719, à la Pointe-Claire [3]; s [3] oct. 1720. — *Marie-Joseph*, b... m [3] 3 février 1739, à Jean-Baptiste VILLERET.—*Angélique*, b... m [3] 29 oct. 1743, à Augustin DAOUST. — *Madeleine*, b... m [3] 13 février 1747, à Vincent CHAMAILLARD.

(1) Dit Ladéroute.

(2) Elle épouse, le 18 avril 1730, Charles-Philippe Roland, à Montréal.

(3) Elle épouse, en 1728, François Chevalier.

(4) Mador.

1723, (12 avril) Détroit. [5]

II.—SÉGUIN (1), JOSEPH, [FRANÇOIS I.
b 1694; s [5] 29 avril 1753.

SAUVAGE, Françoise, [JACQUES I.
b 1700.

Jeanne, b [5] 22 juin 1724; m [5] 29 juillet 1742, à Antoine MINI. — *Cajetan*, b [5] 23 janvier 1726; m [5] 9 janvier 1758, à Marie-Geneviève TREMBLAY. — *Jacques*, b [5] 8 mai 1727. — *Marie-Françoise*, b [5] 25 déc. 1728; s [5] 6 janvier 1729.—*Joseph*, b [5] 11 mai 1730; s [5] 23 sept. 1751.—*Charles*, b [5] 6 et s [5] 10 février 1732. — *Alexis*, b [5] 22 mars 1733; m [5] 30 janvier 1758, à Marie-Agathe CAMPEAU.— *Jean-Baptiste*, b [5] 12 et s [5] 24 nov. 1735.—*Pierre*, b [5] 7 janvier 1741. — *Marie*, b [5] 1er mai 1744.

SÉGUIN, FRANÇOIS, b 1707; s 5 mai 1747, au Detroit.

III.—SÉGUIN, GERMAIN, [ROBERT II.
b 1699; s 29 nov. 1731, à la Longue-Pointe.

1734, (1er février) Montréal.

I.—SÉGUIN (2), GUILLAUME, b 1705, soldat; fils de Claude et de Marguerite Emery, de St-Sulpice, Paris.

HERVIEUX, Geneviève, [ISAAC I.
b 1691; veuve de Sauveur Leclerc; s 9 avril 1771, à la Longue-Pointe.

1736.

III.—SÉGUIN, PIERRE, [JEAN II.
b 1714.

1° FAFARD, Geneviève, [JOSEPH II.
b 1704.

Geneviève, b... m 8 nov. 1756, à Joseph FALARDEAU, à Beauport.

1760, (9 juin) Montréal.

2° LAMONTAGNE (3), Madeleine, [JEAN-BTE I.
b 1723, veuve de Charles André.

1738.

III.—SÉGUIN (1), LOUIS, [JEAN-BTE II.
b 1713; s 13 juillet 1763, au Lac-des-Deux-Montagnes. [1]

RAIZENNE, Marie-Anne. [IGNACE I.

Marie-Thérèse, b... m 26 février 1759, à Jean-Baptiste GAUTIER, au Bout-de-l'Ile, M. [2] — *François*, b 1740, m [2] 4 février 1760, à Angélique QUESNEL.—*Hyacinthe-Paschal*, b [2] 24 mars 1742; m [2] 16 nov. 1761, à Marie-Elisabeth BRABANT.— *Elisabeth*, b 1744; m [1] 15 nov. 1762, à Antoine QUESNEL.— *Jean-Baptiste*, b [1] 25 oct. 1750; s [1] 9 février 1751. — *Guillaume*, b [1] 10 déc. 1751.— *Marie-Charlotte*, b [1] 23 nov. 1752.—*Joseph*, b [1] 2 mai 1754 —*Angélique*, b [1] 6 oct. 1755. — *Marie-*

(1) Dit Ladéroute.

(2) Dit Bellerose.

(3) Durocher.

Thérèse, b [1] 3 oct. 1757. — *Anne-Elisabeth*, b [1] 18 juin 1759 ; s 21 juin 1761, à Ste-Rose. — *Marie-Amable*, b [1] 9 oct. 1760.

1739, (3 fevrier) Bout-de-l'Ile, M. [1]

III.—SÉGUIN (1), PIERRE, [JEAN-BTE II.
b 1715.

1° MALET, Marie-Joseph, [LOUIS II.
b 1715 ; s 4 avril 1760, au Lac-des-Deux-Montagnes. [2]

Marie-Catherine, b 1740 ; 1° m [2] 11 janvier 1758, à Guillaume HEATE ; 2° m [2] 14 sept. 1761, à Pierre LAROQUEBRUNE. — *Geneviève*, b 1742 ; m [1] 7 janvier 1766, à Jean-Noël GAUDIN.— *Marie-Joseph*, b [2] 28 janvier 1751. — *Jean-Louis*, b [2] 22 dec. 1753.—*Joseph-Louis*, b [2] 15 dec. 1755 ; s [2] 5 mars 1756.—*Jean-Baptiste*, b [2] 13 fevrier 1757.

1761, (3 nov.) [1]

2° ANDRÉ, Marie-Catherine, [LOUIS I.
b 1739.

Joseph-Marie, b [2] 1er mai 1763.—*Pierre-André*, b [2] 19 nov. 1764.—*Jean-Noel*, b [2] 21 août 1767.

1741, (19 juin) Hôpital-Général, Q.

I.—SÉGUIN, JOSEPH, fils d'Antoine et de Gabrielle Picard, de Passy, diocèse de Langres, Bourgogne.

1° DORION, Madeleine, [JEAN-CLAUDE II.
b 1720 ; s 19 oct. 1741, à Québec. [5]

1744, (5 oct.) [5]

2° JOURDAIN (2), Therèse, [PIERRE I.
b 1726.

Charles-Joseph, b [5] 27 sept. 1745. —*Jean*, b [5] 4 mars 1747 ; s [5] 5 août 1748. — *Geneviève-Françoise*, b [5] 19 janvier et s [5] 11 fevrier 1749. — *Geneviève-Thérèse*, b [5] 13 sept. 1750 ; m [5] 29 oct. 1776, à Jacques PINGUET. — *Emmanuel-Joseph*, b [5] 5 mai 1752 ; m [5] 13 janvier 1778, à Madeleine MONIER. — *Catherine*, b [5] 23 janvier 1754 ; s [5] 17 sept. 1755.— *Nicolas*, b [5] 4 avril 1755 ; m 9 sept. 1782, à Angélique GIRARD, à Beaumont. —*Jacques-Philippe*, b [5] 3 et s [5] 30 mai 1757. — *Louis-Antoine*, b [5] 7 juillet 1758 ; m [5] 19 mai 1785, à Marie-Elisabeth VOYER.— *Charles*, b [5] 21 nov. et s [5] 18 déc. 1759.—*Charles*, b [5] 6 août 1764.

1744.

III.—SÉGUIN (3), JEAN-BTE, [JEAN-BTE II.
b 1722.

1° NADON, Marie-Joseph, [PIERRE I.
b 1716 ; s 13 janvier 1761, à St-Vincent-de-Paul. [1]

Jean-Baptiste, b [1] 3 janvier 1745. — *Charles-Marie*, b [1] 25 mars 1746. — *Pierre-Joseph*, b [1] 16 sept. 1747 ; m [1] 1er mars 1767, à Louise LEBLANC. —*Joseph*, b [1] et s [1] 14 juillet 1748. — *Jean-François*, b [1] 23 dec. 1748. — *Marie*, b 1749 ; m [1] 10 fevrier 1766, à Pierre ROSE.— *Marie-Joseph*, b [1] 4 avril et s [1] 4 oct. 1750. — *Marie-Marguerite*, b [1] 14 juillet 1751 ; s [1] 3 fevrier 1753.—*Marie-Joseph*, b [1] 29 mars 1753.—*André*, b [1] juin et s [1] 7 juillet 1754.—*Marie-Anne*, b [1] 30 janvier 1756.

(1) Dit Ladéroute

(2) Bellerose.

(3) Et Sigouin.

1764, (5 mars). [1]

2° VALIÈRE, Elisabeth,
veuve de Pierre Leblanc.

1746.

III.—SÉGUIN (1), GERMAIN, [JEAN II
b 1720.

ETHIER, Marie-Louise, [RENÉ II
b 1720.

Louise, b... s 19 oct. 1746, à Lavaltrie.

1746, (26 sept.) Quebec. [1]

III.—SÉGUIN (2), JOSEPH, [JEAN II
b 1721.

HARBOURS (3), Françoise, [AUGUSTIN II
b 1727.

Marie-Catherine, b [1] 11 et s [1] 22 janvier 174– —*Joseph*, b [1] 15 dec. 1748.—*Pierre*, b [1] 22 sept. 1751.—*Louise-Angélique*, b [1] 19 avril et s [1] 1– juin 1754.—*Marie-Louise*, b [1] 6 nov. 1755, s [1] – fevrier 1757.

1749.

III.—SÉGUIN (4), JEAN-BTE, [JEAN-BTE II
b 1724.

1° MALET, Marie-Amable, [LOUIS III
b 1732, s 19 mars 1752, au Lac-des-Deux-Montagnes. [9]

Marie-Louise, b... s [9] 29 juin 1750.—*Guillaume*, b [9] 13 et s [9] 24 juillet 1751.

1752, (6 nov.) [9]

2° TOURANGEAU, Marguerite.

Jean-Antoine, b [9] 8 oct. 1756 —*Marie-Catherine*, b [9] 20 sept. et s [9] 1er nov. 1760 —*Angélique*, b [9] 25 juin et s [9] 24 oct. 1763.—*Marie-Geneviève*, b [9] 17 déc. 1764.—*Jean-André*, b [9] 19 avril et s [9] – juillet 1766.

1749, (24 nov.) Boucherville.

III.—SÉGUIN, JEAN-BTE, [SIMON II
b 1725.

1° REGUINDEAU, Marie-Joseph, [JEAN-BTE III
b 1728.

1750.

2° MADELEINE-LADOUCEUR, Marie-Jos., [JOS II
b 1720.

Marie-Joseph, b 16 janvier 1751, au Lac-des-Deux-Montagnes. [8]— *Antoine*, b [8] 24 avril 175– —*Marguerite*, b [8] 13 oct. 1754.—*Jean-Baptiste*, b [8] 27 mai 1756.—*Marie-Thérèse*, b [8] 12 mars 1758.—*Marie-Agathe*, b [8] 13 et s 18 dec. 1759, au Bout-de-l'Ile, M.—*Hyacinthe*, b [8] 13 avril et s [8] – août 1761.—*Joseph*, b [8] 26 juin et s [8] 15 juillet 1763.—*Marie-Marguerite*, b [8] 15 février 1765

(1) Et Sigouin ; aussi appelé Godon, du nom du second mari de sa mère, Louise Dubau.

(2) Appelé Godon, en 1751, du nom du second mari de sa mère, Louise Dubau.

(3) Elle épouse, le 17 nov. 1760, Pierre Delorique, à Montréal.

(4) Dit Ladéroute—Janot.

1750, (27 juillet) Terrebonne. [1]
II.—SÉGUIN, François, [François II.
b 1725.
1° Limoges, Geneviève. [Louis II.
b 1730; s [1] 29 nov. 1770.
Marie-Geneviève, b [1] 27 et s [1] 29 avril 1751.—*Jean-Baptiste*, b [1] 8 fevrier 1752; m [1] 8 fevrier 1779, à Angelique Charles —*François*, b [1] et s [1] avril 1753.—*François*, b [1] 7 sept. 1754.—*Antoine*, b [1] 4 sept. 1757; s [1] 27 mars 1758.— *Elisabeth*, b 25 oct. 1758, à Lachenaye.—*Toussaint*, b [1] 2 et s [1] 7 nov. 1759.—*Louis-Amant*, b [1] 19 oct. et s [1] nov. 1760.
1776, (30 sept.) [1]
2° Proulx, Marie-Anne, [Alexis II.
b 1736.

1751, (7 janvier) Detroit. [2]
II.—SÉGUIN (1), Joseph, [Jean-Bte II.
b 1717; s [2] 17 fevrier 1795.
Tremblay, Marie-Therèse, [Pierre III
b 1734.
Jean-Baptiste, b [2] 28 et s [2] 29 sept. 1751.—*Thérèse*, b [2] 14 août 1752; m [2] 11 mai 1767, à Jean-Baptiste Chauvin. — *Marie-Joseph*, b [2] 26 juin 1754, m [2] 9 sept. 1771, à Jean-Marie Dubé.—*Geneviève*, b [2] 13 juillet 1756; m [2] 28 juin 1773, à Jean-Baptiste DeMarsac.—*Rose*, b 1759; s [2] 2 déc. 1777.—*Jeanne*, b 1761; s [2] 1er oct. 1763.—*Joseph*, b [2] 19 janvier 1764.—*Pierre*, b [2] 10 juillet 1766.—*Archange*, b [2] 19 août 1768; m [2] 2 février 1795, à Pierre Rivard.—*Jean-Baptiste*, b [2] 5 oct. 1771, s [2] 5 sept. 1772.—*Jean-Baptiste*, b [2] 22 mars 1774.—*Cajetan*, b [2] 7 nov. 1778.

1753, (5 février) Boucherville [4]
II.—SÉGUIN, Pierre, [Simon II
b 1732.
1° Favreau, Catherine, [Jean-Bte III.
b 1733.
1763, (10 janvier). [4]
2° Véronneau-Denis, Françoise. [Pierre II.
Marie-Louise, b 1765, m [4] 15 février 1795, à Jean-Baptiste Senécal (2); s [4] 24 juin 1830.

1754, (14 fevrier) Boucherville.
II.—SÉGUIN, François, [Simon II.
b 1734
Chicot (3), Louise, [Joseph III.
b 1735.

1758, (9 janvier) Détroit. [3]
II.—SÉGUIN (1), Cajetan, [Joseph II.
b 1726.
Tremblay, Marie-Geneviève, [Pierre III
b 1740.
Anonyme, b [3] et s [3] 4 sept. 1758. — *Marie-Thérèse*, b [3] 22 oct. 1759; m [3] 28 oct. 1782, à Joseph [illegible]erre.—*Marie-Catherine*, b [3] 21 mai 1761.

(1) Dit Ladéroute.
(2) Grand-père de M. Eusèbe Senécal, imprimeur et éditeur du *Dictionnaire Généalogique*.
(3) Elle épouse, le 24 oct. 1763, Pierre Gautier, à Boucherville

1758, (30 janvier) Détroit. [4]
III.—SÉGUIN, Alexis, [Joseph II.
b 1733.
Campeau, Marie-Agathe, [Nicolas III.
b 1739.
Louis, b [4] 26 nov. 1758. — *Alexis*, b [4] 23 mai 1760.

1760, (4 février) Bout-de-l'Ile, M.
IV.—SÉGUIN (1), François, [Louis III.
b 1740.
Quesnel (2), Angélique, [Michel-Antoine III.
b 1736.
Marie-Angélique, b 26 oct. 1760, au Lac-des-Deux-Montagnes. [3] — *Eugénie*, b [3] 23 nov. 1762. —*Pierre-François*, b [3] 30 oct. 1764. — *Françoise*, b [3] 29 janvier 1767.

1761, (16 nov.) Bout-de-l'Ile, M. [6]
IV.—SÉGUIN (1), Hyacinthe-Paschal, [Louis III.
b 1742.
Brabant, Marie-Elisabeth, [August.-Frs III.
b 1745.
Louis-Hyacinthe, b 9 sept. 1762, au Lac-des-Deux-Montagnes [7]; s [7] 17 juillet 1763.— *Hyacinthe*, b [7] 4 fevrier 1764. — *Marie-Catherine*, b [7] 17 dec. 1765.—*Marie-Rose*, b [6] 9 oct. 1767.

1767, (1er mars) St-Vincent-de-Paul.
IV.—SÉGUIN, Pierre-Joseph, [Jean III.
b 1747.
Leblanc, Louise, [Pierre-Louis III.
b 1749.

1778, (13 janvier) Québec. [2]
II.—SÉGUIN, Joseph-Emmanuel, [Joseph I.
b 1752.
Monier, Madeleine, [Joseph II.
b 1753; s [2] 18 janvier 1843.
Madeleine, b... m [2] 12 nov. 1798, à Jean-Baptiste Grange.— *Madeleine*, b 1780; m à Michel Berthelot; s 22 juillet 1821, à l'Hôtel-Dieu, Q.

1779, (8 février) Terrebonne. [1]
IV.—SÉGUIN, Jean-Bte, [François III.
b 1752.
Charles (3), Angelique, [Jean-Bte III.
b 1759.
Marie-Angélique, b 1782; 1° m 7 janvier 1800, à Hyacinthe Prévost, à Ste-Thérèse; 2° m [1] 10 mars 1821, à François Coyteux.

1782, (9 sept.) Beaumont.
II.—SÉGUIN, Nicolas, [Joseph I.
b 1755.
Girard, Angelique, [Charles-François IV.
b 1762.

(1) Dit Ladéroute.
(2) Lafeuillade.
(3) Clément.

1785, (19 mai) Québec.

II.—SÉGUIN, Louis-Antoine, [Joseph I.
b 1758
Voyer, Marie-Elisabeth, [Michel-Frs III.
b 1762.

1793.

SÉGUIN, Joseph.
Papin, Marie-Desanges.
Marie-Victoire, b 28 juillet et s 14 oct 1792, à Repentigny. [4] — *Marie-Claire*, b [4] et s [4] 1er mars 1795.

SEIGNEUR.—Voy. Dufayé, 1737.

1763. (27 juin) Châteauguay.

I.—SEIZE, Louis, fils de François et de Marie Thiebaut, de Richecour-le-Château, diocèse de Metz, Lorraine.
Gendron, Charlotte, [Pierre III.
b 1740.
Marie-Angelique, b 29 oct 1765, au Bout-de-l'Ile, M. [1] — *Joseph*, b [1] 21 oct. 1767.

SEIZEVILLE.—*Surnom :* Bellefleur.

1743, (27 juillet) Montreal.

I.—SEIZEVILLE (1), François, b 1719 ; fils de Philippe et d'Helène Dubois, de St-Sulpice, Paris.
Duval (2), Charlotte, [Claude I.
b 1717.

SEJOURNÉ.—*Surnom :* Sanschagrin.

I.—SEJOURNÉ (3), Alexis.
Tareau, Marie-Angelique.
Marie-Angelique, b... 1° m 4 mai 1764, à Jean-Baptiste Cauchois, à Michillimakinac ; 2° m 26 juin 1778, à Pierre Cardinal, au Detroit.

SEL.—*Surnom :* Sansquartier.

1760, (24 nov.) Chambly.

I.—SEL (4), Jean, soldat ; fils d'Antoine-Jean et d'Antoinette Lafond, de St-Germain, diocèse de Toulouse, Languedoc.
Sorel, Marie-Joseph, [Jean-Bte II.
b 1746.

SEL, Jean,
marchand.
Honoré, Louise.
Marie-Julie, b 17 juillet 1785, à Lachenaye.

SELOZ.—Voy. Serrurier.

SEMEGRAIN.—Voy. Laforest.

SEMEUR.—*Variations et surnom :* Saumure—Saunier—Sémur—De la Bonte.

(1) Dit Bellefleur ; soldat de la compagnie de M. de St. Ours.
(2) Elle épouse, plus tard, Hypolite Maillet.
(3) Dit Sanschagrin.
(4) Dit Sansquartier.

1700, (28 juillet) St-Jean, I. O. [8]

I.—SEMEUR (1), Marc, b 1677 ; fils de Marc et de Jeanne Labbé, du diocèse de Tulles, Limosin ; s [8] 17 mars 1703.
Mourier, Marie, [Jean I.
b 1685.
Marc, b [8] 28 janvier 1703 ; m 2 mars 1734, à Catherine Drapeau, à St-François, I. J.

1734, (2 mars) St-François, I. J. [1]

II.—SEMEUR (2), Marc, [Marc I.
b 1703.
Drapeau, Catherine, [Jean I.
b 1712.
Catherine, b [1] 3 avril 1735 ; m 4 sept. 1752, à François Boulin, à St-Vincent-de-Paul. [2] — *Marie-Joseph*, b 16 août 1736, au Sault-au-Recollet ; m [2] 7 janvier 1755, à Noel Rose. — *Geneviève*, b ... m [2] 5 fevrier 1759, à Jean-Baptiste Daniel. — *Pierre*, b [1] 9 fevrier 1739 ; m [2] 31 janvier 1763, à Marie-Louise Auclair. — *Marc*, b [2] 19 nov. 174. — *Joseph*, b [4] 7 sept. 1747. — *François-Amable*, b [2] 7 fevrier 1751.

1763, (31 janvier) St-Vincent-de-Paul

III.—SEMEUR (3), Pierre, [Marc II.
b 1739.
Auclair, Marie-Louise, [Joseph-Frs III.
b 1741.

SEMEUR (4), François.
Chalifour, Geneviève-Louise,
b 1729 ; s 20 sept. 1819, à St-Vincent-de-Paul.

SEMITH.—Voy. Smil.

SEMPER, Alexis.
Sevigny, Françoise.
Marie-Angélique, b 13 et s 15 juillet 179. à St-Cuthbert. [1] — *Alexis*, b [1] 13 et s [1] 16 mars 179.

SEMUR.—Voy. Semeur.

SÉNARD.—Voy. Sénat—Spénard.

SÉNAT. — *Variations et surnom :* Sénard—Senet — Desjardins.

1679, (9 janvier) Quebec. [1]

I.—SÉNAT (5), René, b 1648 ; fils d'Antoine et de Jeanne Artaut, de St-Sebastien, diocèse de Nantes, Haute-Bretagne ; s [1] 20 oct 16..
Philippaux (6), Françoise, [Charles I.
b 1663.
Louise, b [1] 13 mars 1680 ; m à René Boisnce...

(1) Et Sémur de la Bonté ; soldat de M. de la Durantaye.
(2) Marié Sémur—aussi appelé Saumure.
(3) Marié Sémur.
(4) Et Saumure.
(5) Et Senard ; voy. vol. I, p 546.
(6) Elle épouse, le 22 août 1694, René Gaschet, à Québec.

1757, (24 janvier) Montréal.

-SÉNAT (1), MICHEL, b 1730, soldat; fils de Barthelemi et d'Anne Sares, d'Alans, diocèse de Comminges, Gascogne.

DARVEAU, Marie-Thérèse, [JEAN-BTE II.
b 1736.

NCÈRE.—Voy. FÉRON—MACÉ.

NÉ.—Voy. SENET.

NÉCAL.—*Surnom* : LAFRAMBOISE.

-SENÉCAL (2), ADRIEN, de Rouen, Normandie; s 19 août 1688, à Boucherville. [4]

1° ROLLEVILLE, Guillemette.

1670.

2° LECOMPTE (3), Jeanne. [JEAN I.

Henri, b 1672; m 6 mai 1693, à Catherine OUTRÉ, à la Pte-aux-Trembles, M.; s [4] 29 mars 19.

1672, (15 oct.) Montréal. [7]

-SENÉCAL (2), JEAN,
b 1643; s [7] 11 fevrier 1723.

DESEINE (4), Catherine-Marguerite,
b 1650; s [7] 25 mai 1735.

Pierre, b [7] 16 août 1673; m [7] 4 nov. 1698, à rguerite PINSONNEAU; s 17 juin 1734, à Larie.—*Marie-Thérèse*, b [7] 30 dec. 1674; Sœur Michel, Cong. Notre-Dame; s [7] 17 mars 1703. *Joseph*, b [7] 1er mars 1681; m [7] 24 nov. 1712, à rie-Anne FOUCHÉ; s [7] 18 nov. 1741.—*André*, 18 fevrier 1683; m [7] 28 oct. 1710, à Margue BOYER; s [7] 13 oct. 1754.—*Marguerite-Catherine*, b [7] 19 janvier 1685; Sœur, Cong. N.-D.; s [7] dec. 1721.—*Anne*, b [7] 26 juillet 1687; m [7] 28 ril 1710, à Joseph BAZINET.

1683, (8 nov.) Boucherville. [8]

-SENÉCAL (5), NICOLAS, [ADRIEN I.
b 1654; s 31 janvier 1736, à Varennes. [9]

PETIT, Marie-Gertrude, [NICOLAS I.
b 1669; s 23 dec. 1737, à Montreal.

Nicolas, b [8] 15 fevrier 1688; m [8] 30 oct. 1712, Madeleine MEUNIER; s [9] 15 janvier 1765.—*Anne*, b [9] 23 mai 1703; m [9] 5 mai 1732, à Jean-Baptiste MÉTIVIER.—*Marie-Anne*, b [9] 15 sept. 1709; [9] 14 fevrier 1735, à Jacques BERTLLET.

1693, (6 mai) Pte-aux-Trembles, M. [1]

-SENÉCAL (6), HENRI, [ADRIEN I.
b 1672; s 29 mars 1719, à Boucherville. [2]

POUTRÉ, Catherine, [ANDRÉ I.
b 1676.

Jeanne, b 29 juin 1695, à Varennes [3]; m [2] 9 nov. 1728, à Jean BLAYE.—*René-Joseph*, b [3] 15 mai 1700, m à Jeanne-Elisabeth LERICHE.—*Catherine*, b 1707; m [2] 18 avril 1730, à François LERICHE.—*Paul*, b [1] 25 oct. 1710; m [3] 10 août 1739, à Marie DELPÉE-PARISEAU.—*Marie-Madeleine*, b [1] 11 oct. 1711.

1694, (22 avril) Varennes [1]

II.—SENÉCAL (1), ETIENNE, [ADRIEN I.
b 1671; s [1] 20 juin 1733.

MILLAULT, Pétronille, [JACQUES I.
b 1671; s [1] 5 nov. 1758.

Marie-Geneviève, b [1] 16 nov. 1710; m [1] 20 nov. 1730, à Jacques CHAPUT.

1698, (4 nov.) Montréal.

II.—SENÉCAL (1), PIERRE, [JEAN I.
b 1673; s 17 juin 1734, à Laprairie. [3]

PINSONNEAU, Marguerite, [FRANÇOIS I.
b 1679.

Thérèse, b 20 nov. 1708, à Contrecœur; m [3] 25 février 1732, à Jean-Baptiste GERVAIS.—*Pierre* b 1709; m [3] 10 juin 1731, à Suzanne BOURDEAU.—*Antoine*, b 1711; 1° m [3] 12 janvier 1733, à Anne-Catherine BOURDEAU; 2° m [3] 6 mai 1748, à Marie-Joseph GIROU.—*Joseph*, b 1712; s [3] 16 nov. 1730.—*Marie*, b [3] 22 avril 1717.—*Marie-Françoise*, b [3] 22 avril 1717; m [3] 4 juin 1736, à Joseph BOYER.—*Marie-Joseph*, b [3] 5 fevrier 1719; m [3] 17 fevrier 1738, à Laurent BOURDEAU.—*Paul*, b [3] 19 sept. 1720; m [3] 18 avril 1746, à Marie-Françoise GIROU.—*Marie-Rose*, b [3] 16 sept. 1722; s [3] 7 déc. 1730.

1706, (25 mai) Laprairie.

II.—SENÉCAL, ADRIEN, [ADRIEN I.
b 1674; s 28 février 1736, à Varennes. [7]

BAREAU (2), Louise, [JEAN I.
b 1684.

Claude, b [7] 30 avril 1707.—*Marie-Louise*, b [7] 16 mai 1708; m [7] 19 mars 1726, à Paul PETIT.—*Charlotte*, b [7] 2 dec. 1710; m [7] 27 juin 1735, à Joseph PETIT.—*Marie-Joseph*, b [7] 27 dec. 1712; m [7] 2 avril 1736, à Joseph BRUNEL.—*Adrien*, b 1715; m 27 janvier 1737, à Marie-Joseph MEUNIER, à Boucherville.

1710, (28 oct.) Montréal. [9]

II.—SENÉCAL, ANDRÉ, [JEAN I.
b 1683; s [9] 13 oct. 1754.

BOYER, Marguerite, [NICOLAS I.
b 1688.

Marie-Marguerite, b [9] 19 juillet 1711; m [9] 7 janvier 1732, à Pierre GERVAIS; s [9] 21 sept. 1737.—*Paul*, b [9] 2 et s [9] 5 sept. 1712.—*Madeleine*, b [9] 6 nov. 1713; m [9] 16 avril 1736, à François CAMPEAU, s [9] 26 mai 1739.—*Marie-Joseph*, b [9] 11 avril 1715, s [9] 12 sept. 1738.—*Charles*, b [9] 25 juin 1716; m 10 fevrier 1749, à Madeleine GERVAIS, à la Pte-aux-Trembles, M.—*Antoine*, b [9] 27 fevrier 1718.—*Marie-Catherine*, b [9] 30 juin 1719.—*Angélique*, b [9] 1er nov. 1720; s [9] 31 août 1742.—*Joseph-Marie*, b [9] 25 mars et s [9] 30 mai 1722.—*Geneviève*, b [9] 6 mai et s [9] 12 juin 1723.—*Suzanne*, b [9] 25 juin et s [9] 9 juillet 1724.—*Marie-Thérèse*, b [9] 25 sept. 1725; s [9] 13 avril 1744.—*André*, b [9] 3

(1) Et Senet dit Desjardins.
(2) Voy. vol. I, p. 546.
(3) Elle épouse, le 8 janvier 1680, Julien Guillon, à Boucherville.
(4) Et DeSelle, 1710.
(5) Voy. vol. I, pp 546-547.
(6) Voy. vol. I, p. 547.

(1) Voy. vol. I, p. 547.
(2) Et Barros.

mars 1727 ; s[9] 3 avril 1745.—*Catherine,* b[9] 17 oct. 1729; m[9] 14 février 1763, à Joseph-Amable Monet.—*Anonyme,* b[9] et s[9] 6 mars 1734.

1712, (30 oct.) Boucherville.

III.—SENÉCAL, Nicolas, [Nicolas II.
b 1688 ; s 15 janvier 1765, à Varennes.[8]
Meunier-Lapierre, Madeleine, [Pierre I.
b 1690.

Marie-Joseph, b[8] 29 juillet 1713 ; 1° m[8] 9 fevrier 1750, à Prisque Barret ; 2° m[8] 14 fevrier 1752, à Jean-Baptiste Gautier. — *Marie-Madeleine,* b... m[8] 28 février 1740, à Jean-Baptiste Delpée-Pariseau.—*Angélique,* b[8] 2 janvier 1727. —*Geneviève,* b... m[8] 24 janvier 1752, à Gabriel Pariseau.

1712, (24 nov.) Montréal.[7]

II.—SENÉCAL, Joseph, [Jean I.
b 1681 ; s[7] 18 nov. 1741.
Fouché, Marie-Anne, [Louis I.
b 1673 ; s[7] 17 nov. 1754.

Marie-Anne, b[7] 29 août 1713 ; m[7] 24 janvier 1742, à Jean-Antoine Coderre-Emery ; s[7] 15 mars 1743.—*Jeanne,* b[7] 25 juillet 1715 ; s[7] 1er août 1716.—*Marie-Joseph,* b[7] 23 avril 1717.—*Joseph,* b[7] 5 avril 1719 ; m[7] 10 fevrier 1744, à Marie-Joseph Truteau.—*Antoine,* b[7] 30 août 1721 ; s[7] 6 août 1725.—*Joseph,* b... s[7] 8 avril 1723.—*Marie-Joseph,* b[7] 22 mai 1724 ; s[7] 21 avril 1725.

1719, (18 janvier) Varennes[2]

III.—SENÉCAL, Adrien, [Etienne II.
b 1695.
Chaput, Marie-Angél., [Nicolas-Mathurin I
b 1699.

Louis, b[2] 6 nov. 1719.—*Judith,* b... m[2] 1er oct. 1741, à Jacques Dodelin.—*Marie,* b... m[2] 19 mai 1743, à Gabriel Fontaine.—*Etienne,* b 1724 ; m 18 février 1744, à Brigitte Meunier, à Boucherville.[3]—*Marie-Joseph,* b[2] 15 fevrier 1727 ; m[2] 3 juin 1751, à Louis-Joachim Brien —*Marie-Louise,* b... m[2] 9 janvier 1758, à Louis Lachambre.—*Jean-Baptiste,* b 1739 ; m[3] 19 nov. 1759, à Angelique Meunier.—*Marie-Archange,* b... m[2] 5 oct. 1761, à Noel Paschal.

1721, (25 février) Varennes.[4]

III.—SENÉCAL, André, [Henri II.
b 1698.
Lalue, Marguerite, [Léonard I.
b 1701.

André, b 1722 ; m 3 nov. 1743, à Pelagie Favreau, à Boucherville[5] ; s[5] 18 janvier 1804.—*Marie-Pétronille,* b[4] 30 déc. 1725, m[4] 10 nov. 1743, à Antoine Lacoste.

1723, (13 mai) Varennes.[6]

III.—SENÉCAL, Jean-Bte, [Nicolas II.
b 1697.
Gautier, Angelique, [Mathurin I.
b 1672 ; veuve de Nicolas Chaput ; s[6] 11 nov. 1749.

III.—SENÉCAL, René-Joseph, [Henri I
b 1700.
Leriche, Jeanne-Elisabeth, [Jean-Bte I
b 1706.

Jean-Baptiste, b 1735 ; m 19 juin 1758, à Marie-Renée Labaty, à Varennes.[2] — *Isabelle,* b... m 26 février 1759, à Louis Brien.—*Jacques,* b 17.. m 14 oct. 1771, à Marie-Anne Pilet, à Boucherville.[3] — *Louis,* b... 1° m à Louise Normandin 2° m[3] 9 juillet 1781, à Marie-Anne Lambert.

1724, (25 août) Varennes.[7]

III.—SENÉCAL (1), Louis, [Etienne I
b 1698.
Petit (2), Marie-Louise, [Paul I
b 1701 ; veuve d'Augustin Brodeur.

Marie-Louise, b[7] 12 nov. 1725 ; m[7] 19 ... 1750, à Antoine Lacoste.—*Louis,* b[7] 20 nov. 1726.—*Etienne,* b 1730 ; m[7] 28 janvier 175., à Charlotte Brien.—*Joseph,* b 1740 ; m[7] 18 ... 1762, à Archange Chaput.—*Claude,* b 1743, m 18 août 1766, à Thérèse-Hyacinthe Goulet, à St-Antoine-de-Chambly.

1731, (10 juin) Laprairie.[8]

III.—SENÉCAL, Pierre, [Pierre I
b 1709.
Bourdeau, Suzanne, [Pierre I
b 1709.

Pierre, b[8] 11 mai 1732 ; 1° m 14 fevrier 17.. à Veronique Barette, à St-Constant ; 2° m[8] .. fevrier 1760, à Marie-Joseph Guérin.—*François-Marie,* b[8] 13 dec. 1733 ; m[8] 1er fevrier 176., à Marie-Joseph Normandin.—*Marie-Suzanne,* b[8] .. juillet 1736 ; m[8] 29 avril 1754, à Basile Duquet. —*Laurent,* b[8] 10 mars 1738.—*Marguerite-Antoinette,* b[8] 12 janvier 1740 ; s[8] 4 mai 1741.—*Paul,* b[8] 4 nov. 1741.

1732, (14 janvier) Varennes.[9]

III.—SENÉCAL, Etienne, [Etienne I
b 1705 ; s[9] 16 déc. 1784.
Girard, Marguerite-Louise, [Jacques I
b 1710 ; s[9] 17 mars 1798.

Louise, b[9] 10 oct 1732 ; s[9] 21 mai 1733.—*Marie-Joseph,* b... m[9] 8 sept. 1751, à Michel Buissonnet.—*Etienne,* b[9] 28 et s[9] 31 janvier 1736.—*Etienne,* b[9] 27 janvier 1737 ; s[9] 17 août 178.—*Louis,* b[9] 5 nov. 1738 ; m[9] 2 fevrier 1761, à Marie-Amable Senécal.—*Etienne,* b[9] 16 fevrier 1741 ; m[9] 22 fevrier 1762, à Madeleine Brunet ; s[9] 8 avril 1811.—*Claude,* b[9] 11 mai 1743, s[9] .. déc. 1746.—*Michel,* b[9] 9 sept. 1745 ; 1° m 29 janvier 1770, à Angelique Favreau, à Boucherville ; 2° m à Marie Vincent ; s[9] 14 avril 1824.—*Marie-Louise,* b[9] 3 mars 1748 ; m[9] 15 fevrier 1768, à Urbain Richard ; s[9] 7 août 1802.—*Marie-Am...,* b[9] 1er juin 1750, m[9] 19 fevrier 1770, à P... Favreau.

(1) Dit Laframboise.

(2) Elle épouse, le 7 janvier 1756, Charles Ménard Be... rose, à Varennes.

1733, (12 janvier) Laprairie. [2]
III.—SENÉCAL, Antoine, [Pierre II.
b 1711.
1° Bourdeau, Anne-Catherine, [Pierre I.
b 1711.
Pierre, b [2] 3 sept. 1733.—*Marie-Antoinette*, b [2] juin 1735; m [2] 25 février 1754, à Pierre Girou.—*Antoine-Amable*, b [2] 5 mai 1737; s [2] (noyé) 1er juin 1740.—*Catherine-Véronique*, b [2] 1er avril 1739; s [2] 22 février 1743.—*Jean-Baptiste*, b [2] 20 déc. 1740; m 11 février 1765, à Marie-Catherine Babeu, à St-Philippe.—*Jacques-Jérémie*, b [2] 3 juillet 1742.—*Marie-Marguerite*, b [2] 8 déc. 1743.
1748, (6 mai). [2]
2° Girou, Marie-Joseph, [Pierre-François III.
b 1731.

1737, (27 janvier) Boucherville. [3]
III.—SENÉCAL, Adrien, [Adrien II.
b 1715.
Meunier, Marie-Joseph, [Jacques II.
b 1717.
Adrien, b 2 juin 1737, à Varennes [4]; m [3] 13 mai 1771, à Madeleine Séguin.—*Marie-Amable*, b 1740; m [4] 2 fevrier 1761, à Louis Senécal.—*Marie-Archange*, b... m [4] 13 août 1764, à Hypolite Breillard —*Charles*, b 1747; m [3] 8 janvier 1770, à Marie-Angelique Gautier. — *Alexis*, b 1749; m [4] 22 oct. 1770, à Marie-Victoire Dalpée-Pariseau.—*Marie-Anne*, b... m [4] 18 mai 1772, à Christophe Roch.—*Etienne*, b [4] 9 mars et s [4] 9 juillet 1751.—*Louis*, b [4] 23 avril 1752.—*Michel*, b 1753; m [3] 15 janvier 1776, à Marie-Joseph DeNoyon.

1739, (10 août) Varennes. [1]
III—SENÉCAL, Paul, [Henri II.
b 1710.
Dalpée-Pariseau, Marie, [François II.
b 1711; veuve de Louis Petit.
Marie-Louise, b 1740; m [1] 24 juin 1765, à Antoine Rougeau.—*Louis*, b 1748; m 22 oct. 1781, à Thérèse Maurice, à Montreal.—*Etienne*, b [1] 12 août 1751.

1743, (3 nov.) Boucherville. [2]
IV.—SENÉCAL, André, [André III.
b 1722; s [2] 18 janvier 1804.
Favreau, Pelagie, [Pierre II.
b 1724.
Thérèse, b 1744; m 11 fevrier 1765, à Antoine Ledoux, à Varennes.—*Jean-Baptiste*, b 1752; m [2] 2 juin 1777, à Angelique Charbonneau; s [2] 23 nov. 1822.—*Marie-Joseph*, b... m [2] 3 août 1778, à Louis Lachambre. — *André*, b... m [2] 20 fevrier 1786, à Catherine Lafond.

1744, (10 février) Montréal. [4]
III—SENÉCAL, Joseph, [Joseph II.
b 1719.
Truteau, Marie-Joseph, [Louis II.
b 1724.
Marie-Anne, b [4] 8 sept. 1746. m 12 mai 1766, à Jean-Baptiste Diguire, à Varennes.—*Joseph*, b [4] 12 déc. 1749; s [4] 2 mars 1750.—*Marie-Joseph*, b... s 10 juillet 1756, à Longueuil.

1744, (18 fevrier) Boucherville. [3]
IV.—SENÉCAL, Etienne, [Adrien III.
b 1724.
Meunier, Brigitte, [Jacques II.
b 1724.
Marie-Charlotte, b... m 4 février 1771, à François Laberge, à Varennes.—*Joseph*, b 1758; m [3] 15 janvier 1780, à Judith Coalier.—*Apolline*, b... m 18 janvier 1785, à Emmanuel Vidulguer, à la Longue-Pointe.

1746, (18 avril) Laprairie.
III.—SENÉCAL, Paul, [Pierre II.
b 1720.
Girou, Marie-Françoise, [Pierre-François III.
b 1722.

1749, (10 février) Pte-aux-Trembles, M.
III.—SENÉCAL, Charles, [André II.
b 1716.
Gervaise, Madeleine, [Nicolas III.
b 1727.
Catherine, b 1752; m 26 juillet 1773, à Hyacinthe Brien, à Montreal. [5]—*Joseph*, b 1757; m [5] 17 janvier 1780, à Therèse Parant.

1754, (28 janvier) Varennes.
IV.—SENÉCAL, Etienne, [Louis III.
b 1730.
Brien (1), Charlotte, [Julien II.
b 1729.

1757, (14 fevrier) St-Constant.
IV.—SENÉCAL, Pierre, [Pierre III.
b 1732.
1° Barrette, Marie-Véronique, [Pierre III.
b 1732.
1760, (11 fevrier) Laprairie.
2° Guérin, Marie-Joseph, [Ange II.
b 1738.

1758, (19 juin) Varennes.
IV—SENÉCAL, Jean-Bte, [René-Joseph III.
b 1735.
Labaty, Marie-Renée, [Pierre I.
b 1742.
Jean-Baptiste, b 3 oct. 1760, à Boucherville.

1759, (19 nov.) Boucherville.
IV.—SENÉCAL, Jean-Bte, [Adrien III.
b 1739.
Meunier, Angélique, [Jean-Bte III.
b 1740

1761, (2 fevrier) Varennes. [7]
IV.—SENÉCAL (2), Louis, [Etienne III.
b 1738.
Senécal, Marie-Amable, [Adrien III.
b 1740.
Adrien, b [7] 19 oct. 1761.—*Etienne*, b 1764; m 10 oct. 1794, à Marie-Joseph Huet-Dulude, à

(1) Elle épouse, le 24 sept 1764, Amable Savaria, à Varennes.
(2) Dit Piscat.

Boucherville; s[7] 18 août 1834.—*Adrien-François*, b [7] 29 janvier 1773.

1762, (1er février) Laprairie.[2]
IV.—SENÉCAL, François-Marie, [Pierre III.
b 1733 ; s[2] 15 juin 1789.
Normandin, Marie-Joseph, [Joseph III.
b 1742.

1762, (22 février) Varennes.[8]
IV.—SENÉCAL, Etienne, [Etienne III.
b 1741 ; s[8] 8 avril 1811.
Brunel, Madeleine, [Michel III.
b 1745 ; s[8] 28 juillet 1803.
Etienne, b[8] 20 février 1763 ; m[8] 11 oct. 1796, à Charlotte Laroche ; s[8] 21 août 1834.—*Marie-Amable*, b[8] 30 mars 1765 ; m[8] 20 février 1786, à Jean-Baptiste Gauthier.—*Michel*, b[8] 27 oct. 1768.—*Louis*, b[8] 30 août 1770 ; m 27 janvier 1794, à Madeleine Véronneau, à Boucherville ; s[8] 18 mai 1832.—*Adrien*, b[8] 15 mai et s[8] 4 juillet 1772.—*Marie-Anne*, b[8] 21 juin et s[8] 6 août 1773.—*Adrien*, b[8] 22 février et s[8] 4 mai 1775.—*François*, b[8] 20 février et s[8] 24 mai 1777.—*Marie-Anne*, b[8] 9 juillet et s[8] 3 août 1778.—*Marie-Charlotte*, b[8] 26 juin 1781 ; m[8] 7 sept. 1801, à Charles Lachenais ; s[8] 26 oct. 1806.—*Marie-Des-anges*, b[8] 31 déc. 1785 ; m[8] 24 sept. 1804, à Antoine Monjeau ; s[8] 3 nov. 1864.

1762, (18 oct.) Varennes.
IV.—SENÉCAL, Joseph, [Louis III.
b 1740.
Chaput, Archange [Charles II.

1765, (11 février) St-Philippe.
IV.—SENÉCAL, Jean-Bte, [Antoine III.
b 1740.
Babeu, Marie-Catherine, [Louis II.
b 1745.
Antoine, b... 1° m 25 janvier 1797, à Marie-Anne Vaudry, à St-Louis, Mo. ; 2° m 6 oct. 1801, à Marie-Reine Loise, à Florissant, Mo.

1766, (18 août) St-Antoine-de-Chambly.
IV.—SENÉCAL (1), Claude, [Louis III.
b 1743.
Goulet, Thérèse-Hyacinthe, [Jacques III.
b 1742 ; veuve de Jean-Baptiste Quay.

1770, (8 janvier) Boucherville.
IV.—SENÉCAL, Charles, [Adrien III.
b 1747.
Gautier, Marie-Angélique, [Pierre III.
b 1745.

1770, (29 janvier) Boucherville.[2]
IV.—SENÉCAL, Michel, [Etienne III.
b 1745 ; s 14 avril 1824, à Varennes
1° Favreau, Angélique, [Pierre III.
b 1750.
André, b[2] 31 janvier 1775.
2° Vincent, Marie.

(1) Dit Laframboise.

1770, (22 oct.) Varennes.
IV.—SENÉCAL, Alexis, [Adrien III.
b 1749.
Dalpé-Pariseau, Marie-Victoire, [Joseph III.
b 1751.

1771, (13 mai) Boucherville.
IV.—SENÉCAL, Adrien, [Adrien III.
b 1737.
Séguin, Madeleine, [Simon II.
b 1721 ; veuve de Joseph Ouilem.

1771, (14 oct.) Boucherville.
IV.—SENÉCAL, Jacques, [René-Joseph III.
b 1749.
Pilet, Marie-Anne, [Joseph II.
b 1750.

1776, (15 janvier) Boucherville.
IV.—SENÉCAL, Michel, [Adrien III.
b 1753.
DeNoyon, Marie-Joseph, [Joseph III.
b 1754.

1777, (2 juin) Boucherville.[6]
V.—SENÉCAL, Jean-Bte, [André IV.
b 1752, s[6] 23 nov. 1822.
1° Charbonneau, Angélique, [Jean...
b 1750, s[6] 14 janvier 1794.
Jean-Baptiste, b[6] 8 mars et s[6] 23 avril 1778.—*Jean-Baptiste*, b[6] 7 juin et s[6] 9 juillet 1779.—*Marie-Joseph*, b[6] 26 déc. 1781.—*Catherine*, b[6] ... nov. 1786, à Longueuil. — *Marie-Louise*, b[6] 11 février 1788.—*Toussaint*, b[6] 11 février et s[6] 1 mars 1789.—*Marie-Elisabeth*, b[6] 16 mars et s[6] 24 juillet 1790. — *Marie-Pélagie*, b[6] 27 février 1791, m[6] 7 février 1814, à Toussaint Aubertin.—*Jean-Baptiste*, b[6] 29 janvier 1793 ; m[6] 8 janvier 1816, à Marie Huet-Dulude ; s 20 janvier 1860, Montréal.[7]
1795, (15 février)[6]
2° Séguin, Marie-Louise, [Pierre II.
b 1765, s[6] 24 juin 1830.
Pierre, b[6] 26 août 1795 ; m[6] 13 février 1821, Marie-Joseph Provost.—*Françoise*, b[6] 28 janvier 1799.—*Marie-Charlotte*, b[6] 16 avril 1801 m[6] ... janvier 1822, à Jean-Baptiste Lasonde dit Lariche.—*Victoire*, b... m[6] 16 janvier 1827, à Antoine Huet-Dulude.—*Denis*, b[6] 27 sept. 180... m[6] 8 février 1830, à Julie Viger ; s[7] 16 déc. 1871.—*André*, b[6] 26 mai 1809 ; 1° m[7] 24 nov. 1828, à Esther Cousineau ; 2° m[7] 25 nov. 1844, Emilie Leduc, 3° m[7] 20 janvier 1851, à Marie Elize Bergeron ; s[7] 10 sept. 1888.—*François*, b ... 24 mai 1811 ; m[7] 6 février 1837, à Vug... Baudry ; s[7] 22 oct. 1886.

IV.—SENÉCAL, Louis. [René-Joseph I...
1° Normandin, Louise. [Jean-Bte I...
1781, (9 juillet) Boucherville.
2° Lambert, Marie-Anne. [Eustache I...

1780, (15 janvier) Boucherville.
-SENÉCAL, JOSEPH, [ETIENNE IV.
b 1758.
COALIER, Judith, [PHILIBERT I.
b 1758.

1780, (17 janvier) Montréal.
V.-SENÉCAL, JOSEPH, [CHARLES III.
b 1757.
PARANT, Thérèse, [HONORÉ III.
b 1763.

1781, (22 oct.) Montreal. [1]
V.-SENÉCAL, LOUIS, [PAUL III.
b 1748.
MAURICE, Thérèse, [JOSEPH II.
b 1759.
Etienne, b [1] 4 janvier 1793.—*Paul,* b [1] 5 sept. 1804.

1786, (20 fevrier) Boucherville. [2]
-SENECAL, ANDRÉ. [ANDRÉ IV.
LAFOND, Catherine, [JEAN-ANTOINE I.
b 1761.
Catherine, b [2] 1er mai 1788.—*Antoine,* b [2] 6 avril 1789.—*Marie-Monique,* b [2] 4 mai 1790.—*Marie-Louise,* b [2] 19 juin 1791.—*Marie-Joseph,* b [2] 8 et s [2] 21 juin 1792.—*Jean-Baptiste,* b [2] 29 déc. 1793; s [2] 10 août 1794.—*Marie-Anne,* b [2] 27 juillet et s [2] 20 août 1795.

1794, (27 janvier) Boucherville. [1]
V.-SENÉCAL, LOUIS, [ETIENNE IV.
b 1770; s 18 mai 1832, à Varennes. [2]
VÉRONNEAU, Madeleine. [JOSEPH
Louis, b [1] 13 nov. 1795; m [2] 6 nov. 1815, à Céleste BISSONNET.

1794, (10 oct.) Boucherville.
-SENÉCAL, ETIENNE, [LOUIS IV.
b 1764; s 18 août 1834, à Varennes.
HUET-DULUDE, Marie-Joseph. [PIERRE.

1797, (25 janvier) St-Louis, Mo.
V.-SENÉCAL, ANTOINE. [JEAN-BTE IV.
1° VAUDRY, Marie-Anne. [JOSEPH.
1801, (6 oct.) Florissant, Mo.
2° LOISE, Marie-Reine, [ALEXIS.
b 1753.

1815, (6 nov.) Varennes.
VI.-SENÉCAL, LOUIS, [LOUIS V.
b 1795.
BISSONNET, Céleste. [ETIENNE.

1816, (8 janvier) Boucherville. [1]
VI.-SENÉCAL, JEAN-BTE, [JEAN-BTE V.
b 1793; cultivateur; s 20 janvier 1860, à Montreal. [2]
HUET-DULUDE, Marie-Louise, [JOSEPH IV.
b 1794; s [2] 30 oct. 1865.
Jean-Baptiste, b [1] 29 dec. 1816; 1° m [1] 29 janvier 1839, à Marie BABIN-LACROIX; 2° m [2] 10 mars 1873, à Malvina DECELLE, s [2] 15 oct. 1884.—*Marie-Louise,* b [1] 11 mars 1818.—*Henriette,* b [1] 27 nov. 1819; s [1] 10 oct. 1823.—*Adéline,* b [1] 3 août 1821.—*Marie-Célina,* b [1] 1er oct. 1823; m [2] 27 sept. 1851, à François-Xavier MONTMARQUET.—*Joseph,* b [1] 9 nov. 1825; m [2] 3 mars 1851, à Olive LEFORT.—*Anastasie,* b 1827; s [1] 24 avril 1828.—*Marie-Virginie,* b... m [2] 29 oct. 1851, à Guillaume-François DANIEL.—*Chrysologue* (1), b [1] 11 sept. 1831; m [2] 9 nov. 1852, à Marie-Priscille CHARPENTIER; s [2] 15 mai 1875.—*Eusèbe,* b [1] 7 oct. 1833; m [2] 17 mai 1853, à Sophie-Marguerite LABELLE.—*Joseph-André,* b [1] 27 nov. 1836; m [2] 7 oct. 1856, à Théophanie CHARPENTIER.

1821, (13 février) Boucherville. [3]
VI.-SENÉCAL, PIERRE, [JEAN-BTE V.
b 1795; cultivateur.
PROVOST, Marie-Joseph, [PIERRE.
b 1797.
Toussaint, b [3] 2 nov. 1821; s [3] 29 mai 1824.—*Pierre-Samuel,* b [3] 27 janvier 1824—*Joseph-Alfred,* b [3] 16 janvier 1826.—*Aurélie,* b [3] 24 avril 1828.—*Marie-Matilde,* b [3] 8 oct. 1830.—*Marie-Emma,* b [3] 22 fevrier 1833.—*Deux anonymes* (2), b [3] et s [3] 14 fevrier 1834.—*Marie-Alvina,* b [3] 10 fevrier 1835.

1828, (24 nov.) Montréal. [6]
VI.-SENÉCAL, ANDRÉ, [JEAN-BTE V.
b 1809; sellier, s [6] 10 sept. 1888.
1° COUSINEAU, Esther, [JEAN-BTE.
b 1812; s [6] 26 fevrier 1844.
André, b [6] 15 nov. 1829; s [6] 18 janvier 1831.—*Esther-Eloïse,* b [6] 10 mars et s [6] 12 nov. 1832.—*André-Anaclet,* b [6] 21 juillet 1833; s [6] 10 juin 1834.—*Esther,* b [6] 27 oct. 1834; s [6] 5 janvier 1842.—*Marie-Marguerite,* b [6] 23 mai 1836; s [6] 13 mars 1837.—*François-Godfroy,* b [6] 8 oct. et s [6] 17 nov 1837.—*Antoine-Henri-Camille,* b [6] 4 avril et s [6] 6 juillet 1839.—*Julie-Elodie,* b [6] 19 déc. 1840; s [6] 23 janvier 1841.—*Marie-Onésime,* b [6] 19 déc. 1842; s [6] 10 mars 1843.
1844, (25 nov.) [6]
2° LEDUC, Emilie, [LOUIS.
b 1824; s [6] 29 juillet 1849.
Marie-Emilie-Adeline, b [6] 19 janvier 1846.—*Louis-Marie-André,* b [6] 31 juillet 1847.—*Marie-Cécile,* b [6] 12 et s [6] 28 août 1848.
1851, (20 janvier). [6]
3° BERGERON, Marie-Elize, [ANTOINE.
b 1826.
Marie-Spiridion, b [6] 24 oct. 1851; m [6] 14 février 1882, à Donalda MONTMARQUET.—*André-Cléophas,* b [6] 24 oct. 1852; s [6] 24 juillet 1855.—*Marie-Henri-Séraphin,* b [6] 28 dec. 1854; s [6] 15 fevrier 1856.—*Marie-Joseph-Eugène,* b [6] 2 mars 1856; m 24 nov. 1881, à Clara COTÉ, à Ste-Anne-de-la-Pérade. [6]—*Georges-Arthur,* b [6] 17 mai 1860; s [6] 12 dec. 1861.—*Jean-Baptiste-Henri,* b [6] 24 juin 1862; m [6] 15 oct. 1888, à Olivine SCOTT.—*Marie-Aline-Hélène-Eliza,* b [6] 1er août 1864; m [6] 30 juin 1884, à Charles-Thomas COUILLARD.

(1) Appelé Pierre-Chrysologue à l'acte de son mariage.
(2) Un garçon et une fille.

1830, (8 février) Boucherville.

VI.—SENÉCAL, Denis, [Jean-Bte V. b 1803 ; marchand ; s 16 déc. 1871, à Montréal. [8]

Viger, Julie, [Bonaventure IV. b 1802 ; s [8] 30 avril 1873.

Julie-Célanire, b [8] 15 fevrier 1831 ; s [8] 5 mai 1832. — *Marie-Julie,* b [8] 21 fevrier 1833 ; s [8] 23 janvier 1834. — *Marie-Julie-Elodie,* b [8] 11 août 1835 ; s [8] 7 sept. 1839.—*Denis-Henri,* b [8] 11 avril 1837 ; m [8] 27 sept. 1859, à Marie-Joseph-Louise Cherrier ; s [8] 13 oct. 1869.— *Marie-Eléonise,* b [8] 8 août 1839 , s [8] 7 janvier 1846. — *Marie-Zélide-Orpha,* b [8] 9 mai et s [8] 15 sept. 1842.

1837, (6 février) Montréal. [8]

VI.—SENÉCAL, François, [Jean-Bte V. b 1811 ; marchand ; s [8] 22 oct. 1886.

Baudry, Virginie, [Pierre. b 1818 ; s [8] 7 déc. 1866.

Pierre-François-Xavier, b [8] 16 nov. 1838 ; s [8] 29 mai 1840. — *Edouard-Hypolite,* b [8] 24 février 1840. — *Charles-Auguste-Marcien,* b [8] 13 mars 1841.—*Marie-Virginie-Odile,* b [8] 16 et s [8] 20 juin 1842.—*Séraphin-Arthur,* b [8] 7 nov. 1843.—*Marie-Virginie-Ilha,* b [8] 26 janvier et s [8] 26 août 1845. —*Marie-Ezilda,* b [8] 7 fevrier et s [8] 30 juillet 1846. — *Jean-Baptiste-François-d'Assise-Anaclet,* b [8] 5 oct. 1847.—*Marie-Joseph-Ildefonse,* b [8] 14 avril et s [8] 29 août 1849. — *Marie-Joseph-Télesphore,* b [8] 11 juin 1850. — *Marie-Joseph-Hormisdas,* b [8] 21 sept. 1851.—*Marie-Anne-Ezilda,* b [8] 24 janvier 1853.—*Marie-Virginie-Joséphine,* b [8] 14 oct. 1854. — *Olympe-Eldéa,* b [8] 3 sept. 1856 ; s [8] 27 juillet 1857. — *Marie-Joseph-Elzear-Evariste,* b [8] 4 oct. 1857.—*Marie-Joseph-Frédéric-Ernest,* b [8] 12 sept. 1859. — *Marie-Louise-Ernestine-Domitille,* b [8] 18 avril 1861.

1839, (29 janvier) Boucherville.

VII.—SENÉCAL, Jean-Bte, [Jean-Bte VI. b 1816 ; sellier ; s 15 oct. 1884, à Montreal. [9]

1° Babin-Lacroix, Marie, [Louis. b 1821 ; s [9] 3 fevrier 1872.

Jean-Baptiste, b [9] 22 fevrier et s [9] 12 déc. 1840. — *Charles-Alphonse-Marie,* b [9] 7 nov. 1841. — *Joseph,* b [9] 10 juin 1844 ; s [9] 8 avril 1845.—*François-Xavier,* b [9] 14 oct. 1848. — *Marie-Virginie-Ezilda,* b [9] 2 sept. 1851.— *Pierre-Amédee,* b [9] 16 oct. 1853 ; s [9] 15 août 1859.— *Marie-Louise-Albina,* b [9] 8 juillet 1855 ; s [9] 17 nov. 1859. — *Auguste-Emilien,* b [9] 21 juillet 1857.—*Marie-Eugénie,* b [9] 20 nov. 1859 , s [9] 21 janvier 1863. — *Anonyme,* b [9] et s [9] 18 février 1863.—*André-Alfred,* b 1866 ; s [9] 15 juin 1868.

1873, (10 mars). [9]

2° Ducelle, Malvina. [Christophe.

1851, (3 mars) Montreal. [7]

VII.—SENÉCAL, Joseph, [Jean-Bte VI. b 1825 ; sellier.

Lefort, Olive. [Amable.

Joseph, b [7] 28 janvier 1852 ; s [7] 18 mai 1853.— *Marie-Mathilde,* b [7] 19 août 1853 ; s [7] 23 mars 1857. — *Joseph-André-Didier,* b [7] 15 juillet 1855. —*Adolphe,* b [7] 16 juin 1857. — *Marie-Louise,* b [7] 12 juin 1859. — *Joseph-Eusèbe,* b [7] 8 oct. 1863, s [7] 15 avril 1865.

1852, (9 nov.) Montreal. [7]

VII.—SENÉCAL, Chrysologue, [Jean-Bte VI. b 1831 ; imprimeur ; s [7] 15 mai 1875.

Charpentier, Marie-Priscille, [Joseph. b 1836 ; s [7] 24 oct. 1868.

Joseph-Chrysologue, b [7] 5 août 1853 ; s [7] 2 sept. 1871.—*François-Xavier,* b [7] 6 mars 1855, s [7] 13 juin 1862.

1853, (17 mai) Montréal. [5]

VII.—SENÉCAL (1), Eusèbe, [Jean-Bte VI. b 1833 ; imprimeur-editeur.

Labelle, Sophie-Marguerite, [Chs-Casimir. b 1833.

Eusèbe-Joseph-Olympe, b [5] 14 avril et s [5] 3 juillet 1854. — *Alphonse-Alexandre,* b [5] 1er mai 1855 ; s [5] 11 oct. 1864.— *Jean-Jacques-Eusèbe,* b [5] 3 janvier 1857 ; m 15 sept. 1881, à Virginie-Rosa-Alba Ste. Marie, à St-Hubert. — *Louis-Henri,* b [5] 15 juillet 1858 ; m [5] 5 sept. 1882, à Justina Larrivée. — *Marie-Louise-Sophie,* b [5] 16 août 1859 ; m [5] 15 août 1887, à Charles-Auguste Prieur. — *Marie-Eugénie,* b [5] 12 mars et s [5] 21 dec. 1861. — *Marie-Eugénie-Rosianne,* b [5] 6 aout 1862 — *Marie-Rose-de-Lima,* b [5] 20 dec. 1863 ; s [5] 20 juin 1864. — *Joseph-Olympe-Odilon,* b [5] 18 dec. 1864 —*Marie-Ezilda-Rose-de-Lima,* b [5] 13 juillet 1866 s [5] 18 mars 1867. — *Georges-Etienne,* b [5] 28 nov 1867 ; s [5] 17 août 1868. — *Joseph-Aimé-Damien* b [5] 15 dec. 1868. — *Camille-Charles-Ludger-Arthur,* b [5] 19 juillet 1870. — *Marie-Florentine-Blanche,* b [5] 9 oct. 1871 ; s [5] 7 oct. 1872 —*Marie-Pierre-Edmond,* b [5] 25 avril et s [5] 27 juin 187[illegible] — *Marie-Cécile-Esther,* b [5] 16 juin 1874, s [5] [illegible] avril 1877. — *Celina-Sophie-Marguerite,* b [5] 1[illegible] sept. 1876.

1856, (7 oct.) Montreal. [4]

VII.—SENÉCAL (2), Jos.-André, [Jean-Bte VI. b 1836 ; imprimeur.

Charpentier, Theophanie, [Joseph. b 1838.

Jean-Baptiste-Alfred, b [4] 20 août 1857, s [4] [illegible] sept. 1858.—*Maria-Celina,* b [4] 27 juillet 1859 s [4] 27 juin 1864. — *André-Joseph-Stanislas,* b [4] 1[illegible] mai et s [4] 11 juillet 1861.—*Joseph-André-Alfred,* b [4] 19 mai 1862, s [4] 16 mai 1864.—*Marie-Esther-Eugénie,* b [4] 8 oct. 1863 ; s [4] 30 mai 1864.— *Marie-Anne-Emilie,* b [4] 30 avril 1865. — *Marie-Théophanie-Cecile,* b [4] 28 juillet 1867 , s [4] 18 juin 1869. — *Marie-Cécile* et *Maria-Eglantine,* b [4] [illegible] avril et s [4] 17 juin 1870. — *Marie-Joséphine-Virginie,* b [4] 24 août et s [4] 21 sept. 1872.—*Virginie-Joséphine-Marie-Louise,* b [4] 28 nov. 1873.—*Marie-Joséphine-Eugénie,* b [4] 29 mars 1876.

---

(1) L'auteur du présent *Dictionnaire Généalogique des familles canadiennes* a cru devoir exprimer sa reconnaissance à MM. Eusèbe Senecal et fils, éditeurs, en publiant en entier leur généalogie.

(2) Surintendant de l'imprimerie du gouvernement fédéral, à Ottawa

1859, (27 sept.) Montréal. [3]

II.—SENÉCAL, DENIS-HENRI, [DENIS VI. b 1837; avocat; s [3] 13 oct. 1869.
CHERRIER, Marie-Jos.-Lse, [COME-SÉRAPHIN III(1). b 1840.
Marie-Louise-Denise, b [3] 7 oct. 1860; m [3] 7 janvier 1880, à Frédéric-Debartzch Monk (avocat), fils de l'Hon. juge Samuel-Corwallis MONK. — *Marie-Mélanie-Julie*, b [3] 12 avril et s [3] 8 juillet 1862.

1881, (15 sept.) St-Hubert.

VIII.—SENÉCAL, JEAN-JAC.-EUS., [EUSÈBE VII. b 1857; imprimeur-éditeur.
STE MARIE, Virginie-Rose-Alba, [JEAN-BTE VI. b 1861.
Jean-Baptiste-Laurent-Eusèbe, b 11 août 1882, Montreal. [3] — *Louis-Philippe-Armand*, b [3] 25 août 1883.—*Joseph-Henri-Alphonse-Rodolphe*, b [3] 8 sept. 1884.—*Joseph-Donatien-Hervais*, b [3] 24 mai 1889.

1881, (24 nov.) Ste-Anne-de-la-Pérade.

VII.—SENÉCAL, JOSEPH-EUGÈNE, [ANDRÉ VI. b 1856; ferblantier.
COTÉ, Clara, [LOUIS. b 1859.
Marie-Joseph-Eugène-Henri, b 26 mai 1885, à Montreal. [2] — *Marie-André-Spiridion-Alphonse*, b [2] 14 nov. 1886.

1882, (14 fevrier) Montréal. [2]

VII.—SENÉCAL, MARIE-SPIRIDION, [ANDRÉ VI. b 1851; imprimeur.
MONTMARQUET, Donalda, [STANISLAS. b 1859.
Marie-Irène-Donalda et *Marie-Henrielle*, b [2] 27 nov. 1883; s [2] 30 juillet 1884.

1882, (5 sept.) Montréal. [2]

VIII.—SENÉCAL, LOUIS-HENRI, [EUSÈBE VII. b 1858; imprimeur-éditeur.
LARRIVÉE, Justina, [LOUIS. b 1862.
Joseph-Eusèbe-Henri, b [2] 11 déc. 1887; s [2] 6 juin 1888. — *Maria-Justina-Eva*, b [2] 2 août 1889.

1888, (15 oct.) Montreal. [1]

VII.—SENÉCAL, JEAN-BTE-HENRI, [ANDRÉ VI. b 1862; orfevre.
SCOTT, Olivine. [EMILIEN.
André-Emilien-Henri, b [1] 6 sept. 1889.

1741, (24 avril) Quebec [2]

I.—SÉNÉCHAL, JEAN-BTE, fils de Jean-Baptiste et de Louise Sasseville.
BERDIN (2), Marie-Anne, [DENIS I. b 1726.
Marie-Anne, b [2] 16 et s [2] 19 juillet 1742.

(1) Côme-Séraphin Cherrier était le fils de Paschal-Joseph-Marie Cherrier et de Marie-Joseph Gató (voy. vol. III, p. 53); il épousa, à Montréal, le 18 nov. 1833, Mélanie Quesnel, veuve de Michel Coursol.

(2) Lafontaine; elle épouse, le 16 mai 1752, Antoine-Denis Fayet.

1745, (1er mars) St-Roch. [7]

I.—SÉNÉCHAL, JACQUES, fils de Pierre et de Marguerite Briant, de Hanguenaut, diocèse de Dol, Bretagne.
PELLETIER, Marie-Joseph, [JEAN-BTE IV. b 1723.
Marie-Joseph, b [7] 16 oct. 1746.—*Marie-Thérèse*, b [7] 26 mars 1748; m 27 nov. 1769, à Guillaume FOURNIER, à Ste-Anne-de-la-Pocatière. — *Germain*, b [7] 2 mars 1750.—*Michel*, b [7] 13 mars 1752. —*Marie-Cécile*, b [7] 3 mai 1754.—*Marie-Geneviève*, b [7] 21 mars 1756.—*Joseph-Benoît*, b [7] 19 mars 1758.—*Pierre*, b [7] 29 août 1760.—*Marie-Claire*, b [7] 24 nov. 1762.—*Jacques*, b [7] 13 sept. 1764.

1754, (21 janvier) St-Thomas. [8]

I.—SÉNÉCHAL, JULIEN, fils de Michel et de Michelle Pibouin, de Chalandre-des-Biards, diocèse d'Avranches, Normandie.
POSÉ, Marie-Charlotte, [FRANÇOIS II. b 1731.
Julien-Marie, b [8] 4 nov. 1754.—*Jean-Marie*, b [8] 10 nov. 1756.—*Marie-Victoire*, b [8] 20 oct. et s [8] 1er nov. 1760.

I.—SÉNÉCHAL (1), PIERRE, b 1731; des Biards, diocèse d'Avranches, Normandie.

1674, (29 janvier) Quebec. [4]

I.—SENELÉ (2), JEAN.
JOUSSELOT (3), Renee, b 1660; s [4] 6 nov. 1720.
Marie-Louise, b 10 juillet 1686, à Bécancour; m 2 mai 1719, à Louis PROVOST, à Montreal; s 8 mai 1762, à l'Hôpital-Géneral, M.

SENET. — *Variations et surnoms :* CHENAIS — CHENET — SENAT — SENÉ — SENEZ — FRAPPE-D'ABORD — LALIBERTÉ — PEPIN.

1689, (10 mai) Boucherville. [1]

I.—SENET (4), NICOLAS, notaire-royal; fils de Pierre et de Suzanne Vanier, de Notre-Dame-de-Vitry, diocèse de Châlons, Champagne.
DAUNET, Gertrude, [ANTOINE I. b 1670.
Marie-Anne, b [1] 30 janvier 1690.—*Jacques*, b 3 mai 1692, à la Pte-aux-Trembles, M. [2]; m 1717, à Marie JANOT; s [2] 16 juin 1751.—*Marie-Madeleine*, b [2] 22 août 1694.—*Gertrude*, b [2] 25 janvier 1697; m [2] 8 juillet 1720, à Antoine BASINET.—*Anne*, b [1] 18 déc. 1698; m [2] 20 nov. 1719, à Nicolas JANOT; s [2] 29 juin 1748.—*Suzanne*, b [2] 23 déc. 1700; m [2] 23 nov. 1722, à Joseph VOYNE.—*Nicolas*, b [2] 11 déc. 1702.—*Pierre*, b [2] 21 mai 1705.—*Jeanne*, b [2] 24 mars 1707, s [2] 13 sept. 1708.—*Joseph*, b 1709; 1° m 1734, à Angelique VAUDRY; 2° m 28 avril 1760, à Marie-Anne BARBE-ABEL, à la Longue-Pointe.—*Marie-Catherine*, b [2] 23 avril 1711; s [2] 14 déc. 1714.—*Jean-Baptiste*, b [2] 28 juillet 1713; m 19 juillet 1739, à Marie-Joseph CHAPUT, à Varennes.

(1) Arrivé à Gaspé en 1758, et à Québec en 1756.
(2) Domestique des Jésuites; voy. vol. I, p. 547.
(3) Aussi appelée Vincelot.
(4) Dit Laliberté; voy. vol. I, p. 547.

1717.

II.—SENET, JACQUES, [NICOLAS I.
b 1692; s 16 juin 1751, à la Pte-aux-Trembles, M.[8]
JANOT, Marie, [PIERRE II.
b 1696.
Nicolas, b[8] 3 sept. 1718.—*Joseph-Marie*, b[8] 7 février 1720; m[8] 6 février 1747, à Marie-Joseph DEBLÉ-PARISEAU.—*Marie*, b[8] 25 mars 1722.—*Catherine*, b[8] 20 nov. 1723; s[8] 16 fevrier 1724.—*Pierre*, b 1730; m 29 août 1757, à Elisabeth ARCHAMBAUT, à la Longue-Pointe.

1722, (29 juin) Montréal.[1]

I.—SENET (1), ESPRIT, b 1696; fils de Henri et de Marguerite Venail, de St-Jean-de-Toin, Provence.
BRAZEAU, Marguerite, [NICOLAS II.
b 1704.
Louis, b[1] 21 juin 1723; s[1] 24 mai 1724. — *Charles-Esprit*, b[1] 22 mars 1725; m[1] 7 janvier 1747, à Marie-Anne POITRAS.—*Pierre*, b[1] 15 nov. 1726; s[1] 14 juillet 1727.— *Jean-François*, b[1] 14 nov. 1728; s[1] 22 mars 1730. — *Marguerite*, b[1] 6 déc. 1730; m[1] 24 oct. 1752, à Joseph DUFOUR.—*Jean-Baptiste*, b 1732; m 1760, à Marie-Madeleine GUYON. — *Louis*, b[1] 29 août 1734; m[1] 10 avril 1752, à Louise JOURDAIN. — *Antoine*, b[1] 10 fevrier 1736; m[1] 11 fevrier 1760, à Marie-Joseph DEMERS. —*Marie-Anne*, b[1] 7 juillet 1737; m[1] 30 sept. 1754, à Louis DEVEZIN.—*Agnès*, b[1] 3 juillet 1739; m[1] 4 avril 1758, à Charles LANCELEUR.—*Madeleine*, b[1] 14 mai 1741; s[1] 23 janvier 1743. — *Esprit*, b 1742; m[1] 7 mai 1764, à Charlotte CROTEAU. — *Pierre*, b[1] 6 mai 1743. — *Jean-Baptiste*, b[1] 8 mai et s[1] 12 dec. 1746.—*Esprit*, b[1] 29 mars et s[1] 1er mai 1748.

1734.

II.—SENET, JOSEPH, [NICOLAS I.
b 1709.
1° VAUDRY, Angélique, [FRANÇOIS II
b 1713; s 7 avril 1756, à la Longue-Pointe.[3]
Jean-Baptiste, b 1735; m 4 nov. 1760, à Marie-Joseph BONNIER, à la Pte-aux-Trembles, M.[4]; s[3] 12 janvier 1765. —*Joseph*, b 1738; m[4] 7 janvier 1765, à Marie CADORET.— *Marie-Catherine*, b[3] 3 avril 1739.— *Nicolas*, b[3] 13 mai 1740. — *Marie-Angélique*, b[3] 3 déc. 1741, m[3] 7 janvier 1766, à Louis ROBIDOU. — *Anonyme*, b[3] et s[3] 11 avril 1743.—*Cécile*, b[3] 9 mai 1744; m[4] 2 fevrier 1761, à Gabriel BOMBARDIER. — *Jacques*, b[3] 22 mars 1748. — *Madeleine*, b[3] 20 fevrier 1750; m[3] 26 juillet 1773, à Jean-Baptiste LARCHE. — *Maurice*, b[3] 7 et s[3] 22 nov. 1751.— *Catherine*, b[3] 24 nov. 1754; s[3] 15 fevrier 1755. — *Marie-Catherine*, b[3] 6 avril et s[3] 11 juillet 1756.

1760, (28 avril).[3]

2° BARBE-ABEL, Marie-Anne, [LS-JOSEPH I.
veuve de Paul Chevaudier-Lepine.

(1) Et Senez dit Frappe-d'abord, soldat de M. de Latour.

1739, (19 juillet) Varennes.

II.—SENET, JEAN-BTE, [NICOLAS I.
b 1713.
CHAPUT, Marie-Joseph, [NICOLAS II.
b 1718.
Jean-Baptiste, b 1742; m 9 février 1767, à Marie-Suzanne VIGER, à Montréal. — *Marie*, b... m à Bonaventure MARSOLET. — *Jean-Baptiste*, b 1750; s 25 février 1776, à la Longue-Pointe.—*François*, b 1752; m 24 février 1772, à Marguerite BOTQUIN, à Repentigny.

1747, (7 janvier) Montreal.[8]

II.—SENET, CHARLES-ESPRIT, [ESPRIT I.
b 1725.
POITRAS (1), Marie-Anne, [LOUIS II.
b 1728.
Charles, b[8] 5 août 1748; s[8] 8 janvier 1749.—*Marie-Angélique*, b 1749; m[8] 22 juin 1767, à Augustin PRIMONT.—*Marie-Amable*, b 1752, m 14 sept. 1767, à Philippe-Thomas DUMONT.—*Joseph*, b... s 28 oct. 1760, à Chambly.

1747, (6 février) Pte-aux-Trembles, M.

III.—SENET, JOSEPH-MARIE, [JACQUES II.
b 1720.
DEBLÉ-PARISEAU, Marie-Joseph, [FRANÇOIS I.
b 1726.

1752, (10 avril) Montréal.

II.—SENET (2), LOUIS, [ESPRIT I.
b 1734.
JOURDAIN, Louise, [GUILLAUME II.
b 1730.

1757, (29 août) Longue-Pointe.

III.—SENET, PIERRE, [JACQUES II.
b 1730.
ARCHAMBAUT (3), Elisabeth, [JEAN-BTE II.
b 1735.

1760, (11 fevrier) Montréal.

II.—SENET, ANTOINE, [ESPRIT I.
b 1736.
DEMERS, Marie-Joseph, [PIERRE III.
b 1735.

1760, (4 nov.) Pte-aux-Trembles, M.

III.—SENET, JEAN-BTE, [JOSEPH II.
b 1735; s 12 janvier 1765, à la Longue-Pointe.[9]
BONNIER (4), Marie-Joseph, [JACQUES II.
b 1736.
Marie-Madeleine, b[9] 24 juillet 1761. — *Jean-François*, b[9] 6 nov. 1762; s[9] 30 janvier 1765.—*Marie-Jeanne*, b... m[9] 11 janvier 1779, à Joseph CORBEIL.—*Marie-Joseph*, b[9] 29 janvier 1764, s[9] 30 janvier 1765.—*Jacques* (posthume), b[9] 29 mai et s[9] 29 sept. 1765.

(1) Appelée Tétreau, 1760; elle épouse, le 16 sept. 17.. Antoine-Jean Boullard, à Montréal.

(2) Marié sous le nom de Chenais.

(3) Elle épouse, le 9 juillet 1764, Augustin Desroches, à la Pte-aux-Trembles, M.

(4) Mariée sous le nom de Baumier — Laplante; elle épouse, le 2 mars 1767, François Mény, à la Longue-Pointe.

1760.

I.—SENET, JEAN-BTE, [ESPRIT I.
b 1732.
GUYON, Marie-Madeleine, [JACQUES IV.
b 1744.
Marie-Madeleine, b 30 oct. 1761, à St-Antoine-de-Chambly.

1764, (7 mai) Montréal.

I.—SENET, ESPRIT, [ESPRIT I.
b 1742.
CHOTEAU, Charlotte, [BERNARD III.
b 1742.

1765, (7 janvier) Pte-aux-Trembles, M.

II.—SENET, JOSEPH, [JOSEPH II.
b 1738.
CADORET, Marie, [FRANÇOIS III.
b 1748.
Joseph, b 19 nov. 1765, à la Longue-Pointe. [8] — *Ignace*, b [8] 5 nov. 1768; m 7 janvier 1794, à Séraphine GREFFARD, au Detroit.

1767, (9 février) Montréal.

II.—SENET, JEAN-BTE, [JEAN-BTE II.
b 1742.
VIGER, Marie-Suzanne, [JACQUES III.
b 1743.

1772, (24 février) Repentigny.

II.—SENET, FRANÇOIS, [JEAN-BTE II.
b 1752.
BOTQUIN (1), Marguerite. [JOSEPH III.

1794, (7 janvier) Détroit.

V.—SENET, IGNACE, [JOSEPH III.
b 1768.
GREFFARD, Seraphine, [LOUIS IV.
b 1777.

SENEZ.—Voy. SENET.

SENEZAQUE.—*Variation* : SENEZERGUE.

1764, (23 mai) Chambly.

—SENEZAQUE (2), JACQUES, fils de Jacques et de Jeanne Dreuse, d'Antoy, Normandie.
BROUILLET, Marie-Joseph, [MICHEL III.
b 1744.

SENEZERGUE.—Voy. SENEZAQUE.

SENNECY.—Voy. DECHOISY.

SENNEVILLE (DE).—Voy. DEGANEAU.—LEBER—LEFEBVRE—ST. PAUL.

(1) Mariée Bauquin; elle épouse, en 1776, Prisque Laville.

(2) Et Senezergue; soldat du régiment de Lasfard; il eut un permis de mariage le 22 juin 1759, à Lachenaye.

1722, (26 janvier) Batiscan.

III.—SENNEVILLE (1), JEAN-BTE, [ANGE II.
b 1694.
CHASTENAY, Madeleine-Catherine, [JEAN I.
b 1702.
Marie-Catherine, b 8 mars 1726, à St-Frs-du-Lac; m 18 avril 1747, à Jean-Baptiste PROU, à la Baie-du-Febvre.

SENNEVILLE, JEAN, b... s 28 juin 1730, à l'Hôpital-Genéral, Q.

SENSAR.—*Surnom* : PICARD.

1730, (1er août) Pointe-Claire.

I.—SENSAR (2), CLAUDE, fils de Claude et de Marie Chenier, de Lormont, France.
HARD (3), Marie-Anne,
b 1681; veuve de Sebastien Cholet.

SENTENNE, JEAN.
LEFEBVRE, Marie-Charlotte.
Elisabeth, b... m 31 janvier 1780, à Ignace LEFEBVRE, à Boucherville.

I—SENTIER (4), FRANÇOIS.

1734.

I.—SENTIER, OLIVIER.
PRUNEAU, Geneviève, [JEAN I.
b 1706.
Charles-Olivier, b 8 mai 1742, à Québec. [2]— *Anonyme*, b [2] et s [2] 27 avril 1743.

SEQUENARD.—Voy. SEGNER.

SER.—Voy. SÉRÉ.

I.—SER (5), JEAN, soldat; s 25 nov. 1760, à Chambly.

SERAIL.—*Variations* : SALVAIL—SARAIL.

1755, (28 janvier) Trois-Rivières. [4]

I.—SERAIL (6), JOSEPH, fils de Pierre et de Madeleine Hallé, de Bordeaux.
DAUTEL, Gabrielle, [JEAN-BTE I.
b 1740.
Charlotte, b [4] 14 et s [4] 15 sept. 1757. — *Marie-Amable*, b [4] 23 dec. 1758.

I.—SERAIN (7), JEAN-BTE.

SERAND.—*Variation* : SERRAND.

(1) Voy. Lefebvre, vol. V, p. 270.

(2) Dit Picard.

(3) Aussi appelée Prévost.

(4) Registre des procès-verbaux 1768 (Evêché).

(5) Dit Sansregret.

(6) Sarail en 1758, et Salvail.

(7) Il signe, 24 nov. 1744, à Lorette.

1752, (25 juillet) Ste-Famille, I. O.[9]

I.—SERAND, PIERRE, b 1707 ; fils de Pierre et de Françoise Jourdain, de St-Julien, ville d'Angers, Anjou ; s [9] 13 nov. 1759.

DEBLOIS (1), Angelique, [GERMAIN II. b 1718.

Pierre-Clair, b [9] 1er nov. 1754.— *Jacques-Philippe*, b [9] 2 mai 1758 ; ordonné 21 mai 1785 ; s 3 juillet 1828, à Berthier (en haut).

SÉRAT.—*Variations et surnoms :* CÉRAT— SERRAND—COQUILLARD—LECOQUILLART.

1687, (17 nov.) Lachine.

I.—SÉRAT (2), PIERRE, b 1640 ; maître-maçon ; s 11 juillet 1712, à Montréal.[4]

SABOURIN, Françoise, [JEAN I. b 1670 ; veuve de Claude Delamotte.

François, b [4] 18 mai 1693 ; m [4] 29 avril 1714, à Françoise BARDET.—*Marie-Madeleine*, b 10 oct. 1695, à la Pte-aux-Trembles, Q., m [4] 12 juillet 1714, à Pierre RIVET.— *Pierre*, b 21 juin 1702, à Charlesbourg ; m 17 fevrier 1721, à Marie-Antoinette ROBIDOU, à Longueuil ; s [4] 3 février 1749. — *Véronique*, b 5 mai 1706, à Lorette ; 1° m à François TIBAUT ; 2° m [4] 19 fevrier 1748, à René-Etienne MONTRET ; s [4] 2 juillet 1781.—*Françoise*, b 25 nov. 1708, à St-Augustin ; m [4] 5 février 1731, à Guillaume LEMAITRE.

1714, (29 avril) Montreal.[2]

II.—SÉRAT (3), FRANÇOIS, [PIERRE I. b 1693.

BARDET, Françoise, [PIERRE I. b 1702.

Anonyme, b [2] et s [2] 18 avril 1715. — *Jean-Baptiste*, b [2] 1er oct. 1716 ; m [2] 26 avril 1740, à Madeleine JOURDAIN. — *Marie-Françoise*, b [2] 7 août 1718, s [2] 27 août 1719. — *Marie-Francoise*, b [2] 15 mai 1720 ; m [2] 2 mai 1736, à Urbain BROSSARD.

1721, (17 fevrier) Longueuil.[7]

II.—SÉRAT (3), PIERRE, [PIERRE I. b 1702 ; s 3 fevrier 1749, à Montréal.[6]

ROBIDOU (4), Marie-Antoinette, [GUILLAUME II. b 1705.

Pierre, b [6] 10 nov. 1723 ; m [7] 1er déc. 1742, à Thérèse BROSSARD. — *Joseph-Marie*, b [7] 21 nov. 1725 ; s [7] 1er juin 1731. — *Marie-Joseph*, b [7] 8 fevrier et s [7] 17 juin 1727. — *Marie-Françoise*, b [7] 17 sept. 1728 ; s [7] 28 mars 1733.— *Marie-Charlotte*, b [7] 7 fevrier et s [7] 30 août 1731. —*Joseph-Amable*, b [7] 23 avril 1732 ; s [7] 30 mars 1733. — *Marie-Anne*, b [7] 8 oct. 1733 ; m [7] 20 avril 1750, à Joseph AYMARD. — *Jean-Louis*, b [7] 21 oct. 1735 ; s [7] 3 janvier 1736. — *Marie-Charlotte*, b [7] 22 avril 1737, s [7] 14 mars 1738.—*Jean-Louis*, b [7] 1er août 1738 ; m [6] 9 fevrier 1762, à Marguerite TARTE.—*Joseph*, b [7] 13 mars et s [7] 3 sept. 1740.

(1) Elle épouse, le 17 nov. 1760, Jean Rocray, à Ste-Famille, I. O.

(2) LeCoquillart ; voy. vol. I, p. 547.

(3) Dit Coquillard.

(4) Elle épouse, le 24 avril 1752, Jean Devine, à Montréal.

1740, (26 avril) Montreal.[1]

III.—SÉRAT (1), JEAN-BTE, [FRANÇOIS II. b 1716.

JOURDAIN, Madeleine, [GUILL.-ALEXANDRE II. b 1719.

Jean-Baptiste, b [1] 23 janvier 1741 ; m [1] 26 nov 1764, à Marie-Françoise-Amable ROBINEAU.— *Joseph*, b [1] 27 mai 1742 ; 1° m 29 juillet 1765, à Marie-Charlotte ROY, à Lachine ; 2° m [1] 20 août 1770, à Angelique BOURGEAT.—*Marie-Françoise-Barbe*, b [1] 5 déc. 1743 ; m [1] 7 fevrier 1763, à Charles-François-Régis THOMAS-BEAULIEU.— *Pierre-Amable*, b [1] 5 janvier et s [1] 10 sept. 1746 — *Marie-Joseph*, b [1] 14 août 1747. — *Pierre*, b [1] ... mars 1749 ; m [1] 24 nov. 1777, à Marie-Pelagie PERROT. — *Louis*, b [1] 18 août 1750 ; m [1] 4 oct. 1773, à Marie-Anne LARCHEVÊQUE. — *François*, b 1755 ; m [1] 6 sept. 1773, à Jean-Baptiste BERNIER.

1742, (1er dec.) Longueuil.[5]

III.—SÉRAT (2), PIERRE, [PIERRE II. b 1723.

BROSSARD, Thérèse, [FRANÇOIS II. b 1724.

Angélique-Thérèse, b [5] 9 mars 1744 ; m 15 juin 1761, à Joseph GABRION, au Bout-de-l'Ile, M [1].— *Marie-Geneviève*, b [5] 30 janvier 1746 ; m [1] .. août 1761, à Louis-Laurent DUHAUT. — *Pierre*, b [5] 9 mars 1747.—*Louis*, b [5] 25 août 1748 ; s [5] .. sept. 1751. — *Marie-Amable*, b [5] 23 mars 1750 m 11 avril 1768, à Gabriel CUSTAUD, à Montréal. —*Joseph*, b [5] 26 janvier et s [5] 7 juin 1752.—*Jacques*, b [9] 28 juin 1753 ; s [9] 18 nov. 1755.—*Joseph*, b [9] 1er août 1755. — *Marie-Joseph*, b [9] 15 mars 1757. — *Marie-Anne*, b... s 17 dec. 1757, à Soulanges.

1759, (19 nov.) Montréal.

I.—SÉRAT, ALEXANDRE, b 1736 ; fils de Jacques et d'Anne Petit, de St-Louis-de-Rochefort.

DOYON, Françoise, [THOMAS II. b 1736.

1762, (9 février) Montréal.

III.—SÉRAT (3), JEAN-LOUIS, [PIERRE II. b 1738.

TARTRE (4), Marguerite, JEAN-MARIE II. b 1745.

1764, (26 nov.) Montréal.

IV.—SÉRAT, JEAN-BTE, [JEAN-BTE III. b 1741.

ROBINEAU (5), Françoise-Amable, [PIERRE II. b 1748.

(1) Et Cérat dit Coquillart.

(2) Dit Coquillard.

(3) Marié sous le nom de Coquillard.

(4) Larivière.

(5) Desmoulins.

1765, (29 juillet) Lachine.

[—SÉRAT, JOSEPH, [JEAN-BTE III.
b 1742.

1° ROY (1), Marie-Charlotte, [LOUIS-PAUL II.
b 1745.

1770, (20 août) Montréal.

2° BOURGEAT (2), Angelique, [PIERRE-PAUL I.
b 1743; veuve de Jean Amasse.

1773, (4 oct.) Montréal.

—SÉRAT, LOUIS, [JEAN-BTE III.
b 1750.

LARCHEVÊQUE, Marie-Anne, [JOSEPH IV.
b 1756.

1777, (24 nov.) Montréal.

.—SÉRAT, PIERRE, [JEAN-BTE III.
b 1749.

PERROT, Marie-Pélagie, [LOUIS IV.
b 1759.

1791, (1er mars) Détroit.

.—SÉRAT (3), ALEXIS, [JEAN-BTE III.
b 1758.

TREMBLAY, Cécile. [LOUIS IV.

ERCELLIER.—Voy. SARCELIER.

ÉRÉ—*Variations et surnoms :* CERRÉ—FERRÉ—SARRÉ—SER—SEREY—SERRÉ—L'EVEILLÉ—ST. JEAN.

1694, (9 fevrier) Montréal [1]

—SÉRÉ (4), JEAN,
b 1654; s [1] 22 février 1724.

PION-LAFONTAINE (5), Jeanne, [NICOLAS I.
b 1676.

Joseph, b [1] 28 nov. 1695; 1° m 24 juillet 1718, Madeleine AUBUCHON, à la Pte-aux-Trembles, , 2° m 6 février 1730, à Marie-Madeleine PICARD, à Lachine; s [1] 10 août 1748.

—SÉRÉ, FRANÇOIS, b 1680; prêtre du séminaire de Saint-Sulpice; du diocèse de Rennes, Bretagne; s 7 mai 1722, à Montreal.

1706, (3 mai) Québec.

—SÉRÉ (6), ANDRÉ, fils de Jean et de Marie Magdeleine, de St-Martin, dans le Languedoc.

BOILARD (7), Marie-Anne, [JEAN I
b 1682.

Marie-Françoise, b 3 sept. 1707, à Montréal [2]; 5 juin 1724, à Pierre-Charles HARDOUIN, à St-Laurent, M. [3] — *Angélique,* b [2] 14 avril 1712; [3] 17 août 1730, à François FOURNAISE.—*Pierre-André,* b [2] 29 juin 1714; 1° m 1745, à Angelique GAUTIER; 2° m 22 avril 1754, à Madeleine BAUMIER, à la Pte-aux-Trembles, M.—*Marie-Françoise,* b [2] 6 mars 1717; m [3] 23 janvier 1736, à Mathurin FUSEAU.—*Agathe,* b [2] 3 juin 1718; s [2] 24 février 1719.—*Jeanne,* b [2] 3 juin et s [2] 11 oct. 1718.—*Pierre,* b [2] 20 mai et s [3] 15 oct. 1720.—*Marie-Louise,* b [3] 12 nov. 1721; m [3] 28 juin 1745, à Charles QUINTIN.—*Marie-Anne,* b 1723; 1° m [3] 8 fevrier 1745, à Joseph MORISSEAU; 2° m à Paul LACHASSE; 3° m [3] 26 sept. 1751, à Simon PÉRILLARD.—*Denis,* b 1724; m 1749, à Véronique MAURICEAU.

(1) Portelance.
(2) Provençal.
(3) Et Cerat dit Coquillard.
(4) Voy. vol. I, p. 547.
(5) Elle épouse, le 4 sept. 1727, Louis Ducharme, à Montréal.
(6) Et Ferré—Serré dit St. Jean.
(7) Et Boulard.

1718, (24 juillet) Pte-aux-Trembles, M.

II.—SÉRÉ, JOSEPH, [JEAN I.
b 1695; s 10 août 1748, à Montréal. [1]

1° AUBUCHON, Marie-Madeleine, [JACQUES II.
b 1696; s [1] 10 sept. 1729.

1730, (6 fevrier) Lachine.

2° PICARD, Marie-Madeleine, [JEAN-GABRIEL II.
b 1696.

Joseph-Marie, b [1] 6 oct. 1730. — *Marie-Joseph,* b [1] 22 oct. 1731; m [1] 13 juillet 1750, à Joseph LEFEBVRE. — *Marie-Angélique,* b [1] 29 dec. 1732; m [1] 14 février 1752, à Louis HEURTEBISE.— *Jean-Gabriel,* b [1] 12 août 1734; m 1764, à Catherine GIARD. — *Antoine,* b [1] 6 janvier 1736; m [1] 1er fevrier 1762, à Charlotte HEURTEBISE.—*Toussaint-Hyacinthe,* b [1] 1er nov. 1737; 1° m [1] 18 mai 1761, à Marie-Louise HEURTEBISE; 2° m 27 fevrier 1775, à Marie-Joseph VIGER, à Boucherville.—*Madeleine,* b [1] 1er juin 1740; m [1] 6 oct. 1760, à Jean-Baptiste PARANT.

1722, (7 juin) Montréal. [2]

I.—SÉRÉ (1), JEAN, b 1698, boucher; fils de François et de Marguerite Metayer, de Berron, diocèse de Bordeaux.

FILDE-SERGENT, Marguerite, [THOMAS I.
b 1701; s [2] 3 janvier 1741.

Jean-Baptiste, b [2] 13 avril 1723. — *Marguerite,* b [2] 28 juillet 1725; 1° m 26 oct. 1750, à Jean LETARTRE, à Québec [3]; 2° m [3] 26 sept. 1752, à Etienne DOMINÉ. — *Jean-Louis,* b [2] 22 déc. 1726; s [2] 14 juillet 1727.—*Joseph,* b [2] 14 janvier 1728.—*Pierre-Théodore,* b [2] 21 mars 1729.—*Jean-Louis,* b [2] 10 mars 1730.—*François,* b [2] 16 et s [2] 28 sept. 1734. — *Marie-Joseph-Amable,* b [2] 28 nov. 1735; s [2] 5 mai 1737.— *Marie-Joseph,* b [2] 19 mars et s [3] 5 oct. 1737. — *Madeleine,* b [2] 21 juillet et s [2] 21 août 1738.—*Marie-Joseph,* b [2] 2 et s [2] 5 déc. 1739.

1745.

II.—SÉRÉ (2), PIERRE-ANDRÉ, [ANDRÉ I.
b 1714

1° GAUTIER, Angelique, [JOSEPH II.
b 1720.

Marie-Angélique, b 1746; m 27 oct. 1766, à Jean BERTRAND, à Montreal. [9] — *Archange,* b 1749; m [9] 7 nov. 1768, à Jacques LEBLANC.

1754, (22 avril) Pte-aux-Trembles, M.

2° BAUMIER, Madeleine, [JACQUES.
veuve de Jean-Baptiste Migneron.

(1) Dit L'Eveillé; soldat de M. de Portneuf.
(2) Dit St. Jean.

Marie-Joseph, b 1755; m [9] 20 fevrier 1775, à Louis Rossignol.

1749.

II.—SÉRÉ (1), Denis, [André I. b 1724.

Mauriceau, Véronique.

Marie-Amable, b... m 25 janvier 1762, à Jean-Baptiste Gaillard, à St-Laurent, M. [5] — *Marie-Françoise*, b [5] 10 août 1750; s [5] 15 sept. 1751.—*Joseph*, b [5] 22 janvier 1752; m 28 oct. 1782, à Thérèse Séguin, au Detroit. — *Marie-Catherine*, b [5] 30 juillet 1754.—*Véronique*, b [5] 7 mars 1756.

1761, (18 mai) Montréal. [4]

III.—SÉRÉ, Toussaint-Hyacinthe, [Joseph II. b 1737.

1° Heurtebise, Marie-Louise, [Jean III. b 1742.

Toussaint, b [4] 20 avril 1762; 1° m 7 mai 1796, à Marie Roy, à St-Charles, Mo; 2° m à Julie Dorlac.—*Marie-Louise*, b [4] 11 mai 1764.—*Pierre-Amable*, b [4] 26 avril 1766; m 1793, à Celeste Dugue.—*Antoine*, b [4] 16 mai 1768.—*Jean-Gabriel*, b [4] 21 fevrier 1770.

1775, (27 fevrier) Boucherville.

2° Viger, Marie-Joseph. [François III.

Marie-Joseph, b [4] 6 dec. 1775. — *Marie-Joseph*, b [4] 1er dec. 1776. — *François-Xavier*, b [4] 16 avril 1778; m 16 nov. 1801, à Ursule Brun, à Verchères.—*Jean-Baptiste*, b [4] 15 mars 1780.—*Marie-Catherine*, b [4] 23 nov. 1782.— *Marie-Marguerite*, b [4] 2 mai 1784. —*Jean-Hypolite*, b [4] 8 août 1785.

1762, (1er février) Montréal.

III.—SÉRÉ, Antoine, [Joseph II. b 1736.

Heurtebise, Charlotte, [Jean III b 1739.

Marie-Charlotte, b 15 nov. 1762, au Bout-de-l'Ile, M. [9] — *Marie-Monique*, b [9] 18 août et s [9] 30 oct. 1764. —*Marie-Rose*, b [9] 30 mai 1767.

1764.

III.—SÉRÉ, Jean-Gabriel, [Joseph II. b 1734.

Giard (2), Catherine, [Gabriel II. b 1730.

Marie-Anne, b 1765; m 13 août 1781, à Pierre-Louis Panet, à Montréal. — *Marie-Thérèse*, b... m 21 sept. 1786, à Augustin Chouteau, à St-Louis, Mo. [9] — *Paschal*, b 1768; m [9] 13 fevrier 1797, à Louise-Therèse Lamy.—*Julie*, b... m [9] 16 nov. 1797, à Antoine-Pierre Soulard.

1782, (28 oct.) Détroit.

III.—SÉRÉ (3), Joseph, [Denis II. b 1752.

Séguin, Therèse, [Cajetan III. b 1759.

(1) Et Ferré dit St. Jean.

(2) Fille de Gabriel Giard et de Suzanne Menard-Lafontaine.

(3) Dit St. Jean.

1793.

IV.—SÉRÉ, Pierre-Amable, [Toussaint II. b 1766.

Dugué, Céleste.

Gabriel, b 15 janvier 1794, à St-Louis, Mo.

1796, (7 mai) St-Charles, Mo. [9]

IV.—SÉRÉ, Toussaint, [Toussaint-Hyac. III b 1762.

1° Roy, Marie. [André

2° Dorlac (1), Julie, [François b 1790.

Julie, b... m [9] 10 juin 1822, à Toussaint Brunelle. — *Eulalie*, b... m [9] 3 mai 1830, à Pierre Pallardie.—*Toussaint*, b... m [9] 12 juillet 1830, à Lanisse Lebeau.

1797, (13 fevrier) St-Louis, Mo. [5]

IV.—SÉRÉ, Paschal, [Jean-Gabriel III b 1768.

Lamy-Barrois, Louise-Thérèse, [Michel b 1779; veuve de François Duchouquet.

Gabriel, b [5] 22 juin 1800. — *Michel-Sylvestre*, b [5] 17 avril 1803; m [5] 10 avril 1839, à Hélène Lebeau.

1830, (12 juillet) St-Charles, Mo.

V.—SÉRÉ, Toussaint. [Toussaint IV

Lebeau, Lanisse. [Jean-Bt

1839, (10 avril) St-Louis, Mo.

V.—SÉRÉ, Michel-Sylvestre, [Paschal IV b 1803.

Lebeau, Hélène, [François IV b 1812.

SEREY.—Voy. Séré

1709.

I.—SERGE, André.

Godard, Marie, [Etienne I b 1688.

Denis, b 1er août 1710, à Montréal.

I.—SERGEANT (2), Daniel-Louis-Philippe, b août 1699, dans la Nouvelle-Angleterre, b nov. 1707, à Montreal; fils de Dicker et de Marie Oben.

I.—SERGENT, Marie-Claude, b 1674; fille de Louis et d'Anne Lecompte, de St-Eustache, Paris; m 7 juillet 1699, à Jean-Baptiste Robin, à Boucherville.

SERGERIE.—Voy. St. Jorre.

SÉRIEN.—Voy. Langlois.

SÉRIGNY (de).—Voy. Lemoine.

(1) Elle épouse, le 21 juillet 1812, Jean Baptiste Lucas, à St-Charles, Mo.

(2) Pris par les Abénaquis et donné au gouverneur Rigaud de Vaudreuil; filleul de M. de Potier, sieur Buisson.

1782, (23 avril) Québec.

-SERIN, JOSEPH-ELZÉAR, fils de Jean et de Marie Berri, de St-Sevère, ville d'Aix, Provence.

DANIEL (1), Catherine, [FRANÇOIS II. 1760.

1737, (21 janvier) Québec. [1]

-SERINDAC, ANTOINE, sergent; fils de Jean et de Marie Poillard, de St-Jean, ville d'Ambert, diocèse de Clermont, Auvergne.

RIVIÈRE, Suzanne, [JEROME-FRANÇOIS I. b 1713; s [1] 28 sept. 1755.

Antoine-François, b [1] 21 janvier 1738; m à ...rie-Anne CONEFROY; s [1] 3 janvier 1793. — ...rie-Madeleine, b [1] 21 juin 1739; m 17 août ...1, à Joseph BOIS, à Beaumont.—*Marie-Joseph,* ... 13 août 1740.—*Gilles-Victor,* b [1] 15 nov. 1741; m 12 sept. 1769, à Marie DUFRESNE, à Berthier; m à Marie AUDET-LAPOINTE; s [1] 14 sept. 1784. *Suzanne,* b [1] 15 août 1744.—*Marie-Jeanne,* b [1] ... août 1745; s [1] 29 mai 1747.—*Françoise,* b [1] 18 ...rier et s [1] 20 nov. 1748.

-SERINDAC, ANTOINE-FRANÇOIS, [ANTOINE I. b 1738; marchand; s 3 janvier 1793, à Québec. [3]

CONEFROY (2), Marie-Anne, [ROBERT I. b 1754; s [3] 11 juin 1788.

Marie, b... s 25 août 1780, à Ste-Foye.[4]—*Fran...s,* b... s [4] 19 sept. 1788.

1769, (12 sept.) Berthier.

-SERINDAC, GILLES-VICTOR, [ANTOINE I. b 1741; s 14 sept. 1784, à Québec. [5]

[1] DUFRESNE, Marie-Angélique, [LOUIS III b 1748.

Marie-Louise, b... m [5] 30 juin 1789, à Joseph ...VET.

[2] AUDET-LAPOINTE, Marie.

...RMINAC.—Voy. SARGNAT, 1706.

...RMONVILLE.—Voy. SABREVOIS.

...RQUELLES.—*Surnom :* FRIQUET.

1757, (14 février) Longueuil. [8]

-SERQUELLES (3), GÉRARD, fils de Jean et de Marie-Françoise Marie, de Charabre, diocèse de Metz, Lorraine.

...EFAUT, Marie-Louise-Amable, [LOUIS III. b 1739.

Marie-Desanges, b [8] 22 nov. 1759.—*Joseph-...mas,* b [8] 29 déc. 1761.

-SERRAIL, PIERRE, de l'Ile-Royale, Acadie.

...UGUETTE, Madeleine, Acadienne

Marie-Anne, b 1724; m 13 mai 1748, à Pierre-...ph LOURDIN, à Montreal.

(1) Elle épouse, le 23 mai 1785, Jean-Baptiste François, a ...bec.

(2) Lafontaine.

(3) Dit Friquet, soldat du régiment de Béarn.

SERRAN.— *Variation et surnom :* SERRAND — L'ESPAGNOL.

1684, (25 sept.) Laprairie.

I.—SERRAN (1), JOSEPH.

VIARD, Marguerite, b 1652, veuve de Jean Inard; s 27 déc. 1715, à Montreal. [4]

François-Marie, b [4] 11 juillet 1694; m 3 janvier 1718, à Marguerite DUCONGÉ, à la Pte-aux-Trembles, M. — *Marie-Joseph,* b [4] 20 avril 1697; m [4] 26 août 1714, à Jean-Baptiste DESLANDES.

1718, (3 janvier) Pte-aux-Trembles, M.

II.—SERRAN (2), FRANÇOIS-MARIE, [JOSEPH I. b 1694.

DUCONGÉ, Marguerite, [CLAUDE I. b 1696.

Marguerite, b 28 nov. 1718, à Montréal [8]; 1° m 3 oct. 1736, à Joseph GAUTIER, à St-Laurent, M. [9]; 2° m [9] 22 oct. 1759, à Pierre MONTAY.— *Françoise-Marie,* b [8] 13 mai 1720. — *Joseph,* b [8] 30 avril 1722.

SERRAND.—Voy. SERAND—SERAT—SERRAN.

SERRÉ.—Voy. SÉRE.

SERRIAU.—Voy. DALQUIER.

SERRURIER.—Voy. DUBREUIL—ST. SOLIN.

1755, (3 février) Montréal [4]

II.—SERRURIER (3), JACQUES-JEAN, [JEAN I. b 1735.

GOUJON, Marie-Madeleine, [PIERRE II. b 1732.

Marguerite, b 1763; m [4] 26 juin 1780, à Joseph PILAIRE.

SERVAC.—Voy. HERVEAU.

SERVANT.—*Surnom :* HAIRET.

I.—SERVANT, JACQUES, b 1711; de Charente, Rochefort, s 29 oct. 1733, à Quebec.

I.—SERVANT, JOSEPH.

MARTIN-LANDAYÉ, Geneviève, [PIERRE III. b 1732, veuve de Claude Bonhomme; s 25 déc. 1781, à Kamouraska.

1756, (7 janvier) Charlesbourg.

II.—SERVANT (4), OLIVIER, [SERVAND I. b 1734, s 16 juillet 1782, à Quebec. [4]

BERGEVIN, Marie-Louise, [FRANÇOIS II. b 1734; s [4] 27 sept. 1785.

Jean-Baptiste, b [4] 15 et s 28 juin 1758, à Lévis. —*Marie-Joseph,* b [4] 25 juin 1759; m [4] 1er février 1780, à François MILLIOT; s [4] 9 juin 1792.

(1) Dit L'Espagnol; voy. vol. I, p. 547.

(2) Dit L'Espagnol.

(3) Voy. Dubreuil, vol. III, p. 485.

(4) Pour Olivier-Servand Hairet, voy. vol. IV, p 443.

1757, (21 fevrier) Ste-Anne-de-la-Pérade. ⁹

I.—SERVANT, PIERRE,' fils de Pierre et de Madeleine Brillant, de St-Sauveur, diocèse de Blois.

CLAUDE, Madeleine, veuve de Joseph Joly.

Pierre, b 13 nov. 1757, à St-Jean-Deschaillons⁸; s⁸ 15 janvier 1758. — *Alexis*, b⁹ 30 janvier 1759. — *Pierre*, b 19 juillet 1760, à St-Antoine-de-Chambly.

I.—SERVIGNAN, JEANNE, b 1644; fille de Nicolas et de Jeanne Vaterre, d'Ivany, diocèse d'Auxerre, Bourgogne; m 13 oct. 1665, à Jean RONSERAY, à Quebec; s 21 fevrier 1683, à Boucherville.

SÊTAU.—Voy. SÉTO.

SÉTO.—*Variation et surnom* : SÉTAU—SANSCHAGRIN.

I.—SÉTO, JEAN-BTE, b 1682; s 22 avril 1727, à Montreal.

1725, (15 oct.) Montréal. ⁴

I.—SÉTO (1), JEAN, b 1700; fils de Jean et de Madeleine Chotard, de Mérina.

ROCHELAU (2), Marie-Madeleine, [ANTOINE II. b 1709.

Jean-Louis, b⁴ 4 avril et s⁴ 12 août 1727. — *Marie-Madeleine*, b⁴ 16 juin et s⁴ 11 août 1728. — *Marie-Joseph*, b 1729; s⁴ 17 mars 1730. — *Marie*, b 1730; m⁴ 29 mai 1752, à Nicolas FLAME.—*Catherine*, b 1734; m⁴ 13 sept. 1756, à Thomas LAGNIER. — *Marie-Anne*, b⁴ 10 janvier 1735.—*Michel*, b⁴ 16 juillet et s⁴ 5 août 1736.— *Marie-Madeleine*, b⁴ 31 mai 1739, m⁴ 18 avril 1757, à André GUAY. — *Angélique*, b⁴ 22 mai et s⁴ 3 juin 1742. — *Jean*, b⁴ 29 fevrier et s⁴ 31 mars 1744.—*Elisabeth*, b⁴ 15 et s⁴ 27 avril 1745. —*Paul*, b⁴ 31 mars et s⁴ 26 juin 1748.— *Marie-Louise*, b⁴ 3 mai 1749.—*Jean-François*, b⁴ 11 et s⁴ 20 sept. 1750.

I.—SEURRAT (3), CHARLES.

SEVAIN.—Voy. SEVIN.

SEVESTRE.—Voy. NEPVEU.

SÉVIGNY. *Variation et surnom* : CHEVIGNY—LAFLEUR.

1695, (18 avril) Pte-aux-Trembles, Q. ¹

I.—SÉVIGNY (4), JULIEN-CHARLES, b 1668; s¹ 29 sept. 1727.

ROGNON (5), Marguerite, [MICHEL I. b 1678; s 7 juillet 1732, à Québec. ²

François, b 1696; m 1715, à Marie-Anne MERCIER. — *Marie-Françoise*, b¹ 29 janvier 17.., 1° m 10 sept. 1718, à Laurent DUBAU, à St-Augustin³; 2° m³ 27 sept. 1734, à Jacques DELEU.. —*Antoine*, b¹ 3 janvier 1702; m¹ 10 jan.. 1735, à Marie-Françoise BÉLAND; s¹ 1er m.. 1757. — *Marie-Jeanne*, b 30 nov. 1703, à St-Antoine-Tilly⁴; 1° m² 1er déc. 1730, à Joseph T..; 2° m¹ 17 fevrier 1734, à André BLAISE.—*Cha..* b 26 avril 1705, à St-Pierre, I. O.⁵; m² 18 s.. 1727, à Thérèse MORAND; s² 3 janvier 17.. *Jean-Baptiste*, b⁵ 27 mars et s⁵ 15 mai 17.. *Jean-Baptiste*, b⁵ 11 janvier 1709; s⁵ 2 mai 1.. — *Marie-Charlotte*, b³ 4 nov. 1710; m 3 .. 1736, à Charles BERNARD, à Ste-Foye. — *Fr..çoise*, b¹ 16 juillet 1716; m 14 fevrier 17.., Etienne GÉLINA, à Yamachiche.—*Jean-Fran..* b¹ 5 juillet 1721; m⁴ 11 nov. 1743, à Marie-A.. CROTEAU.

1715.

II.—SÉVIGNY, FRANÇOIS, [CHARLES-JUL.. b 1696.

MERCIER (1), Anne, [JACQU.. b 1699.

Marie-Louise, b... 1° m 27 sept. 1734, à Jacques DELEUGRÉ, à St-Augustin; 2° m 2.. 1749, à Mathieu DUGAL, à Quebec.

1727, (18 sept.) Québec. ¹

II.—SÉVIGNY (2), CHARLES, [JULIEN-CHARL.. b 1705; s¹ 3 janvier 1760.

MORAND, Marie-Thérèse, [JEA.. b 1712; s 23 janvier 1812, à l'Hôpital-Général, Q.

Marie-Elisabeth, b¹ 11 juillet 1728 1° m .. sept. 1747, à Julien LECLERC; 2° m¹ 21 .. 1761, à Thomas CARET. — *Marie-Thérèse*, b .. juillet 1735. — *Geneviève*, b 30 juillet 17.. Levis.—*Charles*, b 1741; m à Angelique HA.. s 25 janvier 1790, à St-Cuthbert.

1735, (10 janvier) Pte-aux-Trembles Q

II.—SÉVIGNY (2), ANTOINE, [JULIEN-CHARL.. b 1702; s² 1er mars 1757.

BÉLAND (3), Marie-Françoise, [JEA.. b 1715.

Marie-Françoise, b² 2 janvier 1736, m .. nov. 1757, à Jean LABERGE. — *Antoine*, b .. avril 1737; m 8 janvier 1759, à Marie-.. CHAMPOUX, à Becancour. — *Augustin*, b² 27 .. 1738; m 1774, à Marie LAFONTE. *Marie-Thérèse*, b... m 12 oct. 1761, à Pierre-François-.. CARON, à Québec.— *Marie-Geneviève*, b¹ 1er janvier 1741; m² 12 janvier 1761, à Antoine LE.. — *Anonyme*, b² et s² 21 juin 1743. — *E..* b² 21 sept. 1744. — *Marie-Anne*, b² 31 ja.. 1746. — *Joseph*, b² 1er août 1747. — *Pierre*, b² 14 juin 1749; m 12 oct. 1789, à Marie-.. BRISSET, à St-Cuthbert.—*Michel*, b 30 dec .. aux Ecureuils.—*Anonyme*, b² et s² 2 oct ..

(1) Dit Sanschagrin.
(2) Vivien.
(3) Secrétaire de l'Intendant, 1711, Québec.
(4) Et Chevigny dit Lafleur, voy. vol. I, p. 548.
(5) Laroche.

(1) Laplante.
(2) Dit Lafleur.
(3) Elle épouse, le 11 janvier 1759, Jean Bordeleau, Pte-aux-Trembles, Q.
(4) Il écrivait de York en 1819.

Eustache, b[2] 27 fevrier 1752; s[2] 9 déc. 1759. *Eustache*, b 1754; m 1777, à Monique Ar-[ch]ambault.—*Marie-Charlotte*, b[2] 19 mars 1756; [s] 11 déc. 1759.

—

1743, (11 nov.) St-Antoine-Tilly.[6]

[I.]—SÉVIGNY, Jean-François, [Charles I.
b 1721.
Croteau, Marie-Anne, [Nicolas II.
b 1719.
Marie-Anne, b[6] 20 oct. et s[6] 17 nov. 1744.—[Ma]rie-Anne, b[6] 14 février 1746; s[6] 11 janvier [17]48.—*François*, b[6] 28 juillet 1748.—*Louis-Joseph*, b[6] 7 mai 1750.—*Pierre*, b[6] 9 sept. 1752; [m] 20 fevrier 1775, à Marie-Geneviève Choret. *Marie-Françoise*, b[6] 16 nov. 1754; s[6] 12 oct. [17]64.—*Marie-Catherine*, b[6] 30 sept. 1759.—[Lo]uis, b[6] 15 oct. 1764.

—

1759, (8 janvier) Bécancour.[4]

[II.]—SÉVIGNY, Antoine, [Antoine II.
b 1737.
Champoux, Marie-Anne, [Jean II.
b 1738; veuve de ...... Bigot.
Marie-Judith, b[4] 27 oct. 1761.

—

1774.

[II.]—SÉVIGNY, Augustin, [Antoine II.
b 1738.
Laporte, Marie.
Marie, b 7 juillet 1775, à St-Cuthbert.[8]—[Ma]rie-Anne, b[8] 9 février 1778; m[8] 26 janvier [17]95, à Vital Dutaut.—*Augustin-Bonaventure*, [b] 9 février et s[8] 1er mars 1778.—*Alexis* et *Augustin*, b[8] 28 août 1780.

—

1775, (20 février) St-Antoine-Tilly.

[II.]—SÉVIGNY, Pierre, [Jean-François II.
b 1752.
Choret, Marie-Geneviève, [Joseph IV.
b 1756.

—

1777.

[II.]—SÉVIGNY, Eustache, [Antoine II.
b 1754.
Archambault, Monique,
b 1756; s 26 nov. 1816, à l'Hôtel-Dieu, M.
Elisabeth, b 1778; s 29 sept. 1784, à Repentigny.[6]—*Anonyme*, b[8] et s[8] 4 avril 1787.—[Fr]ançois, b[8] 27 mars 1789.—*Pierre*, b[8] 5 déc. [17]90.—*Thérèse*, b[8] 3 et s[8] 22 août 1794.—*Adelaide*, b[8] 25 juillet 1795.

—

[III.]—SÉVIGNY, Charles, [Charles II.
b 1741; s 25 janvier 1790, à St-Cuthbert.[1]
Hamel, Angelique.
Marie-Joseph, b 1782; s[1] 28 avril 1785.—[Cha]rles et *Angélique*, b[1] 18 juin 1784.—*Charles*, [b 1]787; s[1] 24 juillet 1788.

1789, (12 oct.) St-Cuthbert.[2]

III.—SÉVIGNY (1), Pierre, [Antoine II.
b 1749.
Brisset, Marie-Anne, [Jacques IV.
b 1761.
Pierre, b[2] 9 oct. 1790.—*Marie-Madeleine*, b[2] 21 mars 1793.

—

SEVIN.—*Variation et surnoms :* Sevain — Lafontaine—Latulippe.

—

1747, (13 nov.) Charlesbourg.[7]

I.—SEVIN (2), Jean-Bte, tailleur; fils de Jean-Baptiste et de Marie-Renée Oudot, de St-Germain-l'Auxerrois, Paris.
Duchesneau, Marie-Jeanne, [René I.
b 1712.
Jean-Baptiste, b 7 janvier 1749, à Québec[8]; m à Marie-Anne Normandeau; s[8] 16 mars 1784.—*Marie-Anne*, b 1750; s[7] 14 août 1751.—*Marie-Catherine*, b[8] 1er oct. 1751; s[7] 15 mars 1753.—*Joseph*, b[8] 30 août 1753.

—

1760, (24 nov.) Charlesbourg.[9]

I.—SEVIN (3), Alexis, fils de Geoffroi et de Julienne Lallemant, de St-Germain, diocèse de Rennes, Bretagne.
Cliche, Marie-Louise, [Louis-Vincent III.
b 1735.
Marie-Charlotte, b[9] 10 nov. 1762.—*Joseph*, b 1764; m[9] 5 fevrier 1793, à Geneviève DeLessard.

—

II.—SEVIN (4), Jean-Bte, [Jean-Bte I.
b 1749; s 16 mars 1784, à Québec.
Normandeau (5), Anne-Margte, [Louis III.
b 1746.

1793, (5 fevrier) Québec.

II.—SEVIN (3), Joseph, [Alexis I.
b 1764.
DeLessard, Geneviève, [Charles-François IV.
b 1766.

—

I.—SHAFFALIZKY (6), Frédéric, Baron.
Vignau, Rose, [Marc-Antoine I.
b 1760.
Marie-Louise, b 7 oct. 1785, à Boucherville.

(1) En 1819 il adressa la lettre suivante à M. le curé de la Pte-aux-Trembles, Q.; nous la reproduisons textuellement:

York, le 14 fevrier 1819.

Monsieur,
Pierre Sivigni vous présente ses très humble respects en vous priant de lui envoyer l'extras de son baptistère par le porteur de la présente; vous aubligerez beaucoup celui qui a l'honneur d'être votre serviteur

Pierre Sivigni.

Le nom de feux mon père et ma mère sont Antoine Sivigni et Françoise Bélan; je me crois âgé d'anviron soixante et neuf ou dix ans.

P. S.

(2) Dit Lafontaine; soldat des troupes.

(3) Dit Latulippe.

(4) Dit Lafontaine.

(5) Elle épouse, le 25 août 1788, Charles Croisetière, à St-Cuthbert.

(6) Pour Schaffalizky.

I.—SHAW (1), Michel,
de la Virginie, Nouvelle-Angleterre.
........, Marie-Anne.
Louis-André, ne 1746 ; b 26 mai 1760, au Lac-des-Deux-Montagnes.

I.—SHEKLETON, Charles-Dixie.
Daignau (2), Catherine, [Louis-Césaire II.
b 1742 ; veuve de Pierre Landrière ; s 4 dec. 1826, à Québec.

1786, (22 août) Québec.

I.—SHEPPARD, Christophe, fils de Jean-Jacques et de Louise Bornovasen, de Langhenshen, Allemagne.
Jackson, Madeleine, [Antoine I.
b 1765.

1762.

I.—SHINDELMAN (3), Jean-Philippe,
Allemand.
Sierre, Geneviève.
Allemande.
Marie-Catherine, b 28 nov. 1763, à Québec.

1753, (30 avril) St-Michel-d'Yamaska. [9]

I.—SHMID, Lucas-Ouf, fils de Jean-Georges et d'Anne Chaupine, de Cobecroux, principauté de Tourlac, Allemagne.
Deguire, Marie-Elisabeth, [Joseph III.
b 1733.
Louis, b [9] 24 janvier 1754. — *Luc*, b [9] 20 nov. 1755 ; s [9] 16 janvier 1756.

1716, (1er sept.) Québec.

I.—SHOULDOM, Thomas, fils de Thomas et de Marie Cauree, de Londres, Angleterre.
L'homme, Madeleine, [Michel I.
b 1673 ; veuve de François Poitevin.

1756, (8 nov.) Montréal.

I.—SIBENBERGER, Jean, b 1727 ; fils de Dominique et de Marie Quafre, de Rodemak, diocèse de Metz, Lorraine.
Gruet, Marie-Agathe, [Charles I.
b 1732.

SICARD.—*Surnoms :* DeCarufel— DeRive, Derives et Desrives.

1681, (10 février) Montréal. [8]

I.—SICARD (4), Jean,
b 1656 ; meunier.
Lauzon, Catherine, [Gilles I.
b 1666.
Catherine, b [8] 18 dec. 1686 ; sœur Ste. Rose (Cong. N.-D.) ; s [8] 23 mars 1756. —*Barthélemi*, b 1688 ; m 10 août 1713, à Catherine Lamarre, à la Pte-aux-Trembles, M. [9]—*Jean-Baptiste*, b [9] 21 nov. 1693 ; s [9] (noyé) 12 juillet 1712. — *Simon*, b [9] 10 oct. 1697 ; m [8] 8 janvier 1720, à Angelique Desautels. — *Marie*, b [9] 15 sept. 1700.—*Marie-An...* b [9] 16 mai 1702 ; s [9] 23 avril 1706. — *Joseph*, ... 30 juin 1704 ; m 1730, à Marie-Louise Alard.... *Marie-Angélique*, b [9] 18 sept. 1705 ; m 173... Charles-François Rose ; s 25 avril 1738, au Sa... au-Recollet.—*Benoît*, b [9] 10 et s [9] 14 oct. 1707

(1) "Chat" au registre.
(2) DeQuindre.
(3) Ils sont venus mariés.
(4) Voy. vol. I, p. 518.

1694, (27 nov.) St-Pierre, I. O [5]

I.—SICARD (1), Jean, fils de Pierre et de Ma... DeFargues, de Castres, Languedoc.
Raté, Geneviève, [Jacques...
b 1678.
Ursule, b [5] 18 sept. 1695. — *Marie-Anne*, b... juillet 1698 ; 1° m 16 août 1717, à Antoine Tr...tier, à la Rivière-du-Loup [6] ; 2° m [6] 5 juillet 17... à Etienne-Charles Augé. — *Jean*, b [5] 12 juin 170... 1° m 1719, à Elisabeth LeGardeur ; 2° m à A...gelique Baron-Lupien. — *Louis*, b 5 mars 17... aux Trois-Rivières [7], 1° m [6] 13 nov. 1727, à Ca...therine Trotier ; 2° m 1757, à Charlotte Levasseur... Augé. — *Agathe*, b [7] 20 nov. 1706 ; m à Jose... Petit-Bruno.—*Geneviève-Michelle*, b [7] 11 janv... 1709.—*François-Xavier*, b [7] 29 avril 1711.—*An...toine*, b 1712 ; m 1736, à Madeleine Abli-Ba... —*Marie-Elisabeth*, b... s [7] 17 oct. 1714.—*Pier...* *Amador*, b [6] 18 oct. 1716 ; m 1740, à Marie-Charlotte Belleville.—*Marie-Madeleine*, b [7] 13 juil... 1718.

1713, (10 août) Pte-aux-Trembles, M. [9]

II.—SICARD, Barthélemi, [Jean...
b 1688.
Lamarre-Belisle, Catherine, [Henri...
b 1691.
Jean-Baptiste, b 1720 ; m 1749, à Cather... Galipeau — *Marie-Geneviève*, b 1724 ; 1° m 7 janvier 1747, à Charles Raynaud ; 2° m 7 8 n... 1762, à Laurent Galipeau. — *Marie-Joseph...* 1726 ; m 1749, à Jean-Baptiste Jetté. — *Jose...* b et s 18 août 1727, à Repentigny.

I.—SICARD, Pierre, b 1675 ; de Coran, ... Quercy ; s 19 oct. 1755, à l'Hôpital-Général...

1719.

II.—SICARD (2), Jean, [Jean...
b 1700.
1° LeGardeur, Isabelle.
Joseph, b 13 avril 1720, à St-Ours [9] ; m 174... Angélique Brazeau. — *Jean-Baptiste*, b [9] 21 d... 1725.—*Anonyme*, b [9] et s [9] 1er mai 1727. — *Fran...çoise*, b 1728 ; m 7 juin 1751, à Jean-Baptiste Dauphiné, à Verchères.
2° Baron-Lupien, Angélique, [Pierre I.
b 1706.
Jean, b 1732 ; m 16 août 1762, à Marie-An... Marchand, aux Trois-Rivières. [8] — *Amable...* 1734 ; m [8] 25 juin 1764, à Antoinette Marchand... —*Joseph*, b 1737 ; m 29 janvier 1781, à Ma... Joseph Pelletier, à St-Cuthbert. — *Marthe*, ... m à François Grégoire.

(1) DeCarufel ; officier, sergent de M. de la Vallière... vol. I, p. 548.
(2) De Carufel.

1720, (8 janvier) Montréal.
-SICARD (1), SIMON, [JEAN I.
b 1697.
DÉSAUTELS, Angélique, [PIERRE II.
b 1699.
Marie-Joseph, b... m 11 janvier 1740, à Jean-Baptiste VIAU, au Sault-au-Récollet. [9] — *Louis-Simon,* b 1721 ; m [9] 19 février 1748, à Hélène-Angélique SIMON.— *Marie-Angélique,* b 1722 ; m 30 janvier 1743.—*Marie-Elisabeth,* b... m [9] 22 ... 1746, à Jacques LACOMBE. — *Catherine,* 1727; m [9] 11 oct. 1750, à Joseph VANDANDAIQUE. *Agnès,* b 27 juillet 1729, à la Longue-Pointe ; m 26 janvier 1750, à Jean-Baptiste TIBAUT.— *Jean-Baptiste-Amable,* b 1732 ; m [9] 12 janvier ...6, à Marguerite SIMON. — *Joseph-Léonard,* b 30 mai et s [9] 14 août 1736. — *Euphrasie,* b [9] juillet 1737 ; s [9] 10 janvier 1738. — *Louis-Joseph,* b [9] 28 oct. 1740.

1727, (13 nov.) Rivière-du-Loup. [7]
-SICARD (2), LOUIS, [JEAN I.
b 1705.
TROTIER (3), Catherine, [ANTOINE III.
b 1709.
Geneviève, b [7] 3 sept. 1728 ; m 19 avril 1762, à Pierre LESIEUR, à Yamachiche. [8] —*Louis,* b 1730 ; m 14 janvier 1766, à Françoise LESIEUR. — *Marie-Madeleine,* b [7] 27 juillet 1731 ; 1° m à .... LALONGÉ ; 2° m [7] 8 janvier 1759, à Joseph RIMBAUT.—*Marie-Catherine,* b [7] 6 janvier ...7, m à Jean-Baptiste ROSE.

1757.
LEMAITRE-AUGÉ, Charlotte.
Euphrosine, b [8] 11 février 1758.

1730.
-SICARD, JOSEPH, [JEAN I.
b 1704
...LARD, Marie-Louise, [SIMON I.
b 1710.
Joseph, b 1734 ; s 17 mai 1755, à St-Antoine-Chambly.

1736.
-SICARD, ANTOINE, [JEAN I.
b 1712.
...BEL-BARBE, Madeleine.
Marie-Joseph, b... m 10 oct. 1757, à Charles ...ONGE, à Contrecœur. — *Jacques,* b 1739 ; m 13 oct. 1766, à Marie-Thérèse TESSIER, à St-Antoine-de-Chambly. — *Marie-Barbe,* b... m 11 ... 1768, à Pierre-Simon SOUPIRAN, à St-Michel-...amaska.

1740.
-SICARD (4), PIERRE-AMABLE, [JEAN I.
b 1716.
BELLEVILLE, Marie-Charlotte.
Marguerite, b 1741, m 12 janvier 1761, à Joseph PAUL, à Lanoraie.

(1) Capitaine de milice.
(2) Sieur Desrives.
(3) Pombert.
(4) Sieur de Carufel.

1745.
III.—SICARD, JOSEPH, [JEAN II.
b 1720.
BRAZEAU, Angélique, [GABRIEL III.
b 1720.
Marie-Joseph, b 1746 ; m 30 janvier 1764, à Louis ARCHAMBAULT, à St-Antoine-de-Chambly.

1748, (19 février) Sault-au-Récollet. [8]
III.—SICARD, LOUIS-SIMON, [SIMON II.
b 1721.
SIMON, Hélène-Angélique, [FRANÇOIS III.
b 1728.
Marie-Angélique, b [8] 1er février 1749. — *Marie-Victoire,* b 7 dec. 1752, à St-Vincent-de-Paul.

1749.
III.—SICARD, JEAN-BTE, [BARTHÉLEMI II.
b 1720.
GALIPEAU, Catherine, [JEAN-BTE II.
b 1720.
Marie-Joseph, b 28 mars 1750, à la Pte-aux-Trembles, M.—*Joseph-Marie,* b... s 12 juin 1752, à Chambly. [1] — *Joseph-Séraphin,* b [1] 7 juin 1753. —*Marie-Catherine,* b [1] 29 avril 1755.

SICARD, GENEVIÈVE, b... 1° m 1755, à Pierre MÉNARD-MONTOUR ; 2° m 27 nov. 1781, à Joseph CARIE, au Détroit.

1756, (12 janvier) Sault-au-Récollet.
III.—SICARD, JEAN-BTE-AMABLE, [SIMON II.
b 1732.
SIMON-DELORME, Marguerite, [FRANÇOIS III.
b 1737.

1756.
SICARD, JEAN-BTE.
ST. JEAN, Catherine.
Joseph-Christophe, b 25 oct. 1757, à Chambly.

1762, (16 août) Trois-Rivières.
III.—SICARD (1), JEAN, [JEAN II.
b 1732.
MARCHAND, Marie-Anne. [PIERRE I.

1764, (25 juin) Trois-Rivières.
III.—SICARD, AMABLE, [JEAN II.
b 1734.
MARCHAND, Antoinette, [PIERRE I.
b 1743.

1766, (14 janvier) Yamachiche.
III.—SICARD (2), LOUIS, [LOUIS II.
b 1730.
LESIEUR, Françoise, [PIERRE III.
b 1745.

1766, (13 oct.) St-Antoine-de-Chambly.
III.—SICARD, JACQUES, [ANTOINE II.
b 1739.
TESSIER, Marie-Thérèse, [PIERRE III.
b 1745.

(1) De Carufel.
(2) Sieur de Rive.

SICARD, Jean.
Marchand, Madeleine.
Pierre, b 4 mars 1775, à St-Cuthbert.

1781, (29 janvier) St-Cuthbert.[2]
III.—SICARD, Joseph, [Jean II.
b 1737.
Pelletier, Marie-Joseph. [Pierre V.
Marie-Anne, b[2] 31 mars 1783 —*Angélique*, b[2] 19 juin 1791 ; s[2] 20 août 1792.

I.—SICKMAN, André.
Quemleur (1), Marie-Thérèse, [Jean-Bte II
b 1754 ; s 2 février 1794, à Québec.

SICOTTE.—Voy. Chiquot.

SICOTTE (2), Pierre,
b 1716, s 10 mai 1788, à la Rivière-des-Prairies.
Larrivée, Catherine.

1770, (18 juin) Détroit.[9]
IV.—SICOTTE (3), Jean-Bte, [Zacharie III.
b 1749 ; lieutenant.
Poupart-Laboize, Marie-Angél., [Joseph III.
b 1753.
Thérèse, b[9] 6 février 1780 ; m[9] 18 mai 1808, à Barnabe Campeau, s[9] 20 août 1817.—*Marie-Anne*, b[9] 17 nov. 1791.—*Georges*, b[9] 26 mars 1796.

SIGLE.—*Variation :* Sigler.

1761, (5 oct.) Quebec.[3]
I.—SIGLE (4), Paul, b 1725, tanneur ; fils de Laurent et de Therèse Marcou, de St-Dominique, ville de Valette, Ile de Malte.
Giroux, Marie-Therèse, [Louis-Noel I.
b 1741.
Marie-Jeanne, b[3] 6 juillet 1762.

SIGLER.—Voy. Sigle.

SIGNAY.—Voy. Sinai.

SIGNY.—Voy. Siny.

SIGOUIN.—Voy. Séguin.

I.—SILVA (5), Charles-Daniel, soldat ; fils d'Isaac et de Rachel Gomer, du faubourg St-Esprit, ville de Bayonne, Gascogne.

SILVAIN.—Voy. Sylvain.

SIMARD.—*Variations et surnom :* Simar — Simart—Symar—Symard—Lombret.

(1) Laflamme.
(2) Et Chicot.
(3) Voy. Chiquot, vol. III, p. 67, pour les autres enfants
(4) Et Sigler ; parti en 1756 de Malte, il est fait prisonnier des Anglais pendant 2 ans ; arrive en 1759 au Canada (registre des procès-verbaux de 1761).
(5) Juif, baptisé le 24 mai 1758, à Québec.

1661, (22 nov.) Château-Richer.
I.—SIMARD (1), Noel,
s 24 juillet 1715, à la Baie-St-Paul[9]
Racine, Madeleine, [Etienne I.
b 1646 ; s[9] 3 déc. 1726.
Noel, b 1664 ; m[9] 26 avril 1689, à Anne Dodier ; s[9] 9 avril 1726. — *Pierre*, b... m[9] 26 déc. 1690, à Claire Dodier ; s 8 nov. 1724, à Ste-Anne.[8] — *Etienne*, b 1669 ; m[9] 22 nov. 1695, à Rosalie Bouchard ; s[9] 15 nov. 1750.—*François*, b[8] 11 sept. 1671 ; m[9] 28 avril 1688, à Jean Alaire. — *Joseph*, b[8] 11 février 1674 ; 1° m[8] 19 avril 1700, à Gertrude Caron ; 2° m[8] 30 oct. 1702, à Marie Boivin, s[8] 26 juillet 1738 — *Augustin*, b[8] 3 avril 1676 ; m 1710, à Marguerite Paré. — *François*, b[8] 22 sept. 1678 ; m 1712, à Ursule Paré ; s[9] 8 dec. 1732 —*Rosalie*, née[9] 14 nov. 1680 ; b[9] 2 mai 1681 ; m[9] 29 oct 1696, à Jean Caron ; s[8] 20 juillet 1714. — *Paul*, né[9] 5 nov. 1681 ; b[9] 7 mai 1682 ; m 1717, à Geneviève Gagnon ; s[9] 17 août 1733. — *Marguerite*, b[9] 22 février 1684 ; m[9] 15 juin 1699, à François Bouchard.—*Jean*, b[9] 27 mai 1686 ; m 1714, à Geneviève Gravel ; s[9] 4 août 1715. — *Marie-Madeleine*, b[9] 19 janvier 1689 ; m[9] 20 nov 1704, à Antoine Bouchard.—*Catherine*, b[9] 4 mai 1692 ; m[9] 4 juin 1716, à Noël Castonguay ; s[9] 17 nov 1748.

1689, (26 avril) Baie-St-Paul.[1]
II.—SIMARD (2), Noel, [Noel I.
b 1664, s[1] 9 avril 1726.
Dodier, Anne, [Jacques I.
b 1671 ; s[1] 8 déc. 1728.
Ange, b[1] 29 juillet 1692 ; m 26 août 1716, à Therèse Letartre, à L'Ange-Gardien ; s[1] 27 mars 1731. — *Noel*, b[1] 6 nov. 1695 ; 1° m[1] 1er juillet 1716, à Catherine Fortin ; 2° m 20 août 1739, à Marguerite Cochon, au Château-Richer[3], 3° m[1] 20 mai 1751, à Veronique Tibaut ; s[1] 8 février 1758. — *Alexandre*, b... s[1] 19 juillet 1715 — *Anne*, b 1701, m 1727, à Jean-Baptiste Martel s[1] 18 juin 1731. — *Augustin*, b 1702 ; 1° m[1] 1? avril 1729, à Marie-Angelique Barthélemy, 2° m 28 déc. 1740, à Elisabeth Routier, à Quebec.[4] — *Geneviève*, b 1704, s[1] 20 mars 1724.—*Pierre*, b[1] ... mars 1705, 1° m 5 juin 1730, à Françoise Meunier, à Ste-Anne ; 2° m 1er juillet 1750, à Marie-Joseph Gagné, à la Petite-Rivière.[4]—*Claire*, b[1] 31 juillet 1707 ; s[4] 2 janvier 1750. — *Prisque*, b[1] 11 ... 1709 ; m 1735, à Angelique Gagnon. — *Paul*, b 12 juin 1711. — *Jacques*, b[1] 23 août 1713 — *Etienne*, b[1] 1er mars 1716 ; m 6 nov 1737, à Marie-Joseph Poulin, à St-Joachim. — *Charles*, b[1] 8 mars 1718, 1° m 1739, à Marie-Charlotte Gagnon, 2° m[3] 11 août 1783, à Madeleine Bédard.

1690, (26 dec.) Baie-St-Paul[2]
II.—SIMARD (3), Pierre, [Noel I.
s 8 nov. 1724, à Ste-Anne.[3]
Dodier, Claire, [Jacques I.
b 1675 ; s[3] 5 avril 1721.

(1) Voy. vol. I, pp. 548-549.
(2) Dit Lombret ; voy. vol. I, p. 549.
(3) Voy. vol. I, p. 549.

Marie-Madeleine, b... 1° m [3] 14 juillet 1721, à ean Boivin ; 2° m [3] 21 avril 1732, à Louis Laointe ; 3° m [3] 11 janvier 1734, à Jean-Baptiste Ialbeuf. — *Etienne*, b [3] 17 nov. 1701 ; 1° m [3] 1er uillet 1726, à Geneviève Meunier ; 2° m [3] 28 oût 1730, à Marie-Geneviève Blouin.—*Alexanre*, b [3] 17 juillet 1704 ; m 3 fevrier 1738, à Agnès Poulin, à Quebec. — *Marie-Reine*, b [3] 29 juillet 706 ; m [3] 21 août 1725, à Augustin Boivin.— *atherine*, b [3] 17 janvier 1708 ; 1° m 3 fevrier 727, à Gabriel Réaume, au Château-Richer [4] ; m [4] 22 oct. 1736, à Philippe Rasset ; s [4] 26 uin 1753.—*Pierre*, b [3] 9 mars 1717 ; m [2] 13 août 744, à Ursule Duchesne.

1695, (22 nov.) Baie-St-Paul. [6]

I.—SIMARD, Etienne, [Noel I.
b 1669 ; s [6] 15 nov. 1750.
Bouchard, Rosalie, [Claude I.
b 1676 ; s [6] 23 juin 1733.

Louise, b [6] 25 oct. 1696 ; m [6] 18 janvier 1724, Nicolas Tremblay ; s 27 janvier 1764, aux Eboulements. [7] — *Paul*, b 1697 ; m 1723, à Madeleine Racine. — *Rosalie*, b [6] 1er janvier 1699 ; m 22 uillet 1732, à Jacques Buisson, à Quebec.— *Etienne*, b [6] 14 nov. 1700 ; 1° m [6] 18 avril 1725, à Geneviève Tremblay ; 2° m [6] 23 nov. 1733, à Barbe Dufour ; s [6] 28 nov. 1759. — *Marie-Madeleine*, b [6] 16 dec. 1702 ; m [6] 8 nov. 1723, à Antoine Perron ; s [6] 19 août 1768. — *Agathe*, b [6] 4 anvier 1705 ; m [6] 24 avril 1724, à Jean Perron ; s [6] 25 janvier 1761.—*Geneviève*, b [6] 28 août 1707 ; m [6] 8 janvier 1733, à Thomas Coté ; s [6] 26 juin 733.—*Marguerite*, b [6] 24 août 1709 ; m 7 janvier 734, à Jacques Perron, à la Petite-Riviere. [8] — *Anne*, b [6] 23 mai 1711. — *Noel*, b [6] 7 oct. 1713.— *Ursule*, b [6] 7 janvier 1717 ; m [8] 16 nov. 1739, à Louis-André Tremblay. — *Louis*, b [6] 21 sept. 721 ; m [7] 23 nov. 1744, à Madeleine-Rose Tremblay.

1700, (20 avril) Ste-Anne. [5]

I.—SIMARD, Joseph, [Noel I.
b 1674 ; s [5] 26 juillet 1738.
1° Caron, Gertrude, [Jean II.
b 1681 ; s [5] 24 nov. 1701.

Deux anonymes, b [5] et s [5] 19 nov. 1701.

1702, (30 oct.) [5]

2° Boivin, Marie, [Pierre I.
b 1685.

Marie-Madeleine, b [5] 26 oct. 1703 ; m [5] 30 août 730, à Jean-Baptiste Tanguay ; s 1er nov. 1765, St-Valier. [6] — *Joseph*, b [5] 6 août 1707 ; m 1743, Marie-Geneviève Tremblay. — *Etienne*, b [5] 23 dec. 1708 ; m 28 fevrier 1737, à Louise Bolduc, St-Joachim [7] ; s [5] 17 avril 1761. — *Basile*, b [5] 6 oct. 1710 ; m 30 sept. 1739, à Agathe Payet, à St-François, I. J. — *Rosalie*, b... m [5] 20 juillet 734, à René Tanguay ; s 14 sept. 1744, à St-Michel. [8] — *Thérèse*, b [5] 17 juillet 1713 ; s [5] 21 oct. 1714.—*Augustin*, b [5] 28 fevrier 1715 ; m 15 nov. 1745, à Therèse Gagnon, au Château-Richer. —*François-Xavier*, b [5] 21 juillet 1716 ; s [5] 30 nov. 744.—*Angelique*, b [5] 19 dec. 1717 ; m [8] 22 nov. 746, à Joachim Greffard ; s [8] 25 mars 1750.— *Noël*, b [5] 9 mai 1719 ; 1° m [6] 7 août 1744, à Geneviève Tanguay ; 2° m [8] 7 janvier 1761, à Marie-Madeleine Clément ; 3° m [6] 28 avril 1767, à Louise Labrèque.—*Jean-Baptiste*, b [5] 3 oct. 1720 ; m [5] 28 nov. 1747, à Félicité Boyer ; s [7] 23 janvier 1761.—*Geneviève*, b [5] 15 fevrier 1722 ; m [5] 8 oct. 1749, à Louis Paquet.—*Pierre*, b [5] 21 avril 1723 ; m [5] 15 février 1751, à Agnès Racine.— *Louis*, b [5] 5 oct. 1724 ; m [5] 18 juillet 1747, à Marie-Joseph DeLessard. — *Bonaventure*, b [5] 9 mars et s [5] 4 août 1726.

1710.

II.—SIMARD, Augustin, [Noel I.
b 1676, s 20 août 1735, à Ste-Anne. [2]
Paré, Marguerite, [Jean I.
b 1692.

Marie-Madeleine, b [2] 22 juin 1711 ; m [2] 20 nov. 1730, à Etienne DeLessard.—*Anonyme*, b [2] et s [2] 20 janvier 1714.—*Marguerite*, b [2] 31 août 1715 ; m [2] 5 nov. 1736, à Prisque Cloutier. — *Marie-Geneviève*, b [2] 4 avril 1719 ; s [2] 17 nov. 1720.— *Augustin*, b [2] 25 dec. 1721 ; m [2] 31 janvier 1746, à Geneviève Veau. — *Marie-Angélique*, b 1722 ; 1° m 23 nov. 1750, à Antoine Parant, à Québec [3] ; 2° m [3] 9 oct. 1752, à Pierre Bonhomme ; s [3] 11 oct. 1792.—*Dorothée*, b [2] 2 février 1727 ; m [2] 12 juillet 1745, à Louis Racine ; s [2] 25 janvier 1747. — *Geneviève*, b... m [2] 15 nov. 1751, à Etienne Veau. —*Marie-Joseph*, b [2] 12 mars 1734.

1712.

II.—SIMARD, François, [Noel I.
b 1678 ; s 8 dec. 1732, à la Baie-St-Paul. [1]
Paré, Ursule, [Jean I.
b 1689 ; s [1] 6 juin 1759.

Marie-Madeleine, b [1] 4 juin 1713 ; m 1733, à Pierre Tremblay.—*François*, b [1] 16 dec. 1714 ; 1° m 10 janvier 1735, à Marie-Joseph Tremblay, à la Petite-Rivière [2] ; 2° m [2] 23 nov. 1739, à Catherine Bissonnet ; 3° m [1] 10 juillet 1752, à Marguerite Gagné. — *Joseph*, b [1] 11 juillet 1717 ; 1° m 16 janvier 1742, à Cecile Tremblay, aux Eboulements ; 2° m [2] 3 nov. 1763, à Victoire-Desanges DeLavoye.—*Ursule*, b [1] 22 nov. 1719 ; 1° m [1] 11 mai 1734, à Louis Tremblay ; 2° m [1] 26 fevrier 1759, à Ambroise LeGuay.—*Dorothée*, b [1] 23 sept. 1721 ; m [1] 9 nov. 1747, à Léonard-Joseph Borel ; s [1] 27 fevrier 1762.—*Agathe*, b [1] 16 janvier 1724.—*Marguerite*, b [1] 22 mai 1726.—*Geneviève*, b [1] 9 mars 1728 ; m [1] 14 fevrier 1746, à Antoine Gautier.—*Félicité*, b [1] 19 avril 1731 ; m [1] 23 juin 1750, à Joseph Dufour.

1714.

II.—SIMARD, Jean, [Noel I.
b 1686 ; s 4 août 1715, à la Baie-St-Paul. [3]
Gravel, Geneviève, [Claude II.
b 1689.

Jean (posthume), b [3] 14 janvier 1716 ; m 25 fevrier 1737, à Angélique Mercier, à Ste-Anne.

1716, (1er juillet) Baie-St-Paul. [5]

III.—SIMARD (1), NOEL, [NOEL II.
b 1695 ; s [5] 8 fevrier 1758.

1° FORTIN, Catherine (2), [JACQUES II.
b 1698 ; s [5] 11 avril 1739.

Marie-Charlotte, b [5] 8 mars 1718 ; m [5] 17 nov. 1734, à Jean-Baptiste ANSE.—*Jean-Baptiste*, b [5] 23 juillet et s [5] 7 sept. 1719.—*Jacques*, b [5] 23 oct. 1720 ; m [5] 20 janvier 1744, à Cecile GAUTIER.—*Cécile*, b [5] 29 juin 1724 ; m [5] 1er fevrier 1751, à François BERNARD. — *Marguerite*, b [5] 21 mars 1726 ; 1° m [5] 20 janvier 1744, à Ambroise TREMBLAY ; 2° m 23 nov. 1767, à Charles MORAN, au Détroit [6] ; s [6] 9 mai 1771.—*Marie-Ursule*, b [5] 21 avril 1729 ; s [5] 17 nov. 1748.—*Jean-Baptiste*, b [5] 25 oct. 1732 ; 1° m 1752, à Elisabeth CHIASSON, 2° m [5] 12 janvier 1755, à Elisabeth PRADET.

1739, (20 août) Château-Richer [7]

2° COCHON, Marguerite, [JOSEPH III
b 1710 ; s [5] 3 avril 1750.

Marguerite-Appolline, b [5] 8 juin 1740 ; m [5] 7 janvier 1755, à Jean-Baptiste GAGNÉ.—*Joseph-Noel*, b [5] 15 sept. 1743 ; m [5] 9 janvier 1764, à Madeleine-Pélagie SIMARD, s [5] 26 oct. 1768.—*Alexis-Victor*, b [5] 15 juillet 1745 ; s [5] 12 juillet 1748.—*Dorothée-Luce-Renée*, b [5] 14 dec. 1747 ; m [5] 15 oct. 1764, à Prisque POTVIN.—*Agathe-Ursule-Geneviève*, b [5] 5 février 1750 ; m 21 oct. 1772, à Andre TIBAULT, à la Petite-Rivière.

1751, (20 mai). [7]

3° TIBAULT, Veronique, [FRANÇOIS II.
b 1710 ; s [7] 9 avril 1772.

Nicolas-Alexandre, b [5] 8 août 1752 ; s [7] 28 fevrier 1765.

1716, (26 août) L'Ange-Gardien.

III.—SIMARD, ANGE, [NOEL II.
b 1692, s 27 mars 1731, à la Baie-St-Paul. [8]

LETARTRE, Therese, [CHARLES II.
b 1699, s [8] 1er avril 1731.

Marie-Barbe, b [8] 6 fevrier 1718.—*Marie-Thérèse*, b [8] 19 fevrier 1719 ; m 5 nov. 1742, à Zacharie CAUCHON, à Ste-Anne. [9]—*Jean*, b [8] 19 mars 1720.—*Ange*, b [8] 12 mars 1722 ; m 17 janvier 1747, à Marie-Roch TREMBLAY, aux Eboulements.—*Geneviève*, b [8] 28 avril 1726 ; m 10 janvier 1746, à Gabriel GAGNÉ, à la Petite-Riviere ; s [8] 8 juillet 1750.—*Marie-Anne*, b [8] 22 mars 1727 ; m [9] 22 sept. 1745, à Pierre MERCIER, s [9] 1er oct. 1755.—*Pierre*, b [8] 13 mars 1729 ; s [8] 17 juillet 1732.—*Marie-Marthe*, b [8] 19 janvier 1731 ; m [8] 26 nov. 1750, à Jacques GAGNÉ, s [8] 6 dec. 1759.

1717.

II.—SIMARD, PAUL, [NOEL I.
b 1682 ; s 17 août 1733, à la Baie-St-Paul. [2]

GAGNON (3), Genevieve, [GERMAIN II.
b 1693.

Marie-Madeleine, b [2] 23 fevrier 1718 ; m 25 juin 1736, à François DELAVOYE, à la Petite-Rivière [3], s [3] 3 nov. 1760.—*Jean*, b [2] 24 fevrier 1720 ; m [3] 13 nov. 1744, à Elisabeth ROUSSET.—*Paul*, b [2] ... sept. 1721 ; m [3] 6 nov. 1742, à Louise GAGNÉ.—*Louise*, b [2] 2 sept. 1726 ; m [3] 19 nov. 1753, ... Michel DELAVOYE.—*Dorothée*, b... m [3] 19 nov. 1753, à Louis BISSONNET.—*Etienne*, b [2] 1er janvier 1731 ; 1° m [3] 13 janvier 1755, à Angelique DELAVOYE ; 2° m 16 juin 1760, à Geneviève COTE, ... St-Thomas [4] ; 3° m [4] 6 août 1764, à Geneviève REGAULT.—*François* (posthume), b [3] 15 oct. 173..; m [3] 16 juillet 1756, à Agathe-Françoise DELAVOYE.

(1) Seigneur de la Rivière-du-Gouffre.

(2) Marguerite, 1726.

(3) Elle epouse, le 1er déc. 1736, Joseph-Marie Blo, à la Petite-Riviere.

1723.

III.—SIMARD, PAUL, [ETIENNE II.
b 1697.

RACINE, Madeleine.

Appolline, b 24 juillet 1724, à la Baie-St-Paul.

1725, (18 avril) Baie-St-Paul. [7]

III.—SIMARD, ETIENNE, [ETIENNE II.
b 1700 ; s [7] 28 nov. 1759.

1° TREMBLAY, Geneviève, [PIERRE II.
b 1693 ; s [7] 8 mars 1726.

1733, (23 nov.) [7]

2° DUFOUR, Barbe, [GABRIEL-ROBERT I.
b 1711.

Etienne, b 10 nov. 1734, à la Petite-Rivière [8], s [8] 18 janvier 1735.—*Joseph-Marie*, b [8] 17 dé.. 1735 ; m 4 nov. 1766, à Marie-Joseph POULIN, à St-Joachim.—*Marie-Angelique*, b [8] 24 oct. 173.. ; m [7] 7 fevrier 1758, à Joseph BEAULIEU.—*Pélagie-Modeste*, b 1739 ; m [7] 22 fevrier 1762, à Joseph-Stanislas ROUSSEL.—*Rosalie*, b... m [7] 5 mars 1764, à Simon BARIAU.—*Philothée-Modeste*, b.. 10 août 1743.—*Charles-René-Etienne*, b [8] 8 nov. 1746 ; m [7] 9 oct. 1770, à Marie-Procule-Victoire GUAY. — *Antoine* et *Angélique-Sophie*, b [8] .. février 1749.—*Hilaire-Honoré-Sauveur*, b [7] 25 .. s [7] 29 mars 1752.—*Suzanne*, b [7] 25 mars 175.. ; m [7] 30 juin 1777, à Pierre PERRON.—*Louis-Marie*, b [7] 5 et s [7] 22 juillet 1754.—*Marie-Véronique*, b.. 13 juillet 1755 ; m [7] 4 nov. 1777, à Jerôme GAMACHE.—*Michel* et *Jean-François*, b [7] 25 sep.. 1757.

1726, (1er juillet) Ste-Anne [2]

III.—SIMARD, ETIENNE, [PIERRE I.
b 1701.

1° MEUNIER, Geneviève, [FRANÇOIS I.
b 1708.

Geneviève-Blanche, b [2] 2 juin 1727, s [2] 17 janvier 1738.—*Etienne*, b [2] 12 fevrier 1729.

1730, (28 août). [2]

2° BLOUIN, Marie-Geneviève, [JACQUES I.
b 1711.

Etienne, b [2] 16 août 1731 ; s [2] 30 août 1733.—*Judith-Amable*, b [2] 2 janvier 1734 ; m [2] 8 fevrier 1751, à Joseph-Marie PARÉ.—*Marie-Angélique*, b [2] 2 janvier 1734 ; s [2] 18 avril 1738.—*Jean*, b.. sept. 1735 ; m 6 nov. 1764, à Marguerite DROUIN, à Ste-Famille, I. O. [3] — *Joseph*, b [2] 1 juin 17.. m 20 fevrier 1775, à Françoise BOUCHER, à St-Joachim. [4] — *Pierre*, b [2] 26 juin 1739, m [4] 11 o.. 1762, à Marie-Anne BOUCHER.—*François-..*, b [4] 5 sept. 1741 —*Marie-Geneviève*, b [2] 29 janvier 1744 ; m [2] 10 août 1767, à Barthelemi RACINE, s [2] 14 mars 1772.—*Etienne*, b [2] 15 mars 1746 ;

oct. 1773, à Marguerite Létourneau, à St-François, I. O.—*Augustin*, b [2] 29 février 1748; s [2] 25 ...rs 1749.—*Jean-Baptiste*, b [2] 31 août 1750; m [3] ... nov. 1770, à Apolline Drouin. — *Rosalie-...mable*, b [2] 9 janvier 1756.

1729, (20 avril) Château-Richer.

I.—SIMARD, Augustin, [Noel II.
b 1702; tonnelier.

1° Barthélemy, Marie-Angélique, [Thomas I.
b 1706; s 2 déc. 1739, à Quebec. [6]

Marie-Angélique, b [6] 10 juillet 1730; 1° m [6] 23 ...v. 1750, à Antoine Parant; 2° m [6] 9 oct. 1752, Pierre Bonhomme.—*Marie-Geneviève*, b [6] 9 mars s [6] 23 avril 1732.—*Marie-Catherine*, b [6] 4 avril ...34; m [6] 15 fevrier 1751, à Jean Lemaitre.

1740, (28 déc.) [6]

2° Routier, Elisabeth. [Charles-Marie II.

Marie-Elisabeth, b [6] 27 déc. 1742; s [6] 1er oct. ...43.—*Marie-Louise*, b [6] 20 nov. 1745. — *Augus-...n*, b [6] 30 mars 1750; s [6] 3 dec. 1752.

1730, (5 juin) Ste-Anne.

I—SIMARD, Pierre, [Noel II.
b 1705.

1° Meunier, Françoise, [François II.
b 1709; s 14 déc. 1749, à la Petite-Rivière. [1]

Louis, b 26 et s 29 août 1731, à la Baie-St-...ul. [2]—*Pierre*, b [2] 17 oct. 1732.—*Françoise*, b [1] ...nov. 1734; s [1] 10 nov. 1749. — *François*, b [1] 6 ...nvier 1736; m [1] 3 nov. 1761, à Marie DeLa-...ye. — *Julie*, b [1] 27 mai 1739; m [1] 10 janvier ...57, à Louis DeLavoye. — *Marie-Pélagie-Ger-...ude-Hélène*, b [1] 31 juillet 1743; s [1] 15 nov. 1759. ... *Marie-Joseph-Silvie*, b [1] 24 juillet 1746. — ...uis-*Marie*, b [1] 8 août 1748; s 8 janvier 1770, à ...Joachim.

1750, (1er juillet). [1]

2° Gagné, Marie-Joseph, [Frs-Xavier IV.
b 1731.

Basile, b [1] 8 mai 1751; m [2] 25 nov. 1771, à ...arie-Charlotte Fortin. — *Jacques*, b [1] 25 sept. ...53; m [2] 27 mai 1777, à Pélagie Liénard.—...arie-*Judith*, b [1] 27 sept. 1755. — *Marie-Agnès-...licité*, b [1] 14 janvier 1758.—*Agapit*, b [1] 14 nov. ...60.

1735, (10 janvier) Petite-Rivière.

I.—SIMARD (1), François, [François II.
b 1714.

1° Tremblay, Marie-Joseph, [Louis II.
b 1717; s 26 nov. 1735, à la Baie-St-Paul. [1]

François, b [1] 14 nov. 1735; m 31 août 1761, à ...arie-Charlotte Tremblay, aux Eboulements. [2]

1739, (23 nov.) [1]

2° Bissonnet, Catherine, [Jean III.
b 1722; s [1] 21 nov. 1750.

Louis-François-Elzéar, b [1] 16 nov. 1741; m [1] ... juillet 1772, à Desanges Gagné. — *Ursule-...onstance-Dorothée*, b [1] 22 nov. 1743; m [2] 31 ...oût 1761, à Louis Tremblay. — *Catherine-Féli-...te*, b [1] 24 août 1746; m [1] 25 janvier 1762, à ...ouis-Marie Fortin.—*Deux anonymes*, b et s 20 ...in 1749, à Ste-Anne.

(1) Dit Lombret.

1752, (10 juillet). [1]

3° Gagné, Marguerite, [Jacques IV.
b 1730.

Marie-Silvie, b [1] 25 nov. 1752; s [1] 18 juin 1753. — *Marie-Rosalie*, b [1] 13 mai 1754; m [1] 8 nov. 1773, à Joseph Barret.—*Joseph*, b [1] 19 mars 1756.—*Marie-Joseph*, b [1] 21 avril 1758.— *Joseph*, b [1] 11 janvier 1761.—*Ursule-Marie-Phébée*, b [1] 23 sept. 1762; m à Stanislas DeLavoye. — *Marie-Marguerite*, b [1] 2 sept. 1764. — *Marie-Sophie-Pome*, b [1] 5 janvier 1767. — *Marie-Madeleine*, b [1] 29 oct. 1768. — *Catherine*, b [1] 24 oct. 1771. — *Charlotte*, b [1] 8 août 1773.—*Benjamin*, b [1] 3 mars 1777.

1735.

III.—SIMARD, Prisque, [Noel II.
b 1709.

Gagnon, Angélique, [Joseph III.
b 1719.

Madeleine-Rose, b 8 sept. 1736, aux Eboulements [3]; m 7 janvier 1754, à Dominique DeLavoye, à la Petite-Rivière [4]; s [3] 25 oct. 1779. — *Louis-Prisque-Joseph*, b [4] 23 juin 1738; m [4] 31 janvier 1763, à Geneviève DeLavoye. — *Marie-Scholastique*, b [4] 5 mai 1740. — *Angélique*, b... m [4] 14 sept. 1761, à Jean Tremblay. — *Claude-Jean-François*, b [4] 15 mars 1743; m 22 nov. 1768, à Euphrosine Amiot-Villeneuve, à la Baie-St-Paul.—*Emérance*, b [4] 18 mai 1745. — *Augustin*, b [4] 29 juillet 1747. — *Marie-Judith*, b [4] 29 juillet et s [4] 16 août 1747. — *Pélagie-Victoire*, b [4] 6 sept. 1748; m 26 janvier 1778, à Jean-François Quemeneur, à Boucherville.—*Joseph-Marie*, b [4] 19 mars 1751.—*Rosalie*, b [4] 19 mars 1751; s [4] 3 mars 1752.—*Henri*, b [4] 8 sept. 1754.—*Jean-François*, b [4] 24 oct. 1756.—*Stanislas*, b [4] 14 février 1758.

1737, (25 fevrier) Ste-Anne. [7]

III.—SIMARD, Jean, [Jean II.
b 1716.

Mercier, Angélique, [Charles II.
b 1714.

Jean-Baptiste, b [7] 19 oct. 1738. — *Marie-Angélique*, b [7] 8 sept. 1740; m [7] 22 nov. 1762, à Pierre Bolduc.—*Prisque*, b [7] 4 août 1742; m 9 janvier 1775, à Angélique Robert, à Boucherville. — *Jérôme*, b [7] 16 nov. 1744; s [7] 10 février 1749.— *Marie-Joseph*, b [7] 3 mars 1747; m [7] 25 nov. 1765, à Louis Alaire. — *Marie-Cécile*, b [7] 22 dec. 1749. —*Marie-Charlotte*, b [7] 7 avril 1752. — *Augustin*, b [7] 21 sept. 1757.

1737, (28 fevrier) St-Joachim.

III.—SIMARD, Etienne, [Joseph II.
b 1708; s 17 avril 1761, à Ste-Anne. [8]

Bolduc (1), Louise, [René II.
b 1713.

Marie-Joseph, b [8] 31 dec. 1737; s [8] 9 fevrier 1738. — *Marie-Anne*, b [8] 29 mars et s [8] 9 avril 1739. — *Marie-Louise*, b [8] 15 mars et s [8] 9 avril 1742.—*Marie-Thérèse*, b [8] 10 mars 1744; 1° m [8]

(1) Elle épouse, le 21 nov. 1763, Bonaventure DeLessard, à Ste-Anne.

15 février 1762, à Louis PARÉ; 2° m [8] 24 août 1767, à François GAGNON. — *Anonyme*, b [8] et s [8] 14 nov. 1749.—*Joseph-Marie*, b [8] 7 mai 1751; s [8] 14 mai 1758.

1737, (6 nov.) St-Joachim.[1]

III.—SIMARD, ETIENNE, [NOEL II.
b 1716.
POULIN, Marie-Joseph, [JEAN III.
b 1716.

Marie-Anne, b 22 sept. 1738, à la Baie-St-Paul.[2] — *Marie-Victoire*, b [2] 23 juin 1740; m [1] 22 février 1762, à Augustin HÉLY. — *Marie-Procule-Pélagie*, b [2] 25 juin 1742. — *Etienne*, b [1] 14 mai 1744.—*Geneviève*, b 1746; m [1] 18 février 1765, à Louis TREMBLAY. — *Joseph*, b [1] 25 mai 1748.— *Marie-Joseph*, b [1] 13 dec. 1749. — *Dorothée*, b 1752; m [1] 13 janvier 1779, à Etienne RACINE.— *Marie-Anne*, b [1] 25 juillet 1754; m [1] 18 nov. 1776, à Joseph RACINE.

1738, (3 fevrier) Québec.

III.—SIMARD, ALEXANDRE, [PIERRE II.
b 1704.
POULIN (1), Agnès, [MARTIN II
b 1697; veuve de Jean Caron.

1739.

III.—SIMARD, CHARLES, [NOEL II.
b 1718.
1° GAGNON, Marie-Charlotte, [JOSEPH III.
b 1714.

Jean-Charles, b 1739; 1° m 18 janvier 1762, à Marie-Procule FORTIN, à la Baie-St-Paul[6]; 2° m [6] 1er mars 1764, à Marie-Rose COTÉ —*Etienne*, b [6] 31 oct. 1740, m [6] 7 février 1774, à Julie SIMARD —*Anonyme*, b [6] et s [6] 28 juin 1743.—*Marguerite-Euphrosine*, b [6] 12 août 1744; m [6] 5 oct. 1767, à Etienne GAGNON; s [6] 8 mars 1777. — *Honore-Timothée-Louis*, b [6] 26 avril 1746, m [6] 17 janvier 1774, à Geneviève GAUTIER.—*Marie-Thècle*, b [6] 4 sept. 1747 —*Joseph-Marie-Vincent*, b [6] 22 et s [6] 30 janvier 1749.—*Philippe-Maximilien*, b [6] 14 avril et s [6] 4 mai 1750. — *Joseph*, b [6] 4 et s [6] 5 mars 1751.—*Marie-Reine*, b [3] 17 et s [6] 19 juillet 1752.—*Anonyme*, b [6] et s [6] 24 sept. 1757.

1783, (11 août) Quebec.

2° BEDARD, Madeleine, [JACQUES IV.
b 1734; veuve de Michel Bouvier.

1739, (30 sept.) St-François, I. J.[3]

III.—SIMARD, BASILE, [JOSEPH II.
b 1710.
PAYET (2), Agathe, [PIERRE II.
b 1718.

Pierre-Joseph, b [3] 24 déc. 1740.

1742, (16 janvier) Eboulements.

III.—SIMARD, JOSEPH, [FRANÇOIS II.
b 1717.
1° TREMBLAY, Cécile, [ETIENNE III.
b 1721.

(1) Elle épouse, le 16 nov. 1761, Pierre-François LACROIX, à Ste-Anne.

(2) St. Amour.

Louis-Henri-Etienne-Joseph, b 16 janvier 17.. à la Baie-St-Paul[7]; m 1763, à Felicite BOIVIN. *Ursule-Sophie-Victoire*, b [7] 13 mai 1745, m [7] .. nov. 1764, à Louis-Jacques TREMBLAY. — *Mar.. Joseph-Cécile*, b [7] 10 déc. 1746.—*Julie-Constance* b [7] 28 mai 1748; s [7] 4 janvier 1749. — *Joseph Godfroy*, b [7] 26 oct. 1749; m [7] 8 nov. 17.. Felicite COTÉ. — *Marie-Luce*, b [7] 12 dec. 17.. m [7] 6 fevrier 1775, à Joseph GAGNON. — *Joseph-François*, b [7] 2 dec. 1753. — *Marie-Angelique-Procule*, b [7] 4 février 1756.—*Etienne*, b [7] 27 .. 1757.—*Marie-Elisabeth*, b [7] 13 oct. 1759.

1763, (3 nov.) Petite-Rivière.

2° DELAVOYE, Victoire-Desanges, [JACQUES I..
b 1732.

Marie-Anne, b [7] 5 oct. 1764. — *Marie-Julienne-Eulalie*, b [7] 14 fevrier 1766. — *Marie-Felicite*, b [7] 16 dec. 1767. — *Louis*, b [7] 15 oct. 1771 — *Isaac*, b [7] 8 août 1773.—*Constance*, b [7] 26 oct. 1775.

1742, (6 nov.) Petite-Rivière [6]

III.—SIMARD, PAUL, [PAUL I..
b 1721.
GAGNÉ, Louise, [FRANÇOIS-XAVIER I..
b 1721.

François, b [6] 16 sept. 1743; m 2 juillet 17.. à Madeleine-Pélagie SIMARD, à la Baie-St-Paul —*François-Xavier*, b [7] 13 juin 1745; m [7] 7 fevrier 1774, à Gertrude-Françoise GIRARD. — *Louis-Alexandre-Victor*, b [7] 20 mars 1747; m [7] 3 juillet 1775, à Marguerite AUDIBERT.—*Marie-Joseph*, b .. 20 mars 1747.— *Marie-Madeleine*, b [7] 29 sept. 1748. — *Julie-Nathalie-Sylvie*, b [7] 30 mars 17.. m [7] 7 fevrier 1774, à Etienne SIMARD —*Marie-Joseph-Modeste*, b [7] 1er août 1753; m [7] 21 nov. 1774, à Etienne DORÉ. — *Rose-Félicité*, b [7] .. avril 1755. — *Abraham-Isaac*, b [7] 14 juillet 17.. —*Jean*, b [7] 17 avril 1759

1743.

III.—SIMARD, JOSEPH, [JOSEPH ..
b 1707.
TREMBLAY, Marie-Geneviève, [LOUIS ..
b 1720.

Joseph-Noel, b 11 janvier 1744, à la Baie-St-Paul[6]; m 9 août 1773, à Marguerite PERRON, à la Petite-Rivière.[7]—*Louis-Côme*, b [6] 21 dec 17.. m 1764, à Rosalie SIMARD. — *Joseph-Jacques-Christophe*, b [6] 6 nov. 1747. — *Marie-Geneviève*, b [6] 16 sept. 1750. — *Basile*, b [6] 20 et s [6] 21 .. 1751. — *Marie-Geneviève*, b [6] 23 janvier 17.. *Dominique*, b [6] 12 janvier 1755.— *Jean-Godfroy*, b [6] 17 sept. 1756. — *Louis-Jacques-Sébastien* .. 16 août 1758. — *Louis-François*, b [7] 29 oct. 17.. —*Marie-Madeleine*, b [7] 16 nov. 1762.

1744, (20 janvier) Baie-St-Paul.[8]

IV.—SIMARD (1), JACQUES, [NOEL I..
b 1720.
GAUTIER, Cécile, [CLAUDE ..
b 1728.

Jacques-Noël, b [8] 15 juillet 1745; 1° m .. oct. 1765, à Marguerite MORIN; 2° m [8] 13 a..

(1) Comte du Ramusqué, seigneur en partie de la Riv.. du Gouffre et terres adjacentes. (Baie-St-Paul, 13 oct. 1..

76, à Marie-Joseph Fortin. — *Pélagie-Cécile-Modeste*, b [8] 19 oct. 1748; m [8] 18 août 1762, à Jean-Baptiste Ménard. — *Marie-Sophie-Geneviève*, b [8] 15 nov. 1766.—*Marie-Angélique*, b [8] 26 ... 1768. — *Louis-Michel*, b [8] 4 oct. 1770; s [8] 25 nov. 1773.

1744, (7 août) St-Valier [8]
I.—SIMARD, Noel, [Joseph II.
b 1712.
1° Tanguay, Geneviève, [Jean-Bte II.
b 1727; s 26 août 1760, à St-Michel. [9]
Marie-Geneviève, b [9] 26 déc. 1749. — *Marie-Anne*, b [9] 25 août 1752.
1761, (7 janvier). [9]
2° Clément, Marie-Madeleine, [Louis II
b 1743.
Marie, b [9] 11 juin et s [9] 19 juillet 1762.
1767, (28 avril). [8]
3° Labreque, Louise, [Jean-Bte III.
b 1728; veuve d'Etienne Sylvain.

1744, (13 août) Baie-St-Paul. [9]
II.—SIMARD, Pierre, [Pierre II.
b 1717.
Duchesne, Ursule, [Simon II.
b 1726; s [9] 21 oct. 1777.
Pierre-Félix-Urbain, b [8] 8 mars 1745.—*Ursule-Pélagie*, b [9] 14 déc. 1746. — *Marguerite-Joseph-Euphrosine*, b [9] 6 mars 1749.— *Joseph-Marie*, b [9] 5 avril 1751.—*Louis*, b [9] 10 juin 1753. — *Marie-Geneviève*, b [9] 14 janvier 1756. — *Antoine-Salomon*, b [9] 17 janvier 1758. — *Jean-François*, b [9] 9 sept. 1760. — *Marie-Joseph*, b [9] 11 oct. 1763. — *Louis-Rodolphe-Salomon*, b [9] 14 nov. 1765. — *Marie-Dorothée*, b [9] 25 mai 1768.

1744, (13 nov.) Petite-Rivière [2]
II.—SIMARD, Jean, [Paul II.
b 1720.
Rousset, Elisabeth, [François II.
b 1715.
Rosalie, b [2] 22 oct. 1745; m 1764, à Louis-Jérôme Simard.—*Apolline-Geneviève-Scholastique*, b [2] 10 février 1748; m [2] 2 mars 1772, à Ignace Tremblay.—*Elisabeth*, b [2] 29 déc. 1750.

1744, (23 nov.) Eboulements.
II.—SIMARD, Louis, [Etienne II.
b 1721.
Tremblay, Madeleine-Rose, [Louis III.
b 1730.
Marie-Madeleine-Pélagie-Victoire, b 1er février 1747, à la Baie-St-Paul [7]; 1° m [7] 9 janvier 1764, Joseph-Noel Simard; 2° m [7] 2 juillet 1770, à François Simard.—*Rosalie*, b [7] 31 août 1748; s [7] 6 août 1749.—*Joseph-Louis*, b [7] 8 mars 1753.—*Charlotte*, b [7] 26 juin 1755.—*Agathe-Rosalie*, b [7] 7 février 1758. — *Rosalie-Pelagie-Modeste-Isabelle*, b [7] 2 sept. 1761.

1745, (15 nov.) Château-Richer.
II.—SIMARD, Augustin, [Joseph II.
b 1715.
Gagnon, Thérèse, [Raphael III.
b 1722.

Marie-Anne-Rosalie, b 26 déc. 1747, à Ste-Anne. [7] — *Joseph-Marie*, b [7] 2 déc. 1749.—*Marie-Louise*, b [7] 28 août 1751; m à Jean-Baptiste Chevalier; s 2 août 1782, à Quebec.—*Jean-Baptiste*, b [7] 22 juin 1755. — *Augustin*, b [7] 19 février 1757. *Marie-Thérèse*, b [7] 27 mai 1759; s [7] 11 déc. 1772. — *Marie-Geneviève*, b [7] 1er janvier 1762.—*Marie-Elisabeth*, b [7] 30 sept. 1764; s [7] 17 mai 1768. — *Marie-Marguerite*, b [7] 20 oct. 1766.

1746, (31 janvier) Ste-Anne. [1]
III.—SIMARD, Augustin, [Augustin II.
b 1721.
Veau, Geneviève, [Pierre III.
b 1729.
Augustin, b [1] 9 déc. 1746; s [1] 29 mai 1748.— *Marie-Geneviève*, b [1] 17 déc. 1748. — *Joseph-Marie*, b [1] 6 et s [1] 28 sept. 1750. — *Augustin*, b [1] 1er avril 1752.—*Pierre*, b 1754; s [1] 2 juin 1773.— *Marie-Françoise*, b [1] 30 oct. 1756.—*Marie-Louise*, b [1] 14 mars 1759. — *Marguerite*, b [1] 1er juillet 1762. — *Jean-François*, b [1] 4 février 1765; s 12 avril 1794, à Quebec.—*Joseph-Marie*, b [1] 21 nov. 1767.

1747, (17 janvier) Eboulements. [7]
IV.—SIMARD, Ange, [Ange III.
b 1722.
Tremblay, Marie-Roch, [Jean III.
b 1727; s 2 déc. 1774, à la Baie-St-Paul. [8]
Anonyme, b [8] et s [8] 6 déc. 1747. — *Ange-Ambroise-Hyacinthe-Hippolite*, b [8] 12 août 1749, m [7] 12 oct. 1778, à Marie Tremblay. — *Marie-Anne*, b [8] 12 déc. 1751; m [8] 25 oct. 1773, à Guillaume Boily. — *Félicité*, b [8] 2 déc. 1753; s [8] 13 mars 1754. — *Marie-Catherine-Félicité*, b [8] 11 janvier 1755; m [8] 16 janvier 1775, à Paul Duchesne.— *Sophie-Denise-Juste-Pôme*, b [8] 22 mai 1757; m [8] 3 février 1777, à Etienne Lajoie. — *Jeanne*, b [8] 7 mai 1759. — *Jean-François*, b [8] 13 mai 1761. — *Marguerite*, b [8] 31 mai 1762.—*Alexis*, b [8] 16 juin 1764.

1747, (18 juillet) Ste-Anne [3]
III.—SIMARD, Louis, [Joseph II.
b 1724.
DeLessard, Marie-Joseph, [Joseph II.
b 1727; s [3] 15 février 1768.
Marie-Joseph-Victoire, b [3] 3 et s [3] 22 nov. 1748. —*Louise-Charlotte-Bonaventure*, b [3] 28 nov. 1750. —*Marie-Anne*, b [3] 24 mars 1757.—*Marie-Marthe*, b [3] 26 août 1763; s [3] 4 mai 1773.—*Basile*, b [3] 10 nov. 1764.—*Marie-Joseph*, b [3] 19 janvier et s [3] 6 juin 1768.

1747, (28 nov.) Ste-Anne. [3]
III.—SIMARD, Jean-Bte, [Joseph II.
b 1720, s 23 janvier 1761, à St-Joachim.
Boyer (1), Felicite, [Jean-Bte II.
b 1727.
Jean-Baptiste, b [3] 7 nov. 1748; m [3] 9 nov. 1772, à Marie-Charlotte Blouin. — *Joseph-Marie*, b [3] 18 février 1751; m [3] 16 février 1773, à Char-

(1) Elle épouse, le 6 février 1764, Louis Gagnon, à Ste-Anne.

lotte PEPIN. — *Marie-Anne*, b 1755; s[3] 27 juillet 1757. — *Marie-Angélique*, b[3] 30 juin 1757.—*Basile*, b[3] 7 sept. 1760.

1751, (15 février) Ste-Anne. [3]

III.—SIMARD, PIERRE, [JOSEPH II.
b 1723.
RACINE, Agnès, [JEAN III.
b 1721.
Marie-Anne, b[3] 10 janvier 1752.—*Marie-Charlotte*, b[3] 19 février 1756. — *Joseph-Marie*, b[3] 25 mars 1757.—*Pierre*, b 17 nov. 1761, à St-Joachim. —*Pierre*, b... s[3] 5 mars 1764.

1752.

IV.—SIMARD, JEAN-BTE, [NOEL III.
b 1732.
1° CHIASSON, Elisabeth,
b 1729; de Beau-Bassin, Acadie; s 7 oct. 1754, à la Baie-St-Paul. [4]
Marie-Joseph, b[4] 30 août et s[4] 16 nov. 1753.
1755, (12 janvier). [4]
2° PRADET, Elisabeth, [JEAN-SIMON I.
b 1731.
Marie-Marguerite-Elisabeth, b[4] 16 nov. 1755; m 24 juillet 1771, à Pierre GONTIER, aux Eboulements[5]; s[5] 22 juin 1785. —*Jean-Baptiste*, b[4] 19 juin 1757; m[5] 15 nov. 1779, à Athalie MARTEL. —*Rosalie*, b[4] 11 oct. 1758.—*Zacharie*, b[4] 2 juin 1761; s[5] 17 avril 1773. — *Marie-Angélique*, b[4] 24 mai 1763. — *Geneviève*, b[5] 15 août 1767. — *Marie-Joseph*, b[4] 29 juin 1769.—*Abraham-Isaac*, b[4] 8 nov. 1770.—*Honoré*, b[5] 12 mars 1773.

1755, (13 janvier) Petite-Rivière [2]

III.—SIMARD, ETIENNE, [PAUL II.
b 1731.
1° DELAVOYE, Angélique, [JACQUES III.
b 1734; s[2] 31 janvier 1756.
Marie-Rachel, b[2] 24 janvier et s[2] 3 sept. 1756.
1760, (16 juin) St-Thomas. [1]
2° COTÉ, Geneviève, [PAUL IV.
b 1736; s[1] 28 mars 1763.
1764, (6 août). [1]
3° REGAULT, Geneviève, [JEAN-DOMINIQUE II.
b 1731.

1756, (16 juillet) Petite-Rivière. [1]

III.—SIMARD, FRANÇOIS, [PAUL II.
b 1733.
DELAVOYE (1), Agathe-Françoise, [JACQUES III.
b 1730.
Marie-Agathe-Françoise, b[1] 17 juillet 1757.

1761, (31 août) Eboulements.

IV.—SIMARD, FRANÇOIS, [FRANÇOIS III.
b 1735.
TREMBLAY, Marie-Charlotte, [JEAN III.
b 1741.
François-Bruno, b 6 oct. 1762, à la Baie-St-Paul.[2] — *Louis-Isaac-Absalon*, b[2] 18 avril 1764. —*Marie-Joseph-Agnès*, b[2] 5 février 1767.—*Marie-Catherine*, b[2] 1er nov. 1769.—*Denis*, b[2] 6 ... 1772.—*Joseph*, b[2] 2 mars 1775.—*François*, b[2] ... mai 1777.

(1) Elle épouse, le 18 février 1760, Joseph Bleau, à la Petite-Rivière.

1761, (3 nov.) Petite-Rivière.

IV.—SIMARD, FRANÇOIS, [PIERRE I...
b 1736.
DELAVOYE, Marie, [JACQUES I...
b 1737.
Marie-Angélique, b 25 oct. 1762, aux Eboulements[3]; s[3] 20 février 1786.—*François*, b[3] 9 av... 1765.—*Dominique*, b[3] 18 avril 1767.—*Madeleine*, b[3] 24 juin 1771.—*Judith*, b[3] 16 mai 1773.—*Sylvie*, b[3] 18 juin 1775.—*Thècle*, b[3] 18 févr... 1778.

1762, (18 janvier) Baie-St-Paul. [4]

IV.—SIMARD, JEAN-CHARLES, [CHARLES I...
b 1739.
1° FORTIN, Marie-Procule, [FRS-XAVIER I...
b 1741.
Marie-Procule, b 1762; m 1785, à Louis TREMBLAY.
1764, (1er mars). [4]
2° COTÉ, Marie-Rose, [THOMAS I...
b 1739.
Marie-Rose-Luce, b[4] 13 déc. 1764 —*Jean-Baptiste-Honoré-David-Samson-Magloire*, b[4] 13 o... 1766.—*Louis*, b[4] 11 sept. 1772.

1762, (11 oct.) St-Joachim.

IV.—SIMARD, PIERRE, [ETIENNE I...
b 1739.
BOUCHER, Marie-Anne, [JACQUES-JOSEPH I...
b 1734.
Etienne, b 13 et s 16 août 1763, à Ste-Anne[5]. —*Pierre-Jacques*, b[5] 31 oct. 1764.—*Marie-Madeleine*, b[5] 5 avril 1766.—*Angélique*, b[5] 17 oct. 1769; s[5] 7 avril 1770.—*François*, b[5] 11 juin 17... —*Marie-Louise*, b[5] 18 mars 1773.

1763, (31 janvier) Petite-Rivière.

IV.—SIMARD, LS-PRISQUE-JOS., [PRISQUE III.
b 1738.
DELAVOYE, Geneviève, [JEAN III.
b 1745.
Geneviève, b 6 janvier 1764, aux Eboulements[6]. —*Geneviève*, b[6] 29 avril 1765.—*Louis*, b[6] ... avril 1767; s[6] 18 mars 1771.—*Joseph-Marie*, b... 1768; s[6] 12 nov. 1771. *Félicité*, b[6] 7 avril 17... —*Hélène*, b[6] 13 sept. 1773.—*Angélique*, b[6] ... août 1775.

1763.

IV.—SIMARD, LS-HENRI-ETIENNE, [JOSEPH II...
b 1743.
BOIVIN, Félicité, [AUGUSTIN I...
b 1743.
Louis-Clément-Henri-Magloire-Samson, b ... nov. 1764, à la Baie-St-Paul.[7] — *Marie-Luce*, b... 19 février 1767.—*Jean-Baptiste-Saturnin*, b[7] ... mars 1769.—*Louis-Augustin*, b[7] 28 août 17...—*Madeleine*, b[7] 17 janvier 1774.—*Geneviève*, b[7] ... mars 1776.

1764, (9 janvier) Baie-St-Paul.[3]
-SIMARD, JOSEPH-NOEL, [NOEL III.
b 1743; s[3] 26 oct. 1768.
IMARD (1), Madeleine-Pélagie, [LOUIS III.
b 1747.
arie-Madeleine-Charlotte, b[3] 22 nov. 1764.—
cilé-Desanges, b[3] 4 oct. 1767.

1764.

-SIMARD, LOUIS-COME, [JOSEPH III.
b 1745.
IMARD, Rosalie, [JEAN III.
b 1745.
ominique, b 10 avril 1765, aux Eboulements.
oseph-Jacques-Christophe, b 10 sept. 1769, à
Baie-St-Paul. — *Louis*, b 28 février 1773, à la
ite-Rivière.

1764, (6 nov.) Ste-Famille, I. O.
-SIMARD, JEAN, [ETIENNE III.
b 1735.
ROUIN, Marguerite, [ETIENNE IV.
b 1747.

1765, (28 oct.) Baie-St-Paul.[9]
-SIMARD, JACQUES-NOEL, [JACQUES IV.
b 1745.
[1] MORIN, Marguerite, [THOMAS III.
b 1748; s[9] 23 oct. 1775.
arie-Marguerite, b[9] 17 sept. 1766.—*Jacques-*
ustin-Didace-Martin-Saturnin, b[9] 9 nov.
8.—*Rosalie*, b 1773; s[9] 9 février 1776.—*Féli-*
, b[9] 23 oct. 1775.
1776, (13 août).[9]
[2] FORTIN, Marie-Joseph, [JOSEPH III.
b 1743.

1766, (4 nov.) St-Joachim.
-SIMARD, JOSEPH-MARIE, [ETIENNE III.
b 1735.
OULIN, Marie-Joseph, [PIERRE IV.
b 1749.
arie-Joseph-Suzanne-Véronique, b 12 août
7, à la Baie-St-Paul.[9] — *Agnès-Suzanne-Pé-*
nille, b[9] 30 mai 1770. — *Joseph-Marie*, b[9] 11
rs 1772. — *Pierre*, b[9] 16 mai 1774. — *Jean-*
ptiste, b[9] 6 avril 1776. — *Etienne*, b... m 23
t 1803, à Marie-Louise DUPUIS, à Québec.

1768, (22 nov.) Baie-St-Paul.[9]
-SIMARD, CLAUDE, [PRISQUE III.
b 1743.
AMIOT-VILLENEUVE, Euphrosine, [JOSEPH V.
b 1750.
Alexis, b[9] 21 juillet 1771. — *Marie-Anne*, b[9] 6
n 1773.

1770, (2 juillet) Baie-St-Paul.[9]
-SIMARD, FRANÇOIS, [PAUL III.
b 1743.
SIMARD, Madeleine-Pélagie, [LOUIS III.
b 1747; veuve de Joseph-Noël Simard.

(1) Elle épouse, le 2 juillet 1770, François Simard, à la
Baie-St-Paul.

Marie-Joseph-Modeste, b[3] 31 janvier 1771. — *Marie-Elisabeth*, b[3] 2 mars 1773. — *Agnès*, b[3] 13 déc. 1774.—*Madeleine*, b[3] 23 sept. 1776.

1770, (9 oct.) Baie-St-Paul.[9]
IV.—SIMARD, CHS-RENÉ-ETIENNE, [ETIENNE III.
b 1746.
GUAY, Marie-Procule-Victoire, [JOSEPH IV.
b 1748.
Marie-Procule-Agnès, b[9] 11 oct. 1770.—*Marie-Luce*, b[9] 16 février 1772.—*Joseph*, b[9] 30 janvier 1775.

1770, (15 nov.) Ste-Famille, I. O.
IV.—SIMARD, JEAN-BTE, [ETIENNE III.
b 1750.
DROUIN, Marie-Appolline, [ETIENNE IV.
b 1749.

1771, (25 nov.) Baie-St-Paul.[9]
IV.—SIMARD, BASILE, [PIERRE III.
b 1751.
FORTIN, Marie-Charlotte, [JACQUES IV.
b 1750.
Agnès, b[9] 19 oct. 1774. — *Marie-Catherine*, b[9] 4 sept. 1777.

1772.

SIMARD, FRANÇOIS.
FERLAND, Thècle.
Etienne, b 15 août 1773, à Ste-Anne.

1772, (27 juillet) Baie-St-Paul.[9]
IV.—SIMARD (1), LOUIS, [FRANÇOIS III.
b 1741.
GAGNE, Desanges, [IGNACE V.
b 1754.
Joseph, b[9] 25 oct. 1773.—*François*, b[9] 29 mai et s[9] 16 juin 1775.—*Marie*, b[9] 19 sept. 1776; s[9] 16 janvier 1777.

1772, (9 nov.) Ste-Anne.[9]
IV.—SIMARD, JEAN-BTE, [JEAN-BTE III.
b 1748.
BLOUIN, Marie-Charlotte, [JOSEPH III.
b 1748.
Jean-Baptiste, b[9] 4 nov. 1773.

1773, (16 février) Ste-Anne.[3]
IV.—SIMARD, JOSEPH-MARIE, [JEAN-BTE III.
b 1751.
PEPIN, Charlotte. [JEAN-MARIE III.
Marie-Charlotte, b[3] 21 et s[3] 25 avril 1773.

1773, (9 août) Petite-Rivière.
IV.—SIMARD, JOSEPH-NOEL, [JOSEPH III.
b 1744.
PERRON, Marguerite, [FRANÇOIS III.
b 1736.

(1) Dit Lombret.

1773, (8 nov.) Baie-St-Paul. [7]
IV.—SIMARD, JOSEPH-GODFROY, [JOSEPH III.
b 1749.
COTÉ, Felicité, [THOMAS III.
b 1752.
Thomas, b [7] 31 oct. 1774. — *Félicité,* b [7] 13 juillet 1776.

1774, (17 janvier) Baie-St-Paul. [8]
IV.—SIMARD, HONORÉ, [CHARLES III.
b 1746.
GAUTIER, Geneviève, [AMBROISE III.
b 1755.
Honoré, b [8] 2 déc. 1774.

1774, (7 février) Baie-St-Paul. [2]
IV.—SIMARD, ETIENNE, [CHARLES III.
b 1740.
SIMARD, Marie-Julie, [PAUL III.
b 1750.
Julie, b [2] 11 dec. 1774. — *Etienne,* b [2] 28 août 1777.

1774, (7 fevrier) Baie-St-Paul. [5]
IV.—SIMARD, FRS-XAVIER, [PAUL III.
b 1745.
GIRARD, Françoise-Gertrude, [NICOLAS III.
b 1753.
Marie, b [5] 2 janvier 1775. — *Ursule,* b [5] 8 oct. 1776.

1775, (9 janvier) Boucherville. [2]
IV.—SIMARD, PRISQUE, [JEAN-BTE III.
b 1742.
ROBERT, Angélique. [ANTOINE IV.
Prisque-Simon, b [2] 20 oct. 1775.

1775, (20 février) St-Joachim.
IV.—SIMARD, JOSEPH, [ETIENNE III.
b 1737.
BOUCHER, Françoise, [JACQUES-JOSEPH I.
b 1736.

1775, (3 juillet) Baie-St-Paul. [2]
IV.—SIMARD, LOUIS, [PAUL III.
b 1747.
AUDIBERT (1), Marguerite, [ETIENNE II.
b 1755.
Félicité, b [2] 8 avril 1776. — *François,* b [2] 21 sept. 1777.

1777, (27 mai) Baie-St-Paul.
IV.—SIMARD, JACQUES, [PIERRE III.
b 1753.
LIÉNARD-DURBOIS, Pelagie, [CHS-AMADOR III.
b 1750.

1777.

SIMARD, ETIENNE.
LÉTOURNEAU, Marguerite.
Marie-Anne, b 31 juillet 1778, au Château-Richer.

(1) Lajeunesse.

1778, (12 oct.) Eboulements. [9]
V.—SIMARD, HYACINTHE, [ANGE
b 1749.
TREMBLAY, Marie. [J
Marie-Thècle et *Marie-Adé,* b [9] 12 sept. 17.. *Benjamin* et *Ursule,* b [9] 11 mars 1781. — *J.-Baptiste,* b [9] 11 janvier 1784. — *Marie-Cather...* b [9] 15 oct. 1786.

1779, (15 nov.) Eboulements.
V.—SIMARD, JEAN-BTE, [JEAN-BTE
b 1757.
MARTEL, Athalie. [JEAN-B

1803, (23 août) Québec.
V.—SIMARD, ETIENNE, [JOSEPH-MARIE
DUPUIS, Marie-Louise. [PIERRE
Etienne, b 1804; m 15 nov. 1831, à Marie BÉLANGER, à St-Roch, Q.

1831, (15 nov.) St-Roch, Q [2]
VI.—SIMARD, ETIENNE. [ETIENNE
BÉLANGER, Marie. [GODFR
Adéline, b... m [2] 17 août 1847, à A... RÉAUME.

1747, (29 mai) Charlesbourg [2]
I.—SIMBLER (1), CLAUDE-FRANÇOIS, b 17.. fils de Michel et d'Anne-Perette Droui... St-Christophe, diocèse de Dijon, Bourgog... s [2] 17 fevrier 1761.
CHALIFOUR, Marie-Françoise, [GERMAIN
b 1726.

I.—SIMBLIN (2), PAUL-FRANÇOIS. — Voy RA-BAUT.

1729.
I.—SIMIOT, JOSEPH-LAURENT,
b 1693; marchand; s (dans l'église) 23 ... 1729, à Quebec. [8]
JORIAN, Catherine-Françoise, [ANDRÉ
b 1706; s [8] 4 janvier 1734.
Marie-Madeleine (posthume), b [8] 7 fevrier 17.. m 18 nov. 1749, à Jacques COTÉ, à St-Thom...

SIMON. — *Surnoms :* AUDET — BEAUSÉJOUR — BLONDIN — BOUCHER — DELORME — DEMAGNAC — LAFLEUR — LAGIROFLÉ — LAPOINTE — LECONTE — LÉONARD — MESSIN — ST. SIMON — TRANGEAU.

1655, (21 juin) Montréal. [1]
I.—SIMON (3), JEAN,
s [1] (noye) 24 nov. 1656.
LORION (4), Catherine, [MATHURIN
b 1636, veuve de Pierre Villain.
Léonard, b [1] 3 sept. 1656; m [1] 29 oct. 16.. Mathurine BEAUJEAN; s 26 mai 1723, à la P... aux-Trembles, M.

(1) Soldat de la compagnie de M. Coulon, signe le 11 ... 1747, à Charlesbourg
(2) Enseigne d'une compagnie de la marine; voy ... I, p. 549.
(3) DeMagnac; voy vol. I, p 549.
(4) Elle épouse, le 9 avril 1657, Nicolas Millet, à Mont...

1659, (27 nov.) Quebec. [2]

.SIMON (1), HUBERT,
b 1626; s [2] 18 nov. 1704.
VIEZ, Marie,
b 1642; s [2] 25 mai 1682.
Marie-Angélique, b [2] 3 mai 1663; 1° m à Jean ..IN, 2° m [2] 13 janvier 1691, à Jacques LIBERGE. ..m [2] 9 dec. 1708, à Jean VÉRONNEAU; s [2] 14 mai ..7.—*Marie-Anne*, b [2] 21 mars 1679; m 18 juillet ..18, à Henri MARION, à Montréal.

1681, (29 oct.) Montréal.

.—SIMON (2), LÉONARD, [JEAN I.
b 1656, s 26 mai 1723, à la Pte-aux-Trembles, M. [5]
BEAUJEAN (3), Mathurine, [ELIE I.
b 1666; s 8 juillet 1748, à la Longue-Pointe.
Léonard, b 1691; m [5] 23 janvier 1719, à Su..nne CHAPERON.—*Marie-Anne*, b [5] 23 janvier ..96; m [5] 16 avril 1714, à Jacques POUTRÉ.—..di.c, b [5] 16 nov. et s [5] 6 déc. 1700.—*Catherine*, ..8 janvier 1703; m à Pierre CHAPERON.—*Angé..que*, b [5] 15 mai 1704, m 1730, à Louis PETIT.—..uis, b [5] 23 sept. 1706; m 1730, à Marie BÉIQUE. *Marguerite*, b [5] 5 dec. 1708; s [5] 2 oct. 1722.

1687, (3 février) Pte-aux-Trembles, Q.

.—SIMON (4), PIERRE, [HUBERT I.
b 1662; s 6 juin 1711, à Ste-Foye. [1]
HARDY, Anne-Jeanne, [JEAN I.
b 1670; s [1] 30 dec. 1702.
Jacques, b 16 juillet 1691, à Quebec [2]; m [2] 30 ..i 1718, à Marie-Ursule ROUILLARD.

1688, (17 nov.) Château-Richer. [7]

.—SIMON (5), GUILLAUME, [HUBERT I.
b 1664; s [7] 15 mars 1712.
DROUIN, Catherine, [ROBERT I.
b 1660; veuve de Michel Roulois; s [7] 26 mars 1734.
Marguerite, b [7] 16 juillet 1697; m [7] 25 février ..26, à Jean-Baptiste CHRETIEN.—*Marie-Louise*, ..18 juin 1701; m [7] 24 nov. 1727, à Augustin ..LANGER.—*Felicité*, b [7] 22 fevrier 1703; 1° m [7] 4 ..v. 1727, à Augustin GAGNON; 2° m [7] 14 fevrier ..46, à Pierre LÉTOURNEAU.—*Prisque*, b 1705; ..m 19 nov. 1731, à Madeleine DELESSARD, à ..e-Anne; 2° m 18 fevrier 1743, à Marie-Cathe..ne LETARTE, à la Pte-aux-Trembles, Q.; s 7 ..illet 1767, à Ste-Foye.

.—SIMON (6), PIERRE,
de St-Paul, Paris.
TALON, Marie-Madeleine, [LUCIEN I.
b 1673.
Pierre, b 1699; m 10 fevrier 1719, à Marie-..arlotte BOUVIER, à Charlesbourg.

(1) Dit Lapointe; voy. vol I, p. 549.
(2) Dit Léonard; voy. vol. I, p. 549.
(3) Et Beaussant.
(4) Dit Delorme; voy. vol I, p. 549.
(5) Dit Audet; voy. vol. I, pp 549-550.
(6) Delorme dit Sanscrainte, soldat de la compagnie de ..de Merville.

1700.

I.—SIMON (1), LOUIS, b 1674; de St-François, ville de Tours, Touraine; s 11 juin 1740, au Sault-au-Recollet.
DESSUREAUX (2), Marie, [JEAN-FRANÇOIS I.
b 1667; s 15 janvier 1733, à St-François, I. J.

1703, (12 juin) Québec. [4]

I.—SIMON, JEAN, fils de Pierre et de Marguerite Magdeleine, de St-Remi, Bordeaux.
ARNAULT (3), Marie-Angelique, [RÉMI I.
b 1683.
Jean-Baptiste, b [4] 26 fevrier et s [4] 12 juillet 1704.

1708, (1er déc.) St-François, I. J.

III.—SIMON (4), JEAN, [LÉONARD II.
b 1683.
LABELLE, Catherine, [GUILLAUME I.
b 1685.
Jean, b 1709; 1° m 9 janvier 1736, à Marie-Jeanne SÉGUIN-LADÉROUTE, à Lachenaye; 2° m 25 fevrier 1754, à Marguerite NOLET-LARIVIÈRE, à St-Vincent-de-Paul.

1711, (24 nov.) Ste-Foye. [7]

III.—SIMON (5), PIERRE-LUCIEN, [PIERRE II.
b 1688; s [7] 4 fevrier 1744.
HAMEL, Ursule, [CHARLES II.
b 1683; s [7] 2 juin 1764.
Ursule, b [7] 23 août 1712; m 18 nov. 1742, à Pierre BÉLANGER, à Quebec. [8] — *Pierre-Jacques*, b [7] 30 oct. 1713; s [7] 20 août 1715. — *André*, b [7] 6 janvier 1715. — *François-Alexandre*, b [7] 12 août 1716, s [7] 20 janvier 1731. — *Marie-Joseph*, b [8] 2 juin 1719; m [8] 9 janvier 1736, à Jean RINFRET; s [8] 2 janvier 1798. — *Joseph*, b [7] 19 mars 1722; m [7] 17 nov. 1744, à Marie-Louise LANGLOIS. — *Pierre*, b [7] 14 avril 1724.— *Jean-Baptiste*, b [7] 12 sept. et s [7] 10 nov. 1725. — *Michel*, b [7] 29 sept. 1726.—*Pierre*, b [7] 9 mars 1728.

1714, (19 août) Varennes. [1]

III.—SIMON (6), JOSEPH, [LÉONARD II.
b 1688.
PETIT-BEAUCHEMIN (7), Renee, [NICOLAS II.
b 1696.
Paul, b 1715; m 19 oct. 1744, à Marie-Joseph JANOT, à la Longue-Pointe. [2] — *Joseph*, b 1716, m 1743, à Madeleine DUCLOS.—*Angélique*, b 1722, s (noyee) 8 juin 1745, au Sault-au-Récollet. — *Jean-Baptiste*, b 1730; m [2] 10 janvier 1757, à Marie-Joseph MOINEAU. — *Marie*, b... m [1] 14 fevrier 1752, à Jean-Baptiste LEBRODEUR. — *Marie-Madeleine*, b... m [1] 28 oct. 1754, à Christophe FONTAINE. — *Catherine*, b 1735; m 23 mai 1757,

(1) Dit Tourangeau.
(2) LeBourguignon.
(3) Elle épouse, le 16 mai 1725, André Suire, à Québec.
(4) Dit Léonard.
(5) Dit Delorme.
(6) Dit Léonard; voy. vol. I, p 479
(7) Elle épouse, le 8 janvier 1748, Jean-Baptiste Duclos, à la Pte-aux-Trembles, M.

à Marcel BRUNEAU, à Montreal.[3] — *Elisabeth*, b 1736; m [3] 6 oct. 1760, à Jean-Baptiste DEMERS. — *Anonyme*, b [2] et s [2] 19 juillet 1746.

1714, (8 sept.) Québec.[2]

I.—SIMON (1), LÉONARD, sergent; fils de Jean et de Nicole Gobelet, de St-Pierre, ville de Beauvais, Picardie.

MOSION-LAMOUCHE, Charlotte, [ROBERT I. b 1681; veuve de Charles Morel; s [2] 12 oct. 1751.

Paul (2), b 1715; m à Agathe CONTANT; s 17 janvier 1750, à la Longue-Pointe. — *Michel*, b 1717; s [2] 9 mai 1733. — *Antoine*, b 1718; 1° m [2] 12 oct. 1745, à Marie-Louise LEVASSEUR; 2° m [2] 15 nov. 1757, à Marie-Joseph RINFRET. — *Marie-Anne*, b [2] 11 janvier 1721; s [2] 18 oct. 1725. — *Charles-Nicolas*, b [2] 5 mai et s [2] 6 août 1722. — *Angélique*, b [2] 17 et s [2] 25 juin 1723. — *Flavie-Louise*, b [2] 13 dec. 1724; m [2] 7 janvier 1742, à Adrien-Pierre OLIVE.

1715, (5 fevrier) Québec.[1]

III.—SIMON, PIERRE-ALEXANDRE, [PIERRE II. b 1689; s [1] 16 fevrier 1715

LEFEBVRE (3), Marie-Madeleine, [LOUIS II. b 1686, veuve de Jean Minet.

1718, (30 mai) Québec.[1]

III.—SIMON (4), JACQUES, [PIERRE II. b 1691.

ROUILLARD, Marie-Ursule, [JEAN II. b 1689; s [1] 29 mai 1763.

Marie-Ursule, b [1] 30 juillet 1719. — *Jacques-Hyacinthe*, b [1] 3 sept. 1720; m 25 février 1755, à Marie-Joseph JUTRAS, à St-Frs-du-Lac.—*Jacques-François-Marie*, b [1] 30 avril et s [1] 25 juillet 1723. —*Marie-Françoise*, b [1] 4 oct. 1724; m 13 janvier 1750, à Jacques-Antoine TOURTON, à Lorette.—*Pierre-Alexandre*, b [1] 14 janvier 1726. — *Pierre*, b [1] 23 nov. 1727; s [1] 28 février 1728. — *Joseph-Ambroise*, b [1] 13 août et s [1] 12 déc. 1729.

1719, (23 janvier) Pte-aux-Trembles, M [6]

III.—SIMON (5), LÉONARD, [LÉONARD II. b 1691.

CHAPERON, Suzanne, [JEAN II. b 1697; s 12 fevrier 1748, à la Longue-Pointe.[7]

Catherine, b... m [7] 23 nov. 1744, à Joseph LANGLOIS.—*Marie*, b 1723; s [7] 4 juillet 1736.—*Marie-Madeleine*, b [7] 29 juin 1725; m [7] 4 août 1744, à Pierre LANGLOIS.—*Elisabeth*, b [7] 4 sept. 1727; m [7] 3 nov. 1746, à Joseph LARCHEVÊQUE.—*François*, b [7] 31 dec. 1729; m [7] 16 oct. 1752, à Marie-Joseph-Charlotte POUTRÉ. — *François*, b 1731; m [6] 7 janvier 1760, à Marie-Louise DAUPHIN. —*Antoine*, b [7] 7 avril 1732, m 1758, à Marie-Alexandre DAUPHIN.—*Marie*, b... m [7] 9 janvier 1758, à Etienne CHAZAL.—*Joseph*, b [7] 26 juin 1737; m [7] 4 mai 1761, à Marie-Anne AMIOT.—*Ma*... *Joseph*, b [7] 7 janvier 1740; m [7] 13 nov. 17... Louis GIROUX; s [7] 20 mars 1779.

1719, (10 fevrier) Charlesbourg.

II.—SIMON (1), PIERRE, [PIE... b 1699.

BOUVIER, Marie-Charlotte, [CHARLES b 1701.

Pierre, b... s 4 juillet 1719, à Quebec.[1] *Jeanne-Marie-Madeleine*, b [8] 22 juillet 17... *Pierre*, b [8] 23 janvier 1722.

1724, (14 mai) Quebec [1]

III.—SIMON (1), JOSEPH, [PIERRE b 1701; maître-charpentier; s [1] 15 jan... 1761.

1° DUBREUIL, Marie-Anne, [ETIENNE b 1698; s [1] 29 juillet 1739.

Marie-Joseph, b [1] 8 avril 1725; s [1] 29 mai 17... —*Marie-Anne*, b [1] 10 janvier 1727, m 8 fev... 1762, à Pierre ROY, à Montréal.[2] — *Joseph-Ma*... b [1] 1er fevrier 1728; s [1] 13 mai 1733.—*Marie-Ge*... *neviève*, b [1] 8 nov. 1729; s [1] 19 juillet 173...—*Ursule*, b [1] 27 février et s [1] 1er avril 1731.—*Marie-Geneviève*, b [1] 3 juin 1732.—*Jean*, b [1] 21 fev... 1734; s [1] 16 nov. 1756.—*Marie*, b [1] 2 janvier... s [1] 13 juin 1736.—*Marie-Joseph*, b [1] 2 mai 17... 1° m [1] 31 mars 1761, à Simon-Joseph LEC...; 2° m [2] 26 avril 1774, à Charles MIVILLE, s [1] 10 ... 1777.

1740, (26 janvier).[1]

2° JANY (2), Marie-Angelique, [FRANÇOIS b 1717.

Augustin, b [1] 29 mars et s [1] 31 dec 1740.—*Jean-Baptiste*, b [1] 7 mai 1741; s [1] 11 mars 17...—*Charles*, b [1] 18 juillet 1742; m [2] 18 avril 17... à Catherine ROY.—*Pierre-Hilarion*, b [1] 27 ... 1743.—*Marie-Louise*, b [1] 11 juillet 1745.—*Marie-Louise*, b [1] 2 nov. 1746.—*Louis-François*, b [1] ... août 1749; s [1] 19 mai 1750.—*Marie-Louise*, b [1] ... dec. 1750; s 16 août 1751, à Charlesbourg.—*Joseph*, b [1] 16 et s [1] 20 juin 1753.—*Félicité*, b [1] ... janvier et s [1] 1er juin 1755.—*Marie-Geneviève*, b [1] 26 janvier 1756; s [1] 4 janvier 1757.—*Marie-Angélique*, b... m [1] 24 août 1761, à Joseph CRÊTE.

1724, (11 août) Longueuil [9]

I.—SIMON (3), THOMAS, b 1687; fils de Jacques et de Peronelle Clerc, de St-Martin-de-Grou... diocèse de Coutances, Normandie; s (noyé) 11 oct. 1732, à Quebec.

LAMARRE, Charlotte, [ANDRÉ b 1703.

Thomas-Antoine, b [9] 4 nov. 1725; m 1750, à Marie-Louise COLIN.—*François*, b [9] 27 avril 17... —*Jacques-Amable* et *Joseph-Amable*, b [9] 23 ma... 1729.—*Marie-Charlotte*, b [9] 12 et s [9] 28 mai 17... —*Marie-Joseph-Charlotte*, b [9] 3 juin 1732

(1) Dit St. Simon, 1742.

(2) Voy. Delorme.

(3) Elle épouse, le 14 nov. 1718, Olivier Abel, à Québec.

(4) Dit Delorme—Lapointe.

(5) Aussi appelé François.

(1) Dit Delorme.

(2) Elle épouse, en 1764, Noel Collet.

(3) Meunier du moulin de l'Ile Ste-Hélène.

1725, (12 février) Québec.[7]

¡IMON, Pierre, b 1694, sergent et cabaretier; fils de Pierre et d'Anne Moinard, de Toussaint, ville de Rennes, Bretagne; s[7] 30 janvier 1736.

...ndale, Angélique, [François I.
b 1696.

...erre-*Antoine*, b[7] 29 oct. 1725.—*Marie-Angé*..., b[7] 20 oct. 1727; m[7] 22 avril 1749, à François ...Guimont.—*Jean-Baptiste*, b[7] 23 juillet 1729; ...6 mai 1730.—*Marie-Thérèse*, b[7] 27 juillet ...; s 7 mai 1733, à Charlesbourg.—*Jacques*, ...8 mars 1733; s[7] 2 nov. 1748.—*Michel*, b[7] 9 ...t 1734; s[7] 5 juin 1738.—*Thérèse*, b[7] 29 oct. ...; s[7] 8 oct. 1737.

1727.

...SIMON, François, [Léonard II.
b 1693; s 6 sept. 1743, au Sault-au-Récollet.[4]
...ult, Marie-Anne. [Jean II.

...rie-*Anne*, b 27 février 1728, à Terrebonne[5]; 21 juillet 1729.—*Hélène-Angélique*, b[5] 27 ...er 1728; m[4] 19 février 1748, à Louis-Simon ...nd—*Hélène*, b[5] 13 nov. 1729; m[4] 12 février ..., à Nicolas Prudhomme.—*François-Marie*, b[5] ...il 1732. — *Etienne*, b 7 mars 1734, à Lache...; m 24 janvier 1757, à Marie-Marguerite ...ard, à Montréal.—*Marie-Louise*, b[5] 4 déc. ...—*Marguerite*, b[5] 6 sept. 1737; m[4] 12 jan... 1756, à Jean-Baptiste-Amable Sicard. — ...ie-*Thérèse*, b[5] 8 août 1739, 1° m[4] 7 janvier ..., à François-Amable L'Ecuyer; 2° m[4] 4 nov. ..., à Joseph-Marie Dagenais.—*Archange*, b ...; m[4] 19 janvier 1761, à Pierre Marié.

1730.

...SIMON (1), Louis, [Léonard II.
b 1706.
...éique, Marie, [Jacques I
b 1706; s 7 mars 1762, à la Longue-Pointe[6]

...*atherine*, b[6] 23 oct. 1731; m[6] 9 janvier 1758, ...erre-François Manabé. — *Louis*, b 1732; 1° ...757, à Marie Lorrain; 2° m 12 nov. 1764, à ...abeth Chalifour, à la Pte-aux-Trembles, M. ...*ntoine*, b... m à Marie-Louise Toupin.—*Marie-...ph*, b 1738; m[6] 5 juin 1769, à Louis Clé...t.—*Marie-Thérèse*, b[6] 22 mai 1739; m[6] 1er ...ier 1762, à Henri Ardouin. — *Jean-Baptiste*, 22 juillet 1740, m[6] 13 février 1764, à Thérèse ...aud.—*Marie-Archange*, b... m[6] 20 oct. 1760, ...an-Jacques Chardonnerot.— *Marie-Marguerite*, b[6] 16 sept. 1742; m[6] 28 mai 1770, à Charles ...rain — *Marie-Amable*, b[6] 13 avril 1747; s[6] ...sept. 1751.

1731, (19 nov.) Ste-Anne.[2]

...SIMON (2), Prisque, [Guillaume II.
b 1705; s 7 juillet 1767, à Ste-Foye.[3]
...DeLessard, Madeleine, [Prisque II.
b 1714; s[3] 5 sept. 1741.

...*arie-Madeleine*, b[2] 4 février 1733; m[3] 24 ...il 1759, à Jean-Baptiste Garnault.—*Prisque*, ...10 oct. 1734, au Château-Richer[5]; m[3] 14 février 1763, à Marie-Charlotte Maufet. — *François*, b[5] 14 février 1736; m[3] 14 avril 1760, à Marguerite Garnault. — *Marie-Joseph*, b[3] 16 avril 1738.— *Angélique*, b[3] 5 avril 1739; m[3] 25 oct. 1756, à Joseph Coutancineau.

1743, (18 février) Pte-aux-Trembles, Q.

2° Letarte, Marie-Catherine, [René III.
b 1713.

René, b[3] 21 mars et s[3] 4 juillet 1744.—*André*, b[3] 27 mars 1745; m[3] 4 août 1766, à Louise Dehou.

I.—SIMON (1), Jacques,
b 1708; s 6 janvier 1778, à l'Hôpital-Général, M.
Cabin, Marie-Marthe,
s 24 août 1779, à Québec.

1736, (9 janvier) Lachenaye.

IV.—SIMON (2), Jean, [Jean III.
b 1709.
1° Séguin (3), Marie-Jeanne, [François II.
b 1714; s 13 mai 1753, à St-Vincent-de-Paul.[7]

Marie-Jeanne, b 1er janvier 1737, à St-François, I. J.—*François*, b 13 mai 1738, à Terrebonne[8]; m[7] 24 nov. 1760, à Marguerite Boucher.—*Marie-Joseph*, b 1739; m 1758, à Louis Brochu; s[7] 30 nov. 1759.—*Marie*, b 1741; m[7] 26 juillet 1756, à Paul Handgrave. — *Marie-Anne*, b[8] 26 janvier 1745. — *Marie-Marguerite*, b[7] 30 mai 1747. — *Jean-Baptiste*, b 17 oct. 1749, au Sault-au-Recollet. — *Louis*, b[7] 6 janvier 1752; s[7] 28 février 1753.

1754, (25 février).[7]

2° Nolet (4), Marguerite, [François II.
b 1725; veuve de Pierre Speneux.

Charles, b[7] 12 janvier 1755. — *Louise*, b[7] 5 sept. 1756.

I.—SIMON, Gervais.
Grenier, Marie-Catherine, [Claude II.
b 1714; s 4 oct. 1767, à Lotbinière.

I.—SIMON, Claude.
Thomas, Gertrude.

Claude-Henri, b... m 10 nov. 1760, à Marie Frapier, à Lavaltrie

1740, (29 oct.) Québec.[9]

I.—SIMON, Guillaume, navigateur; fils de Jean et de Catherine Coupieux, de Ste-Catherine-de-Honfleur, Normandie.
Gesseron, Marie-Louise, [Joseph II.
b 1721.

Michel, b[9] 3 et s[9] 25 juillet 1741. — *Maurice*, b[9] 7 et s[9] 29 juin 1742. — *Marie-Louise*, b[9] 10 déc. 1747; s[9] 10 mars 1748. — *Etienne*, b[9] 23 déc. 1748; s[9] 27 janvier 1749.

(1) Dit Léonard.
(2) Dit Lapointe.

(1) Dit Messin; ancien soldat de la colonie
(2) Dit Leonard.
(3) Laderoute.
(4) Larivière.

1743.

IV.—SIMON (1), Joseph, [Joseph III.
b 1716.
Duclos, Madeleine, [Jean-Bte II.
b 1724.
Joseph, b 1743; m 9 nov. 1767, à Elisabeth Payet, à la Pte-aux-Trembles, M. [1]—*Marie-Françoise*, b 20 janvier 1750, à la Longue-Pointe. [2] — *Jean-Baptiste*, b [2] 3 février et s [2] 27 août 1752.— *Marie-Judith*, b [1] 18 avril 1754; 1° m à François Fleury; 2° m 1er fevrier 1779, à Amable Parenteau, à Montreal.

I.—SIMON (2), Pierre, fils d'André et de Reine Martin-Barnabe, d'Annapolis, Acadie.
Maillard, Marguerite,
b 1709; Acadienne; s 5 fevrier 1797, à Québec.

I.—SIMON, André, b 1713 (3); fils d'André et de Reine Martin-Barnabe, d'Annapolis, Acadie; s 8 janvier 1758, à St-Michel.

1744, (17 fevrier) Rivière-Ouelle. [9]

I.—SIMON, François, fils de Joseph et de Jeanne Lefebvre, de Saimper, diocèse de Coutances, Normandie.
Gagnon, Dorothée, [Jean III.
b 1716; s [9] 7 janvier 1775.
Jean-François, b [9] 20 nov. 1744; m [9] 16 janvier 1769, à Françoise-Judith Ouellet.— *Joseph-Marie*, b [9] 4 fevrier 1747. — *Michel*, b [9] 3 nov. 1748; 1° m 1781, à Geneviève Coté; 2° m 20 janvier 1794, à Marie-Anne Dubé, aux Trois-Pistoles — *Jean-Baptiste*, b [9] 20 juillet 1751; m [9] 23 janvier 1775, à Angelique-Salomee Miville.— *François-Bénoni*, b [9] 22 oct. 1753.

1744, (19 oct.) Longue-Pointe. [5]

IV.—SIMON (1), Paul, [Joseph III.
b 1715.
Janot, Marie-Joseph, [Nicolas III.
b 1724.
Paul, b [5] 29 janvier 1746; m [5] 27 sept. 1773, à Marie-Joseph Archambault.

1744, (17 nov.) Ste-Foye. [6]

IV.—SIMON (4), Joseph, [Pierre-Lucien III
b 1722.
Langlois, Marie-Louise, [Jean-Bte III
b 1724.
Marie-Louise, b 12 nov. 1745, à Québec [9]; m [8] 10 nov. 1766, à Jean-Baptiste Dorval. — *Marie-Madeleine*, b [9] 30 sept. 1746; m [8] 26 nov. 1764, à Michel Deguise.—*Angélique*, b [9] 24 sept. et s [9] 5 oct. 1747. — *Ursule*, b [9] 30 sept. et s [9] 8 nov. 1748.—*Angelique-Geneviève*, b [9] 1er mai et s [9] 18 juin 1750.—*Marie-Angélique*, b [9] 29 sept. 1751.— *Marie-Joseph*, b [9] 20 avril et s [9] 6 sept. 1753. — *Marie-Joseph*, b [9] 10 fevrier et s [9] 23 juillet 1757 —*Joseph-Marie*, b [8] 13 juillet 1758.—*Marie-Geneviève*, b [8] 17 juillet et s [8] 1er août 1760. — *Marguerite*, b [8] 31 janvier 1762.—*François*, b [8] 2[illegible] et s [8] 1er août 1764.—*Michel*, b [8] 13 janvier 17[illegible] m [9] 2 août 1791, à Marguerite Boisverd.

1745, (12 oct.) Quebec. [1]

II.—SIMON (1), Antoine, [Léonard
b 1718.
1° Levasseur, Marie-Louise, [Pierre I
b 1716; s [1] 30 juin 1754.
Antoine, b [1] 10 sept. 1745.—*Louis-Antoine*, [illegible] 2 nov. 1746; s [1] 14 avril 1748. — *Louis-Mic*[illegible] b [1] 17 juin et s [1] 11 juillet 1748. — *Marie-Lou*[illegible] b [1] 22 nov. 1749; s [1] 8 mars 1750.—*Marie-Lou*[illegible] b [1] 28 nov. 1750; 1° m [1] 28 oct. 1776, à P[illegible] Carré, 2° m 26 nov. 1781, à Pierre Degre, [illegible] Longue-Pointe [2]; s [2] 14 oct. 1785. — *Marie-A*[illegible] b [1] 15 janvier et s [1] 19 juin 1752.— *Marie-Jos*[illegible] b [1] 26 mai et s 21 juillet 1753, à Charlesbourg. *Louise-Angélique*, b [1] 22 juin 1754, s [1] 7 fev[illegible] 1760.

1757, (15 nov.) [1]

2° Rinfret, Marie-Joseph, [Jea[illegible]
b 1737.
Marie-Joseph, b [1] 31 août 1758 — *Marie-An*[illegible] b [1] 17 fevrier 1760; s [1] 10 mars 1761.

1748, (29 avril) Quebec. [3]

I.—SIMON (2), Antoine, soldat, fils d'Ant[illegible] et de Madeleine Baudry, de St-Andre, [illegible] de Chartres, Beauce.
Morier, Marie-Françoise, [Mathurin
b 1730; s [3] 2 avril 1760.
François-Antoine, b 12 oct. 1750, à l'Île-St-Jean, Acadie. — *Marie-Julienne* (3), b 17[illegible] 14 fevrier 1774, à Jean-Baptiste Loyer, à Montréal. — *Barthélemi*, b 19 juin 1757, aux Trois-Rivières.

1750.

II.—SIMON, Thomas-Antoine, [Thomas
b 1725.
Colin, Marie-Louise, [Pierre II
b 1730.
Pierre-Amable, b 28 août 1754, à Verchères.

1752, (16 oct.) Longue-Pointe. [2]

IV.—SIMON (4), François, [Léonard II
b 1729.
Poutre (5), Marie-Jos.-Charlotte, [Pierre II
b 1726.
Louis-François, b [2] 7 fevrier 1753; s [2] 6 fev[illegible] 1755.—*Marie-Joseph*, b [2] 18 mars et s [2] 12 av[illegible] 1755.—*François*, b [2] 22 sept. 1758. — *Jean-Baptiste*, b [2] 7 sept. 1760. — *Pierre-Laurent*, b [illegible] juillet et s [2] 14 août 1763. —*Jean-Baptiste*, b [illegible] juillet et s [2] 4 août 1763.—*Marie-Therèse*, b [illegible] oct. 1764. — *Antoine*, b [2] 6 et s [2] 23 nov. 1766 *François*, b [2] 18 dec. 1768; s [2] 27 fevrier 1769 *Michel*, b [2] 18 dec. 1768; s [2] 4 mars 1769.

(1) Dit Leonard.
(2) Dit Boucher.
(3) Le 16 avril, à Annapolis, Acadie.
(4) Dit Delorme.

(1) Dit St. Simon; sergent des canonniers bombardiers
(2) Dit Lagirofié.
(3) Mariée sous le nom de Morier, qui est celui de sa m[illegible]
(4) Dit Léonard.
(5) Lavigne.

1755, (25 février) St-Frs-du-Lac. [4]
-SIMON (1), JACQUES-HYAC., [JACQUES III.
b 1720.
...TRAS (2), Marie-Joseph, [JEAN-BTE II.
b 1734.
...an-Baptiste-Hyacinthe, b [4] 31 mars et s [4] 23
... 1757.—*Geneviève*, b 26 mars et s 2 mai 1758,
...-Michel-d'Yamaska. [5] — *Claire*, b [5] 26 mars
... 10 sept. 1758.

1757, (10 janvier) Longue-Pointe. [4]
-SIMON (3), JEAN-BTE, [JOSEPH III.
b 1730.
...OINEAU, Marie-Joseph, [JACQUES II.
b 1740.
...oseph, b [4] 17 février 1759.—*Marie-Joseph*, b [4]
...avril 1761; s [4] 7 mars 1762.—*François*, b [4] 12
...s 1765 —*Marie-Françoise*, b [4] 25 déc. 1766.

1757, (24 janvier) Montréal. [9]
-SIMON (4), ETIENNE, [FRANÇOIS III.
b 1734.
...LVARD, Marie-Marguerite, [JEAN-LOUIS I.
b 1738.
...arguerite, b 1758; m [9] 10 janvier 1774, à
...n-Baptiste SABATHÉ.

1757.

-SIMON, LOUIS, [LOUIS III
b 1732.
1° LORRAIN, Marie, [PIERRE III.
b 1736.
1764, (12 nov.) Pte-aux-Trembles, M.
2° CHALIFOUR, Elisabeth, [JACQUES III.
b 1734.

1758.

-SIMON (3), ANTOINE, [LÉONARD III.
b 1732.
DAUPHIN, Marie-Alexandre, [PIERRE III.
b 1736.
Marie-Louise, b 9 mars 1761, à St-Laurent, M.;
... 6 avril 1762, à la Longue-Pointe. [7] — *Antoine*,
... 6 mai et s [7] 19 déc. 1762.—*Marie*, b [7] 5 février
...64 —*Marie-Catherine*, b [7] 12 juin 1766; s [7] 26
...c 1769.—*Marie-Marguerite*, b [7] 14 janvier 1768;
... 20 janvier 1769.—*Antoine*, b [7] 7 mai et s [7] 27
...ût 1769.

1759, (26 nov.) Montréal.
-SIMON (5), NICOLAS, b 1728; fils d'Antoine et de Marie Benoit, de St-Sylvain-d'Angleville-Lemur, diocèse de Reims, Champagne.
P...RE, Marie-Joseph, [LOUIS III.
b 1723; veuve de Joseph Carré.

(1) Dit Delorme; co-seigneur de la rivière Yamaska; il ...uiert, en 1753, un fief, le long de la rivière Maska, de ...erre Rigaut de Vaudreuil. Il était entrepreneur des ...fformes, affûts et artilleries pour le service du Roi. (Acte de foi et hommage, vol. II, p. 242).
(2) Desrosiers.
(3) Dit Léonard.
(4) Dit Delorme.
(5) Dit Blondin.

IV.—SIMON (1), ANTOINE. [LOUIS III.
TOUPIN, Marie-Louise.
Marie-Louise, b... m 26 nov. 1781, à Pierre DEGRÉ, à la Longue-Pointe [8]; s [8] 14 oct. 1785.

1760, (7 janvier) Pte-aux-Trembles, M.
IV.—SIMON (1), FRANÇOIS, [LÉONARD III.
b 1731.
DAUPHIN, Marie-Louise, [PIERRE-ALEXANDRE III.
b 1739.

1760, (14 avril) Ste-Foye. [9]
IV.—SIMON (2), FRANÇOIS, [PRISQUE III.
b 1736.
GARNAULT, Marguerite, [PIERRE III.
b 1735.
François, b [9] 10 février 1761.—*Marguerite*, b [9] 28 juillet 1763; m à Charles BELLEAU; s [9] 2 mai 1786.—*Jean-Baptiste*, b [9] 7 mars 1765; s [9] 21 oct. 1767.—*Marie-Louise*, b [9] 18 juillet 1768; m [9] 28 janvier 1788, à Pierre BERTHIAUME.—*Angélique*, b [9] 11 et s [9] 27 juillet 1770.—*Françoise-Elisabeth*, b [9] 10 juin 1772.—*Angelique*, b [9] 27 avril 1775.

1760, (27 oct.) Varennes.
I —SIMON (3), NICOLAS, fils de Nicolas et de Françoise Dupuis, de St-Jacques-Abbeville, diocèse d'Amiens, Picardie.
COLLET, Thérèse, [BARTHÉLEMI II.
b 1738.

1760, (10 nov.) Lavaltrie.
II —SIMON, CLAUDE-HENRI. [CLAUDE I.
FRAPIER-BONNETERRE, Marie, [MICHEL III.
b 1743.

1760, (24 nov.) St-Vincent-de-Paul.
V.—SIMON (1), FRANÇOIS, [JEAN IV.
b 1738.
BOUCHER, Marguerite, [FRANÇOIS IV.
b 1733; veuve de François Handgrave.

1761, (4 mai) Longue-Pointe.
IV.—SIMON (1), JOSEPH, [LÉONARD III.
b 1737.
AMIOT, Marie-Anne, [LAURENT IV.
b 1742.

1761, (23 nov.) Ste-Famille, I. O.
I.—SIMON (4), ANTOINE-CHARLES, b 1734, maître-tourneur; fils de Charles et de Marie-Anne Dupuis, de St-Front-de-Nevilly, diocèse de Soissons, Ile-de-France; s 5 août 1789, à Québec. [4]
1° PERROT, Marthe, [JACQUES III.
b 1740.
Marie-Marthe, b 9 nov. 1762, à St-Laurent, I.O.; m [4] 17 déc. 1782, à Joseph MONIER.—*Jacques*, b 1763; m [4] 26 juillet 1791, à Marie-Angelique

(1) Dit Léonard.
(2) Dit Lapointe.
(3) Dit Beauséjour; soldat de la compagnie de M. Manneville, régiment de Guienne.
(4) Dit Lafleur.

NAVARRE.—*Antoine*, b 6 février 1764, à St-Jean, I. O.; m [4] 27 nov. 1798, à Catherine LETELLIER. —*Madeleine*, b... m [4] 18 juin 1793, à Jean-Baptiste GALARNEAU.—*Marie-Anne-Félicité*, b... m [4] 30 oct. 1797, à Pierre GARNEAU.—*Jean-François-Régis*, b... m [4] 19 février 1798, à Geneviève FORBÈS.

1780, (1er août). [4]
2° MORIN, Madeleine, [THOMAS III.
b 1739; veuve de Joseph Silvain.

1763, (14 février) Ste-Foye.
IV.—SIMON (1), PRISQUE, [PRISQUE III.
b 1734.
MAUFET, Marie-Charlotte, [JOSEPH III.
b 1734.

1764, (13 février) Longue-Pointe. [4]
IV.—SIMON (2), JEAN-BTE, [LOUIS III.
b 1740.
RENAUD, Thérèse. [FRANÇOIS.
Jean-Baptiste, b [4] 28 juin 1766.—*Jean-Baptiste*, b [4] 7 juin et s [4] 8 dec. 1769.

1766, (4 août) Ste-Foye. [8]
IV.—SIMON (3), ANDRÉ, [PRISQUE III.
b 1743.
DEHOU, Marie-Louise. [PIERRE I.
André, b [8] 29 avril 1767.—*Louise*, b [8] 29 juillet 1768.—*Michel*, b [8] 24 oct. 1769; m 23 août 1796, à Angelique GIROUX, à Quebec. [9] — *Nicolas*, b [8] 13 février 1771.—*Marie-Thérèse*, b [8] 14 mars 1773; s [8] 17 février 1774.—*Elisabeth*, b... m [9] 12 janvier 1796, à Charles PETITCLERC.

1767, (9 nov.) Pte-aux-Trembles, M.
V.—SIMON (4), JOSEPH, [JOSEPH IV.
b 1743.
PAYET, Elisabeth, [ANTOINE-AUGUSTIN III.
b 1745.

1768, (18 avril) Montréal.
IV.—SIMON (5), CHARLES, [JOSEPH III.
b 1742.
ROY, Catherine, [PIERRE III.
b 1750.

1769, (16 janvier) Rivière-Ouelle.
II.—SIMON, JEAN-FRANÇOIS, [FRANÇOIS I.
b 1744.
OUELLET, Françoise-Judith, [GRÉGOIRE III.
b 1743.

1773, (27 sept.) Longue-Pointe.
V.—SIMON (6), PAUL, [PAUL IV.
b 1746.
ARCHAMBAULT, Marie-Joseph, [JEAN-BTE IV.
b 1740; veuve de Laurent Galipeau.

(1) Marié sous le nom de Lapointe.
(2) Marié sous le nom de Léonard.
(3) Dit Lapointe.
(4) Dit Léonard.
(5) Dit Delorme.
(6) Dit Léonard; voy. vol. II, p. 44.

1775, (23 janvier) Rivière-Ouelle.
II.—SIMON, JEAN-BTE, [FRANÇOIS
b 1751.
MIVILLE, Angelique-Salomée, [JEAN-BTE
b 1757.
François, b 20 oct. 1785, à l'Ile-Verte. [1] —*Eugénie*, b [1] 12 et s [1] 18 sept. 1787.—*Hyacinthe*, b 12 sept. 1787.—*Hubert*, b... m 16 janvier 1821, Angelique SIMARD, à la Baie-St-Paul.

1781.
SIMON, FRANÇOIS.
BERNIER, Marie.
Marie-Jeanne, b... s 18 août 1782, à St-Augustin.

1781.
II.—SIMON, MICHEL, [FRANÇOIS
b 1748.
1° COTÉ, Geneviève,
b 1758; s 26 août 1792, aux Trois-Pistoles. [1]
Marie-Dorothée, née 3 août 1782, à l'Ile-Verte, b [3] 10 janvier 1783.—*Joseph*, b [3] 20 oct. 1785.—*Michel*, b [2] 6 nov. 1791.—*Marie-Thècle*, b [1] ... mai 1792.—*Marie-Dorothée*, b [2] 26 août 1792.
1794, (20 janvier). [2]
2° DUBÉ, Marie-Anne. [BARTHÉLEMI IV

SIMON, JEAN-BTE.
MARTIN, Marie.
Joseph, b 25 janvier 1785, aux Grondines.

1791, (26 juillet) Québec.
II.—SIMON (1), JACQUES, [ANTOINE-CHARLES
b 1763.
NAVARRE, Marie-Angel. [PIERRE-BARTHÉLEMI

1791, (2 août) Quebec.
V.—SIMON (2), MICHEL, [JOSEPH IV
b 1766.
BOISVERD, Marguerite. [EUSTACHE

1796, (23 août) Québec.
V.—SIMON (3), MICHEL, [ANDRÉ IV
b 1769.
GIROUX, Angélique. [JOSEPH-NOEL V

1798, (19 février) Québec.
II.—SIMON (1), JEAN-FRS-RÉGIS. [ANT-CHS
FORBÈS, Geneviève. [JACQUES

1798, (27 nov.) Québec.
II.—SIMON (1), ANTOINE, [ANTOINE
b 1764.
LETELLIER, Catherine. [JEAN-JACQ.

1821, (16 janvier) Baie-St-Paul.
III.—SIMON, HUBERT. [JEAN-BTE II
SIMARD, Angelique. [JOSEPH
Cléophe, b 31 janvier 1822, à la Malbaie [4], m ...

(1) Dit Lafleur.
(2) Dit Delorme.
(3) Dit Lapointe.

...ct 1846, à Caroline Langlois, à Québec.—*Hu-...ert-Pamphile* (notaire), b ^{5} 10 sept. 1825.—*Marie-...oe*, b ^{5} 13 nov. 1827. — *Simon-François-Xavier*, ...14 déc. 1829. — *Marie-Adèle*, b ^{5} 28 déc. 1831; ...ur Ste. Marie, Ursuline, 18 juillet 1850.—*Angé-...que-Appolline-Delphine*, b ^{5} 15 fevrier 1834.—...séphine-Emma*, b ^{5} 16 oct. 1835. — *Charles-...enri-Horace* (avocat), b ^{5} 9 janvier 1840.

1846, (5 oct.) Quebec.

...V.—SIMON, Cléophe, [Hubert III.
b 1822; notaire.
Langlois, Marie-Caroline.

...SIMONEAU.—*Surnom :* Sanschagrin.

1698.

...—SIMONEAU (1), Simon-René,
b 1664; s 7 juillet 1744, à St-Nicolas. ^{2}
Moreau, Jeanne, [Jean I.
b 1676, s 26 avril 1740, à St-Thomas. ^{3}
René, b 1699; m ^{2} 4 février 1727, à Françoise-Geneviève Lambert; s ^{2} 18 fevrier 1785.—*Jeanne*, b ^{3} 8 avril 1702; m ^{3} 15 nov. 1728, à Charles Chalut, s 16 juillet 1742, à Quebec.^{4}—*Jean-Baptiste*, b ^{3} 13 mai 1704; m 24 nov. 1727, à Marie-Anne Vermet, à Berthier.^{5} —*Pierre*, b 23 mai 1707, à la Pte-aux-Trembles, Q.^{6}; 1° m ^{5} 25 oct. 1735, à Angelique Bilodeau; 2° m 2 fevrier 1750, à Marie-Suzanne Hayot, à St-Valier; 3° m 1757, à Marie-Joseph Martin; s 12 août 1775, à l'Islet. —*Michel*, b ^{6} 20 février 1709; m ^{2} 7 janvier 1737, à Angelique Renaud; s 5 déc. 1790, à Nicolet.—*Joseph*, b ^{3} 20 février 1711.—*Charles*, b ^{3} 19 janvier 1714, m ^{5} 18 janvier 1740, à Marguerite Vermet.—*Marie-Marguerite*, b ^{3} 27 avril 1716; m ^{4} 8 août 1741, à Charles Marois.—*Gabriel*, b ^{3} 7 juin 1718; 1° m ^{3} 23 nov. 1744, à Marie-Joseph Blanchet; 2° m ^{2} 24 nov. 1755, à Marguerite Boucher, s ^{2} 17 juillet 1780.

1727, (4 février) St-Nicolas.^{7}

II.—SIMONEAU (2), René, [Simon-René I.
b 1699; s ^{7} 18 fevrier 1785.
Lambert, Françoise-Geneviève, [Jean-Aubin II.
b 1709.
Pierre-Noel, b ^{7} 26 déc. 1727; 1° m 3 février 1750, à Marie-Madeleine Samson, à Levis; 2° m ^{7} 14 nov. 1774, à Marie-Charlotte Boucher.—*René-Aubin*, b ^{7} 15 nov. 1728; m ^{7} 19 avril 1751, à Françoise Grenon. — *Joseph-Michel*, b ^{7} 22 mars et s ^{7} 25 mai 1730.—*Marie-Françoise*, b ^{7} 31 juillet 1732.—*François*, b ^{7} 1er nov. 1733; m 16 fevrier 1756, à Geneviève Grenon, à St-Antoine-Tilly.—*Charles*, b ^{7} 28 sept. 1735; m 6 juillet 1771, à Marie Picard, à St-Louis, Mo.—*Marie-Thérèse*, b ^{7} 20 août 1738; m ^{7} 7 nov. 1757, à Louis Boucher.—*Jean-Baptiste*, b ^{7} 4 mars 1742.

(1) Dit Sanschagrin; voy. vol. I, p. 550.
(2) Dit Sanschagrin.

1727, (24 nov.) Berthier.

II.—SIMONEAU, Jean-Bte, [Simon-René I.
b 1704.
Vermet, Marie-Anne, [Robert II.
b 1708.
Jean-Baptiste, b 23 sept. 1728, à St-Thomas ^{8}; 1° m 17 janvier 1759, à Madeleine Lemieux, au Cap-St-Ignace ^{9}; 2° m ^{9} 23 nov. 1761, à Claire Gerbert.—*Marie*, b ^{8} 22 oct. 1730; m 9 nov. 1750, à Jean Corriveau, à St-Pierre-du-Sud.—*Marie-Geneviève*, b ^{8} 15 sept. 1732; m ^{9} 18 février 1754, à Olivier Gagné; s ^{9} 12 mai 1761.—*Pierre*, b ^{8} 4 avril 1735.—*Joseph*, b ^{8} 21 février 1737; m ^{8} 15 février 1768, à Marie-Joseph Sarcelier.—*François*, b ^{8} 31 janvier 1739.—*Marie-Joseph*, b ^{8} 5 mars et s ^{8} 18 août 1741.

1735, (25 oct.) Berthier. ^{2}

II.—SIMONEAU (1), Pierre, [Simon-René I.
b 1707; s 12 août 1775, à l'Islet. ^{3}
1° Bilodeau, Angélique, [Antoine III.
b 1714; s ^{2} 17 nov. 1748.
Marie-Angélique, b 4 nov. 1736, à St-Thomas ^{4} —*Marie-Joseph*, b ^{4} 7 fevrier 1738.

1750. (2 fevrier) St-Valier.

2° Hayot, Marie-Suzanne. [Jean-François IV.
Marie-Suzanne, b ^{2} 12 oct. 1750.—*Marie-Françoise*, b 8 août 1752, au Cap-St-Ignace.—*Anonyme*, b et s 31 déc. 1755, à St-Roch.

1757.

3° Martin, Marie-Joseph.
Jean-Marie, b ^{3} 24 sept. 1758.—*François*, b ^{3} 7 oct. 1760.—*Joseph*, b 1762; m 14 sept. 1784, à Marie-Joseph Omaitre, à Quebec.—*André*, b ^{3} 12 et s ^{3} 15 juin 1764.—*Louis-Marie*, b ^{3} 1er juin 1775.

1737, (7 janvier) St-Nicolas. ^{6}

II.—SIMONEAU, Michel, [Simon-René I.
b 1709; s 5 déc. 1790, à Nicolet. ^{7}
Renaud (2), Angelique, [Pierre II.
b 1720.
Michel, b ^{6} 31 oct. 1737; 1° m ^{7} 17 sept. 1770, à Marie Gaudet; 2° m ^{7} 21 mai 1792, à Françoise Ratier; 3° m ^{7} 27 janvier 1794, à Marie-Joseph Marot. — *François*, b ^{6} 7 août 1739.—*Marie-Angélique*, b ^{6} 2 avril 1741. — *Marie-Thérèse*, b ^{6} 27 février et s ^{6} 19 sept. 1743. — *Jean-Marie*, b 14 dec. 1746, à St-Antoine-Tilly.—*Marie-Geneviève*, b ^{6} 16 sept. 1748; s ^{6} 11 oct. 1749. — *Marie-Marguerite*, b ^{6} 15 dec. 1750.—*Geneviève*, b 1752; m ^{7} 6 fevrier 1769, à Louis-Raymond Ratier.—*Marie*, b ^{6} 24 avril 1754.—*Marie-Elisabeth*, b ^{6} 12 mars 1757.—*Marie-Charlotte*, b ^{6} 20 nov. 1758.

1740, (18 janvier) Berthier.

II.—SIMONEAU, Charles, [Simon-René I.
b 1714.
Vermet, Marguerite, [Pierre-Robert III.
b 1721.
Marie-Charlotte, b 16 oct. 1740, à St-Thomas ^{2}; m ^{2} 18 fevrier 1765, à Louis Langlois. — *Joseph-*

(1) Dit Sanschagrin.
(2) Appelee Lafond au mariage de Geneviève en 1769.

Marie et *Charles-Antoine*, b [2] 21 sept. et s [2] 16 nov. 1742.—*Marguerite*, b [2] 29 sept. 1743 ; m [2] 7 janvier 1771, à Michel LABROUSSE.—*Marie-Louise*, b [2] 22 mars 1745 ; s [2] 12 avril 1752. — *Marie-Joseph*, b [2] 31 oct. 1746 ; s [2] 20 avril 1752. — *Charles-François*, b [2] 10 mars 1749. — *Jean-Baptiste*, b [2] 27 avril 1751 ; s [2] 12 avril 1752. — *Antoine*, b [2] 16 février 1755 ; m 1777, à Dorothée LANGLOIS. — *Marie-Louise*, b [2] 5 janvier 1758. — *François*, b [2] 23 mars 1761.

1744, (23 nov.) St-Thomas.

II.—SIMONEAU, GABRIEL, [SIMON-RENÉ I.
b 1718; s 17 juillet 1780, à St-Nicolas. [6]
1° BLANCHET, Marie-Joseph, [PIERRE III.
b 1727; s [6] 1er mai 1754.
Jean-Marie, b [6] 10 mai 1749. — *Antoine*, b [6] 17 sept. et s [6] 1er oct. 1750.— *Marguerite*, b [6] 24 oct. 1751.—*Marie-Geneviève*, b [6] 22 mai 1753.

1755, (24 nov.) [6]

2° BOUCHER, Marguerite, [ANDRÉ IV.
b 1724.
Marie-Marguerite, b 2 sept 1756, à St-Antoine-Tilly. [7]— *Angélique*, b [6] 25 août 1757. — *Marie-Anne*, b [7] 11 février 1761. — *Marie-Joseph*, b [7] 28 déc. 1765.

1750, (3 février) Lévis. [1]

III.—SIMONEAU, PIERRE-NOEL, [RENÉ II.
b 1727.
1° SAMSON, Marie-Madeleine, [IGNACE II.
b 1720.
Marie-Henri, b [1] 5 août 1752 ; s [1] 31 juillet 1757.—*Marie-Madeleine*, b [1] 30 mai 1758.

1774, (14 nov.) St-Nicolas. [2]

2° BOUCHER, Marie-Charlotte, [JOS.-CHARLES V.
b 1753.
Marie-Charlotte, b [2] 20 nov. et s [2] 9 déc. 1775. —*Marie-Joseph*, b [2] 6 mars 1776. — *Pierre*, b [2] 8 mars 1777.—*Louis*, b [2] 12 juin 1779. — *François*, b [2] 21 février 1781 ; s [2] 8 juillet 1782. — *Marie-Elisabeth*, b [2] 24 sept. 1782 ; m [2] 16 oct. 1810, à Pierre BARON.—*Jean-Olivier*, b 1787 ; s [2] 14 mars 1789.

1751, (19 avril) St-Nicolas. [6]

III.—SIMONEAU, RENÉ-AUBIN, [RENÉ II.
b 1728.
GRENON, Marie-Françoise, [JEAN-FRS II.
b 1730.
Marie-Françoise, b 3 mars et s 12 avril 1752, à St-Antoine-Tilly. [3] — *Marie-Thérèse*, b [3] 5 janvier 1754. — *Jean-Baptiste*, b [3] 7 février 1756 ; m [6] 15 février 1779, à Marguerite FRÉCHET. — *Marie-Brigitte*, b [3] 7 juillet et s [3] 21 sept. 1757. —*René*, b [6] 13 juillet 1758 ; s [6] 31 mai 1760.—*Marie-Anne*, b [6] 9 mars 1762.

1756, (16 février) St-Antoine-Tilly.

III.—SIMONEAU, FRANÇOIS, [RENÉ II.
b 1733.
GRENON, Geneviève, [JEAN-FRANÇOIS II.
b 1737.

1759, (17 janvier) Cap-St-Ignace. [7]

III.—SIMONEAU, JEAN-BTE, [JEAN-BTE
b 1728.
1° LEMIEUX, Madeleine, [LOUIS
b 1724 ; veuve de Jacques Rodrigue ; s [7] déc. 1759.
Marie-Agathe, b [7] 21 oct. 1759.

1761, (23 nov.) [7]

2° GERBERT, Marie-Claire, [JOSEPH III
b 1736.
Joseph, b [7] 2 mai 1762. — *Augustin*, b [7] 11 mai 1764.

1768, (15 février) St-Thomas.

III.—SIMONEAU, JOSEPH, [JEAN-BTE II
b 1737.
SARCELIER (1), Marie-Joseph, [JACQ.-LOUIS I
Gabriel, b 25 déc. 1778, à Berthier.

1770, (17 sept.) Nicolet. [7]

III.—SIMONEAU, MICHEL, [MICHEL II
b 1737.
1° GAUDET, Marie,
Acadienne ; veuve d'Amant Ricard ; s [7] 1 nov. 1791.
Françoise, b... m [7] 6 oct. 1794, à François St-LAURENT.

1792, (21 mai). [7]

2° RATIER, Françoise, [ANTOINE-FRS III
b 1755 ; s [7] 25 avril 1793.

1794, (27 janvier). [7]

3° MAROT, Marie-Joseph, [JEAN-BTE III
b 1769.

1771, (6 juillet) St-Louis, Mo. [1]

III.—SIMONEAU, CHARLES, [RENÉ II
b 1735.
PICARD, Marie. [ALEXIS I
Charles, b [1] 16 février 1774. — *Jean-Baptiste*, b... m 1814, à Marguerite DODIER.

1777.

III.—SIMONEAU, ANTOINE, [CHARLES II
b 1755.
LANGLOIS, Dorothée.
Marie-Madeleine, b 1er janvier 1778, à Berthier. [5] — *Antoine*, b [5] 18 mars 1779. — *Marie-Dorothée*, b [5] 26 février et s [5] 26 nov. 1780.

1779, (15 février) St-Nicolas.

IV.—SIMONEAU, JEAN-BTE, [RENÉ-AUBIN III
b 1756.
FRÉCHET, Marguerite, [LOUIS III
b 1760.

1784, (14 sept.) Québec.

III.—SIMONEAU, JOSEPH, [PIERRE II
b 1762.
OMAITRE (2), Marie-Joseph. [PIERRE

---

(1) Mariée Parscillé.
(2) St. Pierre.

1814.

-SIMONEAU, Jean-Bte. [Charles III.
Dodier, Marguerite.
Marie-Louise, née 16 avril 1814; b 2 oct. 1815, St-Louis, Mo. [1] — *Florence-Carmina*, b [1] 26 juillet 1816; m [1] 7 juillet 1834, à Charles Grégré. *Florence*, b... m [1] 11 mai 1835, à Antoine ...let.—*Marie-Juliette*, b [1] 2 déc. 1821.

SIMONET.—*Surnoms :* De l'Abergemont—La-Rochelle—Latour.

-SIMONET (1), Louis, b 1647; s 24 janvier 1733, à St-Nicolas.

1736, (23 janvier) Boucherville.

-SIMONET, François, b 1702, notaire royal; fils de Philippe (contrôleur des fermes du roy) et de Marie Boismenu, de St-Andre-de-Niort, diocèse de Poitiers, Poitou; s 11 dec. 1778, à Montréal. [3]
1° Bourret, Marie-Marguerite, [Prudent I. b 1680; veuve de Léger Bourgery; s [3] 23 avril 1749.
1749, (7 juillet). [3]
2° Neveu, Marguerite, [Jean II. b 1712; s [3] 23 nov. 1778.

-SIMONET (2), Jacques, fils de Jean-Baptiste (conseiller et secretaire du roy) et d'Elisabeth Beriault, de Daupierre, diocèse de Langres, Champagne; s 21 mai 1747, aux Trois-Rivières. [7]
1° Foissey, Marie.
Jean-Baptiste (3), b en France.
1738, (17 nov.) [7]
2° Boucher (4), Geneviève, [Lambert II. b 1697; veuve de Charles Hertel.

-SIMONET, Jean-Bte. [Jacques I.
.. ..
Jean-Baptiste, b 13 février 1742, aux Trois-Rivières.

1747, (12 juin) Québec. [4]

-SIMONIN, Maurice, capitaine de navire; fils d'Ives (professeur d'Hydromontée) et de Marie Dubourgdieu, de Boissonac.
Amiot, Elisabeth, [Jean III. b 1726.
Maurice, b [4] 16 sept. 1749, s 12 mai 1750, à Charlesbourg.—*Pierre*, b [4] 20 avril 1752.—*Elisabeth*, b [4] 10 déc. 1756; s [4] 26 juin 1757.

1781, (18 juin) Islet.

-SIMPSON, Jean, fils de Richard et de Marie Lopain, de Rhode Island, Nouvelle-Angleterre.
Talon, Geneviève, [Augustin II. b 1760.

---

(1) Dit LaRochelle.
(2) Ecuier, sieur de L'Abergemont, directeur intéressé dans les forges de St-Maurice; signe presque tous les mariages des Trois-Rivières, 1728.
(3) Il était, en 1789, aux Trois-Rivières.
(4) De Grand-Pré.

SINAI.—*Variations :* Signay—Synay.

1762, (5 juillet) Québec. [6]

I.—SINAI (1), François, b 1728, navigateur; fils de Jean et d'Antoinette Coiffard, de St-Jean-de-Mongausy, diocèse de Bazas, Gascogne; s [6] 29 oct. 1789.
Lavallée, Marguerite, [Jean III. b 1743.
Marie-Marguerite, b [6] 1er et s [6] 17 juin 1763.—*Jacques-François*, b 30 avril 1764, à Beauport.—*Pierre-Jean*, b [6] 29 mai 1768.—*Joseph*, b [6] 9 nov. 1778; ordonne 28 mars 1802; consacré évêque [6] 20 mai 1827; s [6] 7 oct. 1850.

SINCENNES. — *Variations et surnom :* Sainsienne—Sincenne—St. Cène—St. Seyne—Petitrau et Petitot.

1711, (23 avril) Annapolis, Acadie. [3]

I.—SINCENNES (2), Denis, fils de Denis et de Marie Robichau.
Landry, Marguerite, fille de Claude et de Marguerite Terriau.
Anne, née [3] 24 avril et b [3] 7 juin 1712; s [3] 7 sept. 1732. — *Denis*, b [3] 16 oct. 1713. — *Marie-Joseph*, née [3] 16 février et b [3] 29 mars 1718.—*Madeleine*, b [3] 20 mars 1723. —*Brigitte*, b [3] 30 mars 1725. — *Joseph*, b [3] 26 janvier 1727; s 12 oct. 1757, à Québec.— *Isabelle*, née [3] 9 janvier et b [3] 21 déc. 1729; m 24 nov. 1760, à Jean Bouillé, à Ste-Foye.

I.—SINCENNES, ...
de Port-Royal, Acadie.
Suret (3), Françoise, b 1726; fille de Pierre et de Jeanne Pellerin, d'Annapolis, Acadie.

1761, (17 oct.) Islet. [1]

I.—SINCENNES (4), Jean-Bte, fils de Jean-Baptiste et de Marie-Joseph Granger, de Ste-Anne-de-Port-Royal, Acadie.
Caron, Marie-Geneviève, [Ignace IV. b 1742.
Marie-Victoire, b [1] 29 avril 1764.

I.—SINCENNES (5), David, Acadien.
Archambault, Catherine, [Jean V. b 1768.
Amable, b... m 1er février 1803, à Marie Baudoin, à Florissant, Mo.

1803, (1er fevrier) Florissant, Mo. [2]

II.—SINCENNES, Amable. [David I.
Baudoin, Marie. [Jean.
François, b... m [2] 13 sept. 1825, à Marie-Louise Smith; 2° m [2] 26 janvier 1830, à Marie Grely.

---

(1) Et Signay; venu en 1751—avait en France un frère du nom d'Augustin Synay (procès-verbal.)
(2) Et St. Seyne dit Petitot.
(3) Elle épouse, le 1er oct. 1764, Jacques Gignac, à Ste-Foye.
(4) Et Sainsienne.
(5) Et St. Cène.

1825, (13 sept.) Florissant, Mo. [5]

III.—SINCENNES, François. [Amable II.
1° Smith, Marie-Louise. [Antoine.
1830, (26 janvier). [5]
2° Crely, Marie. [François.

SINCERNI.—Voy. St. Cerny.

SINCERNY.—Voy. St. Cerny.

I.—SINDECO, Jean.
Duduc (1), Marie.
Marie, b 1687 ; m 21 juillet 1705, à François Rondeau, à St-Laurent, I. O. ; s 12 août 1723, à St-Antoine-Tilly.

SINDON.—Voy. Saindon.

SINGELAIS.—Voy. Fradet—Pradet.

SINJOR.—Voy. St. Jorre.

1752, (10 janvier) Québec. [1]

I.—SINY, Mathurin, fils de Pierre et de Marie-Jeanne Prudhomme, de St-Médard, Paris.
Martin (2), Marie-Jeanne, [Etienne I.
b 1724.
Pierre, b [1] 4 oct. 1752 ; s [1] 14 janvier 1753.

SIONEAU.—*Variation et surnoms :* Sionneau—Dumoulin—Leciot.

1696.

I.—SIONEAU (3), Mathurin,
b 1664 ; s 10 mai 1719, à Ste-Anne-de-la-Pérade. [2]
Guilbaut, Marie-Anne, [Louis I.
b 1679.
Marie-Anne, b [2] 25 août 1699 ; m [2] 12 dec. 1735, à Jean-Baptiste Legris ; s [2] 10 fevrier 1736. —*Jean*, b [2] 29 oct. 1701 ; m à Marie Juneau.—*Marie-Joseph*, b 1704 ; m [2] 27 nov. 1724, à Pierre Joly.—*Angélique*, b [2] 16 août 1714, m 14 fevrier 1752, à Louis Beignier, à la Pte-aux-Trembles, M. — *Thérèse*, b [2] 17 janvier 1718 ; s [2] 23 fevrier 1722.

II.—SIONEAU, Jean, [Mathurin I.
b 1701.
Juneau-Latulippe, Marie, [Augustin II.
b 1713.
Jean-Baptiste, b 9 sept. 1741, à Ste-Anne-de-la-Perade.

SIONNEAU.—Voy. Sioneau.

SIRCÉ.—Voy. Circé dit St. Michel.

SIRE.—Voy. Serré—Syre.

(1) Elle épouse, plus tard, Charles DeCaruel.

(2) Elle épouse, le 17 janvier 1757, Joseph Prou, à la Pte-aux-Trembles, Q.

(3) Et Sionneau dit Dumoulin—Leciot ; voy. vol. I, p. 550.

1670, (8 sept.) Quebec.

I.—SIRET (1), René, b 1632 ; fils de Pierre et de Marie Ducas, de St-Andre-de-Bouvault, diocèse de Luçon, Poitou ; s 26 fevr. 1718, à Beauport.
Fayet, Anne, b 1651 ; fille de Denis et Marie Guilbert, de St-Laurent, Paris.
Jean (2), b 1675.

SIREUDE.—*Surnom :* Lamarre.

1758, (4 avril) St-Vincent-de-Paul.

I.—SIREUDE (3), Jacques, soldat et chirurgien, fils d'Ambroise et de Madeleine Nouville, Ste-Foy-de-Couchec, Normandie.
1° Proux, Geneviève, [Jean-François
b 1744.
2° Lermonge, Jeanne.
Marie-Jeanne, b 5 sept. 1760, à Lavaltrie.

SIROIS.—*Surnom :* Duplessis ou Duplessy.

I.—SIROIS (4), Jean-François, b 1667 ; de St-Germain, France ; s 15 nov. 1737, à Rivière-Ouelle. [1]
Dumont, Marie-Angélique.
François, b... 1° m [1] 28 nov. 1713, à Marie-Anne Tiboutot ; 2° m à Marie-Françoise Roy.

1713, (28 nov.) Rivière-Ouelle. [2]

II.—SIROIS (5), François, [Jean-François
b 1683.
1° Thiboutot, Marie-Anne, [Jacques
b 1685 ; veuve de Noel Pelletier, s [1] ... mars 1721.
Marie-Angélique, b [2] 7 oct. et s [2] 10 nov 171.. — *François*, b 1716 ; 1° m 22 nov. 1740, à Marie-Anne Pinel, à Ste-Anne-de-la-Pocatière [3], 2° m 13 oct. 1766, à Marie-Joseph Dubé —*Marie-Françoise*, b [2] 27 juillet 1717 ; m [2] 5 juin 174.. Joseph-François Ouellet.— *Jean-Baptiste*, b [2] ... avril 1719 ; m [3] 1er mai 1741, à Marie-Joseph Pinel.—*Marie-Catherine*, b [2] 13 février 1721 ... m 1748, à Guillaume Malenfant ; 2° m 1760 ... Michel Aumont ; s [3] 17 janvier 1761.

1722.

2° Roy, Marie-Françoise, [Pierre II
b 1695.
Marie-Madeleine, b... m [2] 25 nov. 1743, à Nicolas Lebel.—*Maurice*, b 1725 ; m 1750, à Marie-Joseph Hayot. — *Augustin*, b 1729, m 12 ... 1754, à Marie-Anne Boucher, à Kamouraska. [4] *Joseph*, b 1730 ; m 1752, à Louise Levasseur. *Pierre*, b [2] 6 nov. 1732 ; m [4] 19 janvier 175.. Marie-Anne Michaud. — *Marie-Angélique*, b [1] ... sept. 1734 ; m [4] 30 mai 1752, à Etienne-Emmanuel Ouellet ; s [4] 19 janvier 1772. — *Charles*, b [2] 22 juin 1736 ; s [2] 13 mars 1738.

(1) Dit Lafleur.

(2) Enfant adopté (recensement de 1681).

(3) Dit Lamarre.

(4) Dit Duplessy ; voy. vol. I, p. 550.

(5) Dit Duplessis.

1740, (22 nov.) Ste-Anne-de-la-Pocatière. [6]
—SIROIS (1), François, [François II.
b 1716.
Pinel, Marie-Anne, [Chs-François IV.
b 1720; s [6] 10 nov. 1762.
Marie-Anne-Joseph, b [6] 18 mai 1742; m à Ba... Morin.—François, b [6] 1er nov. 1743. — Jean-...rie, b [6] 24 avril 1745; m [6] 8 août 1768, à ...arlotte Deschamps; s 6 mai 1775, à la Rivière-...elle. — René-Pierre, b [6] 4 février 1747; m [6] ...nov. 1769, à Marie-Charlotte Miville; s [6] 2 ...let 1770.—Joseph-Clément, b [6] 14 sept. et s [6] 5 ... 1748 —Marie-Joseph et Marie-Charlotte, b [6] ...ct 1749.— Marie-Madeleine, b [6] 1er mai 1751; ...23 nov. 1772, à André Bérubé — Germain, ...21 janvier 1753; m 21 oct. 1777, à Marthe ...ochard, à St-Roch.—Joseph, b [6] 20 avril 1755. ...Marie-Françoise, b [6] 8 et s [6] 10 nov. 1762.

1766, (13 oct.) [6]
... Dubé, Marie-Joseph, [Mathurin II.
b 1713; veuve de Bernard Lagacé.

1741, (1er mai) Ste-Anne-de-la-Pocatière. [4]
—SIROIS (1), Jean-Bte, [François II.
b 1719.
Pinel (2), Marie-Joseph, [Chs-François IV.
b 1721.
Marie-Charlotte, b 26 février 1742, à la Rivière-Ouelle [5]; m [4] 23 nov. 1772, à François Bois. Jean-François, b [4] 16 juillet 1743; m [4] 24 nov. ...66, à Catherine Deschamps —Marie-Joseph, b [4] ... janvier 1745. — Marie-Anne-Françoise, b [4] 6 ...il 1746; m [4] 15 juillet 1765, à Joseph Dionne; ...8 mars 1772.—Joseph-Marie, b [4] 13 août 1748; ...21 nov. 1774, à Rosalie Paradis. — Noel-Clément, b [4] 24 déc. 1750. — Charles-Antoine, b [4] 25 ...rier 1753.—Pierre, b 1754; m 10 fevrier 1783, ...Marie-Genevieve St. Pierre, à St-Jean-Port-...li.

1750.

—SIROIS (1), Maurice, [François II.
b 1725.
Hayot, Marie-Joseph, [Jean-François IV.
b 1726.
Marie-Véronique, b... m 8 oct. 1770, à Joseph ...rdeau, à Kamouraska. [3] — Marie-Joseph, b [3] ...juillet 1753; 1° m [3] 14 oct. 1771, à Joseph ...bel; 2° m [3] 9 oct. 1775, à Alexandre Levasseur.—Maurice-Zacharie, b [3] 14 sept. 1755; m [3] ...oct. 1775, à Marie-Anne Landry. — Geneviève, ...12 mai et s [3] 29 juin 1757.—Marie-Madeleine, ...16 mars 1761; m [3] 12 oct. 1778, à Alexandre ...bert. — Jean-Baptiste, b [3] 1er janvier et s [3] 13 ...nier 1764.

1752.

—SIROIS (1), Joseph, [François II.
b 1730.
Levasseur, Louise, [Pierre III.
b 1731.
Marie, b 18 avril et s 5 juillet 1753, à Kamouraska. [5] — Etienne, b [5] 22 mai 1754. — Joseph, b 1755; m [5] 7 janvier 1777, à Marie Chassé.— Maurice, b 1758; m [5] 12 nov. 1781, à Geneviève-Elisabeth Coté. — Geneviève, b [5] 12 mars 1761; m [5] 15 nov. 1779, à François Landry. — Marie, b [5] 5 avril 1763.— Marie-Joseph, b [5] 23 mai 1765. — Marie-Anne et André, b [5] 27 nov. 1767. — Michel, b [5] 2 et s [5] 4 juin 1769. — Jean-Baptiste, b [5] 13 mai 1770.

1754, (12 juin) Kamouraska. [5]
III.—SIROIS (1), Augustin, [François II.
b 1729.
Boucher, Marie-Anne, [Pierre IV.
b 1731.
Marie-Joseph, b [5] 1er juin 1755; m [5] 13 nov. 1780, à Augustin Choret. — Marie-Catherine, b 1757; m [5] 26 août 1776, à Joseph Pelletier.— Marie-Rose, b [5] 29 juillet 1760.—Marie-Victoire, b [5] 7 oct. 1762. — Anne, b [5] 31 juillet 1764. — Marie-Geneviève, b [5] 2 oct. 1766.—Michel, b [5] 12 oct. 1768.—Augustin, b [5] 18 oct. 1771.

1757, (19 janvier) Kamouraska. [5]
III.—SIROIS, Pierre, [François II.
b 1732.
Michaud, Marie-Anne, [Louis III.
b 1737.
Louis, b 1758; m [5] 19 nov. 1781, à Judith Roy.—Pierre, b [5] 16 mars 1761; m [5] 31 janvier 1780, à Marie-Anne Chalou. — Paschal, b [5] 10 août 1762. — Marie-Anne, b [5] 10 mars 1764; m [5] 16 juillet 1781, à Jean Michaud.—Joseph-Maurice, b [5] 27 oct. 1765.—Raphael, b [5] 14 fevrier 1768.— Geneviève, b [5] 4 oct. 1769.—François, b [5] 21 mai 1771.

1766, (24 nov.) Ste-Anne-de-la-Pocatière.
IV.—SIROIS, Jean-François, [Jean-Bte III.
b 1743.
Deschamps, Catherine, [André I.
b 1740.

1768, (8 août) Ste-Anne-de-la-Pocatière.
IV.—SIROIS, Jean-Marie, [François III.
b 1745, s 6 mai 1775, à la Rivière-Ouelle.
Deschamps, Charlotte, [André I.
b 1744; veuve de Pierre Ouellet.

1769, (27 nov.) Ste-Anne-de-la-Pocatière. [1]
IV.—SIROIS (1), René-Pierre, [François III.
b 1747; s [1] 2 juillet 1770.
Miville (2), Marie-Charlotte, [Pierre-René IV.
b 1746; veuve d'Etienne Grondin.

1774, (21 nov.) Rivière-Ouelle.
IV.—SIROIS (1), Joseph-Marie, [Jean-Bte III.
b 1748.
Paradis, Rosalie, [Jean-Bte IV.
b 1754.

(1) Dit Duplessis.
(2) Lafrance.

(1) Dit Duplessis.
(2) Elle épouse, le 20 juillet 1772, Noel Lizot, à Ste-Anne-de-la-Pocatière.

1775, (9 oct.) Kamouraska.
IV.—SIROIS, MAURICE-ZACHARIE, [MAURICE III.
b 1755.
LANDRY, Marie-Anne. [FRANÇOIS I.

1777, (7 janvier) Kamouraska. [5]
IV.—SIROIS, JOSEPH, [JOSEPH III.
b 1755.
CHASSÉ, Marie, [JEAN II.
b 1753; s [5] 3 février 1783.

1777, (21 oct.) St-Roch.
IV.—SIROIS, GERMAIN, [FRANÇOIS III.
b 1753.
BOUCHARD, Marie-Marthe, [JEAN III.
b 1758.

1780, (31 janvier) Kamouraska.
IV.—SIROIS, PIERRE, [PIERRE III.
b 1761.
CHALOU (1), Marie-Anne, [JEAN-BTE II.
b 1768.
Marie-Joseph, née 11 sept. 1783; b 3 janvier 1784, à l'Ile-Verte. [4] — *Marie-Anne*, b [4] 21 août 1785; s [4] 3 août 1786.

1781, (12 nov.) Kamouraska.
IV.—SIROIS, MAURICE, [JOSEPH III.
b 1758.
COTÉ, Marie-Geneviève-Elisabeth, [PRISQUE IV.
b 1745.

1781, (19 nov.) Kamouraska.
IV.—SIROIS, LOUIS, [PIERRE III.
b 1758.
ROY, Judith, [IGNACE IV.
b 1766.

1783, (10 février) St-Jean-Port-Joli.
IV.—SIROIS, PIERRE, [JEAN-BTE III.
b 1754.
ST. PIERRE, Marie-Geneviève. [ANTOINE III.

1669, (9 oct.) Ste-Famille, I. O. [1]
I.—SIVADIER (2), LOUIS, .
b 1645.
OLIVIER, Agnès,
b 1651; s 8 avril 1730, à St-Laurent, I. O. [2]
Jeanne, b [1] 25 dec. 1674; m à Joachim MOLEUR, s 5 mai 1753, à Beaumont.— *Marie*, b [1] 2 janvier 1677; m [2] 24 janvier 1702, à Jacques DEHORNÉS-LANEUVILLE. — *Ignace*, b [1] 26 avril 1679; s [2] 26 février 1703. — *Anne*, b [2] 28 mars 1682; m [2] 27 août 1703, à Jean JINCHEREAU; s [2] 11 dec. 1704. —*Antoine*, b [2] 15 juillet 1687, m [2] 7 nov. 1707, à Marie-Geneviève DOMINGO; s [2] 15 mai 1772.

1707, (7 nov.) St-Laurent, I. O. [6]
II.—SIVADIER, ANTOINE, [LOUIS I.
b 1687; s [6] 15 mai 1772.
DOMINGO, Marie-Geneviève, [ETIENNE I.
b 1691; s [6] 28 avril 1744.
Antoine, b [6] 24 sept. 1708; m [6] 29 février 1[illegible] à Marie-Madeleine COUTURE.—*Elisabeth*, b [6] [illegible]vrier et s 22 sept. 1710, à Beaumont. [7] —*Marguerite*, b [6] 19 avril 1711; m [6] 25 nov. 1732, à Philippe BENOIT.—*Marie*, b [6] 5 sept. et s [6] 1er oct. 171[illegible] *Ignace*, b [7] 27 sept. 1713; s [7] 23 août 1714.—*Charl*[illegible] b [7] 29 juin 1715.—*Joseph*, b [7] 15 avril 1717; [illegible] 17 janvier 1746, à Marie GOSSELIN.—*Marie*, b [illegible] juillet 1718; m [6] 13 nov. 1747, à Pierre ROBE[illegible] —*Augustin*, b [7] 8 juillet 1720; s [6] 30 juin 175[illegible] *Marie-Louise*, b [6] 25 août 1722; m [6] 4 juillet 1[illegible] à Michel ROBERGE. — *Marie-Thérèse*, b [6] 11 a[illegible] 1727; s [6] 17 juillet 1751. — *Ignace*, b [6] 10 [illegible] 1730; m [6] 26 fevrier 1753, à Gertrude ROBE[illegible] — *Louis*, b [6] 2 sept. 1732. — *Geneviève*, b 17[illegible] m [6] 5 février 1754, à Jean AUDET.

1716, (16 juin) Québec. [1]
II.—SIVADIER, JEAN, [LOU[illegible]
b 1684.
BEZIER (1), Marie-Joseph, [JEAN-BTE[illegible]
b 1698; s [1] 30 sept. 1748.
Marie-Agathe, b 2 avril et s 6 juin 171[illegible] Beauport. — *Marie-Madeleine*, b [1] 8 dec. 171[illegible] *Marie-Joseph*, b [1] 7 août 1721.—*Marie-Angélique*, b 2 août 1723, à Montréal. [3] — *Jean-Baptiste*, [illegible] 20 oct. 1725; s [3] 22 juillet 1726.— *Marie-Antoinette*, b [1] 7 sept. 1727; s [1] 28 déc. 1729.

1740, (29 février) St-Laurent, I. O. [7]
III.—SIVADIER, ANTOINE, [ANTOINE [illegible]
b 1708.
COUTURE, Marie-Madeleine, [GUILLAUME [illegible]
b 1705.
Madeleine, b [7] 7 mai 1741.

1746, (17 janvier) St-Laurent, I. O.
III.—SIVADIER, JOSEPH, [ANTOINE [illegible]
b 1717.
GOSSELIN, Marie-Geneviève, [GABRIEL [illegible]
b 1722.

1753, (26 fevrier) St-Laurent, I. O [2]
III.—SIVADIER, IGNACE, [ANTOINE [illegible]
b 1730.
ROBERGE, Gertrude, [JOSEPH [illegible]
b 1725.
Ignace, b [2] 12 dec. 1753; m 12 sept. 1786 Marguerite VERREAU, à Quebec. — *Gertrude*, [illegible] 7 mai 1755. — *Louis*, b [2] 8 avril 1757; s [illegible] sept. 1758. — *Marie-Anne*, b [2] 18 mars 1759 — *Joseph*, b [2] 20 mars 1761.—*François*, b [2] 12 ma[illegible] 1763.

1786, (12 sept.) Quebec.
IV.—SIVADIER, IGNACE, [IGNACE [illegible]
b 1753.
VERREAU, Marguerite. [JOSEPH [illegible]

I.—SIVET, JACQUES, b 1703; soldat; de St-Vi[illegible]las, diocèse de LaRochelle, Aunis, s 8 m[illegible] 1721, à Quebec.

(1) Elle épouse, le 9 janvier 1786, Basile Côté, à l'Ile-Verte.

(2) Voy. vol I, p. 550.

(1) Et Bezis dit Samson; voy. vol. I, p. 50.

IVIER.—Voy. CIRIER.

IVRAC.—Voy. DELABATH—LABATH.

IVRE.—Voy. SUIRE.

KAIANIS.—Voy. LANDROCHE.

SLOEIS, MARIE, Anglaise, b... m à .... ST. GERMAIN; s 27 août 1747, à Montreal.

MIL.—*Variations et surnom:* SEMINE—SMYDE—CHAUMONT.

1749, (17 février) Québec. [7]

—SMIL (1), FRANÇOIS, fils de Jean et de Barbe Chaupy, de St-Jean-de-Chaumont, en Bassigny, diocèse de Langres, Champagne.
HARBOUR (2), Marie-Anne, [AUGUSTIN II. b 1730.
Marie-Madeleine, b [7] 6 nov. 1751. — *Marie-Thérèse,* b [7] 31 août 1753.— *Marie-Angélique,* b [7] oct. 1755; s [7] 27 août 1756.—*Marie-Angélique,* [7] 15 sept. 1757; s [7] 28 juillet 1758. — *Joachim* (posthume), b [7] 6 sept. 1759.

1759.

—SMIT, JACOB, Allemand.
VEZEL, Suzanne, Allemande.
Thérèse, b 20 dec. 1760, au Bout-de-l'Ile, M.

1763.

—SMITH, CHRISTOPHE, Allemand.
LANDRY, Madeleine.
Christophe, b 11 oct. 1764, à Batiscan.

1763, (22 nov.) Québec.

—SMITH, JEAN, fils de Jean et d'Elisabeth Thorboren, de Legertwood, Ecosse.
TACHET, Louise-Charlotte, [GUILLAUME I. b 1743.

—SMITH, ROBERT.
LECLERC (3), Louise, [JULIEN I. b 1754.

1778, (2 mars) Québec.

—SMITH, GUILLAUME, fils de Guillaume et de Marie O'Brien, de Cork, Irlande.
LAMBERT, Angelique, [PIERRE II. veuve de Nicolas Tavernier.

SMITH, ROBERT.
LAITE, Sophie.
Marie-Sara, née oct. et b 18 nov. 1783, au Detroit.

(1) Smyde 1751—Semine 1755; dit Chaumont; caporal de M. de Bonaventure.

(2) Elle épouse, le 3 août 1761, Jacques Boudillon, à Montreal.

(3) Elle épouse, le 11 nov. 1776, Pierre Duprat, à Québec.

1783.

I.—SMITH, THOMAS.
CRÊTE, Angélique-Charlotte. [JEAN-BTE IV.
Thomas, b 17 janvier 1784, au Detroit.

1785, (20 juin) Rivière-Ouelle.

I.—SMITH, JEAN-CHRISTOPHE, fils de Jean-Christophe et de Marie-Joseph Sépérine, de Grafenrode, Allemagne.
ARCOUET, Marguerite, [JOSEPH III. b 1760.

SMYDE.—Voy. SMIL.

SOCIER.—Voy. SAUCIER.

SOHIER.—Voy. SOUHE

SOLÈRE.—Voy. SOREL.

1727, (25 janvier) St-Frs-du-Lac.

I.—SOLO, PIERRE-HENRI, fils de Pierre et de Jeanne DePortay, de Trinité, ville d'Angers, Anjou.
GAMELIN, Anne-Thérèse, [PIERRE II. b 1707; s 13 avril 1733, à Montreal. [3]
Marie-Anne, b [3] 7 et s [3] 11 février 1728. — *Henri-Pierre,* b [3] 15 mars 1729. — *Louis,* b [3] 27 mars 1730. — *Marie-Louise-Sophie,* b [3] 3 sept. 1731; m [3] 30 avril 1753, à Joseph DEMEULES.— *Claude,* b [3] 21 sept. 1732; m 1758, à Marguerite DESCOMPS-LABADIE.

1758.

II.—SOLO, CLAUDE, [PIERRE I. b 1732.
DESCOMPS, Marguerite, [PIERRE I. b 1734; s 25 avril 1765, au Détroit. [7]
Pierre, b [7] 15 nov. 1759; 1° m [7] 21 oct. 1782, à Marie-Joseph BOURDEAU; 2° m [7] 25 juin 1792, à Catherine CLOUTIER. — *Marguerite,* b [7] 3 mai 1761; m [7] 12 oct. 1778, à Jean-Baptiste ROMAN; s [7] 19 mars 1793.—*Alexis,* b [7] 6 mars 1763; m [7] 21 fevrier 1791, à Marie-Madeleine PAILLÉ.— *Marguerite,* b [7] 22 juillet 1764; s [7] 22 mars 1765. —*Jean-Baptiste,* b... s [7] 13 août 1792.

1782, (21 oct.) Detroit. [2]

III.—SOLO, PIERRE, [CLAUDE II. b 1759.
1° BOURDEAU (1), Marie-Joseph, [JOSEPH III. b 1765.
Jean-Baptiste, b [2] 27 sept. 1783.—*Pierre,* b [2] 5 mai 1785.

1792, (25 juin). [2]

2° CLOUTIER, Catherine, [RENÉ V. b 1769.

1791, (21 fevrier) Détroit.

III.—SOLO, ALEXIS, [CLAUDE II. b 1763.
PAILLÉ, Marie-Madeleine. [JOSEPH.

(1) L'Ile-Ronde.

SOLQUIN.—Voy. SAULQUIN.

I.—SOLY, LAURENT,
b 1721 ; s 6 janvier 1786, à St-Charles-de-Chambly.[3]
1° DELIGNY, Marie.
1771, (8 juillet).[3]
2° GUILLET, Marie-Clémence, [JOSEPH IV.
b 1746.
Pierre, b... m à Marie-Joseph CRÊTE.

II.—SOLY, PIERRE. [LAURENT I.
CRÊTE, Marie-Joseph.
Pierre, b... m 1827, à Théotiste BENJAMIN-ST. AUBIN, à St-Hyacinthe.

1827, St-Hyacinthe.
III.—SOLY, PIERRE. [PIERRE II.
BENJAMIN-ST. AUBIN, Théotiste.

SOMELIER.—Voy. CHAMILLIER.

SONIER.—*Surnom :* MARQUET.

1706, (26 avril) Québec.
I.—SONIER (1), FRANÇOIS.
GALARNEAU, Louise, [CHARLES II.
b 1690.
Alexis, b 9 nov. 1731, aux Trois-Rivières[4] ; m[4] 5 fevrier 1759, à Therèse BERNARD.

1759, (5 fevrier) Trois-Rivières.[4]
II.—SONIER (2), ALEXIS, [FRANÇOIS I.
b 1731.
BERNARD (3), Thérèse, [FRANÇOIS I.
b 1741.
Anonyme, b[4] et s[4] 14 déc. 1759. —*Agathe*, b[4] 8 février 1761.

I.—SONNET (4), ANTOINE.
....
Michel, b 1697 ; s 17 janvier 1726, à Québec.

SORBÉ.—*Variation :* SORBÈS.

1728, (16 sept.) Ste-Foye.
I.—SORBÉ (5), PIERRE, veuf de Marie Daruspi, de Bardos, diocèse de Bayonne, Gascogne.
GOSSELIN (6), Marie-Cécile, [PIERRE II.
b 1709.

SORDELIER.—*Variation :* SOUDRIET.

1769, (5 mai) Lachine.
I.—SORDELIER, FRANÇOIS, fils de Joseph et d'Anne Carnet, de Gugner, Franche-Comte.
GENDRON, Marie-Jeanne, [JEAN-FRANÇOIS III.
b 1744.

(1) Voy. Marquet, vol. V, pp. 523-524.
(2) Ou Jonier — Marquet dit Périgord est le vrai nom ; voy. vol. V, p. 524.
(3) Lafontaine.
(4) Ecuyer de M. le maréchal de Grandmont.
(5) Et Sorbès.
(6) Elle épouse, le 14 nov. 1739, Gabriel Côté, à Québec.

Ursule, b... m 1er mai 1793, à François DELORME, au Détroit.[4] — *Suzanne*, b... m[4] 21 janvier 1794, à Ambroise LANGLOIS.

SORE.—*Variation :* SAURE.

1750, (10 nov.) Québec.[1]
I.—SORE (1), PIERRE, charpentier, veuf de Julienne Guichard ; fils de Gilles et d'Etiennette Lépagneul, de St-Malois, diocèse de St-Malo, Bretagne.
JOLLIET (2), Marie, [CHARLES III.
b 1728.
Louise-Charlotte, b[1] 2 oct. et s[1] 17 déc. 1751 —*Pierre*, b[1] 24 oct. 1752 ; s[1] 8 mars 1753.—*Marie*, b 8 fevrier 1754, à St-Frs-du-Lac.—*Jean*, b 19 avril 1758, à Contrecœur.

SOREAU —Voy. SAUREAU.

SOREL.—*Variations et surnoms :* CHOREL—DE SAUREL—SAUREL— SOLÈRE — SORESTE—LAUDENOZ—LAROSE—LÉVEILLÉ—MARLY.

1715, (23 juillet) Québec.
I.—SOREL (3), HILAIRE-JEAN-BTE, b 1695 ; fils de Pierre et d'Anne ...., de St-Léon, diocèse de Carcassone, Languedoc.
BRAU-POMINVILLE, Geneviève, [GEORGES II
b 1694.
Madeleine, b 1717 ; m 20 août 1742, à Ange DROUSSON, à Longueuil[2] ; s[2] 11 nov. 1757.—*Jean-Baptiste*, b 31 mai 1723, à Montréal ; 1° m[2] 22 sept. 1744, à Marie-Joseph VIAU ; 2° m 9 août 1756, à Marie RAYMOND, à Laprairie.—*Michel*, b 1724 ; m 6 fevrier 1747, à Catherine LESUEUR, à Boucherville.

1727, (9 nov.) Montréal.[9]
I.—SOREL (4), PIERRE, fils de Pierre (garde des eaux et forêts) et de Louise Nicaise, de St-Léry, diocèse d'Evreux, Normandie.
1° DELAYE, Hélène, [TOUSSAINT-PIERRE I
b 1708.
Charles, b[9] 27 fevrier 1728.—*Pierre-Charles* b[9] 17 janvier 1729 ; m[9] 6 oct. 1749, à Marguerite LECOMPTE ; s[9] 23 nov. 1750.—*Pierre*, b[9] 5 fevrier 1730.—*Luc*, b 1732 ; m[9] 10 avril 1752, à Jeanne MADDON.
1734, (2 mars).[9]
2° CAMPEAU, Louise, [JEAN II
b 1706 ; s[9] 26 août 1744.
Marie-Louise, b[9] 2 juin 1735 ; m[9] 1er mars 1756 à Jean-Stanislas GATIEN.—*Marie-Amable*, b[9] 6 fevrier 1737 ; m[9] 26 avril 1757, à Philippe SOVAL. —*Joseph*, b[9] 5 déc. 1738.—*Charles*, b[9] 3 janvier et s[9] 6 sept. 1741.—*Marie-Charlotte*, b[9] 22 déc. 1743 ; s[9] 27 avril 1744.

(1) Et Saure.
(2) D'Anticosti.
(3) Et Chorel—Solère dit Léveillé. Il s'est marié sous le nom de Chorel, voy. vol. III, p. 70.
(4) Dit Marly ; soldat de la compagnie de M. de Beaujeu, concierge de la maison de M. le Général, 1730.

SOREL, François, b 1718; soldat; s 25 avril 1755, à Chambly.

1740.

—SOREL (1), Jacques.
Laporte, Catherine, [Paul III.
b 1722.
Jean-Baptiste, b 1741; m 18 juillet 1763, à Catherine Gautier, à Chambly.[8] — *Marie-Joseph*, [8] 21 juin 1753.—*Marie-Louise*, b [8] 13 mai et s [8] 9 oct. 1755.—*Joseph*, b [8] 9 oct. 1756; s [8] 29 nov. 1760.—*Marie-Anne*, b [8] 21 janvier 1759; s [8] 27 ...ov. 1760.

1744, (22 sept.) Longueuil.[2]
I.—SOREL (2), Jean-Bte, [Hilaire-Jean-Bte I.
b 1723.
1° Viau (3), Marie-Joseph, [Bertrand III.
b 1724; s [2] 10 avril 1756.
Marie-Joseph, b [2] 17 janvier 1746; m 24 nov. 1760, à Jean Sel-Sansquartier, à Chambly. [3] — *Marie-Reine*, b [2] 22 mai et s [2] 26 juillet 1747.— *Jean-Baptiste*, b [2] 10 déc. 1748.—*Marie-Madeleine*, [2] 7 mars et s [2] 4 mai 1750.—*Jacques-Philippe*, [2] 1er mai et s [2] 23 juin 1751.—*Marie-Anne*, b [3] 4 mars 1753.—*François-Marie*, b... s [3] 28 juillet 1754.

1756, (9 août) Laprairie.
2° Raymond (4), Marie. [Jean-Bte-Bertrand II.
Marie-Françoise, b [3] 10 juillet 1757; s [3] 30 nov. 1758.—*Simon*, b 1759; s [2] 25 fevrier 1760.— *Marie-Françoise*, b [3] 17 janvier et s [3] 4 février 1761.—*Jean-Louis*, b [3] 17 janvier 1761.

1747, (6 février) Boucherville.[8]
II.—SOREL, Michel, [Hilaire-Jean-Bte I.
b 1724.
LeSueur, Catherine, [Jean-Bte II.
b 1722.
Marie-Desanges, b... m [8] 11 fevrier 1771, à Jean-Baptiste Goguet. — *Catherine*, b... m [8] 3 août 1772, à Jean-Baptiste Charon.

1747, (6 nov.) Québec.[8]
I.—SOREL (5), Nicolas, soldat; fils de Nicolas et de Marguerite Thuillier, de St-Martin, diocèse d'Amiens, Picardie.
Harbours, Geneviève, [Frs-Augustin II.
b 1725.
Marie-Anne, b [8] 27 avril 1748.—*Pierre-Nicolas*, [8] 28 oct. 1749; s [8] 30 nov. 1751. — *Louise*, b [8] 3 avril 1752.—*Marie-Thérèse*, b [8] 10 août 1754; m [8] 7 fevrier 1774, à Joseph Marois.—*Elisabeth-Victoire*, b 21 fevrier 1757, au Cap-St-Ignace[9]; s [8] 20 janvier 1758. — *Charles-Alexandre*, b [9] 17 juin 1760; s [8] 22 août 1763. — *Marie-Louise*, b [9] 8 mai 1763; s [8] 31 mars 1764.

(1) Soreste dit Larose.
(2) Dit Laudenoz—Léveillé.
(3) Et Youx.
(4) Et Bourhis—Toulouse.
(5) Dit Léveillé.

1749, (6 oct.) Montréal.[6]
II.—SOREL (1), Pierre-Charles, [Pierre I.
b 1729; s [6] 23 nov. 1750.
Lecompte, Marguerite, [Pierre II.
b 1731; s [6] 5 juillet 1755.
Marie-Charlotte, b [6] 1er déc. 1749.

1752, (10 avril) Montréal.
II.—SOREL (1), Luc, [Pierre I.
b 1732.
Maddon, Jeanne, [Joseph-Daniel I.
b 1731.

1763, (18 juillet) Chambly.
II.—SOREL (2), Jean-Bte, [Jacques I.
b 1741.
Gautier (3), Catherine, [Jacques III.
b 1747.

1793.

SOREL, Jean-Bte.
Paquet, Marie.
Jean-Baptiste, b 16 oct. 1794, à St-Cuthbert.

SORESTE.—Voy. Sorel.

SORIEUL.—*Surnom :* Sansoucy.

1718, (25 août) Montréal.[1]
I.—SORIEUL, Pierre, b 1678; fils de Guillaume et de Nicole Jourdain, de Rennes, Bretagne.
Blouf, Marie-Madeleine, [François II.
b 1701.
Pierre, b [1] 27 mars et s [1] 4 avril 1720. — *Anonyme*, b et s 19 janvier 1721, à St-Laurent, M.[2] — *Marie-Joseph*, b 1729; m [2] 8 janvier 1746, à Michel Joly. — *Louis*, b 1730; m [2] 1er fevrier 1751, à Marie-Joseph Couvret. — *Marie-Geneviève*, b 1734; m [2] 22 fevrier 1751, à Pierre Caillet.—*Maurice*, b 1736; m [2] 23 janvier 1758, à Marie-Elisabeth Legaut. — *Suzanne*, b... m [2] 21 janvier 1760, à Pierre Assailli.

1751, (1er février) St-Laurent, M.[8]
II.—SORIEUL (4), Louis, [Pierre I.
b 1730.
Couvret, Marie-Joseph, [Jean-Bte II.
b 1730.
Louis, b [8] 27 oct. 1751; s [8] 30 août 1752. — *Louis-Charles*, b [8] 10 février 1753.—*Marie-Joseph*, b [8] 25 fevrier et s [8] 14 sept. 1755.—*Marie-Joseph*, b [8] 6 juin 1757. — *Pierre*, b [8] 14 mars et s [8] 19 août 1759. — *Pierre*, b [8] 19 sept. 1760. — *André*, b [8] 25 nov. 1763.

1758, (23 janvier) St-Laurent, M.[9]
II.—SORIEUL, Maurice, [Pierre I.
b 1736.
Legaut, Marie-Elisabeth, [Louis II.
b 1738.

(1) Dit Marly.
(2) Dit Larose.
(3) St. Germain.
(4) Dit Sansoucy.

Marie-Elisabeth, b [9] 17 janvier 1759. — *Marie-Félicité*, b [9] 22 juillet 1760; s [9] 27 juillet 1761.—*Louis-Maurice*, b [9] 24 janvier 1762.

SORIN.—*Variation et surnom :* LORRAIN — LA ROCHELLE.

1752, (10 avril) St-Vincent-de-Paul. [1]

I.—SORIN (1), SIMON, fils de René et de Jeanne Marot, de Dompierre, diocèse de LaRochelle, Aunis.

RÉAUME, Marie-Jeanne, [NICOLAS III. b 1736.

Philibert, b [1] et s [1] 16 sept. 1753. — *Marie-Amable*, b [1] 1er mars et s [1] 24 sept. 1753.—*Marie-Angélique*, b [1] 20 mai 1754; m 29 juillet 1771, à Bruno DANELIN, à Montréal. [2] —*Marie-Catherine*, b [1] 2 oct. 1755.—*Marguerite*, b 1756 ; m [2] 13 juin 1774, à Laurent RICHELIEU. — *Joseph*, b 1758; m 1781, à Marguerite DESROSIERS.

1753, (5 mars) Sault-au-Récollet.

IV.—SORIN (2), FRANÇOIS, [JEAN-FRANÇOIS III. b 1728.

DAGENAIS, Françoise, [PIERRE III. b 1736.

Marie-Charlotte, b 29 dec. 1755, à St-Vincent-de-Paul.

1755.

SORIN, JOSEPH.

QUEVILLON, Marie-Amable.

Marie-Amable, b 30 sept. 1756, à St-Vincent-de-Paul.

1781.

II.—SORIN (1), JOSEPH, [SIMON I. b 1758.

DESROSIERS, Marguerite.

Marie-Joseph, née 3 oct. 1782 ; b 2 mars 1784, à St-Louis, Mo. [1]; m 9 janvier 1800, à Claude PANNETON, à St-Charles, Mo. [2] — *Marie-Louise*, née 3 oct. 1782 ; b [1] 2 mars 1784 ; m [2] 20 mai 1799, à Jean-Baptiste LESAGE. — *Adélaïde*, b [1] 14 août 1784. — *Antoine*, b [1] 14 sept. 1788. — *Françoise*, b [1] 17 oct. 1789.

SORLAD.—Voy. SUTHERLAND.

SOT.—Voy. SOUHÉ.

SOTHO.—*Surnom :* LÉPINE.

I.—SOTHO (3), JEAN-BTE.

1° LAROC, Marie-Hilaire.

1729, (16 août) St-Louis, Mo.

2° GUILBERT (4), Isabelle, [JEAN I b 1690; veuve d'Antoine Andre-Lafontaine.

(1) Dit LaRochelle.

(2) Pour Lorrain, voy. vol. V, p. 434.

(3) Dit Lépine.

(4) Elle épouse, le 4 nov. 1738, André Touché, à Montréal.

I.—SOUART (1), CLAUDE-ELISABETH, b 1656, en France; fille d'Armand; m à Charles LEMOYNE; s 15 sept. 1724, à Montréal.

1761, (2 fevrier) Montréal.

I.—SOUBES, JEAN-BTE, b 1734, fils de Pierre et de Marie-Anne Castres, de St-Severin, Toulouse, Languedoc.

BOUILLERON, Charlotte, [DIDIER I. b 1744.

SOUCHEREAU.—*Variations et surnom :* FOUCHEREAU—ROCHEREAU—LANGOUMOIS.

1732, (8 août) Bout-de-l'Ile, M. [1]

I.—SOUCHEREAU (2), JACQUES, fils d'Emery et de Marguerite Melier, de Loyaux, diocèse d'Angoulême, Angoumois.

1° GAUTIER, Suzanne, [JEAN I. s 7 février 1754, à Soulanges. [2]

Joseph, b [1] 7 janvier 1734; m [1] 21 février 1757, à Marie-Joseph RIVIÈRE.—*Suzanne*, b [1] 11 sept. 1735; m [2] 19 février 1753, à Joseph VALADE.—*Marie-Joseph*, b 1737; m [2] 27 janvier 1755, à Jean VALADE.—*Paul*, b [1] 5 mars 1741.—*Marie-Elisabeth*, b [1] 21 janvier 1745; m [2] 9 janvier 1764, à Jean-Louis ROBIDOU.—*Agathe*, b [1] 30 janvier 1747; m [1] 12 janvier 1767, à Étienne ROBIDOU.—*Geneviève*, b 1748; m [2] 21 nov. 1768, à Joseph ROBIDOU.—*Marie-Catherine*, b [2] 16 août 1753.

1754, (23 oct.) [1]

2° POIRIER-DESLOGES (3), Elisabeth, [JOSEPH I. b 1740.

Charles, b [2] 7 sept. 1760.

1757, (21 fevrier) Bout-de-l'Ile, M. [3]

II.—SOUCHEREAU (4), JOSEPH, [JACQUES I. b 1734.

RIVIÈRE (5), Marie-Joseph, [RENE I. b 1738.

Paul, b 20 août 1759, à Soulanges.—*Jean-Baptiste*, b [3] 10 oct. 1760.

SOUCIS.—Voy. SOUCY.

SOUCY.—*Variations et surnoms :* COUSSI—SOUCIS—LAVIGNE—VALLÉ.

1670.

I.—SOUCY (6), JEAN.

SAUVENIER (7), Jeanne, b 1647; fille de Jacques et d'Antoinette Babillot, de Paris.

Pierre, b 16 avril 1673, à Quebec; m 13 janvier

(1) Nièce de M. Gabriel Souart, premier curé de Ville-Marie. Elle était pensionnaire chez les filles de la Congrégation. Elle reçut une donation de son oncle, (6 oct. 16[illegible] greffe de Basset), puis elle repassa en France et c'est probablement qu'elle épousa Charles Lemoyne; voy. vol. I, p. 551.

(2) Dit Langoumois ; voy. vol. IV, p. 209.

(3) Elle épouse, le 5 nov. 1768, Pierre Luc, à Soulanges.

(4) Dit Langoumois ; appelé Rochereau, 1759.

(5) Et Larivière.

(6) Dit Lavigne ; voy. vol I, p. 551.

(7) Elle épouse, plus tard, Damien Bérubé.

1699, à Elisabeth FOUQUEREAU, à la Rivière-Ouelle[4]; s[4] 9 janvier 1760.—*Marie-Anne*, b 1685; 1° m 15 avril 1716, à Robert GAULIN, à Ste-Famille, I. O.; 2° m 29 sept. 1732, à Charles BRISEBOIS, à St-François, I. J.; s 1er février 1755, à St-Michel-d'Yamaska.

1697.

II.—SOUCY (1), GUILLAUME, [JEAN I.
b 1677.
BOUCHARD, Marguerite, [MICHEL I.
b 1674; veuve de François Dutertre.
Guillaume, b 1698; m 18 juin 1726, à Catherine DUMAIS, à Laprairie.[5]—*Jean-Baptiste*, b 24 juillet 1704, à la Rivière-Ouelle; m 27 août 1731, à Madeleine DAUDELIN, à Varennes; s[5] 26 février 1733.

1699, (13 janvier) Rivière-Ouelle.[6]

II.—SOUCY (1), PIERRE, [JEAN I.
b 1673; s[6] 9 janvier 1760.
FOUQUEREAU, Elisabeth-Ursule, [URBAIN I.
b 1679; s[6] 1er janvier 1759.
Pierre, b[6] 9 février 1702; m 1723, à Jeanne MICHAUD; s 27 mai 1764, à Kamouraska.—*Joseph*, b[6] 4 août 1704; m 7 janvier 1727, à Madeleine MIGNIER, à Ste-Anne-de-la-Pocatière[7]; s[7] 21 juillet 1745.—*Catherine*, b[7] 28 avril 1716; 1° m[7] 17 juin 1734, à Jean-Baptiste MOREAU; 2° m[7] 24 nov. 1738, à Joachim LECLERC; s[7] 29 mars 1760.—*Charles-François*, b[7] 9 oct. 1721; m 1745, à Marie-Angélique LIZOT.

1723.

III.—SOUCY, PIERRE, [PIERRE II.
b 1702; s 27 mai 1764, à Kamouraska.[1]
MICHAUD, Jeanne, [JEAN-BTE II
b 1698.
Françoise, b 1724; m 12 avril 1744, à Joseph LAMONDÈ, à la Rivière-Ouelle[2]; s[2] 30 avril 1771.—*Joseph-François*, b 6 janvier 1726, à Ste-Anne-de-la-Pocatière[3]; m[1] 30 sept. 1748, à Marie-Rose GUÉRET.—*Pierre*, b 1728, m[3] 28 sept. 1750, à Marie-Joseph BOUCHER. — *Marie-Geneviève*, b[3] 9 août 1730; m[2] 3 mai 1751, à Pierre BACHELET.—*Charles-François*, b[3] 6 oct. 1732; m[1] 9 août 1756, à Louise PARADIS.—*Marie-Reine*, b[3] 29 août 1734; m[2] 10 janvier 1752, à Louis EMOND, s[2] 25 mars 1780.—*Roch*, b[1] 1er mai 1736; s[2] 3 juillet 1743.—*Marie-Joseph*, b[1] 8 déc. 1739; s[2] 12 mai 1741.—*Marie-Catherine*, b[2] 10 août 1742, m[1] 23 avril 1770, à François-Raymond PHOCAS.

1726, (18 juin) Laprairie.[5]

III.—SOUCY, GUILLAUME, [GUILLAUME II.
b 1698.
DUMAIS, Catherine, [EUSTACHE II.
b 1693; veuve de Jean Laroche.
Jean-Baptiste, b[5] 20 oct. 1727.—*Angélique*, b 12 sept. 1729, à Montreal —*Louis*, b 1731; m 1758, à Marie-Charlotte DULIGNON.

(1) Voy. vol. I, p 551.

1727, (7 janvier) Ste-Anne-de-la-Pocatière.[6]

III.—SOUCY, JOSEPH, [PIERRE II.
b 1704; s[6] 21 juillet 1745.
MIGNIER (1), Madeleine, [MICHEL II.
b 1706.
Joseph, b[6] 28 déc. 1727; m 14 juin 1751, à Marthe RICHARD, au Cap-St-Ignace.—*Jean-François*, b[6] 21 mai 1729; m 4 mars 1753, à Marie-Brigitte ST. PIERRE, à St-Roch.[7]—*Marie-Madeleine*, b... m[7] 20 nov. 1752, à Joseph-Marie PELLETIER.—*Marie-Françoise*, b[6] 3 oct. 1732; 1° m[7] 30 janvier 1752, à Joseph THIBOUTOT; 2° m[7] 23 avril 1759, à Jean-Baptiste OUELLET; s[7] 17 août 1760.—*Louis*, b[6] 23 mars 1734.—*André*, b[6] 27 déc. 1735; m 20 juin 1758, à Marie NADEAU, à Kamouraska.—*Pierre*, b[6] 11 oct. 1737; m 17 janvier 1763, à Marie-Charlotte LÉVESQUE, à la Rivière-Ouelle.—*Marie-Marguerite*, b[6] 20 mai 1739; m[6] 29 avril 1754, à Joseph-Marie ST. PIERRE.—*Prisque*, b[6] 3 juillet 1741; 1° m 28 juillet 1766, à Catherine COTÉ, à l'Ile-Verte; 2° m 28 janvier 1768, à Madeleine RIOUX, aux Trois-Pistoles. — *Jean-Germain*, b[6] 13 février 1743.—*Charles-François*, b[6] 14 janvier 1745; m 9 nov. 1772, à Marie-Joseph LECLERC, à St-Jean-Port-Joli.

1731, (27 août) Varennes.

III.—SOUCY, JEAN-BTE, [GUILLAUME II.
b 1704; s 26 février 1733, à Laprairie.
DAUDELIN (2), Madeleine, [RENÉ II.
b 1712.

1735, (3 juillet) Islet.

III.—SOUCY, FRANÇOIS, [PIERRE II.
s 9 sept. 1758, à la Rivière-Ouelle.[8]
ROUSSEAU, Claire, [MARTIN II.
b 1715.
François-Marie, b 11 mai 1736, à Ste-Anne-de-la-Pocatière[9]; m 10 janvier 1763, à Elisabeth-Judith NAUD-LABRIE, à Kamouraska. — *Marie-Claire*, b[8] 19 janvier 1738; m[8] 26 juillet 1785, à Joseph DIONNE.—*Joseph*, b[9] 23 mai 1740.—*Basile*, b[9] 18 et s[9] 29 avril 1742.—*Jean-Charles*, b[9] 23 avril 1743.—*Marie-Catherine*, b[9] 10 août 1745.—*Marie-Joseph*, b[9] 9 oct. 1747.—*Pierre*, b[8] 28 oct. 1750 —*Ambroise*, b[8] 30 oct. 1752; s[8] 22 avril 1756.—*Cyriac*, b[8] 22 janvier 1755.

1745.

III.—SOUCY, CHARLES-FRANÇOIS, [PIERRE II.
b 1721.
LIZOT, Marie-Angélique, [NOEL II.
b 1711.
Germain, b 1746, 1° m 16 février 1767, à Marie DIONNE, à Kamouraska; 2° m 1769, à Louise LEPAGE.

(1) Elle épouse, le 14 juin 1751, Antoine Michaud, à Ste-Anne-de-la-Pocatière.

(2) Et Dodelin; elle épouse, le 16 avril 1736, Joseph Raymond, à Montréal.

1748, (30 sept.) Kamouraska. [1]
IV.—SOUCY, Joseph-François, [Pierre III.
b 1726.
Guéret-Dumont, Marie-Rose, [Jean II.
b 1727.
Marie-Judith, b 3 nov. 1749, à la Rivière-Ouelle [2]; s [2] 4 janvier 1750.—*Marie-Judith*, b [2] 14 mars et s [2] 1er mai 1751.—*Joseph-François*, b [2] 30 mars 1752; m [1] 24 août 1778, à Marie Thibaudeau.—*Augustin*, b [2] 31 mai 1754; m [2] 8 avril 1777, à Geneviève Danjou. — *Jean-Benoît*, b [2] 29 avril et s [2] 21 juin 1756. — *Marie-Madeleine*, b [2] 13 juillet 1757.

1750, (28 sept.) Ste-Anne-de-la-Pocatière. [3]
IV.—SOUCY, Pierre, [Pierre III.
b 1728.
Boucher, Marie-Joseph, [Jean-Bte IV.
b 1730.
Marie-Euphrosine, b [3] 1er août 1751.—*Charles-François*, b [3] 1er avril 1753; m 22 oct. 1781, à Catherine Emond, à la Rivière-Ouelle.—*Marie-Joseph*, b [3] 27 février 1755.—*Marie-Catherine*, b [3] 18 février 1761.

1751, (14 juin) Cap-St-Ignace.
IV.—SOUCY, Joseph, [Joseph III.
b 1727.
Richard, Marthe, [Pierre II.
b 1724.
Anonyme, b et s 11 mai 1752, à Ste-Anne-de-la-Pocatière. [9] — *Marie-Marthe*, b [9] 1er mai 1753. —*André*, b [9] 14 et s [9] 29 avril 1754.—*Joseph*, b... s [9] 22 nov. 1759.—*Marie-Théophile*, b [9] 1er janvier 1761.

1753, (4 mars) St-Roch.
IV.—SOUCY, Jean-François, [Joseph III.
b 1729.
St. Pierre, Marie-Brigitte. [Alexandre II.
François-Marie, b 21 déc. 1753, à Ste-Anne-de-la-Pocatière. [1] —*René*, b [1] 11 mai 1761.

1756, (9 août) Kamouraska. [2]
IV.—SOUCY, Charles-François, [Pierre III.
b 1732.
Paradis, Louise, [Gabriel III.
b 1728; veuve de Jean-Baptiste Dionne.
Marie-Joseph, b 1757; m [2] 5 février 1776, à Jacques Paradis.—*Marie-Catherine*, b [2] 14 sept. 1758. — ......(1), b... s [2] 16 février 1761. — *Madeleine*, b [2] 16 mars 1762, m [2] 17 janvier 1780, à Pierre-Zénobe Voisine.—*Marie-Marthe*, b [2] 26 déc. 1763.—*François-Bénoni*, b [2] 15 sept. 1765.—*Marc-Antoine*, b [2] 29 nov. 1767.—*Marie-Anne*, b [2] 4 déc. 1769.

1758.
IV.—SOUCY, Louis, [Guillaume III.
b 1731.
DuLignon (2), Marie-Charlotte, [Jean III.
b 1735.

(1) Le nom manque au registre.
(2) Lamirande.

Louis, b 12 février 1759, à la Rivière-du-Loup. —*Marie-Louise*, b... m 7 février 1774, à Jean-Marie Beauchamp, à St-Henri-de-Mascouche.

1758, (20 juin) Kamouraska. [8]
IV.—SOUCY, André, [Joseph III
b 1735.
Nadeau, Marie-Catherine, [Alexis III.
b 1732; veuve d'Etienne ....
Marie-Catherine, b [8] 27 avril 1761; m [8] 7 janvier 1777, à Jean-Baptiste Lebel.—*Pierre-Bénoni*, b [8] 29 août 1762.—*Benoît*, b [8] 29 oct. 1763; s [8] 20 février 1764.—*Jean-Baptiste*, b [8] 16 déc. 1764, s [8] 17 août 1765.—*Jean-Baptiste*, b [8] 20 mars et s [8] 2 juin 1766.—*Marie-Victoire*, b [8] 22 avril 1767.—*Théopiste*, b [8] 1er juin 1769.—*Michel*, b [8] 20 déc. 1770.—*Marie-Rose*, b [8] 27 avril 1772.

1763, (10 janvier) Kamouraska.
IV.—SOUCY, François-Marie, [François III
b 1736.
Naud-Labrie, Elisabeth-Judith, [Jean-Bte II.
b 1742; s 15 mai 1782, à la Rivière-Ouelle.

1763, (17 janvier) Rivière-Ouelle.
IV.—SOUCY, Pierre, [Joseph III
b 1737.
Lévesque, Marie-Charlotte, [Frs-Robert II
b 1726; veuve de Pierre Berube.

1766, (28 juillet) Ile-Verte. [6]
IV.—SOUCY, Prisque, [Joseph III
b 1741.
1° Coté, Catherine, [Gabriel IV.
b 1741; s [6] 7 juillet 1767.
Gabriel, b [6] 20 juin 1767.
1768, (28 janvier) Trois-Pistoles. [7]
2° Rioux, Marie-Madeleine, [Nicolas III
b 1751.
Marie-Brigitte, b [7] 12 janvier 1770.—*Pierre*, b [7] 5 sept. 1771.—*Pierre-Paul*, né 21 juillet et b [6] 14 août 1774.—*Jean-Baptiste*, b [6] 21 mai 1780.—*Joseph*, né 2 janvier 1782, b [6] 12 janvier 1783.—*Catherine*, b [7] 7 février 1784.—*Marie-Reine*, b [7] 13 nov. 1785.

1767, (16 février) Kamouraska. [2]
IV.—SOUCY, Germain, [Chs-François III
b 1746.
1° Dionne, Marie-Anne, [Jean-Bte II.
b 1729; veuve de Jean-Baptiste Paradis, s [2] 21 sept. 1767.
Anonyme, b [2] et s [2] 21 sept. 1767.
1769.
2° Lepage, Louise, [Paul III.
b 1750.
Germain, b 6 sept. 1770, aux Trois-Pistoles, m 30 juillet 1787, à Marie-Archange Plit, à Rimouski.

1772, (9 nov.) St-Jean-Port-Joli.
IV.—SOUCY, Charles-François, [Joseph III
b 1745.
Leclerc, Marie-Joseph, [Joseph II
b 1748.

1777, (8 avril) Rivière-Ouelle.
V.—SOUCY, AUGUSTIN, [JOSEPH-FRANÇOIS IV.
b 1754.
DANJOU, Geneviève, [JOSEPH-JACQUES I.
b 1749.

1778, (24 août) Kamouraska.
V.—SOUCY, JOSEPH-FRANÇOIS, [JOSEPH IV.
b 1752.
TIBODEAU, Marie. [JEAN-BTE I.
Marie-Françoise, nee 14 juin 1782, à l'Ile-Verte[1]; b[2] 12 janvier 1783.—*Jean-Baptiste,* ne[2] 26 oct. 1783; b[2] 3 janvier 1784. — *Théotiste,* b[2] 20 août 1785.— *Monique,* b[2] 2 février 1787. — *Marie-Louise,* b[2] 28 août 1788.

1781, (22 oct.) Rivière-Ouelle.
V.—SOUCY, CHARLES-FRS, [PIERRE IV.
b 1753.
EMOND, Catherine, [PIERRE-AUGUSTIN II.
b 1740.

1786.

SOUCY, LOUIS.
MAROIS, Marie-Rose.
Jean-Marie, b 31 janvier 1787, à Lachenaye.

1787, (30 juillet) Rimouski.
V.—SOUCY, GERMAIN, [GERMAIN IV.
b 1770.
PETIT, Marie-Archange. [JEAN.

SOUDRIET.—Voy. SORDELIER.

SOUET.—Voy. SOHHE.

SOUHAIT.—Voy. SOUHE.

SOUHÉ.—*Variations :* SAUCIER—SOHIER—SOT—SOUET—SOUHAIT—SOVET—SOYER.

1682, (7 avril) Beauport.[2]
I.—SOUHÉ (1), ETIENNE.
BÉLANGER, Marthe, [NICOLAS II.
b 1661.
Charles, b[2] 1er août 1685; m 1724, à Anne MAURICE.

1725.

II.—SOUHÉ, CHARLES, [ETIENNE I.
b 1685.
MAURICE, Anne,
de Paris.
Marie-Marthe, née (2) 11 avril et b 25 juin 1725, à Boucherville; s 5 fevrier 1726, à Québec.[3] — *Charles,* b[3] 28 dec. 1726, s[3] 21 dec. 1727.— *Marie-Anne,* b[3] 27 avril 1729.

SOULANGES. — *Surnoms :* DESROSIERS — LEMOINE.

(1) Voy. vol. I, p. 551.
(2) Dans les bois, à Ouabache (Wabash), Illinois.

1728.

I.—SOULANGES (1), JEAN-BTE.
COUTURIER, Madeleine, [FRANÇOIS I.
b 1700.
Marie-Anne, b 24 nov. 1729, à Montreal. — *Jean-Baptiste,* b 1730; m 1752, à Madeleine CAUCHON. — *Marie-Joseph,* b 1731; m à Etienne BEIGNET.—*Marie-Louise,* b 1733; m 13 juin 1753, à Antoine LAPORTE, à Sorel.

1752.

II.—SOULANGES (1), JEAN-BTE, [JEAN-BTE I.
b 1730.
CAUCHON, Madeleine, [CHARLES IV.
b 1716.
Jean-Marie, b 29 oct. 1753, à Sorel.

SOULARD.—*Surnoms :* BAUDRY — LAMARCHE—LAVERDURE.

II.—SOULARD, SÉBASTIEN, [JACQUES I.
s (noyé) 25 oct. 1782, à l'Islet.
DESCHESNES, Marie-Charlotte.

1652.

I.—SOULARD (2), VALENTIN.
CUILLIER, Charlotte.
Pierre, b 1653; m 14 août 1700, à Louise PROULX, à Lorette; s 13 dec. 1708, à Ste-Foye.

1666, (8 mars) Quebec.[4]
I.—SOULARD (3), JEAN,
b 1638; armurier; s[4] 9 juillet 1710.
1° BOUTET, Catherine, [MARTIN I.
b 1637; veuve de Charles Philippaux, s[4] 1er juin 1692.
Jean-Baptiste, b[4] 12 oct. 1678; 1° m 10 février 1710, à Françoise COMEAU, à Annapolis, Acadie, 2° m 31 mars 1717, à Barbe GARNAUD, à L'Ange-Gardien[5]; s[5] 15 mai 1723.
1692, (22 sept.)[4]
2° DE ROULLAUD DE ST. GEORGES, Adriane,
s[4] 18 nov. 1696.
1701, (16 sept.)[4]
3° MIVILLE (4), Marie-Catherine, [JACQUES II.
b 1670; veuve d'Ignace Durand.

1699, (9 nov.) Rivière-Ouelle.[1]
I.—SOULARD (5), JACQUES,
b 1672.
ST. PIERRE, Marie-Anne, [PIERRE I.
b 1680.
Catherine, b... m 27 juillet 1732, à Augustin OUELLET, à Ste-Anne-de-la-Pocatière; s 22 oct. 1734, à Kamouraska.— *Jacques,* b... 1° m 17 janvier 1733, à Marie-Joseph GOSSELIN, à Rimouski; 2° m 25 mai 1751, à Marie-Anne HERVÉ, à St-Roch.[8]— *Sébastien,* b[1] 15 août 1709; 1° m 1743,

(1) Dit Desrosiers.
(2) Dit Laverdure.
(3) Voy. vol. I, pp. 551-552.
(4) Elle épouse, le 6 février 1713, Jean Feray-Duburon, à Québec.
(5) Voy. vol. I, p. 552.

à Marguerite-Louise Roy-Desjardins; 2° m [8] 26 août 1777, à Marie-Luce Miville.

1700, (14 août) Lorette. [1]
II.—SOULARD (1), Pierre, [Valentin I.
b 1653; s 13 déc. 1708, à Ste-Foye.
Proulx, Louise,
b 1636; veuve de Charles Blanever; s [1] 22 dec. 1719.

1706, (22 nov.) Annapolis, Acadie.
I.—SOULARD, François, fils de Jean et de Jeanne Vivier, de Beaumont, Picardie.
Doiron, Marie, fille de Jean et de Marie-Anne Favel (Acadiens).

1710, (10 février) Annapolis, Acadie. [2]
II.—SOULARD, Jean-Bte, [Jean I.
b 1678; arquebusier; s 15 mai 1723, à L'Ange-Gardien. [3]
1° Comeau, Françoise, fille de Jean et de Françoise Hébert; s 2 janvier 1717, à Quebec. [4]
Jean-François, b [2] 11 nov. 1710.—*Paschal*, b [2] 22 sept. 1712; m [4] 9 oct. 1741, à Marie-Geneviève Parant. — *Jean-Baptiste*, b [4] 10 nov. 1714; s [4] 9 fevrier 1717.
1717, (31 mars). [3]
2° Garnaud (2), Barbe, [Louis II.
b 1698.
Jean-Baptiste, b [4] 21 sept. 1718; 1° m [3] 25 février 1743, à Marie-Anne Maheu; 2° m [3] 26 janvier 1750, à Brigitte Vésina.

1733, (17 janvier) Rimouski. [5]
II.—SOULARD, Jacques (3), [Jacques I.
b 1709.
1° Gosselin, Marie-Joseph, [Pierre II.
b 1712; s [5] 8 août 1738.
Marie-Anne, b [5] 10 janvier 1733.—*Marie-Catherine*, b [5] 11 juillet 1734, 1° m 14 février 1752, à Pierre St. Pierre, à St-Roch [6], 2° m [6] 27 oct. 1777, à Ignace Bélanger. — *Marie-Charlotte*, b [5] 5 janvier et s [5] 18 février 1736.
1751, (25 mai). [6]
2° Hervé, Marie-Anne, [Sébastien II.
b 1723.
Marie-Angélique, b [6] 22 sept. 1751. — *Charles-Amable*, b [6] 29 juillet 1755. — *Jacques*, b 1756; m [6] 6 juillet 1778, à Marie-Anne Lisotte.

1736.
SOULARD (4), René.
Pelletier, Marie-Charlotte.
Marie, b 1737; s 17 nov. 1755, aux Trois-Rivières. [1]—*Marie-Joseph*, b... s [1] 12 juillet 1749.

(1) Dit Laverdure.
(2) Elle épouse, le 6 nov. 1724, Jean Vésina, à L'Ange-Gardien.
(3) Aussi appelé Sébastien.
(4) Dit Lamarche.

1741, (9 oct.) Quebec. [1]
III.—SOULARD, Paschal, [Jean-Bte II.
b 1712.
Parant, Marie-Geneviève, [René III
b 1704; veuve de Noël-Joseph Lemire; s [1] 13 juillet 1780.
Jean-Baptiste, b [1] 18 janvier 1747; s [1] 12 oct. 1748.

1743.
II.—SOULARD, Sébastien, [Jacques I.
b 1709; s (noyé) 25 oct. 1782, à l'Islet.
1° Roy-Desjardins, Marguerite-Louise.
Marie-Angélique, b 29 juin 1744, à St-Roch [2].—*Marie-Louise*, b 23 février, à Ste-Anne-de-la-Pocatière [3] et s [2] 2 mai 1746.—*Marie-Joseph*, b 1748, m [3] 25 nov. 1765, à Joseph Lefebvre.—*Michel* b [2] 28 sept. 1749.—*Marie-Joseph*, b [2] 1er et s [2] 11 sept 1751.—*Marie-Victoire*, b [3] 21 août 1754, s [3] 10 sept. 1755.
1777, (26 août). [2]
2° Miville, Marie-Luce, [Pierre IV
b 1749.

1743, (25 février) L'Ange-Gardien. [4]
III.—SOULARD, Jean-Bte, [Jean-Bte II
b 1718.
1° Maheu, Marie-Anne-Angél., [Gabriel III
b 1724.
Jean-François, b 15 déc. 1743, à St-Augustin [5], s [5] 12 janvier 1744.—*Marie-Angélique*, b [5] 23 mai 1745.—*Marie-Anne*, b [5] 11 oct. 1747; m 1768, à Pierre Choret.
1750, (26 janvier) [4] (1).
2° Vésina, Brigitte, [Nicolas III.
b 1724; s [5] 17 juillet 1793.
Joseph, b [5] 10 juillet 1754; m 1781, à Louise Lefebvre. — *Marie-Brigitte*, b [5] 3 oct 1755.—*Marie-Marguerite*, b [5] 5 et s [5] 23 sept. 1758.—*Augustin*, b [5] 26 mai 1761.—*Marie-Françoise*, b... m [5] 12 janvier 1784, à Gabriel Dolbec.

1778, (6 juillet) St-Roch.
III.—SOULARD, Jacques, [Jacques II
b 1756.
Lisotte, Marie-Anne, [Joseph II
b 1757.

1781.
IV.—SOULARD, Joseph, [Jean-Bte III
b 1754.
Lefebvre, Louise.
Joseph, b 3 juin 1782, à St-Augustin. [6]—*Jean-Baptiste*, b [6] 4 oct. 1787.—*Charles*, b [6] 16 juillet 1790.—*Michel*, b [6] 8 sept. 1791.

1795, (16 nov.) St-Louis, Mo. [7]
I.—SOULARD, Antoine-Pierre, fils de Henri-François et de Françoise Leroux, de Rochefort, diocèse de LaRochelle, Aunis.
Serré, Julie. [Jean-Gabriel III
Gabriel-Zénon, né 1er sept. 1796; b [7] 31 juillet

(1) Ce mariage a été réhabilité le 5 février 1750, à cause de l'empêchement du 3e au 4e degré d'affinité.

97.—*Jacques-Gaston*, né 15 juillet 1798 ; b [7] 28 nvier 1801 ; m [7] 20 mars 1820, à Eliza Hunt.—*nri-Gustave*, b [7] 3 août 1802.—*Antoine-Benjaan*, b [7] 21 juin 1817.

1820, (20 mars) St-Louis, Mo. [8]

.—SOULARD, Jacq.-Gaston, [Ant.-Pierre I. b 1801.

Hunt-Michelle, Eliza, née 1805 (1) ; fille de Thomas et d'Ennis Wellington, de Boston.

Julie-Antoinette, b [8] 21 avril 1821.—*Isabelle*, e 9 oct. 1826 ; b [8] 4 oct. 1827.—*Eliza-Octavie*, e 9 déc. 1828 ; b [8] 2 avril 1829.—*Henriette-arie*, b [8] 13 oct. 1839.

—SOULEVANT (2), Thomas, b 1711 ; s (noyé) 8 août 1728, à Quebec.

OULIER.—*Surnom :* Beaufleury.

1760, (7 juillet) Bout-de-l'Ile, M.

—SOULIER (3), Jacques, fils d'Antoine et de Jeanne Rouelle, de Gabrias, diocèse de Mante, Ile-de-France.

Raymond, Marie-Elisabeth, [Pierre II. b 1743.

OULIGNY.—Voy. Leduc.

OUMANDE. — *Surnoms :* Cananville — De l'Orme et Delorme—Lafleur.

1698, (30 oct.) Québec. [1]

.—SOUMANDE (4), Jean, [Pierre I. b 1669 ; s [1] 22 mai 1716.

Chapoux, Anne, b 1667 ; s 11 déc. 1737, à Montréal. [2]

Anne-Marguerite, b [2] 5 février 1703 ; m [2] 26 nvier 1718, à Joseph-Hypolite LeBer de Senneille ; s [2] 15 dec. 1749. — *Jean-Paschal*, b [2] 21 ars 1704 ; m [2] 3 sept. 1726, à Ursule LeVerrier. *François-Marie*, b [2] 7 fevrier 1705 ; m [2] 9 août 34, à Elisabeth-Charlotte Gautier. — *Marie-arlotte*, b [2] 25 mai 1706 ; s [2] 10 août 1708. — *cques*, b [2] 17 février et s [2] 15 juin 1711.

1716.

—SOUMANDE (5), François.

Moran, Marie-Anne, [Antoine I. b 1692.

Marie-Anne, b 1717 ; s 30 nov. 1737, à Montréal

1726, (3 sept.) Montreal. [5]

—SOUMANDE, Jean-Paschal, [Jean II. b 1704.

LeVerrier, Ursule, [François I. b 1706 ; s [5] 17 juillet 1743.

Marie-Anne-Marguerite, b [5] 18 juillet 1727 ; m [5] 11 oct. 1745, à Joseph Coulon-Jumonville ; 2° m [5] 15 déc. 1755, à Jean-Pierre Bachoir. — *Jean-François*, b [5] 9 sept. et s [5] 29 oct. 1728. — *Thérèse-Charlotte*, b [5] 15 et s [5] 23 août 1730. — *Marie-Joseph*, b 1733 ; m [5] 1er avril 1750, à Michel Hertel.

1734, (9 août) Montréal. [7]

III.—SOUMANDE (1), Frs-Marie, [Jean II. b 1705.

Gauthier (2), Elisabeth, [Jacques-René II. b 1715.

René-François, b [7] 15 mars 1736. — *Joseph-Hypolite*, b [7] 4 mai 1737.—*Jean*, b [7] 4 avril 1738 ; m 7 fevrier 1764, à Marie-Anne Boucher, à Boucherville. — *Jean-Paschal*, b [7] 10 avril 1739. — *Charles*, b [7] 20 juin 1740.— *Nicolas-Joseph*, b [7] 9 oct. 1741. — *Louise-Charlotte*, b [7] 18 nov. 1742.— *Marie-Anne*, b [7] 19 janvier 1744 ; m 7 janvier 1772, à Jean-Baptiste Roussel, à Varennes. [8] — *Marie-Joseph*, b [7] 29 mars 1745 ; 1° m [8] 9 fevrier 1767, à Louis Benoit ; 2° m à Mathurin Bouvet. —*Marie-Louise*, b [7] 3 sept. 1746 ; m 1775, à Guillaume Montforton. — *Thierry*, b [7] 21 janvier 1748.—*Jean-Louis*, b [7] 21 janvier 1750.

1764, (7 février) Boucherville.

IV.—SOUMANDE (3), Jean, [Frs-Marie III. b 1738.

Boucher (4), Marie-Anne, [Charles IV. b 1746 ; s 11 février 1799, à la Rivière-des-Prairies.

I.—SOUMBRUN (5), ...

SOUMILLIER.—Voy. Chamilliers — Somelier.

SOUMIS.—*Variation :* Saunier.

I.—SOUMIS (6), Pierre.

1° Desroches, Geneviève, b 1716 ; s 21 juin 1766, à St-Thomas. [2]

Pierre, b... m 20 août 1787, à Angélique Roger-Latouche, à Repentigny. [3]

1766, (18 août). [2]

2° Gautier, Marie-Anne, [Simon-Pierre II. b 1745.

Marie-Claire, b... m [3] 2 juillet 1787, à Michel Normand —*Marie-Thérèse*, b... m [3] 22 sept. 1794, à François Belisle. — *Marie-Catherine*, b... m [3] 13 juillet 1795, à Jacques Lebeau. — *Marie*, b... m à Joseph Giroux.

1787, (20 août) Repentigny. [6]

II.—SOUMIS, Pierre. [Pierre I.

Roger-Latouche, Angélique. [Louis III.

Euphrosine, b [6] 20 juin 1788 ; s [6] 22 fevrier 1790.—*Pierre*, b [6] 26 nov. 1791. —*Véronique*, b [6] 20 sept. 1794.

(1) Baptisée le 22 sept. 1821, à St-Louis, Mo.
(2) Matelot du vaisseau "Jean Catherine."
(3) Dit Beaufleury ; soldat de la compagnie de Mazière.
(4) Voy. vol. I, p. 552.
(5) Dit Lafleur.

(1) Dit Delorme.
(2) DeVarennes.
(3) Co-seigneur de Varennes.
(4) DeGrosbois.
(5) Marchand à Québec ; il signe le 13 mars 1738, à Lorette.
(6) Et Saunier.

SOUPIRAN.—*Surnom :* MESIN.

1700, (26 août) Quebec.[2]

I.—SOUPIRAN, SIMON, médecin ; fils d'Antoine et de Catherine Laborde, de St-Michel, Gascogne ; s[2] 10 fevrier 1724.

BÉLANGER, Marthe, [NICOLAS II.
b 1661 ; veuve d'Etienne Souhet ; s 18 mars 1741, au Château-Richer.

Marie-Louise, b[2] 10 sept. 1701 ; m[2] 10 juillet 1727, à Charles COURTOIS. — *Françoise,* b[2] 24 oct. 1702 ; m[2] 9 février 1728, à Pierre MAUFILS ; s[2] 8 dec. 1747. — *Simon,* b[2] 7 fevrier 1704 ; 1° m[2] 16 mai 1727, à Marie-Anne GAUTIER ; 2° m[2] 26 juin 1736, à Marie-Jeanne AVISSE ; s[2] 18 juin 1764. — *Louis-François,* b[2] 26 janvier 1706 ; ordonné[2] 23 sept. 1730 ; s[2] 8 juillet 1745.—*Charles,* b[2] 15 sept. 1708.

1727, (16 mai) Québec.[8]

II.—SOUPIRAN (1), SIMON, [SIMON I.
b 1704 ; chirurgien ; s[8] 18 juin 1764.

1° GAUTIER, Marie-Anne, [JEAN-BTE II.
b 1705 ; s[8] 8 oct. 1735.

Charles-Simon, b[8] 4 mai 1728 ; 1° m[8] 30 août 1751, à Marie-Anne JACQUIN ; 2° m[8] 8 janvier 1757, à Louise ROUSSEL ; s[8] 11 fevrier 1784. —*Marie-Anne,* b[8] 1er août 1729 ; s[8] 8 mai 1733. — *Pierre-Simon,* b[8] 1er août 1730 ; m 11 oct. 1768, à Barbe SICARD, à St-Michel-d'Yamaska.— *Louise-Françoise,* b[8] 6 sept. 1731. — *François,* b[8] 18 juillet et s 24 août 1733, à Lorette.[9] — *Louis-Michel,* b[8] 8 sept. 1734.—*Marie-Charlotte,* b[8] 29 sept. 1735 ; m[8] 7 janvier 1757, à François-Gaspard HICHÉ.

1736, (26 juin).[8]

2° AVISSE, Marie-Jeanne, [JACQUES I.
b 1700 ; veuve de François Trefile ; s[8] 19 sept. 1750.

Marie-Louise, b[8] 27 et s 29 août 1737, à Beauport. — *Elisabeth,* b[8] 27 juillet 1738 ; m[8] 16 nov. 1756, à Pierre PÉTRIMOULX.— *Marie-Marguerite,* b[8] 11 sept. 1739 ; s[8] 17 janvier 1740.— *Louis,* b[8] 2 et s[9] 19 août 1742.—*Marie,* b[9] et s[9] 20 juillet 1756.

1751, (30 août) Québec.[8]

III.—SOUPIRAN, CHARLES-SIMON, [SIMON II.
b 1728 ; chirurgien, s[8] 11 fevrier 1784.

1° JACQUIN (2), Marie-Anne, [NICOLAS I.
b 1734 ; s[8] (dans l'eglise) 12 juillet 1756.

Bernard, b[8] 28 juin et s[8] 5 nov. 1752. — *Charles-Bernard,* b[8] 30 oct. 1753.— *Marie-Anne,* b[8] 5 juillet 1756.

1757, (8 janvier).[8]

2° ROUSSEL, Marie-Louise, [JOS.-FRANÇOIS II.
b 1732.

Charles, b[8] 25 oct. 1757 ; s[8] 4 nov. 1758.— *Antoine,* b[8] 11 et s[8] 29 sept. 1759. — *Louise-Catherine,* b... m[8] 9 oct. 1787, à Louis BOURDAGES.

(1) Voy. vol. I, p. 260.

(2) Philibert.

1768, (11 oct.) St-Michel-d'Yamaska.

III.—SOUPIRAN (1), PIERRE-SIMON, [SIMON II.
b 1730.

SICARD, Marie-Barbe. [ANTOINE I.

SOUPRAS.—Voy. LATOUCHE.

SOURDIF.—Voy. SOURDIVE.

SOURDIVE.—*Variations et surnom :* JOURDIF—SOURDIF—VADEBONCŒUR.

1757, (14 fevrier) Beauport.[8]

I.—SOURDIVE (2), JEAN-BTE, fils de Charles et de Marguerite Delahaye, de St-Jean, diocèse de Rouen, Normandie.

PAQUET, Geneviève-Agathe, [LOUIS
b 1732.

Marie-Catherine, b[8] 9 juin et s[8] 24 juillet 1758. — *Jean-Baptiste-Michel,* b[8] 15 nov. 1759 ; s[8] 28 janvier 1760. — *Jean,* b[8] 24 juillet 1761 ; s[8] 10 mars 1762.—*Pierre,* b[8] 15 mai 1764.

1743, (4 février) Verchères.

II.—SOURIN (3), LOUIS, [PIERRE
b 1711.

LEMAIRE (4), Marie-Anne, [LOUIS II.
b 1724.

1720, (28 nov.) Montréal.[3]

I.—SOUSTE, ANDRÉ, b 1693 ; fils de Jean et de Marguerite Lanoe, de St-Léger, diocèse de Chambery, Savoie.

D'ESTIENNE (5), Marie-Louise, [DENIS
b 1704.

Marie-Joseph, b[8] 26 juin 1727 ; m[8] 30 oct. 1758, à Jean-Marie DESCARIS.—*Catherine,* b[8] ... juillet 1729.—*Jean-Baptiste,* b[8] 14 sept. 1736.

SOUTIÈRE.—*Surnom :* LAGIROFFLÉ.

1756, (7 janvier) Chambly.[5]

I.—SOUTIÈRE (6), JEAN, soldat.

DAVIGNON (7), Marie-Agathe, [FRANÇOIS
b 1735.

Jean, b[5] 21 avril et s[5] 14 août 1754. — *François,* b[5] 3 mai 1756.—*Marie,* b[5] 24 nov. 1758.

SOUVELIN —Voy. THOUVENIN.

(1) Dit Mesin.

(2) Et Jourdif dit Vadeboncœur ; voy. vol. VI, p. ...

(3) Pour Fournier dit Lyvrain, sieur de Belleval. (Voy. Fournier, vol. IV, p. 90)—De Bellecoste, écr.

(4) Elle épouse, le 27 mai 1754, Louis Bonin, à Verchères.

(5) DuBousquet—DeClérin.

(6) Dit Lagirofflé.

(7) Beauregard.

1750, (27 avril) Montréal.

-SOUVIGNY, Pierre, b 1719; fils de Nicolas et de Françoise Jugette, de Bourgueil, diocèse d'Angers, Anjou.

Hallé (1), Marie-Anne, [Jean-Bte III. b 1724.

1743, (7 janvier) Québec. [8]

-SOUZANET, Noel, fils de Pierre et de Catherine LeCompte, de St-Pol-de-Léon.

Chaumereau (2), Frse-Geneviève, [François I. b 1722.

Marie-Geneviève, b [8] 3 mars et s [8] 28 mai 1744. *Marie-Louise,* b [8] 13 et s [8] 30 nov. 1745. — *...él,* b [8] 7 et s [8] 25 sept. 1747.

...VAL.—*Surnom :* St. Germain.

1757, (26 avril) Montréal.

-SOVAL (3), Philippe, b 1732, soldat; fils de Pierre et de Françoise Monits, de St-Germain, ville d'Amiens, Picardie.

Sorel, Marie-Amable, [Pierre I. b 1737.

...VET.—Voy. Souhé.

...VIAT.—*Variation :* Sauviat.

1760, (17 nov.) Lorette. [4]

-SOVIAT, Jean, fils de Jean et de Catherine Jocon, de Sainbry, diocèse de Xaintes, Saintonge.

1° Chartier (4), Marie-Geneviève, [Nicolas I. b 1743; veuve de Pierre Charon; s [4] 1er avril 1764.

Marie-Geneviève, b [4] et s [4] 27 février 1762. — *...n-Baptiste,* b [4] 25 oct. 1763; s [4] 25 février ...4.

1778.

2° Roy, Marguerite. [Pierre.

Marguerite, b 5 avril 1779, à Ste-Foye.

...YER.—*Variation et surnoms :* Souhé—L'Enfant—Vadeboncœur.

1742, (26 nov.) Montréal. [7]

-SOYER (5), Antoine, b 1719; fils de François et de Marie Laurent, de St-Sauveur, diocèse de Rennes, Bretagne.

1° Rocheleau-Vien, Marie-Louise, [Antoine II. b 1722.

Antoine, b [7] 20 mars 1745.—*Marie-Marguerite,* 20 déc. 1748.—*Charles-Marie,* b [7] 8 déc. 1750.

1759, (8 janvier). [7]

2° Massé, Charlotte-Françoise, [Jean I. b 1725.

(1) Et Halay; elle épouse, le 10 février 1760, Nicolas Montemont, à St-Laurent, M.

(2) Lagiroflee; elle épouse, le 9 août 1751, Joseph Pilote, Québec.

(3) Dit St. Germain.

(4) Parthenay.

(5) Dit L'Enfant—Vadeboncœur; soldat de la compagnie M de Varennes.

1748.

I.—SOYER, Richard.

Joyel-Quercy, Marie-Joseph, [Jean I. b 1731.

Pierre-François, b 20 nov. 1749, aux Trois-Rivières.—*Louise-Marguerite,* b 17 mai 1751, à Chambly. [8] — *Charlotte,* b [8] 24 janvier 1753.—*Joseph-Richard,* b [8] 29 juin 1754.—*Marie-Joseph,* b 16 oct. 1759, à la Rivière-du-Loup.

1762, (20 juillet) Longueuil.

I.—SOZET, Joseph, fils de Sylvestre et de Jeanne Broua, de St-Sylvestre, diocèse d'Agen, Guienne-d'Agenois.

Poutré, Marie-Anne. [Pierre.

1779, (19 février) Rivière-Ouelle.

I.—SPAER, Jean-Georges, Hongrois.

Périar, Marie-Angélique.

Jean-Frédéric (1), b... — *Marie-Catherine* (1), b...

1733, (26 août) Chambly.

I.—SPAGNIOLINI, Jean-Fernand, b 1704, médecin-chirurgien; fils de Dominique et de Marguerite Toussiqui, de St-Jean-de-Latran, diocèse d'Albani, Rome; s 25 février 1764, à Boucherville. [9]

1° Bourloton, Charlotte, [Pierre I. b 1716.

1737, (7 janvier). [9]

2° Besnard, Catherine, [Joseph II. b 1710.

Apolline, b... m [9] 17 février 1765, à François Poudret.

1745, (16 janvier). [9]

3° Boucher (2), Françoise, [Jean-Bte III. b 1723.

Marie-Elisabeth, b [9] 4 oct. 1745; m [9] 2 mai 1764, à Michel Gamelin.—*Jean-Baptiste,* b [9] 25 juillet et s [9] 8 août 1748.—*Marie-Thérèse,* b 1750; s [9] 15 mai 1751.—*Marguerite,* b [9] 27 avril 1751.—*Marie-Thérèse,* b [9] 7 février et s [9] 8 mai 1754.—*Marie-Apolline,* b... s [9] 29 mai 1755.—*François,* b [9] 23 février et s [9] 12 mai 1756.—*Marie-Françoise,* b [9] 9 février et s [9] 31 mars 1757.—*Jean-Baptiste,* b [9] 22 oct. 1760.—*Pierre,* b [9] 25 juillet et s [9] 1er août 1763.

1761, (7 janvier) St-Laurent, M.

I.—SPAURE, Jean, fils de Jean et d'Elisabeth Cantin, de St-Michel, près Sarlouis, Lorraine.

Bigras, Geneviève, [François I. b 1714; veuve de Jean-Baptiste Bernet.

1761, (27 juillet) Montréal.

I.—SPELET, Pierre, fils de François et de Marie Espertu, de St-Romain-de-Mazerac, diocèse de Bazas, Gascogne.

Truillier, Marie-Louise, [Jean-Bte-René II. b 1744.

(1) Légitimés le 19 février 1779, à la Rivière-Ouelle.

(2) DeNiverville.

SPÉNARD-ST. OMER.—Voy. Spéneux.

1690, (5 avril) Québec. [6]

I.—SPÉNARD (1), André,
b 1667; cordonnier; s [6] 19 mars 1717.
Arnaud, Marie-Charlotte, [René I.
b 1672.

Jean, b [6] 27 février 1694; 1° m [6] 21 juin 1718, à Marie-Gabrielle Morel; 2° m 26 juin 1728, à Marie-Jeanne Parant, à Beauport; 3° m [6] 30 sept. 1743, à Félicité Migneron. — *Jean-Baptiste*, b 1711; m 12 nov. 1736, à Elisabeth Courtois, à Ste-Anne-de-la-Pérade.

1718, (21 juin) Québec. [4]

II.—SPÉNARD, Jean, [André I.
b 1694; cordonnier.
1° Morel, Marie-Gabrielle, [Pierre I.
b 1698; s [4] 24 mai 1727.

Jean-Charles, b [4] 11 et s [4] 27 déc. 1718.—*Marie-Joseph*, b [4] 25 dec. 1719; 1° m [4] 7 nov. 1747, à Thomas Huppé; 2° m 13 juillet 1761, à Pierre Balan-Lacombe, à Beauport [6]; s [6] 29 janvier 1795. — *Jean-Pierre*, b [4] 20 dec. 1721. — *Pierre-André*, b [4] 23 oct. 1723; 1° m [4] 17 nov. 1749, à Marie Huguet; 2° m [4] 3 nov. 1778, à Marie-Louise Paquet. — *Joseph*, b [4] 5 mai 1725; s [4] 24 nov. 1727.—*Marie-Angélique*, b [4] 7 février 1727.

1728, (26 juin). [6]

2° Parant, Marie-Jeanne, [Michel II.
b 1698; s [4] 4 dec. 1740.

Anonyme, b [4] et s [4] 22 janvier 1730.—*Jacques*, b [4] 12 mars 1731; m 1761, à Marie-Agathe Hunaut. — *Etienne* et *Marie-Anne*, b [4] 23 et s [4] 26 déc. 1731.— *Marie-Françoise*, b [4] 8 août et s [4] 17 oct. 1733. — *Marie-Anne*, b [4] 21 juillet et s [4] 30 août 1736. — .... b 27 mars 1738, à Ste-Anne.

1743, (30 sept.) [4]

3° Migneron, Felicité, [Sébastien II.
b 1709; s [4] 14 sept. 1787.

1736, (12 nov.) Ste-Anne-de-la-Perade. [1]

II.—SPÉNARD, Jean-Bte, [André I.
b 1711; maître-cordonnier.
Courtois, Elisabeth, [Gabriel II.
b 1710.

Marie-Elisabeth, b [1] 12 nov. 1739; s 22 déc. 1755, à St-Pierre-les-Becquets. [2] —*Jean-Baptiste*, b [2] 15 oct. 1741; s [2] 28 dec. 1755.— *Marie-Geneviève*, b [2] 22 mars 1743; m [2] 11 janvier 1762, à Joseph Branconnier. — *Joseph*, b [2] 5 avril 1745. —*Gabriel*, b [1] 22 janvier 1747. — *Marie-Azil*, b [2] 10 avril et s [2] 15 dec. 1749.

1749, (17 nov.) Quebec. [1]

III.—SPÉNARD, Pierre-André, [Jean II.
b 1723.
1° Huguet, Marie, [Thomas I.
b 1724; veuve de Jean Girard; s [1] 10 mai 1778.

Jean-Baptiste, b [1] 18 sept. 1750; s [1] 23 mars 1751. — *André-Basile*, b [1] 9 fevrier 1752; s [1] 16 février 1757. — *Marie-Félicité*, b [1] 21 mai 1753.— *Marie-Anne*, b [1] 20 oct. 1754; s [1] 24 sept. 1755.— *Charles-André*, b 24 sept. 1758, à Kamouraska. — *Marie-Marguerite*, b [2] 1er sept. 1760; s [1] 16 août 1764. — *Marie-Geneviève*, b 4 et s 6 déc. 1761, à Beauport. — *Louis*, b [1] 8 et s [1] 22 juin 1763. — *Charles*, b 12 août 1766, à la Pte-aux-Trembles, Q.

(1) Voy. vol I, p. 552.

1778, (3 nov.) [1]

2° Paquet, Marie-Louise,
veuve d'Alexandre Fraser.

1761.

III.—SPÉNARD, Jacques, [Jean II.
b 1731.
Hunaut, Marie-Agathe, [Pierre IV.
b 1742.

Marie-Catherine, b 27 avril 1762, au Bout-de-l'Ile, M. [7] —*Thérèse-Esther*, b [7] 30 nov. 1767.

SPÉNEUX.—*Variations et surnom* : Spénard—Spénice—St. Omer.

1748, (8 janvier) Montreal.

I.—SPÉNEUX (1), Pierre-Mathieu, fils de Pierre et de Jeanne Talon, de St-Pierre-de-Calais, diocèse de Boulogne, Picardie.
Nolet-Larivière (2), Marguerite, [François II.
b 1725.

Pierre-Mathieu (posthume), b 27 oct. 1748, au Sault-au-Récollet.

SPENICE.—Voy. Spéneux.

1763.

I.—SPRINNE, Christophe.
Richard, Elisabeth.

Pierre, b 8 avril 1764, à Québec.

SQUERRÉ.—*Surnom* : Labé.

1730, (16 janvier) Beauport. [1]

I.—SQUERRÉ (3), Jean-Bte, b 1701; de la ville d'Auch, Gascogne; s 10 janvier 1761, à St-Joseph, Beauce. [2]
Dauphin, Marie-Ursule, [René II.
b 1710.

Jean-Baptiste, b [1] 17 juin 1731; s [1] 6 mars 17.. —*Marie-Rose*, b [1] 26 déc. 1732; s [2] 12 juin 17.. —*Michel*, b [1] 30 janvier 1735, m [2] 16 nov. 17.., à Rosalie Blanchard.—*Jean-Baptiste*, b [1] 10 mai 1737; m [2] 13 août 1770, à Geneviève Huard.— *René*, b [1] 8 mars 1739; m [2] 12 fevrier 1770, à Marguerite Doyon.—*Germain*, b [1] 12 mai et s.. juin 1741.—*Joseph*, b 1743; m [2] 13 nov. 177.., à Marie-Catherine Gourge.—*André*, b [2] 5 mai 17.. —*Marie-Geneviève*, b [2] 17 nov. 1747; m [2] 3 fevrier 1772, à Louis Boulet.—*François*, b 1754; m 1er fevrier 1779, à Marie-Anne Lemoine.—*Marie-Ursule*, b [2] 1er mars 1756.—*Angélique*, b 17..; s [2] 7 juillet 1766.

(1) Et Spénard—Spénice dit St. Omer; soldat dans les troupes de la marine, noyé au service du Roi.

(2) Elle épouse, le 25 février 1754, Jean-Baptiste Le..., à St-Vincent-de-Paul.

(3) Dit Labé.

1761, (16 nov.) St-Joseph, Beauce. [3]
I.—SQUERRÉ, MICHEL, [JEAN-BTE I.
b 1735.
BLANCHARD, Rosalie, [ALEXANDRE.
b 1740.
Marie-Rosalie, b [3] 14 oct. 1762.—*Marie-Louise*, b 9 fevrier 1764.—*Marie-Geneviève*, b [3] 19 nov. 1765.—*Michel*, b [3] 1er sept. 1768.—*Joseph*, b [3] 27 déc. 1771.—*Charles*, b [3] 31 mars 1774.—*Brigitte*, b 1er nov. 1775.—*Marie-Marguerite*, b [3] 14 dec. 1777.

1770, (12 fevrier) St-Joseph, Beauce. [4]
—SQUERRÉ, RENÉ, [JEAN-BTE I.
b 1739.
DOYON, Marguerite, [JEAN IV.
b 1750.
Marie-Marguerite, b [4] 24 déc. 1770; s [4] 12 janvier 1771.—*René*, b [4] 2 juin 1772.—*Jean-Baptiste*, b [4] 22 mars 1774.—*Joseph*, b [4] 27 mai 1776.

1770, (13 août) St-Joseph, Beauce. [5]
—SQUERRÉ (1), JEAN-BTE, [JEAN-BTE I.
b 1737.
HUARD, Geneviève, [JEAN-BTE III.
b 1750.
Jean-Baptiste, b [5] 10 mars 1776.—*Michel*, b [5] 3 et s [5] 9 mars 1778.—*Etienne*, b [5] 27 fevrier et s [5] mars 1779.

1775, (13 nov.) St-Joseph, Beauce.
—SQUERRÉ, JOSEPH, [JEAN-BTE I.
b 1743.
GOURCE (2), Marie-Catherine, [JEAN-BTE I.
b 1746.

1779, (1er fevrier) St-Joseph, Beauce.
—SQUERRÉ, FRANÇOIS, [JEAN-BTE I.
b 1754.
LEMOINE, Marie-Anne, [MICHEL I.
b 1760.

ST. AGNAN.—Voy. DUBOIS—GLINÉ.

1747, (24 juillet) Québec. [3]
—ST. AGNAN (3), ETIENNE,
b 1717; s [3] 2 juin 1798.
CHANDONNET, Marie-Marthe, [CHARLES I.
b 1716.
Marie-Marthe, b [3] 30 avril 1753; m [3] 3 fevrier 1777, à Pierre-Noël MORIN.

ST AGNE.—*Surnoms:* HOGUE—ST. YVES.

1681, (26 nov.) Pte-aux-Trembles, M.
—ST. AGNE (4), JACQUES, b 1643, maître-charron; fils de Jacques et d'Anne Noël, de Rouen, Normandie; s 20 oct. 1709, à Montreal. [2]
CHARTIER, Jaqueline, [GUILLAUME I.
b 1664, s [2] 4 août 1717.

(1) Dit Labé.
(2) Et Gousse.
(3) Voy. Gliné dit St. Agnan, vol. IV, p. 302.
(4) Et St. Yves dit Hogue; voy. vol. I, p. 552.

Jacques, b [2] 6 avril 1688; m [2] 23 février 1718, à Marguerite HÉBERT. — *Augustin*, b [2] 12 février 1690.—*Joseph*, b [2] 9 mai 1692; 1° m [2] 12 janvier 1716, à Marie HÉBERT; 2° m [2] 27 juillet 1723, à Suzanne BOUTIN; 3° m 26 février 1748, à Marguerite RUFIANGE, à Châteauguay.—*Nicolas*, b [2] 13 août 1694.—*Paul*, b [2] 22 avril 1696. — *Marie-Madeleine*, b [2] 11 mars 1697; m [2] 23 nov. 1715, à Pierre LAMOTHE.—*Marie-Jeanne*, b [2] 12 et s [2] 20 nov. 1698.—*Jeanne-Cécile*, b [2] 7 oct. 1699; m [2] 16 fevrier 1733, à Jean-Baptiste HALÉ. — *Geneviève*, b [2] 4 et s [2] 8 janvier 1702.—*Henri*, b [2] 24 avril et s [2] 5 mai 1703. — *Charles*, b [2] 15 et s [2] 20 mai 1704.—*Marie-Anne*, b [2] 12 juillet 1705; 1° m [2] 22 mai 1725, à Antoine DESROSIERS; 2° m 8 avril 1755, à Marc-Antoine HUS, à Sorel [3]; s [3] 1er déc. 1763.

1716, (12 janvier) Montréal. [3]
II.—ST. AGNE (1), JOSEPH, [JACQUES I.
b 1692.
1° HÉBERT, Marie, [THOMAS I.
b 1691; s [3] 20 avril 1718.
Marie-Joseph, b [3] 7 et s [3] 14 déc. 1716.
1723, (27 juillet). [3]
2° BOUTIN (2), Suzanne, [JACQUES II.
b 1704.
Marguerite-Amable, b [3] 24 janvier 1725; s 2 août 1735, à Laprairie. [4] — *Agathe*, b [4] 1er mai 1729; 1° m à Paul LERIGER; 2° m 1er oct. 1764, à Pierre LEMIEUX, à St-Philippe. [5] — *Marie-Madeleine*, b [4] 1er juillet 1731. — *Pierre*, b [4] 22 mars 1733; m 2 nov. 1761, à Elisabeth ROUSSEL, à Lachine. — *Jean-Baptiste*, b [4] 1er juillet 1735. — *Marie-Joseph*, b... m 8 avril 1755, à François-Marie CIRCÉ, à St-Constant. — *Marie-Louise*, b [4] 22 février 1737.—*Charles*, b [4] 18 janvier 1739.— *François-Marie*, b [4] 15 janvier 1741.—*Marie-Véronique*, b [4] 16 oct. 1742; m [5] 6 oct. 1760, à Charles-Clement LERIGER.
1748, (26 février) Châteauguay.
3° RUFIANGE, Marguerite. [BERNARD I.

1718, (23 fevrier) Montréal. [8]
II.—ST. AGNE (1), JACQUES, [JACQUES I.
b 1688.
HÉBERT (3), Marguerite, [THOMAS I.
b 1695; s 18 fevrier 1758, à Contrecœur.
Marie-Joseph, b [8] 9 janvier 1720; s [8] 2 juin 1722. — *Jacques*, b [8] 29 dec. 1722; s [8] 2 janvier 1723.—*Jean-Baptiste*, b [8] 17 fevrier 1724; m 16 fevrier 1746, à Marie-Joseph DESNOYERS, à Laprairie. — *Marie-Marguerite*, b [8] 17 et s [8] 20 déc. 1725.—*Jacques*, b 29 août 1727, à Varennes — *Marie-Joseph*, b 7 fevrier 1731, à la Longue-Pointe.

1746, (16 fevrier) Laprairie.
III.—ST. AGNE (1), JEAN-BTE, [JACQUES II.
b 1724.
DESNOYERS, Marie-Joseph, [JEAN-BTE I.
b 1725; s 6 fevrier 1806, à l'Hôpital-General, M.

(1) Dit St. Yves.
(2) Ou Longtin, 1760—Bertin.
(3) Larose.

Marguerite, b 1746; m 7 sept. 1761, à Jean-Baptiste AUGER, à Montréal. 6 — *Jean-Baptiste*, b 7 mai et s 30 juillet 1750, à Sorel. — *Marie-Amable*, b 20 juillet 1751, à St-Antoine-de-Chambly. — *Marie-Reine*, b 1753; m 6 16 nov. 1772, à François BELLARD.

1761, (2 nov.) Lachine.

III.—ST. AGNE (1), PIERRE, [JOSEPH II.
b 1733.
ROUSSEL, Elisabeth, [ANTOINE II.
b 1729.

1762.

I.—STAHL, GEORGES,
Allemand; maître-tailleur.
ESTERLIN, Anne-Catherine.
Marie-Anne, b 17 juin 1763, au Détroit.

ST. AIGNAN. — Voy. ALBERT — D'ALBERT — GLINÉ—MARSOLET.

1758.

ST. AIGNAN, ...
HALLÉ, Cécile, [JEAN III.
b 1734; veuve de Jacques Boyer.
Cécile, b 1758; s 4 janvier 1759, à St-Laurent, M.

ST.—AMAND.—Voy. ST. AMANT.

ST. AMANT.—Voy. ANDRÉ— CHAMARRE — CHARIER—DEGERLAIS— HUCHEREAU — JUSSEREAU —LADÉROUTE—LEBRET — LEPAGE — PAGÉ— PAGÉSI—PATISSIER — PATROS — PELLERIN— ROBERT—ROCHEREAU.

1686.

I.—ST. AMANT (2), JEAN-BTE,
b 1640; s 27 avril 1695, à Boucherville.
2° GLADUS (3), Catherine, [JEAN I.
b 1666.

1716.

ST. AMANT (4), BENOIT.
HAGUENIER (5), Suzanne, [PAUL II.
b 1692.
Jean-Baptiste, b 3 juillet et s 11 août 1717, à Montreal. 8—*Marie-Catherine*, b 8 nov. et s 8 5 déc. 1719.

1717, (6 sept.) Québec.

II.—ST. AMANT (6), JEAN-BTE, [JEAN-BTE I.
b 1692; s 30 nov. 1764, au Bout-de-l'Ile, M.
ONDOYER, Marie-Anne, [MARTIN I.
b 1697; s 31 janvier 1773, à Montreal.
Jean-Baptiste, b 29 oct. 1718, aux Trois-Rivières; m 3 février 1767, à Marie-Prospère GUIBAUT, à Ste-Anne-de-la-Perade.

1728.

ST. AMANT, JEAN-BTE.
ROCHELEAU, Madeleine.
Marie-Thérèse, b 10 oct. 1729, à Montréal.

1767, (3 février) Ste-Anne-de-la-Pérade

III.—ST. AMANT, JEAN-BTE, [JEAN-BTE II.
b 1718.
GUIBAUT (1), Marie-Prospère, [FRS-JOSEPH III
b 1750.
Jean-Baptiste, b 4 août 1771, à St-Cuthbert 7 —*Marie-Amable*, b 1773; s 7 15 dec. 1776.—*Marie-Louise*, b 1776; s 7 23 mars 1777.—*Marie-Marguerite*, b 7 11 janvier 1778.

ST. AMOUR.—Voy. ADAL et NADAL — AUBIN—BOUCHET—BOULAGUET—BOUTILLET—CRISTIN —LOUVOIS — PAYET et PEYET—ROY — VERVET.

1742.

III.—ST. AMOUR (2), JACQUES, [PIERRE II.
b 1716.
CORON, Marie-Anne, [FRANÇOIS II
b 1720.
Michel, b 27 février et s 26 juin 1744, à Terrebonne.

ST. ANDRÉ.—Voy. ACHIN et HACHIN—ANDRÉ—BOTQUIN—CHOLET—GILBERT—LAFONTAINE—LANDRY—LOT—MARTIN—RAYNARD—THOMAS —VAUDOUX.

1667, (24 oct.) Trois-Rivières.

I.—ST. ANDRÉ (3), ANDRÉ,
b 1646; sergent.
PIÉTON, Françoise,
b 1651; s 19 sept. 1700, à Montréal. 1
Etienne, b 1677; m 1 1er juin 1700, à Marie MARSIL; s 12 oct. 1726, à Longueuil.

1700, (1er juin) Montreal.

II.—ST. ANDRÉ (4), ETIENNE, [ANDRÉ I.
b 1677; s 12 oct. 1726, à Longueuil. 2
MARSIL-L'ESPAGNOLE, Marie, [ANDRÉ I.
b 1680; s 2 7 juin 1728.
Pierre, b 2 6 oct. 1714; m 2 5 février 1742, à Marie-Françoise STE. MARIE; s 2 18 janvier 1752.

1713, (26 sept.) Montréal. 3

I.—ST. ANDRÉ (5), ANTOINE,
b 1673; s 3 16 janvier 1727.
GUILBERT (6), Elisabeth, [JEAN
b 1690.

(1) Dit St. Yves.
(2) Voy. Pagési, vol. VI, p. 194.
(3) Elle épouse, le 1er déc. 1715, Antoine Boyer, à Montréal.
(4) Dit Ladéroute.
(5) Elle épouse, le 25 juillet 1724, Louis Geneteau, à Montréal.
(6) Voy. Pagési, vol. VI, p. 194.

(1) Dit Grandbois.
(2) Voy. Payet, vol. VI, p. 268.
(3) Pour Achin dit St. André, voy. vol. I, p. 1 et vol. II, p. 2.
(4) Pour Achin dit St. André; voy. vol. II, p. 2.
(5) Dit Lafontaine.
(6) Et Lebert; elle épouse, plus tard, Jean Lépine.

Pierre, b [5] 27 nov. 1719; m 18 janvier 1752, à Therèse CHEVALIER, à Quebec [4]; s [4] 13 avril 1760.

1742, (5 fevrier) Longueuil. [5]

III.—ST. ANDRÉ (1), PIERRE, [ETIENNE II.
b 1714; s [5] 18 janvier 1758.
STE. MARIE, Marie-Françoise, [FRANÇOIS II.
b 1724; s [5] 6 sept. 1757.
Pierre, b [5] 6 oct. 1747; m [5] 5 fevrier 1776, à Angelique BENOIT.

1744.

ST. ANDRÉ, PIERRE.
LATREILLE, Marie-Joseph.
Pierre, b 1745; s 20 nov. 1751, au Bout-de-l'Ile, M. [6] — *Marie-Anne*, b 1747, s [6] 18 nov. 1751.—*Rose-Charlotte*, b [6] 28 juin 1750; s [6] 25 nov. 1751.

I.—ST. ANDRÉ, CHARLES,
b 1700; s 12 fevrier 1750, aux Trois-Rivières.
DAUPHIN, Marie-Marthe.
Charles, b 1750; s 2 juin 1752, à Charlesbourg.

1752, (18 janvier) Québec. [7]

II.—ST. ANDRÉ (2), PIERRE, [ANTOINE I.
b 1719; tailleur; s [7] 13 avril 1760.
CHEVALIER (3), Therèse, [LOUIS III.
b 1731.
Pierre, b [7] 28 oct. 1752; s [7] 13 mai 1753.—*Marie-Thérèse*, b [7] 25 fevrier 1754.—*Marie-Joseph*, b [7] 10 fevrier 1756.—*Geneviève*, b [7] 30 sept. et s [7] 8 oct. 1757.—*Marie-Anne*, b [7] 22 sept. 1759.

1776, (5 fevrier) Longueuil. [8]

IV.—ST. ANDRÉ (4), PIERRE, [PIERRE III.
b 1747.
BENOIT, Angélique. [JOSEPH IV.
Amable, b [8] 21 janvier 1786; m [8] 13 juin 1820, à Catherine LAMARRE.

1820, (13 juin) Longueuil. [9]

V.—ST. ANDRÉ (4), AMABLE, [PIERRE IV.
b 1786.
LAMARRE, Catherine, [ALEXIS.
b 1801.
Zoé (5), b [9] 16 sept. 1821; m [9] 18 oct. 1842, à Jean-Baptiste STE. MARIE; s 28 sept. 1864, à St-Hubert.

ST. ANGE.—Voy. CHARLY—GROSTON—RENOU.

(1) Pour Achin dit St. André; voy. vol. II, p. 3.
(2) Dit Lafontaine.
(3) Elle epouse, le 2 juillet 1764, François Rey, à Québec.
(4) Pour Achin dit St. André.
(5) Mère de Dame Marie-Virginie-Rose-Alba Ste. Marie, épouse de M. Eusèbe Senécal, jr., de la maison "Eusèbe Senécal & Fils," imprimeurs-éditeurs, Montréal.

1732, (22 janvier) Trois-Rivières.

III.—ST. ANGE (1), LOUIS, [JEAN-BTE II.
b 1703.
GODFROY DE TONNANCOURT, Ursule, [RENÉ III.
b 1710.
René, b 11 juin et s 12 nov. 1739, à Laprairie.

1768, (9 mai) Longue-Pointe.

I.—STANLY, JEAN, b 1745; fils de Guillaume et d'Elisabeth Larose, de Falmouth, comté de Cornouailles, Angleterre.
MAROUIN, Marie-Madeleine, [LOUIS I.
b 1746.

ST. ANTOINE. — Voy. BARTHÉLEMI — BRUN — FAYE—ICIATE—PAGE—TRANCHANT—VACHER.

I.—ST. ANTOINE, ..., b 1731, soldat; de Morteau, Franche-Comté; s 25 sept. 1757, à Chambly.

1733.

I.—ST. ANTOINE (2), JEAN-BTE.
COUTAUT, Isabelle.
Madeleine, b... m 29 oct. 1770, à Julien LABELLE, à Sorel.

1763, (31 oct.) Québec.

I.—STAPLETON, PATRICE, fils de Wat. et de Marguerite Power, de Kells, Kilkenny, Irlande.
BREAN, Eléonore, veuve de Jean Bergin; fille de Jacques et d'Elisabeth Kinney, de St-Patrice, Kilkenny, Irlande.

I.—STAPLETON, JACQUES, b 1761, distillateur; de Kilkenny, Irlande; s 7 oct. 1793, à Québec.

ST. ARNAUD.—Voy. BERTRAND.

1760.

III.—ST. ARNAUD (3), LOUIS, [PAUL II.
b 1730.
1° LHEUREUX, Marie-Joseph, [JOSEPH III.
b 1733; s 4 mai 1776, à Batiscan.
François, b 12 sept. 1774, à Ste-Anne-de-la-Pérade.

1786, (9 janvier) Batiscan.

IV.—ST. ARNAUD (4), LS-JOSEPH, [LOUIS III.
b 1760.
GAUDIN, Geneviève, [FÉLIX II.
b 1762.
Michel, b 1790; m 27 mai 1819, à Suzanne ROY, à Sioux, Mo.

(1) Voy. Charly, vol. III, p. 19; il achète une Anglaise qu'il fait baptiser le 11 mars 1753, aux Trois-Rivières.
(2) Voy. Antoine Tranchant.
(3) Voy. Bertrand, vol. II, p. 261.
(4) Voy. Bertrand, vol. II, p. 262.

1819, (27 mai) Sioux, Mo.

V.—ST. ARNAUD (1), MICHEL, [LOUIS IV.
b 1790.
ROY, Suzanne, [CHARLES.
veuve de Joseph Guignard.

ST. ARNOULD.—Voy. BERTRAND.

ST. AUBIN.—*Variation et surnoms :* AUBIN—BENJAMIN—CASSE—LAFRANCE—LEVALLIER—SERREAU.

1680, (19 février) Montréal. [7]

I.—ST. AUBIN (2), ADRIEN, fils d'Adrien et de Jaqueline Presar, de St-Rémi, ville de Dieppe, Normandie.
BLOIS (3), Jeanne-Marguerite, [JULIEN I.
b 1667.
Julien, b 9 juin 1683, à Boucherville [8]; m [7] 20 février 1704, à Suzanne COURAULT. — *Marguerite*, b [8] 28 mai 1688; m 2 mai 1709, à Louis JARRET, à Longueuil. [9]—*Jeanne*, b [8] 8 déc. 1691; m [9] 6 nov. 1712, à Jean LAMARRE.—*Marie*, b [8] 20 juillet 1694; m [7] 6 avril 1717, à Pierre TURCOT.—*Charlotte*, b [8] 28 sept. 1696; m [9] 9 nov. 1717, à François DUMAINE.

I.—ST. AUBIN (4), FRANÇOIS.
GUILLEMET, Marie-Madeleine, [NICOLAS I.
b 1678.
Madeleine, b 1700; 1° m 24 février 1721, à François MALBEUF, à Champlain; 2° m 11 janvier 1751, à Guillaume VACHER-LASERTE, à Nicolet.

1704, (20 février) Montréal. [7]

II.—ST. AUBIN, JULIEN, [ADRIEN I.
b 1683.
COURAULT, Suzanne, [CYBAR I.
b 1678; veuve de Jean Gateau.
Denis, b [7] 5 oct. 1704; m [7] 16 février 1733, à Catherine TESSEREAU.— *Joseph*, b [7] 2 avril 1707; m 3 sept. 1731, à Jeanne CUILLERIER, à Lachine. — *Marie-Madeleine*, b [7] 18 mai 1710; 1° m [7] 2 juillet 1727, à Louis PRUDHOMME; 2° m [7] 11 juin 1751, à Pierre CARDINAL. — *Elisabeth*, b [7] 5 avril 1713; m [7] 14 avril 1738, à Pierre HUNAUT; s 29 mai 1739, au Bout-de-l'Ile, M. — *Cécile*, b [7] 28 nov. 1715; m [7] 7 nov. 1735, à Joseph BRAY.—*Jacques*, b [7] 11 déc. 1719.

1707, (7 février) Québec.

I.—ST. AUBIN (5), JEAN,
b 1659; navigateur; s 27 février 1759, au Détroit. [1]
GAUTIER, Marie-Louise, [MATHURIN I.
b 1678; s [1] 26 avril 1768.
Pierre, b [1] 2 mai 1709; m 14 février 1735, à Marguerite FOURNEAU, à Montreal; s [1] 18 janvier 1794.

(1) Bertrand.
(2) Voy. vol. I, p. 553.
(3) Elle épouse, le 6 février 1702, Pierre Aymard, à Longueuil.
(4) Dit Lafrance.
(5) Voy. Casse, vol. II, p. 575.

1711.

I.—ST. AUBIN (1), JEAN-BTE,
b 1672; s 13 juillet 1744, à Montréal.
ALARD, Marie-Jeanne, [JULIEN
b 1676.
Jean-Simon, b 1712; m 11 nov. 1732, à Jeanne VIGEANT, à Chambly.

1716.

II.—ST. AUBIN (2), RENÉ, [RENÉ
b 1692.
BIGRAS, Marie-Françoise. [FRANÇOIS
Anonyme, b et s 17 juin 1720, à la Pointe-Claire.

1731, (3 sept.) Lachine

III.—ST. AUBIN, JOSEPH, [JULIEN II.
b 1707.
CUILLERIER (3), Julienne, [JOSEPH II.
b 1711.
Marie-Catherine, b 1732; m 31 oct. 1751, à Charles CAMPEAU, au Détroit. [5]—*Isabelle*, b 173.; 1° m [5] 10 février 1755, à Charles POUPART, 2° m 12 oct. 1781, à Amable MAILLOU. — *Marie-Anne*, b 23 mars 1744, à Montréal.—*Claude*, b [5] 29 août 1753.

1732, (11 nov.) Chambly. [8]

II.—ST. AUBIN (1), JEAN-SIMON, [JEAN-BTE I.
b 1712.
VIGEANT, Jeanne, [JEAN I.
b 1714.
Pierre, b [8] 24 août 1733; s [8] 27 avril 1750.—*Marie-Françoise*, b 1734; m [8] 25 février 1754, à Pierre JOUBERT.—*Louise*, b... m [8] 4 fevrier 175., à François-Amable MEUNIER-LAFLEUR. — *Marie*, b... m [8] 7 janvier 1761, à Joseph DUPUIS.—*Etienne*, b [8] 26 dec. 1747; m [8] 7 janvier 1766, à Marie-Cecile MAGNY. — *Marie-Madeleine*, b [8] 1er fevrier et s [8] 5 mai 1749. — *Laurent*, b [8] 26 juin 1750.

1733, (16 fevrier) Montreal. [7]

III.—ST. AUBIN, DENIS, [JULIEN II.
b 1704.
TESSEREAU, Catherine, [ANTOINE I.
b 1713.
Jean-Baptiste, b 1742; m [7] 21 janvier 1771, à Marie-Madeleine DESCARIS.

1735, (14 février) Montreal. [5]

II.—ST. AUBIN (4), PIERRE, [JEAN I.
b 1709; voyageur; s 18 janvier 1794, au Détroit. [6]
FOURNEAU, Marguerite, [JEAN I.
b 1711, s [6] 12 juillet 1791.
Marguerite-Catherine, b [5] 15 juin 1735, 1° m 7 nov. 1762, à Charles DUPUIS; 2° m [6] 18 janvier 1768, à Etienne LANGERON. — *Louis*, b [5] 6 juillet 1742; m [6] 26 mai 1775, à Angélique CHEVALIER.

(1) Benjamin dit St. Aubin.
(2) Voy. Aubin, vol. II, p. 65.
(3) De Ribercour.
(4) Voy. aussi Cassé, vol. II, p. 576.

-Pierre, b [5] 9 et s [5] 21 avril 1745. — Louise-Marguerite, b [5] 13 août 1747 ; s [5] 27 avril 1748.— Marguerite, b [5] 1er nov. 1749; m [6] 17 fevrier 1765, à Louis GREFFARD.

ST. AUBIN (1), JEAN-BTE.

1766, (7 janvier) Chambly.

II.—ST. AUBIN (2), ETIENNE, [JEAN-SIMON II.
b 1747.
MAGNY (3), Marie-Cécile, [NICOLAS I.
b 1745.

ST AUBIN, CHARLES,
notaire royal.
ALARY, Angelique.
Michel, b 29 janvier 1771, à Kamouraska.

1771, (21 janvier) Montréal.

IV—ST. AUBIN, JEAN-BTE, [DENIS III.
b 1742.
DESCARIS, Marie-Madeleine, [PAUL III.
b 1749.

ST. AUBIN, FRANÇOIS.
1° BLÉNIER (4), Marie-Marguerite, [JACQUES IV.
b 1759.
1808, (8 août) St-Laurent, M.
2° LAHAYE, Marie-Joseph, [IGNACE-AMABLE III.
b 1780.

ST. BARNABÉ.—Voy. LEPAGE.

ST BARTHÉLEMI.—Voy. SABOURIN.

1755.

I—ST. BERNARD, ...
CAMPEAU, Angelique.
Antoine-Bernard, b 25 avril et s 9 août 1756, au Détroit.

ST. BLIN.—Voy. RAIMBAUT.

ST. CANTIN. — Voy. MORAL-ST. QUENTIN — JOYELLE.

I—ST. CASTIN, LABADIE,
Acadien.
SAUVAGE, Catherine.
Marie-Joseph, b... m 5 février 1774, à Basile LISOT, à St-Joseph, Beauce.

ST. CÈNE.—Voy. SINCENNES.

ST. CERNY.—Voy. DELPÉE.

ST. CERNY, PIERRE.
PANISE, Isabelle.
Jean-Baptiste, b 1726 ; s 13 nov. 1733, à la Rivière-du-Loup.

(1) Notaire Royal, 3 sept. 1770, à Kamouraska.
(2) Benjamin dit St. Aubin.
(3) Ladouceur.
(4) Jarry.

I.—ST. CERNY, JOSEPH.
GAILLON, Catherine,
b 1708 ; s 9 mars 1758, à la Pointe-du-Lac.

ST. CERNY, JOSEPH.
BAUDOIN, Marie-Louise.
Jean-Baptiste, b et s 6 avril 1784, à Repentigny. [9] — *Marie-Angélique*, b [9] 31 août 1787. — *Marie*, b [9] 8 déc. 1788 ; s [9] 4 mars 1795.—*Marie-Archange*, b [9] 30 janvier et s [9] 4 sept. 1790.—*Marguerite*, b [9] 17 février 1794; s [9] 10 mars 1795.— *Victoire*, b [9] 14 juin 1795.

1728, (22 nov.) Montréal. [7]

I.—ST. CHRYSTOPHE (1), CHRISTOPHE, b 1702; fils de Paul-Lajoie et de Marguerite Barrier, de St-Marceau, Périgord.
VALADE, Marie-Françoise, [JEAN I.
b 1713.
Marie-Anne, b [7] 13 février 1730.

ST. CLAUDE.—Voy. THIERRY.

ST. COME.—Voy. COSME.

ST. COSME.—Voy. BUISSON—COSME.

ST. CREPIN.—Voy. NARBONNE.

ST. CYBART.—Voy. BARON.

ST. CYR.—Voy. DESHAIES—ROUILLARD.

I.—ST. CYR (2), JACQUES.

ST. DENIS.—Voy. BIRABIN—DENIS — FOLQUIER QUESNEL.

I.—ST. DENIS (3), PIERRE, b 1626 ; venu, avec sa femme, de Rouen, Normandie ; s 13 sept. 1686, à Ste-Famille, I. O. [1]
BRUNELLE, Vivienne,
b 1626.
Pierre, b 1646 ; m 8 sept. 1670, à Madeleine THIBIERGE, au Château-Richer ; s [1] 12 déc. 1696.

1670, (8 sept.) Château-Richer.

II.—ST. DENIS (3), PIERRE, [PIERRE I.
b 1646 ; s 12 déc. 1696, à Ste-Famille, I. O. [1]
THIBIERGE, Madeleine, b 1645 ; fille de Jacques et de Marguerite Lehouet, de St-Honoré, ville de Blois ; s [1] 16 dec. 1700.
Marie, b [1] 25 mars 1676 ; 1° m [1] 25 juin 1691, à Pierre COURTEAU ; 2° m 25 juin 1714, à Charles SAUCIER, à St-Thomas.

1689, (22 fevrier) Lachine. [1]

I.—ST. DENIS (4), JACQUES,
b 1657.
GAUTIER, Anne, [PIERRE I.
b 1676.

(1) Soldat de Périgny.
(2) Huissier royal, 1787, à Ste-Anne-de-la-Pérade.
(3) Voy. vol. I, p. 553.
(4) Voy. Denis dit St. Denis, vol. I, p. 181, et vol. III, p. 343.

Joseph, b [1] 7 juillet 1700 ; m [1] 15 janvier 1725, à Clémence PICARD.—*Jacques-Michel*, b... 1° m à Marie-Anne PICARD ; 2° m 7 février 1745, à Marie PILON, au Bout-de-l'Ile, M. [2]—*Charles*, b [2] 13 oct. 1709 ; 1° m 17 janvier 1729, à Marie DANY, à Montréal [3] ; 2° m 1737, à Elisabeth PICARD.—*Louis*, b 30 juillet 1714, à la Pointe-Claire ; m [3] 6 fevrier 1736, à Charlotte CHARLEBOIS ; s [2] 15 janvier 1756.

1725, (15 janvier) Lachine.

II.—ST. DENIS (1), JOSEPH, [JACQUES I.
b 1700.
PICARD, Clémence, [JEAN-GABRIEL II.
b 1702.

1729, (17 janvier) Montréal. [5]

II.—ST. DENIS (2), CHARLES, [JACQUES I.
b 1709.
1° DANY, Marie, [JEAN II
b 1708 ; s [5] 10 février 1733.
Charles, b [5] 18 oct. 1729 ; 1° m [5] 7 nov. 1757, à Cunégonde-Amable DESCARIS ; 2° m 11 mai 1767, à Marie-Louise AUBAN, à Lachine.

1737.

2° PICARD, Elisabeth, [JEAN-GABRIEL III (3).
b 1718.
Jean-Baptiste, b 1757 ; m [5] 3 avril 1780, à Françoise-Amable DESMARETS-ABRAHAM.

1730, (24 juillet) Lachine. [1]

I.—ST. DENIS (4), JEAN-BTE, b 1703 ; fils de Pierre et de Marie Rémy, de St-Denis, Paris ; s 19 oct. 1739, au Sault-au-Récollet. [2]
GIBAUT (5), Angélique, [JEAN-BTE II.
b 1715.
Jean-Baptiste, b [1] 28 oct. 1731 ; m 11 juillet 1763, à Marguerite COITEU, à Montréal. [3] — *Jacques*, b 1735 ; m [3] 24 oct. 1757, à Marie-Angelique LENOIR.—*Charles*, b [2] 12 avril 1739.

II.—ST. DENIS (6), JACQUES-MICHEL. [JACQUES I.
1° PICARD, Marie-Anne, [JEAN-GABRIEL II (7).
b 1704.
Michel, b... m 10 février 1766, à Marie-Archange LÉGER, au Bout-de-l'Ile, M. [2]— *Antoine*, b... m 20 oct. 1773, à Marie-Françoise LEDUC, à la Pointe-Claire. [3]— *Paschal*, b... m [3] 16 janvier 1775, à Marie-Céleste VIVIER.

1745, (7 février). [2]

2° PILON, Marie. [JEAN II.
Marie-Joseph, b [2] 12 janvier 1766 ; m 15 nov. 1790, à Louis LOUISEIZE, à l'Ile-Perrot.

(1) Marié sous le nom de Denis.
(2) Voy. Denis dit St. Denis, vol. III, p. 344.
(3) Voy. vol. I, p. 482.
(4) Birabin dit St. Denis ; voy. vol. II, p 287.
(5) Elle épouse, le 15 janvier 1742, Jean-Baptiste Morel, à Montréal.
(6) Voy. aussi Denis, vol. III, p. 345.
(7) Voy. vol. I, p. 482.

1736, (6 février) Montréal.

II.—ST. DENIS (1), LOUIS, [JACQUES I
b 1714 ; s 15 janvier 1756, au Bout-de-l'Ile, M. [6]
CHARLEBOIS (2), Charlotte, [JACQUES-CHS II
b 1717.
Jacques, b [6] 9 oct. 1745 ; 1° m [6] 2 février 1767, à Marie-Joseph RANGER ; 2° m à Marie-Catherine NEVEU.

I.—ST. DENIS, JOSEPH.
....
Marie-Joseph, b 1744 ; m 15 juin 1767, à Joseph MALLET, à la Pointe-Claire.

1757, (24 oct.) Montréal. [1]

II.—ST. DENIS (3), JACQUES, [JEAN-BTE I
b 1735.
LENOIR, Marie-Angélique, [JACQUES II
b 1736.
Jacques, b [1] 23 août 1758. — *Marie-Angélique*, b... m 25 nov. 1793, à Jean-Baptiste GALIPEAU, à Lachine. [2] —*Marie-Louise*, b [2] 10 juin 1769.

1757, (7 nov.) Montréal.

III.—ST. DENIS (4), CHARLES, [CHARLES II
b 1729.
1° DESCARIS, Cunégonde-Amable, [JOSEPH III
b 1732.
Joseph-Charles, b 29 août 1760, à St-Laurent, M. ; m 23 fevrier 1784, à Angélique DENIAULT, à Lachine. [7]

1767, (11 mai). [7]

2° AUBAN, Marie-Louise, [FRS-HONORÉ I
b 1737 ; veuve de Pierre-Noel Legault-Deslauriers.

1762.

ST. DENIS, LOUIS,
s 19 mai 1764, au Bout-de-l'Ile, M. [6]
ROY (5), Marie-Joseph.
Marie-Barbe, b [6] 8 déc. 1762.—*Charlotte* (posthume), b [6] 9 nov. 1764.

1762.

ST. DENIS, JACQUES.
ROY, Marie-Louise.
Marie-Joseph, b 18 mai et s 15 août 1763, au Bout-de-l'Ile, M. [7] — *Pierre*, b [7] 28 juin 1765 m 16 janvier 1792, à Marie-Louise MALLET, à Vaudreuil.—*Anonyme*, b [7] et s [7] 1er juillet 1766. —*Antoine*, b 7 août 1767, à la Pointe-Claire

1763, (11 juillet) Montréal. [6]

II.—ST. DENIS (3), JEAN-BTE, [JEAN-BTE I
b 1731.
COITEU (6), Marguerite, [FRANÇOIS II
b 1735.

(1) Voy. aussi Denis, vol. III, p. 344.
(2) Elle épouse, le 17 janvier 1757, Antoine Sauvé, au Bout-de-l'Ile, M.
(3) Birabin dit St. Denis.
(4) Denis dit St. Denis, voy. vol. III, p. 345.
(5) Elle épouse, le 3 février 1767, Charles Dubois, au Bout-de-l'Ile, M.
(6) Tante de M. René Coiteu, ancien curé de Ste-Anne-de-Mascouche, décédé à Terrebonne le 2 avril 1834.

Michel-Zacharie, b [6] 12 mai 1764; 1° m [6] 16 février 1784, à Françoise MÉNARD; 2° m [6] 26 nov. 1792, à Marie-Thècle NOEL. — Marie-Madeleine, b [6] 3 février 1766. — Jean-Baptiste, b [6] 12 mars 1768; m [6] 3 mars 1794, à Marie-Louise NOEL.— Louis, b [6] 30 juin 1770.—Marguerite, b [6] 16 avril 1772.—François-Xavier, b [6] 20 juin 1773.—Toussaint, b [6] 28 oct. 1774.—Marie-Charlotte, b [6] 20 juillet 1776.

1766, (10 février) Bout-de-l'Ile, M. [7]

II.—ST. DENIS, MICHEL. [JACQUES-MICHEL II.
LÉGER (1), Marie-Archange, [ETIENNE II.
b 1745; s 5 avril 1810, à l'Ile-Perrot. [8]
Marie-Louise, b [7] 18 juin 1767; s [8] 1er avril 1789 — Paschal, b 28 sept. 1772, à la Pointe-Claire [9]; 1° m [8] 8 juin 1795, à Françoise MONPETIT; 2° m [8] 6 février 1804, à Rosalie DAOUST. —Joseph, b [9] 26 mars et s [9] 16 juillet 1774. — Antoine, b... m 23 juillet 1798, à Marie-Rose CAMPEAU, à Vaudreuil.

1767, (2 février) Bout-de-l'Ile, M. [5]

II.—ST. DENIS (2), JACQUES, [LOUIS II.
b 1745.
1° RANGER (3), Marie-Joseph, [JOSEPH III.
b 1752.
Joseph, b [5] 22 janvier 1768; m [5] 10 nov. 1788, Marie-Archange LALONDE.
2° NEVEU, Marie-Catherine.
Jacques, b... 1° m [5] 16 février 1795, à Marie-Joseph DAOUST; 2° m 31 mai 1802, à Marie-Amable-Madeleine SAUVÉ, à l'Ile-Perrot. — Jean-Baptiste, b 1780; s [5] 3 janvier 1792. — Marie-Charlotte, b 3 avril 1783, à Vaudreuil. [6] — Amable, b... m [6] 25 août 1806, à Archange POIRIER.

1773, (20 oct.) Pointe-Claire.

II.—ST. DENIS, ANTOINE. [JACQUES-MICHEL II.
LEDUC, Marie-Françoise, [CHS-MICHEL II.
b 1751.

1775, (16 janvier) Pointe-Claire.

II.—ST. DENIS, PASCHAL. [JACQUES-MICHEL II.
VIVIER (4), Marie-Celeste. [JEAN-BTE.
Paschal, b 28 juin et s 16 juillet 1794, à Vaudreuil. [2] —Marie-Joseph, b [2] 15 mai et s [2] 13 juillet 1795.—Antoine, b [2] 20 avril et s [2] 3 mai 1799.

1780, (3 avril) Montréal. [5]

II.—ST. DENIS, JEAN-BTE, [CHARLES II.
b 1757.
DESMARETS-ABRAHAM, Frse-Amab., [PIERRE III.
b 1759.
Nicolas-Augustin, b [5] 28 oct. 1785. — Marie-Louise, b [5] 27 mai 1789. — Charles-Amable, b [5] 4 juillet 1790.—Marie, b [5] 16 mars 1792. — François, b [5] 15 juillet et s [5] 13 déc. 1793. — Jean-Baptiste, b... m [5] 4 nov. 1817, à Agathe CHARLEBOIS.—Marie-Geneviève, b [5] 19 juin 1796.—François-Xavier, b [5] 2 août 1798 (1). — François, b... m [5] 27 nov. 1826, à Marie-Louise ROY.

(1) Parisien.
(2) Denis dit St. Denis, voy. vol. III, p 346.
(3) Laviolette.
(4) Ladouceur.

1784, (16 février) Montréal. [7]

III.—ST. DENIS (2), MICHEL-ZACH., [J.-BTE II.
b 1764.
1° MÉNARD, Françoise, [JOSEPH IV.
b 1760; s [7] 12 juillet 1791.
Jean-Baptiste, b [7] 7 déc. 1784; m [7] 19 nov. 1804, à Marie-Adélaïde LECAVELIER; s 31 août 1880, à N.-D.-de-Toutes-Grâces.—Joseph, b [7] 10 dec. 1785.—Françoise, b [7] 27 déc. 1786.—François, b [7] 23 mars 1789.—Marie-Geneviève, b [7] 12 juin 1790.—Marie-Euphrosine, b [7] 4 juillet 1791.

1792, (26 nov.) [7]

2° NOEL, Marie-Thècle, [JOSEPH-MARIE III.
b 1759.
Anonyme, b [7] et s [7] 26 août 1793. — Marie, b [7] 19 dec. 1794.—Michel, b [7] 12 janvier 1797.

1784, (23 fevrier) Lachine. [6]

IV.—ST. DENIS, JOS.-CHARLES, [CHARLES III.
b 1760.
DENIAULT, Angélique. [NOEL.
Charles, b... 1° m [6] 19 février 1810, à Thérèse MAICHE; 2° m 11 janvier 1841, à Amable ROQUE, à Montréal. [7] — Pierre, b... 1° m à Marguerite LALONDE; 2° m [7] 25 janvier 1842, à Amable ROQUE. — Joseph, b... m [7] 18 février 1822, à Marguerite FORTIN.

1788, (10 nov.) Bout-de-l'Ile, M.

IV.—ST. DENIS, JOSEPH, [JACQUES III.
b 1768.
LALONDE, Marie-Archange.

1792, (16 janvier) Vaudreuil.

ST. DENIS, PIERRE, [JACQUES.
b 1765.
MALLET, Marie-Louise. [LOUIS.

1794, (3 mars) Montreal. [1]

III.—ST. DENIS (2), JEAN-BTE, [JEAN-BTE II.
b 1768.
NOEL, Marie-Louise, [JOSEPH-MARIE III.
b 1775.
Marie-Sophie, b [1] 23 nov. 1794.—Jean-Baptiste, b [1] 20 juin 1796. — François-Xavier, b [1] 8 sept. 1797.—André, b [1] 11 nov. 1798.—Marie-Adélaïde, b [1] 10 nov. 1799. — Michel, b [1] 7 déc. 1800. — Léocadie, b [1] 27 janvier 1802.—Marie-Louise, b [1] 28 dec. 1803.—Joseph, b [1] 29 nov. 1805.—Marie-Elie, b [1] 11 fevrier 1807.—Henriette, b [1] 17 sept. 1808.—Léon, b [1] 30 nov. 1810.

1795, (16 février) Bout-de-l'Ile, M.

IV.—ST. DENIS, JACQUES. [JACQUES III.
1° DAOUST, Marie-Joseph.

1802, (31 mai) Ile-Perrot.

2° SAUVÉ, Marie-Amable-Madeleine. [LOUIS.

(1) Décédé cette même année.
(2) Birabin dit St. Denis.

1795, (8 juin) Ile-Perrot. [9]
IV.—ST. DENIS, Paschal. [Michel III.
1° Monpetit, Françoise. [Pierre.
Paschal, b [9] et s [9] 20 sept. 1802.
1804, (6 février). [9]
2° Daoust, Rosalie. [Gabriel.
Paschal, b [9] 15 déc. 1804.— *Euphrosine,* b [9] 2 février 1807; s [9] 11 nov. 1834. — *Rosalie,* b [9] 14 déc. 1808; m [9] 12 fevrier 1833, à François Lalonde; s [9] 26 février 1864. — *Pierre,* b [9] 21 janvier 1811; m [9] 2 mars 1835, à Mathilde Campeau. —*Sophie,* b [9] 26 mai 1814; m [9] 24 février 1840, à Toussaint Brault-Pominville.— *Michel,* b [9] 20 nov. 1816; m 3 fevrier 1845, à Marie-Louise Normandeau, au Bout-de-l'Ile, M. — *Moïse,* b [9] 27 mars 1819.

1798, (23 juillet) Vaudreuil. [8]
IV.—ST. DENIS, Antoine. [Michel III.
Campeau, Marie-Rose. [Jean-Bte.
Antoine, b 24 sept. 1799, à l'Ile-Perrot [9]; s [9] 18 juin 1825.— *Michel,* b [9] 20 avril 1801, m [9] 25 sept. 1826, à Amable Deguire. — *Marie-Victoire,* b [9] 2 juillet et s [9] 30 nov. 1802. — *Rosalie,* b [9] 14 déc. 1803; s [9] 10 oct. 1804. — *Séraphin,* b [9] 21 mars 1805. — *Euphrosine,* b [8] 23 février 1807; m à Jean-Baptiste Monpetit; s [9] 22 juillet 1845.— *Isabelle,* b [9] 28 nov. 1808; s [9] 19 janvier 1830.— *Justine,* b [9] 16 juin 1810; s [9] 9 juin 1827.—*Marie-Rose,* b [9] 24 sept. 1811. — *François-Xavier,* b [9] 6 mars et s [9] 29 juillet 1813. — *Euzèle,* b [9] 3 mai 1816; m [9] 15 nov. 1836, à Pierre Monpetit. — *François-Xavier,* b [9] 3 avril 1818; m [9] 13 sept. 1841, à Tharsille Pineault.—*Hypolite,* b [9] 3 avril et s [9] 18 août 1818.

1804, (19 nov.) Montréal. [1]
IV.—ST. DENIS (1), Jean-Bte, [Michel III.
b 1784; s 31 août 1880, à N.-D.-de-Toutes-Grâces. [2]
Lecavelier, Marie-Adélaïde, [Toussaint IV (2).
b 1789; s [2] 25 nov. 1862.
Marie-Scholastique, b [1] 27 nov. 1805.—*Augustin,* b [1] 12 nov. 1807. — *Marie-Adélaïde,* b [1] 30 juillet 1810.—*Marie-Emélie-Flavie,* b [1] 12 janvier 1813. — *Marie-Flavie,* b [1] 9 août 1814. — *Marie-Théophile,* b [1] 29 fevrier 1816; m [1] 29 avril 1839, à Henriette Ryan. — *Marie-Flavie,* b [1] 27 avril 1817.—*Hélène,* b [1] 3 avril 1818; m [1] 15 avril 1839, à Léandre Chaput (3). — *Marie-Mathilde,* b [1] 9 déc. 1819.—*Louis-Dolphis,* b [1] 28 juin 1822. —*Marie-Onésime,* b [1] 19 déc. 1823. — *Zéphirin-Augustin,* b [1] 24 sept. 1828. — *Marie-Flavie-Hermine,* b [1] 3 février 1831.—*Edouard-Maximin,* b [1] 10 nov. 1833; 1° m 28 mai 1856, à Marie-Mathilde Maillou, à Laprairie; 2° m [1] 31 juillet 1883, à Emma Sancer.

1806, (25 août) Vaudreuil.
IV.—ST. DENIS, Amable. [Jacques III.
Poirier, Archange. [Joseph.

(1) Birabin dit St. Denis.

(2) Fils d'Eustache Lecavelier et d'Hélène Viau, voy. Cavelier, vol. II, p. 588.

(3) Fonde, en 1842, la maison " L. Chaput, Fils et Cie," marchands-épiciers, Montreal.

1810, (19 février) Lachine.
V.—ST. DENIS, Charles. [Jos.-Charles IV.
1° Maiche, Thérèse. [Joachim.
1841, (11 janvier) Montréal.
2° Roque (1), Amable,
veuve de Louis Baudoin.

1817, (4 nov.) Montréal.
IV.—ST. DENIS, Jean-Bte. [Jean-Bte III.
Charlebois, Agathe.

V.—ST. DENIS, Pierre. [Joseph-Charles IV.
1° Lalonde, Marguerite.
1842, (25 janvier) Montréal.
2° Roque, Amable,
veuve de Charles St. Denis.

1822, (18 fevrier) Montréal. [1]
V.—ST. DENIS, Joseph. [Joseph-Charles IV.
Fortin, Marguerite. [Jean-Bte.
Etienne, b... m [1] 28 juillet 1857, à Marguerite-Philomène Laurent-Lortie.—*Charles-Marie,* b [1] 10 janvier 1842.

1826, (25 sept.) Ile-Perrot [4]
V.—ST. DENIS, Michel, [Antoine IV.
b 1801; s [4] 8 avril 1861.
Deguire, Amable. [François.
Amable, b [4] 29 juin 1827.—*Amable-Rachel,* b [4] 17 juillet 1828; m [4] 16 nov. 1846, à Jeremie Groux.—*Elisabeth,* b [4] 4 dec. 1830.—*Euphrosine,* b [4] 19 déc. 1832; m [4] 17 février 1857, à Joseph Brabant.—*Séraphin,* b [4] 7 avril 1835; s [4] 23 mars 1840. — *Victoire-Philomène,* b [4] 17 août 1837. — *Adéline,* b 9 mars 1839, au Bout-de-l'Ile, M.—*Célanire,* b... m [4] 12 nov. 1867, à Louis Telmesse. — *Emélie,* b [4] 8 mars 1842.—*Marie-Virginie,* b [4] 22 nov. 1846.—*Louise,* b 1847, s [4] 16 janvier 1869.

1826, (27 nov.) Montreal. [5]
IV.—ST. DENIS, François. [Jean-Bte III.
Roy, Marie-Louise.
François, b [5] 25 janvier 1828 —*Marie-Louise,* b [5] 2 oct. 1830.—*Marie-Angélique,* b [5] 8 déc. 1832. — *François-Xavier,* b [5] 22 nov. 1836 — *Louis,* b [5] 25 avril 1839.—*Marie-Cléophas,* b [5] [illegible] nov. 1841.—*Marie-Rose-de-Lima,* b [5] 8 février 1845. —*Marie-Elisabeth-Hermine,* b [5] 7 nov. 18[illegible]

1835, (2 mars) Ile-Perrot. [6]
V.—ST. DENIS, Pierre, [Paschal IV.
b 1811.
Campeau, Mathilde. [Louis.
Marie-Madeleine, b 21 nov. 1835, au Bout-de-l'Ile, M —*Rosalie,* b... m [6] 24 nov. 1868, à Fabien Lecompte.—*Moïse,* b... m [6] 24 fevrier 1873, à Salomee Daoust —*Marie-Lumina,* b [6] 7 oct 1851 m [6] 24 août 1875, à Thomas Mongrain.—*Marie-Odille,* b [6] 1er janvier 1856.

(1) Elle épouse, le 25 janvier 1842, Pierre St. Denis, à Montréal.

1839, (29 avril) Montréal.[3]

V.—ST. DENIS (1), THÉOPHILE, [JEAN-BTE IV.
b 1816 ; marchand.
RYAN, Henriette. [NICOLAS.
Henriette, b [3] 2 janvier 1840.—*Jean*, b [4] 25 sept. 1842.

1841, (13 sept.) Ile-Perrot.

V.—ST. DENIS, FRS-XAVIER, [ANTOINE IV.
b 1818.
PINEAULT, Marie-Tharsille.

1845, (3 fevrier) Bout-de-l'Ile, M.

V.—ST DENIS, MICHEL, [PASCHAL IV.
b 1816.
NORMANDEAU, Marie-Louise.

1856, (28 mai) Laprairie.

V.—ST. DENIS (2), EDOUARD, [JEAN-BTE IV.
b 1833 ; marchand.
1° MAILLOU, Marie-Mathilde, [CHARLES VI (3).
b 1836 ; s 13 mai 1882, à Montréal.[3]
Joseph-Maximin, b [3] 14 mai 1857 ; ordonné [3] 7 juin 1884.—*Joseph-Edouard-Augustin*, b [3] 21 mars et s [3] 5 avril 1859.—*Marie-Monique-Angélina*, b [3] 4 mai 1860.—*Marie-Mathilde-Emma*, b [3] 16 juillet 1864 ; m [3] 24 sept. 1889, à Edouard-Desire MARCEAU (4). —*Marie-Edouard-Alphonse*, b [3] 3 janvier et s 9 juillet 1867, à N.-D.-de-Toutes-Grâces.[4] — *Marie-Adélaïde-Elisa*, b [3] 23 mai 1869.—*Marie-Anne-Elisabeth*, b [3] 3 oct. 1873 ; s [4] 4 mars 1874.

1883, (31 juillet).[3]

2° SANCER, Emma (5), [JEAN-BTE V.
b 1836.

1857, (28 juillet) Montréal.

VI—ST. DENIS, ETIENNE. [JOSEPH V.
LAURENT (6), Marguerite-Philomène. [AMABLE.

1873, (24 février) Ile-Perrot.

VI.—ST. DENIS, MOISE. [PIERRE V.
DAOUST, Salomee. [JEAN-BTE.

ST. DISIER.—Voy. BRIQUET—NIVARD.

STEBBENS.—*Variations :* STEBEN—STEBENNE—STEBENS.

I.—STEBBENS, JEAN.
ALEXANDER, Dorothee.
Abigaïl-Marguerite (7), née 4 janvier 1684, à Dearfield, Nouvelle-Angleterre [8] ; b 28 mai 1708, à Montreal ; m [8] 14 février 1704, à Jacques DESNOIONS (1). — *Thérèse-Louise* (2), née vers 1685, dans la Nouvelle-Angleterre ; b 23 avril 1707, à Chambly ; m 4 février 1711, à Adrien GRAIN-LAVALLÉE, à Boucherville. — *Elisabeth*, b... m 29 juillet 1715, à Ignace RAIZENNE, au Lac-des-Deux-Montagnes. — *Joseph*, b... m 1740, à Marguerite SANSOUCY.

(1) Birabin dit St. Denis.

(2) Birabin dit St. Denis.—Associé de la maison "L. Chaput, Fils et Cie," marchands-épiciers, Montréal.

(3) Petit-fils de Pierre Maillou et de Marie-Louise Maguan, voy. vol. V, p. 470.

(4) De la maison "L. Chaput, Fils et Cie."

(5) Baptisée sous les noms de Monique-Aima.

(6) Lortie.

(7) Mariée par un ministre à Dearfield, elle vint s'établir à Boucherville avec son mari, sergent dans la compagnie de Tonty. Elle eut pour parrain le gouverneur Rigaud de Vaudreuil, et pour marraine Marguerite Bouat, epouse d'Antoine Pacaud, commis-trésorier des deniers du Roy.

1740.

II.—STEBBENS, JOSEPH. [JEAN I.
SANSOUCY (3), Marguerite.
Suzanne, b... m 26 janvier 1761, à Claude BENOIT, à Chambly.[8] — *Jean-Baptiste*, b... m [8] 5 fevrier 1762, à Marie-Joseph MACÉ. — *François*, b [8] 11 juillet 1751.—*Marie-Anne*, b [8] 25 mai 1753.

1762, (5 février) Chambly.

III.—STEBBENS, JEAN-BTE. [JOSEPH II.
MACÉ (4), Marie-Joseph, [FRANÇOIS II.
b 1746.

STEBEN.—Voy. STEBBENS.

STEBENNE.—Voy. STEBBENS.

STEBENS.—Voy. STEBBENS.

STÈBRE.—Voy. ESTÈVE.

STE. ELISABETH, b 1693 ; religieuse de la Congrégation N.-D. ; s 14 mai 1756, au Château-Richer.

STE. FOY.—Voy. STE. FOYE.

STE. FOYE.—Voy. CALVÉ—JARRY — LAFARGUE.

II.—STE. FOYE (5), FRANÇOIS. [FRANÇOIS I.
BIGRAS, Angélique, [FRANÇOIS I.
b 1703.
Marie-Madeleine, b 1724 ; 1° m 27 mai 1743, à François COURSEL, à Montréal [1] ; 2° m [1] 16 mai 1774, à Vincent PLINGUET.

STE. HÉLÈNE.—Voy. LEMOINE.

1758, (16 janvier) Quebec.

I.—STEINDRE, JOSEPH, soldat ; fils de Maurice et de Dorothée Nitrebergue, de St-Ansantasandrevalde, diocèse de Lucerne, Suisse.
KIRDREMANINE, Agnès, fille de Jean et d'Anne Eustceling, de Strasbourg, Alsace.

1790.

I.—STEINGER (6), PHILIPPE-JACQUES.
WALKNER, Marie-Agathe.
Marie-Geneviève, b 29 août 1792, à St-Cuthbert.[8] — *François-Xavier*, b [8] 30 août et s [8] 20 nov. 1794.

(1) De Noyon.

(2) Filleule de François Hertel de Périgny et de Louise De la Valtrie.

(3) Elle épouse, le 25 janvier 1761, Jean-Bte Ménard, à Chambly.

(4) Voy. Massé.

(5) Voy. Calvé, vol. II, p. 527.

(6) Il signe Stengre.

ST. ELOY.—Voy. DELISLE—GUYON.

STE. MARIE.—Voy. LAMBERT—MARIE—RACINE.

1667, (31 mai) Montréal. [1]
I.—STE. MARIE (1), LOUIS, fils de Louis et de Marguerite Leigné, de St-Symphorien, ville de Tours, Touraine ; s [1] 2 dec. 1702.
GOARD, Mathurine, fille de Gilles et de Catherine Léger, de St-Sulpice, Paris.
François, b 19 avril 1681, à la Pte-aux-Trembles, M. ; 1° m 26 janvier 1705, à Marguerite BOURBON, à Longueuil [7]; 2° m [7] 27 juin 1723, à Madeleine SUPERNON.

1705, (26 janvier) Longueuil. [7]
II.—STE. MARIE (1), FRANÇOIS, [LOUIS I.
b 1681; cultivateur.
1° BOURBON, Marguerite, [JEAN I.
b 1685; s [7] 5 janvier 1723.
François, b [7] 23 janvier 1706; m [7] 3 février 1739, à Marie-Joseph MARSIL.
1723, (27 juin). [7]
2° SUPERNON, Madeleine, [MARIN I.
b 1700; s [7] 9 février 1758.
Antoine, b [7] 29 mars 1736 ; m [7] 29 sept. 1760, à Marie-Félicité PATENOTE.

1739, (3 février) Longueuil. [8]
III.—STE. MARIE, FRANÇOIS, [FRANÇOIS II.
b 1706; cultivateur.
MARSIL, Marie-Joseph, [ANDRÉ II.
b 1720; s [8] 19 fevrier 1762.
André, b [8] 7 mars 1746 ; m [8] 22 nov. 1773, à Catherine CHARRON ; s [8] 28 juillet 1807. — *Toussaint*, b [8] 16 déc. 1752 ; m [8] 10 nov. 1783, à Marie-Anne TRUTEAU.

1752, (17 oct.) Québec [9]
IV.—STE. MARIE (2), LS-CHS, [LOUIS-JOS. III.
b 1732.
MÉNARD, Angélique-Charlotte, [JACQUES II.
b 1726 ; s [9] 6 janvier 1789.

1760, (29 sept.) Longueuil. [1]
III.—STE. MARIE (3), ANTOINE, [FRANÇOIS II.
b 1736.
PATENOTE, Marie-Félicité. [CHARLES III.
Antoine, b [1] 25 oct. 1761, m [1] 20 oct. 1783, à Louise MARSIL.

1773, (22 nov.) Longueuil. [2]
IV.—STE. MARIE, ANDRÉ, [FRANÇOIS III.
b 1746; cultivateur ; s [2] 28 juillet 1807.
CHARRON, Catherine, [JEAN-BTE III.
b 1753.
André, b 1774 ; m [2] 11 nov. 1805, à Elisabeth VINCENT ; s [2] 12 juillet 1858.

1783, (20 oct.) Longueuil.
IV.—STE. MARIE, ANTOINE, [ANTOINE III.
b 1761.
MARSIL, Louise. [NICOLAS III.

(1) Voy. aussi Marie, vol. V, p. 512.
(2) Voy. Lambert dit Ste. Marie, vol. V, p. 113.
(3) Voy. aussi Marie, vol. V, p. 518

1783, (10 nov.) Longueuil.
IV.—STE. MARIE, TOUSSAINT, [FRANÇOIS III
b 1752.
TRUTEAU, Marie-Anne,
veuve de Jean-Baptiste Vincent.

1805, (11 nov.) Longueuil. [4]
V.—STE. MARIE, ANDRÉ, [ANDRÉ IV
b 1774; cultivateur; s [4] 12 juillet 1858.
VINCENT, Elisabeth, [PIERRE II
b 1786.
André, b [4] 30 nov. 1807; m [4] 2 oct. 1832, Louise LAMARRE ; s 16 juillet 1885, à St-Hubert. —*Pierre*, b [4] 26 janvier 1809 ; m [4] 8 oct. 1833, Marie BRAY-LABONTÉ.—*Michel*, b [4] 13 dec. 1813; m [4] 6 oct. 1835, à Sophie ADAM-LARAMÉE.—*Jean-Baptiste*, b [4] 7 juin 1817 ; 1° m [4] 18 oct. 1842, à Zoé ACHIN ; 2° m 21 oct. 1871, à Tharsille Ida LAROCQUE, à Montreal (évêché) ; s [5] 19 juillet 1887.

1832, (2 oct.) Longueuil. [8]
VI.—STE. MARIE, ANDRÉ, [ANDRÉ V
b 1807 ; s 16 juillet 1885, à St-Hubert
LAMARRE, Louise. [ALEXIS
Anonyme, b [8] et s [8] 5 oct. 1833.—*Marie-Héloïse*, b [8] 19 déc. 1834 ; s [8] 7 fevrier 1837.—*André*, b [8] 1 oct. 1837 ; s [8] 8 mars 1839.—*Marie-Onésime*, b 13 mai 1839 ; m [8] 14 oct. 1856, à Antoine ROCHELEAU (1).

1833, (8 oct.) Longueuil.
VI.—STE. MARIE, PIERRE, [ANDRÉ V
b 1809.
BRAY-LABONTÉ, Marie. [AMABLE

1835, (6 oct.) Longueuil.
VI.—STE. MARIE, MICHEL, [ANDRÉ V
b 1813.
ADAM-LARAMÉE, Sophie, [FRANÇOIS
b 1817.

1842, (18 oct.) Longueuil. [6]
VI.—STE. MARIE, JEAN-BTE, [ANDRÉ V
b 1817 ; cultivateur ; s 19 juillet 1887, à St-Hubert. [7]
1° ACHIN-ST. ANDRÉ (2), Zoé, [AMABLE V
b 1821 ; s [7] 28 sept. 1864.
Jean-Baptiste-Napoléon, b [6] 13 dec. 1843, m 2? sept. 1872, à Zoe PLANTE, à Taunton, Mass. — *Marie-Basilisse*, b [6] 31 juillet 1845 ; sœur Pierre-Baptiste (3), le 28 oct. 1864, (religieuse des SS. NN. de Jésus et Marie, Hochelaga, Montréal). — *Rose-de-Lima*, b [6] 25 fevrier 1847 ; s [7] 1? août 1864. — *Pierre*, b [6] 1er juillet 1849, m [7] 1? nov. 1871, à Marie MARSIL. — *Elie-André*, b [6] 2? mars 1851 ; m 25 juin 1872, à Marie-Rose-Anne CYR, à Chicago, Ill. — *Marie* (4), b [6] 2 dec. 1852 s [7] 4 mars 1867.—*Marie-Arline*, b [6] 30 mai 1855 sœur Marie-Marguerite-du-St-Sacrement, mar 1874 (religieuse des SS. NN. de Jésus et Marie, Hochelaga, Montréal). — *Marie-Azilda-Justine*

(1) M. P. P. pour le comté de Chambly.
(2) Voy. St. André, vol. VII, p. 213.
(3) Appelée aujourd'hui sœur Pierre-d'Yédo.
(4) Appelée Marie-Rose à l'acte de sa sépulture.

22 déc. 1856 ; sœur Marie-Andre, (religieuse SS. NN. de Jésus et Marie, Hochelaga, ntréal) ; s[6] 19 mai 1877.—*Antoine-Hubert*, né[6] t b[6] 13 mars 1859.—*Marie-Virginie-Rose-Alba*, 6 juin 1861 ; m[7] 15 sept. 1881, à Jean-Jacques-ebe SENÉCAL (1).

1871, (21 oct.) Montréal.

LAROCQUE, Tharsille-Ida. [ALBERT.

1871, (14 nov.) St-Hubert. [8]

—STE. MARIE, PIERRE, [JEAN-BTE VI.
b 1849.
ARSIL, Marie. [JOSEPH.
arie-Georges-Henri, b 22 sept. 1872, à Cham-—*Maria-Alma* (2), b[8] 12 dec. 1873.—*Aurèle-*, b[8] 8 avril et s[8] 11 août 1875. — *Joseph-rien-Edwin*, b[8] 9 juillet 1876. — *Joseph-rre-Aldéric*, b 29 août 1877, à Montréal.[9] — *rie-Rose-Frédérica*, b 4 juin 1880, à Hoche-—*Marie-Emélie-Edwidge*, b[9] 11 oct. 1882.—*ia-Angélina*, b 14 mai 1885, à St-Jérôme.[7] — *ph-Pierre-Ernest*, b[7] 17 juin 1887. — *Joseph-rre-Jean-Baptiste*, b[7] 25 juillet 1888.

1872, (25 juin) Chicago, Ill. [4]

I.—STE. MARIE, ELIE-ANDRÉ, [JEAN-BTE VI.
b 1851.
CYR, Marie-Rose-Anne.
ean-Baptiste-Arthur-Philippe, b[4] 5 février 5.—*Philippe-André-Paul*, b 20 mars 1887, à ntréal.

1872, (21 sept.) Taunton, Mass.

I.—STE. MARIE, J.-BTE-NAP., [JEAN-BTE VI.
b 1843.
PLANTE, Zoé, [HONORÉ.
b 1852.
oseph-Alfred, né 19 et b 22 février 1877, à ston, Mass.— *Marie-Ida-Herma*, née 26 et b 29 it 1880, à New-Haven, Conn. — *Arthur*, né 30 t. et b 2 oct. 1887, à New-York.

1757, (17 janvier) Québec. [9]

-STE. MARTHE, CHARLES-FRANÇOIS, sergent ; fils de François (commissaire provincial des guerres) et de Charlotte Hallier, de Notre-Dame-de-Versailles, Paris.
DOURLET, Anne-Marguerite, veuve de Charles Gravelan ; fille de François et de Marguerite Drouin, de Vaudrechin, diocèse de Metz, Lorraine.
Charles-Joseph, b[9] 16 et s[9] 18 mai 1757.—*ançois-Xavier*, b 10 juin et s 1er juillet 1759, x Trois-Rivières.

-STENGELL, GODFROY.
RETRINGUE, Marie.
Jean-Georges, b... m 21 août 1780, à Apolline ESSIER, à Terrebonne.

(1) De la maison "Eusèbe Senécal & Fils," imprimeurs-iteurs, Montréal.
(2) Appelee Marie au baptême.

1780, (21 août) Terrebonne.

II.—STENGELL, JEAN-GEORGES. [GODFROY I.
MESSIER, Apolline, [RENÉ III.
b 1750.
Marie-Cécile, b 22 mars 1786, à Repentigny.

STÈRE.—Voy. ESTÈVE.

ST. ETIENNE.—Voy. CHAZAL—DIGNAN—GUÉRIN—GUIGNARD—REIGNOIR—RIGNAN.

ST. EUSTACHE.—Voy. DEBREU.

ST. FÉLIX.—Voy. DUBREUIL, 1741.

I.—ST. FÉLIX (1), PHILIPPE.

I.—ST. FÉLIX (2), PIERRE, b 1742 ; fils de Pierre (seigneur de Mauremont), de Mauremont, diocèse de St-Papoul, près Castelnaudarie, Languedoc.

1767.

I.—ST. FÉLIX (3), JEAN-JACQUES-CHARLES.
BERNIER, Angelique, [AUGUSTIN III.
b 1747.
Marie-Angélique-Louise, b 3 janvier et s 14 février 1768, à St-Thomas.

ST. FORT.—Voy. SUIRE.

ST. FRANÇOIS.—Voy. CHANTAL — CREVIER — DHERRE—LAGRAVE — MEILLEUR—MESSIER—PIED.

I.—ST. FRANÇOIS (4), ... s 6 mai 1760, à Deschambault.

1738, (17 février) Sorel. [7]

I.—ST. FRANÇOIS (5), JEAN-FRANÇOIS, fils de Pierre et de Charlotte Blondel, de France.
DUCLOS, Marie-Anne, [JEAN-BTE II.
b 1726.
Nicolas, b 1738 ; s[7] 2 mai 1739.— *Véronique*, b[7] 10 mars 1741 ; m[7] 14 mai 1761, à François HUCHET.

ST. FRANÇOIS, JOSEPH.
MOREAU, Marguerite.
Jean-Baptiste, b 13 sept. 1760, à Verchères.

ST. GEMME.—Voy. POTHIER.

ST. GEORGES.—Voy. BEDEL — BLANCHETIÈRE—CHATEAU—DE LA PORTE — DESJORDIS — GODFROY—LAPOINTE—LAPORTE—SULPICE.

(1) Comte de St. Félix ; il était, le 7 avril 1717, à Beaumont.
(2) Venu en 1756, cadet volontaire au régiment de la Reine.
(3) Chevalier de St. Félix.
(4) Sergent de la marine.
(5) Voy. aussi Chantal dit St. François, vol. II, p. 615.

I.—ST. GEORGES, Antoine, b 1663 ; s 26 août 1703, à St-Frs-du-Lac.

ST. GEORGES, Pierre, b 1746 ; s 31 mars 1780, à Repentigny.

I.—ST. GERGUE (de) (1), ...

ST. GERMAIN.—Voy. Brisard—Bussat—Chauvin—Gureux—Diverny et Duverny—Fabas—Fèche—Fort—Gausin et Gossain—Gautier—Gazaille—Geoffroy—Guignarda—Jarnac—Lamoureux—Laville—Lemaire—Malgueret—Mignon—Monmellian—Penigot—Pétrimoulx—Raguideau—Soval—Tissiau—Vicque et Visque—Vitry.

1717.

I.—ST. GERMAIN, François.
Perrin-Garaut, Marie-Anne, [Mathieu II.
b 1698.
Marie-Anne, b 27 février 1718, à Montréal.

ST. GERMAIN, ...
Sloeis, Marie,
Anglaise; s 27 août 1747, à Montréal.

1721, (17 nov.) Montréal.

II.—ST. GERMAIN (2), Jacques, [Germain I.
b 1696.
Tessier, Marie-Louise, [Paul II.
b 1700.
Antoine, b 10 mai 1726, à la Longue-Pointe; 1° m 6 nov. 1752, à Véronique Benoit, à Chambly[1]; 2° m 27 juillet 1772, à Elisabeth Chartier, à Boucherville.—*François*, b... m[1] 10 sept. 1764, à Angélique Catudas.

ST. GERMAIN, Charles.
Thomelet, Catherine, [Jacques I.
b 1712; s 27 mai 1747, à Ste-Geneviève, M.

I.—ST. GERMAIN, Michel,
b 1710; s 19 sept. 1770, à St-Michel-d'Yamaska.[2]
Foucault (3), Madeleine, [Jean-Bte-Frs II.
b 1712; s[2] 15 sept. 1770.
Michel, b... m 8 février 1773, à Catherine Hazeur, à Sorel.—*Jean-Baptiste*, b... m[2] 30 août 1773, à Marie Couturier.

1749.

ST. GERMAIN, Joseph.
Lajeunesse, Elisabeth.
Marie-Elisabeth, b 3 oct. 1750, à Longueuil.

1755.

ST. GERMAIN, Jean-Bte.
Lusignan, Ursule.
Madeleine, b 13 nov. 1756, à Contrecœur.

(1) Commandant le régiment de la Sarre (10 juin 1759, Charlesbourg).
(2) Voy. Gautier dit St. Germain, vol. IV, p. 210.
(3) Courchêne.

1756.

ST. GERMAIN, Joseph.
LaSablonnière (1), Agathe, [François II.
b 1736.
Louis, b 25 janvier et s 3 juin 1757, à Contrecœur.[3] — *Marie-Agathe*, b[3] 3 février 1758.

ST. GERMAIN (2), Alexandre.
Thibodeau, Marie-Joseph.
Madeleine, b... m 28 juillet 1777, à Joseph Rivet, à St-Louis, Mo.

1758.

ST. GERMAIN, Etienne.
Laferté, Marie.
Marguerite, b 28 janvier 1759, à St-Frs-du-Lac.

1764, (10 sept.) Chambly.

III.—ST. GERMAIN (3), François. [Jacques II.
Catudas, Angélique, [Jean-Bte I.
b 1729 ; veuve de Charles Renault.

1765.

ST. GERMAIN, Charles.
Gauvreau, Marie-Anne, [Jacques II.
b 1746.
Charles, b... s 24 juillet 1766, à la Pte-aux-Trembles, Q.

1773, (8 février) Sorel.

II.—ST. GERMAIN, Michel. [Michel I.
Hazeur, Catherine. [Michel III.

1773, (30 août) St-Michel-d'Yamaska.

II.—ST GERMAIN, Jean-Bte. [Michel I.
Couturier (4), Marie-Madeleine, [Joseph III.
b 1752.

ST. GODARD. — Voy. Dubeau — Lasollet-Ouetté.

ST. GODARD, Jeanne, b 1673; m à Joseph Piquet ; s 11 mai 1740, à Québec.

ST. HILAIRE.—Voy. Foucamberge — Fouquemberge— Frapier—Guérin — Massier—Maupas, Monpar et Monpas — Meaurepos—Robert—Tirac—Vidreguer.

1723, (5 sept.) Beaumont.

II.—ST. HILAIRE (5), Nicolas, [Nicolas I.
b 1699 ; s 5 mars 1736, à Québec.
Monminy (6), Jeanne, [Guillaume II.
b 1698 ; s 5 avril 1767, à Kamouraska.

ST. HILAIRE, ..., b 1727 ; s 27 déc. 1760, à St-Thomas.

(1) Brunel de la Sablonnière.
(2) Dit Laville.
(3) Gautier.
(4) Labonté.
(5) Voy. Maupas, vol. V, p. 578.
(6) Ce nom est omis à l'acte de sépulture.

1739.

[illegible] HILAIRE, Guillaume.
Pouiin, Marie.
Marie-Joseph, b 11 juillet 1740, à St-François, I. O.

[illegible] HILAIRE, Pierre.
Chamberlan, Marie-Joseph, [Nicolas III.
b 1741.
Pierre, b... m 28 janvier 1788, à Madeleine [illegible]tin, à Beaumont.

1788, (28 janvier) Beaumont.
[illegible] HILAIRE, Pierre. [Pierre.
Cotin, Madeleine, [Augustin III.
b 1761.

[illegible]HILY.—Voy. Téguy.

[illegible]. HUBERT.—Voy. Hubert.

1784, (11 oct.) Rivière-Ouelle.
—STIBER, Philippe-Henri, fils de Sébastien et de Catherine Fresse, de Greinacht près Manheim, Allemagne.
Luret (1), Marie, [Charles II.
b 1756.

[illegible]IGNY.—Voy. Téguy.

[illegible]IGUY.—Voy. Téguy.

—STIL, Jean.
Robichon, Ursule,
b 1721; s 24 sept. 1755, à Québec. [8]
Pélagie, b... s [8] 28 sept. 1755.

1710, (23 mai) Trois-Rivières.
—STILET, Thomas, b 1686, Anglais; fils de Thomas et de Marie Falner; s 12 avril 1731, à Nicolet. [8]
1° Prevost, Madeleine, [Elie I.
b 1673; veuve de Jacques Dupuis, s [8] 21 dec. 1729.
1730, (20 mai). [8]
2° Daniau (2), Marie-Louise, [Jacques I.
b 1691.

[illegible]ILLY.—Voy. Téguy.

[illegible]ILSON.—*Surnom* : DuTilly.

1705, (4 oct.) Montréal. [9]
—STILSON (3), Jacques, b 1680; fils de Jacques et de Marguerite Marblehead, Nouvelle-Angleterre.
Odiorne, Anne-Marguerite, *b* 1673; fille de Jean et de Marie Johnson, de Newcastle, Nouvelle-Angleterre.
Marie-Anne, b [9] 3 août 1706.

(1) Pour Hurette dit Rochefort.
(2) Elle épouse, le 3 sept. 1731, Pierre Lefebvre, à Nicolet.
(3) Dit DuTilly.

ST. JACQUES.—Voy. Cheval — Largeau — Lecomte—Martel—Vigneau.

ST. JEAN. — Voy Amelin — Beaudenesse— Bezier — Catel — Catudas — Chaubert — Coiteux et Coitou—Coulon—Crevier — D'Auban—Deliasse — Deludac — DeMonségur—Desfournaux — Dexpose—Doraire—Favre —Ferré — Fontigny — Forton—Frèche — Fronteneau—Gatin—Gervais — Hamelin—Hervé—Lagarde — Langlois — Laperche—Lefebvre — LePrevost — Martin—Migret —Moran — Nexer — Nouel — Paladeau — Pérus—Pichard—Poitou — Renaud—Rousseau — Rousset — Royer — Ruel—Serré—Thiébaud — Thibaut—Tilier — Tophiné—Vadenay—Valois.

II.—ST. JEAN (1), Mathieu-Jean, [Jean I.
b 1676.
2° Bonin, Angélique, [Nicolas I.
b 1692.
Marguerite, b 3 avril 1719, à Verchères; m 31 janvier 1757, à Nicolas Daunay, à Contrecœur.

I.—ST. JEAN, Jean, b 1676; s 8 août 1729, à l'Hôpital-General, M.

I.—ST. JEAN (2), b... s 13 nov. 1732, à Beaumont.

ST. JEAN, Jean-Bte.
Desautels, Marie.
Marie-Joseph, b... m 14 nov. 1735, à Pierre Gibault, à Sorel.

1733, (11 août) Montréal. [1]
I.—ST. JEAN (3), Jean-Bte,
b 1709.
1° Martin, Marguerite, [Pierre.
b 1707; s [1] 11 mai 1740.

1735.
I.—ST. JEAN, Jean-Bte.
Gesseron, Marie-Louise.
Jean-Baptiste, b 1er dec. 1736, à Québec.

1746.
ST. JEAN, Jean.
Baril, Marie-Louise.
Charles, b 7 mai 1747, à Yamachiche.

ST. JEAN, ...
St. Michel, Marie.
Marie-Louise, b... s 8 février 1758, à l'Hôpital-Géneral, M.

(1) Voy. Coiteux de 1705, vol. III, p. 107.
(2) Cordonnier, demeurant chez M. Beauséjour, à Lévis; noyé avec Charles Poirier.
(3) Voy. Lagarde, vol. V, p. 86.

1758, (23 janvier) Pte-aux-Trembles, M.
II.—ST. JEAN (1), PIERRE, [PIERRE I.
b 1732.
GALIPEAU, Marie-Charlotte, [JEAN-BTE II.
b 1723.
Marie-Charlotte, b 1758; m 29 sept. 1777, à Louis MONET, à Terrebonne.

ST. JÈME.—Voy. BEAUVAIS—POTHIER.

ST. JORRE.—*Variation et surnom :* SINJOR—SERGERIE.

I.—ST. JORRE (2), LOUIS, de Rocherre, diocèse d'Avranches, Basse-Normandie.
LEBUFFE, Jeanne,
b 1714; s 24 sept. 1754, aux Trois-Rivières.
Pierre, b... 1° m 11 mai 1751, à Marguerite-Ursule MARTIN, à Ste-Anne-de-la-Pocatière; 2° m 14 oct. 1771, à Marie-Louise MICHAUD, à Kamouraska.

1751, (11 mai) Ste-Anne-de-la-Pocatière.[1]
II.—ST. JORRE (3), PIERRE. [LOUIS I.
1° MARTIN, Marguerite-Ursule, [PIERRE III.
b 1733; s 28 janvier 1771, à la Rivière-Ouelle.[2]
Marie-Ursule, b[1] 10 février 1752; m[1] 10 août 1772, à Louis BOUCHER.—*Marie-Geneviève*, b 8 mai 1753, à Kamouraska[3]; m[3] 26 février 1770, à Pierre LÉVESQUE.—*Joseph*, b[1] 16 dec. 1754; m[3] 19 février 1781, à Marie-Joseph OUELLET.—*Pierre*, b 1756; m[2] 20 août 1781, à Marie-Madeleine LÉVESQUE.—*Paulin*, b[2] 31 août 1758.—*Jean-Baptiste*, b[3] 11 oct. 1760.—*Marie-Anne*, b[3] 10 nov. 1763. —*Marie-Françoise*, b[3] 25 avril 1765.
1771, (14 oct.)[3]
2° MICHAUD, Marie-Louise, [JEAN III.
b 1738.

1781, (19 février) Kamouraska.
III.—ST. JORRE, JOSEPH, [PIERRE II.
b 1754.
OUELLET, Marie-Joseph, [AUGUSTIN III.
b 1741; veuve de Maurice St. Pierre.

1781, (20 août) Rivière-Ouelle.
III.—ST. JORRE, PIERRE, [PIERRE II.
b 1756.
LÉVESQUE, Marie-Madeleine, [LOUIS III.
b 1755.

ST. JOSEPH.—Voy. COMMARTIN — L'ENFANT—SAULQUIN.

ST. JULIEN.—Voy. AUBOIS et HAUTBOIS — AUGER—GUYON—JULIEN.

ST. LAMBERT.—Voy. ROY—TENANT.

(1) Fontigny dit St. Jean; voy. vol. IV, p. 47.
(2) Partant pour l'ouest, pour deux ans, ils laissent, le 19 sept. 1749, à leur fils aîné deux arpents de terre, jusqu'à leur retour. (Ste-Anne-de-la-Pocatière.)
(3) Et Sinjor dit Sergerie.

ST. LAU.—Voy. JOURDAIN.

ST. LAURENT.—Voy. BONNEDEAU—BRACARD—CHARBONNIER—HOUI et OUI— HUOT—JULIEN—LAURENT—LECLERC—LEGROS—OUVRARD.

ST. LAURENT (1).

1676.
I.—ST. LAURENT (2), LOUIS, b 1650; fils de Jean et de Simone Bordine, de Coignac, Angoulême; s 13 juin 1682, à Montreal[6]
1° BLAINVILLAIN, Anne,
b 1650.
Pierre, b 19 oct. 1677, à Sorel. — *André*, b 1678; m[6] 19 déc. 1700, à Marguerite LECOURT.
1680, (25 nov.)[6]
2° CELLE-DUCLOS (3), Barbe, [GABRIEL I.
b 1662.
Suzanne, b[6] 6 déc. 1681; m[6] 10 nov. 1696, à Maurice BLONDEAU. — *Jacques*, b 1682, m à Marie-Anne RAPIN; s 5 juin 1766, à l'Hôpital-Général, M. — *Louis*, b... m à Marguerite GARIÉPY.

1700, (19 déc.) Montréal.[6]
II.—ST. LAURENT (4), ANDRÉ, [LOUIS I.
b 1678.
LECOURT, Marguerite, [MICHEL I.
b 1680.
Antoine-André, b 1714; m[8] 17 juin 1734, à Marie-Charlotte PHILIPPE-BELHUMEUR.

II.—ST. LAURENT (5), JACQUES, [LOUIS I.
b 1682; s 5 juin 1766, à l'Hôpital-Général, M.
RAPIN, Marie-Anne, [ANDRÉ I.
b 1682, s 17 juin 1755, à Montréal.

II.—ST. LAURENT, LOUIS. [LOUIS I.
GARIÉPY, Marguerite, [ALEXIS II.
b 1717.
Louis, b... 1° m 25 janvier 1751, à Marie VERDRY, à Lachenaye; 2° m 16 août 1774, à Marie-Charlotte MOREAU, à Repentigny. — *Geneviève*, b... m à Michel BEAUCHAMP.

1734, (17 juin) Montreal.[7]
III.—ST. LAURENT (5), ANDRÉ-ANT., [ANDRÉ II.
b 1714.
PHILIPPE (6), Marie-Charlotte, [BERNARD I.
b 1712.
Marie-Marguerite, b[7] 26 mai 1735. — *Antoine*, b 1737; s 25 sept. 1756, à Contrecœur.

ST. LAURENT, PIERRE, b 1702; s 12 nov. 17.., au Cap-St-Ignace.

(1) Les familles Laurent ont adopté le mot de St, voy. vol. IV, pp 190 et suivantes.
(2) Dit Charbonnier; marié sous ce nom.
(3) Elle épouse, le 2 oct. 1684, Pierre Lamoureux, à Montréal.
(4) Dit Charbonnier; il était, le 11 avril 1706, à l'Ile-Dupas.
(5) Dit Charbonnier.
(6) Belhumeur.

1751, (25 janvier) Lachenaye.[2]
I.—ST. LAURENT, Louis. [Louis II.
1° Vaudry, Marie, [Jean-Bte III.
b 1731; s 20 juillet 1768, à St-Henri-de-Mascouche.[3]
Geneviève, b 23 oct. 1751, à Terrebonne[4]; s[4] nov. 1755.— *Rosalie*, b[2] 15 déc. 1752; m[2] 23 janvier 1769, à François Baudoin. — *Geneviève*, m[3] 11 avril 1768, à Michel Beauchamp; s[3] janvier 1773. — *Louis*, b... s[3] 11 fevrier 1756. *Joseph*, b[2] 28 janvier et s[3] 7 mars 1756.
1774, (16 août) Repentigny.
2° Moreau, Marie-Charlotte, veuve de Jean-Baptiste Desnoyers.

LAURENT, ...
Perigord, Marie-Joseph, b 1749; s 1er juin 1794, à Nicolet.

LÉGER.—Voy. Prieur.

LÉGER (1), ...

LÉONARD.—Voy. Monet.

LO.—Voy. Jourdain.

LO (2), Jean, b 1674; s 22 nov. 1749, à Lorette.

LOUIS.—Voy. Billy—Chandelier — Delalande — Desfosses — Després — Doucet—Filiatreau—Flamant— Gadiou—Gaudet—Gautreau—Hertel— Héry—Jourdain—Lacharité — Laspron — Limousin — Louis—Mayer—Montabert — Nevers— Plichon—Potvin— Raimbaut — Roy — Supernant—Villier.

—ST. LOUIS (3), ..., b 1695; s 6 déc. 1765, à Kamouraska.

—ST. LOUIS, Louis, b 1662; s 18 nov. 1722, à Montréal.

—ST. LOUIS (4), François, s 26 avril 1721, à Montréal.

1745, (23 février) Cap-de-la-Madeleine.
LOUIS, Etienne-Michel.
Baret, Marie-Joseph, [Laurent II.
b 1720.

LOUIS, ...
Chrétien, Elisabeth.
Louis, b 14 nov. et s 12 déc. 1746, au Cap-St-Ignace.

(1) Colonel, commandant à Sorel; il était, le 10 août ..., à l'Ile-Dupas.
(2) Il était, le 27 déc. 1748, à Lorette.
(3) Le bonhomme St. Louis, 1705.
(4) Tambour de la compagnie de Périgny.

ST. LOUIS, Joseph.
Labrèche, Angélique.
Antoine, b 17 janvier 1759, à la Rivière-du-Loup.

1759, (15 janvier) Montréal.
I.—ST. LOUIS, Jean-Louis, b 1731; fils de Jean et d'Anne Burgé, de St-Louis-de-Tarbes, Gascogne.
Aubry (1), Marie-Charlotte, [François I.
b 1738.

ST. LUC.—Voy. DeLacorne—Rageot.

1774, (9 avril) Montréal.[3]
II.—ST. LUC (2), Luc, [Jean-Louis I.
b 1711.
3° Boucher de Boucherville.
Marie-Marguerite, b... 1° m à Jean Lannox; 2° m[3] 17 nov. 1808, à Jacques Viger.

ST. LUÇON.—Voy. Daumont.

ST. LUSSON.—Voy. Daumont.

ST. MAISANT, Etienne, b 1700; s 3 janvier 1761, à Chambly.

ST. MALO.—Voy. Hayet—Hogue.

I.—ST. MALO, Louis, b 1643; soldat; s 19 fevrier 1713, à Montréal.

ST. MARC.—Voy. Gobelin—Guillet.

I.—ST. MARC (3), Marc-Antoine, b 1641.
2° Chapelain (4), Françoise, [Bernard I.
b 1673.
Jean-Baptiste, b 23 janvier 1693, à St-Pierre, I. O.; m 20 nov. 1719, à Madeleine Pepin, à Montreal.

1719, (20 nov.) Montréal.
II.—ST. MARC (5), Jean-Bte, [Marc I.
b 1693.
Pepin (6), Madeleine, [Pierre II.
b 1698.

ST. MARCEL.—Voy. Giroux.

ST. MARIN.—Voy. Manabé.

ST. MARS.—Voy. Branconnier—Gobelin.

(1) Voy. Laviolette de 1736
(2) DeLacorne, sieur de Chapt et de St. Luc—Chevalier, capitaine d'infanterie.—Voy. vol. III, p. 286.
(3) Voy. Gobelin, vol. IV, p. 305.
(4) Elle épouse, en 1700, Jean Braconnier.
(5) Gobelin.
(6) Laforce; elle épouse, le 29 oct. 1726, Charles Tessier, à Montréal.

ST. MARTIN. — Voy. Adhémar — Baudry-Desbuttes—Bidagan—Bideau—Blez—Boucher —Breton—Champagne—Coupeau—De l'Estringant—Demeurant—DeVillande—Dompierre—Gorge—Janot—Lamargue—L'Enfant — Martin — Masseault — Nourry — Pomier—Rembert—Rodier—Tavernier.

1709, (26 février) Contrecœur.

I.—ST. MARTIN (1), Jean,
b 1684; soldat; s 11 mars 1756, à Lanoraie.
Lantier (2), Anne, [Mathieu I.
b 1689.
Antoine, b 1709; m 31 janvier 1735, à Isabelle Mandeville, à Sorel[1]; s[1] 6 déc. 1772.—*Jean-Baptiste*, b 1711; m[1] 1er mars 1734, à Marie-Joseph Lavallée; s[1] 11 avril 1771.—*Denis*, b 1714; m[1] 19 nov. 1742, à Catherine-Charlotte Hus.—*Marie-Françoise*, b[1] 18 juin 1719.—*Marie-Madeleine*, b[1] 18 oct. 1723.—*Joseph*, b[1] 10 et s[1] 18 mars 1725.—*Marie-Anne*, b[1] 13 janvier 1726. —*Geneviève*, b... m 1747, à Louis Ethier.—*Marie-Louise*, b[1] 12 mars 1729.

1734, (1er mars) Sorel.[2]

II.—ST. MARTIN, Jean-Bte, [Jean I.
b 1711; s[2] 11 avril 1771.
Lavallée, Marie-Joseph, [Jean II.
b 1706.
Jean-Baptiste, b[2] 6 et s[2] 9 janvier 1735.—*Marie-Joseph*, b[2] 4 mars 1736; m[2] 8 juillet 1755, à Antoine Péloquin; s[2] 2 janvier 1773.—*Louis*, b[2] 17 nov. 1737; s[2] 2 mai 1761.—*Marie-Agnès*, b[2] 2 oct. 1739.—*Marie*, b 1742; m[2] 23 janvier 1764, à Antoine Mandeville.—*Jean-Baptiste*, b[2] 3 janvier 1746; m[2] 19 août 1765, à Marie-Anne Mandeville.

I.—ST. MARTIN, Jacques, b 1702; de France; s 26 mars 1752, à St-Antoine-de-Chambly.

1735, (31 janvier) Sorel.[9]

II.—ST. MARTIN, Antoine, [Jean I.
b 1709; s[9] 6 déc. 1772.
Mandeville, Isabelle, [Jean II.
b 1711.
Pierre-Antoine, b[9] 3 juin 1735. — *Pierre-Etienne*, b[9] 7 nov. 1736; m[9] 1er juillet 1765, à Marie-Rose Delbec-Joly. — *Marie-Thérèse*, b[9] 31 août 1738; m[9] 7 janvier 1762, à Antoine Desrosiers.—*Jean-Baptiste*, b[9] 11 juin 1740; m[9] 2 mars 1767, à Marie-Joseph Péloquin.—*Pierre*, b[9] 29 et s[9] 30 janvier 1742.—*Joseph*, b[9] 20 août et s[9] 4 sept. 1743.—*Marie-Elisabeth*, b[9] 2 oct. 1744; s[9] 19 oct. 1756.—*Jean-Baptiste*, b[9] 27 dec. 1746.—*Marie-Agathe*, b[9] 20 et s[9] 22 déc. 1748.—*François*, b[9] 10 et s[9] 12 juillet 1750.—*Joseph*, b[9] 24 oct. 1751; m[9] 22 fevrier 1773, à Marie-Antoinette Delbec-Joly.—*Marie-Joseph*, b[9] 4 et s[9] 16 déc. 1753.—*Antoine*, b[9] 29 juin et s[9] 6 déc. 1755.—*Antoine*, b[9] 22 dec. 1756.

(1) Marié Martin.
(2) Et Banlier.

1742, (19 nov.) Sorel.[1]

II.—ST. MARTIN, Denis, [Jean I
b 1714.
Hus, Catherine-Charlotte, [Pierre-Jean II
b 1717.
Marie-Catherine, b[1] 6 et s[1] 26 oct. 1743.—*Catherine*, b[1] 3 oct. 1744; s[1] 8 dec. 1749.—*Jean-Baptiste*, b[1] 6 mai 1747; s[1] 13 juillet 1748.—*Denis*, b[1] 6 mai 1749; s[1] 17 sept. 1772.—*Marie-Angélique*, b[1] 6 nov. 1751.—*Jean-Baptiste*, b[1] ... août 1753.—*Marie-Françoise*, b[1] 2 juillet 175.; m 1776, à Pierre Desorcy.—*Joseph*, b[1] 20 ... 1759.

1752.

ST. MARTIN, Louis.
Laframboise, Louise.
Louise, b 23 dec. 1753, à la Pte-du-Lac.

1765, (1er juillet) Sorel.

III.—ST. MARTIN, Pierre-Etienne, [Ant II
b 1736.
Delbec-Joly, Marie-Rose, [Antoine III
b 1749.

1765, (19 août) Sorel.

III.—ST. MARTIN, Jean-Bte, [Jean-Bte II
b 1746.
Mandeville, Marie-Anne, [Antoine III
b 1745.

1767, (2 mars) Sorel.

III.—ST. MARTIN, Jean-Bte, [Antoine II
b 1740.
Péloquin, Marie-Joseph, [François III
b 1749.

1773, (22 fevrier) Sorel

III.—ST. MARTIN, Joseph, [Antoine II
b 1751.
Delbec-Joly, Marie-Antoinette, [Antoine III
b 1747.

ST.—MAURICE.—Voy. Bourgon — Desforges —Faucher—Gadebin—Gourgon.

1689, (14 fevrier) Lachine.

I.—ST. MAURICE (1), Jean,
b 1656; s 26 nov. 1734, à Montréal.
Verdon, Marguerite, [Jean I
b 1677; s 18 fevrier 1757, à l'Hôpital-Général, M.

I.—ST. MAXENT, Etienne, b 1701; s 3 janvier 1761, à Chambly.

ST. MÉDARD.—Voy. Jouffard—Ducorps.

ST. MICHEL. — Voy. Berthody — Bichel — Brouillet—Circé — Cyr — De St. Reg — Dion et Guyon — Dubois — Duchesne—Dupuis et Dupuy — Hérault — Jubinville — Lajoie—LeSaunier — Michel — Rupalo— Yvon.

(1) Voy. Desforges, vol. III, pp. 371-372.

1680, (4 janvier) Québec. [9]

—ST. MICHEL (1), François,
b 1656; soldat et chirurgien.
Berthelot, Marie-Madeleine,
b 1662.
Jeanne-Angélique, b [9] 15 fevrier 1683; m 1699, Rene Frérot; s [9] 13 avril 1746.—*Marguerite*, 1695; m 1716, à Jean-Baptiste Brisebois. —*ndré*, b 14 avril 1706, à l'Ile-Dupas; m à Marie-rançoise Valade.

1696.

—ST. MICHEL (2), ...
Laguerche, Marie-Françoise.
Elisabeth, b 1697; s 9 février 1712, à Mont-al.

I.—ST. MICHEL (3), Joseph. [Pierre II.
Mercan (4), Agathe, [Joseph II.
b 1718; s 21 mars 1756, à Contrecœur.

—ST. MICHEL (5), Gabriel, s 21 juin 1761, à Soulanges.

—ST. MICHEL (6), François.

1740, (13 juin) Québec. [9]

V.—ST. MICHEL (7), Pierre, [Mathieu III.
b 1724
Dorion, Marie-Françoise, [Jean-Claude II.
b 1722.
Pierre, b 1749; s [9] 19 juin 1781.—*Jean-Marie*, [9] 15 juillet 1753; m [9] 2 fevrier 1779, à Marie [Du]rand.—*Joseph-Charles*, b... m [9] 16 août 1775, Marie Malisson.—*Angélique*, b [9] 10 mai 1755; [s] [9] 24 fevrier 1791. — *Jean-Baptiste*, b 11 juillet [17]59, à Lorette; s [9] 14 janvier 1761.

1756, (18 oct.) Châteauguay.

—ST. MICHEL (8), Joseph. [André I.
Lepage (9), Marie-Joseph, [Jean-Bte II.
b 1722.
Marie, b 1758; s 15 nov. 1759, à St-Antoine-[de]-Chambly. [6] — *Cécile*, b [6] 1er mars et s [6] 26 [av]ril 1761.—*Antoine*, b [6] 1er mars 1761.—*Claude*, 1764; s 6 avril 1765, au Bout-de-l'Ile, M. [6] — [G]uillaume, b [6] 11 janvier 1766.

[S]T MICHEL, Basile.
Jolivet, Monique.
Marie-Anne, b... m 27 oct. 1788, à Paul Meu-[ni]er, à Repentigny.

(1) Cyr dit St Michel; voy. vol. I, p. 554.
(2) Lieutenant des troupes. — Il était, le 25 mars 1725, à [Ra]ssport.
(3) Brouillet dit St. Michel; voy. vol. II, p. 485.
(4) Lapierre.
(5) De St. Régis.
(6) Voy. Hérault de St. Michel, sieur de Gourville, lieutenant des troupes et commandant au Fort Niagara.—Il [é]tait, le 6 juin 1742, à Montréal—vol. IV, p. 491.
(7) Voy. Guyon—Dion dit St. Michel, vol. IV, p. 435.
(8) Voy. Michel, vol. VI, p. 26.
(9) Pour Pagési dit St. Amant.

1775, (16 août) Québec. [8]

V.—ST. MICHEL (1), Jos.-Charles. [Pierre IV.
Malisson (2), Marie, [Philibert.
b 1755; s [8] (dans l'église) 17 nov. 1777.
Marie, b... m [8] 24 oct. 1797, à François Patoile.
—*Anonyme*, b [8] et s [8] 17 nov. 1777.

1779, (2 fevrier) Québec.

V.—ST. MICHEL (3), Jean-Marie, [Pierre IV.
b 1753.
Durand, Marie, [Joseph I.
b 1762.

ST. NICOLAS.—Voy. Delerique.

ST. OLIVE. — *Variation et surnom*: De St. Olive—Boiteux.

1701, (9 dec.) Lachine.

I.—ST. OLIVE (4), Claude, b 1676, chirurgien; fils d'Hugues (apothicaire) et de Marie-Anne Mondeville de Crucifie-Dieu, de Bourgoin, diocèse de Vienne, Dauphine; s 25 juillet 1740, à Montréal. [3]
1° Lenoir, Marie-Anne, [François I.
b 1673; s [3] 14 janvier 1703.
1716, (30 sept.) [3]
2° Nafrechon, Madeleine, [Isaac I.
b 1684; s [3] 28 dec. 1742.

ST. OMER.—Voy. Leduc—Spénard et Spéneux.

1709.

III.—ST. OMER (5), Lambert, [Lambert II.
b 1682; s 28 sept. 1753, à Montreal. [3]
Quesnel, Marie, [Olivier I.
b 1694; s [3] 22 janvier 1751.
Dominique, b [3] 8 janvier 1740; m [3] 8 février 1768, à Françoise Leduc.

1768, (8 fevrier) Montreal.

IV.—ST. OMER, Dominique, [Lambert III.
b 1740.
Leduc, Françoise, [Joseph III.
b 1747.

ST. ONGE.—Voy. Aubé — Besset — Boisson—Boissonneau — Bourdigal — Charlopin — Charly—Charpentier — Chatel—Chaussat—Chesne—Chotard—Cocheri — Defelteau Gareau—Jean-Denis—Jeune—Joly—Labbé—Lagiroflée — Lecoq — Letard— Martineau—Métayer et Metivier — Payan—Rafin—Roudier.

ST. ONGE, Louis-Jean.
Nesle, Marguerite.

(1) Neveu de Jean-Baptiste Sylvestre.
(2) Philibert.
(3) Guyon dit St. Michel.
(4) Voy. vol. I, p. 554 — Boiteux de St. Olive — A son second mariage, il est dit fils d'Hugues Boiteux de St. Olive (apothicaire) et de Marie-Anne Monduel de Cruzaleuz, de St-Jean-Baptiste de Vienne, Dauphiné.
(5) Pour les enfants, voy. Leduc, vol. V, p. 258.

Marie-Françoise, b... 1° m 23 nov. 1747, à Jacques HYVERT, à Québec [8]; 2° m [8] 3 juillet 1752, à Pierre LAUNEL.

ST. ONGE, ...
LAPERLE, Madeleine,
b 1676; s 14 oct. 1736, à Montréal.

ST. ONGE, ...
............, Madeleine,
s 18 janvier 1752, à Batiscan.

1706, (25 nov.) Boucherville.
II.—ST. ONGE (1), DOMINIQUE, [JEAN I.
b 1684.
DAUNAY, Geneviève, [ANTOINE I.
b 1684.
Marie-Angélique, b 26 oct. 1711, à Verchères. [6] — *Marie-Joseph*, b [6] 15 février 1714. — *Marie-Geneviève*, b 13 mars 1718, à St-Ours. [7]—*Marie-Catherine*, b [7] 7 mars 1720. — *Dominique*, b... m 1742, à Marie-Renée MÉNARD. — *Cécile*, b [7] 23 avril 1724.

1712, (11 janvier) Boucherville. [1]
II.—ST. ONGE (2), JEAN-BTE, [JEAN I.
b 1679; s 9 sept. 1747, à Chambly. [2]
BAU (3), Thérèse, [JEAN I.
b 1689; s [2] 7 sept. 1757.
Jean-Baptiste, b [1] 5 mai 1717; s [2] 18 nov. 1748. — *Joseph*, b [2] 2 sept. 1725. — *Thérèse*, b 1726; m [2] 12 nov. 1753, à Charles-Toussaint MAILLOT. —*Louis-Claude*, b [2] 12 et s [2] 15 avril 1727.

ST. ONGE, ...
DUMOULIN, Marie-Joseph,
b 1684; s 8 août 1776, à St-Cuthbert.

1721, (10 nov.) Québec. [1]
I.—ST. ONGE (4), JEAN,
b 1694; sergent; s [1] 10 déc. 1742.
DUCHESNE, Elisabeth, [PIERRE I.
b 1685.
Marie-Marguerite, b [1] 8 oct. 1723; m [1] 18 nov. 1742, à Toussaint DE ST. AGNAN; s 20 mai 1755, à Batiscan.

1723.
II.—ST. ONGE (5), FRANÇOIS, [JEAN I.
b 1685; meunier; s 2 sept. 1759, à Batiscan. [3]
DUBOIS, Marie-Catherine-Claude, [JEAN I.
b 1690.
Marguerite-Ursule, b [3] 11 et s [3] 21 sept. 1726. —*Marguerite*, b [3] 27 oct. et s [3] 5 nov. 1727.

(1) Voy. Gareau dit St. Onge, vol. IV, pp. 170-171.
(2) Gareau dit St. Onge.
(3) Lebeau-Lalouette.
(4) Voy. Lecoq, vol. V, p. 250.
(5) Besset dit St. Onge — Lagiroflée; voy. vol. I, p. 40; et vol. II, p. 268.

1726, (25 février) Deschambault. [3]
II.—ST. ONGE (1), SIMON, [MATHURIN I.
b 1699; s [3] 20 janvier 1750.
ARCAN (2), Geneviève, [SIMON I.
b 1706.
Marie-Joseph, b [3] 9 sept. 1726; m [3] 12 janvier 1744, à Pierre DELOMÉ.—*Marie-Anne*, b [3] 28 nov. 1732; m 16 oct. 1760, à Jean GERBEAU, à la Rivière-du-Loup.

1735.
ST. ONGE, CHARLES,
b 1708; s 1er janvier 1758, à Contrecœur. [1]
DEGUIRE, Marie-Joseph.
Charles, b... m [1] 10 oct. 1757, à Marie-Josephte SICARD.

1736, (9 février) St-Jean, I. O. [1]
III.—ST. ONGE (3), JEAN-BTE, [JEAN II.
b 1708; s [8] 4 avril 1753.
DEMEULES, Marie-Joseph, [JOSEPH II.
b 1719.
Marguerite, b 17 août 1747, à St-François, I. O.

1740.
ST. ONGE, FRANÇOIS.
TAILLANT, Marie.
Geneviève, b 21 avril 1741, à Québec.

1742.
III.—ST. ONGE (4), DOMINIQUE. [DOMINIQUE II.
MENARD, Marie-Renée, [JEAN-BTE III.
b 1724.
Marie, b... m 30 janvier 1758, à Etienne BOYER, à Contrecœur.

1744, (31 août) Montréal. [3]
I.—ST. ONGE (5), JEAN-BTE,
b 1704.
LEREAU, Geneviève, [PIERRE I.
b 1711.
Jean-Baptiste, b [3] 17 oct. 1744; m [3] 7 nov. 1768, à Marie-Joseph AUCLERC.

1745, (25 mai) Québec. [3]
III.—ST. ONGE (6), NICOLAS, [NICOLAS II.
b 1713; navigateur.
NORMAND, Marie-Louise, [CHARLES III.
b 1724.
Marie-Louise, b [3] 4 nov. 1747; m 15 janvier 1770, à Jean-Jacques PERRAULT, à Lachenaye.—*Suzanne*, b [3] 18 déc. 1754; s [3] 26 sept. 1759.

1750.
ST. ONGE (7), JOSEPH.
MAILLOT (8), Louise-Ursule, [JEAN II.
b 1722.

(1) Voy. Martineau, vol. V, p. 551.
(2) Elle épouse, le 30 août 1751, Jean Denevers, à Deschambault.
(3) Voy. Boissonneau dit St. Onge, vol. II, p. 334.
(4) Voy. Gareau.
(5) Voy. Charlopin, vol. III, p. 19.
(6) Voy. Boissonneau dit St. Onge, vol. II, p. 334.
(7) Voy. Gareau, vol. IV, p. 172.
(8) Maillé, 1754.

Joseph-Amable, b 23 sept. 1752, à Chambly.[3] — *Jean-Baptiste*, b[3] 16 mars 1754; s[3] 10 avril 1756.—*Pierre-Bénoni*, b[3] 26 mars 1756.—*Marie-Ursule*, b[3] 27 déc. 1757. — *Marie-Ursule*, b[3] 22 janvier 1761.

1757, (10 oct.) Contrecœur.[3]

ST. ONGE, CHARLES. [CHARLES.
SICARD, Marie-Joseph. [ANTOINE II.
Marie-Joseph, b[3] 18 juillet 1758.

1757, (6 nov.) Contrecœur.[4]

II.—ST. ONGE (1), JOS.-MARIE, [FRANÇOIS II.
b 1733.
GIARS, Marie-Joseph, [GABRIEL II.
b 1735.
Antoine, b[4] 14 déc. 1758.

1762.

ST ONGE (2), JOSEPH.
MORVENT, Geneviève, [JEAN I.
b 1743.
François, b 15 février 1764, à St-Michel-d'Yamaska.[1] — *Marie*, b[1] 6 nov. 1768; s[1] 1er février 1770.—*Marie-Geneviève*, b[1] 27 nov. 1770.

1768, (7 nov.) Montreal.

I—ST. ONGE (3), JEAN-BTE, [JEAN-BTE I.
b 1744.
AUCLERC, Marie-Joseph, [ANDRÉ III.
b 1753.

ST ORANT.—Voy. MAUGENEST.

ST OURS.—Voy. DE ST. OURS—LECHAILLON.

1745, (30 juin) Quebec.[2]

III—ST OURS (4), ROCH. [JEAN-BTE II.
DESCHAMPS (5), Charlotte, [LOUIS-HENRI II.
b 1724.
Paul-Roch, b[2] 5 sept. 1747; m à Marie-Joseph GODFROY.

IV.—ST. OURS (6), PAUL-ROCH, [ROCH III.
b 1747.
GODFROY, Marie-Joseph, [LOUIS-JOSEPH IV.
b 1750.

I.—STOVER (7), JOHN.
........, Abigaïl.
Joseph (8), ne 1690, à la Nouvelle-Angleterre; ... 24 fevrier 1707, à Montreal.

ST. PAIR.—Voy. CHAMPOUX—TAILLEUR.

(1) Voy Chatel, vol. III, p. 39.
(2) Voy aussi Gareau, vol IV, p. 173.
(3) Charlopin dit St. Onge.
(4) Voy. de St. Ours, vol III, p. 402.
(5) DeBoishebert.
(6) LeChaillon de St Ours; conseiller législatif, 1785.
(7) Du Cap Vadick, entre York et Wells, Nouvelle-Angleterre.
(8) Pris en guerre par les Abénaquis, en 1706, il est racheté par Françoise Domitilde, Abénaquise, habituée parmi les Français, et envoyé par elle à Montréal.

1722, (26 août) Becancour.[3]

II—ST. PAIR (1), JEAN, [PIERRE I.
b 1693.
BOURBEAU (2), Marie-Anne-Genev., [PIERRE II.
b 1695.
François, b[3] 9 nov. 1724; s 22 juillet 1748, au Detroit.

ST. PAUL. — Voy. CHAULET et CHOLET — DE LA MOTTE—GODFROY—LAMBERT—LEBER—LENNEVILLE.

I.—ST. PAUL (3), RENE, b 1668; fils de Sébastien et de Perinne Hilaire, d'Aubigny, Anjou; s 28 dec. 1708, à St-François, I. J.[4]
GAZAILLE (4), Jeanne, [JEAN I.
b 1676.
René, b[4] 13 oct. 1707; 1° m à Marguerite CODERRE-EMERY; 2° m 13 nov. 1752, à Marguerite VÉRONNEAU, à St-Antoine-de-Chambly.

II.—ST. PAUL (5), RENÉ, [RENÉ I.
b 1707.
1° CODERRE-EMERY, Marguerite, [ANTOINE III.
b 1715; s 23 oct. 1750, à St-Antoine-de-Chambly.[5]
1752, (13 nov.)[5]
2° VÉRONNEAU, Marguerite. [JOSEPH III.
Marie-Françoise, b[5] 17 fevrier 1761.

ST. PER.—Voy. CHAMPOUX.

ST. PIERRE —Voy. ARTAUT — BERNARD —BOUCHER — BOURGELA — BREILLÉ — BRETON — CADERON — CHALOU — CLOCHER — CORONNE— DABADY—DEGRÉS—DESCHOLS — DESSAINT et DEXAINTES — DUPUIS — FRANÇOIS—GABOURY —GEORGETEAU—GUNERIC—HERTAUT et HERTAUX—HOSTEAU —JUSSEAUME —LAISNÉ—LATOUCHE — LEBOULANGER — LENOIR — MAPEYRAUX—MICHEL—OMAITRE—PERROT —PINARD —RIVET—ROMUR —ROUSSET — TRANCHEMONTAGNE.

1679, (24 avril) Ste-Famille, I. O.

I.—ST. PIERRE (6), PIERRE.
GERBERT, Marie, [MATHURIN I.
b 1649; s 11 juin 1749, à St-Roch[6]
Marie-Anne, b 14 fevrier 1679, à l'Islet[7]; s[6] 28 mars 1756.—*Ignace*, b 8 janvier 1688, à la Rivière-Ouelle[8], m 1717, à Marie-Madeleine PELLETIER; s 8 sept. 1772, à Ste-Anne-de-la-Pocatière.[9] —*Elisabeth*, b 1689; s[9] 16 juillet 1734.—*Pierre*, b[8] 25 mars 1694; 1° m[8] 27 juillet 1712, à Marie GAGNON; 2° m[7] 24 nov. 1727, à Helène LECLERC; s[6] 19 dec. 1749.—*Pierre-Charles*, b[8] 14 janvier 1696; m[7] 18 fevrier 1727, à Geneviève TONDREAU; s[6] 31 dec. 1755.—*Jacques*, b[8] 19 avril 1699; m

(1) Champou dit St. Per; voy. vol. II, p. 623.
(2) Lacourse.
(3) Soldat de la compagnie de M. de Montigny; voy. Cholet, vol. I, p. 122, et vol. III, p. 67.
(4) Elle épouse, le 2 février 1717, Jean Valteau, à Montréal.
(5) Dit Chaulet—Cholet.
(6) DeXaintes; voy. vol. I, p. 555.

1727, à Thérèse-Françoise BOUCHER.—*Alexandre*, b[8] 26 août 1703 ; m[7] 15 nov. 1728, à Marie-Anne CHOUINARD ; s[6] 10 janvier 1756.

I.—ST. PIERRE, JEAN-BTE, b 1662; de Périgord ; s 8 mars 1742, à Montréal.

ST. PIERRE, ...
PAIN, Louise,
b 1699 ; s 30 nov. 1749, à Québec.

ST. PIERRE (1), PIERRE, b 1700 ; s 23 oct. 1759, à St-Michel.

1712, (27 juillet) Rivière-Ouelle.[1]

II.—ST. PIERRE (2), PIERRE, [PIERRE I.
b 1694 ; s 19 déc. 1749, à St-Roch.[2]
1° GAGNON, Marie, [JEAN II.
b 1690 ; s 28 sept. 1726, à Ste-Anne-de-la-Pocatière.[3]

Joseph, b[3] 4 déc. 1715 ; s[2] 23 déc. 1749.—*Marie-Joseph*, b[3] 16 janvier 1718 ; m[2] 19 janvier 1739, à Jacques OUELLET ; s[2] 2 avril 1749.—*Marie-Françoise*, b[3] 11 janvier 1720 ; m[2] 29 août 1741, à Sébastien OUELLET. — *Marie-Reine*, b... m[2] 3 janvier 1744, à Joseph OUELLET.—*Pierre*, b[3] 21 février 1722 ; m[2] 14 février 1752, à Marie-Catherine SOULARD. — *Antoine*, b 1724 ; m 8 février 1751, à Véronique JEAN, à l'Islet [4]

1727, (24 nov.) [4]

2° LECLERC, Hélène, [JEAN I.
b 1702.

François, b 1728 ; m[2] 10 janvier 1752, à Marie-Joseph LISOTTE ; s[2] 25 janvier 1756.—*Basile*, b[3] 11 février 1730 ; m[2] 15 janvier 1759, à Marie-Anne LEBEL. — *Joachim*, b[3] 8 mars 1733 ; m[2] 8 nov. 1762, à Marie-Madeleine PICARD. — *Louis-Jérôme*, b[2] 1er mars 1735 ; m[4] 26 avril 1757, à Elisabeth TONDREAU.—*Gabriel*, b[3] 16 sept. 1736, m 1760, à Madeleine KIMPER.—*Jean-Marie*, b[2] 20 mars 1738 ; m[1] 17 janvier 1774, à Catherine LEVESQUE. — *Marie-Louise*, b[2] 29 déc. 1739 ; m[2] 7 janvier 1762, à Charles-François LISOTTE.—*Marie-Hélène*, b[2] 29 sept. 1741 ; s[2] 24 avril 1743. — *Marie-Anne*, b[2] 9 oct. 1743 ; m[2] 28 février 1764, à Joseph LAMARRE. — *Michel*, b[2] 14 sept. 1745 ; m[3] 7 nov. 1768, à Marie-Joseph OUELLET. — *Marie-Madeleine*, b[2] 1er oct. 1747.

1717.

II.—ST. PIERRE, IGNACE, [PIERRE I.
b 1688 ; s 8 sept. 1772, à Ste-Anne-de-la-Pocatière.[1]
PELLETIER, Madeleine, [JEAN III.
b 1697.

Marie-Madeleine, b[1] 22 avril 1718 ; m 18 janvier 1735, à Jean-Baptiste GAGNON, à St-Roch[2] ; s[2] 31 janvier 1736.— *Marie-Charlotte*, b[1] 23 déc. 1720 ; m[2] 15 février 1745, à Jean-François DUBE ; s[2] 23 janvier 1756.—*Marie-Basilisse*, b[1] 14 déc. 1722 ; 1° m[2] 30 juin 1745, à Jean PAIN ; 2° m[2] 8 janvier 1759, à Joseph DUBÉ.—*Marie-Joseph*, b... m[2] 3 avril 1742, à Joseph CARON. — *Ignace*, b 1724 ; 1° m 23 février 1745, à Marie-Madele[...] PROU, à St-Thomas[3] ; 2° m[3] 1er oct. 17[..], Marie-Madeleine MORIN ; 3° m[3] 6 fevrier 175[.], Marie-Marthe FOURNIER. — *Marie-Anne*, b.. m 22 nov. 1751, à Joseph DUTREMBLE. — *Xav[ier]-Marie*, b[2] 24 juillet 1735 ; m 6 nov. 1752, à An-gelique AUCOUTURIER, à l'Islet.—*François-Mar[ie]*, b[3] 6 sept. 1737.

(1) Dit Curonne.
(2) Dit Dessaint.

ST. PIERRE, ...
AMOND, Marguerite, [JEAN
b 1692 ; s 2 dec. 1761, aux Trois-Rivières.

1727, (18 février) Islet.

II.—ST. PIERRE (1), PIERRE-CHS, [PIERRE
b 1696 ; s 31 déc. 1755, à St-Roch.
TONDREAU (2), Geneviève. [PIERRE

1727.

II.—ST. PIERRE, JACQUES, [PIERRE
b 1699 ; capitaine.
BOUCHER (3), Therèse-Frse, [PHILIPPE II
b 1705.

Jacques-Maurice, b 1728 ; m 7 sept 1761, à Marie-Joseph OUELLET, à Kamouraska[7] ; s[7] .. avril 1780. — *Joseph-Marie*, b 1730 ; m 29 avr. 1754, à Marguerite SOUCY, à Ste-Anne-de-la-Pocatière.[8] —*Dorothée*, b... m 27 nov. 1752, à Joseph ST. PIERRE, à St-Roch.[9] — *Marie-Geneviève*, b.. m[9] 24 janvier 1752, à François PELLERIN.—*Ambroise*, b[8] 28 mai 1733. — *Marie-Brigitte*, b[8] .. mai 1734. — *Marie-Catherine*, b[9] 21 et s[9] .. sept. 1736.—*Louis-Jérôme*, b[9] 5 déc. 1737 s[9] .. mars 1738. — *Jean-Baptiste*, b[9] 17 nov. 1739.—*Pélagie*, b[9] 15 juin 1742.—*Pierre-Jacques*, b[9] .. oct. 1745 ; m[8] 16 août 1768, à Marie-Claire FOURNIER.

1728, (7 janvier) Trois-Rivières.

II.—ST. PIERRE (4), JOSEPH, [PIERRE I
b 1700.
MOUET, Elisabeth, [PIERRE II
b 1705.

Marguerite, b... m 18 mai 1761, à Martin BEAUPRÉ, à l'Ile-Dupas.

1728, (15 nov.) Islet.

II.—ST. PIERRE (5), ALEXANDRE, [PIERRE I
b 1703 ; s 10 janvier 1756, à St-Roch.[4]
CHOUINARD (6), Marie, [JACQUES
b 1709.

Joseph, b 1730 ; m 7 février 1757, à Madeleine SAUCIER, à la Rivière-Ouelle.[3]—*Marie-Brigitte*, b.. m[4] 4 mars 1753, à Jean-François SOUCY.—*Pierre*, b 8 mars 1733, à Ste-Anne-de-la-Pocatière[5] ; s .. 29 nov. 1737. — *Marie-Madeleine*, b[4] 13 mars 1735 ; m[4] 28 janvier 1755, à Jean-François DUBÉ. — *Marie-Anne*, b[4] 21 oct. 1736, m

(1) DeXaintes.
(2) LaSouche.
(3) Chauret, 1745.
(4) Voy. Boulanger, sieur de St. Pierre, vol. II, p. 3[..]
(5) Dit Dessaint.
(6) Elle épouse, le 10 nov. 1766, Jean Mignot-Labrie, à Ste-Anne-de-la-Pocatiere.

oct. 1761, à Basile Bois. — *Jean-Raphaël*, b [4] oct. 1738; m [5] 11 février 1765, à Madeleine ...COGNARD.—*François-Jérôme*, b [4] 8 nov. 1740; [4] 24 oct. 1747. — *Julien-Germain*, b [4] 1er déc. 742.—*Alexandre*, b [4] 12 mai 1744.—*Louis-Henri*, 9 fevrier 1746. — *Germain*, b [4] 23 mai 1748; 22 mai 1766.—*Marie-Joseph*, b [4] 14 juin 1750.

ST. PIERRE, JEAN-BTE.
LAFRAMBOISE, Madeleine,
b 1697; s 19 juin 1748, à Montréal.
Marie-Jeanne-Gertrude, b 1735; m 1755, à ...OUIS REIGNIER; s 16 mars 1761, à St-Constant.

1740, (24 avril) Charlesbourg. [7]
I.—ST. PIERRE (1), PIERRE-LOUIS. [PIERRE I.
1° SÉGUIN, Louise, [JEAN II.
b 1718.
1746, (6 juin). [7]
2° CHALIFOUR, Marie-Anne, [GERMAIN III.
b 1721.
Marie-Joseph, b 13 nov. 1750, à Québec. [5] — *Marie-Anne*, b [5] 10 mai 1755; s [5] 30 janvier 1758.

1745, (23 fevrier) St-Thomas. [8]
II.—ST. PIERRE, IGNACE, [IGNACE II.
b 1724.
1° PROU, Marie-Madeleine, [DENIS II.
b 1712; veuve de Nicolas Baillargeon.
Ignace, b [8] 29 dec. 1745. — *Anonyme*, b [8] et s [8] 7 sept. 1746.—*Marie-Geneviève*, b [8] 19 nov. 1747; [8] 4 déc. 1748.—*Joseph-Marie*, b [8] 11 mai 1749. —*Thomas*, b... m 30 mai 1797, à Marie-Anne ...AUCHE, à Québec. — *Marie-Louise*, b [8] 1er sept. 1751; s [8] 19 février 1752. — *Pierre*, b et s 2 juin 1753, à St-Roch.
1753, (1er oct.) [8]
2° MORIN, Marie-Madeleine, [FRANÇOIS IV.
b 1735; s [8] 20 sept. 1756.
Marie-Geneviève, b [8] 20 janvier 1755. — *Jean-Marie*, b [8] 8 fevrier et s [8] 16 mars 1756.
1758, (6 février). [8]
3° FOURNIER, Marie-Marthe, [LOUIS III.
b 1735; s [8] 29 oct. 1767.
Marie-Marthe, b [8] 23 oct. 1758; s 28 sept. 1759, St-Pierre-du-Sud. — *Marie-Auzile*, b [8] 23 oct. 1758.

—ST. PIERRE (2), PIERRE,
s 12 août 1759, à Chambly.
TIBAUT (3), Françoise, [PIERRE III.
b 1721.

1751, (8 février) Islet.
II.—ST. PIERRE, ANTOINE, [PIERRE II.
b 1724.
JEAN (4), Véronique, [FRANÇOIS III.
b 1732; s 24 juillet 1782, à St-Jean-Port-Joli. [4]
Antoine, b 1752; m [4] 2 fevrier 1779, à Françoise-Ursule FORTIN. — *Véronique*, b... m [4] 24 nov. 1778, à Joseph DUTREMBLE.—*Louis*, b... m [4] 30 juillet 1781, à Thérèse DUVAL. — *Marie-Elisabeth*, b... m [4] 16 juillet 1781, à Amable BÉLANGER.— *Marie-Geneviève*, b... m [4] 10 février 1783, à Pierre SIROIS. — *Marie-Louise*, b... m [4] 10 février 1783, à Jérôme BOIS.—*Joseph*, b... m [4] 16 juin 1783, à Marie-Madeleine GAGNON.

(1) Voy. Dupuis, vol. III, p 559.
(2) Voy. Breillé, vol. II, p. 460.
(3) Elle épouse, le 19 nov. 1759, François Vinet, à Ste-Geneviève, M.
(4) Et Pierrejean.

1751.
ST. PIERRE (1), JEAN-CHRYSOSTOME.
RICHARD, Marie-Angélique.
Marie-Françoise, b 18 mars 1752, à St-Pierre-du-Sud. [2]—*Marie-Angélique*, b [2] 22 sept. 1753.—*Marguerite*, b [2] 6 août 1755. — *Jean-Baptiste*, b [2] 18 août 1757. — *Marie-Bonne*, b [2] 10 juillet 1759.

1752, (10 janvier) St-Roch. [5]
III.—ST. PIERRE, FRANÇOIS, [PIERRE II.
b 1728; s [5] 25 janvier 1756.
LISOTTE, Marie-Joseph, [JOSEPH III.
b 1732; s [5] 5 fevrier 1756.
Joseph-François, b [5] 14 déc. 1752.—*Jean-François*, b [5] 21 fevrier 1754. — *Marie-Joseph*, b [5] 17 mars 1755; m 29 juillet 1771, à Jean-Baptiste LECLERC, à Ste-Anne-de-la-Pocatière.—*Anonyme*, b [5] et s [5] 31 janvier 1756.

1752, (14 fevrier) St-Roch. [3]
III.—ST. PIERRE, PIERRE, [PIERRE II.
b 1722.
SOULARD (2), Marie-Catherine, [JACQ.-SÉB. II.
b 1734.
Pierre, b [3] 14 janvier et s [3] 27 février 1753.—*Jacques*, b [3] 27 fevrier et s [3] 6 mars 1754. — *Joachim*, b [3] 10 mars et s [3] 6 août 1755.— *Marie-Anne*, b [3] 20 juillet 1756.—*Pierre-François*, b [3] 3 fevrier 1757. — *Pierre-Emmanuel*, b [3] 21 déc. 1759.—*Charles-Gaspard*, b [3] 13 février 1762; s [3] 13 fevrier 1763.— *Joseph-Marie*, b [3] 24 mai 1763.

1752, (6 nov.) Islet.
III.—ST. PIERRE, XAINTE-MARIE, [IGNACE II.
b 1735.
AUGOUTURIER, Marie-Angélique, [PIERRE I.
b 1737.
Pierre-François, b 2 sept. 1755, à St-Roch [9]; m 10 juillet 1775, à Judith HUDON, à la Rivière-Ouelle. — *Marie-Anne-Angélique*, b [9] 7 janvier 1757.—*Jean-Roch*, b [9] 9 mai 1758.—*Joseph-Marie*, b [9] 20 mars 1760.—*Jean-Marie*, b [9] 11 juillet 1761. — *Marie-Rose*, b [9] 28 janvier 1763. — *Françoise-Ursule*, b [9] 4 oct. 1764.

1754, (29 avril) Ste-Anne-de-la-Pocatière.
III.—ST. PIERRE, JOSEPH-MARIE, [JACQUES II.
b 1730.
SOUCY, Marguerite, [JOSEPH III.
b 1739.
Marie-Marguerite, b 25 sept. 1755, à St-Roch. [8] —*Marie-Françoise*, b [8] 26 juin 1757. — *Joseph-*

(1) Dessent dit St. Pierre.
(2) Elle épouse, le 27 oct. 1777, Ignace Bélanger, à St-Roch.

François, b [8] 7 oct. 1759; s [8] 7 mars 1760. — *Joseph-Marie*, b [8] 9 mai 1761. — *Marie-Thérèse*, b [8] 23 nov. 1762. — *François-Marie*, b [8] 7 juillet 1764.

1754.

ST. PIERRE, JEAN-BTE.
LESAGE, Louise.
Joseph, b 17 janvier 1759, à la Rivière-du-Loup [2]; s [2] 23 fevrier 1760.

I.—ST. PIERRE, PIERRE, b 1716; de Rabier, diocèse de Périgueux; s 20 mai 1788, à Québec.
CHAMBERLAN, Marie-Joseph.

1755.

I.—ST. PIERRE, JEAN-BTE, b 1718; de Barth, diocèse de Combet; s 28 déc. 1758, à Chambly. [9]
TIBAUDEAU (1), Madeleine, Acadienne.
Marie-Anne, b 24 août 1756, à Québec; s [9] 3 juin 1757. — *Marie-Anne*, b [9] 24 nov. 1757; s 24 avril 1777, à l'Ile-Dupas.—*Louise-Pélagie* (posthume), b [9] 12 janvier 1759.

1757, (7 février) Rivière-Ouelle.

III.—ST. PIERRE, JOSEPH, [ALEXANDRE II. b 1730.
SAUCIER, Madeleine, [PIERRE III. b 1738.
Joseph-Marie, b 15 avril 1758, à St-Roch. [2] — *Marie-Madeleine*, b [2] 9 nov. 1759.—*Michel*, b [2] 20 avril 1761.—*Charles-François*, b [2] 6 février 1763.

1757, (26 avril) Islet. [7]

III.—ST. PIERRE (2), LS-JÉROME, [PIERRE II. b 1735.
TONDREAU, Elisabeth, [JOSEPH II. b 1723; veuve de Charles-François Fortin.
François-Jérôme, b [7] 14 juillet et s [7] 17 oct. 1758.— *Marie-Claire*, b [7] 6 janvier 1760; m [7] 27 août 1781, à François CLOUTIER. — *Marie-Elisabeth*, b [7] 17 sept. 1762.

1757.

ST. PIERRE (3), PIERRE.
PACQUET, Marie-Anne.
Marie-Charlotte, b 31 janvier 1758, à Québec.

1757.

ST. PIERRE, CHARLES, soldat.
PAQUET, Marie-Anne.
Marie, b et s 27 juillet 1758, à Québec.

1758.

ST. PIERRE, ...
CARDINAL, Marguerite.
Joseph, b et s 9 mars 1759, à St-Laurent, M.

(1) Elle épouse, le 16 avril 1762, Raymond Bonami dit Lesperon, à Chambly.
(2) DeXaintes dit St. Pierre.
(3) Lenoir dit St. Pierre.

1758.

ST. PIERRE, JACQUES.
CARDINAL, Angélique.
Marie-Catherine, b 1759; s 26 janvier 1760, à St-Laurent, M.

1759, (15 janvier) St-Roch. [9]

III.—ST. PIERRE, BASILE, [PIERRE II. b 1730.
LEBEL, Marie-Anne, [JOSEPH III. b 1736.
Jean-François, b [9] 17 déc. 1758. — *Marie-Euphrasie*, b [9] 11 août 1760.

1760.

III.—ST. PIERRE, GABRIEL, [PIERRE II. b 1736.
KIMPER, Madeleine.
Marie-Madeleine, b 10 juillet 1761, à Ste-Anne-de-la-Pocatière.

ST. PIERRE, GERMAIN.
DANJON (1), Angelique. [JACQUES I.

1761, (7 sept.) Kamouraska. [8]

III.—ST. PIERRE, JACQ.-MAURICE, [JACQUES II. b 1728; s [8] 27 avril 1780.
OUELLET (2), Marie-Joseph, [AUGUSTIN III. b 1741.
Marie-Joseph, b [8] 10 et s [8] 31 janvier 1763 - *Michel*, b [8] 2 février et s [8] 8 mars 1764. — *Jean-Maurice*, b [8] 1er mai et s [8] 29 oct. 1765 — *Marie-Joseph*, b [8] 30 sept. 1766.—*Louis-Amable*, b [8] 1? avril 1770.

1762, (8 nov.) St-Roch.

III.—ST. PIERRE, JOACHIM, [PIERRE II. b 1733.
DESTROISMAISONS (3), Marie-Madel. [PAUL III.

ST. PIERRE, JOSEPH, b 1723; s 13 sept. 1755, à Montréal.

1763, (31 janvier) St-Philippe. [5]

ST. PIERRE, PIERRE. [JOSEPH.
POUGET, Marguerite, [JEAN-BTE II. b 1730; veuve d'Antoine Deneau.
Louis, b [5] 11 déc. 1763.

1763.

ST. PIERRE, JEAN-BTE.
MOREL, Marie-Judith.
Jean-Marie, b 27 fevrier 1764, à Kamouraska. [7] —*Marie-Geneviève*, b [7] 24 mai et s [7] 3 juin 1767.

1765, (11 février) Ste-Anne-de-la-Pocatière.

III.—ST. PIERRE, JEAN-RAPHAEL, [ALEX. II. b 1738.
LANGOGNARD, Madeleine, [PIERRE-RENÉ I. b 1749.

(1) Elle épouse, le 5 juin 1769, Joseph Hudon, à la Rivière-Ouelle.
(2) Elle épouse, le 19 février 1781, Joseph St Jorre, à Kamouraska.
(3) Picard.

1768, (16 août) Ste-Anne-de-la-Pocatière.
II.—ST. PIERRE, PIERRE-JACQ., [JACQUES II.
b 1745.
FOURNIER, Marie-Claire, [JOSEPH III.
b 1745.

1768, (7 nov.) Ste-Anne-de-la-Pocatière.
II.—ST. PIERRE, MICHEL, [PIERRE II.
b 1745.
OUELLET, Marie-Joseph, [JOSEPH III
b 1748.

1774, (17 janvier) Rivière-Ouelle.
III.—ST. PIERRE, JEAN-MARIE, [PIERRE II.
b 1738.
LÉVESQUE, Catherine. [FRANÇOIS III.

1775, (10 juillet) Rivière-Ouelle.
IV.—ST. PIERRE, PIERRE-FRS, [XAIN.-MARIE III.
b 1755.
HUDON, Judith, [JEAN-BERNARD III.
b 1752; veuve de Joseph Lévesque.

1778.
ST PIERRE, JEAN-BTE.
LAMBERT, Marie-Charlotte.
Jean-Baptiste, b 1779; s 8 sept. 1781, à Repentigny

1779.
ST PIERRE, JOSEPH.
FRENIÈRE, Louise.
Joseph, b... s 24 août 1780, à Repentigny.

1779, (2 février) St-Jean-Port-Joli.
IV.—ST. PIERRE, ANTOINE, [ANTOINE III.
b 1752.
FORTIN, Françoise-Ursule, [JOSEPH IV.
b 1759.

1781, (30 juillet) St-Jean-Port-Joli.
IV.—ST. PIERRE, LOUIS. [ANTOINE III.
DUVAL, Therèse. [FRANÇOIS III.

1783, (16 juin) St-Jean-Port-Joli.
IV.—ST. PIERRE, JOSEPH. [ANTOINE III.
GAGNON, Marie-Madeleine. [JOSEPH V.

1797, (30 mai) Québec.
V.—ST. PIERRE (1), THOMAS, [IGNACE III.
BAUCHE, Marie-Anne. [JOSEPH.

ST. QUENTIN.—Voy. BLANCHARD — BLANCHY—GIGUÈRE—MAUROIS—MORAL.

1733, (1er juin) Trois-Rivières.
I.—ST. QUENTIN (2), PIERRE.
DUPUIS, Marie-Gertrude, [FRANÇOIS I.
b 1714; s 11 mars 1780, à Repentigny.

ST. RÉMY.—Voy. FRANÇOIS.

(1) Dessaint dit St. Pierre.
(2) Voy. Blanchard, vol. II, p. 307.

ST. ROCH.—Voy. LAGARDE.

ST. ROMAIN.—Voy. CHOREL.

1728, (9 fevrier) Charlesbourg.
I.—ST. ROMAIN, JEAN-BTE, fils de Jean-Baptiste et de Marie-Françoise Lagneau, de St-Nicolas, ville de Nantes, Haute-Bretagne.
DUBÉ, Marie-Madeleine, [PIERRE II.
b 1709.
Dominique, b 28 oct. 1728, à la Longue-Pointe⁹; s⁹ 3 avril 1730. — *Marie-Marguerite*, b⁹ 27 août 1730. — *Jean-Baptiste*, b 28 janvier 1733, à Montreal, m 23 fevrier 1756, à Marie-Jeanne AUBRY, à St-Laurent, M.— *Marie-Joseph*, b... m 7 janvier 1754, à Jean-Baptiste CHARTRAN, au Sault-au-Récollet.

1737, (30 sept.) Rivière-du-Loup. ⁹
I.—ST. ROMAIN, ANTOINE, fils d'Antoine et de Jeanne Langrave, de Ranée, diocèse de Cahors, Quercy.
DULIGNON (1), Marguerite, [PIERRE II.
b 1716.
Antoine, b⁹ 10 février 1738.— *Marguerite*, b... m 8 janvier 1759, à Antoine TESSIER, à Contrecœur.⁷—*Louis-Hyacinthe*, b⁷ 30 janvier 1758.

1756, (23 février) St-Laurent, M. ⁹
II.—ST. ROMAIN, JEAN-BTE, [JEAN-BTE I.
b 1733.
AUBRY, Marie-Jeanne, [FRANÇOIS II.
veuve de Charles Jérôme.
Jean-Baptiste, b⁹ 12 et s⁹ 22 mars 1757. — *Jean-Baptiste*, b⁹ 30 oct. 1759; s⁹ 27 déc. 1761.

I.—ST. ROME (2), LOUIS.

1748, (26 fevrier) Charlesbourg. ⁹
I.—STROUDS, GILLES, b 1712, fils de Guillaume (Anglais de la Caroline) et de Rachel Redind Baionas; s (dans l'église des Recollets) 5 avril 1757, à Québec. ⁸
MORISSEAUX, Marie-Jos.-Elisabeth, [J.-BTE II.
b 1723.
Guillaume-Balthazar, b⁸ 6 janvier et s⁹ 30 juin 1749.—*Pierre* (3).

ST. SAUVEUR.—Voy. BEQUET—CLOPIN—GRASSET—LÉGUILLÉ—TOMERAUX.

ST. SAUVIN.—Voy. RONDEAU.

ST. SÉVÈRE.—Voy. BOCHARD.

ST. SEYNE.—Voy. SINCENNES.

ST. SIMON.—Voy. BOULET—DENIS—SIMON.

(1) DeLamiraude.
(2) Jean-Pierre de St. Rome, écuyer, chevalier, capitaine de cavalerie; il etait, le 10 août 1759, à la Pte-aux-Trembles, Q.
(3) Enfant de deux ans, né de parents anglais, sur les côtes de l'Acadie, et fait prisonnier par les sauvages, est racheté par M. Gilles Strouds, et baptisé à Québec, le 26 avril 1751.

ST. SOLIN.—Voy. DUBREUIL et DUBRULE—SELOZ —SERRURIER.

1755, (3 février) Montréal.

II.—ST. SOLIN (1), JACQUES-JEAN, [JEAN I. b 1735.

GOUJON, Madeleine, [PIERRE II. b 1732.

Marie-Louise, b 8 sept. et s 5 oct. 1758, au Bout-de-l'Ile, M.[1] — *Jacques*, b [1] 24 nov. 1759.— *Joseph*, b... s [1] 31 déc. 1761.—*Marie-Clémence*, b 23 nov. 1763, au Lac-des-Deux-Montagnes.[2] — *Marie-Madeleine*, b [2] 2 nov. 1765.

ST. SURIN.—Voy. BORDE—RIGAUD—TROTAIN.

ST. THOMAS.—Voy. LETENDRE.

I.—STUARD (2), JOSEPH-LS-GILLES-GUILLAUME, né 1719; fils de Guillaume et de Rachel Baroff, de la Nouvelle-Angleterre.

1764, (10 janvier) St-Thomas.

I.—STUART, PIERRE, fils d'Alexandre et de Marie Maclure, d'Ecosse.

MORIN (3), Louise, [ISIDORE IV. b 1739.

1770.

I.—STUART, MURDOCH, marchand.

CARTIER, Angélique. [JACQUES I.

Marie-Charlotte, b 9 août 1771, à Ste-Foye[4]; s[4] 18 mars 1772.—*Antoine*, b [4] 29 oct. 1773.— *Marie*, b [4] 2 nov. 1777.—*Marie-Louise*, b [4] 27 déc. 1778; s [4] 7 mai 1781.—*Georges*, b... s[4] 7 déc. 1780.

STUBENGER.—Voy. STUBINGER.

STUBINGER.—*Variation :* STUBENGER.

1786, (12 juin) Boucherville. [5]

I.—STUBINGER, JEAN-GEORGES, fils de Henri (chirurgien) et de Louise D'Alberg, de Hesse-Cassel, Flandre.

1° QUINTAL, Marie-Anne. [AUGUSTIN III.

1787, (9 janvier). [5]

2° BOUCHER DE LA BROQUERIE, Anne-Chs, [JOS. V. b 1765.

ST. VENANT.—Voy. LUCAS.

ST. VILMÉ (DE).—Voy. DAILLEBOUT.

ST. VINCENT. —Voy. ALBERT — CHOMERAUX — DE NARCY — DE ST. VINCENT — PLINGUÉ — SANSFAÇON.

(1) Dit Seloz—Serrurier.—Marié sous le nom de Dubreuil, voy. vol. III, p. 485.

(2) Prisonnier racheté, est baptisé à Québec le 22 avril 1742.

(3) Elle épouse, le 23 avril 1770, Chrysostôme Joncas, à St-François.

ST. VINCENT (1), ...

Catherine, b... m à Daniel COUTU.

I.—ST. VINCENT (2), DANIEL.

STYOUT, ALEXANDRE.

....

Ivause, b 17 mai 1762, à Yamachiche.

ST. YVES.—Voy. ST. AGNE.

SUAIRE.—Voy. SUSTIER.

1760, (7 juillet) Yamachiche. [6]

I.—SUBRECAS, ANTOINE, b 1711; fils de Jean-Baptiste et de Jeanne Gava, d'Acqs, Gascogne; s [6] 4 janvier 1761.

CHAILLON, Marie. [JACQUES I.

SUBTIL.—Voy. BRISSON—BUISSON—BUSSON.

SUGÈRE.—Voy. SUSTIER.

SUIER.—Voy. SUSTIER.

1717, (3 mai) Québec.

I.—SUIER, JACQUES, fils de Pierre et de Marguerite Motet, de St-Fort-de-Cognac, diocèse de Xaintes, Saintonge.

CHARBONNEAU (3), Françoise, [JEAN I. b 1700.

1726, (16 mai) Québec.

I.—SUIER, ANDRÉ, fils d'Andre et d'Hélène Boilard, de Ste-Marie-de-Poitiers, Poitou.

RENAUD (4), Marie-Angélique, [RENÉ I. b 1683; veuve de Jean Simon.

SUIRE.—*Variation et surnoms :* SIVRE—PERRON —ST. FORT.

1688, (26 février) Pte-aux-Trembles, Q.

I.—SUIRE (5), JACQUES, b 1660.

DAMIENS, Catherine, [JACQUES I. b 1670; veuve de Guillaume Lefebvre, s 16 août 1743, à Montreal

SUISSE.—Voy. BOULIANE—GETS.

I.—SUISSE, FRANÇOIS, b 1647; s 12 février 17.. à Montréal.

SULIÈRE.—Voy. SUSTIER.

SULLIÈRES.—Voy. SUSTIER.

(1) Dit Sansfaçon.

(2) Officier d'une compagnie; il était, le 27 juillet 17.., à Charlesbourg.

(3) Elle épouse, le 13 janvier 1723, Martin Lory, à Montréal.

(4) Pour Arnaut.

(5) Sivre dit St. Fort (Edits II, p. 160), 1713, Québec, sentence rendue en l'officialité pour mariage; voy. vol. .. p. 555

ULLIVAN.—*Variation :* SYLVAIN.

1720, (1) janvier) Pte-aux-Trembles, Q.
—SULLIVAN (2), TIMOTHÉE, b 1696, chirurgien; fils de Daniel et d'Elisabeth Macarthy, de St-Philibert, diocèse de Cork, Irlande; s 17 juin 1749, à Montréal.
GAUTIER, Marie-Renée, [RENÉ I.
b 1682; veuve de Christophe Dufros de la Jemmerais.
Marie-Catherine, b 23 nov. 1721, à Varennes. *Anonyme,* b et s 4 août 1722, à Montréal. [1] — *Marie-Renée,* b [1] 18 avril 1724; s [1] 5 déc. 1726.

1760, (18 février) Bout-de-l'Ile, M.
—SULLIVAN, MARTIN, fils de Daniel et de Catherine Breine, de Dromik, près Trahy.
MAGDELEINE, Marie-Joseph, [JOSEPH II.
b 1716; veuve de Jean Mallet.

1793, (22 avril) Québec.
—SULLIVAN, PATRICK, fils de Jacques et d'Anne Sullivan, de Dublin, Irlande.
HANDLAN, Bridget,
veuve de Luc Donavan, d'Irlande.

ULPICE (3), PIERRE.
DENOMMÉ, Marie.
Laurent, b 13 fevrier 1777, à St-Cuthbert.

1761, (31 août) Trois-Rivières [2]
ULTE, JEAN.
TRUDEL, Thérèse.
Jean, b [2] 14 août 1762.

1752, (9 oct.) Québec.
—SUMMERS, DAVID, fils de Thomas et d'Isabelle Comstoll, de Dundy, Ecosse.
THOMPSON, Marie, fille de Guillaume et de Marguerite Ladre, d'Edimbourg, Ecosse.

UPERNANT.—*Variations et surnoms :* SUPERNON—SURPRENANT—SANSOUCY—ST. LOUIS.

1678, (16 août) Laprairie. [4]
—SUPERNANT (4), JACQUES,
b 1650; s [4] 16 juillet 1710.
DENOTE, Jeanne. [ANTOINE I.
Pierre, b [4] 21 janvier 1683; m [4] 27 nov. 1702, à Anne TESTU; s 3 juin 1739, à Montréal. [5] — *Laurent,* b 1685; m [5] 20 mai 1711, à Jeanne BEAUVAIS; s [5] 3 dec. 1752.—*Catherine,* b [4] 29 juillet 1686; 1° m [4] 24 nov. 1705, à Jean DENIGER; 2° m [4] 12 avril 1717, à Julien BARITEAU; s 28 février 1762, à St-Constant.—*Marie,* b... m [4] 13 nov. 1712, à François LEFEBVRE.

(1) L'acte, au registre de la Pte-aux-Trembles, Q., ne donne pas la date du mois; mais ce mariage eut lieu après le 24 janvier.
(2) Voy. sa note, vol. I, p. 553; marié sous le nom de Sylvain.
(3) Dit St. Georges
(4) Dit Sansoucy; voy. vol. I, p. 536.

1702, (27 nov.) Laprairie. [7]
II.—SUPERNANT (1), PIERRE, [JACQUES I.
b 1683; s 3 juin 1739, à Montréal.
TESTU, Anne, [JACQUES I.
b 1684, s [7] 8 juin 1736.
Pierre, b [7] 18 oct. 1705; m [7] 20 nov. 1730, à Marie-Joseph BOYER. — *Marie-Anne,* b [7] 7 août 1710; 1° m [7] 15 août 1730, à Toussaint BÉTOURNÉ; 2° m [7] 3 février 1733, à Jacques BOYER.—*Jacques,* b... 1° m 27 juillet 1733, à Angélique GERVAIS, à Longueuil [8]; 2° m [8] 24 sept. 1736, à Marie-Anne LAMARRE.—*Antoine,* b [7] 11 janvier 1712; m [8] 7 fevrier 1735, à Jeanne GERVAIS.—*Marguerite,* b [7] 6 oct. 1715; m [7] 11 janvier 1734, à Joseph BABEU. —*Jean-Baptiste,* b [7] 26 juin 1717; m [7] 19 nov. 1742, à Anne BABEU.—*Michel,* b... m [7] 13 nov. 1741, à Marguerite LONGTIN.—*Suzanne,* b [7] 11 mai 1719.—*Joseph,* b [7] 31 juillet 1720; m 1746, à Geneviève LAMARRE.

1711, (20 mai) Montréal. [1]
II.—SUPERNANT (2), LAURENT, [JACQUES I.
b 1685; s [1] 3 déc. 1752.
BEAUVAIS, Jeanne, [RAPHAEL II.
b 1691.
Marguerite, b 8 janvier 1712, à Laprairie. [2] — *Marie,* b... m [2] 28 mai 1731, à François DENAUT. —*Elisabeth,* b [2] 28 janvier 1715; m [2] 3 nov. 1733, à Clément PERRAS.—*Anne,* b [2] 23 avril 1717.— *Marie-Jeanne,* b [2] 1er sept. 1718; m [2] 8 oct. 1742, à Charles BOYER.—*Agnès,* b [2] 2 sept. 1720; m [1] 27 juillet 1740, à Antoine BEAUMONT.—*Marie-Anne,* b [2] 2 février 1722, s [2] 19 avril 1733.— *Marie-Ursule,* b [2] 2 février 1722; m [2] 18 fevrier 1743, à Jean-Baptiste MOQUIN.—*Jean-Baptiste,* b [2] 16 fevrier 1725.—*Marie-Catherine,* b [2] 28 mars et s [2] 11 mai 1729.—*Marie-Geneviève,* b [2] 6 janvier 1731; m [1] 10 fevrier 1755, à Jean CHAPLAIS.— *Laurent-Alexis,* b [2] 23 mai et s [2] 16 juin 1733.— *Marie-Anne,* b [2] 14 et s [2] 26 août 1735.

1730, (20 nov.) Laprairie. [7]
III.—SUPERNANT, PIERRE, [PIERRE II.
b 1705.
BOYER, Marie-Joseph, [JACQUES-ANTOINE II.
b 1708.
Pierre, b [7] 6 avril 1731.—*Antoine,* b [7] 10 sept. 1732. — *Michel,* b [7] 25 février 1734. — *Charles-Amable,* b [7] 12 mars 1736; s [7] 3 mars 1738.— *Joseph-Marie,* b [7] 12 mars 1738; m 12 février 1770, à Geneviève DAVID, à St-Philippe.—*Jacques,* b [7] 20 juin 1740.—*François,* b [7] 17 février 1743.

1733, (27 juillet) Longueuil. [8]
III.—SUPERNANT, JACQUES. [PIERRE II.
1° GERVAIS, Angelique, [JEAN-MATHIEU II.
b 1709; veuve de Pierre Demers; s [8] 14 mars 1736.
Jacques, b 16 mai 1735, à Laprairie. [9]
1736, (24 sept.) [8]
2° LAMARRE, Marie-Anne, [JEAN-PHILIPPE III.
b 1716.
Marie-Anne, b [9] 20 oct. 1737.

(1) Dit St. Louis—Sansoucy.
(2) Dit Sansoucy.

1735, (7 fevrier) Longueuil. [1]

III.—SUPERNANT (1), ANTOINE, [PIERRE II.
b 1712.
GERVAIS, Jeanne, [JEAN-MATHIEU II.
b 1712.

Antoine, b [1] 17 nov. 1735; m 11 janvier 1762, à Marie-Anne ROBERT, à St-Constant. [2] —*Jean-Baptiste*, b 25 mars 1737, à Laprairie [3]; m 9 janvier 1764, à Marie-Julie RAYMOND, à St-Philippe. [4] — *Marie-Angélique*, b [3] 18 avril 1739. — *Marie-Joseph*, b [3] 17 mars et s [3] 5 mai 1741. — *Joseph-Marie*, b [3] 20 mars 1742.—*Marie-Geneviève*, b [3] 5 avril 1744; m [2] 16 nov. 1761, à Jean-Baptiste RAYMOND.—*Marie-Anne*, b... m [4] 25 sept. 1769, à Louis LEMIRE.

1741, (13 nov.) Laprairie. [5]

III.—SUPERNANT, MICHEL. [PIERRE II.
LONGTIN, Marguerite, [ANDRÉ II.
b 1721.

Michel, b [5] 19 août 1742.—*Marie-Marguerite*, b [5] 18 juillet 1744.—*Michelle*, b... m 2 mars 1772, à Daniel-François CARDINAL, à St-Constant. [6] — *Augustin*, b [6] 11 mai 1755.

1742, (19 nov.) Laprairie. [6]

III.—SUPERNANT, JEAN-BTE, [PIERRE II.
b 1717.
BABEU, Anne, [ANDRÉ II.
b 1723; s 29 mai 1770, à St-Philippe. [7]

Marie-Anne, b [6] 13 oct. 1743; m [7] 12 août 1765, à Jacques DUMAS. — *Gabriel*, b 1753; s 6 août 1761, à St-Constant. [8] — *Marie-Madeleine*, b 1757; s [7] 3 mars 1758.— *Marie-Marguerite*, b [7] 26 février 1759. — *Pierre*, b [8] 3 février 1761. — *Jacques*, b [7] 13 sept. 1762; s [7] 9 août 1763.

1746.

III.—SUPERNANT, JOSEPH, [PIERRE II.
b 1720.
LAMARRE, Geneviève.

Marie-Joseph, b... m 16 février 1767, à François MONET, à St-Philippe. [9] —*Louis*, b 1756; s [9] 13 avril 1758. — *Joseph*, b [9] 9 janvier 1759; s [9] 6 août 1762. — *Rosalie*, b 1760; s [9] 6 août 1762.— *Anonyme*, b et s 9 janvier 1762, à St-Constant.— *Jacques*, b [9] 16 juillet 1764.

1762, (11 janvier) St-Constant.

IV.—SUPERNANT (1), ANTOINE, [ANTOINE III.
b 1735.
ROBERT, Marie-Anne, [JACQUES II.
b 1740; veuve de Jacques Morin.

Antoine, b 12 fevrier 1763, à St-Philippe. [2] — *Jean-Marie*, b [2] 18 août 1764.

1764, (9 janvier) St-Philippe.

IV.—SUPERNANT, JEAN-BTE. [ANTOINE III.
RAYMOND, Marie-Julie, [JEAN-LOUIS II.
b 1743.

(1) Dit Sansoucy.

1770, (12 février) St-Philippe.

IV.—SUPERNANT, JOS.-MARIE, [PIERRE II.
b 1738.
DAVID, Geneviève. [NICOLAS II.

SUPERNON.— *Variation et surnom* : SUPERNANT—LAFONTAINE.

1699, (27 avril) Montréal. [4]

I.—SUPERNON (1), MARIN,
b 1675; s 12 mai 1750, à Longueuil. [2]
CARTIER, Marguerite, [PAUL I.
b 1676.

Marie-Madeleine, b [4] 27 février 1700; m [2] 7 juin 1723, à François MARIE; s [2] 9 fevrier 17..— *Marin*, b [2] 25 dec. 1701; m [2] 1er juin 1733, à Marguerite MARIE.—*Marie*, b [2] 9 déc 1703; m [2] 20 nov. 1727, à Charles MARSIL.—*Charles*, b [2] 25 mars 1706; m [2] 8 mars 1734, à Marie-Anne MAILLOT.—*Pierre*, b [2] 1er juillet 1708; s [2] 3 avril 1714. — *Marie-Renée*, b [2] 27 janvier 1711; s [2] 17 mai 1715. — *Angélique*, b [4] 8 oct. 1713, s [2] 21 nov. 1715. — *Joseph*, b [2] 18 avril 1718, m [2] 20 juin 1740, à Marie-Anne MARSIL; s [2] 1er dec. 1749.

1733, (1er juin) Longueuil. [8]

II.—SUPERNON (2), MARIN, [MARIN I.
b 1701.
MARIE, Marguerite, [FRANÇOIS II.
b 1710.

François-Marin, b [8] 7 juin 1734.—*Pierre*, b 2. juin 1736, à Montréal. [9] —*Joseph*, b [8] 4 nov. 173.—*Marie-Marguerite*, b [8] 13 avril 1741; m 1767, à Antoine ROUSSEAU —*Charles*, b [8] 29 janvier 174.—*André*, b [9] 1er août et s [8] 11 août 1746.—*Catherine*, b [8] 2 mai 1751.

1734, (8 mars) Longueuil. [7]

II.—SUPERNON, CHARLES, [MARIN I.
b 1706.
MAILLOT, Marie-Anne, [GUILLAUME II.
b 1710.

André, b [7] 3 déc. 1734; m 26 janvier 1761, à Marguerite GEOFFRION, à Varennes. — *Charles*, b [7] 18 août 1736.

1740, (20 juin) Longueuil. [6]

II.—SUPERNON, JOSEPH, [MARIN I.
b 1718; s [6] 1er dec. 1749.
MARSIL (3), Marie-Anne, [CHARLES II.
b 1717.

Joseph, b [6] 2 juillet 1741.—*Charles*, b [6] 18 avril 1743.—*Marie-Geneviève*, b [6] 5 avril 1745 —*François*, b [6] 3 nov. 1746. — *Catherine-Amable*, b [6] 6 avril 1749.

1761, (26 janvier) Varennes.

III.—SUPERNON (4), ANDRÉ, [CHARLES II.
b 1734.
GEOFFRION, Marguerite. [GABRIEL II.

(1) Dit Lafontaine ; voy. vol. I, p. 536.

(2) Lafontaine.

(3) Elle épouse, le 12 nov. 1753, Pierre Marie, à Longueuil.

(4) Dit Lafontaine.

1758, (4 avril) Montréal.

SUPIOT, MARTIN, b 1731, soldat ; fils de René et de Marie Blay, de St-Maurice, diocèse d'Angers, Anjou.
PIGEON, Marie-Joseph, [LOUIS-BASILE III.
b 1738

URAULT.—Voy. SUREAU.

UREAU.—*Variations et surnoms :* SARAUT — SAREAU—SURAULT— BLONDIN—HELER (1).

1663, (8 nov.) Québec.[1]

—SUREAU (2), THÉODORE,
s [1] 4 oct. 1677.
1° BRUNET, Françoise,
s [1] (de mort subite) 21 juillet 1668.
Geneviève, b [1] 7 oct. 1664 ; 1° m [1] 26 nov. 1678, Martin LAFILÉ ; 2° m 1680, à Thomas GASSE ; m 5 nov. 1703, à Jean MARANDA, à St-Laurent, I. O.

1669, (9 oct.) [1]

2° HUTRÉ, Périnne.

1691, (18 juin) Quebec.[4]

—SUREAU (3), HILAIRE,
b 1648 ; s 6 mai 1708, à Montréal.[5]
PARADIS (4), Louise, [PIERRE I.
b 1661 ; veuve de François Mezeray.
Madeleine, b [4] 14 mai 1692 ; m [5] 15 oct. 1709, à Denis LECOURS.—*Charles*, b [4] 20 mars 1695 ; m [5] février 1720, à Marie-Anne CHARLES. — *Anonyme*, b et s 1er février 1699, à la Baie-St-Paul.—*Pierre*, b [4] 19 nov. 1702 ; 1° m [5] 18 mai 1723, à Agnès LEDOUX ; 2° m 7 janvier 1745, à Catherine PETITCLERC, à Terrebonne. — *Angélique*, b [5] 12 avril 1705 ; 1° m [5] 3 nov. 1723, à Jacques PÉRIAU ; 2° m [5] 5 mars 1729, à Joseph BÉLANGER.

1720, (28 fevrier) Montréal.[1]

I—SUREAU (5), CHARLES, [HILAIRE I.
b 1695.
CHARLES (6), Marie-Anne, [ETIENNE I.
b 1691 ; veuve de Marin Bourdon.
Charles, b [1] 12 nov. 1720 ; m [1] 1er mars 1745, à Marie-Anne RIVIÈRE. — *Marguerite*, b [1] 19 oct. 1722.—*Jean-Baptiste*, b [1] 21 mai 1724 ; m 30 janvier 1747, à Marie-Anne BRAZEAU, à Ste-Geneviève, M.

1723, (18 mai) Montréal.[2]

I—SUREAU (7), PIERRE, [HILAIRE I.
b 1702.
1° LEDOUX-LATREILLE, Agnès, [NICOLAS II.
s 15 mai 1744, à Terrebonne.[3]
Marie-Catherine, b [2] 9 et s [2] 23 mai 1724.—*Pierre*, b 9 oct. 1728, à Charlesbourg.—*Elisabeth*, b [3] 29 mars 1730 ; s [3] 26 fevrier 1733. — *Antoine*, b [3] 22 avril 1732, s [3] 17 fevrier 1738. — *Marie-Madeleine*, b [3] 11 sept. 1734.—*Marie-Joseph*, b [3] 14 août 1736 ; m [3] 28 mai 1760, à Jean-Baptiste ROBILLARD.—*Alexandre*, b [3] 20 avril 1739 ; m 4 janvier 1768, à Marie-Joseph GASTINON, au Détroit.—*Louis*, b [3] 29 mars 1741 —*Marie-Françoise*, b [3] 7 mars 1743 ; m à Jean-Baptiste DUBOIS.

1745, (7 janvier).[3]

2° PETITCLERC, Catherine, [FRANÇOIS II.
b 1721.
Marie-Joseph, b [3] 7 avril 1745. — *Marie-Catherine*, b [3] 16 sept. 1746 ; m [3] 5 oct. 1767, à Nicolas TRINQUET.—*Marie-Marguerite*, b [3] 8 avril et s [3] 1er dec. 1748.—*Jean-Baptiste*, b 14 juin 1750, à Lachenaye ; m [3] 2 février 1778, à Thérèse MARIÉ. —*Marie-Reine*, b [4] 23 mars 1753 ; m 22 nov. 1773, à Henri HARDOUIN, à St-Laurent, M.—*Charles-Joseph*, b [3] 23 janvier 1756.—*François*, b [3] 29 mai et s [3] 5 août 1758.—*Pierre*, b [3] 14 août 1759.

1745, (1er mars) Montréal.

III.—SUREAU (1), CHARLES, [CHARLES II.
b 1720.
RIVIÈRE, Marie-Amable, [FRANÇOIS II.
b 1728.
Marie-Amable, b... m 19 janvier 1767, à Hyacinthe CHARLEBOIS, à la Pointe-Claire.

1747, (30 janvier) Ste-Geneviève, M.[4]

III.—SUREAU (1), JEAN-BTE, [CHARLES II.
b 1724.
BRAZEAU, Marie-Anne, [PAUL III.
b 1726 ; veuve de Jean Valade ; s [4] 6 mai 1752.
Marie-Anne, b [4] 14 mars 1748.

1761, (27 sept.) St-Vincent-de-Paul.

I.—SUREAU, LOUIS, fils de Louis et de Françoise Biord, de St-Pierre, diocèse de LaRochelle, Aunis.
DAGENAIS, Marie-Joseph, [FRANÇOIS-MARIE III.
b 1742.

1768, (4 janvier) Détroit.[5]

III.—SUREAU (2), ALEXANDRE, [PIERRE II.
b 1739.
GASTINON, Marie-Joseph, [FRANÇOIS II.
b 1744 ; veuve de Julien Freton.
Marie-Françoise, b [5] 8 oct. 1768 ; s [5] 10 oct 1770.—*Alexandre*, b [5] 4 dec. 1771 ; s [5] 22 mars 1772. — *Archange*, b [5] 12 août 1773. — *Joseph-Marie*, b [5] 12 juin 1775. — *Julien*, b [5] 14 janvier 1778.

1778, (2 février) Terrebonne.

III.—SUREAU (3), JEAN-BTE, [PIERRE II.
b 1750.
MARIÉ, Thérèse, [FLAVIEN III.
b 1755.

---

(1) Voici une singulière transformation de nom : Hilaire Sureau dit Blondin avait un fils nommé Pierre, né en 1702, à Quebec.—Alexandre, fils de ce dernier, baptisé à Terrebonne, en 1739, se mariait au Détroit, en 1768, sous le nom de Heler, corruption du nom de baptême de son grand-père Hilaire Sureau.

(2) Voy. vol. I, p. 556.

(3) Dit Blondin ; voy. vol. I, p. 556.

(4) Elle épouse, le 24 sept. 1713, Jean-Baptiste Jarry-Lahaie, à Montréal.

(5) Dit Blondin.

(6) Lajeunesse.

(7) Dit Blondin ; voy ce nom, vol II, p. 318.

(1) Dit Blondin.

(2) Marié sous le nom de Heler dit Blondin.

(3) Dit Blondin ; il était, en 1774, à Lachenaye.

Marie-Thérèse, b 3 fevrier 1783, à Lachenaye.[6] —*Marie-Thérèse*, b [6] 13 mars 1784.

1709, (4 février) Annapolis, Acadie. [7]

I.—SURET, PIERRE, fils de Noël et de Françoise Colard, de Maufet, diocèse de LaRochelle, Aunis.

PELLERIN, Jeanne, fille d'Etienne et de Jeanne Lavoye.

Joseph, né [7] 22 mai et b [7] 8 juin 1712; m à Marguerite TARIAU.

II.—SURET, JOSEPH, [PIERRE I.
b 1712; Acadien.
TARIAU, Marguerite.
Marguerite, b... m 20 janvier 1766, à Jacques TESSIER, à Lachine.

1727, (10 juin) Lévis.

I.—SURNOMMÉ, JEAN.
CARIÉ, Marie-Anne. [JEAN II.

SURPRENANT.—Voy. SUPERNANT.

I.—SURSON, JEAN-BTE, b 1675; soldat; s 29 oct. 1715, à Montréal.

SUSLIER.—Voy. SUSTIER.

SUSTIER.—*Variations et surnom* : LESCUYER—LESUTIER—LESUYER—LISOUTIER—SUAIRE—SUGÈRE—SUILR—SULIÈRE— SULLIÈRES—SUSLIER—SUYER—SUYÈRE—TRANCHEMONTAGNE.

1691, (30 avril) St-Jean, I. O.

I.—SUSTIER (1), NICOLAS.
LEBLANC, Marguerite, [ANTOINE I.
b 1671; s 31 juillet 1723, à Montreal.
Marguerite, b 28 mai 1705, à St-Laurent, I. O; s 30 sept. 1714, à Quebec.

1716, (14 sept.) Québec. [2]

II.—SUSTIER, JEAN. [NICOLAS I.
LESAGE (2), Marie-Louise, [JEAN I.
b 1694.
Jean-Bernardin, b [2] 21 mai 1717; m 4 fevrier 1743, à Marguerite PAYMENT, à Ste-Geneviève, M. —*Louis*, b 1er mars 1720, à la Pte-aux-Trembles, M.— *Marie-Geneviève*, b et s 19 juin 1724, à Repentigny.— *Marie-Joseph*, b 20 sept. 1725, à L'Assomption. [4] —*François*, b [4] 29 dec. 1726.—*Marie-Thérèse*, b [4] 17 juillet et s [4] 10 dec. 1728.—*Marie-Louise*, b [4] 1er oct. 1729; s [4] 24 juillet 1730. —*Marie-Gabrielle*, b [4] 1er oct. 1729.—*Marie-Barbe*, b [4] 12 juillet 1731.

1729, (3 oct.) Quebec. [2]

II.—SUSTIER (3), NICOLAS. [NICOLAS I.
VIEN (4), Marguerite, [PIERRE III.
b 1711.

Louis, b [2] et s [2] 25 avril 1731. — *Nicolas*, b 1732; s 14 mai 1733, à Beaumont.[3] — *Nicolas*, b [3] 5 mai 1734; m 28 janvier 1765, à Geneviève BOULET, à St-Thomas.—*Marie*, b 29 dec. 1735, à St-Jean, I. O.[4]; m 23 juillet 1753, à Jean-Baptiste POLIQUIN, à Lévis[5]; s[5] 28 mars 1758.—*Marie*, b [4] 30 juin 1739.—*Pierre*, b [4] 15 mai 17..— *Jacques*, b [4] 2 mars 1748. — *Cécile*, b 31 ... 1750, à St-Charles.

1743, (4 février) Ste-Geneviève, M.

III.—SUSTIER, JEAN-BERNARDIN, [JEAN II.
b 1717.
PAYMENT, Marguerite, [PIERRE I.
b 1724.

1765, (28 janvier) St-Thomas.

III.—SUSTIER (1), NICOLAS, [NICOLAS II.
b 1734.
BOULET, Geneviève, [AUGUSTIN III.
b 1740.
Marie-Geneviève, b .. m 7 mai 1792, à Michel MALBEUF, à St-Cuthbert.

1790.

SUSTIER (1), JACQUES.
MAJO, Marie-Charlotte.
Marie-Angélique, b 4 sept. 1791, à Repentigny. —*Marie-Charlotte*, b [1] 24 juin 1794; s [1] 6 février 1795.

SUTHERLAND.—*Variations* : SADRELON—SALAD.

1766, (4 février) Deschambault.[6]

I.—SUTHERLAND, DANIEL, fils d'Alexandre et de Scholastique McKenzie, d'Ecosse
MORIN, Geneviève, [FRANÇOIS-MARIE III.
b 1743.
Marie-Geneviève, b [6] 3 déc. 1766 — *Joseph*, b 20 mars 1772, à St-Cuthbert. [2] — *Pierre*, b [2] ... août 1776.—*Joseph*, b [2] 4 mars 1779.

SUYER.—Voy. SUSTIER.

SUYÈRE.—Voy. SUSTIER.

1733, (3 juillet) Beaumont. [3]

I.—SUZOR, FRANÇOIS, b 1689; fils de François et d'Etiennette Gilets, de St-Nicolas-sur-Loire, diocèse de Blois; s 11 fevrier 1749, à St-Thomas.[4]
COUTURE, Marie-Charlotte, [EUSTACHE II.
b 1700; s [3] 2 mai 1775.
Marie-Elisabeth, b [4] 27 avril 1736. — *Louis*... *François*, b [4] 6 juillet 1738; m à Marie-Joseph LEBEAU. — *Marie-Marthe*, b [4] 24 mars 1740.— *Marie-Charlotte*, b [4] 21 février 1742; 1° m à François VIEN; 2° m [3] 8 fevrier 1779, à Jean-Baptiste ROY.

(1) Dit Tranchemontagne; voy. vol. I, p. 556.
(2) Ou Lepage.
(3) Dit Tranchemontagne.
(4) Voy. Jean.

(1) Et Sullières.

ZOR (1), François-Michel.
LaRue, Marie-Anne.

1787, (28 août) Québec.
LaFlèche, Louise. [Timothée.

SUZOR, Ls-François, [François I.
b 1738.
Lebeau, Marie-Joseph.
Marie, b... m 9 nov. 1790, à François Na-, au Détroit.[2] — *Louis*, b... m[2] 4 juillet 91, à Françoise L'Enfant.

1791, (4 juillet) Détroit.
SUZOR, Louis. [Ls-François II.
L'Enfant, Françoise, [Joseph I.
b 1774.

1752, (24 juillet) Montréal.[6]
SWEENY, Alexandre, b 1721 ; fils de Denis et de Marie O'Donell, de St-Antony, Irlande.
Campau, Françoise, [François II.
b 1711, s[6] 19 oct. 1755.

LVA.—Voy. Dasilva.

LVAIN.—*Variation et surnoms* : Silvain — Sullivan — Duplais — Larosée — Veau et Vox.

1694, (28 juin) Quebec.
SYLVAIN (2), Blaise.
2° LeGuay (3) Marie-Rosalie, [Jean I.
b 1673.
Marie-Anne, b 1698 ; m 3 février 1719, à Nicolas ...iel, à Sorel ; s 10 fevrier 1758, à Lavaltrie.

1720, (4 nov.) Montréal.
SYLVAIN (4), Pierre, fils de Michel et d'Elisabeth Sarazin, de St-Eutrope, diocèse de Xaintes, Saintonge.
Perillard (5), Jeanne, [Nicolas I.
b 1702.
Jean-Baptiste, b 29 nov. 1721, à Chambly[6] ; s (mort accidentelle) 1er mai 1740, aux Trois-Rivières.[7] — *Marie-Jeanne*, b[6] 3 sept. 1723 ; m[7] nov. 1744, à Joseph Lemay. — *Irénée*, b[6] 22 avril 1725. — *Pierre*, b[6] 9 oct. 1726 ; m 30 août 51, à Marie-Renée Mercier, à Verchères. — *Marie-Madeleine*, b... 1° m 10 avril 1752, à Jean-Baptiste Chauveau, à Quebec ; 2° m 29 juillet 60, à Pierre Augé, à la Rivière-du-Loup.— *Étienne-Amable*, b 1734 ; s[7] 8 juin 1739.

1751, (30 août) Verchères.[8]
SYLVAIN (6), Pierre, [Pierre I.
b 1726.
Mercier, Marie-Renée. [Pierre-Simon III.
Pierre, b[8] 24 juin 1752. — *Marie-Renée*, b[8] 16 avril 1754.—*Marie-Geneviève*, b[8] 24 mars et s[8] 14 mai 1760. — *Marie-Madeleine*, b[8] 21 mars 1761.

1757, (10 janvier) St-Vincent-de-Paul.
I.—SYLVAIN, Augustin, fils de Joseph et de Jeanne Bon, du diocèse de Cavaillon, Venaissin.
Noel (1), Marie-Anne, [Joseph II.
b 1732.

SYLVESTRE.—*Surnoms* : Beausoleil — Champagne.

1667, (27 août) Québec.[1]
I.—SYLVESTRE (2), Nicolas,
b 1644 ; s 10 mars 1729, à la Pte-aux-Trembles, Q.[2]
Nepveu, Barbe, [Jean I.
b 1653 ; s[2] 18 avril 1729.
Pierre, b[1] 2 juin 1675 ; m[2] 8 nov. 1700, à Marie-Anne Labadie ; s[2] 25 déc. 1744. — *Françoise*, b[2] 22 février 1682 ; m[2] 12 août 1702, à Laurent Matte. — *François*, b[2] 31 août 1684 ; 1° m[1] 6 avril 1717, à Marie-Anne Noel ; 2° m 15 fevrier 1733, à Marie-Angélique Houde, à Ste-Croix.—*Marie-Jeanne*, b[2] 5 mai 1686 ; 1° m[2] 29 oct. 1709, à Jean De la Fontaine ; 2° m à Augustin Balard ; 3° m[2] 24 fevrier 1727, à Nicolas Petit ; 4° m[1] 2 mai 1733, à Vincent Houdard. —*Jean*, b[2] 17 juin 1688 ; m 11 nov. 1715, à Marie-Anne Benoit-Abel, à Deschambault ; s[2] 25 avril 1732. — *Marie-Anne*, b[2] 13 août 1692 ; m[2] 18 oct. 1712, à André Content ; s 26 mars 1732, à Champlain.—*Nicolas*, b[2] 8 juillet 1699 ; m 1720, à Marie-Elisabeth Laporte ; s 13 avril 1750, à l'Ile-Dupas.

1694, (23 nov.) Pte-aux-Trembles, Q.
II.—SYLVESTRE (3), Nicolas, [Nicolas I.
b 1669.
Labadie (4), Jeanne, [François I.
b 1674.
Louise-Angélique, b 2 mars 1698, à St-Augustin ; m à Louis Fiset.

1698, (24 nov.) Pte-aux-Trembles, Q.
II.—SYLVESTRE (3), Louis, [Nicolas I.
b 1673.
Labadie (4), Elisabeth, [François I.
b 1678.

1700, (8 nov.) Pte-aux-Trembles, Q.[6]
II.—SYLVESTRE, Pierre, [Nicolas I.
b 1675, s[6] 25 dec. 1744.
Labadie, Marie-Anne, [François I.
b 1682 ; s 7 mai 1751, à Ste-Foye.
Pierre, b[6] 8 août 1701 ; s[6] 27 fevrier 1703. —

---

(1) Chirurgien au Cap-Santé.
(2) Le véritable nom est Duplais ; voy. vol. I, p. 215.
(3) Elle épouse, le 28 août 1703, Julien Laquel, à Québec.
(4) Dit Larosée.
(5) Aussi appelée Bériau ; elle épouse, le 29 oct. 1738, ...bel Baillargeon, à Québec.
(6) Dit Larosée.

(1) Labonté ; elle épouse, le 30 janvier 1758, Pierre Paquet, à St-Vincent-de-Paul.
(2) Voy. vol. I, pp. 556-557.
(3) Voy. vol. I, p. 557.
(4) Elle épouse, le 6 avril 1700, Thomas Lemarié, à Ste-Foye.
(5) Elle épouse, le 24 janvier 1701, Antoine Brisson, à Ste-Foye.

François-de-Sales, b [6] 23 janvier 1704 ; m 14 nov. 1731, à Madeleine Martin, à Quebec [7] ; s [7] 10 mai 1776. — *Pierre*, b [6] 23 janvier 1704 ; m [6] 26 fevrier 1732, à Angélique Bordeleau. — *Marie-Anne*, b [6] 1er avril 1706 ; m [6] 2 sept. 1732, à Pierre Delestre. — *Eustache*, b [6] 1er avril 1708 ; m 3 oct. 1735, à Geneviève Roussin, à St-Thomas. —*Marie-Catherine*, b [6] 27 déc. 1709. — *Jean-Baptiste*, b [6] 13 et s [6] 22 oct. 1711. — *Louis-Joseph*, b [6] 2 fevrier 1713 ; s [6] 31 janvier 1722.—*Antoine*, b [6] 8 et s [6] 20 avril 1715.—*Antoine*, b [6] 15 juin 1716.—*Marie-Joseph*, b [6] 3 oct. 1717 ; m [6] 1er dec. 1742, à Noël Lamothe. — *Joseph-Thierry*, b [6] 19 et s [6] 25 mai 1720.—*Louis-Augustin*, b [6] 29 août 1721 ; s [6] 22 février 1722 —*Thérèse*, b [6] 6 oct. 1723 ; m [7] 11 avril 1752, à Antoine Maillou ; s [7] 19 fevrier 1753.

1715, (11 nov.) Deschambault.

II.—SYLVESTRE (1), Jean, [Nicolas I.
b 1688 ; s 25 avril 1732, à la Pte-aux-Trembles, Q. [7]

Benoit-Abel (2), Marie-Anne. [Pierre-Abel I.

Marie-Anne, b [7] 29 sept. 1716 ; m [7] 9 juin 1732, à Louis-Joseph Liénard-Durbois.

1717, (6 avril) Quebec. [1]

II —SYLVESTRE, François, [Nicolas I.
b 1684.

1° Noel, Marie-Anne, [Jean II.
b 1698 ; s 15 juin 1729, à Ste-Croix. [2]

Marie, b 12 avril 1722, à Lotbinière. [3] —*Marie-Catherine*, b 1724 ; 1° m 17 fevrier 1749, à Antoine Grenier, à la Pte-aux-Trembles, Q. [4] ; 2° m [4] 11 sept. 1769, à Rene Lefebvre. — *François*, b... m 16 août 1749, à Marie-Renée Brillemont, à Sorel. — *Marie-Anne*, b... m [1] 9 janvier 1748, à Joseph Monier ; s [1] 27 oct. 1811.— *Jean*, b [3] 26 oct 1727 ; m [1] 14 juin 1752, à Barbe Dorion ; s [1] 9 fevrier 1823.

1733, (15 février). [2]

2° Houde, Marie-Angelique, [Gervais II.
veuve d'Alexis Beaudoin.

Marie-Joseph, b 1735 ; m 19 nov. 1759, à Joseph Héroux, aux Trois-Rivières.

1720.

II.—SYLVESTRE, Nicolas, [Nicolas I.
b 1699 , s 13 avril 1750, à l'Ile-Dupas. [2]

Laporte, Marie-Elisabeth,
s [2] 13 avril 1750.

Marie-Thérèse, b 1721 ; s 2 sept. 1740, à Sorel. [3] —*Nicolas*, b [3] 22 août 1723 ; 1° m 1756, à Marie-Charlotte Dizy ; 2° m 19 août 1771, à Marie Gaucher, à St-Cuthbert. — *Gabriel*, b [3] 21 oct. 1724. —*Marie-Elisabeth*, b [3] 9 avril 1726. — *Jean-Baptiste*, b [2] 27 juin 1728. — *Marie*, b... m [2] 19 nov. 1753, à Jean-Baptiste Coutu.— *Marie-Geneviève*, b [3] 27 mars 1731 ; m [2] 12 fevrier 1753, à Pierre Bérard.— *Marie-Anne*, b [3] 8 sept. 1732, m 1749, à Joseph Brulé. — *Marie-Céleste*, b [3] 26 sept. et s [3] 29 nov. 1733. — *Marie-Céleste-Isabelle*, b [3] 6 sept. 1734. — *Joseph*, b... m [2] 24 janvier 1757, à Marie-Françoise Moreau.—*Marie-Charlotte-Anne*, b [3] 14 sept. 1736 ; m 25 janvier 1755, à Jean-Baptiste Riel, à Lavaltrie.—*Marie-Joseph*, b [3] 31 juillet 1739.—*Alexis*, b [3] 2 mars 1741 ; m 1767, à Geneviève Bérard. — *François*, b [2] 9 nov. 1742 ; m [3] 23 janvier 1764, à Marie-Joseph Bergeron.

(1) Dit Champagne.

(2) Elle épouse, le 23 juillet 1736, Nicolas Vallée, à Québec

---

1731, (14 nov.) Québec. [3]

III.—SYLVESTRE, Frs-de-Sales, [Pierre II.
b 1704 ; maitre-maçon ; s [3] 10 mai 1776.

Martin (1), Marie-Madeleine, [Pierre I.
b 1710 ; s [3] 15 mai 1776.

Marie-Madeleine, b [3] 23 oct. 1732 ; m [3] 2 mai 1752, à Pierre Beaupré ; s [3] 27 mars 1753.— *François*, b [3] 2 août 1734 ; s [3] 17 mai 1735.— *Marie-Anne*, b [3] 13 mai 1736 ; m 1762, à Jean Arveb. — *Marie-Thérèse*, b [3] 10 sept. 1738 ; m à Jean-Baptiste Dumas ; s [3] 16 fevrier 1794.—*Marie-Catherine*, b [3] 20 juin 1741.—*François-Josue*, b [3] 26 oct. 1742 ; s [3] 10 mai 1744. — *Louise*, b [3] 27 fevrier 1745. — *André*, b [3] 1er avril 1747, s [3] 11 juin 1748.

1732, (26 février) Pte-aux-Trembles, Q. [6]

III.—SYLVESTRE, Pierre, [Pierre II.
b 1704.

Bordeleau, Marie-Angélique, [Antoine II
b 1704 ; s [6] 11 juin 1761.

Pierre-Augustin, b [6] 19 dec. 1732 ; s [6] 20 juillet 1733. — *Louis-Joseph*, b [6] 4 mai 1734. — *Marie-Angélique*, b [6] 21 mai 1736 — *Marie-Blanche*, b [6] 28 mai 1744.

1735, (3 oct.) St-Thomas. [8]

III.—SYLVESTRE, Eustache, [Pierre II
b 1708.

Roussin, Geneviève, [Jean III
b 1716.

Anonyme, b [8] et s [8] 1er nov. 1736. — *Jean*, b [8] 10 mars 1738. — *Augustin*, b [8] 2 sept. 1739, m [8] 19 oct. 1761, à Marie-Claire Joncas. — *Jean-Eustache*, b [8] 19 février 1741 ; m [8] 9 janvier 1764, à Françoise Fournier. — *Marie-Geneviève*, b [8] 3 fevrier 1743 ; m [8] 18 avril 1768, à Joseph Bourt — *Marie-Elisabeth*, b [8] 21 janvier 1745 ; s [8] 19 oct. 1748. — *Thérèse*, b [8] 19 déc. 1746. — *Marie-Madeleine*, b [8] 21 avril et s [8] 1er dec. 1748.—*Barthélemi*, b [8] 6 mai et s [8] 27 sept. 1750. — *Marie-Marguerite*, b [8] 26 mars 1751.— *Marie-Romuw*, b [8] 2 avril 1752.— *Marie*, b [8] 4 et s [8] 9 déc. 1754. — *Marie-Françoise*, b [8] 4 mars 1756 ; s [8] 27 sept. 1758.—*Nicolas*, b [8] 30 oct. 1758.

1749, (16 août) Sorel.

III.—SYLVESTRE, François, [François II
b 1723.

Brillemont (2), Marie-Renée.

Anonyme, b et s 29 janvier 1751, à l'Ile-Dupas. — *François*, b 1752 ; m 15 juillet 1776, à Marie-Brigitte Chauvin, à Boucherville.— *Joseph*, b [4] août 1758.

(1) Langoumais.

(2) Nommée aussi Renne et Silvain.

YLVESTRE, ANTOINE, b 1720; s 14 déc. 1755, à Québec.

1752, (14 juin) Québec [2]

II.—SYLVESTRE, JEAN-BTE, [FRANÇOIS II. b 1727; s [2] 9 février 1823.
DORION, Barbe, [JEAN-CLAUDE II. b 1727; s [2] 21 août 1797.
Barbe, b [2] 11 mars 1753; m [2] 17 oct. 1774, à icolas-Marie LEMAGE.—*Marie-Louise*, b [2] 27 sept. 55; m [2] 13 avril 1779, à Charles CARON.—*Jean-aptiste*, b [2] 23 oct. 1757. — *François*, b [2] 24 pt. 1761; s [2] 11 juillet 1762.—*Madeleine*, b [2] 27 vril 1763; m [2] 17 mai 1791, à Louis ALARD.

1756.

I.—SYLVESTRE, NICOLAS, [NICOLAS II. b 1723.
1° DISY, Marie-Charlotte.
Marie-Marguerite, b 4 et s 8 oct. 1757, à Ber-ier (en haut). — *Paul*, b... m 24 fevrier 1783, à arie-Ursule PERRAULT, à St-Cuthbert. [3]—*Louis-ntoine*, b... m [3] 16 janvier 1786, à Marie-Joseph ARPENTIER.

1771, (19 août). [3]
2° GAUCHER (1), Marie, veuve d'Ignace Hebert.
Marie, b... m [3] 13 août 1792, à Joseph BÉRARD. *Agathe*, b [3] 1er sept. 1774.—*Jean-Baptiste-Bona-nture*, b [3] 13 juillet 1776; s [3] 18 mars 1777.—arie-*Thérèse*, b [3] 11 juin 1778. — *Ursule*, b [3] 7 illet 1783.

1757, (24 janvier) Ile-Dupas.

I.—SYLVESTRE, JOSEPH. [NICOLAS II.
MOREAU, Marie-Françoise, [ANTOINE II. b 1739; s 17 déc. 1789, à St-Cuthbert. [5]
Marie-Joseph, b... m [5] 16 février 1784, à Fran-is BIBAUT. — *Jean-Baptiste*, b... m [5] 1er février 90, à Marie-Therèse GRÉGOIRE.—*Antoine*, b [5] 3 rs 1771; s [5] 12 mai 1777.— *François*, b 1772; 30 mai 1777. — *Marguerite*, b... m [5] 27 août 92, à François ROUTIER.—*Ambroise*, b [5] 5 août 76; s [5] 26 juin 1777.—*Louis-Marie*, b [5] 23 mai 78.—*Marie-Louise*, b [5] 2 août 1781.

1760.

LVESTRE, JOSEPH, maçon.
LABERTE (2), Elisabeth.
Elisabeth, b 12 juin 1761, aux Trois-Rivières. *Elisabeth*, b... s 11 août 1762, à Québec. [3]—*eph-Félix*, b [3] 20 nov. 1762. — *Marie-Joseph*, 21 fevrier 1764. — *Marie-Geneviève*, b 12 oct. 72, à Lachenaye.

1761, (19 oct.) St-Thomas.

.—SYLVESTRE, AUGUSTIN, [EUSTACHE III. b 1739.
JONCAS, Marie-Claire, [JACQUES III. b 1738.
Joseph, b 1773; s 2 janvier 1774, à l'Islet. [6] — *eph-Marie*, b [6] 3 oct. 1774.

(1) Forcier.
(2) Et Laporte.

1763, (29 août) Sorel.

I.—SYLVESTRE, SIMON, fils de Simon et de Marie Forningue, de Theraque, diocèse de Mende, Languedoc.
BAILLARGEON, Marguerite, [NICOLAS III. b 1740.

1764, (9 janvier) St-Thomas.

IV.—SYLVESTRE, JEAN-EUST., [EUSTACHE III. b 1741.
FOURNIER, Françoise, [PIERRE III. b 1744.

1764, (23 janvier) Sorel.

III.—SYLVESTRE, FRANÇOIS, [NICOLAS II. b 1742.
BERGERON, Marie-Joseph, [JACQUES II. b 1737; veuve de Pierre Pelletier-Châteauneuf; s 5 juin 1795, à St-Cuthbert. [8]
Marie-Anne, b... m [8] 12 janvier 1789, à Jacques CROISETIÈRE.—*Geneviève*, b... m [8] 9 fevrier 1795, à Joseph ROUTIER. — *Joseph-Pierre*, b [8] 10 et s [8] 26 oct. 1770.—*Paul-Cuthbert*, b [8] 22 mai 1774.—*Joseph*, b [8] 10 avril 1778. — *Charles*, b [8] 3 sept. 1780.

SYLVESTRE, JEAN.
SANSOUCY, Therèse, b 1745; s 15 mars 1775, à Québec.

1767.

III.—SYLVESTRE, ALEXIS, [NICOLAS II. b 1741.
BÉRARD, Geneviève, s 3 déc. 1786, à St-Cuthbert. [7]
Marie-Geneviève, b 1768; s [7] 30 août 1794.—*Marguerite*, b [7] 3 mars 1771; m [7] 9 fevrier 1795, à Alexis LÉPICIER. — *Alexis*, b 1772; s [7] 21 mai 1774.—*François*, b... m [7] 9 fevrier 1795, à Felicité LEBEAU. — *Marie-Thérèse*, b [7] 13 avril 1774; s [7] 19 sept. 1776.—*Marie-Elisabeth*, b [7] 19 août 1779. —*Marie-Thérèse*, b [7] 18 nov. 1782.

SYLVESTRE, PIERRE.
GUIBAUT, Marie.
Marie-Joseph, b... m 9 janvier 1786, à Joseph THOMAS, à St-Cuthbert. [5] — *Marie-Reine*, b... m [5] 2 février 1789, à Alexis THOMAS. — *Prisque*, b... m [5] 2 août 1790, à Geneviève ROBERGE. — *Jean-Baptiste*, b [5] et s [5] 22 juillet 1771. — *Marie-Amable*, b [5] 18 juin 1774; s [5] 23 janvier 1776.

1772.

SYLVESTRE, JOSEPH-AMABLE.
VALOIS, Marguerite.
Louis, b... m 13 janvier 1794, à Marie-Rose REBERDY, à St-Cuthbert. [5] — *Marie-Geneviève*, b [5] et s [5] 15 août 1775. — *Joseph-Amable*, b [5] 8 nov. 1776; s [5] 19 janvier 1777. — *Marie-Geneviève*, b [5] 15 sept. 1784; s [5] 24 nov. 1785 —*Marie-Geneviève*, b [5] 13 sept. 1786.—*François*, b [5] 7 oct. 1790.

1777.

SYLVESTRE, MICHEL.
ROBILLARD, Marguerite.

Jean-Baptiste, b 28 août 1778, à St-Cuthbert.[1] — *Marie-Geneviève*, b [1] 24 sept. 1780.

1783, (24 février) St-Cuthbert.
IV.—SYLVESTRE, PAUL. [NICOLAS III.
PERRAULT, Marie-Ursule. [PIERRE.

SYLVESTRE, NICOLAS.
BASTIENNE, Marie.
Marie-Joseph, b 11 juillet 1784, à St-Cuthbert.

1786, (16 janvier) St-Cuthbert.[5]
IV.—SYLVESTRE, LS-ANTOINE. [NICOLAS III.
CARPENTIER, Marie-Joseph. [BENOIT.
Antoine, b [5] 22 déc. 1786.—*Marie-Joseph*, b [5] 2 juillet 1788.—*Marie-Geneviève*, b [5] 10 août 1790. — *Joseph*, b [5] 3 février 1792.—*Jean-Baptiste*, b [5] 13 oct. 1793.—*Marie-Clotilde*, b [5] 2 avril 1795.

1787.
SYLVESTRE (1), LOUIS.
BOTINO, Angelique.
Angélique, b 29 mai 1788, à St-Cuthbert.

1787.
SYLVESTRE, PIERRE.
BEAUGRAND, Marie-Joseph.
Pierre, b 19 nov. 1788, à St-Cuthbert.[5] — *Marie-Joseph*, b [5] 3 déc. 1790. — *Julie-Angélique*, b [5] 20 oct. et s [5] 17 nov. 1792.—*Amable-Prisque*, b [5] 7 janvier 1794.

1790, (1er février) St-Cuthbert.[5]
IV.—SYLVESTRE, JEAN-BTE. [JOSEPH III.
GRÉGOIRE, Marie-Thérèse. [ETIENNE.
Jean-Baptiste, b [5] 17 mars 1791. — *Marie-Thérèse*, b [5] 18 avril 1792. — *François*, b [5] 19 sept. 1793.—*Marie-Julie*, b [6] 5 avril et s [5] 25 août 1795.

1790, (2 août) St-Cuthbert.[6]
SYLVESTRE, PRISQUE. [PIERRE.
ROBERGE, Marie-Geneviève. [JOSEPH III.
Marie-Geneviève, b [6] 9 juin et s [6] 23 nov. 1791. —*Prisque*, b [6] 19 déc. 1792, s [6] 1er janvier 1793. —*Anonyme*, b [6] 19 et s [6] 21 déc. 1792.—*Prisque*, b [6] 13 février 1794.

1794, (13 janvier) St-Cuthbert.[6]
SYLVESTRE, LOUIS. [JOSEPH-AMABLE.
REBERDY, Marie-Rose. [PIERRE I.
Joseph-Amable, b [6] 18 janvier et s [6] 12 sept. 1795.—*Marie-Angélique*, b [6] 10 dec. 1795.

SYLVESTRE, PAUL.
QUORAN, Marie-Charlotte.
Marie-Elisabeth, b 27 août 1795, à St-Cuthbert.

1795, (9 février) St-Cuthbert.
IV.—SYLVESTRE, FRANÇOIS. [ALEXIS III.
LEBEAU, Félicité, [ANTOINE.
b 1776.

SYMAR.—Voy. SIMART.

(1) Dit Beausoleil.

SYMARD.—Voy. SIMART.

SYNAY.—Voy. SINAI.

SYRE.—*Variations et surnoms* : CIRE—CY SIRE—CROC ou CROCH—ST. MICHEL — V BONCŒUR.

I.—SYRE (1), ANDRÉ.
CHARBONNEAU (2), Elisabeth, [OLIVIER
b 1664.
Marie, b 5 déc. 1684, à Repentigny; m 11 s 1702, à François CORON, à St-François, I. J.; *Joseph*, b... 1° m 1723, à Marie-Françoise BOUTILLET; 2° m 1741, à Charlotte RENAUT.

SYRE, JOSEPH, b 1682; s 5 août 1749, à St-Vincent-de-Paul.

1713, (20 nov.) St-François, I. J.[7]
II.—SYRE, MICHEL. [ANDRÉ
1° CHARTRAN, Marie, [THOMAS
b 1695; s [7] 3 dec. 1736.
Jean-Baptiste, b [7] 8 janvier 1716; m 19 1739, à Marie-Joseph ROSE, au Sault-au-Récollet. —*Michel*, b... m 11 oct. 1745, à Agathe BRU à St-Vincent-de-Paul.[8]—*Pierre*, b... m [8] 16 1747, à Marie-Jeanne GRENIER — *Marie*, b 17 s [7] 30 sept. 1725. — *Marie-Victoire*, b [7] 24 1726.—*Alexis*, b [7] 31 juillet 1728; m [8] 30 jan 1758, à Marie-Joseph LAUZON. — *Marie*, b 16 juin 1749, à Jean OUIMET. — *Anonyme*, b s [7] 6 mars 1730. — *François*, b [7] 13 janvier 1er août 1734. — *Marie-Joseph*, b... 1° m février 1755, à Jacques OUIMET; 2° m [8] 18 fé 1760, à Pierre CHARTRAN.

1737, (26 août).[7]
2° BRAULT, Marie, [H
b 1693; veuve d'Andre Renaud; s [8] 18 1760.
Marie-Charlotte, b [7] 7 avril 1739; m [8] 13 1761, à Pierre VÉSINA.—*François*, b 1744, s avril 1748.

1723.
II.—SYRE, JOSEPH. [ANDRÉ
1° BOUTILLET, Marie-Françoise, [P
b 1701; s 14 sept. 1738, à St-François, I.
Joseph, b 1724; m 12 février 1759, à Joseph CHARON, au Sault-au-Récollet. —*Françoise*, b 1725; 1° m à .... DELORME; 2° m mars 1767, à Charles RÉAUME, à St-Vincent-de-Paul.[8] — *Pierre*, b 1726; s [8] 25 juin 17 *Charles*, b [8] 12 janvier 1728. — *André*, b 17 déc. 1729.— *Toussaint*, b [5] 1er nov. 173 4 avril 1758, à Marie-Elisabeth PARADIS.— *Joseph*, b [8] 7 février 1733; m [8] 25 nov 17 André CORBEIL. — *François*, b 8 déc. 1734, chenaye. — *François-Joseph*, b [5] 19 nov. m [5] 23 nov. 1761, à Geneviève VALIQUET

(1) Voy. Sire, vol. I, p. 550.
(2) Elle épouse, plus tard, Joseph Barbeau.

1741.

2° Renaud, Charlotte.
Joseph-Marie, b 6 13 janvier et s 6 3 février
44. — Jean, b 6 17 avril 1745; m 21 janvier
71, à Archange Omier, à Montréal. — Michel,
10 mars 1750. —Marie-Françoise, b 6 14 mars
s 6 3 avril 1752.

SYRE, Jean-Bte,
b 1714; Acadien; s 12 mars 1759, à St-Michel.
Doussy (1), Marie-Luce,
Acadienne.

1739.

SYRE, Jean,
Acadien.
Gaudreau, Marie-Joseph,
Acadienne.
Pierre, b... m 27 oct. 1760, à Osithe Trahan,
St-Frs-du-Sud. — Jean, b... m 30 mai 1761, à
ançoise Malbeuf, à St-Pierre-du-Sud.—Marie-
able, b... s 5 août 1746, à Ste-Rose.—Joseph,
750; s 28 février 1758, à St-Charles.—Benoît,
9 août 1753, à l'Ile-St-Jean, Acadie.

1739, (19 oct.) Sault-au-Récollet. 3
—SYRE, Jean-Bte, [Michel II.
b 1716.
Rose (2), Marie-Joseph, [Charles II.
b 1721.
Jean-Baptiste, b 8 sept. 1740, à St-François, I. J.:
m 9 février 1763, à Marie-Elisabeth Pepin, à
Vincent-de-Paul 4; 2° m 18 mai 1801, à Aga-
Clément, à Ste-Thérèse.—Marie-Joseph, b 3
janvier 1743; m 4 13 février 1764, à Jean-
rien Ouimet. — Marie-Amable, b 4 1er août
6.—Pierre, b 4 et s 4 6 août 1747.—Geneviève,
9 mars 1749; s 4 1er sept. 1751.— Pierre, b 4
juin 1750. —Marie-Madeleine, b 4 22 mai et
17 juillet 1752. — Joseph-Amable, b 4 2 sept.
; m à Marie-Amable Paquet.—Marie-Gene-
e, b 4 4 août 1756.

SYRE, Pierre,
de Beausejour, Acadie.
oirier, Anne,
Acadienne.
ierre, b... m 26 avril 1763, à Marie-Charlotte
n, à Beauport.

1745, (11 oct.) St-Vincent-de-Paul. 9
—SYRE, Michel. [Michel II.
Renaud, Agathe, [André I.
b 1725.
Michel, b 9 2 et s 28 août 1748, à Terrebonne.—
el, b 9 23 août et s 9 14 nov. 1750. — Marie-
he, b 9 2 oct. 1751. — Etienne, b 9 27 février
— Charles, b 9 27 juin et s 9 12 juillet 1755.
Jean-Baptiste, b 9 18 août 1756.

1747, (16 août) St-Vincent-de-Paul. 9
III.—SYRE, Pierre. [Michel II.
Grenier (1), Marie-Jeanne, [Charles II.
b 1727.
François, b 9 28 juillet 1749. — Pierre, b 9 19 oct. 1751. — Joseph-Amable, b 9 26 déc. 1753. — Marie-Victoire, b 9 23 sept. 1756.

I.—SYRE, Jean,
Acadien.
Cormier, Marguerite,
Acadienne.
Jean-Baptiste, b... m 12 janvier 1767, à Marie-Judith Guéret-Dumont, à Kamouraska.

I.—SYRE, Pierre,
de Beau-Bassin, Acadie.
Hébert, Marguerite,
Acadienne.
Gervais, b 1748; m 19 février 1770, à Judith Dufresne, à la Longue-Pointe.—Marie, b... m 26 nov. 1770, à Jean-Marie Fradet, à St-Valier.

1753, (12 nov.) Ile-St-Jean, Acadie. 2
I.—SYRE, Paul, fils de Louis et de Marie-Joseph Michel.
1° Daigle (2), Marguerite,
b 1733; fille de Joseph et de Madeleine Gautrot; s 26 février 1758, à St-Charles. 3
Pierre-Paul, b 2 4 mai 1755.
1758, (5 mai). 3
2° Dubois, Marie-Ursule. [Jean-Joseph II.
Marie, b 3 16 mars 1759. — Pierre, b 3 19 oct. 1760.—Joseph, b... m 24 nov. 1788, à Marie-Geneviève McDonell, à Nicolet.

1753, (17 nov.) Ile-St-Jean, Acadie. 1
I.—SYRE, Charles, b 1719; fils de Louis et de Marie-Joseph Michel; s 25 février 1797, à Nicolet. 2
Gaudreau (3), Marguerite, fille de François et de Marie Vincent.
Firmin, b 1 15 sept. 1754; m 2 24 avril 1786, à Marie-Joseph Coutansineau; s 2 12 nov. 1797.—Charles, b 1 15 sept. 1754. — Marguerite, b 1 25 avril 1757. — Joseph, b... s 18 oct. 1758, à St-Charles. 3 — Marguerite, b 3 11 nov. 1759.—Jean-Baptiste, b... m 2 19 février 1787, à Marie Pellerin.

1758, (30 janvier) St-Vincent-de-Paul.
III.—SYRE, Alexis, [Michel II.
b 1728.
Lauzon, Marie-Joseph. [Gilles III.

I.—SYRE (4), Julien, b 1738; s 10 déc. 1758, à l'Hôpital-General, M.

Elle épouse, le 29 sept 1760, Jean-Baptiste-Guillaume Prévost de Basserode, à Deschambault.
Aussi appelée Loze.

(1) Appelee Savard, en 1753, du nom de sa mère.
(2) Pour Daigre.
(3) Pour Gautrot.
(4) Dit Vadeboncœur; soldat de la compagnie de M. de St. Ours.

1758, (4 avril) St-Vincent-de-Paul.
III.—SYRE, Toussaint, [Joseph II.
b 1730.
Paradis, Marie-Elisabeth, [Pierre III.
b 1735.

1759, (12 février) Sault-au-Récollet.
III.—SYRE, Joseph, [Joseph II.
b 1724.
Charon (1), Marie-Joseph, [Antoine III.
b 1738.

1760, (27 oct.) St-Frs-du-Sud.
II.—SYRE, Pierre, [Jean I.
Acadien.
Trahan, Osithe, [Jean-Bte I.
Acadienne.

I.—SYRE, Pierre,
Acadien.
Trahan (2), Radegonde,
Acadienne.

1760.
I.—SYRE (3), Joseph,
Acadien.
Thibaudeau, Marguerite,
Acadienne.
Marguerite, b 31 mai 1761, à Kamouraska[1]; s [1] 14 février 1763.—*Marie-Joseph*, b [1] 6 nov. 1762; s [1] 12 février 1763.—*Joseph*, b [1] 11 juin 1764.—*Firmin*, b [1] 19 avril 1766.—*Jean-Baptiste*, b [1] 18 sept. 1767.

1761, (30 mai) St-Pierre-du-Sud.
II.—SYRE, Jean, [Jean I.
Acadien.
Malbeuf, Françoise. [Noel II.

1761, (23 nov.) St-Vincent-de-Paul.
III.—SYRE, François-Joseph, [Joseph II.
b 1736.
Valiquet, Geneviève, [Augustin III.
b 1742.

1763, (9 février) St-Vincent-de-Paul.
IV.—SYRE, Jean-Bte, [Jean-Bte III.
b 1740.
1° Pepin, Marie-Elisabeth, [Louis-Michel III.
b 1741.
1801, (18 mai) Ste-Thérèse.
2° Clément, Agathe,
b 1743.

(1) Elle épouse, le 12 janvier 1761, François Dagenais, au Sault-au-Recollet.

(2) Elle épouse, le 2 août 1791, Jean-Baptiste Gauvin, à Quebec.

(3) Dit Croch—Croc.

1763, (26 avril) Beauport.[2]
II.—SYRE, Pierre, [Pi...
Acadien.
Isoir, Marie-Charlotte, [Jea...
b 1730; veuve de François Toupin.
Jean-Baptiste, b [2] 11 août 1764.—*Pierre*, b ... août et s [2] 23 nov. 1765.

1767, (12 janvier) Kamouraska.[1]
II.—SYRE, Jean-Bte, [Jea...
Acadien.
Guéret-Dumont, Marie-Judith, [Jean-Bte...
b 1747.
Jean-Baptiste, b [3] 3 oct. 1767.

1770, (19 fevrier) Longue-Pointe.
II.—SYRE, Gervais, [Pierre...
b 1748; Acadien.
Dufresne, Judith, [Jean-Bte...
b 1731; veuve d'Urbain Baudreau.

1771, (21 janvier) Montreal.
III.—SYRE, Jean-Bte, [Joseph...
b 1745.
Aumier, Archange, [Mi...
b 1751.

IV.—SYRE, Joseph, [Jean-Bte...
b 1754.
Paquet, Marie-Amable,
b 1754; s 8 avril 1801, à Ste-Thérèse.

1786, (24 avril) Nicolet.[4]
II.—SYRE, Firmin, [Char...
b 1754; s [4] 12 nov. 1797.
Coutansineau, Marie-Joseph. [Jean-Bte...

1787, (19 fevrier) Nicolet
II.—SYRE, Jean-Bte. [Char...
Pellerin, Marie, [Pier...
b 1760.

1788, (24 nov.) Nicolet.
II.—SYRE, Joseph. [F...
McDonell (1), Marie-Genev. [Jos.-Alexis...

1827, (27 juin) St-Louis, Mo.[5]
I.—SYRE, Joseph-Aimé, fils de Jacques... Marie-Anne Alvarez, de LaRochelle, ...
1° Labadie, Virginie, [Sylvestre...
s [5] 24 sept. 1828.
Jules, b [5] août et s [5] 23 oct 1828.
2° Slfton, Rebecca,
veuve d'Augustin Chouteau.

(1) Et Magdeleine.

T

BAUT.—*Variation :* Tabeau.

1672, (19 déc.) Montréal. [7]

TABAUT (1), Pierre,
b 1634; s 1er mai 1723, à Lachine. [8]
Roy, Jeanne-Françoise, [Jean I.
b 1660.
Pierre, b [7] 6 oct. 1675 ; 1° m [8] 16 avril 1703, à
herine Brunet; 2° m [7] 11 nov. 1714, à Cune-
de Cardinal; s 27 février 1739, au Bout-de-
, M.—*Alexis*, b [8] 31 oct. 1679; m [8] 15 février
, à Françoise Fortier; s [8] 31 oct. 1752.—
, b [8] 25 sept. 1682 ; 1° m [8] 17 février 1710, à
élique Brunet; 2° m [8] 6 mai 1724, à Fran-
e Pilet; s [7] 25 sept. 1728.

1688, (26 janvier). [7]

Bardary, Marie,
veuve de Jean De la Londe.

1703, (16 avril) Lachine. [1]

-TABAUT, Pierre, [Pierre I.
b 1675; s 27 fevrier 1739, au Bout-de-l'Ile, M.[2]
Brunet (2), Catherine, [François I.
b 1680; s 7 sept. 1713, à Montreal. [3]
atherine, b [1] 3 mai 1704 ; m 14 mars 1726, à
ph Faille, à Laprairie. [4] —*Marie-Marguerite*,
27 fevrier 1706. — *Pierre-Joseph*, b 1707;
[1] 4 avril 1731, à Marie-Joseph Sauvé; 2° m [3]
. 1759, à Veronique Robillard.

1714, (11 nov.) [3]

Cardinal (3), Cunégonde, [Jacques II.
b 1689.
acques, b... m 4 juin 1736, à Marie-Joseph
bert, à Châteauguay. [5] —*Marie-Anne*, b 1718;
6 nov. 1741, à Louis Martin.—*Elisabeth*, b [3]
ars 1719 : m [4] 18 nov. 1748, à Joseph Réaume.
rançoise, b 1722; m 8 janvier 1748, à Pierre
douin, à St-Laurent, M. [6] — *Angélique*, b...
14 sept. 1750, à Pierre Martin.—*Jacques-
ert*, b... m [5] 26 fevrier 1748, à Marie-Charlotte
ult.—*Agathe*, b [1] 1er avril 1728; m [5] 19 avril
, à Jacques Faubert.—*Marie-Joseph*, b [1] 19
[1] 20 août 1730.

1706, (15 fevrier) Lachine. [9]

-TABAUT, Alexis, [Pierre I.
b 1679: s [9] 31 oct. 1752.
Fortier, Françoise, [Louis I.
b 1687, s [9] 23 fevrier 1724.
Marie, b [9] 7 et s [9] 18 dec. 1706.—*Marie-Joseph*,
8 mai 1708; m à Jean-Baptiste Caron. — *An-
e*, b [9] 22 sept. 1710; m 1737, à Madeleine
on.—*Jean-Baptiste*, b [9] 12 sept. 1717; m 10
ier 1749, à Marie-Joseph Vallée, à Montréal.
Marie-Anne, b [9] 16 mars 1719; m à Jacques
-Lapensee.—*Catherine*, b [9] 17 mai 1720.—
ie-Louise-Françoise, b 1723; m [9] 26 nov.
, à Jacques Brunet; s [9] 31 dec. 1754.

Voy vol. I, p. 557.
Bourbonnais.
Elle épouse, le 7 janvier 1761, Martial Dumoulineuf, à
eauguay.

1710, (17 février) Lachine. [1]

II.—TABAUT, Jean, [Pierre I.
s 25 sept. 1728, à Montréal. [2]
1° Brunet (1), Angélique, [François I.
b 1691.
Marie-Joseph, b 1712; s [2] 4 nov. 1716.—*Jean-Hypolite*, b [2] 22 sept. 1716; s [2] 17 août 1717.

1724, (6 mai). [1]

2° Pilet (2), Françoise, [Joseph II.
b 1702.

1731, (4 avril) Bout-de-l'Ile, M. [8]

III.—TABAUT, Pierre-Joseph, [Pierre II.
b 1707.
1° Sauvé, Marie-Joseph, [Pierre I.
b 1707; s [8] 9 fevrier 1759.
Marie-Joseph, b [8] 21 déc. 1731; m [8] 19 avril 1751, à Pierre-Hubert Ranger.—*Marie-Charlotte*, b [8] 30 avril 1735; m [8] 8 janvier 1753, à Pierre Pilon.—*Marie-Thérèse*, b [8] 30 janvier 1737; m [8] 7 juillet 1760, à Louis-Amable Robillard. — *Marie-Suzanne*, b [8] 15 fevrier 1739; m [8] 11 janvier 1762, à Laurent Dicaire.—*Alexis*, b [8] 8 juin 1740.—*Antoine-Amable*, b... m [8] 22 nov. 1762, à Marie-Joseph Brabant.—*Anonyme*, b [8] et s [8] 28 fevrier 1742.—*Marie-Anne*, b [8] 30 mai 1745.—*Jacques*, b [8] 8 février 1747.—*Augustin*, b [8] 29 mars 1748.—*Deux anonymes*, b [8] et s [8] 25 mai 1749.—*Luc*, b [8] 20 mars et s [8] 11 août 1756.

1759, (8 oct.) [8]

2° Robillard, Veronique, [Nicolas II.
b 1727.
Marie-Véronique, b [8] 24 juillet 1760. — *Marie-Rosalie*, b [8] 15 nov. 1761.—*Luc*, b [8] 11 avril 1764.—*Marie-Françoise*, b [8] 12 et s [8] 21 juillet 1766.—*Marie-Marguerite*, b [8] 11 avril 1768.

1736, (4 juin) Châteauguay. [9]

III.—TABAUT, Jacques. [Pierre II.
Faubert, Marie-Joseph. [Jacques I.
Marie-Joseph, b... m [9] 3 fevrier 1755, à Charles Lebeuf.

1737.

III.—TABAUT, Antoine, [Alexis II.
b 1710.
Caron, Madeleine,
b 1707; s 19 avril 1769, à Lachine. [7]
Marie-Angélique, b 1738; m [7] 6 oct. 1760, à Joseph Mallet.—*Madeleine*, b... m [7] 26 oct. 1761, à Paul-Amable Poirier.—*Antoine*, b... m [7] 17 août 1767, à Marie-Catherine Tremblay.—*Marie-Céleste*, b... s [7] 4 juillet 1749.—*Françoise-Claire*, b [7] 13 août et s [7] 3 sept. 1750.—*Marie-Hypolite*, b [7] 13 août 1752; m [7] 27 fevrier 1775, à Jean-Baptiste Colonges.—*Alexis-François*, b [7] 30 oct. 1754.—*Jean-Marie*, b [7] 13 juillet et s [7] 4 sept. 1756.

(1) Bourbonnais.

(2) Elle épouse, le 18 août 1732, Gabriel Lemaire, à Montréal.

1748, (26 février) Châteauguay.
III.—TABAUT, Jacques-Hubert. [Pierre II.
Duquet, Marie-Charlotte, [Charles III.
b 1724.
Catherine, b 1757; m 7 janvier 1777, à Antoine Maréchal, à St-Louis, Mo.

1749, (10 fevrier) Montréal. [1]
III.—TABAUT, Jean-Bte, [Alexis II.
b 1717.
Vallée, Marie-Joseph, [Jean-Pierre III.
b 1733.
Marie-Joseph, b 25 janvier et s 9 juin 1750, à Lachine [2]—*Marie-Antoinette*, b [2] 16 janvier 1751; m [1] 21 avril 1769, à Michel Augé.—*Marie-Gabrielle*, b... s [2] 22 juillet 1752.—*Jean-Baptiste-Henri*, b [2] 3 oct. 1753; m [1] 11 janvier 1779, à Françoise Proulx.—*Pierre-Antoine*, b [2] 16 janvier 1755.—*Marie-Félicité*, b [2] 4 et s [2] 14 sept. 1756.—*Anonyme*, b [2] et s [2] 4 sept. 1756.—*Marie-Joseph*, b [2] 1er et s [2] 16 oct. 1757.—*Marie-Joseph*, b [2] 25 oct. 1758.—*Marie-Catherine*, b [2] 29 janvier 1760.—*Françoise-Amable*, b [2] 17 mars et s [2] 3 août 1761.

1762, (22 nov.) Bout-de-l'Ile, M. [6]
IV.—TABAUT, Ant.-Amable. [Pierre-Jos. III.
Brabant, Marie-Joseph, [Joseph III.
b 1742.
Marie-Céleste, b [6] 15 sept. 1763; s [6] 17 juin 1765.—*Luc*, b [6] 13 dec. 1764; s [6] 22 juin 1765.—*Marie*, b [6] 20 fevrier 1766.—*Hyacinthe*, b [6] 11 avril et s [6] 4 oct. 1767.—*Gabriel-Amable*, b [6] 15 juin 1768.

1763.
TABAUT, Antoine.
Chatigny, Marie.
Marie, b 29 juillet 1764, au Lac-des-Deux-Montagnes.

1767, (17 août) Lachine.
IV.—TABAUT, Antoine. [Antoine III.
Tremblay, Marie-Catherine, [Antoine III.
veuve de Jacques Boursier.

1779, (11 janvier) Montréal. [3]
IV.—TABAUT, Jean-Bte-Henri, [Jean-Bte III.
b 1753.
Proulx, Françoise, [Basile III.
b 1759.
Pierre-Antoine, b [3] 11 oct. 1782; ordonne 13 oct. 1805; s (1) 18 mai 1835, à Boucherville.

TABEAU.—Voy. Tabaut.

TACHÉ.—*Variation :* Tachet.

(1) Décédé à Montréal — M. Tabaut reçut ses bulles de Grégoire XVI, comme évêque de Spiga, et auxiliaire de l'évêque de Telmesse, mais il mourut avant sa consécration.

1640.
I.—TACHÉ (1), Roland, Garganvillars, diocèse de Montauban, Guienne.
Delzers, Isabeau, Garganvillars, diocèse de Montauban, Guienne.
Jean, b 23 dec. 1642, à Garganvillars; m 16.. à Françoise Perès.

1664.
II.—TACHÉ, Jean, [Roland
b 1642.
Perès, Françoise.
Etienne, b 14 janvier 1666, à Garganvillars; m 1696, à Marguerite D'Auzet.

1696.
III.—TACHÉ (2), Etienne, [Jean
b 1666.
D'Auzet, Marguerite.
Jean, b 6 avril 1697, à Garganvillars; m 27 août 1742, à Marie-Anne Jolliet, à Quebec; s [4] 19 avril 1768.

1742, (27 août) Québec. [5]
IV.—TACHÉ (3), Jean, [Etienne III.
b 1697; s [5] 19 avril 1768.
Jolliet (4), Marie-Anne, [Jean-Bte II.
b 1714; veuve de Louis-Alexandre Larchevêque; s [5] 22 avril 1776.
Jean-Jacques, b [5] 29 sept. 1743; s [5] 19 août 1748.—*Guillaume* (5), b [5] 11 déc. 1744.—*Marie-Anne*, b [5] 14 mai et s 26 juillet 1746, à Beauport.—*Marie-Joseph*, b [5] 9 août 1747; s 6 juillet 18.. à Kamouraska. [6]—*Pierre*, b [5] et s [5] 14 mars 17..—*Louis-Charles*, b [5] 16 mai et s 16 août 1750, à Lorette.—*Joseph*, b [5] 27 mai 1751; s [5] 21 mai 1753.—*Charles*, b [5] 29 août 1752; m 22 juillet 1783, à Geneviève Michon, à St-Thomas; s .. août 1826.—*Angélique*, b [5] et s [5] 4 sept. 17..—*Paschal-Jacques*, b [5] 31 août 1757; m 1786, à Louise-Renee DeCharnay; s [6] 7 juin 1830.

1742, (29 oct.) Québec. [7]
I.—TACHÉ (6), Guillaume, charpentier; fils de Joseph et de Catherine Guénaud, de St-Sa.. van, diocèse de Xaintes, Saintonge.
Metivier (7), Louise-Charlotte, [Jean II.
b 1724.

(1) Les extraits des trois premières générations de cette famille sont pris des registres de la paroisse de Garganvillars, departement de Tarn et Garonne, ancienne Gascogne, diocèse de Montauban. La famille Taché est tres ancienne, mais les registres de Garganvillars, antérieurs à la première donnée (1642), ont été dispersés dans la Révolution; ce qui en reste ayant été sauvé à grande peine des mains des dévastateurs de 1793, qu'on appelle encore dans ce pays "la bande noire."

(2) Commissaire des vivres, à St-Malo.

(3) Premier du nom au Canada; armateur, négociant, syndic des marchands et notaire.

(4) DeMingan; petite fille du découvreur du Mississipi.

(5) Noyé dans un voyage aux Indes Il avait pris service dans la compagnie des Indes en 1764.

(6) Tué d'un boulet de canon le 28 avril 1760, .. M Moiville. (Témoignage de Michel Hamel, .. 1764).

(7) Elle épouse, le 23 janvier 1764, François Normand, Québec.

Marie-Louise-Charlotte, b [7] 26 oct. 1743 ; m [7] 22 ...v. 1763, à Jean Smith.—*François-Joseph*, b [7] nov. 1744; s [7] 30 mars 1745.—*Louise-Charlotte*, b [7] 25 déc. 1745.—*Marie-Geneviève*, b [7] 23 ...in 1747.—*Anonyme*, b [7] et s [7] 28 nov. 1749.

1783, (22 juillet) St-Thomas. [8]

...—TACHÉ (1), Charles, [Jean IV.
b 1752 ; s 9 août 1826, à Kamouraska. [9]
Michon, Geneviève, [Jean-Bte II.
b 1758.
Jean-Baptiste, b 1783 ; m à Charlotte Muir ; s [9] ... août 1849.—*Charles*, b 1785 ; m 2 février 1820, Louise-Henriette Boucher de la Broquerie, à ...ucherville ; s [9] 16 janvier 1826. — *Geneviève*, 1786 ; s [9] 11 mai 1813.—*Etienne-Paschal*, b [9] 5 ...pt. 1795 ; m 18 juillet 1820, à Sophie Bauché-...rency, à Québec ; s [8] 2 août 1865.—*Emilie*, b... [9] 17 sept. 1822, à Edouard Chamberland. — ...*rie-Claire*, b... m [9] 11 juillet 1825, à Thomas ...sbrow.—*Elisabeth*, b... m [9] 17 janvier 1829, à ...omas Casault ; s [9] 18 mars 1830.

1786.

...—TACHÉ, Paschal-Jacques, [Jean IV.
b 1757 ; seigneur ; s 7 juin 1830, à Kamouraska. [2]
De Charnay, Louise-Renée, [Jean-Bte I.
b 1756 ; s [2] 18 nov. 1813.
Paschal, b 1787 ; m 14 mai 1810, à Julie La...e, à Québec ; s [2] 7 janvier 1833.

1810, (14 mai) Québec. [1]

...—TACHÉ, Paschal, [Paschal-Jacques V.
b 1787 ; notaire public et seigneur, s 7 janvier 1833, à Kamouraska. [2]
Labrue, Julie. [Jean-Bte IV.
Louis-Paschal-Achille, b [2] 5 mars et s [2] 17 ...v. 1812. — *Louis-Paschal-Achille*, b [2] 22 juin ...13 ; m [1] 16 juillet 1834, à Josephine-Eleonore d'Estimauville ; s [2] 7 février 1839. — *Louise-...line*, b... m [2] 16 août 1842, à Nazaire Têtu.— ...*ie-Artémise*, b [2] 13 août 1822 ; m [2] 21 avril ...46, à Charles-Gaspard Tarrieu.—*Marie-Anne-...laée-Léontine*, b [2] 10 avril 1826 ; s [2] 1er nov. ...29.—*Jacques-Vinceslas*, b... m [2] 28 nov. 1848, Charlotte-Louise-Elisabeth Taché.

...—TACHÉ (2), Jean-Bte, [Charles V.
b 1783 ; s 24 août 1849, à Kamouraska. [1]
Muir, Charlotte.
Jean-Georges, b [1] 20 janvier 1824. — *Marie-...arlotte-Louise-Elisabeth*, b [1] 22 janvier 1825 ; ...[1] 28 nov. 1848, à Jacques-Vinceslas Taché. — ...*arles*, b [1] 18 juin 1829 ; s [1] 15 juin 1830.

1820, (2 fevrier) Boucherville. [1]

...—TACHÉ, Charles, [Charles V.
b 1785 ; notaire ; s 16 janvier 1826, à Kamouraska. [2]
Boucher (3), Louise-Henriette. [Joseph VI.

(1) Bourgeois de la compagnie des postes du Roi.
(2) Notaire et membre du conseil législatif du Bas-...ada.
(3) De la Broquerie.

Joseph-Charles, b [2] 24 déc. 1820 ; m 1er juillet 1847, à Françoise Lepage de St. Barnabé, à Rimouski. — *Antoine-Louis-Jean-Etienne*, b [2] 25 avril 1822 ; m 17 janvier 1855, à Marie-Odile Beaudet, au Côteau-du-Lac. — *Alexandre-Antoine* (1), b 23 juillet 1823, à St-Patrice-de-la-Rivière-du-Loup ; ordonné 12 oct. 1845, à la Rivière-Rouge ; consacré évêque 28 nov. 1851.— *Charlotte-Henriette-Geneviève-Emilie* (posthume), b [2] 1er juillet 1826 ; s [1] 13 août 1827.

1820, (18 juillet) Québec.

VI.—TACHÉ (2), Etienne-Paschal, [Chs V.
b 1795 ; s 2 août 1865, à St-Thomas.
Bauché-Morency, Sophie. [Joseph.

1834, (16 juillet) Québec.

VII.—TACHE, Ls-Pasch.-Achille, [Paschal VI.
b 1813 ; seigneur ; s 7 février 1839, à Kamouraska. [1]
D'Estimauville (3), Jos.-Eléonore, [J.-Bte II.
b 1816.
Jean-Baptiste-Paschal-Joseph-Joanhoë, b [1] 4 nov. 1835. — *Elzéar-Lucien-Isidore*, b [1] 1er oct. 1836.

1847, (1er juillet) Rimouski.

VII.—TACHÉ (4), Jos.-Charles, [Charles VI.
b 1820.
Lepage (5), Françoise. [Macaire VI.

1848, (28 nov.) Kamouraska. [2]

VII.—TACHÉ, Jacq.-Vinceslas. [Paschal VI.
Taché, Charlotte-Lse-Elisabeth, [Jean-Bte VI.
b 1825.
Jean-Baptiste-Paschal, b [2] 5 août 1850.

1855, (17 janvier) Côteau-du-Lac.

VII.—TACHÉ (6), Ant.-Ls-Jean-Et., [Chs VI.
b 1822.
Beaudet, Marie-Odile.

TACHET.—Voy. Taché.

TACHOT.—Voy. Tancho.

TAILHANDIER.—*Variation et surnom :* Taillandier—Labeaume.

(1) Archevêque de St-Boniface, Manitoba.
(2) Médecin, Chevalier du Bain, Commandeur de l'Ordre de St-Grégoire et ancien Premier Ministre de la province du Canada.
(3) Elle épouse, le 18 mai 1843, Léon-Charles Clément, à Québec.
(4) Médecin, Chevalier de la Légion d'Honneur, ancien Membre du Parlement Provincial du Canada et Député-Ministre de l'Agriculture au gouvernement de la Puissance du Canada.
(5) De St Barnabé.
(6) Notaire—shérif du district de St-Hyacinthe.

1688, (8 janvier) Boucherville. [1]

I.—TAILHANDIER (1), MARIEN, b 1665.

BAUDRY, Madeleine, [URBAIN I. b 1661; veuve de Jean Puybaro; s [1] 20 nov. 1730.

Marie-Jeanne, b [1] 6 oct. 1690; 1° m [1] 16 juillet 1710, à Jean-Baptiste TÉTREAU; 2° m 11 fevrier 1730, à Jean LATOUR, à Montréal.—*Charlotte,* b [1] 11 sept. 1707: m [1] 29 nov. 1730, à Joseph BOUCHER; s [1] 16 nov. 1740.

TAILLANDIER.—Voy. TAILHANDIER.

TAILLARD.—Voy. TAYLOR.

1758, (31 janvier) Montréal.

I.—TAILLARD, ANDRÉ, b 1732; fils d'André et de Therèse Laforest, de Ste-Marguerite, Paris.

VAUQUIER, Marie-Françoise, [NICOLAS I. b 1739.

1699, (7 mai) Montréal.

I.—TAILLEFER (2), PIERRE, b 1664; s 16 mars 1734, à la Rivière-des-Prairies.

HUNAULT, Jeanne, [TOUSSAINT I. b 1658; veuve de Jacques Corval.

Pierre, b 22 juillet 1700, au Lac-des-Deux-Montagnes; m à Catherine JOFFRION.

II.—TAILLEFER, PIERRE, [PIERRE I. b 1700.

JOFFRION, Catherine, [JEAN II. b 1698.

Jean-Baptiste, b... 1° m 1747, à Catherine LORAIN; 2° m 14 février 1763, à Catherine MIVILLE, à St-Louis, Mo.—*Pierre,* b... m 1747, à Marguerite CHARTRAN.—*Jean-François,* b... m 4 fevrier 1754, à Marie-Joseph MEILLEUR, à St-Vincent-de-Paul.—*Agathe,* b... m à Jean-Baptiste GRAVEL.

1747.

III.—TAILLEFER, JEAN-BTE. [PIERRE II.

1° LORAIN, Catherine.

Marie-Catherine, b 1748; s 19 oct. 1751, à Ste-Geneviève, M. [7]—*Jean-Baptiste,* b [7] 25 mai et s [7] 10 sept. 1750.—*Jean-Baptiste,* b [7] 1er et s [7] 2 août 1751.—*Joseph,* b 13 mai 1753, à St-Laurent, M. [8]—*Marie-Clémence,* b [7] 29 janvier 1755.—*Jean-Baptiste,* b [7] 8 avril et s [7] 23 août 1756.—*Jean-François,* b [7] 5 juin 1757; s [7] 8 sept. 1758.—*Marie-Joseph,* b [7] 25 fevrier 1759.

1763, (14 février). [8]

2° MIVILLE, Catherine. [CHARLES IV.

1747.

III.—TAILLEFER, PIERRE. [PIERRE II.

CHARTRAN, Marguerite

Marie-Louise, b 13 mars 1748, à Ste-Geneviève, M. [9] — *Marie-Catherine,* b [9] 22 et s [9] 25 janvier 1750.—*Pierre,* b [9] 21 mai et s [9] 3 juin 1751.—*Pierre,* b [9] et s [9] 26 mai 1752.—*François-Antoine,* b [9] 9 mars 1754.—*Pierre,* b [9] 23 janvier et s [9] 12 mars 1756.—*Geneviève,* b [9] 18 juin 1757. —*Marie-Amable,* b [9] 1er oct. 1759.

1754, (4 février) St-Vincent-de-Paul.

III.—TAILLEFER, JEAN-FRS. [PIERRE II

MEILLEUR, Marie-Joseph. [JEAN II

Anonyme, b et s 12 février 1755, à Ste-Geneviève, M. [6] — *Jean-François,* b [6] 5 mars et s [6] 23 août 1756.

TAILLEFER, JEAN-BTE.

DEBONNE, Marie-Angelique. [DANIEL I

Marie-Joseph, b 17 février 1788, à la Rivière-des-Prairies.

I.—TAILLET, LOUIS, b 1703; de St-Sauveur-de-Dinan, diocèse de St-Malo, Bretagne; s (noyé) 8 janvier 1751, à Quebec.

TAILLEUR.—*Surnoms :* DE ST. PER—LESPINE

1711, (28 sept.) Québec. [2]

I.—TAILLEUR (1), HYPPOLITE, fils de Michel (officier de la Garde-Robe du roy) et de Jeanne Collet, de St-Germain-en-Laye, Ile-de-France.

RICARD, Charlotte, fille de Martin et de Marguerite Pierrecotte, de St-Gervais, Paris.

Michel, b [2] 1er août 1713.

1727, (14 janvier) Quebec. [1]

I.—TAILLEUR, GUILLAUME, b 1693; fils de Leonard et de Marguerite Drigny, de Versailles, Paris; s [1] 3 nov. 1759.

DECHAMBRE (2), Marie-Geneviève, [FRANÇOIS I. b 1699; s [1] 7 avril 1757.

Marie-Catherine, b [1] 12 mars et s [1] 20 avril 1727. — *Michel,* b [1] 31 déc. 1727; s [1] 3 janvier 1728.—*Geneviève-Thérèse,* b [1] 5 oct. 1728; m [1] 8 nov. 1751, à Pierre DUPILLE; s [1] 30 mars 1780 — *Guillaume,* b [1] 3 et s [1] 26 mai 1730. —*Pierre,* b [1] 1er juillet 1731; s [1] 31 janvier 1738. — *François,* b [1] 27 janvier 1735; m [1] 29 janvier 1759, à Thérèse DUPILLE.—*Marie-Françoise,* b [1] 31 janvier et s [1] 10 mars 1737.—*Louise,* b [1] 31 janvier 1737 — *Marie-Anne,* b [1] 11 mars 1740; s [1] 5 fevrier 1741.

1759, (29 janvier) Quebec.

II.—TAILLEUR, FRANÇOIS, [GUILLAUME I b 1735.

DUPILLE, Thérèse, [AUGUSTIN II b 1727, veuve de François Travers.

TAILLON.— *Surnoms :* LETARDIF — MICHEL — OLIVIER.

(1) Chirurgien et soldat de la compagnie de M. Daneau; voy. vol I, p. 558.

(2) Voy. vol. I, p. 558; ancêtre du brave Taillefer, officier dans l'armée des zouaves de Pie IX.

(1) De St. Per dit Lespine; il était à St-François, I. J. en 1712.

(2) Châln.

I.—TAILLON (1), GILLES.
MÉNARD, Barbe.
Olivier, b 1651 ; m 24 nov. 1671, à Madeleine COCHON, au Château-Richer.

1671, (24 nov.) Château-Richer. [6]

II.—TAILLON (2), OLIVIER, [GILLES I.
b 1651.
COCHON (3), Madeleine, [JEAN II.
b 1655.

Marie-Madeleine, b [6] 26 juin 1674 ; m 12 janvier 1693, à Guillaume DUPONT, à Québec. [7]—*Jean*, b [6] 27 oct. 1675 ; m 5 février 1714, à Marie FORGET, à St-François, I. J. [5]—*Guillaume*, b [6] 29 déc. 1676, m [6] 11 nov. 1710, à Anne GAGNON.—*Joseph*, b [6] 16 janvier 1678 ; m 26 nov. 1708, à Marie-Anne LEBEL, à la Rivière-Ouelle ; s 6 nov. 1733, à Ste-Anne-de-la-Pocatière.—*Louis*, b mai 1681, au Cap-St-Ignace. [8] — *Elisabeth-Agnès*, b [8] 23 juin 1682 ; m [7] 9 sept. 1698, à Louis DURAND ; s 12 mai 1718, à St-Antoine-Tilly.—*Pierre*, b 1683 ; m 9 nov. 1716, à Jeanne BARON, à St-Nicolas [9] ; s [9] 21 mars 1749. — *Françoise*, b [8] 15 mars 1684. — *Marie-Anne*, b [8] 16 juin 1685 ; m [7] 17 sept. 1704, à Louis LOISEL. — *Agnès*, b [8] 18 sept. 1688.— *Anonyme*, b [7] et s [7] 20 mars 1690.—*François*, b [7] 11 déc. 1690. — *Jean-François*, b [7] 25 sept. 1692 ; 1° m [5] 20 nov. 1717, à Marie CHARLES ; 2° m 14 mai 1753, à Marie-Joseph BRIÈRE, à Terrebonne [4] ; s [4] 3 juillet 1772. — *Ignace*, b [7] 24 mai 1695 ; s [6] 17 déc. 1749. — *Thérèse-Dorothée*, b... m [6] 22 sept. 1723, à Charles GRAVEL ; s [6] 17 avril 1726.

1708, (26 nov.) Rivière-Ouelle. [0]

III.—TAILLON (4), JOS.-JACQUES, [OLIVIER II.
b 1678 ; s 6 nov. 1733, à Ste-Anne-de-la-Pocatière. [7]
LEBEL (5), Marie-Anne, [JEAN II.
b 1690.

Marguerite, b [6] 20 août 1709. — *Marie-Madeleine*, b [6] 26 juillet 1710. — *Marie-Françoise*, b [6] 31 oct. 1712. — *Jacques*, b [6] 16 sept. 1714 : m 10 sept 1742, à Marie-Anne BÉCHARD, à Beaumont, s 2 mars 1784, à l'Hôpital-Général, M. — *Joseph*, b [7] 16 février et s [7] 9 mars 1717. — *Joseph*, b [7] 14 août et s [7] 15 oct. 1718. — *Anne*, b [7] 27 août 1719 ; m [6] 13 février 1736, à Jean BOUCHARD ; s 3 sept. 1736, à Kamouraska. [8] —*Marie-Joseph*, b [7] 25 février 1722. — *Joseph*, b [7] 27 mai 1724 ; m [8] 10 janvier 1746, à Marie-Joseph CORDEAU ; s [8] 4 mars 1756.

1710, (11 nov.) Château-Richer. [7]

III.—TAILLON (6), GUILLAUME, [OLIVIER II.
b 1676 ; s [7] 18 février 1729.
GAGNON, Anne, [NOEL II.
b 1694 ; s [7] 8 avril 1776.

(1) Michel est le vrai nom, voy. vol. I, p. 430.
(2) Pour Michel dit LeTardif, voy. vol. I, p. 430.
(3) Elle épouse, le 16 janvier 1696, Jacques Chauvin, à Québec.
(4) Dit Michel.
(5) Elle épouse, le 3 juillet 1735, Alexis DeLavoye, à la Rivière-Ouelle.
(6) Dit Michel ; mort sur les glaces, surpris par le mauvais temps et la nuit.

Angélique, b [7] 2 sept. 1711 ; m [7] 23 nov. 1733, à Claude DETRÉPAGNY. — *Guillaume*, b [7] 16 nov. 1712 ; m 3 février 1744, à Marie-Joseph RACINE, à Ste-Anne. — *Charles*, b [7] 4 oct. 1714 ; m [7] 11 février 1737, à Marie-Elisabeth JOBIDON ; s 13 juin 1793, à Québec. — *Pierre*, b [7] 31 août 1716 ; m [7] 23 nov. 1751, à Monique BACON.—*Joseph*, b [7] 13 nov. 1718.— *Gabriel*, b [7] 25 juin 1721 ; m [7] 15 nov. 1751, à Geneviève CHAPELAIN.—*Anne*, b [7] 30 juillet 1723 ; s [7] 18 oct. 1725. — *Jean-Baptiste*, b [7] 21 juin 1725.—*Thérèse*, b [7] 7 nov. 1726.—*Jacques-Roger* (posthume), b [7] 1er mai 1729.

1714, (5 février) St-François, I. J. [1]

III.—TAILLON, JEAN, [OLIVIER II.
b 1675.
FORGET, Marie. [LOUIS II.

Michel, b [1] 11 déc. 1714.—*Michel*, b [1] 6 janvier 1717 ; m 13 juin 1740, à Madeleine MASSON, à Lachenaye. [2] — *Marie-Marguerite*, b... m [1] 20 oct. 1738, à Joseph PARIS. — *Joseph-Jean-Baptiste*, b... 1° m [2] 28 juillet 1748, à Angélique CHARLES ; 2° m [2] 23 sept. 1749, à Marie-Thérèse CHARPENTIER. — *Pierre*, b... m 2 février 1750, à Elisabeth PAQUET, à St-Vincent-de-Paul.

1716, (9 nov.) St-Nicolas. [1]

III.—TAILLON (1), PIERRE, [OLIVIER II.
b 1683, s [1] 21 mars 1749.
BARON, Marie-Jeanne, [JACQUES II.
b 1699 ; s 15 mai 1774, à Terrebonne. [2]

Anonyme, b et s 11 sept. 1717, à St-Antoine-Tilly. [3] — *Marie-Madeleine*, b [3] 22 mai 1719 ; m [1] 8 juillet 1738, à François MÉTAYER. — *Joseph*, b 1720 ; s [1] 10 oct. 1743. — *Pierre*, b [3] 1er mai 1721. — *Joseph-Michel*, b 20 février 1724, à Nicolet [4] ; m [1] 2 août 1756, à Charlotte MARION. — *Louis*, b [4] 23 mai 1725.—*Joseph-François*, b [1] 19 déc. 1727.—*Etienne*, b [1] 31 juillet 1729.—*Louise*, b 1730 ; 1° m [1] 10 février 1750, à Pierre CADORET ; 2° m [1] 24 oct. 1757, à Pierre MARION ; 3° m [2] 2 mai 1768, à Jean-Baptiste FORGET.—*Louis*, b [1] 17 nov. 1731 ; m [3] 1er sept. 1749, à Marie-Madeleine DRAPEAU.—*Jean-Marie*, b [1] 13 mai 1736 ; m [1] 24 oct. 1757, à Marie-Therèse BOUCHER. — *François*, b [1] 24 mai et s [1] 25 nov. 1738.

1717, (20 nov.) St-François, I. J.

III.—TAILLON, JEAN-FRANÇOIS, [OLIVIER II.
b 1692 ; s 3 juillet 1772, à Terrebonne. [2]
1° CHARLES (2), Marie-Antoinette, [CLEMENT II.
b 1702 ; s [2] 27 oct. 1742.

Marguerite, b 1719 ; m [2] 17 janvier 1735, à Pierre DESJARDINS ; s [2] 26 mars 1735. — *Angélique*, b 1720 ; m [2] 8 janvier 1737, à Jacques LIMOGES ; s [2] 17 février 1743. — *Agathe*, b... m [2] 29 oct. 1743, à Jean-Baptiste BEAUCHAMP.—*Marie*, b... m [2] 11 août 1744, à Antoine PARANT ; s [2] 19 août 1745. — *Pierre*, b 1725 ; s [2] 25 février 1745. —*Marie*, b 1726 ; m [2] 11 août 1744, à Antoine PARANT, s [2] 19 août 1745.—*Jean*, b... m [2] 4 nov. 1749, à Agnès TRUDEAU. — *Agathe*, b [2] 17 février 1728 ; m [2] 29 oct. 1743, à Jean-Baptiste BEAU-

(1) Dit Michel.
(2) Lajeunesse—Clément

CHAMP.—*Louis*, b [2] 24 août 1729. — *Marie-Françoise*, b [2] 31 août 1734 ; m [2] 5 février 1753, à Pierre FOURNEL ; s [2] 7 février 1758.—*Antoine*, b [2] 21 avril 1736.—*Jean-François*, b [2] 24 août 1738 ; s [2] 20 juillet 1739. — *Marie-Joseph*, b [2] 23 janvier 1740 ; m [2] 14 fevrier 1757, à Pierre COUTURIER.— *Marie-Thérèse*, b [2] 27 oct. 1742 ; m [2] 31 mars 1761, à Jean-Simon ROCHON.

1753, (14 mai). [2]

2° BRIÈRE, Marie-Joseph, [JEAN II.
b 1708 ; veuve de Pierre-André Dalaonde.

Marie-Angélique, b [2] 10 fevrier 1754. — *Marie-Joseph*, b 1755 ; m [2] 31 janvier 1780, à Joseph FILION ; s 26 déc. 1785, à Lachenaye.—*Marie-Angélique*, b [2] 14 juillet 1756.

III.—TAILLON (1), IGNACE, [OLIVIER II.
b 1695 ; s 17 dec. 1749, au Château-Richer.

1737, (11 février) Château-Richer.

IV.—TAILLON (1), CHARLES, [GUILLAUME III.
b 1714 ; s 13 juin 1793, à Quebec [6]
JOBIDON, Marie-Elisabeth, [JULIEN III.
b 1720 ; s [6] 18 nov. 1796.

1740, (13 juin) Lachenaye.

IV.—TAILLON, MICHEL, [JEAN III.
b 1717.
MASSON, Madeleine, [LOUIS II.
b 1716.

Michelle, b 15 juillet 1741, à Terrebonne. [1] — *Marie*, b [1] 9 mars 1743 —*Marie-Joseph*, b [1] 19 mars 1745.—*Pierre*, b [1] 16 février 1747 ; s 29 sept. 1752, à Ste-Rose. [2] — *Marie-Françoise*, b [2] 16 août 1749 ; s [2] 25 sept. 1752.—*Françoise*, b [1] 13 août 1751.—*Marie-Madeleine*, b [2] 31 août et s [2] 23 nov. 1753.—*Marie-Rose*, b [2] 5 fevrier 1756.

1742, (10 sept.) Beaumont. [3]

IV.—TAILLON, JACQUES, [JOSEPH-JACQUES III.
b 1714 ; s 2 mars 1784, à l'Hôpital-General, M.
BÉCHARD, Marie-Anne, [LOUIS II.
b 1723.

Joseph-Maurice, b 6 juin 1743, à la Rivière-Ouelle [4] ; s [4] 24 mars 1744.—*Joseph-Michel*, b [4] 12 mai 1745 ; m 17 nov. 1766, à Marie-Anne FORTIN, à St-Valier.—*Marie-Anne*, b 13 juin 1747, à Kamouraska.—*Antoine*, b [4] 11 fevrier 1752, s 16 nov. 1753, à St-Charles. [5] — *Marie-Judith*, b [5] 3 mai 1754.—*François*, b 29 mai, à St-Michel [6] et s [5] 12 sept. 1756.—*Cécile*, b [5] 5 avril 1758.—*François-Noel*, b [6] 4 mars 1761 ; m à Marie BISSON ; s [3] 27 janvier 1807.

1744, (3 fevrier) Ste-Anne. [7]

IV.—TAILLON, GUILLAUME, [GUILLAUME III.
b 1712.
RACINE, Marie-Joseph, [JEAN III.
b 1725 ; s 8 nov. 1765, au Château-Richer. [8]

Guillaume, b [5] 4 fevrier et s [8] 22 mars 1745.— *Noel*, b [8] 26 dec. 1745 ; s [8] 11 avril 1776.—*Marie-Joseph*, b [8] 27 mars et s [8] 24 juillet 1747.— *Gabriel*, b [7] 2 août et s [8] 21 nov. 1748.—*Ignace*, b [8] 23 oct. 1749.—*Marie-Joseph*, b [8] 8 oct. 1751, m [8] 15 nov. 1772, à Joseph COCHON.—*Guillaume*, b [8] 2 août 1753.—*Charles*, b [8] 1er juin 1755.— *Marie*, b [8] 26 avril 1757.—*Jean*, b 1759 ; s [8] 9 déc. 1769.—*Prisque*, b [8] 20 et s [8] 26 déc. 1761.—*Felix-Amable*, b [8] 20 oct. 1763.

1746, (10 janvier) Kamouraska. [1]

IV.—TAILLON, JOSEPH, [JOSEPH-JACQUES III.
b 1724 ; s [1] 4 mars 1756.
CORDEAU (1), Marie-Joseph, [JACQUES II.
s [1] 4 mars 1756.

Marie-Judith, b [1] 14 mars 1747 ; m [1] 20 août 1764, à Jean-Baptiste LÉVESQUE.—*Anonyme*, b [1] et s [1] 13 nov. 1748.—*Joseph-Francois*, b [1] 30 mai 1752 ; m [1] 27 août 1781, à Marie-Geneviève ALBERT.—*Marie-Joseph*, b [1] 29 avril 1754 ; m 15 nov. 1773, à Etienne ALBERT, à la Rivière-Ouelle.

1748, (28 juillet) Lachenaye. [6]

IV.—TAILLON, JOSEPH-JEAN-BTE. [JEAN III
1° CHARLES, Angélique, [CLÉMENT II
b 1707 ; veuve de Joseph Hubou ; s [6] 5 juin 1749.

Jean-Baptiste, b [6] 31 mars et s [6] 5 avril 1749

1749, (23 sept.) [6]

2° CHARPENTIER, Marie-Therèse. [JEAN II.

Jean-Baptiste, b [6] 26 oct. 1750. — *Joseph*, b. s 2 août 1751, à St-Henri-de-Mascouche. [7] — *Marie-Joseph*, b [7] 16 fevrier 1752. — *Marie-Thérèse*, b [7] 7 mars 1753. — *Jean-Baptiste*, b [7] 1er nov. 1754.—*Joseph*, b [7] 23 mars 1756. — *Charles*, b [7] 8 juillet et s [7] 10 août 1757. — *Marie-Agathe*, b [6] 6 août 1760. — *Marie-Anne*, b [6] 22 sept. 1769

1749, (1er sept.) St-Antoine-Tilly. [8]

IV —TAILLON, LOUIS, [PIERRE III.
b 1731.
DRAPEAU, Marie-Madeleine, [PIERRE II.
veuve de Guillaume Genest.

Marie-Rose, b [8] 8 juillet 1750.—*Louis-Charles*, b 9 avril 1754, à St-Nicolas.

1749, (4 nov.) Terrebonne. [8]

IV.—TAILLON, JEAN. [JEAN-FRANÇOIS III.
THUDEAU, Agnès, [ETIENNE III.
b 1729.

Jean-Baptiste, b [8] 9 nov. 1750. — *Marie*, b [8] 19 fevrier 1752 ; s 31 juillet 1753, à Ste-Rose [9] — *Jean*, b [9] 5 sept. 1753. — *Marie-Joseph*, b... s [8] 10 nov. 1755.—*Marie-Marguerite*, b [9] 4 juillet 1755, m [8] 11 fevrier 1782, à Pierre LÉTANG. — *Marie-Louise*, b [9] 16 juillet et s [9] 7 août 1757. — *Marie-Anne*, b [9] 16 nov. 1758 ; m 15 janvier 1776, à Augustin FORGET, à St-François, I. J. — *Marie-Angélique*, b [9] 17 oct. 1760. — *Marie-Louise*, b [9] et s [9] 26 avril 1762.

1750, (2 fevrier) St-Vincent-de-Paul. [7]

IV.—TAILLON, PIERRE. [JEAN III
PAQUET, Elisabeth. [LOUIS IV

Pierre, b [7] 27 oct. et s [7] 22 nov. 1750. — *Marie*-

(1) Dit Michel.

(1) Deslauriers.

Elisabeth, b 12 janvier 1752, à Ste-Rose. [8] — *Judith*, b 13 sept. 1753, à Terrebonne. — *Marie-Françoise*, b [8] 1er déc. 1754. — *Joseph*, b [8] et s [8] 8 mai 1757. — *Marie-Véronique*, b [8] 2 et s [8] 18 août 1758. — *François*, b [8] 24 août et s [8] 19 sept. 1759. — *Marie-Joseph*, b [8] 17 août 1761.

1751, (15 nov.) Château-Richer.

IV.—TAILLON (1), GABRIEL, [GUILLAUME III. b 1721.
CHAPELAIN, Geneviève, [PIERRE III. veuve de Louis Cloutier.

1751, (23 nov.) Château-Richer. [3]

IV.—TAILLON (1), PIERRE, [GUILLAUME III. b 1716.
BACON, Monique (2), [JOSEPH III. b 1724.
Thérèse, b [8] 20 juin 1753. — *Pierre*, b [8] 13 août 1754. — *Gabriel*, b [8] 15 janvier 1758; m 12 août 1788, à Marie VENIÈRE, à Quebec. — *Charlotte*, b [8] 19 nov. 1759. — *Ignace*, b [8] 26 mai 1761. — *Joseph*, b [8] 4 sept. 1762. — *Zacharie-Amable*, b [8] 9 déc. 1763.

1756, (2 août) St-Nicolas. [2]

IV.—TAILLON, JOS.-MICHEL, [PIERRE III. b 1724.
MARION, Charlotte, [PIERRE II. b 1740; s 12 mai 1778, à Terrebonne. [7]
Michel, b [2] 14 et s [2] 19 août 1757. — *Michel-Olivier*, b... m 1780, à Marguerite LABELLE. — *Antoine*, b 4 janvier 1760, à Lachenaye; m [7] 13 janvier 1777, à Marie-Anne LAPIERRE; s [7] 29 mai 1777. — *Marie-Charlotte*, b 1er avril 1762, à Ste-Rose.

1756.

TAILLON, JOSEPH.
PAQUET, Therèse.
Joseph, b 12 avril 1757, à Terrebonne.

1757, (24 oct.) St-Nicolas.

IV.—TAILLON, JEAN-MARIE, [PIERRE III. b 1736.
BOUCHER, Marie-Therèse. [ANDRÉ IV. b 1741.
Jean-Baptiste, b 17 juin 1762, à Ste-Rose. — *Marie-Louise*, b 25 janvier 1774, à Lachenaye. [1] — *Michel*, b [1] 17 mars 1784.

1760.

TAILLON, JACQUES.
LECLERC, Marie.
François-Noel, b 4 mars 1761, à St-Michel.

1766, (17 nov.) St-Valier.

V.—TAILLON, JOSEPH-MICHEL, [JACQUES IV b 1745.
FORTIN, Marie-Anne, [LOUIS III. b 1743.

(1) Dit Michel.
(2) Aussi appelee Dominique, Veronique.

1772.

TAILLON, JEAN-BTE.
LABELLE, Marie-Amable.
Marie-Amable, b 12 nov. 1773, à Lachenaye. [5] — *Marie-Anne*, b [5] 20 janvier 1775. — *Jean-Baptiste*, b [5] 4 sept. 1775. — *Marie-Angelique*, b [5] 20 février 1781. — *Marie-Angélique*, b [5] 3 oct. 1788.

1777, (13 janvier) Terrebonne. [7]

V.—TAILLON (1), ANTOINE, [JOS.-MICHEL IV. b 1760; s [7] 29 mai 1777.
LAPIERRE, Marie-Anne. [FRANÇOIS.

1780.

V.—TAILLON, MICHEL-OLIVIER. [JOS.-MIC. IV.
LABELLE, Marguerite.
Marie-Marguerite, b... m 23 avril 1798, à Louis RENAUD, à Ste-Thérèse. — *Antoine*, b 3 mars 1783, à Lachenaye.

1781, (27 août) Kamouraska.

V.—TAILLON, JOSEPH-FRANÇOIS, [JOSEPH IV. b 1752.
ALBERT, Marie-Geneviève, [FRANÇOIS II. b 1740.

V.—TAILLON, FRANÇOIS-NOEL, [JACQUES IV. b 1761; s 27 janvier 1807, à Beaumont.
BISSON, Marie.

1788, (12 août) Québec.

V.—TAILLON (2), GABRIEL, [PIERRE IV. b 1758.
VENIÈRE-NICOLE, Marie. [NICOLAS.

TAJEAT.—*Surnom :* LAGRANDEUR.

1759, (8 janvier) Quebec.

I.—TAJEAT (3), JEAN, soldat; fils d'Alexis et de Marguerite Marot, de Marsillan, diocèse d'Apt, en Provence.
DASILVA, Marie, [JEAN II. b 1735.

TALARD.—Voy. MARIN—TAYLOR.

TALBOT.—*Surnom :* GERVAIS.

1698.

I.—TALBOT (4), JEAN-JACQUES, b 1679; s 3 janvier 1756, à Montréal.
1° SOMMEREUX, Marie-Charlotte, [NOEL I. b 1678; s 25 nov. 1708, à St-Thomas. [5]
Marie, b [5] 11 mai 1699; m à Jean FOURNIER. — *Jean*, b 1700; m 25 juin 1726, à Barbe FORTIN, à l'Islet; s 12 juin 1763, à Berthier. — *Simon*, b [5] 28 oct. 1702; 1° m 1730, à Marie ISABEL; 2° m 27 juillet 1734, à Therèse ALAIRE, à St-Valier.

(1) Dit Olivier.
(2) Dit Michel.
(3) Dit Lagrandeur.
(4) Dit Gervais, voy. vol. I, p 553.

1710, (28 avril).[5]
2° LAMARRE (1), Catherine, [PIERRE II.
b 1688.
Joseph, b [5] 2 février 1711 ; 1° m 19 oct. 1735, à Marie-Madeleine NOLIN, à St-Pierre, I. O. ; 2° m [5] 12 oct. 1744, à Marie-Joseph PATRI. — *Marie-Catherine*, b [5] 11 sept. 1712 ; m à Charles ROUSSEAU. —*Anne-Françoise*, b [5] 15 mars et s [5] 13 nov. 1714. —*Augustin*, b 1718 ; m 1744, à Geneviève AUBIN-MIGNAU ; s [5] 9 dec. 1749.

1726, (25 juin) Islet.[1]
II.—TALBOT (2), JEAN, [JEAN-JACQUES I.
b 1700 ; s 12 juin 1763, à Berthier.[2]
FORTIN, Barbe, [PIERRE II.
b 1702 ; s [1] 17 février 1774.
Marie-Anne, b 1730 ; m [2] 18 nov. 1748, à Louis-Joseph PRUNEAU ; s [2] 28 août 1761. — *Madeleine*, b... m [2] 2 juillet 1753, à Louis CHARTIER. — *Joseph-Marie*, b 17 mai 1735, à St-Thomas. — *Augustin*, b 26 août 1737, à St-Valier.[3] — *Jean-Damien*, b [3] 12 avril 1740 ; m 23 nov. 1761, à Marie-Angelique RICHARD, au Cap-St-Ignace.— *Marie-Angélique*, b [2] 25 mars 1744 ; s [2] 7 juillet 1750.

1726, (1er juillet) Ste-Anne-de-la-Pocatière.
II.—TALBOT, JACQUES, [JEAN-JACQUES I.
b 1704.
MEUNIER, Margte-Angélique. [FRANÇOIS II.
Jacques-Léon, b 25 avril 1727, à Berthier[1] ; s [1] 4 mars 1731. — *Marie-Clotilde*, b [1] 26 déc. 1728 ; m 8 nov. 1745, à François FORTIER, à St-Frs-du-Sud.[2] — *Marie-Angélique*, b [1] 7 oct. 1730 ; s [2] 28 août 1733. — *Marie-Judith*, b [1] 16 juin 1732 ; m [2] 16 nov. 1750, à Augustin MORIN. — *Marie-Dorothée*, b [1] 7 fevrier 1734 ; m [2] 15 fevrier 1751, à Louis DESTROISMAISONS. — *Joseph-Marie*, b [1] 28 mai 1736 ; s [1] 28 oct. 1743. — *Marie-Madeleine-Françoise*, b... s [2] 11 juin 1741. — *François-Xavier*, b [1] 17 sept. 1741 ; m [1] 14 juin 1763, à Angélique BLAIS. — *Antoine*, b [2] 2 oct. 1742. — *Louis-Paschal*, b [2] 1er fevrier et s [2] 15 juillet 1744.

1730.
II.—TALBOT, SIMON, [JEAN-JACQUES I.
b 1702.
1° ISABEL, Marie-Barbe, [LOUIS II.
b 1708.
Marie, b 21 juin 1731, à Berthier.— *Geneviève*, b... m 4 fevrier 1750, à Joseph LISOT, à St-Pierre-du-Sud.[6]
1734, (27 juillet) St-Valier.
2° ALAIRE, Therèse, [CHARLES II.
b 1713.
Simon, b 1er juillet 1735, à St-Thomas[7] m [6] 8 janvier 1753, à Geneviève BLANCHET. — *Thérèse*, b [7] 14 oct. 1736. — *Marie*, b 1739 ; m [6] 24 août 1761, à Pierre-Basile BOUCHARD ; s 9 juillet 1769, à Ste-Anne-de-la-Pocatière. — *Pierre*, b... 1° m [7] 2 fevrier 1761, à Claire-Elisabeth BÉLANGER ; 2° m 12 juillet 1763, à Marie-Marthe PELLETIER, à St-Roch.[8]—*Jean-Baptiste*, b... m [8] 16 juillet 1764, à Marie-Anne PELLETIER.—*Augustin*, b [7] 15 août 1744.—*Ursule*, b 1746 ; s [6] 22 avril 1749.—*Marie-Victoire*, b 1748 ; s [6] 31 mars 1749.—*Marguerite*, b [6] 11 oct. 1750. — *Charles*, b [6] 7 nov. 1752. — *Louis-Isaac*, b [6] 15 oct. 1755.

(1) Voy. DeLamarre.
(2) Dit Gervais.

1735, (19 oct.) St-Pierre, I. O.
II.—TALBOT, JOSEPH, [JEAN-JACQUES I.
b 1711.
1° NOLIN, Marie-Madeleine. [GABRIEL II
b 1715 ; s 5 mars 1744, à St-Thomas.[2]
Marie, b [2] 19 fevrier 1738. — *Louis-Marie*, b [2] 11 février 1740. — *Anonyme*, b [2] et s [2] 12 nov. 1740. — *Anonyme*, b [2] et s [2] 14 janvier 1742. — *Jean-Marie*, b [2] 25 mars 1743 ; s [2] 28 oct. 1744.— *Anonyme*, b [2] et s [2] 3 mars 1744.
1744, (12 oct.)[2]
2° PATRI, Marie-Joseph, [ANDRÉ II
b 1721.
Pierre, b [2] 7 nov. 1745.— *Marie-Madeleine*, b [2] 24 fevrier 1747, s [2] 6 sept. 1749. — *Marie-Elisabeth*, b [2] 17 août 1748 ; m [2] 24 oct. 1768, à Alexis BÉLAND.—*François-Noel*, b [2] 11 août 1750. —*Augustin-Charles*, b [2] 16 juillet 1752. —*Charles*, b [2] 1er avril 1754. — *Ambroise*, b 16 nov. 1755, à St-Pierre-du-Sud.[8]—*Marie-Geneviève*, b [2] 17 nov. 1757 ; s [8] 18 juillet 1759. — *Bénoni*, b [2] 14 mars 1761.

1738.
I.—TALBOT, LOUIS,
Acadien.
DOUVILLE, Marie-Françoise.
Henriette, b 1739, s 19 oct. 1746, à Québec.

1744.
II.—TALBOT, AUGUSTIN, [JEAN-JACQUES I.
b 1718, s 9 dec. 1749, à St-Thomas [6]
AUBIN-MIGNAU (1), Geneviève, [JOSEPH II
b 1727.
Marie-Geneviève, b [6] 1er juillet 1745 ; m [6] 14 oct. 1765, à Pierre ROUSSEAU. — *Augustin*, b [6] 8 juin 1747.—*Joseph-Marie*, b [6] 12 sept. 1748.

1753, (8 janvier) St-Pierre-du-Sud.[1]
III.—TALBOT, SIMON, [SIMON II
b 1735.
BLANCHET, Geneviève. [LOUIS II.
Marie-Geneviève, b [1] 9 juin 1754. — *Joseph-Marie*, b [1] 10 et s [1] 25 avril 1756.

1761, (2 février) St-Thomas.[2]
III.—TALBOT (2), PIERRE. [SIMON II
1° BÉLANGER, Claire-Elisabeth, [CHARLES IV
b 1738 ; s [2] 24 oct. 1762.
1763, (12 juillet) St-Roch.[3]
2° PELLETIER, Marie-Marthe, [JEAN-BERNARD IV
b 1745.
Marthe, b [3] 10 sept. 1764.

(1) Elle épouse, le 13 juillet 1750, Charles Marot, à St-Thomas.
(2) Dit Gervais.

1761, (23 nov.) Cap-St-Ignace.

III.—TALBOT, JEAN-DAMIEN, [JEAN II.
b 1740.
RICHARD, Marie-Angélique, [FRANÇOIS II.
b 1738.
Marie-Angélique, b 1er nov. 1762, à Berthier.[4] —*Jean-Baptiste*, b[4] 18 janvier 1764.

1763, (14 juin) Berthier.

III.—TALBOT, FRANÇOIS-XAVIER, [JACQUES II.
b 1741.
BLAIS, Angélique, [LOUIS III.
b 1743.

1764, (16 juillet) St-Roch.

III.—TALBOT, JEAN-BTE. [SIMON II.
PELLETIER, Marie-Anne-Frse, [JEAN-BERNARD IV.
b 1747.
Simon, b... m 15 nov. 1791, à Geneviève FRASER, à Beaumont.

1773.

TALBOT, JEAN-BTE.
RICHARD, Marguerite.
Alexandre, b 17 et s 23 février 1774, à l'Islet.

1791, (15 nov.) Beaumont.

IV.—TALBOT, SIMON. [JEAN-BTE III.
FRASER, Geneviève. [AUGUSTIN II.

TALLARD.—Voy. TAYLOR.

TALON.—*Variation et surnoms :* TANON—BORDELAIS — D'ORSAINVILLE — LAVERDURE — LE BOURDELAIS—LESPÉRANCE.

1698, (27 oct.) Rivière-Ouelle.

I.—TALON (1), ETIENNE,
b 1671; soldat; s 1er juillet 1734, à St-Thomas.[1]
LAVERGNE (2), Jeanne, [FRANÇOIS I.
b 1679; s[1] 9 janvier 1755.
Etienne, b[1] 27 déc. 1700; m 1er avril 1727, à Angélique RICARD, à Ste-Anne-de-la-Pérade.—*Germain*, b[1] 24 nov. 1702; m[1] 22 janvier 1732, à Françoise FOURNIER; s[1] 30 déc. 1767.—*Marie-Joseph*, b[1] 1er février 1705; m[1] 13 oct. 1721, à Jean BARDE.—*Louis*, b[1] 27 janvier 1707; m[1] 22 sept. 1728, à Hélène PEPIN; s[1] 16 août 1731.—*Claire-Françoise*, b[1] 31 janvier 1709; s[1] 16 août 1710.—*Marguerite*, b[1] 15 juin 1711; m 21 février 1735, à Bernard PERROT, à Québec.—*Félicité*, b[1] 4 sept. 1713; s[1] 15 février 1719.—*Marie-Madeleine*, b[1] 14 août 1717.—*Augustin*, b[1] 8 août 1719; 1° m[1] 18 nov. 1743, à Claire PEPIN; 2° m 1er mai 1753, à Olive GUYON, à l'Islet.—*Elisabeth*, b[1] 8 août 1719.—*Thérèse*, b[1] 28 juin 1722; m[1] 5 février 1748, à Jean PROU; s[1] 13 janvier 1761.

(1) LeBourdelais — Aussi appelé Tanon-Bordelais; voy. vol. I, pp. 558-559.
(2) Appelée Vérieul à sa sépulture.

1727, (1er avril) Ste-Anne-de-la-Perade.[6]

II.—TALON (1), ETIENNE, [ETIENNE I.
b 1700.
RICARD (2), Angélique, [JEAN I.
b 1697.
Joseph, b[6] 13 mars 1728.—*François*, b[6] 23 avril 1729.—*Marie-Catherine*, b[6] 13 sept. 1730; s 30 janvier 1741, aux Trois-Rivières.[7]—*Agathe-Apolline*, b[7] 13 février 1732.—*Jean-Baptiste*, b[7] 19 mars 1734.—*Marie-Angélique*, b[7] 15 avril 1737.—*Jean-Baptiste*, b[7] 4 sept. et s[7] 26 oct. 1739.

1728, (22 sept.) St-Thomas.[9]

II.—TALON, LOUIS, [ETIENNE I.
b 1707; s[9] 16 août 1731.
PEPIN, Hélène, [PAUL II.
b 1703; s[9] 1er oct. 1733.
Elisabeth, b[9] 14 oct. 1728; m 14 sept. 1761, à Charles-François LEMIEUX, au Cap-St-Ignace.—*Marie-Reine*, b[9] 8 janvier 1731.

TALON, ETIENNE,
b 1694; s 3 février 1776, à Québec.[6]
PROU, Geneviève.
Marie, b... m[6] 29 nov. 1749, à Dominique LAFLEUR.

1732, (22 janvier) St-Thomas.[9]

II.—TALON (1), GERMAIN, [ETIENNE I.
b 1702; s[9] 30 déc. 1767.
FOURNIER, Françoise, [JOSEPH II.
b 1704; s[9] 29 avril 1767.
Louis, b[9] 21 juillet 1733; m[9] 25 janvier 1768, à Marie-Victoire GAUDREAU.—*Marie-Barbe*, b[9] 20 sept. 1734; m[9] 22 nov. 1751, à René PELLETIER.—*Marie-Geneviève* (3), b[9] 6 oct. 1736; m[9] 25 janvier 1757, à Joseph MORIN.—*Françoise*, b[9] 29 mai 1738; m 22 avril 1765, à Donald MACKINNON, à Montréal.—*Joseph*, b[9] 9 avril 1740.—*Ursule*, b[9] 21 avril 1741; s[9] 31 déc. 1755.—*Marie-Angélique*, b[9] 6 sept. 1742; m[9] 20 février 1764, à Jean-Baptiste MORIN.—*Marie-Joseph*, b[9] 6 juin 1744; m[9] 21 avril 1766, à Pierre MORIN.—*Louis*, b[9] 25 nov. 1745.

1743, (18 nov.) St-Thomas.[5]

II.—TALON, AUGUSTIN, [ETIENNE I.
b 1719; meunier.
1° PEPIN, Claire, [PAUL II.
s[5] 24 juillet 1748.
Augustin, b[5] 27 août 1744; s 21 août 1751, à l'Islet.[6]—*Marie-Claire*, b[5] 23 mars 1746; m 11 janvier 1768, à Jean-Baptiste MARQUIS, à Kamouraska.[7]—*Thérèse*, b[5] 8 mai 1747; m 23 janvier 1764, à Jean-Baptiste DUBÉ, à Repentigny.—*Marie-Hélène*, b[5] 27 juin et s[5] 27 juillet 1748.—*Marie-Félicité*, b[5] 27 juin et s[5] 16 juillet 1748.
1753, (1er mai).[6]
2° GUYON (4), Olive.
Pierre-Paul, b[6] 4 avril 1754.—*Françoise-*

(1) Dit LeBourdelais.
(2) Et Richard.
(3) Ce baptême est écrit au registre de 1752 (26 juillet).
(4) Després, 1766.

Olive, b [6] 18 avril 1757.—*Geneviève*, b [6] 2 janvier 1760; m [6] 18 juin 1781, à Jean SIMPSON. — *Jean-Baptiste*, b [7] 16 février 1768. — *Anonyme*, b [7] 14 oct. et s [7] 17 nov. 1770. — *Romain*, b [7] 14 oct. 1770.—*Isidore*, b [6] 7 juin 1773.

1755, (27 janvier) St-Joachim. [9]

I.—TALON (1), JACQUES, fils de Paul et d'Isabeau Raimbaut, de Jansague, diocèse de Bazas, Gascogne.

BOLDUC, Agathe. [JEAN-GERMAIN III.

Jean-Marie, b... m 2 oct. 1775, à Catherine BAUDOIN, à St-François, I. O. — *Urbain*, b [9] 23 avril et s [9] 9 mai 1761.—*Marie-Joseph*, b [9] 30 mai 1762.—*Marie-Françoise*, b [9] 5 mars 1764.—*Marie-Geneviève*, b [9] 18 janvier et s [9] 13 février 1768.—*Marie-Geneviève-Françoise*, b [9] 23 janvier et s [9] 8 mars 1770.

1755, (25 août) Château-Richer. [7]

I.—TALON (1), JEAN, fils de Paul (marchand) et de Marie Bineau, du diocèse de Bazas, Gascogne.

BACON, Dorothée, [JOSEPH III. b 1735.

Jean-Marie, b [7] 8 mars 1757.—*Marie-Dorothée*, b 10 juin 1758, à Beauport. [8]— *Marie-Madeleine*, b 22 oct. 1759, à Charlesbourg.—*Germain*, b [8] 8 avril 1761. — *Joseph*, b 16 sept. 1762, à Québec; s [7] 14 avril 1765. — *Pierre*, b [7] 28 avril 1764. — *Marie-Louise*, b [7] 20 sept. 1766.

1768, (25 janvier) St-Thomas.

III.—TALON, LOUIS, [GERMAIN II. b 1733.

GAUDREAU, Marie-Victoire, [CHARLES III. b 1752.

1775, (2 oct.) St-François, I. O.

II.—TALON (1), JEAN-MARIE. [JACQUES I.

BAUDOIN, Catherine, [JOSEPH III. b 1752; s 5 février 1777, à St-Joachim. [7]

Madeleine, b [7] 30 janvier 1777.

TALUSIER.—*Surnom :* LASALLE.

1749, (30 sept.) Lévis.

I.—TALUSIER (2), PIERRE, maître-perruquier; fils d'Antoine et de Marie Durant, de N.-D.-de-Neubrissac, diocèse de Strasbourg, Alsace.

1° HUARD, Marie-Veronique, [ETIENNE II. b 1725.

Claude-Pierre, b 21 oct. 1751, à Québec. [3] — *François*, b [3] 18 mai 1753.

1757, (22 avril) Pte-du-Lac.

2° MONTOUR (3), Therèse-Veron., [MAURICE II. b 1733.

Marie-Joseph, b 22 mai et s 31 août 1758, aux Trois-Rivières. [4] — *Jean-Baptiste*, b [4] 12 nov. 1759; s [4] 6 avril 1761. — *Jean-Baptiste*, b [4] 26 juillet 1761.

(1) Dit Lespérance.

(2) Dit Lasalle ; soldat de M. de Beaujeu.

(3) Delpe.

TANCHO.—*Variations :* TACHOT—TANCHOT.

1763, (30 août) Québec. [1]

I.—TANCHO (1), YVES, b 1733; fils de Mathurin et de Marie Leclerc, de Vignac, diocèse de St-Malo, près Dinan, Bretagne.

TERREAU, Marie-Madeleine, [PIERRE-OLIVIER II. b 1741.

Catherine, b... m [1] 19 nov. 1793, à François BLANCHARD.—*Yves*, b... m [1] 15 juillet 1794, à Geneviève HUOT.—*Louise*, b 1774; m [1] 18 août 1795, à Charles WELSCAMP; s [1] 10 mars 1796.

1794, (15 juillet) Québec.

II.—TANCHO, YVES. [YVES I.

HUOT, Geneviève. [PIERRE-MARIE IV.

TANCHOT.—Voy. TANCHO.

1748, (5 nov.) Québec. [3]

I.—TANCRET (2), JEAN-PIERRE, fils d'Yves et de Marie-Anne Philippe, de Croabas, diocèse de St-Pol-de-Leon, Artois.

PLANTE (3), Elisabeth-Marguerite, [SIMON III b 1735.

Jean-Baptiste, b [3] 27 déc. 1749 ; s [3] 23 mars 1750.—*Marie-Madeleine*, b [3] 23 nov et s [3] 12 déc. 1751.

TANGUAI.—Voy. TANGUAY.

TANGUAY.—*Variations et surnoms :* TANGUAI—TANGUÉ — TANGUET —TANGUY—TANNE-GUI—DUCHASTEL—SANSOUCY.

1692, (6 février) St-Jean, I. O.

I.—TANGUAY (4), JEAN, b 1664 ; s 25 août 1744, à St-Valier. [4]

BROCHU, Marie, [JEAN I b 1675 ; s [4] 7 février 1753.

Jean-Baptiste, b 16 mai 1694, à St-Michel [5]; 1° m 1722, à Françoise BLAY; 2° m 30 août 1730, à Marie SIMARD, à Ste-Anne. [6] — *Marie-Anne*, b [6] 23 oct. 1698 ; m [4] (5) 26 mai 1726, à Jean RICHARD; s [5] 19 sept 1747.—*Jacques*, b [5] 23 janvier 1701; 1° m 28 février 1729, à Geneviève MERCIER, à Berthier ; 2° m [4] 16 sept. 1737, à Catherine HÉLY; 3° m 28 août 1758, à Marie-Joseph PLANTE, à St-François, I. O. — *Marie-Elisabeth*, b [5] 18 mai 1704.—*Elisabeth*, b [5] 6 mars 1707 ; 1° m [4] 7 nov 1729, à Joseph HÉLY ; 2° m [4] 23 nov. 1767, à Michel BLAY.—*René*, b 1708; 1° m [6] 20 juillet 1734, à Rosalie SIMARD ; 2° m 11 avril 1747, à Marie-Madeleine CLOUTIER, au Château-Richer; s [4] 18 mars 1785.—*Jean-François*, b [5] 16 juin 1709; m [5] 5 juin 1736, à Marguerite BOISSONNEAU.—*André*, b 16 février 1712, à Beaumont; m [4] 6 août

(1) Il était, en 1753, à Louisbourg ; fait prisonnier par les Anglais sur l'Ile-Terreneuve avec Jacques Chaton

(2) Soldat de la compagnie de M. Dangeau ; maître d'école, 1749.

(3) Elle épouse, le 23 nov. 1763, Joseph Pierre, à Québec.

(4) Voy. vol. I, p. 559

(5) C'est le seul mariage béni par Mgr de Saint-Valier.

1743, à Marie-Joseph Roy.—*Marie*, b [4] 28 mars 1715.—*Anne-Françoise*, b [4] 28 mars 1715; m [4] 11 oct. 1734, à Nicolas Boissonneau; s 29 sept. 1753, à St-Frs-du-Sud.—*Marie-Françoise*, b [4] 14 nov. 1717; s [4] 5 oct. 1720.

1722.

II.—TANGUAY, Jean-Bte, [Jean I.
b 1694.

1° Blay, Françoise-Geneviève, [Pierre II.
b 1703.

Marie-Louise, b 26 août 1723, à St-Valier [6]; m [6] 9 nov. 1744, à Pierre Mercier.—*Marie-Anne*, b [6] 4 mars 1725; 1° m [6] 3 fevrier 1744, à François Boteau; 2° m 1er mars 1756, à Pierre Lefebvre, à Berthier [7]; s [6] 19 sept. 1770.—*Marie-Geneviève*, b [6] 29 août 1727; m [6] 7 août 1744, à Noël Simard; s 26 août 1760, à St-Michel. — *Jean-Baptiste*, b [6] 4 nov. 1728; 1° m [6] 28 avril 1749, à Angelique Montminy; 2° m 28 juin 1790, à Elisabeth Dion, à Beaumont.

1730, (30 août) Ste-Anne.

2° Simard, Madeleine, [Joseph II.
b 1703; s [6] 1er nov. 1765.

Marie-Madeleine, b [6] 28 juin 1731; m [6] 22 juillet 1748, à Jean-Baptiste LeRoy.— *Elisabeth*, b [6] 26 août 1733; m [6] 17 juillet 1752, à Augustin Fradet.—*Joseph-Marie*, b [6] 31 dec. 1734; m [6] 7 fevrier 1757, à Marguerite Gosselin.—*Marguerite*, b [6] 7 juin 1736. — *Marie-Joseph*, b [6] 5 avril 1738; m [6] 18 nov. 1754, à Joseph Corriveau. — *André*, b [6] 14 juillet et s [6] 20 août 1741.—*Marie-Judith*, b [6] 21 mars 1746; m [7] 1er fevrier 1762, à François Aubé.

1729, (28 fevrier) Berthier.

II.—TANGUAY, Jacques, [Jean I.
b 1701.

1° Mercier, Geneviève, [Paschal III.
b 1712; s 9 juin 1737, à St-Michel.

Jacques, b 3 mars 1730, à St-Valier. [8] —*Marie-Geneviève*, b [8] 9 fevrier 1731. — *Marie-Anne*, b... m [8] 11 janvier 1752, à Augustin Boulet. — *Jacques-Paschal*, b [8] 19 janvier 1734; m 10 janvier 1757, à Therèse Lacasse, à Beaumont. — *Jean-Baptiste* (1), b [8] 7 oct. 1735; s 19 août 1756, au Fort Fréderic. — *Marie-Joseph*, b [8] 9 juin 1737; m [8] 21 avril 1760, à Andre Fleury.

1737, (16 sept.) [8]

2° Hély, Catherine, [Pierre II.
b 1714; s [8] 19 oct. 1754

Pierre, b [8] 3 mars 1739 —*Marie-Catherine*, b [8] 20 juin 1740; m [8] 19 janvier 1761, à Nicolas Patoile. — *Marguerite*, b [8] 31 mai 1742; m [8] 19 avril 1762, à Pierre-Noël Quemleur. — *Marie-Anne*, b [8] 10 mai 1744. — *Marie-Anne*, b [8] 29 dec. 1747. — *Jean-Marie*, b [8] 27 juillet 1750; 1° m [8] 15 sept. 1771, à Marie-Anne Lecours; 2° m [8] 26 avril 1774, à Gertrude Raté.—*Augustin*, b [8] 13 sept. 1753.

(1) Milicien, inhumé au Fort Frédéric. (Voir registre du Fort Fréderic à Beauharnais.)

1758, (28 août) St-François, I. O.

3° Plante (1), Marie-Joseph, [Georges II.
b 1708; veuve de Charles Delage.

1734, (20 juillet) Ste-Anne.

II.—TANGUAY, René, [Jean I.
b 1708; s 18 mars 1785, à St-Valier. [7]

1° Simard, Rosalie, [Joseph II.
b 1712; s 14 sept. 1744, à St-Michel. [8]

Pierre-René, b [7] 2 août 1735; m [7] 12 février 1759, à Marie-Joseph Cochon-Laverdière; s [8] 9 janvier 1763.—*René-Juste*, b [7] 4 sept. 1737; s [8] 9 janvier 1763. — *Joseph-Marie*, b [7] 20 oct. 1739.— *Amable*, b [7] 12 janvier et s [8] 17 mai 1741.—*Marie-Marguerite*, b [8] 18 avril 1742; m [8] 18 nov. 1765, à Michel Ouimet. — *Marie-Anne-Rosalie*, b [8] 18 avril 1742; m [7] 24 sept. 1764, à François Roy.

1747, (11 avril) Château-Richer.

2° Cloutier, Marie-Madeleine, [François IV.
b 1720.

Jean-Baptiste, b [8] 27 janvier 1748; m [8] 4 février 1772, à Marguerite Cadrin. — *Marie-Madeleine*, b [8] 18 nov. et s [8] 15 dec. 1749. — *Monique-Hélène*, b [8] 17 dec. 1750; m [8] 13 janvier 1778, à François Coté. — *Marie-Madeleine*, b [8] 6 mars et s [8] 23 avril 1752.—*Jacques*, b [8] 22 juin et s [8] 28 juillet 1753.—*Marie-Thérèse*, b [8] 4 et s [8] 29 avril 1755.—*Catherine-Judith* b [8] 10 août 1760; m [8] 13 fevrier 1787, à François Beaumont.

1736, (5 juin) St-Michel.

II.—TANGUAY, Jean-François, [Jean I.
b 1709.

Boissonneau, Marguerite, [Jean II.
b 1716.

Pierre-Noël, b 4 mai 1737, à St-Valier [5]; s [5] 13 dec. 1762. — *Jean-Baptiste*, b [5] 28 sept. 1739; m à Marie Morin. — *Marguerite*, b [5] 11 et s [5] 18 juillet 1741. — *Marie-Marguerite*, b [5] 17 mars 1744. —*Guillaume*, b [5] 27 janvier 1746. — *Alexis*, b [5] 18 fevrier 1748; s [5] 8 fevrier 1750.—*Michel*, b [5] 17 janvier 1750; s [5] 13 sept. 1751.—*René*, b [5] 24 août 1752. — *Marie-Joseph*, b [5] 25 juillet 1754. — *Antoine*, b [5] 2 avril 1757. — *Thérèse*, b [5] 26 dec. 1758; s [5] 29 juillet 1765.

1743, (6 août) St-Valier. [4]

II.—TANGUAY, André, [Jean I.
b 1712.

Roy, Marie-Joseph, [Etienne II.
b 1714; s [4] 17 sept. 1769.

Marie-Marguerite, b [4] 22 sept. 1744; m [4] 26 juillet 1762, à François Collet. — *Marie-Geneviève*, b [4] 26 juin 1746. — *Marie*, b 1747; s [4] 9 août 1748. — *André*, b [4] 8 mars 1749; m 1786, à Anne Marcou. — *Marie-Charlotte*, b [4] 4 nov. 1752; m [4] 3 avril 1769, à Pierre-Simon Corriveau. — *Marie-Ursule*, b [4] 9 juin 1755; m [4] 8 oct. 1770, à Pierre Chabot. — *Marie-Geneviève*, b [4] 15 dec. 1757.

(1) Elle épouse, le 17 août 1761, Joseph Audet, à St-Jean, I. O.

1748, (23 sept.) Lorette.

I.—TANGUAY (1), GUILLAUME, fils de Pierre et de Marie Guignard, de Plouer, diocèse de Treguier, Basse-Bretagne.
BERTHIAUME, Catherine, [PIERRE II.
b 1707.
Michel, b 28 sept. 1749, à Québec.

1749, (28 avril) St-Michel. 7

III.—TANGUAY, JEAN-BTE, [JEAN-BTE II.
b 1728.
1° MONTMINY, Angélique, [JOSEPH III.
b 1729.
Jean-Baptiste, b 7 18 mars 1750. — *Jean-François*, b 7 28 nov. 1751. — *Louis-Jean*, b 7 18 mars 1754.— *Augustin*, b 7 4 avril et s 7 8 août 1756.— *Michel*, b 7 29 mai 1757; m 7 19 janvier 1778, à Marie-Louise DAGNEAU. — *Marie-Marguerite*, b 7 22 mai 1760. — *Jean-Baptiste-Augustin*, b 7 26 avril 1762. — *Angélique*, b 7 13 juin 1764; m à Charles CORRIVEAU. — *André*, b 7 31 nov. 1766; s 1777. — *Marie-Anne*, b 7 19 nov. 1768; m 7 19 fevrier 1787, à Antoine GREFFARD. — *Joseph*, b 7 15 mai 1772.
1790, (28 juin) Beaumont.
2° DION (2), Elisabeth. [PIERRE V.

1755.

I.—TANGUAY, NICOLAS,
Acadien.
WOEL (3), Anne, [FRANÇOIS I.
veuve de Louis Messer.
Marie-Anne, b 15 août, à St-Valier 3 et s 2 nov. 1756, à Quebec. — *Pierre*, b 3 16 oct. 1757. — *Marie-Marthe*, b 3 21 janvier 1760. — *André-Nicolas*, b 3 4 juillet 1761.—*François-Marie*, b 3 27 août 1763. — *Nicolas*, b 3 9 juillet 1765.— *Marie-Elisabeth*, b 3 16 août 1767.

1757, (10 janvier) Beaumont.

III.—TANGUAY, JACQ.-PASCHAL, [JACQUES II.
b 1734.
LACASSE, Thérèse, [CHARLES III.
b 1736.
Marie-Thérèse, b 9 nov. 1757, à St-Valier 9; m à Jean-Marie LALLEMAND.—*Marie-Marguerite*, b 9 11 avril 1759. — *Agathe*, b 9 et s 9 29 juillet 1761. — *Marie*, b 1762; s 9 13 février 1766. — *Jacques*, b 9 27 déc. 1763. — *Pierre*, b 9 24 août 1765.—*Marie-Françoise*, b 9 27 mai 1767; s 9 12 juin 1768.—*Marie-Barbe*, b 9 19 janvier 1768.

1757, (7 oct.) St-Valier. 7

III.—TANGUAY, JOS.-MARIE, [JEAN-BTE II.
b 1734.
GOSSELIN, Marguerite, [IGNACE III.
b 1740.
Joseph-Marie, b 7 17 mars 1759; m à Marie-Anne LABRECQUE. — *Charles* et *Marie*, b 7 13 dec. 1760. — *Jean-Baptiste-Basile*, b 7 15 fevrier 1763. — *Raphael*, b 7 2 déc. 1764.

(1) Dit Sansoucy.
(2) Voy. Guyon.
(3) Appelée Houel, Noel et Galibois, voy. vol. IV. p. 525.

1759, (12 fevrier) St-Valier.

III.—TANGUAY, PIERRE-RENÉ, [RENÉ II.
b 1735; s 9 janvier 1763, à St-Michel. 7
COCHON-LAVERDIÈRE, Marie-Jos., [JOSEPH III.
b 1740.
Pierre, b 7 8 nov. 1760.

1761.

III.—TANGUAY, JEAN-BTE, [JEAN-FRS II
b 1739.
MORIN, Marie-Catherine.
Marie-Catherine, b 13 avril 1762, à St-Valier 4
Jean-Baptiste, b 4 1er sept. 1769.

1771, (15 sept.) St-Valier. 9

III.—TANGUAY, JEAN-MARIE, [JACQUES II
b 1750.
1° LECOURS, Marie-Anne, [CHARLES II
b 1754; s 9 6 août 1772.
Marie-Anne, b 9 14 février 1772, m à Marc MARCOU; s 4 nov. 1839, à St-Charles.
1774, (26 avril). 9
2° RATÉ, Gertrude, [IGNACE III
b 1755.
Jean-Marie, b 9 5 avril 1775; 1° m à Reine PIGEON; 2° m à Angélique DENIS. — *Françoise*, b 9 22 juillet 1776; m à Charles BERNARD. — *Marie-Angélique*, b 9 12 oct. 1777; m 9 janvier 1813, à Louis MARTEL, à Charlesbourg 2; s 2 7 déc. 1836 — *Paschal*, b 9 9 avril 1779; m à Marie CARBONNEAU; s 8 mai 1854, à Lotbinière. 6 — *Gertrude*, b 1781; m 9 22 juin 1802, à Pierre-Alexis ROY; s 14 mars 1862, à Ste-Hénédine. 5 — *Marie-Rosalie*, b 9 10 janvier 1784; m à Augustin POUDRIER, s 6 1865.—*Marie-Charlotte*, b 9 8 mars 1786; s 5 1865 — *Marguerite*, b 9 18 mars 1787; s 1812; *Joseph*, b 9 3 sept. 1788; m à Pelagie CHAREST. — *Madeleine*, b 9 13 mars 1791; m à François BLOUIN, s 1865.—*Pierre*, b 14 mars 1792, à St-Pierre-du-Sud; m 28 mai 1816, à Reine BARTELL, à Québec; s 6 8 janvier 1846. — *Antoine*, b 9 2? sept. 1797; m à Marguerite PARIS. — *Laurent*, b... m à Angélique MORIN.—*Charles* (1), b 1800

1772, (4 fevrier) St-Michel. 4

III.—TANGUAY, JEAN-BTE, [RENÉ II.
b 1748.
CADRIN, Marguerite, [PIERRE II.
b 1745.
Marguerite, b 4 5 dec. 1772; m 4 13 janvier 1789, à Abraham JACQUES.— *Marie-Renée*, b 4 13 déc. 1773.— *Marthe*, b 4 18 dec. 1773; s 4 5 mars 1774. — *Jean-Baptiste*, b 4 21 avril 1775; s 4 21 mai 1777. — *Jean*, b 4 9 février 1778; s 4 3 juin 1784. — *Michel*, b 4 29 sept. et s 4 4 oct. 1779 — *Barbe*, b 4 8 dec. 1780; s 4 28 avril 1781.

1778, (19 janvier) St-Michel. 2

IV.—TANGUAY, MICHEL, [JEAN-BTE III.
b 1757.
DAGNEAU, Marie-Louise, [JEAN III
b 1755.
Michel, b 2 6 nov. 1778; m 16 juillet 1805, à

(1) Célibataire, vivant en 1889.

Marie-Geneviève VIEN, à Beaumont. — *Marie-Louise*, b [2] 21 juin 1780. — *Augustin*, b [2] 9 oct. 1782, s [2] 22 mai 1784.—*Jean-Baptiste*, b [2] 16 juin 1784.—*Joseph-Marie*, b [2] 20 mars 1788.

1786.

III.—TANGUAY, ANDRÉ, [ANDRÉ II.
b 1749.
MARCOU, Anne, [JEAN-FRANÇOIS IV.
b 1766.
Basile-Urbain, b 1794; s 4 fevrier 1795, à Berthier.

IV.—TANGUAY, JOS.-MARIE, [JOS.-MARIE III.
b 1759.
LABRECQUE, Marie-Anne,
b 1775, s 17 nov. 1811, à Beaumont.

1805, (16 juillet) Beaumont.

V.—TANGUAY, MICHEL, [MICHEL IV.
b 1778.
JEAN-VIEN, Marie-Victoire. [LOUIS V.

1816, (28 mai) Québec. [1]

IV.—TANGUAY, PIERRE, [JEAN-MARIE III.
b 1792; s 8 janvier 1846, à Lotbinière.
BARTHELL, Reine (1), [ANTOINE I.
s 14 janvier 1848, à St-Raymond, comté de Portneuf.
Honoré, b [1] 29 avril 1817; 1° m [1] 9 janvier 1838, à Elisabeth BONNEAU; 2° m [1] 13 janvier 1842, à Suzanne BOYLE; 3° m 10 fevrier 1852, à Marie PIGGOTT, à St-Louis, Mo.; s 29 mai 1862, à la Nouvelle-Orléans. — *Georges*, b [1] 4 juin 1818; s 1845, à Calcutta.—*Cyprien* (2), b [1] 15 sept. 1819; ordonné [1] 14 mai 1843. — *Antoinette-Liduvine*, b [1] 13 juin 1823; religieuse dite sœur Ste. Thérèse, du Bon Pasteur de Québec.

1838, (9 janvier) Québec. [2]

V.—TANGUAY, HONORÉ, [PIERRE IV.
b 1817; s 29 mai 1862, à la Nouvelle-Orleans.
1° BONNEAU, Elisabeth, [PIERRE.
b 1822, s 7 juin 1841, à St-Pierre, I. O.
1842, (13 janvier). [2]
2° BOYLE, Suzanne,
b 1826, à Londonderry, Irlande; s 19 nov. 1850, à Valcartier.
Almédine, b [2] 5 nov. et s [2] 15 dec. 1842.—*Marie-Léda*, b [2] 2 nov. 1843; religieuse, dite sœur Ste. Madeleine de Pazzie. — *Marie-Rodolphe*, b [2] 14 août 1845; m 10 avril 1866, à Ursule COTE, à Levis; s [2] 17 mars 1874.
1852, (15 février) St-Louis, Mo. [3]
3° PIGGOTT, Marie, b 1826; fille de Guillaume (medecin de St-Louis, Mo.); s 18 février 1856, à Jacksonport, Arkansas.
Guillaume-Henri-Cyprien, b [3] 1er déc. 1852; s 31 mars 1886, à San-José, comte Santa-Clara, Californie. — *Georges-Oscar*, b [3] 20 fevrier 1854.

(1) Petite-fille d'Antoine et d'Angelique Poll, de Sevenhagen, Hesse de Cassell, Allemagne.
(2) Auteur du *Dictionnaire Généalogique des familles canadiennes*. Pour récompenser ses travaux, Sa Sainteté Léon XIII a daigné le nommer Camérier secret.

1866, (10 avril) Lévis.

VI.—TANGUAY, MARIE-RODOLPHE, [HONORÉ V.
b 1845; avocat; s 17 mars 1874, à Québec.
COTÉ, Ursule, [ABEL VII.
b 1848.

TANGUY ET TANNE-GUI (1).

TANON.—Voy. TALON.

1737, (2 sept.) Québec. [1]

I.—TANQUEREY, GEORGES, fils de Pierre et de Françoise LeGendre, de St-Malo, Basse-Bretagne.
MORAND (2), Marguerite, [JEAN II.
b 1715.
Marie-Elisabeth, b [1] 7 août 1739. — *Marie-Angélique*, b [1] 2 août 1740. — *Georges*, b [1] 10 nov. 1741.

I.—TANSWELL (3), JACQUES,
de Londres, Angleterre.
BLACKLOCK, Anne,
b 1740; de Londres, Angleterre; s 28 mai 1797, à Quebec. [4]
Thomas-Joseph, b... m [4] 7 mars 1791, à Marie-Rosalie COLARD.—*Charles*, b [4] 18 nov. 1778.

1791, (7 mars) Quebec.

II.—TANSWELL (4), THOMAS-JOS. [JACQUES I.
COLARD, Marie-Rosalie. [JOSEPH I.

TAPHORIN.—*Surnoms:* MIGNERAND et MIGNERON—MILLERAND.

1729, (23 nov.) Lorette. [6]

I.—TAPHORIN (5), GUILLAUME, fils de Jean et de Jeanne Merigon, de Meilleran, diocèse de Poitiers, Poitou.
ROUTIER, Louise, [CHARLES-MARIE II.
b 1701; veuve de Michel Bonhomme; s 5 mai 1756, à Québec. [7]
Marie-Louise, b [6] 18 déc. 1730.—*Marie*, b... 1° m [7] 20 sept. 1753, à Hilarion LANDRY; 2° m [7] 15 fevrier 1762, à Louis CHARLAN.—*Joseph*, b [7] 19 sept. 1732; s [7] 30 sept. 1733. — *Jean-Baptiste*, b [7] 22 nov. 1734; m 8 fevrier 1762, à Marie-Thérèse PARANT, à Beauport.—*Marie-Joseph*, b [7] 9 sept. 1736.—*Marie-Louise*, b [7] 19 avril 1739. — *Marie-Angélique*, b [7] 23 mars 1741.—*Nicolas*, b [7] 6 dec. 1742.

(1) Aujourd'hui Tanguay, était le nom personnel de l'ancienne famille bretonne DuChastel. Les racines de ce nom sont Tanc (réflexion) et whit (homme): Homme de réflexion. Un membre de cette famille, maréchal de Guienne et prevost de Paris, en 1413, sauva le dauphin Charles VII des mains des Bourguignons, en 1416. En sauvant ce prince, il sauvait la monarchie française. Charles VII le combla de biens et de dignités. Il était âgé de quatre-vingts ans lorsqu'il mourut, en 1449. (Voir les *Biographes universelles.*)
(2) Elle épouse, le 31 mai 1756, Jean-Joseph Hecker, à Québec.
(3) Maitre de langues.
(4) Professeur, maitre de l'Académie de Québec.
(5) Dit Millerand, 1730.

1762, (8 février) Beauport. [8]

II.—TAPHORIN (1), JEAN-BTE, [GUILLAUME I.
b 1734.
PARANT, Marie-Thérèse, [JACQUES-JOSEPH III.
b 1743.
Jean-Baptiste, b [8] 5 dec. 1762.—*Marie-Joseph,* b [8] 26 juillet 1764.

1698, (4 nov.) Pte-aux-Trembles, Q. [1]

II.—TAPIN (2), RENÉ, [ANTOINE I.
b 1677, s [1] 2 avril 1714.
LORIOT, Marie-Louise, [JEAN I.
b 1678.
Jean-Baptiste, b [1] 17 avril 1706; m 29 janvier 1731, à Marie FRÉCHET, à Charlesbourg.—*Marie-Charlotte* (posthume), b [1] 13 mai 1714; m 20 janvier 1738, à François VERMET, à St-Augustin.

1705, (17 juin) Pte-aux-Trembles, Q.

II.—TAPIN, JEAN, [ANTOINE I.
b 1679.
BÉRARD, Geneviève, [GABRIEL I.
b 1683.

1730, (1er dec.) Québec. [2]

III.—TAPIN, JOSEPH, [RENÉ II.
b 1708; s [2] 7 janvier 1731.
SEVIGNY (3), Marie-Jeanne, [JULIEN-CHARLES I.
b 1703.
Louis-Joseph (posthume), b [2] 7 sept. 1731; m 14 fevrier 1752, à Marie-Anne GOULET, à la Pte-aux-Trembles, Q.

1731, (29 janvier) Charlesbourg.

III.—TAPIN, JEAN-BTE, [RENÉ II.
b 1706.
FRÉCHET, Marie, [JACQUES II.
b 1706.
Marie-Joseph, b 15 nov. et s 7 déc. 1731, à St-Augustin. [4] — *Marie-Geneviève,* b [4] 18 sept. 1733; m 1758, à Michel GINGRAS.—*Angélique,* b [4] 17 sept. 1735; m 27 nov. 1752, à François HENRY, à Quebec [5]; s [5] 13 avril 1754.—*Jean-Baptiste,* b [4] 15 avril 1737; s [4] 17 mai 1794.—*Marie-Charlotte,* b 5 mars 1739, à la Pte-aux-Trembles, Q.—*Marie-Joseph,* b [4] 7 fevrier 1741; 1° m [4] 27 janvier 1772, à Jean-Nicolas JULIEN; 2° m [4] 29 août 1791, à Jean-Baptiste McCARTHY; 3° m à Jonathan HART; s [5] 12 juillet 1830.—*Augustin,* b [4] 9 oct. 1742; s [4] 16 mai 1744.—*Louis,* b [4] 17 mars 1745.—*Marie-Rose,* b 1746; 1° m à Antoine MONTMINY; 2° m [5] 31 janvier 1792, à Ambroise McCARTHY.

1752, (14 fevrier) Pte-aux-Trembles, Q. [6]

IV.—TAPIN, LOUIS-JOSEPH, [JOSEPH III.
b 1731.
GOULET, Marie-Anne, [JOSEPH III.
b 1727.
Jean-Baptiste, b [6] 8 mai 1757.—*Charles,* b [6] 24 mars 1761.—*François,* b [6] 15 nov. 1763; s [6] 16 janvier 1774.

(1) Dit Mignerand.
(2) Voy. vol. I, p. 559.
(3) Elle épouse, le 17 février 1734, André Blaise, à la Pte-aux-Trembles, Q.

1782.

TAPIN, JOSEPH.
MOISAN, Esther.
Elisabeth, b 8 mars 1783, à St-Augustin. [7] — *Louis,* b [7] 26 août 1784.—*François-Xavier,* b [7] 3 dec. 1786.—*Etienne,* b [7] 25 février 1789.—*Augustin,* b [7] 16 août 1793.

1785.

TAPIN, LOUIS.
ROGNON, Françoise.
Nicolas, b 10 sept. 1786, à St-Augustin.

TARA.—*Variation :* THARA.

1759, (5 fevrier) Trois-Rivières.

I.—TARA (1), ANTOINE, sergent; fils d'Hyacinthe et d'Anne Mangin.
CHAPUT, Suzanne, [JEAN-BTE II.
veuve d'Antoine Herard.

I.—TARBEL, THOMAS.
WOODS, Elisabeth.
Sara (2), nee 9 oct. 1693, à Grosen, Nouvelle-Angleterre; b 23 juillet 1708, à Montreal

TARDIF.—*Variations :* LETARDIF—TARDY.

1637, (3 nov.) Québec. [4]

I.—TARDIF (3), OLIVIER, b 1601, commis, de St-Briage, Bretagne; s 28 janvier 1665, au Château-Richer.
1° COUILLARD, Louise, [GUILLAUME I.
b 1625, s [4] 23 nov. 1641.
1648.
2° AYMART, Barbe. [JEAN I.

1669, (6 oct.) Quebec [6]

I.—TARDIF (4), JACQUES.
b 1644; s 13 nov. 1724, à Beauport. [7]
D'ORANGE, Barbe,
b 1647; s [7] 15 sept. 1717.
Michel, b [7] 19 juillet 1671; 1° m [7] 27 fevrier 1696, à Catherine L'ESPINAY; 2° m [7] 1er sept. 1710, à Catherine TOUCHET; 3° m à Marie BELISLE; s [7] 30 nov. 1730.

1679.

II.—TARDIF (3), GUILLAUME, [OLIVIER I.
b 1656.
1° MOREL, Louise.
François, b 26 oct. 1682, à Québec, m 22 nov. 1714, à Geneviève GIROUX, à Beauport [8], s [8] 1 janvier 1752.
1687, (28 avril) L'Ange-Gardien [9]
2° GAUDIN, Marguerite, [CHARLES I.
b 1665.
Joseph, b [9] 28 juin 1696, m [9] 7 nov 1718, à Marguerite LETARTRE; s [9] 23 juin 1763.

(1) Et Thara.
(2) Prise par les Abénaquis le 20 juin 1707, rachetée au Canada, et demeure chez les Sœurs de la Congrégation Notre-Dame.
(3) Voy. vol. I, p. 559.
(4) Voy. vol. I, p. 560.

1696, (27 fevrier) Beauport.[1]

I.—TARDIF (1), MICHEL, [JACQUES I.
b 1671 ; s[1] 30 nov. 1730.

1° LEPINAY, Catherine, [JEAN I.
s[1] 14 dec. 1709.

René, b[1] 17 mars 1699 ; m 27 juillet 1723, à Marie-Françoise TESSIER, à Charlesbourg.[2] — *Madeleine*, b[1] 5 fevrier 1706 ; m[1] 13 juin 1728, à Charles GRENIER ; s[1] 28 nov. 1749.—*Noel-Michel*, b[1] 25 janvier 1708 ; m[1] 4 avril 1731, à Marie-Jeanne VÉSINA ; s[1] 12 mars 1769.

1710, (1er sept.)[1]

2° TOUCHET, Catherine, [SIMON II.
b 1685.

Jeanne-Catherine, b[1] 31 déc. 1712, m[1] 15 janvier 1731, à Paul BÉLANGER ; s[1] 18 mai 1733.—*Michel*, b[1] 15 fevrier 1718 ; s 15 oct. 1755, à Montreal.—*Marie-Joseph*, b[1] 20 mars 1720 ; m[2] 16 mai 1740, à Jean-Baptiste BERGEVIN.

3° BELISLE, Marie.
b 1687, s[1] 20 fevrier 1727.

1712, (22 nov.) Beauport.[3]

II.—TARDIF, FRANÇOIS, [GUILLAUME II.
b 1682 ; s[3] 5 janvier 1752.

GIROUX, Geneviève, [MICHEL II.
b 1693 ; s[3] 12 janvier 1743.

François, b[3] 13 août 1713 ; m 26 sept. 1735, à Madeleine BÉLANGER, à L'Ange-Gardien.[4] — *Louise-Geneviève*, b[3] 22 août 1715 ; m[3] 8 sept. 1749, à Claude LAMARRE. — *Marguerite*, b[3] 20 juillet 1717 ; m[3] 11 mai 1750, à Joseph FAGOT. — *Geneviève*, b[3] 6 février 1719.—*Louis*, b[4] 6 nov. 1720—*Marie-Ursule*, b[3] 13 avril 1723 ; m[3] 1er oct. 1742, à Ange BINET.—*Marie-Elisabeth*, b[3] 4 février 1725 ; m[3] 26 avril 1751, à François TIRIOT. —*Françoise-Catherine*, b[3] 10 mars 1727 ; m[3] 22 nov. 1751, à Jacques GUILLOT.—*Pierre*, b[3] 6 février 1729 ; s[3] 23 mai 1733.—*Marie-Angélique*, b[3] 27 fevrier et s[3] 5 juin 1731. — *François-Henri*, b[3] 6 avril 1732 ; s[3] 31 mai 1733.—*Pierre*, b[3] 16 juin 1734 ; 1° m 2 fevrier 1761, à Marguerite MORIN, à Lorette[5] ; 2° m[5] 22 oct. 1764, à Marie-Joseph MARET.

1716, (17 fevrier) L'Ange-Gardien.[6]

II.—TARDIF, CHARLES, [GUILLAUME II.
b 1688, s 7 mars 1740, à Kamouraska.[7]

LEROY (2), Geneviève, [PIERRE II.
b 1697.

Jean, b 30 déc. 1716, à Charlesbourg, m[7] 18 février 1738, à Helène OUELLET. — *Marie-Geneviève*, b... m[7] 10 janvier 1735, à Jean OUELLET.—*Marie-Anne*, b 1720, 1° m[7] 29 fevrier 1740, à François PARADIS, 2° m[7] 2 juillet 1770, à François LIORET.—*Angélique*, b 1724, m[6] 8 fevrier 1745, à Nicolas LETARTRE, s[6] 25 août 1764.—*Marie-Joseph*, b... m[7] 24 juillet 1747, à Jean OUELLET. —*Jeanne-Placide*, b... m 1750, à Barthelemi OUELLET.—*Charles-François*, b[7] 24 avril 1729 ; m[7] 7 nov. 1752, à Anne OUELLET.—*Joseph-Marie*, b[7] 28 avril 1731 ; m 14 avril 1755, à Madeleine OUVRARD, à Lorette.—*Marie-Madeleine*, b[7] 24 mai 1733 ; 1° m 1751, à Jean-Baptiste BÉCHARD ; 2° m[7] 6 mai 1753, à Joseph OUELLET ; 3° m[7] 10 nov. 1760, à Jean-Baptiste PELLETIER.—*Marguerite-Apolline*, b[7] 10 fevrier 1735 ; m[7] 13 janvier 1761, à Andre LAFORGE. — *Jean-Roch*, b[7] 25 juillet 1736 ; m 21 juillet 1766, à Marie-Louise GRENIER, à Beauport.—*Etienne*, b[7] 20 janvier 1739 ; 1° m[7] 16 janvier 1758, à Marie-Rosalie HAYOT ; 2° m[7] 6 fevrier 1764, à Marie-Catherine NADEAU.

(1) Voy. vol I, p. 560.

(2) Elle épouse, le 29 juillet 1743, Pierre Aubois, à Kamouraska.

1718, (7 nov.) L'Ange-Gardien.[8]

III.—TARDIF, JOSEPH, [GUILLAUME II.
b 1696 ; s[8] 23 juin 1763.

LETARTRE, Marguerite, [CHARLES II.
b 1702 ; s 23 mai 1769, à Ste-Foye.

1722, (16 nov.) L'Ange-Gardien.

III.—TARDIF, PIERRE, [GUILLAUME II.
b 1698.

BLOUIN, Geneviève, [MÉDÉRIC I.
b 1693 ; veuve de Jean Letartre.

Pierre, b 21 nov. 1723, à Ste-Foye.[1]—*Eustache*, b[1] 9 mai 1725.—*Guillaume*, b 1726 ; m 17 nov. 1749, à Marie-Louise GUAY, à Levis.[2]—*Pierre*, b[1] 20 mars 1729.—*Marie-Louise*, b[1] 31 mai 1730 ; m[2] 9 fevrier 1750, à Antoine NADEAU.—*Angélique*, b... m[2] 29 janvier 1753, à Michel GUAY.—*Pierre*, b[1] 20 nov. 1733.—*Pierre-Jean*, b[1] 27 août et s[1] 11 oct. 1734.—*Pierre-Jean*, b[1] 27 dec. 1734, m[2] 24 janvier 1763, à Marie-Geneviève GUAY.—*Marguerite*, b... m à Joseph FAGOT.

1723, (27 juillet) Charlesbourg.

III.—TARDIF, RENÉ, [MICHEL II.
b 1699.

TESSIER, Marie-Françoise, [MATHIEU I.
b 1696 ; veuve de Jean Paradis.

TARDIF, BARBE, b 1723 ; s 20 avril 1760, à Beauport.

1731, (4 avril) Beauport.[9]

III.—TARDIF, NOEL-MICHEL, [MICHEL II.
b 1708 ; s[9] 12 mars 1769.

VÉSINA, Marie-Jeanne, [NICOLAS III.
b 1714 ; s[9] 17 sept. 1757.

Michel, b[9] 1er mai 1732, m[9] 21 nov. 1763, à Marie-Madeleine GIROUX.—*François-Noel*, b[9] 20 fevrier 1734.—*Marie-Anne*, b[9] 31 mai 1736 ; m[9] 21 nov. 1763, à Noel GIROUX. — *Ignace*, b[9] 16 juin 1738 ; m 9 janvier 1764, à Marie-Thérèse LEGRIS, à Quebec. — *Vincent*, b[9] 24 oct. 1741.—*Joseph-Alexis*, b[9] 30 juillet 1744.—*Jean-Baptiste*, b[9] 23 juin 1747 ; s[9] 6 oct. 1749. — *Jean-Baptiste*, b[9] 24 dec. 1749.—*Marie-Louise*, b[9] 27 juin 1752.

1735, (29 août) Québec.[8]

I.—TARDIF, JEAN, fils de Rene et de Marie Pichon, de St-Nicolas, ville de LaRochelle, Aunis.

PALIN (1), Madeleine, [MATHURIN I.
b 1712 ; veuve de Jean-Baptiste Rivet.

(1) Elle épouse, le 6 oct. 1742, Sébastien Nolet, à Québec.

Jean-Baptiste, b [8] 24 mai 1736; 1° m [8] 31 mars 1761, à Marie-Anne Marin; 2° m 22 nov. 1774, à Marie-Joseph Pleau, aux Ecureuils. — *Suzanne*, b [8] 26 mars 1738; m 6 avril 1761, à Pierre Marchand, à Montreal.

1735, (26 sept.) L'Ange-Gardien. [8]

IV.—TARDIF, François, [François III.
b 1713.

Bélanger, Madeleine, [Charles IV.
b 1717.

François, b [8] 31 mai 1736; m 15 janvier 1759, à Angélique Boivin, à St-Augustin. — *Michel*, b 22 et s 28 avril 1737, à Beauport. — *Marie-Madeleine*, b 5 avril 1738, à Lorette [9]; m [9] 7 fevrier 1757, à François Guichard. — *Marie-Geneviève*, b [9] 16 janvier 1740; m [9] 2 fevrier 1761, à Joseph Delhornais. — *Marie-Marguerite*, b [9] 4 juin 1742; m [9] 17 oct. 1763, à Michel Brousseau. — *Marie-Louise*, b [9] 31 mars 1744, m [9] 20 fevrier 1764, à Gabriel Brousseau. — *Marie-Thérèse*, b [9] 22 oct. 1747; s [9] 23 sept. 1748. — *Marie-Félicité*, b [9] 20 sept. 1749; m 1770, à Louis-Joseph Laberge.—*Jean-Baptiste*, b [9] 5 et s [9] 28 juin 1751.—*Marie-Elisabeth*, b [9] 21 juillet et s [9] 3 août 1753 — *Guillaume*, b [9] 10 oct. 1754. — *Pierre*, b [9] 22 nov. 1756 —*Elisabeth*, b [9] 2 sept. et s [9] 15 oct. 1758.

1738, (18 fevrier) Kamouraska.

IV.—TARDIF, Jean, [Charles III.
b 1716.

Ouellet, Helène. [Mathurin-René II.

1749, (17 nov.) Lévis. [8]

IV.—TARDIF, Guillaume, [Pierre III.
b 1726.

Guay, Marie-Louise, [Ignace III.
b 1734.

Pierre, b [8] 29 mars 1751. — *Charlotte*, b [8] 21 déc. 1752; s [8] 21 janvier 1753.—*Marie-Louise*, b [8] 17 dec. 1753; s [8] 4 fevrier 1754. — *Marie-Geneviève*, b [8] 2 déc. 1756; s [8] 4 fevrier 1760. — *Guillaume*, b [8] 21 janvier 1759; m 28 avril 1801, à Johanna Cophné, à St-Charles, Mo. — *François*, b [8] 12 avril 1761. — *Marie-Geneviève*, b [8] 26 août 1764.

1752, (7 nov.) Kamouraska. [7]

IV.—TARDIF, Chs-François, [Charles III.
b 1729.

Ouellet, Anne, [Augustin III.
b 1729.

Jacques, b [7] 27 sept. 1754. — *Jean-Baptiste*, b [7] 25 nov. 1755; m [7] 27 janvier 1777, à Marie-Anne Dubé.—*Marie-Hélène*, b [7] 8 juin 1757. — *Antoine*, b 1759; m 31 juillet 1780, à Ursule Miville, à la Rivière-Ouelle. — *Jean-François*, b [7] 19 juillet 1761; s [7] 27 mai 1762.—*Marie-Anne*, b [7] 31 août 1763. — *Marie-Rose*, b [7] 12 août 1765.— *Marguerite*, b [7] 19 oct. 1767.—*Jean-Raphael*, b [7] 24 août 1769.

1755, (14 avril) Lorette [3]

IV.—TARDIF, Joseph-Marie, [Charles III.
b 1731.

Ouvrard, Madeleine. [Antoine II.

Marie-Barbe, b [3] 31 août 1756. — *Joseph*, b 2. février 1759, à St-Augustin. [4]—*Joseph*, b [4] 23 juin 1760. — *Louise-Madeleine*, b [4] 5 fevrier 1762. — *Prisque*, b... m [4] 25 janvier 1790, à Françoise Fiset.

1758, (16 janvier) Kamouraska [6]

IV.—TARDIF, Etienne, [Charles III
b 1739.

1° Hayot, Marie-Rosalie, [Guillaume IV
b 1732; s [6] 17 mai 1763.

Marie-Geneviève, b [6] 15 février 1761, s [6] 31 mars 1763.—*Marie-Rosalie*, b [6] 20 fevrier et s [6] 8 juin 1763.

1764, (6 février). [6]

2° Nadeau, Marie-Catherine, [Alexis III
b 1732.

Joseph, b [6] 27 oct. 1764.—*Marie-Catherine*, b [6] 1er nov. 1765. — *Etienne*, b [6] 12 janvier 1767 — *Euphrosine*, b [6] 11 sept. 1768, s [6] 26 juillet 1770 —*Marie-Anne*, b [6] 8 avril 1770. — *Alexandre*, b [6] 22 sept. 1771.

1759, (15 janvier) St-Augustin. [1]

V.—TARDIF, François, [François IV
b 1736.

Boivin, Marie-Angélique, [Jean-Marie III
b 1740, s [1] 25 oct. 1794.

Marie-Angélique, b 6 dec. 1759, à la Pte-aux-Trembles, Q. [2] — *Marie-Madeleine*, b [1] 16 mars 1761; m 1779, à Louis-Eustache Chantal — *François*, b [1] 16 mai 1762; m [1] 13 fevrier 1786 à Marie-Charlotte Verret. — *Michel*, b 1764, m 12 août 1794, à Marie Alard, à Quebec [3]— *Charles*, b 1767; m [3] 10 fevrier 1795, à Marie-Angelique Griau. — *Marie-Agathe*, b [2] 2 dec 1773.

1761, (2 fevrier) Lorette [7]

IV.—TARDIF, Pierre, [François III
b 1734.

1° Morin, Marguerite, [Pierre II
b 1738; s [7] 8 mars 1764.

Joseph, b [7] et s [7] 14 fevrier 1762.— *Marie-Marguerite*, b [7] 10 mars 1763; s [7] 17 avril 1765.

1764, (22 oct.) [7]

2° Maret, Marie-Joseph, [Charles II
b 1726; veuve de Pierre Morin.

1761, (31 mars) Quebec. [1]

II.—TARDIF, Jean-Bte, [Jean I
b 1736; navigateur.

1° Marin, Marie-Anne, [Joseph I
b 1738; s [1] 28 juillet 1774.

Marie-Louise, b [1] 8 sept. 1762. —*Jean-Baptiste*, b [1] 27 janvier 1764; m [1] 23 juin 1789, à Catherine Georget.

1774, (22 nov.) Ecureuils. [2]

2° Pleau, Marie-Joseph, [Jean-Bte III
b 1753.

Jean-Baptiste, b... m [1] 7 nov. 1797, à Marie-Charlotte Derome.—*Alexis*, b [2] 6 août 1782.

1763, (24 janvier) Lévis. [1]
IV.—TARDIF, PIERRE-JEAN, [PIERRE III.
b 1734.
GUAY, Marie-Geneviève, [IGNACE III.
b 1741.
Pierre, b [1] 22 nov. 1763. — *Geneviève*, b [1] 24 mars 1765.

1763, (21 nov.) Beauport (1).
IV.—TARDIF, MICHEL, [NOEL-MICHEL III.
b 1732.
GIROUX, Marie-Madeleine. [NOEL IV.

1764, (9 janvier) Québec. [1]
IV—TARDIF, IGNACE, [NOEL-MICHEL III.
b 1738.
LEGRIS, Marie-Thérèse, [ADRIEN II.
b 1744 ; s [1] 18 mars 1777.

1766, (21 juillet) Beauport.
IV.—TARDIF, JEAN-ROCH, [CHARLES III.
b 1736.
GRENIER, Marie-Louise, [PIERRE III.
b 1738.

1777.
TARDIF, JOSEPH.
ALAIN, Marguerite.
Marie-Marguerite, b 2 août 1778, à Ste-Foye. —*Marguerite*, b 1779, s 12 fevrier 1784, à St-Augustin [4] — *Joseph*, b [4] 9 août 1783 ; m 6 juillet 1813, à Olivette FISET, à Quebec.—*René*, b [4] 10 nov. 1786.

1777, (27 janvier) Kamouraska.
V—TARDIF, JEAN-BTE, [CHARLES-FRANÇOIS IV.
b 1755.
DUBE, Marie-Anne, [JEAN IV.
b 1753.

1780, (31 juillet) Rivière-Ouelle.
V.—TARDIF, ANTOINE, [CHARLES-FRANÇOIS IV.
b 1759.
MIVILLE, Ursule, [JEAN-FRANÇOIS V.
b 1750.

1780.
TARDIF, LOUIS.
OUVRARD, Elisabeth.
Marie-Madeleine, b 21 janvier 1781, à St-Augustin. [9] — *Angélique*, b [9] 22 fevrier 1782.—*Paul*, b [9] 17 juillet 1783.—*Prisque*, b [9] 9 février 1785. —*Marie-Anne*, b [9] 29 oct. 1786.—*Paul*, b [9] 24 mars 1788.—*Nicolas*, b [9] 9 août 1790.

1780.
TARDIF, PIERRE.
MOISAN, Marie-Charlotte.
Marie-Joseph, b 7 sept. 1781, à Ste-Foye.

(1) Rehabilité le 7 déc. 1767, avec dispense du 4e au 4e degré

1786, (13 février) St-Augustin. [8]
VI.—TARDIF, FRANÇOIS, [FRANÇOIS V.
b 1762.
VERRET, Marie-Charlotte, [YVES.
b 1761.
François, b [8] 3 février 1787.—*Augustin*, b 1789 ; s [8] 3 mai 1794.—*Joseph*, b [8] 7 fevrier 1790.—*Basile*, b [8] 20 avril 1792. — *Théotiste*, b [8] 29 mars 1794.

1789, (23 juin) Québec.
III —TARDIF, JEAN-BTE, [JEAN-BTE II.
b 1764.
GEORGET-TRANQUILLE, Catherine. [LOUIS.

1790, (25 janvier) St-Augustin.
V.—TARDIF, PRISQUE. [JOSEPH-MARIE IV.
FISET, Françoise. [JOSEPH III.

1794, (12 août) Québec.
VI.—TARDIF, MICHEL, [FRANÇOIS V.
b 1764.
ALARD, Marie. [JEAN.

1795, (10 fevrier) Québec.
VI.—TARDIF, CHARLES, [FRANÇOIS V.
b 1767.
GRIAU, Marie-Angélique,
veuve de Charles Bouchard.

1797, (7 nov.) Quebec.
III.—TARDIF, JEAN-BTE. [JEAN-BTE II.
DEROME, Marie-Charlotte. [JOSEPH.

1801, (28 avril) St-Charles, Mo.
V.—TARDIF, GUILLAUME, [GUILLAUME IV.
b 1759.
COPHNÉ. Johanna, veuve de Jean Hennerai; fille de Guillaume et de Marie Still, d'Irlande.

1813, (6 juillet) Québec.
TARDIF, JOSEPH, [JOSEPH.
b 1783.
FISET, Olivette. [PIERRE.

TARDY.—Voy. TARDIF.

TAREAU.—Voy. SAREAU.

I.—TAREAU, RENÉ, b 1657; s 18 février 1729, à Montreal.

TARIEU.—*Variation et surnoms :* TARRIEU — DE LA NAUDIÈRE — DE LA NOUGUÈRE— DE LA PERADE—DE LA PEYRADE.

1672, (16 oct.) Québec. [1]
I.—TARIEU (1), THOMAS, b 1644 ; fils de Jean et de Jeanne DeSamalins, de N.-D.-de-Mirande, diocèse d'Auch, Guienne.
DENIS (2), Marguerite, [PIERRE II.
b 1657.
Pierre-Thomas, b [1] 12 nov. 1677 ; m 1706, à Marie-Madeleine JARRET ; s 26 janvier 1757, à Ste-Anne-de-la-Pérade.

1706.
II.—TARIEU (3), PIERRE-THOMAS, [THOMAS I.
b 1677 ; s 26 janvier 1757, à Ste-Anne-de-la-Pérade. [7]
JARRET (4), Marie-Madeleine, [FRANÇOIS I.
b 1678 ; s [7] 8 août 1747.
Marguerite-Marie-Anne, b [7] 3 juillet 1707 (5) ; 1° m 17 oct. 1727, à Richard TÊTU, à Québec [8] ; 2° m [8] 7 oct. 1743, à Antoine COULON.— *Charles-François,* b [7] 4 nov. 1710 ; 1° m [8] 6 janvier 1743, à Louise-Geneviève DESCHAMPS DE BOISHÉBERT, 2° m 12 janvier 1764, à Marie-Catherine LEMOINE, à Montréal. — *Louis-Joseph,* b [7] 15 août 1714. — *Marie-Madeleine,* b [7] 19 et s [7] 20 nov. 1717 — *Jean-Baptiste-Léon,* b [7] 5 mai 1720, m 1749, à Marie BERTRAND.— *Marie-Anne,* b... m [7] 12 mars 1752, à Jean-François GAUTIER.

1743, (6 janvier) Québec. [9]
III.—TARIEU (6), CHS-FRS, [PIERRE-THOMAS II.
b 1710.
1° DESCHAMPS (7), Lse-Geneviève, [LS-HENRI II.
b 1725 ; s [9] (dans l'eglise des Ursulines) 5 juillet 1762.
Charles-Louis, b [9] 15 oct. 1743 ; m 10 avril 1769, à Elisabeth-Louise DE LA CORNE, à Montréal [8] ; s [9] 5 oct. 1811.—*Nicolas-Antoine,* b [9] 25 avril et s [9] 13 mai 1745.— *Thomas,* b [9] 3 et s [9] 19 mai 1746.—*Roch,* b [9] 26 juin et s [9] 13 août 1747. — *Roch,* b [9] 4 juillet et s [9] 26 sept. 1752. — *Anonyme,* b [9] et s [9] 3 août 1753. — *Anonyme,* b [9] et s [9] 25 juillet 1758.
1764, (12 janvier). [8]
2° LEMOINE (8), Marie-Catherine, [CHARLES III.
b 1734 ; s [9] 16 avril 1788.
Agathe, b et s 7 avril 1766, à Ste-Foye. [4]— *Catherine,* b... m [9] 28 janvier 1786, à Ignace AUBERT. — *Marie-Anne,* b... m [9] 27 fevrier 1786, à François BABY. — *Gaspard,* b... m 1792, à Suzanne-Antoinette MARGANNE.—*Pierre-Charles,* b [4] et s [4] 10 juillet 1773. — *Antoine-Ovide,* b... m [9] 18 dec. 1807, à Josephine DESTIMAUVILLE.

(1) Voy. De la Nouguère, vol. I, p. 169.
(2) Elle épouse, le 9 juillet 1708, Jacques-Alexis Fleury, à Ste-Anne-de-la-Pérade.
(3) Sieur de la Pérade, lieutenant des troupes, seigneur de Ste-Anne ; il signe le 7 sept. 1742, à Ste-Anne-de-la-Pérade.
(4) DeVerchères.
(5) Cet acte se trouve au registre de 1710.
(6) Sieur de la Pérade, de la Nouguère—lieutenant des troupes, 1744—Chevalier de St. Louis — Membre du conseil legislatif—Seigneur de St-Valier, de St-Pierre-les-Becquets, etc.—capitaine d'infanterie.
(7) De Boishébert.
(8) De Longueuil—sœur des dames de Verchères, de Germain, Muzières de Maisoncelle.

1749.
III.—TARIEU (1), J.-BTE-LÉON, [PIERRE-THS II
b 1720.
BERTRAND, Marie.
Marie-Antoinette, b 27 mars 1750, à Montréal.

1769, (10 avril) Montréal.
IV.—TARIEU (2), CHS-LOUIS, [CHS-FRS III
b 1743 ; s (dans l'eglise) 5 oct. 1811, à Quebec. [2]
DE LA CORNE, Elisabeth-Louise, [LOUIS II
b 1744 ; s [2] (dans l'église) 1er avril 1817.
Marie-Elisabeth, b [2] 7 oct. 1777.

1792.
IV.—TARIEU, GASPARD. [CHARLES-FRS III
MARGANNE, Suzanne-Antoinette. [PIERRE IV

1807, (18 déc.) Quebec.
IV.—TARIEU, ANTOINE-OVIDE. [CHS-FRS III
D'ESTIMAUVILLE, Josephine. [JEAN-BTE-CHS I.

TARIEU, PIERRE-PAUL.
GORDON, Véronique.
Charles-Gaspard, b... m 21 avril 1846, à Julie-Artemise TACHÉ, à Kamouraska.

1846, (21 avril) Kamouraska.
TARIEU (3), CHARLES-GASPARD. [PIERRE-PAUL
TACHÉ, Julie-Artemise, [PASCHAL VI
b 1822.

TARNOIRE.—Voy. TERRENOIRE.

TARRIEU.—Voy. TARIEU.

TARTE.—Voy. TARTRE.

TARTRE.— *Variation et surnom :* TARTE—LARIVIÈRE.

1698, (3 oct.) Montreal. [3]
I.—TARTRE (4), GUILLAUME,
b 1663 ; soldat ; s [3] 6 mars 1743.
ACHIN, Barbe, [ANDRE I
b 1676.
Marie-Anne, b [3] 22 juillet 1699 ; m [3] 12 juillet 1726, à Paul DESFORGES. — *François,* b [3] 24 sept 1700 ; m [3] 7 juillet 1744, à Marie-Charlotte DIONET —*Marie-Charlotte,* b [4] 29 dec. 1702 ; s [3] 17 avril 1703.—*Marie-Barbe,* b [4] 29 juillet 1704. —*Jean-Baptiste,* b [3] 24 fevrier 1706 ; m 3 fevrier 1728, à Marguerite FRÉTÉ, à St-Laurent, M. —*Jean-Marie,* b [3] 15 juillet 1710 ; m [4] 2 mai 1736, à Marie-Françoise DESROCHERS ; s [3] 26 mai 1745— *Geneviève,* b [3] 28 oct. 1713 ; m [3] 10 fevrier 1739 à Jean-Baptiste BRAZEAU. — *Judith,* b [3] 24 janvier 1718 ; m [4] 24 avril 1741, à François DIONET

(1) De la Nouguère.
(2) De la Naudière ; seigneur de la Perade, conseiller legislatif.
(3) Seigneur de Lavaltrie.
(4) Dit Larivière, voy. vol. I, p. 560.

1728, (3 février) St-Laurent, M. [8]

II.—TARTRE, JEAN-BTE, [GUILLAUME I.
b 1706.
FRETÉ, Marguerite, [FRANÇOIS I.
b 1706.

Marguerite, b 1729 ; m [8] 19 nov. 1747, à Jean-Baptiste JÉROME. — *Siméon-Stilite*, b 5 janvier 1733, à Montréal [9] ; m [8] 7 mai 1759, à Catherine-Céleste HAMELIN.—*Marie-Anne*, b [9] 22 déc. 1738 ; m [8] 4 février 1760, à Jean-Baptiste RAPIDIOU.—*François*, b... m [8] 21 nov. 1763, à Marie CREVIER.

1736, (2 mai) Montréal. [5]

II.—TARTRE (1), JEAN-MARIE, [GUILLAUME I.
b 1710 ; s [5] 26 mai 1745.
DESROCHES (2), Marie-Frse, [JEAN-FRANÇOIS I.
b 1708.

Marie-Angélique, b [5] 16 juin 1737.—*Jean-Baptiste*, b [5] 8 juillet 1739.—*Marie-Joseph*, b [5] 6 août 1741 ; m [5] 5 juillet 1762, à Pierre-Louis RATEL.—*Marie-Anne*, b [5] 19 et s [5] 27 juillet 1743.—*Marguerite*, b [5] 31 janvier 1745, m [5] 8 février 1762, à Louis SÉRAT.

1744, (7 juillet) Montréal.

II.—TARTRE (1), FRANÇOIS, [GUILLAUME I.
b 1700
DIONET, Marie-Charlotte, [JEAN I.
b 1693 ; veuve de Joseph Chevaudier.

1759, (7 mai) St-Laurent, M. [8]

III.—TARTRE, SIMÉON-STILITE, [JEAN-BTE II
b 1733.
HAMELIN, Catherine-Celestine, [LOUIS II.
b 1728

Marie-Louise, b [8] 30 nov. 1760.—*Jean-Baptiste*, b [8] 16 janvier 1763.

1763, (21 nov.) St-Laurent, M.

III.—TARTRE, FRANÇOIS. [JEAN-BTE II.
CREVIER, Marie. [JEAN-BTE-FRANÇOIS II.

TASCHEREAU. — *Surnoms :* DELINIÈRE — DE SAPAILLE—DESLIGNERIES.

1728, (17 janvier) Québec. [9]

I.—TASCHEREAU (3), THOMAS-JACQUES, b 1680, conseiller ; fils de Christophe et de Renée Boutin, de St-Pierre-Paellier, ville de Tours, Touraine ; s [9] 26 sept. 1749.
DEFLEURY, Marie-Claire, [JOSEPH II.
b 1708 ; s [9] 19 février 1797.

Thomas-Jacques, b [9] 14 et s [9] 24 février 1729.—*Thomas-Victor*, b [9] 2 nov. 1733, s [9] 5 mars 1747.—*Louise-Gilles*, b [9] 21 et s [9] 23 nov. 1734 —*Charlotte*, b [9] 22 janvier 1736 ; m 19 janvier 1752, à Hubert COUTEROT, aux Trois-Rivières.—*Charlotte-Claire*, b [9] 29 sept. 1737.—*Louis-Charles*, b [9] 7 juin 1739.—*Louis-Joseph*, b [9] 28 juillet 1740.—*Charles-Antoine*, b [9] 11 juin 1741.—*Pierre-François*, b [9] 23 sept. 1742, m 23 nov. 1772, à Marie-Anne-Charlotte TROTIER, à Montréal. —*Marie-Anne-Louise*, b [9] 18 oct. 1743.—*Gabriel-Elzéar*, b [9] 27 mars 1745 ; m [9] 26 janvier 1773, à Louise-Elisabeth BAZIN. — *Eulalie*, b [9] 4 avril 1747.

1772, (23 nov.) Montréal.

II.—TASCHEREAU (1), PIERRE-FRS, [THS-JAC. I.
b 1742 ; marchand.
TROTIER, Marie-Anne-Charlotte, [ALEXIS IV.
b 1754.

1773, (26 janvier) Québec. [1]

II.—TASCHEREAU, GABRIEL-ELZ., [THS-JACQ. I.
b 1745.
BAZIN, Louise-Elisabeth, [PIERRE-GILLES I.
b 1746.

Gabriel-Elzéar, b [1] 23 oct. 1773 ; ordonné 28 oct. 1796 ; s 30 juillet 1822, à Ste-Marie, Beauce. —*Jean-Thomas*, b... m [1] 19 mai 1806, à Marie PANET.

1806, (19 mai) Québec. [2]

III.—TASCHEREAU, JEAN-THS, [GAB.-ELZ. II.
l'honorable.
PANET, Marie, [JEAN-ANTOINE II.
b 1785.

Jean-Thomas (2). — *Elzéar-Alexandre*, b 17 février 1820, à Ste-Marie, Beauce, ordonné [2] 10 sept. 1842 ; consacré [2] 19 mars 1871 ; créé cardinal [2] 7 juin 1886.

1751, (16 août) Trois-Rivières. [3]

I.—TASSÉ, JACQUES, fils de Gilles et de Marie Encoignart, de St-Jean-Dehaut.
PEPIN, Marie-Catherine. [CHARLES III.

Marie, b 29 juin 1752, à la Baie-du-Febvre —*Marguerite-Louise*, b 20 mai 1755, à Nicolet [4] ; m [3] 7 janvier 1782, à Augustin GILBERT.—*Louis-Jacques*, b [4] 20 mai 1757.

1753, (15 oct.) Ste-Foye.

I.—TASSÉ, JACQUES, fils de Jacques et de Marie Miville.
BISSON, Marie. [CLÉMENT-URBAIN IV.

I.—TASSÉ, AUGUSTIN.
MARCOTTE, Marguerite.

Augustin, b 29 juillet 1794, à St-Martin [1] ; m 8 février 1819, à Rosalie AUBRY, à St-Laurent, M. [2] —*Charles*, b [1] 4 février 1797 ; m [2] 26 janvier 1818, à Marie-Joseph AUBRY.

1818, (26 janvier) St-Laurent, M. [9]

II.—TASSÉ, CHARLES, [AUGUSTIN I.
b 1797.
AUBRY, Marie-Joseph. [CLÉMENT IV.

Stanislas (3), né [9] 14 et b [9] 18 mars 1820 ; ordonné 29 janvier 1844, à Québec.—*Mathilde*, b [9] 12 sept. 1821 ; s [9] 11 avril 1824.—*Marie-Praxèdes*,

(1) Dit Lanvière.
(2) Elle épouse, le 27 mai 1747, Charles Boutin, à Montréal.
(3) Sieur de Sapaillé ; trésorier de la marine.

(1) DesLigneries—DeLinière —Il était, le 15 mai 1772, au Détroit.
(2) Juge de la Cour Suprême.
(3) Curé de Ste-Scholastique, 1889.

b [9] 18 février 1823.—*Didace*, b [9] 27 sept. 1824.—*Ludgé*, b [9] 13 nov. 1825.—*Romuald*, b [9] 25 mars 1827.—*Maximilien* (1), b [9] 23 mars 1829 ; ordonné 14 oct. 1855, à Montreal.—*Mathilde*, b [9] 6 février 1831 ; s [9] 17 mai 1835.—*Anonyme*, b [9] et s [9] 26 janvier 1833.—*Octavie*, b [9] 3 avril 1835.—*Alphonse-Paphnuce* (2), né [9] 31 oct. et b [9] 4 nov. 1836 ; ordonne [9] 30 oct. 1859.

1819, (8 février) St-Laurent, M.

II.—TASSÉ, AUGUSTIN, [AUGUSTIN I.
b 1794.
AUBRY, Rosalie, [CLÉMENT IV.

TASTET.—*Surnom :* FRANCŒUR.

1713, (18 juin) Montreal. [9]

I.—TASTET (3), PIERRE, fils de Jean et de Marie Desfarges, de St-Alory, diocèse de Bordeaux.
BRAZEAU, Marie, [NICOLAS I.
b 1663 ; veuve de Didier Bourgoin ; s [9] 30 mai 1735.

TATOU.—Voy. TATOUL.

TATOUL.—*Variation et surnom :* TATOU—BRINDAMOUR.

1757, (8 janvier) Montreal. [9]

I.—TATOUL (4), CLAUDE, b 1728 ; fils d'Antoine et de Marie Philippe, de St-Pierre, diocèse de Moutiers, en Savoye.
HUS, Marie-Judith, [ANTOINE I.
b 1736.
Paul, b 1757 ; m [9] 13 nov. 1780, à Marie-Louise MAURICE.

1780, (13 nov.) Montreal.

II.—TATOUL (4), PAUL, [CLAUDE I.
b 1757.
MAURICE (5), Marie-Louise, [JEAN-FRS III.
b 1762.

TAUPIER.—Voy. VIGEANT-LAROSE.

TAUREL.—*Variation et surnom :* TOUREL—JOLICOEUR.

1762, (7 janvier) St-Michel-d'Yamaska. [7]

I.—TAUREL (6), ETIENNE, fils de Jean et de Jeanne Pignole, de St-Gregoire, diocese d'Agen, Guienne-d'Agenois.
HEBERT, Therèse, [PIERRE III.
b 1733.
Agathe, b [7] 16 avril 1762.—*Jean-Baptiste*, b [7] 28 juillet 1763.—*Marie-Marguerite*, b [7] 22 sept. 1766.—*Geneviève*, b [7] 11 mars 1770.

(1) Curé de Longueuil, 1889.

(2) Curé de Napierville, 1889.

(3) Dit Francœur ; sergent de Levilliers.

(4) Dit Brindamour.

(5) Lafantaisie.

(6) Dit Joliœur.

TAURELLE.—Voy. TOURELLE.

TAURET.—Voy. TOUVET.

1755, (27 janvier) Quebec. [3]

I.—TAURET, JEAN-BTE, menuisier ; fils d'Adrien et de Cécile Cramaillard, de St-Lucien, diocèse de Beauvais, Ile-de-France.
DERAINVILLE, Marie-Anne, [NOEL III.
b 1736 ; s [3] 22 juillet 1755.

1736, (10 avril) Québec. [1]

I.—TAUXIER, JEAN, fils de Pierre et de Catherine Peuvrier, de St-Paul, Paris.
GENDRON (1), Angelique, [BERNARD I.
b 1718.
Pierre, b [1] 21 janvier 1737 ; s [1] 30 mars 1738.—*Marie-Thérèse*, b [1] 7 sept. 1739 ; m [1] 10 oct. 175., à Pierre LAVIGNE.—*Pierre*, b [1] 14 fevrier 1742.—*Marie*, b... m [1] 31 mars 1761, à François PAGE.

TAVERNIER.—*Variations et surnoms :* TERRE-NOIRE—TRAVALIN—LAHOCHETIÈRE—SANSPITIE—ST. MARTIN.

1749, (19 mai) Montréal. [2]

I.—TAVERNIER (2), JULIEN, fils de François et de Marie Marchand, de St-Jacques, ville d'Amiens, Picardie.
GIROUARD (3), Marie-Anne, [ANTOINE I.
b 1725.
Julien-Isidore, b [2] 5 oct. 1750 ; m [2] 7 nov. 1774, à Therèse FOUREUR.—*Marie-Anne*, b 1752 m [2] 17 août 1771, à Joseph PERRAULT ; s [2] 8 avril 1822.—*Antoine*, b 1754 ; m [2] 25 août 1777, à Marie-Joseph MAURICE.

1751, (9 janvier) Détroit. [3]

I.—TAVERNIER (4), JACQUES, b 1721 ; fils d'Antoine et de Marie-Anne Laisne, de St-Sulpice, Paris, s [3] 6 sept. 1751.
FAUVEL (5), Marie-Joseph, [JACQUES II.
b 1736.

1753, (10 juillet) Ste-Croix [1]

I.—TAVERNIER, NICOLAS, b 1714, fils de Gaspard et de Marie Jacquinet, de Serve Genève, en Savoye ; s 10 avril 1758, à St-Jean-Deschaillons. [2]
LAMBERT (6), Angelique. [PIERRE II.
Louise-Angélique, b [1] 16 août 1754 ; m 11 sept. 1775, à Leger JARVAC, à Quebec.—*Nicolas*, b [2] .. et s [2] 6 janvier 1756.—*Nicolas*, b [2] 1er et s [2] 1. janvier 1757.—*Anonyme*, b [2] et s [2] 11 nov 175.

(1) Elle épouse, le 16 janvier 1747, Antoine Virmonton, à Québec.

(2) Dit Sanspitié ; soldat de la compagnie de M. de Lacorne.

(3) Elle epouse, le 26 janvier 1767, Gabriel Chèvrefils, à Montréal.

(4) Dit St. Martin.

(5) Bigras ; elle épouse, le 8 janvier 1752, François Lebeau, au Detroit

(6) Champagne, elle épouse, le 2 mars 1771, Guillaume Smith, a Quebec.

TAVERNIER (1), PIERRE.
1° COURT, Marie-Louise, [ADRIEN II.
b 1761; s 21 fevrier 1784, à Québec.[2]
Marie, b... m[2] 3 mars 1794, à Joseph-Louis HAMEL.— *Marie-Louise,* b 1778; m[2] 12 janvier 1796, à Benjamin THORN; s[2] 7 juin 1798.

1784, (19 oct.)[2]

2° BILODEAU, Marie-Joseph. [JACQUES.

1774, (7 nov.) Montréal.

II.—TAVERNIER, JULIEN, [JULIEN I.
b 1750.
FOURNIER, Thérèse, [LOUIS II.
b 1748.

1777, (25 août) Montréal.

II.—TAVERNIER (2), ANTOINE, [JULIEN I.
b 1754.
MAURICE (3), Marie-Joseph, [JEAN-FRS III.
b 1756.

I.—TAYCHATEN (4), JACQUES, b 1722; s 1er sept. 1747, à Montreal.

I.—TAYLOR, EDOUARD,
d'Exester, Nouvelle-Angleterre.
.... Rebecca.
Guillaume-François, né 1691, à Nitchiwaack, Nouvelle-Angleterre; pris à Exester, en 1704, b 25 mai 1706, à Montreal[1]; s[1] 10 janvier 1712.

I.—TAYLOR (5), RICHARD,
b 1672; Anglais; s 18 juin 1754, à St-Vincent-de-Paul.
1° BOLDUC, Marie. [LOUIS II.
Marie-Anne, b... m 4 nov. 1732, à Jacques AQUILT, à St-François, I. J.[1] — *Louise,* b... m[1] 2 oct. 1736, à Joseph BEAUCHAMP. — *Joseph,* b... m[1] 4 nov. 1738, à Marie-Angelique AUBERT.

1743, (4 sept.) Terrebonne.

2° DELGUIEL (6), Madeleine, [JEAN-BTE II.
b 1704; veuve de Jean-Baptiste Grenier.

1738, (4 nov.) St-François, I. J.[7]

II.—TAYLOR, JOSEPH. [RICHARD I.
AUBERT, Marie-Angelique [CHARLES III.
Joseph-Amable, b[7] 31 août 1739.

TÈCLE.—Voy. AUBRY—DAIGLE.

TEFÉ — *Surnoms :* LAGUERCHE — LAVERGNE — L'AVERTY—THÈME.

(1) Et Travalin.
(2) Dit Sanspitié.
(3) Lafantaisie.
(4) Chef huron du Détroit.
(5) Et Taillard—Talard—Tallard.
(6) Mariée Labrèche.

1712, (9 mars) Montreal.[1]

I.—TEFÉ (1), FRANÇOIS, b 1682; fils de Jean et de Marguerite Guerfet, de Leder, diocèse de Poitiers, Poitou; s 22 janvier 1751, au Sault-au-Récollet.
TOURNEROCHE, Marie-Anne, [ROBERT I.
b 1682; s 31 janvier 1757, à St-Laurent, M.[2]
Louise, b[1] 29 juin 1713.—*Louise,* b[1] 27 mars 1715; s[1] 25 fevrier 1727.—*Jean-François,* b[1] 19 juin et s[1] 23 août 1716.—*Joseph-François,* b[1] 21 janvier 1718.—*Marie-Catherine,* b[1] 3 sept. 1719.—*Marie-Françoise,* b[2] 15 sept. 1721; m à Maurice FASCHE.

TÉGUY. — *Variations et surnom :* STHILY — STIGNY—STIGUY—STILLY—TIGUI—ANGERS.

1733, (7 janvier) Pte-aux-Trembles, Q.[3]

I.—TÉGUY, PIERRE-CHARLES, fils de Charles et de Gratienne DeGeloze, de Notre-Dame-de-Bayonne, Gascogne.
DELISLE (2), Louise-Blanche, [ANTOINE II.
b 1706.
Charles, b[3] 18 sept. 1733.—*Mathurin,* b... m à Jeanne MARTIN.—*Louis-Augustin,* b[3] 29 août 1737.—*Pierre-Charles,* b... s[3] 11 janvier 1740.—*Pierre-Joseph,* b[3] 15 janvier 1741; m 17 oct. 1757, à Marie-Catherine DROLET, à Lorette.—*Augustin-Charles,* b... 1° m[3] 26 janvier 1767, à Marie-Angelique GINGRAS; 2° m 23 nov. 1795, à Marie-Louise GARNEAU, à St-Augustin.

II.—TÉGUY, MATHURIN. [PIERRE-CHARLES I.
MARTIN (3), Jeanne.

1757, (17 oct.) Lorette.[4]

II.—TÉGUY (4), PIERRE-JOSEPH, [PIERRE-CHS I.
b 1741.
DROLET, Marie-Catherine. [JACQUES III.
Charles, b[4] 24 oct. 1758.—*Jacques-Melchior,* b[4] 11 janvier et s[4] 18 avril 1760.—*Pierre-François,* b[4] 10 oct. 1761; m à Madeleine DELISLE.—*Ignace-Ambroise,* b[4] 7 dec. 1763.—*Jean,* b 21 mars 1770, à Ste-Foye.

1767, (26 janvier) Pte-aux-Trembles, Q.[6]

II.—TÉGUY (5), AUG.-CHS. [PIERRE-CHARLES I.
1° GINGRAS, Marie-Angelique, [JEAN-BTE III.
b 1746; s 18 avril 1795, à St-Augustin.[7]
Marie-Angélique, b[6] 15 juin 1769. — *Marie-Joseph,* b... m[7] 3 août 1795, à Augustin PRUDHOMME.—*Augustin,* b 1780; s[7] 18 juillet 1784.—*Madeleine,* b[7] 12 avril 1787.

1795, (23 nov.)[7]

2° GARNEAU, Marie-Louise. [LOUIS IV.

(1) Dit Lavergne—L'averty, 1718—Thème.
(2) Elle épouse, le 28 sept. 1744, Joseph Angers, à la Pte-aux-Trembles, Q.
(3) Elle épouse, le 17 janvier 1757, Joseph Prou, à la Pte-aux-Trembles, Q.
(4) Dit Angers, 1761.
(5) Marié sous le nom de Stiguy.

III.—TÉGUY, Pierre-Frs, [Pierre-Joseph II.
b 1761.
Delisle (1), Madeleine.

TELLIER.—Voy. Letellier—Tilier.

TÉMOINS.—*Surnom :* Jolicoeur.

1730, (21 août) Boucherville.
I.—TÉMOINS (2), Louis, b 1656 ; fils de Guillaume et de Louise Leger, de St-Hilaire, ville de Chartres, Beauce.
Letard, Marthe, [François I.
b 1700 ; veuve d'Yves Bourhis.

TENANT.—*Surnoms :* Lambert— St. Lambert.

1760, (20 oct.) Pte-aux-Trembles, M.
I.—TENANT (3), Jean-Louis, b 1728; fils de François et d'Antoinette David, paroisse des Anges-en-Bauge, diocèse de Bellay, Bresse.
Gervais (4), Marie-Françoise, [Nicolas III.
b 1725.

1773, (15 nov.) Montréal.
I.—TÉNAULT, Charles, b 1741 ; fils de Jean et de Jeanne Herault, de Châtellereau, Poitou.
Larrivée, Marie-Anne, [Jacques II.
b 1741.

I.—TEREAU, Antoine-Jean.
Foulon, Françoise, [Nicolas I.
b 1702.
Joseph, b 21 mai 1724, aux Trois-Rivières [2] ; m [2] 14 fevrier 1752, à Madeleine Baudoin.

1752, (14 février) Trois-Rivières. [3]
II.—TEREAU, Joseph, [Antoine-Jean I.
b 1724.
Baudoin, Madeleine, [Alexis I.
b 1734 ; s [3] 8 dec. 1757.
François, b [3] 22 dec. 1752 ; s [3] 5 juin 1760.—*Pierre*, b [3] 4 juin 1754. — *Maurice*, b [3] 21 avril 1756.—*Nicolas*, b [3] 8 juin 1757.

TÉRIAU.—Voy. Terriot.

TÉRIAULT.—Voy. Terriot.

TÉRIOT.—Voy. Terriot.

TERISSE.—*Surnom :* Montauban.

1760, (22 sept.) Québec.
I.—TERISSE (5), Antoine, canonnier ; fils d'Antoine et de Catherine Delor, de N.-D.-d'Auty, diocèse de Montauban, Guienne.
Métot, Felicite-Gabrielle, [Abraham II.
b 1731 ; veuve de Joseph Bodin

(1) Elle épouse, le 31 janvier 1797, Louis Cloutier, a Deschambault.
(2) Dit Jolicœur.
(3) Dit St. Lambert.
(4) Elle épouse, le 4 juillet 1763, Jean-Baptiste Langlois, à la Pte-aux-Trembles, M.
(5) Dit Montauban.

TERNI, Alexandre.
Bruneau, Jeanne.
Jean-Baptiste, b 9 nov. 1760, à Québec.

TÉROU.—Voy. Théroux.

TERRAIN.—*Surnom :* Larivière.

1730, (24 avril) Québec. [1]
I.—TERRAIN, François, b 1700, fils de François et de Marthe Belanger, de St-Martin-de-Re, diocèse de LaRochelle, Aunis.
Bernard (1), Marie-Madeleine, [Hilaire I.
b 1703.
Marie-Louise, b [1] 29 avril 1731 ; s [1] 7 mai 173[illegible]

TERREAU.—Voy. Sareau.

TERRENOIRE. — *Variations :* Tavernier—Tournoire.

1728, (18 oct.) Longueuil.
I.—TERRENOIRE, Pierre, fils de Jean-Baptiste et de Marguerite Sellier, de Ste-Geneviève, Paris.
Benoit (2), Marie-Joseph, [Laurent I.
b 1697.
Pierre-Etienne, b 8 janvier 1730, à Montreal [1] ; s [1] 20 août 1734.—*Jean-Baptiste*, b 1733 ; m 3 février 1755, à Madeleine Douvier, à Vercheres [2] ; s [2] 29 nov. 1755. — *Marie-Joseph*, b [1] 12 mars [illegible] ; s [1] 12 juillet 1734.—*Marie-Joseph*, b... m [2] 17 nov. 1760, à Etienne Dupuis.

1755, (3 fevrier) Verchères. [4]
II.—TERRENOIRE (3), Jean-Bte, [Pierre I.
b 1733 ; s [4] 29 nov. 1755.
Douvier (4), Marie-Madeleine. [Louis
Marie-Madeleine, b [4] 14 nov. 1755.

TERRI.—Voy. Thierry.

TERRIAU.—Voy. Terriot.

TERRIAULT —Voy. Terriot.

1729, (12 oct.) Québec.
I.—TERRIÈRE, François, fils de Jean et de Marie Geoffroi, de St-Roman-de-Mesle, diocèse de Poitiers, Poitou.
Filiau (5), Marie-Anne, [Jean
b 1705 ; s 18 mai 1781, à l'Hôpital-Général, M.

TERRIEN.—*Variations et surnoms :* Terrien—Thérien—Duhemme—Duponceau

(1) Larivière.
(2) Dit Livernois.
(3) Marié sous le nom de Tavernier.
(4) Et Dozois.
(5) Dubois.

1667, (26 janvier) Trois-Rivières. [9]
...—TERRIEN (1), JEAN.
RIGAUD (2), Judith.
Jean, b [9] 17 mars 1669; m [9] 9 nov. 1700, à Marguerite LASPRON; s 24 mai 1759, à Nicolet.

1670, (17 mai) Ste-Famille, I. O. [1]
...—TERRIEN (3), PIERRE,
s 12 sept. 1706, à Quebec. [2]
MIGNOT (4), Gabrielle, [JEAN I.
s 27 nov. 1707, à St-Jean, I. O. [3]
Pierre, b [3] 16 oct. 1672; m [2] 29 nov. 1693, à Jeanne DUCHERON; s [3] 2 déc. 1749.— *Louis*, b [3] 8 avril 1674; m [3] 20 avril 1700, à Catherine BIDET. —*André*, b [1] 29 mai 1678; m 1710, à Marie CHARLAND; s [3] 9 dec. 1749. — *Ignace*, b [3] 1er fevrier 1682, 1° m [3] 25 nov. 1706, à Anne COCHON; 2° m 1709, à Marguerite PLANTE.—*Jeanne*, b [3] 18 dec. 1689; m [3] 10 oct. 1712, à Jacques GREFFARD. —*Guillaume*, b [3] 20 janvier 1692; m 1714, à Marie-Anne JAHAN. — *Barthélemi*, b [3] 11 mars 1694, m [3] 29 nov. 1721, à Marguerite FONTAINE. —*Jacques*, b [3] 1er mai 1696; m 27 avril 1718, à Marie BAREAU, à L'Ange-Gardien; s (noye) 11 ...n 1730, à Montreal.

1693, (29 nov.) Québec.
II.—TERRIEN (5), PIERRE, [PIERRE I.
b 1672, s 2 dec. 1749, à St-Jean, I. O. [4]
DUCHERON, Jeanne, [MATHURIN I.
b 1676.
Pierre, b [4] 1er nov. 1699; 1° m 1723, à Madeleine AUDET; 2° m 7 sept. 1778, à Marie-Joseph POULIN, à St-François, I. O.

1700, (20 avril) St-Jean, I. O.
II.—TERRIEN, LOUIS, [PIERRE I.
b 1674.
BIDET (6), Catherine, [JACQUES I.
b 1678.
Catherine, b 18 avril 1701, à St-Michel [5]; m 25 nov. 1726, à Joseph LALAGUE, à Ste-Foye. — *Françoise*, b [5] 30 et s [5] 31 janvier 1703. — *Louis*, b [5] 30 janvier 1704, s [5] 11 janvier 1707.—*Anne-Françoise*, b [5] 18 janvier 1706; m 10 sept. 1736, à Philippe FONTAINE, à St-Valier. [6] — *Louis*, b 1707, m [6] 27 mai 1726, à Marguerite CORRIVEAU; s [6] 6 fevrier 1758.

1700, (9 nov.) Trois-Rivières. [3]
II.—TERRIEN (7), JEAN, [JEAN I.
b 1669; s 24 mai 1759, à Nicolet. [4]
LASPRON (8), Marguerite, [JEAN I.
b 1676, s [4] 27 mai 1753.

(1) Voy. vol. I, p. 560; voy. aussi Duhemme, vol. III, p. 514.

(2) Elle épouse, le 6 oct. 1675, Jean de la Planche, aux Trois-Rivieres.

(3) Voy. vol. I, pp. 560-561.

(4) Pour Minaud.

(5) Voy. vol. I, p. 561.

(6) Elle epouse, le 11 juin 1708, Alexandre Dallaire, à St-Michel.

(7) Dit Duhemme.

(8) Ou Lampron.

Marguerite, b 6 janvier 1702, à St-Jean, I. O. [5]; m à Jean-René COLTRET; s [4] 22 nov. 1772. — *Madeleine*, b [5] 28 sept. 1703; m [4] 9 janvier 1732, à Guillaume DUBOIS; s [4] 15 avril 1783. — *Jean-Baptiste*, b 25 mars 1705, à St-Michel; m 25 sept. 1723, à Marie-Jeanne BENOIT, à St-Frs-du-Lac.— *Marie-Louise*, b [3] 30 oct. 1706; m [3] 11 oct. 1725, à Pierre COUTERET; s [4] 26 août 1753.— *Joseph*, b 1708; m 29 avril 1732, à Françoise BENOIT, à la Baie-du-Febvre. [6] —*Marie-Anne*, b [3] 25 août 1710; m [4] 25 mai 1733, à Antoine LEFEBVRE; s [6] 14 avril 1771. — *Thomas*, b [3] 25 janvier 1712; m [6] 27 nov. 1737, à Marie-Charlotte LEFEBVRE. — *Marie-Renée*, b [3] 28 dec. 1714; m [4] 19 fevrier 1748, à Joseph-François MALBEUF; s 1769, au Lac-Champlaim.— *Marie-Joseph*, b [4] 23 juin 1720: 1° m [4] 22 avril 1748, à Louis MALBEUF; 2° m [4] 21 janvier 1754, à Joseph DECHAU.— *Françoise*, b... s [4] 29 janvier 1790.

1706, (25 nov.) St-Jean, I. O. [1]
II.—TERRIEN, IGNACE, [PIERRE I.
b 1682.
1° COCHON-LAVERDIÈRE, Marie-Anne, [RENÉ I.
b 1678.
Ignace, b [1] 25 août 1707; m 1731, à Angelique AUDET.—*Marie-Anne*, b... m 1er mars 1729, à Simon ROBERT-ST. AMANT, à Deschambault; s 9 mars 1741, à Quebec. [2]
1709.
2° PLANTE, Marguerite.
Marguerite-Angélique, b [1] 12 août 1710; s [1] 4 janvier 1735. —*Joseph-Marie*, b [1] 19 nov. 1711; m [1] 20 nov. 1737, à Marie-Joseph TIBIERGE. — *Pierre*, b [1] 28 mai 1713; m 11 nov. 1739, à Marie-Angélique BOUCHARD, à Berthier; s 27 avril 1760, à St-Charles. — *Geneviève*, b [1] 23 déc. 1714; s [1] 18 janvier 1744. — *Joachim*, b [1] 1er mars 1720; m 1er mars 1745, à Marie-Françoise BRISSON, au Château-Richer. [3] — *Marie-Angélique*, b 1721; s 20 oct. 1733, à Ste-Anne. — *Barthélemi*, b [1] 30 janvier 1722; m 26 fevrier 1748, à Françoise TIBAUT, à St-Valier. [4] — *Anonyme*, b [1] et s [1] 1er nov. 1722.—*Jean-Baptiste*, b 1724; m [3] 14 février 1752, à Agathe GRAVEL.— *Marie-Joseph*, b... m [4] 6 juin 1748, à Augustin TIBAUT; s [2] 2 avril 1790. —*Joseph*, b 1731; s [1] 8 août 1733.

1710.
II.—TERRIEN, ANDRE, [PIERRE I.
b 1678; s 9 déc. 1749, à St-Jean, I. O. [4]
CHARLAN, Marie, [DENIS II.
b 1687; s [3] 10 déc. 1747.
André, b [3] 12 avril 1711.— *Joseph-Marie*, b [3] 7 mars 1712.—*Marie-Joseph*, b [3] 7 mars 1712; m [3] 14 nov. 1741, à Jean CHAMBERLAN. — *Agathe*, b [3] 15 mai 1713; s [3] 13 nov. 1714.— *Agathe*, b 1716; m [3] 4 fevrier 1737, à François DANIEL; s [3] 1er fevrier 1748.— *Denis*, b 1718; m 21 nov. 1757, à Helène GENDRON, à St-Frs-du-Sud.—*Ursule*, b 25 sept. 1719, à St-François, I. O. — *Marie-Louise*, b [3] 1er août 1721; m [3] 8 août 1743, à Jean-Baptiste PAQUET; s [3] 2 fevrier 1760. — *Marie-Françoise*, b [3] 30 nov. 1722; m 7 fevrier 1752, à Basile TREMBLAY, aux Eboulements. — *Barthélemi*, b... m 21 nov. 1746, à Brigitte SAVARD, à l'Ile-aux-

Coudres. — *Marie-Gabrielle*, b [3] 18 mars 1724.— *Anonyme*, b [3] et s [3] 21 juillet 1725.

1714.

II.—TERRIEN, Guillaume, [Pierre I.
b 1692.
Jahan, Marie-Anne, [Jacques II.
b 1693 ; s 2 janvier 1745, à St-Jean, I. O. [1]
Guillaume, b... s [1] 15 janvier 1744.—*Dorothée*, b [1] 6 fevrier 1720; m [1] 11 juillet 1741, à Joseph Morin. — *Marie-Thérèse*, b [1] 7 sept. 1722 ; m 8 août 1748, à François Dellard, à St-Laurent, I. O. ; s 17 mai 1754, à St-Pierre-du-Sud.—*Marie-Louise*, b 1er nov. 1724, à Quebec [2] , m 26 fevrier 1748, à Louis-Marie Légu, à St-Valier. — *Louis*, b [1] 23 nov. 1734.— *Ambroise*, b [1] 1er avril 1736 ; s [1] 28 août 1753.

1718, (27 avril) L'Ange-Gardien. [4]

II.—TERRIEN, Jacques, [Pierre I.
b 1696 ; s 11 juin 1730, à Montreal. [5]
Bareau (1), Marie, [François I.
b 1700.
Marie, b [4] 7 nov. 1718.— *Angélique*, b 1720 ; m 9 janvier 1741, à Joseph Ethier, à Lachenaye. [6] — *Jean*, b 1721 ; 1° m [6] 16 avril 1742, à Marguerite Alard ; 2° m 1764, à Madeleine Perrault.— *François*, b 1723; m 1748, à Marie-Anne Charbonneau. —*Jacques*, b 1725 ; m 1er fevrier 1751, à Madeleine Beauchamp, à St-Henri-de-Mascouche [7] —*François-Hyacinthe*, b [5] 15 nov. 1728 ; m [7] 22 fevrier 1751, à Marie Alard.

1721, (29 nov.) St-Jean, I. O. [7]

II.—TERRIEN, Barthelemi, [Pierre I.
b 1694.
Fontaine (2), Marguerite, [Etienne I.
b 1693 ; veuve de Joseph Pepin.
Marie-Anne, b [7] 16 janvier 1722, m [7] 22 fevrier 1740, à Joseph Audet-Lapointe (3) ; s 28 dec. 1759, à Deschambault. — *Barthélemi*, b [7] 7 déc. 1724 ; 1° m [7] 31 juillet 1747, à Marie-Louise Genest ; 2° m 2 juin 1749, à Louise Noel, à St-Pierre, I. O. ; 3° m [7] 20 avril 1761, à Madeleine Blouin. — *Ignace*, b 1726 ; m [7] 9 fevrier 1750, à Marie-Joseph Audet. — *Louis*, b 1730 , m [7] 22 nov. 1751, à Marie Audet. — *Marie-Marguerite*. b [7] 16 juin 1734 ; m à Guillaume Fortier. — *Joseph*, b [7] 14 juin 1738.

1723, (25 sept.) St-Frs-du-Lac.

III.—TERRIEN, Jean-Bte, [Jean II.
b 1705.
Benoit, Marie-Jeanne, [Gabriel II.
b 1698.
Joseph, b 25 juillet 1724, à Nicolet [9] ; m [9] 20 nov. 1747, à Marie-Louise Hubert ; s [9] 28 oct. 1773.

---

(1) Et Perrault—Prou.

(2) Elle épouse, le 27 juillet 1744, Pierre Lepage, à St-Jean, I. O.

(3) Voy. aussi ce nom.

1723.

III.—TERRIEN, Pierre, [Pierre II.
b 1699.
1° Audet, Madeleine, [Pierre II.
b 1702.
Jeanne, b... m à Alexis Boulet.—*Marie-Madeleine*, b... m 25 oct. 1745, à Jean Boulet, à St-Jean, I. O. [4] — *Pierre-Noel*, b 1730 , m 14 avril 1755, à Marie-Marthe Desroismaisons-Picard, à St-Frs-du-Sud. — *Jean*, b [4] 15 janvier 1733 — *Geneviève*, b... m [4] 20 janvier 1755, à Joseph Royer. — *Guillaume*, b [4] 8 fevrier 1736 ; m [4] 2 fevrier 1764, à Marie-Louise Boissonneau — *Marie-Angélique*, b... m [4] 17 janvier 1757, à Antoine Cote. — *Marie-Joseph*, b [4] 14 sept. 1738 ; m [4] 11 fevrier 1760, à Louis Drolet ; s [4] 20 fevrier 1763.—*Marie-Louise*, b [4] 18 déc. 1740, m 27 juillet 1761, à Joseph Miville. — *Thérèse*, b 17 dec. 1743 ; 1° m [4] 14 nov. 1763, à Jean-Baptiste Dangeuger ; 2° m 20 février 1792, à Pierre Doiron, à Beaumont.

1778, (7 sept.) St-François, I. O.

2° Poulin, Marie-Joseph, [Paschal III.
b 1722 ; veuve de Charles Guérard.

1726, (27 mai) St-Valier. [2]

III.—TERRIEN, Louis, [Louis II.
b 1707 ; s 6 février 1758, à St-Michel. [3]
Corriveau, Marguerite, [Pierre II.
b 1707.
Geneviève, b [2] 27 mars 1727.— *Marguerite*, b 17 et s [2] 20 avril 1728.—*Louis*, b [2] 17 août 1729 ; m [3] 27 avril 1761, à Marie-Louise Patry — *Louise*, b [2] 15 février 1731 ; m [3] 12 janvier 1750 à Ignace Gautron.— *Marie-Joseph*, b [2] 2 janvier 1733. — *Joseph-Marie*, b [2] 24 août et s [2] 10 dec. 1734.— *Joseph-Hyacinthe*, b [2] 4 sept. 1735. —*Geneviève*, b [2] 2 avril et s [2] 19 août 1737. — *Marie-Marguerite*, b [3] 6 juillet 1738.— *Joseph-Marie* b 8 fevrier 1740.— *Jean-Baptiste*, b [3] 14 mai 1743 ; s [3] 1er fevrier 1744.—*Jean-Baptiste*, b [3] 8 mars et s [3] 22 sept. 1745.— *Marie-Joseph*, b [3] 6 oct 1746 — *Marie-Angélique*, b [3] 20 mars et s [3] 25 août 1748.—*Marie-Anne*, b [3] 15 sept. et s [3] 5 oct 1749.

1731.

III.—TERRIEN, Ignace, [Ignace II.
b 1707
Audet, Angelique.
Marie-Angélique, b 15 août 1732, à St-Jean I. O. [6] , m 3 mai 1751, à Pierre Lamarre, à St-Frs-du-Sud. [7] — *Geneviève*, b [6] 30 sept. 1733 ; 1er sept. 1749. — *Marie-Francoise*, b .. m [7] fevrier 1756, à Jean-François Desroismaisons-Picard. — *Marie-Anne*, b... m [7] 23 oct. 1753, Louis Gendron.— *Marie-Louise*, b [6] 22 avril 1737 ; s [7] 2 mars 1738. — *Marie-Madeleine*, b 12 juillet 1743, à Berthier. [8] — *Marie-Charlotte*, b [8] 5 sept. 1747 ; s [7] 4 dec. 1748.

II.—TERRIEN, Pierre, [Pierre I.
b 1672 ; s 2 dec. 1749, à St-Jean, I. O

1732, (29 avril) Baie-du-Febvre.
II.—TERRIEN, JOSEPH, [JEAN II.
b 1708.
BENOIT, Françoise, [GABRIEL II.
b 1706.
Marie-Joseph, b 10 mars 1733, à Nicolet[6]; s[6] 4 avril 1749. — *Joseph*, b[6] 28 mai 1735; s[6] 14 avril 1761. — *André*, b[6] 29 mai 1736; m[6] 2 février 1761, à Marie LEMIRE; s[6] 16 mars 1787.— *Marie-Françoise*, b[6] 29 dec. 1737; m[6] 8 janvier 1758, à Joseph-Amable ROBERT.— *Marie-Jeanne*, b[6] 23 juillet 1739; m[6] 20 août 1760, à Pierre CHAUVET.— *Marie-Angélique*, b[6] 13 mars et s[6] 3 avril 1741. — *Pierre*, b[6] 15 fevrier 1743; m 24 août 1767, à Françoise HÉROU, à Yamachiche.— *Geneviève*, b[6] 19 avril 1746; m[6] 8 oct. 1770, à François DECHEVERY; s[6] 1er avril 1793.

TERRIEN, JOACHIM.
CLOUTIER, Françoise,
b 1707; s (de mort subite) 26 avril 1791, à Repentigny.

1737, (20 nov.) St-Jean, I. O.[7]
III.—TERRIEN, JOSEPH-MARIE, [IGNACE II.
b 1711.
TIBIERGE, Marie-Joseph. [GABRIEL II.
Joseph-Marie, b[7] 8 mars 1739; m 1769, à Catherine GOSSELIN. — *Jean-Bonaventure*, b[7] 17 oct. 1740. — *Pierre*, b[7] 22 nov. 1742; s[7] 17 juin 1743 — *Augustin*, b 18 oct. 1747, à St-Michel.— *Marie-Joseph*, b 28 août 1750, à St-Valier.[8] — *Marie-Anne*, b[8] 23 juillet 1753.

1737, (27 nov.) Baie-du-Febvre.
III—TERRIEN, THOMAS, [JEAN II.
b 1712.
LEFEBVRE (1), Marie-Charlotte. [NICOLAS III
Marie-Jeanne, b 24 juin 1740, à Nicolet[3]; m[3] janvier 1760, à Hyacinthe-Amable RATIER.— *Marie-Charlotte*, b[3] 24 nov. 1742; m[3] 10 fevrier 1766, à Jean-Baptiste DESFOSSÉS. — *Joseph*, b[3] 10 avril 1747; m[3] 25 avril 1768, à Marie-Charlotte ROBERT; s[3] 13 oct. 1797.— *Ignace*, b[3] 16 mai et s[3] 13 dec. 1749.—*Marie-Anne*, b[3] 19 nov. 1750.— *Marie-Joseph*, b[3] 11 juin 1756.

1739, (11 nov.) Berthier.[1]
III—TERRIEN, PIERRE, [IGNACE II.
b 1713; s 27 avril 1760, à St-Charles.[2]
BOUCHARD (2), Marie-Angelique, [IGNACE II.
b 1720.
Joachim, b[1] 6 février 1743.—*Marie-Geneviève*, b 18 janvier 1745, à St-Valier.[8] — *Marie-Joseph*, b[8] 4 fevrier 1746. — *François-Basile*, b[3] 15 janvier 1749.—*Louis*, b[3] 14 janvier 1751. — *Marie-Angelique*, b[3] 7 août 1753. — *Joseph-Nicolas*, b[2] 2 mars 1755. — *Jean-Baptiste*, b[2] 16 avril et s[2] 1 oct. 1757.— *André*, b[2] 29 nov. et s[2] 16 dec. 1759.

(1) Descôteaux.
(2) Aussi appelée Richard.

1742, (16 avril) Lachenaye.[2]
III.—TERRIEN, JEAN, [JACQUES II.
b 1721.
1° ALARD, Marguerite. [JEAN III.
Marie-Marguerite, b[2] 18 et s[2] 26 août 1743.— *Marie-Marguerite*, b[2] 11 sept. 1745; s[2] 5 juillet 1749. — *Jean-Baptiste*, b[2] 16 mars 1747; m 20 janvier 1772, à Marie-Louise BEAUCHAMP, à St-Henri-de-Mascouche.[3] — *François-Hyacinthe*, b[2] 14 juin et s[2] 8 juillet 1749. — *Marie-Marguerite*, b[2] 29 août 1750; m[3] 20 janvier 1772, à Jacques BEAUCHAMP.—*François-Xavier*, b[3] 17 juillet 1752. — *Joseph*, b 1753; s[3] 29 nov. 1755.— *Charles*, b[3] et s[3] 28 dec. 1755.— *Pierre*, b[3] 7 nov. et s[3] 16 dec. 1756.— *Marie-Elisabeth*, b[3] 9 et s[3] 31 juillet 1758.— *Marie-Madeleine*, b[3] 8 août 1759. — *Marie-Louise*, b[3] 30 nov. 1760.— *Geneviève*, b[2] 9 nov 1762.— *Joseph*, b... m[2] 28 sept. 1789, à Rose-Celeste DAUNET.

1764.
2° PERRAULT, Madeleine, [FRANÇOIS II.
veuve de Pierre Bourgoin; s[3] 25 nov. 1769.

1745, (1er mars) Château-Richer.[7]
III.—TERRIEN, JOACHIM, [IGNACE II.
b 1720.
BRISSON, Marie-Françoise, [CHARLES II.
b 1710, veuve de Guillaume Gravel.
Marie-Louise, b[7] 18 nov. 1745; m 9 janvier 1769, à Joseph LACROIX, à Lachenaye.[8] — *Charlotte*, b[7] 18 nov. 1745.— *Joachim*, b[7] 4 juillet 1747; m[8] 21 oct. 1771, à Veronique POSÉ. — *Charles*, b[7] 17 mai et s[7] 17 dec. 1749.

1746, (21 nov.) Ile-aux-Coudres.[5]
III.—TERRIEN, BARTHÉLEMI. [ANDRÉ II.
SAVARD, Brigitte, [JOSEPH-SIMON III.
b 1720.
Marie-Renée, b[5] 24 août 1747.—*Marie-Hélène*, b[5] 25 août 1749; m[5] 22 nov. 1774, à Louis-Etienne PERRON. — *Joseph-Marie*, b[5] 3 juillet 1751; m[5] 4 fevrier 1777, à Marie-Angélique GAGNON. — *Marguerite*, b[5] 15 août 1753. — *François-René*, b[5] 8 mars 1757. — *Marie-Joseph-Christine*, b[5] 27 août 1763.

1747, (31 juillet) St-Jean, I. O.[7]
III.—TERRIEN, BARTHÉLEMI, [BARTHÉLEMI II.
b 1724.
1° GENEST, Louise. [CHARLES II.
Marguerite, b 1748; s[7] 22 oct. 1749.
1749, (2 juin) St-Pierre, I. O.
2° NOEL, Louise, [PIERRE II.
b 1730; s 1er mai 1760, à St-Charles.[5]
Barthélemi, b[7] 25 fevrier 1750. — *Joseph*, b[7] 20 fevrier 1752.—*Marie-Louise*, b[5] 26 août 1754 — *Charlotte*, b[5] 8 oct. 1756. — *Charles*, b 1759, s[7] 16 juillet 1760.
1761, (20 avril).[7]
3° BLOUIN, Madeleine, [GABRIEL III.
b 1742.

1747, (20 nov.) Nicolet. [7]

IV.—TERRIEN, Joseph, [Jean-Bte III.
b 1724; s [7] 28 oct. 1773.

Hubert, Marie-Louise, [Simon II.
b 1728; s [7] 6 fevrier 1778.

Marie, b... s [7] 11 mai 1748.—*Françoise*, b [7] 20 mars 1749; s [7] 1er août 1751. — *Joseph*, b [7] 15 juin 1752; 1° m [7] 29 août 1774, à Marie Ratier; 2° m [7] 18 avril 1796, à Louise Huot-St. Laurent. —*Jean-Baptiste*, b [7] 4 avril 1754.—*Andree*, b [7] 23 mai 1756.

1748, (26 fevrier) St-Valier.

III.—TERRIEN, Barthélemi, [Ignace II.
b 1722.

Tibaut, Françoise. [Pierre.

1748.

III.—TERRIEN, François, [Jacques II.
b 1723.

Charbonneau, Marie-Anne,
s 23 déc. 1756, à Terrebonne. [9]

François, b 14 nov. 1749, à Lachenaye; 1° m [9] 3 fevrier 1772, à Marie-Anne Lauzon; 2° m [9] 13 sept. 1779, à Marie-Joseph Duclos.—*Marie-Anne*, b 30 juillet 1751, à St-Henri-de-Mascouche; m [9] 25 mai 1772, à François Desjardins. — *Geneviève*, b [9] 2 nov. 1752, 1° m [9] 26 fevrier 1770, à Charles Vésina; 2° m [9] 26 juin 1779, à François Lauzon.—*Jacques*, b [9] 24 avril 1754.—*Jean-Louis*, b [9] 30 août et s [9] 10 sept. 1756.

1750, (9 fevrier) St-Jean, I. O.

III.—TERRIEN, Ignace, [Barthélemi II.
b 1726.

Audet, Marie-Joseph, [Joseph II.
veuve de Joseph Turcot.

1751, (1er fevrier) St-Henri-de-Mascouche. [1]

III.—TERRIEN, Jacques, [Jacques II.
b 1725.

Beauchamp, Madeleine, [Joseph III.
b 1735.

Jacques, b [1] 6 fevrier 1752; m 28 sept. 1772, à Marie-Charlotte Charles, à Terrebonne. [2]—*Louis-Marie*, b 30 mai 1753, à Lachenaye. — *Marguerite*, b... m [2] 13 fevrier 1775, à Adrien Lauzon.—*Marie-Angelique*, b... m [2] 21 oct. 1776, à Gilles Lauzon.—*Joseph*, b [2] 10 juillet 1756. — *François*, b [2] 31 août 1757. — *Jacques*, b [2] et s [2] 1er juillet 1759.

1751, (22 février) St-Henri-de-Mascouche. [7]

III.—TERRIEN, Frs-Hyacinthe, [Jacques II.
b 1728.

Allard (1), Marie, [Jean III.
b 1733.

Madeleine, b [7] 30 janvier 1752; m [7] 24 sept. 1770, à Vincent Gomez. — *Marie-Charlotte*, b 10 dec. 1752, à Lachenaye. [8] —*Marie-Angélique*, b [7] 1er juillet 1754; s [7] 30 juillet 1758. — *François-Hyacinthe*, b [7] 9 oct. 1755.—*Joseph-Marie*, b [8] 20 août 1759; m [8] 16 oct. 1780, à Marie-Catherine Gamache.

(1) Aussi appelée Beauchamp, 1752.

1751, (22 nov.) St-Jean, I. O. [9]

III.—TERRIEN, Louis, [Barthélemi II.
b 1730.

Audet, Marie. [Jean-Bte II.

Marie-Charlotte, b [9] 14 janvier 1753. — *Marie-Marguerite*, b [9] 11 avril 1754.—*Louis*, b 8 juillet 1755, à St-Charles. [8] — *Barthélemi*, b... s [8] 2 août 1756. — *Barthélemi*, b [8] 14 oct. 1756; s [8] 22 juillet 1757.—*Charles*, b [8] 23 juin 1759.

1752, (14 février) Château-Richer. [1]

III.—TERRIEN, Jean-Bte, [Ignace II.
b 1724.

Gravel, Agathe. [Charles III.

Ignace, b [1] 30 janvier 1754. — *Marie-Anne*, b [1] 3 mai 1756.—*Louis*, b [1] 25 janvier 1758; m 4 fevrier 1793, à Marie-Joseph Lefebvre, à Quebec; — *René-Simon*, b 27 fevrier 1761, à Charlesbourg. [3] — *Agathe*, b [3] et s [3] 20 oct. 1763. — *Augustin*, b 1765; s [2] 2 avril 1790.

1755, (14 avril) St-Frs-du-Sud. [7]

IV.—TERRIEN, Pierre-Noel, [Pierre III.
b 1730.

Destroismaisons (1), Marthe. [Jacq.-Frs III.

Marie-Théophile, b [7] 15 mai 1756. — *Marie-Marthe*, b 15 oct. 1758, à St-Charles. — *Marie-Agathe*, b [7] 9 nov. 1760.

1757, (21 nov.) St-Frs-du-Sud. [9]

III.—TERRIEN, Denis, [André II.
b 1718.

Gendron, Helène, [Joseph-Jacques III.
veuve de François-Xavier Pelletier.

Jean-François, b [9] 15 sept. 1758. — *Marie-Victoire*, b [9] 9 oct. 1760.

1757.

TERRIEN, François.

Lauzon, Marie-Anne.

Louise, b 1758; m 18 oct. 1779, à Etienne Guenet, à Terrebonne [9]; s [9] 26 août 1780. — *Marie-Françoise*, b 31 août 1759, à Lachenaye.

TERRIEN, Joseph, b 1703; s 11 mai 1789, à Nicolet.

1761, (2 fevrier) Nicolet. [8]

IV.—TERRIEN, André, [Joseph III.
b 1736; s [8] 16 mars 1787.

Lemire, Marie, [Pierre I.
b 1741, s [8] 15 janvier 1789.

Jean-Baptiste, b... m [8] 23 juillet 1787, à Véronique Bourgeois.—*André*, b... m [8] 12 avril 179[illegible], à Elisabeth Desilets.

1761, (27 avril) St-Michel. [9]

IV.—TERRIEN, Louis, [Louis III.
b 1729.

Patry, Marie-Louise, [Michel III.
b 1743.

Louis, b [9] 17 mars 1762. — *Jean-Baptiste*, b... m 1er mai 1798, à Marie-Victoire Dupont, à Quebec.

(1) Picard.

1764, (27 février) St-Jean, I. O.
V.—TERRIEN, GUILLAUME, [PIERRE III.
b 1736.
BOISSONNEAU, Marie-Louise, [JEAN-BTE III.
b 1740.
Marie-Louise, b 22 déc. 1764, à St-François, I. O.[1]—*Marie-Joseph*, b [2] 2 juillet 1769.

TERRIEN, JEAN.
BOUCHER, Marie-Charlotte.
Joseph, b et s 7 août 1765, à St-Antoine-Tilly.

1767, (24 août) Yamachiche.
V.—TERRIEN, PIERRE, [JOSEPH III.
b 1743.
HEROU (1), Françoise, [JACQUES III.
b 1740.
Françoise, b... m 2 juin 1794, à Louis PARENTIER, à Nicolet.[1]— *Pierre*, b... m[1] 19 sept. 1796, à Cécile BELLEROSE.

1768, (25 avril) Nicolet.[6]
V.—TERRIEN, JOSEPH, [THOMAS III.
b 1747; s[6] 13 oct. 1797.
ROBERT, Marie-Charlotte, [CLAUDE II.
b 1749.

1769.
V.—TERRIEN, JOSEPH-MARIE, [JOS.-MARIE III.
b 1739.
GOSSELIN, Catherine, [IGNACE IV.
b 1742.
Marie-Catherine, b 9 oct. 1770, à St-François, I. O.

TERRIEN, FRANÇOIS.
1° VESINA, Elisabeth,
b 1749; s 22 avril 1771, à Terrebonne.[1]
1772, (27 avril).[1]
2° BAULT, Dorothee, [PIERRE II.
b 1727; veuve d'Alexis Dompierre.

1771, (21 oct.) Lachenaye.[9]
V.—TERRIEN, JOACHIM, [JOACHIM III.
b 1747.
POSÉ, Veronique, [JEAN III.
b 1751.
Joachim, b[9] 22 août et s[9] 5 déc. 1772. —*Jean-Marie*, b[9] 17 dec. 1773. — *Joachim*, b[9] 18 juin 1775, s[9] 15 sept. 1776.— *Marie-Madeleine*, b[9] 3 mars 1781.

1772, (20 janvier) St-Henri-de-Mascouche.
V.—TERRIEN, JEAN-BTE, [JEAN III.
b 1747.
BEAUCHAMP, Marie-Louise, [JEAN-BTE III.
b 1747.
Marie-Joseph, b 19 août 1777, à Lachenaye.

1772, (3 février) Terrebonne.[4]
V.—TERRIEN, FRANÇOIS, [FRANÇOIS III.
b 1749.
1° LAUZON, Marie-Anne, [GILLES III.
b 1753; s[4] 26 juin 1778.

(1) Bourgainville.

1779, (13 sept.)[4]
2° DUCLOS, Marie-Joseph, [PIERRE II.
b 1760.

1772, (28 sept.) Terrebonne.
IV.—TERRIEN, JACQUES, [JACQUES III.
b 1752.
CHARLES, Marie-Charlotte. [ETIENNE III.

1774, (29 août) Nicolet.[1]
V.—TERRIEN, JOSEPH, [JOSEPH IV.
b 1752.
1° RATIER, Marie, [ANTOINE-FRS III.
s[1] 25 août 1786.
1796, (18 avril).[1]
2° HUOT-ST. LAURENT, Louise. [JACQ.-FRS IV.

1777, (4 février) Ile-aux-Coudres.[1]
IV.—TERRIEN, JOS.-MARIE, [BARTHÉLEMI III.
b 1751.
GAGNON, Marie-Angélique (Desanges), [JOS. IV.
b 1753.
Marie-Marguerite, b[1] 19 mars 1778. — *Marie-Constance*, b[1] 16 nov. 1779. — *Joseph-Gervais*, b[1] 15 sept. 1781.

1780, (16 oct.) Lachenaye.
IV.—TERRIEN, JOSEPH-MARIE, [FRS-HYAC. III.
b 1759.
GAMACHE, Marie-Catherine, [MICHEL-ARSÈNE III.
b 1756.

TERRIEN (1), BARTHÉLEMI.

1783.
TERRIEN, JEAN-BTE (LOUIS).
PAYET, Angelique.
Jean-Baptiste, b... s 24 sept. 1784, à Repentigny.[1] — *Marie-Angélique*, b[1] 4 mars 1787.— *Charles*, b[1] 22 oct. 1790.—*Marie-Charlotte*, b[1] 7 nov. 1793.

1787, (23 juillet) Nicolet.
V.—TERRIEN, JEAN-BTE. [ANDRÉ IV.
BOURGEOIS, Véronique, [JOSEPH I.
Acadienne.

1789, (28 sept.) Lachenaye.
IV.—TERRIEN, JOSEPH. [JEAN III.
DAUNET, Rose-Celeste, [LOUIS III.
b 1766.

1790, (12 avril) Nicolet.
V.—TERRIEN, ANDRÉ. [ANDRÉ IV.
DESILETS, Elisabeth. [JOSEPH.

1793, (4 fevrier) Québec.
IV.—TERRIEN, LOUIS, [JEAN-BTE III.
b 1758.
LEFEBVRE, Marie-Joseph.

(1) Il était, le 6 avril 1782, à Lachenaye.

1796, (19 sept.) Nicolet.
V.—TERRIEN, PIERRE. [PIERRE IV.
BELLEROSE, Cecile. [JOSEPH-HYACINTHE I.

1798, (1er mai) Québec.
V.—TERRIEN, JEAN-BTE. [LOUIS IV.
DUPONT, Marie-Victoire. [TOUSSAINT IV.

TERRIENNE.—Voy. TERRIEN.

TERRIOT.—*Variations et surnoms :* TÉRIAU—TÉRIAULT—TÉRIOT—TERRIAU—TERRIAULT—THÉRIAULT—THÉRIAUX—DEGRANDMAISON et GRANDMAISON—GOUPIL—GUY.

1713, (3 février) Ste-Famille, I. O.
I.—TERRIOT (1), GERMAIN, b 1683, fils de Germain et d'Anne Guillot, du bourg Charante, diocèse de Xaintes, Saintonge.
POULIN, Marie, [MARTIN II.
b 1693 ; s 11 mai 1733, à Québec. [2]
Madeleine, b 12 dec. 1713, à Ste-Anne[3] ; 1° m[2] 30 juin 1733, à Pierre-Augustin PARIS ; 2° m[2] 16 août 1735, à Antoine GOUPIL.—*Marie-Gertrude*, b... m[2] 25 sept. 1737, à François DUBOURS.—*Jean-Baptiste*, b[3] 21 mars 1716.—*Guillaume*, b[3] 30 août 1718 ; s[3] 29 juillet 1733.—*Marie-Brigitte*, b[3] 26 août 1720.—*Geneviève*, b[3] 28 sept. 1722.—*Pierre*, b[3] 23 et s[3] 24 janvier 1725.—*Joseph*, b[3] 11 juin 1726.—*Charles*, b[3] 9 oct. 1728 ; s[2] 19 mai 1733.

I.—TERRIOT, PAUL,
Acadien.
HÉBERT, Anne,
b 1711 ; Acadienne ; s 23 février 1781, à Kamouraska. [4]
Marie-Joseph, b... 1° m 11 fevrier 1765, à Pierre LÉVESQUE, à la Rivière-Ouelle[5] ; 2° m[5] 14 nov. 1768, à Jean-Bernard LANCOGNARD.—*Pierre*, b... m[5] 20 janvier 1766, à Louise-Geneviève GAUVIN.—*Jean*, b... m[5] 9 janvier 1769, à Marie-Joseph BÉRUBÉ.—*Marie-Anne*, b... m[5] 6 fevrier 1769, à Jean-Baptiste RICHARD.—*Marie-Modeste*, b 1754 ; m[4] 6 nov. 1775, à Ignace PARADIS.—*Paul*, b... m[5] 15 janvier 1776, à Geneviève BÉRUBÉ.—*Jacques*, b[5] 21 oct. 1759 ; m[4] 15 janvier 1781, à Madeleine GRANDMAISON.

I.—TERRIOT, JOSEPH,
Acadien.
CORMIER, Marie-Agnès,
Acadienne.
Anselme, b... m 30 janvier 1775, à Marie-Romaine THIBAULT, à l'Islet.—*Cécile*, b... m 10 février 1777, à Romain DUTREMBLE, à St-Jean-Port-Joli. [6] — *Catherine*, nee en Acadie ; b 1er nov. 1759, à St-Frs-du-Sud. [7] — *Marie-Geneviève*, b[7] 1er dec. 1760.—*Marie-Anne*, b... m[6] 8 janvier 1781, à Zacharie DUFOUR.

(1) Il s'est aussi appelé Guy Terriot dit Grandmaison—Goupil—Guillaume Grandmaison et DeGrandmaison, et Jean Guy dit Grandmaison.

1759.
TERRIOT, JOSEPH,
b 1719 ; Acadien ; s 7 nov. 1765, à Ste-Anne-de-la-Pocatière.
GIROUARD, Marie-Joseph,
Acadienne.
Pierre, b 1760, aux Trois-Pistoles.—*Victor*, b 13 dec. 1761, au Cap-St-Ignace. [8] — *Marie-Anne*, b[8] 15 février 1764.

1766, (20 janvier) Rivière-Ouelle.
II.—TERRIOT, PIERRE. [PAUL I.
GAUVIN, Louise-Geneviève, [ETIENNE III.
b 1740.

1769, (9 janvier) Rivière-Ouelle.
II.—TERRIOT, JEAN. [PAUL I.
BÉRUBÉ, Marie-Joseph, [FRANÇOIS III.
b 1746.

1775, (30 janvier) Islet.
II.—TERRIOT, ANSELME. [JOSEPH I.
THIBAULT, Marie-Romaine. [JOSEPH-FRANÇOIS

1776, (15 janvier) Rivière-Ouelle.
II.—TERRIOT, PAUL. [PAUL I.
BÉRUBE, Genevieve, [FRANÇOIS III.
b 1753.

1781, (15 janvier) Kamouraska
II.—TERRIOT, JACQUES, [PAUL I.
b 1759.
GRANDMAISON, Madeleine. [JEAN-BTE

1782, (30 nov.) Québec.
I.—TERRIOT, PAUL, fils de Simon et de Françoise Daigle, des Mines, Rivière-aux-Canards, Acadie.
HURPEAU, Marie-Charlotte. [Ed...

TÉSARD.—Voy. THÉSARD.

TESSANDIER.—*Surnom :* SANSCARTIER.

1761, (2 fevrier) Varennes. [9]
I.—TESSANDIER (1), FRANÇOIS, fils de Pierre et de Marguerite Messargue, de Mormiges, diocèse de Cahors, en Quercy.
1° LEBRODEUR, Judith, [IGNACE II.
b 1726.
1766, (29 sept.) [9]
2° LAVIGNE, Marie-Françoise, [JACQUES III.
veuve de Pierre Fortier.

TESSEAU.—Voy. TISSOT.

I.—TESSENET, ARNAUD, b 1726 ; fils de Jacques et de Marguerite Delpèche.
1° DEGANNES, Marie.
1755, (15 juillet) Montréal.
2° MALHERBE, Marie-Anne, [FRANÇOIS
b 1734.

(1) Dit Sanscartier ; soldat du régiment Royal-Roussillon.

TESSERAU.—Voy. TESSEREAU.

TESSERAUD.—Voy. TESSEREAU.

TESSEREAU.—*Variations et surnom :* TESSERAU—TESSERAUD—TESSEROT—TIERCEREAU—BELLEFLEUR.

1699, (2 mars) Montreal. [8]

I.—TESSEREAU (1), ANTOINE,
b 1665; charpentier; s [8] 1er janvier 1733.
1° GUILLORY, Madeleine, [SIMON I.
b 1681; s 6 mars 1704, à Lachine. [9]
1704, (19 mai). [8]
2° BEAUVAIS, Marie-Anne, [RAPHAEL II.
b 1684, s [8] 22 mai 1755.
Marie-Anne, b [9] 18 juillet 1705; m [8] 4 nov. 1727, à Jean HEURTEBISE.—*Joseph,* b [9] 28 mars 1710.—*Catherine,* b [8] 5 nov. 1713; m [8] 16 février 1733, à Denis ST. AUBIN.—*Jean-Baptiste,* b [9] 26 oct. 1717; 1° m [8] 9 janvier 1747, à Louise MONET, 2° m [8] 1er février 1751, à Marguerite SARRAZIN, 3° m [8] 10 janvier 1763, à Angelique HAREL.

1747, (9 janvier) Montreal. [6]

II.—TESSEREAU, JEAN-BTE, [ANTOINE I.
b 1719.
1° MONET, Louise, [LOUIS II.
b 1725; s [6] 25 février 1749.
Marie-Louise, b [6] 20 nov. 1747; s [6] 3 juillet 1748.—*Marie-Véronique,* b [6] 3 fevrier 1749.
1751, (1er février). [6]
2° SARRAZIN, Marguerite, [THOMAS III.
b 1728.
1763, (10 janvier). [6]
3° HAREL, Angélique, [JACQUES III.
b 1735; veuve de Jean-Baptiste Périneau.

1757, (31 janvier) Québec. [5]

I.—TESSEREAU (2), MICHEL, fils de Michel et de Jeanne Beauchamp, de St-Germain, ville de Poitiers, Poitou.
BODIN, Marie-Angelique. [PHILIPPE II.
Michel, b [5] 2 dec. 1757; s 18 juillet 1758, à Charlesbourg.

TESSEROT.—Voy. TESSEREAU.

1768, (27 avril) Varennes.

I.—TESSEUR, JEAN-PIERRE, fils d'Antoine et de Benoite Gérin, de St-Jean, diocese de Lyon, Lyonnois.
ROUGEAU-LATOUCHE, Therèse. [JEAN-BTE III.

TESSIER.—*Variations et surnoms :* BESSIER—LETELLIER—TEXIER—CHAUMINE—DE LA TESSONNIÈRE — HARINGUE — LAFOREST — LALIBERTÉ—LAPLANTE—LAVIGNE—LESPÉRANCE—NICOLE—ST. MARTIN.

(1) Voy. Tesserot, vol. I, p. 561.
(2) Dit Bellefleur, fifre dans la compagnie de M. Le Mer.

1648, (28 sept.) Quebec. [1]

I.—TESSIER (1), URBAIN,
b 1624; s 21 mars 1689, à Montréal. [2]
ARCHAMBAULT, Marie, [JACQUES I.
b 1636; s 16 août 1719, à la Pte-aux-Trembles, M.
Paul, b [2] 5 février 1651; m 13 oct. 1681, à Madeleine CLOUTIER, au Château-Richer; s 26 avril 1730, à la Longue-Pointe. — *Laurent,* b [2] 3 juin 1655; m [1] 20 oct. 1681, à Geneviève LEMIRE; s [2] 27 sept. 1687.—*Jean,* b [2] 24 juin 1663; 1° m 21 nov. 1686, à Jeanne LEBER, à Laprairie [3]; 2° m [3] 21 avril 1688, à Louise CARON; 3° m [2] 27 août 1703, à Marie-Catherine DEPOITIERS; s [2] 7 déc. 1734.—*Jean-Baptiste,* b [2] 26 janvier 1672; m [2] 4 nov. 1698, à Elisabeth REGNAUT; s 20 mai 1736, à Longueuil.—*Jacques,* b [2] 2 mars 1675; m [2] 10 mai 1699, à Marie ADHÉMAR; s [2] 9 mai 1738.—*Ignace,* b [2] 11 mars 1677; m 1704, à Marguerite LUISSIER.—*Nicolas,* b [2] 17 juin 1679; m [2] 27 janvier 1716, à Geneviève AUGÉ; s 4 janvier 1757, à l'Hôpital-General, M.

1666, (5 juillet) Montréal. [4]

I.—TESSIER (2), PIERRE,
b 1630; s [4] 25 avril 1702.
VARIN, Catherine.
Paul, b [4] 19 mai 1667; m 26 février 1691, à Jeanne AMIOT, à la Pte-aux-Trembles, Q.; s 7 mars 1744, à Laprairie.—*Marie-Elisabeth,* b 1696; m à Louis TRUCHON; s 25 juin 1739, à Lachenaye.

1668, (26 nov.) Quebec [5]

I.—TESSIER (1), MARIE.
1° LEDOUX, Jaqueline, [JEAN I.
veuve de Jacques Grimot.
Madeleine, b [6] 2 oct. 1676; 1° m 25 avril 1695, à François HILERET, à Charlesbourg [6]; 2° m [6] 27 janvier 1710, à François RIVAUT, s [6] 27 juin 1732. —*Pierre,* b [5] 5 mai 1679; m [6] 7 janvier 1704, à Marie-Anne VIVIER; s [6] 27 février 1718.
1691, (3 sept.) Château-Richer. [7]
2° CARTIGNIER, Marie, b 1653; veuve de Jacques Cailler; fille de Robert et de Bonne Colombiers, de Notre-Dame-de-Bonne-Nouvelle, Paris.
1708, (5 nov.) [7]
3° LAISNÉ, Anne,
b 1655, veuve de René Bisson dit Lépine.

1670, (23 sept.) Château-Richer.

I.—TESSIER (3), MATHURIN,
b 1630; s 20 janvier 1703, à St-Thomas.
LESTOURNEAU, Elisabeth, [DAVID I.
b 1654.
Edmond, b 1671; m 18 juin 1697, à Madeleine LANGEVIN, à Ste-Anne-de-la-Perade [8]; s [8] 24 sept. 1750.—*Jacques,* b 1683; m 1707, à Catherine HAMELIN. — *Jean-Baptiste,* b 11 sept. 1688, à Quebec; m 1er juin 1711, à Jeanne DELAHAYE, à Champlain; s [8] 11 sept. 1748.

(1) Voy. vol. I, p. 561.
(2) Et Bessier; voy. vol I, pp. 40 et 561.
(3) Voy. vol. I, pp. 561-562.

I.—TESSIER (1), Roland, b 1672 ; s 1er février 1738, à l'Hôpital-Général, Q.

1681, (13 oct.) Château-Richer.

II.—TESSIER (2), Paul, [Urbain I.
b 1651 ; s 26 avril 1730, à la Longue-Pointe.[1]
Cloutier, Madeleine, [Charles II.
b 1660 ; s[1] 12 fevrier 1748.

Charles, b 30 août 1682, à Montréal.[2] — *Jean-François*, b[2] 28 dec. 1685. — *Marie*, b[2] 12 nov. 1687 ; m[2] 20 fevrier 1708, à Paul Baudreau.—*Anne-Agnès*, b[2] 31 juillet 1692 ; m[2] 26 février 1713, à Jacques Moquin. — *Hélène*, b[2] 5 nov. 1694 ; m[1] 18 février 1726, à Toussaint Rebou.—*Marie-Madeleine*, b[2] 3 août 1698 ; m[2] 24 oct. 1718, à François Gautier.—*Marie-Louise*, b[2] 16 mai 1700 ; m[2] 17 nov. 1721, à Jacques Gautier.—*Paul*, b[2] 11 mai 1703 ; m 19 avril 1728, à Madeleine Favreau, à Boucherville ; s[1] 22 déc. 1753. —*Angélique*, b[2] 20 nov. 1706 ; s[2] 13 janvier 1715.

1681, (20 oct.) Québec.

II.—TESSIER (3), Laurent, [Urbain I.
b 1655 ; bourgeois ; s 27 sept. 1687, à Montréal.[3]
Lemire (4), Anne-Geneviève, [Jean I.
b 1664.

Marie-Anne, b 1685 ; m[3] 15 mai 1707, à Pierre Gautier ; s[3] 8 juin 1723.—*Jean-Baptiste*, b[3] 4 juin 1686 ; m[3] 7 fevrier 1712, à Marie-Anne Aubuchon ; s[3] 13 fevrier 1713.

1686, (21 nov.) Laprairie.[4]

II.—TESSIER (5), Jean, [Urbain I.
b 1663 ; s 7 dec. 1734, à Montreal.[5]
1° Leber, Jeanne, [François I.
b 1671 ; s[5] 4 déc. 1687.

Paul, b[5] 5 et s[5] 9 nov. 1687.

1688, (21 avril).[4]

2° Caron, Louise, [Claude I.
b 1671 ; s[5] 13 avril 1703.

Charles, b[5] 17 août 1690 ; 1° m[5] 9 avril 1720, à Suzanne Buisson ; 2° m[5] 19 mars 1723, à Françoise Janson ; 3° m[5] 29 oct. 1726, à Marie-Madeleine Pepin ; s[5] 26 dec. 1747.—*Marie-Louise*, b[5] 26 mars 1692 ; 1° m[5] 18 nov. 1709, à Paul Dumouchel ; 2° m[5] 8 juin 1722, à Jean Bouchard. —*Marie-Anne*, b[5] 27 fevrier 1694 ; m[5] 27 janvier 1710, à Bernard Dumouchel.—*Vital*, b[5] 29 janvier 1696 ; s[5] 14 juillet 1715.—*Jacques*, b[5] 9 janvier 1698 ; m[5] 7 août 1726, à Marie Thomelet. —*Jean-Baptiste*, b[5] 6 sept. 1699 ; m[5] 9 février 1722, à Clemence Bouchard.—*Marguerite*, b[5] 28 juillet 1701 ; m[5] 24 nov. 1721, à Philippe Lachenaye.

1703, (27 août).[5]

3° DePoitiers, Marie-Catherine, [Jean-Bte I.
b 1671 ; s[5] 22 janvier 1745.

Marie-Catherine, b[5] 7 juin 1704 ; m[5] 11 oct. 1728, à Antoine Janis.—*Jeanne-Hélène*, b ... juillet 1707 ; s[5] 20 déc. 1718.—*Louis*, b[5] 28 avril 1710 ; m[5] 27 sept. 1734, à Louise Pepin ; s ... février 1745.—*Marie-Geneviève*, b[5] 7 nov. 1713 ; m 1735, à Hyacinthe Lemaire.

1687, (25 nov.) Beauport.[7]

I.—TESSIER (1), Mathieu,
b 1665 ; s[7] 17 mars 1745.
Carreau, Marguerite, [Louis I.
b 1662 ; veuve de Louis Prévost ; s[7] 15 oct. 1737.

Marie-Madeleine, b[7] 29 mai 1694 ; m[7] 13 février 1713, à Jean-François Bergevin. — *Marie-Françoise*, b[7] 4 sept. 1696 ; 1° m[7] 21 nov. 171.. à Jean Paradis ; 2° m 27 juillet 1723, à René Tardif, à Charlesbourg. — *Marie-Madeleine*, b 14 fevrier 1698 ; m[7] 15 janvier 1714, à Pierre Grenier.—*Marie-Angélique*, b[7] 3 sept. 1699, m 2 mai 1719, à René Dauphin ; s[7] 1er nov. 174..—*Jean-Baptiste*, b[7] 9 juin 1704 ; m[7] 6 nov. 172.., à Marie-Angelique Grenier.

1691, (26 février) Pte-aux-Trembles, Q.

II.—TESSIER (2), Paul, [Pierre I.
b 1667 ; s 7 mars 1744, à Laprairie.
Amiot (3), Jeanne, [Mathieu II.
b 1670.

Anne, b 7 mai 1692, à Montréal[8] ; m 27 ... 1715, à Louis-Etienne Gagné, à la Pointe-Claire. —*Jean*, b[8] 29 mai 1694. — *Marie-Anne*, 1.. juillet 1696. — *Marie-Joseph*, b 17 mars 1704, au Bout-de-l'Ile, M.

1697, (18 juin) Ste-Anne-de-la-Pérade[9]

II.—TESSIER (4), Edmond, [Mathurin
b 1671 ; s[9] 24 sept. 1750.
Langevin (5), Madeleine, [Mathurin
b 1677 ; s[9] 9 fevrier 1749.

Pierre, b[9] 25 août 1698 ; m[9] 12 août 1719, ... Angelique Gaudry.—*René*, b[9] 4 mai 1705 ; 1° ... 1725, à Madeleine Sauvageau ; 2° m[9] 21 ... 1771, à Marguerite Guibaut. — *François-Xavier*, b[9] 7 déc. 1707 ; 1° m 21 fevrier 1730, à Françoise Guibaud, à Quebec ; 2° m[9] 14 fevrier 175.., Marie Lheureux. — *Louis*, b[9] 26 mars 1710 ; m ... 6 fevrier 1741, à Madeleine Gendra ; s[9] 11 janvier 1770. — *Marie-Madeleine*, b[9] 25 mai 171.. m[9] 18 juin 1729, à Michel Gendra. — *Geneviève*, b[9] 17 dec. 1714. — *Joseph*, b[9] 9 août 1716. — *Joachim*, b[9] 6 nov. 1718 ; m[9] 5 février 17.., Marie-Anne Magnan ; s[9] 10 janvier 1756.

---

(1) Ci-devant secrétaire de Mgr de St. Valier (Hôpital-Général, Q., 24 février 1730). Tessier n'était pas prêtre.
(2) Dit Chaumine ; voy. vol. I, p. 562.
(3) Voy. vol. I, p. 562.
(4) Elle épouse, le 9 nov. 1694, Antoine DeRupalley, à Quebec.
(5) Dit Lavigne ; voy. vol. I, p. 562.

(1) Dit Haringue—Laplante ; voy. vol. I, p. 562.
(2) Et aussi Bessier ; voy. vol. I, p. 562.
(3) Villeneuve.
(4) Voy. vol. I, p. 562.
(5) Lacroix.

1698, (4 nov.) Montréal. [1]

I.—TESSIER (1), JEAN-BTE, [URBAIN I.
b 1672; s 20 mai 1736, à Longueuil. [2]

REGNAUT (2), Elisabeth, [ANTOINE II.
b 1681; s [1] 11 nov. 1747.

Jean-Baptiste, b [1] 22 oct. 1699; m 20 mai 1726, Marie-Anne MIGNERET, à Kaskakia. — *Marie-Elisabeth*, b [1] 6 déc. 1701; m 3 nov. 1722, à Antoine PAISAN, à St-Laurent, M. [4]; s [1] 11 février 1780.—*Gilbert*, b [1] 25 août 1703; s [1] 11 nov. 1718. —*Marie-Joseph*, b [1] 16 mars 1706; s [1] 24 avril 1720. — *Nicolas*, b [1] 9 sept. 1708; 1° m 7 janvier 1732, à Marie-Charlotte RICHARD, à la Longue-Pointe [5]; 2° m [1] 15 sept. 1755, à Angélique PAIANT; s [5] 8 mars 1769. — *Joseph*, b [1] 29 mars 1711; m 1735, à Marie CUSSON. — *Pierre*, b [1] 12 mars 1713; s [1] 19 sept. 1714.—*Marguerite*, b [1] 13 nov. 1716; m [2] 15 sept. 1738, à François VINET.—*Marie-Charlotte*, b 1718; m 1741, à Jean-Baptiste MONET. — *Jacques*, b [1] 20 avril 1719; 1° m [2] 22 février 1740, à Marie-Louise MONET; 2° m 8 avril 1755, à Catherine MASSON, à Chambly [6]; s [6] 27 déc. 1758. — *Marie-Joseph*, b [4] 24 juin 1721; m [2] 22 février 1745, à Nicolas MONET.

1699, (10 mai) Montréal. [8]

I.—TESSIER (1), JACQUES, [URBAIN I.
b 1675; s [8] 9 mai 1738.

ADHÉMAR, Marie, [ANTOINE I.
b 1679; s [8] 17 mai 1754.

Antoine, b [8] 1er mars 1700; s [8] 30 mars 1716.—*Paul*, b [8] 22 oct. 1701; m [8] 19 avril 1728, à Jeanne LEFEBVRE; s 21 oct. 1773, à la Longue-Pointe. — *Marie-Elisabeth*, b [8] 27 mars et s [8] 7 mai 1703.—*Charles*, b [8] 14 mai 1704; s [8] 12 nov. 1718.—*Jacques*, b [8] 25 février 1706; m 23 février 1734, à Marie-Angélique MOREAU, à Québec.—*Jean-Baptiste*, b [8] 24 février 1708; s [8] 27 avril 1710. — *Marie-Anne*, b [8] 26 oct. 1709; m [8] 29 oct. 1737, à Jean-Baptiste PRUDHOMME. — *Urbain*, b [8] avril 1711; 1° m [8] 12 janvier 1750, à Jeanne DESCARY; 2° m [8] 23 nov. 1761, à Françoise TRUDEAU.—*François*, b [8] 7 février et s [8] 4 juin 1713. —*Catherine-Marguerite*, b [8] 10 juin 1714; m [8] 16 nov. 1733, à François-Sylvestre FRETÉ. — *Geneviève*, b [8] 7 mars et s [8] 16 juillet 1716. — *Jean-Baptiste*, b [8] 18 mai 1717; s [8] 12 nov. 1718. — *Marguerite*, b [8] 21 mai et s [8] 6 juin 1719.—*Marie-Joseph*, b [8] 12 et s [8] 28 juillet 1720.

I.—TESSIER, DANIEL.

....

Louis, b... m 3 mai 1733, à Geneviève MIGNERON, à Lavaltrie.

1704, (7 janvier) Charlesbourg. [1]

I.—TESSIER, PIERRE, [MARC I.
b 1679; s [1] 27 février 1718.

VIVIER, Marie-Anne, [PIERRE I.
b 1682; s [1] 19 août 1753.

Marie-Joseph, b [1] 29 avril 1705; 1° m [1] 6 juin 1730, à Jean-Baptiste MOLEUR; 2° m [1] 15 juillet 1737, à Nicolas JACQUES.— *Marie-Marguerite*, b [1] 2 juin 1707; m [1] 26 mai 1732, à Jean-Charles VERRET. — *Jean*, b [1] 22 mars 1709; m [1] 9 nov. 1733, à Catherine BARBOT. — *Pierre*, b [1] 18 avril 1712; m [1] 11 janvier 1740, à Marie-Madeleine JACQUES. — *Marie-Madeleine*, b [1] 29 août 1714; m [1] 27 nov. 1736, à Pierre VERRET.—*Marie-Geneviève*, b [1] 3 déc. 1716; m [1] 7 nov. 1740, à Jacques VERRET.

1704.

II.—TESSIER (1), IGNACE, [URBAIN I.
b 1677.

LUISSIER, Marguerite, [JACQUES I.
b 1683.

Marguerite, b 4 mars 1705, à Repentigny [6]; m 1730, à François-Dominique LEFEBVRE; s 30 avril 1734, à Laprairie. — *Ignace*, b [6] 29 sept. 1706; m 7 janvier 1732, à Geneviève FORCIER, à St-Michel-d'Yamaska. [7]—*Pierre*, b [6] 29 juin 1708; 1° m [7] 7 janvier 1732, à Marie-Charlotte FORCIER; 2° m [7] 30 juin 1745, à Geneviève PARENTEAU; s [7] 6 février 1759.—*Jacques*, b 19 sept. 1710, à Montréal; s [6] 10 juillet 1716.—*Marguerite*, b [6] 27 août 1712; m [6] 10 janvier 1729, à Pierre MAUPAS.—*Marie-Madeleine*, b [6] 30 août 1714.— *Urbain*, b [6] 14 avril et s [6] 18 août 1716. — *Jacques*, b [6] 29 août 1717.—*Marie-Charlotte*, b [6] 24 avril 1719.—*François*, b [6] 4 mai 1721. — *Jean-Baptiste*, b [6] 26 mars 1723; 1° m 1750, à Marie-Thérèse FOUCAULT; 2° m 22 août 1762, à Marie-Joseph GUÉRIN, à Terrebonne — *Joseph*, b [6] 4 mars 1725.— *Marie-Joseph*, b [6] 4 et s [6] 29 juillet 1727.

1707.

II.—TESSIER, JACQUES, [MATHURIN I.
b 1683.

HAMELIN, Catherine.

Pierre, b 1708; m 15 nov. 1739, à Catherine VACHER, aux Trois-Rivières; s 15 janvier 1750, à Sorel.

1710.

TESSIER, PIERRE.

LEBERT, Marie.

Antoine-Joseph, b 19 avril et s 25 mai 1711, à Repentigny.

1711, (1er juin) Champlain.

II.—TESSIER, JEAN-BTE, [MATHURIN I.
b 1688; s 11 sept. 1748, à Ste-Anne-de-la-Pérade. [1]

DELAHAYE, Jeanne, [JEAN-BTE I.
b 1690; s [1] 7 mars 1748.

1712, (7 février) Montréal. [2]

III.—TESSIER (2), JEAN-BTE, [LAURENT II.
b 1686; s [2] 13 février 1713.

AUDUCHON (3), Marie-Anne, [JOSEPH II.
b 1692.

Marie-Anne (posthume), b [2] 12 mars 1713; m 29

(1) Voy. vol. I, p. 562.
(2) Appelée Millet à sa sépulture, du nom du second mari de sa mère.

(1) Dit Lavigne.
(2) Sieur de la Tessonnière.
(3) Elle épouse, le 10 février 1718, Pierre Joly, à la Pte-aux-Trembles, Q.

août 1728, à Pierre GROUARD, à Québec[7], s[7] 9 nov. 1740.

1716, (27 janvier) Montréal.[7]

II.—TESSIER (1), NICOLAS, [URBAIN I.
b 1679; s 4 janvier 1757, à l'Hôpital-Général, M.[8]

AUGÉ, Geneviève, [JEAN II.
b 1699; s[7] 30 oct. 1748.

Marie-Joseph, b[7] 20 et s[7] 29 oct. 1717. — *Antoine*, b[7] 25 avril 1721; m 24 sept. 1742, à Agathe MARTEL, à la Longue-Pointe; s[7] 5 oct. 1748. — *Françoise-Luce*, b[7] 4 juin 1723; s[8] 28 oct. 1801.—*Marie-Joseph*, b[7] 4 juin 1723.

TESSIER, JOSEPH, b... s (2) 20 août 1740, au Bout-de-l'Ile, M.

1719, (12 août) Ste-Anne-de-Pérade.[2]

III.—TESSIER, PIERRE, [EDMOND II.
b 1698.

GAUDRY (3), Angélique, [JACQUES I.
b 1685; veuve de Jean Leduc.

Marie-Madeleine, b[2] 22 juin 1720, m[2] 9 février 1739, à Michel LEDEUF. — *Marie-Angélique*, b[2] 3 mai 1722; m[2] 20 nov. 1741, à Michel MAILLOT.— *Marie-Jeanne*, b[2] 9 juillet 1724; m[2] 2 juillet 1742, à Antoine PELLETIER; s 15 avril 1757, à la Pte-aux-Trembles, Q. — *Pierre*, b[2] 16 oct. 1726.

1720, (9 avril) Montréal.[3]

III.—TESSIER (1), CHARLES, [JEAN II.
b 1690; s[3] 26 dec. 1747.

1° BUISSON, Suzanne, [PIERRE I.
b 1694; s[3] 13 oct. 1721.

Charles, b[3] 14 sept. 1720; s[3] 2 février 1724. —*Suzanne-Marguerite*, b[3] 24 sept. 1721, 1° m[3] 20 mars 1747, à Henri CATIN; 2° m[3] 9 juin 1751, à Charles LEPAILLEUR; s[3] 15 fevrier 1756.

1723, (19 mars).[3]

2° JANSON, Marie-Françoise, [PIERRE I.
b 1692; s[3] 24 mai 1726.

Anne, b[3] 4 fevrier 1725; s[3] 2 mars 1729.—*Marie-Françoise*, b[3] 24 mai et s[3] 12 août 1726

1726, (29 oct.)[3]

3° PEPIN (4), Marie-Madeleine, [PIERRE II.
b 1698; veuve de Jean-Baptiste St. Marc.

TESSIER (5), CHARLES.

1722, (9 février) Montréal.[1]

III.—TESSIER (1), JEAN-BTE, [JEAN II.
b 1699.

BOUCHARD, Marie-Clémence, [RENÉ I.
b 1701.

Jean-Baptiste, b[1] 16 août 1722; m[1] 9 février 1750, à Charlotte CABASSIER. — *Louis*, b[1] 9 nov. 1723.—*Marie-Louise*, b 1726; m[1] 11 fevrier 17.. à Jean-Chrysostôme LAMARQUE. — *Angélique*, b[1] 12 sept. 1727; m[1] 24 mai 1752, à Charles CABOY.. —*Antoine*, b 1728; m 8 janvier 1759, à Marguerite ST. ROMAIN, à Contrecœur. — *Claude*, b[1] .. août 1729. — *Jean-Baptiste*, b[1] 7 janvier 1731; m[1] 2 février 1761, à Marguerite BERNARD.— *Louise-Madeleine*, b 1732; s[1] 18 janvier 1733.— *Marie-Agathe*, b[1] 10 janvier et s[1] 8 sept. 1736. —*Marie-Clémence*, b[1] 30 mai 1737. — *Suzanne*, b[1] 9 juin 1738; m[1] 19 avril 1762, à Jean-Baptiste LEBLANC. — *Marie-Joseph*, b[1] 23 sept. et s.. 6 oct. 1739.—*Geneviève*, b[1] 23 sept. et s[1] 5 oct. 1739. — *Ludivine-Joseph*, b[1] 31 janvier 1741.— *Pierre*, b[1] 29 juin et s[1] 14 juillet 1743.— *Marie-Joseph*, b[1] 29 juin 1743.

1724, (26 fevrier) Montréal.[5]

I.—TESSIER, JEAN, b 1687; fils de Vincent et de Louise Givet, de St-Laurent, diocèse de Poitiers, Poitou.

PÉRILLART (1), Angelique, [NICOLAS I.
b 1708.

Geneviève, b[5] 14 mai 1727. — *Marie-Anne*, b.. 4 juillet 1728; s[5] 13 nov. 1729. — *Louis*, b.. sept. et s[5] 20 nov. 1729. — *Angélique-Françoise*, b[5] 16 dec. 1730. — *Louis*, b[5] 4 janvier 173.. *François*, b[5] 14 janvier et s[5] 7 août 173.. *Joseph-Jean-Baptiste*, b[5] 20 mars 1736; m.. nov. 1757, à Louise-Angélique THIERRY.

1724, (16 août) Quebec.

I.—TESSIER, PIERRE, b 1690; fils de Pierre et de Françoise Moiseau, de l'Ile-Dieu, diocèse de Luçon, Poitou.

HALLÉ (2), Françoise, [JEAN
b 1687; veuve de Claude Dudevoir.

1724, (6 nov.) Beauport.[1]

II.—TESSIER (3), JEAN-BTE, [MATHIEU
b 1704.

GARNIER, Marie-Angélique, [CHARLES
b 1704.

Marie-Angélique, b[1] 23 nov. 1725; m[1] 23 janvier 1747, à Jean-Baptiste GIROUX. — *Marie-Louise*, b[1] 7 avril 1727; s[1] 20 juillet 1730.— *Marguerite-Dominique*, b[1] 20 déc. 1728; 1° m.. 17 avril 1752, à Claude DUPRAC; 2° m[1] 6 juillet 1761, à François KIRIAU.—*Jean-Baptiste*, b[1] .. oct. 1730; m[1] 3 mai 1751, à Marie-Madeleine DUPRAC.—*Louis*, b[1] 27 fevrier 1732; m[1] .. fevrier 1757, à Angélique GIROUX.—*Marie-Joseph*, b[1] 20 sept. 1733; m[1] 9 janvier 1764, à Edouard PLATT.—*Marie-Louise*, b[1] 8 et s[1] 10 juin 173..—*Mathieu*, b[1] 20 fevrier 1737; m 3 nov. 1761, .. Marie-Reine ROUSSIN, à L'Ange-Gardien.—*Louis-Antoine*, b[1] 5 mars 1739.—*Pierre-Vincent*, b.. mars 1741; m[1] 27 janvier 1766, à Marie-Louise TOUPIN.—*Marie-Louise*, b[1] 20 juin 1743.— .. *Gabriel*, b[1] 11 août 1747; m 28 janvier 1771,

(1) Dit Lavigne.

(2) Noyé le 20 juin dans le Long-Sault, allant à Michilimakinac.

(3) Beaupré—La Bourbonnière.

(4) Elle épouse, le 16 mars 1750, Philippe Leduc, à Montréal.

(5) Dit Lavigne; voyageur — fermier de la Baie (Green Bay), adopte, le 12 juillet 1744, Françoise-Angelique Caron.

(1) Elle épouse, le 5 sept 1740, René Jannot, à Montréal.

(2) Elle épouse, le 23 nov. 1740, Simon L'hérault, Québec

(3) Dit Laplante.

...deleine Leclerc, à St-Laurent, I. O.—*Elisa-beth*, b [1] 27 janvier 1751.

1725.

I.—TESSIER, René, [Edmond II.
b 1705.
1° Sauvageau, Madeleine, [Alexis II.
b 1697; s 28 janvier 1771, à Ste-Anne-de-la-Perade.[9]
François, b [9] 7 janvier 1726; m [9] 8 janvier ...53, à Elisabeth Morand; s [9] 23 mars 1776.
Paul, b [9] 27 mars 1727; m 1760, à Thé...se Périgny.—*Pierre-René*, b [9] 15 oct. 1728; m [9] ... janvier 1751, à Ursule Rocheleau.—*Marie-Charlotte*, b [9] 4 juillet 1730; s [9] 16 déc. 1761.—*Marguerite*, b [9] 7 juin 1732; m [9] 19 février 1754, à Jacques Vallée. — *Marie-Joseph*, b [9] 7 juin ...32; m [9] 6 avril 1752, à Ignace Morand.—*Marie-Angélique*, b [9] 27 avril 1734; 1° m [9] 14 février 1752, à Joseph Vallée; 2° m [9] 7 janvier ...61, à Joseph Morand; s [9] 4 mai 1767.—*Louis-Michel*, b [9] 9 mars 1736, 1° m [9] 2 février 1761, à ...gitte Vallée; 2° m [9] 14 oct. 1776, à Madeleine Lefebvre.—*Marie-Madeleine*, b [9] 13 oct. 1740; ...28 juillet 1747.

1771, (21 oct.) [9]

2° Guibaut, Marguerite, [François II.
b 1711; veuve de Pierre-Charles Vallée; s [9] 19 janvier 1776.

1726, (4 février) Montreal.

...—TESSIER (1), Antoine,
b 1703.
L'Archevêque, Antoinette, [Philippe III.
b 1710; s 17 janvier 1779, à l'Hôpital-Général, M.

1726, (20 mai) Kaskakia.

...—TESSIER, Jean-Bte, [Jean-Bte II.
b 1699.
Migneret, Marie-Anne.

1726, (5 août) St-Augustin. [8]

...—TESSIER, Pierre, b 1700; fils d'Isaac et de Françoise Bireau, de St-Jean, ville de LaRochelle, Aunis.
Vermet, Marie-Catherine, [Jacques II.
b 1707.
Pierre, b [8] 1er mai 1727.—*Marie-Ursule*, b [8] 2 ... 1728.—*Marguerite-Charlotte*, b [8] 9 janvier ...30, m 1747, à Joseph Gingras.—*Marie-Louise*, ...10 avril 1731.—*Marie-Joseph*, b [8] 26 oct. 1732.
Isaac-Joseph, b [8] 31 mai 1734; m à Madeleine ...llard.—*Marie-Rose*, b [8] 31 déc. 1735; m à ...gustin Clément. — *Madeleine-Françoise*, b [8] 8 ...llet 1737.—*Marie-Angélique*, b [8] 11 mars 1739; ...22 février 1762, à Joseph Amiot.—*Françoise-Thérèse*, b [8] 6 sept. 1740. — *Agathe-Elisabeth-...*, b [8] 3 avril 1742.—*Brigitte*, b [8] 11 avril ...; m 1764, à Anne Gingras.—*Joseph-Gaspard*, ...6 janvier 1746.—*Geneviève-Suzanne*, b [8] 12 et ...24 août 1747.

(1) Pour Letellier dit Lespérance, voy. vol. V, p. 370.

1726, (7 août) Montréal. [9]

III.—TESSIER (1), Jacques, [Jean II.
b 1698.
Thomelet (2), Marie, [Jacques I.
b 1698.
Jean-Baptiste, b [9] 10 nov. 1726.—*Marie-Hypolite*, b [9] 13 mai 1729; m [9] 9 janvier 1747, à Jean-Baptiste-Charles Lefebvre.

1728.

I.—TESSIER (3), Louis-François, b 1700; fils de Daniel et de Marie Raimbaut, de St-Martin, ville de St-Mexant, diocèse de Poitiers, Poitou.
1° Dupuy, Thérèse.
Jean-Louis, b 25 janvier 1729, aux Trois-Rivières; m 24 janvier 1757, à Françoise Lambert-Aubin, à Berthier (en haut).—*Michel*, b 1730; m 16 oct. 1757, à Marguerite Babie, à St-Frs-du-Lac.

1746, (16 août) Montréal.

2° Brisson (4), Marie-Joseph, [Sébastien I.
b 1721.

1728, (19 avril) Boucherville.

III.—TESSIER, Paul, [Paul II.
b 1703; s 22 déc. 1753, à la Longue-Pointe. [2]
Favreau, Madeleine, [Jean II.
b 1710.
Marie-Madeleine, b [2] 28 déc. 1728; m [2] 10 janvier 1757, à Jean-Baptiste Rouillard. — *Marie-Joseph*, b [2] 11 juin 1730; 1° m [2] 23 sept. 1748, à Joseph Gauvreau; 2° m [2] 20 février 1764, à Michel Alarie. — *Paul*, b [2] 10 nov. 1731. — *Joseph*, b [2] 5 janvier 1734. — *Françoise*, b [2] 3 février 1736; m [2] 14 février 1757, à Joseph L'Enfant. — *Thérèse*, b [2] 10 nov. 1737; 1° m [2] 8 janvier 1759, à Jean-Baptiste Ranger; 2° m 10 janvier 1763, à Gabriel Forget, à Terrebonne. — *Marie-Anne*, b [2] 12 mars 1740; m [2] 23 oct. 1769, à Joseph Lauzon.—*François*, b [2] 25 février 1742. — *Marie-Archange*, b [2] 12 février 1745; m [2] 21 oct. 1765, à Jean-Baptiste Roy; s [2] 4 avril 1774. — *Louis*, b [2] 12 juin 1747; s [2] 25 mars 1748. — *Benjamin*, b [2] 16 avril 1750; s [2] 24 mars 1752.

1728, (19 avril) Montréal. [3]

III.—TESSIER (1), Paul, [Jacques II.
b 1701; s 21 oct. 1773, à la Longue-Pointe.
Lefebvre (5), Jeanne, [Jean-Bte I.
b 1700; veuve de Jean Descarry.
Jean-François-Régis, b [3] 17 nov. 1729; s [3] 6 février 1730. —*Marie-Joseph*, b [3] 18 déc. 1734; m [3] 13 mai 1754, à Noël Langlois. — *Catherine*, b... m [3] 29 sept. 1760, à Antoine Janis. — *Jean-Baptiste-Gervais*, b [3] 4 avril et s [3] 11 juillet 1736. —*Marie-Catherine*, b [3] 9 mars 1739, m [3] 8 janvier 1759, à Charles Lemaire. — *Cunégonde-Amable*, b [3] 27 mars et s [3] 14 mai 1741.

(1) Dit Lavigne.
(2) Elle épouse, le 21 janvier 1732, Etienne Lebeau, à Montréal.
(3) Dit Laforest.
(4) Elle épouse, le 4 nov. 1755, Gabriel Bled, à Montréal.
(5) St Jean.

1730, (21 février) Québec.

III.—TESSIER, Frs-Xavier, [Edmond II.
b 1707.

1° Guibaud (1), Françoise, [François II.
s 13 avril 1750, à Ste-Anne-de-la-Pérade.[4]

François-Xavier, b [4] 1er mai 1731; s [4] 20 mai 1734.—*Marie-Joseph*, b [4] 22 sept. 1732; m [4] 9 janvier 1757, à Joseph-Yves Phlem.—*Jean-Baptiste*, b [4] 23 mars 1734; m 29 février 1756, à Françoise Phlem-Yvon, à Batiscan.[5] — *Marie-Françoise*, b [4] 10 août 1735; m [4] 3 février 1755, à Jacques Trotier. — *Angélique*, b [4] 10 février 1737; s [4] 23 juin 1739. — *François-Isidore*, b [4] 14 juin 1738. — *Marie-Angélique*, b [4] 25 mars 1740. — *Louis*, b [4] 27 août 1741; 1° m 6 oct. 1761, à Marguerite Baillargeon, à St-Jean-Deschaillons; 2° m [4] 18 août 1777, à Ursule Sauvageau. — *Marie-Véronique*, b [4] 13 avril 1743. — *Pierre*, b [4] 23 mars 1745; 1° m [4] 18 fevrier 1765, à Louise Vallée; 2° m [4] 28 janvier 1771, à Geneviève Langlois; 3° m [5] 27 janvier 1777, à Madeleine Cadoret.— *Charles*, b [4] 19 nov. 1747; s [4] 19 déc. 1749.

1752, (14 fevrier).[4]

2° Lheureux, Marie, [Sixte II.
b 1695; veuve d'Yves Phlem.

1730, (30 oct.) Québec.[7]

I.—TESSIER (2), Joseph, b 1700; fils d'Yves et de Jeanne Begaut, de Loya, diocèse de St-Malo, Basse-Bretagne, s [7] 18 avril 1756.

LeNormand, Elisabeth, [Charles II.
b 1692; veuve de Jean-Baptiste-Joseph Genaple de Bellefond; s 12 dec. 1760, à Charlesbourg.

Pierre-Joseph, b [7] 26 mai 1732; s [7] 17 juillet 1744. — *Germain*, b [7] 1er fevrier 1735; m 1761, à Anne Normand.

1732, (7 janvier) Longue-Pointe.[8]

III.—TESSIER (3), Nicolas, [Jean-Bte II.
b 1708; s [8] 8 mars 1769.

1° Richard, Charlotte, [Jacques I.
b 1705; s [8] 9 mai 1755.

Nicolas, b 27 août 1735, à Longueuil; m [8] 25 février 1754, à Marie-Joseph Truteau.

1755, (15 sept.) Montreal.

2° Parant, Angelique, [Joseph II.
b 1725.

Joseph-Paul, b [8] 7 août 1756. —*Angélique*, b [8] 17 juillet et s [8] 1er août 1757.—*Jacques*, b [8] 1er et s [8] 13 août 1758. — *Nicolas*, b [8] 21 sept. 1759.— *Marie-Angélique*, b [8] 29 mars et s [8] 4 juillet 1763. —*Henri-Marie*, b [8] 26 fevrier et s [8] 27 juin 1767. —*François*, b [8] 3 oct. 1768; s [8] 20 oct. 1769.

1732, (7 janvier) St-Michel-d'Yamaska.[9]

III.—TESSIER (3), Ignace, [Ignace II.
b 1706.

Forcier, Geneviève, [Jacques II
b 1718.

Pierre, b [9] 11 août 1734; m 16 sept. 1754, à Marguerite Robert, à St-Ours — *Marie Geneviève*, b [9] 1er sept. 1738. — *Marguerite*, b 28 oc[t.] 1740, à St-Frs-du-Lac. — *Barbe-Molein*, b [9] 2[...] juillet 1744.—*Antoine*, b [9] 31 mai 1746. — *Mar[ie-] Catherine*, b [9] 25 février 1748. — *Ignace*, b [9] 2[...] février 1750; m 30 janvier 1775, à Genevi[ève] Charpentier, à Repentigny.

(1) Grandbois.
(2) Dit Lahberté.
(3) Dit Lavigne.

1732, (7 janvier) St-Michel-d'Yamaska [9]

III.—TESSIER, Pierre, [Ignace II.
b 1708; s [9] 6 février 1759.

1° Forcier, Charlotte, [Jacques II.
b 1707; veuve de François-Richard Mare[...]; s [9] 27 juin 1744.

Pierre-Amable, b [9] 29 dec. 1732; s [9] (écra[sé] par un arbre) 3 juin 1749.—*Jean-Baptiste*, b [9] [...] et s [9] 29 avril 1734. — *Jean-Marie*, b [9] 15 et s [9] [...] juin 1735.—*Joseph*, b [9] 17 nov. 1739.—*André*, b [...] 2 dec. 1741.— *Jean-Baptiste*, b [9] 27 juin et s [9] [...] juillet 1744.

1745, (30 juin).[9]

2° Parenteau, Genevieve, [Pierre-Louis II.
b 1716; s [9] 10 dec. 1760.

Marie-Geneviève-Joseph, b [9] et s [9] 19 fev[rier] 1746.—*Marie-Agathe*, b [9] 9 et s [9] 11 dec. 174[6].— *Pierre*, b [9] 11 dec. 1747, m 31 oct. 1790, à Bar[...] ...., au Detroit. —*François-Régis*, b [9] 10 ju[...] 1750.—*Geneviève*, b [9] 22 mai et s [9] 16 juillet 17[...] —*Jacques*, b [9] 27 juillet 1753.—*Marie-Geneviève*, b [9] 2 mai 1756.— *Marie-Louise*, b [9] 1er mai et s [...] 14 sept. 1758.

1733, (3 mai) Lavaltrie.

II.—TESSIER, Louis. [Daniel
Migneron, Geneviève, [Jean I.
b 1710; veuve de Louis Landry.

1733, (9 nov.) Charlesbourg.

III.—TESSIER, Jean, [Pierre I.
b 1709; journalier.

Barbot, Catherine, [Jacques I.
b 1706; s 12 juin 1758, à Quebec.[9]

Jean-Baptiste, b [9] 23 août 1734. — *André-N[...]* b [9] 24 dec. 1735. — *Marie-Catherine*, b [9] 5 ma[i] 1737; s [9] 29 dec. 1739. — *Marie-Anne*, b [9] 18 ja[n]vier 1739; s [9] 8 fevrier 1740. — *Michel*, b [9] [...] mai 1740. — *François-Michel*, b [9] 16 mars 17[...] s [9] 9 dec. 1743.—*René-Julien*, b [9] 25 juillet et s [9] 17 août 1743. — *Joseph*, b [9] 4 nov. et s [9] 24 d[éc.] 1744. — *Charles*, b [9] 4 nov. 1744 — *Louis*, b [9] [...] mai et s [9] 24 juin 1746. — *Marie-Catherine*, b [9] [...] juillet et s [9] 17 nov. 1748.

1733.

TESSIER, Jean-Bte.

Lavallee, Marie.

Marie-Madeleine, b 23 juillet et s 3 août 17[...] à Montreal.[7] — *Marie-Catherine*, b [7] 23 juil[let] et s [7] 2 août 1734.—*Marie-Clemence*, b [7] et s [7] [...] août 1737. — *Marie-Joseph*, b... s [7] 13 juillet 17[...]

1734, (23 fevrier) Québec.[8]

III.—TESSIER (1), Jacques, [Jacques I.
b 1706.

Moreau, Marie-Angelique, [Pierre
b 1689; s [8] (dans l'eglise) 11 janvier 17[...]

(1) Dit St. Martin.

1734, (27 sept.) Montréal.[9]

II.—TESSIER, Louis, [Jean II.
b 1710; s[9] 20 fevrier 1745.
Pepin, Louise, [Pierre III.
b 1716; s[9] 20 janvier 1748.

Louis-Antoine, b[9] 7 août 1735. — *Louise-Marguerite*, b[9] 24 mars 1737. — *Marie-Angélique*, b[9] 1er août 1738.—*Marguerite*, b[9] 1er mars 1740. — *Marie-Catherine*, b[9] 14 janvier 1742; m[9] 25 juillet 1763, à Alexis Caron. — *Marguerite*, b[9] .. oct. 1743; m[9] 12 sept. 1763, à Joseph Poirier. — *Jean-Baptiste*, b[9] 10 juillet 1745.

1735.

II.—TESSIER, Joseph, [Jean-Bte II.
b 1711.
Cusson, Marie.

Joseph, b 1736; m 16 fevrier 1758, à Madeleine ..bin, à Boucherville. — *Jean-Baptiste*, b 1739; m 7 mai 1764, à Catherine Janot, à la Pte-aux-Trembles, M.

1739, (15 nov.) Trois-Rivières.

II.—TESSIER, Pierre, [Jacques II.
b 1708; s 15 janvier 1750, à Sorel.[6]
Vacher (1), Catherine. [Charles II.

Pierre, b[6] 23 et s[6] 31 déc. 1740. — *Pierre*, b[6] 2 mars 1742; m 24 janvier 1763, à Marguerite ..elina, à Yamachiche. — *Joseph*, b[6] 29 mars 1744, m[6] 28 sept. 1767, à Catherine Hus-Cournoyer.—*Marie-Catherine*, b[6] 5 juillet 1746; m[6] 8 janvier 1765, à Paul Mandeville. — *Jacques*, b[6] 10 mai et s[6] 1er juillet 1748. — *Jean*, b 1749; m[6] 30 sept. 1771, à Marie-Joseph Hus-Cournoyer.

1740, (11 janvier) Charlesbourg.[7]

II.—TESSIER, Pierre, [Pierre II.
b 1712
Jacques, Madeleine, [Nicolas II.
b 1717.

Marie-Madeleine, b[7] 29 janvier 1741; m 2 mai 1757, à François Lasablonnière, à Contrecœur. — *Marie-Joseph*, b[7] 1er et s[7] 31 mai 1743. — *Marie-Thérèse*, b 1745; m 13 oct. 1766, à Jacques ..icard, à St-Antoine-de-Chambly.

1740, (22 fevrier) Longueuil.[1]

II.—TESSIER (2), Jacques, [Jean-Bte II.
b 1719; s 27 dec. 1758, à Chambly.[2]
1° Monet (3), Marie-Louise. [Nicolas II.
b 1717; s[2] 17 fevrier 1755.

Jacques, b 30 dec. 1740, à Laprairie; m 20 janvier 1766, à Marguerite Suret, à Lachine. — *Marie-Joseph*, b 1742; m 6 juin 1763, à Louis ..nis, à la Longue-Pointe.[8] —*Marie-Louise*, b... m[1] 22 fevrier 1762, à Augustin Viau. — *Jean-Baptiste*, b 1744; m[8] 18 sept. 1769, à Marie-Joseph Ledeau. — *Louise-Amable*, b[2] 24 nov. 1746.—*François*, b[1] 24 juillet 1748.—*Pierre*, b[2] .. avril 1750. — *Jean-Baptiste*, b[2] 7 et s[2] 27 juin 1753

(1) Laserte; elle épouse, le 16 janvier 1751, Jean Bour..is, à Sorel.
(2) Dit Lavigne.
(3) Laberne.

1755, (8 avril).[2]
2° Masson, Catherine, veuve de Joseph Béic.

1741, (6 février) Ste-Anne-de-la-Pérade.[1]

III.—TESSIER, Louis, [Edmond II.
b 1710; s[1] 11 janvier 1770.
Gendra, Madeleine, [René II.
b 1716.

Louis, b[1] 7 mai et s[1] 19 juin 1742.—*François*, b[1] 5 mai 1743; m[1] 26 fevrier 1770, à Françoise Vallee.—*Joseph*, b[1] 6 juin 1745; m[1] 11 fevrier 1771, à Marie-Françoise Guibaut.—*Marie-Joseph*, b[1] 24 avril et s[1] 25 juillet 1747. — *François-Isidore*, b[1] 20 avril 1748.—*Louis*, b[1] 11 mars 1751; m[1] 10 janvier 1774, à Marie-Joseph Charets.— *Madeleine*, b... m[1] 27 janvier 1772, à Louis Marceau.—*Marie-Louise*, b[1] 6 avril 1755; m[1] 9 février 1777, à Eustache Guibaut.—*Michel*, b[1] 22 mai 1757; s[1] 8 dec. 1758.—*Louis*, b 1758; s[1] 4 août 1759.

1742, (5 fevrier) Ste-Anne-de-la-Pérade.[2]

III.—TESSIER, Joachim, [Edmond II.
b 1718, s[2] 10 janvier 1756.
Magnan, Marie-Anne, [Etienne II.
b 1724.

Marie-Françoise, b[2] 27 mars 1743; m à Michel Devau.—*Joachim*, b[2] 15 juin 1745. — *Michel-Edmond*, b[2] 21 juillet 1748.—*Joseph*, b[2] 13 mars 1752.—*Charles*, b[2] 15 oct. 1754.

1742, (24 sept.) Longue-Pointe.

III.—TESSIER (1), Antoine, [Nicolas II.
b 1721; forgeron; s 5 oct. 1748, à Montreal.[3]
Martel (2), Agathe, [Joseph-Alphonse II.
b 1724.

Agathe, b[3] 29 nov. 1743; m 1766, à Jean-Baptiste Saulquin.—*Marie-Françoise*, b[3] 5 mai et s[3] 19 août 1748.

1747, (30 janvier) Quebec.[4]

I.—TESSIER (3), François, b 1720, navigateur; fils d'Etienne et d'Elisabeth Bernard, de St-Martin, ville de Marseille; s[4] 14 dec. 1752.
Gouet (4), Marie-Charlotte, [Charles I.
b 1725.

1750, (12 janvier) Montréal.[5]

III.—TESSIER, Urbain, [Jacques II.
b 1711.
1° Descary, Jeanne, [Jean-Bte III.
b 1722; s[5] 8 dec. 1755.

Marie-Jeanne, b[5] 1er nov 1750.

1761, (23 nov.)[5]
2° Trudeau, Françoise, [Bertrand II.
b 1722.

(1) Dit Lavigne.
(2) Elle épouse, le 22 février 1751, Michel Boucher, à Montréal.
(3) Dit Nicole.
(4) Elle épouse, le 2 février 1756, Pierre Bafre, à Québec.

1750, (9 fevrier) Montréal. [6]
IV.—TESSIER, Jean-Bte, [Jean-Bte III.
b 1722.
Cabassier (1), Charlotte, [Charles II.
b 1712; veuve de Jean-Baptiste Aubert-Latouche; s 2 janvier 1783, au Detroit.
Jean-Baptiste, b [6] 30 janvier 1751.

1750.
III.—TESSIER, Jean-Bte, [Ignace II.
b 1723.
1° Foucault (2), Marie-Thérèse,
b 1721; s 28 juillet 1756, à Ste-Rose. [7]
Marie-Hélène, b 31 oct. 1751, à Lachenaye.—*Noel*, b [7] 25 dec. 1752.—*Jean-Baptiste*, b... m 16 août 1774, à Marie Constantineau, à Terrebonne.[8] —*Marie-Pélagie*, b [7] 4 août 1754.—*Anonyme*, b [7] et s [7] 27 juillet 1756.
1762, (22 août). [8]
2° Guérin, Marie-Joseph,
veuve de François Petitclerc.

1751, (11 janvier) Ste-Anne-de-la-Pérade. [9]
IV.—TESSIER, Pierre-René, [René III.
b 1728.
Rochereau, Marie-Ursule, [Jacques II.
b 1723; veuve de Joseph Lévesque.
Pierre-René, b [9] 24 déc. 1751; m [9] 23 février 1778, à Marie-Joseph Lebeuf.—*Paul*, b [9] 3 mai 1753.—*Marie-Joseph*, b [9] 11 août 1754; m [9] 9 fevrier 1777, à Alexis Deveau; s [9] 1er avril 1779. —*Basile*, b [9] 11 avril 1756.—*Michel*, b [9] 16 août 1758.—*Marie-Ursule*, b [9] 15 et s [9] 20 oct. 1759.—*Marie-Geneviève*, b [9] 19 et s [9] 24 oct. 1760.—*Ursule*, b [9] 12 juin 1763.

1751, (3 mai) Beauport. [4]
III.—TESSIER, Jean-Bte, [Jean-Bte II.
b 1730.
Duprac, Marie-Madeleine, [Jean-Bte II.
b 1730.
Jean-Baptiste, b [4] 5 mars 1752. — *Marie-Madeleine*, b [4] 27 février 1754. — *François*, b [4] 13 fevrier et s [4] 16 juillet 1756.— *Marie-Louise*, b [4] 22 sept. 1757; s [4] 8 janvier 1759. — *Louis*, b [4] 20 août 1760.—*Marie-Louise*, b [4] 18 janvier 1763.—*Marie-Louise*, b [4] 4 avril 1765.

1753, (8 janvier) Ste-Anne-de-la-Perade. [4]
IV.—TESSIER, François, [René III.
b 1726; s [4] 23 mars 1776.
Morand (3), Elisabeth, [Jean II.
b 1732.
Jean-François, b [4] 19 janvier 1754; m 4 février 1777, à Marie-Joseph Sauvageau, aux Grondines. —*Pierre-René*, b [4] 26 avril 1756.— *Joseph*, b [4] 22 sept. 1758; m [4] 27 nov. 1780, à Cecile Vallée.—*Michel*, b [4] 16 sept. 1760. — *Marie-Joseph*, b [4] 11 sept. 1762; m [4] 1er fevrier 1779, à Eustache Leduc.—*Louis*, b [4] 21 juillet 1774.

(1) Elle était, le 23 juillet 1762, au Détroit.
(2) Urbain, 1754.
(3) Elle épouse, le 10 oct. 1778, Joseph Charland, à Ste-Anne-de-la-Pérade.

1754, (25 fevrier) Longue-Pointe. [5]
IV.—TESSIER, Nicolas, [Nicolas III.
b 1735.
Truteau, Marie-Joseph, [Joseph II.
b 1737.
Nicolas-Benjamin, b [5] 27 janvier 1755.—*Marie-Monique*, b [5] 21 oct. 1756; s [5] 28 mai 1761.—*Joseph*, b [5] 3 juin et s [5] 31 août 1758.—*François*, b [5] 8 sept. 1759. — *Jean-Baptiste*, b [5] 26 février 1761. — *Joseph*, b 1765; s [5] 27 janvier 1770.—*Paul*, b... s [5] 21 mars 1768.

1754, (16 sept.) St-Ours.
IV.—TESSIER, Pierre, [Ignace III.
b 1734.
Robert (1), Marguerite.
Marie-Joseph, b 7 nov. 1756, à Contrecœur.

1756, (29 fevrier) Batiscan. [1]
IV.—TESSIER, Jean-Bte, [François III.
b 1734.
Phlem-Yvon, Françoise, [Yves-Fleuri I.
b 1735.
Jean-Baptiste, b 4 août 1756, à Ste-Anne-de-la-Perade [2]; 1° m [1] 26 janvier 1778, à Catherine Adam; 2° m [1] 7 janvier 1782, à Geneviève Tessier; 3° m [1] 4 avril 1785, à Victoire Landry.—*Alexis*, b [2] 21 mai 1764; m 1792, à Marie Jean-Godon.

TESSIER, Pierre.
Joly, Marie-Jeanne.
Alexis, b 12 août 1757, à Berthier (en haut)

1757, (24 janvier) Berthier (en haut)
II.—TESSIER, Jean-Louis, [Louis-François I.
b 1729.
Lambert-Aubin, Françoise, [Pierre-Joseph
b 1738.

1757, (21 fevrier) Beauport. [5]
III.—TESSIER (2), Louis, [Jean-Bte II.
b 1732.
Giroux, Angélique, [Vincent III.
b 1733.
Louis, b [5] 5 février 1758; s [5] 4 mai 1759.—*Jean-Baptiste*, b [6] 7 août 1759. — *Marie-Louise*, b [5] 7 oct. 1761. — *Marie-Thérèse*, b [5] 28 janvier 1763; s [5] 23 nov. 1765. — *Antoine*, b [5] 10 juillet 1764.—*Marie-Angélique*, b [5] 17 juillet 1765.

1757, (16 oct.) St-Frs-du-Lac.
II.—TESSIER (3), Michel, [François I.
b 1730.
Babie, Marguerite, [Pierre II.
veuve d'Alexis Langlois.

1757, (21 nov.) Montreal.
II.—TESSIER, Joseph-Jean-Bte, [Jean I.
b 1736.
Thierry, Louise-Angelique, [Claude I.
b 1743.

(1) Le nom du père manque au registre.
(2) Dit Laplante.
(3) Dit Laforest.

1758, (5 janvier) Ile St-Jean, Acadie.
—TESSIER, MARTIAL, fils de Jacques et de Suzanne Gaspard, de St-Capre, diocèse d'Agen, Guienne-d'Agenois.
BROSSEAU, Brigitte, fille de Mathieu et d'Anne Pitre.

1758, (16 février) Boucherville.
V.—TESSIER (1), JOSEPH, [JOSEPH III.
b 1736.
BABIN, Madeleine. [CHARLES II.
Marie, b... m 30 janvier 1786, à François GALESSE, à Repentigny. [8] —*Marie-Archange*, b 1765; s 1er mai 1781.—*Antoine*, b [8] 6 août 1767; s [8] 20 mai 1770.—*Michel*, b [8] 17 juin et s [8] 18 août 1769.

1759, (8 janvier) Contrecœur.
V.—TESSIER, ANTOINE, [JEAN-BTE III.
b 1728.
ST. ROMAIN, Marguerite. [ANTOINE I.

1760.
V.—TESSIER, PAUL, [RENÉ III.
b 1727.
PÉRIGNY (2), Thérèse.
Paul, b 21 juin 1761, à Ste-Anne-de-la-Pérade.

1761, (2 fevrier) Montréal.
V.—TESSIER (1), JEAN-BTE, [JEAN-BTE III.
b 1731.
BERNARD, Marguerite, [JEAN-BTE I.
b 1726.

1761, (2 février) Ste-Anne-de-la-Perade. [6]
V.—TESSIER, LOUIS-MICHEL, [RENÉ III.
b 1736.
1° VALLÉE, Brigitte, [PIERRE-CHARLES III.
b 1734; s [6] 20 fevrier 1776.
Michel, b [6] 9 dec. 1761.—*Marie-Joseph*, b [6] 13 avril 1764.—*Marie-Angélique*, b [6] 1er juin 1766.—*Brigitte*, b [6] 4 août 1768.—*Paul*, b [6] 8 nov. 1770—*Pierre*, b [6] 10 mai 1772.—*Marie-Louise*, b [6] 4 oct. 1774; s [6] 14 janvier 1777.
1776, (14 oct.) [6]
2° LEFEBVRE, Madeleine, [JEAN-BTE II.
b 1731; veuve de Jean-Baptiste Langlois.

1761, (6 oct) St-Jean-Deschaillons.
V.—TESSIER, LOUIS, [FRANÇOIS-XAVIER III.
b 1741.
1° BAILLARGEON, Marguerite, [NICOLAS III.
b 1733.
Louis, b 12 avril 1763, à Ste-Anne-de-la-Perade. [9] —*Charles*, b [9] 23 mai 1765.—*Thomas-Isidore*, b [9] 5 mai 1767.—*Pierre*, b [9] 18 mars 1769; s [9] 26 mars 1770.—*Marie-Marguerite*, b [9] 4 mars 1771.—*Pierre*, b [9] 5 oct. 1772.—*Joseph*, b [9] 5 mars 1777.
1777, (18 août). [9]
2° SAUVAGEAU, Marie-Ursule, [JACQUES III.
b 1748.
Joseph, b [9] 31 août 1778.—*Alexis*, b [9] 13 sept. 1780.

(1) Dit Lavigne.
(2) Daillebout de Périgny.

1761, (3 nov.) L'Ange-Gardien. [9]
III.—TESSIER, MATHIEU, [JEAN-BTE II.
b 1737.
ROUSSIN, Marie-Reine. [PIERRE IV.
Marie-Madeleine, b [9] 20 mai 1764.

1761.
II.—TESSIER (1), GERMAIN, [JOSEPH I.
b 1735; meunier.
NORMAND, Anne.
Marie-Anne, b 23 mai, à Québec [8] et s 9 juin 1762, à Ste-Foye.—*Germain*, b [8] 23 juillet et s 8 nov. 1763, à Lévis.—*Marie-Anne*, b [8] 20 juillet 1764; m [8] 19 oct. 1784, à Louis PARANT.

1763, (24 janvier) Yamachiche. [7]
IV.—TESSIER, PIERRE, [PIERRE III.
b 1742.
GÉLINA, Marguerite, [ETIENNE IV.
b 1738.
Marguerite, b [7] 25 avril 1764.—*Pierre*, b [7] 15 août 1765.—*Joseph*, b [7] 25 mai 1767.

1764, (7 mai) Pte-aux-Trembles, M.
IV.—TESSIER, JEAN-BTE, [JOSEPH III.
b 1739.
JANOT, Catherine, [LAURENT IV.
b 1738; veuve d'Antoine Alard-Longpre.

1765, (18 février) Ste-Anne-de-la-Pérade. [4]
IV.—TESSIER, PIERRE, [FRANÇOIS-XAVIER III.
b 1745.
1° VALLÉE, Louise, [LOUIS III.
b 1747; s [4] 25 juin 1770
Marie-Louise, b [4] 30 mars et s [4] 20 avril 1767.—*Marie-Angélique*, b [4] 29 mars et s [4] 3 sept. 1769.
1771, (28 janvier). [4]
2° LANGLOIS, Geneviève, [JEAN-BTE III.
b 1749; s [4] 26 fevrier 1776.
Marie-Ursule, b [4] 18 déc. 1771.—*Marie-Madeleine*, b [4] 3 mars 1774.
1777, (27 janvier) Batiscan.
3° CADORET, Madeleine, [JEAN III.
b 1755.
Marie-Joseph, b [4] 15 et s [4] 18 mai 1778.—*Marie-Joseph* et *Marie-Anne*, b [4] 7 et s [4] 8 mars 1779.—*Marguerite*, b [4] 23 avril 1780.

1765.
TESSIER, FRANÇOIS.
HOSTAIN-MARINEAU, Geneviève. [PIERRE II.
François-Xavier, b 18 nov. 1766, à la Longue-Pointe. [5] —*Pierre*, b [5] 9 juillet 1768; s [5] 20 nov. 1769.—*Marie-Thérèse*, b 5 février 1787, à Lachenaye.

1766, (20 janvier) Lachine.
IV.—TESSIER, JACQUES, [JACQUES III.
b 1740.
SURET, Marguerite. [JOSEPH II

(1) Dit Laliberté.

1766, (27 janvier) Beauport.
III.—TESSIER, Pierre-Vincent, [Jean-Bte II.
b 1741.
Toupin, Marie-Louise, [Alexandre III.
b 1738.

—

TESSIER, Jacques.
Poliquin (1), Marie-Anne.
Marguerite, b 1766 ; s 25 mai 1767, à Repentigny.

—

TESSIER, François.
Houle, Elisabeth.
Joachim, b 22 oct. 1767, à Ste-Anne-de-la-Pérade.

—

1767, (28 sept.) Sorel.
IV.—TESSIER, Joseph, [Pierre III.
b 1744.
Hus-Cournoyer, Catherine. [Jean-Bte III.

—

1769, (18 sept.) Longue-Pointe.
IV.—TESSIER (2), Jean-Bte, [Jacques III.
b 1744.
Lebeau, Marie-Joseph, [Pierre III.
b 1753.

—

1770, (26 fevrier) Ste-Anne-de-la-Pérade. [6]
IV.—TESSIER, François, [Louis III
b 1743.
Vallée, Françoise, [Pierre-Charles III.
b 1746.
Marie-Françoise, b [6] 12 nov. 1771.—*François*, b [6] 20 mai 1774.—*Marie-Louise*, b [6] 15 sept. 1776. —*Joseph-Edmond*, b [6] 29 janvier 1779.—*Antoine*, b 26 juillet 1783, aux Grondines.

—

II.—TESSIER, Isaac-Joseph, [Pierre I.
b 1734.
Soulard, Madeleine.
Jean-Baptiste, b... m 8 oct. 1793, à Geneviève Lamothe, à Québec [7] — *Michel*, b... m [7] 4 oct. 1796, à Marie-Joseph Huot. — *Marguerite*, b 30 janvier 1782, à St-Augustin. [8] — *Augustin*, b [8] 21 mai 1785.—*Marie-Joseph*, b [8] 12 sept. 1787.

—

1771, (28 janvier) St-Laurent, I. O.
III.—TESSIER, Ange-Gabriel, [Jean-Bte II.
b 1747.
Leclerc, Madeleine, [Ignace III.
b 1752.

—

1771, (11 fevrier) Ste-Anne-de-la-Perade. [1]
IV.—TESSIER, Joseph, [Louis III.
b 1745.
Guibaut, Marie-Françoise. [Frs-Joseph III.
Marie-Joseph, b [1] 23 janvier 1772.—*Joseph*, b [1] 14 fevrier 1774.—*Marie-Françoise-Emérande*, b [1] 23 janvier 1776.—*François*, b [1] 10 dec. 1778.

(1) Ou Solquin.
(2) Dit Lavigne.

1771, (30 sept.) Sorel.
IV.—TESSIER, Jean, [Pierre III
b 1749.
Hus-Cournoyer, Marie-Joseph, [Charles III.
b 1749.

—

1774, (10 janvier) Ste-Anne-de-la-Pérade [5]
IV.—TESSIER, Louis, [Louis III.
b 1751.
Charets, Marie-Joseph, [Joseph IV
b 1750.
Anonyme, b [5] et s [5] 21 nov. 1774. — *Louis-Joseph*, b [5] 11 nov. 1775. — *Marie-Joseph*, b [5] 23 janvier 1777.—*Louis*, b [5] 3 sept. 1779.

—

1774, (16 août) Terrebonne.
IV.—TESSIER, Jean-Bte. [Jean-Bte III.
Constantineau, Marie, [Louis III.
b 1752.

—

1775, (30 janvier) Repentigny.
IV.—TESSIER, Ignace, [Ignace III.
b 1750.
Charpentier, Geneviève, [Claude-Charles I
b 1751.

—

1777, (4 février) Grondines.
V.—TESSIER, Jean-Frs, [François IV.
b 1754.
Sauvageau, Marie-Joseph, [Joseph-Marie IV
b 1751.
Marie-Joseph, b 15 fevrier 1778, à Ste-Anne-de-la-Pérade.

—

1778, (26 janvier) Batiscan. [3]
V.—TESSIER, Jean-Bte, [Jean-Bte IV
b 1756.
1° Adam, Catherine, [Jean-Bte III
b 1747; veuve de Joseph Ayot; s [3] 26 janvier 1781.
Marie-Joseph, b [3] 3 nov. 1780.
1782, (7 janvier). [3]
2° Trotier, Geneviève, [Pierre IV
b 1760 ; s [3] 30 mars 1782.
1785, (4 avril). [3]
3° Landry, Marie-Victoire, [Augustin III.
b 1754; veuve de Michel DeVau.
Marie-Françoise, b [3] 4 déc. 1785. — *François-Isidore*, b [3] 19 dec. 1787. — *Marie-Judith*, b [3] 10 janvier 1791.—*Marie-Hélène*, b [3] 25 juin 1793.

—

1778, (23 fevrier) Ste-Anne-de-la-Pérade. [5]
V.—TESSIER, Pierre-René, [Pierre-René IV
b 1751.
Lebeuf, Marie-Joseph, [Michel III
b 1755.
Pierre, b [5] 9 et s [5] 24 oct. 1778.—*Joseph*, b [5] 30 août 1779.

—

1780, (27 nov.) Ste-Anne-de-la-Perade.
V.—TESSIER, Joseph, [François IV
b 1758.
Vallée, Cecile, [Louis IV
b 1763.

1790, (31 oct.) Detroit.

IV.—TESSIER, PIERRE, [PIERRE III.
b 1747.
........, Barbe.

1792.

V.—TESSIER, ALEXIS, [JEAN-BTE IV.
b 1764.
JEAN-GODON, Marie.
Alexis, b 19 mars 1793, à Batiscan.[3] — *François*, b[3] 26 sept. 1795.

1793, (8 oct.) Québec.

III.—TESSIER, JEAN-BTE. [ISAAC-JOSEPH II.
LAMOTHE, Geneviève. [JOSEPH III.

1796, (4 oct.) Québec.

III.—TESSIER, MICHEL. [ISAAC-JOSEPH II.
HUOT, Marie-Joseph. [PIERRE-MARIE IV.

TESSON.—*Variation :* TINSON.

I.—TESSON (1), BARTHÉLEMI,
b 1621.
1° TERRIEN, Marie.
Joseph, b 1660; m 1687, à Jeanne POIRIER.
1667, (24 oct.) Quebec.
2° LEVASSEUR, Jeanne.

1687.

II.—TESSON, JOSEPH. [BARTHÉLEMI I.
b 1660.
POIRIER, Jeanne, [VINCENT I.
b 1667.
Françoise, b 1687; m 1711, à Jean CHAILLÉ; s 8 fevrier 1757, à la Pte-du-Lac.

1732, (13 oct.) Longueuil.[6]

I.—TESSON, HONORÉ-LOUIS, fils d'Honoré et de Catherine Bordin-Savinier, de Beaulieu-sur-la-roche, diocèse de Luçon, Poitou.
DEBLUCHE (2), Marie-Euphrosine, [BERTRAND I.
b 1713.
Louis-Honoré, b[6] 23 avril 1733. — *Jean-Baptiste*, b 2 juillet 1734, à la Pte-aux-Trembles, Q.[7] — *François-de-Sales*, b[7] 7 nov. 1735. — *Félicité*, b 24 mars 1740, au Cap-Santé. — *Joseph*, b 29 mars 1742, à Montréal[8]; m 29 sept. 1766, à Marie RAYMOND, à St-Philippe. — *Louis*, b 1743, s[8] 18 sept. 1744. — *Marie-Catherine*, b[8] 1er fevrier 1745.—*Elisabeth*, b[8] 14 dec. 1746 —*Joseph-Regis*, b[8] 21 mai et s[8] 26 août 1748. — *Marie*, b[8] 25 nov. 1750.

1739, (3 fevrier) Charlesbourg.[7]

I.—TESSON, LAURENT-SÉBASTIEN, b 1715; fils de Sebastien et de Marguerite-Denise Guillot, de St-Medard-de-Paris.
VALADE, Louise, [JEAN II.
b 1717.
Charles, b 19 déc. 1739, à Québec.[8] — *Pierre*, b[7] 7 nov. 1741. — *Charles*, b[8] 6 mars et s[8] 12 juin 1744.— *Marie-Louise*, b[8] 30 mars 1746. — *Joseph*, b[8] 19 avril 1748. — *Jean-Baptiste*, b[8] 14 mai 1750; s[8] 23 sept. 1751. — *Jacques*, b[8] 23 oct. et s[8] 2 nov. 1753.—*Joseph-Marie*, b[8] 26 sept. 1757; s[8] 27 sept. 1759.

(1) Voy. vol. I, pp. 562-563.

(2) Laserre, 1750.

1766, (29 sept.) St-Philippe.

II.—TESSON, JOSEPH, [HONORÉ-LOUIS I.
b 1742.
RAYMOND, Marie, [FRANÇOIS II.
veuve de Jacob Cachet.

TESTARD.—*Variations et surnoms :* TÉTARD—TÉTART—DEFOLLEVILLE, FOLLEVILLE, FORTVILLE et FORVILLE— DE LA FOREST—DEMONTIGNY.

1659, (24 nov.) Montréal.[1]

I.—TESTARD (1), JACQUES, fils de Jean et d'Anne Godfroy, de St-Vincent, ville de Rouen, Normandie; s[1] 22 juin 1663.
POURNAIN (2), Marie,
b 1631, veuve de Guillaume De la Bardelière.
Jacques, b[1] 23 février 1663; 1° m 24 sept. 1698, à Marguerite DAMOURS, à Quebec[2]; 2° m[2] 28 fevrier 1718, à Marie-Anne DE LA PORTE; s[1] 10 juillet 1737.

I.—TESTARD (3), JEANNE, fille de Jean et d'Anne Godfroy, de St-Vincent, ville de Rouen, Normandie; m 2 dec. 1662, à François LEBER (4), à Montreal.

1666, (8 février) Montreal.[4]

I.—TESTARD (5), CHARLES, b 1640; fils de Jean et d'Anne Godfroy, de St-Vincent, ville de Rouen, Normandie; s[4] 18 mars 1705.
LAMARQUE, Anne, b 1649; fille de Louis et de Marie Papineau, de Ste-Colombe, Bordeaux.
Gabriel, b[4] 28 janvier 1669; m 30 juin 1705, à Marie-Louise JODOIN, à St-François, I. J.; s[4] 19 sept. 1722. — *Jean*, b[4] 8 juin 1675; m 4 fevrier 1715, à Catherine CRUVIER, à la Rivière-du-Loup. —*Charles-Joseph*, b[4] 20 nov. 1680.

1698, (24 sept.) Quebec.[6]

II.—TESTARD (6), JACQUES, [JACQUES I.
b 1663; s 10 juillet 1737, à Montreal.[7]
1° DAMOURS, Marguerite, [MATHIEU I.
b 1677, s[7] 2 avril 1703.

(1) Sieur de la Forest, chevalier, capitaine de la marine; voy. vol. I, p. 563.

(2) Elle épouse, le 6 fevrier 1668, Jacques De la Marque, à Montréal.

(3) Sœur du précédent.

(4) Oncle de Delle Jeanne LeBer, celèbre recluse de la Congregation N.-D.

(5) De Folleville, frère des précedents, Jacques et Jeanne; voy. vol. I, p. 563.

(6) Sieur de Montigny; lieutenant reformé, Canada 1687; lieutenant de la compagnie de Villieu, Acadie 1691; confirme lieutenant, 1693; garde-marine, 1693, expectative de lieutenant, Canada 1699; lieutenant de la compagnie de Villebon, 1700; capitaine, Acadie 1706, chevalier de St-Louis, 1712.—Officier renomme par sa valeur; s'immortalisa à Terre-Neuve où il fut compagnon de Lemoyne d'Iberville; mourut couvert de quarante glorieuses blessures; voy. vol. I, p. 563.

Marie-Marguerite, b [7] 3 juillet 1699 ; s [7] 12 nov. 1700. — *Hector* (1), b [7] 10 sept. 1700. — *Marie-Joseph*, b [7] 20 nov. 1701 : s [7] 13 janvier 1702.

1718, (28 fevrier). [6]

2° De la Porte (2), Marie-Anne, [Louis I.
b 1696 ; s [7] 25 mars 1763.

Marie-Françoise, b [7] 25 février 1719. — *Marie-Louise*, b [7] 10 mars 1721 ; m [7] 11 juin 1765, à Jean-Marie Raimbault ; s [7] 29 août 1799. —*Jean-Baptiste-Philippe*, b [7] 16 juin 1724 ; m [7] 28 oct. 1748, à Charlotte Trotier-DesRivières. — *Jacques*, b [7] 7 juillet 1725. — *Marie-Anne-Louise*, b [7] 27 août 1726 ; m [7] 10 avril 1747, à Pierre-Julien Trotier ; s [7] 10 oct. 1804. — *Marie-Anne*, b [7] 26 oct. 1727 ; m [7] 19 juin 1758, à Charles Mézière de l'Epervanche.—*Marie-Anne-Amable*, b [7] 24 janvier 1729 ; m [7] 17 nov. 1755, à Louis-Joseph Gautier de la Vérandrye ; s [7] 28 nov 1756.

1705, (30 juin) St-François, I. J. [2]

II.—TESTARD (3), Gabriel, [Charles I.
b 1669 ; s 19 sept. 1722, à Montreal.
Jodoin (4), Marie-Louise, [Claude I.
b 1687.

Pierre, b [2] 13 janvier 1707 ; m 5 mars 1737, à Catherine Chesne, au Détroit [8] ; s [8] (dans l'église) 30 août 1766.— *Marie-Angélique*, b 22 mai 1711, à la Pte-aux-Trembles, M. [4] — *Marie-Anne*, b 20 fevrier 1713, aux Trois-Rivières ; s [4] 26 mai 1714.— *Jean-Boptiste*, b [4] 5 juin 1721 ; m 1757, à Marie-Joseph Bonneau.

1715, (4 fevrier) Riviere-du-Loup. [2]

II.—TESTARD (3), Jean, [Charles I.
b 1675.
Crevier, Catherine, [Nicolas II.
veuve de Michel DeSerre.

Jean-Baptiste, b [2] 22 août 1718.

1731, (17 sept.) Lorette. [8]

I.—TESTARD, Jean-Pierre-Etienne, fils de Pierre-Sulpice et de Françoise Barbier, de St-Eustache, Paris.
Guiétier (5), Marie-Geneviève, [Laurent I.
b 1714.

Pierre-Joseph, b 15 août 1732, à Quebec [4] ; s [4] 8 juillet 1733. — *Marie-Geneviève*, b [4] 1er sept. 1733 ; s [4] 29 mars 1737. — *Etienne*, b [4] 1er avril 1735 ; s [4] 25 mai 1742. — *Pierre*, b [4] 9 oct. 1736. —*Joseph-Marie*, b [4] 11 nov. 1738. — *Nicolas-Philippe*, b [3] 16 déc. 1740 ; s [4] 31 janvier 1752.

1737, (5 mars) Detroit. [8]

III.—TESTARD (3), Pierre, [Gabriel II.
b 1707 ; s [8] (6) 30 août 1766.
Chesne-St. Onge, Catherine, [Charles II.
b 1722.

(1) Filleul de messire Hector chevalier de Callières, chevalier de St-Louis, gouverneur et lieutenant général pour le Roi dans toute la France septentrionale.

(2) De Louvigny.

(3) De Folleville.

(4) Elle épouse, le 16 août 1723, Jean Tournois, à Boucherville.

(5) L'Eveillé.

(6) L'an de N.-S. 1766, le 30 août, a été inhumé dans cette église le corps de Pierre Tetart-Forville, fils de feu Gabriel Tétart-Forville et de Marie-Louise Massé ses père et mère en légitime mariage, de la paroisse de Lachenaye, evêché de Québec et gouvernement de Montréal ; veuf de Catherine Chesne ; mort du 28 du courant sur les huit heures du soir, âgé d'environ 60 ans, après avoir reçu les sacrements de pénitence et d'Eucharistie et d'extrême-onction. Le dit enterrement en présence des sieurs Zacharie Cicotte et Claude Campeau et plusieurs autres parents et amis dont les principaux ont signé avec nous.

(Signé) Cicotte,

Frère simple Bocquet, miss récollet.

Pierre, b [8] 10 nov. 1740 ; s [8] (1) 25 août 1762. —*Jacques*, b [8] 19 et s [8] 23 juillet 1742.

1748, (28 oct.) Montréal. [5]

III.—TESTARD (2), J.-Bte-Philippe, [Jacq II
b 1724 ; s à Blois, France. [8]
Trotier (3), Charlotte, [Julien III
b 1723.

Charlotte, b [5] 5 déc. 1749 ; m [5] 10 janvier 1785, à Charles Douaire de Bondy. — *Jean-Baptiste-Pierre*, b [5] 2 nov. 1750, 1° m [5] 12 août 1771, à Charlotte Trotier-DesRivières ; 2° m [5] 29 nov. 1773, à Madeleine-Joseph Damours. — *Jean-Amable*, b [5] 8 dec. 1753 ; s 19 août 1754, à St-Laurent, M. [2] — *Marie-Amable*, b [5] 16 déc. 1754, s [5] 16 oct. 1759.—*Marie-Catherine*, b [5] 15 déc. 1755, s [2] 1er janvier 1756.— *Louis-Etienne*, b [5] 14 mars 1757 ; m [5] 7 janvier 1783, à Louise-Archange Gamelin-Gaucher. — *François-Marie*, b [5] 27 février 1758. — *Pierre-Marie-Joseph*, b [2] 17 sept. 1759. — *André-François* (4), b [8] 5 sept. 1767

1757.

III.—TESTARD (5), Jean-Bte, [Gabriel II
b 1721.
Bonneau, Marie-Joseph, [Thomas II
b 1725.

Hyacinthe-Toussaint, b 1er nov. 1758, au Lac-des-Deux-Montagnes.

(1) L'an de N.-S. 1762, le 25 août, a été, à raison des services que depuis son enfance jusqu'au moment de sa maladie, il a toujours rendus à l'église en qualité d'enfant de chœur, inhumé dans le chœur de cette église le corps de Pierre Forville, mort du jour d'hier, âgé de vingt-deux ans, muni des sacrements de pénitence, Eucharistie et extrême-onction qu'il a reçus avec la piété que nous luy avons toujours connue ; il était fils du sieur Pierre Forville, bourgeois, comme lieutenant des milices bourgeoises de cette ville, demeurant sur sa terre en la coste du sorouist, et de feue Marie-Catherine Chesne, ses père et mère en legitime mariage ; le dit enterrement en présence des sieurs Cicotte, cousin-germain du défunt, Baptiste Cicotte, fils Rocoux et plusieurs autres parens dont les principaux ont signé avec nous.

(Signé)

J. Rocoux,

Frère simple Bocquet, miss. récollet.

(2) Expectative d'enseigne en second, 1742 ; enseigne en second, 1743, enseigne en pied de la compagnie Herins, 1748 ; lieutenant, 1753 ; capitaine, 1757 ; chevalier de l'Ordre royal et militaire de St-Louis, 1762 — Se rendit célèbre, dans la guerre de Sept-Ans, sur l'Ohio, à Niagara et aux sièges des forts Bull et Oswégo.

(3) DesRivières.

(4) Garde du corps de Louis XVI ; immigra en Allemagne, où il épousa une comtesse de Hœnsbrook, chanoinesse de Thorn. De ce mariage naquirent trois filles et un fils.

(5) De Folleville.

1763, (7 fevrier) Terrebonne.[7]

TESTARD, François, fils de Robert et de Catherine Dejaunais, du diocèse de Bayeux, Normandie.

Paris, Marie-Anne, [Ambroise II.
b 1737.

François, b [7] 20 mai 1764.— *Marie-Anne*, b [7] 8 mars 1767.

1771, (12 août) Montreal.[1]

V.—TESTARD (1), J.-B.-Pier, [J.-B.-Phil. III.
b 1750.

1° Trotier (2), Charlotte, [Pierre-Julien IV.
b 1755.

1773, (29 nov.) [1]

2° Damours (3), Madel.-Jos., [Ls-Mathieu III.
b 1741; veuve de Joseph-Antoine-Guillaume de Lorimier.

Jean-Baptiste-Jérémie, b... m 14 nov. 1797, à Marie-Louise Guillet de Chaumont, à Terrebonne.

1783, (7 janvier) Montréal.[5]

V.—TESTARD (4), Ls-Etienne, [J.-B.-Phil. III.
b 1757; avocat.

Gamelin (5), Lse-Archange, [Pierre-Jos. IV.
b 1762.

Pierre-Philippe, b [5] 13 avril 1784. — *René-Ovide*, b [5] 2 oct. 1785; m à Theotiste Dupuis.— *Casimir-Amable*, b [5] 3 juin 1787; 1° m à Marthe Godon; 2° m à Marie-Joseph Halaire; s 1863, à St-Jerôme.

1797, (14 nov.) Terrebonne.

V—TESTARD (4), J.-B.-Jér. [J.-B.-Pierre IV.
Guillet (6), Marie-Louise. [Joseph II.

V.—TESTARD (7), René-Ovide, [Ls-Etienne IV.
b 1785.

Dupuis, Théotiste.

V—TESTARD (8), Cas.-Amable, [Ls-Etienne IV.
b 1787; s 1863, à St-Jerôme.[1]

1° Godon, Marthe.

Marie-Marthe, b [1] ... m [1] à Jean-Marie Bohémier —*Julie*, b [1] ... m [1] à André Bouchard-Lavallée (notaire). — *Marie-Louise*, b [1] ... m [1] à L C Larocque (medecin).—*Marguerite*, b [1] ... m [1] à l'Hon. Lefebvre de Villemur (conseiller législatif). — *Casimir*, b [1] ... — *Pierre-Roch*, b [1] ... —*Charles-Edmond*, b [1] ... m à Alphonsine Valois, à la Pointe-Claire.—*Benjamin-Antoine*, b [1] 6 oct. 1838; m 10 mai 1869, à Marie-Louise Hétu, à Montréal.

2° Halaire, Marie-Joseph.

Marie-Louise, b [1] ... — *Valentine*, b [1] ... m [1] à Edouard Marchand.—*Casimir* (1), b [1] ... s (noye) 1888, à St-Jean-Dorchester.

1869, (10 mai) Montréal.[7]

VI.—TESTARD (2), B.-Ant., [Casimir-Amable V.
b 1838.

Hétu, Marie-Louise, [Pierre V.
b 20 juin 1850, à Lavaltrie.

Gaston-Henri, b [7] 27 mai 1870.—*Marie-Jeanne*, b [7] 4 mars 1872; s [7] 6 janvier 1880.—*Marie-Louise, Antoinette*, b 7 nov. 1874, à St-Jérôme.[8] — *Marie-Anne-Elisabeth-Alphonsine*, b [8] 23 avril 1876. — *Louvigny-Paul-Charles*, b [8] 1er déc. 1877.—*Guy-Pie-Fernand*, b [8] 23 août 1878.—*Marguerite-Marie-Jeanne*, b [7] 20 février 1880. — *Gamelin-Joseph-Ignace*, b [7] 18 nov. 1881. — *Alphonse-Léon-Raymond*, b [7] 18 nov. et s [7] 21 dec. 1881.—*Thérèse-Marie-Sophronie*, b [7] 12 juin 1884. — *François-d'Assise-Sévère-Almire-Olivant*, b [7] 7 déc. 1885. — *Benjamin-Joseph-Jacques*, b [7] 4 avril 1887. —*Alphonse-Rodriguez-Dominique-Jean-Baptiste*, b [7] 29 oct. 1889.

TESTU.—Voy. Têtu.

TÉTARD.—Voy. Testard.

TÉTREAU.—*Variations et surnoms :* Tétrau—Tétrault—Tétro—Ducharme—Lavergne.

1663, (9 juin) Trois-Rivières.

I.—TÉTREAU (3), Louis,
b 1634, s 22 juin 1699, à Champlain.[9]

Landeau, Marie-Noëlle,
b 1636; veuve de Jean Baudoin; s 24 sept. 1706, à Montreal.

Daniel, b 1670; m 1694, à Catherine Charon. —*Jean*, b [9] 25 oct. 1683; m 8 juillet 1710, à Jeanne Tailhandier, à Boucherville.

1694.

II.—TÉTREAU (3), Daniel, [Louis I.
b 1670.

Charon, Catherine, [Pierre I.
b 1666; veuve de François Chagnon.

Marguerite, b 3 sept. 1696, à Champlain; m 1er août 1718, à Louis Guillet, à St-Ours.[9] —*François*, b 1701; m 1725, à Marie-Anne Robert. — *Marie-Anne*, b 19 avril 1702, à Contrecœur; m [9] 22 nov. 1718, à Joseph Hénaux. — *Louis-Benjamin*, b... m 1723, à Marie-Charlotte Pineau.

---

(1) Sieur de Montigny, ancien officier au régiment de Metz, en Lorraine.

(2) DesRivières.

(3) De Clignancourt.

(4) Sieur de Montigny.

(5) Gaucher.

(6) De Chaumont.—Fille de Joseph Guillet sieur de Chaumont, écuyer, juge de paix et co-seigneur de Boucherville, et de Catherine Daillebout des Musseaux de Mantet, voy vol. IV, p. 420.

(7) Sieur de Montigny. —Fameux voyageur du Nord-Ouest, où il a laissé plusieurs enfants.

(8) Chevalier de Montigny; capitaine, 1812; membre du parlement de 1825 à 1827; lieutenant-colonel et juge de paix.

(1) Cadet de l'Ecole militaire.

(2) De Montigny.—Reçu avocat le 10 déc. 1859, à Montréal; parti pour l'Europe le 10 mai 1860; zouave pontifical le 15 janvier 1861; congé le 17 août 1862; retour au Canada le 10 mai 1863; magistrat de district pour Terrebonne le 22 mars 1873; recorder de la cite de Montréal le 8 oct. 1880; chevalier de l'ordre militaire de Pie IX par lettre de Léon XIII en date du 13 mai 1884, fondateur, avec M. Adolphe Ouimet, du *Franc Parleur*; auteur d'une "Histoire du droit canadien," d'un "Catéchisme politique" d'un livre sur "Les arrestations," et de "La vie de Gabriel Dumont."

(3) Voy. vol. I, p. 563.

1698, (15 oct.) Montréal.

II.—TÉTREAU, JACQUES, [LOUIS I.
b 1673.

BRUNET (1), Marguerite, [ANTOINE I.
b 1679.

Paul, b 1700 ; m 24 avril 1729, à Thérèse CHICOINE, à Verchères.[8] — *Marguerite*, b 27 août 1708, à Contrecœur ; m[8] 6 oct. 1727, à François BOURGAUD. — *Marie-Charlotte*, b 1710 ; m[8] 26 janvier 1728, à Pierre CASAVAN. — *Louise-Angélique*, b... m[8] 16 août 1740, à Jean PION.—*François-Marie*, b 26 mai et s 3 juin 1720, à St-Ours.[9] —*Louise-Angélique*, b[9] 31 juillet 1721. — *Marie-Anne*, b 1726 ; 1° m à Jacques CREVIER ; 2° m[8] 9 juin 1776, à Nicolas TRUTEAU.

1700, (12 juin) Montréal.

II.—TÉTREAU (2), JOSEPH-MARIE, [LOUIS I.
b 1678.

JARET-BEAUREGARD, Anne, [ANDRÉ I.
b 1681.

Marie-Joseph, b 1701 ; m à Gabriel GUERTIN.—*Louis*, b 1702 ; m 23 fevrier 1721, à Marguerite FONTAINE, à St-Ours.[1] —*Thérèse*, b 1er oct. 1704, à Contrecœur[2] ; 1° m à Pierre GIRARD ; 2° m 13 oct. 1765, à Christophe LEBRODEUR, à Varennes. —*Joseph*, b 1705 ; m 13 janvier 1729, à Charlotte GUERTIN, à Verchères.[8] — *Michel*, b[2] 29 avril 1708 ; s[8] 29 sept. 1728.—*Anne*, b 1711 ; m[8] 11 nov. 1727, à Jean LEBRODEUR.—*Marie-Jeanne*, b... m[8] 22 nov. 1740, à Gabriel-Jacques CHÈVREFILS.—*Marie*, b[1] 20 février 1718.—*Joachim*, b 1720 ; m 13 janvier 1744, à Marie-Barbe TRUTEAU, à Longueuil.—*Anonyme*, b[1] et s[1] 28 juillet 1721. —*Gabriel*, b 1722, m[8] 9 mai 1744, à Jeanne DESRANLOT.

1710, (8 juillet) Boucherville.

II.—TÉTREAU (3), JEAN, [LOUIS I.
b 1683.

TAILHANDIER (4), Jeanne, [MARIEN I.
b 1690.

Joseph, b 17 mars 1716, à Montréal[4] ; s[4] 24 juillet 1748.—*Ignace*, b[4] 10 oct. 1717.—*Ignace*, b 17 fevrier 1718, à Longueuil. — *François-Marie*, b[4] 29 mars 1719 (5).

1721, (23 fevrier) St-Ours.[7]

III.—TÉTREAU, LOUIS, [JOSEPH-MARIE II.
b 1702.

FONTAINE (6), Anne-Marguerite, [PIERRE II.
b 1701.

Pierre-Louis, b 1722 ; m 21 janvier 1743, à Marie-Anne CASAVAN, à Verchères.[8] — *Joseph*, b[7] 16 janvier 1724.—*Joseph*, b[8] 22 dec. 1727 ; s[8] 25 janvier 1728.—*Marie-Françoise*, b[8] 19 janvier et s[8] 14 mai 1729.—*Marie-Anne*, b... m[8] 26 nov. 1753, à Alexis GUYON.—*Gabriel*, b 1736 ; s[8] 7 juillet 1752.—*Marie-Charlotte*, b... m[8] 17 nov. 1760, à Louis GUILLET.—*Louis-Marie*, b... m[8] 1 oct. 1762, à Thérèse LANGEVIN, à Varennes.

1722, (27 juillet) Varennes.

III.—TÉTREAU, JEAN-BTE, [DANIEL II.
b 1699.

GOULET, Marie-Madeleine, [ANTOINE II.
b 1702.

Marie-Madeleine, b 1723 ; m 13 fevrier 174., à Antoine LEDUC, à Verchères.[9] — *Joseph*, b[9] .. déc. 1727 ; m[9] 15 mai 1752, à Marie-Charlotte PAQUET.— *Elisabeth*, b[9] 27 juin 1729.—*Christophe*, b... m[9] 5 février 1759, à Marguerite MEUNIER.—*Louis*, b... m[9] 10 nov. 1760, à Marie-Amable GUERTIN.—*Agathe*, b 1740 ; s[9] 21 août 1755.

1723.

III.—TÉTREAU, LOUIS-BENJAMIN. [DANIEL II.

PINEAU, Marie-Charlotte, [JOSEPH II.
b 1707.

Claude. b 31 janvier 1724, à St-Ours, m .. fevrier 1753, à Marie-Charlotte ALARD, à Lachenaye.—*Marie-Louise*, b 29 nov. 1725, à L'Assomption.[1] — *Marie-Charlotte*, b[1] 11 mars 172.. —*Félix-Amable*, b[1] 6 mars 1732.—*Thérèse*, b 1743 ; m 2 fevrier 1761, à Joseph MÉNARD, à St-Antoine-de-Chambly.

1725.

III.—TÉTREAU (1), FRANÇOIS, [DANIEL II.
b 1701.

ROBERT, Marie-Anne.

Catherine, b... m 27 janvier 1755, à Jean ROY, à Lachine.

1729, (13 janvier) Verchères

III.—TÉTREAU, JOSEPH, [JOSEPH-MARIE II.
b 1705.

GUERTIN (2), Charlotte, [LOUIS I.
b 1712.

1729, (24 avril) Verchères.

III.—TÉTREAU, PAUL. [JACQUES II.

CHICOINE, Thérèse, [PIERRE I.
b 1688, veuve de Maurice Pion.

Michel, b... m 1754, à Marie-Louise BLOT.

1743, (21 janvier) Verchères.

IV.—TÉTREAU (3), PIERRE-LOUIS, [LOUIS III.
b 1722.

CASAVAN (4), Marie-Anne. [JEAN-BTE II.

1744, (13 janvier) Longueuil.

IV.—TÉTREAU, JOACHIM, [JOSEPH-MARIE II.
b 1720.

TRUTEAU, Marie-Barbe, [CHARLES II.
b 1721.

(1) Belhameur.

(2) Dit Ducharme.

(3) Maître d'école.

(4) Elle épouse, le 11 février 1730, Jean Latour, à Boucherville.

(5) Aussi enrégistré à Boucherville le 6 avril 1719.

(6) Elle épouse, le 24 juillet 1741, Gabriel Joffrion, à Varennes.

(1) Dit Lavergne.

(2) Elle épouse, plus tard, Simon Corbeil.

(3) Dit Ducharme.

(4) Elle épouse, le 6 mai 1754, Jean-Baptiste Bourier, à Verchères.

Joachim, b... m 16 oct. 1769, à Marie-Joseph Petit, à Varennes. [7] — *Charles*, b... m [7] 26 février 1770, à Amable Bousquet.—*Anne*, b 8 janvier 1752, à Verchères. [8] — *Joseph-Marie*, b [8] juillet 1753.—*Michel*, b [8] 9 déc. 1754.—*Marie-Charlotte*, b [8] 15 janvier et s [8] 12 février 1756.—*Anonyme*, b [8] et s [8] 15 janvier 1756.—*Jean-Baptiste*, b [8] 30 janvier 1760.

1744, (9 mai) Verchères.

II.—TÉTREAU (1), Gabriel, [Joseph-Marie II.
b 1722.
Desranlot, Marie-Jeanne, [Augustin II.
b 1727.

II.—TÉTREAU, Joseph, [Jean II.
b 1716; negociant; s 24 juillet 1748, à Montréal.

1750.

TÉTREAU (1), Jean-Bte.
Benoit, Angélique.
Marie-Angélique, b 4 oct. 1751, à St-Antoine-de-Chambly.

1751.

TRUTEAU, François.
Martel, Angelique.
Marie-Barbe, b 7 août 1752, à St-Antoine-de-Chambly.—*Michel*, b 23 oct. 1759, à Verchères.

1752, (15 mai) Verchères. [2]

IV.—TÉTREAU, Joseph, [Jean-Bte III.
b 1727.
Paquet, Marie-Charlotte. [Charles III.
Joseph-Charles, b [2] 14 mars et s [2] 14 sept. 1753.—*Marie-Charlotte*, b [2] 11 mai 1754.—*Victoire*, b [2] 10 oct. et s [2] 2 nov. 1759.—*Joseph-François*, b [2] 18 janvier 1761.

1752.

TÉTREAU, Joseph.
Vanasse, Madeleine.
Marie-Madeleine, b 23 août 1753, à Verchères. [6]—*François-Xavier-Emmanuel*, b [6] 27 juin 1759.

1753, (5 février) Lachenaye. [2]

IV.—TÉTREAU, Claude, [Louis-Benjamin III.
b 1724.
Alard, Marie-Charlotte, [Eustache II.
b 1732.
Claude, b 1754; s 27 janvier 1756, à St-Henri-de-Mascouche. [3]—*Joseph*, b [3] 14 mai 1756; m [2] 27 janvier 1777, à Marie Lajeunesse.

TÉTREAU, Joseph.
1° Fontaine (2), Françoise.
1758, (16 janvier) St-Antoine-de-Chambly.
2° Corbeil, Marie-Amable. [Simon II.

(1) Dit Ducharme.
(2) Bienvenu.

1754.

IV.—TÉTREAU, Michel. [Paul III.
Blot, Marie-Louise. [Laurent I.
Laurent, b 21 février 1755, à St-Antoine-de-Chambly.

1754.

TÉTREAU, Amable.
Lussier, Elisabeth.
Marie-Elisabeth, b 27 février 1755, à St-Antoine-de-Chambly.

1754.

TÉTREAU, Joseph-Marie.
Bénard, Madeleine.
Marguerite, b 26 déc. 1755, à Verchères.

1759, (5 février) Verchères. [5]

IV.—TÉTREAU, Christophe. [Jean-Bte III.
Meunier-Lapierre, Marguerite. [Nicolas III.
Marguerite-Apolline, b [5] 8 février 1760.

1759.

TÉTREAU, Joseph.
Lussier, Catherine.
Marie-Charlotte, b 3 janvier 1760, à Verchères.

1760, (10 nov.) Verchères.

IV.—TÉTREAU, Louis. [Jean-Bte III.
Guertin, Marie-Amable. [Frs-Xavier III.

1762, (11 oct.) Varennes.

IV.—TÉTREAU, Louis-Marie. [Louis III.
Langevin, Therèse. [Michel III.

1769, (16 oct.) Varennes.

V.—TÉTREAU, Joachim. [Joachim IV.
Petit, Marie-Joseph, [Paul IV.
b 1749.

1770, (26 fevrier) Varennes.

V.—TÉTREAU, Charles. [Joachim IV.
Bousquet, Amable. [Nicolas III.

1770.

TÉTREAU, Michel.
Hamel, Marie-Joseph.
Michel, b 29 dec. 1771, à la Baie-du-Febvre.

1777, (27 janvier) Lachenaye.

V.—TÉTREAU, Joseph, [Claude IV.
b 1756.
Lajeunesse, Marie. [François.

TÉTRO.—Voy. Tétrault.

TÉTU.—*Variation et surnoms :* Testu—Beauregard—Bouteiller—DeBeauregard—De la Richardière—De la Rivière—DuTilly.

I.—TÉTU, Marie, b 1632; fille de Jean et de Louise Talonneau, de LaRochelle, Aunis; m 11 nov. 1659 (1), à Antoine Pepin; s 11 sept. 1701, à Ste-Famille, I. O.

(1) Date du contrat.

1667, (11 oct.) Quebec.

I.—TÊTU (1), PIERRE,
b 1636; marchand; s 3 mai 1718, au Château-Richer.[1]
RIGAUT, Geneviève,
b 1649; s[1] 14 mai 1720.
Angélique, b 11 avril 1675, à L'Ange-Gardien[2], 1° m[3] 11 oct. 1694, à Pierre GUYON; 2° m[1] 27 août 1699, à François AUBERT; 3° m 10 oct. 1708, à Gabriel CHARLAND, à Ste-Famille, I. O.[3]; s[3] 8 janvier 1710.—*Françoise*, b[3] 6 sept. 1682; Sœur St. Raphaël, de la Congrégation Notre-Dame s 11 dec. 1749, à Montreal.

1675, (9 oct.) Montréal.

I.—TÊTU (2), JACQUES,
b 1652; s 3 juillet 1712, à Laprairie.[4]
BEAUVAIS, Marguerite, [JACQUES I.
b 1658; s[4] 28 juin 1715.
Marie-Anne, b[4] 17 nov. 1684; m[4] 27 nov. 1702, à Pierre SUPERNANT; s[4] 8 juin 1736.—*Catherine*, b[4] 1er dec. 1689; 1° m à Pierre DENIGER; 2° m[4] 20 juin 1735, à Jean-Baptiste BABEU.—*Marie*, b[4] 29 janvier 1698; 1° m[4] 9 janvier 1718, à Rene LONGTIN; 2° m 15 juillet 1724, à Jacques ROBIN, à la Pte-aux-Trembles, M.; s 25 février 1728, à Lachenaye.—*Marguerite*, b[4] 16 mars 1704.

1709, (22 juillet) Québec.[5]

II.—TÊTU (3), RICHARD, [PIERRE I.
b 1681; s[5] (dans l'eglise) 26 oct. 1741.
1° HURAUT, Marie, [FRANÇOIS I.
b 1669; veuve de Nicolas Rousselot; s[5] (dans l'église) 31 oct. 1726.
1727, (17 oct.)[5]
2° TARIEU (4), Madel.-M.-Anne, [PIERRE-THS II.
b 1707.

1768, (11 avril) St-Thomas.[6]

I.—TÊTU (5), FÉLIX, b 1735; fils de Grégoire et de Jeanne LeBranchû, de Vigna, diocèse de St-Malo, Basse-Bretagne.
VALLÉE, Madeleine, [ETIENNE III.
veuve de Louis Bélanger.
Félix, b[6] 26 janvier 1769.—*Jean-Baptiste*, b[6] 10 juillet 1770.—*François*, b[6] 19 oct. 1772; m à Charlotte BONENFANT.

II.—TÊTU, FRANÇOIS. [FÉLIX I.
BONENFANT, Charlotte.
Nazaire, b... m 16 août 1842, à Louise-Hélène TACHÉ, à Kamouraska.

1842, (16 août) Kamouraska.

III.—TÊTU, NAZAIRE. [FRANÇOIS II.
TACHÉ, Louise-Helène. [PASCHAL III.

(1) DuTilly; voy. vol. I, p. 564.
(2) Dit Larivière; voy. vol. I, p. 564.
(3) De la Richardière; capitaine de "Flûte." Il était, en 1736, à Ste-Anne-de-la-Perade.
(4) De la Nouillière; elle épouse, le 7 oct. 1743, Antoine Coulon de Villier, à Québec.
(5) S'établit à St-Thomas en 1754 et fait la pêche à Gaspé pendant 14 ans. (Registre des Procès-verbaux, 1768, Evêché.)

TEVENIN.—*Variation et surnom :* THEVELIN, RENCONTRE.

1708, (6 mai) Montréal.

I.—TEVENIN (1), FRANÇOIS, b 1662; fils de Thomas et de Léonarde Fauchet, de Re... gnet, diocèse d'Angoulesme, Angoumois; s 21 août 1754, à l'Hôpital-Général, M.[1]
LEMAY, Madeleine, [JOSEPH
b 1687; s[1] 27 mars 1754.

TEXANDIER (2), JACQUES.

TEXIER.—Voy. TESSIER.

1757, (15 sept.) Quebec.[2]

I.—TEYSENEY (3), ARNAUD, navigateur; fils de Jacques et de Marguerite Delpèche, de ...lade, diocèse de Bordeaux.
COUTURE, Marie-Joseph, [GUILLAUME
b 1724.
Marie-Joseph, b[2] 9 sept. 1758; s[2] 19 oct. 17..—*Marie*, b 1760; s[2] 12 janvier 1761.

THAMUR.—Voy. RÉAUME, 1754.

THARA.—Voy. TARA.

THAUMIER.—Voy. THAUMUR.

THAUMUR.—*Surnom :* DE LA SOURCE.

1689, (25 août) Montréal.[6]

I.—THAUMUR (4), DOMINIQUE,
b 1663; chirurgien, s[6] 30 mai 1711.
PRUDHOMME, Jeanne, [LOUIS
b 1667; s[6] 12 avril 1752.
Jean-Baptiste, b[6] 30 août 1696; m 5 mars 1726, à Marie-Françoise RIVARD, à Kaskakia; s[7] 26 février 1777. — *François*, b[6] 8 oct. 169.; m[6] 21 nov. 1735, à Marie-Louise LANGLOIS.—*Madeleine*, b[6] 22 juillet 1704; s[6] 7 août 170..—*Thérèse*, b[6] 9 oct. et s[6] 10 nov. 1706.—*Marie-Louise* (5), b[6] 18 fevrier 1708; sœur Grise ... sept. 1778, à l'Hôpital-Général, M.—*Cécile*, b[6] ... fevrier 1710; 1° m[6] 16 août 1735, à François HAREL; 2° m[6] 6 août 1743, à Charles LEVRARD.

1726, (5 mars) Kaskakia.[6]

II.—THAUMUR (6), JEAN-BTE, [DOMINIQUE
b 1696; s[6] 26 février 1777.
RIVARD, Marie-Françoise,
veuve de Joseph Lamy.
Marie-Louise, b 1737; 1° m à Nicolas JA...; 2° m à Louis LONGVAL; s[6] 15 fevrier 177..—*Jean*, b 1747; s[6] 28 juillet 1767.

(1) Et Thevelin dit Rencontre; soldat de LeVilliers.
(2) Il était, le 8 fevrier 1721, à Charlesbourg.
(3) Il était veuf de Marie-Anne Malherbe, décédée ... France.
(4) De la Source; voy. vol. I, p. 564.
(5) Une des 12 administratrices de l'Hôpital-Général ...
(6) De la Source.

1735, (21 nov.) Montréal.

I.—THAUMUR, François, [Dominique I.
b 1699.
Langlois, Marie-Louise, [Germain II.
b 1707.

1760, (21 janvier) Montréal.

I.—THEBAUT, Jean-René, b 1726 ; fils de François et de Renée Tibaut, de Plevelia, diocèse de St-Brieux, Bretagne.
Barbeau, Marguerite, [Simon II.
b 1720 ; veuve de François Chenaut.

THÉBERGE.—*Variation :* Tiberge.

1747, (20 nov.) St-Thomas.

I.—THÉBERGE, Louis, fils de Louis et de Bastienne Préchat, de St-Martin, diocèse d'Avranches, Normandie.
Chouinard, Marie-Geneviève, [Eustache II.
b 1730.
Louis, b 28 nov. 1748, à St-Valier.[1] — *Marie-Geneviève,* b[1] 28 nov. 1749. — *Louis-François,* 1er avril 1752, à St-Frs-du-Sud.[2] — *Marie-Joseph,* b[2] 3 août 1754.—*François-Michel,* b[2] 22 nov. 1756. — *Marie-Thérèse,* b[2] 6 avril 1759.

1753, (28 fevrier) Islet.[3]

I.—THÉBERGE (1), Michel, b 1728 ; fils de Louis et de Sebastienne Pelchin (2), de Biard, diocèse d'Avranches, Normandie ; s[3] 17 mai 1776.
Tondreau, Marie-Marthe, [Jean II.
b 1733.
François, b[3] 7 déc. 1753.—*Jérôme,* b[3] 5 juillet 1757.— *Marie-Anne,* b[3] 28 mars 1759 —*Laurent,* b[3] 7 avril 1761. — *Jean-Baptiste-Félix,* b[3] 15 janvier 1763. — *Marie-Claire,* b[3] 6 nov. 1764.— *Marguerite,* b[3] 17 avril et s[3] 22 août 1773. — *François,* b[3] 12 mars 1776.

THEFROND, François.
Lemerle, Madeleine, [Jean II.
b 1697.
Louis, b et s 4 sept. 1755, à St-Michel-d'Yamaska.

THÈME.—Voy. Lavergne.

THÉORET.—Voy. Triolet.

THÉRIAULT.—Voy. Terriot.

THÉRIAUX.—Voy. Terriot.

THÉRIEN.—Voy. Terrien.

I.—THÉROND (3), ...

THÉROU.—Voy. Théroux.

(1) Frère du précédent.
(2) Pour Louis et Bastienne Préchat.
(3) Lieutenant au régiment de Berry. (Registre de l'Ange-Gardien, 20 nov. 1758.)

THÉROUX.—*Variations et surnoms :* Térou—Thérou—Laferté—Plassy.

1706, (10 juin) Montréal.

I.—THÉROUX (1), Antoine, b 1677 ; fils d'André et de Jeanne Petit, de Verdun, diocèse de Toulouse, Languedoc ; s 22 février 1759, à St-Michel-d'Yamaska.[2]
Laforest, Marguerite, [Pierre II.
b 1689 ; s[2] 16 mars 1750.
Pierre, b 1709 ; m 1733, à Rose Poitevin.— *Joseph,* b 1711 ; 1° m[2] 4 mars 1737, à Elisabeth Dany ; 2° m[2] 22 juillet 1749, à Anne-Elisabeth Cottenoire ; s[2] 3 janvier 1756.—*Paul,* b 12 mars 1715, à la Baie-St-Paul[3] ; m[2] 25 août 1749, à Ursule Breza.—*Marguerite,* b[3] 23 juin 1717.— *Marie-Geneviève,* b[3] 13 mars 1719.—*André,* b[3] 4 mars 1721 ; m[2] 19 janvier 1750, à Jeanne-Thérèse Pélissier.—*Placide-Joseph,* b... m[2] 9 février 1750, à Agathe Parenteau.

1733.

II.—THÉROUX (2), Pierre, [Antoine I.
b 1709.
Poitevin (3), Rose.
Marie-Anne, b 6 mars 1735, à St-Michel-d'Yamaska[4] ; m[4] 5 février 1753, à Etienne Gausin.— *Pierre,* b[4] 6 sept. 1736.—*Marguerite,* b[4] 29 sept. 1738 ; m[4] 30 mars 1761, à François-Augustin Detouche.—*Marie-Louise,* b[4] 8 mai 1740 ; m[4] 23 fevrier 1756, à Eustache Harel ; s[4] 12 avril 1774. —*Véronique,* b[4] 30 oct. 1741 ; m[4] 2 fevrier 1761, à Joseph Vien.—*Paul,* b[4] 10 août 1743 , m 1767, à Anne Landry —*Joseph,* b[4] 12 déc. 1746 ; m[4] 23 nov. 1772, à Marie-Anne Chapdelaine.—*Marie-Claire,* b[4] 28 mars 1749.

1737, (4 mars) St-Michel-d'Yamaska.[8]

II.—THÉROUX (2), Joseph, [Antoine I.
b 1711 ; s[8] 3 janvier 1756.
1° Dany, Elisabeth, [René II.
b 1710 ; s[8] 30 nov. 1737.
1749, (22 juillet).[8]
2° Cottenoire (4), Anne-Elisabeth, [Louis II.
b 1726.
Angélique, b[8] 9 juillet 1752 ; m[8] 11 avril 1768, à Etienne Cantara.

1749, (25 août) St-Michel-d'Yamaska.

II.—THÉROUX, Paul, [Antoine I.
b 1715.
Breza, Ursule, [Ignace II.
b 1728.

1750, (19 janvier) St-Michel-d'Yamaska.[9]

II.—THÉROUX (2), André, [Antoine I.
b 1721.
Pélissier (5), Jeanne-Thérèse, [Isaac-Pierre I.
b 1719 ; veuve de Pierre Morneau.

(1) Et Térou dit Laferté.
(2) Dit Laferté.
(3) Coitou, 1738.
(4) Elle épouse, le 4 nov 1760, Claude-François Boulier, à St-Michel-d'Yamaska.
(5) Lafeuillade.

Pierre, b [9] 8 nov. 1750 ; s [9] 11 oct. 1751.—*Joseph-André*, b [9] 16 janvier et s [9] 17 mai 1752.—*Paul*, b [9] 23 août et s [9] 23 sept. 1753.—*François*, b [9] 7 et s [9] 20 avril 1755.—*Marie-Agathe*, b [9] 24 avril et s [9] 6 mai 1757.—*Joseph*, b [9] 10 juillet et s [9] 6 août 1758.—*André*, b [9] 1er dec. 1759.—*Joseph*, b [9] 20 nov. 1761 ; s [9] 9 juillet 1762.—*Antoine*, b [9] 15 juillet 1763.

1750, (9 fevrier) St-Michel-d'Yamaska. [7]

II.—THÉROUX (1), Placide-Joseph. [Antoine I.
Parenteau, Agathe, [Pierre-Louis II.
b 1725.

Marie-Marguerite, b 28 oct. 1750, à St-Frs-du-Lac.—*Joseph*, b [7] 12 avril 1752. — *André*, b [7] 21 mars 1754.—*Joseph*, b [7] 16 oct. 1755 ; s [7] 16 janvier 1756. — *Joseph*, b [7] 29 nov. 1756. — *Marie-Agathe*, b [7] 12 et s [7] 30 juillet 1758.— *Agathe*, b [7] 4 février 1761. — *Marie-Madeleine*, b [7] 1er juin 1762.—*Pierre-Louis*, b [7] 28 janvier 1764.—*André*, b [7] 8 déc. 1767.

1767.

III.—THÉROUX (2), Paul, [Pierre II.
b 1743.
Landry, Anne.

Marie-Anne, b 6 et s 17 mai 1768, à St-Michel-d'Yamaska. [1] — *Marie-Catherine*, b [1] 24 juillet 1769. — *Marie-Jeanne*, b [1] 23 nov. et s [1] 17 déc. 1770.

1772, (23 nov.) St-Michel-d'Yamaska.

III.—THÉROUX (2), Joseph, [Pierre II.
b 1746.
Chapdelaine, Marie-Anne. [Jean-Bte III.

THÉSARD.—*Variation :* Tésard.

1737, (24 février) St-Frs-du-Lac. [8]

I.—THÉSARD, François, fils de Jean-Baptiste et de Madeleine Duval, de Metz, Lorraine.
1° Patry, Catherine, [Jean I.
b 1702; veuve de Jacques-Julien St. Laurent; s [8] 9 dec. 1752.

Marie-Anne, b [8] 9 nov. 1737 ; m 6 août 1764, à Jean-Baptiste Madoue, à St-Michel-d'Yamaska. — *Jeanne*, b [8] 23 juin 1739, m [8] 24 juin 1762, à Jean-Baptiste Crevier. — *Théodore*, b [8] 5 avril 1741 ; s [8] 19 oct. 1747.

1754, (7 janvier). [8]

2° Lemerle, Madeleine-Amable, [Louis III.
b 1735.

Louis, b [8] 7 février 1755. — *François*, b [8] 16 et s [8] 28 fevrier 1757. — *Marie-Jérôme*, b [8] 11 dec. 1757 ; s [8] 18 juin 1759.—*Pierre*, b [8] 2 mars 1760. —*Marguerite*, b [8] 17 sept. 1762.

THEVELIN.—Voy. Tevenin.

(1) Dit Laferté—Plassy.
(2) Dit Laferté.

I.—THEYS, Richard, de Douvres, Nouvelle-Angleterre.
Warren (1), Madeleine.

Christine, née 15 mars 1689, à Montréal [1] ; b [1] 9 mai 1693.

THIAY.—Voy. Quay.

THIBAUDEAU. — *Variations :* Thibodeau—Tibaudeau—Tibodeau.

1672.

I.—THIBAUDEAU, Pierre,
meunier ; s 26 dec. 1704, à Annapolis, Acadie. [1]
Terriot, Jeanne.

Pierre, b... m [1] 7 février 1703, à Marguerite Hébert. — *Antoine*, b... m [1] 8 oct. 1703, à Marie Prijean.—*Michel*, b... m [1] 13 nov. 1704, à Agnès Dugas. — *Catherine*, b... m [1] 17 fevrier 1705, à Guillaume Bourgeois.— *Pierre*, b... m [1] 25 nov. 1706, à Marie-Anne Aucoin.— *Claude*, b... m [1] 5 nov. 1709, à Elisabeth Comeau.—*Charles*, b 1690 ; m [1] 19 dec. 1715, à Françoise Comeau ; s 26 août 1756, à l'Ile-St-Jean, Acadie.

1693.

I.—THIBAUDEAU, Pierre.
Bourg, Anne.

Alexandre, b 1694 ; m à Françoise Benoit ; s 1? janvier 1752, à l'Ile-St-Jean, Acadie — *Antoine*, b 1700 ; m 28 mai 1725, à Suzanne Comeau, à Annapolis, Acadie.

1703, (7 fevrier) Annapolis, Acadie. [5]

II.—THIBAUDEAU, Pierre. [Pierre I.
Hébert, Marguerite, fille d'Emmanuel et d'Andree Brun, Acadiens.

Marie-Madeleine, b [5] 1er mars 1704

1703, (8 oct.) Annapolis, Acadie. [5]

II.—THIBAUDEAU, Antoine. [Pierre I.
Prijean, Marie, fille de Jean et d'Andree Savoye, Acadiens.

Catherine, b [5] 5 oct. 1704, m [5] 27 déc 1729, à Jean Brau. — *Marie-Anne*, b [5] 11 avril 1706, m [5] 2 oct. 1730, à François Boudrot. — *Antoine*, b [5] 22 juillet 1707. — *Marie-Joseph*, b [5] 6 juin 1709 — *Agathe*, b [5] 14 fevrier 1712, m [5] 16 oct 1731, à Jean Boudrot.—*Marguerite*, b [5] 15 avril 1714 —*Marie-Madeleine*, b [5] 21 mars 1717.—*Zacharie*, b [5] 18 avril 1719. — *Cécile*, b [5] 27 mars 1721.—*Anne*, b [5] 18 janvier 1723. — *Joseph*, b [5] 2 mars 1727.

1704, (13 nov.) Annapolis, Acadie [5]

II.—THIBAUDEAU, Michel. [Pierre I.
Dugas, Agnès, fille de Claude et de Françoise Bourgeois, Acadiens.

Marguerite, b [5] 16 mai 1706. — *Agnès*, b [5] 2? nov. 1706 ; m [5] 11 sept. 1725, à Joseph Brossard.

(1) Née 6 mars 1662, à la Nouvelle-Angleterre, prise en guerre le 8 juillet 1689, baptisée 9 mai et elle epouse, le 1? oct. 1693, Philippe Robitaille, à Montreal.

Michel, b [5] 3 mai 1708; 1° m 1737, à Marie RICHARD; 2° m 24 janvier 1763, à Marie-Cecile LEFEBVRE, à St-Joseph, Beauce. — *Pierre*, b [5] 20 avril 1710. — *Joseph*, b [5] 16 février 1711. — *Charles*, b [5] 27 mai 1713. — *Marie-Madeleine*, b [5] 6 oct 1714. — *Marie-Joseph*, b [5] 26 avril 1716. — *Elisabeth*, b [5] 3 juin 1718. — *François*, b [5] 11 février 1720. — *Benjamin*, b [5] 21 sept. 1721; m 1755, à Marguerite LANOUE. — *Jean-Baptiste*, b [5] 7 oct. 1723. — *Amant-Grégoire*, b [5] 3 avril 1725. — *Claire*, b [5] 29 mars 1726. — *Anne*, b [5] 5 juillet 1728.

1706, (25 nov.) Annapolis, Acadie. [5]

I.—THIBAUDEAU, PIERRE. [PIERRE I.
AUCOIN, Marie-Anne, fille de Martin et de Marie Gaudet, Acadiens.
Marguerite, b [5] 2 oct. 1707.—*Paul*, b [5] 25 sept. 1708.— *Rose*, b [5] 8 juin 1710.—*Elisabeth*, b [5] 30 janvier 1717. — *Catherine-Joseph*, b [5] 25 mars 1721. — *Ursule*, b [5] 20 avril 1723. — *Pierre*, b [5] 3 déc. 1724.

1709, (5 nov.) Annapolis, Acadie. [6]

I.—THIBAUDEAU, CLAUDE. [PIERRE I.
COMEAU, Elisabeth, fille de Pierre et de Jeanne Bourg, Acadiens.
Elisabeth, b [6] 17 nov. 1710.—*Marie-Joseph*, b [6] 1 février 1712.— *Jean-Baptiste*, b [6] 9 juin 1713. — *Marguerite*, b [6] 5 mai 1715. — *François*, b [6] 5 avril 1717.— *Pierre*, b [6] 4 mai 1719. — *Charles*, b [6] 28 juillet 1721. — *Marguerite* et *Anne*, b [6] 13 mai 1724. — *Charles-Elizée*, b [6] 4 mai 1726. — *Paul*, b [6] 28 juillet 1728.

1715, (19 dec.) Annapolis, Acadie. [1]

I.—THIBAUDEAU, CHARLES, [PIERRE I.
b 1690; s 26 août 1756, à l'Ile-St-Jean, Acadie. [2]
COMEAU, Françoise, fille de Pierre et de Jeanne Bourg, Acadiens.
Françoise, b [1] 3 janvier 1717.—*Marie*, b [1] 9 oct. 1717.—*Marguerite*, b [1] 16 dec. 1718.—*Anne*, b [1] 1er mai 1720. — *Claude*, b [1] 13 nov. 1722, 1° m à Marguerite BRAU; 2° m [2] 16 mai 1757, à Anne-Joseph GODET.—*Elisabeth*, b [1] 5 avril 1726.

1718.

THIBAUDEAU, PIERRE.
MARIN, Helène.
Jeanne, b 6 mars 1719, à Annapolis, Acadie.

I.—THIBAUDEAU (1), PIERRE, b... s (noyé) 22 nov. 1723, à l'Ile-St-Jean, Acadie.

1725, (28 mai) Annapolis, Acadie.

I.—THIBAUDEAU, ANTOINE, [PIERRE I.
b 1700.
COMEAU, Suzanne, b 1705; fille de Pierre et de Suzanne Bezier, Acadiens.

I.—THIBAUDEAU, PHILIPPE.
VINCENT, Elisabeth.
Charles, b... m 1er février 1751, à Madeleine HENRY, à l'Ile-St-Jean, Acadie.

(1) Matelot sur "Les quatre frères."

II.—THIBAUDEAU, ALEXANDRE, [PIERRE I.
b 1694; s 19 janvier 1752, à l'Ile-St-Jean, Acadie. [3]
BENOIT, Françoise.
Anne, b 1729; m [3] 20 janvier 1752, à Jean DOIRON; s [3] 10 sept. 1756.

1737.

III.—THIBAUDEAU, MICHEL, [MICHEL II.
b 1708; Acadien.
1° RICHARD, Marie,
Acadienne.
Joseph, b 1738; s 9 mai 1760, à Ste-Famille, I. O.
1763, (24 janvier) St-Joseph, Beauce.
2° LEFEBVRE, Marie-Cécile, [ALEXANDRE III.
b 1727.

1738.

I.—THIBAUDEAU, OLIVIER.
de la Pointe-Beauséjour, Acadie.
MELANÇON, Elisabeth,
Acadienne.
Isabelle, b... m 5 oct. 1761, à Pierre FRENET, à Deschambault.—*Joseph*, b... m 23 janvier 1769, à Marguerite RANCOUR, à St-Joachim.—*Jean*, b... m 4 février 1771, à Marie-Dorothée VEAU, à Ste-Anne.—*Marie-Anne*, b... m 11 janvier 1773, à Alexis BARIL, à Ste-Anne-de-la-Perade.

1742.

I.—THIBAUDEAU, PIERRE,
de Beauséjour, Acadie.
CORMIER, Madeleine,
Acadienne.
Madeleine, b... m 23 août 1764, à Louis SAINDON, à Kamouraska. — *Marie*, b... m 30 juin 1766, à Joseph OUELLET, à Ste-Anne-de-la-Pocatière.

1743.

I.—THIBAUDEAU, JEAN,
de St-Charles, Acadie.
LEBLANC, Marie,
Acadienne.
Judith, b... m 23 sept. 1765, à Paul POITIER, à Ste-Anne-de-la-Pocatiere. [6] — *Olivier*, b... m [6] 23 sept. 1765, à Madeleine POITIER.

I.—THIBAUDEAU, JOSEPH,
de Memramkouc, Acadie.
SAVOIE, Marie-Anne,
Acadienne.
Marie, b... m 9 février 1767, à Nicolas-Charles DEHOU, à Quebec. [2] — *Marie*, b... m [2] 9 fevrier 1767, à Nicolas VILAIRE-DEHOU.—*Joseph*, b... s 12 août 1756, à l'Ile-St-Jean, Acadie.

1748.

THIBAUDEAU, PIERRE.
BARIAU, Helène.
Hélène, b 1749, m 16 mai 1774, à Jean OUDIN, à Montreal.

1750.

I.—THIBAUDEAU, Prosper,
Acadien.
Barois (1), Hélène,
Acadienne.
Marie-Osithe, b 24 mai 1751, à l'Ile-St-Jean.—*Marie*, b... m 13 février 1775, à Antoine Dubord, à Ste-Anne-de-la-Pérade.

1751, (1er février) Ile-St-Jean. [2]

II.—THIBAUDEAU, Charles. [Philippe I.
Henry, Madeleine, fille de Jean et de Marie Hébert, Acadiens.
Hélène, b [2] 27 fevrier 1752.— *Anastasie*, b [2] 30 août 1755.

I.—THIBAUDEAU, Alexis, de Pipguit, Acadie.
Blanchard, Marie,
Acadienne.
Simon, b... m 12 juin 1775, à Marie-Anne Drolet, à Québec. [2]—*Etienne*, b... m [2] 17 fevrier 1778, à Marie-Louise Chartré.

III.—THIBAUDEAU, Claude, [Charles II.
b 1722.
1° Brau, Marguerite,
b 1731; s 22 août 1756, à l'Ile-St-Jean. [3]
1757, (16 mai). [3]
2° Godet, Anne-Joseph, fille de Jean-Baptiste et de Marie-Joseph Darois.

1753.

I.—THIBAUDEAU, Jean-Bte,
Acadien.
Babin, Marie-Anne-Françoise,
Acadienne.
Marguerite, b... m 9 fevrier 1778, à Jean-Baptiste Coté, à Kamouraska. [2]— *Marie*, b... m [2] 24 août 1778, à Joseph Soucy.

1755.

III.—THIBAUDEAU, Benjamin, [Michel II.
b 1721.
Lanoue, Marguerite.
Marguerite-Anastasie, née 20 avril et b 7 juin 1756, à l'Ile-St-Jean, Acadie.

1758.

I.—THIBAUDEAU, Jean-Bte,
Acadien.
Doucet, Marie-Anne,
Acadienne.
Benoît, b 8 nov. 1759, aux Ecureuils.

1761.

I.—THIBAUDEAU, Thimothée,
Acadien.
Aucoin, Marguerite,
Acadienne.
Marie, b 21 mars 1762, à St-Joseph, Beauce. [1]—*Anne-Marie*, b [1] 26 fevrier 1764.

(1) Et Bariau.

1762.

I.—THIBAUDEAU, Louis,
Acadien.
Bélanger, Geneviève,
Acadienne.
Geneviève-Régis, b 21 juillet 1763, à Berthier.

1765, (23 sept.) Ste-Anne-de-la-Pocatière

II.—THIBAUDEAU, Olivier. [Jean I.
Poitier, Madeleine. [Jean

1766.

THIBAUDEAU, Alexis.
Dupuy, Marguerite.
Charles, ne... b 6 sept. 1767, à Yamachiche [6]—*Marguerite*, née ... b [6] 6 sept. 1767.

1766.

I.—THIBAUDEAU, Jean-Bte,
Acadien.
Dugas, Marguerite,
Acadienne.
Jean, b 30 oct. 1767, à Deschambault.—*Marie-Marguerite*, b 23 avril 1771, à Ste-Foye.

1769, (23 janvier) St-Joachim.

II.—THIBAUDEAU, Joseph. [Olivier I.
Rancour, Marguerite. [François III.
Marguerite, b 18 déc. 1769, à St-Joseph, Beauce. [2] — *Joseph*, b [2] 2 février 1772.

1771, (4 février) Ste-Anne.

II.—THIBAUDEAU, Jean. [Olivier I.
Veau, Marie-Dorothée. [Pierre IV.
Jean-Baptiste, b 25 mars 1776, à St-Joachim [1] s [1] 5 nov. 1778.

1775, (12 juin) Québec.

II.—THIBAUDEAU, Simon. [Alexis I.
Drolet, Marie-Anne. [Joseph IV.

I.—THIBAUDEAU, Urbain,
Acadien.
Deblois, Anastasie, [Pierre III.
b 1754.
Joseph, b... m 17 avril 1797, à Marie-Joseph Boudrot, à Deschambault.

I.—THIBAUDEAU, Paul,
Acadien.
Deguise, Françoise.
Olivier, b... m 21 février 1797, à Louise Guillot, à Québec. [2] — *Marie*, b... m [2] 19 sept. 1797, à François Robitaille.

1778, (17 février) Québec.

II.—THIBAUDEAU, Etienne. [Alexis I.
Chartré, Marie-Louise, [Jacques II.
b 1751.

1797, (21 fevrier) Québec.

II.—THIBAUDEAU, Olivier. [Paul I.
Guillot (1), Louise. [Noël

(1) Et Diot.

1798, (17 avril) Deschambault.
II.—THIBAUDEAU, JOSEPH. [URBAIN I.
BOUDROT, Marie-Joseph. [DAVID.

THIBAUDEAU, ANSELME.
GERMAIN, Marie-Joseph.
Marguerite, b... m 14 février 1820, à Augustin PARIS, à St-Jean-Deschaillons.

THIBAUDIER.—Voy. LARONDE.

THIBAUDIÈRE.—Voy. DENIS, 1749.

THIBAULT.—Voy. THIBAUT.

THIBAUT.—*Variations et surnoms :* LEBEAU—THIBAULT — THIBEAU — TIBAULT — TIBAUT—TIBEAU — BELLEROSE — LAFLEUR—LALOCHETIÈRE—L'EVEILLÉ.—MONTRAY—ST. JEAN.

1655, (11 janvier) Quebec.[1]
I.—THIBAUT (1), GUILLAUME,
b 1618 ; tailleur ; s 23 août 1686, au Château-Richer.[2]
FRANÇOIS (2), Marie-Madeleine,
b 1633.
François, b 1660 ; m[1] 7 avril 1687, à Anne DUPRÉ, s[2] 24 nov. 1710.—*Nicolas*, b[2] 31 mai 1663, 1° m 1681, à Xainte CLOUTIER ; 2° m[2] 23 juillet 1686, à Marie-Françoise BOUCHER ; 3° m 19 avril 1704, à Anne BADEAU, à Charlesbourg[3] ; 4° m[3] 4 sept. 1712, à Marie PAQUET ; s 2 oct. 1727, à Terrebonne.

I.—THIBAUT (3), MICHEL,
b 1641 ; s 5 fevrier 1715, à St-Augustin.[1]
SOHIER, Jeanne,
b 1636 ; s 20 avril 1699, à la Pte-aux-Trembles, Q.
Jean-Baptiste, b 29 août 1672, à Québec ; m[1] 24 nov. 1699, à Marie-Françoise AMIOT ; s[1] 6 juin 1760.

1667, (13 août) Ste-Famille, I. O.[2]
I.—THIBAUT (3), DENIS,
b 1631 ; menuisier ; s 3 janvier 1719, à St-Laurent, I. O.[3]
CAILLAUD, Andrée,
b 1651 ; s[3] 29 avril 1703.
Marie-Anne, b[2] 2 mars 1673 ; 1° m[3] 14 février 1707, à Jean GAUTIER ; 2° m[2] 3 dec. 1728, à François NOLET ; s[3] 1er nov. 1749.—*Louise*, b[3] 10 nov. 1686.—*Jean*, b 1690 ; m[3] 23 nov. 1733, à Anne PAQUET.

1670, (14 oct.) Ste-Anne.
I.—THIBAUT (3), FRANÇOIS-LOUIS,
b 1640 ; s 16 nov. 1724, au Cap-St-Ignace.[4]
LEFEBVRE, Elisabeth-Agnès,
b 1655 ; s[4] 8 juillet 1725.

(1) Voy vol. I, pp. 564-565.
(2) Elle épouse, le 8 avril 1696, François Fafard, au Chateau-Richer.
(3) Voy. vol. I, p. 565.

Jacques, b 11 février 1678, à Québec ; m 10 juillet 1703, à Marie-Anne PROU, à St-Thomas[5] ; s[5] 31 mars 1755.—*Louis*, b[4] 20 déc. 1695 ; m[4] 20 avril 1716, à Cécile FOURNIER : s 21 février 1765, à St-Frs-du-Sud.

1681.
II.—THIBAUT (1), NICOLAS, [GUILLAUME I.
b 1663 ; s 2 oct. 1727, à Terrebonne.
1° CLOUTIER, Xainte, [ZACHARIE II.
b 1653.
Louis, b 22 avril 1682, au Cap-St-Ignace ; 1° m 29 oct. 1709, à Marie PARADIS, à Charlesbourg[5] ; 2° m[5] 12 août 1715, à Françoise BISSON ; 3° m[5] 29 mai 1747, à Marie-Charlotte DUBAU ; s[5] 15 dec. 1758.
1686, (23 juillet) Château-Richer.[6]
2° BOUCHER, Marie-Françoise, [FRANÇOIS II.
b 1664.
François-Xavier, b[6] 17 avril 1695 ; 1° m[5] 30 janvier 1719, à Marie-Madeleine BOURBON ; 2° m 1724, à Madeleine POULIN.—*Nicolas*, b[5] 21 janvier 1697 ; m 1718, à Marie-Anne SIMON ; s 12 juillet 1756, à Sorel.—*Etienne*, b[5] 16 janvier 1699 ; m[5] 20 janvier 1721, à Adrienne JOBIN ; s 11 janvier 1736, à Québec.[7] — *Joseph*, b 1702 ; m[5] 25 oct. 1725, à Louise JEAN ; s[7] 14 oct. 1752.
1704, (19 avril).[5]
3° BADEAU, Anne, [JEAN II.
b 1677 ; veuve de Simon Barbeau.
1712, (4 sept.)[5]
4° PAQUET (2), Marie-Louise, [LOUIS III.
b 1693.
Françoise, b[6] 5 sept. 1716 ; m 1748, à Jacques BOMBARDIER.—*Ignace*, b[5] 4 avril 1718 ; 1° m 15 oct. 1752, à Marie-Therèse DHAZÉ, à St-Vincent-de-Paul ; 2° m 1er avril 1761, à Marie-Anne CORON, à Ste-Rose. — *Marie-Louise*, b[5] 26 janvier 1720 ; m 9 fevrier 1750, à Joseph BOMBARDIER, à la Pte-aux-Trembles, M.

1681, (10 nov.) Château-Richer.[8]
II.—THIBAUT (1), GUILLAUME, [GUILLAUME I.
b 1659 ; s[8] (noyé) 6 août 1692.
GUYON (3), Marie, [SIMON II.
b 1662.
Pierre, b[8] 13 août 1684 ; m[8] 22 oct. 1709, à Agnès GRAVELLE ; s 12 janvier 1750, à St-Valier.

1684, (10 avril) Château-Richer.[9]
II.—THIBAUT (1), CHARLES, [GUILLAUME I.
b 1661 ; s[9] 12 sept. 1685.
GUYON (4), Louise, [SIMON II.
b 1668.

(1) Voy. vol. I, p 565.
(2) Elle épouse, le 3 mai 1729, Andre Poudret, à Lachenaye.
(3) Elle épouse, le 22 nov. 1694, Rene Reaume, au Château-Richer.
(4) Elle épouse, le 1er oct. 1686, Mathieu Damours, à Québec.

1687, (7 avril) Québec.

II.—THIBAUT (1), FRANÇOIS, [GUILLAUME I.
b 1660 ; s 24 nov. 1710, au Château-Richer.[1]
DUPRÉ, Anne, [ANTOINE I.
b 1671.

François-Xavier, b [1] 6 sept. 1695 ; m 1727, à Marie FORGET ; s 18 mars 1761, à Ste-Rose. — *Antoine*, b [1] 16 nov. 1697; m [1] 5 février 1722, à Hélène GARIÉPY, s [1] 9 mai 1766.—*Athanase*, b [1] 5 oct. 1699 ; 1° m 1730, à Marie-Anne QUESSY ; 2° m 1735, à Elisabeth GAGNÉ ; s 10 août 1763, à St-Pierre-du-Sud.—*Angélique*, b [1] 22 mai 1702, m [1] 24 avril 1724, à Joseph GRAVEL ; s [1] 12 déc. 1775.—*Pierre*, b [1] 18 avril 1704 ; m [1] 19 nov. 1731, à Marguerite CLOUTIER ; s [1] 5 juillet 1779.—*Clotilde*, b [1] 29 juillet 1706 ; m [1] 29 juillet 1745, à Jean DUCLOS.—*Louis*, b [1] 12 juillet 1708 ; 1° m 1734, à Marie-Joseph GAUDIN ; 2° m à Charlotte DUBORD.—*Véronique*, b [1] 24 sept. 1710 ; m [1] 20 mai 1751, à Noël SIMARD ; s [1] 9 avril 1772.—*Marie-Anne*, b... s [1] 14 avril 1725.

1687, (24 nov.) Montréal. [2]

I.—THIBAUT (2), PIERRE,
b 1664 ; soldat ; s 7 janvier 1740, au Sault-au-Récollet.
BAUDRY, Catherine, [ANTOINE I.
b 1666 ; s [2] 7 janvier 1731.

Pierre, b 1688 ; m 1721, à Marguerite TOULOUSE ; s 22 février 1747, à l'Hôpital-General, M. —*Nicolas*, b [2] 25 juin 1691 ; m 1727, à Therèse MARSTA ; s 12 janvier 1760, à St-Ours.—*Marguerite*, b 9 juillet 1693, à la Pte-aux-Trembles, M. [3], m 1710, à Thomas HUST.—*Catherine*, b [3] 29 mars 1695 ; m à Nicolas BENOIT.—*François*, b [3] 26 juillet 1697 ; m 1726, à Véronique SERAT ; s [2] 7 août 1747.—*Pierre* (3), b 1698 ; s [2] 30 juillet 1725. —*Marie-Anne*, b [3] 1er août 1699 ; m à Jacques DENEAU.—*Jean-Baptiste*, b [3] 20 et s [3] 23 oct. 1701. —*Jean-Baptiste*, b 1702 ; m 5 fevrier 1725, à Jeanne DENEAU, à Longueuil.—*Marie-Joseph*, b 1704 ; m 27 juillet 1730, à Antoine LACOSTE, à Boucherville. — *Marie-Suzanne*, b... s 26 oct. 1706, au Lac-des-Deux-Montagnes.

1699, (24 nov.) St-Augustin. [3]

II.—THIBAUT (4), JEAN-BTE, [MICHEL I.
b 1672, s [2] 6 juin 1760.
AMIOT, Marie-Françoise, [MATHURIN II.
b 1676 ; s [2] 23 nov. 1758.

Marie-Joseph, b [2] 19 mars 1704 ; m [2] 9 fevrier 1733, à Louis-Joseph DOLBEC ; s [2] 10 août 1733.—*Pierre*, b [2] 10 janvier 1706 ; 1° m 4 juillet 1740, à Madeleine GARNAULT, à L'Ange-Gardien ; 2° m 18 oct. 1745, à Madeleine CHALIFOUR, à Beauport. [3] — *Marie-Madeleine*, b [2] 21 sept. 1707 ; 1° m [2] 22 janvier 1737, à Nicolas NAVARRE ; 2° m 17 août 1745, à René PANNOT, à St-Pierre-les-Becquets ; s 11 mai 1750, à Yamachiche. — *Etienne*, b 16 mars 1712, à la Pte-aux-Trembles, Q. [4] ; 1° m [3] 15 fevrier 1740, à Marguerite CHALIFOUR ; 2° m [4] 6 février 1758, à Angelique LEFEBVRE.— *Jean-Baptiste*, b [2] 4 mars 1714 ; 1° m [2] 23 nov. 1739, à Marie-Catherine TINON ; 2° m [2] 24 janvier 1752, à Marie-Joseph RENAULT, à Charlesbourg ; s [2] 27 nov. 1793. — *Judith*, b [2] 20 fevrier 1716 ; m [2] 4 mars 1737, à Jean-François GARNIER.

(1) Voy. vol. I, pp. 565-566.
(2) Dit Léveillé ; voy. vol. I, p. 566.
(3) Soldat de la compagnie de St. Ours.
(4) Voy. vol. I, p. 566.

1703, (10 juillet) St-Thomas. [2]

II.—THIBAUT, JACQUES, [FRANÇOIS-LOUIS I.
b 1678 ; s [2] 31 mars 1755.
PROU, Marie-Anne, [JEAN I.
b 1683 ; s [2] 2 juin 1756.

Jacques, b [2] 25 février et s [2] 6 mars 1704 — *Marie-Anne*, b [2] 25 mars 1705 ; s [2] 13 juin 172.. — *Marguerite*, b [2] 15 mars 1707 ; m [2] 5 juillet 1734, à François MIVILLE : s [2] 16 mars 1745 — *Charlotte*, b [2] 31 août 1709 ; s [2] 25 nov. 1733 — *Jacques*, b [2] 12 mai 1711 ; s [2] 14 sept 1714 — *Jean*, b... s [2] 1er juin 1731. — *Madeleine*, b [2] .. août 1713 ; m [2] 29 oct. 1732, à Louis GAMACHE —*Elisabeth*, b [2] 23 oct. 1715 ; 1° m [2] 2 juin 1738 à Claude-Joseph BOUCHARD ; 2° m [2] 7 oct. 1748 à Joseph PELLETIER. — *Marie-Geneviève*, b [2] 6 nov. 1717 ; 1° m [2] 6 nov. 1741, à Louis LEMIEUX 2° m [2] 4 juillet 1757, à Pierre-Noel CARON — *François*, b [2] 4 dec. 1719 ; m 14 fevrier 1746 à Marie-Anne RICHARD, au Cap-St-Ignace [3] — *Joseph*, b 1720 ; m 19 oct. 1744, à Marie-Joseph ALLAIRE, à St-Frs-du-Sud. — *Jacques*, b [2] 5 fevrier 1724 ; m [3] 18 avril 1746, à Elisabeth GUYON. — *Jean-Baptiste*, b [2] 23 dec. 1725, m 24 nov. 1749, à Marie-Claire ROY, à St-Valier

---

1704, (28 juillet) Cap-St-Ignace.

II.—THIBAUT, JEAN-FRANÇOIS, [FRS-LOUIS I
b 1676.
1° GUIMONT, Marie-Anne, [CLAUDE II
b 1686 ; s 27 janvier 1705, à l'Islet. [5]

1705, (12 nov.) St-Thomas.

2° PROU, Angelique, [JEAN I
b 1688.

Marie-Angélique-Elisabeth, b... 1° m [5] 4 nov 1732, à Jean-Baptiste CLOUTIER ; 2° m [5] 29 janvier 1753, à François JANOT.—*Marguerite*, b [5] 25 sept. 1707 ; m [5] 7 nov. 1735, à Ignace BELANGER — *Jean-François*, b [5] 4 janvier 1709 ; m [5] 6 nov 1736, à Geneviève CLOUTIER. — *Madeleine*, b [5] .. oct. 1710.—*Félicité*, b [5] 7 avril 1712, m [5] 2 mars 1734, à Jean-Baptiste VAILLANCOUR. — *François-Joseph*, b [5] 19 dec. 1713 ; m [5] 29 oct 1738, à Marie-Claire JEAN.—*Brigitte*, b [5] 4 et s [5] 28 août 1715.—*Joseph*, b [5] 27 juillet 1716 ; m 5 nov. 174. à Clotilde PELLETIER, à St-Roch. [6]—*Scholastique* b [5] 23 avril 1718 ; m [5] 1er dec. 1741, à Joachim GAMACHE. — *Pierre*, b [5] 26 janvier 1720 ; m [6] 2. nov. 1743, à Rose PELLETIER. — *Louis-André*, b [5] 31 août 1721. — *Jacques-Lambert*, b [5] 13 sept 1722 ; m [6] 23 oct. 1752, à Marie-Anne LEBEL, s [5] 19 dec. 1755. — *Louis-André*, b [5] 28 mars 172. m [5] 21 fevrier 1746, à Françoise-Ursule CLOUTIER. — *Alexis-Bonaventure*, b [5] 26 août et s [5] 3 sept. 1726 — *Angélique-Dorothée*, b [5] 1er et s [5] 1. août 1727.—*Charles-François*, b [5] 20 juillet 1728 1° m [5] 16 nov. 1750, à Marie CLOUTIER, 2° m [5] 19 avril 1762, à Marie-Elisabeth LECLERC.—*Ang*

...que-Dorothée, b[6] 3 mai 1732; m[5] 9 janvier 1753, à Michel Cloutier.

1705.

I.—THIBAUT (1), Pierre, [Pierre I.
b 1688; s 22 fevrier 1747, à l'Hôpital-General, M.
Toulouse-Larose, Marguerite,
b 1689.
Cécile, b 1706; s 19 sept. 1718, au Lac-des-Deux-Montagnes.[1] — *Marie-Suzanne*, b[1] 23 nov. 1707. — *Marie-Françoise*, b[1] 16 sept. 1721; 1° m 2 oct. 1739, à Pierre Bravé (2), à la Pointe-Claire. 2° m 19 nov. 1759, à François Vinet, à Ste-Geneviève, M. — *Marguerite*, b 1722; 1° m 28 mai 1749, à Guillaume Lemaire, à Montréal; 2° m 9 sept. 1761, à Jean-Baptiste Rogerie, à Laprairie.

1709, (22 oct.) Château-Richer.

III.—THIBAUT, Pierre, [Guillaume II.
b 1684; s 12 janvier 1750, à St-Valier.[7]
Gravelle, Agnès, [Jean II.
b 1690; s[7] 17 oct. 1733.
Agnès-Elisabeth, b 1er mars 1711, à Québec[8], m[7] 23 janvier 1736, à Louis Goupil. — *Pierre*, b[8] 26 avril 1712; m[7] 4 mars 1737, à Angélique Hely. — *Jean-Baptiste*, b[8] 14 et s[8] 28 sept. 1713. — *Jean-Baptiste*, b[8] 23 fevrier 1715. — *Marie-Joseph*, b[7] 6 août 1717; m[7] 23 janvier 1736, à Louis Alaire. — *Marie-Angélique*, b[7] 3 nov 1718 1° m 24 nov. 1746, à Joseph Bérubé, à la Rivière-Ouelle[9]; 2° m[9] 29 août 1768, à Etienne Gauvin. — *Marie-Françoise*, b[7] 23 mai 1720; m[7] 26 fevrier 1748, à Barthelemi Terrien. — *Marie-Louise*, b[7] 8 oct. 1724; m[7] 7 oct. 1748, à Philippe Leclerc. — *Augustin-Toussaint*, b[7] 1er nov. 1725; m[7] 6 juin 1748, à Marie-Joseph Terrien. s[8] 22 juillet 1785. — *Catherine-Stanislas*, b[7] 24 nov 1727; m 22 oct. 1753, à Louis Bélanger, à St-Thomas. — *Louis-Michel*, b[7] 29 sept. 1730. — *Jean-Baptiste*, b[7] 3 sept. 1731; m[7] 4 mai 1750, à Dorothée Blais.

1709, (29 oct.) Charlesbourg.[2]

III.—THIBAUT, Louis, [Nicolas II.
b 1682; s[2] 15 dec. 1758.
1° Paradis, Marie, [Jean II.
b 1684; veuve de Jean Pageot, s[2] 24 mars 1715.
Marie-Louise, b[2] 20 janvier 1711; m[2] 25 juin 1736, à Jacques Bourbeau. — *Françoise-Elisabeth*, b[2] 2 juillet 1712; m 10 mars 1738, à Jean-Jacques Marieu, à Québec[3], s[3] 8 août 1751. — *Louis-Joseph*, b[2] 21 juillet 1714; s[2] 27 sept. 1715.

1715, (12 août).[2]

2° Bisson, Françoise, [René I.
b 1690, veuve de Jean Fournier; s[2] 14 sept. 1746.
Louis, b[2] 2 juin 1716; s[2] 17 mars 1717. — *Louis*, b[2] 19 août 1717; s[2] 30 sept. 1721. — *Marie-Anne*, b[2] 6 nov. 1718; m[2] 13 fevrier 1741, à Jacques Ducharme. — *Marie-Joseph*, b[2] 14 nov. 1720; 1° m[2] 16 janvier 1747, à Thomas Huppé; 2° m[2] 8 nov. 1751, à Guillaume-Joseph Normandeau. — *Germain*, b[2] 31 oct. 1722; m[2] 16 janvier 1747, à Marguerite Huppé. — *Marie-Madeleine*, b[2] 31 mars 1724; m[2] 30 oct. 1741, à Nicolas Huppé. — *Jean*, b[2] 21 avril 1726; m[2] 10 nov. 1749, à Marie-Madeleine Bedard.

1747, (29 mai).[2]

3° Dubau, Marie-Charlotte, [Toussaint I.
b 1688; veuve de Joseph Guilbaut.

(1) Dit Léveillé.

(2) Et Breillé.

1716, (20 avril) Cap-St-Ignace.[8]

II.—THIBAUT, Louis, [François-Louis I.
b 1695; maître-charpentier; s 21 fevrier 1765, à St-Frs-du-Sud.
Fournier, Cécile, [Jean II.
b 1698; s 8 nov. 1761, à Beauport.[7]
Louis, b 1717; m 22 nov. 1745, à Marie-Anne Miville, à Ste-Anne-de-la-Pocatière. — *Marie-Geneviève*, b[8] 22 mars 1719; m 7 janvier 1744, à René Laverdure, à St-Michel.[9] — *Marie-Marthe*, b[8] 1er janvier 1721; m[9] 18 fevrier 1743, à Pierre Alaire. — *Marie-Cécile*, b[8] 19 nov. 1724; m[7] 21 fevrier 1746, à Pierre Rodrigue. — *Elisabeth-Agnès*, b[8] 14 août 1726. — *Pierre-Augustin*, b[8] 31 août 1728; m 26 nov. 1748, à Marie-Joseph Chamberlan, à Beaumont. — *Ignace*, b[8] 30 juillet 1730; m 12 fevrier 1759, à Anne Joannet, à St-Laurent, M.; s 18 août 1769, au Détroit. — *Ursule*, b[8] 8 août 1732; m[9] 30 juin 1749, à François Fournier; s 31 mai 1795, à Québec.[6] — *Charlotte*, b[6] 20 mai 1733; m 20 nov. 1753, à Pierre-Marie Rémillard, à St-Valier. — *Marie-Marthe*, b[9] 18 février 1743.

1718, (11 juillet) Château-Richer.

III.—THIBAUT, Guillaume, [Guillaume II.
b 1693.
Bacon (1), Marie-Françoise, [Eustache II.
b 1696; s 11 juin 1765, à St-Thomas.[3]
Guillaume, b[3] 18 mars et s[3] 25 avril 1719. — *Joseph*, b[4] 16 mars et s[3] 7 avril 1720. — *Louise-Angelique*, b[3] 26 mars 1721; m[3] 31 août 1739, à Germain Baudoin. — *Anonyme*, b[3] et s[3] 11 oct. 1722. — *Louis*, b[3] 16 août 1723; m[3] 26 oct. 1750, à Geneviève Bélanger. — *Marie-Angélique*, b[3] 3 août 1725; s[3] 27 déc. 1733. — *Anonyme*, b[3] 29 janvier 1727. — *Guillaume*, b[3] 2 avril 1730. — *Marie-Madeleine*, b[3] 11 dec. 1731; s[3] 23 janvier 1734. — *Elisabeth*, b[3] 24 janvier 1733; m[3] 19 avril 1751, à Simon Fournier. — *Hubert-Joseph*, b[3] 13 nov. 1734. — *Jean-Baptiste*, b[3] 8 avril 1736, s[3] 19 juillet 1756. — *Marie-Angélique*, b[3] 21 dec. 1737; s[3] 12 janvier 1738. — *Thomas*, b[3] 7 juin 1739.

1718.

III.—THIBAUT, Nicolas, [Nicolas II.
b 1697; s 12 juillet 1756, à Sorel.
Simon, Marie-Anne, [Léonard II.
b 1696.
Marie, b 1719; m 10 oct. 1740, à Louis-François Hervé, au Sault-au-Recollet.[1] — *Pierre*, b

(1) Appelee Marcou, 1722.

1721; m[1] 27 janvier 1749, à Marie-Joseph Lalande.—*Joseph*, b 21 juin 1723, à la Pte-aux-Trembles, M.; s 31 janvier 1745, à Montréal.—*Marie-Anne*, b... s[1] (noyée avec Françoise Hervé) 8 juin 1745.

1719, (30 janvier) Charlesbourg.[2]
III.—THIBAUT, François-Xavier, [Nicolas II.
b 1695.
1° Bourbon, Marie-Madeleine, [Etienne I.
b 1700.
Marie, b[2] 22 mai et s[2] 20 juin 1719.

1724.

2° Poulin, Madeleine, [Pierre II.
b 1706.
Marie-Anne, b 6 avril 1725, au Château-Richer[3]; m 28 nov. 1747, à Jacques Duchesne, à la Petite-Rivière.[4] — *Marie-Madeleine*, b[4] 16 sept. 1726; m[3] 7 fevrier 1763, à Jean Cochon. — *François-Laurent*, b[3] 10 août et s[3] 27 nov. 1728.—*Marie-Françoise*, b... m 18 nov. 1754, à Jean-Baptiste Perron, à la Baie-St-Paul.[5]—*François-Zacharie*, b[3] 26 juin 1731.—*Hélène*, b[3] 14 juin et s[3] 18 août 1733.—*Monique*, b[3] 11 sept. 1734; m[3] 26 juin 1758, à Pierre Cloutier.—*Ignace*, b[3] 1er fevrier 1737; m 1er déc. 1768, à Catherine Cassé, au Détroit[6]; s[6] 22 oct. 1795.—*Joseph*, b[3] 13 mars 1739; m[3] 13 fevrier 1764, à Marguerite Cochon.—*Charles*, b[3] 6 février 1741.—*André*, b[3] 30 sept. 1743; m[4] 21 oct. 1772, à Agathe Simard.—*Jean-Baptiste*, b[3] 27 déc. 1745; s[3] 12 nov. 1748.—*Amable*, b[3] 11 sept. 1747; m[5] 11 nov. 1771, à Rosalie Tremblay.—*Jean-Marie*, b[3] 27 déc. 1749; s[3] 18 janvier 1750.

1721, (20 janvier) Charlesbourg.[8]
III.—THIBAUT, Etienne, [Nicolas II.
b 1699; s 11 janvier 1736, à Québec.[9]
Jobin, Adrienne, [Charles I.
b 1699.
Nicolas, b[8] 7 oct. et s[8] 22 nov. 1721. — *Marie-Charlotte*, b[8] 1er nov. 1722; m[9] 31 mai 1745, à Charles-Régis Hubert. — *Marie-Jeanne*, b[8] 22 fevrier 1724; m[8] 21 fevrier 1746, à Théodore Verret; s[8] 14 nov. 1755.—*Etienne*, b[8] 15 mai 1725.—*François*, b[8] 6 juillet 1726.—*Pierre*, b[8] 13 janvier 1728, m[8] 3 mai 1751, à Geneviève Delage.—*Charles-Joseph*, b[8] 3 avril 1729; s[8] 2 déc. 1730.—*René*, b[9] 11 oct. 1730.—*Marie-Joseph*, b[9] 23 janvier et s[9] 4 sept. 1732.—*Geneviève-Angélique*, b[9] 1er sept. 1733.—*Marie-Louise-Brigitte*, b[9] 28 oct. 1735; s[9] 26 août 1738.

1722, (5 fevrier) Château-Richer.[2]
III.—THIBAUT, Antoine, [François II.
b 1697; s[2] 9 mai 1766.
Gariépy, Hélène, [Charles II.
b 1698; s[2] 8 janvier 1770.
Marie-Anne, b[2] 15 janvier 1722; s[2] 12 sept. 1738.—*Antoine-Joseph*, b[2] 7 mai et s[2] 3 juin 1724.—*Joseph*, b[2] 22 avril 1725; s[2] 25 août 1733.—*Marie-Louise*, b 1727; m 1750, à Joseph Chalifour.—*Marguerite*, b[2] 2 nov. 1729; m[2] 4 mai 1744, à Charles Blau.—*Claire*, b[2] 25 fevrier 1732, m[2] 29 janvier 1748, à Ignace Gosselin.—*Marie-Reine*, b[2] 2 mai 1735; 1° m[2] 14 avril 1755, à Jacques Viviers; 2° m[2] 8 avril 1771, à Simon Lebeuf.

1725, (5 février) Longueuil.
II.—THIBAUT (1), Jean-Bte, [Pierre I.
b 1702.
Deneau, Marie-Jeanne, [Pierre II.
b 1701.
Jean-Baptiste, b 1726; m 26 janvier 1750, à Agnès Sicard, au Sault-au-Recollet.[6] — *Bernard*, b 15 nov. 1728, à St-François, I. J.; s[6] 18 nov. 1740.—*Joseph*, b 1730; s[6] (noyé) 8 juin 1745.—*Joseph*, b... m 1752, à Marguerite Vandandaique.—*Pierre*, b 1732; m[6] 11 oct. 1756, à Marguerite Lorain.—*Marie-Charlotte*, b 1733; s[6] 7 déc. 1742.—*Simon*, b 1734; m[6] 12 janvier 1761, à Catherine Viau.—*Charles*, b[6] 17 et s[6] 25 mai 1737.—*Louis-Amable*, b[6] 6 août 1740.

1725, (25 oct.) Charlesbourg[5]
III.—THIBAUT, Joseph, [Nicolas II.
b 1702; s 14 oct. 1752, à Québec.[6]
Jean, Louise, [Pierre II.
b 1702.
Louise-Geneviève, b[5] 11 août 1726; s[5] 15 déc. 1727.—*Marie-Louise*, b[5] 28 juillet 1728; m[6] 17 juin 1743, à Jean-Charles Breton; s[6] 29 sept. 1748.—*Marie-Anne*, b[5] 25 mai 1730; m[6] 28 sept. 1750, à Jean-René Guillet. — *Pierre-Joseph*, b[5] 5 février 1732.—*Marie-Elisabeth*, b[5] 23 oct. 1734; m[5] 11 fevrier 1749, à Julien Gandon; s 25 déc. 1755, à Chambly. — *Nicolas*, b[5] 10 oct. 1736.—*Marie-Joseph*, b[5] 9 mai 1739; m[5] 26 oct. 1761, à Pierre-Stanislas Bedard. — *Jean-Charles*, b[5] 8 avril 1741; s[5] 27 mars 1742.

1725.
I.—THIBAUT, Louis,
Acadien.
Picot (2), Jeanne,
Acadienne.
Rosalie, b 12 déc. 1726, à Annapolis, Acadie.[6] —*Marie*, b[6] 7 avril 1728. — *Louis*, b[6] 4 fevrier 1730.—*Amant-Grégoire*, b 1731; m 27 oct. 1760, à Rosalie Cormier, à Bécancour.

1726.
II.—THIBAUT (1), François, [Pierre I.
b 1697; s 7 août 1747, à Montréal[7]
Sérat (3), Veronique, [Pierre I.
b 1706.
Catherine, b 1727; m[7] 25 nov. 1754, à Jean Fayard.—*Jean-Baptiste*, b[7] 27 avril 1734, s[7] 1er juillet 1737.—*Paul*, b[7] 3 juin 1736.— *Véronique*, b[7] 29 août et s[7] 24 sept. 1742. — *Charles*, b[7] 16 juillet et s[7] 26 août 1744.—*Joseph*, b[7] 27 fevrier 1747; 1° m à Catherine Rencontre, 2° m[7] 6 oct. 1777, à Marie-Anne Tyran.

---

(1) Dit Léveillé.

(2) Et Seco.

(3) Elle épouse, le 19 février 1748, René-Etienne Montret, à Montréal.

1727.

...—THIBAUT (1), NICOLAS, [PIERRE I.
b 1691; s 12 janvier 1760, à St-Ours. [1]
MARSTA, Therèse, [TOUSSAINT II.
b 1704.
Marie-Angélique, b 1728; m 1750, à Jean-Pierre HERPIN. — *Nicolas*, b 18 fevrier 1729, à ...chenaye [2]; m [1] 4 nov. 1760, à Marie-Louise ...ÈRE.—*François*, b 1731; m 28 nov. 1760, à Thé...se DESCOTES, à Lanoraie.—*Louis*, b [2] 4 août ...32; m [1] 1er mars 1756, à Catherine DESAUTELS. —*Toussaint*, b 1734; m [1] 27 oct. 1760, à Marie-Ursule CHAILLÉ. — *Etienne*, b 1735; m 22 janvier 1766, à Marie-Louise LEFEBVRE, à Boucherville.

1727.

...I—THIBAUT (2), FRS-XAVIER, [FRANÇOIS II.
b 1695; s 18 mars 1761, à Ste-Rose. [4]
FORGET, Marie, [JACQUES I.
b 1696.
Marie-Cécile, b 10 février 1728, à Terrebonne. [3] —*Marie-Agathe*, b [3] 25 août 1729; m [4] 21 janvier ...754, à Pierre PARADIS.

1730.

...I.—THIBAUT, ATHANASE, [FRANÇOIS II.
b 1699; s 10 août 1763, à St-Pierre-du-Sud. [6]
1° QUESSY, Marie-Anne.
Marie-Anne, b... m [6] 27 nov. 1752, à Germain ...AUDREAU.

1735.

2° GAGNÉ (3), Elisabeth, [PIERRE IV.
b 1707; s 4 mars 1777, à Berthier. [7]
Marie-Louise, b 22 sept. 1736, à St-Thomas; ...[1] 14 avril 1760, à Joseph LAFLAMME. — *Jean-Baptiste*, b 1739; m [7] 15 janvier 1776, à Marie-Elisabeth DODIER.—*Marie-Anne*, b [6] 22 nov. 1750.

1731, (19 nov.) Château-Richer. [5]

...I—THIBAUT, PIERRE, [FRANÇOIS II.
b 1704; s [5] 5 juillet 1779.
CLOUTIER, Marguerite, [JEAN III.
b 1700.
Marie-Joseph, b 8 sept. 1732, à Lorette. [6] — *Elisabeth*, b [6] 19 avril 1734; s [5] 5 mars 1749.— *Marguerite*, b [6] 22 mars 1736, m [5] 22 nov. 1762, François VALOIS. — *Pierre*, b [6] 5 juillet 1738, ...17 nov. 1760, à Louise BOURBEAU, aux Trois-Rivieres. — *Louise*, b [5] 14 et s [5] 16 mai 1741.

1733, (23 nov.) St-Laurent, I. O. [5]

...I—THIBAUT, JEAN, [DENIS I.
b 1690.
PAQUET, Anne, [ANTOINE II.
b 1711.
Jean, b 4 oct. 1734, à St-Pierre, I. O.; m [5] 18 nov 1760, à Agathe RUEL.

(1) Et Lebeau dit Léveillé.
(2) Dit Léveillé.
(3) Bellavance.

1734.

III.—THIBAUT, LOUIS, [FRANÇOIS II.
b 1708.
1° GAUDIN, Marie-Joseph, [ALEXIS II.
b 1715.
Marie-Thérèse, b 26 février 1735, à St-Frs-du-Sud [9]; m [9] 2 mai 1752, à Pierre AUDET. — *Antoine*, b 22 oct. 1741, à Berthier.

2° DUBORD, Charlotte, [GUILIN I.
b 1690; s 2 sept. 1778, à St-Joachim.

1736, (6 nov.) Islet. [2]

III.—THIBAUT, JEAN-FRS, [JEAN-FRANÇOIS II.
b 1709.
CLOUTIER, Geneviève, [JEAN-BTE IV.
b 1719.
Jean-François, b [2] 28 oct. 1737; m [2] 18 janvier 1757, à Geneviève BOSSÉ.—*Joseph-François*, b [2] 9 février 1739.—*Marie-Geneviève*, b [2] 21 mars 1740; m [2] 17 oct. 1761, à Pierre LEMIEUX.—*Michel-Julien*, b [2] 11 mars 1742; m [2] 15 fevrier 1762, à Geneviève-Judith LEMIEUX.—*Joachim*, b [2] 7 août 1743.—*Etienne*, b [2] 14 juillet 1750; m [2] 7 nov. 1774, à Brigitte GAGNÉ.—*Marie-Pélagie*, b [2] 27 fevrier 1752.—*Marie-Modeste*, b [2] 27 février 1752; m [2] 1er fevrier 1773, à Pierre FORTIN.—*Marie-Marthe*, b [2] 5 août 1754.

1737, (4 mars) St-Valier. [3]

IV.—THIBAUT, PIERRE, [PIERRE III.
b 1712.
HÉLY, Angélique, [PIERRE II.
b 1713.
Pierre, b [3] 8 nov. 1737.—*Marie-Angélique*, b 7 avril 1739, à Beaumont [4]; m [3] 19 oct. 1762, à Joseph DORVAL.—*Marie-Catherine*, b [4] 17 juin 1740, m [4] 4 nov. 1760, à Michel CLOUET. — *Jean-Marie*, b [3] 3 fevrier 1742.—*Louis-Marie*, b 11 avril 1744, à St-Michel [5]; m 14 juillet 1766, à Marie-Anne LETARTE, à Levis. — *Marie-Marguerite*, b [5] 1er dec. 1745. — *Joseph-Marie*, b [5] 16 et s [5] 30 juillet 1747.— *Marie-Marguerite*, b [5] 28 juillet et s [5] 31 août 1749.—*Augustin*, b [3] 16 sept. 1751.

1738, (29 oct.) Islet. [7]

III.—THIBAUT, FRS-JOSEPH, [JEAN-FRANÇOIS II.
b 1713.
JEAN, Marie-Claire, [PIERRE II.
b 1713.
Marie-Claire, b [7] 25 août 1739; 1° m [7] 13 mai 1754, à Jean-François BÉLANGER; 2° m [7] 23 fevrier 1757, à Jean-Baptiste LECLERC.—*Marie-Geneviève*, b [7] 21 août 1741; s [7] 27 mars 1742.—*Marie-Geneviève*, b [7] 16 fevrier 1743.—*Charles-François*, b [7] 7 janvier 1746; m 1764, à Marie-Elisabeth LECLERC.—*Marie-Elisabeth*, b [7] 10 nov. 1749.— *Germain*, b [7] 13 août 1751; m 24 oct. 1774, à Catherine CARON, à St-Jean-Port-Joli. — *Marie-Romaine*, b [7] 27 sept. 1753; m [7] 30 janvier 1775, à Anselme TERRIAU.—*Marie-Victoire*, b [7] 3 juillet 1755.

1739, (7 janvier) Montreal.

I.—THIBAUT (1), CHARLES-FRANÇOIS, b 1715, huissier; fils de François et de Marie-Anne DeLyon, de St-Sulpice, Paris; s 23 avril 1760, à Quebec.[8]

1° MÉTIVIER-LAROSE, Marie-Thérèse, [ETIENNE I. b 1715.

Charles-Joseph-Nicolas, b [8] 29 mars 1740.

1741, (30 oct.)[8]

2° GIRARD (2), Dorothée, [JEAN II. b 1696; veuve de Joseph Morin; s [8] 25 juillet 1747.

1749.

3° BOISSONNEAU (3), Catherine, [NICOLAS II. b 1724.

Pierre, b [8] 19 nov. 1749; s [8] 8 janvier 1750.—*Claude-Gérard*, b [8] 29 mars 1751.—*Marie-Catherine*, b [8] 23 mars 1753.—*Françoise-Angélique*, b [8] 7 oct. 1754; s [8] 3 sept. 1756.—*Geneviève-Catherine*, b [8] 6 déc. 1756; s [8] 12 dec. 1758.—*Jean-François*, b [8] 27 août 1759; m [8] 28 sept. 1784, à Marie-Françoise POUJOL.

1739, (23 nov.) St-Augustin.[1]

III.—THIBAUT, JEAN-BTE, [JEAN-BTE II. b 1714; s [1] 27 nov. 1793.

1° TINON, Marie-Catherine, [CHARLES II. b 1720.

Jean-Baptiste, b [1] 31 janvier 1741, m 29 juillet 1765, à Marie ROCHON, à Lachenaye[2], s [2] 8 avril 1768.—*Augustin*, b [1] 29 mars 1742; m 1774, à Therèse COTÉ; s [1] 2 mai 1790.—*Pierre*, b [1] 18 dec. 1743.—*Joseph-Marie*, b [1] 18 avril 1745; m [2] 10 février 1771, à Suzanne MATTE.—*Marie-Joseph*, b 5 mars 1748, à la Pte-aux-Trembles, Q. [3] —*Jean-Ignace*, b [3] 18 juillet 1750.

1752, (24 janvier) Charlesbourg.

2° RENAULT, Marie-Joseph, [JEAN-BERNARD II. b 1710; veuve de Simon Roy-Audy.

1740, (15 fevrier) Beauport.

III.—THIBAUT, ETIENNE, [JEAN-BTE II. b 1712.

1° CHALIFOUR, Marguerite, [JOSEPH III. b 1721.

Marguerite-Angélique, b 6 mars 1741, à St-Augustin. [4] — *Etienne*, b [4] 21 juillet 1742.—*Joseph-Marie*, b [4] 5 avril 1744; s [4] 29 mars 1745.—*François-Augustin*, b [4] 29 juin 1745. — *Jean-Baptiste*, b 1746; m 17 fevrier 1772, à Françoise TROTIER, à Batiscan[5]; s [5] 5 avril 1772.—*Brigitte*, b... m [4] 8 fevrier 1773, à Michel COTÉ.—*Marie-Thérèse*, b [4] 16 nov. 1754.

1758, (6 fevrier) Pte-aux-Trembles, Q.

2° LEFEBVRE (4), Angelique, [GUILLAUME II. b 1738.

Marie-Louise, b [4] 7 nov. 1758; m [4] 29 sept. 1777, à Louis COTÉ.—*Angélique*, b [4] 17 sept. 1760.—*Etienne* (posthume), b [4] 1er avril 1762.

(1) Dit Lafleur; soldat.

(2) Et Girardin; veuve en 3èmes noces.

(3) Elle épouse, le 2 février 1763, Jean-Charles Pepin, à Québec.

(4) Elle épouse, le 21 janvier 1762, Pierre Michelin, aux Trois-Rivières.

1740, (4 juillet) L'Ange-Gardien.

III.—THIBAUT, PIERRE, [JEAN-BTE b 1706.

1° GARNAUD, Madeleine, [FRANÇOIS b 1720; s 6 avril 1743, à St-Augustin.[4]

Marie-Louise, b [4] 13 sept. 1741.—*Marie-Joseph*, b [4] 17 mars 1743.

1745, (18 oct.) Beauport.

2° CHALIFOUR, Madeleine, [JOSEPH b 1727.

Joseph, b... s [6] 26 février 1747.—*Etienne*, [...] mars 1750, à la Pte-aux-Trembles, Q. [7] — *Marie-Angélique*, b [7] 6 juillet 1752.—*Pierre*, b [6] 30 [...] 1754.—*Louis-Joseph*, b [6] 27 oct. 1755, m [6] février 1784, à Marie-Joseph DORVAL.—*Brigitte*, b [7] 28 oct. 1756.—*Marie-Angélique*, b... s [6] fevrier 1781.—*Marie-Thérèse*, b [6] 28 mars 17[..] m [6] 1er oct. 1792, à Joseph VERMET; s [6] 27 a[...] 1794.—*Charles*, b [7] 16 sept. 1759.—*Marie-Madeleine*, b [6] 6 mars 1761.—*Suzanne*, b [6] 23 avril 17[..]

THIBAUT, JEAN.

LAFEUILLADE, Louise.

Agathe, b... m 16 août 1769, à Joseph [...] COURNOYER, à Sorel.

1742, (5 nov.) St-Roch.

III.—THIBAUT, JOSEPH, [JEAN-FRANÇOIS b 1716.

PELLETIER (1), Marie-Clotilde, [JEAN-BTE b 1719.

Clotilde, b... m 9 fevrier 1773, à Augus[...] PICARD, à St-Jean-Port-Joli.

1743, (25 nov.) St-Roch.

III.—THIBAUT, PIERRE, [JEAN-FRANÇOIS b 1720.

PELLETIER, Rose, [JEAN-BTE b 1721.

Vincent, b 28 mai 1750, à l'Islet[9]; m [9] 24 o[...] 1774, à Elisabeth-Ursule CARON.—*Marie-Ro[...]* b [9] 25 février 1753; m 1772, à Bonaven[...] BÉLANGER.

1744, (19 oct.) St-Frs-du-Sud.[2]

III.—THIBAUT, JOSEPH, [JACQUES b 1720.

ALAIRE, Marie-Joseph, [CHARLES b 1723.

Joseph-Marie, b 16 déc. 1747, à St-Valier[3]—*Anonyme*, b [3] et s [3] 28 mars 1749.—*Jacques*, b 30 avril 1750.—*Marie-Joseph*, b [2] 9 et s [2] 16 a[...] 1752.—*Basile-Marie*, b [2] 6 et s [2] 21 juillet 175[.].—*Louis-Marie*, b [2] 1er et s [2] 13 août 1754.—*Fran[...]* b [2] 7 et s [2] 19 sept. 1756.—*Marie-Marguerite*, b 10 juin et s [2] 2 juillet 1758.—*Basile*, b [2] 23 sep[...] et s [2] 13 oct. 1759.

1745, (22 nov.) Ste-Anne-de-la-Pocatière[4]

III.—THIBAUT, LOUIS, [LOUIS b 1717

MIVILLE-DESCHESNES, Marie-Anne, [CHARLES b 1726

(1) Elle épouse, le 26 avril 1752, Ignace Vaillancour[t], St-Roch.

...ouis, b [4] 21 déc. 1747.—*Joseph*, b [4] 14 mars s [4] 2 avril 1749.—*Nicolas*, b [4] 25 avril 1750.—...*Euphrosine*, b [4] 11 mai 1751; s [4] 10 avril ...53.—*Joseph-Alexandre*, b [4] 25 juillet 1752.—...*rie-Angélique*, b [4] 18 nov. 1753; s 8 avril 1760, St-Michel. [5] — *Louis*, b 1756; s 3 fevrier 1760, Levis — *Charles-Amable*, b 5 oct. 1758, à ...Roch, s [5] 20 mars 1760.

1746, (14 février) Cap-St-Ignace (1).

...—THIBAUT, François, [Jacques II.
b 1719.
Richard, Marie-Anne. [Jean-Bte.
François-Marie, b 11 juillet 1748, à St-Valier. *Marie-Marguerite*, b 28 nov. 1751, à St-Frs-du-...d [7] —*Marie-Joseph*, b [7] 9 juin 1753.—*Nicolas*, ... 1er juin 1755; s [7] 8 août 1756.— *Anonyme*, b [7] s [7] 28 juin 1755.—*Marie-Françoise*, b [7] 3 et s [7] ...juin 1757. — *Marie-Rosalie*, b [7] 8 sept. 1758.

1746, (21 fevrier) Islet. [8]

...—THIBAUT, Ls-André, [Jean-François II.
b 1725.
Coutier, Françoise-Ursule, [Jean-Bte IV.
b 1726.
Marie-Ursule, b [8] 25 mars 1749.—*Noël*, b [8] 10 ...ril 1751.—*Marie-Anne*, b [8] 3 nov. 1752; 1° m [8] ...juillet 1776, à Louis-Marie Caron; 2° m [8] 8 ...1780, à François-Xavier Caron.—*Marie*, b... [8] 20 juin 1774, à Romain Chouinard.—*Marie-...sule*, b [8] 27 février 1755.—*Marie-Modeste*, b [8] ...oct 1756 —*Gabriel*, b [8] 16 oct. 1758.—*Marie-...seph*, b [8] 11 août 1760. — *Louis*, b [8] 24 mars ...62.

1746, (18 avril) Cap-St-Ignace (2).

...—THIBAUT, Jacques, [Jacques II.
b 1724.
Guyon (3), Marie-Elisabeth, [Louis IV.
b 1721.
Jacques, b 3 juillet 1747, à St-Thomas [1]; m [1] ...août 1773, à Marie-Elisabeth Gaudreau.—...*an-François*, b [1] 21 août 1748; s [1] 21 avril ...57—*Louis-Marie*, b [1] 17 nov. 1749; m 2 juillet ...76, à Marthe Caron, à St-Jean-Port-Joli. — ...*rie-Elisabeth*, b [1] 8 avril 1751; m [1] 29 janvier ...70, à Jacques Nicole.—*Louis*, b [1] 29 avril ...53; m 20 fevrier 1781, à Marie-Louise Fortin, l'Islet.—*Marie-Victoire*, b [1] 10 mai 1755.—...*seph*, b [1] 24 juillet 1757.—*Marie-Victoire*, b 19 ...mier 1761, à St-Pierre-du-Sud.

1747, (16 janvier) Charlesbourg. [2]

...—THIBAUT, Germain, [Louis III.
b 1722.
Hoppé, Marguerite, [Charles III.
b 1725.
Marie-Marguerite, b [2] 3 juillet 1748.—*Marie-...rèse*, b [2] 25 mai 1751. —*Marie-Louise*, b [2] 10 ...v. 1756.

(1) Réhabilité le 5 février 1755, à St-Frs-du-Sud, à cause ...empêchement au 4ème degré.

(2) Réhabilité avec dispense du 4ème degré, le 11 avril ...à St-Thomas.

(3) Et Dion.

1747.

I.—THIBAUT, François.
1° Malboeuf, Marie-Madeleine,
s 21 avril 1763, à St-Pierre-du-Sud. [6]
Jean-François, b 13 janvier 1748, à St-Michel; m 24 avril 1772, à Marie-Anne-Joseph Pelletier, à Ste-Anne-de-la-Pocatière.—*Louis*, b 17 février 1749, à St-Frs-du-Sud.—*Marie-Madeleine*, b 27 août 1750, à St-Valier.—*Augustin*, b... m à Geneviève Gosselin.—*Marie-Joseph*, b [6] 11 et s [6] 13 mars 1753.—*Barthélemi*, b [6] 16 et s [6] 17 dec. 1753.—*Anonyme*, b [6] et s [6] 24 août 1754.—*Anonyme*, b [6] et s [6] 27 nov. 1755.—*Marie-Geneviève*, b [6] 20 janvier 1757.—*Anonyme*, b [6] et s [6] 9 janvier 1758.—*Pierre*, b [6] 5 mai 1759.—*Jean-Charles*, b [6] 13 mars 1762.—*Marguerite-Angélique*, b [6] 10 mars 1763.

1764, (1er mai) St-Thomas.
2° Ruel, Marthe, [Henri II.
b 1739.

1748, (22 janvier) Montréal.

I.—THIBAUT (1), Pierre, b 1718; fils de Pierre et de Marie Vidal, de St-Remy, diocèse de Bordeaux.
Baudin, Marie-Louise, [Philippe II.
b 1728.

1748, (6 juin) St-Valier. [1]

IV.—THIBAUT, Aug.-Toussaint, [Pierre III.
b 1725; s 22 juillet 1785, à Quebec. [2]
Terrien, Marie-Joseph, [Ignace II.
s [2] 2 avril 1790.
Augustin, b [1] 23 mai 1749; m [2] 12 sept. 1780, à Madeleine Falardeau. — *Pierre*, b 19 nov. 1750, à St-Michel. [3] — *Augustin*, b [3] 28 avril 1751. — *Denis-Benjamin*, b [3] 18 juin 1753.—*Marie-Joseph*, b [3] 8 mars 1755; m [2] 23 janvier 1775, à Pierre Duperon. — *Jean-Baptiste*, b [1] 19 mai 1756. — *Angélique*, b [1] 22 janvier 1761; s [3] 23 mars 1762.

1748, (26 nov.) Beaumont.

III.—THIBAUT, Pierre-Augustin, [Louis II.
b 1728.
Chamberlan, Marie-Joseph, [Pierre III.
b 1728.
Pierre, b 17 janvier 1750, à St-Michel [1]; s [1] 1er sept. 1751. — *Anonyme*, b [1] et s [1] 17 fevrier 1753. — *Marie-Charlotte*, b [1] 26 fevrier 1755.

1749, (27 janvier) Sault-au-Récollet. [1]

IV.—THIBAUT, Pierre, [Nicolas III.
b 1721.
Lalande (2), Marie-Joseph, [Jacques II.
b 1731.
Jean-Baptiste, b [1] 4 nov. 1749.

(1) Dit St. Jean; soldat de la compagnie de Céloron.

(2) Maugé; elle épouse, le 12 février 1759, André Chabot, au Sault-au-Récollet.

1749, (28 avril) Montreal.[1]
I.—THIBAUT (1), JOSEPH, b 1727; fils de Jacques-Joseph et de Jeanne Garnier, de St-Maurice, ville de Lisle, Flandre.
DUVAL (2), Françoise, [CLAUDE I.
b 1723.
François, b [1] 15 nov. 1747; m [1] 18 nov. 1771, à Marie-Anne AYMOND.—*Louise*, b [1] 29 août 1749; s [1] 1er juin 1750.—*Jean-Baptiste*, b [1] 13 déc. 1750. — *Nicolas*, b 12 avril 1756, à Québec.

1749, (10 nov.) Charlesbourg.[5]
IV.—THIBAUT, JEAN, [LOUIS III.
b 1726.
BEDARD, Marie-Madeleine, [JACQUES III.
b 1729.
Marie-Louise, b [5] 20 août 1751. — *Marie-Angélique*, b [5] 19 janvier 1754.— *Marie-Charlotte*, b [5] 22 mars 1759.

1749, (24 nov.) St-Valier.
III.—THIBAUT, JEAN-BTE, [JACQUES II.
b 1725.
ROY, Marie-Claire, [JEAN-BTE II.
b 1725.
Jean-Baptiste, b 25 oct. et s 6 nov. 1750, à St-François-du-Sud.[6] — *Marie-Claire*, b [6] 2 sept. 1752.— *Marie-Reine*, b [6] 10 nov. 1753.— *Marie-Joseph*, b [6] 17 sept. et s [6] 28 nov. 1756.—*Etienne*, b [6] 4 et s [6] 23 sept. 1759. — *Anonyme*, b [6] et s [6] 4 oct. 1760.

1750, (26 janvier) Sault-au-Récollet.
III.—THIBAUT, JEAN-BTE, [JEAN-BTE II.
b 1726.
SICARD, Agnès, [SIMON II.
b 1729.

1750, (4 mai) St-Valier.
IV.—THIBAUT, JEAN-BTE, [PIERRE III.
b 1731.
BLAIS, Dorothée, [ANTOINE II.
b 1718.
Marie-Anne, b 21 et s 26 mai 1753, à Québec.[5] — *Augustin*, b [5] 31 août et s [5] 15 oct. 1754.— *Louise*, b [5] 27 sept. 1755.

1750, (26 oct.) St-Thomas.[1]
IV.—THIBAUT, LOUIS, [GUILLAUME III.
b 1723.
BÉLANGER, Geneviève, [PIERRE IV.
b 1728.
Marie-Geneviève, b [1] 1er sept. 1751.— *Louis*, b [1] 16 fevrier 1755.—*Jean-Baptiste*, b [1] 25 mai 1757.— *Guillaume*, b et s 30 juin 1759, à St-Pierre-du-Sud.—*Jean-Baptiste*, b [1] 23 juin 1760.

1750, (16 nov.) Islet.[8]
III.—THIBAUT, CHARLES-FRS, [JEAN-FRS II.
b 1728.
1° CLOUTIER, Marie-Angelique, [JOSEPH IV.
b 1727.

(1) Dit Bellerose; soldat de la compagnie de Sabrevois.
(2) Vinaigre; détenue dans les prisons de Québec, 1756.

Jean-Marie, b [8] 4 août 1752.— *Charles-Jos*[...] b [8] 29 oct. 1753.—*Marie-Judith*, b [8] 16 août 17[...] —*Desanges*, b [8] 16 mai 1757.— *Louis*, b [8] 29 [...] 1758.—*Basile*, b [8] 13 mai 1759.
1762, (19 avril).[8]
2° LECLERC (1), Marie-Elisabeth,
b 1741; s [8] 6 mai 1775.
Gabriel, b [8] 31 dec. 1763.—*Joseph*, b 1771, [...] 8 déc. 1773.— *Marie-Ursule*, b [8] 31 janvier 17[...] s [8] 29 mars 1774.—*Paul*, b [8] 8 et s [8] 13 mai 17[...] —*Louis-Marie*, b [8] 24 mai 1774. — *Marie-Fr*[an]*çoise*, b [8] 5 mai 1775.

1751, (3 mai) Charlesbourg.[2]
IV.—THIBAUT, PIERRE, [ETIENNE I[...]
b 1728.
DELAGE, Geneviève, [FRANÇOIS [...]
b 1731.
Geneviève, b 17 avril 1752, à Québec.[3]—*Mar*[...] *Charlotte*, b [3] 10 nov. et s [3] 7 dec. 1753.—*Pier*[...] b [3] 22 oct. 1754. — *Martin*, b [3] 20 nov. et s [3] [...] déc. 1756. — *Paul-François*, b [3] 15 juin 1758.[...] *Marie-Louise*, b [2] 10 janvier 1760.—*François*, [...] 8 mars 1762; s [3] 2 janvier 1763.

1752, (15 oct.) St-Vincent-de-Paul[7]
III.—THIBAUT, IGNACE, [NICOLAS [...]
b 1718.
1° DHAZÉ, Marie-Thérèse, [JEAN I[...]
b 1734; s [7] 5 juillet 1760.
Marie-Louise, b [7] 20 juin 1753.— *Marie-Jose*[...] b [7] 9 oct. 1754.—*Marie-Félicité*, b [7] 10 sept 17[...]
1761, (1er avril) Ste-Rose.
2° CORON, Marie-Anne, [JEAN I[...]
b 1737; veuve de Thomas Marié.

1752, (23 oct.) St-Roch[5]
III.—THIBAUT, JACQ.-LAMBERT, [JEAN-FRS I[...]
b 1722; s [5] 19 dec. 1755.
LEBEL, Marie-Anne, [JOSEPH [...]
b 1731; s [5] 26 nov. 1755.
Jean-Baptiste, b 15, à Ste-Anne-de-la-Perade[...] s [5] 31 juillet 1753. — *Gabriel-Ange*, b [5] 17 j[...] 1754. — *Marie-Anne*, b [5] 22 nov. et s [5] 1er dé[...] 1755.

1752.
III.—THIBAUT, JOSEPH. [JEAN-BTE [...]
VANDANDAIQUE, Marguerite.
Jean-Baptiste, b 30 avril 1753, à St-Vince[nt-]de-Paul.[6]— *Augustin*, b [6] 1er sept. 1754; 1° m [...] Helène VIAU, 2° m 16 février 1784, à Suzann[e-]Marie BRICAUT, à la Longue-Pointe. — *Mar*[ie-]*Marguerite*, b [6] 3 fevrier 1756.

1756, (1er mars) St-Ours.[1]
III.—THIBAUT (2), LOUIS, [NICOLAS I[...]
b 1732.
DESAUTELS (3), Catherine, [PIERRE I[...]
b 1732; veuve de Jean-Baptiste Chatel.
Louis, b [1] 3 juin 1757. — *Marie-Elisabeth*, [...] 30 nov. 1758; s [1] 28 mai 1759.

(1) Francœur.
(2) Et Lebeau.
(3) Chatel.

1756, (11 oct.) Sault-au-Récollet.
-THIBAUT, PIERRE, [JEAN-BTE II.
b 1732.
LORRAIN, Marguerite, [JOSEPH III.
b 1735.

1757, (18 janvier) Islet. [7]
-THIBAUT, JEAN-FRS, [JEAN-FRS III.
b 1737.
BOSSÉ, Geneviève, [JEAN-BTE II.
b 1736.
Marie-Rose, b [7] 20 février 1758. — *François-Henri*, b [7] 8 mars et s [7] 3 avril 1759. — *Marie-Geneviève*, b [7] 1er oct. 1760; m [7] 4 février 1782, à Louis RICHARD. — *Geneviève-Félicité*, b [7] 22 janvier 1762. — *Marie-Romaine*, b [7] 20 mai et s [7] 14 ... 1763.

THIBAUT, PIERRE,
b 1713; s 27 février 1806, à Beaumont.
GRAVEL, Angelique, [CLAUDE III.
b 1736.

1759, (12 février) St-Laurent, M.
-THIBAUT, IGNACE, [LOUIS II.
b 1730; s 18 août 1769, au Detroit.
JOANNET (1), Marie-Jeanne. [JOSEPH.
Augustin, b 21 janvier et s 29 mars 1760, à Terrebonne.

1760, (27 oct.) Bécancour.
-THIBAUT, AMANT-GRÉGOIRE, [LOUIS I.
b 1731.
CORMIER, Rosalie. [PIERRE I.

1760, (27 oct.) St-Ours.
-THIBAUT, TOUSSAINT, [NICOLAS II.
b 1734.
CHAILLÉ, Marie-Ursule, [JEAN-BTE III.
b 1736.

1760, (4 nov.) St-Ours.
-THIBAUT, NICOLAS, [NICOLAS II.
b 1729.
ALÈRE, Marie-Louise, [ETIENNE III.
b 1732.

1760, (17 nov.) Trois-Rivières.
-THIBAUT, PIERRE, [PIERRE III.
b 1738.
BOURBEAU, Louise, [SIMON III.
b 1741; s 8 déc. 1760, à Deschambault. [1]
Pierre, b [1] 6 et s [1] 8 déc. 1760.

1760, (18 nov.) St-Laurent, I. O. [5]
-THIBAUT, JEAN. [JEAN II.
RUEL, Agathe, [IGNACE II.
b 1735.
Jean, b [5] 22 juillet 1761. — *Agathe*, b [5] 24 août 1762. — *Joseph*, b [5] 5 janvier 1764.

(1) Et Jouanne—Rouange.

1760, (28 nov.) Lanoraie.
III.—THIBAUT, FRANÇOIS, [NICOLAS II.
b 1731.
DESCOTES (1), Thérèse, [ANTOINE-NICOLAS I.
b 1740.

THIBAUT, ...
....
Geneviève, b... 1° m à Charles PREVOST; 2° m 10 nov. 1789, à Jean-Conrad WAEIGAND, à Québec.

1761, (12 janvier) Sault-au-Récollet.
III.—THIBAUT (2), SIMON, [JEAN-BTE II.
b 1734.
VIAU, Catherine. [JEAN-BTE II.

1761, (1er sept.) Détroit.
I.—THIBAUT, ROBERT, b 1736, maître-tanneur; fils d'Etienne (maître-tanneur) et de Philibert Glou, de St-Jean, ville de Dijon, Bourgogne.
PRUDHOMME, Marguerite, [FRANÇOIS-XAVIER IV.
b 1742.

1762, (15 février) Islet.
IV.—THIBAUT, MICHEL-JULIEN, [JEAN-FRS III.
b 1742.
LEMIEUX, Marie-Genev.-Judith, [PIERRE III.
b 1739.
Marie-Joseph, b 20 mars 1763, à St-Roch. [5] — *Michel*, b [5] 6 mai 1764.

1764, (13 février) Château-Richer. [5]
IV.—THIBAUT, JOSEPH, [FRANÇOIS-XAVIER III.
b 1739.
COCHON, Marguerite, [JEAN IV.
b 1740.
Joseph, b [5] 23 déc. 1764. — *François*, b [5] 1er février 1766. — *Marguerite*, b [5] 25 avril 1767. — *Louis*, b [5] 6 et s [5] 26 janvier 1769. — *Jean-Marie*, b [5] 25 février et s [5] 18 mars 1770. — *Ignace*, b 1er mars 1771, à Ste-Anne. [6] — *Françoise*, b [6] 31 déc. 1773. — *Pierre*, b [5] 6 et s [5] 23 mai 1778. — *Charles*, b [5] 17 août 1779.

1764.
IV.—THIBAUT, CHS-FRS, [FRANÇOIS-JOS. III.
b 1746.
LECLERC, Marie-Elisabeth, [IGNACE III.
b 1750.
Pierre, b 29 janvier 1765, au Cap-St-Ignace.

1765, (29 juillet) Lachenaye. [7]
IV.—THIBAUT, JEAN-BTE, [JEAN-BTE III.
b 1741; s [7] 8 avril 1768.
ROCHON, Marie. [FRANÇOIS II.
Jean-Baptiste, b [7] 23 janvier et s [7] 4 déc. 1767.

1766, (22 janvier) Boucherville.
III.—THIBAUT, ETIENNE, [NICOLAS II.
b 1735.
LEFEBVRE, Marie-Louise. [JOSEPH I.

(1) Languedoc.
(2) Dit Léveillé.

1766, (14 juillet) Lévis.
V.—THIBAUT, Louis-Marie, [Pierre IV.
b 1744.
Lemarte, Marie-Anne, [Jean-Bte IV.
b 1749.

1768, (1er déc.) Détroit. [6]
IV.—THIBAUT, Ignace, [Frs-Xavier III.
b 1737 ; s [6] 22 oct. 1795.
Cassé, Catherine, [Jacques II.
b 1748.
Ignace, b [6] 1er mai 1769 ; m [6] 20 janvier 1794, à Madeleine Laforest.—*Louis*, b [6] 20 avril 1771. — *Alexis*, b [6] 18 février 1773. — *Charles*, b [6] 31 janvier 1775. — *Catherine*, b [6] 28 janvier 1777, m [6] 8 janvier 1794, à Joseph-Marie Laforest.—*Marie-Joseph*, b [6] 20 mai 1779. — *Jacques*, b [6] 21 août 1781.—*François*, b [6] 29 août 1783.

III.—THIBAUT (1), Joseph, [François II.
b 1747.
1° Rencontre, Catherine.
1777, (6 oct.) Montréal.
2° Tyran (2), Marie-Anne, [Jean-Jacques I.
b 1761.

1771, (10 février) Lachenaye. [1]
IV.—THIBAUT, Joseph-Marie, [Jean-Bte III
b 1745.
Matte, Suzanne, [Pierre-Frs III.
b 1737.
Suzanne, b [1] et s [1] 26 mars 1772.

1771, (11 nov.) Baie-St-Paul. [1]
IV.—THIBAUT, Amable, [Frs-Xavier III.
b 1747.
Tremblay, Rosalie, [Michel IV
b 1756.
Rosalie, b [1] 10 nov. 1773. — *Amable*, b [1] 11 nov. 1776.

1771, (18 nov.) Montréal.
II.—THIBAUT (3), François, [Joseph I.
b 1747.
Aymond, Marie-Anne, [Michel III.
b 1753.

1772, (17 février) Batiscan. [9]
IV.—THIBAUT, Jean-Bte, [Etienne III.
b 1746 ; s [9] 5 avril 1772.
Trotier (4), Françoise, [Antoine III.
b 1742.

1772, (24 février) Ste-Anne-de-la-Pocatière.
II.—THIBAUT, Jean-Frs, [François I.
b 1748.
Pelletier (5), Marie-Anne-Joseph, [Joseph V.
b 1749.

(1) Dit Montray.
(2) Provençal.
(3) Dit Bellerose.
(4) Elle épouse, le 14 février 1774, Pierre Trotier, à Batiscan.
(5) Doucet.

1772, (21 oct.) Petite-Rivière.
IV.—THIBAUT, André, [Frs-Xavier III
b 1743.
Simard, Agathe, [Noël III
b 1750.
Marie-Madeleine, b 7 nov. 1773, à la Baie-St-Paul. [7]—*Marie*, b [7] 12 janvier 1775. — *André*, b 8 juillet 1776.—*Geneviève*, b [7] 27 sept. 1777.

1772.
THIBAUT, Charles.
Fortin, Marie-Rose, [Julien II
b 1746.
Etienne, b 13 déc. 1773, à l'Islet [6] s [6] 5 janvier 1774.—*Marie-Rose*, b [6] 2 et s [6] 7 nov. 1774. —*Benjamin*, b [6] 13 nov. 1775.

1773, (16 août) St-Thomas.
IV.—THIBAUT, Jacques, [Jacques III
b 1747.
Gaudreau, Marie-Elisabeth, [Augustin III
b 1752.

1773.
THIBAUT, Basile.
Dupont, Marie.
François-Eloi, b 27 déc. 1774, à l'Islet. [2]—*Basile*, b [2] 6 oct. 1776.

1774.
IV.—THIBAUT, Augustin, [Jean-Bte III
b 1742 ; s 2 mai 1790, à St-Augustin. [9]
Coté, Therèse, [Joseph IV
b 1747.
Augustin, b 1775 ; s [9] 6 février 1795. — *Marie-Joseph*, b [9] 30 sept. 1782 ; s [9] 28 février 1784. — *Pierre*, b [9] 15 janvier 1784. — *Ambroise*, b [9] 1 mai 1786.—*Jean-Baptiste*, b [9] 28 février 1788

1774, (24 oct.) St-Jean-Port-Joli
IV.—THIBAUT, Germain, [Frs-Joseph III
b 1751.
Caron, Marie-Catherine, [Joseph IV
b 1753.

1774, (24 oct.) Islet. [1]
IV.—THIBAUT, Vincent, [Pierre III
b 1750.
Caron, Elisabeth-Ursule, [Simon IV
b 1751.
Vincent, b [1] 18 nov. 1775.

1774, (7 nov.) Islet. [9]
IV.—THIBAUT, Etienne, [Jean-Frs III
b 1750.
Gagné, Marie-Brigitte, [Pierre-Frs IV
b 1759.
François-Marie, b [9] 30 janvier 1776

1776, (15 janvier) Berthier. [2]
IV.—THIBAUT, Jean-Bte, [Athanase III
b 1739.
Dodier, Marie-Elisabeth, [Pierre III
b 1745 ; veuve de François Houel.
Marie-Françoise, b [2] 29 août 1777. — *Jacques-Prisque*, b [2] 26 mai 1780.

1776, (2 juillet) St-Jean-Port-Joli.
-THIBAUT, Louis-Marie, [Jacques III.
b 1749.
Caron, Marie-Marthe, [Jean-Bte-Régis IV.
b 1757.

-THIBAUT, Augustin, [Joseph III.
b 1754.
1° Viau, Hélène.
1784, (16 février) Longue-Pointe.
2° Bricaut, Suz.-Marie, [Laurent-Pierre III.
b 1759.

1780.

THIBAUT, Pierre.
Pepin-Lachance, Marie.
Marie-Madeleine, b 1782; m 20 juillet 1801, à
Michel Clavet, à Ste-Thérèse.

1780, (12 sept.) Québec.
-THIBAUT, Augustin, [Augustin IV.
b 1749.
Falardeau, Marie-Madeleine, [René III
b 1755.

1781, (20 fevrier) Islet.
-THIBAUT, Louis, [Jacques III.
b 1753.
Fortin, Marie-Louise, [Frs-Xavier III.
b 1752.

1781.

THIBAUT, Augustin.
Vesina, Catherine.
Geneviève, b 17 oct. 1782, à St-Augustin.[1] —
Marie-Geneviève, b [1] 4 mars 1784. — *Jean-Baptiste,* b[1] 15 oct. 1785.— *Marguerite,* b [1] 23 juin
1787.—*Thérèse,* b [1] 13 dec. 1794.

1784, (9 février) St-Augustin.[4]
-THIBAUT, Louis-Joseph, [Pierre III.
b 1755.
Dorval, Marie-Joseph, [Ignace IV.
b 1747, veuve de Charles Tinon.
Marie-Joseph, b [4] 25 nov. 1784. — *Anonyme,*
b et s[4] 16 fevrier 1786. — *Marie-Joseph,* b [4] 13
... 1787.

1784, (28 sept.) Québec.
-THIBAUT (1), Jean-Frs, [Chs-François I.
b 1759.
Poujol (2), Marie-Françoise, [Jean-François I.
b 1767.

1794, (20 janvier) Détroit.
-THIBAUT, Ignace, [Ignace IV.
b 1769.
Laforest, Madeleine, [Guillaume IV.
veuve d'Antoine Goulet.

THIBEAU.—Voy. Thibaut.

(1) Dit Lafleur.
(2) Pougeole dit Perpignan; voy. vol. VI, p. 423.

THIBERT.—*Variation et surnom :* Tibert — Marion.

1736, (22 nov.) Cap-St-Ignace.[1]
I.—THIBERT, Jean, fils de Milan et de Claudine Richard, de Ste-Ruge, diocèse de Besançon; Franche-Comte; s [1] 27 dec. 1749.
Mercier (1), Angelique, [Pierre II.
b 1722.
Marie-Félicité, b [1] 4 mars 1739; s 12 juin 1751, à Québec. — *Joseph-Gabriel,* b [1] 28 février 1741. — *Jean-Marie,* b [1] 20 avril 1743. — *Marie-Jeanne,* b [1] 18 août 1745.—*Jean-Bénoni,* b [1] 6 mars 1748. —*Anonyme* (posthume), b [1] et s [1] 21 fevrier 1750.

1744, (17 février) St-Michel-d'Yamaska.[8]
I—THIBERT (2), Jean-Marie, fils de Joachim et de Marie Guillimin, de St-Jean, Bourgogne.
Pelissier (3), Marie-Louise, [Isaac-Pierre I.
b 1721.
Jean-Marie, b [8] 27 août 1745.— *Marie-Pélagie,* b... m [8] 16 mai 1763, à Martin Prenier. — *Jean-Marie,* b [8] 23 mars 1747. — *Anonyme,* b [8] et s [8] 8 mars 1749. — *Catherine,* b [8] 30 juin 1750. — *Agathe,* b [8] 16 mai 1752. — *Joachim,* b [8] 3 mai 1754.—*André,* b [8] 29 nov. 1756.

THIBI.—*Variation :* Tibi.

1705, (20 avril) St-François, I. J.[5]
I.—THIBI, Marin, fils de Louis et de Marguerite Conco, de St-Saturnin, diocèse de Blois.
1° Lamotte, Marie. [Elie I.
Jean-Baptiste, b [5] 23 juin 1706.—*Marie-Joseph,* b 29 avril 1708, à la Pte-aux-Trembles, M.; 1° m 4 avril 1731, à Augustin Roy, à Terrebonne; 2° m 29 mai 1753, à Rene Rivière, au Bout-de-l'Ile, M.
2° Legaut-Deslauriers, Marie, [Noel I.
b 1703.

THIBIERGE. — *Variations :* Thivierge — Tibierge—Tivierge.

I.—THIBIERGE (4), Hypolite,
b 1631; marchand; s 11 dec. 1700, à Ste-Famille, I. O.
Hervé, Renee,
b 1635, s 11 nov. 1702, à Québec.[1]
Etienne, b 20 août 1663, au Château-Richer; 1° m [1] 18 oct. 1688, à Jeanne Chasle; 2° m [1] 2 août 1712, à Cecile Cauchois; s [1] 26 fevrier 1740.

1676, (23 nov.) Ste-Famille, I. O.
II.—THIBIERGE (4), Gabriel, [Hypolite I.
b 1653.
1° Perrot, Anne, [Jacques I.
b 1661.

(1) Elle épouse, le 30 oct. 1752, Pierre-Paul Wilson, au Cap-St-Ignace.
(2) Dit Marion.
(3) Elle épouse, le 12 janvier 1761, Jean Salva, à St-Michel-d'Yamaska.
(4) Voy. vol. I, p 567.

1688, (2 août) St-François, I. O.
2° LEPAGE, Marie-Madeleine, [LOUIS I.
b 1671 ; s 6 mai 1754, à St-Jean, I. O.[1]
Gencien, b[1] 14 janvier 1696 ; m[1] 24 nov. 1723, à Elisabeth PEPIN.—*Nicolas*, b[1] 10 janvier 1698 ; m 8 oct. 1725, à Marie-Charlotte FOURNIER, à St-Thomas[2] ; s[2] 25 avril 1765. — *Louise-Madeleine*, b[1] 30 mars 1700 ; m[1] 10 nov. 1732, à Joseph PEPIN ; s[1] 14 juillet 1737. — *Marie-Joseph*, b[1] 26 avril 1711 ; m[1] 20 nov. 1737, à Joseph TERRIEN. —*Thérèse*, b 1717 ; s[1] 7 août 1755.

1688, (18 oct.) Québec.[5]
II.—THIBIERGE (1), ETIENNE, [HYPOLITE I.
b 1663 ; s[5] 26 février 1740.
1° CHASLE, Jeanne, [CLAUDE I.
b 1672 ; s[5] 16 déc. 1702.
Jeanne, b[5] 16 nov. 1689. — *Agnès-Angélique*, b[5] 24 mai 1698 ; hospitalière dite sœur St. Joseph, Hôtel-Dieu ; s[5] 22 janvier 1715.—*Marie-Joseph-Thérèse*, b[5] 2 mai 1700 : hospitalière dite sœur St. Joseph, Hôtel-Dieu ; s[5] 6 juin 1739. — *Etienne*, b[5] 4 nov. 1701 ; s[5] 26 mars 1702.
1712, (2 août).[5]
2° CAUCHOIS, Cécile, [JACQUES I.
b 1684 ; s[5] 18 juillet 1717.
Etienne-Louis, b 28 août et s 1er oct. 1715, à Beaumont.[6]—*Cecile-Elisabeth*, b[5] 11 juillet 1717 ; m[6] 8 nov. 1733, à Guillaume ESTÈBE.

1688, (18 oct.) Québec[2]
II.—THIBIERGE (1), JACQUES, [HYPOLITE I.
b 1664 ; arquebusier du roy.
1° JOLY, Marie-Anne, [JEAN I.
b 1671 ; s 28 juin 1698, à Montréal.[3]
Marie-Anne, b[2] 15 mai 1690. —*Jacques*, b[2] 16 mars 1692 ; s[2] 19 dec. 1693. — *Angélique*, b[2] 20 oct. 1695 ; s[3] 28 juillet 1708.—*Marie-Anne-Catherine*, b[3] 17 mai 1697 : sœur Ste. Pelagie, cong. N.-D ; s[3] 21 mars 1757.
1700, (15 fevrier).[3]
2° CUSSON, Catherine, [JEAN I.
b 1683.
Catherine, b[3] 19 nov. 1702 ; sœur Ste. Véronique, cong. N.-D. ; s[3] 1er déc. 1763. — *Marguerite*, b[3] 22 fevrier 1704 ; s[3] 1er juillet 1707.— *Joseph*, b[3] 15 fevrier et s[3] 2 oct. 1705. — *Elisabeth*, b[3] 26 avril 1706 ; s[3] 18 août 1714.—*Louis-Alexandre*, b[3] 22 mai 1707. — *Marie-Joseph*, b[3] 6 avril 1709 ; s[3] 16 avril 1714.

1695, (17 janvier) Ste-Famille, I. O.[1]
II.—THIBIERGE (1), HYPOLITE, [HYPOLITE I.
b 1672 ; s[1] 7 janvier 1703.
GAGNON (2), Anne, [ROBERT I.
b 1675.
Hypolite, b[1] 6 juin 1696 ; m 30 déc. 1726, à Geneviève NICOLAS, à Quebec ; s 20 nov. 1769, à Ste-Anne-de-la-Perade.—*Joseph*, b[1] 26 avril 1698 ; s[1] 30 janvier 1703.—*Marie-Anne*, b[1] 12 janvier et s[1] 13 fevrier 1700.—*Jean-François*, b[1] 17 mars 1701 ; m[1] 29 août 1729, à Marthe LANGLOIS.—*Favras*, b 1702 ; m 1726, à Marie-Renée LABO...

1701, (15 nov.) Ste-Famille, I. O.[1]
II.—THIBIERGE, NICOLAS, [HYPOLITE
b 1673 ; s[1] 23 dec. 1702.
PRÉMONT, Anne, [JEAN
b 1684 ; s[1] 1er janvier 1703.
Marie-Elisabeth, b[1] 8 oct. 1702 ; s[1] 4 janv. 1703.

1714, (26 nov.) St-Jean, I. O.[7]
III.—THIBIERGE, JEAN-FRANÇOIS, [GABRIEL
b 1691.
FONTAINE, Angélique, [ETIENNE
b 1696.
Jean-Baptiste, b 1715 ; m 14 nov. 1740, à Louise-Charlotte CHEVALIER, à Québec[8] ; s[8] 3 fevr. 1786.—*Marie-Angélique*, b... m[7] 27 nov. 17.. Joseph LEBLANC.—*Joseph-Marie*, b[7] 30 avril 17.. m[7] 14 nov. 1746, à Marie-Geneviève BLOUIN, 13 janvier 1748.—*Madeleine*, b... m[7] 5 oct. 17.. à Jacques HÉLY.—*Nicolas*, b 1724, m[7] 10 .. 1755, à Madeleine GOSSELIN.—*Marie-Hélène* .. 29 août 1725.—*Basile*, b 1730 ; m[7] 21 oct 175.. Marie-Geneviève BLOUIN.—*Laurent*, b 1731 .. 27 oct. 1756, à Marie-Charlotte FORTIER.—*Ma..* *Marguerite*, b[7] 4 sept. 1733 ; m[7] 16 fevrier 17.. à Joseph AUDET (1).

1723, (24 nov.) St-Jean, I. O.[9]
III.—THIBIERGE, GENCIEN, [GABRIEL
b 1696.
PEPIN-LACHANCE (2), Elisabeth, [JEAN
b 1700.
Anonyme, b[9] et s[9] 12 déc. 1724.—*Marie-Madeleine*, b[9] 22 déc. 1725.—*Jean-Marie*, b 17.. 1° m[9] 20 avril 1750, à Marie-Madeleine LEFEBVRE 2° m 24 fevrier 1783, à Marie-Thècle MARCEAU.. St-François, I. O. — *René*, b 1729 ; m 3 fevr. 1772, à Brigitte CAMPEAU, au Detroit.—*Philippe* b[9] 1er juillet 1733.—*Madeleine*, b[9] 30 juin 17.. m[9] 8 janvier 1753, à Gabriel GREFFARD.—*Joseph-Marie*, b[9] 24 nov. 1738 ; m 1767, à Marie-Ch.. GREFFARD.—*Louis*, b[9] 29 mai 1742.

1725, (8 oct.) St-Thomas.[1]
III.—THIBIERGE, NICOLAS, [GABRIEL
b 1698 ; s[2] 25 avril 1765.
FOURNIER, Marie-Charlotte, [PIERRE
b 1699.
Jacques, b[2] 25 février 1727 ; 1° m 31 janv. 1752, à Claire MORIN, à St-Frs-du-Sud[3], 2° m .. août 1772, à Marie-Joseph GUILLEMET, à Berthier. —*Marie-Charlotte*, b[2] 25 fevrier 1727, m[2] .. janvier 1747, à Pierre COLIN ; s[3] 11 mai 17.. *Nicolas-Louis*, b[2] 30 oct. 1728 ; s[2] 11 oct 17.. —*Nicolas*, b[2] 6 nov. 1730 ; s[2] 9 nov. 17.. *Marie-Madeleine*, b[2] 25 juillet 1732.—*Hélène*, b.. m à François COTÉ.—*Jean-Baptiste*, b[2] 6 .. 1734.—*Elisabeth*, b[2] 6 sept. 1736 ; m[2] 20 j.. 1767, à Joseph GAULIN.—*Marie-Anne*, b[2] ..

(1) Voy. vol. I, p. 567.
(2) Elle épouse, le 7 mars 1707, Joseph Charland, à Ste-Famille, I. O.

(1) Voy. aussi Lapointe.
(2) Elle épouse, le 19 oct. 1744, Joseph Plante, à St-J.. I. O.

...Marthe-Angélique, b [2] 9 oct. 1740; m [2] 17 ... 1771, à Denis Coquillier.—*François*, b [2] 23 ... 1743; m [2] 24 mai 1773, à Marie-Louise ...bon.

1726, (30 déc.) Québec. [4]

...—THIBIERGE, Hypolite, [Hypolite II. b 1696; s 20 nov. 1769, à Ste-Anne-de-la-Perade.

Nicolas, Marie-Geneviève, [Guillaume I. b 1706; s [4] 29 mars 1751.

1726.

...—THIBIERGE, Favras, [Hypolite II. b 1702.

Laborde-Biernais (1), Marie-Renee, [Jacques I. b 1702.

Marie-Geneviève, b 15 juillet 1727, à Québec.

1729, (29 août) Ste-Famille, I. O. [8]

...—THIBIERGE, Jean-Frs, [Hypolite II. b 1701.

Langlois, Marthe, [Pierre III. b 1706.

Jean-Marie, b [8] 2 et s [8] 10 juin 1730. — *Marie-Marthe*, b [8] 11 août 1731; s [8] 21 oct. 1758. — *Marie-Elisabeth*, b 25 oct. 1732, à St-Pierre, I. O.; m à Charles Roy; s 16 nov. 1770, à Beaumont. — *Marie-Marthe*, b [8] 7 oct. 1734 — *Marguerite*, b 11 nov. 1736; m [8] 30 juillet 1760, à Joseph-Marie Charland. — *Jean-Baptiste*, b [8] 22 janvier ...39 — *Marie*, b... m 30 mars 1761, à Pierre ...lle, à St-Joseph, Beauce. — *Marie-Anne*, b [8] ... février et s [8] 21 sept. 1741. — *Marie-Scholastique*, b [8] 6 avril et s [8] 1er août 1742. — *Marie-Angélique*, b [8] 30 juillet et s [8] 6 août 1743. — *Anonyme*, b [8] et s [8] 7 janvier 1745.—*Pierre*, b [8] 5 ...in 1746, m 1767, à Marie-Charlotte Chatigny. — *Jean-Baptiste-François*, b [8] 22 et s [8] 27 juin ...49.

1740, (14 nov.) Quebec [8]

...—THIBIERGE, Jean-Bte, [Jean-Frs III. b 1715; tonnelier; s [8] 3 février 1786

Chevalier, Louise-Charlotte, [Louis III. b 1722.

Marie-Louise, b [8] 26 nov. 1742.—*Jean-Baptiste*, b 11 avril 1746.—*Marie-Joseph*, b [8] 29 mai 1748. — *Marie-Françoise*, b 29 avril 1750, à St-Jean, I. O. [9] — *Elisabeth*, b [9] 27 août 1752 — *Marie-Geneviève*, b [9] 6 août 1754. — *Marie-Anne*, b [9] 20 mars 1757. — *Augustin*, b [9] 11 mars 1760. — *Jacques*, b [9] 15 juillet 1763.

1746, (14 nov.) St-Jean, I. O. [9]

...—THIBIERGE, Jos.-Marie, [Jean-Frs III. b 1720; s [9] 13 janvier 1748.

Blouin (2), Marie-Geneviève, [Jacques II. b 1728.

---

(1) Elle épouse, le 21 mai 1742, Jean Hébert, à Québec.

(2) Elle épouse, le 1er mars 1756, Augustin Marceau, à St-Jean, I. O.

1750, (20 avril) St-Jean, I. O. [8]

IV.—THIBIERGE, Jean-Marie, [Gencien III. b 1727.

1° Lefebvre, Marie-Madeleine, [Charles II. b 1720.

Madeleine-Elisabeth, b [8] 16 juillet 1752.—*Marie-Marguerite*, b [8] 7 mars 1754 —*Jean-Marie*, b [8] 10 nov. 1755. — *Pierre*, b [8] 27 nov. 1757. — *Marie-Charlotte*, b [8] 7 sept. et s [8] 19 oct. 1759.—*Marie-Anne*, b [8] 8 mars et s [8] 5 avril 1761.—*Joseph-Marie*, b [8] 17 oct. 1763.

1783, (24 février) St-François, I. O.

2° Marceau, Marie-Thècle, [Antoine III. b 1741.

1752, (31 janvier) St-Frs-du-Sud. [9]

IV.—THIBIERGE, Jacques, [Nicolas III. b 1727.

1° Morin, Marie-Claire, [Charles IV. b 1734; s 1er août 1771, à Berthier. [8]

Jean-Baptiste, b [9] 24 juin 1754. — *Marie-Reine*, b [9] 6 janvier 1757. — *Marie-Louise*, b [9] 27 dec. 1758.—*Marie-Victoire*, b [9] 26 août 1760.—*Jacques-François*, b [8] 14 juillet 1768.

1772, (10 août) [8]

2° Guillemet, Marie-Joseph, [Augustin III. b 1746.

Anonyme, b [8] et s [8] 11 juillet 1772. — *Pierre*, b [8] 23 août 1774.

1754, (21 oct.) St-Jean, I. O. [7]

IV.—THIBIERGE, Basile, [Jean-Frs III. b 1730.

Blouin, Marie-Geneviève, [Joseph-Marie III. b 1735.

Basile, b [7] 13 sept. 1756; s [7] 12 dec. 1757.—*Joseph-Marie*, b [7] 4 août 1758, s 31 juillet 1759, à Lorette. — *Joseph-Marie*, b [7] 14 juillet 1760.—*Jean-Baptiste*, b [7] 2 mars 1763.

1755, (10 oct.) St-Jean, I. O. [1]

IV.—THIBIERGE, Nicolas, [Jean-François III. b 1724.

Gosselin, Madeleine, [Michel III. b 1727.

Marie-Madeleine, b 11 oct. 1756, à St-Laurent, I. O.—*Marie-Louise*, b [1] 2 février 1762.

1756, (27 oct.) St-Jean, I. O. [2]

IV.—THIBIERGE, Laurent, [Jean-Frs III. b 1731.

Fortier, Marie-Charlotte, [Charles II. b 1735.

Laurent, b [2] 5 août 1757; s [2] 5 sept. 1758.—*Marie-Charlotte*, b [2] 12 fevrier 1759. — *Marie-Joseph*, b [2] 22 juillet et s [2] 8 août 1762.—*Marie-Madeleine*, b [2] 7 juin 1763.

1767.

IV.—THIBIERGE. Joseph-Marie, [Gencien III. b 1738.

Greffard, Marie-Claire, [Louis III. b 1743.

Marie-Thérèse, b 8 juillet 1770, à Berthier

1767.

IV.—THIBIERGE, PIERRE, [JEAN-FRANÇOIS III.
b 1746.
CHATIGNY, Marie, [PIERRE III.
b 1747 ; s 5 oct. 1779, à Ste-Foye.[3]
Pierre, b[3] 14 dec. 1767.—*Anonyme*, b[3] et s[3] 5 oct. 1779.

1772, (3 fevrier) Détroit.[4]

IV.—THIBIERGE, RENÉ, [GENCIEN III.
b 1729.
CAMPEAU, Brigitte, [CHARLES III.
b 1754 ; s[4] 18 nov. 1772.
Brigitte, b[4] 12 nov. 1772.

1773, (24 mai) St-Thomas.

IV.—THIBIERGE, FRANÇOIS, [NICOLAS III.
b 1743.
MICHON, Marie-Louise, [JEAN II.
b 1751.

THIBODEAU.—Voy. THIBAUDEAU.

THIBOUTOT.—*Variations :* BOUTOTE — TIBOUTOT.

1675, (14 sept.) (1)

I.—THIBOUTOT, JACQUES,
s 28 fevrier 1688, à la Rivière-Ouelle.
BOUCHER (2), Marie, [JEAN-GALERAN II.
b 1663.

1710, (12 nov.) Rivière-Ouelle.

II.—THIBOUTOT, ADRIEN, [JACQUES I.
b 1678.
ST. PIERRE, Elisabeth, [PIERRE I.
b 1683.
Madeleine, b 1717 ; m 21 nov. 1740, à Augustin PELLETIER, à St-Roch.[5] — *François*, b 1719 : 1° m[5] 18 nov. 1743, à Marguerite JEAN ; 2° m[5] 28 avril 1756, à Marie-Anne BOUCHER.—*Joseph*, b 1720 ; m[5] 30 janvier 1752, à Marie-Françoise SOUCY ; s[5] 7 janvier 1759.—*Marie-Joseph*, b 1721 ; m[5] 22 sept. 1745, à Jean-Baptiste OUELLET ; s[5] 7 dec. 1758.—*Marie-Françoise*, b... m[5] 24 janvier 1747, à Pierre-Roch LEDEL.

1717, (11 oct.) Lévis.

II.—THIBOUTOT, PIERRE, [JACQUES I.
b 1687.
DUSAULT-LAFLEUR, Anne, [JEAN II.
b 1693.
Marie-Claire, b... m 3 fevrier 1733, à Etienne LECLERC, à Ste-Anne-de-la-Pocatière.[6] — *Madeleine*, b... m[6] 23 nov. 1744, à Joseph BOUCHARD —*Anne*, b... m[6] 7 janvier 1745, à Simon-Pierre GAUTIER.—*Marie-Joseph*, b... m[6] 22 avril 1748, à Louis-Charles LEMETAILLIER.—*Alexis*, b 23 mai 1729, à Kamouraska ; m[6] 11 janvier 1751, à Marie-Reine PELLETIER.

(1) Date du contrat, voy. vol. I, p 564.

(2) Elle épouse, le 21 juin 1688, François Autin, à la Rivière-Ouelle.

1743, (18 nov.) St-Roch [1]

III.—THIBOUTOT, FRANÇOIS, [ADRIEN
b 1719.
1° JEAN, Marguerite, [PIERRE
b 1717 ; s[1] 8 mars 1755.
Jean-François, b[1] 4 sept. 1746. — *Pierre*, 4 février 1748, s[1] 12 juillet 1751. — *Jean-François*, b[1] 15 janvier 1750. — *Marguerite*, b[1] 7 1752 ; m 17 février 1772, à Isidore PELLETIER, Ste-Anne-de-la-Pocatière.[2] — *Augustin*, b[1] s[1] 16 mars 1755.

1756, (28 avril).[1]

2° BOUCHER, Marie-Anne, [PIERRE
b 1701 ; veuve de Joseph Pelletier, s[1] avril 1766.

1751, (11 février) Ste-Anne-de-la-Pocatière.

III.—THIBOUTOT, ALEXIS, [PIERRE
b 1729.
PELLETIER, Marie-Reine, [GUILLAUME
b 1733.
Joseph-Alexis, b[7] 3 mars et s[7] 20 août 17 —*Jean-Zénobie* (1), b 7 août 1753, à la Rivière-Ouelle[8] ; m[8] 10 février 1777, à Brigitte LÉVESQUE. — *Alexis*, b... s[7] 27 nov. 1759.—*Madeleine*, née[7] 22 sept. et b[7] 11 nov. 1759.—*Pierre*, b oct. 1761.

1752, (30 janvier) St-Roch.[2]

III.—THIBOUTOT (2), JOSEPH, [ADRIEN
b 1720 ; s[2] 7 janvier 1759.
SOUCY (3), Marie-Françoise, [JOSEPH
b 1732.

1777, (10 février) Rivière-Ouelle.

IV.—THIBOUTOT, BÉNONI-JEAN (4), [ALEXIS
b 1753.
LÉVESQUE, Marie-Brigitte, [LOUIS
b 1757.

THIENEL.—Voy. QUESNEL.

THIÉRAND.—*Surnom :* ST. JEAN.

1730, (20 fevrier) Montreal.

I.—THIÉRAND (5), MAURICE, b 1700 ; fils de Maurice et d'Elisabeth St. Aignan, de Louis-de-Rochefort, diocèse de LaRochelle, Aunis.
GARIOU (6), Marie-Joseph, [MARTIN
b 1714.

THIERROT.—*Surnom :* ST. VINCENT.

I.—THIERROT (7), JOSEPH, de Lorraine, oct. 1756, à l'Hôpital-Général, M.

(1) Appelé Bénoni-Jean à son mariage.

(2) Marié Boutote.

(3) Elle épouse, le 23 avril 1759, Jean-Baptiste Ouellet, St-Roch.

(4) Pour Jean-Zénobie.

(5) Dit St. Jean.

(6) Mariée Garigau.

(7) Dit St. Vincent.

THIERRY. — *Variation et surnoms :* TERRI — NOLAND—ST. CLAUDE.

THIERRY, LOUIS.—Voy. NOLAND.

1718.

THIERRY, FRANÇOIS.
LESUEUR, Lse-Marguerite, [PIERRE I.
b 1694.
Jean-François, b 9 février 1719, à Montréal.—*...ne*, b... m à Pierre CARRÉ.

1743, (4 février) Montréal.[4]

THIERRY (1), CLAUDE, b 1720; fils de François et de Barbe Thomas, de Rocroy-Surotin, diocèse de Trèves, Luxembourg.
BOURG (2), Angélique, [JEAN-BTE II.
b 1725.
Louise-Angélique, b [4] 31 mai 1743; m [4] 21 nov. 57, à Joseph TESSIER.—*Julien*, b [4] 1er oct. 1744. *Catherine*, b [4] 25 mai 1746; s [4] 20 janvier 1749. *Vincent*, b [4] 27 juin et s [4] 14 juillet 1748. —*Pierre*, b [4] 13 déc. 1750. — *Ursule*, b 1758; m [4] juin 1773, à Pierre-Joseph GRENON.

1746.

THIERRY, GABRIEL.
PLANTE, Suzanne.
Antoine, b 1747; m 10 mai 1773, à Agathe MARSTA, à Repentigny.

1773, (10 mai) Repentigny.

THIERRY (3), ANTOINE, [GABRIEL I.
b 1747.
MARSTA, Agathe, [TOUSSAINT II.
b 1729; veuve d'Etienne Marsta; s 22 nov. 1784, à Lachenaye.

THIERSAN.—*Surnom :* DE GENLIS.

1715, (17 oct.) Montréal.[1]

THIERSAN (4), FRANÇOIS-GABRIEL, b 1690; fils de Jean (seigneur de Buys, conseiller du roy et president du parlement de Metz) et de Petronille Clausin de Jenlis, de St-Martin, ville de Metz, Lorraine.
FEZERAT, Marie-Joseph-Rose, [RENÉ I.
b 1692.
François-Henri, b [1] 21 juillet 1716.—*Pierre-François*, b [1] 28 mai 1724.

1730, (10 avril) Québec.[2]

THIEULEN, JEAN, b 1700; fils de Noël et d'Anne Carmont, d'Ansonville-Senneval, diocèse de Rouen, Normandie.
BONNIER (5), Marie-Françoise, [JACQUES I.
b 1709.
Marie-Anne, b [2] 27 avril 1731.

(1) Dit St Claude; soldat de la compagnie de Perigny.
(2) Bouhours-Lachapelle.
(3) Et Terri, à la sépulture de sa femme.
(4) Sieur de Genlis.
(5) Laplante.

THIGAN.—Voy. VALO.

THINON.—Voy. TINON.

THIRIOT.—*Surnom :* CAPUCIN.

1762, (12 juillet) Détroit.[6]

I.—THIRIOT (1), JEAN-CHRYSOSTOME, b 1732, marchand; fils de Pierre (bourgeois) et de Marie Vautier, de N.-D.-de-Ligny, diocèse de Toul, Barrois.
CAMPEAU, Julie-Catherine, [JEAN-BTE III.
b 1739.
Jean-Chrysostôme, né 6 janvier 1765, aux Miamis[7]; b [6] 18 mai 1769.—*Marie-Anne*, née [7] 16 mars 1767; b [6] 18 mai 1769.—*Suzanne*, née [7] 16 déc. 1768, b [6] 18 mai 1769.

THIVIERGE —Voy. DELISLE—THIBIERGE.

THOIN.—Voy. TOUIN.

THOMAS.—*Surnoms :* ALLARD—BEAULIEU—BIGAOUETTE — BODRY — GILBERT — OUILEM — ST. ANDRÉ—TRANCHEMONTAGNE.

I.—THOMAS, ...
MORIN, Marie,
b 1656; s 12 juin 1748, à l'Hôpital-Général, M.

1684.

I.—THOMAS (2), CLAUDE, b 1654; de Brest, Bretagne; s 18 avril 1729, à Québec.[6]
SCEAU, Madeleine, de Brest, Bretagne.
Louis, b 1686; m 17 janvier 1729, à Jeanne LABRECQUE, à St-Laurent, I. O.[7] — *François*, b 1688; m [7] 17 janvier 1729, à Marie-Madeleine LABRECQUE.—*Marie-Anne*, b 1700; 1° m [6] 14 juillet 1727, à George MABILE; 2° m [6] 25 janvier 1729, à François DAVID.

1695, (24 oct.) Québec.[1]

I.—THOMAS (3), JEAN, fils d'Edouard et de Catherine Casey, de Londres, Angleterre.
DUQUET (4), Anne, [PIERRE II.
b 1674.
François, b 1703, m 21 février 1735, à Jeanne MASSICOT, à Batiscan[2]; s [2] 22 janvier 1746.—*Anne-Marguerite*, b 3 déc. 1706, à Montréal[3], m [2] 22 nov. 1728, à Pierre PAPLAU.—*Michel*, b [3] 28 janvier et s [3] 12 juillet 1708.—*Jean*, b [3] 25 avril 1709, s [3] 5 sept. 1710.—*Pierre*, b [3] 21 juillet 1711. —*Catherine*, b [3] 27 avril 1714; m [2] 2 fevrier 1739, à Antoine TROTIER.—*Jean*, b 1715, s [1] 9 août 1721.—*Louis-Claude*, b [3] 7 février 1716.

(1) Dit Capucin, 1769.
(2) Dit Beaulieu.
(3) Charpentier des navires du roy; voy. vol. I, p. 566.
(4) Elle epouse, le 18 mars 1721, Jean Parant, à Québec.

1706, (15 nov.) Charlesbourg. [7]

I.—THOMAS, Claude, b 1680; fils de Jean et d'Anne Lera, de Douvres, Angleterre; s [7] 23 nov. 1761.

Villeneuve, Marie-Anne, [Mathurin I. b 1688; s [7] 24 janvier 1759.

Paul, b [7] 4 juin 1709; m [7] 12 août 1726, à Marie-Joseph Barbot; s[7] 6 janvier 1744.—*Marie-Marguerite*, b [7] 8 mars et s [7] 20 juillet 1711.—*Jacques*, b [7] 17 février 1713; m [7] 4 oct. 1734, à Thérèse Pepin; s [7] 16 déc. 1743.—*Marie-Anne*, b [7] 19 et s [7] 31 août 1714.—*Marie-Anne*, b [7] 14 et s [7] 23 oct. 1715.—*Hélène*, b [7] 25 juin et s[7] 16 août 1717.—*Joseph*, b [7] 17 juin et s [7] 15 juillet 1719.—*Marie-Anne*, b [7] 7 et s [7] 24 oct. 1720.—*Jean-Charles*, b [7] 15 déc. 1721; m [7] 13 nov. 1741, à Marie-Angelique Chevalier. — *Marie-Françoise*, b [7] 26 nov. 1723; m [7] 15 fevrier 1740, à Joseph Bedard.—*Marie-Anne*, b [7] 20 et s [7] 21 nov. 1725.—*Marie-Jeanne*, b [7] 20 avril et s [7] 15 mai 1727.—*Joseph*, b [7] 19 mars 1729; s [7] 24 mars 1731.—*Marie-Charlotte*, b [7] 22 dec. 1731; s [7] 1er juin 1733.

1720.

I.—THOMAS, François.

Gralliard, Claudine.

Jeanne, b 1723; m 9 juin 1749, à Jean Duguay, à Yamachiche.

1721, (27 oct.) Québec. [8]

I.—THOMAS (1), Gilbert, fils de Denis et de Jeanne Ovitti, de Bourg-de-Prouvange, Berry; s [8] 2 juillet 1727.

Joubert (2), Marguerite-Joseph, [Pierre II. b 1699.

Françoise, b [8] 1er janvier 1723; 1o m [8] 9 janvier 1742, à Jean Palange; 2o m [8] 9 oct. 1747, à Charles-Philippe Jailliard; s [8] 13 juin 1780.—*Charles-Gilbert*, b [8] 29 nov. 1724; m [8] 14 sept 1744, à Marthe Filteau.—*Marie-Angélique*, b [8] 12 dec. 1726; s [8] 5 nov. 1727.

1726, (12 août) Charlesbourg. [6]

II.—THOMAS, Paul, [Claude I. b 1709; s [6] 6 janvier 1744.

Barbot (3), Marie-Joseph, [Simon II. b 1703.

Marie-Joseph, b [6] 21 mai 1727; m [6] 15 février 1751, à Pierre Lauzé.—*Paul*, b [6] 8 déc. 1728; m [6] 18 janvier 1751, à Marie-Marguerite Dupéré.—*Jacques*, b [6] 30 oct. 1730; s [6] 15 juin 1733.—*Marie-Louise*, b [6] 21 juillet 1732; m [6] 11 janvier 1751, à Jacques Lauzé.—*Marie-Geneviève*, b [6] 31 janvier 1734; s [6] 12 mai 1740.—*Marguerite*, b [6] 7 août 1735.—*Marie-Jeanne*, b [6] 24 juin 1737, m 19 janvier 1756, à Pierre-André Ponton, à Montreal.[7]—*Jean-Baptiste*, b [6] 13 mars 1739; m [7] 12 sept. 1763, à Marie-Marguerite Bourbeau. — *Pierre-François*, b [6] 31 janvier 1741; m à Marie-Louise Chauveau.—*Jean-Baptiste*, b [6] 15 mai et s [6] 25 juillet 1743.

1729, (17 janvier) St-Laurent, I. O.

II.—THOMAS (1), Louis, [Claude I. b 1686; charpentier; s 18 janvier 1758, à Québec.[8]

Labrecque, Jeanne, [Jacques II b 1707.

Louis, b [8] 15 février 1730.—*Marie-Joseph*, b [8] 4 oct. 1731; s [8] 11 mai 1733.—*Charles*, b [8] 22 avril et s [8] 9 mai 1733.—*Marie-Anne*, b [8] 14 sept. 1734 m [8] 18 avril 1757, à Joseph Dusault.—*Marie-Charlotte*, b [8] 6 avril 1736.—*Françoise*, b [8] 2 août 1739; m 26 janvier 1761, à Jean Marteau, à Montréal.[9] — *Joseph-Marie*, b [8] 16 fevrier 1741 —*Charles-François-Régis*, b [8] 12 janvier 1743 m [9] 7 février 1763, à Marie-Françoise-Barbe Sérat.—*Jean-Baptiste*, b [8] 3 et s [8] 7 sept. 1744.—*Geneviève*, b [8] 29 avril 1746; s [8] 26 juin 1748.—*Marie*, b... m 22 avril 1765, à Louis Pelletier, à St-Vincent-de-Paul. — *Marie-Marguerite*, b [8] 9 mai 1748.—*Marie-Madeleine*, b [8] 24 août 1752.

1729, (17 janvier) St-Laurent, I. O.

II.—THOMAS (2), François, [Claude I. b 1688.

Labrecque, Marie-Madeleine, [Jacques II b 1706; s 19 mars 1760, à St-Frs-du-Sud

François, b 23 sept. 1732, à Quebec[4], m [4] 3 sept. 1753, à Ursule Badeau.—*Jean-Baptiste*, b [4] 22 mai 1735.—*Jacques*, b [4] 26 sept. 1737.—*Marie-Barbe*, b [4] 16 mars 1741; m [4] 24 oct. 1763, à Jacques Badeau.

1734, (13 mai) Trois-Rivières [5]

I.—THOMAS (3), François, b 1706, sergent, fils de François et de Catherine Ribard, du diocèse de Rouen, Normandie.

Maudoux, Catherine, [Aubin I b 1702.

François, b [5] 24 fevrier 1735; m [5] 20 nov. 1756 à Petronille LeBoulanger.—*Marie-Joseph*, b [5] 1er oct. 1737; m [5] 25 oct. 1756, à Jacques Lemaître Notinville.

1734, (4 oct.) Charlesbourg. [7]

II.—THOMAS, Jacques, [Claude I. b 1713, s [7] 16 dec. 1743.

Pepin (4), Thérèse, [Jean II b 1709.

Marie-Thérèse, b [7] 19 août 1735; m [7] 5 juillet 1756, à Louis Brideau.—*Marie-Charlotte*, b [7] 2 oct. 1736, m [7] 15 janvier 1759, à Barthelemi Bernier.—*Jacques*, b [7] 22 juin 1738.—*Jean-Baptiste*, b [7] 22 fevrier 1740, s [7] 16 juin 1741.—*Marie-Louise*, b [7] 7 mai 1741.—*Louis*, b 13 oct 1742, à Quebec; m à Madeleine Gabourv

(1) Dit St. Andre—Aussi appelé Gilbert, voy. vol. IV, p. 269.

(2) Elle épouse, le 7 fevrier 1729, Antoine Varambouville, à Quebec.

(3) Elle épouse, le 4 juillet 1746, Louis Penin-Lafontaine, a Charlesbourg.

(1) Voy. aussi Beaulieu, vol. II, p. 172.

(2) Dit Beaulieu.

(3) Dit Tranchemontagne.

(4) Elle épouse, le 7 fevrier 1757, Adam Quentin, à Charlesbourg.

1735, (21 février) Batiscan. [1]

II.—THOMAS, FRANÇOIS, [JEAN I.
b 1703; s [1] 22 janvier 1746.
MASSICOT, Jeanne, [JACQUES I.
b 1706; s [1] 10 juin 1789.
Marie-Catherine, b [1] 6 et s [1] 15 nov. 1735. — *François-Xavier*, b [1] 10 déc. 1736.—*Marie-Catherine*, b [1] 24 juin 1738, s [1] 13 avril 1757. — *Jean-Baptiste*, b [1] 16 et s [1] 18 mars 1740. — *Antoine*, b [1] 19 mai 1741; s [1] 22 juin 1771. —*Marie-Anne*, b [1] 16 mars 1743; m [1] 1er mai 1764, à Michel DEVAU; s [1] 12 sept. 1764.— *Marguerite-Modeste*, b [1] 29 avril 1745. — *Jean-Louis* (posthume), b [1] 28 août 1746.

I.—THOMAS, ANDRÉ, de Philadelphie.
THOMAS, Letice.
Marie, b... m 14 mai 1759, à Louis EDELINE, au Detroit.

1741, (13 nov.) Charlesbourg. [2]

II.—THOMAS (1), JEAN-CHARLES, [CLAUDE I.
b 1721.
CHEVALIER, Marie-Angelique, [ETIENNE II.
b 1719.
Jean-Baptiste, b [2] 10 août 1742. — *Marie-Angélique*, b [2] 2 avril 1744; s [2] 8 janvier 1762. — *Marie-Joseph*, b [2] 10 janvier 1746.— *Marie-Françoise*, b [2] 28 août 1747; s [2] 3 août 1756. — *François-Isidore*, b [2] 26 mars 1749. — *Claude*, b [2] 9 nov. 1750. — *Charles*, b [2] 12 mars 1753.—*Louis*, b [2] 8 nov. 1754; m 13 nov. 1781, à Marie-Joseph MOREAU, à Ste-Foye. — *Pierre*, b [2] 23 mars et s [2] 14 sept. 1756.— *Etienne*, b [2] 30 juin 1760; s [2] 28 février 1762.

1744, (14 sept.) Québec. [2]

II.—THOMAS (2), CHS-GILBERT, [GILBERT I.
b 1724; capitaine de navire.
FILTEAU, Marie-Marthe, [JEAN-BTE II.
b 1727.
Pierre-Charles, b [2] 1er et s [2] 16 juin 1746. — *Marie-Marguerite*, b [2] 23 avril 1748. — *Charles-François*, b [2] 18 avril et s [2] 26 mai 1750.— *François*, b [2] 8 et s 11 août 1752, à Beaumont.—*Marie-Françoise*, b [2] 4 nov. 1753; s [2] 18 sept. 1758.—*Charles*, b [2] 27 mai 1757.— *Jacques-Alexandre*, b [2] 18 juin et s [2] 2 juillet 1759. — *Louis*, b 1er août 1760, aux Grondines [6]; s [6] 9 mars 1761.

1751, (18 janvier) Charlesbourg. [6]

III.—THOMAS (1), PAUL, [PAUL II.
b 1728.
DUPLÉ (3), Marie-Marguerite, [LOUIS II.
b 1716; veuve de Jean-Baptiste Bourbeau; s 12 mars 1795, à Québec. [7]
Jean-Baptiste, b [6] 19 sept. 1751; 1° m [7] 13 juin 1774, à Madeleine RENAUD; 2° m [7] 21 nov. 1786, à Marie-Louise HÉBERT. — *Marie-Madeleine*, b [6] 19 nov. 1753. — *Marguerite*, b [7] 6 et s [7] 7 août 1756.

1751, (19 juillet) Charlesbourg.

III.—THOMAS (1), JACQUES, [THOMAS II.
b 1722; s 2 déc. 1788, à Québec.
BERGEVIN (2), Marie-Madeleine, [IGNACE II.
b 1734.

1753.

THOMAS, PIERRE.
COLLIN, Marie-Anne.
Pierre, b 1754; s 12 février 1755, à Lanoraie.

1753, (3 sept.) Québec. [7]

III.—THOMAS (3), FRANÇOIS, [FRANÇOIS II.
b 1732; charpentier.
BADEAU, Ursule, [JACQUES-FABIEN IV.
b 1733.
Marie-Ursule, b [7] 23 mai et s [7] 9 août 1754.— *Jeanne*, b [7] 27 mai 1756.— *François-Xavier*, b [7] 5 mars et s [7] 18 août 1758.—*Agnès*, b [7] 6 avril 1759. —*Bernard*, b [7] 22 février et s [7] 20 août 1761.— *Marie-Ursule*, b [7] 4 mai 1762.—*Marie-Jeanne*, b [7] 29 juillet 1763.

1756.

I.—THOMAS, ...
Anglais.
........, Marguerite,
Anglaise.
Jean-Baptiste, b 22 février 1757, à l'Ile-Dupas.

1756, (20 nov.) Trois-Rivières. [8]

III.—THOMAS (4), FRANÇOIS, [FRANÇOIS II.
b 1735.
LEBOULANGER (5), Pétronille, [JOSEPH II.
b 1736.
Marie-Louise, b [8] 22 nov. 1756.—*Marie-Joseph*, b 30 déc. 1758, à l'Ile-Dupas.

THOMAS, FRANÇOIS,
.. ..
François, b 2 nov. 1763, à Deschambault.

1761, (27 juillet) Montréal.

I.—THOMAS (6), JEAN-FRANÇOIS, b 1740; fils de Mathias et de Marie Richer, de St-Martin-de-Pont-à-Mousson, diocèse de Metz, Lorraine.
1° AUDON, Charlotte, [BERNARD I.
b 1746.
Nicolas, b 1er janvier 1766, à la Longue-Pointe [2], s [2] 17 mars 1767.
1769, (18 sept.) St-Joseph, Beauce. [3]
2° JACQUES, Anne-Françoise, [PIERRE II.
b 1727; veuve de Laurent Poirier.
Jean-François, b [3] 2 juin 1770.

(1) Dit Bigaouette.
(2) Marié Gilbert.
(3) Aussi appelée Blondeau, parce que sa mère était veuve Blondeau.

(1) Allard, en marge au registre, est son vrai nom, voy. vol. II, p. 22
(2) Langevin.
(3) Marié Beaulieu.
(4) Dit Tranchemontagne.
(5) De St. Pierre.
(6) Soldat en France, il déserte et vient dans les Picheurs en 1757. Incorporé dans les troupes de la marine, jusqu'à la prise de Québec. Il fait le métier de chaudronnier.

1763, (7 fevrier) Montréal.
III.—THOMAS (1), CHARLES, [LOUIS II.
b 1743.
SÉRAT, Marie-Frse-Barbe (2), [JEAN-BTE III.
b 1743.
Marie-Anne, b 18 juillet 1777, à Lachenaye.

1763, (12 sept.) Montreal.
III.—THOMAS, JEAN-BTE, [PAUL II.
b 1739.
BOURBEAU, Marguerite, [JEAN-BTE III.
b 1738.

III.—THOMAS (3), LOUIS, [JACQUES II.
b 1742.
GABOURY, Madeleine.
Louis, b... m 18 sept. 1792, à Françoise DROUIN, à Quebec.

1769, (6 fevrier) Chambly.
THOMAS (4), JACQUES.
POIRIER, Catherine, [PIERRE III.
b 1740.

THOMAS (5), ETIENNE.
....
Marie-Louise, b 30 juillet 1773, à St-Joseph, Beauce.

III.—THOMAS (3), PIERRE-FRS, [PAUL II.
b 1741.
CHAUVEAU, Marie-Louise, [CHARLES II.
b 1747 ; s 22 juillet 1788, à Québec.[1]
Marie-Louise, b... m[1] 20 nov. 1793, à François CHAMPAGNE. — *Marie*, b... m[1] 16 mai 1797, à Pierre DROLET.— *Louis*, b 1777, s[1] 13 août 1779. — *Marie-Thérèse*, b[1] 25 avril 1779.

1774, (13 juin) Québec.[8]
IV.—THOMAS (3), JEAN-BTE, [PAUL III.
b 1751.
1° RENAUD, Madeleine, [PIERRE III.
b 1754 ; s[8] 12 mars 1786.
Jean-Baptiste, b 1775 ; m[8] 7 février 1797, à Louise DOIRON. — *Marie-Madeleine*, b... m[8] 8 nov. 1796, à Gabriel OUIMET. — *Marie-Anne*, b... m[8] 27 nov. 1798, à Augustin TURCOT.
1786, (21 nov.)[8]
2° HÉBERT, Marie-Louise, [LOUIS IV.
b 1762.

1781, (13 nov.) Ste-Foye.
III.—THOMAS (3), LOUIS, [JEAN-CHARLES II.
b 1754.
MOREAU, Marie-Joseph, [FRANÇOIS IV.
b 1759.

---

(1) Marié Beaulieu.
(2) Appelée Marie-Anne, 1763.
(3) Dit Bigaouette.
(4) Veuf d'Amable Racé.
(5) Dit Bodry ; vivant parmi les sauvages. (Reg. de St-Joseph, Beauce, 30 juillet 1773.)

1783.
I.—THOMAS, JACOB,
Anglais.
ROBERT, Marie-Joseph.
Jean-Baptiste, b 7 mai 1784, au Detroit.

1792, (18 sept.) Québec.
IV.—THOMAS (1), LOUIS. [LOUIS III.
DROUIN, Françoise, [JOSEPH IV.
b 1756 ; veuve de Guillaume Marone.

1797, (7 fevrier) Québec.
V.—THOMAS, BRIGITTE-J.-BTE, [J.-BTE IV.
b 1775.
DOIRON, Louise, [ALEXIS I.
b 1775.

1778, (18 mai) St-Joachim.
I.—THOMASSIN (2), JEAN, fils de François et de Michelle Charuel, de St-Martin-des-Briards, diocèse d'Avranches, Normandie.
DUBOIS, Marguerite, [NICOLAS III.
b 1750.

THOMELET. —*Variations :* TAUMELETTE — TOMELET—TOUMELET.

1692, (1er sept.) Montréal.[8]
I.—THOMELET (3), JACQUES,
b 1666.
PERRIER (4), Marguerite, [JEAN I.
b 1675.
Marie, b 25 avril 1698, à Lachine[9] ; 1° m[8] 1er août 1726, à Jacques TESSIER ; 2° m[8] 21 janvier 1732, à Etienne LEDEAU ; s[8] 1er juin 1735.— *François*, b[9] 1er août 1700 ; s[8] 14 dec. 1723— *Marie-Catherine*, b[9] 1er février 1711 ; m à Charles ST. GERMAIN ; s 27 mai 1747, à Ste-Geneviève, M.

I.—THOMELET (3), PIERRE,
b 1662 ; s 29 sept. 1737, à Québec
CAILLEAU, Marie, [PIERRE I.
b 1666.
Jean, b 1708 ; m 25 janvier 1733, à Marguerite SÉDILOT-MONTREUIL, à Ste-Foye.

1733, (25 janvier) Ste-Foye
II.—THOMELET (5), JEAN, [PIERRE I.
b 1708 ; tanneur.
SÉDILOT (6), Marguerite, [JEAN-ADRIEN III.
b 1717.
Marguerite, b 30 nov. 1734, à Quebec[6] ; s[6] 21 février 1735.—*Marie-Jeanne*, b[6] 10 et s[6] 16 juillet 1736 —*Jean-Alexis*, b[6] 5 août 1737.— *Pierre*, b[6] 16 nov. et s[6] 16 dec. 1739.—*Marie-Louise*, b[6] 21 janvier 1741 ; m[6] 13 janvier 1755, à François FOURMOY ; s[6] 9 sept. 1774 — *Marie-Anne*, b[6] 3

---

(1) Dit Bigaouette.
(2) Contremaître de la petite ferme.
(3) Voy. vol. I, p. 566.
(4) Elle épouse, le 2 déc. 1726, Michel Baugis, à Lachine.
(5) Et Taumelette, 1770.
(6) Montreuil.

1743; m [6] 7 janvier 1762, à Joseph DORVAL. —*Marie-Marguerite*, b [6] 4 oct. et s [6] 5 déc. 1744. —*François*, b [6] 11 oct. et s [6] 8 nov. 1745. — *Marguerite*, b [6] 5 janvier 1747; s [6] 23 nov. 1749.—*Marie-Joseph*, b [6] 29 sept. 1748.— *Marie-Marguerite*, b [6] 27 sept. et s [6] 1er nov. 1750. — *Marguerite*, b [6] 17 oct. 1751; s [6] 18 mars 1752.— *Marie-Angélique*, b [6] 3 mai 1753; m 30 sept. 1776, à Jean-Baptiste CARON, à Montréal. — *Jean-François*, b [6] 4 oct. 1755.—*Marguerite*, b [6] 4 oct. 1755; s [6] 17 janvier 1759. — *Marie-Jeanne*, b [6] 27 juin 1757.—*Louise*, b... s 9 juillet 1758, à St-Augustin.

THOMPSON.—*Variation :* THOMSON.

1773.

I.—THOMPSON, JEAN,
menuisier.
PEK, Marguerite,
Irlandaise.
Marie-Louise, b 5 sept. et s 8 nov. 1774, au Détroit.

I.—THOMPSON, GEORGES.
BROUILLON, Thérèse.
Elisabeth, b... s 8 oct. 1782, à l'Ile-Dupas.

1794, (19 avril) Québec.

I.—THOMPSON, ROBERT, fils de Robert et d'Anne O'Brien, de Richmond, Virginie.
ANDERSON, Marie-Anne. [GUILLAUME I.

THOMSON.—Voy. THOMPSON.

THORN.—*Variations :* THORNE—TORN.

I.—THORN, CALEB,
marchand.
CHALIFOUR, Marie-Louise,
b 1747; s 28 mars 1795, à Québec. [5]
Benjamin, b... m [5] 12 janvier 1796, à Marie TAVERNIER.—*Joseph*, b [5] 19 juin 1779.

1796, (12 janvier) Québec. [1]

II.—THORN, BENJAMIN. [CALEB I.
TAVERNIER, Marie-Louise, [PIERRE.
b 1778; s [1] 7 juin 1798.

THORNE.—Voy. THORN.

THOUIN.—Voy. TOUIN.

I.—THOURAUD, DENIS, b 1705; s 6 juillet 1795, à l'Hôpital-Général, M.

THOUVENIN.—*Variations et surnom :* LAVENIN—SOUVELIN—TOUVENIN—LARIVIÈRE.

1762, (30 août) St-Frs-du-Lac.

I.—THOUVENIN (1), CLAUDE, b 1725; fils de Dominique et d'Anne Renaud, de Vatiomenil, Duche-de-Lorraine.
JOYELLE, Louise, [JEAN II.
b 1730.

(1) Dit Larivière.

Marguerite, b 1er juin 1763, à St-Michel-d'Yamaska. [1] — *François*, b [1] 12 juin 1764; s [1] 1er juillet 1765.—*Claude*, b [1] nov. et s [1] 23 dec. 1767. —*Jean-Baptiste*, b [1] 11 nov. 1770.

THUNAY.—*Variations et surnom :* THUNÈS—TUVÉ—DUFRESNE.

1666.

I.—THUNAY (1), FÉLIX,
b 1633; chirurgien; s 27 juillet 1683, à Batiscan.
LEFEBVRE (2), Isabelle, [PIERRE I.
b 1651.
Antoine, b 1680; m 6 juin 1713, à Angélique ROY, à Montreal [2], s [2] 28 dec. 1746.

1713, (6 juin) Montréal. [3]

II.—THUNAY (3), ANTOINE, [FÉLIX I.
b 1680; s [3] 28 dec. 1746.
ROY (4), Angelique, [JEAN II.
b 1694.
Marie-Catherine, b [3] 3 sept. 1715; m [3] 26 nov. 1731, à François DEMERS.—*Antoine-René*, b [3] 4 février et s [3] 2 oct. 1719.

THUNÈS.—Voy. THUNAY.

THUOT.—*Variation et surnoms :* HUOT—DUVAL—LAFONTAINE.

1708.

I.—THUOT (5), PIERRE, b 1681; fils de Pierre-Edme et de Marie-Louise Duval, de St-Pierre, ville de Tonnerre, diocèse de Langres, Champagne; s 29 sept. 1730, à Longueuil. [4]
1° GUILBERT-LAFRAMBOISE, Elisabeth, [JEAN I.
b 1690.
Marie-Joseph, b... m 17 juin 1737, à Jean-Baptiste VALET, à Montreal. [5]

1712, (11 juillet). [5]

2° FOURNIER, Marie, [ANTOINE I.
b 1689.
Louise, b [5] 2 juillet 1713; s [5] 2 mai 1718.—*Antoine*, b [5] 18 nov. 1714; s [5] 25 nov. 1715.—*Marie-Françoise*, b [5] 7 avril 1716; s [5] 10 août 1720.—*Joseph-Paschal*, b [5] 23 mars 1717; m [4] 8 fevrier 1751, à Marie-Joseph TRUTEAU.—*Marie-Louise*, b [5] 9 sept. 1718; m [4] 26 janvier 1739, à Henri BONHEUR.—*Marie-Madeleine*, b [5] 13 sept. 1719; m [4] 11 fevrier 1737, à Charles VARRY.—*Marie-Anne*, b [5] 13 nov. 1720.—*Pierre-Hyacinthe*, b [5] 3 janvier 1722; m [4] 15 mai 1747, à Marie-Anne LEFORT.—*Marguerite*, b [5] 6 août 1723.—*Thomas-Ignace*, b [5] 3 janvier 1725; m [5] 17 fevrier 1749, à Marie PIÉDALU.

(1) Et Thunès dit Dufresne; voy. vol. I, pp. 209-567.
(2) Elle épouse, le 13 janvier 1687, Jean Colet, à Batiscan.
(3) Dit Dufresne.
(4) Elle épouse, le 10 février 1749, Jean-Baptiste Moison, à Montréal.
(5) Dit Duval—Lafontaine.

1747, (15 mai) Longueuil.
II.—THUOT (1), Pierre-Hyacinthe, [Pierre I.
b 1722.
Lefort, Marie-Anne. [Jean I.

1749, (17 février) Longueuil. [7]
II.—THUOT, Thomas-Ignace, [Pierre I.
b 1725.
Piédalu, Marie. [Julien I.
Ignace-Joachim, b [7] 19 sept. 1751. — *Marie-Amable* et *Marie-Anne*, b [7] 21 avril 1753.

1751, (8 février) Longueuil [2]
II.—THUOT, Joseph-Paschal, [Pierre I.
b 1717.
Truteau, Marie-Joseph, [Toussaint III.
b 1734.
Antoine, b [2] 6 mai 1762.

THYRION.—*Variation :* Tyrion.

1762, (27 sept.) Sorel.
I.—THYRION, Joseph, fils de Claude et d'Anne Bouda, de Bertrichau, diocèse de Metz, Lorraine.
Plante, Marie-Louise, [Pierre III.
b 1734.
Pierre, b 1764 ; m 7 janvier 1795, à Marie-Elisabeth Bedard.

1795, (7 janvier) Québec.
II.—THYRION, Pierre, [Joseph I.
b 1764.
Bedard, Marie-Elisabeth. [Joseph-Charles.

TIBAUDEAU.—Voy. Thibaudeau.

TIBAULT.—Voy. Thibaut.

TIBAUT.—Voy. Thibaut.

TIBEAU.—Voy. Thibaut.

TIBERGE.—Voy. Théberge.

TIBERT.—Voy. Thibert.

TIBIERGE.—Voy. Thivierge.

TIBODEAU.—Voy. Thibaudeau.

TIBOULON.—Voy. Gipoulon.

TIBOUTOT.—Voy. Thiboutot.

1709, (27 juillet) Quebec. [8]
I.—TICAL, Pierre, fils de François et d'Adriane Cormiche, de St-Pierre, ville d'Anvers, Flandre.
Thibierge, Marie, [Gabriel II.
b 1680 ; veuve de Jacques Genaple.
Pierre, b [8] 12 mai et s [8] 12 juin 1710.

TIÉBLÉ.—*Surnom :* Bourguignon.

(1) Dit Duval.

1749, (23 juin) Montréal.
I.—TIÉBLÉ (1), Claude, b 1716 ; fils de Pierre et d'Elisabeth Bidau, de St-Aubin, diocèse de Langres, Champagne.
Chrétien, Marie-Anne, [François II.
b 1717.

TIENNEL.—Voy. Quesnel.

1760, (5 janvier) Lévis. [9]
I.—TIERCELIN, Michel, fils de Michel et de Marie-Anne Cayette, de St-Marc, diocèse de Chartres, Beauce.
Aubois (2), Françoise, [Michel II.
b 1734 ; veuve de Jean-Baptiste Bois.
Marie-Louise, b [9] 26 janvier 1761.

TIERCEREAU.—Voy. Tessereau.

TIFAU.—Voy. Tifault.

TIFAULT — *Variations et surnom :* Tifau—Tifaut—Tifaux—Tiffaut—Lasavanne.

1687, (18 janvier) Batiscan. [2]
I.—TIFAULT (3), Jacques, fils d'Antoine et de Marguerite Moreau, de Gironde, diocèse de Bazas, Gascogne.
Lescuier (4), Marie-Anne, [Antoine I
b 1672.
Marie-Madeleine, b [2] 21 sept. 1687, m [2] 2 juin 1710, à Jacques Rocheleau, s 28 février 1748, à Ste-Anne-de-la-Perade. — *Jacques*, b [2] 16 juillet 1697 ; m [2] 4 février 1726, à Jeanne Cadot — *Françoise-Marguerite*, b [2] 20 mars 1705 ; m à François Cosset. — *Charles*, b [2] 13 août 1708, m 9 février 1728, à Marie-Joseph Cosset, à Ste-Geneviève. [3] — *Alexis*, b [2] 14 mai 1711, m [3] 30 sept. 1734, à Catherine Juineau.

1716, (13 janvier) Batiscan [1]
II.—TIFAULT, Antoine, [Jacques I
b 1690.
Gaillou, Marguerite-Frse, [Pierre I
b 1691.
Louise-Catherine, b [1] 1er nov. 1716 ; m 27 avril 1739, à François-Antoine Baribeau, à Ste-Geneviève. [3] —*Antoine*, b [1] 30 janvier 1720. — *Marie-Marguerite*, b [1] 23 juillet 1722, m 1746, à Joseph Baribeau.—*Joseph*, b [1] 18 mai 1724.—*Geneviève*, b 1727 ; s [2] 27 nov. 1730.

1716, (17 février) Batiscan. [2]
II.—TIFAULT (5), Damien, [Jacques I
b 1692.
Lafond, Marie-Renée (6), [Jean II
b 1692.

(1) Dit Bourguignon ; caporal de la campagnie de Sabrevois.
(2) St. Julien ; elle épouse, le 26 oct. 1761, Louis Petitclerc, à Quebec
(3) Voy. vol. I, p 568.
(4) Aussi appelée Haulier, 1734.
(5) Dit Lasavanne, 1725.
(6) Et Marie-Louise.

François-Xavier, b [2] 21 nov 1716. — *Marie-Isabeth*, b [2] 6 dec. 1719. — *Marie-Joseph*, b [2] 3 pt. 1725.— *Marie-Renée*, b... m 1746, à Jean-Baptiste ADAM. — *Marie-Catherine*, b 1er mars 1728, à Ste-Geneviève.[3] — *Jean-Joseph*, b [3] 18 et s 19 sept. 1732. — *Louis*, b [3] 6 déc. 1733; m 8 janvier 1753, à Marguerite RIVARD, à Ste-Anne-de-la-Pérade. — *Marie-Charlotte*, b... m 1753, à Joseph ADAM.

1726, (4 fevrier) Batiscan.

II.—TIFAULT, JACQUES, [JACQUES I.
b 1697.
CADOT, Jeanne. [MATHURIN I.

1728, (9 fevrier) Ste-Geneviève. [3]

II.—TIFAULT, CHARLES, [JACQUES I.
b 1708.
COSSET, Marie-Joseph, [FRANÇOIS II
b 1707.
Marie-Joseph, b [3] 28 nov. 1729. — *Marie-Anne*, b [3] 11 avril 1735.— *Charles-François*, b [3] 14 janvier 1737; m 21 janvier 1771, à Marie-Joseph BOURG, à Batiscan.

1731, (4 avril) Batiscan. [1]

II.—TIFAULT, CLAUDE-JEAN-JOS., [JACQUES I.
b 1702.
BARIBEAU, Marie-Joseph. [JEAN II.
Joseph, b [1] 24 juin 1732 —*Marie-Joseph*, b [1] 23 sept 1733; s [1] 1er juin 1734. — *Jean-Baptiste*, b [1] avril 1735. — *Marie-Joseph*, b 9 nov. 1736, à Ste-Geneviève.[2] — *Joseph*, b [2] 23 mars 1738.— *Jean-Baptiste*, b [2] 2 fevrier 1740; 1° m à Marie-Joseph LAFOND; 2° m 26 oct. 1772, à Brigitte GABIÉPY, à Deschambault. — *Marie-Louise*, b... m [1] 30 avril 1764, à Ignace DÉRY.

1734, (30 sept.) Ste-Geneviève. [2]

II.—TIFAULT, ALEXIS, [JACQUES I.
b 1711.
JUINEAU (1), Catherine. [AUGUSTIN II.
Louis-Alexis, b [2] 22 oct. 1738. —*François*, b... m [3] oct. 1767, à Louise ROCHEREAU, au Cap-de-la-Madeleine. [3] — *Marie-Joseph*, b... m [3] 3 oct. 1791, à Michel DORVAL.

1753, (8 janvier) Ste-Anne-de-la-Perade.

III.—TIFAULT, LOUIS, [DAMIEN II.
b 1733.
RIVARD-LORANGER, Marguerite, [FRANÇOIS III.
b 1729.

1762, (1er fevrier) Sorel.

I.—TIFAULT (2), PIERRE, fils de Louis et de Jeanne Poirier, de Macan, diocèse de Bordeaux.
COCHEU, Marie-Elisabeth, [PIERRE II.
b 1742.

1767, (5 oct) Cap-de-la-Madeleine.

III.—TIFAULT, FRANÇOIS. [ALEXIS II.
ROCHEREAU, Louise. [MICHEL.

(1) Latulippe.
(2) Dit Macan.

III.—TIFAULT, JEAN-BTE, [CLAUDE-JEAN-JOS. II.
b 1740.
1° LAFOND, Marie-Joseph.
1772, (26 oct.) Deschambault.
2° GABIÉPY, Brigitte, [LOUIS III.
b 1741.

1771, (21 janvier) Batiscan.

III.—TIFAULT, CHARLES-FRANÇOIS, [CHARLES II.
b 1737.
BOURG, Marie-Joseph, [JOSEPH I.
Acadienne.

1775.

TIFAULT, FRANÇOIS.
BABIL, Marie-Joseph.
Joseph-François, b 24 sept. 1776, à Ste-Anne-de-la-Pérade.

1777.

TIFAULT, BASILE.
TROTIER-BELCOUR, Frse-Radegonde, [J.-BTE III.
b 1749.
Marie-Agnès, b 11 oct. 1778, à Batiscan.

1779.

TIFAULT, JOSEPH.
TOUIN, Marie-Anne.
Joseph, b... s 19 janvier 1780, à Repentigny. [1] —*Charles*, b 1781; s [1] 20 janvier 1782.—*Marie*, b 17 janvier 1782, à Lachenaye. [2] —*Jean-Baptiste*, b [2] 10 juillet 1784.

1783.

TIFAULT, JOSEPH.
PRUDHOMME, Marguerite.
Marguerite, b... s 10 août 1784, à Repentigny.

TIFAULT, CHARLES.
RIVET, Marie-Joseph.
Charles, b 18 oct. 1792, à Repentigny[3]; s [3] 15 janvier 1793.

TIFAULT, FRANÇOIS.
TURGOT, Marie-Javotte.
Marie-Joseph, b 22 juin 1793, au Cap-de-la-Madeleine.

TIFAUT.—Voy. TIFAULT.

TIFAUX.—Voy. TIFAULT.

TIFFAUT.—Voy. TIFAULT.

1706, (8 fevrier) Varennes.

I.—TIFROI, JEAN, fils de Louis et de Suzanne Beli, de Cran, diocèse de LaRochelle, Aunis.
LORION, Renee, [MATHIEU I.
b 1657; veuve de Jean-Baptiste LeTellier.

TIGUI.—Voy. TÉGUY.

TILIER. — *Variation et surnom:* TILLIÈRES — ST. JEAN.

1739, (13 avril) Montréal.[8]

I.—TILIER (1), MATHIEU, b 1716, soldat; fils d'Antoine et de Jeanne Cambie, de St-André, diocèse de Trèves, Luxembourg.

1° LAISNÉ, Marie-Anne, [OLIVIER I.
b 1703.

Marguerite-Joseph, b [8] 22 mars 1740; m [8] 3 nov. 1761, à Louis BOULAY. — *Marie-Charlotte*, b [8] 10 oct. et s [8] 25 nov. 1743. — *Joseph*, b [8] 28 sept. 1745; s [8] 17 juin 1747.

1761, (13 juillet).[8]

2° BEAUMONT, Catherine, [VINCENT II.
b 1724.

TILLIÈRES.—Voy. TILIER.

TILLY.—Voy. BRISSON.

TIMINEUR.—Voy. QUEMENEUR.

1767, (13 juillet) Montreal.

I.—TIMMANDS (2), NOEL, b 1739; fils de François et de Charlotte Deviss, de Philadelphie, Nouvelle-Angleterre.

2° NORMAND, Marie-Lse-Charl., [CHARLES III.
b 1746; veuve de François Gadois.

TINON.—*Variation et surnoms :* THINON—DESLAURIERS—DESROCHERS—DESROCHES et DES ROCHES.

1670, (6 fevrier) (3).

I.—TINON (4), EMARD.

ROUX, Aimée.

François, b 22 août 1675, à Québec [6]; m 26 août 1705, à Marie-Charlotte COTE, à St-Pierre, I. O.; s [6] 14 sept. 1751.

1700, (19 avril) Quebec.[1]

II.—TINON (5), CHARLES, [EMARD I.
b 1673.

1° BONNEDEAU (6), Marie-Anne, [LOUIS I.
b 1677.

Marie-Madeleine, b 29 sept. 1700, à St-Augustin [2]; m [2] 22 nov. 1729, à Mathieu AMIOT.—*Marie-Anne*, b 1702; m [2] 14 nov. 1718, à Joseph GINGRAS.—*Marie-Françoise*, b [2] 6 janvier 1704 ; m [2] 17 nov. 1721, à Joseph GRENON.— *Jean-François*, b [2] 10 janvier 1706 ; m 4 nov. 1732, à Marie-Anne DEMERS, à Levis.[8] — *Charles-Thierry*, b [2] 30 oct. 1707. — *Marie-Geneviève*, b [2] 13 oct. 1709; s [2] 9 oct. 1714. — *Marie-Catherine*, b 29 août et s 2 sept. 1711, à la Pte-aux-Trembles, Q.[4] — *Louis*, b [4] 28 août 1712; s [2] 8 oct. 1714 — *Marie-Catherine*, b [2] 4 juin et s [2] 21 oct. 1714.—*Louis-Augustin*, b [2] 10 août 1715. — *Marie-Marguerite*, b [2] 27 dec. 1717; s [2] 11 avril 1725. — *Marie-Catherine*, b [2] 17 mai 1720; m [2] 23 nov. 1739, à Jean-Baptiste THIBAUT.—*Louis-Joseph*, b [2] 1er nov. 1721.

1729, (8 nov.)[3]

2° DEMERS, Françoise, [JEAN II
b 1698.

Marie-Françoise, b [2] 24 fevrier 1731.—*Charles*, b [2] 2 nov. 1732, m 1752, à Marie-Françoise ROCHON; s [2] 10 nov. 1792.—*Marie-Catherine*, b [2] 11 nov. 1734; m [1] 23 août 1762, à Jacques NORMANDEAU. — *Jean-Augustin*, b [2] 10 mars 1737, m 30 avril 1764, à Marie-Charlotte LECOMPTE, à Terrebonne. — *Geneviève*, b [2] 5 juillet 1739, m [1] 11 janvier 1762, à Charles MONIER. — *Marie-Joseph*, b [2] 14 mai 1741 ; s [2] 30 juillet 1744.

1705, (26 août) St-Pierre, I. O.[8]

II.—TINON (1), FRANÇOIS, [EMARD I
b 1675 ; marchand ; s 14 sept. 1751, à Quebec.[9]

COTÉ, Marie-Charlotte, [JEAN II
b 1686; s [9] 9 déc. 1755.

Charlotte, b [8] 21 mai 1706; m [9] 5 oct. 1728, à Jean GAGNON; s [9] 25 juin 1733.— *Jean-François*, b 9 oct. 1707, à St-Augustin [7]; m [9] 13 avril 1738, à Ursule DUMAREUIL.—*Etienne*, b [7] 17 août 1709, m [9] 23 sept. 1749, à Marie-Gabrielle AUBIN.—*Marie-Joseph*, b 19 janvier 1711, à la Baie-St-Paul [6]; Hospitalière, dite sœur Ste. Gertrude, s 25 mars 1733, à l'Hôtel-Dieu, Q.— *Marc-Antoine* b [6] 20 juin 1712; m [9] 26 nov. 1753, à Angelique L'ARCHEVÊQUE. — *Marie-Anne*, b [6] 12 nov 1715 s [7] 14 juin 1720. — *Françoise*, b 1716; s [9] (dans l'eglise) 13 avril 1776. — *Marie-Françoise*, b [7] 15 août 1717; m à Ignace TRUDEL; s 22 août 1802, à Rimouski. — *Augustin*, b [7] 29 août 1719, ordonne 22 sept. 1742.— *Marie-Joseph*, b [7] 14 avril 1721.—*Marie-Rose*, b [6] 9 janvier 1724; s [9] 9 nov 1789. — *Marie-Anne*, b 1725; s [9] 12 nov. 1748— *Marie-Marthe*, b [6] 22 avril 1726. — *Ignace*, b [6] 30 juin 1728.—*Geneviève*, b [6] 8 nov. 1730, s [9] (dans l'eglise) 22 avril 1776. — *Marie-Angélique*, b [9] 31 janvier 1732.

1708, (12 juin) St-Augustin [4]

II.—TINON, JEAN-IGNACE, [EMARD I.
b 1683

AMYOT, Marguerite. [PIERRE III

Marie-Madeleine, b [4] 9 mars 1709, 1° m [4] 1er fevrier 1729, à Jean-Baptiste MORAN, 2° m [4] 6 nov. 1758, à René LEIARTE; 3° m [4] 4 oct 1762, à Augustin DELAVOYE.—*Louise-Marguerite*, b [4] 12 dec. 1710; s [4] 28 mars 1712.—*Jean-Baptiste*, b 26 mai 1713, à la Pte-aux-Trembles, Q., s [4] 2 oct. 1714.—*Marie-Françoise*, b [4] 21 avril 1715; m [4] 29 oct. 1736, à Pierre RASSET; s [4] 20 avril 1743— *Charles*, b [4] 13 mai 1717; m [4] 17 fevrier 1738, à Therèse JEAN-DENIS.—*Barbe-Angélique*, b [4] 4 janvier 1720; s [4] 7 avril 1742 —*Jean-François*, b [4] 25 janvier 1722; m 1753, à Marie-Agathe COTTIN —*Marie-Joseph*, b [4] 3 juin 1724.—*Marie-Thérèse*, b [4] 22 avril 1726; s [4] 31 juillet 1730.—*Marie-Marguerite*, b [4] 29 et s [4] 30 juin 1728.—*Marie-Thérèse*, b [4] 1er nov. 1731, m 25 avril 1755, à Prisque BACON, au Château-Richer.—*Jean-Alexandre*, b [4] 10 sept. 1743; s [4] 29 juin 1744.

---

(1) Et Tillières dit St. Jean.

(2) Veuf de Marie Mahany.

(3) Date du contrat de mariage (Greffe de Duquet).

(4) Dit Desroches.—Ce surnom de Desroches lui est donné parce qu'il était établi a la Rivière des roches, voy. vol. I, p. 568.

(5) Dit Desroches.

(6) Chatellerau.

(1) Dit Desroches et Desrochers.

1711, (3 février) Québec. [8]

II.—TINON (1), Barthélemi, [Emard I.
b 1677.

1° Guay, Anne-Félicité, [Mathieu II.
b 1693; s [8] 3 mars 1715.

Marguerite, b [8] 28 nov. 1711; m à Louis Deniers.—*Pierre,* b [8] 10 mai et s [8] 19 juin 1713.—*Marie-Charlotte,* b [8] et s [8] 1er mars 1715.

1722, (13 avril). [8]

2° Glinel (2), Louise, [Jacques I.
b 1691; veuve de Michel Labory.

1732, (4 nov.) Lévis.

III.—TINON, Jean-François, [Charles II.
b 1706.

Demers, Marie-Anne, [Jean.
b 1712; s 23 janvier 1787, à St-Augustin.[9]

Jean, b [9] 25 juillet 1734.—*Marie-Anne,* b [9] 8 juin 1736; m 1754, à Jean-Charles Rasset.—*Louis-Joseph,* b [9] 21 sept. 1739.

1736.

TINON, Honoré.

Bouché (3), Marie-Euphrosine.

Pierre, b 6 juillet 1737, à Champlain. [1] —*Marie-Joseph-Amable,* b [1] 11 oct. 1738.

TINON, Jean, b 1701; s 27 déc. 1786, à St-Augustin.

1738, (17 fevrier) St-Augustin. [2]

III.—TINON (1), Charles, [Jean-Ignace II.
b 1717.

Jean-Denis, Marie-Thérèse, [Jean-Nicolas II
b 1701; veuve de Romain DeLavoye; s [2] 5 juillet 1786.

Charles, b [2] 15 fevrier 1739; m à Marie-Joseph Dorval; s [2] 12 nov. 1782.—*Jean-Baptiste,* b [2] 7 mai et s [2] 3 juin 1740.—*Ambroise,* b [2] 20 nov. 1742.—*Marie-Rosalie,* b [2] 1er nov. 1744; m à Augustin Dorval.

1738, (13 avril) Quebec.

III.—TINON (4), Jean-François, [François II.
b 1707.

Dumarbuil, Ursule, [Blaise I.
b 1710; veuve d'Elie Régnier; s 27 juillet 1760, à L'Ange-Gardien.

1749, (23 sept.) Québec. [7]

III.—TINON (5), Etienne, [François II.
b 1709.

Aubin (6), Marie-Gabrielle, [Nicolas-Gabriel I.
b 1724.

François-Charles, b [7] 12 juillet 1750, s [7] 26 sept. 1751.—*Marie-Louise-Ignace,* b [7] 15 janvier 1753.

(1) Dit Desroches.

(2) Elle épouse, le 3 mai 1751, Jean-François Gaudin, au Cap Santé.

(3) Bluche, 1738.

(4) Dit Desroches; marié sous le nom de Desrochers.

(5) Dit Desroches.

(6) Delisle; elle épouse, le 17 mai 1756, Augustin Caddé, à Québec.

1752.

III.—TINON, Charles, [Charles II.
b 1732, s 10 nov. 1792, à St-Augustin. [8]

Rochon, Marie-Françoise.

Pierre, b 5 avril 1758, à Lorette; s [8] 29 août 1760.

1753, (26 nov.) Québec.

III.—TINON (1), Marc-Antoine, [François II.
b 1712; navigateur.

L'Archevêque, Angélique, [Charles III.
b 1726.

1753.

III.—TINON (2), Jean-Frs, [Jean-Ignace II.
b 1722.

Cottin, Agathe,
b 1734.

Jean-Baptiste, b 14 janvier 1754, à St-Augustin[9]; s [9] 11 nov. 1755.—*Louis-Augustin,* b [9] 26 et s [9] 29 janvier 1755.—*Louis-Augustin,* b [9] 22 juillet 1758.—*Louis-Joseph,* b [9] 25 nov. 1761; m[9] 6 oct. 1794, à Helène Houle.—*Ambroise,* b... m[9] 19 fevrier 1787, à Marie Gingras.

1754.

TINON (2), Joseph.

Clément (3), Rose.

Nicolas, b 5 oct. 1755, à St-Augustin[6]; m [6] 10 nov. 1783, à Louise Laisné.—*Marie-Thérèse,* b 12 juillet 1758, à la Pte-aux-Trembles, Q. [7]—*Charles,* b 1760; m à Marie-Joseph Rocheron; s [6] 1er août 1787.—*Marie-Charlotte,* b [7] 25 fevrier 1761; m [6] 30 août 1784, à Etienne Cantin.

1764, (30 avril) Terrebonne.

III.—TINON (4), Jean-Augustin, [Charles II.
b 1737.

Lecompte, Marie-Charlotte, [Jos.-Simon III.
b 1745.

Charles, b... m 6 nov. 1797, à Marie-Ursule Renault, à Ste-Anne-des-Plaines.

IV.—TINON, Charles, [Charles III.
b 1739, s 12 nov. 1782, à St-Augustin. [7]

Dorval (5), Marie-Joseph, [Ignace IV.
b 1747.

Louise, b 1776; m [7] 2 fevrier 1795, à Jean Masson.

1776.

TINON (2), Ambroise.

Verret, Geneviève.

Marie-Geneviève, b 13 mai 1777, à la Pte-aux-Trembles, Q. —*Charles,* b 1778; s 10 oct. 1794, à St-Augustin. [2] — *Louis-Augustin,* b [2] 19 mai 1781; s [2] 19 mars 1792. — *Thérèse,* b [2] 16 avril 1783. — *Louise,* b [2] 7 nov. 1784. — *Yves,* b [2] 8

(1) Sieur DesRoches.

(2) Dit Desroches.

(3) L'Allemant, 1783.

(4) Marié Desroches.

(5) Elle épouse, le 9 fevrier 1784, Joseph Tibaut, à St-Augustin.

nov. 1786. — *Marie-Ursule*, b [2] 11 mai 1789. — *François-Xavier* et *Nicolas*, b [2] 19 avril 1791.

1779.

TINON (1), JOSEPH.
OUVRARD, Barbe.
Marie, b 1780; s 22 avril 1786, à St-Augustin.[7] — *Charlotte*, b [7] 11 déc. 1781. — *Joseph*, b [7] 11 sept. 1783. — *Louise*, b [7] 18 juin 1785.—*Marguerite*, b [7] 24 mai 1787. — *Joseph*, b [7] 15 mars 1790. — *Pélagie*, b [7] 13 juillet et s [7] 9 août 1793.—*Jean-Baptiste*, b [7] 12 août 1794.

1780.

TINON (1), CHARLES, [JOSEPH.
b 1760; s 1er août 1787, à St-Augustin.[6]
ROCHERON (2), Marie-Joseph. [JACQUES.
Marie-Joseph, b [6] 28 août 1781. — *Charles*, b [6] 30 mars 1785; s [6] 23 avril 1789.

1783, (10 nov.) St-Augustin.

TINON (1), NICOLAS, [JOSEPH.
b 1755.
LAISNÉ, Louise, [NICOLAS III.
b 1760.

1787, (19 février) St-Augustin.[6]

IV.—TINON (1), AMBROISE. [JEAN-FRANÇOIS III.
GINGRAS, Marie. [LOUIS-AUGUSTIN III.
Jean-Baptiste, b [8] 21 avril 1788.—*Augustin*, b [8] 21 janvier 1792.

1794, (6 oct.) St-Augustin.

IV.—TINON (1), LOUIS-JOSEPH, [JEAN-FRS III.
b 1761.
HOULE, Hélène. [PIERRE-SIMON IV.

1797, (6 nov.) Ste-Anne-des-Plaines.

IV.—TINON (1), CHARLES. [JEAN-AUGUSTIN III.
RENAULT, Marie-Ursule. [LOUIS IV.

TINSON.—Voy. TESSON.

TINTAMARRE.—Voy. ROY, 1728.

1760, (4 nov.) St-Henri-de-Mascouche.[9]

I.—TINUS (3), LOUIS, fils de Nicolas et de Jeanne Hancy, de St-Maximin-de-Thionville, diocèse de Metz, en Lorraine.
BERLOIN, Marie-Joseph, [JEAN-BTE II.
b 1737.
Louis, b [9] 13 déc. 1761.

TIPAUT.—Voy. TISSOT.

TIRAND.—*Variation et surnom :* TYRAN—PROVENÇAL.

(1) Dit Desroches.
(2) Elle épouse, le 23 février 1789, Jacques Ouvrard, à St-Augustin.
(3) Il signe le 13 juillet 1767, à Lachenaye.

1759, (26 février) Ste-Anne-de-la-Pérade.[3]

I.—TIRAND (1), JEAN-JACQUES, fils d'Antoine et de Marthe Vacone, de St-Martin, diocèse de Marseille, Provence.
GENDRON, Marie-Anne-Brigitte, [RENÉ II.
b 1728.
Jacques, b [9] 6 nov. et s [9] 6 déc. 1758. — *Marie-Geneviève*, b [9] 31 janvier 1760. — *Marie-Anne*, b 1761; m 6 oct. 1777, à Joseph THIBAULT, à Montréal.—*Marie-Joseph*, b [9] 10 oct. 1762.—*Jean-Jacques*, b [9] 22 mars 1765. — *François-de-Sales*, b [9] 17 mars 1768.

1733.

I.—TIRAR, MAURICE.
cuisinier.
MARCEAU, Marie-Joseph.
Jean-Baptiste, b 4 avril et s 29 sept. 1734, à Montréal.[8] — *Nicolas*, b [8] 29 sept. 1737.

TIRIAC.—*Surnoms :* LAFOREST—LAFORGE.

1748, (22 janvier) Montréal.[1]

I.—TIRIAC (2), FRANÇOIS, b 1726; fils de Jacques et d'Agnès Monigor, de St-Sulpice, Paris.
BESNARD (3), Madeleine, [JEAN I
b 1726.
Pierre-François, b [1] 17 janvier 1747 —*Jacques*, b [1] 16 janvier 1749. — *Marie-Catherine*, b... m 8 juillet 1771, à Pierre-Joseph MOUET, à Repentigny. [2] — *Marie-Madeleine*, b [2] 30 juin 1771.

TIRIOT.—*Variation :* KIRIAU.

1751, (26 avril) Beauport.[5]

I.—TIRIOT (4), FRANÇOIS, fils de Claude et de Jeanne Picard, de Bergas, diocèse de Besançon, Franche-Comté.
1° TARDIF, Elisabeth, [FRANÇOIS III
b 1725.
François, b [5] 14 sept. 1751. — *Anonyme*, b [5] et s [5] 28 oct. 1754.

1761, (6 juillet). [5]

2° TESSIER, Marguerite, [JEAN-BTE.
veuve de Claude Duprac.
Marie-Marguerite, b [5] 31 juillet et s [5] 22 août 1762. — *Jacques*, b [5] 21 sept. 1763. — *Louis*, b [5] 3 août et s [5] 13 sept. 1765.

TIRIOT, JEAN-BTE-CHRISTOPHE.
CAMPEAU, Julie.
Suzanne, b... m 22 août 1791, à Joseph-Marie ROBERT, au Detroit.

TISON.—Voy. TISSON.

TISSAUT.—Voy. TISSOT.

TISSEAU Voy. TISSOT.

(1) Dit Provençal
(2) Dit Laforge, 1749 — Laforest, soldat de la compagnie de Linctot.
(3) Elle épouse, le 24 nov. 1777, Jean-Baptiste Sareau, à la Longue-Pointe.
(4) Appelé Kiriau, à son second mariage.

TISSENET.—Voy. DUTISNÉ.

TISSERAN.—Voy. DEMONTCHARVAUX.

TISSIAU.—*Surnom :* ST. GERMAIN.

1708, (16 avril) Montréal. [1]

I.—TISSIAU (1), CHARLES, b 1679 ; fils de Pierre et de Françoise Neveu, de St-Pierre, ville de Luçon, Poitou ; s [1] 18 nov. 1715.
GICHELIN, Catherine,
veuve de Nicolas Butaut.

1756, (7 janvier) Montréal.

I.—TISSIER, JOSEPH, b 1721, fils de François et de Jeanne Cuculier, de Ste-Croix-de-Pommage, diocèse de Carcassone, Languedoc.
DIZET, Angélique-Andree, [PAUL-DANIEL II.
b 1720.

TISSON.—*Variation :* TISON.

1760, (13 oct.) Montréal.

I.—TISSON, JEAN-BTE-JOSEPH, b 1737 ; fils de François-Joseph et de Jeanne Collery, de N.-D.-de-Valenciennes, en Hainaut.
PICARD, Marie-Anne, [FRANÇOIS III.
b 1738.
Ambroise, b et s 30 oct. 1768, à la Longue-Pointe.

TISSOT—*Variations et surnom :* TESSEAU—TIPAUT—TISSAUT—TISSEAU—LAROSE.

1733, Chambly.

I.—TISSOT (2), FRANÇOIS, fils de Barthélemi et de Claudine Parnois, du diocèse de Besançon, Franche-Comte.
RENAUD (3), Marie-Joseph. [LOUIS II.
Marie-Joseph, b 1741 ; m 5 juin 1758, à François DHYERRE, à Montreal. — *Augustin,* b... m 18 février 1765, à Marie-Reine LECOMPTE, à Terrebonne. — *Joseph,* b... m 16 sept. 1765, à Madeleine REGUINDEAU, à Boucherville—*Marie-Louise,* b 3 mars 1749, à St-Pierre-du-Sud.

1765, (18 fevrier) Terrebonne.

II—TISSOT (4), AUGUSTIN. [FRANÇOIS I.
LECOMPTE, Marie-Reine, [JEAN-BTE III.
b 1746.
Marie, b... m 23 février 1784, à Michel GROU, à la Longue-Pointe.

1765, (16 sept.) Boucherville.

II—TISSOT (5), JOSEPH. [FRANÇOIS I.
REGUINDEAU, Madeleine. [JOSEPH III.

TITAS.—Voy. TITASSE.

(1) Dit St. Germain, soldat de Lorimier.
(2) Et Tesseau—Tissaut dit Larose.
(3) Aussi appelée Bisson—Laporte, du nom du 2nd mari de sa mère.
(4) Et Tipaut—Tissaut—Tisseau dit Larose.
(5) Et Tissaut dit Larose.

TITASSE.—*Variation :* TITAS.

1712, (5 avril) St-Laurent, I. O.

I.—TITASSE, JEAN-BTE,
Anglais ; meunier.
LEMIRE (1), Marie-Anne. [ISAAC I.
Jean-Baptiste, b 3 et s 17 nov. 1712, à Lévis.—*Marie-Joseph,* b 16 janvier 1714, à St-François, I. O.—*Pierre,* b 23 mai 1715, à St-Pierre, I. O.

I.—TITLY, MARTIN.
LANGLOIS, Marie-Reine.
Reine, b... m 10 sept. 1810, à Antoine-Benjamin DICAIRE, au Lac-des-Deux-Montagnes.

TIVIERGE.—Voy. THIBIERGE.

TOIN.—Voy. TOUIN.

TOMELET.—Voy. THOMELET.

TOMELET (2), MADELEINE, b 21 nov. 1717, à la Pointe-Claire.

TOMERAUX.—*Variation et surnom :* TOMEREAU—ST. SAUVEUR.

1748, (12 fevrier) Montreal. [1]

I.—TOMERAUX (3), NICOLAS, b 1720 ; fils de Jean et de Jeanne Rodier, de St-Sauveur, Paris.
CHRETIEN (4), Angelique, [FRANÇOIS II.
b 1719.
Louis-Benjamin, b [1] 3 février 1749.—*Agathe,* b [1] 8 et s [1] 22 juin 1750.—*Marie-Archange,* b 30 sept. 1756, à Longueuil.

TOMEREAU.—Voy. TOMERAUX.

TONDREAU.—*Surnom :* LASOUCHE.

1691, (6 fevrier) Ste-Anne.

I.—TONDREAU (5), PIERRE,
b 1651.
FRÉCHET-LAVOYE, Marie-Anne, [PIERRE I.
s 5 mai 1741, à l'Islet. [2]
Marie-Anne, b 1691 ; m [2] 3 nov. 1717, à Ignace BÉLANGER ; s [2] 16 fevrier 1736.—*Geneviève,* b... m [2] 18 fevrier 1727, à Pierre-Charles ST. PIERRE DE XAINTES.—*Joseph,* b 20 mars 1697, au Cap-St-Ignace ; m 1722, à Elisabeth LANGELIER ; s [2] 25 dec. 1756.

1722.

II.—TONDREAU, JOSEPH, [PIERRE I.
b 1697, s 25 dec. 1756, à l'Islet. [7]
LANGELIER, Elisabeth-Gabrielle, [CHARLES II.
b 1699.
Marie-Elisabeth, b [7] 4 sept. 1723 ; 1° m [7] 25

(1) Elle épouse, le 9 déc. 1721, Jacques Roseau, à l'Ile-Dupas.
(2) Fille de Marie Tomelet.
(3) Dit St. Sauveur ; soldat de la compagnie de M. de Noyan.
(4) Aussi appelée Chartran.
(5) Dit LaSouche, voy. vol. I, p. 568.

janvier 1740, à Charles-François FORTIN; 2° m 7 26 avril 1757, à Jerôme DE XAINTES.—*Marie-Geneviève*, b 7 24 avril 1725; m 7 19 nov. 1741, à Etienne CARON.—*Joseph*, b 7 11 janvier et s 7 27 juillet 1727.—*Marthe*, b 7 3 mars 1729; 1° m 7 11 mai 1750, à Simon CARON; 2° m 7 5 février 1759, à Joseph MOREAU.—*Simon*, b 7 23 et s 7 27 mai 1731.—*Pierre-Paul*, b 7 14 sept. 1732.—*Marguerite-Ursule*, b 7 29 nov. 1734; m 7 3 février 1754, à Claude CARON.—*Marie-Joseph*, b 7 13 oct. 1736; m 7 19 janvier 1761, à Alexis-Isidore BÉLANGER.—*Marie-Claire*, b 7 28 oct. 1738.—*Joseph*, b 7 16 mai 1741; m à Françoise-Ursule CARON.

1729, (24 juillet) Cap-St-Ignace.

II.—TONDREAU, JEAN, [PIERRE I.
b 1706.
CLOUTIER, Marthe, [JEAN-BTE IV.
b 1707.

Jean-Baptiste, b 23 juin 1730, à l'Islet 8; 1° m 1753, à Marie-Joseph DENEAU; 2° m 8 27 oct. 1760, à Judith BERNIER.—*Jérôme*, b 8 5 sept. 1731; s 8 21 fevrier 1739.—*Marie-Marthe*, b 8 21 février 1733; m 8 28 février 1753, à Michel THÉBERGE.—*Marie*, b 8 7 oct. 1734. — *Marguerite-Ursule*, b 8 20 juillet 1736; m 8 12 nov. 1764, à Augustin DUVAL.—*Marie-Judith*, b 8 7 mars 1738; s 8 25 avril 1739.—*Marie-Luce*, b 8 5 mars 1740; m 8 17 nov. 1762, à Joseph CLOUTIER.—*Laurent*, b 8 1er nov. 1742; 1° m 8 30 mars 1761, à Marie BÉLANGER; 2° m 1763, à Louise CHOUINARD.—*Françoise*, b... m 8 23 juillet 1764, à Louis VAILLANCOUR.—*Ursule*, b... m 8 12 nov. 1764, à Augustin DUVAL.

1732, (29 oct.) Islet. 8

II.—TONDREAU, FRANÇOIS, [PIERRE I.
b 1703.
CLOUTIER, Marie-Anne, [JEAN-BTE IV.
b 1713, s 8 28 mai 1736.

Joseph-François, b 8 30 août 1733; m 8 29 janvier 1753, à Marie-Joseph CARON. — *Simon-Charles*, b 8 10 fevrier 1735; m 8 23 fevrier 1757, à Marie-Desanges BOSSÉ.

1753, (29 janvier) Islet. 2

III.—TONDREAU, JOSEPH-FRS, [FRANÇOIS II.
b 1733.
CARON (1), Marie-Joseph, [JOSEPH III.
b 1730.

Marie-Joseph, b 2 20 sept. 1754.

1753.

III.—TONDREAU, JEAN-BTE, [JEAN II.
b 1730.
1° DENEAU, Marie-Joseph.

Jean-Marie, b 19 mai 1754, à l'Islet. 2 — *Jean-Baptiste*, b 2 2 juillet 1755; s 2 19 sept. 1756.—*Charles-Simon*, b 2 15 janvier 1757. — *Marie-Joseph*, b 2 7 janvier 1759.

1760, (27 oct.) 2

2° BERNIER, Marguerite-Judith, [LOUIS III.
b 1741.

(1) Elle épouse, le 19 fevrier 1759, Louis Côté, à l'Islet.

Jean-Baptiste, b 2 4 juin 1762. — *Zacharie*, b 2 27 février 1764. — *Pierre-Amable*, b 2 7 février 1773.—*Louis-Marie*, b 2 19 dec. 1774.

III.—TONDREAU, JOSEPH, [JOSEPH II.
b 1741.
CARON (1), Françoise-Ursule, [JOSEPH IV.
b 1739.

Claude-Joseph, b 13 août 1773, à l'Islet 1; s 1 11 mai 1775.

1757, (23 fevrier) Islet. 1

III.—TONDREAU, SIMON-CHS, [FRANÇOIS II.
b 1735.
BOSSÉ, Marie-Desanges. [JEAN-BTE II.

Marie-Desanges, b 1 3 avril 1758; m 1 16 oct. 1775, à François-Marie PELLETIER. — *Marie-Romaine*, b 1 29 avril 1759. — *Joseph-François*, b 1 20 juillet 1760; m 1 17 février 1780, à Marie-Anne-Thècle LANGELIER; s 5 oct. 1793, à Beaumont.

1761, (30 mars) Islet. 1

III.—TONDREAU, LAURENT, [JEAN II.
b 1742.
1° BÉLANGER, Marie. [IGNACE IV.

Laurent, b 1 18 janvier 1762.

1763.

2° CHOUINARD, Louise.

Julien, b 1 27 juillet 1764.

1780, (17 fevrier) Islet.

IV.—TONDREAU, JOSEPH-FRS, [SIMON-CHS III.
b 1760; s 5 oct. 1793, à Beaumont.
LANGELIER, Marie-Anne-Thècle, [BONAV. IV.
b 1760.

1750.

I.—TONDRET, JEAN,
charpentier.
MARTINET, Marie-Angelique.

Jean-Baptiste, b 16 dec. 1751, à Quebec. 4 — *Marie-Angélique*, b 4 18 avril 1753.—*Antoine*, b 4 17 fevrier 1755; s 4 22 nov. 1756.— *Suzanne*, b 4 11 juin 1757.

TONDRY.—Voy. SAILLANT.

TONNERRE.—Voy. GODFROY.

TONTY.—*Variation et surnoms :* DETONTY—DE PALUDY—DESLIETTE.

1689, (17 fevrier) Montréal. 4

I.—TONTY (2), ALPHONSE,
b 1659; s 10 nov. 1727, au Détroit.
1° PICOTÉ, Anne, [PIERRE I.
b 1673; s 4 11 sept. 1714.

Marie-Françoise, b 4 19 oct. 1690; sœur St-Antoine, Cong. N.-D.; s 4 14 juin 1748.—*Marie-Hélène*, b 4 22 fevrier 1693. — *Louis*, b 4 25 février 1694; s 4 12 dec. 1715. — *Charles-Henri*

(1) Elle épouse, le 7 oct. 1782, Antoine Gagnon, à l'Islet.

(2) Baron de Paludy, lieutenant et capitaine, commandant le poste du Détroit; voy. vol. I, pp. 568-569.

Joseph, b [4] 13 mai 1697; 1° m 16 février 1722, à *Marie*-Françoise-Madeleine SABOURIN, à Chambly; 2° m [4] 15 sept. 1732, à Louise RENAUD-DUBUISSON; s [4] 9 juillet 1749. — *Claude-Joseph*, b [4] 18 août 1700.—*Thérèse*, b 1703; m [4] 18 janvier 1734, à François DESJORDY.—*Pierre-Antoine*, b [4] 8 oct. 1710.— *Marie-Joseph*, b [4] 27 mai 1713; 1° m [4] 26 avril 1745, à Louis DAMOURS; 2° m à Pierre TREMBLAY.

1717, (3 mai). [4]

2° LAMARQUE, Marie-Anne, [JACQUES-ROCH I. b 1669; veuve de Joseph-Antoine DeFrenel; s [4] 24 dec. 1744.

1722, (16 fevrier) Chambly.

II.—TONTY (1), CHS-HENRI-JOS., [ALPHONSE I. b 1697; s 9 juillet 1749, à Montreal. [2]

1° SABOURIN, Marie-Madeleine, [PIERRE II. b 1699.

Angélique, b [2] 5 et s [2] 7 avril 1723.

1732, (15 sept.) [2]

2° RENAUD (2), Louise, [CHARLES I. b 1707; s 10 fevrier 1779, à l'Hôpital-General, M.

TOPHINÉ.—*Variation et surnom :* DAUPHINÉ—ST. JEAN.

1759, (10 février) Baie-du-Febvre.

I.—TOPHINÉ (3), JEAN-BTE.

DESROCHERS, Marie. [PIERRE II.

Louis, b... 1° m à Catherine CAILLÉ; 2° m 14 fevrier 1791, à Marie-Geneviève BARON, à Nicolet. [1] — *Jean-Baptiste*, b... m [2] 8 fevrier 1790, à Therese ROUILLARD. — *Marie-Anne*, b... m [2] 10 fevrier 1794, à Augustin LASPRON.

II.—TOPHINÉ, LOUIS. [JEAN-BTE I.

1° CAILLÉ, Catherine.

1791, (14 février) Nicolet.

2° BARON, Marie-Geneviève. [JACQUES IV.

1790, (8 fevrier) Nicolet.

II.—TOPHINE (4), JEAN-BTE. [JEAN-BTE I.

ROUILLARD, Therèse. [PIERRE IV.

TORN.—Voy. THORN.

1742, (27 nov.) Kamouraska.

I.—TORTÉ, FRANÇOIS, fils d'Antoine et de Marie Barthelemi, de Combofontaine.

CHASSEY, Catherine. [SEBASTIEN I.

TORVES, JEAN-BTE.

FRECHET, Geneviève.

Marguerite, b... m 18 nov. 1793, à Joseph BARTHE, à Berthier.

TOUCHE.—*Surnom :* LAFLEUR.

(1) Gouverneur du fort Saint-Louis. — Aussi appelé Desliette du nom de sa grand'mère " de Liette."

(2) DuBuisson.

(3) Pour Dauphiné dit St. Jean; voy. vol. III, p. 251.

(4) Dit St. Jean.

1738, (27 juillet) Champlain. [1]

I.—TOUCHE (1), JACQUES.

HAYOT, Marie-Joseph. [JEAN-BTE III.

Jacques-Joseph, b [1] 12 sept. 1740; m 3 août 1772, à Marie-Joseph MASSÉ, à Boucherville.—*Joachim*, b 27 avril et s 20 sept. 1760, à Verchères.

1772, (3 août) Boucherville.

II.—TOUCHE (2), JACQUES-JOSEPH, [JACQUES I. b 1740.

MASSÉ, Marie-Joseph. [JEAN-BTE II.

TOUCHÉ.—Voy. TOUCHET.

TOUCHET.—*Variation et surnom :* TOUCHÉ—LAROCHE.

1679, (30 janvier) L'Ange-Gardien. [2]

II.—TOUCHET (3), SIMON, [THOMAS I. b 1657; s [2] 12 janvier 1703.

GIGNARD (4), Marie, [LAURENT I. b 1659.

Suzanne, b [2] 17 février 1688; 1° m [2] 25 janvier 1706, à Jean PÉRON; 2° m 27 oct. 1749, à Pierre VOYER, à Lorette [3]; s 25 février 1758, à Deschambault.—*Joseph*, b [2] 16 mai 1696; 1° m 16 fevrier 1727, à Marguerite GARNEAU, à Charlesbourg; 2° m [3] 21 août 1753, à Marie-Anne GAUVIN.

1711, (7 janvier) Beauport. [4]

III.—TOUCHET, THOMAS-MARIE, [SIMON II. b 1681.

1° GAGNÉ, Geneviève, [JOACHIM III. b 1684; s [4] 20 janvier 1723.

Thomas, b [4] 9 oct. 1711; 1° m 7 janvier 1742, à Agnès-Angélique CHRÉTIEN, au Château-Richer [5]; 2° m [5] 14 avril 1749, à Geneviève MALBEUF; s [4] 31 mars 1755.—*Marie-Angélique*, b [4] 18 et s [4] 22 mars 1713.—*Marie-Madeleine*, b [4] 18 mars et s [4] 23 mai 1713.—*Louise*, b [4] 9 et s [4] 11 juillet 1714.—*Charles*, b 4 dec. 1715, à Charlesbourg [6]; m 1750, à Marguerite TRUDEL.—*Marie-Louise*, b [6] 18 janvier 1718; m 29 janvier 1742, à Pierre MARCHAIS, à Quebec.—*Jacques*, b [4] 22 nov. 1719; m 28 sept. 1750, à Claire TRUDEL, à L'Ange-Gardien. [7] — *Marie-Angélique*, b [4] 13 juillet et s [4] 26 nov. 1722.

1723, (25 août). [7]

2° QUENTIN, Marie-Ursule, [DENIS II. b 1697; s [7] 23 nov. 1742.

Marie-Ursule, b [6] 21 août et s [4] 9 sept. 1724.—*Joseph-Marie*, b [6] 10 sept. 1725; m [6] 16 oct. 1752, à Barbe GRAVEL.—*Jean*, b [7] 5 février 1728.—*Jean*, b [7] 15 mars 1729.—*Louis*, b [7] 6 sept. 1731.—*Marie*, b [7] 15 mars 1733; m [7] 23 fevrier 1756, à Prisque GAGNON.—*Félicité*, b [7] 6 avril 1738.—*Marie-Anne*, b [7] 15 nov. 1741; m [5] 15 avril 1765, à Jean-Baptiste BUREAU.

(1) Dit Lafleur; voy. ce nom, vol. V, p. 78.

(2) Dit Lafleur.

(3) Voy. vol. I, p. 560.

(4) Elle epouse, le 24 nov. 1704, Nicolas Rotureau, à L'Ange-Gardien.

1723, (4 janvier) Québec. [8]

III.—TOUCHET, Simon, [Simon II.
b 1699.

Maranda, Madeleine, [Etienne I.
b 1694.

Marie-Anne-Angélique, b [8] 27 juillet 1727 ; s [8] 27 mai 1733.—*Jacques-Simon,* b [8] 2 mai et s [8] 22 juillet 1729.

1727, (16 février) Charlesbourg. [9]

III.—TOUCHET, Joseph, [Simon II.
b 1696.

1° Garneau, Marguerite, [Jean II.
b 1700 ; s [9] 6 janvier 1753.

1753, (21 août) Lorette.

2° Gauvin, Marie-Anne, [Pierre II.
b 1727.

Joseph, b [9] 13 mai 1755.—*Marie-Anne,* b [9] 10 avril 1757.—*Jean-Baptiste,* b [9] 24 juillet 1761.

1729, (17 janvier) Quebec. [6]

III.—TOUCHET, Jean, [Simon II.
b 1691 ; s [6] 12 mars 1762.

Bélanger, Marie-Cath., [Pierre-Bertrand III.
b 1699.

Jean-Baptiste, b [6] 10 déc. 1729 ; s [6] 4 sept. 1755. —*Joseph,* b 17 août 1731, à Deschambault. [7] —*Simon,* b [7] 10 juillet 1733.—*Marie-Catherine,* b [7] 11 fevrier 1735 ; s [7] 14 janvier 1739.—*Thomas,* b [7] 14 juillet 1737.—*Marie-Catherine,* b [7] 14 sept 1739 ; s [7] 28 août 1740.—*Joseph,* b [7] 17 et s [7] 31 juillet 1742.

1738, (4 nov.) Montréal.

I.—TOUCHET (1), André, b 1702, soldat ; fils d'Hilaire et de Jeanne Tarda, de St-Cybar, diocèse d'Angoulême, Angoumois ; s 10 avril 1758, à Ste-Geneviève, M.

Guilbert, Elisabeth, [Jean I.
b 1690 ; veuve de Jean-Baptiste Sotho-Lépine.

1742, (7 janvier) Château-Richer. [7]

IV.—TOUCHET, Thomas, [Ths-Marie III.
b 1711 ; s 31 mars 1755, à Beauport.

1° Chrétien, Agnès-Angelique, [Jean-Chs II.
b 1709 ; veuve de Paul Bélanger, s [7] 15 fevrier 1747.

Thomas, b [7] 21 oct. 1742.—*Joseph,* b [7] 5 fevrier et s [7] 4 avril 1747.—*Jean,* b [7] 5 fevrier 1747.

1749, (14 avril). [7]

2° Malbeuf, Geneviève, [Jean-Bte I.
b 1718 ; s [7] 12 fevrier 1750.

1746.

TOUCHET, René.

Callière (2), Marie. [Audin I.

Jean-Baptiste, b 19 avril 1747, à Montréal. [1]—*René,* b [1] 6 juillet 1748.

(1) Et Touché dit Laroche.

(2) Elle épouse, le 1er mars 1756, Jean-Baptiste Lesourd, à St-Laurent, M.

1750.

IV.—TOUCHET, Charles, [Ths-Marie III.
b 1715.

Trudel, Marguerite, [Nicolas II.
b 1729 ; s 30 mai 1766, au Château-Richer. [6]

Simon-Nicolas, b 26 août 1751, à L'Ange-Gardien. [7]—*Jean-Marie,* b [7] 5 oct. 1754.—*Joseph-Marie,* b [7] 25 et s [7] 28 fevrier 1757.—*Marie-Marguerite,* b [7] 5 fevrier 1759.—*Marie-Louise,* b [7] 31 oct. 1761.—*Madeleine,* b [7] 1er avril 1764.—*Marie-Isabelle,* b [6] 26 mai 1766.

1750, (28 sept.) L'Ange-Gardien [9]

IV.—TOUCHET, Jacques, [Ths-Marie III.
b 1719.

Trudel, Claire. [Nicolas II.

Jacques-Denis, b [9] 1er avril 1752.—*Marie-Geneviève,* b [9] 27 oct. 1755. — *François,* b [9] 17 fevrier 1764. — *Geneviève,* b 22 mai 1767, au Château-Richer.

1752, (16 oct.) Château-Richer.

IV.—TOUCHET, Jos.-Marie, [Ths-Marie III.
b 1725.

Gravel, Barbe, [Charles III.
b 1734.

Joseph, b 14 déc. 1754, à St-Augustin. [1]—*Barbe,* b [1] 21 juin 1758.—*Joseph,* b... s [1] 16 nov. 1760.

1759.

TOUCHET, Jacques.

Tardif, Marie.

Joseph-Jacques, b 4 février 1760, à L'Ange-Gardien.

1777.

TOUCHET, Jacques.

Vesina, Elisabeth.

Elisabeth, b 11 janvier 1778, au Château-Richer.

TOUGARD.—*Variation et surnom :* Tougas-Laviolette.

1698, (10 nov.) Montreal [3]

I.—TOUGARD (1), Guillaume,
b 1675 ; soldat ; s [3] 23 sept. 1708.

Brazeau (2), Marie, [Nicolas I.
veuve de Silvain Guérin.

Guillaume, b [3] 29 sept. 1699 ; 1° m 4 nov. 1727, à Reine Viau, à Longueuil, 2° m 25 nov. 1739, à Marie-Anne Quintal, à Boucherville.—*Marie-Anne,* b [3] 27 juin 1701 ; m [3] 15 nov. 1716, à Daniel Gélinot ; s [3] 16 mars 1719.—*Marie,* b [3] 14 fevrier 1703 ; m [3] 5 nov. 1725, à Pierre Cadieu ; s 29 oct. 1767, au Bout-de-l'Ile, M.—*Gabriel,* b [3] 23 nov. 1704 ; m [3] 31 août 1733, à Marguerite Letendre. — *Charles,* b [3] 16 oct. 1706, 1° m 18 mai 1733, à Marie-Suzanne Gervais, à Laprairie [4] ; 2° m [4] 21 nov. 1735, à Marie Dextger ; s [4] 22 avril 1743. — *Pélagie,* b [3] 9 janvier 1708 ; m [3] 12 juin 1730, à Pierre Leduc.

(1) Et Tougas dit Laviolette, voy. vol. I, p 569

(2) Elle épouse, le 29 oct. 1712, Didier Bourgouin, à Québec.

1727, (4 nov.) Longueuil.
II.—TOUGARD, Guillaume, [Guillaume I.
b 1699.
1° Viau, Reine, [Bertrand II.
b 1708; s 6 mai 1734, à Montréal.[1]
Marie-Françoise, b[1] 17 août 1728; m 16 oct. 1747, à Adrien Fournier, à Boucherville.[2]—*Charlotte*, b[1] 9 janvier 1731.—*Thérèse-Amable*, b[1] 15 février 1733; s[1] 24 février 1734.
1739, (25 nov.)[2]
2° Quintal (1), Marie-Anne, [François II.
b 1720.
Marie-Anne, b 1740; m[2] 17 oct. 1757, à Antoine De la Fontaine.

1733, (18 mai) Laprairie.[1]
II.—TOUGARD, Charles, [Guillaume I.
b 1706; s[1] 22 avril 1743.
1° Gervais, Marie-Suzanne, [Jean I.
b 1710; s[1] 11 avril 1734.
Charles-Amable, b 10 mars à Montréal et s[1] 13 juillet 1734.
1735, (21 nov.)[1]
2° Deniger (2), Marie, [Jean II.
b 1714.
Charles, b[1] 6 sept 1736. — *François*, b[1] 15 mai 1738. — *Toussaint*, b[1] 2 nov. 1739. — *Antoine*, b[1] 21 juillet 1741. — *Marie-Joseph* (posthume), b[1] 19 juin et s[1] 18 déc. 1743.

1733, (31 août) Montréal.[1]
II.—TOUGARD (3), Gabriel, [Guillaume I.
b 1704.
Letendre, Marguerite, [Thomas I
b 1708.
Anonyme, b[1] et s[1] 4 avril 1735. — *Joseph*, b[1] 15 avril 1736; m 4 mars 1764, à Marie-Joseph Vaillancour, à Ste-Rose.[2] — *Louise-Catherine*, b[1] 17 avril 1738, m[2] 1er février 1762, à Jean-Noël Migneron.—*Agnès*, b 12 et s 23 juillet 1739, à Laprairie.[3] — *Marie-Reine*, b[3] 5 janvier 1741; m[2] 24 nov. 1760, à Antoine Iciate. — *Gabriel*, b[3] 28 mars 1742.

1747.
TOUGARD, René.
Bois, Thérèse.
Françoise, b 1748; s 4 janvier 1749, à Montréal.

1764, (4 mars) Ste-Rose.
III.—TOUGARD, Joseph, [Gabriel II.
b 1736.
Vaillancour, Marie-Joseph. [Joseph III.

TOUGAS.—Voy. Tougard.

TOUIN.—*Variations et surnom :* Thoin—Thouin—Toin—Laliberté.

(1) Elle épouse, le 2 mai 1757, François Chicot, à Boucherville.

(2) Elle épouse, le 18 janvier 1745, Jacques Charland, à Laprairie.

(3) Dit Laviolette.

1673, (17 nov.) Boucherville.[1]
I.—TOUIN (1), Roch.
Collin (2), Denise.
Germain, b 1er avril 1676, à la Pte-aux-Trembles, M.[2]; m[2] 26 janvier 1704, à Madeleine Baudoin; s 16 janvier 1740, à Montréal.—*Pierre*, b... m... — *Roch*, b 9 oct. 1683, à Repentigny; m[1] 4 mars 1715, à Madeleine Février.

II.—TOUIN, Pierre. [Roch I.
....
Marie-Agnès, b... m 23 juin 1721, à Pierre Dumont, à Bécancour.

1697, (5 nov.) Repentigny.[3]
II.—TOUIN (1), Jean-Bte, [Roch I.
b 1674.
Cadieu, Marie, [Jean I.
b 1672.
Jean-Baptiste, b[3] 18 février 1701; m[3] 17 avril 1730, à Marie-Charlotte Beaudoin; s[3] 15 avril 1785.—*Pierre*, b[3] 18 déc. 1702; m 1731, à Anne-Catherine Baudoin.—*Marie-Charlotte*, b[3] 3 mars 1711; m 1733, à François Janot.

1704, (26 janvier) Pte-aux-Trembles, M.[4]
II.—TOUIN, Germain, [Roch I.
b 1676; s 16 janvier 1740, à Montréal.
Baudoin, Madeleine, [Jean I.
b 1685.
Marie-Madeleine, b 7 déc. 1704, à Repentigny.[5] —*Denise*, b[5] 5 déc. 1706.—*Germain*, b[4] 2 déc. 1708; m à Marie-Charlotte Millet; s[5] 4 mai 1791.—*Agathe*, b[4] 2 nov. 1710.—*Marie-Madeleine*, b[4] 17 avril 1712.—*Cécile*, b[4] 12 et s[4] 16 janvier 1714.—*Jeanne-Charlotte*, b[4] 12 sept. 1719. —*Nicolas*, b[4] 5 mars 1722.

1715, (4 mars) Boucherville.
II.—TOUIN, Roch, [Roch I.
b 1683.
Février, Madeleine, [Christophe I.
b 1695; s 15 janvier 1763, à Terrebonne.[6]
Marie-Joseph, b 18 sept. 1716, à Repentigny; 1° m 10 oct. 1735, à Etienne Dubois, à Lachenaye[7]; 2° m[6] 9 janvier 1757, à Antoine Gareau. —*Angélique*, b... m 8 mai 1747, à Jean-Baptiste Robillard, à Ste-Rose.—*Roch*, b... m 1745, à Marie-Anne Prudhomme.—*Véronique*, b... m[6] 4 nov. 1737, à Jean-Baptiste Corneau.—*Jean-Baptiste*, b... m[6] 13 oct. 1749, à Angélique Charles. —*Joseph*, b[6] 29 août 1728.—*Antoine*, b[7] 15 mai 1730; s[6] 6 février 1777.—*Marie-Louise*, b[6] 27 janvier 1732; m[6] 25 nov. 1754, à François Beauchamp.—*Marie-Thérèse*, b[6] 21 mars et s[6] 4 avril 1734.—*Marie*, b 1736; m[6] 31 janvier 1758, à François Garaud; s[6] 26 juin 1781.—*Marie-Cécile*, b[6] 2 et s[6] 12 sept. 1737.—*Ursule*, b[6] 3 juillet 1739.

(1) Voy. vol. I, p. 569.

(2) Elle épouse, le 19 sept. 1694, Antoine Gloria, à Repentigny.

1723, (7 janvier) Montréal. [9]

I.—TOUIN (1), Michel, b 1680; fils de Pierre et de Marie Rosa, de Beaubray, diocèse d'Evreux, Normandie; s [9] 31 déc. 1740.
Dupille (2), Madeleine, [Rémi I.
b 1691.
Anonyme, b [9] et s [9] 3 janvier 1724.—*Marie-Joseph*, b [9] 20 juin 1725; s [9] 2 dec. 1729.—*Madeleine*, b [9] 26 et s [9] 29 mars 1727.—*Marie-Jeanne*, b [9] 18 mai et s [9] 6 août 1728.

1730, (17 avril) Repentigny. [9]

III.—TOUIN, Jean-Bte, [Jean-Bte II.
b 1701; s [9] 15 avril 1785.
Baudoin, Marie-Charlotte, [François II.
b 1709; s [9] 24 juin 1773.
Charlotte, b [9] 28 avril et s [9] 15 mai 1730. — *Louis*, b 1737; m 27 février 1764, à Barbe Gervaise, à la Pte-aux-Trembles, M. — *Joseph*, b... m 1779, à Marie-Amable Jetté. — *Hyacinthe*, b 1741; 1° m [9] 3 juillet 1775, à Marie Mauriceau, 2° m [9] 5 nov. 1792, à Angelique Gaudin.—*Marie-Charlotte*, b 1750; m [9] 7 août 1775, à Louis Brien.

1731.

III.—TOUIN, Pierre, [Jean-Bte II.
b 1702.
Beaudoin, Anne-Catherine, [Guillaume II.
b 1702.
Pierre, b 22 oct. 1732, à St-François, I. J.

1745.

III.—TOUIN, Roch. [Roch II.
Prudhomme, Marie-Anne,
b 1714; s 30 janvier 1792, à Repentigny. [1]
Marie-Anne, b... m [1] 2 fevrier 1767, à Louis Magneron. — *Jean-Baptiste*, b... m [1] 8 fevrier 1768, à Madeleine Riche.— *Roch*, b... m 26 sept. 1773, à Agnès Graton, à Lachenaye.

1749, (13 oct.) Terrebonne. [8]

III.—TOUIN, Jean-Bte. [Roch II.
Charles, Angélique, [Clément II.
b 1732.
Joseph, b [8] 16 fevrier et s [8] mai 1750. —*Jean-Baptiste*, b [8] 12 déc. 1751; m [8] 31 juillet 1775, à Marguerite Maisonneuve. — *Jean-Baptiste*, b [8] 5 janvier 1754.—*Marie-Françoise*, b [8] 31 dec. 1756; s [8] 28 juin 1757.—*Pierre*, b [8] 3 mai 1758; m [8] 17 sept. 1781, à Marie Renaud. — *Jean-Valentin*, b [8] 8 nov. 1760.—*Angélique*, b... m [8] 26 février 1781, à Paul Labelle. — *Benjamin*, b... m [8] 4 fevrier 1782, à Marie-Rose Robin.

1764, (27 février) Pte-aux-Trembles, M.

IV.—TOUIN, Louis, [Jean-Bte III.
b 1737.
Gervaise, Barbe, [Joseph III.
b 1739.
Marie-Charlotte, b 28 août et s 15 sept. 1770, à Repentigny. [9]—*Marie-Angélique*, b [9] 11 déc. 1772.

III.—TOUIN, Germain (1), [Germain II.
b 1708; s 4 mai 1791, à Repentigny. [2]
Millet, Marie-Charlotte.
Nicolas-Germain, b... m [2] 6 oct. 1788, à Marie-Charlotte Janot. — *Madeleine*, b... m [2] 11 mai 1795, à Jean-Baptiste Nadeau. — *Clémence*, b... m [2] 20 juillet 1795, à Joseph Richard.

1768, (8 février) Repentigny. [9]

IV.—TOUIN, Jean-Bte. [Roch III.
Riche, Madeleine. [Paschal I.
Marie-Madeleine, b [9] 30 nov. 1768; m [9] 20 oct. 1788, à Joseph Marion. — *Marie-Thérèse*, b [9] 3 avril et s [9] 18 juillet 1770. — *Marie-Céleste*, b [9] 9 juin et s [9] 7 août 1771.—*Marie-Louise*, b [9] 10 janvier 1773; m [9] 17 février 1794, à François Gilarneau. — *Marie-Agathe*, b [9] 22 et s [9] 31 juillet 1775.—*Louis-Marie*, b [9] 16 avril 1788.

1772.

TOUIN, Jean-Bte.
Gervaise, Angelique.
Marie-Angélique, b... s 7 août 1773, à Repentigny. [9] — *Marie-Barbe*, b [9] 10 nov. 1773; s [9] 8 mars 1774. — *Jean-Baptiste*, b [9] 31 janvier et s [9] 15 août 1775.—*Louis*, b... s [9] 4 sept. 1784.

1773, (26 sept.) Lachenaye.

IV.—TOUIN, Roch. [Roch III.
Graton, Agnès, [Louis III.
veuve de Pierre Beauchamp.

1775, (3 juillet) Repentigny. [9]

IV.—TOUIN, Hyacinthe, [Jean-Bte III.
b 1741.
1° Mauriceau, Marie. [Joseph.
1792, (5 nov.) [9]
2° Gaudin, Angelique, [Joseph-Alexis III.
b 1760.

1775, (31 juillet) Terrebonne. [1]

IV.—TOUIN, Jean-Bte, [Jean-Bte III.
b 1751.
Maisonneuve, Marguerite, [Prisque II.
b 1754; s [1] 21 juillet 1776.

1779.

IV.—TOUIN, Joseph. [Jean-Bte III.
Jetté, Marie-Amable. [Urbain III.
Marie-Amable, b... s 16 juillet 1780, à Repentigny. [2] — *Marie-Charlotte*, b 1781; s [2] 23 juin 1791.—*Antoine*, b [2] 15 sept. 1786.—*François*, b [2] 26 avril et s [2] 10 août 1788.—*Marie-Agathe*, b [2] 4 sept. 1789.—*Michel*, b [2] 19 dec. 1790; s [2] 21 juin 1791.—*Hyacinthe*, b [2] 16 fevrier 1795.

1781, (17 sept.) Terrebonne.

IV.—TOUIN, Pierre, [Jean-Bte III.
b 1758.
Renaud, Marie. [Pierre IV.

(1) Dit Laliberté; soldat de la compagnie de Tonty; il était, le 28 février 1713, à Montréal.

(2) Elle épouse, le 28 nov. 1741, Pierre Brunet, à Montréal.

(1) François-Germain en 1791.

1782, (4 février) Terrebonne.

IV.—TOUIN, BENJAMIN. [JEAN-BTE III.
ROBIN, Marie-Rose. [JEAN-BTE IV.

1788, (6 oct.) Repentigny.[3]

IV.—TOUIN, NICOLAS-GERMAIN. [GERMAIN III.
JANOT, Marie-Charlotte. [JEAN-BTE IV.
Nicolas, b[3] 8 juin 1789.—*Marie-Charlotte*, b[3] 24 dec. 1790; s[3] 2 juin 1791.—*Antoine*, b[3] 12 mars 1792.—*François-Germain*, b[3] 15 sept. 1794

I.—TOULONS, ANDRÉ, b 1730, soldat; fils de Nicolas et de Marie Laguiay, de N.-D.-de-Pontoise, diocèse de Rouen, Normandie; s 9 dec. 1749, à Montreal.

TOULOUSE.—Voy. BERTRAND—CRÉSAC—CRISAQUE—DAMOURS—FOURNESSE—GALAND—LAVIOLETTE—PITON—RAYMOND—RIVOS.

1730, (17 août) St-Laurent, M.

I.—TOULOUSE (1), FRANÇOIS,
soldat.
SERRÉ-ST. JEAN, Angélique, [ANDRÉ I.
b 1712.

TOUMELET.—Voy. THOMELET.

TOUPIN.—*Surnoms :* DUSSAUT—LAPIERRE.

1646.

I.—TOUPIN (2), TOUSSAINT,
b 1616; bourgeois; s 10 août 1676, au Château-Richer.
1° BOUCHER, Marguerite, [GASPARD I.
b 1634.
Jean, b 15 dec. 1648, à Québec[4], 1° m[4] 3 juin 1669, à Marie GLORIA; 2° m 21 juin 1688, à Madeleine MEZERAY, à la Pte-aux-Trembles, Q.[5]; s[5] 24 nov. 1700.

1669, (3 juin).[4]

2° BOURDON (3), Marie,
b 1636; veuve de Jean Gloria.

1669, (3 juin) Québec.

II.—TOUPIN (4), JEAN, [TOUSSAINT I.
b 1648; s 24 nov. 1700, à la Pte-aux-Trembles, Q.[6]
1° GLORIA, Marie, [JEAN I.
b 1654; s[6] 13 nov. 1687.

1688, (21 juin).[6]

2° MEZERAY (5), Madeleine, [JEAN II.
b 1674.
Jean-Baptiste, b[6] 28 fevrier 1690; m 2 mars 1715, à Marie-Therèse TURCOT, à Champlain; 2° m 25 oct. 1744, à Marie-Anne CHAPELAIN, à Deschambault.—*Madeleine*, b[6] 27 mars 1696; m 20 oct. 1721, à Paul HOTESSE, à Montreal[7]; s[7] 28 août 1722.—*Jean-François*, b[6] 10 janvier 1700; m[6] 22 janvier 1731, à Marie-Madeleine COUTANCINEAU; s[6] 8 mai 1763.

1670, (30 sept.) Québec.[8]

I.—TOUPIN (1), PIERRE,
b 1627; s 28 janvier 1703, à Beauport.[9]
GRATON (2), Mathurine,
b 1651.
Thérèse, b[8] 23 sept. 1671; m[9] 26 avril 1689, à Jean CRAPONE; s[9] 9 mai 1760.—*René*, b 1674; m[9] 14 fevrier 1708, à Geneviève LANGLOIS; s[9] 15 nov. 1758.—*Ignace*, b[9] 18 mars 1684; m[9] 25 nov. 1709, à Marie-Elisabeth DUPRAC; s[9] 15 oct. 1748.—*Jean*, b[9] 20 oct. 1688; m 2 avril 1719, à Therèse CARON, à Champlain; s 21 sept. 1763, au Cap-de-la-Madeleine.

1679, (24 oct.) Château-Richer.[7]

II.—TOUPIN (3), ANTOINE, [TOUSSAINT I.
b 1655; s[7] 1er juin 1711.
CLOUTIER, Louise, [JEAN II.
b 1658; s[7] 23 février 1733.
Joseph, b[7] 20 nov. 1693; m[7] 25 nov. 1726, à Anne LÉGARÉ; s[7] 20 nov. 1744.—*Anne*, b[7] 31 oct. 1695; 1° m[7] 25 oct. 1717, à Louis JOBIDON; 2° m[7] 14 juin 1729, à Jacques GIROUX; s[7] 11 oct. 1747.—*Alexandre*, b[7] 16 janvier 1701; m 13 fevrier 1730, à Marie-Louise CHEVALIER, à Beauport[8]; s[8] 5 janvier 1759.

1703, (30 janvier) Champlain[2]

III.—TOUPIN (4), JEAN-BTE, [JEAN II.
b 1678; s 18 fevrier 1724, à la Pte-aux-Trembles, Q.[3]
1° TURCOT, Madeleine, [JACQUES II.
b 1687; s[3] (de mort subite) 14 nov. 1723.
Marie-Madeleine, b[3] 7 janvier 1705; m[3] 28 fevrier 1724, à Louis-Joseph DELISLE.—*Marie-Félicité*, b[3] 16 déc. 1706; s[3] 9 janvier 1707.—*Jean-Baptiste*, b[3] 8 dec. 1707; m[2] 27 juillet 1729, à Marie-Anne DYSY; s 17 sept. 1780, aux Ecureuils.[4]—*Marie-Thérèse*, b[3] 5 mars 1710; s[3] 14 déc. 1711.—*Joseph*, b[3] 3 janvier 1712; 1° m[2] 9 mars 1734, à Elisabeth DISY; 2° m 30 janvier 1764, à Geneviève DION, à Quebec.—*François-de-Sales*, b[3] 2 mars 1714.—*Alexis*, b[3] 18 dec. 1715.—*Thérèse*, b[3] 17 août 1717; m[3] 25 janvier 1740, à Antoine GAUDIN, s[4] 21 janvier 1777.—*Thérèse*, b[3] 7 dec. 1718; m[3] 4 nov. 1738, à Jean-Baptiste GERMAIN.—*Marie-Madeleine*, b[3] 18 sept. 1719.—*Marie-Angélique*, b[3] 21 juin et s[3] 8 juillet 1721.—*Jean-Toussaint*, b[3] 1er nov. 1721.—*Catherine*, b 1722, m[3] 9 janvier 1741, à Joseph GARNIER.

1724, (1er février).[3]

2° DELISLE (5), Marie-Françoise, [ANTOINE II.
b 1701.

(1) Marié sous le nom de Fournesse.
(2) Voy. vol. I, p. 569.
(3) Elle épouse, le 11 nov. 1680, Jean Charet, au Château-Richer.
(4) Voy. vol. I, p. 570.
(5) Elle épouse, le 27 août 1711, Louis Bardet, à Québec.

(1) Dit Lapierre; voy. vol. I, p. 570.
(2) Elle épouse, le 22 juillet 1710, Vincent Brunet, à Beauport.
(3) Voy. vol. I, p. 570.
(4) Sieur DuSault, seigneur de Bélaire et de la Pte-aux-Trembles, Q.
(5) Elle épouse, le 23 avril 1731, Augustin Raby, à Québec.

1704, (2 avril) Pte-aux-Trembles, Q. [1]
II.—TOUPIN (1), JACQUES, [FRANÇOIS I.
b 1677; s [1] 4 janvier 1741.
COUTANCINEAU, Marie-Romaine, [JULIEN I.
b 1675; veuve de Jean Pinel; s 20 février 1751, aux Ecureuils. [2]
Michel-Ambroise, b [1] 26 juin 1707; m [1] 16 nov. 1739, à Marie-Anne GAUDIN; s [2] 24 mai 1776.

1708, (14 février) Beauport [8]
II.—TOUPIN, RENÉ, [PIERRE I.
b 1674; s [8] 15 nov. 1758.
LANGLOIS, Geneviève, [NOEL II.
b 1690; s [8] 4 nov. 1748.
Marie-Geneviève, b [8] 31 janvier 1709; m [8] 29 oct. 1731, à Joseph GIROUX; s [8] 13 avril 1748.—*Marie-Thérèse-Louise*, b [8] 28 mai 1710; m [8] 6 nov. 1730, à Alexandre DAUPHIN. — *René*, b [8] 13 mai 1712; 1° m [8] 17 oct. 1735, à Angélique GIROUX; 2° m 20 mai 1754, à Jeanne LEGRIS, à Québec [9]; s [9] 27 janvier 1755.— *Barbe*, b [8] 4 janvier 1714; m [8] 13 nov. 1735, à Charles GUILBAUT. —*Louise-Angélique*, b [8] 9 août 1715; m [8] 6 nov. 1734. à Nicolas MAHEU; s [8] 17 sept. 1757.— *Marguerite*, b [8] 3 juillet 1717. — *Marie-Angélique-Geneviève*, b [8] 1er fevrier 1719; m 1743, à Jean-Baptiste MAILLOU. — *Dorothée*, b [8] 14 nov. 1720; m [9] 19 avril 1751, à François ODELIN. — *Jean-Pierre*, b [8] 10 juillet 1723; m [8] 27 mai 1748, à Madeleine MAILLOU. — *Marie-Madeleine*, b [8] 15 août 1725; m [8] 18 août 1749, à François MEUNIER.— *Eustache*, b [8] 26 juillet 1727; m [9] 29 juillet 1754, à Marie-Françoise DUBOIS; s [9] 5 mai 1788. — *Ursule*, b [8] 27 mars 1729; m [9] 16 juillet 1753, à François BEDOIN. — *François*, b [8] 9 mars 1731. — *Pierre*, b [8] 17 août 1732; m [9] 8 avril 1755, à Therèse BROUSSEAU.

1709, (25 nov.) Beauport. [9]
II.—TOUPIN, IGNACE, [PIERRE I.
b 1684; s [9] 15 oct. 1748.
DUPRAC, Marie-Elisabeth, [JEAN-ROBERT I.
b 1691; s [9] 21 février 1755.
Marie-Elisabeth, b [9] 27 sept. 1710, 1° m [9] 9 janvier 1730, à Joseph MARCOU; 2° m [9] 21 fevrier 1746, à Louis MÉNARD; s [9] 4 juin 1760. — *Noel*, b [9] 23 avril et s [9] 21 mai 1712. — *Marie-Jeanne*, b [9] 6 mai 1713; m [9] 17 nov. 1738, à Pierre GIROUX; s [9] 8 mai 1762.—*François*, b [9] 3 déc. 1716, s [9] 4 janvier 1717. — *Ignace*, b [9] 5 fevrier 1718, m [9] 22 juin 1761, à Marie-Marguerite BÉLANGER. —*Joseph-René*, b [9] 5 déc. 1719; 1° m [9] 22 février 1751, à Marie-Pelagie GIROUX; 2° m [9] 24 nov 1755, à Marie CARREAU; 3° m [9] 27 fevrier 1764, à Marie BÉLANGER.— *André*, b [9] 4 mai et s [9] 5 août 1721.—*Geneviève*, b [9] 10 nov. 1722; m [9] 9 février 1750 à Jean-Marie BÉLANGER.—*Marie-Angélique*, b [9] 8 août 1724; m [9] 22 fevrier 1751, à Thomas GIROUX. — *François*, b [9] 9 nov. 1725; m [9] 10 février 1755, à Marie-Charlotte ISOIR; s [9] 16 janvier 1756.—*François*, b [9] 8 juin 1727; s [9] 21 mars 1735. — *Françoise*, b... m à Gabriel CLOUTIER.

(1) Voy. Dussaut, vol. III, pp. 574-575.

1710, (17 février) Château-Richer. [1]
III.—TOUPIN, NOEL, [ANTOINE II
b 1683.
1° DAVID-PONTIFE, Anne, [JACQUES I
b 1672; veuve de Vincent Gagnon; s [1] 7 mai 1711.

1712, (12 avril). [1]
2° NAVERS, Marie-Françoise, [JEAN I
b 1693; s 25 février 1779, à l'Hôpital-Général, M.

1711, (3 nov.) Château-Richer. [2]
III.—TOUPIN, ANTOINE, [ANTOINE II
b 1680; s 12 nov. 1759, à Charlesbourg.
LEFEBVRE, Françoise. [PIERRE
Antoine, b [2] 17 sept. 1712.—*Marie-Françoise*, b [2] 26 avril 1714; m [2] 13 fevrier 1750, à Ignace Jean PAGEOT.—*François*, b [2] 10 avril et s [2] 23 juin 1716.—*Joseph*, b [2] 5 oct. 1717; s [2] 20 juillet 1718.—*Marie-Madeleine*, b [2] 20 août 1720; 1° m [2] 10 février 1744, à Louis GUYON; 2° m [2] 21 fevrier 1745, à Joseph BAUDOIN.—*Jean-Baptiste*, b [2] 4 mars 1727; 1° m [2] 10 fevrier 1765, à Marie-Françoise TOUPIN; 2° m [2] 27 sept. 1773, à Hélène GUÉRIN.

1715, (2 mars) Champlain.
III.—TOUPIN (1), JEAN-BTE, [JEAN-BTE II
b 1690.
1° TURCOT, Marie-Thérèse, [JACQUES II
b 1695; s 24 avril 1741, à la Pte-aux-Trembles, Q. [3]
Jean-Baptiste, b [3] 7 oct. et s [3] 1er nov. 1716.—*Alexis*, b 1717; m 26 janvier 1750, à Marie-Louise GAUDIN, aux Ecureuils [4]; s [4] 18 janvier 1780—*Jean-Baptiste*, b 1719; 1° m 1739, à Catherine VÉRONNEAU; 2° m [3] 11 avril 1763, à Marie-Clotilde AIDE-CRÉQUY.—*Louis-Marie*, b [3] 15 août 1725.—*Augustin*, b [3] 29 août 1727; m 14 août 1758, à Marie-Anne DENIS, à Montreal.—*Madeleine*, b [3] 20 nov. 1729; m [4] 19 fevrier 1748, à Joseph PAGÉ; s [4] 8 mars 1773.—*Prisque*, b [3] 26 oct. 1731; m [4] 30 mai 1763, à Rosalie TRÉPAGNY —*Scholastique*, b [3] 7 juin 1734; m [4] 25 fevrier 1754, à Jean-Baptiste PAGÉ.—*François-de-Sales*, b [3] 29 avril 1736.— *Marie-Joseph*, b [3] 11 juillet 1738; m [4] 11 février 1765, à Jean-François MERCURE; s [4] 20 juin 1775.

1744, (25 oct.) Deschambault.
2° CHAPELAIN, Marie-Anne, [JOS.-LOUIS III
veuve de Noël Lesot.

1718, (21 fevrier) Québec.
III.—TOUPIN, FRANÇOIS, [ANTOINE II.
b 1689; s 17 août 1747, à la Longue-Pointe.
LEGRIS (2), Jeanne, [ADRIEN I
b 1696.

(1) Dit Dussaut.

(2) Elle épouse, le 18 nov. 1748, Joseph Lorrain, à la Longue-Pointe.

1719, (2 avril) Champlain. [6]
II.—TOUPIN, JEAN, [PIERRE I.
b 1688; taillandier; s 21 sept. 1763, au Cap-de-la-Madeleine. [7]
CARON, Thérèse, [JEAN-BTE I.
b 1702.
Jean-Baptiste, b [6] 17 nov. 1719; m à Elisabeth BAUDOIN.—*Marie-Thérèse*, b [6] 25 sept. 1721; m [7] 9 nov. 1744, à Jean-Baptiste LEFEBVRE.—*Michel*, b [6] 19 août 1723; s [6] 24 janvier 1724.—*Pierre*, b [6] 7 avril 1725; m à Marie-Joseph CHARTIER.

1726, (25 nov.) Château-Richer. [3]
III.—TOUPIN, JOSEPH, [ANTOINE II.
b 1693; s [3] 20 nov. 1744.
LÉGARÉ (1), Anne, [NICOLAS II.
b 1702.
Anne, b [3] 1er sept. 1731.—*François*, b [3] 13 août 1733, m [3] 27 mai 1761, à Marie-Françoise POULIN.—*Marie-Françoise*, b [3] 17 février 1736; m [3] 10 février 1765, à Jean-Baptiste TOUPIN; s [3] 23 juillet 1772.—*Jean-Amable*, b [3] 27 déc. 1740; s [3] 1er février 1741. — *Marie-Angélique*, b [3] 12 mai 1743; m [3] 3 mai 1773, à Mace GRAVEL.

1729, (27 juillet) Champlain. [7]
IV.—TOUPIN (2), JEAN-BTE, [JEAN-BTE III.
b 1707; s 17 sept. 1780, aux Ecureuils. [8]
DISY-MONTPLAISIR, Marie-Anne, [PIERRE II.
b 1706; s [7] 27 oct. 1733.
Marie-Anne, b [7] 23 mai 1730; m [8] 31 juillet 1752, à Joseph-Alexis GAUDIN; s 16 juillet 1808, à St-Eustache. — *Jean-Baptiste*, b [7] 12 juin 1732.

1730, (13 février) Beauport. [9]
III.—TOUPIN, ALEXANDRE, [ANTOINE II.
b 1701; s [9] 5 janvier 1759.
CHEVALIER, Marie-Louise, [MICHEL II.
b 1710; s [9] 30 avril 1771.
Alexandre, b [9] 22 oct. 1730; s [9] 14 août 1731.—*Anonyme*, b [9] et s [9] 20 juin 1731. — *Marie-Charlotte*, b [9] 20 mai 1732; s [9] 12 juin 1733. — *François*, b [9] 11 juillet 1733; s [9] 23 déc. 1743. —*Jean-Antoine-Alexandre*, b [9] 26 sept. 1734. — *Louis*, b [9] 21 février 1737; m [9] 25 janvier 1762, à Marie-Geneviève CLOUET. — *Marie-Louise*, b [9] 12 sept. 1735; m [9] 27 janvier 1766, à Pierre-Vincent TESSIER. — *Marie-Charlotte*, b [9] 6 et s [9] 26 avril 1740.— *Marie-Madeleine*, b [9] 22 juillet 1742; m [9] 16 janvier 1764, à Charles CHORET. — *Alexandre*, b [9] 12 avril 1744. — *Marie-Geneviève*, b [9] 12 janvier 1746. — *Marie-Pélagie*, b [9] 1er nov. et s [9] 24 déc 1747 — *Marie-Charlotte*, b [9] 19 avril 1749; s [9] 22 avril 1752. — *François*, b [9] 24 août et s [9] 9 sept. 1750. — *Joseph*, b [9] 4 janvier 1753; s [9] 21 février 1759.

1731, (22 janvier) Pte-aux-Trembles, Q. [7]
III.—TOUPIN (3), JEAN-FRS, [JEAN-BTE II.
b 1700, s [7] 8 mai 1763.
COUTANCINEAU, Marie-Madeleine, [PIERRE II.
b 1704; s [7] 12 oct. 1758.

(1) Elle épouse, le 12 août 1748, Pierre Duval, au Chateau-Richer.
(2) Seigneur des Ecureuils, de Belair et de Neuville.
(3) Dit Dussaut.

François-Amable, b [7] 4 déc. 1731; m [7] 9 février 1756, à Marie-Louise PROU. — *Marie-Madeleine*, b [7] 14 février 1733; m [7] 25 nov. 1759, à Michel CHARBONNEAU. — *Louis-Joseph* (1), b [7] 16 février 1735; m 11 janvier 1762, à Marie-Louise BAUDRY-DESBUTTES, au Détroit. — *Jean-Baptiste*, b [7] 4 avril 1737. — *Marie-Catherine*, b [7] 22 mai 1739; m [7] 7 nov. 1763, à Joseph FAUCHER; s [7] 8 oct. 1765. — *Marie-Françoise*, b [7] 26 oct. 1744; m [7] 3 sept. 1769, à Jérôme RICHARD.—*Marie-Angélique*, b [7] 5 mai 1747; m 24 juillet 1769, à Joseph MÉNARD, à Boucherville. — *Augustin*, b [7] 14 déc. 1749.

1734, (9 mars) Champlain.
IV.—TOUPIN, JOSEPH, [JEAN-BTE III.
b 1712.
1° DISY-MONTPLAISIR, Elisabeth, [PIERRE II.
b 1711; s 10 oct. 1739, à la Pte-aux-Trembles, Q. [2]
Joseph, b [2] 27 et s [2] 28 juin 1735.— *Joseph*, b [2] 30 juin 1735; m 15 février 1762, à Madeleine LEVASSEUR, à Quebec. [8] — *Elisabeth*, b [2] 8 août 1736. — *Pierre-François*, b [2] 3 déc. 1737. — *Antoine-Basile*, b [2] 25 sept. 1739.
1764, (30 janvier). [8]
2° DION (2), Marie-Geneviève, [ALEXIS-JEAN III.
b 1739.

1735, (17 oct.) Beauport. [5]
III.—TOUPIN, RENÉ, [RENÉ II.
b 1712; forgeron; s 27 janvier 1755, à Quebec. [6]
1° GIROUX, Angelique, [NOEL III.
b 1718; s [6] 20 avril 1754.
Charles, b [5] 4 nov. 1736. — *René-Ignace*, b [5] 15 fevrier 1739; 1° m [6] 22 janvier 1759, à Marie-Anne BROUSSEAU; 2° m à Marie-Anne LANGLOIS; 3° m [6] 11 oct. 1784, à Geneviève CARON. — *Jean-Noël*, b [5] 4 mars 1741; s [6] 17 dec. 1748. — *François*, b [5] 30 oct. 1742; s [6] 28 mars 1745.— *Marie-Angélique*, b [6] 9 fevrier 1747; m [6] 21 nov. 1763, à Jean-Baptiste NORMAND —*Marie-Geneviève*, b [6] 31 août et s [6] 2 sept. 1748.— *Charles*, b [6] 12 avril 1750, s [5] 5 juin 1756. — *Marie-Anne*, b [6] 24 nov. et s [6] 22 dec 1751.—*Marie-Félicité*, b [6] 24 nov. et s [5] 8 dec. 1751.— *Elisabeth*, b [6] 14 et s [6] 30 avril 1754.
1754, (20 mai) [6]
2° LEGRIS, Marie-Jeanne, [JEAN-BTE II.
b 1722; s [6] 17 août 1782.

1739, (16 nov.) Pte-aux-Trembles, Q. [1]
III.—TOUPIN (3), MICHEL-AMBROISE, [JACQ. II.
b 1707; s 24 mai 1776, aux Ecureuils. [2]
GAUDIN, Marie-Anne, [ALEXIS II.
b 1713.
Jean-Baptiste, b [1] 3 et s [1] 12 oct 1740.—*Marie-Thérèse*, b [2] 28 mars 1744; m [2] 16 nov. 1761, à Jean-Baptiste PAPILLON. — *Marie-Anne*, b [2] 13 juillet 1746; m [2] 6 juin 1768, à Jean-Baptiste

(1) Marié Dussaut.
(2) Voy. Guyon-Dumontier.
(3) Dit Dussaut.

GAUDIN. — *Marie-Joseph*, b ² 7 juillet 1749 ; s ² 7 mai 1750.—*Jean-Baptiste*, b ² 17 oct. 1751 ; m ² 2 août 1779, à Geneviève BOLUSE.

1739.

IV.—TOUPIN (1), JEAN-BTE, [JEAN-BTE III. b 1719.

1° VÉRONNEAU, Catherine, [LOUIS II. b 1714.

Louis-Antoine, b 12 oct. et s 24 déc. 1740, à la Pte-aux-Trembles, Q. ⁷ — *Joseph-Amable*, b 17 nov. 1743, aux Ecureuils ⁸; m ⁸ 28 janvier 1771, à Marie-Thérèse LÉVEILLÉ ; s ⁸ 25 déc. 1777. — *Marie-Catherine*, b ⁸ 22 oct. et s ⁸ 8 nov. 1745. —*Alexis-Thomas*, b ⁸ 19 dec. 1746 ; m ⁷ 10 fevrier 1772, à Madeleine CARPENTIER. — *Augustin*, b ⁸ 29 août 1748 ; s ⁸ 9 oct. 1751. — *Toussaint*, b ⁸ 8 nov. 1749.—*Marie-Catherine*, b ⁸ 23 fevrier 1753 ; m ⁸ 15 avril 1771, à François LAMY. — *Marie-Joseph*, b ⁸ 13 et s ⁸ 29 dec. 1755.

1763, (11 avril). ⁷

2° AIDE-CRÉQUY, Marie-Clotilde, [IGNACE II. b 1740.

Marie-Clotilde, b ⁸ 19 mai 1764 ; m ⁸ 23 juillet 1781, à Jean-Baptiste PAGÉ. — *Augustin*, b ⁸ 22 oct. 1765. — *Marie-Thérèse*, b ⁷ 3 juin 1767 ; s ⁸ 28 sept. 1776.—*Marie-Madeleine*, b ⁷ 5 nov. 1768. —*Jean-Baptiste*, b ⁸ 5 oct. 1773.

1748, (27 mai) Beauport. ¹

III.—TOUPIN, JEAN-PIERRE, [RENÉ II. b 1723.

MAILLOU, Madeleine, [GERMAIN III. b 1725.

Jean-Pierre, b ¹ 10 mai 1749.—*Marie-Madeleine*, b ¹ 17 août 1750.— *François*, b ¹ 15 fevrier 1752.—*Joseph*, b ¹ 23 mars 1753.—*Marguerite-Véronique*, b ¹ 23 juin 1754.—*Marie-Charlotte*, b ¹ 4 nov. 1755.—*Marie-Geneviève*, b ¹ 3 sept 1757.—*Marie-Angélique*, b ¹ 27 juin et s ¹ 5 août 1759.—*Marie-Joseph*, b ¹ 20 février 1761.—*Pierre*, b ¹ 20 juillet 1762.—*Marie-Louise*, b ¹ 14 mars 1764.

1750, (26 janvier) Ecureuils. ²

IV.—TOUPIN (2), ALEXIS, [JEAN-BTE III. b 1717 ; s ² 18 janvier 1780.

GAUDIN, Marie-Louise. [ANTOINE II.

Jean-Baptiste, b ² 11 mars 1751 —*Joseph*, b ² 15 août 1754.—*Alexis*, b ² 7 mars et s ² 8 avril 1758.—*Alexis*, b... s ² 7 déc. 1773.

1751, (22 février) Beauport ³

III.—TOUPIN, JOSEPH-RENÉ, [IGNACE II. b 1719.

1° GIROUX, Marie-Pelagie, [NOEL III. b 1731, s ³ 30 mars 1752.

Joseph-Noel, b ³ 11 mars 1752 ; s ³ 6 juin 1757.

1755, (24 nov.) ³

2° CARREAU, Marie. [JOSEPH III.

1764, (27 février). ³

3° BÉLANGER, Marie. [JEAN-BTE IV.

(1) Dit Dussaut—seigneur des Ecureuils.

(2) Dit Dussaut.

1754, (29 juillet) Québec. ⁶

III.—TOUPIN, EUSTACHE, [RENÉ II b 1727 ; s ⁶ 5 mai 1788.

DUBOIS-LAFRANCE, Marie-Frse, [NICOLAS II b 1727 ; veuve de Joseph Ladrière, s ⁶ 1ᵉ juin 1793.

Anonyme, b ⁶ et s ⁶ 23 juillet 1755.—*Jean-Baptiste*, b ⁶ 7 fevrier et s ⁶ 21 août 1757.

1755, (10 février) Beauport. ⁷

III.—TOUPIN, FRANÇOIS, [IGNACE II b 1725 ; s ⁷ 16 janvier 1756.

ISOIR (1), Marie-Charlotte, [JEAN-BTE II. b 1730.

Marie-Angélique, b ⁷ 30 déc. 1755 ; s ⁷ 6 oct. 1765.

III.—TOUPIN, PIERRE, [JEAN II. b 1725.

CHARTIER (2), Marie-Joseph.

TOUPIN (3), ..., b... s (noyé) 13 juin 1757, à Lotbinière.

1755, (8 avril) Québec. ⁸

III.—TOUPIN, PIERRE, [RENÉ II. b 1732.

BROUSSEAU, Therèse, [CHARLES III b 1735.

Marie-Thérèse, b ⁸ 9 sept. 1757 ; s ⁸ 18 août 1758.—*Marie*, b ⁸ 25 mai et s ⁸ 12 juin 1759.—*Pierre*, b 6 sept. et s 2 oct. 1760, au Cap-de-la-Madeleine. ⁹ — *Thérèse*, b ⁹ 20 sept. 1764.

1756, (9 fevrier) Pte-aux-Trembles, Q.

IV.—TOUPIN (4), FRS-AMABLE, [JEAN-FRS III. b 1731.

PROU, Marie-Louise, [FRANÇOIS II b 1730.

Marie-Louise, b 30 juillet 1760, à Verchères

TOUPIN, JEAN.

DYSY, Thérèse.

Claude-Joseph, b 31 janvier 1757, à Batiscan.

1759, (22 janvier) Quebec. ⁶

IV.—TOUPIN, RENÉ, [RENÉ III b 1739 ; forgeron.

1° BROUSSEAU, Marie-Anne, [CHARLES III b 1737.

René, b ⁶ 21 nov. et s ⁶ 23 déc. 1759. — *René* b 1ᵉʳ juin 1761, à Beauport. — *Marie-Geneviève* b ⁶ 17 avril et s ⁶ 8 mai 1763. — *Louis*, b et s 5 janvier 1765, au Château-Richer.

2° LANGLOIS (5), Marie-Anne, [LOUIS III b 1744 ; s ⁶ 31 juillet 1783.

Rémi, b 1773, s ⁶ 20 janvier 1797. — *Marie-Anne*, b... m ⁶ 17 avril 1792, à Jean-Baptiste

(1) Elle épouse, le 26 avril 1763, Pierre Syre, à Beauport.

(2) Elle épouse, le 25 janvier 1761, Alexis Dysy, au Cap-de-la-Madeleine.

(3) Habitant du Cap-de-la-Madeleine.

(4) Et Dussaut, 1760.

(5) Germain.

BEDARD. — *Angélique*, b... m[6] 16 mai 1797, à Charles GIROUX.

1784, (11 oct.)[6]

3° CARON, Geneviève, [JOSEPH III.
b 1732; veuve de Nicolas Caron.

1759, (19 fevrier) Verchères.

TOUPIN (1), JEAN-BTE. [JEAN-BTE.
PRIVÉ, Marie-Françoise. [MICHEL I.
Marie-Louise, b 20 oct. 1761, à la Pte-aux-Trembles, Q.[4] — *Jean-Baptiste*, b[4] 19 oct. 1763. —*Augustin*, b[4] 8 avril 1765.

IV.—TOUPIN, JEAN-BTE, [JEAN-BTE III
b 1719.
BAUDOIN, Elisabeth, [JOSEPH II.
b 1730.
François, b 6 fevrier 1760, au Cap-de-la-Madeleine[2], m[2] 21 nov. 1791, à Marie-Joseph LEFEBVRE — *Alexis*, b... m[2] 29 oct. 1787, à Marie-Anne LEFEBVRE. — *Thérèse*, b... m[2] 9 nov. 1790, à Michel LEFEBVRE. — *Marie-Cécile*, b... m[2] 9 fevrier 1795, à Paschal DYSY

1761, (27 mai) Château-Richer.[4]

IV.—TOUPIN, FRANÇOIS, [JOSEPH III.
b 1733.
POULIN, Marie-Françoise, [JOSEPH III.
b 1733.
François, b[4] 8 nov. 1762. — *Marie-Joseph*, b[4] 19 juillet 1765.—*Augustin*, b[4] 2 nov. 1767.

1761, (22 juin) Beauport.[2]

III—TOUPIN, IGNACE, [IGNACE II.
b 1718.
BÉLANGER, Marie-Marguerite, [PAUL IV.
b 1740; veuve de Michel Giroux.
Marie-Marguerite, b[2] 1er mai 1762 — *Joseph-François*, b[2] 17 avril 1764; s[2] 1er nov. 1765.

1762, (11 janvier) Detroit.[3]

IV.—TOUPIN (2), LS-JOS., [JEAN-FRANÇOIS III.
b 1735
BAUDRY (3), Lse-Margte-Geneviève, [JEAN III
b 1724; veuve de Jacques Godet, s[3] 19 juillet 1766.
Louis-Joseph, b[3] 8 et s[3] 26 juillet 1766.

1762, (25 janvier) Beauport.[3]

IV.—TOUPIN, LOUIS, [ALEXANDRE III.
b 1737.
CLOUET, Marie-Geneviève, [IGNACE II.
b 1739.
Marie-Louise, b[3] 24 mai 1763. — *Marie-Geneviève*, b[3] 31 juillet 1764.

1762, (15 fevrier) Quebec[4]

V.—TOUPIN, JOSEPH, [JOSEPH IV.
b 1735.
LEVASSEUR, Madeleine, [FRANÇOIS III.
b 1736.
Joseph, b[4] 16 nov. 1762.

(1) Dit Dussaut.
(2) Marie Dussaut.
(3) Desbuttes.

1763, (30 mai) Ecureuils.

IV.—TOUPIN (1), PRISQUE, [JEAN-BTE III.
b 1731.
DETRÉPAGNY, Rosalie, [AUGUSTIN III.
b 1738.

1765.

TOUPIN (2), JEAN-BTE.
POULET, Marthe.
Judith, b 1er juin 1766, à la Pte-aux-Trembles, Q.[1] — *Jean-Baptiste*, b[1] 26 sept. 1767.—*Marie-Charlotte*, b[1] 2 janvier 1769; s[1] 5 avril 1770.—*Marie-Louise*, b[1] 3 oct. 1770.—*Marie-Joseph*, b[1] 8 mars 1772.—*Augustin*, b[1] 8 oct. 1773.—*Angélique*, b[1] 2 et s[1] 12 juillet 1775.—*François-Xavier*, b[1] 18 oct. 1776.

1765, (10 février) Château-Richer[2]

IV.—TOUPIN, JEAN-BTE, [ANTOINE III.
b 1727.
1° TOUPIN, Marie-Françoise, [JOSEPH III.
b 1736; s[2] 23 juillet 1772.
Anonyme, b[2] et s[2] 4 août 1766.—*Jean*, b[2] 28 juin et s[2] 3 juillet 1767.—*Marie-Françoise*, b[2] 23 et s[2] 27 juillet 1769.—*Jean*, b 17, à Ste-Anne et s[2] 26 janvier 1771

1773, (27 sept.)[2]

2° GUÉRIN, Hélène, [AUGUSTIN II.
b 1746.
Jean, b[2] 1er oct. 1774.—*Louis*, b[2] 26 mars 1776.

1772, (10 fevrier) Pte-aux-Trembles, Q.[3]

V—TOUPIN, ALEXIS-THOMAS, [JEAN-BTE IV.
b 1746.
CARPENTIER, Marie-Madeleine. [PIERRE.
Jean-Baptiste, b[3] 15 fevrier 1774.

1779, (2 août) Ecureuils.[4]

IV.—TOUPIN (2), J.-BTE, [MICHEL-AMBROISE III.
b 1751.
BOLUSE-VADEBONCOEUR, Geneviève. [NICOLAS I.
Jean-Baptiste, b... s[4] 28 mars 1780.—*Geneviève*, b[4] 31 janvier et s[4] 1er mars 1781.—*Marie-Catherine*, b[4] 30 mai 1782.—*François*, b... m 29 sept. 1817, à Marguerite MAILLOT, à St-Jean-Deschaillons.

1787, (29 oct.) Cap-de-la-Madeleine.[6]

V.—TOUPIN, ALEXIS. [JEAN-BTE IV.
LEFEBVRE, Marie-Anne, [JEAN-BTE IV.
b 1763.
Marie-Anne, b[6] 7 déc. 1788.—*Alexis*, b[6] 31 oct. 1790; s[6] 6 oct. 1791.—*Jean-Baptiste*, b[6] 13 sept. 1792.—*Joseph*, b[6] 9 nov. 1794.

1791, (21 nov.) Cap-de-la-Madeleine.

V.—TOUPIN, FRANÇOIS, [JEAN-BTE IV.
b 1760.
LEFEBVRE, Marie-Joseph, [MICHEL IV.
b 1764.

(1) Voy. aussi Dussaut, vol. III, p. 577.
(2) Dit Dussaut.

TOUPIN, François.
Plassis, Claire. [Jean-Bte.
Pierre, b 19 sept. 1794, au Cap-de-la-Madeleine.

1817, (29 sept.) St-Jean-Deschaillons.
V.—TOUPIN (1), François. [Jean-Bte IV.
Maillot, Marguerite. [Michel IV.

TOURAINE.—Voy. Tourelle.

TOURANGEAU.—Voy. Dany—Gatien—Gaudin—Guillet—Herpin—Honoré—Jean—La-Coudray—Lemelin—Léonard—Malepart—Rangeo—Raymoneau—Simon.

I.—TOURANGEAU, Jean, b 1661; s 14 janvier 1741, à l'Hôpital-General, Q.

I.—TOURANGEAU (2), Jean-Bte, b 1704; s 22 janvier 1727, à Montréal

TOURANGEAU, Jacques, b 1727; journalier; s 1er déc. 1762, à Québec.

I.—TOURANGEAU, Joseph, b 1735; Acadien; s 20 août 1765, à Deschambault.

1784, (27 janvier) Québec. [6]
I.—TOURANGEAU, Jean-Bte.
Lemaitre-Jugon, Marguerite, [Jean I.
b 1762.
Catherine, b [6] 4 janvier 1786.

TOURBLANCHE.—Voy. Basinet—Quesnel.

1757, (7 janvier) Pte-aux-Trembles, M.
I.—TOUREAU, Denis, fils de François et d'Éleonore Guinard, de St-Martin-de-Fromental, diocèse de Limoges, Limosin.
Desroches, Marguerite, [Jean II.
veuve d'Urbain Brien.

TOUREL.—Voy. Taurel dit Jolicœur.

TOURELLE. — *Variations :* Taurelle — Touraine.

1757, (21 février) Québec. [1]
I.—TOURELLE (3), Joseph, fils de Claude et de Marie Morel, de Grandveau, diocèse de St-Claude, Franche-Comte.
Guéguin, Louise-Geneviève, [Olivier I.
b 1733.
Maurice, b [1] 1er mars et s [1] 30 sept. 1758. — *Louise-Geneviève*, b [1] 17 août 1759.— *Louis*, b et s 12 fevrier 1760, à Charlesbourg. — *Louis*, b 1761; s 24 fevrier 1762, au Bout-de-l'Ile, M. [3]— *Françoise*, b [3] 22 mai et s [3] 1er juillet 1763. — *Marie-Marguerite*, b 1764; s [3] 23 juin 1765.

TOURIGNY.—Voy. Deshaies.

(1) Marié sous le nom de Dussaut.
(2) Soldat de la compagnie de M. de Lignery.
(3) Et Taurelle—Touraine.

TOURIGNY, Claude.
Joyel, Marie-Louise.
Claude, b 28 juin 1769, à St-Michel-d'Yamaska

TOURLAY.—*Surnom :* Prêt-a-boire.

1757, (21 nov.) Montréal.
I.—TOURLAY (1), Louis-Pierre, b 1733; fils de Jean et de Gertrude Teverant, de Magdeleine, diocèse de Besançon, Franche-Comte
Boutin (2), Marie-Joseph, [Jos.-Etienne II
b 1733; veuve de Michel Vignau.

1798, (13 fevrier) St-Louis, Mo. [4]
I.—TOURNAT, Pierre, fils de Jacques et de Jeanne Lasseaux, de Lande, diocèse de Xaintes, Saintonge.
Provencher, Marguerite, [Jean-Bte.
b 1785.
Pierre, b [4] 4 août 1800; m [4] 30 janvier 1826, à Judith Sicard.

1826, (30 janvier) St-Louis, Mo.
II.—TOURNAT, Pierre, [Pierre I
b 1800.
Sicard, Judith. [Antoine.

TOURNAY.—Voy. Lacier.

1676, (17 fevrier) Ste-Famille, I. O.
I.—TOURNEROCHE (3), Robert,
b 1642; s 23 mai 1722, à Beaumont.
Targer, Marie,
b 1641; veuve de Jean Royer.
Marie-Anne, b 15 juillet 1682, à St-Jean, I. O., m 9 mars 1712, à François Tefé-LaGuerche, à Montreal; s 31 janvier 1757, à St-Laurent, M.—*Marie* (4), b 1686; m 1705, à Jacques Gautier.

TOURNET.—Voy. Trunet-Francœur.

TOURNEUVE.—Voy. Lobinois.

TOURNOIRE.—Voy. Terrenoire.

1686, (21 janvier) Boucherville. [1]
I.—TOURNOIS, Jean-Bte,
b 1662; couvreur; s 23 fevrier 1740, à Sorel
1° Benoit, Marguerite, [Paul I
b 1669; s [1] 30 sept. 1718
Catherine, b 26 avril 1691, à Montréal [2]; 1° m [1] 11 août 1712, à Andre Gautier; 2° m [1] 12 janvier 1733, à Joseph David; s 7 fevrier 1765, à Terrebonne. [3]—*Joseph*, b [2] 18 juin 1697; m à Marie-Anne Maisonneuve.—*Marguerite*, b 1700; m [1] 5 janvier 1722, à Jean-Baptiste Ménard; s [3] 1er sept. 1747.—*Geneviève*, b 1702; m [1] 31 août 1722, à Pierre Pelloquin.—*Jeanne*, b 1706, 1° m [3] 20 août 1731, à Charles Maisonneuve; 2° m [3] 1er sept. 1749, à Daniel DeLaunay; s [3] 1er sept. 1761.

(1) Dit Prêt-à-boire; soldat du Royal Roussillon.
(2) Dubord; elle épouse, le 2 juillet 1781, Pierre Messin, à Montréal.
(3) Voy. vol. I, p. 570.
(4) Elle est appelée Robert, du nom de baptême de son père.—Voy. 1736, au mariage de son fils Joseph.

1723, (16 août).[1]

2° JODOIN, Marie-Louise, [CLAUDE I.
b 1687; veuve de Gabriel Testard-Forville;
s 1 27 déc. 1724.
Anonyme, b et s 21 sept. 1724, à la Pte-aux-Trembles, M.

II.—TOURNOIS, JOSEPH, [JEAN-BTE I.
b 1697.
MAISONNEUVE (1), Marie-Anne. [PIERRE.

TOURON.—*Surnom* : LOMBARD.

1737, (7 janvier) Charlesbourg.

I.—TOURON (2), PIERRE, fils de François et de Catherine Charlan, du Vigon, diocèse de Poitiers, Poitou.
DUBAU, Jeanne, [JACQUES II.
b 1716.
Jacques, b 30 juillet 1737, à Beauport; m 24 avril 1758, à Marie-Dorothée MINET-MONTIGNY, à St-Valier.— *Marie-Louise*, b 5 mars 1739, à Québec. 7 — *Joseph-Basile*, b 7 17 nov. 1740; s 7 21 nov. 1742.—*Geneviève*, b 7 22 août 1742.

1758, (24 avril) St-Valier. 8

II.—TOURON, JACQUES, [PIERRE I.
b 1737.
MINET-MONTIGNY, Marie-Dorothée, [J.-BTE III.
b 1737.
Marie-Dorothée, b 8 27 fevrier et s 8 10 mars 1759.—*Jacques*, b 8 26 sept. 1760.

1750, (13 janvier) Lorette.

I.—TOURTON (3), JACQUES-ANTOINE, marchand; fils de Jean (conseiller du Roi, commissaire examinateur, enquesteur au châtelet de Paris) et de Marie-Anne De la Frenay, de St-Germain-l'Auxerrois, ville de Paris.
SIMON-DELORME, Françoise, [JACQUES III.
b 1724.
Françoise-Angélique, b 25 avril et s 18 sept. 1757, à Quebec.

TOURVILLE.—Voy. DUTAUT—HUBOUT.

TOUSEAU.—Voy. COUCEAU.

TOUSIGNAN.— *Variations et surnoms* : TOUSIGNANT—TOUSILLON—LAPOINTE —VAUDREUIL.

1668, (17 oct.) Quebec.

I.—TOUSIGNAN (4), PIERRE.
PHILIPPE, Madeleine,
s 9 janvier 1724, à Lotbinière. 3
Jean-Joseph, b 1678; m 1716, à Anne-Thérèse HAMEL; s 3 2 fevrier 1732.—*Michel*, b... m 1716, à Marie-Catherine LEMAY. — *Madeleine*, b 10 juin 1681, aux Grondines; 1° m à Louis-François-Pierre LEPAGE; 2° m 17 avril 1719, à Ives-Pierre GODU, à Varennes.

(1) Elle épouse, le 16 juillet 1731, François Desjardins, à Terrebonne.
(2) Dit Lombard.
(3) Il signe le 2 février 1750, à Ste-Anne-de-la-Pérade.
(4) Dit Lapointe; voy. vol. I, p. 571.

1714, (30 oct.) Cap-Santé.

II.—TOUSIGNAN, J.-BTE-NOEL, [PIERRE I.
b 1676.
MÉTOT, Marie-Charlotte, [ABRAHAM I.
b 1695.
François, b 1715; s 22 avril 1757, à Ste-Anne-de-la-Perade.—*Antoine*, b 26 nov. 1716, à Lotbinière 1; m 1745, à Thérèse BAUDET.—*Joseph*, b 1 5 juillet 1719; 1° m 1749, à Angelique BAUDET; 2° m 1 30 juin 1767, à Marie-Joseph POIRIER.—*Louis*, b 1720; m 1751, à Marie-Anne DENEVERS-BOISVERD; s 12 sept. 1776, à St-Jean-Deschaillons.—*Marie-Charlotte*, b 1 17 mars 1721; m 1740, à Jean-Baptiste BAUDET.—*Marie*, b 1727; m 1 16 août 1756. à Jean-Baptiste HAMEL.—*Jacques*, b 1 13 avril 1728; m 1 8 janvier 1757, à Thérèse BAUDET.—*Mathurin*, b 1 5 mars 1730; m 1 3 février 1755, à Marie-Joseph BEAUDET.—*Louise*, b... m 1 9 août 1751, à Jean-Baptiste AUGÉ.—*Marie-Geneviève*, b 1 1er avril 1732.—*Marie-Thérèse*, b 1 18 janvier 1734; m 1 6 nov. 1752, à Joseph HOUDE.—*Marie-Angélique*, b... m 1 9 janvier 1758, à Joseph LHEUREUX.

1716.

II.—TOUSIGNAN, MICHEL. [PIERRE I.
LEMAY, Marie-Catherine.
Ignace, b 16 mai 1717, à Lotbinière 1; m 1740, à Marie-Angélique LEMAY.—*Joseph*, b 1 18 mars 1719, m 4 mai 1751, à Marguerite MASSÉ, au Cap-de-la-Madeleine 2: s 2 3 sept. 1762.—*Catherine*, b 1 30 mars 1720; m 1 2 fevrier 1750, à Michel AIDE-CRÉQUI, s 1 22 mars 1751.—*Anne*, b 1 30 mars 1721.—*Marie*, b... m 14 fevrier 1752, à Jean-Baptiste RIVARD, à Yamachiche.

1716.

II.—TOUSIGNAN (1), JEAN-JOSEPH, [PIERRE I.
b 1678; s 2 février 1732, à Lotbinière.[1]
HAMEL (2), Anne-Therèse, [JEAN-FRANÇOIS II.
b 1707.
Charles, b 1 22 mai 1717; m 8 janvier 1742, à Charlotte NORMANDEAU, à Quebec. 2 —*Pierre*, b 1 30 mars 1719.—*Thérèse*, b 1 6 juin 1721.—*Michel*, b... m 1744, à Agathe HUBERT.—*Marie-Angelique*, b 1725; m 11 nov. 1753, à Alexis ROCHEREAU, à Ste-Anne-de-la-Perade 3; s 3 16 nov. 1757.—*Marie-Louise*, b 1 28 avril 1729; m 2 3 fevrier 1750, à Jean GARNIER; s 2 6 mai 1757.—*Joseph*, b... m 10 avril 1752, à Agathe TURCOT, à St-Pierre-les-Becquets.—*Marie-Charlotte*, b... m 3 30 mai 1757, à François ORTÉGA.

1740.

III.—TOUSIGNAN (1), IGNACE, [MICHEL II.
b 1717.
LEMAY, Marie-Angélique.
Joseph-Marie, b 18 mai 1741, à Lotbinière 2; 1° m 2 21 juillet 1765, à Geneviève AUGE; 2° m 9 nov. 1767, à Louise GÉLINA, à Yamachiche. 3—*Louis-Hyacinthe*, b 21 août 1747, à Deschambault.—*Antoine*, b 3 27 sept. 1751, s 3 16 juillet 1761.—*Angélique*, b 3 31 mai 1759.

(1) Dit Lapointe.
(2) Elle épouse, le 13 avril 1733, Joseph Couturier, à Deschambault.

1742, (8 janvier) Québec.[7]

III.—TOUSIGNAN (1), Chs, [Jean-Joseph II.
b 1717; menuisier.
Normandeau (2), Charlotte-Margte, [Pierre II.
b 1721.
Charles-Toussaint, b [7] 31 oct. 1742. — *François,* b [7] 2 janvier 1745. — *Charles,* b... s [7] 6 janvier 1751.

1744.

III.—TOUSIGNAN, Michel. [Jean-Joseph II.
Hubert, Agathe.
Michel-Antoine, b 18 mai 1745, aux Grondines. — *Marie-Marguerite,* b... s 11 juin 1751, à Lotbinière.[3] — *Isidore,* b [3] 17 mars 1749. — *Marie-Catherine,* b [3] 25 mars 1750. — *François,* b [3] 11 mai 1751; s [3] 28 mars 1752. — *Michel,* b 1752. s [3] 24 août 1758. — *Louis,* b 1755; s [3] 27 août 1758.

1745.

III.—TOUSIGNAN, Antoine, [J.-Bte-Noel II.
b 1716.
Baudet, Thérèse,
b 1718; s 23 oct. 1758, à Lotbinière.[5]
Antoine, b... m [5] 15 février 1768, à Marie-Catherine Gauron. — *Jean-Baptiste,* b [5] 13 déc. 1749. — *Marie-Thérèse,* b [5] 13 dec. 1749; m [5] 17 août 1767, à Louis Pérusse. — *Marie-Louise,* b 1751; s [5] 29 août 1758. — *Michel,* b [5] 24 janvier 1753.— *Louis,* b [5] 16 juin 1755. — *Pierre,* b [5] 31 juillet 1757. — *Marie-Geneviève,* b... s [5] 28 août 1758.

III.—TOUSIGNAN, François, [J.-Bte-Noel II.
b 1715; s 22 avril 1757, à Ste-Anne-de-la-Pérade.

TOUSIGNAN, Joseph, b 1746; s (empoisonne accidentellement) 1er mai 1758, à Lotbinière.

1748.

TOUSIGNAN, François.
Augé, Elisabeth,
s 8 février 1751, à Lotbinière.[4]
Jean-Louis, b [4] 9 dec. 1749; s [4] 4 avril 1757.

1749.

III.—TOUSIGNAN, Joseph, [Jean-Bte-Noel II.
b 1719.
1° Baudet, Angélique,
b 1719; s 11 oct. 1764, à Lotbinière.[1]
Jean-Baptiste, b [1] 12 juillet 1750. — *Marie-Angélique,* b [1] 9 avril 1752. — *Marie-Louise,* b [1] 1er oct. 1755; s [1] 19 janvier 1756. — *Marie-Françoise,* b [1] 5 janvier 1758.

1767, (30 juin).[1]

2° Poirier, Marie-Joseph. [Michel I.
Marie-Joseph, b [1] 21 avril 1768.

(1) Marié Lapointe.

(2) Deslauriers; elle épouse, le 27 oct. 1749, Pierre Richer-Laflèche, à Ste-Anne-de-la-Pérade.

1751.

III.—TOUSIGNAN (1), Louis, [J.-Bte-Noel II.
b 1720; s 12 sept. 1776, à St-Jean-Deschaillons.[4]
Deneveres-Boisverd, Marie-Anne,
b 1731; s [4] 17 juillet 1819.
Louis, b 1752; m [4] 5 juillet 1773, à Marie-Joseph Richer; s [4] 30 mai 1800 — *Marie-Charlotte,* b [4] 9 avril 1754; m [4] 18 sept. 1780, à Joseph Payant. — *Joseph,* b [4] 16 avril 1756; m 1782, à Cecile Maillot. — *Urbain,* b [4] 24 nov. 1757, s 7 janvier 1758.—*Augustin,* b [4] 22 et s [4] 26 janvier 1759. — *Madeleine,* b [4] 25 oct. 1760.— *Françoise,* b [4] 2 déc. 1762. — *Marguerite,* b 1764; m [4] avril 1783, à Modeste Maillot.— *Augustin,* b [4] juin 1765; m à Catherine Richard. — *Marie-Modeste,* b [4] 26 juillet 1767. — *Marie-Louise,* b 13 août 1769; s [4] 22 nov. 1800. — *Elisabeth,* b [4] 26 sept. 1772; m [4] 19 janvier 1795, à Clement Maillot. — *Chrysostôme,* b [4] 20 avril 1775; s 24 mai 1776.

1751, (4 mai) Cap-de-la-Madeleine.[9]

III.—TOUSIGNAN (2), Joseph, [Michel II.
b 1719; s [9] 3 sept. 1762.
Massé, Marguerite. [Jean-Bte II.
Anonyme, b [9] et s [9] 9 juillet 1752.— *Joseph,* b [9] 22 sept. 1753; m 1787, à Marguerite Grégoire. — *Jean-Baptiste,* b 1755; s [9] 17 sept. 1757.— *Jean-Baptiste,* b [9] 14 août 1758.

1752, (10 avril) St-Pierre-les-Becquets.

III.—TOUSIGNAN, Joseph, [Jean-Joseph II.
Turcot, Agathe, [Antoine III.
b 1733.

1755.

TOUSIGNAN, Joseph.
Baumier, Marguerite.
Jean-Baptiste, b 28 janvier 1756, aux Trois-Rivières.

1755, (3 fevrier) Lotbinière.[7]

III.—TOUSIGNAN, Mathurin, [J.-Bte-Noel II.
b 1730.
Baudet, Marie-Joseph, [Jacques II.
b 1730.
Gabriel, b [7] 30 oct. 1755.—*Marie-Louise,* b [7] août 1757.—*Jean-Baptiste,* b [7] 15 juin 1764.— *Marguerite,* b [7] 26 mars 1766.—*Marie-Louise,* b 12 juin 1768.

1757, (8 janvier) Lotbinière.

III.—TOUSIGNAN, Jacques, [Jean-Bte-Noel II.
b 1728.
Baudet, Marie-Therèse, [Jean-Bte II.
veuve d'Antoine Faucher.

1765, (21 juillet) Lotbinière.

IV.—TOUSIGNAN, Joseph-Marie, [Ignace III.
b 1741.
1° Augé, Geneviève. [Louis III.

(1) Dit Lapointe.

(2) Marié Lapointe.

1767, (9 nov.) Yamachiche.
2° GÉLINA, Louise, [ANTOINE IV.
b 1746.

1768, (15 février) Lotbinière.
IV.—TOUSIGNAN (1), ANTOINE. [ANTOINE III.
GAUDON, Marie-Catherine, [JOSEPH III.
b 1751.
Marie-Louise, b... m 23 avril 1792, à Michel GROLEAU, à Deschambault.

1773, (5 juillet) St-Jean-Deschaillons.[1]
IV.—TOUSIGNAN, LOUIS, [LOUIS III.
b 1752; s[1] 30 mai 1800.
RICHER, Marie-Joseph, [MICHEL III.
b 1743; veuve de Michel Lebeuf.
Marie-Ursule, b[1] 17 janvier 1774.—*Geneviève,* b[1] 30 juillet 1775; m[1] 2 sept. 1799, à Amable LAFLEUR; s[1] 24 oct. 1812.—*Louis,* b[1] 5 mai 1777. —*Marie-Joseph,* b 1778; m[1] 8 sept. 1800, à Joseph-Fréderic RICARD.

1782.
IV.—TOUSIGNAN, JOSEPH, [LOUIS III.
b 1756.
MAILLOT, Cécile,
b 1762; s 7 février 1803, à St-Jean-Deschaillons.[2]
Modeste, b 1784; s[2] 5 mai 1809.

1787.
IV.—TOUSIGNAN (2), JOSEPH, [JOSEPH III.
b 1753.
GRÉGOIRE, Marguerite.
Geneviève, b 1er déc. 1788, au Cap-de-la-Madeleine[3]; s[3] 29 mai 1792.—*Jean-Baptiste,* b[3] 1er sept. 1790.

IV.—TOUSIGNAN, AUGUSTIN, [LOUIS III.
b 1765.
RICHARD, Catherine,
b 1773; s 11 oct. 1826, à St-Jean-Deschaillons

TOUSIGNANT.—Voy. TOUSIGNAN.

TOUSILLON.—Voy. TOUSIGNAN.

I.—TOUS-LES-JOURS, ..., b 1675; soldat, s 11 sept. 1705, à Montreal.

TOUSSAINT.—*Variations et surnoms :* TOUSSIN—TOZIN—GROU—JOURDAIN—LABONTE—LAFRANCE.

1725, (26 nov.) Québec.[1]
I.—TOUSSAINT, JEAN, b 1687; fils de Barthélemi et de Jeanne Hédouin, de Savigny, diocèse de Poitiers, Poitou; s 21 nov. 1767, à St-Jean-Port-Joli.[2]
MINAUX, Suzanne, [JEAN I.
b 1700.

(1) Dit Vaudreuil
(2) Dit Lapointe

Pierre, b[1] 10 oct. 1726; m 12 nov. 1759, à Marie JEAN, à Charlesbourg.—*René,* b[1] 20 nov. 1727; s[1] 15 fevrier 1731.—*Marie-Geneviève,* b[1] 6 nov. 1728; m 14 nov. 1747, à Philippe ASSELIN, à St-Roch.—*Jean,* b 25 mai 1731, à St-Joachim[3]; m 28 sept. 1761, à Marie-Anne LEMARIÉ, à St-Valier.—*Marie-Joseph,* b[3] 28 nov. 1732.—*Joseph,* b 1733; m à Marie-Rose COTÉ.—*Augustin,* b[3] 8 janvier 1735.—*Marie-Louise,* b[3] 3 mai 1737; m 10 sept. 1753, à Pierre BOUCHER, à Ste-Anne-de-la-Pocatière.[4]—*Marie,* b... m[4] 9 février 1762, à Augustin FOURNIER.—*Marie-Marguerite-Reine,* b[3] 10 oct. 1740; m[4] 23 juin 1761, à Maurice BOURGELA.—*Marie-Françoise,* b[3] 2 août 1742; 1° m à François ASSELIN; 2° m[2] 8 fevrier 1768, à Gabriel CHOUINARD.—*Louis,* b... m 30 janvier 1764, à Marie-Reine CHOUINARD, à l'Islet.

1748, (30 janvier) Varennes.
II.—TOUSSAINT (1), FRANÇOIS, [FRANÇOIS I.
b 1712.
COULON, Anne. [FRANÇOIS III.
François, b 15 mars et s 8 juin 1749, à Lavaltrie.[8]—*François,* b[8] 21 avril 1750, s 16 juillet 1752, à Lanoraie.

1758, (9 janvier) Montreal.
I.—TOUSSAINT (2), PIERRE, soldat; fils de Jean et de Marie Provençal, de Castel-Sarazin, diocèse de Cahors, Guienne.
MALOUIN, Therèse, [LOUIS I.
b 1734.

1759, (12 nov.) Charlesbourg.
II.—TOUSSAINT, PIERRE, [JEAN I.
b 1726.
JEAN, Marie-Louise, [PIERRE-CHARLES III.
b 1733.

1761, (28 sept.) St-Valier.
II.—TOUSSAINT, JEAN, [JEAN I.
b 1731.
LEMARIÉ, Marie-Anne, [MICHEL III.
b 1728; veuve d'Alexis Roy; s 12 juin 1799, à Beaumont.

1762, (5 oct.) Deschambault.[6]
I.—TOUSSAINT (3), GABRIEL, fils de Pierre et de Jeanne Barrière, de Seron, ville de Bordeaux.
MATHIEU, Françoise, [JEAN-BTE III.
b 1745.
Gabriel, b[6] 6 et s[6] 18 sept. 1763.—*Joseph,* b[6] 6 et s[6] 27 sept. 1763.—*Gabriel,* b[6] 16 oct. 1764, m[6] 18 janvier 1790, à Marie-Joseph PAQUIN.—*Joseph,* b[6] 28 oct. 1766; m[6] 30 janvier 1798, à Angelique ARCAN.—*Anonyme,* b[6] et s[6] 8 sept. 1768.—*Françoise,* b... m[6] 9 janvier 1792, à Michel GOSSELIN.

(1) Pour François-Toussaint Jourdain dit Lafrance, voy. vol. V, p. 25.
(2) Dit Labonté.
(3) Et Tozin.

II.—TOUSSAINT, JOSEPH, [JEAN I.
b 1733.
COTÉ, Marie-Rose, [GABRIEL IV.
b 1737.
Joseph (1), b 19 août 1765, à Kamouraska.

1764, (30 janvier) Islet.
II.—TOUSSAINT, LOUIS. [JEAN I.
CHOUINARD, Marie-Reine. [PIERRE II.

1790, (18 janvier) Deschambault.
II.—TOUSSAINT, GABRIEL, [GABRIEL I.
b 1764.
PAQUIN, Marie-Joseph, [JOSEPH III.
b 1766.

1798, (30 janvier) Deschambault.
II.—TOUSSAINT, JOSEPH, [GABRIEL I.
b 1766.
ARCAN, Angélique. [PIERRE-JOSEPH III.

TOUSSELIER.—Voy. TOUZELIER.

TOUSSIN.—Voy. TOUSSAINT.

TOUTAN.—Voy. TOUTANT.

TOUTANT.—*Variation :* TOUTAN.

1686, (18 août) Champlain.[7]
I.—TOUTANT (2), NICOLAS,
b 1651, s [7] 22 oct. 1711.
RAOUL, Marie-Anne, [ALEXANDRE I.
b 1672, s [7] 30 juillet 1734.
Joseph, b [7] 3 février 1691; 1° m 12 février 1720, à Françoise RIVARD, à Batiscan; 2° m [7] 30 nov. 1737, à Marie-Renée NEVEU.—*Marie-Anne*, b [7] 1er janvier 1696; m [7] 22 nov. 1717, à Michel BIGOT. —*Jean-Baptiste*, b [7] 22 février 1699; 1° m 18 nov. 1722, à Madeleine RIVARD, à Ste-Anne-de-la-Pérade[8]; 2° m [8] 18 mai 1733, à Marie-Madeleine TROTIER; s [8] 11 avril 1776. — *Marie*, b [7] 7 mai 1702; m [7] 10 nov. 1732, à Joseph RIVARD. — *Pierre*, b [7] 24 oct. 1703; m 25 janvier 1730, à Françoise LESIEUR, à Yamachiche[9]; s [9] 17 dec. 1760. — *Marie-Geneviève*, b [7] 31 mars 1706; m [7] 29 fevrier 1728, à Jean RIVARD; s [9] 29 juillet 1746.

1720, (12 février) Batiscan.[4]
II.—TOUTANT, JOSEPH, [NICOLAS I.
b 1691.
1° RIVARD (3), Marie-Françoise, [JULIEN II.
b 1700; s 8 fevrier 1733, à Champlain.[5]
Joseph, b [5] 21 déc. 1720; s [5] (noyé) 27 juillet 1738 —*Jean-Baptiste*, b [5] 10 juillet 1722; 1° m à Marie-Joseph NEVEU; 2° m 3 juin 1765, à Louise PERRAULT, à Ste-Anne-de-la-Perade. — *Marie-Françoise*, b [5] 3 oct. 1723. — *Alexis*, b [5] 23 et s [5] 29 oct. 1724. — *Marie-Joseph*, b [5] 2 oct. 1725. — *Jean-François*, b [5] 6 dec. 1726. — *Marie-Joseph*, b [5] 27 mai et s [5] 1er juin 1728. — *Marie-Joseph*, b [5] 10 juillet 1729; m 1754, à Michel DISY.— *Marie-Geneviève*, b [5] 2 mars 1731. — *Angélique*, b [5] 8 février et s [4] 25 mai 1733.—*Marie-Anne*, b 8 fevrier 1733.

1737, (30 nov.)[5]
2° NEVEU, Marie-Renee, [ADRIEN II.
b 1687.

1722, (18 nov.) Ste-Anne-de-la-Perade.[8]
II.—TOUTANT, JEAN-BTE, [NICOLAS I.
b 1699; s [8] 11 avril 1776.
1° RIVARD (1), Madeleine, [JULIEN II.
b 1692; veuve de Louis Perrot; s [8] 26 juillet 1729.
Marie-Madeleine, b [8] 22 août 1723; s [8] 21 mai 1732. — *Marie-Anne*, b [8] 5 août 1724. — *Marie-Anne*, b [8] 5 sept. 1724; s [8] 2 mars 1743.—*Jean-Baptiste*, b [8] 29 juin 1726; s [8] 4 mai 1732.— *Alexis*, b [8] 21 et s [8] 23 mai 1728.

1733, (18 mai).[8]
2° TROTIER (1), Marie-Madel., [FRS-MARIE III.
b 1708; s [8] 15 mai 1765.
Marie-Françoise, b [8] 25 mars et s [8] 11 mai 1734.—*Joseph*, b [8] 28 mars 1735; s [8] 6 sept. 1736 —*Marie-Joseph*, b [8] 26 juin et s [8] 13 juillet 1737 — *Alexis*, b [8] 16 juillet 1738. — *Antoine*, b [8] 22 août et s [8] 3 sept. 1740.— *Marguerite*, b [8] 5 et s [8] 8 sept. 1741.— *Pierre-Thomas*, b [8] 7 sept. 1742; m [8] 15 avril 1771, à Geneviève ROY. — *Marie-Madeleine*, b [8] 15 fevrier 1745; m [8] 19 oct. 1760, à Nicolas DURY. — *Jean-Baptiste*, b [8] 22 et s [8] 2.. mars 1747. — *Geneviève* (idiote), b [8] 9 mai 1748; s [8] 14 fevrier 1758. — *Jean-Baptiste*, b [8] 6 mars 1751.—*Marie-Louise*, b [8] 11 et s [8] 21 mai 1752

1730, (25 janvier) Yamachiche [9]
II.—TOUTANT, PIERRE, [NICOLAS I.
b 1703; s [9] 17 déc. 1760.
LESIEUR, Françoise, [CHS-JULIEN II.
b 1705.
Marie-Françoise, b [9] 24 février 1731; m [9] .. mai 1752, à Antoine RIVARD. — *Anonyme*, b [9] et s [9] 20 juin 1732. — *Pierre-Amable*, b [9] 5 février 1735; m [9] 13 fevrier 1757, à Marie-Antoinette RIVARD. — *Marie-Anne*, b [9] 24 mars 1737; s [9] .. fevrier 1739.—*Marie-Madeleine*, b [9] 18 sept. 1739; m [9] 26 sept. 1758, à François LESIEUR. — *Marie-Charlotte*, b [9] 26 dec. 1741. — *Marie-Elisabeth*, b [9] 19 oct. 1743. — *Geneviève*, b [9] 17 nov. 1745; m [9] 8 avril 1766, à Joseph MASSÉ. — *Marie-Amable*, b... s [9] 5 février 1756.

III.—TOUTANT, JEAN-BTE, [JOSEPH II.
b 1722.
1° NEVEU, Marie-Joseph, [FRANÇOIS III.
b 1729.
Marie-Joseph, b... m à Joachim MARCHAND. — *Joseph*, b... m 8 février 1779, à Marie-Anne RAOUL-MORINVILLE, à Batiscan.—*Alexis*, b... s [3] mai 1766, à l'Hôpital-General, M.

1765, (3 juin) Ste-Anne-de-la-Perade.
2° PERRAULT, Louise, [PIERRE-FRS I.
b 1743.

(1) En marge, Michaud, 1765.
(2) Voy. vol. I, p. 571.
(3) LaGlanderie.

(1) Belcour.

1757, (13 février) Yamachiche. [1]

II.—TOUTANT, PIERRE-AMABLE, [PIERRE II.
b 1735.
RIVARD, Marie-Antoinette, [LS-JOSEPH II.
b 1736.
Pierre-Amable, b [1] 21 janvier 1759.— *Antoine*, [1] 7 août 1761. — *Jean-Joachim*, b [1] 19 janvier [17]64. — *Joseph* et *Ignace*, b [1] 28 février et s [1] 18 [ma]rs 1766. — *Raphaël* et *Antoinette*, b [1] 14 sept. [.] s [1] 3 oct. 1767. — *Marie-Clémence*, b [1] 1er oct. [17]68.

1771, (15 avril) Ste-Anne-de-la-Pérade. [1]

II.—TOUTANT, PIERRE-THOMAS, [JEAN-BTE II.
b 1742.
ROY, Geneviève, [MICHEL III.
b 1750.
Jean-Baptiste, b [1] 18 mars 1772.—*Pierre*, b [1] 25 [ja]nvier 1774.—*Joseph*, b [1] 25 oct. 1775.—*Michel-[T]elesphore*, b [1] 5 janvier 1778.—*Joachim-Paul*, [b] [1] 25 janvier 1780.

1779, (8 février) Batiscan.

V.—TOUTANT, JOSEPH. [JEAN-BTE III.
RAOUL-MORINVILLE, Marie-Anne. [ALEXIS III.

[T]OUVENIN.—Voy. THOUVENIN.

[T]OUVET.—*Variation et surnom :* TAURET — SANSOUCY.

1756, (23 mai) Cap-de-la-Madeleine.

—TOUVET (1), MICHEL, fils de Michel et de Marie-Louise Biret, de Pinel, Dauphiné.
ROBERT, Marguerite, [CLAUDE II.
b 1724.
Michel, b 8 juillet 1757, à Nicolet [4], s [4] 17 avril [17]58.—*Claude*, b [4] 7 sept. 1759.

[T]OUZELIER.—*Variation et surnom :* TOUSSELIEU—LANGUEDOC.

1759, (15 janvier) Chambly. [5]

—TOUZELIER (2), FRANÇOIS, soldat ; fils de Jean et d'Anne Reine, de St-Denis-de-Montpellier, Bas-Languedoc.
LAVIOLETTE, Catherine, [FRANÇOIS.
veuve de Michel Boileau.
Dorothée, b [5] 18 mai 1760.

[T]OZIN.—Voy. TOUSSAINT, 1762.

—TRAHAN, JEAN,
b 1688, Acadien ; s 25 mars 1758, à St-Charles. [6]
GIROIR, Marie,
b 1698 ; Acadienne ; s [6] 14 mars 1758.
Pierre, b 1752 ; s 22 oct. 1756, à Quebec.

(1) Et Tauret dit Sansoucy.
(2) Et Tousselieu dit Languedoc.

I.—TRAHAN, ETIENNE,
b 1693 ; s 19 janvier 1758, à St-Pierre-du-Sud. [7]
ROY, Françoise,
b 1698 ; s [7] 12 janvier 1758.
François, b... 1° m 22 janvier 1759, à Marie-Joseph BARIAU, à St-Charles ; 2° m 11 janvier 1768, à Marie-Ursule GAUDREAU, à St-Thomas [8] ; 3° m [8] 28 avril 1772, à Marie-Geneviève BOULET.

I.—TRAHAN, JEAN-BTE,
b 1710 ; Acadien ; s 15 février 1758, à St-Charles. [1]
BOUDROT (1), Catherine,
Acadienne.
Osithe, b... m 27 oct. 1760, à Pierre SYRE, à St-Frs-du-Sud. — *Madeleine*, b... m à Philippe DESCHAMPS.—*Pélagie*, b 1747 ; s [1] 23 déc. 1756.—*Marie-Anne*, b 1753 ; s 28 avril 1764, à Québec. [2] —*Jean-Baptiste*, b 1er février 1755, à l'Ile-St-Jean, Acadie ; s [2] 19 sept. 1756.

I.—TRAHAN, PAUL,
Acadien.
BOUDROT, Marie,
b 1718 ; Acadienne ; s 21 février 1758, à St-Charles.
Marguerite, b 1739 ; s 4 sept. 1756, à Québec.

I.—TRAHAN, JEAN-BTE,
Acadien.
HÉBERT, Marie,
Acadienne.
Marie, b... m 18 sept. 1769, à Jacques HÉBERT, à St-Philippe.

I.—TRAHAN, CHARLES,
Acadien.
LANDRY, Madeleine-Anne,
Acadienne
Joseph, b... s 2 sept. 1767, à Yamachiche. [9] — *Marguerite*, b [9] 4 oct. 1767.—*Jean-Baptiste*, né... b [9] 25 oct. 1767.— *Anne*, née... b [9] 25 oct. 1767. — *Etienne*, b [9] 1er août 1768.

1759, (22 janvier) St-Charles. [2]

II.—TRAHAN, FRANÇOIS. [ETIENNE I.
1° BARIAU, Marie-Joseph, [NICOLAS I.
b 1740 ; s 4 sept. 1767, à St-Thomas. [3]
Pierre, b [2] 7 nov. 1759.
1768, (11 janvier). [3]
2° GAUDREAU, Marie-Ursule, [JOSEPH III.
b 1750 ; s [3] 11 février 1772.
1772, (28 avril). [3]
3° BOULET, Marie-Geneviève, [PAUL III.
b 1747.

I.—TRAHAN, PIERRE-ELIE,
Acadien.
BRUN, Marie-Madeleine,
b 1751 ; Acadienne ; s 24 juin 1790, à Québec. [7]
Louise, b 1771 ; m [7] 6 nov. 1798, à Jean MARTIN.

(1) Elle épouse, le 3 nov. 1762, François Girouer, à Québec.

1779, (4 mai) Québec.
I.—TRAHAN, CHARLES, fils de Jean-Baptiste et d'Elisabeth Leviron, de l'Acadie.
LEBRUN, Marie-Praxède. [JEAN-BTE.

I.—TRAHAN, PIERRE,
Acadien.
1° BUSSIÈRE, Marie-Thérèse,
b 1767; s 18 mars 1795, à Québec.[8]
1796, (10 mai).[8]
2° ROUILLARD, Charlotte, [FRANÇOIS IV.
b 1752.

I.—TRAHAN, OLIVIER,
Acadien.
CHALON, Angélique, [PIERRE II.
b 1762; s 27 oct. 1843, à Québec.

1668, (12 nov.) Montréal.
I.—TRAJOT (1), ANDRÉ,
meunier; s 6 mars 1684, à la Pte-aux-Trembles, Q.
GUILLIN (2), Françoise.

TRANCHANT.—*Surnom :* ST. ANTOINE.

1733, (26 mai) Québec.[5]
I.—TRANCHANT (3), ANTOINE, fils de Louis et de Geneviève Colombier, de Ste-Magdeleine, diocèse de Beziers, Bas-Languedoc.
1° COUTAUT, Elisabeth, [JACQUES I.
b 1714.
Louise-Elisabeth, b[5] 22 février et s[5] 10 juin 1734. — *Jean-Antoine*, b[5] 10 mars et s[5] 16 avril 1735. — *Marguerite*, b[5] 15 juillet 1736, s[5] 10 février 1738, à Ste-Anne-de-la-Perade. — *Marie-Anne*, b[5] 9 février et s[5] 2 avril 1739.—*Madeleine*, b... m 29 oct. 1770, à Julien LABELLE, à Sorel. — *Jean-Baptiste*, b 5 déc. 1743, à St-Frs-du-Lac[6]; s[6] 5 juillet 1744.
1744.
2° LAFRANCHISE, Louise.
Marie-Jeanne, b[6] 29 juin 1745; s[6] 1er août 1748. — *Marguerite-Suzanne*, b[6] 23 juin 1750.

TRANCHEMONTAGNE.—Voy. BAUSIER—CORBEIL et GOURBEIL—DANEAU—DESNOYERS—FORTIER—LAISNÉ—LESCUYER—LESPARDIER—PEPIN—PIZACHON—ROUSSEL—ST. PIERRE—SULLIÈRES et SUYER—SUSTIER—THOMAS—VILELAIN.

I.—TRANCHEMONTAGNE, ..., vieillard; s 5 août 1731, à la Baie-du-Febvre.

TRANCHEMONTAGNE, FRANÇOIS.
ST. PIERRE, Pétronille.
Joseph-François, b 18 mai 1761, à l'Ile-Dupas.

TRANQUILLE.—Voy. GEORGET—JOURDANAIS.

TRAVALIN.—Voy. TAVERNIER.

TRAVERS.—*Variation et surnom :* TRAVERS-SANSREGRET.

1712, (16 août) Québec.[3]
I.—TRAVERS (1), FRANÇOIS, b 1679; fils de Je... et de Marie Treuvé, de St-Grégoire, Angers; s[3] 16 dec. 1749.
MEUNIER-LAFRAMBOISE, Françoise, [JULIEN I.
b 1691.
Anonyme, b et s 23 juin 1713, au Château-Richer.[4] — *Marie-Françoise*, b[4] 12 sept. 1714. — *Nicolas*, b 1717; s 29 juillet 1736, à Montréal. — *Marie-Louise*, b[3] 21 février 1718; s[3] 25 ... 1750.—*François*, b[3] 18 juillet 1722; m 11 nov. 1749, à Therèse DUPILLE, à St-Pierre, I. O.[5]; s ... janvier 1758.—*Pierre*, b[3] 22 mars 1725; m[5] 11 nov. 1749, à Marguerite DUPILLE; s[3] 23 janvier 1754.—*Joseph-François*, b[3] 25 mai 1727; m[3] 2... mai 1757, à Geneviève CHAMBERLAN. — *Marie-Françoise*, b[3] 5 août 1729, m[3] 18 oct. 1756, à Alexis DROUIN; s[3] 7 juillet 1758.—*Suzanne*, b[3] 9 juin 1732, s[3] 6 nov. 1752.—*Jacques-François*, b[3] 14 nov. 1735, m[3] 6 juillet 1761, à Marguerite BONNEAU.

1749, (11 nov.) St-Pierre, I. O.
II.—TRAVERS, FRANÇOIS, [FRANÇOIS I.
b 1722, s 2 janvier 1758, à Québec.[7]
DUPILLE (2), Thérèse, [AUGUSTIN II.
b 1727.
Françoise-Thérèse, b[7] 16 et s[7] 28 sept. 1750. —*François*, b 1751; s[7] 5 août 1752.—*Marie-Suzanne*, b[7] 24 février 1753.—*Marie-Thérèse*, b[7] 10 oct. 1754; s[7] 29 dec. 1757.—*François*, b[7] 1... dec. 1755; s[7] 13 sept. 1756.—*Jean-Baptiste*, b[7] 22 février et s[7] 6 juillet 1757.

1749, (11 nov.) St-Pierre, I. O.
II.—TRAVERS, PIERRE, [FRANÇOIS I.
b 1725; charretier; s 23 janvier 1754, à Québec.[8]
DUPILLE, Marguerite, [AUGUSTIN II.
b 1727; s[8] 15 avril 1752.
Marie-Louise, b[8] 23 août et s[8] 24 oct. 1750. — *Pierre-François*, b[8] 31 oct. 1751.

1757, (23 mai) Québec.[9]
II.—TRAVERS, JOSEPH-FRANÇOIS, [FRANÇOIS I.
b 1727.
CHAMBERLAN, Marie-Geneviève, [JEAN-BTE III.
b 1737.
Marie-Geneviève, b[9] 4 et s[9] 24 avril 1758. — *Marie-Joseph*, b 15 nov. 1759, à Yamachiche.

1761, (6 juillet) Québec.[1]
II.—TRAVERS, JACQUES-FRS, [FRANÇOIS I.
b 1735.
BONNEAU (3), Marguerite. [JOSEPH III.
Jacques, b[1] 17 juin 1762.

---

(1) Voy. vol. I, p. 571.
(2) Elle épouse, le 27 janvier 1709, Claude Robillard, à Montréal.
(3) Appelé Jean-Baptiste St-Antoine, en 1770.

(1) Dit Sansregret.
(2) Elle épouse, le 29 janvier 1759, François Tailleur, à Québec.
(3) Elle épouse, le 17 janvier 1774, François Gauli..., à Québec.

[TR]AVERSY.—Voy. LANGLOIS.

1745, (8 nov.) Cap-St-Ignace.

[I.]—TRÈBER (1), LOUIS, b 1729; fils de Pierre et de Julienne Dehais, de St-Malo, Basse-Bretagne; s 15 nov. 1749, à l'Islet.[2]

[C]ARON (2), Marie-Madeleine, [IGNACE III. b 1720; veuve de Joseph Bernier.

Louis-Marie, b[2] 17 août 1748.—*Louis-Romain*, 20 juin 1750.

[I.]—TRECESSON (3), ...

[TR]EFFLÉ.—*Variations et surnoms :* TREFFLEY—TRUFFLÉ—ROTOT et ROTTOT—ROULEAU.

1691, (5 fevrier) Québec.[8]

[I.]—TREFFLÉ (4), FRANÇOIS, [FRANÇOIS I. b 1666; s [8] 19 janvier 1703.

[N]ORMAND (5), Geneviève, [JEAN I. b 1672.

Pierre, b [8] 7 nov. 1695; 1° m 20 février 1726, Marie-Anne BAU, à Montréal; 2° m [8] 20 juillet [17]29, à Elisabeth GAUTIER.

1719, (28 janvier) Beauport.[3]

[II.]—TREFFLÉ, FRANÇOIS, [FRANÇOIS II. b 1693; s 8 juin 1735, à Québec.[4]

[L]AVISSE (6), Marie-Jeanne, [JACQUES II. b 1700.

François, b [3] 5 déc. 1720. — *Pierre-Paul*, b [3] 6 [dé]c. 1721. — *Agathe*, b 23 mai 1723, à Charlesbourg; m [4] 12 août 1743, à Jacques IMBERT. — *François*, b [4] 8 avril 1724. — *Louise-Françoise*, b [4] 26 oct. 1726; s [4] 29 août 1730. — *Marguerite-Geneviève*, b [4] 21 mars et s [4] 27 déc. 1729. — *Elisabeth-Geneviève*, b [4] 13 et s [4] 14 janvier 1731. — *Marie-Madeleine*, b [4] 13 janvier 1731; 1° m [4] 5 [fé]vrier 1753, à Luc SCHMID; 2° m [4] 15 avril 1761, Dominique JANSON. — *Geneviève-Françoise*, b [4] [..] avril 1732; m [4] 19 nov. 1751, à Vital DUPONT. — *Marie-Françoise*, b [4] 12 oct. 1733.

1726, (20 février) Montreal.

[I]I.—TREFFLÉ (7), PIERRE, [FRANÇOIS II. b 1695; marchand.

1° LEBEAU, Marie-Anne, [LOUIS II. b 1710; s 18 déc. 1726, à Québec.[7]

Pierre, b [7] 10 dec. 1726; s [7] 23 janvier 1727.

1729, (20 juillet).[7]

2° GAUTIER, Marie-Elisabeth, [JEAN II. b 1711; s [7] 24 mars 1785.

Marie-Elisabeth, b [7] 17 mai 1730; m [7] 1er juillet [17]48, à Louis DUNIÈRE. — *Pierre*, b [7] 8 avril et s 18 août 1731, à Lorette.[8] — *Marie-Charlotte*, b [7] 4 janvier et s [8] 6 juillet 1733. — *Marie-Anne*, b [7] 21 déc. 1734; m [7] 2 oct. 1754, à Pierre PANET. — *Pierre*, b [7] 7 sept. 1736; m 28 sept. 1767, à Angélique LECOURS, à Lachenaye.—*Pierre-Bernard*, b [7] 20 sept. 1737. — *Marie-Charlotte*, b [7] 5 oct. 1738. — *Ursule*, b [7] 22 oct. 1739; s [7] 26 oct. 1744.—*François*, b [7] 31 janvier 1741; s [7] 13 oct. 1743. — *Marie-Catherine*, b [7] 2 avril 1742; m [7] 26 sept. 1764, à Pierre VALLÉE.—*Geneviève*, b [7] 1er juin 1744; s 26 mars 1745, à Charlesbourg.[9] — *Marie-Joseph*, b [7] 27 juin 1745; m à Jean-Guillaume WOOLSEY. — *Marie*, b [7] 21 nov. 1747; s [9] 12 mars 1749. — *François*, b [7] 14 oct. 1751; s [7] 13 juillet 1752.

(1) Le 10 nov. 1749, à l'Islet, il signait aux noces de [Pi]erre Cloutier.

(2) Elle épouse, le 8 février 1751, Julien Turgot, à l'Islet.

(3) Commandant un bataillon du régiment de Berry, le 19 [fé]vrier 1759, à St-François, I. O.

(4) Voy. vol. I, p. 571.

(5) Elle épouse, le 4 février 1704, François De la Rue, à [Q]uébec.

(6) Elle épouse, le 26 juin 1736, Simon Soupiran, à [Q]uébec.

(7) Dit Rotot.

1729, (5 oct.) Québec.[5]

III.—TREFFLÉ, CHS-MILLES, [FRANÇOIS II. b 1698; s [5] 8 juillet 1730.

BRISSON (1), Geneviève, [RENÉ II. b 1709.

Marie-Geneviève, b [5] 8 janvier 1731; s [5] 24 mai 1733.

1767, (28 sept.) Lachenaye.[8]

IV.—TREFFLÉ (2). PIERRE, [PIERRE III. b 1736; marchand.

LECOURS, Angélique. [GILLES-ETIENNE III.

Pierre, b [8] 5 et s [8] 19 avril 1769.—*Pierre*, b [8] 4 déc. 1770.

TREFFLEY.—Voy. TREFFLÉ.

I.—TREFIEL (3), ANTOINE, b 1727; fils d'Antoine et de Marie Fredière, de Ste-Eugénie, diocèse de Nisme, Languedoc; s (de mort accidentelle) 10 juin 1759, à Charlesbourg.

TREHAIS.—Voy. TREHET.

TREHET.—*Variation :* TREHAIS.

1757, (7 février) Lorette.

I.—TREHET (4), NICOLAS, fils de René et d'Agathe Cabrion, de St-Maurice, diocèse de Tours, Touraine.

DION, Ursule, [LOUIS II. b 1733.

Marie-Ursule, b 14 janvier et s 9 juillet 1758, à Quebec.[2] — *Alexis-Nicolas*, b [2] 24 août 1759.

I.—TREILLI, RENÉ, b 1672; de Louisbourg; s 8 janvier 1750, à St-Thomas.[8]

MAISONNAT, Judith.

Isaac, b 1720; m [8] 11 avril 1752, à Marie-Elisabeth FOURNIER; s 28 nov. 1755, au Cap-St-Ignace.

(1) Elle épouse, le 16 sept. 1732, Jean-Bernard Bruyère, à Québec.

(2) Dit Rotot.

(3) Soldat de la compagnie de la Ferté, régiment de la Sarre.

(4) Soldat bombardier.

1752, (11 avril) St-Thomas.

II.—TREILLI, Isaac, [René I.
b 1720; s 28 nov. 1755, au Cap-St-Ignace.[6]
Fournier (1), Marie-Elisabeth, [Ambroise III.
b 1731.

René, b[6] 3 janvier 1753. — *Joseph*, b[5] 16 oct. 1754; s[5] 3 juin 1762. — *Isaac*, b... m 22 janvier 1776, à Marie-Louise Quirion, à St-Joseph, Beauce.

1776, (22 janvier) St-Joseph, Beauce.[7]

III.—TREILLI, Isaac. [Isaac II.
Quirion, Marie-Louise, [François-Marie III.
b 1755.

Catherine, b[7] 22 sept. 1776. — *Marie-Marguerite*, b[7] 3 mars et s[7] 22 avril 1778.

TREMBLAY. — *Variations :* Tremblé — Tremblois — Desrosiers dit Dutremble.

1657, (2 oct.) Québec.[1]

I.—TREMBLAY (2), Pierre,
b 1626.
Achon, Ozanne,
b 1633; s[1] 24 déc. 1707.

Madeleine, b[1] 22 août 1658; m 25 nov. 1671, à Nicolas Roussin, à L'Ange-Gardien[2]; s[2] 10 avril 1736.—*Pierre*, b[1] 12 août 1660; 1° m 3 nov. 1683, à Madeleine Simard, à Ste-Anne[3]; 2° m[2] 15 nov. 1685, à Marie Roussin; s 17 oct. 1736, à la Petite-Rivière.—*Michel*, b[1] 10 sept. 1662; m 20 juin 1686, à Geneviève Bouchard, à la Baie-St-Paul.[4] —*Jacques*, b 23 juin 1664, au Château-Richer[5]; m[3] 5 nov. 1696, à Agathe Lacroix; s[2] 29 mars 1741.—*Louis*, b[5] 30 sept. 1667; 1° m[2] 27 nov. 1691, à Marie Perron; 2° m[3] 19 juillet 1706, à Françoise Morel; 3° m[2] 26 août 1716, à Marie Letarte; 4° m[1] 29 juillet 1727, à Marie-Madeleine Marquis.—*Louise*, b[5] 21 oct. 1669; 1° m[2] 6 nov. 1689, à Ignace Gagné; 2° m[4] 3 mai 1716, à Antoine Buteau.

1683, (3 nov.) Ste-Anne.[6]

II.—TREMBLAY (3), Pierre, [Pierre I.
b 1660; s 17 oct. 1736, à la Petite-Rivière.
1° Simard, Madeleine, [Noël I.
b 1666; s[6] 24 août 1684.

Pierre, b 25 août 1684, à la Baie-St-Paul.[7]

1685, (15 nov.) L'Ange-Gardien.

2° Roussin, Marie, [Nicolas II.
b 1669.

Rosalie, b[7] 14 janvier 1687; m[7] 21 avril 1711, à Pierre-Louis Girard; s[7] 28 août 1711.—*Marie-Madeleine* (4), b[7] 19 juillet 1688; m[7] 10 avril 1709, à Joseph Gagnon; s 28 oct. 1755, aux Eboulements.[8] — *Etienne*, b[7] 26 dec. 1690; m[7] 12 nov. 1715, à Marie Fortin; s[8] 20 sept. 1767.— *Geneviève*, b[7] 9 février 1693; m[7] 18 avril 1725, à Etienne Simard; s[7] 8 mars 1726.—*Louis*, b[7] 2.. février 1695; m[7] 25 juin 1715, à Madeleine Bouneau; s[8] 24 oct. 1772.—*Marie*, b[7] 15 mars 1697; 1° m[7] 19 juin 1719, à Julien Fortin; 2° m 9 nov. 1750, à Louis Paré, à St-Joachim.—*Nicolas*, b[7] 23 janvier 1699; m[7] 18 janvier 1724, à Louise Simard; s[8] 16 août 1748.—*Jean*, b[7] 25 mars 1701; m[7] 21 avril 1726, à Catherine DeLavoye; s[8] 2. août 1783.—*François-Xavier*, b[7] 15 nov. 1702; m[7] 6 nov. 1726, à Marie-Reine Dufour.—*Augustin*, b[7] 24 août 1704.—*Joseph*, b[7] 3 juillet 1706; 1° m[7] 7 février 1732, à Geneviève Gontier; 2° m 1746, à Marie-Jeanne Vésina; 3° m 15 sept. 1778, à Agathe Laforest, à l'Ile-aux-Coudres.—*Marie-Angélique*, b[7] 17 août 1708; m[7] 23 nov. 1729, à Jacques DeLavoye.—*Marie-Anne*, b[7] 13 août 1710; m[7] 29 oct. 1732, à Joseph Dufour.—*Marie-Joseph*, b[7] 19 avril 1711; m[7] 12 nov. 1731, à Paul Filion.

1686, (20 juin) Baie-St-Paul.[1]

II.—TREMBLAY (1), Michel, [Pierre I.
b 1662.
Bouchard, Geneviève, [Claude I.
b 1672; s 23 mars 1754, à la Petite-Rivière.

Geneviève, b[1] 7 août 1688.—*Marie-Angélique*, b[1] 29 sept. 1690; m[1] 11 février 1709, à Jacques Duchesne; s[1] 24 oct. 1715.—*Marie Thérèse*, b[1] 2. fevrier 1693; m 9 fevrier 1728, à Charles Dupuy, à Laprairie[3]; s[3] 3 mai 1733.—*Michel*, b[1] 29 août 1694; m à Geneviève Pilote.—*Joseph*, b[1] 2. août 1696; m 1727, à Agnès Bouchard.—*Antoine*, b[1] 5 août 1698; m 14 mai 1724, à Marie-Anne Pilote, à Quebec[4]; s[4] 12 fevrier 1758.—*Catherine*, b[1] 3 juin 1700.—*Louis*, b[1] 10 juin 1702; m[1] 11 mai 1734, à Ursule Simard; s[2] 5 dec. 1755.—*Jacques*, b[1] 13 mai 1704; m[3] 21 fevrier 1731, à Marie-Renée Roy; s 12 oct. 1755, à Lachine.—*Ursule*, b[1] 17 mars 1706; m[4] 22 oct. 1730, à Charles Pilote.—*Pierre*, b[1] mars 1708; m 1733, à Madeleine Simard.—*Augustin*, b[1] 6 mars 1710; m[1] 13 fevrier 1741, à Marie-Judith Laforest; s 13 juillet 1795, au Détroit.[5]—*Jean-Baptiste*, b[1] 23 dec. 1714; m[1] 25 nov. 1737, à Catherine Guay.—*Ambroise*, b... m[1] 20 janvier 1744, à Marguerite Simard; s[5] 1er mars 1767.

1691, (27 nov.) L'Ange-Gardien.[1]

II.—TREMBLAY (1), Louis, [Pierre I.
b 1667.
1° Perron, Marie, [Daniel I.
b 1667; s 7 avril 1706, à la Baie-St-Paul.[1]

Marie-Dorothée, b[1] 28 sept. 1692; m[2] 21 janvier 1715, à Etienne Debien. — *François-Xavier*, b[2] 12 avril 1695; m[2] 24 nov. 1718, à Marie-Madeleine Bouchard; s 20 sept. 1755, à l'Ile-aux-Coudres.[3] — *Louise*, b[2] 24 juin 1697; m[2] 17 nov. 1720, à François Rousset.—*Rosalie*, b[2] 29 sept. 1699; m[2] 17 nov. 1722, à Sébastien Hervé; s[3] 20 août 1740.—*Marie-Madeleine*, b[2] 30 oct. 1701; m[2] 5 nov. 1726, à François-Xavier Fortin.—*Louis*, b[2] 14 août 1703; m[2] 11 nov. 1726, à Brigitte Fortin; s 7 avril 1757, à la Petite-Rivière.[4]

(1) Elle épouse, le 7 février 1757, Joseph Gamache, au Cap-St-Ignace.

(2) Voy. vol. I, pp. 571-572.

(3) Seigneur des Eboulements; voy. vol. I, p. 572.

(4) Le 25 janvier 1755 elle et son mari faisaient acte de donation à leur fille par devant l'abbé Coquart, missionnaire.

(1) Voy. vol. I, p. 572.

1706, (19 juillet) Ste-Anne.

2° MOREL, Françoise, [GUILLAUME I.
b 1680; s [3] 3 mai 1715.

Guillaume, b [3] 22 juin 1707; m [3] 23 nov. 1729, à Marie-Jeanne GLINEL; s [3] 20 sept. 1755.—*Françoise*, b [3] 29 déc. 1708; m [4] 14 nov. 1735, à Michel POTVIN.—*Etienne*, b [3] 13 nov. 1710; m [4] nov. 1734, à Marie-Louise BONNEAU; s [8] 20 sept. 1755.—*Marie-Reine*, b [3] 11 déc. 1712; m [4] nov. 1736, à Ignace DUFOUR; s [3] 18 oct. 1758. *Elisabeth*, b [3] 5 mars 1715; m [4] 8 nov. 1734, à Bonaventure DUFOUR.

1716, (26 août).[1]

3° LETARTE, Marie, [CHARLES II.
b 1681; veuve de Charles Brisson.

Marie-Joseph, b [3] 4 juin 1717; m [4] 10 janvier 1735, à François SIMARD; s [3] 26 nov. 1735.—*André*, b [3] 23 avril 1719; m [4] 28 avril 1739, à Catherine BOUCHARD.—*Joseph*, b [3] 17 août 1720; m [4] 6 nov. 1742, à Marguerite BOUCHARD; s [8] 17 nov. 1758.

1727, (29 juillet) Québec.

4° MARQUIS, Marie-Madeleine, [CHARLES I.
b 1675; veuve de Henri Châteauneuf; s [4] 7 mars 1747.

1696, (5 nov.) Ste-Anne.[6]

I.—TREMBLAY (1), JACQUES, [PIERRE I.
b 1664; s 29 mars 1741, à L'Ange-Gardien.[7]

LACROIX, Agathe, [FRANÇOIS I.
b 1675.

Marguerite, b [6] 29 avril 1700; m [7] 9 mai 1740, à Antoine ROULEAU.—*Jacques*, b [7] 31 août 1702; 1° m [7] 6 avril 1728, à Angélique QUENTIN; 2° m février 1756, à Marie-Joseph BLOUIN, à St-Jean, I. O.—*Pierre*, b [7] 11 mai 1706; m [7] 25 nov. 1737, à Anne QUENTIN.—*Louis*, b [7] 20 janvier 1709; m 3 février 1739, à Catherine ROUSSEAU, à St-Pierre, I. O.; s 13 juin 1780, à Québec. *Michel*, b 29 juin 1711, au Château-Richer, m 15 février 1740, à Françoise RACINE.—*Augustin*, b [7] 26 mars 1715; m [7] 23 avril 1742, à Angélique HUOT.

1709, (17 nov.) Montréal.[5]

I.—TREMBLAY (1), JEAN-BTE, [JEAN II.
b 1682, s [5] 3 avril 1719.

BOUSQUET (2), Barbe, [JEAN I.
b 1684.

Jean-Baptiste, b [5] 16 oct. 1710; s [5] 9 mai 1727.

1715, (25 juin) Baie-St-Paul.[8]

II.—TREMBLAY, LOUIS, [PIERRE II
b 1695; s 24 oct. 1772, aux Eboulements.[9]

BONNEAU, Madeleine, [JOSEPH I.
b 1697, s [9] 13 déc. 1777.

Louis-André, b [8] 16 août 1717; m 16 nov. 1739, à Ursule SIMARD, à la Petite-Rivière.—*Jean*, b [8] avril 1719; m [8] 20 nov. 1741, à Charlotte BISSONNET.—*Geneviève*, b [8] 20 mai 1720; m 1743, à Joseph SIMARD.—*François*, b [8] 28 déc. 1721; m [8] 9 janvier 1747, à Marie-Madeleine PERRON.—*Marie-Jeanne-Françoise*, b [8] 9 mai 1723; m [9] 27 juillet 1750, à Basile DELAVOYE; s [8] 7 juillet 1756.—*Gertrude*, b [8] 10 février 1725.—*Etienne*, b [8] 15 sept. 1726; m [8] 26 janvier 1751, à Marie-Desanges BISSONNET.—*Joseph-Marie*, b [8] 7 avril 1728.—*Madeleine-Rose*, b [8] 24 février 1730; m [9] 23 nov. 1744, à Louis SIMARD.—*Marie-Charlotte*, b [8] 21 déc. 1731; m [9] 3 février 1749, à Jean BOUCHARD.—*Marie-Victoire*, b [8] 13 sept. 1733; m [9] 22 nov. 1757, à Joseph GONTIER.—*Pierre*, b [9] 12 février 1736; m [8] 24 nov. 1766, à Scholastique-Pélagie GAGNON.—*Cécile*, b [9] 28 oct. 1737.—*Guillaume*, b [9] 30 mai 1740; 1° m [9] 9 janvier 1764, à Marie DUBOURG; 2° m [6] 30 juin 1766, à Olive RACINE.

(1) Voy. vol. I, p. 572.
(2) Pour Desrosiers dit Dutremble, voy vol. III, p. 397.
(3) Elle épouse, le 8 janvier 1731, Charles Miville, à Montréal.

1715, (12 nov.) Baie-St-Paul.[8]

III.—TREMBLAY, ETIENNE, [PIERRE II.
b 1690; s 20 sept. 1767, aux Eboulements.[9]

FORTIN, Marie, [JACQUES II.
b 1700.

Marie-Catherine, b [8] 14 nov. 1717; m 1735, à Jean-Baptiste-Noël BOUCHARD.—*Etienne*, b [8] 1er et s [8] 29 janvier 1719.—*Cécile*, b [8] 1er juin 1721; m [9] 16 janvier 1742, à Joseph SIMARD.—*Joseph*, b [8] 15 nov. 1722; s [8] 12 janvier 1723.—*Marie-Joseph*, b [8] 28 nov. 1723; 1° m [9] 16 janvier 1742, à Noël GUAY; 2° m [8] 10 nov. 1760, à Ignace BOIVIN.—*Antoine*, b [8] 6 juillet 1725.—*Marie-Procule*, b [8] 4 nov. 1726; m [9] 4 nov. 1744, à Joseph GUAY.—*Etienne*, b 1728; 1° m [9] 30 avril 1754, à Marie-Michelle GAGNÉ; 2° m [9] 13 mai 1771, à Marie-Madeleine DELAVOYE.—*Marie-Victoire*, b [8] 2 avril 1729; m [9] 17 août 1746, à Augustin BALARD.—*Jean-François*, b [8] 5 nov. 1730; m [9] 22 février 1753, à Marie GONTIER.—*Marc-Antoine*, b [9] 2 août 1736.—*Louis-Roch-Augustin*, b [9] 22 nov. 1738; m [9] 31 août 1761, à Ursule-Constance SIMARD.—*Marie-Thérèse-Régis*, b [9] 30 août 1741; s [9] 4 février 1752.—*Elisabeth-Madeleine*, b [9] 1er juillet 1715; m [8] 26 nov. 1764, à Antoine BOUCHARD.

1718, (24 nov.) Baie-St-Paul.[6]

III.—TREMBLAY, FRANÇOIS-XAVIER, [LOUIS II.
b 1695; s (picote) 20 sept. 1755, à l'Ile-aux-Coudres.[7]

BOUCHARD, Marie-Madeleine, [FRANÇOIS II.
b 1700; s [7] (picote) 20 sept. 1755.

Geneviève, b [6] 30 mars 1720; m [7] 21 mai 1742, à Gabriel DUFOUR; s [7] (picote) 17 sept. 1755.—*Marie-Louise*, b [6] 25 août 1722.—*Marie*, b [6] 22 avril 1724; m 10 juin 1756, à Pierre LAGUE, à la Petite-Rivière.—*Marie-Jeanne*, b [6] 20 avril 1726; m [6] 21 mai 1766, à Michel PELLETIER.—*François*, b [6] 23 oct. 1727; 1° m [7] 6 juillet 1750, à Marie-Joseph DUFOUR; 2° m [7] 27 oct. 1760, à Marie-BOUILLANE.—*Louis*, b [6] 9 avril 1730; m 11 oct. 1751, à Monique DEMEULE, à St-Jean, I. O.—*Deux anonymes*, b [6] et s [6] 29 janvier 1732.—*Etienne*, b [6] 30 mars 1733; m [6] 2 juillet 1766, à Marie-Charlotte DELAGE.—*Marie-Joseph*, b 21 mars 1738, aux Eboulements.—*Etienne*, b [6] 9 mai 1740.—*Thérèse*, b... m [7] 28 août 1781, à René LEBELLAY.

1724, (18 janvier) Baie-St-Paul.[3]

III.—TREMBLAY, Nicolas, [Pierre II.
b 1699 ; s 16 août 1748, aux Eboulements.[4]

Simard, Louise, [Etienne II.
b 1696 ; s [4] 27 janvier 1764.

Basile, b [8] 9 fevrier 1725 ; 1° m [4] 23 nov. 1746, à Marie-Anne Gontier ; 2° m [4] 7 février 1752, à Françoise Terrien.—*Charles*, b [8] 28 mai 1726 ; m [8] 12 nov. 1749, à Félicite Duchesne.—*Etienne*, b [8] 10 janvier 1728 ; s [8] 24 nov. 1748.—*Vincent*, b [3] 14 août 1729 ; m 23 avril 1754, à Elisabeth Tremblay, à l'Ile-aux-Coudres.[5] — *Nicolas*, b [8] 8 janvier 1731 ; m [8] 24 nov. 1756, à Madeleine Fortin.—*Antoine*, b [8] 4 mars et s [8] 5 juin 1733. —*Louis-Marie*, b [3] 4 mars 1733 ; 1° m [8] 12 janvier 1757, à Marie-Anne-Victoire Girard ; 2° m [5] 23 août 1779, à Felicite DeLavoye.—*Marie-Agathe*, b [4] 9 mars 1737.

1724, (14 mai) Quebec.[6]

III.—TREMBLAY, Antoine, [Michel II.
b 1698 ; s [6] 12 fevrier 1758.

Pilote, Marie-Anne, [Jean II.
b 1701 ; s 17 août 1744, à la Baie-St-Paul.[7]

Marguerite, b [7] 25 mars 1725 ; m [7] 23 mai 1746, à Guillaume Laforest ; s 15 août 1768, au Détroit. —*Marie-Thérèse*, b [7] 22 juillet 1726 ; s [7] 30 avril 1731.—*Michel*, b [7] 7 juin 1728 ; 1° m [7] 8 avril 1755, à Rosalie Perron ; 2° m [7] 27 janvier 1777, à Félicité Perron.—*Antoine*, b [7] 16 juin 1729 ; s [7] 14 août 1732.—*Marie-Catherine*, b [7] 1er nov. 1730 ; 1° m [6] 24 avril 1758, à Jacques Bausier ; 2° m 17 août 1767, à Antoine Tabaut, à Lachine.—*Etienne*, b [7] 14 août 1732.—*Antoine*, b [7] 24 nov. et s 1er déc. 1733, à la Petite-Rivière.[8] — *Marie-Madeleine*, b [8] 9 janvier 1635 ; m [7] 30 juin 1766, à Joseph-François Fortin. — *Jean-Baptiste*, b [7] 13 sept. 1736.—*Antoine*, b [7] 7 sept. 1738. — *Augustin*, b [7] 26 juin 1740.—*Marie-Anne*, b [7] 28 mai 1742.—*Hyacinthe-Rémi*, b [7] 17 août 1744 ; m 4 mai 1767, à Madeleine Baudoin, à Repentigny.

1725.

III.—TREMBLAY, Michel, [Michel II.
b 1694.

Pilote, Geneviève, [Pierre II.
b 1699.

Augustin, b 1730 ; m 10 oct. 1763, à Elisabeth Roy, au Cap-de-la-Madeleine.

1726, (21 avril) Baie-St-Paul.[2]

III.—TREMBLAY, Jean, [Pierre II.
b 1701 ; officier de milice ; s 30 août 1783, aux Eboulements.[3]

DeLavoye, Catherine, [René II.
b 1704 ; s [3] 26 février 1779.

Marie-Roch, b [2] 13 mai 1727 ; m [3] 17 janvier 1747, à Ange Simard ; s [2] 2 déc. 1774.—*Marie-Anne*, b [2] 15 janvier et s [2] 12 février 1728.—*Marie-Catherine*, b [2] 30 janvier 1729 ; m [3] 17 janvier 1747, à Jérôme Girard.—*Jean*, b [2] 24 mars 1731 ; m 26 août 1754, à Marie-Louise Tremblay, à l'Ile-aux-Coudres.—*Elisabeth*, b [3] 13 avril 1733 ; m [3] 29 oct. 1754, à Ambroise Gautier.—*Marie-Anne*, b... m [3] 24 nov. 1756, à Jean Otisse.—*Alexis*, b [3] 29 janvier 1737 ; m [3] 30 sept. 1760, à Marie-Joseph-Rose-Angélique Gontier ; s [3] 28 nov. 1780.—*Etienne-Henri-Dieudonné*, b [3] 9 fevrier 1739 ; s [3] 10 mars 1759.—*Marie-Charlotte*, b [3] 25 janvier 1741 ; m [3] 31 août 1761, à François Simard.—*Gertrude*, b 1743 ; m [3] 3 mai 1762, à Louis-Charles Pilote.—*Jérôme-Jean*, b [3] 8 nov. 1745.—*Etienne-Gaspard*, b [3] 9 déc. 1747 ; m [2] 17 nov. 17.., à Emérance Bouchard.

1726, (6 nov.) Baie-St-Paul.[6]

III.—TREMBLAY, Frs-Xavier, [Pierre II.
b 1702.

Dufour, Marie-Reine, [Gabriel-Robert I.
b 1704.

Angélique, b [6] 10 janvier 1728 ; m 8 nov. 17.., à Jacques Fortin, à la Petite-Rivière.[7]—*Marie-Charlotte*, b [6] 1er déc. 1729 ; m [7] 1er juillet 17.., à Zacharie-Sebastien Hervé.—*François-Xavier*, b [6] 3 déc. 1731 ; m [7] 7 janvier 1754, à Marie-Joseph DeLavoye.—*Antoine*, b [7] 3 février 173.. ; 1° m [7] 6 février 1758, à Angelique Tremblay ; 2° m [7] 3 nov. 1761, à Marguerite DeLavoye.—*Marie-Agathe*, b [7] 9 fevrier 1736 ; m [7] 7 janvier 1754, à René DeLavoye.—*Jean-Baptiste*, b [7] .. avril 1738 ; m [7] 14 sept. 1761, à Angelique Simard. —*Etienne*, b [7] 10 juin 1740 ; m [6] 29 janvier 17.., à Apolline DeLavoye.—*Augustin*, b [7] 27 juillet 1742 ; m 1765, à Marie-Joseph Tremblay.—*Emérance*, b [7] 22 oct. 1745.—*Pierre-François*, b.. m [6] 8 janvier 1770, à Marie Tremblay.—*Ra..-Pierre*, b [7] 16 mai 1749 ; m 1769, à Marie-Ju.. Tremblay.

1726, (11 nov.) Baie-St-Paul.[8]

III.—TREMBLAY, Louis, [Louis II.
b 1703 ; s 7 avril 1757, à la Petite-Rivière.[9]

Fortin, Brigitte, [Jacques II.
b 1708.

Jacques, b [8] 5 août 1727 ; m 29 juillet 175.., à Marie-Anne Bolduc, à St-Joachim. — *Marie-Louise*, b [8] 16 avril 1729 ; m [9] 15 nov. 1750, à Michel Bouchard.—*Louis-Marie*, b [8] 15 juillet 1731 ; m [8] 2 janvier 1757, à Madeleine Alard.—*Brigitte*, b [8] 21 mars 1733 ; m [9] 25 nov. 1761, à Amable Perron.—*Mathieu*, b [9] 6 mars 173..—*André*, b [9] 10 avril 1737 ; m [9] 17 nov. 176.., à Emérance DeLavoye.—*Dorothée*, b [9] 1er mai 17.. ; m [9] 20 février 1759, à Joseph Coté.—*Pierre-François*, b [9] 14 juillet 1741 ; m [8] 19 oct. 17.., à Madeleine Gautier.—*Jean-Marie*, b [9] 2 mai 17.. ; m [8] 3 février 1766, à Marie-Charlotte Tremblay. —*Joseph-Hyacinthe*, b [9] 2 mars 1747.—*Laurent-Bruno*, b [9] 26 avril 1749 ; m 24 août 17.., à Françoise Vandal, aux Ecureuils.

1727.

III.—TREMBLAY, Joseph, [Michel II.
b 1696.

Bouchard, Agnès. [Frs I.

Joseph, b 28 juillet 1728, à la Baie-St-Paul ; m [1] 1er juin 1750, à Marie-Victoire DeLavoye.

1728, (6 avril) L'Ange-Gardien.[2]

III.—TREMBLAY, Jacques, [Jacques II.
b 1702.

1° Quentin, Angélique, [Louis I.
b 1707 ; s 19 nov. 1749, à St-Jean, I. O.[1]

Marie-Angélique, b [3] 26 déc. 1729 ; m [3] 20 janvier 1755, à Etienne Paradis ; s [3] 18 nov. 1755. —*Agathe*, b [3] 4 avril 1731 ; m [3] 27 juillet 1750, à Jean-Baptiste Raté.—*Brigitte*, b [3] 2 mai 1732 ; m [3] 27 juillet 1750, à Ambroise Fortier.—*Marie-Louise*, b 24 fevrier 1735, à St-Pierre, I. O. [4] ; m [3] 10 fevrier 1755, à Jean Fortier.—*Marie-Madeleine*, b [4] 3 février et s [4] 5 mars 1737.—*Ignace*, b [4] 13 mai 1738 ; m 11 avril 1768, à Agnès Paré, à Ste-Anne.—*Marie-Marguerite*, b [4] 19 juin 1740 ; s [3] 1er oct. 1751 (de mort subite).—*Marie-Madeleine*, b [4] 20 avril 1743.—*Jacques*, b [4] 9 nov. 1744. —*Marie-Françoise*, b [3] 9 fevrier et s 6 juin 1748, à St-François I. O.

1756, (16 février). [3]

2° Blouin, Marie-Joseph, [Jacques II.
b 1736.

Antoine, b [3] 9 janvier et s [3] 17 sept. 1757.—*Marie-Joseph*, b [3] 22 déc. 1759.

1729, (23 nov.) Baie-St-Paul. [5]

III.—TREMBLAY, Guillaume, [Louis II.
b 1707 ; s 20 sept. 1755, à l'Ile-aux-Coudres. [6]

Glinel, Marie-Jeanne, [Pierre II.
b 1706.

Marie-Françoise, b [5] 8 sept. 1730 ; m [6] 18 nov. 1756, à Pierre Savard ; s [6] 22 oct. 1758.—*Marie-Geneviève-Angélique*, b [5] 12 avril 1732 ; m [6] 3 nov. 1750, à François Bouchard.—*Marie-Madeleine*, b [5] 29 nov. 1733 ; m [6] 18 nov. 1756, à Pierre Hervé.—*Louis*, b 29 mars 1735, à la Petite-Rivière [7], m [6] 21 nov. 1757, à Catherine Pednot. —*Marie-Louise*, b [7] 3 juin 1736 ; m 1756, à François Savard ; s [6] 8 déc. 1758.—*Guillaume*, b [7] 1er mai 1738 ; m 1768, à Marie-Thérèse DeLavoye. —*Joseph-Marie*, b [5] 18 avril 1740 ; m [6] 8 oct. 1764, à Madeleine Bouillane. — *Marie-Thècle*, b [6] 17 fevrier 1742 ; m [6] 4 oct. 1762, à Joseph Desgagnes.—*Louis*, b... m [6] 8 oct. 1764, à Marie-Judith Dufour.—*Marie-Anne-Rose*, b [6] 7 avril 1744 ; m [6] juillet 1763, à Michel-Etienne-Joseph Pednot. —*Marie-Charlotte*, b [6] 12 avril 1746 ; m [6] 2 sept. 1771, à Joseph-Michel Dufour.—*Michel-David*, b [6] 23 mars 1748 ; m [6] 2 sept. 1771, à Marie Defoles.—*Marie-Jeanne*, b [6] 22 mars 1751 ; s [6] 27 août 1764.

1731, (21 fevrier) Laprairie. [3]

III.—TREMBLAY (1), Jacques, [Michel II.
b 1704 ; s 12 oct. 1755, à Lachine. [4]

Roy (2), Marie-Renee, [Pierre II.
b 1710.

Angélique-Amable, b 1er janvier 1732, à Montréal [5], m [4] 2 juin 1755, à Gabriel Gibaut.—*Joseph*, b [3] 24 juin 1734.—*Marie-Joseph*, b [3] 6 mars 1736 ; m [5] 8 janvier 1759, à Jean-Joseph Desgougres ; m 30 juillet 1770, à Louis-Jean Deneau, à St-Philippe. [6] — *Marthe*, b [3] 26 juin 1737 ; s [3] 11 fevrier 1739.—*Joseph*, b [3] 23 sept. 1739.—*Michel*, b [3] 7 mars 1741 ; s [3] 13 mars 1742.—*Jean-Baptiste*, b [3] 11 sept. 1742 ; m [6] 6 août 1761, à Marie-Amable Lestage.—*Marie-Reine*, b [4] 1er et s [4] 26 juin 1754.

(1) Appelé Tremblois et sa femme dite Reinerois, 1732.

(2) Elle épouse, le 18 avril 1757, Jacques Verron, à Montréal.

1732, (7 février) Baie-St-Paul [1] (1).

III.—TREMBLAY, Joseph, [Pierre II.
b 1706.

1° Gontier, Geneviève, [Louis II.
b 1712 ; s 10 oct. 1744, aux Eboulements. [2]

Pierre, b [1] 22 nov. et s [1] 15 déc. 1732,—*Joseph-Marie*, b [2] 25 oct. 1733 ; m 8 nov. 1762, à Marie Guilbaut, à St-Joachim. — *Marie-Geneviève*, b 1734 ; m [2] 8 nov. 1756, à Joseph Martel.—*Jean*, b [2] 10 février 1736 ; m 23 février 1767, à Madeleine Boucher, à la Rivière-Ouelle ; s 5 janvier 1771, à Kamouraska (2).—*Marie*, b [2] 6 février 1738.—*Louis-Jacques*, b [2] 31 août 1740 ; m [1] 27 nov. 1764, à Ursule-Sophie-Victoire Simard.—*Solenne*, b 1743 ; s [2] 11 mars 1760. — *Anne-Brigitte-Marie*, b [2] 9 oct. et s [2] 5 nov. 1744.

1746.

2° Vésina, Marie-Jeanne,
b 1715 ; s [2] 19 mars 1778.

Pierre-Vincent-Honoré, b [2] 7 sept. 1747 ; 1° m [1] 12 fevrier 1771, à Cecile Lafontaine ; 2° m [2] 25 nov. 1777, à Marie-Joseph Tremblay.—*Godfroy*, b [2] 1er nov. 1750 ; m [2] 24 avril 1775, à Felicité Lajoie.—*Marie-Jeanne*, b [2] 19 août 1753 ; m [1] 27 janvier 1777, à Joseph Bouchard.—*Pierre*, b... m [2] 4 février 1776, à Geneviève Bouchard.

1778, (15 sept.) Ile-aux-Coudres.

3° Laforest, Agathe, [Joseph IV.
b 1737 ; s [2] 6 mars 1782.

Marie-Joseph, b [2] 21 février et s [2] 12 mai 1782. —*Agnès*, b [2] 21 février 1782.

1733.

III.—TREMBLAY, Pierre, [Michel II.
b 1708.

Simard, Marie-Madeleine, [François II.
b 1713 ; s 19 août 1756, au Détroit. [3]

Marie-Thérèse, b 28 nov. 1734, à la Petite-Rivière [4] ; m [3] 7 janvier 1751, à Joseph Séguin.—*Pierre*, b [4] 11 oct. 1736.—*Louis-Michel*, b [4] 1er nov. 1738 ; m [3] 12 janvier 1767, à Cecile Yax.—*Marie-Geneviève*, b [4] 14 oct. 1740 ; m [3] 9 janvier 1758, à Cajetan Séguin.—*Joseph-Hyacinthe*, b [4] 20 août 1742 ; s [4] 16 août 1747.—*Timothée-Victor*, b [4] 6 fevrier 1745 ; s [4] 30 juillet 1747.—*Léonard-Joseph*, b [4] 14 janvier 1747.—*Agnès*, b [4] 1er mars 1749 ; m [3] 10 fevrier 1766, à Jean Duprat.

1734, (11 mai) Baie-St-Paul. [1]

III.—TREMBLAY, Louis, [Michel II.
b 1702 ; s 5 dec. 1755, à la Petite-Rivière. [2]

Simard (3), Ursule, [François II.
b 1719.

Jean-Baptiste, b [2] 3 nov. 1737. — *Julie-Ursule*, b [1] 23 oct. 1740 ; m [1] 18 nov. 1760, à Jean-Louis Navarre.—*Louis-Jacques*, b [1] 14 dec. 1741 ; m [1] 9 juillet 1770, à Helène Perron.— *Jean-Paul*, b [1] 19 janvier 1744 ; m [1] 17 nov. 1768, à Constance Dufour. — *Geneviève-Cécile-Victoire*, b [1] 25 janvier 1745 ; m [1] 6 juillet 1763, à Pierre Falcon.—

(1) Le R. P. Chaumont, missionnaire aux Eboulements, passe un acte de tutelle le 27 janvier 1748.

(2) La picote enlève un certain nombre de victimes.

(3) Elle épouse, le 26 février 1759, Ambroise LeGuay, à la Baie-St-Paul.

Henri-Eloi, b [2] 2 déc. 1745; m 15 oct. 1781, à Marie Raymond, à St-Philippe.—*Appoline-Sophie*, b [1] 26 nov. 1746; m [1] 7 nov. 1768, à Jean-Baptiste Morgués.—*Ignace-Elzéar*, b [2] 1er août 1748; m [2] 2 mars 1772, à Apolline-Geneviève Simard.—*Marie-Rose*, b [1] 22 mars 1749. — *Félicité*, b [2] 2 oct. 1750; m [2] 13 janvier 1768, à Joseph Perron. — *Félicité*, b [1] 18 avril 1752; m [1] 7 nov. 1768, à Jean-Baptiste Perron.— *Etienne-Denis-François*, b [1] 24 août 1753. — *Abraham-Isaac* (posthume), b [2] 4 juillet 1756.

1734, (11 nov.) Petite-Rivière.

III.—TREMBLAY, Etienne, [Louis II.
b 1710; s 20 sept. 1755, à l'Ile-aux-Coudres [1] (de la picote).

Bonneau, Marie-Louise, [Dominique II.
b 1719; s [1] 20 sept. 1755 (de la picote).

Marie-Louise, b 1736; m [1] 26 août 1754, à Jean Tremblay.—*Marie-Elisabeth*, b 19 nov. 1738, aux Eboulements [9]; 1° m [1] 23 avril 1754, à Vincent Tremblay; 2° m 5 avril 1761, à Marc Boivin, à la Baie-St-Paul [8]; s [9] 16 nov. 1779. — *Etienne-François-Louis-Dominique*, b [1] 7 avril 1744; 1° m [8] 17 nov. 1768, à Marie-Anne-Victoire Girard; 2° m [9] 24 avril 1775, à Therèse Gagné. — *Joseph-René*, b 1748; s [1] 13 avril 1749. — *Denise*, b [1] 19 oct. 1750; s [1] 25 nov. 1758. — *Marie-Madeleine*, b [1] 8 avril 1752; m [1] 23 oct. 1769, à Joseph-Louis Bouchard.

1737, (25 nov.) L'Ange-Gardien [1]

III.—TREMBLAY, Pierre, [Jacques II.
b 1706.

Quentin, Anne, [Louis II.
b 1710.

Anne-Marguerite, b [1] 13 nov. 1738; m [1] 24 nov. 1760, à Michel-Basile Vesina. — *Agathe*, b [1] 19 février 1742.—*Pierre*, b [1] 13 avril 1744.

1737, (25 nov.) Baie-St-Paul. [1]

III.—TREMBLAY, Jean-Bte, [Michel II
b 1714.

Guay (1), Catherine, [Noel III.
b 1724.

Angélique, b [1] 29 sept. 1739; m 6 février 1758 à Antoine Tremblay, à la Petite-Rivière [2]; s [2] 20 fevrier 1759. — *Jean-Baptiste-Denis*, b [1] 9 oct. 1744.—*Henri-Marie-Benjamin*, b [1] 16 avril 1746, m [2] 9 nov. 1772, à Marie-Joseph DeLavoye. — *Marie*, b 1748; m [1] 8 janvier 1770, à Pierre-François Tremblay. — *Marie-Julie*, b 1750; m 1769, à René-Pierre Tremblay. — *Marie-Thérèse*, b [2] 24 dec. 1752.

TREMBLAY, Jacques, b 1737; s (tué par le tonnerre) 27 mai 1757, à la Baie-St-Paul.

1739, (3 février) St Pierre, I. O.

III.—TREMBLAY, Louis, [Jacques II.
b 1700; s 13 juin 1780, à Québec. [3]

Roulfau, Catherine, [Gabriel II.
b 1716.

Louis-Augustin, b 1er mars 1740, à St-Augustin [4]; m 18 février 1765, à Geneviève Simard, à St-Joachim.—*Catherine*, b [3] 11 nov. 1741; s [3] 30 nov. 1758.— *Pierre-Augustin*, b [4] 24 mai 1743.— *Joseph*, b [4] 3 mars 1745.—*Marie-Thérèse*, b 3 mai 1747, à Ste-Famille, I. O. [5]—*François*, b [5] 3 avril 1749; s [3] 1er juin 1781.—*Marie-Geneviève*, b [5] 30 avril et s [5] 22 août 1751. — *Marie-Thècle*, b [5] 2. mars 1753.

1739, (28 avril) Petite-Rivière. [6]

III.—TREMBLAY, André, [Louis II
b 1719.

Bouchard, Catherine, [François II
b 1715.

Louis, b 4 avril 1740, à la Baie-St-Paul. [7] — *Marie-Anne*, b 14 mars 1741, à l'Ile-aux-Coudres [8] m [8] 17 oct. 1763, à Louis-Marie Bouillane; s [8] 28 février 1770. — *Félicité*, b [6] 24 sept. 1742; m [7] 5 avril 1761, à Jean-Baptiste Savard. s [8] 13 juin 1766. — *Marie-Louise*, b [8] 1er déc. 1743; m [7] 13 août 1770, à Louis-Marie Debien; s [8] 2 juin 1781. —*Marie-Elisabeth*, b 1744; m [8] 20 avril 1761, à Jean-Baptiste Savard.— *Marie-Madeleine*, b [8] 2. nov. 1745. — *Anonyme*, b [8] et s [8] 26 dec. 1747.— *André*, b [8] 13 mars 1749; 1° m 1769, à Marie Leclerc; 2° m [8] 27 janvier 1777, à Marie-Louise Savard. — *Marie-Françoise*, b [8] 4 mars 1751, 1° m [7] 10 nov. 1768, à Etienne Debien; 2° m [8] 5 août 1776, à Joseph Demeules.

1739, (16 nov.) Petite-Rivière. [6]

IV.—TREMBLAY, Louis-André, [Louis III
b 1717.

Simard, Ursule, [Etienne II
b 1717.

Louis, b [6] 13 février 1740. — *Marie-Sophie-Françoise*, b [6] 26 avril 1743, m 19 nov. 1770, à Michel Laroche, à St-Philippe. — *Marc-Louis-Michel*, b [6] 26 et s [6] 28 avril 1743.—*Thérèse*, b 1750 m [6] 9 nov. 1772, à Augustin-Roch Dufour. — *Fréderic-Moïse*, b [6] 19 avril 1753. — *Joseph-Godfroid*, b 19 janvier 1756, à la Baie-St-Paul [7]. — *Madeleine-Véronique*, b [7] 25 juin 1758.

1740, (15 fevrier) Ste-Anne.

III.—TREMBLAY, Michel, [Jacques II
b 1711.

Racine-Noyer, Françoise, [Claude III
b 1719.

Michel, b 10 oct. 1740, à l'Ange-Gardien [8]. — *Michel* et *Jacques*, b [8] 3 et s [8] 4 avril 1742, à Lorette. — *Louis*, b [8] 25 août 1743. — *Marie-Louise*, b [8] 23 février 1745. — *Joseph*, b [8] 27 janvier et s [8] 27 avril 1751.—*Pierre*, b [8] 27 janvier et s [8] 5 mars 1751.—*Louis*, b [8] 29 sept. 1752. — *Jacques*, b et s 26 sept. 1755, à Ste-Famille, I. O. [9] —*Joseph*, b [9] 1er sept. 1758.

1741, (13 février) Baie-St-Paul [8]

III.—TREMBLAY, Augustin, [Michel II
b 1710; s 13 juillet 1795, au Detroit [9]

Laforest, Marie-Judith, [Jean III
b 1723.

Marie-Geneviève-Judith, b [8] 28 mai 1742, m 11 oct. 1757, à François Comparet; s [9] 24 fevrier 1768. — *Reine-Chrétienne*, b [8] 9 sept. 1744, m [9] juin 1760, à Pierre Huyet. — *Jean-Théodose*

(1) Et Castonguay.

Thierry-Gaspard, b [8] 27 déc. 1746. — *Augustin-Valentin-Michel*, b [8] 17 février 1749 ; m [9] 2 mars 1778, à Louise RAYMOND. — *Marie-Joseph*, b [9] 25 mai 1751.—*Jean-Baptiste*, b [9] 5 mai 1752.—*Jean-Baptiste*, b [9] 26 janvier 1755. — *Catherine*, b [9] 7 juin 1757 ; s [9] 26 mai 1765.—*Marie-Angélique*, b [9] juillet 1760.—*Thérèse*, b [9] 13 mai 1766 ; m [9] 17 sept. 1781, à Grégoire LOYER-DESNOYERS.

1741, (20 nov.) Baie-St-Paul. [5]

IV.—TREMBLAY, JEAN, [LOUIS III.
b 1719.

BISSONNET, Marie-Charlotte, [JEAN III.
b 1723.

Jean-Baptiste-Ulric, b [5] 26 oct. 1742 ; s [5] 22 janvier 1767.—*Marie-Charlotte*, b 1743 ; m [5] 3 février 1766, à Jean-Marie TREMBLAY.—*Marie-Madeleine*, b [5] 21 février 1745 ; m [5] 9 janvier 1764, à Jean-Baptiste LOUPRET.—*Lubin-Isidore-Corneille-Fulbert*, b [5] 10 avril 1747; s [5] 15 déc. 1750. — *Ursule-Constance*, b [5] 6 juin 1749; s [5] 10 sept. 1760—*Joseph-Fulbert*, b [5] 8 février 1753 ; m [5] 6 oct. 1774, à Thècle TREMBLAY.—*Pierre-Agapit*, b [5] 2 juillet 1755. — *Pierre*, b [5] 4 mars 1757. — *Félicité*, b [5] 3 juin 1759; m [5] 20 nov. 1775, à François-Bernard BOUCHARD. — *Joseph-Marie*, b 1762; s [5] 30 juillet 1775. — *Marie-Ursule*, b [5] 14 déc 1763; s [5] 2 nov. 1773.—*Jean-Baptiste*, b [5] 29 avril 1768.

1742, (23 avril) L'Ange-Gardien. [1]

III.—TREMBLAY, AUGUSTIN, [JACQUES II
b 1715.

HUOT, Angélique, [PIERRE II.
b 1715.

Augustin-Roch, b [1] 29 août 1744 ; s [1] 18 déc. 1758. — *Jacques*, b [1] 26 janvier 1751 ; m 24 oct. 1774, à Marie-Anne DETREPAGNY, au Château-Richer.—*Pierre*, b [1] 25 février 1757.

1742, (6 nov.) Petite-Rivière. [1]

III.—TREMBLAY, JOSEPH, [LOUIS II.
b 1720 ; s 17 nov. 1758, à l'Ile-aux-Coudres. [2]

BOUCHARD (1), Marguerite, [ANTOINE II.
b 1720.

Marie-Emérence, b [2] 3 nov. 1744, s [1] 17 sept. 1758.—*Marie-Joseph*, b [2] 12 avril 1746 ; m 1765, à Augustin TREMBLAY. — *Marie-Joseph*, b [2] 16 nov. 1749. — *Julie*, b [2] 4 août 1751 ; m [2] 13 nov. 1770, à Jean-François LECLERC; s 28 février 1777, à St-Jean-Port-Joli. — *Marguerite*, b [2] 1er juillet 1753; s [2] 29 juillet 1755 —*Felicité-Esther*, b [2] 22 mars 1755 — *Antoine*, b [2] 20 oct. 1756. — *Marie-Elisabeth* (posthume), b [2] 2 avril 1759 ; m [2] 8 janvier 1781, à Louis LECLERC.

1744, (20 janvier) Baie-St-Paul. [1]

III.—TREMBLAY, AMBROISE, [MICHEL II.
s 1er mars 1767, au Detroit. [3]

SIMARD (2), Marguerite, [NOEL III.
b 1726.

Joseph-François, b [1] 5 oct. 1745, m [3] 11 avril 1768, à Madeleine MESNIL. — *Ambroise*, b [1] 27 nov. 1746 ; m [3] 11 février 1793, à Cécile GREFFARD. — *Marie-Geneviève*, b [1] 19 sept. 1748 ; m [3] 10 août 1767, à Joseph SAUCIER. — *Louis-Jean-François*, b [1] 23 janvier 1750 ; m [3] 2 juin 1777, à Marie-Joseph RAYMOND. — *Marie-Joseph*, b [3] 24 sept. 1751 ; 1° m [3] 23 nov. 1767, à Jean-Baptiste BAUDIN ; 2° m [3] 14 janvier 1772, à Isidore MORIN ; 3° m [3] 21 février 1791, à Nicolas PATENAUDE. — *Ignace*, b [3] 13 juillet 1753. — *Simon*, b [3] 24 avril 1755.— *Marguerite*, b [3] 10 oct. 1757 ; s [3] 30 sept. 1758.— *Etienne*, b [3] 8 février 1759. — *Michel*, b [3] 31 janvier 1761. — *Jean-Baptiste*, b [3] 9 mai 1765.

(1) Elle épouse, le 8 oct. 1764, François Leclerc, à l'Ile-aux-Coudres.

(2) Elle épouse, le 28 nov. 1767, Charles Moran, au Détroit.

1746, (23 nov.) Eboulements [8] (1).

IV.—TREMBLAY, BASILE, [NICOLAS III.
b 1725.

1° GONTIER, Marie-Anne, [LOUIS II.
b 1725 ; s [8] 10 nov. 1749.

Louis-Basile-Bruno, b [8] 4 oct. 1747 ; m [8] 21 nov. 1771, à Marie-Anne GAGNON.— *Marie-Anne-Félicité-Angélique*, b [8] 8 février 1749, s [8] 16 déc. 1769.

1752, (7 février). [8]

2° TERRIEN (2), Françoise, [ANDRÉ II.
b 1722.

Jean, b [8] 26 février 1753 ; m [8] 28 oct. 1777, à Marguerite BALARD. — *Marie-Joseph*, b [8] 20 mars 1754 ; m 6 nov. 1775, à Louis-Marie-Henri GIRARD, à la Baie-St-Paul. — *Nicolas*, b [8] 25 oct. 1755. — *Guillaume-René*, b [8] 15 janvier 1757 ; m [8] 19 avril 1779, à Marie-Anne MARTEL.—*Louis-Moïse-Hyacinthe-Augustin-David*, b [8] 15 août 1758 ; m 11 août 1783, à Catherine PLOURDE, à la Rivière-Ouelle.—*André-Sauveur*, b [8] 31 oct. 1760 ; m [8] 4 sept. 1781. à Ursule GAGNON.— *Joseph-Marie*, b [8] 15 janvier 1762.— *Marie-Catherine*, b [8] 14 février 1764.—*Alexis*, b [8] 18 avril 1767.— *Chrysostôme*, b [8] 7 nov. 1770. — *Godfroy*, b [8] 5 juillet 1772. — *Basile*, b [8] 20 nov. 1774 ; s [8] 9 nov. 1777.

1747, (9 janvier) Baie-St-Paul. [1]

IV.—TREMBLAY, FRANÇOIS, [LOUIS III.
b 1721.

PERRON, Marie-Madeleine, [ANTOINE III.
b 1724.

Joseph, b [1] et s [1] 10 nov. 1748. — *Henri-François*, b [1] 24 mai 1749 ; s 14 janvier 1782, aux Eboulements. [2] — *Amable*, b [2] 25 déc. 1752. — *Madeleine*, b 1753, m [1] 22 nov. 1773, à David LAFOREST. — *Marie-Philothée*, b [2] 15 janvier 1755 ; m [1] 25 oct. 1773, à Etienne BOIVIN. — *Marie-Théophile*, b 1757 ; m [2] 18 nov. 1776, à Jean-François PILOTE. — *Marie-Sylvie*, b [2] 12 et s [2] 30 mars 1760.—*Jean-François*, b [2] 12 mars 1760.—*Cécile*, b [2] 5 août 1762 ; m [2] 16 nov. 1778, à Etienne-Vincent TREMBLAY.—*Sophie*, b 1764 ; m [2] 12 nov. 1782, à Etienne-Agapit TREMBLAY.—*Marie-Joseph-Pétronille*, b [1] 28 juin 1766. — *Marie-Charlotte*, b 1768 ; s [2] 15 janvier 1771.

(1) Dispense du 4ème au 4ème degré.

(2) Le contrat de mariage est passé le 6 février 1752 aux Eboulements, par le R. P. Coquart, missionnaire.

1749, (12 nov.) Baie-St-Paul.[4]
IV.—TREMBLAY, Charles, [Nicolas III.
b 1726.
Duchesne, Félicité, [Jacques II.
b 1727.
Louis-Charles, b 1750; m [4] 6 oct. 1777, à Thérèse-Juste Fortin.—*Honoré-Sauveur*, b [4] 6 avril 1752; m [4] 12 oct. 1774, à Felicite Girard. — *Marie-Silvie-Clotilde*, b [4] 11 nov. 1753; m [4] 23 août 1773, à Joseph-Thierry Fortin. — *Thècle-Félicité-Rosalie*, b [4] 9 nov. 1755; m [4] 6 oct. 1774, à Joseph-Fulbert Tremblay.—*Silvie*, b [4] 12 avril 1757. — *Magloire-Samson-David*, b [4] 7 sept. 1759 —*Jacques* et *Vincent*, b [4] 22 janvier 1763.—*Marie-Modeste*, b [4] 20 janvier 1765. — *Marie-Joseph*, b [4] 29 août 1766. — *Joseph-Marie-Moïse*, b [4] 20 déc. 1770.

1750, (1er juin) Baie-St-Paul.[4]
IV.—TREMBLAY, Joseph, [Joseph III.
b 1728.
DeLavoye, Marie-Victoire, [Frs-Xavier III.
b 1728.
Marie-Joseph-Victoire, b [4] 29 déc. 1749; m 21 nov. 1774, à François Gaudreau, aux Eboulements.[5]—*Marie*, b 1751; m [5] 12 oct. 1778, à Hyacinthe Simard.— *Joseph-Marie*, b [4] 3 juillet 1752; s [4] 4 avril 1755.— *Marie-Victoire*, b [4] 6 nov. 1754. — *Joseph-Marie*, b [4] 17 oct. 1756. — *Jean-François*, b [4] 4 mars 1759; m 27 juillet 1785, à Marie-Catherine Ouellet, à la Rivière-Ouelle.—*Louis-Marie*, b [4] 5 nov. 1761. — *Marie-Anne-Angélique*, b [4] 15 fevrier 1764. — *Jean-François-Etienne-Saturnin*, b [4] 4 sept. 1766. — *André*, b [4] 20 fevrier 1770.

1750, (6 juillet) Ile-aux-Coudres (1).[6]
IV.—TREMBLAY, François, [Frs-Xav. III.
b 1727.
1° Dufour, Marie-Joseph, [Joseph II.
b 1735; s 19 mars 1760, à la Baie-St-Paul.[7]
Marie-Anne-Victoire, b [7] 12 avril 1752; s [7] 16 mars 1760. — *François-Agapit*, b [6] 22 mars 1755. — *Marie-Joseph*, b [6] 8 mars 1757; m [6] 11 juillet 1774, à Pierre Boudrault. — *Félicité*, b [7] 9 août 1759; m [6] 21 nov. 1774, à Joseph Gagné.

1760, (27 oct.)[6]
2° Bouillane, Marie-Félicite, [Jean-Marc I.
b 1743.
François-Abraham, b [6] 4 oct. 1762. — *Joseph-Marie*, b [6] 23 juin 1764.—*Marie-Joseph-Charlotte*, b [6] 22 février 1768; s [6] 23 janvier 1772. — *Marie-Victoire*, b [6] 22 avril 1770. — *Marguerite*, b [6] 19 juillet 1772. — *Joseph-Marie*, b [6] 3 oct. 1774.— *Marie*, b [7] 23 sept. 1776. — *Madeleine-Charlotte*, b [6] 23 avril 1781.

1751, 26 janvier) Baie-St-Paul.[4]
IV.—TREMBLAY, Etienne, [Louis III.
b 1726.
Bissonnet, Marie-Desanges, [Jean III.
b 1730.
Etienne, b [4] 27 janvier 1752; m [4] 30 oct. 1775, à Scholastique Demeules. — *Marie-Philothée*, b [4] 22 nov. 1753. — *Louis*, b [4] 11 fevrier 1756; m 1785, à Procule Simard. — *Joseph-Marie*, b [4] 23 oct. 1760. — *Marie-Modeste*, b [4] 14 fevrier 1764. — *Jean-François*, b [4] 11 fevrier 1768. — *Jean-Baptiste*, b [4] 23 avril 1772.

(1) Réhabilité le 25 nov. 1764, à la Baie-St-Paul.

1751, (11 oct.) St-Jean, I. O.
IV.—TREMBLAY, Louis, [Frs-Xavier III.
b 1730.
Demeule, Monique. [Joseph II.
Louis-Godfroy, b 30 janvier 1754, à l'Ile-aux-Coudres.[9] — *François*, b [9] 21 mars 1756; m [9] 13 oct. 1777, à Madeleine Bosché. — *Alexandre*, b [9] 30 mars 1758; s [9] 8 juillet 1779. — *Marie-Joseph*, b [9] 22 juillet 1764, s [9] 16 nov. 1776. — *Joseph* b [9] 22 juillet 1764.

TREMBLAY, Pierre.
Tonty, Marie-Joseph, [Alphonse I.
b 1713; veuve de Louis Damours.

1753, (22 fevrier) Eboulements.[9]
IV.—TREMBLAY, Jean-François, [Etienne III.
b 1730.
Gontier, Marie, [Louis-François III
b 1734; s [9] 10 sept. 1777.
Marie-Anne, b [9] 7 déc. 1753; m [9] 21 juin 1779, à Joseph Perron. — *Charles-Etienne*, b [9] 26 oct. 1755. — *François-Xavier*, b [9] 11 nov. 1757; m [9] 29 avril 1783, à Marie-Madeleine Durette.— *Marie-Madeleine*, b [9] 25 déc. 1759. — *Marie-Rosalie*, b [9] 17 dec. 1761.—*Marie-Victoire*, b [9] 1er nov. 1763. — *Ursule*, b [9] 19 juillet 1765. — *Jean-Louis*, b [9] 11 juin 1768. — *Marie-Félicité*, b [9] 4 février et s [9] 7 nov. 1770. — *Jean-Baptiste*, b [9] 23 fevrier et s [9] 9 août 1772. — *Jean-Baptiste*, b [9] 16 mai 1773.

1754, (7 janvier) Petite-Rivière.
IV.—TREMBLAY, Frs-Xavier, [Frs-Xavier III
b 1731.
DeLavoye, Marie-Joseph, [Michel III.
b 1734.
François, b 1755; m 3 février 1777, à Cécile Pradet, à la Baie-St-Paul.[4]— *Marie-Thérèse*, b [4] 13 avril 1758. — *Marie-Reine*, b [4] 7 dec. 1759.— *Marguerite*, b [4] 25 fevrier 1764. — *Marie-Geneviève-Sophie*, b [4] 5 sept. 1767. — *Etienne*, b [4] 1er nov. 1769 —*Anonyme*, b [4] et s [4] 26 avril 1772.— *René*, b [4] 10 août 1773.

1754, (23 avril) Ile-aux-Coudres.[4]
IV.—TREMBLAY, Vincent, [Nicolas III
b 1729.
Tremblay (1), Marie-Elisabeth, [Etienne III
b 1738.
Etienne-Vincent, b [4] 20 sept. 1755; m 16 nov. 1778, à Cecile Tremblay, aux Eboulements.[1]— *Etienne-Agapit*, b [4] 12 mars 1757; m [5] 12 nov. 1782, à Sophie Tremblay.— *Jean-Baptiste*, b [4] 10 fevrier 1759; m [5] 16 oct. 1786, à Marie-Anne Tremblay.

(1) Elle épouse, le 5 avril 1761, Marc Boivin, à la Baie-St-Paul.

1754, (30 avril) Eboulements [9] (1).

IV.—TREMBLAY, ETIENNE, [ETIENNE III.
b 1728.

1° GAGNÉ Marie-Michelle, [FRS-XAVIER IV.
b 1729; s [9] (2) 9 mai 1767.

Marie-Godfroy, b [9] 14 juin et s [9] 11 août 1755. —*Marie-Thérèse,* b [9] 2 sept. 1756; m [9] 20 février 1786, à Pierre GONTIER.—*René,* b [9] 20 avril 1760. —*Etienne,* b [9] 16 août 1761; m [9] 8 juin 1786, à Françoise DELAVOYE. — *Louis,* b [9] 25 nov. 1762; s [9] 10 janvier 1763. — *Pierre,* b [9] 8 dec. 1765. — *Madeleine-Elisabeth,* b [9] 18 avril 1767; m [9] 8 juin 1786, à Alexis GAGNON.

1771, (13 mai). [9]

2° DELAVOYE, Marie-Madeleine, [JOSEPH IV.
b 1753.

Antoine, b [9] 16 mai 1772. — *Madeleine,* b [9] 2 oct 1774; s [9] 25 oct. 1775.—*Jean-Baptiste,* b [9] 19 mai 1776.— *Marie-Olive,* b [9] 26 avril 1778. — *Françoise,* b [9] 13 mars 1780. — *Modeste,* b [9] 22 nov. et s [9] 11 déc. 1784 —*Julien,* b [9] 31 dec. 1785.

1754, (29 juillet) St-Joachim.

IV—TREMBLAY, JACQUES, [LOUIS III.
b 1727.

BOLDUC (3), Marie-Anne, [JEAN-GERMAIN III.
b 1737.

1754, (26 août) Ile-aux-Coudres. [7]

IV—TREMBLAY, JEAN, [JEAN III.
b 1731.

TREMBLAY, Marie-Louise, [ETIENNE III.
b 1736.

Marie-Godfroy, b 31 août 1755, aux Eboulements. [8] — *Jean,* b [8] 8 août 1756, m [7] 1er oct. 1781, à Marie-Anne DELAVOYE.—*Marie-Charlotte,* b [8] 24 oct. 1758; m [7] 26 avril 1775, à Godfroy BOUCHARD. — *Joseph-Marie,* b [8] 21 avril 1760. — *Marie-Brigitte,* b [8] 22 avril 1762.—*Marie-Louise,* b [8] 6 janvier 1764; m [7] 7 oct. 1782, à Marc-Guillaume DUFOUR. — *Rosalie,* b [7] 7 avril 1766; m 1791, à Antoine-Samson DELAVOYE; s 9 déc 1795, à Rimouski. — *Ambroise-Saturnin,* b [7] 22 février 1768. — *Alexis-Jean-François,* b [7] 22 oct. 1769. — *Etienne,* b [7] 19 mars 1772. — *Marie-Victoire,* b [7] 14 dec. 1774. — *Zacharie-Sébastien,* b [7] 1er oct. 1776. — *David-Dominique,* b [7] 9 et s [7] 26 nov. 1778.

1755, (8 avril) Baie-St-Paul. [2]

IV—TREMBLAY, MICHEL, [ANTOINE III.
b 1728.

1° PERRON, Rosalie, [ANTOINE III
b 1732; s [2] 14 fevrier 1770.

Marie-Rosalie, b [2] 19 janvier 1756; m [2] 11 nov. 1771, à Amable THIBAUT. — *Marie-Joseph-Emérance,* b [2] 11 nov. 1757.—*Marie-Joseph-Nathalie,* b [2] 15 juin 1759.— *Marie-Anne-Madeleine,* b [2] 8 janvier 1761.—*Antoine-Michel,* b [2] 23 juillet 1763. —*Louis-Julien-Jean-Baptiste,* b [2] 27 août 1765.— *Etienne,* b [2] 10 mars 1768. — *Pierre,* b [2] 6 fevrier 1770.

(1) Dispense du 3ème degré de parenté.

(2) Cette sépulture est entrée à la Baie-St-Paul le 16 février 1767.

(3) Elle épouse, le 26 mai 1761, Jean Othys, à St-Joachim.

1777, (27 janvier). [2]

2° PERRON, Félicité, [PIERRE III.
b 1731; veuve de George Rogon.

1756, (24 nov.) Baie-St-Paul.

IV.—TREMBLAY, NICOLAS, [NICOLAS III.
b 1731.

FORTIN, Madeleine, [FRANÇOIS-XAVIER III.
b 1732.

Marie-Madeleine, b 13 nov. 1757, aux Eboulements [7]; m [7] 18 nov. 1776, à François GIRARD.— *Marie-Joseph,* b [7] 27 mai 1759; m [7] 25 nov. 1777, à Pierre-Vincent-Honoré TREMBLAY. — *Nicolas-Salomon,* b [7] 4 janvier 1761; m [7] 17 nov. 1784, à Marie-Geneviève BOUCHARD. — *Julie,* b [7] 7 août 1762. — *François-Charles,* b [7] 2 mars 1764. — *Ursule,* b [7] 23 sept. 1766; m [7] 7 août 1786, à Joseph BOUCHARD.—*Damase,* b [7] 11 oct. 1772.

1757, (2 janvier) Baie-St-Paul. [1]

IV.—TREMBLAY, LOUIS-MARIE, [LOUIS III.
b 1731.

ALARD (1), Madeleine, [PIERRE-JACQUES III.
b 1738.

Louis-Pierre-Isaac, b [1] 1er février 1758; s [1] 21 mars 1762.—*Jean-Baptiste-François,* b [1] 24 juin 1761. — *Marie-Geneviève,* b [1] 23 février 1764. — *Louis-Laurent-Bruno,* b [1] 13 juin 1766.—*Amable,* b [1] 26 août 1768. — *Marie-Madeleine-Félicité,* b [1] 26 mars 1771. — *Constance,* b [1] 3 sept. 1773. — *Félicité,* b [1] 12 janvier 1776.

1757, (12 janvier) Baie-St-Paul. [9]

IV.—TREMBLAY, LOUIS-MARIE, [NICOLAS III.
b 1733.

1° GIRARD, Marie-Anne-Victoire, [PIERRE III.
b 1741.

Pierre-Louis-Honoré, b [9] 2 mai 1759. — *Louis-Isaac,* b [9] 7 juin 1760.—*Aimé,* b [9] 18 fevrier 1762. —*Marie-Anne-Victoire,* b [9] 24 fevrier 1765; s [9] 7 mars 1773.—*Pierre,* b [9] 30 août 1766.—*Jean-Baptiste,* b [9] 27 mai 1768; s [9] 3 sept. 1773. — *Emerance-Marie-Agnès,* b [9] 13 mai 1770.—*Michel,* b [9] 28 juin 1772.— *Ursule,* b [9] 10 nov. 1774. — *Jean,* b [9] 1er août 1776.

1779, (23 août) Ile-aux-Coudres.

2° DELAVOYE, Felicite, [JACQUES III.
b 1750.

1757, (21 nov.) Ile-aux-Coudres. [5]

IV.—TREMBLAY, LOUIS, [GUILLAUME III.
b 1735.

PEDNOT (2), Catherine, [PIERRE-ETIENNE I.
b 1740.

Guillaume-Isidore, b [5] 4 avril 1759; m [5] 13 nov. 1782, à Madeleine DEBIEN.

1758, (6 fevrier) Petite-Rivière. [9]

IV.—TREMBLAY, ANTOINE, [FRS-XAVIER III.
b 1734.

1° TREMBLAY, Angelique, [JEAN-BTE III.
b 1739; s [9] 20 fevrier 1759.

(1) Baillet, 1773.

(2) Elle épouse, le 19 sept 1763, Jean Carré, à l'Ile-aux-Coudres.

René-Antoine, b [9] 20 fevrier 1759; s 30 déc. 1783, à Québec (1).

1761, (3 nov.) [9]

2° DeLavoye, Marguerite, [Michel III.
b 1738.

Alexis, b [9] 21 août 1762; s [9] 1er mars 1773. — *Marie-Joseph-Angélique*, b [9] 5 sept. 1763. — *Etienne-Abel-Benoît*, b [9] 1er nov. 1766.—*Marie-Reine*, b [9] 22 oct. 1770. — *Pierre*, b [9] 1er mars 1772.

1760, (30 sept.) Eboulements. [1]

IV.—TREMBLAY, Alexis, [Jean III.
b 1737; s [1] 28 nov. 1780.

Gontier, Marie-Jos.-Rose-Ang. [Ls-Frs III.

Louis-Alexis, b [1] 28 sept. 1761; m [1] 9 janvier 1786, à Angelique DeLavoye. — *Marie-Godfride*, b [1] 1er janvier 1763.— *Alexis*, b [1] 24 fevrier 1764 —*Marie-Geneviève*, b [1] 18 janvier 1766.— *Michel-Abraham*, b [1] 13 janvier 1769. — *Joseph-Marie*, b [1] 13 janvier 1771. — *Pierre*, b [1] 16 mai 1772.— *Félicité*, b [1] 31 fevrier 1774. —*Benoni*, b [1] 9 avril 1776.—*François*, b [1] 24 mai 1779.

TREMBLAY, Louis, b 1744; s 2 janvier 1781, aux Eboulements (2).

1761, (31 août) Eboulements. [7]

IV.—TREMBLAY, Ls-Roch-Aug., [Etienne III.
b 1738.

Simard, Ursule-Constance, [François III.
b 1743.

Ursule-Dorothée, b [7] 6 nov. 1763.— *Ursule*, b [7] 8 dec. 1765.—*Louis*, né [7] 31 janvier et b [7] 18 avril 1767.—*Marie-Ursule*, b [7] 18 avril 1767. — *Marie-Procule*, b [7] 5 avril 1768. — *Ursule*, b [7] 3 fevrier 1769.—*Louis-Roch-Hilaire*, b [7] 12 janvier 1770.— *Etienne*, b [7] 10 mars 1773. — *Marie-Jeanne*, b [7] 6 nov. 1774. — *Godfroy*, b [7] 19 mai 1776. — *Jean*, b [7] 25 nov. 1777. — *Eloi*, b [7] 1er janvier 1780.— *Laurent*, b [7] 7 mai et s [7] 2 août 1781.— *Boniface*, b [7] 7 mai 1781. — *Sidrac*, b [7] 22 sept. 1782. — *Marie-Luce*, b [7] 14 août 1784.

1761, (14 sept.) Petite-Rivière [8] (3).

IV.—TREMBLAY, Jean-Bte, [Frs-Xavier III.
b 1738.

Simard, Angélique, [Prisque III.
b 1741.

Jean-Philippe, b [8] 19 juillet 1762. — *Marie-Angélique*, b 25 mars 1764, aux Eboulements. [9] —*Pierre-Vincent*, b [9] 1er avril 1766. — *Marie*, b [9] 10 mars 1773; s [9] 18 janvier 1778.— *Rosalie*, b [9] 21 fevrier 1774. — *Théotiste*, b [9] 30 juin 1776. — *Marie-Hélène*, b [9] 16 nov. 1778. — *Eugène*, b [9] 7 fevrier 1781.—*Jean-Baptiste*, b [9] 11 janvier 1784.

1762, (8 nov.) St-Joachim.

IV.—TREMBLAY, Joseph-Marie, [Joseph III.
b 1733.

Guilbaut, Marie, [Jean-Charles III.
b 1743.

Urbain, b 9 oct. 1763, aux Eboulements; m 1786, à Dorothée Gontier.—*Marie-Joseph*, b 5 janvier 1765. — *Marie-Anne*, b [8] 12 juin 1768; s [8] 18 mars 1771. — *Madeleine-Elisabeth*, b [8] 18 nov. 1769.

1762, (17 nov.) Petite-Rivière [3]

IV.—TREMBLAY, André, [Louis III
b 1737.

DeLavoye, Emérance, [Jacques III
b 1744.

André-Bruno, b [3] 3 nov. 1763. — *Marie-Charlotte-Agathe* et *Angelique-Charlotte*, b [3] 6 juin 1767.—*Marie-Thérèse-Emérance*, b [3] 9 oct. 1768 — *René*, b [3] 22 oct. 1771.

1763, (10 oct.) Cap-de-la-Madeleine. [8]

IV.—TREMBLAY, Augustin, [Michel III
b 1730.

Roy (1), Marie-Elisabeth, [Jean-François I
b 1740; acadienne.

Jacques, b [8] 22 juillet 1764. — *Augustin*, b ... sept. 1766, à Lachenaye.—*Marguerite*, b 14 avril 1770, à Repentigny.

1764, (9 janvier) Eboulements. [2]

IV.—TREMBLAY, Guillaume, [Louis III
b 1740.

1° Dubourg, Marie, [Joseph I
b 1737, s [2] 5 nov. 1764.

1766, (30 juin) Baie-St-Paul.

2° Racine, Marie-Olive, [Joseph III
b 1747.

Guillaume, b [2] 18 avril 1767.

1764, (6 août) St-Philippe.

IV.—TREMBLAY, Jean-Bte, [Jacques III
b 1742.

Lestage (2), Marie-Amable, [Pierre II
b 1745.

1764, (8 oct.) Ile-aux-Coudres. [2]

IV.—TREMBLAY, Jos.-Marie, [Guillaume III
b 1740.

Bouillane, Madeleine, [Jean-Marc I
b 1744; s [2] 24 mars 1783.

Joseph, b [2] 7 nov. 1767; s [2] 15 février 1771.—*Marie-Charlotte*, b [2] 17 mars 1770.—*Marguerite*, b [2] 12 mai 1772. — *Marie-Anne*, b [2] 19 août 1774 — *Marie-David*, b [2] 25 juin 1776. — *André-Laurent*, b [2] 20 mai 1778.

1764, (8 oct.) Ile-aux-Coudres. [6]

IV.—TREMBLAY, Louis, jr., [Guillaume III
b 1740.

Dufour, Marie-Judith, [Gabriel II
b 1747.

Louis, b [6] 22 fevrier 1768. — *Marie-Félicité*, b [6] 15 juillet 1770; s [6] 17 oct. 1773.— *Agathe*, b [6] ... dec. 1772. — *Marie-Anne*, b [6] 21 juillet 1775 — *Marie-Félicité*, b [6] 13 oct. 1777. — *Julie*, b [6] ... janvier 1780. — *Marie-Claire*, b [6] 18 août 1782.

---

(1) Elève de Rhétorique au séminaire de Quebec.
(2) Le registre ne donne aucun autre renseignement.
(3) Dispense du 2ème au 3ème degré de parenté.

(1) Voy. vol. VII, p. 75
(2) Pour de l'Estage, voy, vol. III, p. 314.

1764, (27 nov.) Baie-St-Paul (1).
IV.—TREMBLAY, LOUIS-JACQUES, [JOSEPH III.
b 1740.
SIMARD, Ursule-Sophie-Vict., [JOSEPH III.
b 1745.
Louis, b 18 avril 1767, aux Eboulements. [8] — *Marie-Anne*, b [8] 16 nov. 1770 ; m [8] 16 oct. 1786, à Jean-Baptiste TREMBLAY. — *Louis-Marie*, b [8] 25 août 1771. — *Marie-Agnès*, b [8] 22 nov. 1772. — *Marie-Agnès*, b [8] 14 août 1774. — *Constance*, b [8] 13 oct 1776. — *Etienne*, b [8] 14 juin 1778. — *Elie*, b [8] 19 nov. 1780.

1765, (29 janvier) Baie-St-Paul. [4]
IV.—TREMBLAY, ETIENNE, [FRS-XAVIER III.
b 1740.
DELAVOYE, Apolline, [FRANÇOIS III.
b 1741.
Christophe-Augustin-Etienne (2), b 7 nov. 1764, à la Petite-Rivière. [5] — *François*, b [5] 20 oct. 1766. — *Alexis*, b [4] 4 dec. 1768.

1765, (18 février) St-Joachim.
IV.—TREMBLAY, LS-AUGUSTIN, [LOUIS III.
b 1740.
SIMARD, Geneviève, [ETIENNE III.
b 1746.
Marie-Joseph, b 1765 ; 1° m 2 juillet 1782, à Pierre MATHIEU, à Quebec [1] ; 2° m [1] 23 oct. 1792, à Jean-Baptiste VERMET.

1765.
IV.—TREMBLAY, AUGUSTIN, [FRS-XAVIER III.
b 1742.
TREMBLAY, Marie-Joseph, [JOSEPH III.
b 1746.
Marie-Joseph, b 7 juin 1766, à l'Ile-aux-Coudres. — *Marie-Madeleine*, b 26 juin 1768, à la Baie-St-Paul [7] — *Augustin*, b [7] 24 sept. 1770. — *Jean-Baptiste*, b [7] 23 juillet 1772. — *Henri*, b [7] 16 juillet 1774. — *Suzanne*, b [7] 25 juin 1776.

1766, (3 fevrier) Baie-St-Paul. [5]
IV.—TREMBLAY, JEAN-MARIE, [LOUIS III.
b 1743.
TREMBLAY (3), Marie-Charlotte. [JEAN IV.
Jean-Marie-Louis-Ambroise, b [5] 8 déc. 1766. — *Marie-Charlotte*, b [5] 17 déc. 1767.

1766, (2 juillet) Baie-St-Paul.
IV.—TREMBLAY, ETIENNE, [FRANÇOIS III.
b 1733.
DELAGE, Marie-Charlotte, [CHARLES III.
b 1746.
Etienne, b 19 mai 1769, à l'Ile-aux-Coudres. [8] — *Marie-Victoire*, b [8] 9 juillet 1771. — *Alexis*, b [8] 18 mars 1773. — *François*, b [8] 23 mai 1775. — *Louis*, b [8] 16 juin 1777. — *Pierre-Raymond*, b [8] 1er sept 1780.

---

(1) Dispense du 2ème au 3ème degré de parenté.
(2) Légitimé le 27 janvier 1765.
(3) Elle épouse, le 26 avril 1775, Godfroy Bouchard, à l'Ile aux-Coudres.

1766, (24 nov.) Baie-St-Paul. [2]
IV.—TREMBLAY, PIERRE, [LOUIS III.
b 1736.
GAGNON, Scholastique-Pélagie, [PIERRE IV.
b 1745.
Marie-Pélagie, b [2] 5 nov. 1768.

1767, (12 janvier) Détroit. [6]
IV.—TREMBLAY, LS-MICHEL, [PIERRE III.
b 1738.
YAX, Cecile, [MICHEL I.
b 1753.
Michel, b [6] 23 mars 1768 ; 1° m [6] 13 nov. 1790, à Marie-Joseph LAUZON ; 2° m [6] 7 nov. 1795, à Marie-Joseph CHAPOTON. — *Joseph*, b [6] 11 février 1770. — *Cajétan*, b [6] 11 sept. 1771. — *Cécile*, b [6] 8 avril 1773 ; m [6] 1er mars 1791, à Alexis CERAT. — *Pierre*, b [6] 17 nov. 1774 ; s [6] 22 janvier 1775. — *Thomas*, b [6] 21 déc. 1775. — *Simon*, b [6] 12 oct. et s [6] 23 dec. 1777. — *Julie*, b [6] 12 dec. 1778. — *Louis*, b [6] 1er janvier et s [6] 31 oct. 1782. — *François-Xavier*, b [6] 15 sept. 1783. — *Archange*, b [6] 23 juin 1785.

1767, (23 février) Rivière-Ouelle.
IV.—TREMBLAY, JEAN, [JOSEPH III.
b 1736 ; s 5 janvier 1771, à Kamouraska [8] (de la picote).
BOUCHER (1), Madeleine, [JOSEPH IV.
b 1750.
Marie-Madeleine, b [8] 6 juillet 1769.

1767, (4 mai) Repentigny.
IV.—TREMBLAY (2), HYAC.-RÉMI, [ANTOINE III.
b 1744.
BAUDIN, Madeleine, [ANDRÉ I.
veuve de Joseph Cusson.

1768, (11 avril) Detroit. [1]
IV.—TREMBLAY, JOS.-FRS, [AMBROISE III.
b 1745.
MESNIL, Madeleine, [ANTOINE II.
b 1754.
Antoine, b [1] 18 déc. 1771. — *Charles*, b [1] 27 juillet 1773. — *Marie-Madeleine*, b [1] 18 oct. 1775. — *Marie-Geneviève*, b [1] 17 juillet 1777. — *Ignace*, b [1] 20 avril 1779. — *Jean-Louis*, b [1] 31 oct. 1781. — *Louis*, b [1] 21 février 1783. — *Jean*, b [4] 31 oct. 1784.

1768, (11 avril) Ste-Anne. [4]
IV.—TREMBLAY, IGNACE, [JACQUES III.
b 1738.
PARE, Agnès, [PRISQUE III.
b 1721 ; veuve d'Etienne Racine ; s [4] 6 juin 1769.

1768.
IV.—TREMBLAY, GUILL., [GUILLAUME III.
b 1738.
DELAVOYE, Marie-Thérèse, [JOSEPH IV.
b 1751.

---

(1) Elle épouse, le 3 août 1772, Augustin Lebel, à la Rivière-Ouelle.
(2) Il était, le 4 sept 1766, à Lachenaye.

Joseph-Louis, b 12 août 1769, aux Eboulements.[3] — *Etienne* et *Joseph-Marie*, b[3] 12 mai 1771. — *François*, b[3] 13 sept. 1773.— *Germain*, b[3] 5 juin et s[3] 15 août 1775. — *Pierre*, b[3] 20 février 1777.— *Désiré*, b[3] 23 avril 1780.—*Hélène*, b[3] 2 nov. 1782; s[3] 2 avril 1785. — *Gudule*, b[3] 3 juillet 1785.

1768, (17 nov.) Baie-St-Paul.[9]
IV.—TREMBLAY, Jean-Paul, [Louis III.
b 1744.
Dufour, Constance, [Bonaventure II.
b 1747.
Jean-Baptiste-Henri, b[9] 17 sept. 1769.—*Alexis*, b 16 nov. 1771, à la Petite-Rivière.

1768, (17 nov.) Baie-St-Paul.
IV.—TREMBLAY, Etienne-Gaspard, [Jean III.
b 1747.
Bouchard, Emérance, [Joseph III.
b 1750; s 28 oct. 1785, aux Eboulements.[4]
Etienne-Gaspard, b[4] 18 nov. 1769. — *Marie-Félicité*, b[4] 24 juin 1771; s[4] 21 fevrier 1774.— *Joseph* et *Marie-Madeleine*, b[4] 30 dec. 1773.— *Isaac*, b[4] 8 sept. 1776. — *Bernard*, b[4] 12 oct. 1778.— *Antoine*, b[4] 17 nov. 1780.—*Philippe*, b[4] 28 oct. 1785.

1768, (17 nov.) Baie-St-Paul.[8]
IV.—TREMBLAY, Et.-Frs-Ls, [Etienne III.
b 1744.
1° Girard, Marie-Anne-Victoire, [Jérome III.
b 1751; s 21 fevrier 1774, aux Eboulements.[9]
Marie-Anne-Victoire, b[9] 16 déc. 1769; s[9] 7 avril 1774. — *Etienne*, b[9] 11 août et s[9] 15 sept. 1771. — *Marie-Julienne*, b[9] 11 mars 1773.
1775, (24 avril)[9] (1).
2° Gagné, Therèse, [Jacques V.
b 1753.
Geneviève, b[9] 6 mars 1776. — *Marie-Marthe*, b[8] 3 mai 1777.—*Ursule*, b[9] 4 oct. 1778.—*Marie-Euphrosine*, b[9] 10 mars 1780. — *Marie-Césaire*, b[9] 1er avril 1782.— *Adélaïde*, b[9] 30 dec. 1786.

1769.
IV.—TREMBLAY, André, [André III.
b 1749.
1° Leclerc, Marie,
b 1749; s 14 mai 1776, à l'Ile-aux-Coudres.[7]
André, b 25 août 1770, à la Baie-St-Paul. — *Marie-Anne*, b[7] 18 mai et s[7] 14 sept. 1772. — *Louis*, b[7] 24 mars 1774.—*Marie*, b[7] 14 mai et s[7] 8 août 1776.
1777, (27 janvier).[7]
2° Savard, Marie-Louise, [Pierre IV.
b 1753.
Victoire, b[7] 13 oct. 1778. — *Marie-Joseph*, b[7] 22 juin 1780.—*Marie-Victoire*, b[7] 2 août 1782.

(1) Dispense du 3ème au 4ème degré de parenté.

1769.
IV.—TREMBLAY, René-Pierre, [Frs-X. III.
b 1749.
Tremblay, Marie-Julie, [Jean-Bte III.
b 1750.
Marie-Geneviève-Silvie, b 29 oct. 1770, à la Baie-St-Paul. — *Marie-Thérèse*, b 26 juillet 1772, à la Petite-Rivière.

1770, (8 janvier) Baie-St-Paul.
IV.—TREMBLAY, Pierre-Frs, [Frs-X. III.
Tremblay, Marie. [Jean-Bte III.

1770, (9 juillet) Baie-St-Paul.
IV.—TREMBLAY, Ls-Jacques, [Louis III.
b 1741.
Perron, Hélène, [François III.
b 1751.

1771, (12 fevrier) Baie-St-Paul.
IV.—TREMBLAY, Pierre-Vinc.-Hon. [Jos. III.
b 1747.
1° Bernard (1), Cécile, [François I
b 1751; s 13 fevrier 1777, aux Eboulements.[5]
Marie-Modeste, b[5] 23 février 1772. — *Honoré-Joseph*, b[5] 13 août 1773. — *Félicité*, b[5] 22 avril 1775.—*Dominique*, b[5] 13 février 1777.
1777, (25 nov.) (2).
2° Tremblay, Marie-Joseph, [Nicolas IV
b 1759.
Denise, b[5] 13 sept. 1778. — *Alexandre*, b[5] 1er janvier 1780.—*Marie-Joseph*, b[5] 12 janvier 1782. — *Marie-Blaise*, b[5] 3 août 1783; s[5] 20 janvier 1785.—*Michel*, b[5] 15 oct. 1786.

1771, (2 sept.) Ile-aux-Coudres.[1]
IV.—TREMBLAY, Mich.-David, [Guillaume III
b 1748.
Demeules, Marie, [Charles III.
b 1749.
Jean, b[1] 18 juin 1772. — *Michel*, b[1] 22 oct 1774.—*Louis-David*, b[1] 26 sept. 1776.—*Victoire*, b[1] 6 sept. 1778. — *Geneviève*, b[1] 5 janvier 1781. —*Joseph*, b[1] 21 mars 1783.

1771, (21 nov.) Eboulements[5] (3).
V.—TREMBLAY, Basile-Bruno, [Basile IV.
b 1747.
Gagnon, Marie-Anne, [Pierre IV.
b 1753.
Marie-Anne, b[5] 11 oct. 1772. — *Scholastique*, b[5] 8 mai 1774.—*Françoise*, b[5] 5 février 1776.— *Etienne*, b[5] 22 avril 1778.—*Agnès*, b[5] 1er janvier 1780. — *Marie-Euphrasie*, b[5] 6 mars 1782.— *Hélène*, b[5] 7 mars 1784.— *Marie*, b[5] 4 juin 1786.

1771.
TREMBLAY, Joseph-Marie.
Trudel, Marie-Madeleine.
Louis, b 11 oct. 1772, aux Eboulements.[1] — *Joseph*, b[1] 17 janvier et s[1] 11 mars 1775.—*Made-*

(1) Lafontaine.
(2) Dispense du 2ème au 3ème et du 3ème au 4ème degré de parenté.
(3) Dispense du 3ème au 3ème degré de parenté.

line-Véronique, b [1] 13 oct. 1776.— *Joseph*, b [1] 5 oct 1777. — *Angélique*, b [1] 23 avril 1780. — *Euphrasie*, b [1] 27 juillet 1783. — *Laurent*, b [1] 1er mars 1785 —*Jean-Baptiste*, b [1] 4 juin 1786.

1772, (2 mars) Petite-Rivière. [1]
IV.—TREMBLAY, Ignace-Elzéar, [Louis III.
b 1748.
Simard, Apolline-Geneviève, [Jean III.
b 1748.
Marie-Modeste, b [1] 26 juillet 1772.

1772, (19 oct.) Baie-St-Paul. [1]
IV.—TREMBLAY, Pierre-Frs, [Louis III.
b 1741.
Gautier, Madeleine, [Antoine III.
b 1751.
Marie-Madeleine, b [1] 2 nov. 1773. — *Félix*, b [1] 15 fevrier 1776. — *Anonyme*, b [1] et s [1] 15 nov. 1777.

1772, (9 nov.) Petite-Rivière. [5]
IV.—TREMBLAY, Henri-Benjamin, [J.-Bte III.
b 1746.
DeLavoye, Marie-Joseph, [Michel IV.
b 1754.
Benjamin, b [5] 18 juin 1773.

1774, (6 oct.) Baie-St-Paul. [1]
V.—TREMBLAY, Jos.-Fulbert, [Jean IV.
b 1753.
Tremblay, Thècle, [Charles IV.
b 1755.
Claire, b [1] 23 janvier 1777.

1774, (12 oct.) Baie-St-Paul [2]
V.—TREMBLAY, Honoré-Sauveur, [Chs IV.
b 1752.
Girard, Felicité, [Pierre III.
b 1759.
François, b [2] 28 oct. 1775. — *Marie*, b [2] 18 janvier 1777.

1774, (24 oct.) Château-Richer. [8]
IV.—TREMBLAY, Jacques, [Augustin III.
b 1751.
DeTrépagny, Marie-Anne, Claude III.
b 1754.
Jacques-Marie, b [8] 7 juillet 1779.

1775, (24 avril) Eboulements [7] (1).
IV.—TREMBLAY, Godfroy, [Joseph III.
b 1749.
Lajoie, Felicité, [François I.
b 1756.
Marie-Félicité, b [7] 25 nov. 1775. — *Pierre-Laurent*, b [7] 10 août et s [7] 12 dec. 1777.—*Madeleine*, b [7] 25 oct. 1778.— *Sauveur*, b [7] 10 sept. 1780.— *Marie-Blaise*, b [7] 30 janvier 1784.— *Isidore*, b [7] 12 nov. 1785.

(1) Dispense du 3ème au 4ème degré de parenté.

1775, (24 août) Ecureuils.
IV.—TREMBLAY, Laurent-Bruno, [Louis III.
b 1749.
Vandal, Françoise, [François III.
b 1757.
Jean-Baptiste, b 13 août 1776, à la Baie-St-Paul.

1775, (30 oct.) Baie-St-Paul. [5]
V.—TREMBLAY, Etienne, [Etienne IV.
b 1752.
Demeule, Scholastique, [Charles III.
b 1754.
Félicité, b [5] 13 sept. 1776.

1776, (4 fevrier) Eboulements. [4]
IV.—TREMBLAY, Pierre. [Joseph III.
Bouchard, Geneviève. [Antoine III.
Marie-Agnès, b [4] 1er dec. 1776; s [4] 5 avril 1778. —*Anastasie*, b [4] 2 janvier 1779. — *Antoine*, b [4] 6 février 1781. — *Bernard*, b [4] 16 janvier 1783; s [4] 23 nov. 1784. — *Marie*, b [4] 3 juillet et s [4] 30 oct. 1785.

1777, (3 février) Baie-St-Paul. [1]
V.—TREMBLAY, François, [François-X. IV.
b 1755.
Pradet (1), Cecile, [Jean-Marie-François II.
b 1757.
Antoine, b [1] 16 déc. 1777.

1777, (2 juin) Détroit. [2]
IV.—TREMBLAY, Ls-Jean-Frs, [Ambroise III.
b 1750; maître-tonnelier.
Raymond, Marie-Joseph, [Jean-Bte III.
b 1760.
Marie-Joseph, b [2] 12 mai 1780. — *Thérèse*, b [2] 11 fevrier 1784.

1777, (6 oct.) Baie-St-Paul.
V.—TREMBLAY, Ls-Charles, [Charles IV.
b 1750.
Fortin, Thérèse-Juste, [François IV.
b 1758.

1777, (13 oct.) Ile-aux-Coudres. [1]
V.—TREMBLAY, François, [Louis IV.
b 1756.
Bosché, Madeleine, [Raphael I.
b 1758.
François-Basile, b [1] 4 août 1778. — *Joseph*, b [1] 12 fevrier 1780.— *Marie-Madeleine*, b [1] 7 fevrier 1782.

1777, (28 oct.) Eboulements [9] (2).
V.—TREMBLAY, Jean, [Basile IV.
b 1753.
Balard, Marguerite, [Augustin III.
b 1755.
Elie, b [9] 13 sept. 1778.—*Eulalie*, b [9] 15 juillet 1780. — *Louise*, b [9] 17 sept. 1786.

(1) Singelay.
(2) Dispense du 3ème au 3ème degré de parenté.

1778, (2 mars) Détroit.[6]
IV.—TREMBLAY, AUGT.-MICHEL, [AUGUST. III.
b 1749.
RAYMOND, Louise, [JEAN-BTE III.
b 1761.
Marie-Judith, b [6] 4 mai 1780. — *Jean-Baptiste*, b [6] 23 août 1784.

1778, (16 nov.) Eboulements [5] (1).
V.—TREMBLAY, ET.-VINCENT, [VINCENT IV.
b 1755.
TREMBLAY, Cécile, [FRANÇOIS IV.
b 1762.
Anonyme, b [5] et s [5] 12 oct. 1779.—*Euphrosine*, b [5] 10 sept. 1780. — *Denis*, b [5] 22 sept. 1782.— *Modeste*, b [5] 22 janvier 1785.

1779, (19 avril) Eboulements.[9]
V.—TREMBLAY, GUILL.-RENÉ, [BASILE IV.
b 1757.
MARTEL, Marie-Anne, [JOSEPH III.
b 1762.
Isaac, b [9] 15 juillet 1780.—*Moïse*, b [9] 11 janvier 1783. — *René*, b [9] 16 nov. 1784.

1781, (4 sept.) Eboulements [9] (2).
V.—TREMBLAY, ANDRÉ-SAUVEUR, [BASILE IV.
b 1760.
GAGNON, Ursule, [DOMINIQUE IV.
b 1762.
Euphrasie, b [9] 4 août 1782; s [9] 13 nov. 1784. — *Anonyme*, b [9] et s [9] 29 oct. 1784. — *Anonyme*, b [9] et s [9] 30 oct. 1785. — *Joseph-Marie*, b [9] 15 oct. 1786.

1781, (1er oct.) Ile-aux-Coudres.
V.—TREMBLAY, JEAN, [JEAN IV.
b 1756; s 22 janvier 1784, à St-Jean-Port-Joli.[8]
DELAVOYE, Marie-Anne, [BARTH.-AUGUSTIN III.
b 1759; s [8] 21 mai 1783.

1781, (15 oct.) St-Philippe.
IV.—TREMBLAY, HENRI-ELOI, [LOUIS III.
b 1745.
RAYMOND, Marie. [LOUIS-TOUSSAINT III.

1782, (12 nov.) Eboulements.[2]
V.—TREMBLAY, ETIENNE-AGAPIT, [VINCENT IV.
b 1757.
TREMBLAY, Sophie, [FRANÇOIS IV.
b 1764.
Marie-Pulchérie, b [2] 14 août 1783. — *Antoine*, b [2] 28 déc. 1784.

1782, (13 nov.) Ile-aux-Coudres.
V.—TREMBLAY, GUILL.-ISIDORE, [LOUIS IV.
b 1759.
DEBIEN, Madeleine, [ETIENNE III.
b 1761.

(1) Dispense du 3ème au 3ème degré de parenté.
(2) Dispense du 3ème au 3ème et du 4ème au 4ème degré de parenté.

1783, (29 avril) Eboulements.[5]
V.—TREMBLAY, FRS-XAVIER, [JEAN-FRS IV.
b 1757.
DUFETTE, Marie-Madeleine, [JEAN-BTE III.
b 1761.
Julienne, b [5] 23 mai 1784.—*Marie-Blaise*, b [5] 4 juin 1786.

1783, (11 août) Rivière-Ouelle.
V.—TREMBLAY, LOUIS, [BASILE IV.
b 1758.
PLOURDE, Catherine, [AUGUSTIN II.
b 1741; s 29 oct. 1784, aux Eboulements.

1783.
TREMBLAY, JEAN-BTE.
ROY, Marguerite.
Jean-Baptiste, b et s 4 déc. 1784, à Repentigny.

1784, (17 nov.) Eboulements [9] (1).
V.—TREMBLAY, NIC.-SOLOMON, [NICOLAS IV.
b 1761.
BOUCHARD, Marie-Geneviève, [PIERRE IV.
b 1765.
André-Marcel, b [9] 30 oct. 1785.

1785, (27 juillet) Rivière-Ouelle.
V.—TREMBLAY, JEAN-FRANÇOIS, [JOSEPH IV.
b 1759.
OUELLET, Marie-Catherine, [JEAN III.
b 1746.
Marie-Rosalie, b 22 avril 1786, aux Eboulements.

1785.
V.—TREMBLAY, LOUIS, [ETIENNE IV.
b 1756.
SIMARD, Procule, [JEAN-CHARLES IV.
b 1762.
Marie-Modeste, b 12 mars 1786, aux Eboulements.

1786.
V.—TREMBLAY (2), URBAIN, [JOS.-MARIE IV.
b 1763.
GONTIER, Dorothée, [JEAN III.
b 1744.
Joseph-Marie, b 17 sept. 1786, aux Eboulements.

1786, (9 janvier) Eboulements (3).
V.—TREMBLAY, LS-ALEXIS, [ALEXIS IV.
b 1761.
DELAVOYE, Angélique, [DOMINIQUE IV.
b 1762.

1786, (8 juin) Eboulements (3).
V.—TREMBLAY, ETIENNE, [ETIENNE IV.
b 1761.
DELAVOYE, Françoise, [JOSEPH IV.
b 1768.

(1) Dispense du 3ème au 4ème degré de parenté.
(2) Voy. vol. IV, p. 322.
(3) Dispense du 3ème au 3ème degré de parenté.

1786, (16 oct.) Eboulements (1).
V.—TREMBLAY, JEAN-BTE, [VINCENT IV.
b 1759.
TREMBLAY, Marie-Anne, [LS-JACQUES IV.
b 7770.

1790, (13 nov.) Détroit [2]
V.—TREMBLAY, MICHEL, [LOUIS-MICHEL IV.
b 1768.
1° LAUZON, Marie-Joseph, [ANT-NICOLAS IV.
b 1768; s [2] 21 mai 1794.
1795, (7 nov.) [2]
2° CHAPOTON (2), Marie-Joseph. [JEAN-BTE II.

1793, (11 février) Détroit.
IV.—TREMBLAY, AMBROISE, [AMBROISE III.
b 1746.
GREFFARD, Cécile, [LAURENT IV.
b 1771

I.—TREMBLE, JEAN-BTE.
PELLETIER, Françoise.
Charles, b 1748, m 19 fevrier 1770, à Marie-Anne PAYET, à Montreal.

II.—TREMBLE, CHARLES, [JEAN-BTE I.
b 1748.
PAYET (3), Marie-Anne, [LOUIS III

TREMBLÉ.—Voy. TREMBLAY.

TREMBLOIS.—Voy. TREMBLAY.

TREMENNE.—Voy. TURMEL.

TRÉMONT.—Voy. SALVAYE.

TRÉMOULET.—*Surnom* : ST. LÉONARD.

1757, (8 fevrier) Québec. [2]
I.—TRÉMOULET (4), PIERRE, soldat; fils de Pierre et de Jeanne Barbel, de St-Leonard, diocèse de Lectoure, Gascogne.
MORISSET, Marie-Charlotte, [PIERRE II.
b 1727.
Mathurin, b [2] 6 nov. 1757.

TRÉMOUT.—Voy. SALVAYE.

TREMPE.—Voy. PIETTE—FRENIÈRE.

I.—TREMPE (5), ANTOINE.
MANDEVILLE (6), Marie-Thérèse, [JEAN-BTE II.
b 1723; veuve de Joseph Fayen.
Marie-Geneviève, b 14 oct. 1757, à Berthier, M.

I.—TRENY, MICHEL, capitaine navigateur; s 1er mai 1744, à la Petite-Rivière.

(1) Dispense du 3ème au 3ème et du 4ème au 4ème degré de parenté.
(2) Voy. vol II, p 620.
(3) St. Amour.
(4) Dit St. Léonard.
(5) Dit Frenière.
(6) Voy vol. IV, p. 18 et vol. V, p. 489.

TRÉPANIER.—Voy. DETRÉPAGNY.

TRÉPAGNY.—Voy. DETRÉPAGNY — TRÉPAGNIER TRÉPANIER.

1689, (14 février) Château-Richer. [4]
II.—TRÉPAGNY (1), FRANÇOIS, [ROMAIN I.
b 1664; s [4] 24 août 1738.
LEFRANÇOIS, Anne, [CHARLES I.
b 1669; s [4] 16 dec. 1743.
Jean, b [4] 26 janvier 1702, 1° m 3 février 1728, à Dorothée BAUCHÉ, à Ste-Famille, I. O.; 2° m à Louise DÉRY; s [4] 20 oct. 1779.

1724, (25 sept.) L'Ange-Gardien.
III.—TRÉPAGNY (2), PRISQUE, [FRANÇOIS II.
b 1697.
TRUDEL, Marie, [NICOLAS II.
b 1700.
Nicolas, b 1725; s 18 juillet 1731, à Ste-Geneviève. [5] — *Geneviève*, b [5] 17 janvier 1730. — *Prisque*, b [5] 7 avril 1731.—*Pierre* (2), b [5] 23 mai 1733; m 22 avril 1759, à Marie-Anne ROUILLARD, à Batiscan. [6]—*Jean-Baptiste* (2), b [5] 14 mai 1735, m [6] 22 janvier 1759, à Marie-Joseph DESRANLOT. —*Anonyme*, b [5] et s [5] 22 déc. 1737. — *Joseph*, b [5] 4 sept 1739.

1728, (3 février) Ste-Famille, I. O.
III.—TRÉPAGNY (2), JEAN, [FRANÇOIS II.
b 1702; s 20 oct. 1779, au Château-Richer.
1° BAUCHÉ, Dorothee, [GUILLAUME II.
b 1709.
2° DÉRY, Louise, [MAURICE I.
b 1702.
Jean-Baptiste, b... 1° m à Madeleine DESPAROIS; 2° m 20 août 1764, à Anne PERILLARD, à Montreal.

1751, (1er février) Ste-Anne-de-la-Pérade.
IV.—TRÉPAGNY (2), FRS, [AUGUSTIN III.
b 1725.
GARIÉPY, Marie-Françoise, [CHARLES III.
b 1727.
Marie-Francoise, b 24 juillet 1753, aux Ecureuils; m 10 fevrier 1772, à Thierry MERCURE, à la Pte-aux-Trembles, Q.

IV.—TRÉPAGNY, JEAN-BTE. [JEAN III.
1° DESPAROIS, Madeleine, [LAURENT I.
b 1731.
1764, (20 août) Montréal.
2° PÉRILLARD, Anne, [NICOLAS I.
b 1714, veuve de Jean-Baptiste Pierre dit Laramee.

1775, (20 fevrier) Ecureuils.
V.—TRÉPAGNY (3), CHS-FRS, [FRANÇOIS IV.
b 1752.
RICHARD, Marie-Françoise, [PIERRE III.
b 1758.
Marie-Françoise, b 1er avril 1776, à la Pte-aux-Trembles, Q.

(1) Voy. DeTrépagny, vol. III, p. 407.
(2) Voy. DeTrépagny, vol. III p. 408.
(3) Voy. DeTrépagny vol. III, p. 409.

TRÉPIAL.—Voy. LACHAPELLE.

1742, (17 mai) Québec.[3]

I.—TREVET, FRANÇOIS, b 1711; fils de René et de Marguerite Payart, de Jurigny, diocèse du Mans, Maine; s [3] 4 août 1749.

CRENET (1), Marie-Joseph, [JUSTE I. b 1723.

Marie-Joseph, b [3] 10 mai 1743; s [3] 25 avril 1752.—*Joseph-François*, b [3] 24 mars 1745.—*Marie-Joseph-Françoise*, b [3] 26 mars 1747; s [3] 18 fevrier 1752.—*Juste-François*, b [3] 7 février 1749; s [3] 10 février 1752.

1747.

I.—TREVOUX, GEORGE, b 1724.

VEILLON, Marie-Anne, [JEAN I. b 1728.

Marie, b 22 mars 1748, à Québec.[2] — *Marie-Angélique*, b [2] 29 sept. 1750.

I.—TRIAIRE DE LA SORBIÈRE (2), FRS-DAVID.

TRIBIER.—*Surnom :* BEAUSÉJOUR.

I.—TRIBIER (3), CHARLES, b 1703; de Lacrèche, diocèse de Poitiers, Poitou; s 20 juillet 1743, à Montréal.

TRIBOT.—Voy. JOUSSELAU.

TRIGANNE.—*Surnom :* LAFLÈCHE.

1763, (10 janvier) Nicolet.[7]

I.—TRIGANNE (4), JOSEPH, fils de Julien et de Marie Lecarive, de St-Thomas, diocèse d'Angers, Anjou.

VERTEFEUILLE, Marie-Joseph, [JEAN-FRS I. b 1742; veuve de Jean-François Dair; s [7] 18 avril 1792.

Marie-Anne, b... m à Théodore LEMIRE. — *Marie-Joseph*, b 1768; m [7] 27 sept. 1784, à Joachim LEMIRE-FOUCAULT; s [7] 20 dec. 1793.—*Angélique*, b... m [7] 8 août 1791, à Jean-Baptiste LOZEAU. — *Marie-Louise*, b... m [7] 17 fevrier 1794, à Pierre BRASSARD.

TRINQUE.—Voy. ALLAIRE.

1767, (5 oct.) Terrebonne.

I.—TRINQUET, NICOLAS, fils de Denis et de Marie Corneau, diocèse de Bourgogne.

BLONDIN-SUREAU, Catherine, [PIERRE II. b 1746.

(1) Elle épouse, le 5 oct. 1751, Jean-Charles Pollaingre, à Québec.

(2) Lieutenant au régiment de Berry. (Registre de l'Ange-Gardien, 14 juin 1759.)

(3) Dit Beauséjour ; caporal de la compagnie Sabrevois.

(4) Dit Laflèche ; il était, le 27 mars 1761, à St-Nicolas.

1748, (8 janvier) Québec.[4]

I.—TRINQUIER, FRANÇOIS, b 1701, voiturier; fils de Joseph et de Thérèse Puneau, de Trahac-Conflans, diocèse de Périgneux; s [4] 10 juillet 1763.

GARANT, Françoise, [PIERRE II. b 1724; s [4] 19 sept. 1788.

Jean-Baptiste, b [4] 4 nov. 1748; s 14 juin 1749, à Beaumont.[5] — *Louis-François*, b [4] 5 déc. 1749. —*Marie-Françoise*, b [4] 21 janvier et s [4] 15 juillet 1751.—*Marie-Thérèse*, b [4] 20 mai 1752. — *Marie-Anne*, b [4] 24 sept. 1753; s [5] 21 avril 1760.— *Joseph-Paul*, b [4] 9 déc. 1754.— *Geneviève*, b [4] 25 mars 1756; s [4] 6 dec. 1757. — *Jeanne*, b [4] 9 sept. 1757; s [4] 18 juin 1758.—*Anonyme*, b et s 11 nov. 1759, à St-Michel. — *Pierre*, b [4] 2 juillet 1761.— *Antoine*, b [4] 30 oct. 1762.

TRIOLET.—*Variation et surnom :* THÉORET.—TROTELLE.—LARIVIÈRE.

1701, (14 mars) Lachine.[6]

I.— TRIOLET (1), JACQUES, b 1658; fils de Georges (maître-boulanger) et de Catherine Pilorgay, de Dinan, diocèse de St-Brieux, Haute-Bretagne; s 31 juillet 1728, à la Pointe-Claire.[7]

ROY, Marie, [JEAN I. b 1664; veuve d'André Merlot; s 14 déc. 1717, au Bout-de-l'Ile, M.

Alexis, b [6] 24 août 1701; s 21 janvier 1705, à Montreal.[8]—*Catherine*, b [6] 24 août 1701; m [7] 4 oct. 1723, à Joseph CHARLEBOIS; s [7] 6 janvier 1753. — *Marie*, b [6] 22 dec. 1702. — *René*, b [6] 19 juin 1704; s [7] 1722. — *Jean-Baptiste*, b [6] 4 mars 1707; m [7] 19 juillet 1731, à Marie-Marthe CHOLET, s [7] 15 juillet 1787. — *Thérèse*, b 1708; m 9 nov. 1732, à Jean-Baptiste BOURDON, à Lavaltrie.—*Marie*, b 1710; s [7] 4 nov. 1722.

1731, (19 juillet) Pointe-Claire.[2]

II.—TRIOLET, JEAN-BTE, [JACQUES I b 1707; s [2] 15 juillet 1787.

CHOLET, Marie-Marthe, [SÉBASTIEN I b 1709.

Jean-Baptiste-Amable, b [2] 14 mars 1732, m 1770, à Marie FORTIER. — *Marie-Joseph*, b [2] 6 mars 1734. — *Jacques-Amable*, b [2] 8 oct. 1735; 1° m 24 nov. 1760, à Marie-Louise BARBARY, à Ste-Geneviève, M.[3]; 2° m [2] 25 mai 1767, à Catherine LEFEBVRE; s [3] 7 sept. 1806. — *André*, b [2] 27 février 1737; 1° m [2] 5 oct. 1761, à Elisabeth LEGAUT; 2° m 1786, à Véronique DUCHARME— *Marie-Joseph*, b [2] 28 oct. 1738; m [3] 2 août 1772, à François BRUNET; s [2] 24 nov. 1806. — *Marie-Madeleine*, b [2] 5 fevrier 1740; m [3] 2 août 1772, à Joseph LANTIER; s [3] 9 avril 1804.

1760, (24 nov.) Ste-Geneviève, M.[3]

III.—TRIOLET, JACQUES-AMABLE, [JEAN-BTE II. b 1735; s [3] 7 sept. 1806.

1° BARBARY, Marie-Louise, [MICHEL III. b 1742; s [2] 13 oct. 1765.

(1) Dit Lariviere, soldat de LeVerrier.

Jacques, b [2] 19 sept. 1761 ; m [2] 23 février 1784, à Marguerite Legaut ; s 26 mai 1834, à l'Ile-Bizard.—*Joseph*, b [2] 25 mars 1763; m [2] 27 janvier 1784, à Marie-Joseph Massy ; s [2] 16 déc. 1844.—*Marie-Louise*, b [2] 10 février 1765 ; m [2] 14 oct. 1782, à Jean-Baptiste Legaut.

1767, (25 mai) Pointe-Claire.

2° Lefebvre, Catherine, [Michel III.
veuve de Claude Homay.

Elisabeth, b [2] 28 mars et s [2] 20 août 1768.—*Catherine*, b [2] 28 mars et s [2] 31 juillet 1768.—*Marguerite-Marie*, b [2] 29 juillet 1769 ; m [2] 31 janvier 1786, à Jacques Vivier ; s [2] 7 mars 1787.—*Marie-Angélique*, b [2] 15 avril 1771 ; m [2] 10 oct. 1787, à Toussaint Payment ; s [2] 24 fevrier 1820.—*Marie-Catherine*, b [2] 3 mai 1772 ; 1° m [2] 17 fevrier 1784, à ...... Brunet ; 2° m [2] 2 juillet 1792, à Sebastien Legaut. — *Louis*, b [2] 22 mai 1774, m [2] 9 janvier 1790, à Marguerite St. Pierre ; s [2] 29 janvier 1864. — *Marie-Céleste* et *Michel*, b [2] 26 mai et s [2] 11 juin 1775. — *Luc*, b [2] 29 mars et s [2] 7 juillet 1777. — *Jean-Baptiste*, b [2] 21 sept. 1779 ; s [2] 15 juillet 1785. — *Paul*, b [2] 31 juillet et s [2] 21 août 1781.

1761, (5 oct.) Pointe-Claire.

III.—TRIOLET, André, [Jean-Bte II.
b 1737.
1° Legaut, Elisabeth.

1786.

2° Ducharme, Véronique.

1770.

III.—TRIOLET, Jean-Bte-Amable, [J.-Bte II.
b 1732.
Fortier, Marie.

1784, (27 janvier) Ste-Geneviève, M. [2]

IV.—TRIOLET, Joseph, [Jacques-Amable III.
b 1763 ; s [2] 16 déc. 1844.
Massy, Marie-Joseph. [François III.

1784, (23 février) Ste-Geneviève, M. [2]

IV.—TRIOLET, Jacques, [Jacques-Amable III.
b 1761 ; s 26 mai 1834, à l'Ile-Bizard. [8]
Legaut, Marguerite.

Marie-Marguerite, b [2] 23 février 1787 ; s [2] 10 déc. 1790. —*Marie-Catherine*, b 5 fevrier 1788 ; m [2] 30 janvier 1815, à Jacques-Amable Claude —*Marie-Joseph*, b [2] 23 mars et s [2] 27 déc. 1790.—*Jacques*, b [2] 13 janvier 1792 ; s [2] 20 avril 1802. —*Joseph*, b [2] 6 mars 1794 ; m 1827, à Marie-Joseph Lalonde.—*Marguerite*, b [2] 20 avril et s [2] 28 juillet 1796. — *François*, b [2] 19 juillet 1797 ; s [2] 17 dec. 1798.—*Jérémie*, b [2] 21 nov. 1799 ; s [3]...—*Pelagie*, b [3] 2 avril 1803 ; m [3] 24 nov. 1823, à Eustache St. Pierre. — *Augustin*, b [2] 26 août 1805.

1790, (9 janvier) Ste-Geneviève, M. [5]

IV.—TRIOLET, Louis, [Jacques-Amable III.
b 1774 ; s [5] 29 janvier 1864.
Breillard-St. Pierre, Margte. [Pierre II (1).

(1) Et de Marie-Joseph Nadon.

Louis, b [5] 9 oct. 1790 ; m [5] 7 août 1815, à Thérèse Prou ; s [5] 16 juin 1875. — *Marguerite*, b [5] 2 mars et s [5] 2 août 1792. —*Marguerite*, b [5] 10 mai 1793 ; s [5] 8 juin 1795. — *Marie-Anne*, b [5] 7 sept. 1794 ; s [5] 8 juin 1795. — *Eustache*, b [5] 12 mars 1796 ; m [5] 15 oct. 1820, à Marguerite Labrosse ; s 27 avril 1885, à Ste-Marthe.—*Geneviève*, b [5] 19 juin 1799 ; s [5] 4 mai 1808. — *Etienne*, b [5] 28 déc. 1800 ; m [5] 3 juin 1833, à Lucie Pilon ; s [5] 28 déc. 1878.—*Sophie*, b [5] 9 sept. 1802 ; m [5] 22 nov. 1824, à Joseph Brunet ; s [5] 24 août 1849. — *Joseph*, b [5] 4 avril 1804 ; m [5] 23 janvier 1826, à Marguerite Présot.—*Ambroise*, b [5] 9 déc. 1805 ; s [5] 15 août 1806.—*Basile*, b [5] 11 juillet 1808 ; m [5] 13 janvier 1834, à Suzanne-Anastasie Claude ; s [5] 1884.— *Marie-Hypolite*, b [5] 28 juin 1809 ; m [5] 7 mai 1838, à Pierre Chartran ; s [5] 6 mai 1882. — *Anastasie*, b [5] 17 janvier 1811 ; s [5] 27 mars 1820.— *Toussaint*, b [5] 1er nov. 1811 ; m [5] 11 nov. 1832, à Lucie Boileau ; s [5] 25 juin 1870. — *Antoine*, b [5] 7 mai 1814 ; s [5] 24 mars 1815. — *François*, b [5] 3 et s [5] 7 mai 1817.

1815, (7 août) Ste-Geneviève, M. [5]

V.—TRIOLET, Louis, [Jacques-Amable IV.
b 1790 ; s [5] 16 juin 1875.
Prou, Therèse.

1820, (15 oct.) Ste-Geneviève, M.

V.—TRIOLET, Eustache, [Louis IV.
b 1796 ; s 27 avril 1885, à St-Martin.
Labrosse, Marguerite.

1826, (23 janvier) Ste-Geneviève, M. [1]

V.—TRIOLET, Joseph, [Louis IV.
b 1804.
Presot, Marguerite,
b 4 fevrier 1807, à la Pointe-Claire.

Emilie, b [1] 6 mars 1828 ; m 1er février 1847, à Jules Boileau, à l'Ile-Bizard [2] ; s [2] 2 oct. 1865.—*Anastasie*, b [1] 25 déc. 1829 ; s [1] 1er mars 1833.—*Toussaint*, b [1] 1er nov. 1831 ; s [1] 20 mars 1833.—*Venant*, b [1] 11 juin 1833 ; 1° m [2] 26 oct. 1857, à Christine Théoret ; 2° m [2] 18 fevrier 1869, à Celanie Théoret. — *Louis*, b [1] 5 juin 1835 ; m [2] 1er oct. 1855, à Philomène Cardinal.—*Philomène*, b [1] 19 juillet 1837 ; m [2] 21 janvier 1856, à Maxime Théoret ; s [2] 23 avril 1859.—*Jacques*, b [1] 7 avril 1839 ; 1° m 25 fevrier 1867, à Rose-de-Lima Drouin, à St-Benoit ; 2° m 21 février 1878, à Marie-Amable Verdon. — *Marie-Onésime* (*Rose-de-Lima*), b [1] 13 août 1841 ; m [2] 26 mars 1874, à Joseph Madore. — *Olive*, b [1] 18 août 1843 ; m [2] 1863, à François Goyer. — *Anonyme*, b [2] et s [2] 9 dec. 1845.

1827.

V.—TRIOLET, Joseph, [Jacques-Amable IV.
b 1794.
Lalonde, Marie-Joseph.

Félix, b 5 nov. 1828, à Ste-Geneviève, M. [1] ; s [1] 6 avril 1830. — *Marie-Onésime*, b [1] 18 janvier 1830. —*Angélique*, b [1] 3 oct. 1831. — *Théophile*, b [1] 10 fevrier 1833. — *Maxime*, b [1] 10 oct. 1835 ; 1° m 21 janvier 1856, à Philomène Théoret, à l'Ile-Bizard [2] ; 2° m [2] 6 février 1865, à Marie Car-

DINAL. — *Philomène*, b[1] 17 août 1837; m à Isidore BRUNET; s 1880, à Ste-Agathe. — *Moïse*, b[1] 21 août 1837; s[1] 13 sept. 1739. — *Jérôme*, b[1] 30 sept. 1840; m à Sophronie GAUDRY. — *Christine*, b[1] 4 dec. 1842; m[2] 26 oct. 1857, à Venant THÉORET. — *Célanie*, b[2] 9 janvier 1845; m[2] 18 février 1869, à Venant THÉORET.

1832, (11 nov.) Ste-Geneviève, M.[5]
V.—TRIOLET, TOUSSAINT, [LOUIS IV.
b 1811; s[5] 25 juin 1870.
BOILEAU, Lucie.

1833, (3 juin) Ste-Geneviève, M[5]
V.—TRIOLET, ETIENNE, [LOUIS IV.
b 1800; s[5] 28 dec. 1878.
PILON, Lucie.

1834, (13 janvier) Ste-Geneviève, M.
V.—TRIOLET, BASILE, [LOUIS IV.
b 1808; s 1884, à St-Eustache.
CLAUDE, Suzanne-Anastasie. [JOSEPH.

1855, (1er oct.) Ile-Bizard.
VI.—TRIOLET, LOUIS, [JOSEPH V.
b 1835.
CARDINAL, Philomène.

1856, (21 janvier) Ile-Bizard[5]
VI.—TRIOLET, MAXIME, [JOSEPH V.
b 1835.
1° THÉORET, Philomène, [JOSEPH V.
b 1837; s[5] 23 avril 1859.
1865, (6 fevrier).[5]
2° CARDINAL, Marie.

1857, (26 oct.) Ile-Bizard.[5]
VI.—TRIOLET, VENANT, [JOSEPH-LOUIS V.
b 1833.
1° THÉORET, Christine, [JOSEPH V.
b 1842.
Joseph, b[5] 9 août 1858; s[5] 11 février 1860.— *Albert*, b[5] 22 août et s[5] 3 sept. 1860. — *Joseph-Wilfrid*, b[5] 29 août 1861; m 19 janvier 1885, à Marie-Louise LEPAGE, à Ste-Marthe.—*Trefflé*, b[5] 19 juillet 1863; ordonné le 26 mars 1887.—*Joseph-Raphaël*, b[5] 13 sept. et s[5] 5 oct. 1865.
1869, (18 février).[5]
2° THÉORET, Celanie, [JOSEPH V.
b 1845.
Valerie, b[5] 26 nov. 1868.— *Rose-de-Lima*, b[5] 31 juillet 1870; s[5] 7 avril 1874.—*Philomène*, b[5] 18 juillet 1873; s[5] 23 avril 1874.—*Marie-Célanie*, b[5] 8 août 1875; s[5] 20 juin 1877. — *Christine*, b[5] 16 oct. 1877.—*Marie-Clémentine-Sophronie*, b[5] 4 juillet 1879; s[5] 17 mars 1880.

VI.—TRIOLET, JÉROME, [JOSEPH V.
b 1840.
GAUDRY, Sophronie.

1867, (25 fevrier) St-Benoit.
VI.—TRIOLET, JACQUES, [JOSEPH V.
b 1839.
1° DROUIN, Rose-de-Lima.
1878, (21 février) St-Laurent, M.
2° VERDON, Marie-Amable.

1885, (9 janvier) Ste-Marthe.
VII.—TRIOLET, JOS.-WILFRID, [VENANT VI
b 1861.
LEPAGE, Marie-Louise.

TRIVARET.—*Variation et surnom* : TRIVERET —LABADIE.

1737, (22 juillet) Montreal[1]
I.—TRIVARET (1), VALENTIN, b 1715, tailleur, fils de Valentin et de Madeleine Campret, de St-Saturnin, diocèse de Tours, Touraine.
DELAYE, Louise-Ursule, [TOUSSAINT I
b 1714.
Marie-Catherine, b[1] 18 août 1739; m[1] 17 août 1764, à Pierre BRESSE.—*Jacques*, b[1] 5 août 1742; s[1] 15 avril 1743. — *Louise*, b... m 14 janvier 1766, à Joseph BAUDIN, à St-Philippe.

TRIVERET.—Voy. TRIVARET.

I.—TRIVIO (2).

TROCHE.—*Surnom* : LAFLEUR.

1748, (29 janvier) Montréal.
I.—TROCHE (3), JEAN, b 1722; fils de Jean et de Cecile Guillaume, de St-Pierre, diocese de Noyon.
MARCHETEAU, Marie-Celeste, [LAURENT II.
b 1730.

TROGNON.—Voy. DESMARETS.

TROIE.—Voy. TROY.

I.—TROISMONTS (4), NICOLAS.

TROISVILLES.—Voy. DEBIDABÉ.

TROTELLE.—Voy. TRIOLET — TROIET — TROTIER.

I.—TROTELLE (5), GABRIEL.
BADAILLA, Therèse,
s 1er déc. 1756, à Lanoraie.
Geneviève, b 13 août 1713, à Repentigny; m 1731, à Antoine QUENNEVILLE.—*Marie-Thérèse*, b 14 août 1715, à Verchères; m 9 nov. 1732, à Jean-Baptiste BOURDON, à Lavaltrie. — *Gabriel*, b 1718; m 1747, à Elisabeth RIEL.

(1) Dit Labadie; soldat.

(2) Commandant un bataillon du régiment de Berry. (registre de St-François, I. O., 19 février 1759)—Il était, le 24 avril 1758, a Beauport.

(3) Dit Lafleur; soldat de la compagnie de St. Ours.

(4) Sieur de Troismonts — Formage; signe le 12 août 1643, à Québec—temoin avec Claude Bouchard, l'engagement d'Etienne De la Fond, chez Noel Langlois, de la Pointe-de-l'Ile, Orléans.

(5) Dit Triolet.

1747.

II—TROTELLE, Gabriel, [Gabriel I.
b 1718.
Riel, Elisabeth, [Jacques II.
b 1728.
Elisabeth, b 1748; s 20 oct. 1753, à Lanoraie.[3]
— *Marie-Thérèse*, b 8 avril 1750, à Lavaltrie.— *Marie-Madeleine*, b[3] 5 juillet 1752; s[3] 5 fevrier 1754.— *Marie-Elisabeth*, b[3] 29 déc. 1753; s[3] 24 août 1754.—*Marie-Elisabeth*, b[3] 1er février 1755. —*Gabriel*, b 1767; m 15 fevrier 1790, à Marie-Geneviève Lorrain, à Montréal.

1790, (15 février) Montréal.

III—TROTELLE, Gabriel, [Gabriel II.
b 1767.
Lorrain (1), Marie-Geneviève, [Joseph IV.
b 1772.

TROTET.—Voy. Trotelle.

TROTIER.—*Variation et surnoms :* Trotelle—Bernard—DeBeaubien—DeBelcourt et De-Bellecour—De la Bissonnière — Desaulniers — DesRivières — DesRuisseaux — De Valcour — Houssard—LeSieur — Pombert et Pumber.

I—TROTIER (2), Jules, b 1590; de St-Martin-d'Ige-au-Perche; s 10 mai 1655, aux Trois-Rivières.
Loyseau, Catherine.
Pierre, b 1644; m 1663, à Suzanne Migaud; s 8 janvier 1693, à Batiscan.

1660, (16 août) Québec.

II—TROTIER (2), Julien, [Jules I.
b 1636
Sedilot (3), Marie, [Louis I.
b 1644.
Elisabeth, b 1664, m 1679, à Nicolas Rivard; s 6 avril 1699, à Batiscan.

1663, (2 sept.) (4).

II—TROTIER, Antoine, [Jules I.
marchand; s 6 dec. 1706, à Batiscan.[1]
Lefebvre, Catherine, [Pierre I.
b 1648; s[1] 30 nov. 1705.
Joseph, b 1668; m 18 fevrier 1700, à Françoise Cuillerier, à Montreal.[2] —*Pierre*, b 1672; m 12 oct. 1696, à Catherine Charest, à Levis; s[2] 13 avril 1736.— *Michel*, b 1675; 1° m 3 mai 1700, à Agnes Godfroy, aux Trois-Rivières[3]; 2° m[3] 27 oct. 1715, à Therèse Mouet de Moras. — *Catherine*, b 1676; 1° m[1] 3 mai 1696, à Jean Cuillerier, 2° m[2] 27 mai 1714, à François-Picoté de Belestre; s 26 fevrier 1731, à Lachine. — *Noel*, b... m[3] 10 janvier 1702, à Marguerite-Thérèse Fafard-Longval; s[3] 14 avril 1720. — *François-Marie*, b 1679; 1° m 6 fevrier 1703, à Marie-Anne Gouin, à Ste-Anne-de-la-Pérade; 2° m 12 avril 1714, à Françoise Mercereau, à Champlain[4]; s[1] 20 avril 1744. — *Antoine*, b[4] 12 janvier 1681; 1° m[4] 20 janvier 1708, à Marie-Charlotte Mercereau; 2° m 16 août 1717, à Marie-Anne Sicard, à la Rivière-du-Loup[5]; s[5] 19 nov. 1733. —*Julien*, b[1] 21 juin 1687; 1° m 1715, à Madeleine Duclos; 2° m[2] 9 janvier 1718, à Louise-Catherine Raimbaut; s[2] 15 juillet 1737. — *Alexis*, b[4] 21 oct. 1688; 1° m 6 janvier 1735, à Marie-Louise Roy, au Détroit[8]; 2° m[5] 30 déc. 1739, à Catherine Godfroy; s[6] 5 juin 1769.

(1) Fille de Joseph Lorrain et de Catherine Roussin, voy. vol. V, p 434.

(2) Voy vol. I, p. 573.

(3) Elle épouse, plus tard, René Blanchet.

(4) Date du contrat; voy. vol. I, p. 573.

1663.

II.—TROTIER (1), Pierre, [Jules I.
b 1644, s 8 janvier 1693, à Batiscan.
Migaud, Suzanne,
b 1648; s 30 avril 1723, à Boucherville.
Catherine, b 1669; m 3 nov. 1683, à Michel Lefebvre, à Champlain[1]; s[1] 2 mars 1723. — *Pierre*, b 1685; m[1] 7 janvier 1710, à Jeanne Mercereau; s 3 mai 1759, à Ste-Geneviève, M.

1666.

II.—TROTIER (1), Jean, [Jules I.
b 1646, s 25 mai 1703, à Batiscan.[5]
Lafond, Geneviève, [Etienne I.
b 1652.
Catherine, b 1666; m 1695, à Pierre Rivard; s[5] 12 fevrier 1735. — *Jean*, b 1677; m[5] 14 sept. 1698, à Madeleine Rivard; s 23 nov. 1717, aux Grondines.—*Augustin*, b 28 février 1682, à Champlain, m[5] 24 nov. 1705, à Angelique Lefebvre; s[5] 2 janvier 1750.

1688, (9 nov.) Montréal.[1]

III.—TROTIER (2), Joseph, [Pierre II.
b 1664; s 14 sept. 1722, à Lachine.[2]
Robillard, Jeanne, [Claude I.
b 1673; s[1] 24 fevrier 1729.
Joseph, b[1] 7 nov. 1689; 1° m 1713, à Catherine Martin; 2° m 5 juin 1736, à Marie-Jeanne-Geneviève Galarneau, à la Pointe-Claire. — *Pierre*, b[1] 21 sept. 1691; m[2] 1er dec. 1717, à Marie-Catherine Roy; s[1] 14 déc. 1742. — *Marie-Jeanne*, b[1] 4 mai 1694; 1° m à François Martin; 2° m[2] 11 janvier 1723, à Jean Ducharme.—*Marie-Anne*, b[1] 25 juillet 1696; 1° m[2] 26 février 1718, à Joseph Cluvre, 2° m[1] 22 nov. 1735, à Jacques Dupont.—*Marie-Jeanne*, b[2] 3 mars 1699; m[2] 20 avril 1722, à François Roy; s[2] 28 avril 1767.— — *Marie-Thérèse*, b[2] 26 juillet 1701; m[2] 25 février 1721, à Joseph Ducharme. — *Marie-Françoise*, b[2] 8 mars 1704; m[2] 6 nov. 1730, à Jean Monet; s[1] 27 juillet 1745. — *Elisabeth*, b[2] 19 avril 1706; m[2] 20 nov. 1725, à Jean Dany; s[1] 16 juin 1744. — *Marie-Joseph*, b 1708; m[2] 5 mars 1726, à François Lalonde.

(1) Voy. vol. I, p. 573.

(2) Seigneur de l'Ile aux Herons; voy. vol. I, p 573.

1696, (12 oct.) Levis. [1]
III.—TROTIER (1), PIERRE, [ANTOINE II
b 1672; s 13 avril 1736, à Montréal. [2]
CHAREST, Catherine, [ETIENNE I.
b 1681.
Antoine-Pierre, b [2] 3 sept. 1700; m 27 dec. 1723, à Marguerite CHERON, à Quebec. [3]—*Augustin*, b [2] 28 août 1706; s [2] 21 mars 1707.—*Claude*, b [2] 19 nov. 1707; s [2] 17 août 1708.—*Marie-Anne*, b [2] 13 janvier 1709. — *Jean-François-Hyacinthe*, b [2] 4 dec. 1709, s [2] 24 mars 1710. — *Etienne*, b [2] 29 mai 1711; 1° m [3] 9 nov. 1745, à Louise DAMOURS; 2° m [3] 22 août 1763, à Jeanne POULIN. — *Thomas-Ignace*, b [2] 21 déc. 1712, m [3] 25 mai 1747, à Marie-Thomas DEFLEURY.—*Jeanne*, b [2] 31 juillet 1715; s [2] 17 mars 1717.—*Alexis*, b [2] 14 avril 1717; m [1] 1er sept. 1749, à Madeleine AUDET-PIERRE-COT.—*Marie-Catherine*, b [2] 8 août et s [2] 9 oct. 1719. — *Paul-Ignace*, b [2] 31 juillet 1721; s [2] 22 janvier 1722.— *Marie-Catherine*, b [2] 26 et s [2] 27 janvier 1724.

1698, (14 nov.) Batiscan. [4]
III.—TROTIER (2), JEAN, [JEAN II.
b 1677; s 23 nov. 1717 aux Grondines. [5]
RIVARD-LORANGER, Madeleine, [ROBERT I
b 1676; s [5] 12 nov. 1744.
Jean-Baptiste, b [4] 16 nov. 1699; s [5] 6 déc. 1735. — *Louis*, b [5] 25 juin 1700; m [5] 31 janvier 1724, à Marie-Louise-Madeleine HAMELIN; s [5] 10 mai 1746.— *François*, b [5] 17 février 1702; m [5] 7 avril 1731, à Marie-Anne HAMELIN; s [5] 22 mars 1759. —*René*, b 1704; 1° m 23 janvier 1736, à Marguerite ROY, à Ste-Anne-de-la-Perade [6]; 2° m [6] 6 nov. 1741, à Marie-Joseph RICHER. — *Nicolas-Joseph*, b [5] 2 avril 1705.—*Marie-Joseph*, b [5] 21 sept. 1707; m 12 oct. 1724, à Antoine RIVARD, à Québec; s [4] 9 juin 1747.— *Madeleine*, b [6] 9 janvier 1709, m [5] 7 avril 1731, à Joseph HAMELIN; s [5] 9 mai 1739. —*Françoise*, b [5] 15 juillet 1713; s [5] 26 mars 1733. —*Charles*, b [5] 30 avril 1715; m [6] 29 fevrier 1740, à Françoise ROY.

1700, (18 février) Montréal. [1]
III.—TROTIER (3), JOSEPH, [ANTOINE II.
b 1668.
CUILLERIER (4), Françoise, [RENÉ I.
b 1684.
Joseph, b [1] 3 oct. 1701.—*Marie-Anne*, b 8 mars 1703, à Lachine; m [1] 11 fevrier 1732, à Marin HEURTEBISE. — *Françoise*, b 1712; m 11 fevrier 1740, à Jean-Baptiste LEDUC, au Bout-de-l'Ile, M.

1700, (3 mai) Trois-Rivières. [7]
III.—TROTIER (5), MICHEL, [ANTOINE II.
b 1675.
1° GODFROY, Agnès, [MICHEL II.
b 1679; s 21 oct. 1714, à la Rivière-du-Loup. [8]
Antoine, b 25 mai 1704, à l'Ile-Dupas.—*Marie-Françoise*, b [7] 18 janvier 1707. — *Marie-Joseph*, b [7] 2 août 1710.—*Marie-Joseph*, b [7] et s [7] 16 nov 1712.

1715, (27 oct.) [7]
2° MOUET (1), Therèse, [PIERRE I
b 1688.
Michel, b [8] 27 juillet 1716.—*Marie-Anne*, b [8] 22 sept. 1717; 1° m 16 août 1739, à Joseph CAILLA, à Nicolet [5]; 2° m 31 mars 1761, à Pierre CASTEL, à la Baie-du-Febvre. [9] — *Louis*, b [7] 6 mai 1719, m [9] 13 février 1752, à Marie-Louise ROBIDAS-MANSEAU; s [6] 13 dec. 1796. — *Marie-Thérèse*, b [7] 23 août 1720; s [6] 2 mai 1726. — *Marie-Madeleine*, b [6] 24 juin 1722; m [6] 1er mars 1745, à Ignace LEFEBVRE; s 15 mars 1755, à la Pte-du-Lac.—*Marie-Joseph-Michelle* (posthume), b [7] 2 août 1723. m [6] 23 nov. 1750, à Dominique JUTRAS; s [6] 1er nov 1796.

1702, (10 janvier) Trois-Rivières [1]
III.—TROTIER (2), NOEL, [ANTOINE II
b 1675; s [1] 14 avril 1720.
FAFARD (3), Marguerite-Therèse, [LOUIS II
b 1688; s 14 sept. 1753, à Batiscan. [2]
Louis, b 1703; m 26 août 1737, à Marie-Louise HAMELIN, aux Grondines.— *Louise-Catherine*, b [2] 4 juin 1705; m 9 nov. 1725, à Joachim DESJACQUESPÉE (4), à Longueuil, s [2] 12 nov. 1731.—*François*, b [2] 27 janvier 1707.— *Marie-Françoise*, b [2] 2 déc. 1708; m [2] 9 sept. 1731, à François CHAVIGNY (DE): s 27 juin 1759, à Deschambault — *Alexis*, b [2] 29 sept. 1710. — *Pierre*, b [2] 7 oct. 1712; m [2] 17 mai 1745, à Marie-Joseph RIVARD, s [2] 12 mai 1758.— *Marie-Louise*, b [1] 26 août 1714 — *Marie-Joseph*, b [2] 22 mars 1716; m [2] 23 mai 1741, à Joseph PEZARD-LATOUCHE.—*Joseph-Marie*, b [2] 16 mai 1718; m 1744, à Geneviève DUBORD, s [2] 2 avril 1758. — *Marie-Exupère*, b [2] 22 dec 1719; 1° m [2] 24 nov. 1738, à Joseph GAGNON, 2° m 4 oct. 1768, à Antoine DIONNE, à Ste-Anne-de-la-Pocatière.

1703, (6 fevrier) Ste-Anne-de-la-Perade. [3]
III.—TROTIER (5), FRS-MARIE, [ANTOINE II
b 1679; s 20 avril 1744, à Batiscan. [4]
1° GOUIN, Marie-Anne, [MATHURIN I
b 1683; s [4] 24 juin 1713.
Antoine, b [3] 11 janvier 1704 — *Joseph*, b [3] 27 fevrier 1705.—*Marie-Madeleine*, b [4] 26 oct. 1708 m [3] 18 mai 1733, à Jean-Baptiste TOUTAN, s [3] 15 mai 1765. — *Marie-Anne*, b 1709, m [4] 16 janvier 1729, à Pierre-François PERROT; s [3] 6 nov 1759. — *Marie-Geneviève*, b [4] 18 et s [4] 20 sept 1710.—*Marguerite*, b [4] 21 avril 1712, s [3] 29 nov 1733.

1714, (12 avril) Champlain
2° MERCEREAU, Françoise, [PIERRE I
b 1695; s [4] (dans l'eglise) 4 avril 1760
François-Marie, b [4] 13 janvier 1715, m 17 nov 1738, à Madeleine DESROSIERS, aux Trois-Rivières

(1) Dit Desaulniers; voy. vol. I, p. 574.
(2) Voy. vol. I, pp. 573-574.
(3) Sieur Desruisseaux, seigneur de l'Ile-Perrot.
(4) Elle épouse, le 3 janvier 1718, Jean Guenet, à Montréal.
(5) Sieur de Beaubien — Desruisseaux, seigneur de la Rivière-du-Loup.

(1) Elle épouse, en 1728, René LeGuay.
(2) De la Bissonnière.
(3) Longval.
(4) Voy. aussi Sacépée, vol. III.
(5) Dit Bellecour—Desruisseaux, 1722.

—*Alexis*, b [4] 21 fevrier 1716; m [3] 1er nov. 1745, à Marguerite Gouin; s [4] 25 avril 1749. — *Marie-Françoise*, b 1719; m 10 juin 1743, à Jean-Baptiste Delisle, à Lévis. — *Jean-Baptiste*, b 1720, m [4] 21 nov. 1741, à Marie-Charlotte Desnoyeux; s [4] 16 février 1759. — *Geneviève-Gabrielle*, b [4] 28 sept. 1722; m [4] 25 janvier 1751, à Louis Paquet; s [4] 16 dec. 1755. — *Louis-Joseph*, b [4] 2 et s [4] 13 février 1724. — *Augustin-Antoine*, b [4] 2 juin 1725; m [3] 7 janvier 1755, à Marie-Joseph Gautier.—*Marie-Thérèse*, b [4] 14 et s [4] 23 sept. 1726. — *Louis-Joachim*, b [4] 8 et s [4] 10 oct. 1727. — *Pierre*, b [4] 2 mars 1729; 1° m [3] 3 fevrier 1755, à Madeleine Gautier; 2° m [4] 14 fevrier 1774, à Françoise Trotier.— *Michel*, b [4] 31 mars et s [4] 30 août 1730. — *Marie-Joseph*, b 1732; s [4] 12 avril 1735.—*Paul*, b [4] 15 mai 1736.

1705, (24 nov.) Batiscan. [8]

III—TROTIER, Augustin, [Jean II.
b 1682; s [8] 2 janvier 1750.
Lefebvre (1), Angélique, [Ange II.
b 1686.

Marie-Louise, b [8] 25 août 1706; m [8] 26 avril 1725, à Jean Massicot; s [8] 20 mai 1728.—*Marie-Joseph*, b [8] 4 juillet 1708; m [8] 6 fevrier 1729, à Jacques Massicot.— *Marie-Elisabeth*, b [8] 16 mai 1710, s [8] 31 dec. 1727.—*Antoine-François*, b [8] 23 avril 1712; m [8] 10 nov. 1738, à Therèse-Elisabeth Herbecq. — *Marie-Catherine*, b [8] 1er avril 1714; m [8] 6 août 1736, à Pierre Lafond; s [8] 15 mai 1758. — *Anonyme* (2), b [8] et s [8] 1er janvier 1716 — *Marie-Françoise*, b [8] 25 mai 1717; m [8] 27 juin 1745, à Jean Caillia; s [8] 27 déc. 1789. — *Marie-Angélique*, b [8] 26 mars 1719; s [8] 30 dec 1737 —*Marie-Anne*, b [8] 27 juin 1721; m [8] 26 fevrier 1748, à Antoine-Pierre Frigon. — *Augustin*, b [8] 2 avril 1722 —*Marie-Madeleine*, b [8] 24 avril 1724; 1° m [8] 19 fevrier 1753, à Alexis Duclos, 2° m 23 août 1756, à Pierre Viala, à St-Pierre-les-Becquets.—*Marie-Marguerite*, b [8] 20 avril 1726; m [8] 9 fevrier 1750, à Claude Houde. —*Augustin*, ne [8] 10 janvier et b [8] 13 juin 1728.—*Jean*, b 1729; m 1751, à Thérèse Dysy.

1708, (20 janvier) Champlain.

III—TROTIER (3), Antoine, [Antoine II.
b 1681; s (dans l'eglise) 19 nov. 1733, à la Rivière-du-Loup. [3]
1° Mercereau, Marie-Charlotte, [Pierre I.
b 1685; s [3] 14 dec. 1715.

Marie-Catherine, b 13 janvier 1709, aux Trois-Rivieres [4], m [3] 13 nov. 1727, à Louis Sicard-Desrives.—*Antoine*, b [4] 12 sept. 1710, m 2 fevrier 1739, à Marie-Catherine Thomas, à Batiscan. [5]—*Marie-Anne-Alexis*, b [4] 17 juillet 1713; s [5] 14 nov 1785.

1717, (16 août). [3]

2° Sicard (4), Marie-Anne, [Jean I.
b 1698.

Jean-Louis, b [3] 25 août 1718. — *Marie-Anne*, b 1722; s [3] 19 nov. 1733. — *Pierre*, b 1724; m 1758, à Charlotte-Amable Paillé. — *Jean-Baptiste*, b [3] 31 août 1729; s [3] 12 juin 1730.—*Marie-Joseph*, b [3] 6 et s [3] 12 avril 1731.—*Hyacinthe*, b [3] 9 et s [3] 13 nov. 1733.

1710, (7 janvier) Champlain.

III.—TROTIER (1), Pierre, [Pierre II.
b 1685; s 3 mai 1759, à Ste-Geneviève, M.
Mercereau, Jeanne, [Pierre I.
b 1689.

Marie-Charlotte, b 12 nov. 1710, aux Trois-Rivières. [3]—*Pierre*, b [3] 1er janvier 1713.— *Catherine-Joseph*, b [3] 12 janvier 1714; m 20 nov. 1735, à Claude DuLignon, à la Rivière-du-Loup. [4] — *Alexis*, b [4] 15 oct. 1715; s 21 juin 1728, à Lachine. — *Catherine*, b [4] 17 fevrier 1717. — *Jean-Baptiste*, b [4] 21 avril 1719.— *Antoine-Etienne*, b [4] 21 avril et s [4] 27 mai 1719.—*Antoine*, b 1720; s [4] 9 août 1729. — *Louise*, b 1728; s [4] 28 avril 1733. —*Marie-Brigitte*, b [4] 7 avril et s [4] 3 août 1730.—*Jean-Baptiste*, b [4] 22 juillet et s [4] 3 août 1731.—*Louis-Joseph*, b [4] 30 juillet 1733.

1713.

IV.—TROTIER (2), Joseph, [Joseph III.
b 1689.
1° Martin (3), Catherine, [François I.
b 1692.

Joseph, b 12 nov. 1713, à Montréal; m 22 février 1740, à Madeleine Girard, à la Pointe-Claire. [5] — *François*, b 1715, m [5] 7 janvier 1739, à Marie-Joseph Bourbonnais.—*Pierre*, b [5] 3 dec. 1718.—*Marie-Thérèse*, b [5] 19 juin 1720; m 3 sept. 1750, à Michel Chorrt, à Lachine.—*Véronique*, b 1722; m 1747, à François Rousson (4).

1736, (5 juin). [5]

2° Galarneau, Marie-Jeanne, [Charles II.
b 1700.

1715.

III.—TROTIER (5), Julien, [Antoine II.
b 1687; s 15 juillet 1737, à Montréal. [3]
1° Duclos, Madeleine, [François I.
b 1676.

Julien, b 13 déc. 1716, à Batiscan.

1718, (9 janvier). [3]

2° Raimbaut (6), Lse-Catherine, [Pierre II.
b 1699.

Marie-Louise, b [3] 23 oct. 1718; m [3] 26 août 1739, à Nicolas-Marie Dailleboût.—*Pierre-Julien*, b [3] 22 sept. 1719; m [3] 10 avril 1747, à Marie-Anne-Louise Tetard. — *Jean-Noel*, b [3] 25 dec. 1721; m [3] 15 nov. 1751, à Marie-Catherine Gamelin. — *Marie-Charlotte*, b [3] 22 nov. 1723; m [3] 28 oct. 1748, à Jean-Baptiste-Philippe Tétard. — *Catherine*, b [3] 10 sept. 1725. — *Eustache*, b [3] 15

(1) Descoteaux.
(2) Cet enfant avait deux têtes.
(3) Dit DesRuisseaux—Pombert; voy. vol. I, p. 424.
(4) DeCarufel; elle épouse, le 5 juillet 1734, Etienne Auger, à la Rivière-du-Loup.

(1) Dit Valcour.
(2) Voy. vol. I, p. 416.
(3) Langevin.
(4) Voy. Leroux vol. V, p 361.
(5) Dit Desrivières.
(6) Elle épouse, le 11 oct. 1739, Joseph Douaire de Bondy, à Quebec.

mars 1727; m [3] 19 nov. 1759, à Marguerite Mailhot. — *Marguerite*, b [3] 30 nov. 1728; s 15 février 1730, à Lachine.—*Marie-Anne*, b [3] 20 mai 1730. m [3] 20 nov. 1747, à Jean Giasson.—*Joseph-Amable*, b 1733; m [3] 19 sept. 1763, à Charlotte Guillimin. — *Jacques-Hypolite*, b [3] 8 oct. 1734.—*Paul-Marguerite*, b [3] 16 mai 1736.— *Marie-Geneviève*, b [3] 13 août et s 23 déc. 1737, à la Longue-Pointe.

1715, (12 août) Batiscan. [6]

III.—TROTIER, Antoine, [Jean II.
b 1695; s [6] 1er sept. 1747.
Massicot, Catherine, [Jacques I.
b 1698.

Antoine, b [6] 22 mars 1716; m [6] 2 février 1739, à Catherine Thomas. — *Marie-Joseph*, b [6] 8 mars 1718; 1° m [6] 3 avril 1742, à Louis Blondeau; 2° m [6] 21 février 1757, à Gabriel Aubernon; 3° m 31 janvier 1763, à Joseph Carpentier. — *Marie-Catherine*, b [6] 8 mai 1719; m [6] 17 fevrier 1755, à Ignace Adam. — *Jean-Baptiste*, b [6] 24 juillet 1720. — *Jacques*, b [6] 14 fevrier 1722; 1° m 1747, à Marguerite Rouillard; 2° m 3 fevrier 1755, à Françoise Tessier, à Ste-Anne-de-la-Pérade.—*François*, b [6] 4 oct. 1723. — *Pierre*, b [6] 4 et s [6] 11 déc. 1725.—*Joseph*, b [6] 9 février 1729. —*Marie-Anne*, b [6] 15 juin 1731; s [6] 15 mars 1744. —*Pierre*, b [6] 29 avril 1733; m 1755, à Louise Lemay. — *Marie-Elisabeth*, b [6] 29 avril et s [6] 1er mai 1735. — *Augustin*, b [6] 23 juin 1737; s [6] 8 juillet 1761.—*Marie-Elisabeth*, b [6] 25 et s [6] 28 juin 1740.—*Marie-Françoise*, b [6] 22 mars 1742; 1° m 17 fevrier 1772, à Jean-Baptiste Thibaut; 2° m 14 fevrier 1774, à Pierre Trotier.

1717, (1er dec.) Lachine. [7]

IV.—TROTIER (1), Pierre, [Joseph III.
b 1691; tisserand; s 14 déc. 1742, à Montréal. [8]
Roy (2), Marie-Catherine, [François II.
b 1699.

Jean-Marie, b [8] 26 juin 1718. — *Joseph-Pierre*, b [7] 19 avril 1720; m [8] 1er juillet 1743, à Geneviève Poirier. — *Joseph-Claude*, b [7] 11 juillet 1729; m 1755, à Marie Chobet. — *Marie-Catherine*, b... 1° m 5 nov. 1753, à Augustin Brunet, à Ste-Geneviève, M. [9]; 2° m [9] 9 oct. 1758, à Jean-Baptiste Gueneau.

1723, (27 déc.) Québec. [7]

IV.—TROTIER (3), Ant.-Pierre, [Pierre III.
b 1700.
Cheron, Marguerite, [Martin I.
b 1704.

Pierre, b [7] 24 sept. et s 5 oct. 1725, à Levis. [8] —*Marie-Joseph*, b [7] 16 sept. 1726; s [8] 8 fevrier 1727.—*Marie-Marguerite*, b [8] 10 sept. 1726; s [8] 23 août 1727. — *Marie-Catherine*, b [7] 24 oct. 1727; m [8] 22 oct. 1742, à Etienne Charets. — *Marguerite*, b [8] 7 sept. 1728; m [8] 22 oct. 1742, à Joseph Charets.—*Marie-Joseph*, b [7] 27 août 1729; s [7] 12 mai 1733. — *Pierre-François*, b [7] 8 février 1731; m 21 avril 1760, à Marie-Anne Jarret, à Montréal.—*Jacques*, b [7] 27 sept. 1732.—*Marie-Joseph*, b [7] 5 oct. 1734.—*Madeleine*, b [7] 12 oct. 1735.

1724, (31 janvier) Grondines [6]

IV.—TROTIER, Louis, [Jean III.
b 1700; s [6] 10 mai 1746.
Hamelin, Marie-Lse-Madeleine, [Louis I.
b 1706.

Louis-Joseph, b [6] 4 déc. 1724; m [6] 8 janvier 1762, à Françoise Boisverd. — *Marie-Madeleine*, b [6] 22 avril 1726; m 13 nov. 1752, à Claude Duclos, à Batiscan [7]; s [7] 26 mars 1776.—*Marie-Joseph*, b [6] 18 sept. 1728. — *Elisabeth*, b... m [6] 7 avril 1750, à Joseph-Marie Hamelin.— *François*, b [6] 19 janvier 1730; m 10 janvier 1758, à Louise Laroche, à Cahokia. — *René*, b [6] 29 juillet 1731, 1° m [6] 22 nov. 1762, à Rose Grignon; 2° m [6] 3 juin 1776, à Marie-Louise Arcan; s [6] 6 mars 1782. — *Marie-Louise*, b [6] 28 avril 1733; m [6] 3 février 1755, à Joseph Hamelin. — *Marie-Angélique*, b [6] 23 mai 1735; m [6] 3 février 1755, à François-Xavier Hamelin. —*Antoine-Hyacinthe*, b [6] 1er sept. 1737; m [6] 16 janvier 1764, à Madeleine-Louise Hamelin; s [6] 15 juin 1776.—*Marie-Antoinette*, b 4 juillet 1739, à Ste-Anne-de-la-Perade; m [6] 23 nov. 1760, à Rene Hamelin.

1731, (7 avril) Grondines. [8]

IV.—TROTIER (1), François, [Jean III
b 1702; s [8] 22 mars 1759.
Hamelin, Marie-Anne, [François I
b 1709.

Madeleine, b [8] 15 janvier 1732; m [8] 6 nov 1758, à Louis-Joseph Gariépy. — *Jean-Baptiste* b [8] 14 déc. 1733; s [8] 13 mars 1775.—*Louis-François*, b [8] 27 fevrier 1735.—*François-Marie*, b [8] 24 fevrier 1737.—*Charles*, b 10 janvier 1739, à Ste-Anne-de-la-Pérade [9]; m [9] 9 sept. 1771, à Marie-Anne Charets. — *Marie-Charlotte*, b [9] 13 fevrier 1740; m [8] 22 nov. 1779, à Antoine Lécuyer—*René*, b [8] 6 sept. 1742; m 1774, à Catherine Hamel. — *Marie-Rose*, b [8] 23 déc. 1744, m [8] 13 mai 1771, à Jean-Marie Sauvageau.

IV.—TROTIER, Jean-Bte, [Jean III
b 1700; s 6 déc. 1735, aux Grondines.

1735, (6 janvier) Détroit. [3]

III.—TROTIER (2), Alexis, [Antoine II.
b 1688; negociant; s [3] 5 juin 1769.
1° Roy, Marie-Louise, [Pierre I.
b 1708; s [3] 3 dec. 1735.

Anonyme, b [3] et s [3] 1er dec. 1735.

1739, (30 déc.) [3]

2° Godfroy (3), Catherine, [Jacques II
b 1716; s [3] 21 juillet 1777.

Alexis, b [3] 20 sept. et s [3] 19 oct. 1740.— *Catherine*, b [3] 16 et s [3] 18 avril 1742.—*Anonyme*, b [3] et

(1) Dit Duvernay.
(2) Chesne, en 1718.
(3) Sieur Desaulniers, secrétaire du Roy.

(1) Dit Houssard, 1739-1742.
(2) DesRuisseaux. — Premier capitaine des milices du Détroit—colonel.
(3) DeMaubeuf.

s[2] 27 avril 1743. — *Antoine*, b[3] 4 et s[3] 5 mars 1750.

1736, (23 janvier) Ste-Anne-de-la-Pérade. [6]
IV.—TROTIER, René, [Jean III.
b 1704.
1° Roy, Marguerite, [Pierre II.
b 1717; s 8 mars 1738, aux Grondines. [7]
Marie-Marguerite, b [7] 25 nov. 1736; m [7] 15 nov. 1762, à Joseph Ricard. — *Louise-Exupère*, b[6] 4 mars 1738.
1741, 6 nov.) [7]
2° Richer-Laflèche, Marie-Jos., [Jean-Bte II.
b 1718.
Marie-Joseph, b [7] 18 sept. 1742.— *Marie-Madeleine*, b [7] 20 mars et s [7] 16 avril 1744. — *Marie-Madeleine*, b [7] 20 mars et s [7] 16 avril 1744.— *Marie-Madeleine*, b [7] 18 fevrier 1745; m [7] 11 fevrier 1765, à Jean-Baptiste Hamelin. — *Marie-Françoise*, b [7] 11 sept. 1746, m [6] 23 fevrier 1778, à Louis Cadot. — *Marie-Elisabeth*, b [7] 30 juillet 1748. — *Marie-Anne*, b [7] 16 mars 1750. — *René*, b [7] 28 fevrier 1752; m [6] 13 fevrier 1775, à Marie-Joseph Ricard.—*Marie-Rose*, b [7] 7 janvier 1755; s [7] 7 août 1757.—*Rose*, b [7] 10 août 1757. — *Jean-François*, b [7] 6 sept. 1762; m [7] 31 juillet 1787, à Marie-Charlotte Hamelin.

1737, (26 août) Grondines.
IV.—TROTIER (1), Louis, [Noel III.
b 1703.
Hamelin, Marie-Louise, [François I
b 1720.
Marie-Françoise, b 1er déc. 1738, à Batiscan. [1] —*Louis-François*, b 8 avril 1740, à St-Pierre-les-Becquets [2]; s [1] 8 janvier 1756.— *Daniel-Gabriel*, b [1] 21 sept. 1741.—*Marie-Marguerite*, b [2] 10 sept. 1743 —*Pierre-Eustache*, b [1] 25 oct. 1744 —*Alexis*, b [1] 8 sept. 1745. — *François*, b 1747; s [2] 1er fevrier 1756.—*Joseph*, b [2] 16 mai 1751.— *Ignace-François*, b [1] 5 août 1753.

1738, (10 nov.) Batiscan. [5]
IV.—TROTIER, Antoine-Frs, [Augustin III.
b 1712.
Herbecq, Thérèse-Elisabeth, [François I.
b 1716.
François-Antoine, b [5] 7 fevrier 1740. — *Augustin*, b [5] 3 mai 1742; m [5] 17 fevrier 1772, à Madeleine Barolet. — *Marguerite*, b [5] 14 oct. 1742; s [6] juin 1751, à St-Pierre-les-Becquets. [6]—*Marie-Thérèse*, b [5] 27 avril 1744. — *Claire-Apolline*, b [6] 31 oct. 1745; s [6] 30 janvier 1746.—*Joseph*, b [6] 19 août 1747, s [6] 12 oct. 1751.— *Basile*, b [6] 21 avril 1749; s [6] 16 août 1751.— *Marie-Joseph*, b... s [6] 7 juin 1754.

1738, (17 nov.) Trois-Rivières.
IV.—TROTIER (2), Frs-Marie, [François III.
b 1715.
Desrosiers (3), Madeleine, [Jean-Bte III.
b 1720.

(1) Labissonnière.
(2) DeBelcourt.
(3) Desilets.

1739, (7 janvier) Pointe-Claire. [1]
V.—TROTIER, François, [Joseph IV.
b 1715.
Brunet-Bourbonnais (1), Marie-Jos., [Louis II.
b 1722.
Marie-Louise, b... m [1] 19 oct. 1767, à Jean-Baptiste Perier. — *Marie-Irenne*, b... m 9 avril 1771, à Joseph Cesire, au Détroit.

1739, (2 fevrier) Batiscan.
IV.—TROTIER, Antoine, [Antoine III.
b 1710.
Thomas, Marie-Catherine, [Jean I.
b 1714.

1740, (22 février) Pointe-Claire.
V.—TROTIER, Joseph, [Joseph IV.
b 1713.
Girard, Madeleine, [Léon I.
b 1705.

1740, (29 février) Ste-Anne-de-la-Pérade.
IV.—TROTIER, Charles, [Jean III.
Roy, Françoise, [Pierre II.
b 1719.

1741, (21 nov.) Batiscan. [1]
IV.—TROTIER (1), Jean-Bte, [Frs-Marie III.
b 1720; s [1] 16 février 1759.
Desbroyeux, Marie-Charlotte, [François II.
b 1715.
François-Xavier, b [1] 5 février 1743; m 18 juin 1764, à Marie-Anne DeLusignan, à Quebec.—*Marie-Madeleine*, b [1] 29 janvier 1745. — *Jean-Baptiste*, b [1] 27 juin 1746. — *Marie-Charlotte*, b [1] 1er mars 1748; m [1] 9 février 1784, à Jean-Baptiste Desranlot. — *Françoise-Radegonde*, b [1] 11 mai 1749; m 1777, à Basile Tifault. — *Alexis*, b [1] 19 et s [1] 29 sept. 1750. — *Alexis*, b [1] 30 oct. 1751; s [1] 10 nov. 1755.— *Nicolas-Charles*, b [1] 28 sept. et s [1] 21 oct. 1753.

1743, (1er juillet) Montréal. [7]
V.—TROTIER, Joseph-Pierre, [Pierre IV.
b 1720.
Poirier, Geneviève, [Jean II.
b 1722.
Joseph-Pierre, b 25 avril et s 1er mai 1744, à Ste-Geneviève, M. [8] — *Joseph-Pierre*, b [8] 16 mai 1745. — *Antoine*, b [8] 3 avril 1747; s [7] 18 avril 1748.— *François-Antoine*, b [8] 18 nov. 1748; s 16 nov. 1750, à Lachine [9]—*François-Bernardin*, b [9] 20 mai 1750. — *Marie-Anne-Amable*, b [9] 22 avril 1752. — *Joseph*, b [9] 18 juillet 1755. — *Geneviève*, b [9] 4 janvier 1757.—*Jean-Marie*, b [9] 15 août 1758. —*Louis*, b [9] 28 dec. 1759.

1744.
IV.—TROTIER (2), Jos.-Marie, [Noel III.
b 1718; s 2 avril 1758, à Batiscan [1]
Dubord-Lafontaine, Geneviève, [Pierre II.
b 1720; s [1] 29 janvier 1754.

(1) Dit Bellecour.
(2) De la Bissonnière; lieutenant des troupes.

Geneviève-Exupère, b [1] 23 février 1745; m à Jean-Baptiste Fafard.—*Joseph,* b [1] 27 sept. 1747. —*Marguerite-Amable,* b [1] 28 nov. 1753; m 1773, à François Guibord.

1745, (17 mai) Batiscan. [1]
IV.—TROTIER (1), Pierre, [Noel III.
b 1712; s [1] 12 mai 1758.
Rivard (2), Marie-Joseph, [Mathurin II.
b 1722.
Marie-Joseph, b [1] 16 mars 1746; m 15 janvier 1773, à Louis-Alexis Marchand.— *Pierre,* b [1] 29 janvier et s [1] 9 sept. 1747. — *Louis-Marie,* b [1] 22 février 1748. — *Marie-Louise,* b [1] 1er oct. 1749; m [1] 9 fevrier 1784, à Jean-Michel LePeléDerive. —*Marie-Thérèse,* b [1] 28 mai et s [1] 25 sept. 1751. — *Marie-Anne,* b [1] 24 juillet 1753. — *Joseph,* b [1] 13 juin 1755. — *Marie-Geneviève* (posthume), b [1] 23 mai 1758.

1745, (1er nov.) Ste-Anne-de-la-Perade. [1]
IV.—TROTIER (3), Alexis, [Frs-Marie III.
b 1716; s (dans l'église) 25 avril 1749, à Batiscan. [2]
Gouin (4), Marguerite, [Joseph II.
b 1721.
Marguerite-Geneviève, b [2] 25 juillet 1747; s [2] 8 sept. 1758. — *Alexis-Louis,* b [1] 19 mai 1749; m 1781, à Marie-Anne Baribeau.

1745, (9 nov.) Québec. [5]
IV.—TROTIER (5), Etienne, [Pierre III.
b 1711; marchand.
1° Damours (6), Louise, [Bernard II.
b 1724; s 11 oct. 1760, à Charlesbourg.
Pierre-Etienne, b [5] 2 sept. 1746. — *Marie-Louise,* b [5] 15 oct. 1747, s [5] 23 mai 1748. — *Catherine,* b [5] 21 janvier 1749. — *Louise-Angélique,* b [5] 9 avril 1750; s [5] 7 mars 1752. — *Elisabeth,* b [5] 10 mai 1751. — *Joseph-Bernard,* b [5] 9 janvier 1753. — *Thomas,* b [5] 17 janvier 1754. — *Antoine-Martin,* b [5] 18 oct. 1756.
1763, (22 août). [5]
2° Poulin, Jeanne, [Pierre IV.
b 1723.

1747, (10 avril) Montréal. [2]
IV.—TROTIER (7), Pierre-Julien, [Julien III.
b 1719.
Tétard, Marie-Anne-Louise, [Jacques II.
b 1726.
Marie-Charlotte, b 1755; m [2] 12 août 1771, à Jean-Baptiste-Pierre Tétard.

(1) De la Bissonnière.
(2) Feuilleverte.
(3) Dit Belcourt.
(4) Elle épouse, le 22 janvier 1753, Joseph Bigot, à Batiscan.
(5) Dit Desaulniers—Beaubien.
(6) DePlaine.
(7) Dit Desrivières.

1747.
IV.—TROTIER, Jacques, [Antoine III.
b 1722.
1° Rouillard (1), Marguerite, [Mathieu II.
b 1719.
Antoine, b 14 juin 1748, à Batiscan. [2] — *Marguerite,* b 1750; m 1771, à Jean-Baptiste Matrot. — *Louise,* b 1754; s 2 juillet 1776, à Ste-Anne-de-la-Perade. [3]
1755, (3 février). [3]
2° Tessier, Françoise, [François-Xavier III.
b 1735.
Joseph, b [3] 6 oct. 1763.—*Marie-Joseph,* b 1768, m [2] 11 nov. 1788, à Joseph Trotier.—*Joseph-Raphaël,* b [3] 8 oct. 1775.

1749, (1er sept.) Lévis [7] (2).
IV.—TROTIER (3), Alexis, [Pierre III.
b 1717.
Audet-DeBailleul, Madeleine, [Louis I.
b 1726.
Madeleine, b [7] 6 août et s [7] 2 sept. 1751. — *Alexis,* b [7] 8 oct. 1753. — *Anne-Charlotte,* b [7] 16 nov. 1754; 1° m [7] 23 nov. 1772, à Pierre-François Taschereau; 2° m 7 sept. 1774, à Paul Hervieux, à L'Assomption. — *François,* b 24 nov., à Québec [8] et s [7] 22 dec. 1755. — *Eustache,* b [8] 17 sept. 1757.

1751.
IV.—TROTIER, Jean, [Augustin III.
b 1729.
Dysy, Thérèse, [Pierre II.
b 1726.
Marie-Joseph, b 18 déc. 1752, à Batiscan [2]; s [2] 15 mars 1753.—*Jean-Baptiste,* b [2] 22 fevrier 1754, m [2] 20 nov. 1775, à Marie-Joseph Duclos — *Anonyme,* b [2] et s [2] 18 avril 1756 —*Claude,* b 1757; m [2] 10 février 1777, à Marie-Marguerite Frigon. — *Pierre,* b [2] 4 mars et s [2] 24 juin 1759 —*Antoine,* b [2] 9 fevrier 1760.—*Joseph,* b [2] 7 avril 1761. — *Pierre-Raphael,* b [2] 16 nov. 1764; s [2] 16 mai 1765. — *François,* b 1766; s [2] 6 mars 1770 — *Michel,* b [2] 21 mai 1769.

1751, (15 nov.) Montréal.
IV.—TROTIER (4), Jean-Noel, [Julien III
b 1721.
Gamelin, Marie-Catherine, [Joseph III
b 1731.
Marie-Angélique, b et s 19 juin 1761, à St-Laurent, M.

1752, (13 février) Baie-du-Febvre.
IV.—TROTIER (5), Louis, [Michel III
b 1719, s 13 dec. 1796, à Nicolet. [2]
Robidas-Manseau, Marie-Louise, [Louis II
b 1732; s [2] 29 oct. 1792.
Louis, b [2] 26 et s [2] 31 janvier 1753. — *Antoine,* b [2] 30 déc. 1753. — *Louise-Marie-Thérèse,* b [2] 19

(1) Prénouveau.
(2) Dispense du 2ème au 2ème degré de parenté.
(3) Dit Desaulniers.
(4) Dit Desrivières.
(5) Dit Beaubien—Desruisseaux, voy. aussi vol II, p 16[illegible]

mars 1755; m [2] 14 février 1774, à Jean-Baptiste NORMAND; s [2] 7 mars 1785. — *Marie-Joseph*, b [2] 5 juin 1756; s [2] 2 février 1757. — *Michel*, b [2] 28 février et s [2] 11 juin 1759. — *Jean-Louis*, b... m [2] 19 avril 1784, à Marie-Jeanne ROBIDAS-MANSEAU. — *Elisabeth*, b... m [2] 15 janvier 1787, à François-Regis PÉRIGORD. — *Madeleine*, b... m [2] 23 janvier 1792, à Joseph PINARD. — *Alexis*, b... m [2] 9 nov. 1794, à Marguerite DUROCHER. — *Louis*, b... m [2] 26 janvier 1795, à Marguerite BONNEVILLE. — *Paul*, b... m [2] 9 nov. 1795, à Claire-Charlotte DUROCHER. — *Marie-Anne*, b... m [2] 12 sept. 1796, à Antoine BABINEAU.

1755, (7 janvier) Ste-Anne-de-la-Perade.

IV.—TROTIER (1), AUG.-ANT., [FRS-MARIE III.
b 1725.
GAUTIER, Marie-Joseph, [ELIE-JEAN I.
b 1732.
Anonyme, b 1755; s 17 janvier 1756, à Batiscan [7] — *Marie-Joseph*, b [7] 4 février et s [7] 30 août 1757. — *Joseph*, b [7] 20 mars 1758. — *Marie-Joseph*, b [7] 25 mai 1761. — *Marie-Anne*, b [7] 1er sept. 1762. — *Augustin*, b [7] 12 février 1764. — *Charles-François*, b [7] 6 mai 1771.

1755, (3 février) Ste-Anne-de-la-Perade. [6]

IV.—TROTIER (1), PIERRE, [FRS-MARIE III.
b 1729; s 12 oct. 1791, à Batiscan. [6]
1° GAUTIER, Marie-Madeleine, JEAN-ELIE I
b 1729; s [6] 7 mai 1770.
Pierre-Jean, b [5] 8 et s [5] 31 déc. 1755. — *Paul*, b [6] 1er février 1757; s [6] 10 nov. 1759. — *Louis*, b [6] 28 août et s [6] 14 sept. 1758. — *Louis-Joachim*, b [6] 10 juillet 1759. — *Geneviève*, b 1760, m [6] 7 janvier 1782, à Jean-Baptiste TESSIER; s [6] 30 mars 1782. — *Joseph*, b 1762; m [6] 11 nov. 1788, à Marie-Joseph TROTIER. — *Pierre*, b 1763; m [6] 20 juillet 1795, à Catherine GIRARDEAU. — *Anonyme*, b [6] et s [6] 3 mai 1770.

1774, (14 février). [6]

2° TROTIER, Françoise, [ANTOINE III.
b 1742; veuve de Jean-Baptiste Thibaut.

1755.

IV.—TROTIER, PIERRE, [ANTOINE III.
b 1733.
LEMAY, Louise, [IGNACE III.
b 1728.
Pierre-Louis, b 27 déc. 1755, à Batiscan [6]; s [6] 8 mars 1756. — *Marie-Elisabeth*, b [6] 24 et s [6] 26 février 1757. — *Marguerite*, b [6] 25 février 1757, s [6] 30 août 1758. — *Antoine*, b 1759; m [6] 20 avril 1793, à Marie-Charlotte FLAGEOLLE. — *Marie-Angélique*, b [6] 21 mars 1764. — *Pierre*, b... m [6] 12 janvier 1784, à Angelique YVON.

1755.

V.—TROTIER, JOSEPH-CLAUDE, [PIERRE IV.
b 1729.
CHORET, Marie, [IGNACE III
b 1730.
Marie-Joseph, b 20 mars et s 12 avril 1756, à Ste-Geneviève, M. [1] — *Marie-Joseph*, b [1] 14 juin 1757. — *Geneviève*, b [1] 26 juin 1759.

TROTIER, PIERRE.
BROSSEAU, Marie-Joseph,
b 1725; s 9 avril 1795, à Batiscan.

1758, (10 janvier) Cahokia. [5]

V.—TROTIER (1), FRANÇOIS, [LOUIS IV.
b 1730.
LAROCHE, Louise. [PIERRE.
Marie-Louise, b [5] 30 août 1759. — *Victoire*, b... m 16 août 1779, à Paul POUPARD, à St-Laurent, M. — *Clément*, b 1762; m [5] 15 juin 1789, à Marie PICARD. — *François*, b... m [5] 13 août 1792, à Felicite CARDINAL. — *Joseph*, b... m [5] 13 août 1792, à Françoise BARON. — *Augustin*, b 1768; m [5] 24 nov. 1795, à Julienne TURGEON.

1758.

IV.—TROTIER (2), PIERRE, [ANTOINE III.
b 1724.
PAILLART, Charlotte-Amable, [CHARLES II.
b 1731.
Antoine, b 5 mars 1759, à la Rivière-du-Loup.

1759, (19 nov.) Montréal.

IV.—TROTIER (3), EUST.-IGNACE, [JULIEN III.
b 1727.
MAILHOT, Marguerite-Alexis, [JEAN-FRS II.
b 1735.
Eustache-Ignace, b 1760; m 7 oct. 1783, à Apolline BAILLY DE MESSEIN, à Varennes. — *Charlotte-Marguerite*, b 9 août 1766, au Lac-des-Deux-Montagnes.

1760, (21 avril) Montréal.

V.—TROTIER (4), PIERRE-FRS, [ANT.-PIERRE IV.
b 1731.
JARRET-VERCHÈRES, Marie-Anne, [JEAN-BTE II.
b 1733, veuve de Philippe Daignau.

1762, (8 janvier) Grondines. [5]

V.—TROTIER, LOUIS-JOSEPH, [LOUIS IV.
b 1724.
BOISVERD, Françoise, [ALEXIS III.
b 1742.
Marie-Madeleine, b 1767; s [5] 5 janvier 1774. — *Françoise*, b 1770; s [5] 30 juillet 1785. — *Madeleine*, b [5] 5 sept. 1775, s [5] 16 août 1777. — *Marguerite-Archange*, b [5] 22 déc. 1778; s [5] 13 avril 1779.

1762, (22 nov.) Grondines. [5]

V.—TROTIER (5), RENÉ, [LOUIS IV.
b 1731, s [5] 6 mars 1782.
1° GRIGNON, Rose, [MICHEL II.
b 1743; s [5] 15 oct. 1775.
Marie-Reine, b [5] 5 nov. 1774.

(1) Dit Belcourt—Desruisseaux.

(1) Marie sous le nom de Troquet.
(2) Dit Pombert.
(3) Desrivières—Beaubien.
(4) Dit Desaulniers.
(5) Dit Bernard.

1776, (3 juin).[6]
2° Arcan, Marie-Louise, [Simon III.
b 1758.
Judith, b[6] 6 nov. 1778.— *Marie-Madeleine*, b[6] 12 nov. 1780.

TROTIER, Jean-Bte.
Lefebvre, Marie-Joseph.
Pierre-Antoine, b 10 avril 1763, à Batiscan.

TROTIER, Jean.
Maillet, Geneviève.
Michel, b 13 déc. 1763, à Batiscan.

1763, (19 sept.) Montréal.
IV.—TROTIER (1), Jos.-Amable, [Julien III.
b 1733.
Guillimin, Charlotte, [Guillaume II.
b 1747.

1764, (16 janvier) Grondines.[1]
V.—TROTIER, Antoine-Hyacinthe, [Louis IV.
b 1737; s[1] 15 juin 1776.
Hamelin (2), Madeleine, [François II.
b 1742.

1764, (18 juin) Quebec.
V.—TROTIER (3), Frs-Xavier, [Jean-Bte IV.
b 1743.
DeLusignan (4), Marie-Anne, [Paul-Louis II.
b 1741.
François, b 5 oct. 1771, au Détroit[7]; s[7] 8 nov. 1772. — *Marie-Madeleine*, née 18 mars, au Fort-St-Clair et b[7] 29 mai 1774.

1771, (9 sept.) Ste-Anne-de-la-Pérade.
V.—TROTIER (5), Charles, [François IV.
b 1739; s 21 août 1778, aux Grondines.[3]
Charets (6), Marie-Anne, [Antoine III.
b 1742.
Marie-Elisabeth, b[3] 2 janvier 1774. — *Charles-François*, b[3] 19 nov. 1775. — *Marie-Marguerite*, b[3] 28 oct. 1777.

1772, (17 fevrier) Batiscan.
V.—TROTIER, Augustin, [Ant.-François IV.
b 1741.
Barolet, Madeleine, [Claude I.
b 1752.

1774.
V.—TROTIER (7), René, [François IV.
b 1742.
Hamel, Marie-Catherine, [Charles IV.
b 1746.
Marie-Archange, b 16 sept. 1775, aux Grondines.[1] — *François*, b[1] 14 janvier 1779.—*Marie-Marguerite*, b[1] 10 juin 1781. — *Augustin-Théodore*, b[1] 10 nov. 1785. — *Marie-Catherine*, b[1] 7 mars 1788.

1775, (13 février) Ste-Anne-de-la-Pérade.
V.—TROTIER, René, [René IV
b 1752.
Ricard, Marie-Joseph, [François II
b 1752.
Joseph-René, b 18 déc. 1775, aux Grondines[1]
—*Augustin*, b[1] 23 mars et s[1] 13 avril 1779.— *Anonyme*, b[1] et s[1] 21 oct. 1779. — *Augustin-Louis*, b[1] 22 fevrier 1781. — *Marie-Marguerite*, b[1] 16 janvier 1786. — *Antoine*, b[1] 28 mars 1787. —*Marie-Archange*, b[1] 11 avril 1789.

1775, (20 nov.) Batiscan.[7]
V.—TROTIER, Jean, [Jean IV
b 1754.
Duclos (1), Marie-Joseph, [François II
b 1745.
Jean-Baptiste, b[7] 5 mars et s[7] 10 juillet 1778 — *François-Xavier*, b[7] 10 juin 1782.— *Marie-Théotiste*, b[7] 30 juillet 1786.

1777, (10 fevrier) Batiscan.
V.—TROTIER, Claude, [Jean IV
b 1757.
Frigon, Marie-Marguerite, [Pierre III
b 1753.

1781.
V.—TROTIER (2), Alexis-Louis, [Alexis IV
b 1749.
Baribeau, Marie-Anne, [Jean III
b 1749; veuve d'Alexis Hayot.
Marie-Anne, b 17 dec. 1781, à Batiscan.[1] — *Marie-Joseph*, b[1] 16 juin 1783. — *Alexis*, b[1] 23 fevrier 1785. — *Marie-Louise*, b[1] 10 mars 1787 — *Antoine*, b[1] 3 mars 1789. — *Jean-Baptiste*, b[1] 22 juillet et s[1] 21 août 1791. — *Louis-Pierre*, b[1] 20 oct. 1792.—*Rosalie*, b[1] 18 avril 1795.

1783, (7 oct.) Varennes.
V.—TROTIER, Eust.-Ignace, [Eustache IV
b 1760.
Bailly (3), Marie-Apolline, [Frs-Augustin II.
b 1752.

1784, (19 avril) Nicolet.
V.—TROTIER (4), [Louis IV
Manseau, Marie-Jeanne, [François III
b 1766.
Jean-Louis (5), b 25 déc. 1787, à la Baie-du-Febvre, ordonné 28 oct. 1810, s 17 janvier 1863.

(1) Dit Desrivières.
(2) Elle épouse, le 17 janvier 1777, Simon Arcan, aux Grondines.
(3) Dit Belcourt—Desaulniers — Desruisseaux; voy. vol. III, p. 326.
(4) Dazemard.
(5) Dit Houssard.
(6) Elle épouse, le 10 janvier 1780, Joseph Paquin, aux Grondines.
(7) Dit Houssard; voy, vol. IV, p. 448.

(1) Carignan.
(2) Dit Belcourt.
(3) DeMessein.
(4) DeBeaubien.
(5) La paroisse de St-Thomas, qu'il dirigea pendant plus de quarante-quatre ans, lui doit son église, une des plus belles du pays, ainsi qu'une école de Frères de la Doctrine Chrétienne et un couvent de Sœurs de la Congrégation Notre-Dame, trois monuments qui y perpétueront le souvenir précieux de son vénérable bienfaiteur.

à St-Thomas. — *Pierre*, b 1797; m à Marie-Justine CASSEGRAIN; s 12 janvier 1881, au Côteau St-Louis, M.

TROTIER, JEAN-BAPTISTE.
RIVARD, Marguerite.
François-Xavier, b 22 janvier 1784, à Batiscan.

1784, (12 janvier) Batiscan. [3]
V.—TROTIER, PIERRE. [PIERRE IV.
YVON (1), Angélique, [JOSEPH-YVES II.
b 1764.
Marie-Angélique, b [3] 26 février 1786. — *Marguerite*, b [3] 23 oct. 1788. — *Marie-Elisabeth*, b [3] 6 déc. 1790. — *Madeleine*, b [3] 20 sept. 1792; s [3] 13 déc. 1795.—*Marie-Joseph*, b [3] 22 oct. 1794; s [3] 14 déc. 1795.

1787, (31 juillet) Grondines.
V.—TROTIER, JEAN-FRANÇOIS, [RENÉ IV.
b 1762.
HAMELIN, Marie-Charlotte, [LOUIS III.
b 1760.

1788, (11 nov.) Batiscan. [2]
V.—TROTIER (2), JOSEPH, [PIERRE IV.
b 1762.
TROTIER, Marie-Joseph, [JACQUES IV.
b 1768.
Joseph, b [2] 18 sept. 1789.—*Marie-Joseph*, b [2] 6 février 1791.—*Claudille*, b [2] 26 oct. 1792.

1789, (15 juin) Cahokia [4]
VI—TROTIER, CLÉMENT, [FRANÇOIS V.
b 1762.
PICARD, Marie, [PIERRE.
b 1766.
Julie, b 1790; m [4] 9 août 1813, à Jean-Baptiste LEONARD.

1792, (13 août) Cahokia. [2]
VI.—TROTIER, FRANÇOIS. [FRANÇOIS V.
CARDINAL, Félicité. [FRANÇOIS.
Nicolas, b... m [2] 20 avril 1833, à Ursule LANGUEDOC.

1792, (13 août) Cahokia. [6]
VI.—TROTIER, JOSEPH. [FRANÇOIS V.
BARON (3), Françoise. [JEAN-BTE.
Julie, b... m [6] 5 nov. 1812, à Jean BOISMENU.—*Joseph*, b... 1° m [6] 21 avril 1818, à Louise PERAY; 2° m [6] 27 nov. 1820, à Amable PINSONNEAU; 3° m [6] 26 avril 1829, à Marie BIRON. — *Narcisse*, b... m [6] 12 février 1821, à Lucille LESTANG.— *Sophie*, b.. m [6] 5 juillet 1825, à Louis BOISMENU.—*Eléonore*, b... m [6] 31 janvier 1826, à Paschal CHARTRAN

(1) Philem dit Yvon, voy. vol. VI, p. 342.
(2) Dit Belcourt.
(3) Appelée Poupard, 1821, du nom de sa mère.

1793, (20 avril) Batiscan. [4]
V.—TROTIER, ANTOINE, [PIERRE IV.
b 1759.
FLAGEOLE-LATULIPPE, Marie-Charl., [CHARLES I.
b 1762.
Marie-Joseph, b [4] 2 et s [4] 12 janvier 1794.

1793.
TROTIER, JOSEPH.
CADOT, Geneviève, [AUGUSTIN III.
b 1764.
Rose, b 7 déc. 1794, à Batiscan.

1795, (20 juillet) Batiscan.
V.—TROTIER (1), PIERRE, [PIERRE IV.
b 1763.
GIRARDEAU, Catherine, [LAURENT I.
b 1752; veuve d'Augustin Mathon.

1795, (24 nov.) Cahokia. [7]
VI.—TROTIER, AUGUSTIN, [FRANÇOIS V.
b 1768.
TURGEON, Julienne. [NICOLAS.
Augustin, b 1796; m [7] 22 février 1818, à Marie MERLOT. — *Julie*, b 1797; 1° m [7] 10 février 1817, à Jean-Baptiste LACOURSE; 2° m [7] 8 avril 1834, à Antoine BOISSEAU. — *Catherine*, b 1800; m [7] 6 nov. 1827, à François GIRARD.

1818, (22 février) Cahokia.
VII.—TROTIER, AUGUSTIN, [AUGUSTIN VI.
b 1796.
MERLOT, Marie, [GABRIEL IV.
b 1794.

1818, (21 avril) Cahokia. [4]
VII.—TROTIER, JOSEPH. [JOSEPH VI.
1° PERAY, Louise. [JEAN.
1820, (27 nov.) [4]
2° PINSONNEAU, Amable. LOUIS.
1829, (26 avril). [4]
3° BIRON, Marie. [CHARLES.

1821, (12 février) Cahokia.
VII.—TROTIER, NARCISSE. [JOSEPH VI.
LESTANG, Lucille. [PASCHAL.

1829.
VI.—TROTIER (2), PIERRE, [JEAN-LOUIS V.
b 1797; s 12 janvier 1881, au Côteau-St-Louis. [4]
CASSEGRAIN, Marie-Justine, [PIERRE II.
b 1804; s [4] 12 oct. 1882.
Jules-Pierre, b 24 mars et s 19 avril 1830, à Montréal. [5] — *Pierre-Côme-Philippe*, b [5] 14 mai et s [5] 14 juillet 1831.—*Denis-Auguste*, b [5] 1er juin 1832. — *Pierre-Philippe*, b [5] 14 juillet 1833; s [5] 8 avril 1834.—*Hypolite-Eugène*, b [5] 22 août 1834; ordonné [5] 16 mars 1862; s [5] 2 janvier 1863. — *Charles-Thomas*, b [5] 17 janvier 1836; s [5] 30 août

(1) Dit Belcourt.
(2) DeBeaubien—Docteur en médecine.

1841. — *Louis-Joseph-Benjamin* (1), b [5] 27 juillet 1837; m à Suzanne-Lauretta STUART. — *Pierre-Alfred*, b [5] 23 oct. 1838. — *Marie-Luce*, b [5] 27 juin 1842, sœur Ste-Marie-Alfred, Congrégation Notre-Dame. — *Charles-Philippe* (2), b [5] 17 oct 1843; ordonné 4 nov. 1866. — *Joseph-Marie*, b [5] 28 oct. 1844.

1833, (20 avril) Cahokia.

VII.—TROTIER (3), NICOLAS. [FRANÇOIS VI.
LANGULDOC, Ursule. [CHARLES

1864.

VII.—TROTIER (4), LS-JOS-BENJ., [PIERRE VI. b 1837.
STUART, Suzanne-Lauretta. [ANDRÉ.
Joseph, b 1er mars 1865, à Montréal. [9] — *Marie-Suzanne*, b [9] 2 août 1866.—*Louis-de-Gaspé*, b 30 oct. 1867, au Côteau-St-Louis. [8]—*Pierre-de-Bellefeuille*, b [8] 20 oct. 1872; s [8] 26 avril 1875. — *Marie-Elmire-Justine-Isabeau*, b [8] 6 janvier 1875. —*Jeanne-Blanche*, b [8] 25 mars 1877.—*Henri-Gustave-Eugène*, b [8] 22 oct. 1878; s [8] 5 janvier 1883. — *Jacques-de-Gaspé*, b [8] 19 mai 1881. — *Marie-Lauretta*, b [8] 9 nov. 1883.—*Marie-Berthe-Yvonne*, b [8] 11 avril 1886.

I.—TROTOCHAU, LOUIS, b 1686; s 29 janvier 1763, aux Trois-Rivières. [1]
VAFE, Marie-Anne.
Suzanne, b... m 27 avril 1751, à Jean-François CHAILLÉ, à la Pointe-du-Lac.—*Louis*, b 1738, 1° m [1] 21 nov. 1763, à Françoise BOURGOIN; 2° m 3 février 1766, à Louise TRUDEL, à Nicolet.

1763, (21 nov.) Trois-Rivières [1]

II.—TROTOCHAU, LOUIS, [LOUIS I. b 1738.
1° BOURGOIN (5), Françoise, [LAURENT III. b 1740; s [1] 28 dec. 1764.
1766, (3 fevrier) Nicolet
2° TRUDEL, Louise, [NICOLAS III. b 1744.

1712.

I.—TROTOT, GABRIEL.
BADAYAC, Therèse, [LOUIS I. b 1685.
Marie-Thérèse, b 8 juillet 1718, à St-Ours.

TROUILLET.—*Surnom* : LAJEUNESSE.

(1) Baptisé par Mgr Pierre-Flavien Turgeon, Coadjuteur de l'Evêque de Québec. Filleul de l'Hon. Denis-Benjamin Viger et de Dame Julie Bruneau, épouse de l'Hon. Louis-Joseph Papineau.

(2) Curé de St-Anicet, diocèse de Montréal, 1889.

(3) Marié depuis plusieurs années à Vincennes.

(4) DeBeaubien—Ex-M. P. P. pour le comté d'Hochelaga.

(5) Et Bourguignon.

1712, (18 janvier) Chambly. [8]

I.—TROUILLET (1), LOUIS, b 1682, soldat, fils d'Antoine et d'Antoinette Benoit, de St-Jean, diocèse d'Alby, Languedoc.
DUBOIS, Louise, [ANTOINE I b 1687.
Louis-Antoine, b [8] 30 mai 1715. — *Louise-Thérèse*, b [8] 25 mars 1717; m 1738, à Gilles BERTRAND. — *Véronique*, b [8] 6 janvier 1720. — *Jean-Ambroise*, b [8] 26 août 1723; 1° m 1750, à Françoise CLAVEAU; 2° m [8] 13 juillet 1761, à Marie-Angelique GOGUET. — *Louise-Agathe*, b [8] 26 juin 1726.

1750.

II.—TROUILLET (1), JEAN-AMBROISE, [LOUIS I. b 1723.
1° CLAVEAU, Françoise, [FRANÇOIS I b 1730.
Isaac-Antoine, b 29 août 1751, à Chambly. [1]—*Marie-Françoise*, b [1] 8 juillet 1753.
1761, (13 juillet). [1]
2° GOGUET, Marie-Angelique, [CLAUDE III b 1736; veuve de François Besset.

TROUVÉ.—*Surnom* : SANSCRAINTE.

I.—TROUVÉ (2), LOUIS-BONAVENTURE, b 2 mai 1727, aux Trois-Rivières.

I.—TROUVÉ (3), JACQUES, b 1724; fils de Gabriel et de Suzanne Juge, d'Arna, diocese de Limoges; s 14 déc. 1748, à Montreal.

I.—TROVÉ, NICOLAS.
LEFEBVRE, Catherine.
Romain, b 1734; m 13 oct. 1760, à Marie-Madeleine COUVRET, à St-Laurent, M.

1760, (13 oct.) St-Laurent, M. [1]

I.—TROVÉ, ROMAIN, [NICOLAS II. b 1734.
COUVRET, Marie-Marguerite, [JEAN-BTE II. b 1740.
Marie-Louise, b [1] 23 août 1761.

TROY.—*Variations et surnom* : TROIE — TROYE LAFRANCHISE.

1711, (19 mai) Varennes. [4]

I.—TROY (4), ANTOINE, b 1684, fils de Guillaume et de Marie-Anne Baudoin, de Linard, diocèse d'Angoulesme, Angoumois.
HAYET-ST. MALO, Geneviève, [JEAN I b 1686; veuve de Marc-Antoine Chapelain
Marie-Louise, b [4] 6 nov. 1711; m [4] 28 février 1745, à Urbain RICHARD. — *Jean-Baptiste*, b 6 juillet 1713, à la Pte-aux-Trembles, M.: m 1738,

(1) Dit Lajeunesse.

(2) Cet enfant porté à la cabane d'Agathe Sauvagesse, de Bécancour, celle-ci le porta à M. Godfroy de Tonnancour lieutenant-général, qui le fit baptiser; il eut pour parrain Louis-Joseph Gulineau, et pour marraine. Volonique Peut.

(3) Dit Sanscrainte.

(4) Dit Lafranchise.

Marie-Charlotte RICHARD ; s (noyé) 1er juillet 1759, à l'Ile-Dupas. — *Marie-Joseph*, b 1715 ; m [4] 23 février 1745, à Alexis RICHARD —*Marie-Renée*, b 1717, m [4] 4 avril 1741, à Pierre LABATY. — *François*, b 1720, m 15 février 1745, à Catherine MEUNIER, à Boucherville. — *Catherine*, b [4] 24 oct. 1722, m [4] 14 janvier 1749, à Pierre LECOMPTE.— *Louis*, b [4] 21 nov. 1725 ; m [4] 27 janvier 1767, à Marie-Anne VIGNAU. — *Antoine*, b [4] 2 oct. 1727, 1° m 10 mai 1752, à Marie-Angêlique RICHARD, 2° m [4] 21 nov 1757, à Madeleine COITEUX. — *Claude*, b 1730 ; m à Marie-Catherine-Angelique RICHARD.

1738.

II.—TROY (1), JEAN-BTE, [ANTOINE I b 1713, s 1er juillet 1759, à l'Ile-Dupas.

RICHARD (2), Marie-Charlotte. [URBAIN II.

Charlotte, b 1740 ; m 4 février 1771, à Jean-Baptiste ROUSSEAU, à Varennes.[1]—*Thérèse*, b 1742, m [1] 11 juillet 1768, à Jean-Baptiste HEBERT.

1745, (15 février) Boucherville. [4]

II—TROY (3), FRANÇOIS, [ANTOINE I. b 1720.

MEUNIER, Catherine, [JACQUES II. b 1726.

François, b 1746 ; m [4] 20 oct. 1772, à Marie-Anne FAVREAU.

1752, (10 mai) Varennes [5]

II—TROY, ANTOINE, [ANTOINE I. b 1727.

1° RICHARD, Marie-Angelique, [URBAIN II. b 1728.

1757, (21 nov.) [5]

2° COITEUX, Madeleine, [FRANÇOIS II. b 1720, veuve d'Hyacinthe Brien.

II—TROY (3), CLAUDE, [ANTOINE I. b 1730.

RICHARD, Marie-Catherine-Angelique.

Claude, b 1765 ; m 10 oct. 1785, à Marie LAURENDEAU, à Lachenaye.[2]— *Antoine*, b 1766 ; m 1783, à Marguerite ROBICHAUD.—*Marie-Louise*, b 1767, m 27 février 1786, à Jean-Jacques ETHIER, à Repentigny [1] ; s [2] 25 juin 1787.—*Marie-Archange*, b.. m [2] 20 juin 1785, à Pierre ASSELIN.— *Marie-Joseph*, b... m [1] 21 février 1791, à Louis DESJARDINS. — *Marie-Madeleine*, b... m [1] 2 mai 1791, à Thomas DESJARDINS. — *Thérèse*, b... m [1] 14 janvier 1793, à Amable LUSSIER.

1767, (27 janvier) Varennes.

II.—TROY (3), LOUIS, [ANTOINE I. b 1725.

VIGNAU, Marie-Anne. [FRANÇOIS.

Marie-Anne, b 1767 ; m 19 août 1788, à Michel DEROME, à Quebec.

(1) Dit Lafontaine, trouvé sur le rivage après avoir été noyé depuis sept mois.

(2) Elle épouse, le 3 août 1766, Jacques Choquet, à Varennes

(3) Dit Lafranchise.

1772, (20 oct.) Boucherville.

III.—TROY (1), FRANÇOIS, [FRANÇOIS II. b 1746.

FAVREAU, Marie-Anne, [PIERRE III. b 1752.

1783.

III.—TROY (1), ANTOINE, [CLAUDE II. b 1766.

ROBICHAUD, Marguerite, Acadienne.

Joseph, b 22 juin 1784, à Lachenaye.

1785, (10 oct.) Lachenaye.[1]

III.—TROY, CLAUDE, [CLAUDE II. b 1765.

LAURENDEAU (2), Marie, [LOUIS-FRANÇOIS. b 1765.

Jean-Marie, b [1] 28 juillet 1788. — *Marie-Marguerite*, b 14 mai 1792, à Repentigny [2] ; s [2] 29 janvier 1793.— *Marie-Amable*, b [2] 6 et s [2] 11 dec. 1793.

TROYE.—Voy. TROY.

TROYVILLE (3). —Voy. DEBIDABÉ.

TRUCHON —*Surnom :* L'EVEILLÉ.

1687, (14 avril) Pte-aux-Trembles, M.[2]

I.—TRUCHON (4), LOUIS, b 1650, fils de Pierre et de Perinne Sirauer, de Daborel, diocèse de Nantes, Haute-Bretagne.

BEAUCHAMP (5), Marie-Françoise, [JEAN I. b 1670.

Louis, b [2] 1er janvier 1691 ; 1° m 1719, à Marie-Jeanne-Elisabeth BESSIÈRE ; 2° m à Marie GRATON. — *Pierre*, b [2] 14 juin 1696 ; 1° m 1720, à Marie-Joseph CHARPENTIER ; 2° m 3 juillet 1730, à Marie-Charlotte BOESMÉ, à Lachenaye. — *Jean-Baptiste*, b [2] 24 mars 1699, m 26 nov. 1725, à Marie-Joseph ETHIER, à Repentigny ; s 30 oct. 1746, à Terrebonne.—*Marguerite*, b 11 mai 1704, à St-François, I. J., m 17 février 1721, à Pierre HERPIN, à St-Ours [3] ; s [3] 28 mars 1756.

1719.

II.—TRUCHON, LOUIS, [LOUIS I. b 1691.

1° BESSIÈRE (6), Marie-Jeanne-Elis., [ANTOINE I. b 1697, s 25 juin 1739, à Lachenaye.[4]

Louis, b 1720 ; s [4] 2 avril 1733. — *Elisabeth*, b 1722 ; m [4] 30 mai 1740, à Joseph GUÉRIN. — *Marie-Louise*, b 1724, 1° m [4] 3 avril 1742, à Joseph GUIBORD ; 2° m 19 janvier 1756, à Antoine HUPPE, à Quebec. — *Théodore*, b [4] 9 oct. 1726. — *Jean-Baptiste*, b [4] 7 sept. 1728. — *Jean-Baptiste*, b [4] 13 février 1733 ; m [4] 7 oct. 1765. à Marie

(1) Dit Lafranchise.

(2) Pour Rolandeau.

(3) Il était, le 2 mars 1714, à Champlain.

(4) Dit L'Eveille ; voy. vol. I, p 574.

(5) Elle épouse, le 20 avril 1729, Jacques Robin, à Lachenaye.

(6) Ponponne, 1765.

Bernard.—*Joseph-Marie*, b [4] 8 oct. 1735.—*Marie*, b [4] 7 juin 1739; s [4] 5 juin 1741.

2° Graton, Marie, [Joseph II.
b 1701.

Joseph-Marie, b 1741; 1° m 1765, à Marie-Louise Terrien; 2° m 19 oct. 1772, à Elisabeth Boivin.

1720.

II.—TRUCHON (1), Pierre, [Louis I.
b 1696.

1° Charpentier, Marie-Joseph, [Jean I.
b 1698; s 27 août 1729, à Lachenaye.[4]

Joseph, b 1721; 1° m [4] 29 oct. 1743, à Thérèse Bourgoin; 2° m 7 oct. 1754, à Marie Denoyon, à Boucherville; 3° m 11 oct. 1773, à Geneviève Landry, à St-Henri-de-Mascouche.[5] —*Marie*, b... m [4] 3 fevrier 1744, à Jean Choteau. — *Jean*, b 1723; s [4] 19 mai 1748.— *Pierre*, b 1724; 1° m [4] 10 fevrier 1749, à Marie Beauchamp; 2° m 5 juillet 1751, à Marie Dubois, à Terrebonne. — *Marie-Joseph*, b 1726; m [4] 27 juillet 1750, à Pierre Rouillard. — *Marie-Louise*, b [4] 1er avril 1728.— *Marie-Anne*, b [4] 30 mars 1729; m [4] 13 fevrier 1747, à Pierre Aubé.

1730, (3 juillet).[4]

2° Boismé, Marie-Charlotte, [Charles II.
b 1709.

Marie-Charlotte, b [4] 26 avril 1731. — *Marie-Charlotte*, b [4] 8 juillet 1732; 1° m [4] 30 juin 1749, à Pierre Forget; 2° m [4] 16 janvier 1775 à Nicolas Gamache. — *Marie-Angélique*, b [4] 1er avril 1734; 1° m [5] 6 oct. 1760, à Claude Cousin; 2° m [5] 19 juin 1770, à Michel Beauchamp. — *Monique*, b [4] 19 sept. 1735; m [5] 4 fevrier 1765, à François Vaudry. — *Gabriel*, b [4] 3 et s [4] 13 déc. 1736.— *Charles*, b 1738; m [4] 2 février 1761, à Veronique Graton. — *Marie-Louise*, b [4] 15 déc. 1739; s [4] 13 mars 1740. — *Alexis*, b [4] 15 mars et s [4] 16 mai 1741. — *Jean-Marie*, b [4] 23 sept. 1743. — *Jean-Marie*, b [4] 31 mars et s [4] 21 avril 1745. — *Jean-Baptiste*, b [4] et s [4] 1er juillet 1746. — *Marie-Rose*, b [4] 23 juillet 1748. — *Marie-Joseph*, b [5] 29 déc. 1750; s [5] 10 août 1751.

1725, (26 nov.) Repentigny.[6]

II.—TRUCHON (1), Jean-Bte, [Louis I.
b 1699; s 30 oct. 1746, à Terrebonne.[7]

Ethier, Marie-Joseph, [François-René II.
b 1703; s [7] 26 août 1781.

Marie-Joseph, b 27 oct. 1726, à Lachenaye[8], m [8] 8 août 1763, à Joseph-Amable Forget. — *Marie-Louise*, b [8] 18 janvier 1728; m à Charles Desjardins. — *Marie-Marguerite*, b [8] 13 et s [8] 18 sept. 1729. — *Jean-Baptiste*, b [8] 23 sept. 1731; m 19 fevrier 1759, à Charlotte Lacroix-Darragon. —*Jean-François*, b [8] 1er mars 1734.— *Pierre*, b [8] 6 et s [8] 21 oct. 1735. — *Jerôme*, b [8] 6 oct. 1735.— *Marie*, b [7] 16 juillet et s [8] 17 août 1737. — *Marie*, b [8] 9 nov. 1738.—*Jean-Baptiste*, b [8] 12 janvier et s[8] 25 mars 1740. — *Marie-Louise*, b... m 10 janvier 1762, à Sebastien Villot, à Lanoraie.— *Elisabeth-Eulalie*, b [8] 22 déc. 1742.— *Marie-Marguerite*, b... m [7] 28 janvier 1765, à Jean-Marie Berloin.—*Louis*, b [8] 6 sept. 1745.

(1) Dit Léveillé

1727.

II.—TRUCHON, Guillaume, [Louis I.
b 1702.

Fontaine (1), Thérèse, [Pierre II.
b 1693; veuve de René Monteil; s 2 mai 1767, à St-Henri-de-Mascouche.

Marie-Marguerite, b 15 avril et s 30 mai 1728, à Lachenaye.[1] — *Joseph*, b [1] 19 déc. 1729; s [1] 6 janvier 1730.—*Joseph*, b [1] 25 avril 1731.— *Marie-Elisabeth*, b [1] 22 juin et s [1] 11 juillet 1732.

1743, (29 oct.) Lachenaye.[6]

III.—TRUCHON (2), Joseph, [Pierre II.
b 1721.

1° Bourgoin (3), Thérèse, [Pierre II.
b 1716; s 2 mai 1751, à St-Henri-de-Mascouche.[7]

Joseph-Marie, b [6] 14 et s [6] 21 avril 1745.—*Joseph*, b 1748; s [6] 13 juin 1749. — *Marie-Rose*, b [6] 28 mars 1750; s [7] 2 juillet 1751. — *Joseph*, b 1751; m 3 juin 1771, à Marie-Joseph Gagné, à Varennes.

1754, (7 oct.) Boucherville.

2° DeNoyon, Marie, [Jean-Bte III.
b 1731; s [7] 24 mars 1773.

Marie, b [7] 19 dec. 1755; s [7] 1er oct. 1756.—*Marie-Catherine*, b [7] 13 déc. 1761.

1773, (11 oct.) [7]

3° Landry (4), Geneviève, [Charles III.
b 1731; veuve de Jean Rosen.

1749, (10 février) Lachenaye [3] (5).

III.—TRUCHON (2), Pierre, [Pierre II.
b 1724.

1° Beauchamp, Marie, [Michel III.
b 1729; s [3] 6 avril 1749.

Elisabeth, b [3] et s [3] 8 mars 1749.

1751, (5 juillet) Terrebonne.

2° Dubois, Marie, [François II.
b 1731.

Anonyme, b [3] et s [3] 30 mars 1753. — *Marie-Louise*, b [3] 25 août 1755; m 29 avril 1771, à Pierre Villeneuve, à St-Henri-de-Mascouche.— *Pierre*, b [4] 15 janvier et s [4] 8 fevrier 1757.— *Marie-Archange*, b 1758; s [4] 24 août 1759.— *Marie-Archange*, b [4] 3 mai et s [4] 14 juin 1761. —*Pierre*, b [3] 27 avril 1762.—*Marie-Joseph*, b [3] 28 oct. 1765.

1759, (19 fevrier) Lachine.[2]

III.—TRUCHON (6), Jean-Bte, [Jean-Bte II.
b 1731.

Darragon (7), Marie-Charlotte, [Louis I.
b 1730.

Antoine, b [2] 15 nov. 1759; s 13 mai 1760, à Terrebonne.[3] — *Jean*, b 1761; m [3] 23 juillet

(1) Bienvenu, 1720.
(2) Dit Léveillé.
(3) Bourguignon.
(4) Elle épouse, le 9 juillet 1781, Amable Guérin, à Terrebonne.
(5) Dispense du 3ème au 4ème degré de parenté.
(6) Dit Léveillé; voy. vol. III, p. 242.
(7) Lacroix—Langevin.

1781, à Archange GAUVREAU. — *Félicité*, b... m [4] août 1782, à Louis BRIÈRE.—*Marie-Joseph*, b 3 avril 1769, à Lachenaye.

1761, (2 février) Lachenaye. [1]

III.—TRUCHON (1), CHARLES, [PIERRE II.
b 1738.
GRATON, Véronique, [LOUIS III.
b 1744.
Marie-Charlotte, b 20 déc. 1761, à St-Henri-de-Mascouche. [2] — *Fidèle*, b [1] 13 mars 1768. — *Marie-Théotiste*, b [1] 11 oct. 1769. — *Marie-Scholastique*, b... m [2] 1795, à Joseph-Paschal RENAUD.

1765, (7 oct.) Lachenaye. [2]

III.—TRUCHON (1), JEAN-BTE, [LOUIS II.
b 1733.
BERNARD-MASSON, Marie, [MICHEL I.
b 1740.
Jean-Baptiste, b [2] 10 février 1766. — *Joseph-Marie*, b [2] 6 août 1767. — *Angélique*, b 1768; s [2] 29 nov. 1769.—*Marie-Elisabeth*, b [2] et s [2] 21 juillet 1770.—*Jean*, b [2] 29 août 1771.

1765.

III.—TRUCHON, JOSEPH, [LOUIS II.
b 1741.
1° TERRIEN, Marie-Louise, [JEAN III.
b 1746; s 16 mars 1771, à Lachenaye. [2]
Joseph, b 7 avril 1766, à l'Ile-aux-Coudres. [3] — *Marie-Bardile*, b [3] 1768.—*Louis*, b [2] 9 sept. 1770.

1772, (19 oct.) Baie-St-Paul. [4]

2° BOIVIN, Elisabeth, [AUGUSTIN II.
b 1750.
Joseph, b [4] 1er janvier 1774; s [4] 25 janvier 1775. —*François*, b [4] 12 août 1775. — *Madeleine*, b [4] 9 juin 1777.

1771, (3 juin) Varennes.

IV.—TRUCHON, JOSEPH, [JOSEPH III.
b 1751.
GAGNÉ, Marie-Joseph, [HONORÉ-JOSEPH V.
b 1753.

1776.

TRUCHON, ANTOINE-JÉROME.
LABELLE, Marie-Joseph.
Antoine, b 9 oct. 1777, à Lachenaye. [7] —*Louis*, b [7] 18 mars 1784.

1781, (23 juillet) Terrebonne.

IV.—TRUCHON (1), JEAN, [JEAN-BTE III.
b 1761.
GAUVREAU, Archange, [JOSEPH II.
b 1762.

TRUD.—*Surnoms :* COMIRÉ—LÉVEILLÉ.

1652, (29 janvier) Quebec. [2]

I.—TRUD (2), MATHURIN,
b 1623.
GAREMAN, Marguerite, [PIERRE I.
b 1639.

(1) Dit Léveillé.
(2) Voy. vol. I, p. 574.

Marie-Geneviève, b 1652; 1° m 1675, à Jean MORNEAU; 2° m 6 juillet 1693, à Jean BRISSET; s 17 oct. 1703, à Ste-Anne-de-la-Pérade.—*Marie-Geneviève*, b 17 sept. 1669, à Sillery [3]; 1° m 1691, à Jean-Baptiste PAIN; 2° m 16 avril 1708, à Guillaume BOIVIN, à Ste-Foye. — *Marguerite-Madeleine*, b [3] 9 déc. 1677; m 1699, à Jean ROUTIER.

1719.

I.—TRUD (1), PIERRE.
CONTENT (2), Angélique, [ETIENNE I.
b 1679; veuve de Mathieu MIREAU; s 26 sept. 1731, à Quebec. [7]
Jean-Baptiste-Pierre, b [7] 8 déc. 1720; m 1742, à Therèse COUTAUT-LAFRANCHISE.

1742.

II.—TRUD, JEAN-BTE-PIERRE, [PIERRE I.
b 1720.
COUTAUT, Thérèse, [JACQUES I.
b 1725.
Madeleine, b... m 23 avril 1759, à Jean-Baptiste NORMAND, à Montréal.

TRUDEAU.—Voy. TRUTEAU.

TRUDEL.—*Variation :* TRUDELLE.

1655, (19 nov.) Québec. [1]

I.—TRUDEL (3), JEAN, b 1629, tisserand; fils de Jean, et de Marguerite Royer; s 26 nov. 1699, à L'Ange-Gardien. [2]
THOMAS, Marguerite, [JEAN.
b 1634; s [2] 1er sept. 1695.
Jeanne, b [1] 22 juillet 1656; 1° m 1673, à Jean JACQUET; 2° m 1688, à Jean DEGERLAIS; s 1er déc. 1734, à la Rivière-du-Loup.

1680, (26 fevrier) Château-Richer. [1]

II.—TRUDEL (3), PIERRE, [JEAN I.
b 1658.
1° LEFRANÇOIS, Françoise, [CHARLES I.
b 1663.

1702, (30 avril) L'Ange-Gardien. [2]

2° JACOB, Marguerite, [ETIENNE I.
b 1677; s [2] 29 déc. 1751.
Charles, b [2] 27 juin 1704; m [2] 16 oct. 1730, à Geneviève MATHIEU; s 6 mars 1789, à Québec.—*Marguerite*, b [2] 27 avril 1713; m [2] 9 nov. 1739, à François COTÉ.—*Jean-Baptiste*, b [2] 19 déc. 1715; m 19 juin 1753, à Françoise POULIN, à St-Joachim. — *Louis*, b [2] 19 déc. 1718; m [1] 26 oct. 1750, à Charlotte CLOUTIER; s 31 mars 1783, à St-Augustin.

1684, (7 janvier) L'Ange-Gardien. [1]

II.—TRUDEL (4), NICOLAS, [JEAN I.
b 1662.
LETARTE, Barbe, [RENÉ I.
b 1665; s [1] 15 janvier 1750.

(1) Dit Léveillé—Comire.
(2) Lafranchise; elle épouse, le 24 nov. 1721, Pierre Dreux, à Quebec.
(3) Voy. vol. I, p. 574.
(4) Voy. vol. I, p. 575.

Marie-Madeleine (1), b[1] 31 mai 1686; 1° m[1] 1er août 1712, à Jacques Gendron; 2° m 17 fevrier 1732, à Raymond Fourmy, à Québec[2]; s[2] 9 sept. 1735.—*Jean*, b[1] 3 mai 1692; m 4 nov. 1715, à Michelle Nolin, à St-Pierre, I. O.[3] — *Thérèse*, b[1] 9 janvier 1694; 1° m[1] 13 avril 1711, à Jean Choret; 2° m[3] 8 oct. 1715, à Guillaume Nolin. — *Marie-Louise*, b[1] 20 déc. 1697; m[1] 8 février 1717, à Jean Julien; s[1] 13 mai 1762.

1691, (8 janvier) L'Ange-Gardien.[7]

II.—TRUDEL (2), Jean, [Jean I.
b 1669.
Mathieu, Marie-Louise, [Jean I.
b 1670.

Jean, b[7] 16 juin 1693; m[7] 8 février 1718, à Dorothée Léonard. — *René*, b[7] 29 oct. 1694; m 29 oct. 1721, à Marie-Anne Liénard, à la Pte-aux-Trembles, Q.[8]; s[8] 27 janvier 1776. — *Alexandre*, b[7] 7 sept. 1696; m[8] 3 fevrier 1723, à Madeleine Bélanger; s 5 oct. 1764, à Lorette. —*Ambroise*, b[7] 6 janvier 1708; 1° m 6 fevrier 1730, à Marie-Charlotte Chauveau, à Charlesbourg; 2° m 27 sept. 1734, à Therèse-Angelique Parent, à Beauport. — *Louise*, b[7] 27 déc. 1709; m[7] 17 mai 1734, à Joseph Duhay; s[7] 28 mai 1754. — *Nicolas*, b[7] 24 oct. 1713; 1° m 9 avril 1741, à Elisabeth Arrivé, à Québec[9]; 2° m[9] 11 sept. 1756, à Marie-Anne Roberge; s 15 avril 1766, à Nicolet.

1691, (10 février) L'Ange-Gardien.

II.—TRUDEL (2), Antoine, [Jean I.
b 1663; s 22 mai 1701, à Montréal.[7]
1° Gariépy, Madeleine, [François I.
b 1672; s[7] 17 nov. 1695.
1696, (30 avril).[7]
2° Tuillier (3), Jeanne, [Jacques I.
b 1676.

Marie-Françoise, b[7] 28 mai 1697; m 3 nov. 1725, à Joseph Saulquin, à la Longue-Pointe[8]; s[7] 9 déc. 1735. — *Antoine*, b[7] 29 déc. 1699; m[8] 27 déc. 1728, à Marguerite Picard; s[8] 20 déc. 1774.

1696, (28 janvier) L'Ange-Gardien.[1]

II.—TRUDEL (2), Philippe, [Jean I.
b 1667.
Gariépy, Catherine, [François I.
b 1677.

Marie-Angélique, b[1] 3 déc. 1697; 1° m[1] 22 nov. 1717, à Nicolas Laberge; 2° m 9 avril 1731, à Jean Regault, à St-Thomas[2]; 3° m[2] 10 oct. 1735, à Barnabe Gagné. — *Jean*, b[1] 21 fevrier 1700; m[1] 29 janvier 1725, à Marguerite Quentin. — *Philippe*, b[1] 12 février 1704; m[1] 14 janvier 1732, à Françoise Vésina.— *Marguerite*, b[1] 11 oct. 1709; m 6 mai 1738, à François Vésina, à Québec. — *Nicolas*, b[1] 7 janvier 1714; m[1] 15 oct. 1736, à Barbe Huot.—*Louise*, b[1] 6 oct. 1715; m 24 oct. 1740, à Joseph Parant, à Beauport[3]; s[3] 25 oct. 1749.

1714, (27 août) L'Ange-Gardien.[1]

III.—TRUDEL, Louis, [Pierre II.
b 1687; s 22 juin 1750, à Lorette.[2]
Tardif, Angélique, [Guillaume II.
b 1693, s[2] 10 janvier 1757.

Angélique, b[1] 31 oct. 1715; s[2] 28 août 174?. — *Louis*, b[1] 28 déc. 1717; m 1746, à Marie-Jeanne Boivin.—*Marie-Anne*, b[2] 6 juillet 1720.— *Ignace*, b[2] 25 oct. 1722; m 1750, à Françoise Tinon-Desroches. — *Nicolas*, b[2] 19 nov. 1727; s[2] 28 oct. 1749. — *Geneviève*, b[2] 8 avril et s[2] 19 juillet 1730. — *Pierre*, b[2] 26 sept. 1732; m[2] 24 oct. 1757, à Louise Voyer. — *Barbe*, b[2] 11 juin 1735; 1° m[2] 27 mai 1754, à Pierre Malbeuf; 2° m[2] 24 nov. 1758, à Jacques Arment.

1715, (4 nov.) St-Pierre, I. O.

III.—TRUDEL, Jean, [Nicolas II.
b 1692.
Nolin, Michelle, [Jacques I.
b 1692.

Jean, b 1er sept. 1726, à Charlesbourg[7], m[7] 21 janvier 1752, à Marie-Anne Beaumont. — *Marie-Marguerite*, b[7] 28 février 1728; s[7] 4 nov. 1745. — *Pierre*, b[7] 12 fevrier 1730; m 15 fevrier 1751, à Françoise-Charlotte Masse, à Quebec; s (tué au camp) 1759, à Beauport. — *Marie-Madeleine*, b[7] 23 nov. 1732.

1718, (8 février) L'Ange-Gardien.

III.—TRUDEL, Jean, [Jean II.
b 1693.
Léonard (1), Dorothée, [Julien I.
b 1699; s 12 sept. 1755, à Montreal.[6]

Marie-Dorothée, b 21 oct. 1719, à la Pte-aux-Trembles, Q.[7]; s[7] 4 juillet 1720.—*Marie-Louise*, b 1722, m[6] 13 avril 1744, à Pierre Durand. — *Jean-Marc*, b[7] 25 avril 1723. — *Marie-Joseph*, b[7] 30 avril 1725; s[7] 17 mai 1727. — *Dorothée*, b[7] 16 sept. 1726; m[6] 4 fevrier 1754, à Michel Reboul. —*Nicolas*, b[7] 1er mars 1729; m[6] 4 fevrier 1760, à Marie-Joseph Biron.—*Marie-Madeleine*, b[7] 25 oct. 1730. — *Marie-Joseph*, b 1731; m[6] 26 avril 1756, à François Duneau.—*Angélique*, b[7] 24 nov. 1732; m[6] 19 nov. 1759, à Pierre Biron. — *Thérèse*, b[7] 23 oct. 1734, m[6] 24 nov. 1760, à Joseph Camane. — *Marguerite*, b[7] 27 février 1737; m[6] 23 fevrier 1756, à Joseph Jarry. — *François-de-Sales*, b[7] 19 et s[7] 27 juin 1739. — *Julien*, b[7] 21 fevrier 1741.—*Marie-Anne-Apolline*, b[6] 26 janvier 1743; s[6] 11 avril 1746.

1719, (19 nov.) L'Ange-Gardien

III.—TRUDEL, Pierre, [Pierre II.
b 1694.
Goulet, Angélique, [Joseph II.
b 1702.

Angélique, b 6 janvier 1721, à Ste-Anne-de-la-Pérade; s 21 mai 1741, à St-Augustin.[7] — *Marie-Louise*, b 19 mai 1721, à la Pte-aux-Trembles, Q.

---

(1) Inhumée sous le nom de Raymond; voy. ce nom, vol. VI.

(2) Voy. vol. I, p. 575.

(3) Caillé; elle épouse, le 7 juillet 1704, Jean-Baptiste Lecavalier, à Montreal.

(1) Durbois—DuSablon, 1723.

Marie-Anne, b 1er août 1723, à Lorette. — Marie-Ursule, b 7 3 sept. 1724 ; s 7 4 mars 1725.— Marie-Joseph, b 7 12 mai 1726 ; s 7 7 juillet 1733. — Marie-Louise, b 7 5 sept. 1728.—Geneviève, b 7 mai 1731 ; s 7 27 janvier 1732. — Marie, b 7 4 ... 1733. — Pierre-Michel, b 7 12 sept. 1735. — Nicolas, b 7 8 juillet 1737 ; s 7 29 juin 1740.— Marie-Angélique, b 7 16 sept. 1741.

1721, (29 oct.) Pte-aux-Trembles, Q. 8

II.—TRUDEL, René, [Jean II
b 1694 ; s 8 27 janvier 1776.
Liénard (1), Marie-Anne, [Jean-François II.
b 1700.

Jean-François, b 8 26 août et s 8 9 sept. 1722. — René, b 8 8 août 1723. — Marie-Anne, b 8 14 ... 1725, m 8 22 février 1751, à Michel Loriot. — Jean-François, b 8 28 mars 1727.—Marie-Elisabeth, b 8 1er janvier 1729 ; s 8 10 août 1730. — Louis-Joseph, b 8 13 janvier 1731 ; m 9 août 1762, à Françoise Drouin, à Ste-Famille, I. O.—Marie-Françoise, b 8 29 août 1732, m 8 5 oct. 1760, à François Leclerc.— Nicolas, b 8 22 oct. et s 8 21 ... 1734.—Marie-Charlotte, b 8 9 déc. 1736 ; 1° m 7 nov. 1757, à Nicolas Menellier, à Québec ; 2° m 9 avril 1766, à Charles DeCouagne, à Sorel. — Marie-Joseph, b 8 15 et s 8 29 avril 1739.—Pierre, b 8 14 nov. 1741.

1723, (3 février) Pte-aux-Trembles, Q.

II.—TRUDEL, Alexandre, [Jean II
b 1696 ; s 5 oct. 1764, à Lorette. 4
Bélanger, Madeleine, [François III.
b 1703 ; s 4 12 mars 1743.

Marie-Madeleine, b 4 février 1724, à L'Ange-Gardien, s 4 6 oct. 1742. — Alexandre, b 1726 ; m 4 23 août 1750, à Marie-Anne Plamondon.— Michel, b 4 19 janvier 1728 ; s 4 15 déc. 1749.— Marie-Madeleine, b... m 4 6 oct. 1749, à Pierre Robin.—Jean-François, b 4 12 déc. 1730 ; m 1757, à Marie-Louise Bussière. — Marie-Louise, b 4 4 ... 1732 ; 1° m à Louis Trudel ; 2° m 4 30 juillet 1758, à André Robitaille. — Marie-Angélique, b 4 23 nov. 1734.— Marie-Françoise, b 4 20 avril 1737, m 4 26 juillet 1756, à Pierre Riopel ; s (2) ... août 1786, à St-Augustin. — François, b 4 30 mars 1740. — Louis, b 4 19 juillet 1742 ; s 4 31 mai 1758.

1724, (9 oct.) Pte-aux-Trembles, Q. 1

II.—TRUDEL, Gabriel, [Jean II.
b 1699.
Grégoire, Angélique, [François I.
b 1708 ; s 1 2 mars 1774.

Angélique, b 18 déc. 1725, à St-Augustin ; m 1 8 janvier 1751, à Etienne Doré. — Gabriel, b 1 ... nov. et s 1 14 déc. 1726. — Ignace, b 1 18 nov. 1727, s 1 28 janvier 1728. — Marie-Louise, b 1 30 nov. 1728 ; m 1 20 janvier 1755, à Etienne Gilbert. — Gabriel, b 1 10 février 1730 ; m 6 février 1758, à Madeleine Robitaille, à Lorette. — Jean-François, b 1 11 août 1731. — Louis-Joseph, b 1 2 sept. 1732 ; m 1757, à Marie-Louise Trudel.— Ignace, b 1 11 juin 1734. — Augustin, b 1 23 déc. 1735 ; s 1 28 avril 1738. — Ambroise, b 1 30 janvier 1737 ; m 1771, à Marie-Joseph Matte. — Marie-Félicité, b 1 2 mai 1738 ; m 1 22 mai 1758, à Jean-Baptiste Philibert. — Augustin, b 1 28 déc. 1740 ; m 27 février 1775, à Marie-Joseph Rouillard, à Ste-Geneviève. — Marie-Geneviève, b 1742 ; m 1 19 février 1759, à Louis Matte. — Etienne, b 1 25 juin 1744. — Marie-Françoise, b 1 31 janvier 1746.— Joseph, b 1 11 août 1747.

(1) Dubois—Léonard.
(2) Suicidée dans la folie.

1725, (22 janvier) L'Ange-Gardien. 2

III.—TRUDEL, Nicolas, [Pierre II.
b 1698.
Tardif (1), Barbe, [Guillaume II.
b 1701.

Angélique, b 6 nov. 1725, à St-Augustin 3 ; m 2 9 janvier 1758, à Léopold Remy — Nicolas, b 3 15 déc. 1727, s 3 14 février 1728.— Nicolas, b 3 10 mai 1729 ; m à Thérèse Meunier. — Marie-Pélagie, b 3 14 avril 1731 ; m 1753, à Pierre Ouvrard — Louise, b 3 2 déc. 1732.

TRUDEL, Jean, [Nicolas II.
b 1692.
Guillot, Marie-Madeleine,
b 1702 ; s 23 déc. 1777, à Québec.

1725, (29 janvier) L'Ange-Gardien.

III.—TRUDEL, Jean, [Philippe II.
b 1700.
Quentin, Marguerite, [Louis II.
b 1705 ; s 3 mai 1745, à Terrebonne. 4

Philippe, b 2 déc. 1725, à St-Augustin 5 ; s 5 26 février 1726. — Antoine, b 5 21 déc. 1726 ; s 4 24 mai 1745. — Marie-Anne, b 5 29 oct. et s 5 4 nov. 1728. — Jean-Marie, b 5 13 janvier 1731. — Marie-Thérèse, b 5 21 oct. 1733. — Marie, b 5 27 février 1736 ; m 18 juillet 1758, à Pierre Chalifour, à Québec. — Angélique, b 5 29 août 1738. — Louis-Philippe, b 5 5 juin 1742. — Jean-Baptiste, b 4 20 sept. 1744.

1727, (22 sept.) L'Ange-Gardien.

III.—TRUDEL, Joseph, [Jean II.
b 1704 ; boulanger.
1° Hébert, Rose, [Guillaume II.
b 1707 ; s 12 janvier 1733, à Québec. 6

Jean-Guillaume, b 6 7 mars 1729 ; s 6 30 juillet 1730. — Marie-Anne, b 6 23 juillet 1730 ; s 28 mai 1733.—Rose, b 6 22 janvier 1732 ; s 6 4 mars 1753.

1735, (20 mars) Pte-aux-Trembles, Q.

2° Grégoire, Marie-Félicité, [François I.
b 1716 ; s 6 10 juin 1780.

Marie-Angélique, b 6 4 janvier et s 6 28 mars 1736.—Anonyme, b 6 et s 6 25 juin 1736.—Marie-Louise, b 6 17 juillet 1737.—Joseph-Marie, b 6 31 juillet 1738. — Agathe, b 6 23 août et s 6 20 sept. 1739 —Marie-Anne, b 6 10 nov. 1740.—Augustin, b 6 11 mars 1742 ; s 6 26 mai 1743. — Marie-Félicité, b 6 12 juillet et s 6 25 août 1743.— Marie, b 6 16 août et s 6 5 sept. 1744. — Marie-Clotilde, b 6 17 et s 6 28 août 1744.— Marie-Joseph, b 6 15 sept. 1745. — Angélique, b 6 18 janvier et s 6 10

(1) Elle épouse, le 4 avril 1758, Charles Petitclerc, à St-Augustin.

février 1747.—*Louis*, b[6] 26 avril et s[6] 21 juillet 1748.—*Pierre*, b[6] 17 et s[6] 25 mars 1749.—*Marie-Elisabeth*, b[6] 23 avril 1750. — *Marie-Angélique*, b[6] 2 déc. 1752.—*Louis*, b[6] 2 avril 1754.—*Marie-Joseph*, b[6] 5 janvier 1756. — *Anonyme*, b[6] et s[6] 31 juillet 1758.

1728, (6 avril) L'Ange-Gardien.[7]

III.—TRUDEL, NICOLAS, [NICOLAS II.
b 1704.
TARDIF (1), Claire, [GUILLAUME II.
b 1703.

Marguerite, b[7] 25 avril 1729 ; m 1750, à Charles TOUCHET. — *Nicolas-François*, b[7] 5 sept. 1730 ; m[7] 19 nov. 1753, à Marguerite FAFARD. — *Claire*, b 1732 ; m[7] 28 sept. 1750, à Jacques TOUCHET.—*Marie-Geneviève*, b[7] 22 juillet 1734 ; m[7] 31 janvier 1757, à Jean-Baptiste VÉSINA. — *Jean-Marie*, b[7] 26 déc. 1735. — *Jean-Marie*, b[7] 6 janvier 1737. — *Barbe*, b[7] 3 février 1739 ; m 22 mai 1758, à Pierre-Barthelemi NAVARRE, à Québec.— *Marie-Louise*, b[7] 26 mars 1742 ; m[7] 9 janvier 1764, à Claude POULIN.

1728, (27 déc.) Longue-Pointe.[8]

III.—TRUDEL, ANTOINE, [ANTOINE II.
b 1699 ; s[8] 20 déc. 1774.
PICARD (2), Marguerite, [JACQUES II.
b 1709 ; s[8] 17 avril 1783.

Marie-Marguerite, b[8] 18 sept. 1729 ; m[8] 16 août 1747, à François BAUDREAU. — *Louis-Marie*, b[8] 8 sept. 1730 ; 1° m[8] 26 oct. 1750, à Catherine TRUTEAU ; 2° m[8] 10 oct. 1752, à Marie-Joseph QUENNEVILLE ; 3° m 19 février 1759, à Marie-Louise CAILLÉ, à St-Laurent, M. ; 4° m 14 janvier 1760, à Marie-Amable DAZÉ, à St-Vincent-de-Paul. — *Antoine*, b[8] 4 dec. 1731 ; m[8] 3 fevrier 1755, à Charlotte BASINET ; s[8] 29 sept. 1777.— *Marie-Anne-Amable*, b[8] 23 août 1733 ; m[8] 26 fevrier 1759, à Joseph TRUTEAU.—*Marie-Joseph*, b[8] 30 nov. 1735 ; m[8] 23 janvier 1758, à Jean-Baptiste SARAU. — *Catherine-Périnne-Louise*, b[8] 24 août 1737 ; m[8] 7 fevrier 1757, à Philippe BASINET.—*Joseph-Marie*, b[8] 30 avril 1739 ; m[8] 27 oct. 1760, à Julie TRUTEAU.— *Toussaint*, b[8] 1er nov. 1740 ; m 1763, à Madeleine PANNETON. — *Jacques*, b[8] 26 sept. 1742 ; m 6 février 1769, à Marguerite CHAPERON, à Boucherville.—*François*, b[8] 12 mars 1744 ; m[8] 6 août 1764, à Angelique DESAUTELS. — *Benjamin*, b[8] 25 juillet 1746 ; m 1769, à Marie-Catherine CHABOT.

1730, (6 février) Charlesbourg.

III.—TRUDEL, AMBROISE, [JEAN II.
b 1708.
1° CHAUVEAU (3), Marie-Charles, [PIERRE I.
b 1709 ; s 25 juillet 1733, à L'Ange-Gardien.[1]

Marie-Charlotte, b[1] 21 juillet 1731 ; m[1] 22 fevrier 1751, à Pierre MORIN.

1734, (27 sept.) Beauport.

2° PARANT, Thérèse-Angélique, [ETIENNE II.
b 1713.

Marie-Angélique, b[1] 9 janvier 1736 ; m[1] 1[...] février 1759, à Pierre JACOB. — *Marie-Anne*, b[...] 3 mars 1738 ; m[1] 19 février 1759, à Louis FAFARD. —*Ambroise*, b[1] 13 juin 1739 ; m[1] 8 nov. 1762, [...] Isabelle COTÉ.—*Louise*, b[1] 13 avril 1741 ; 1° m [...] 28 janvier 1765, à Jean-Marie BACON ; 2° m [...] oct. 1778, à Pierre GAGNON, au Château-Richer. —*Marie-Madeleine*, b[1] 12 mars 1743. — *Louis*, b[1] 11 juin et s[1] 25 nov. 1749.

1730, (16 oct.) L'Ange-Gardien.[2]

III.—TRUDEL, CHARLES, [PIERRE II.
b 1704 ; s 6 mars 1789, à Québec.[3]
MATHIEU, Geneviève, [RENE II.
b 1708 ; s[3] 1er août 1774.

Charles, b 2 nov. 1731, à St-Augustin[4] ; m[...] 19 avril 1762, à Marie-Marguerite HÉBERT.— *Nicolas-François*, b[4] 28 janvier 1733.—*Geneviève*, b[4] 24 mars 1734 ; 1° m 26 fevrier 1753, à Jean[...]NAUD, à Deschambault[5] ; 2° m[5] 30 mars 1761, [...] Charles ROUILLARD.—*Marie-Angélique*, b[4] 6 sept. 1735. — *Barbe*, b[4] 13 mai 1737 ; s[4] 24 dec. 1740. —*Marguerite*, b[4] 27 avril 1739 ; m 26 sept. 176[...] à François-Basile JEAN-GODON, à Charlesbourg. —*Françoise*, b[4] 27 avril 1739.—*René*, b[4] 8 sept. et s[4] 26 nov. 1740. — *Marie-Anne*, b[3] 17 nov. 1741.—*Madeleine*, b[3] 28 avril 1743 ; m[3] 26 avril 1774, à Jean-Marie LIÉNARD.—*Louis*, b[5] 20 sept. 1744 ; m 13 août 1777, à Marie-Madeleine ARNOUL, à Ste-Foye. — *Paul*, b[5] 13 déc. 1745.— *Marie-Joseph*, b[5] 3 sept. 1747. —*Véronique* et *Cécile*, b[...] 9 mars 1750. — *Reine*, b[5] 29 nov. 1751. — *Marie-Louise*, b[5] 29 nov. 1751 ; m[3] 20 août 1793, à Louis LEVREAU.

1731, (20 janvier) Pte-aux-Trembles, Q.

III.—TRUDEL, PIERRE, [JEAN II.
b 1706.
LAURIOT, Marie-Françoise, [JOSEPH II.
b 1710 ; s 10 déc. 1788, à St-Augustin.

1732, (14 janvier) L'Ange-Gardien.[6]

III.—TRUDEL, PHILIPPE, [PHILIPPE II.
b 1704.
VÉSINA, Françoise, [FRANÇOIS III.
b 1712.

Catherine, b[6] 30 oct. 1732 ; m[6] 10 nov. 175[...] à Pierre HUOT. — *Philippe*, b[6] 20 dec. 1733. m[...] 5 fevrier 1759, à Marguerite BOUTILLET. — *François-Marie*, b[6] 17 mai 1735. — *Jean-Baptiste*, b[...] 7 avril 1737. — *Louis*, b[6] 25 juin 1741. — *Françoise*, b[6] 7 mai 1744.—*Marguerite*, b 1746, m 1[...] février 1765, à Louis BERGEVIN, au Château-Richer.—*Louis*, b[6] 18 nov. 1748 ; s[6] 16 janvier 175[...] — *Nicolas*, b[6] 29 avril 1750. — *Marie-Angélique*, b[6] 26 janvier 1752 ; s[6] 22 août 1755.—*François*, b[6] 20 sept. 1755.

1734, (11 oct.) L'Ange-Gardien.[7]

III.—TRUDEL, JOSEPH, [PIERRE II.
b 1709.
MAROIST, Marie, [FRANÇOIS II.
b 1716 ; s 11 janvier 1788, à St-Cuthbert.[8]

---

(1) Elle épouse, le 23 avril 1759, Pierre Petit, à L'Ange-Gardien.

(2) Huppé, 1757.

(3) Appelée Moreau, 1751.

Pierre, b [7] 10 sept. 1735; m [7] 20 sept. 1762, à Marie-Anne SARCELIER. — *Joseph-Marie*, b [7] 28 déc. 1736; m 10 janvier 1763, à Marie-Anne LEHAUD, à Châteauguay. —*Véronique*, b 1738; s [7] 17 avril 1751.—*Rose*, b [7] 5 oct. 1740; m [7] 22 août 1763, à Jerôme LATRÉMOUILLÈRE. — *Marie-Reine*, b [7] 5 oct. 1742; m 28 oct. 1765, à Nicolas LEPARTE, au Château-Richer. — *Louis*, b [7] 18 nov. 1744 —*Véronique*, b 31 janvier 1747, à Quebec. —*François*, b [7] 7 avril 1749; s [7] 9 mai 1751.—*Marguerite*, b 1750; m [8] 2 oct. 1780, à Gervais PLANTE —*Veronique*, b [7] 30 août 1751; s [7] 1er sept. 1755 —*Madeleine*, b [7] 9 août 1754, m [8] 12 fevrier 1776, à Joseph GAUTRON-LAROCHELLE, s [8] 23 fevrier 1790.—*Marie-Marguerite*, b [7] 28 oct. 1756; m [8] 17 nov. 1778, à Pierre PLANTE.

1736, (15 oct.) L'Ange-Gardien.[1]

III.—TRUDEL, NICOLAS, [PHILIPPE II
b 1714.

HUOT, Barbe, [PIERRE II.
b 1717; s 4 juillet 1775, à Québec.[2]

Marie-Marguerite, b 26 sept et s 20 oct. 1737, à St-Augustin.[3] — *Marie-Anne*, b [3] 13 oct. 1738. —*Marguerite-Nathalie*, b [3] 24 mars 1740; m [2] 6 sept 1762, à François DORION. — *Nicolas*, b [3] 2 fevrier 1742 — *Charles*, b [2] 4 mai et s 16 sept 1744—*Raphael*, b [2] 4 sept. 1745.—*Thérèse*, b [2] 2 juin 1747, s [2] 14 juillet 1748.— *Barbe*, b [1] 2 fevrier 1749.—*Thérèse*, b [2] 15 avril 1751; s [2] 4 mars 1753.—*Joseph-Michel*, b [2] 30 sept. 1752, m [2] 7 juillet 1777, à Louise LANGLOIS; s [2] 24 avril 1779 —*Anonyme*, b [2] et s [2] 12 fevrier 1754.— *Jean-Baptiste*, b [2] 30 dec. 1755. — *François-Josué*, b [2] 18 sept. 1757.—*Henri*, b [2] 18 juillet 1759.

1741, (9 avril) Quebec.[3]

III—TRUDEL (1), NICOLAS, [JEAN II
b 1713; s 15 avril 1766, à Nicolet.[4]

1° ARRIVÉE, Elisabeth, [MAURICE II
b 1718, s [3] 22 nov. 1754.

Elisabeth, b [3] 26 mars et s [3] 11 sept. 1743.—*Pierre-Nicolas*, b [3] 4 juillet 1744.—*Marie-Louise*, b [3] 4 juillet 1744; m [4] 3 février 1766, à Louis FROTOCHAU.—*Marie-Anne*, b [3] 7 janvier 1746; s 7 déc 1761, à Lorette.—*Charles*, b [3] 8 mars 1747, s [3] 25 février 1748.—*Marie-Thérèse*, b [3] 3 nov 1748.— *Marie-Elisabeth*, b [3] 29 oct. 1750; s [3] 9 mars 1751. — *Marie-Elisabeth*, b 1751; m [4] 28 juillet 1767, à Michel ROBERGE.—*Marie-Françoise*, b [3] 15 mars 1752. — *Anonyme*, b [3] et s [3] 12 nov. 1754.

1756, (11 sept.)[3]

2° ROBERGE, Marie-Anne, [JOSEPH II.
b 1726; s [4] 23 avril 1791.

Marie-Angélique, b [3] 9 juin et s 3 juillet 1757, à Levis.—*Marie-Geneviève*, b [3] 13 oct. 1758; m [4] 7 nov. 1775, à Joseph DESILETS. — *Louis*, b 21 août 1760, à St-Augustin.—*Marie-Joseph*, b 1761; m [4] 13 août 1781, à Joseph PELLETIER.—*Michel*, b 1762; m [4] 20 janvier 1783, à Marie-Joseph COLTRET.

(1) Charpentier des vaisseaux du Roi.

1746.

IV.—TRUDEL, LOUIS, [LOUIS III.
b 1717.

BOIVIN, Marie-Jeanne, [PIERRE II.
b 1715.

Marie-Jeanne, b 26 mars 1747, à Lorette.[6]—*Thérèse-Angélique*, b [6] 4 juillet 1748; m à Etienne DROLET. — *André*, b [6] 20 sept. 1750. — *Marie-Elisabeth*, b [6] 3 juin 1754.—*Ignace-Marie*, b [6] 20 juin 1757; s [6] 26 avril 1758. — *Ignace*, b 1763; s [6] 16 février 1765.

1750, (23 août) Lorette.[7]

IV.—TRUDEL, ALEXANDRE, [ALEXANDRE III.
b 1726.

PLAMONDON-LAFLEUR, Marie-Anne, [PIERRE II.
b 1728.

Alexandre-Pierre, b 14 oct. 1751, à Ste-Foye.—*Marie-Anne*, b 1753; 1° m 15 janvier 1781, à Charles PETITCLERC, à St-Augustin[8]; 2° m [8] 10 janvier 1791, à Augustin BROUSSEAU. — *Joachim*, b [7] 8 avril et s [7] 17 août 1754.—*Joseph*, b [8] 23 mai 1755. —*Marie-Thérèse*, b [7] 14 août 1756.—*Pierre-Marie*, b [7] 23 janvier 1758; m [8] 12 fevrier 1787, à Marie PETITCLERC. — *Jean-Baptiste*, b [7] 13 fevrier 1759; m [8] 24 janvier 1785, à Marguerite PETITCLERC.—*Ignace-Victor*, b [7] 5 sept. 1760; s [7] 11 août 1762. —*Marie-Françoise*, b [7] 10 juin 1762.— *Marie-Catherine*, b [7] 30 juin 1763.— *Marie-Elisabeth*, b [7] 31 juillet et s [7] 4 sept. 1764.

1750, (26 oct.) Longue-Pointe.[9]

IV.—TRUDEL, LOUIS, [ANTOINE III
b 1730.

1° TRUTEAU, Catherine, [PIERRE III.
b 1733.

1752, (10 oct.)[9]

2° QUENNEVILLE, Marie-Joseph, [JEAN II.
b 1724.

Antoine, b 1753; 1° m [9] 20 nov. 1775, à Marie-Anne PIGEON; 2° m [9] 27 juillet 1778, à Marie LORIOT.—*Joseph*, b 1755; s [9] 6 oct. 1756.—*François*, b... s [9] 5 sept. 1758.

1759, (19 février) St-Laurent, M.

3° CAILLÉ, Marie-Louise, [CHARLES-FRS II.
b 1734.

1750, (14 janvier) St-Vincent-de-Paul.

4° DHAZE, Marie-Amable, [JEAN III.
b 1744.

1750, (26 oct.) Château-Richer.

III.—TRUDEL, LOUIS, [PIERRE II.
b 1718; s 31 mars 1783, à St-Augustin.[1]

CLOUTIER, Charlotte, [LOUIS IV.
b 1732.

Geneviève, b 31 oct. 1751, à L'Ange-Gardien.[2] —*Louis*, b [2] 12 déc. 1754.—*Marie-Angélique*, b [1] 21 mars 1758; m à Charles MARTEL; s 1781.

1750.

IV.—TRUDEL, IGNACE, [LOUIS III.
b 1722.

TINON-DESROCHES, Françoise, [FRANÇOIS II.
b 1717; s 22 août 1802, à Rimouski.

Marie-Françoise-Angélique, b 27 août 1751, à

Lorette.[3]—*Louis*, b[3] 30 avril 1753 ; 1° m 17 oct. 1774, à Marie-Rose Girard, à Québec[4] ; 2° m[4] 27 janvier 1784, à Félicité Poitras.—*Joseph*, b 17 mars 1755, à St-Augustin. — *Ignace*, b 18 oct. 1756, à Ste-Foye; m[4] 7 août 1775, à Marguerite Dasylva.—*Marie-Geneviève*, b[3] 17 fevrier 1758 ; s[4] 31 oct. 1759.—*Ignace* et *Pierre*, b[3] 19 février 1765.—*Augustin*, b 1767 ; m[4] 2 sept. 1794, à Catherine Drapeau.

1751, (15 fevrier) Québec.

IV.—TRUDEL, Pierre, [Jean III.
b 1730 ; s 1759 (1).
Masse (2), Françoise-Charlotte, [Antoine III.
b 1728.

Ambroise, b 20 janvier 1752, à Charlesbourg[6] ; m à Marguerite Falardeau. — *Pierre-François*, b[5] 28 janvier 1753 ; s[5] 2 mars 1761. — *Marie-Françoise*, b[5] 4 juillet 1754; m à Ignace Cliche. —*Marie-Madeleine*, b[5] 16 janvier et s[5] 13 mars 1756. — *Michel*, b[5] 5 et s[5] 8 avril 1757. — *Anonyme*, b[5] et s[5] 11 avril 1758.—*Michel* (posthume), b[5] 16 nov. 1759 ; m 25 oct. 1784, à Marie Verret, à St-Augustin.

1752, (21 janvier) Charlesbourg.[6]

IV.—TRUDEL, Jean, [Jean III.
b 1726.
1° Beaumont, Marie-Anne, [Pierre II.
b 1735 ; s[6] 13 oct 1755.

Jean, b[6] 27 dec. 1752. — *Marie-Anne*, b[6] 20 janvier 1755 ; s[6] 1760.

1761.
2° Leclerc, Marie-Joseph.
Marie-Anne, b[6] 5 avril 1762.

1753.

IV.—TRUDEL, Nicolas, [Nicolas III.
b 1729.
Meunier, Thérèse, [Joseph III.
b 1732.

Barbe, b 28 mai 1754, à St-Augustin[7] ; s[7] 16 nov. 1755.—*Nicolas*, b[7] 16 nov. 1755 ; m[7] 10 janvier 1785, à Madeleine Marois.—*Brigitte*, b 1757 ; m à Benjamin Defoy.—*Angélique*, b 1758 ; m[7] 21 janvier 1782, à Zacharie Defoy.—*Marie-Agnès*, b[7] 4 sept. 1760.—*Marie-Anne*, b[7] 3 juillet 1762 ; m[7] 20 janvier 1783, à Antoine Defoy. — *Marie*, b 1764 ; m[7] 19 oct. 1789, à Joseph Légaré.—*Marguerite*, b 1766 ; m[7] 12 nov. 1787, à Etienne Defoy. —*François*, b... m[7] 17 fevrier 1794, à Louise Julien.—*Joseph*, b... m[7] 17 février 1794, à Marie-Anne Julien.

1753, (19 juin) St-Joachim.[7]

III.—TRUDEL, Jean-Bte, [Pierre II.
b 1715.
Poulin, Françoise, [Guillaume III.
b 1734.

Jean-René, b[7] 25 avril 1754.—*Françoise-Marie-Joseph*, b[7] 10 mai 1756 ; s[7] 4 mars 1761.—*Jean-Marie*, b[7] 18 déc. 1757 ; s[7] 6 dec. 1759.—*Marie-Geneviève*, b[7] 26 janvier 1761. — *Agathe*, b[7] 1[2] février 1763.—*Jacques*, b[7] 17 déc. 1764.—*Louis*, b[7] 22 avril 1768. — *Louis-Ambroise*, b[7] 26 août 1770. — *Catherine-Geneviève*, b[7] 25 oct. 1774.—*Marie-Angélique*, b[7] 11 mai 1777.

1753, (19 nov.) L'Ange-Gardien.[2]

IV.—TRUDEL, Nicolas-Frs, [Nicolas III.
b 1730.
Fafard, Marguerite, [Louis III.
b 1732.

Marie-Marguerite, b[2] 22 août 1757.—*Anonyme*, b[2] et s[2] 8 juin 1761.—*Louis*, b[2] 17 janvier 1763.

1755, (3 février) Longue-Pointe.[2]

IV.—TRUDEL, Antoine, [Antoine III.
b 1731 ; s[2] 29 sept. 1777.
Basnet (1), Charlotte, [Pierre III.
b 1738.

Antoine, b[2] 26 oct. 1755 ; m[2] 23 oct. 1780, à Archange Berzier.—*Marie-Joseph*, b[2] 27 février et s[2] 12 mai 1757.—*Françoise*, b[2] 26 avril 1758 ; m[2] 8 janvier 1776, à Jean-Baptiste Dagneau ; s[2] 11 déc. 1780. — *Jacques*, b[2] 26 oct. 1759 ; s[2] 1[8] nov. 1776.—*Jean-Baptiste*, b[2] 22 février et s[2] 30 oct. 1763.—*Marie-Archange-Angélique*, b[2] 3 nov. 1764 ; m 24 sept. 1792, à Etienne Marion, à Repentigny. — *Louis-Benjamin*, b[2] 7 sept. 1766 ; s[2] 11 juin 1767. — *Marie-Marguerite*, b[2] 9 mars 1768.

1757.

IV.—TRUDEL, Louis-Joseph, [Gabriel III.
b 1732.
Trudel (2), Marie-Louise, [Alexandre III.
b 1732.

1757.

IV.—TRUDEL, Jean-Frs, [Alexandre III.
b 1730.
Bussière, Marie-Louise, [Augustin III.
b 1736.

Marie-Charlotte, b 31 déc. 1757, à Lorette.[9] — *Jean-Baptiste-Charles*, b[9] 21 juin et s[9] 9 août 1759. — *Marie-Barbe*, b 1er sept. 1760, à St-Augustin. — *Jean*, b[9] 10 janvier et s[9] 13 août 1762. — *Marie-Joseph*, b[9] 27 mai 1763. — *Pierre*, b[9] 1 juin 1764.

1757, (24 oct.) Lorette.[1]

IV.—TRUDEL, Pierre, [Louis III.
b 1732.
Voyer, Louise, [Pierre III.
b 1739.

Pierre, b[1] 20 février et s[1] 2 mars 1759. — *Louis*, b[1] 28 août 1760. — *Marie-Louise*, b[1] 1[3] mai 1762.—*Marie-Joseph-Marguerite*, b[1] 20 juillet 1763. — *Pierre*, b[1] 30 juin 1765. — *Michel*, b[1] 2 juin 1770.

---

(1) Tué au camp de Beauport.

(2) Elle epouse, le 24 mai 1762, Charles Verret, à Charlesbourg.

(1) Elle épouse, le 1er février 1779, Jean-Baptiste Paye, à la Longue-Pointe.

(2) Elle épouse, le 30 juillet 1758, André Robitaille, à Lorette.

1758, (6 fevrier) Lorette.[4]

IV.—TRUDEL, GABRIEL, [GABRIEL III.
b 1730.
ROBITAILLE, Marie-Madeleine, [ROMAIN II.
b 1740.
Gabriel-Ange, b[4] 21 déc. 1758; s[4] 24 août 1761.—*Charles,* b[4] 23 avril et s[4] 7 août 1762.—*Ambroise,* b[4] 20 mai 1763.—*Marie-Françoise,* b[4] 24 mars 1765.

1759, (5 février) L'Ange-Gardien.[1]

IV.—TRUDEL, PHILIPPE, [PHILIPPE III.
b 1733.
BOUTILLET, Marguerite, [JACQUES II.
b 1732.
Philippe, b[1] 1er et s[1] 12 août 1761.—*Philippe-Marie,* b[1] 13 sept. 1762; s 3 mars 1765, au Château-Richer.[2] — *Philippe-Jacques,* b[1] 4 février 1764.—*Marie-Marguerite,* b[2] 9 mars 1766.

1760, (4 fevrier) Montréal.

IV.—TRUDEL, NICOLAS, [JEAN III.
b 1729.
BIRON, Marie-Joseph, [PIERRE III.
b 1726, veuve de Louis Jarret.

1760, (27 oct.) Longue-Pointe[3] (1).

IV.—TRUDEL, JOSEPH-MARIE, [ANTOINE III.
b 1739.
TRUTEAU, Julie, [JOSEPH III.
b 1741.
Marie-Julie, b[3] 25 mars 1762; s[3] 31 janvier 1773.—*Antoine,* b[3] 16 fevrier 1764.—*Marie-Suzanne,* b[3] 20 janvier 1766.—*Marie-Joseph,* b[3] 23 août 1767; s[3] 1er janvier 1770.—*Marie-Monique,* b[3] 1er juillet 1769.

1762, (19 avril) L'Ange-Gardien.

IV.—TRUDEL, CHARLES, [CHARLES III.
b 1731.
HÉBERT, Marie-Marguerite, [NICOLAS III.
b 1742.
Marie, b 8 août 1763, à Charlesbourg.

1762, (9 août) Ste-Famille, I. O.

IV.—TRUDEL, LOUIS-JOSEPH, [RENÉ III.
b 1731.
DROUIN, Françoise, [NICOLAS III.
b 1736.
Marie-Françoise, b 23 juin 1763, à la Pte-aux-Trembles, Q.[9] — *Marie-Angélique,* b[9] 31 janvier 1765.—*Joseph,* b 24 mai 1767, aux Ecureuils; m 12 janvier 1796, à Marie-Anne RINFRET, à Québec.—*René,* b[9] 1er fevrier et s[9] 30 juillet 1769.—*Michel,* b[9] 25 juillet 1770.—*Jean-Baptiste,* b[9] 23 août 1774.—*Charles,* b[9] 1er sept. 1776.

1762, (20 sept.) L'Ange-Gardien.

IV.—TRUDEL, PIERRE, [JOSEPH III.
b 1735.
SARCELIER, Marie-Anne, [JACQUES-LOUIS I.
b 1733.

(1) Réhabilité le 20 mars 1768, à la Longue-Pointe.

1762, (8 nov.) L'Ange-Gardien.[2]

IV.—TRUDEL (1), AMBROISE, [AMBROISE III.
b 1739.
COTÉ, Isabelle, [JOSEPH III.
b 1743.
Ambroise, b[2] 27 juillet 1763.—*Isabelle,* b[2] 9 et s[2] 11 juin 1764.—*Marie-Angélique,* b 17 déc. 1766, au Château-Richer.[3] — *Michel* et *Marie-Madeleine,* b[3] 10 oct. 1779.

1763, (10 janvier) Châteauguay.

IV.—TRUDEL, JOSEPH-MARIE, [JOSEPH III.
b 1736.
LEGAUD-DESLAURIERS, Marie-Anne, [JEAN II.
veuve de Paul Primot.

1763.

IV.—TRUDEL, TOUSSAINT, [ANTOINE III.
b 1740.
PANNETON, Madeleine, [JEAN-BTE II.
b 1743.
Anonyme, b et s 2 déc. 1764, à la Longue-Pointe.[4] — *Toussaint-Julien,* b[4] 7 mars et s[4] 2 sept. 1766.—*Marie-Anne-Madeleine,* b[4] 27 juillet et s[4] 21 août 1767.—*Antoine-Basilide,* b[4] 10 sept. et s[4] 3 oct. 1768.

1764, (6 août) Longue-Pointe.[8]

IV.—TRUDEL, FRANÇOIS, [ANTOINE III.
b 1744.
DESAUTELS (2), Marie-Angélique, [JEAN-BTE III.
b 1740.
François, b[8] 9 juillet 1765.—*Jean-Baptiste,* b[8] 2 fevrier 1767. — *Marie-Angélique,* b[8] 21 juillet 1768.—*Louis,* b 13 janvier 1781, à Lachenaye.[9] — *Marie-Julie,* b[9] 6 avril et s[9] 22 mai 1783.

1768.

IV.—TRUDEL, BENJAMIN, [ANTOINE III.
b 1746.
CHABOT (3), Marie-Catherine, [MICHEL IV.
b 1740; veuve de Michel Maguet.
Jean-Baptiste, b 26 et s 27 sept. 1769, à la Longue-Pointe.

1769, (6 fevrier) Boucherville.[1]

IV.—TRUDEL, JACQUES, [ANTOINE III.
b 1742.
CHAPERON, Marguerite, [JEAN-BTE III.
b 1732; veuve d'Antoine Girouard.
Marie-Marguerite, b[1] 3 nov. 1769; m[1] 30 oct. 1786, à Etienne BIRTZ. — *Jacques,* b 1771; s[1] 13 août 1774.—*Urbain,* b[1] 24 fevrier 1773.—*Marie-Amable,* b[1] 24 fevrier et s[1] 11 mai 1773. — *Jacques,* b[1] 17 nov. 1774.—*Charles,* b[1] 11 sept. et s[1] 2 oct. 1775.— *Louis-Pascal,* b[1] 31 mars 1777.—*Etienne,* b[1] 7 avril 1778.—*Marie-Madeleine,* b[1] 7 avril et s[1] 6 juin 1778. — *Antoine,* b[1] 22 fevrier 1779.

(1) Voy. vol. III, p. 139.
(2) Lapointe.
(3) Voy. vol. V, p. 454.

1771.

IV.—TRUDEL, Ambroise, [Gabriel III.
b 1737.
Matte, Marie-Joseph, [Alexis II.
b 1729 ; veuve d'Etienne Chaillé.
Anonyme, b et s 20 dec. 1771, à la Pte-aux-Trembles, Q.[3] — *Marie-Joseph*, b [3] 29 oct. 1773. — *Ambroise*, b [3] 12 nov. 1774.—*Marie-Angélique*, b [3] 31 mai 1776. — *Marie-Thérèse*, b [3] 16 janvier 1778.

TRUDEL, Joseph.
1° Arnoux, Marie,
b 1752 ; s 17 nov. 1785, à Québec.[1]
1787, (8 mai).[1]
2° Moreau, Marie-Madel. [Charles-André IV.

TRUDEL, Antoine.
Lefebvre, Suzanne.
Jean-Baptiste, b 9 sept. 1774, à Ste-Anne-de-la-Pérade.

1774, (17 oct.) Québec.[7]

V.—TRUDEL, Louis, [Ignace IV.
b 1753.
1° Girard, Marie-Rose, [Joseph-Marie III.
b 1751 ; s [7] 30 juin 1783.
Marie-Rose, b 1775 ; s 16 février 1776, à Ste-Foye.—*Marie-Anne*, b... m [7] 7 août 1798, à Louis Sylvain. — *Bonaventure*, b... m 14 août 1798, à Françoise Pruneau.
1784, (27 janvier).[7]
2° Poitras, Félicité, [Noel III.
b 1760.

1775, (7 août) Québec.[5]

V.—TRUDEL, Ignace, [Ignace IV.
b 1756.
Dasylva, Marguerite, [Jean-Bte III.
b 1750 ; s [5] 24 sept. 1775.

1775, (27 février) Ste-Geneviève.

IV.—TRUDEL, Augustin, [Gabriel III.
b 1740.
Rouillard (1), Marie-Joseph, [Jacq.-Frs III.
b 1746.

1775, (20 nov.) Longue-Pointe.[6]

V.—TRUDEL, Antoine, [Louis IV.
b 1753.
1° Pigeon, Marie-Anne, [Antoine III.
b 1754.
1778, (27 juillet).[6]
2° Loriot, Marie, [Michel III.
b 1756.

1776.

TRUDEL, François.
Letarte, Marguerite.
François, b 1777 ; s 20 avril 1786, à St-Augustin.[6] — *Jean*, b [6] 16 oct. 1781. — *Jean-Baptiste*, b [6] 1er février 1783. — *Marie-Charles*, b [6] 20 juin 1784.—*Etienne*, b [6] 20 juillet 1785.— *Nicolas*, b [6] 31 août 1787.—*Marie-Françoise*, b [6] 14 août 17[89]. —*Paul*, b [6] 6 juin 1791. — *Philippe*, b [6] 30 nov. 1792.—*Charles*, b [6] 7 dec. 1794.

(1) St-Cyr.

1777, (7 juillet) Québec.[1]

IV.—TRUDEL, Joseph-Michel, [Nicolas III.
b 1752 ; s [1] 24 avril 1779.
Langlois (1), Louise, [Antoine IV.
b 1755.

1777, (13 août) Ste-Foye.

IV.—TRUDEL, Louis, [Charles III.
b 1744.
Arnoul, Marie-Madeleine, [André II.
b 1755.

TRUDEL, François.
Fauvel, Marie-Joseph.
Joseph, b 6 juillet 1783, au Detroit.

1780, (23 oct.) Longue-Pointe.

V.—TRUDEL, Antoine, [Antoine IV.
b 1755.
Berzier, Archange. [Pierre

1783, (20 janvier) Nicolet.

IV.—TRUDEL, Michel, [Nicolas III.
b 1762.
Coltret, Marie-Joseph, [Michel III.
b 1764.

1783.

TRUDEL, Louis.
Proux, Marie.
Marie-Lochriste, b 11 juin 1784, à Rimouski. —*Perpétue*, b... m [8] 21 août 1804, à Germain Pelletier.—*Louis-François*, b [8] 18 mai 1789. —*Geneviève*, b [8] 30 juillet 1791 ; m [8] 9 février 181[3], à Michel Dugas.—*Charlotte*, b [8] 10 nov. 1793, s [8] 30 juillet 1796.

1784, (25 oct.) St-Augustin.

V.—TRUDEL, Michel, [Pierre IV.
b 1759.
Verret, Marie. [Yves

1785, (24 janvier) St-Augustin.

V.—TRUDEL, Jean-Bte, [Alexandre IV.
b 1759.
Petitclerc, Marguerite, [Charles III.
b 1761.

1785, (10 juillet) St-Augustin.[9]

V.—TRUDEL, Nicolas, [Nicolas IV.
b 1755.
Marois, Madeleine. [Prisque III.
Madeleine, b [9] 18 déc. 1785.—*Nicolas*, b [9] 2 mai 1788 ; s [9] 12 mai 1794.—*Louis*, b [9] 5 avril 1791. —*Antoine*, b... s [9] 21 mai 1794.—*Nicolas*, b [9] 5 août 1794.

(1) Elle épouse, le 21 janvier 1783, Charles Dumesnil, à Québec.

1787, (12 fevrier) St-Augustin.[8]
-TRUDEL, PIERRE-MARIE, [ALEXANDRE IV.
b 1758.
PETITCLERC, Marie. [CHARLES III.
Pierre, b [8] 11 déc. 1789.—*Marie-Angélique*, b [8] février 1791.—*Catherine*, b [8] 2 déc. 1792 ; s [8] juin 1793.—*Pierre*, b [8] 22 mars 1794.—*Joseph*, 11 juin 1795.

1794, (17 février) St-Augustin.
-TRUDEL, JOSEPH. [NICOLAS IV.
JULIEN, Marie-Anne. [JACQUES IV.

1794, (17 février) St-Augustin.[5]
-TRUDEL, FRANÇOIS. [NICOLAS IV.
JULIEN, Louise. [JACQUES IV.
Louise, b [5] 4 janvier 1795.

1794, (2 sept.) Québec
-TRUDEL, AUGUSTIN, [IGNACE IV.
b 1767.
DRAPEAU (1), Catherine. [PIERRE III

1796, (12 janvier) Quebec.
-TRUDEL, JOSEPH, [LOUIS-JOSEPH IV.
b 1767.
RINFRET, Marie-Anne. [PIERRE III.

1798, (14 août) Québec.
I.-TRUDEL, BONAVENTURE. [LOUIS V.
PRONEAU, Françoise, [FRANÇOIS IV.
b 1779.

RUDEL, PAUL.
PAMPALON, Louise-Joseph,
b 1754; s 4 février 1794, à Québec.[6]
Marie-Louise, b... m [6] 3 oct. 1797, à Jean-ane GAGNÉ.

RUDELLE.—Voy. TRUDEL.

RUEL.—*Surnom :* ST. PIERRE.

1722, (27 juillet) St-Foye.[6]
-TRUEL (2), PIERRE, fils de Gabriel et de Catherine Davaine, de St-Jacques, diocèse de Bague.
PAIN, Louise-Françoise, [JEAN-BTE II.
b 1699.
Joseph, b 17 oct. 1723, à Québec[7] ; m [7] 6 sept. 51, à Marguerite POITRAS.—*Marie-Geneviève*, [7] 17 oct. 1723 ; s [7] 14 juin 1724.—*Angélique* et *Ursule*, b [6] 24 janvier 1725.—*Marie-Geneviève*, b [6] avril 1732.—*Marie-Louise*, b [6] 23 avril 1732 ; 5 août 1763, à Jean-Marie BÉLANGER, à Beauport.—*Jacques-Philippe*, b [6] 23 juillet 1734 ; s [7] 0 avril 1756.—*André*, b [6] 17 mai 1735.—*Thérèse*, [6] 17 mai 1735 ; s [6] 30 janvier 1736.—*Joseph*, b [6] 0 juin et s [6] 31 août 1736.—*Marie-Anne*, b [6] 24 juillet 1737.

(1) Elle épouse plus tard Alexis Rivard.
(2) Dit St. Pierre; soldat d'Amariton.

1751, (6 sept.) Quebec.[9]
II.—TRUEL, JOSEPH, [PIERRE I.
b 1723.
POITRAS (1), Marguerite, [FRANÇOIS III.
b 1733.
Hervé, b [9] 3 sept. 1752 ; s [9] 11 juin 1754.—*Joseph*, b [9] 13 oct. 1753 ; s [9] 13 avril 1754.—*Joseph-François*, b [9] 17 janvier et s [9] 16 août 1755.

TRUFFLÉ.—Voy. TREFFLÉ.

TRUILLIER.—Voy. TRULLIER.

TRULIER.—Voy. TRULLIER.

TRULLIER.—*Variations et surnoms :* TRUILLIER TRULIER — BONVOULOIR—DELIERS—LACOMBE.

1694, (22 fevrier) Montréal.[1]
I.—TRULLIER (2), JEAN, b 1666 ; fils de Jacques et de Marguerite Passeleigne, de St-Severin, ville de Puymirol, diocèse d'Agen, Guienne-d'Agenois ; s [1] 25 juin 1744.
DELGUEL, Elisabeth, [JEAN I.
b 1671 ; s [1] 10 mai 1738.
Marie-Anne, b [1] 27 fevrier 1695 ; m [1] 23 nov. 1715, à Jacques QUESNEL ; s [1] 27 fevrier 1729.—*Jean-Baptiste*, b [1] 16 oct. et s [1] 11 dec. 1696.—*Dominique-Joseph*, b [1] 26 mars 1701 ; ordonné le 16 mars 1726, curé de Lachenaye[2] ; s [2] 29 juin 1764.—*Jeanne*, b [1] 30 mai 1702, m [1] 29 sept. 1734, à Pierre GUY.—*Laurent*, b [1] 15 sept. 1705 ; s [1] 3 sept. 1706.—*Jean*, b [1] 6 mars 1707, 1° m [1] 13 août 1731, à Marie-Joseph TRUTEAU ; 2° m [1] 21 mai 1735, à Geneviève GADOIS ; s 24 dec. 1769, à Terrebonne.—*Marie-Joseph*, b [1] 10 mars 1708 ; m [1] 15 sept. 1738, à Jacques MOQUIN.—*Geneviève* et *Pierre*, b [1] 21 avril 1709.—*Jacques*, b [1] 26 oct. 1711, s [1] 8 janvier 1715.—*Jacques*, b [1] 1er et s [1] 11 fevrier 1715.

1708 (3).
I.—TRULLIER (4), JEAN-BTE, b 1674 ; fils de Jacques et de Marguerite Passeleigne, de St-Severin, ville de Puymirol, diocèse d'Agen, Guienne-d'Agenois ; s 5 nov. 1770, à l'Ile-Dupas.
BROSSEAU, Marie-Anne, [DENIS I.
b 1687, s 21 août 1756, à Montréal.[3]
Jean-Baptiste-René, b 14 fevrier 1709, aux Trois-Rivières[4] ; m [3] 7 janvier 1744, à Charlotte-Françoise AUGER ; s [3] 14 avril 1781.—*Claude*, b [4] 11 oct. 1711 ; s [4] 24 mai 1713.—*Joseph*, b [4] 7 nov. 1713, m [4] 8 nov. 1751, à Marie-Françoise LECLERC.—*Jacques*, b [4] 13 janvier 1716 ; m 25 fevrier 1754, à Marie-Anne LEVASSEUR, à Boucherville[5], s [5] 1793.—*Marie-Anne*, b [4] 28 avril 1718 ; m [4] 17 août 1738, à Michel DESERRES. — *Marie-Madeleine*, b [4] 24 mai 1724 ; m [4] 29 janvier 1748, à Simon BELISLE.—*Louis-Joachim*, b [4] 3 et s [4] 13

(1) Elle épouse, le 27 sept. 1762, Gilbert Desautels, à Montreal.
(2) Dit Lacombe, voy. vol. I, p. 575
(3) Contrat de mariage du 3 nov. 1706 ; abbé Priat, curé de Laprairie.
(4) Dit Lacombe, frère du précédent ; voy. vol. I, p. 575.

avril 1729.—*François-Clément*, b [4] 3 avril 1729; m [5] 6 oct. 1761, à Thérèse POIRIER; s [5] 13 mars 1793.—*Marguerite*, b [4] 16 déc. 1732; m 24 mai 1757, à Pierre JOINVILLE-FAFARD, à Sorel.

1731, (13 août) Montréal.[1]

II.—TRULLIER (1), JEAN, [JEAN I.
b 1707; s 24 déc. 1769, à Terrebonne.
1° TRUTEAU, Marie-Joseph, [ETIENNE II.
b 1711; s [1] 22 sept. 1734.
Marie-Joseph, b [1] 12 février et s [1] 13 juin 1734.
1735, (21 mai).[1]
2° GADOIS, Geneviève, [JEAN-BTE II.
b 1711.

1744, (7 janvier) Montréal.[9]

II.—TRULLIER (2), JEAN-BTE, [JEAN-BTE I.
b 1709; s [9] 14 avril 1781.
AUGER, Charlotte-Frse, [FRANÇOIS I.
b 1726.
Marie-Louise, b [9] 29 nov. 1744; m [9] 27 juillet 1761, à Pierre SPELET.—*René*, b [9] 3 mai 1746.—*François-Xavier*, b [9] 19 juin 1747; m [9] 27 oct. 1793, à Geneviève ADHEMAR.—*Joseph-Raymond*, b [9] 18 dec. 1748; s [9] 3 déc. 1750.—*Anonyme*, b [9] et s [9] 21 oct. 1749.—*Catherine-Charlotte*, b et s 26 août 1754, à Longueuil.

1751, (8 nov.) Trois-Rivières.

II.—TRULLIER, JOSEPH, [JEAN-BTE I.
b 1713.
LECLERC, Marie-Françoise, [JEAN-BTE II.
b 1707.

1754, (25 février) Boucherville.[7]

II.—TRULLIER (1), JACQUES, [JEAN-BTE I.
b 1716; s [7] 1793.
LEVASSEUR, Marie-Anne, [PIERRE-JACQUES III.
b 1732.
Jacques, b 1764; m 28 juillet 1788, à Angelique LAURENT, à Montreal.[8]—*Antoine*, b 1765; m [8] 12 oct. 1789, à Marguerite PÉRINAULT.

1761, (6 oct.) Boucherville.[8]

II.—TRULLIER, FRS-CLÉMENT, [JEAN-BTE I.
b 1729; s [8] 13 mars 1793.
POIRIER, Thérèse, [JEAN-BTE III.
b 1737.
Joseph-Marie, b... 1° m ....; 2° m [8] 4 oct. 1813, à Marie-Joseph FONTAINE-BIENVENU.

1788, (28 juillet) Montreal.

III.—TRULLIER (3), JACQUES, [JACQUES II.
b 1764.
LAURENT, Angélique, [SYLVAIN.
b 1768.

(1) Dit Lacombe.
(2) Dit Lacombe; voy. vol. II, p. 82.
(3) Membre du Parlement, 1816.

1789, (12 oct.) Montréal.

III.—TRULLIER, ANTOINE, [JACQUES II.
b 1765.
PÉRINAU (1), Marguerite, [DENIS III.
b 1767.

1793, (27 oct.) Montréal.

III.—TRULLIER (2), FRS-XAV., [J-BTE-RENÉ II.
b 1747.
ADHÉMAR, Marie-Genev., [TOUSSAINT-ANT. III.
b 1772.
Joseph-Patrice, b 21 février 1807, au Lac-des-Deux-Montagnes; m 7 janvier 1835, à Marie-Leocadie BOUCHER, à Maskinongé.

1813, (4 oct.) Boucherville.

III.—TRULLIER (2), JOS.-MARIE. [FRANÇOIS II.
FONTAINE, Marie-Joseph, [JEAN-LOUIS.
veuve d'Antoine Mesnard.

TRUNEL.—Voy. TRUNET.

TRUNET.—*Variations et surnom:* JOURNET—TOURNET—TRUNEL—FRANCŒUR.

I.—TRUNET (3), ETIENNE,
b 1682; s 17 nov. 1746, à Montréal.[6]
MARTIN, Cecile, [ANTOINE III.
b 1704.
Etienne-Joseph, b 19 mars 1721, à Quebec; m 31 dec. 1741, à Marie-Joseph LECUYER, à St-Jean-Deschaillons.—*Marie-Angélique*, b 1722, s 27 février 1743, à Batiscan.—*Geneviève-Françoise*, b [6] 2 février 1725; m 19 mai 1750, à François JOACHIM, à Boucherville.—*Louis-Basile*, b [6] 25 nov. 1726; s [6] 12 mars 1739.—*Jean-Amable*, b [6] 25 nov. 1728; s [6] 14 juillet 1729.—*François-Amable*, b [6] 1er juillet 1730.

1741, (31 déc.) St-Jean-Deschaillons.[7]

II.—TRUNET (3), ETIENNE-JOS., [ETIENNE I.
b 1721.
LECUYER, Marie-Joseph, [ANTOINE II.
b 1705; veuve de Pierre Limousin-Beaufort.
Marie-Elisabeth, b [7] 29 juillet 1742; m [7] 12 oct. 1761, à Etienne RAGAUT; s [7] 13 mai 1767.

TRUTAUT.—Voy. TRUTEAU.

TRUTEAU.—*Variations et surnom:* TRUDEAU—TRUTAUT—TRUTO—BARBIER.

1667, (10 janvier) Montréal.[2]

I.—TRUTEAU (4), ETIENNE, fils de François et de Catherine Matinier, de N.-D.-de-Cogne, diocèse de LaRochelle, Aunis.
BARBIER, Adrienne, [GILBERT I.
b 1652.
Etienne, b [2] 14 nov. 1667; m [7] 23 nov. 1699

(1) Voy. Denis Périnau, marié en 1765, à Marguerite Parmier, vol. VI, p. 306.
(2) Dit Lacombe.
(3) Dit Francœur.
(4) Voy. vol. I, p. 573.

Marie-Elisabeth Blau; s 13 fevrier 1748, à Longueuil.[3] — *Pierre*, b[2] 24 sept. 1669; m[2] 10 nov. 1698, à Marie-Charlotte Ménard; s 27 fevrier 1740, à la Longue-Pointe.—*François* (1), b[2] 21 dec. 1673.—*Toussaint*, b[2] 19 janvier 1676; m[5] 23 nov. 1705, à Barbe Gouyou; s[5] 12 fevrier 1753.—*Jean-Baptiste*, b[2] 11 avril 1680; m[2] 1er sept. 1715, à Madeleine Parant; s 16 juin 1754, à Terrebonne.—*Joseph*, b[2] 20 juillet 1682; m 18 janvier 1718, à Geneviève Lamarre-Belisle, à la Pte-aux-Trembles, M.[4]; s[2] 3 mai 1745.—*Charles*, b 25 mars 1684, à Boucherville[5]; m[4] 17 nov. 1710, à Madeleine Loisel; s[3] 21 mars 1742.—*Laurent*, b[5] 11 mars 1686; m[2] 25 sept. 1719, à Marie-Anne Billeron; s[2] 2 avril 1730.—*Louis*, b[5] 7 dec. 1687; 1° m 1717, à Marie-Charlotte Aubuchon; 2° m[2] 31 mai 1719, à Marie-Joseph Roy.—*Bertrand*, b[6] 7 août 1689; m[2] 30 juin 1716, à Marie-Anne Gervaise.—*Augustin*, b[2] 23 sept. 1691; s[3] 18 nov. 1709.—*Jacques-Antoine*, b[5] 19 nov. 1694.

—

1698, (10 nov.) Montreal.[6]

II—TRUTEAU, Pierre, [Etienne I.
b 1669; s 27 fevrier 1740, à la Longue-Pointe.[7]

Ménard, Marie-Charlotte, [Jean-Bte I.
b 1682.

Marie-Charlotte, b[6] 24 juillet 1703; m[7] 10 nov. 1732, à Louis Gervais; s[6] 26 mai 1737.—*Pierre*, b[6] 16 déc. 1704; m[7] 17 juillet 1730, à Angelique Aubuchon; s[7] 26 nov. 1763.—*Jean-Baptiste*, b[6] 15 oct. 1706; m[7] 6 nov. 1747, à Marie-Charlotte Archambaut; s[7] 24 janvier 1750.—*Etienne*, b[6] 26 déc. 1707; m 1727, à Marie-Agnès Gariépy; s 26 janvier 1767, à Terrebonne.—*Marguerite*, b[6] 30 mai et s 1er juin 1709, à Longueuil.[8] —*Angélique*, b[6] 19 nov. 1710.—*Angelique*, b[6] 17 nov. 1711.—*Pierre-Joseph*, b[6] 12 avril 1712; m[7] 6 juin 1735, à Marie-Joseph Baudreau; s[7] 25 mai 1773.—*François*, b[6] 8 et s[6] 30 mai 1713.—*Marguerite*, b[6] 12 juin 1714; m[7] 10 juin 1748, à Jean-Baptiste Descarry.—*Anonyme*, b[6] et s[6] 5 mai 1715.—*François*, b[6] 28 mai et s[6] 24 juin 1716.—*Antoine-François*, b[6] 11 mars et s[6] 24 avril 1718.—*Marie-Françoise*, b[6] 1er et s[6] 31 dec. 1720.

—

1699, (23 nov.) Montreal.[2]

II—TRUTEAU, Etienne, [Etienne I.
b 1667; s 13 fevrier 1748, à Longueuil.[3]

Blau, Marie-Elisabeth, [François I.
b 1679; s[3] 23 déc. 1749.

Etienne, b 1701; m[3] 22 mai 1730, à Marie-Françoise Marsil. — *Marie*, b[2] 6 oct. 1705; s[3] 8 avril 1707. — *François*, b 12 nov. 1709, à Laprairie[4], m[2] 18 février 1732, à Marie-Charlotte Gervaise. — *Marie-Joseph*, b 1711; m[2] 13 août 1731, à Jean Trullier; s[2] 22 sept. 1734.—*Anonyme*, b[4] et s[4] 25 mars 1712. — *Toussaint*, b[3] 6 avril 1716; m[2] 7 mai 1742, à Marguerite Juillet, s 10 juillet 1782, à la Longue-Pointe.

(1) Etait à la Louisiane en 1706.

1705, (23 nov.) Longueuil.[5]

II.—TRUTEAU, Toussaint, [Etienne I.
b 1676; s[5] 12 février 1753.

Gouyou (1), Barbe, [Guillaume I.
b 1687; s[5] 17 mars 1757.

Marie, b 29 et s 30 nov. 1706, à Montréal. — *Toussaint*, b 1707; m[5] 5 juin 1730, à Michelle Dubuc.

—

1710, (17 nov.) Pte-aux-Trembles, M.

II.—TRUTEAU, Charles, [Etienne I.
b 1684; s 21 mars 1742, à Longueuil.[7]

Loisel, Marie-Madeleine, [Joseph II.
b 1694; s[7] 27 sept. 1748.

Marie-Madeleine, b[7] 22 nov. 1711; m[7] 27 août 1731, à François Roy. — *Angélique*, b[7] 18 dec. 1712; s[7] 19 mai 1713. — *Joseph-Marie-Nicolas*, b[7] 21 février et s[7] 23 avril 1714.— *Charles*, b[7] 8 mai 1715; m 19 août 1737, à Marie-Anne Lhuissier, à Varennes.[8] — *Marie-Joseph*, b[7] 27 mars 1717; m[7] 11 juillet 1735, à Paul Lhuissier.— *Marie-Charlotte*, b[7] 17 oct. 1719; m[7] 11 fevrier 1743, à Michel-Paschal Dubuc. — *Marie-Barbe*, b[7] 15 nov. 1721; m[7] 13 janvier 1744, à Joachim Tétreau. — *Louis*, b[7] 14 mai 1723; s[7] 15 juin 1724.—*Joseph*, b[7] 18 fevrier 1725; 1° m 9 oct. 1747, à Marie-Louise Lefebvre, à Montreal; 2° m 14 juin 1772, à Suzanne Lebeuf, à la Longue-Pointe.— *Toussaint*, b[7] 30 mars 1727; 1° m[8] 17 janvier 1752, à Marie-Joseph Chaput; 2° m[7] 15 janvier 1755, à Geneviève Patenote.—*Geneviève*, b[7] 10 et s[7] 14 oct. 1728. — *Louis-Nicolas*, b[7] 12 mars 1730; m 1751, à Marie-Anne Chaillon. — *François*, b[7] 11 juin 1732; s[7] 19 mars 1733. — *François*, b[7] 3 et s[7] 19 nov. 1735.

—

1715, (1er sept.) Montréal.[8]

II.—TRUTEAU, Jean-Bte, [Etienne I.
b 1680; forgeron; s 16 juin 1754, à Terrebonne.

Parant, Madeleine, [Joseph II.
b 1692; s[8] 18 oct. 1735.

Marie-Françoise, b[8] 11 oct. 1718; s[8] 22 nov. 1737.—*Jean-Baptiste*, b[8] 2 avril et s[8] 25 juin 1720. —*Marie-Madeleine*, b[8] 28 avril 1721; m[8] 9 avril 1742, à Charles Lefebvre. — *Anonyme*, b[8] et s[8] 3 mai 1722.—*Marguerite*, b[8] 20 juillet 1723; s[8] 23 mars 1724. — *François*, b[8] 11 dec. 1724; s[8] 23 mars 1725.—*Joseph*, b[8] 20 mars 1726; m[8] 12 fevrier 1748, à Catherine Ménard. — *Jean-Baptiste*, b[8] 1er août 1727. — *Augustin*, b[8] 29 août et s[8] 15 dec. 1728.—*Marie-Angélique*, b[8] 27 oct. 1730. — *Anonyme*, b... s 7 oct. 1732, à Longueuil. — *Angélique*, b 1732; s[8] 30 janvier 1733.

—

1716, (30 juin) Montréal.[9]

II.—TRUTEAU, Bertrand, [Etienne I.
b 1689.

Gervaise, Marie-Anne, [Charles II.
b 1696.

Marie-Anne, b[9] 5 août 1717; s[9] 27 juin 1722. —*Jean-Baptiste*, b[9] 8 août 1718; s[9] 15 sept. 1730. —*Marie-Joseph*, b[9] 15 oct. 1719; s[9] 15 janvier

(1) Et Goyot.

1721.—*François-Xavier*, b [9] 15 mars et s [9] 9 mai 1721.—*Françoise-Charlotte*, b [9] 9 mars 1722; m [9] 23 nov. 1761, à Urbain TESSIER.—*Marie-Anne*, b [9] 26 et s [9] 28 janvier 1723.—*François-Joseph*, b [9] 27 nov. 1723; s [9] 13 oct. 1725.—*Geneviève-Marguerite*, b [9] 12 janvier 1725; m [9] 30 sept. 1744, à François-Xavier CREVIER.—*Joseph*, b [9] 8 avril et s [9] 1er juillet 1726. — *Louis*, b [9] 25 juillet et s [9] 27 août 1727.—*Marie-Catherine*, b [9] 6 et s [9] 9 nov. 1728.—*Marie-Thérèse*, b [9] 28 sept. 1729.—*Marie-Françoise*, b [9] 26 janvier et s [9] 7 mars 1734. — *Marie-Joseph*, b [9] 23 janvier 1735. — *Marie-Anne*, b [9] 26 juillet 1738.

1717.

II.—TRUTEAU, LOUIS, [ETIENNE I.
b 1687.
1° AUBUCHON, Marie-Charlotte, [JACQUES II.
b 1692; s 11 février 1718, à Montreal. [8]
1719, (31 mai). [8]
2° ROY, Marie-Joseph, [PIERRE I.
b 1697.

Marie-Louise, b [8] 14 juillet 1720; s [8] 20 nov. 1737.—*Louis*, b [8] 31 août 1721.—*Joseph*, b [8] 3 et s [8] 29 nov. 1722.—*Marie-Joseph*, b [8] 23 janvier 1724; m [8] 10 fevrier 1744, à Joseph SENÉCAL.—*Joseph*, b [8] 19 sept. et s [8] 18 nov. 1725.—*Marguerite-Françoise*, b [8] 9 oct. 1726; m [8] 10 janvier 1752, à Antoine-Etienne LEMAIRE.—*Charlotte*, b [8] 25 juillet 1728; s [8] 23 février 1730.—*Angélique*, b [8] 26 sept. 1729; s [8] 23 juin 1730.—*Marie-Charlotte*, b 1732; m [8] 26 avril 1751, à Rene BOURGIS. —*Luc*, b [8] 11 juin 1734; s 2 janvier 1735, à Longueuil.—*Joseph-Amable*, b [8] 26 fevrier 1737. —*Marie-Louise*, b [8] 25 avril 1739; m 6 oct. 1760, à Jean-Baptiste HÉBERT, à Varennes.

1718, (18 janvier) Pte-aux-Trembles, M.

II.—TRUTEAU, JOSEPH, [ETIENNE I.
b 1682; s 3 mai 1745, à Montréal. [7]
LAMARRE-BELISLE, Marie-Geneviève, [HENRI I.
b 1695; s [7] 6 avril 1748.

Marie-Geneviève, b [7] 5 nov. 1718; m [7] 12 oct 1744, à Paul HOTESSE.—*Françoise-Charlotte*, b [7] 12 avril et s [7] 11 nov. 1720.—*Marie-Joseph*, b [7] 25 août 1721; s [7] 6 oct. 1722.—*Marie-Thérèse*, b [7] 4 avril 1724; s [7] 8 nov. 1742.—*François*, b [7] 13 oct. et s [7] 27 nov. 1726.—*Joseph*, b [7] 13 oct. 1726; s [7] 16 avril 1727.—*Jean-Baptiste-Joseph*, b [7] 24 juin 1729; s [7] 4 février 1730.

1719, (25 sept.) Montréal. [6]

II.—TRUTEAU, LAURENT, [ETIENNE I.
b 1686; s [6] 2 avril 1730.
BILLERON, Marie-Anne, [PIERRE I.
b 1697.

Jeanne, b [6] 11 juillet 1720.—*Laurent*, b [6] 21 oct. 1721; s [6] 8 sept. 1723.—*Agathe*, b [6] 6 fevrier 1723; s [6] 11 janvier 1724.—*Laurent-Pierre*, b [6] 9 août 1724.—*Pierre*, b [6] 20 février 1726.—*Thérèse-Amable*, b [6] 16 janvier 1728; m [6] 30 juin 1761, à Louis COITEUX.—*Louise*, b [6] 16 janvier 1728.—*Joseph-Marie*, b [6] 11 sept. 1729.

1727.

III.—TRUTEAU, ETIENNE, [PIERRE II.
b 1707; s 26 janvier 1767, à Terrebonne. [1]
GARIEPY, Marie-Agnès, [JEAN II.
b 1706; s [1] 29 août 1746.

Marie-Marguerite, b 27 janvier et s 4 février 1728, à la Longue-Pointe. [2] — *Agnès*, b [2] 22 avril 1729; m [1] 4 nov. 1749, à Jean TAILLON.—*Etienne*, b 27 février 1731, à St-François, I. J. — *Amable*, b 1732; m 18 mai 1758, à Marie-Joseph GUINDON, à Ste-Rose. — *Charlotte*, b 17 janvier 1733, à Lachenaye [3]; m [1] 2 juin 1751, à Louis DURAND.— *Jean*, b [3] 27 déc. 1733.—*Pierre*, b [3] 5 juillet 1735; m 18 avril 1757, à Marie-Joseph-Geneviève LABELLE, à St-Vincent-de-Paul. [4] — *François*, b [3] 21 déc. 1736; m [4] 4 août 1760, à Marguerite ROCHON. — *Marie-Louise*, b [1] 14 août 1738; m [1] 17 janvier 1763, à Gabriel QUEVILLON. — *Hyacinthe*, b [1] 6 et s [1] 19 janvier 1740. — *Bonaventure*, b 1742, m [1] 26 janvier 1767, à Marie-Claire GAUTIER.—*Ursule*, b 1743; s [1] 23 janvier 1744.

1730, (22 mai) Longueuil. [2]

III.—TRUTEAU, ETIENNE, [ETIENNE II.
b 1701.
MARSILLE, Marie-Françoise, [CHARLES II.
b 1710.

Etienne, b [2] et s [2] 1er juin 1731. — *Etienne*, b [2] 26 août 1732; m [2] 22 fevrier 1762, à Marie-Anne LAMARRE.—*Charles*, b [2] 11 mai 1735.—*Marie-Amable*, b [2] 21 janvier 1739; m [2] 20 janvier 1761, à Gerard SANTOIRE. — *Nicolas*, b [2] 23 oct. 1742, 1° m à Judith BOISSEAU; 2° m 9 juin 1776, à Marie-Anne TÉTRO, à Verchères.

1730, (5 juin) Longueuil. [2]

III.—TRUTEAU, TOUSSAINT, [TOUSSAINT II.
b 1707.
DUBUC, Michelle, [MICHEL II.
b 1711.

Toussaint, b [2] 21 juin 1731; m 10 fevrier 1755, à Angelique LEBEAU, à Boucherville. — *Michel*, b [2] 20 sept. 1732; s 17 nov. 1760, à Chambly.—*Marie-Joseph*, b [2] 28 mars 1734; m [2] 8 fevrier 1751, à Joseph-Paschal THUOT. — *Pierre-Amable*, b [2] 2 oct. 1735; m [2] 3 août 1761, à Angelique PAGÉ. — *Alexis*, b [2] 4 mars 1737. — *Marie-Charlotte*, b [2] 4 fevrier 1739; m [2] 30 janvier 1758, à Joseph FOURNIER. — *Marie-Anne*, b [2] 9 mai 1740 — *Elisabeth*, b [2] 27 oct. et s [2] 5 nov. 1741.—*Antoine*, b 29 avril 1743; s [2] 29 avril 1744.—*Elisabeth*, b [2] 22 sept. 1744; m [2] 17 oct. 1763, à Toussaint BAUDRY. — *Joseph*, b [2] 23 fevrier et s [2] 23 nov. 1746. — *Antoine*, b [2] 31 mai et s [2] 25 juillet 1747. — *Marie-Archange*, b [2] 27 juin et s [2] 7 juillet 1749. — *Marie-Anne*, b [2] 9 avril et s [2] 25 mai 1752.

1730, (17 juillet) Longue-Pointe. [9]

III.—TRUTEAU (1), PIERRE, [PIERRE II.
b 1704, s [9] 26 nov. 1763.
AUBUCHON, Angelique, [JOSEPH II
b 1707.

Joseph, b [9] 1er sept. 1731; m [9] 26 fevrier 1759, à Marie-Anne-Amable TRUDEL. — *Catherine*, b [9]

(1) Dit Barbier.

18 mai 1733 ; m ⁹ 26 oct. 1750, à Louis TRUDEL. — *Françoise*, b ⁹ 17 février 1735. — *Joseph-Amable*, b ⁹ 20 mai et s ⁹ 12 juin 1736. — *Pierre-Dominique*, b ⁹ 1er mai 1737 ; m ⁹ 7 janvier 1760, à Marie-Joseph CIRIER. — *Angélique-Catherine-Charlotte*, b ⁹ 23 janvier 1739, m ⁹ 28 avril 1766, à Ignace LECLERC.—*Pierre-Marie*, b ⁹ 10 et s ⁹ 25 sept. 1741. — *Anonyme*, b ⁹ et s ⁹ 26 mars 1743. — *Pierre-Etienne*, b ⁹ 15 mars 1745 ; m 1767, à Elisabeth CLÉMENT. — *Jean-Baptiste*, b ⁹ 5 juin 1747.—*Marie-Louise*, b ⁹ 28 déc. 1749 ; s ⁹ 18 nov. 1759.—*Joseph-Marie*, b ⁹ 22 déc. 1750.

1732, (18 février) Montréal.

III.—TRUTEAU, FRANÇOIS, [ETIENNE II.
b 1709.
GERVAISE, Marie-Charlotte, [LOUIS II.
b 1706.

Marie-Anne, b 31 déc. 1732, à Laprairie. ⁷ — *Marie-Joseph*, b ⁷ 19 déc 1736 ; s ⁷ 10 février 1744. — *Marie-Anne*, b et s 21 déc. 1738, à Longueuil. — *François*, b ⁷ 16 déc. 1740.

1735, (6 juin) Longue-Pointe. ⁹

III.—TRUTEAU, PIERRE-JOSEPH, [PIERRE II.
b 1712; s ⁹ 25 mai 1773.
BAUDREAU-GRAVELINE, Marie-Joseph, [PAUL II.
b 1710.

François, b ⁹ 5 et s ⁹ 14 oct. 1736.—*Marie-Joseph*, b ⁹ 19 oct. 1737; m ⁹ 25 février 1754, à Nicolas TESSIER.—*Anonyme*, b ⁹ et s ⁹ 7 sept. 1739.—*Joseph*, b ⁹ 7 sept. 1740.—*Julie*, b 1741 ; m ⁹ 27 oct. 1760, à Joseph TRUDEL.—*Marie-Judith*, b ⁹ 16 mai 1742.—*Marie-Angélique*, b ⁹ 21 sept. 1743; m ⁹ 28 oct. 1765, à François DEZERY.— *Jean-Louis*, b ⁹ 15 avril 1745 ; m ⁹ 1er août 1768, à Marie LARCHEVÊQUE.—*Anonyme*, b ⁹ et s ⁹ 24 oct 1747.—*François*, b ⁹ 11 juillet 1749; m ⁹ 5 oct 1778, à Elisabeth PEPIN.—*Marie-Anne*, b ⁹ 1er juillet et s ⁹ 18 août 1751.—*Nicolas-Benjamin*, b ⁹ 27 juillet et s ⁹ 7 août 1754.

1737, (19 août) Varennes.

III.—TRUTEAU, CHARLES, [CHARLES II.
b 1715.
LHUISSIER (1), Marie-Anne, [CHRISTOPHE II.
b 1709.

Charles, b 3 août 1738, à Longueuil ; m 3 août 1761, à Marie-Françoise MAREST, à Verchères. ⁸ —*Jean-Baptiste*, b 1741 ; s ⁸ 2 déc. 1755.—*André*, b 1744; m 12 oct. 1772, à Louise FORVILLE, à St-Michel-d'Yamaska.—*Antoine*, b 1749 ; s ⁸ 23 juillet 1751.—*Françoise*, b ⁸ 23 juin 1752.—*Marie-Anne*, b ⁸ 24 mai et s ⁸ 29 sept. 1754.—*Joseph-Marie*, b ⁸ 1er août 1755.

1742, (7 mai) Montréal. ⁵

III.—TRUTEAU, TOUSSAINT, [ETIENNE II.
b 1716 ; maître-taillandier ; s 10 juillet 1782, à la Longue-Pointe. ⁶
JOLLET, Marguerite, [BLAISE III.
b 1719.

Marie-Marguerite, b ⁵ 16 février et s ⁵ 31 juillet 1743.—*Toussaint*, b ⁵ 25 juillet et s ⁵ 20 août 1746.—*Christophe*, b ⁵ 1er et s ⁵ 13 sept. 1747.— *Marguerite*, b ⁵ 7 et s ⁵ 25 sept. 1748.—*François*, b ⁵ 29 sept. 1749.—*Thérèse*, b ⁵ 20 oct. 1750.— *Toussaint*, b et s 10 août 1755, à Longueuil. ⁷— *Pierre*, b ⁷ et s ⁷ 5 mai 1756.—*Toussaint*, b et s ⁷ 23 avril 1761.

(1) Appelée Chrétien en 1732.

1747, (9 oct.) Montréal. ⁸

III.—TRUTEAU, JOSEPH, [CHARLES II.
b 1725.
1° LEFEBVRE-ST. JEAN, Marie-Lse, [CHARLES II.
b 1725.

Anonyme, b ⁸ et s ⁸ 5 juin 1748.—*Joseph*, b ⁸ 20 juillet 1749 ; m 24 sept. 1770, à Marguerite DESAUTELS, à la Longue-Pointe. ⁴ — *Marie-Louise*, b 24 janvier et s 29 juillet 1751, à Longueuil. ⁵—*Marie-Louise*, b ⁵ 12 février 1752 ; s ⁵ 12 nov. 1760.— *Charles-Basile*, b ⁵ 28 février et s ⁵ 5 mars 1754. —*Amable*, b ⁵ 23 mars 1755.—*Marie-Catherine*, b ⁵ 5 et s ⁵ 9 janvier 1757. — *Marie-Archange*, b ⁵ 5 et s ⁵ 25 janvier 1757. — *Charles-Archange*, b ⁵ 21 mai et s ⁵ 1er sept. 1759.—*Marie*, b ⁵ 30 oct. 1760 ; s ⁵ 13 juillet 1761.—*Michel*, b ⁵ 1er déc. 1761.

1772, (14 juin). ⁴

2° LEBEUF, Suzanne, [JULIEN I.
b 1727; veuve de Joseph Picard.

1747, (6 nov.) Longue-Pointe. ⁶

III.—TRUTEAU, JEAN-BTE, [PIERRE II.
b 1706 ; s ⁶ 24 janvier 1750.
ARCHAMBAUT, Charlotte, [JACQUES III.
b 1710, s ⁶ 4 déc. 1761.

Jean-Baptiste, b ⁶ 5 août 1749 ; m 1769, à Marie-Angélique DAGUITHE.

1748, (12 février) Montréal. ⁷

III.—TRUTEAU, JOSEPH, [JEAN-BTE II.
b 1726.
MÉNARD (1), Catherine, [LOUIS I.
b 1723.

Jean-Baptiste, b ⁷ 11 déc. 1748.—*Louis*, b ⁷ 15 juin 1750 ; m ⁷ 11 février 1782, à Marie-Geneviève PACHOT.—*Marie-Catherine*, b 24 août 1752, à Terrebonne. ⁸— *Louis*, b ⁸ 21 février et s ⁸ 9 nov. 1754.—*Marie*, b ⁸ et s ⁸ 25 juillet 1757.

1751.

III.—TRUTEAU, LS-NICOLAS, [CHARLES II.
b 1730.
CHAILLON (2), Marie-Anne.

Marie-Anne, b 22 juin 1752, à Longueuil. ⁴ — *Marie-Anne*, b ⁴ 5 août 1753. — *Marie-Angélique*, b ⁴ 30 avril et s ⁴ 29 nov. 1755. — *Marie-Amable*, b 21 déc. 1759, à Verchères.

1752, (17 janvier) Varennes.

III.—TRUTEAU, TOUSSAINT, [CHARLES II.
b 1727.
1° CHAPUT, Marie-Joseph, [CHARLES II.
b 1732 ; s 23 avril 1754, à Longueuil. ⁴

(1) Elle épouse, le 24 nov. 1757, Louis Philipeau, à Montréal.

(2) Elle a été successivement appelée Chaillon, Charron et Chagnon, dans les registres de Longueuil et de Verchères.

1755, (15 janvier). [4]
2° PATENOTE, Geneviève, [ETIENNE III.
b 1735.
Anonyme, b [4] et s [4] 23 février 1756. — *Marie-Geneviève*, b [4] 29 avril 1757. — *Marie-Louise*, b [4] 8 juillet 1760.

1755, (10 février) Boucherville. [6]
IV.—TRUTEAU, TOUSSAINT, [TOUSSAINT III.
b 1731.
LEBEAU, Marie-Angélique. [JACQUES III.
Marie-Desanges, b 7 mars 1756, à Longueuil. [7] — *Toussaint*, b [7] 14 nov. 1758; m [6] 16 juin 1788, à Marie-Louise PAPINEAU. — *Michel*, b [7] 2 mars 1761.

1757, (18 avril) St-Vincent-de-Paul.
IV.—TRUTEAU, PIERRE, [ETIENNE III.
b 1735.
LABELLE, Marie-Joseph-Genev., [JACQUES II.
b 1739.
Marie, b 1759; s 22 juillet 1760, à Terrebonne.

1758, (18 mai) Ste-Rose. [3]
IV.—TRUTEAU, AMABLE, [ETIENNE III.
b 1732.
GUINDON, Marie-Joseph, [PAUL II.
b 1734.
Pierre, b [3] 20 juin et s 28 sept. 1759, à Terrebonne. — *Jean-Baptiste*, b [3] 24 sept. 1761.

1759, (26 février) Longue-Pointe. [7]
IV.—TRUTEAU, JOSEPH, [PIERRE III.
b 1731.
TRUDEL, Marie-Anne-Amable, [ANTOINE III.
b 1733.
Luc, b [7] 10 juillet et s [7] 26 août 1760. — *Antoine*, b [7] 29 août et s [7] 13 sept. 1761. — *Joseph*, b [7] 29 août 1761; m [7] 7 juillet 1783, à Marie-Joseph DESROCHES. — *Marie-Angélique*, b [7] 27 février 1763; m [7] 25 juin 1781, à Simon-Basile DESAUTELS. — *Ignace*, b [7] 3 mai et s [7] 18 août 1764. — *Marie-Elisabeth*, b [7] 18 nov. 1765. — *Marie-Anne*, b [7] 5 mars 1768; s [7] 14 janvier 1770.

IV.—TRUTEAU, MICHEL, [TOUSSAINT III.
b 1732; s 17 nov. 1760, à Chambly.

1760, (7 janvier) Longue-Pointe. [5]
IV.—TRUTEAU, PIERRE-DOMINIQ., [PIERRE III.
b 1737.
GIRIER, Marie-Joseph, [ANTOINE III.
b 1742; s [5] 26 avril 1761.
Anonyme, b [5] et s [5] 27 sept. 1760.

1760, (4 août) St-Vincent-de-Paul.
IV.—TRUTEAU, FRANÇOIS, [ETIENNE III.
b 1736.
ROCHON, Marguerite, [JEAN III.
b 1741.

1761, (3 août) Verchères.
IV.—TRUTEAU, CHARLES, [CHARLES III.
b 1738.
MAREST, Marie-Françoise. [PIERRE.

1761, (3 août) Longueuil. [1]
IV.—TRUTEAU, PIERRE-AMAB., [TOUSSAINT III.
b 1735.
PAGE, Marie-Angélique, [JOSEPH II.
b 1742.
Marie-Angélique, b [1] 16 mai 1762.

1762, (22 février) Longueuil.
IV.—TRUTEAU, ETIENNE, [ETIENNE III.
b 1732.
LAMARRE, Marie-Anne, [ANDRÉ II.
b 1736; veuve d'Antoine Biset.

1767, (26 janvier) Terrebonne.
IV.—TRUTEAU, BONAVENTURE, [ETIENNE III.
b 1742.
GAUTIER, Marie-Claire, [JOSEPH III.
b 1743.
Marie-Claire, b 21 juin 1769, à Lachenaye.

1767.
IV.—TRUTEAU, PIERRE-ETIENNE, [PIERRE III.
b 1745.
CLÉMENT, Elisabeth.
Pierre-Amable, b 7 nov. 1768, à la Longue-Pointe [2]; s [2] 3 août 1769.

1768, (1er août) Longue-Pointe.
IV.—TRUTEAU, JEAN-LOUIS, [JOSEPH III.
b 1745.
LARCHEVÊQUE, Marie. [JOSEPH IV.

IV.—TRUTEAU, NICOLAS, [ETIENNE III.
b 1742.
1° BOISSEAU, Judith, [ANTOINE III.
b 1746.
1776, (9 juin) Verchères.
2° TÉTRO, Marie-Anne, [JACQUES II.
b 1726; veuve de Jacques Crevier.

1769.
IV.—TRUTEAU, JEAN-BTE, [JEAN-BTE III.
b 1749.
DAGUILTHE (1), Marie-Angélique, [JEAN-BTE II.
b 1751; s 6 dec. 1791, à Lachenaye. [9]
Marie-Angélique, b [9] 5 et s [9] 19 oct. 1770. — *Marie-Claire*, b [9] 29 mai et s [9] 10 juin 1772. — *Jean-Baptiste*, b [9] 25 mars et s [9] 22 juin 1775. — *Anonyme*, b [9] et s [9] 5 nov. 1780. — *Marie-Julie*, b [9] 25 février 1782. — *Anonyme*, b [9] et s [9] 4 mai 1783 — *Toussaint-Charles*, b [9] 27 oct. 1784. — *Joseph-Fidèle*, b [9] 1er avril 1786. — *Marie-Julie*, b [9] 15 sept. et s [9] 4 oct. 1787. — *Angélique-Reine*, b [9] 6 janvier 1789. — *Marie-Judith*, b [9] 11 oct. 1791.

1770, (24 sept.) Longue-Pointe.
IV.—TRUTEAU, JOSEPH, [JOSEPH III.
b 1749.
DESAUTELS, Marguerite, [LOUIS III.
b 1746.

(1) Voy. Dagueil.

1772, (12 oct.) St-Michel-d'Yamaska.
IV.—TRUTEAU, ANDRÉ, [CHARLES III.
b 1744.
FORVILLE-PAPINEAU, Louise, [JOSEPH II.
b 1749.

1778, (5 oct.) Longue-Pointe.
IV.—TRUTEAU, FRANÇOIS, [PIERRE-JOSEPH III.
b 1749.
PEPIN, Elisabeth, [JOSEPH IV.
b 1755.

1782, (11 février) Montréal.
IV.—TRUTEAU, LOUIS, [JOSEPH III.
b 1750.
PACHOT, Marie-Geneviève, [LOUIS I.
b 1763.

1783, (7 juillet) Longue-Pointe.
V.—TRUTEAU, JOSEPH, [JOSEPH IV.
b 1761.
DESROCHES, Marie-Joseph, [JOSEPH-NICOLAS IV.

1788, (16 juin) Boucherville.
V.—TRUTEAU, TOUSSAINT, [TOUSSAINT IV.
b 1758.
PAPINEAU, Marie-Louise, [JOSEPH II.
b 1768.
Alexis-Frédéric, b 11 juin 1808, à Montréal; ordonné le 18 sept. 1830; vicaire-général.

1795, (16 février) Verchères.
TRUTEAU, AUGUSTIN, fils de Michel et de Thérèse Langevin.
TÊTRO, Madeleine, fille de Louis et de Thérèse Langevin.

TRUTO.—Voy. TRUTEAU.

1712, (5 juin) Montréal. [1]
I.—TUDAULT, VINCENT, b 1667; fils de Pierre et de Marie Charbonnier, de Bretonnière, diocèse de Luçon, Poitou; s [1] 16 fevrier 1726.
MANSION, Jeanne, b 1649; fille de Jacques et d'Anne Guaincourt, de St-Jacques, diocèse de Metz, Lorraine; veuve de Jean Cherlot.

TUÉ.—Voy. QUAY.

TUENET, RENAUD.
COUTURE, Marie-Joseph, [JOSEPH III.
b 1736.
Marie-Anne, b 27 juin 1760, à St-Laurent, I. O.

TUILLIER. — *Variation et surnom :* DESTUILLIERS—DESVIGNETS.

1669, (29 avril) Montréal. [2]
I.—TUILLIER (1), JACQUES-PIERRE, b 1635; fils de Jean et de Gilette Louier; s [2] 19 août 1710.
BERNARD, Jeanne, b 1651; fille de Hugues et de Perine Destournère; s [2] 22 juin 1715.
Jacques, b [2] 20 oct. 1685; s [2] 12 août 1711.

(1) DesVignets; voy. vol. I, p. 576.

TUINEAU.—Voy. JUNEAU.

I.—TUMABO (1), ANDRÉ.
COUROUA, Marie-Madeleine.
Marie-Elisabeth, b 2 août 1710, à St-Jean, I. O.

TUOT.—Voy. THUOT.

TURBAL.—Voy. PERROT.

I.—TURBAL (2), URSULE, b 1647; de St-Sévérin, Paris; 1° m 1667, à Jean GELY; 2° m à Pierre HUBERT; s 26 nov. 1739, à Lorette.

I.—TURBOT, FRANÇOIS.
GUICHELIN, Catherine.
François, b 13 juin 1679, à Québec.

TURCAULT.—Voy. TURCOT.

TURCOT.—*Variations et surnoms :* TURCAULT—TURCOTTE—DUTAUT—VILANDRÉ.

1662, (27 nov.) Château-Richer. [3]
I.—TURCOT (3), ABEL, b 1631, meunier; de Moulleron, diocèse de Maillezais, Poitou; s 17 sept. 1687, à Ste-Famille, I. O. [4]
GIROUX, Marie, b 1641; de la Tremblade, diocèse de LaRochelle, Aunis; s [4] 25 fevrier 1713.
François, b [3] 19 sept. 1663; m [4] 16 nov. 1688, à Marguerite OUIMET; s [4] 20 janvier 1718. —*Marie-Renée*, b [4] 1er mai 1672; m [4] 27 août 1703, à Nicolas ASSELIN; s [4] 22 nov. 1749.—*Marie-Madeleine*, b [4] 4 mars 1676; m [4] 3 mai 1700, à Pierre LEPAGE.—*Louis*, b [3] 18 août 1678; 1° m 15 février 1706, à Marguerite LEPAGE, à St-François, I. O.; 2° m [4] 20 janvier 1721, à Angelique PLANTE; s [4] 29 fevrier 1748.

1679.
II.—TURCOT (3), JACQUES, [JEAN I.
b 1652; juge; s 6 avril 1699, à Champlain. [5]
DESROSIERS (4), Anne, [ANTOINE I.
b 1661.
Françoise, b [5] 23 déc. 1691; m [5] 22 nov. 1714, à Dominique DUBORD.—*Antoine*, b 1693; m [5] 30 déc. 1725, à Agathe ARSENEAU; s 3 juillet 1753, à St-Pierre-les-Becquets. — *Marie-Thérèse*, b [5] 16 sept. 1695; m [5] 2 mars 1715, à Jean-Baptiste TOUPIN; s 24 avril 1741, à la Pte-aux-Trembles, Q. —*Joseph*, b [5] 8 oct. 1699; m [5] 5 février 1731, à Madeleine CAILLIA.

1688, (12 janvier) Québec. [1]
I.—TURCOT (5), JEAN.
1° ROSE, Marie, [NOEL I.
b 1666; s 20 juin 1711, à Charlesbourg. [2]

(1) Cette famille doit être indigène.
(2) Trisaïeule d'Etienne Gagné; épouse de Josette Poitras, 1734.
(3) Voy. vol. I, p. 576.
(4) Elle épouse, le 24 avril 1702, Jean Debidabée, à Champlain.
(5) Voy. vol. I, pp. 576-577.

Louis-Gabriel, b [1] 13 oct. 1692; m 1726, à Marie-Angelique PIGEON.—*Pierre*, b [2] 13 janvier 1694; 1° m 6 avril 1717, à Marie ST-AUBIN, à Montréal[3], 2° m [3] 17 avril 1719, à Geneviève MARTIN; s [3] 12 nov. 1747.

1712, (14 dec.) Pte-aux-Trembles, Q.
2° HAYOT, Geneviève, [JEAN II.
b 1658; veuve de Gabriel-Ignace Berard.

1688, (16 nov.) Ste-Famille, I. O.[5]
II.—TURCOT (1), FRANÇOIS, [ABEL I.
b 1663; s [5] 20 janvier 1718.
OUIMET, Marguerite, [JEAN I.
b 1667; s [5] 25 février 1743.

François, b [5] 13 janvier 1692; m 16 avril 1714, à Geneviève BOUCHARD, à St-Pierre, I. O. [6]; s [5] 3 janvier 1729. —*Jacques*, b [5] 20 janvier 1694; m 11 fevrier 1726, à Madeleine AUDET, à St-Laurent, I. O.— *Simon*, b [5] 20 juillet 1696; 1° m 2 fevrier 1722, à Marie-Madeleine GODBOUT; 2° m [5] 14 avril 1738, à Marie VAILLANCOUR; s [5] 19 janvier 1767.—*Marie-Anne*, b [5] 15 nov. 1698; m [5] 13 nov. 1719, à Ignace PARADIS.—*Joseph*, b [5] 30 sept. 1702; m 21 avril 1732, à Marie-Joseph AUDET, à St-Jean, I. O. — *Nicolas*, b [5] 26 nov. 1704; 1° m [6] 18 août 1733, à Marie-Jeanne GLINEL; 2° m [5] 11 nov. 1743, à Louise LANGLOIS.—*Augustin*, b [6] 27 avril 1707; m [5] 6 fevrier 1741, à Marguerite GENDRON. — *Marguerite*, b [5] 5 sept. 1709; m [6] 19 nov. 1731, à Pierre LANGLOIS. — *François*, b [5] 1er mai 1716.

1706, (15 février) St-François, I. O.[1]
II.—TURCOT, LOUIS, [ABEL I.
b 1678; s 29 février 1748, à Ste-Famille, I.O.[2]
1° LEPAGE, Marguerite, [LOUIS I.
b 1682; s [2] 23 mars 1716.

Marie-Madeleine, b [2] 2 fevrier 1707. —*Louis*, b [2] 26 oct. 1708; 1° m 8 février 1740, à Charlotte CHARLAN, à St-Jean, I. O.[3]; 2° m [3] 18 avril 1757, à Marie-Anne MORISSET. —*Joseph*, b [3] 4 nov. 1710; s [3] 3 sept. 1711.— *Louise-Angélique*, b [2] 26 août 1712; m [1] 15 oct. 1743, à Pierre-Paul CLOUTIER. — *Joseph*, b [2] 13 mai 1715; m [2] 15 fevrier 1740, à Félicite CHARLAND.

1721, (20 janvier).[2]
2° PLANTE, Angelique, [CLAUDE II.
b 1698; s [2] 10 fevrier 1748.

Marie-Catherine, b [2] 22 mars 1722. — *Basile*, b [2] 25 sept. 1723; s [2] 13 avril 1748.—*Marguerite-Angélique*, b [2] 6 mars 1725; s [1] 6 mai 1748.— *Marie-Joseph*, b [2] 28 avril 1727; m 20 janvier 1749, à Joseph-Marie FORTIN, à St-Joachim; s 28 mars 1769, à St-Joseph, Beauce.—*Jean-Baptiste*, b [2] 26 fevrier 1729; m [2] 10 janvier 1752, à Marie-Thérèse RATÉ. — *Marie-Thècle*, b 17 mars 1731, à St-Pierre, I. O.— *Louis-Hyacinthe*, b [2] 1er sept. 1732; s [2] 24 fevrier 1748.—*Elisabeth*, b [2] 30 avril 1734.—*Nicolas*, b [2] 27 et s [2] 31 mai 1736.— *Jean-François*, b [2] 30 juillet 1737.—*Marie-Thérèse*, b [2] 27 avril 1739. — *Médard*, b [2] 3 sept. 1741; 1° m [2] 14 nov. 1763, à Madeleine VAILLANCOUR; 2° m [2] 28 janvier 1771, à Marguerite CANAC-MARQUIS.

(1) Voy. vol. I, p. 576.

1709, (12 Janvier) Champlain.[6]
III.—TURCOT, ALEXIS, [JACQUES II.
b 1682.
DUBORD, Madeleine, [GUILLIN I.
b 1692.

Marie-Madeleine, b [6] 28 déc. 1709; s [6] 8 mars 1710.— *Jean-Baptiste*, b 15 fevrier 1711, à Sorel.[7] — *Alexis*, b [7] 10 mai 1713; m 1742, à Madeleine DUTAUT — *Marie-Madeleine*, b [7] 7 fevrier 1715. — *Joseph*, b [7] 28 avril et s [7] 11 mai 1718.—*Pierre*, b [7] 30 juin 1719. — *Marie-Geneviève*, b 19 mars 1721, à l'Ile-Dupas. — *Marie-Thérèse*, b [7] 30 janvier et s [7] 26 février 1724.—*Joseph*, b [7] 7 et s [7] 18 mai 1725.

1714, (16 avril) St-Pierre, I. O.
III.—TURCOT, FRANÇOIS, [FRANÇOIS II.
b 1692; s 3 janvier 1729, à Ste-Famille, I. O.[5]
BOUCHARD-DORVAL (1), Geneviève, [JEAN II.
b 1694.

François, b 1715; m 5 nov. 1742, à Catherine BAUDOIN, à St-François, I. O. — *Marie-Geneviève*, b [5] 1er mai 1718; m [5] 27 nov. 1736, à Joseph CREPEAU.— *Simon*, b [5] 17 sept. 1720; s [5] 2 nov. 1721. —*Marie-Madeleine*, b [5] 10 oct. 1722; m [5] 6 nov. 1742, à Guillaume AUDET.— *Pierre*, b [5] 29 oct. 1724; m [5] 2 juin 1749, à Marie-Marguerite GENDRON.—*Basile*, b [5] 21 déc. 1727; m [5] 2 août 1751, à Elisabeth GUYON.

1716, (10 février) Charlesbourg.
II.—TURCOT, JEAN, [JEAN I.
b 1690.
MARTIN-MONTPELLIER, Marie-Anne, [ANT. II.
b 1693.

Jean-Marie, b 25 avril et s 2 juin 1717, à Montréal.[1] — *Louis-Gabriel*, b [1] 5 dec. 1718; m 12 fevrier 1748, à Marie-Louise ALAIRE, à St-Vincent-de-Paul.—*Marie-Joseph*, b [1] 9 janvier 1720; 1° m 16 janvier 1741, à Barthelemi PIGEON, au Sault-au-Récollet[2]; 2° m [2] 7 février 1752, à Pierre BARRET.—*Jean-Charles*, b 6 juillet 1721, à St-Laurent, M.; s [1] 13 avril 1734.—*Jean-Louis*, b 1722; m [2] 23 avril 1752, à Françoise VANIER.—*Marguerite*, b... m [2] 29 mai 1747, à Jean-Baptiste PIGEON. —*Marie-Elisabeth*, b 1732; m [2] 27 janvier 1755, à François BRAULT.—*Françoise*, b... m [2] 23 avril 1752, à Jean-Baptiste BRIGNON.—*Ignace*, b [1] 13 mars 1734.—*Marie-Amable*, b [2] 2 nov. 1736.

1717, (6 avril) Montreal.[3]
II.—TURCOT, PIERRE, [JEAN I.
b 1694; s [3] 12 nov. 1747.
1° ST-AUBIN, Marie, [ADRIEN I.
b 1694; s 9 juin 1718, à Longueuil.

Marie-Anne, b [3] 23 fevrier 1718; m 4 mars 1737, à Jean-Baptiste-Antoine MARTIN, à St-Laurent, M.[4]

1719, (17 avril).[3]
2° MARTIN, Geneviève, [FRANÇOIS I.
b 1700; s [4] 22 juin 1756.

Pierre, b 1723; s 22 fevrier 1744, au Sault-au-

(1) Elle épouse, le 9 avril 1731, Gervais Foucher, à Ste-Famille, I. O.

Recollet.—*Charles*, b 1730 ; m [4] 14 février 1757, à Angelique JUBINVILLE.

1719, (11 janvier) Sorel.

II.—TURCOT (1), PIERRE. [CHARLES I.
1° CASAUBON, Françoise, [MARTIN I.
b 1700.

1750, (7 avril) Ile-Dupas.

2° HOURÉ, Madeleine, [ALEXIS II.
b 1715.

1722, (2 fevrier) Québec.

III—TURCOT, SIMON, [FRANÇOIS II
b 1696 ; s 19 janvier 1767, à Ste-Famille, I. O [7]
1° GODBOUT, Marie-Madeleine, [NICOLAS II.
b 1703 ; s [7] 11 mai 1737.

Prisque, b [7] 7 février 1723 ; m 23 avril 1759, à Marie-Felicité MARTINEAU, à St-François, I. O. [8]— *Simon*, b [7] 29 mars 1724 ; 1° m [8] 19 février 1759, à Angelique-Geneviève BARET ; 2° m [8] 24 mai 1773, à Madeleine GAGNON.—*Jean-Baptiste*, b [7] 9 nov. 1725 ; m [8] 23 nov. 1750, à Marie-Joseph VERILUL.—*Jacques*, b [7] 24 mai 1727.—*Jacques*, b [7] 21 juillet 1728.—*Jacques*, b [7] 8 juin 1729 ; s [7] 9 janvier 1748.—*Marie-Madeleine*, b [7] 11 fevrier 1731 ; 1° m [7] 15 fevrier 1751, à Joseph BLOUIN, 2° m [7] 22 juin 1761, à Pierre-Noel FORTIER.— *Louis*, b [7] 8 août 1732.—*Augustin*, b [7] 23 mars 1734 ; m [7] 26 janvier 1756, à Marie-Madeleine VAILLANCOUR.—*Tranquille*, b [7] 15 dec. 1735, m 30 janvier 1764, à Angelique YAX, au Detroit.

1738, (14 avril). [7]

2° VAILLANCOUR, Marie, [PAUL II.
b 1706.

1725, (30 dec.) Champlain. [1]

III.—TURCOT, ANTOINE, [JACQUES II.
b 1693 ; s 3 juillet 1753, à St-Pierre-les-Becquets. [2]
ARSENEAU, Agathe, [MICHEL I.
b 1695.

Marie-Joseph, b [1] 18 mars 1726 ; m [2] 10 janvier 1753, à Jean-Baptiste BILLY. — *Jacques*, b [1] 23 oct. 1727 ; s 14 mai 1733, à Batiscan. [3]—*Marie-Anne*, b [1] 10 mars 1729 — *Antoine*, b [1] 29 juin 1731. — *Marie-Agathe*, b [1] 12 oct. 1733 ; m [2] 10 avril 1752, à Joseph TOUSIGNAN. — *Geneviève*, b [1] 2 oct. 1735.—*Joseph*, b [1] 3 avril 1737 ; m 1760, à Catherine DUPAUL.— *Louis*, b [3] 21 mars 1739.— *Laurent*, b 1740 ; m [2] 2 fevrier 1761, à Marie-Thérèse RIVARD.—*Marie-Anne*, b [3] 13 avril 1741. — *Marie-Madeleine*, b [2] et s [2] 16 mai 1743.— *Marie-Marguerite*, b [3] 14 juin 1744.— *Alexis*, b [3] 14 juin et s [3] 9 juillet 1744.

1726, (11 février) St-Laurent, I. O. [6]

III—TURCOT, JACQUES, [FRANÇOIS II.
b 1694.
AUDET, Madeleine, [NICOLAS II.
b 1703.

Madeleine, b 24 février 1726, à Ste-Famille, I. O. [7] ; m 7 juillet 1749, à Raymond PONSANT, à Quebec [8] ; s [8] 22 juin 1750. — *François*, b [6] 24 oct. 1728.— *Marie-Marthe*, b [7] 3 nov. 1729 ; m [7] 19 nov. 1753, à Joseph LANGLOIS. — *Marie-Catherine*, b [7] 3 nov. 1731 ; m [7] 19 nov. 1753, à Joseph GIGUÈRE ; s [7] 28 fevrier 1763. — *Thérèse*, b [7] 16 janvier 1734 ; s [7] 8 juillet 1752. — *Jacques*, b [7] 20 sept. 1735 ; m [7] 8 nov. 1762, à Thérèse CORNELIER. — *Marguerite*, b [7] 18 mars 1738 ; s [7] 6 nov. 1759. — *Marie-Geneviève*, b [7] 8 mars 1740 ; m [7] 7 nov. 1763, à Jacques FOUCHER.— *Jean-Baptiste*, b [7] 21 oct. 1742.— *Ignace*, b [7] 11 oct. 1745 ; s [7] 4 juillet 1746.

1726.

II.—TURCOT (1), LOUIS-GABRIEL, [JEAN I.
b 1692.
PIGEON, Marie-Angelique, [LOUIS II.
b 1704.

Marie-Louise, b... m 7 oct. 1748, à Louis GREVIER, au Sault-au-Recollet. [4]—*Jean-Louis*, b 1728 ; m [4] 27 nov. 1758, à Marie-Anne-Charlotte DAGENAIS. — *Louis-Basile*, b 31 janvier 1733, à Montréal. [5] — *Marie-Joseph*, b [5] 6 avril 1734 ; m [4] 17 janvier 1757, à Jean-Baptiste PAYSANT.—*Antoine*, b [5] 7 sept. 1735, s [5] 7 fevrier 1736.—*Marie-Angélique*, b [5] 27 mars 1737.— *Jean-Baptiste*, b [5] 18 nov. 1738.— *Claude*, b [5] 22 oct. 1740. — *Joseph-Paschal*, b [4] 11 avril et s [4] 23 août 1743.

1731, (5 février) Champlain. [4]

III.—TURCOT, JOSEPH, [JACQUES II.
b 1699.
CAILLIA, Madeleine, [PIERRE II.
b 1710.

Joseph-Marie, b [4] 21 nov. 1731. — *Alexis-Melchior*, b [4] 18 avril 1733. — *Marie-Madeleine*, b [4] 5 janvier 1737. — *Charles-Antoine*, b [4] 29 nov. 1739.

1732, (21 avril) St-Jean, I. O. [6]

III.—TURCOT, JOSEPH, [FRANÇOIS II.
b 1702.
AUDET (2), Marie-Joseph, [JOSEPH II.
b 1707.

Marie-Joseph, b [6] 20 sept. 1733.—*Marie-Joseph*, b [6] 12 janvier 1735 ; m [6] 7 fevrier 1752, à Joseph GOSSELIN ; s [6] 5 mai 1760. — *François*, b [6] 11 juin 1736. — *Gabriel*, b [6] 1er dec. 1737 ; s [6] 20 mars 1760.— *Laurent*, b [6] 1er mars 1739 ; m 11 fevrier 1765, à Madeleine GUYON, à Ste-Famille, I. O. [7] — *Augustin*, b [6] 8 sept. 1740 ; m [7] 18 janvier 1762, à Angelique LEROUX. — *Madeleine*, b [6] 4 mars 1742. — *Marie-Anne*, b [6] 25 mars 1743. — *Marie-Louise*, b [6] 13 sept. 1744. — *Pierre-Noel*, b [6] 11 février 1746.—*Anonyme*, b [6] et s [6] 3 janvier 1748.

1733, (18 août) St-Pierre, I. O. [2]

III.—TURCOT (3), NICOLAS, [FRANÇOIS II.
b 1704.
1° GLINEL, Marie-Jeanne, [JACQUES I.
b 1699.

Nicolas et *Anonyme*, b [2] et s [2] 14 mars 1735.— *Marie-Louise*, b 25 juin 1739, à Ste-Famille, I. O [3] ; s 6 dec. 1758, à Quebec. [5]

(1) Pour Dutaut dit Vilandré ; voy. vol. III, p. 579.

(1) Voy. vol. VI, p. 355.

(2) Elle épouse, le 9 février 1750, Ignace Terrien, à St-Jean, I. O.

(3) Voy. vol. V, p. 138.

1743, (11 nov.) [9]
2° LANGLOIS, Louise, [PIERRE III.
b 1717.
Nicolas, b [9] 27 février 1746 ; s [6] 8 nov. 1761.— *Pierre-Luc*, b [9] 17 oct. 1750 ; m [5] 12 février 1776, à Catherine LEMAITRE. — *Marie-Joseph*, b [9] 25 mars 1756.

1740, (8 février) St-Jean, I. O. [1] (1).
III.—TURCOT (2), LOUIS, [LOUIS II.
b 1708.
1° CHARLAN, Charlotte, [FRANÇOIS-NOEL III.
b 1721 ; s [1] 26 juin 1748.
Louis, b [1] 12 nov. 1740 ; m 19 oct. 1761, à Angélique DEGUISE, à Québec. [2] — *Marie-Geneviève*, b [2] 14 juin et s [2] 16 sept. 1743.—*Charles*, b [2] 28 mai 1747 ; s [2] 20 mars 1748.
1757, (18 avril). [1]
2° MORISSET, Marie-Anne, [PIERRE II.
b 1726.
Marie-Joseph, b [2] 26 avril et s [2] 5 mai 1759.— *Marie-Marguerite*, b 23 mars 1760, à Ste-Foye.— *Marie-Joseph*, b [2] 14 déc. 1761.

1740, (15 février) Ste-Famille, I. O. [3]
III.—TURCOT, JOSEPH, [LOUIS II.
b 1715.
CHARLAND, Felicité, [PIERRE III.
b 1721.
Marie-Rose, b [3] 16 février 1741 ; m [3] 25 oct. 1762, à George LAURENT.—*Joseph-Marie*, b [3] 15 fevrier 1751. — *Jean-Baptiste*, b [3] 6 déc. 1753 ; m 21 février 1786, à Marguerite-Geneviève MORIN, à Québec. — *Prisque*, b [3] 21 janvier et s [3] 8 nov. 1759.

1741, (6 février) Ste-Famille, I. O. [3]
III.—TURCOT (3), AUGUSTIN, [FRANÇOIS II.
b 1707.
GENDRON, Marguerite, [PIERRE II.
b 1717.
Augustin, b [3] 4 nov. 1741 ; m 8 avril 1766, à Marie-Louise HUARD, à Lévis. — *Jean*, b 1745 ; s 18 janvier 1746, à St-Joseph, Beauce. [6]—*Louis-Marie*, b [6] 28 mai 1747. — *François*, b [6] 18 nov. 1761.

1742, (5 nov.) St-François, I. O.
IV.—TURCOT, FRANÇOIS, [FRANÇOIS III.
b 1715.
BAUDOIN, Catherine, [MARC II.
b 1725.

1742.
IV.—TURCOT, ALEXIS, [ALEXIS III.
b 1713.
DUTAUT, Madeleine.
Jean-Baptiste, b 26 oct. 1743, à l'Ile-Dupas. [7] — *Madeleine*, b 1745 ; m 15 oct. 1770, à Pierre RICARD, à St-Cuthbert. —*Vital*, b [7] 20 oct. 1752. — *Geneviève*, b [7] 25 avril 1755. — *Alexis*, b [7] 23 oct. 1756 ; s 27 mars 1757, à Berthier, M.

(1) Réhabilité le 25 fevrier 1740, avec dispense de parenté au 3me degré.
(2) Charretier.
(3) Capitaine.

1748, (12 février) St-Vincent-de-Paul.
III.—TURCOT, LOUIS-GABRIEL, [JEAN II.
b 1718.
ALAIRE, Marie-Louise, [JOSEPH III.
b 1730.
Marie-Louise, b 21 juillet 1749, au Sault-au-Récollet.

1749, (2 juin) Ste-Famille, I. O. [6]
IV.—TURCOT, PIERRE, [FRANÇOIS III.
b 1724.
GENDRON, Marie-Marguerite, [JOSEPH III.
b 1732.
Pierre, b [6] 26 oct. 1750. — *Anonyme*, b [6] et s [6] 15 nov. 1752. — *Anonyme*, b [6] et s [6] 2 mars 1754. —*Marie-Marguerite*, b [6] 1er mai 1755 ; s [6] 30 oct. 1759.—*Anonyme*, b [6] et s [6] 20 déc. 1757.—*Marie-Thècle*, b [6] 9 juillet 1759.—*Marc*, b [6] 19 sept. 1762. —*Joseph-Basile* et *François*, b [6] 23 nov. 1764.— *Marie-Pélagie*, b [6] 28 avril 1767.

I.—TURCOT, FRANÇOIS.
DOIRON, Catherine.
Anaclet, b... m 15 janvier 1771, à Madeleine MIVILLE, à Ste-Anne-de-la-Pocatière.

1750, (23 nov.) St-François, I. O.
IV.—TURCOT, JEAN-BTE, [SIMON III.
b 1725.
VERIEUL, Marie-Joseph, [JOSEPH II.
b 1732.
Jean-Baptiste, b 25 mai 1752, à Ste-Famille, I. O [1].—*Marie-Joseph*, b [1] 29 mai 1754.—*Augustin*, b [1] 12 juillet 1756 ; s [1] 1er août 1758. — *Pélagie*, b [1] 1er juin 1758 ; m 20 juin 1790, à Michel MARTIN, au Cap-de-la-Madeleine [8] ; s [8] 16 avril 1791. — *Marie-Madeleine*, b [1] 15 nov. 1760.—*Godelène*, b [1] 8 février 1763. — *Marie*, b [1] 20 février 1765.—*Gabriel*, b [1] 19 janvier 1767.

1751, (2 août) Ste-Famille, I. O. [8]
IV.—TURCOT (1), BASILE, [FRANÇOIS III.
b 1727.
GUYON, Elisabeth, [JEAN IV.
b 1728.
Joseph-Basile, b [8] 21 sept. 1752.—*Basile*, b [8] 5 et s [8] 16 fevrier 1754. — *Geneviève*, b [8] 5 et s [8] 14 mars 1755. — *Jean-Baptiste*, b [8] 12 mars 1756.— *Basile*, b [8] 17 février 1758 ; s [8] 30 oct. 1759.— *Basile*, b [8] 7 avril 1761. — *Michel*, b [8] 10 janvier 1763.—*Charles*, b [8] sept. et s [8] 9 oct 1764.

1752, (10 janvier) Ste-Famille, I. O. [9]
III.—TURCOT, JEAN-BTE, [LOUIS II.
b 1729.
RATÉ, Marie-Thérèse, [JEAN-BTE II.
b 1716 ; veuve de Louis Asselin.
Jean-Baptiste, b [9] 6 oct. 1752 ; s [9] 14 août 1753 —*Pierre*, b [9] 6 oct. 1752. — *Jean-Baptiste*, b [9] 15 mai 1754.— *Joseph-Amable*, b [9] 24 sept. 1755.—

(1) Voy. vol. IV, p. 432.

Marie, b [9] 25 avril 1757. — *Marie-Joseph*, b [9] 21 août et s 5 sept. 1759, à Charlesbourg.

1752, (23 avril) Sault-au-Récollet.
III.—TURCOT, JEAN-LOUIS, [JEAN II.
b 1722.
VANIER (1), Françoise, [JOS.-JEAN-BTE III.
b 1736.

1756, (26 janvier) Ste-Famille, I. O.[6]
IV.—TURCOT, AUGUSTIN, [SIMON III.
b 1734.
VAILLANCOUR, Marie-Madeleine. [CLAUDE III.
Augustin, b [6] 20 mars 1757. — *Claude*, b [6] 11 oct. 1758.—*Marie-Rose*, b [6] 28 sept. 1760.—*Geneviève*, b [6] 8 nov. 1762. — *Etienne-Prisque*, b [6] 3 déc. 1764.—*Pierre*, b [6] 7 juillet 1766.

1757, (14 fevrier) St-Laurent, M.[9]
III.—TURCOT, CHARLES, [PIERRE II.
b 1730.
JOBINVILLE (2), Angélique, [JEAN-BTE II.
b 1733.
Charles, b [9] 12 janvier 1758. — *Jean-Baptiste*, b [9] 6 février 1759. — *François-Xavier*, b [9] 19 juin 1760.—*Louis*, b [9] 22 mai et s [9] 22 juin 1763.—*Suzanne*, b 1764 ; m 7 oct. 1782, à Jacques MILET, à Montréal.

1758, (27 nov.) Sault-au-Récollet.
III.—TURCOT, JEAN-LOUIS, [LS-GABRIEL II.
b 1728.
DAGENAIS, Marie-Anne-Charl., [LAURENT III.
b 1738.
Laurent, b 1764 ; m 8 nov. 1790, à Marie-Joseph JANOTTE, à Montréal.

1759, (19 fevrier) St-François, I. O.[8]
IV.—TURCOT, SIMON, [SIMON III.
b 1724.
1° BARETTE, Angélique-Geneviève, [PIERRE II.
b 1711 ; veuve d'Ignace Emond ; s [8] 27 février 1773.
1773, (24 mai).[8]
2° GAGNON (3), Madeleine, [PIERRE III.
b 1744.

1759, (23 avril) St-François, I. O.[9]
IV.—TURCOT, PRISQUE, [SIMON III.
b 1723.
MARTINEAU, Marie-Félicité, [PIERRE III.
b 1726 ; veuve de Joseph Guyon.
Prisque, b [9] 14 sept. 1760 ; s [9] 12 nov. 1774.

1760.
IV.—TURCOT, JOSEPH, [ANTOINE III.
b 1737.
DUPAUL, Catherine, [AUGUSTIN II.
b 1737.
Joseph, b 21 juin 1761, à Yamachiche.[1] — *Marie-Catherine*, b [1] 18 juin 1763. — *Louise*, b [1] 21 mai 1766.—*Charlotte*, b [1] 6 sept. 1768.

1761, (2 février) St-Pierre-les-Becquets.
IV.—TURCOT, LAURENT, [ANTOINE III.
b 1740.
RIVARD (1), Marie-Thérèse, [FRANÇOIS III.
b 1737.

1761, (19 oct.) Québec.[1]
IV.—TURCOT, LOUIS, [LOUIS III.
b 1740.
DEGUISE, Angélique, [GUILLAUME II.
b 1739.
Marie-Angélique, b [1] 31 juillet 1762 ; m [1] 18 nov. 1783, à Jean SCIPION. — *Louis*, b [1] 12 et s [1] 31 juillet 1764.—*Joseph*, b 1766 ; m [1] 20 août 1793, à Marie BOLKOCK.—*Augustin*, b 1768 ; m [1] 27 nov. 1798, à Marie-Anne THOMAS. — *Charlotte*, b... m [1] 11 août 1795, à Pierre PLANTE.

1762, (18 janvier) Ste-Famille, I. O.[2]
IV.—TURCOT, AUGUSTIN, [JOSEPH III.
b 1740.
LEROUX, Angélique, [JEAN-BTE IV.
b 1743.
Jean-Baptiste, b [2] 18 et s [2] 23 déc. 1762. — *Augustin*, b [2] 2 avril 1764. — *Ignace*, b [2] 10 février 1766. — *Basile*, b [2] 29 février et s [2] 28 mars 1768. —*Etienne*, b 14 mars 1771, à St-François, I. O.

1762, (8 nov.) Ste-Famille, I. O.[3]
IV.—TURCOT, JACQUES, [JACQUES III.
b 1735.
CORNELIER, Thérèse, [PIERRE II.
b 1736.
Marie-Thérèse, b [3] 13 janvier 1764. — *Jacques*, b [3] 24 février 1766. — *Jean-Baptiste*, b [3] 12 sept. 1767.

1763, (14 nov.) Ste-Famille, I. O.[4]
III.—TURCOT, MÉDARD, [LOUIS II.
b 1741.
1° VAILLANCOUR, Marie-Madeleine, [CLAUDE III.
b 1743 ; s [4] 13 août 1768.
Amador, b [4] 5 nov. 1764. — *Jean-Marie*, b [4] 7 juillet 1766 ; s [4] 18 fevrier 1768.—*Geneviève*, b [4] 1767 ; s [4] 5 mars 1768.
1771 (28 janvier).[4]
2° CANAC-MARQUIS, Marie-Marguerite, [JOS. II.
b 1746.
Julie, b 5 mai 1787, à l'Ile-Verte.

1764, (30 janvier) Détroit.[5]
IV.—TURCOT (2), TRANQUILLE, [SIMON III.
b 1735.
YAX, Angélique, [MICHEL I.
b 1749 ; s [5] 30 dec. 1764.

(1) Elle épouse, le 17 août 1761, Albert Lebeau, au Sault-au-Récollet.
(2) St-Michel—Jolicœur est le nom de sa mère.
(3) Voy. vol. IV, p. 143.

(1) Dit Lavigne.
(2) Arrivé en 1759.

1765, (11 février) Ste-Famille, I. O.
IV.—TURCOT, Laurent, [Joseph III.
b 1739.
Guyon, Marie-Madeleine, [Jean IV.
b 1739.

1766, (8 avril) Lévis.
IV.—TURCOT, Augustin, [Augustin III
b 1741.
Huard, Marie-Louise, [Jean III.
b 1742.

1771, (15 janvier) Ste-Anne-de-la-Pocatière.
II.—TURCOT, Anaclet. [François I
Miville, Madeleine, [Charles IV.
b 1743.

1776, (12 fevrier) Québec.
IV.—TURCOT, Pierre-Luc, [Nicolas III.
b 1750.
Lemaitre-Jugon, Catherine, [Jean-Bte I.
b 1765.

TURCOT, Jean-Bte.
Gaumond, Marie-Joseph.
Marie, b... m 4 nov. 1800, à Etienne Damours, aux Trois-Pistoles.[6]—*Louis*, ne 25 août 1782, b 30 mars 1783, à l'Ile-Verte—*Constance*, b [6] 30 juin 1784.

TURCOT, Jean-Bte.
Gagnon, Dorothee.
Jean-Baptiste, b 11 nov. 1784, à St-Augustin.

1786, (21 fevrier) Québec.
IV.—TURCOT, Jean-Bte, [Joseph III.
b 1753.
Morin, Marguerite-Geneviève, [François.
Joseph, b 25 oct. 1794, à St-Augustin.

TURCOT, Claude.
1° Pru, Thérèse.
1791, (26 sept.) Nicolet.
2° Laur, Marie-Joseph. [Pierre-Benjamin II.

1790, (8 nov.) Montréal.
IV.—TURCOT, Laurent, [Jean-Louis III.
b 1764.
Janot, Marie-Joseph, [Jean-Bte IV (1).
b 1764.

1793, (20 août) Quebec.
V.—TURCOT, Joseph, [Louis IV.
b 1766.
Bolkock, Marie. [Guillaume.

1798, (27 nov.) Québec.
V.—TURCOT, Augustin, [Louis IV.
b 1768.
Thomas, Marie-Anne. [Jean-Bte IV.

(1) Voy. Jean-Baptiste Janot, marié en 1763, à Marie-Joseph Pepin, vol. IV, p. 584.

TURCOT, Jean-Bte.
Bigon, Theodore.
François (1), b 10 mai 1805, aux Trois-Pistoles.

TURCOTTE—Voy. Turcot.

TURENNE.—Voy. Blanchard.

1733, (1er juin) Trois-Rivières. [7]
I.—TURENNE (2), Pierre,
b 1711 ; s [7] 10 mars 1751.
Dupuis, Gertrude, [François I.
b 1714.

TURENNE, Joseph.
Robillard, Marguerite.
Marie-Charles, b... s 16 sept. 1777, à Repentigny.

1648.
I.—TURGEON (3), Charles, fils de Jacques et de .... ci-devant bourgeois, de la ville de Suez, de St-Jean de Mortagne, Orne.
Lefebvre, Jacquière.
Marie-Anne (4), b 1659 ; prof. 8 juin et s 9 dec. 1677, à l'Hôtel-Dieu.[8]—*Zacharie*, b 12 mai 1664, à Quebec ; m 24 oct. 1691, à Isabelle Roy, à Beauport ; s 13 juillet 1743, à Beaumont.—*Marie-Anne-Claire-de-Ste-Marthe*, b 1667 ; prof.[8] 31 janvier 1679 ; s 15 avril 1725, à Bécancour.—*Pierre*, b 1668 ; m 16 nov. 1695, à Marie Carié, à Levis.

1688.
II.—TURGEON (3), Jean, [Charles I.
b 1670 ; s 4 oct. 1749, à Beauport.[2]
1° Lignot, Jeanne
Jacques, b 30 oct. 1689, à Québec.[1]
1691, (8 nov.) [2]
2° Vachon, Anne-Therèse, [Paul I.
b 1674.
Jean, b [2] 17 déc. 1692 ; m 15 février 1735, à Marie-Madeleine Pichet, à St-Pierre, I. O. ; s [2] 8 fevrier 1752.—*Noel*, b [2] 8 mai 1694.—*Pierre*, b [2] 3 sept. 1695 ; s [2] 26 dec. 1714. — *Charles*, b [2] 19 sept. 1697 ; m [2] 14 juin 1727, à Marie-Françoise Parant. — *Anne-Marguerite*, b [2] 15 juillet 1699, m [2] 1er sept. 1721, à Claude Rancour. — *Marie-Joseph*, b [2] 9 oct. 1701 ; m [2] 22 nov. 1728, à Raphael Binet. — *Jacques*, b [2] 28 avril 1703, s [2] 18 mars 1715.—*Marguerite*, b [2] 19 fevrier 1705 ; m [2] 5 nov. 1736, à Thomas Brochard ; s [1] 2 nov. 1743. —*Marie-Charlotte*, b [2] 4 déc. 1706 ; s [2] 30 mars 1715.—*Anonyme*, b [2] et s [2] 4 déc. 1706.—*Adrien-Alexis*, b [2] 10 oct. 1708.— *Joseph-René*, b [2] 9 juin 1710 ; m [1] 12 sept. 1735, à Marie-Anne Morin — *Marie-Catherine*, b [2] 31 mars 1712 ; 1° m [1] 6 nov. 1736, à Guillaume Lecorgne ; 2° m [1] 2 nov. 1745, à Jean-Baptiste Patenode. — *Pierre*, b [2] 23 oct. 1715. — *Jacques-François*, b [2] 10 avril 1717. — *Etienne-Zacharie*, b [2] 8 mai 1719.

(1) Sur le registre de 1788.
(2) Voy. Blanchard, vol II, p. 307.
(3) Voy. vol. I, p. 577.
(4) Belle-sœur de M. Laforge.

1691, (24 oct.) Beauport.

II.—TURGEON (1), ZACHARIE, [CHARLES I.
b 1664; s 13 juillet 1743, à Beaumont.[3]
ROY, Isabelle, [NICOLAS I.
b 1671.

Charles, b 27 mars 1692, à Lévis; m 17 mai 1723, à Madeleine DIZY, à Champlain; s 6 avril 1769, à l'Hôpital-Général, M.—*Jean*, b[3] 20 sept. 1693; 1° m 23 nov. 1723, à Marguerite ALLAIRE, à Québec; 2° m 5 février 1737, à Madeleine MIMAUX, à St-Michel; s[3] 21 mars 1772.—*Louis*, b[3] 19 avril 1695, m[3] 28 avril 1728, à Angelique COUTURE; s[3] 7 juillet 1776.—*Joseph*, b[3] 14 janvier 1697; m[3] 26 fevrier 1732, à Marie-Joseph JÉRÉMIE; s[3] 7 avril 1790.—*Marie*, b[3] 3 mars 1698; m[3] 9 nov. 1716, à Jean BILODEAU.—*Elisabeth*, b[3] 20 janvier 1700; m[3] 12 janvier 1723, à Augustin COUTURE.—*Angélique*, b[3] 15 mai 1701; m[3] 12 janvier 1723, à Joseph NADEAU.—*Joseph*, b[3] 29 juin 1704.—*Louise*, b[3] 6 mai 1706, m[3] 13 janvier 1727, à Jean NADEAU.—*Geneviève*, b[3] 30 nov. 1707; m[3] 8 août 1729, à Joseph COUILLARD.—*Marie-Suzanne*, b[3] 12 mars 1709; m[3] 12 janvier 1732, à Joseph COUTURE.—*Marguerite*, b[3] 4 janvier 1711; m[3] 6 mai 1726, à Antoine NADEAU.—*Alexandre*, b[3] 17 avril 1714; m[3] 3 fevrier 1744, à Cecile LECOURS.

1695, (16 nov.) Lévis.[4]

II.—TURGEON (1), PIERRE, [CHARLES I.
b 1668.
CARIÉ (2), Marie-Anne, [JEAN I
b 1674.

Joseph, b[4] 9 nov. 1696, m 12 février 1721, à Marguerite BOUTILLET, à l'Ange-Gardien, s[4] 19 mars 1765.—*Charles*, b[4] 8 sept. 1698; m 23 nov. 1733, à Catherine LEMOINE, à Quebec.

1704, (26 nov.) Beaumont.[5]

II.—TURGEON, JACQUES, [CHARLES I.
b 1651; s[5] 12 déc. 1728.
JEAN-DENIS, Marie, [JEAN II.
b 1676; veuve de Pierre Bourget; s[5] 21 fevrier 1742.

Marie-Charlotte, b[5] 6 sept. 1705; m[5] 16 nov. 1722, à Guillaume COUTURE; s[5] 8 janvier 1784.—*Jacques*, b[5] 15 janvier 1708; m[5] 2 juillet 1742, à Marie FOURNIER; s[5] 9 mai 1783.—*François*, b[5] 27 fevrier 1711.—*Elisabeth*, b 15 août 1712, à St-Laurent, I. O.; m[5] 20 nov. 1730, à Jacques LECLERC.

1721, (12 fevrier) L'Ange-Gardien.

III.—TURGEON, JOSEPH, [PIERRE II.
b 1696; s 19 mars 1765, à Lévis.[6]
BOUTILLET, Marguerite, [JACQUES I.
b 1702.

Marie-Marguerite, b[6] 13 dec. 1721; 1° m[6] 2 mai 1746, à Pierre NAUD; 2° m[6] 20 avril 1751, à Joseph POIRÉ; s[6] 6 mai 1768.—*Joseph*, b[6] 7 mai 1723; m 7 avril 1750, à Marie-Anne FOURNIER, à Beaumont.[7]—*Marie-Joseph*, b[6] 13 juin 1725; 1° m[7] 30 sept. 1749, à Jacques HUARD; 2° m[6] 19 février 1753, à Michel BEGIN; s[6] 27 avril 1769.—*Marie-Joseph*, b... m[6] 28 oct. 1749, à Nicolas GONTIER.—*Charles*, b 1728; s[6] 3 oct. 1745.—*Marie-Catherine*, b[6] 28 mars 1729; m[6] 16 juin 1749, à Jacques FOURNIER; s[6] 19 nov. 1765.—*Marie-Louise*, b[6] 3 avril 1731; s[6] 14 sept. 1733.—*Marie-Anne*, b[6] 8 nov. 1732; s[6] 9 sept. 1733.—*Marie-Geneviève*, b[6] 27 juillet 1734; m[6] 5 nov. 1754, à Louis PATRY.—*Jean-Baptiste*, b[6] 11 mai 1736.—*Marie-Charlotte*, b[6] 25 août 1738; m[6] 14 sept. 1761, à Alexandre FOURNIER; s[7] 5 mars 1799.—*Pierre* et *Louis*, b[6] 3 janvier 1741.—*Joseph*, b[6] 18 juillet 1743; s[6] 18 nov. 1749.—*Marie-Anne*, b[6] 19 août 1745; s[6] 20 nov. 1749.

1723, (17 mai) Champlain.

III.—TURGEON, CHARLES, [ZACHARIE II.
b 1692; s 6 avril 1769, à l'Hôpital-Géneral, M.
DIZY (1), Marie-Madeleine, [PIERRE-FRS II.
b 1701.

Charles-François, b 9 août 1724, à Beaumont[8]; m[8] 10 juin 1749, à Marie-Therèse GOSSELIN.—*Pierre*, b[8] 15 nov. 1725.—*Marie-Anne*, b[8] 6 oct. 1727; m[8] 7 janvier 1749, à François LECLERC.—*Marie-Joseph*, b[8] 3 avril 1729; m[8] 7 avril 1750, à Ignace LECOURS.—*Joseph*, b[8] 6 avril 1731; s[8] 27 juillet 1733.—*François-Xavier*, b[8] 26 juin 1733.—*Paschal*, b[8] 11 avril 1735.—*François-Xavier*, b[8] 30 oct. et s[8] 8 nov. 1737.—*Jacques*, b[8] 8 nov. 1738.—*Joseph-Marie*, b[8] 8 déc. 1740.—*Joseph*, b[8] 13 et s[8] 16 mai 1742.

1723, (23 nov.) Québec.

III.—TURGEON, JEAN, [ZACHARIE II.
b 1693; s 21 mars 1772, à Beaumont.[9]
1° ALLAIRE, Marguerite, [FRANÇOIS II.
b 1700, s[9] 11 juin 1736.

Marie-Marthe, b[9] 26 et s[9] 28 sept. 1724.—*Jean*, b[9] 10 sept. 1725; m[9] 19 fevrier 1754, à Marie-Louise LECOURS.—*Michel*, b[9] 29 sept. 1726; m[9] 19 janvier 1750, à Marie-Geneviève GOSSELIN; s[9] 18 mars 1782.—*Louis*, b[9] 18 fevrier 1729; m 20 oct. 1749, à Louise BOUTILLET, au Château-Richer[1]; s[1] 28 oct. 1749.—*Joseph*, b[9] 18 juin 1730, s[9] 16 oct. 1740.—*Marie-Françoise*, b[9] 5 oct. 1731; s[9] 8 dec. 1750.—*André*, b[9] 30 nov. 1732; m[9] 10 nov. 1760, à Marie-Anne BONNEAU.—*Marguerite*, b[9] 3 fevrier 1734; m[9] 5 nov. 1753, à Joseph COUTURE.—*Charles*, b[9] 24 mars 1735, s[9] 14 oct. 1770.—*Pierre*, b[9] 9 et s[9] 17 juin 1736.

1737, (5 février) St-Michel.

2° MIMAUX, Marie-Madeleine, [JEAN I.
b 1710; s[9] 7 mars 1764.

Catherine, b[9] 3 et s[9] 19 déc. 1737.—*Agathe*, b[9] 8 fevrier 1739; m[9] 29 janvier 1759, à Pierre ROY; s[9] 9 dec. 1811.—*Marie-Madeleine*, b[9] 27 avril 1740, m[9] 24 août 1761, à Etienne COUTURE.—*Cécile*, b[9] 27 nov, 1741.—*Zacharie*, b[9] 14 juillet 1743; 1° m 22 août 1774, à Marie-Louise BEAUCHAMP, à Lachenaye[2]; 2° m[2] 7 oct. 1777, à Marie-Charlotte FORTIN.—*François*, b[9] 27 janvier 1745.—*Marie-Therèse*, b[9] 9 mars 1746.—*Marie-Marthe*,

(1) Voy. vol. I, p 577.
(2) Elle épouse en 1700, Louis Lemieux.

(1) Montplaisir.

b [9] 2 mars 1748; m 27 sept. 1773, à Jacques-Amable GAUTIER, à Terrebonne. — *Louis*, b [9] 1er nov. 1749.—*Joseph*, b [9] 14 juillet 1751; s [9] 9 nov. 1755. — *Etienne*, b [9] 20 mars 1753; m à Thècle COTÉ; s [9] 15 mai 1795.

1727, (14 juin) Beauport.[1]

III.—TURGEON, CHARLES, [JEAN II.
b 1697.
PARANT, Marie-Françoise, [JOSEPH II.
b 1701.
Charles, b [1] 15 avril 1728. — *Marie-Louise*, b [1] 21 sept. 1730; s [1] 23 mai 1733.—*Françoise-Geneviève*, b [1] 28 nov. et s [1] 24 déc. 1732. — *Joseph-Louis-Henri*, b [1] 15 janvier 1734; s [1] 26 juillet 1738.—*Ignace-Joseph*, b [1] 31 oct. 1735; m 13 janvier 1761, à Marie DURANCEAU, à Châteauguay.— *Marie-Françoise*, b [1] 13 et s [1] 17 juillet 1737. — *Marie-Geneviève*, b [1] 17 et s [1] 27 janvier 1739.— *Joseph*, b [1] 28 avril 1741.

1728, (28 avril) Beaumont.[2]

III.—TURGEON, LOUIS, [ZACHARIE II.
b 1695; s [2] 7 juillet 1776.
COUTURE, Marie-Angélique, [EUSTACHE II.
b 1703; s [2] 15 mars 1762.
Joseph, b [2] 20 mars 1729; m [2] 18 février 1760, à Marie-Catherine LACROIX. — *Louis*, b [2] 30 oct. 1730; 1° m [2] 6 nov. 1758, à Marie-Françoise COUILLARD; 2° m 8 février 1787, à Louise-Elisabeth DUMONT, à Québec. — *Charles*, b [2] 6 juin 1732; s [2] 14 février 1760. — *Etienne*, b [2] 3 août 1734; m [2] 18 août 1760, à Marguerite MARCOUX. — *Antoine*, b [2] 24 février 1736; m [2] 17 janvier 1763, à Dorothée BAUCHÉ.—*Marie-Angélique*, b [2] 9 déc. 1737; s [2] 4 juillet 1808. — *François*, b [2] 9 janvier 1740; m [2] 23 janvier 1764, à Geneviève BOSCHÉ; s [2] 18 janvier 1830. — *Gilles*, b [2] 24 février 1742; m 1769, à Marie-Joseph LECOURT; s [2] 2 mai 1822.—*Jean-Baptiste*, b [2] 18 mars 1746; 1° m [2] 15 janvier 1765, à Louise VALLIÈRE; 2° m [2] 17 avril 1780, à Angelique FOURNIER; s [2] 14 mars 1837.

1732, (26 février) Beaumont.[3]

III.—TURGEON, JOSEPH, [ZACHARIE II.
b 1697; s [3] 7 avril 1790.
JÉRÉMIE, Marie-Joseph, [JOSEPH II.
b 1708; s [3] 15 juin 1791.
Marie-Joseph, b [3] 1er février 1733; m [3] 30 sept. 1749, à Jacques HUARD.—*Joseph*, b [3] 8 mai 1734; s [3] 28 mai 1760. — *Louis*, b [3] 25 août 1735; s [3] 22 août 1765.—*Marie-Marthe*, b [3] 15 août 1737; m [3] 16 août 1756, Charles-Etienne BEGIN.—*Marie-Madeleine*, b [3] 28 février et s [3] 3 mars 1739.—*Cécile*, b [3] 6 mars 1740; m 1760, à Joseph BERGERON; s [3] 5 nov. 1825.—*Nicolas*, b [3] 2 oct. 1741.—*Elisabeth*, b [3] 26 dec. 1742; m 3 juin 1765, à Charles DURET, à Quebec.[4] — *Marie-Charlotte*, b [3] 13 mars 1746; m [4] 22 sept. 1777, à Louis-Simon MARCOU. — *Marie-Anne*, b [3] 18 mars 1748; m [3] 20 août 1770, à Joseph BOSCHÉ. — *Etienne*, b [3] 10 août 1750.

1733, (23 nov.) Québec.[4]

III.—TURGEON, CHARLES, [PIERRE II.
b 1698.
LEMOINE, Catherine, [PIERRE I.
b 1682; veuve de Jean Cachelière; s [4] 22 août 1760.
François, b 1734; s [4] 8 mars 1736.

1735, (15 février) St-Pierre, I. O.

III.—TURGEON, JEAN, [JEAN II.
b 1692; s 8 février 1752, à Beauport.[5]
PICHET (1), Marie-Madeleine, [JACQUES II.
b 1704.
Louise, b [5] 25 nov. 1735; m [5] 18 janvier 1751, à François-Michel MAHEU; s [5] 8 oct. 1755.

1735, (12 sept.) Québec.[6]

III.—TURGEON, JOSEPH-RENÉ, [JEAN II.
b 1710.
MORIN, Marie-Anne, [JACQUES I.
b 1705; veuve d'Ambroise Samson; s 3 sept. 1764, à Lévis.[7]
Angélique, b [6] 1er juillet 1736; m [7] 26 nov. 1755, à Joseph GUAY. — *Joseph*, b [7] 2 avril 1738; m 1762, à Marie-Anne SAMSON. — *Jean-Baptiste-Michel*, b [7] 6 juillet 1740; s 9 juin 1756, à Chambly.

1742, (2 juillet) Beaumont.[8]

III.—TURGEON, JACQUES, [JACQUES II.
b 1708; s [8] 9 mai 1783.
FOURNIER, Marie, [JACQUES II.
b 1728; s [8] 22 avril 1808.
Jacques, b [8] 3 mai 1743; m 1768, à Thérèse POULIOT; s 29 juin 1789, à Québec. — *Pierre*, b [8] 29 juin 1744; s [8] 15 sept. 1748. — *Marie-Louise*, b [8] 3 août 1746. — *Antoine*, b [8] 23 avril 1748, m 1772, à Marie-Anne AUDET; s [8] 29 janvier 1839 —*Etienne*, b [8] 14 nov. 1749.—*Joseph-Marie*, b [8] 6 avril 1751.—*Marie-Angélique*, b [8] 30 oct. 1752— *Guillaume*, b [8] 21 nov. 1754; m à Louise DENIS; s [8] 20 juin 1837. — *Alexandre*, b 7 sept. 1756, à St-Michel; s [8] 18 avril 1763. — *Marie-Joseph*, b... m [8] 24 fevrier 1794, à Charles LECOURS.

1744, (3 fevrier) Beaumont.[9]

III.—TURGEON, ALEXANDRE, [ZACHARIE II.
b 1714.
LECOURS, Cecile, [CHARLES II.
b 1721.
Alexandre, b [9] 8 mars 1745. — *François*, b [9] 30 avril 1746; m [9] 3 février 1772, à Marguerite LABRECQUE; s [9] 27 juin 1824. — *Cécile*, b [9] 16 oct. 1748; s 29 déc. 1749, à St-Charles.[1] — *Charles*, b [1] 17 et s [1] 22 août 1750. — *Joseph-Marie*, b [1] 8 sept. 1752; s [1] 20 août 1758. — *Cécile*, b 1754; m [1] 24 nov. 1778, à Jean-Baptiste-Simon MERCIER. — *Joachim*, b [1] 4 mai 1755; s [1] 3 mai 1756. — *Anonyme*, b [1] et s [1] 4 mars 1757.—*Jean-Baptiste*, b [1] 6 avril et s [1] 10 août 1758.

---

(1) Quelquefois Pegin; elle épouse, le 6 août 1753, Pierre Choret, à Beauport.

1749, (10 juin) Beaumont.

IV.—TURGEON, CHARLES-FRS, [CHARLES III. b 1724.

GOSSELIN, Marie-Thérèse, [JEAN III. b 1726.

Jean-François, b 9 avril 1750, à St-Charles. [2]—*Charles*, b [2] 24 mai et s [2] 31 juin 1752. — *Marie-Thérèse*, b [2] 11 et s [2] 21 mai 1753. — *Marie-Thérèse*, b [2] 30 mai et s [2] 30 juin 1754.—*Charles*, b [2] 14 juin 1756.—*Marie-Thérèse*, b [2] 5 août 1757.—*Marie*, b [2] 4 juin 1759 ; s [2] 4 janvier 1760.

1749, (20 oct.) Château-Richer. [3]

IV.—TURGEON, LOUIS, [JEAN III. b 1729 ; s [3] 28 oct. 1749.

BOUTILLET, Louise, [JACQUES I. b 1719 ; veuve de Guillaume Gosselin.

1750, (19 janvier) Beaumont. [4]

IV.—TURGEON, MICHEL, [JEAN III. b 1726 ; s [4] 18 mars 1782.

GOSSELIN, Marie-Geneviève, [FRANÇOIS III. b 1734, s [4] 4 fevrier 1800.

Michel, b [4] 21 oct. 1750 ; s [4] 12 août 1751. — *Alexandre*, b [4] 28 dec. 1751 ; s [4] 2 nov. 1755. — *Marie-Geneviève*, b [4] 15 avril 1753 ; s [4] 9 juin 1754.— *Michel*, b [4] 2 fevrier 1755. — *Marie-Geneviève*, b [4] 31 oct. 1757, s [4] 27 nov. 1762.—*Marie-Agathe*, b 11 janvier 1759, à St-Michel ; m [4] 12 fevrier 1787, à François POLIQUIN ; s [4] 22 mai 1789.—*Jean-Baptiste*, b [4] 6 nov. 1760. — *Pascal*, b 1762, m [4] 7 fevrier 1791, à Marie-Angélique ROY.

1750, (7 avril) Beaumont. [5]

IV.—TURGEON, JOSEPH, [JOSEPH III. b 1723.

FOURNIER, Marie-Anne, [JACQUES II. b 1731.

Marie-Anne, b 1750 ; s [5] 28 juillet 1778.—*Joseph*, b 25 janvier 1751, à Lévis. [6] — *Jean-Baptiste*, b [6] 22 janvier 1753. — *Pierre*, b [6] 18 janvier 1755. — *Marie-Anne*, b [6] 12 août 1757 ; s [6] 6 déc. 1762.—*Marie*, b [6] juin 1760 ; s [6] 16 dec. 1762. — *Marie-Louise*, b [6] 15 sept. 1763. — *Marie-Anne*, b [6] 21 août et s [6] 14 oct. 1766.—*Marie-Anne*, b [6] 25 sept. 1768 ; m 21 août 1798, à Jean-Baptiste FILTEAU, à Quebec.—*Antoine*, b [6] 25 sept. 1770.

1754, (19 fevrier) Beaumont. [1]

IV.—TURGEON, JEAN, [JEAN III. b 1725.

LACOURS, Marie-Louise, [CHARLES II. b 1732.

Jean, b [1] 17 avril et s 4 mai 1755, à St-Charles [2] —*Marie-Louise*, b [2] 3 sept. 1756.—*Charlotte*, b [2] et s [2] 19 nov. 1758.—*Charlotte*, b [2] 8 sept. 1760.

1758, (6 nov.) Beaumont. [3]

IV.—TURGEON, LOUIS, [LOUIS III. b 1730 ; marchand.

1° COUILLARD (1), Marie-Frse, [CHARLES III. b 1728, s 3 janvier 1768, à Lévis.

Louis, b 11 juillet 1759, à St-Charles ; s [3] 5 juillet 1760.—*Angélique*, b... s [3] 8 juillet 1760.—*Angélique*, b 1762 ; m 20 avril 1792, à Abraham COUILLARD, à Québec. [4] — *Marie-Gilette*, b 1763 ; m [4] 22 nov. 1784, à Augustin-Jérôme RABY ; s [4] 18 janvier 1797.—*Joseph*, b [4] 22 avril 1767. — *Jean-Baptiste-Joseph*, b [4] 3 et s [4] 4 janvier 1768. — *Louis*, b... m [3] 23 nov. 1796, à Geneviève TURGEON.

1787, (8 février). [4]

2° DUMONT, Louise-Elisabeth, [JEAN-BTE I. b 1751 ; veuve de Michel Flanagan ; s [4] 11 janvier 1828.

Pierre-Flavien, b [4] 12 nov. 1787 ; ordonné 29 avril 1810 ; consacré 11 juin 1834 ; 14me évêque de Québec ; s [4] 28 août 1867. — *Emilie*, b 1789 ; m à Guillaume MEASON.—*Adélaïde*, b...

1760, (18 février) Beaumont.

IV.—TURGEON, JOSEPH, [LOUIS III. b 1729.

DE LA CROIX, Marie-Catherine, [HUBERT-JOS. I. b 1737.

Catherine-Judith, b 19 nov. 1763, à Québec. — *Charles-Ignace*, b 23 mars 1769, à Repentigny. [5]— *Louise-Charlotte*, b [5] 15 sept. 1770. — *Marie-Amable*, b [5] 31 déc. 1772.

1760, (18 août) Beaumont.

IV.—TURGEON, ETIENNE, [LOUIS III. b 1734.

MARCOUX, Marguerite, [ANDRÉ II. b 1725.

Etienne, b 15 juin 1761, à Québec. [1] — *Joseph*, b [1] 9 nov. 1762.—*Louis*, b [1] 18 juillet 1764.

1760, (10 nov.) Beaumont. [1]

IV.—TURGEON, ANDRÉ, [JEAN III. b 1732.

BONNEAU-LABECASSE, Marie-Anne, [BASILE II. b 1744.

André, b 1762 ; m [1] 24 janvier 1791, à Elisabeth LATOUR. — *Marie-Anne*, b 1763 ; 1° m [1] 29 avril 1783, à Pierre GRIAU ; 2° m [1] 7 janvier 1793, à Michel BOSCHÉ. — *Marguerite*, b 1765 ; m [1] 27 janvier 1794, à Alexandre FOURNIER. — *Jean*, b 1767, m [1] 16 janvier 1797, à Charlotte ROY. — *Joseph*, b 1768 ; m [1] 23 janvier 1797, à Therèse FILTEAU.

1761, (13 janvier) Châteauguay.

IV.—TURGEON, IGNACE-JOSEPH, [CHARLES III. b 1735.

DURANCEAU (1), Marie, [JACQUES II. b 1736 ; veuve de Pierre Leber.

1762.

IV.—TURGEON, JOSEPH, [JOSEPH-RENÉ III. b 1738.

SAMSON, Marie-Anne, [JOSEPH II. b 1733.

Michel, b 17 août 1763, à Lévis.

(1) DeBeaumont.

(1) Brindamour.

1763, (17 janvier) Beaumont.[2]
IV.—TURGEON, ANTOINE, [LOUIS III.
b 1736.
BAUCHÉ, Marie-Dorothée, [JOSEPH III.
b 1746.
Antoine, b 1764 ; m[2] 20 sept. 1790, à Françoise COUILLARD.

1764, (23 janvier) Beaumont.[3]
IV.—TURGEON, FRANÇOIS, [LOUIS III.
b 1740, s[3] 18 janvier 1830.
BAUCHÉ, Geneviève, [JOSEPH III.
b 1738 ; s[3] 13 oct. 1807.
Angélique, b 1765 ; m[3] 26 janvier 1789, à Joseph DESFORGES.—*Geneviève*, b 1767 ; m[3] 23 nov. 1796, à Louis TURGEON. — *Louis*, b... m[4] 29 janvier 1799, à Victoire GRAVEL.

1765, (15 janvier) Beaumont.[2]
IV.—TURGEON, JEAN-BTE, [LOUIS III.
b 1746 ; s[2] 14 mars 1837.
1° VALLIÈRE, Louise, [JEAN III.
b 1745 ; s[2] 1er août 1778.
Jean-Baptiste, b 1766 ; m[2] 13 février 1792, à Charlotte FOURNIER.
1780, (17 avril).[2]
2° FOURNIER, Angelique, [AUGUSTIN III.
b 1754 ; s[2] 20 avril 1805.

1767.
TURGEON, MICHEL.
ROBERGE, Elisabeth, [JOSEPH III.
b 1742.
Marguerite, b 30 oct. 1768, à Lévis.[1]—*Michel*, b[1] 25 fevrier 1771.—*Jean-Baptiste*, b 1773 ; m 9 fevrier 1808, à Euphrosine ROY, à Beaumont.

1768.
IV.—TURGEON, JACQUES, [JACQUES III.
b 1743 ; s 29 juin 1789, à Quebec.
POULIOT, Therèse, [CHARLES III.
b 1744.

1769.
IV.—TURGEON, GILLES, [LOUIS III.
b 1742, s 2 mai 1822, à Beaumont.[5]
LECOURT, Marie-Joseph, [CHARLES III.
b 1745, s[5] 2 fevrier 1807.
Gilles, b 1770 ; m[5] 28 août 1707, à Geneviève LEFEBVRE.—*Joseph*, b 1772, m[5] 8 fevrier 1809, à Madeleine COUTURE.

1771.
IV.—TURGEON, ETIENNE, [JEAN III.
b 1753, s 15 mai 1795, à Beaumont.
COTÉ (1), Marie-Thècle, [IGNACE III.
b 1752.
Marie-Anne, b... m 21 août 1798, à Joseph FAUCHER, à Quebec.

(1) Elle épouse, le 6 nov. 1797, Joseph Carrier, à Beaumont.

1772.
IV.—TURGEON, ANTOINE, [JACQUES III.
b 1748 ; s 29 janvier 1839, à Beaumont.[1]
AUDET, Marie-Anne, [JEAN III.
b 1752 ; s[1] 17 août 1838.

TURGEON, LOUIS,
b 1750 ; s 18 février 1832, à Beaumont.[1]
FORGUES, Marie-Charlotte, [CHARLES III.
b 1754 ; s[1] 8 déc. 1800.

TURGEON, ETIENNE,
b 1757 ; s 18 avril 1825, à Beaumont.[1]
FOURNIER, Helène,
b 1770 ; s[1] 16 dec. 1840.

1772, (3 février) Beaumont.[1]
IV.—TURGEON, FRANÇOIS, [ALEXANDRE III.
b 1746 ; s[1] 27 juin 1824,
LABRECQUE, Marguerite, [CHARLES III.
b 1747 ; s[1] 27 mai 1822.
Marie-Angélique, b 1773 ; m[1] 31 janvier 1791, à Charles ROY.

1774, (22 août) Lachenaye.[5]
IV.—TURGEON, ZACHARIE, [JEAN III.
b 1743.
1° BEAUCHAMP, Marie-Louise, [JACQUES IV.
b 1754.
1777, (7 oct.)[5]
2° FORTIN (1), Marie-Charlotte, [JEAN-BTE III.
b 1754.

IV.—TURGEON, GUILLAUME, [JACQUES III.
b 1754 ; s 20 juin 1837, à Beaumont.[4]
DENIS, Louise,
b 1765 ; s[4] 26 mars 1841.

1790, (20 sept.) Beaumont.
V.—TURGEON, ANTOINE, [ANTOINE IV.
b 1764.
COUILLARD-HÉBERT, Françoise, [JOSEPH IV.
b 1768.

1791, (24 janvier) Beaumont.
V.—TURGEON, ANDRÉ, [ANDRÉ IV
b 1762.
LATOUR, Elisabeth, [AUGUSTIN III.
b 1761.

1791, (7 février) Beaumont.
V.—TURGEON, PASCHAL, [MICHEL IV.
b 1762.
ROY, Marie-Angelique. [PIERRE.

1792, (13 fevrier) Beaumont.
V.—TURGEON, JEAN-BTE, [JEAN-BTE IV.
b 1766.
FOURNIER, Charlotte, [ANTOINE III.
b 1758.

(1) Voy. vol. IV, p. 73.

1796, (23 nov.) Beaumont.
V.—TURGEON, Louis (1). [Louis IV.
Turgeon, Geneviève, [François IV.
b 1765.

TURGEON, Pierre,
b 1767 ; s 8 mars 1841, à Beaumont.
Roy, Marie-Anne.

1797, (16 janvier) Beaumont.
V.—TURGEON, Jean, [André IV.
b 1767.
Roy, Charlotte, [Guillaume IV.
b 1770.

1797, (23 janvier) Beaumont.
V.—TURGEON, Joseph, [André IV.
b 1768.
Filteau, Thérèse, [Jean-Bte III.
b 1770.

1797, (28 août) Beaumont.
V.—TURGEON, Gilles, [Gilles IV.
b 1770.
Lefebvre, Geneviève, [Nicolas IV.
b 1771.

1799, (29 janvier) Beaumont.
V.—TURGEON (2), Louis, [François IV.
b 1769.
Gravel, Victoire, [Ignace IV.
b 1771.

1808, (9 fevrier) Beaumont.
TURGEON, Jean-Bte. [Michel.
Roy, Euphrosine. [Guillaume.

1809, (8 fevrier) Beaumont.
V—TURGEON, Joseph. [Gilles IV.
Couture, Madeleine, [Joseph V.
b 1786.

1739.
I—TURGON, Jean,
b 1710 ; de Dunkerque, Flandre.
Gagné, Marie, [Louis-Augustin IV.
b 1716.
François (3), b 1740, à Dunkerque ; m 2 mai 1763, à Thérèse Bourgoin, à St-Antoine-Tilly.

1751, (8 fevrier) Islet. [6]
I.—TURGON, Julien, fils de Jean et de Françoise Cousin, de St-Jean-Dame, Basse-Normandie.
Caron, Madeleine, [Ignace III.
b 1720 ; veuve de Louis Tréber.
Joseph, b [6] 7 sept. 1752.—*Marie-Joseph*, b [6] 20 sept. 1754.

(1) L'Honorable.

(2) Voy. vol. IV, p. 355

(3) Arrivé au Canada en 1758, avec son pere et sa belle-mère, il s'établit au Cap-St-Ignace.

1763, (2 mai) St-Antoine-Tilly. [7]
II.—TURGON, François, [Jean I.
b 1740.
Bourgoin (1), Thérèse, [Joseph III.
b 1744.
Marie-Thérèse, b [7] 16 oct. 1763.—*Geneviève*, b 1er oct. 1769, à l'Ile-Dupas [8]—*Clotilde*, b [8] 6 mars 1771.—*Joseph*, b [8] 24 juin 1773.—*Michel*, b [8] 31 août 1774.—*Joseph*, b [8] 21 août 1776.—*Angélique*, b [8] 26 oct 1777, s [8] 11 janvier 1778.—*Marie-Anne*, b [8] 14 mars 1779.—*Louis*, b [8] 9 nov. 1780.—*Antoine*, b [8] 2 fevrier 1783.

I.—TURIÉ, Barthélemi, b 1724, boulanger, de Beziers, Bas-Languedoc.
.... (2).
Geneviève, b 1761 ; m 23 nov. 1784, à François Vidal, à Quebec.

TURMEL.—*Variation* : Tremenne.

1762, (10 mai) Ste-Foye. [1]
I.—TURMEL (3), Jean, b 1733 ; menuisier ; fils de Jean et de Louise Vincent, de Plarlay, (ou Pleurtin) diocese de St-Malo, Basse-Bretagne.
Bisson, Marie-Françoise, [Jean-François IV.
b 1732.
Jean-Baptiste (4), b [1] 18 février 1763. — *Louis-Gaspard*, b 25 dec. 1764, à St-Joseph, Beauce.

TURPIN.—*Surnoms* : Lafleur—Sandrille.

1666.
I.—TURPIN (5), Pierre-Alexandre,
b 1641.
1° DeLor, Catherine,
b 1641 ; s 9 mars 1683, à Montreal. [2]
Alexandre-Romain, b 2 juin 1670, à Québec ; frère Charon ; s 10 août 1747, à l'Hôpital-General, M.
1684, (30 oct) [2]
2° Beauvais (6), Marie-Charlotte, [Jacques I.
b 1667, s [2] 25 dec. 1700.
Jean-Baptiste, b [2] 23 nov. 1685 ; m 5 mai 1710, à Marguerite Fafart, au Detroit.—*Louise*, b [2] 6 avril et s [2] 11 juillet 1687.—*Jeanne*, b [2] 7 et s [2] 9 sept. 1688. — *Charlotte*, b [2] 13 juillet 1691 ; 1° m à Nicolas LeGros, 2° m 10 sept. 1722, à Simon Réaume, à Lachine. — *Louis*, b [2] 15 mai 1694.—*Joseph*, b [2] 21 juin 1696 — *Jacques*, b [2] 25 juillet 1698. — *Madeleine*, b 18 dec. 1700 ; m 4 avril 1723, à Pierre Babin, à Boucherville.
1702, (25 fevrier). [2]
3° Gautier-Saguingoira (7), Marie, [Pierre I.
b 1684.

(1) Labonté—Lerier.

(2) Le nom de l'épouse manque au registre.

(3) Arrivé à Quebec en 1751 ; il était mousse sur "L'Angelique," commandée par le capitaine Vitray.

(4) Baptisé sous le nom de Tremenne.

(5) Voy. vol. I, p. 577.

(6) St. Jème.

(7) Elle épouse, le 16 sept. 1709, Joseph Poirier-Desloges, à Montreal.

Suzanne, b 17 août 1705, au Bout-de-l'Ile, M.; m[2] 29 oct. 1723, à Jean LAROCHE.

II.—TURPIN (1), ALEX.-ROMAIN, [ALEXANDRE I. b 1670; s 10 août 1747, à l'Hôpital-General, M.

1710, (5 mai) Détroit [4]

II.—TURPIN, JEAN-BTE, [ALEXANDRE I. b 1685.
FAFART-COUSSEAU, Marguerite, [JEAN II. b 1686.
Jean-Baptiste, b [3] 14 déc. 1710; m 26 février 1732, à Marie-Louise MADELEINE, au Bout-de-l'Ile, M.

1732, (26 février) Bout-de-l'Ile, M. [6]

III.—TURPIN (2), JEAN-BTE, [JEAN-BTE II. b 1710.
MADELEINE (3), Marie-Louise, [ETIENNE II. b 1717.
Jean-Baptiste, b [6] 12 janvier et s [6] 21 fevrier 1733.—*Marie-Louise*, b [6] 29 fevrier 1734, m 22 février 1751, à Louis PAYMENT, à Ste-Geneviève, M.[7]—*Joseph-Marie*, b [6] 25 janvier 1736; m 1760, à Marie-Anne ROULEAU. — *Marie-Eugénie*, b [6] 25 mai 1738; m [7] 17 janvier 1757, à Sebastien LEGAUT.—*Marie-Joseph*, b [7] 19 mars 1741.—*Etienne-Basile*, b 1742; m 27 juillet 1767, à Marie LEGAUT, à la Pointe-Claire. — *Jean-Baptiste*, b [7] 29 sept. 1745; 1° m [6] 2 février 1767, à Marie-Rose RANGER; 2° m 22 février 1773, à Marie FILION, à Terrebonne. — *Marie-Anne*, b [7] 20 mai et s [7] 28 juillet 1747. — *Geneviève*, b [7] 14 et s [7] 23 juillet 1748. — *Marie-Catherine*, b [7] 9 février et s [7] 18 avril 1750. — *Michel-Amable*, b [7] 22 avril et s [7] 6 mai 1751.—*Marie-Antoinette*, b [7] 22 avril et s [7] 6 mai 1754.—*Marie-Geneviève*, b [7] 30 avril 1755.

1744, (9 juillet) Quebec. [2]

I.—TURPIN, ANTOINE-CHARLES, procureur-marchand, fils de Pierre-Guillaume et d'Anne Proteau, Paris.
BAILLY, Marie-Joseph, [NICOLAS I. b 1711; veuve de Jean-Baptiste Hyvert.
Marie-Joseph, b [2] 8 déc. 1744; s 31 août 1745, à Ste-Foye. — *Marie-Joseph*, b [2] 2 dec. 1745. — *Charles-Nicolas*, b [2] 26 juin et s [2] 17 août 1747.— *Marie-Geneviève*, b [2] 2 juillet 1748.— *Charles*, b [2] 19 et s 31 août 1749, à Lorette.[3]—*Antoine-Christophe*, b [2] 18 et s [4] 28 juillet 1751 —*Marie-Louise*, b [2] 17 et s 30 juillet 1752, à L'Ange-Gardien.

1760.

IV.—TURPIN, JOSEPH-MARIE, [JEAN-BTE III. b 1736.
ROULEAU, Marie-Anne, [JEAN-BTE II. b 1730.
Marie-Joseph, b 27 avril 1761, à Ste-Rose.

(1) Frère hospitalier Charon, maitre des novices, en 1725, à l'Hôpital-Général, M.
(2) Dit Sandrille.
(3) Vivier—Ladouceur.

1767, (2 fevrier) Bout-de-l'Ile, M.

IV.—TURPIN, JEAN-BTE, [JEAN-BTE III. b 1745.
1° RANGER, Marie-Rose, [JOSEPH II. b 1744.
1773, (22 fevrier) Terrebonne.
2° FILION, Marie, [ANTOINE III. b 1738.

1767, (27 juillet) Pointe-Claire.

IV.—TURPIN, ETIENNE-BASILE, [JEAN-BTE III. b 1742.
LEGAUD, Marie, [JOSEPH II. b 1742.
Joseph, b 1770; m 1800, à Ursule DAOUST.

1800.

V.—TURPIN, JOSEPH, [ETIENNE-BASILE IV. b 1770.
DAUT, Ursule.
Amable, b... m 5 oct. 1821, à Marie CHALIFOUR, à Sioux.

1821, (5 oct.) Sioux.

VI.—TURPIN, AMABLE, [JOSEPH V.
CHALIFOUR (1), Marie-Eulalie, [JOSEPH V.
Marie-Rose, nee dans le Wisconsin; b... m 5 fevrier 1888, à Louis ROBERT, à Carondel — *Marie*, b 24 avril 1827, à St-Louis, Mo.

I.—TURVET, JEAN.
KEST (2), Abigail, s 6 déc. 1705, à Montreal.

I.—TUYAU, JACQUES, b 1669; s 7 mai 1709, à Montreal.

TYRAN.—Voy. TIRAND.

TYRIEST.—*Surnom* : LÉVEILLÉ.

1762, (22 fevrier) St-Constant.

I.—TYRIEST (3), PHILIPPE, fils de Philippe et de Catherine Guardeau, de Longville, diocèse de Toul, Lorraine.
RAYMOND (4), Agnes, [FRANÇOIS II. b 1733.
Louis, b 30 août 1762, à St-Philippe.[2] — *Philippe*, b [2] 24 fevrier et s [2] 16 juin 1764.

TYRION.—Voy. THYRION.

(1) Petite fille de Pierre IV et de Marie Valois, de Charlesbourg, voy. vol. II, p. 104. Ce nom a ete prononcé et écrit Jarphеau, a St-Louis Missouri.
(2) De la Nouvelle-Angleterre.
(3) Dit Léveillé.
(4) Passe-campagne

U

UBRY.—*Surnom:* Lajeunesse.

I.—UBRY (1), Paul, *b* 1667; du diocèse de Morlay, Bretagne; s 19 avril 1731, à St-Joachim.

URBAIN.—Voy. Fouquereau.

I.—URBAIN (2), Claude, *b* 1704; s 4 mai 1724, à Montréal.

1767.

III.—URBAIN (3), Pierre, [Guillaume II. *b* 1740.
Alary, Marie-Cécile.
Marie-Cécile, b 25 oct. 1767, à Repentigny.[9]—*Geneviève,* b[9] 26 mars 1769.—*Pierre,* b[9] 17 sept. 1771.—*Michel,* b[9] 16 juillet 1773.

URPEAU.—*Variation et surnom:* Hurpeau—St. Denis.

1742, (4 juin) Montréal.[8]

I.—URPEAU (1), b 1717; fils de Thomas et de Marie Bazin, de Ste-Marguerite, Paris.
Brassard, Marie-Charl.-Danielle, [Pierre III. b 1729.
Pierre, b[8] 4 février 1742.—*Marie-Hypolite,* b[8] 1er nov. et s[8] 3 dec. 1743.—*Amable,* b[8] 1er août 1745.—*Edme-Denis,* b[8] 6 et s[8] 13 août 1747.—*Marie-Charlotte,* b... m 30 nov. 1782, à Paul Terriot, à Québec.

URSÉ.—*Surnom:* Laverdure.

1756.

I.—URSÉ (2), Gérard, soldat.
Bottier, Marie-Catherine, b 1737; Française.
Marie-Elisabeth, b 22 sept. 1757, à Québec.

URTEBISE.—Voy. Hurtebise.

V

VACHARD.—*Surnom:* L'Ardoise.

1752, (10 avril) Montreal.

I.—VACHARD (4), Louis, b 1721; fils de Guillaume et d'Anne-Thècle L'heureux, de St-Gervais, Paris.
Bizet, Elisabeth, [Paul II. b 1735.
Joseph, b... m 22 fevrier 1783, à Marie Mondion, à St-Louis, Mo.[8]—*Antoine,* b... m[8] 21 juin 1791, à Marie-Joseph Favreau.—*Charles,* b[8] 11 janvier 1774.

VACHER.—*Variations et surnoms:* Guivaché—Vachet—Lacerte et Laserte—St. Antoine—St. Julien.

I.—VACHER (5), Jacques, s 18 mai 1690, à St-François-du-Lac.

1671, (26 oct.) Québec.

I.—VACHER (6), Pierre.
Sonnois (7), Thérèse.

(1) Dit Lajeunesse.
(2) Soldat de la compagnie de M. de Portneuf.
(3) Nom de baptême — Pour Fouquereau, voy vol. IV, p. 82.
(4) Dit L'Ardoise.
(5) Tué par les Iroquois.
(6) Voy. vol. I, p. 578.
(7) Lle (pouse, en 1673, Aimé Lecompte.

1671, (9 nov.) Québec.

I.—VACHER (3), Jean-Guillaume, fils de Guillaume et de Guilmette Vessonneau, de St-Pierre, ville d'Angers, Anjou.
1° Barillet, Anne, fille de Jean et d'Anne Boudinier, de St-Sulpice, Paris.
Françoise, b... m à Jean-Baptiste Duplessis-Noblet.

1685, (26 nov.) Trois-Rivières.[6]

2° Benoit, Marguerite, [Gabriel I. b 1661; s 5 juillet 1786, à l'Hôpital-Général, M.[7]
Jean-Charles, b[6] 12 mars 1686; m[6] 5 nov. 1709, à Marie-Claire Bergeron; s 11 sept. 1761, à Yamachiche.—*Madeleine,* b[6] 16 mars 1689; m 23 nov. 1716, à Nicolas Parson, à Montréal[8]; s[8] 28 janvier 1745.—*Marguerite,* b[6] 8 juillet 1691; 1° m 9 juin 1710, à Philippe Poirier; 2° m 25 juillet 1718, à Jean Maillot, à Chambly.—*Guillaume,* b[6] 25 sept. 1693; m[6] 13 mai 1732, à Catherine Dupuis; s[6] 26 sept. 1758.—*Louise,* b[6] 19 janvier 1696; m[8] 10 janvier 1722, à Sébastien Malidor.—*Marie-Agathe,* b[6] 19 juillet 1697; m[8] 2 oct. 1724, à Toussaint Rebour; s[8] 11 sept. 1725.—*Marie-Anne,* b 1700, m[8] 4 février 1726, à Martial Charon; s[7] 5 juillet 1786.—*Marie,* b[6] 27 dec. 1702; m[8] 28 dec. 1723, à Gabriel LeBer; s[8] 3 avril 1734.—*Françoise,* b[6] 12 janvier 1705; m[8] 9 juin 1732, à Pierre Compain.—*Barbe,* b... s[8] 25 mars 1726.

(1) Dit St. Denis; soldat de la compagnie de Beauvoir.
(2) Dit Laverdure.
(3) Dit Laserte, voy. vol. I, pp 577-78.

1709, (5 nov.) Trois-Rivières.[4]
II.—VACHER (1), JEAN-CHS, [JEAN-GUILLAUME I. b 1686; s 11 sept. 1761, à Yamachiche.[5]
BERGERON, Marie-Claire, [FRANÇOIS I. b 1686; s[5] 19 mars 1767.
Jean-Charles, b[4] 8 sept. 1710; m 3 février 1738, à Marie-Louise JUTRAS, à Nicolet.—*Catherine*, b[4] 3 juillet 1712; 1° m[4] 15 nov. 1739, à Pierre TESSIER; 2° m 18 janvier 1751, à Jean BOURDAIS, à Sorel. — *Marie-Angélique*, b[4] 18 juillet 1714; m[5] 17 janvier 1734, à Pierre GÉLINA. — *Jean-Baptiste*, b 1715; 1° m 3 juin 1736, à Marie-Françoise PROULX, à la Baie-du-Febvre; 2° m[4] 2 juillet 1764, à Marie DOUCET.—*René-Alexis*, b 9 mars 1717, à la Rivière-du-Loup; m[5] 10 juillet 1747, à Marie GÉLINA.—*Marie-Joseph*, b... m[5] 7 janvier 1741, à Jean-Baptiste GÉLINA.—*Marie-Marguerite*, b[5] 2 juillet 1724; m[5] 19 avril 1751, à Etienne GAUTIER.—*Joseph*, b[5] 15 janvier 1727; 1° m[5] 5 janvier 1756, à Françoise GÉLINA-BELLEMARE; 2° m 1767, à Françoise SEVIGNY. — *Didace*, b[5] 22 et s[5] 23 janvier 1729. — *Marie-Antoinette*, b[5] 11 mai 1731. — *Marie*, b... m[5] 14 janvier 1754, à Julien RIVARD. — *Catherine*, b... m 1756, à Charles AUCLAIR.

1723, (11 août) Montréal.[1]
I.—VACHER (2), ANTOINE, b 1694; fils de François et de Marguerite Paschal, de Condat, diocèse de Clermont, Auvergne.
PELLETIER, Marie-Marguerite, [FRANÇOIS I. b 1702.
Michel, b 1726; m 1754, à Marie-Angélique MERCIER.—*Marie*, b 3 oct. 1728, au Bout-de-l'Ile, M.—*Pierre-Antoine*, b 4 sept. 1730, à St-Augustin.[2]— *Marie-Marguerite*, b[2] 21 février 1733; m 1753, à Jean-Baptiste VACHON.—*Jean-Baptiste*, b 1734; m 1753, à Monique GINGRAS; s[2] 6 mars 1784.—*Joseph*, b[2] 13 mars 1735; m[1] 20 janvier 1766, à Marie-Joseph COUTAUT.—*Louis*, b[2] 21 oct. 1736.—*Ignace*, b[2] 18 janvier 1739.—*Charles-François*, b[2] 9 février 1741.—*Marie-Angélique*, b[2] 4 février 1743; s[2] 2 juin 1744.

1732, (13 mai) Trois-Rivières.[3]
II.—VACHER (1), GUILLAUME, [JEAN-GUILLAUME I. b 1693; s[3] 26 sept. 1758.
DUPUIS, Marie-Catherine, [FRANÇOIS I. b 1708; s[3] 3 août 1741.
Joseph, b[3] 19 juillet 1733; m[3] 19 oct. 1761, à Marie-Louise LAPRISE. — *Jean-Baptiste*, b[3] 29 janvier 1735.—*Marie*, b[3] 2 mars et s[3] 12 avril 1736.—*Marie-Catherine*, b[3] 17 mai 1737; m[3] 21 sept. 1756, à Charles AUCLAIR.—*Marie-Claire*, b[3] 12 août 1739; m[3] 7 août 1758, à Antoine BIBERON.
1751, (11 janvier) Nicolet.
2° ST. AUBIN-LAFRANCE, Madeleine, [FRANÇOIS I. b 1700; veuve de François Malbeuf.

1736, (3 juin) Baie-du-Febvre.
III.—VACHER (1), JEAN-BTE, [JEAN-CHARLES II. b 1715.
1° PROULX, Marie-Françoise, [CLAUDE II. b 1723; s 21 dec. 1755, aux Trois-Rivières[5]
Marie-Françoise, b[5] 5 mars 1737; m[5] 26 avril 1758, à François DANIAU; s 8 mars 1767, à Nicolet.[6] — *Claude*, b[5] 17 nov. 1738; s[5] 24 janvier 1739.—*Isabelle*, b[6] 1er mars 1740.—*Marie-Madeleine*, b[5] 16 déc. 1741.—*Marie-Charlotte*, b[5] 18 oct. 1743.—*Jean-Baptiste*, b[5] 25 sept. 1745.—*Joseph*, b[5] 8 juillet 1747.—*Marie-Joseph*, b[5] 27 sept. 1749.—*Jean-Louis*, b[5] 6 février et s[5] 27 sept. 1751.—*Louis*, b[5] 5 sept. 1752; m[6] 23 février 1789, à Angélique RÈCHE.—*Charles*, b[5] 6 mars 1755.—*Laurent*, b[5] 7 nov. 1755.
1764, (2 juillet).[5]
2° DOUCET, Marie, Acadienne; veuve de Pierre Cormier.

1738, (3 février) Nicolet.
III.—VACHER (1), JEAN-CHS, [JEAN-CHARLES II. b 1710.
JUTRAS, Marie-Louise, [MICHEL II. b 1721.
Marie-Louise, b 3 déc. 1738, à Yamachiche[9]; m[9] 3 nov. 1760, à François LEFEBVRE-DESCOTEAUX. —*Marie-Claire*, b[9] 15 mars 1740; s[9] 4 mai 1758. —*Agathe*, b[9] 17 janvier 1742; s[9] 4 nov. 1755.—*Marie-Joseph*, b[9] 17 et s[9] 20 sept. 1743.—*Marie-Joseph*, b[9] 11 août 1744; m[9] 4 février 1765, à Pierre LEMIRE.—*Jean-Charles*, b[9] 11 juin 1746; m 18 fevrier 1765, à Marie-Françoise LEMIRE, à la Baie-du-Febvre.—*Joseph*, b[9] 17 mars et s[9] 23 juillet 1748.—*Joseph*, b[9] 23 mai 1749.—*Charles*, b 1750; s[9] 13 fevrier 1752.—*Marie-Madeleine*, b[9] 22 et s[9] 25 juillet 1751.—*Catherine*, b[9] 5 juillet 1754.—*Françoise*, b[9] 27 mai 1756.—*Marie-Françoise*, b[9] 14 avril 1758.—*Marie-Ursule*, b[9] 1er sept. 1760.—*François*, b[9] 5 déc. 1762; s[9] 3 janvier 1763.

1747, (10 juillet) Yamachiche.[9]
III.—VACHER (1), RENÉ-ALEXIS, [JEAN-CHS II. b 1717.
GÉLINAS-BELLEMARE, Marie, [JEAN-BTE III. b 1718.
Marie-Françoise, b[9] 28 avril 1750.

1753.
II.—VACHER (2), JEAN-BTE, [ANTOINE I. b 1734; s 6 mars 1784, à St-Augustin.[1]
GINGRAS, Monique, [MATHIEU II. b 1724, s[1] 8 juin 1788.
Jean-Baptiste, b[1] 29 mars 1755. — *Charles*, b 1756; 1° m[1] 10 février 1783, à Brigitte PETITCLERC; 2° m 1786, à Louise ROBITAILLE.—*Véronique*, b[1] 16 janvier 1758.—*Jean-Baptiste*, b[1] 16 mars 1761.

1754.
II.—VACHER (2), MICHEL, [ANTOINE I. b 1726.
MERCIER, Marie-Angélique, [ANTOINE II. b 1723.
Antoine, b 20 dec. 1755, à St-Augustin[4]— *Marie-Joseph*, b 1757; s[4] 25 mai 1758. — *Gene-*

(1) Dit Lacerte.
(2) Dit St. Antoine; fermier de M. de Cavagnal.

(1) Dit Lacerte.
(2) Dit St. Antoine.

viève, b 10 juin 1759, à Ste-Anne-de-la-Pérade [1]; s [1] 31 janvier 1761. — *Louis*, b [1] 17 mars 1761.— *Joseph*, b 3 avril 1763, à Deschambault.

1756, (5 janvier) Yamachiche. [8]

III.—VACHER (1), JOSEPH, [CHARLES II. b 1727.

1° GÉLINA-BELLEMARE, Françoise, [ETIENNE IV. b 1736.

Françoise, b [8] 23 août et s [8] 6 sept. 1757. — *Françoise*, b [8] 12 juillet 1758; s [8] 31 juillet 1759. —*Joseph*, b [8] 12 oct. 1759. — *Louis*, b [8] 11 mars et s [8] 4 avril 1761. — *Marie-Françoise*, b [8] 27 février 1763.—*Paul*, b [8] 30 juillet 1764.—*Marguerite*, b [8] 31 mars 1766.

1767.

2° SÉVIGNY, Françoise.

Marie-Geneviève, b [8] 17 mars 1768.

1761, (19 oct.) Trois-Rivières.

III.—VACHER, JOSEPH, [GUILLAUME II. b 1733.

LAPRISE, Marie-Louise, [GUILLAUME I. b 1736.

1765, (18 février) Baie-du-Febvre.

IV.—VACHER (1), JEAN-CHAS, [JEAN-CHS III. b 1746.

LEMIRE, Marie-Françoise, [JEAN-FRANÇOIS III. b 1740.

Françoise, b 30 nov. 1765, à Yamachiche. [2]— *Charles*, b [2] 20 mars 1767. — *Marguerite*, b [2] 15 juin 1768.

1766, (20 janvier) Montreal.

II.—VACHER, JOSEPH, [ANTOINE I. b 1735.

COUTAUT, Marie-Joseph, [JEAN I. b 1741.

1783, (10 février) St-Augustin. [4]

III.—VACHER (2), CHARLES, [JEAN-BTE II. b 1756.

1° PETITCLERC, Brigitte, [JEAN-BTE III. b 1745; s [4] 21 juillet 1784.

Charles, b [4] 11 juillet et s [4] 13 août 1784.

1786.

2° ROBITAILLE, Louise.

Marie-Louise, b [4] 10 déc. 1786. — *Marie-Anne*, b [4] 28 février 1788. — *Geneviève*, b [4] 18 janvier 1790.—*Charles*, b [4] 8 avril 1792.—*Charles*, b [4] 28 avril 1794.

1789, (23 février) Nicolet.

IV.—VACHER (1), LOUIS, [JEAN-BTE III. b 1752.

REICHE, Angélique, [JEAN-BTE II. b 1765.

VACHEREAU.—Voy. VACHEROT.

VACHEROT.— *Variation et surnom* : VACHEREAU—VERSAILLES.

(1) Dit Lacerte.

(2) Dit St. Antoine.

1749, (14 avril) Montréal. [5]

I.—VACHEROT (1), JULIEN, b 1725; fils de Pierre et d'Anne Aufray, de N.-D. de Versailles.

LEBER, Françoise-Angélique, [GABRIEL II. b 1730.

Julien, b [5] 16 mars et s [5] 25 avril 1750.—*Madeleine*, b 2 février 1756, à St-Constant. [6] — *Marie-Louise*, b 16 mars 1758, à St-Philippe. [7] — *Jean-Baptiste*, b [7] 8 nov. 1759; s [6] 22 nov. 1760.— *Marie-Félicité*, b [6] 23 nov. 1761. — *François-Amable*, b [7] 9 juillet 1763.

I.—VACHERY (2), MARIE-MADELEINE, b 1724; m à Louis PETITCLERC; s 15 février 1786, à Québec.

VACHET.—Voy. VACHER.

VACHIGNAC.—Voy. LAROCQUEBRUNE.

VACHON.— *Surnoms* : DESFOURCHETTES — LAMINÉE—PAMERLAUX—POMERLOT.

1653, (22 oct.) Quebec. [1]

I.—VACHON (3), PAUL, b 1630, notaire royal; s 25 juin 1703, à Beauport. [2]

LANGLOIS, Marguerite, [NOEL I. b 1639; s [2] 25 sept. 1697.

Noel, b [1] 13 janvier 1669; m [2] 24 oct. 1695, à Monique GIROU; s [1] 12 août 1699.

1685, (25 juin) Beauport. [3]

II.—VACHON (4), VINCENT, [PAUL I. b 1660, s [3] 4 déc. 1716.

CADILU-COURVILLE, Louise, [CHARLES I. b 1667, s [3] 21 janvier 1703.

Paul, b [3] 11 juillet 1685; s [3] 18 janvier 1703.— *Marie-Charlotte*, b [3] 6 mars 1687; m [3] 2 sept. 1720, à Antoine PARANT. — *Marie-Françoise*, b [3] 8 mars 1689; m [3] 11 janvier 1712, à Jean MÉNARD.—*Louis*, b [3] 2 sept. 1691; 1° m [3] 16 nov. 1716, à Marie-Louise MAILLOU; 2° m [3] 25 oct. 1723, à Angelique LANDRY; s [3] 22 mars 1731.— *François*, b [3] 31 oct. 1693; 1° m [3] 14 nov. 1718, à Marguerite GIROUX; 2° m [3] 13 juin 1729, à Dorothee FOUGÈRE; s [3] 24 oct. 1729. — *Marie-Louise*, b [3] 11 juin 1696; m [3] 5 février 1719, à Pierre MAILLOU.—*Vincent*, b [3] 27 nov. 1698; m [3] 17 nov. 1723, à Marie-Madeleine PARANT; s [3] 9 avril 1725.—*Marie-Anne*, b [3] 1er déc. 1700; m [3] 6 nov. 1719, à Charles GARNIER.

1695, (24 oct.) Beauport. [5]

II.—VACHON (5), NOEL, [PAUL I. b 1669; s 12 août 1699, à Quebec.

GIROU, Monique, [TOUSSAINT I. b 1679.

Noel, b [5] 5 août 1696; m [5] 16 janvier 1719, à

(1) Dit Versailles; soldat de la compagnie de Lacorne.

(2) Native de Xaintes; voy. vol. VI p. 335.

(3) Voy. vol. I, p. 578.

(4) Dit Laminée, voy. vol. I, p. 578.

(5) Dit Pamerlaux; voy. vol. I, p. 578.

Marie-Jeanne Bélanger ; s 13 mars 1762, à St-Joseph, Beauce.

1696, (5 mars) Québec.

II.—VACHON (1), Pierre, [Paul I.
b 1671 ; s 17 janvier 1703, à Beauport.
Soulard (2), Marie-Catherine, [Jean I.
b 1669.

1716, (16 nov.) Beauport. [5]

III.—VACHON (3), Louis, [Vincent II.
b 1691 ; s [5] 22 mars 1731.
1° Maillou, Marie-Louise, [Noel II.
b 1697.

Marie-Louise, b [5] 16 dec. 1717 ; m [5] 19 nov. 1736, à Jacques-Joseph Bédard. — *Louis*, b [5] 13 mai 1719 ; m 4 août 1738, à Anne-Elisabeth Campagna, à Charlesbourg ; s [5] 17 avril 1756.— *Germain*, b [5] 30 janvier 1721 ; s [5] 19 mars 1731. —*Vincent*, b [5] 16 oct. 1722.

1723, (25 oct.) [5]

2° Landry (4), Angelique, [Claude II.
b 1704.

Marie-Angélique, b [5] 1er sept. 1724 ; m [5] 12 oct. 1744, à Pierre Grenier. — *Madeleine*, b [5] 9 janvier 1726 ; m [5] 12 oct. 1744, à Charles Drolet. — *Marie-Jeanne*, b [5] 11 mars 1727 ; m [5] 10 avril 1752, à Jean-Baptiste Grenier. — *Jean*, b [5] 15 nov. 1728 ; s 21 oct. 1749, à Quebec. — *Rose*, b [5] 6 août 1730 ; s [5] 11 juillet 1733.

1718, (14 nov.) Beauport. [5]

III.—VACHON (3), François, [Vincent II.
b 1693 ; s [5] 24 oct. 1729.
1° Giroux, Marguerite. [Michel II.
b 1700 ; s [5] 3 dec. 1728.

François, b [5] 12 août 1719 ; s [5] 10 mai 1730.— *Vincent*, b [5] 18 janvier 1721 ; s 17 juin 1733, à Charlesbourg. — *Jean-Baptiste*, b [5] 9 août 1722, m [5] 1er mars 1745, à Angelique Grenier. — *Marguerite*, b [5] 27 janvier 1724 ; m [5] 14 nov. 1740, à Lange Grenier. — *Marie-Geneviève*, b [5] 31 oct. 1725 ; s [5] 10 fevrier 1730. — *Louis*, b [5] 5 juillet 1727 ; s [5] 13 janvier 1730.

1729, (13 juin). [5]

2° Fougère (5), Dorothee, [Pierre I.
b 1707.

Geneviève (posthume), b [5] 22 juin 1730, m 1754, à Charles Maheu.

1719, (16 janvier) Beauport [4]

III.—VACHON (6), Noel, [Noel II.
b 1696 ; s 13 mars 1762, à St-Joseph, Beauce.[5]
Bélanger, Marie-Jeanne, [Paul III.
b 1705 ; s [5] 27 nov. 1775.

Marie-Thérèse, b [4] 14 oct. 1719 ; m [4] 5 juillet 1745, à Jean Grenier.—*Joseph-Noel*, b [4] 24 dec. 1720 ; m 1753, à Geneviève Paré. — *Etienne*, b [4] 30 août 1722. — *Marguerite*, b [4] 20 juillet 1724 ; m [5] 6 fevrier 1747, à Jean Doyon ; s [5] 8 mars 1756.—*Paul*, b [4] 26 juin 1726, m 1753, à Marie-Anne Doyon ; s [5] 26 nov. 1760. — *Marie-Marguerite-Louise*, b [4] 4 juin 1728 ; m [5] 6 fevrier 1748, à Etienne Paré ; s [5] 8 avril 1766. — *Claire-Félicité*, b [4] 31 juillet 1730 ; m à Zacharie Cloutier, s [5] 28 août 1760. —*Michel-Basile*, b [4] 3 août 1732, m [5] 19 février 1770, à Marie-Joseph-Françoise DeLessard. — *Marie-Jeanne-Françoise*, b [4] 26 fevrier 1734.—*Louis-Antoine*, b [4] 8 juillet 1735, m [5] 19 janvier 1762, à Helène DeLessard.—*Angélique*, b [4] 7 août 1737 ; m [5] 19 janvier 1761, à Joseph DeLessard. — *Jacques-Alexis*, b [4] 2 nov. 1739 ; m [5] 23 janvier 1764, à Marie-Elisabeth DeLessard. —*Michel*, b [4] 21 avril 1741, m [5] 31 janvier 1763, à Angélique DeLessard.—*Marie-Louise-Sophie*, b [4] 19 sept. 1743 ; m [5] 4 juin 1764, à Luc Forbès ; s [5] 1er avril 1773.— *Geneviève-Victoire*, b [5] 13 et s [5] 18 juillet 1745. —*Pierre*, b [5] 6 juillet 1746. — *Etienne-Noel*, b [5] 13 janvier 1748 ; m 1770, à Marie-Joseph Gobeil.

1723, (17 nov.) Beauport. [9]

III.—VACHON, Vincent, [Vincent II.
b 1698 ; s [9] 9 avril 1725.
Parant (1), Marie-Madeleine, [Jos.-Jean II.
b 1704 ; s [9] 11 nov. 1749.

Marie-Madeleine, b [9] 7 juin 1725.

1727, (6 oct.) L'Ange-Gardien. [7]

III.—VACHON (2), Noel, [Pierre II.
b 1700.
Marette (3), Marie-Charlotte, [Charles II
b 1708.

Jean-Baptiste, b [7] 15 juillet 1728 ; m 1753, à Marie-Marguerite Vacher.—*Joseph*, b 3 oct. 1729, à Lorette [8] ; s [8] 24 août 1730. — *Charles-Etienne*, b [9] 18 juin 1731.—*Joseph*, b [7] 19 juillet 1733.

1738, (4 août) Charlesbourg. [7]

IV.—VACHON (4), Louis, [Louis III.
b 1719 ; s 17 avril 1756, à Beauport. [8]
Campagnard, Anne-Elisabeth, [Charles II
b 1714 ; s 24 août 1770, à St-François, I. O

Louise-Elisabeth, b [8] 17 mai 1739 ; m 7 février 1774, à Antoine Parant, à Quebec [9], s [9] 12 oct. 1790.—*Marie-Louise*, b [8] 23 sept. 1740 ; m [8] 11 fevrier 1765, à Nicolas Dasilva.—*Louise*, b... m 24 oct. 1763, à Augustin Houde, aux Trois-Rivières.—*Françoise-Agathe*, b [7] 7 janvier 1742 ; m 22 nov. 1763, à Etienne Gaumont, à St-Thomas. —*Marie-Reine*, b [8] 3 fevrier 1743 ; m [9] 13 fevrier 1764, à Louis Roberge. — *Marie-Madeleine*, b [8] 7 avril 1744 ; 1° m [9] 10 janvier 1775, à Dominique Robichaud ; 2° m [9] 25 oct. 1785, à Ignace Lefrançois. — *Marie-Marguerite*, b [8] 23 janvier 1746, m [9] 13 avril 1795, à Jean-Baptiste Dumas. — *Louis*, b [8] 30 mars 1747.—*Marie-Geneviève*, b [8] 6 juin et s [8] 7 sept. 1748. — *Marie-Joseph*, b [8] 22 janvier 1750.—*Antoine-Adelaide*, b [8] 5 juillet 1751.

(1) Dit Desfourchettes ; voy vol. I, p. 578.

(2) Elle epouse, le 25 juin 1705, Louis Garnaut, à Beauport.

(3) Dit Laminee.

(4) Elle epouse, le 1er oct 1731, Louis Binet, à Beauport.

(5) Elle épouse, le 7 mai 1731, Jean Rodrigue, à Beauport.

(6) Dit Pameilaux.

(1) Elle épouse, le 1er oct. 1727, Basile Bonneau, à Beauport.

(2) Dit Desfourchettes.

(3) Lepine.

(4) Dit Laminée.

—*Marie-Catherine*, b [8] 25 août 1752.—*Jean-Marie*, b [8] 29 oct. 1753; s [8] 26 sept. 1755.—*Charles-Benjamin*, b [8] 26 février 1755.

1745, (1er mars) Beauport. [1]

IV.—VACHON, Jean-Bte, [François III.
b 1722.
Grenier, Angélique, [Pierre III.
b 1723.
Marie-Jeanne, b [1] 8 avril 1746; m [1] 9 janvier 1764, à Joseph Hély.—*Jean*, b [1] 26 mars 1747; s [1] 10 mars 1751.—*Charles*, b [1] 3 nov. et s [1] 17 nov. 1748.—*Ange-Raphaël*, b [1] 12 nov. 1749.—*Marie-Marguerite*, b [1] 14 juin 1752; s [1] 8 avril 1756.—*Pierre-Jean*, b [1] 28 juin 1754.—*Jacques*, b [1] 12 juillet et s [1] 21 août 1757.—*Joseph*, b 15 août 1759, à Charlesbourg; s [1] 5 sept. 1759.—*Jean*, b [1] 4 juin 1761.—*Marie-Marguerite*, b [1] 5 avril 1763.

1753.

IV.—VACHON (1), J.-Bte, [Noel-Jean-Bte III.
b 1728.
Vacher, Marie-Marguerite, [Antoine I.
b 1733.
Jean-Baptiste, b 26 janvier 1754, à Lorette. [2]—*Marie-Marguerite*, b [2] 22 janvier et s [2] 12 juillet 1756.—*Marie-Charlotte*, b [2] 2 août 1757.—*Marie-Catherine*, b [2] 12 avril et s [2] 23 juin 1759.—*Marie-Joseph-Marguerite*, b [2] 11 mai et s [2] 9 août 1761.—*Marie-Louise*, b [2] 24 mai 1762.—*Joseph*, b [2] 19 juin et s [2] 25 juillet 1763.—*Marie-Anne*, b [2] 10 août 1764.

1753.

IV.—VACHON, Joseph-Noel, [Noel III.
b 1720.
Paré, Marie-Geneviève, [Etienne III.
b 1730.
Joseph, b 12 déc. 1754, à St-Joseph, Beauce. [3]—*André*, b [3] 6 déc. 1756.—*Marie-Jeanne*, b 1758; m [3] 15 février 1779, à François Lessard.—*Marie-Joseph*, b [3] 3 août 1759.—*Geneviève-Victoire*, b [3] 27 janvier 1762.—*Dorothée*, b [3] 2 déc. 1763.—*Marie-Angélique*, b [3] 8 juillet 1766.

1753.

IV.—VACHON, Paul, [Noel III.
b 1726; s 26 nov. 1760, à St-Joseph, Beauce. [5]
Doyon (2), Anne, [Jean-Bte III.
b 1726.
Marie-Jeanne, b [5] 17 et s [5] 18 sept. 1754.—*Marie-Geneviève*, b [5] 30 nov. 1755, s [5] 4 déc. 1760.—*Jean-Baptiste*, b [5] 9 janvier 1757.—*François*, b [5] 12 février 1758.—*Marie-Louise*, b [5] 20 juillet 1759.—*Joseph*, b [5] 9 mars 1761.

1762, (19 janvier) St-Joseph, Beauce. [7]

IV.—VACHON, Louis-Antoine, [Noel III.
b 1735.
Lessard, Hélène, [François-Malo III.
b 1746.
Marie-Hélène, b [7] 9 juillet 1763; s [7] 29 janvier 1764.—*Joseph-Antoine*, b [7] 28 janvier et s [7] 14 mars 1765.—*Antoine*, b [7] 27 février 1766.—*Hélène*, b [7] 31 oct. 1767; s [7] 26 août 1769.—*Judith-Félicité*, b [7] 29 août 1769.—*Angélique*, b [7] 23 février 1771.—*Thérèse*, b [7] 24 juillet 1774.—*Louis*, b [7] 26 nov. 1775; s [7] 22 février 1778.—*Noël*, b [7] 9 mars 1777.—*Louis*, b [7] 18 juillet 1778; s [7] 11 déc. 1779.

1763, (31 janvier) St-Joseph, Beauce. [8]

IV.—VACHON, Michel, [Noel III.
b 1741.
Lessard, Marie-Genev.-Angél., [Frs-Malo III.
b 1727.
Marie-Jeanne, b [8] 11 mai 1764.—*Michel*, b [8] 25 janvier 1766.—*Etienne-Noel*, b [8] 8 déc. 1767.—*François-Etienne*, b [8] 6 mai 1770.—*Louis*, b 1772; s [8] 21 août 1773.—*Véronique*, b [8] 10 mai 1774.—*Roger*, b [8] 24 juin 1778.

1764, (23 janvier) St-Joseph, Beauce [9]

IV.—VACHON, Jacques-Alexis, [Noel III.
b 1739.
DeLessard, Marie-Elisabeth, [Pierre III.
b 1745.
Elisabeth, b [9] 4 déc. 1764.—*Alexis*, b [9] 30 nov. 1766.—*Pierre*, b [9] 27 mars 1769.—*Marie-Hélène*, b [9] 8 avril 1771.—*Marie-Geneviève*, b [9] 2 janvier 1774; s [9] 3 mai 1777.—*Jean-Baptiste*, b [9] 22 juin 1776; s [9] 1er février 1777.

1770, (19 février) St-Joseph, Beauce. [1]

IV.—VACHON, Michel-Basile, [Noel III.
b 1732.
DeLessard, Marie-Joseph-Frse, [Pierre III.
b 1747.
Basile, b [1] 25 déc. 1770.—*Marie-Hélène*, b [1] 19 janvier 1772.—*Joseph-François*, b [1] 17 janvier 1773.—*Félicité*, b [1] 16 février 1774.—*Marie-Joseph*, b [1] 2 mai 1775.—*Etienne*, b [1] 15 août 1776.

1770.

IV.—VACHON, Etienne-Noel, [Noel III.
b 1748.
Gobeil, Marie-Joseph, [Jean-François III.
b 1757; s 3 janvier 1778, à St-Joseph, Beauce. [2]
Etienne, b 1772; s [2] 15 juillet 1773.

1794, (19 août) Québec.

I.—VACHON, Jean-Pierre.
Dumais (1), Marie-Victoire. [Thomas.

VACHON, Charles.
1° Morand, Marie-Joseph.
1821, (26 février) St-Jean-Deschaillons.
2° DeLessard, Marie-Elisabeth,
veuve de Jean Paré.

VADAL, Jacques.
Venne, Thérèse.
Pierre, b 25 août 1758, à l'Ile-Dupas.

(1) Dit Desfourchettes.

(2) Elle épouse, le 14 juin 1762, Nicolas Lacaille, à St-Joseph, Beauce.

(1) Voy Dumas.

VADEAU.—*Surnom :* St. Jacques.

1740, (26 sept.) Montréal.[3]

I.—VADEAU (1), Jacques, b 1715; fils de Jacques et de Catherine Caillou, de Pazenne, diocèse de Poitiers, Poitou.
Georget, Geneviève, [Jean I.
b 1706; veuve de George Boucher.
Nicolas, b[3] 21 juillet et s[3] août 1741.—*Catherine,* b[3] 2 janvier 1743; m[3] 19 août 1765, à François Bouvet.—*Marie-Angélique,* b[3] 26 avril 1745; m[3] 22 sept. 1766, à Jacques-Charles Leheu —*Jacques-Nicolas,* b[3] 6 dec. 1746; s[3] 7 mars 1747.

VADEBONCŒUR.—Voy. Baril — Bireau et Birot—Boluse — Buveteau — Cauchy—Cavasseur—Chupin—Clarembaut—Couturier —Delestre—Dupont—Fonjamy—Fourré—Gareau — Helouís—Lauzon — Marguery—Mirambeu—Monpoirier—Moran—Pariau—Parnier — Paviot — Petitjean—Prenier—Rastoul—Renfour—Roux—Sourdive.

I.—VADEBONCŒUR (2), ...

VADENAIS.—Voy. Vadenay.

VADENAY.—*Variations et surnom :* Beaudenesse — Vadenais — Vadéne — Vadné — St. Jean.

1727.

I.—VADENAY (3), Jean-Bte,
s 3 janvier 1742, à Lotbinière.
Hètu, Marie-Rose, [George I.
b 1703.
Jean-Baptiste, b 9 et s 15 nov. 1727, aux Trois-Rivieres.—*Jean-Baptiste,* b 19 juillet et s 12 août 1729, aux Grondines.—*Marie-Joseph,* b 10 juin 1730, au Cap-Sante. — *Joseph,* 19 sept. 1732, à Ste-Anne-de-la-Perade; m 1756, à Catherine-Amable Guillet.

1727.

I.—VADENAY, Jean-Bte.
Mousseau-Desilets, Marie-Anne, [Jacques II
b 1696.
Marie-Anne, b 1728; s 14 fevrier 1730, à Montreal.[5] — *Jean-Baptiste,* b 1729; m 19 nov. 1753, à Marie-Claude Frapier, à Lavaltrie.[6] —*Antoine,* b[5] 11 fevrier 1730; m[6] 20 nov. 1758, à Françoise-Antoinette Laporte.—*Joseph,* b 20 sept 1732, à L'Assomption —*Nicolet,* b 1733 m 14 avril 1760, à Catherine Plante, à Lanoraie. — *Louis,* b 19 fevrier 1737, à Lachenaye

(1) Dit St-Jacques; soldat, boulanger.
(2) Infirmier a l'Hôpital des Ursulines des Trois-Rivières. (Regist. des Procès-Verbaux, 1er août 1767.)
(3) Et Beaudenesse dit St. Jean. meunier.

1753, (19 nov.) Lavaltrie.

II.—VADENAY, Jean-Bte, [Jean-Bte I.
b 1729.
Frapier (1), Marie-Claude, [Louis III.
b 1730.
Marie-Anne, b 29 août 1755, à Sorel[1]; s[1] 6 janvier 1756.

1756.

II.—VADENAY, Joseph, [Jean-Bte I.
b 1732.
Guillet, Catherine-Amable, [Louis III.
b 1733.
Catherine, b 1757; s 13 mai 1759, à Verchères.[2] —*Marie-Joseph,* b[2] 19 avril et s[2] 9 sept. 1759.—*Marie-Catherine,* b[2] 11 nov. 1760.

1758, (20 nov.) Lavaltrie.[4]

II.—VADENAY, Antoine, [Jean-Bte I.
b 1730.
Laporte, Françoise-Antoinette, [Nicolas III.
b 1740.
Marie-Françoise, b[4] 29 sept. 1759.—*Pierre,* b[4] 17 nov. 1760.

1760, (14 avril) Lanoraie.

II.—VADENAY, Nicolas, [Jean-Bte I.
b 1733.
Plante, Marie-Catherine, [Augustin III.
b 1740.

VADENÉ.—Voy. Vadenay.

VADNÉ.—Voy. Vadenay.

1764.

I.—VADOUT (2), François-Salvador, b 1733; de l'Ile de Malte, eleve à Venise.
.... (3), Marie-Anne.
Marguerite, b 1765; s 24 juillet 1775, à Boucherville.

VAILLANCOUR.—*Variations :* DeLiancour — Vaillancourt—Viancour—Viano—Villancour.

1668.

I.—VAILLANCOUR (4), Robert,
b 1640; de Rouen; s 9 juin 1699, à Ste-Famille, I. O.[1]
Goblil, Françoise, [Jean I.
b 1654.
Jean, b[1] 16 avril 1671.—*Marie-Anne,* b[1] 7 mai 1672, m[1] 13 fevrier 1691, à Louis-Rene Béchard, s 14 juillet 1742, à St-Michel.—*Marie,* b[1] 5 sept. 1674; m 3 juin 1697, à Jean-Baptiste Michaud, à St-Pierre, I. O.[2]; s 2 juin 1706, à Quebec.[3] — *Jean,* b[1] 21 août 1676, m[3] 29 août 1701, à Marie-Charlotte Huot, s[1] 19 janvier 1703.—*Robert,* b[1] 11 avril 1678, 1° m 28 sept. 1704, à Genevieve

(1) Bonaventure.
(2) Il était à Québec en 1762. (Procès-Verbaux, 1762)
(3) Le nom de la femme est inconnu.
(4) Voy vol. I, p. 578.

DESTROISMAISONS, à St-Thomas; 2° m 1713, à Marie-Anne DURAND; 3° m 1715, à Marie-Simone LAMY.—*Louise*, b [1] 17 mars 1680; m [1] 3 nov. 1698, à Pierre DUMAS.—*Paul*, b [1] 2 juin 1682; m [1] 10 février 1705, à Marguerite GUILLOT; s [1] 17 février 1750.—*Joseph*, b [1] 23 juillet 1684; m 2 mai 1707, à Marie MULOIN, à St-François, I. J.; s 25 mars 1755, à Lachenaye.—*François*, b [2] 1er février 1687; 1° m 1714, à Marguerite LORRAIN; 2° m 1731, à Marie-Joseph CORBEIL. — *Marie-Charlotte*, b [1] 8 mai 1689; m [1] 9 février 1711, à Jacques PLANTE; s [1] 10 août 1759.—*Jeanne*, b [1] 23 juin 1691.—*Angélique*, b 1693; m 15 juin 1711, à Ignace BÉLANGER, à l'Islet [4]; s [4] 23 juillet 1717. —*Bernard*, b [1] 27 mars 1695; m 27 avril 1714, à Geneviève BERGERON, à St-Nicolas.—*Catherine*, b 1696; m 1713, à Jacques DELEUGRÉ.

1701, (29 août) Québec.

II.—VAILLANCOUR (1), JEAN, [ROBERT I.
b 1676, s 19 janvier 1703, à Ste-Famille, I. O.
HUOT (2), Marie-Charlotte, [NICOLAS I.
b 1672.

Jean-Baptiste, b 8 juillet 1702, à St-Pierre, I.O.; m 6 août 1725, à Marie-Catherine PICHÉ, à St-Augustin.

1704, (28 sept.) St-Thomas. [1]

II.—VAILLANCOUR, ROBERT, [ROBERT I.
b 1678.
1° DESTROISMAISONS, Geneviève, [PHILIPPE I.
b 1682.

Ignace, b 1er et s 3 août 1705, à l'Islet. [2] — *Joseph*, b [2] 20 juin 1707; m [2] 7 janvier 1733, à Therèse MARTIN.— *Geneviève*, b [2] 1er mars 1709; m [2] 7 janvier 1744, à Joseph BERNARD. — *Marie-Madeleine*, b [2] 27 février 1710. — *Jean-Baptiste*, b [2] 18 dec. 1712; m [2] 2 mars 1734, à Félicite TIBAUT.

1713.

2° DURAND, Marie-Anne, [NICOLAS II.
b 1686; s 14 mai 1714.

Anonyme, b [2] et s [2] 12 mai 1714.

1715.

3° LAMY, Marie-Simone, [PIERRE I.
b 1697; s [1] 24 nov. 1749.

Angélique, b [2] 25 mars 1716; m [2] 3 mai 1734, à François BÉLANGER.— *Alexis*, b [2] 13 sept. 1717. —*Louise*, b [1] 10 juillet 1719, m [2] 3 février 1739, à Joseph GODBEAU; s [1] 1er mai 1748. — *Geneviève*, b [1] 12 mai 1721; m [1] 7 janvier 1744, à Joseph BERNARD. — *Robert*, b [1] 21 juin 1723. — *Marie-Françoise*, b [1] 25 mars 1725; m 15 nov. 1751, à Antoine MICHAUD, à Kamouraska [3]; s [3] 2 nov. 1752. — *François-Robert*, b [2] 27 mars 1727; m 1763, à Angelique COTÉ, s 16 mars 1784, à St-Jean-Port-Joli.—*Ignace*, b [2] 29 juillet 1729; m 26 avril 1752, à Clotilde PELLETIER, à St-Roch. — *Raphael*, b [2] 14 sept. 1731; m 1757, à Marguerite CHARBONNEAU. — *Marie-Reine*, b [2] 15 dec. 1733. — *Jean-Bernard*, b [2] 20 janvier 1737.—*Basile*, b [2] 24 juillet et s [2] 3 août 1740.

(1) Et Viancour.

(2) St-Laurent; elle épouse, en 1703, Charles Roignon.

1705, (10 février) St-Pierre, I. O. [1]

II.—VAILLANCOUR, PAUL, [ROBERT I.
b 1682; s 17 février 1750, à Ste-Famille, I. O. [6]
GUILLOT, Marguerite, [VINCENT I.
b 1684; s [6] 10 sept. 1741.

Marie, b [6] 30 mars 1706; m [6] 14 avril 1738, à Simon TURCOT. — *Claude*, b [6] 15 nov. 1707; 1° m [1] 12 nov. 1731, à Madeleine RATÉ; 2° m [1] 6 nov. 1747, à Geneviève PICHET. — *Paul*, b [6] 13 nov. 1709; m [1] 20 nov. 1730, à Marie Anne RATÉ, s [6] 24 dec. 1751.—*Louis*, b [6] 14 sept. et s [6] 3 déc. 1711. — *Jacques*, b [6] 23 avril 1713. — *Jean-Baptiste*, b [1] 24 juin 1717; m 19 août 1743, à Madeleine COLOMBE, à St-Laurent, I. O. — *Pierre-François*, b [6] 4 août 1719; m [6] 26 février 1748, à Elisabeth GREFFARD; s 25 mai 1750, à Beaumont.—*Alexandre*, b [6] 17 avril 1722; m [6] 23 janvier 1747, à Marie-Marguerite RACINE.— *Barthélemi*, b [6] 10 dec. 1722; s [1] 4 janvier 1723.—*Marguerite*, b [6] 15 juin 1724; m [6] 23 février 1745, à Etienne-Prisque RACINE.

1707, (2 mai) St-François, I. J. [1]

II.—VAILLANCOUR, JOSEPH, [ROBERT I.
b 1684; s 25 mars 1755, à Lachenaye. [2]
MULOIN, Marie, [JEAN I.
b 1689; s [2] 30 sept. 1739.

Marie-Joseph, b [1] 12 juillet et s [1] 1er nov. 1708. —*Marguerite*, b... m [2] 9 janvier 1730, à Joseph BEAUCHAMP. — *Catherine*, b... m [2] 13 juillet 1733, à Pierre LECLERC. — *Joseph*, b [1] 1er oct. 1713; m 1738, à Marie-Madeleine CADIEU.—*Jean-François*, b [1] 12 mars 1716; m 1745, à Marie-Anne MASTA. — *Jean*, b 1718; 1° m [2] 10 avril 1741, à Angelique BEAUCHAMP; 2° m [2] 16 nov. 1750, à Madeleine GOSSELIN; 3° m 1756, à Marie-Elisabeth BOURGOIN; 4° m [2] 4 mai 1772, à Marie-Anne GIRARD.—*Marie-Joseph*, b... m [2] 9 février 1739, à François BEAUCHAMP. — *Marie-Anne*, b... m [2] 7 oct. 1743, à Joseph CUSSON.—*Charles-Clet*, b [2] 25 avril 1729; m [2] 21 février 1757, à Pelagie ROCHON; s 2 dec. 1760, à St-Henri-de-Mascouche. —*Marie*, b... m [2] 18 janvier 1751, à Antoine GUÉRET.

1714, (27 avril) St-Nicolas. [6]

II.—VAILLANCOUR, BERNARD, [ROBERT I.
b 1695.
BERGERON, Geneviève, [ANDRE I.
b 1695.

Marguerite-Geneviève, b [6] 4 et s [6] 9 mars 1715. — *Marie*, b 8 avril 1718, à Lotbiniere. [7] — *Jean*, b [7] 14 juillet 1719; 1° m 1748, à Marie-Therèse LEMIRE; 2° m 7 juin 1751, à Marie-Therèse HOUDE, à Ste-Croix. [8]—*Joseph*, b [7] 22 oct. 1721.— *Marie*, b... m à Jean-Baptiste HOUDE.—*Bernard*, b [8] 25 avril 1728; s [8] 10 mars 1758. — *Marie-Joseph*, b... m [8] 16 nov. 1750, à Jean-Baptiste LEMAY.

1714.

II.—VAILLANCOUR, FRS, [ROBERT I.
b 1687.
1° LORRAIN, Marguerite, [FILBERT II
b 1695.

Joseph, b 1714, m 1738, à Marie-Joseph PH-

NEUF.—*Jean-François*, b et s 8 juin 1717, au Lac-des-Deux-Montagnes.[1] — *Marie-Suzanne*, b[1] 8 juin 1718; m 5 mars 1737, à Pierre DENIAU, au Sault-au-Récollet.[2]

1731.

2° CORBEIL (1), Marie-Joseph, [ANDRÉ I. b 1708.

André, b 1732; m[2] 17 mai 1756, à Marie-Françoise BAYARD.—*Louis*, b 15 et s[2] 29 nov. 1738, à St-François, I. J.—*Louis*, b[2] 5 sept. 1742; m 14 février 1763, à Catherine ROCHON, à St-Vincent-de-Paul.

1725, (6 août) St-Augustin.

III.—VAILLANCOUR, JEAN-BTE, [JEAN II. b 1702.

PICHET, Marie-Catherine, [JEAN-BTE II. b 1712.

1730, (20 nov.) St-Pierre, I. O.[6]

III.—VAILLANCOUR, PAUL, [PAUL II. b 1709; s 24 déc. 1751, à Ste-Famille, I. O.[7]

RATÉ, Marie-Anne-Therèse, [JEAN-BTE II. b 1704; s[7] 23 oct. 1769.

Marie-Joseph, b[7] 18 fevrier et s[7] 24 mars 1732. — *Jean-Baptiste-Marie*, b[7] 11 sept. 1733.—*Marie-Louise*, b[6] 23 août 1735; m[7] 24 février 1756, à Prisque RACINE.—*Marie-Rose*, b[7] 1er mars 1739, 1° m[7] 21 nov. 1763, à François ASSELIN; 2° m[7] 3 fevrier 1766, à Jean-Baptiste PICHET.—*Joseph-Marie*, b[7] 2 mai 1740; m 1767, à Thérèse PICHET. —*Ignace*, b[7] 20 oct. 1744.—*Marie-Madeleine*, b[6] 14 sept. 1746; s[7] 11 janvier 1749.

1731, (12 nov.) St-Pierre, I. O.[1]

III.—VAILLANCOUR, CLAUDE, [PAUL II. b 1707.

1° RATÉ, Madeleine, [GUILLAUME II. b 1712; s 1er dec. 1745, à Ste-Famille, I. O.[2]

Claude, b 1732; m 5 mars 1764, à Felicite ROULEAU, à St-François, I. O.[3]; s[3] 9 mai 1765.— *Marie-Madeleine*, b[2] 4 août et s[2] 17 oct. 1733.— *Marie-Marguerite*, b[2] 31 août 1734. — *Marie-Madeleine*, b... m[3] 26 janvier 1756, à Augustin TURCOT.—*Louis*, b[3] 21 sept. 1736.—*Joseph-Marie*, b[1] 25 fevrier 1738; m[2] 28 janvier 1771, à Marie-Catherine MENEUX. — *François*, b[2] 29 oct. 1739, m[2] 29 janvier 1771, à Marie-Victoire GREFFARD. —*Marie-Madeleine*, b[2] 15 sept. et s[2] 30 oct. 1741. — *Marie-Madeleine*, b[2] 4 fevrier 1743; m[2] 14 nov. 1763, à Medard TURCOT; s[2] 13 août 1768. — *Pierre-François*, b[1] 5 août 1745.

1747, (6 nov.)[1]

2° PICHET, Geneviève, [LOUIS II. b 1722.

Marie-Louise, b[2] 8 sept. 1748; s[2] 30 mai 1765. —*Basile*, b[2] 20 mai 1750; m 12 oct. 1784, à Geneviève BOUCHER, à Québec[4]; s[4] 12 juin 1795.— *Joseph-Théophile*, b[2] 18 mars et s[2] 12 août 1752. — *Jean-Baptiste*, b[2] 7 mai 1753.—*Prisque*, b[2] 23 avril 1755, s[2] 13 août 1756.— *Geneviève*, b[2] 14 février 1757. — *Etienne*, b[2] 14 oct. 1762; m[4] 23 avril 1787, à Marie-Madeleine BRIDARD.

(1) Elle épouse, le 30 juin 1756, Joseph Ethier, au Sault-au-Récollet.

1733, (7 janvier) Islet.[5]

III.—VAILLANCOUR, JOSEPH, [ROBERT II. b 1707.

MARTIN, Therèse, [LOUIS II. b 1710.

Joseph-Michel, b[5] 29 sept. 1733; m 8 janvier 1753, à Marie-Reine LURET, à la Rivière-Ouelle. —*Anonyme*, b[5] et s[5] 11 janvier 1735. — *Marie-Thérèse*, b[5] 6 déc. 1735; m 31 janvier 1757, à Jean HAYOT, à Kamouraska.[6] — *Marie*, b... m 30 oct. 1758, à Pierre PINET, à St-Charles. — *Jean*, b[5] 26 janvier 1738; m[6] 27 nov. 1758, à Marie-Geneviève MICHAUD; s 2 déc. 1755, à Berthier.— *Louis*, b[5] 25 août 1739; 1° m[5] 23 juillet 1764, à Françoise TONDREAU; 2° m[6] 1er juin 1767, à Marie-Françoise CHORET. — *Barthélemi*, b[5] 11 nov. 1740; 1° m[6] 27 janvier 1766, à Madeleine BOUCHARD; 2° m 3 juillet 1781, à Marie LABELLE, à Terrebonne.—*Charles*, b[5] 20 sept. 1742; 1° m[6] 12 janvier 1767, à Marguerite MICHAUD; 2° m[6] 26 nov. 1770, à Catherine OUELLET. — *Marie-Barbe*, b[5] 10 fevrier 1744; m[6] 7 janvier 1766, à Joseph MICHAUD. — *Elisabeth*, b... m[6] 25 juillet 1768, à Gabriel COTÉ.—*Marie*, b 1746, m 1762, à Michel RUEST. — *Ignace*, b 7 oct. 1748, à Ste-Anne-de-la-Pocatière[7]; m[6] 17 mai 1773, à Marie-Elisabeth PARADIS.—*Alexis*, b[7] 10 juillet 1750; m[6] 9 avril 1771, à Madeleine PARADIS.

1734, (2 mars) Islet.[1]

III.—VAILLANCOUR, JEAN-BTE, [ROBERT II. b 1712.

TIBAUT, Felicité, [JEAN-FRANÇOIS II. b 1712.

Marie-Claire, b[1] 13 mars 1735, m 1753, à André MORIN.—*Jean-François*, b[1] 29 juillet 1736, m 1758, à Catherine DESROSIERS-DUTREMBLE— *Paul*, b[1] 12 mai et s[1] 18 juillet 1738. — *Marie-Félicité*, b[1] 30 août 1739; m 19 nov. 1770, à Augustin-Magloire CARRIER, à St-Jean-Port-Joli.[6]— *Pierre*, b[1] 21 mai 1741; m[6] 29 oct. 1769, à Marie-Françoise CHARTIER. — *François-Xavier*, b[1] 25 avril 1743; m 1770, à Marie-Geneviève BÉLANGER. — *Marie-Modeste*, b[1] 11 février 1749; m[6] 11 janvier 1779, à Romain CHOUINARD.

1738.

III.—VAILLANCOUR, JOSEPH, [FRANÇOIS II. b 1714.

PHANEUF, Marie-Joseph, [MATHIAS I. b 1715.

Joseph, b 17 sept. 1739, à St-François, I. J.; m 10 nov. 1760, à Marie-Madeleine CADIEU, à Ste-Rose.[1] — *Jean-Baptiste*, b 1741; m[1] 23 janvier 1764, à Marie-Thérèse DUBOIS. — *Marie-Joseph*, b... m[1] 4 mars 1764, à Joseph TOUGAS.— *Jean-Charles*, b[1] 11 mai 1747, m 1780, à Marie LABELLE.—*Marie-Rose*, b[1] 13 oct. 1748.—*Pierre*, b[1] 30 nov. et s[1] 24 dec. 1749.—*Marie-Charlotte*, b[1] 27 août 1751; s[1] 19 juin 1752. — *Charles-Joseph*, b 22 août 1753, à Terrebonne. — *Marie-Marguerite*, b[1] 16 nov. et s[1] 17 dec. 1755.

1738.

III.—VAILLANCOUR, JOSEPH, [JOSEPH II.
b 1713.

CADIEU (1), Marie-Madeleine, [JEAN-FRS III.
b 1724.

Marie, b... m 8 janvier 1759, à Jean-Baptiste JOLY, à Ste-Rose.[8] — *Marie-Amable*, b... m[8] 13 oct. 1760, à Augustin FORGET. — *Marie-Anne*, b 21 oct. 1743, au Sault-au-Recollet[9]; m[8] 24 janvier 1763, à François FORGET; s[8] 22 mars 1764. — *Joseph-François*, b[9] 11 sept. 1745. — *Marie-Thérèse*, b[9] 3 sept. 1747.—*Jean-Baptiste-Amable*, b[9] 26 janvier et s[9] 21 février 1749.— *Angélique-Amable*, b[9] 26 janvier et s[9] 19 fevrier 1749. — *Gabriel*, b 5 mai 1751, à St-Vincent-de-Paul.

1741, (10 avril) Lachenaye [6]

III.—VAILLANCOUR, JEAN, [JOSEPH II.
b 1718.

1° BEAUCHAMP, Angélique, [PIERRE II.
b 1724; s[6] 13 mars 1746.

1750, (16 nov.) [6]

2° GOSSELIN, Marie-Madeleine, [FRANÇOIS III.
b 1717; s[6] 6 mars 1752.

Jean-François, b[6] 25 nov. 1751.

1756.

3° BOURGOIN, Marie-Elisabeth, [VINCENT III.
b 1734; s 26 nov. 1760, à St-Henri-de-Mascouche.

1772, (4 mai). [6]

4° GIRARD, Marie-Anne, [RENÉ I.
b 1718; veuve de François Guenet.

1743, (19 août) St-Laurent, I. O. [5]

III.—VAILLANCOUR, JEAN-BTE, [PAUL II.
b 1717.

COLOMBE, Madeleine, [LOUIS II.
b 1714; veuve de Joseph Chabot.

Catherine, b[5] 27 juillet 1744; m 15 fevrier 1762, à François-Didier DEGRÉ, à Quebec.[6] — *Marie-Jeanne*, b[5] 28 dec. 1745. — *François*, b[5] 30 janvier et s[5] 2 fevrier 1748. — *François*, b[5] 6 et s[5] 28 mai 1749. — *Monique*, b[5] 6 mai 1749.— *Marie-Geneviève*, b[5] 13 avril 1751; s[5] 11 mars 1752.—*Jean-Baptiste*, b[6] 5 sept. 1753; s[6] 8 sept. 1755.

1745.

III.—VAILLANCOUR, JEAN-FRS, [JOSEPH II.
b 1716.

MARSTA, Marie-Anne, [TOUSSAINT II.
b 1724.

Joseph-François, b 23 février 1746, à Lachenaye[1]; s[1] 30 janvier 1765.—*François*, b[1] 20 juin 1747; s[1] 29 mars 1748. — *Marie-Thérèse*, b[1] 31 oct. 1748.—*Elisabeth*, b 1749; s[1] 25 sept. 1753.— *Geneviève*, b[1] 2 mars 1751; m[1] 3 juin 1771, à Jean-Baptiste CUSSON. — *Jean-François*, b[1] 17 mars 1752; m 1er mai 1775, à Marie-Agathe MARION, à Repentigny.—*Marie-Anne*, b... m[1] 6 oct. 1782, à Jean-Baptiste CONTENT. — *Marie-Archange*, b[1] 7 juillet 1760. — *Antoine*, b[1] 10 fevrier 1762; m[1] 7 nov. 1785, à Marie-Angelique PAQUET. — *Marie-Charlotte*, b[1] 25 oct. 1763. — *Marie-Julie*, b... m[1] 4 avril 1785, à Pierre BEAUCHAMP.

1747, (23 janvier) Ste-Famille, I. O. [6]

III.—VAILLANCOUR, ALEXANDRE, [PAUL II.
b 1722.

RACINE, Marie-Marguerite, [ET.-PRISQUE III.
b 1727.

Alexandre, b[6] 20 janvier 1748; m 16 juin 1789, à Marie-Louise MAILLOT, à Quebec.[7] — *Marie-Louise*, b 23 août 1749, à St-Pierre, I. O. — *Joseph*, b[6] 24 juin 1751. — *Jean-Baptiste*, b[6] 13 juillet 1753; s[6] 12 mars 1754.—*Marie-Angélique*, b[6] 28 février 1755; s[6] 10 août 1756.—*Jean-Baptiste*, b[7] 24 et s[7] 29 juin 1757. — *Jean-Baptiste*, b[7] 7 janvier 1759; s[7] 10 janvier 1760. — *Pierre*, b[7] 20 juin et s[7] 28 sept. 1761.—*Marie-Anne*, b[7] 11 nov. 1762.

1748, (26 février) Ste-Famille, I. O. [6]

III.—VAILLANCOUR, PIERRE-FRS, [PAUL II.
b 1719; s 25 mai 1750, à Beaumont.[7]

GREFFARD (1), Elisabeth, [LOUIS II.
b 1721.

Pierre, b[6] 11 août et s[6] 5 sept. 1748.—*Pierre*, b[7] 14 juillet 1749.

1748.

III.—VAILLANCOUR, JEAN, [BERNARD II.
b 1719.

1° LEMIRE, Marie-Therèse, [CHARLES I.
b 1723; s 11 nov. 1750, à Ste-Croix.[8]

Marie-Joseph, b[8] 13 dec. 1749; s[8] 4 avril 1751. —*Anonyme*, b[8] et s[8] 9 août 1750.

1751, (7 juin).[8]

2° HOUDE, Marie-Therèse, [JEAN-BTE III.
b 1731.

Joseph, b 6 mars 1752, à St-Antoine-Tilly.— *Joseph-Henri*, b[8] 15 juillet 1753.—*Marie-Thérèse*, b[8] 15 janvier et s[8] 14 nov. 1755.—*Marie-Louise*, b[8] 6 juillet 1756.—*Simon*, b 1760; m 12 fevrier 1793, à Geneviève HÉBERT, à Québec.

1750.

VAILLANCOUR, MICHEL,
b 1733.

BAUDE (2), Thérèse.

Joseph, b 14 nov. 1751, à Québec. — *Thérèse*, b 20 août 1758, à St-Charles.[9] — *Pierre*, b[9] 12 oct. 1760.

1752, (26 avril) St-Roch.

III.—VAILLANCOUR, IGNACE, [ROBERT II.
b 1729.

PELLETIER, Clotilde, [JEAN-BTE IV.
b 1719, veuve de Joseph Thibaut; s 28 juin 1785, à St-Jean-Port-Joli.[9]

Marie-Françoise, b... m[9] 26 février 1781, à Louis LEVIEUX. — *Ignace*, b 8 mai 1761, à l'Islet.

(1) Elle épouse, le 10 janvier 1757, Claude Levert, à Ste-Rose.

(1) Elle épouse, le 26 nov. 1767, Charles Guérard, à St-François, I. O.

(2) Et Both—Bande.

1753, (8 janvier) Rivière-Ouelle.
IV.—VAILLANCOUR, Jos.-Michel, [Jos. III.
b 1733.
Hubette-Rochefort, Marie-Reine, [Bernard I.
b 1734.
François, b... s 12 janvier 1754, à Ste-Anne-de-la-Pocatière. — *Alexis*, b 9 janvier 1754, à St-Roch.—*Joseph-Alexandre*, b 3 dec. 1754, à Kamouraska[1]; s[1] 18 mars 1755.—*Joseph*, b[1] 26 juin 1758; m 16 mai 1783, à Marie-Anne Duchemin, à St-Louis, Mo.—*Pierre*, b[1] 7 dec. 1760.—*Antoine*, b[1] 21 août 1763.—*Marie-Thérèse*, b[1] 7 juillet 1765.—*Marie-Reine*, b[1] 12 oct. 1766.

1756, (17 mai) Sault-au-Récollet.
III.—VAILLANCOUR, André, [François II.
b 1732.
Bayard, Marie-Françoise, [François III.
b 1738.
Marie, b 1759; m 10 juin 1782, à Pierre Pepin, à Montréal.

1757, (21 fevrier) Lachenaye.
III.—VAILLANCOUR, Chs-Clet, [Joseph II.
b 1729; s 2 dec. 1760, à St-Henri-de-Mascouche.
Rochon (1), Pélagie, [Michel III.
b 1738.

1757.
III.—VAILLANCOUR, Raphael, [Robert II.
b 1731.
Charbonneau, Marguerite, [Joseph III.
b 1738.
Raphael, b 21 oct. 1758, à Lachenaye.[2]—*Jean-François*, b[2] 10 août 1760.—*Raphael*, b[2] 29 mars et s[2] 11 août 1762.—*Joseph-Marie*, b[2] 8 août 1763.—*Jean-Baptiste*, b[2] 18 dec. 1764, s[2] (noye) 10 sept. 1773. — *Marie-Marguerite*, b[2] 18 mai et s[2] 2 août 1766.—*Anonyme*, b[2] et s[2] 3 juillet 1767.—*Raphael*, b[2] 3 fevrier 1771.—*Jean*, b[2] et s[2] 28 juin 1772.—*Marie-Louise*, b[2] 2 mars 1774.—*Marie-Joseph*, b[2] 2 sept. 1777.

1758.
IV.—VAILLANCOUR, Jean-Frs, [Jean-Bte III.
b 1736.
Desrosiers-Dutremble, Catherine, [Michel III.
b 1731.
Jean-Baptiste, b 1er février 1759, à l'Islet.[3] — *Marie-Geneviève*, b[3] 8 août 1762.

1758, (27 nov.) Kamouraska.
IV.—VAILLANCOUR, Jean, [Joseph III.
b 1738; s 2 dec. 1755, à Berthier.
Michaud (2), Marie-Geneviève, [Antoine III.
b 1736.

(1) Elle épouse, le 19 juillet 1762, François Dubois, à St-Henri-de-Mascouche.

(2) Elle épouse, le 9 janvier 1764, Jean-Baptiste De la Bourlière-Laplante, à Kamouraska.

1760, (10 nov.) Ste-Rose.[4]
IV.—VAILLANCOUR, Joseph, [Joseph III.
b 1739.
Cadieu, Marie-Madeleine, [Gabriel III.
b 1740.
Marie-Charlotte, b[4] 2 février et s[4] 12 mai 1761.—*Marie-Thérèse*, b[4] 19 avril et s[4] 1er sept. 1762.

1763.
III.—VAILLANCOUR, Frs-Robert, [Robert II.
b 1727; s 16 mars 1784, à St-Jean-Port-Joli.
Coté, Angelique, [Claude I.
b 1725; veuve de Pierre Dastout.
Marie-Victoire, b 30 avril 1764, à l'Islet.

1763, (14 février) St-Vincent-de-Paul.
III.—VAILLANCOUR, Louis, [François II.
b 1742.
Rocheron, Catherine, [Jean III.
b 1745.
Louis, b 2 février 1777, à Lachenaye.

1764, (23 janvier) Ste-Rose.
IV.—VAILLANCOUR, Jean-Bte, [Joseph III.
b 1741.
Dubois, Marie-Thérèse, [François II.
b 1748.

1764, (5 mars) St-François, I. O.[5]
IV.—VAILLANCOUR, Claude, [Claude III.
b 1732; s[5] 9 mai 1765.
Rouleau (1), Félicité, [Guillaume III.
b 1738; veuve d'Augustin Martineau.
Claude, b[5] 11 août 1765.

1764, (23 juillet) Islet.
IV.—VAILLANCOUR, Louis, [Joseph III.
b 1739.
1° Tondreau, Françoise, [Jean II
b 1745; s 10 sept. 1766, à Kamouraska.[6]
Marie-Françoise, b[6] 26 août 1766.
1767, (1er juin).[6]
2° Chorret, Marie-Françoise, [François IV.
b 1746.
Marie-Françoise, b[6] 28 février 1770.

1766, (27 janvier) Kamouraska.[7]
IV.—VAILLANCOUR, Barthélemi, [Jos. III
b 1740.
1° Bouchard, Marie-Madeleine, [Joseph III
b 1745.
Barthélemi, b[7] 14 janvier 1767. — *Alexis*, b[7] 1er janvier 1768. — *Joseph-Marie*, b[7] 23 juillet 1769; s[7] 13 mai 1770. — *Louis*, b[7] 26 fevrier 1771.
1781, (3 juillet) Terrebonne.
2° Labelle (2), Marie, [Joseph III.
b 1756.

(1) Elle épouse, le 27 janvier 1766, Jean-Baptiste Marceau, à St-François, I. O.

(2) Elle épouse, le 23 sept. 1782, Jean-Baptiste Renaud, à Terrebonne.

1767, (12 janvier) Kamouraska. [8]
IV.—VAILLANCOUR, Charles, [Joseph III.
b 1742.
1° Michaud, Marguerite, [Joseph III.
b 1745; s [8] 17 sept. 1769.
Marie-Thérèse, b [8] 4 oct. 1767.—*Joseph*, b [8] 16 sept. et s [8] 18 nov. 1769.
1770, (26 nov.) [8]
2° Ouellet, Catherine, [Jean III.
b 1750.
Marie-Catherine, b [8] 14 et s [8] 16 sept. 1771.

1767.
IV.—VAILLANCOUR, Jos.-Marie, [Paul III.
b 1740.
Pichet, Thérèse, [Jean III.
b 1744.
Joseph-Laurent, b 23 janvier 1768, à Ste-Famille, I. O.

1769, (29 oct.) St-Jean-Port-Joli (1).
IV.—VAILLANCOUR, Pierre, [Jean-Bte III.
b 1741.
Chartier, Marie-Françoise, [Joseph IV.
b 1749.

1770.
IV.—VAILLANCOUR, Frs-X., [Jean-Bte III.
b 1743.
Bélanger, Marie-Geneviève, [Ignace IV.
b 1751.
Marie, b 1770; s 18 janvier 1775, à l'Islet. [6] — *Françoise-Ursule*, b [6] 15 avril 1774.— *Pierre*, b [6] 30 mars 1776.

1771, (28 janvier) Ste-Famille, I. O.
IV.—VAILLANCOUR, Jos.-Marie, [Claude III.
b 1738.
Meneux, Marie-Catherine, [Jacques III.
b 1749.

1771, (29 janvier) Ste-Famille, I. O.
IV.—VAILLANCOUR, François, [Claude III.
b 1739.
Griffard, Marie-Victoire, [Théophile III.
b 1750.

1771, (9 avril) Kamouraska [1] (2).
IV.—VAILLANCOUR, Alexis, [Joseph III.
b 1750.
Paradis, Madeleine, [François IV.
b 1750.
Alexis, b [1] 9 mars 1772.

1773, (17 mai) Kamouraska.
IV.—VAILLANCOUR, Ignace, [Joseph III.
b 1748.
Paradis, Marie-Elisabeth, [Alexandre IV.
b 1746; veuve de Jean-Baptiste Hudon.

(1) Réhabilité le 26 février 1773, à St Jean-Port-Joli; dispense du 4me au 4me degré de parenté.
(2) Dispense du 4me au 4me degré de parenté.

1775, (1er mai) Repentigny (1).
IV.—VAILLANCOUR, Jean-Frs, [Jean-Frs III.
b 1752.
Marion, Marie-Agathe, [Charles III.
b 1756.
Marie-Agathe, b et s 29 déc. 1776, à Lachenaye.

1780.
IV.—VAILLANCOUR, Jean-Chs, [Joseph III.
b 1747.
Labelle, Marie.
Marie-Angélique, b 17 août 1783, à Lachenaye.

1785, (7 nov.) Lachenaye. [6]
IV.—VAILLANCOUR, Antoine, [Frs III.
b 1762.
Paquet (2), Marie-Angelique, [Jean-Bte IV.
b 1769
Antoine, b [6] 18 sept. 1786.—*Marie-Marguerite*, b [6] 11 oct. 1787.—*Marie-Angélique*, b [6] 1er mai et s [6] 15 sept. 1789.— *François*, b [6] 6 juin 1790, s [6] 19 juin 1791.

VAILLANCOUR, Charles.
Ouellet, Catherine.
Théotiste, b 12 nov. 1786, à l'Ile-Verte. [1]— *Marie*, b [1] 18 août 1788.

1784, (12 oct.) Quebec [8]
IV.—VAILLANCOUR, Basile, [Claude III.
b 1750; s [8] 12 juin 1795.
Boucher, Genevieve, [Prisque IV.
b 1753.

1787, (23 avril) Québec. [1]
IV.—VAILLANCOUR, Etienne, [Claude III.
b 1762.
Bridard, Marie-Madeleine, [Jacques I.
b 1750.
François-Xavier, b 1786, m [1] 20 sept. 1825, à Rose-Judith DeLuga.

1789, (16 juin) Québec.
IV.—VAILLANCOUR, Alex., [Alexandre III.
b 1748.
Maillot, Marie-Louise, [Joseph IV.
b 1763.

VAILLANCOUR, François.
Couture, Marie-Françoise.
Marie-Reine, b 2 fevrier 1789, à Lachenaye.

1793, (12 fevrier) Quebec.
IV.—VAILLANCOUR, Simon, [Jean III.
b 1760.
Hebert (3), Geneviève, [Louis IV.
b 1764.

(1) Dispense du 3me au 4me degré de parenté.
(2) Lavallée.
(3) Lecompte.

1825, (20 sept.) Québec.
V.—VAILLANCOUR, Frs-X., [Etienne IV.
b 1786 ; notaire public.
DeLuga, Rose-Judith, [Guillaume I.
b 1780 ; veuve d'Albert Hling.

VAILLANCOURT.—Voy. Vaillancour.

1688, (29 février) Batiscan.
I.—VAILLANT (1), Pierre, b 1660 ; fils de Philippe et de Jacqueline Hetière, de Parou, diocèse de Poitiers, Poitou; s 12 sept. 1735, à Ste-Anne-de-la-Perade.[9]
Faucheux, Jeanne,
b 1649 ; veuve d'Antoine Leduc ; s 21 nov. 1721.
Pierre-René, b 24 mai 1689; m 23 mai 1717, à Marie-Anne Gautier, à Varennes. — *Marie*, b 1694, m[9] 7 janvier 1722, à Claude Biguet; s[9] 27 oct. 1769.—*Louis*, b[9] 16 mars 1696.

1717, (23 mai) Varennes.
II.—VAILLANT (2), Pierre-René, [Pierre I.
b 1689.
Gautier, Marie-Anne, [Mathurin I.
b 1695.
Marie-Anne, b... m 2 août 1739, à Blaise Juillet, à L'Assomption.[9] — *Marie-Louise*, b 1726, m 1771, à Jean-Baptiste Archambault-Janot, s 20 nov. 1789, à Repentigny.—*Marie-Agathe*, b[9] 17 avril 1728.

1718, (24 nov.) Québec.[8]
I.—VAILLANT, Antoine, marchand; fils d'Antoine (chirurgien) et d'Anne Bonnard, de St-Martin, Soissons.
1° Guay, Angelique, [Jean-Bte II.
b 1700; s[8] 7 août 1729.
Jean-Antoine, b[8] 1er dec. 1719.—*Angélique*, b[8] 12 oct. 1721; s[8] 12 nov. 1722. — *Jean-Baptiste*, b[8] 25 et s 28 fevrier 1723, à Charlesbourg.[9] — *Jeanne-Angélique*, b 1er avril 1724 ; s[8] 1er fevrier 1749. — *Louis*, b[8] 17 mai et s[8] 26 juillet 1725.— *Jean-Baptiste*, b[8] 17 mai et s[8] 28 août 1725. — *Augustin*, b[8] 10 juillet 1727; m 1er avril 1761, à Marguerite Palardy, à Verchères.
1732, (10 mars).[8]
2° Lajus (3), Marie-Ursule, [Jourdain I.
b 1710.
Marie-Ursule-Antoinette, b[8] 19 dec. 1732; m[8] 20 août 1748, à François-Joseph DeVienne. *Françoise-Louise*, b[8] 26 janvier 1734, s[8] 8 mars 1735.—*Antoine-Noel*, b[8] 7 et s[9] 10 juin 1735.— *Antoine*, b[8] 22 juin 1736.

1761, (1er avril) Verchères.
II.—VAILLANT, Augustin, [Antoine I.
b 1727.
Palardy, Marguerite, [Charles I.
b 1736.

(1) Voy. vol I, pp 578-79.
(2) Capitaine de milice, à l'Assomption, 1727.
(3) Elle epouse, le 9 mai 1740, Noel Nod, à Québec.

1786, (30 oct.) Boucherville.
I.—VAILLANT, Oswald, fils de Jacob et de Marguerite ...., de Hesse de Cassel.
Fonteneau (1), Marie. [Jacques II.

VAINE.—Voy. Voyne.

VALADE.—*Surnoms* : Lajeunesse—Laviolette —Lespérance.

1669, (10 nov.) Québec.[3]
I.—VALADE (2), Guillaume, fils d'André et de Jeanne Cousseau, de St-Sauveur, de LaRochelle, Aunis.
1° Engelin, Françoise,
b 1656; fille de Gilles et de Catherine Clément, de St-Martin, Ile-de-Rhé ; s 23 sept. 1711, à Charlesbourg.[4]
Jean, b[3] 17 août 1682 ; m[4] 1er février 1706, à Marie-Anne Gotreau ; s[4] 25 juin 1750.—*Marguerite*, b[4] 1er sept. 1687 ; 1° m[4] 20 fevrier 1708, à Pierre Laroche ; 2° m[3] 25 mai 1747, à Pierre Dubreuil. — *Guillaume*, b[4] 31 août 1689; m 8 janvier 1713, à Marie-Joseph Deguire, à Montreal[5] ; s[5] 1er janvier 1750. — *Charles*, b[4] 28 fevrier 1691 ; 1° m[5] 23 février 1716, à Madeleine Deguire ; 2° m[5] 12 déc. 1718, à Jeanne Deniau, 3° m[5] 25 juin 1720, à Christine Berthand ; s[5] 31 mai 1728 — *Françoise*, b[3] 29 janvier 1693, m[5] 17 oct. 1718, à André Michel.—*Jean-Baptiste*, b 1695 ; m[5] 25 janvier 1718, à Marie Biétry ; s[5] 29 oct. 1750. — *Catherine*, b[4] 25 juin 1698; m[5] 26 avril 1718, à Jean Moran.
1712, (30 mai).[3]
2° Chalut, Jeanne, [Pierre I
b 1657 ; veuve de Joachim Girard, s[3] 1er mai 1735.

1706, (1er fevrier) Charlesbourg.[1]
II.—VALADE, Jean, [Guillaume I.
b 1682 ; s[1] 25 juin 1750.
Gotreau, Marie-Anne, [Charles I.
b 1676 ; veuve de Joseph Brosseau; s[1] 20 oct. 1753.
Marie-Joseph, b[1] 11 nov. 1706; m 1728, à Jean-Julien Minguy.—*Jean*, b[1] 16 janvier 1708, 1° m[1] 13 avril 1733, à Marie-Joseph Lefebvre, 2° m 8 oct. 1766, à Marie DeLessard, à St-Vincent-de-Paul.—*Marie-Charlotte*, b[1] 10 juin 1711, m à Jacques Alard ; s[1] 1er août 1730 —*Pierre*, b[1] 24 dec. 1713 ; 1° m 1733, à Marguerite Roy, 2° m 17 août 1739, à Marie-Charlotte Dufresne, à Lorette[2] ; 3° m 17 oct. 1752, à Marie-Madeleine Delestre, à Quebec. — *Marie-Anne*, b... m 9 fevrier 1739, à Jean Brunet, au Bout-de-l'Ile, M[3] —*Charles*, b 3 oct. 1716, à Montreal[4] ; m[3] 6 oct. 1738, à Anne-Geneviève Pilon.—*Marie-Louise*, b[1] 31 dec. 1717 ; m[1] 3 février 1739, à Laurent-Sebastien Tesson.—*Marie-Françoise*, b[4] 28 nov 1718 ; m à André St. Michel.—*Nicolas-René*, b[4] 30 juin 1720 ; 1° m[3] 23 fevrier 1753, à Marie-Louise Sauvé ; 2° m[4] 30 janvier 1769, à Marie-Joseph Custaut.—*Pierre*, b 1721 ; s[4] 11 août

(1) Desmoulins, voy. vol IV, p. 47.
(2) Voy. vol. I, p. 579.

1724.—*Jean-Baptiste*, b [4] 17 février 1724; m 17 fevrier 1744, à Anne Brazeau, à Ste-Geneviève. —*Pierre-Joseph*, b [4] 11 mars 1726; m 19 févrıer 1753, à Suzanne Rochfreau, à Soulanges. [5] — *Jean-Baptiste*, b [4] 5 février 1728; m [5] 27 janvier 1755, à Marie-Joseph Soucherbau; s [3] 20 oct. 1767.—*René*, b [4] 20 juillet 1730.—*Marie-Amable*, b... s [3] 2 juillet 1746.

1712, (18 déc.) Montréal. [6]

I.—VALADE (1), Jean, b 1680; fils de Pierre et de Marguerite Denis, de St-Vanne-de-La-Rochefoucault, diocèse d'Angoulême.

Godeau (2), Marie, [Etienne I. b 1697.

Françoise, b [6] 28 oct. 1713; m [6] 22 nov. 1728, à Chrystophe St. Chrystophe.—*Marie*, b [6] 25 mars 1715; s [6] 20 dec. 1716. — *Marie-Joseph*, b... m [6] 7 janvier 1733, à Thomas Giroux (3); s [6] 15 nov. 1747.

1713, (8 janvier) Montréal. [8]

II.—VALADE, Guillaume, [Guillaume I. b 1689; maître-maçon; s [8] 1er janvier 1750.

Deguire, Marie-Joseph, [François I. b 1691.

Marie-Joseph, b [8] 8 oct. 1713; s [8] 10 oct. 1714. —*Michel*, b [8] 29 sept. 1715, m [8] 28 mai 1736, à Marie-Marguerite Pothier; s [8] 17 juin 1742.—*Marie-Joseph*, b [8] 27 juillet 1717; m [8] 5 août 1743, à Jean-Baptiste Bidet.—*Marie*, b [8] 2 juillet 1719. —*Guillaume*, b 1720, m 6 juin 1746, à Marie-Charlotte Chobet, au Sault-au-Récollet.—*Jeanne*, b [8] 21 janvier 1721: m [8] 16 janvier 1741, à Eustache Prevost.—*Marie-Marguerite*, b [8] 12 sept. 1722; s [8] 11 mars 1730. — *Jean-Baptiste-Guillaume*, b [8] 29 dec. 1723. — *Angélique*, b [8] 25 mars 1725; 1° m [8] 6 oct. 1749, à Jean-Baptiste Chartran; 2° m [8] 29 oct. 1764, à Louis Boutron-Major.—*Louise*, b [8] 20 janvier et s [8] 29 mars 1727.—*Philippe*, b [8] 5 et s [8] 6 fevrier 1728.—*Marie-Anne*, b 1734; m [8] 7 janvier 1756, à Pierre Boisseau.—*Marguerite*, b [8] 20 juin 1736.

1716, (23 fevrier) Montréal [4]

II.—VALADE, Charles, [Guillaume I. b 1691; maçon, s [4] 31 mai 1728.

1° Deguire, Marie-Madeleine, [François I. b 1679, veuve de François Journet; s [4] 1er août 1718.

1718, (12 déc) [4]

2° Deniau-Destaillis, Jeanne, [Joseph II b 1693; s [4] 19 fevrier 1719.

1720, (25 juin). [4]

3° Bertrand-Jérome, Christine, [Jean I. b 1704.

Catherine, b [4] 25 juillet 1721; m [4] 1er mai 1752, à Paul Dumouchel. — *Marie-Madeleine*, b [4] 13 nov. et s [4] 17 dec. 1722. — *Marie-Joseph*, b [4] 9 nov. 1723. — *Charles-Joseph*, b [4] 8 sept. 1725; m 17 juillet 1752, à Marie-Anne Chobet, au Sault-au-Récollet. — *Louise*, b [4] 1er fevrier 1727; m [4] 7 janvier 1750, à Louis Langlois.

1718, (25 janvier) Montréal. [8]

II.—VALADE, Jean-Bte, [Guillaume I. b 1695; s [8] 29 oct. 1750.

Biétry, Marie, [Jacques I. b 1692.

Marie-Joseph, b [8] 6 nov. 1718; m [8] 29 février 1740, à Jean-Baptiste-François Clocher-St. Pierre. — *Elisabeth*, b [8] 15 fevrier 1720; m [8] 25 oct. 1745, à Joseph-Marie Lépine.—*Jean-Baptiste*, b [8] 25 mai et s [8] 8 août 1721. — *Marie-Angélique*, b [8] 1er et s [8] 15 mai 1723.—*Marie-Louise*, b [8] 9 et s [8] 29 mai 1724.—*Jean-Baptiste*, b [8] 22 avril 1725. — *Joseph*, b [8] 23 déc. 1726; s [8] 11 mai 1727. — *François*, b [8] 7 déc. 1727; m [8] 17 sept. 1764, à Suzanne Dumouchel. — *Marguerite-Amable*, b [8] 7 juin 1729; s [8] 11 mai 1730.

1733, (13 avril) Charlesbourg. [7]

III.—VALADE, Jean, [Jean II. b 1708.

1° Lefebvre, Marie-Joseph, [Pierre I. b 1696; veuve d'Eustache Bourbeau.

Jean, b [7] 19 mai 1734; 1° m 25 juin 1753, à Marie-Amable Letourneux, à Montreal; 2° m 10 janvier 1757, à Therèse Quenneville, au Sault-au-Récollet.

1766, (8 oct.) St-Vincent-de-Paul.

2° DeLessard, Marie, [Prisque II. veuve de Joseph Barrette.

1733.

III.—VALADE, Pierre, [Jean II. b 1713.

1° Roy, Marguerite, [Pierre II. b 1710; s (tuée par la foudre) 29 août 1738 à Charlesbourg. [8]

1739, (17 août) Lorette.

2° Dufresne-Bouin, Marie-Charlotte, [Chs II. b 1707, s 3 sept. 1751, à Québec. [9]

Pierre, b [8] 3 sept. 1740.— *Catherine-Cécile*, b [8] 15 fevrier 1742; s 1er avril 1773, à Ste-Foye. — *Marie-Jeanne*, b [8] 15 fevrier 1742.— *Jacques*, b [8] 18 avril 1746. — *Joseph*, b [8] 31 mai 1747; m [9] 19 juin 1775, à Marie-Joseph-Charlotte Roy.— *Thomas*, b [8] 14 avril et s [8] 15 juillet 1751.

1752, (17 oct.) [9]

3° Del'Estre (1), Marie-Madeleine, [Joseph II. b 1715.

Marie-Madeleine, b [8] 15 sept. 1753; s [8] 26 fevrier 1757.—*Marie-Charlotte*, b [8] 12 oct. 1754.

1736, (28 mai) Montreal. [7]

III.—VALADE, Michel, [Guillaume II. b 1715; s [7] 17 juin 1742.

Pothier (2), Marie-Marguerite, [Charles II. b 1716.

(1) Dit Lajeunesse; soldat de Tonty.

(2) Elle epouse, le 23 fevrier 1716, Joseph Grotton, à Montréal.

(3) Appelé Roux à l'acte de sépulture de son fils Dominique.

(1) Beaujour.

(2) Elle épouse, le 7 janvier 1744, Jacques Langevin, à Montréal.

1738, (6 oct.) Bout-de-l'Ile, M.[7]
III.—VALADE, CHARLES, [JEAN II.
b 1716.
PILON, Anne-Geneviève, [JEAN II.
b 1716 ; s[7] 17 juillet 1765.
Charles-Amable, b 1739 ; s[7] 10 août 1746.—*René-Charles,* b[7] 1er août 1741 ; m 7 nov. 1768, à Marie-Joseph MAUPETIT, à Soulanges.—*Joseph-Amable,* b[7] 19 janvier 1744. — *Marie-Geneviève,* b[7] 17 juillet 1746 ; m[7] 10 février 1766, à Joseph LEROUX.—*Pierre,* b[7] 3 février et s[7] 16 nov. 1750. —*Amable-Jean-Baptiste,* b[7] 21 nov. 1754.

1744, (17 fevrier) Ste-Geneviève, M.
III.—VALADE, JEAN-BTE, [JEAN II.
b 1724.
BRAZEAU (1), Anne, [PAUL III.
b 1726.

1746, (6 juin) Sault-au-Récollet.[3]
III.—VALADE (2), GUILLAUME, [GUILLAUME II.
b 1720.
CHORET, Marie-Charlotte, [PIERRE III.
b 1725 ; veuve de Joseph Giroux.
Guillaume, b 13 mars 1747, à Montréal.—*Joseph,* b[3] 19 février 1749. — *Marie,* b 16 sept. 1750, à St-Vincent-de-Paul.

1747.
VALADE, CHARLES-NICOLAS.
BRAZEAU, Jeanne-Danielle, [NICOLAS II.
b 1699.
Marie-Joseph, b 18 et s 24 mars 1748, au Bout-de-l'Ile, M.— *Anonyme,* b et s 28 mai 1749, à Ste-Geneviève, M.

1752, (17 juillet) Sault-au-Récollet.
III.—VALADE, CHS-JOSEPH, [CHARLES II.
b 1725.
CHORET, Marie-Anne, [PIERRE III.
b 1734.

1753, (19 fevrier) Soulanges.
III.—VALADE, PIERRE-JOSEPH, [JEAN II.
b 1726.
ROCHEREAU-LANGOUMOIS, Suzanne, [JACQUES I.
b 1735.
Marie-Joseph, b 27 fevrier 1754, au Bout-de-l'Ile, M.[1] — *Agathe,* b[1] 14 mai 1755. — *Jean-Marie,* b[1] 8 mars 1757. — *Marie-Louise,* b[1] 7 fevrier 1750.—*Marie Susanne,* b[1] 26 mars 1761 —*Ursule,* b[1] 15 mai et s[1] 23 juin 1763. —*Antoine,* b[1] 15 août 1766.

1753, (23 février) Bout-de-l'Ile, M.[2]
III.—VALADE (3), NICOLAS-RENÉ, [JEAN II.
b 1720.
1° SAUVÉ-LAPLANTE, Marie-Louise, [PIERRE II.
b 1730.
Marie-Anne, b[2] 16 février 1754.—*Joseph-Marie,* b 26 août 1757, à Soulanges.[8] — *Simon,* b[8] 24 mars 1759.—*Marie-Joseph,* b[2] 9 août 1760.—*Marie-Louise,* b[8] 21 janvier 1762.
1769, (30 janvier) Montréal.
2° CUSTAUD, Marie-Joseph, [JEAN-BTE II.
b 1745.

1753, (25 juin) Montréal.
IV.—VALADE, JEAN, [JEAN III.
b 1734.
1° LETOURNEUX, Marie-Amable, [J.-BTE-JOS. I.
b 1735 ; s 2 juillet 1756, au Bout-de-l'Ile, M.
1757, (10 janvier) Sault-au-Récollet.
2° QUENNEVILLE, Thérèse, [ANTOINE III
b 1732.

1755, (27 janvier) Soulanges.
III.—VALADE (1), JEAN-BTE, [JEAN II.
b 1728 ; s 20 oct 1767, au Bout-de-l'Ile, M[6]
SOUCHEREAU (2), Marie-Joseph, [JACQUES I
b 1737.
René, b[6] 19 oct. 1760. — *Marie-Joseph,* b[6] 20 mai 1762.—*Paul,* b[6] 23 février 1766.

1764, (17 sept.) Montréal.
III.—VALADE, FRANÇOIS, [JEAN-BTE II.
b 1727.
DUMOUCHEL, Suzanne, [JEAN III.
b 1745.

1768, (7 nov.) Soulanges.
IV.—VALADE, RENÉ-CHARLES, [CHARLES III.
b 1741.
MAUPETIT, Marie-Joseph, [PIERRE III.
b 1748.

I.—VALADE, JEAN, fils de Jean (maître tisserand) de Cossade-en-Carsinois.
....
Jean (3), b... s 3 juillet 1760, au Détroit.

I.—VALADE (4), JOSEPH.
BINEAU, Marie-Thérèse, [LOUIS II.
b 1756.
Anonyme, b et s 9 fevrier 1778, au Détroit.

1775, (19 juin) Québec.
IV.—VALADE, JOSEPH, [PIERRE III.
b 1747.
ROY, Marie-Joseph-Charlotte, [JOSEPH III.
b 1754.

I.—VALADIER (5), JEAN, b 1705 ; de France; s 7 mars 1777, à St-Joachim.

VALANDÉ.—Voy. VANDANDAIQUE.

VALCOUR (DE).—Voy. DURUAY, DURUEY, 1730—PANTOUX, 1736—GAUDIN dit BELLEFONTAINE, 1740.

(1) Elle épouse, le 30 janvier 1747, Jean-Baptiste Sureau, à Ste-Geneviève, M.
(2) Appelé Daniel, 1749.
(3) Dit Lajeunesse.

(1) Dit Lajeunesse.
(2) Et Rochereau — Langoumois.
(3) Dit Laviolette, soldat de M. de Villomonde.
(4) Dit Lespérance.
(5) Demeurant à la Petite Ferme de St-Joachim.

I.—VALCOUR (1), ...
DAMBOISE, Françoise.
Michel, b 1744 ; m 9 sept. 1771, à Ursule GRENIER, à Québec [1] ; s [1] 17 février 1786.

1771, (9 sept.) Quebec. [5]

II.—VALCOUR (2), MICHEL, [VALCOUR I.
b 1744.
GRENIER, Ursule, [JOSEPH.
François, b... — *Olivier*, b... m [5] 31 janvier 1809, à Catherine TURCOT.

1809, (31 janvier) Québec.

III.—VALCOUR (3), OLIVIER, [MICHEL II.
TURCOT, Catherine. [SIMON.

VALENTIN.—Voy. GRÉGOIRE—JOURDAIN—MECTEAU et MILTEAU—MILLER—RANCK.

1713.

II.—VALENTIN (4), JULIEN, [MATHURIN I.
b 1676.
DESERRE, Françoise, [ANTOINE I.
b 1684.
Marie-Anne, b 24 juin 1719, à Verchères ; m 1744, à André RENAUD. — *Jean-Baptiste*, b... m 1754, à Ursule BRUNET.

I.—VALENTIN, MICHEL, de Louisbourg, Ile-Royale.
BAUDRY, Marie-Anne. [GUILLAUME II.
Pierre, b 1720, 1° m 1740, à Marie-Louise DAVID ; 2° m 27 juillet 1744, à Marie-Hélène DEROME, à Québec [1] ; 3° m [1] 25 juillet 1757, à Marie-Geneviève PARIS ; s [1] 9 dec. 1793.—*Marie-Véronique*, b 15 février 1731, à St-Pierre, I. O. ; 1° m [1] 27 juillet 1752, à Jean DELIASSE ; 2° m [1] 21 sept. 1779, à Pierre DUPRAT. — *Marie-Angélique*, b 28 mars 1735, à St-Nicolas ; m 26 oct. 1756, à Nicolas LEBLOND, aux Trois-Pistoles.—*Michel*, b [1] 30 juillet 1738 ; m [1] 16 nov. 1750, à Marie-Louise CHAUSSÉ.—*Pierre*, b [1] 14 sept. 1740.

1740.

II.—VALENTIN (5), PIERRE, [MICHEL I.
b 1720 ; s 9 dec. 1793, à Québec [5]
1° DAVID, Marie-Louise.
Louis, b 1740 ; m 1760, à Catherine COTÉ.
1744, (27 juillet) [5]
2° DEROME, Marie-Hélène, [MICHEL II.
s [5] 5 nov. 1755.
Pierre, b [5] 21 avril 1745 ; s [5] 16 oct. 1757. — *François-Xavier*, b [5] 25 juin 1747 ; s [5] 27 mai 1753. — *Marie-Hélène*, b [5] 4 oct. 1749 ; s [5] 31 dec. 1750.—*Suzanne*, b [5] 23 février 1752.—*Catherine*, b [5] 18 février 1754, s [5] 22 sept. 1758.
1757, (25 juillet). [5]
3° PARIS, Marie-Geneviève, [FRANÇOIS II.
b 1737.

(1) Dit Gaudin.
(2) Dit Gaudin—Bellefontaine.
(3) Dit Gaudin, Valcour est le nom de baptême de son grand père.
(4) Dit Grégoire ; voy vol. IV, p 359.
(5) Dit Mecteau.

Antoine, b [5] 15 sept. 1758 ; s [5] 7 nov. 1759.— *Marie-Joseph*, b 23 juin 1760, à Ste-Foye. [6] — *Marie-Louise*, b [6] 1er mars 1762 ; m [5] 1er août 1786, à Jean-Baptiste LEMAITRE-JUGON. — *Pierre*, b 1763 ; s [5] 27 avril 1764. — *Pierre*, b 1766 ; m [5] 18 sept 1792, à Marie-Madeleine HUOT.

1741, (18 avril) Québec. [6]

I.—VALENTIN (1), NICOLAS,
b 1708 ; brasseur.
LALLEMAND, Françoise, [FRANÇOIS I.
b 1720.
Valentin, b [6] 11 déc. 1748.

1750, (16 nov.) Québec. [1]

II.—VALENTIN (2), MICHEL, [MICHEL I.
b 1738 ; tonnelier.
CHAUSSÉ, Marie-Louise, [JEAN-BTE II.
b 1728 ; s [1] 5 nov. 1795.
Michel, b [1] 25 sept. 1751 ; s [1] 27 sept. 1758.— *Louis*, b [1] 19 juillet 1753 ; s [1] 29 août 1758.— *Marie-Catherine-Louise*, b [1] 29 juillet 1755 ; s [1] 26 juillet 1758.—*Joseph*, b [1] 28 août 1757 ; s [1] 10 février 1758. — *Louise*, b 9 sept. 1760, à St-Nicolas. [2] — *Jean-Baptiste*, b [2] 11 sept. 1762. — *François*, b 1764 ; m [1] 18 février 1794, à Geneviève GUENET.

1753, (20 août) St-Ours. [6]

VALENTIN, THÉODORE.
RONDEAU, Marguerite, [JOSEPH II.
b 1724.
Antoine, b [6] 21 sept. 1754 ; s [6] 22 déc. 1755.— *Marie-Marguerite*, b [6] 17 oct. 1756. — *Pierre*, b [6] 23 avril 1758.

1754.

III.—VALENTIN (3), JEAN-BTE, [JULIEN II.
b 1721.
BRUNET (4), Ursule, [JOSEPH III.
b 1726.
Jean-Baptiste, b 13 juillet 1755, à Verchères.

1757, (8 janvier) Montréal.

I.—VALENTIN (5), MATHIEU.

1760.

III.—VALENTIN (2), LOUIS, [PIERRE II.
b 1740.
COTE, Catherine, [JEAN-BTE IV.
b 1731.
Marie-Suzanne, b 3 mai 1761, aux Trois-Pistoles. [3] — *Marie-Angélique*, b [3] 3 juillet 1763.

1760, (14 janvier) Montréal.

I.—VALENTIN (6), JEAN,
b 1735 ; allemand.
GAGNIER, Marie-Louise, [PIERRE V.
b 1739.

(1) Pour Jourdain, voy. vol. V, pp. 24-100.
(2) Dit Mectaud.
(3) Dit Grégoire.
(4) Belhumeur ; voy vol. II, p. 497.
(5) Est le nom de baptême de Miller ; voyez ce nom, vol. VI, p. 40
(6) Voy Ranck, vol. VI, p. 532.

1792, (18 sept.) Québec.
III.—VALENTIN (1), Pierre, [Pierre II.
b 1766.
Huot (2), Marie-Madeleine, [Jean-Bte IV.
b 1770.

VALENTIN, Pierre.
1° Poitvin, Geneviève.
1796, (23 mai) Québec.
2° Lainé, Marie-Louise. [François I.

1794, (18 février) Québec.
III.—VALENTIN, François, [Michel II
b 1764.
Guenet, Geneviève, [Charles I.
b 1767.

VALERAN. — *Variations :* Valleran — Vallerand.

1713, (27 nov.) Quebec.[6]
I.—VALERAN (3), Jacques, *b* 1689 ; fils de Jacques et de Marie-Anne Auge, de St-Eustache, Paris ; s [6] 14 nov. 1759.
Bonier (4), Therèse, [Jacques I.
b 1689 ; s [6] 24 mai 1758.
Marie-Anne, b [6] 13 sept. 1714 ; s [6] 20 avril 1784. —*Catherine,* b [6] 29 oct. 1715 ; s [6] 4 dec. 1716.—*Marie-Thérèse,* b [6] 30 oct. 1716, m 19 avril 1746, à Jean-Baptiste Damours, à St-Thomas.—*Marie-Louise,* b [6] 13 avril 1718.—*Jacques,* b [6] 19 oct. 1719 ; m [6] 29 juillet 1743, à Catherine Georget —*François-Clément,* b [6] 27 juillet 1721 ; 1° m [6] 20 janvier 1755, à Marie-Angelique Dusaut ; 2° m [6] 29 juillet 1776, à Marie-Cecile Gibault. — *Louis-Joseph,* b [6] 24 sept. 1723 ; s [6] 29 fevrier 1724.—*Marie-Claudine,* b [6] 24 dec. 1724 ; m [6] 22 août 1763, à Jean-Baptiste Veillon ; s 15 mars 1820, à l'Hôpital-General, Q. — *François-Marie,* b [6] 21 janvier 1727 ; m [6] 21 oct. 1754, à Louise Samson —*Toussaint,* b [6] 4 avril 1729.—*Marie-Joseph,* b [6] 7 oct. 1732 ; s [6] 12 mai 1733.

1743, (29 juillet) Quebec. [7]
II.—VALERAN, Jacques, [Jacques I
b 1719 ; charpentier.
Georget, Catherine, [François I.
b 1724 ; s [7] 6 mai 1792.
Jacques, b [7] 19 mai 1744.—*Jean,* b [7] 2 oct 1746.—*Louis,* b [7] 19 fevrier 1749 ; s [7] (5) 1er janvier 1776.—*Marie-Elisabeth,* b [7] 11 dec. 1750 ; s [7] 24 janvier 1751.—*Joseph,* b [7] 21 mai 1753, m [7] 23 oct 1775, à Marie-Joseph Dubeau.—*François,* b [7] 3 août 1755 ; m [7] 15 juin 1784, à Marie-Catherine Bourbon. — *Louis-Joseph,* b [7] 25 août 1758. — *Charles,* b 1760, m [7] 7 août 1781, à Therèse Millot.—*Marie-Joseph,* b [7] 29 juillet 1761 ; m [7] 21 mai 1781, à Ignace Samson.

(1) Dit Mecteau.
(2) St Laurent.
(3) Soldat de la compagnie d'Alogny
(4) Laplante ; voy vol I, p 67.
(5) Tué dans l'attaque livree le 31 dec 1775

1754, (21 oct.) Québec. [8]
II.—VALERAN, François-Marie, [Jacques I.
b 1727.
Samson, Marie-Louise, [Jean-Bte II.
b 1724.
Antoine-François, b [8] 13 juin 1755.—*Louis,* b [8] 11 mai 1757 ; s [8] 24 fevrier 1759.—*Michel,* b [8] 19 janvier 1759.

1755, (20 janvier) Quebec. [3]
II.—VALERAN, Frs-Clément, [Jacques I.
b 1721.
1° Dusault, Marie-Angélique, [François II.
b 1723 ; s 28 janvier 1776, à Ste-Foye.
Claude-Marie-Françoise, b [3] 22 juin 1756 ; s [3] 23 août 1757.—*Jean-Marie,* b [3] 5 nov. 1758 ; s [3] 6 mai 1759.—*Eustache,* b 22 avril 1760, à St-Michel.
1776, (29 juillet). [3]
2° Gibault (1), Marie-Cecile,
veuve d'Etienne Talon

1775, (23 oct.) Québec.
III.—VALERAN, Joseph, [Jacques II.
b 1753.
Dubeau, Marie-Joseph, [Philippe III.
b 1755.

1781, (7 août) Québec.
III.—VALERAN, Charles, [Jacques II.
b 1760
Milliot (2), Therèse, [François I.
b 1758.

1784, (15 juin) Québec. [4]
III.—VALERAN, François, [Jacques II.
b 1755.
Bourbon-Mérieu, Marie-Cath., [Jean-Bte II
b 1748, s [4] 1er dec. 1839.

VALET — *Variations et surnoms :* Nolet—Vallet—Beausejour — Boudeau — Marzier — Passe-partout.

1708, (1er dec.) Québec. [7]
I.—VALET, Jean-Bte, b 1676 ; fils de Jean et d'Anne Charles, de St-Saturnin, diocèse de Seez, Languedoc ; s [7] 3 janvier 1709.
Brière (3), Elisabeth, [Denis II.
b 1689.

1737, (17 juin) Montreal. [2]
I.—VALET, Jean-Bte, b 1707, meunier ; fils de François et de Jeanne Gatineau, de Gente, diocèse de Xaintes, Saintonge.
Tuot, Marie-Joseph. [Pierre I.
Jean-Baptiste, b [2] 15 mai 1738.—*Marie-Joseph,* b... m 20 janvier 1766, à Etienne LeRiche, à Boucherville [1] — *Geneviève,* b... m [3] 4 fevrier 1771, à Paschal LeRiche.

(1) Elle epouse, le 10 sept. 1707, Jean-Baptiste Royer, à Quebec.
(2) Et Myot.
(3) Elle épouse, le 4 nov. 1710, Charles-François Hubert, à Québec.

1738, (7 janvier) Montréal. [8]

I.—VALET (1), Martial, b 1716 ; huissier du conseil ; fils de Jean et d'Alexandrine Lescar-Talemain, d'Artenne, diocèse de Xaintes.

1° Grenier, Marie-Louise, [Jean II.
b 1709 ; veuve de Raymond L'Official ; s 23 nov. 1760, à Québec. [9]

Marie-Catherine, b [8] 8 oct. 1737.— *Louis-Martial,* b [9] 20 août 1739.

1764, (5 mars). [9]

2° Paris, Elisabeth, [Pierre-François II.
b 1741.

IV.—VALET (2), Pierre-Honoré, [Sébast. III.
b 1743.

Perineau (3), Marie-Charlotte, [Nicolas II
b 1746.

VALIER.—Voy. Vanier.

VALIER.—Voy. Vallière.

VALIÈRE. — *Variations et surnoms :* De la Vallière—Valier—Valières—Vallière—Vallières—De St. Réal — Garennes—Lagarenne—Leneuf.

1670, (8 sept.) Québec. [5]

I.—VALIÈRE (4), Pierre.

Lagou (5), Marie-Anne,
b 1656.

Pierre, b 31 déc. 1673, à Beauport ; m 4 nov. 1698, à Marguerite Gabory, à St-Augustin [4] ; s [4] 28 août 1726.—*Marie-Madeleine,* b [5] 7 avril 1676 ; m 20 juillet 1693, à Robert Petit, à la Pte-aux-Trembles, Q.[6] , s [4] 13 avril 1744. — *Rémi,* b [6] 24 février 1678 ; m 18 janvier 1701, à Catherine Cassé, à Beaumont. — *Jean,* b [6] 2 déc. 1679 ; 1° m 22 février 1700, à Claire Bauché, à St-Pierre, I. O.[7] ; 2° m [7] 7 nov. 1707, à Suzanne Maranda ; s [7] 23 déc. 1735. — *Pierre,* b [6] 1er nov. 1681 ; m [6] 22 janvier 1705, à Marie-Anne Caillé ; s [5] 20 oct. 1711.

1698, (4 nov.) St-Augustin. [8]

II.—VALIÈRE (4), Pierre, [Pierre I.
b 1673 ; s [8] 28 août 1726.

Gabory, Marguerite, [Antoine I.
b 1680 ; s 16 nov. 1749, à Québec. [9]

Pierre, b 1700 ; m 28 janvier 1732, à Marguerite Alaire, à St-Valier. — *Etienne,* b [8] 4 février 1704 ; 1° m [8] 7 janvier 1728, à Marie-Therèse Dubau ; 2° m 1753, à Marie-Joseph Duguay. — *Marie-Thérèse,* b 19 février 1707, à la Pte-aux-Trembles, Q.[4] ; 1° m 1719, à Jean Gosselin ; 2° m [8] 11 février 1737, à Michel Pichet. — *Marguerite,* b [9] 8 oct. 1708 ; 1° m [8] 30 août 1723, à Pierre Dautour ; 2° m [8] 26 août 1742, à François Juneau ; s [8] 15 février 1781. — *Antoine,* b [4] 23 mars 1710 ; m 3 février 1733, à Marie-Suzanne Bourhis, à Longueuil. — *Joseph,* b [4] 15 juillet 1711 ; s [8] 23 nov. 1739.— *Jean-Baptiste,* b [4] 1er mai 1713 ; m [8] 19 avril 1736, à Marie-Françoise Dubau ; s 27 avril 1780, à Ste-Foye. — *Marie-Charlotte,* b [8] 11 mai 1718. — *Marie-Louise,* b [8] 17 avril 1719 ; 1° m [8] 29 février 1740, à Jean-Baptiste Amiot ; 2° m [8] 4 février 1754, à Jean Caillé.—*Augustin,* b [8] 17 mars 1721. — *Ursule,* b [8] 30 avril et s [8] 8 mai 1724. — *Marie-Agathe,* b [9] 19 août 1725 ; m [9] 20 oct. 1749, à Jean Caré.

1700, (22 février) St-Pierre, I. O. [1]

II.—VALIÈRE, Jean, [Pierre I.
b 1679 ; s [1] 23 déc. 1735.

1° Bauché, Claire, [Guillaume I.
b 1668 ; veuve de Jean Choret ; s [1] 15 février 1707.

Geneviève, b [1] 9 janvier 1701 ; m [1] 4 nov. 1720, à Jean-François Boilard.—*Elisabeth,* b [1] 30 sept. 1702 ; s [1] 15 février 1703. —*Jean,* b [1] 20 janvier 1704 ; 1° m 25 février 1726, à Marie Fiset, à L'Ange-Gardien ; 2° m 6 nov. 1760, à Marie-Anne Leclerc, à St-Charles.—*Marie,* b [1] 24 sept. 1705 ; m [1] 22 oct. 1725, à Jean Pichet ; s [1] 20 février 1726.

1707, (7 nov.) [1]

2° Maranda, Suzanne, [Michel II.
b 1687 ; s [1] 20 mai 1759.

Pierre, b [1] 7 juillet 1709 ; s [1] 16 mai 1727.—*Marie-Madeleine,* b [1] 7 mai 1711 ; s [1] 9 nov. 1714. —*Marie-Elisabeth-Barbe,* b [1] 14 février 1713 ; s [1] 8 oct. 1715.—*Marie-Anne,* b [1] 16 février 1715 ; s [1] 21 mars 1717.—*Marie-Ursule,* b [1] 19 nov. 1716 ; m [1] 15 oct. 1731, à Germain Morin.—*Joseph,* b [1] 15 déc. 1718 ; m 1743, à Reine-Elisabeth Cloutier. —*Marie-Thérèse,* b [1] 12 nov. 1720 ; m [1] 13 avril 1744, à Adrien Leclerc ; s [1] 15 février 1746.—*Augustin,* b [1] 17 sept. 1722 ; m [1] 13 avril 1744, à Marie-Joseph Leclerc ; s [1] 17 janvier 1746.—*Hélène,* b [1] 15 et s [1] 25 juillet 1724. — *Louis,* b [1] 7 nov. 1725 ; m 1747, à Angelique Morin.—*Gabriel,* b [1] 21 nov. 1727 ; s [1] 3 août 1749.—*François-Marie,* b [1] 15 et s [1] 25 oct 1729.

1701, (18 janvier) Beaumont. [5]

II.—VALIÈRE, Rémi, [Pierre I.
b 1678 ; s 14 mars 1754, à St-Charles. [6]

LaCassé, Catherine, [Antoine I.
b 1676 ; s [6] 20 mars 1728.

Antoine, b [5] 2 janvier 1702 ; m [5] 29 nov. 1727, à Madeleine Hébert-Minfret.—*Charles,* b [5] 20 mai et s [5] 1er juin 1703.—*Anonyme,* b [5] et s [5] 7 sept. 1704.—*Joseph,* b [5] 23 mai 1706.—*Marie-Charlotte,* b [5] 15 août et s [5] 13 oct. 1708.— *Marie-Angélique,* b [5] 18 mai 1711 ; m [5] 20 nov. 1732, à Pierre Forgues ; s [5] 13 sept. 1733. — *Jean,* b [5] 24 août 1713 ; m [5] 8 mars 1734, à Madeleine Roy, s [5] 27 sept. 1792.—*Marie-Jeanne,* b [5] 16 nov. 1718, 1° m [5] 29 oct 1737, à Louis Couture ; 2° m [6] 22 nov. 1751, à Joseph Gosselin.

(1) Dit Beauséjour ; soldat de la compagnie de M. de St. Ours.

(2) Pour Nolet dit Passe-partout, voy. vol. VI, p 156.

(3) Elle épouse, le 30 sept. 1776, Claude Richard, à Montréal.

(4) Voy. vol. I, p. 580.

(5) Elle épouse, le 8 janvier 1682, René Dupille, à la Pointe-aux-Trembles, Q.

1705, (22 janvier) Pte aux-Trembles, Q.
II.—VALIÈRE, Pierre, [Pierre I.
b 1681 ; s 20 oct. 1711, à Québec.[7]
Caillé-LePicard (1), Marie-Anne, [Jean I.
b 1685.
Pierre, b[7] 21 janvier 1706; m 24 nov. 1728, à Marie-Anne Raby, à St-Augustin.—*Pierre*, b[7] 2 mai et s[7] 3 sept. 1707.—*Louis*, b[7] 27 août 1708; m[7] 10 janvier 1729, à Marie-Angélique LeGris; s[7] 4 août 1758.—*Nicolas*, b[7] 27 février et s[7] 15 juillet 1710.—*François*, b[7] 8 août 1711; m[7] 24 mai 1734, à Thérèse LeGris; s[7] 11 janvier 1786.

1726, (25 février) L'Ange-Gardien.
III.—VALIÈRE, Jean, [Jean II.
b 1704.
1° Fiset, Marie, [Charles II.
b 1704 ; s 24 nov. 1759, à St-Pierre-du-Sud.[3]
Philippe, b 1730; m 22 nov. 1763, à Marie-Anne Boulet, à St-Thomas.[4] — *Marie*, b 1731; m[3] 9 février 1751, à Jean-Baptiste Rousseau. — *Suzanne*, b... m[3] 7 janvier 1756, à François Coulombe.—*Marie-Geneviève*, b[4] 17 janvier 1736. —*Augustin*, b 1738, m 10 juin 1765, à Marie-Anne Moitier, à Chambly.—*Pierre*, b 1740; m[4] 23 oct. 1769, à Marie-Angelique Boulet.—*Louis-Marie*, b 25 août 1744, à St-Frs-du-Sud.
1760, (6 nov.) St-Charles.
2° Leclerc, Marie-Anne, [Pierre II.
b 1713; veuve d'Antoine Gosselin.

1727, (29 nov.) Beaumont.[5]
III.—VALIÈRE, Antoine, [Rémi II.
b 1702.
Hébert-Minfret, Marie-Madeleine, [Antoine I.
b 1705 ; s 31 mars 1758, à St-Charles.[6]
Antoine, b[5] 25 déc. 1728.—*Marie-Madeleine*, b[5] 27 nov. 1730.—*Marguerite*, b[5] 24 nov. 1732; s[5] 1er juin 1748.—*Michel*, b[5] 30 sept. 1734.—*Marie-Madeleine*, b[5] 19 janvier 1737.—*Marie-Angélique*, b[5] 23 avril 1739; m[6] 22 août 1757, à Louis Coté.—*Jean-Baptiste*, b[5] 4 février 1741.—*Joseph*, b[5] 15 sept 1743; s[5] 6 août 1744.—*Marie-Elisabeth*, b[5] 21 mars 1746; s[5] 6 mars 1747.—*Cécile*, b[5] 28 avril 1748; s[5] 12 juin 1749.—*Charles*, b[6] 26 mars 1750; s[6] 19 avril 1751.

1728, (7 janvier) St-Augustin.[8]
III.—VALIÈRE, Etienne, [Pierre II.
b 1704.
1° Dubau, Marie-Thérèse, [Laurent II.
b 1706.
Marie-Marguerite, b[8] 21 juin 1729; s[8] 26 avril 1731.—*Joseph-Marie*, b[8] 17 oct. 1730; s[8] 3 mai 1733.—*Marie-Thérèse*, b[8] 3 et s[8] 13 janvier 1732. —*Etienne*, b[8] 9 juin 1733; m[8] 30 juin 1762, à Marie-Charlotte Gingras. — *Marie-Charlotte*, b[8] 28 juillet 1735; s[8] 19 mars 1737.—*Joseph*, b[8] 5 juin 1737.—*Marie-Joseph*, b[8] 23 avril 1739.—*Marie-Françoise*, b[8] 1er oct. 1740.—*Marie-Louise*, b[8] 7 juin 1742. *Augustin*, b[8] 22 juin 1744; m 9 janvier 1775, à Françoise Bourassa, à Québec. —*Marie-Louise*, b[8] 9 nov 1747.

(1) Elle épouse, le 11 mai 1713, Jacques Chef-de-Ville, à Québec.

1753.
2° Duguay, Marie-Joseph.
Jean-Baptiste, b 1753; m 23 janvier 1775, à Marie-Joseph Caillet, à Montréal.—*Amable*, b 17 sept. 1754, à Ste-Foye.—*Louis*, b[8] 28 mars et s[8] 13 sept. 1758.—*Amable*, b[8] 3 juin 1761.—*Marie-Joseph*, b[8] 25 mars 1762.

1728, (24 nov.) St-Augustin.[9]
III.—VALIERE, Pierre, [Pierre II.
b 1706.
Raby, Marie-Anne, [Mathieu I.
b 1705.
Pierre-Michel, b[9] 27 sept. 1729; s[9] 13 mars 1731.—*Pierre*, b[9] 6 juin 1731; s 23 janvier 1756, à Yamachiche. — *Bonaventure*, b[9] 21 juin 1732. —*Laurent*, b[9] 20 oct. 1733. — *Joseph*, b[9] 9 avril 1735 —*Jean-Baptiste*, b[9] 19 sept. 1736; m[9] 1er février 1762, à Marie-Joseph Doré.—*Marie-Brigitte*, b[9] 19 sept. 1738.—*Marie-Anne*, b[9] 19 sept. 1738; m[9] 17 nov. 1760, à Augustin-Bernard Juneau. — *Marie-Charlotte*, b[9] 9 mai 1741.—*Marie-Augustine*, b[9] 18 avril 1743. — *Louis-Augustin*, b[9] 14 mai 1745.

1729, (10 janvier) Quebec.[6]
III —VALIÈRE (1), Louis, [Pierre II
b 1708; s[6] (dans l'église) 4 août 1758.
LeGris, Marie-Angelique, [Adrien I.
b 1708; s[6] 12 juillet 1764.
Marie-Anne-Angélique, b[6] 12 janvier 1730; s[6] 28 avril 1733.—*Louis-François*, b[6] 20 avril 1731, s[6] 25 avril 1733.—*Jean-Marie*, b[6] 24 mars et s[6] 12 mai 1733.—*Louis-Joseph*, b[6] 22 mars 1734.—*Louis-Michel*, b[6] 19 janvier 1736.—*Marie-Angélique*, b[6] 17 juillet 1737.—*Charles-François*, b[6] 23 mars 1739.—*Marie-Anne*, b[6] 16 déc. 1740; m[6] 17 nov. 1755, à Jacques Barranquet.—*Richard*, b[6] 11 mars et s[6] 12 août 1742.—*Marie-Joseph*, b[6] 25 juillet 1743. — *Etienne*, b[6] 20 oct. 1744.—*Jacques*, b[6] 12 et s[6] 24 août 1746.—*Deux anonymes*, b[6] et s[6] 18 juillet 1748. — *Françoise-Angélique*, b[6] 28 sept. 1749; s[6] 28 août 1750.

1732, (28 janvier) St-Valier.[2]
III.—VALIÈRE, Pierre, [Pierre II.
b 1700, navigateur.
Alaire, Marguerite, [Joseph II.
b 1712.
Jean-Baptiste, b 12 février 1733, à la Pte-aux-Trembles, Q.; 1° m 10 janvier 1757, à Véronique Coté, à St-Charles; 2° m 31 janvier 1763, à Marie-Madeleine Noel, à St-Michel. — *Marie-Geneviève*, b[2] 20 juillet 1734, m 19 oct. 1750, à Charles-Etienne Dorion, à Quebec.[3] — *Marie-Marguerite*, b 3 août 1736, à St-Augustin[4], m[3] 7 janvier 1754, à Jean-Baptiste Rousseau. — *Joseph-Augustin*, b[4] 3 déc. 1737.—*Augustin*, b[4] 5 juillet et s[4] 25 nov. 1739.—*Marie-Joseph*, b[3] 1er mai 1741; s[3] 27 avril 1743.—*Anne-Joseph*, b[3] 24 mai 1745; s[3] 25 nov. 1746.—*Anonyme*, b[3] et s[3] 21 mars 1747.—*Pierre*, b[3] 21 oct. 1748.—*Augustin*, b[3] 11 juin et s[3] 31 juillet 1751.—*Joachim-Amable*, b[3] 11 juin et s[3] 28 juillet 1751.

(1) Dit LaGarenne.

1733, (3 février) Longueuil. [5]

III.—VALIÈRE, Antoine, [Pierre II.
b 1710.

Bourhis, Marie-Suzanne, [Jean-Bte I.
b 1704; veuve de Jean-Baptiste Viau; s 25 janvier 1757, à Chambly. [6]

Marie-Suzanne, b [5] 6 nov. 1733; 1° m [6] 19 juin 1752, à André Davignon; 2° m [6] 3 nov. 1756, à Charles Legrain.—*Antoine-Amable*, b [5] 5 avril 1735.—*Marie-Catherine*, b [5] 29 oct. 1736; m 25 nov. 1754, à Joseph Lorrin, à Montreal [7]; s [7] 7 nov. 1755.—*Marie-Madeleine*, b [5] 6 avril 1738; m [7] 12 fevrier 1759, à Michel Roy. — ....(1), b 1740, s [5] 23 février 1749. — *Jean-Baptiste*, b [5] 3 mars 1743; m [7] 29 juillet 1765, à Marguerite Legaut-Desloriers.

1733.

I.—VALIÈRE, Jean.

Régault-Dominique, Suzanne, [Dominique I.
b 1707; veuve de François Vilulun

1734, (8 mars) Beaumont [1]

III.—VALIÈRE, Jean, [Rémi II
b 1713; s [1] 27 sept. 1792.

Roy, Madeleine, [Guillaume II.
b 1707; s [1] 29 avril 1772.

Marie-Thérèse, b [1] 21 juillet 1735, s [1] 24 janvier 1831.— *Jean-Marie*, b [1] 9 août 1736. — *Alexandre*, b [1] 12 juin 1738; m 14 sept 1767, à Marguerite Crépeau, au Château-Richer. — *Marie-Madeleine*, b [1] 13 nov et s [1] 21 dec. 1739. — *Etienne*, b [1] 12 et s [1] 26 mars 1741. — *Marie-Louise*, b [1] 26 juillet 1745; m [1] 15 janvier 1765, à Jean Turgeon, s [1] 1er août 1778. — *Joseph*, b [1] 22 mars 1747, m 2 sept. 1777, à Geneviève Létourneau, à St-Laurent, I. O. —*François*, b [1] 1er janvier 1749; m [1] 7 fevrier 1780, à Marguerite Couture, s [1] 5 nov. 1830.—*Marie-Angélique*, b [1] 21 et s [1] 24 oct. 1750. — *Louis*, b [1] 18 juin 1752; s [1] 13 juin 1853.—*Anonyme*, b [1] et s [1] 6 avril 1755.

1734, (24 mai) Quebec. [1]

III.—VALIÈRE (2), François, [Pierre II.
b 1711; s [1] 11 janvier 1786.

Legris-Lepine, Therèse, [Jean II.
b 1710; s [1] 9 oct. 1785.

Anonyme, b [1] et s [1] 3 juillet 1735 — *Marie-Thérèse*, b [1] 11 août et s [1] 24 nov. 1736.—*Michel-François*, b [1] 10 janvier et s [1] 13 sept. 1739. — *Marie-Thérèse*, b [1] 3 avril 1740; m [1] 16 juillet 1764, à Louis-Etienne Marchand.—*Marie-Joseph*, b [1] 5 dec. 1741. — *Anonyme*, b [1] et s [1] 15 avril 1743 — *François-Joseph*, b [1] 10 et s [1] 27 juillet 1744. — *François-Xavier*, b [1] 28 mars 1746. — *Louis*, b [1] 13 juin 1747; s [1] 30 mars 1748. — *Louise-Marthe*, b [1] 13 fevrier et s [1] 30 juillet 1751.

1736, (19 avril) St-Augustin. [2]

III.—VALIÈRE, Jean-Bte, [Pierre II.
b 1713; s 27 avril 1780, à Ste-Foye.

Dubau, Marie-Françoise, [Jean II.
b 1715.

(1) Le nom manque au registre.

(2) Appelé Vassé en 1751.

Marie-Françoise, b [2] 11 et s [2] 26 mai 1737.—*Jean-Marie*, b [2] 17 sept. 1738; s [2] 7 juin 1740.—*Jean-Philippe*, b [2] 21 nov. 1740. — *Marie-Anne*, b [2] 18 juillet 1742. — *Marie-Suzanne-Marguerite*, b [2] 16 mars 1744.—*Marie-Louise*, b [2] 24 et s [2] 26 juillet 1745. — *Jean-Baptiste*, b 1753; s 12 mars 1755, à Quebec. [3]—*Jean-Baptiste*, b 1756; m [3] 28 nov. 1780, à Marguerite Cornelier.

1743.

III.—VALIÈRE, Joseph, [Jean II.
b 1718.

Cloutier, Reine-Elisabeth, [Joseph IV.
b 1723.

Joseph, b 16 août 1744, à St-Thomas — *Marie-Marthe*, b et s 5 dec. 1748, à St-Pierre-du-Sud. [7] — *Joseph*, b [7] 4 oct. 1749. — *Antoine-François-Xavier*, b [7] et s [7] 13 août 1754.— *Anonyme*, b [7] et s [7] 8 janvier 1752.—*Charles*, b [7] 6 mai 1753, s 25 août 1812, à l'Hôtel-Dieu, M. —*Antoine*, b 3 août 1754, à St-François-du-Sud.—*Elisabeth*, b [7] 11 et s [7] 21 sept. 1755. — *Marie-Madeleine*, b [7] 6 mars 1758.

1744, (13 avril) St-Pierre, I. O. [4]

III.—VALIÈRE, Augustin, [Jean II.
b 1722; s [4] 17 janvier 1746.

Leclerc (1), Marie-Joseph, [Adrien III.
b 1727.

Marie-Joseph, b [4] 10 mai 1745; s [4] 26 fevrier 1749.

1747.

III.—VALIÈRE, Louis, [Jean II.
b 1725

Morin, Marie-Angelique, [Jacques III.
b 1729.

Louis, b 1747; s 29 dec. 1749, à Lévis. [3] —*Angélique-Apolline*, b [3] 25 juillet 1750 — *Etienne*, b [3] 8 nov. 1751. — *Rosalie*, b [3] 14 fevrier 1753.— *Joseph-André*, b [3] 12 juillet 1754.—*Louis*, b [3] 26 août et s [3] 6 sept. 1757. — *Geneviève*, b 1759; s 15 juillet 1761, aux Grondines. [2]—*Marie-Scholastique*, b [2] 30 sept. 1761. —*François*, b 25 mai et s 10 juin 1764, à Ste-Anne-de-la-Perade.

1757, (10 janvier) St-Charles.

IV.—VALIÈRE, Jean-Bte, [Pierre III.
b 1733.

1° Coté, Veronique, [Ignace.
b 1738.

Jean-Baptiste, b 19 janvier 1758, à St-Valier; m 21 oct. 1783, à Genevieve Verreau, à Quebec.

1763, (31 janvier) St-Michel.

2° Noel, Marie-Madeleine, [Ignace III.
b 1739.

Pierre, b 1765; m 11 janvier 1796, à Marie-Joseph Boilard, à Beaumont.

(1) Elle épouse, le 10 avril 1747, Prisque Plante, à St-Pierre, I. O.

1762, (1er février) St-Augustin.
IV.—VALIÈRE, Jean-Bte, [Pierre III.
b 1736.
Doré, Marie-Joseph, [Louis III.
b 1733.
Jean-Baptiste, b 1763; m 21 juillet 1794, à Marie-Catherine Grégoire, à la Pte-aux-Trembles, Q.

1762, (11 mai) Québec. [4]
I.—VALIÈRE, Chs,
menuisier.
Mosion (1), Marie-Louise, [Robert II.
b 1732.
Charles-Louis, b [4] 12 février 1763. — *Marie-Madeleine,* b [4] 2 et s [4] 20 juillet 1764 — *Marie-Madeleine,* b... m [4] 14 nov. 1786, à Joseph-Marie Marcou.

1762, (30 juin) St-Augustin [4]
IV.—VALIÈRE, Etienne, [Etienne III.
b 1733.
Gingras, Marie-Charlotte, [Mathieu II.
b 1737; veuve de Rene Maigre.
Marie-Joseph, b... m 25 juillet 1786, à Jean Landseygner. — *Raphael,* b 1773; s [4] 16 fevrier 1794.

1763, (22 nov.) St-Thomas.
IV.—VALIÈRE, Philippe, [Jean III.
b 1730.
Boulet, Marie-Anne, [Guillaume III.
b 1737.

1765, (10 juin) Chambly.
IV.—VALIÈRE, Augustin, [Jean III
b 1738.
Moitier (2), Marie-Anne, [François I.
b 1747.
Augustin, b 1767; m 21 avril 1800, à Helène Dalaire, à Beaumont.

1765, (29 juillet) Montréal. [1]
IV.—VALIÈRE, Jean-Bte, [Antoine III.
b 1743.
Legault (3), Marguerite, [Jean II.
b 1748.
Thérèse, b [1] 3 avril 1785.

1767, (14 sept) Château-Richer. [4]
IV.—VALIÈRE, Alexandre, [Jean III.
b 1738.
Chéreau, Marguerite, [Charles III.
b 1748.
Marie-Elisabeth, b [4] 3 et s [4] 9 juillet 1773.

(1) Lamouche.
(2) Fournier.
(3) Desloriers.

1769, (23 oct.) St-Thomas.
IV.—VALIÈRE, Pierre, [Jean III.
b 1740.
Boulet (1), Marie-Angelique, [Guillaume III.
b 1745.

1775, (9 janvier) Québec.
IV.—VALIÈRE, Augustin, [Etienne III.
b 1744.
Bourassa, Marie-Françoise, [Pierre III.
b 1756.
Marie, b 1778; s 9 février 1779, à Ste-Foye.— *Louise,* b 13 sept. 1782, à St-Augustin.

1775, (23 janvier) Montréal.
IV.—VALIÈRE, Jean-Bte, [Etienne III.
b 1753.
Caillet, Marie-Joseph.

VALIÈRE, Joseph.
Tibaut, Agathe.
Marguerite, b 9 mai 1777, à la Pte-aux-Trembles, Q. [9] — *Louis-Joseph,* b [9] 5 sept. 1778.

1777, (2 sept.) St-Laurent, I. O.
IV.—VALIÈRE, Joseph, [Jean III.
b 1747.
Létourneau, Geneviève, [Jacques IV.
b 1747.

1780, (7 fevrier) Beaumont. [2]
IV —VALIÈRE, François, [Jean III.
b 1749; s [2] 5 nov. 1830.
Couture (2), Marguerite, [Joseph IV.
b 1756; s [2] 5 mai 1827.
Françoise, b... m [2] 14 juillet 1803, à Etienne Labrecque.

1780, (28 nov.) Québec. [1]
IV.—VALIÈRE, Jean-Bte, [Jean-Bte III.
b 1756.
Cornelier (3), Marguerite, [Pierre III.
b 1761.
Joseph-Rémy (4), b 1er oct. 1787, à Carleton; m [1] 16 nov. 1812, à Louise Pezard de Champlain.

1783, (21 oct) Quebec.
V.—VALIÈRE, Jean-Bte, [Jean-Bte IV.
b 1758.
Verreau, Geneviève. [Paul III.

1794, (21 juillet) Pte-aux-Trembles, Q. [5]
V.—VALIERE, Jean-Bte, [Jean-Bte IV.
b 1763.
Grégoire, Marie-Catherine, [Jean II.
b 1756.
Jean-Romain, b [5] 23 dec. 1796.—*Jean-Baptiste,* b [5] 22 nov. 1797 —*Edouard,* b [5] 30 nov. et s [5] 18 dec. 1798. — *David-Hubert,* b [5] 27 avril 1800.

(1) Elle épouse, le 25 nov 1771, François Chabot, à St-Thomas.
(2) Bellerive.
(3) Grandchamp.
(4) Le juge Vallin de St-Réal.

1796, (11 janvier) Beaumont.

V.—VALIÈRE, PIERRE, [JEAN-BTE IV
b 1765.
BOILARD, Marie-Joseph, [CLAUDE II.
b 1772.

1800, (21 avril) Beaumont.

V.—VALIÈRE, AUGUSTIN, [AUGUSTIN IV.
b 1767.
ALAIRE (1), Hélène. [LOUIS IV

IV.—VALIÈRE (2), CHARLES, [JOSEPH III
b 1753; s 25 août 1812, à l'Hôtel-Dieu, M.

VALIÈRE, ROMAIN.
DEROCHES, Charlotte.
Romain, b 12 mai 1803, à la Pte-aux-Trembles, Q.[1] — *Pélagie*, b [1] 2 mars 1809.

1802, (23 fevrier) St-Charles.

VALIÈRE, JOSEPH, [JEAN-BTE.
BOISSEL, Marie-Joseph, [CHARLES
Magloire, b... 1° m 24 février 1840, à Soulanges BUTEAU, à St-Frs-du-Sud, 2° m 14 avril 1847, à Marie MIVILLE-DECHÊNE, à Quebec.

1812, (16 nov.) Quebec.

V.—VALIÈRE (3), JOS.-RÉMI, [JEAN-BTE IV.
b 1787.
PEZARD DE CHAMPLAIN, Louise, b 1789; fille de Pierre-Melchior (sieur de LaTouche, seigneur de Godfroy, Roctaillade) et de dame Louise Drouet de Richarville; s 28 avril 1829, à l'Hôtel-Dieu, Q

1840, (24 fevrier) St-Frs-du-Sud.

VALIÈRE, MAGLOIRE. [JOSEPH.
1° BUTEAU, Soulanges.
1847, (14 avril) Québec.
2° MIVILLE-DECHÊNE, Marie.

VALIÈRES.—Voy. VALLIÈRE.

VALIN —*Variation :* VALLAIN.

1684.

I.—VALIN (4), NICOLAS,
s 28 oct. 1699, à Lorette.[1]
TRUD, Anne, [MATHURIN I.
b 1664; s [1] 17 janvier 1743.
Marie-Louise, b 18 juin 1685, à Quebec.[4] — *Charles*, b 1690; 1° m 24 avril 1713, à Marie-Thérèse TURCOT, à Charlesbourg[8], 2° m [8] 14 oct. 1715, à Louise DARVEAU.— *Jean-Innocent*, b [4] 28 déc. 1691, m [4] 18 nov. 1725, à Catherine DUBREUIL; s [4] 28 dec. 1759 —*François*, b 1693; m 7 fevrier 1729, à Geneviève TRUDEL, à L'Ange-Gardien.

(1) Et Dalaire.

(2) Dit Garenne. Il était, le 17 oct. 1774, au Chateau-Richer.

(3) De St-Réal, juge, M P P. pour la ville de Québec et conseiler du Roi

(4) Voy. vol. I, p. 579.

1713, (24 avril) Charlesbourg.[8]

II.—VALIN, CHARLES, [NICOLAS I.
b 1690.
1° TURCOT, Marie-Thérèse, [JEAN I.
b 1695; s 8 mars 1715, à Lorette.[9]
Charles, b [9] 1er et s [9] 2 mai 1714. — *Thérèse*, b [9] 24 fevrier 1715; m [9] 14 nov. 1735, à Pierre VOYER.
1715, (14 oct.)[8]
2° DARVEAU (1), Louise, [FRANÇOIS I.
b 1699.
Charles, b [9] 15 déc. 1716; s (2) 5 déc. 1738, à Québec. — *Marie-Louise*, b [9] 20 sept. 1718; m [9] 10 nov. 1760, à Jean POMIER.—*Jean-Baptiste*, b [9] 16 mars 1721; m 12 fevrier 1748, à Marie-Anne PETITCLERC, à St-Augustin. — *Nicolas*, b 1723; 1° m [8] 7 février 1746, à Marie-Joseph PAQUET; 2° m [8] 10 février 1755, à Françoise AUCLAIR.— *Marie-Charlotte*, b... 1° m 1746, à François PAQUET; 2° m [8] 12 sept. 1763, à Pierre BERNARD. — *Marie*, b [9] 13 juin 1727; s [9] 6 juin 1733.— *Pierre*, b [9] 24 nov. 1729; m [8] 17 août 1761, à Elisabeth-Françoise PEPIN.—*Marie-Catherine*, b [9] 22 mai et s [9] 27 déc 1732.— *Marie-Geneviève*, b [9] 25 janvier 1736; m [9] 31 janvier 1757, à Philippe DROLET.

1725, (18 nov.) Québec.[3]

II.—VALIN, JEAN-INNOCENT, [NICOLAS I.
b 1691; s [3] 28 dec. 1759.
DUBREUIL, Catherine, [ETIENNE I.
b 1704.
Marie-Catherine, b [3] 3 et s [3] 14 août 1726. — *Marie-Anne*, b [3] 27 mars 1728 — *Joseph*, b [3] 13 août 1729; s [3] 8 août 1730.—*Jean-Joseph*, b [3] 28 juin et s [3] 28 août 1731. — *Marie-Angélique*, b [3] 10 et s [3] 20 août 1732.—*Jean-Thomas*, b [3] 23 janvier 1734; m 1774, à Therèse BERNIER; s [3] 2 juin 1795.—*Michel-Joseph*, b [3] 28 sept. 1735.—*Joseph-Pierre*, b [3] 6 sept. 1737.—*Joseph-François*, b [3] 17 avril 1739; m 1764, à Marie-Geneviève PAQUET; s [3] 24 mai 1779. — *Catherine*, b [3] 10 août 1740.— *Jean-François-Régis*, b [3] 23 juillet et s 3 août 1742, à Charlesbourg.— *Jean-François-Régis*, b [3] 23 mars 1745.

1729, (7 fevrier) L'Ange-Gardien.

II —VALIN, FRANÇOIS, [NICOLAS I.
b 1693.
TRUDEL, Geneviève, [PIERRE II.
b 1707.
François, b 29 nov. 1729, à Lorette[9]; m [9] 11 janvier 1751, à Marie-Louise BONHOMME —*Ignace*, b [9] 29 nov. 1731; s [9] 24 juillet 1735.— *Marie-Geneviève*, b [9] 16 juillet 1734; m [9] 11 fevrier 1765, à Pierre ROBITAILLE.—*Ignace*, b [9] 12 juillet 1737; m [9] 13 juillet 1761, à Therèse DROLET.— *Jean*, b [9] 12 fevrier 1741; m [9] 25 janvier 1762, à Marie-Marguerite PLAMONDON.— *Marie-Charlotte*, b 21 juillet 1744, à St-Augustin —*Nicolas*, b [9] 16 oct 1748; s [9] 13 juin 1749

(1) Langoumois.

(2) Assassiné à coup de batons et d'epées par plusieurs soldats.

1744, (7 janvier) Lévis.

I.—VALIN (1), CHARLES, fils de Charles et de Catherine Vallée, de St-Germain de Regmalard, diocèse de Chartres, Beauce.
CARRIER, Louise, [CHARLES II.
b 1722; s 2 janvier 1750, à Québec [4]
Charles-Jean, b [4] 15 nov. 1744; m 1771, à Geneviève VÉSINA.—*Louis-Guillaume*, b [4] 15 mars 1746; s [4] 25 juin 1748. — *Louise*, b [4] 19 et s [4] 22 sept. 1747.

1746, (7 février) Charlesbourg. [4]

III.—VALIN, NICOLAS, [CHARLES II.
b 1723.
1° PAQUET, Marie-Joseph, [PHILIPPE II.
b 1717; s [4] 17 mai 1754.
Nicolas-Jacques, b [4] 21 mars 1747.—*François*, b... s [4] 8 avril 1750. — *Joseph*, b [4] 15 mars 1750; s [4] 6 juin 1753. — *Marie-Joseph*, b [4] 8 août 1752; s [4] 26 sept. 1755.

1755, (10 février). [4]

2° AUCLAIR, Françoise, [FRANÇOIS II.
b 1733.
Marie-Charlotte, b [4] 4 janvier 1756. — *Marie-Françoise*, b [4] 15 mai 1757. — *Marie-Joseph*, b [4] 29 oct. 1758; s [4] 20 août 1759. — *Jean-Baptiste*, b [4] 10 fevrier 1763; m 19 juillet 1796, à Marie-Joseph COTÉ, à Quebec. [5] — *Pierre*, b 1765; m [5] 15 nov. 1796, à Marie DEROME. — *Marie-Angélique*, b... m [5] 25 janvier 1791, à George KRATZ

1748, (12 fevrier) St-Augustin.

III.—VALIN, JEAN-BTE, [CHARLES II.
b 1721.
PETITCLERC, Marie-Anne, [CHARLES II.
b 1724.
Jean-Charles, b 14 oct. 1750, à Lorette [4]; m 1778, à Marie BUSSIÈRE. — *Pierre*, b [4] 17 sept. 1753. — *Marie-Catherine*, b [4] 26 mars 1755. — *Marie-Jeanne*, b [4] 15 juillet 1756.—*Marie-Joseph*, b [4] 22 mars 1759; s [4] 16 janvier 1761. — *Gabriel*, b [4] 27 juin 1761.—*François-Augustin*, b [4] 15 avril et s [4] 27 août 1763.

1751, (11 janvier) Lorette. [2]

III.—VALIN, FRANÇOIS, [FRANÇOIS II.
b 1729.
BONHOMME, Marie-Louise, [NICOLAS IV.
b 1732.
Marie-Louise, b [2] 18 mars 1753.—*François* b [2] 4 mai 1755; s [2] 10 août 1760.—*Pierre*, b [2] 18 fevrier 1758.—*Marie-Félicité*, b [2] 23 dec. 1761.

1761, (13 juillet) Lorette.

III.—VALIN, IGNACE, [FRANÇOIS II.
b 1737.
DROLET, Marie-Thérèse, [PHILIPPE III.
b 1742.
Ignace, b 24 mars 1762, à St-Augustin. [1] — *Marie-Anne*, b 1763; m [1] 30 sept. 1782, à Louis MASSON. — *Thérèse*, b... m [1] 30 janvier 1787, à Pierre MEUNIER —*Jean-Baptiste*, b [1] 8 avril 1781. — *Madeleine*, b [1] 27 fevrier 1783. — *Louis*, b [1] 4 mai 1785.—*Nicolas*, b [1] 25 avril 1787.

1761, (17 août) Charlesbourg. [1]

III.—VALIN, PIERRE, [CHARLES II.
b 1729.
PEPIN, Elisabeth-Françoise, [LS-MICHEL III.
b 1740.
Françoise, b [1] et s [1] 24 nov. 1762. — *Marie-Françoise*, b 16 nov. 1763, à Lorette.

1762, (25 janvier) Lorette. [2]

III.—VALIN, JEAN, [FRANÇOIS II.
b 1741.
PLAMONDON, Marie-Marguerite, [JOSEPH III.
b 1742.
Jean-Baptiste, b [2] 17 oct. 1762.—*Marie-Marguerite*, b [2] 8 avril 1764.

1764.

III.—VALIN, JOSEPH-FRS, [JEAN-INNOCENT II.
s 24 mai 1779 (dans l'eglise) à Quebec. [1]
PAQUET, Marie-Geneviève, [ANTOINE IV.
b 1737.
Louis, b 1767; m [1] 9 février 1792, à Marie GAGNÉ. — *Anonyme*, b et s 23 juillet 1768, à Ste-Foye.—*François*, b 1770; m [1] 2 juin 1795, à Geneviève NOEL.

1771.

II.—VALIN, CHS-JEAN, [CHARLES I.
b 1744.
VÉSINA, Geneviève.
Charles, b 11 juin 1772, à Ste-Foye.— *Félicité*, b 16 mars 1793, à St-Augustin.

1774.

III.—VALIN, JEAN-FRS, [JEAN-INNOCENT II.
b 1734; s 2 juin 1795, à Quebec.
BERNIER, Thérèse, [NICOLAS II.
b 1739; veuve de Claude Moras.

1778.

IV.—VALIN, JEAN-CHS, [JEAN-BTE III.
b 1750.
BUSSIÈRE, Marie, [CHARLES III.
b 1756.
Marguerite, b 31 déc. 1780, à St-Augustin.

1792, (9 fevrier) Quebec.

IV.—VALIN, LOUIS, [JOS-FRANÇOIS III.
b 1767.
GAGNÉ, Marie, [LOUIS V.
b 1770.

1795, (2 juin) Québec.

IV.—VALIN, FRANÇOIS, [JOS-FRANÇOIS III.
b 1770.
NOEL, Geneviève. [JOSEPH.

1796, (19 juillet) Québec.

IV.—VALIN, JEAN-BTE, [NICOLAS III.
b 1763.
COTÉ, Marie-Joseph, [JOSEPH-MARIE V.
b 1763.

(1) Soldat de la compagnie de la Martinière, et maitre d'école en 1748.

1796, (15 nov.) Québec.
IV—VALIN, PIERRE, [NICOLAS III.
b 1765.
DEROME, Marie, [LOUIS IV.
b 1770.

VALIQUET.—*Surnom* : LAVERDURE.

1658, (23 sept.) Montreal. 1
I.—VALIQUET (1), JEAN, b 1633 ; fils de Jean et de Nicole Langevin, de St-Vincent, diocèse d'Angers, Anjou.
LOPPÉ, Renee, b 1643 ; fille de Jean et de Marie Despres, de St-Jean-de-la-Mothe, diocèse du Mans.
Hélène, b 1 19 oct. 1667 ; 1° m 6 nov. 1684, à Jacques MARTINBAUT, à Boucherville 2 ; 2° m 2 20 fevrier 1707, à Jacques PILET. — *Pierre,* b 1 14 nov. 1676, m 1 15 août 1701, à Elisabeth CAMPEAU ; s 1 17 mai 1716.

1701, (15 août) Montréal. 5
II.—VALIQUET, PIERRE, [JEAN I.
b 1676 ; s 5 17 mai 1716.
CAMPEAU, Elisabeth, [ETIENNE I.
b 1683.
Anonyme, b et s 25 mai 1702, à Lachine. — *Pierre-Louis,* b 26 fevrier 1704, à Ste-Anne, M. 3 ; m 19 fevrier 1729, à Madeleine CHARTRAND, à Terrebonne. 4— *Françoise,* b 1706 ; m 4 1er mars 1729, à Pierre BRUNET. — *Hélène,* b... m 2 dec. 1730, à Jean-Baptiste LACHAISE, à Boucherville. — *Louis,* b 1709 ; 1° m 22 oct. 1731, à Marie LAMARCHE, à la Longue-Pointe ; 2° m 4 1er avril 1761, à Madeleine RENAUD.— *Augustin-François,* b 3 30 oct. 1712 ; m 9 fevrier 1739, à Françoise CHARTRAN, à St-François, I. J. — *Anne,* b... m 1737, à Jean-Baptiste LAVIGNE.

1729, (19 février) Terrebonne.
III.—VALIQUET, PIERRE-LOUIS, [PIERRE II.
b 1704.
CHARTRAND, Marie-Madeleine, [THOMAS II.
b 1700.
Pierre, b 26 sept. à St-François, I J 7 et s 8 nov. 1731, au Sault-au-Recollet. — *Marie-Madeleine,* b 7 26 sept 1733. — *Pierre,* b 1735 ; m 20 juin 1757, à Marie-Catherine LIMOGES, à Ste-Rose.—*Jean-Baptiste,* b 7 23 avril 1736 — *Marie-Joseph,* b 7 2 nov. 1737 ; m 27 nov 1758, à Louis MARIÉ, à St-Vincent-de-Paul. 8—*Marie-Geneviève,* b 7 28 nov. 1739. — *Marie-Amable,* b... m 8 7 fevrier 1763, à Jean GUINDON. — *Augustin,* b 8 3 juillet 1744 ; s 8 18 avril 1750. — *Louise,* b 8 16 juin 1746. — *Marie-Thérèse,* b 8 22 juin 1748.— *Elisabeth,* b 8 5 juillet 1752. — *Marie-Charlotte,* b 8 16 juin 1754.

1731, (22 oct) Longue-Pointe.
III.—VALIQUET, LOUIS, [PIERRE II.
b 1709 ; s 25 dec. 1782, à Terrebonne. 1
1° LAMARCHE (2), Marie, [JULIEN II.
b 1711.

Marie-Joseph, b... m 25 février 1754, à Jean-Baptiste MONSIAU, à St-Vincent-de-Paul. 2 — *Marie-Louise,* b... m 10 fevrier 1755, à Joseph CHARBONNEAU, au Sault-au-Récollet. 3 — *Marie-Françoise,* b... m 5 juillet 1756, à François-Amable LEBLANC, à Ste-Rose. 4 —*Marie-Rose,* b 3 23 sept. et s 3 14 oct. 1749.—*Jean-Amable,* b 2 11 déc. 1750 ; m 1 5 juillet 1773, à Felicite ROBILLARD. —*Louis,* b 2 18 et s 2 29 juin 1752.—*Marie-Angélique,* b 4 8 nov. 1755 ; s 4 17 janvier 1756.

1761, (1er avril). 1
2° RENAUD, Madeleine, [PIERRE-ANDRÉ I.
b 1690 ; veuve de Pierre Gareau.

VALIQUET, LOUIS.
MAYNARD, Marie,
s 29 août 1759, à Ste-Rose.

1739, (9 février) St-François, I. J.
III.—VALIQUET, AUGUSTIN-FRS, [PIERRE II.
b 1712.
CHARTRAN (1), Françoise, [THOMAS II.
b 1717.
Augustin, b 1740 ; m 20 février 1764, à Geneviève DENEAU, à St-Vincent-de-Paul. 5 — *Geneviève,* b 24 juin 1742, à Ste-Geneviève, M. ; m 5 23 nov. 1761, à François-Joseph CIRE. — *Marie-Amable,* b 5 18 dec. 1744 — *Marie,* b... m 5 10 nov. 1766, à Louis BRIAND —*François,* b 5 10 mai 1748 ; 1° m 1771, à Marie-Marguerite ETHIER ; 2° m 23 nov. 1772, à Angelique MÉRIEU-BOURBON, à Terrebonne.—*Louis,* b 5 29 oct. et s 5 1er nov. 1751.

1757, (20 juin) Ste-Rose.
IV—VALIQUET, PIERRE, [PIERRE-LOUIS III.
b 1735.
LIMOGES, Marie-Catherine, [JACQUES II.
b 1739.
Catherine, b 1758 ; m 30 sept. 1782, à Amable DESAUTELS, à Terrebonne. 6 — *Pierre,* b 6 28 mars et s 6 14 juin 1759 —*Pierre,* b 6 12 nov. 1760.— *Marie-Angélique,* b... m 6 25 nov. 1782, à Charles LAUZON.

1764, (20 fevrier) St-Vincent-de-Paul.
IV—VALIQUET, AUGUSTIN, [AUGUST.-FRS III.
b 1740.
DENEAU, Geneviève, [PIERRE III.
b 1741.

1771.
VALIQUET, FRANÇOIS.
GAREAU, Marie.
Antoine, b 28 janvier 1772, à Lachenaye.

1771.
IV.—VALIQUET, FRANÇOIS, [AUGUSTIN-FRS III.
b 1748.
1° ETHIER, Marie-Marguerite, [JOSEPH III.
b 1745.
François et *Joseph* b 18 fevrier 1772, à Lachenaye. 3

(1) Dit Laverdure ; voy. vol I, p. 379.
(2) Lamarché.

(1) Elle épouse, le 19 fevrier 1750, Pierre Joly, à St-Vincent-de-Paul.

1772, (23 nov.) Terrebonne.
2° Mérieu-Bourbon, Angèlique, [Jean-Jac. II.
b 1754.
Jacques, b [3] 26 avril 1773. — *Marie-Françoise*, b 1776 ; m 27 sept. 1802, à Joseph Chapleau, à Ste-Thérèse.— *Marie-Louise*, b [3] 19 janvier 1782.

1773, (5 juillet) Terrebonne.
IV.—VALIQUET, Jean-Amable, [Louis III.
b 1750.
Robillard, Felicité, [Jean-Bte III.
b 1750.

VALLAIN.—Voy. Valin.

VALLÉ.—Voy. Vallée.

VALLÉE.—*Variations et surnoms* : Lavallée—Mallet—Vallé—Vallet—Blois—Friloux—Jolibois—LeGantier—Paquet—Sansoucy—Soucy—Versailles.

1665, (12 janvier) Québec.
I.—VALLÉE (1), Pierre, fils de Pierre et de Madeleine Dumesnil, de St-Jean, diocèse de Rouen, Normandie.
Leblanc (2), Marie-Therèse, [Léonard I.
b 1651.
Thérèse, b 1667 ; s 30 oct. 1722, à Beauport [3] —*Charles*, b 1679; m [2] 12 sept. 1707, à Geneviève Marcou ; s [2] 22 fevrier 1753.

1666, (4 fevrier) Château-Richer.
I.—VALLÉE (3), Jean, b 1642; fils de Pierre et de Madeleine Dumesnil, de St-Jean, diocèse de Rouen, Normandie.
Martin-Amelin, Marie,
b 1650.
Charles, b 13 février 1670, à Ste-Famille, I. O.; m 3 fevrier 1694, à Ursule Gendron, à Ste-Anne-de-la-Pérade[2]; s [2] 25 oct. 1742.

1694, (3 fevrier) Ste-Anne-de-la-Pérade. [5]
II.—VALLÉE (4), Charles, [Jean I.
b 1670; s [5] 25 oct. 1742.
Gendron, Marie-Ursule, [Pierre-Jean I.
b 1677; s [5] 13 avril 1747.
Pierre-Charles, b [5] 7 juillet 1695; 1° m [5] 24 janvier 1724, à Marguerite Campagna ; 2° m [5] 30 juin 1738, à Marguerite Guilbaut; s [5] 25 mars 1769.—*Pierre*, b [5] 29 mars 1699; m 7 nov. 1730, à Marie-Joseph Préjean, à Lachine. — *Elisabeth*, b [5] 28 fevrier 1703; m [5] 18 mai 1722, à Pierre Gervais; s [5] 30 nov. 1768.— *Jacques*, b [5] 1er janvier 1705; 1° m 6 février 1729, à Catherine Veillet, à Ste-Geneviève[6]; 2° m [5] 15 sept. 1767, à Marie-Anne Guilbaut.—*Michel*, b [5] 10 mai 1707; m [5] 14 mars 1738, à Madeleine Morand; s [5] 27 mai 1738.—*Marie-Joseph*, b 1708; m [5] 22 février 1729, à Denis Tellier ; s [5] 27 mars 1743. —

(1) Voy. Lavallée, vol. I, p. 354 et vol, V, p. 199.
(2) Elle épouse, le 29 oct. 1686, Toussaint Giroux, à Beauport.
(3) Frère du précédent, voy. vol. I, p. 579.
(4) Voy. vol. I, p. 579.

Angélique, b [5] 27 oct. 1711 ; m [5] 16 juillet 1731, à Jean Massicot. — *Marie-Renée*, b [5] 26 janvier 1715; m [5] 3 oct. 1738, à Antoine Massicot; s [6] 27 avril 1740. — *Dorothée*, b [5] 16 mai 1717; m [5] 26 juin 1738, à Alexis LeDuc; s [5] 28 mars 1774. —*Louis*, b [5] 12 sept. 1720; 1° m 11 janvier 1745, à Louise Maillot, à St-Jean-Deschaillons; 2° m [5] 26 fevrier 1770, à Marie-Joseph Guilbaut; s 7 oct. 1796, à l'Hôpital-General, M. — *Jean-Baptiste*, b [5] 4 juin 1722. — *Marie-Jeanne*, b [5] 24 juin 1724; m [5] 26 juin 1741, à Jean-Baptiste Leduc; s [5] 2 sept. 1748.

1707, (12 sept.) Beauport. [5]
II.—VALLÉE (1), Louis-Charles, [Pierre I.
b 1679, s [5] 22 fevrier 1753.
Marcou, Geneviève, [Pierre I.
b 1682; s [5] 9 mai 1756.

1712, (16 juillet) Montréal. [3]
I.—VALLÉE (2), Jean, b 1679; fils de Jean et d'Elisabeth Proulx, de St-Porchère, diocèse de Poitiers, Poitou; s [3] 9 août 1718.
Damien, Marguerite, [Jacques I.
b 1681.
Elisabeth, b [3] 9 mai 1709; 1° m [3] 30 juillet 1725, à Jean Latouche; 2° m [3] 17 fevrier 1745, à Jean Legrand. — *Marie-Marguerite*, b [3] 14 mai 1713; m [3] 16 juin 1738, à François Boulardier, s [3] 20 juin 1739.—*Jean-Baptiste*, b [3] 17 dec. 1715; m [3] 22 juillet 1737, à Jeanne Cargueret ; s 1er juillet 1780, à l'Hôpital-Genéral, M.—*Jean-Marie*, b [3] 21 mars 1718; m [3] 7 nov. 1740, à Charlotte Dudevoir.

1724, (24 janvier) Ste-Anne-de-la-Pérade [7]
III.—VALLÉE, Pierre-Chas, [Charles II.
b 1695; s [7] 25 mars 1769.
1° Campagna, Marguerite-Agnès, [Louis II.
b 1701; s [7] 24 dec. 1736.
Marie-Charlotte, b [7] 24 oct. 1724; m [7] 8 nov. 1745, à Charles Guibaut.— *Marie-Joseph*, b [7] 24 fevrier 1727; m [7] 10 février 1755, à Alexis-Joseph Morand. — *Charles*, b [7] 4 et s [7] 31 dec. 1728 — *Marie-Marguerite*, b [7] 18 dec. 1729; s [7] 23 mai 1738. —*Joseph*, b [7] 13 mai 1732; m [7] 14 fevrier 1752, à Angelique Tessier. — *Marie-Brigitte*, b [7] 21 janvier 1734; m [7] 2 février 1761, à Michel Tessier ; s [7] 20 fevrier 1776. — *Marie-Anne*, b [7] 3 juin 1736; s [7] 25 mars 1737.
1738, (30 juin). [7]
2° Guilbaut (3), Marguerite, [François II.
b 1711.
Pierre-Charles, b [7] 1er mai 1739; m 1760, à Marie-Louise Chamberland, s 7 oct. 1774, à Quebec.—*Louis*, b [7] 16 nov. 1740; m [7] 22 fevrier 1762, à Françoise Boudreau. — *Marie-Marguerite*, b [7] 23 février et s [7] 10 mars 1743. — *Alexis*, b [7] 16 mars 1744; m [7] 18 fevrier 1765, à Marie-Anne Ricard. — *Marie-Françoise*, b [7] 11 sept. 1746; m [7] 26 fevrier 1770, à François Tessier.—

(1) Voy. aussi Lavallee, vol. V, p. 200.
(2) Dit Mallet—Sansoucy—Soucy, soldat de M. de Villiers.
(3) Grandbois ; elle épouse, le 21 oct. 1771, Rene Fossier, à Ste-Anne-de-la-Perade

Paul, b [7] 26 nov. 1748.—*Marie-Joseph*, b... s [7] 10 août 1758. — *Suzanne*, b [7] 15 juin 1752; s [7] 28 avril 1765.

1729, (6 février) Ste-Geneviève.
III.—VALLÉE, JACQUES, [CHARLES II.
b 1705.
1° VEILLET, Catherine, [JEAN I.
b 1707; s 27 février 1766, à Ste-Anne-de-la-Pérade. [1]

Jacques, b [1] 2 juillet 1730; m [1] 19 février 1754, à Marguerite TESSIER.—*Joseph-Pierre*, b [1] 7 janvier 1732; m [1] 18 nov. 1760, à Marie-Madeleine CHARETS.—*Alexis*, b [1] 17 déc. 1733. — *François*, b [1] 12 sept. 1735; s [1] 10 avril 1737.—*Thomas*, b [1] 22 août 1737.—*Jean-Baptiste*, b [1] 5 juin et s [1] 26 août 1739. — *Marie-Joseph*, b [1] 10 juillet 1740, m [1] 18 février 1766, à Pierre RICARD. — *Charles*, b [1] 1743; s [1] 20 mai 1764 — *Joseph*, b [1] 24 août 1744. — *Françoise*, b 1747; s [1] 25 août 1767.—*Marie-Thérèse*, b [1] 8 nov. 1750. —*Michel*, b [1] 4 mars 1753.

1767, (15 sept.) [1]
2° GUILBAUT, Marie-Anne, [FRANÇOIS II
b 1730.

1730, (7 nov.) Lachine. [3]
III.—VALLÉE, PIERRE, [CHARLES II.
b 1699.
PRÉJEAN (1), Marie-Joseph, [LOUIS I.
b 1705.

Pierre, b [3] 18 sept. 1731; m 23 avril 1759, à Angelique LECAVELIER, à Montreal. [4] — *Marie-Joseph*, b 1733; m [4] 10 février 1749, à Jean-Baptiste TABAUT. — *Marie-Amable*, b 1735; 1° m [4] 8 fevrier 1751, à Antoine MOISAN; 2° m [4] 25 juillet 1763, à Etienne NIVARD. — *Marguerite*, b 1741, m [4] 14 mai 1759, à François CASEAU. — *Marie-Charlotte*, b et s 26 fevrier 1742, au Bout-de-l'le, M. — *Marie-Geneviève*, b 1747; m [4] 18 fevrier 1765, à Antoine-Martin CURAUX. — *Geneviève*, b 1749; m [4] 16 août 1769, à Jean MÉRAULT.

1731, (3 nov.) St-François, I. O. [2]
III —VALLÉE (2), JEAN-BTE, [CHARLES II.
b 1711
1° BILODEAU, Anne, [ANTOINE II.
b 1710, s [2] 22 avril 1733.

Anne, b [2] 22 oct. 1732, m 2 fevrier 1761, à Jean BADY, à Beaumont.

1734, (27 juillet). [2]
2° PLANTE, Geneviève, [JACQUES II.
b 1700, s [2] 13 août 1742.

Marie-Madeleine, b [2] 21 et s 28 mars 1739, à St-Jean, I. O. — *Louis*, b [2] 14 août 1740; s [2] 11 mars 1741.

III.—VALLÉE (3), PIERRE-FRS, [PIERRE-VINC. II.
b 1716, s 28 déc. 1764, à St-Thomas.

(1) Ménard, 1769.

(2) Pour Paquet voy vol VI, p 213.

(3) Voy. Lavallée vol V, p. 190.

1733, (7 janvier) Montréal. [6]
I.—VALLÉE (1), BARTHÉLEMI-ETIENNE; b 1701; soldat; fils de Denis et de Marie Clément, diocèse de Blois; s [6] 4 janvier 1743.
JUSSEREAU (2), Elisabeth, [PIERRE-JEAN I.

Etienne, b 1734; m [6] 14 avril 1760, à Marie-Anne BARDET. — *Marie*, b [6] 5 juillet 1736; m [6] 10 janvier 1763, à Pierre RODIER.

I.—VALLÉE (3), JEAN,
s 31 août 1735, à Montréal. [4]

Joseph, b 1734; s [4] 5 déc. 1735.

1735, (18 avril) Beauport. [6]
III.—VALLÉE (4), ETIENNE, [PIERRE-VINCENT II.
b 1714.
MARCOU, Marie, [JEAN II.
b 1709

Madeleine, b [6] 21 avril 1736; 1° m 17 janvier 1752, à Louis BELANGER, à St-Valier; 2° m 11 avril 1768, à Félix TÊTU, à St-Thomas.

1736, (2 juillet) Québec. [1]
I.—VALLÉE (5), JEAN-BTE.
PARIS, Jeanne-Ursule, [FRANÇOIS I.
b 1705.

Marie-Ursule, b [1] 6 mai 1737; s [1] 5 sept. 1739. —*Jean-Baptiste-Joseph*, b [1] 18 juin 1739.—*Louis*, b [1] 17 juin 1742.

1737, (22 juillet) Montréal. [4]
II.—VALLÉE (6), JEAN-BTE, [JEAN I.
b 1715; cordonnier; s 1er juillet 1780, à l'Hôpital-General, M.
CARGUERET, Jeanne, [NICOLAS I.
b 1717.

Jean-Baptiste, b [4] 21 sept. 1738; s [4] 21 juin 1748.—*Jean-Marie*, b [4] 7 fevrier 1741.—*Ignace*, b [4] 1er sept. 1742. — *Marie-Renée*, b [4] 23 février 1746.

VALLÉE, JEAN, b 1706; s 10 nov. 1760, à Beauport.

1738, (14 mars) Québec.
III.—VALLÉE, MICHEL, [CHARLES II.
b 1707; s 27 mai 1738, à Ste-Anne-de-la-Perade. [1]
MORAND (7), Marie-Madeleine, [JEAN-BTE II.
b 1721.

Marie-Madeleine, b [1] 27 déc. 1738; m [1] 27 janvier 1755, à Louis MOREL.

(1) Dit Blois.

(2) Elle epouse, le 21 janvier 1744, Sulpice Blanchetière, à Montreal.

(3) Dit Jolibois, soldat de la compagnie de Longueuil.

(4) Voy vol. V, p. 201.

(5) Voy. Frileux vol IV, p. 112.

(6) Dit Sansoucy.

(7) Elle épouse, le 3 nov 1740, Pierre Godard, à Ste-Anne-de-la-Pérade.

1740, (7 nov.) Montreal. [2]

II.—VALLÉE, Jean-Marie, [Jean I.
b 1718.

Dudevoir, Charlotte, [Claude I.
b 1714.

Hypolite, b [2] 22 oct. 1741 ; 1° m [2] 8 sept. 1766, à Marie-Joseph Messaguier ; 2° m [2] 11 juin 1770, à Marie-Amable Lanolière.—*Jean-Louis*, b [2] 1er juin et s [2] 4 sept. 1745.—*Nicolas-Louis*, b [2] 28 juillet 1748 ; s [2] 11 février 1749.—*Jean-Marie*, b [2] 17 fevrier et s [2] 6 juillet 1750.

1745, (11 janvier) St-Jean-Deschaillons.

III.—VALLÉE, Louis, [Charles II.
b 1720 ; s 7 oct. 1796, à l'Hôpital-Géneral, M.

1° Maillot, Marie-Louise, [Jacques II.
b 1716 ; s 27 juillet 1769, à Ste-Anne-de-la-Pérade. [3]

Louis, b [3] 8 mars 1746 ; s [3] 15 dec. 1748.—*Marie-Joseph-Louise*, b [3] 27 nov. 1747 ; m [3] 18 février 1765, à Pierre Tessier ; s [3] 25 juin 1770.—*Charlotte*, b [3] 23 juillet 1749.—*Marie-Joseph*, b [3] 25 août et s [3] 8 oct. 1753.—*Louis*, b [3] 25 dec. 1755 ; s [3] 29 février 1756.—*Marie-Renée*, b [3] 9 janvier et s [3] 23 sept. 1758. — *Michel*, b [3] 29 oct. 1760 ; m 9 oct. 1802, à Françoise Sueyeuse, à St-Louis, Mo.—*Marie-Joseph*, b [3] 9 sept. 1765.

1770, (26 fevrier). [3]

2° Guilbault, Marie-Joseph, [Joseph II.
b 1740.

1748, (8 janvier) Beauport. [4]

III.—VALLÉE (1), Louis, [Charles II.
b 1722 ; s 12 oct. 1794, à Quebec.

Monjon (2), Marie-Geneviève, [Nicolas I.
b 1731 ; s [4] 23 mars 1795.

Charles, b [4] 8 juillet 1750, m 6 février 1787, à Madeleine Moitié, à St-Louis, Mo.

1751, (7 janvier) Detroit. [5]

I.—VALLÉE (3), Jean, b 1731 ; fils de Jean et de Jeanne Rolland, de Reine, diocèse de Chartres, Beauce, s [5] 4 fevrier 1766.

Drouillard (4), Marie-Elisabeth, [Jean II.
b 1740.

Marie-Elisabeth, b [5] 17 mars 1752 ; m [5] 13 janvier 1771, à Philippe Bélanger.—*Joseph*, b... s [5] 28 oct. 1754.—*Marie-Catherine*, b [5] 27 oct. 1755 ; m [5] 26 mai 1770, à Jean-Baptiste Pelletier.—*Jean-Baptiste*, b [5] 2 sept. 1757 ; s [5] 25 août 1758.—*Marie-Louise*, b [5] 11 sept. 1759 ; m [5] 10 mai 1775, à Isaac Gagné.—*Pierre*, b [5] 28 fevrier 1761 ; m 1791, à Marie-Françoise Comparet.—*Suzanne*, b [5] 2 sept. et s [5] 23 dec. 1762.—*Joseph*, b [5] 4 et s [5] 17 sept. 1765.

(1) Voy. Lavallée, vol. V, p 202.

(2) Et Montjoie.

(3) Dit Versailles ; habitant du faubourg Ste-Rosalie, au Détroit.

(4) Elle épouse, en 1767, Pierre Desnoyers.

1752, (14 février) Ste-Anne-de-la-Pérade. [7]

IV.—VALLÉE, Joseph, [Pierre-Charles II.
b 1732.

Tessier (1), Angélique, [René III.
b 1734 ; s [7] 4 mai 1767.

Joseph, b [7] 15 oct. 1753 ; m [7] 16 janvier 1775, à Elisabeth Brousson. — *Michel*, b [7] 24 nov. 1755, s [7] 7 juillet 1756. — *Marie-Angélique*, b [7] 3 juin 1757 ; 1° m [7] 22 juillet 1776, à Pierre Deveau, 2° m [7] 18 mai 1780, à François-Marie Philemi-Yvon.—*Marie-Joseph-Ursule*, b [7] 7 nov. 1759.

1752, (17 juillet) St-Laurent, I. O.

III.—VALLÉE (2), Michel, [Michel II.
b 1714.

1° Coulombe, Marie, [Louis II.
b 1716.

1769, (4 juillet) Château-Richer. [8]

2° Baron, Renée-Dorothee, [Joseph IV.
b 1744.

Marie-Dorothée, b [8] 2 mars 1770 ; m 30 janvier 1786, à Germain Maillou, à St-Cuthbert.—*Jean-Joseph*, b 13 janvier, à Ste-Anne, et s [8] 28 fevrier 1772.

1753, (8 janvier) Ste-Anne-de-la-Pérade. [9]

I.—VALLÉE, Louis.

1° Bercier, Marie-Joseph, [Jacques II
b 1729 ; s [9] 17 juin 1760.

Marie-Joseph, b [9] 23 août 1753. — *Louis*, b [9] 6 avril 1755.—*Alexis*, b [9] 16 janvier 1758.

1764, (20 août). [9]

2° Courteau, Marie-Veronique, [Jacques II.
b 1742.

Joseph, b [9] 1er et s [9] 6 mars 1766.

1754, (19 fevrier) Ste-Anne-de-la-Pérade. [1]

IV.—VALLÉE, Jacques, [Jacques III.
b 1730

Tessier, Marguerite, [René III.
b 1732.

Marie-Marguerite, b [1] 26 janvier 1755 ; m [1] 22 mai 1775, à Jean Fraser. — *Jacques*, b [1] 8 oct. 1756 ; m 17 août 1783, à Marguerite Charland, à St-Jean-Deschaillons. — *Joseph*, b [1] 12 juillet 1758. — *Marie-Madeleine*, b [1] 17 nov. 1760 ; m [1] 1er fevrier 1779, à Alexis Lebeuf.—*Marie-Joseph*, b [1] 18 mars 1763. — *François*, b [1] 22 juillet 1765. —*Louis*, b [1] 2 mars 1768. — *Pierre*, b [1] 27 juillet

(1) Elle épouse, le 7 janvier 1761, Joseph Morand Douville, a Ste-Anne-de-la-Pérade. Le 30 avril 1767, un mandement annula ce mariage (voy. registre de l'archeveche de Quebec, 3 sept. 1767). Vu les raisons suivantes, moralement certaine de la mort de son mari sur les Plaines d'Abraham en 1759, elle avait épousé Joseph Douville, de Ste-Anne-de-la-Perade ; mais le 1er août 1767, un nommé Languedoc, arrivé de France et etabli à Yamachiche, certifie avoir vu et parle à Joseph Vallée, à LaRochelle, lequel ayant appris le mariage de sa femme au Canada, renonça au projet de revenir ; en outre, Charles Vallee, frère unique de Joseph, etabli en 1758 à Michillimakinac, écrit à ses parents, le 12 juillet 1766, une lettre qui prouve qu'il n'y a pas erreur de personne. En consequence, il est permis à Joseph Douville de se remarier à une autre femme. (Registre des Procès Verbaux, 17 août 1767, archevêché de Québec.)

(2) Voy. Lavallee, vol. V, pp 202-203.

1771 ; m 26 juin 1792, à Marie MARTIN-BEAULIEU, à Québec.—*Michel*, b [1] 7 déc. 1774 ; s [1] 13 fevrier 1776.—*Joseph-Marie*, b [1] 20 nov. 1778.

1759, (23 avril) Montréal.

IV.—VALLÉE, PIERRE, [PIERRE III.
b 1731.
CAVALIER, Angelique, [JEAN-BTE II.
b 1738.

1760, (14 avril) Montréal.

II.—VALLÉE (1), ETIENNE, [BARTH.-ETIENNE I.
b 1734.
BARDET (2), Marie-Anne, [FRANÇOIS II.
b 1732.

1760, (18 nov.) Ste-Anne-de-la-Pérade.

IV.—VALLÉE, JOSEPH-PIERRE, [JACQUES III.
b 1732.
CHARETS, Marie-Madeleine, [JOSEPH III.
b 1728 ; veuve de Jean-Baptiste Gervais.

1760.

IV.—VALLÉE, PIERRE-CHS, [PIERRE-CHS III.
b 1739 ; s 7 oct. 1774, à Québec. [8]
CHAMBERLAND-LILOIS, Marie-Lse, [GABRIEL III.
b 1731.
Charles, b 21 mars 1761, à Ste-Anne-de-la-Pérade.— *Joseph*, b 1774 ; m [8] 22 mai 1798, à Marie-Joseph MARMET.

1761.

I.—VALLÉE, JEAN, b 1734 ; fils de Joseph et de Marie-Anne Lombard, de St-Martin-le-Château, jurisdiction de Bourg en Bresse, diocèse de Lyon, Lyonnois.
1° DUFRESNE, Marie-Joseph, [LUC I.
b 1731 ; veuve de Jean-Baptiste Plante.
1764, (3 février) Montreal.
2° PERINEAU (3), Angelique, [NICOLAS II.
b 1743.

1762, (22 février) Ste-Anne-de-la-Perade. [3]

IV.—VALLÉE, LOUIS, [PIERRE-CHARLES III.
b 1740.
BOUDREAU, Françoise, [FRANÇOIS I.
b 1740 ; Acadienne.
Marie-Théotiste, b [3] 25 juillet et s [3] 7 août 1762. — *Marie-Cécile*, b [3] 17 juillet 1763 ; m [3] 27 nov. 1780, à Joseph TESSIER. — *Marie-Françoise*, b [3] 17 mars 1766.—*Paul*, b [3] 14 oct. 1768. — *Louis*, b [3] 11 février 1771. — *Marguerite*, b [3] 17 nov. 1775.

1764, (5 mars) Québec. [1]

I.—VALLÉE, MARTIAL, b 1710 ; de Xaintes, Saintonge ; s [1] 23 mars 1780.
PARIS, Elisabeth, [PIERRE II.
b 1741 ; s [1] 30 mai 1783.

(1) Dit Blois.
(2) Et Bourdet.
(3) Lamarche.

1764, (26 sept.) Québec.

IV.—VALLÉE, PIERRE, [PIERRE III.
b 1731.
TREFFLÉ-ROTOT, Catherine, [PIERRE III.
b 1742.
Catherine, b 1773 ; 1° m 24 février 1794, à Nicolas BERTHELET, à Montréal ; 2° m 16 nov. 1801, à Etienne GUY, à Lachine.

1765, (18 février) Ste-Anne-de-la-Pérade. [1]

IV.—VALLÉE, ALEXIS, [PIERRE-CHARLES III.
b 1744.
RICARD, Marie-Anne, [PIERRE-CHARLES III.
b 1740.
Marie-Anne, b [1] 1er déc. 1765. — *Marie-Louise*, b [1] 9 janvier 1768.—*Marie-Joseph*, b [1] 20 avril 1770.—*Marie-Françoise*, b [1] 6 sept. 1772.—*Marie-Geneviève*, b [1] 3 nov. 1774.—*Alexis*, b [1] 22 février 1777.—*Marie-Marguerite* et *Marie-Angélique*, b [1] 19 juin 1780.

1766, (8 sept.) Montréal. [2]

III.—VALLÉE, HYPOLITE, [JEAN-MARIE II.
b 1741.
1° MESSAGUIER, Marie-Joseph, [FRANÇOIS III.
b 1748.
1770, (11 juin). [2]
2° LANNOLIER (1), Marie-Amable, [JEAN I.
b 1750.

1775, (16 janvier) Ste-Anne-de-la-Pérade. [3]

V.—VALLÉE, JOSEPH, [JOSEPH IV.
b 1753.
BROUSSON-LAFLEUR, Elisabeth, [LUC II.
b 1755.
Marie-Elisabeth, b [3] 20 mai 1776. — *Louis-Joseph*, b [3] 25 fevrier 1778.—*Jean-Baptiste*, b [3] 20 février et s [3] 7 avril 1780.—*François*, b 25 mai 1784, à Batiscan.

1783, (17 août) St-Jean-Deschaillons.

V.—VALLÉE, JACQUES, [JACQUES IV.
b 1756.
CHARLAND, Marie-Marguerite, [JOSEPH III.
b 1757.
Joseph, b 20 août 1784, à Batiscan.

1787, (6 février) St-Louis, Mo. [4]

IV.—VALLÉE, CHARLES, [LOUIS III.
b 1750.
MOITIÉ (2), Madeleine. [JOSEPH-FRANÇOIS.
Charles, b [4] 2 sept. 1792.—*Marie-Louise*, b [4] 5 mai 1794.—*Louis*, b [4] 2 avril 1797. — *Madeleine*, b [4] 4 mai 1800. — *Joseph*, b [4] 15 mai 1803 ; m 28 nov. 1826, à Julie MÉNARD, à Carondelet, Mo.

1791.

II.—VALLÉE, PIERRE, [JEAN I.
b 1761.
COMPARET, Marie-Françoise, [JEAN-BTE II.
b 1770 ; s 6 juillet 1792, au Détroit.

(1) Languedoc.
(2) Elle épouse, le 17 juin 1804, Louis Desnoyers, à St-Louis, Mo.

1792, (26 juin) Québec.

V.—VALLÉE, PIERRE, [JACQUES IV.
b 1771.
MARTIN (1), Marie, [JEAN-PIERRE IV.
b 1773.

1798, (22 mai) Quebec.

V.—VALLÉE, JOSEPH, [CHARLES IV.
b 1774.
MARMET, Marie-Joseph, [JEAN-BTE II.
b 1776.

1802, (9 oct.) St-Louis, Mo.[2]

IV.—VALLÉE, MICHEL, [LOUIS III.
b 1760.
SUEYEUSE, Françoise. [FRANÇOIS.
Pélagie, b[2] 29 oct. 1803.

1826, (28 nov.) Carondelet, Mo.

V.—VALLÉE, JOSEPH, [CHARLES IV.
b 1803.
MÉNARD, Julie. [JOSEPH.
Joseph, b 20 mars 1828, à St-Louis, Mo.[3] — *Marie-Madeleine,* b[3] 19 déc. 1830.

VALLERAN.—Voy. VALERAN.

VALLERAND.—Voy. VALERAN.

VALLET.—Voy. VALET—VALLÉE.

VALLIER.—*Variations et surnom :* LALLIER—VANIER—MARCHETERRE.

1750, (5 oct.) Deschambault.

I.—VALLIER (2), JEAN, forgeron ; fils de Denis et de Catherine Gaucher, de Vivarennes, diocèse de Bourges en Berry.
PAQUIN, Marguerite, [JEAN II.
b 1733.
Jean-Baptiste, b 13 déc. 1750, au Cap-Santé ; m 8 nov. 1785, à Félicité GARIÉPY, aux Grondines.

I.—VALLIER (3), FRANÇOIS-XAVIER, b 1728 ; de Charleville, Belgique.

VALLIÈRES.—Voy. VALLIÈRE.

VALO.—*Surnom :* THIGAN.

I.—VALO (4), ...
SAUVAGESSE, Marie,
b 1668 ; micmac ; s 19 août 1738, à Ste-Anne-de-la-Pocatière.
René, b... m 14 juin 1745, à Marie-Anne MINAOURE, à St-Joachim.

(1) Beaulieu ; voy. vol. V, p. 546.
(2) Pour Lallier dit Marcheterre ; voy. vol. V, p. 101.
(3) Venu à Québec en 1750.
(4) Etait un Français.

1745, (14 juin) St-Joachim.[1]

II.—VALO (1), RENÉ,
micmac.
MINAOURE, Marie-Anne,
micmac ; veuve de ...... Janot.
Jean, b... s[1] 6 nov. 1746.

VALOIS.—*Variations et surnom :* LEVALOIS—VALLOIS—ST. JEAN.

1694, (22 fevrier) Champlain.[2]

I.—VALOIS (2), JACQUES, fils d'Elie et de Judith Merlègue, de St-Vic, diocese de Xaintes, Saintonge ; s 19 juillet 1750, à l'Ile-Dupas.[3]
1° COUILLARD, Jeanne, [PIERRE I.
b 1679 ; veuve de Claude David ; s[2] 20 avril 1704.
Pierre, b[2] 1er janvier 1695 ; m 6 sept. 1724, à Clémence GIRARD, à Montréal.—*Simon-Pierre,* b[2] 7 août 1696 ; m 9 mai 1729, à Marie-Thérèse ROY, à Lachine.—*Marie-Catherine,* b[2] 27 mai 1699.—*Marie-Jeanne,* b[2] 28 nov. 1700 ; s[3] 8 avril 1731.—*Louis,* b[2] 18 juillet 1702 ; m[3] 8 nov. 1729, à Geneviève AUBUCHON.—*Alexis,* b[2] 6 avril et s[2] 8 mai 1704.

1706, (26 mai).[2]

2° CARPENTIER, Marguerite, [NOEL I.
b 1684 ; s 27 avril 1767, à Sorel.[4]
Jean, b[2] 4 mars 1707 ; m[4] 10 janvier 1735, à Geneviève DANDONNEAU ; s 14 nov. 1783, à Quebec —*Marie-Madeleine-Geneviève,* b[2] 6 sept. 1708 ; m[4] 26 avril 1735, à Daniel GOUIN. — *Michel-Ignace,* b[2] 13 juillet 1710 ; s[3] 10 sept 1731.—*Marguerite,* b[4] 29 fevrier 1713 —*Marie-Charlotte,* b[4] 14 avril 1715 ; s[4] 7 fevrier 1717.—*Jacques,* b[3] 15 février 1717 ; m 1750, à Angélique BÉRARD —*Marie-Charlotte,* b[4] 11 juin 1719 ; s[3] 21 juin 1780.—*Louis-Antoine,* b[3] 7 et s[3] 26 juillet 1721 —*Joseph-Marie,* b[3] 16 avril 1723 ; m[3] 1er mai 1752, à Marie-Louise BÉRARD —*Marie-Joseph,* b[3] 16 avril 1723.—*Marie-Geneviève,* b[4] 21 et s[4] 26 fevrier 1725.—*Antoine-Régis,* b 1729 ; m 1746, à Marie-Thérèse CAILLIA ; s[3] 2 nov. 1754.

1724, (6 sept.) Montreal.

II.—VALOIS, PIERRE, [JACQUES I.
b 1695 ; voyageur.
GIRARD, Clemence, [LEON I.
b 1694.
Pierre, b 16 oct. 1724, à Lachine[5] ; m 26 oct. 1750, à Catherine MERLOT, au Bout-de-l'Ile, M— *Jean,* b 1726 ; s[5] 3 nov. 1727.—*Jean-Baptiste,* b 25 août 1728, à la Pointe-Claire[6] ; 1° m[6] 1er mars 1756, à Marie-Joseph DUBOIS ; 2° m[5] 29 oct. 1792, à Marie-Anne ROY.

1729, (9 mai) Lachine.[5]

II.—VALOIS, SIMON-PIERRE, [JACQUES I.
b 1696.
ROY (3), Marie-Thérèse, [FRANÇOIS II.
b 1707.

(1) Dit Thigan.
(2) Voy. vol I, p. 580.
(3) Lapensee.

Marie-Anne (posthume), b [6] 28 juillet 1730; m [6] 11 janvier 1757, à Joseph LETANG.

1729, (8 nov.) Ile-Dupas. [7]

II.—VALOIS, LOUIS, [JACQUES I.
b 1702.
AUBUCHON (1), Geneviève, [JOSEPH II.
b 1706.
Louis, b [7] 24 oct. 1730; s [7] 3 déc. 1731.—*Jean-Baptiste*, b [7] 17 fevrier 1732; m [7] 20 janvier 1753, à Marie-Ursule HUS-COURNOYER.—*Marie*, b 1734; 1° m 1759, à Charles BERTRAND; 2° m 25 janvier 1762, à Pierre CHALIFOUR, à Charlesbourg.

1735, (10 janvier) Sorel.

II.—VALOIS, JEAN, [JACQUES I.
b 1707; s 14 nov. 1783, à Québec.
DANDONNEAU, Geneviève, [JACQUES II.
b 1706; s 6 mars 1769, à l'Ile-Dupas.

1746.

II.—VALOIS, ANTOINE-REGIS, [JACQUES I.
b 1729; s 2 nov. 1754, à l'Ile-Dupas. [8]
CAILLIA (2), Marie-Thérèse, [PIERRE III.
b 1728.
Marie-Thérèse, b 20 oct. 1747, à Sorel. — *Jacques-Adrien*, b [8] 3 sept. 1750.—*Marie-Joseph*, b [8] 2 avril 1752.

1750.

II.—VALOIS, JACQUES, [JACQUES I.
b 1717.
BÉRARD-LÉPINE. Angelique, [GABRIEL II.
b 1723; veuve de Joseph Colin.
Marie-Angélique, b 20 août 1751, à Sorel.—*Marie-Joseph*, b 8 mars 1757, à Berthier, M.

1750, (26 oct) Bout-de-l'Ile, M.

III—VALOIS, PIERRE, [PIERRE II.
b 1724.
MERLOT, Catherine, [JOACHIM II.
b 1717.

1752, (1er mai) Ile-Dupas. [9]

II.—VALOIS, JOSEPH-MARIE, [JACQUES I.
b 1723.
BÉRARD, Marie-Louise, [PIERRE II.
b 1730.
Marie-Catherine, b [9] 7 fevrier 1753. — *Marie-Joseph*, b [9] 18 mai 1754.—*Jean-François*, b [9] 2 août 1755; m [9] 24 janvier 1780, à Marguerite DANDONNEAU.—*Marie-Charlotte*, b [9] 9 nov. 1758; m [9] 17 janvier 1780, à Jean-Baptiste DUBORD.—*Joseph*, b [9] 13 nov. 1762. — *Antoine-Régis*, b [9] 10 juillet 1765.—*Marie-Marguerite*, b [9] 28 avril 1771.

1753, (20 janvier) Ile-Dupas [1]

III.—VALOIS, JEAN-BTE, [LOUIS II.
b 1732.
HUS (3), Marie-Ursule, [PIERRE-JEAN II.
b 1719; veuve de Jean-Baptiste Masse.

(1) Elle épouse, le 8 janvier 1739, Charles Deroche, à l'Ile-Dupas.
(2) Elle épouse, le 19 oct. 1756, Jean-Baptiste Coutu, à l'Ile-Dupas.
(3) Cournoyer.

Marie-Geneviève, b [1] 12 juillet 1753; m [1] 13 février 1775, à Jacques JEAN-DENIS.—*Louis*, b [1] 8 oct. 1756.

1754, (11 fevrier) Montréal.

I.—VALOIS (1), JEAN-BTE, b 1719; fils de François et de Madeleine Dubuisson, de St-Jean-Perpignan, Roussillon.
MERCIER, Madeleine, [PIERRE II.
b 1722; veuve de Joseph Guyon.

1756, (1er mars) Pointe-Claire. [2]

III.—VALOIS, JEAN-BTE, [PIERRE II.
b 1728.
1° DUBOIS, Marie-Joseph, [ANTOINE-JOSEPH II.
b 1736.
Pierre, b [2] 8 mai 1761; m 28 juillet 1783, à Marie-Catherine LEFEBVRE, à Montreal.
1792, (29 oct.) Lachine.
2° ROY-LAPENSÉE, Marie-Anne,
veuve d'Antoine Boyer.

1762, (22 nov.) Château-Richer. [3]

I.—VALOIS, FRANÇOIS, b 1736; fils de Michel et de Jeanne Retur, de Mesnil-Thébaut (Menitebeau), diocèse d'Avranches, Normandie; s 11 juillet 1797, à Quebec. [4]
1° TIBAUT, Marguerite, [PIERRE III.
b 1736
Noel, b [3] 25 déc. 1763; s [3] 5 janvier 1764.—........ (2), b... s [3] 30 nov. 1764.—*François-Xavier*, b 1765; m 4 fevrier 1794, à Julie BEAUGENOUX, à St-Louis, Mo.
1774, (7 fevrier). [4]
2° PELLETIER, Marguerite, [FRANÇOIS III.
b 1738, veuve de Joseph Brousseau; s [4] 24 mars 1795.
Marie-Marguerite, b 9 déc. 1776, à la Pte-aux-Trembles, Q. — *Marie-Elisabeth*, b [3] 10 fevrier 1779.

1780, (24 janvier) Ile-Dupas. [2]

III.—VALOIS, JEAN-FRS, [JOSEPH-MARIE II.
b 1755.
DANDONNEAU, Marguerite, [CHARLES III.
b 1757; s [2] 10 nov. 1780.
Jean-François, b [2] 28 oct. 1780.

1783, (28 juillet) Montréal. [1]

IV.—VALOIS, PIERRE, [JEAN-BTE III.
b 1761.
LEFEBVRE (3), Marie-Catherine, [JOSEPH III.
b 1761.
Narcisse, b 21 oct. 1786, à la Pointe-Claire [2]; m [2] 1er oct. 1810, à Agathe LALONDE. — *Simon-Dominique*, b [2] 19 mai 1793; 1° m [1] 26 nov. 1821, à Emérande PARSILLÉ-LACHAPELLE; 2° m [1] 7 sept. 1829, à Josephine-Emilie MILLIETTE-LATRIMOUILLE.

(1) Dit St. Jean; soldat.
(2) Le nom manque au registre.
(3) Lapensée.

1794, (4 février) St-Louis, Mo.[2]

II.—VALOIS, Frs-Xavier, [François I.
b 1765.

Beaugenoux (1), Julie, [Nicolas I.
b 1774.

François-Xavier, b[2] 23 août 1795.—*Julie*, b[2] 3 mai 1800; m[2] 20 août 1821, à Charles-Maurice Laurent. — *Eulalie*, b[2] 12 avril 1802; m[2] 12 mai 1829, à François-Charles Breton. — *Jean-Baptiste*, b[2] 21 oct. 1804. — *Sophie*, b... m[2] 13 mai 1829, à Pierre-Nathaniel Leclerc.—*Marguerite-Elisabeth*, b[2] 15 nov. 1819. — *Virginie*, b 1820; m[2] 1er janvier 1838, à Michel Schaller.

1810, (1er oct.) Pointe-Claire.

V.—VALOIS (2), Narcisse, [Pierre IV.
b 1786.

Lalonde, Agathe. [Joseph.

1821, (26 nov.) Montréal.[2]

V.—VALOIS, Simon-Dom., [Pierre IV.
b 1793.

1° Persilié (3), Emérande, [Noel-Paschal.
b[2] 12 oct. 1803.

1829, (7 sept.)[2]

2° Milliette (4), Josép.-Emilie. [Hyacinthe.

Simon-Jules, b[2] 31 mai 1830.—*Augustin-Jude*, b[2] 28 août 1832; s[2] 12 août 1834. — *Louis-Etienne*, b[2] 17 oct. 1834; ordonné 28 oct. 1860 — *Marguerite-Philomène*, b[2] 22 avril 1837; m[2] 8 février 1857, à Paul Lussier (5). — *Joséphine-Emilie*, b[2] juillet et s[2] août 1841.

VALLOIS.—Voy. Valois.

VALTEAU.—*Variation et surnom:* Valto — Lajeunesse.

1717, (2 février) Montréal.

I.—VALTEAU (6), Jean, b 1672; fils de Jacques et de Jeanne Nicolas, de Jersac, diocèse d'Angoulême, Angoumois; s 23 avril 1760, à l'Hôpital-Général, M.

Gazaille, Jeanne, [Jean I.
b 1676; veuve de René Cholet.

VALTO.—Voy. Valteau.

I.—VANALS (7), Claude,
b 1686; de Hollande.

VANASSE. — *Surnoms :* Précour — Vertefeuille.

1670.

I.—VANASSE (8), François-Noel.
Fourier, Jeanne.

Madeleine, b 1672; 1° m à René DuRo; 2° m 14 oct. 1697, à Mathieu Courier, aux Trois-Rivières[2]; 3° m à François Pilot; 4° m 9 février 1718, à François Letard, à Ste-Frs-du-Lac.[3]— *Jeanne*, b 1675; 1° m[2] 3 nov. 1695, à François Garnier; 2° m[3] 26 août 1716, à Mathurin Berthelot. — *Nicolas*, b 1681; m[2] 11 janvier 1701, à Jeanne Bergeron. — *Etienne*, b 1683; m[3] 15 nov. 1717, à Charlotte Dubois.—*Bastien*, b 1695; m 7 janvier 1718, à Suzanne Baron-Lupien, à la Rivière-du-Loup.

1701, (11 janvier) Trois-Rivières.

II.—VANASSE, Nicolas, [François-Noel I.
b 1681.

Bergeron, Jeanne, [François I.
b 1683.

Nicolas, b 1701; m 1728, à Marguerite Potier.

1710.

II.—VANASSE (1), François, [François-Noel I
b 1692.

LeFeity (2), Marie-Joseph, [Jean I.
b 1690.

Marie-Anne, b 1711; m 25 février 1732, à Joseph Girard, aux Trois-Rivières.[2]—*Jean-Baptiste*, b[2] 24 juin 1712; m 19 nov. 1736, à Marguerite Benoit, à la Baie-du-Febvre.[3] — *Marie-Catherine*, b[2] 22 avril 1714; m[3] 5 février 1737, à François Degnais. — *François-Xavier*, b[3] 23 avril 1716; m 1755 à Therèse Hubert; s 30 déc. 1769, à Nicolet.[4] —*Marie-Joseph*, b[3] 8 mai 1718; s[2] 8 déc. 1732.—*Antoine*, b[3] 12 mai 1720, m[3] 22 sept. 1749, à Louise Robidas. — *Joseph*, b 19 déc. 1722, à St-Frs-du-Lac[5]; 1° m[3] 22 février 1751, à Madeleine Desrosiers-Desilets; 2° m[4] 7 janvier 1765, à Marie-Anne Laspron; s[4] 15 février 1794. — *Louis*, b[5] 24 août 1724; m[2] 20 juin 1746, à Therèse Lemay; s 16 mai 1785, à Québec. — *Agathe*, b 1725; s[5] 9 nov. 1726. — *Michel*, b[2] 16 sept. 1726; m[4] 10 février 1755, à Therèse Desfossés.— *Madeleine*, b 1727; m[3] 10 nov. 1749, à François Robida.—*Marie-Françoise*, b[2] 6 déc. 1729; 1° m 23 avril 1759, à Maurice Déry, à la Pointe-du-Lac; 2° m[2] 9 sept. 1765, à Charles Lefebvre. — *Gabriel*, b[3] 11 mai 1732; m[3] 10 oct. 1763, à Marguerite Aubry.

1717, (15 nov.) St-Frs-du-Lac.[2]

II.—VANASSE, Etienne, [François I.
b 1683.

Dubois, Charlotte, [Antoine I.
b 1691; veuve de Jacques Petit; s[2] 7 mars 1761.

Joseph-Antoine, b[2] 8 sept. 1718; m[2] 22 août 1746, à Marguerite Couturier-Labonté.— *Françoise-Marguerite*, b[2] 12 avril 1720; s[2] 25 janvier 1726. — *Michel*, b[2] 25 déc. 1721; s[2] 10 nov. 1732. — *François-Xavier-Jean-Baptiste*, b[2] 1er février 1724; m 27 janvier 1749, à Marie-Charlotte Danis, à St-Michel-d'Yamaska.[3] — *Louise-Ursule*, b[2] 26 déc. 1725.—*Antoine-Régis*, b[2] 15 août 1727; s[2] 10 avril 1748. — *Marie-Jeanne*, b[2] 24 juin 1729; m[2] 19 août 1748, à

(1) Et Bonjeneau.
(2) Marchand et plusieurs années M. P.P.
(3) Pour Parseilé—Lachapelle.
(4) Latrimouille.
(5) Fils de Felix, de Varennes.
(6) Dit Lajeunesse.
(7) Fait abjuration, et fait sa première communion, le 12 avril 1716, jour de Pâques à la grand'messe, Lorette.
(8) Voy. vol I, p. 580.

(1) Dit Précour.
(2) Voy. vol. V, p. 288.

Jean-Baptiste HOUDE.—*Agathe*, b [2] 26 oct. 1731; m [2] 10 avril 1752, à Jean-Baptiste DANY; s [2] 19 janvier 1757. — *Catherine*, b [2] 27 juin et s [2] 30 juillet 1734.

1718, (7 janvier) Rivière-du-Loup.
II.—VANASSE, BASTIEN-JEAN-BTE, [FRS I.
b 1695.
BARON-LUPIEN, Suzanne, [NICOLAS I.
b 1698.
François, b 1730, m 10 février 1760, à Marie-Madeleine HAYOT, à la Pte-aux-Trembles, Q.

1728.
III.—VANASSE, NICOLAS, [NICOLAS II.
b 1701.
POITIERS, Marguerite, [TOUSSAINT II.
b 1708.
Nicolas, b 1729; m 17 janvier 1757, à Marie-Anne DESROSIERS, à Berthier, M. [1]—*Marie-Marguerite*, b 1731; m à Jean-Baptiste LAFRENIÈRE; s [1] 2 dec. 1757.

1736, (19 nov.) Baie-du-Febvre. [1]
III.—VANASSE (1), JEAN-BTE, [FRANÇOIS II.
b 1712.
BENOIT, Marguerite, [GABRIEL II.
b 1710; s [1] 9 fevrier 1751.
Michel, b [1] 24 sept. 1737; m [1] 29 août 1763, à Madeleine BENOIT. — *Marie-Joseph*, b [1] 9 août 1739; m [1] 7 nov. 1763, à Antoine BERGERON.—*Joseph*, b 22 oct. 1741, à Nicolet [2]; m 1766, à Marie-Joseph GIRARD. — *Marguerite*, b [2] 1er janvier 1743, s [1] 27 oct. 1747.—*Marie-Françoise*, b [1] 10 juillet 1746; s [1] 1er nov. 1747.—*Antoine*, b [1] 6 et s [1] 12 nov. 1747.—*Marie-Judith*, b [1] 4 mars et s [1] 29 juin 1749.

1746, (20 juin) Trois-Rivières. [7]
III—VANASSE (1), LOUIS, [FRANÇOIS II.
b 1724; s 16 mai 1785, à Quebec.
LEMAY, Therèse, [MICHEL III.
b 1726.
Marie-Joseph, b [7] 2 nov. 1746.—*Louis*, b [7] 24 sept. 1748.—*Marie-Catherine*, b [7] 19 mars 1751.—*Marie-Thérèse*, b [7] 29 août 1753. — *Louis*, b [7] 1er juin 1756—*Joseph*, b [7] 1er juillet 1759.—*André*, b [7] 26 nov. 1761; m [7] 19 fevrier 1787, à Madeleine CORBIN, au Cap-de-la-Madeleine.

1746, (22 août) St-Frs-du-Lac. [8]
III.—VANASSE, JOSEPH-ANTOINE, [ETIENNE II.
b 1718.
COUTURIER-LABONTÉ (2), Margte, [JEAN-BTE II.
b 1720.
Joseph, b [8] 9 nov. 1746; s 21 janvier 1759, à St-Michel-d'Yamaska. [9] — *Jean-Baptiste*, b [8] 28 fevrier 1748.—*Louis*, b [9] 11 juillet 1750; s [9] 22 janvier 1759. — *Eustache*, b [9] 19 janvier 1752. — *Etienne*, b [9] 17 août 1753, m [9] 17 janvier 1774, à Catherine DANY.

(1) Dit Précour.

(2) Elle epouse, le 9 juin 1755, François Allard, à St-Michel-d'Yamaska.

1749, (27 janvier) St-Michel-d'Yamaska.
III.—VANASSE, FRS-X.-JEAN-BTE, [ETIENNE II.
b 1724.
DANIS, Marie-Charlotte, [RENÉ II.
b 1727.
Jean-Baptiste, b 13 et s 28 août 1750, à St-Frs-du-Lac.

1749, (22 sept.) Baie-du-Febvre.
III.—VANASSE (1), ANTOINE, [FRANÇOIS II.
b 1720.
RODIDAS-MANSEAU, Louise, [GABRIEL II.
s 20 avril 1760, à St-Frs-du-Lac. [2]
Louis, b [2] 20 juillet 1750.—*Marie-Louise*, b [2] 7 avril et s [2] 8 août 1752.—*Marie-Antoinette*, b [2] 27 nov. 1753.—*Marguerite*, b 1754; s [2] 13 juillet 1757.—*Marguerite*, b [2] 17 mai 1756, s [2] 30 mars 1760.—*Antoine*, b [2] 26 mai 1758.—*François*, b [2] 10 mars et s [2] 26 mai 1760.

1751, (22 fevrier) Baie-du-Febvre. [3]
III.—VANASSE (1), JOSEPH, [FRANÇOIS II.
b 1722; s 15 fevrier 1794, à Nicolet. [4]
1° DESROSIERS-DESILETS, Madeleine, [J.-BTE III.
b 1720; veuve de François Trotier-Belcour.
Marie-Joseph, b [3] 16 mars 1755; m [4] 8 fevrier 1773, à Jean-Baptiste PROVENCHER, s [4] 14 août 1775.
1765, (7 janvier). [4]
2° LASPRON, Marie-Anne, [JEAN-BTE II.
b 1717; s [4] 21 nov. 1780.

1755, (10 fevrier) Nicolet. [6]
III—VANASSE (1), MICHEL, [FRANÇOIS II.
b 1726.
DESFOSSÉS (2), Thérèse, [CLAUDE III.
b 1736.
Michel-Marie, b 16 janvier 1757, à la Baie-du-Febvre [7]; m [6] 7 janvier 1783, à Elisabeth COLTRET.—*Antoine*, b [7] 28 août 1758.

1755.
III—VANASSE (1), FRS-XAV., [FRANÇOIS II.
b 1716; s 30 déc. 1769, à Nicolet. [7]
HUBERT (3), Thérèse, [SIMON II.
b 1714; s [7] 28 juillet 1792.
François, b [7] 3 mai 1756; m [7] 1er août 1774, à Marguerite BOURGEOIS, s [7] 31 mai 1789.

1757, (17 janvier) Berthier (en haut).
IV.—VANASSE (4), NICOLAS, [NICOLAS III.
b 1729.
DESROSIERS (5), Marie-Anne, [ANTOINE III.
b 1730.
Pauline, b 7 avril 1759, à la Rivière-du-Loup.—*François*, b 1762; m 13 janvier 1783, à Angelique MARCHAND, à Maskinonge.

(1) Dit Précour.

(2) Laspron; elle épouse, le 15 oct. 1760, Pierre Bergeron, à la Baie-du-Febvre, voy. vol. V, p. 181.

(3) Elle épouse, le 20 juin 1774, Grégoire Bourgeois, à Nicolet.

(4) Dit Vertefeuille.

(5) Lafrenière.

1760, (10 février) Pte-aux-Trembles, Q.
III.—VANASSE, François, [Bastien II.
b 1730.
Hayot, Marie-Madeleine, [Etienne IV.
b 1736.

1763, (29 août) Baie-du-Febvre. [9]
IV.—VANASSE (1), Michel, [Jean-Bte III.
b 1737.
Benoit (2), Madeleine, [Joseph III.
b 1742.
Michel, b [9] 20 mai 1764.—*Antoine*, b [9] 31 août 1766.—*Madeleine*, b [9] 26 avril 1772.

1763, (10 oct.) Baie-du-Febvre [9]
III.—VANASSE (1), Gabriel, [François II.
b 1732.
Aubry, Marguerite, [Joseph I.
b 1746; s [9] 4 fevrier 1773.
Joseph, b [9] 23 sept. 1764; s [9] 13 janvier 1765 —*Marie-Joseph*, b [9] 15 mars 1767. — *Joseph*, b [9] 23 fevrier 1768. — *Gabriel*, b [9] 30 avril et s [9] 3 juin 1769.—*Anonyme*, b [9] et s [9] 2 juin 1770.—*Marie-Marguerite*, b [9] 23 oct. 1771.

1766.
IV.—VANASSE (1), Joseph, [Jean-Bte III.
b 1741.
Girard, Marie-Joseph, [Michel III.
b 1741.
Marie-Joseph, b 17 fevrier 1767, à la Baie-du-Febvre.

1774, (17 janvier) St-Michel-d'Yamaska.
IV.—VANASSE, Etienne, [Jos.-Antoine III.
Dany, Catherine, [Joseph III.
b 1753.

1774, (1er août) Nicolet. [7]
IV.—VANASSE (1), Frs, [Frs-Xavier III.
b 1756; s [7] 31 mai 1789.
Bourgeois, Marguerite, [Grégoire I.
b 1753.
Marguerite, b... m [7] 6 oct. 1794, à Benjamin Bellerose.

1783, (7 janvier) Nicolet.
IV.—VANASSE (1), Michel-Marie, [Michel III.
b 1757.
Colthet, Elisabeth, [Jean-Bte-René III.
b 1764.

1783, (13 janvier) Maskinongé.
V.—VANASSE, François, [Nicolas IV.
b 1762.
Marchand, Angélique, [Pierre I.
b 1762.

(1) Dit Précour.
(2) Laforest.

1787, (19 fevrier) Cap-de-la-Madeleine. [7]
IV.—VANASSE (1), André, [Louis III.
b 1761.
Corbin, Madeleine, [Jean-Bte IV.
b 1765.
André, b [7] 14 avril 1793, s [7] 14 avril 1795. —*Joseph*, b [7] 4 sept. 1794.

I.—VANDAIS, Michel,
d'Avranche, Normandie.
Plais, Marie-Anne,
d'Avranche, Normandie.
Michel, b 1735; s 17 mai 1760, à St.Valier.

VANDAL.—Voy. Vandale.

1680, (19 mars) Pte-aux-Trembles, Q [6]
I.—VANDAL (2), François,
b 1651; s [6] 6 déc. 1697.
Pinel, Marie-Madeleine, [Gilles II.
François, b [6] 8 fevrier 1682; m 10 février 1716, à Antoinette Ripau, aux Grondines. — *Louis-Joseph*, b [6] 28 dec. 1683; s 14 fevrier 1742, à Lavaltrie. — *Angelique*, b [6] 6 août 1696; m 12 fevrier 1725, à Pierre Simon, à Québec.

1716, (10 février) Grondines.
II.—VANDAL, François, [François I
b 1682.
Ripau-Rolet, Antoinette, [Jacques-Roch I.
b 1695.
Jean-Baptiste-Mathieu, b 21 sept. 1718, à la Pte-aux-Trembles, Q. [6]; 1° m [6] 5 oct. 1744, à Marie-Joseph Fournel; 2° m [6] 9 juin 1749, à Marie-Angelique Auger; s 21 mai 1773, à Sorel. [7] — *Joseph*, b [6] 21 avril 1720; s [6] 20 oct. 1733.—*Marie-Antoinette*, b [6] 24 janvier 1722; s [6] 5 fevrier 1760.— *Nicolas*, b [6] 21 janvier 1724; m 7 juillet 1749, à Madeleine-Felicite Gaudin, aux Ecureuils. — *Jacques*, b [6] 8 oct. 1725; 1° m 1748, à Marie-Antoinette Baugrand; 2° m [7] 14 février 1757, à Therèse Voyne-Venne.—*Antoine-François*, b [6] 27 oct. 1727; m [6] 13 nov. 1752, à Marie-Françoise Grenon; s [6] 24 janvier 1760. — *Michel*, b [6] 29 sept. 1729; m 23 août 1756, à Geneviève Veret, à Quebec.—*Marie-Anne*, b [6] 11 août 1731; s [6] 23 oct. 1733. — *Angélique*, b [6] 4 mai 1733; 1° m 8 janvier 1759, à Pierre Blet, à l'Ile-Dupas; 2° m [7] 8 fevrier 1773, à Claude-Marie Fortier.

1744, (5 oct.) Pte-aux-Trembles, Q [7]
III.—VANDAL, Jean-Bte-Mathieu, [Frs II.
b 1718, s 21 mai 1773, à Sorel.
1° Fournel, Marie-Joseph, [Jacques II.
b 1716; s [7] 21 janvier 1749.
Jean-Baptiste, b [7] 20 sept. 1745; s [7] 12 mars 1748.

1749, (9 juin). [7]
2° Augers, Marie-Angelique, [Joseph II.
b 1726; s 23 mars 1764, à St-Antoine-de-Chambly. [8]
Marie-Angélique, b 22 nov. 1750, aux Ecu-

(1) Dit Précour.
(2) Voy. vol. I, p 580.

reuils[9]; m[8] 5 oct. 1767, à Joseph Prâneuf. — *Marie-Joseph*, b[9] 5 mars 1752. — *Louis-Joseph*, b[7] 1er juin 1756.

1708.

III.—VANDAL, Jacques, [François II.
b 1725.
1° Baugrand (1), Marie-Antoinette,
b 1725; s 25 nov. 1755, à Sorel.[4]
Marie-Antoinette, b[4] 22 juin et s[4] 2 juillet 1749. —*Jacques*, b[4] 27 oct. 1752. — *Marie-Catherine*, b[4] 6 février 1754; s[4] 5 juin 1756.—*Joseph*, b[4] 3 mars 1755.

1757, (14 février).[4]

2° Voyne-Venne, Thérèse, [Louis III.
b 1725.
Antoine, b 1757; m[4] 11 février 1771, à Charlotte Mandeville.

1749, (7 juillet) Ecureuils [7]

III.—VANDAL, Nicolas, [François II.
b 1724.
Gaudin, Marie-Madel.-Félicité, [Jean-Frs II.
b 1723.
Nicolas, b 26 juin et s 7 juillet 1752, à la Pte-aux-Trembles, Q.[8] — *Marie-Joseph*, b[7] 12 nov. 1754; m[8] 5 février 1776, à Joseph Gaudin; s[7] 28 janvier 1779. — *Nicolas*, b[8] 10 et s[8] 25 avril 1756 — *Nicolas*, b[8] 5 juin 1757; m[8] 25 février 1778, à Marie-Madeleine Pelletier. — *Marie-Louise*, b[8] 18 août 1759. — *Marie-Anne*, b[8] 19 oct. 1760. — *Jean-Baptiste*, b[8] 8 février et s[8] 1er mars 1762.

1752, (13 nov.) Pte-aux-Trembles, Q.[1]

III.—VANDAL, Antoine-Frs, [François II.
b 1727; s[1] 24 janvier 1760.
Grenon (2), Marie-Françoise, [Joseph II.
b 1720.
..... (3), b... s[1] 30 juillet 1760. — *Marie-Françoise*, b[1] 2 février 1757; m 24 août 1775, à Bruno Tremblay, aux Ecureuils.—*Marie-Charlotte*, b[1] 19 oct. 1758.—*Nicolas*, b[1] 23 et s[1] 29 février 1760.

1756, (23 août) Québec.[2]

III.—VANDAL, Michel, [François II.
b 1729.
Véret (4), Geneviève, [Jean-Charles III.
b 1737.
Marie-Geneviève, b[2] 19 mai et s[2] 3 juillet 1758.

1771, (11 février) Sorel.

IV.—VANDAL, Antoine, [Jacques III.
b 1757.
Mandeville, Charlotte, [Alexis III.
b 1756.

(1) Champagne.
(2) Elle épouse, le 10 nov. 1760, Nicolas Faucher, à la Pte-aux-Trembles, Q.
(3) Le nom manque au registre
(4) Elle épouse, en 1760, Louis-François Guay.

1778, (25 février) Pte-aux-Trembles, Q.

IV.—VANDAL, Nicolas, [Nicolas III.
b 1757.
Pelletier, Marie-Madeleine, [Antoine III.
b 1758.

VANDANDAIGUE.—Voy. Vandandaique.

VANDENDAIGUE.—Voy. Vandandaique.

VANDENDAIQUE.—Voy. Vandandaique.

VANDANDAIQUE. — *Variations et surnoms:* Valandé—Vandandaigue—Vandendaique—Vandendaigue—Gadbois—Gatebois.

1678, (18 avril) Québec.[3]

I.—VANDANDAIQUE (1), Joseph,
b 1653; menuisier; s 11 janvier 1725, à Charlesbourg.
Chalifour, Louise, [Paul I.
b 1661; s[3] 30 mai 1735.
Jacqueline, b[3] 28 déc. 1678; m 5 oct. 1699, à Pierre Boutillet, à Beauport.[4] — *Claude*, b[3] 2 mai 1682: m[4] 5 nov. 1708, à Marie Brideau — *Jeanne*, b[3] 13 mars et s[3] 11 sept. 1684.—*Marie-Charlotte*, b[3] 29 juin 1685; m[4] 7 janvier 1708, à Jean Ducas —*Louise*, b[3] 23 mars 1687; 1° m[4] 17 nov. 1704, à Jacques Gervais; 2° m[4] 14 nov. 1712, à Jean Boutin.—*Anonyme*, b[3] et s[3] 27 oct. 1691.

1708, (5 nov.) Beauport.[5]

II.—VANDANDAIQUE (2), Claude, [Joseph I.
b 1682.
Brideau, Marie, [Jean I.
b 1691.
Marie-Joseph, b[5] 8 déc. 1709; m 23 nov. 1729, à Pierre Limoges, à St-François, I. J.[6] — *Claude*, b[5] 1er février 1711; m 1743, à Marie-Elisabeth Hogue.—*Marie-Françoise*, b[5] 2 mars 1712; m[6] 5 nov. 1731, à Joseph Limoges.—*Pierre-Joachim*, b[5] 20 mars 1713, m[6] 22 février 1740, à Marie-Joseph Quenneville.—*François*, b[5] 4 avril et s[5] 1er sept. 1714.—*Madeleine*, b[6] 13 oct. 1715.—*Marie-Madeleine*, b[6] 1er février 1717; m[6] 24 nov. 1738, à Jean-François Labelle.—*Jean*, b 1718; m 1749, à Elisabeth Coron.—*André*, b 1719; m 1748, à Marie-Anne Courtemanche.—*Joseph*, b 1721; m 1748, à Veronique-Flavie Lemarié.—*Marie-Louise*, b 1723; m 1743, à Simon Alard; s 16 mai 1762, à St-Antoine-de-Chambly.—*Joseph*, b 1725; m 11 oct. 1750, à Marie-Catherine Sicard, au Sault-au-Recollet —*Marguerite*, b[6] 16 nov 1728; s[6] 9 janvier 1729 —*Elisabeth*, b[6] 29 déc. 1729.—*Geneviève*, b[6] 31 août 1732.—*Marie-Marguerite*, b[6] 15 mars 1734; m à Joseph Tibaut.

1740, (22 février) St-François, I. J.

III.—VANDANDAIQUE (3), P.-Joa., [Claude II.
b 1713.
Quenneville, Marie-Joseph, [François II.
b 1720.

(1) Dit Gadbois; voy. vol. I, p. 581.
(2) Et Valandé
(3) Dit Gadbois.

Pierre, b 1743; m 14 nov. 1768, à Thérèse BROUSSON, à St-Antoine-de-Chambly. [7] — *Marie-Joseph*, b 1745; m [7] 21 nov. 1763, à Pierre POUPOT. —*Marie-Marguerite*, b [7] 26 juin 1750; m [7] 16 février 1767, à Louis DESLANDES. — *François-Amable*, b [7] 6 avril 1751.—*Louise-Amable*, b [7] 3 mars et s [7] 13 juillet 1753.—*Marie-Félicité*, b [7] 14 mai 1754.—*Claude*, b [7] 11 sept. 1756.—*Joseph*, b [7] 1er mai 1759.

1743.

III.—VANDANDAIQUE, CLAUDE, [CLAUDE II. b 1711.

HOGUE (1), Elisabeth, [FRANÇOIS II. b 1727.

Jean-Baptiste-Amable, b 1744; m 5 nov. 1764, à Catherine ALARD, à St-Antoine-de-Chambly. [6] — *Marie-Elisabeth*, b [6] 9 mars 1752. — *Claude-Amable*, b [6] 2 avril 1756.

1748.

III.—VANDANDAIQUE, JOSEPH, [CLAUDE II. b 1721.

LEMAREE, Véronique-Flaire, [MICHEL III. b 1729.

Marie-Flaire, b 5 juin et s 1er juillet 1749, à St-Vincent-de-Paul. [3] —*Joseph-Amable*, b [3] 11 mai et s [3] 3 sept. 1750. — *Joseph-Amable*, b [3] 18 sept. 1752. — *Claude*, b [3] 21 oct. et s [3] 22 nov. 1753.— *Marie-Françoise*, b [3] 26 mars et s [3] 10 juillet 1755. —*Augustin*, b [3] 18 et s [3] 31 mai 1756.

1748.

III.—VANDANDAIQUE (2), ANDRÉ, [CLAUDE II. b 1719.

COURTEMANCHE, Marie-Anne, [ANTOINE II. b 1718.

Marie-Anne, b 1748; s 9 déc. 1750, à St-Antoine-de-Chambly. [9] —*Marie*, b [9] 20 janvier 1750; m [9] 26 oct. 1767, à Ignace BOUSQUET. — *André-Marie*. b [9] 23 sept. 1751.—*Jean-Marie*, b [9] 13 janvier et s [9] 8 juillet 1753. — *Louis-Marie*, b [9] 26 juillet et s [9] 19 août 1755. — *Marie-Joseph*, b [9] 3 déc. 1756. — *Marie-Amable*, b [9] 19 mai 1758. — *Françoise-Cécile*, b [9] 4 oct. 1759.

1749.

III.—VANDANDAIQUE, JEAN, [CLAUDE II. b 1718.

CORON, Elisabeth, [FRANÇOIS II. b 1716.

Jean-Amable, b 25 mai 1750, à St-Antoine-de-Chambly.

1750, (11 oct.) Sault-au-Récollet.

III.—VANDANDAIQUE (2), JOSEPH, [CLAUDE II. b 1725.

SICARD, Marie-Catherine, [SIMON II. b 1727.

(1) 2de épouse, le 9 janvier 1764, Pierre Blanchard, à St-Antoine-de-Chambly.

(2) Dit Gadbois.

1764, (5 nov.) St-Antoine-de-Chambly.

IV.—VANDANDAIQUE, J.-B.-AM., [CLAUDE III. b 1744.

ALARD, Catherine, [JOSEPH-MÉRY II. b 1734; veuve d'Andre Quay.

1768, (14 nov.) St-Antoine-de-Chambly.

IV.—VANDANDAIQUE, PIERRE, [JOACHIM III. b 1743.

BROUSSON (1), Thérèse, [AMBROISE II. b 1750.

VANDÉ —*Variations* : AUDET—VANDET.

1671, (11 avril) Québec. [4]

I.—VANDÉ (2), RENÉ, b 1637; fils de René et d'Andree Ligouneresse, bourg de Montournoy, diocèse de Maillezais, Poitou; s 22 août 1702, à St-Michel. [5]

HARIOT, Marie, b 1655; fille de Bernardin et de Marguerite Deslys, de St-Martin, diocèse de Chartres, Beauce; s [5] 25 juin 1715.

Louis, b [4] 13 avril et s [4] 30 juin 1672. — *Guillaume*, b [4] 9 nov. 1674. — *Michel*, b 1678; 1° m [4] 28 mai 1709, à Marie-Catherine MORIN; 2° m [5] 7 janvier 1716, à Madeleine COTTON; s 21 oct. 1758, à Contrecœur.—*Antoine*, b [4] 24 mai 1679— *Marie*, b 27 dec. 1682, à Levis; 1° m [5] 6 fevrier 1702, à Jean-Baptiste BALRON; 2° m [5] 15 avril 1709, à Jacques BISSONNET; 3° m [5] 17 fevrier 1716, à Jean-Baptiste BALAN.—*Pierre*, b 1684; m 1710, à Marie HÉLY.—*René*, b 1688; m 6 juin 1713, à Jeanne POIRIER, à Boucherville.

1709, (28 mai) Québec. [3]

II.—VANDÉ, MICHEL, [RENÉ I. b 1678; s 21 oct. 1758, à Contrecœur.

1° MORIN, Marie-Catherine, [ANDRÉ I. b 1688; s 26 janvier 1715, à Charlesbourg.

Marie-Louise, b [3] 13 mars 1710; m [3] 30 janvier 1730, à Marin HUET; s [3] 30 sept. 1740.—*Charles*, b [3] 4 oct. et s [3] 25 nov. 1712.

1716, (7 janvier) St-Michel. [4]

2° COTTON (3), Madeleine, [JEAN I. b 1700.

Michel, b [4] 26 mai 1716. — *Joseph*, b [3] 2 nov. 1719; 1° m [3] 1er mai 1752, à Madeleine BARBEAU; 2° m 1755, à Marie-Charlotte PETIT-MILHOMME.— *Marie-Madeleine* (4), b 25 avril 1724, à Repentigny. — *Marie-Catherine*, b 25 oct. 1726, à la Pte-aux-Trembles, Q. — *Jean-François*, b 3 nov. 1731, à Terrebonne.

1710.

II.—VANDÉ, PIERRE, [RENÉ I. b 1684.

HÉLY, Marie, b 1684; s 21 fevrier 1754, à Sorel [1]

Marie, b... m [1] 21 oct. 1754, à Luc BRIAND.

(1) Et Brousseau—Lafleur.

(2) Voy. vol I, p. 581.

(3) Et Gaudon.

(4) Sa mere est appelée Ethier-Lafleur pour Cotton-Fleur d'Epée; voy. vol I, p 225.

1713, (6 juin) Boucherville.

II.—VANDÉ, René, [René I.
b 1688.
Poirier (1), Jeanne, [Joseph I.
b 1690; s 23 nov. 1733, à Terrebonne.
Madeleine-Marie-Jeanne, b 29 juillet, à St-François, I. J. et s 23 août 1714, à Repentigny. [9] — *Georges,* b... s [9] 30 juillet 1720. — *Marie-Marguerite,* b [9] 9 avril et s [9] 23 août 1717. — *Marie-Françoise,* b [9] 9 et s [9] 19 juillet 1718. — *René,* b [9] 12 août et s [9] 5 sept. 1719.—*Marie-Madeleine,* b [9] 5 et s [9] 12 août 1720. — *Marie-Catherine,* b 13 juillet 1726, à L'Assomption.

1752, (1er mai) Québec. [7]

III.—VANDÉ (2), Joseph, [Michel II.
b 1719.
1° Barbeau, Madeleine, [Pierre II.
b 1726; veuve de Charles Meunier; s [7] 20 juin 1753.
Joseph, b [7] 28 mai 1753.

1755.

2° Petit-Milhomme, Charlotte, [Jean III.
b 1732.
Marie-Charlotte, b [7] 18 janvier 1756; s [7] 15 juin 1757.—*Joseph-Charles,* b [7] 29 mars 1757; s [7] 25 août 1758. — *Pierre,* b [7] 15 avril et s [7] 19 déc. 1758.—*Joseph,* b 7 oct. 1760, à la Longue-Pointe.[8] — *Augustin,* b [8] 8 déc. 1761. — *Marie-Charlotte,* b 1763; s [8] 12 mai 1764. — *Marie-Madeleine,* b [8] 26 nov. 1764; s [8] 28 déc. 1769.

VANDERWERKEN.—Voy. Rocloff.

VANET.—*Surnom :* LeParisien.

1674.

I.—VANET (3), Charles, b 1652; de Paris; s 22 avril 1732, à Sorel. [8]
1° LeMagnan, Catherine, [Jean I.
b 1660; s [8] 15 février 1694.
Catherine, b [8] 11 février 1675; m 1700, à Julien Joly-Delbec.—*Marie-Jeanne,* b [8] 1er février 1677; m 3 oct. 1700, à Pierre-Jean Hus, à St-Frs-du-Lac; s [8] 12 sept. 1750. — *Charles,* b [8] 1er avril 1681; s [8] 22 avril 1714. — *Jean,* b [8] 3 avril 1683. — *Anne,* b [8] 6 août 1684; s [8] 28 nov. 1687.

1696.

2° Desault, Marguerite,
b 1662; s [8] 20 juillet 1731.

VANIER.—*Variations et surnoms :* LeVannier Valier—Vannier—Lafontaine — LeChandelier.

1669, (30 sept.) Québec. [4]

I.—VANIER (4), Germain.
Cartignier (5), Marie,
b 1653.
Marguerite, b [4] 11 avril 1672; m 1690, à Pierre Niel. — *Geneviève,* b 13 nov. 1682, à Charlesbourg [5]; m 7 déc. 1711, à René Coulon, à Verchères. — *Jeanne,* b [5] 14 avril 1685; m 4 février 1709, à Jacques Hery-Duplanty, à Montréal.

1672, (5 juillet) Québec. [6]

I.—VANIER (1), Guillaume, fils de Pierre et de Jacqueline Gaillard, de Ste-Catherine de Honfleur, diocèse de Lizieux, Normandie; s 27 août 1687, à Montréal. [7]
Bailly, Madeleine, fille de Guillaume et de Barbe Sallier, de St-Jacques de la Boucherie, Paris.
Anne, b [6] 6 avril 1673; m 9 janvier 1690, à Julien Leblanc, à Charlesbourg [8]; s [7] 7 février 1750. — *Marie-Madeleine,* b [6] 3 janvier 1675: 1° m [8] 14 février 1695, à Jean Martel; 2° m [8] 22 oct. 1718, à François Barbot. — *Nicolas,* b [6] 16 juillet 1677; s [6] 14 janvier 1680. — *Jean-Baptiste,* b [6] 21 juin 1681; 1° m [8] 18 août 1704, à Marie Hotte; 2° m [8] 13 juin 1712, à Marie-Charlotte Chamard; s [7] 15 mars 1746.— *Marie-Marguerite,* b [8] 29 mars 1684; m [8] 9 février 1690, à Charles Boyer; s [8] 18 avril 1715. — *Pierre-Thomas,* b [8] 8 juin 1687; m [8] 9 février 1711, à Marie-Anne Bourbeau; s [8] 21 mars 1711.

1704, (18 août) Charlesbourg. [2]

II.—VANIER (2), Jean-Bte, [Guillaume I.
b 1681; s 15 mars 1746, à Montréal. [4]
1° Hotte, Marie, [Pierre I.
b 1679; veuve de Jean Blondeau; s [2] 15 avril 1711.
Joseph, b [2] 12 sept. 1705; m 10 août 1728, à Marie-Françoise Robert, à Chambly. — *Marie-Thérèse,* b [2] 17 sept. et s [2] 30 nov. 1706.—*Marie-Anne,* b [2] 1er déc. 1707; 1° m à Pierre Drouin; 2° m 15 janvier 1759, à Jacques Asselet, au Sault-au-Recollet. [5]—*Joseph-Jean-Baptiste,* b [2] 17 février 1709; 1° m 1735, à Françoise Pigeon; 2° m [4] 10 février 1766, à Marie-Joseph Jubinville. —*Charles,* b [2] 3 oct. 1710; s [4] 6 juin 1730.

1712, (13 juin). [2]

2° Chamard (3), Marie-Charlotte, [Nicolas II.
b 1693.
François-Pierre, b [2] 24 avril 1713; s [2] 14 oct. 1714.—*Marie-Geneviève,* b [2] 29 juin et s [2] 14 sept. sept. 1714. — *Marie-Geneviève,* b [2] 10 août 1715; 1° m à Pierre Buquet; 2° m 6 mars 1753, à Jean-Baptiste Pilet, au Detroit.—*Joseph,* b 22 juillet 1717, aux Trois-Rivières; 1° m [5] 24 oct. 1740, à Marie Dagenais; 2° m [5] 25 juin 1787, à Marie-Rose Delinel.—*Thérèse,* b... m [5] 30 janvier 1738, à Joseph LeBeau.—*Marie-Charlotte,* b [4] 3 février 1719; m [5] 16 nov. 1739, à François Dagenais.— *Marguerite-Thérèse,* b [4] 23 février 1720.— *Marie-Elisabeth,* b [4] 16 déc. 1721; m 3 février 1739, à Jacques Labelle, à St-François, I. J. — *Marie-Louise,* b [2] 15 août 1728; m [5] 11 janvier 1745, à Joseph Labelle. — *Marie-Catherine,* b 1730; m 1753, à Pierre Lévesque.

(1) Lajeunesse.
(2) Ce nom s'est aussi écrit Audet, voy. vol. II, p. 77.
(3) Dit LeParisien.
(4) Dit Lafontaine; voy. vol. I, p. 581.
(5) Elle épouse, le 24 sept. 1685, Jacques Cailler, à Charlesbourg.

(1) Dit Lafontaine; voy. vol I, p. 581.
(2) Dit Lafontaine; et Valier, 1721 à Montréal.
(3) Elle épouse, le 20 mai 1748, Alexandre Hunault, à St-Vincent-de-Paul.

1711, (9 fevrier) Charlesbourg.[1]

II.—VANIER, PIERRE-THOMAS, [GUILLAUME I.
b 1687; s[1] 21 mars 1711.
BOURBEAU, Marie-Anne, [EUSTACHE II.
b 1690.

1728, (10 août) Chambly.

III.—VANIER (1), JOSEPH, [JEAN-BTE II.
b 1705.
ROBERT, Marie-Françoise, [PRUDENT III.
b 1711.
Joseph, b 1730; 1° m 10 janvier 1752, à Marie-Elisabeth BAYARD, au Sault-au-Recollet[3], 2° m 11 fevrier 1754, à Marie-Anne DELAHAYE, à la Longue-Pointe[4]; 3° m[4] 7 février 1757, à Marie-Joseph JANOT. — *Marie-Agathe,* b 11 mai 1746, à Montréal.[5] —*Marie-Angélique,* b[3] 27 déc. 1747; m[3] 9 sept. 1766, à Jean-Baptiste PARSEILLÉ.— *François-Amable,* b[5] 28 juillet et s[5] 17 déc. 1749.

1735.

III.—VANIER, JOS.-JEAN-BTE, [JEAN-BTE II.
b 1709.
1° PIGEON, Françoise, [LOUIS II.
b 1707; veuve de Jean Picard.
Marie-Françoise, b 30 juin 1736, à Montreal[7]: 1° m 23 avril 1752, à Jean-Louis TURCOT, au Sault-au-Récollet[8]; 2° m[8] 17 août 1761, à Albert LEBEAU. — *Geneviève-Amable,* b[7] 3 fevrier 1738, m[8] 9 mai 1757, à François BRUNET.— *Jean-Amable,* b[8] 24 et s[8] 25 mars 1740. — *Marie-Thérèse,* b[8] 8 fevrier 1741. — *Jean-Baptiste,* b[8] 20 avril 1742. — *Marie-Anne,* b[8] 23 août 1743. — *Marguerite,* b[8] 9 nov. 1744; s[8] 13 sept. 1745. — *Charles,* b[8] 9 nov. 1744; s[8] 12 sept. 1745.—*Anonyme,* b[8] et s[8] 24 février 1746. — *Marguerite,* b[8] 16 avril et s[8] 6 août 1747.

1766, (10 fevrier).[7]

2° JUBINVILLE, Marie-Joseph, [JEAN-BTE II
b 1746.

1740, (24 oct.) Sault-au-Récollet.[5]

III.—VANIER, JOSEPH, [JEAN II.
b 1717.
1° DAGENAIS, Marie, [JOSEPH-MICHEL III.
b 1722.
Joseph, b[5] 31 mars 1741; m 24 nov. 1760, à Marie-Rose PROVOST, à St-Vincent-de-Paul.

1787, (25 juin).[5]

2° DELINELLE, Marie-Rose. [LOUIS (2).

1752, (10 janvier) Sault-au-Récollet.

IV.—VANIER, JOSEPH, [JOSEPH III.
b 1730.
1° BAYARD, Marie-Elisabeth, [FRANÇOIS III.
b 1732.
Marie-Thérèse, b 19 oct. 1752, à St-Laurent, M.[5]

1754, (11 fevrier) Longue-Pointe.[6]

2° DELAHAYE, Marie-Jeanne, [PIERRE II.
b 1731.
Elisabeth, b[6] 27 février 1755; s[6] 27 mai 1766.

1757, (7 fevrier).[6]

3° JANOT, Marie-Joseph, [NICOLAS III.
b 1727; veuve de Charles Goguet.

1760, (24 nov.) St-Vincent-de-Paul.

IV.—VANIER, JOSEPH, [JOSEPH III
b 1741.
PREVOST, Marie-Rose, [JEAN-BTE III.
b 1739.

VANNIER.—Voy. VANIER.

1775, (6 nov.) Québec.[5]

I.—VAUFELSON, ANTOINE, fils de Julien et de Geneviève Dickson, Allemagne.
MEUNIER, Marie-Joseph, [JEAN-JOSEPH II.
b 1755; s 2 dec. 1820, à l'Hôtel-Dieu, Q.
Marie-Anne, b[5] 28 janvier 1780.—*Georges,* b[5] 23 avril 1784; m à Dorothee JUST.

II.—VAUFELSON, GEORGES, [ANTOINE I.
b 1784.
JUST, Dorothée.
Louise, b... m 20 déc. 1847, à Thomas-Conrad LEE.

I.—VARAMBAU, PIERRE,
b 1699; s 29 janvier 1749, à Montréal.

1729, (7 fevrier) Québec.[2]

I.—VARAMBOUVILLE, ANTOINE, fils de Jacques et de Jeanne Poupin, de St-Loup, Auxerre, Bourgogne.
JOUBERT, Marguerite-Joseph, [PIERRE II.
b 1699; veuve de Thomas Gilbert-St. Andre, s[2] 19 oct. 1740.
Marie-Marguerite, b[2] 14 nov. 1729; s[2] 18 mars 1790. — *Louis,* b[2] 14 dec, 1731; s 21 dec. 1757, à l'Hôpital-General, M. — *Marie-Anne-Claude,* b[2] 4 nov. 1733; s 24 mai 1813, à l'Hôtel-Dieu, M. —*Françoise-Pierre,* b[2] 3 et s[2] 8 dec. 1735.—*Angélique-Antoinette,* b[2] 29 janvier 1737; m[2] 28 janvier 1754, à Raymond PONSANT. — *Joseph,* b[2] 25 mai 1739

VARENNES.—Voy. BERARD — GAUTHIER — LÉPINE—RACINE.

I.—VARENNES, HYPOLITE.

....
Marie, b 1725; s 24 mai 1728, à Laprairie.

I.—VARENNES (1), LOUIS.

I.—VARENNES, JEAN-PIERRE,
journalier.
LABEAUME, Madeleine.
Marguerite-Angélique, b 20 déc. 1745, à Québec.

VARIGOU.—Voy. GARIGOUR.

VARIN —*Variations et surnoms :* VARRIN—DELAMARE—GAUDRIA—LAPISTOLE

(1) Dit Lafontaine.

(2) Voy. Louis Vanier, marié 1763 en secondes noces, avec Marie-Louise Pelletier, vol. IV, p. 303.

(1) Voy. Louis-Joseph Varin, 1731.

I.—VARIN, Catherine, b 1644; fille de Robert et de Marie L'Apôtre, de St-Pierre-du-Cavilly, Rouen, Normandie; 1° m 1667, à René Branche; 2° m 9 sept. 1681, à Pierre Coubois, à Québec[1]; 3° m[1] 27 nov. 1684, à Anicet Boyer; s 27 janvier 1706, à Montréal.

1688, (28 juin) Québec.[5]

I.—VARIN (1), Marin, fils de Louis et de Françoise Lucas, de St-Vincent, Rouen, Normandie.
Massard (2), Marie, [Nicolas I.
b 1667; veuve de Louis Melain.
Thérèse, b 1690; m 23 nov. 1715, à Nicolas Dufay, à Montréal [6]—*Joseph-Nicolas*, b[5] 28 nov. 1691. — *Marie-Michelle*, b[5] 13 février 1695; m[6] 26 nov. 1712, à Leonard Jean.

1697, (29 oct.) Boucherville.

I.—VARIN (3), Nicolas,
b 1669; tonnelier; s 24 mai 1737, à Montréal[6]
Rouceray, Marie-Anne, [Jean I.
b 1677; s[6] 9 avril 1736.
Jacques, b 1700; 1° m 31 mars 1723, à Marie-Madeleine Dumay, à Laprairie; 2° m[6] 16 juillet 1731, à Angélique Darragon; 3° m[6] 1er juin 1735, à Marguerite Piton.— *Nicolas*, b 5 nov 1701, à Longueuil[7]; 1° m[7] 8 janvier 1724, à Angelique Dumay; 2° m[7] 7 janvier 1733, à Marie-Suzanne Daunet; s[6] (4) 7 avril 1747. — *Anne*, b[7] 17 et s[7] 18 août 1703. — *Louis-Joseph*, b[6] 15 sept. 1706, m[6] 30 avril 1731, à Marie-Reine Gautier. — *Jean-Baptiste*, b[6] 23 juin 1708; m[7] 17 juillet 1730, à Marguerite Robidou. — *Charlotte*, b[6] 21 avril 1710. — *Marie-Anne*, b... s[6] 31 juillet 1711 —*Marie*, b[6] 9 mai 1712; s[6] 22 juillet 1713. — *Marie-Anne*, b[6] 10 fevrier 1714; s[6] 1er juillet 1727.—*Pierre*, b[6] 16 fevrier 1716 —*Adrien*, b[6] 9 avril 1717; s[6] 27 janvier 1733.

1723, (31 mars) Laprairie.[4]

II.—VARIN (5), Jacques, [Nicolas I.
b 1700.
1° Dumay, Marie-Madeleine, [Eustache II
b 1701; s 24 août 1730.
Jacques, b 1er avril 1724, à Longueuil.[5]—*Joseph*, b[5] 25 janvier et s[5] 29 juillet 1727. — *Joseph* (6), b 20 janvier 1729, à Montreal.[6]—*Madeleine*, b[4] 22 août 1730; s[5] 25 mars 1733.
1731, (16 juillet).[6]
2° Darragon, Angelique, [François I.
b 1711; s[5] 19 fevrier 1733.
Amable, b[5] 12 et s[5] 16 juillet 1732.
1735, (1er juin)[6]
3° Piton-Toulouse, Marguerite, [Simon I.
b 1716.
Louis, b[6] 21 août 1736; s[6] 11 juin 1737. — *Thérèse*, b[6] 24 avril 1738; m[6] 28 sept. 1761, à Alexis Longtin.—*Jean-Baptiste*, b[6] 2 mars 1740; m[6] 15 fevrier 1768, à Marie-Joseph DeNoyon.—*Pierre-Marie*, b[6] 9 sept. 1741. — *Marie-Joseph*, b[6] 14 sept. 1742; s[6] 16 mai 1744.—*Henri*, b[6] 13 nov. 1745; m[6] 10 janvier 1774, à Marie-Geneviève Alix-Haly. — *Louis-Joseph*, b[6] 11 mai 1748; m[6] 9 nov. 1772, à Catherine Guilbaut.—*Marie-Marguerite*, b[6] 16 août et s[6] 4 oct. 1750. — *Archange*, b 1756; m[6] 17 janvier 1780, à Michel Petit.

1724, (8 janvier) Longueuil.[3]

II.—VARIN, Nicolas, [Nicolas I.
b 1701; s 7 avril 1747, à Montréal.[4]
1° Dumay, Angelique, [Eustache II.
b 1704; s[3] 27 sept. 1732.
Angélique, b[3] 6 mai 1724. — *Nicolas*, b[3] 5 juillet 1725; m 19 février 1748, à Catherine Bariteau, à Laprairie.—*Marie-Catherine*, b[3] 5 avril 1727; m 1755, à Bonaventure Bourgaud.—*Marie-Joseph*, b[3] 31 mai 1728; s[3] 1er août 1729.—*Jean-Baptiste*, b[3] 2 fevrier 1730; s[3] 21 mars 1733.—*Marguerite*, b 1731; s[3] 14 mars 1733.
1733, (7 janvier).[3]
2° Daunet (1), Marie-Suzanne, [Pierre II.
b 1712.
Joseph-Amable, b[3] 20 juin 1734; s[3] 25 nov. 1761.—*Pierre*, b[3] 29 avril et s[3] 29 août 1736.—*Marie-Joseph*, b[3] 10 avril 1739; m[3] 31 mars 1761, à François Maudoux. — *Marie-Anne*, b[3] 25 mars et s[3] 31 mai 1741. —*Marie-Charlotte*, b[3] 9 juin 1742.— *Marie-Angélique*, b[3] 27 mai 1744; m[3] 8 juin 1761, à Louis-Amable Aubin. — *Marguerite*, b[3] 23 février 1746.

1730, (17 juillet) Longueuil.[5]

II.—VARIN (2), Jean-Bte, [Nicolas I.
b 1708.
Robidou (3), Marguerite, [Joseph II.
b 1708.
Jean-Baptiste, b[5] 19 et s[5] 22 avril 1731. — *Marie-Amable*, b... m 24 avril 1752, à Moïse Bodin, à St-Constant.

1731, (30 avril) Montréal.[7]

II.—VARIN (2), Louis-Joseph, [Nicolas I.
b 1706; orfèvre.
Gautier, Renée, [Jean I.
b 1699.
Marie-Louise, b 1733; m[7] 30 juin 1755, à Jean Joram.—*François*, b[7] 22 fevrier 1735; 1° m[7] 31 mars 1761, à Marguerite Deslandes; 2° m 1770, à Marie-Geneviève Paquet; s 1791. —*Jacques*, b[7] 3 oct. 1736; m[7] 27 janvier 1777, à Marie-Joseph Périneau. — *Louis-Joseph*, b[7] 22 janvier 1738; m[7] 8 fevrier 1773, à Marie-Joseph Dérousset.—*Pierre*, b[7] 13 mars 1739; s[7] 11 dec. 1740. —*Marie-Charlotte*, b[7] 2 oct. 1740; m[7] 5 juin

(1) Dit Gaudria; voy vol. I, p 582.

(2) Elle epouse, le 27 août 1713, François Brunet-Lafaye, à Montreal.

(3) Dit Lapistole: voy. vol. I, p 582.

(4) Perdu sur la glace, dans les neiges, au commencement de l'année 1747. Registre de Montréal.

(5) Dit Lapistole.

(6) A son baptême il est dit enfant de Madeleine Perras, qui est le nom de sa grande-mère maternelle

(1) Elle epouse, le 7 fevrier 1753, Joseph Perras, à Longueuil.

(2) Dit Lapistole.

(3) Elle epouse, le 27 nov. 1731, Pierre Gagnier, à Longueuil.

1758, à François Labit. — *Basile*, b [7] 3 et s [7] 5 mars 1743.

1733, (19 oct.) Montréal. [5]

I.—VARIN (1), Jean-Victor, fils de Jean (sieur de la Sablonière, capt. d'infanterie de Jacques II, d'Angleterre, et gendarme de la garde du Roy) et de Marthe De l'Hery, de N.-D. de Niort, Poitou.

Liénard (2), Charlotte, [Louis I.
b 1713.

Louise-Thérèse-Charles, b [5] 9 avril et s [5] 20 sept. 1735.—*Charles*, b [5] 6 oct. 1736; s [5] 12 mars 1737. — *Gilles-Victor*, b [5] 17 nov. 1737. — *Jean-Louis-Daniel*, b [5] 17 oct. 1738; s [5] 26 janvier 1739. — *Jean-Baptiste-François*, b [5] 23 juin 1742. —*Louise-Marie-Anne-Victoire*, b [5] 11 août 1743. —*Marie-Catherine-Aglaée*, b [5] 8 sept. 1744; s [5] 5 déc. 1748. — *Henri-Marie-Charles-Roland* (3), b [5] 12 juillet 1749.

1748, (19 fevrier) Laprairie.

III.—VARIN, Nicolas, [Nicolas II.
b 1725.

Bariteau (4), Catherine, [Julien II.
b 1723.

Nicolas, b 30 sept. 1749, à Longueuil. [4] —*Jean-Baptiste*, b [4] 6 août 1752.—*Jean-Baptiste*, b 1754; 1° m à Françoise Gaudry, 2° m à Marie-Joseph Desnoyon.—*Marguerite*, b [4] 4 avril 1757.—*Marie-Louise*, b [4] 14 sept. 1760.

1761, (31 mars) Montréal.

III.—VARIN, François, [Louis-Joseph II.
b 1735.

1° Deslandes (5), Marie-Margte, [Pierre II.
b 1740.

1770.

2° Paquet, Marie-Geneviève, [Pierre IV.
b 1753.

Geneviève-Louise, b 1771; s 31 mars 1791, à Quebec.

1768, (15 fevrier) Montréal.

III.—VARIN, Jean-Bte, [Jacques II.
b 1740.

DeNoyon, Marie-Joseph, [Jean-Bte II.
b 1744.

1772, (9 nov.) Montréal.

III.—VARIN, Louis-Joseph, [Jacques II.
b 1748.

Guilbaut, Catherine, [Louis III.
b 1751.

1773, (8 fevrier) Montréal.

III.—VARIN, Louis-Joseph, [Louis-Joseph II.
b 1738.

Déroussel, Marie-Joseph, [Jean-Bte.
b 1749; veuve de Marie-Joseph Valade.

(1) De la Mare, conseiller et controleur de la marine.
(2) DeBeaujeu.
(3) Baptisé par Mgr H. M., évêque de Québec.
(4) Lamarche.
(5) DeChampigny.

1774, (10 janvier) Montréal.

III.—VARIN (1), Henri, [Jacques II
b 1745.

Alix (2), Marie-Geneviève, [Pierre I.
b 1740.

1777, (27 janvier) Montréal.

III.—VARIN (1), Jacques, [Louis-Joseph II.
b 1736.

Périneau, Marie-Joseph, [François III.
b 1759.

VARINO.—*Surnom :* LaVictoire.

1759, (19 fevrier) Québec.

I.—VARINO (3), Jean-François, sergent; fils de Jean-François et de Madeleine Poignan, de St-Sulpice, Paris.

Barbeau, Marie-Louise, [Simon II.
b 1739.

VARLET.—*Surnom :* Lavertu.

1745.

I.—VARLET (4), François.

Dubois, Marie-Joseph, [Louis II.
b 1714.

Marie-Joseph, b 1746; m 7 juin 1766, à Joseph Letourneau, à Chambly. — *Marie-Charlotte*, b 1747; s 29 mai 1749, aux Trois-Rivières. [1] —*François*, b [1] 30 juin 1748.

VARRI.—Voy. Varry.

VARRIN.—Voy. Varin.

VARRY.—*Variations et surnom :* Varri—Vary—Luneville.

1712, (1er nov.) Longueuil. [2]

I.—VARRY (5), Charles, b 1681; fils de Michel et d'Anne Belot, de Chalone, diocèse d'Angers, Anjou; s [2] 29 juin 1763.

Dunets, Marie, [André I.
b 1668; veuve de Jean Bourhis; s [2] 21 janvier 1741.

Charles, b 26 et s 30 janvier 1713, à Montreal. [3] —*Charles*, b [3] 3 janvier 1716; m [2] 11 fevrier 1737, à Marie-Madeleine Thuot.

1737, (11 fevrier) Longueuil. [1]

II.—VARRY, Charles, [Charles I.
b 1716.

Thuot, Marie-Madeleine, [Pierre I.
b 1719.

Marie-Anne, b [1] 11 janvier 1739; m [1] 7 janvier 1761, à Louis Bouteiller. — *Charles-Joseph-Marie*, b [1] 3 août 1740; s [1] 12 juillet 1742.—*Marie-Joseph*, b [1] 30 mars 1742.—*Charles*, b [1]

(1) Dit LaPistole.
(2) Et Haly.
(3) Dit LaVictoire.
(4) Dit Lavertu.
(5) Ancien bedeau de Longueuil.

1er avril 1744 ; m 1776, à Marie-Anne GOYETTE.—*Joseph*, b [7] 25 oct. 1745.—*Marie-Anne*, b [7] 27 février 1747.—*Toussaint-Amable*, b [7] 12 août 1748.—*Angélique*, b [7] 7 nov. et s [7] 7 déc. 1749.—*François*, b [7] 7 mai 1751.—*Joachim*, b [7] 2 et s [7] 22 janvier 1753.—*Marie-Madeleine*, b [7] 2 et s [7] 21 déc. 1753.—*Benoit-Louis*, b [7] 4 et s [7] 24 mai 1757.

1760, (6 oct.) Lachenaye. [8]

I.—VARRY (1), ETIENNE, fils de Jean et de Jeanne Niclas, de St-Jacques-de-Toul, Lorraine.

1° BEAUCHAMP, Marie-Françoise, [JEAN III. b 1739.

Marie-Françoise, b [8] 20 juillet 1761.—*Joseph-Marie*, b [8] 19 déc. 1762.

1779, (15 février) Terrebonne.

2° OUIMET, Louise, [ALBERT III. b 1738.

1776.

III.—VARRY, CHARLES, [CHARLES II. b 1744.

GOGUET, Marie-Anne, [JEAN-BTE III. b 1748.

Marie-Louise, b 30 janvier 1777, à Boucherville.

VARY.—Voy. VARRY.

VASOR.—Voy. VASSOR.

VASSAL.—*Surnoms :* DEMONVIEL—MONVIEL.

1758, (30 nov.) Boucherville. [9]

I.—VASSAL (2), GERMAIN, fils de François (seigneur de Monviel) et de Rose Fremond de Raimond, de St-George, diocèse d'Agen, Guienne-d'Agenois.

BOUCHER (3), Charlotte, [FRANÇOIS-CLÉMENT IV. b 1737.

François, b [9] 4 nov. 1759 ; m à Marie-Louise PERRAULT.

II.—VASSAL (4), FRANÇOIS, [GERMAIN I. b 1759.

PERRAULT, Marie-Louise.

Charlotte, b 15 oct. 1796, à Québec.

1759.

I.—VASSAN (5), JEAN-BTE.

BEREY, Marie, [FRANÇOIS II. b 1730.

Jean-Baptiste, b... s 15 avril 1760, à St-Laurent, M.

VASSEUR.—Voy. VASSOR.

(1) Dit Luneville.

(2) DeMonviel ; capitaine du régiment de Béarn ; chevalier de St-Louis.

(3) Elle épouse, le 27 nov. 1765, René Boucher-Labruière, à Boucherville.

(4) DeMonviel ; capitaine des Royaux Canadiens volontaires.

(5) Capitaine des troupes de la marine.

VASSOR.—*Variations et surnom :* LEVASSEUR—VASOR—VASSEUR—LAFRAICHEUR.

1750, (13 janvier) Québec. [1]

I.—VASSOR (1), CHARLES-RENÉ, b 1724, cordonnier ; fils de Charles et de Louise Boussard, de St-André-des-Arts, Paris ; s 17 mai 1781, à l'Hôpital-Général, M.

1° GROINIER, Marie-Geneviève, [AUGUSTIN II. b 1734.

Marie-Geneviève, b [1] 26 mars et s [1] 8 mai 1751.

1761.

2° POUTRÉ (2), Marie-Amable, [PIERRE II. b 1733.

Jean-Marie, b 18 août 1762, à Lachenaye.—*Marie-Thérèse*, b 11 mai 1770, à Repentigny.

1733, (5 mai) Québec. [2]

I.—VATEL, CLAUDE, fils de Jean et de Marguerite Bruneau, de St-Jean-des-Vignes, diocèse de Soissons, Picardie.

DERENOM, Marguerite, [JEAN I. b 1716.

Jean-Baptiste, b 1734 ; m [2] 12 janvier 1761, à Angélique LANCELEUR.

1761, (12 janvier) Québec. [3]

II.—VATEL, JEAN-BTE, [CLAUDE I. b 1734.

LANCELEUR, Marie-Angélique, [RENÉ III. b 1729, veuve de Pierre LeBrun.

Marie-Marguerite, b [3] 1er juillet 1761 ; s [3] 11 mai 1762.—*Marie-Louise*, b [3] 29 juin 1763.

VATIER.—Voy. WATIER.

I.—VATTEVILLE (3), ...

1734, (24 mai) Québec.

III.—VASSE (4), FRANÇOIS.

VAUCHER. — *Variation et surnoms :* CHEVAUCHET—FAVEL—LAJEUNESSE.

1769.

I.—VAUCHER (5), JEAN-CLAUDE, bourgeois.

DEL'ESTAGE, Marguerite.

Jean-Claude, b 11 juillet 1770, au Detroit. [4] —*Marguerite*, b [4] 18 dec. 1771.—*Suzanne*, nee 23 dec. 1773, à Miamis ; b [4] 1er mai 1775.

VAUCOUR.—Voy. PINGUET DE VAUCOUR, 1691.

VAUDOUX.—*Surnom :* ST. ANDRÉ.

(1) Dit Lafraicheur ; soldat de St-Vincent.

(2) Lavigne.

(3) Capitaine des troupes (voy. Martin Christie).

(4) Voy. François Vallière, 1734.

(5) Dit Lajeunesse.

1738, (17 avril) Quebec.

I.—VAUDOUX (1), André, soldat; fils de Jacques et de Jeanne Bourgeois, de St-Pierre, ville de Sens, Champagne.

Gagné, Marie-Anne, [Jacques IV. b 1732.

VAUDREUIL.—Voy. DeVaudreuil — Rigaud — Tousignan.

VAUDRY.—*Variations :* Baudry—Jendry.

1661, (14 fevrier) Trois-Rivières.[5]

I.—VAUDRY (2), Jacques, b 1636.

Renault, Jeanne, b 1640.

Pierre, b 1663; s 9 oct. 1728, à l'Hôpital-Général, M.—*Marie*, b 1665; m 23 oct. 1680, à Louis Couillard, à Quebec. — *Marie*, b 1667; 1° m 16 nov. 1692, à Claude Crépin, à Montreal[6], 2° m[6] 27 nov. 1706, à Silvain-Jacques Miguet; s[6] 16 oct. 1720.—*Marguerite*, b 1668; m[6] 8 nov. 1688, à Antoine-Augustin Courtemanche. — *Jacques*, b 1670; m 13 janvier 1699, à Marie-Françoise Joly, à la Pte-aux-Trembles, M[7]; s 3 juin 1743, à Lachenaye.—*François*, b 1673; m[7] 3 oct. 1693, à Marie Brouillet. — *Marie-Jeanne*, b 1678; 1° m[6] 12 février 1697, à Gabriel Perrin; 2° m[6] 7 juin 1706, à Joseph Chevautier; s[6] 5 fevrier 1710.—*Etienne*, b[5] 23 juillet 1683; s[5] 5 mai 1685.—*Etienne*, b[5] 27 oct. 1685.—*Joseph*, b 15 nov. 1687, à St-Frs-du-Lac; m 1719, à Marguerite Lepage.

1693, (3 oct.) Pte-aux-Trembles, M.[1]

II.—VAUDRY (3), François, [Jacques I. b 1673.

Brouillet, Marie, [Michel I. b 1677.

Jeanne, b[1] 28 oct. 1694; m 1716, à Andre Foran. — *Michel*, b[1] 7 juin 1696; 1° m 26 dec. 1718, à Françoise Lebluf, à Montreal; 2° m 9 sept. 1748, à Charlotte-Françoise Gautier, à Lavaltrie.—*Anne*, b[1] 23 mai 1698; s[1] 3 avril 1750. —*Pierre*, b[1] 12 mars 1700; m 1728, à Adrien Bœsmier. — *Louis*, b[1] 30 dec. 1701; s[1] 17 juin 1702. — *Marguerite*, b[1] 4 sept. 1703; m 1728, à Pierre Dubreuil. —*Marie-Madeleine*, b[1] 1er août 1705.— *Joseph*, b[1] 20 mars 1707; m à Marguerite-Catherine Archambault.— *Marie-Joseph*, b[1] 18 et s[1] 31 août 1711. — *Marie-Angélique*, b[1] 18 mars 1713; m 1734, à Joseph Senet; s 7 avril 1756, à la Longue-Pointe. — *Marie-Barbe*, b[1] 28 mars et s[1] 19 juin 1718

1699, (13 janvier) Pte-aux-Trembles, M.[2]

II.—VAUDRY, Jacques, [Jacques I. b 1670; s 3 juin 1743, à Lachenaye.[3]

Joly, Marie-Françoise, [Nicolas II. b 1679; s[2] 18 mars 1753.

Marie-Joseph, b[2] 14 et s[2] 16 janvier 1700.—*Jean-Baptiste*, b 13 mars 1701, à Repentigny; m 1727, à Geneviève Bessière; s 28 mars 1765, à St-Henri-de-Mascouche.[1] — *Marie-Joseph*, b 30 mai 1703, à St-François, I. J.[4]— *Jacques*, b 22 mars 1705, à Montreal[5]; m[3] 8 janvier 1731, à Agathe Hudout. — *Toussaint*, b[4] 6 juillet 1707; m 5 nov. 1753, à Marie-Anne Bombardier, à Chambly. — *Jean-Joseph*, b[5] 19 oct. 1709; s[5] 22 sept. 1710. — *Marie-Anne*, b 1711; m[3] 14 août 1730, à Jean-Baptiste Herpin.—*Marie-Françoise*, b[5] 14 déc. 1712; m[5] 23 nov. 1733, à Michel Bœsmé. — *Jacques*, b[5] 17 janvier 1715. — *Angélique*, b[5] 6 janvier 1717; s[3] 3 mai 1733.—*Gabriel*, b[3] 24 fevrier 1719; m[3] 14 nov. 1740, à Agnès Forget. — *François*, b 1720; m[3] 6 nov. 1741, à Marie-Jeanne Séguin; s[1] 7 janvier 1757. — *Pierre*, b 1725; s[3] 16 oct. 1748. — *Antoine*, b 1726; m[3] 20 avril 1750, à Marie-Anne Beauchamp.

II.—VAUDRY, Pierre, [Jacques I. b 1663; s 9 oct. 1728, à l'Hôpital-General, M.

1718, (26 déc.) Montréal.[1]

III.—VAUDRY, Michel, [François II. b 1696.

1° Lebluf, Françoise, [Pierre I. b 1697.

Françoise, b 11 oct. 1719, à la Pte-aux-Trembles, M.[2]; s[1] 5 juin 1720. — *Henri-Pierre*, b[2] 29 juin 1721; m 1750, à Françoise Baudoin.— *Marie-Judith*, b[2] 25 janvier et s[2] 15 fevrier 1724.—*Marguerite*, b 4 mars 1725, à la Longue-Pointe[3], m 1744, à Pierre Ethier.—*Françoise*, b[3] 27 mars et s[3] 6 avril 1727.—*Thérèse*, b[3] 27 mars et s[3] 7 avril 1727. — *Marie-Joseph*, b[3] 23 sept. 1728.—*Marie-Thérèse*, b... m 14 fevrier 1752, à Antoine Cadron, à Lanoraie.[4] — *Marie-Louise*, b 1730; m 11 nov. 1754, à Etienne Ethier, à Lavaltrie[5] — *François*, b[4] 9 sept. 1735. — *Marie-Amable*, b 1737; m[2] 19 avril 1762, à Jean-Claude Glorget.—*Dorothée*, b[5] 12 avril et s[4] 13 mai 1738.—*Marie-Joseph*, b 1740; s[2] 2 sept. 1753.— *Joseph-Amable*, b[5] 6 mars 1744.

2° Gautier (1), Chlotte-Fse, [J.-Bte-Pierre II. b 1726.

Marie-Charlotte, b[5] 6 juin 1749; s[5] 21 août 1752.—*Marie-Geneviève*, b[5] 16 juin 1750.— *Anonyme*, b[5] et s[5] 1er juillet 1750.

1719.

II.—VAUDRY, Joseph, [Jacques I. b 1687.

Lepage, Marguerite, [Jacques I. b 1692; veuve de Simon Gelibert; s 20 juillet 1730, au Detroit.[6]

Marguerite, b[6] 12 nov. 1719. — *Marie-Madeleine*, b[6] 12 nov. 1720.—*Joseph*, b[6] 4 nov. 1722; s[6] 28 oct. 1741.—*Jacques*, b[6] 1er janvier 1725.—*Jean-Baptiste*, b[6] 26 avril 1726.

(1) Dit St. André.

(2) Jendry au recensement de 1681. (Voy. vol. I, p. 582.)

(3) Voy. vol. I, p. 582.

(1) Elle épouse, le 5 février 1753, Charles Demers-Dumay, à Lavaltrie.

1727.

III.—VAUDRY, Jean-Bte, [Jacques II.
b 1701 ; s 28 mars 1765, à St-Henri-de-Mascouche. [6]

Bessière (1), Geneviève, [Antoine I.
b 1701 ; s 27 oct. 1788, à Lachenaye. [7]

Jean-Marie, b [7] 7 sept. 1728. — *Jean-Baptiste*, b [7] 5 sept. 1729 ; 1° m [7] 7 février 1752, à Flaire Beauchamp ; 2° m [6] 26 nov. 1753, à Marie-Joseph Picard ; 3° m [6] 11 février 1760, à Marie-Joseph Baudoin ; 4° m [6] 21 nov. 1768, à Marie-Rose Villeneuve. — *Geneviève*, b [7] 21 sept. 1730 ; m à Charles Cusson ; s [7] 23 déc. 1770.—*Joseph-Marie*, b [7] 13 juillet 1732. — *Marie-Brigitte*, b [7] 21 nov. 1733 ; m [7] 25 janvier 1751, à Louis St. Laurent. —*Charles*, b [7] 24 nov. 1735 ; m [7] 23 janvier 1769, à Marie Mathieu. — *Pierre*, b [7] 10 mars 1739 ; m [6] 15 juin 1761, à Elisabeth Cusson. — *Marie*, b 1740 ; s [6] 20 janvier 1764. —*Jean-Marie*, b [7] 29 avril 1742 ; 1° m [6] 2 fevrier 1761, à Marie-Louise Picard ; 2° m [7] 1er fevrier 1768, à Thérèse Rasset.

1728.

III.—VAUDRY, Pierre, [François II.
b 1700.

Boesmier, Adrienne, [Charles II.
b 1707.

Pierre, b 23 déc. 1728, à L'Assomption [8] ; s [8] 31 juillet 1729. — *Jacques*, b [8] 28 fevrier 1730 ; 1° m 5 fevrier 1770, à Marie-Charlotte Beauchamp, à Repentigny ; 2° m 30 juillet 1781, à Marie-Anne Laflamme, à Boucherville. — *Angélique*, b [8] 18 juin et s [8] 18 oct. 1731.—*Michel*, b [8] 9 août 1732. —*Marie-Madeleine*, b 1738 ; m 29 janvier 1759, à Pierre Bonin, à St-Antoine-de-Chambly.

III.—VAUDRY, Joseph, [François II.
b 1707.

Archambaut, Marguerite-Catherine.

Jacques, b 1741 ; m 19 oct. 1767, à Marie-Joseph Raynaud, à la Pte-aux-Trembles, M. [6] — *Marguerite-Catherine*, b [6] 5 juillet 1749. — *Charles-Alexis*, b [6] 13 mars et s [6] 7 mai 1751. — *Pierre*, b [6] 5 oct. 1752.—*Véronique-Judith*, b [6] 15 janvier et s [6] 18 fevrier 1754.

1731, (8 janvier) Lachenaye. [2]

III.—VAUDRY, Jacques, [Jacques II.
b 1705.

Hudout (2), Agathe, [Mathieu.
s [2] 20 mai 1772.

Jacques, b [2] 24 nov. 1731 ; s [2] 21 mai 1733.—*Marie-Joseph*, b [2] 20 mars 1733.—*Louise*, b [2] 19 oct. 1734 ; m [2] 26 fevrier 1753, à Jacques Beauchamp.—*Thérèse*, b [2] 5 mars 1736 ; m [2] 26 fevrier 1759, à Jean-Baptiste Lamoureux.—*Agnès*, b [2] 25 nov. 1737 ; m à Louis Charbonneau. — *Marie-Agathe*, b [2] 8 oct. 1739. — *Marie-Charlotte*, b [2] 8 mars 1741 ; s [2] 14 sept. 1749. — *Marie-Charlotte*, b [2] 5 fevrier 1742 ; m [2] 6 fevrier 1769, à Gabriel Dupuis.—*Marie*, b [2] 26 sept. 1743. — *Jacques*, b [2] 15 avril 1745.

(1) Inhumé sous le nom de Messier.

(2) Deslongchamps.

1731, (26 nov.) Montréal.

III.—VAUDRY (1), André-Joseph, [Louis II.
b 1706.

Desautels, Marie-Catherine, [Gilbert II.
b 1705 ; s 9 nov. 1784, à la Longue-Pointe.

Jacques, b 1735 ; m 29 janvier 1770, à Françoise Baudoin, à Repentigny.

1740, (14 nov.) Lachenaye. [4]

III.—VAUDRY, Gabriel, [Jacques II.
b 1719.

Forget, Agnès, [Louis II.
b 1714.

Gabriel, b [4] 4 août 1741.—*Marie-Rose*, b 1742 ; m 12 janvier 1761, à Jean-Baptiste Léveillé, à St-Henri-de-Mascouche [5] ; s [5] 24 oct. 1761. — *Marie-Elisabeth*, b [4] 13 oct. 1743.—*Marie-Joseph*, b [4] 26 nov. 1744 ; m [5] 25 juin 1764, à Pierre Boesmé.—*Gabriel*, b [4] 1er fevrier 1746. — *Louis-Gabriel*, b [4] 4 mars 1747. — *Jean-Baptiste*, b [4] 4 mars 1748. — *Gabriel*, b [4] 20 mai et s [4] 13 juin 1749. — *Gabriel*, b 1750 ; s [5] 4 mai 1751. — *Jean-Baptiste*, b [4] 18 juin 1751.—*Monique*, b [4] 5 juillet 1752.—*Marie-Anne*, b [4] 28 juillet 1753.—*Gabriel*, b [5] 28 dec. 1755. — *Jean-Marie*, b [5] 2 sept. et s [5] 15 nov. 1757. — *Jean-Marie*, b [5] 2 mars et s [5] 3 août 1759. — *Marie-Marguerite*, b [5] 30 oct. et s [5] 17 nov. 1761.

1741, (6 nov.) Lachenaye. [1]

III.—VAUDRY, François, [Jacques II.
b 1720 ; s 7 janvier 1757, à St-Henri-de-Mascouche. [2]

Séguin, Marie-Jeanne, [Pierre II.
b 1719 ; s [1] 27 août 1749.

François, b [1] 21 nov. 1742 ; m [2] 4 février 1765, à Monique Truchon.—*Jean-Baptiste*, b [1] 7 juin 1744.—*Pierre*, b [1] 20 oct. 1745.—*Antoine*, b [1] 17 mai 1747 ; m 29 mai 1775, à Anne-Agnès Bourassa, au Detroit.

1750.

IV.—VAUDRY, Henri-Pierre, [Michel III.
b 1721.

Baudoin, Françoise, [Jean-Bte II.
b 1721.

Marie, b... m 15 oct. 1770, à Joseph Guilbaut, à St-Henri-de-Mascouche. — *Marie-Charlotte*, b 1753 ; m 1er juillet 1771, à Joseph Gervais, à Repentigny. [3]—*Agathe*, b 1754, s [3] 14 juillet 1770.— *Marie-Joseph*, b 13 mai 1761, à Lachenaye.

1750, (20 avril) Lachenaye. [4]

III.—VAUDRY, Antoine, [Jacques II.
b 1726 ; s 29 dec. 1771, à St-Henri-de-Mascouche. [5]

Beauchamp, Marie-Anne, [Jean II.
b 1716.

Antoine, b [5] 2 mars 1752.—*Marie-Anne*, b [4] 7 sept. 1753 ; m [5] 17 janvier 1774, à Antoine Laforest.—*Jean-Baptiste*, b [4] 23 nov. 1754.—*Jean-Baptiste*, b [4] 4 sept. 1758.

(1) Pour Baudry, voy. vol. II, p. 153.

1752, (7 février) Lachenaye.[6]
IV.—VAUDRY, JEAN-BTE, [JEAN-BTE III.
b 1729.
1° BEAUCHAMP, Flavie, [JEAN III.
b 1729; s[6] 18 janvier 1753.
1753, (26 nov.) St-Henri-de-Mascouche.[7]
2° PICARD, Marie-Joseph, [NICOLAS II.
b 1735.
Jean-Baptiste, b 1755; s[7] 2 avril 1756.
1760, (11 fevrier).[7]
3° BAUDOIN, Marie-Joseph, [CLAUDE III.
b 1740; s[7] 21 juillet 1767.
Marie-Joseph, b[7] 13 mai et s[7] 25 août 1761.
1768, (21 nov.)[7]
4° VILLENEUVE, Marie-Rosalie (1), [PIERRE III.
b 1745.
Jean-Baptiste, b[6] 26 sept. 1769.

1753, (5 nov.) Chambly.
III.—VAUDRY, TOUSSAINT, [JACQUES II.
b 1707.
BOMBARDIER, Marie-Anne, [ANDRÉ II.
b 1733.
Toussaint, b 13 nov. 1767, à Lachenaye.[8] — *Marie-Clémence*, b[8] 2 janvier 1770.

VAUDRY, LOUIS, b 1760; s (noyé) 27 juillet 1786, à Repentigny.

1761, (2 fevrier) St-Henri-de-Mascouche.[1]
IV.—VAUDRY, JEAN-MARIE, [JEAN-BTE III.
b 1742.
1° PICARD, Marie-Louise, [NICOLAS II.
b 1745; s[1] 11 juillet 1767.
Marie, b... s 27 déc. 1765, à Lachenaye.[2] — *Jean-Marie* et *Charles*, b[2] 28 janvier 1767.
1768, (1er février).[2]
2° RASSETTE, Therèse, [PIERRE III.
b 1747.
Jean-Baptiste, b[2] 16 sept. 1771,—*Pierre*, b[2] 7 mars 1779.

1761, (15 juin) St-Henri-de-Mascouche.[3]
IV.—VAUDRY, PIERRE, [JEAN-BTE III.
b 1739.
CUSSON-DESORMIERS, Elisabeth, [ANTOINE III.
b 1745; s[3] 25 nov. 1768.
Marie-Elisabeth, b 2 mai 1768, à Lachenaye.

1765, (4 février) St-Henri-de-Mascouche.
IV.—VAUDRY, FRANÇOIS, [FRANÇOIS III.
b 1742.
TRUCHON, Monique, [PIERRE II.
b 1735.

1767, (19 oct.) Pte-aux-Trembles, M.
IV.—VAUDRY, JACQUES, [JOSEPH III.
b 1741.
RAYNAUD, Marie-Joseph, [FRS-GABRIEL III.
b 1750.

(1) Appelee Marie-Rose.

1769, (23 janvier) Lachenaye.[2]
IV.—VAUDRY, CHARLES, [JEAN-BTE III.
b 1735.
MATHIEU, Marie, [RENÉ III.
b 1748.
François, b[2] 15 juin 1781.—*Marie-Rose*, b[2] 3 juillet 1783.—*Monique*, b[2] 3 mai 1785.

1770, (29 janvier) Repentigny.
IV.—VAUDRY, JACQUES, [ANDRÉ-JOSEPH III.
b 1735.
BAUDOIN, Françoise, [PIERRE III
b 1749; s 12 nov. 1772, à la Longue-Pointe.

1770, (5 février) Repentigny.[2]
IV.—VAUDRY, JACQUES, [PIERRE III.
b 1730.
1° BEAUCHAMP, Marie-Charlotte, [PIERRE III.
b 1743; s[2] 4 mars 1781.
Jacques, b[2] 15 et s[2] 23 février 1771. — *Marie-Charlotte*, b[2] 31 mars 1772; m[2] 21 février 1791, à François PAYET. — *Marie-Archange*, b 18 oct. 1773, à Lachenaye.—*Pierre*, b... s[2] 9 oct. 1780. —*Marie-Angélique*, b... s[2] 22 sept. 1781.
1781, (30 juillet) Boucherville.
2° LAFLAMME, Marie-Anne,
veuve de Louis Ouellet.

VAUDRY, JACQUES.
LECLERC, Marie-Charlotte.
Jean-Baptiste, b et s 9 janvier 1777, à Lachenaye.

1775, (29 mai) Détroit.
IV.—VAUDRY, ANTOINE, [FRANÇOIS III.
b 1747.
BOURASSA (1), Anne-Agnès, [RENÉ III.
b 1757.
Guillaume, b... 1° m 25 mai 1809, à Rosalie BOURDON, à Cahokia[2]; 2° m[2] 18 mai 1829, à Judith TOUCHET.— *Louis*, b... m[2] 4 avril 1815, à Constance GRANDBOIS.—*Pierre*, b... m[2] 1er juillet 1822, à Julie TOUCHET.—*Jean-Baptiste*, b... m[2] 9 février 1824, à Cécile CLERMONT. — *Suzanne*, b... m 22 juin 1825, à Michel ROBIDOU, à St-Louis, Mo.

1809, (25 mai) Cahokia.[2]
V.—VAUDRY, GUILLAUME. [ANTOINE IV.
1° BOURDON, Rosalie, [JOSEPH.
Sauvagesse.
1829, (18 mai).[2]
2° TOUCHET, Judith, [JOSEPH.

1815, (4 avril) Cahokia.[2]
V.—VAUDRY, LOUIS. [ANTOINE IV.
GRANDBOIS, Constance. [ANTOINE.
Sophie, b... m[2] 16 sept. 1835, à Joseph DESMARAIS.—*Sophie*, b 15 avril 1831, à St-Louis, Mo.

1822, (1er juillet) Cahokia.
V.—VAUDRY, PIERRE. [ANTOINE IV.
TOUCHET, Julie. [JOSEPH.

(1) Et Brassard.

1824, (9 février) Cahokia.

V.—VAUDRY, Jean-Bte. [Antoine IV.
Clermont, Cecile. [Augustin.
Adèle, b 7 juin 1836, à St-Louis, Mo.

VAUJON.—Voy. DeNoyon, 1706.

1795, (9 mai) St-Jean-Deschaillons. [2]

I.—VAUL, Paul, d'Humberg, Allemagne.
Maillot, Catherine, [François III.
b 1775.
Judith, b... m [2] 10 janvier 1820, à Paul Paquet.—*Clément*, b... m [2] 26 fevrier 1821, à Judith Ragaut.—*Jean-Baptiste*, b... m [2] 23 sept. 1823, à Marie-Calixte Paris.

1821, (26 février) St-Jean-Deschaillons.

II.—VAUL, Clément. [Paul I.
Ragaut, Judith, [Louis II.
b 1798.

1823, (23 sept.) St-Jean-Deschaillons.

II.—VAUL, Jean-Bte. [Paul I.
Paris, Marie-Calixte, [Pierre IV.
b 1800.

I.—VAUMARNE, Simon.
Spratern, Anne.
Françoise, b 28 février 1757, à Québec.

VAUQUIER.—*Surnom :* Lasonde.

1737, (4 février) Montréal. [9]

I.—VAUQUIER (1), Nicolas, b 1710; fils de Nicolas et d'Anne Faucourt, de St-Valéry, diocèse de Rouen, Normandie.
Croquelois, Marie-Joseph, [Jacques I.
b 1716.
Claude-Joseph, b [9] 22 déc. 1737.—*Marie-Françoise*, b [9] 19 août 1739; m [9] 31 janvier 1758, à André Taillard.—*Françoise-Charlotte*, b [9] 1er mars 1741; m [9] 17 nov. 1760, à Jean Paquet.—*Marie-Louise*, b [9] 15 mars 1743. — *Marie-Joseph*, b [9] 7 mars 1745.—*Félicité*, b [9] 20 mars 1747.—*Marie-Anne*, b [9] 26 août 1749; m [9] 23 avril 1770, à Martin Pouchot.—*Thomas*, b 1753; m [9] 8 mai 1775, à Marie-Anne Gaudry.

1775, (8 mai) Montréal.

II.—VAUQUIER (2), Thomas, [Nicolas I.
b 1753.
Gaudry, Marie-Anne, [Jacques-Nicolas III.
b 1755.

VAUSEN.—*Surnom :* Belhumeur.

I.—VAUSEN (3), Jean-Bte.
Mignier, Marie-Joseph, [Jacques III.
b 1749.
Jacques, b 13 février 1773, à Ste-Foye.

(1) Dit Lasonde ; soldat, perruquier.

(2) Voy. Jacques-Nicolas Gaudry, marié en 1744, à Marie-Barbe Perrin dite Garau, vol. IV, p. 199.

(3) Dit Belhumeur.

1773.

I.—VAUTIER (1), Philibert, b 1727; cordonnier; de Blais-en-Bugeat, diocèse d'Annecy (12 lieues de Lyon).

1688, (7 janvier) Montréal. [2]

I.—VAUTOUR (2), André,
b 1651; s [2] 29 sept. 1718.
Cherlot-Desmoulins, Catherine, [Jean I.
b 1673; s 4 janvier 1703, à Charlesbourg. [3]
Antoine, b [2] 1er juin 1689, m 4 juin 1714, à Geneviève Ménard, à Boucherville.—*Marie-Catherine*, b [2] 28 août 1691; m [2] 18 nov. 1714, à Alphonse Lecompte; s 14 janvier 1774, à Terrebonne.—*Joachim*, b [2] 30 août 1693; m 3 fevrier 1712, à Marie-Madeleine Maranda, à St-Pierre, I. O. — *François*, b [3] 23 nov. 1701; s [2] 13 juin 1705.

1712, (3 février) St-Pierre, I. O.

II.—VAUTOUR, Joachim, [André I.
b 1693.
Maranda, Marie-Madeleine, [Michel II.
b 1689.
Louis, b 23 juin 1713, au Château-Richer; m 17 janvier 1757, à Marie Allard, à Rimouski. [4] — *Marie-Madeleine*, b 30 janvier 1716, à St-Laurent, I. O. [5] — *Marie-Anne*, b [5] 19 mai 1718; m [4] 2 mai 1735, à Louis Bertrand.—*Marie-Madeleine*, b [5] 14 août 1720; 1° m [4] 28 mars 1743, à Guillaume Monert, 2° m [4] 1er fevrier 1756, à Michel Desrosiers.—*Joseph*, b 1722, m 20 sept. 1752, à Marie-Joseph Moleur-Vivier, à Québec. [6] —*Antoine*, b 1724, m 1751, à Marie-Joseph Amiot. — *Marie-Angélique*, b 20 nov. 1725, à St-Jean, I. O.; m 1758, à Etienne Berthelot.—*Bernard*, b [4] 2 juin 1731; m [6] 11 juillet 1757, à Marie-Anne Rancour; s [6] 20 oct. 1762. — *Pierre*, b [4] 18 mai 1735.—*Marie-Gabrielle*, b [4] 18 nov. 1735.

1714, (4 juin) Boucherville.

II.—VAUTOUR, Antoine, [André I.
b 1689.
Ménard (3), Geneviève, [Louis II.
b 1696.
Marie-Joseph, b 16 mars 1715; m 7 oct. 1737, à François Papineau.

1751.

III.—VAUTOUR, Antoine, [Joachim II.
b 1724.
Amiot (4), Marie-Joseph, [Laurent IV.
b 1729.
Laurent, b 1er juillet 1753, à Québec.

(1) Venu en 1757 avec le 1er bataillon de la compagnie de M. Cadillac; soldat de la compagnie de M. Berry, venu au Canada. Etant en découverte à Carillon, il fut pris par les Anglais et conduit à New-York où il resta jusqu'en 1768, puis s'établit à Beauport.

(2) DeVautour ; voy. vol. I, pp. 125-582.

(3) Elle épouse, le 3 février 1722, François Picard, à Boucherville.

(4) Elle épouse, le 19 oct. 1761, Antoine Moisan, à St-Augustin.

28

1752, (20 sept.) Québec. [1]
III.—VAUTOUR, JOSEPH, [JOACHIM II.
b 1722.
MOLEUR (1), Marie-Joseph. [JACQUES III.
Joseph, b 3 oct. 1756, aux Trois-Pistoles. — *Marie-Joseph*, b [1] 19 dec. 1758.

1757, (17 janvier) Rimouski.
III.—VAUTOUR, LOUIS, [JOACHIM II.
b 1713.
ALLARD, Marie, [BERTRAND I.
b 1701; veuve de Pierre St. Laurent.

1757, ((11 juillet) Québec [1]
III.—VAUTOUR, BERNARD, [JOACHIM II.
b 1731; s [1] 20 oct. 1762.
RANCOUR, Marie-Anne, [CLAUDE II.
b 1733.
Marie-Anne, b 7 mai 1758, à Rimouski.

VAUTOUR, FRANÇOIS.
LEMIEUX, Félicite.
Marie-Félicité, b et s 18 avril 1767, à St-Constant.

VAUVRIL.—*Surnom :* DEBLAZON.

1671.
I.—VAUVRIL (2), PIERRE-CHARLES.
LEPELÉ-LAHAIE (3), Françoise, [PIERRE I.
b 1654.
Marguerite, b 30 juin 1672, aux Trois-Rivières [7], 1° m 13 août 1693, à Lambert BOUCHER, à Quebec; 2° m 13 nov. 1709, à Raymond DESBERGÈRES, à Sorel; s [7] 8 janvier 1730.

1732, (25 août) Québec. [1]
I.—VAVASSEUR, FRANÇOIS, fils de Henri et de Catherine Vigoneau, ville d'Orleans, Orléanois.
CHAILLÉ, Marguerite, [HENRI II.
b 1704.
Marie-Catherine, b [1] 26 juillet 1733.—*François*, b [1] 1er dec. 1734.

VEAU.—*Variations et surnoms :* DUVAULT — VAU—VOX—SILVAIN et SYLVAIN.

1693, (23 nov.) Château-Richer. [1]
II.—VEAU (4), ETIENNE, [SILVAIN I.
b 1671; s 9 janvier 1703, à Ste-Anne. [2]
GAGNON, Marguerite, [JEAN II.
b 1673; s [2] 7 mai 1703.
Anne, b [2] 29 août 1694, m [1] 1er juillet 1709, à Nicolas BOUCHARD. — *Pierre*, b 1696; m [2] 28 avril 1722, à Catherine RACINE; s [2] 24 fevrier 1755. — *Geneviève*, b 1698; m [2] 18 avril 1717, à François RACINE; s [2] 13 août 1765. — *Marguerite*, b [2] 27 dec. 1700; m [2] 4 février 1721, à Joseph RACINE; s [2] 27 mars 1724. — *Etienne* (posthume), b [2] 7 mai 1703; 1° m 6 nov. 1724, à Marie-Louise CORRIVEAU, à St-Valier [3]; 2° m [3] 24 août 1727, à Marguerite LEBRUN-CARRIER; 3° m 23 février 1756, à Louise LABRECQUE, à Beaumont.

1722, (28 avril) Ste-Anne. [7]
III.—VEAU (1), PIERRE, [ETIENNE II.
b 1696; s [7] 24 février 1755.
RACINE, Catherine, [FRANÇOIS II.
b 1700; s [7] 2 mars 1746.
Marie-Joseph, b [7] 14 mars 1723; m [7] 11 février 1744, à Joseph BERTHELOT.—*Catherine*, b [7] 4 déc. 1724. — *Pierre*, b [7] 19 février 1726; 1° m 29 mai 1747, à Marguerite POULIN, à St-Joachim; 2° m [1] 18 juillet 1763, à Marie-Joseph BARETTE. — *Etienne*, b [7] 24 mai 1727; m [7] 15 nov. 1751, à Geneviève SIMARD.—*Catherine*, b 1728; s [7] 5 dec 1733. — *Marie-Geneviève*, b 8 août 1729; m [7] 31 janvier 1746, à Augustin SIMARD.—*Marie-Agathe*, b [7] 3 mai 1732; s [7] 5 dec. 1733.—*Dorothée*, b [7] 29 mai 1734. — *Joseph*, b [7] 17 nov. 1736; m 4 nov. 1760, à Marie-Madeleine MORIN, à Quebec [8]; s [8] 25 août 1789.—*Marie-Catherine*, b [7] 8 mars 1739, s [8] 23 juillet 1740.

1724, (6 nov.) St-Valier. [2]
III.—VEAU (2), ETIENNE, [ETIENNE II
b 1703.
1° CORRIVEAU, Marie-Louise, [PIERRE II
b 1702; s [2] 30 avril 1727.
Pierre, b [2] 8 nov. 1725. — *Joseph*, b [2] 3 janvier 1727; 1° m [2] 24 oct. 1746, à Therèse GAUTRON, 2° m 11 août 1778, à Marie-Louise CARON, à St-Jean-Port-Joli.

1727, (24 août). [2]
2° LEBRUN-CARRIER, Marguerite, [NOEL I.
b 1700; s [2] 19 oct. 1755.
Marie-Marguerite, b [2] 26 mai 1728; 1° m [2] 19 mai 1749, à Louis LEMELIN; 2° m [2] 22 janvier 1759, à Jean-Baptiste LAVAUX. — *Paul-Louis-Joseph*, b [2] 9 fevrier 1730, m [2] 18 oct. 1756, à Therèse BOULET. — *Marie-Elisabeth*, b [2] 3 avril 1731, m [2] 29 mai 1752, à Joseph GARAND. — *Etienne-Marc*, b [2] 25 avril 1732.—*Elisabeth-Marguerite*, b [2] 15 août 1733; m [2] 20 oct. 1766, à Jean-Baptiste GROSSIN.

1756, (23 fevrier) Beaumont.
3° LABRECQUE (3), Louise, [JEAN III.
b 1728.

1746, (24 oct.) St-Valier [7] (4).
IV.—VEAU (2), JOSEPH, [ETIENNE III
b 1727.
1° GAUTRON, Thérèse, [JOSEPH II.
b 1727.
Joseph-Marie, b [7] 3 oct. 1751. — *Ignace*, b [7] 2 mai 1754. — *Marie-Thaïs*, b [7] 1er fevrier 1757. — *Marie-Thérèse*, b 5 mai 1759, à Quebec.

1778, (11 août) St-Jean-Port-Joli.
2° CARON, Marie-Louise,
veuve de Pierre Labranche.

(1) Vivier.
(2) De Blazon; voy. vol. I, p. 582.
(3) Elle épouse, le 22 juillet 1682, Jean-Amador Godfroy, aux Trois-Rivières.
(4) Dit Sylvain; voy. vol. I, p. 582.

(1) Et DuVault—Vox—Sylvain.
(2) Dit Sylvain.
(3) Elle épouse, le 28 avril 1767, Noel Simard, à St-Valier.
(4) Ce mariage fut réhabilité le 2 février 1750, à St-Valier.

1747, (29 mai) St-Joachim.

IV.—VEAU (1), Pierre, [Pierre III.
b 1726.
1° Poulin, Marguerite, [Guillaume III.
b 1728 ; s 15 mars 1762, à Ste-Anne. 7
Marguerite, b 7 30 juin 1748 ; m 7 2 février 1767, à Joseph-Toussaint Racine.— *Marie-Catherine*, b 7 1er février 1750 ; s 7 9 janvier 1771. — *Marie-Dorothée*, b 7 9 oct. 1751 ; m 7 4 février 1771, à Jean Tibaudeau. — *Joseph*, b 7 14 mai 1759.

1763, (18 juillet). 7

2° Barette, Marie-Joseph, [François III.
b 1737.

1751, (15 nov.) Ste-Anne. 8

IV.—VEAU (1), Etienne, [Pierre III.
b 1727.
Simard, Geneviève, [Augustin II.
b 1729.
Pierre, b 1757 ; s 8 15 nov. 1758.—*Marie-Geneviève*, b 8 4 janvier 1759. — *Agnès*, b 8 27 juillet 1761.—*Jean-Baptiste*, b 8 17 avril 1764. — *Marie-Elisabeth*, b 8 16 août 1766. — *Euphrosine-Marguerite*, b 8 16 nov. 1768. — *Marie-Louise*, b 8 10 mai 1772.

1756, (18 oct.) St-Valier.

IV.—VEAU (1), Paul-Ls-Jos., [Etienne III.
b 1730.
Doulet, Thérèse, [Augustin III.
b 1735.

1760, (4 nov.) Quebec 7

IV.—VEAU (1), Joseph, [Pierre III.
b 1736 ; s 7 25 août 1789.
Morin, Marie-Madeleine, [Thomas III.
b 1741 ; s 7 26 juin 1791.
Marie-Madeleine, b 7 28 juillet 1761 ; s 7 2 oct. 1763.—*Madeleine*, b 7 13 avril 1764 ; m 7 26 sept. 1786, à Cyriac Weibberg.—*Louis*, b 1768 ; m 7 7 août 1798, à Marie-Anne Trudel.

1798, (7 août) Québec.

V.—VEAU (1), Louis, [Joseph IV.
b 1768.
Trudel, Marie-Anne, [Louis V.
b 1777.

1736, (3 oct.) Québec. 1

I.—VÉDERIC (2), Jean-Pierre-François, fils de François et de Julie Ouel, de Notre-Dame-du-Havre-de-Grâce, diocèse de Rouen, Normandie.
Bissot, Marie-Angelique, [François II.
b 1719.
Jacques-François, b 1 26 mai 1738.

VEDIEU —Voy. Vérieul.

(1) Dit Sylvain.
(2) Capitaine de vaisseau.

VÉGEARD.—Voy. Végeart.

VÉGEART.— *Variations et surnoms :* Végeard — Végiard — Villars — Labonté — Laliberté.

I.—VÉGEART (1), Raymond,
b 1653 ; soldat ; s 14 juin 1727, à Repentigny.
1° Charon, Charlotte, [Pierre I.
b 1667 ; veuve de Claude-Louis Lemer ; s 20 déc. 1720, à St-Ours. 2
Marie-Angélique, b 1699 ; m 1718, à Pierre Mazuré.—*Louis*, b 1700 ; m 10 sept. 1719, à Marie-Madeleine Pineau, à Ste-Anne-de-la-Pérade ; s 28 nov. 1754, à Verchères. 3 — *Périnne*, b 1701 ; m 1721, à Pierre Martin.—*Marie-Marguerite*, b 9 mai 1702, à Contrecœur.—*Marie-Charlotte*, b... m à Jacques Foisy. — *Jean-Baptiste*, b 7 mai 1704, à l'Ile-Dupas.—*Antoine*, b 1706 ; m 1727, à Madeleine Jared ; s 3 6 avril 1729.—*Marie-Madeleine*, b 3 8 mars 1709.

1721, (24 nov.) 2

2° Pineau (2), Angélique, [Joseph II.
b 1696.
Marie-Louise-Françoise, b 2 15 déc. 1721.—*Marie-Angélique*, b 1723 ; m 3 9 nov. 1744, à Pierre Rivet.—*Marie-Joseph*, b 3 3 juillet 1728 ; m 3 27 sept. 1745, à Jacques Cusson.

1719, (10 sept.) Ste-Anne-de-la-Pérade.

II.—VÉGEART, Louis, [Raymond I.
b 1700 ; s 28 nov. 1754, à Verchères. 4
Pineau, Marie-Madeleine, [Joseph II.
b 1698.
Marie-Joseph, b 24 juin 1720, à St-Ours ; m à Jean-Baptiste Casavan ; s 5 juin 1761, à St-Antoine-de-Chambly.—*Louis*, b 1721 ; m 1751, à Marie-Anne Foisy.—*Elisabeth*, b 1722 ; m 4 30 juin 1744, à François-Marie Foisy. — *Jean-Baptiste*, b 4 23 mai 1728 ; m 1750, à Marie-Agathe Pichet. — *Françoise*, b 1730 ; m 4 26 février 1759, à Jacques Marcourelles. — *Marie-Charlotte*, b 1732 ; m 4 31 mars 1761, à Pierre Pichet.—*Marie-Charlotte*, b 1740 ; m à Louis Lemire ; s 5 sept. 1770, à la Baie-du-Febvre.

1727.

II.—VÉGEART, Antoine, [Raymond I.
b 1706 ; s 6 avril 1729, à Verchères. 5
Jared-DeBeauregard, Madeleine, [François II.
b 1707.
Antoine, b 5 29 nov. 1727.

1750.

III.—VEGEART, Jean-Bte, [Louis II.
b 1728.
Pichet, Marie-Agathe, [Ignace II.
b 1729.
Jean-Baptiste, b 20 nov. 1751, à Verchères. 6 — *Louis*, b 6 19 sept. 1753.—*Pierre*, b 6 11 janvier 1755.—*Charles*, b 6 5 janvier et s 6 31 juillet 1756.

(1) Dit Laliberté ; voy. vol. I, p. 583.
(2) Elle épouse, plus tard, Charles Cognard.

1751.

III.—VÉGEART, Louis, [Louis II.
b 1721.
Foisy, Marie-Anne, [Antoine II.
b 1729.
Louis, b 20 février et s 15 mars 1752, à Verchères.[7] — *Antoine*, b [7] 8 nov. 1753 — *Marie-Elisabeth*, b [7] 24 avril 1755.—*Marie-Joseph*, b 1757; s [7] 13 mars 1759.—*Marie-Anne*, b [7] 6 avril 1759; s [7] 9 mai 1760. — *Marie-Marguerite*, b [7] 12 mars 1761.

VEGEREAU.—Voy. Regereau.

VÉGIARD.—Voy. Végeart.

VEILLET.—*Variation et surnom:* Veilliet—Laplante.

1698, (19 nov.) Batiscan.[6]

I.—VEILLET, Jean, fils de Jean et de Marguerite Arnault, de St-André de Niort, diocèse de Poitiers, Poitou.
Lariou (1), Catherine, [Jean I.
b 1683.
Jean, b [6] 30 juin 1700; m 1728, à Catherine Lefebvre.—*Joseph*, b [6] 27 janvier 1703; s (noyé) 16 juillet 1719, à St-Augustin.—*Marie-Jeanne*, b [6] 28 février 1705. — *Marie-Catherine*, b [6] 13 oct. 1707. — *Marie-Charlotte*, b [6] 9 mai 1710. — *Antoine*, b [6] 8 oct. 1712; s [6] 4 nov. 1713. — *Gervais*, b [6] 9 sept. 1714; m 21 août 1741, à Marie-Françoise Morand, à Ste-Anne-de-la-Pérade.—*Marie-Jeanne*, b [6] 6 juin 1717, m 1754, à Joseph Richer — *Jean-Baptiste*, b [6] 27 avril 1720; m à Marie-Charlotte Guibaut.—*Joseph*, b [6] 9 mai 1722; m à Marie Hayot. — *Marie-Geneviève*, b [6] 13 sept. 1724.

1728.

II.—VEILLET, Jean, [Jean I.
b 1700.
Lefebvre, Marie-Catherine, [Michel II.
b 1696.
Louise, b 8 avril 1729, à Ste-Geneviève[8]; m 1746, à Prisque Trépanier.—*Marie-Marguerite*, b [8] 24 sept. 1730. — *Michel-Joseph*, b [8] 29 août 1731. — *Catherine-Amable*, b [8] 19 et s [8] 29 nov. 1733.—*Joseph*, b [8] 26 sept. 1735; s [8] 19 août 1738.

I.—VEILLET (2), Pierre,
b 1698; s 2 août 1731, à Québec.

1741, (21 août) Ste-Anne-de-la-Pérade.

II.—VEILLET, Gervais, [Jean I.
b 1714.
Morand (3), Marie-Françoise, [Jean-Bte II.
b 1719.
Geneviève, b 1743; m 30 avril 1764, à Louis-Didace Lefebvre, à Batiscan.

(1) Lafantaisie.

(2) Soldat de la compagnie de Belugard, passé par les armes pour désertion.

(3) Et Morin

II.—VEILLET, Jean-Bte. [Jean I.
Guibaud, Marie-Charlotte.
Marguerite, b 3 juin 1778, à Ste-Anne-de-la-Pérade.

II.—VEILLET, Joseph. [Jean I.
Hayot, Marie.
Joseph, b 6 mai 1779, à Batiscan.

VEILLEUX.—Voy. Vérieul.

VEILLIET.—Voy. Veillet.

I.—VEILLON, Madeleine, b 1709; m 1729, à Vincent Boyer.

1722, (22 oct.) Québec.[9]

I.—VEILLON, Jean, fils de Marc et de Catherine Bossuet, de Méches, Baronnerie Didone, diocèse de Xaintes, Saintonge.
Mignerон, Marie-Louise, [Jean II.
b 1704.
Jean-Antoine, b [9] 5 avril 1724. — *Marie-Catherine*, b [9] 4 et s [9] 29 avril 1726. — *Louise*, b [9] 1er juin 1727. — *Marie-Anne*, b 1728; m 1747, à Georges Thévoux. — *Jean-Baptiste*, b [9] 27 février 1730; m [9] 22 août 1763, à Marie-Claudine Valleran. — *Joseph-Ignace*, b [9] 31 juillet 1731; s [9] 5 avril 1732.—*Pierre*, b [9] 1er juin 1733; s [9] 15 mai 1740. — *Marie-Catherine*, b [9] 17 mai 1735. — *Etienne*, b [9] 4 avril 1737.

1763, (22 août) Québec.[6]

II.—VEILLON, Jean-Bte, [Jean I.
b 1730.
Valeran, Marie-Claudine, [Jacques I.
b 1724; s 15 mars 1820, à l'Hôpital-Général, Q.
Jean-Baptiste, b [6] 4 janvier 1764. — *Joseph*, b avril et s 12 juillet 1767, à Levis.

VEINE.—Voy. Voyne.

I.—VENAT, Julien, b 1728; de France; s 23 sept. 1760, à Berthier.

1739, (4 février) Québec.[1]

I.—VENELLE, Charles, fils d'Antoine et de Madeleine ...., de St-Sulpice, Paris.
Beaufort-Joneau, Catherine, [Jacques I.
b 1716; s [1] 15 sept. 1743.
Catherine, b [1] 1er mars 1741; s [1] 28 sept. 1743.

VENET.—Voy. Nenet

VENIER—Voy. Regnier—Venière.

VENIÈRE.—*Variation et surnom:* Venier—Nicole.

I.—VENIÈRE (1), Nicolas, b 1722; de St-Pierre, Venise; s 14 juin 1798, à Québec.[6]
1° Sidilot, Marie-Jeanne, [Charles IV.
b 1740.

(1) Dit Nicole; marié à Venise en 1742—veuf en 1756—venu au Canada en 1761, sur le corsaire la *Belle Françoise*, parti de Genes.

Marie, b... m [6] 12 août 1788, à Gabriel TAILLON-MICHEL.

1762, (7 juin). [6]

2° GIROUX, Jeanne, [LOUIS-NOEL I.
b 1744.

Jeanne, b [6] 23 mars et s [6] 12 avril 1763.—*Marie-Joseph*, b [6] 18 avril 1764. — *Jean-Baptiste*, b 1766; m [6] 25 janvier 1791, à Marie-Louise MARTIN.

1701, (25 janvier) Québec.

II.—VENIÈRE (1), JEAN-BTE, [NICOLAS I.
b 1766.
MARTIN-BAULIEU, Marie-Lse, [JEAN-PIERRE IV.
b 1771.

VENNE.—Voy. VOYNE.

1798, (26 juillet) Québec.

I.—VENTON, JEAN, fils de Jean et de Marguerite Skrumgure, de Kiengsail, Irlande.
RALY, Marie-Anne. [CHARLES III.

VERAC.—Voy. DEVERAC.

VÉRAU.—Voy. VERREAU.

VERBOIS.—Voy. BERNIER—BLONDEAU.

VERCHÈRES.—Voy.— JARRET—DEBEAUVENY—DEBOVIGNI—POLIGNY.

I.—VERCHÈRES DE BOVIGNI (2), MARIE, b... s 6 avril 1729, à Laprairie.

VERDAYE.—*Variation et surnom :* VERDET—LAVERDURE.

1762, (3 mai) Pte-aux-Trembles, Q.

I.—VERDAYE (3), GUILLAUME, fils de Jean-Pierre et d'Anne Boreil, de St-Jean, ville de Nisme, Languedoc.
GAUDIN, Marie-Joseph, [FRANÇOIS III.
b 1740.

Marie-Thérèse, b 15 sept. 1776, à Ste-Anne-de-la-Perade.—*Marie-Joseph*, b...

VERDET.—Voy. VERDAYE.

VERDIEUX.—Voy VERIEUL.

VERDON.—*Variation :* VREDON.

1663, (5 nov.) Quebec. [1]

I.—VERDON (4), VINCENT,
b 1642; s 14 nov. 1687, aux Trois-Rivières.
PELTIER (5), Geneviève, [NICOLAS I.
b 1646.

Geneviève, b 21 janvier 1666, à Sillery; m [1] 25 fevrier 1686, à Jean COTÉ,

(1) Dit Nicole.
(2) Elle était, le 17 février 1728, à Verchères.
(3) Et Verdet dit Laverdure.
(4) Voy. vol. I, p. 583.
(5) Elle épouse, plus tard, Thomas Lefebvre.

1672, (19 sept.) Québec.

I.—VERDON (1), JEAN, fils de François et d'Anne Mathieu, du bourg de Lovigny, diocèse de Poitiers.
RICHER, Marguerite, fille de Pierre et d'Anne Maricour, de St-Martin-de-Rouen.

Pierre, b 28 nov. 1678, à Laprairie; m 6 nov. 1702, à Marie-Anne AVERTY, à Lachine; s 18 fevrier 1763, à St-Laurent, M.

1702, (6 nov.) Lachine.

II.—VERDON, PIERRE, [JEAN I.
b 1678; s 18 fevrier 1763, à St-Laurent, M. [3]
AVERTY, Marie-Anne, [JEAN-MAURICE I.
b 1680.

Maurice, b 13 juin 1704, à Montréal [3]; m 1734, à Marie-Jeanne GROUX.—*Marie-Madeleine*, b [3] 20 juillet et s [3] 22 sept. 1706.—*Marie-Madeleine*, b [3] 8 mars 1708; m [2] 16 fevrier 1727, à Jean MASSY.—*Marie-Anne*, b [3] 7 août 1710; m [3] 1er sept. 1732, à Jacques GAUDIN.—*Marguerite*, b [3] 3 oct. 1712.—*Jean*, b [3] 3 juin et s [3] 29 juillet 1714.—*Pierre*, b [3] 21 oct. 1715; m 1749, à Marguerite GROU.—*Anne*, b [3] 23 déc. 1717.—*Louis*, b [3] 12 août et s [3] 4 oct. 1719.—*Julien*, b [2] 9 déc. 1720; s [2] 15 juillet 1721. — *Marie-Céleste*, b 1722; m à Jacques DUBEAU.

1734.

III.—VERDON, MAURICE, [PIERRE II.
b 1704.
GROUX, Marie-Jeanne, [JEAN II.
b 1709.

Pierre, b 1735; s 13 oct. 1755, à St-Laurent, M. [4] — *Jean-Marie*, b 1738; m 13 janvier 1761, à Angelique LORAIN, au Sault-au-Recollet.—*Marie-Anne*, b 1740; m [4] 12 janvier 1761, à François LORAIN. — *Louis*, b 1741, 1° m à Marguerite LARIVIÈRE; 2° m 31 janvier 1780, à Marie-Charlotte DUFRESNE, à Montreal [1]; 3° m [1] 12 août 1782, à Marie-Angelique CLOCHER. — *Joseph*, b 1742; m 1762, à Marie-Joseph LORAIN. — *Charles*, b [4] 14 mai et s [4] 16 juillet 1750. — *Marie-Marguerite*, b [4] 27 nov. 1751. — *Marie-Joseph*, b [4] 28 août 1753.

1749.

III.—VERDON, PIERRE, [PIERRE II.
b 1715
GROU, Marguerite, [PIERRE II.
b 1718.

Marguerite, b 24 janvier et s 27 août 1750, à St-Laurent, M. [8]—*Marie-Joseph*, b [8] 27 juin 1751; m [8] 30 janvier 1769, à Joseph MARTIN-LADOUCEUR.—*Marie-Jeanne*, b [8] 31 oct. 1752. — *Antoine*, b [8] 11 mars et s [8] 3 juin 1754. — *François*, b [8] 20 mars et s [8] 3 juin 1755. — *Marie-Marguerite*, b [8] 22 avril 1756. — *Marie-Angélique*, b [8] 20 mars 1758; m [8] 29 sept. 1777, à Jean-Baptiste JÉROME. — *Laurent*, b [8] 4 juin 1760; m 3 mars 1783, à Angelique COURTIN, à Montreal. — *Louise-Charlotte*, b [8] 26 oct. 1761; m [8] 17 juillet, 1785, à François JEROME.—*Marie-Jeanne*, b [8] 22 juin 1763.

(1) Voy. vol. I, p 583.

I.—VERDON (1), Jacques, b 1725 ; de Xaintes Saintonge; s 24 oct. 1750, à Quebec.

1761, (13 janvier) Sault-au-Recollet.
III.—VERDON, Jean-Marie, [Maurice II.
b 1738.
Lorain, Angélique, [Joseph III.
b 1740.
Joseph, b... m 4 février 1788, à Marie-Joseph Gravel, à St-Vincent-de-Paul.— *Marie-Joseph,* b 6 janvier 1762, à St-Laurent, M.

1762.
III.—VERDON, Joseph, [Maurice II.
b 1742.
Lorain, Marie-Joseph, [Joseph II.
b 1744.
Marie-Joseph, b 5 juillet 1763, à St-Laurent, M. — *Joseph,* b 1766; m 19 sept. 1791, à Thérèse Renaud, à Montreal.

IV.—VERDON (2), Louis, [Maurice III.
b 1741.
1° Larivière, Marguerite.
1780, (31 janvier) Montréal [1]
2° Dufresne, Marie-Charlotte, [Philippe I.
b 1757.
1782, (12 août). [1]
3° Clocher, Marie-Angelique, [Pierre.
b 1743.

1783, (3 mars) Montréal.
IV.—VERDON, Laurent, [Pierre III.
b 1760.
Courtin, Angelique, [Louis.
b 1765.

1788, (4 fevrier) St-Vincent-de-Paul.
IV.—VERDON, Joseph. [Jean-Marie III.
Gravel, Marie-Joseph. [Jacques IV (3).

1791, (19 sept.) Montréal.
IV.—VERDON, Joseph, [Joseph III.
b 1766.
Renaud, Thérèse, [Louis.
b 1770.

1756, (2 mai) Trois-Rivières. [9]
I.—VERDUN, Antoine, fils de Pierre et de Reine Ouellet, du diocèse de Laon, Ile-de-France.
Gendron, Marie-Angélique, [Jean-Bte III
b 1735.
Charlotte, b [9] 7 août 1756.

VERGÉ.—Voy. Verger.

VERGER.—*Variations et surnom :* DuVerger—Vergé—Desjardins.

(1) Matelot sur *L'Aimable Jeanne,* commandé par Monrougeau.
(2) Voy. vol. III, p. 509.
(3) Voy. Jacques Gravel, marié en 1757, à Véronique Parant, vol. IV, p. 355.

1674, (12 nov.) Pte-aux-Trembles, M. [8]
I.—VERGER (1), Jean-Bte, maître-taillandier; fils de Lucas et de Catherine Arnaut, du Pont de la Claye, diocèse de Luçon.
Poitron, Anne, [Pierre I.
b 1658; veuve de Pierre Martin, s 13 juin 1713, à Montreal. [2]
Marie-Antoinette, b 2 juin 1680, à Repentigny [6]; m [6] 8 nov. 1698, à Pierre Ratel.— *Jean-Baptiste,* b [8] 7 mars 1687; m [2] 15 mai 1713, à Marie-Charlotte Catin. — *Marie-Madeleine,* b [8] 25 nov. 1689; m [6] 24 nov. 1710, à Pierre Mongeau.

1713, (15 mai) Montréal. [2]
II.—VERGER (2), Jean-Bte, [Jean-Bte I.
b 1687.
Catin, Marie-Charlotte, [Henri I.
b 1693 ; s 7 déc. 1736, au Détroit. [8]
Jean-Baptiste, b [2] 5 juin 1714.—*Marie-Anne,* b [8] 9 février 1717 ; s [2] 3 août 1721. — *Jacques-Charles,* b [2] 20 avril 1721. — *Joseph,* b [8] 4 dec. 1722. — *Nicolas,* b [8] 12 oct. 1724. — *Marie-Anne,* b [8] 11 déc. 1726 ; s [8] (mort de la picote) 2 mars 1733. — *Jeanne,* b [8] 29 avril 1729, m à Jacques Janot ; s 14 mars 1777, à la Longue-Pointe.— *Henri,* b [8] 16 janvier 1731 ; m 1765, à Judith Goulet.

I.—VERGER, Benoit.
Greliche, Marie.
François, b 1738; m 12 juillet 1762, à Elisabeth Gibaut, à Lachenaye.

1762, (12 juillet) Lachenaye. [7]
II.—VERGER, François, [Benoit I.
b 1738.
Gibaut, Elisabeth, [Jean-Bte III.
b 1722 ; veuve d'Alexandre Evin.
Marie-Catherine, b [7] 7 sept. 1770.

1765.
III.—VERGER (2), Henri, [Jean-Bte II.
b 1731.
Goulet, Judith, [Louis III.
b 1734.
Charles, b 1765 ; s 9 mai 1784, à Lachenaye. [8] —*François,* b 1766; s 13 février 1767, à Repentigny. [9] — *Marie-Félicité,* b [9] 17 oct. 1767 ; s [9] 20 juillet 1768. — *Benjamin,* b... m 8 mai 1792, à Marie Vial, à St-Louis, Mo.— *Louis,* b [9] 27 mars et s [9] 6 août 1769. — *Jean-Baptiste,* b [9] 4 mars 1770.—*Marie-Charlotte,* b [9] 15 juin et s [9] 26 août 1771. — *Joseph-Marie,* b [9] 26 sept. et s [9] 22 oct. 1772.—*Jean-Baptiste,* b [8] 20 dec. 1773.

1792, (8 mai) St-Louis, Mo. [3]
IV.—VERGER, Benjamin. [Henri III
Vial, Marie, [Pierre I.
b 1772.
Aspasie, b... m [3] 26 janvier 1819, à Emanuel Alvarez.

(1) Dit Desjardins ; voy. vol. I, p. 584.
(2) Dit Desjardins.

VERGUEUR.—*Variations :* VEDIEU — VEILLEUX —VERIEUL—VERRIEUR—VERDIEUX.

VERGNE.—*Surnom* : LAFLEUR.

1761, (26 oct.) Montréal.
I.—VERGNE (1), JOSEPH, b 1728, fils de Pierre et de Catherine Caze, de N.-D. d'Esnier, diocèse de Rhodes.
LEMIRE, Marie-Anne, [MICHEL II.
b 1728 ; veuve d'Ambroise Cazal.

VERGOR.—Voy. DUCHAMBON.

1752, (8 juillet) Ste-Foye.
I.—VERGOR (2), LOUIS.
....
Louis, b 21 et s 24 mai 1753, à Lorette.

1666.
I.—VERIEUL (3), NICOLAS,
b 1634 ; s 11 oct. 1714, à St-François, I. O.[1]
HYARDIN, Marguerite,
b 1630; s 30 mai 1720.
Nicolas, b 24 janvier 1667, au Château-Richer ; 1° m 28 avril 1692, à Marie-Anne MESNY, à Ste-Famille, I. O.[2] ; 2° m 1705, à Anne-Madeleine DUCHESNE ; s[1] 29 juillet 1719.—*Marguerite*, b 15 sept. 1671, à Ste-Anne ; 1° m[2] 23 février 1690, à Jacques BAUDOIN ; 2° m[2] 14 juin 1713, à Hypolite LEROUX.—*Angélique*, b 30 oct. 1673, à Quebec; m[2] 17 août 1688, à Claude LANDRY ; s[1] 9 oct. 1743.—*Marie*, b[2] 17 fevrier 1679; m[2] 29 fevrier 1696, à Antoine DANDURAND. — *Joseph*, b 1681 ; m[1] 30 juin 1710, à Marguerite BUTAUT ; s[1] 27 janvier 1736.—*Madeleine*, b[1] 26 août 1683; m[2] 26 nov. 1703, à Pierre FOUGÈRE.

1692, (28 avril) Ste-Famille, I O.
II.—VERIEUL (3), NICOLAS, [NICOLAS I.
b 1667; s 29 juillet 1719, à St-François, I. O.[1]
1° MESNY, Marie-Anne, [ÉTIENNE I.
b 1672 ; s 5 janvier 1703.
Marie-Anne, b 1702, 1° m 21 oct. 1715, à Joseph LAMARRE, à St-Thomas[8], 2° m 17 août 1742, à Pierre ADAM ; s[8] 30 oct. 1766.
1705.
2° DUCHESNE, Anne, [PIERRE I.
b 1679; s[7] 17 juillet 1742.
Marie, b 1705 ; m à Antoine ANDIRAN. — *Ambroise*, b 1707 ; 1° m[7] 16 nov. 1730, à Angélique JOLIN ; 2° m[8] 1er mars 1745, à Anne FOURNIER. —*Gertrude*, b 1708 ; m[7] 20 avril 1733, à François GRÉGOIRE. — *Marie-Joseph*, b 1709; s 25 avril 1743, à Quebec. — *Augustin*, b 1711 ; 1° m 8 sept. 1736, à Marie-Anne POULIN, à St-Joachim[9], 2° m[9] 20 août 1742, à Françoise QUIRION.

(1) Dit Lafleur.
(2) Dit Dupont, chevalier de St-Louis ; voy. vol. III, p. 490.
(3) Voy. vol. I, p. 584.

1710, (30 juin) St-François, I. O.[5]
II.—VERIEUL, JOSEPH, [NICOLAS I.
b 1681 ; s[5] 27 janvier 1736.
BUTAUT (1), Marguerite, [PIERRE I.
b 1691.
Joseph, b[6] 17 mai 1711 ; s[5] 6 mars 1731.— *Charles*, b 8 oct. 1713, à Ste-Famille, I. O.[6] ; m[6] 22 février 1745, à Geneviève PERROT.—*Jean-Baptiste*, b[5] 11 avril 1716 ; m 14 oct. 1743, à Madeleine LACROIX, à St-Michel. — *Ambroise*, b[6] 22 janvier 1719. — *Augustin*, b[5] 13 juillet 1721 ; s[5] 21 juillet 1733.—*Louis*, b[5] 16 sept. 1723 ; m[5] 26 août 1753, à Therèse BONNEAU.—*François*, b[5] 26 août 1726 ; s[5] 23 déc. 1749. — *Marie-Marthe*, b[6] 26 oct. 1728 ; 1° m[5] 14 avril 1749, à Denis GAGNÉ ; 2° m[5] 19 février 1759, à Jean PLANTE. — *Marie-Joseph*, b[5] 10 février 1732 ; m[5] 23 nov. 1750, à Jean-Baptiste TURCOT.

1730, (16 nov.) St-François, I. O.[6]
III.—VERIEUL, AMBROISE, [NICOLAS II.
b 1707.
1° JOLIN, Angélique. [SIMON II.
b 1714 ; s 7 oct. 1744, à St-Valier.[6]
Augustin, b[6] 13 oct. 1731 ; m 6 oct. 1755, à Geneviève DUPONT, à St-François-du-Sud.[7] — *Marie-Joseph*, b[5] 28 sept. 1733 ; m[7] 27 oct. 1760, à François PELCHAT.—*Joseph*, b[6] 1er avril 1736 ; s[6] 29 août 1738. — *Marie-Thérèse*, b[6] 18 sept. 1738 ; m 1755, à Joseph MORIN. — *Jean-Baptiste*, b[7] 30 juillet 1742. — *Marie-Angelique*, b[6] 9 dec. 1743.
1745, (1er mars) St-Thomas.
2° FOURNIER, Anne, [JOSEPH II.
b 1709 ; veuve de Jean Gagné.

1736, (8 sept.) St-Joachim.[1]
III.—VERIEUL, RENÉ-AUGUSTIN, [NICOLAS II.
b 1711.
1° POULIN, Marie-Anne, [IGNACE III.
b 1724.
René-Augustin, b[1] 29 août 1737 ; m 26 février 1759, à Madeleine RODRIGUE, à St-Joseph, Beauce.[2]
1742, (20 août).[1]
2° QUIRION, Françoise, [JOSEPH II.
b 1723.
Joseph, b 1743 ; m[2] 7 fevrier 1763, à Madeleine ROY.—*Marie-Joseph*, b[1] 26 avril 1744.—*Pierre*, b 24 nov. 1745, à Ste-Anne[3], m[1] 8 fevrier 1765, à Charlotte PARÉ.—*Basile*, b[3] 16 mars 1748 ; m 1767, à Marie-Joseph ROY.—*François*, b 1749 ; 1° m[2] 3 fevrier 1772, à Marie-Agnès GAGNON ; 2° m[2] 24 août 1773, à Marie-Geneviève HÉLIE.— *Marie-Charlotte* b[3] 11 mars et s[3] 19 août 1750. —*Thérèse*, b 1751 ; m[2] 14 janvier 1771, à Joseph RANCOUR.—*Louis*, b[2] 11 fevrier 1757.—*Ignace*, b[2] 20 mai 1759.—*Augustin*, b[2] 7 juillet 1764.

1743, (14 oct.) St-Michel.[7]
VERIEUL, JEAN-BTE, [JOSEPH.
b 1716.
LACROIX Madeleine, [LOUIS II.
b 1724.

(1) Elle épouse, le 21 nov. 1740, Jean-Baptiste Leblond, à St-François, I. O.

Marie-Madeleine, b [7] 16 oct. 1744. — *Marie-Joseph*, b [7] 13 août 1746.—*Jean-Laurent*, b [7] 10 août 1748.—*Pierre-Noel*, b [7] 1er août 1750.—*Marie-Angélique*, b [7] 17 juillet 1752.—*Joseph-Marie*, b [7] 19 mai 1754.—*Jacques*, b [7] 23 mai 1756.—*Marie-Angélique*, b [7] 26 août et s [7] 2 oct. 1758.—*François*, b [7] 15 juillet 1760.

1745, (22 février) Ste-Famille, I. O.

III.—VERIEUL, CHARLES, [JOSEPH II.
b 1713; s 12 fevrier 1784, à St-François, I.O.[8]
PERROT, Geneviève, [LOUIS III.
b 1727.

Jean-Baptiste, b [8] 11 janvier 1746. — *Marie-Geneviève*, b [8] 8 fevrier et s [8] 21 nov. 1747.—*Joseph-Marie*, b [8] 22 février 1748.—*Charles*, b [8] 1er janvier 1751; s [8] 8 fevrier 1759.—*Denis*, b [8] 2 février 1752; m [8] 9 janvier 1775, à Marie-Rose CANAC.—*François*, b [8] 8 avril 1754.—*Geneviève*, b [8] 4 avril 1756. — *Augustin*, b [8] 28 nov. 1757.—*Charles*, b... s [8] 5 dec. 1759.—*Jean-Charles*, b [8] 10 fevrier et s [8] 18 mai 1762.—*Charles*, b [8] 31 mars 1763; s [8] 18 août 1765.—*Marie-Louise*, b [8] 16 mars et s [8] 11 août 1765.—*Charles-Philippe*, b [8] 16 mars 1766.—*Marie-Louise*, b [8] 5 nov. 1768. —*Pierre*, b [8] 29 avril et s [8] 11 mai 1770.

1753, (26 août) St-François, I. O. [1]

III.—VERIEUL, LOUIS, [JOSEPH II
b 1723.
BONNEAU, Thérèse, [AUGUSTIN II
b 1731.

Marie, b [1] 31 août 1754; s [1] 15 avril 1768.—*Louis-Marie*, b 12 mars et s 25 mai 1756, à St-Michel. — *Louis*, b [1] 5 et s [1] 7 mars 1757.—*François*, b [1] 6 mars 1758.—*Marie-Geneviève*, b [1] 7 dec. 1759.—*Joseph*, b [1] 4 sept. 1760.—*Louis-Joseph*, b [1] 12 nov. 1762.—*Marie-Thérèse*, b [1] 18 oct. 1764.—*Joseph-Augustin*, b [1] 14 août et s [1] 13 sept. 1766.—*Marie-Louise*, b [1] 29 janvier et s [1] 2 juillet 1768.—*Marie-Victoire*, b [1] 7 juillet 1769.—*François*, b [1] 16 juin 1771.

1755, (6 oct.) St-Frs-du-Sud. [2]

IV.—VERIEUL, AUGUSTIN, [AMBROISE III.
b 1731.
DUPONT, Geneviève, [JEAN III.
b 1737.

Joseph-Marie, b [2] 20 mars et s [2] 16 juillet 1757. — *Geneviève*, b [2] 25 août et s [2] 1er oct. 1758.—*Augustin*, b [2] 28 oct. 1759.

IV.—VERIEUL, RENE-AUG., [AUGUSTIN III.
b 1737.
RODRIGUE, Marie-Madeleine, [JEAN III.
b 1739.

Augustin, b 19 mars 1760, à St-Joseph, Beauce. [1] — *Marie-Madeleine*, b [1] 22 nov. 1761.—*Charles*, b [1] 1er nov. 1767. —*Jacques*, b [1] 30 oct. 1769.—*Pierre*, b [1] 12 mai 1772; s [1] 9 mai 1773.—*Madeleine*, b [1] 29 janvier 1774.—*Anonyme*, b [1] et s [1] 12 nov. 1775 —*Marie-Angélique*, b [1] 17 nov. et s [1] 1er déc. 1776. — *Jean-Baptiste*, b [1] 6 oct. 1778.

1763, (7 février) St-Joseph, Beauce. [1]

IV.—VERIEUL, JOSEPH, [AUGUSTIN III.
b 1743.
ROY, Madeleine, [JOSEPH IV.
b 1742.

Pierre, b [1] 23 août 1767; s [1] 12 fevrier 1768.—*Marie*, b [1] 6 juin et s [1] 18 juillet 1772. — *Marie-Madeleine*, b [1] 6 nov. 1774. — *Marguerite*, b [1] 6 oct. 1776.

1765, (8 février) St-Joachim.

IV.—VERIEUL, PIERRE, [AUGUSTIN III.
b 1745.
PARÉ, Marie-Charlotte-Céleste, [LOUIS III.
b 1744.

Marie-Félicité, b 4 oct. 1767, à St-Joseph, Beauce [2].—*Marie-Charlotte*, b [2] 5 février 1769.—*Marguerite*, b [2] 29 nov. 1774. — *Marie-Louise*, b [2] 3 nov. 1776.

1767.

IV.—VERIEUL, BASILE, [AUGUSTIN III.
b 1748.
ROY, Marie-Joseph, [JOSEPH IV.
b 1746.

Marie, b 7 février 1768, à St-Joseph, Beauce. [2] —*Basile*, b [2] 29 oct. 1769.—*Joseph*, b [2] 4 et s [2] 22 mars 1772.—*Marie-Angélique*, b [2] 16 janvier 1774. — *Marie-Marguerite*, b [2] 7 juillet 1776; s [2] 3 fevrier 1778.—*Jacques*, b [2] 3 mai 1779.

1772, (3 février) St-Joseph, Beauce. [3]

IV.—VERIEUL, FRANÇOIS, [RENÉ-AUGUSTIN III.
b 1749.
1° GAGNON, Marie-Agnès, [JEAN IV.
b 1750; s [3] 6 fevrier 1773.

Anonyme, b [3] et s [3] 6 fevrier 1773.

1773, (24 août). [3]

2° HÉLIE, Marie-Geneviève, [JOS.-PHILIPPE III.
b 1745.

Jean-François, b [3] 28 août 1774.—*Louis*, b [3] 28 avril 1776.—*Marie-Geneviève*, b [3] 22 fevrier 1778. —*Joseph-Marie*, b [3] 5 oct. 1779.

1775, (9 janvier) St-François, I. O.

IV.—VERIEUL, DENIS, [CHARLES III.
b 1752.
CANAC-MARQUIS, Marie-Rose, [JEAN-BTE II.
b 1748.

1764, (21 mai) St-Philippe.

I.—VERLY, MICHEL, fils de Michel et de Marie-Catherine President, de Versigni, diocese d'Amiens, Picardie.
RAYMOND, Marie-Joseph, [J.-BTE-BERTRAND II.
b 1742.

I.—VERMANDOIS (1), ANTOINE, b... s 24 juin 1751, à Berthier.

VERMEIL.—Voy. VERMET.

(1) Noyé et trouvé sur la grève à Berthier-Bellechasse.

VERMET.—*Variation et surnom :* VERMETTE—LAFORME.

1713, (25 août) Montréal. [2]

II.—VERMET, JEAN, [ANTOINE I.
b 1687.

GAUTIER, Geneviève, [JOSEPH I.
s 14 sept. 1750, à Québec.[3]

Marie-Thérèse, b... m [3] 25 oct. 1728, à Antoine FORESTIER.—*Marie-Anne*, b... m [3] 22 avril 1748, à Nicolas-Augustin GIRARD.—*Marie-Thérèse*, b [2] 1er juin 1714; m [3] 25 oct. 1728, à Antoine FORESTIER.—*Catherine-Elisabeth*, b 1715; s [2] 27 avril 1717.—*Anonyme*, b [2] et s [2] 19 déc. 1716. — *Jean-Baptiste*, b [2] 22 février et s [2] 27 mai 1718. — *Joseph-Antoine*, b [2] 13 sept. 1719; s [2] 4 mars 1720.—*Louis*, b [2] 12 déc. 1720.—*Marie*, b 9 avril 1725, à Boucherville.

1669, (26 août) Ste-Famille, I. O. [1]

I.—VERMET (1), ANTOINE, b 1644; fils de Fleury et de Marie Leblanc, de St-Niquerre, diocèse d'Arras, Artois.

1° MÉNARD, Marie,
b 1653.

Pierre-Robert, b 1672; 1° m [1] 12 juin 1703, à Marie BERNARD-HAINS; 2° m 16 février 1716, à Marguerite CADRIEN, à St-Valier, s 12 mars 1741, à Berthier.—*Antoine*, b 11 oct. 1678, à St-François, I. O.; 1° m 15 nov. 1708, à Geneviève BLOUF, à Montreal [2]; 2° m [2] 18 sept 1724, à Marie PERINEAU; 3° m 17 avril 1730, à Françoise SEGUIN, à St-François, I. J.

2° BOISSEAU, Marie-Anne.

Jean, b [1] 17 juin 1687; m [2] 25 août 1713, à Geneviève GAUTIER.

1703, (12 juin) Ste-Famille, I O.

II.—VERMET (2), ROBERT, [ANTOINE I.
b 1672; s 12 mars 1741, à Berthier.[1]

1° BERNARD-HAINS, Marie-Madeleine, [JEAN I.
b 1680, veuve de François Milet.

Pierre, b 24 mars 1704, à St-François, I. O.; m [1] 8 avril 1727, à Marie-Madeleine BOUTIN; s [1] 12 avril 1774.—*Jean-Baptiste*, b 4 février 1706, à St-Michel; s 20 mai 1708, à St-Thomas. [2] — *Marie-Anne*, b [2] 29 fevrier 1708, m [1] 24 nov. 1727, à Jean-Baptiste SIMONEAU. — *Anonyme*, b [1] et s [1] 8 nov. 1711. — *Jean*, b 1713, m [1] 21 mai 1731, à Marguerite MERCIER; s 2 nov. 1747, à St-Frs-du-Sud.

1716 (16 février) St-Valier. [3]

2° CADRIN (3), Marguerite, [NICOLAS I.
b 1698.

Geneviève, b [3] 7 février 1717; m [1] 9 fevrier 1733, à Paschal BOUCHER. — *Marie-Angélique*, b [3] 7 avril 1719.—*Marie-Marguerite*, b [1] 2 fevrier 1721; m [1] 18 janvier 1740, à Charles SIMONEAU.—*Joseph*, b 1722; s [1] 21 sept. 1738. — *Marie-Madeleine*, b [3] 6 août 1723; m [1] 10 nov. 1755, à Jacques BLANCHET. — *Joseph*, b 1725; s [1] 26 nov. 1733. — *Jacques*, b [1] 4 oct. 1727; s 17 déc. 1750, à Lévis. — *Marie-Joseph*, b [1] 24 mars 1730; m [1] 22 fevrier 1748, à Charles QUEMLEUR-LAFLAMME.

1706, (25 oct.) St-Augustin. [5]

II.—VERMET (1), JACQUES, [ANTOINE I.
b 1681.

DUPILLE, Renée, [RÉMI.
b 1682; s 18 juin 1761, à Québec. [6]

Marie-Catherine, b [5] 7 août 1707; m [5] 5 août 1726, à Pierre TESSIER. — *Marie-Thérèse*, b 17 sept. 1708, à la Pte-aux-Trembles, Q. [7]; s [5] 15 avril 1733. — *Ursule*, b [7] 8 fevrier 1710; m [1] 13 nov. 1736, à Jean-Baptiste MACARTY; s [6] 30 oct. 1783.—*François*, b [7] 1er nov. 1711; m [5] 20 janvier 1738, à Marie-Charlotte TAPIN; s [5] 26 janvier 1783.—*Barbe*, b [7] 17 juillet 1713; 1° m à Pierre PETEL; 2° m [5] 10 juillet 1754, à Pierre HILEBEST; 3° m [6] 3 juillet 1758, à Henri GRACE. — *Marie-Anne*, b [5] 19 janvier 1715; s [5] 26 janvier 1731.—*Jacques-Philippe*, b [5] 2 juin 1716; m 6 janvier 1749, à Madeleine MIGNERON, à St-Vincent-de-Paul. — *Joseph*, b [5] 28 fevrier 1718; m 1752, à Marie-Charlotte GINGRAS. — *Marie-Madeleine*, b [5] 20 mars 1720. — *Marie-Joseph*, b [5] 17 mars 1722. —*Charles-Augustin*, b [5] 22 mars 1724; m 1754, à Marie-Joseph JUNEAU.—*Louis-Joseph*, b [5] 14 avril 1727; s [5] 29 nov. 1733. — *Marie-Joseph*, b [5] 11 mars 1729.

1708, (15 oct.) Montréal.[1]

II.—VERMET (2), ANTOINE, [ANTOINE I.
b 1678.

1° BLOUF, Geneviève, [JEAN I.
b 1677; veuve de Rene Foy-Lacroix.

Catherine-Geneviève, b [1] 10 nov. 1709; 1° m 2 nov. 1727, à François DUBOIS, à Terrebonne [2]; 2° m [2] 4 oct. 1751, à Jean CARRIÈRE.—*Madeleine*, b [1] 9 janvier 1712; s [1] 25 avril 1714.—*Joseph-Antoine*, b [1] 15 nov. 1713, s [1] 16 avril 1714.—*Geneviève*, b [1] 15 oct. 1715, m [2] 13 février 1736, à Pierre DESJARDINS.

1724, (18 sept.). [1]

2° PERINAU (3), Marie, [JACQUES I.
b 1694.

Antoine, b 1726; m 19 février 1753, à Marie-Anne PAYET, à Ste-Rose [3]; s [3] 10 dec. 1763.—*François*, b [2] 30 mai 1728.

1730, (17 avril) St-François, I. J.

3° SÉGUIN (4), Françoise, [PIERRE II.
b 1704.

Marie-Elisabeth, b [2] 24 juin 1731. — *Joseph-Marie*, b [2] 5 et s [2] 7 nov. 1732.—*Marie-Joseph*, b [2] 25 et s [2] 28 mars 1734.—*Marie-Joseph*, b [2] 3 avril 1735; m [3] 23 janvier 1756, à Jean DESJARDINS.—*Marie-Louise*, b [2] 15 janvier 1737. — *Jean-Marie*, b [2] 19 mars 1738.—*Marie-Catherine*, b [2] 21 août 1739; m [3] 8 janvier 1759, à Louis DESJARDINS.—*Marie-Madeleine*, b [2] 1er nov. 1741; m [3] 7 janvier 1762, à François CLAVEL. — *Joseph*, b 1742; m [3] 20 oct. 1760, à Marie LAJEUNESSE. — *Toussaint*, b [2] 14 sept. et s [2] 13 oct 1744. — *Marie-Thérèse*,

(1) Voy. vol. I, p. 581.
(2) Dit Laforme.
(3) Elle épouse, le 18 fevrier 1713, Pierre Gagné, à Berthier.

(1) Dit Laforme.
(2) Appele Vermeil, 1724.
(3) Lamarche.
(4) Laderoute.

b [3] 25 mars 1746; m [3] 11 oct. 1762, à Pierre DESJARDINS. — *Marie-Rose*, b [2] 16 sept. et s [3] 17 dec. 1748.

1727, (8 avril) Berthier. [1]

III.—VERMET, PIERRE, [ROBERT II.
b 1704; s [1] 12 avril 1774.
BOUTIN, Marie-Madeleine, [JEAN-BTE II.
b 1700.

Geneviève, b [1] 6 août 1728; s [1] 2 janvier 1729. —*Marie-Joseph*, b [1] 2 oct. 1729; m [1] 11 janvier 1751, à Jean-Baptiste LAROSE.—*Jean*, b [1] 12 mars 1731; 1° m [1] 24 janvier 1757, à Marie-Madeleine DELESSARD; 2° m [1] 11 avril 1768, à Marie-Anne GAUTIER. — *Pierre-Noël*, b [1] 8 avril 1733; m 1er juin 1761, à Marie FERLAND, à Lévis. — *Marie-Angélique*, b [1] 1er et s [1] 5 nov. 1734. — *Marie-Geneviève*, b 12 avril 1737, à St-Valier; m [1] 30 janvier 1759, à Jacques BAUDOIN. — *Marie-Madeleine*, b [1] 6 dec. 1740; m [1] 14 nov. 1763, à Jean-Baptiste BOURGAUD. — *Louis-Joseph*, b [1] 15 sept. 1742; 1° m 13 février 1764, à Ursule BERNIER, au Cap-St-Ignace; 2° m [1] 9 janvier 1775, à Elisabeth DRUGEOT. — *Marie-Elisabeth*, b [1] 6 août 1744; m [1] 2 avril 1765, à Antoine-Marie MARCOU. — *Jean-François*, b [1] 26 sept. 1745; m [1] 27 janvier 1772, à Françoise HOUEL.

1731, (21 mai) Berthier. [6]

III.—VERMET, JEAN, [ROBERT II.
b 1713; s 2 nov. 1747, à St-Frs-du-Sud. [1]
MERCIER, Marguerite, [CHARLES II.
b 1694; veuve de Jacques Baudoin.

Marguerite, b [6] 25 mai 1732; s [1] 12 sept. 1747. —*Jean-Marie*, b [6] 15 mars 1734.

1738, (20 janvier) St-Augustin. [7]

III.—VERMET, FRANÇOIS, [JACQUES II.
b 1711; s [7] 26 janvier 1783.
TAPIN, Marie-Charlotte, [RENÉ II.
b 1714.

Etienne, b 1740; 1° m 1762, à Marie-Charlotte TAPIN; 2° m [7] 2 février 1795, à Euphrosine DROLET. — *François*, b... m [7] 31 janvier 1791, à Marie AMIOT.

1749, (6 janvier) St-Vincent-de-Paul. [9]

III.—VERMET, JACQUES-PHIL., [JACQUES II.
b 1716.
MIGNERON, Madeleine, [JEAN-FRS III.
b 1729.

Marie-Madeleine, b [9] 19 et s [9] 24 nov. 1749.— *Jacques-Philippe*, b [9] 12 avril 1751; s [9] 16 oct 1755.—*Marie-Madeleine*, b [9] 21 mai 1752.—*Marie-Françoise*, b [9] 23 avril et s [9] 27 août 1753.—*Jean-Marie*, b [9] 10 août 1754.—*Marie-Joseph*, b [9] 11 et s [9] 20 juillet 1755.—*Joseph*, b [9] et s [9] 11 août 1756

1752.

III.—VERMET, JOSEPH, [JACQUES II.
b 1718.
GINGRAS, Marie-Charlotte, [JOSEPH II.
b 1732; s 23 février 1791, à St-Augustin. [5]

Jean-Baptiste, b [5] 30 sept. 1754; m [5] 24 juillet 1786, à Marie-Louise CARPENTIER. — *Marie-Charlotte*, b [5] 30 sept. 1754; m [5] 13 nov. 1786, à Etienne DORÉ. — *Pierre*, b 1756; m [5] 7 janvier 1788, à Marie-Charlotte JUNEAU. — *Marie-Reine*, b [5] 10 mars 1759; m [5] 12 février 1787, à Etienne GILBERT. — *Pierre*, b 2 oct. 1760, à la Pte-aux-Trembles, Q. — *Augustin*, b [5] 16 août 1762. — *Charles*, b 1762; m 10 sept. 1793, à Marie-Angélique PAQUET, à Quebec. — *Geneviève*, b... m [5] 14 nov. 1785, à Jean-Baptiste GIRARD. — *Joseph*, b 1764; m [5] 1er oct. 1792, à Therèse THIBAUT.

1753, (19 fevrier) Ste-Rose. [4]

III.—VERMET, ANTOINE, [ANTOINE II.
b 1726.
PAYET (1), Marie-Anne, [PIERRE II.
b 1734.

Marie-Joseph, b [4] 8 déc 1753; m 10 février 1771, à Gabriel GAUDREAU, à Montreal. — *Marie-Françoise*, b [4] 3 juillet 1755. — *Marie-Rose*, b [4] 5 dec. 1756.—*Marie-Catherine*, b [4] 27 et s [4] 28 mars 1759.—*Marie-Anne*, b [4] 22 nov. 1760.

1754.

III.—VERMET (2), CHS-AUGUSTIN, [JACQUES II.
b 1724.
JUNEAU, Marie-Joseph, [JEAN-BTE III.
b 1722.

Isaac-Joseph, b 25 mars 1755, à St-Augustin. [1] —*Marie-Madeleine*, b [1] 28 mars 1759.

1757, (24 janvier) Berthier. [8]

IV.—VERMET, JEAN, [PIERRE III.
b 1731.
1° DELESSARD, Marie-Madeleine, [PRISQUE III.
b 1737, s [8] 20 mars 1767.

Marie-Madeleine, b [8] 9 nov. 1757.—*Jean-Marie*, b [8] 24 mars 1759. — *Jean-Baptiste*, b 26 janvier 1761, à Levis [2]; m 21 juillet 1788, à Anastasie ROUER, à St-Nicolas.—*Marie-Joseph*, b [2] 20 juin 1762. — *Marie-Suzanne*, b [2] 12 fevrier 1764. — *Marie-Marguerite*, b [8] 20 dec. 1765.

1768, (11 avril). [8]

2° GAUTIER, Marie-Anne, [PIERRE II.
b 1739.

VERMET, JOSEPH.
DROUSSON (3), Marie-Angélique, [FRANÇOIS II.
b 1739.

Marie-Angélique, b 10 juillet 1759, à St-Philippe. [1]—*Joseph*, b 22 mars 1761, à St-Constant.— *Marie-Joseph*, b [1] 14 avril 1763.

1760, (20 oct.) Ste-Rose. [2]

III.—VERMET, JOSEPH, [ANTOINE II.
b 1742.
LAJEUNESSE, Marie. [JEAN-BTE.

Joseph, b [2] 21 mars 1761.—*Paul*, b [2] 1er sept. 1762.—*Antoine*, b 1764; m 20 juillet 1795, à Catherine SALIOT, au Detroit.

(1) St-Amour; elle épouse, le 9 nov. 1767, Joseph-Gabriel Gaudreau, à Montreal.

(2) Dit Laforme.

(3) Robert.

1761, (1er juin) Lévis.[3]
IV.—VERMET, PIERRE-NOEL, [PIERRE III.
b 1733.
FERLAND, Marie-Marguerite, [FRANÇOIS III.
b 1740.
Pierre-Noël, b [3] 10 oct. 1763.—*Marie-Françoise* et *Marie-Geneviève,* b [3] 2 déc. 1765. — *Jean-Baptiste,* b 1767; m 23 oct. 1792, à Marie-Joseph TREMBLAY, à Quebec.

1762.
IV.—VERMET, ETIENNE, [FRANÇOIS III.
b 1740.
1° TAPIN, Marie-Charlotte, [JEAN-BTE III.
b 1739.
François, b 5 nov. 1763, à la Pte-aux-Trembles, Q.[4]; m 31 janvier 1791, à Marie AMIOT, à St-Augustin. [5]—*Etienne,* b [4] 24 avril 1770.
1795, (2 fevrier). [5]
2° DROLET, Euphrosine. [PHILIPPE.

1764, (13 février) Cap-St-Ignace.
IV.—VERMET, LOUIS-JOSEPH, [PIERRE III.
b 1742.
1° BERNIER, Ursule, [JOSEPH III.
b 1745; s 21 mai 1774, à Berthier.[7]
Louis, b [7] 14 fevrier et s [7] 31 mars 1765.—*Louis,* b [7] 19 juin 1766.—*Marie-Reine,* b [7] 19 avril et s [7] 6 juin 1768.—*Pierre,* b [7] 11 mai 1769.—*Jacques,* b [7] 19 fevrier et s [7] 21 juillet 1774.
1775, (9 janvier). [7]
2° DRUGEOT, Elisabeth, [FRANÇOIS I.
b 1750.

1772, (27 janvier) Berthier.[8]
IV.—VERMET, JEAN-FRANÇOIS, [PIERRE III.
b 1745.
HOUEL-GALIBOIS, Françoise, [FRANÇOIS I.
b 1752.
Françoise, b [8] 24 oct. 1772.—*François,* b [8] 23 août 1774; s [8] 31 oct. 1777.—*Pierre,* b [8] 16 sept. 1776; s [8] 19 juin 1779.— *Anonyme,* b [8] et s [8] 25 janvier 1778.

VERMET (1), JOSEPH,
maître-forgeron.
CAMPEAU, Marie-Joseph.
Marie-Joseph, b 5 juin 1781, au Détroit. [9] — *Marie-Marguerite,* b [9] 18 juin 1782.

1786, (24 juillet) St-Augustin.[4]
IV.—VERMET, JEAN-BTE, [JOSEPH III.
b 1754.
CARPENTIER, Marie-Louise, [LOUIS-JOSEPH.
b 1766.
Joseph, b [4] 23 avril 1787. — *Jean-Baptiste,* b [4] 19 mars 1789.—*Marie-Louise,* b [4] 13 août 1793.—*Jean-Baptiste,* b [4] 23 sept. 1795.

(1) Habitant de la Cote des Pontouatamis.

1788, (7 janvier) St-Augustin.[4]
IV.—VERMET, PIERRE, [JOSEPH III.
b 1756.
JUNEAU, Marie-Charlotte, [AUGUSTIN IV.
b 1766.
Pierre, b [4] 17 juin 1789. — *Marguerite,* b [4] 5 juin 1791.—*Charlotte,* b [4] 25 déc. 1793.

1788, (21 juillet) St-Nicolas.
V.—VERMET, JEAN-BTE, [JEAN-BTE IV.
b 1761.
ROUER-VILLERAY, Anastasie, [AUGUSTIN IV.
b 1762.

1791, (31 janvier) St-Augustin.[9]
V.—VERMET, FRANÇOIS, [FRS-ETIENNE IV.
b 1763.
AMIOT (1), Marie, [JOSEPH V.
b 1766.
Jacques, b [9] 12 oct. 1795.

1792, (1er oct.) St-Augustin.[9]
IV.—VERMET, JOSEPH, [JOSEPH III.
b 1764.
THIBAUT, Marie-Thérèse, [PIERRE III.
b 1758; s [9] 27 août 1794.
Joseph, b [9] 22 août 1794.

1792, (23 oct.) Québec.
V.—VERMET, JEAN-BTE, [PIERRE IV.
b 1767.
TREMBLAY, Marie-Joseph, [LOUIS IV.
b 1765; veuve de Pierre Mathieu.

1793, (10 sept.) Quebec.
IV.—VERMET, CHARLES, [JOSEPH III.
b 1762.
PAQUET, Marie-Angelique, [JEAN-BTE V.
b 1765.
Marie-Angélique, b 6 juillet 1794, à St-Augustin.

1795, (20 juillet) Détroit.
IV.—VERMET, ANTOINE, [JOSEPH III.
b 1764
SALIOT, Catherine, [JEAN-BTE I.
b 1776.

I.—VERMILLON (2), RENÉ, b 1704; de Larochelle; s 26 avril 1781, à l'Hôpital-General, M.

VERNAS.—*Variation et surnom :* FRENET—DUFRESNE.

1710, (25 fevrier) St-Pierre, I. O.
I.—VERNAS (3), LOUIS, fils de Louis et de Perine Niver, de St-Etienne-Buzences, diocèse de Bourges.
MARTIN (4), Marie-Charlotte, [JOACHIM I.
b 1689.

(1) L'Erpinière.
(2) Dit Belhumeur; soldat de la colonie.
(3) Dit Frenet—Dufresne, maitre-chirurgien.
(4) Elle épouse, le 14 oct. 1725, Pierre Rate, à Québec.

Louis, b 1710; m 21 oct. 1736, à Madeleine-Geneviève DUVAL, à L'Islet; s 19 juin 1785, à St-Augustin.[9] — *Jean-Baptiste*, b 1711; s[9] 10 février 1731. — *Pierre*, b 1714; s 3 avril 1717, à Québec.[7] — *Marie-Catherine*, b[7] 20 oct. 1717; m 23 avril 1731, à Jacques BRETON-DUMONT; s[9] 1er juin 1733.

1736, (21 oct.) Islet.

II.—VERNAS (1), LOUIS, [LOUIS I.
b 1710; chirurgien; s 19 janvier 1785, à St-Augustin.[8]
DUVAL (2), Madeleine-Geneviève, [FRANÇOIS I.
b 1717.
Marie-Geneviève, b[8] 18 et s[8] 30 déc. 1737. — *Marie-Geneviève*, b[8] 12 oct. 1739; m 18 août 1760, à Joseph-Noël PROVOST, à Lavaltrie. — *Louis-Mathieu*, b[8] 11 mai 1742. — *Paul-Charles*, b[8] 8 et s[8] 25 fevrier 1745.—*Marie-Louise*, b1751; s[8] 25 sept. 1755.

1783, (15 sept.) Châteauguay.[7]

I.—VERNER, JACQUES, fils de François et de Madeleine Herdreleine, de la ville de Bade, Allemagne.
DUQUET, Angélique, [JOSEPH III.
b 1744; veuve d'Antoine Picard; s[7] 7 sept. 1797.
Marie-Angélique, b[7] 13 mars et s[7] 18 mai 1788.—*Magloire*, b[7] 18 avril 1790; s[7] 13 juin 1800.—*Adélaïde*, b[7] 19 juillet et s[7] 18 août 1791. —*Marie-Anne*, b[7] 12 fevrier et s[7] 10 sept. 1794. —*Charles-Timothé*, b[7] 19 dec. 1794.
1798, (17 sept.)[7]
2° HOULE, Marie-Joseph.
Marie-Joseph, b[7] 19 mars et s[7] 19 avril 1800. —*Félicité*, b[7] 4 nov. 1802, s 1886.—*Marie-Joseph*, b[7] 15 dec. 1803; s 1878.—*Antoine*, b[7] 24 janvier 1805.—*Théophile*, b[7] 13 avril 1807, m[7] 20 sept. 1835, à Nathalie LANGLOIS; s[7] 13 juin 1876.— *Louis*, b[7] et s[7] 14 août 1809. — *Pierre*, b[7] 1er et s[7] 15 juillet 1810.

1835, (20 sept.) Châteauguay.[8]

II.—VERNER, THÉOPHILE, [JACQUES I.
b 1807.
LANGLOIS, Nathalie. [PIERRE.
Théophile, b[8] 17 sept. 1836; s 27 juillet 1869, à la Colombie Anglaise.—*Marguerite-Philomène*, b[8] 28 juin 1837; s[8] 16 mai 1849.—*Napoleon*, b[8] 1er juillet 1839; s[8] (noye au Lac-Superieur) 13 août 1869.—*Louis*, b[8] 18 avril 1841; m 12 fevrier 1877, à Marie-Agathe GUERIN, à Montreal. — *Léandre*, b[8] 27 avril et s[8] 1er juin 1843. — *François*, b[8] 7 août 1844.—*Léandre*, b[8] 26 nov. 1846. —*Jean-Baptiste*, b[8] 28 avril 1849; s 1883, à Worcester, Mass.—*Ismaël*, b[8] 5 juin 1851.— *Marie-Philomène*, b[8] 16 juillet 1853.—*Joseph-Siméon*, b[8] 5 août 1855. — *Joachim-Ulric*, b[8] 14 oct. 1858; s[8] 12 mars 1861.

(1) Dit Dufresne
(2) DuPauleau.

1877, (12 fevrier) Montreal.[1]

III.—VERNER, LOUIS, [THÉOPHILE II.
medecin.
GUÉRIN, Marie-Agathe. [PIERRE.
Joseph-Siméon-Ludovic, b 21 août 1878, à Sherrington.[2] — *Joseph-Adhémar*, b[2] 23 août 1880.— *Louis-Philippe*, b[2] 14 février et s[1] 2 juillet 1882. —*Marie-Louise-Blandine*, b[1] 23 sept. 1883.— *Marie-Albina*, b[1] 15 mai 1885.

VERNET.—Voy. VERMET.

1745, (22 fevrier) Montréal.

I.—VERNET (1), NICOLAS, b 1721; maître-forgeron; fils de Nicolas et d'Helène Héliot, de Notre-Dame-de-Dijon.
BOUCHER-ST. MARTIN, Marie, [GEORGE I.
b 1727.
Nicolas, b 1746; m 1769, à Catherine PLANTE.

1769.

II.—VERNET, NICOLAS, [NICOLAS I.
b 1746; s avril 1795.
PLANTE, Catherine.
Nicolas, b 1770; m 20 avril 1795, à Agnès PATENOTRE, au Detroit.

1795, (20 avril) Détroit.

III.—VERNET, NICOLAS, [NICOLAS II.
b 1770.
PATENOTRE, Agnès, [NICOLAS IV.
b 1774.

1721, (7 janvier) Québec.[2]

I.—VERNIER (2), JEAN, b 1695; fils de Jean et de Françoise Heraut, de Gourville, diocèse d'Angoulême.
1° BADEAU, Marie-Elisabeth, [FRANÇOIS III.
b 1700; s[2] 4 juin 1724.
Jean-Baptiste, b[2] 7 et s[2] 22 oct. 1721. — *Jean-Baptiste*, b[2] 26 sept. 1722; s[2] 11 déc. 1728.

1762, (11 janvier) St-Laurent, M.

I.—VERNIER, LAURENT, b 1740; fils de Jean et de Catherine Bernai, de Clai, diocèse de Grenoble.
BOUIN (3), Marie-Catherine, [FRANÇOIS III.
b 1746.

VERNIER, PIERRE.
DESROSIERS, Marie.
Pierre, b 31 mai 1770, à St-Michel-d'Yamaska.

1749, (17 fevrier) Quebec.[3]

I.—VERNOUILLET, CLAUDE, b 1710; fils de Claude et de Marie Rever, de St-Die, diocèse de Blois; s[3] 22 sept. 1757.
BROUSSEAU, Marie-Angelique, [NICOLAS II
b 1712.

(1) Dit Bourguignon.
(2) Dit Gourville.
(3) Dufresne.

VERON. — *Surnom :* DeGrandmesnil — Montendre.

1677, (30 mai) Trois-Rivières. [4]

II.—VERON (1), Etienne, [Jean-Etienne I. b 1649; s [4] 18 mai 1721.

Moral (2), Marie, [Quentin I. b 1655; s [4] 8 avril 1721.

Marguerite, b [4] 13 janvier 1678; m [4] 4 nov. 1692, à Pierre Petit; s [4] 12 mai 1748.—*Etienne,* b [4] 19 déc. 1679; 1° m 1694, à Madeleine Hertel; 2° m 28 mai 1713, à Catherine Picard, à Montréal; s 23 avril 1743, à Québec. — *Marie-Véronique,* b [4] 29 juin 1682; s [4] 16 nov. 1711.—*Marie-Renée,* b [4] 26 mai 1687; s [4] 1er janvier 1704. — *Thérèse,* b [4] 19 nov. 1689; s [4] 23 nov. 1710. — *Anonyme,* b [4] et s [4] 8 mars 1692. — *Jeanne,* b... m [4] 3 nov. 1716, à Jean-Baptiste Godfroy. — *Louise-Françoise,* b [4] 3 mai 1697; m [4] 6 janvier 1719, à Jacques Godfroy.

1694.

III.—VERON (3), Etienne, [Etienne II. b 1679; s (dans l'église) 23 avril 1743, à Québec. [8]

1° Hertel, Madeleine, [François II. b 1665.

1713, (28 mai) Montréal. [9]

2° Picard, Marie-Catherine, [Jean II. b 1691; s [8] (dans l'église) 9 février 1719.

Marie-Anne, b [9] 3 mai et s 9 juillet 1714, à la Pte-aux-Trembles, M. — *Marie-Catherine,* b [8] 11 juin 1715; m [8] 19 janvier 1738, à Joseph De-Fleury. — *Etienne,* b [8] et s [8] 24 juillet 1716. — *Etienne,* b [8] 12 sept. 1717; s [8] 5 mars 1723. — *Marie-Véronique,* b [8] 2 février 1719; s [8] 9 juillet 1723. — *Thérèse,* b... m 22 avril 1748, à Pierre Baby, aux Trois-Rivières.

1712, (3 janvier) Montréal. [1]

I.—VERON (4), Antoine, b 1670; fils de Pierre et de Marie Louino, de Chonac, diocèse de Xaintes; s [1] 25 février 1714.

Gauchon (5), Madeleine, [René I. b 1683; s 7 sept. 1758, à l'Hôpital-Général, M.

1757, (18 avril) Montréal.

I.—VERON, Jacques, b 1721; fils de Louis et de Marie Lépine, d'Issy, Paris.

Roy, Marie-Renée, [Pierre II. b 1710; veuve de Jacques Tremblay.

1763, (7 février) Montréal.

I.—VERON, Pierre, b 1737; fils de Jean et de Marie-Anne Besançon, de St-Antoine, Châlons.

Levasseur, Geneviève, [Jacques IV. b 1744.

(1) DeGrandmesnil.

(2) De St. Quentin.

(3) Sieur DeGrandmesnil, marchand, receveur de Son Altesse le comte de Toulouse, amiral de France.

(4) Dit Montendre.

(5) Blery : elle est aussi appelée Blais-Laverdière, 1712; elle épouse, le 23 avril 1719, Charles Dumay, à Montréal.

1673.

I.—VERONNEAU, Denis.

1° Bertault, Marguerite, [Jacques I. b 1655; s 21 nov. 1687, à Boucherville. [2]

Denise, b [2] 2 juin 1674; m [2] 6 avril 1693, à Adrien Lamoureux. — *Louis,* b 1675; m 1706, à Marguerite Maugras; s 8 juin 1759, à St-Frs-du-Lac. — *Marguerite,* b [2] 14 janvier 1677; m [2] 29 oct. 1696, à Jacques Reguindeau.—*Joseph,* b [2] 10 juin 1679; m [2] 20 janvier 1710, à Françoise Rougeau; s [2] 22 nov. 1725. — *Pierre,* b [2] 10 janvier 1682; s [2] 20 avril 1685.—*Marie-Madeleine,* b [2] 28 mai 1685; m [2] 22 nov. 1711, à Charles Langevin. — *Jean-Baptiste,* b [2] 21 oct. 1687; s [2] 13 juin 1688.

1689, (20 janvier) Pte-aux-Trembles, M.

2° Guertin, Catherine, [Louis I. b 1664; veuve de Pierre Caillonneau.

Pierre, b [2] 18 juillet et s [2] 27 août 1689. — *Jean-Baptiste,* b [2] 11 juillet et s [2] 26 août 1690.— *Elisabeth,* b [2] 11 août 1691; s [2] 4 nov. 1692. — *Marie-Marguerite,* b [2] 18 sept. 1693; m [2] 16 nov 1713, à François Deguire. — *Jean-Baptiste,* b [2] 23 déc. 1695.— *Angélique,* b [2] 28 sept. 1697, 1° m [2] 19 février 1715, à Joseph Ovilem-Thomas, 2° m [2] 3 août 1750, à Pierre Gautier.— *Rose,* b [2] 17 juin 1700; m [2] 13 sept. 1722, à Joseph Levron. — *Pierre,* b 1705; 1° m [2] 2 oct. 1730, à Marie-Joseph Menanteau; 2° m [2] 13 janvier 1740, à Marie-Françoise Chevrefils.—*François-Denis,* b 1708; m 25 février 1732, à Catherine Robin-Lapointe, à Terrebonne.

II.—VERONNEAU, Louis, [Denis I. b 1675, s 8 juin 1759, à St-Frs-du-Lac. [5]

Maugras, Marguerite, [Jacques I. b 1674.

Louis, b 1704; m [5] 5 mars 1736, à Madeleine Pinard, s [5] 21 mai 1742.— *Marie-Louise-Agathe,* b [5] 25 avril 1707; sœur grise; s 21 avril 1764, à l'Hôpital-Général, M.—*Joseph,* b [5] 21 avril 1709.— *Etienne,* b [5] 4 août 1712.—*Marie-Catherine,* b [5] 7 janvier 1714, m à Jean-Baptiste Toupin.—*Thérèse,* b... m [5] 21 février 1746, à Jean-Baptiste Pinard.

1708, (9 déc.) Québec. [1]

I.—VERONNEAU, Jean, fils de Mathieu et de Marguerite Vien, de St-Jean, ville de Chartres.

Simon, Angélique, [Hubert I. b 1663; veuve de Jacques Liberge; s [1] 14 mai 1737.

1710, (20 janvier) Boucherville. [7]

II.—VERONNEAU (1), Joseph, [Denis I. b 1679; s [7] 22 nov. 1725.

Rougeau-Berger (2), Françoise, [Jean I. b 1692.

Joseph, b 1710; m [7] 3 nov. 1733, à Marie-Renée Joly.—*Marie-Anne,* b 1712; s [7] 1er nov. 1717.— *Marie-Joseph,* b 1714; m [7] 5 mai 1737, à Jean-Baptiste Laporte.—*Charlotte,* b [7] 1er août 1720.

(1) Voy. vol. I, p. 42.

(2) Elle épouse, le 9 février 1728, Denis Desnoyers, à Boucherville.

—*Jean-Baptiste*, b 7 5 juillet 1722; s 7 4 sept. 1723.—*Jean-Baptiste*, b 7 27 mai 1725; 1° m à Ursule BRIEN; 2° m 30 avril 1753, à Marie-Charlotte VIAU, à St-Antoine-de-Chambly.

1730, (2 oct.) Boucherville. 6

II.—VERONNEAU (1), PIERRE, [DENIS I.
b 1705.
1° MENANTEAU (2), Marie-Joseph, [NICOLAS II.
b 1712.
Véronique, b... m 6 8 janvier 1759, à Joseph DELIÈRES.
1740, (13 janvier). 6
2° CHEVREFILS, Marie-Françoise, [LOUIS II.
b 1711.
Françoise, b... m 6 10 janvier 1763, à Pierre SÉGUIN.

1732, (25 fevrier) Terrebonne. 8

II.—VERONNEAU, FRANÇOIS-DENIS, [DENIS I.
b 1708.
ROBIN-LAPOINTE, Catherine, [JEAN-BTE II.
b 1706; s 8 22 dec. 1751.
François, b 8 26 fevrier et s 8 11 mai 1733.—*Marie-Catherine*, b 8 23 fevrier 1734; 1° m 8 9 oct. 1752, à Pierre DUFOUR; 2° m 8 11 fevrier 1765, à Joseph CHAPELEAU.—*Etienne*, b 8 28 juillet et s 8 14 août 1735.—*Marie-Françoise*, b 8 28 juillet et s 8 19 août 1735.—*Marie-Joseph*, b 8 14 août 1736; s 8 22 nov. 1751.—*François*, b 8 28 juillet 1738; m 8 4 fevrier 1760, à Clotilde GAREAU.—*Etienne*, b 8 1er janvier 1740.—*Jean-Baptiste*, b 8 13 mars 1741. — *Marie-Charlotte*, b 8 27 janvier 1743.—*Joseph*, b 8 30 juillet 1744.—*Louis-Denis*, b 1746; s 8 3 juillet 1747.—*Amable-Ovide*, b 8 20 février 1748.—*Toussaint*, b 8 8 oct. 1749; s 8 24 janvier 1750.

1733, (3 nov.) Boucherville.

III.—VERONNEAU, JOSEPH, [JOSEPH II.
b 1710.
JOLY-ST. ONGE, Marie-Renée, [PIERRE I.
b 1714.
Joseph, b 1734; m 1760, à Madeleine NORMANDIN.—*Pierre-Jacques*, b 1748; s 21 mars 1749, à St-Michel-d'Yamaska. — *Marguerite*, b... m 13 nov. 1752, à Rene ST. PAUL, à St-Antoine-de-Chambly.

1736, (5 mars) St-Frs-du-Lac. 9

III.—VERONNEAU, LOUIS, [LOUIS II.
b 1704; s 9 21 mai 1742.
PINARD-LAUZIER, Madeleine, [LOUIS II.
b 1716.
Louise-Madeleine, b 9 1er juillet 1736; s 9 20 avril 1747.—*Marie-Marguerite*, b 9 29 mars 1738; m 9 24 mai 1762, à Jean-Baptiste CARTIER.—*Catherine-Amable*, b 1740; m 9 3 sept. 1761, à Barthelemi FARIBAUT.—*Marie-Antoinette*, b 9 22 fevrier 1742.—*Louis* (posthume), b 9 10 et s 9 17 janvier 1743.

(1) Et Denis.
(2) Laframboise.

III.—VERONNEAU, JEAN-BTE, [JOSEPH II.
b 1725.
1° BRIEN, Ursule, [JULIEN II.
b 1731.
1753, (30 avril) St-Antoine-de-Chambly. 1
2° VIAU, Marie-Charlotte, [LAURENT III.
b 1737.
Marie-Desanges, b 1 29 janvier 1759.

1760, (4 fevrier) Terrebonne. 9

III.—VERONNEAU, FRANÇOIS, [FRS-DENIS II.
b 1738.
GAREAU, Clotilde, [PIERRE-JEAN-BAPTISTE III.
b 1743.
François, b 9 21 déc. 1760.

1760.

IV.—VERONNEAU, JOSEPH, [JOSEPH III.
b 1734.
NORMANDIN, Madeleine, [JEAN-BTE III.
b 1736.
Joseph, b 13 oct. 1761, à Longueuil. — *Madeleine*, b... m 27 janvier 1794, à Louis SENÉCAL, à Boucherville.

I.—VERPILLON (1), PIERRE,
b 1722; de Besançon.

1751, (25 janvier) Montréal.

I.—VERRAT, NICOLAS, b 1702; fils de Jean-Baptiste (chirurgien) et de Madeleine Levasseur, de St-Etienne du Mont, Paris.
ROQUAN, Suzanne, [PIERRE I.
b 1726.

1763, (22 août) Longue-Pointe 9

I.—VERRA, RAYMOND, b 1734; fils de Jean et de Peronne Biau, de St-Martial, diocèse de Perigueux; s 9 30 juillet 1779.
BAUDRY, Marie-Anne, [ANDRÉ-JOSEPH III.
b 1735.
Françoise, b 1764; m 9 27 mai 1782, à Jean-Baptiste LACOSTE. — *Raymond*, b 9 2 et s 9 16 juillet 1767. — *Marie-Anne*, b 9 1er août 1768, s 9 1er janvier 1770. — *Louis-Raymond*, b 9 2 mars 1770.

1665, (22 sept.) Château-Richer. 1

I.—VERREAU (2), BARTHÉLEMI,
b 1632; s 1 17 dec. 1700.
QUITEL, Marthe,
b 1638; s 1 26 dec. 1722.
Marie, b 1670; m 1 16 fevrier 1699, à Pierre DUMAS; s 1 25 fevrier 1703. — *Barthelemi*, b 1 16 juillet 1678; m 13 février 1708, à Marguerite PRIEUR, à Québec; s 1 3 juin 1718. — *François*, b 1 21 mars 1682; m 1724, à Geneviève GAGNÉ; s 1 1er juin 1754. — *Anne*, b 1 11 juillet 1684; s 1 1er dec. 1749.

(1) Il était à Québec, en 1752 —(Procès-Verbaux).
(2) Dit LeBourguignon, voy. vol. I, p. 585.

1708, (13 février) Québec.
II.—VERREAU, Barthélemi, [Barthélemi I.
b 1678; s 3 juin 1718, au Château-Richer.[5]
Prieur (1), Marguerite, [Joseph I.
b 1691.
Prisque-Barthélemi, b[5] 14 mars 1709; m[5] 19 nov. 1731, à Marie Cochon.—*François*, b[5] 5 oct. 1711; m[5] 17 oct. 1735, à Elisabeth Gagnon; s[5] 8 mai 1770.—*Marguerite*, b[5] 9 juin 1713; s[5] 20 janvier 1715.—*Pierre*, b[5] 27 août 1715; m[5] 9 février 1740, à Thérèse Gravel; s[5] 27 oct. 1749.—*Barthélemi*, b[5] 24 juillet et s[5] 26 août 1717.—*Gabriel*, b 1718; m à Gabriel Maufay.

1724.
II.—VERREAU, François, [Barthélemi I.
b 1682: s 1er juin 1754, au Château-Richer.[5]
Gagné, Geneviève, [François IV.
b 1707; s[5] 14 avril 1743.
François, b[5] 23 nov. 1724; m 5 février 1764, à Anne Landry, à St-Joachim.—*Paul*, b[5] 22 mars 1726; 1° m[5] 12 nov. 1753, à Marguerite Cloutier; 2° m[5] 3 février 1779, à Marie Crépeau; s[5] 2 nov. 1788.—*Marguerite*, b[5] 11 sept. 1727.—*Geneviève*, b[5] 13 mars 1729.—*Barthélemi*, b[5] 9 sept. 1730; 1° m[5] 8 oct. 1754, à Madeleine Gaudin; 2° m[5] 23 nov. 1772, à Marguerite Gravel.—*Joseph-Marie*, b[5] 19 mars 1732, m[5] 27 février 1764, à Marguerite Verreau.—*Louise*, b[5] 23 août 1734.—*Elisabeth*, b[5] 30 sept. 1736; m[5] 25 nov. 1754, à Michel Bélanger; s[5] 10 oct. 1755.

1731, (19 nov.) Château-Richer.[4]
III.—VERREAU, Prisque. [Barthélemi II.
Cauchon, Marie-Jeanne, [Joseph III.
b 1704; s[4] 20 déc. 1779.
Prisque-Barthélemi, b[4] 28 août 1732; m[4] 1er mars 1756, à Catherine Laberge.—*Marguerite*, b[4] 5 juillet 1734.—*Noel*, b[4] 24 déc. 1736; s[4] 11 janvier 1737.—*Joseph-Amable*, b[4] 20 août 1738; m 27 oct. 1766, à Marie-Françoise Potvin, à la Baie-St-Paul.—*Louis*, b[4] 12 mars 1740.—*Anne*, b[4] 17 avril 1742.—*François*, b[4] 25 nov. 1743.

1735, (17 oct.) Château-Richer.[5]
III.—VERREAU, François, [Barthélemi II.
b 1711; s[5] 8 mai 1770.
Gagnon, Elisabeth, [Pierre II.
b 1714.
Pierre, b et s 20 juin 1736, à L'Ange-Gardien.—*Barthélemi*, b[5] 24 oct. 1738, s[5] 24 oct. 1745—*Jean-Marie*, b[5] 22 mars 1740; ordonné 25 août 1766; s 19 août 1817, à St-Thomas.—*Pierre*, b[5] 10 mars 1741; m 1762, à Catherine Gravel.—*Louis*, b[5] 5 déc. 1742.—*Marie-Marguerite*, b[5] 25 janvier 1742; s[5] 27 avril 1743.—*Hélène*, b[5] 25 nov. 1743; m[5] 7 février 1771, à Charles Bélanger.—*François*, b[5] 18 juillet et s[5] 9 août 1745.—*François*, b[5] 30 sept. 1747; s[5] 19 sept. 1749.—*François*, b[5] 6 nov. 1749; m[5] 26 février 1772, à Marie Cloutier.—*Thérèse*, b[5] 5 oct. 1751, m 20 février 1770, à François Bonneville, à Ste-Marie, Beauce[6]; s[6] 18 mars 1811.—*Joseph*, b[5] 20 mars 1754.

1740, (9 février) Château-Richer.[8]
III.—VERREAU, Pierre, [Barthélemi II.
b 1715; s[8] 27 oct. 1749.
Gravel (1), Thérèse-Catherine, [Claude II.
b 1709.
Marguerite, b[8] 22 nov. 1740; m[8] 27 février 1764, à Joseph Verreau; s 14 mai 1795, à Québec.—*Pierre*, b[8] 31 oct. 1742; s[8] 6 déc. 1745.—*Prisque-Barthélemi*, b[8] 3 février 1745; m 9 nov. 1767, à Marie Cochon.—*Barthélemi*, b[8] 18 oct. et s[8] 18 déc. 1746.—*Pierre*, b[8] 10 février 1748; m[8] 2 août 1774, à Geneviève Cloutier.

1743.
III.—VERREAU, Gabriel, [Barthélemi II.
b 1718; journalier.
Maufay, Madeleine, [Charles III.
b 1725.
Marie-Charlotte, b 31 mai 1744, à Québec.

1753, (12 nov.) Château-Richer.[8]
III.—VERREAU, Paul, [François II.
b 1726; s[8] 2 nov. 1788.
1° Cloutier, Marguerite, [Charles IV.
b 1730; s 23 mai 1777, à Québec.[9]
Paul, b[8] 21 mai 1754.—*Philippe*, b[8] 19 avril 1756, m[9] 24 nov. 1795, à Marie Defoy.—*Charles*, b[8] 22 déc. 1757; s[8] 22 avril 1759.—*Jean-Marie*, b[8] 15 mai 1760—*Marguerite*, b[8] 7 juin 1762.—*François*, b[8] 14 janvier et s[8] 9 février 1764.—*Geneviève*, b... m[9] 21 oct. 1783, à Jean-Baptiste Valière.—*Marie-Joseph*, b... m[9] 16 oct. 1786, à Guillaume Beriau.—*Louise*, b... m[9] 7 juillet 1789, à Louis Beland.—*Apolline*, b 1769; s 28 février 1772, à Ste-Anne.[7]—*Joseph*, b[7] 9 février 1772.

1779, (3 février).[8]
2° Crepeau, Marie-Joseph, [Charles III.
b 1743; veuve de Joseph Laberge.

1754, (8 oct.) Château-Richer.[7]
III.—VERREAU, Barthélemi, [François II.
b 1730.
1° Gaudin, Marie-Madeleine, [Jacques III.
b 1729; s[7] 10 mars 1770.
Marie-Madeleine, b[7] 14 juillet 1755; s[7] 12 sept. 1757.—*Marie*, b[7] 26 août 1757.—*Marie-Brigitte*, b[7] 3 mars 1759.—*Jean-Baptiste*, b[7] 20 juin 1761.—*Madeleine*, b[7] 27 déc. 1762.—*Barthélemi*, b[7] 10 mai 1764; s[7] 20 avril 1765.—*Geneviève*, b[7] 16 oct. 1765.—*François*, b[7] 4 février 1767.—*Marie-Marguerite*, b[7] 16 oct. 1768; s[7] 7 avril 1770.

1772, (23 nov.)[7]
2° Gravel, Marguerite, [Claude III.
b 1729.

(1) Elle épouse, le 18 janvier 1721, Pierre Gravelle, au Château-Richer.

(1) Elle épouse, le 4 février 1754, Jacques Gagnon, au Château-Richer.

1756, (1er mars) Château-Richer.[7]
IV.—VERREAU, Prisque-Barth., [Prisque III.
b 1732.
Laberge, Catherine-Geneviève, [Frs III.
b 1734.
Marie-Catherine, b[7] 7 déc. 1756. — *François*, b 8 mars 1760, à L'Ange-Gardien. — *Marie-Hélène-Catherine*, b[7] 6 nov. 1761. — *Geneviève*, b[7] 18 juin 1763; s[7] 3 déc. 1775. — *Marguerite*, b[7] 4 mars 1765.—*Joseph*, b[7] 14 mai 1767; s[7] 22 juillet 1774.—*Prisque*, b[7] 9 juillet 1769.—*Louise*, b[7] 25 août 1770. — *Elisabeth*, b 26 mars 1772, à Ste-Anne.—*Louis*, b[7] 22 août et s[7] 4 sept. 1773.

1762.
IV.—VERREAU, Pierre, [François III.
b 1741.
Gravel, Catherine, [Charles III.
b 1736.
François, b 1763 ; m 10 juillet 1786, à Jeanne Crête, à St-Augustin.

1764, (5 février) St-Joachim.
IV.—VERREAU, François, [François III.
b 1724.
Landry, Anne, [Joseph I.
Acadienne.
Marie-Anne, b 25 février 1765, au Château-Richer.[6] — *François*, b[6] 8 avril 1766; s[6] 4 avril 1767.—*Marie-Angélique*, b[6] 20 oct. 1767.—*François*, b[6] 17 mai 1771; s[6] 11 janvier 1773.—*Louis*, b 30 sept. 1773, à Ste-Anne. — *François-Etienne*, b[6] 2 août 1778.

1764, (27 février) Château-Richer.
III.—VERREAU, Joseph-Marie, [François II.
b 1732; s 29 nov. 1784, à Québec.[2]
Verreau, Marguerite, [Pierre III.
b 1740; s[2] 14 mai 1795.
Marguerite, b... m[2] 12 sept. 1786, à Ignace Sivadier.

1766, (27 oct.) Baie-St-Paul.[3]
IV.—VERREAU, Joseph-Amable, [Prisque III.
b 1738.
Poitevin, Marie-Frse-Philothée, [Michel III.
b 1744.
Marie-Françoise, b[3] 9 mars 1768.—*Félicité*, b[3] 12 nov. 1770.—*Charlotte*, b[3] 3 mars 1773.—*Amable*, b[3] 27 juin 1775.—*Angélique*, b[3] 30 nov. 1777.

1767, (9 nov.) Château-Richer.[4]
IV.—VERREAU, Prisque-Barth., [Pierre III.
b 1745.
Cauchon, Marie-Therèse, [Ignace IV.
b 1746.
Marie-Thérèse, b[4] 21 oct. 1768; s[4] 6 janvier 1770.—*Catherine*, b[4] 17 nov. 1769; s[4] 3 avril 1770.—*Marguerite*, b[4] 19 avril 1771.—*Marie-Catherine*, b[4] 27 sept. 1772.—*Pierre*, b[4] 24 dec. 1775.—*Marie-Joseph*, b... s[4] 15 mars 1779.

1772, (26 février) Château-Richer.
IV.—VERREAU (1), François, [François III.
b 1749.
Cloutier, Marie, [Zacharie IV.
b 1755.

1774, (2 août) Château-Richer.
IV.—VERREAU, Pierre, [Pierre III.
b 1748.
Cloutier, Geneviève, [Charles V.
b 1753.

1786, (10 juillet) St-Augustin.
V.—VERREAU, François, [Pierre IV.
b 1763.
Crête, Jeanne, [Etienne IV.
b 1759.

1795, (24 nov.) Québec.[6]
IV.—VERREAU, Philippe, [Paul III.
b 1756; s[5] 18 déc. 1827.
Defoy, Marie, [Charles-Augustin III.
b 1756.

VERREAU, Germain-Alexandre, [François.
notaire public.
Fournier, Marie-Ursule, [Anselme.
b 1799.
Eléonore-Edesse, b... m 27 août 1844, à Louis-Zéphirin Duval, à St-Jean-Port-Joli.—*Hospice-Anthelme* (2), b 6 sept. 1828, à l'Islet; ordonne 3 aout 1851, à Montréal.

VERREAU, François. [Prisque-François.
Sylvain, Marie,
b 1752.
Germain, b 1798; m 1825, à Marie-Ursule Fournier, à St-Jean-Port-Joli; s 1864, à L'Islet.

VERRET, Geneviève, b... m à Ambroise Tinon.

1697, (25 nov.) Charlesbourg.[8]
II.—VERRET (3), Joseph. [Michel I.
b 1671; s[8] 13 déc. 1708.
Regnault, Marie-Louise, [Guillaume I.
b 1676; s[8] 16 déc. 1708.
Marie-Anne, b[8] 17 et s[8] 30 août 1699.—*Madeleine*, b[8] 5 sept. 1700; s[8] 21 mars 1703. — *Louis*, b[8] 21 dec. 1702; s[8] 12 janvier 1703. — *Marie-Joseph*, b[8] 24 mars 1704.—*Michel*, b et s 24 janvier 1705, à Lorette.—*Joseph*, b[8] 17 juillet 1706; 1° m 26 oct. 1727, à Marie-Joseph Laroche, à Québec[9]; 2° m[9] 11 août 1739, à Marie-Anne Ferré; s[9] 4 juillet 1750. —*Jean-Baptiste*, b[8] et s[8] 14 dec. 1708.

(1) Voy. vol. III, p. 96.
(2) Premier Principal de l'Ecole Normale Jacques-Cartier. (Voy. *Répertoire du clergé*, p. 246.)
(3) Voy. vol. I, p. 613.

1669, (13 oct.) Quebec.[6]
I.—VERRET (1), MICHEL, b 1646; fils de Jean et de Jeanne De la Pree, de St-Eutrope, diocèse de Xaintes; s 12 février 1724, à Charlesbourg.[7]
1° DESCHAMPS, Marie, b 1646; fille de Jeanne Briolet, de St-Médard, Paris; s [7] 16 mai 1682.
Joseph, b [6] 25 juillet 1671; m [7] 25 nov. 1697, à Marie-Louise RENAUD; s [7] 13 dec. 1708.— *Jean*, b [6] 26 juillet 1673; m [6] 24 juillet 1702, à Marie-Angélique FERRÉ; s 12 mars 1730, à Ste-Foye.— *Jacques*, b [6] 6 janvier 1675; m [6] 27 juin 1712, à Marie DEGUISE; s [7] 23 fevrier 1744. — *Jeanne*, b [6] 29 déc. 1675; 1° m 14 nov. 1701, à Jacques BRUNET, à Lachine; 2° m 19 oct. 1710, à Guillaume DELISLE, à Montreal; 3° m 11 août 1723, à Jean GEAUX-L'IRLANDE, à St-Laurent, M.—*Marie-Madeleine*, b [6] 19 déc. 1677; m [7] 5 oct 1705, à Pierre BON; s [7] 26 mars 1717.— *André*, b [7] 18 février et s [7] 23 mars 1680.
1683 (7 janvier).[7]
2° GALARNEAU, Marie, [JACQUES I.
b 1666.
Pierre, b [7] 19 nov. 1683; m 7 avril 1704, à Madeleine BONIAUT, à Lorette. — *Elisabeth*, b [7] 3 fevrier 1686; m [7] 11 janvier 1712, à Jean LEMEILLEUR.—*Jacques*, b [7] 1er sept. 1688.—*Louis*, b [7] 12 août et s [7] 14 nov. 1690.—*Jean*, b [7] 29 dec. 1691; m 19 août 1715, à Marie-Joseph DE L'ESPINAY, à Beauport.—*Marie-Jeanne*, b [7] 4 mars 1694; s [7] 12 fevrier 1703.—*Michel-Joseph*, b [7] 24 mai 1696.

1702, (24 juillet) Québec.
II.—VERRET, JEAN, [MICHEL I.
b 1673; s 12 mars 1730, à Ste-Foye.
FERRÉ, Marie-Angelique, [PIERRE I.
b 1683.
Marie-Angélique, b 30 sept. et s 4 oct. 1707, à Charlesbourg.

1704, (7 avril) Lorette.[1]
II.—VERRET, PIERRE, [MICHEL I.
b 1683.
BONNIOT (2), Marie-Madeleine,
b 1688.
Michel, b [1] 23 et s [1] 24 janvier 1705. — *Marie-Elisabeth*, b [1] 23 déc. 1705; m 12 juillet 1728, à Jean-Bernard RENAULT, à Charlesbourg[2]; s [2] 19 déc. 1747. — *Simon*, b [1] 14 mai 1708; s [1] 3 mai 1709.—*Pierre*, b [1] 17 fevrier et s [1] 4 mars 1710.— *Jean-Charles*, b [1] 3 fevrier 1711; m [2] 26 mai 1732, à Marguerite TESSIER; s 4 oct. 1758, à Quebec.[3] — *Elisabeth*, b...; m [2] 1728, à Jean RENAUD.—*Marie-Marguerite*, b [2] 8 oct. 1713, m [2] 28 juin 1737, à François DURAND. — *Pierre*, b [3] 12 juin 1716; m [2] 27 nov. 1736, à Madeleine TESSIER; s [2] 20 juillet 1758.—*Pierre-René*, b [2] 1er août 1718; m [2] 3 nov. 1751, à Marie-Charlotte GARNEAU. — *Marie-Geneviève*, b [2] 25 août et s [2] 3 sept. 1720.— *Marie-Nicolas-Louise*, b [2] 15 nov. 1722; s [2] 15 nov. 1725.— *Joseph*, b [2] 6 oct. 1724; 1° m [2] 20 oct. 1749, à Madeleine PAGEOT; 2° m [2] 22 février 1762, à Marie-Louise BÉDARD.—*Jean-Charles*, b [2] 14 oct. 1729; s [2] 19 mars 1731.

(1) Voy. vol. I, p. 583.
(2) Et Bonijaut—St-Onge, 1709.

1712, (27 juin) Québec.[8]
II.—VERRET, JACQUES, [MICHEL I.
b 1675.
DEGUISE, Marie, [GUILLAUME I.
b 1692.
Marie-Anne, b [8] 19 juin 1713. — *Marie-Anne*, b 1714; m 10 nov. 1732, à Louis RÉAUME, à Charlesbourg[9]; s [9] 2 février 1744.—*Jacques-François*, b [8] 14 oct. 1715; m [9] 7 nov. 1740, à Geneviève TESSIER; s [9] 20 février 1744. — *Théodore-Marie*, b [8] 23 déc. 1717; 1° m [9] 21 février 1746, à Marie THIBAULT; 2° m [9] 2 août 1756, à Marie-Louise OUELLET. — *Prisque*, b [8] 13 fevrier 1720; m [9] 2 mai 1746, à Marie-Thérèse BÉDARD.—*Jeanne*, b [8] 1er oct. 1722; 1° m [9] 21 fevrier 1746, à Jean CLICHE; 2° m [9] 7 août 1752, à Pierre-François DROUIN.—*Guillaume*, b [8] 4 oct. 1724.— *Charles*, b [8] 17 nov. 1726; m [9] 24 mai 1762, à Marie-Françoise MASSE.— *Yves*, b 1728; m 1751, à Marie-Geneviève GINGRAS. — *Thomas*, b [9] 18 février 1730.—*Marie-Louise*, b [9] 30 juillet et s [9] 17 août 1732 —*Jean-Baptiste*, b [9] 29 juillet 1733 —*Marie-Joseph*, b [9] 25 juillet 1736; s [9] 17 nov. 1748.

1715, (19 août) Beauport.
II.—VERRET, JEAN, [MICHEL I.
b 1691.
DE L'ESPINAY, Marie-Joseph, [JEAN I.
b 1697; s 12 janvier 1760, à Charlesbourg.[5]
Marie-Joseph, b [5] 22 dec. 1723; 1° m 22 oct. 1739, à Michel BERTHIAUME, à Ste-Foye[6]; 2° m [5] 22 sept. 1749, à Pierre PEPIN; s [5] 9 août 1754.— *Jean*, b [5] 30 nov. 1725; m [6] 12 oct. 1750, à Angelique LANGLOIS.

1727, (26 oct.) Québec.[5]
III.—VERRET, JOSEPH, [JOSEPH II.
b 1706, navigateur; s [5] 4 juillet 1750.
1° LAROCHE, Marie-Joseph, [MICHEL I.
b 1704; s [5] 30 oct. 1733.
Jean, b 1733; s 3 mai 1756, à Sorel.
1739, (11 août).[5]
2° FERRÉ (1), Marie-Amable, [THOMAS I.
b 1718; veuve de François Hedouin.
Joseph-Hyacinthe, b [5] 26 avril 1740. — *Jean-Baptiste*, b 29 mai 1742, à Ste-Foye.— *Jean-Baptiste*, b 1743; s [5] 29 avril 1744.— *Marie-Anne*, b [5] 24 mai et s [5] 8 juin 1745. —*Marie-Angélique*, b [5] 30 mai 1746; m 11 fevrier 1765, à Jean-Baptiste PAQUET, à Chambly.— *Marie-Anne*, b [5] 9 mars 1748, s [5] 9 oct. 1749.

1732, (26 mai) Charlesbourg.[6]
III—VERRET, JEAN-CHARLES, [PIERRE II.
b 1711; s 4 oct. 1758, à Quebec.[7]
TESSIER, Marguerite, [PIERRE II.
s [7] 14 juillet 1758.
Marie, b 1729; m [7] 17 nov. 1750, à Joseph BERTRAND; s 16 juillet 1764, à Ste-Anne-de-la-

(1) Sérat; elle épouse, le 21 janvier 1761, Noel Larivière, veuf de Marie-Anne Artaut, à Chambly.

Pocatière.—*Jean-Charles*, b [6] 26 avril 1733 ; m[6] 5 nov. 1759, à Marie-Louise Roy.—*Marie-Claude*, b [6] 6 mars 1735.—*Geneviève*, b [6] 18 avril 1737 ; 1° m [7] 23 août 1756, à Michel Vandal ; 2° m à Louis-François Guay. — *Charles*, b 1739 ; s [7] 19 déc. 1741.—*Pierre*, b [6] 27 déc. 1739. — *Charles*, b [7] 31 mars 1742. — *Marie-Anne*, b [7] 22 mars 1745. — *Elisabeth*, b [7] 16 sept. 1747 : s [7] 3 nov. 1748.—*Michel*, b [7] 19 mai 1750 ; m 26 oct. 1772, à Marie-Amable Larocque, à Sorel. — *Marie-Joseph*, b 1754 ; s [7] 26 juillet 1755.

1736, (27 nov.) Charlesbourg. [9]

III.—VERRET, Pierre, [Pierre II.
b 1716 ; s [9] 20 juillet 1758.
Tessier, Madeleine, [Pierre II.
b 1714 ; s 25 oct. 1793, à Québec.

Jean-Baptiste, b [9] 26 avril 1737. —*Pierre*, b... m [9] 31 janvier 1763, à Marguerite-Louise Renault. —*Pierre*, b [9] 1er avril 1740 ; m [9] 8 nov. 1762, à Marie-Louise Sasseville. — *Marie-Madeleine*, b [9] 25 dec. 1742. —*Jacques*, b [9] 9 fevrier 1745 : s [9] 5 juillet 1758.—*Marie-Ursule*, b [9] 17 fevrier 1747.—*Marie-Anne*, b [9] 3 juin 1749. — *Thérèse*, b [9] 18 janvier 1752.—*Marie-Charlotte*, b [9] 20 mars 1754. s [9] 22 avril 1756.—*Gabriel*, b [9] 21 avril 1756 ; s [9] 4 juin 1758.

1740, (7 nov.) Charlesbourg. [6]

III.—VERRET, Jacques-Frs, [Jacques II.
b 1715 ; s [6] 20 fevrier 1744.
Tessier (1), Geneviève, [Pierre II
b 1716.

Louis-Jacques, b [6] 26 août et s [6] 7 déc. 1741.—*Jean-Baptiste*, b [6] 28 dec. 1742 ; s [6] 2 avril 1744. —*Marie-Geneviève* (posthume), b [6] 27 oct. 1744 ; 1° m à Claude Gauvreau ; 2° m 29 sept. 1777, à Joseph Drapeau, à Québec.

1746, (21 février) Charlesbourg. [9]

III.—VERRET, Théodore-Marie, [Jacques II.
b 1717.
1° Thibault, Marie-Jeanne, [Etienne III.
b 1724 ; s [9] 14 nov. 1755.

Marie-Joseph, b [9] 28 mars 1748.—*Pierre-André*, b [9] 29 juin 1750. — *Marie-Joseph*, b [9] 16 février 1752.—*Marie-Madeleine*, b [9] 19 fevrier 1753.

1756, (2 août). [9]

2° Ouellet, Marie-Louise, [Jean-Bte III.
b 1734.

Alexis, b [9] 8 avril 1757 ; s [9] 3 fevrier 1759.—*Jean-Marie*, b [9] 28 février 1759 ; s [9] 14 oct. 1759. — *Anne*, b [9] 10 et s [9] 27 juillet 1760. — *Marie-Louise*, b [9] 23 août 1761.

1746, (2 mai) Charlesbourg. [9]

III.—VERRET, Prisque, [Jacques II.
b 1720.
Bedard, Marie-Thérese, [Jacques III.
b 1726.

Deux anonymes, b [9] et s [9] 3 mai 1747.—*Jacques-Prisque*, b [9] 13 janvier 1749. — *Jean*, b [9] 30 mars 1751.

(1) Elle épouse, le 23 oct 1747, François Belanger, à Charlesbourg.

1749, (20 oct.) Charlesbourg [4]

III.—VERRET, Joseph, [Pierre II.
b 1724.
1° Pageot, Madeleine, [Thomas III.
b 1734 ; s [4] 27 oct. 1761.

Marie-Madeleine, b [4] 8 août 1750. — *Marie-Joseph*, b [4] 31 mars 1752 ; s [4] 23 oct. 1755. — *Pierre*, b [4] 4 mars 1755.—*Marguerite*, b [4] 12 mai 1756.—*Thomas*, b [4] 19 janvier et s [4] 18 août 1758. —*Prisque*, b [4] oct. et s [4] 2 nov. 1761.

1762, (22 février). [4]

2° Bedard, Marie-Louise, [Pierre IV.
b 1738.

Joseph-Michel, b [4] et s [4] 18 mars 1763.

1750, (12 oct.) Ste-Foye. [9]

III.—VERRET, Jean, [Jean II.
b 1725.
Langlois (1), Marie-Angélique, [Jean-Bte III.
b 1722.

Joseph-Michel, b [9] 8 déc. 1753.—*Jean-Baptiste*, b [9] et s [9] 27 juin 1759.

1751, (3 nov.) Charlesbourg. [1]

III.—VERRET, Pierre-René, [Pierre II.
b 1718.
Garneau, Marie-Charlotte, [Jean II
b 1736.

Pierre-André, b [1] 8 oct. 1753 ; s [1] 11 août 1760. —*Marie-Charlotte*, b... s [1] 9 juin 1756.—*Charles*, b [1] 24 nov. 1759, s [1] 11 août 1760. — *Marie*, b .. m 3 mars 1794, à Louis Garneau, à Quebec.

1751.

III.—VERRET, Yves, [Jacques II.
b 1728 ; s 4 août 1794, à St-Augustin. [2]
Gingras, Marie-Genev., [Pierre-Jacques III.
b 1730.

Marie-Geneviève, b 18 janvier 1752.— *Marie-Françoise*, b 14 oct. 1753, à Quebec [3] — *Marie-Madeleine*, b [3] 23 juin 1755 ; m 1788, à Jean-Baptiste Vésina.—*Louise*, b 1757 ; s [2] 23 sept. 1758.—*Marie*, b .. m [2] 25 oct. 1784, à Michel Trudel.—*Marie-Charlotte*, b [2] 29 août 1761, m [2] 13 fevrier 1786, à François Tardif.—*Marguerite*, b... m [2] 28 fevrier 1791, à Jacques Rochon.—*Augustin*, b... m [2] 28 fevrier 1791, à Marie Rochon.

1759, (5 nov.) Charlesbourg. [4]

IV.—VERRET (2), Jean-Chs, [Jean-Charles III.
b 1733.
Roy (3), Louise, [Louis-Etienne I
b 1733.

Charles, b 1760 ; m 30 avril 1783, à Marie-Charlotte Réaume, à Quebec. [5] — *Monique*, b [4] 30 nov. 1761.—*Jean*, b... m [5] 5 fevrier 1793, à Marguerite .... — *Marie-Pélagie*, b... m [5] 9 janvier 1798, à François Auger. — *Nicolas*, b... m [5] 21 août 1798, à Veronique Delaure

(1) Traversy.
(2) Dit Caron.
(3) Traversy, 1761.

1762, (24 mai) Charlesbourg. [6]
III.—VERRET, Charles, [Jacques II.
b 1726.
Masse, Marie-Françoise, [Antoine III.
b 1728 ; veuve de Pierre Trudel.
Marie-Anne, b... s [6] 16 oct. 1763.

1762, (8 nov.) Charlesbourg.
IV.—VERRET, Pierre, [Pierre III.
b 1740.
Sasseville, Marie-Louise, [Louis III.
b 1742 ; veuve de Jacques Gendron.

1772, (26 oct.) Sorel.
IV.—VERRET, Michel, [Charles III.
b 1750.
LaRocquebrune, Marie-Amable, [François III.
b 1754.

1783, (30 avril) Québec.
V.—VERRET, Charles, [Charles IV.
b 1760.
Réaume, Marie-Charlotte, [Charles IV.
b 1761.

1791, (28 février) St-Augustin. [7]
VERRET, Augustin. [Yves.
Rochon, Marie, [Jacques III.
b 1770.
Augustin, b [7] 2 déc. 1791.—*Thomas*, b [7] 21 février 1794.

1793, (5 fevrier) Québec.
V.—VERRET, Jean. [Charles IV.
......., Marguerite.

1798, (21 août) Québec.
V.—VERRET, Nicolas, [Charles IV.
Delaure, Veronique. [Joseph.

VERRIER.—Voy. LeVerrier.

1669, (30 sept.) Ste-Famille, I. O.
I.—VERRIER (1), Catherine, femme de Pierre Rondeau.

1673, (21 janvier) Montréal. [1]
I.—VERRIER (2), Pierre, fils de Charles et de Marthe Gigogne, de St-Rémi-de-la-Varenne, diocese d'Angers ; s [1] 30 oct. 1704.
Ganois, Marie-Roberte, [Pierre I
b 1626 ; veuve de Louis Prudhomme, s [1] 14 sept. 1716.

VERSAILLES.—Voy. Bourbonnais—Bourquin, 1748—Martin—Vacherot, 1749—Vallée.

I.—VERSAILLES (3), Guillaume, b 1731, s 27 nov. 1751, aux Trois-Rivières.

(1) Voy. vol. I, p. 527.
(2) Dit LaSaulaye ; maître-charpentier.
(3) Dit Bourbonnais.

1757.
I.—VERT, Raymond.
Dion, Marie-Anne, [Pierre II.
b 1723.
Raymond, b 11 nov. 1757, à Lorette.

VERTEFEUILLE.—Voy. Bachand—Vanasse.

1722, (27 juin) Trois-Rivières.
I.—VERTEFEUILLE, Jean-François,
b 1692 ; Anglais ; s 16 mars 1764, à Nicolet. [7]
Dupuis-Lagarenne, Marguerite, [Jacques I.
b 1701 : s [7] 18 juillet 1781.
François-Augustin, b [7] 1er mai 1723 ; m 1747, à Suzanne Arcouet.—*Alexis*, b [7] 4 mars 1725 ; s [7] 11 sept. 1753.—*Marie-Madeleine*, b [7] 20 oct. 1726 ; m [7] 22 avril 1748, à François Arcouet. — *Marie*, b... m [7] 6 nov. 1747, à Joseph Laspron. — *Jean-Baptiste*, b [7] 5 mai 1729.—*Joseph-Michel*, b [7] 29 sept. 1731. — *Marie-Françoise*, b [7] 5 et s [7] 17 juillet 1733.—*Anonyme*, b [7] et s [7] 13 juillet 1734. —*Marie-Joseph*, b [7] 30 août et s [7] 7 sept. 1735. — *Alexis*, b [7] 4 nov. 1736.—*Pierre*, b [7] 13 août et s [7] 15 dec 1738.—*Marie-Geneviève*, b [7] 9 nov. 1739 ; m [7] 31 mars 1761, à Louis Arnoux.—*Marie-Joseph*, b [7] 10 janvier 1742 ; 1° m [7] 12 sept. 1760, à Jean-François Dair, 2° m [7] 10 janvier 1763, à Joseph Triganne ; s [7] 18 avril 1792.—*Marie-Louise*, b [7] 28 avril et s [7] 28 juillet 1743.—*Anonyme*, b [7] et s [7] 10 mars 1746.

1747.
II.—VERTEFEUILLE, François, [François I.
b 1723.
Arcouet-Lajeunesse, Suzanne, [Pierre II.
b 1726.
Marie, b 9 et s 11 janvier 1748, à Nicolet. [6] — *Anonyme*, b [6] et s [6] 8 janvier 1749. — *Marie-Suzanne*, b [6] 9 fevrier et s [6] 15 juillet 1750.—*Marie-Joseph*, b [6] 24 août 1751 ; s [6] 27 mai 1754. —*Marie-Francoise*, b [6] 29 avril 1753.—*François*, b [6] 14 mars 1754. — *Françoise*, b [6] 15 et s [6] 16 avril 1757.—*Ursule*, b. . s [6] 4 mai 1758.

III.—VERTEFEUILLE, Simon.
Morin, Euphrosine,
b 1761 s 21 mars 1797, à Nicolet.

1749, (18 août) Montréal. [1]
I.—VERVET (1), Edme, b 1721, fils d'Antoine et d'Elisabeth Blassière, de Marchet, diocèse de Laon.
Vivier, Marie-Anne, [Claude II.
b 1722.
Marie-Anne, b [1] 3 août et s [1] 23 sept. 1750.—*Etienne*, b 1752 ; m [1] 19 avril 1779, à Catherine Boyer.—*Jean-Baptiste*, b 1753 ; m [1] 28 oct. 1776, à Marie-Louise Ride.—*Augustin*, b 1759 ; m [1] 24 nov. 1783, à Suzanne Valade.

1776, (28 oct.) Montréal.
VERVET, Jean-Bte, [Edme.
b 1753.
Ride, Marie-Louise, [Jean-Bte.
b 1754.

(1) Dit St-Amour, soldat de la compagnie de M. Celoron.

1779, (19 avril) Montréal.
VERVET (1), ETIENNE, [EDME.
b 1752.
BOYER, Catherine, [CLAUDE III.
b 1760.

1783, (24 nov.) Montréal.
VERVET (1), AUGUSTIN, [EDME.
b 1759.
VALADE, Suzanne, [FRANÇOIS.
b 1765.

VERVILLE.—Voy. BOURBEAU—COUTURIER, 1750.

1749, (14 juin) Trois-Rivières.
I.—VESIN (2), PIERRE-FRANÇOIS-OLIVIER, fils d'Olivier Hugues (seigneur de Lyonne, en Bassigny) et de Louise Leroux, de Dinjolincour, diocèse de Toul.
DUPLESSIS-GATINEAU, Marie-Jos, [JEAN-BTE II.
b 1720.

VÉSINAT.—*Variations :* VESINA — VESINAS — VEZINA.

VÉSINAT, LOUISE, b 1744; épouse de Joseph Vocelle.

VÉSINAT, ELISABETH, b 1749; m à François TERRIEN; s 22 avril 1771, à Terrebonne.

VÉSINAT, MARIE-ANNE, b... 1° m 11 juin 1772, à Louis RENVOYÉ, à Québec²; 2° m ² 27 nov. 1781, à Joseph COTE.

1670, (29 oct.) Château-Richer.
II.—VÉSINAT (3), FRANÇOIS, [JACQUES I.
b 1644.
LEMARIÉ, Jeanne, [DENIS I.
b 1645; s 28 avril 1684, à L'Ange-Gardien.³
Nicolas, b ³ 6 janvier 1681; 1° m 21 oct. 1708, à Marie-Thérèse GIROUX, à Beauport; 2° m ³ 1715, à .... JOLIVET; s ³ 28 oct. 1756.

1679, (10 avril) L'Ange-Gardien ⁶
II.—VÉSINAT, FRANÇOIS, [JACQUES I.
b 1657; s 20 janvier 1703.
CLÉMENT-LAPOINTE, Marie, [JEAN I.
b 1662.
François, b ⁶ 26 mars 1681; m ⁶ 12 nov. 1703, à Marguerite MATHIEU; s ⁶ 26 janvier 1761.—*Marie-Madeleine*, b ⁶ 30 juillet 1683; m ⁶ 25 juin 1703, à Charles QUENTIN.—*Charles*, b ⁶ 26 janvier 1685; m ⁵ 27 juillet 1705, à Louise GAUDIN.—*Jean*, b ⁶ 17 et s ⁶ 30 mai 1687.—*Pierre*, b ⁶ 27 mai 1688, m ⁶ 22 février 1710, à Elisabeth MATHIEU; s ⁶ 10 août 1763.—*Joseph*, b ⁶ 4 juin 1690, m ⁶ 24 avril 1713, à Marie-Anne GARNAUD.—*Angélique*, b ⁶ 13 juillet 1692; m ⁶ 30 janvier 1713, à Antoine OUVRARD.—*Geneviève*, b ⁶ 10 oct. 1694; m ⁶ 10 avril 1714, à Louis GARNAUD.—*Marguerite*, b 10 mars 1698, à Charlesbourg; m 3 janvier 1719, à Jean MEUNIER, à Lorette⁷; s 8 avril 1780, à Quebec.—*Jean-Baptiste*, b ⁶ 24 nov. 1700; 1° m ⁶ 6 nov. 1724, à Barbe GARNEAU; 2° m 1729, à Louise SÉDILOT.—*Jacques*, b ⁶ 23 juillet 1702; m ⁷ 31 janvier 1729, à Marie-Charlotte ROUTIER; s ⁷ 30 août 1761.

1701, (31 janvier) L'Ange-Gardien. ³
III.—VÉSINAT, PIERRE, [FRANÇOIS II.
b 1672; s ³ 19 février 1756.
LETARTRE, Jeanne, [CHARLES II.
b 1683; s 6 avril 1765, au Château-Richer.
Ursule, b ³ 13 nov. 1702; m ³ 17 oct. 1718, à Louis RIOPEL; s 14 nov. 1785, à Québec.⁴—*Pierre*, b ³ 22 avril 1704.—*Athanase*, b ³ 3 mai 1706; m ³ 20 nov. 1731, à Marie-Angelique LABERGE.—*Jean-Baptiste*, b ³ 16 avril 1708.—*Charles*, b ³ 25 avril 1710; 1° m ³ 3 juillet 1752, à Geneviève GARNAUD; 2° m 1763, à Marie-Joseph DUBEAU.—*François*, b ³ 4 mai 1714; m ³ 21 janvier 1754, à Rose GIROU.—*Anne*, b ³ 15 mars 1716, m ³ 9 février 1739, à Pierre GIRARD.—*Marie-Joseph*, b ³ 2 février 1718; m ³ 21 janvier 1737, à André BÉRUBÉ.—*Geneviève*, b ³ 11 mai 1719, 1° m ³ 12 février 1753, à Jean-Baptiste PHILIPPE-LEBEL; 2° m ⁴ 6 février 1759, à Pierre GAUDIN.—*Marguerite*, b ³ 18 nov. 1720.—*Vincent*, b ³ 15 janvier 1723; m ⁴ 13 avril 1750, à Marie-Felicite LEGRIS.—*Augustin*, b ³ 13 dec. 1724; m 3 août 1750, à Marguerite PAGEOT, à Charlesbourg.—*François*, b ³ 10 nov. 1726.

1703, (12 nov.) L'Ange-Gardien. ⁵
III.—VÉSINAT, FRANÇOIS, [FRANÇOIS II.
b 1681; s ⁵ 26 janvier 1761.
MATHIEU, Marguerite, [JEAN I.
b 1687.
François, b ⁵ 23 mai 1706.—*François*, b ⁵ 3 juillet 1707; m 6 mai 1738, à Marguerite TRUDEL, à Quebec⁶, s ⁶ 24 janvier 1786.—*Marguerite*, b ⁵ 16 août 1710; m ⁵ 20 mai 1737, à Nicolas HUBERT.—*Françoise*, b ⁵ 3 mars 1712; m ⁵ 14 janvier 1732, à Philippe TRUDEL.—*Jean*, b ⁵ 7 nov. 1713; m 23 janvier 1741, à Bernardine ROY, à Charlesbourg.—*Marie-Charlotte*, b ⁵ 24 sept. 1715; m ⁵ 25 juin 1742, à Pierre ROY.—*Pierre*, b ⁵ 18 août 1717; m 6 août 1742, à Marie PARANT, à Beauport⁷; s ⁷ 25 juillet 1760.—*Clotilde*, b ⁵ 3 mai 1719; m ⁵ 30 juin 1749, à Jean-Marie MAUFET; s 24 oct. 1751, à Ste-Foye.—*Marie-Angélique*, b ⁵ 7 avril 1721.—*Prisque-Charles*, b ⁵ 19 janvier 1726; 1° m 4 février 1771, à Marie BELANGER, au Château-Richer⁸; 2° m ⁸ 30 janvier 1775, à Marguerite LABRECQUE.—*Marie-Anne*, b ⁵ 6 avril 1728; m ⁵ 19 février 1753, à Jean-François PARENT.

1705, (27 juillet) L'Ange-Gardien. ¹
III.—VÉSINAT, CHARLES, [FRANÇOIS II.
b 1685; s 9 août 1755, aux Ecureuils. ²
GAUDIN, Louise, [CHARLES I.
b 1682; s ² 19 déc. 1752.
Charles, b ¹ 20 avril 1706; m 26 mai 1732, à

(1) Dit St. Amour.
(2) DeVesin, grand-voyer de la province de la Louisiane, et le premier envoyé par le Roi en ce pays pour y établir les forges et fourneaux de St-Maurice, dont il a été le premier directeur.
(3) Voy. vol. I, p. 585.

Marie-Jeanne Aide-Créquy, à la Pte-aux-Trembles, Q.[3] — *Nicolas*, b [1] 1er déc. 1707 ; m 8 nov. 1740, à Marie-Joseph Rivard, à Champlain.— *Louise*, b [1] 27 nov. 1708; m [3] 27 janvier 1727, à Nicolas Faucher.—*Louis*, b [1] 29 nov. 1709.— *François*, b [1] 26 déc. 1710 ; m 9 janvier 1736, à Marie-Anne Rouillard, à Batiscan.—*Louis*, b [1] 3 juin 1714 ; m [3] 18 janvier 1740, à Marie-Anne Faucher.—*Jean-Baptiste*, b [1] 8 dec. 1715 ; s [2] 3 juillet 1747.—*Alexandre*, b [1] 8 mai 1717 ; 1° m [2] 3 fevrier 1749, à Madeleine Dussault ; 2° m [3] 17 août 1761, à Catherine Bertrand.—*Marie*, b [1] 29 sept. 1718 ; s [3] 13 août 1736.

1708, (21 oct.) Beauport. [1]

III.—VÉSINAT, Nicolas, [François II.
b 1681 ; s 28 oct. 1756, à L'Ange-Gardien. [2]
1° Girou, Marie-Thérèse, [Jean II.
b 1690.

Marie-Thérèse, b [2] 13 sept. 1709 ; m [2] 21 février 1735, à Jean Langevin. — *Marie-Agnès*, b 1709, s [1] 9 avril 1759. — *François*, b [2] 26 février 1711 ; m [1] 15 février 1740, à Marie-Joseph Lepinet.— *Jean-Baptiste*, b [2] 10 nov. 1712. — *Marie-Jeanne*, b [2] 16 avril 1714 ; m [1] 4 avril 1731, à Noël-Michel Tardif ; s [1] 17 sept. 1757.

1715, (29 juillet). [2]
2° Jolivet, Marguerite, [Edme I.
b 1694 ; s [2] 1er avril 1754.

Louis, b [2] 4 nov. 1716. — *Joseph*, b [2] 30 déc. 1718 ; 1° m [2] 19 nov. 1753, à Marie-Anne Garnaud ; 2° m [1] 19 fevrier 1759, à Marie Parant.— *Charles*, b [2] 4 dec. 1719 ; m 1748, à Barbe Huot. —*Joseph*, b [2] 5 avril 1721. — *Gabriel*, b [2] 3 oct. 1722.—*Brigitte*, b [2] 10 janvier 1724 ; m [2] 26 janvier 1750, à Jean-Baptiste Soulard, s 17 juillet 1793, à St-Augustin. — *Ange-Gabriel*, b [2] 21 mai 1725.—*Nicolas*, b [2] 28 août 1726.— *Marie*, b [2] 25 mars 1728, m [2] 26 nov. 1753, à Claude Bélanger. — *Marguerite-Angélique*, b [2] 28 juin 1729.— *Marie-Joseph*, b [2] 4 mai 1731 ; m à Louis Derome. — *Marguerite*, b [2] 27 juillet 1733. — *Marie-Françoise*, b [2] 27 juin 1735 ; m [2] 30 janvier 1758, à Jean-Baptiste Giroux.

1710, (22 fevrier) L'Ange-Gardien [6]

III.—VÉSINAT, Pierre, [François II
b 1688 ; s [6] 10 août 1763.
Mathieu, Elisabeth, [Jean I.
b 1689.

Marie-Angélique, b [6] 4 oct. 1711. — *Marie-Jeanne*, b [6] 10 avril 1712, m [6] 10 nov 1732, à Jean-Baptiste Bélanger. — *Félicité*, b [6] 10 déc. 1712 ; 1° m [6] 21 juillet 1738, à Etienne Dubreuil ; 2° m 10 janvier 1746, à Joseph Laforest, à Quebec [7] ; s [7] 4 oct. 1757.—*Geneviève*, b [6] 10 dec. 1712 ; m [6] 5 nov. 1736, à Charles Poitevin. — *Pierre*, b [6] 4 juin 1714.—*Pierre*, b [6] 2 nov. 1715 ; m [7] 5 août 1743, à Marie-Louise Parant.—*François*, b [6] 7 sept. 1717 ; m [7] 11 janvier 1745, à Marie-Charlotte Dubreuil ; s [7] 8 sept. 1751. — *Elisabeth*, b [6] 25 juin 1719, m à Charles Grenier.— *Jean-Baptiste*, b [6] 27 juillet 1720 ; m [6] 31 janvier 1757, à Marie-Geneviève Trudel.—*Louis*, b [6] 20 mai 1722 ; m 11 janvier 1751, à Marguerite Grenier, à Beauport. [8]—*Ange-Gabriel*, b [6] 11 mars 1724 ; 1° m [8] 11 janvier 1751, à Marie-Anne Grenier ; 2° m [6] 15 janvier 1753, à Madeleine Quentin.—*Isabelle*, b [6] 25 mai 1726 ; m [6] 19 avril 1751, à Charles Grenier. — *Marguerite*, b [6] 10 mai 1728. — *Véronique*, b [6] 29 janvier 1730. — *Jean-Baptiste*, b [6] 1er nov. 1732. — *Michel-Basile*, b [6] 20 mai 1735 ; m [6] 24 nov. 1760, à Marguerite Tremblay.

1713, (24 avril) L'Ange-Gardien.

III.—VÉSINAT, Joseph, [François II.
b 1690 ; s 4 déc. 1749, à Lorette. [1]
Garnaud, Marie-Anne, [Louis II.
b 1695.

Joseph, b [1] 6 mars 1715 ; m 3 avril 1742, à Catherine Jobidon, au Château-Richer. — *Marie-Jeanne*, b 1715 ; m [1] 22 fevrier 1745, à Jean Robitaille ; s [1] 12 oct. 1759.— *Louis*, b [1] 11 juin et s [1] 27 août 1717. — *Marie-Jeanne*, b [1] 10 février 1719.—*Marie-Agnès*, b 20 dec. 1721, à Ste-Foye. —*Barbe*, b [1] 6 avril 1727 ; s [1] 2 mai 1728.—*Anne*, b [1] 13 juin et s [1] 27 août 1730. — *Marie*, b [1] et s [1] 15 juin 1733.— *Geneviève*, b [1] 17 mai 1735 ; s [1] 4 dec. 1753.

1724, (6 nov.) L'Ange-Gardien. [3]

III.—VÉSINAT, Jean, [François II.
b 1700 ; s 1er nov. 1740, à Lorette. [4]
1° Garneau, Barbe, [Louis II.
b 1698 ; veuve de Jean-Baptiste Soulard ; s [4] 20 mai 1728.

Marie, b 1726, s [4] 15 janvier 1754.—*Louis*, b [4] 7 juillet 1727 ; m [3] 19 fevrier 1754, à Madeleine Masson.—*Barbe*, b 1728 ; 1° m 1748, à Guillaume Marois ; 2° m [3] 19 avril 1751, à Charles Mathieu.

2° Sedilot, Louise, [Ls-Charles III.
b 1709 ; s 23 juin 1782, à St-Augustin. [5]

Jean-Denis-Louis, b 30 oct. 1731, à Ste-Foye ; m [4] 27 janvier 1755, à Geneviève Riopel.—*Marie-Louise*, b [4] 4 janvier 1734 ; s [4] 17 sept. 1749. — *Joseph*, b [4] 6 juin 1735 ; m [5] 18 avril 1762, à Marguerite Coté. — *Marie-Madeleine*, b [4] 9 nov. 1736 ; s [4] 13 sept. 1749.—*Marguerite*, b [4] 8 et s [4] 21 sept. 1739.

1729, (31 janvier) Lorette. [1]

III.—VÉSINAT, Jacques, [François II.
b 1702 ; menuisier ; s [1] 30 août 1761.
Routier, Marie-Charlotte, [Jean II.
b 1706.

Jacques, b 2 et s 25 janvier 1730, à Québec. [2]— *Catherine-Charlotte*, b [2] 10 août 1731 ; s [2] 6 mars 1749.—*Jacques*, b [2] 22 août 1734. — *Paul*, b [2] 9 nov. 1736 ; s [2] 11 mai 1743.—*Ursule*, b [2] 22 sept. 1740, m [2] 21 nov. 1763, à Charles Vésina ; s [2] 27 oct. 1784. — *Marie-Louise*, b [2] 10 juin 1742. — *Marguerite*, b [2] 22 juin 1744 ; s [2] 24 sept. 1783.— *Marie*, b [2] 14 mai 1746.

1731, (20 nov.) L'Ange-Gardien. [1]

IV.—VÉSINAT, Athanase, [Pierre III.
b 1706.
Laberge, Marie-Angelique, [François II.
b 1712.

Marie-Jeanne, b [1] 18 sept. 1732 ; m 2 fevrier 1756, à Jacques Paquet, à St-Vincent-de-Paul. [2]

—*Pierre*, b et s 28 avril 1734, à Lorette. — *Jean-Baptiste*, b 10 juin 1735, à St-Augustin. [3] —*Jacques*, b [3] 1er et s [3] 28 mai 1737. — *Athanase*, b [3] 3 avril 1738. — *Marie-Françoise*, b [3] 5 mars 1740; s [3] 9 sept. 1752. — *Pierre*, b 1741; m [3] 13 avril 1761, à Charlotte Cire. — *François*, b 1743; s [3] 11 mai 1748. — *Charles*, b [3] 15 nov. 1744; m 26 février 1770, à Marie-Geneviève Terrien, à Terrebonne. [4] —*Marie*, b [3] 30 janvier 1747. — *Marie-Angélique*, b [3] et s [3] 27 nov. 1748. — *Marie-Louise*, b [3] 25 dec. 1752; m [4] 13 janvier 1772, à Joseph Deblois.—*Jacques-Charles*, b [2] 30 janvier et s [2] 13 juin 1756.

1732, (26 mai) Pte-aux-Trembles, Q. [1]

IV.—VÉSINAT, Charles, [Charles III.
b 1706.
Aide-Crequy, Marie-Jeanne, [Jean II.
b 1715.

Charles-François, b [1] 29 nov. 1733; m 21 nov. 1763, à Ursule Vésina, à Quebec. [2] — *Louis*, b [1] 23 mars 1735; m [2] 3 oct. 1774, à Marie-Joseph Allegrain. — *Antoine*, b [1] 7 mars et s [1] 23 nov. 1737. — *Marie-Thérèse*, b [1] 26 sept. 1738; m [1] 3 février 1766, à Joseph Grenier; s [1] 18 oct. 1766. —*Marie-Jeanne*, b [1] 21 oct. 1740; s [1] 4 nov. 1758. —*Augustin*, b 1742; 1° m à Marie Juneau; 2° m [1] 13 janvier 1777, à Catherine Faucher. — *Antoine*, b [1] 11 oct. 1744; s [1] 14 juillet 1764.—*Prisque*, b [1] 13 nov. 1746.—*Marie-Louise*, b [1] 6 août 1748; m [1] 13 janvier 1777, à Hyacinthe Delisle. — *Angélique*, b [1] 22 fevrier 1750; s [1] 27 juillet 1751. — *Eustache*, b [1] 17 février 1752.

1736, (9 janvier) Batiscan [4]

IV.—VÉSINAT, François, [Charles III.
b 1710.
Rouillard (1), Marie-Anne, [Joseph II.
b 1719.

François-Xavier, b [4] 28 oct. et s [4] 15 nov. 1736. — *Marie-Anne*, b [4] 17 juillet 1738; m [4] 29 oct. 1758, à Pierre-Joseph Lafond; s [4] 9 juillet 1795. — *Louis-François*, b [4] 18 oct. 1739; m 2 mars 1767, à Marguerite Laurent, au Bout-de-l'Ile, M. — *Marie-Joseph*, b... m [4] 20 nov. 1769, à Michel Martin.

1738, (6 mai) Quebec. [9]

IV.—VÉSINAT, François, [François III.
b 1707; s [9] 24 janvier 1786.
Trudelle, Marguerite, [Philippe II.
b 1709.

1740, (18 janvier) Pte-aux-Trembles, Q. [1]

IV.—VÉSINAT, Louis, [Charles III.
b 1714.
Faucher (2), Marie-Anne, [Nicolas II.
b 1718.

Louis-Joseph, b [1] 27 oct. 1740; m [1] 3 fevrier 1777, à Marie-Catherine Léveillé. — *Charles*, b 1744; m 13 fevrier 1775, à Elisabeth-Celeste Bérard, à l'Ile-Dupas.—*Jean-Baptiste*, b 31 mars 1746, aux Ecureuils [2]; s [2] 12 nov. 1747.—*Marie-Anne*, b [2] 2 mars 1748; m [2] 3 fevrier 1772, à Joseph Matte. — *Anonyme*, b [2] et s [2] 13 sept. 1749. — *Marie-Louise*, b [2] 10 et s [2] 12 avril 1751. —*François*, b [2] 28 avril 1752; s [2] 2 janvier 1760. —*Marie-Angélique*, b [2] 30 juin 1754; m 1775, à Augustin-Pierre Maillot.—*Jean-Baptiste*, b [2] 20 avril 1757. — *Augustin*, b [2] 17 sept. 1760; m 26 nov. 1787, à Marie-Anne Voyer, à Ste-Foye.—*Marie-Thérèse*, b [2] 17 sept. 1760.

(1) Fondville.

(2) Châteauvert.

1740, (15 février) Beauport. [2]

IV.—VÉSINAT, François, [Nicolas III.
b 1711.
Lepinet, Marie-Joseph, [Ignace II.
b 1723; s [2] 19 sept. 1749.

François, b 15 janvier 1741, à Laprairie; s [2] 6 juin 1743.—*Marie-Joseph*, b [2] 4 janvier 1743; s [2] 26 février 1745.—*Marie-Joseph*, b [2] 29 mars 1745, s [2] 30 avril 1749. — *Noël*, b [2] 5 nov. 1746. — *Pierre-François*, b [2] 11 et s [2] 25 avril 1749.

1740, (8 nov.) Champlain.

III.—VÉSINAT, Nicolas, [Charles II
b 1707.
Rivard (1), Marie-Joseph, [François III.
b 1718,

Marie-Louise, b 25 août 1741, à Ste-Anne-de-la-Perade; s 11 dec. 1741, à St-Pierre-les-Becquets. [9] — *Marie-Euphrosine*, b [9] 9 oct. 1742.—*Marie-Angelique*, b [9] 9 dec. 1746; s [9] 1er juillet 1748. — *Michel-Athanase*, b [9] 15 nov. 1750. — *Joseph*, b [9] 26 avril et s [9] 20 mai 1753. — *Louis*, b [9] 26 sept. 1754. — *Joseph*, b [9] 1er mars et s [9] 11 juillet 1756. — *Marie-Clotilde*, b [9] 16 avril 1759.

1741, (23 janvier) Charlesbourg.

IV.—VÉSINAT, Jean, [François III.
b 1713.
Roy, Bernardine, [Pierre II.
b 1718.

Marie-Marguerite, b 17 mars 1742, à L'Ange-Gardien [8]; m [8] 17 janvier 1763, à Nicolas Lefrançois.—*Pierre-François*, b [8] 21 dec. 1744.

1742, (3 avril) Château-Richer.

IV.—VÉSINAT, Joseph, [Joseph III
b 1715, s 7 janvier 1758, à Lorette. [4]
Jobidon (2), Catherine, [Louis III.
b 1725.

Catherine, b [4] 30 mars 1743; m à Augustin Thibault. — *Marie-Marguerite*, b 6 mars 1745, à St-Augustin. [5] — *Marie-Louise*, b [5] 21 sept. et s [5] 10 nov. 1747.— *Marie-Anne*, b [4] 12 juin 1755.—*Joseph-Louis* (posthume), b [4] 15 fevrier 1758, m 24 juillet 1786, à Geneviève Vésina.—*Marie-Agnès*, b... m [5] 20 oct. 1783, à Nicolas Coté.

1742, (6 août) Beauport. [7]

IV.—VÉSINAT, Pierre, [François III.
b 1717, s [7] 25 juillet 1760.
Parant (3), Marie-Françoise, [François III.
b 1720, s 28 fevrier 1786, à Quebec. [8]

(1) Lavigne—Lanouette.

(2) Et Bidon; elle épouse plus tard Paul Rasset.

(3) Elle épouse, le 7 sept. 1761, Charles Vallée, à Beauport.

Françoise-Elisabeth, b [8] 15 juin 1743; m [8] 4 oct. 1773, à Jean-Baptiste Marmet.—*Marie-Anne*, b [8] 27 août 1744; s [8] 19 oct. 1748. — *Pierre*, b [8] 27 oct. 1745; s [7] 17 nov. 1748.—*François*, b [8] 17 janvier 1747; s [7] 20 février 1758. — *Antoine*, b [8] 12 août 1748. — *Marie-Angélique*, b [8] 30 sept. 1749; m [8] 16 janvier 1775, à Joachim-René Primeau. — *Joseph-Marie*, b [8] 15 mars et s [8] 12 avril 1751.—*Joseph-Marie*, b [8] 24 avril 1752.—*Jacques*, b [8] 2 nov. 1753; s [8] 2 oct. 1755. — *Marie-Joseph*, b [8] 12 mars et s [8] 12 sept. 1755. — *Marie-Angélique*, b [8] 17 avril 1756.— *Marguerite*, b [8] 13 janvier et s [8] 27 juin 1758. — *Jacques*, b [8] 12 avril et s [8] 2 sept. 1759.

1743, (5 août) Quebec. [9]

IV.—VÉSINAT, Pierre, [Pierre III.
b 1715; charpentier.
Parant, Marie-Louise, [Joseph II.
b 1717; veuve d'Antoine Bonnet.

Marie-Louise, b [9] 24 oct. et s [9] 11 nov. 1745.—*Pierre-Hilaire*, b [9] 17 nov. et s [9] 15 dec. 1746.—*Pierre-François*, b [9] 8 août 1748.—*Marie-Louise*, b [9] 8 juillet 1750; s [9] 24 avril 1751. — *Pierre-Nicolas*, b [9] 1er et s [9] 15 août 1752. — *François*, b [9] 1er sept. 1753; s [9] 25 juillet 1757. — *Marie-Louise*, b [9] 15 mai 1755; s [9] 18 janvier 1757. — *François*, b [9] 9 août 1757. — *Marie-Louise*, b [9] 2 sept. 1761; m [9] 10 février 1784, à Jacques Leblond.—*Marie-Ursule*, b [9] 10 mai 1763.

1745, (11 janvier) Québec. [9]

IV.—VÉSINAT, François, [Pierre III.
b 1717; voiturier; s [9] 8 sept. 1751.
Dubreuil (1), Marie-Chtte, [Jean-Etienne II.
b 1727.

Marie-Charlotte, b [9] 4 janvier 1746.—*François*, b 1746; s [9] 24 nov. 1748. — *Elisabeth*, b [9] 5 oct. 1747; s [9] 13 août 1748. — *Marie-Anne*, b [9] 8 mai 1749; m 22 février 1773, à Louis-Joseph Robineau, à Sorel. — *Marie-Elisabeth*, b [9] 6 janvier 1751.

1748.

IV.—VÉSINAT, Charles, [Nicolas III.
b 1719.
Huot (2), Barbe, [Nicolas II.
b 1722.

Marie-Joseph, b 24 fevrier 1749, à L'Ange-Gardien. [3]— *Marie*, b [3] 6 mai 1750.—*Jean-Charles*, b [3] 4 oct. 1751. — *Barbe-Isabelle*, b [3] 5 juin 1753. —*Louis*, b [3] 9 mai 1755; s [3] 6 juin 1761.—*François*, b [3] 12 août 1756.— *Louis*, b [3] 10 avril 1758. —*Marie-Madeleine*, b 30 dec. 1759, à Beauport [4]; s [4] 13 mars 1760. — *Marie-Madeleine*, b [3] 28 oct. 1762.

1749, (3 février) Ecureuils. [9]

IV.—VÉSINAT, Alexandre, [Charles III.
b 1717.
1° Dussault, Madeleine, [Denis II.
b 1726; s [9] 29 avril 1759.

Athanase, b [9] 25 mars et s [9] 18 juin 1750. — *Marie-Madeleine*, b [9] 19 juillet 1751; m 16 janvier 1775, à François-Xavier Prou, à la Pte-aux-Trembles, Q. [8]— *Scholastique*, b [9] 23 mars 1753, à Augustin Matte. — *Marie-Louise*, b [9] 1er mai 1755.— *Alexandre*, b [9] 17 mars 1757; m 1780, à Angelique Germain.

1761, (17 août). [8]

2° Bertrand, Catherine, [Guillaume II.
b 1725.

Antoine, b [9] 23 mars 1763.

1751, (11 janvier) Beauport.

IV.—VÉSINAT, Gabriel, [Pierre III.
b 1724.
1° Grenier, Marie-Anne, [Joseph III.
b 1727; s 27 dec. 1751, à L'Ange-Gardien. [2]

1753, (15 janvier). [2]

2° Quentin, Madeleine, [Guillaume III.
b 1729.

Marie-Madeleine, b [2] 5 nov. 1753. — *Gabriel*, b [2] 26 juin 1755.

1750, (13 avril) Québec.

IV.—VÉSINAT (1), Vincent, [Pierre III.
b 1723; s 26 janvier 1794, à Saint-Augustin. [9]
Legris-Lépine, Marie-Félicite, [Jean-Bte II.
b 1728; s [9] 28 janvier 1788.

Jean-Baptiste, b 15 janvier 1751, à L'Ange-Gardien. — *Marie-Felicité*, b [9] 3 avril 1755; m [9] 15 janvier 1781, à Charles Lessard.— *Augustin*, b 1757; s [9] 1er février 1759. — *Prisque-Augustin*, b 11 juin 1761, à Lorette.

1750, (3 août) Charlesbourg. [4]

IV.—VÉSINAT, Augustin, [Pierre III.
b 1724.
Pageot, Marie-Marguerite, [Joseph II.
b 1720; veuve de Louis Morand.

Marie-Geneviève, b [4] 12 mai 1751; s [4] 6 déc. 1759. — *Marie-Marguerite*, b [4] 11 juillet 1753.— *Marie-Joseph*, b [4] 5 août 1755; m 5 fevrier 1776, à Pierre Gingras, à St-Vincent-de-Paul.—*Marie-Anne*, b [4] 28 juillet 1757. — *Augustin*, b [4] 17 mars 1760; s [4] 6 oct. 1761.

1751, (11 janvier) Beauport. [1]

IV.—VÉSINAT, Louis, [Pierre III.
b 1722.
Grenier, Marguerite, [Joseph III.
b 1725.

Louis, b [1] 10 oct. 1751.—*Joseph-Pierre*, b [1] 27 août 1753. — *Jean-Baptiste*, b [1] 15 dec. 1755; s [1] 13 janvier 1757. — *Marie-Marguerite*, b [1] 18 nov. 1757; s [1] 30 août 1758. — *Marie*, b [1] 9 déc. 1759; s [1] 9 avril 1760. — *Marie-Marguerite*, b [1] 5 oct. 1761. — *Pierre*, b 13 avril 1764, à L'Ange-Gardien. — *Michel*, b 18 juillet 1766, au Château-Richer.

1752, (3 juillet) L'Ange-Gardien. [1]

IV.—VÉSINAT, Charles, [Pierre III.
b 1710.
1° Garnaud, Geneviève, [Pierre-Jacques III.
b 1730; s [1] 13 fevrier 1761.

(1) Elle épouse, le 24 nov. 1757, Jean Duhemme, à Quebec.

(2) Voy. vol. IV, p. 553.

(1) Voy. vol. I, p. 372.

Geneviève, b [1] 27 janvier 1754. — *Marguerite*, b [1] 23 sept. 1757; s [1] 1er juillet 1761. — *Marie-Madeleine*, b 1er février 1760, à Beauport.

2° DUBEAU, Marie-Joseph.

Marie, b et s 15 avril 1765, au Château-Richer.

1753, (19 nov.) L'Ange-Gardien. [9]

IV.—VÉSINAT, JOSEPH, [NICOLAS III.
b 1718.

1° GARNAUD, Marie-Anne, [PIERRE-LOUIS III.
b 1734; s [9] 9 sept. 1755.

Marie-Anne, b [9] 4 sept. 1754.

1759, (19 février) Beauport. [8]

2° PARANT, Marie. [JOSEPH.

Joseph, b [8] 19 août 1760. — *Pierre*, b [9] 22 avril 1762. — *Marie-Joseph*, b [9] 11 oct. 1764. — *Louis-Marie*, b 7 avril 1766, au Château-Richer.

1754, (21 janvier) L'Ange-Gardien. [7]

IV.—VÉSINAT, FRANÇOIS, [PIERRE III.
b 1714.

GIROU (1), Rose, [LOUIS III.
b 1725.

François, b [7] 16 déc. 1754.—*Marie-Jeanne*, b [7] 4 juillet 1756; s 27 juin 1766, au Château-Richer. [8] —*Jean-Baptiste*, b [7] 16 juillet 1758. — *Pierre*, b [7] 14 février 1762; s [8] 7 juillet 1766. — *Jean-Baptiste*, b [7] 15 juillet et s [7] 24 août 1764.—*Marie-Anne*, b [8] 19 et s [8] 22 juin 1766.

VÉSINAT, LOUIS,
b et s 13 février 1754, à Lorette.

1754, (19 février) L'Ange-Gardien.

IV.—VÉSINAT, LOUIS, [JEAN III.
b 1721; s 29 déc. 1758, à St-Augustin. [9]

MASSON (2), Madeleine, [JEAN-FRANÇOIS II.
b 1734.

Louis, b [9] 3 mai 1755.—*Charles-Louis*, b 4 juin 1757, à Québec; s [9] 17 oct. 1758.

1755, (27 janvier) Lorette. [4]

IV.—VÉSINAT, JEAN-DENIS-LS, [JEAN III.
b 1731.

RIOPEL, Geneviève, [NICOLAS II.
b 1734.

Marie-Geneviève, b 28 nov. 1755, à Ste-Foye; m 24 juillet 1786, à Joseph VÉSINA, à St-Augustin. — *Anonyme*, b [4] et s [4] 25 mars 1757.—*Joseph*, b [4] 6 oct. 1758.—*Jean-Baptiste*, b [4] 3 dec. 1761.

1757, (31 janvier) L'Ange-Gardien.

IV.—VESINAT, JEAN-BTE, [PIERRE III.
b 1720.

TRUDEL, Marie-Geneviève, [NICOLAS III.
b 1734.

Jean-Baptiste, b 2 déc. 1757, à Québec [1]; s [1] 23 juillet 1758. — *Jean-Baptiste*, b 2 août 1759, à Charlesbourg.—*Joseph*, b 19 dec 1761.—*Nicolas*, b 9 février 1765, au Cap-St-Ignace.

(1) Voy. vol. IV, p. 292.

(2) Elle épouse, le 27 sept 1762, Joseph Forget, à la Rivière-des-Prairies.

V.—VÉSINAT, AUGUSTIN, [CHARLES IV.
b 1742.

1° JUNEAU, Marie.

Charles, b 24 oct. 1760, à St-Augustin [2] — *Marie-Joseph*, b 1770; s [2] 16 juillet 1782.

1777, (13 janvier) Pte-aux-Trembles, Q. [3]

2° FAUCHER, Catherine, [JEAN-BTE III.
b 1749.

Augustin, b [3] 28 nov. 1777.

1760, (24 nov.) L'Ange-Gardien. [4]

IV.—VÉSINAT, MICHEL-BASILE, [PIERRE III.
b 1735.

TREMBLAY, Anne-Marguerite, [PIERRE III.
b 1738.

Michel-Basile, b [4] 2 fevrier 1762.—*Pierre*, b [4] 11 oct. 1764.

1761, (13 avril) St-Vincent-de-Paul.

V.—VÉSINAT, PIERRE, [ATHANASE IV.
b 1741.

SYRE, Charlotte, [MICHEL II.
b 1739.

1762, (18 avril) St-Augustin. [5]

IV.—VÉSINAT, JOSEPH, [JEAN III.
b 1735.

COTÉ, Marguerite, [FRANÇOIS IV.
b 1748.

Marguerite, b... m [5] 12 fevrier 1787, à Louis DEFOY. — *Joseph*, b 1763; m [5] 9 nov. 1789, à Marie-Anne MAROIS.—*Augustin*, b 1773; s [5] 26 janvier 1791.

1763, (21 nov.) Québec. [6]

V.—VÉSINAT, CHARLES-FRS, [CHARLES IV.
b 1733; s [6] 7 mars 1795.

VÉSINAT, Ursule, [JACQUES III.
b 1740; s [6] 27 oct. 1784.

Ursule, b... m [6] 25 juillet 1786, à Jean-Baptiste DUBORD.

1767, (2 mars) Bout-de-l'Ile, M.

V.—VÉSINAT, FRANÇOIS, [FRANÇOIS IV.
b 1739.

LAURENT, Marguerite, [JEAN I.
b 1737; veuve de Jean-Baptiste Darac.

VÉSINAT, FRANÇOIS.

FOURVILLE, Marie-Anne.

Alexis, b... 1° m à Veronique LAURENT; 2° m 21 nov. 1803, à Geneviève VALLÉE, à St-Charles, Mo.

1770, (26 février) Terrebonne.

V.—VÉSINAT, CHARLES, [ATHANASE IV.
b 1744.

TERRIEN (1), Marie-Geneviève, [FRANÇOIS III.
b 1752

(1) Elle épouse, le 26 juin 1779, François Lauzon, à Terrebonne.

1771, (4 février) Château-Richer. [7]
IV.—VÉSINAT, PRISQUE, [FRANÇOIS III.
b 1726.
1° BÉLANGER, Marie, [AUGUSTIN IV.
b 1732 ; s [7] 24 dec. 1772.
1775, (30 janvier).[7]
2° LABRECQUE, Marguerite, [LAURENT III.
b 1743.
Marie-Marguerite, b [7] 31 déc. 1775.— *Marguerite*, b [7] 4 mai 1777.—*Marie-Louise*, b [7] 7 août 1779.

1774, (3 oct.) Québec.
V.—VÉSINAT, LOUIS, [CHARLES IV.
b 1735.
ALLEGRAIN, Marie-Joseph, [JEAN-LOUIS I.
b 1748.

1775, (13 fevrier) Ile-Dupas.
V.—VÉSINAT, CHARLES, [LOUIS IV.
b 1744.
BÉRARD, Elisabeth-Celeste, [PIERRE II.
b 1744.

1777, (3 fevrier) Pte-aux-Trembles, Q.
V.—VÉSINAT, LOUIS-JOS, [LOUIS IV.
b 1740.
LÉVEILLÉ, Marie-Catherine, [JEAN III.
b 1740; veuve de François Rognon.

1780.
V.—VÉSINAT, ALEXANDRE, [ALEXANDRE IV.
b 1757.
GERMAIN, Angelique, [ANTOINE III.
b 1754.
Angélique, b 9 et s 11 oct. 1781, aux Ecureuils.[6] —*Alexandre*, b [6] 25 et s [6] 27 juin 1782.

VÉSINAT, JEAN-BTE.
HAMEL, Elisabeth.
Jean-Baptiste, b 23 avril 1781, à St-Augustin. [6] —*Joseph*, b [6] 16 mai 1782.—*Elisabeth*, b [6] 23 oct. 1783.—*Marie-Amable*, b [6] 27 août 1785. — *Madeleine*, b [6] 29 dec. 1786.— *Pierre-Paul*, b [6] 28 juin 1790.—*Félicité*, b [6] 29 fevrier 1792. — *Joseph*, b [6] 28 avril 1793.—*Alexis*, b [6] 24 janvier 1795.

VÉSINAT, PIERRE.
DEGUISE, Marie-Charlotte.
Augustin-Alexandre, b... m 8 janvier 1816, à Marie-Anne CHINIC, à Quebec [5] — *Pierre*, b... m [5] 21 mai 1798, à Julie MENARD.

VÉSINAT, PIERRE.
BELLEROSE, Françoise.
Antoine, b 1er mars 1785, à Lachenaye.

VÉSINAT, ANTOINE
GRIAU, Marie-Anne,
b 1756 ; s 7 dec. 1789, à Québec.

1786, (24 juillet) St-Augustin (1).
V.—VÉSINAT, JOSEPH-LOUIS, [JOSEPH IV.
b 1758.
VÉSINAT, Geneviève, [JEAN IV.
b 1755.

1787, (26 nov.) Ste-Foye. [9]
V.—VÉSINAT, AUGUSTIN, [LOUIS IV.
b 1760.
VOYER, Marie-Anne,
veuve d'Ambroise Galarneau.
Louise, b [9] 21 déc. 1788 ; s [9] 17 avril 1789.

VÉSINAT, JEAN-BTE.
VERRET, Madeleine, [YVES III.
b 1755.
Madeleine, b 29 dec. 1789, à St-Augustin. [3]— *Angélique*, b [3] 11 dec. 1791. — *Marie-Anne*, b [3] 3 juillet 1793.—*Geneviève*, b [3] 17 nov. 1795.

1789, (9 nov.) St-Augustin. [9]
V.—VÉSINAT, JOSEPH, [JOSEPH IV.
b 1763.
MAROIS, Marie-Anne, [JOSEPH III.
b 1765.
Joseph, b [9] 23 avril 1791. — *Olivier*, b [9] 9 août 1794.

1798, (11 mai) Québec.
VÉSINAT, PIERRE, [PIERRE.
avocat.
MÉNARD, Julie, [ETIENNE IV.
b 1775.

1816, (8 janvier) Québec.
VÉSINAT, AUGUSTIN-ALEXANDRE, [PIERRE.
courtier.
CHINIC (2), Marie-Anne. [MARTIN II.

VESNE.—Voy. VOYNE.

1734, (21 juin) Longue-Pointe.
I.—VESSIÈRE, PIERRE, b 1706, maitre-tailleur ; fils de Jean et de Jeanne Marballe, de la seigneurie de Cavagnol, diocèse de Toulouse.
1° JUILLET, Angelique, [BLAISE III.
b 1714 ; s 13 mai 1735, à Batiscan.
1736.
2° CHARON, Catherine, [NICOLAS II.
b 1716.
Louis, b 1736 ; 1° m 1762, à Louise LAFOY, au Détroit [9] ; 2° m [9] 23 sept. 1771, à Catherine ESPRIT-CHAMPAGNE.
1737, (25 nov.) Varennes
3° GUYON, Elisabeth, [IGNACE IV.
b 1715.

(1) Dispense du 3me au 3me degré de parenté.
(2) Elle epouse, le 16 sept. 1823, Louis Talbot, à Québec.

II.—VESSIÈRE (1), Louis, [Pierre I.
b 1736.
1° Lafaye, Louis, [Pierre I.
b 1745 ; s 31 janvier 1767, au Détroit. [2]
Charles, b [2] 11 et s [2] 13 mars 1763.—*Marie-Louise*, b [2] 31 mars et s [2] 16 oct. 1764.—*Louis*, b [2] 5 sept. 1765 ; s [2] 11 janvier 1767.

1771, (23 sept.) [2]

2° Esprit-Champagne, Catherine, [Claude I.
b 1744.
Louis, b [2] 1er juillet 1772. — *Alexis*, b [2] 6 sept. 1773.—*Catherine*, b [2] 16 février 1775; m [2] 4 nov. 1794, à Charles Morand.—*Angélique*, b [2] 2 sept. 1776.—*Therèse*, b [2] 22 avril 1778 ; s [2] 15 janvier 1795.—*Marie-Anne*, b [2] 22 avril 1779.—*Suzanne*, b [2] 22 avril 1784.

1724, (26 février) Montréal.

I.—VETU (2), Jacques-Philippe, fils de Jacques-Philippe et de Madeleine Feret, de St-Pierre, diocèse d'Arc.
Laroche, Marie-Anne, [Jean I.
b 1702 ; veuve d'Etienne Robidou.
Joseph-Marie, b 15 avril 1725, à Laprairie ; m 1752, à Catherine Loisel.—*Louis*, b 1726 ; m 10 janvier 1752, à Marie-Louise Pepin, à Verchères. — *Marie-Anne*, b... m 13 juin 1757, à Louis Laurier, à Chambly.—*Michel*, b 8 janvier et s 29 oct. 1729, à Québec.—*Marie-Catherine*, b... m 10 nov. 1766, à Pierre Métivier-Saintonge, à Repentigny.—*Marie*, b... m à Joseph Chancelier.—*Philippe*, b 1730 ; m 1767, à Elisabeth Lenoir.

1752, (10 janvier) Verchères. [3]

II.—VETU, Louis, [Jacques-Philippe I.
b 1726.
Pepin, Marie-Louise, [Michel III.
b 1727.
Marie-Joseph, b [3] 23 nov. 1753 ; m 25 nov. 1771, à François Brunel, à Varennes. — *Louis*, b [3] 27 janvier 1755.—*Joseph-Marie*, b [3] 11 août 1756.

1752.

II.—VETU, Joseph, [Jacques-Philippe I.
b 1725.
Loisel, Catherine-Charlotte, [Jacques II.
b 1731.
Louis, b 7 mars 1753, à Verchères. [4] — *Jean-Baptiste*, b [4] 20 juillet 1754. — *Jacques*, b [4] 28 août 1756.

1767.

II.—VETU, Philippe, [Philippe I.
b 1730.
Lenoir (3), Elisabeth, [Antoine II.
b 1747.

I.—VEZEL, Suzanne, allemande ; b... m à Jacob Smit.

(1) Dit Laferté ; bourgeois, maître-tailleur, il était, le 11 février 1755, au Détroit.
(2) Dit Bélaire.
(3) Elle épouse, le 27 mai 1777, Joseph Petel, à Montréal.

VEZIARD.—Voy. Vegeart — Labonté — Laliberté.

I.—VEZON.—Voy. Fournerie, 1760.

1765, (22 avril) Montréal.

I.—VIALARD, François, b 1741 ; fils de Grégoire et de Marie Tallara, de Ste-Croix-de-Quay, diocèse d'Amiens.
Petit, Marie-Louise, [Jean-Bte I.
b 1740.

1752, (29 mai) Lavaltrie. [1]

I.—VIALET (1), François, fils d'Antoine et de Françoise Castelle.
Fuseau, Marie-Madeleine, [Mathurin I.
b 1736.
Marie-Madeleine, b [1] 6 et s [1] 7 août 1753.

1756, (23 août) St-Pierre-les-Becquets [5]

I.—VIALA (2), Pierre, fils d'Antoine et de Jeanne Rigal, de St-Martial, diocèse d'Arles.
Trotier, Madeleine, [Augustin III.
b 1724 ; veuve d'Alexis Duclau.
Marie-Marguerite, b [5] 29 mai 1757 ; s [5] 25 oct. 1759. — *Elisabeth*, b 29 août 1758, à Batiscan ; s [5] 18 nov. 1759.

I.—VIALTET (3), Jean,
b 1657 ; soldat ; s 28 février 1707, à Montréal.

VIANCOUR.—Voy. Vaillancour.

VIANO.—Voy. Vaillancour.

VIAU.—*Surnoms :* Lespérance—Laliberté.

1670, (21 janvier) Montréal. [1]

I.—VIAU (4), Jacques.
1° Plouart, Madeleine.
Marie-Madeleine, b [1] 11 juin 1673 ; m 15 janvier 1703, à Nicolas Charon, à Longueuil [4] ; s [4] 7 mai 1758. — *Marguerite*, b [4] 4 déc. 1680 ; 1° m [4] 13 sept. 1699, à Pierre Lussier ; 2° m [4] 22 janvier 1722, à François Bouteiller ; s [4] 13 nov. 1754. —*Françoise*, b 1682 ; m 6 déc. 1719, à Paul Petit-Beauchemin, à Varennes. [2]

1684, (14 nov.) Boucherville. [3]

Jeanne, b 1688 ; m [4] 13 août 1708, à Nicolas Moinet ; s [4] 18 mars 1726. — *Jacques*, b 11 mai 1691 ; s [4] 15 sept. 1723. — *Jacques*, b 1691 ; m [1] 7 nov. 1718, à Antoinette Goguet ; s [1] 18 oct. 1729. —*Madeleine*, b 1694 ; m [1] 7 nov. 1718, à Jean-Baptiste Goguet ; s [4] 28 mars 1724. — *Louis*, b [3] 8 nov. 1696 ; s [4] 13 février 1728. — *Marie*, b... m 1724, à Renee Ethier. — *Angélique*, b [3] 20 oct. 1698 ; m [2] 6 avril 1728, à Jean-Baptiste Barabé. —*Marie*, b [3] 7 oct. et s [4] 22 août 1701. — *Joseph*, b [4] 5 mars 1702, m [4] 5 nov. 1731, à Anne Bouteiller, s [1] 7 juillet 1737. — *Thomas*, b [4] 10 déc. 1704.

(1) Soldat de la compagnie Lorimier.
(2) Appelé Rivla, en 1758 ; voy. vol. VI, p. 591.
(3) Dit Laramée.
(4) Dit Lespérance

1693, Boucherville.

II.—VIAU, BERTRAND, [JACQUES I.
b 1672; s 27 juillet 1747, à Longueuil.[9]
ROBIN, Reine, [JEAN I.
b 1677; s [9] 20 mars 1747.

Bertrand, b... m [9] 16 fevrier 1722, à Marie-Joseph CADIEU. — *Marie-Joseph*, b 1700; m [9] 1er déc. 1718, à Louis DIVELEC; s 12 oct. 1745, au Sault-au-Récollet. — *Jean-Baptiste*, b... m [9] 9 février 1722, à Suzanne BOURHIS; s [9] 15 mars 1731. — *Nicolas*, b [9] 10 oct. 1702; s [9] 25 juin 1703. — *Julien*, b [9] 3 juillet 1704. — *Marie-Charlotte*, b [9] 14 fevrier 1707, s [9] 3 fevrier 1724. — *Reine*, b [9] 2 nov. 1708; m [9] 4 nov. 1727, à Guillaume TOUGAS; s 6 mai 1734, à Montréal. — *Joseph*, b [9] 12 nov. 1710; s [9] 31 oct. 1715. — *Marie-Madeleine*, b [9] 23 fevrier 1712; m [9] 7 nov. 1745, à Lambert MAILLOT, s [9] 13 oct. 1748. — *Marie-Angélique*, b [9] 29 mai 1714; s [9] 31 mars 1715. — *Antoinette*, b [9] 5 juillet 1716; s [9] 7 janvier 1717. — *Basile*, b [9] 16 mars 1718, s [9] 2 juillet 1734. — *Marie-Véronique*, b [9] 15 août 1721; s [9] 9 juin 1722.

1698, (28 oct.) Boucherville.

II.—VIAU, MICHEL, [JACQUES I.
b 1675; s 18 fevrier 1720, à Longueuil.[5]
CHARLES (1), Helène, [ETIENNE I.
b 1678.

Marie-Rose, b 1700; m [5] 12 août 1720, à François PETITCLERC. — *Michel*, b 1700; s [5] 1er juin 1703. — *Marie*, b [5] 19 juillet 1702; m [5] 30 sept. 1721, à Jean-Baptiste LEDOUX. — *Michel*, b [5] 21 mai 1704; m [5] 5 fevrier 1731, à Marie ROBIN. — *Marguerite*, b [5] 19 mars 1706; m [5] 14 fevrier 1724, à Jacques PILET; s 17 sept. 1766, au Détroit. —*Marie-Joseph*, b [5] 19 mars 1706. — *Marie-Anne*, b [5] 7 juillet 1708. — *Marie*, b... m [5] 8 janvier 1731, à Christophe POTVIN. — *Charlotte*, b 1710; m [5] 16 fevrier 1733, à François DEROME. — *Laurent*, b 1712; 1e m [5] 7 janvier 1736, à Charlotte DESNOYERS; 2e m [5] 21 oct 1748, à Marie ROBERT. —*Pierre*, b [5] 20 sept. 1720; m [5] 16 janvier 1747, à Marie MÉNARD.

1711, (23 nov.) Montréal.[9]

I.—VIAU, JEAN, b 1681; fils de Michel et de Marie Ulet, de Osillat, diocèse de Xaintes, s 25 juillet 1750, à St-Laurent, M.
PREVOST, Françoise, [JEAN II.
b 1689.

Marie-Elisabeth, b [9] 21 mars 1713. — *Jean-Baptiste*, b [9] 21 nov. 1714; m 11 janvier 1740, à Marie-Joseph SICARD, au Sault-au-Récollet. — *Jacques*, b [9] 26 mai 1716. — *François*, b [9] 15 mai 1722. —*Catherine*, b... m à Jacques AUBIN.

1718, (7 nov) Montréal [9]

II.—VIAU, JACQUES, [JACQUES I.
b 1691; s [9] 18 oct. 1729.
GOGUET, Anne-Antoinette, [PIERRE II.
b 1701.

Marie-Anne, b 1719; s [9] 30 mars 1721. —*Marie-Amable*, b 3 sept. 1719, à Longueuil.[7] —*Jacques*, b [7] 15 février 1721; m [7] 10 mai 1745, à Marie-Catherine GAGNIER. —*Angélique*, b [7] 25 août 1722; m 30 mai 1740, à Louis FISSIAU, à la Longue-Pointe. — *Marie-Anne*, b [7] 1er juillet 1724; m [7] 22 janvier 1748, à Alexis PAQUET. — *Thomas*, b [7] 30 avril 1726; s [7] 30 mars 1727. — *Marie-Madeleine*, b [7] 23 mars et s [7] 20 sept. 1728. — *Marie-Catherine*, b [7] 3 et s [7] 4 juillet 1729.

(1) Elle épouse, le 23 juin 1722, Etienne Benoit, à Longueuil.

1722, (9 février) Longueuil.[9]

III.—VIAU (1), JEAN-BTE, [BERTRAND II.
b 1698; s [9] 15 mars 1731.
BOURHIS (2), Suzanne, [JEAN I.
b 1704.

Suzanne, b [9] 5 juin 1723; s [9] 12 avril 1733. — *Jeanne*, b [9] 24 juin 1725; s [9] 10 oct. 1727. —*Marie-Véronique*, b [9] 29 oct. 1727; m [9] 10 juin 1748, à François MAILLOT. — *Jean-Baptiste*, b [9] 18 février 1729, s [9] 24 fevrier 1733 — *Marie-Amable*, b [9] 18 mars 1731; m [9] 23 juin 1749, à Charles LEBEAU.

1722, (16 février) Longueuil.[1]

III.—VIAU, BERTRAND, [BERTRAND II.
b 1697; s [1] 27 juin 1742.
CADIEUX (3), Marie-Joseph, [JEAN II.
b 1701.

Marie-Joseph, b [1] 21 juin 1724; m [1] 22 sept. 1744, à Jean-Baptiste SOREL; s [1] 10 avril 1756. — *Marie-Reine*, b [1] 15 sept. 1725; m [1] 7 avril 1750, à Jean-Baptiste HUGRON; s [1] 11 juin 1760 —*Bertrand-Marc*, b [1] 25 avril 1729; m [1] 24 avril 1752, à Marie-Louise GOGUET. —*Vincent*, b [1] 15 avril et s [1] 19 juin 1732. —*Joseph*, b [1] 13 juillet 1733; m [1] 25 oct. 1756, à Catherine VINCENT. —*Pierre*, b [1] 15 mars 1735; m [1] 27 nov. 1758, à Marie-Charlotte PATENOTE. — *Augustin*, b [1] 16 sept. 1737; m [1] 22 fevrier 1762, à Marie-Louise TESSIER. —*Louis*, b [1] 11 mai 1740, s [1] 4 mai 1741.

I.—VIAU (4), JEAN, b 1709; s 20 juin 1729, à Montreal.

1731, (5 fevrier) Longueuil.[2]

III.—VIAU, MICHEL, [MICHEL II.
b 1704.
ROBIN, Marie, [MICHEL II.
b 1711.

Marie-Noelle, b [2] 26 dec 1731. —*Marie-Charlotte*, b [2] 27 juin 1733; s [2] 1er juin 1734. —*Marie-Elisabeth*, b [2] 5 dec. 1734; s [2] 18 mai 1735. — *Michel*, b [2] 26 janvier et s [2] 21 mai 1736. — *Jean-Baptiste*, b [2] 15 mars 1739; m 16 nov. 1767, à Marie-Joseph DUBUC, à Boucherville. —*Jean-Baptiste*, b [2] 14 août et s [2] 8 sept. 1740. —*Marie-Desanges*, b [2] 26 nov. et s [2] 7 dec. 1741. —*Michel*, b [2] 7 mai et s [2] 9 juin 1743. —*Marie-Madeleine*, b [2] 20 août et s [2] 3 sept. 1744. — ......(5), b... s [2] 5 dec. 1745. —*Michel*, b [2] 15 mars et s [2] 3

(1) Dit Lespérance.

(2) Elle épouse, le 3 février 1733, Antoine Vallière, à Longueuil

(3) Elle épouse, le 21 août 1745, Jean-Baptiste Goguet, à Longueuil.

(4) Dit Beauséjour, tambour de la compagnie de M. de Beaujeu.

(5) Le nom manque au registre.

juillet 1747.—*Marguerite*, b [2] 30 juillet et s [2] 10 sept. 1748.—*Marie-Madeleine*, b [2] 30 août 1749. —*Marie-Joseph*, b [2] 25 mars et s [2] 4 avril 1751.— *Catherine*, b [2] 21 avril 1754.

1731, (5 nov.) Longueuil. [3]
II.—VIAU (1), JOSEPH, [JACQUES I.
b 1702; s 7 juillet 1737, à Montreal.
BOUTEILLER-BONNEVILLE, Anne, [FRANÇOIS I.
b 1709.
Marie-Anne, b [3] 12 oct. 1732.

1736, (7 janvier) Longueuil. [4]
III.—VIAU, LAURENT, [MICHEL II.
b 1712.
1° DESNOYERS, Charlotte. [JEAN.
Marie-Charlotte, b [4] 22 fevrier 1737 ; m 30 avril 1753, à Jean-Baptiste VERONNEAU, à St-Antoine-de-Chambly. — *Laurent*, b 1738; m 26 janvier 1761, à Marguerite BROUILLET, à Chambly. [5] — *Jean-Baptiste* et *François*, b [4] 29 nov. 1747.
1748, (21 oct.) [4]
2° ROBERT-LAPIERRE, Marie, [PIERRE IV.
b 1727.
Pierre, b [5] 13 oct. 1749.

1740, (11 janvier) Sault-au-Récollet. [9]
II.—VIAU, JEAN-BTE, [JEAN I.
b 1714.
SICARD, Marie-Joseph, [SIMON II.
b 1700.
Jean-Baptiste, b [9] 27 nov. et s [9] 5 déc. 1740.— *Catherine*, b 1742 ; m [9] 12 janvier 1761, à Simon TIBAUT. — *Marie-Angélique*, b [9] 24 janvier 1744. —*Marie-Madeleine*, b 10 mai 1750, à St-Laurent, M. [8]; m [8] 12 fevrier 1770, à François LEROUX.— *Pierre*, b [8] 17 oct. 1753.—*Hyacinthe*, b [8] 1er avril 1756.—*Jeanne*, b [8] 24 fevrier 1758.—*Marie-Hélène*, b [8] 21 dec. 1759 —*Marie*, b [8] 17 fevrier 1762.

1740, (29 fevrier) Longueuil. [5]
III.—VIAU, JACQUES, [MICHEL II.
b 1716.
ROBERT (2), Angelique, [FRANÇOIS III.
b 1720.
Jacques, b [5] 8 mai 1741.

1745, (10 mai) Longueuil. [7]
III.—VIAU (3), JACQUES-FRS, [JACQUES II.
b 1721.
GAGNIER, Marie-Catherine, [JOSEPH II.
b 1722; s 5 dec. 1769, à St-Philippe. [8]
Marc-Antoine, b [7] 3 juillet 1746; s [7] 21 oct. 1749. — *Jacques*, b [7] 3 sept. 1747; s [7] 19 août 1748.—*Jean-Baptiste*, b [7] 13 janvier et s [7] 3 nov. 1749.—*Jacques*, b [7] 27 mars et s [7] 19 juin 1750.— *Marie-Marguerite*, b [7] 10 juillet 1753; m [8] 26 nov. 1770, à Louis MAUDLOT.—*Joseph*, b [8] 7 juin et s [8] 22 août 1758.—*Marie-Catherine*, b 23 août 1761, à St-Constant.—*Jean-Baptiste*, b [8] 24 avril 1763.

(1) Fermier de M. Sicard, à la Rivière-des-Prairies.
(2) Lapomeraye.
(3) Dit Lesperance.

1747, (16 janvier) Longueuil.
III.—VIAU (1), PIERRE, [MICHEL II.
b 1720.
MÉNARD-BELLEROSE, Marie, [LOUIS III.
b 1730.
Marie-Suzanne, b... m 30 janvier 1769, à Joseph ROY, à St-Constant. [6] — *Marie-Angélique*, b [6] 13 oct. et s [6] 19 nov. 1753. — *Marie-Marguerite*, b [6] 26 mai 1755.—*Louis*, b [6] 29 août 1756.— *Marguerite*, b 14 juillet 1764, à St-Philippe.

VIAU, MICHEL.
LECAVELIER, Madeleine.
Michel, b 23 janvier 1752, à St-Laurent, M. [1]— *Joseph*, b [1] 15 janvier 1757.—*François*, b [1] 4 août 1760.

1752, (24 avril) Longueuil. [1]
IV.—VIAU, MARC, [BERTRAND III.
b 1729.
GOGUET, Marie-Louise, [PIERRE III.
b 1733.
Marc, b [1] 8 février et s [1] 18 avril 1753.—*Marie-Louise*, b [1] 11 sept. 1754. — *Marc*, b 1759; s [1] 31 dec. 1760.—*Marie-Joseph*, b [1] 19 février 1762.

VIAU, JOSEPH.
ST. GERMAIN (2), Marie-Anne, [FRANÇOIS I.
b 1718.
Joseph, b 15 février 1756, à St-Laurent, M. [2] — *Hélène*, b... m [2] 11 août 1760, à Eustache LECAVELIER. — *Marie-Joseph*, b [2] 14 nov. et s [2] 16 dec. 1757. — *Marie-Françoise*, b... m [2] 12 juin 1758, à François ROY. — *Marie-Louise*, b... m [2] 25 janvier 1762, à Toussaint MARTIN. — *Marie-Anne*, b [2] 22 mai et s [2] 11 août 1763.

1756, (25 oct.) Longueuil. [5]
IV.—VIAU, JOSEPH, [BERTRAND III.
b 1733.
VINCENT, Catherine, [FRANÇOIS I.
b 1740.
Catherine, b [5] 3 août 1761.

1758, (27 nov.) Longueuil. [5]
VIAU, PIERRE, [BERTRAND III.
b 1735.
PATENOTE, Marie-Charlotte, [ETIENNE III.
b 1734.
Marie-Charlotte, b [5] 12 janvier 1760. — *Catherine*, b [5] 18 dec. 1761.

1761, (18 janvier) St-Nicolas.
I.—VIAU (3), JOSEPH, fils de Jean-Louis et d'Elisabeth Enterme, de Perthuy, diocèse d'Aix, Provence.
BOUCHER, Marie-Therèse, [LS-CHARLES V.
b 1739

(1) Dit Lesperance.
(2) Jasmin.
(3) Dit Laliberté.

1761, (26 janvier) Chambly.

IV.—VIAU, Laurent, [Laurent III.
b 1738.
Brouillet, Marguerite, [Pierre-Laurent III.
b 1740.

1762, (22 fevrier) Longueuil.

IV.—VIAU, Augustin, [Bertrand III.
b 1737.
Tessier (1), Marie-Louise. [Jacques III.

1767, (16 nov.) Boucherville. [1]

IV.—VIAU, Jean-Bte, [Michel III.
b 1739.
1° Dubuc, Marie-Joseph, [Prudent III.
b 1746.
2° Fournier, Angélique, [Adrien III.
b 1753.
Jean-Baptiste, b [1] 21 mars 1771.

VIAU, Pierre.
Baret, Marie-Joseph.
Pierre (2), b 24 juillet 1784, à St-Jean-Frs-Régis, M.; ordonne 3 dec. 1809; s 13 juin 1849, à Montréal.

I—VICE-PALAIS, s (noye) 22 mai 1701, à Longueuil.

VICQUE.—*Surnom :* St. Germain.

1734, (26 oct.) Quebec. [1]

I.—VICQUE (3), Antoine, fils de François et de Marie Dubreuil, de St-Germain-en-Laye, Paris.
Laroche (4), Marie-Gabrielle, [Michel I.
b 1710.
Antoine, b [1] 26 juin 1735; s [1] 12 déc. 1737.—*Pierre-Michel*, b [1] 5 mai 1737.—*Marie-Anne*, b [1] 26 juin 1741; m [1] 8 mai 1738, à Nicolas Dion.

I.—VICTOR, Pierre, b... s 15 juin 1751, à St-Joachim.

VIDAL.—*Surnoms :* Carcassone — Labonté — Pignan.

I—VIDAL, Jean-Bte, medecin.
Massé, Marguerite. [Pierre II.
Marie-Marguerite, b 28 avril 1725, à Quebec.

I.—VIDAL (5), François, du diocèse de Montpellier.
Millet, Marie-Charlotte.
François, b 18 juillet 1761, à la Pte-aux-Trembles, Q. [3]; m 23 nov. 1784, à Geneviève Turier, à Québec.—*Marie-Charlotte*, b [3] 9 avril 1763.—*Jean-Baptiste*, b [3] 29 juillet et s [3] 27 août 1765.—*Marie-Rose*, b [3] 15 et s [3] 25 fevrier 1767.—*Pierre*, b [3] 30 août 1768; s [3] 27 avril 1769.—*Marie-Geneviève*, b 2 mars 1770, aux Ecureuils.—*Marie-Angélique*, b [3] 25 mars 1771; s [3] 4 juillet 1776.—*Marie-Ursule*, b [3] 2 juin 1773.—*Marie-Claire*, b [3] 28 janvier 1775.

1761, (9 nov.) Québec. [4]

I.—VIDAL (1), Antoine, fils de Jean et d'Anne Raymond, de St-Martin, diocèse de St-Flour.
Bernier, Angélique, [Barthélemi II.
b 1742.
Antoine, b [4] 24 août 1762.—*Jean-Marie*, b [4] 9 janvier 1764.—*Ignace*, b 1773; s 27 juin 1791, à St-Augustin [5]— *Geneviève*, b 1774; m [5] 6 août 1792, à Michel Quezit.—*Angélique*, b... m [5] 3 février 1794, à Louis Constantin.

1760.

I.—VIDAL (2), Jean-Bte.
Matte, Thérèse, [Nicolas III.
b 1735.
Elisabeth, b 1760; s 11 juin 1765, à Ste-Anne-de-la-Perade. [6]—*Jean-Baptiste*, b [6] 5 mars 1763, s [6] 26 mars 1766. — *Marie-Thérèse*, b [6] 23 avril 1764.—*François*, b [6] 8 dec. 1765; s [6] 9 février 1766.—*Marguerite*, b [6] 28 sept. 1767.—*Nicolas*, b [6] 26 avril 1769.

1784, (23 nov.) Quebec.

II.—VIDAL, François, [François I.
b 1761.
Turier, Geneviève, [Barthélemi I.
b 1761.

VIDAL, Antoine.
Baubry, Marie-Charlotte.
François-Xavier-Stanislas, b 4 déc. 1788, à la Rivière-des-Prairies.

VIDALUN.—Voy. Vitalun.

I.—VIDE, André, b 1738; de Cattre, Esclavonie; s 29 janvier 1763, à Quebec.

I.—VIDEMAND (3), Dominique, b 1694; de Seintier, diocèse de Brieu, Bretagne; s 2 dec. 1758, à St-Roch.

1757, (1er février) Charlesbourg. [1]

I.—VIDET (4), Louis, fils de Laurent et d'Anne Rivet de Brignol, diocèse d'Aix, Provence.
Coilet, Marie-Louise, [Joseph II.
b 1737.
Marie-Louise, b [1] 20 dec. 1756.

VIDREGUER.—*Surnom :* St. Hilaire.

(1) Lavigne.
(2) Voy. Répertoire du clergé, p 157.
(3) Dit St. Germain, voy. vol. I, p. 350.
(4) Elle épouse, le 8 janvier 1759, Nicolas Dasilva, à Québec.
(5) Vital dit Pignan.

(1) Dit Labonté.
(2) Dit Carcassonne, 1764.
(3) Matelot canonnier du vaisseau *L'Aigle*. Il mourut chez Pierre Morin.
(4) Soldat de la compagnie de M. de Villemonde.

1762, (1er fevrier) Longue-Pointe. [6]

I.—VIDREGUER (1), EMMANUEL, fils de Jean et de Marie-Anne Pousart, de St-Hilaire-du-Givet, diocèse de Valencienne en Hainaut.
PEPIN, Catherine, [JACQUES IV.
b 1742.
Emmanuel (2), b [6] 20 nov. 1762; m [6] 18 janvier 1785, à Apolline SENÉCAL.

1785, (18 janvier) Longue-Pointe.

II.—VIDREGUER (1), EMMANUEL, [EMMANUEL I.
b 1762.
SENÉCAL, Apolline, [ETIENNE IV.
b 1762.

VIEL.—*Surnom :* DESNOYERS.

1703.

I.—VIEL, JEAN.
RAIMBAUT, Jeanne, [ETIENNE I.
b 1674.
François, b 16 juillet 1704, à Verchères. [3]— *Marie-Anne*, b [3] 19 fevrier 1719.

1720, (21 oct.) Varennes.

II.—VIEL (3), PIERRE, [PIERRE I.
b 1687.
MONJEAU (4), Suzanne, [JEAN-BTE II.
b 1697.

1766, (10 nov.) Kamouraska. [3]

I.—VIEL, MICHEL, fils de Louis et de Jeanne Foin, de Do, diocèse de Dinant, Bretagne.
GUERET-DUMONT, Geneviève, [PIERRE II.
b 1744.
Michel, b [3] 20 sept. 1767.

VIEN.—Voy. ROCHELEAU, 1705 — VIVIEN —JEAN dit VIVIEN.

1742, (17 sept.) Quebec.

IV.—VIEN (5), LOUIS, [PIERRE III.
b 1710; s 30 janvier 1808, à Beaumont. [6]
1° DEROME, Angelique, [MICHEL II.
b 1710; s [6] 12 dec. 1749.
1751, (1er fevrier). [6]
2° MARTEL, Catherine, [JEAN II.
b 1713; veuve de François Languedoc; s [6] 26 avril 1804.
Marguerite, b 1753; m à Jacques BÉCHARD; s [6] 8 fevrier 1838.

I.—VIEN, CONSTANT.
RIDERVILLE-CECIRE, Angélique,
Angelique-Amable, b 1739; m 22 janvier 1753, à Jacques XANDRE, à Lachine [6]; s [6] 7 oct. 1755.

(1) Dit St. Hilaire.
(2) Il signe Vidrefaire.
(3) Dit Desnoyers.
(4) Elle épouse, le 25 février 1726, Michel Celles-Duclos, à Varennes.
(5) Marié sous le nom de Jean dit Vien; voy. vol. IV, p. 597.

1730.

I.—VIEN, PIERRE.
CANTARA, Catherine.
Jean-Baptiste, b 23 et s 24 mai 1731, à St-Michel-d'Yamaska. [1] — *Marie-Joseph*, b [1] 6 mai 1732.—*Marie-Elisabeth*, b [1] 6 août 1733.—*Joseph*, b [1] 14 nov. 1734. — *Marie-Catherine*, b [1] 28 janvier 1736.—*Marie-Catherine*, b [1] 23 mars 1738 — *Pierre*, b 27 oct. 1739, à Sorel [2]; m [1] 2 fevrier 1761, à Véronique THÉROUX.—*Jean-Baptiste*, b [2] 24 mars 1741.—*Marie-Charlotte*, b... m [1] 5 juillet 1773, à Jean-Baptiste RACINE. — *Marie*, b .. m [1] 31 mars 1761, à André SALOUER.—*Marie-Anne*, b 1744; s [1] 7 dec. 1756. — *Charlotte*, b 31 janvier 1748, à St-Frs-du-Lac [3]; s [3] 7 nov. 1750. — *Thérèse*, b [1] 22 mai et s [1] 7 sept. 1750. — *Marie-Thérèse*, b [1] 19 avril 1754.

VIEN, JEAN-BTE.
LEGRAIN, Charlotte, [ADRIEN-CHARLES II.
b 1720.
Pierre, b... m 11 janvier 1768, à Marie-Madeleine LEMIEUX, à Chambly. [6] — *François-Amable*, b [6] 20 mars 1747.

VIEN, JOSEPH.
BEAUFORT (1), Marguerite.
Marguerite, b... m 28 août 1780, à Gabriel COURTOIS, à Ste-Anne-de-la-Perade.

1761, (2 fevrier) St-Michel-d'Yamaska [1]

II.—VIEN, JOSEPH, [PIERRE I.
b 1739.
THÉROUX-LAFERTÉ, Véronique, [PIERRE II.
b 1742.
Joseph, b [1] 26 sept. et s [1] 21 déc. 1762.—*François-Marie*, b [1] 5 avril 1764.—*Marie-Victoire*, b [1] 15 fevrier 1768.

VIEN, JEAN-BTE,
b 1749; s 7 février 1824, à Beaumont. [2]
POULIOT, Marguerite,
b 1747; s [2] 16 avril 1835.
Marie-Françoise, b... m [2] 8 nov. 1808, à Michel LACROIX.

1768, (11 janvier) Chambly.

VIEN, PIERRE. [JEAN-BTE.
LEMIEUX, Madeleine, [GABRIEL II.
b 1744.

VIEN, PIERRE.
BOISSEL, Elisabeth, [JEAN-BTE III.
b 1749.
Marie-Anne, b 8 janvier 1769, à St-Michel-d'Yamaska. [3] — *Marie-Elisabeth*, b [3] 24 juin 1770.

VIEN, FRANÇOIS,
b 1722, s 14 janvier 1778, à Beaumont.
SUZOR (2), Charlotte, [FRANÇOIS I.
b 1742.

(1) Elle épouse, plus tard, Joseph Courville.
(2) Elle epouse, le 8 fevrier 1779, Jean-Baptiste Roy, à Beaumont.

VIEN, Louis.
Bacquet, Marie-Louise,
b 1778; s 6 août 1804, à Beaumont.

1753.

I.—VIENNEAU, Michel.
Bashault (1), Therèse.
Jean-Baptiste, b 11 janvier 1754, à Québec.[3]—*Joseph*, b[3] 5 déc. 1755; m[3] 8 juillet 1776, à Geneviève Lamontagne.

1776, (8 juillet) Québec.

II.—VIENNEAU, Joseph, [Michel I.
b 1755.
Lamontagne, Geneviève, [Charles I.
b 1754.

VIEUX-PONT.—Voy. Godfroy.

VIGEANT.— *Variation et surnoms :* Vegeard, 1700—Larose—Taupier.

1713, (7 janvier) Laprairie.

I.—VIGEANT (2), Jean, b 1672; fils de François et de Jeanne Basin, de Monlieu, diocèse de Xaintes; s 7 oct. 1756, à Chambly.[1]
Perier-Olivier, Marie-Anne, [Laurent I.
b 1694.
Jeanne, b[1] 8 nov. 1714; m[1] 11 nov. 1732, à Jean-Simon Benjamin-St. Aubin.—*Louise*, b[1] 22 mai 1716.—*Charlotte*, b 13 juillet 1718, à Quebec; m 1743, à Antoine Robert-Lafontaine. — *Jean-Baptiste*, b[1] 14 juin 1720; m 1746, à Marie-Charlotte Besset.—*Jean*, b[1] 30 mai 1723.—*Françoise*, b[1] 10 juillet 1725, m[1] 5 fevrier 1748, à Pierre Robert-Lafontaine.— *Geneviève*, b 1726; m 20 nov. 1752, à Jacques Deslandes, à St-Antoine-de-Chambly.[2] — *Florentin-François*, b[2] 5 juin 1727; m[2] 8 nov. 1751, à Marie-Joseph Archambaut.—*Jeanne*, b 1727; m 1756, à Pierre-Vincent Bobe. — *Louis*, b 1728; m 1753, à Thérèse Laporte.—*Laurent*, b 1730, m[1] 6 fevrier 1758, à Marie-Anne Boileau. — *Alexandre*, b 1732; m[1] 24 janvier 1763, à Geneviève Gaboriau.

1746.

II.—VIGEANT (3), Jean-Bte, [Jean I.
b 1720.
Besset, Charlotte, [Jean II.
b 1720.
Marie-Françoise, b 26 août 1747, à Chambly.[2]—*Marie*, b... m[2] 7 nov. 1768, à Joseph-Marie Paquet.

1751, (8 nov.) St-Antoine-de-Chambly.[3]

II.—VIGEANT (4), Florentin, [Jean I.
b 1727.
Archambaut, Marie-Joseph, [Jean IV.
b 1730.
Jean-Florentin, b[3] 9 sept. et s[3] 1er oct. 1752.—*Marie-Joseph*, b 3 dec. 1753, à St-Ours.

(1) Bauve, 1755.
(2) Dit Larose—Taupier.
(3) Dit Larose.
(4) Dit Taupier.

1753.

II.—VIGEANT (1), Louis-Jean-Bte, [Jean I.
b 1728.
Laporte, Therèse, [Denis III.
b 1728.
Marie-Thérèse, b 1er juin 1754, à Chambly.[3]—*Marie-Joseph*, b[3] 27 juin 1756. — *Marie-Joseph*, b[3] 26 nov. 1758.

1758, (6 fevrier) Chambly.[5]

II.—VIGEANT, Laurent, [Jean-Bte I.
b 1730.
Boileau, Marie-Anne, [René III.
b 1745.
Marie-Angélique, b[5] 22 déc. 1758. — *Pierre-Laurent*, b[5] 18 juin 1760.

1763, (24 janvier) Chambly.

II.—VIGEANT (2), Alexandre, [Jean I.
b 1732.
Gaboriau, Geneviève, [Jean I.
b 1735; veuve de François Besset.

1667, (19 mars) Montréal.[6]

I.—VIGER (3), Désiré,
s[6] 6 mars 1688.
Moitié, Gabriel-Catherine,
s 21 oct. 1727, à Boucherville.[7]
Charles, b[6] 9 août 1668; m[6] 29 juin 1694, à Françoise Guertin; s[6] 17 oct. 1750. — *Marie-Françoise*, b[7] 6 juin 1677; m[7] 4 juillet 1722, à Jean Bougret.—*François*, b[7] 23 juin 1681; m[7] 8 janvier 1702, à Françoise Lamoureux. — *Madeleine*, b[7] 1er oct. 1683, m[7] 10 juillet 1712, à Pierre Laporte. — *Louis* (4), b[7] 21 nov. 1685.

1694, (29 juin) Montréal.[6]

II.—VIGER, Charles, [Désiré I.
b 1668; s[6] 17 oct. 1750.
Guertin, Françoise, [Louis I.
b 1677.
Françoise, b 22 mars 1695, à Boucherville; m[6] 13 fevrier 1719, à François Coiteux. — *Charles*, b[6] 4 oct. 1696; m[6] 22 nov. 1723, à Madeleine Lefebvre. — *Louise*, b[6] 11 nov. 1698; m[6] 5 fevrier 1724, à Etienne Campeau; s[6] 22 janvier 1736. — *Louise*, b 1699; m[6] 17 fevrier 1721, à Laurent Moran. — *François*, b[6] 24 dec. 1700; m[6] 4 mars 1726, à Michelle Collet; s[6] 17 janvier 1727. — *René*, b[6] 15 mai 1705; m[6] 26 nov. 1731, à Marie-Anne Lefebvre. — *Joseph*, b[6] 13 juillet 1707; s[6] 21 nov. 1718. — *Marie-Thérèse*, b[6] 31 mars 1709; m[6] 6 janvier 1726, à François Filiau. — *Catherine-Geneviève*, b[6] 17 sept. 1711; m[6] 31 janvier 1735, à François Campeau — *Marie-Joseph*, b[6] 30 août 1713; s[6] 24 nov. 1714. — *Antoine*, b[6] 20 février 1716; m[6] 16 mai 1746, à Marie-Louise Poirier; s[6] 30 juin 1781.

(1) Dit Taupier.
(2) Dit Larose.
(3) Voy. vol. I, p. 596.
(4) Etabli à la Nouvelle-Orléans.—Voir le recensement de 1724.

1695, (30 mai) Montréal.[5]

II.—VIGER, JACQUES, [DÉSIRÉ I.
b 1670 ; s[3] 8 janvier 1715.
CÉSAR, Marie-Françoise, [FRANÇOIS I.
b 1675; s[5] 17 juin 1726
Jacques, b[5] 12 mars 1696 ; 1° m 16 juillet 1727, à Marguerite LEBRODEUR, à Varennes ; 2° m[4] 24 janvier 1729, à Marie-Louise RIDDAY ; s[6] 23 juin 1757. — *Marie-Madeleine-Antoinette*, b[5] 23 janvier 1698 ; m[6] 22 août 1729, à Charles HÉLY ; s[5] 24 juin 1736.—*Marie-Joseph*, b[5] 16 mai 1700 ; m[5] 11 janvier 1723, à Joseph DEMERS. — *Geneviève*, b[5] 22 février 1703 ; m[5] 3 juin 1720, à Jean-Baptiste FILIAU. — *Thérèse*, b 1704 ; m[5] 24 oct. 1747, à Michel LANGEVIN. — *Marie-Charlotte*, b[5] 30 janvier 1707 ; s[5] 24 fevrier 1708. — *Denis*, b[5] 24 août 1708. — *Marie-Barbe*, b[5] 26 fevrier 1711. — *Jean-Louis*, b[5] 2 et s[5] 17 mars 1713.—*Marie-Charlotte*, b[5] 30 avril 1714 ; s[5] 3 janvier 1716.

1702, (8 janvier) Boucherville.[2]

II.—VIGER, FRANÇOIS, [DÉSIRÉ I.
b 1681.
LAMOUREUX, Françoise, [LOUIS I.
b 1676 ; veuve de Noël Chapleau.
Françoise, b 1704 ; m[2] 3 février 1722, à Etienne DUMETS. — *Marie-Charlotte*, b... m[2] 29 oct. 1731, à Louis BAUDRY. — *Michel*, b 1714 ; m 1er août 1740, à Suzanne RIDDAY, à Montreal. —*François*, b 1716 ; m 1740, à Marie-Joseph CHENIER. — *Catherine*, b[2] 9 et s[2] 31 juillet 1717. — *Bonaventure*, b 1718 ; m 22 juin 1751, à Madeleine PATENOTE, à Longueuil. — *Jean*, b 1720 ; m[2] 9 sept. 1754, à Angelique HUET.

1722.

II.—VIGER, CHARLES-LOUIS, [JEAN-BTE I.
b 1695.
GIRARDEAU, Marie-Catherine, [DAVID I.
b 1697.
Augustin b 1725 ; 1° m à Marie-Joseph LECOUR ; 2° m 16 nov. 1761, à Catherine-Joseph PARANT, à Montréal.

1723, (22 nov.) Montreal.[1]

III.—VIGER (1), CHARLES, [CHARLES II.
b 1696.
LEFEBVRE, Marie-Madeleine, [GEOFFROY II.
b 1705.
Marie-Madeleine, b[1] 23 déc. 1724 ; m[1] 10 mai 1745, à Joseph LEPAGE-FRANÇOIS.—*Charles*, b[1] 18 janvier 1726 ; s[1] 25 fevrier 1733.—*Marie-Joseph*, b[1] 13 juin 1727 ; m[1] 17 janvier 1757, à Louis PIVERT.—*Amable-Marie*, b[1] 9 février et s[1] 14 juillet 1729.—*Marie-Anne*, b[1] 29 août 1730 ; m[1] 21 mai 1757, à Louis LALLEMANT.—*Marie-Amable*, b[1] 19 et s[1] 28 mars 1732.—*Jean-Baptiste*, b[1] 18 fevrier 1733.—*Charles*, b[1] 2 mars 1734.—*Marie-Louise*, b[1] 26 fevrier et s[1] 7 mars 1736.—*Anonyme*, b[1] et s[1] 27 mars 1737.—*Marie-Louise*, b[1] 27 mars 1737 ; 1° m[1] 23 janvier 1755, à Henri PARANT. 2° m[1] 30 janvier 1764, à Antoine POLLINGER.—*Marie-Françoise*, b[1] 16 août 1739 ; m[1] 26 nov. 1759, à Claude HAUTRAYE.—*Félicité*, b[1] 24 août 1743 ; 1° m à ...... BOURDON ; 2° m[1] 11 août 1772, à Pierre SAUVAGE.—*François*, b[1] 12 avril et s[1] 4 mai 1745.—*Marie-Catherine*, b[1] 19 avril et s[1] 15 août 1746.—*Marie-Hypolite*, b[1] 13 juin 1747.

(1) Constructeur des bateaux du Roi.

1726.

III.—VIGER, FRANÇOIS, [CHARLES II.
b 1700 ; s 17 janvier 1727, à Montreal[2]
CHOLETTE-ST. PAUL (1), MICHELLE, [RENÉ I.
b 1708.
Marie-Françoise, b[2] 20 janvier et s[2] 14 mars 1727.

1727, (16 juillet) Varennes.[3]

III.—VIGER, JACQUES, [JACQUES II.
b 1696 ; cordonnier ; s 23 juin 1757, à Montréal.[4]
1° LEBRODEUR-LAVIGNE, Marguerite, [J.-BTE I.
b 1704 ; s[3] 4 fevrier 1728.
1729, (24 janvier).[4]
2° RIDDAY-BEAUCERON, Marie-Louise, [JEAN I.
b 1712.
Marie-Louise, b[4] 19 sept. 1730. — *Marie-Anne-Amable*, b[4] 2 déc. 1731 ; s[4] 18 mars 1733.—*Marie-Joseph*, b[4] 7 juillet 1733.—*François-Xavier*, b[4] 26 nov. 1734 ; s[4] 26 sept. 1761.—*Jacques*, b[4] 24 nov. 1735 ; m[4] 7 mai 1764, à Amarante PREVOST ; s[4] 23 janvier 1798. — *Louis*, b[4] 5 juin 1737 ; m[4] 19 janvier 1767, à Marie-Agnès PAPINEAU ; s[4] 3 juin 1812.—*Joseph-René*, b[4] 14 fevrier 1739.—*Denis*, b[4] 6 juin 1741 ; m 30 juin 1772, à Charlotte-Périnne CHERRIER, à St-Denis.—*Marie-Suzanne*, b[4] 2 mars 1743 ; m[4] 9 fevrier 1767, à Jean-Baptiste SENET.—*Marie-Thérèse*, b[4] 17 mai 1744.—*André*, b[4] 1er janvier 1746.—*Jean-Baptiste*, b[4] 5 juillet et s[4] 11 août 1747.—*Pierre-Paul*, b[4] 29 juin et s[4] 3 juillet 1748.—*Marie-Louise*, b[4] 30 sept. 1749 ; s[4] 15 fevrier 1752.—*Marie-Ursule*, b[4] 3 nov. 1751.

1731, (26 nov.) Montréal.[9]

III.—VIGER, RENÉ, [CHARLES II.
b 1705 ; charpentier du Roi.
LEFEBVRE, Marie-Anne, [NICOLAS II.
b 1713 ; s[9] 9 janvier 1743.
René-Simon, b[9] 28 oct. et s[9] 13 nov. 1732.—*Marie-Anne-Amable*, b[9] 11 fevrier 1734 ; m[9] 23 mai 1757, à Philippe-Jean-Jacques LABOISSIÈRE. — *Thérèse-Amable*, b[9] 10 janvier 1736 ; m[9] 29 août 1767, à Jean ORILLAC, s 19 juin 1803, à l'Hôpital-Général, M.—*Louis-René*, b[9] 14 mars 1738 ; s 15 mars 1740, à Longueuil.—*Marie-Claire*, b[9] 16 déc. 1739.—*François*, b[9] 31 déc. 1740.—*Antoine*, b[9] et s[9] 23 nov. 1741.

1739, (1er juin) St-Valier.

I.—VIGER, ANTOINE, fils d'Antoine et de Catherine Dufresne, de St-Malo.
1° JUIN, Suzanne, [PIERRE II.
b 1710 ; s 23 juin 1750, à St-Michel.[6]
Antoine, b[6] 1er juin 1740. — *Marie-Suzanne*, b[6] 16 mai 1741 ; s[6] 21 juin 1742.—*Jacques-Félix*,

(1) Elle épouse, le 22 nov. 1729, Jacques CUSSON, à Montréal.

b [6] 29 juillet 1742; s [5] 7 août 1744. — *Joseph*, b [5] 9 avril 1744. — *André-Anne*, b [5] 7 sept. 1745. — *Louis-Marie*, b [5] 6 fevrier 1747.—*Marie-Anne*, b [5] 31 juillet 1747. — *Michel*, b [5] 1er juin 1748; s [5] 7 déc. 1749 — *Marguerite-Angélique*, b [5] 21 juin et s [5] 15 juillet 1749. — *Charles-Marie*, b [6] 17 juin et s [5] 13 sept. 1750. — *Anonyme*, b [5] et s [5] 18 juin 1750.

1751, (7 sept.) St-Jean, I. O.

2° AUDET-LAPOINTE, Catherine, [JOSEPH II.
b 1717.

Marie-Marguerite, b [5] 10 mai 1752. — *Marie-Catherine*, b [5] 22 sept. 1753.— *Marie-Etienne*, b [5] 15 juin 1755.—*Joseph*, b [5] 18 oct. 1756.— *Michel*, b [5] 8 sept. 1760.

1740, (1er août) Montréal.

III.—VIGER, MICHEL, [FRANÇOIS II.
b 1714.

RIDDAY-BEAUCERON, Suzanne, [JEAN I.
b 1717.

1740.

III.—VIGER, FRANÇOIS, [FRANÇOIS II.
b 1716.

CHENIER, Marie-Joseph, [JEAN-BTE III.
b 1718.

Marie-Joseph, b 1741, m 27 février 1775, à Toussaint-Hyacinthe SERÉ, à Boucherville. [5] — *Françoise*, b 1741; m [5] 31 mars 1761, à François VINET.—*Joseph-Paschal*, b 1742; m 25 oct. 1768, à Angélique MORAND, à Varennes.—*Marie-Anne*, b... m [5] 9 fevrier 1768, à Antoine BEAUVAIS.— *Marguerite*, b... m [5] 2 fevrier 1779, à Pierre BERTHELET.

1746, (16 mai) Montréal. [6]

III.—VIGER, ANTOINE, [CHARLES II.
b 1716; s [5] 30 juin 1781.

POIRIER, Marie-Louise, [JEAN II.
b 1715.

Marie-Marguerite, b [5] 1er fevrier 1747; s [5] 26 janvier 1748. — *Antoine-René*, b [5] 20 août 1748; s [5] 15 juin 1749. — *Antoine*, b [5] 27 mars 1750. — *Marie-Louise*, b [5] 7 mai 1752. — *Jean-Baptiste*, b [5] 6 août 1755. — *Marie-Amable*, b [5] 8 fevrier 1757.—*Catherine*, b [5] 19 juin 1758.

1751, (22 juin) Longueuil.

III—VIGER, BONAVENTURE, [FRANÇOIS II.
b 1718.

PATENOTE, Madeleine, [JOSEPH III.
b 1732.

Madeleine, b 1752; m 3 oct. 1768, à Antoine LEVASSEUR, à Boucherville [1]; s [1] 14 nov. 1768.— *Bonaventure*, b 1753; m à Louise LEVASSEUR. —*Antoine*, b [1] 14 juin 1769.

1754, (9 sept.) Boucherville.

III.—VIGER, JEAN, [FRANÇOIS II.
b 1720.

HUET, Angelique, [MARIEN II.
b 1729.

III.—VIGER, AUGUSTIN, [LOUIS II.
b 1725; chirurgien.

1° LECOUR, Marie-Joseph, [IGNACE II.
b 1733.

1761, (16 nov.) Montréal. [4]

2° PARANT, Catherine-Joseph, [ANTOINE III.
b 1740.

Augustin, b 1762; s [4] 3 sept. 1763.

1764, (7 mai) Montreal. [5]

IV.—VIGER (1), JACQUES, [JACQUES III.
b 1735; s [5] 23 janvier 1798.

PREVOST, Amarante, [EUSTACHE II.
b 1742; s [5] 13 sept. 1813.

Marie-Joseph, b [5] 17 mars 1765; s [5] 8 juin 1769.—*Marie-Archange*, b [5] 27 sept. 1766; s [5] 16 sept. 1769. — *Jacques*, b [5] 16 nov. 1767; s [5] 1er oct. 1769.—*Marie-Amarante*, b [5] 24 janvier et s [5] 9 août 1770. — *Jacques-Léon*, b [5] 27 fevrier et s [5] 2 mars 1771. — *Marie-Louise*, b [5] 7 août et s [5] 2 mai 1772. — *Jacques*, b [5] 21 juin et s [5] 1er juillet 1773.—*Marie-Amarante*, b [5] 18 août et s [5] 27 oct. 1774. — *Jacques*, b [5] 27 sept. 1775; s [5] 2 juillet 1776. — *Jacques*, b [5] 19 dec. 1776; s [5] 23 dec. 1783. — *Marie-Agnès*, b [5] 31 mars et s [5] 21 août 1778. — *Marie-Louise*, b [5] 26 mai et s [5] 11 juin 1780.—*Augustin-Didace*, b [5] 13 nov. 1781, s [5] 12 déc. 1783.—*Jacques*, b [5] 7 mai 1787; m [5] 17 nov. 1808, à Marie-Marguerite ST-LUC-LACOMBE, s [5] 12 dec. 1858.

1767, (19 janvier) Montréal. [8]

IV.—VIGER, LOUIS, b 1737; forgeron; fils de Jacques et de Marie-Joseph Riddé, s [8] 3 juin 1812.

PAPINEAU, Marie-Agnès, [JOSEPH II.
b 1719.

Marie-Louise, b [8] 28 oct. 1767; s [8] 3 nov. 1790. —*Marie-Angélique*, b [8] 3 août 1770. — *Louis*, b [8] 1er mars 1774; s [8] 23 mai 1776. — *Marie-Joseph*, b [8] 2 janvier 1776, m [8] 22 sept. 1800, à Jean BOUDREAU. — *Marie-Ursule*, b [8] 11 avril 1779; s [8] 25 février 1784. — *Marie-Scholastique*, b [8] 1er oct. 1782. — *Louis-Michel*, b [8] 28 sept. 1785; 1° m à Henriette TURGEON; 2° m à Marie FARIBAULT veuve St-Ours. — *Pierre-Benjamin*, b [8] 7 fevrier 1787.

1768, (25 oct.) Varennes.

IV.—VIGER, JOSEPH-PASCHAL, [FRANÇOIS III.
b 1742

MORAND (2), Angelique, [VINCENT II.
b 1750.

1772, (30 juin) St-Denis.

IV.—VIGER (3), DENIS, [JACQUES III.
b 1741.

CHERRIER, Charlotte-Périnne, [FRS-PIERRE I.
b 1746.

Denis-Benjamin, b 20 août 1774, à Montreal [3],

(1) M. P. P. de Kent (aujourd'hui Chambly).

(2) Et Moran; elle épouse, le 15 janvier 1781, Joseph Cabassier, au Detroit.

(3) Voy. vol. III, p. 33

m [3] 21 nov. 1808, à Marie-Amable FORETIER (fille de Pierre et de Therèse Legrand). — *Marie-Périnne*, b [3] 28 janvier 1780; s [3] 5 dec. 1820.

VIGER, ANDRÉ.
DAGUILLE, Marie-Anne, [JEAN-BTE II.
b 1752.
Marie-Louise, b 11 février 1781, à Lachenaye.[7] —*Denis*, b [7] 9 oct. 1788.

IV.—VIGER, BONAVENTURE, [BONAVENTURE III.
b 1753.
LEVASSEUR, Louise, [ALEXIS IV.
b 1773.
Marie-Julie (1), b 5 sept. 1802, à Boucherville [7]; m [7] 8 février 1830, à Denis SENÉCAL; s 30 avril 1873.

VIGER, JEAN-BTE.
BOISSEAU, Marie-Amable.
François-Xavier, b 2 sept. 1793, à Montréal.

1808, (17 nov.) Montréal.[4]
V.—VIGER (2), JACQUES, [JACQUES IV.
b 1787; s [4] 12 déc. 1858.
ST. LUC-LACORNE (3), Marguerite, [DUC II.
b 1775; veuve de John Lennox.
Amarenie-Eugénie, b [4] 23 avril 1810. — *Marie-Elise-Hermine*, b [4] 14 août 1812.—*Charles-Augustin-Wellesly*, b [4] 10 août 1814.

1759, (5 nov.) Montréal.
I.—VIGNAL, ANTOINE, b 1729; fils de Pierre et de Marie Navières, de St-André, diocèse de Metz.
DUVAL (4), Marie, [CLAUDE-JOSEPH I.
b 1730.

VIGNAU.—*Variations et surnoms :* VIGNAUX—VINIAU—VILION — LAVERDURE — MAURICE—ST. JACQUES.

1670, Ste-Famille, I. O.[5]
I.—VIGNAU, PAUL, fils de Jean et de Renée ...., diocèse de Poitiers.
BOURGEOIS, Françoise, fille d'Antoine et de Marie Piermont, Paris.
Antoine, b [5] 14 avril 1678; m 19 fevrier 1703, à Madeleine PICHET, à St-Pierre, I. O.; s 9 sept. 1727.—*Michel*, b 6 dec. 1686, à St-Laurent, I. O.

1703, (19 fevrier) St-Pierre, I. O.[5]
II.—VIGNAU, ANTOINE, [PAUL I.
b 1678; s 9 sept. 1727, à Quebec.[6]
PICHET, Madeleine, [PIERRE I.
b 1670; veuve de Gabriel Gosselin; s [6] 8 nov. 1746.
Angélique, b [5] 21 juillet 1704; m [5] 2 mai 1724, à Pierre LECLERC, s [5] 24 déc. 1726.—*Marguerite*, b [5] 12 janvier 1706; m [6] 28 juin 1728, à François MARCHAND. — *François*, b [5] 3 déc. 1707; s [5] 4 janvier 1710. — *Thècle*, b [5] 30 oct. 1709. — *Thérèse*, b 1710; s [5] 4 avril 1713 —*Pierre*, b [5] 5 juin 1711; s [6] 6 avril 1733.— *Augustin*, b [5] 11 et s [5] 27 déc. 1712. — *Marie-Charlotte*, b 1713; m à François MORIN; s 27 nov. 1749, à St-Nicolas. — *Charlotte*, b [5] 25 février 1714; m [6] 1er août 1736, à Pierre PANTOUX.—*Alexis*, b [5] 28 nov. 1715; s [5] 27 mai 1716.—*François*, b [5] 22 février 1717; m [6] 4 oct. 1745, à Madeleine GENDRON; s [6] 19 juillet 1775.—*Jean-Baptiste*, b [5] 5 sept. 1720.

1705, (4 janvier) Repentigny.[2]
I.—VIGNAU, FRANÇOIS, fils de Gabriel et de Françoise Bernard, de St-Michel, diocèse de Limoges.
LAURENCE, Catherine, [NOEL I.
b 1676; veuve de Julien Latouche.
François, b 7 nov. 1705, à Montréal.—*Jean-Baptiste*, b... m à Marguerite LAPORTE.—*Thérèse*, b [2] 9 août 1710; m à Michel BOURDON.—*Nicolas*, b [2] 15 oct. 1712.—*Marie-Joseph*, b [2] 14 mai et s [2] 3 juin 1714.—*Marie-Joseph*, b... m 1752, à Marc-Antoine BOURDON.

1724, (7 février) Pointe-Claire.
I.—VIGNAU, JEAN-BTE, fils de Pierre et de Marie Brenaudelle, de St-Jean-d'Angely.
POIRIER (1), Marie-Lse-Hélène, [PIERRE-RENÉ I
b 1707.
Marie-Anne, b 7 déc. 1724, au Bout-de-l'Ile, M.[3], m 18 janvier 1751, à Vincent PLINGUÉ, à Montreal.[4] — *Marie-Thérèse*, b [3] 14 sept. 1726; s [3] 25 avril 1728.—*Marie-Angélique*, b [3] 29 août 1728, m [4] 7 janvier 1749, à Felix LEPREUX.—*Michel*, b [3] 3 sept. 1730; m [4] 5 août 1754, à Marie-Joseph BOUTIN.

1728, (27 juillet) Montréal.[5]
I.—VIGNAU (2), LOUIS-JEAN, b 1679; fils de Louis et de Judith Garinelle, de Bourneuf, diocèse de Xaintes.
PERRIN, Marie-Renée, [RENÉ-PHILIPPE II.
b 1700.
Marie-Anne, b [5] 31 oct. 1730.—*Marie-Louise*, b [5] 14 juin 1734; m [5] 6 nov. 1758, à Nicolas ARNOULD.—*Charles*, b [5] 15 et s [5] 17 juillet 1737. —*Louis*, b [5] 15 et s [5] 17 déc. 1738.—*Marie-Thérèse*, b [5] 6 mai 1742.

I.—VIGNAU, NICOLAS,
b 1710; s 9 janvier 1778, à Repentigny.[6]
LAPORTE, Angelique.
Marie-Angélique, b... s 9 août 1744, à Lavaltrie.[7] — *Louis*, b [7] 27 août 1745; s [6] 23 avril 1781.—*Angélique-Catherine*, b 1747; m 1765, à Jean-Baptiste ROBERT.—*Gabriel*, b [7] 23 avril et s [7] 27 sept. 1749.

II.—VIGNAU, LOUIS, [NICOLAS I.
b 1745; capitaine; s 23 avril 1781, à Repentigny.

(1) Grand'mère de Mlle Marie-Louise-Denise Senécal, épouse de M. Monk, avocat.
(2) Chevalier de l'ordre de St-Grégoire.
(3) Voy. DeLacorne.
(4) Dupontbaut.

(1) Elle épouse, le 16 août 1741, Louis Enselin (voy. Josselin), à Montreal.
(2) Dit St. Jacques.

VIGNAU, ...
de la Baie-Verte, Acadie.
....
Théoliste, b 1743 ; s 13 nov. 1755, à Québec.—*Marguerite*, b 1751 ; s 31 mars 1795, à Nicolet.

II.—VIGNAU, JEAN-BTE. [FRANÇOIS I.
LAPORTE, Marguerite.
Pierre, b... s 7 sept. 1756, à Lavaltrie. [8] — *Marie-Louise*, b... m [8] 8 janvier 1759, à Ambroise LAVOIE.—*Thérèse*, b... s [8] 26 juillet 1759.

1745, (4 oct.) Québec. [3]
III.—VIGNAU, FRANÇOIS, [ANTOINE II.
b 1717 ; menuisier ; s [3] 19 juillet 1775.
GENDRON, Marie-Madeleine. [JACQUES.
Marie-Charlotte, b [3] 8 juin 1746.—*Marie-Elisabeth*, b [3] 17 nov. 1747. —*Marie-Anne*, b... m 27 janvier 1767, à Louis TROYE, à Varennes.—*François*, b [3] 26 janvier et s [3] 25 sept. 1749. — *Louis*, b [3] 24 sept. 1750. — *François*, b 1751 ; s [3] 11 oct. 1754. —*Marie-Rose*, b [3] 25 août 1752. — *Marie-Elisabeth*, b [3] 26 avril 1754 ; s [3] 11 oct. 1755. — *François*, b [3] 25 mars 1756. — *Marie-Joseph*, b [3] 12 déc. 1757 ; s [3] 22 février 1760.—*Marie-Joseph*, b 26 juin 1760, à Ste-Foye.

1749, (8 sept.) Québec. [7]
I.—VIGNAU (1), JEAN-RAYMOND, chirurgien ; fils de Guillaume (chirurgien) et de Catherine Bourgalane, de St-Vincent, diocèse de Tarbet.
CADDI (2), Marie-Joseph, [JOSEPH II.
b 1720.

VIGNAU (3), FRANÇOIS.
TRUDEL, Marie-Elisabeth.
Marie-Rose, b 1752 ; s 22 oct. 1754, à Québec. [7] —*Marie-Joseph*, b 1761 ; s [7] 30 oct. 1763.

VIGNAU, FRANÇOIS.
LAFERRIÈRE, Marguerite.
Marguerite, b... m 15 avril 1771, à François BOULET, à St-Thomas.

1754, (8 juillet) Boucherville. [7]
I.—VIGNAU, MARC-ANTOINE, chirurgien, fils de Guillaume (chirurgien) et de Catherine Bourgalane, de Baguienes, diocèse de Tarbes.
QUINTAL, Marie. [FRANÇOIS II.
Marc-Antoine, b [7] 28 avril 1755.—*Marie*, b [7] 21 août 1757. — *Marc-Antoine*, b [7] 1er oct. 1758. — *Marie-Rose*, b 1760 ; m [7] 1785, à Fréderic SCHAFFALIZKY. — *Charles-Antoine*, b [7] 4 et s [7] 21 sept. 1769.—*Charles-Eustache*, b [7] 27 mai 1775 ; s [7] 5 janvier 1776. —*Louise*, b [7] 31 août et s [7] 19 sept. 1778.

(1) Il était, le 11 mars 1751, à l'Ile-Dupas.
(2) Elle épouse, en 1758, François Estèbe.
(3) Appelé Vilion en 1752.

1754, (5 août) Montréal. [1]
II.—VIGNAU, MICHEL, [JEAN-BTE I.
b 1730.
BOUTIN (1), Marie-Joseph. [JOSEPH.

VIGNAU, LAURENT.
LAURENCE, Agathe.
Agathe, b 1777 ; s 27 nov. 1778, à Repentigny. [6] —*Joseph* et *Thérèse*, b [6] et s [6] 11 juillet 1781.

VIGNAU, FRANÇOIS,
BELAIR, Marie-Joseph.
François, b et s 4 juin 1780, à Repentigny.

1703, (8 février) Repentigny.
I.—VIGNE, PIERRE, de la ville de Toulouse.
TIERCE, Françoise,
veuve de Pierre Guignard-d'Olonne.

VIGNET.—Voy. AUGER.

VIGNIER.—Voy. VIVIER.

VIGNOLA.—Voy. FIOLA—PHIOLA.

1755, (14 juillet) Châteauguay.
I.—VIGNOLA, LOUIS, fils de Jean et d'Anne Deneau, de N.-D. du Drôme, Lambres.
CASTONGUAY, Marguerite. [MICHEL.
Jean-Louis, b 15 nov. 1757, à Chambly [1] ; s [1] 8 août 1758.

I.—VIGNOLA, JOSEPH,
b 1756 ; Allemand.
GUYON-DESPRÉS, Geneviève, [JEAN-BTE V
b 1759.
Joseph, b... m 29 sept. 1783, à Madeleine PROUX, à Rimouski.

1783, (29 sept.) Repentigny. [7]
VIGNOLA, JOSEPH.
PROUX, Madeleine, [GUILLAUME III.
b 1752.
Joseph-David, b [7] 20 juin 1784.—*Jean-Baptiste*, b [7] 18 juillet 1790. — *Barnabé*, b [7] 17 avril 1793. —*Guillaume*, b [7] 7 mai 1794.—*Marguerite*, b [7] 19 juillet 1795.—*Basilisse*, b... m [7] 25 août 1807, à Joseph LEPAGE.—*Augustin*, b... m [7] 5 juin 1810, à Marie-Joseph CHORET.

1810, (5 juin) Rimouski.
II.—VIGNOLA, AUGUSTIN. [JOSEPH I.
CHORET, Marie-Joseph. [AUGUSTIN.

VIGNON, LOUIS.
FAFARD, Marie.
Anonyme (2), b 23 juin 1715, à la Pointe-Claire.

VIGNON, LOUIS.
MONET (3), Marie-Anne. [PIERRE.

(1) Dubord ; elle épouse, le 21 nov. 1757, Louis-Pierre Tourlay, à Montréal.
(2) Né et ondoyé au Fort-des-Sables, Détroit, par Jean-Baptiste Bouchard, et baptisé (cérémonies suppliées), l'enfant ne reçut pas de nom.
(3) Elle épouse, le 27 oct. 1760, François Dubois, à Laprairie.

1757, (17 oct.) Ste-Geneviève, M.
I.—VILAINE, Jean-Bte, fils de Martin et de Jeanne Merier, de St-Hilaire-Dubois, diocèse de Nantes.
Dufour, Madeleine. [Claude.

VILAIRE.—Voy. Dehou.

VILALUN.—*Variation :* Villanun—Vitalun.

1726, (4 mars) St-Thomas. [9]
I.—VILALUN, François, fils de Julien et de Julienne Hervet, de Bruzily, diocèse de St-Malo.
Regault-Rouan (1), Suzanne, [Dominique I. b 1707.
François-Dominique, b [9] 4 mai 1727; m 26 fevrier 1759, à Angelique Gagnon, à St-Frs-du-Lac.

1759, (26 février) St-Frs-du-Lac. [2]
II.—VILALUN, Dominique, [François I. b 1727.
Gagnon, Angélique. [Jean.
François-Dominique, b [2] 2 déc. 1759. — *Angélique*, b [2] 6 février et s [2] 13 août 1761.—*Gabriel*, b [2] 14 mars 1762.

VILANCOUR.—Voy. Vaillancour.

VILANDRÉ.—Voy. Dutaut.

VILDAIGRE.—Voy. Perrot.

VILAIRE.—Voy. Dion.

1741.
I.—VILAIRE (2), Pierre.
Liénard, Louise.

II.—VILAIRE (2), Nicolas. [Pierre I.
Thibodeau, Marie.
Joseph, b 1er fevrier et s 6 août 1771, à Ste. Foye. [8] — *Pierre*, b [8] 16 oct. 1773. — *Nicolas*, b... *Catherine*, b 1788; s [8] 10 juillet 1788.—*Jean-Baptiste*, b [8] 13 mai 1788.

VILELAIN.—Voy. Villain-Tranchemontagne.

VILION (3), François.
Trudel, Marie-Elisabeth.

1738, (24 nov.) Trois-Rivières. [6]
I.—VILLAIN (4), Pierre, fils de Urbain et d'Anne Bardet, de Rouvre, diocèse du Mans.
Chauvet-Camirand, Therèse, [André II. b 1716.
Pierre, b [6] 8 sept. 1739. —*Anonyme*, b [6] et s [6] 22 juin 1741.—*Joseph-Amable*, b [6] 11 et s [6] 31 juillet 1742.—*Marie-Anne*, b [6] 15 nov. 1743; s [6] 8 février 1744. — *Joseph*, b [6] 22 août 1745.—*Anne-Marguerite*, b [6] 28 oct. et s [6] 16 nov. 1747.—*Thérèse*, b [6] 25 nov. et s [6] 27 dec. 1748.—*Jeanne*, b [6] 1er février 1750. s [6] 28 janvier 1752.—*Geneviève*, b [6] 30 janvier 1752.—*Nicolas-Antoine*, b [6] 24 mars 1756.

(1) Elle épouse, en 1733, Jean Valière.
(2) Dion dit Villers.
(3) Voy. François Vignau.
(4) Et Vilelain dit Tranchemontagne, soldat de la compagnie de Cournoyer.

VILLANUN.—Voy. Vitalun.

VILLARD.—Voy. Maignat—Provencher — Lesieur.

VILLARS, Pierre.
Guibord, Monique,
b 1737; s 31 janvier 1764, à St-Henri-de-Mascouche. [3]
Marie-Françoise, b [3] 30 mars 1758. — *Pierre-Etienne*, b 13 juillet 1762, à Lachenaye.

VILLAT.—*Surnoms :* Beausoleil—Vital.

1742, (28 oct.) Trois-Rivières. [1]
I.—VILLAT (1), Elie,
b 1709.
Dumas, Claire. [Charles.
Marie-Joseph, b [1] 4 janvier 1743; m 27 juin 1774, à Louis St. Laurent, à Nicolet. [2]—*Bienheureux*, b [1] 10 janvier 1744. — *Jean-Joseph*, b [1] 22 février 1745; m [2] 7 janvier 1765, à Marie-Anne Foucaut. — *Elie*, b [1] 18 mars 1747; s [1] 13 août 1748. —*Jean-Charles*, b [1] 10 déc. 1748; s [1] 26 mars 1749.— *Elie*, b [1] 18 mai et s [1] 24 août 1751.

1765, (7 janvier) Nicolet. [7]
II.—VILLAT (2), Jean-Bte. [Elie I.
Foucaut, Marie-Anne. [Jean-Bte.
Marie-Anne, b 1765; m [7] 20 oct. 1783, à Antoine Deshaies-St. Cyr.—*Joseph*, b 1768; m [7] 25 sept. 1797, à Charlotte .... — *Françoise*, b... m [7] 20 fevrier 1797, à Antoine .... —*Thérèse*, b... m [7] 20 fevrier 1797, à François Laspron-Desfossés.

1797, (25 sept.) Nicolet.
III.—VILLAT, Joseph, [Jean-Bte II. b 1768.
........., Charlotte.

1737, (17 nov.) Montréal. [1]
I.—VILLEBOIS (3), Honoré-Michel; conseiller du Roi; fils de Jean-Baptiste-Michel et d'Anne de Rostan, diocèse de Toulon.
Bégon, Marie-Catherine-Elisabeth. [Charles I.
Honoré-Henri-Michel, b [1] 25 oct. 1738.

VILLEBON.—Voy. Desjordis.

VILLEBRUN.—Voy. Provencher.

I.—VILLEBRUN, Simon.
Lefebvre, Madeleine
Marie-Joseph, b... m 22 sept. 1761, à Louis

(1) Dit Beausoleil.
(2) Dit Beausoleil—Vital.
(3) De la Rouvillière.

Manseau, à la Baie-du-Febvre. — *Joseph*, b... m 1763, à Marie-Anne Desfossés.

1763.

II.—VILLEBRUN, Joseph. [Simon I.
Desfosses, Marie-Anne.
Pierre, b 14 avril 1764, à la Baie-du-Febvre.

VILLEDAY.— *Variations et surnoms :* Bildé—Vildé—L'Espagnol—Laviolette.

1698, (10 nov.) Montreal.

VILLEDAY (1), Pierre, b 1667; fils de Pierre et de Catherine de Felle, de Burgos, Espagne.
1° Voisin, Charlotte-Catherine, [Elie I. b 1668 ; veuve de Jacques Batereau.
1703, (16 juillet) Charlesbourg. [1]
2° Proteau, Marie, [Etienne I. b 1662 ; veuve de Jean D'Eyme ; s 17 dec. 1742, à Quebec. [2]
Marguerite-Jeanne, b [2] 9 nov. 1704 ; m [2] 13 avril 1722, à Joseph Marin. — *Ignace*, b [1] 3 sept. 1707.—*Pierre*, b [2] 5 juin 1710.

II.—VILLEDIEU, ... [Antoine I.
....
Thérèse, b... m à Jean-François DeMosny.

VILLEDONNÉ.—Voy. DeVilledonné.

VILLEFORT.—Voy. Louis (Baron de Villefort).

VILLEFRANCHE.—Voy. Grisé.

1728, (12 janvier) Chambly. [4]

I—VILLEFRANCHE (2), Antoine, caporal.
Poyer, Françoise-Marguerite, [Jacques I b 1708.
Charles, b 1742 ; m [4] 16 fevrier 1767, à Veronique Larivière.

1767, (16 fevrier) Chambly.

II.—VILLEFRANCHE (3), Charles, [Ant. I b 1742.
Larivière, Véronique, [Jean-Bte.

VILLEMER.—Voy. Vilmer.

VILLEMONDE.—Voy. Liénard — DeBeaujeu

VILLEMUR,—Voy. Lefebvre, 1724.

VILLENEUVE —Voy. Arnaud—Arnoux — Arnoul—Amiot — Barbeau — Lecoup, 1757—Lemaitre, 1731.

(1) Dit Laviolette—L'Espagnol en 1707, à Charlesbourg ; voy. vol. I, p. 588.
(2) Pour Grisé, voy. vol. IV, p 376.
(3) Marié Grisé.

I.—VILLENEUVE, Pierre, b 1636 ; s 21 août 1706, à Montreal.

1703, (7 mai) Charlesbourg. [4]

II.—VILLENEUVE, Charles, [Mathurin I. b 1680 ; s [4] 10 déc. 1746.
Allard, Marie-Renée, [François I. b 1678 ; s [4] 24 juin 1746.
Marguerite, b [4] 20 nov. 1704 ; s [4] 13 août 1720. —*Marie-Charlotte*, b [4] 14 mai 1706 ; m [4] 13 juillet 1745, à Joseph Bossu.—*Michelle-Françoise*, b [4] 7 août 1707 ; m [4] 2 mai 1729, à Michel Mignier ; s [4] 17 janvier 1731.—*Madeleine*, b... m [4] 23 juillet 1731, à Jacques Bédard. — *Marie-Madeleine*, b [4] 27 fevrier 1709 ; s 7 nov. 1714, à Montréal. — *Marie-Renée*, b [4] 23 mai 1710 ; m [4] 15 oct. 1742, à Thomas Huppé ; s [4] 6 sept. 1743. — *Marie-Thérèse*, b 1711 ; m [4] 20 oct. 1732, à François-Marie Bergevin ; s [4] 11 juillet 1752. — *Marie-Thérèse*, b [4] 16 mars 1712 — *Marie-Angélique*, b [4] 8 avril 1714 ; s [4] 2 mai 1730. — *Charles-Pierre*, b [4] 21 août 1716 ; m [4] 4 août 1738, à Marguerite Bédard.—*Joseph-François*, b [4] 19 mars 1718 ; s [4] 17 oct. 1746. — *François-Xavier*, b [4] 11 mars 1720 ; m [4] 27 nov. 1747, à Marie-Louise Bédard ; s 12 mars 1757, à Quebec. — *Germain-François*, b [4] 6 juillet 1721 ; m 25 août 1749, à Marie-Joseph Parant, à Beauport ; s [4] 29 juin 1760.—*Jean-Marie*, b [4] 3 oct. 1723 ; s [4] 22 août 1750. — *Louis*, b [4] 14 juin 1725 ; s [4] 29 oct. 1746.

1708, (26 nov.) Charlesbourg. [1]

II.—VILLENEUVE, Jacques, [Mathurin I. b 1684 ; s [1] 30 avril 1757.
Chalifour, Anne, [Pierre II. b 1690 , s [1] 30 juillet 1753.
Pierre, b [1] 7 et s [1] 12 dec. 1709.—*Anne*, b [1] 26 et s [1] 28 avril 1711.—*Jacques-Charles*, b [1] 1er juin 1712 ; m 23 fevrier 1756, à Geneviève Poitras, à Ste-Foye.—*Marie-Charlotte*, b [1] 5 juin 1714 ; m [1] 26 nov. 1741, à Pierre Guildaut.—*Pierre*, b [1] 15 nov. 1716 ; m 30 nov. 1741, à Marie Cusson, à Lachenaye —*Jean-Pierre*, b [1] 16 oct. 1718 ; 1° m [1] 23 nov. 1744, à Madeleine Bédard ; 2° m [1] 18 oct. 1762, à Marie Bussière.—*Marie-Anne-Joseph*, b [1] 10 déc. 1720 ; s [1] 17 mars 1721.—*Joseph*, b [1] 2 fevrier 1722 ; m 9 nov. 1744, à Marie Bellerose, à Terrebonne —*Denis*, b [1] 17 sept. 1724 ; m [1] 24 mai 1751, à Marie-Jeanne Bédard.—*Geneviève*, b [1] 1er mars 1727 ; m [1] 11 nov. 1748, à René-François Girard ; s 17 déc. 1753, à Quebec.—*Jean-Charles*, b [1] 18 janvier et s [1] 26 juin 1730.—*Marie-Anne*, b [1] 21 oct. 1731 ; s [1] 8 dec. 1752.

1717.

IV.—VILLENEUVE (1), Daniel-Gab., [Chs III. b 1690.
Neveu (8kabe), Domitilde
Thérèse, b... s 24 sept. 1718, à Montréal. [2] — *Jean-Baptiste*, b 1723 , m 23 nov. 1761, à Marie-Amable Chiquot.

(1) Dit Amiot.

1722, (16 nov.) Québec.
I.—VILLENEUVE (1), ANDRÉ, b 1698; fils de Pierre et de Marie-Madeleine Golin, de Prégaillac, diocèse de Xaintes; s 2 juillet 1774, à Ste-Famille, I. O.
LEMARIÉ, Marie-Madeleine, [CHARLES II. s 24 mai 1766, à Ste-Foye.[3]
Marguerite, b [3] 22 avril 1728; m [3] 9 nov. 1751, à Michel POITRAS.

1731, (13 août) St-Augustin.
IV.—VILLENEUVE (2), ETIENNE, [ETIENNE III. b 1710; charpentier.
POIDRAS, Marie-Anne, [JEAN I. b 1709.
Marie-Louise, b 22 fevrier 1747, à Québec[4], s[4] 6 août 1748.—*Etienne*, b [4] 27 juin 1755.

1738, (4 août) Charlesbourg [9]
III.—VILLENEUVE, CHS-PIERRE, [CHARLES II. b 1716.
BÉDARD, Marguerite, [BERNARD III. b 1721.
Pierre-Charles, b [9] 2 mai 1740.—*Joseph-François*, b [9] 7 sept. 1741; m [9] 17 janvier 1763, à Marie-Elisabeth JOBIN.—*Marguerite*, b [9] 27 avril et s [9] 20 juin 1744. — *Félicité*, b [9] 4 juillet 1745; m [9] 18 juillet 1763, à Jean BERTHIAUME.—*Louis-François*, b [9] 7 sept. 1747.—*Marie-Anne*, b [9] 8 avril 1749. — *Jean-Baptiste*, b [9] 4 déc. 1751. —*Marguerite*, b 1754; s [9] 5 janvier 1762.—*Marie-Madeleine*, b [9] 13 avril 1756.—*Charles-Antoine*, b [9] 11 mars 1761.

1741, (30 nov.) Lachenaye. [6]
III.—VILLENEUVE, PIERRE, [JACQUES II. b 1716.
CUSSON-DESORMIERS, Marie-Jos., [JEAN-BTE II. b 1720.
Pierre, b 1742; m 29 avril 1771, à Marie TRUCHON, à St-Henri-de-Mascouche. [7] —*Marie-Joseph*, b... m [7] 20 janvier 1766, à Paschal RENAUD.—*Marie-Rosalie*, b [6] 10 sept. 1745; m [7] 21 nov. 1768, à Jean-Baptiste VAUDRY.—*Michel*, b 1748; m 19 fevrier 1776, à Marie-Joseph BELISLE, à Terrebonne.—*Joseph*, b [6] 26 juin 1750.—*Marie-Clémence*, b [7] 13 mai 1752.—*Marie-Geneviève*, b [7] 3 sept. 1753; m [7] 10 janvier 1774, à François LECLERC.—*François-Marie*, b [7] 22 dec. 1755; s [7] 12 juin 1756.—*Marie-Marguerite*, b [7] 1er mars et s [7] 19 août 1757.—*Pélagie*, b [7] 25 fevrier 1758. —*Jean-Baptiste*, b [7] 12 et s [7] 20 août 1760.—*Marie-Archange*, b [7] 13 et s [7] 27 août 1761.

1744, (23 nov.) Charlesbourg. [4]
III.—VILLENEUVE, J.-PIERRE, [JACQUES II. b 1718.
1° BÉDARD, Madeleine, [BERNARD III. s [4] 13 avril 1762.
Pierre-Jean, b [4] 19 nov. 1745. — *Marie-Madeleine*, b [4] 14 nov. 1747; m 15 janvier 1771, à Joseph-Marie RENAUD, à St-Henri-de-Mascouche. —*Thomas*, b [4] 17 juin 1749. — *Simon*, b [4] 20 fevrier 1751.—*Paul*, b [4] 4 et s [4] 30 janvier 1753.—*Marie-Marguerite*, b [4] 26 mars 1755. — *François*, b [4] 24 juin 1757. — *Charles-Jean*, b [4] 23 fevrier 1760; s [4] 25 mai 1761. —*Joseph-Charles*, b [4] 5 nov. 1761.

1762, (18 oct.) [4]
2° BUSSIÈRE, Marie-Joseph, [JOSEPH III. b 1740.
Louis-Pierre, b [4] 16 oct. 1763.

1744, (9 nov.) Terrebonne. [6]
III.—VILLENEUVE, JOS.-EPHREM, [JACQUES II. b 1722.
MÉNARD (1), Marie-Françoise, [JEAN-BTE III. b 1728.
Marie, b... s [6] 5 juillet 1747. — *Marie-Marguerite*, b 18 oct. 1746, à Ste-Rose. [7] —*Joseph*, b [6] 10 août 1748, s [7] 21 juin 1754.— *Marie-Joseph*, b [7] 6 déc. 1750; m 1774, à Antoine ICIATC.—*Marie-Marguerite*, b [7] 16 janvier 1753.— *Jean-Baptiste*, b [7] 26 sept. 1754. — *Pierre*, b [7] 16 nov. 1756; s [7] 28 août 1757.—*Marie-Françoise*, b [6] 28 juin 1758. — *Marie*, b... m [6] 12 août 1776, à Jean BEAUCHAMP.—*Agathe*, b [7] 18 fevrier 1760.—*Louis*, b [7] 24 janvier 1762.

1747, (27 nov.) Charlesbourg.
III.—VILLENEUVE, FRS-XAVIER, [CHARLES II. b 1720; s 12 mars 1757, à Québec. [3]
BEDARD (2), Marie-Louise, [CHARLES III. b 1725.
François-Louis, b [3] 7 oct. 1756; s [3] 8 août 1757.

1749, (25 août) Beauport.
III.—VILLENEUVE, GERMAIN, [PIERRE-CHS II. b 1721; s 29 juin 1760, à Charlesbourg. [3]
PARANT (3), Marie-Joseph, [ETIENNE III. b 1729.
Marie-Joseph, b [3] 12 juin 1750; s [3] 15 avril 1754.—*Marguerite-Veronique*, b [3] 11 janvier 1752. — *Germain*, b [3] 7 mars 1753; s [3] 29 oct. 1759.—*Marie-Louise*, b [3] 6 oct. 1754; m 23 juin 1777, à Jean-Baptiste BOILY, à la Baie-St-Paul.—*Joseph*, b [3] 14 mars 1756. — *Charles-Joseph*, b [3] 5 avril 1758.—*Elisabeth*, b [3] 14 août et s [3] 12 déc. 1759.

1751, (24 mai) Charlesbourg [5]
III.—VILLENEUVE, DENIS, [JACQUES II. b 1724.
BÉDARD, Marie-Jeanne, [CHARLES III. b 1732.
Marie-Anne, b [5] 17 juin 1752. — *Marie-Geneviève*, b [5] 21 dec. 1753; s [5] 1er oct. 1759.—*Charles-Denis*, b [5] 13 nov. 1755.—*Pierre-François*, b 1757, s [5] 26 août 1758.—*Marie-Thérèse*, b [5] 8 et s [5] 28 sept. 1759.—*Marie-Angélique*, b [5] 18 août 1760.—*Simon-Régis*, b [5] 24 avril 1762; s [5] 20 mai 1763. —*Marie-Madeleine*, b [5] 11 sept. 1763.

---

(1) Dit Arnould.
(2) Dit Amiot; voy. vol II, p. 32.

(1) Bellerose.
(2) Elle epouse, le 5 février 1759, Prisque Clontier, à Québec.
(3) Elle epouse, le 27 avril 1761, Prisque Penisson, à Charlesbourg.

1752, (8 janvier) Ste-Foye. [8]

II.—VILLENEUVE (1), André, [André I.
b 1730; s 10 mai 1795, à Beaumont.
1° Hamel, Marie-Madeleine, [André III.
b 1733; s [8] 19 janvier 1780.

1780, (24 avril). [8]

2° Poitras (2), Marie, [Noel III.
b 1762.

1756, (23 fevrier) Ste-Foye. [8]

III.—VILLENEUVE, Jacques-Chs, [Jacq. II.
b 1712.
Poitras, Geneviève, [Joseph II.
b 1721; s [8] 7 mai 1781.
Marie-Geneviève, b 23 janvier et s 5 fevrier 1757, à Lorette. [9] — *Jacques-François*, b [9] 29 janvier et s [9] 25 juillet 1758. — *Charles*, b [9] et s [9] 30 juillet 1759. — *Pierre-Jacques*, b [8] 24 juin et s [8] 9 juillet 1761.

VILLENEUVE, Charles.
Bonneau, Marie.
Marie, b... m 19 dec. 1809, à Dominique Paget, à Vincennes, E.-U.

1761, 23 nov.) Montréal.

V.—VILLENEUVE, Jean-Bte, [Daniel IV.
b 1723.
Chiquot (3), Marie-Amable, [Jean-Bte.
b 1731.

1763, (17 janvier) Charlesbourg. [2]

IV.—VILLENEUVE (4), Frs-Jos., [Pierre III.
b 1725.
Jobin, Marie-Elisabeth, [Jacques-Chs III.
b 1740.
Marie-Elisabeth, b [2] 25 nov. 1763.

1771, (29 avril) St-Henri-de-Mascouche.

IV.—VILLENEUVE, Pierre, [Pierre III.
b 1742.
Truchon-Léveillé, Marie-Lse, [Pierre III.
b 1755.

1776, (19 fevrier) Terrebonne.

IV.—VILLENEUVE, Michel, [P.-Prisque III.
b 1748.
Belisle, Marie-Joseph. [Jacques.
Marie, b 31 août 1785, à Lachenaye.

V.—VILLENEUVE (5), François, [Etienne IV.
b 1743.
Drolet, Louise, [Pierre IV.
b 1753.
Marie-Louise, b... m 30 juillet 1792, à Jacques Jobin, à St-Augustin. [8] — *Marguerite*, b [8] 3 oct. 1781.—*François-Xavier*, b [8] 22 août 1783. — *Gertrude*, b... m [8] 25 juillet 1808, à François-Xavier Garnault.

(1) Dit Arnold; voy. vol. II, p. 52.

(2) Appelée aussi Campagna.

(3) Elle épouse, le 10 janvier 1763, Joseph Leclerc, à Montreal.

(4) Dit Amiot; voy vol. II, p. 31.

(5) Dit Amiot; voy. vol. II, p. 32.

VILLERAY.—Voy. Dartigny—Rouer.

1694, (13 fevrier) Montréal. [1]

I.—VILLERAY, Antoine,
Quenneville, Jeanne, [Jean I.
b 1675.
Marie-Louise, b 10 mai 1696, à Lachine; m [1] 2 dec. 1713, à François Quevillon.—*Angélique*, b... m 25 sept. 1718, à Pierre Maupetit, au Bout-de-l'Ile, M.—*Madeleine*, b... m 10 janvier 1733, à Jacques Beaune, à la Pointe-Claire. [7] — *Antoine*, b 1708; m [7] 14 avril 1733, à Marie-Madeleine Brunet; s 20 mars 1756, à Ste-Geneviève, M.—*Marie-Suzanne*, b 1713; m [7] 11 août 1733, à Jacques Prou; s [7] 16 mars 1747.—*Jean-Baptiste*, b [7] 16 avril 1716; m [7] 3 février 1739, à Marie-Joseph Séguin. — *Michel*, b... m 1740, à Marie-Charlotte Legros.

1733, (14 avril) Pointe-Claire.

II.—VILLERAY, Antoine, [Antoine I.
b 1708; s 20 mars 1756, à Ste-Geneviève, M.
Brunet, Marie-Joseph. [Thomas II.
Elisabeth, b 1734; m 1763, à Pierre Réaume.

1739, (3 fevrier) Pointe-Claire.

II.—VILLERAY, Jean-Bte, [Antoine I.
b 1716.
Séguin, Marie-Joseph, [Jacques II.
b 1720.
Jean-Baptiste, b 1739; 1° m 4 nov. 1760, à Marie-Archange Benoit, à Soulanges [1]; 2° m 8 fevrier 1765, à Marie-Victoire Hunaut, à Lachine. — *Marie-Joseph*, b... m [1] 5 mars 1764, à Pierre-André Sedilot.

1760, (4 nov.) Soulanges. [7]

II.—VILLERAY, Jean-Bte, [Jean-Bte II.
b 1739.
1° Benoit (1), Marie-Archange, [Jacques-Frs I.
b 1741.
Jean-Baptiste, b [7] 4 et s [7] 19 juin 1761.

1765, (8 février) Lachine.

2° Hunaut, Marie-Victoire, [Gabriel III.
b 1746.
Marie-Joseph, b... m 19 fevrier 1784, à Antoine Petit, à Vincennes, E.-U.

1740.

II.—VILLERAY, Michel. [Antoine I.
Legros, Marie-Charlotte, [Nicolas II.
b 1721.
Marie-Charlotte, b... m 20 nov. 1758, à Michel Lauzon, à Ste-Geneviève, M. — *Catherine*, b... m 1757, à Pierre Ethier.

VILLERAY, Pierre.
Tibaut, Pelagie.
Marie-Amable, b 1er oct. 1755, à Terrebonne.

VILLERAY, Pierre, b 1720; s 18 avril 1750, au Bout-de-l'Ile, M.

(1) Lagueire.

VILLERAY (1), JACQUES, b... s 18 janvier 1768, au Detroit.

I.—VILLERME (2), ...

VILLERS, FRANÇOIS.—Voy. ROYER DE VILLERS, 1730.

1745.

IV.—VILLERS, JACQUES-JOSEPH, b 1726; de Rouen, Normandie; s 7 août 1791, à Beauport.
MIET, Françoise, b 1718, à Tours, Touraine.
Françoise, b 1757; 1° m 3 fevrier 1778, à Jean Barthelemi LANGEVIN, à Quebec[1], 2° m [1] 1802, à François HUOT; s [1] 29 janvier 1822.

1746, (22 août) Détroit. [2]

I.—VILLERS (3), LOUIS, b 1708; fils de Jean et de Marguerite Gratriou, de St-Pierre-et-St-Paul, diocèse de Toul, Lorraine.
MORIN, Madeleine, [PIERRE II. b 1726.
Louis, b [2] 8 juin 1747.—*Marie-Anne*, b [2] 14 février 1749; m [2] 14 janvier 1766, à François DROUILLARD.—*Marie-Louise*, b... m [2] 11 mai 1767, à Joseph-Thomas PAGEOT.—*Jeanne*, b [2] 24 nov. 1754. — *Anonyme* et *Dominique*, b [2] et s [2] 22 février 1757.—*Jacques-Louis*, b [2] 28 mars 1758; s [2] 12 nov. 1759.

VILLERS, NICOLAS.
CHAVIGNY, Elisabeth.
Henriette, b... m 14 août 1827, à Amable BOCHET, à Quebec.

1721, (4 nov.) Québec. [8]

I.—VILLIARS, GERMAIN, fils de Henri et de Madeleine Culliers, des Douze-Apôtres. diocèse de Cologne.
1° GUILLOT, Françoise, [JEAN I. b 1693; s [8] 30 mai 1741.
Marie-Claire-Françoise, b [8] 4 avril 1723, 1° m [8] 23 avril 1742, à Joseph ROUTIER; 2° m [8] 6 juillet 1761, à Joseph VOYER; s [8] 1er avril 1764.—*Louise-Angélique*, b [8] 1er nov. 1724. — *Marie-Louise*, b [8] 17 mars 1726; 1° m [8] 4 juin 1743, à Thomas DOYON; 2° m [8] 25 nov. 1745, à Louis MIVILLE; 3° m [8] 10 mai 1756, à François-Josue MOREAU.—*Jean-Germain*, b [8] 21 juin 1728. — *Pierre*, b [8] 10 juillet 1730; s [8] 6 juin 1749. — *Angélique*, b [8] 9 et s [8] 24 janvier 1733.—*Marie-Joseph*, b [8] 9 et s [8] 11 juillet 1734.—*Claude*, b [8] 20 et s [8] 24 juin 1737.
1743, (30 sept.) [8]
2° RENAUD (4), Marie-Angelique, [JACQUES II. b 1697; veuve de Thomas Doyon, s [8] 12 sept. 1753.

(1) Conduisant un bateau, est submergé le 29 novembre 1767, à la Pointe-Pelée, Lac-Erié avec madame DeCouagne et son fils, Philippe DeCouagne.
(2) DeVillerme dit Champagne, 1730, Cap-St-Ignace.
(3) Dit St. Louis; enseigne des milices.
(4) Voy. vol. I, p. 513.

1761, (26 janvier) Bout-de-l'Ile, M.

I.—VILLIARS, FRANÇOIS, fils de Claude et de Veronique Duperchy, de St-Antoine, diocèse de Besançon, Franche-Comte.
ROY, Catherine, [JEAN-BTE III. b 1735.

VILLIERS (DE).—Voy. COULON, SIEUR DE JUMONVILLE.

VILLIERS, MICHEL.
JENKILL, Marguerite-Renée, Anglaise.
Louis, b 26 août 1719, à Montréal.

1763, (9 mai) Montréal.

I.—VILLIERS, JOSEPH-FRANÇOIS, b 1731; fils de Charles et de Marguerite Viard, de St-Remi, diocese de Chalons, en Champagne.
PREVOST, Marie-Louise, [PIERRE III. b 1740.

1704, (10 nov.) Lorette.

VILLIEU, PIERRE.
HERRAU, Claude.

VILLIN, PIERRE.
CHORET, Therèse.
George-Etienne, b 23 et s 27 avril 1758, aux Trois-Rivières.

VILLON.—Voy. CUSSON.

1762, (10 janvier) Lanoraie.

I.—VILLOT, SEBASTIEN, fils de Joseph et de Catherine Villot, de St-Pierre-d'Aval, diocèse de Grenoble.
TRUCHON-LÉVEILLÉ, Marie-Louise, [JEAN-BTE II. b 1741.

VILMER.—Voy. VILLEMER — RÉAL — ROUAUD — DROUARD — DROUÈRE.

I.—VILMER, NICOLAS.
GALARNEAU, Marie-Anne.
Pierre, b... m 25 oct. 1762, à François CATUDAS, à Chambly. — *Jean-Baptiste*, b .. m 10 août 1767, à Marie-Joseph FAUBER, à Châteauguay.

1767, (10 août) Châteauguay.

II.—VILMER, JEAN-BTE. [NICOLAS I.
FAUCHER, Marie-Joseph, [JEAN-BTE II. b 1723.

VIMONT.—*Surnom:* JOLIBOIS.

I.—VIMONT (1), NICOLAS.
CAZAL (2), Elisabeth-Marie-Anne, [AMBROISE I b 1735; veuve de François Mar.
Marie-Madeleine, b 23 nov. 1766, à Repentigny.[6] — *Nicolas*, b... m à Marie-Claire PICAULT.

(1) Dit Jolibois.
(2) Lalime.

—*Marie-Thérèse*, b [6] 18 août 1769.—*Marie-Judith*, b [6] 11 août 1771. — *Marie-Angélique*, b [6] 7 avril 1774; s [6] 1er avril 1775.

II.—VIMONT (1), Nicolas.
Marie-Thérèse, b 10 sept. 1786, à Repentigny. [5] — *Amable*, b [5] 3 juillet 1788. — *Marie-Victoire*, b [5] 31 oct. 1790.—*Marie-Joseph*, b [5] 12 nov. 1795.

VINAIGRE.—Voy. Duval.

VINAULT.—Voy. Desmarets — Gilles — Vincent.

1758, (9 janvier) Montréal.
I.—VINAY, Jean, b 1732; fils de François et de Benonite Perichon, de St-Fiacre, Vienne.
Mignau (2), Cecile, [René I.
b 1722.

VINCELAY.—Voy. Finchley.

VINCELET.—*Variation et surnoms :* Vincelay —Labastière—Laboissière—Finchley.

1698.
I.—VINCELET (3), Geoffroy,
b 1676; s 20 mars 1703, à Montréal. [8]
Barsa (4), Catherine, [André I.
b 1680.
Nicolas, b [8] 16 nov. 1699; m 1721, à Geneviève Gareau. — *Jacques*, b [8] 13 mai 1702, m 1er oct. 1731, à Marie-Renee Masson, à Boucherville.

1721.
II —VINCELET, Nicolas, [Geoffroy I.
b 1699
Gareau (5), Geneviève, [Jean I.
b 1698.
Geneviève, b 1722; 1° m 18 avril 1746, à Louis Robert, à Boucherville [8], 2° m [8] 22 janvier 1759, à .... Lamoureux.—*Véronique*, b [8] 30 nov. et s [8] 8 déc. 1724. — *Jean-Marie*, b [8] 2 fevrier 1726. —*Marie*, b... m [8] 27 avril 1750, à Joseph Provost. — *Marie-Anne*, b... m [8] 22 janvier 1759, à Joseph Lamoureux.

1731, (1er oct.) Boucherville.
II.—VINCELET (6), Jacques, [Geoffroy I.
b 1702
Masson, Marie-Renee, [Louis II.
b 1711.
Jean-Marie, b... m 1752, à Pelagie Christin — *Jacques*, b... m 14 janvier 1755, à Louise Barré, à Chambly.

(1) Dit Joliboi, 1788.
(2) Lafraynaye.
(3) Dit Laboissière; voy. vol I, p. 588.
(4) Elle épouse, le 21 nov. 1706, Pierre Guedon, à Montreal.
(5) St. Onge.
(6) Dit Laboissière.

1755, (14 janvier) Chambly. [2]
III.—VINCELET (1), Jacques. [Jacques II.
Barré, Louise, [Louis II.
b 1727.
Marie-Joseph, b [2] 2 dec. 1756; s [2] 21 février 1758.—*Jean-Louis*, b [2] 17 janvier 1758; s [2] 12 août 1759.—*Jacques*, b [2] 14 février 1760.

VINCELET (2), Thomas,
marchand.
Chesne, Catherine, [Charles III.
b 1756.
Thomas, b 14 mai 1778, au Détroit. [8] — *Charlotte*, b [8] 20 août 1779.—*George*, b [8] 7 nov. 1780. —*Marie-Catherine*, b [8] 12 mai 1782.—*Guillaume*, b [8] 22 juin 1783.—*Etienne*, b [8] 28 mai 1785.

1759.
III.—VINCELET (3), Jean-Marie, [Jacques II.
b 1732.
Christin, Pélagie. [Paul-Charles II.
Pierre, b 10 dec. 1760, à Longueuil.

I.—VINCELOT, Urbain, b 1681; s 13 janvier 1716, à Champlain.

VINCELOT, Marie, b... m à Jean Sené.

VINCENNES.—Voy. Porlier—Bissot.

VINCENT —Voy. Andetayou.

VINCENT.—Voy. Chrétien—Jean.

I.—VINCENT, François, b 1713; s 27 août 1731, à Ste-Famille, I. O.

I.—VINCENT (4), Joseph,
b 1698, s 20 mars 1733, à Québec.
Goupy (5), Marie, [Antoine I.
b 1701.
Joseph-Toussaint (posthume), b 2 nov. 1733, à St-Valier.

1738, (5 mai) Ste-Anne.
II —VINCENT (6), Thomas, [Vincent I.
b 1679; s 21 avril 1749, à François, I. O.
Belanger, Agathe, [Jean-François II.
b 1682; veuve de Joseph Gagnon; s 9 oct. 1749, à St-Valier.

1738, (15 sept.) Longueuil. [7]
I.—VINCENT, François, fils de François et de Catherine Clement, de St-Sauveur, diocèse de Lyon.
Tessier, Marguerite, [Jean-Bte II.
b 1716.
Marie-Catherine, b [7] 9 avril 1740; m [7] 25 oct.

(1) Labastière, 1760.
(2) Dit Finchley.
(3) Dit Laboissière.
(4) Voy. vol. I, p. 278.
(5) Elle épouse, le 17 avril 1736, Raymond Fourmy, à Quebec.
(6) Marié sous le nom de Chrétien dit Vincent; voy. vol. III, p. 80.

1756, à Joseph VIAU.—*Marguerite*, b [7] 28 mai 1742; m [7] 13 nov. 1758, à André LAMARRE.—*Marie-Geneviève*, b [7] 8 mars 1744; m [7] 7 janvier 1763, à François ADAM.—*François*, b [7] 22 sept. 1745; m 1760, à Marie-Joseph LAJEUNESSE.—*Antoine*, b [7] 27 avril 1747; s [7] 3 mai 1748.—*Louis*, b [7] 25 oct. 1748.—*Joseph-Marie*, b [7] 15 août 1751; m 14 février 1774, à Marie BOURDON, à Boucherville.—*Amable*, b [7] 15 août 1751.—*Jean-Baptiste*, b [7] 4 juin 1753.—*Pierre*, b [7] 27 avril 1756; m 1785, à Elisabeth BRAIS.

1739, (14 sept.) Ste-Anne-de-la-Pérade. [8]

I.—VINCENT, CLAUDE-JOSEPH-CLÉMENT, fils d'André et de Jeanne Gounmoy, de Debochoux, diocèse de Lyon; s [8] 21 déc. 1769.
CHAINE-LAGRAVE, Marie-Joseph, [RAYMOND I. b 1714.
François-Claude, b [8] 21 et s [8] 24 janvier 1741.

VINCENT, JEAN-BTE, Acadien, b... s 24 juillet 1759, à Lorette.

1745, (31 mai) Ste-Geneviève, M.

III.—VINCENT (1), JEAN-BTE, [JEAN-BTE II. b 1720.
AUBIN-ST. AUBIN (2), Marie-Julien, [RENÉ II. b 1722.
Jean-Baptiste-Charles, b 4 mars et s 22 sept. 1747, à Montreal.—*Charles*, b... m 14 oct. 1771, à Felicite ROBICHAU, à Varennes.

VINCENT, JEAN-BTE.
TRUTEAU (3), Marie-Anne.

I.—VINCENT, FRANÇOIS, b 1720; s 2 mai 1760, à Beaumont.
DOIRON (4), Marie-Joseph, [JOSEPH I. Acadienne.
Marie-Françoise, b 1756; m 3 oct. 1774, à Anselme LÉVÊQUE, a Kamouraska. — *Marie-Angélique*, b... m 8 nov. 1784, à Charles GENTIL, aux Trois-Pistoles.—*Marguerite* et *Joseph*, b 9 nov. 1760, à St-Charles.

VINCENT, PIERRE.
MICHEL, Blanche.
Marie-Anne, b 1745, s 14 mars 1760, à St-Charles.

I.—VINCENT, PIERRE, Acadien.
1° BARIOT, Rose, Acadienne.
1757, (21 fevrier) St-Jean, I. O.
2° PAQUET, Marie-Françoise, [PHILIPPE III. b 1737.
Pierre-Michel, b 27 sept. 1758, à St-Charles [3] —*Marie*, b [3] 21 dec. 1760

(1) Marié sous le nom de Jean dit Vincent.

(2) Voy. vol. IV, p. 597.

(3) Elle épouse, le 10 nov. 1783, Toussaint Ste-Marie, à Longueuil.

(4) Elle épouse, le 22 sept. 1760, Claude Nolet, à Beaumont.

VINCENT, JEAN.
LOMME, Elisabeth.
Charles, b... m 14 oct. 1771, à Felicite ROBICHAU, à Varennes.

VINCENT (1), THOMAS, Anglais.
VINCENT, Helène.
François, b 25 et s 26 oct. 1756, à Québec.

1755, (21 avril) St-Laurent, M.

III.—VINCENT (2), JEAN-BTE, [JEAN-BTE II. b 1726.
LANGLOIS (3), Marie-Amable, [LOUIS IV. b 1731.
Marguerite-Amable, b 5 et s 9 juillet 1756, à Lachine. [4] — *Jean-Baptiste*, b [4] 25 oct. 1758.—*Louis*, b [4] 11 juillet 1760.

VINCENT, PIERRE.
TERRIEN, Marie.
Anonyme, b et s 4 juillet 1757, à St-Charles.

1757, (7 nov.) Lachine. [6]

III.—VINCENT, LOUIS, [JEAN-BTE II. b 1729.
ROY, Marie-Amable, [FRANÇOIS II. b 1742.
Louis-Amable, b [6] 18 sept. 1758.—*Marie-Céleste*, b [6] 25 oct. 1759.—*Véronique*, b [6] 5 nov. 1761.

I.—VINCENT (4), JOSEPH, b 1750, du Portugal; s 22 juin 1782, à Quebec.

VINCENT, FRANÇOIS, b 1745.
LAJEUNESSE, Marie-Joseph.
Marie-Anne, b 27 juillet 1761, à Longueuil.

VINCENT, JOSEPH.
BENOIT, Françoise.
Marguerite, b 25 oct. 1766, à Yamachiche.

VINCENT, JOSEPH.
BENOIT, Marie-Jeanne.
Simon, b 9 nov. 1766, à Yamachiche.

1765.

I.—VINCENT, PIERRE.
BABIN, Madeleine.
Marguerite, b... m 13 fevrier 1787, à Francois ROBITAILLE, à Quebec [6] — *Elisabeth*, b... m [6] 18 fevrier 1794, à Jean PARANT.—*Pierre*, b... m [6] 10 fevrier 1795, à Marie-Louise BERGEVIN. — *Marie-Madeleine*, b... m [6] 24 nov. 1795, à Louis GAUVREAU.

(1) Prisonnier de guerre à Québec.

(2) Marié sous le nom de Jean dit Vincent.

(3) Traversy, voy vol. IV, p. 595.

(4) Matelot du navire "L'Amazone," capitaine Henri.

1771, (14 oct.) Varennes.
IV.—VINCENT (1), CHARLES, [JEAN-BTE III.
b 1749.
ROBICHAU, Félicité, [PRUDENT I.
b 1750.

1774, (14 février) Boucherville.
II.—VINCENT, JOSEPH, [FRANÇOIS I.
b 1751.
BOURDON, Marie, [ANTOINE IV.
b 1752.

1785.
II.—VINCENT, PIERRE, [FRANÇOIS I.
b 1756.
BRAIS, Elisabeth.
Elisabeth, b 24 février 1786, à Longueuil [7]; m [7] 11 nov. 1805, à Andre STE-MARIE.

1795, (10 fevrier) Québec.
II.—VINCENT, PIERRE. [PIERRE I.
BERGEVIN, Marie-Louise. [GERMAIN.

VINCENT, CATHERINE, b... m à Pierre CRÉSAC dit TOULOUSE.

VINCENNES.—Voy. BRIÈRE.

I.—VINDAL (2), ANTOINE, b 1735; de St-Martin d'Aurillac, Auvergne.

VINAULT.—Voy. DESMARETS—GILLES-VINCENT.

VINET.—*Surnoms :* LOISEL — LARENTE — SOULIGNY—PRÉVILLE.

1672, (6 nov.) Trois-Rivières.
I.—VINET, JEAN, b 1643, fils de Pierre et de Marie Guillet, de Perignac, St-Onge; s 2 avril 1723, à la Pte-aux-Trembles, M. [1]
ETIENNE, Jeanne, [PHILIPPE I.
b 1657; s 7 août 1747, à la Longue-Pointe. [2]
Marie-Charlotte, b 15 janvier 1678, à Boucherville [3] — *Philippe*, b [3] 24 mai 1681; m [1] 26 oct. 1703, à Barbe ROY; s [2] 18 avril 1772.—*François*, b [3] 13 fevrier 1683, m [1] 13 juillet 1714, à Marie-Françoise JANOT, s [2] 17 sept. 1748.—*Marguerite*, b [3] 9 nov. 1685.

1701, (1er mars) Montreal.
II.—VINET, FRANÇOIS, [BARTHÉLEMI I.
b 1680.
ANDRÉ (3), Marguerite-Angelique, [MICHEL I.
b 1680.
François, b 1702; 1° m 9 janvier 1730, à Angelique BOISSON, à la Pointe-Claire; 2° m 19 nov. 1759, à Françoise TIBAUT, à Ste-Geneviève, M.—*Geoffroy*, b 21 juin 1703, à Lachine.

(1) Dit Jean.
(2) Cordonnier, soldat de Guyenne.
(3) St-Michel.

VINET, FRANÇOIS.
BRISEBOIS, Marguerite.
Marguerite, b... m 13 janvier 1721, à Joseph PARANT, à la Pointe-Claire.

1703, (26 oct.) Pte-aux-Trembles, M.
II.—VINET (1), PHILIPPE, [JEAN I.
b 1681; s 18 avril 1772, à la Longue-Pointe [1]
ROY, Barbe, [JEAN I.
b 1680, s [1] 4 juin 1776.

1714, (13 juillet) Pte-aux-Trembles, M. [2]
II.—VINET (2), FRANÇOIS, [JEAN I.
b 1683; s 17 sept. 1748, à la Longue-Pointe. [3]
JANOT, Marie-Françoise, [ROBERT II.
b 1695; s [3] 7 mai 1748.
Françoise, b 1714; s [3] 29 avril 1725. —*Marie-Marguerite*, b 1717; m [3] 6 fevrier 1747, à François DESAUTELS; s [3] 25 février 1751. — *Marie-Charlotte*, b [2] 28 janvier 1719; s [3] 14 janvier 1739.—*Thérèse*, b [2] 6 juillet et s [2] 8 août 1721.—*Thérèse*, b [2] 4 sept. 1722; m [3] 25 janvier 1740, à Jean ROY.— *Marie-Joseph*, b [3] 20 oct. 1724; m [3] 7 nov. 1746, à Jean-Baptiste ALARD. — *Marie-Françoise*, b [3] 5 janvier 1727; s [3] 27 juin 1745.—*François-Amable*, b [3] 12 juin 1729; s [3] 23 mars 1733. — *Barbe-Judith*, b [3] 27 oct. 1730; m [3] 2 fevrier 1756, à Jacques AUBUCHON.—*Prudent*, b [3] 15 oct. 1732; m [3] 26 fevrier 1759, à Françoise DESAUTELS; s [3] 17 février 1781. — *Ignace*, b [3] 4 avril 1735; m [3] 2 fevrier 1756, à Constance AUBUCHON. — *François*, b [3] 9 oct. 1736; m 31 mars 1761, à Marie-Françoise VIGER, à Boucherville.

1715, (2 janvier) Pointe-Claire. [2]
II.—VINET (3), GUILLAUME, [BARTHÉLEMI I.
b 1681; s 15 mai 1741, au Bout-de-l'Ile, M. [3]
1° DENIS, Marie, [JACQUES I.
b 1694; s [3] 20 mai 1731.
Marie-Anne, b [2] 1er et s [2] 5 mars 1720.—*Geneviève*, b [3] 16 et s [3] 30 juin 1721.—*Guillaume*, b [3] 8 et s [3] 9 dec. 1722. — *Marie-Joseph*, b [3] 16 mars 1724.—*Marie-Anne*, b [3] 17 juillet 1725.—*Joseph*, b [3] 27 juin 1727.—*Paul*, b [3] 29 juin et s [3] 10 oct. 1729.—*Jacques*, b [3] 28 sept. 1730; m [3] 23 nov. 1756, à Marie ROBILLARD.

1732, (4 fevrier). [3]
2° JEAN-DENIS, Françoise-Monique, [DENIS I.
b 1678; veuve de Charles Normand, s 18 fevrier 1758, à Soulanges.
Guillaume, b 1733; m 1758, à Marie-Anne JAMMES-LARIVIÈRE.

1730, (9 janvier) Pointe-Claire.
III.—VINET, FRANÇOIS, [FRANÇOIS II.
b 1702.
1° BRISSON-ST. ONGE, Angélique, [JEAN-BTE I.
b 1704.

1759, (19 nov.) Ste-Geneviève, M.
2° TIBAUT, Françoise,
veuve de Pierre Breille dit St. Pierre.

(1) Dit Préville; il était, le 22 déc. 1761, à la Longue-Pointe.
(2) Dit Souligny.
(3) Dit La Rente; voy. vol. I, p. 319.

II.—VINET, PRUDENT, [JEAN I.
b 1679; s 7 oct. 1755, à la Longue-Pointe.

1738, (4 nov.) Trois-Rivières. [4]
I.—VINET (1), PHILIPPE-JACQUES.
RASSET, Jeanne. [PIERRE II.
Marie-Thérèse, b... m [4] 24 février 1756, à René NIOCHE.

I.—VINET (2), JEAN, b 1723; du diocèse de Vienne, Dauphine; s 16 mai 1794, à l'Hôpital-General, M.

VINET, JEAN.
SICARD, Marie-Joseph.
Joseph, b 11 août 1751, à St-Laurent, M.

1756, (23 nov.) Bout-de-l'Ile, M. [9]
III.—VINET, JACQUES, [GUILLAUME II.
b 1730.
ROBILLARD, Marie-Elisabeth, [CLAUDE III.
b 1736.
Marie-Elisabeth, b [9] 2 sept. 1757.—*Jacques*, b [9] 14 janvier 1759.—*Claude*, b [9] 20 sept. 1760; s [9] 8 juillet 1761.—*Antoine*, b [9] 9 fevrier 1762.—*Jean-Baptiste*, b [9] 31 juillet 1764.—*Marie-Rose*, b [9] 31 juillet 1766.—*Claude*, b [9] 16 janvier et s [9] 30 août 1768.

1756, (2 fevrier) Longue-Pointe. [8]
III.—VINET (4), IGNACE, [FRANÇOIS II.
b 1735.
AUBUCHON, Margte-Constance, [JACQUES III.
b 1734.
Marie-Joseph, b [8] 25 fevrier 1757; s [8] 2 juin 1769.—*Marie-Françoise*, b [8] 8 août 1758; m [8] 25 nov. 1783, à Basile JANOT.—*Barbe-Judith*, b [8] 14 janvier et s [8] 15 avril 1760. — *Ignace-Christophe*, b [8] 22 fevrier et s [8] 22 juillet 1761.—*Ignace-Prudent*, b [8] 30 août 1762.—*François*, b [8] 14 oct. 1763.—*Marie-Marguerite*, b [8] 30 nov. 1764.—*Joseph-Nicolas*, b [8] 31 janvier et s [8] 23 nov. 1766. —*Charlotte-Amable*, b [8] 30 oct. 1767. — *Charles-Joseph*, b [8] 28 avril 1769.

1758.
III.—VINET (3), GUILLAUME, [GUILLAUME II.
b 1733.
JAMMES-LARIVIÈRE, Marie-Anne.
Joachim-Clément, b... m 10 fevrier 1783, à Marie-Joseph CLÉMENT, à St Laurent, M.

1759, (26 février) Longue-Pointe.[1]
III.—VINET (4), PRUDENT, [FRANÇOIS II.
b 1732; s [1] 17 fevrier 1781.
DESAUTELS, Françoise, [JEAN-BTE III.
b 1738.
Prudent-Philippe, b [1] et s [1] 15 juillet 1760.—*François-Philippe*, b [1] 31 mai 1763. — *François-Isidore*, b [1] 5 avril 1764. — *Marie-Judith*, b [1] 10 avril 1765.—*Prudent-Ignace*, b [1] 29 juin et s [1] 11 juillet 1766 — *Charles-Prudent*, b [1] 7 nov. 1767; s [1] 29 sept. 1768.—*Jean-Antoine*, b [1] 8 mars et s [1] 6 juin 1769.

(1) Dit Parisien; soldat; chantre et sacristain, en 1741, aux Trois-Rivières, il était, en 1726, aux Trois-Rivières.

(2) Dit Lalime.

(3) Dit Larente.

(4) Dit Souligny.

1761, (31 mars) Boucherville.
III.—VINET (1), FRANÇOIS, [FRANÇOIS II.
b 1736.
VIGER, Françoise, [FRANÇOIS III.
b 1741.
François-Marie, b 6 février et s 28 mai 1762, à la Longue-Pointe. [2] — *François-Philippe*, b [2] 31 mai 1763.—*Hippolite-Paschal*, b [2] 14 août 1765; m [2] 31 janvier 1791, à Marie BAUDRY.—*Amable-Félix*, b [2] 5 nov. 1766.—*Marie-de-la-Croix*, b [2] 18 août 1768. — *Marie-Joseph*, b [2] 17 juin 1770; s [2] 14 juillet 1774.—*Jeanne-Françoise*, b [2] 8 janvier 1772; s [2] 9 avril 1775.—*Antoine-Sylvestre*, b [2] 1er janvier 1775. — *Françoise-Catherine*, b [2] 15 nov. 1776. — *Marguerite-Chantal*, b [2] 8 juin et s [2] 11 juillet 1778. — *Marguerite-Joseph*, b [2] 1er nov. 1779, s [2] 1er fevrier 1786. — *Marie-Judith*, b [2] 20 août et s [2] 20 sept. 1785.

VINET, JEAN-BTE.
LANGLAIS, Marie-Marguerite.
Marie-Marguerite, b 18 fevrier 1788, à Lachenaye.

1791, (31 janvier) Longue-Pointe.[1]
IV.—VINET (1), HYPOLITE, [FRANÇOIS III.
b 1765.
BEAUDRY, Marie, [JEAN-BTE IV.
b 1770.
Jacques-Janvier, b [1] 1er janvier 1806; ordonné, cure au Sault-au-Récollet.

VINIAU.—Voy. VIGNAU.

1764, (24 janvier) Québec. [1]
I.—VIOLET, PIERRE, fils de Vincent et de Marguerite Pariseau, d'Ourche, diocèse de Toul, Lorraine.
HARNAIS, Angelique, [JOSEPH II.
b 1732.
Marie-Geneviève, b 12 avril 1762, à Beauport. —*Pierre*, b [1] 2 août 1764.—*Jean-Baptiste*, b 1766, m [1] 6 juillet 1790, à Marie-Angelique GARNEAU — *Marie*, b... m [1] 24 oct. 1786, à Joseph DASYLVA — *Marguerite*, b... m [1] 24 nov. 1795, à Etienne HOUEL.

1790, (6 juillet) Quebec.
II.—VIOLET, JEAN-BTE, [PIERRE I.
b 1766.
GARNEAU, Marie-Angelique, [JEAN IV.
b 1770.

1789, (4 juin) Rimouski. [5]
I.—VION, JEAN-LOUIS, fils de François et de Catherine Bernard, du Havre-de-Grâce.
CANUEL, (2) Véronique. [LOUIS I.

(1) Dit Souligny.

(2) Elle épouse, le 15 sept. 1800, Joseph Vallée, à Rimouski.

Jean-Louis, b [6] 1er août 1791. — *Flavie*, b [6] 16 avril 1793. — *Monique*, b [6] 2 oct. 1794. — *Marc*, b [6] 28 juillet 1796.

I.—VIOT (1), JOSEPH, medecin; fils de Jean-Louis et de Marie Ansarme, de Pertuis, diocèse d'Aix, Provence.
1° AUBRY, Marie-Barbe, [LOUIS I.
b 1743.
1770, (17 oct.) St-Joseph, Beauce.
2° LETOURNEAU, Judith, [GUILLAUME I.
b 1748.

I.—VIQUERRE (2), JEAN,
b 1717; s 9 juillet 1747, à Québec.

VIRMONTOIS.—*Variations :* VIRMONFOIS—VILLEMONDOIT.

1747, (16 janvier) Québec. [7]
I.—VIRMONTOIS, ANTOINE, navigateur; fils de Pierre et de Marguerite Giroux, de Marenne, diocese de Xaintes.
GENDRON, Marie-Angelique, [BERNARD I.
b 1718, veuve de Jean Tauxier; s [7] 4 avril 1754.
Marie-Anne, b [7] 24 nov. 1747. — *Antoine*, b 23 janvier 1749, à Charlesbourg.

1762, (20 juillet) Terrebonne.
I.—VISCONTE (3), JEAN-BTE, fils de Jean-Baptiste et de Marie Marelle, d'Arude, diocèse d'Oléron, Bearn.
1° BONHOMME, Marie-Angel, [CHS-IGNACE III.
b 1740
1767, (2 fevrier) Lachenaye.
2° DAUNAY, Veronique, [LOUIS II.
b 1734.

I.—VISÉE (4), JOSEPH, b 1732; de St-Chignan, diocese de St-Pont.

I.—VISSE, JULIEN.
IROQUOISE, Marie-Angelique.
Cécile, b... m 7 fevrier 1743, à Pierre DICAIRE, au Lac-des-Deux-Montagnes.

VITRAI.—Voy. MANSEAU.

VITAL.—Voy. VILLAT—VIDAL.

III.—VITAL (5), NICOLAS. [VITAL II.
RAINVILLE, Marguerite, [JEAN III.
b 1703; s 5 oct. 1757, à Quebec. [2]
Marguerite, b [2] 3 mai 1736, m 20 oct. 1769, à Fidèle JOLY, à Terrebonne.

VITRE.—Voy. LEVITRE.

(1) Dit Laliberte.
(2) Matelot sur *Lachimène*
(3) Dit Brindamour.
(4) Soldat du Royal Roussillon (procès-verbaux.)
(5) Voy. Caron, vol. II, p. 551.

1732, (21 oct.) Montréal.
I.—VITRY (1), GERMAIN, b 1702; fils de Pierre et de Madeleine Vitry, de Montreuil, diocèse de Paris.
CHAUSSÉE, Angelique, [PIERRE I.
b 1702; veuve de Joseph Faucher.
Catherine, b... m 8 janvier 1753, à Etienne BISSONNET, à Soulange.—*Angélique*, b... m 1754, à François BISSONNET.

VIVARAIS.—Voy. FORAN—BLAY-GUIZAMAN.

1761, (18 mai) Ecureuils.
I.—VIVÉ (2), PIERRE, b 1729; fils de Pierre et d'Anne Herva, de Troli, Picardie.
PAGÉ, Madeleine. [JOSEPH IV.
b 1740.
Jérémie, b 28 nov. 1765, à la Pte-aux-Trembles, Q.

VIVE-L'AMOUR.—Voy. ROUET.

VIVESAC.—Voy. CREPIN—CREPIT.

VIVIEN DE GRANVILLE, GABRIEL,
b 1725, s 1er dec. 1749, au Château-Richer.

VIVIEN —Voy. JEAN—VIVIER—ROCHELEAU.

VIVIEN, ANTOINE.
LESIEUR (3), Madeleine, [ANTOINE I.
b 1713.
Catherine, b 1736; m 3 nov. 1762, à François PERON, à Montreal.

1803, (16 mai) Ste-Thérèse.
VIVIEN (4), PIERRE. [PIERRE.
PLOUF, Marie-Geneviève. [JOSEPH.

VIVIER.—Voy. ROCHELEAU et ROCHEREAU (5).

1665, Québec.
I.—VIVIER (6), PIERRE,
b 1638.
ROY, Marguerite, [MATHURIN I.
b 1651, s 14 février 1728, à Charlesbourg.

1706, (3 mai) Québec. [1]
II.—VIVIER, CLAUDE, [PIERRE I.
b 1677.
1° GLINEL, Marie-Anne, [JACQUES I.
b 1687; s [1] 20 mai 1717.
Jacques, b 20 juillet 1707, à Charlesbourg [2]; m 6 oct. 1729, à Marie MOLLEUR, à Beaumont.—*Marie-Charlotte*, b 5 août 1708, à Beauport [3]; m [1] 12 juin 1729, à Joseph BONNEAU; s [1] 5 mars 1730.—*Pierre-René*, b [3] 18 dec. 1709; s [2] 9 mars 1731.—*Claude-Thomas*, b [2] 3 mai et s [2] 25 juillet

(1) Dit St. Germain.
(2) Voy Rivet dit Sauschagrin, voy. vol. VI, p. 539.
(3) Pistolet.
(4) Dit Rocheleau.
(5) Rochereau était natif de Viviers, en Languedoc, de là les surnoms de Vivier et de DuViviers. De plus, son père se nommait Vivien Rochereau
(6) Voy. vol. I, p. 589.

1711. — *Joseph*, b [2] 10 juin 1712; m 11 février 1741, à Geneviève CADORET, à Lévis. — *Jean*, b [1] 24 août 1715; s 13 mai 1741, à l'Hôpital-Général, Q.— *Claude*, b [1] 11 mai et s [2] 12 juin 1717.

1722, (3 février). [1]

2° GIRARD (1), Dorothée, [JEAN II.
b 1696; veuve de Montret-St. Andre.

Marie-Anne (posthume), b [1] 7 dec. 1722; m 18 août 1749, à Edme VERMET.

1718, (30 mai) Beauport.

II.—VIVIER (2), PIERRE, [PIERRE I.
b 1679.

DAUPHIN, Catherine-Geneviève, [RENÉ II.
b 1692.

Marie-Joseph, b 28 mars 1719, à Québec [1]; m 28 juillet 1755, à Pierre-François JOBIN, à Charlesbourg. [2] —*Pierre-André*, b [1] 14 sept. 1720. —*Pierre*, b 1722; s [2] 17 juin 1758.—*Marie-Madeleine*, b [1] 27 février 1723; m [1] 12 oct. 1744, à Pierre BISSON. — *Joseph*, b 1724; 1° m 21 février 1757, à Marie-Joseph GAUTIER, au Cap-de-la-Madeleine [3]; 2° m [3] 10 janvier 1763, à Marie-Joseph LABADIE; s [3] 29 nov. 1794.—*Geneviève*, b [1] 8 janvier 1725; 1° m [1] 6 nov. 1747, à Etienne CHEVALIER; 2° m [1] 19 août 1750, à Joseph BIARD — *Louise*, b [1] 17 janvier 1728; s [1] 4 mai 1733. — *Charles*, b [1] 16 dec. 1729, s [1] 4 août 1730. — *Marie-Michelle*, b [1] 9 mars 1731; m [1] 21 sept. 1750, à François RAIME; 2° m [1] 17 janvier 1774, à Michel DROLET; s [1] 23 avril 1797.—*Louis-Joseph*, b [1] 24 janvier 1733 —*Louis*, b [1] 24 juillet 1734.— *Marie-Louise*, b [1] 15 oct. 1736; m [1] 17 oct. 1757, à Jean MALLETE. — *Jean-Baptiste*, b [1] 13 juin 1739; m 10 août 1766, à Madeleine JARRET, à Varennes. — *Marie-Anne*, b [1] 13 juin 1739; s [1] 30 sept. 1740.

1729, (6 oct.) Beaumont.

III.—VIVIER, JACQUES, [CLAUDE II.
b 1707.

MOLLEUR (3), Marie, [JOACHIM II.
b 1699.

Jacques, b 31 mai 1731, à Quebec [7]; m 14 avril 1755, à Marie-Reine TIBAUT, au Château-Richer.—*Marie-Louise*, b [7] 11 sept. 1733, m [7] 5 juillet 1751, à Charles COULT. — *Joseph*, b [7] 1er oct. 1735; m 10 nov. 1763 à Madeleine AUDIBERT, à St-Jean, I. O.—*Marie-Joseph*, b [7] 7 sept. 1737, 1° m [7] 20 sept. 1752, à Joseph VAUTOUR; 2° m [7] 1er janvier 1747, à Pierre ALIX; 3° m [7] 7 fevrier 1758, à Marc CHARPENTIER. — *Marie-Charlotte*, b [7] 13 juin 1740; m 1760, à André MACULO. — *François*, b [7] 1er août 1742.

1733, (16 nov.) Pointe-Claire. [1]

III.—VIVIER (4), JEAN-BTE, [JOSEPH II.
b 1709.

BRISEBOIS, Dorothée, [JEAN-BTE III.
b 1718.

(1) Elle épouse, le 2 fevrier 1724, Joseph Morin, à Québec.

(2) Dit Rochereau.

(3) L'Allemand.

(4) Marie sous le nom de Medelaine; voy. vol. V, pp. 449-450 Les enfants de Vivier sont à la page 450.

Marie-Céleste, b 25 juillet 1758, au Bout-de-l'Ile, M.; m [1] 16 janvier 1775, à Paschal ST. DENIS.

1741, (11 février) Lévis. [1]

III.—VIVIER, JOSEPH, [CLAUDE II.
b 1712; s 30 avril 1760, à St-Frs-du-Sud.

1° CADORET, Geneviève, [JEAN-BTE II.
b 1712.

Jean-Joseph, b [1] 16 et s [1] 22 avril 1742.—*Geneviève*, b [1] 15 et s [1] 16 juin 1743.—*Marie-Anne*, b [1] 30 nov. 1744; m 8 août 1763, à Prisque CHAMBERLAN, à Quebec.

2° GARAND (1), Claire. [PIERRE II.

Marie-Claire, b... m 10 février 1766, à François GIROUX, à St-Philippe. [2] — *Marie-Joseph*, b [1] 10 mai 1750; m [2] 26 fevrier 1770, à Jean CHAVAN. — *Marie-Elisabeth*, b [1] 26 mars 1752. — *Claude-Antoine*, b [1] 16 janvier 1756. — *Louis*, b [1] 19 oct. 1757. — *Louis-Etienne*, b [1] 24 janvier 1760.

1750.

VIVIER, JEAN.

HACHÉ, Marguerite,
Acadienne.

Madeleine, b 1751; s 17 août 1756, à Québec.

VIVIER, RENÉ.—Voy. LARIVIÈRE.

VIVIER, JOSEPH.

LECLERC, Marie.

Joseph, b 15 mars 1754, à Lévis.

1755, (14 avril) Château-Richer.

IV.—VIVIER, JACQUES, [JACQUES III.
b 1731.

TIBAUT (2), Marie-Reine, [ANTOINE III.
b 1735.

VIVIER, LOUIS.

BOUCHER, Geneviève.

Louis, b 19 juillet 1757, à Berthier, M.

1757, (21 fevrier) Cap-de-la-Madeleine. [6]

III.—VIVIER (3), JOSEPH, [PIERRE II.
b 1724; s [6] 29 nov. 1794.

1° GAUTIER, Marie-Joseph, [JEAN-BTE II.
b 1726; veuve de Joseph Daret; s [6] 27 janvier 1762.

Joseph, b [6] 23 janvier 1758; m [6] 7 fevrier 1791, à Véronique CREVIER.—*Marie-Joseph*, b [6] 20 mai 1759; s [6] 14 fevrier 1761. — *Marie-Joseph*, b [6] et s [6] 28 oct. 1759.

1763, (10 janvier). [6]

2° LABADIE, Marie-Joseph, [PIERRE I.
b 1740.

(1) Elle épouse, le 22 sept. 1760, Jacques-Charles Delahaie, à St-Frs-du-Sud.

(2) Elle épouse, le 8 avril 1771, Simon Lebeuf, au Château-Richer.

(3) Dit Rochereau.

1763, (10 nov.) St-Jean, I. O. [7]
IV.—VIVIER, JOSEPH, [JACQUES.
b 1735.
AUDIBERT (1), Madeleine, [ETIENNE II.
b 1740.
Marie, b [7] 20 février 1762. — *Joseph*, b 1765; m 9 janvier 1797, à Marie-Thérèse GALARNEAU, à Québec.

1766, (10 août) Varennes.
III.—VIVIER, JEAN-BTE, [PIERRE II.
b 1739.
JARRET, Madeleine, [JEAN-BTE II.
b 1723 ; veuve de Paul Livernois.

VIVIER (2), JOSEPH.
LESUEUR, Marie-Joseph.
Marie-Joseph, b... s 18 déc. 1771, à l'Hôpital-Général, M.

1791, (7 février) Cap-de-la-Madeleine. [1]
IV.—VIVIER (3), JOSEPH, [JOSEPH III.
b 1758.
CREVIER, Véronique, [ANTOINE IV.
b 1763.
Joseph, b [1] 24 nov. 1791.—*Olivier*, b [1] 14 sept. 1793.—*Marguerite*, b [1] 22 sept. 1795.

1797, (9 janvier) Quebec.
V.—VIVIER (4), JOSEPH, [JOSEPH IV.
b 1765.
GALARNEAU, Marie-Thérèse, [LOUIS I.
b 1767.

VOCELLE.—*Variation et surnoms* : VOZELLE—BELLEHUMEUR—POTVIN.

1729, (8 janvier) Québec. [1]
I.—VOCELLE (5), François, journalier; fils de Jean, de St-Genest, diocèse de Poitiers.
DESLBRE (6), Marie-Anne-Frse, [DENIS I.
b 1709.
Jean-François, b [1] 28 mars 1730 ; m [1] 6 février 1753, à Marie-Anne GENEST ; s [1] 6 déc. 1797.—*Pierre*, b [1] 10 mai et s [1] 21 juin 1733. — *Joseph*, b [1] 8 janvier 1735; 1° m à Louise VESINA; 2° m [1] 3 août 1784, à Marie-Joseph GUENET.—*Marie-Françoise*, b [1] 14 oct. 1736; s [1] 14 sept. 1738.—*Louise-Jeanne*, b [1] 15 sept. 1740; m [1] 7 fevrier 1757, à Jacques JANNERET (7). — *Angélique*, b [1] 1er janvier et s [1] 25 mai 1743. — *Jacques-Nicolas*, b [1] 6 déc. 1745.—*Guillaume*, b [1] 3 août 1747 ; s [1] 24 août 1748.—*Marie-Anne*, b [1] 1er juillet 1750.

(1) Lajeunesse.
(2) Dit Rocheleau.
(3) Dit Rochereau—appelé Dauphin en 1791.
(4) Sergent au 1er bataillon R. C. volontaire.
(5) Oncle de Jean Vocelle I—voy. le mariage de Jean, en 1752.
(6) Elle épouse, le 7 fevrier 1737, François Morisseau, à Quebec.
(7) Le mariage de Jacques Janneret ayant été omis au vol. IV, p. 581, nous le reproduisons ici.
1757, (7 fevrier) Québec.
I.—JANNERET dit BONTEMPS, JACQUES, fils de Claude-François et de Claudine Crochet, de St-Dizier, diocèse de Besançon.
VOCELLE, Louise-Jeanne, [FRANÇOIS I.
b 1740.

1752, (24 avril) Quebec. [7]
I.—VOCELLE (1), JEAN, fils de Barthélemi et d'Anne Bernier, de St-Michel, ville de Poitiers.
MILLET, Marie-Joseph, [PIERRE II.
b 1731.
Jean, b [7] 2 mai 1752 ; m 1775, à Louise LABATH.—*Marie-Joseph*, b [7] 16 dec. 1753. — *Joseph*, b [7] 3 juillet 1755 ; 1° m 1774, à Marie-Joseph HOTTE ; 2° m [7] 22 sept. 1795, à Thérèse BERTRAND.—*Véronique*, b [7] 22 août 1756. — *Ursule*, b [7] 24 janvier 1758. — *Jean-Baptiste-Barthélemi*, b [7] 22 avril 1759. — *Geneviève*, b... m [7] 2 juillet 1776, à Noël RINFRET. — *Marguerite*, b... m [7] 24 avril 1781, à Etienne NORMANDEAU.—*Marie-Anne*, b [7] 21 février 1762. — *Barthélemi-Victor*, b [7] 24 juillet 1763.—*Angélique*, b... m [7] 5 fevrier 1793, à François LESSARD.

1753, (6 février) Québec. [8]
II.—VOCELLE (2), JEAN-FRS, [FRANÇOIS I.
b 1730 ; s [8] 6 déc. 1797.
GENEST, Marie-Anne, [PIERRE I.
b 1733 ; s [8] 12 sept. 1792.
Marie-Anne, b [8] 18 janvier 1755 ; m [8] 17 juillet 1781, à Joseph CONSTANTINEAU. — *Pierre*, b [8] 18 dec. 1756 ; 1° m [8] 23 janvier 1781, à Françoise RENAULT, 2° m [8] 27 oct. 1794, à Marie-Louise BOURBEAU.—*Jean-Baptiste*, b [8] 7 oct. 1758.—*Eustache*, b 27 janvier 1761, à la Pte-aux-Trembles, Q. [9]—*Augustin*, b [9] 27 janvier et s [8] 3 juillet 1761.—*Laurent-Paul*, b [8] 9 août et s [8] 2 sept. 1762.—*Joseph*, b [8] 11 août 1763 ; m [8] 6 oct. 1789, à Marie RENAUX. — *Jacques*, b 1765 ; m [8] 17 nov. 1795, à Charlotte BRUNET. — *Louise*, b 1768 ; m [8] 10 janvier 1792, à Nicolas MERIEU.

1757, (7 fevrier) Quebec. [2]
I.—VOCELLE, JEAN-BTE, b 1729 ; fils de Jean et d'Anne Olivier de N-D. d'Aunis, ville de LaRochelle ; s [2] 6 mai 1781.
GIRARD-ST. PIERRE, Angelique-Chtte, [JEAN I.
b 1729 ; s [2] 3 mars 1795.
Marie-Thérèse, b [2] 12 août 1758 ; m [2] 14 oct. 1794, à Clement BOILEAU.—*Jean-Marie*, b 21 oct. 1760, à Charlesbourg.—*Louis*, b [2] 24 fevrier 1763.

II.—VOCELLE, JOSEPH, [FRANÇOIS I.
b 1735.
1° VESINA, Louise,
b 1744 ; s 15 fevrier 1782, à Québec. [9]
Louise, b... m [9] 12 avril 1796, à Juste MONGEON.
1784, (3 août). [9]
2° GUENET, Marie-Joseph, [PIERRE III.
b 1746 ; veuve de Charles Bernard.

(1) Dit Bellehumeur ; soldat de la compagnie des Bombardiers.
(2) Dit Potvin.

1774.

II.—VOCELLE (1), JOSEPH, [JEAN I.
b 1755.
1° HOTTE, Marie-Joseph, [PIERRE III.
b 1754 ; s 19 avril 1795, à Québec.[9]
1795, (22 sept.)[9]
2° BERTRAND, Thérèse, [ANTOINE III.
b 1768.

1775.

II.—VOCELLE (2), JEAN-BTE, [JEAN I.
b 1752.
LABATH (3), Louise, [LOUIS I.
b 1753.
Joseph, b 12 mars 1776, à Beauport.[8] — *Marie*, b... s[8] 1784. — *Marie-Joseph*, b 24 mars et s 1er avril 1793, à Quebec.

1781, (23 janvier) Québec.[5]

III.—VOCELLE (4), PIERRE, [JEAN-FRANÇOIS II
b 1756.
1° RENAULT (5), Françoise, [JOSEPH II.
b 1759 ; s[5] 6 avril 1793.
1794, (27 oct.)[5]
2° BOURDEAU, Marie-Louise. [EUSTACHE.

1789, (6 oct.) Quebec.

III.—VOCELLE, JOSEPH, [JEAN-FRANÇOIS II.
b 1763.
RENAULT (5), Marie, [JOSEPH II.
b 1764.

1795, (17 nov.) Québec.

III.—VOCELLE, JACQUES, [FRANÇOIS II.
b 1765.
BRUNET (6), Charlotte, [NICOLAS II.
b 1772.

VOIPREUX.—Voy. DE SACQUESPRÉ.

I.—VOISARD, JOSEPH.
AUGER, Marie-Charlotte.
Joseph, b... m 23 nov. 1802, à Elisabeth DENIS, à St-Charles, Mo.

VOISIN.—*Surnoms :* BEAUGI—ST. ETIENNE.

1703, (12 nov.) Boucherville.

I.—VOISIN (7), PIERRE,
b 1677.
1° MARTIN (8), Marie-Anne, [CHARLES II.
b 1682.
1709, (23 déc.) Laprairie.
2° PERAS (9), Marie-Jeanne, [PIERRE I.
b 1671 ; veuve de Claude Faille ; s 30 oct. 1718, à Montreal.

(1) Vozelle dit Belhumeur ; voy vol. IV, p. 514.
(2) Dit Belhumeur
(3) Chevalier de Sivrac.
(4) Dit Poitevin.
(5) Chatellereau.
(6) Dauphinée.
(7) Sauvage Panis, de M. Boucher.
(8) Lacroix.
(9) Lafontaine.

1720, (27 mai) Montreal.[8]

I.—VOISIN (1), PIERRE, b 1680 ; fils de Pierre et de Catherine Houssereau, de St-Nicolas, diocèse de Nantes ; s[8] 26 juin 1753.
AUBUCHON, Marguerite, [JEAN I.
b 1673 ; veuve de Jean Cusson ; s[8] 2 juin 1741.

1756, (12 janvier) St-Valier.[7]

I.—VOISIN (2), LOUIS, fils de Louis et de Marie Delafosse, de St-Lambert, diocèse de Coutance, Normandie.
ROY, Marie-Anne. [JOSEPH III.
Marie-Madeleine, b[7] 11 mars 1757. — *Louis-Eustache*, b[7] 22 sept. 1758.—*Marie-Anne*, b[7] 22 oct. 1759, s[7] 4 août 1760. — *Jacques*, b[7] 20 juin 1760.

I.—VOISIN (3), JEAN,
de Coutance ; s 2 mars 1759, à la Pte-aux-Trembles, Q.

1757, (25 janvier) Kamouraska.[2]

I.—VOISIN, PHILIPPE, fils de François et de Marie-Anne Thion, de Ste-Maure, diocèse de Tours.
COTÉ, Geneviève, [GABRIEL IV.
b 1725 ; veuve de Jean-Baptiste Roy.
Joseph-Amable, b[2] 1er et s[2] 29 nov. 1757.—*Marie-Geneviève*, b[2] 1er nov. 1757. — *Pierre-Zénobée*, b[2] 31 juillet 1760 ; m[2] 17 janvier 1780, à Madeleine SOUCY. — *Marie-Louise*, b[2] 12 sept. et s[2] 16 oct. 1762.—*Pierre*, b[2] 18 mars 1764 — *Marie-Joseph*, b[2] 20 nov. 1765 ; s[2] 28 août 1766. —*Alexandre*, b[2] 12 et s[2] 27 sept. 1767.

1780, (17 janvier) Kamouraska.

II.—VOISIN, PIERRE-ZÉNOBÉE, [PHILIPPE I.
b 1760.
SOUCY, Madeleine. [CHARLES.

I.—VOISY, MARTIAL,
b... s 23 déc. 1748, à Lorette.

VOLAGE.—Voy. MALCHELOS, 1757.

VOLANT.—*Surnoms :* DERADISSON — DEFOSSENEUVE — D'AUDEBOURG — DEHAUTBOURG — DECHAMBLAIN.

1693, (9 janvier) Sorel.

II.—VOLANT (4), ETIENNE, [CLAUDE I.
b 1664 ; marchand, s 15 juin 1735, à Montreal.
LETENDRE-LALIBERTÉ, Geneviève, [PIERRE I.
b 1667 ; veuve de Jean-François Pelletier.

(1) Dit Lacroix, sergent.
(2) Dit Beaugi.
(3) Dit St. Etienne ; grenadier du régiment de la Reine.
(4) Sieur de Radisson, colonel des troupes de la milice bourgeoise.

1696, (30 juillet) Quebec. [2]
II.—VOLANT, Nicolas, [Claude I.
b 1668 ; s [2] 26 janvier 1703.
Niel, Geneviève, [Pierre I.
b 1676 ; s [2] 20 janvier 1703.
François, b [2] 12 oct. 1697 ; m 11 juillet 1723, à Michelle Pothier, à Montréal. [3] — *Nicolas,* b 1700 ; m [3] 7 janvier 1732, à Jeanne Pothier.

—

1701, (6 juin) Montréal. [7]
II.—VOLANT (1), Jean-Frs, [Claude I.
b 1670 ; s 1er oct. 1768, à l'Hôpital-Général, M.
Godfroy (2), Marguerite, [Joseph II.
b 1676 ; s 12 juillet 1714, aux Trois-Rivières.
Marguerite, b [7] 25 mars 1702 ; 1° m 28 août 1718, à Vincent Boisseau, à St-Ours ; 2° m 16 août 1740, à François Bissonnet, à Verchères [8] ; s [8] 7 mars 1752. — *Joseph,* b et s 4 juin 1703, à Varennes.—*Louise-Catherine,* b [8] 20 juillet 1707. —*Marie-Françoise,* b [7] juillet et s [7] 2 août 1709. —*Louise-Françoise,* b 10 juillet 1710, à Contrecœur ; m à Louis Duhamel.

—

VOLANT, Françoise-Catherine,
b... m à Antoine Bonin.

—

VOLANT, Louis.
Parisien, Marie.
Louis, b 17 et s 25 nov. 1718, à St-Ours.

—

1723, (11 juillet) Montréal. [5]
III.—VOLANT, François, [Nicolas II.
b 1697.
Pothier (3), Michelle, [Jean-Bte II.
b 1698.
Geneviève, b [5] 23 mai 1724 ; s [5] 20 dec. 1730.— *Marie-Joseph,* b [6] 12 et s [5] 14 mai 1726 —*François-Etienne,* b [5] 16 juillet 1727.—*Louise-Thérèse,* b [5] 2 juillet 1728.

—

I.—VOLANT (4), Jean-Louis.
1° Duroy, Barbe, [Pierre I.
b 1702 ; s (dans l'église) 1er déc. 1731, à Quebec. [6]
Charles, né [6] 30 avril 1728 ; b [6] 16 mai 1729 ; s [6] 22 juillet 1731. — *Marie-Jeanne-Louise-Barbe,* b [6] 20 avril et s 3 nov. 1729, à Charlesbourg. [7]— *Etienne,* b [6] 12 mai et s [7] 9 juin 1730. — *Henri-Albert,* b [6] 6 nov. 1731 ; s [7] 23 janvier 1732.
1735, (18 avril). [6]
2° Mars, Marie, [Simon I.
b 1690 ; veuve de Jean Joliet ; s [6] 28 fevrier 1776.

(1) Sieur de Fosseneuve ; seigneur de la Pointe à Vigneu.
(2) DeVieuxPont.
(3) Dit Laverdure ; voy. vol I, p. 495.
(4) D'Audebourg ; commandant pour le Roi la côte du nord de Mingan, 1746 (Fort Beauharnois) ; maître d'hotel de M. le Général ; marchand, 1735.

1732, (7 janvier) Montréal. [8]
III.—VOLANT, Nicolas, [Nicolas II.
b 1700.
Pothier-Laverdure, Jeanne, [Jean II.
b 1702.
Marie, b... s 23 déc. 1732, à Laprairie.—*Nicolas,* b [8] 2 et s [8] 4 oct. 1737.

—

1749, (10 juin) Québec. [1]
I.—VOLANT (1), François, capitaine de navire ; fils de Claude et de Jeanne Audebout, de St-Germain-en-Laie, diocèse de Paris.
Joliet (2), Claire-Michelle, [Jean III.
b 1721.
Joseph, b [1] 18 août 1750.—*Jean,* b [1] 2 nov. 1751 ; m 1782, à Therèse Derosier.—*Jacques,* b [1] 19 déc. 1752 ; s 1er oct. 1755, à Charlesbourg. [2] — *Jean-Baptiste,* b [1] 19 déc. 1752 ; m 1778, à Marie-Joseph Hamel.—*Charles-Louis,* b [1] 26 janvier et s [2] 19 août 1754.—*Marie-Joseph-Claire,* b [1] 3 février et s [2] 26 avril 1759.

—

1778.
II.—VOLANT (3), Jean, [François I.
b 1752.
Hamel, Marie-Joseph,
b 1755 ; s 28 oct. 1779, à Québec. [4]
Anonyme, b [4] et s [4] 28 oct. 1779.

—

1782.
II.—VOLANT (3), Jean, [François I.
b 1751.
Derosier (4), Thérèse.
Marie-Thérèse, b 14 juillet 1783, à Rimouski. [3] —*Jean-Evariste,* b 1784, m [3] 12 nov. 1805, à Scholastique Pineau.—*Simon,* b [3] 19 juillet 1790 ; m [3] 5 janvier 1813, à Rose Gagné.—*Marie-Geneviève,* b [3] 5 mars 1792 ; m [3] 5 juin 1810, à Barthélemi Gagné.—*Joseph,* b [3] 20 mai 1795.

—

1805, (12 nov.) Rimouski.
III.—VOLANT, Jean-Evariste, [Jean II.
b 1784.
Pineau, Scholastique, [Germain IV.
b 1785.

—

1813, (5 janvier) Rimouski.
III.—VOLANT, Simon, [Jean-Bte II.
b 1790.
Gagné, Rose, [Pierre-Basile V.
b 1792.

—

I.—VOLGRAIN (5), Jean ; s 7 oct. 1759, au Cap-de-la-Madeleine.

(1) Il signe Volant de Champlain.
(2) Elle épouse, en 1760, Nicolas-Gaspard Boisseau.
(3) DeChamplain.
(4) Elle épouse, le 19 août 1806, Louis Caneule, à Rimouski.
(5) Soldat du régiment de Guienne, compagnie de M. Bellot.

1760, (29 sept.) Trois-Rivières. [4]
VOLIGNY, Louis.
Blondin, Amable. [Claude.
Louise, b [4] 30 juillet 1761 ; s [4] 11 février 1762. —*Thérèse*, b... m 6 fevrier 1827, à Clément Damours, à Québec.

I.—VON (1), Tobie, b 1690 ; fils de Tobie et de Sarah Spark, de Terreneuve ; s 21 mars 1708, à Montréal.

1802.
I.—VONDENVILDEN, Guillaume.
Voyer, Suzanne. [Charles IV.
Suzanne-Julie, b 30 juin 1803, à Québec.

1756.
I —VOUMARNE, Simon, soldat.
Spletreu (2), Anne.
Anne-Marie, b et s 5 oct. 1757, à Québec.

1746, (24 oct.) St-Valier.
VOUS (3), Joseph.
Gautron, Thérèse, [Joseph II.
b 1727.
Joachim, b 4 et s 12 avril 1758, à Québec.

VOYER.— *Surnoms :* Lejardinier, 1682 — Lespérance, 1758.

1683, (12 janvier) Québec. [7]
I.—VOYER (4), Jacques, b 1655 ; fils de François et de Mathurine Chauvet, de St-Laurent du bourg d'Aubigny, diocèse de Luçon, Poitou.
Routier (5), Jeanne, [Jean I.
b 1666.
Jacques, b 19 nov. 1683, à Lorette [8] ; s [8] 12 juin 1711.—*Jeanne*, b [8] 5 juillet 1685. — *Thérèse*, b 1686 ; m [8] 11 août 1705, à Nicolas Bonhomme ; s [8] 4 avril 1711. — *Pierre*, b... 1° m [8] 11 janvier 1712, à Marie-Therèse Renaud ; 2° m [8] 27 oct. 1749, à Suzanne Touchet, s [8] 20 mars 1753. — *Marie-Anne*, b [8] 8 mai 1694, s [8] 25 mai 1704.— *François-Marie*, b [8] 2 février 1696, 1° m [8] 15 juillet 1720, à Marie-Agathe Hamel ; 2° m [8] 31 août 1739, à Marie-Anne Gauvin ; 3° m [8] 14 juin 1745, à Madeleine Meunier.— *Michel*, b... 1° m [7] 31 mai 1717, à Louise-Gabrielle Dubreuil ; 2° m [7] 25 nov. 1724, à Marie-Anne Arcan.—*Marguerite*, b [8] 19 oct. 1700 ; s [8] 2 nov. 1703.— *Noel*, b [8] 6 janvier 1704 ; m [7] 20 oct. 1725, à Geneviève Moreau.—*Marie-Ursule*, b [8] 5 janvier 1707.

(1) Pris dans l'Ile de Terreneuve, appartenant à Marie Testard de Montigny.
(2) Tremble-au-vent.
(3) Voy. Sylvain—Veau.
(4) Dit Lejardinier.
(5) Elle épouse, le 12 février 1713, Jean-Etienne Dubreuil, à Lorette.

1688, (26 avril) Quebec. [4]
II.—VOYER (1), Robert, [Pierre I.
b 1665 ; s [4] 7 janvier 1711.
1° DeTrepagny, Marie-Madeleine, [Romain I.
b 1661 ; veuve d'Henri Larchevêque.
Joseph-René, b [4] 3 fevrier 1689 ; ordonné [4] 1er mai 1715 ; s 25 mai 1753, aux Ecureuils. — *Jacques-Philippe*, b [4] 19 février 1691 ; s [4] 4 oct. 1692.—*Joseph*. b [4] 9 mars 1693 ; s 1er mars 1699, à Beauport. [5] — *Jacques-Philippe*, b [4] 20 sept. 1694 ; s [4] 27 mai 1713. — *Geneviève*, b [4] 13 oct. 1695 ; m [4] 29 juillet 1715, à Guillaume Lemelin ; s [4] 2 mai 1717.—*Edmond*, b [4] 9 nov. 1696 ; s [5] 1er mars 1699. — *Marie-Louise*, b [4] 16 mai 1698 ; s [4] 27 janvier 1703. — *Pierre-François*, b [4] 30 avril 1699 ; s [4] 26 février 1721. — *Joseph*, b [4] 6 mai 1700. — *Pierre*, b [4] 16 sept. 1701, m [4] 25 août 1731, à Felicite Samson. — *Robert*, b [4] 13 oct. 1702 ; s [4] 26 janvier 1703. — *Marie-Joseph*, b [4] 13 oct. 1702 ; s 12 janvier 1703, à St-Laurent, I. O. —*Madeleine*, b... m 12 août 1721, à Jean Cazeau, à St-Valier.
2° Doyon, Madeleine,
s [4] 27 janvier 1733.

1691, (19 nov.) Château-Richer. [5]
II.—VOYER, Barthélemi, [Pierre I.
b 1669 ; s [5] 3 fevrier 1703.
Jobidon, Marie-Anne, [Louis I.
b 1674 ; s [5] 24 janvier 1703.
Pierre, b [5] 29 avril et s [5] 23 mai 1694.—*Marie-Anne*, b [5] 30 août 1695 ; m [5] 9 nov. 1711, à Louis Fiset.—*Marie*, b [5] 7 août 1697 ; m [5] 20 juin 1718, à Joseph Desry.—*Louis*, b [5] 25 mars et s [5] 24 mai 1699. — *Barthélem.*, b [5] 3 fevrier 1700 ; m 16 juin 1727, à Marguerite Asselin, à Ste-Famille, I. O. [6] ; s [6] 25 fevrier 1736. — *Joseph*, b [5] 14 et s [5] 23 juin 1701.—*Jean-Baptiste*, b 16 janvier et s 12 mars 1703.

1697, (19 nov.) Pte-aux-Trembles, Q. [8]
II.—VOYER, Pierre, [Pierre I
b 1671.
Lefebvre, Marie-Madeleine, [Simon I.
b 1676.
Marie-Françoise, b [8] 26 oct. 1698 ; m [8] 11 juin 1724, à Michel Dubuc ; s [8] 5 juillet 1761.—*Marie-Madeleine*, b [8] 26 oct. 1699 ; m 1727, à Charles DeTrepagny. — *Marie-Anne*, b [8] 14 avril 1700, m [8] 5 février 1720, à François Pinel. — *Marie-Véronique*, b [8] 16 août et s [8] 8 oct. 1702.

1712, (11 janvier) Lorette. [8]
II.—VOYER, Pierre, [Jacques I.
b 1687 ; s [8] 20 mars 1753.
1° Renaud, Marie-Thérèse, [Guillaume I.
b 1689, s [8] 4 oct 1748.
Pierre, b [8] 10 janvier 1713 ; m [8] 14 nov. 1735, à Therèse Valin, s [8] 22 oct. 1763. — *Marie-Thérèse*, b [8] 6 juillet et s [8] 10 août 1714. — *Marie-Thérèse*, b [8] 8 et s [8] 10 dec. 1715. — *Marie-The-*

(1) Voy. vol. I, p. 589.

rèse, b [5] 1er janvier 1717; s [5] 18 nov. 1731. — *Marie-Catherine*, b [5] 14 mai 1719; s [5] 6 juillet 1733.—*Marie-Agathe*, b [5] 14 déc. 1721; s [5] 31 janvier 1722. — *Marie-Madeleine* (idiote), b [5] 12 février 1729; s [5] 15 juillet 1739. — *Jacques*, b [5] 10 août 1731; m 12 oct. 1750, à Marie-Madeleine Bédard, à Charlesbourg. — *Félicité*, b... m [5] 6 nov. 1744, à Pierre Amiot. — *Marie-Anne*, b... m [5] 6 juin 1748, à Joseph Robitaille.

1749, (27 oct.) [5]

2° Touchet, Suzanne, [Simon II.
b 1688; veuve de Jean Perron; s 25 février 1758, à Deschambault.

1717, (31 mai) Quebec. [2]

II—VOYER, Michel, [Jacques I.
b 1686.

1° Dubreuil, Lse-Gabrielle, [Jean-Etienne I.
b 1697; s [2] 31 mai 1722.

Joseph, b [2] 4 mai 1718. — *Michel*, b [2] 14 mai 1719; m [2] 10 août 1750, à Catherine Bertin. — *Marie-Bernardine*, b [2] 17 août 1720; m [2] 19 nov. 1737, à Jean-François Langlois.

1724, (25 nov.) [2]

2° Arcan, Marie-Anne, [Simon I
b 1700; s [2] 15 juin 1761.

Michel, b [2] 27 dec. 1725, s [2] 9 janvier 1726.—*Michel-François*, b [2] 28 janvier 1728; m [2] 23 sept. 1754, à Marie-Charlotte Morin. — *Joseph*, b 12 août 1729, à Deschambault; s [2] 2 juin 1730. — *Marie-Geneviève*, b [2] 7 mars 1731; s [2] 8 janvier 1734.—*Etienne*, b [2] 15 nov. et s [2] 31 déc. 1732.—*François-Marie*, b [2] 9 mai 1734.—*Antoine*, b [2] 11 juillet et s [2] 23 sept 1736. — *Marie-Anne*, b [2] 26 août 1737, 1° m [2] 24 janvier 1757, à Etienne-François Moreau; 2° m [2] 20 dec. 1767, à Etienne Gaze-Laferrière. — *Marie-Joseph-Geneviève*, b [2] 17 et s [2] 19 avril 1739. — *Jean-François*, b [2] 8 et s [2] 16 avril 1743.

1720, (15 juillet) Lorette. [3]

II.—VOYER, Frs-Marie, [Jacques I.
b 1696.

1° Hamel, Marie-Agathe, [Jean II.
b 1701.

Marie, b [3] 29 sept. et s [3] 24 oct. 1723. — *François-Marie*, b [3] 1er nov. et s [3] 8 dec. 1724. — *François*, b 1725, m [3] 6 juin 1748, à Marie-Louise Robitaille.—*Marie-Agathe*, b [3] 26 février 1727; m [3] 5 février 1748, à Etienne Moisan. — *Joseph*, b [3] 10 juillet 1729; 1° m [3] 12 janvier 1750, à Marie-Joseph Moreau, 2° m [3] 14 avril 1755, à Angelique Alain. — *Pierre*, b [3] 31 mars 1731.—*Marguerite*, b [3] 23 janvier 1734; m [3] 1er février 1751, à Ignace Alain. — *Anonyme*, b [3] et s [3] 23 nov. 1735. — *Anonyme*, b [3] et s [3] 29 dec. 1736. — *Marie-Catherine*, b [3] 27 juillet et s [3] 14 août 1738.

1739, (31 août). [3]

2° Gauvin, Marie-Anne, [Etienne II
b 1713; s [3] 8 dec. 1744.

Etienne, b [3] 17 mars 1741; s [3] 30 mars 1742.—*Etienne*, b 1742; m 1760, à Madeleine Dupont.

1745, (14 juin). [3]

3° Meunier, Madeleine, [Mathurin II
b 1698, veuve de François Bertrand.

1723, (8 nov.) Château-Richer. [6]

III.—VOYER, Pierre-Gervais, [Robert II.
b 1701; maitre-boulanger.

1° Gagnon, Cecile, [Pierre II.
b 1701; s [6] 6 avril 1725.

Marie-Madeleine, b [6] 1er avril 1725.

1731, (25 août) Quebec. [7]

2° Samson, Felicité-Angélique, [Louis II.
b 1706; s [7] 22 fevrier 1777.

Marie-Joseph-Félicité, b [7] 29 mai 1732; s [7] 20 mai 1733. — *Pierre*, b [7] 24 juillet 1733.—*Félicité-Angélique*, b [7] 4 avril 1735; s [7] 26 sept. 1747.—*Joseph*, b [7] 9 mai 1737; m [7] 6 juillet 1761, à Claire-Françoise Villiars. — *Michel*, b [7] 26 oct. 1738. — *Marie-Thérèse*, b [7] 21 février 1741. — *Charles*, b [7] 12 oct. 1742; m [7] 10 déc. 1769, à Marie-Charlotte Perrault; s [7] 9 nov. 1820. — *Louis*, b [7] 5 déc. 1744; s [7] 5 janvier 1745. — *Catherine*, b [7] 28 fevrier 1746. — *Marie-Geneviève*, b [7] 16 août et s [7] 9 sept. 1748. — *Marie-Louise*, b [7] 1er mai et s 11 juin 1750, à Ste-Foye.

1725, (20 oct.) Québec. [1]

II.—VOYER (1), Noel, [Jacques I.
b 1704, marchand; s [1] (dans l'église) 3 août 1777.

1° Moreau, Geneviève, [Pierre I.
b 1698; s [1] (dans l'église des Ursulines) 12 mars 1764.

1765.

2° Bayeule (2), Marie-Louise, [Louis I.
b 1726; s [1] (dans l'eglise) 21 oct. 1776.

1727, (16 juin) Ste-Famille, I. O. [2]

III.—VOYER, Barthélemi, [Barthélemi II.
b 1707; s [2] 25 fevrier 1736.

Asselin (3), Marguerite, [Nicolas II.
b 1699.

Joseph, b [2] 18 avril 1728; m 16 oct. 1747, à Marie-Anne Raté, à St-Pierre, I O.—*Barthélemi*, b [2] 9 mai et s [2] 12 sept. 1730.—*Pierre*, b [2] 19 août et s [2] 11 sept. 1731.—*Marie-Marguerite*, b [2] 20 et s [2] 31 janvier 1733.—*Marie-Marguerite*, b [2] 14 oct. 1734; s [2] 22 mars 1751.

1735, (14 nov.) Lorette. [7]

III.—VOYER, Pierre, [Pierre II.
b 1713, s [7] 22 oct. 1763.

Valin, Therèse. [Charles II.

Thérèse, b [7] 25 août 1736; m [7] 28 sept. 1756, à Bonaventure Beaumont —*Marie-Louise*, b [7] 30 mars 1739; m [7] 24 oct. 1757, à Pierre Trudel.—*Pierre*, b [7] 30 mars 1741; m [7] 11 fevrier 1759, à Ursule Moisan —*François*, b [7] 2 fevrier 1744; s [7] 22 avril 1745.—*Marie-Madeleine*, b [7] 25 avril 1749. —*Ignace*, b [7] 23 août 1751, m 23 janvier 1781, à Marie-Louise Galarneau, à St-Augustin.—*François*, b [7] 21 sept. 1754.—*Michel*, b [7] 28 avril 1757.

(1) Colonel de milice.

(2) Audet Sieur de Bayeul.

(3) Elle épouse, le 28 janvier 1737, Joseph Isabel dit Posé, à Ste-Famille, I. O.

1747, (16 oct.) St-Pierre, I. O. [8]
IV.—VOYER, JOSEPH, [BARTHÉLEMI III.
b 1728; s 14 juin 1753, à Ste-Famille, I. O. [9]
RATÉ (1), Marie-Anne, [GUILLAUME II.
b 1720.
Marie-Rose, b [9] 7 oct. 1748.—*Madeleine*, b 1750; s [9] 8 déc. 1755.—*Marie-Madeleine*, b [8] 26 juillet 1751.—*Joseph-Abondance*, b [9] 27 mars et s [9] 5 août 1753.

VOYER, MARIE-ANNE, b... 1° m 1768, à Ambroise GALARNEAU; 2° m 26 nov. 1787, à Augustin VÉSINA, à Ste-Foye.

1748, (6 juin) Lorette. [2]
III.—VOYER, FRANÇOIS, [FRANÇOIS II.
b 1725.
ROBITAILLE, Marie-Louise. [JEAN II.
Marie-Madeleine, b [2] 20 mai 1754.—*Marie-Marguerite-Angélique*, b [2] 21 juillet 1758.—*Marie-Thérèse*, b [2] 31 mai 1761.—*Geneviève*, b... s [2] 15 oct. 1757.—*Alexis*, b... s [2] 2 avril 1764.

1750, (12 janvier) Lorette. [2]
III.—VOYER, JOSEPH, [FRANÇOIS II.
b 1729.
1° NOREAU, Marie-Joseph, [MATHURIN I.
b 1728.
Joseph, b [8] 9 mars 1751.
1755, (14 avril). [2]
2° ALAIN, Marie-Angelique, [JEAN-BTE III.
b 1738.
Marie-Angélique, b [3] 14 oct. 1756, s [3] 8 avril 1757. — *François-Marie*, b [3] 9 fevrier 1760. — *Pierre-Mathias*, b [3] 24 fevrier 1762; s [3] 3 sept. 1763.—*Marie-Angélique*, b [3] 25 janvier 1764.

1750, (10 août) Québec. [4]
III.—VOYER, MICHEL, [MICHEL II.
b 1719.
BERTIN-LARONDE, Catherine, [JACQUES I.
b 1729; s [4] 16 avril 1751.
Anonyme, b [4] et s [4] 14 avril 1751.

1750, (12 oct.) Charlesbourg.
III.—VOYER, JACQUES, [PIERRE II.
b 1731; s 2 juin 1756, à Lorette [6]
BÉDARD (2), Marie-Madeleine, [ETIENNE IV.
b 1732.
Jacques, b [6] 12 mars 1754.—*Jacques-Hypolite*, b [6] 30 août 1755; m 17 janvier 1780, à Judith TATOUE, à Montreal.

1754, (23 sept.) Québec. [2]
III.—VOYER, MICHEL-FRS, [MICHEL II.
b 1728; capitaine de navire.
MORIN (3), Marie-Charlotte, [JOS.-MOISE II.
b 1733; s [2] 4 fevrier 1785.

Marie-Catherine, b 14 et s 24 août 1755, à Lorette. — *Michel*, b [2] 12 juillet et s 4 sept. 1756, à Charlesbourg. — *Marie-Joseph*, b [2] 5 oct. 1757. — *Michel*, b [2] 1er mars 1759. — *Marie-Elisabeth*, b [2] 9 août 1762; m [2] 19 mai 1785, à Louis-Antoine SEGUIN. — *Jean-François*, b [2] 22 avril 1764.

1758, (9 janvier) L'Ange-Gardien.
I.—VOYER (1), HUBERT, fils de Pierre et de Françoise Cheny, du diocèse de St-Thomas, Poitou.
MOREAU, Marie-Louise, [FRS-URBAIN II.
b 1737; s 9 février 1759, à Québec. [1]
Marie-Louise, b [1] 22 sept. et s [1] 16 oct. 1758.

1759, (11 février) Lorette. [7]
IV.—VOYER, PIERRE, [PIERRE III.
b 1741.
MOISAN, Ursule, [ETIENNE II.
b 1737.
Pierre-Etienne, b [7] 9 janvier 1761.—*Ignace*, b [7] 25 nov. 1762; m 7 février 1785, à Marie-Joseph BARBEAU, à Québec.—*Madeleine*, b [7] 24 août 1764.

1760.
III.—VOYER (2), ETIENNE, [FRS-MARIE II.
b 1742.
DUMONT, Madeleine-Angélique, [JEAN-BTE III.
b 1743.
René, b 6 janvier 1761, à St-Joseph, Beauce. [1] —*Marie-Madeleine*, b [1] 23 janvier 1763.

1761, (6 juillet) Quebec. [9]
IV.—VOYER, JOSEPH, [PIERRE III.
b 1737.
VILLIARS, Claire-Françoise, [GERMAIN I.
veuve de Joseph Routier; s [9] 1er avril 1774.
Geneviève-Félicité, b [9] 19 avril 1762.—*Jacques*, b [9] 15 fevrier 1763.—*Alexis*, b [9] 21 mars 1764.

1769, (10 dec.) Québec. [7]
IV.—VOYER (3), CHARLES, [PIERRE III.
b 1742; notaire public; s [7] 9 nov. 1820.
PERRAULT, Marie-Charlotte, [JACQUES II.
b 1751.
Charlotte-Félicité, b... m [7] 25 sept. 1797, à Charles-Pierre FRÉMONT.—*Marie-Joseph*, b... m [7] 24 sept. 1798, à Pierre-Edouard DESBARATS. — *Jacques*, b 1775; m [7] 21 juillet 1800, à Luce-Monique PINGUET. — *Suzanne*, b... m à Guillaume VONDENVELDEN.—*Reine*, b 1778; s [7] 9 nov. 1852. —*Pierre*, b [7] 17 janvier 1780; s [7] (4) 30 juin 1797. —*Joseph*, b [7] 4 avril 1783.—*Henri-Charles*, b [7] 17 fevrier 1786.

---

(1) Elle épouse, le 26 nov. 1753, Joseph Ferland, à Ste-Famille, I. O.

(2) Elle épouse, le 17 oct. 1757, Ignace Berthiaume, à Lorette.

(3) Chenevert.

(1) Dit Ouellet—Lespérance; soldat de Bécourt, régiment de la reine

(2) Voy. vol. III, p 547.

(3) Marié par Mgr Briant.

(4) Noyé le 25 au Sault de la Chaudière, avec Etienne Têtu, Jacques Perrault et Joseph Derome.

1780, (17 janvier) Montréal.
IV.—VOYER, HYPOLITE-JACQ., [JACQUES III.
b 1755.
TATOUL-BRINDAMOUR, Judith, [CLAUDE I.
b 1762.

1781, (23 janvier) St-Augustin. [7]
IV.—VOYER, IGNACE, [PIERRE III.
b 1751.
GALARNEAU, Marie-Louise, [JEAN-BTE III.
b 1749.
Marie-Louise, b [7] 9 déc. 1781.— *Ignace*, b [7] 30 déc. 1783; s [7] 25 janvier 1784. — *Ignace*, b [7] 12 mai 1785.—*Michel*, b [7] 5 avril 1788.— *Louise*, b [7] 5 mai 1789.—*Marguerite*, b [7] 1er nov. 1790.

VOYER, JOSEPH.
CHARLE (1), Catherine.

1785, (7 fevrier) Québec. [1]
V.—VOYER, IGNACE, [PIERRE IV.
b 1762.
BARBEAU, Marie-Joseph, [PIERRE III.
b 1760; s [1] 29 avril 1798.

1800, (21 juillet) Quebec.
V.—VOYER (2), JACQUES, [CHARLES IV.
b 1775.
PINGUET, Luce-Monique. [CHARLES V.

1670.
II.—VOYNE (3), JACQUES, [JEAN I.
b 1645, s 29 nov. 1700, à Varennes. [1]
LEPREVOST (4), Marie-Marguerite.
Jean, b 11 mars 1672, à Montreal [2]; m [1] 24 nov. 1698, à Catherine BOUSQUET; s [2] 22 fevrier 1705. —*Françoise*, b 19 oct. 1681, à la Pte-aux-Trembles, M. [3], m [3] 2 nov. 1701, à Jean SABOURIN; s 13 nov. 1756, à St-Ours.—*Louis*, b [3] 25 août 1692; 1° m [2] 12 dec. 1718, à Jeanne CABASSIER; 2° m 1736, à Louise DESAUTELS; s 8 oct. 1762, à Sorel. —*Marie-Barbe*, b [1] 18 juin 1695; m [2] 20 nov. 1712, à Etienne MÉTIVIER.

1677, (15 nov.) Montréal.
II.—VOYNE, JEAN, [JEAN I.
b 1657.
1° BEAUSSANT (5), Marguerite, [ELIE I.
b 1663.
1685, (25 juin) Pte-aux-Trembles, M. [7]
2° BEAUCHAMP, Françoise, [JACQUES I.
b 1667; s [7] 16 avril 1723.
Marie, b [7] 14 août 1687; m [7] 24 juillet 1713, à Pierre COITEU. — *Marguerite*, b 1688; m [7] 20 fevrier 1721, à Joseph RENAUD.—*Jacques*, b 7 avril 1692, à Varennes [8]; m [7] 19 oct. 1722, à Charlotte LEMARIÉ.—*Joseph*, b [8] 15 sept. 1697; m [7] 23 nov. 1722, à Suzanne SENET.—*Jean*, b [7] 1er janvier 1700; m [7] 6 nov. 1719, à Agnès BRIEN. —*Pierre*, b [7] 3 février 1702; m 1730, à Marie-Anne VAUDRY.—*François*, b [7] 22 sept. 1704; s [7] 27 mars 1720.—*Anne-Thérèse*, b [7] 19 février 1707; s [7] 30 août 1723.—*Catherine*, b [7] 17 et s [7] 21 mai 1712.

1698, (24 nov.) Varennes.
III.—VOYNE, JEAN, [JACQUES II.
b 1672; s 22 fevrier 1705, à Montreal. [1]
BOUSQUET, Catherine, [JEAN I.
b 1676.
Geneviève, b 1701. m [1] 22 nov. 1728, à Charles GRUET; s 17 oct. 1747, à Terrebonne.

1718, (12 dec.) Montréal. [3]
III.—VOYNE, LOUIS, [JACQUES II.
b 1692; s 8 oct. 1762, à Sorel. [2]
1° CABASSIER, Jeanne, [PIERRE I
b 1691; s [3] 9 mars 1736.
Marguerite, b [3] 14 sept. 1719; m 7 fevrier 1746, à Jean-Baptiste GARIÉPY, à Terrebonne.—*Louis*, b [3] 6 fevrier 1721; m 19 sept. 1746, à Marie-Joseph AYMOND, à Quebec.—*Marie-Joseph*, b [3] 5 et s [3] 13 avril 1723.—*Thérèse*, b 1725; m [2] 14 fevrier 1757, à Jacques VANDAL.—*Marie-Catherine*, b [3] et s [3] 28 juillet 1726.—*Catherine*, b 1727, s [2] (idiote) 17 janvier 1757.—*Marie-Joseph-Amable*, b [3] 19 juin 1730; m [2] 23 fevrier 1751, à François LAROQUE.—*Jeanne*, b... m [2] 28 juillet 1760, à Jean-Baptiste BRIAND.
1736.
2° DESAUTES-LAPOINTE, Louise, [JOSEPH II.
b 1704.
Françoise, b [3] 9 et s [3] 27 juillet 1737.—*Louise-Thérèse*, b [3] 5 mars 1739.

1719, (6 nov.) Pte-aux-Trembles, M. [4]
III.—VOYNE, JEAN-BTE, [JEAN II.
b 1694.
BRIEN, Agnès, [LOUIS I.
b 1698.
Jean-Baptiste, b [4] 22 juin 1720; 1° m 30 janvier 1741, à Françoise CHAGNON, à L'Assomption [5]; 2° m 1742, à Marie GERMAIN.—*Joseph*, b [4] 9 juin 1722; m 1751, à Marie-Amable DESLÉS-PARISEAU. —*Marie-Ursule*, b [5] 2 sept. 1728; s [5] 15 mars 1730. — *François-Marie*, b [5] 3 fevrier 1731. — *Marie-Charlotte*, b 1735; m [4] 21 nov. 1757, à François JANOT.

1722, (19 oct.) Pte-aux-Trembles, M. [6]
III.—VOYNE, JACQUES, [JEAN II.
b 1692.
LEMARIE, Marie-Charlotte, [THOMAS II.
b 1704.
Jacques, b [6] 13 janvier 1724.

(1) Elle était, le 19 juin 1782, au Détroit.
(2) Notaire public et greffier du Conseil Législatif.
(3) Dit Sansoucy; voy. vol. I, p. 590.
(4) Elle épouse, le 20 nov. 1701, Etienne Forestier, à Varennes.
(5) Pour Beaujean, voy. vol. I, p. 34.

1722, (23 nov.) Pte-aux-Trembles, M.[7]
III.—VOYNE, Joseph, [Jean II.
b 1697.
Senet-Laliberté, Suzanne, [Nicolas I.
b 1700.
Joseph, b[7] 13 avril 1723.—*Jean-Baptiste*, b[7] 25 nov. 1724, m à Marie Touin.—*François-Marie*, b 30 août 1727, à L'Assomption.[8]— *Pierre*, b[8] 4 fevrier et s[8] 3 juin 1731.

—

1730.

IV.—VOYNE (1), Pierre, [Jean II.
b 1702.
Vaudry, Marie-Anne, [François II.
b 1698.
Marie-Anne, b 1734; m 20 janvier 1755, à Jérôme Maguet, à la Pte-aux-Trembles, M.[8] — *Véronique*, b 1735; m[8] 13 nov. 1758, à Pierre Limoges.—*Marie-Joseph*, b 1740; m[8] 14 mai 1766, à Joseph Limoges.—*Thérèse*, b 1742; m[8] 4 fevrier 1765, à Urbain Brien.—*François*, b[8] 16 et s[8] 27 sept. 1749.

—

1741, (30 janvier) L'Assomption.
IV.—VOYNE (2), Jean-Bte, [Jean-Bte III.
b 1720.
1° Chagnon, Françoise, [Raymond II.
b 1722.
1742.
2° Germain, Marie, [François I.
b 1722.
Madeleine, b... m 6 février 1758, à Pierre Dubreuil, à la Pte-aux-Trembles, M.

—

1746, (19 sept.) Quebec.[1]
IV.—VOYNE, Louis, [Louis III.
b 1721.
Aymond, Marie-Joseph, [Pierre II.
b 1723.
Louis, b[1] 15 juin 1747; s[1] 18 août 1748.—*Louis-Alexandre*, b[1] 3 août 1749; s[1] 24 mars 1751.—*Marie-Madeleine*, b[1] 30 avril 1752, s[1] 10 dec. 1756.—*Marie-Agathe*, b 12 oct. 1755, à Sorel[2], s[2] 18 déc. 1756.

—

IV.—VOYNE, Jean-Bte. [Joseph III.
Touin, Marie.
Marie, b... m 7 janvier 1755, à Jacques Baudry, à la Pte-aux-Trembles, M.[2] — *Jean-Baptiste*, b 1724; m[2] 2 fevrier 1761, à Marie-Françoise Baudry.—*Marie-Charlotte*, b 1740; m[2] 16 janvier 1764, à Louis Piquet.—*Thérèse*, b 1742; m[2] 8 février 1762, à Joseph-Nicolas Desroches. — *Agathe*, b[2] 15 mai et s[2] 19 juin 1749 —*Marie-Angélique*, b[2] 15 mai et s[2] 27 juillet 1749.

(1) Voy. vol. I, p. 500.
(2) Voy. vol. IV, p. 250.

1751.
IV.—VOYNE, Joseph, [Jean-Bte III.
b 1722.
Desblés-Pariseau (1), Marie-Amable, [Frs I.
b 1730.
Maurice, b 8 nov. 1754, à la Pte-aux-Trembles, M.

—

VOYNE, Jean-Bte.
Chevaudier-Lépine, Marie. [Paul-Charles III.
Marie-Anne-Amable, b 25 fevrier 1754, à la Pte-aux-Trembles, M.

—

VOYNE, Joseph.
Prevost, Marie.
Marie-Joseph, b 1760; s 4 mars 1761, à St-Laurent, M.

—

1761, (2 février) Pte-aux-Trembles, M.
V.—VOYNE, Jean-Bte, [Jean IV.
b 1724.
Baudry, Marie-Françoise, [Toussaint III
b 1736.
Marie-Joseph, b 15 mars 1767, à Repentigny.

—

VOYNE, Jean-Bte.
Brouillet, Marie.
Jean-Baptiste, b 4 juillet 1769, à la Longue-Pointe.

—

VOYNE, Philippe.
Dupuis, Marie.
Madeleine, b... s 26 nov. 1789, à Québec.

—

VOYNE, Philippe.
Turenne, Marie.
Marie, b... m 1er juillet 1793, à Louis Pepin, à Quebec.

—

VOYNE, Philippe.
Létourneau, Marie.
Marie-Anne, b... m 9 oct. 1797, à Olivier Gagné, à Québec.

—

VOYNE, Jean.
Poliquin, Marie-Théotiste.
Jean-Baptiste, b 20 août 1774, à Repentigny.

—

VOYNE, Jean-Bte.
Lebeau, Marie-Madeleine.
Marie-Madeleine, b 21 janvier 1789, à Repentigny.

—

VOYNE, Pierre, b 1783.

(1) Elle épouse, le 6 février 1758, Antoine Daunet, à la Pte-aux-Trembles, M.

1736.

II.—VOYON (1), Nicolas, [Pierre I.
b 1713; s 2 janvier 1781, à Montréal.
Langevin, Cunégonde, [Antoine I.
b 1717.
Marie-Louise, b... m 10 janvier 1757, à Eustache Ladouceur, à St-Laurent, M.[1] — *Nicolas*, b... m[1] 7 janvier 1776, à Marie-Amable Bouchard. — *Marie-Catherine*, b[1] 6 mars 1750. — *Marie-Louise*, b[1] 2 nov. 1753. — *Antoine*, b[1] 12 juin 1756.

VRARD.—Voy. Huard.

VREDON.—Voy. Verdon.

I.—VRIGNEAU, Jean-Bte; b 1725; s 22 avril 1759, à Quebec.

1751, (22 février) St-Michel.[6]

I.—VRIGNOT, François, fils d'André et de Louise Marié, de St-Hypolite, Paris.
Charon, Marguerite, [Jean II.
b 1730.
Marguerite, b[6] 19 juin 1752.—*François*, b[6] 25 mai 1754; s[6] 26 sept. 1755. — *Marie-Joseph*, b[6] 24 juin 1756.

I.—VUIDERIS de RENIÈRE, Anne-Catherine, b... m 1758, à Henri-Joseph Hianzau-Monmidi.

I.—VUILLARD, François.
Roy, Catherine.
Marguerite, b 24 janvier 1762, à St-Michel-d'Yamaska.[1] — *Véronique*, b[1] 21 juillet 1763.— *François-Louis*, b[1] 21 février 1765.

I.—VYTERHEIM, Catherine, b 1740; m 1764, à Joseph Reyboocenn.

W

I.—WABERT, Samuel,
Nouvelle-Angleterre.
....
Marie, b... m 11 mars 1720, à Joseph Saleur, à Quebec.

I.—WABERT, Michel.
Calais, Elisabeth.
Elisabeth, b... m 3 nov. 1710, à Paul Holes, à Québec.

I.—WADE, Jean.
Courtroy (2), Marie-Louise, [Robert I.
b 1755.

WADOUL.—Voy. Radoul.

1761, (23 nov.) St-Laurent.

I.—WADDENS, Etienne, fils d'Adam-Samuel et de Bernardine Ermon, de la Tour-de-Paix, canton de Berne.
Deguire (3), Marie-Joseph, [Louis III.
b 1739.

1789, (10 nov.) Québec.

I.—WAEIGAND, Jean-Conrad, fils de Jean et d'Elisabeth Caseler, de Bernbach-Hesse-Hanau, Allemagne.
Tibault, Geneviève.

I.—WALBRENER, Pierre.
1° Tongas-Laviolette, Suzanne.
Pierre, b 18 janvier 1771, à Boucherville[6], m[6] à Marguerite Quintal. — *Jean*, b[6] 20 juin et s[6] 21 oct. 1772 — *Suzanne*, b[6] 26 sept. 1773.— *Marie-Anne*, b[6] 5 nov. 1774. — *Pauline*, b[6] 20 et s[6] 27 dec. 1776.

1778, (12 oct.)

2° Quintal, Marguerite, [Michel.
veuve de Jacques Crevier.

I.—WALKER, Jacques,
juge.
Hughes (1), Marguerite. [Jacques I.
Julie, b... 1° m 12 juin 1806, à James Sutherland, à Montreal[6]; 2° m[6] 28 déc. 1811, à Jean-Marie Mondelet.

WARREN, Madeleine, b 6 mars 1662, Nouvelle-Angleterre; 1° m à Richard Theys; 2° m 15 oct. 1693, à Philippe Robitaille, à Montreal

---

1792, (17 janvier) Québec.

I—WATERS, Michel, fils de Guillaume et de Catherine Carvey, diocèse de Limerick, Irlande.
Duval, Julie, [François I.
b 1765.

1749, (17 février) Bout-de-l'Ile, M.[4]

I.—WATIER (2) Thomas, notaire du Roy, fils de Thomas et de Jeanne Agnier, diocèse de Laon, Ile-de-France.
Lalonde, Marie-Joseph, [Guillaume II.
b 1724.

---

(1) Dit Laframboise; voy. vol III, p. 413, et vol. V, p. 83.
(2) Elle était, en 1779, à Québec.
(3) Larose.

(1) Voy Jacques Hughes et Marie-Charlotte Martel, vol. IV, p. 544.
(2) Il était, le 29 janvier 1759, au Lac-des-Deux-Montagnes, voy. vol VI, p 172.

Marie-Joseph, b [4] 3 janvier 1750.—*Marie-Angélique*, b 3 nov. 1752, à Soulanges [3]; s [3] 3 nov. 1753. — *Thomas*, b [3] 16 mars 1754. — *Pierre-Amable*, b [4] 9 juillet 1755.—*André-Joseph*, b [3] 17 avril 1758.—*Marie-Catherine*, b [3] 16 nov. 1759.—*Véronique*, b [3] 6 avril 1761.

WATSON.—Voy. Robert.

WATSON, Marie-Joseph, b... m 9 sept. 1754, à St-Germain, à Montréal.

1792, (2 oct.) Québec. [6]
I.—WEBSTER, George, fils de George et de Geneviève Taylor, de Baneff, Ecosse.
Jerémie (1), Louise, [Louis-Charles III. b 1774; s [6] 2 déc. 1797.

I.—WEEP, Jean, d'Irlande.
Leblanc, Marguerite.
Joseph, b... s 29 juillet 1793, à Repentigny.[1] — *André*, b [1] 26 sept. 1795.

I.—WEHENLAN, Edouard.
Wills (2), Suzanne, b 1747, fille de Thomas et d'Anastasie Power, de Ballobrican, Irlande.

1786, (26 sept.) Québec. [2]
I.—WEIPPERT, Cyriac, fils de Valentin et de Marguerite Peittert, de la ville de Munchsberg, Franconie.
Sylvain, Madeleine. [Joseph.
Marie-Angelique, b [2] 18 oct. 1786. — *Louis-Cyriac*, b [2] 31 janvier 1788.

1782, (1er oct.) Quebec. [3]
I.—WEIS, Jean-Georges, b 1746, chirurgien; fils de Jean-Jacob et de Marie-Anne Weipler, de Ratstad, Allemagne; s [3] 20 avril 1792.
Hausmann-Ménager, Margte-Angel., [Jean I. b 1765.
George-Antoine, b [3] 17 mars 1788.

I.—WELLS, Jacques, b 1707; s (noyé) 6 sept. 1779, à Québec.

I.—WELLS, John, b 1746; de Waterford, Irlande; s 11 juillet 1785, à Québec.

1778, (11 mars) Quebec.
I.—WELLSHE, Guillaume, fils d'Edmond et d'Elisabeth Braine, de Claïn, Cork.
Drouin, Marie-Marguerite, [Joseph IV. b 1755.

(1) Douville.

(2) Elle épouse, le 18 août 1780, Terance McCoristine, à Montreal.

1764, (5 mars) Beauport.
I.—WELSCAMP (1), Jean, b 1732; fils de Jacob et de Marie Seincra, de N.-D.-de-Strasbourg, Lorraine, Allemagne.
1° Maillou-Lasource, Marie-Lse, [Germain III. b 1741.
Jean-Baptiste, b 1766; m 22 oct. 1787, à Marie-Claire Samson, à Montréal. [4] — *Charles*, b 1770; m 18 août 1795, à Louise Tanchot.
1781, (3 sept.) [4]
2° Liénard-Durbois, Marie-Lse, [Jean-Frs III. b 1731; veuve de Barthélemi Mottaire.

1787, (22 oct.) Montréal.
II.—WELSCAMP, Jean-Bte, [Jean I. b 1766.
Samson, Marie-Claire. [Philippe.

1795, (18 août) Québec. [5]
II.—WELSCAMP, Charles, [Jean I. b 1770.
Tanchot, Louise, [Yves. s [5] 10 mars 1796.

I.—WELSH, Maurice, d'Irlande; b... s 6 sept. 1790, à Québec.

I.—WESTON, Samuel, Anglais; b... s 30 sept 1756, à l'Hôpital-Genéral, M.

1764, (27 fevrier) Québec. [6]
I.—WEXLER, Joseph, b 1718, marchand-pelletier; fils de Georges et de Marie-Anne Mayer, de N.-D.-de-Bonsecours, diocèse de Raab, Hongrie; s [6] 21 avril 1793.
1° Collet, Marie-Angélique, [Noel II. b 1741.
Marie-Angélique, b 1764; m [6] 28 mai 1782, à François Ledroit.—*Joseph*, b 1767; m [6] 2 août 1785, à Marie-Louise Griault; s [6] 28 fevrier 1786.—*Augustin*, b 1769; m [6] 13 avril 1790, à Pélagie Laurent.
1777, (29 avril). [6]
2° Lemarié, Madeleine, [Charles-Amador III b 1728; veuve de Michel-Jacques Hautbois, s 20 mai 1789, à Ste-Foye.

1785, (2 août) Québec. [1]
II.—WEXLER, Joseph, [Joseph I. b 1767; s [1] 28 février 1786.
Griault, Marie-Louise, [Jacques-Etienne II. b 1767.

1790, (13 avril) Quebec.
II.—WEXLER, Augustin, [Joseph I. b 1769; marchand.
Laurent-Lasonde, Pelagie, [Georges I. b 1769.

(1) Pour Holzcam, voy. ce nom, vol. IV, p. 510.

I.—WHARTON, JEAN, Anglais.
WHARTON, Anne.
Julienne, b 27 février 1769, à Kamouraska.

I.—WHEELRIGHT (1), ANNE, b... m 1700, à Guillaume PARSONS.

I.—WHEELWRIGHT (2), JEAN-BTE.
....
Esther (3).

I.—WHITE (4), PATRICE, b 1732, Irlande; s 22 juillet 1758, à l'Hôpital-Général, M.

1775, (23 janvier) Québec.
I.—WHITTLE, RICHARD, fils de Richard et de Marie Kerr, de Kildare, Irlande.
TIDEAU, Marie-Eusèbe. [JEAN-BTE.

WHITTLE (5), RICHARD-THOMAS, maître-tailleur.
THIBAULT, Marie.
Pierre-Richard, b 9 août 1781, au Detroit[1]; s[1] 12 juin 1783.— *Richard*, b[1] 9 février 1783.— *Thomas*, b[1] 7 février 1785.

WHOLSCAM.—*Variations :* HOLZCAM — WELSCAMP.

I.—WHOLSCAM (6), JEAN, b 1736; soldat; d'Alsace.

I.—WIESENER, SÉBASTIEN, b 1776; soldat de la compagnie du colonel Dehrenbrook, de Waldorf, en Suade; s 9 avril 1781, à Repentigny.

I.—WIGRE, JEAN-MARTIN.
.............., Sophie.
Marguerite-Dorothée, b 18 avril 1779, à Batiscan.

I.—WIDERSCHUMIN, CATHERINE, b... Allemande; m 1777, à Joseph-Antoine REGENBOGEN.

I.—WILDER (7), JAMES.
WILDER, Nancy.
Nancy, b et s 20 dec. 1760, à Lorette.

(1) Prise en guerre par les sauvages, le 22 août 1703, avec son enfant Anna, de 2 ans.

(2) Juge de paix à York, conseiller au conseil souverain de Boston.

(3) Elle était, le 3 oct. 1711, à Montréal.

(4) Soldat du régiment du général Morin, capitaine Meish.

(5) Ecrit Houtelay—Wide.

(6) Venu en 1758

(7) Lieutenant au 3me bataillon royal, A. Rou.

1779.
I.—WILHELMI (1), ERNEST-DIEDERICH.
CONTENT, Marie-Joseph, [JEAN-BTE III. b 1759.
Marie-Cécile, b 29 dec. 1780, à Lachenaye[1]; s[1] 9 janvier 1781. — *Georges-Christophe*, b[1] 17 janvier 1784.—*Ignace-Frédéric*, b[1] 23 mai 1787.

I.—WILLIAME, ...
PARANT, Marie-Geneviève, [JOSEPH-HENRI III. b 1740.
Marie-Geneviève, b 3 oct. 1761, à Québec.

I.—WILLIAMS (2), JEAN.
MATTRER, Eunice.
Samuel, b 21 dec. 1705, à Montréal.

1783, (5 août) Québec.
I.—WILLIAMS (3), FRANÇOIS, fils de Jean et d'Elisabeth ...., de St-Domingue.
MONDINA, Marie-Elisabeth, [JACQUES I. b 1749.

WILLIAMS, THOMAS, juge.
CAMPEAU, Cecile.
Catherine, b 27 février 1784, au Détroit.

1763.
I.—WILLIAMS, WILLIAM.
RANCIN, Marie-Hélène, [JOSEPH III. b 1739
Marie-Anne, b... m 11 janvier 1791, à Joseph ROUSSIN, à Quebec.

WILLIS.—Voy. HOULET.

1710, (4 juillet) Québec.[1]
I.—WILLIS (4), JEAN, cordonnier; fils de Jean et d'Elisabeth Foxgill, d'Oxford, Angleterre.
1° L'ARCHE, Lse-Catherine-Therèse, [JEAN II. b 1686.
Louise-Thérèse, b[1] 13 oct. 1711; m[1] 16 février 1733, à Jean-Claude LOUET; s[1] 5 avril 1746.— *Catherine-Isabelle*, b[1] 12 mai 1713; m 28 sept. 1733, à Etienne PAPILLON, à la Pte-aux-Trembles, Q.[2], s[2] 28 février 1745. — *François*, b[1] 23 oct. et s[1] 5 nov. 1715. — *Joseph*, b[1] 22 nov. 1716. — *Jacques-Louis*, b[1] 20 juillet 1718. — *Catherine*, b[1] 24 août 1719. — *Jean-Baptiste*, b 14 dec. 1721, à Batiscan[3], s[3] 21 juin 1728. — *Marie-Catherine*, b[3] 31 mars 1724. — *Jean-Marie*, b[3] 21 juillet 1729; s[3] 4 janvier 1731.

(1) Sergent-major du corps des chasseurs du prince Hesse-Hanau.

(2) Né à Dearfield, Nouvelle-Angleterre, 3 fevrier 1670, et pris en guerre le 11 dec. 1704.

(3) Nègre, appartenant à M. Duchesnay de Beaupre.

(4) Voy. Houlet vol. I, p. 309.

1733, (13 mai).[2]

2° PAPILLON, Geneviève, [ETIENNE I.
b 1697 ; veuve d'Edmé Bornais.
Marie-Geneviève, b [2] 4 mars 1734 ; s [2] 27 juin 1738.

I.—WILLS, MEREDITH.
DUNIÈRE, Geneviève, [LOUIS II.
b 1754 ; s 16 mars 1795, à Québec.[8]
Jeanne, b [8] 28 août 1785 ; s 29 août 1786, à Ste-Foye.

I.—WILSON (1), ROBERT, né en 1726.

1752, (30 oct.) Cap-St-Ignace.[6]

I.—WILSON (2), PIERRE-PAUL, fils de Jean et de Jeanne Jacques, de Londonderry, Irlande.
MERCIER, Marie-Angelique, [PIERRE II.
b 1722 ; veuve de Jean Tibaut-Tibert.
Marie-Thérèse, b [6] 9 février 1753.—*Jean-Marie*, b [6] 25 avril 1754.—*Marie-Brigitte*, b 17 avril 1757, à Terrebonne.[7] — *Marie-Joseph*, b [7] 17 janvier 1759.

1784, (8 nov.) Quebec.

I.—WILSON, ALEXANDRE, marchand ; fils d'Alexandre et d'Elisabeth Tyne, ville d'Aberdeen, Ecosse.
KELLY, Sara, [JACQUES I.
b 1764.

1793, (22 juillet) Québec.[1]

I.—WILSON, Thomas, fils d'Alexandre et d'Elisabeth Tyne, de Skeen, Aberdeen, Ecosse.
BOUCHARD, Catherine, [MICHEL III.
b 1772.
Will-Victor, b 1805 ; s [1] 21 nov. 1832.

I.—WINTER (3), JOSEPH,
b 1730 ; s 3 dec. 1779, à Québec.[9]
EGAR, Anne,
b 1736 ; d'Irlande ; s [9] 26 nov. 1782.
Robert, b [9] 3 sept. 1775 ; m [9] 29 oct. 1798, à Marie-Julie LETOURNEAU.— *Elisabeth*, b 1773 ; s [9] 22 janvier 1784.—*Marie*, b 1777 ; s [9] 10 nov. 1783.

1798, (29 oct.) Québec.

II.—WINTER, ROBERT, [JOSEPH I.
b 1775.
LETOURNEAU, Marie-Julie, [FRS-MICHEL V.
b 1776.

(1) Prisonnier de guerre, est baptisé à Québec le 1er avril 1748.
(2) Soldat de M. de Fouville.
(3) Originaire de Durham, Angleterre.

1783, (16 sept.) Québec.

I.—WISEMAN, JACQUES, fils de Philippe et de Geneviève Wiseman, de Ringward, Hamshire, Angleterre.
DELISLE (1), Madeleine, [NICOLAS-CLÉMENT IV.
b 1761 ; veuve de Pierre Stigny.

WOEL, ANNE, b... 1° m à Louis MESSER ; 2° m à Nicolas TANGUAY.

1687, (25 nov.) Québec.[1]

I.—WOLF (2), ANDRÉ, b 1660, navigateur ; fils de Jean et d'Anne Visque, d'Annecy, Pologue, Allemagne.
STAIMS (3), Marie, [GEORGE I.
b 1672.
Pierre-André, b [1] 4 et s [1] 18 janvier 1689.—*Marie*, b 1697 ; 1° m [1] 5 sept. 1718, à Blaise LEPAGE ; 2° m [1] 28 janvier 1725, à Michel CUREUX, s [1] 19 mai 1761.

I.—WOLFE, AUGUSTIN,
Allemand.
QUERINE, Catherine.
Jacques, b 3 mars et s 30 juillet 1757, à St-Charles.[2] — *Louis*, b [2] 14 mai 1759 ; s 3 nov 1760, à Quebec.[3] — *Anne-Ursule*, b [3] 16 dec. 1760.

1785.

I.—WOLS, FRANÇOIS-EMMANUEL.
BOLDUC, Marie-Geneviève, [ZACHARIE IV.
b 1763.
Louise-Geneviève, b 20 déc. 1785, à Québec.

WOOLSEY (4), JEAN-GUILLAUME,
marchand.
TREFFLÉ, Marie-Joseph.
Jean-Guillaume, b 28 juillet 1767, à Ste-Foye.[4] —*Pierre*, b [4] 30 mai 1772.

WOOLSEY (5), ROBERT, b 1770 ; s 24 déc. 1814, à l'Hôtel-Dieu, M.

1793.

I.—WRIGHT, THOMAS,
chirurgien de Sa Majesté.
GRANT, Therèse.
Thérèse, nee en mai et b 16 juillet 1794, au Détroit.

(1) Elle épouse, le 31 janvier 1797, Louis Cloutier, à Deschambault.
(2) Ce nom a été traduit en français Loup, Polonais, et sa femme, Marie Staims, a été quelquefois appelée Estin. (Recensement de Québec, 1716.)
(3) Elle épouse, le 27 oct. 1720, Joseph Caignard, à Québec, voy. vol. I, p 399.
(4) Et Houlset.
(5) Médecin de Québec, domicilié dans la province du Haut-Canada.

X

1720.

I.—XANDRE, André.
Maugue, Rosalie, [Claude I.
b 1695.
Jacques, b 1722; 1° m 22 janvier 1753, à Angélique-Amable Vien, à Lachine[6]; 2° m[6] 26 mai 1757, à Rosalie Boyer.

1753, (22 janvier) Lachine.[1]

II.—XANDRE, Jacques, [André I.
b 1722.
1° Vien, Angélique-Amable, [Constant.
s[1] 7 oct. 1755.
Marie-Joseph, b[1] 18 nov. 1754; m[1] 9 oct. 1769, à Sylvain Levron.

1757, (26 mai).[1]

2° Boyer, Rosalie, [Claude III.
b 1741.
Rosalie-Angélique, b[1] 25 mars et s[1] 15 mai 1758.—*Marie-Anne-Marguerite*, b[1] 28 nov. 1759.—*Jacques-Joseph*, b[1] 29 janvier 1761.

1760, (21 avril) Lorette.

I.—XIMENÈS, Barthélemi, fils de Laurent et de Marie Alexandre, de St-Luc, en Grenade, Espagne.
Berthiaume, Marie-Louise, [Ignace III.
b 1740.

Y

YAX.—*Variations :* Hiacs—Iacks.

1746.

I.—YAX, Michel,
b 1709, Allemand; s 8 juillet 1793, au Detroit.[6]
Herbins (1), Catherine.
Marie-Catherine, b[6] 2 juillet 1747; m 1762, à Jean-Baptiste Rivard; s[6] 27 sept. 1792.—*Angélique*, b[6] 2 fevrier 1749; m[6] 30 janvier 1764, à Tranquil Turcot; s[6] 30 dec. 1764. — *Louis-Michel*, b[6] 13 nov. 1751. — *Cécile*, b[6] 30 sept. 1753; m[6] 12 janvier 1767, à Louis-Michel Tremblay.— *Marie-Joseph*, b[6] 25 dec. 1755; s[6] 15 mai 1764.—*Simon*, b[6] 25 nov. 1758.—*Jean-Baptiste-Guillaume*, b[6] 28 janvier 1760; 1° m 1782, à Marie Tremblay; 2° m 1783, à Chretienne Huyet-Champagne. — *Pierre*, b[6] 9 avril 1763; m[6] 2 juin 1783, à Marie-Joseph Ferton. — *Joachim*, b[6] 18 nov. 1768; s[6] 14 mai 1769.—*Nicolas*, b[6] 4 oct. 1770; s[6] 26 nov. 1772.

1782.

II.—YAX, Jean-Bte-Guillaume, [Michel I.
b 1760.
1° Tremblay, Marie.
Jean-Baptiste, b et s 8 oct. 1782, au Detroit.[2]

1783.

2° Huyet-Champagne, Chrétienne.
Marie-Judith, b[2] 18 sept. et s[2] 12 nov. 1783.—*Jean-Baptiste*, b[2] 1er juillet 1785.

(1) Depuis 5 ans au Détroit. Elle fait abjuration le 16 mars 1755, au Detroit.

1783, (2 juin) Détroit.[3]

II.—YAX, Pierre, [Michel I.
b 1763.
Ferton, Marie-Joseph. [Julien.
Pierre, b[2] 24 fevrier 1784.

I.—YGER (1), Thomas, s 18 février 1746, à Beaumont.

YON-YUON.—Voy. Guyon.

I.—YOU (2), Pierre,
b 1658; s 28 août 1718, à Montréal.[2]
1° Sauvagesse, Elisabeth, miami.
Marie-Anne, b 1694; m[2] 15 août 1718, à Jean Richard.
2° Juste, Madeleine.
Louise, b[2] 21 mars 1706; s[2] 7 sept. 1728.—*Marie-Catherine*, b[2] 10 sept. 1708.

1722, (12 août) Montréal.[2]

II.—YOU (3), Frs-Madeleine, [Pierre I.
b 1700; s[2] 5 juillet 1730.
Dufros (4), Marie-Marguerite, [Christophe I.
b 1701; s (dans l'église) 26 dec. 1771, à l'Hôpital-Général, M.[3]
François-Timothé, b[2] 21 mai et s[2] 17 août 1723.—*François*, b[2] 22 sept. 1724; ordonné 23

(1) Dit St. Michel.
(2) Sieur De la Decouverte, officier.
(3) Sieur De la Découverte.
(4) De la Jemerais, fondatrice de l'Hôpital-Général de Montréal et 1ere superieure des sœurs grises.

sept. 1747; s [3] (sous la lampe de l'église) 12 avril 1778.— *Madeleine-Ursule*, b [2] 3 sept. 1725; s [2] 26 août 1726.—*Louise*, b [2] 16 déc. 1726. — *Charles-Madeleine*, b [2] 19 juillet 1729.

1742, (19 nov.) Montréal. [6]

I.—YOU (1), ETIENNE, b 1714; tailleur, soldat; fils de François et de Marie Eteine, de St-Louis-de-Rochefort, diocèse de LaRochelle.

Marie-Madeleine, b [6] 13 sept. 1743; s [6] 24 juillet 1744.—*Marie-Madeleine*, b [6] 21 nov. 1744; s [6] 26 déc. 1749. — *Marie-Angélique*, b [6] 14 nov. 1745; m [6] 1er oct. 1764, à Jacques POIRIER. — *Etienne*, b [6] 11 mars 1747. —*Antoine-Joseph*, b [6] 17 mars et s [6] 21 juillet 1748.— *Charles*, b [6] 27 avril 1749. —*Marie-Louise*, b [6] 12 juin 1750.—*Jean-Baptiste-Marc*, b et s 5 juin 1754, à St-Laurent, M. [7] — *Madeleine*, b [7] et s [7] 9 nov. 1756.

I.—YOUNG (2), JEAN-LOUIS.

....

Jean-Louis (3), né 1755; b 9 mai 1768, à l'Hôpital-Genéral, M. [5]; s [5] 3 mai 1788.

1730, (22 oct.) Quebec. [9]

I.—YVERNAGE (4), PIERRE, fils de Jean et de Marie Girard, de N.-D. d'Alone, diocèse de Luçon.

CHAPEAU (5), Marie-Angelique, [JEAN I. b 1714.

Jean-Pierre-Martin, b [9] 12 nov. 1735; m 21 nov. 1763, à Petronille GIRARD.

1763, (21 nov.) Trois-Rivières.

II.—YVERNAGE (6), JEAN-PIERRE, [PIERRE I. b 1735.

GIRARD, Pétronille, [JOSEPH III. b 1739.

YVON.—Voy. LEBER — DEFLEM — PHLEM—FRICHON—HÉON—HYVON—VERSAILLES.

1697.

II.—YVON (1), JEAN-BTE, [FRANÇOIS I. b 1669.

FEUILLETEAU, Françoise, b 1658; veuve de Jean Grenier-Nadeau; s 5 mars 1720, à Québec.

Charlotte-Louise, b 1698, à Montréal [4]; m [4] 1er oct. 1715, à Jacques LEVERD; s 26 janvier 1717, à St-François, I. J.

1724, (8 avril) Ste-Famille, I. O.

I.—YVON (2), FLEURY.

LEREAU (3), Marie, [XISTE II. b 1695.

Marie-Madeleine, b 23 mars 1733, à Ste-Anne-de-la-Pérade; m 7 avril 1755, à Antoine ADAM, à Batiscan.

YVON, JACQUES, b 1727; s 11 janvier 1782, à Québec.

1749, (26 nov.) Quebec. [8]

I.—YVON (4), JEAN, perruquier; fils de Pierre et d'Elisabeth Dadou, de N.-D. de Versailles, Paris.

MORAND, Marie-Elisabeth, [JEAN II. b 1710; veuve d'Antoine Lafey.

Angélique, b [8] 12 janvier et s 26 mars 1751, à Charlesbourg. — *Charles-François*, b [8] 9 avril 1752; s [8] 30 mars 1753. — *Louis*, b [8] 2 juin 1753.

YVON, MARIE-JOSEPH, b... m 1768, à Jean-Baptiste LAPOINTE.

YVON (5), ...

SOURDILLET, Catherine.

Anonyme, b et s 29 mai 1784, au Detroit.

(1) Dit Rochefort.

(2) Caporal du 15ème régiment, décédé à la Havane.

(3) Jeune enfant de 13 ans, imbecile, que le capitaine Thomas Mitchel remit a Mme Youville.

(4) Appelé Livernoche en 1763.

(5) Elle épouse, le 22 avril 1748, Charles Legris, à Québec.

(6) Marié Livernoche.

(7) Dit Lagenois.

(1) Dit Lafontaine, sergent de Marigny; voy. vol. I, p. 282.

(2) Voy. Phlem, 1724.

(3) Et Levreau; voy. vol. VI, p. 312.

(4) Dit Versailles

(5) Du village de Sandoské.

(6) Dit Desjardins; voy. vol. III, p 377.

Z

ZACHARIE. — Voy. DESJARDINS — LECOLLEN — LAGENOIS.

1713, (20 fevrier) Montréal. [7]

I.—ZACHARIE (7), JEAN, b 1679; boulanger; fils de Pierre et de Marie Virginie, de Villorial, diocèse d'Agen; s [7] 7 juin 1727.

JOLIVET, Marie-Catherine, b 1697.

Angélique, b [7] 6 avril 1715; m [7] 10 février 1738, à Noël GUILLON.—*Marie-Anne*, b [7] 13 juillet 1717; s [7] 12 fevrier 1718.—*François*, b 1718; s [7] 27 avril 1750.—*Jean*, b [7] 23 sept. 1719.—*Paul*, b [7] 18 fevrier et s [7] 29 avril 1723.—*Joseph*, b [7] 23 mai 1725; s [7] 20 août 1729.

IV.—ZACHARIE (6), PAUL, [PIERRE III. b 1757.

ST. GEORGE-LAPORTE, Marie-Françoise, b 1753; s 15 janvier 1800, à Ste-Thérèse. [1]

Joseph, b 1779; m [1] 24 nov. 1800, à Marie-Louise PAQUET.

1800, (24 nov.) Ste-Thérèse.

V.—ZACHARIE (1), JOSEPH, [PAUL IV.
b 1779.
PAQUET, Marie-Louise, [CLAUDE V.
b 1779.

1757, (7 nov.) Ste-Foye.[3]

I.—ZACHARIE, BLAISE, soldat; fils d'Antoine et de Marie Duclos, de Mansiet, diocèse d'Auche.
COLOMBE, Marie-Joseph, [JEAN-BTE III.
b 1737.
Marie-Joseph, b[3] 2 sept. 1758; s[3] 25 juillet 1759.—*Marie-Anne*, b[3] 4 sept. 1759.

I.—ZEMARD, AMBROISE.
DESMARAIS, Marguerite.
Marie-Anne, b 1743; s 11 dec. 1748, à Québec.

I.—ZIANMER, HENRI, b 1754; marin, de Dereff, Allemagne; s 11 janvier 1778, à Lachenaye.

(1) Dit Desjardins.

1787, (17 avril) Québec.

I.—ZILIAC, GEORGES, fils de Georges et de Catherine Linarre, de Saxe, Veimar, Allemagne.
PAQUET, Marie-Joseph, [MARTIN-FRS IV.
b 1757.

1759, (28 mai) Montréal.

I.—ZILLON (1), BENOIT, b 1731; soldat; fils d'Antoine et d'Anne Marande, de N.-D. de Prouessé, diocèse de Blay, Bujau.
PERINEAU, Elisabeth, [NICOLAS II.
b 1731.

1784, (13 juillet) Québec.

I.—ZIMGFAR (2), JACQUES, fils de Frédéric et d'Hélène Doll, de la ville de Hesse d'Armstadt, Allemagne.
MINET, Marie-Joseph, [JACQ.-CHRISTOPHE III.
b 1753.

ZIMMARO.—Voy. GUÉNARD.

ZISEUSE.—Voy. GODFROY.

(1) Dit Laramée.
(2) Et Timgfar.

FIN DU SEPTIÈME VOLUME.

TABLE ALPHABÉTIQUE DES NOMS D'HOMMES

LEURS

VARIATIONS ET SURNOMS.

A

- Abel.
  - Barbe.
  - Beau.
  - Benoit.
  - Capel.
- Abelin.
- Aberons.
  - Abiron.
- Abiron.
- Abraham.
  - Abrant.
  - Courville.
  - Desmarest.
- Abrant.
  - Abraham.
- Achapt.
- Achard.
- Achin.
  - André.
  - Buron.
  - Hachin.
- Achon.
  - Cochon.
- Adal.
  - St. Amour.
- Adam.
  - Adams.
  - Laramée.
  - Ledoux.
- Adde.
- Adhémar.
  - DeLantagnac.
  - DeSt. Martin.
- Adné.
- Adversy.
- Agathe.
- Agement.
- Agent.
  - St. André.
- Agille.
- Agnel.
- Agnès.
  - Laguerre.
- Agueneau.
  - Hagueneau.
- Aguenier.
  - Agnier.
  - Haguenier.
- Aguerre.
  - Cadet.
- Aide-Créquy.
  - Chiquet.
- Aidmont.
  - D'Aiguebelle.
- Aigron.
  - Lamothe.
- Ailly.
  - Hay.
- Aimé.
- Ainceri.
- Ainé.
- Aineau.
  - Deschamps.
  - Hunaut.
- Ainse.
  - Ance.
  - Anse.
  - Bernard.
  - Hains.
  - Hanse.
  - Hens.
- Aiot.
  - Hayot.
- Aitzman.
- Aix.
  - Hay.
- Alain.
- Alaire.
  - Alère.
  - Allaire.
  - D'Alère.
  - Dallaire.
  - Halaire.
  - Laloire.
- Alard.
  - Allard.
  - Barille.
  - Barrière.
  - Halard.
  - Labarre.
  - Longpré.
- Alary.
  - Grand-Alary.
  - Halary.
- Alavoine.
  - Lavoine.
- Albergati (D') Mqs.
  - Vezza.
- Albert.
  - Beaulieu.
  - Lafontaine.
  - St. Aignan.
  - St. Vincent.
- Albeuf.
  - Lebeuf.
- Albrin.
- Aldanrath.
- Alexandre.
  - Laliberté.
- Alinaud.
  - Alinotte.
  - Halinot.
  - Halineau.
  - Sanschagrin.
- Alix.
  - De la Feuillée.
  - Dumeny.
- Allé.
  - Aléaume.
  - Halle.
- Allegrain.
  - Bellefleur.
  - Lefebvre.
- Allemand.
- Alliés.
- Alloir.
- Almain.
- Alogny.
- Aloignon.
  - Poitevin.
- Alonze.
- Aly.
  - Larosée.
- Amador.
- Amand.
  - Hust.
  - Jolicœur.
- Amariton.
- Amasse.
- Amaury.
  - Amory.
  - Mauri.
- Ambellton.
- Amboise.
  - Bergeron.
- Ameau.
  - DuBuisson.
- Amelin.
  - Hamelin.
  - St. Jean.
- Ameline.
  - Rouget.
- Amelot.
  - Sans-Peur.
- Amien.
- Amyault.
- Amyot.
  - Amroi.
  - L'Erpinière.
  - Lincour.
  - Neuville.
  - Villeneuve.
  - Vincelot.
- Amont.
  - Amond.
  - Aymong.
  - Emond.
  - Hamon.
  - Haymon.
- Amplade.
  - Lelept.
- Amringer.
- Amroi.
  - Amyot.
- Amstrong.
- Anais.
  - Anès.
- Ance.
  - Bernard.
  - Hanse.
- Anceau.
  - Berry.

Ancelin.
Asselin.
Hancelin.
Jusselin.

Anctil.
St. Jean.

Andayer.
Laudière.
Ondoyer.

Andegrave.
Antgrave.
Champagne.
Hengrave.

Anderson.

Andetaillon.

Andiau.
Hodiau.

Andiran.
Landirand.

Andoyer.
Ondoyer.

André.
Camenos.
DeLeigne.
Dupont.
Lafontaine.
Larose.
L'Italien.
St. Amand.

Andriet.

Andrieu.
Laforge.

Andrillon.

Andrivay.

Andro.
Bergeras.

Andry.

Anès.
Anais.

Anest.
Dupuis.

Anfrié.

Angard.
Hengard.

Angaré.

Angers.
Lefebvre.
Stily.

Angoville.

Angrillon.

Anote.

Anse.
Bernard.

Antaya.
Chateauneuf.
Pelletier.

Antinael.
Anthoine.
Antoine.
Antony.
Gobelin.
Marc.
St. Mars.

Ango.
Laramee.

Anselme.

Antgrave.
Handgrave.

Anthoine.

Anticosti.
Jolliet de Mingan.

Antrade.

Aobnaux.

Apart.

Apert.
Lapine.

April.
Francisque.

Aquien.
Atien.

Araby.
Raby.

Aramy.

Arbaris.

Arbour.
Harbour.

Arcan.
Boullard.

Arcaste.

Arceneau.
Arsenault.
Arseneau.
Cayen.
Durand.

Archambeault.

Arcouet.
Lajeunesse.

Ardilos.
St. Jean.

Ardouin.
Arguin.
Belhumeur.
Hardouin.

Ardois.
Hardoy.

Arel.
Harel.
Janrel.

Arenaine.

Aret.
Hairet.

Argentcourt.
Boyer.
Coutance.
Drouillard.
Haguenot.

Argos.
Regault.

Arguin.
Ardouin.
Hardouin.

Arguineau.

Ariail.

Arié.
Dubuisson.
Radier.

Aristoille.

Arius.

Arlen.

Armand.

Arnandel

Arnault.
Deslauriers.
Renaut.

Arnois.
Harnois.

Arnould.
Lorrain.
Villeneuve.

Arnoux.
Mondy.

Arouche.

Arpajou.

Arpin.
Herpin.

Arrachar.
Duchateau.

Arrivée.
Delisle.
Larrivee.

Arseneau.
Arceneau.

Artaut.
De la Tour.
St. Pierre.

Artois.
Lhomme.

Artus.
DeSailly.

Arveb.

Arvisé.

Askin.

Assaillé.
Lajeunesse.

Asselin.

Asseline.

Assigny (D').
Lemoine.

Assiné.

Astelme.

Astier.

Astrud.
Sansquartier.

Atchers.

Atina.
Laviolette.

Aubain.
Aubin.

Auban.
Lagarde.

Aubé.
Langlois.
St. Onge.

Aubert.
DeGaspé.
De la Chenaye.
Latouche.

Aubernon.
Marquis.

Aubertin.
Hobertin.

Auberville.
Senechal.

Aubin.
Champagne.
Delisle.
Lafrance.
Lambert.
Lecamus.
Mignau.
Paradis.
St. Aubin.
St. Onge.

Aubois.
Hautbois.

Aubrennan.

Aubri.
Aubry.
Aupri.
Laflèche.
LaRamée.
Larose.
Tec.
Tècle.

Aubuchon.
Dezalliers.
L'Espérance.
Pluchon.

Aubut.

Aucher.

Aucheu.
Auchu.

Aucoin.

Aucouturier.

Audebens.

Audelin.
Odelin.

Auclair.
Auclerc.
Leclerc.

Audet.
Bailleul de Pierre-Cot.
Hode.
Lapointe.
Odet.
Simon.

AUDIBERT.
Lajeunesse.
AUDIN.
Rouillard.
St. Amour.
AUDIO.
Hodiau.
AUDIRAC.
Beausoleil.
AUDIVARIC.
AUDIVERT.
Romain.
AUDOIN.
Laverdure.
Sanssoucy.
AUDON.
Rochefort.
AUDOUIN.
AUDY.
LeRoy.
AUFFRAY.
Joffret.
AUFFROY.
AUGÉ.
Augier.
Basque.
Croteau.
Grandchamp.
Lafleur.
LeBaron.
LeMaitre.
Oge.
Oger.
St. Julien.
Vignet.
AUGEART.
Policar.
AUGERON.
AUGIAS.
Provençal.
AUGRAN.
Lapierre.
AUGUE.
Hogue.
AUMIER.
Homier.
LePoitier.
AUMONT.
AUNIS.
AUPIN.
AURÉ.
Grandmont.
Houre.
Laferrière.
Moure.
AURILLAC.
AURIO.
AUSSAN.
Ossant.
AUSSION.

AUSTIN.
Hostin.
AUTEBOUT.
Haudebout.
AUTIER.
AUTIN.
Hottin.
AUTRAGE.
Autras.
Flamand.
Hautrage.
AUTRAY.
AUVERGNE.
AUVRAY.
AUXIBI.
Parant.
AUZÉ.
AUZON.
Ozanne.
Ozou.
AVACHE.
AVARE.
Havard.
AVISSE.
Lavisse.
AVON.
Blondin.
AVRARD.
AYET.
Hayet.
AYMARD.
AYMOND.
Emond.
Haimond.
AYOT.
Hayot.
AZUR.
Hazur.

B

BABEAU.
Belhumeur.
BABEL.
Bardel.
BABEU
Babeuf.
BABIE.
BABIN.
Lacroix.
BABINEAU.
BABUTIE.
BABY.
Araby.
Chenneville.
DuPeron.
BACHAN.
St. François.
Vertefeuille.

BACHELET.
Bacelet.
Basselet.
Casista.
BACHELIER.
BACHOIE.
DeBarrante (chevalier).
BACON.
BACQUET.
Lamontagne.
BADAILLAC.
Basaillac.
Laplante.
BADEAU.
BADEL.
Lamarche.
BADELARD.
BADET.
BADIE.
Laforest.
BADSON.
BAFRE.
Beffre.
BAGANARD.
BAGIZIL.
BAGNEL.
BAGUET.
BAIL.
BAILLAC.
Bayard.
BAILLARGÉ.
Joliet.
BAILLARGEON.
Bocage
Lavallee.
BAILLÉ.
Badié.
BAILLES.
BAILLEUL.
Audet de Pierre-Cot.
BAILLEUVILLE.
LeBailly.
BAILLIF (LE).
BAILLY.
Carpentier.
DeMessein.
Lafleur.
Mal-au-Cap.
BAILLON.
BAINLA.
Bainlast.
Bayard.
PALAN.
Lacombe.
BALARD.
Latour.

BALÉ.
Lanaux.
BALLON.
BALTÉ.
Lajeunesse.
Mathe.
BALTHAZAR.
Andre.
BANCE.
BANCHAUD.
Beauchamp.
BANCHERON.
BANET.
BANGAILLE.
Banhiac.
BANLIA.
BANLIARD.
Banlia.
Bayard.
BANLIER.
Laperle.
BANNE.
BANSE.
BANVILLE.
BAPAUME.
Delenac.
Leval.
BAPT-CARCY.
BAPTISTE.
BARABÉ.
BARACAN.
Languedoc.
BARACQ.
BARADAT.
BARAGUET.
BARAILLON.
Raimbaut.
BARAIRE
Laroche.
BARAMBON.
BARAS.
BARATEAU.
BARBARET.
BARBARIN.
Grandmaison.
BARBAROUX.
BARBARY.
Grandmaison.
BARBE.
Abel.
Bear.
BARBEL.
Babel.
BARBEREAU.
Sanssoucy.
BARBEROUSSE.
BARBET.

BARBIER.
Leminime.
BARBIN.
BARBOT.
Barbault.
Barbaut.
Barbeau.
Boisdoré.
Brebau.
Laforest.
Lucault.
Poitevin.
Villeneuve.
BARBOTIN.
BARBUT.
St. Ginier.
BARCELOY.
Barsolou.
BARCY.
Dastigny.
BARDE.
Belleville.
BARDET.
Barolet.
Bourdet.
Lapierre.
BARDIN.
BARDON.
St. Ybar.
BAREAU.
BAREL.
BARETTE.
Courville.
Descormiers.
Laroche.
BARGEAT.
BARIAT.
BARIAU.
BARIBAUT.
Baribeau.
Boisvert.
BARIL.
Baricour.
Bary.
Ducheny.
Pari.
BARILLON.
Boisvert.
BARITAULT.
Bariteau.
Barnabe.
Lamarche.
Martin.
BARNÈCHE.
BARODY.
Laviolette.
BAROIS.
Frechaud.
BAROLET.
Bardet.

BARON.
Augé.
LeBaron.
Lupien.
Sanschagrin.
BARONET.
Papin.
BARRANQUET.
BARRÉ.
Barret.
Jean.
Laroche.
Vadeboncœur.
BARRIÈRE.
Alard.
BARROIS.
Lothman.
BARRY.
Baril.
BARSA.
Barza.
Bergerac.
Berzat.
Breza.
Rouchallet.
BARSI.
Darcy.
BARSOLOU.
Barceloy.
BART.
BARTE.
Barthe.
Belleville.
Lariviere.
BARTERON.
BARTHÉLEMY.
Dauphin.
Rosa.
St. Antoine.
BARTZSCH.
BARUÉ.
BARY.
Baril.
BARZA.
Barsa.
Bergera.
BASQUE.
Lavalet.
BASQUIN.
Bastien.
BASSET.
DesLauriers.
BASSON.
BASTARACHE.
BASTIEN.
Basquin.
BASTON.
BATAILLE.
BATANCHON.
BATAR.

BATEREAU.
BATINIER.
Larose.
BATRIO.
BATSON.
BATTANVILLE.
Lefebvre.
BATZ.
BAU.
Bois.
Bos.
Lalouette.
LeBau.
LeBeau.
BAUBIN.
BAUBRIAU.
BAUCHÉ.
Bauchet.
Boche.
Bosché.
Boucher.
Morency.
Sanssoucy.
BAUDET.
Boda.
Ducap.
BAUDIN.
Bodin.
Lamarre.
Rochefort.
Sansrémission.
BAUDOIN.
Beaudoin.
BAUDON.
Lagrange.
Larivière.
BAUDREAU.
Graveline.
BAUDRIAS.
Bourdria.
BAUDRY.
Desbuttes.
Lamarche.
L'Epinette.
Soulard.
BAUGAR.
BAUGIS.
BAUGRAND.
Bougran.
BAUGY.
BAULIÈRE.
BAULNE.
Beaune.
Lafranchise.
BAUMELEBLANC.
Jerôme.
BAUMET.
BAUMIER.
Boesmé.
Bohemier.

BAUQUIN.
BAUSANG.
BAUSIER.
Tranchemontagne.
BAUSSY.
Lambert.
BAUTINEAU.
BAUTRON.
Boutron.
BAUVE.
BAUVER.
BAUVILET.
BAUZET.
BAVANT.
Denoyer.
BAVIÈRE.
BAYAC.
Bayard.
BAYARD.
Baillac.
Baillard.
Bainla.
Bainlast.
Banlia.
Banliard.
Baya.
Bayac.
Lamontagne.
BAYEUL.
Audet de Pierre-Cot.
BAYLY.
BAYONNET.
Lucas.
BAZAGE.
BAZANAIRE.
Beaucaire.
Besner.
Bezener.
Prêt-à-boire.
BAZERT.
BAZIÈRE.
Langevin.
BAZIL.
BAZIN.
BAZINET.
BAZIRE.
BEAR.
Abel.
Barbe.
BEATRIX.
BEAUBASSIN.
Hertel.
BEAUBATTU.
BEAUBIEN.
Trottier.
BEAUCERON.
Beausseron.
L'Escarbot.

Beauchaine.

Beauchamp.
Banchaud.
Laprairie.
Laqualité.

Beauchange.
Bossange.

Beauchemin.
Fleurant.
Hus.
Millet.
Petit.
Pinard.
Rèche.

Beauchêne.
Bourbeau.
Racine.

Beaucin.

Beauclair.

Beaucour (De).
Aubert.
Laglanderie.
Mallepart de Grandmaison.
Rivard.

Beaudenesse.
St. Jean.

Beaufils.
Lereau.

Beaufleury.
Soulier.

Beaufort.
Brunel.
Joneau.
Journeau.
Limousin.

Beaugi.
Voisin.

Beaugrand.
Champagne.

Beauharnois.
Dehornais.

Beauharnois (De).

Beaujean.
Beaussant.
Bojan.

Beaujeu (De).
Liénard.
Saveuse.

Beaujour.
De l'Estre.

Beaujoux.
Bugeault.

Beaulac.
Desmarais.
Lefebvre.
Marest.

Beaulieu.
Albert.
Diers.
Dufresne.
Hudon.
Lebel.
Martin.
Montpellier.
Palmier.
Philippe de Beaulieu.
Thomas.

Beaulorier.

Beaumarchais (De).
Juchereau.

Beaume.
Latour.
Leblanc.

Beaumont.
Couillard de Beaumont.
Laviolette.
Pistolet.
Sanspitié.

Beaune.
Baulne.
Bone.
Lafranchise.

Beaunoyer.
Hilaire.

Beauparlant.

Beaupied.

Beaupoil.
Poitevin.

Beaupré.
Bellaire.
Bonhomme.
Brisset.
Dezarie.
Fortin.

Beauregard.
Davignon.
Dupuy.
Glaumont.
Jarret de Beauregard.
Poignet.
Testu.

Beaurenom.

Beaurepos.
LeMercier de Beaurepos.

Beaurivage.
Dauville.

Beaurosier.
Lunegant.

Beausacqué.
DeBoillemont.

Beausange.
Bossange.
Larcher.

Beauséjour.
Sancour.

Beausoleil.
Bercier.
Crepin.
DeBercy.
Jacoti.
Villat.

Beaussant.
Beaujean.

Beaussault.

Beausse.

Beausseron.
Escarbot.
L'Escarbot.

Beauvais.
Crenet.
Emery.
Grenet.

Beauvalet.

Beauveny.
Verchères de Beauveny.

Beauvillais.

Beauvilly.

Beauvoisin.

Becard.
Bequart.
Degrandville.

Becault.
Becot.
Verreau.

Béchard.
Bechèque.
Béchet.
Beriade.

Becker.

Becquemont.

Becquet.
St. Sauveur.

Beda.
Bedet.

Bédard.

Bedel.
St. Georges.

Bedoin.

Bedout.

Beffre.
Bafre.

Bégal.
Begard.

Bégard.
Begal.
Lafleur.

Bégin.

Bégine.
Bellefleur.

Begnié.
Begnier.
Besnier.

Bégon.

Behik.
Beïque.
Bey.
Lafleur.
LeBègue.
Pays.

Beignet.

Beine.

Belaigle.

Belair.
Chulle.
Delpèche.
Delperches.
Dusault.
Emerault.
Gaudreau.
Hemerio.
Herault.
Legendre.
Moreau.
Plessis.
Ragaut.
Vêtu.

Belamour.
Chatellier.

Bélan.
Beland.
Beslan.
Larivière.

Bélanger.
Bonsecours.
Deliennes.
Lavolonté.
Marchand.

Belarbre.

Belcour.
De la Fontaine de Belcour.
Desruisseaux.
Trotier.

Belé.

Belec.
LeBellec.

Belenfant.
L'Estang.

Belet.
Gazaille.

Belfin.
Chabot.

Belfond.
Genaple de Belfond.

Belhoste.
Belleau.

Belhumeur.
Brunet.
Charpentier.
Janot.
Jeannot.

Belisle.
Belle-Isle.
Chevrefils.
Goguet.
Lamarre.
Lamerise.
Leborgne.
LeBorgne de Belisle.

Lefebvre.
Proux.
Rotureau.

BELIVEAU.

BELLEAU.
Belhoste.
Belot.
Beson.
Blau
Blot.
Larose.

BELLEFEUILLE.
Houde.
Lefebvre de Bellefeuille.
Pelletier.
Poiriau.
Poirier.
Poiriot.

BELLEFLEUR.
Allegrain.
Lefebvre.

BELLEFONTAINE.
Fortin de Bellefontaine.

BELLEGARDE.
Gerbault de Bellegarde.

BELLEMARE.
Gelina.

BELLEPERCHE.

BELLERIVE.
Couture.
Crevier.

BELLEROSE.
Delacrosse.
Giguère.
Ginier.
Houssy.
Jourdain.
Laniel.
Leduc.
Legrand.
Menard.
Meunier.
Seguin.
Tibaut.

BELLESŒUR.

BELLESTRE.
Besset.
Picote de Bellestre.

BELLET.
Lachaussé.

BELLETÊTE.

BELLETRU.

BELLEVAL (DE).
Fournier.

BELLEVILLE.
Barthe.
Decaruel.
Desjadons.
Gaucher.
Ledent.
Martel de Belleville.
Provencher.

BELLIN.

BELLIRE.
Bellinier.

BELLORGET.

BELLOT (De).

BELLOU.
Hamelin.

BELMONT.
Richard.

BELOIS.
Dumaine.

BELON.

BELONCLE.
Fougère.

BELOTTE.
Belleau.

BELOUF.
Plouf.

BELOY.
Bloys.

BELUCHE.
DeBluche.

BELUSIER.
Gosrard.

BELZILE.
Gagnon.

BEN.
LeMasson.

BÉNAC.

BENALQUE.
Porlier.

BÉNARD.
Besnard.
Bourjoly.

BENASSIS.

BENEDEAU.
Beneteau.

BENENIS.
Berseteau.
Labaleine.
Sanspeur.

BENIAC.
Lafleur.

BENIER.
Begnier.

BENJAMIN.
Hébert.
St. Aubin.

BENNAUD.
Blo.

BENNET.

BENOIT.
Abel.
DeCourville.
Labonte.
Laforest.
Laguerre.
Lajeunesse.
Larcher.
Livernois.

BENUREAU.
Chevereau.

BEQUART.
Becart.

BÉRANGER.

BÉRARD.
Besnard.
Larose
Lépine.
Varennes.

BERBANT.
Brebant.

BERCAS.
Latreille.

BERCHE.
Bartzsch.

BERCHIN.

BERDIN.
Lafontaine.

BEREAU.
Brau.
Brault.
Braut.
Bro.
Brove.
Pominville.

BERET.
Peret.

BEREY.

BERGANTE.
Bercante.

BERGER.
Polet.
Rougeau.

BERGERAC.
Andro
Barsa.
Rouchallet.

BERGERON.
D'Amboise.
Johiel.
Larose.

BERGEVIN.
Brèchevin.
Brugevin.
Langevin.

BERGIN.
Brigal.
Labonte.

BERGSPAER.

BÉRIADE.
Bechard.

BÉRIAU.
Beréasse.
Boisclerc.
Boisvert.
LaTreille.
Poitevin.

BERJEAUX.

BERLINGUET.
Berluget.

BERLOIN.
Nantel.

BERLOTON.
Bourloton.

BERMAN (DE).
De la Martinière.

BERMONDE (DE), chevalier.

BERNAJIOT.

BERNARD.
Ainse.
Ance.
Anse
Brouillet.
DeLarivière.
Hains.
Hanse.
Hens.
Jolicœur.
Lafontaine.
Lavigne.
Leveille.
Lusignan.
Masson.
St. Pierre.
Trotier.

BERNARETZ.
Desmarest.

BERNE.

BERNESSE.
Blondin.

BERNET.
Chauvin.
Larose.

BERNEZE.
Larivière.

BERNIER.
De la Marzelle.
Jean de Paris.
Verbois.

BERNONVILLE.
Beurnonville.

BEROUARD.
Vignau.

BERQ.

BERQUIN.
Labonté.

BERRY.
Anceau.
Chabenac.
Chamela.
Guerard.
Guérin.
L'Europe.
Marambouville.
Thomas.

BERSON.
Chatillon.

BERTAULT.
Bretaut.
St. Joseph.
BERTÉ.
BERTET.
BERTHELET.
Savoyard.
BERTHELOT.
Dubois.
DuVeau.
Leloutre.
L'Espérance.
Sr de Rebrousseau.
Sr de St. Laurent.
BERTHÉOME.
BERTHIAUME.
BERTHIER.
BERTHODY.
Savoyard.
St. Michel.
BERTHOME.
BERTHONE.
De la Morinière.
Dubreuil.
BERTHOU.
Vadeboncœur.
BERTHOUMIER.
BERTIN.
Hobertin.
Languedoc.
Larivière.
Laronde.
Sibonne.
BERTON.
BERTONET.
Montargis.
BERTRAND.
Aufry.
Desrochers.
Duroy.
Lafleur.
Laramee.
Raymond.
Robert
Sanschagrin.
St. Arnaud.
Toulouse.
BERUBÉ.
BERY.
BERZAT.
Barsa.
Bressard.
Breza.
Lafleur.
BESANÇON.
Prelas.
BESCHERFS.
DeRochemond.
BESLON.

BESNARD.
Beausoleil.
Benard.
Berard.
Bonenfant.
Bourjoli.
Carignan.
Destaillis.
Lajeunesse.
Laterreur.
Latourmente.
Lavignon.
Lepine.
BESNER.
Bernet.
BESONVILLE.
DeCoguenne.
BESSE.
Francœur.
BESSENAIRE.
Prêt-à-boire.
BESSET.
Bellestre.
Bessestre.
Bessin.
BESSIER.
BESSIÈRE.
BESSON.
Brasier.
BETHUNE.
Detouche.
BETILLE.
BETOURNÉ.
Laviolette.
BETTE (DE).
Filidor.
Maubeuge.
BETTIER.
BÉTUREAU.
BETUS.
Belair.
Vetu.
BEUFET.
Bufet.
BEURNONVILLE.
Bourguignon.
BEVIN.
BEZ.
BEZEAU.
Billot.
BEZENER.
Bazanaire.
BEZIERS.
Berzier.
Bezis.
Destroches.
Destrosses.
Samson.
St. Jean.

BÉZIS.
Samson.
BEZON.
Beslon.
BEZOU.
Belleau.
BIARD.
Billard.
BIBAUT.
Bibeau.
BIBERON.
BIBET.
BICAY.
BICHET.
BIDAULT.
Lavigne.
BIDEGARÉ.
BIDELIN.
Lamarche.
BIDET.
DesRousselets.
DesRouxelles.
BIDON.
Jobidon.
BIENCOURT (DE).
St. Just.
BIENVENU.
Delisle.
Fontaine.
BIERNAIS.
Laborde.
BIÉTRY (DE), chevalier.
Billiestri.
BIGAOUETTE.
Thomas.
BIGEOT.
Bigeau.
Buot.
Lagiroflee.
Lajeunesse.
BIGNON.
BIGON.
BIGONESSE.
Beaucaire.
BIGOT.
Chenneville.
Dorval.
Duval.
Lagiroflée.
Lalande.
Lamotte.
BIGRAS.
Fauvel.
BIGUET.
Billet.
Nobert.
BIJEAU.
Bigeot.
BILAUDELLE.
Bilodeau.

BILDÉ.
Villeday.
BILLARD.
Bellefleur.
BILLAUT.
BILLEMER.
Blondin.
BILLERON.
Lafatigue.
BILLIAU.
Lespérance.
Patoka.
BILLIESTRI.
Bietry.
Chevalier.
BILLION.
Chambery.
BILLON.
BILLOT.
Sanscartier.
BILLY.
Biy.
Courville.
L'Eveillé.
St. Louis.
BILMER.
BILODEAU.
BIN.
BINAUDIÈRE.
BINDRE.
BINEAU.
Lajeunesse.
BINET.
BINETTEAU.
Linteau.
BIONNAU.
BIORT.
Biard.
BIRABIN.
St. Denis.
BIRAND.
Briand.
Girard.
Sansregret.
BIRE.
BIREAU.
Vadeboncœur.
BIROLEAU.
Lafleur.
BIRON.
BIRTZ.
Desmarteaux.
BISAILLON.
BISCORNET.
Caillé.
BISETRE.
Grosnier.
BISIER.
BISSET.

Bissêtre.
Grenier.

Bisson.
Buisson.
Harier.
St. Côme.

Bissonnet.
LaFaurille.
LaFaury.
LaFavrie.
Laforme.

Bissonnière.
Bourbeau de la Bissonnière.
Trotier de la Bissonnière.

Bissot.
De la Rivière.
DeVincennes.

Bistodeau.

Bitant.
St. Amant.

Bitard.
Pitard.

Biville.
LePicard.

Bizaillon.
Bisaillon.

Bizard.

Bizeau.
Bizeux.

Bizelon.
Baízela.
Beslat.
Biselan.

Bizet.
Bisset.

Bizeux.
Larose.

Blache.
Foran.
Vivarais.

Blaide.

Blaignac.
Dumont de Blaignac.

Blaigny.
Blenier.

Blain.
Blin.

Blainvillain.

Blainville.
Celoron de Blainville.

Blais.
Blay.
Bled.

Blaise.
DesBergères de Rigauville.
Sansquartier.

Blanc.

Blanchard.
Dorval.
Raynaud.
Regnaud.
Turenne.

Blanchet.
Laforest.

Blanchetière.
St. George.

Blanchon.
Lamélancolie.
Larose.

Blanchy.
St. Quentin.

Blandelet.
Delay.

Blanever.

Blanger.

Blanot.
Lafontaine.

Blanquet.

Blanquier.
St. George.

Blau.
Belleau.
Bennaud.
Bleau.
Blot.

Blauche.
Belhumeur.
Bloze.

Blauson.

Blavier.

Blazon (De).
Vauvril.
Grandpre.

Bleau.
Blau.
Blot.

Bled.
DeBle.

Blenier.
Jarry.

Blery.
Cochon.
Fleury.

Blet.
Gazaille.

Blié.

Blin.
Lajeunesse.

Blondeau.
Verbois.

Blondel.

Blondin.
Avon.
Clerc.
LeRoquet.

Blongué.

Blouard

Blouf.
Belouf.
Plouf.

Blouin.
Belloin.
Bélouyn.
Besloin.
Bloing.
Blouard.

Bloys.
Beloy.
DeServigny.

Bluche.
DeBluche.

Bluteau.
Buteau.
L'Arabel.
Lemeunier.

Board.
Bouart.

Bobe.

Bobo.
Fleuri.

Boc.

Bocage.
Baillargeon.

Boccaral.
Bray.

Bochart.

Boché.
Bauché.

Bocquet.

Boda.
Beaudet.
Laseignerie.

Bodeau.

Bodin.
Baudin.
Baudon.
Desjardins.

Bodquin.
Botquin.

Bodreau.
Baudreau.
Graveline.

Boel.
Bosché.

Boeme.
LeBoême.

Boeselé.
Langevin.

Boesmé.
Baumier.
Bohemier.

Boesson.
St. Onge.

Boeste.

Boetard.
DePrémagny.
St. Sévère.

Boette.

Bohemier.
Boësmé.

Boheur.
Bosché.

Boilard.

Boileau.
Boisleau.

Boileux.

Boilevin.

Boily.

Boin.
Bouin.
Dufresne.

Boinneau.
Lachaume.
Poinneau.

Boire.
Boheur.
Bosché.

Boiry.
Lavergne.

Bois.
Bau.
Dubois.

Boisard.

Boisberthelot.
DeBeaucour.

Boisbriant.
Dugue.
Morel.

Boisbuisson.
Boucher.

Boisclair.
Beriau.
Maillot.

Boisdoré.
Barbot.
Jolicœur.

Boisjoli.
Griveau.
Lienard.
Primeau.
Ravion.
Reneau.

Boisle.

Boisleau.
Boileau.
Richebourg.

Boismené.

Boismenu.
Moinet.

Boissard.

Boisseau.
Cognac.
Sanscartier.

Boissel.
Lagrillade.

Boissier.

BOISSON.
St. Onge.
BOISSONNEAU.
St. Onge.
BOISSONNIÈRE.
BOISSY.
Boissel.
BOISVERD.
Baribeau.
DeNevers.
Jobin.
Joubin.
Martin.
Ondoyer.
BOISVERDUN.
Gauthier.
Langlois.
BOITEAU.
BOITEUX.
St. Olive.
BOIVIN.
Ste. Marguerite.
BOIVINET (DE).
BOLDUC.
Baulduc.
BOLÉ.
BOLERON.
Bonneron.
BOLEY.
BOLF.
Bost.
BOLOGNIEL.
Lajeunesse.
BOLUSE.
Vadeboncœur.
BOLVIN.
BOMBARDIER.
Labombarde.
Passe-partout.
BOMES.
BOMPART.
BON.
Lacombe.
BONAPPETIT.
Poussard.
BONARD.
BONAVENTURE.
Frapier.
Hilaire.
Lejeune.
BONCHRÉTIEN.
BONCOURAGE.
Nolin.
BONDÉ.
BONDEAU.
BONDU.
BONDY.
Douaire de Bondy.
BONELISSE.

BONENFANT.
Besnard.
Marcoux.
BONERME.
BONET.
Bonnet.
Delisle.
LaRochelle.
Latour.
Tranchemontagne.
BONFILS.
BONFRETILLE.
BONHOMME.
Beaupré.
Dulac.
BONIAUT.
Bonijaut.
Bonniot.
St. Onge.
BONIFACE.
BONIN.
Delisle.
Deslauriers.
BONJOUR.
Jarnac.
BONNE.
Baumier.
BONNEAU.
LaBecasse.
Lafortune.
Lajeunesse.
BONNEDEAU.
Beneteau.
Chatellereau.
St. Laurent.
BONNEFILS.
BONNEFOND.
Passerieux.
BONNEFOYE.
BONNELLE.
Lalancette.
BONNERON.
Dumaine.
BONNET.
Bonet.
Gaillard.
BONNETERRE.
Frapier.
BONNETON.
BONNEVILLE.
Bellefleur.
Belleville.
Bouteiller.
Poupeville.
Prouville.
BONNIER.
Bonier.
Laplante.
BONPAIR.
Bon.

Lacombe.
Lebon.
BONSECOURS.
BONVAL.
BONVOULOIR.
Delière.
Dudevoir.
Lachêne.
Luton.
Truline.
BOONE.
BORDAGE.
BORDE.
St. Surin.
BORDEAU.
Bourdeau.
BORDELAIS.
Arcan
Bordelet.
Brem.
Courier.
BORDELEAU.
BORDENAS.
BORDEREAU.
Bourdezeau.
De la Borde.
BORDET.
Brassard.
Bredel.
BOREL.
Clement.
Clermont.
BORGIA.
Provençal.
BORGNE.
BORNAIS.
Laperle.
BORNE.
BORNEUF.
BORNIA.
Beignac.
BORNIVAL.
Picard.
BORY.
Grandmaison.
LeBourhis.
BOSCHÉ.
Beauheur.
Boel.
Boheur.
Boisverd.
Laruine.
BOSQUE.
BOSQUET.
Bousquet.
BOSQUI.
BOSSAN.
Bausang.
BOSSANGE.
BOSSÉ.

BOSSELET.
Jolicœur.
BOSSERON.
Riday.
BOSSIA.
Lagrillade.
BOSSU.
Lagrement.
Leprince.
Lionnais.
BOTFAITE.
BOTQUIN.
Bodquin.
Boitquin.
St. André.
BOTREL.
Boutrel.
BOTS.
Bau.
Baux.
Bos.
BOUAT.
Bouet.
BOUBON.
BOUC.
BOUCANNE.
Fournaise.
BOUCAULT.
DeGodefus.
BOUCHARD.
Desgroseilles.
Dorval.
Jolicœur.
Lavallée.
St. Pierre.
BOUCHARDIÈRE (DE LA).
Bourduceau.
BOUCHAUT.
BOUCHEL.
D'Orceval.
BOUCHER.
Belleville.
Cambray.
DeBoucherville.
DeGrosbois.
De la Bruyère.
De la Perière.
DeMontarville.
DeMontbrun.
DeMontizambert.
DeNiverville.
Desnois.
Desroches.
Desrosiers.
DeVerchères.
Dubois.
Simon.
St. Amour.
St. Martin.
St. Pierre.
BOUCHERY.
Montdor.

Bouchet.

Boudart.

Boudeau.

Boudet.

Boudier.
Cadieux.

Boudillon.
Grenoble.

Boudon.

Boudor.
Ducharme.
Provencher.

Bouet.
Boet.

Bouffandeau.

Bouffard.
Mador.

Bougainville (De).

Bougine.

Bougis.

Bougon.
Goujon.

Bougrand.
Beaugrand.
Champagne.

Bougret.
Dufort.

Bougueran.
Bougrand.

Bouguillon.
Sansoucy.

Bouhours.
Bourg.

Bouillane.
LeSuisse.

Bouillé.

Bouilleron.
Courtois.

Bouillet.
DeChevalet.
De la Chassaigne.

Bouillon.
Lajoie.

Bouin.
Boin.
Dufresne.

Boujom.

Boujonnin.

Boulaguet.
Boulardier.
Boulayer.

Boulan.

Boulanger.
Beauséjour.
DeSt. Pierre.
Lefebvre.

Boulaquier.
Boulaguet.

Boulay.
Boulé.
Boullé.
Boullet.

Boulier.
Baulier.
Lamarche.
LaPalme.
LaSolle.
Roulier.
Starne.

Boullard.
Cambray.

Boullerie.
Bourhis.

Boullerive.

Boullet.

Boulogne.
DeBoulogne.
DeMagaut.

Bounilot.

Bouqueville.
Normand.

Bourassa.
Laronde.

Bourbaut.
Beauchêne.
Bourbeau.
Carignan.
Duclos.
Lacourse
Verville.

Bourbon.
Bourboulon.
Bourdelon.
Langevin.
Merieu.

Bourbonnais.
Brunet.
Joyau.
Miot.
Sansregret.

Bourbonnier.
Gaudry.

Bourboulon.
Bourbon.

Bourc.
Bouhours.

Bourchaine.

Bourchemin.
Chevalier de Bourchemin.

Bourdages.

Bourdais.

Bourdeau.
Bordeau.
Leroux.
L'Ile-Ronde.

Bourdelais.
Brane.
Courier.
D'Arpentigny.
Talon.

Bourdelon.
Bourbon.

Bourdet.

Bourdezeau.
Bordereau.
De la Borde.

Bourdigal.
St. Onge.

Bourdon.
Bourbon.
Romainville.
Sauvage.

Bourdria.
Baudrias.

Bourduceau.
De la Bouchardière.

Bouré.
Lepine.

Bourg.
Bouhours.
Lachapelle.

Bourgainville.
Heron.

Bourgaud.
Bourgeau.
Hubert.
Lacroix.

Bourgeat.
Bourja.
Provençal.

Bourgela.
St. Pierre.

Bourgeois.
Bercas.

Bourgery.
Bougis.

Bourget.

Bourgiet.
Lavallée.

Bourgine.

Bourgis.
Bourgery.

Bourgoin.
Bourgouin.
Bourguignon.
St. Paul.

Bourgon.
Gourgon.
St. Maurice.

Bourgonnière.
D'Hauteville.

Bourgué.
De St. Clerin.

Bourguignon.
Beurnonville.
Bossua.
Bourgoin.
Coleret.
Courier.
Couturier.
Dessureaux.
Guichard.
Milot.
Moine.
Périllard.
Potin.
Prior.
Richard.
Tieblé.
Vernet.

Bourhis.
Borice.
Bory.
Bourlier.
Bourrice.
Bourtier.
Bouvier.
LeBourhis.

Bourja.
Bourgeat.

Bourjoli.
Besnard.

Bourloton.
Berloton.

Bournival.

Bouro.

Bouron.

Bourque.

Bourquet.
Messaguet.

Bourquin.
Versailles.

Boursier.
Bausier.
Lavigne.

Boursot.
St. Onge.

Bourtier.
Bourhis.

Boury.
Bory.

Bousquem (De).
Carrery.

Bousquet.
Bosquet.

Boussot.
Laflotte.

Bouteiller.
Bonneville.
Têtu.

Boutereau.

Boutet.
Albouf.
Lebouf.
Malbeuf.

BOUTEVILLE.
BOUTHIER.
BOUTIER.
BOUTILLÉ.
Bouteiller.
Boutillet.
St. Amour.
BOUTILLIER.
BOUTIN.
Dubord.
Francœur.
Lacombe.
Larose.
Piémont.
BOUTINIS.
BOUTIRON.
BOUTON.
BOUTONNE.
Laroche.
Meudon.
BOUTOT.
Thiboutot.
BOUTREL.
Botrel.
BOUTRON.
Beautron.
Dumaine.
Major.
BOUVARD.
Bonneau.
BOUVET.
Lachambre.
BOUVIER.
Bourhis.
Lagarenne.
BOUVRET.
BOUY.
Buy.
Lavergne.
BOYAU.
BOYER.
Germain.
Jolicœur.
Laderoute.
Lafleur.
Lafontaine.
Lafrance.
Lambeye.
Lapintarde.
Larivière.
Pellion.
Sansoucy.
BOYLE.
BOYRY.
Boiry.
BOYVINET.
Boivinet.
BOZAMIN.
Benjamin.
BRABANT.
Brébant.

BRAC.
Berard.
Bras.
Reverdra.
BRACARD.
St. Laurent.
BRACMARD.
Braquemare.
BRACNEY.
BRACONNIER.
Brancognet.
Branconnier.
BRACQUEMAN.
BRAGELONE (DE).
BRAGIACE.
Beriasse.
BRAI.
Brais.
Reverdra.
BRANCHAUD.
Brancereau.
Branchereau.
Brancho.
BRANCHE.
BRANCHO.
Branchaud.
BRANE.
Bourdelais.
Falon.
BRANET.
BRANGER.
BRANIER.
BRANSAC.
Migeon de Bransac
BRANSARD.
Bronsard.
Langevin.
BRANTIGNY.
DeNevers.
BRAQUEMARE.
BRAQUIL.
BRAS DE FER.
Chardin.
BRASEAU.
Brazeau.
BRASIER.
Dubuisson.
Harier.
BRASSARD.
Bordet.
Deschenaux.
Maufait.
BRASSEUX.
Duhamel.
BRAULT.
Bréau.
Bro.
Brod.
Lafleur.
Pominville.
BRAVIER.

BRAY.
Boccaral.
Boscand.
Labonté.
Poré.
BRAYA.
Brien.
BRAZEAU.
Braseau.
Brason.
Brisseau.
Brosseau.
Duplessy.
BRÉARD.
BRÉAU.
Bareau.
Brault.
Georget.
BRÉBANT.
Berbant.
Brabant.
Lamothe de Brabant.
Lecompte.
BREBEUF (DE).
BREBINAU.
BREBION.
Sanscartier.
BRÈCHEVIN.
Bergevin.
Langevin.
BREDEL.
BREDET.
Bordet.
Bredel.
BREDINET.
BREDON.
Verdon.
BREILLARD.
Braillé.
Breillac.
Briar.
Brillac.
Laroche.
BREILLÉ.
St. Pierre.
BREILLY.
BREM.
Bordelais.
BRENEZI.
BRENIER.
Blenier.
BRENTIGNY.
DeNevers.
BRESLAU.
Barault.
Bareau.
Barros.
BRESSARD.
Berza.
Lafleur.

BRESSE.
BREST.
BRETAUT.
Bertaut.
BRETEL.
Duchesny.
BRETEUIL.
BRETON.
Dumont.
Girard.
Hely.
Keroac.
LeBrice.
Madeille.
Robert.
Roncerel le Breton.
St. Pierre.
BRETONNET.
Montargis.
BRETONNIÈRE.
Passart de la Bretonnière.
BREUX.
BREUZARD.
La Victoire.
BREYAU.
Bareau.
BREZA.
Barza.
Gajau.
Lafleur.
BRIAC.
Breillac.
BRIANT.
Georget.
Grondines.
BRIARD.
Laisné.
BRIAS.
Briasse.
Lacombe.
Latreille.
BRIAULT.
BRICAUT.
Bricot.
DeValmur.
Laliberte.
Lamarche.
BRIDARD.
Brizart.
BRIDAULT.
Brideau.
BRIDET.
BRIEN.
Birand.
Braya.
Briand.
Brillant.
Desrochers.
Laroche.
Sansregret.

Brière.
Laborde.
Brigal.
Bergin.
Brignet.
Beignet.
Brignon.
Brunion.
Lapierre.
Brillant.
Beaulieu.
Dumontier.
Brillemont.
Bausac de Brillemont.
Brillon.
Brion.
Brindamour.
Charpentier.
Cloisel.
Durand.
Duranseau.
Flame.
Fourneau.
Gatineau.
Geraux.
Girard.
Martin.
Tatoul.
Viscomte.
Bring.
Bringodin.
Brion.
Brillon.
Regnier.
Reinier.
Briquet.
Lefebvre.
St. Disier.
Brisard.
Brisebois.
Dubois.
Brisefer.
Macé.
Brissac.
Brisset.
Beaupré.
Courchêne.
Dupas.
Brisson.
Boisson.
Dutilly.
Laroche.
Montargis.
Brizard.
Bridard.
Bro.
Brocard.
Brochard.
Brochet.
Brochu.
Brod.
Brau.
Pominville.
Brodeur (Le).
De la Vigne.
Brodière.
Broisle (De).
Brooks.
Bros.
Brossard.
Brosseau.
Brasseau.
Brossault.
Brousseau.
Bruseau.
Brossier.
Brouillan.
Brouillard.
Brouille.
Bernard.
Bouy.
Lajeunesse.
Lavigueur.
Laviolette.
Brouillet.
Brousard.
Bransard.
Brousson.
Bransard.
Brosson.
Brunsard.
Lafleur.
Broutechère.
Brove.
Braut.
Brown.
Brume.
Broyeux (De).
Brucy.
DeLafontaine de Brucy.
DeLafraynaye de Brucy.
Brugevin.
Brugière.
Brulé.
Francœur.
Brule-Fer.
Caille.
Brulevillage.
Charles.
Brulot.
Gesseron.
Brun.
Brane.
Lebreux.
Lebrun.
St. Antoine.
Bruneau.
Jolicœur.
Lapierre.
Laviolette.
Brunel.
Beaufort.
Brunet.
De la Sablonnière.
Limousin.
Brunès.
Brunet.
Belhumeur.
Bourbonnais.
Dauphiné.
Lafaye.
Lagiroflee.
Lajoie.
Lestang.
Brunion.
Brignon.
Lapierre.
Bruno.
Bruneau.
Petit.
Brunsard.
Bransard.
Brousson.
Dessureaux.
Bruseau.
Bruslé.
Bruslon.
Burlon.
Bruyere.
Bry.
Buchanan.
Buckeep.
Buckell.
Buet.
Bufet.
Bugeault.
Beaujoux.
Bugon.
Buisson.
Bisson.
Dubuisson.
L'Epine.
Subtil.
Bulinger.
Boulignier.
Bullau.
Bulté.
Bulteau.
Buot.
Bigeau.
Buquet.
Burdairon.
Guy.
Bure.
Bureau.
Sansoucy.
Burel.
Burgesse.
Burgo.
Burlon.
Buron.
Achin.
Burroughs.
Buscaillé.
Busque.
Basque.
Burque.
Busquet.
Bussat.
St. Germain.
Bussière.
Bessière.
Busson.
Subtil.
Buteau.
Bluteau.
Bouteau.
Butaud.
Butault.
Butos.
Buther.
Buttes (Des).
Baudry.
Buveteau.
Vadeboncœur.

C

Cabalée.
Cabanac.
Cabanis.
Cabassier.
Cachelièvre.
Cacheneau.
Cachet.
Cadaignan.
Cadau.
Caddé.
Cadet.
Cadelé.
Caderan.
Caderon.
Cadieu.
Courville.
Cadoret.
Cadred.
Cadot.
Cadeau.
Cadou.
Cadred.
Cadoret.
Cadrin.
Catrin.
Cadron.
Caffié.
Lapinterre.

Cahel.

Cahouet.
Caillout.
Kaouet.

Caignard.

Caignaux.

Caillabe.

Caillas.
Cailla.
Cailleau.
Callot.
Cayac.
Cayla.

Cailler.
Biscornet.
Brulefer.
LePicard.

Caillia.
Cailleau.

Caillonet.
Cahonet.

Caillonneau.

Cailly.
Cailley.
Calais.

Cailteau.
DeChampfleury.

Cain.
Lataille.

Cairé.

Caisse.
LeDragon.

Calan.

Caldwell.

Calegré.
Cargueret.

Calendo.

Calet.

Calmet.
Jolibois.

Calot.
Caloutre.

Caltaut.

Caluchon.
Poudret.
Poutré.

Caludeau.

Calvé.

Camane.

Cambin.
Larivière.

Cambray.
Boucher.
Boulard.
Chéon.
Crochon.

Came.
St. Aigne.

Camel.
Campbell.

Camenos.
André.

Camerer.

Cameron.

Camirand.
Chauvet.
Choue.

Camorées.

Campagna.

Campbell.

Campeau.
Niagara.
St. Aubin.

Campenès.

Campion.
Labonté.

Campy.

Camus.
Lafeuillade.
Tonnerre.

Camusat.

Can.

Canac.
Marquis.

Canada.
Enau.
Hainaut.
Henaut.

Canaple.
Valtagagne.

Caniard.
Cognart.

Canichon.
Escabiet.
Lescabret.
Scabiet.

Canillon.
Robert.

Cannard.

Cannavan.

Canonouf.

Cansel.

Cantera.
Cantara.
Deslauriers.

Cantin.
Quentin.

Canton.

Canuel.

Canut.
Laviolette.

Caouette.

Cap-de-ville.
Kadeville.

Capeillé.
Cahouet.

Capel.
Abel.
Desjardins.

Capelant.
Lagiroflée.

Capelet.

Capelier.
Constantin.

Capet.

Capitien.
Gingras.

Capone.
Champout.

Capucin.
Thiriot.

Caput.
DeBailleul.

Caquerel.
Jolibois.

Caquerez.
Caron.

Carabe.

Carabi.
Domingo.

Carabin.

Carbonet.

Carbonneau.
Charbonneau.
Provençal.

Carcassonne.
Vidal.

Carcy.
Lagiroflée.

Cardeneau.

Carderon.
St. Pierre.

Cardin.
Francœur.
Loiseau.

Cardinal.
Leroux.

Cardinet.
Chevalier.

Cardon.

Cardonnet.
Pepin.

Cardos.
Andriette.

Caré.
Carré.
Laroche.
Quesdra.

Carestille.
Espagnol.

Cargueret.
Collet.
Malouin.

Carignan.
Duclos.

Carion.
Du Fresnoy de Carion.

Cariot.
Lamusette.
Laramée.

Carles.
Lalancette.
Larocque.

Carley.

Carling.

Carlos.
Carlot.

Carly.
Joyal.

Carmoy.

Caron.
DeCaquerez.

Carpenet.
Larose.

Carpentier.
Bailly.
Lyonais.

Carpentra.
L'Amour.
Paire.
Peir.

Carpin.

Carreau.
Caro-Derome.
Descarreaux.
Lafraicheur.

Carrerot.

Carrery.
DeBousquet.

Carrier.
Jamme.

Carrière.
Carcassonne.
Lebrun.

Carry.
Breza.
Carrier.
Comptois.

Cartier.
Duclas.
Langevin.
Larose.

Cartignier.

Carton.
Philibert.

Caruel.
Belleville.

Carufel.
Sicard de Carufel.

Casac.
De la Grandville.

Casaubon.
Didier.
Rocheville.

CASAULT.
Casaux.
CASAVANT.
Ladébauche.
CASCAGNET.
Castagnet.
CASCARET.
CASEAU.
CASELIER.
CASENEUF.
Jolicœur.
CASENOBE.
CASISTAT.
Bachelet.
CASLIN.
CASMIN.
Desgranges.
CASSAGNE.
CASSAN.
Sansregret.
CASSÉ.
Casse.
Lacasse.
St. Aubin.
CASSEGRAIN.
Casgrain.
CASSEL.
CASSELET.
Cazelet.
CASSENAUVE.
CASSENEAU.
CASSENEUVE.
Toulouse.
CASSIN.
Cazin.
Larigueur.
CASTAGNAN.
LaSalle.
CASTAGNAT.
Cascagnet.
CASTAGNET.
CASTANIER.
Castagnat.
Castagnet.
CASTEL.
CASTELLANE (DE).
DeVergon.
CASTÈS (DE).
CASTILLON.
CASTINEAU.
CASTONGUAY.
Gastonguay.
Guay.
CATALORGUE.
Catalogne.
CATEL
St. Jean.
CATELAN.

CATELIER.
CATHALOGUE.
Gaudin.
CATIGNAN.
Duchesne.
Gastinon.
CATIGNON.
Blondin.
CATIN.
Achin.
Baron.
Cadrin.
Cantin.
CATREVILLE.
CATTI.
Caty.
CATUDAS.
St. Jean.
CAUCHERY.
CAUCHET.
CAUCHOIS.
CAUCHON.
Bléry.
Lamotte.
Laverdière.
CAUCHY.
CAUHET.
CAUMARTIN.
Lefebvre de l'Intelle.
CAUMONT.
CAUTE.
CAUVET.
CAUVIN.
Laurin.
Vadeboncœur.
CAVELIER.
Basque.
CAYET.
Caillé.
Cayer.
Cayeu.
CAYLAN.
CAYOU.
CAZAL.
Girardeau.
Lalime.
CAZALAIST.
Casselet.
CAZE.
Cazeneuve.
Laferrière.
CAZEAU.
CAZELET.
Languedoc.
CAZELLAR.
CAZES
Casse.

CAZIN.
Cassin.
CAZOL.
CEACY.
Quessi.
CECILE.
CECYRE.
Cesire.
CEDERAT.
CEDERET.
CELIER.
CELLES.
DeCelles.
Duclos.
Sel.
CELLOS.
CELORON DE BLAINVILLE.
CÉRAT.
Coquillart.
Serat.
CERIER.
CERRY.
D'Aillebout de Cerry.
CERTIN.
CESAR.
De la Gardelette.
Fleury.
CESIRE.
Riberville.
CETAU.
Seto.
CHABAS.
Gouin.
CHABAUDIÉ.
Chevaudier.
CHABENAC.
Bery.
CHABERT.
Dejoncaire.
CHABOILLÉ.
CHABOLE.
Michaud.
CHABOT.
Lamarre.
CHABOYON.
CHACORNAC (DE).
DeJoannes.
CHADRON.
CHAGAU.
CHAGNON.
Chaignon.
Chaillon.
CHAIGNEAU.
Saillant.

CHAILLÉ.
Chaillet.
Chayer.
CHAILLON.
Chagnon.
Chalon.
Chateau.
CHAILLOT.
CHAILLY (DE).
DeBerthe.
CHAINE.
Chène.
CHALES.
Chasles.
CHALIFOU.
CHALIFOUR.
CHALIS.
Chalus.
CHALOU.
Chaillon.
Leheuf.
St. Pierre.
CHALOUS.
Cousin.
Garapin.
Loiseau.
CHALUT.
Chanluc.
Chanteloup.
Chaslu.
Lagrange.
CHAM.
Cotineau.
Gotineau.
Laurier.
CHAMAILLARD.
CHAMARE.
Chamard.
CHAMBALON.
CHAMBEAU.
Lemire.
CHAMBELLAN.
CHAMBELLI.
Clement.
CHAMBERLAN.
Chambran.
Chambrelan.
CHAMBERY.
Billon.
CHAMBLY.
Cournoyer.
Presot.
CHAMBOUX.
CHAMELA.
Chabenac.
CHAMILLOT.
Champagne
CHAMPLOUR (DE)

CHAMILLARD.

CHAMILLIER.
Soumillier.

CHAMOIS.

CHAMPAGNE.
Andegrave.
Aubin
Beaugrand.
Chamelot.
Choquet.
Cure.
Descastinaux.
Desparois.
Dupre.
Filion.
Fontenelle.
Foureur.
Fugère.
Gaspard.
Gouin.
Hocquart.
Huyet.
Jaladon.
Lambert.
Laplante.
Laurent.
Lesage.
Letang.
Magnan.
Malherbe.
Maniant.
Marmotte.
Mascard.
Moufflet.
Normand.
Pageot.
Plante.
Poncelot.
St. Martin.
Sylvestre.
Tareau.

CHAMPAGNOIS.

CHAMPEAU.
Laneuville.

CHAMPIGNY.
Deslandes.

CHAMPION.

CHAMPLAIN.

CHAMPOUT.
Champou.
Jolicœur.
St. Per.

CHAMPRON.

CHANAS.

CHANCELIER.

CHANDALON.
DeCourtigny.

CHANDELIER.
St. Louis.

CHANDLLR.

CHANDONÉ.
Chândonne.
Leveille.

CHANDOYSEAU.

CHANIER.

CHANJON.

CHANLUC.
Chalut.

CHANNAZORS.
Channazard.

CHANSE.
L'Espagnol.
Sanche.

CHANTAL.
Lafleur.

CHANTECAILLE.
Gareau.

CHANTELOUP.
Chaslut.

CHANTELOY.

CHANTEREAU.

CHANUD.

CHAPACOU.
Pacault.

CHAPAIS.
Chapet.

CHAPART.

CHAPDLLAINE.
Larivière.

CHAPEAU.
Chappau.

CHAPELAIN.
Chaplain.

CHAPELEAU.
Chapleau.

CHAPELET.

CHAPELIER.
Chapelain.

CHAPELLE.
Jolicœur.
Langoumois.

CHAPERON.

CHAPITEAU.

CHAPLEAU.
Chapeleau.

CHAPON.
Chappau.

CHAPOTON.

CHAPOULON.
Beausoleil.

CHAPPAU.

CHAPT.
De la Corne.

CHAPUT.

CHAPUY.

CHARBONNEAU.
Carbonneau.
St. Louis.

CHARBONNIER.
Desjardins.
St. Laurent.

CHARDIN.
Brasdefer.

CHARDON.

CHARDONNEREAU.

CHARDONNEROT.
Parisien.

CHARETS.
Chauret.
Dufils.
Leroy.

CHARIER.

CHARLAND.
Francœur.

CHARLEBOIS.
Jolly.

CHARLERY
Lavaleur.

CHARLES.
Brûlevillage.
Cherlot.
Churlot.
Clement.
Desmoulins.
Duhamel.
Duval.
Lajeunesse.
Oleron.

CHARLESTEGUY.

CHARLOPIN.
St. Onge.

CHARLOT.
Desmoulins.

CHARLU.
Chanteloup.

CHARLY.
Begnès.
Martin
St. Onge.

CHARMOIS.
Duplessis.

CHARNA.
Lafripe.

CHARNERRE.

CHARNÈVE.

CHARON.
Cabanac.
Charron.
Ducharme.
Laferrière.
Larose.

CHAROT.
Belfin.

CHAROUX.
Laliberté.

CHARPENET.
Gentil.

CHARPENTIER.
Belhumeur.
Bellegarde
Brindamour.
Lagiroflee.

Lalage.
Lalague.
LaPaille.
Sansfaçon.
St. Onge.

CHARRE.

CHARTIER.
DeLotbinière.
Parthenay.
Robert.

CHARTRAIN.

CHARTRAN.
Chertin.

CHARTRÉ.

CHARUEL.

CHARVET.

CHASLE.
Duhamel.

CHASSÉ.

CHASSIN.

CHATAIGNE.

CHATARD.
St. Onge.

CHATEAU.
Chaillon.
Mulaire.
St. George.

CHATEAUBRIANT.
Georget.

CHATEAUFORT (DE).
Guy.
Rousset.

CHATEAUGUAY.
Perrot

CHATEAUNEUF.
Antaya.
DeMontel.
DeMonteuil.
Desranleau.
Lemenu.
Meneux.

CHATEAUVERT.
Faucher.

CHATEAUVIEUX.
Gamelin.

CHATEAUVILLE.
Germelin.

CHATEL.
Desautels.

CHATELAIN.
Allemand.
Derigny.

CHATELET.
Lajoie.

CHATELLEREAU.
Bonnedeau.
Renaux.
Roy.

CHATELLIER.
Belamour.

Chatenay.
Chastenay.
Chaterneau.
Regnault.
Chatignon.
Lacouture.
St. Onge.
Chatigny.
Desilles.
Lepine.
Chatillon.
Berson.
Hardy.
Mignot.
Chaton.
Chatouteau.
Matias.
Chaubert.
St. Jean.
Chaudillon.
Chaudron.
Chaufau.
Lalime.
Chaufour.
Chaulé.
Chaulet.
Cholet.
St. Paul.
Chaumine.
Tessier.
Chaumont (De).
Dubord.
Guillet.
Smil.
Chaunier.
Sabourin.
Chaussart.
St. Onge.
Chaussé.
Lemeine.
Chaussefouin.
Chaussegros.
DeLery.
Chauvaux.
Lafleur.
Chauveau.
Chenaux.
Chauveleau.
Chauvet.
Camirand.
Chauvé.
Lagerne.
Chauvin.
Brunet.
Lafortune.
St. Germain.
Chavan.
Chavane.
Parisien.
Chavet.

Chaveudreuil.
Dutalme.
Chavigny (De).
De la Chevrotière.
Chavillon.
Gavillon.
Chavoye.
Moinet.
Chazal.
St. Etienne.
Chearby.
Cherubi.
Chedebeau.
Chedebeuf.
Sieur de Langevin.
Chefdevergne.
Chedevert.
Chidverne.
Larose.
Chef-de-Ville.
Lagarenne.
Chel.
St. André.
Chemit.
Chenais.
Chenet.
Dubreuil.
Chenard.
Chouinard.
De la Giraudais.
Chenaut.
Duchesneau.
Lagarandière.
Chenay.
Chenet.
Chesnay.
Chêne.
Chaine.
Lagrave.
Cheneler.
Schindler.
Chenet.
Clermont.
Frappe-d'abord.
Senez.
Chenevert.
Marbec.
Morin.
Pierre-de-marbre.
Chenier.
Chesnier.
Lechenu.
Chennequi.
Chinic.
Tchenic.
Chenneville.
Babie.
Baby.
Bigot.
Chenon.
Ladouceur.

Chenu.
Chéon.
Cambray.
Cherbi.
Chearby.
Cherlot.
Charles.
Charlo.
Churlot.
Desmoulins.
Chernel.
Lagrandière.
Cheron.
Beaugency.
Cheroux.
Cléroux.
Cherrier.
Cherten.
Chartran.
Guertin.
Cheruby.
Chearby.
Chesnay.
Chesne.
Chêne.
Labutte.
Lagrave.
St. Onge.
Chesnot.
Chetil.
Cheval.
St. Jacques.
Chevalet.
Bouillet.
Chevalier.
Bietry.
Bourchemin.
Cardinal.
Caron.
Coursol.
De la Durantaye.
Dubaut.
Duchesne.
L'Abbe.
Laflèche.
Lesperance.
Leveillé.
L'Huillier.
Lortan.
Perigord.
Sanschagrin.
Chevarille.
Baby.
Chevaudier.
Chabaudier.
Chavoyer.
Chevautier.
Lespine.
Chevaudreuil.
Dutalmé.
Chevely.

Chevreau.
Barbenoire.
Chevert.
Choret.
Chevery.
Dechevery.
Deschevery.
Detchevery.
Chevigny.
Durand.
Valette de Chevigny.
Chevoyer.
Chebaudier.
Chevrefils.
Belisle.
Lalime.
Chevremont.
DeGaudron.
Chevret.
Chevreul.
Duval.
Chevreuse.
Paul.
Chevreux.
Chevreville.
Chevrier.
Lajeunesse.
Chiason.
Chiasson.
Chicoine.
Chicoesne.
Chicouagne.
Dauzois.
LaFresnière.
Chimais.
Lanoix.
Chinque.
Joing.
Chinic.
Chennequi.
Chiniqui.
Chiquet.
Ezéchiel.
Ezequel.
Chiquot.
Chicot.
Cicot.
Gosselin.
Sicotte.
Chiron.
Chisholm.
L'Ecossais.
Chnider.
Choré.
Soyer.
Choisie.
DeChoisy.
Choisser.

Choisy.
Choisie.
Cholet.
Laviolette.
St. Andre.
St. Paul.
Chomedey.
Chamillier.
Chomillier.
Soumillier.
Chomeraux.
St. Vincent.
Chon.
Cambray.
Chonière.
Sabourin de Chonière.
Chopin.
Chupin.
Clopin.
Choquet.
Champagne.
Chorel.
Dorvilliers.
St. Romain.
Choret.
Chauret.
Chevert.
Choron.
Chossard.
Chotard.
St. Onge.
Chouan.
Chouard.
DesGroseilliers.
Dorval.
Choubert.
Joubert.
Choudin.
Latulippe.
Chouinard.
Chamard.
Lagiroflée.
Choulte.
Choux.
Chovet.
Chauvet.
Lagarne.
Choyer.
Chrétien.
DeLisandrac.
LeSourd.
Vincent.
Christie.
Christin.
Cristin.
Chrystofle.
Laviolette.
Chrystophe.
Gautier.

Chulle.
Bélair.
Chupin.
Lajoie.
Vadeboncœur.
Churlot.
Desmoulins.
Cibard.
Cibardin.
Cicatrice.
Dorloge.
Cicot.
Chiquot.
Cimetière.
Janson.
Circé.
Baudin.
St. Michel.
Cire.
Cyr.
Sire.
Syre.
Cirier.
Cistara.
Citoleux.
Civadier.
Sivadier.
Clair.
Leclerc.
Clairambault.
D'Aigremont.
Clairin.
DeBourget.
D'Estienne.
Clan.
Clapier.
Clarembaut.
Vadeboncœur.
Clarke.
Clarton.
Claude.
Clauseret.
Sanscartier.
Clautrau.
Croteau.
Claveau.
Clavaux.
Lalancette.
Langevin.
Lavau.
Clavel.
Claverie.
St. Surin.
Clavet.
Cleau.
Blau.
Clemenceau.
Larose.

Clément.
Borel.
Charles.
Colombier.
Delisle.
Labonté.
Lacouture
Lajeunesse.
Lapointe.
LaRivière.
Leonard.
Quenoche.
Clémet.
Guillemot.
Clerc.
Cap Breton.
Lafrenaye.
Leclerc.
Leduc.
Clerin (De).
D'Etienne.
Clermont.
Batellot.
Borel.
Chenais.
Dubord.
Lafontaine.
Larose.
Manuby.
Montalon.
Pontus.
Cleroux.
Cheroux.
Clesse.
Cliche.
Clignancour.
Damours de Clignancour.
Clin.
Clinchamps (De).
Cliret.
Clocher.
Lamollet.
Marquet.
St. Pierre.
Cloisel.
Brindamour.
Clozel.
Clopin.
Chopin.
Chupin.
St. Sauveur.
Cloridan.
Morin.
Closse.
Cloteau.
Clouet.
Cloutier.
Cluseau.
L'Orange.
Loranger.
Moncluseau.
Orange.

Coalier.
Coates.
Cochart.
Cocher.
St. Louis.
Cochereau.
Cochery.
St. Onge.
Cocheu.
Cochin.
Guépin.
Cochon.
Cauchon.
Laverdière.
Cochran.
Cochu.
Cocheu.
Cochy.
Lacouture.
Cocquet.
Coguet.
Cocquin.
Latournelle.
Cocquot.
Lorty.
Codbec.
Mercier.
Coderre.
Beauvais.
Cauder.
Codart.
Emeray.
Emery.
Godaire.
Hemery.
Humeris.
Lacaillade.
Langevin.
Cœur.
Jolicœur.
Cœurballe.
Cognard.
Caniard.
Coguet.
Cohornou.
Coignac.
DeBoucherville.
Lajeunesse.
Coignat.
L'Eveillé.
Coignet.
Coignon.
Cointa.
Cointeau.
Cointray.
Coipel.
Coirier.
Coitard.
Cotard.

Coiteux.
Coittou.
Mathieu.
St. Jean.
Coitty.
Philibourg.
Cojean.
Cogian.
St. Brieux.
Colard.
Colardeau.
Colbec.
Mercier.
Colbert.
Corbet.
Colby.
Cole.
Langlois.
Coleret.
Colleret.
Colet.
Colignon.
Tabacrapé.
Colin.
Desgraviers.
Dubuisson.
Laliberte.
Collange.
Collégien.
Saillant.
Colleret.
Bourguignon.
Collet.
Cargueret.
Colet.
Picard.
Collon.
Colombe.
Bontemps.
Coulombe.
Moulevin.
Colombeau.
Colombier.
Colombière.
DeLacorne.
Colonges.
Colson.
Coltret.
Colteret.
Costeret.
Cotray.
Couteret.
Pipardeau.
René.
Comartin.
Commartin.
Combelle.
Combette.
Combray.
L'Eveillé.

Comeau.
Comes.
Comête.
Comiré.
Quéméré.
Commartin.
Commerge.
Compain.
Compeing.
Lesperance.
Compairon.
Lavergne.
Comparet.
Compeau.
Jaquet.
Compiaux.
Coupiau.
Desaleurs.
Comptant.
Comptoir.
Gilbert.
Moreau.
Comptois.
Bouilleron.
Fordet.
Hugues.
Hujot.
Janet.
Mar.
Marc.
Rousso.
Royer.
Comte.
Lecompte.
Condamine.
Conde.
Ancelin.
Coignac.
Jusselin.
Condon.
Condrat.
Langlois.
Conefroy.
Lafontaine.
Confoulan.
Gentil.
Conillard.
Couillard.
Conille.
Connaissant.
Connor.
Connors.
Conquet.
Laterreur.
Conrad.
Consigny.
Sansfaçon.
Constant.
Comptant.

Constantin.
Capelier.
Constantineau.
Coutancineau.
Contant.
Léonard.
Contery.
Coutery.
Contois.
Comptois.
D'Estrème.
Garnier.
Contrecœur.
Pécody.
Contremine.
Contemine.
Courte-mine.
Jolicœur.
Cook.
Kock.
Cooper.
Copineau.
Demareuil.
Coppay.
Coppin.
Coquet.
Gautier.
Goguet.
Coquillard.
Cerat.
Serat.
Coquillier
Coquin.
Cocquin.
Coquincourt.
Coquineau.
Corbeau.
Corbeil.
Gourbeil.
Tranchemontagne.
Corbet.
Larosee.
Corbière.
Languedoc.
Corbières.
Petiot Des Corbières.
Corbin.
Courbin.
Lacroix.
Larichardière.
Corbineau.
Corby.
Corda.
Cordeau.
Deslauriers.
Cordier.
Poitiers.
Cordonnier.
Prêt-à-boire.

Corignan.
Carignan.
Cormier.
Lormière.
Martineau.
Rossignol.
Corneau.
Cornuo.
Cornelier.
Cornillier.
Grandchamp.
Cornelius.
Aubry.
Cornet
Cornette.
Cornière.
Cornu.
Sansoucy.
Cornuo.
Corneau.
Corollaire.
Coron.
Corperon.
Corporal.
Hu.
Corpron.
Corperon.
Corran.
Dauphiné.
Corrége.
Courage dit Jolicœur.
Corriveau.
Corruble.
Corsin.
Prêt-à-Boire.
Corvaisier.
Corval.
Cosange.
Argentcour.
Coutance.
Cosme.
St. Cosme.
Cossau.
Cosset.
Collet.
Coste.
Costerest.
Colteret.
Couteret.
Costille.
Cotard.
Coïtard.
Collon.
Roubline.
Coté.
Lefrisé.

COTIN.
Chatillon.
Cottin.
Dugal.
COTINEAU.
Champ-Laurier.
Cotinot.
Coutinault.
Deslauriers.
Gotineau.
Laurier.
COTRAY.
Coltret.
COTTARD.
Cotard.
COTTE.
Caute.
Contois.
COTTENAY.
COTTENOIRE.
Preville.
COTTERELL.
COTTON.
Couton.
Fleur-d'Epée.
COTTU.
DeLavaltrie.
COTTY.
Carderi.
Cargueret.
Collet.
Ladouceur.
Lecouti.
Leveille.
COUC.
Montour.
COUCEAU.
Touzeau.
COUDAY.
COUDER.
Coderre.
Emery.
COUDRAY.
COUDRET.
COUÉNOND.
Cuenond.
COUERIER.
COUET.
Cauhet.
COUILLARD.
DeBeaumont.
Del'Espinay.
DesEmars.
DesIslets.
DesPrès.
Dupuis.
Lafontaine.
COUILLAUD.
Couleau.
Gilbert.
Larocque.
Roch.
Roquebrune.
COUIN.
COULEAU.
Jolicœur.
COULOMBE.
Colombe.
COULON.
Courault.
DeVilliers.
Mabriant.
St. Jean.
COULONGES.
Daillebout de Coulonges.
COUPAL.
Lareine.
COUPART.
COUPEAU.
Laval.
St. Martin.
COUPIAU.
Compiaux.
Desaleurs.
COUPY.
Goupil.
Goupy.
COURAGE.
Corrège.
Jolicœur.
COURAULT.
Coullon.
Coureau.
Courreau.
Croc.
Cybar.
De la Coste.
Langevin.
COURBERON.
Damours.
COURBET.
Lagiroflée.
COURBIER.
Sansfaçon.
COURCAMBEC.
Courkamberq.
Langoumois.
COURCEL.
Coursel.
COURCHÈNE.
Brisset.
Foucault.
COURCIVAL.
Baudoin.
COURCY.
Lemière.
Potier.
COURIER.
Bordelais.
Bourdelais.
Bourdelaye.
Bourguignon.
Brem.
COURNIVAL.
COURNOYER.
Chambly.
Hertel de Cournoyer.
Hus.
COUROIS.
COURSEL.
Chevalier.
Courcel.
Courcelles.
COURSOL.
Laflotte.
COURSON.
COURTEAU.
Courtou.
COURTEMANCHE.
Jolicœur.
LeGardeur.
COURTET.
COURTEVILLE.
COURTIER.
COURTIN.
Huissier.
Paris.
Sanschagrin.
COURTOIS.
Courteau.
Marin.
COURVAL.
Poulin.
COURVILLE.
Billy.
Cadieu.
Piette.
COUSIN.
St. Onge.
COUSINEAU.
COUSINET.
COUSINI.
Consigny.
COUSSEAU.
Laviolette.
COUSSIN.
Cousson.
Langoumois.
COUSSON.
COUSSY.
Lafleur.
Soucy.
COUTANCE.
Argencour.
Cosance.
COUTANCEAU.
COUTANCINEAU.
Constantineau.
COUTANT.
Content.
COUTAUT.
Couteau.
Coutin.
Lafranchise.
COUTELAUX.
COUTELEAU.
COUTELET.
Coutlay.
Coutle.
Larochelle.
Marcheterre.
COUTERET.
Coltret.
COUTEROT.
COUTERY.
Contery
COUTIN.
Coutant.
COUTINAULT.
Cotineau.
COUTON.
Cotton.
COUTRON.
COUTU.
Cottu.
COUTURE.
Bellerive.
Crevier.
De la Cressonnière.
Lafresnaie.
Lamonde.
COUTURIER.
Bourguignon.
Durand.
Labonté.
Vadeboncœur.
Verville.
COUVRET.
COWEN.
COX.
CRAPOUE.
CREDIT.
Peloquin.
CREMAZY.
CREVIER.
CRENET.
Beauvais.
CRÉPA.
CRÉPEAU.
Laverdure.
CREPI.
Vivesac.
CREPIN.
Beausoleil.
Larose.
Narbonne.
Re.
Vivesac.
CREQUY.
Aide-Crequy.

CRESCENT.
CRESPON.
CRESSÉ.
Courval.
Poulin.
CRÊTE.
CRETEL.
CRETOT.
Lespérance.
CREVIER.
Bellerive.
De la Meslè.
DuVernay.
Manoche.
St. François.
St. Jean.
CRIMERIN.
CRIQUET.
Poitevin.
CRISAFY (DE).
CRISAQUE.
Cressac.
Toulouse.
CRISTIN.
Christin.
Cristain.
St. Amour.
CROC.
Courault.
CROAC.
Keroac.
LeBrice.
CROCH
Syre.
CROCHETIÈRE.
Croisetière.
CROCHON.
Cambray.
CROCROIX.
Croquelois.
CROISET.
CROISETIÈRE.
Crochetière.
CROISILLE.
LeGardeur de Croisille.
CROISY.
LeGardeur de Croisy.
CROIZAU.
Larose.
CROMBRIAU.
CROMP.
CROQS.
Landry.
CROQUANT.
CROQUELOIS.
CROSNIER.
Groinier.
CROTEAU.
Groteau.
CROZE.
Provençal.
CRUSSON.
Pilote.
CUÉ.
Quay.
CUENOND.
CUGNET.
CUILLERIER.
Beaubien.
DeRibercour.
CUILLIER.
Chevalier.
CUISY.
Daillebout de Cuisy.
CUNNIGHAM.
CURANDEAU.
Curodeau.
CURAUX.
Curot.
CURÉ.
Champagne.
Sansquartier.
CUREUX.
St. Germain.
CUROC.
CURONNE.
St. Pierre.
CURTAIN.
CURTE.
CUSSON.
Desormiers.
CUSTAUD.
Custeau.
Custos.
CUSTELIERS.
CUTHBERT.
CUVILLIERS.
CUVILLON.
Quevillon.
CYPRIOT.
Chretien.
CYR.
Syre.
CYTOIS.

D

DABADIE.
DeRequier.
Desbordes.
DABADY.
St. Pierre.
D'ABANCOUR.
Lacaille.
DABIN.
DABONVILLE.
Palin.
DACHARD.
Dachas.
DACIER.
Dasqué.
Dassier.
Lacier.
DAGENAIS.
Lajeunesse.
DAGERT.
DAGNEAU.
Dagnau.
Daignault.
Daniau.
Dauville.
De la Motte.
De la Picanier.
De la Saussaye.
Dequindre.
Douville.
Labrie.
Laprise.
DAGORY.
Gaboury.
Gadoury.
DAGUEIL.
DAGUERRE.
DAGUET.
Daillet.
Renaud.
DAIGLE.
Lallemand.
Tècle.
DAIGNAULT.
Dagneau.
D'AIGREBELLE.
D'AIGREMONT.
Clairambault.
D'AILLEBOUT.
D'Argenteuil.
DeCerry.
DeCoulonges.
DeCuisy.
De la Magdelaine.
DeMenthet.
DePerigny.
DesMusseaux.
DesRuisseaux.
De St. Vilmé.
DAILLET.
Daguet.
DAINE.
DAIR.
DALAIRE.
Alaire.
DALAONDE.
DALAUX.
DALBERT.
St. Agnan.
DALBEUF.
Delbeuf.
DALCIAT.
Darciat.
De la Fagode.
De la Fayolle.
DALCOUR.
Guignard.
D'ALDELSHIEM.
Baron.
DALEN.
D'ALENÇON.
L'Hermite.
DALERET.
Dalery.
Dalray.
DALMAS.
L'Albigeois.
D'ALOGNY marquis de la Grois.
DALONNE.
DeRoybon.
Gignard.
Guignard.
Joyan.
DALPÉ.
Delpé.
Delpèche.
Delpue.
Pariseau.
DALQUIER.
DeVerriau.
DALUSEAU.
DALY.
DAMAS.
Daniau.
DAMBOISE.
Bergeron.
DAMBOURGÈS.
DAMBOURNAY.
DAME.
DAMESTEUIL.
Lacroix.
DAMIEN.
Sansoucy.
DAMNE.
DAMOURS.
Declignancour.
DeCourberon.
DeFresneuse.
De la Morandière.
De l'Ile-Ronde.
DeLouvières.
DePlaine.
Deschaufours.
Poitevin.
St. Amant.
Toulouse.
DAMPHOUS.

DANAIS.
Danay.
Daunets.
DANCOSSE.
Dangosse.
DANDANE.
Danseville.
DeL'Etendard.
DANDONNEAU.
DuSablé.
Lajeunesse.
DANDURAND.
Marcheterre.
DANEAU.
DeMuy.
DANEST.
Danais.
Danay.
Danès.
Danet.
Dannets.
DANEVERT.
Denevers.
DANGEAC.
DeMerville.
D'ANGERS.
DANGEUGER.
Lechasseur.
DANGLADE.
Mouet.
DANGOSSE.
DANGUEL.
Dagueil.
Danquel.
DANIAC.
DANIAU.
Dagneau.
Deniau.
Laprise.
DANIEL.
Laniel.
DANIET.
DANIOU.
DANJOU.
DANNEMARCIEN.
DANNEVERT.
Denevers.
DANNEVILLE.
Desmoulins.
DANIS.
L'Arpenty.
DANNY.
Tourangeau.
DANQUEL.
Danguel.
DANRÉ.
DeBlanzy.
DANSEREAU.
Dancereau.

DANSEVILLE.
Dandane.
DANTAGNAC.
Adhémar.
DANTAL.
Chantal.
DANTIN.
DANY.
Danis.
Danny.
D'AOUST.
DAPRON.
DARABI.
DARAC.
DARAGON.
Lafrance.
DARCOUR.
Desmarolles.
DARCHE.
DARCY.
Barsi.
DARDE.
DARDENNE.
Dardeyne.
Davesne.
DARDOIS.
DARDOISE.
DARET.
DARGAN.
LeBoesme.
DARGENT.
D'ARGENTEUIL.
Carillon.
Daillebout.
DARGIS.
Dargy.
Desrosiers.
DARIS.
DARME.
DARNAUD.
DAROIS.
DARPENTIGNY.
DeRepentigny.
DARRAGON.
Lacroix.
Lafrance.
DARRAS.
Claude.
Lepine.
DARRIS.
Daurisse.
DARROCQ.
DARTAGUETTE.
DARTIGNY.
Rouer.
Villeray.
DARUNS.

DARVEAU.
Dervaux.
D'Hervaux.
Langoumais.
DARVILLE.
DeFaye.
DASILVA.
Dasylva.
LePortugais.
DASQUÉ.
Dacier.
DASSIER.
DASSIGNY.
DeLongueuil.
DASTIGNY.
Barrey.
DASTOUT.
Doustou.
DASYLVA.
Dasilva.
D'AU.
DeJolliet.
DAUBAN.
St. Jean.
DAUBERT.
DAUBIGEON.
Ganier.
D'AUBIGNY.
DAUBRAY.
DAUBRESPY.
DeLafarelle.
DAUBUSSON.
DuVerger.
DAUDEGAUD.
De la Pivrance.
DAUDELIN.
Dodelin.
DAUDIN.
DAUGER.
DeSubercasse.
DAUMONT.
DAUNET.
Daunay.
Donai.
Donay.
Donnet.
Fresnière.
DAUPHIN.
Barthélemy.
Malafosse.
DAUPHINÉ.
Brunet.
Janton.
Jeanton.
Magnac.
Robert.
DAUPHRESNE.
DAUPLÈS.
Deslauriers.
DAUREILLANT.

DAURIC.
DAURISSE.
Darris.
DAUSACQ.
Denis.
DAUSSY.
DAUTEL.
DAUTEUIL.
De la Malotière.
DeMonceaux.
Ruet.
DAUTH.
DAUTIN.
DAUTOUR.
DAUTRIVE.
DeCuisi.
DAUVIER.
Doyer.
Lamarche.
DAUZÉ.
Dauzet.
Dazé.
D'Hasé.
DAVAUX.
DAVELUY.
Larose.
DAVENNES.
Daveine.
Davesne.
Davier.
Desméloises.
Renaud.
DAVIAU.
Prêt-à-boire.
DAVID.
Lacourse.
Pontife.
DAVIDSON.
DAVIGNON.
Beauregard.
Javillon.
Lafeuillade.
DAVION.
Boisjoli.
Ravion.
Raviot.
DAVIS.
DAVOST.
DAZÉ.
Dauzé.
DAZMARD.
DeLusignan.
DEBACHOIE.
DeBarrante.
DEBAILLEUL.
Audet.
DePierre-Cot.
DEBALANSIN.
DeLaur.
DEBAR.

DeBarrante.
DeBachole.
DeBarras.
DeBarrolon.
Raimbault.
DeBart.
DeBassignac.
Douglas.
DeBatilly.
De la Valtrie.
Margane.
DeBaudicour.
Drouet.
DeBeau.
DeBeaucourt.
Aubert.
DeBeauharnois.
DeBeaumont.
DeBeauvillier.
DeBeaujeu.
De Villemonde.
Liénard.
DeBeaulac.
Hertel.
DeBeaulieu.
Gourdeau.
DeBeaune.
DeBeauregard.
Frapier.
DeBeaurepos.
Lemercier.
DeBeaurivage.
Rageot.
DeBeausacque.
DeBoillemont.
DeBecancour.
Robineau
DeBellecoste.
Sourin.
DeBellefond.
DeBelleval.
Fournier.
DeBellisle.
LeBorgne.
DeBellot.
Dostie.
DeBelugard.
Dupin.
DeBercherlau.
Dechavigny.
DeBercour.
DeBercy.
Beausoleil.
DeBerry.
DesEssars.
DeBerge.
DeBerman.
De la Martinière.
DeBernes.
Mailly.

DeBernetz.
DeBerry.
DeBercy.
DeBerthe.
DeChailly.
DeBethune.
DeBidabé.
Troyville.
DeBien.
DeBigaré.
Bidegare.
DeBlainville.
Celoron.
DeBlanzy.
Dauré.
DeBlazon.
DeGrandpré.
DeBlé.
Pariseau.
DeBleau.
DeBlois.
Grégoire.
DeBluche.
LaSerre.
DeBoillemont.
DeBeausacque.
DeBois-André.
DeBoisbriant.
Morel de la Durantaye.
DeBoisclair.
Lanouiller.
DeBoishébert.
Deschamps.
DeBoisrond.
DeBondy.
Douaire.
DeBonne.
DeBord.
DeBordeaux.
DeBouchel.
D'Orceval.
DeBoucherville.
Boucher.
DeBoulogne.
DeBourdin.
Duclos.
DeBourguet.
D'Estienne.
DeBout.
DeBoutteroue.
DeBovigni.
Verchères.
DeBragelonne.
Bragelonne.
DeBrais.
DeBreu.
St. Eustache.

DeBricourt.
DeBrisay.
DeBrucy.
De la Frenaye.
DeBuade.
DeBudemont.
Derivon.
DeBussat.
DeBuys.
Thiersan.
DeCabanac.
Desjordis.
DeCadaran.
DeCaillières.
DeCaire.
DeCampe.
Desnoyers.
Relep.
DeCanchy.
Delerolle.
DeCaraffe.
DeCarreau.
Derome.
DeCarqueville.
Drouet.
DeCarrière.
Lemarchais.
DeCaruel.
Belleville.
DeCastel.
DeCastès.
DeCastres.
DeCatalogne.
DeCelles.
Duclos.
Dechaine.
Dechainé.
DeChambe.
DeChambly.
DeChambon.
DuChambon.
DeChambre.
Chalut.
Chanlue.
LaChambre.
Lagrange.
DeChamelay.
DeGannes.
DeChamp-Fleury.
Cailteau.
DeChampigny.
DeRosy.
DeChamplain.
Galimard.
Pezard.
DeChandalon.
DeCourtigny.

DeChapt.
Lacorne.
DeCharlay.
Girard.
DeCharly.
St. Ange.
DeCharnay.
DeChasteillé.
DeChâteauguay.
Lemoine.
DeChau.
DeChaulnes.
DeChaume.
DeChavigny.
De la Chevrotière.
DeChavois.
Payen de Noyan.
DeChêne.
Miville.
DeChenneville.
DeCheurainville.
DeChevallet.
Bouillet
DeChevery.
Deschevery.
DeChevremont.
Gaudron.
DeChoisy.
DeSennecy.
DeChomedey.
DeMaisonneuve.
DeChourses.
Decker.
DeCleau.
Duclos.
DeClérin.
D'Estienne.
DeClermont.
DeClignancour.
Damours.
DeClus.
Galard.
DeCœur.
Heate.
DeCoguenne.
DeBesonville.
DeCombre.
DeComporté.
Gaultier.
DeContrecœur.
Pecody.
DeCorbière.
Petiot des Corbières.
DeCoste.
DeLétancour.
Demousel.
DeCotret.
Coltret.

DeCouagne.
DeCourbuisson.
Menage.
DeCournoyer.
Hus.
DeCourteville.
DeCourtigny.
DeChandalon.
DeCourville.
Aumasson.
DeCousse.
DeRibaudin.
DeCrisafy.
DeCroisil.
LeGardeur.
DeCuisy.
Daillebout.
D'Auterive.
DeDevin.
Deglandon.
Derdevens.
DeDhlay.
DeDiel.
Delguel.
DeDieu.
DeDompierre.
DeDouhet.
De la Rivière.
DeFarge.
DeFaye.
Châteauneuf.
Darville.
DeFelteau.
St. Onge.
DeFeltz.
DeFerrière.
DeFferend.
DeFiguiery.
DeFilé.
Dufaye.
DeFlecheur.
DeFlem.
Phlem.
DeFleury.
De la Gorgendière.
Deschambault.
Guyard.
DeFogas.
Phocas.
Raymond.
DeFonbenne.
DeFond.
Lamy.
DeFontenay.
Daignau.
DeFonttrouver.
Defond.
DeForest.
Laforest.

DeForillon.
Aubert.
DeFosseneuve.
Volant.
DeFoucault.
Latour.
DeFourneau.
Nouel.
DeFoy.
Baron.
Defouet.
DeFranfleur.
DeVilliers.
DeFrenel.
De la Pipardière.
DeFrétat.
DeFreville.
DeFrontenac.
DeBuade.
DeGalifet.
DeGalimard.
DeGame.
DeGaneau.
DeGannes.
Chamelay.
Falaise.
DeGaspé.
Aubert.
DeGauche.
DeGenlis.
Thiersan.
DeGerlais.
DeJarlais.
St. Amand.
DeGlaine.
Desnoyers.
DeGlandon.
Derdevens.
DeGongre.
DesGougres.
DeGonneville.
Desjardins.
DeGouletrez.
DeGoutin.
DeGrais.
Degré.
Langevin.
LeGeuès.
DeGrandmaison.
DeGrange.
DeGranval.
Rainauld de la Roche.
Degre.
Dugrais.
Dugre.
Laliberté.
Precour.
St. Pierre.

DeGroizilliers.
Chouard.
Médard.
DeGue.
Guay.
DeGuinne.
DeGuire.
DeKéré.
DeKir.
Desrosiers.
Larose.
DeGuise.
DeJoinçau.
Flamand.
DeGuitre.
Dehais.
Deshays.
St. Cyr.
DeHornay.
DeHorné.
Deroché.
Duhaut.
Laneuville.
Laramee.
Rene.
Dehou.
Dehoux.
Deon.
Dion.
Vilaire.
Villers.
Dejadon
Decharnay.
DeJean.
DeJoannes (baron).
DeJoie.
DeJoinçau.
Deguise.
DeJoncaire.
Chabert.
DeJoybert.
DeSoulanges.
DeKadeville.
DeKerverzo.
Olide.
DeKierk (allemand).
De la Bardelière.
De la Barre.
DeRoy.
DuJardin.
De la Barthe.
De la Bath.
DeSivrac.
De la Blanchetière.
Renaudin.
De la Borde.
Moué t.
De la Boucheterie.
Filliau.
De la Bourdlt.

De la Bourlière.
Labordelière.
Labourier.
Laplante.
De la Bregeonnière.
DeVareil.
De la Bretonnière.
Passard.
De la Broquerie.
Boucher.
De la Brosse.
Jourdain.
DeBocage.
De la Bussière.
De la Canterie.
DeMongaron.
LeMondion.
DeLacelle.
De la Chaise.
De la Chassaigne.
Bouillet.
De la Chateigneraie.
Gazon.
De la Chaussay.
Beauharnais.
De la Durantaye.
De la Chauvignerie.
Maray.
De la Chenaye.
De la Citière.
De la Codrès.
Déjadon.
Dubouchet.
De la Colombière.
DeLacorne.
De la Comble.
DeLacorne.
DeChapt.
De la Colombière.
DeSt. Luc.
Dubreuil.
LeVilliers.
De la Coulonnerie.
De la Cour.
St. Onge.
De la Croix.
De la Grois.
De la Crouzette.
De la Durantaye.
DeBoisbriand.
De la Chaussee.
Morel.
De la Faraudière.
Blaye.
Marechal.
De la Farelle.
Daubrespy.
De la Faye.
Monture.

De la Favolle.
Dalciat.
De la Ferrandière.
De la Fond.
De la Fontaine.
DeBellecour.
Dubord.
Lafontaine.
De la Forcade.
De la Forest.
De la Fosse.
Puyperoux.
De la Frennée.
DeBrucy.
De la Fresnaye.
De la Garde.
Delage.
Lafleur.
Larivière.
Lavigueur.
De la Gimaudière.
Lecompte.
De la Giraudais.
Chenard.
De la Grange.
De la Grois.
D'Alogny.
De la Croix.
Delahaye.
De la Haise.
Lagrenade.
Lahaie.
Lahaye.
Lahayse.
De la Houssaye.
D'Etreval.
Delais.
De la Jonquière.
DeTaffanell.
De la Joue.
DeLalande.
Gayon.
Lalande.
DeLaleu.
Laleu.
De la Lore.
Marin.
De la Louisière.
Sorel.
Delalour.
De la Madeleine.
Dailleboul.
De la Maletie.
Lamaletie.
De la Malotière.
D'Auteuil.
De la Marque.
Marin.
De la Marre.
Varin.

De la Martinière.
Berman.
De la Massière.
Marin.
De la Méterie.
De la Minotière.
DeNiort.
De la Mirande.
Dulignon.
Pic.
De la Molleraie.
DeMalleray.
De la Morandière.
Damours.
De la Morille.
Lemaître.
De la Morinet.
De la Morinière.
Berthon.
De la Mothe.
Cadillac.
Dagneau.
De la Rue.
Lamotte.
De la Naudière.
Tarieu.
De la Naue.
Delande.
Deslandes.
DeLangy.
Fontenelle.
Levraux
De la Noray.
Deniort.
De la Nougeure.
De la Perade.
Tarieu.
DeLanouillier.
De la Naudière.
DeLantagnac.
Adhemar.
DeLapause.
Plantanet.
De la Pérade.
De la Nouguère.
De la Perche.
Sabourin.
De la Picanier.
Dagneau.
DeQuindre.
De la Pipardière.
Dufresnel.
De la Pivrange.
Daudegand.
De la Planche.
De la Porte.
DeLouvigny.
Labonte.
Laporte.
St George.

De la Poterie.
De la Potherie.
Gaudin.
LeNeuf.
LeRoy.
De la Prairie.
De la Princerie.
Desparois.
De la Ragotterie.
Lecompte.
De la Raux.
Larue.
Delard.
Dellard.
De la Renaudière.
DesClochers.
De l'Argenterie.
DeMire.
De la Ribote.
Gannat.
De la Rivière.
Bissot.
Delarme.
Delarmé.
Delarminat.
De la Rocheblave.
De la Rochelle.
De la Rochette.
Robert.
De la Rochevernay.
De la Ronde.
Celoron de Blainville.
Denis.
De la Rouvillière.
DeVillebois.
De la Rue.
De la Mothe.
De la Sablonnière.
Brunel.
De la Sague.
De la Salle.
De la Salle.
LeBasque.
Quentin.
Sanschagrin.
De la Saudrais.
Girard.
De la Saussaye.
Dagneau.
Delasse.
Delage.
Lafleur.
Delastres.
De la Tesserie.
Descailhaut.
De la Thibaudière.
Denis.

De la Touche.
DeChamplain.
Tantouin.
Delatour.
Balard.
Jerôme.
Loyer.
De la Tremblaye.
DeLaubanie.
DeLaunay.
Daunet.
DeLonès.
Paquier.
Pinguet.
DeLaune.
DeLaur.
DeBalanzin.
DeLaurice.
Delaux.
DeLauzon.
DeCharny.
De la Citière.
DeLaval.
DeLavaltière.
LeNeuf.
De la Vallée.
De la Valtrie.
Cottu.
Margane.
DeLavau.
De la Verandrye.
Gautier.
De la Vernette.
De la Ville.
Fournier.
De la Vimaudière.
Lecompte.
DeLavoye.
Labombarbe.
Lavoie.
Delaye.
Blandelet.
Delage.
Delaie.
Francœur.
Delbard.
Delbay.
Delbec.
Joly.
Delboeuf.
Desjardins.
Delebat.
Delechallion.
Deleigne.
Delerique.
DeLémon.
Lenepveu.
Delenac.
Bapaume.

DeLentin.

DeLéorée.

Delerieux.
Gatien.

Delerique.
Deleigne
St. Nicolas.

DeLerolle.
DeCanchy.

DeLéry.
Chaussegros.

DeLespinace.

DeL'Espinay.
Bardet.
Lépinay.
Lepinet.
L'Espinay.

DeLessard.

DeL'Estage.
Despeiroux.

DeLestre.
Beaujour.
DeVallon.
Haguenier.
Lamoureux.

DeLestres.

DeL'Estringan.
DeSt. Martin.

DeL'Etendard.
Dandane.

DeLeugré.
DeLugré.
DeSingre.
Dugré.

Delguel.
Dediel.
Delquiel.
Delziel.
Deziel.
Labrêche.

Deliasse.
St. Jean.

Delief.
Deliège.

Deliennes.
Bélanger.

Delières.
Bonvouloir.
Delierre.
Deliers.
Emeloir.

Deliesseline.
DePutot.

Deliette.
DePaludy.
Tonty.

DeLigeras.

Deligneron.

DeLignery.
LeMarchand.

Deligny.

Delimeur.

Deline.
Edeline.

Delinel.
Glinel.

Delino.
DeBalmont.
Delinel.
Delinot.
Glinel.
Martin.

DeL'Intelle.
DeCaumartin.
Lefebvre.

Delique.

DeL'Isle.
Arrive.
Aubin.
Bienvenu.
Bonin.
Delille.
Descormiers.
Despere.
DeSt. Eloi.
Fontanne.
Gautier.

Delisne.
Edeline.

DeLissy.
Dasilva.

DeLivaudière.
Pean.

Dellard.
Delard.

Delleblond.

Dellecrosse.
Bellerose.

Delleur.

Delmas.

DeL'Oeil.

Deloges.
Poirier.

Deloné.
Delaunay.

DeLontrou.
DeMarsac.
Durocher.

Delonès.
Delaunay.

Delong.
Denom.
Duchemin.

Delongé.
Lemaitre.

DeLongueuil.
Lemoyne.

Delor.

DeLorbehais.

DeLorimier.

Delorme.
Sanscrainte.

Deslauriers.
Fafard.
Lemay
Riel.
Simon.

Delouches.

DeLouvais.
Dragon.

DeLouvigny.
De la Porte.

Delouvre.
Durouvray.
Guyon.

Delpeau.

Delpêches.
Dalpecque.

Delprat.
Bellefleur.

Delpué.
Delpée.
Montour.
Pariseau.
Sincerny.
St. Cerny.

Delru.
Artois.
Demeru.

Delsort.
Laviolette.

DeLubac.
St. Jean.

Delucières.
DeLamothe.

Delucy.

Deluga.

Delusas
Laforest.

DeLuserat.
DeLigeras.

DeLusignan.
Dazmard.

Delzard.

Delzenne.

DeMagnac.
Simon.

DeMaisoncelle.
Maizière.

DeMaisonneuve.
DeChomedey.
Puybaro.

DeMalleray.
De la Moellerie.

Demanchon.

Demanteth.
Daillebout.

Demarbrelle.
DeSelle.

Demareuil.

DeMarenne.

DeMarillac.
Auger de Marillac.

DeMarle.

DeMarsac.
DeL'Homme Trou.
DeL'Obtrou.
Desrochers.
Durocher.
Lomtrou.
Portail.

DeMassoings.

DeMaubuisson.
Lucas.

DeMaupré.
Desgranges.

DeMaurampon.
Duplessis.

DeMazé.
Peronne.

DeMeaupeau.
DeL'Estrange.

DeMellis.

Demeri.

Demerle.
Denoyelle.

Demerommont.

Demers.
Dumay.
Dumets.

DeMeru.
Debru.

DeMerville.
Dongeac.
LeGouès.

Demet.

Demeules.

Demeurant.
St. Martin.

Demézy.

Demillets.

Demines.

Demiré.
DeL'Argenterie.

DeMitre.

DeMoitemont.

DeMoliers.
Desmoulins.

Demon.
Emond

DeMonceaux.
DuClement.

DeMonfoy.
De la Croix.

DeMongaron.
De la Canterie.

Demonic.

DeMonmarque.

DeMonredon.
DeMonrepos.
Guiton.
DeMonségur.
St. Jean.
DeMonseignat.
DeMontay.
DeMontcharvaux.
Tisseran.
DeMontel.
Châteauneuf.
DeMontéléon.
DeMontesson.
Croisil.
LeGardeur.
DeMonteuil.
Châteauneuf.
DeMontigny.
Devancour.
Minet.
Papineau.
Pinguet.
Testard.
DeMontmidy.
Remy.
DeMontpellier.
Martin.
DeMontrochand.
Menechier.
DeMonviel.
Vassal.
DeMorampon.
Duplessis.
Demoras.
Mouet.
Demore.
Juchereau.
Demosny.
DeMouchy.
D'Hocquincourt.
Demoulin.
DeMousel.
DeMoyres.
DeMusseaux.
Daillebout.
Ruette.
DeMuy.
Daneaux.
Denanthois.
Duchesnay.
DeNarcy.
DeSt. Vincent.
Deneau.
Denaut.
Deniau.
Destaillis.
Detailly.
De Vau.
Devos.
Jolicœur.
Regnau.
St. Antoino.
Dénéchaud.
Deneuville.
Dupont.
DeNeuvillet.
DePortneuf.
DeNevers.
Brentigny.
Dannevers.
Tenevert.
Deniau.
Denos.
DesTaillis.
DuTailly.
Eneau.
Tully.
Denibel.
Denicour.
Deniés.
Deniger.
Sansoucy.
Deniort.
De la Minotière.
De la Noraye.
Jolicœur.
Denis.
DeBonaventure.
DeFronsac.
De la Ronde.
De la Trinity.
Denys.
De St. Simon.
De Vitré.
Jean.
Lafontaine.
Lapicardie.
Lapierre.
Le Vallon.
Lyonnais.
Quimper.
St. Amant.
St. Onge.
Veronneau.
Denivel.
Glinel.
Deniverville.
Boucher.
DeNogent.
D'Aquin.
Denom.
Desnoux.
Denoncour.
Lefebvre.
DeNoray.
Dumesnil.
Dumesny.
Denote.
De la Martinière.
Denoue.
Desnoux.
L'Eveille.
DeNoyan.
DeChavois.
Payen.
DeNoyelle.
DeFleurimont.
Demerle.
Desnoyelles.
DeNoyon.
Desnoyers.
Laframboise.
Vaujon.
D'Entremont.
Dentu.
DeParfourru.
Deparoy.
Champagne.
DePeiras.
DePelteau.
Sarrazin.
DePenefière.
DePerteau.
Depin.
Lefebvre.
DePlace.
Deplaine.
Damours.
Dujour.
Depoca.
Joannis.
DePoitiers.
DuBuisson.
Depoix.
Parisien.
DePommeroy.
Depont.
Desponts.
DePortaux.
DePortneuf.
Robineau.
DePouligny.
Jarret de Verchères.
DePradal.
Mériten.
DePrécillon.
DeProuville.
DePuiseaux.
DePutot.
Deliesseline.
DePuybaro.
Puybaro.
DeQuera.
DeQuilien.
Duplessis.
Dequin.
Léveille.
DeQuindre.
Dagneau.
Dequoy.
Decaouet.
Picard.
DeRainville.
Rainville.
DeRamezay.
De la Gesse.
DeMonoir.
DeRastel.
DeRocheblave.
DeRavenel.
Chevalier.
Derbanne.
Desprès.
Guyon.
Derbeville.
Cannard.
Derdevens.
Dedevin.
DeGlandon.
DeRé.
DeGand.
DeReau.
DeL'Autheur.
Descayrac.
DeRemigny.
Deremond.
DeRémy.
DeCourcelles.
DeRennes.
DeRenom.
DeRepentigny.
LeGardeur.
Dérer.
Dereux.
DeMerinville.
Hardy.
DeRibaudin.
DeCousse.
DeRichebourg.
Boileau.
DeRicheterre.
Dessaillant.
DeRicheville.
Drouet.
DeRicourt.
DeNicourt.
Derien.
DeRigaut.
DeCavagnal.
De Vaudreuil.
Rigaud.
DeRigauville.
DesBergères.
Deriger.
Lajeunesse.
Derigny.
Chatelain.

DeRinon.
DeBudemon.
Derivon.

DeRissetterre.
DeRicheterre.

Derivon.
Derinon

Derny.
Larose.

DeRoboras.

Deroche.
Duquet.

DeRocheblave.
DeRastel.

DeRochemond.
Bescherfs.
Deschevert.

Derogé.

Deroigny.
LeParisien.

DeRoissy.

DeRomf.
Descarreaux.

DeRompré.
Hutelot.
Levêque.

Deroquemaure.

Derosier.

Derosette.

DeRosy.
DeChauvigny.

Derouen.
Drouin.

Derousseau.

DeRousson.
LeVerrier.

DeRoy.
De la Barre.

Deroybon.
D'Alonne.

DeRoycourt.
Lebrun.

DeRoyon.
Desvoyon.

Dérumé.
Beausoleil.

Derupalley.
Desjardins.

Dervaux.
Darveau.

Dervilliers.
De la Boissière.

Déry.
Desry.
D'Hery.
Larose.

Deryzy.
Perrot.

Desabrais.
Rullé.

DeSabrevois.
DeBleury.

DeSacquerez.
Caron.

DeSacquespée.

DeSailly.

DeSaive.

DeSaleurs.
Compiaux.
Coupiau.

DeSaline.
Dessalines.

DeSalle.

Desalliers.
Aubuchon.
DeLessard.

DeSanterre.
Dupeiras.

DeSardeau.

DeSarenes.
Hugues.

Desaulniers.
LeSieur.
Trotier.

DeSaurel.

Desautels.
Lapointe.

Desavier.
Beaupré.

Desbarats.
DeBarras.

DesBardes.
DeLorimier.

Desbelottes.
Dostie.

DesBergères.
DeRigauville.

Desbiens.
Debien.

Desblés.
Pariseau.

Desbœufs.
Delbœuf.

Desbordes.
Dabadie.
DeRequier.
Landrière.

Desbrieux.
Debroyeux.

Desbroyeux.

DesButtes.
Baudry.
St. Martin.

Descampes.
Desnoyers.

Descailhaut.
De la Tesserie.

Descardonnets.
Pepin.

Descaris.
Lehoux.

Descastinaux.
Champagne.

Descaut.
Desco.

Descayrac.
DeReau.

Descent.
Sanspitié.

D'Eschaillons.
De St. Ours.

Deschal.

D'Eschambault.
DeFleury.

Deschamps.
Boishebert.
Dechau.
Hunaut.
Legadeau.
Roger.

Deschastelets.
Pinot.

Deschaux.

Deschenaux.
Brassard.
Crevier.
Deschols.
Pineau.

Deschênes.
Miville.

Deschevaux.
Lajoie.

Deschevert.
Bescherfs.
DeRochemont.

Deschevery.
Chevalier.
Chevery.
Detchevery.
Gebard.
Maisonbasse.

DeSchoell.

Deschols.
St. Pierre.

Desclairs.

Descloches.

Desclochers.
De la Renaudière.

Desclu.
Galard.

Desco.
Descaut.
Montauban.

Descolombiers.
Galibert.
Ladouceur.
Roger.

Descomps.
Bodichon.
Descompte.
Fillau.
Labadie.

Descongés.
Ducongé.

Descormiers.
Berthelot.
Duveau.

Descormo.

Descoteaux.
Lefebvre.
Picoron.

Descotes.
Languedoc.

Descoudrays.

Descourbières.

Descroses.

DesDames.

Desdevens.
DeGlandon.

DeSelles.
Demarbrelle.
Duclos.

DeSennecy.
DeChoisy.

DeSenneville.
DeGaneau.

DeSerre.
Lafontaine.

DeSerriau.
Dalquier.

Desery.
Deshery.
Latour.

DeSève.
Desèvre.
Poitevin.

Desfonds.
Defonttrouver.

Desfontaines.
Debeau.
Joubert.

Desforets.
Margane.
Richelieu.

Desforges.
Gatinon.
Lamontagne.
Picart.
St. Maurice.

Desfossés.
Lacharite.
Laspron.
St. Louis.

Desfourchettes.
Giroux.
Vachon.

Desfourneaux.
Nouel.

Desfourniers.
Desgagnés.
Desgagniers.
Desgly.
Mariauchau.
Desgougres.
Lagrenade.
Desgranges.
DeMaupré.
Desgraviers.
Colin.
Desgritaux.
Desnoyers.
Desgroseillers.
Bouchard.
Chouart.
Dorval.
Rochouard.
Rochouère.
Desguerrois.
Desrosiers.
Desguittes.
Deshayes.
Dehais.
Destree.
Sansoucy.
St. Cyr.
Tourigny.
Deshèry.
Desery.
Deshêtres.
Desiève.
Desilets.
Couillard.
Desjordis.
Desrosiers.
Huard.
Laporte.
Mousseau.
DesIlles.
Chatigny.
DeSimblin.
Raimbaut.
DeSintré.
Legrand.
Desire.
Delisle.
DeSivrac.
DeLabath.
Desjadon.
Dubouchet.
Desjardins.
Abel.
Capel.
Charbonnier.
Combelle.
Comète.
Degonneville.
Delbeuf.
DeRupally.
Galand.
Lamarche.
Laplante.
Lourdin.
Roulier.
Roy.
Salmon.
Senat.
Verger.
Zacharie.
Desjablès.
Degerlais.
St. Amand.
Desjordy.
Cabanac.
Desilets.
Villebon.
Deslabillet.
Lescabiet.
DesLandes.
DeChampigny.
Deslard.
Dellard.
Deslarieux.
Larieux.
Deslauriers.
Basset.
Bonin.
Cavelier.
Cordeau.
Cotineau.
Dauplès.
Delorme.
Desloriers.
Dion.
Ducheron.
Eschappe.
Faure.
Faureau.
Guyon.
Jacques.
Jacquet
Lafrance.
Legaut.
Malard.
Normandeau.
Papineau.
Renard.
Renaud.
Soreau.
Tinon.
Desliettes.
Tonty.
Deslignеris.
Lemarchand.
Desloges.
Poirier.
Deslongchamps.
Hubou.
Desmaisons.
Desmarchais.
Persigny.
Desmaroll ls.
Darcour.
Desmarteaux.
Birtz.
Desmazès.
Péronne.
Desmeloises.
D'Avesnes.
Renaud.
Desmililes.
Masson.
Desmittes.
Demitre.
Desmoliers.
Desmeilliers.
Desmouliers.
Desmons.
Desmontais.
Lafleur.
Desmoulins.
Arnaud.
Cherlot.
Churlot
Demoulin.
Fonteneau.
Lagiroflee.
Maillou.
Mouchère.
Philis.
Robineau.
Tiret.
Desmusseaux.
D'Aillebout.
Desnos.
Deniau.
Desnouhes.
Desnoux.
L'Eveillé.
Desnoyers.
Auclair.
DeGlaino.
DeGlanno
Desgritaux.
Desmarets.
Lacroix.
Lajeunesse.
Lamontagne.
Loyer.
Marcheteau.
Racine.
Royer.
Viel.
Desorcy.
Laguerre.
Lincour.
Desormeaux
Chartrain.
Dollard.
Monceau.
Montau.
Desormiers.
Cusson.
Desoubic
Despagnol.
Desparois.
Champagne.
De la Princerie.
Deparoy.
Despatis.
Dêpati.
Forget.
Froget.
Parisien.
Despeignes.
Despeiroux.
DeL'Estage.
Despéré.
DeL'Isle.
Despéronel.
D'Espinally.
Despins.
Giguère.
Lefebvre.
Lemoine.
Despitaud.
Desplans.
Desplats.
Despointes.
Harel.
Robin.
Desponts.
Desprès.
Couillard.
Guyon.
Loranger.
Rivard.
St. Louis.
Desquerat.
Desquilin.
Duplessis.
Desrabi.
Darabi.
Desranlot.
Châteauneuf.
Desrives.
Sicard.
Desrivières.
Rivet.
Trotier.
Desrochers.
Brien.
Duquet.
Durocher.
Gloria.
Houde.
Lafrenière.
Lamontagne.
Levestre.
Loisy.
Marsac.
Perrot.
Rocher.
Tinon.

DESROCHES.
Boucher.
Laliberte.
Laroche.
Paincourt.

DESROSIERS.
Boucher.
Dargy.
Deguire.
Desguerrois.
Desilets.
Dutremble.
Jutrat.
Lafrenière.
Lamel.
Miller.
Patoile.
Ruhot.
Soulanges.

DESROUSSELS.
Bidet.

DESROYAU.
Denoyon.

DESRU.
Sanspitie.

DESRUISSEAUX.
Dagneau.
Daillebout.
De la Bissonnière
Desaulniers.
Desmusseaux.
Houde.
Lusseau.
Maillou.
Trotier.

DESRY
Dery.

DESSABLONS.
Leonard.

DESSAILLANT
Dericheterre.

DESSAINT.
Descent.
Dessent.
Sanscrainte.
St. Pierre.

DESSALINES.
DeSaline.

DESSAUX.

DESSENS.
Dessaint.

DESSERMONS.
Demers.

DESSI.

DESSOMBRES.

DESSUREAUX.
Laplante
LeBourguignon.

DESt AGNAN.
D'Albert.
Doblebert.
St. Aignan.

DESTAILLIS.
Deneau.
Deniau.
Desnos.

DESTAIN.

DESt. CASTIN.

D'ESTIENNE.
DeClerin.
DuBourget.
DuBourguet.

D'ESTIMAUVILLE.
DeBeaumonchel.

DESTIN.

DESTIVAL.
DeDaixé.

DESt. NICOLAS.

DESTOUCHES.
Peronne.

DESTOURS.
Dupuis.

DESt. OURS.
D'Eschaillons.

DESt. PAIR.

DESt. PIERRE.
Dessaint.

DESTRAMPES.

DESTRÉE.
Deneau.
Deshaies.

D'ESTRÊME.
Com.

DESTROCHES.
Beziers.

DESTROISMAISONS.
Picard.

DESTROSSES.
Destroches.

DESt. VINCENT.

DESUBERCAS.

DESUÈVE.

DESVIGNEZ.

DETALARD.
Marin

DETCHEPARD.
Raymond.

DETCHEVERY.
Deschevery.

D'ETERVILLE.

DETIER

DETILLY.
LeGardeur.
Têtu.

DETONNANCOUR.
Godfroy.

DETOUCHE.
Bethune.

DETOUR.
Destours.
Dupuis

DETOURNEAU.
Letourneau.

DETRACOLLE.

DETREMAUDAN.
DuMoulin.
Faure.

DETRÉMONT.
Salvay.

DETREPAGNY.
Trepanier.

DETRESAC.
Dutrisac.

D'ETREVAL.
De la Houssaye.
DeTruval.

DETROYES.
DeVallée.

DETRU.

DETRUVAL.
De la Houssaye.

DEVALERENNE.
Duvault.

DEVALLÉE.
DeTroyes.

DEVALLETTE.

DEVALMER.
Bricault.

DEVANCHY
Vanchy.

DEVAREIL.
De la Bréjonnière.

DEVARENNES.
Gauthier.

DEVASSON.

DEVAU.
Denaut.
Devaux.
DeVos.
Haleau.
Jolicœur.
LeVau.
Retor.

DEVAUDREY.
DeVerse.

DEVAUTOUR.
Vautour.

DEVÉ.
Deviss.

DEVEILLEINE.
Dupont.

DEVERAC.
Parisien.
Vera.

DEVERASSAC.
Bouchard.

DEVERCHÈRES.
Jarret.

DEVERGIER.

DEVERGONS.

DEVERLY.

DEVERNEUIL.
DeLorimier.

DEVERRE.

DEVERSE.
DeVaudrey.

DEVEZIN.

DEVIENNES.
Desvignets.
Tuillier.

DEVILLANDE.
St. Martin.

DEVILLARS.
Lamontagne.

DEVILLE.

DEVILLÉ.
Borderon.

DEVILLEBOIS.
De la Rouvillière.

DEVILLEDONNÉ.
DeVilledenay.

DEVILLEMUR.
Berthier.

DEVILLENEUVE.
Amyot.

DEVILLERAY.
Rouer.

DEVILLIERS.
Coulon.
LeGardeur.

DEVILLIEUX.
LeBassier.

DEVILLY.

DEVIN.
Bounant.

DEVISS.
Devé.

DEVITRÉ.
Denis.

DEVIVIER.
Rocheleau.

DEVOISY.
Lahaie.
LePailleur
LePellé.

DEVOS.
DeVau.

DEVOYON.
Denoyon.

DEXAINTES.
Dessaint.
St. Pierre

DEXPOSE.
St. Jean.

DEXTRA.

D'EYME
Lallemand.

DEZALLIERS.
Aubuchon.

Dezery.
Desery.
Deziel.
Delguiel.
Dharmes.
D'Hastrel.
DeRivedoux.
D'Hautebourg.
Volant.
Dhautel.
Dautel.
D'Hazé.
Dazé.
D'Hasé.
D'Herbaune.
Dumontier.
Guyon.
Dherbe.
St. François.
D'Hervaux.
Darveau.
D'Hocquincourt.
Demonchy.
D'Hué.
Duhay.
Dhugues.
Dhyerre.
Jolibois.
Diau.
Dicaire.
Dicker.
Diguère.
Sergeant.
Diceré.
Difféřé.
Dichard.
Dicker.
Dicaire.
Didier.
Casaubon.
Dauphiné.
Digue.
LeParisien.
Diel.
Deziel.
LePetit.
Diers.
Beaulieu.
Dieu-de-part.
Gutepart.
Diez.
Difféřé.
Diceré.
Diganne.
Digé.
Dignan.
Rignan.
Digon.
Diguère.
Dicaire.

Diguier.
Jolicœur.
Dilay. *
Lamontagne.
Diligent.
Dilon.
Dimel.
Dinant.
Dineargue.
Dion.
Dehon.
Deon.
Deou.
Desloriers.
Dumontier.
Guyon.
Laramée.
Dionet.
Guionet.
Lafleur.
Dionne.
Diaume.
Guyonne.
Diony.
Jolicœur.
Diorsival.
Dorceval.
Dioux.
Dirès.
Dirigoyen.
Disco.
Lescot.
Disly.
Disquet.
Disy.
Dizy.
Montplaisir.
Ditot.
Sedilot.
Ditzel.
Divelec.
Quimper.
Diverny.
St. Germain.
Divertissant.
Farineau.
Ferrier.
Goutche.
Philibert.
Dizier.
Nivard.
Sanscartier.
St. Dizier.
D'Lopatigui.
Do.
Sansoucy.
Dobé.
Dobert.
Daubert.

D'Obigny.
D'Aubigny.
Doblebert.
De St. Agnan.
Docys.
Dubuisson.
Dodelin.
Daudelin.
Dodienne.
Fisback.
Dodier.
Doyer.
Dodin.
Dodelin.
Doinet.
Doiron.
Dolbec.
Dalbec.
Delbec.
Dufresne.
Dollard.
Desormeaux.
D'Olonne.
Dolque.
Dolten.
Dolud.
Domas.
Domblet.
Dombournay.
Domerque.
Dominé.
St. Sauveur.
Domingo.
Carabi.
Thomingau.
Tomingo.
Dominique.
Janot.
Regault.
Dommange.
Dompierre.
Donais.
Daunet.
Donay.
Lafleur.
Donaldson.
Donat.
Donay.
Daunet.
Doncour.
Gely.
Donelly.
Dongeac.
DeMerville.
Donnery.
Beausejour.
Donnet.
Daunet.

Donohue.
Dontaille.
Dontigny.
Lucas.
Donys.
DeSt. Vincent.
Dopin.
DeBelluge.
Doraire.
Dorbin.
Dorceval.
DeBouchel.
Dorci.
Doré.
Dorillard.
Dorionne.
Doriot.
Dorlet.
Dorloge.
Cicatrice.
Dormet.
Dormicour.
Huart.
Dorn.
Dornon.
Doron.
Dumancin.
Dorval.
Bouchard.
Desgroseillers.
Dorvilliers.
Chorel.
Dosque.
Dosta.
Dostancheau.
Dostie.
DeBellot.
DeMonplaisir.
Dotesse.
Latulippe.
Douaire.
DeBondy.
Douault.
Doublet.
Doubram.
Doucet.
Pelletier.
St. Louis.
Doucin.
Doucinet.
Douez.
Douge.
Populus.
Douglass.
Douillard.
Drouillard.
Douillet.

DOUSSIN.

DOUSTOU.
Dastou.

DOUTRE.
Lavigne.

DOUVIER.
Douié.

DOUVILLE.
Dagneau.
Dauville.
Jéremie.
Morand.

DOVIEN.

DOYEL.
Doyle.

DOYER.
Dauvier.
Desmarets.
Dodier.
Saval.

DOYLE.

DOYON.
Doison.
Doisson.
Dozon.
Lacroix.

DOYSON.
Doison.
Dozon.
Lacroix.

DOZOIS.
Chicoine.

DRAGON.
Darragon.
DeLouvais.
Heurtaux.
Julien.
Lafrance.
LeDragon.
Quay.
St. Julien.
Tué.

DRAPEAU.
Lafarge.
Laforge.
Lajeunesse.

DREUILLET.
Druilhet.

DREUX.

DREVELLE.
Durette.

DROGUÉ.
Lajoie.

DROIT.
Drouet.

DROLET.

DRON.

DROSSY.

DROT.
Deneau.

DROUART.

DROUET.
DeBaudicour.
DeCarqueville.
DeGrandmaison.
DeRichardville.
DeRicherville.
LeDroit.
Leperche.

DROUILLARD.
Argentcour.
DeRouillard.
Douillard.
Lagiroflee.
Laprise.

DROUIN.

DROUSSON.
Doison.
Drosson.
Drusan.

DROUX.
Gendreau.

DRUE.

DRUGEON.

DRUGEOT.

DRUILHET.
DeLatrulière.
Lateiclerc.

DRUINEAU.
Bruneau.

DUBARRY.

DUBÉ.

DUBEAU.
DuBau.
Dubocq.
Dubos.

DUBERGER.
Sanschagrin.

DUBERGÈS.

DUBIAU.
Chaput.
Dubillot.

DUBILLOT.
Chaput.

DUBLANC.
Leblanc.

DUBOCAGE.

DUBOIS.
Berthelot.

DUBOIS.
D'Avaugour.

DUBORD.
Beaufort.
Boutin.
Clermont.
Debord.
DeChaumont.
Lafontaine.
Latourelle.
Laviolette.

DUBOSQUET.

DUBOUCHET.

DUBOUCHET.
De la Codrès.
Desjadons.

DUBOURGHEMIN.
DeL'Hermitière.

DUBOURG.
Bouhours.
Bourg.
D'Estienne.
Dubourgue.
Lachapelle.

DUBOURGET.
DeBourguet.

DUBOURS.
Picard.

DUBRAHÉ.
Dupas.

DUBRAY.
Laplume.

DUBRESSIEUX.
DeRivon.

DUBREUIL.

DUBROC.
Dutertre.

DUBROCA.

DUBROQUE.

DUBRULE.
Dubreuil.

DUBUC.

DUBUISSON.
DuPoitier.
Guyon.
Radier.
Renault.

DUBURON.

DUC.
Belleroso.
Leduc.

DUCAP.

DUCARDONNET.
Pepin.

DUCARET.

DUCARREAU.

DUCAS.
Dugas.
Labreche.

DUCASSE.

DUC-CE-ROY.

DUCERPE.

DUCHAINY.
Baril.
Barry.

DUCHAMBON.
Domezillac.
DeVergor.
Dupont.

DUCHARME.
Charon.
Laverdure.
Provencher.
Repoche.
Tetreau.

DUCHARNAY.

DUCHATEAU.
Arrachar.

DUCHAUT.

DUCHEMIN.
Delong.
Regnault.

DUCHÈNE.
Bardet.

DUCHENOIS.

DUCHERON.
Deslauriers.
Luchiron.

DUCHESNE.
Chevalier.
Gatillon.
Lapierre.

DUCHESNEAU.
De la Doussinière.
Sansregret.

DUCHESNY.
Bretel.
Duchesné.
Juchereau.
Lamusique.

DUCHIRAY.

DUCHOUQUET.
Lefebvre.

DUCIMETIÈRE.
DuSemmetienne.

DUCLAS.
Cartier.
Duclos.

DUCLÉMENT.
DeMonceaux.
DuVault.

DUCLOS.
Bellerose.
Berthody.
Carignan.
Cauchois.
Celles.
DeBourdin.
DeCelles.
Sel.
Valier.

DUCLOU.

DUCOLOMBIER.

DUCONDU.

DUCONGÉ.
Descongès.
Lafortune.

DUCORPS.
St. Médard.

DUCORS.
Laterreur.
DUCOUDRAY.
DUCROS.
Laterreur.
DUCURONT.
DUDEMAINE.
DUDEVOIR.
DUÉ.
Duhay.
DUFAILLI.
Dufaye.
DUFAUT.
Dufaoux.
Dufayet.
Giasson.
Lamarche.
Latulippe.
Raclau.
DUFAYE.
Lamarche.
Seigneur.
DUFERDIER.
Bearnais.
DUFESTE.
DUFIGUIER.
Dufaye.
DUFILS.
Charets.
DUFION.
Perigord.
DUFIX.
DUFLOS.
Duflau.
DUFONT.
Legris.
DUFORILLON.
Aubert.
Lachenaye.
DUFORT.
Bougret.
Lacouture.
DUFOUR.
Bonvivant.
Lamarche.
Latour.
DUFOURNEL.
Desloriers.
DUFRANC.
Bourg.
DUFRAYER.
DUFRESNAY.
DUFRESNE.
Bouin.
Dufraisne.
Janvrin.
Laglanderie.
Rivard.
Thunay.
Vernas.
DUFRESNEL.
De la Pipardière.
DUFROS.
De la Jemerais.
DUGAL.
Cottin.
DUGAST.
Ducas.
Dugas.
Labrèche.
Leveille.
DUGGAN.
DUGRÉ.
Degrés.
DeLeugré.
Dugrais.
DUGUAY.
Boisbriant.
Duplessy.
Duquet.
Lafranchise.
Parisien.
DUGUÉ.
DUHAMEL.
Chasle.
Sansfaçon.
DUHAUT.
Jasmin.
Paris.
DUHAUTMÉNY.
Dehautmesnil.
DUHAUT-RENE.
Dehornay.
Laneuville.
DUHAY.
D'Hué.
Due.
DUHEMME.
Laplanche.
Quercy.
Terrien.
DUHOUSSET.
DuHoussay.
Morel.
DUJARDIN.
De la Barre.
DUJOUR.
DePlaine.
DULAC.
Bonhomme.
Morin.
DULAURENT.
Cartier.
Cocquot.
Lortie.
DULEAU.
Laviolette.
DULÉON.
DULIGNON.
De la Mirante.
Pic de la Mirande.
DULIN.
DULOIN.
DULONG.
DULUTH.
DeGreyzolon.
Dulhud.
Dulude.
Huet.
DUMAINE.
Belois.
Bonneron.
Dumesnil.
Lafontaine.
Lamusique.
DUMANCIN.
DUMANOY.
DUMANS.
DUMARCHÉ.
DUMAREUIL.
Lafranchise.
DUMAS.
Dumais.
Dumans.
Rencontre.
Sansregret.
DUMAY.
Chefdeville.
Demer.
Demers.
Dessermons.
Dumais.
Dumeth.
Dumets.
Dumetz.
Lafeuillade.
Montfort.
Rossignol.
DUMENU.
Gaudarville.
Peuvret.
DUMENY.
DUMERDY.
DUMERGUE.
DUMESNIL.
Alix.
Denoré.
Dumesny.
Henry.
Ladouceur.
Lamusique.
Montmeny.
Pipart.
DUMEYNION.
DUMILON.
DUMONT.
Breton.
DeBlaignac.
Foulon.
Gueret.
Lafleur.
Lagrossetête.
Lambert.
Laviolette.
Poitevin.
DUMONTET.
Lagrandeur.
DUMONTIER.
Brillant.
Dion.
Guyon.
DUMOUCHEL.
Desmouchel.
Laroche.
DUMOULIN.
DeTremaudan.
Faruel.
Fonteneau.
Robineau.
DUMOULINEUF.
Moulineuf.
DUNBAR.
DUNÉGANT.
DUNET.
DUNIÈRE.
Guionnière.
Gunière.
DUNKIN.
DUNN.
DUPANLAU.
Duval.
DUPARC.
Laviolette.
DUPARD.
DUPAS.
Brisset.
DUPASSAGE.
DUPAUL.
DUPÉRÉ.
Larivière.
DUPÉRON.
Babie.
Legros.
Perron.
Sansregret.
DUPEYRAS.
DUPILLE.
DUPIN.
DeBelugard.
DUPLAIS.
DUPLANTY.
Germain.
Hery.
DUPLARIAL.
DUPLASSIAL.
Guibord.
Guilbaut.
St. Amand.
DUPLESSIS.
Bochart.
Demorampont.
Dequilien.
Duguay.

Faber.
Gardet.
Gatineau.
Gourlet.
Guillemot.
Guillon.
Jussereau.
Lebrun.
Lefebvre.
Moreau.
Noblet.
Perin.
Perrin.
Quiniart.
Regnard.
Robreau.
Sirois.

DUPONCHET.
De la Fontaine.

DUPONT.
Gaudais.

DUPONTHAU.
Duval.

DUPORT.

DUPORTEAU.

DUPRAT.
Duprac.
Pierre.
Prat.
Provençal.

DUPRÉ.
Champagne.
Lecompte.
Pichet.
Prayé.
Pre.
Richer.
Rochefort.

DUPUIS.
Anet.
Beauregard.
Caton.
Couillard.
De la Fosse.
Destours.
Dupuy.
Dupuyau.
Gervais.
Gilbert.
Jolicœur.
Lagarenne.
Laliberte.
Lemarquis.
Moyse.
Parisien.
Perou.
Raymond.
St. Michel.
St. Pierre.

DUPUYAU.
Dupuis.

DUQUERCY.

DUQUESNE.

DUQUET.
De la Chenaye.
Desrochers.
Duguay.
Madrid.
Madry.

DURANCEAU.
Duranseau.

DURAND.
Arsenault.
Baron.
Chevigny.
Couturier.
Desmarchais.
Duranseau.
Manchaut.

DURANSEAU.
Brindamour.
Montmirel.

DURASOIR.
Rouhaut.

DURAULT.
Duruau.
Duverger.

DURBOIS.
Larivière.
Lienard.

DUREL.

DURENOT.
Desranlot.

DUREPOS.

DURET.

DURFORT.

DURIEUX.

DURIVAGE.
Ango.
Baillargeon.
Etienne.
Laramee.
Philippe.

DURIVAULT.
Huet.

DURIVEAU.
Lafleur.

DUROCHER.
Demarsac.
Desrochers.
Frappe.
Lafleur.
Lamontagne.
Primeau.
Renaud.

DURODEAU.
Duverger.
Robert.

DURODU.
Lecabellac.

DURON.
Duruau.

DUROQUET.
Marechal.

DUROS.
Duruau.
Potvin.
Robert.

DUROSEAU.
Durozeau.

DUROUSSEAU.
Durozeau.
Houde.

DUROUSSEL.

DUROUVRAY.
Guyon.

DUROUZEAU.
Durozeau.

DUROY.

DURTUBISE.
Heurtebise.

DURUAU.
Durault.
Dureau.
Duron.
Duros.
Durvau.
Poitevin.

DURUEZ.
DeValcour.

DURVAU.
Duruau.

DURY.
Sanscartier.

DUSABLÉ.
Dandonneau.
Mascelin.

DUSABLON.
Levêque.
Liénard.

DUSAILLI.
Deniau.

DUSAULT.
Dusceau.
Dusos.
Dussault.
Lafleur.
Leblanc.
Toupin.

DUSAUTOY.

DUSAY.

DUSEMMETIENNE.
Ducimetière.

DUSEP.

DUSERRE.

DUSERREAU.

DUSOUCHET.
Cavelier.
Lecavelier.

DUSSESTE.

DUSTAU.
Vadeboncœur.

DUSURAULT.
Dessureaux.

DUTAILLY.
Deniau.
DesTaillis.
Failly.

DUTALMÉ.
Chavaudray.
Chavaudreuil.

DUTARTE.
Dutertre.
Letarte.

DUTASTA.
Lebourne.

DUTAUT.
Dufaut.
Duteau.
Dutos.
Grandpré.
Tourville.
Vilandré.

DUTEMPLE.

DUTERTRE.
Dutarte.
Dutartre.

DUTHU.

DUTILLE.

DUTILLY.
Buisson.
Guyon.
Stilson.

DUTISNÉ.

DUTOS.
Dutaut.

DUTOUR.
Gauvin.

DUTREMBLE.
Desrosiers.

DUTRISAC.
Hebert.

DUTUYAU.
Dupuyau.

DUVAILLY.
Masse.

DUVAL.
Bigot.
Chevreuil.
Dupaulo.
Duponthaut.
Lelièvre.
Thuot.
Vinaigre.

DUVAULT.
DuVaux.

DUVEAU.
Berthelot.

DUVERGER.
D'Aubusson.
Laplanche.
Mezeray.

Duverné.
Crevier.
Duvernay.
Pichon.
Trotier.

Duverni.
Diverny.
St. Germain.

Duvert.

Duvillars.

Duvivier.
De la Fontaine.
LeFournier.
Philippe.

Dwyer.

E

Ecuyer.
Marin de la Marque.

Edeline.
Deline.
Edline.

Edine.
Laviolette.

Edme.

Edmond.
Emond.

Egé.

Elbeuf.

Elot.
Hellot.
Jannot.
Labrie.

Ely.
Liénard.

Emanuel.

Emard.
Aymard.
Emart.

Emay.

Embandaour.

Emeloir.
Bonvouloir.
Delieres.

Emériau.
Belair.
Hemerio.

Emery.
Ainceri.
Beauvais.
Coderre.
Lasonde.
Mery.

Emond.
Aymond.
Edmond.
Haimond.
Hemond.

Enard.
Esnard.
Inard.
Provençal.
Ynard.

Enau.
Canada.
Enaud.

Enaud.
Canada.
Enau.
Enault.
Enaux.
Hainaud.
Hainault.
Hainaut.
Henaud.
Henault.
Henaut.
Hunault.
Naud.
Nault.

Enceau.
DeBerry.

Encougnier.
Lancognet.

Enfours.
Lamoureux.

Engay.

Engueharard.
Hengard.

Ennis.

Enouille.
Dautrepe.
Lanoix.

Enselin.

Eriché.
Louveteau.
Riché.
Richer.

Erigoyen.
Dirigoyen.

Escabiet.
Lescabiettes.

Escarbot.
Beausseron.
L'Escarbot.

Eschappe.
Deslauriers.

Esnard.
Enard.

Espagnet.
D'Espagnol.

Espagnol.
Sanche.

Espagnoli.

Esprit.
Champagne.

Estèbe.

Estechaude.

Estène.
Estève.

Estère.
Estène.

Estève.
Estène.
Hestel.
Lajeunesse.
Stèbre.

Estiambre.
Sansfaçon.

Ethier.
Estu.
Ethié.
Héritier.
Hestu.
Hètu.
Lamalice.
L'Escuyer.

Ethrington.

Etienne.
Belanger.
Blais.
DeClérin.
Durivage.
Lamontagne.
Laprairie.
Philippe.
Pont.
Relanger.

Etin.

Eudes.
Huddes.

Eugène.

Eury.
De la Perelle.

Evans.

Evarts.
Everett.

Evelin.
Baupardière.

Everett.
Evarts.

Evin.

Evitt.

Evrard.
Herard.
Herraux.
Herror.

Ezéquiel.
Aide-Créquy.

Ezièro.

F

Fabas.
St. Germain.

Faber.
Lefebvre.

Fabien.
Pressau.

Fabre.
Lajeunesse.
Lalancette.
Lapérière.
Larosée.
Montferrand.

Fache.
Fasche.

Fafard.
DeFrancheville.
Delorme.
Joinville.
Laframboise.
Lafraynay.
Lapavanne.
Longval.
Macouce.

Fagnant.
Failly.
Faye.
Fayen.
SansCartier.

Fagot.

Fagueret.
Petitbois.

Fahi.
Dutailly.

Faidit.
Faille.

Faie.
Faille.

Faille.
Fagnant.
Fahi.
Faidit.
Faïe.
Failly.
Faye.
Fily.
Fredi.
Lafayette.
Prudhomme.
Sanscartier.
Villefranche.

Failly.
Faille.

Faitu.
Fasche.

Falaise.
DeFalaise.
DeGannes.
Leduc.

Falard.

Falardeau.
Follardeau.

Falcon.

Falis.

Fallby.

Falz.

Fanchon.

Fanef.
Phaneuf.

FARAUDIER.
FARDEAU.
FARE.
Larosée.
FARENDIER.
FARGE.
Lafidélité.
FARGY.
Giffard.
FARIBAULT.
Faribaut.
FARIL.
FARINEAU.
Divertissant.
FARLY.
FARNETH.
FARON.
Vivarais.
FAROU.
Gazelle.
FARREAU.
FARRELL.
FASCHE.
Fache.
Robert.
FAUBERT.
Foubert.
FAUCHER.
Chateauvert.
Fauchet.
St. Maurice.
FAUCHON.
FAUCONNET.
Lafleur.
FAUDEUX.
Bonsecours.
Fauteux.
FAUGÈRE.
Guillot.
FAULT.
Focque.
FAUPIÉ.
Fauque.
Focque.
FAUQUEREAU.
Fouquereau.
FAURE.
FAURON.
Favron.
FAUTEUX.
Faudeux.
Gaudin.
FAUVE.
FAUVEL.
Bigras.
De la Duquésie.
FAUX.
Fauques.

FAVEL.
Vaucher.
FAVERON.
Favron.
FAVRAT.
FAVRE.
St. Jean.
FAVREAU.
Deslauriers.
Faureau.
Favereau.
Faverel.
Lagrandeur.
FAVRON.
Fauron.
Faveron.
FAYARD.
Lafeuillade.
FAYE.
Fagnan.
Fayen.
FAYEN.
Fagnan.
Fahy.
Failly.
Faye.
LaFayette.
Villefayen.
FAYET.
Fayette.
FAYOLLE.
FAYOT.
Faye.
Sanscartier.
FÈCHE.
Flesche.
St. Germain.
FÉLIX.
Gaudin.
Péloquin.
FELLAN.
Ferland.
Frelan.
FELTZ (DE).
FELY.
Lachapelle.
FENASSE.
FENI.
Dauphiné.
FENNELENS.
FERAUD.
FERAY.
Duburon.
FERDINAND.
FERDISSON.
FERGUSSON.
FERLAND.
Fellan.
FERNANDO.

FERNET.
Frenet.
FERON.
Sanscerre.
Sansterre.
Sevran.
FÉROUELLE.
FERRAND.
Lagrandeur.
FERRÉ.
Feret.
Lachapelle.
Serré
St. Jean.
FERREUX.
Foru.
FERRIÈRE.
LeBon.
FERRIOL.
FERROT.
FERTON.
Freton.
FESCH.
FÉTEIS.
Fintize.
FEUILLETEAU.
Fecteau.
Filteau.
FEUILLON.
Filion
FÉVRIER.
DeBasse.
Lacroix.
FEZERET.
FIATRO.
Filiatreau.
FICHÈRE
FICHET.
FIELDON.
FIGURES.
Figorss.
FILASTREAU.
Filiatreau.
FILDE
FILIATREAU.
St. Louis.
FILIAU.
Dubois.
Filiot.
FILIDOR.
Bette.
FILION.
Champagne.
Feuillon
Sansoucy.
FILLEAU.
Descomps.
FILLEUL.
FILLIARD.
Laplante.

FILLIAU.
FILSH.
FILTEAU.
Fecteau.
Feuilleteau.
Vecteau.
FILY.
DeKerrigou.
Faidet.
Félip.
Fili.
Phili.
Quisigou.
FINCHLEY.
Vincelet.
FINN.
FIOLA.
Phiala.
Vignolas.
FIORE.
Piatane.
FIQUET.
FISBACK.
FISET.
FISQUE.
FISSIAU.
Fisceau.
Fisciau.
Fisseau.
Flisso.
Laramee.
FITZGERALD.
FITZPATRICK.
FLACSHMAN.
Fleischman.
FLAGEOLL.
Fajolle.
Latulippe.
FLAMAND.
Deguise.
FLAMBARD.
FLAME.
Brindamour.
Peron.
Phlem.
Roulier.
Yvon.
FLANAGAN.
Flanagin.
FLANDRE.
FLAUX.
Flot.
FLAVIGNY.
Milton.
FLEISCHMAN.
FLEURANT.
Beauchemin.
Florant.
Florent.
Leclerc.
Pinard.
Riopel.

Flavié.
Belhumeur.

Fleurant.
Leclerc.

Fleur d'Épée.
Cotton.

Fleur d'Épine.
Chateau.

Fleureau.

Fleuret.
Lapierre.

Fleuricour.

Fleuricourt.

Fleuridor.
Cote.
Giraldrenet.
Lebrun.
Morel.
Renelle.

Fleurimont.
Noyelle de Fleurimont.

Fleury.
Cesar.
De la Janière.
D'Eschambault.
Desmarets.

Fleutelot.

Flibot.
Fribaut.
Philibot.

Fliche.

Fling.
Flinn.

Flip.

Flisso.
Fissiau.
Florelde.
Florida.

Florence.

Florenson.
Poitevin.

Florent.
Fleurant.

Florentin.
Laureau.
Laurent.
Lauzon.

Floridore.
Cochran.

Florilda.
Florelde.

Flot.
Flaux.

Flotart.

Fluet.

Foglan.

Focq.
Fault.

Focque.
Faucque.
Fault.
Fauque.
Hotte.
Lafeuillade.

Fogarty.

Foguenet.

Foiran.
Foran.

Foisy.
Foissey.
Frenière.
Lafresnière.

Fol.
Desmarets.

Follardeau.
Falardeau.

Folleville.
Tetard de Folleville.

Follot.
Saloué.

Folmer.

Folquier.
St. Denis.

Fomblanche.
Martinet.
Quesnel.

Fondevau.
Devaux.
Retor.

Fondurose.
Fontieureuse.

Fondville.
Bequart.
Rouillard.

Fonfamy.
Fonzami.
Vadeboncœur.

Fontaine.
Bernard.
Bienvenu.
Fournier.
Laroche.

Fontanne.
Delisle.

Fontemont.
Dauphiné.

Fontenay.
Dagneau de Quindre.
L'Espagnol.

Fonteneau.
Desmoulins.
Dumoulin.
St. Jean.

Fontenelle
Champagne.
DeLangy.

Fontieureuse.
Fondurose.

Fontigny.
St. Jean.

Fonville.

Fonzami.
Fonjami.

Forais.
Laforest.

Foran.
Blache.
De St. Agrave.
Foiran.
Forçat.
Vivarais.

Forbes.
Robert.

Forbush.

Forçan.
Forsan.
Leveillé.

Forçat.
Foran.

Forcier.
Nadeau.

Fordet.

Fore.
Laprairie.

Foreau.
Deslauriers.
Faureau.
Laureau.
Laurent.
Tareau.

Forel.

Forest.
Foret.
Jolicœur.
Labranche.
Laforest.
Lefebvre.

Forestier.
Fortier.

Forget.
Depati.
Despatis.
Despaty.
Froget.
LeNormand.

Forgues.
Monrougeau.

Forin.
Laviolette.

Fornel.
Fournel.

Foron.
Feron.
Sancerre.

Forsa.
Foran.
Forsapt.

Forsan.
Forçan.

Forsapt.

Fort.

Fortage.

Fortier.
Forestier.
Fortifier.

Fortifier.
Fortier.

Fortin.
Bellefontaine.
Hermel.
Paris.

Forton.
St. Jean.

Fortunat.
Sabale.

Foru.
Ferreux.

Forville.
Folleville.
Fortville
Papineau.
Testard.

Fossambault.
Nau de Fossambault.

Fosseneuve.
Nolan de Fosseneuve.
Volant.

Foster.

Foubert.
Faubert.
Fauder.
LeCoq.

Foucamberge.
St. Hilaire.

Foucault.
Courchêne.
DeFoucault.
Fouquereau.
Foutreau.
François.
Lemire.
Urbain.

Fouché.

Foucher.
DeLabrador.
Faucher.
Fauchet.
Laviolette.

Fouchereau.
Souchereau.

Foucqué.
Fouquet.

Foucreau.
Fouquereau.

Fouet.
Lacroix.

Fougère.
Beloncle.
DeFugère.
Dugué.
Fugère.
Parisien.

Fouin.
Lacroix.

Foulhiac (De).

Foulon.
Dumont.

Fouquereau.
Foucault.
Foucrau.
Fougereau.
Foutrau.
Missèque.
Urbain.
Urbin.

Fouquet.
Foucqué.

Fourché.
Laferré.

Foureau.
Brindamour.

Foureur (Le).

Fourgon.

Fourmoy.

Fourmy.

Fournaise.
Laboucanne.

Fourneau.
Brindamour.

Fournel.
Fornel.

Fournerie.
DeVezon.

Fournier.
Amien.
Brisefer.
Champagne.
DeBelleval.
De la Ville.
DesCarrières.
DesCormiers.
DuFiguier.
Fontaine.
Guillaume.
Lapierre.
LeFournier.
LePoignon.
Lievin.
Prefontaine.

Fourquain.
Leveillé.

Fourré.
Fouré.
L'Espérance.
Vadeboncœur.

Foutreau.
Fouquereau.

Foy.
Fouin.
Lacroix.

Fradel.

Fradet.
Cingelais.
Fredet.
Pradet.

Fraigneau.

Fraise.
DeLomLayne.

Franc-de-Ville.
Fafart.

Franche.
Fraye.
French.
Frinche.
Gens.
Laframboise.

Franchère.

Franchetot.

Francheville.
DeRepentigny.
Fafard.
Franc-de-Ville.
Gaudet.
Poulin.

Francis.

Francisque.
April.

Francœur.
Belleau.
Besse.
Boutin.
Brule.
Cardin.
Charland.
DeLay.
DeMontreuil.
Folleville.
Frenet.
Gautier.
Lapierre.
Leclerc.
Letarte.
Loiseau.
Lucas
Montreau.
Moreau.
Neveu.
Petitjean.
Ravany.
Tastet.
Tetard.
Trunet.

François.
Desnoyers.
Dubois.
Foucaut.
Lafleur.
Laviolette.
Lefrançois.
Lepage.
Léveillé.
St. Pierre.
St. Remy.

Franquelin.

Frant.

Franville.
Fafard.

Franvillon.
Gosselin.

Frappe.
Desrochers.
Durocher
Lafleur.

Frappe-d'Abord.
Carré.
Gauthier.
Leduc.
Martin.
Meunier.
Querdin.
Querdrau.
Quesdra.
Senez.

Frappier.
Frapier.

Fraser.

Fray.

Fraye.
Franche.

Fréchaud.
Barois.

Freche.
St. Jean.

Fréchet.
Fréchette.

Fréchette.
Freschet.
Frichet.

Fréchond.
Frechaud.

Frédéric.

Fredet.
Fradet.

Fredin.

Frégeau.

Fregeot.
Laplanche.

Frelan.
Ferland.

Frelat.

Frelon.
Freslon.

Fremissot.
Lemerle.
Semiot.

Frémont.
Ladouceur.
Laperle.
Raymond.

Frémot.
Latendresse.

French.
Franche.

Frenel (De).

Frenet.
Fresnay.
Vernas.

Freneuse.

Frenier.

Frenière.
Daunay.
Foisy.

Frère.
Ladouceur.

Frérot.
De la Chenaye.

Freschet.
Fréchette.

Fresnay.
Fresny.

Fresne.

Fressel.

Fresville
LebeufdeFresville.

Fretat.

Freté.
Fretta
Lamothe.

Freton.
Ferton.
Nantais.

Fribaut.
Flibot.
Phlibot.

Friche.

Frichet.
Fréchette.

Frichingen.

Frichond.
Phlem.

Fricth.

Frier.

Frigon.

Friloux.
Lavallée.

Friquet.
Serquelles.

Frisade.
Surat.

Fritern.

Frodes.

Froge.

Froget
Forget.

Froidemouche.

Froidmanteau.
Fromenteau.
Frolin.
From.
Fromage.
Fromageau.
Froment.
Fromenteau.
Froidmanteau.
Fronsac.
Denis de Fronsac.
Frontenac (De).
Frontignan.
Frontigny (De).
Méchin.
Frosa.
Frutier.
Fry.
Fugère.
Fougère.
Fumas.
Fumeau.
Fumeau.
Fumas.
Fure.
Chretien.
Furois.
Fuseau.
Rocque.
Futrier.
Fydy.
Lavigne.

G

Ga.
Piedferme.
Gabaret.
Gouin.
Joachim.
Gabatier.
Gaboriau.
Lapalme.
Gaborie.
LeMajor.
Gaboury.
Dagory.
Gaborie.
Gabory.
Gadory.
Larose.
LeMajor.
St. Pierre.
Gabriel.
Lacharpente.
Gabrion.
St. Laurent.
Gachet.
Gaschet.
Gachiniac.
Laroquebrune.
Gadbois.
Vandandaique.
Gadebin.
St. Maurice.
Gadiou.
St. Louis.
Gadois.
Mauger.
Gadory.
Gaboury.
Gadoury.
Gaffé.
Gage.
Gagné.
Bellavance.
Daubigeon.
De la Fraynois.
De la Frenaye.
Gagnier.
Gaigner.
Ganier.
Gasgnier.
Gasnier.
Poitevin.
Renoche.
Sanscartier.
Gagnery.
Gunerie.
St. Pierre.
Gagnier.
Gagné.
Gagnon.
Belisle.
Belzile.
LeSauvage.
Gaiet.
Galet.
Gaignard.
Cognart.
Gaigner.
Gagné.
Gaillard.
De St. Laurent.
Duplessis.
Lahais.
Lyonnais.
Rey-Gaillard.
Gaillardbois.
Gaillon.
Gaillou.
Rondau.
Gain.
Laroche.
Gajau.
Breza.
Lafleur.
Gakeriennenta.
Galand.
Desjardins.
Galant.
Lourdin.
Toulouse.
Galard.
Declus.
Desclus.
Galarneau.
Galarnaud.
Galernaud.
Galernault.
Galerneau.
Galarneud.
Galarneau.
Galbert.
Gilbert.
Galbrun.
Galessaquain.
Galesse.
Leveillé.
Galet.
Gaïet.
Laliberté.
Galibert.
Descolombiers.
Galibois.
Houel.
Noel.
Galien.
Gallien.
Gallais.
Galland.
Gallé.
Bellefleur.
Gate.
LeGallais.
Gallet.
Laferre.
Gallian.
Gateau.
Provençal.
Gallien.
Galloudet.
Galloudec.
Galocheau.
Galop.
Galoudec.
Galloudet.
Galoudet.
Galuccia.
Gamaghe.
Gamar.
Ponticherot.
Gambeau.
St. Onge.
Gamelin.
Chateauvieux.
Chateauville.
Gaucher.
Lafontaine.
Launière.
Maugras.
Gamoy.
Gand.
DeRé de Gand.
Gandon.
Gondon.
Ganet.
Gareau.
Ganier.
Gagné.
Gannat.
De la Ribotte.
Gannery.
Gunery.
Gantrel.
Gany.
Janis.
Garandière.
Chenaut.
Garapin.
Chalons.
Garau.
Garaud.
Garault.
Gareau.
Garzeau.
Garceau.
Gardet.
Gardinel.
Cardinet.
Gardy.
Garé.
Jarret.
Gareau.
DeChanticaille.
Ganet.
Garau.
Garo.
Perrin.
St. Onge.
Vadeboncœur.
Gareman.
Garenne.
Valières.
Garic.
Blaise.
Sanschagrin.
Gariépy.
Picard.
Garigou.
Fily.
Kerrigou.
Garigour.
Gariou.
Garigue.
Languedoc.
Garinet.

Gariou.
Garigour.
Marceau.
Varigou.

Garneau.
Garnaud.
Garnault.
Garnaux.
Garnot.
Guernault.
Guernaux.

Garnier.
Grenier.

Garo.
Gareau.

Garon.

Garrion.

Garzeaux.
Garceau.

Gaschet.
Gachet.

Gascon.

Gasnault.

Gaspard.
Champagne.
Magnan.
Normand.

Gasse.
Petit.

Gasteau.
Gateau.

Gastelier.
Gastier.

Gastignon.
Gastinon.

Gastineau.
Brindamour.
DeSte. Marie.
Duplessis.
Gatineau.
LaRègle.

Gastinon.
Duchesne.
Gatignon.
Gatillon.

Gastonguay.
Castonguay.
Guay.

Gaté.
Bellefleur.
Galle.

Gateau.
Gallian.

Gatebois.
Gadbois.
Vandandaique.

Gatien.
Delérieux.
Tourangeau.

Gatin.
St. Jean.

Gatineau.
Duplessis.

Gaucher.
DeBelleville.
Forcier.
Gamelin.
Gauché.
Gauchet.
Pinard.

Gaudaire.
Coderre.

Gaudais.
Godet.

Gaudard.
Godard.

Gaudarville.
Dumesnu.
Peuvret.

Gaudicheau.

Gaudin.
Cathalogne.
Chatillon.
De la Potherie.
Felix.
Godin.
Jacquot.
Laulière.
Legraveur.
Tourangeau.

Gaudon.
Jean-Godon.

Gaudreau.
Belair.
Gaudrot.
Gautereau.
Gautreau.
Gottreau.

Gaudriole.
Marin.

Gaudron.
DeChèvremont.

Gaudry.
LaBourbonnière.

Gaufètre.

Gaufreteau.
L'Epee.

Gauger.
Goguet.

Gaugly.
Contois.
Gogly.
Lajeunesse.

Gaujoux.
Goujou.
Lacroisette.

Gaulet.

Gaulin.
Dubreuil.
Golin.

Gaulio.
Goiliot.

Gaumond.
Gaumont.

Gaumont.
Geaumont.

Gauron.
Goron.
Petitbois.

Gausain.
Gaussain.

Gause.
Gaussin.
Gossé.

Gaussain.
St. Germain.

Gaussard.
Bussière.

Gautereau.
Gaudreau.

Gautier.
Boisverdun.
Coquet.
Decomporté.
De la Chenaye.
De la Veranderie.
De la Verandrye.
Delisle.
DeVarennes.
Francœur.
Frappe-D'abord.
Gaulthier.
Gaultier.
Gauthier.
Goltier.
Gontier.
Jolicœur.
Jolivet.
Labonté.
Landreville.
L'Ardoise.
Larose.
Larouche.
LaVerandrye.
Poitevin.
Rabot.
Saguin.
Saguingoira.
St. Germain.

Gautray.
Jolibois.

Gautreau.
Gaudreau.
St. Louis.

Gautron.
Larochelle.

Gauvin.
Dutour.
Govin.

Gauvreau.
Govreau.

Gavahau.
Perrin.

Gaveran.

Gavillon.
Chavillon.
Lafeuillade.

Gay.
Guay.

Gayet.

Gayon.
De la Lande.

Gayt.
Gey.
L'Espérance.

Gazaille.
Belet.
Blet.
Blot.
Gazoil.
St. Germain.

Gazelette.
Languedoc.

Gazelier.

Gazelle.

Gazon.
De la Chateigneraie.

Geaumont.
Gaumond.

Geaux.
L'Irlande.

Geay.

Geize.

Gelbert.
Gerbert.

Gelé.

Gélibert.
Gilbert.
Sanspeur.

Gélin.

Gelina.
Bellemare.
Gelinas.
Ginat.
Lacourse.

Gelinaud.
Gelineau.
Gelino.
Glino.

Gemerias.

Gems.

Genaple.
DeBellefond.

Gendras.
Gendron.

Gendreau.
Gendron.

Gendron.
Gendras.
Gendreau.
Gendros.
Jandras.
Jean-Dro.

- Lafontaine.
- Lapoussière.
- LaRolandière.
- Maringouin.
- Potvin.

- GENÉ.
  - Genest.
- GÉNÉREUX.
- GENÈS.
- GENEST.
  - Gené.
  - Genet.
  - Janet.
  - Jenay.
  - Jeunesse.
  - Labarre.
- GENETEAU.
- GENETTE.
  - Genest.
- GENOIN.
  - Genois.
- GENOIS.
- GÉNON.
  - Lemaitre.
- GENOUZEAU.
- GENS.
  - Franche.
- GENSSE.
- GENTÈS.
  - Jentès.
- GENTIL.
  - Carpenet.
  - Charpenet.
  - Confoulan.
  - Genty.
  - Mercier.
- GENTILLY.
  - Poisson.
- GENTREAU.
- GENTY.
  - Gentil.
- GENU
  - Genus.
- GENUS.
- GEODOIN.
  - Jodoin.
- GEOFFRION.
  - Joffrion.
- GEOFFROY.
  - Jeffray.
- GEORGES.
  - Alard.
  - George.
  - Lemarchand.
  - Luneville.
- GEORGET.
  - Breau.
  - Briant.
  - Châteaubriant.
  - Tranquille.
- GEORGETEAU.
  - Hosteau.
- GÉRARD.
  - Decharlay.
- GÉRAUD.
  - Giroux.
- GERBAULT.
  - Bellegarde.
  - DeBellegarde.
  - Gerbaut.
  - Gerbeau.
- GERBERT.
  - De la Fontaine.
  - Gelbert.
  - Gilbert.
  - Jerbert.
- GERGIER.
- GÉRIN.
- GERMAIN.
  - Belisle.
  - Bolduc.
  - Duplanty.
  - Hery.
  - Lafontaine.
  - Langlois.
  - Magny.
  - St. Germain.
- GERMANEAU.
- GERNET.
- GERNY.
- GERO.
  - Girot.
- GÉROUT.
- GERVAIS.
  - Beauséjour.
  - Gervaise.
  - Harnois.
  - LeParisien.
  - Rivard.
  - St. Jean.
- GERVAISE.
- GESSERON.
  - Brûlot.
- GETS.
  - LeSuisse.
- GEVRON.
  - Portail de Gevron.
- GEY.
  - Gayt.
  - L'Esperance.
  - Loranger.
- GIARD.
  - Giars
  - Guyard.
- GIASSON.
  - Chiasson.
- GIBAUD.
  - Gibaut.
- GIBAUT.
  - Gibaud.
  - Gibault.
  - Gibeau.
  - Poitevin.
- GIBERNE.
  - Joubert.
- GIBERT.
- GIBOIN.
- GIBOIRE.
  - Lamotte.
- GIBOULEAU.
  - Gipoulon.
- GIBOULON.
  - Gipoulon.
- GIBRENS.
- GIDE.
  - St. Jean.
- GIFFARD.
- GIGAUDIER.
- GIGAUT.
- GIGNAC.
- GIGNARD.
  - Guignard.
- GIGON.
- GIGUÈRE.
  - Bellerose.
  - Delfrènes.
  - Despins.
  - Dolsesse.
  - Gignier.
  - Lavallee.
  - St. Quentin.
- GIGUET.
- GIQUIER.
  - Giguère.
- GILAUDÉ.
  - Giraude.
  - Girothe.
  - Guillaudet.
- GILBERT.
  - Comptois.
  - Dupuis.
  - Galbert.
  - Gelibert.
  - Gerbert.
  - Gilibert.
  - Gillebert.
  - Guibert.
  - Guilbert.
  - Guillebert.
  - Lachasse.
  - Laforme.
  - Laframboise.
  - Laliberte.
  - Sansoucy.
  - Sanspeur.
  - St. Andre.
- GILET.
  - Gillet.
- GILIBERT.
  - Laforme.
- GILL.
- GILLEBERT.
  - Gilbert.
- GILLES.
  - Vadeboncœur.
- GILLET.
  - Gilet.
- GILLIET.
  - Retrose.
- GILLOT.
  - Grandmaison.
- GIMBAL.
- GINARD.
  - Guignard.
- GINAT.
  - Gelinas.
  - Lacourse.
- GINCHEREAU.
  - Jinchereau.
- GINGA.
  - Jingas.
- GINGRAS.
  - Capitien.
  - Gingreau.
  - Gingros.
- GINGREAU.
- GINGROS.
  - Gingras.
- GINIER.
  - Bellerose.
  - Gignard.
  - Laurent.
  - Laviolette.
- GINON.
- GIPOULON.
  - Gibouleau.
  - Giboulon.
  - Lafleur.
  - Montambaut.
  - Montauson.
  - Tiboulon.
- GIRARD.
  - Breton.
  - Brindamour.
  - De la Saudrais.
  - Girardin.
  - Jean-Pierre.
  - Lapierre.
  - LeBreton.
  - Loizeux.
  - Pressé.
  - Provençal.
  - Renelle.
  - Sanschagrin.
- GIRARDEAU.
  - Casal.
  - Giraudeau.
  - Girodeau.
  - Lalime.
- GIRARDET.
  - Sanschagrin.

GIRARDIE.
Girardy.
Sansoucy.
GIRARDIER.
GIRARDIN.
Girard.
GIRARDRENEL.
Renele.
GIRARDY.
Girardie.
GIRAUD.
Brindamour.
Geraux.
Girault.
Girot.
Giroux.
Poitevin.
GIRAUDAIS.
GIRAUDÉ.
Gilaudé.
GIRAUDEAU.
Girardeau.
Girodeau.
GIRAUDOT.
Laprairie.
GIROFLÉE (LA).
Chouinard.
GIROGUE.
Givoc.
Larose.
GIROIR.
GIROT.
Gerault.
Gero.
Giraud.
GIROTHÉ.
GIROUARD.
Giroir.
GIROUX.
Desfourchettes.
Geraud.
Giraud.
Girault
Girou.
Grou.
LeGascon.
Poitevin.
Provençal.
St. Marcel.
GIVOC.
Girogue.
GLACKEMEYER.
GLADEL.
GLADINS.
Gladus.
GLADUS.
Gladu.
Glaudus.
GLAMARD.
GLANDON (DE).
Dordevens.

GLAUDU.
Gladus.
GLAUMONT.
Beauregard.
DeLeaumont.
Lyaumont.
GLENÉ.
Gliné.
St. Agnan.
GLINÉ.
Glené.
GLINET.
Delinel.
Delino.
GLINO.
Gelineau.
GLORGET.
Lapierre.
GLORIA.
Desrochers.
Roch.
GLORY.
Ladrière.
GLOUMELON.
Gormulon.
Gourmelon.
Gromelin.
Groumelon.
GOAZIN.
Gouasin.
GOBAIN.
Petit-Gobain.
GOBEIL.
Gobeille.
GOBELIN.
Anthoine.
Gosselin.
St. Mars.
GOBERT.
GOBINET.
GODAMBERT.
Desjardins.
GODARD.
Gaudard.
Godart.
Lamotte.
Lapointe.
GODBIN.
St. Maurice.
GODBOUT.
GODÉ.
Godet.
GODEAU.
GODEMARD.
Godemborg.
GODERRE.
Coderre.
GODET.
Francheville.
Gaudais.

Gaudé.
Gaudet.
Gode.
Langevin.
Marantay.
St. Louis.
GODEUF.
Boucault.
GODFROY.
DeLabady.
DeLinctot.
DeMaubœuf.
DeNormanville.
DeRoquetaillade.
DeSt. Paul.
DeTonnancour.
DeTonnerre.
DeVieux-Pont.
Laramee.
St. George.
St. Paul.
Zizeuse.
GODIN.
Gaudin.
GODMER.
GODON.
GODREAU.
Gaudreau.
GODU.
GOESLARD.
GOETZE.
GOFFRETEAU.
GOGLY.
Gaugly.
GOGUET.
Bellisle.
Gauger.
Goyer.
Goyet.
Laviolette.
Sansoucy.
GOILIOT.
Bourguignon.
Gaulio.
Goyau.
GOIN.
Gouin.
GOISNEAU.
GOLTIER.
Gautier.
Larouche.
GOMAIN.
GOMEZ.
GONDARD.
GONDGE.
GONDON.
Gandon.
GONEAU.
Gouneau.
Gueneau.
Lacouture.

GONNAU.
GONNET.
GONNEVILLE.
DeRupally.
Desjardins.
GONTAULX.
GONTHIER.
Gautier.
Gontier.
GONTIER.
GOODCHILD.
GORDIEN.
Bellefleur.
GORDON.
GOREAU.
GORGE.
DeSt. Martin.
GORIAU.
Goriou.
Gouyou.
Grouillon.
Guignolet.
GORIN.
GORIOU.
Goriau.
Gouriau.
Guignolet.
GORMELON.
Gromelin.
GORMULON.
Gromelin.
GORON.
Gauron.
GORRIBON (DE).
GORY.
GOSRARD.
Belusier.
GOSSAIN.
Gaussain.
GOSSE.
GOSSÉ.
Gause.
GOSSELIN.
Chicot.
Franvillon.
Gaussin.
Goslin.
St. Germain.
GOSSET.
DuBuisson.
GOSSIN.
Gaussain.
GOTEREAU.
Gaudreau.
GOTERON.
Labarrière.
GOTINEAU.
Cotineau.

Gotreau.
Gaudreau.
Gottereau.

Gotteville.
DeBelle-Isle.

Gottreau.
Gaudreau.

Gouan.

Gouard.
Goard.

Gouasin.
Goazin.

Gouault.

Goubault.
Goubaut.
Goubé.

Gouchs.
Divertissant.
Gourde.
Goutche.

Gouet.

Gougé.
Gouget.

Gougeon.
Goujon.
Gouyou.

Gouget.
Gougé.

Gouin.
Chabas.
Champagne.
Gabaret.
Goin.
Joing.
Juin.
Lachesné.
Maillou.

Goujon.
Bougon.
Gougeon.

Goujot
Gouyau.
Goyau.

Goujou.
Gaujoux.
Lacroisset.
Lacroizet.

Goulard.
Bellefleur.

Goulet.

Gouneau.
Goneau.

Goupeau.
Coupeau.

Goupil.
Coupy.
Goupy.
Laviolette.

Goupy.
Goupil.

Gour.
Gourre.
Lajeunesse.

Gourbeil.
Corbeil.

Gource.
Gousse.

Gourde.
Gouchs.

Gourdeau.
DeBeaulieu.
De la Grosardière.
Lis.

Gourdel.
Gourdelle.
Longchamp.

Gourdin.
Alyson.

Gourdon.
Lachasse.

Goureau.

Gourgon.
Bourgon.
St. Maurice.

Gourgues.

Gouriau.
Goriau.
Goriou.
Guignolet.

Gourlet.
Duplessis.
Lagrenade.

Gourmelin.
Gromelin.

Gourmelon.
Gromelon.

Gournais.
Gournay.
Latour.

Gournay.
Gournais.

Gourot.
Lagaillardise.

Gourre.
Gour.

Gourset.

Gourville.
Garnier.
Herault.
St. Michel.
Vernier.

Gousare.

Gousse.
Gource.

Gousset.
Versailles.

Goutche.
Goutchs.

Goutcher.
Goutker.

Gouvernet.

Gouviou.

Gouy.

Gouyou.
Goriau.
Gouyau.
Goyau.
Goyot.
Guignolet.

Gouze.

Goyau.
Goiliot.

Goyer.
Goguet.

Goyette.
Goiète.

Goyot.
Gouyou.

Grace.

Graciot.

Grageon.
Grajan.
Grajon.

Grain.
Lavallee.

Grajan.
Grageon.

Grala.

Gralier.
Grelier.
Poitevin.

Grammond.
Houré.

Grand.

Grandbois.
Guibaut.
Guilbaut.

Grandchamps.
Auger.
Cornelier.

Grandery.
Grandrie.

Grandguillaume.

Grandin.
Grondin.

Grandjon.
Granjon.

Grandmaison.
Barbarin.
Barbary.
Bory.
Boury.
Bouy.
DeGrandmaison.
Drouot
Grammaison.
Grandmaitre.
Guillot.
Guy.
Leblanc.
Mallepart.
Portneuf.
Terriot.

Grandménil.
Petit.
Véron.

Grandmont.
Houre.

Grandpré.
Boucher de Grandpré.
Dutaut de Grandpré.

Grandvillemin.
Vadeboncœur.

Granet.

Grange.
Desgranges.

Granger.

Granjean.

Granjon.

Grant.

Grapt (Le).
Guerard.

Grasset.
DeSt. Sauveur.

Gratiot.
Grassiot.

Graton.
Gratton.

Grave.
Handgrave.

Gravel.
Grouvel.

Graveline.
Beaudreau.

Gravereau.

Gravier.
Petit.

Gravois.

Gray.

Gré.
Dubois.

Gréau.
Blondin.

Grec (Le).

Greenhill.
Grenil.
Grinil.

Gref.

Greffard.
Griffard.
Lecoq.

Greffin.
Lagiroflée.

Gregis.
Gregy.

Grégoire.
Deblois.
Valentin.

GRÉGUIN.
Guéguin.
Guingouin.
LaTerreur.

GRÉGY.
Grégis.

GRELIER.
Grollier.

GREMELON.
Gromelin.

GRENARD.

GRENAT.
Lachapelle.

GRENET.
Beauvais.
Crenet.

GRENETTE.

GRENIER.
Contois.
Garnet.
Garnier.
Gourville.
Groinier.
Groisnier.
Groiznier.
Grunière.
Laforge.
Nadeau.
Parisien.
Pellerin.
Perron.
Poitevin.
St. Germain.
St. Jean.

GRENIL.
Greenhill.

GRENOBLE.
Boudillon.
Robert.

GRENON.
Guernon.

GRENOT.

GRÉSAC.
Greysac.

GRÉSIL.

GRESSEAU.

GRESTON.
Laviolette.

GREVELINE.
Baudreau.

GREYSAC.
Gresac.
Groisa.
Toulouse.

GREYSOLON.
Dulhud.
DuLuth.

GRIAU.
Gariou.
Giraud.
Griaud.
Griault.
Gribaut.
Grigneau.
Grio.
Griot.
Gruyau.
Guillot.
Larivière.
Marceau.

GRIBAUT.
Griau.

GRIFFARD.
Greffard.

GRIFFON.

GRIGNEAU.
Griau.

GRIGNON.

GRIMAN.
Griveran.

GRIMARD.
Morand.

GRIMAULT.

GRINIL.
Greenhill.

GRIO.
Griau.
Griot.

GRIS.
Laforest.

GRISARD.

GRISDELIN.
.Pouget.

GRISÉ.
Villefranche.

GRIVEAU.
Bellerose.
Boisjoly.
Primeau.

GRIVERAN.

GRIZEAUD.

GROGNET.
Groinier.

GROIGNIER.
Groinier.

GROINIER.
Bisètre.
Grenier.
Grognet.
Groigné.
Groignier.
Gronier.
Grosnier.
Grouvet.
Groyne.
Metivier.

GROISA.
Greysac.
Groisat.
Groizard.
Groza.
Leveillé.

GROLEAU.
Grosleau.
Groslot.

GROLLIER.
Poitevin.

GROMELIN.
Gloumelon.
Gormelon.
Gremelon.
Gromelon.
Grosmulon.
Hormelin.
Laforme.

GROMELON.
Gromelin.

GRONDIN.
Grandin.

GRONDINES.
Briant.
Hamelin.

GRONIER.
Groinier.
Gronière.

GROS.
Grou.
Laviolette.
Legros.

GROS-JEAN.

GROSLEAU.
Grolier.

GROSMULON.
Gromelin.

GROSNIER.
Groinier.

GROSSET.
DeBeauregard.

GROSSIN.

GROSTON.
Groton.
Grotton.
St. Ange.

GROSVALET.

GROTEAU.
Croteau.

GROU.
Giroux.
Gros.
Groulx.
Groust.
Guerout.
Poilblanc.

GROUARD.
Larose.

GROUCE.

GROUILLOU.
Goriau.

GROUVET.
Groinier.

GROYNÉ.
Groinier.

GROYSARD.
Groisa.

GROZA.
Groisa.

GRUARD.

GRUET.
Lafleur.

GRUYAU.
Griau.

GRUZELIN.

GUAY.
Castonguay.
Gastonguay.
Gay.
Guiet.
Guy.
LeGay.

GUDEPART.
Dieu-de-Part.

GUEDON.

GUÉDRY.

GUÉGUIN.
Greguin.
Guiguin.

GUÉLOU.

GUELTE.
Guête.

GUENARD.
Dianard
Zimmaro.

GUENET.
Charles.
Quenet.
Quesnel.

GUENICHON.

GUÉRARD.
Berry.
Grapt.
Guerrard.
Guerrat.
Larose.
LeGrapt.

GUÉRAULT.

GUERBOIS.

GUÉRÉ.
Guéret.

GUÉRET.
Dumont.
Gueré.
Guerez.
Guerre.
Quéret.

GUERGANIVET.
Kercanifet.
L'Esperance.
Querganivet.

GUERGIER.
Grenier.

GUÉRIC.
Garigue.
Languedoc.

Guerigue.
Gueric.
Guérin.
Berry.
Brunet.
Dauphin.
Lafontaine.
St. Etienne.
St. Hilaire.
Guerineau.
Guerinot.
Guerinet.
Garinet.
Guerinot.
Guerineau.
Guernault.
Garneau.
Guernon.
Grenon.
Guernouillau.
Guéroneau.
Guéroult.
Guerrard.
Guérard.
LeGrapt.
Guers.
Guersaut.
Garzeau.
Guertin.
Chertin.
Diertin.
Frappe-d'abord.
LeSabotier.
Quéri.
Quertin.
Quesdra.
Guéry.
Guestier.
Guietier.
Guête.
Guelte.
Guétier.
Guietier.
Guevremont.
Hyévremont.
Quienremon.
Gueyraud.
Gugneu.
Guibaut.
Guilbaut.
Guiberge.
Guibert.
Gilbert.
Guiboche.
Guichard.
Bourguignon.
Dichard.
Larose.
Lasonde.

Guichaud.
Guichaux.
Guichet.
Guicheteau.
Langevin.
Guichon.
Guiestier.
Diétier.
Guestier.
Guiétier.
LeCouti.
L'Eveille.
Guiet.
Guay.
Guignard.
Coulon.
Dalcour.
D'olonne.
Gignard.
Ginard.
Guignart.
Guinard.
L'Esperance.
Mabriant.
St. Etienne.
Guignarda.
St. Germain.
Guignart.
Guignard.
Guignolet.
Gouriau.
Gouyou.
Guignon.
Gagnon.
Guigué.
Guiguin.
Gueguin.
Guilbaut.
Duplacial.
Duplarial.
Duplassial.
Grandbois.
Guibaud.
Guilbeau.
Guilbos.
Guilbourc.
Guillebault.
Guillebaut.
Lajeunesse.
Guilbos.
Guilbaut.
Guilbourc.
Guilbaut.
Guillantena (De).
LeBasque.
Guillaud.
Guillot.
Guillaudet.
Giraudé.
Guillaume.
Descormiers.
Fournier.
Lafontaine.
Lagaite.

Guillebert.
Gilbert.
Guilleborde.
Guillemé.
Guillemet.
Guillemet.
Guillemé.
Guilmet.
Guillemin.
Guilmain.
Guillemot.
Clemet.
DeKerbodo.
DuPlessis.
Guilmaut.
Guilmot.
Lalande.
Guillet.
DeChaumont.
Lajeunesse.
Quillet.
St. Marc.
St. Mars.
Tourangeau.
Guillimin.
Blondin.
Guilmin.
Guillomètre.
Guillon.
Duplessis.
Guyon.
Guillory.
Guillot.
DeLachaume.
Faugère.
Grandmaison.
Griau.
Griot.
Gruyau.
Guillaud.
Larose.
LeNégrier.
LeValet.
Lyonnais.
Guillou.
L'amour.
Guilmaut.
Guillemot.
Guilmet.
Guillemet.
Guilmin.
Guillimin.
Guilmot.
Guillemot.
Guilness.
Guimond.
Guimont.
Guinard.
Guignard.

Guinau.
Guineau.
Guindon.
Guineau.
Guinau.
Guinot.
Larose.
Guines.
Guinetel.
Glinel.
Guingouin.
Gréguin.
Guion.
Guyon.
Guionnet.
Lionais.
Guiot.
Guillot.
Guiraud.
Guireau.
Sanscartier.
Guitard.
Guittard.
Laframboise.
Lagrandeur.
Guitaut.
Jolicœur.
Guite.
Guitte.
Guitet.
Guiton.
Demonrepos.
Guivaché.
Laserte.
Vacher.
Guizaman.
Blay.
Vivarais.
Guneric.
St. Pierre.
Gunière.
Dunière.
Gusilier.
Caselier.
Guste.
Guy.
Burdairon.
Chateaufort.
Grandmaison.
Guay.
Lacerte.
Terriot.
Guyard.
Baron.
DeFleury.
Guyenne.
Guyon.
Ayon.
DePrézeaux.
Derbonne.
DeRichemont.

DesPrés.
Dion.
Doyon.
DuBuisson.
Dufresné.
Dulouvre.
Dumontier.
DuRouvray.
Fresnay.
Guillon.
Lachapelle.
Lemoine.
Plon.
Pouliot.
St. Eloy.
St. Julien.
St. Michel.
Vilaire.
Yon.
You.
Yuon.

GUYONET.
Dionet.

GUYOT.

GUYPAR.

GYBOISE.

GYGNAN.
Guyon.
Gygnant.

GYON.
Quinan.

H

HABERT.

HABLAIN.
Blain.
Hablin.

HACHARD.

HACHÉ.

HACHIN.
Achin.

HADE.

HADNIN.
Lajoie.

HAGUENIER.
Delestre.

HAGUENOT.
Argentcourt.

HAGUIN.
Huguin.

HAIDIN (DE).

HAILLET.
Heret.

HAIMARD.
Aymard.

HAIMOND.
Aymond.
Edmond.
Emond.
Haymond.

HAINAULT.
Deschamps.
Enaud.
Hainaut.
Hunaut.

HAINS.
Ains.
Ance.
Anse.
Bernard.
Hanse.
Heins.
Hens.
Hins.

HAIRET.
Aret.
Haret.
Olivier.

HAITE.

HALARD.

HALAY.
Hale.
Halle.

HALEAU.
Deveau.

HALLOUIN.
De la Perrotière.

HALY.
Alix.

HAMARD.
De la Borde.

HAMBLETON.

HAMEL.
Duhamel.

HAMELIN.
Amelin.
Bellon.
Comi.
Francheville.
Grondines.
Lacavee.
Lagagnière.
Laganière.
Laguenier.
Marin.
Plagnot.

HAMEURY.
Amury.

HAMMOND.
Hamon.
Hamond.

HAMOND.
Amont.
Hammond.
Hamon.

HAMONET.

HAMTREMK.
Hamtremck.
Lallemand.

HAN.
Jean.

HANCTIN.
Lanqueleur.

HANDEGRAVE.
Handgrave.

HANDFIELD.

HANDGRAVE.
Antgrave.
Champagne.
Grave.
Hongrave.
Lagrave.
Langrave.

HANDIRAN.

HANDLAN.

HANDSPITRE.

HANET.

HANGARD.

HANIEL.
Desrosiers.
Laniel.

HANIER.
Harier.

HANRY.
Henry.

HANSE.
Bernard.
Hains.

HANTRAYE.

HANTRWARIK.

HAPÉ.

HAPERT.
Lépine.

HARBOUR.
Arbour.
Arrebour.
Irbour.

HARD.
Heate.

HARDEL.

HARDOUIN.
Ardouin.
Arguin.

HARDOY.
Ardois.

HARDY.
Chatillon.
DeJoncaire.
DeMerinville.
Dereux.
Jolicœur.
Lagarenne.

HAREL.
Arel.
Despointes.
Jeanrel.
Legal.
Rel.

HAREZ.
Arez.
Sansfaçon.

HARIÉ.
Besson.
Bisson.
Brasier.
Dubisson.
Dubuisson.
Hanier.
Harier.

HARLAY.

HARLIN.

HARMOND.
Bourdelet.
Gervais.
Harnois.
Prou.

HARON.

HARPIN.
Herpin.

HART.

HARTEAU.
Hertaut.

HARTMAN.
Artemane.

HATANVILLE.

HAUCRON.
Abiron.

HAUDECŒUR.

HAUSMAN.
Haussman.

HAUSSER.
Haussman.
Hosman.
Hosmen.
Ménager.

HAUSTIN.
Hostain.

HAUTBOIS.
Aubois.
St. Julien.

HAUTDEBOUT.
Autebout

HAUTEVILLE (D').
Bourgonnière d'Hauteville.
LeVieux.

HAUTMESNY.
DeHautmeny.
DeHautmesny.
DuHautmeny.
Philippe de Hautmesny.

HAUTRACHE.
Autrage.
Hautrage.

HAUTRAGE.
Autrage.
Autras.
Flamand.
Hautrache.

HAUTZ.

Havard.
Avare.
Havignac.
Savignac.
Hay.
Hayet.
Ayet.
Ayette.
Ayier.
Malo.
Oulem.
Radisson.
St. Malo.
Haynault.
Lamontagne.
Hayol.
Hayot.
Hayot.
Aiot.
Ayot.
Huot.
Haze.
Hust.
Hazeur.
Desonneaux.
Hazur.
Heate.
Hebecourt (D').
Hébecq.
Herbecq.
Hébert.
Auber.
Benjamin.
Couillard.
Dutrisac.
Eberd.
Labroquerie.
Lajeunesse.
Larivière.
Larose.
LaTrimouille.
Laverdure.
Lecompte.
LeGrand-Parisien.
Lenoir.
Lespérance.
Manuel.
Minfret.
Hecker.
Hedon.
Audon.
Hédouin.
Laforge.
Hegeman.
Hegué.
Quay.
Heineman.
Heins.
Héleine.
Lajeunesse.
Hélène.
Letendre.
Heler.
Blondin.
Sureau.
Hélie.
Breton.
Elie.
Hély.
Jérôme.
LeBreton.
Heliot.
Helleise.
Hellot.
Elot.
Helot.
Julien.
Hélouis.
Vadeboncœur.
Helsons (D').
Hely.
Helie.
Hembosroy.
Héménio.
Belair.
Emereau.
Hemis.
Hémond.
Emond.
Haimond.
Hénard.
Inard.
Provençal.
Henaut.
Enaud.
Hunaut.
Hengard.
Angard.
Beausoleil.
Enguehard.
Hengrave.
Handgrave.
Henne.
Lepire.
Piré.
Portugais.
Henoult.
Henri.
Henry.
Henrichon.
Jarry.
Henriol.
Henry.
Berranger.
Hanry.
Henri.
Labori.
Laforge.
Livernois.
Madou.
Hens.
Hains.
Héon.
Heppell.
Héquet.
Héritier.
Hérard.
Errard.
Evrard.
Herraux.
Herror.
Hérauld.
Belair.
DeGourville.
De St. Michel.
Hérault.
Heros.
Herbec.
Herbecq.
Hubecq.
Herbin.
DeBricour.
Héret.
Haillet.
Héri.
Héry.
Hériché.
Eriché.
Louveteau.
Richer.
Héritier.
Ethier.
Héquet.
Lamalice.
Herlain.
Arlen.
Herman.
Hermel.
Fortin d'Hermel.
Hermier.
Hermite (De l').
Hernaud.
Hernel.
Rouel.
Hérodaut.
Herodo.
Héron.
Héros.
Hérault.
Hérou.
Bourgainville.
Bourquinville.
Hérouf.
Heroult.
Heroux.
Herpe.
Herpin.
Arpin.
Hogue.
Poitevin.
Tourangeau.
Hertaut.
Hertaux.
Hertel.
DeBeaubassin.
DeBeaulac.
DeChambly.
DeCournoyer.
DeLafrainière.
DeLaguillaudière.
DeMoncour.
DePierreville.
DeRouville.
DeSt. François.
DeSt. Louis.
Hertin.
Hostain.
Marino.
Héruel.
Rouelle.
Hervé.
Gervais.
Hévé.
Laliberté.
LePetit.
Pacaud.
St. Jean.
Hervieux.
Lespérance.
Héry.
Duplanty.
Germain.
Heri.
Kilouabé.
Kitanan.
Samingouis.
St. Louis.
Hesse.
Hestel.
Estène.
Estève.
Stèbre.
Hétu.
Ethier.
Etié.
Etu.
Lafleur.
Heu.
Hu.
Laforge.
Heude.
Heurtaud.
Dragon.
Heurtaut.
Heurtaux.
Hurteau.
Heurtebise.
Durtubise.
Hurtebise.
Hurtibise.
Urtebise.
Heurtin.
Hévain.
Hévé.
Evé.
Guay.
Hervé.

Hévreau.
DeVeau.

Hianveu.
Lafrance.

Hianzau.
Monmidi.

Hiardin.

Hiax.
Yax.

Hiché.

Hiciot.
Iciate.

Hiesecke.

Hiesse.

Hil.
Hill.

Hilaire.
Beaunoyer.
Bonaventure.
Frapier.

Hilarest.
Hileret.
Hyleret.
Lairet.
Lheret.
Liret.
Lyre.

Hileret.
Hilarest.

Hill.
Hil.

Hingre.
Hingue.
Ingre.
Pugibeaux.
Puygibaut.

Hins.
Hains.

Hiraguе.

Hire.
Hirigoyen.

Hirschback.

His.
Hus.
Millier.
Paul.

Hisoir.
Hizoir.
Isoir.
Provençal.

Histre.
Istre.

Hives.
Hiacs.
Jacks.

Hivin.
Colin.
Laliberté.

Hizoir.
Hisoir.

Hobertin.
Aubertin.
Bertin.

Hoc.
Houay.
Houe.
Jolicœur.
Oué.

Hoccibi.
Auxibie.
Lafleur.
Pleau.

Hochu.
Aucheu.

Hocquart.
Champagne.

Hodiau.
Audiau.
Audio.
Lafosse.

Hodiesne.

Hoelet.
Ouellet.

Hoffman.

Hogue.
St. Agne.

Houé.
Ouee.

Hoinile.

Holes.

Holl.
Langlais.

Holmes.

Holton.

Holzeam.

Homan.
Osman.

Homay.
Aumay.
Dumay.
Homet.

Hombourg.

Homcoi.
Emeri.

Homet.
Homay.

Homier.
Aumier.

Homme.
L'Homme.

Honel.

Honias.

Honoré.
Auban.

Horilux.
Lafleur.

Hormelin.
Gromelin.

Horne.

Horosteille.
Lamy.

Horry.

Horson.
Orson.
Piscine.

Horth.

Hosman.
Haussmann.
Hosmen.

Hosquents.

Hostain.
Austin.
Hostan.
Hostin.
Marineau.
Marinot.
Ortin.
Ostain.
Ostan.
Ostende.

Hostan.
Hostain.

Hosteau.
Georgeteau.
Jeantot
Jolicœur.
St. Pierre.

Hostin.
Hostain.

Hot.
Hotte.

Hotesse
Otesse.

Hotin.
Autin.

Hotté.
Houatté.

Hottot.

Houay.
Hoc.

Houdan.
Gaillardbois.
Montigny.

Houdard.

Houde.
Derocher.
Desrochers.
Desruisseaux.
Houl.
Houle.
Lehould.
Oule.

Houdin.
Oudin.

Houé.
Hoc.

Houel.
Galibois.
Houelle.

Houette.

Houfflard.

Houl.
Houde.

Houlet.
Willis.

Houley.

Houlier.
Houllier.
Lehoullier.

Houré.
Auré.
Grandmond.
Grandmont.
Lagiraudière.
Laperière.

Houssard.
Trotier.

Houssery.

Houssye.
Bellerose.

Houtelan.
Outlan.

Houtelas.
Outlan.

Houtelay.
Whittle.

Houy.
Oui.
Ouy.
St. Laurent.

Houymet.
Ouimet.

Howland.

Hu.
Heu.
Hus
Laforge.
Lehu.
Millet.

Huard.
Cadet-D'Amour.
Desilets.
Dormicour.
Huart.

Huau.
Hujot.

Huault.
DeMontmagny.

Huaut.
Huot.

Hubecq.
Herbecq.

Huberdeau.
Lafrance.

HUBERT.
Hebert.
Lacroix.
LeGrand-Lacroix.
St. Hubert.

HUBLÉE.

HUBOU.
DeLongchamps.

HUBOUT.
Tourville.

HUCHÉ.
Boucher.

HUCHEREAU.
Jussereau.
St. Amant.

HUCHET.

HUDDE.

HUDON.
Beaulieu.

HUE.
Huet.

HUET.
Beaufferon.
Dulude.
Duluth.
Hué.
LaGarde.
Laviolette.
Sansoucy.

HUGGINS.

HUGHES.

HUGRON.
Brignon.
Olivier.

HUGUÉ.
Huguet.

HUGUES.
Desarênes.

HUGUET.
Champagne.
Duguay.
Hugue.
Huyet.
Latour.
St. Vincent.

HUGUIN.
Haguin.

HUIET.
Huiette.
Huyet.

HUIPPE.
Weep.

HUITE.
Huyet.

HUJOT.
Comtois.

HULAIN.
Heulin.
Hulin.

HULIN.
Hulain.

HUMBEKEM.

HUMBLOT.
Imblaut.

HUMÉRIS.
Emery.

HUNAUT.
Aineau.
Canada.
Deschamps.
Enaud.
Hainault.
Henaud.
Hénault.
Henaux.
Hunaux.
Huneau.

HUOT.
Ayot.
Hayot.
Huaut.
Huaux.
St. Laurent.

HUPÉ.
Huppé.
Lagroix.

HUQUERRE.
Euquère.
Jaquèze.
Leblond.

HURAULT.

HURBEAU.
Urpeau.

HURET.
Hurette.

HURETTE.
Huet.
Hure.
Huret.
Luret.
Rochefort.

HURON.
Heron.

HURPEAU.
Urpeau.

HURST.

HURTEAU.
Heurtaux.

HURTEBISE.
Heurtebise.

HUS.
Amand.
Beauchemin.
Capistran.
Corporal.
Cournoyer.
Hu.
Hust.
Latraverse.
Laventure.
LeHus.
Lemoine.
Miet.
Milier.
Millet.
Paul.
Paulet.
Paulus.

HUSARD.
Lasonde.

HUSSAN.
Ossant.

HUSSEREAU.
Lajeunesse.

HUSSEY.

HUSSON.
Lajoie.

HUST.
Amand.
Haze.
Hus.

HUYET.
Champagne.
Hugue.
Huguet.
Huiet.
Huite.
Juillet.
Poncelet.

HYACINTHE.
Bellerose.

HYARD.
Lemetif.
St. Louis.

HYBERT.

HYEVREMONT.
Guèvremont.

HYLERET.
Hilarest.

HYLS.
Hil.

HYVERT.
St. Jacques.

HYVON.

I

IACKS.
Yax.

ICIATE.
Hiciate.
Hiciot.
St. Antoine.

IGEON.
Jean.
Vivien.

IMBAULT.
Raimbault.

IMBERT.

IMBLAUT.
Humblot.

IMPLEMAN.

INARD.
Henard.
Isnard.
Provençal.

INCYDRE.

INGRE.
Hingre.

INHER.

IRBOUR.
Harbour.

IRLANDE.
Riel.

IRNON (D').
Laplante.

ISABEL.
Bourassa.
Posé.
Rabel.

ISAMBERT.

ISAR.
Isoir.

ISOIR.
Hisoir.
Isar.
Provençal.

ISTIVALET.
Estycollet.

ISTRE.
Histre.

J

JABOT.
Chabot.
Lamarche.

JAC.

JACELIN.
Jackson.

JACKSON.
Jacelin.
Jacson.
Jolibois.

JACOB.
Langlais.

JACOBS.

JACOLLE.

JACOM.
Lafleur.

JACOTEL.
Lafontaine.

JACOTI.
Beausoleil.

JACQUELIN.

JACQUENOT.
Comercy.

JACQUEREAU.

Jacques.
Duhaut.
Gems.
Jacquet.
Jacquiers.
Langlois.
Paquet.

Jacquesse.
Jacquiers.

Jacquet.
Champagne.
Compeau.
Desloriers.
Façon.
Jacques.
Jaquet.
Jaquier.
Lachapelle.
St. Amand.
St. Jean.

Jacquez.
Jacquiers.

Jacquier.
Jacquiers.

Jacquiers.
Jacques.
Jacquesse.
Jacquet.
Jacquez.
Jaquier.
Leblond.

Jacquin.
Philibert.

Jacquot.
Gaudin.

Jacson.
Jackson.

Jadot.

Jagot.

Jahan.
Laviolette.

Jaillard.
Bellefin.
Bellefond.
Jailliard.

Jaladan.
Champagne.
Jaladon.

Jaladon.
Jaladan.

Jalain.
John.

Jalateau.
Jailleteau.
Jalteau.

Jalbert.

Jaliard.
Jailliard.

Jallereau.
Pailleteau.

Jallet.

Jalleteau.

Jalot.
DesGroseilliers.

Jalteau.
Jalateau.

Jam.
Jamme.

Jambard.
Barde.

Jamé.
Jahan.

Jamein.

Jamer.

James.

Jamet.

Jamin.

Jamme.
Carrières.
Jahan.
Jame.
Jammes.

Janard.

Jandonnet.
Jourdanais.

Jandras.
Gendras.
Gendron.

Janeau.
Janot.
Jehannot.

Janette.
Comtois.
Génest.
Janet.
Janin.
Jeannet.
Labarre.

Janin.
Janet.

Janis
Gany.

Janneau.

Janneteau.
Geneteau.

Janois.
Genoin.

Janot.
Belhumeur.
Daigle.
Denigle.
Elot.
Jannot.
Jeannot.
Jehanot.
Labrie.
Lachapelle.
Latulippe.
St. Martin.

Janrel.
Harel.

Janson.
Cimetière.
Lapalme.

Janton.
Dauphiné.
Jeanton.

Janvier.

Janvrin.
Dufresne.

Janys.
Janis.

Jaquet.
Jacquet.

Jaquier.
Jacquiers.

Jaran.
Lamarche.

Jardin.

Jardinier.

Jardon.
Montplaisir.

Jared.
Jarret.

Jaret.
Jarret.

Jarimeau.
Mougon.

Jarin.

Jarlais.
Degerlais.

Jarland.

Jarluy.

Jarnac (De).
Bonjour.
St. Germain.

Jarny.
Gerny.

Jaroson.

Jarrais.
Jarret.

Jarret (De).
DeBeauregard.
DePouligny.
Verchères

Jarry.
Jary.

Jary.
Blaigny.
Blenier.
Henrichon.
Lahaie.
Ste. Foye.

Jasmin.
Caillet.
Caillière.
Guibert.
Lemoine.

Jasselin.

Javanelle.
Javonelle.

Javar.
Javray.

Javillon.
Davignon.

Javray.
Javar.
Laderoute.

Jayat.

Jean.
Audon.
Barré.
Bernier.
Chaussee.
Denis.
DeParis.
Girardin.
Godon.
Han.
Jahan.
Jeanham.
Jehan.
Labrie.
Lafleur.
Laforest.
Lagiroflée.
Lamontagne.
LaTour
Laviolette.
L'Irlande.
Mauriel.
Sanschagrin.
St. Onge.
Tourangeau.
Vien.
Vincent.
Vivien.

Jeanbard.
Bard.

Jeanbau.
Viau.

Jeanham.
Jean.

Jeanmoneau.
Moineau.

Jeannes.
Jahan.
Robertjeanne.

Jeannet.
Janet.

Jeannot.
Janot.

Jeanton.
Janton.

Jeantot.
Georgeteau.
Hosteau.
Jolicœur.

Jeanveau.
Viau.

Jeffrey.
Geoffroy.

Jégadeau.
Deschamps.
Legadeau.
Jegu.
Gagné.
Jehan.
Jahan.
Jean.
Jehanne.
Jehanot.
Janot.
Jekimbert.
Gekimbert.
Kimber.
Jenay.
Genest.
Jenhan.
Jahan.
Jenkins.
Jenne.
St. Onge.
Jenot.
Jenozeau.
Jentes.
Gentès.
Jenvrin.
Dufresne.
Jerbert.
Gerbert.
Jérémie.
Beaurivage.
Dauville.
De la Montagne.
Despins.
Douville.
Giguère.
Lamontagne.
Jerni.
Gerny.
Jérome.
Beaume.
Beaumeleblanc.
De la Tour.
Latour.
Leblanc.
Longtin.
Patry.
Rivière.
Jetas.
Titas.
Jets.
Jetté.
Durivage.
Jeudlet.
Jeudy.
Judicq.
Rencontre.
Jeune.
Jeunesse.
Genest.

Jinchereau.
Ginchereau.
Jingas.
Ginga.
Jinines.
Joachim.
Laverdure.
Riendeau.
Joanne.
Dejoannes.
Jouan.
Jouin.
Sanschagrin.
Joannet.
Rouange.
Joannis.
Depoca.
Lavalette.
Joary.
Desnoyers
Lajeunesse.
Jobard.
Joubert.
Jobet.
Dobè.
Jobidon
Bidon.
Jobin.
Boisverd.
Jolin.
Joubin.
Lafleur.
Jocteau.
Jodouin.
Geodoin.
Geodouin.
Jaudouin.
Jodoin.
Joffret.
Auffray.
Jauffray.
Joffrim.
Geoffrion.
Joffrion.
Joffrion.
Geoffrion.
Jeoffrion.
Joffrim.
St. Jean.
Joflare.
Jouffard.
Johiel.
Bergeron.
Johnson.
Joignier.
Lafrance.
Joinault.
Jouineau.
Juneau.
Joing.
Gouin.
Juin.

Joinville.
Balan.
Fafard.
Lacombe.
Joli.
Joly.
Jolibert.
Sanscrainte.
Jolibois.
Aves.
Aymond.
Calmet
Caquerel.
Dhyerre.
Duterre.
Gautray.
Jackson.
Lamarque.
Odelin.
Pomier.
Villemont.
Vimont.
Jolicœur.
Amand.
Bernard.
Bouchard.
Boyer.
Bruneau.
Casselet.
Champoux.
Chapelle.
Cœur.
Contremine.
Corrège.
Couleau.
Courage.
Deneau.
Deniord.
Devau.
Dubois.
Dupuis.
Forest.
Gaultier.
Georgeteau.
Greslon.
Guitaut.
Hardy.
Hoc.
Hosteau.
Houe.
Jeantot.
Joly.
Labard.
Lachaine.
Lachesne.
Leblanc.
Leclerc.
LeParon.
LeSueur.
Limoges.
Martin.
Meunier.
Millet.
Moncsle.
Moriau
Normand.

Ouée.
Pilet.
Poliquin.
Taurel.
Témoins.
Joliet.
Jolliet.
Jolin.
Jalin.
Jallain.
Jobin.
Jollain.
Jollais.
Jolive.
Jolivet.
Jolivet.
Jolive.
Jolive.
Jolliet.
Joly.
Lepine.
Mitron.
Jollain.
Jelin.
Jollais.
Jolin.
Jollet.
Jolliet.
Baillargé.
D'Anticosti.
D'Au.
DeMingan.
Joliet
Joliette.
Jolivet.
Jolly.
Joly.
Joly.
Boisjoli.
Charlebois.
Delbec.
Gély.
Joli.
Jolibois.
Jolicœur.
Jolivet.
Jolly.
Laforest.
Saintonge.
Sanschagrin.
St. Onge.
Joncaire.
Chabert.
DeJoncaire.
Joncas.
Lapierre.
Jonce.
Chugon.
Jonceau.
Jugon.
LeGascon.
Joneau.
Beaufort.

JONES.
Jonquet.

JONNEAU.

JOPPY.

JOQUIN.

JORAM.

JORAND.

JORDAN.
Jordin.

JOREL.
De la Louisière.

JORIAN.

JORON.
Latulippe.

JOSEPH.
Langoumois.

JOSSARD.

JOSSE.

JOSSELIN.

JOSSON.

JOTTARD.

JOUAN.
Joanne.

JOUARD.

JOUBART.

JOUBER.
Joubert.

JOUBERGE.

JOUBERNE.
Joubert.

JOUBERT.
Chétif.
Choubert.
DesFontaines.
Giberne.
Jobard.
Joberne.
Jouber.
Jouberne.
Juber.
Lavolonté.

JOUBIN.
Boisverd.
Jobin.
Jolin.

JOUET.

JOUFFARD.
Joussard.
St. Medard.

JOUGON.
Joujon.

JOUIEL.
Joyelle.

JOUIN.
Champagne.
Joanné.
Joing.

JOUINEAU.
Juneau.

JOULLIET.

JOURDAIN.
Bellerose.
Jardin.
Jourdin.
Labrosse.
Lafrance.
Lafrisade.
Larose.
Longpré.
Ménard.
St. Louis.

JOURDAN.
St. Lau.
St. Lo.

JOURDANAIS.
Jandonnet.
Jourdonnez.
Tranquil.

JOURDIF.
Sourdif.

JOURDIN.
Jourdain.

JOURDINE.
Sourdive.

JOURDONNEZ.
Jourdanais.

JOURNEAU.
Beaufort.

JOURNET.
Bourguignon.
Francœur.
Tournet.
Trunet.

JOUSSARD.
Jouffard.

JOUSSAY.

JOUSSELAN.
Jousseleau.

JOUSSELAU.
Jousselan.
Jousseleau.
Jousselot.
L'africain.
Tribot.

JOUSSET.
LaLoire.

JOUTEAU.

JOUTRAS..
Jutrat.

JOUVENT.
Monmaignier de Jouvent.

JOUVIN.

JOUY.

JOVON.

JOY.
Rochefort.
Yon.

JOYAL.
Breza.
Carly.
Joyelle.

JOYAN.
D'Olonne.

JOYAUX.
Bourbonnais.
Joyau.

JOYBERT (DE).

JOYELLE.
Bergeron.
Johiel.
Joniel.
Joyal.
Joyel.
Lafrenière.
Perrot.
Quency.
St. Cantin.

JOYEUX.
Dupassage.

JUBER.
Joubert.

JUBINVILLE.
St. Michel.

JUCHEREAU.
DeBeaumarchais.
DeFargy.
De la Ferté.
DeMaure.
DeMore.
Deschastelets.
DeSt. Denis.
Duchesnay.

JUDE.

JUDITH.
Billet.
Jeudy.
Judic.
Judicq.
Juillet.
Rencontre.

JUDON.

JUGNAC.
Gignac.
Juniac.

JUGON.
Lemaître.

JUILIENEAU.

JUILLET.
Avignon.
Huyet.
Judith.
Ponceley.

JUIN.
Chinque.
Gingue.
Joing.
Jouin.
Shinck.

JUINEAU.
Juneau.
Latulippe.
Louineau.
Tuineau.

JULHE.

JULIEN.
Bouy.
Brouillet.
Dragon.
Hellot.
Héry.
LeDragon.
Lisot.
Quessy.
St. Julien.
St. Laurent.
Vantadon.

JUMONVILLE.
Coulon de Jumonville.

JUNEAU.
Jouineau.
Janot.

JUNIAC.
Jugnac.

JUNG.

JURÉ.

JURGENS.

JUSGRAIN.
Chupin.

JUSSEAU.
Jusseaume.
Jussiaume.
St. Pierre.

JUSSEAUME.
Jusseau.

JUSSELIN.
Condé.
Enselin.

JUSSEREAU.
Duplessis.
Huchereau.
Rochereau.
St. Amant.

JUSSIAUME.
Jusseau.

JUST.

JUSTINIEN.

JUTRAT.
De la Lusodière.
De la Vallée.
Desrosiers.
Joutras.
Jutras.
LaPerrotière.
LaVallée.

JUTREAU.

K

Kadeville (De).
Kaianis.
Rapin.
Karesquil.
Carestille.
Kargret.
Cargueret.
Kergrecolet.
Keatings.
Keben.
Keble.
Keble.
Keho.
Kelie.
Kellarman.
Keller.
Caler.
Sonha8entas.
Kelly.
Kemleur.
Keneré.
Kennedy.
Kenny.
Kerbodot.
DuPlessis.
Kercanifet.
Gueganivet.
Kercy.
Carcy.
Kerdorès.
Kérodeau.
Laramée.
Keré (De).
DeGuire.
Guiré.
Larose.
Kergrecolet.
Carderi.
Cargueret.
Collet.
Cotty.
Kargret.
Ladouceur.
Lecouti.
Léveillé.
Kerie.
Kerle.
Kéroac.
LeBrice de Kéroac.
Maurice.
Kerodeau.
Kerdorès.
Kerrigou.
Fily de Kerrigou.
Kersan.
Carson.
Kessy.
Quessy.
Kilburg.
Kimber.
JeKimbert.
Kimlin.
Kimper.
Divelec.
Kinchien.
King.
Kine.
Kinsac.
Pabo.
Kirard.
St. Jean.
Kircan.
Guerganivet.
Kiri.
Kiriau.
Tiriot.
Kise.
Kling.
Knip.
Koch.
Kock.
Cook.
Kœnig.
Komain.
Beauséjour.
Kratz.

L

Labadie.
Descoups.
Godfroy.
Labady.
Labath.
Trivaret.
Labalette.
LaValette.
Labarbe.
Labarbide.
Labard.
Labardeau.
Labarre.
Alard.
Genest.
Janet.
Marest.
Mazeros.
Mazerou.
Labarrière.
Goteron.
Labassé.
Labastille.
Bastille.
Labastrière.
Vincelet.
Labath.
DeLabath.
DeSivrac.
Labadie.
Labat.
Sivrac.
Labatrie.
Barège.
Labatte.
Pontas.
Labatterie.
Paillart.
Labattu.
Champagne.
Cochant.
Labaty.
Labaubier.
Labauve.
Labbé.
Aubin.
Chevalier.
Lefebvre.
Sacerlier.
St. Onge.
Labeaume.
Tailhandier.
Labeaussière.
Label.
Labelle.
Laberge.
Bonsecours.
L'Abergemont.
Simonet de L'Abergemont.
Labernade.
LaBetolle.
Limousin.
Labière.
Glory.
Labrière.
Labissonnière.
Dessureaux.
Trotier.
Labit.
Labith.
Laboctеau.
Laboise.
Poupart.
Laboissière.
Luandre.
Vincelet.
Laboissonnière.
Boissonnière.
Labombarbe.
Bombardier.
DeLavoye.
Labonne.
Beaune.
L'Eveillé.
Labonnevie.
Lemanceau.
Labonté.
Baudrias.
Benoit.
Bergevin.
Bergin.
Bray.
Campion.
Clément.
Couturier.
Gauthier.
Labelle.
Laporte.
Marot.
Noël.
Renaud.
Rousseau.
Toussaint.
Végiard.
Vidal.
LaBorbonière.
Gaudry.
Godric.
Laborde.
Bergopsom.
Biernais.
Brière.
Delaborde.
Hamard.
Labordelière.
De la Bourlière.
Labory.
Labossé.
Labrosse.
Labossière.
Laboucanne.
Fournaise.
Fournel.
Labourlière.
De la Bourlière.
Laplante.
Labourse.
Laboursière.
Lacoursière.
Rivard.
Laboursodière.
Laboursolière.
Laboursolière.
Laboursodière.
Labouteille.
Mireau.
Laboytanière.
Labranche.
Forest.
Laflamme.
Laforest.
Pampalon.
Labrèche.
Delguel.
Deziel.
Diel.

Ducas.
Dugas.
Viger.

LABRECQUE.
Labrèque.
Lavallée.
St. Laurent.

LABRETACHE.

LABRIANCE.

LABRIE.
Desneau.
Jean.
Labry.
Lagrillade.
Leblanc.
Matou.
Migneau.
Miot.
Naud.
Roger.

LABRIÈRE.
Alain.
Glory.
Labruyère.
Normand.

LABRIL.

LABRISE.
Mossard.

LABROQUERIE.
Boucher.
Hébert.

LABROSSE.
Jourdain.
LaBossé.
Latulippe.
Raymond.

LABROUSSE.

LABRUYÈRE.
Labrière.

LABRY.
Labrie.

LABUTTE.
Chesne.

LAC.
Lelat.

LACAGE.

LACAILLADE.
Goder.

LACAILLE.
D'Abancour.

LACASSE.
Casse.
Casse.

LACAUDE.
Dutertre.

LACAVÉE.
Hamelin.

LACÉ.
Tacé.
Tassé.

LACELAIN.
Bellefleur.

LACELLE.
Celles.
Delacelle.
Delanaselle.
Duclos.
Laselle.

LACERISÉE.
Lefebvre.

LACERTE.
Vacher.

LACETIÈRE.

LACHAINE.
Jolicœur.
Lachesne.

LACHAISE.
Lachèze.
Lavigne.

LACHAMBRE.
DeChambre.

LACHANCE.
Pepin.
Sanche.

LACHAPELLE.
Bourg.
Chapelle.
DuBourg.
Guyon.
Jacquet.
Janot.
Langlois.
Langoumois.
Parseille.
Renou.
Sarcelière.
Trépial.

LACHARITÉ.
Desfossés.
Lampion.
Laspron.
St. Louis.

LACHARPENTE.
Gabriel.

LACHASSAIGNE.
Bouillet de Lachassaigne.

LACHASSE.
Aly.
Gilbert.
Jourdon.
Lacerf.

LACHATEIGNERAIE.
Gazon.

LACHAUFET.

LACHAUME.
Boinneau.
Guillaud.
Guillot.

LACHAUSSÉE.
Bellot.
De la Chaussée.
Leroux.
Mainguy.
Sieur de la Durantaye.

LACHAUVIGNERY.
Maray.

LACHAUX.
Lagrenade.

LACHENAL.

LACHENAYE.
Aubert de Lachenaye.
Gautier.

LACHESNE.
Jolicœur.
Lachaine.

LACHÈZE.
Lachaise.

LACHEZI.
Luckezy.

LACHINE.
Dudevoir.

LACIER.
Dacier.
Tournay.

LACISERAIE.
Lassisseraye.
Lefebvre.

LACOMBE.
Balan.
Bon.
Trullier.

LACOMBLE.
Balan.
Briasse.
Joinville.
Martin.
St. Amand.
Truillier.
Trulier.

LACOMMANDE.

LACOSTE.
Courault.
Lacôte.
Lange.
Languedoc.

LACOTE.
Lacoste.
Lamarche.

LACOUDRAY.
Tourangeau.

LACOUR.

LACOURSE.
Bourdeau.
David.
Gélinas.
Ginat.

LACOURSIÈRE.
Rivard.

LACOUTURE.
Cauchy.
Chatignon.
Dufort.
Goneau.
Gueneau.
Mailly.

LACROAUT.
Lacroix.

LACROIX.
Babin.
Bourgaud.
Bourgaux.
Corbin.
Damesteuil.
Darragon.
DeLacroix.
Desnoyers.
Doisson.
Février.
Fouet.
Fouin.
Foy.
Girard.
Hubert.
Lacroaut.
Lagiroflée.
Lainé.
Langevin.
Launay.
Lefebvre.
Leroux.
Magnet.
Major.
Neveu.
Roberge.
Voisin.

LACROIZET.
Goujon.

LADÉ.
Sadé.

LADÉBAUCHE.
Casavan.

LADÉROUTE.
Bardol.
Boyer.
Chainé.
Chauvé.
Javray.
Leclerc.
Leroux.
Seguin.
St. Amant.
Yon.

LADIENNE.

LADOUCEUR.
Chenon.
Cotty.
Delfosse.
Descolombiers.
Duménil.
Frère.
Lecerf.
Madeleine.
Magny.

Martin.
Metay.
Michon.
Miot.
Roudot.
Vivier.

Ladrière.
Flamand.
Mons.

Lafantaisie.
Lariou.
Maurice.

Lafarge.
Drapeau.
Pradet.

Lafargue.
Larivière.
Ste. Foy.

Lafatigue.
Billeron.

Lafauril.
Bissonnet.
Périnne.

Lafaverie.
Bissonnet.

Lafay.
Lyonais.
Lyonnais.

Lafaye.
DeLafaye.
Lafey.
Lafontaine.

Lafayette.
Faille.
Faye.

Laferdaine.
Barbier.

Laferme.
Mourand.

Laferrière.
Auré.
Caze.
Charon.

Laferté.
Térault.
Térou.
Thérou.
Vessière.

Lafetière.
Jasmin.

Lafeuillade.
Aurèle.
Camus.
Davignon.
Dumais.
Fault.
Fayard.
Hotte.
Javillon.
Marc.
Marcourelles.
Pélissier.

Lafidélité.
Farge.

Lafilé.

Laflamme.
Dumont.
Kemleur.
Labranche.
Lallemand.
Lebeuf.
Quemeneur.
Quemleur.

Laflèche.
Aubry.
Chevalier.
Pelot.
Richer.
Trigannc.

Lafleur.
Auge.
Batz.
Béique.
Béniac.
Bertrand.
Berza.
Biroleau.
Bonpart.
Boyer.
Brau.
Bréza.
Brousseau.
Brousson.
Chantal.
Couc.
Coussi.
Coussy.
Delage.
Delasse.
Dery.
Desmarets.
Desmontais.
Desrochers dit Frappe.
Drousson.
Dumont.
Durivéau.
Durocher.
Dussault.
Fleuret.
Géraud.
Gipoulon.
Gruet.
Hetu.
Jacom.
Jean.
Lalumaudière.
Latremouillère.
Lecompte.
Levasseur.
Menier.
Meunier.
Montay.
Morin.
Pepie.
Perier.
Pérodeau.
Pinsonneau.

Plamondon.
Pleau.
Poirier.
Potvin.
Poupart.
Prévost.
Prieur.
Riquet.
Rodier.
Rousseau.
Sévigny.
Simon.
Sincerny.
Soumande.
Tibaut.
Touche.
Troche.
Vergne.

Laflotte.
Coursol.
Richer.

Lafond.
Brousseau.
DeLafond.
Maugrain.
Maugrin.
Mongrain.
Montgrain.
Parsonne.
Pepin.
Rousseau.
Sargnat.
Serminac.

Lafontaine.
Andre.
Berdin.
Bernard.
Bertin.
Bienvenu.
Blanot.
Boyer.
Charier.
Clermont.
Connefroy.
Couillard.
DeBelcour.
De la Fontaine.
Denis.
Dubord.
Gamelin.
Gendron.
Germain.
Guérin.
Jacotel.
Lafaye.
Lamotte.
Langeron.
Lariou.
Laroc.
Lerin.
LeSiège.
Marie.
Marion.
Maurice.
Menard.
Morel.

Pénin.
Perras.
Philippe.
Pion.
Poitiers.
Robert.
Roche.
Rochette.
Sévain.
Sévin.
St. André.
Supernant.
Tuot.
Vannier.
Yvon.

Laforce.
Pepin.
Pouchat.

Laforest.
Benoit.
De la Forest.
DeMontigny.
Forest.
Fort.
Jean.
Joly.
Labranche.
Lapierre.
Lefort.
Leonard.
Payment.
Sèmegrain.
Tessier.
Testard.
Tiriac.

Laforge.
Andrieux.
Barbe.
Garnier.
Henry.
Hu.
Latour.
Lavot.
Lehu.
Pradet.

Laforière.

Laforme.
Bissonnet.
Gilibert.
Gromelin.
Laserre.
Marard.
Morare.
Vermet.

Lafortune.
Chauvin.
Ducongé.
Fortier.
Pigeon.
Pilon.
Pourveu.
Tellier.

Lafosse.
Hodiau.
Puyperoux.

Lafougère.
Nolin.

Lafoy.

Lafraicheur.
Carreau.

Laframboise.
Denoyon.
Devoyon.
Fafard.
Franche.
Fraye.
French.
Frinche.
Gaigneux.
Guilbert.
LeMeunier.
Menanteau.
Prive.
Rennero.
Senecal.

Lafrance.
Aubin.
Boyer.
Darragon.
Desloriers.
Dubois.
Huberdeau.
Joignier.
Jourdain.
Levaque.
Niof.
Pinel.
Rougier.
Rougieu.
Toussin.

Lafranchise.
Beaune.
Content.
Duguay.
Dumareuil.
Pastourel.
Rameneuil.
Troy.

Lafraynaye.
Clerc.
DeBrucy.
Mignot.

Lafredaine.
Barbier.

Lafrenaie.
Clerc de Brucy.
Fafart.
Leclerc.
Mignot.

Lafrenière.
Lafresnière.

Lafresnière.
Bissonnet.
Desrochers.
Desrosiers.
Foisy.
Joyelle.
Piet.

L'Africain.
Jusseaume.
Jusselau.

Lafrisade.
Jourdain.

Lafronde.
Ozannes.

Lagacé.
Mignier.

Lagaillardise.
Gourot.

Laganière.
Hamelin.

Lagarce.
Lavolonté.
Perrot.

Lagarde.
Auban.
De la Garde.
Gouyau.
Lucas.
St. Jean.
St. Roch.

Lagarenne.
Bouvier.
Chefdeville.
Chesné.
Dupuis.
Vallières.

Lagassé.
Mignier.

Lagauchetière.
Migeon de Lagauchetière.

Lagaudié.
Goyer.

Lagaudriole.
Gaudria.
Varin.

Lagenois.
Zacharie.

Lagère.

Lagerne.
Chovet.

Lagerre.
Laguer.

Laginaudière.

Lagiraudière.
Houré.

Lagiroflée.
Berthelot.
Bigeau.
Bigot.
Capelant.
Carcy.
Chaumereau.
Chouanard.
Cosset.
Desmoulins.
Drouillard.
Jean.
Lorain.
Loraine.
Renaud.
Ripon.
Rolland.
Sainton.
Sataguerė.
Simon.
Soulière.
Tourneur.

LaGlardière.
Pinguet.

Lagneau.
Poitevin.

Lagnel.
Laniel.

Lagnier.
Latendresse.

Lagorgendière.
DeFleury.

Lagoterie.

Lagrandeur.
Dumontet.
Dussau.
Favreau.
Fortin.

Lagrange.
Baudon.
Boudon.
Chalut.
Chanluc.
Dechambre.
Sanschagrin.
Têtu.

Lagrave.
Aubert.
Chaine.
Chêne.
Chesnay.
Chesne.
Handgrave.
Lechêne.
St. François.

L'Agrement.
Bossus.

Lagrenade.
Desgougres.
Lachaux.
Lahaye.
Leguay.

Lagrillade.
Boissel.
Boissy.
Bossia.

Lagroandière.
Chernel.

Lagroix.

Lagrue.

Lagu.
Ladieux.
Lague.
Lagueux.
Sanscartier.
Sansquartier.

Laguenier.
Hamelin.

Laguer.
Lagerre.
Laguerre.
Marville.

Laguerce.
Desorcy.
Laguerche.
Launay.

Laguerche.
Laguerce.
Téfe.

Laguerre.
Agnès.
Benoit.
Daguerre.
Dubois.
Laguer.
Laquerre.
Morville.

Lagueux.
Lagu.
Laigu.

Laguilloizerie.
DeRane.

Lahaie.
De la Haie.
Gaillard.
Jarry.
Lahaye.
Lehays.
LePelé.

Lahonton.
Delorndarce.
Herlèche.

Laigneau.
L'Espérance.

Laignier.

Laigu.
Laigue.
Lanon.
Lanoue.
Lanoux.
Legu.
Lehiux.
Leieux.
Leillu.
Leyeux.
Leyu.

Lair.
Lert.

Laireau.
Lereau.

Lairet.
Hilarest.
Rochefort.

Laisdon.
Champagne.
Jaladan.

Laisné.
Briard.
DeLacroix.

Lainé.
Lajeunesse.
Laliberté.
Laplume.
Lesné.
Olivier.
St. Pierre.
Tranchemontagne.

LAIZEAU.
Lezeau.
Loiseau.
Loizeau.

LAJEUNESSE.
Assailli.
Audibert.
Balté.
Benoit.
Besnard.
Bigeot.
Brouillet.
Charles.
Chevrier.
Clément.
DeBeau.
Desnoyers.
Dubord.
Estène.
Gaugly.
Gour.
Guilbaut.
Guillet.
Hussereau.
Lecoq.
Léger.
Lescase.
Luton.
Machabé.
Magneron.
Pilet.
Poirier.
Quenoche.
Renaud.
Rossignol.
Stèbre.
Stère.
Trouillet.
Ubry.
Valade.
Vaucher.

LAJOIE.
Arnaud.
Bareilles.
Brunet.
Chatelet.
Chupin.
Drogue.
Dubois.
Hadnin.
Husson.
Lajoy
Limousin.
Manseau.
Masselot.
Maurier.
Mercier.
Morin.
Normandin.
Poncet.
Prélat.
Rébillau.
Rousseau.

LAJONQUILLE.
De la Joue.

LAJOY.
Lajoie.

LAJUDIC.

LAJUS.

LALAGUE.
Charpentier.

LALANCETTE.
Bonnelle.
Carles.
Claveau.
Dubois.
Fabre.
LeBreton.
Marion.
Scipion.
Seguin.

LALANDE.
Bigot.
Dormet.
Guillemot.
Lalonde.
Langliche.
Latreille.
Maugé.
St. Louis.

LALANNE.

LALEU.
De la Leu.
Lalude.
Lalue.
Lamontagne.
Lanoue.

LALIBERTÉ.
Alexandre.
Charoux.
Colin.
Deliefe.
Deliège.
Desrochers.
Dupuis.
Galet.
Gilbert.
Herve.
Laisne.
Lehoux.
Letendre.
Mouilleron.
Payen.
Petit.
Roiroux.
Senet.
Tessier.
Touin.
Vegears.
Vergens.
Viau
Vinet.

LALIME.
Cazal.
Chaufau.
Chèvrefils.
Girardeau.
Leboesme.
Lépine.
Lombard.
Sadé.
Vivier.

LALLEMAND.
Daigle.
Durand.
Fritern.
Moiseur.
Moleur.
Phritern.
Quemleur.

LALLEMANT.
Lallemand.

LALLIER.

L'ALLOUETTE.
Bau.
Bois.
Bos.
Laporte.
Lebeau.

LALOIRE.
Allaire.
Jousset.
Trinque.

LALONDE.
Labonté.
Lalande.
Lespérance.
Récollet.

LALONGÉ.
Gascon.
Lalongee.
LeGascon.
Lemaitre.
L'Espagnol.
Marie.

LA LONGUE ALLÉE.
Legras.

LALUDE.
Laleu.

LALUE.
Laleu.

LALUMAUDIÈRE.
Lafleur.

LALUMIÈRE.
Petit.

LAMADELAINE.
Lamagdelaine.

LAMADELEINE.
Madelaine.

LAMAGDELAINE.
Daillebout.
Madelaine.
Paris.
Pavis.

LAMAGDELÈNE.
Madelaine.

LAMAIRE.
Rapidiou.

LAMALÉTIE.
De la Malétie.

LAMALGUE.
Lamarque.

LAMALICE.
Héritier.

LAMALOTIÈRE.
D'Auteuil de Lamalotière.

LAMANQUE.
Mathieu.

LAMARC.
Lamarque.

LAMARCHE.
Badel.
Baritault.
Bariteau.
Baudry.
Chartier.
Dauvier.
Desjardins.
Dufaut.
Dufay.
Dufour.
Joran.
Lacote.
Lamarre.
Languille.
Périnault.
Perrinot.
Petit
Rouiller.
Roulier.
Soulard.

LAMARE.
Lamarre.

LAMARGUE.
Lamarque.
Marin de Lamarque.

LAMARINE.
Pitalier.

LAMARQUE.
Jolibois.
Lamalgue.
Lamarc.
Lamarre.
Marin de la Marque.

LAMARRE
Aymart.
Belisle.
Belle-Isle.
Chabot.
De la Mare.
DeLamarre.
Gamache.
Jabot.
Lamarche.

Lamare.
Lamarque.
L'Eveillé.
Rouillé.
Sirende.
St. André.

LAMARTINIÈRE (DE).

LAMARTRE.

LAMARZELLE.
Bernier.

LAMAUDAIS.
Lamondè.

LAMAX.

LAMBEGE.
Lambeye.

LAMBERT.
Aubin.
Champagne.
Dumont.
Robillard.
St. Paul.

LAMBERTON.

LAMBEYE.
Boyer.
Lambege.
Larose.
Limbege.

LAMÉDÈQUE.
Lemedèque.

LAMÉLANCOLIE.
Blanchon.

LAMER.
Rapidiou.

LAMERIQUE.

LAMESLÉE.
Crevier de Lameslée.

LAMEUNIER.
Bluto.

LAMI.
Lamy.

LAMICHE.
Leblanc.

LAMIE.
Lamy.

LAMINÉE.
Vachon.

LAMIRANDE.
DuLignon de Lamirande.

LAMONDE.
Couture.

LAMONDÈ
Lamaudais.

LAMONTAGNE.
Bacquet.
Banhiac.
Banyaque.
Bayard.
DeLalue.
Desforges.
Desnoyers.
Desrives.
DeVillars.
Dilay.
Douville.
Durocher.
Etienne.
Jérémie.
Laleu.
Martel.
Poitevin.
Pont.
Rigaud.
Voisie.

LAMORANDIÈRE.
Damours de Lamorandière.
Rocbert de Lamorandière.

LAMORILLE.
Lemaitre.

LAMOTHE.

LAMOTTE.
Aigron.
Bigot.
Brébant.
Cadillac.
Cauchon.
DeJourdis.
De la Mothe.
DeLamothe.
Desmarets.
Frete.
Gaudard.
Giboire
Gyboise.
Lafontaine.
Lamothe.
Laramee.
Laurent.
LePelé.
Marcot.
Mottard.
Normandin.

LAMOUCHE.
Monciau.
Mossion.
Robert.

L'AMOUR.
Guillon.

LAMOUREUX.
Delestre.
Enfours.
Pagé.
St. Germain.

LAMPERIER.

LAMPRON.
Laspron.

LAMPY.

LAMURE.
Barbeau.

LAMURY.
Amury.
Hameury.

LAMUSETTE.
Piché.
Pichet.

LAMUSIQUE.
Duchesny.
Dumesnil.
Lépine.

LAMY.
Brodeur.
Defond.
Desfonds.
Lami.
Lamie.
Lavigne.
Oreste.

LANAUDIÈRE.
Tarieu.

LANAUX.
Balé.

LANCELEUR.

LANCOGNAC.
Lancognard.

LANCOGNARD.
Lancognac.
Santerre.

LANCOGNET.
Lancougnier.

LANCOUGNIER.
Lancognet.
Lancounier.

LANCTOT.
Lanqueteau.

LANDAIS.

LANDEAU.
Rode.

LANDFORD.
Loffard.

LANDIRAND.
Audiran.

LANDONAIS.

LANDORNEAU.

LANDREVIE.

LANDREVILLE.
Gautier.
Landry.

LANDRIEFFE.

LANDRIÈRE.
Desbordes.
Landrieve.

LANDRIÈVE.
Landrière.

LANDRILLE.
Landry.

LANDROCHE.

LANDRON.

LANDRY.
Charlot.
Croqs.
Landreville.
Landrille.
St. André.

LANDSEYGNER.

LANE.

LANEAU.

LANEUVILLE.
Champeau.
Dehornay.
Dehorne.
Duvernay.
Lescuyer.

LANG.

LANGARD.

L'ANGE.

LANGEAC (DE).

LANGELIER.

LANGERON.
Lafontaine.

LANGEVIN.
Bazière.
Bergevin.
Bourbeulon.
Bourdon.
Bransard.
Cartier.
Claveau.
Coutanceau.
Degrais.
Gaudais.
Goderre.
Guicheteau.
Lacroix.
Marcour.
Martin.
Mocour.
Moran.
Panneau.
Poirier.
Radumé.
Rageot.

LANGIS.
DeLangy.
Levraux.

LANGLADE.
Mouet de Moras.

LANGLAIS.
Langlois.

LANGLICHE.
Lalande.

LANGLOIS.
Aubé.
Boisverdun.
Clément.
Cot.
DeMonségur.
Dubreuil.
Gems.
Germain.
Hains.
Holl.
Jacob.
Jacques.
Lachapelle.
Langlais.
Liberon.

Méry.
Monségur.
Otisse.
Ouabard.
Ouabert.
Ouabord.
Pain.
Renaud.
Sanssoucy.
Sérien.
St. Jean.
Traversy.

Langloiserie.
Piot de Langloiserie.

Langlumé.

Langoumois.
Chapelle.
Courcambec.
Coussin.
Darveau.
Héro.
Hervaux.
Joseph.
Lachapelle.
Lisieux.
Martin.
Rochereau.
Souchereau.

Langrave.
Handgrave.

Langrené.

Languedoc.
Beaulieu.
Bertin.
Casselette.
Corbière.
Descostes.
Garigue.
Gazelette.
Guérigue.
Guérite.
Lacoste.
Lannolier.
Larigue.
Monier.
Riousel.
Rival.
Rousse.
Touzelier.

Langy (De).
Levraux.

Laniel.
Agnel.
Bellerose.
Daniel.
Desrosiers.
Haniel.
Lagnel.
Lanielle.
Laquel.

Lannolier.
Languedoc.

Lanois.
Lanoix.

Lanoix.
Chimais.
Chimay.
Dautrepe.
Enouille.
Lépicier.
Richoux.

Lanon.
Laigu.

Lanos.
Lasonde.

Lanoue (De).
Laigu.
Laleu.
Robutel.

Lanouette.
Rivard.

Lanouguère (De).

Lanouillier.
Lanoullier.

Lanoullier.
Boisclerc.
DeBoisclair.
DesGranges.

Lanqueleur.
Hanctin.

Lanqueteau.
Lanctot.
Languedoc.

Lansac.
Pabo.

Lant.

Lanteur.

Lanthier.
Lantier.

Lantié.
Lantier.

Lantier.
Lanthier.
Lantie.

Laon.
Charpentier.
Lapaille.

Lapalme.
Gaboriau.
Janson.

Laparre.
Lapparre.
Levreaux.

Lapensée.
Bron.
Paviot.
Peret.
Roy.

Laperade.
De la Naudière.
Pelletier.

Laperche.
Rochereau.
Sabourin.
St. Jean.

Laperelle.
Eury.

Laperière.
Boucher.
Fabre.
Meunier.
Ouvrard.

Laperle.
Banlier.
Baulin.
Fremon.
Pineau.

Laperon.
Laspron.

Laperotière.
Jutras de Laperotière.

Lapérouse.
Vadeboncœur.

Laperrière.
Laperière.
Ouvrard.

Laperuanche.
Mezière.

Lapicardie.
Denis.

Lapierre.
Bardet
Brignon.
Bruneau.
Brunion.
Denis.
Duchesne.
Francœur.
Girard.
Glorget.
Joncas.
Laforest.
LeBourdais.
L'Enclu.
Lescuyer.
LeSieur.
Marçan.
Marchand.
Mazuret.
Mersan.
Meunier.
Robert.

Lapigeonnière.
Gautier de Lapigeonnière.

Lapintarde.
Boyer.
Pagé.
Poyer.

Lapinterre.
Caffié.

Lapistole.
Varin.

Laplaine.
Messagué.
Messaguier.
Primot.

Laplanche.
Duhemme.
Duverger.
Frégeau.
Frégeot.

Laplante.
Badaillac.
Bonnier.
Champagne.
Davaux.
De la Bourlière.
Dessureaux.
D'Orveilliers.
Labourier.
Lerige.
Mercier.
Panier.
Roux.
Sauve.
Tessier.

Laplume.
Dubray.
Laisné.
Miclet.
Moreau.

Lapointe.
Audet.
Clément.
Desautels.
Gaudard.
Godard.
Maurice.
Palatin.
Robin.
Simon.
St. George.
Tousignan.

Lapomerais.
Robert.

Lapommeraye.
Robert.

Laporte.
De la Porte.
Desilets.
DeSt. George.
Labonté.
L'Allouette.
Richelieu.
St. George.

Lapparre.
LaParre.

Laprade.
Bouchallet.
Pelletier.
Régeas.
Rejas.
Rigéalle.

Laprairie.
Beauchamp.
David.

Etienne.
Fore.
Giraudot.
Lefort.
Lejeune.
Mériault.
Piedalu.
Rousselot.

LAPRÉE.
Petit.

LAPRISE.
Dagneau.
Drouillard.

LAPROMENADE.
Larchevêque.

LAPRON.
Laspron.

LAQUAIR.
Laquerre.

LAQUALITÉ.
Beauchamp.

LAQUEL.
Laniel.

LAQUERRE.
DeLaquerre.
Laguerre.
Laquair.
Laquaire.
Laquière.

LAQUIÈRE.
Laquerre.

L'ARABEL.
Bluteau.
Buteau.
Lameunier.

L'ARAGUI.

LARALDE (DE).

LARAMÉE.
Adam.
Ango.
Aupry.
Bertrand.
Dehornais.
Dion.
Fissiau.
Godfroy.
Kerdorès.
Lamotte.
Lard.
Malsoi.
Marchand.
Marchenot.
Marchesleau.
Mathieu.
Mersot.
Meunier.
Porcher.
Viallet.
Zillion.

LARASTIE.

LARAUE.
De LaRaue.
Laraut.
Laraux.
Lareau.
Larue.
Lavau.
Lavaux.

L'ARCHE.
L'Archevêque.

LARCHER.
Beausange.
Champagne.
Larchet.
Parisien.

LARCHET.
Larcher.

L'ARCHEVÊQUE.
Defrenaie.
LaPromenade.
Larche.
L'Arche.
Larchevêque.

LARDET.

L'ARDOISE.
Breton.
Gautier.
Vachard.

LARDON.
Alard.

LAREAU.
Laraue.

LARÈGLE.
Gatineau.

LAREINE.
Coupal.

LARÉJOUISSANCE.
Dubois.

LABELLE.

LARENTE.
Vinet.

LARÉOLE.

LAREVERDRA.
Berard.
Brac.
Bras.

LARGEAU.
St. Jacques.

L'ARGENTERIE (DE).
DeMiray.

LARICHARDIE.

LARICHARDIÈRE.
Lavallée.

LARIE.
Tarte.

LARIEU.
Larion.

LARIEUX.
Delerieux.
Gatien.

LARIGUEUR.
Cassin.
Cazin.

LARIOU.
Lafantaisie.
Lafontaine.
Larieu.
LeGascon.

LARIVÉ.
Larrivé.

LARIVIÈRE.
Barthe.
Baudon.
Bernard.
Bernezé.
Bertin.
Boyer.
Brenezi.
Cambin.
Chambelly.
Chapdelaine.
Chaumaux.
Clement.
Delage.
Duperé.
Durbois.
Girard.
Griau.
Gruyau.
La Victoire.
Lemerle.
Martin.
Nolet.
Paquet.
Payment.
Pierre.
Quério.
Rivière.
Rouillard.
Tarte.
Têtu.
Touvenin.
Triolet.

L'ARME.
DeL'Armé.

LARMELOEIL.
Remeneuil.

LAROC.
Larocque.
Larocquebrune.

LAROCHE.
Baraine.
Barème.
Barette.
Barret.
Brayard.
Breillard.
Brien.
Brillac.
Brisson.
Carré.
De la Roche.
Desroches.
Dumouchel.
Fontaine.
Larose.
LeMarché.
Picard.
Poitevin.
Roche.
Rognon.
Roignon.
Touché.

LAROCHELLE.
Coutelet.
Gautron.
Métra.
Simonet.
Sorin.

LAROCQ.
Larocque.
Larocquebrune.

LAROCQUE.
Carle.
Couillau.
Lafontaine.
Laroc.
Larocq.
Larocquebrune.
Laroque.
Roque.

LAROCQUEBRUNE.
Couillau.
Gachiniac.
Laroc.
Larocq.
Larocque.
Laroque.
Laroquebrune.
Roc.
Roch.
Roquebrune.
Vachignac.

LAROLANDIÈRE.
Gendron.

LARONDE.
Molaire.
Phibonière.

LARONDIÈRE.
Lemay.

LAROQUE.
Larocque.
Larocquebrune.

LAROQUEBRUNE.
Larocquebrune.

LAROSE.
Abiron.
Aubry.
Batinier.
Belleau.
Bergeron.
Bernet.
Bizeu.
Blanchard.
Blanchon.
Cartier.
Charon.
Chauveau.
Chedevergue.
Chedevert.
Chefdevergue.
Clemenceau.

Crespin.
Croizau.
Daveluy.
Deguire.
Derny.
Déry.
Doutre.
Gautier.
Girogue.
Givoc.
Grouard.
Guérard.
Guichard.
Guillot.
Guineau.
Guiré.
Hebert.
Herodo.
Kéré.
Lambeye.
Laroche.
Laurent.
Lecompte.
Lucheux.
Maillou.
Marot.
Mazeau.
Metivier.
Mirmond.
Ravelet.
Rebel.
Richard.
Rose.
Sauvin.
St. Germain.
Taupier.
Tissaut.
Vigeant.

LAROSÉE.
Aly.
Fare.
Silvain.

LAROUCHE.
Gautier.

LAROYALE.

LARPENTY.
Danis.
Danny.

LARRIVÉ.
Arrivé.
Delisle.
Larive.
Larivée.
Maurice.
Rivet.

LARSONNEUR.
Sceleur.

LART.
Bertrand.
Laramee.

LARTICLE.

LARTIGUE.

LARUE.
Bayonne.
De la Raue.
De la Rue.
Laraue.
Montenon.

LARUINE.
Bohel.
Boheur.
Bosche.
Michel.

LARY.
Alary.

LASABLONNIÈRE.
Brunel.
Brunet.

LASAGUE.
De la Salle.
Quintin de la Salle.

LASALINE.
Poisson.

LASALLE.
Castagnan.
De la Salle.
LeBasque.
Talusier.

LASANTÉ.
Pinon.

LASARTE.
Lasarpe.

LASAULAYE.
Verrier.

LASAUSSAYE.

LASAVANE.
Mercereau.

LASBRON.
Laspron.

LASEIGNEURIE.
Boda.

LASELLE.
Lacelle.
Laselline.
Poissant.

LASERRE.
DeBluche.
Gallais.
Laforme.
Lasser.
Montamel.

LASERTE.
LePailleur.
Vacher.

LASÈVE.
Bluche.

LASISSERAYE.
Lacerisee.
Lefebvre.

LASNE.

LASOLAYE.
Merienne.

LASONDE.
Brun.
Couture.
Guichard.
Husard.
Lamonde.
Lanos.
Laurent.
Lebrun.
Leriche.
Malidor.
Moller.
Riche.
Vauquier.

LASOUCHE.
Tondreau.

LASOUDURE.
Roulier.

LASOURCE.
Maillou.

LASPRON.
De la Charité.
Delfossés.
Lacharité.
Lampron.
Laperon.
Lapron.
Lasbron.
St. Louis.

LASSER.
Laserre.

LASSISSERAI.
Lefebvre.

LASUE.

LAT.
Lelat.

LATACHE.

LATAILLE.
Cain.

LATARTRE.
Francœur.

LATAUPINE.
Moreau.

LATAUPINIÈRE.
Grimard.

LATEICLERC.
Druilhet.

LATENDRESSE.
Frémot.
Lagnier.
Poitevin.

LATERREUR.
Besnard.
Conquet.
Ducros.
Guéguin.
Laurin.
Lorin
Martin.

LATERRIÈRE.
DeSales.

LATHRULIÈRE (DE).
Dreuillet.

LATOISE.
Théoturie.

LATONNE.

LATOUCHE.
Aubert.
MaCarty.
Pezard.
Roger.
Soupras.
Tantevin.
Tantouin.

LATOUR.
Artaut.
Balard.
Baumeleblanc.
Beaume.
Bonnet.
DeFoucault.
De la Tour.
DeMassoings.
Dezéry.
Dufour.
Foucault.
GournayetGourné.
Huguet.
Jérôme.
Laforge.
LeConteur.
Loyer.
Simonet.
Thuillier.

LATOURELLE.
Dubord.
Maranda.

LATOURMENTE.
Besnard.

LATOURNELLE.
Cocquin.

LATRAVERSE.
Hus.

LATREILLE.
Bériasse.
Bériau.
Brias.
Briasse.
Lalande.
Lalonde.
Ledoux.
Plumereau.

LATRÉMOUILLE.
Miguet.

LATRÉMOUILLÈRE.
Lafleur.

LATULIPPE.
Choudin.
Dufaux.
Flagéole.
Joron.
Jouineau.
Juneau.
Labrosse.
Leheu.
Mailhot.
Maublot.
Mobleau.
Monbleau.
Ponsant.

Quéret.
Sauteur.
Savin.
Sevin.

LAUBERGE.
Roberge.

LAUDENOZ.
Sorel.

LAUDIÈRE.
Martin.
Ondoyer.

LAUDMAN.
Barrois.
Lothman.

LAULIÈRE.
Gaudin.

L'AUMONIER.
Traversy.

LAUNAY.
Lacroix.
Laguerce.

LAUNEL.

LAUNIER.

LAUNIÈRE.
Gamelin.
Pinard..

LAUNOIS.
Louvois.
Maugin.
Maugits.

LAUR.
Lor.
Lord.

LAURANDEAU.
Rolandeau.

LAURAU.
Loreau.

LAUREAU.

LAURENCE.
Laurent.
Lorance.

LAURENCEAU.

LAURENCEL.
Laurencelle.

LAURENCELLE.
Laurencel.

LAURENDEAU.
Rolandeau.

LAURENS.
Laurent.

LAURENT.
Cartier-du-Laurent
Champagne.
Coquot.
Julien.
Lachapelle.
Lamotte.
Larose.
Lasonde.
Laurence.
Laurens.
Lauzon.
Laviolette.
Lebeaume.
L'Horty.
Lorant.
Loreau.
Lortie.
Lorty.
Provençal.
St. Laurent.

LAURIER.
Cotineau.

LAURIN.
Lorrain.

LAURIOT.
Loriot.

LAUROT.
Loreau.

LAUSÉ.
Lauzet.

LAUZAY.
Lauzet.

LAUZET.
Lausé.
Lauset.
Lauzay.
Lauze.
Lizot.
Loset.
Sansfaçon.

LAUZIER.
Desjardins.
Pinard.
Roy.

LAUZON.
Florentin.
Laurent.
Loreau.
Lozon.
Vadeboncœur.

LAVAL.
Coupeau.
Milot.

LAVALET.
Basque.
Guillot.

LAVALETTE.
Basque.
Joannis.
LaBalette.
Lavallette.

LAVALEUR.
Charlery.

LAVALLÉ.
Lavallee.

LAVALLÉE.
Arpot.
Baillargeon.
Bouchard.
Friloux.
Giguère.
Jutras.
Labrecque.
LaRichardière.
Lavalle.
Legrain.
Paquet.
Petit-Jean.
Prêt-à-Boire.
Ranger.
Richard.
Valle.
Vallee.

LAVALLETTE
LaValette.

LAVALTRIE.
Margaire.
Margane.

LAVANOIS.

L'AVANT (DE).

LAVARENNE.

LAVAU.
Laraue.
Lavaux.

LAVAUX.
Clavau.
Claveau.
DeLavau.
DeVau.
Laraue.
Lavau.
Laveau.
Levaut.

LAVEILLE.
Renou.

LAVEILLÉ.
François.
Galeze.

LAVENIN.
Touvenin.

LAVENTURE.
Hus.
Mace.
Nus.

LAVÉRANDRIE.
Gautier de LaVérandrie.

LAVERDIÈRE.
Cauchon.

LAVERDURE.
Audoy.
Crepeau.
Ducharme.
Dutartre.
Fresnay.
Gely.
Hébert.
Joachim.
Lothier.
Malard.
Monet.
Pothier.
Riquet.
Riquier.
Ritier.
Saugeon.
Soulard.
Talon.
Threny.
Urse.
Valiquet.
Verdet.
Verret.
Vezier.
Vignaux.

LAVERGNE.
Boui.
Bouis.
Bouy.
Boyou.
Compairon.
Comperon.
Lebuy.
Renauld.
Sauviot.
Tefe-Laguerche.
Tetrau.

LAVERNY.

LAVERTU.
Varlet.

L'AVERTY.
Adversy.
Averty.

LAVICTOIRE.
Breuzard.
Chartier.
Olivier.
Sarrière.

LAVIGNE.
Bernard.
Bidault
Boursier.
Bourtier.
Brodeur.
Doutre.
Fily.
Fydy.
Lachaise.
Lacheze.
Lamy.
Levasseur.
Nadeau.
Poutre.
Rivard.
Saviot.
Soucy.
Tessier.

L'AVIGNON.
Benard.
Fydy.
Juillet.

LAVIGUEUR.
Brouillet.
Delage.

LAVILLE.
Roquan.

LAVILLET.
De la Villette.

La Villète.
Laviolette.
Sanssoucy.

LaVillète.
La Villet.

Lavimaudière.
Lecompte.

Laviolette.
Anthoine.
Attinat.
Aubry.
Barody.
Béland.
Betourné.
Bizeau.
Blouin.
Brouillet.
Bruno.
Canut.
Cholet.
Christofle.
Croquelois.
Delsort.
Dubois.
Dubord.
Duleau.
Dumont.
Duparc.
Edine.
Faucher.
Forin.
Foucher.
François.
Ginier.
Goguet.
Goupil.
Gros.
Huet.
Jahan.
Laurent.
La Villet.
Lecointe.
Legros.
Liberson.
Lucas.
Maillot.
Mercier.
Mousseaux.
Poitevin.
Prevost.
Ranger.
Rufiage.
Rufiange.
Sallez.
Salva.
Sarrot.
Tougard.
Tougas.
Toulouze.
Villeday.
Violet.

Lavisse.
Avisse.

Lavoie.
DeLavoye.

Lavolonté.
Joubert.
Lagorge.
Lecamus.

Lavot.
Laforge.

Lavoye (De).
Louvais.

Léaume.
Réaume.

LeBailly.
DeBailleuville.

Lebaron.
Baron.
Caillou.

LeBasque.
Guillantena.

LeBassier.
DeVillieux.

Lebat.

Lebault.
Depeu.

Lebé.

Lebeau.
Bau.
Beaufils.
Bois.
Bos.
L'Alouette.
Tibaut.

LeBechecq.
Béchard.

LeBecheur.

Lebeffe.

Lebel.
Beaulieu.
Philippe.

LeBellay.

LeBellec.
LeBellet.

LeBellet.
Belec.
Belecq.
Bellec.
DuBelley.
LeBellec.

LeBer.
DeSenneville.
DeSt. Paul.
DuChésne.
Hubert.
Laforce.
Larose.
Lebert.
St. Paul.
Yvon.

Leberson.
Liberson.

Lebert.
LeBer.

Lebeuf.
Boutet.
Chaloux.
Fresville.
Laflamme.
Lebœuf.

Lebié.
Grenon.

Lebigre.

Lebiguet.
Biguet.

Leblanc.
Beaume.
Blanc.
Dublanc.
Dussault.
Grandmaison.
Jerome.
Jolicœur.
Labrie.
Lamiche.
Latour.

Leblond.
Bellegarde.
Contetonconte.
Dupont.
Huquerre.
Jacques.
Lafortune.
Maillot.

LeBlousart.
Duplessis.

LeBoesme.
Lalime.
Lesné.

Lebœuf.
Lebeuf.

Lebon.
Bon.
Divertissant.
Ferrière.
Lacombe.
Marchand.

LeBordais.
Lebourdais.

LeBorgne.
Belisle.
Bellisle.
DeBellisle.
DeBelzile.
DuCoudray.
Gausse.

Lebosque.

LeBossu.
Bossu.

LeBoulanger.
Boulanger.
DeSt. Pierre.
Lafortune.

LeBourdais.
Lapierre.
LeBordais.

LeBourg.

LeBouteleau.
Leclerc.

Lebret.
Lebrette.
Ledrette.

LeBreton.
Breton.
Dubois.
Girard.
Hélie.
Lalancette.
Lardoise.
Robert.

Lebrette.
Lebret.
St. Amant.

Lebreux.
Brum.

LeBrice.
Breton.
DeKéroach.
Kéroac.
Kuerouack.

LeBrix.

LeBrodeur.
Brodeur.

Lebron.

Lebrun.
Brun.
Carrier.
Carrière.
DeDuPlessis.
DeRoyecourt.
Fleuridor.
Lasonde.
Levasseur.
Renelle.

Lebuy.
Bouy.
Lavergne.

LeCabellac.
Durodu.

LeCacheux.

Lecamus.
Aubin.
Lavolonté.

LeCanteur.
Latour.

Lecardeur.
Legardeur.

Lecavelier.
Cavelier.
Rivet.

Lecerclé.

Lecerf.
Lachasse.
Ladouceur.

Lechagne.
Lecharre.

Lechardon.

Lecharle.

Lecharre.
Lechagne.

Lechasseur.
Dangeuger.

Léchelle.

Lechêne.
Lagrave.

LeChenu.
Chenier.

Lechevalier.
Noland.

Leciot.
Sioneau.

Leclair.
Leclerc.

Leclerc.
Blondin.
Cap-Breton.
Francœur.
LeBouleteau.
Lescuier.
Montfort.

Lecocq.
Lecoq.

Lecointe.
Laviolette.

Lecollen.
Zacharie.

Lecomble.

Lecompte.
Cassin.
Comte.
DeBellegarde.
DeChamiré.
De la Gimaudière.
De la Ragotterie.
De la Villemaudière.
De la Vimaudière.
Dubois.
Dupré.
Hebert.
Lacombe.
Lafleur.
Larose.
Lavimaudière.
Lecomte.
Legros.
Simon.
St. Jacques.

Lecomte.
Lecompte.

Leconellier.
Cavelier.

Lecoq.
Foubert.
Greffard.
Lajeunesse.
St. Onge.

Lecorgne.

Lecornu.
Sanssoucy.

Lecouple.

Lecoup.
Villeneuve.

Lecourt.
Lecour.
Lecours.

Lecouti.
Cotty.
Guestier.
Ladouceur.
L'Eveille.

Lecoutre.
Lachaisnée.

Lecroit.

L'Ecuier.
L'Escuyer.

Lécuyer.
Denis.
L'Escuyer.

Ledain.
Belleville.
Ledent.

Ledent.
Belleville.
Lamorandière.
Ledain.
Leyden.
Ledepensier.

Ledfril.
Lightfil.

Ledle.

Ledoux.
Adam.
Latreille.

Ledran.

Ledroit.
Drouet.

Leduc.
Duc.
Frappe.
Persil.
Souligny.
St. Omer.

Lee.

Lefarge.

Lefebvre.
Angers.
Bastien.
Battanville.
Beaulac.
Belisle.
Bellecour.
Bellefeuille.
Belleflour.
Belleran.
Bellerose.
Boulanger.
Briquet.
Courville.
DeBellefeuille.
DeCaumartin.
De la Barre.
De L'Intelle.
Denoncour.
Depin.
Descoteaux.
DesIles.
Despins.
DeVillemur.
DuChoquet.
Duchouquet.
Duplessis.
DuSablon.
Faber.
Forest.
Labbe.
Laciseraie.
Laciseray.
Laciseraye.
Laciseree.
Lacroix.
Ladouceur.
Lasisseraye.
Lassiserai.
Lassiseray.
LeBoulanger.
L'Emerise.
L'Escuyer.
Lesueur, 1718.
Michauville.
Senneville.
Simon.
St. Jean.
Villemur.

LeFêté.

LeFetty.
Lamontagne.
LeFete.
Levitre.

Lefevre.
Lefebvre.

LeFifre.
Panneton.

LeFiluart.
DeSouger.

Lefinet.
Bazinet.
Tourblanche.

Lefort.
Fort.
Laforest.
Laprairie.

LeFoureur.
Champagne.
Foureur.

LeFournier.
DuFiguier.
DuVivier.
Fournier.

Lefranc.
Oudin.

LeFrançois.
François.

Lefrand.

Lefret.

Legadeau.
Fégadeau.

Legagneur.
Gaigneux.

Legal.
Sanscartier.

LeGalais.

LeGallais.

LeGardeur.
D'Alonceau.
Darpentigny.
DeBeauvais.
DeBécancourt.
DeCaumont.
DeCourcelles.
DeCourtemanche.
DeCroizille.
DeL'Isle.
DeMoncarville.
DeMontesson.
DeRepentigny.
DeSt. Pierre.
DeTilly.
DeVilliers.
Gardeur.
Lecardeur.
Quinzeroquilles.
Repentigny.
Sanssoucy.
St. Lo.

Légaré.

LeGascon.
Jonceau.

Legasillier.
Gusilier

Legaud.
Deslauriers.
Legault.
Legaut.
Legeau.
LeGo.

Legaut.
Legaud.

LeGautier.
DeRané.

LeGay.
Gay.
LeGuay.

Legeau.
Legaud.

Legendre.
Belair.
Gendre.

Léger.
De la Grange.
Lajeunesse.
Parisien.
Prieur.
Richelieu.

Legerard.

Legier.
Haguenier.

LeGo.
Legaud.
LeGouis.
DeMerville.
Legrain.
Grain.
Lavallée.
Legrand.
Bellerose.
DeSintré.
Lelièvre.
Levron.
LeGrapt.
Guérard.
Legras.
Guérard.
La-Longue-Allée.
Pierreville.
St. Louis.
LeGraverant.
Legris.
Dufont.
Lépine.
Legros.
DeNoyon.
Dupéron.
Gros.
Laviolette.
Lecompte.
St. Laurent.
Legroux.
Legu.
Laigu.
LeGuay.
Guay.
LeGay.
Legrenade.
LeGuerrier.
Leguide.
Dagueil.
L'Eguille.
Dagueil.
Léguillé.
St. Sauveur.
Lehait.
Lehays.
Lahaie.
Leheu.
Latulippe.
Lehire.
Lehiux.
Laigu.
Leholl.
Lehouillier.
Lehoulier.
Lehoullier.
Lehould.
Houde.
Lehoulier.
Lehouillier.
Lehoullier.
Lehouillier.
Lehoux.
Descaris.
Laliberté.
Leroux.
Lehu.
Hu.
Leieux.
Laigu.
Leillu.
Laigu.
Lejamble.
LeJanvre.
LeJardinier.
Voyer.
Lejeune.
Bonaventure.
Laprairie.
Lelat.
Lelièvre.
Duval.
Lièvre.
Lelionnais.
Rageot.
LeLoup.
Leloutre.
Berthelot.
Lemage.
Lemagnan.
Lemai.
Lemay.
Lemaine.
Chaussé.
Lemaire.
Lemer.
Lemerre.
Lemire.
Lescuyer.
St. Germain.
Lemaistre.
Lemaitre.
Lemaitre.
Auger.
Beaunoyers.
Bellenoix.
De la Morille.
DeLongée.
DeLothinville.
Duhemme.
Jugon.
Lalongé.
Lalongee.
Lamorille.
Lemaistre.
LePicard.
Lothinville.
Lotinville.
Lottinville.
Notinville.
Villeneuve.
Lemajeur.
Lemalle.
St. Louis.
Lemaltay.
Malteste.
Lemanceau.
Labonnevie.
LeMarchais.
DeCarrière.
LeMarchand.
DeLignery.
DeSavigny.
DesLignery.
Marchand.
Lemarché.
Laroche.
Lemarié.
Marie.
Morier.
Lemarquis.
Dupuyau.
Marquis.
Lemay.
Delorme.
Larondière.
Lemai.
Lemaye.
Lemee.
Lemetz.
Leonard.
Poudrier.
Rencontre.
Lemaye.
Lemay.
Lemédèque.
Felix.
Lamédèque.
Lemeudec.
Médec.
Lemée.
Lemay.
Lemeilleur.
Meilleur.
Lemeine.
Chaussé.
Lemelin.
Tourangeau.
Lemenne.
Lemenu.
Chateauneuf.
Meneux.
Lemer.
Lemaire.
LeMercier.
DeBeaurepos.
Lemeslier.
Lemerise.
Lefebvre.
Lemerle.
D'Aupré.
DeHautpré.
Durbois.
Larivière.
Semiot.
Lemerre.
Lemaire.
Lemery.
Emery.
Lasonde.
Lemeslier.
LeMercier.
Lemétaillier.
Métayer.
Métivier.
Lemetteyer.
Desmarets.
Lemetz.
Lemay.
Lemeudec.
Lemédèque.
Lemeusnier.
Meunier.
Lemière.
Courcy.
Lemieux.
Leminime.
Barbier.
Lemire.
Chambeau.
Foucault.
Lemaire.
Lemyre.
Marsolet.
Miré.
Lemoine.
Capistran.
D'Assigny.
DeBienville.
DeBlainville.
DeCharleville.
DeChateauguay.
DeLongueuil.
DeMaricour.
DeMartigny.
DeSerigny.
DeSoulanges.
DesPins.
De Ste. Hélène.
D'Iberville.
Hus.
Jasmin.
Martigny.
Monier.
Lemois.
Lemon.
Lemonde.
Lemondion.
De la Canterie.
DeMongaron.
Lemonier.
Meunier.
Monier.
Musnier.

LEMONT.
DeLemont.
LEMONTHE.
Lamonde.
LEMOUNIER.
Meunier.
LEMOYEN.
Moyen.
LEMOYNE.
Lemoine.
LEMPLATRE.
LEMYRE.
Lemire.
L'ENCLUS.
Lapierre.
LENGOGNET.
Lancougnier.
LENDIER.
LÉNÉ.
Laisné.
LENEDIQUE.
Linidique.
LENÈGRE.
LENEPVEU.
DeLemon.
LeNeveu.
Nepveu.
Neveu.
LENEUF.
DeBeaubassin.
De la Potherie.
De la Vallière.
DuHerisson.
LENEVEU.
LeNepveu.
LENEUVILLE.
George.
L'ENFANT.
Soyer.
St. Joseph.
St. Martin.
LENOBLE.
LENOIR.
Hébert.
Laviolette.
Rolland.
St. Pierre.
LENORMAND.
Normand.
L'ENSEIGNE.
LeHoux.
LeRoux.
Roul.
LENTIER.
Lépine.
LÉON.
Lyon.
LÉONARD.
Bosseron.
Derives.
DesSablons.
DuSablon.
Jean.
Lepage.
Liénard.
Mondor.
Simon.
St. Simon.
Tourangeau.
LEPAGE.
Beau.
De la Faussais.
De la Fosses.
De la Molaie.
DeSt. Barnabé.
DeSte. Claire.
DeSt. François.
DeSt. Germain.
François.
Lefrançois.
Lenègre.
Leonard.
Mollet.
Pagé.
Pagési.
St. Amant.
Roy.
Soleil.
LEPAILLEUR.
LEPALLIEUR.
DeVoisy.
Laserte.
LePailleur.
LEPAPE.
Bapt dit Carcy.
LEPARC.
LEPARCQ.
Leparq.
LEPARISIEN.
Gervais.
LEPARON.
Jolicœur.
LEPARQ.
Leparcq.
LEPAULMIER.
L'EPÉE.
Gaufreteau.
LEPELÉ.
De la Haye.
Dérive.
Desmarets.
DeVoisy.
Lahaie.
Lahaye.
Lamothe.
LePellé.
Marcot.
Mezières.
LEPELLETIER.
Augustin.
LEPERVANCHE.
Mézière.
LEPETIT.
Petit.
LEPEUDRY.
Laperdry.
LEPICARD.
Picard.
L'ÉPICIER.
Lanoix.
LEPICQ.
Lepsic.
LEPILEUR.
LEPINAY.
De L'Espinay.
LÉPINE.
Bérard.
Boure.
Chabaudier.
Chatigny.
Chevaudier.
Chevoyer.
Darras.
Hapert.
Jolive.
Jolivet.
Joly.
Joyer.
Lalime.
Lamusique.
Legris.
LeSautier.
Lespine.
Marette.
Maufait.
Varennes.
LÉPINET.
Baudry.
DeL'Espinay.
LEPIRE.
Henne.
Martin.
Pire.
Portugais.
LEPLEIN.
LEPOITEVIN.
Poitevin.
LEPOMIER.
LePaulmier.
LEPORTUGAIS.
Dasilva.
LEPOUPON.
Croteau.
LEPRAY.
Petit.
LEPRESTRE.
LEPREUX.
Montois.
LEPREVOST.
DeBasserode.
DeSt. Jean.
LEPRIEUR.
Prieur.
LEPRINCE.
Bossu.
Prince.
Sanscartier.
LEPROHON.
LEPROU.
Prou.
LEPROULT.
Prou.
LEPROUST.
Prou.
LEQUIEN.
LÉQUIER.
L'Escuyer.
LEQUIN.
Sanssoucis.
LEQUINT.
Dequint.
Lequain.
Seguin.
LERAT.
LERAY.
LEREAU.
Laireau.
Leuraut.
Leureau.
Levitre.
Levraud.
Levrault.
Levreau.
L'Héraux.
Lhereau.
L'Heureux.
LERET.
LERÉTIF.
LERICHE.
Lasonde.
LERIGÉ.
Leriger.
LERIGER.
De LaPlante.
Laplante.
Lerigé.
LERIN.
Lafontaine.
Sevin.
LEROIDE.
Duchêne.
LEROMPRÉ.
Mandeville.
LEROUGE.
L'EROUINE.
LEROUX.
Bordeau.
Bourdeau.
Cardinal.
Duplessis.
Lachaussée.
Laderoute.
Launois.
Lehoux.
L'Enseigne.
Provençal.
Robreau.
Roul.
Rousson.

LeRoy.
Lert.
Roy.

Lert.
Lair.
Laire.
LeRoy.
Roy.

Lery.
Provençal.

LeSacque.

Lesage.
Champagne.
Lespérance.

LeSaullenier.
DeSt. Michel.
LeSaulnier.
LeSaunier.

LeSaulnier.
LeSaullenier.

LeSaunier.
LeSaullenier.

LeSautier.
L'épine.

LesBois.
Nicole.

Lescabiet.
L'Escabiette.

L'Escabiette.
Canichon.
Escabiet.
Lescabiet.
Scabiet.

Lescarbot.
Beauceron.
Escarbot.

Lescase.
Lajeunesse.

Lescau.
Lescot.

Lescot.
Lescau.

Lescure.
Flotart.

L'Escuyer.
Ethier.
LaNeuville.
Lapierre.
Leclerc.
Lécuier.
Lécuyer.
Lefebvre, 1718.
Lemaire.
L'Équier.
Lescuier.
Lescuyer.

Lesept.
Amplade.

L'Esguillon.
Lachapelle.

LeSiège.
Lafontaine.

LeSieur.
Desaulniers.
Duchène.
Lapierre.
LeSieux.
Pistolet.
Trotier.
Vilard.

Lesieux.
LeSieur.

Lesné.
Laisné.

Lesort.

LeSot.
Lezot.

Lesouet.

LeSourd.
Dechau, 1777.
Ducharme.
Duchène.

L'Espagnol.
Alonze.
Bildé.
D'Espagnol.
Lalonge.
Marsil.
Serran.
Sibiron.
Vildé.

Lespardier.
Tranchemontagne.

Lespérance.
Aubuchon.
Billiau.
Chevalier.
Compain.
Cretot.
De la Borde.
Fouré.
Guerganivet.
Hébert.
Hervieux.
Lesage.
Levasseur.
Lis.
Magnan.
Morier.
Ouellet.
Poujot.
Rocheleau.
Rochereau.
Rocheron.
Rotureau.
Talon.
Tellier.
Valade.
Viau.
Voyer.

Lesperon.
Bonami.

L'espinay.
Couillard.
DeL'Espinay.

Lespine.
Lépine.

Lesplat.
Desplas.

Lesrets.

Lessard.
DeLessard.
LaToupie.

Lestage.
DeL'Estage.

L'Estang.
Belenfant.
Brunet.
Champagne.
DeDouchet.
Létang.

L'Estourneau.
Létourneau.

L'Estrange (De).
Maupoux.

L'Estringan.
St. Martin de L'Estringan.

Lesueur.
Jolicœur.
LaHogue.
Lefebvre.

Lesuire.
Perron.

LeSuisse.
Bouillane.

LeSuyer.
Sustier.

Letailleur.

Létang.
Brunet.
L'Estang.

Letar.

Letard.
St. Onge.

LeTardif.
Tardif.

Letarte.
Letartre.

Letartre.
Dubeau.
Dutarte.
Francœur.
Letarte.

Letellier.
Lafortune.
Lespérance.
Tellier.

LeTendre.
Hélène.
Laliberté.
St. Thomas.

LeTessier.

L'Etoile.
L'Italien.

Létourneau.
Estourneau.
L'Estourneau.
Nadeau.
Nadon.

Letourneur.
LeTourneux.

LeTourneux.
Letourneur.

Letphénéens.

Letuillier.
Tuillier.

Leurant.
Lereau.
Leureau.

L'Europe.
Berry.

Levadier.

Leval.
Bapaume.
Delenac.

LeVallier.

LeVallon.
De L'Estre.
Denis.

LeValois.
Valois.

Levant.
Lavaux.

Levasseur.
Borgia.
Chaverlange.
Delord.
DeNére.
Lavigne.
Lebrun.
Lespérance.
Ménage.
Vassor.

LeVasson.
DeVasson.

Leveau.
DeVaux.

L'Eveillé.
Billy.
Boutin.
Chevalier.
Coignat.
Deneau.
Dequin.
Forçan.
Fourquin.
Galesse.
Groisa.
Guestier.
Guietier.
Labonne.
Landorneau.
Laviolette.
Léveillé.
Locat.
Marassé.
Marnet.

Marsé.
Maudemont.
Mongin.
Montambault.
Mornay.
Nepveu.
Perrotin.
Reboul.
Renaud.
Seré.
Sorel.
Thibault.
Touchard.
Truchon.
Trud.
Tyriest.

LÉVÊQUE.
Lévesque.
Sansoucy.

LEVERD.
Levert.

LEVERRIER.
DeRousson.
Verrier.

LEVERT.
Leverd.

LÉVESQUE.
DeRomprez.
DuSablon.
Lafrance.
Lebrascroche.
Levêque.
Rompre.
Sansoucy.

LEVIEUX.
DeHauteville.

LEVILLIERS.
DeLacorne.
L'Huillier.
Petit de Levilliers.

LEVITRE.
LeFête.
Vitre.

LEVRARD.

LEVRAT.

LEVRAU.
Levraux.

LEVRAUD.
Lereau.
Levraux.

LEVRAULT.
Lereau.

LEVRAUX.
De la Maisonneuve.
DeLangis.
DoLangy.
Langy.
Levrau.
Levraud.
Montegron.

LEVREAU.
De la Parre.
Lereau.

LEVRON.
LeGrand.

LEVRY.
Livray.

LEYDEN.
Ledent.

LEYEUX.
Laigu.

LEYNARD.

LEYU.
Laigu.

LEZEAU.
Laizeau.

LEZOT.
LeSot.
Lizot.

LHÉRAULT.

L'HERAUX.
Lereau.

LHEREAU.
Lereau.

LHÉRET.
Hilarest.

L'HERITTE.

L'HERME.
Nogean.

L'HERMITE.
D'Alençon.

L'HEUREUX.
Lereau.

LHOMME.
Artois.
Homme.
Tuillier.

LHUILIER.
Lhuillier.

LHUILLIER.
Chevalier.
Desvigny.
Levillier
Lhuilier.
Luillier.
Lullier.
Tuillier.

LHUISSIER.
Lussier.

LIANDRA.

LIARD.

LIBERGÉ.
Riberge.

LIBERSAN.
Laviolette.
Liberson.

LIBERSON.
Laviolette.
Leberson.
Libersan.

LIBONNE.
Bertin.

LIBORON.
Bellefleur.
Langlais.

LIBOURNE.
DuTasta.

LIEBERT.

LIÈGE.
Delief.

LIÉNARD.
Boisjoly.
DeBeaujeu.
DeVillemonde.
Dienard.
Durbois.
DuSablon.
Ely.
Helie.
Leonard.
Mondor.
Mont d'or.

LIEUMET.

LIÉVIN.
Fournier.
Grenier.

LIÈVRE.
Lehèvre.

LIGHTFIL.

LIGNERA.

LIGNERON (DU).

LIGNERY (DE).
Lemarchand.

LIGNY.

LIGONT.

LIGUÈRE.

L'ILBRONDE.
Bourdeau.

LILOIS.
Mercier.
Roy.

LIMBÉ.

LIMBÉGE.
Lambeye.

LIMETIÈRE.
Chartrain.

LIMOGES.
Amand.
Jolicœur.

LIMOUSIN.
Beaufort.
Brunel.
LaBetolle.
Lajoie.
Sanschagrin.
St. Louis.

LINCOUR.
Amiot.
Desorcy.

LINCTOT.
Godfroy.

LINDE.
Sansregret.

LINE.

LINIDIQUE.
Lenedique.

LINOT.

LINTEAU.

LIONAIS.
Bossu.
Denis.
Guionnet.
Lionnais.
Parmentier.

LIONDRAS.
Lacouture.

LIONNAIS.
Lionais.

LIONNARD.
Laforêt.

LIPOT.
Lippeaux.

LIPPEAUX.
Lipot.

LIQUART.

LIRET.
Hilarest.

L'IRLANDE.
Delorme.
Riel.

LIS.
Delisle.
Gourdeau.
Lisle.

LISEAU.
Lizot.

LISÉE.
Lize.

LISIEUX.
Langoumois.

LISLE.
Lis.

LISOT.
Lizot.

LISOTTE.
Lizot.

L'ITALIEN.
André.
L'Etoile.

LITTLEFIELD.

LIVAUDIÈRE.
Pean.

LIVERNOCHE.
Yvernache.

LIVERNOIS.
Benoit.
Henri.

LIVRAY.
Levry.

LIZÉ.
Lisée.
Lizee.
Lizet.
St. Martin.

Lizée.
Lizé.

Lizet.
Lize.

Lizot.
Lauzet.
Liseau.
Lisot.
Lisotte.
Lizotte.

Lizotte.
Lizot.

Lobineau.
Robineau.

Lobinois (De).
DeTourneuve.

Locat.
Renaud.

Lochet.

Lockert.

L'Oeillet.
Prejean.
Prigeat.

Loffard.
Landford.

Loffart.

L'Official.

Logan.

Lognon.
Loignon.

Loignon.
Aloignon.
Lognon.

Loire.

Loiseau.
Bissot.
Cardin.
Chalons.
Francœur.
Laizeau.
Loyseau.
Lozeau.
Lucas.

Loisel.
Lorsil.
Vinet.

Loiselet.
Sanscartier.

Loiseux.
Noiseux.

Loisy.
Desrochers.

Loizeux.
Girard.

Loleau.

Lombard.
Lahme.
Lombart.
Touron.

Lombart.
Lombard.

Lombret.
Lombrette.
Simard.

Lombtrou.
DeMarsac.

Lompré.
Longpré.

Lonctin.
Lonquetin.

Longchamps (Des).
De la Bouteillerie.
Gourdel.
Hubou.

Longpré.
Allard.
Lompré.

Longtain.
Lonquetin.

Longtin.
Lonquetin.

Longuetain.
Lonquetin.

Longuetin.
Lonquetin.

Longueuil (De).
D'Assigny.
Lemoine.

Longueville.

Longval.
Fafard.

Lonlabard.

Lonnat.

Lonnineau.
Louineau.

Lonquetin.
Jérôme.
Lonctin.
Longtain.
Longtin.
Longuetain.
Longuetin.
Lontein.

Lontein.
Lonquetin.

Lootman.
Barrois.
Lothman.

Loppes.

Loppez.
Lops.
Madère.

Loquain.
Botquin.

Loquel.
Loquet.

Loquet.
Dupont.
Loquel.

Loquin.

Lor.
Laur.

Lorain.
Lorrain.

Loraine.
Lorrain.

Lorance.
Lafrance.
Laurence.
Loranger.
Rivard.

Lorandeau.
Rolandeau.

Lorange.
Cluseau.

Loranger.
Rivard.

Lorant.
Laurent.

Lord.
Laur.

Loreau.
Florentin.
Laurau.
Laurot.
Lauzon.

Loret.

Loriau.
Loriot.

Lorimier.
DeLorimier.

Lorin.
Lorrain.

Lorion.
Loriot.

Loriot.
Lauriot.
Loriau.
Lorion.
Loryot.

Lormier.
Martineau.

Lorrain.
Arnaud.
Arnoux.
Cauvin.
De la Giroflé.
Lagiroflée.
LaTerreur.
Laurin.
Lorain.
Loraine.
Lorin.
Lorrin.
Michel.
Moras.

Lorrin.
Lorrain.

Lorsil.
Loisel.

Lorta.
Lortan.

Lortan.
Chevalier.
Lorta.

Lortie.
Laurent.

Lorty.
Laurent.

Lory.

Loryot.
Loriot.

Loset.
Lauzet.

Lot.
St. André.

Lothainville.
Cesnay.
Lagarenne.
Lemaître.

Lothman.
Barrois.
Lantier.
Lootman.
Lotier.
Lotiliez.

Lotinville.
Chesnay.
Lagarenne.
Lemaître.
Lothainville.

Lotman.
Barrois.

Loubat.

Loubert.

Loubet.
Toulouse.

Loubia.
DeBroisle.

Loubier.

Loueries.

Louet.

Louineau.
Louineaux.

Louineaux.
DeVillefort.
Juneau.
Laineau.
Louineau.
Louis.
Luneau.

Louis.
DeVillefort.
Laineau.
Louineaux.
St. Louis.

Louismet.
Laiguille.

Loup.
Loupe.
Polonais.
Polonaise.
Wolf.
Wolfe.

LOUPE.
Loup.
Rochelet.
LOUPRET.
LOURDAIN.
Lourdin.
LOURDIN.
Galand.
Lourdain.
LOUVARD.
LOUVÉE.
LOUVEL.
LOUVETEAU.
Eriché.
Richer.
LOUVIÈRE.
Damours de Louvière.
LOUVIGNY.
De la Porte de Louvigny.
LOUVOIS.
Launois.
Lavoye.
Leroux.
Roy.
St. Amour.
LOYAL.
LOYER.
De la Tour.
Desnoyers.
Menin.
LOYSEAU.
Loiseau.
LOZEAU.
Loiseau.
LOZON.
Lauzon.
LUANDRE.
LaBoissière.
LUDINE.
Nicolet, 1760.
LUC.
LUCAS.
Bayonnet.
DeMaubuisson.
Dontigny.
Francœur.
Lagarde.
Laviolette.
Lespine.
Loiseau.
Renaud.
St. Renand.
St. Venant.
LUCAULT.
Barbot.
Lukos.
LUCE.
LUCHERON.
Ducheron, 1673.

LUCHEUX.
Larose.
LUCIER.
Lussier.
LUCKÉZY.
Lachézi.
LUDERS.
LUGRÉ.
DeLeugré.
LUILLIER.
Lhuillier.
LUISSIER.
Lussier.
LULLIER.
Lhuillier.
LUMET.
LUMINA.
Lumineau.
LUMINEAU.
Lumina.
LUNAU.
Parant.
LUNEAU.
Louineaux.
LUNEGANT.
Beaurosier.
Dunegand.
Lunegand.
LUNEVILLE.
George.
LUPIEN.
Baron.
LUQUÉZIE.
Lachézi.
LURET.
Hurette.
LURETTE.
Hurette.
LUSIGNAN (DE).
Bernard.
Dazmard.
DeLusignan.
Lapointe.
Miel.
Segelle.
Tousignan.
LUSSAC.
Lusseau.
LUSSIER.
Lhuissier.
Lucier.
Luissier.
Lussyé.
LUSSYÉ.
L'Huissier.
Lucier.
Lussier.
LUTON.
Bonvouloir.
Lajeunesse.

LYAUMONT.
Glaumont.
LYDIUS.
Henri.
LYMBÉ.
LYON.
Léon.
LYONAIS.
Barurentier.
Carpentier.
Denis.
Gaillard.
Lafay.
Maugist.
LYONNAIS.
Lyonais.
LYRÉ.
Hilarest.

M

MABILE.
MABILLEAU.
MABLEAU.
Maublot.
MABRIAN.
Coulon.
MABRIAND.
Coulon.
MABRIANT.
Coulon.
MACAN.
Tifaut.
MACARD.
Champagne.
Macar.
Macart.
MACARDY.
Macarty.
MACART.
Macard.
MACARTHY.
Macarty.
MACARTY.
LaTouche.
Macardie.
Macardy.
Macarthy.
McCarthy.
McCarty.
McKarty.
MACAULAY.
MACCABÉ.
Manabé.
MACCUTCHO.
Maccutchon.
McHutcheon.
MACCUTCHON.
MacCutcho.

MACDONALD.
Macdonald.
MacDonell.
Macdonell.
Magdeleine.
MagDonald.
Magdonné.
McDonald.
McDonell.
MACDONELL.
MacDonald.
MACDOUGAL.
MacDougall.
MACDOUGALL.
MacDougal.
MACÉ.
Martin.
Masse.
Massé.
MACHABÉ
Manabé.
MACHARD.
MACHET.
MACINTOSH.
McIntosh.
MACKAUHE.
McCutchon.
MACKENEN.
McCutchon.
MACKINON.
MACKLIN.
MACLEOD.
McLeod.
MACLINE.
MACLURE.
MACOMB.
MAÇON.
Masson.
MACOUCE.
Fafard.
MACOUS.
Fafard.
MACULO.
MADDON.
Madox.
MADEILLE.
Breton.
MADELAINE.
Ladouceur.
LaMadeleine.
LaMagdelaine.
LaMagdelène.
MacDonald.
Madeleine.
Magdalène.
Magdelaine.
Magdeleine.
McMalem.
Vivien.
Vivier.

Madeleine.
Madelaine.
Maderan.
Madran.
Madère.
L'Espagnol.
Mador.
Bouffard.
Morel.
Pain.
Pin.
Madore.
Madoue.
Maudoux.
Madox.
Maddon.
Madrac.
Madry.
Duquet.
Magaut.
Mago.
Magdalène.
Madelaine.
Magdelaine.
Ladouceur.
Madelaine.
Vivien.
Vivier.
MagDonald.
MacDonald.
Magdonné.
MacDonald.
Magher.
Magloire.
Magnac.
Dauphiné.
Magnain.
L'Espérance.
Magnan.
Magnan.
Champagne.
Gaspard.
L'Esperance.
Magnain.
Magnien.
Maniant.
Meignier.
Mignier.
Moquant.
Magneron.
Migneron.
Magni.
Magny.
Magnide.
Magnien.
Magnan.
Magny.
Germain.
Ladouceur.
Magni.

Mago.
Boulogne.
Magaut.
Magot.
Magot.
Mago.
Maguet.
Maguiet.
Maille.
Maillet.
Maillot.
Major.
Maguiet.
Maguet.
Major.
Maher.
Maheu.
Maheux.
Mathieu.
Maheux.
Maheu.
Mahier.
Maillet.
Maiandy.
Maie.
Maignat.
Villard.
Maigré.
Beausoleil.
Maigret.
Migret.
Maigrigri.
Mailhot.
Maillot.
Maillard.
Maillot.
Maillardet.
Maillé.
Maillet.
Maillet.
Maguet.
Mahier.
Maille.
Malet.
Mallet.
Mayer.
Maillot.
Boisclair.
Laroche.
Latulippe.
Laviolette.
Leblond.
Magnet.
Mailhot.
Maillard.
Maillou.
Maiot.
Majot.
Malhiot.
Malhot.
Mayot.

Maillou.
Desmoulins.
Desruisseaux.
Gouin.
Laroche.
Larose.
Lasource.
Maillot.
Mailloux.
Maiou.
Malhiot.
Mailloux.
Maillou.
Mailly.
DeBernes.
Lacouture.
Mainfroy.
Hebert.
Minfret.
Maingui.
Mainguy.
Mainguy.
Lachassee.
Maingui.
Menguy.
Mingui.
Mainville.
Mandeville.
Miville.
Maiot.
Maillot.
Maiou.
Maillou.
Maiseret.
Mezeray.
Maisonbasse.
Detchevery.
Maisondebois.
Armand.
Maisonneuve.
Langy.
Puybaro.
René.
Sauvageau.
Maisonrouge.
Monert.
Maisonville.
Rivard.
Maizeret.
Mezeray.
Maizières.
Demaisoncelle.
Major.
Boutron.
Gaboury.
Lacroix.
Maguet.
Maguiet.
Maillet.
Mongeau.
Majot.
Maillot.

Makner.
McNer.
Malafosse.
Dauphin.
Malaire.
Chateau.
Mulaire.
Malapert.
Malepart.
Malard.
Malart.
Malart.
Deslauriers.
Laverdure.
Malard.
Mallard.
Mal-au-Pouce.
Guillaume LeNormand.
Malbec.
Malbeuf.
Beausoleil.
Malbœuf.
Malboufe.
Malbœuf.
Malchelos.
Volage.
Malcou.
Marcoux.
Maldrum.
Malem.
McMalem.
Malenfant.
Malepart.
Beaucour.
Degrandmaison.
Malapart.
Malepard.
Mallepart.
Tourangeau.
Maleray.
Malerbaut.
Malet.
Maillet.
Maley.
Malgueret.
St. Germain.
Malherbe.
Champagne.
Malherbeau.
Campion.
Malhiot.
Maillot.
Maillou.
Malidor.
LaSonde.
Malisson.
Philibert.
Mallard.
Malart.

Mallepart.
Malepart.
Mallet.
Maillet.
Millet.
Mallete.
Sansquartier.
Malleterre.
Mallier.
Malliot.
Maillot.
Malo.
Hayet.
Malouin.
Cargueret.
Rageot.
Rinfret.
St. Louis.
Maloy.
Masson.
Malsoi.
Laramée.
Malteste.
Malvenne.
Malza.
Merlan.
Mamiel.
DePontois.
Manabé.
Lajeunesse.
Maccabé.
Machabe.
St. Marin.
Manaigle.
Manègre.
Mana8iat.
Sauvage.
Manceau.
Manseau.
Manchaut.
Durant.
Mandeville.
LeRompré.
Manneville.
Mandin.
Mondin.
Maneau.
Manègle.
Manègre.
Manègre.
Manaigle.
Manègle.
Manigre.
Manet (sauvage).
Manetanais.
Mantenet.
Maneuf.
Meneux.

Manfret.
Manceau.
Moutret.
St. André.
Mangean.
Mangeant.
St. Germain.
Mangin.
Maugits.
Maniac.
Merjacques.
Maniant.
Magnan.
Manié.
Manigre.
Manègre.
Manneville.
Mandeville.
Manning.
Manseau.
Garibour.
Lajoie.
Manceau.
Manfret.
Manteau.
Maurier.
Monceau.
Morain.
Moursin.
Mousseaux.
Robidas.
Vitrai.
Mansfield.
Mantenet.
Manetanais.
Mantenoy.
Mantenoy.
Mantenet.
Manuby.
Clermont.
Manuel.
Hebert.
Mapeyraux.
St. Pierre.
Maquet.
Lajoie.
Mar.
Comtois.
Dumay.
Marc.
Maracé.
Marassé.
Maraine.
DeMarenne.
Marais.
Desmarets.
Marambouville.
Berry.
Maranda.
LaTourette.

Marandeau.
Veuillot.
Marandais.
Milliet.
Marande.
Olivier.
Marandeau.
Maranda.
Marantay.
Godet.
Marassé.
Leveillé.
Malois.
Maracé.
Marassi.
Marsé.
Marassi.
Marassé.
Marat.
Maray.
Maray.
DelaChauvignerie.
LaChauvignery.
Marat.
Marest.
Marbec.
Chènevert.
Marbrelle.
DeSelle.
Marc.
Mar.
Marq.
Marcas.
DeMarsac.
Marc-Aurèle.
Marcourelles.
Marcé.
Marcel.
Marceau.
Garigau.
Garigour.
Mercereau.
Marcel.
Marcé.
Marsais.
Marset.
Merse.
Mirée.
Marcereau.
Mercereau.
Marchais.
Marchet.
Marchal.
DeNoroy.
Marchand.
Barbezieux.
Fiset.
George.
Laramee.
Lebon.
Lemarchand.

Marchant.
Marichaud.
Marchant.
Marchand.
Marchelidon.
Marchildon.
Marchenot.
Marchesseau.
Marchessau.
Marchesseau.
Marchesseau.
Laramée.
Marchenot.
Marchessau.
Marchet.
Marchais.
Marchetau.
Marcheteau.
Marcheterre.
Coutelais.
Dubuisson.
Vallier.
Marchildon.
Marchelidon.
Marcille.
Marsil.
Marck.
DeJoybert.
Marçon.
Marcorel.
Marcourelles.
Marcot.
Jannot.
Lamotte.
Marcotte.
Marguote.
Marcotte.
Marcot.
Marcou.
Marcoux.
Marcouille.
Marcoulier.
Marcoulier.
Marcouillé.
Marcoult.
Marcoux.
Marcour.
Langevin.
Mocour.
Marcourelles.
Lafeuillade.
Marc-Aurèle.
Marcoux.
Malcou.
Marcou.
Marcoult.
Mardos.
Marec.
Lamontagne.
Mareck.

Maréchal.
De la Férandière
Duroquet.

Mareck.

Marest.
Labarre.
Maray.
Marette.

Maret.
Marette.

Marette.
Desmarets.
Duhamel.
Labarre.
Lépine.
Marest.
Maret.
Marett.
Richard.

Margane.
DeBatilly.
DeBatisy.
De la Valtrie.
DesForets.
LaValtrie.
Marganne.

Marganne.
Margane.

Margeon.
Margontier.
Peuvret (De).

Marguerie.
DeLahaye.

Marguerite.

Marguery.
Vadeboncœur.

Marguote.
Marcot.

Mariage.

Mariauchau.
D'Esglis.

Marichaud.
Marchand.

Maricour.
Lemoine.

Marie.
Ste Marie.

Marié.
Lalonge.
Lemarie.
Morier.

Marien.
Marienne.
Mariette.
Merienne.

Marieux.
Merieu.

Marignier.

Marigny.
Leveillo.

Marillac.
Marliac.
Sanscartier.

Marin.
Courtois.
Delalore.
De la Margue.
De la Massière.
De la Perière.
DeSt. Martin.
DeTalard.
Forest.
Gaudriole.
Hamelin.
Labonte.
Lamalgue.
Lamarque.
LaTreille.
Morvent.

Marineau.
Hostain.

Marinier.

Marino.
Hostain.

Marion.
Lafontaine.
Lalancette.
Morillon.

Mariot.
Meriault.

Mariton (De).

Marliac.
Marillac.

Marly.
Sorel.

Marmet.

Marmignon.

Marmotte.
Champagne.

Marne.
Narme.

Marney.
Richelieu.

Marois.
Malouin.
Maroist.
Maurois.

Maroist.
Marois.

Marol.

Marolleau.
Lajeunesse.

Maroné.
Moroney.

Marot.
Labonte.
Larose.

Marouin.

Marq.
Marre.

Marquet.
Cliche.
Clocher.
LaMollet.
Marquette.
Perigord.
Sonier.
St. Pierre.

Marquette.
Marquet.

Marquis.
Dupuis.
Dupuyau.
Dutuyau.
LeMarquis.

Marre.
Marq.

Mars.
Masse.

Marsac.
DeMarsac.
Derocher.
Lombtrou.
Lommesprou.

Marsais.
Marcel.

Marsal.

Marsan.
Lapierre.
Merçan.

Marsau.

Marsault.
Marceau.

Marsé.
Marasse.
Masse.

Marseille.
Natte.

Marset.
Marcel.

Marsil.
DeSt. Lambert.
L'Espagnol.
Marcille.
Marsille.
Marsilly.
Mersil.

Marsille.
Marsil.

Marsilly.
Marsil.

Marsolet.
Bellechasse.
Lemire.
Marsolais.

Marsta.
Masta.

Marteau.

Martel.
Beauséjour.
DeBelleville.
DeBerhouaque.
DeBrouague.
DeLachenaye.
Lamontagne.
Martelle.
Rouisse.
St. Jacques.

Martelle.
Martel.

Martial.

Martigny (De).
Lemoine.

Martin.
Barnabé
Beaulieu.
Boisverd.
Brindamour.
Cote.
DeBoiscorneau.
DeLino.
Henne.
Jolicœur.
Lachapelle.
Lacombe.
Ladouceur.
Lajoie.
Langevin.
Langoumois.
Larivière.
Laterreur.
L'Ecossais.
LeFrançais.
Mace.
Massé.
Montpellier.
Ondoyer.
Pellant.
Sansoucy.
St. André.
St. Jean.
St. Martin.
St. Onge.
Versailles.

Martinbault.
Martinbaut.

Martineau.
Cormier.
Lapile.
Lorimier.
Lormiere.
St. Onge.

Martinet.
Tourblancho.

Martinière.
Berman de la Martinière.
Denot de la Martinière.

Martolio.

Marzé.

Marzeau.

Marzier.
Valet.

Mascelin.
Dusablé.

Massal.

Massard.

Masse.
DuVailly.
Mars.

Massé.
Baumier.
Brisefer.
Laventure.
Mace.
Martin.
Sancer.
St. Jean.

Masseault.
Masseaut.

Masseaut.
Masseault.
St. Martin.

Masselin.
Dusablé.
Mascelin.

Masselot.
Lajoie.

Massia.
Massiot.
Matias.

Massicot.

Massié.
Massy.

Massier.
Messier.
St. Hilaire.

Massière.
Marin de Massière.

Massiot.
Massia.

Masson.
Bernard.
DeBertignac.
Maçon.
Maloy.
Theodore.

Massot.

Massou.
Champagne.

Massue.

Massy.
Massié.

Masta.
Marsta.

Masure.

Matau.
Mataut.
Matha.
Raimbault.

Mataut.
Matau.
Mateau.
Mathau.
Matteau.

Mateau.
Mataut.

Matha.
Imbaut.

Mathau.
Mataut.

Mathe.
Matte.

Mathé.

Mathieu.
Coiteu.
Coittou.
Lamanque.
LaRamee.
Maheu.
St. Jean.

Mathon.

Mathurin.
Chaille.

Matias.
Chatouteau.
Massia.
Massiot.

Matignon.
Sansoucy.

Matissen.

Matou.
Labrie.
Mathou.
Maton.
Matour.

Matte.
Mathe.
Matthe.

Matté.
Balté.

Matteau.
Mataut.

Mattemasse.

Matthe.
Matte.

Maubeuge.
Bettefilidor.

Maublant.

Mauble.
Maublot.

Maubleau.
Maublot.

Maublot.
Latulippe.
Mableau.
Mauble.
Maubleau.
Moblot.
Monbleau.
Naublaut.

Mauboeuf (De).
Godfroy.

Mauclair.

Maudemont.
L'Eveille.

Maudoux.
Madoue.
Modoue.
Modoux.
Mondoux.

Maufait.
Maufay.

Maufay.
Brassard.
Lépine.
Maufait.
Maufet.

Maufet.
Maufay.

Maufils.

Maufin.

Maugard.

Maugé.
Lalande.
Latreille.

Maugenest.
Maugenet.

Maugenet.
Maugenest.
Mongenais.
St. Orant.

Mauger.
Gadois.

Maugits.
Launais.
Lyonnais.
Maugin.

Maugrain (De).
Lafond.
LePicard.

Maugras.

Maugue.

Maulère.

Mauny.

Maupas.
Maurepas.
Meaurepas.
Monpar.
Monpas.
St. Hilaire.

Maupetit.
LePoitevin.
Monpetit.
Potvin.

Maupoux (De).

Maur.
Moore.

Maura.
Moras.

Mauraigau.

Maurais.
Morel.
Morest.

Maurampont (De).
Duplessis.
Regnard.

Maurar.
Mourand.

Mauray.

Maure.
Moore.

Mauré.

Maureau.
Moreau.

Maurel.
Morel.

Maurepas.
Maupas.

Mauri.
Amaury.

Mauriay.
Morier.

Maurice.
Arrivé.
Chaput.
Hery.
Jean.
Lafantaisie.
Larrivé.
Morier.

Mauriceau.
Morisseau.
Rochereau.

Mauricet.
Morisset.

Maurier.
Manseau.
Morier.

Maurin.

Mauringeau.
Forgues.

Maurisset.
Morisset.

Maurois.
Marois.
St. Quentin.

Maury.
Amaury.

Mauvide.

Mayer.
St. Louis.

Mayet.
Maillet.

Mayeu.

Maynard.
Ménard.

Mayot.
Maillot.

Mayrand.
Merand.

Mazeau.
Larose.

Mazères.

Mazerol.

Mazeros.
Mazureau.

MAZIÉ.
MAZUREAU.
Labarre.
Mazeros.
MAZURÉ.
Lapierre.
Mazuret.
MAZURET.
Mazuré.
MAZURIER.
McBEAN.
McCARTHY.
Macarty.
McCARTY.
Macarty.
McCRACKEN.
McCUTCHON.
MacKaume.
MacKenen.
McDONALD.
MacDonald.
McDONELL.
MacDonald.
McFERLAND.
McGEE.
McGILLIS.
McGLAMEY.
McGRAW.
McGREGOR.
McHUTCHEON.
MacCutcho.
McINTOSH.
MacIntosh.
McINTYRE.
McKADAIN.
McKALPEN.
McKARTY.
Macarty.
McKAY.
McKENNA.
McKinal.
McKENZIE.
McKINAL.
McKenna.
McKinon.
McKINON.
Mackinon.
McKinal.
McLAUGHLIN.
McLEOD.
MacLeod.
McMALEM.
Magdelaine.
Malem.
McMURRAY.
McNABB.
McNALLY.

McNAUGHTON.
McNEIL.
McNER.
Makner.
McPHERSON.
MEASON.
MEAUREPAS.
Maupas.
MEAUX.
MEÇAN.
Moisan.
MECHERVÉ.
MÉCHIN.
Frontigny.
MECTEAU.
Valentin.
MEDEC.
Lemédéque.
MÉE.
MEGNIOT.
Migau.
MEIGNIER.
Mignier.
MEIGNIN.
Mignier.
MEIGNOT.
Mignau.
MEILLEUR.
Lemeilleur.
MEILLIER.
St. François.
MEINEKEY.
MELAIN.
Meline.
MELAINE.
MELANÇON.
MELINE.
Melain.
MELLIS.
MELLON.
MELOCHE.
MELON.
MELVIN.
MÉLY.
MENAGE.
Haussman.
Lafrance.
Menager.
MENAGER.
DeCourbuisson.
Menage.
MENANÇON.
Meunson.
MENANTEAU.
Laframboise.
Larose.
MÉNARD.
Bellerose.
Besnard.
Brindamour.
Carignan.
Deslauriers.
Lafontaine.
Lemay.
Maynard.
Mesnard.
Montour.
Partenais.
Parthenay.
St. Nicolas.
St. Onge.
MÉNÉCLIER.
Ménellier.
MÉNELLIER.
Ménéclier.
Montrochaud.
Montrochon.
MENESSON.
Meunson.
MÉNÉTRIER.
MENEU.
Meneux.
MENEUX.
Chateauneuf.
Lemenu.
Maneuf.
Meneu.
MENGUY.
Mainguy.
MÉNIER.
Meunier.
MENIN.
Loyer.
MENOS.
MENOUEL.
MENSON.
Menançon.
MÉNY.
Mesnil.
MÉRAN.
Mérand.
MÉRAND.
Mayrand.
Meran.
MÉRANDE.
MERAU.
MÉRAULT.
MERBOEUF.
MERCADET.
MERCADIER.
MERÇAN.
Lapierre.
Marsan.
Mercin.
Merlan.
Mersan.
MERCÉ.
Marcel
Marsilly.

MERCEREAU.
LaSavanne.
Marceau.
Marcereau.
Mercereot.
Merceron.
MERCEREOT.
Mercereau.
MERCERON.
Mercereau.
MERCHÈRE.
MERCIER.
Codbec.
Colbec.
Lajoie.
Laplante.
Laviolette.
Lespine.
Messier.
MERCIN.
Merçan.
MERCKEL.
Mercure.
MERCURE.
MERGEY.
Meriault.
Laprairie.
MÉRIAULT.
MERIC.
MERIEL.
MERIENNE.
MÉRIEU.
Bourdon.
Marieux.
MERIGAN.
MERINVILLE.
Dereux.
MERIQ.
MERITEN (DE).
MERJACQUET.
Merjaques.
Merjugue.
Olivier.
MERJAQUES.
Merjacquet.
MERJUGUE.
Merjacquet.
MERLAN.
Merçan.
Picard.
MERLET.
MERLIA.
MERLIN.
MERLOT.
Laramée.
LePetit.
Mersot.
MERO.
Moreau.

Mers.
Rossignol.
Mersan.
Merçan.
Mersé.
Marcel.
Mersil.
Marsil.
Mersot.
Merlot.
Merville (De).
Degrès.
LeGoues.
Mervion.
Mery.
Langlois.
Meseray.
Mezeray.
Meseré.
Mesin.
Soupiran.
Mesnage.
Mesnard.
Ménard.
Mesnier.
Meunier.
Mesnil.
Mesny.
Mesny.
Mény.
Mesnil.
Mignier.
Mini.
Meson.
Mespec.
Messagué.
Laplaine.
Messaguer.
Messaguier.
Messan.
Messier.
DeSt. François.
DeSt. Michel.
Duchesne.
Massier.
Mercier.
Messie.
St. Hilaire.
Messière.
Maizières.
Messin.
Mestiger.
Metaine.
Metalier.
Metayer.
Métivier.
Metanier.
Metay.
Ladouceur.
Mettay.

Metayer.
Lagiberne.
Metalier.
Metanier.
Metheie.
Métivier.
Saintonge.
St. Onge.
Métivier.
Groinier.
Larose.
Metenier.
Morin.
Metot.
Méthot.
Métra.
Metru.
Meudon.
Meunier.
Bellerose.
DePécaudi.
Dignier.
Frappe-d'Abord.
Jolicœur.
Lafleur.
Laframboise.
Laperière.
Lapierre.
Laramée.
LeMeusnier.
LeMonier.
LeMounier.
Malbrou.
Mesnier.
Meynier.
Monier.
Mosnier.
Musnier.
Sansoucy.
Meunson.
Menançon.
Menesson.
Menson.
Meurs.
Mœurs.
Meusnier.
Meunier.
Meyer.
Meynier.
Meunier.
Mézeray.
Duverger.
Laplanche.
Maiseret.
Meseré.
Mezerès.
Mezeret.
Mezerets.
Mezier.
Mezières.
DeLepervanche.
Lepelé.
Mezeray.

Mezou.
Miau.
Micard.
Micharny.
Michau.
Chabale.
Dijon.
Larouche.
LeBorgne.
Michaux.
Michel.
Sauvage.
Michauville.
Lefebvre.
Michel.
Berthelot.
Bichel.
Larivière.
LeGascon.
LeTardif.
Lorain.
Michau.
Olivier.
St. Michel.
St. Pierre.
Taillon.
Michelet.
Michelin.
Sansregret.
Michelon.
Michelot.
Michon.
Ladouceur.
Miclette.
Miquelet.
Miclette.
Laplume.
Miclet.
Micoin.
Micole.
Midoux.
Miel.
Amiel.
Lusignan.
Segelle.
Mierre.
Millet.
Miet.
Latrémouille.
Miguet.
Migaud.
Migenon.
Migeon.
DeBransac.
De la Gauchetière.
Mignard.
Charier.
Mignau.
Aubin.
Chatillon.
De la Fraynaye.

De la Gerbaudière.
Labrie.
Lafrenaye.
Megniot.
Meignot.
Mignault.
Migneau.
Mignier.
Mignot.
Miot.
Migneau.
Mignot.
Mignerand.
Migneron.
Migneron.
Lajeunesse.
Magneron.
Maigneron.
Milleron.
Taphorin.
Mignier.
Lagacé.
Lajoie.
Magnan.
Magnien.
Meunier.
Mignon.
St. Germain.
Mignot.
Mignault.
Migret.
Maigret.
Megret.
St. Jean.
Miguet.
Latrimouille.
Miet.
Millet.
Mijon.
Milaire.
Miller.
Milard.
Milet.
Beausseron.
Millet.
Milheau.
Milot.
Milhomme.
Petit.
Miller.
Desrosiers.
Milaire.
Millerand.
Taphorin.
Milleron.
Migneron.
Milles de Boisselray.
Millet.
Beauchemin.
Beausseron.
Hus.
Jolicœur.

Mallet.
Marandais.
Mierre.
Miguet.
Milet.
Millier.
Milliet.
Minet.
Sanschagrin.

Millevache.
Aubert de Millevache.

Milliard.

Millier.
Hus.
Paulus.

Milliet.

Millikan.

Milliot.
Miot.
Myot.

Millis.

Millon.

Millouer.
Dumaine.

Milmene.

Milner.

Milot.
Bourguignon.
Laval.
Milheau.
Printemps.

Milteau.
Mecteau.

Miltière (De la).
Dubois.

Milton.
Flavigny.

Mimaux.
Minau.

Minaud.

Miner.

Minet.
Montigny.

Minfret.
Hebert.

Mingot.
Musmac.

Mingou.

Mingui.
Mainguy.

Mini.
Mesnil.

Minos.
Minaud.

Minson.

Minville.
Miville.

Minx.

Miot.
Bourbonnais.
Girard.
Ladouceur.
Printemps.

Miquel.

Miqueto.
Mecteau.
Valentin.

Mirabel.
Mirabin.

Mirabent.
Mirabin.
Miramben.
Vadeboncœur.

Mirambault.
Mirandeau.

Mirand.

Miray (De).
Mirray.

Miré.
Lemire.
Marcel.

Mireau.
LaBouteille.
Mirault.

Miremont.
Larose.
Mirmond.

Miron.

Miscou.
Morin.

Missèque.
Foucaut.

Mitressé.

Mitron.
Jolivet.

Miville.
Bonne-Rencontre.
Dechêne.
Deschênes.
LeSuisse.
Mainville.

Moblot.
Maublot.

Mochel.

Mocour.
Marcour.

Mocquet.
Moquin.

Modoue.
Maudoux.

Moet.
Mouet.

Mœurs.
Meurs.

Mogeon.
Mongeon.

Mograin.
Lafond.

Moignard.

Moine.
Bourguignon.

Moineau.
Beauchemin.
Jammoneau.
Jeanmoneau.
Moneau.

Moinet.
Chavoye.
Monet.

Moire.

Moisan.
Moison.
Moizin.

Moiseur.
Lallemand.
Molleur.

Moisset.
Moutelle.

Moisson.

Moitier.

Moitrel.

Mol.

Molaire.
Laronde.
Moller.

Molard.
Malard.

Molay.

Moler.

Molerie.
Maleray.

Molet.

Molinet.

Molleur.
L'Allemand.
Molle.

Molloye.

Molvan.

Mombré.
Fortin.

Momenil.
Montmesnil.

Monarque.

Monaster.

Monbleau.
Maublot.

Monbœuf (De).
Godfroy.

Monbron.
Monbrun.
Montbron.

Monbuisson.
Lucas.

Monceau.
Manseau.

Mousseau.
Rosoir.

Monciau.
Lamouche.
Montau.
Mossion.

Moncour (De).
Hertel.

Mondain.
Mondin.

Mondary.

Monde.

Mondelet.

Mondina.
Olivier.

Mondiou.

Mondon.
Lafleur.
Plamondon.

Mondor.
Boucherie.
Liénard.

Mondoux.
Maudoux.

Mondy.
Arnoux.

Moneau.
Jeanmonneau.
Moineau.

Monert.
Maison-Rouge.

Monery.

Moneste.
Jolicœur.

Monet.
Biscornet.
Boismenu.
Lamarche.
Laverdure.
Moinet.
Moynet.
St. Levrard.

Monforton.

Mongeau.
Major.
Monjaud.
Monjeau.

Mongenais.
Maugenet.

Mongeneau.

Mongeon.
Mogeon.
Monjon.

Monges.

Mongin.
Léveillé.

Mongrain.
Lafond (De).
Rivard.

MONIER.
Languedoc.
Lemoine.
Lemonier.
Meunier.
Molières.
Mounier.

MONIN.
Lafleur.

MONITER.

MONJAUD.
Mongeau.

MONJOLY.
Sansfaçon.

MONJON.
Mongeon.

MONMAIGNIER.
Jouvent.

MONMAINIER.
Montmesnil.

MONMELIAN.
Monmellian.
St. Germain.

MONMERQUE.

MONMIDI.
Hianzau.
Osselet.

MONMINY.
Montmesnil.

MONNIER.
Meunier.

MONPAR.
Maupas.

MONPARDIT.
St. Hilaire.

MONPAS.
Maupas.

MONPERAT.
Beausoleil.
Monpezard.
Montpezat.

MONPETIT.
Maupetit.

MONPEZARD.
Monperat.

MONPLAISIR.
Desfosses.
Dizy.
Jardon.
Montplaisir.
Portrineau.

MONPOIRIER.
Vadeboncœur.

MONREPOS (DE).
Guiton.

MONRO.
Munro.

MONROUGEAU.
Forgues.
Morrigeau.

MONS.

MONSÉGUR.
Langlois.

MONSEIGNAT (DE).

MONSIAU.
Monciau.
Montau.

MONTABER.
Montabert.
St. Louis.

MONTAGNE.
Sanschagrin.

MONTAIL (DE).
DeClerac.

MONTAINE.

MONTALON.
Clermont.

MONTAMBAULT.
L'Eveillé.

MONTANIER.

MONTARBAU.
Dupuis.
Montarvau.

MONTARGIS.
Bertonnet.
Bretonnet.
Brisson.

MONTARVAU.
Montarban.

MONTARY.

MONTAU.
Desormeaux.
Monciau.
Monsiau.

MONTAUBAN.
Belhumeur.
Descaut.
Desco.
Galaup.
Pressé.
Pressecq.
Terisse.

MONTAUSE.

MONTAUSON.
Gipoulon.

MONTAY.
Lafleur.

MONTAYE.

MONTBEILLARD.

MONTBRON.
Monbron.

MONTCALM.

MONT-D'OR.
Lienard.

MONTEGRON.
DeLangis.
Levraux.

MONTEIL.

MONTENDRE.
Rivard.
Véron

MONTENU.

MONTESSON.
LeGardeur de Montesson.

MONTFERRANT.
Fabre.
Favre.

MONTFORT.
Dumay.
Leclerc.

MONTFORTON.

MONTIGNY (DE).
DeVaucour.
Minet.
Papineau.
Pinguet.
Testard.

MONTMARQUET.

MONTMÉNY.
Dumesnil.
Montmenil.

MONTMESNIL.
Momesnil.
Monmainier.
Monminy.
Montmeny.
Montmini.
Montminy.
Omini.

MONTMIREL.
Durand.

MONTOIS.
Lepreux.

MONTOUR.
Couc.
Delpe.
Ménard.

MONTPELLIER.
Martin de Montpellier.

MONTPEZAT.
Monperat.

MONTPLAISIR.
Dizy.

MONTRAIS.
Juillet.
Montreuil.

MONTREAU.
Francœur.

MONTRÉSEAU.
Rocheleau.

MONTRET.
Montrel.
Remondré.

MONTREUIL.
Juillet.
Sedilot.

MONTY.
Niquet.

MONVIEL.
Vassal de Monviel.

MONY (DE).
Mosny.

MOOR.
Maur.
Moore.

MOQUANT.
Magnant.

MOQUILLOM.
Mocquet.
Mocquin.
Moquin.

MORACHE (DE).

MORAIN.
Morin.

MORAL.
De St. Quentin.

MORAMBERT.
Roussel.

MORAND.
Douville.
Grimard.
Lagrandeur.
Langevin.
Morin.
Mourand.
St. Jean.
Vadeboncœur.

MORANGES.

MORARD.
Moras.
Mouraud.

MORARE.
Mourand.

MORAS.
Maura.
Morard.

MOREAU.
Beausoleil.
Comptoir.
De la Taupine.
Doyon.
Dubreuil.
Duplessis.
DuPortail.
Francœur.
Hémério.
Jolicœur.
Lagrange.
Laplume.
Laporte.
Maureau.
Morau.
Moraut.

MOREL.
Boisbriant (De).
Boisbrillant (De).
De la Chaussee.
De la Durantaye.
DuHoussay.
Fleuridor.
LaDurantaye.
Lafontaine.
Laplume.

Mador.
Maurais.
Maurel.

MORENCY.
Bauché.
Bosché.

MOREST.
Maurais.

MORET.
Morin.

MORGEAU.

MORGELÉ.
Morjeret.

MORGUÉS.

MORIAT.
DeMoras.
Monet.

MORICEAU.
Morisseau.

MORIÉ.
Morier.

MORIER.
Lagiroflée.
Lesperance.
Marié.
Mauriay.
Maurier.
Morie.
Morlier.
Mourier.
Simon.
Verras.

MORILLE
Lemaitre de la Morille.

MORILLON.
Marion.

MORILLONNET.

MORIN.
Beauséjour.
Chenevert.
Cor.
Ducharme.
DuLac.
Manceau.
Miscou.
Morain.
Moran.
Moret.
Moring.
Moyen.
Pierre-de-Marbre.
Rochebelle.
Valcour.

MORING.
Morin.

MORINVILLE.
Raoul.
Raux.

MORISSEAU.
Chaumont.
Mauriceau.
Moriceau.
Rocheleau.
Rochereau.

MORISSET.
Mauricet.
Maurisset.

MORJERET.
Sanssoucy.

MORLIER.
Morier.

MORNAIS.
Mornay.

MORNAY.
L'Eveillé.
Monet.
Mornais.
Mornet.
Mournet.

MORNEAU.

MORNET.
Mornay.

MORONEY.
Maroné.

MORRIGEAU.
Forgues.
Monrougeau.

MORRIS.

MORRISON.

MORTESCIGNE.
Labonte.

MORTINONT.
DeMoitemont.

MORVENT.
Labonté.

MORVILLE.
Laguerre de Morville.

MORY.

MOSION.
Lamouche.
Monciau.
Mossion.
Robert.

MOSNIER.
Meunier.

MOSNY (DE).

MOSSARD.
Labrise.

MOSSION.
Mosion.

MOTARD.
Lamothe.
Lassol.
Mottard.

MOTÈRE.
Moterre.
Mottaire.

MOTTARD.
Motard.

MOUCHÈRE.
Desmoulins.

MOUCHET.
Beaubien.

MOUCHY (DE).

MOUET.
De la Borde.
DeMoras.
D'Englade.
Langlade.
Moët.
Moriat.
Mouëtte.

MOUFLETTE.
Brassard.
Champagne.

MOUGON.
Jarimeau.

MOUILLERON.
Laliberté.

MOULEVIN.
Colombe.

MOULIN.
Marin.

MOULINEUF (DU).

MOULINEUX.

MOULINIER.

MOULLARD.

MOULU.

MOUNIER.
Meunier.
Monier.

MOURAND.
Laforme.
Laforme.
Morard.
Morare.
Mourard.

MOURARD.
Mourand.

MOURAS.

MOUREJEAU.

MOURIER.
Morier.
Verron.

MOURNÉ.
Mornay.

MOURSIN.
Lajoie.
Manseau.
Morin.
Robidas.

MOUSSARD.

MOUSSEAUX.
DesIlets.
Laviolette.
Mouceau.

MOUSSET.
Moisset.
Moutelle.

MOUSSIN.

MOUSTIER.
Guyon.

MOUTARDE.

MOUTELLE.
Moisset.
Mousset.

MOUTON.

MOUTREL.

MOUTRET.
Manfret.

MOUVIER.
L'Espérance.

MOUX.

MOYDRUX.

MOYÊ.

MOYEN.
Lemoyen.
Morin.

MOYNET.
Moinet.

MOYSE.
Dupuy.

MOZIÈRES.

MULAIRE.
Malaire.

MULLIGAN.
Muloin.
Mulois.
Mulouin.
Nantel.

MULOIS.
Muloin.

MULOT.

MULOUIN.
Muloin.

MUNDO.

MUNIER.
Meunier.

MUNRO.
Monro.

MURAULT.

MURETTE.
Marette.

MURPHY.

MURRAY.

MUSMACH.
DeMingot.

MUSNIER.
Meunier.

MYOT.
Milliot.
Myotte.

MYRE.

MYVILLE.
Miville.

N

NADAL.
Adal.
St. Amour.

NADEAU.
Belhair.
Forcier.
Grenier.
Nadro.
Lavigne.

NADEREAU.
Narderau.

NADON.
Letourneau.

NADRO.
Nadeau.

NAFRECHON.

NAGLE.

NAMUR.
Robert.

NANATES.

NANTAIS.
Prudhomme.

NANTEL.
Berloin.
Muloin.

NANTET.
Narderau.

NARBONNE.
Crépin.
Renaud.

NARDERAU.
Nadereau.
Nantet.

NARME.
Marne.
Narne.

NARNE.
Narme.

NASPLAISE.
Passe-partout.

NATTE.
Marseilles.

NAU.
DeFossambault.
Enaud.
Huot.
Labrie.
Naud.
Nault.
Renaud.
St. Crespin.

NAUBLOT.
Maublot.

NAUD.
Nau.

NAUDET.
Belhumeur.

NAULT.
Nau.

NAVARE.
Navarre.
Navers.

NAVERS.
Navare.

NAVETIER.

NÈCLE.
Neste.

NÉE.

NÈGRE.

NÉGRILLÉ.

NEILSON.

NEL.

NELSON.
Neilson.

NELTIER.

NEMPECH.

NENET.
Venet.

NEPVEU (LE).
Bacqueville.
De la Bretonnière.
DeLémon.
Francœur.
Lacroix.
Lanoraye.
L'Eveille.
Neveu.
Paulet.
Richeville.
Sevestre.

NERÉ (DE).
Levasseur.

NERNE.

NÉRON.

NESLE.
Nècle.

NESTIUS.
Stevens.

NETIER.
Niquet.

NEUFPORT.

NEUVILLE.
DeHornay LaNeuville.

NEUVILLETTE (DE).
Robineau.

NEUVILLON.
Sanscartier.

NEVAUX.

NEVERS.
St. Louis.

NEVEU.
Nepveu.

NEXER.
St. Jean.

NIAGARA.
Campeau.

NICANT.
Comptois.

NICOLAS.
Delligne.
Lavallee.

NICOLE.
LesBois.
Nicolle.
Vinière.

NICOLET.
Courval.
DeBelleborne.
Lubine.
Poulin.

NICOLLE.
Nicole.

NICOU.

NIDELEC.
Perrot.

NIEL.

NILDAVY.

NIOCHE.

NIOF.
Lafrance.

NIORD (DE).
De la Noraye.

NIQUÉ.
Niquet.

NIQUET.
Monty.
Netier.
Nique.
Picard.
Riquet.

NIVARD.
St. Dizier.

NOBERT.
Biguet
Rocbert.

NOBLESSE.
Picard.

NOBLET.
Duplessis.

NODIN.

NOEL.
Charland.
Galibois.
Labonte.
Nouel.
Nouet.
Prêt-à-boire.
Sansçoucy.

NOGARD.

NOGUE.

NOGUÈRES.
Pauquet.

NOIRET.
Picard.

NOISET.
Labbe.

NOISEUX.
Loiseux.

NOIZE.

NOLAN (DE).
Defosseneuve.
De la Marque.
Lechevallier.
Thierry.

NOLAND.

NOLET.
Larivière.
Passe-partout.

NOLIN.
Boncourage.
Lafougère.

NOM.

NONPAREIL.
DeLugerat.

NONVALE.

NOREAU.

NORÉE (DE).
D'Alencour.
Dumesny.

NOREST.
Niort de la Norest.

NORMAND.
Bouqueville.
Champagne.
Forget.
Gaspard.
Jolicœur.
LaBrière.
LeNormand.
Mal-au-pouce.
Normant.
Pouqueville.

NORMANDEAU.
Deslauriers.
Normandin.

NORMANDIN.
Beausoleil.
Lajoie.
Lamotte.
Normandeau.
Sauvage.

NORMANT.
Normand.

NORMANVILLE.
Godfroy de Normanville.

NORRICE.

NOTINVILLE.
Lotinville.

NOUCHET.

NOUEL.
Delfourneau.
Desfournaux.
Noël.

NOUET.
Noël

Nourris.
Nourry.
St. Martin.
Nouschaux.
Nouturreau.
Rotureau.
Nouvion.
Noyelle.
DeFleurimont.
Denis.
Noyer.
Racine.
Noyon (De).
Nus.
Hus.

O

Oardaway.
Obery.
O'Brien.
Obry.
O'Bryan.
Octeau.
Odelin.
Jolibois.
Odin.
Oudin.
Odiorne.
Odon.
Audon.
Gaudon.
Rochefort.
O'Donald.
Oemany.
Ogier.
Auger.
Ogue.
Hogue.
O'Hara.
Oléron.
Charles.
Olide.
DeKerverzo.
Oliva.
Olive.
Olivier.
DeVezain.
Haret.
Hugron.
Laisne.
LaVictoire.
LePicard.
Maranda.
Merjac.
Mondina.
Perier.
Taillon.

Ollier.
Thoul.
Olonne.
Guignard d'Olonne.
Olscamp.
Holzeam.
Lallemand.
Omaitre.
St. Pierre.
Omettre.
Omier.
Aumier.
Homier.
Omini.
Montmesnil.
Onaquacomenne
(Algonquin).
Ondayer.
Ondoyer.
Ondoyer.
Boisverd.
Landière.
Martin.
Ondayé.
Ondayer.
Ondoier.
O'Neil.
Oneille.
Onel.
Onelle.
Orange.
Cluseau.
Sansfaçon.
Orant.
Dauphiné.
Orde.
Oreille.
Oreste.
Horosteille.
Oriau.
Orillat.
Oriol.
Orion.
Champagne.
Ormeaux.
Grisard.
Orsainville (D').
Talon d'Orsainville.
Orson.
Horson.
Ortega.
Ortin.
Hostain.
Orveaux.
Sansoucy.
Osman.
Homan.

Osou.
Ozannes.
Ossant.
Aussan.
Hussan.
Osselet.
Monmidy.
Ostain.
Hostain.
Ostan.
Ostende.
Otesse.
Hotesse.
Othys.
Otice.
Otisse.
Otisse.
Jasmin.
Langlois.
Othys.
Otice.
Rozotty.
Ouabard.
Langlois.
Ouabart.
Ouabert.
Ouabord.
Ouatier.
Ouatté.
Houatté.
Ouette.
St. Godard.
Oudard.
Oudin.
Audin.
Houdin.
Lefranc.
Odin.
Oudinez.
Oue.
Hoc.
Ouel.
Ouelem.
Ouïlem.
Ouellet.
Auclair.
Crochet.
Hoelet.
Houallet.
Lesperance.
Oylet.
Ouetté.
Ouatté.
Oui.
Houy.
Ouilem.
Ayier.
Hayet.
Ouelem.
Ouilême.
Ouiliam.

William.
Thomas.
Ouimet.
Houymet.
Lemay.
Ouinville.
Ouinville.
Dutost.
Oinville.
Ouenville.
Ouimet.
Ouist.
Oule.
Houde.
Ourson.
Oursoulise.
Outlan.
Houtelas.
Outlas.
Whittle.
Ouvrard.
Auvray.
Laperrière.
St. Laurent.
Ouvray.
Auvray.
Ouy.
Houy.
Ovard.
Oylet.
Ouellet.
Ozan.
Ozanne.
Ozannes.
Ozannes.
Auzanes.
Auzon.
Lafronde.
Ozan.
Ozon.
Ozou.
Ozannes.

P

Pabo.
Kinsac.
Pacaud.
Chapacou.
Pacault.
Pacaut.
Pachot.
Pachoue.
Bachoïe.
Pachoux.
Pacot.
Pucelle.
Pacquelin.
Pacquet.
Paquet.

Pacrau.
Pacraud.
Poitevin.

Pagé.
Garcie.
DeQuercy.
DeQuessy.
Guérin.
Lamoureux.
Lapintarde.
Lepage.
Pageot.
Pagesi.
Pagis.
Paillart.
Poyer.
St. Amant.
St. Antoine.

Pageot.
Champagne.
Langevin.
Page.

Pagési.
Lepage.
Page.
St. Amant.

Pagis.
Pagé.

Pagnot.
Hamelin.

Paifer.

Paillant.
Payan.

Paillard.
Labatterie.
Pagé.
Paillart.
Paille.
Paillet.
Pallié.
Payet.
Perillard.
Poisset.

Paillé.
Paillet.
Paillier.

Paiman.
Payment.

Pain.
Langlois.
Mador.
Pin.

Painchau.
Painchaud.

Paincourt.
Desroches.

Paire.
Carpentras.

Paisan.
Paysan.

Paladeau.
Peladeau.
Pladeau.
St. Jean.

Palange.
Beauséjour.

Palardy.

Palatin.
Lapointe.

Palian.
Payan.

Palin.
D'Abonville.

Pallereau.
Paillereau.

Pallié.
Paillart.

Palluau.
Frontenac de Palluau.

Palmier.
Parmier.

Paloche.

Palot.

Paludy.
Baron de Tonty.

Pambrun.

Pamerlaux.
Pomerleau.
Vachon.

Pampalon.
Labranche.

Pandelet.
Pendelette.

Panet.

Panie (sauvage).

Panier.
Laplante.

Panis (sauvage).

Panneau.
Pannot.

Pannetier.

Panneton.
Lefifre.

Pannot.
Langevin.
Paneau.

Pantoux.
Valcour.

Papi.
Pepie.

Papiliot.
Papillo.
Paplau.

Papillon.
Papillot.
Papillou.
Papilloux.

Papin.
Baronnet.
Pepin.

Papineau.
Deslauriers.
Forville.
Montigny.

Papinochois.

Papleau.
Papilliot.
Papillo.
Papillou.
Perigny.

Paquereau.

Paquet.
DeFranclieu.
Larivière.
Lavallee.
Pacquet.
Pasquet.
Pasquier.
Patiet.
Prêt-à-boire.
Ranger.

Paquin.
Pasquin.

Par.

Paradier.
Parseillé.

Paradis.
Aubin.
DesRoches.
Devide-poche.
Dufresne.

Parant.
Auxibie.
Caron.
Jumeau.
Luneau.
Parent.

Paré.

Parenteau.

Pariau.
Pariot.
Vadeboncœur.

Paris.
DeRougemont.
Dubaut.
Fortin.
Lamagdeleine.
Pary.

Pariseau.
Delpué.
Desbles.
Parizot.

Pariset.

Parisien.
Chardonnerot.
Chavane.
Deneau.
Devaux.
Didier.
Duguay.
Dupuis.
Fougère.
Grenier.
Larcher.
Laréjouissance.
Léger.
Morel.
Paynel.
Penel.
Pivert.

Parisis.

Parizot.
Pariseau.

Parmentier.
Lionais.

Parmier.
Beaulieu.
Palmier.

Parneuf.
Borneuf.

Parnier.
Vadeboncœur.

Paron.
St. Julien.

Parseillé.
Lachapelle.
Paradier.

Parson.
Lafond.
Peron.
Person.
Personne.

Parsons.

Parthenais.
Chartier.
Ménard.
Parthenay.

Pary.
Paris.

Pascal.
Brisefer.
Paschal.
Paschale.
Poissant.

Paschalis.

Pasquet.
Paquet.
Pasquier.

Pasquier.
DeFranclieu.
LaVallée.
Pacquet.
Pasquet.
Paquet.

Pasquin.
Paquin.

Passard.
De la Bretonnière.

Passecampagne.
Raymond.

Passeleur.

Passepartout.
Bombardier.
Nasplaise.
Nolet.

PASSERIEUX.
Bonnefond.
PASTOUREL.
Lafranchise.
PATARD.
Chevalier.
Potère.
PATEL.
Putel.
PATENAUDE.
Patenotre.
PATENOTE.
Patenotre.
PATERSON.
PATÉS (DES).
Froget.
PATIENCE.
PATIET
Paquet.
PATIN.
PATISSIER.
St. Amand.
PATOILE.
Desrosiers.
Patouel.
PATOKA.
Billiau.
PATOUEL.
Patoile.
PATOULLET.
PATRI.
Patry.
PATRICK.
Fitzpatrick.
PATRIN.
Pétrin.
PATRIS.
Patry.
PATRON.
PATROS.
Batereau.
St. Amand.
PATRY.
Jérôme.
Patri.
Patris.
PATTON.
PAUL.
Hus.
PAULET.
Neveu.
Poulet.
PAULIN.
PAUMEREAU.
Pomereau.
Pommereau.
PAUPERET.
PAUQUET.
Noguères.
PAUSÉ.
Posé.
PAVILLÉ.
PAVIOT.
PAVIS.
Duhaut.
PAVY.
Lafleur.
PAXTON.
PAYAN.
DeChavois.
DeNoyan.
Desforges.
Laliberte.
Paillant.
Palian.
Payant.
Payen.
St. Onge.
PAYEN.
Payan.
PAYET.
Paillart.
Paillet.
Payette.
Peguet.
Peiguet.
Peyet.
Pinguet.
PAYMENT.
Laforest.
Larivière.
Paiman.
Pémant.
Peymart.
PAYNE.
PAYNEL.
Parisien.
PAYSAN.
Faysant.
Paisant.
Paysant.
Pésant.
Sanscartier.
PEACHY.
PÉAN.
DeLivaudière.
DeSt. Michel.
PEARS.
PÉCAUDY.
Pecody.
PECLAVÉ.
Desrosiers.
PECODY.
DeContrecœur.
Pécaudy.
PECOUTANT.
St. Jean.
PECQUEREL.
PEDEMONTÉ.
Lafleur.
PEDENELLE.
PEDNAUD.
Pednot.
PEDREMANT.
PÉGET.
Pichet.
PÉGIN.
Pichet.
PÉGUET.
Payet.
PEIGNÉ.
PEIGUET.
Payet.
PEINSEING (DE).
PEIR.
Carpentras.
PEIRÉ.
PELADEAU.
Paladeau.
PÉLAUT.
Peleau.
Pelot.
Pleau.
PELCHAT.
Lavoie.
PELEAU.
Pelaut.
PELEGRIN.
PELISSIER.
Lafeuillade.
PELISSON.
Penisson.
PELLANT.
Martin.
PELLERIN.
Garnier.
St. Amant.
PELLETIER.
Antayat.
Bellefeuille.
Chateauneuf.
De la Prade.
Doucet.
Larose.
Peltier.
Sansoucy.
Vadeboncœur.
PELLION.
Boyer.
PELLOQUIN.
Credit.
Felix.
Péloquin.
PELOT.
Blot.
Laflèche.
Pelaut.
Pleau.
Plot.
PÉMANT.
Payment.
PENARD.
PENDELETTE.
Pandelet.
Plaisance.
PENEL.
Paynel.
PENIGOT.
St. Germain.
PENIN.
Lafontaine.
PENISSEAU.
PENISSON.
Pelisson.
PENNE.
PENNELEAU.
PENSENS (DE).
PEPEREL.
PEPEROU.
Puyperoux.
PEPIE.
Lafleur.
Papie.
Papy.
Pepy.
PEPIN.
Cardonnet.
De la Fond.
Descardonnets.
Lachance.
Lachaussée.
Laforge.
Papin.
Refort.
Tranchemontagne.
PER.
PERAS.
Lafontaine.
Perras.
PÉRAU.
Perrot.
PÉRAUDEAU.
PERCEVAUX.
PERCHAND.
PERCHE.
PERCHEL.
PERDIGAU.
PERDRIEL.
PERÉ.
PEREAU.
Joyel.
Perrault.
Rochefort.
PERET.
Lapensée.
PERIER.
Bourguignon.
Lafleur.
Olivier.
Perrier.
St. Jean.

PERIGNY.
Daillebout de Perigny.
Papilloux.
Paplau.

PERIGORD.
Chevalier.
DesMarets.
Desmonts.
Duflon.
Marquet.
Perillard.

PÉRILLARD.
Bourguignon.
Paillart.

PERIN.
Perrin.

PERINEAU.
Lamarche.
Perinault.
Perineaud.
Perrinot.
Sanspitie.

PERKINS.

PERNAY.
Pernin.

PERNEL.
Bellerose.

PERNETTE.

PERNIN.
Pernay.

PÉRODEAU.
Lafleur.

PÉRON.
Perron.

PÉRONELLE.

PÉRONNE.
Philippe.

PÉROT.
Perrot.

PEROUSSI.
Baguette.

PERPIGNAN.
Pouyol.

PERRAIN.
Perrin.

PERRAS.
Lafontaine.
Peras.

PERRIER.

PERRIN.
Deslauriers.
Duplessis.
Garau.
Gavahau.
Périn.
Perrain.

PERRINOT.
Périnau.

PERROBIN.

PERROCHE.

PERRON.
Duperon.
Flamme.
Grenier.
Lagiroflee.
LeSuire.
Lorrain.
Parson.
Péron.
Suire.

PERROT.
Carcy.
Chateauguay.
Deryzy.
Desrochers.
Joyel.
Lagorce.
Perau.
Pérault.
Pereau.
Perot.
Perrault.
Perraut.
Perreau.
Quercy.
St. Pierre.
Turbal.
Vildaigre.

PERROTIÈRE.
Hallouin De la Perrotière.

PERROTIN.
L'Eveille.

PERROY.

PERSIGNY.
Desmarchais.

PERSIL.
Leduc.

PERSON.
Parson.
Personne.

PERTHUIS.
Decelles.
DesFourneaux.
Lalime.

PERTIER.

PÉRUS.
Périer.
St. Jean.

PÉRUSIE.
Baguette.

PÉRUSSE.

PÉRUSSEAU.

PÉSANT.
Paysan.

PESCHER.
Legal.

PESLE.

PESQUEUX.

PETAU.

PETEL.

PETHUREAU.

PETINGUEL.

PETIOT.

PETIT.
Beauchemin.
Bois.
Brodeur.
Bruneau.
Delbec.
DeVerneuil.
Diel.
Grandménil.
Gravier.
Guillot.
Jean.
Laliberté.
LaLumière.
Lamarche.
Lapree.
LePetit.
LeVilliers.
Maisonbasse.
Milhomme.
Morel.
Nigoret.
Nouville.
Rossignol.
St. Pierre.
Vadeboncœur.

PETITBOIS.
Gauron.

PETITCLERC.
Leclerc.
Petit.

PETITEAU.
Desmarets.
Petau.
Petito.
Sinconne.

PETIT-GOBIN.

PETIT-JEAN.
Francœur.

PETITO.
Petiteau.

PETITPAS.

PETIT-PIERRE.

PETREL.
Potrel.

PÉTRIMOULX.
Petrimoux.
St. Germain.

PÉTRIN.
Patrin.

PETUZOU.

PETRO.

PETRUS.
Richaume.

PETUREAU.
Betureau.

PEUPE.

PEUVRET.
DeGaudarville.
DeMargontier.
DuMenu.

PEYET.
Payet.

PEYMART.
Laforest.
Payment.

PEZARD.
Champlain.
DeChamplain.
De la Touche.
Pezart.

PHANEF.
Fanef.
Phaneuf.

PHANEUF.
Phanef.

PHELIP.

PHENIS.
Dauphiné.
Fenis.

PHIALA.
Vignolas.

PHIBONIÈRE.
Laronde.

PHILIBERT.
Carton.
Divertissant.
Jacquin.
Malisson.

PHILIBOT.
Flibot.

PHILIP.
Philippe.

PHILIPPAUX.

PHILIPPE.
Beaulieu.
Belhumenr.
Durivage.
Duvivier.
Hautmesny.
Lafontaine.
LeBel.
L'Irlande.
Péronne.
Philip.
Philipeau.
St. Amant.

PHILIPPON.
Picard.

PHILIS.
Dauphiné.
Desmoulins.

PHLEM.
Breton.
DeFlème.
Flame.
Flem.
Frichond.
Yvon.

PHLIBOT.
Flibot.

Phlibourg.
Coitty.

Phocas.
Defogas.
Phocasse.
Raymond.

Piarar.

Piatane.
Fiore.

Piat de L'Angloiserie.
Piot de L'Angloiserie.

Piau.
Piot.

Pibert.

Pic.
De la Mirande.
DuLignon.

Picard.
Bornival.
Collet.
Denis.
Dequoy.
Desforges.
Destroismaisons.
Dubois.
Duhours.
Gariepy.
Laroche.
LePicard.
Noblesse.
Noiret.
Olivier.
Philippon.
Picart.
Piot.
Sajot.
Sensar.

Picault.
Picot.

Pich.

Pichard.
Pichart.
St. Jean.

Pichau.
Pichot.

Piché.
Pichet.

Picher.
Pichet.

Pichereau.
Picherou.

Picherou.
Pichereau.

Pichet.
Dupré.
Lamusette.
Péget.
Pegin.
Piché.
Picher.

Pichina.

Pichon.

Pichot.
Pichau.

Pichou.

Picorié.

Picoron.

Picot.
Picault.
Pitaut.

Picoté.
DeBelestre.

Picotin.

Picquet.
Piquet.

Pied.
St. François.

Piédalu.
Laprairie.
Prairie.

Piedferme.
Ga.

Piedmont.
Baudin.

Pierre.

Pierre-Cot.
Audet de Pierre-Cot.
Bayeul de Pierre-Cot.

Pierre de Marbre.
Chenevert.
Lentier.

Pierrejean.
Jean.

Piet.
Piette.

Pietain.

Piette.
Courville.
Frenière.
Lafrenière.
Pied.
Piet.
Trempe.

Pigeat.
Bigeot.

Pigeon.
Lafortune.

Piget.
Pichet.

Pignan.
Vidal.
Vital.

Pijeau.
Bigeot.
Lajeunesse.

Pilaire.
Pireyre.

Pilet.
Desmoulins.
Jolicœur.
Lajeunesse.
LePileur.
Martinbault.
Pillet.
Sansfaçon.

Pillard.

Pillerant.
Ile d'Or.

Pilliamet.
Piliamet.

Pilon.
Lafortune.
Landreau.

Pilorgnette.

Pilote.
Pilot.
Pilotte.

Pimparé.
Pimparez.
Pinparé.
Tourangeau.

Pin.
Pain.

Pinadeau.

Pinar.
Pinard.

Pinard.
Beauchemin.
Fleurant.
Gauche.
Laumière.
Lauzier.
Lauzière.
Pinar.
St. Pierre.

Pincente.

Pineau.
Baudet.
Bineau.
Deschastelets.
Deschesneaux.
LaPerle.
LaRigueur.
Lavigueur.
Pinau.
Pinaud.
Pinault.
Pinaut.
Pineault.
Pinot.

Pinel.
Lafrance.
Pinelle.

Pinet.
Binet.
Desmarets.
Lamothe.

Pinguet.
De la Glardière.
DeMontigny.
DeTargis
DeVaucour.
Payet.

Pinon.
Lasanté.

Pinot.
Pineau.

Pinparé.
Pimparé.

Pinsart.

Pinsier.

Pinsonneau.
Pinsonnault.

Pintarde.
Poyer.

Pio.
Piot.

Piochau.

Pion.
Lafontaine.

Piot.
De l'Angloiserie.
Piau.
Picard.
Pio.

Pipard.
L'Angevin.

Pipardeau.
Coltret.

Pipardière (De la).
Frenel (De).

Pipart-Denoré.
Dumesnil.

Pipereau.
Piperon.
Puyperoux.

Piperon.
Puyperoux.

Piquet.
Lafleur.
Picquet.

Pirant.

Piraube.

Pire.
Henne.
Lepire.

Pirer.
Pireyre.

Piret.
Frenche.
Laframboise.

Pireyre.
Pilaire.
Pirer.

Piron.

Pisanne.
Pizanne.

Piscine.
Orson.

Pistolet.
Beaumont.

Pitalier.
Lamarine.
Pitard.
Pitart.
Pitaut.
Bibaut.
Pithouas.
Pitié.
DePitié.
Piloy.
Pitoche.
Pitre.
Piton.
Laviolette.
Toulouse.
Pitre.
Benèques.
Pivain.
LaRécompense.
Pivin.
Pivert.
Parisien.
Pivin.
Pivain.
Pizachon.
Tranchemontagne.
Pizanne.
Pisanne.
Pladeau.
Paladeau.
Plagnot.
Hamelin.
Plaid.
Plairand.
Plaisance.
Pendelette.
Plaisant.
Plamondon.
Lafleur.
Planchar.
Raineau.
Raynaud.
Planchet.
Faure.
Planiol.
Plantanet.
Lapause (De).
Plante.
Champagne.
Planté.
Plantier.
Plantis.
Planvos (Le).
Plassan.
Plassy.
Thérou.
Plat.
Plateau.
Platt.

Pleau.
Belleau.
Hocoibi.
Lafleur.
Peleau.
Pelot.
Plau.
Plaud.
Plot.
Pléhan.
Pleich.
Pleistid.
Plemarest.
Plermel.
Fortin.
Hermel.
Plessis.
Bélair.
Plessy.
Plichard.
Plichon.
St. Louis.
Plingué.
Plinguet.
St. Vincent.
Plot.
Pelot.
Pleau.
Plouf.
Belouf.
Blouf.
Plourde.
Pluche.
Bluche (De).
Pluchon.
Aubuchon.
Plumdy.
Plumereau.
Latreille.
Plumetot.
Plusson.
Plutaut.
Proteau.
Proutot.
Pluteau.
Proteau.
Poete.
Poettevin.
Poidevin.
Poitevin.
Pognot.
Poidras.
Poitras.
Poignet.
Beauregard.
Poilblanc.
Toussaint.
Poineau.
Point.

Point-Du-Jour.
Maheu.
Pointel.
Poiré.
Poireau.
Poiriau.
Bellefeuille.
Poiriot.
Poirier.
Bellepoire.
Deloges.
Desloges.
Lafleur.
Lajeunesse.
Langevin.
Poiriot.
Poiriau.
Poirot.
Poissant.
Lasaline.
Laselline.
Paschal.
Poisson.
Poisset.
Conche (De la).
Dutreuil.
Paillart.
Poisson.
Poissant.
Poitevin.
Aloignon.
Aymard.
Barbeau.
Beaupoil.
Cadieux.
Criquet.
DeSerre.
Desève.
Dumont.
DuReau.
Florenson.
Gagné.
Garnier.
Gautier.
Gendron.
Gibaut.
Girault.
Giroux.
Greller.
Grenier.
Greslon.
Herpin.
Lafleur.
Lagneau.
Lamontagne.
Laroche.
Latendresse.
Laviolette.
LePoitevin.
Maupetit.
Neltier.
Pacrau.
Perrot.
Poettevin.

Poidevin.
Potdevin.
Potvin.
Préfontaine.
Rafoux.
Roy.
Salmanaye.
St. Louis.
Poitiers.
Lafontaine.
Pothier.
Poitou.
St. Jean.
Poitras.
Poidras.
Tourenne.
Poitron.
Poivre.
Delage.
Polemond.
Polet.
Pollet.
Polette.
Pollet.
Policain.
Poliquin.
Saulquin.
Policarp.
Augeard.
Poligny (De).
Sappé.
Sarret.
Poliquin.
Policain.
Pollaingre.
Pollet.
Berger.
De la Combe.
Paulet.
Polet.
Polette.
Pollinger.
Bulinger.
Polonceaux.
Polton.
Polycarpe.
Augeard.
Pombert.
Trotier.
Pomereau.
Paumereau.
Pomeret.
Groschène.
Pommeray.
Pomerlot.
Vachon.
Pomier.
Jolibois.
Pommier.
St. Martin.

Pominville.
Brault.

Pommeray.
Poitiers.
Pomeret.

Pommereau.
Paumereau.

Pommier.
Pomier.

Pommiers.

Pompardeau.

Ponce.

Ponceau.

Poncelay.
Hyet.

Poncelet.

Ponceley.
Champagne.
Huyet.

Poncet.
Lajoie.

Poncy.
Ponsy.

Ponet (De).

Ponsant.
Latulippe.

Ponsart.

Ponsy.
Poncy.

Pont.
Etienne.
Lamontagne.
Prou.

Pontard.

Pontas.
Labatte.
Poontasse.

Ponteau.
Jouteau.

Pontenier.

Ponteu.
Clermont.
Pontu.
Pontus.

Pontife.
David.

Pontois (De).
Mamiel.

Ponton.

Ponttrian.

Pontu.
Clermont.
Ponteu.

Poontasse.
Pontas.

Populus.
Douge.

Porault.

Porcher.
Laramée.

Porcheron.
Decombre.

Poreau.
Poreaux.
Porreau.

Porlier.
Benalque.
Bruyère.
Vincennes.

Pormier.
Beaulieu.

Porreau.
Poreaux.

Portail.
DeGevron.
DeMarsac.

Portais.
Porter.

Porte.

Portel.

Portelance.
Roy.

Porter.
Portais.

Portes.
Beaumont.

Portier.
Pouillac.

Portneuf (Baron de).
Grandmaison.
Robineau.

Portrineau
Montplaisir.

Portsche.
Potche.

Portugais.
Dasylva.
Henne.

Portugal.
Bideau.

Posé.
Isabel.
Pausé.

Pot.

Potard.
Chevalier.
Potère.

Potche.

Potdevin.

Potère.
Chevalier.
Patard.
Potard.

Poterel.
Pontrel.

Potherie (De la).
LeNeuf.

Pothier.
Cordier.
DeCourcy.
DeL'Ardoise.
DePoitiers.
DePommeray.
DeSt. Germain.
DuBuisson.
DuPoitiers.
Lafontaine.
Laverdure.
Poitiers.
Potichon.
Potier.
Pottier.
St. Gemme.
St. Jème.

Potichon.
Pottier.

Potier.
Laverdure.
Pothier.

Potin.
Bourguignon.
Pottin.

Potrel.

Pottier.
Pothier.

Potvin.
Poitevin.

Pouchat.
Laforce.

Pouchot.

Poudret.
Poudré.

Poudrier.
Lemay.

Poufle.

Pougeole.
Perpignan.
Poujol.

Pouget.
Grisdelin.

Pougnet.

Pougret.
Bougret.

Pouillac.
Portier.

Pouillot.
Pouliot.

Poujol.
Pougeole.

Poujot.
L'Espérance.

Poulain.
Poulin.

Poulet.
Paulet.

Poulin.
Alaire.
DeCourval.
DeCressé.
DeFrancheville.
DeLafontaine.
Lafontaine.
Nicolet.
Poulain.

Pouliot.
Pouillot.
Poulliau.

Poullalier.
St. Amour.

Poulliau.
Pouliot.

Poulois.

Poupardeau.

Poupart.
Laboise.
Lafleur.
Poupard.
Poupeau.

Poupeau.
Poupart.

Poupeville.
Bonneville.
Pouvil.
Prouville.

Poupot.
Lafortune.

Pouqueville.
Bouqueville.
Normand.

Pourpoint.

Pours.

Pourveu.
Lafortune.

Pous.
Carcassonne.

Poussard.
Bonappétit.
Jolicœur

Pousse-au-large.

Pousset.
Pouzet.

Poutichenot.
Gamard.

Poutré.
Brisetout.
Caluchon.
Lavigne.
Poudre.
Poudret.
Poutrey.

Pouvil.
Poupeville.

Pouzet.
Pousset.

Pouzolle.

Poyer.
Boyer.
Lapintarde.
Page.

PRADE.
Pelletier de la Prade.

PRADET.
Cingelais.
Fradet.
Laforge.
Singelais.

PRAIRIES (DES).

PRAT.
Duprat.

PRAYÉ.
Dupré.
Pre.
Prez.
Richard.

PRÉ.
Prayé.

PREAUX.
Prou.

PRÉAUX (DE).
Le Gouès.

PRÉCOUR.
Degré.
Vanasse.

PRÉFONTAINE.
Fournier.

PRÉJEAN.
Fabien.
L'œillet.
Pressau.
Presseau.
Prezeau.
Prezot.
Prigeat.
Prijean.
Prudhomme.

PRELAS.
Besançon.
Prelat.

PRÉMAGNY.
Boitard.

PREMARD.

PREMONT.
Primont.

PRENIER.
Vadeboncœur.

PRENONNAUX.

PRENOUVEAUX.
Prenoveau.
Rouillard.
Vergeat.

PRÉSEAU.
Prezeau.

PRESSAU.
Prejean.
Presseau.

PRESSÉ.
Deschamps.
Girard.
Montauban.
Pressecq.

PRESSECQ.
Pressé.

PRESSER.

PRÊT-A-BOIRE.
Bazanaire.
Bessenaire.
Corsin.
Lavallée.
Noël.
Paquet.
Raffoux.
Sabathier.
Saucours.
Schoumaker.

PRETAT.
Lajoie.

PREUIRAU.

PREUNIER.

PRÉVILLE.
Cottenoire.
Laforge.
Rivard.
Vinet.

PREVOST.
Lafleur.
Laviolette.
Prévot.
Provost.

PRÉZEAUX (DE).
Guyon.

PRÉZOT.
Chambly.
Préjean.
Prezeau.

PRIANT.

PRICE.

PRIEUR.
Lafleur.
Léger.
LePrieur.

PRIGEAT.
L'œillet.
Prejean.

PRIMARD.

PRIME.
L'Aventure.

PRIMEAU.
Boisjoli.
Laplaine.
Primaut.
Primeau.
Primot.

PRINCE.
Leprince.

PRINSEAU.
Pruneau.

PRINTEMPS.
Merlin.
Millot.
Miot.

PRIOR.
Perillard.

PRIPE.

PRIVÉ.
Laframboise.

PROPHETER.

PROTAIN.
Protin.

PROTEAU.
Pluteau.
Proto.
Proutot.
Rotot.

PROU.
Bellisle.
Clement.
Dupras.
Harnois.
LePoitevin.
LeProulx.
Preaux.

PROUVILLE.
Poupeville.

PROUVILLE DE TRACY.

PROVENÇAL.
Augias.
Bourgeat.
Carbonneau.
Croze.
Enard.
Gallian.
Girard.
Giroux.
Inard.
Isoir.
Laurent.
Leroux.
Léry.
Tirand.

PROVENCHER.
Belleville.
Boudar.
Ducharme.
Provancher.
Provenché.
Villard.
Villebrun.

PRUDENT.
Vinet.

PRUD'HOMME.
Failly.
Nantais.
Sanscartier.
St Pierre.

PRUNEAU.
Prinseau.
Renaud.

PRUSEAU.
Prejean.
Presseau.

PRUSSIEN.

PTOLOMÉ.

PUCE.

PUCELLE.
Champagne.

PUET.

PUGIBEAUX.
Hingre.
Puigibault.
Puigibaut.
Puygibaut.

PUJOL.

PUMBER.
Trotier.

PUTELLE.

PUTOT (DE).
Deliesseline.

PUYBARO.
DeMaisonneuve.

PUYPEROUX.
Delaforce.
Delafosse.
Lafosse.
Peperou.
Pipereau.
Piperon.

Q

QUADRIN.
Catrin.

QUAILAN.

QUARÉ.
Carré.

QUATREBARBE (DE).

QUATREFAGE.
Beausoleil.

QUATRESOUS.

QUATREVILLE.
Larose.

QUAY.
Cué.
Dragon.
Guay.
Hegué.
Quee.
Thiay.
Tue.

QUAYLA.
Caillas.

QUECY.
Quessy.

QUEDRA.
Quesdra.

QUÉE.
Quay.

QUÉLÉ.
Kenny.

QUELAU.
St. Joseph.

QUEMENEUR.
Kemleur.
Laflamme.
Quemeleur.
Quemleur.
Timineur.

QUEMERÉ.
Comiré.

QUENAY.

QUÉNEL.
Quesnel.

QUENET.
Guenet.

QUENIVEL.
Glinel.

QUENNEVILLE.

QUENOCHE.
Clément.
Lajeuuesse.

QUENTIN.
De la Salle.

QUERCY.
Duhemme.
Joyel.
Perrault.

QUERDAIL.
Quesdra.

QUERDIN.
Frappe-D'abord.
Queri.
Quesdra.

QUERDRAN.
Quesdra.

QUERET.
Dumont.
Gueret.
Latulippe.

QUERGANIVET.
Guerganivet.

QUERI.
Quesdra.

QUERIÉ.

QUERIGNON.
Quevillon.

QUERIO.
Gruyau.

QUERRY.

QUERTY.

QUESCE.
Caisse.

QUESDRA.
Carré.
Frappe-D'abord.
Guertin.
Guery.
Quedra.
Querdail.
Querdran.
Queri.

QUÉSEL.
Quezel.

QUESNEL.
Fomblanche.
Quenel.
St. Denis.
Tiennel.
Tourblanche.

QUESNET.
Guenet.

QUESSI.
Bizin.
Cacy.
Julien.
Kessy.
Page.
Quecy.
Quessy.

QUEVILLON.
Cuvillon.
Lumina.
Querignon.
Quirion.
Quivion.

QUEZEL.
Quezet.
Quinzèle.

QUIEUREMON.
Guèvremont.

QUIGOU.
Fily.
Kerrigou.

QUILLET.
Guillet.

QUIMPEZ.
Denis.
Divelec

QUINAN.
Gygnant.

QUINIARD.
Duplessis.
Quiniart.

QUINN.

QUINQUEREL.
Caquerel.
Jolibois.

QUINTAL.

QUINTIN.
Dubois.

QUINZÈLE.
Quezel.

QUIRIGOU.
Fily.

QUIRION.
Quevillon.

QUIROUET.

QUISIGOU.
Felip.
Felix.
Fily.
Kerrigou.
Phili.
Philip.

QUIT.

QUITEL.

R

RABANIER.

RABAS.

RABASSE.

RABAU.
Rabeau.
Rabot.
Sanschagrin.

RABEAU.
Rabau.

RABEL.
Isabel.

RABION
Charante.

RABIS.
Raby.

RABONET.

RABOT.
Gautier.
Grosnier.
Rabau.

RABOUIN.

RABUTY.

RABY.
Araby.
Rabis.

RACET.
Racette.
Rasset.

RACICOT.
Rassicot.

RACINE.
Beauchesne.
Desnoyers
Noyer.
Ste. Marie.
Varennes.

RACLAU.
Dufaut.
Raclos.

RADIER.
Dubuisson.

RADISSON.
Volant.

RADOUL.
Wadoul.

RADUMÉ.
Langevin.

RAFAULT.
Raffoux.

RAFFARD.

RAFFOUX.
Poitevin.
Prêt-à-boire.
Rafault.

RAFIN.
St. Onge.

RAGAUT.
Belaire.

RAGEAR.
Raza.

RAGENAUD.

RAGEOT.
DeBeaurivage.
DeSt. Luc.
Langevin.
LeLionnais.
Malouin.
Morin.
Rajot.
Rajotte.

RAGODI.

RAGUENEAU.
Argentcourt.
Hagueneau.
Haguenot.

RAGUIDEAU.
St. Germain.

RAIMBAUT.
DeBarrolon.
DeSimblin.
DeSt. Blin.
Imbaut.
Matan.
Matha.
Poitevin.
Rembaud.
St. Louis.

RAIMOND.
Raymond.

RAIN.

RAINEAU.
De la Roche.
Raynaud.

RAINFRAY.
Rinfret.

RAINVILLE (DE).

RAISON.

RAIZENNE.

RAJOT.
Rageot.

RALBIÉ.

RALY.

RAMENEUIL.
Lafranchise.

RAMEZAY (DE).

RANCIN.

RANCK.

RANCOUR.
Rencour.

RANÉ.
LeGantier de Rané.

RANGEARD.
Raza.

RANGEO.
Gaudin.
Tourangeau.

Ranger.
Lavallée.
Laviolette.
Paquet.
Ranier.
Ranny.
Danny.
Ranvoizé.
Renvoizé.
Raoul.
Alexandre.
Morinville.
Pominville.
Rau.
Rault.
Raux.
Reaux.
Rhault.
Rheault.
Rho.
Rapidieux.
Rapidiou.
Rapidiou.
Lamaire.
Lamère.
Rapieux.
Rapin.
Herpin.
Poitevin.
Skaianis.
Raquebot.
Raquelin.
Paquelin.
Rasset.
Racet.
Rassette.
Rassicot.
Racicot.
Rastout.
Vadeboncœur.
Raté.
Ratté.
Ratel.
DeRastel.
DeRocheblave.
Rattier.
Rath.
Ratier.
DuBuisson.
Ratel.
Raymond.
Routier.
Rau.
Raoul.
Raudot (De).
Raujot.
Raviot.
Rault.
Raoul.
Rauque.
Rock.

Rauqueret.
Raux.
Courault.
Raoul.
Ravary.
Francœur.
Ravelet.
Larose.
Ravenel.
Ravenne.
Davenne.
Ravignac.
Savignac.
Ravion.
Davion.
Raviot.
Raviot.
Boisjoli.
Ranjot.
Ravoisi.
Renvoizé.
Raymond.
Bellegarde.
Bertrand.
Chagnon.
Damours.
DeFogas.
Dupuis.
Fourmy.
Frémont.
Labrosse.
Lagayou.
Passe-Campagne.
Phocas.
Raimond.
Ratier.
Rémond.
Romain.
Sansfaçon.
Toulouse.
Raymoneau.
Remoneau.
Tourangeau.
Raynard.
St. André.
Raynau.
Renaud.
Raynaud.
Blanchard.
Planchard.
Raineau.
Rayneau.
Renaud.
Raza.
Craza.
Gascon.
Ragear.
Rangeard.
Razard.
Ré.
Crépin.
Readman.

Réal.
Drouard.
Rouard.
Rouaud.
Villemer.
Réame.
Réaume.
Réaume.
Aléaume.
Beaune.
Larose.
Léaume.
Reame.
Rhéaume.
Thamur.
Themus.
Rebel.
Larose.
Rebelle.
Reberdy.
Sansoucy.
Rebérieux.
Rebillau.
Lajoie.
Ribilliau.
Rebou.
Léveillé.
Reboul.
Rebour.
Rèche.
Reiche.
Récompense.
Pivain LaRécompense.
Réel.
Rel.
Riel.
Sansoucy.
Refort.
Pepin.
Regal.
Regas.
Regeas.
Regas.
Rejas.
Regault.
Argos.
Dominique.
Rouau.
Regenbogln.
Régent.
Regereau.
Negro.
Vegenereau.
Regimbal.
Registre.
Regnard.
Duplessis.
Regnaud.
Renaud.
Regné.
Regnier.

Regnier.
Bean.
Brion.
Regné.
Reigné.
Reignier.
Reinier.
Renier.
Rougeau.
Regreny.
Reguindeau.
Joachim.
Riendeau.
Réhel.
Reiche.
Beauchemin.
Pinard.
Rèche.
Reignoir.
St. Etienne.
Reimshnedler.
Rejas.
Laprade.
Regeas.
Rigeale.
Rel.
Harel.
Riel.
Ruel.
Relep.
Decampe.
Rembaud.
Raimbaut.
Rembert.
St. Martin.
Remeneuil.
Lafranchise.
Larmelœil.
Rémillard.
Emond.
Lamontagne.
Raymond.
Robillard.
Rouillard.
Remondier.
Remondré.
Remontret.
Remoneau.
Raymonneau.
Remont.
DeMomire.
Rémy.
Demontmidy.
Lespérance.
Renal.
Duplessis.
Regnard.
Renard.
Deslauriers.
Lajeunesse.
Renaud.

RENAUD.
Arnault.
Blanchard.
Bois.
Boisjoli.
Cannard.
Chatellereau.
Chaterneau.
Daguet.
Davennes.
Davesne.
DeCouagne.
DeNeuville.
Desloriers.
DesMeloises.
Desmoulins.
DuBuisson.
Duchemin.
Joly.
Labonté.
Lachapelle.
LaGiroflée.
Lajeunesse.
Langlois.
Lavergne.
LeTambour.
Locat.
Narbonne.
Nau.
Raynau.
Raynaud.
Regnaud.
Regnault.
Regnaut.
Renard.
Renault.
Renaut.
Renaux.
Reneaux.
Reniau.
Reno.
RENAUDEAU.
RENAUDET.
RENAUDIN.
De la Blanchetière.
RENCONTRE.
Coutaut.
Dumas.
Judic.
Lemay.
Tevenin.
RENCOUR.
Rancour.
RENDU.
RENÉ.
Coltret.
De la Roche.
Regnier.
Vernay.
RENELLE.
Fleuridor.
Girard.
Lebrun.
RENETTE.
Revot.

RENFOUR.
Fleuridor.
RENIAUT.
Renaud.
RENIER.
Regnier.
RENIÈRE (DE).
Vuideris.
RENNERO.
Laframboise.
RENO.
Renaud.
RENOCHE.
Gagné.
RENOM.
RENOU.
De la Chapelle.
Laveille.
RENOUARD.
Renouer.
RENOUER.
DeSt. Etienne.
Reignoir.
Renouard.
RENOYER.
RENVOIZÉ.
Ravoisi.
Sanschagrin.
RENVOYSÉ.
Renvoyzé.
REPENTIGNY.
LeGardeur de Repentigny.
REPOCHE.
Ducharme.
REQUIEM.
REQUIER (DE).
Dabadie.
RESSAN (DE).
Zapaglia.
RESTIF.
RETAILLE.
Dertail.
RETAU.
Setau.
RETEIL.
RETOR.
DeVau.
RETOUR.
RETROSE.
Gilliet.
REVEL.
Durette.
REVERDRA.
Brac.
Brais.
REVOT.
REY.
Gaillard.

REYBOOCENN.
REYDIS.
Thomas.
REYNAUT.
RHAULT.
Raoul.
RHÉAULT.
RHÉBOULE.
RHO.
Raoul.
RHODES.
RIBERCOUR.
Cuillerier de Ribercour.
RIBERGE.
Liberge.
RIBERVILLE.
Cesire.
RIBILLIAU.
Rebillau.
RIBOULET.
RICARD.
Richard.
RICE.
RICHABOURG.
Boileau.
RICHARCHIFFE.
RICHARD.
Beaucaire.
Belmont.
Dalbert.
DeLafleur.
DesSablons.
LaRichardière.
Larivière.
Larose.
Lavallée.
Marette.
Prayé.
Ricard.
RICHARDIÈRE.
Drouet.
RICHARVILLE.
Drouet de Richarville.
RICHAUME.
Petrus.
RICHE.
Lasonde.
RICHÉ.
Richer.
RICHEBOURG.
Boileau.
RICHELIEU.
Desforets.
Desfosses.
Laporte.
Leger.
Marney.
RICHEMONT.
Guyon.

RICHER.
Coulongo.
Dupré.
Eriché.
Hériché.
Laflotte.
Riché.
Richet.
RICHEVILLE.
Neveu.
RICHOT.
Ritchot.
RICHOUX.
Lanoix.
Richou.
RICOSSE.
RIDAY.
Ridé.
RIDDE.
Ride.
Ris.
RIDÉ.
Beauceron.
Bosseron.
Riday.
RIDECHOT.
Ritchot.
RIDLEY.
RIDOUTÉ.
RIEL.
Delorme.
L'Irlande.
Réel.
Rel.
Sansoucy.
RIENDEAU.
Reguindeau.
RIEUTORD.
RIEWIES.
Rives.
RIFAUT.
RIFFO.
RIGAL.
RIGAUD (DE).
Cavagnial.
DeVaudreuil.
Lamontagne.
Rigau.
Rigault.
Rigaut.
Ripau.
St. Surin.
Tripaut.
RIGAUDIAU.
Regaudio.
RIGAUVILLE.
Blaise de Rigauville.
RIGEALLE.
Regeas.
RIGERRAU.

Rigeur.
Pineau.

Rignan.
Deniau.
Dignan.
Dinant.
Guignard.
Guinand.
St. Etienne.

Rihouet.

Rimbaut.
Raimbault.

Rinfret.
Malouin.
Rainfray.

Ringuet.

Riopel.

Riordan.

Rioussel.
Languedoc.

Rioux.
Riou.

Ripau.
Rigaud.
Rolet.

Ripon.
Lagiroflée.

Riquet.
Laverdure.
Niquet.
Riquier.
Ritier.

Riquier.
Riquet.

Ris.
Reid.
Ridde.
Ride.

Risserac.

Ristin.
Christin.

Ristor.

Ritaie.
Ritsir.

Ritché.

Ritchot.
Richot.
Ridechot.

Ritier.
Riquet.

Ritrement.
Sansoucy.

Ritsir.
Ritaie.

Rival.
Bellerose.
Languedoc.
Rivard.
Toulouse.

Rivard.
Beaucour.
Bellefeuille.
DeLavigne.
Despres.
Dufresne.
Feuilleverte.
LaCoursière.
Laglanderie.
LaNouette.
Loranger.
Maisonville.
Mongrain.
Montendre.
Preville.
Rival.
St. Mars.
Toulouse.
Vertefeuille.

Rivaut.
Rivaux.

Rivé.
Rivet.
Sanschagrin.

Rivedoux.
D'Hastrel de Rivedoux.

Rivelin.
Riverin.

Riverin.
Rivelin.

Rivero.

Rives.
Langlois.
Riewies.

Rivesac.

Rivet.
Cavelier.
Cavellier.
DuSouchet.
Lafortune.
Larrivee.
Lecavelier.
Maurice.
Rive.
St. Pierre.

Rivière.
Bienvenu.
Chapdelaine.
Desrivières.
Fontaine.
Jerôme.
Larivière.
Larrive.

Rivla.

Roanes.
Rouannes.

Roberchon.
Herode.

Roberge.
Lacroix.
Lauberge.

Robert.
Canillou.
Chartier.
Dauphiné.
De la Rochette.
Deslauriers.
Drousson.
Durandeau.
Durant.
Duros.
Duverger.
Fasche.
Forbès.
Grenoble.
Jeanne.
Lafontaine.
Lamouche.
Lapierre.
Lapomeraye.
LeBreton.
Mossion.
Namur.
Rochert.
St. Amant.
St. Hilaire.
Watson.

Robertjeanne.
Jeannes.

Robichau.
Robichaud.

Robichon.

Robida.
Manseau.
Robidas.

Robidaut.
Robidou.

Robidou.
Desmoulins.
L'Espagnol.
Robidaut.

Robillard.

Robin.
Babin.
Desforges.
Lacroix.
Lapointe.
Latouche.

Robineau.
DeBecancour.
DesIslets.
Isles.
Lobineau.
Moulin.
Neuvillette.
Portneuf.
Raby.
Robinau.
Villebon.

Robinson.

Robitaille.

Roblay.
Robline.

Robline.
Roblay.

Robreau.
DuPlessis.
Leroux.
Robreau.

Robutel.
De la Noue.

Roc.
Larocbrune.
Rocq.

Rocant.
Roquan.

Rocbert.
De la Morandière.
Nobert.
Robert.

Roch.
Couillau.
Larocque.
Larocquebrune.

Roche.
Desroches.
Lafontaine.
LaRoche.

Rocheblave.
DeRastel.

Rochechouère.
Bouchard.
Desgroseillers.

Rochefort.
Audin.
Baudin.
Dupre.
Hurette.
Joy.
Lairet.
Odon.
Pereau.
You.

Rochelau.
Baboir.
Duvivier.
Laperche.
Moriceau.
Rochelois.
Rochelot.
Rochereau.
Rocheron.
Vivier.

Rochemont.
Deschevers.

Rocher.
Desrochers.
Durocher.

Rochereau.
Baboir.
Duvivier.
Jussereau.
Langoumois.
Laperche.
Lesperance.
Maurisseau.
Montriceau.
Moriceau.

Morisseau.
Rocheron.
Rochon.
Rotureau.
Rousselon.
Souchereau.
St. Amant.
Vivien.
Vivier.

ROCHERI.

ROCHERON.
Rochereau.
Rochon.

ROCHETTE.
Lafontaine.

ROCHEVILLE.
Casaubon.

ROCHON.
Rocheron.

ROCHOUARD.
Bouchard.
Chouart.

ROCLOFF.
Van de Werken.

ROCOUX.
Roucoux.

ROCQ.
Lalancette.
Larocquebrune.
Rauque.

ROCQUE.
Fuseau.

ROCQUETAILLADE.
Godfroy de Rocquetaillade.

ROCRAY.

RODDE.
Landeau.
Rode.
Rodes.
Rodet.

RODEAU.
Roseau.

RODIER.
Lafleur.
St. Martin.

RODORÉ.

RODRIGUE.

RODRIGUEZ.

ROGER.
DeFranfleur.
Derogé.
Deschamps.
DeVillers.
Labrie.
Latouche.

ROGERI.
Rogerie.
Rogery.

ROGERS.
Descolombiers.

ROGNON.
Laroche.
Roignon.

ROGON.

ROIGNON.
Rognon.

ROIROUX.
Laliberte.

ROJOUX.

ROLAIN.

ROLAND.
Bonneau.
Lagiroflee.
Lenoir.
Rolland.

ROLANDEAU.
Laurandeau.
Lorando.
Lorendeau.
Lorendo.

ROLARD.

ROLET.
Ladéroute.
Ripau.

ROLIN.
Rollin.

ROLING.

ROLLAND.
Lenoir.
Roland.

ROLLIN.
Rolin.

ROLO.
Rouleau.

ROMADEC.

ROMAIN.
Audivert.
Raymond.
Roman.
Sanscrainte.

ROMAINVILLE.
Bourdon.

ROMAN.
Romain.

ROMARNE.

ROMPREY.
Fleutelot de Romprey.

ROMPREZ.
Levêque.

ROMUR.
Remur.
St. Pierre.

RONCELAY.
Roncerel.
Ronseray.

RONCERE.
Ronceret.
Ronseray.

RONDAL.
Rondel.

RONDART.
St. Jacques.

RONDEAU.
St. Laurent.
St. Sauvin.

RONDEL.
Dubois.
Rondal.

RONSERAY.
LeBreton.
Rel.
Ronce.
Roncelay.
Ronceré.
Ronceret.
Rousseray.

ROQUAN.
Laville.
Roquant.

ROQUART.

ROQUE.
Laroque.

ROQUEBRUNE.
Couillaud.
Laroque.
Laroquebrune.

ROQUET.
Blondin.

ROS.
Raoult.

ROSA.
Barthélemi.
Rose.
Roza.

ROSE.
Larose.
Rosa.

ROSEAU.
Rodeau.

ROSEN.

ROSIER.
St. Michel.

ROSOIR.
Monceau.

ROSON.
Dauphin.

ROSS.

ROSSELOU.

ROSSIGNOL.
Cormier.
Dumets.
Lajeunesse.
Mers.
Petit.

ROTEAU.
Saseine.

ROTENOHEISLER.

ROTOT.
Liard.

Proteau.
Trefflé.

ROTURE.
Rotureau.

ROTUREAU.
Belle-Isle.
Rochereau.
Roture.

ROUAN.
Rouen.

ROUANAIS.

ROUANEL.
Royné.

ROUANGE.
Jeannot.
Joannet.

ROUARD.
Réal.

ROUAU.
Durasoir.
Rouaud.
Rouault.

ROUBLINE.
Cottard.

ROUCE.
Ronseray.

ROUCHALLET.
Barra.
Bergerac.
Bergerat.
Bersas.
Breza.
Rouchalet.

ROUCOU.
Rousseau.

ROUCOUX.
Rocoux.

ROUDIER.
St. Onge.

ROUDOT.
Ladouceur.

ROUELLE.
Héruel.
Rouille.

ROUEN.
Rouan.

ROUER.
D'Artigny.
De la Cardonnière.
DeVilleray.
DeVitré.
Rouher.

ROUET.
Vive-L'Amour.

ROUFFIO.

ROUFIAT.

ROUGEAU.
Berger.
Latouche.
Regnier.
Rojoux.

ROUGET.

ROUGIER.
- Rougieu.

ROUGIEU.
- Lafrance.
- Rougier.

ROUILLARD.
- Audin.
- Delaforest.
- Fondville.
- Gauvin.
- Larivière.
- Prénouveau.
- Rémillard.
- St. Cyr.

ROUILLE.
- Rouelle.

ROUILLÉ.
- Boulier.
- Roulier.

ROUISSE.
- Languedoc.
- Martel.
- Rousse.

ROUJAS.

ROUL
- L'Enseigne.
- Leroux.

ROULEAU.
- Rolo.
- Rulau.
- Rulo.
- Sansoucy.
- Treffle.

ROULETTE.

ROULIER.
- Boulier.
- Lamarche.
- Lamarre.
- LaSoudure.
- Rouille.
- Roullier.

ROULOIS.

ROUNIER.

ROUPE.

ROUPILLE.

ROUSSAY.

ROUSSE.
- Comptois.
- Dugrousse.
- Hugues.
- Languedoc.
- Rouisse.

ROUSSEAU.
- Beausoleil.
- Bonnet.
- Brosseau.
- Brousseau.
- Labonte.
- Lafleur.
- Lafond.
- Lajoie.
- Russeau.
- St. Jean.
- St. Michel.

ROUSSEL.
- DeMorambert.
- Latulippe.
- Rousselot.
- Rousset.
- Rouxel.
- Sanssoucy.
- Tranchemontagne.

ROUSSELETS.
- Bidet.
- Desrousselles.

ROUSSELON.
- Rochereau.

ROUSSELOT.
- De la Prairie.
- Roussel.

ROUSSERAY.
- Ronseray.

ROUSSET.
- Beaucourt.
- Beaumont.
- Chateaufort.
- Roussel.
- St. Jean.

ROUSSIÈRE.

ROUSSIN.

ROUSSON.
- Leroux.
- LeVerrier de Rousson

ROUTIER.
- Ratier.

ROUTOY.

ROUVILLE.
- Hertel de Rouville.
- Saulger de Rouville.

ROUX.
- Giroux.
- Laplante.
- Raoul.
- Raux.
- Vadeboncœur.

ROUXEL.
- Roussel.

ROWLANDS.
- Rowling.

ROY.
- Audy.
- Chatellereau.
- Dagenais.
- De la Barre.
- De la Potherie.
- DeMarau.
- DeMonte-à-Peine.
- Desjardins.
- DeSt. Lambert.
- Duroy.
- LaCérène.
- LaLiberte.
- Lapensée.
- Larose.
- Lasseigne.
- Lauzier.
- Lepage.
- LeRoy.
- L'Eveillé.
- Libois.
- Louvois.
- Poitevin.
- Portelance.
- Portelas.
- Roiroux.
- Royhaut.
- Sauvage.
- St. Amour.
- St. Louis.
- Tintamarre.

ROYAL.
- Bellefleur.

ROYER.
- Comptois.
- Royet.
- St. Jean.
- Voyer.

ROYET.
- Royer.

ROYNÉ.

ROZA.
- Rosa.

ROZÉ.

ROZEROT.
- Baudrau.
- Boudrault.

ROZOTTY.
- Otheis.
- Otisse.

RUAIS.
- Rué.
- Ruel.
- Ruest.

RUÉ.

RUEL.
- Dreville.
- Rel.
- Ruais.
- Ruelle.
- Ruest.
- Sansoucy.
- St. Jean.

RUELLAND.

RUELLANS.

RUELLE.
- Ruel.

RUEST.
- Ruais.
- Ruel.

RUETTE.
- D'Auteuil.

RUFFIANS.
- Rufiange.

RUFFIGNY.
- Rutlogny.
- Sanschagrin.

RUFIAGE.
- Rufiange.

RUFIANGE.
- Laviolette.
- Ruffians.
- Rufiage.
- Rutiange.

RUHOT.
- Desrosiers.

RULAU.
- Rouleau.

RULLÉ.
- DeSabrais.

RULO.
- Rouleau.

RUMEAU.

RUPALET.
- DeRupalley.

RUPALLEY (DE).

RUPARON.
- St. Michel.

RUSSEAU.
- Rousseau.

RUSTAN.

RUTIANGE.
- Rufiange.

RUTLOGNY.
- Ruffigny.

S

SABATÉ.
- Sabathé.
- Sabathier.
- Sabatie.

SABATIER.
- Cheval.
- Fortunat.
- Prêt-à-boire.
- Sabate.
- Sabathe.
- Sabathier.
- Sabatie.

SABERTACHE.

SABOTIER (LE).
- Guertin.

SABOUREAU.

SABOURIN.
- Chaunier.
- Chaunière.
- DeSt. Barthélemi.
- Laperche de Sabourin.

SABREVOIS (DE).
- Bleury.
- DeSt. Louis.
- Sermonville.

SACÉPÉE.
DeGomicourt.
DeSacquespe.
SACERLIER.
Sarcelier.
SACHET.
SADÉ.
Lalime.
SADEAU.
SADERLAN.
SADRELON.
Sutherland.
SAFFRAY.
SAGEAU.
Sageot.
Sajot.
SAGOLAS.
Sanschagrin.
Sagot.
Laforge.
SAGUIN.
Gautier.
SAILLANT.
Chaigneau.
DeCollegien.
Salien.
Sansoucy.
Tondry.
SAILLAR.
SAILLY.
Artus du Sailly.
Celle-Duclos.
SAINDON.
Sindon.
SAINSIENNE.
Sincennes.
SAINTON.
Carterel.
Lagiroflee.
Saintou.
SAINTONGE.
SAJOT.
Picard.
Sageau.
Sageot.
SALABERRY.
Sallaberry.
SALADIN.
SALAIN.
Lacave.
SALARDENNE.
Salardin.
SALÉ.
SALES.
Tranquille.
SALEUR
SALIEN.
Saillant.
SALIER.

SALIGOT.
SALIOT.
SALLABERRY.
Salaberry.
SALLEZ.
Laviolette.
SALMON.
Desjardins.
SALMONAYE (DE LA).
Poitevin.
SALOI.
Joyelle.
SALOIS.
Denis.
Folloi.
Saloue.
Salouer.
SALOMON.
DePalme.
LaRochelle.
SALOUÉ.
Saloi.
Salouer.
SALVA.
Laviolette.
SALVAY.
DeTrémon.
Serail.
SALVAYE.
Salvail.
SAMAIN.
SAMAZIN.
SAMINGOA.
Héry.
SAMSON.
Beziers.
Bezis.
SAMUS.
SANCER.
Feron.
Foron.
Mace.
Massé.
SANCHE.
Chance
Chanse.
Espagnol.
Lachance.
SANCOUR.
Beauséjour.
SANDERS.
SANDRILLE.
Turpin.
SANGUINE.
Lorange.
SANGUINET.
SANIN.
Baquet.
SANSARD.
LePetit-Picard.
Sansort.

SANSAVEU.
SANSCARTIER.
Astrud.
Billot.
Blaise.
Boisson.
Brébrion.
Civre.
Clauseret.
Dizier.
Dury.
Faye.
Fayen.
Guiraud.
Lagu.
Legal.
Leprince.
Mallette.
Neuvillon.
Paysan.
Prudhomme.
Sanscartier.
Sel.
Tessandier.
SANSCERRE.
Curaux.
Feron.
SANSCHAGRIN.
Alineau.
Augias.
Baron.
Bertrand.
Cetau.
Chevalier.
Courtin.
De la Salle.
Duberger.
Garic.
Girard.
Girardet.
Godon.
Joannes.
Lagrange.
Limousin.
Millet.
Montagne.
Rabaut.
Rivé.
Rivet.
Ruffigny.
Sagolas.
Séjourne.
Seto.
Simoneau.
Vivé.
SANSCRAINTE.
Delorme.
Desfossés.
Gelibert.
Jolibert.
Romain.
Roman.
SANSFAÇON.
Armand.
Charpentier.
Consigny.

Courbier.
Duhamel.
Estiambre.
Monedy.
Monjoly.
Pilet.
Raymond.
SANSOUCY.
Audoin.
Barbereau.
Bechet.
Bouguillon.
Bureau.
Damien.
Deniger.
Desbays.
Dionne.
Filion.
Gilbert.
Goguet.
Huet.
Jacques.
Lamarque.
Langlois.
Lecornu.
LeGardeur.
Lequin.
Lévesque.
Mallet.
Martin.
Meunier.
Noël.
Orveaux.
Pelletier.
Reberdy.
Rechet.
Ritremont.
Rouleau.
Roussel.
Saillant.
Sorieul.
Soviel.
St. Michel.
Supernant.
Tanguay.
Tauret.
Vallée.
Velle.
SANSPEUR.
Amelot.
Beneteau.
Gelibert.
Gelidas.
Gilbert.
SANSPITIÉ.
Beaumont.
Descent.
Desru.
Dessens.
Perinault.
Tavernier.
SANSQUARTIER.
Sanscartier.
SANSREGRET.
Biron.
Briand.

Ducheneau.
Dumas.
Duperoux.
Duquet.
Faron.
Féron.
Girard.
Linde.
Michelin.
Pontbriant.
Sar.
Ser.
Travers.

SANSTERRE.
Duperras.
Féron.
Lancognard.

SANTIER.

SANTILLY.

SANTOIRE.

SAPIN.
Picard.

SAPPÉ.
Poligny.

SARAIL.
Serail.

SARAU.
Sareau.

SARAZIN.
DePeltaut.
DePeltaux.
Sarrazin.

SARCELIER.
Labbé.
Lachapelle.
Sacerlier.
Sercellier.

SAREAU.
Champagne.
Jahan.
Laliberté.
Laviolette.
Sarau.
Saraud.
Sarault.
Saraut.
Sarrault.
Sarraut.
Sarrot.
Sureau.
Tareau.
Terreau.

SARGEAUX.

SARGNAT.
Lafond.
Serniac.

SARINDA.

SARON.

SARRÉ.
Séré.

SARRÈBE.
Lavictoire.

SARROBERT.

SASSEVILLE.

SATAGUERÉ.
Berthelot.
Martin.

SATHERLAND.

SATIS.

SAUBRAGE.

SAUCIER.
Saussier.
Socier.

SAUCOURS.
Prêt-à-boire.

SAUGEON.
Laverdure.
Saugeron.

SAUGUENET.

SAULGER.
DeRouville.

SAULIEUR.
Saulieux.

SAULNIER.
Beausoleil.
Saunier.
Soumis.

SAULQUIN.
Poliquin.
Solquin.
St. Joseph.

SAULTON.

SAUMURE.
Saunier.
Semeur.

SAUNIER.
Saulnier.
Saumure.

SAUPIN.

SAURE.
Sore.

SAUREAU.
DesLauriers.
Foreau.
Soreau.

SAUREL.
Joyel.
Sorel.

SAUROY.

SAUSSIER.
Saucier.

SAUSSIJOT.

SAUTEUR.
Latulippe.

SAUTIER.

SAUTON.

SAUVAGE.
Bourdon.
Michaud.
Roy.

SAUVAGEAU.
Maisonneuve.

Sauvageon.
Sauvageot.

SAUVAGEON.

SAUVAGES.

SAUVAGET.

SAUVÉ.
Jeannes.
Joannes.
Laplante.

SAUVEUR.

SAUVIAT.
Soviat.

SAUVIN.
Larose.

SAUVIOT.
Lavergne.

SAVANOIS.

SAVARD.

SAVARI.
Savaria.

SAVARIA.
Savari.
Savarias.
Savariaux.
Savarie.
Savary.
Savarya.

SAVARIAUX.
Savaria.

SAVARY.
Savaria.

SAVIGNAC.
Havignac.
Savigniac.

SAVIGNY.
DeLignery.

SAVIN.

SAVIOT.
Sauviot.

SAVOIE.

SAVOIX.
Savoye.

SAVOYARD.
Bertelet.
Berthody.

SAX.

SAYEN.
Seguin.

SAYER.

SCABIET.
L'Escabiette.

SÇAVOIE.

SCAYANIS.

SCELEUR.
Larsonneur.

SCHAPPERT.

SCHERER.

SCHÉRET.
Squerré.

SCHERLF.

SCHETKY.

SCHIAMBE.
Estiambre.

SCHILLER.

SCHINDLER.
Chenneler.
Schinler.

SCHMID.

SCHMIT.

SCHMORR.

SCHOUMARKER.
Pret-à-boire.

SCHUFFALIZKY.

SCIPION.
Debar.
Lalancette.

SCITOLEUR.

SCOFEN.

SEAMAN.

SEARLS.

SEARS.

SEAUX.

SEBILLE.

SECART.
Scars.
Seers.

SECHERET.

SECLERC.

SEDILOT.
DeBoisval.
DeBrisval.
DeMontreuil.
Desnoyers.

SEEVE.

SÉGLAS.
Belair.
Seglasse.

SEGNAY.

SEGNER.
Sequenard.

SEGUENOT.

SÉGUIN.
Bellerose.
Godon.
Janot.
Jean.
Laderoute.
Lalancette.
Leguin.
Segouin.
Sigouin.

SEIGNEUR.
Dufaye.

SEIGNEURET.

SEIZE.
DeL'Isle.

SEIZEVILLE.
Bellefleur.

Sejelle.
Miel.
Séjourné.
Sanschagrin.
Sel.
Sanscartier.
Selle.
Celle.
DeCelles.
DeL'Espine.
Duclos.
DuSailly.
Sailly.
Seloz.
Sérurier.
Semegrain.
Laforest.
Semeur.
De la Bonté.
Saumure.
Saunier.
Semur.
Semiot.
Lemerle.
Semith.
Smil.
Semper.
Sémur.
Semeur.
Sénard.
Sénat.
Spénard.
Sénat.
Desjardins.
Senard.
Senet.
Sencère.
Feron.
Mace.
Sené.
Senet.
Senez.
Senécal.
Laframboise.
Sénéchal.
D'Auberville.
Senelé.
Senet.
Chenais.
Chenet.
Frappe-D'Abord.
Laliberte.
Pepin.
Senat.
Sene.
Senez.
Senezaque.
Senezergue.
Sennecy.
DeChoisy.
Senneterre (De).
Senneville.
DeGaneau.
LeBer.
Lefebvre.
St. Paul.
Sensar.
Picard.
Sentenne.
Sentier.
Sequenard.
Segner.
Ser.
Séré.
Serail.
Salvail.
Sarail.
Serain.
Serand.
Serrand.
Serat.
Cérat.
Coquillard.
LeCoquillart.
Serrand.
Sercellier.
Sarcelier.
Séré.
Cerre.
Ferré.
L'Eveillé.
Sarre.
Ser.
Serey.
Serre.
St. Jean.
Serey.
Seré.
Serge.
Sergeant.
Sergerie.
St. Jorre.
Sérien.
Langlois.
Sérigny (De).
Lemoyne.
Serin.
Serindac.
Serminac.
Sargnat.
Sermonville.
Sabrevois.
Serquelles.
Friquet.
Serrail.
Serrand.
L'Espagnol.
Serrant.
Serre.
DeSerre.
DeSèvre.
Serré.
Séré.
Serreau.
St. Aubin.
Serriau.
Dalquier.
Serrurier.
Dubreuil.
St. Solin.
Servac.
Herneau.
Servant.
Hairet.
Servignan.
Servigny.
Bochart.
Sétau.
Sanschagrin.
Séto.
Seurrat.
Sevain.
Sevin.
Sevestre.
Nepveu.
Sevigny.
Chevigny.
Lafleur.
Sevin.
Lafontaine.
Latulippe.
Sevain.
Shaffalizky.
Schaffalizky.
Shaw.
Chat.
Shekleton.
Sheppard.
Shindelman.
Shmid.
Shouldom.
Sibenberger.
Sibiron.
L'Espagnol.
Sicard.
DeCarufel.
DeRive.
DesRives.
Sicateau.
Sickman.
Sicotte.
Chicot.
Chiquot.
Sigle.
Sigler.
Signay.
Sinai.
Signy.
Siny.
Sigouin.
Seguin.
Silva.
Silvain.
Sylvain.
Simaillard.
Simard.
Lombret.
Simar.
Simart.
Symar.
Symard.
Simbler.
Simblin.
Simiot.
Simon.
Audet.
Beauséjour.
Blondin.
Boucher.
Delorme.
Demagnac.
Lafleur.
Lagiroflée.
Lapointe.
Lecomte.
Léonard.
Messin.
St. Simon.
Tourangeau.
Simoneau.
Sanschagrin.
Simonet.
De l'Abergemont.
Fabaille.
Larochelle.
Latour.
Sauvenier.
Savonnet.
Simonin.
Simpson.
Sinai.
Signay.
Sincennes.
Petiteau.
Petitot.
Sainsienne.
Sincenne.
St. Cène.
St. Seine.
Sincerni.
Sincerny.
St. Cerny.
Sindeco.
Sindon.
Saindon.
Singelais.
Fradet.
Pradet.
Sinjor.
St. Jorre.
Siny.

Sioneau.
Dumoulin.
Leciot.
Sionau.
Sionneau.

Sircé.
Circé.
St. Michel.

Sire.
Cyr.
Lafleur.
Serre.
Syre.

Siret.
Lafleur.

Sireude.
Lamarre.

Sirois.
Duplessis.

Sivadier.

Sivet.

Sivier.
Cirier.
Sirier.

Sivrac.
DeLabath.
Labath.

Sivre.
Suire.

Skaianis.
Landroche.

Slokis.

Smil.
Chaumont.
Semine.
Smyde.

Smit.

Smith.

Smyde.
Smil.

Socier.
Saucier.

Sohier.
Souhé.

Sol.
Desmarais.

Solère.
Sorel.

Solo.

Solquin.
Saulquin.

Soly.

Somelier.
Chamillier.

Sommereux.

Sonier.
Marquet.

Sonnet.

Sorbé.
Sorbès.

Sordelier.
Soudriet.

Sore.
Saure.

Soreau.
Saureau.

Sorel.
Chorel.
DeSaurel.
Larose.
Laudenoz.
Leveille.
Marly.
Saurel.
Solère.
Soreste.

Soreste.
Sorel.

Sorieul.
Sansoucy.

Sorin.
LaRochelle.
Lorrain.

Sorlad.
Sutherland.

Sot.
Souhé.

Sotho.
Lépine.

Souart.
D'Adancourt.

Soubes.

Souchereau.
Fouchereau.
Langoumois.
Rochereau.

Soucis.
Soucy.

Soucy.
Coussi.
Lavigne.
Soucis.
Vallé.

Soudriet.
Sordelier.

Souet.
Souhait.
Souhe.

Souger.
Le Filuart de Souger.

Souhé.
Saucier.
Sauvet.
Sohier.
Sot.
Souet.
Souhait.
Soyer.

Souillas.

Soulanges.
DeJoybert.
Desrosiers.
Lemoine.

Soulard.
Baudry.
Laverdure.

Soulevant.

Soulier.
Beaufleury.

Souligny.
Leduc.

Soumande.
Conanville.
DeL'Orme.
Delorme.
Lafleur.

Soumbrun.

Soumillier.
Chamillier.
Somelier.

Soumis.
Saunier.

Soupiran.
Mesin.

Soupras.
Latouche.

Sourdif.
Jourdif.
Sourdive.
Vadeboncœur.

Sourin.
Fournier.
Lyverain.

Souste.

Soutière.
Lagiroflée.

Souvelin.
Thouvenin.

Souvigny.

Souzanet.

Soval.
St. Germain.

Sovet.
Souhé.

Soviat.
Sauviat.

Soyer.
L'Enfant.
Souhé.
Vadeboncœur.

Sozet.

Spaer.

Spagniolini.

Spaure.

Spelet.

Spénard.
Speneux.
St. Omer.

Spéneux.
Spenard.
Spénice.
St. Omer.

Spénice.
Spéneux.

Sprinne.

Squerré.
Labé.

St. Agnan.
Dubois.
Gliné.

St. Agne.
Hogue.
St. Yves.

Stahl.

St. Aignan.
Albert.
D'Albert.
DeSt Aignan.
Gliné.
Marsolet.
Souet.
Souhé.

Staims.

St. Amant.
Andre.
Chamarre.
Charier.
DeGerlais.
Huchereau.
Jussereau.
Laderoute.
Lebret.
Lepage.
Pagé.
Pagesi.
Patissier.
Patros.
Pèlerin.
Philippe.
Robert.
Rochereau.

St. Amour.
Adal.
Audin.
Bouchet.
Boulaguet.
Boutillet.
Cristin.
Louvois.
Nadal.
Payet.
Peyet.
Roy.
Vervet.

St. André.
Achin.
André.
Botquin.
Cholet.
Gilbert.
Hachin.
Lafontaine.
Landry.
Lot.

Martin.
Raynard.
Thomas.
Vaudoux.

St. Ange.
Charly.
Groston.
Renou.

Stanly.

St. Antoine.
Barthélemi.
Brun.
Faye.
Iciate.
Pagé.
Tranchant.
Vacher.

Stapleton.

St. Arnaud.
Bertrand.
St. Arnould.

St. Aubin.
Aubin.
Benjamin.
Casse.
Lafrance.
Levallier.
Serreau.

St. Barnabé.
Lepage de St. Barnabe.

St. Barthélemi.
Sabourin.

St. Bernard.

St. Blin.
Raimbaut.

St. Cantin.
Joyel.
Moral de St. Cantin.
Quentin.

St. Castin.

St. Cène.
Sincennes.

St. Cerny.
Dalpe.
Delpée.
Delpué.
Montour.
Sincerni.

St. Charles.
Charles.

St. Chrystophe.
St. Cirq.

St. Claude.
Thierry.

St. Côme.
Buisson de St. Côme
St. Cosme.

St. Crépin.
Narbonne.

St. Cybart.
Baron.

St. Cyr.
DeHaye.
Deshaies.
Rouillard.

St. Denis.
Birabin.
Denis.
Folquier.
Quesnel.
Urpeau.

St. Disier.
Briquet.
Nivard.

Stebbens.
Steben.
Stebenne.
Stebens.

Stèbre.
Estèbe.
Estène.

Ste. Catherine.

Ste. Foy.
Calvé.
Jarry.
Lafargue.
Ste. Foye.

Ste. Hélène.
Lemoine de Ste. Hélène.

Steindre.

Steinger.
Stengre.

St. Eloy.
Delisle.
Guyon.

Ste. Marie.
Lambert.
Marie.
Racine.

Ste. Marthe.

Stengell.

Stère.
Estève.

St. Etienne.
Chazal.
Dignan.
Guerin.
Guignard.
Reignoir.
Renouer.
Rignan.

St. Eustache.
Debreu.

St. Félix.
Dubreuil.

St. Fort.
Suire.

St. François.
Chantal.
Crevier.
Dherre.
Lagrave.
Meilleur.
Messier de St. François.
Pied.

St. Gemme.
Pothier.

St. George.
Bedel.
Blanchetière.
Chateau.
De la Porte.
Desjordis.
Godfroy.
Lapointe.
Laporte.
Sulpice.

St. Gergue.

St. Germain.
Brisard.
Bussat.
Chauvin.
Cureux.
Divernay.
Duverny.
Fabas.
Fèche.
Fort.
Gausin.
Gautier.
Gazaille.
Geoffroy.
Gossain.
Guignarda.
Jarnac.
Lamoureux.
Laville.
Lemaire.
Malgueret.
Mignon.
Monmillian.
Pénigot.
Petrimoulx.
Raguideau.
Soval.
Tissiau.
Vicque.
Visque.
Vitry.

St. Godard.
Dubeau.
Lasollet.
Ouette.

St. Hilaire.
Foucamberge.
Fouquanberge.
Frapier.
Guerin.
Massier.
Maupas.
Meaurepos.
Monpar.
Monpas.
Robert.
Tirac.
Vidreguer.

Sthily.
Téguy.

St. Hubert.
Hubert.

Stiber.

Stigny.
Stiguy.
Teguy.

Stil.

Stilet.

Stilly.
Téguy.

Stilson.
DuTilly.

St. Jacques.
Cheval.
Largeau.
Lecomte.
Martel.
Vigneau.

St. Jean.
Amelin.
Beaudenesse.
Bezier.
Catel.
Catudas.
Chaubert.
Coiteux.
Coitou.
Coulon.
Crevier.
D'Auban.
Deliasse.
Delubac.
DeMonségur.
Desfournaux.
Dexpose.
Doraire.
Favre.
Ferré.
Fontigny.
Forton.
Frèche.
Fronteneau.
Gatin.
Gervais.
Hamelin.
Hervé.
Lagarde.
Langlois.
Laperche.
Lefebvre.
LePrévost.
Martin.
Migret.
Moran.
Nexer.
Nouel.
Paladeau.*
Pérus.
Pichard.

Poitou.
Renaud.
Rousseau.
Rousset.
Royer.
Ruel.
Serre.
Thibault.
Thierraud.
Tilier.
Tophiné.
Vadenay.
Valois.

ST. JÈME.
Beauvais.
Pothier.

ST. JORRE.
Sergerie.
Sinjor.

ST. JOSEPH.
Commartin.
L'Enfant.
Saulquin.

ST. JULIEN.
Aubois.
Auger.
Guyon.
Hautbois.
Julien.

ST. LAMBERT.
Roy.
Tenant.

ST. LAU.
Jourdain.
St. Lo.

ST. LAURENT.
Bonnedeau.
Bracard.
Charbonnier.
Houï.
Huot.
Julien.
Laurent.
Leclerc.
Legros.
Oui.
Ouvrard.

ST. LÉGER.
Prieur.

ST. LÉONARD.
Monet.

ST. LO.
St. Lau.

ST. LOUIS.
Billy.
Chandelier.
Delalande.
Desfossés.
Després.
Doucet.
Filiatreau.
Flamant.
Gadiou.
Gaudet.
Gautreau.
Hertel.
Héry.
Jourdain.
Lacharité.
Laspron.
Limousin.
Louis.
Mayer.
Montabert.
Navers.
Plichon.
Potvin.
Raimbaut.
Roy.
Supernant.
Villier.

ST. LUC.
DeLacorne.
Rageot.

ST. LUÇON.
D'Aumont.
St. Lusson.

ST. MAISANT.

ST. MALO.
Hayet.
Hogue.

ST. MARC.
Gobelin.
Guillet.

ST. MARCEL.
Giroux.

ST. MARIN.
Manabé.

ST. MARS.
Branconnier.
Gobelin.

ST. MARTIN.
Adhémar.
Baudry.
Bidagan.
Bideau.
Blez.
Boucher.
Breton.
Champagne.
Coupeau.
DeL'Estringant.
Demeurant.
Desbuttes.
DeVillande.
Dompierre.
Gorge.
Janot.
Lamargue.
L'Enfant.
Martin.
Masseault.
Nourry.
Pomier.
Rembert.
Rodier.
Tavernier.

ST. MAURICE.
Bourgon.
Desforges.
Faucher.
Gadebin.
Gourgon.

ST. MAXENT.

ST. MÉDARD.
Ducorps.
Jouffard.

ST. MICHEL.
Berthody.
Bichel.
Brouillet.
Circe.
Cyr.
DeSt. Régis.
Dion.
Dubois.
Duchesne.
Dupuis.
Guyon.
Herault.
Jubinville.
Lajoie.
LeSaunier.
Michel.
Ruparon.
Yvon.

ST. NICOLAS.
Delerique.

ST. OLIVE.
Boiteux.
DeSt. Olive.

ST. OMER.
Leduc.
Spénard.
Spéneux.

ST. ONGE.
Aubé.
Besset.
Boisson.
Boissonneau.
Bourdigal.
Charlopin.
Charly.
Charpentier.
Chatel.
Chaussat.
Chesne.
Chotard.
Cochery.
Defelteau.
Gareau.
Jean-Denis.
Jeune.
Joly.
Labbé.
Lagiroflée.
Lecoq.
Létard.
Martineau.
Metayer.
Metivier.
Payan.
Rafin.
Roudier.

ST. ORANT.
Maugenest.

ST. OURS (DE).
LeChaillon.

STOVER.

ST. PAIR.
Champoux.
St. Per.
Tailleur.

ST. PAUL.
Chaulet.
Cholet.
Delamotte.
Godfroy de St. Paul.
Lambert.
Leber.
Lennoxville.

ST. PIERRE.
Artaut.
Bernard.
Boucher.
Bourgela.
Breille.
Breton.
Caderon.
Chalou.
Clocher.
Curonne.
Dabady.
Degrés.
Deschols.
Dessaint.
DeXaintes.
Dupuis.
François.
Gaboury.
Georgeteau.
Guneric.
Hertaut.
Hertaux.
Hosteau.
Jusseaume.
Laisne.
Latouche.
LeBoulanger.
Lenoir.
Mapeyraux.
Michel.
Omaitre.
Perrot.
Pinard.
Rivet.
Romur.
Rousset.
Tranchemontagne.

ST. QUENTIN.
Blanchard.
Blanchy.
Giguère.
Maurois.
Moral de St. Quentin.

ST. RÉMY.
François.
ST. RENAND.
Lucas.
ST. ROCH.
Lagarde.
ST. ROMAIN.
Chorel de St. Romain.
ST. ROME.
STROUDS.
ST. SAUVEUR.
Bequet.
Clopin.
Grasset.
Léguillé.
Tomeraux.
ST. SAUVIN.
Rondeau.
ST. SÉVÈRE.
Bochard.
ST. SEYNE.
Sincennes.
ST. SIMON.
Boulet.
Denis de St. Simon.
Simon.
ST. SOLIN.
Dubreuil.
Dubrûle.
Seloz.
Serrurier.
ST. SURIN.
Borde.
Rigaud.
Trotain.
ST. THOMAS.
Letendre.
STUARD.
Stuart.
STUBENGER.
Stubinger.
ST. VENANT.
Lucas.
ST. VILMÉ (DE).
Daillebout de St. Vilme.
ST. VINCENT.
Albert.
Chomeraux.
DeNarcy.
DeSt. Vincent.
Plingué.
Sansfaçon.
STYOUT.
ST. YVES.
St. Agne.
SUAIRE.
Calot.
Sustier.

SUBERCASE.
Dauger de Subercase.
SUBRECAS.
SUBTIL.
Brisson.
Buisson.
Busson.
SUGÈRE.
Suier.
Sustier.
SUIER.
Sustier.
SUIRE.
Perron.
Sivre.
St. Fort.
SUISSE.
Bouliane.
Gets.
SULIÈRE.
Sullières.
Sustier.
SULLIVAN.
Sylvain.
SULLY.
Deniau.
SULPICE.
St. George.
SULTE.
Vadeboncœur.
SUMMERS.
SUPERNANT.
Sansoucy.
St. Louis.
Supernon.
Surprenant.
SUPERNON.
Lafontaine.
Supernant.
SUPIOT.
SURAT.
Lafrisade.
SUREAU.
Blondin.
Heler.
Saraut.
Sareau.
Surault.
SURET.
SURNOMMÉ.
SURPRENANT.
Supernant.
SURSON.
SUSLIER.
Sustier.
Suyer.
Suyère.
SUSTIER.
Lescuyer.
Lesoutier.
LeSutier.
LeSuyer.
Suaire.
Sugère.
Suier.
Sulière.
Sullières.
Suslier.
Suyer.
Suyerre.
Tranchemontagne.
SUTHERLAND.
Sadrelon.
Sonlad.
SUZOR.
SWEENY.
SYLVA.
Dasilva.
SYLVAIN.
Duplais.
Larosée.
Silvain.
Sullivan.
Veau.
Vox.
SYLVESTRE.
Beausoleil.
Champagne.
SYMAR.
Simart.
SYMARD.
Lombrette.
Simart.
SYNAY.
Sinaï.
SYRE.
Cire.
Croc.
Croch.
Cyr.
Sire.
St. Michel.
Vadeboncœur.

T

TABARY.
TABAUT.
Tabeau.
TABOUREAU.
DeVerron.
TACHÉ.
Tachet.
TACHOT.
Tancho.
TACONNET.
Laforest.
TAILHANDIER.
Labeaume.
Taillandier.
TAILLARD.
Taylor.
TAILLEFER.
TAILLET.
TAILLEUR.
DeSt. Per.
Lespine.
TAILLON.
LeTardif.
Michel.
Olivier.
TAJEAT.
Lagrandeur.
TALARD.
Marin.
Tallard.
Taylor.
TALBOT.
Gervais.
Talbeaut.
Thalbaut.
TALON.
Bordelais.
D'Orsainville.
Laverdure.
LeBourdelais.
L'Espérance.
Tanon.
TALPÉ.
Delpesches.
TALUA.
TALUSIER.
Lasalle.
TANCHO.
Tachot.
Tanchot.
TANCRET.
TANGUAY.
DuChastel.
Sansoucy.
Tanguai.
Tangué.
Tanguet.
Tanguy.
Tannegui.
TANON.
Talon.
TANQUEREY.
TANSWELL.
TANGOUIN.
De la Touche.
TAPHORIN.
Mignerand.
Migneron.
Millerand.
TAPIN.
TARA.
Thara.
TARBEL.
TARDÉ.
TARDIF (LE).
Tardy.

Tareau.
Sareau.

Tarieu.
De la Naudière.
De la Nouguère.
De la Pérade.
Peyrade.
Tarrieu.

Tarnoire.
Terrenoire.

Tartas.

Tarte.
Tartre.

Tartre.
Larivière.
Tarte.

Taschereau.
DeLinière.
DeSapaille.
DesLigneries.

Tassé.

Tastet.
Francœur.

Tatou.
Tatoul.

Tatoul.
Brindamour.
Tatou.

Taupier.
Larose.
Vigeant.

Taurel.
Jolicœur.
Tourel.

Taurelle.
Tourelle.

Tauret.
Touret.

Tauxier.

Tavernier.
LaHochetière.
Sanspitié.
St. Martin.
Terrenoire.
Travalin.

Taychaten.

Taylor.

Téchenay.

Tècle.
Aubry.
Daigle.

Tefé.
Laguerche.
Lavergne.
Laverty.
Thème.

Téguy.
Angers.
Sthily.
Stigny.
Stiguy.
Stilly.
Tigui.

Tellier.
Letellier.
Silier.

Témoins.
Jolicœur.

Tenant.
Lambert.
St. Lambert.

Ténault.

Tenevert.
DeNevers.

Terault.
Laferté.
Tereau.
Teroux.
Terro.
Terroir.

Tériau.
Tériault.
Tériot.
Terriot.

Terisse.
Montauban.

Terme.

Terni.

Térou.
Théroux.

Terrain.
Larivière.

Terreau.
Sareau.

Terrenoire.
Tavernier.
Tournoire.

Terri.
Thierry.

Terriau.
Terriault.
Terriot.

Terrien.
Duhemme.
Duponceau.
Terrienne.
Therien.

Terrienne.

Terrier.
Francheville.
Repentigny.

Terrière.

Terriot.
Degrandmaison.
Goupil.
Grandmaison.
Guy.
Tériau.
Tériault.
Tériot.
Terriau.
Terriault.
Thériault.
Thériaux.

Tertre (Du).
LeTartre.

Tésard.
Thésard.

Tessandier.
Sanscartier.

Tesseau.
Tissot.

Tessenet.

Tesserau.
Tessereau.

Tesseraud.
Tessereau.

Tessereau.
Bellefleur.
Tesserau.
Tesseraud.
Tesserot.
Tiercereau.

Tesserot.
Tessereau.

Tesseur.

Tessier.
Bessier.
Chaumine.
De la Tessonnière.
Haringue.
Laforest.
Laliberté.
Laplante.
Lavigne.
L'Esperance.
Letellier.
Nicole.
St. Martin.
Texier.

Tesson.
Tinson.

Testard.
DeFolleville.
De la Forest.
DeMontigny.
Folleville.
Fortville.
Forville.
Tétard.
Tetart.

Testu.
Têtu.

Tétard.
Testard.

Tétreau.
Ducharme.
Lavergne.
Tétrau.
Tétrault.
Tétro.

Tétro.
Tetreau.

Têtu.
Beauregard.
Bouteiller.
DeBeauregard.
De la Richardière.
De la Rivière.
DuTilly.
Testu.

Tevenin.
Rencontre.
Thevelin.

Texandier.

Texier.
Tessier.

Teyseney.

Thamur.
Réaume.

Thara.
Tara.

Thaumier.
Thaumur.

Thaumur.
De la Source.

Thébaut.

Théberge.
Tiberge.

Thefrond.

Thème.
Lavergne.

Théoret.
Triolet.

Thériault.
Terriot.
Thériaux.

Thérien.
Terrien.

Thérond.

Thérou.
Théroux.

Théroux.
Laferté.
Plassy.
Térou.
Thérou.

Thésard.
Tésard.

Thevelin.
Tevenin.

Theys.

Thiay.
Quay.

Thibaudeau.
Thibodeau.
Tibaudeau.
Tibodeau.

Thibaudier.
Laronde.

Thibaudière.
Denis de la Thibaudière.

Thibaut.
Bellerose.
Lafleur.
LaLochetière.
Lebeau.
L'Eveillé.
Montray.
St. Jean.
Thibault.

Thibert.
Marion.
Tibert.

Thibi.
Tibi.

Thibierge.
Thivierge.
Tiberge.
Tivierge.

Thiboutot.
Boutote.
Tiboutot.

Thienel.
Quesnel.

Thierand.
St. Jean.

Thierrot.
St. Vincent.

Thierry.
Noland.
St. Claude.
Terry.

Thiersan.
DeGenlis.

Thieulan.

Thigan.
Vano.

Thinon.
Tinon.

Thiriot.
Capucin.

Thivierge.
Delisle.
Thibierge.

Thœry.
DeL'Ormeau.

Thoin.
Touin.

Thoison.

Thomas
Allard.
Beaulieu.
Bigaouette.
Bodry.
Gilbert.
Ouilem.
St. André.
Tranchemontagne.

Thomassin.

Thomelet.
Taumelette.
Tomelet.
Toumelet.

Thompson.
Thomson.

Thorillon.

Thorn.
Torn.

Thouin.
Touin.

Thouraud.

Thouvenin.
Larivière.
Lavenin.
Souvelin.
Touvenin.

Thunay.
Dufresne.
Thunès.
Tuve.

Thuot.
Duval.
Huot.
Lafontaine.

Thuraine.
Blanchard.

Thyrion.
Tyrion.

Tiboulon.
Gipoulon.

Tibout.

Tical.

Tièblé.

Tiénelle.
Quesnel.

Tiercelin.

Tiercereau.
Tessereau.

Tifault.
LaSavanne.
Tifau.
Tiffaut.

Tifroi
Desmarets.
Tifroy.

Tigui.
Téguy.

Tilier.
St. Jean.
Tillières.

Tillart.

Tillemont.

Tilly (Du).
Brisson.
LeGardeur.
Testu.

Timands.

Timineur.
Quemeneur.

Tinchenet.
Techenay.

Tinon.
Deslauriers.
Desrochers.
Desroches.
Thinon.

Tinson.
Tesson.

Tintamarre.
Roy.

Tinus.

Tipaut.
Tissot.

Tiquel.
Tical.

Tirac.
St. Hilaire.

Tirand.
Provençal.
Tyran.

Tirar.

Tiret.
Desmoulins.

Tiriac.
Laforest.
Laforge.

Tiriot.
Kiriau.

Tison.
Tisson.

Tissaut.
Tissot.

Tisseau.
Tissot.

Tissenet.
DuTisné.

Tisseran.
DeMontcharvaux.

Tissiau.
St. Germain.

Tissier.

Tisson.
Tison.

Tissot.
Larose.
Tesseau.
Tipaut.
Tissaut.
Tisseau.

Titas.
Titasse.

Titly.

Toin.
Touin.

Tomb.

Tomelet.
Thomelet.

Tomeraux.
St. Sauveur.
Tommereau.

Tondreau.
LaSouche.

Tondret.

Tondry.
Saillant.

Tonnerre.
Godfroy de Tonnerre.

Tonty (De).
DePaludy.
Desliette.

Tophiné.
Dauphiné.
St. Jean.

Torn.
Thorn.

Torté.

Torves.

Touchard.
L'Eveillé.

Touche.
Lafleur.

Touché.

Touchet.
Laroche.
Touché.

Tougard.
Laviolette.
Tougas.

Tougas.
Tougard.

Touin.
Laliberté.
Thoin.
Thouin.
Toin.

Toulon.

Toulouse.
Bertrand.
Crésac.
Crisaque.
Damours.
Fournesse.
Galand.
Laviolette.
Piton.
Raymond.
Rivos.

Toumelet.
Thomelet.

Toupie.
Lessard.

Toupin.
Dussaut.
Lapierre.

Touraine.
Tourelle.

Tourangeau.
Dany.
Gatien.
Gaudin.
Guillet.
Herpin.
Honore.
Jean.

LaCoudray.
Lemelin.
Léonard.
Malepart.
Rangeo.
Raymoneau.
Simon.

TOURBLANCHE.
Basinet.
Quesnel.

TOUREAU.

TOUREL.
Jolicœur.
Taurel.

TOURELLE.
Taurelle.
Touraine.

TOURIGNY.
Deshaies.

TOURILLON.

TOURLAY.
Prêt-à-boire.

TOURMENTE.

TOURNAT.

TOURNAY.
Lacier.

TOURNEROCHE.
Noyer.

TOURNET.
Francœur.
Trunet.

TOURNEUR.
Lagiroflée.

TOURNEUVE.
Lobinois.

TOURNOIRE.
Terrenoire.

TOURNOIS.

TOURON.
Lombard.

TOURTON.

TOURVILLE.
Dutaut.
Hubou.

TOUSEAU.
Couceau.

TOUSIGNAN.
Lapointe.
Tousignant.
Tousillon.
Vaudreuil.

TOUSILLON.
Tousignan.

TOUS-LES-JOURS.

TOUSSAINT.
Grou.
Jourdain.
Labonté.
Lafrance.
Toussin.
Tozin.

TOUSSELIER.
Touzelier.

TOUSSIN.
Toussaint.

TOUTANT.
Toutan.

TOUVENIN.
Thouvenin.

TOUVET.
Sanssoucy.
Tauret.

TOUZEAU.

TOUZELIER.
Languedoc.
Tousselier.

TOZIN.
Toussaint.

TRACY (DE).
DeRouville.

TRAHAN.

TRAJOT.

TRANCHANT.
St. Antoine.

TRANCHEMONTAGNE.
Bausier.
Corbeil.
Daneau.
Denoyer.
Desnoyers.
Fortier.
Gourbeil.
Laisné.
Lescuyer.
Lespardier.
Pepin.
Pizachon.
Roussel.
St. Pierre.
Sullières.
Sustier.
Suyer.
Thomas.
Vilelain.

TRANQUILLE.
Georget.
Jourdanais.

TRAVALIN.
Tavernier.

TRAVERS.
Sansregret.
Travert.

TRAVERSY.
Langlois.
L'Aumonier de Traversy.

TRÉBER.

TRECESSON.

TREFFLÉ.
Rotot.
Rottot.
Rouleau.
Treffley.
Truffié.

TRÉFIEL.

TRÉHAIS.
Trehet.

TRÉHARD.

TRÉHET.
Trehais.

TREILLI.

TREMBLAY.
Desrosiers.
Dutremble.
Tremble.
Tremble.
Tremblois.

TREMENNE.
Turmel.

TRÉMONT.
Salvaye.

TRÉMOULET.
St. Léonard.

TREMPE.
Courville.
Frenière.
Piette.

TRENY.

TREPAGNY.
DeTrepagny.
Trépagnier.
Trépanier.

TRÉPANIER.
DeTrepagny.

TRÉPIAL.
Lachapelle.

TRÉPIÉ.

TRESNY.
Laverdure.
Tresnay.

TREVET.

TREVOUX.

TRIAIRE DE LA SORBIÈRE.

TRIAULT.

TRIDIER.
Beauséjour.

TRIBOT.
Jousseleau.

TRIGANNE.
Laflèche.

TRINQUE.
Allaire.

TRINQUET.

TRINQUILR.

TRIOLET.
Larivière.
Théoret.
Trotelle.

TRIPAUT.
Rigaut.

TRIVARET.
Labadie.
Triveret.

TRIVIO.

TROCHE.
Lafleur.

TROGNON.
Desmarets.

TROIE.
Troy.

TROIS-MONTS (DE).
Fromage.

TROISVILLE.
Debidabé.
Troyville.

TRONQUET.

TROTAIN.
Sansoucy.

TROTELLE.
Triolet.
Trotet.
Trotier.

TROTET.
Trotelle.

TROTIER.
Bernard.
DeBeaubien.
DeBelcourt.
DeBellecour.
De la Bissonnière.
DePumber.
Desaulniers.
DesRivières.
DesRuisseaux.
DeValcour.
Houssard.
LeSieur.
Pombert.
Trotelle.

TROTOCHAU.

TROTOT.

TROUILLARD.
De la Forest.
Rouillard.

TROUILLET.
Lajeunesse.

TROUVÉ.
Sanscrainte.

TROVÉ.

TROY.
Lafranchise.
Troie.
Troye.

TROYVILLE.
Troisville.

TRU.

TRUCHON.
L'Eveillé.

TRUD.
Comiré.
Léveillé.

TRUDEAU.
Truteau.
TRUDEL.
Trudelle.
TRUEL.
St. Pierre.
TRUFFLÉ.
Trefflé.
TRUILLIER.
Trullier.
TRULLIER.
Bonvouloir.
Deliers.
Lacombe.
Truillier.
Trulier.
TRUNEL.
Trunet.
TRUNET.
Francœur.
Journet.
Tournet.
Trunel.
TRUTEAU.
Barbier.
Trudeau.
Trutaut.
Truto.
TSIHENE.
TUDAULT.
TUÉ.
Quay.
TUÉNET.
TUILLIER.
DesTuilliers.
Des Vignets.
TUINEAU.
Juneau.
TUMABO.
TUNIO.
TUOT.
Thuot.
TURBAL.
Perrot.
TURBOT.
TURCAULT.
Turcot.
TURCOT.
Dutaut.
Turcault.
Turcotte.
Vilandré.
TURENNE.
Blanchard.
TURET.
TURGEON.
TURGON.
TURIÉ.
TURMIL.
Tremenne.
TURPIN.
Lafleur.
Sandrille.
TURVET.
TUYAU.
TYRAN.
Tirand.
TYRIEST.
Léveillé.
TYRION.
Thyrion.

U

UBRY.
Lajeunesse.
URBAIN.
Fouquereau.
URPEAU.
Hurpeau.
St. Denis.
URSÉ.
Laverdure.
URTEBISE.
Heurtebise.

V

VACHARD.
L'Ardoise.
VACHER.
Guivaché.
Lacerte.
Laserte.
St. Antoine.
St. Julien.
Vachet.
VACHEREAU.
Vacherot.
VACHEROT.
Vachereau.
Versailles.
VACHERY.
Vacher.
VACHET.
VACHIGNAC.
Larocquebrune.
VACHON.
Desfourchettes.
Laminée.
Pamerlaux.
Pomerlot.
VADAL.
VADEAU.
St. Jacques.
VADEBONCŒUR.
Baril.
Bireau.
Birot.
Boluse.
Ruveteau.
Cauchy.
Cavasseur.
Chupin.
Clarembaut.
Couturier.
Delestre.
Dupont.
Fonjamy.
Fourré.
Gareau.
Hélouïs.
Lauzon.
Marguery.
Mirambeau.
Monpoirier.
Moran.
Pariau.
Parnier.
Paviot.
Petit-Jean.
Prenier.
Rastoul.
Renfour.
Roux.
Sourdive.
Sulte.
VADENAIS.
Vadenay.
VADENAY.
Beaudenesse.
St. Jean.
Vadenais.
Vadené.
Vadné.
VADOUT.
VAILLANCOUR.
DeLiancour.
Vaillancourt
Viancour.
Viano.
Vilancour.
VAILLANT.
VAINE.
Voyne.
VALADE.
Lajeunesse.
La Victoire.
Lespérance.
VALADIER.
VALANDÉ.
Vandandaique.
VALCOUR.
Bellefontaine.
Duruay.
Duruey.
Gaudin.
Morin.
Pantoux.
Trotier.
VALENTIN.
Grégoire.
Jourdain.
Mecteau.
Miller.
Milteau.
Ranck.
VALERAN.
Valleran.
Vallerand.
VALERON.
Lacroix.
VALET.
Beauséjour.
Boudeau.
Marzier.
Nolet.
Passepartout.
Vallet.
VALETS.
VALIER.
Vallière.
Vanier.
VALIÈRE.
De la Vallière.
DeSt. Réal.
Garennes.
LaGarenne.
LeNeuf de la Vallière.
Valier.
Valières.
Vallière.
Vallières.
VALIN.
Vallain.
VALIQUET.
Laverdure.
VALLAIN.
Valin.
VALLÉE.
Blois.
Friloux.
Jolibois.
Lavallée.
LeGantier de la Vallée.
Mallet.
Paquet.
Sansoucy.
Soucy.
Vallé.
Vallet.
Versailles.
VALLIER.
Lallier.
Marcheterre.
Vanier.
VALLIÈRES.
Vallière.
VALO.
Thigan.
VALOIS.
LeValois.
St. Jean.
Vallois.

VALTEAU.
Lajeunesse.
Valto.

VALTRIE.
Margane de la Valtrie.

VANALS.

VANASSE.
Précour.
Vertefeuille.

VANCHY (DE).

VANDAIS.

VANDAL.
Vandale.

VANDALE.
Vandal.

VANDAMOIS.
Chenaye.

VANDANDAIQUE.
Gadbois.
Gatebois.
Valandé.
Vandendaigue.

VANDÉ.
Audet.
Vandet.

VANDERWERKEN.
Rocloff.

VANELLE.

VANET.
Leparisien.

VANFELSON.

VANIER.
Vannier.

VANNIER.
Lafontaine.
Lechandelier.
LeVannier.
Valier.
Vanier.

VANTABON.
Julien.

VARA.

VARAMBAU.

VARAMBOUVILLE.

VARENNES.
Berard.
Gauthier de Varennes.
Lépine.
Racine.

VARIGOU.
Garigour.

VARIN.
DeLamaro.
Gaudria.
LaPistole.

VARINO.
Lavictoire.

VARLET.
Lavertu.

VARRI.
Varry.

VARRIN.
Varin.

VARRY.
Luneville.
Varri.
Vary.

VASOR.
Vassor.

VASSAL.
DeMonviel.
Monviel.

VASSAN.

VASSÉ.

VASSEUR.
Vassor.

VASSOR.
Lafraicheur.
Levasseur.
Vasor.
Vasseur.

VATEL.

VATIER.
Watier.

VATTEVILLE.

VAUCHER.
Chevauchet.
Favel.
Lajeunesse.

VAUCOUR.
Pinguet de Vaucour.

VAUDOUX.
St. André.

VAUDREUIL (DE).
Rigaud.
Tousignan.

VAUDRY.
Baudry.
Jendry.

VAUJON.
DeNoyon.

VAUL.

VAUMARNE.

VAUQUIER.
LaSonde.

VAUSEN.
Belhumeur.

VAUTIER.

VAUTOUR (DE).

VAUVRIL.
DeBlazon.

VAVASSEUR.

VEAU.
DuVault.
Silvain.
Sylvain.
Vau.
Vox.

VÉDERIC.

VEDIEU.
Vérieul.

VÉGEARD.
Végeart.

VÉGEART.
Labonté.
Laliberté.
Végeard.
Végiard.
Villars.

VEGEREAU.
Regereau.

VEGIARD.
Végeart.

VEILLET.
Laplante.
Veilliet.

VERCHÈRES.
DeBeauveny.
DeBovigni.
Jarret.
Poligny.

VERDAYE.
Laverdure.
Verdet.

VERDET.
Verdaye.

VERDIEUX.
Verieul.

VERDON.
Vredon.

VERDUN.

VERGEAT.
Prénouveau.

VERGER.
Desjardins.
Duvergé.
Verge.

VERGNE.
Lafleur.

VERGOR.
Duchambon.

VERGUEUR.
Vedieu.
Veilleux.
Verdieux.
Verieul.
Verrieur.

VIRIEUL.
Vergueur.

VERLY.

VERMANDOIS.

VERMEIL.
Vermet.

VERMET.
Laforme.
Vermette.

VERMILLON.
Belhumeur.

VERNAS.
Dufresne.
Frenet.

VERNER.

VERNET.
Vermet.

VERNIER.
Gourville.

VERNON.
De la Fouille de Vernon.

VERNOUILLET.

VERON.
DeGrandmesnil.
Montendre.
Mourier.

VERONNEAU.
Denis.

VERPION.

VERRA.

VERRAT.

VERREAU.
Bécaut.
Becot.
Bourguignon.

VERRET.
Caron.

VERRIER.
LaSaulaye.
LeVerrier.

VERSAILLES.
Bourbonnais.
Bourquin.
Martin.
Vacherot.
Vallée.

VERT.

VERTEFEUILLE.
Bachan.
Beauchamp.
Vanasse.

VERVET.
St. Amour.

VERVILLE.
Bourbeau.
Couturier.

VESIN.
DeVesin.

VESINAT.
Vesina.
Vesinas.
Vezina.

VESNE.
Voyne.

VESSIÈRE.

VETU.
Belaire.

VEZAIN.
Olivier de Vezain.

VEZEL.

VEZIARD.
Labonté.
Laliberté.
Vegeart.

VEZIER.
La Verdure.

VEZON.
Fournerie.

VIABON.

VIALA.
Rivla.

VIALARD.

VIALET.

VIALTET.
Laramée.

VIANCOUR.
Vaillancour.

VIAU.
Laliberté.
Lesperance.

VICE-PALAIS.

VICQUE.
St. Germain.

VICTOR.

VIDAL.
Carcassonne.
Labonté.
Pignan.

VIDALUN.
Vitalin.

VIDE.

VIDEMAND.

VIDET.

VIDREGUER.
St. Hilaire.

VIEL.
Desnoyers.

VIEN.
Jean.
Rocheleau.
Vivien.

VIENNEAU.

VIEUX-PONT.
Godfroy de Vieux-Pont.
Zizeuse.

VIGEANT.
Larose.
Taupier.
Vegéard.

VIGER.

VIGNAL.

VIGNAR.

VIGNAU.
Laverdure.
Maurice.
St. Jacques.
Vignaux.
Vilion.
Viniau.

VIGNE.

VIGNET.
Auger.

VIGNIER.
Vivier.

VIGNOLA.
Fiola.
Phiola.

VIGNON.

VIGOR.

VILAINE.

VILAIRE.
Dehou.
Dion.
Villers.

VILALUN.
Villanun.
Vitalun.

VILANCOUR.
Vaillancour.

VILANDRÉ.
Dutaut.

VILDAIGRE.
Perrot.

VILDÉ.
Bildé.
L'Espagnol.

VILELAIN.
Tranchemontagne.
Villain.

VILION.
Vignau.

VILLAIN.
Vilelain.
Villanus.

VILLANUN.
Vitalun.

VILLANUS.
Villain.

VILLARD.
LeSieur.
Maignat.
Provencher.

VILLARS.

VILLAT.
Beausoleil.
Vital.

VILLE.
Fournier de la Ville.

VILLEBLANCHE.

VILLEBOIS.
Rouvillière.

VILLEBON.
Desjordis.
Robineau de Villebon.

VILLEBRUN.
Provencher.

VILLEDAY.
Bildé.

Laviolette.
L'Espagnol.
Vilde.

VILLEDIEU.

VILLEDONNÉ (DE).

VILLEFAGNAN.
Faye.

VILLEFORT (BARON DE).

VILLEFRANCHE.
Grisé.

VILLEMER.
Vilmer.

VILLEMONDE.
DeBeaujeu.
Lienard.

VILLEMUR.
Lefebvre.

VILLENEUVE.
Amiot.
Arnaud.
Arnoul.
Arnoux.
Barbeau.
Lecoup.
Lemaitre.

VILLERAY.
D'Artigny.
Rouer.

VILLERME.
Champagne.
DeVillerme.

VILLERS.
Royer de Villers.

VILLEU.
DeVillieux.

VILLIARS.

VILLIER.
St. Louis.

VILLIERS.
Coulon de Villiers.
Jumonville.
LeGardeur de Villiers.

VILLIEU.

VILLIN.

VILLON.
Cusson.

VILLOT.

VILMER.
Drouard.
Drouère.
Real.
Rouaud.
Villemer.

VIMAUDIÈRE.
Lecomte de la Vimaudière.

VIMONT.
Jolibois.

VINAIGRE.
Duval.

VINAULT.
Desmarets.
Gilles.
Vincent.

VINAY.

VINCELAY.
Finchley.

VINCELET.
Finchley.
Labastière.
Laboissière.
Vincelay.

VINCELOT.

VINCENNES.
Bissot.
Brière.
Porlier.

VINCENT.
Andetayon.
Chrétien.
Jean.

VINDAL.

VINET.
Laliberté.
Larente.
Loisel.
Préville.
Souligny.

VINIAU.
Vignau.

VINTONNEAU.
Laforest.

VIOLET.

VION.

VIOT.
Laliberté.

VIQUERRE.

VIRMONTOIS.
Villemondoit.
Virmonfois.

VISCONTE.
Brindamour.

VISÉE.

VISSE.

VITAL.
Vidal.
Villat.

VITRAI.
Manseau.

VITRE.
Levitre.

VITRY.
St. Germain.

VIVARAIS.
Blay.
Foran.
Guizaman.

VIVÉ.
Rivet.
Sanschagrin.

VIVE-L'AMOUR.
Rouet.

VIVESAC.
Crepin.
Crépit.

VIVIEN.
Granville.
Jean.
Rocheleau.
Vivier.

VIVIER.
Rocheleau.
Rochereau.

VOCELLE.
Bellehumeur.
Potvin.
Vozelle.

VOIPREUX.
DeSacquespré.

VOISARD.

VOISIN.
Beaugi.
St. Etienne.

VOISINE.
Vesinat.

VOISY.

VOLAGE.
Malchelos.

VOLANT.
Audebourg.
DeChamblain.
DeFosseneuve.
DeHautbourg.
DeRadisson.
DeSt. Claude.

VOLGRAIN.

VOLIGNY.

VOLONTÉ.
Bélanger la Volonte.

VON.

VONDENVILDEN.

VOUMARNE.
Tremble-au-vent.

VOUS.
Sylvain.
Veau.

VOYER.
Boyer.
Lejardinier.
Lespérance.
Ouellet.

VOYNE.
Sansoucy.
Vaine.
Vennes.
Voine.

VOYON.
Laframboise.

VRARD.
Huard.

VREDON.
Verdon.

VRIGNEAU.

VRIGNOT.

VUIDERIS.
Renière.

VUILLARD.

VYTERHEIN.

W

WABERT.

WADDENS.

WADE.

WADOUL.
Radoul.

WAEIGAND.

WALBRENER.

WALKER.

WARREN.

WATERS.

WATIER.

WATSON.
Robert.

WEBSTER.

WEEP.

WEHENLAN.

WEIPPERT.

WEIS.

WELLS.

WELLSHE.

WELSCAMP.
Holscan.

WELSH.

WESTON.

WEXLER.

WHARTON.

WHEELRIGHT.

WHEELWRIGHT.

WHITE.

WHITTLE.

WHOLSCAM.
Holzcam.
Holzeam.
Olscamp.
Welscamp.

WIDERSCHUMIN.

WIESENER.

WIGRE.

WILDER.

WILHELMI.

WILLIAMS.

WILLIS.
Houlet.
Houret.
Willet.

WILLS.

WILSON.

WINTER.

WISEMAN.

WOEL.

WOLF.
Loup.
Polonais.

WOLFE.

WOLS.

WOOLSEY.
Houlset.

WRIGHT.

X

XANDRE.

XIMENÈS.

Y

YAX.
Hiacs.
Jacks.

YGER.
St. Michel.

YON.
Guyon.
Yuon.

YOU.
De la Découverte.

YOUNG.

YVELIN.

YVERNAGE.
Livernoche.

YVON.
DeFlem.
Frichon.
Héon.
Hyvon.
Jeber.
Lafontaine.
Phlem.
Versailles.

Z

ZACHARIE.
Desjardins.
Lagenois.
Lecollen.

ZACHÉ.
Jaché.

ZAPAGLIA.
DeRessan.

ZEMARD.

ZIANMER.

ZILIAC.

ZILLON.
Laramée.

ZIMGFAR.
Timgfar.

ZIMMARO.
Guenard.

ZIZEUSE.
Godfroy de Lizeuse.
Vieux-Pont.
Ziseuse.

TABLE ALPHABÉTIQUE DES NOMS DE FEMMES

N'AYANT PAS

SOUCHE EN CANADA.

A

ABEL, èpse de Boisverd.

ABEL, èpse de Lalonde.

ABEL, Marie-Joseph, èpse de Lalonde.

ABEL, èpse de Maguet.

ABEL, èpse de Sicard.

ABÉNAQUISE, èpse de Gill.

ABÉNAQUISE, èpse de Jacques.

ABÉNAQUISE, èpse de Portneuf.

ABRAHAM, èpse de Chartier.

ABRAHAM, èpse de Cochon.

ABRAHAM, èpse de Lemerle.

ABRAHAM, èpse de Nadeau.

ABSUHRMANN, èpse de Oemany.

ACAIA, èpse de Marcereau.

ACHON, èpse de Tremblé.

ACKARTY, epse d'Arouche.

ACHIN, èpse de Chabot.

ACO, èpse de Baillargeon.

ADAM, èpse de Boilard.

ADAM, èpse de Policain.

ADAMS, èpse de Brisebois.

ADOUIN, èpse de LeSieur.

AGATHE, èpse d'Armand.

AGATHE, èpse d'Herman.

AIGRON, èpse de Moreau.

ALACHAISE, èpse de Chéroux, Antoine.

ALAIN, èpse de Belleau.

ALAIN, èpse de Berthiaume, Belleau.

ALAIN, Marie-Madne, èpse de Jobin, Jac.

ALAIN, èpse de Morin.

ALAIN, èpse de Tardif.

ALAIRE, èpse de Bosché.

ALAIRE, èpse de Charon.

ALAIRE, èpse de Chevigny.

ALAIRE, èpse de Cloutier.

ALAIRE, èpse de Desautels.

ALAIRE, èpse de Desgagnes.

ALAIRE, èpse de Dufaut.

ALAIRE, èpse de Dumaine.

ALAIRE, èpse de Dupré.

ALAIRE, èpse de Gendreau.

ALAIRE, epse de Gravelle.

ALAIRE, èpse de Janot.

ALAIRE, èpse de Langlois.

ALAIRE, Marie-Joseph, èpse de Langlois, Prisque.

ALAIRE, èpse de Lemelin.

ALAIRE, èpse de Lemieux.

ALAIRE, èpse de Morin.

ALAIRE, èpse de Noël.

ALAIRE, èpse de Rémillard.

ALAIRE, èpse de Talbot.

ALARD, èpse de Benjamin.

ALARD, èpse de Caron.

ALARD, èpse de Chenais.

ALARD, èpse de Dufresne.

ALARD, èpse de Maingrey.

ALARD, epse de Mainguy.

ALARD, èpse de Mathieu.

ALARD, èpse de Prou.

ALARD, èpse de Renaud.

ALARD, epse de Sicard.

ALARY, èpse de Laigu.

ALARY, Marie-Madne, èpse de Laigu, Pierre.

ALBERT, epse d'Adde.

ALBERT, èpse de Chauvaux.

ALBEUF, epse de Gendreau.

ALEXANDRE, èpse de Conille.

ALGONQUINE, Madeleine, èpse de Langlois, Pierre.

ALIMACOUA, èpse de Bourgery.

ALLAIRE, èpse de Charbonneau.

ALLARD, èpse de Decastel.

ALLARD, Charlotte, èpse de Landais, Jacques.

ALTON, èpse de Garigue.

ALTON, èpse d'Heurtebise.

ALYSON, èpse de Blondel.

AMELOTTE, èpse de Chartier.

AMIEL, èpse d'Alaire.

AMIOT, èpse de Baudry.

AMIOT, èpse de Blongué.

AMIOT, èpse de Dasilva.

AMIOT, èpse de Drolet.

AMIOT, èpse de Fourré.

AMIOT, èpse de Pion, Chicoine.

AMIOT, èpse de Riverin.

AMIOT, èpse de Vautour.

AMONT, èpse de DeLavoye.

AMYOT, èpse de Caillé.

ANCELIN, èpse de Fournier.

Angelin, épse de Michaud.
Anderson, épse de Hamelin.
André, épse de LeBossu.
Andrieu, épse de Augrand-Lapierre.
Angelium, épse de Defelteau.
Angers, épse de Bellefeuille.
Angers, épse de Morisset.
Angevin, épse de Servant.
Anglaise, Rachel, épse de Berger.
Anglaise, épse de Gladus.
Anglaise, épse de Morillon.
Anglaise, épse de Riberville.
Angorse, épse de Loueries.
Angouirot, épse de Macous.
Anguille, épse de Alard.
Anne, épse de Garand.
Annennontak, épse de Durand, Couturier.
Anon, épse de Lefebvre.
Anslin, epse de Mignot.
Antaya, épse de Badaillac.
Antaya, épse de Cauchery.
Antaya, épse de Demitte.
Anthiaume, épse de Jarret, Fontaine.
Anthoine, épse de Lavergne.
A8endea, épse de Côté.
Arambour, Marie, épse Jugon, Marin.
Arcan, épse de Godin, Carpentier.
Arcan, épse de Plante.

Arcaste, épse de Campy.
Arceneau, épse de Fortier.
Arceneau, épse de Johan.
Archambault, épse de Basinet.
Archambault, épse de Chalifour.
Archambault, épse de Chauvin.
Archambault, épse de Cheval.
Archambault, épse de Delguiel.
Archambault, Lse-Victoire, ép. Delguiel.
Archambault, épse de Deziel.
Archambault, épse de Gautier.
Archambault, épse de Labrèche.
Archambault, épse de Lacombe.
Archambault, Thérèse, ép. Lacombe, Frs.
Archambault, épse de Lefebvre.
Archambault, épse de Létourneau.
Archambault, épse de Quévillon.
Archambault, épse de Richaume.
Archambault, épse de Rolland.
Archambault, épse de Sevigny.
Archambault, épse de Sincennes.
Archambault, épse de Vaudry.
Archdaren, Jane, ép. Keatings, Robt.
Archdaren, épse de Kelly.
Archdaren, Jane, ép. Kelly, Jacques.
Arcouet, épse de Dubuisson.
Arcouet, épse de Grenier.
Arcouet, épse d'Harie.
Arcouet, épse d'Hunaut.

Arculan, épse de Lefebvre, Lejamble.
Ardion, épse de Rabouin.
Ardoise, épse de Rougier.
Ardouin, épse de Badeau.
Ardouin, épse de LeSieur.
Ardouin, épse de Potvin.
Arguin, épse de Chaumereau.
Arguin, épse de Lemaître.
Arguin, épse de Renoyer.
Arinart, épse de Réal, LeFort.
Armand, épse de David.
Armand, épse de Dusouchet.
Arnaud, épse de Buart.
Arneau, épse de Girardet.
Arpot-Lavallée, épse Chapelain.
Arnue, épse de Richaume.
Arontio, épse de Dubeau.
Arpot, épse de Liénard.
Arrivée, épse d'Hunaut.
Arseneau, épse de Duret.
Arseneau, épse de Gaudet.
Arseneau, épse de Genest.
Arseneau, épse de Girouard.
Arseneau, épouse d'Hébert.
Artaud, épse de Pinsonneau.
Arteau, épse de Larivière.
Arton, épse de Deslauriers.
Artus, épse de Descaris, Lehoux.

Asenraquehaon, épse d'Ondakion.
Asselin, épse de Destroismaisons.
Asselin, épse de Michaud.
Asselin, épse de Pijeau.
Asselin, épse de Rioux.
Attenville, épse de Sénat, Fauconnet, Martin, César.
Audé, épse de Collet.
Aubé, épse de Dumont.
Aubert, épse d'Aubin.
Aubert, épse de Buisson.
Aubert, épse de DeLavoye.
Aubert, épse de Lambert.
Aubert, épse de Rancour.
Aubery, épse de Legros, Laviolette, DeNoyon.
Aubin, épse de Plouf.
Aubin, épse de St. Michel.
Aubin, épse de Vincent.
Aubinot, épse de Campagna.
Aubonne, épse de Garceau.
Aubron, épse de Bautineau.
Aubry, épse de Caille.
Aubry, épse de DeNoyon.
Aubry, épse de Gros.
Aubry, épse de Lefebvre.
Aubry, épse de Lépine.
Aubry, épse de Mercier.
Aubuchon, épse d'Etienne.

B

BABINEAU, epse de Comeau.

BABINEAU, épse d'Hely.

BABINEAU, épse de MacDonald.

BABINEAU, épse de Melançon.

BABY, épse de Cassegrain.

BABY, épse de Rosslewin, Cannon.

BABY-CHENNEVILLE, ép. Daillebout.

BACHAN, épse de Patenote.

BACHAN, épse de Rochon.

BACON, épse de Bussière.

BACON, épse de Gaudreau.

BACON, épse d'Isabel.

BACON, epse de Michel.

BACON, épse de Vallee.

BACQUET, épse de Vien.

BADAILLA, épse de Trotelle.

BADAILLAC, épse de Delalore.

BADAILLAC, épse de Delorné.

BADAILLAC. épse de Fortier.

BADAILLAC, Catherine, épse Lamy, Pierre.

BADAILLAC, épse de Larrivee.

BADAILLAC, épse de Michel.

BADEAU, épse de Barbot.

BADEAU, épse de Bernard.

BADEAU, épse de Chevalier.

BADEAU, épse de Forgues.

BADEAU, épse de Marois.

BADEAU, épse de Pitalier.

BADINEAU, épse de Forest.

BAHU, epse d'Hayot.

BAILLAC, épse de Martin.

BAILLARGEON, épse de Bélanger, Lefrançois.

BAILLARGEON, épse de Birand.

BAILLARGEON, épse de Labrecque.

BAILLARGEON, épse de Lapointe.

BAILLARGEON, épse de Lavallée.

BAILLARGEON, épse de Richer.

BAILLARGEON, épse de Rondeau.

BAILLON, épse de Miville.

BAILLY, épse de Falardo.

BAILLY, épse de Morency.

BAILLY. épse de Vanier.

BAIRN, épse de Moisan.

BAKER, épse de Maillet.

BALAN, épse de Langlois.

BALIER, épse de Bouvier.

BALINGALL, épse de Davis.

BANDE, épse de Vaillancour.

BANHIAC, épse de Boissel.

BANHIAC, épse de Laforge.

BANLIA, épse de Pelletier.

BANLIER, épse d'Hébert.

BANLIER, épse de Patenote.

BANLIER, épse de St. Martin.

BANQUART, épse de Drue.

BANSE, épse de Brossier.

BANSE, épse de LeProu.

BARABÉ, épse de François.

BARABÉ, épse de Goguet.

BARABÉ, épse de Guillaume.

BARABÉ, épse de Jetté.

BARABÉ, épse de Lambert.

BARABÉ, épse de Perusse.

BARBARET, épse de Larrivé.

BARBARY, épse de Dardenne.

BARBARY, épse de Gautier.

BARBARY, épse de Lalonde.

BARBE, épse de Bidet.

BARBÉ, épse de Noiset.

BARBÉ, épse de Villain.

BARBEAU, épse de Buckeep.

BARBEAU, épse de Dugrès.

BARBEAU, epse de Fluet.

BARBEAU, épse de Guyon.

BARBEAU, épse de Lereau.

BARBEAU, épse de Paquet.

BARBERET, épse d'Arrive.

BARBERY, épse de Dardenne.

BARBIER, épse de Blain.

BARBIER, épse d'Hablin.

BARBIER, épse de Jetté.

BARBIER, épse de Lorion.

BARBIER, épse de Mangeau.

BARBIER, épse de Plumereau, Hablin.

BARBIER, épse de Saligot.

BARBOT, épse de Duchesneau.

BARBOT, épse de Noël.

BARDE, épse de Paulin.

BARDE, épse de Pigeon.

BARDET, épse de Breilly.

BARDET, Anne-Hélène, épse de L'Archevêque, Jos.-Nic.

BARDIN, épse de Binet.

BARDOU, épse de Drouet.

BARÉ, épse de Labrecque.

BARET, épse de Grégoire.

BARET, épse de Viau.

BARETTE, épse de Deneau.

BARETTE, épse de Dutaut.

BARETTE, épse de Gaudreau.

BARETTE, épse de Guilbaut.

BARI, épse de Bonin.

BARIAU, épse de Savaria.

BARIAU, épse de Thibaudeau.

BARIBEAU, épse de Bellefête.

BARIBEAU, épse de Hayot.

BARIBEAU, épse de Lizé.

BARIBEAU, épse de Massicot.

BARIL, épse de Baribeau.

BARIL, épse de Hubert.

BARIL, Marie-Charlotte, épse de Lauzon, Daniel.

BARIL, épse de Rivard.

BARIL, epse de St. Jean.

BARIL, épse de Tifault.

BARILLET, épse de Vacher.

BARIOT, épse de Vincent.

BARNABÉ, épse de Dasilva.

Barois, épse de Thibaudeau.

Barolet, épse de Maillot.

Baron, épse de Chevreux.

Baron, épse de Francœur.

Baron, épse de Gosselin.

Baron, épse de Lefebvre.

Baron, épse de MacLeod.

Baron, epse de Marguery.

Baron, épse de Noël.

Barrault, épse de Lériger.

Barré, épse de Brias.

Barré, épse de Chaillé.

Barré, épse de Desorcy.

Barré, épse de Landry.

Barré, épse de Rivet.

Barré, épse de Roy.

Barrière, épse de Coiteux.

Barron, épse de Moore.

Barry, épse de Boucher.

Barton, épse de Chevalier.

Bary, épse de Sauvin.

Bashault, épse de Vienneau.

Basile, Marie-Claire, ép. Labrie, Ls-Frs

Basinet, épse de Pariseau.

Basinet, epse de Sabatier.

Basque, épse de Daigle.

Basque, épse de Roy.

Basset, épse de Bourgoin.

Bastien, épse de Benoit.

Bastien, épse de Parenteau.

Bastien, épse de Picotin.

Bastienne, épse de Sylvestre.

Batarache, épse de Goderre.

Bauché, épse de Carbonneau.

Baucher, épse de Paris.

Baudard, épse d'Asselin.

Baude, épse de Vaillancour.

Baudeau, épse de Philibot.

Baudet, épse de Baril.

Baudet, Marie, épse de Joly, Nicolas.

Baudet, épse de Lereau.

Baudet, épse de Martin.

Baudet, épse de Tousignan.

Baudet, Angèlique, épse de Tousignan.

Baudin, épse de Cocquin.

Baudin, épse de Cusson.

Baudin, épse de Dubuc.

Baudoin, épse de Baudry.

Baudoin, épse de Chartier.

Baudoin, épse de Dubois.

Baudoin, épse de Dubreuil.

Baudoin, épse de Dubuc.

Baudoin, épse d'Ethier.

Baudoin, épse de Fissiau.

Baudoin, épse de Gaudreau.

Baudoin, Marie, épse Labelle, Paul.

Baudoin, épse de Lefebvre.

Baudoin, épse de Martin.

Baudoin, épse de Meunier.

Baudoin, épse de Millet.

Baudoin, épse de Minaud.

Baudoin, épse de Ouellet.

Baudoin, épse de Paris.

Baudoin, épse de Rivet.

Baudoin, épse de St. Cerny.

Baudon, épse de Cauchon.

Baudon, épse de Cotin.

Baudon, épse de Decheuraineville.

Baudon, épse de Francœur.

Baudreau, épse de Baudreau.

Baudreau, épse d'Emanuel.

Baudreau, épse de Gozaille.

Baudry, épse de Bariau.

Baudry, épse de Baudoin.

Baudry, Catherine, épse de Baudoin.

Baudry, Madeleine, épse de Baudoin.

Baudry, épse de Cavelier.

Baudry, épse de Chicoine.

Baudry, épse de Cusson.

Baudry, épse de Desrochers.

Baudry, épse de Gaudin.

Baudry, épse de Gautier.

Baudry, épse de Michellet.

Baudry, épse de Nadeau.

Baudry, epse de Payet.

Baudry, Agathe, épse Payet.

Baudry, Marie-Joseph, epse de Payet.

Baudry, épse de Vidal.

Bauge, épse de Corruble.

Baugis, épse de Gaudin.

Baugis, Marie-Louise, épse de Gaudin.

Baugis, épse de Leblanc.

Baugis, épse de Manseau.

Baugran, épse de Marquis.

Baugrand, épse de Giroux.

Baulin-Laperle, épse Patenotre.

Baulon, épse de Guillory.

Baumier, épse de Tousignan.

Bautreau, épse de Clément.

Bautureau, épse de Benoit, Lajeunesse, Gour.

Bazin, épse d'Amiot.

Bazinet, épse de Payet.

Bazyre, épse de Gaultier.

Beaubrillant, épse de Houde.

Beauceron, épse de Daret.

Beauchamp, épse de Blais.

Beauchamp, épse de Brunet.

Beauchamp, épse de Carpentier.

Beauchamp, épse de Daunet.

Beauchamp, épse de Desnoyers.

Beauchamp, épse de Dumaine.

Beauchamp, épse de Galarneau.

Beauchamp, épse de Paré.

Beauchamp, épse de Pitalier.

Beauchamp, épse de Rocheron.

Beauchêne, épse de Grégoire.

Beaucour, Jeanne, ép. Laforge, Daniel.

Beaudet, épse de Taché.

Beaudoin, épse d'Ameau.

Beaudoin, épse de Bellet.
Beaudoin, épse de Coulon.
Beaudoin, épse de Madelaine.
Beaudry, épse de Desroches.
Beaufort, épse de Bailly.
Beaufort, épse de Bigot.
Beaufort, épse de Carpentier.
Beaufort, épse de Courville.
Beaufort, épse de Glasson.
Beaufort, épse de Hayot.
Beaufort, Thérèse, épse de Hayot.
Beaufort, épse de Vien.
Beaugrand, épse de Cottenoire.
Beaugrand, épse de Frapier.
Beaugrand, épse de Généreux.
Beaugrand, épse de Sylvestre.
Beaujean, épse de Juin.
Beaujelais, épse de Bardet.
Beaujour, épse de Maillou.
Beaulieu, epse de Blais.
Beaulieu, épse de Bouvier.
Beaulieu, épse de Cliche.
Beaulieu, épse de Coté.
Beaulieu, épse de Deshêtres.
Beaulieu, épse de Desmarets.
Beaulieu, Elisabeth, épse de Jobin, Jos.
Beaulieu, Louise, épse Labatterie.
Beaulieu, épse de Lilois.
Beaulieu, épse de Rabonet.
Beaumelle, épse de Dorbin, Jabot.
Beaumont, épse de Clément, Poutré.
Beaumont, épse de Marchand.
Beaumont, épse de Monceau.
Beaumont, épse de Morisseau.
Beaumont, épse de Pasquier.
Beaumont, épse de Raymond.
Beaumont, épse de Roy.
Beaunoyer, épse de Degerlais.
Beaupié, épse de Blais.
Beaupied, épse de Duchaut.
Beaupré, épse de Duhamel.
Beaupré, épse de Hunault.
Beaupré, épse de Paré.
Beaupré, épse de Sansfaçon.
Beauregard, epse de Lemieux.
Beauregard, Marthe, épse de Lemieux.
Beausier, épse de Métivier.
Beauveau, épse de Gazaille.
Bécasseau, Gabrielle, ép. de Gobin, Jean.
Béchard, épse de Guay.
Becher, épse de Clarke.
Becquet, épse de Chesne.
Bédard, épse d'Alard.
Bédard, épse de Bouvet.
Bédard, épse de Dany.
Bédard, épse de Fréchette.
Bédard, épse de Gauvin.
Bédard, épse de Glinel.
Bédard, épse de Magnan.
Bedoquechete, épse de Peupe.
Bégin, épse de Gasse.
Bégin, épse d'Huot.
Bégin, épse de Lagu, Abraham.
Bégon, épse de Michel.
Bégon, épse de Turcot.
Beignet, épse de Baudry.
Beignet, épse de Houde.
Beignet, épse de Pichet.
Beignier, Mie-Agathe, épse Laperche, Jos.
Bel, épse de Bosché.
Bélair, épse d'Harbour.
Bélair, Geneviève, ép. Lavallée, Pierre.
Bélair, épse de Loiseau.
Bélair, épse de Richer.
Bélair, épse de Vignau.
Béland, épse de Dubuc.
Béland, épse de Prudhomme.
Bélanger, épse de Bernier.
Bélanger, épse de Caron.
Bélanger, épse de Duval.
Bélanger, épse de Giguère.
Bélanger, épse de Hugues.
Bélanger, Marie, épse Lacroix, Nicolas.
Bélanger, épse de Moreau.
Bélanger, épse de Morin.
Bélanger, épse de Plouf.
Bélanger, épse de Thibaudeau.
Belèque, épse de Normandin.
Belette, épse de Guérault.
Belhumeur, épse de Baudry.
Belhumeur, épse de Berloin.
Belhumeur, épse de Caignard.
Belhumeur, épse de Perthuis.
Bélin, épse de Lumet.
Bélisle, épse de Guillet.
Bélisle, épse de Migneron.
Bélisle, épse de Paquin.
Bélisle, épse de Robichaud.
Bélisle, épouse de Tardif.
Béliveau, épse de Bourg.
Béliveau, epse de Doucet.
Béliveau, épse de Goodchild.
Béliveau, épse de Loiseau.
Béliveau, épse de Pellerin.
Belleau, épse de Berthiaume.
Belleau, épse de Galarneau.
Belleau-Larose, Mie, epse Laisné, Aug.
Bellecque, Marguerite, épse de Lafontaine, Alexis.
Bellefeuille, épse de DePeneflère.
Bellefeuille, épse de Ducharme.
Bellefeuille, épse de Gaudin.
Bellefeuille, épse de Guigué.
Bellefeuille, épse de Provencher.
Bellefond, épse de Carcy.
Belle-Fontaine, épse Saindon.
Bellegarde, épse de Brisset.
Bellegarde, épse de Duhemme.

BELLEGARDE, épse de Dupas.
BELLEGARDE, épse de Millet.
BELLEHACHE, épse de Bouré.
BELLEHUMEUR, épse de Cocheu.
BELLEHUMEUR, Agathe, epse de Cocheu.
BELLEHUMEUR, épse de Fagnant.
BELLEMAIRE, épse de Pinet.
BELLERIVE, épse de Forville.
BELLERIVIÈRE, épse de Granet.
BELLEROSE, épse de Lespérance.
BELLEROSE, épse de Vésinat.
BELLET, epse de Baret.
BELLETÊTE, épse de Massicot.
BELLEVILLE, épse de Ducas.
BELLEVILLE, épse de Sicard.
BELLEY, épse de Rouillard.
BELLISLE, épse de Goutcher.
BELLISLE, epse de Milleron.
BELLISLE, épse de Rodrigue.
BELLONDEAU, épse de Soulléas.
BELOIN, épse de Bart.
BELOU, epse d'Arcan.
BELPEC, épse de Prudhomme.
BÉNARD, épse de Bouchard.
BÉNARD, epse de Cadet.
BÉNARD, épse de Dorval.
BÉNARD, épse de Gentil.
BÉNARD, epse de Gour.
BÉNARD, Henriette, épse Langlois, Frs.
BENARD, épse de Tétreau.

BENOIT, épse d'Audet.
BENOIT, épse de Bourbon.
BENOIT, épse de Charbonneau.
BENOIT, Catherine, épse Charbonneau.
BENOIT, épse de Cussac, Delbard.
BENOIT, épse de Favreau.
BENOIT, epse de Giard.
BENOIT-LIVERNOIS, épse de Gipoulon.
BENOIT, épse de Grignon.
BENOIT, épse d'Herve.
BENOIT, épse de Houde.
BENOIT, Marie-Joseph, épse de Lamirande, Mich.
BENOIT, Anne, épse de Landry, René.
BENOIT, epse de LeBer
BENOIT, épse de Lobinois.
BENOIT, épse de Macarty.
BENOIT, epse de Matte.
BENOIT, épse de McCarty.
BENOIT, épse de Mélançon.
BENOIT, epse de Roy.
BENOIT, épse de Tetreau.
BENOIT, epse de Thibaudeau.
BENOIT, épse de Vincent.
BENOIT, Marie-Jeanne, épse de Vincent.
BERARD, épse de Brignon.
BERARD, epse de Brousseau.
BERARD, épse de Leger.
BERARD, épse de Lemieux.
BÉRARD, épse de Letellier.

BÉRARD, epse de L'Éveille.
BÉRARD, epse de Louineaux.
BÉRARD, epse de Loyer.
BÉRARD, epse de Mignau, Bourgeois.
BÉRARD, epse de Nau.
BÉRARD, épse de Nepveu.
BÉRARD, epse de Pichina.
BÉRARD, épse de Pivain.
BÉRARD, epse de Rivard.
BÉRARD, epse de Selle.
BÉRARD, épse de Sylvestre.
BÉRAUD, épse de Jaroson.
BERCAUT, épse de Poitevin.
BERCIER, épse de Feuillon.
BERCIER, épse de Filion.
BERGER, épse de Courtois.
BERGERON, épse de Barde.
BERGERON, épse de Belleville.
BERGERON, épse de Bériau.
BERGERON, épse de Bourg.
BERGERON, epse de Châteauneuf.
BERGERON, epse de Gaudin.
BERGERON, Angélique, épse de Gaudin.
BERGERON, épse de Houde.
BERGERON, Madeleine, ep. Lamy, Etienne.
BERGERON, epse de Miville.
BERGERON, épse de Lebreux.
BERGERON, épse de Roy.
BERGERONNE, épse de Pagé.

BERGEVIN, épse de Laviolette.
BERGEVIN, Marie, épse Laviolette, Frs, Landry, Jean-Mie.
BERGEVIN, épse de Proteau.
BÉRIN, épse de Daumont.
BERNE, épse de Chaperon.
BERNIER, épse de Beauce.
BERNIER, épse de Beaulieu.
BERNIER, epse de Bélanger.
BERNIER, epse de Bernier.
BERNIER, épse de Couillard.
BERNIER, épse de Doucet.
BERNIER, épse de Fournier.
BERNIER, épse de Gagné.
BERNIER, épse de Gendron.
BERNIER, Brigitte, épse Laurent, Ls-Gabr.
BERNIER, épse de Maréchal, Chrétien.
BERNIER, épse de Prou.
BERNIER, épse de Simon.
BERNARD, épse d'Auger.
BERNARD, epse de Baudet, Paris.
BERNARD, epse de Bourgeois.
BERNARD, épse de Brunel.
BERNARD, épse de Cormier.
BERNARD, épse de Dufaut.
BERNARD, épse de Dufresne.
BERNARD, épse de Dussaut.
BERNARD, epse de Lemay.
BERNARD, épse de Levesque.

BERNARD, épse de L'Huillier.
BERNARD, épse de Tuillier.
BERRIN, epse de Bouin.
BERTAUT, épse de Chartier.
BERTAUT, épse de Chretien.
BERTAUT, épse de Laurence, Pilon.
BERTHELOT, épse de Circé.
BERTHELOT, épse de DeSircé.
BERTHELOT, épse de Larigueur, Pivain.
BERTHELOT, Marie-Frse. ép. Larigueur, J.
BERTHELOT, epse de Racine.
BERTHELOT, epse de Registre.
BERTHELOT, epse de St. Michel.
BERTHIAUME, epse de Lafleur, Caron.
BERTHIAUME, épse de Puyperoux.
BERTIN, épse de Hardy.
BERTIN, épse de Séguin.
BERTRAND, epse de Bertrand.
BERTRAND, epse de Bourassa.
BERTRAND, épse de Chalifour.
BERTRAND, épse d'Ethier.
BERTRAND, épse de Fisque.
BERTRAND, epse de Janvier.
BERTRAND, Marie, épse Lacaille, Pierre.
BERTRAND, Marie, épse Lang, Jean.
BERTRAND, épse de Lefebvre.
BERTRAND, épse de Quevillon.
BERTRAND, epse de Rivesac.

BERTRAND, épse de Roy.
BERTRAND, épse de Tarieu.
BERTONET-MONTARGIS, epse de Lafaye.
BÉRUBÉ, épse de Milliard.
BÉRUBÉ, épse de Roy.
BESCHE, épse de Chaperon.
BESNARD, épse de Bouchard.
BESNARD, épse de Delaunay.
BESNARD, épse de Gadois.
BESNARD, épse de Janot.
BESNARD, Catherine, ép. Delaunay, Jacques, *Labbé*, Pierre.
BESNARD, epse de Rihouet.
BESSET, Jeanne, épse Laporte, Jean-Bte.
BEUZELIN, épse de Loulabard.
BEZEAU, épse de Bellet.
BIBAUD, epse de Bernard.
BIBAUD, épse d'Hazeur.
BIBAUT, épse de Fortier.
BIBEAU, épse d'Aves.
BIBEAU, épse de Baron.
BIBEAU, épse de Beliveau.
BIBEAU, épse de Béliveau, Richard.
BIDEAU, épse de Becker.
BIDET, epse de Cloutier.
BIDON, epse de Lemay.
BIDON, épse de Vésina, Rasset.
BIENVENU, épse de Champagne.
BIENVENU, épse de Duquet.

BIENVENU, épse de Guyon.
BIENVENU, épse de Lemarie.
BIENVENU, épse de Letellier.
BIGNON, épse de Paquet.
BIGOR, épse de Banse.
BIGOT, épse de Rochereau.
BIGUÉ, épse de Bourgaud.
BILLARD, epse de Brazeau.
BILLARD, épse de Lecompte.
BILLOT, épse de Grandin.
BILLOT, épse de Jagot.
BILLOT, épse de Jean.
BILLOT, épse de Séguin.
BILLY, epse de Letellier.
BILLY, épse de Tellier, Guilbaut.
BILODEAU, épse de Baubiche, Couillard.
BILODEAU, épse de Couillard.
BILODEAU, épse de Garneau.
BILODEAU, épse de Harel.
BILODEAU, épse de Noël.
BINARD, épse de Robillard.
BINAUDIÈRE, épse de Guyon.
BINAUDIÈRE, épse de Rousseau.
BINEAU, epse d'Aymard.
BINET, épse de Gibaut.
BINET, épse de Metiviers.
BIRE, épse de Roy.
BIRET, epse de Balan, Brias.

BIRET, Renée, épse de Lavergne, Frs
BIRETTE, epse de Balan.
BIRETTE, épse de Béland.
BIRETTE, Marie-Renée, épse de Lacombe, Pierre.
BIRON, épse de Champagne.
BIRON, épse de Doucet.
BIRON, épse de Dubois.
BIRON, épse d'Emond.
BIRON, épse de Houde.
BIRON, Marie-Anne, epse de Lafrance, Frs.
BIRON, Marie-Joseph, épse de Lambert, Jean.
BISAILLON, épse de Cusson.
BISAILLON, épse de Ménard.
BISAILLON, épse de Patenotre.
BISCOMTE, épse de Beauchamp.
BISCORNET, Françoise, épse de Lachapelle, André.
BISET, épse de Pomier.
BISETTE, épse de Grenier.
BISETTE, épse de Lorion.
BISSON, épse de Bonneville.
BISSON, épse de Bossia.
BISSON, Marie-Joseph, épse de Lafortune, Frs.
BISSON, Louise, epse Larivière, Etienne.
BISSON, épse de Lepage.
BISSON, épse de Panneton.
BISSON, épse de Taillon.
BISSONNET, épse de Cousseau.

BISSONNET, èpse de Hus.

BITOUSET, èpse de Guimond.

BITOUZET, epse de Baret.

BIZELON, èpse de Cambin, Merçan.

BIZELON, èpse de Gourbeil.

BIZELON, èpse de Merçan, Corbeil.

BLACKLOCK, èpse de Tanswell.

BLAIN, èpse de Gervais.

BLAINVILLAIN, epse de Charbonnier.

BLAINVILLAIN, èpse de St. Laurent.

BLAIS, èpse de Chretien.

BLAIS, èpse de Fournier

BLAIS, èpse de Guillemet.

BLAIS, èpse de Malvenne.

BLAIS, èpse de Roy.

BLAISE, epse d'Harnois.

BLANCHARD, èpse de Bernard.

BLANCHARD, èpse de Bourg.

BLANCHARD, èpse de Brunet.

BLANCHARD, èpse de Burel.

BLANCHARD, èpse de Chamberlan.

BLANCHARD, èpse de Comeau.

BLANCHARD, èpse de Derome.

BLANCHARD, èpse de DuCarreau.

BLANCHARD, epse d'Emond.

BLANCHARD, epse de Giroir.

BLANCHARD, Marie, èp. Labbe, Nicolas.

BLANCHARD, Anne, epse Laur, Joseph

BLANCHARD, èpse de Lucas

BLANCHARD, èpse de Ranger.

BLANCHARD, èpse de Thibaudeau.

BLANCHET, epse de Beaumont.

BLANCHET, epse de Boyer.

BLANCHET, èpse de Duval.

BLANCHET, epse de Gaudreau.

BLANCHET, èpse d'Harbour.

BLANCHET, èpse d'Isabel.

BLANCHET, epse de Pepin.

BLANCHET, èpse de Quemeneur.

BLANÇON, èpse de Bellefontaine.

BLANQUET, epse de Leclerc.

BLANVERT, èpse de Noël.

BLAY, epse de Gelinas.

BLAY, èpse de Lorion.

BLAY, èpse de Roche.

BLEAU, èpse de Contant.

BLED, epse de Roche, Guillot.

BLÉE, èpse de Poitevin.

BLIN, èpse de Cabanis.

BLOIS, èpse de Boivin.

BLONDEAU, èpse d'Abraham.

BLONDEAU, èpse d'Adhemar.

BLONDEAU, Marie-Anne, epse d'Alaire.

BLONDEAU, èpse de Chrétien.

BLONDEAU, èpse de Desmarets.

BLONDEAU, epse de Frechette.

BLONDEAU, Catherine, epse de Lamotte, Jos.-Mie.

BLONDIN, epse de Dubois.

BLONDIN, èpse de Riquet.

BLOUF, èpse de Gosselin.

BLOUF, èpse de Pelletier.

BLOUF, èpse de Ruel.

BLOUIN, èpse de Bidet.

BLOUIN, epse de Gagnon.

BLOUIN, epse de Perrot.

BLOZE, èpse de Poitevin.

BLUTEAU, èpse de Lacroix.

BOBUS, epse de DuCoudray.

BOCHARD, èpse de Gagnon.

BOCQUET, èpse de DeLanouillier.

BODIN, epse de Mouflet.

BODIN, èpse de Pinsonneau.

BOESMÉ, epse de Genest.

BOETTE, èpse de Guérard, Groinier.

BOETTE, èpse de Moye.

BOILARD, èpse de Celles-Duclos.

BOILARD, epse de Destin.

BOILARD, èpse de Desting, Coderre.

BOILARD, epse de Guay.

BOILARD, epse de Sansterre.

BOILEAU, èpse de Gautier.

BOILEAU, èpse de Perrot.

BOILEAU, èpse de Sachet.

BOILEAU, èpse de Serreau.

BOILEAU, epse de Triolet.

BOILEAU, Marie-Mgte, epse de Jolin, Jean.

BOIS, èpse de Campeau.

BOIS, èpse de Tougard.

BOISDON, èpse de Pothier.

BOISDORÉ, èpse de Daniac.

BOISMENÉ, epse de Ferrand.

BOISSEAU, èpse de Blau.

BOISSEAU, èpse de Cleroux.

BOISSEAU, èpse de Dufresne.

BOISSEAU, èpse de Viger.

BOISSEL, èpse de Bareau.

BOISSEL, èpse de Bélair.

BOISSEL, epse de Chenet.

BOISSEL, èpse de Parant.

BOISSONNEAU, èpse de Baudoin.

BOISSONNEAU, èpse de Boulanger.

BOISSONNEAU, èpse de Plante.

BOISVERD, èpse de Bonne.

BOISVERD, èpse de Bornival.

BOISVERD, èpse de Bournival.

BOISVERD, èpse de Cambrai.

BOISVERD, èpse de Cournival.

BOISVERD, èpse de Crochon.

BOISVERD, Therèse, èp. Jodoin, Jean-Bte.

BOISVERD, Marie-Lse, epse de Labonne, Claude.

BOIVIN, Françoise, èp. Lamoureux, Louis.

BOLPER, epse de Marceau.

BOLPER, èpse de Roger, Quiniart.

BONAMIE, epse de Belleau.

BONDY, epse de Bernard.

BONENFANT, èpse de Massicot.

BONENFANT, épse de Têtu.

BONHOMME, épse de Dion.

BONHOMME, épse de Dodier.

BONIER, épse d'Hubert.

BONIN, épse de Chalut.

BONIN, épse de Goulet.

BONIN, épse de Guignard.

BONIN, Marie-Louise, épse Joly, Joseph.

BONIN, épse de Quatresous.

BONIN, épse de Routier.

BONNE, épouse de Bertault.

BONNEAU, épse de Desmoulins.

BONNEAU, épse de Villeneuve.

BONNECHÈRE, épse de Brien.

BONNEFOY, épse d'Achon.

BONNE-GUERRIÈRE, épse Fauques.

BONNE-GUERRIÈRE, épse Marchand.

BONNET, epse de Gaillard.

BONNET, épse de Loryot.

BONNEVIE, Marie-Chtte, ép. Laur, Jacques.

BONNEVILLE, épse de Corbeil.

BONNIER, épse de Bernier.

BONNIER, épse de Custos.

BONNIOT, èpse de Verret.

BONVILLE, épse d'Inard.

BORDE, epse de Charland.

BORDEAUX, epse de Maréchal.

BORDELEAU, épse de Coté.

BORNAIS, épse de Doucet.

BORNI, épse de Durand.

BOSCHÉ, épse de Couture.

BOSSÉ, épse de Bourdon.

Bossé, épse de Quevillon.

BOTFAITE, épse d'Hubou.

BOTFAITE, épse de Longchamps.

BOTINO, épse de Sylvestre.

BOTTIER, épse d'Urse.

BOUARD, épse d'Antrade.

BOUART, épse de Boismené.

BOUART, épse de Dessureaux.

BOUASSE, épse d'Embandaour.

BOUBILLAU, épse de Dusay.

BOUC, épse de Prevost.

BOUCANNE, Mie-Madne, épse de Latour, Ls.

BOUCAULT, épse de Colombe.

BOUCAULT, épse de Dextra.

BOUCAULT, épse de Frémont.

BOUCHARD, epse de Foisy.

BOUCHARD, épse de Gautier.

BOUCHARD, épse de Genest.

BOUCHARD, épse de Gosselin.

BOUCHARD, épse de Guillory.

BOUCHARD, épse de Morin.

BOUCHARD, épse de Ouellet.

BOUCHARD, épse de Paré.

BOUCHARD, épse de Picard.

BOUCHARD, épse de Roy.

BOUCHÉ, épse de Pinguet.

BOUCHÉ, épse de Tinon.

BOUCHER, épse d'Autin.

BOUCHER, épse de Beaulieu.

BOUCHER, épse de Bériau.

BOUCHER, épse de Bernier.

BOUCHER, épse de Blanchard.

BOUCHER, épse de Bolduc.

BOUCHER, épse de Boucher.

BOUCHER, Josette, épse Boucher.

BOUCHER, épse de Bourguignon.

BOUCHER, épse de Caron.

BOUCHER, epse de Charon.

BOUCHER, epse de Cote.

BOUCHER, epse de Damours.

BOUCHER, épse de Darris.

BOUCHER, épse de Dubois.

BOUCHER, epse de Filteau.

BOUCHER-BELLEVILLE, epse de Forton.

BOUCHER, epse de Généreux.

BOUCHER, épse de Gilbert.

BOUCHER, épse de Giraud.

BOUCHER, epse de Gladu.

BOUCHER, épse d'Hayot.

BOUCHER, Madeleine, epse de Johnson, Jean.

BOUCHER, épse de Lebel.

BOUCHER, épse de Lepicier.

BOUCHER, épse de Mercier.

BOUCHER, épse de Mignier.

BOUCHER, épse de Morisset.

BOUCHER, épse de Nepveu.

BOUCHER, épse de Nevou.

BOUCHER, épse de Plante.

BOUCHER, épse de Ponttrian.

BOUCHER, épse de Poulin.

BOUCHER, epse de Richard.

BOUCHER, épse de Riou.

BOUCHER, épse de Rivière.

BOUCHER, épse de Rondeau.

BOUCHER DE BOUCHERVILLE, épse de St. Luc.

BOUCHER, épse de Terrien.

BOUCHER, épse de Vivier.

BOUCHEROT, épse de Bertrand.

BOUCHET, épse de Blanchet.

BOUCHET, épse de Donaldson.

BOUCHET, epse de Dontaille.

BOUCHET, épse de Dontaille, Morillonnet.

BOUCHET, épse de Ferré.

BOUCHET, épse de Regereau.

BOUDEAU, épse de Bourbon.

BOUDEAU, épse de Gagnon.

BOUDEAU, épse de Ménard.

BOUDEAU, épse de Monbrun.

BOUDET, épse de Besquet.

BOUDET, épse de Normand.

BOUDREAU, Marguerite, épse d'Antoine, Joanne.

BOUDREAU, épse de Doiron.

BOUDREAU, épse de Girouard.

BOUDREAU, épse de Roussin.

BOUDROT, épse de Fournier.

BOUDROT, épse de Gaudreau.

BOUDROT, épse de Trahan.

BOUDROT, Marie, épse Trahan.

BOUDROT, épse de Pitre.

BOUER, épse de Buet.

BOUET, épse de Roy.

BOUFFARD, Marie-Elis., epse de Labrecque, Ant.

BOUGIS, épse de Crépeau.

BOUGON, épse de LeMagnan.

BOUGRET, épse de Brodeur.

BOUILLON, épse de Lévesque.

BOUILLON, épse de Téchenay.

BOUIN, epse de Gagnon.

BOULARD, épse de Baudry.

BOULÉ, épse de Chartier.

BOULÉ, épse de Guyon.

BOULET, épse de Bernier.

BOULET, épse de Blais.

BOULET, épse de Fournier.

BOULET, Marie-Joseph, épse de Langlois, Jean-Cl.

BOULET, épse de Leblanc.

BOULET, epse de Marois.

BOULET, épse de Morin.

BOULLARD, épse de Bourgery.

BOULLARD, épse de Corbeil.

BOULLARD, epse de Hogue.

BOULLÉ, épse de Champlain.

BOULRIVE, épse de Potche.

BOURAN, Anne, épse de Lapierre, Pierre.

BOURASSA, épse de Deslauriers.

BOURASSA, épse de Lefrançois, Fenasse.

BOURASSA, épse de Marion.

BOURASSA, épse de Paré.

BOURBEAU, épse de Gélinas.

BOURBEAU, épse de Jacques.

BOURBEAU, épse de Leblanc.

BOURBEAU, épse de Quentin.

BOURBON, épse de Boivin.

BOURBONNAIS, Mie-Jos., ép. Lalonde, Pierre.

BOURBONNIÈRE, épse de Pigeon.

BOURC, épse de Bergeron.

BOURC, epse de Blanchard.

BOURDAGES, épse de Dubord, Chennequi.

BOURDEAU, épse de Duquet.

BOURDEAU, epse de Forest.

BOURDET, épse de Nepveu.

BOURDETTE, épse de Moreau.

BOURDEZEAU, épse d'Artus.

BOURDON, épse de Blondin.

BOURDON, epse de Charets.

BOURDON, epse de Desmarets.

BOURDON, épse de Gloria, Toupin.

BOURDON, épse de Robillard.

BOURDON, épse de Roy.

BOURDON, épse de Vesinat.

BOURÉ, Marie, épse de Lamontagne, J.-B.

BOURÉ, épse de Magnan.

BOURÉ, épse de Prévost.

BOURG, épse d'Alain.

BOURG, épse de Bergeron.

BOURG, épse de Coutancineau.

BOURG, épse de Gagnon.

BOURG, épse d'Hebert.

BOURG, épse de Melançon.

BOURG, épse de Melançon, Gaudreau.

BOURG, Françoise. épse de Melançon.

BOURG, Marguerite, épse de Melançon.

BOURG, épse de Mignau.

BOURG, épse de Prince.

BOURG, épse de Thibaudeau.

BOURGAUD, épse de Ledoux.

BOURGEAU, épse de Chartier.

BOURGELA, épse de Mignier.

BOURGEOIS, épse de Binet.

BOURGEOIS, épse de Cotard.

BOURGEOIS, épse de Coudray.

BOURGEOIS, épse de Coudret.

BOURGEOIS, épse de Crepeau.

BOURGEOIS, épse de Dupuis.

BOURGEOIS, épse de Poirier.

BOURGEOIS, épse de Prince.

BOURGEOIS, épse de Richard.

BOURGEOIS, épse de Robichaud.

BOURGEOIS, épse de Vignau.

BOURGET, épse de Courtois.

BOURGOIN, epse de D'Anès.

BOURGOIN, épse de Beauchamp.

BOURGOIN, épse de Bonneau.

BOURGOIN, épse de Botquin.

BOURGOIN, épse de Godbout.

BOURGOIN, épse de Mathieu.

BOURGUIGNON, épse de Courville.

BOURON, épse de Morin.

BOUROT, épse de Baraguet.

BOUROTE, épse de Boucher.

BOURQUE, épse de Bergeron.

BOURQUE, épse de Poupart.

BOURSIER, épse de Chartier.

BOUSQUET, épse de Goulet.

BOUSQUET, épse de Phanef.

BOUSQUET, épse de Rivet.

BOUSSEL, épse de Burel.

BOUSSIN, épse de Bodin.

BOUTET, épse de Bisson.

BOUTET, épse de Philippaux.

BOUTET, Marie-Jeanne, épse de Jusgrain, Pierre.

BOUTIER, épse de L'Escuyer.

BOUTILLET, Mie-Anne, ép. Corbeil, Andre, Lauzon, Jacques,

BOUTILLET, épse de Gariépy.

BOUTIN, épse de Bonet.

BOUTIN, épse de Lebel.

BOUTIN, épse de Pepin.

BOUVET, épse de Godbout.

BOUVIER, épse de Custaud.

BOUVIER, épse de Dauphiné.

Bouvier, épse de Jacques.
Bouville, épse d'Inard.
Bovaut, épse de Lafond.
Bower, épse de DeSabrevois.
Boyer, épse de Bellet.
Boyer, épse de Bois.
Boyer, épse de Campeau.
Boyer, épse de Cartier.
Boyer, épse de Coderre.
Boyer, Marguerite, épse de Coderre.
Boyer, épse de Gautier.
Boyer, épse de Monty.
Boyer, épse de Pineau.
Boyle, épse de Tanguay.
Braconnier, épse de Thuillier, Edeline.
Brader, épse de Caron.
Brais, épse de Vincent.
Branchau, épse de Meunier.
Branchau, épse de Ouellet.
Branchaud, épse d'Ethier.
Branconnier, épse de Piette.
Branconnier, épse de Rivière.
Brand, épse de Frodes.
Brand, épse de Marchand.
Brandon, épse de Dagenais.
Brasau, Jeanne-Daniel, ep. Lajeunesse, N.
Brassard, épse de De la Rue.
Brasseau, épse d'Alaire.
Brasseur, épse de Lejeune.
Brasseux, épse d'Henry.
Brau, épse de Darois.
Brau, épse de Dumouchel.
Brau, épse de Duprat.
Brau, Anne, épse de Landry, Pierre.
Brau, épse de Thibaudeau.
Brault, épse de Aucoin.
Brault, épse de Brazeau.
Brauner, épse de McNabb.
Braut, Geneviève, épse de Landorneau, Jean.
Bray, épse de Desautels.
Brazeau, épse de Cadieu.
Brazeau, épse de Francœur.
Brazeau, Geneviève, ép. Labelle, Pierre.
Brazeau, épse de Papin.
Brazeau, épse de Sanguinet.
Bréard, épse de Lucas.
Breau, Eléonore, ep. Stapleton, Pat.
Brelancour, epse de Morisseau.
Bremaillé, épse de Doublet.
Brenoteville, epse de Jeanbau.
Bresac, épse de Piton.
Bresac, épse de Toulouse.
Breteau, Marie, épse Kaine, Jean.
Breton, épse de Béland.
Breton, epse de Cadoret.
Breton, Madeleine, ép. Laisne, Frs.
Breton, épse de Patenotre.
Bretonneau, épse de Hautbois.
Breval, épse de Louineaux.
Briand, épse de Houde.
Briand, Marie-Anne, épse de Larocquebrune, A.
Briand, épse de Normandin.
Briant, épse de Girard.
Briau, épse de *Joffrion*.
Bricaut, epse de Chartier.
Bricaut, épse de Desroches.
Bricaut, épse de Galipeau.
Bricot, epse de Baudoin.
Brien, épse de Lefebvre.
Brien, epse de Lefort.
Brien, épse de Lendier.
Brien, épse de Ménard.
Brière, épse de Guay.
Brière, épse de LeGuay.
Brière, epse de Lussier.
Brière, epse de Sédilot.
Brillemont, épse de Sylvestre.
Brindamour, epse d'Hubert.
Brisard, epse de Lebrun
Brisebois, Charlotte, epse de Lavallée, Joseph.
Brisebois, épse de Vinet.
Brissau-Lafleur, épse Meunier.
Brisset, épse de Casaubon, Caillia.
Brisset, épse de Chapdelaine.
Brisset, epse de Fafard.
Brisset, Marie-Joseph, épse de Langlois, Joseph.
Brisset-Beaupré, épse Lebeau.
Brisset, épse de Nepveu.
Brisson, épse de Couin.
Brisson, épse de Dubois.
Brisson, epse de Ferré.
Brisson, épse de Labourse.
Brisson, épse de Lévesque.
Brisson, épse de Paris.
Brisval, epse de Champagne.
Bro, epse de Cugnet.
Bro, epse de Godet.
Bro, épse de Ratel.
Brochu, épse de Charpentier.
Brochu, épse de Chevalier.
Brodeur, épse de Mongeau.
Brodeur, épse de Sauviot.
Brossard, epse de Dugas.
Brosseau, épse de Tessier.
Brosseau, épse de Trotier.
Brouillard, épse de Buscaille.
Brouillé, epse de Poitras.
Brouillet, épse de Cosset.
Brouillet, épse de DeTrepagny.
Brouillet, épse d'Ethier.
Brouillet, épse de Gervais.
Brouillet, Marie, épse de Labombarde, Phil.
Brouillon, épse de Thompson.
Broussard, épse de Lemarié.
Brousseau, epse de Bravier.

C

Cameron, Marie-Lse. ép. Keble, Théod.

Campagna, Marie-Jos., ép. Larivière, Frs.

Campagnat, épse de Goureau.

Campbell, épse de Campbell.

Campeau, épse de Campeau.

Campeau, épse de Godet.

Campeau, épse de St. Bernard.

Campeau, épse de Tiriot.

Campeau, épse de Vermet.

Campion, épse de Dubé.

Camus, épse de Charon.

Canard, épse de Thuillier.

Cantau, épse de Doucinet.

Cantara, épse de Colin.

Cantara, épse de Frapier.

Cantara, épse de Vien.

Cantin, épse de Bauver.

Cantin, épse de Boisverd.

Cantin, épse de Gariepy.

Cantin, epse de Gingras.

Cantin, épse d'Huot.

Cantin, épse de Marois.

Cantin, épouse d'Ouvrard.

Cantin, épse de Pollet.

Cantureau, épse de Bigras.

Caouette, épse de Brown.

Capei8sueс8e, épse de Gautier.

Capel, épse de Lucas.

Capel, epse de Marchand.

Caplan, épse d'Hyard.

Caplante, Louise, épse Lalande, Clde-Ls.

Carbonneau, épse de Bilodeau.

Carbonnet, épse de Sedilot.

Carcireux, épse d'Andrieu.

Cardan, epse de Renaud.

Cardeneau, épse de Charpentier.

Cardillon, épse de Desjardins.

Cardinal, épse de Blondin.

Cardinal, épse de Crête.

Cardinal, épse de Darragon.

Cardinal, épse de Deslauriers.

Cardinal, épse de Ducas.

Cardinal, epse de Duval.

Cardinal, épse de Legaud.

Cardinal, épse de Maréchal.

Cardinal, epse de Marquet.

Cardinal, épse de Massy.

Cardinal, épse de St. Pierre.

Cardinal, Angélique, épse de St. Pierre.

Cardinal, épse de Triolet.

Cardinal, Marie, épse Triolet.

Carié, épse de Basset.

Caris, épse de Calmet.

Caron, épse de Bernier.

Caron, épse de Boissel.

Caron, épse de Caron.

Caron, épse de Caron, Buteau.

Caron, Elisabeth, épse Caron.

Caron, Margte, épse de Caron.

Caron, Marthe, épse de Caron.

Caron, épse de Couillard.

Caron, épse de Degre.

Caron, épse de Desrochers.

Caron, épse de Duval.

Caron, épse de Gagné.

Caron, épse de Gravel.

Caron, épse de Guérigue.

Caron, Madeleine, épse Labbé, Pierre.

Caron, épse de Labranche, Veau.

Caron, Marie-Louise, epse de Labranche, Pierre.

Caron, Marie-Joseph, épse de Landry, Joseph.

Caron, épse de Lévesque.

Caron, épse de Moreau.

Caron, épse de Morin.

Caron, épse de Morin, Bois.

Caron, épse de Ouellet.

Caron, epse de Pannetier.

Caron, épse de Poulin.

Caron, épse de Roteau.

Caron, epse de Rottot, Cloutier.

Caron, épse de Tabaut.

Carpentier, épse de Bourgeois.

Carpentier, épse de Chenay.

Carpentier, épse de Dubord.

Carpentier, Marie-Jos., épse de Dubord.

Carpentier, épse de Dussaut.

Carpentier, épse de LePelé.

Carpentier, épse de Lorrain.

Carpentier, épse de Moreau.

Carpentier, épse de Paquin.

Carpentier, épse de Rouleau.

Carrier, épse de Lemieux.

Carrière, épse de Bonne.

Carrière, épse de Prévost.

Cartier, épse de Fezeret.

Cartier, épse de Lelièvre.

Carter, épse de Mondelet.

Cartier, épse de Blaise.

Cartier, épse de Bourbon.

Cartier, épse de Cadieu.

Cartier, épse de Dazé.

Cartier, épse de Fezerat.

Cartier, épse de Gaulin.

Cartier, épse de Giguère.

Cartier, Marie-Anne, épse de Joannis.

Cartier, épse de Malo.

Cartier, épse de Paillereau.

Cartignier, épse de Caillé.

Cartignier, épse de Cailler, Tessier.

Cartignier, épse de Vanier.

Cartois, épse d'Autebout.

Cartois, épse de Patry.

Carvernock, épse de Duggan.

Casaubon, épse de Brisset.

Casaubon, épse de Grandpre.

CASAUBON, épse de Pagé.
CASAVAN, épse de Chaput.
CASAVAN, épse de Choquet.
CASAVAN, épse de Girard.
CASGRAIN, épse de Panet.
CASSE, épse de Chaussé.
CASSE, épse de Fontaine.
CASSE-ST. AUBIN, épse Robert.
CASTILLE, épse de Nerne.
CASTONGUAY, épse de Charlebois.
CASTONGUAY, épse de Derogé.
CASTONGUAY, épse de Perche.
CATALOGNE, épse de Coté.
CATELIN, épse de Casse.
CATLIN, épse de French.
CATORS, épse de Coutelet.
CAUCHET, épse de Bercier.
CAUCHON, épse de Dion.
CAUCHON, épse de Gagnon.
CAUCHON, épse d'Hebert.
CAUCHON, Geneviève, épse de Jourdain, Daniel.
CAUTRET, épse de Blais.
CAVELIER, épse de Fezeret.
CAYER, epse de Cardinal.
CEDERET, epse de Picard.
CELLES, épse de Noel.
CÉRAT, epse de Verret, Paquet.
CERELLE, épse de Dufaye.
CERISIER, épse de Duclos.
CERISIER, épse de Rhodes.
CERRÉ, épse de Papin.
CERTAIN, épse de Cornillier.
CÉSAR, épse de Cordier.
CÉSIRF, épse de Parant.
CHABERT LA CHARRIÈRE, ép. Dumesnil.
CHABERT, épse de Rivard.
CHABLINE, epse de Cloutier.
CHABOILLÉ, épse de Parant.
CHABOT, epse de Filion.
CHABOT, épse de Guyon.
CHABOT, épse de Martin.
CHAFOUET, épse de Vaudry.
CHAGNON, epse de Bouron.
CHAGNON, épse d'Hunault.
CHAGNON, épse de Leduc.
CHAGNON, épse de Longpre.
CHAGNON, épse de Parson.
CHAILLÉ, épse de Coutancineau.
CHAILLÉ, épse de Gruzelin.
CHAILLÉ, Mie-Elis., ép. Laperche, L. H.
CHAILLÉ, Marie, épse Laureau, Joseph.
CHAILLÉ, épse de Leroux.
CHAILLÉ, épse de Levasseur.
CHAILLÉ, épse de Milot.
CHAILLÉ, épse de Poupart.
CHAILLON, épse d'Hébert.
CHAILLON, épse de Truteau.
CHAISE, épse de Moitier.
CHAISON, épse D'Ardeyne.
CHALIFOUR, épse d'Alain.
CHALIFOUR, épse de Lemire.
CHALIFOUR, épse de L'Eveille.
CHALIFOUR, épse de Ouellet.
CHALIFOUR, épse de Pampalon.
CHALIFOUR, épse de Platt.
CHALIFOUR, épse de Prevost.
CHALIFOUR, epse de Provost, Gouin.
CHALIFOUR, épse de Roy.
CHALIFOUR, épse de Semeur.
CHALIFOUR, épse de Thorn.
CHALOCHEIRE, épse de Schappert.
CHALON, épse de Chevalier.
CHALU, Marie-Amable, ép. Latouche, J.-B.
CHALY, épse de Gruzelin, Payan.
CHAMAILLARD, Genev., ep. Lalonde, Frs.
CHAMARD, épse de Gautier.
CHAMBELLAN, Elisabeth, ep. Langlois, Jos.
CHAMBERLAN, epse de Caron.
CHAMBERLAN, épse de Lebon.
CHAMBERLAN, épse de Omaitre.
CHAMBERLAN, epse de St. Pierre.
CHAMBERLAN, épse de Vallee, Cote.
CHAMBLY, épse de Baugis.
CHAMBLY, épse de Calve.
CHAMBOY, épse de Frigon.
CHAMBOY, epse de Poisson.
CHAMFRIN, épse de Garand.
CHAMPAGNE, épse de Desrosiers.
CHAMPAGNE, épse de Doucet.
CHAMPAGNE, épse d'Hayot.
CHAMPAGNE, épse de Loisel.
CHAMPAGNE, épse de Piette.
CHAMPAU, épse de Perrot.
CHAMPAU, épse de Caron.
CHAMPOU, Marie-Angél., épse de Laporte, Antoine.
CHANCELLIER, épse de Panneton.
CHANDOISEAU, épse de Benoit.
CHANDONNÉ, épse de Maillot.
CHANSY, épse de Prézeau.
CHANTAL, épse de Cotin.
CHAPARD, Barbe, épse Jordan, François.
CHAPDELAINE, épse d'Alard.
CHAPDELAINE, épse de Chartran.
CHAPDELAINE, épse de Forcier.
CHAPDELAINE, épse de Mellis.
CHAPEAU, épse de Duchesneau.
CHAPEAU, épse d'Hubert.
CHAPEAU, épse de LaViolette.
CHAPELAIN, épse d'Anthoine.
CHAPELIER, épse de Drouin.
CHAPELIER, epse de Petit, Drouin.
CHAPELLE, épse de Desnoyers.
CHAPENDRE, épse de Favre.
CHAPERON, épse de Pitalier.
CHAPLEAU, épse de Gariepy.
CHAPLEAU, epse de Martel.

Chapou, Michelle, épse Langlois, Pierre.
Chapoux, épse de Soumande.
Chaput, épse d'Hunault.
Charbonneau, épse de Chaubert.
Charbonneau, épse de Chevaudier.
Charbonneau, épse de Cusson.
Charbonneau, épse de Dubois.
Charbonneau, épse de Duquet.
Charbonneau, Elis., épse de Duquet.
Charbonneau, épse de Duquet, Joseph.
Charbonneau, épse d'Ethier.
Charbonneau, épse de Filiatreau.
Charbonneau, épse d'Hubou.
Charbonneau, Mie-Jos, épse de Kirard, Maurice.
Charbonneau, Mie-R., ép. Labelle, J.-Bte.
Charbonneau, Judith, épse de Lamoureux, Frs.
Charbonneau, Angél., ép. Laporte, Pierre.
Charbonneau, Marie, ép. Latouche. Luc.
Charbonneau, Frse, ép. Lauzon, Frs.
Charbonneau, épse de Leclerc.
Charbonneau, épse de Petit.
Charbonneau, épse de Roy.
Charbonneau, épse de Terrien.
Charbonnier, épse de Lenoir.
Chardin, épse de Drossy.
Chardon, épse de LeBasque.
Chardon, épse de Leroux.
Charest, épse de Filteau.
Charest, épse d'Hamelin.
Charier, épse de Barrette.
Charier, epse de Renaud.
Charier, épse de Sédilot.
Charlan, épse de Gide.
Charland, épse de Filliau.
Charland, epse de Paris.
Charland, épse de Plante.
Charlebois, épse de 'Borgne.
Charlebois, épse de Pilon.
Charlebois, épse de Prou.
Charlebois, epse de St. Denis, Charles, St. Denis, Pierre.
Charles, épse de Caille.
Charles, épse de Cazelet.
Charles-Lajeunesse, épse de Gipoulon.
Charles, épse de Jette.
Charles, Marguerite, épse Jolicœur, Ls.
Charles, Marie, épse Lajeunesse, J.-Bte.
Charlery, épse d'Alard, Pepie.
Charlery, épse de Normandeau.
Charlot, epse de Gareman.
Charlot, epse de Loisel.
Charlotte, épse de Bertel.
Charlotte, épse de Giroux.
Charon, épse de Bourlais.
Charon, epse de Bulté.
Charon-Laferrière, épse de Chabot, Alexandre.
Charon, epse de Courier.
Charon, épse de Coursol.
Charon, épse de Duhamel.
Charon, Madeleine, ép. Lafrance, Joseph.
Charon, épse de Leblond.
Charon, épse de Ledoux.
Charon, épse de Marion.
Charon-Ducharme, ép. Merçan.
Charon, épse de Mignau.
Charon-Ducharme, epse de Ouatte.
Charon, épse de Petiot.
Charon, épse de Plouf.
Charpentier, épse de Béique.
Charpentier, épse de Catudas.
Charpentier, épse de Charles.
Charpentier, épse de Colin.
Charpentier, épse de David.
Charpentier, épse de Domingo.
Charpentier, épse de Douillet.
Charpentier, épse de Gaudin.
Charpentier, épse de Gendron.
Charpentier, épse de Guyon.
Charpentier, Cath., ép. Lajeunesse, F.
Charpentier, Mie-Jos, ép. Laliberté, Jos.
Charpentier, épse de Lucas.
Charpentier, épse de Meusnier.
Charpentier, épse de Meusnier-Laramee Faril.
Charpentier, épse de Mingot.
Charpentier, épse de Phanef.
Charpentier, epse de Pineau.
Charpentier, Genev., epse de Pineau.
Charpentier, épse de Prinseau, Domingo.
Charreton, épse de Robin.
Charron, épse de Bulte.
Chartier, épse d'Alary.
Chartier, épse d'Arcand.
Chartier, épse d'Aubrenan.
Chartier, epse de Baudoin.
Chartier, épse de Bazinet.
Chartier, Marie-Jos., ép. de Bazinet.
Chartier, épse de Bazinet, Gautier.
Chartier, épse de Begnier.
Chartier, épse de Castel, Petit.
Chartier, épse de Corriveau.
Chartier, épse de Daunet.
Chartier, épse de Fonteneau.
Chartier, épse d'Imbert.
Chartier, Jeanne, ép. Lavergne, Frs.
Chartier, épse de Marois.
Chartier, épse de Ouilem.
Chartier, épse de Rousset.
Chartier, épse de Toupin.
Chartier, épse de Toupin, Disy.
Chartrain, Marie, ép. Lamontagne, Ls.
Charton-Chartran, epse de Robin.
Chartran, épse de Corbeil.
Chartran, Elisabeth, ep. Lacombe, Jacq.
Chartran, épse de Taillefer.
Chartré, épse de Berthiaume.

Charly, épse de Charpentier.
Chasle, épse d'Hevé.
Chaspoux, épse de Bochart.
Chassériau, épse de Bréard.
Chasteigny, épse de Lefebvre.
Chastel, épse de Bigot.
Chatard, épse de Dussaut.
Chateauneuf, épse de Cloutier.
Chateauveil, épse de Lefebvre.
Chatel, épse de LeSiége.
Chatel, épse de LeSiége, Livernois.
Chatel, épse de Lusignan.
Chatel, épse de Roux.
Chatigny, épse de Tabaut.
Chatillon, épse de Balan.
Chaulet, épse de Chaperon.
Chaumard, epse de Bonhomme.
Chaunière-Sabourin, épse de Quentin.
Chaussé, épse de Chaussé.
Chaussé, épse de DeSalle.
Chaussé, épse de Perrot.
Chaussé, épse de Robillard
Chaussé, épse de Sansregret.
Chaussée, Thérèse, ép. Laliberté, Ant.
Chaussée, Marguerite, épse de Lamoureux, J.-B.
Chausy, épse de Prezot.
Chauveau, épse de Borgia.
Chauveau, épse de Godet.
Chauvet, épse de Faye.
Chauvin, épse de Baudoin.
Chauvin, épse de Brault.
Chauvin, épse de Lebeau.
Chauvin, épse de Pitre.
Chavaudray, Frse, ép. Lauzon, Augustin.
Chavigny, epse de Pelletier.
Chavigny, épse de Rivard.
Chavigny, épse de Villers.
Chaviteau, épse de Mignau.
Chaynet, épse de Mondin.
Chebaudier, épse de Delage.
Chedan, épse de Gervais.
Chedville, épse de Dumets.
Chefville, épse de Dumay.
Chemereau, épse de Piette.
Chenarterin, épse de Noël.
Chenau, épse de Marguery.
Chénier, epse de Morel.
Chénier, épse de Morrison.
Chénier, epse de Pilet.
Cherfaux, épse de Grandric.
Cherrier, epse de Ménard.
Chery, épse de Pinel.
Chesnay, épse d'Hiardin.
Chesne, epse de Forville.
Chesne, épse de Lyon.
Chesne, épse de Parant.
Chesnier, épse de Gervaise.
Chesson, epse de Chapelain.
Chevalier, epse de Belair.
Chevalier, épse de Brisset.
Chevalier, épse de Chaboille.
Chevalier, épse de Charpentier.
Chevalier, épse de Foubert.
Chevalier, épse de Greffard.
Chevalier, épse d'Habert.
Chevalier, Mie-Anne, ép. Lavallee, J.-Frs.
Chevalier, épse de Lecauleur.
Chevalier, épse de Lévesque.
Chevalier, épse de Maranda.
Chevalier, epse de Martin.
Chevalier, épse de Nepveu.
Chevalier, épse d'Ossant.
Chevalier, épse de Pineau.
Chevalier, epse de Poutré.
Chevalier, épse de Renaud.
Chevallereau, épse de Deschalets.
Chevigny, épse de Paquet.
Chevreau, epse de Reaume.
Chèvrefils, épse de Chapdeleine.
Chèvrefils, épse de Crevier.
Chevrotier, epse de Lymbe.
Chiasson, épse de Boissel.
Chiasson, épse d'Hébert.
Chiasson, epse de Morin.
Chiasson, épse de Pineau.
Chiasson, épse de Simard.
Chicoine, épse de Baudry.
Chicoine, épse de Bouvier.
Chicoine, épse de Charon.
Chinic, épse de Cartier.
Cholet, épse de Roy.
Choquet, épse de Mongeau.
Choquet, épse de Petit.
Chorau, épse d'Imbaut.
Chorau, épse de Raimbaut.
Choret, épse de Biron.
Choret, épse de Couture.
Choret, épse de Fortier.
Choret, épse de Grenier.
Choret, épse d'Hélie.
Choret, épse de Jacques.
Choret, épse de Lessard.
Choret, épse de Mercier.
Choret, épse de Ricosse, Boutin.
Choret, épse de Rivard.
Choret, épse de Rivière.
Choret, épse de Villin.
Chorette, épse de Pelletier.
Chouinard, épse de Cahouet.
Chouinard, épse de Caron.
Chouinard, épse de Colin.
Chouinard, épse de Gamache.
Chouinard, epse de Prou.
Chouinard, épse de Roy.
Chouinard, épse de Tondreau.
Ch8ping8a, epse de Baillargeon.
Choysy de Sennecy, ép. Pinel.
Chrétien, épse de Perrot.

Chrétien, épse de
St. Louis.

Chrétienne, épse de
Boucher.

Christiansen, épse de
Dupuy.

Cirier, épse de
Fradet.

Cirette, épse de
Belleperche.

Clair, Marie, épse de
Joly, Pierre.

Clairzon, épse de
Lupien.

Clarke, épse de
Dorion.

Clarke, Délivrance,
épse de
Lamax, Nathaniel.

Claude, Madeleine, ép.
Joly, Joseph.

Claude, épse de
Joly,
Servant.

Claveau, Amable, ép.
Lafrance, J.-Bte.

Clémenceau, épse de
Bréard.

Clémenceau, épse de
Lejeune.

Clément, épse de
Comptois.

Clément, Geneviève,
ép. Lacasse, Pierre.

Clément, Marie, épse
Laperle, J.-Bte.

Clément, Louise, épse
Lauzon, Jacques.

Clément, epse de
Roy.

Clément, épse de
Tinon.

Clément, épse de
Truteau.

Clérambault, épse de
Bouteville.

Clérice, épse de
Lussier.

Clerjaux, épse de
Metivier.

Clermont, épse de
Dapron.

Clermont, épse de
Guillet.

Clestus, épse de
Guyon.

Cliche, épse de
Denis.

Clignancourt, Margte,
épse de
Langrené, N.-Jos.

Cloud, épse de
D'Angers.

Cloutier, épse
d'Aubin.

Cloutier, épse de
Berthelot.

Cloutier, Elisabeth,
épse de Berthelet.

Cloutier, épse de
Blanchet.

Cloutier, épse de
Bonsecours.

Cloutier, epse de
Cloutier.

Cloutier, epse
d'Elbeuf.

Cloutier, épse de
Gagnon.

Cloutier, épse de
Marguerie.

Cloutier, épse de
Richard

Cloutier, épse de
Terrien.

Cluseau, Cécile, épse
Lapierre, Guill.

Cluseau, épse de
Querry.

Cochenouette, épse
Gladu.

Cochon, épse de
Colin.

Cochon, épse de
Gagnon.

Cochon, Marie-Madel.,
épse Laroche, P.

Coderre, épse de
Casaubon.

Coderre, Françoise, ép.
Lacroix, François.

Coderre-Emery, ép. de
Miel.

Coderre, épse de
Pichet.

Coderre, épse de
Plouf.

Coderre, epse de
Rondeau.

Coeffard, epse
d'Ainceri.

Coeffard, épse de
Lemery,

Coeffard, epse de
Lemery,
Coffinier.

Coeffard, épse.
Sauroy.

Cognac, épse de
Chamberlan.

Coignart, épse de
Germain.

Coignat, épse de
Gaudin.

Coignon, epse de
Beaujean.

Cointal, épse de
Cochon.

Coipel, épse de
Fagot.

Coirier, épse de
Guerin.

Coiteux, épse de
Brien.

Coiteux, épse de
Marassé.

Coitou, épse de
Cristin.

Coleman, épse de
Pleistid.

Colet, epse de
Bissonnet.

Colette, épse de
Simon.

Colin, epse de
Boissonneau.

Colin, epse de
Charon.

Colin, épse de
Deguire.

Colin, épse de
Delpee.

Colin, epse de
Gloria.

Colin, Marie, épse de
Laperche, J.-Bte.

Colin, épse de
Morin.

Colin, epse de
Touin,
Gloria.

Collet, épse de
Bacquet.

Collet, épse de
Girard.

Collet, épse de
Lemaitre,
Fremont.

Collet, épse de
Raoul.

Collin, épse de
Guyon.

Collin, épse de
Riel.

Collin, épse de
Thomas.

Collin, épse de
Touin.

Colombe, épse de
DeRigault.

Colombe, épse de
Marande.

Colombière, epse de
Boisseau.

Comeau, épse de
Babineau.

Comeau, épse de
Boudreau.

Comeau, épse de
Bourgeois.

Comeau, épse de
Dagneau.

Comeau, epse de
Damours.

Comeau, épse de
Deslauriers.

Comeau, épse de
Godet.

Comeau, épse de
Greysac.

Comeau, épse de
Laur,
Dupaul.

Comeau, Madne, ép. de
Laur, Jean.

Comeau, Marie, épse de
Landry, Jean-Bte.

Comeau, épse de
Lemire.

Comeau, épse de
Levron.

Comeau, épse de
Melançon.

Comeau, epse de
Michel.

Comeau, épse de
Raymond.

Comeau, épse de
Rousse.

Comeau, épse de
Savoye.

Comeau, épse de
Soulard.

Comeau, épse de
Thibaudeau.

Comeau, Frse, epse de
Thibaudeau.

Comeau, Suzanne, épse
Thibaudeau.

Commartin, épse de
Collin,
Gelinas.

Compagnon, épse de
Jerni.

Comparet, épse
d'Auclair.

Conflans, épse de
Rancin.

Connor, épse de Mourand.
Constantin, épse d'Amiot.
Constant, épse de Bernier.
Constantin, épse de Gaboury.
Contant, épse de Barbeau.
Contant, épse de Bernier.
Content, épse de Rocheron.
Convent, épse de Maheu.
Cook, épse de Provost, Hambleton.
Cophué, épse de Hennerai, Tardif.
Coquelet, épse de Lemaitre.
Coquerет, épse de Bureau.
Coqueret, épse de Dumets, Bureau.
Corbeil, épse de Chartran.
Corbeil, épse de Fontigny.
Corbeil, Therèse, épse Lauzon, Jean-Bte.
Corbeil, épse de Maurice.
Corbeil, épse de Vaillancourt, Ethier.
Corbin, épse de Chevalier.
Corbor, épse de Girardeau.
Cordier, épse de Chantereau.
Cormier, épse de Babin.
Cormier, épse de Barolet.
Cormier, épse de Bourg.
Cormier, épse de Bourque.
Cormier, Cath., épse de Landry, François.
Cormier, Marie, épse Landry, Antoine.
Cormier, épse de Mignau.
Cormier, épse de Richard.
Cormier, épse de Rouillard.
Cormier, épse de Syre.
Cormier, épse de Terriot.
Cormier, épse de Thibaudeau.
Corneau, épse de Daigle.
Corneau, épse de Doucet.
Corneille, epse de Dubourg.
Cornelier, epse de Loiseau.
Cornet, épse de Portneuf.
Cornette, epse de Pilet
Coron, épse de Chadron.
Corpron, épse de Cordonnier.
Corpron, épse de Roy.
Corriveau, épse de Caron, Gautier.
Corriveau, épse de Maheu.
Corriveau, Margte, ép. Maheu, Jean.
Corriveau, épse de Nau.
Corriveau, épse de Perrot.
Cosscold, épse de Ledle.
Cosserais, epse de Léger.
Cosset, épse de Cadot.
Cosset, Marie-Jos., ép. Cadot.
Coté, epse de Belanger.
Coté, épse de Benoit.
Coté, épse de Champagne.
Coté, epse de Constantin.
Coté, épse de Coté.
Coté, épse de Couture.
Coté, épse de Crépeau.
Coté, épse de Daunet.
Coté, épse de Dieu-de-Part.
Coté, épse de Dubé.
Coté, épse de Dubois.
Coté, épse de Folmer.
Coté, épse de Mathieu.
Coté, épse de Meunier.
Coté, epse de Meunier, Baudry.
Coté, épse de Pagé.
Coté, épse de Prévost.
Coté, épse de Robidas
Coté, épse de Rocheron.
Coté, épse de Sanche.
Coté, epse de Simon.
Coteux, epse de Benac.
Cotillon, épse de Charier.
Cotin, épse de Bernard
Cotin, épse de Girard.
Cotin, épse de Mondin.
Cotin, épse de Morin.
Coton, épse de Blin.
Cottin, épse de Brunet.
Cottin, épse de Tinon.
Cottu, epse de Beaugrand.
Cottu, épse de Charpentier.
Cottu, Frse, epse de Lambert.
Couc, épse de Ménard.
Coudet, épouse de Bray.
Couet, epse de Brai.
Couet, épse de Derome.
Couet, épse de Leclerc.
Couillard, épse de Biron.
Couillard, épse de Borel.
Couillard, épse de Caron.
Couillard, épse de Dutertre.
Couillard, épse de Foubert.
Couillard, épse de Gamache.
Couillard, épse de LeBourdais.
Couillard, epse de Morin.
Couillard, épse de Normand.
Coujan, epse de Boulier.
Coujean, épse de Quay.
Coulombe, épse de Blais.
Coulombe, epse de Merande.
Coulon, épse de Bourdeau.
Coulon, épse de Gruard.
Coulon, epse de Lemarie.
Coupy, épse de Clément.
Coupy, epse d'Olivier.
Courchène, épse de Casaubon.
Courier, épse de Courville.
Cournoyer, épse d'Ethier.
Couroua, epse de Tumabo.
Courreau, épse D'Estimauville.
Coursol, épse de Béliveau.
Coursol-Laflotte, épse de Ponsant.
Court, épse de Moreau.
Courteau, épse de Pineau.

Courtemanche, ép. de Chartier.
Courtin, épse de DeBrisay.
Couru, épse de Perrotin.
Courval, épse de Desrochers.
Courval, épse de Merçan.
Courville, épse d'Abraham.
Courville, Marie-Jos., épse de Lacourse, J.-Bte.
Courville, épse de Lefebvre.
Cousin, épse de Gottreau.
Cousin, epse de Maranda.
Cousson, épse de Denis.
Cousson, épse d'Harlay.
Cousteau, Marie, épse Vilde, Pierre.
Coutard, epse d'Alard.
Coutaut, épse de St. Antoine.
Couteau, epse de Caltaut.
Coutu, epse d'Aubuchon.
Coutu, épse de Chapdelaine.
Coutu, epse de Rauqueret.
Couture, épse de Baudet.
Couture, épse de Carrier.
Couture, epse de Coté.
Couture, Marie-Thècle, épse de Jobin, Pierre.
Couture, épse de Marcoux.
Couture, épse de Moreau.
Couture, épse de Nolin.
Couture, épse de Rouillard, Saubrage.
Couture, épse de Vaillancour.

Couturier, épse de Poulin.
Couturier, épse de Roy.
Couvent, épse d'Amyot.
Couvent, épse de Blanchon.
Couvent, épse de Maheu, Blanchon.
Couvret, épse de Château.
Cowan, épse de Fergusson.
Coy, épse de Brac.
Coy, épse de Brunion.
Cramoissan, Mad.-Frse-Cécile, épse de Laisné, Jean-Thos.
Credison, Elisabeth, épse de Johnson, Daniel.
Crépeau, épse de Campeau.
Crépeau, épse de DeLigeras.
Crépeau, épse de Goulet.
Crépeau, épse de Milot.
Crépeau, épse de Noël.
Crepel, épse de Lelat.
Crespeau, epse de Legerard.
Crespin, épse de Fournier.
Crête, épse de Bois.
Crête, épse de Davignon.
Crête, épse de Pelletier.
Crête, épse de Soly.
Cretel, épse de Langlois.
Cretel, Elisabeth, epse Langlois, Nicolas.
Crevet, épse de Caron.
Crevet, Marie, épse de Langlois, Noël.
Crevier, épse d'Avisse.

Crevier, épse d'Avisse, Brunet.
Crevier-Bellerive, ép. Brousseau.
Crimerin, épse de Goreau.
Crisp, épse de Longly.
Croisette, épse de Laquerre.
Croisetière, épse de Sajot.
Crosnier, épse de Destroismaisons.
Crosnier, épse de Magnan (Le).
Crosulette, épse de Delaunay.
Croteau, épse de Boucher.
Croteau, épse de Coté.
Cuillerier, épse de Campeau.
Cuillerier, épse de Godet.
Cuillerier, épse de Leduc.
Cuillerier, épse de Petit.
Cuillier, épse de Cauchois.
Cuillier, épse de Soulard.
Cup, épse de Mackinon.
Curay, epse de Potel.
Curé, épse de Loiseau.
Cusson, épse de Chevalier.
Cusson, épse de Coderre.
Cusson, épse de Cusson.
Cusson, Marie-Madne, ép. Laporte, J.-Bte.
Cusson, épse de Morisseau.
Cusson, épse de Tessier.
Custos, épse de Pepin.
Cuvillon, Jeanne, épse Lafontaine, Frs.
Cyr, epse d'Arseneau.

Cyr, épse d'Arseneau, Bacquet.
Cyr, épse de Bourgeois.
Cyr, épse de Bourgoin.
Cyr, épse de Cormier.
Cyr, épse de Lemay.
Cyr, epse de Rouillard.
Cyr, epse de Ste. Marie.

D

D'Abancour, Marie, ép. Jolliet, Jean.
Dagen, épse de Roger.
Dagnac, epse de Boyer.
Dagnat, épse de Gauyon, Dufaut.
Dagneau, épse d'Apert.
Dagneau, épse de Bilodeau.
Dagneau, épse d'Hapert.
Dagneau, épse de Lepine.
Daguia, épse de Beaudoin.
Daguille, épse de Nadeau.
Daigle, epse de Benoit.
Daigle, épse de Coupiau.
Daigle, épse de Gaudreau.
Daigle, épse de Poitevin.
Daigle, épse de Syre.
Daillebout, épse de Duquet.
Daillier, épse de LeSot.
Dainc, épse de Marquet.
Daire, epse de Poirier.
Dalain, épse d'Hageman.

DALAIRE, épse de Bussière.
DALBOEUF, épse de Foisy.
DALCOUR, epse d'Ethier.
DALERET, epse d'Audet.
DALLAIRE, épse de Carrier, Couturier.
DALLAIRE, épse de Lebrun.
D'ALLON, epse de Bissonnet.
DALONNE, épse d'Anest.
DALPÉ, épse de Perrot.
DALPÉ, Françoise, épse Juneau, Philippe.
DALPEC, épse de Coderre.
DALUMATE, épse de Drolet.
DALUMATE, Marie-Jos., ép. Drolet, Jacq., Lagrave, Frs-R.
DAMANE, épse d'Houré.
D'AMBOISE, épse de Gaudin.
D'AMBOISE, épse de Gerbert.
DAMBOISE, épse de Valcour.
DAMIEN, épse de Delguel.
DAMIZÉ, epse de Paradis.
DAMIZÉ, épse de Perthuis.
DAMOURS, épse de Foucher.
D'AMOURS, épse de Joffret.
DAMOURS, épse de Lemire.
DAMOURS, épse de Roy.
DAMOURS, Euphemie, épse de Roy.
DAMOYS, épse de Faucher.
DAMY, epse de Dubeau.
DANDAS, épse de Despatis.
DANDONNEAU, épse de Brisset.
DANDONNEAU, épse de Martin.
DANDURANT, épse de Beaupré.
DANIAU, épse de Gautron.
DANIAU, Françoise, épse Laprise, Charles.
DANIAU, épse de Letartre.
DANIEL, épse de Brignon.
DANIEL, épse de Courtois.
DANIEL, epse de Roy.
DANIS, epse de Legras.
DANIS, epse de Renaud.
DANLEAU, épse de Borderon.
DANLEAU, Elisabeth, epse de Borderon, Frs, Lachaux, Ls-Nic.
D'ANNESÉ, épse de Couillard.
D'ANNESÉ, épse de Couillard-Lafontaine, Janson.
DANNEVILLE, épse de Filion.
DANOS, épse de Bergeron.
DANY, épse de Bienvenu.
DANYS, épse de Deguire.
DAOUST, epse de Boursier.
DAOUST, épse de Carrier.
DAOUST, épse d'Hunault.
DAOUST, épse de Poirier.
DAOUST, épse de St. Denis.
DARDENNE, Geneviève, épse de Latour, Pierre.
DARRIS, épse de Morisseau.
DAROIS, épse de Babineau.
DAROIS, épse de Durocher.
DAROIS, épse de Godet.
DAROIS, épse de Grouce.
DAROIS, épse de Legros.
DAROIS, épse de Prince.
DAROUET, épse d'Hébert.
DARUET, épse de Payan.
DARVEAU, épse de Brunet.
DAU, Louise, épse de Labrosse, Joachim.
D'AUBIGNY, epse de Davaux.
D'AUBIGNY, Marguerite, epse de Laplante, Charles.
D'AUBUSSON, épse de Simblin.
DAUDÉ, epse de Boyer.
DAUDIN, épse de Deneau.
DAUNAIS, épse de Forget.
DAUNAY, épse de Contant.
DAUPHIN, epse de Houde.
DAUPHIN, epse de Paul.
DAUPHIN, épse de St. André.
DAUPHINÉ, Elisabeth, epse de L'Archevêque, Frs.
DAUT, épse de Turpin.
DAUZA-ALGONKINE, épse Pelletier.
D'AUZET, épse de Tache.
DAVENNE, épse de Gontier.
DAVIAS, epse de Robert.
DAVID, Mie-Angélique, epse Jonce, Benj.
DAVID, epse de Premard.
DAVID, épse de Valentin.
DAVIS, epse de Camiré.
DAYAITTE, épse d'Hayet.
DAZÉ, épse de Filiatreau.
DEBEAUHARNOIS, ép. de Bégon.
DEBEAUREGARD, épse de Gélineau.
DEBELLEAU, épse de Morin.
DEBIDEAU, épse de D'Amours.
DEBIDQUIN, épse de Bouvet.
DEBIEN, épse de Colombeau.
DEBIEN, épse de Lemire.
DEBLOIS, épse de Cloutier.
DEBLOIS, épse de Foucher.
DEBOIS, épse de Gobelin.
DEBOIS-ANDRÉ, épse d'Anthoine.
DEBOULOGNE, épse de D'Aillebout.
DEBRAIS, épse d'Etienne.
DEBRETIGNY, épse de Leclerc.
DEBURE, épse de Bernard.
DEBURE, épse de Bulteau.
DECARBONEL, épse de DeCatalogne.
DECHANVERLANGE, épse Levasseur.
DECHARMÉNIL, epse de Gelinas.
DECHATEAU-BRILLANT, epse de Chartier.
DECHATEAU-RENAUD, épse de Chartier.
DECHATEMBOURG, épse Chartier.
DECHAUX, épse de Claplais.
DECHEURAINVILLE, épse de Bareau.
DECHEURAINVILLE, Mad., epse Lamy, Isaac.
DECOGUENNE, épse de Gateau.
DECOMTE, épse de Cote.
DECORDÉ, épse de LeGardeur.
DECORS, épse de Masse.

DeCournoyer, épse de Pacaud.
DeFaye, épse de Mars.
Defond, épse d'Audet.
Defoy, épse de Charland.
Defoye, épse de Clair.
DeGabrielle, épse de Robutel.
DeGanne, épse de - Riel.
DeGannes, épse de Tessenet.
DeGerlais, épse d'Hervieux.
DeGerlais, épse de Paillart.
DeGrandmaison, épse Boudier, DeChavigny.
DeGrandmaison, épse Descailhaut.
Degré, Marguerite, ep Landry, Jean.
Degrés, épse de Girard.
DeGuesnel, épse de Castineau.
Déguire, épse de Boutron.
Déguire, épse de Migneron.
Déguire, épse de St. Onge.
Déguise, épse de Borel.
Déguise, épse de Dubord.
Déguise, épse de Thibaudeau.
Déguise, épse de Vésinat.
DeGuitre, épse de Gibardin, Robidas.
Dehaye, épse de Houde.
Dehorné, épse de Nau.
Deice, épse de Campbell.
DeKierk, Marie-Anne, ep. Lagneau, Denis.
De la Combé, épse de Cadde.
DeLacour, épse de LeBer.

De la Cour, epse de Roger.
De la Croix, épse d'Hubert.
De la Croix, épse de Plateau.
De la Faye, épse de Denis.
De la Feuillée, épse Desgranges, De la Mothe.
De la Fitte, épse de Rousselot.
Delage, epse de Boissel.
Delage, épse de Loriot.
De la Guéripière, ep. Rainville.
De la Haye, épse de Chauvin.
De la Haye, épse de Cordier.
De la Haye, épse de Ginat.
De la Haye, epse de Lert.
Delahaye, épse de Pothier, Lert.
De la Hogue, épse de Sedilot.
Delalore, épse de Badaillac.
De la Marche, épse de Lussier.
Delamare, épse de Billy.
De la Mare, épse de Renaud.
DeLambourg, epse de Gautier.
De la Motte, épse de Coquineau.
De la Pierre, épse de Dany.
De la Pierre, épse de Lucas.
De la Place, epse de LeCharle.
De la Porte, épse de Berthelot.
De la Porte, épse de Bouchard.
De la Porte, épse de Génaple-Bellefond, Hubert.
De la Porte, épse de Tison.

De la Quintinier, épse de Fumas.
De la Ricon, Catherine, ép. Lasalle, J.-Bte.
De la Roche, epse de Gallet.
De la Roche, epse de Navarre.
De la Rue, épse de LeVanois.
DeLastre, épse de Levert.
DeL'Astre, épse de Martel.
Delaunay, épse de DeLespinace.
DeLaunay, épse de Guillet.
Delaunay, epse de Leclerc.
Delaunay, épse de Maillou.
DeLaune, épse de Chambly (De).
De la Val, épse de Bonnedeau.
De la Val, épse de DuVerger.
De la Vau, epse de Barbier.
De la Verge, épse d'Huard.
DeLavoye, epse de Deplaine.
Delavoye, Anne, épse Launière, Aug.
Delavoye, épse de LeSaullenier.
DeLavoye, épse de Gendron, Richard.
DeLavoye, épse de Girard.
DeLavoye, épse de Guillemet.
DeLavoye, épse de Meunier.
DeLavoye, épse de Pineau.
DeLavoye, épse de Saulnier.
De la Voye, épse de Tesson.
Deleau, épse de D'Aubigny.
Deleau, épse de D'Obigny.
Delesenerac, épse de DeMonseignat.

Delespine, épse de Letellier.
DeLessard, epse de Guimond.
DeLessard, epse de Minet.
DeLessard, épse de Paré, Vachon.
DeL'Estage, épse de Vaucher.
DeL'Estang, épse de Piron.
De l'Hopital, épse de DeChavigny.
Delicerace, épse de Buisson.
DeLiercourt, épse de Juillet, Picard.
Deligny, épse d'Alard.
Deligny, épse de Bidon.
Deligny, Marie, épse de Jobidon, Louis.
Deligny, epse de Soly.
Deline, épse de Beluche.
Deline, épse de Dauvier.
Delinel, Angélique, ep. Lafrance, Frs.
Delisle, épse d'Augers.
Delisle, épse de Boffard
Delisle, epse de Brisson.
Delisle, épse de Brugière.
Delisle, épse de Charlesteguy.
Delisle, épse de Fontenel.
Delisle, épse de Fortin.
Delisle, épse de Guyon.
Delisle, Madeleine, ép. Lamarque, Pierre.
Delisle, épse de Morisset.
Delisle, épse de Porlier.
Delisle, épse de Roy.
Delisle, épse de Téguy.

DELLEUR, Mie-Lse, épse Laurencel, Joseph.
DELOMÉ, Marie-Lse, ép. Larichardie, Jacq.
DEL'OR, épse de Turpin.
DELORME, épse de Boucher.
DELORME, épse de Chartier.
DELORME, épse de Chèvrefils.
DELORME-L'IRLANDE, épse de Lespinay.
DELORME, épse de Roy.
DELOSTELNEAU, épse de Denys.
DELUGNY, epse de Blanot.
DELZERS, épse de Tache.
DEMANCHON, épse de Lesueur.
DEMATRAS, épse de LeGardeur.
DEMAYNARD, épse de Chartier.
DEMENTEHT, epse de D'Aillebout.
DEMER, épse de Cureux.
DEMERS, épse d'Aubin.
DEMERS, épse de Boisverd.
DEMERS, épse de Chamard.
DEMERS, épse de Courteville.
DEMERS, epse de Derousseau.
DEMERS, épse de Gagnon.
DEMERS, épse d'Hebert.
DEMERS, épse de Houde.
DEMERS, épse de Huard.
DEMERS, épse de Levreaux.
DEMERS, épse de Martinbault.
DEMERS, épse de Ruel.
DEMONTFOND, épse de Chartier.
DEMONT-MESNIL, épse Morin.

DEMONTPENSIER, épse DeDompierre.
DEMONTREUIL, épse de Gareau.
DENAU, épse de Mignau.
DENAUD, épse de Roy.
DENEAU, épse de Bezier.
DENEAU, épse de Charlot.
DENEAU, épse de Deneau.
DENEAU, épse de Dupuis.
DENEAU, Marie-Anne, epse de Dupuis.
DENEAU, épse de Lefebvre.
DENEAU, épse de Tondreau.
DENEVELET, épse de Bouat.
DÉNEVERS, épse de Boisverd.
DÉNEVERS, épse de Houde.
DÉNEVERS, épse de Petit.
DÉNEVERS, épse de Rognon.
DÉNEVERS-BOISVERD, epse de Tousignan.
DENIAU, épse d'Anderson.
DENIAU, épse de Courcambec.
DENIAU, épse de Dupuis.
DENIAU, epse de Favreau.
DENIAU, Marie, épse de Lacoste, Antoine.
DENIAU, épse de Leclerc.
DENIAU, epse de Quesnel.
DENIS, épse de Boucher.
DENIS, épse de DePommeroy.
DENIS, épse de Falardeau.
DENIS, épse de Galesse.
DENIS, Marie-Joseph, ép. Laforme, Jos.

DENIS, Catherine, ép. Latour, Pierre.
DENIS, épse de Lefebvre.
DENIS, épse de Maurice.
DENIS, épse de Métayer.
DENIS, épse de Nolet.
DENIS, épse de Turgeon.
DENIVELEC, épse d'Albeuf.
DENOEL, épse de Prévost.
DENOMMÉ, épse de Frapier.
DENOMMÉ, épse de Sulpice.
DENOT, épse de Labat, Ozannes.
DENOYON, épse de Davenne.
DENOYON, épse de David.
DEPARIS, épse de Baudon.
DEPÉRÉ, épse de Delestre.
DEPITIÉ, épse de Casse.
DEPOITIERS, épse de Hebert, Lefebvre.
DEPOLIGNAC, epse de Chartier.
DEPORTA, épse de Pasquier.
DEPROVINLIEU, épse d'Houssye.
DEQUAIN, Anne, épse Laraue, François.
DERAINVILLE, epse de Beaufort.
DERAINVILLE, épse de Cottenoire.
DERAMEZAY, épse de Boutier.
DERICHECOURT, épse de Foucher.
DERIGLE, épse de Roy
DEROCHES, épse de Valières.
DEROULLAUD, épse de Soulard.
DÉRY, épse d'Evarts.

DÉRY, épse d'Hilarest.
DESAULES, Suzanne, ép. Laronde, Louis.
DESAULNIERS, épse de Brouillet.
DESAULT, épse de Vanet.
DESAUTELS, épse de St. Jean.
DESBOIS, épse de Régent.
DESBOIS, épse de Sainton.
DESBORDES, épse de Bissonnet, Guiberge.
DESBORDES, épse de Bouvier.
DESCARY, épse de Reignoir.
DESCHALETS, épse de Girou.
DESCHALETS, épse de Paris.
DESCHALETS, épse de Roy.
DESCHAMPS, épse de Boutet.
DESCHAMPS, épse de Girard.
DESCHAMPS, épse de Marest.
DESCHAMPS, épse de Pouliot.
DESCHAMPS, épse de Verret.
DESCHARD, épse de Collet.
DESCHESNES, epse de Soulard.
DESCL, épse de Lecompte.
DESCORMIERS, épse de Bavant.
DESCOTEAUX, épse de Benoit.
DESCOTEAUX, épse de Duguay.
DESCOTOIS, épse de Sanschagrin.
DESEINE, épse de Senecal.
DESFOSSES, épse de Bidet.
DESFOSSÉS, épse de Villebrun.
DESGAGNÉS, épse de Brisson.

DESGAGNÉS, épse de Demeules.
DESGAGNÉS, épse de Mercier.
DESGRANGES, épse de Charland.
DESGRANGES, épse de Delisle.
DESHAIES, épse de Levasseur.
DESHAIS, épse de David.
DESHAIS, épse de Pajot.
DESHAYES, épse de Dannets.
DESHAYES, épse de Ménard.
DESHAYES, épse de Praye.
DESHAYS, épse de Betourne.
DESHÈVRES, épse de Carion.
DESILETS, épse de Doucet.
DESILETS, épse de Lafranchise.
DESILETS, épse de Massé.
DESJARDINS, épse d'Arnaud.
DESJARDINS, épse d'Auger.
DESJARDINS, épse de Baudry.
DESJARDINS, épse de DeBoissy.
DESJARDINS, épse de Filiatreau.
DESJARDINS, Catherine, épse de Lachaufet.
DESJARDINS, Frse-P. ep. Lafrance, J.-Bte.
DESJARDINS, epse de Lussier.
DESJARDINS, epse de Matte.
DESJARDINS, épse de Neltier.
DESJARDINS, épse de Ouimet.
DESJARDINS, épse de Rotureau.
DESJARDINS, épse de Roussel.
DESJARDINS, épse de Roussel, Claude.
DESJARLAIS, épse de Robidou.

DESJORDIS, Mie-Anne, épse Langlois, Frs.
DESLAURIERS, épse de Couillau.
DESLAURIERS, épse de Darabi, Guillot.
DESLAURIERS, épse de Dargent.
DESLAURIERS, épse de Deslauriers.
DESLORIERS, Anne, ép Larocquebrune, J.
DESLAURIERS, épse de Martin.
DESLAURIERS, épse de Petit.
DESMARAIS, épse de Harbour.
DESMARAIS, épse de *Jasmin*.
DESMARAIS, épse de Rivet.
DESMAREST, épse de Baudry.
DESMAREST, épse de Bodin.
DESMAREST, épse de Renaud.
DESMARETS, épse de Fafard.
DESMARETS, épse d'Hilarest.
DESMARETS, epse de Lairet.
DESMARETS, épse de Levasseur.
DESMARETS, épse de Papineau.
DESMARETS, épse de Payet.
DESMARETS, épse de Pelletier.
DESMARETZ, épse d'Ouel.
DESMAVRIERS, épse de Leduc.
DESMOLIERS, épse de MacDonald.
DESMOULINS, épse d'Aubry.
DESMOULINS, épse d'Averty.
DESMOULINS, épse de Fontieureuse.
DESNAUX-LAFONTAINE, épse de Babin.
DESNOYERS, épse de Boisverd.

DESNOYERS, épse de De la Haye.
DESNOYERS, épse de Gaulet, Mol.
DESNOYERS, Mie-Anne, épse de Lamontagne, J. F.
DESNOYERS, épse de LePetit.
DESNOYERS, épse de Maréchal.
DESNOYERS, épse de Petit.
DESORCY, épse de Canada.
DESPERNAY, épse d'Abiron, Charpentier.
DESPLAINES, épse de Jacques.
DESPLAINES, Marie-Jos., épse de Lallemand, Jean.
DESPLEINES, épse de Ratel.
DESPORTES, épse d'Arrivée.
DESPORTES, épse de Delisle.
DESPORTES, épse d'Hebert, Morin.
DESPORTES, épse de Renaud.
DESPRÈS, épse d'Audet.
DESPRÉS, épse de Becquet.
DESPRÉS, épse de Gosselin.
DESRIVIÈRES, épse de Cochon.
DESRIVIÈRES, épse de Dagneau.
DESRIVIÈRES, épse de Desjordy.
DESRIVIÈRES, épse de DuLac.
DESRIVIÈRES, épse d'Oliva.
DESRIVIÈRES, épse de Plairand.
DESROCHERS, épse de Brien.
DESROCHERS, épse de Fissiau.
DESROCHERS, Thérèse, epse Labath.

DESROCHERS, Victoire, ép. Laroche, Ls.
DESROCHERS, épse de Lefebvre.
DESROCHES, épse de Brouillet.
DESROCHES, épse de Carbonneau.
DESROCHES, épse de Carbonneau, Matte.
DESROCHES, épse de Dumay.
DESROCHES, épse de Genest.
DESROCHES, épse de Lemarié.
DESROCHES, épse de Soumis.
DESROSIERS, ép. de Cardon.
DESROSIERS, épse de Cauchon.
DESROSIERS, épse de Cottenoire.
DESROSIERS, épse de Lefebvre.
DESROSIERS-LAFRENIÈRE epse de Paquet.
DESROSIERS, épse de Poirier.
DESROSIERS, épse de Sorin.
DESROSIERS, épse de Vernier.
DESROUSSELS, épse d'Hebert.
DESRY, épse de Pelletier.
DESSUREAU, épse de Charles.
DESSUREAUX, epse de Brouillet.
DESSUREAUX, épse de Charbonneau.
DE ST. JUST, epse de Bardet.
DESTOUCHES, épse de Dompierre.
DESTOURS, épse d'Allemand.
DESTROISMAISONS, épse d'Hervé.
DESTROISMAISONS-PICARD, épse de Pelletier.
DES VARIEUX, épse de Gagnon.
DESVAUX, épse de Coderre.

DeThauvenet, épse d'Hertel.
DeTonnancour, ép. de Chartier.
Devant, épse de Bonneton.
Devaux, épse de Bureau.
Devaux, épse de Charland.
DeVeau, épse de Chartran.
DeVien, épse de Parseillé.
DeVienne, épse de Lamoureux.
DeVigny, épse de Mory.
Deviss, épse de Burroughs.
Dexhard, epse de Collet.
Dezier, épse de Brazeau.
Diel, épse de Dupuis.
Diers-Deshaies, ép. de Durand.
Dieu, épse de Jasselin.
Dion, épse d'Alaire.
Dion, épse d'Asselin.
Dion, épse de Baudoin.
Dion, épse de Bosché.
Dion, épse de Boucher.
Dion, épse de Cazeau.
Dion, épse de Charets.
Dion, épse de Cote.
Dion, épse de Coursol.
Dion, épse de Gendron.
Dion, épse de Lepage.
Dion, Mle-Anne, ép. de Lepage.
Dionne, épse de Bouchard.
Dionne, épse de Roy.
Disy, épse de Sylvestre.

Dizy, épse de Dutour.
Dizy, épse de Duval.
D'Ocquincourt, ép. de Damien.
Dodier, épse de Blanchet.
Dodier, épse de Boucher.
Dodier, épse d'Isabel.
Dodier, épse de Jolliet.
Dodier, epse de Normandin.
Dodier, épse de Simoneau.
Doigt, épse de Mignier.
Doiron, épse de Boissel.
Doiron, épse de Brunès.
Doiron, épse de Morier.
Doiron, épse de Nolet.
Doiron, épse de Rondeau.
Doiron, épse de Soulard.
Doiron, épse de Turcot.
D'Ollery, épse de Frérot.
Dollier, épse de Bennet.
Donais, épse de Chenard.
Donaldson, épse de Devery, Droyer.
Donat, épse de Donat.
Donay, épse de Morin.
D'Orange, épse de Tardif.
Doré, épse de Rivet.
D'Orgeville, épse de D'Abancour.
Doria, épse de Laroche.
Doribeau, épse de Genest.
Dorion, épse de Deslauriers.

Dorion, épse de Petitbois.
Dormeny, épse de Selle.
Dorval, épse de Canton.
Dorval, épse de Fournel.
Douairon, Madeleine, ép. de Landry, Jos.
Doucet, épse d'Aigron.
Doucet, épse de Bariau.
Doucet-Laurent, épse Bariau.
Doucet, épse de Bigot.
Doucet, épse de Blery.
Doucet, épse de Boudreau.
Doucet, épse de Carrier.
Doucet, épse de Chiasson.
Doucet, épse de Cormier, Vacher.
Doucet, épse de Dollen, Gay.
Doucet, epse de Fleury.
Doucet, épse de Garceau.
Doucet, épse de Gaudet, Orion.
Doucet, epse de Girouard, Coutancineau.
Doucet, épse de Godet.
Doucet, épse de Grosvalet.
Doucet, Catherine, ép. Landry, J.-Bte.
Doucet, epse de Paquin.
Doucet, épse de Savaria.
Doucet, epse de Thibaudeau.
Doucinet, épse de Bédard.
Douet, épse de Mignier.
Dourlet, épse de Gravelan, Ste. Marthe.

Doussinet, épse de Matou.
Douville, épse de Talbot.
Doyon, épse de Cloutier.
Drapeau, épse d'Alaire.
Drapeau, épse de Bidson.
Drapeau, épse de Bigot.
Drapeau, épse de Colleret.
Drapeau, épse de Gagné.
Drapeau, épse de Gondge.
Drapeau, épse d'Houde.
Drapeau, épse de Jousselot.
Drapeau, épse de Levasseur.
Drapeau, epse de Paquet.
Droguet, épse de David.
Drolet, épse d'Amiot.
Drolet, épse de Carpentier.
Drolet, épse de Dorval.
Drolet, épse de Drolet.
Drolet, épse de Dubeau.
Drolet, épse de Gagné.
Drolet, Marie, épse de Lagrave, Ls.
Drolet, épse de Lefebvre.
Drolet, épse de Martel.
Drolet, épse de Mondor.
Drolet, épse de Paquet.
Drolet, épse de Poreaux.
Drouet, épse de Chamare.
Drouet, epse de Jean.
Drouet-Richardville, epse de Pezard.
Drouillard, épse de Bonhomme.

DUFOUR, épse de
Bolduc.
DUFOUR, épse de
Briant.
DUFOUR, épse de
Gagné.
DUFOUR, Frse, épse de
Laroche, Alex.
DUFOUR, épse de
Nepveu.
DUFOUR, épse de
Raté.
DUFRESNE, épse de
Guimond.
DUFRESNE, épse de
Roy.
DUGARD, épse de
St. Vincent.
DUGAS, épse de
Desruisseaux.
DUGAS, épse de
Gaudin.
DUGAS, épse de
Hautbois.
DUGAS, épse de
Maillard.
DUGAS, épse de
Pellerin.
DUGAS, épse de
Thibaudeau.
DUGAST, épse de
Brunet.
DUGAST, épse de
Richard.
DUGRÉ, épse de
Lequin.
DUGUAY, épse de
Cecile.
DUGUAY, épse de
Dumay.
DUGUAY, épse de
Valière.
DUGUÉ, épse de
LeBoesme.
DUGUÉ, épse de
Séré.
DUHAMEL, épse de
Beaupré.
DUHAMEL, épse de
Heurtaux.
DUHAMEL, épse de
Morin.
DUHAUTMÉNY, épse de
Moitier.
DULIGNON, épse de
Dufaut.
DUMAINE, épse de
DuLignon.
DUMAS, épse de
Baudoin.

DUMAS, épse de
Dugas.
DUMAS, épse
d'Ethier.
DUMAS, épse de
Fouquereau.
DUMAS, épse de
Grenier.
DUMAY, épse de
Gerbault.
DUMAY, Mie-Lse, ép. de
Merlot, Augustin,
Lalande, Gabriel.
DUMESNIL, épse de
Charly.
DUMESNIL, épse de
Dumay.
DUMETS, épse de
Deneau.
DUMETS, épse de
Gautier.
DUMONT, épse de
Boucher,
Guyon.
DUMONT, épse de
Bourdelais-Courier
DUMONT, épse de
Breton,
Courier.
DUMONT, épse de
Brisebois.
DUMONT, épse de
Dubois.
DUMONT, épse de
Ducharme.
DUMONT, épse de
Greslon.
DUMONT, M.-Jeanne, ép.
L'Archevêque, Chs.
DUMONT, épse de
Leblond.
DUMONT, epse de
Leclerc.
DUMONT, épse de
Lévesque.
DUMONT, épse de
Poulin.
DUMONT, épse de
Sirois.
DUMONTIER, épse de
Dussaut.
DUMONTMENY, épse de
Royer.
DUMONTMESNY, epse de
Rose,
Dumas.
DUMORTIER, epse de
Roussel.
DUMOULIN, epse de
Drolet.

DUMOULIN, épse de
St. Onge.
DUMOUSTIERS, épse de
Martineau.
DUMOUSTIERS, Ant., ép.
Martineau, Jacq.
DUNBAR, épse de
Bruyère.
DUNKIN, épse de
Cliche.
DUPAS, épse de
Pellant.
DUPAULO, épse de
Leclerc.
DUPÉRÉ, épse de
Desrochers.
DUPERET, épse de
Pouchat.
DUPIL, épse de
Pepin,
Greffard.
DUPILLE, épse de
Michau,
Normandin.
DUPILLE, épse de
Richard,
Pepin.
DUPLESSIS, épse de
DeLavoye.
DUPONT, épse de
Bigeau.
DUPONT, épse de
Chefdevergne.
DUPONT, épse de
Cloutier.
DUPONT, epse de
Delalour.
DUPONT, épse de
Duprat.
DUPONT, épse de
Malbœuf.
DUPONT, épse de
Mathurin.
DUPONT, epse de
Morand.
DUPONT, épse de
Moreau.
DUPONT, épse de
Pinguet.
DUPONT, épse de
Prou.
DUPONT, épse de
Thibaut.
DUPRÉ, épse de
Boisverd.
DUPRÉ, épse de
Charles.
DUPRÉ, Catherine, épse
Juchereau, Ant.

DUPRÉ, épse de
Loubat.
DUPUIS, épse de
Caillé.
DUPUIS, épse de
Couturier.
DUPUIS, épse de
Félix.
DUPUIS, épse de
Gagnon.
DUPUIS, épse de
Gautier.
DUPUIS, épse de
Gazaille.
DUPUIS, épse de
Gibaut.
DUPUIS, épse de
Guérin.
DUPUIS, épse
d'Hébert.
DUPUIS, Angél., ép. de
Lajoie.
DUPUIS, épse de
Lebreux.
DUPUIS, épse de
Martin.
DUPUIS, épse de
Michelin.
DUPUIS, épse de
Pagé.
DUPUIS, épse de
Pinsonneau,
Lefebvre.
DUPUIS, épse de
Robert.
DUPUIS, épse de
Robichaud.
DUPUY, épse de
Giroux.
DUPUY, Lse, épse de
Laborde, Jean.
DUPUY, épse de
Martin.
DUPUY, épse de
Tessier.
DUPUY, épse de
Thibaudeau.
DUPUYS, épse de
Sauvaget.
DUQUAY, épse
d'Armand.
DUQUENNE, épse de
Jolly.
DUQUET, épse
d'Alary.
DUQUET, épse de
Cairé.
DUQUET, épse de
Nadeau.

Duquet, épse de Primeau.
Durand, épse de Baudoin.
Durand, épse de Baudon.
Durand, épse de Begin.
Durand, épse de Couturier.
Durand, épse de Dufaut.
Durand, épse de Dumay.
Durand, épse de Gallien.
Durand, épse de Gibaut.
Durand, épse de LeBer.
Durand, épse de Loyer.
Durand, épse de Mondina.
Durand, épse de Pichet.
Durand, épse de Richer.
Durand, épse de Samson.
Durant, épse d'Hebert.
Durant, épse de Lévesque.
Durant, épse de Richer.
Durbois, épse de Champagne.
Duret, épse de Boudet.
Duret, épse de Dugré.
Duret, épse de Fichet.
Durivage, épse de Desjordy.
DuRosaire, épse de Longueville.
Durosoirs, épse de Lemoyne.
DuSaussay, épse de Rouer.
DuSautoy, épse de Cugnet.
DuSouchet, épse de Cavelier.
DuSouchet, épse de Rivet.
Dussault, épse de Brousseau.
Dussault, épse de Bussière.
Dussault, épse de Cardinal.
Dussault, épse de Charbonneau.
Dussault, épse de Dumay.
Dussault, épse de Mesny, Roy.
Dussault-Cantin, ép. Paquet.
Dussaut, épse de Mesny, *Chatellereau*.
Dusson, Margte, ép. de Lavallée, Jean.
DuTartre, épse de Denis.
Dutault, épse de Leblanc.
Dutaut, épse de Charoux.
Dutaut, épse de Dubord.
Dutaut, Marie, épse de Dubord.
Dutaut, épse de Dubreuil.
Dutaut, épse de Dutaut.
Dutaut, Genev., ép. de Lavallée, Michel.
Dutaut, épse de Turcot.
DuTertre, épse de Coiteux.
DuTertre, épse de Mathieu.
Dutost, épse de Lemay.
Dutost-Quenville, ép. Lemay, Montenu.
DuTourel, épse de DuBuisson.
Dutremble, épse de Brosseau.
Dutremble, épse de Volant, Canuel.
Duval, épse de Beaufort.
Duval, epse de Bon.
Duval, épse de Bosché.
Duval, épse de Cariot.
Duval, épse de Cassel.
Duval, épse de Chappau.
Duval, épse de Courault, Renaud.
Duval, epse de Disy.
Duval, épse de Duhamel.
Duval-Dupaulo, ép. de Fonjamy, Couillard.
Duval, épse de Giard.
Duval, épse d'Hanctin.
Duval, Madne, épse de Joubert, Jacques.
Duval, épse de Jean.
Duval, Madne, ép. de Juneau, Pierre.
Duval, Mie-Lse, ép. de Lafetière, J.-Bte.
Duval, épse de Maufay.
Duval, épse de Montfort.
Duval, épse de Nepveu.
DuVerdier, épse de Lorrain.
Duverge, épse de Laviolette.
Duverger, épse de Coursel.
Duverger, épse de Galibert.
Duverger, épse de Rocbert.
Duvernay, épse de Racicot.
Duvivier, épse de Boyer.
Duvivier, épse de Cavelier.
Dysy, épse de Toupin.

E

Echpratren, épse de Romarne.
Edeline, épse de Douvier.
Edeline, Madne, ép. de Lalonde, Guill.
Edeline, épse de Lefebvre.
Edmond, épse de Bélanger.
Elizabeth, épse de Ballon.
Ellecy, épse de Ceary.
Elot-Labrie, épse de Roy.
Eloy, épse de Marsta.
Eloy, épse de Masta.
Emard, épse de Dumay.
Emeray, epse de Nerne.
Emery, épse de Forget.
Emond, epse de Paquet.
Enard, épse de Crevier.
Enard, épse de Philippaux.
Enaud, épse de Casaubon.
Enaud, épse de Fréchette.
Enaud, épse de Gervais.
Enaud, épse de Montferrant.
Encelin, épse de Valade.
Enneson, épse de Sabourin.
Enoiwli, épse de Macklin.
Eriché, épse de Ducas.
Eripert, épse de Boissel.
Eriver, épse de Rodrigue.
Esnard, épse de Bibaut.
Espagnet, épse de Madère.
Esterlin, épse de Stahl.
Esther, épse de Leclerc.
Ethier, épse de Dépati.
Ethier, épse de Desjardins.
Ethier, épse de Fouquereau.

Ethier, épse de Gagnon.
Ethier, Marie, épse de Gagnon.
Ethier, Rose, épse de L'Archevêque, Frs.
Ethier, épse de Maugé.
Ethier, épse de Menard.
Ethier, épse de Noël.
Ethier, épse d'Ouellet.
Ethier, épse de Poitevin.
Ethier, épse de Roy.
Ethrington, épse de Leblanc.
Etienne, Marie, épse de Lanctot.
Eustache, épse d'Hunault.

F

Fabas, épse de Boivin.
Fabas, épse de Coté.
Fabas, Agathe, ép. de Coté.
Faber-Duplessis, épse Bailly.
Fache, épse de Cadieu.
Fafard, épse de Derosier.
Fafard, épse de Dutremble.
Fafard, épse de Fiset.
Fafard, épse de Javillon.
Fafard, épse de LeTendre.
Fafard, épse de Meunier.
Fafard, épse de Policain.
Fafard, épse de Vignon.
Fagnan, épse de Mazuré.
Fagnan, épse de Pichet.
Failly, épse de Labbé.
Failly, Marie, épse de Lafontaine, P.-C.
Fairaut, épse de Bricaut.
Fanef, épse de Foran.
Faron, épse de Dupont.
Fasche, épse de Chevalier.
Fatiselle, épse de Fraser.
Faucher, épse de Bergeron.
Faucher, épse de Bouffard.
Faucher, épse de Collet.
Faucher, épse de Gamelin.
Faucher, épse de Gautier.
Faucher, Mie-Ang., ép. Lagrange, Chs.
Faucher, Mie-Jos., ép. Laroche, Ls-Jos.
Faucher, épse de Loignon.
Faucher, épse de Rousseau.
Faucher, épse de Roy.
Faucheux, épse de Leduc, Vaillant.
Faucon, Marie, épse de Chartier.
Faucon-Lafond, Marie, épse Jocteau, Frs.
Fauconnier, épse d'Auber.
Fauconnier, épse de Dufresne.
Faulconier, épse d'Hébert.
Faure, épse de Gagne.
Fauvault, epse de LePrevost.
Fauvel, épse de Godet.
Fauvel, Marie-Jos., ép. Lapointe, Pierre.
Fauvel, épse de Trudel.
Favereau, épse de Boniface.
Favereau, épse de Jean.
Faverel, épse de Jean.
Faveron, épse de Gilbert.
Favery, épse de LeGardeur.
Favreau, épse de Duhamel.
Favreau, épse de Gazaille.
Favreau, épse de Noize.
Favron, épse de Coderre.
Favron, épse de Prudhomme.
Faye, épse de Lafontaine.
Fayet, épse de Sire.
Fayet, épse de Siret.
Fayette, épse d'Huot.
Fayette, épse de Rouleau.
Félix, épse d'Aguerre.
Félix, épse de Leclerc.
Féret, épse de Lefebvre.
Fergusson, épse de Fergusson.
Ferière, épse de Belleau.
Ferland, épse de Simard.
Ferra, épse de Jahan.
Ferrier, épse de Touchet.
Ferron, épse de Bertrand.
Fesche, épse de Lebeuf.
Féteis, épse de Brisset.
Feuilleteau, épse de Grenier.
Feuilleteau, épse d'Yvon.
Fiart, épse de Bernard.
Fièvre, épse d'Alaire.
Filiastre, épse de Bourget.
Filiatreau, épse de Pare.
Filiatreau, épse de Rocheron.
Filiau-Dubois, épse de Carpentier.
Filion, épse de Girard.
Filion, épse de Graton.
Filion, épse de Guérin.
Filion, épse de Houde.
Filion, épse de Maisonneuve.
Filion, épse de Parant.
Filion, épse de Poitevin.
Filis, épse de Lemelin.
Filis, épse de Samson.
Fillet-de-Médeck, ép. Caillé.
Filteau, Marie-Ch., ép. Larrivé, Chs.
Fiset, épse de Bornais.
Fiset, Madeleine, épse Jolivet, Jacques.
Fiset, Marie, épse de Laberge, Jean.
Fiset, épse de Lefebvre.
Fiset, épse de Michelin.
Fiset, épse de Plouf.
Fiset, épse de Sarrazin.
Fissiau, épse de Desmarets.
Flamand, épse de LeParc.
Fléchet, epse de Louineaux.
Fleureau, épse de Delaunay.
Fleury, épse de Coutu.
Fleury, epse de Groinier.
Fleury, épse de LeVitre.
Flibot, épse de Colombe.
Foelan, épse de Mansfield.
Foissey, épse de Simonet.

Foisy, épse de Chaput.
Foisy, épse de Galipeau.
Foisy, épse de Goguet, Graveline.
Foisy, Françoise, épse Larose, François.
Foisy, épse de Marion.
Foisy, épse de Plouf.
Fol, épse de DeMosny, Chasle.
Fonjamy, epse de Chalifour, Monet.
Fontaine, épse d'Arguin.
Fontaine, épse de Brousseau, Boutet.
Fontaine, épse de Burel, Blanchard.
Fontaine, épse de Clouet.
Fontaine, épse de DeLavoye.
Fontaine, épse de Desrivières.
Fontaine, épse de Fortier.
Fontaine, épse de Girard, Ratel.
Fontaine, épse de Goyette.
Fontaine, epse de Guyon.
Fontaine, épse de Lefebvre.
Fontaine, épse de Légaré.
Fontaine, èpse de Mingot.
Fontaine, épse d'Olivier.
Fontaine, épse de Petit.
Fontaine, épse de Tetreau.
Fonteneau, épse de Bailly.
Foran, épse de Boyer.
Foran, epse de Dumontet.

Foran, épse de Gamelin.
Foran, épse de Poutre.
Forbes, épse de Maçon.
Forcier, épse de Clément.
Forcier, épse d'Hébert.
Forcier, M.-Chtte, épse Joyelle, Joseph.
Forcier, M.-Jeanne, ép. Joyelle, Jean-Bte.
Forcier, épse de Martin.
Forcier, épse de Petit.
Forcier, épse de Robillard.
Ford, epse d'Adams.
Foreau, épse de Poirier.
Forest, epse de Blanchard.
Forest, épse de Gaudreau.
Forest, épse de Giroir.
Forest, épse de Gourdeau.
Forest, épse de Guilbaut.
Forest, epse d'Hébert.
Forest, épse de Poirier.
Forest, épse de Prince.
Forest, épse de Savaria.
Forget, épse de Belouf.
Forget, épse de Viau.
Forgues, épse de Doiron.
Forgues, épse de Larose.
Fortier, épse de Boisjoli.
Fortier, épse de Bourdon.
Fortier, epse de Champagne.
Fortier, épse de Chanteloup.
Fortier, épse de Dasilva.

Fortier, épse de Ducas.
Fortier, épse de Ferland.
Fortier, épse de Gaulin.
Fortier, épse de Gobeil.
Fortier, épse de Gravel.
Fortier, épse de Leblond.
Fortier, epse de Ménard.
Fortier, epse de Plante.
Fortier, epse de Prieur.
Fortier, épse de Triolet.
Fortin, épse de Boucher.
Fortin, épse de Boulé.
Fortin, épse de Bruneau.
Fortin, épse de Buteau.
Fortin, épse de Caron.
Fortin, Brig., épse de Caron.
Fortin, épse de Chabot.
Fortin, épse de Chouinard.
Fortin, épse de Coté.
Fortin, épse de Gagnon.
Fortin, epse de Gaudreau.
Fortin, epse de Goujon.
Fortin, épse de Goulet, Pilon.
Fortin, Mie-J., épse de Jougon, Pierre.
Fortin, Isab., épse de Lauzon, Frs.
Fortin, épse de Lepage.
Fortin, épse de Morin.
Fortin, épse de Picard.
Fossé, épse de Dore.

Fossé, épse de LaRue.
Foubert, épse de Boisseau.
Foubert, épse de Cusson.
Foubert, épse de Menager.
Foucault, épse de Coulombe.
Foucault, épse de Gosselin.
Foucault, épse de Nadon.
Foucault, épse de Payet.
Foucault, épse de Tessier.
Foucaut, épse de Gaussain.
Foucaut, épse d'Hunault.
Foucher, épse de Milmenne.
Foucques, épse de Béatrix.
Foucrau, épse d'Hunault.
Fougerat, épse de Pinel.
Fouquet, épse de Maheu.
Fourier, épse de Vanasse.
Fourneau-Brindamour, épse de Migneron.
Fourneau, épse de Pelletier.
Fournier, épse de Balan.
Fournier, épse de Belanger.
Fournier, épse de Blais.
Fournier, épse de Caron.
Fournier, épse de Cesseron.
Fournier, épse de Descent.
Fournier, épse de Destroismaisons.
Fournier-Préfontaine, épse de Duval.
Fournier, épse de Gaudreau.
Fournier, épse de Goguet.

Fournier, épse de Gource.
Fournier, épse de Grondin, Franche.
Fournier, épse d'Hérault.
Fournier, épse d'Héros, Pepin.
Fournier, Marie, ép. de Juin, Pierre.
Fournier, Marie, ép. de Labrecque, Chs.
Fournier, Marie, ép. de Laframboise, Jos.
Fournier, épse de Lefebvre.
Fournier, épse de Maréchal.
Fournier, Elis., épse de Marechal.
Fournier, épse de Turgeon.
Fournier, épse d'Yvon.
Fourré, Madeleine, ép. Kimlin.
Fourrier, épse de Bousquet, Martin.
Fourville, épse de Vésinat.
Foye, épse de Dumas.
Fradet, épse de Guillemet.
Fradet, Marie-Anne, épse de Guillemet.
Fraise, épse de Fraise.
Franc, epse de Gamoy.
Franche, épse de Choret.
Franchère, Mie-M., ép. Lamontagne, F.-X
Francœur, épse de Leclerc.
François, épse de Chevaudier.
François, épse de Thibaut.
Francoul, épse de Duchesny.
Frappe, Geneviève, ép. Joubert, Jean-Bte.
Fraser, épse de Fraser.
Fraser, épse de LePelé.
Fréchet, épse de Boisverd.
Fréchet, épse de Lemay.
Fréchet, épse de Lepage.
Fréchet, épse de Torves.
Fréchette, épse de Pineau.
Fredin, épse d'André.
Freeman, épse de Grant.
Frégeau, épse de Belé.
Frenet, épse de Coté.
Frenet, épse de Groleau.
Frenière, épse de Ledoux.
Frenière, épse de St. Pierre.
Frérot, epse de Belarbre.
Fresel, épse de Moreau.
Freslon, epse de Garnier.
Freslon, épse de Grenier.
Fressel, épse d'Hémério.
Fresset, épse de Jacob.
Friard, épse de Fouchet.
Frigon, epse de Lereau.
Frigon, epse de Levraux.
Frit, épse de Beranger.
Frit, epse d'Haguenier.
Froidpied, épse d'Oursoubise.
Fromageot, épse d'Horry.
Froment, epse de Caderon.
Froment, Mie-R., épse Laurence, Jos.
Fronsac, épse de Masson.
Frost, épse de Meunier.
Fugère, épse de Boc.
Fugère, Thér., épse de Latouche, Ls.

G

Gabarette, épse d'Albert.
Gaboury, épse de Thomas.
Gachet, epse de Nolin.
Gadbois, Marie-Lse, ép. Labadie, Pierre.
Gadois, épse de Desfourniers.
Gadois, épse de Godé.
Gadois, épse de Léger.
Gadois, épse de Prudhomme.
Gadoise, épse de Gadois.
Gageron, épse de Masson.
Gagné, épse d'Alard.
Gagné, épse de Biset.
Gagné, épse de Boivin.
Gagné, épse de Bossé.
Gagné, épse de Boule, Caron.
Gagné, épse de Corneau.
Gagné, épse de Degerlais.
Gagné, epse de DeLessard.
Gagné, épse de Deneau.
Gagné, épse de Déry.
Gagné, épse de Destroismaisons.
Gagné, épse de Differé.
Gagné, épse de Dupuis.
Gagné, épse de Kelly.
Gagné, épse de Leduc.
Gagné, epse de Martin.
Gagné, épse de Poulin.
Gagnesse, épse de Jean.
Gagnon, épse de Boissel.
Gagnon, épse de Bolduc.
Gagnon, épse de Boucher.
Gagnon, épse de Chabot.
Gagnon, épse de Cloutier.
Gagnon, épse de Corriveau.
Gagnon, épse de De la Salle.
Gagnon, épse de DeLavoye.
Gagnon, épse de DeMarle.
Gagnon, épse de Dery.
Gagnon, épse de Frosa.
Gagnon, épse de Guénet.
Gagnon, épse de Janeau.
Gagnon, Lse, épse de Lamotte, François.
Gagnon, Reine-G., ép. Langlois, Joseph.
Gagnon, épse de Lefrançois, Damien.
Gagnon, epse de Moreau.
Gagnon, épse de Poulin.
Gagnon, épse de Rémillard.
Gagnon, épse de Richard.
Gagnon, épse de Roy.
Gagnon, épse de Sansfaçon.
Gagnon, épse de Tavernier.
Gagnon, épse de Turcot.
Gaigner, épse de Gouyou.
Gaillard, épse de Bossard.
Gaillard, épse de Périer.

GAILLARD, épse de
Perrier,
Sabourin.
GAILLARD-DUPLESSIS, ép. de Prévost,
Saucier.
GAKERIENNENTA, ép. de
Normand.
GALAIS, épse
d'Hébert.
GALBRUN, épse
d'Hayet.
GALLAIS, épse de
DeQuera.
GALLAIS, épse de
Duquercy.
GALLANT, épse de
Dagneau.
GALARNEAU, épse de
Carpentier.
GALARNEAU, épse
d'Heurtaux.
GALARNEAU, Thérèse,
ép. Juneau, Frs.
GALARNEAU, epse de
Marette.
GALARNEAU, épse de
Moisan.
GALARNEAU, épse de
Pelletier.
GALARNEAU, epse de
Vilmer.
GALIPEAU, épse de
Picard.
GALLET-DE-ST-AUBIN,
ép. DeCatalogne.
GALLET, épse de
Veau.
GALLIEN, épse de
Gilbert.
GALLIEN, épse de
Petit.
GALOCHEAU, épse de
Fabas.
GAMACHE, épse de
Coté.
GAMACHE, épse de
Fortin.
GAMACHE, épse de
Gagnon.
GAMACHE, épse de
LeBorgne.
GAMBIER, épse de
LeGardeur.
GAMELIN, Madeleine, ép.
Joyelle, Pierre.
GAMELIN, épse de
Maillot.
GA8ENNONTIÉ, Mie, ép. de
Laforce, Ignace.

GARAND, épse de
Denis.
GARAND, épse de
Lefebvre.
GARAND, épse de
Paris.
GARANT, épse de
Daniel,
Dubois.
GARANT, épse de
Coutancineau.
GARAULT, épse de
Durocher.
GARAULT, épse de
Filleul.
GARAULT, épse de
Gagnon.
GARAUT, épse de
Coderre.
GARAUT, Marie, ép de
Laurent, Frs.
GARCEAU, Hypolite, ép.
Laur, Honoré.
GARCEAU, Marie, ép. de
Laur, J.-Bte.
GARCEAU, Marie-Marg.,
ép. de Laur, Chs.
GAREAU, épse de
Durand.
GAREAU, épse de
Gabaret.
GAREAU, épse de
Giard.
GAREAU, épse de
Valiquet.
GAREMAN, épse de
Boucher.
GARGOT, épse de
Gaboury.
GARGOTINE, épse
d'Alain
GARGOTTINE, epse de
Perron.
GARIÉPY, épse de
Bergeron.
GARIÉPY, épse de
Bertrand.
GARIÉPY, épse de
Chevaudier.
GARIÉPY, épse de
Filiatreau.
GARIÉPY, épse de
LeGuerrier.
GARIÉPY, épse de
Lepage.
GARIÉPY, épse de
Gravel.
GARNAUD, épse de
Meunier.

GARNEAU, épse de
Gingras.
GARNEAU, Mie, épse de
Latouche, Roger.
GARNEAU, épse de
Lefebvre.
GARNIER, épse de
Barbault.
GARNIER, épse de
Beaune.
GARNIER, épse de
Benoit.
GARNIER, épse de
Cardinal.
GARNIER, épse de
Charbonneau.
GARNIER, épse de
De la Marre,
Gendron.
GARNIER, épse de
Pichard.
GARON, épse de
Dauteuil.
GARREAU, epse de
Latouche.
GASCHET, épse de
Roger.
GASCON, Cath., épse de
Lalongé, Ls.
GASNIER, épse de
DuVault, Jean-C.,
Bourdon, Jean.
GASSE, épse de
Poulin.
GASTEAU, epse de
Jean.
GATEAU, épse de
Jean.
GATIEN, épse de
Fontigny.
GATIEN, epse de
Genus.
GATIEN, Marie, epse de
L'Archevêque, Ls.
GATIEN, Ther., épse de
L'Archevêque, C.
GAUCHÉ, Mgte, épse de
Laforest, J.-Bte.
GAUCHER, épse
d'Hébert,
Sylvestre.
GAUCHET, épse de
Dupont.
GAUCHET, épse de
Gaudais.
GAUCHET, epse de
Migeon.
GAUDAIS, épse de
Dupont.

GAUDARD, épse de
DeLauzon.
GAUDET, epse de
Bernard.
GAUDET, épse de
Bourg.
GAUDET, épse de
Cormier.
GAUDET, épse de
DeVau.
GAUDET, épse de
Doucet.
GAUDET, épse de
Girouard.
GAUDET, épse de
Grou.
GAUDET, epse
d'Hébert.
GAUDET, epse
d'Henry.
GAUDET, Agathe, ép. de
Lacroix, Jean-Bte.
GAUDET, épse de
Perrot.
GAUDET, épse de
Poirier.
GAUDET, épse de
Pomier.
GAUDET, épse de
Ricard,
Simoneau.
GAUDIN, épse de
Boutin.
GAUDIN, épse de
Chandonne.
GAUDIN, épse de
Dube.
GAUDIN, épse de
Dussaut.
GAUDIN, épse de
Fontaine.
GAUDIN, épse de
Guillot,
Alard.
GAUDIN, Marie-Jos., ép.
Lacroix, Jean-Bte.
GAUDIN, épse de
Lefebvre.
GAUDIN, épse de
Marcot.
GAUDIN, épse de
Quévillon.
GAUDIN, épse de
Rochette.
GAUDIN, épse de
Roy,
Lepage.
GAUDREAU, épse de
Bariau.

Gaudreau, épse de Daigle.
Gaudreau, épse de Desnoyers.
Gaudreau, epse de Dupuis.
Gaudreau, épse de Paquet.
Gaudreau, épse de Poirier.
Gaudreau, épse de Rochereau.
Gaudreau, épse de Rodrigue.
Gaudreau, épse de Ruest, Bourgoin.
Gaudreau, épse de Syre.
Gaudry, épse de Bourbon.
Gaudry, épse de Genovalay, Perrot.
Gaudry, épse de Laforest.
Gaudry, épse de Ledoux.
Gaudry-St. Godard, épse de Piquet.
Gaudry, épse de Triolet.
Gaufré, épse de Jacquet.
Gaulin, épse de Rivet.
Gaultier, épse de Poivre.
Gaumond, épse de Turcot.
Gaumont, épse de Langlois, LeFrançois.
Gausse, épse de Durand.
Gausse, épse de Laberge.
Gauthier, épse de Bouat.
Gautier, épse d'Aubert, Amond.
Gautier, épse de Bergeaux, Mercure.
Gautier, épse de Bergeron.
Gautier, épse de Berjeaux.

Gautier, épse de Chappau.
Gautier, épse de Côté.
Gautier, épse de Dany.
Gautier, épse de De la Haye.
Gautier, Marie, ép. de De la Haye.
Gautier, épse de Desève.
Gautier, épse de Duquet.
Gautier, épse de Dutaut.
Gautier, épse de Fontigny.
Gautier, épse de Gautier.
Gautier, epse de Georget.
Gautier, epse d'Hebert.
Gautier, épse d'Hilarest.
Gautier, épse d'Hubert.
Gautier, epse d'Hunault.
Gautier, Marie, ép. de Jodouin, Charles.
Gautier, Mie-Chtte, ép. Lairet, Henri-Ls.
Gautier, Cath., épse de Lamy, Joseph.
Gautier, Suz., epse de Laroche, Pierre.
Gautier, épse de Lecompte.
Gautier, épse de Lefebvre.
Gautier, épse de Lemarié.
Gautier, épse de Lemire.
Gautier, épse de Lereau.
Gautier, épse de Levreau, Alard.
Gautier, épse de Masson.
Gautier, épse de Meunier.
Gautier, épse de Pare.
Gautier-Landreville, epse de Payet.

Gautier, épse de Poirier.
Gautier, épse de Prévost.
Gautier, épse de Prou.
Gautier, épse de Richard.
Gautier, épse de Rivard.
Gautier-Landreville, épse de Rivet.
Gautier, épse de Robidas.
Gautier, épse de Robillard.
Gautier, épse de Rondeau.
Gautreau, épse de Leblanc.
Gautron, épse de Goupil.
Gautron, épse de Leblond.
Gautron, épse de Lee.
Gautrot, epse de Syre.
Gauvin, épse d'Amiot.
Gauvin, épse de Bonhomme.
Gauvin, épse de Constantin.
Gauvin, Marie-Angél., épse de Drolet.
Gauvin, épse de Fluet.
Gauvin, épse de Meunier, Drolet.
Gauvin, épse de Ouellet.
Gauvin, epse de Poitevin.
Gauvreau, épse de Marmet.
Gauvreau, épse de Michaud.
Gauvreau, epse de Pepin.
Gaye, épse de Frechette.
Gaye, épse de Gayet.
Gazaille, epse de Comparet.
Gaze, épse de Lacoste, Renard.

Gaze, Marie-Jos., ép. de Lacoste, François.
Geize, épse de Sauvage.
Gélinas, épse de Gonneville.
Gélinas, Marie-Jos., ép. Lamy, Alexis.
Gélineau, épse d'Alard.
Gély, épse de Bourg.
Gély, épse de Chamberlan.
Gély, epse de Clement.
Gély, epse d'Hamel.
Gemelot, épse de Raynard.
Genain, épse de Bernard.
Gendray, épse de Fournier.
Gendre, épse de Bourgery.
Gendre (Le), épse de Sauvageot.
Gendreau, épse de Charland.
Gendron, épse de Bibaut.
Gendron, épse de Colombe.
Gendron, épse de Coté.
Gendron, épse de Desnoyers.
Gendron, épse de Détier.
Gendron, épse de Gagné.
Gendron, épse de Janson.
Gendron, épse de LeFrançois.
Gendron, épse de Martin.
Gendron, épse de Morin.
Généreux, épse de Deshaies.
Généreux, épse d'Enaud.
Généreux, Lse-Pél., ép. Lafresnière, Alexis
Généreux, Mie-A., ép. Lafresnière, P.
Généreux, Madne, épse Lavallée, Jean.

Généreux, épse de Lévesque.
Généreux, épse de Paradis, Robin.
Généreux, épse de Rochereau.
Genest, Marie, épse de Langlois, Frs.
Genest-Labarre, ép. de Paradis.
Genest, épse de Rivard.
Genet, épse de Loiseau.
Geninotte, epse d'Alard.
Genserreau, épse de Blanchet.
Gentil, épse de Baudry.
Gentreau, épse de Leduc.
Geoffroy, épse de Flibot.
Geoffroy, épse de Fribaut.
Georges, épse de Magloire.
Georget, épse de Bauvilet.
Gerbain, épse de Péclavé, Marsal.
Gerbaut, Mie-A., épse Lafrenaie, Jos.
Gerbeau, Ang., épse de Lambert, Eust.
Gerbeniol, G., épse de Joly, J.-Bte.
Germain, épse de Bertrand.
Germain, épse de Boisverd.
Germain, Frse, épse de Boisverd.
Germain, epse de Courtois.
Germain, épse de Cousineau.
Germain, epse de Delisle.
Germain, épse de Dupont.
Germain, Elis., épse de Jobin, Alexis.
Germain, épse de Thibaudeau.
Gervais, épse de Bernier.
Gervais, épse de Coiteux.
Gervais, épse de Desmoulins.
Gervais, épse de Grenier.
Gervais, Mie-A., ép. de Larrivé, Noël.
Gervais, épse de Lemaire.
Gervais, épse de Lonquetin.
Gervais, épse de Nepveu.
Gervais, épse de Pelletier.
Gervaise, épse de Baudry.
Gervaise, épse de Caille.
Gervaise, épse de Letellier.
Gervaise, épse de Touin.
Gesseron, épse de St. Jean.
Giard, épse de Meunier.
Giard, Cecile, épse de Meunier.
Giasson, épse de Daguet.
Giasson, épse de Monier.
Giasson, épse de Morin.
Gibault, épse de Talon, Valeran.
Gibaut, epse d'Aymard.
Gibaut, épse de Minaud.
Gibaut, epse de Vallereau, Royer.
Gibeau, épse de Bricaut.
Gibeau, epse de Panneton.
Gichelin, épse de Butaut, Tissiau.
Gignard, épse de Belanger.
Gignard, épse de Frenet.
Gignard, Mgte, épse de Lamy, Guill.
Gignard, épse de Ruparon.
Giguère, épse de Caron.
Giguère, épse de Drouin.
Giguère, Mie-A., épse Lafranchise.
Giguère, epse de Montambault.
Giguère, épse de Morel.
Gilbert, épse de DeFoy.
Gilbert, épse de Dolbec.
Gilbert, épse de Grenier.
Gilbert, Jeanne, ép. de Lachaise, J.-Bte.
Gilbert, Hélène, ép. de Langlois, Jos.
Gilbert, epse de Lefebvre.
Gilbert, épse de Rochereau.
Gilbert, epse de St. Pierre.
Gilet, epse de Mirabin.
Gilet, epse de Pigeon.
Gillebrot, Mie-Jos., ép. Labadie, Pierre.
Gilles, épse de Coderre.
Gilles, épse de Dumas, Galet.
Gilles, épse de Fleury, Dumas.
Gillet, épse de Bernard.
Gillis, épse de McMalem
Gingras, épse de Aide-Créquy.
Gingras, épse de Chatel.
Gingras, Marie, ép. de Laisné, Jean.
Giral, épse de Freneuse
Girard, épse de Barbot.
Girard, épse de Bedard.
Girard, épse de Belleau.
Girard, épse de Besset.
Girard, épse de Bissonnet.
Girard, épse de Boileau.
Girard, épse de Boulé.
Girard, épse de Charland.
Girard, epse de Coursel.
Girard, épse de Courtemanche.
Girard, epse de Daudelin.
Girard, epse de Desmarets.
Girard, epse d'Ethier.
Girard, Thérése, épse d'Ethier.
Girard, épse de Forcier, Abraham.
Girard, épse de Forcier, . Desmarets.
Girard, épse de Fortier.
Girard, épse d'Hebert.
Girard, épse d'Hurette.
Girard, épse de Jobin.
Girard, Madne, ép. de Jobin, Chs.
Girard, Genev., épse de Juneau, Chs.
Girard, Mie-Frse, ép. de Larose, J.-Bte.
Girard, épse de Maley.
Girard, épse de Moreau.
Girard, epse de Munro.
Girard, épse de Patry.
Girard, épse de Prudhomme.
Girard, épse de Rouillard.
Girardeau, épse de Bruno
Girardeau, épse de Chaillé.
Girardin, epse de Barbe.

Giraut, épse de Gaultier.

Giroir, épse de Bernier.

Giroir, épse de Forest.

Giroir, épse de Godet.

Giroir, épse de Trahan.

Girou, épse de Turcault.

Girouard, épse de Blanchard.

Girouard, épse de Châteauguay.

Girouard, épse de Forest.

Girouard, Jeanne, épse Forest.

Girouard, épse de Godet.

Girouard, épse de Guilbaut.

Girouard, épse de Martin.

Girouard, épse de Terriot.

Giroux, épse de Cloutier, Gaudin.

Giroux, épse de Dessalines.

Giroux, épse de Falardeau.

Giroux, épse de Frenet.

Giroux, épse de Giroux.

Giroux, épse de Grenier.

Giroux, Genev., ép. de Jugnac, Joseph.

Giroux, épse de Morin.

Giroux, épse de Perron.

Giroux, épse de Pinsonneau.

Giroux, épse de Rodrigue, Paradis.

Giroux, épse de Turcot.

Giton, épse de Bernard.

Glacé, épse de Robinson.

Gladu, épse de Coltret.

Gladu, épse de Courtin.

Gladu, épse de Deplaine.

Gladu, epse de Gilbert.

Gladu, épse de Gravel.

Goard, épse de Marie.

Goard, épse de Ste. Marie.

Gobeil, épse de Bin.

Gobeil, épse de Philippe, Duprat.

Gobert, épse de Groleau.

Gobineau, épse de Renaud.

Gobinet, épse de Benoit.

Godaillon, épse de Seigneur.

Godard, épse de Giroux.

Godard, épse de Roy.

Godart, épse de LeRoy, Pigeon.

Godbout, épse de Marceau.

Godbout, épse de Pilet.

Godbout, épse de Pouliot.

Godé, épse de Desroches.

Godeau, épse de Ferré.

Godeau, épse de Petit.

Godeby, épse de Talua.

Godequin, épse de Croteau.

Goderre, epse de Robert.

Godet, épse d'Emond, Boutin.

Godet, épse de Giguet.

Godet, epse de Jacob.

Godet, épse de Lebrun, Caron.

Godet, Mgte, épse de Lebrun.

Godet, épse de Pichot, Grenier.

Godet, épse de Thibaudeau.

Godfroy, épse de Campeau.

Godfroy, épse de Griveau.

Godfroy, épse de Noland.

Godillon, épse d'Ethier.

Godin, épse de Carrier.

Godin, épse de Drouet.

Godin, épse de LaBranche.

Godin, épse de Larue.

Godin, épse de Petit.

Godon, épse de Poitevin.

Godon, épse de Testard.

Godreau, epse de Dugas.

Godreau, épse d'Hebert.

Godu, Mie-V., épse de Langlois, Jos.

Goeffard, épse d'Emery.

Goguet, épse de Biron.

Goiset, epse d'Albert.

Golin, épse d'Hunault.

Gomond, Mad., épse de Langlois, Jean.

Gongeauté, épse de Beaumont.

Gonnentenne, épse de Gareman.

Gonneville, épse de Lupien.

Gontier, épse de Gagnon.

Gontier, Mie, épse de Jolivet, Joseph.

Gontier, épse de Morency.

Gordon, épse de Tarieu.

Gossard, épse de Bussière.

Gossart, épse de Brossier.

Gosselin, épse de Crête.

Gosselin, épse de DeFeltz.

Gosselin, épse de Forbes.

Gosselin, épse d'Houde.

Gosselin, épse de Maillot.

Gosselin, épse de Marcoux.

Gosselin, épse de Quentin.

Gosselin, épse de Ruel.

Goubillot, épse de D'Hasé.

Gouin, épse de Beaubien.

Goujet, épse de Bonhomme.

Goulet, épse d'Archambault.

Goulet, épse de Bélanger, Cauchon.

Goulet, epse de Deslongchamps.

Goulet, épse de Drouin.

Goulet, épse de Dubord.

Goulet, épse de Godu.

Goulet, Marie, épse de Laporte, Chs.

Goulet, Mie, épse de Lavigne, J.-Bte.

Goulet, épse de Letartre.

Goulet, épse de Pichet.

Goulet, épse de Rivet.

Goulet, épse de Rondeau.

Goulet, épse de Tertre.

Goupil, épse de Lecompte.

Goupil, épse de Lepage.

Goupil, épse de Marceau.

Goupy, épse de
Vincent,
Fourmy.
Gour, Thérèse, épse de
Laperche, Frs.
Gour, épse de
Paschal.
Gour, épse de
Saulquin.
Gourau, épse de
Belisle.
Gourdeau, épse de
Lebrun.
Gourdin-Alyson, ép. de
Blondel.
Goyau, épse de
Catin.
Goyau, épse de
Dumouchel.
Goyau, Mie-Cath., ép. de
Lapointe, J.-Bte.
Goyer, épse de
Charlebois.
Goyer, épse de
Coutaut.
Goyet, épse de
Poulin.
Graciot, épse de
Girard.
Gralliard, épse de
Thomas.
Grandbois, épse de
Benoit,
Reiche.
Grandbois, épse de
Maillou.
Grandin, épse de
Baudet.
Grandin, épse de
Brière.
Grandin, épse de
David.
Grandin, épse de
Duhamel.
Grandin, épse de
Morel.
Grandin, épse de
Picot.
Grandin, épse de
Pitaut.
Grandin, épse de
Robillard.
Grandjean, épse de
Bauche.
Grandjon, épse de
LaVallee.
Grandjon, épse de
Richard.
Grandmaison, épse de
DeBercy.

Grandmaison, épse de
Gagne.
Grandmaitre, épse de
Chassé.
Grandpierre, Mie, ép.
Joffrion, J.-Bte.
Grandpré, épse de
Chambly-Cournoyer.
Grandpré, épse de
Dubois.
Granger, épse de
De l'Espinay.
Granger, épse de
Melançon.
Granger, epse de
Nau.
Grant, épse de
Chisholm.
Graton, A.-Mie-C., ép.
Juneau, Philippe.
Graton, épse de
Toupin.
Gravel, épse
d'Ethier.
Gravel, épse de
Goupil.
Gravel, épse de
Parant.
Gravel, épse de
Poulin.
Graveline, épse de
Poitevin.
Gravelle, epse de
Dubois.
Gravelle, epse de
Rivaut.
Gravois, épse
d'Etienne.
Gravois, épse
d'Hébert.
Gravouil, épse de
Ducasse.
Gredon, épse de
Lehouillier.
Greffard, épse de
Plante.
Grégoire, epse de
Baudry.
Grégoire, épse de
Dubord.
Grégoire, épse de
Gladu.
Grégoire, A., épse de
Labossière, C.
Grégoire, épse de
Mouflet.
Grégoire, épse de
Tousignan.
Greliche, épse de
Verger.

Grenier, épse de
Baron.
Grenier, épse de
Beaupré.
Grenier, epse de
Bergeron.
Grenier, épse de
Bernier.
Grenier, épse de
Boivin.
Grenier, épse de
Boulé.
Grenier, épse de
Dexpose.
Grenier, épse de
Dupin.
Grenier, épse de
Galarneau.
Grenier, épse de
Gaudin.
Grenier, épse
d'Houde.
Grenier, Mie, épse de
Lacombe, J.-B.-G.
Grenier, epse de
LaMarre (De).
Grenier, Frse, épse de
Langlois, Noël.
Grenier, épse de
Lemarié.
Grenier, epse de
Lemay.
Grenier, épse de
Levasseur.
Grenier, epse de
Rivard.
Grenier, Mie-C., ép. de
Rivard.
Grenon, épse de
Caron.
Gresleau, épse de
Philippe.
Gresleau, épse de
Segnay.
Griau, épse de
Bouchard,
Tardif.
Griau, épse de
Vesinat.
Griault-Larivière, ép.
Cannon.
Griaux, épse de
Pigeon.
Griffon, épse de
L'Espine.
Grignault, épse
d'Aubuchon.
Grignault, épse de
Pluchon.

Grignon, épse de
Gendron.
Grille, épse de
Beauvais.
Grimard, épse de
Massicot.
Grimbaut, A., ép.
Jean, Joanne.
Grimoult, épse de
Sédilot.
Grinon, épse de
DeLavoye.
Grisard, épse
d'Auge.
Groger, épse
d'Andrieux.
Grogot, épse de
Lefebvre.
Groinier, épse de
Gautier.
Groisat, épse de
Dupuis.
Groleau, épse de
Bélanger.
Groleau, épse de
Nau.
Grondin, épse de
Boisverd.
Grondin, épse de
Lesage.
Groseline, épse de
Bessenaire.
Groset, épse de
Fennelens.
Groslot, épse de
Marchand.
Grossejambe, épse de
Boissel.
Grosse-tête, épse de
Renaud.
Groton, épse de
Plante.
Grou, épse de
Blau.
Grou, Mie-Anne, ép. de
Lauzon, Gilles.
Grou, épse de
Rocheron.
Grouillau, Lse, ép. de
Jourdain, Frs.
Groulx, épse de
Lemeilleur.
Gruau, épse de
René.
Guaudion, épse de
Dauphiné.
Guay, épse
d'Albert.
Guay, épse de
Cote.

Guay, épse de Couture.
Guay, épse de Dechau.
Guay, épse de Desilets.
Guay, épse de Dreux.
Guay, épse de Duclos.
Guay, épse de Filteau.
Guay, épse de Fournier.
Guay, épse de Lecourt.
Guedon, épse de Benoit.
Guedon, épse de Benoît-Laforest.
Guedon, épse de Robinson.
Guelte, Madne, ép. de Laurence, J.-Bte.
Guénard, épse de Gravel.
Guénet, épse de Denis.
Guénet, Margte, ép. de Labrecque, Chs.
Guénet, épse de Normandin.
Guénet, épse de Richard.
Guéneville, épse de Moleur.
Guény, épse d'Aubry, Duval.
Guéraard, épse de Cauchon.
Guérard, épse de Dubord.
Guéribour, épse de Petit.
Guéridon, épse de DeLouvais.
Guérin, épse de Boivin.
Guérin, épse de Bolduc.
Guérin, épse de Catti.
Guérin, épse de Charbonneau.
Guérin, épse de Charier.
Guérin, épse de Chatillon.
Guérin, épse de Gaudin.
Guérin, épse de Leclerc.
Guérin, J., épse de Leclerc.
Guérin, épse de Leriger.
Guérinaut, épse de Boiteau.
Guérineau, épse de Perras.
Guérinet, épse de Perrot.
Guernon, épse de Brazeau.
Guertin, épse de Durand.
Guertin, Chtte, ép. de Laporte, Jean.
Guertin, épse de Levert, Beaune.
Guéry, épse de Chaput.
Guéry, épse de Létourneau.
Guéry, épse de Morin.
Gueslin, épse de Pétrimoulx.
Guespé, épse de Becard.
Guesselin, épse de Pétrimoux.
Guibaud, épse de Veillet.
Guibaut, épse de Sylvestre.
Guibord, épse de Villars.
Guichelin, épse de Turbot.
Guidon, épse de Marest.
Guiet, épse de Gobeil.
Guignard, épse de Beaunoyer.
Guignard, épse de Boutillier.
Guignard, épse de Carcy.
Guignard, épse de Degré.
Guignard, épse de Groisa.
Guilbault, épse de Langevin, Forcier.
Guilbaut, épse de Bouin.
Guilbaut, épse de Bourg.
Guilbaut, épse de Fezeret.
Guilbaut, épse de Laon, Perrot.
Guilbaut, épse de Lefebvre.
Guilbaut, épse de Michel.
Guilbaut, épse de Saillant.
Guilbert, épse de Fayet.
Guillaudeau, épse de Poitevin.
Guillaume, épse de Dubois.
Guillaume, épse de Maheu.
Guillaume, épse de Migneron.
Guillebœuf, épse de Plouf.
Guillebourday, ép. de Baillargeon.
Guillemet, épse de Boucher.
Guillet, épse de Lemoine.
Guillet, épse de Poisset.
Guillet, épse de Rivard.
Guillimin, épse de Pain.
Guillin, épse de Trajot, Robillard.
Guillon, épse de Bondu.
Guillon, épse de Minaud (Le).
Guillot, épse d'Aymard.
Guillot, épse de Bouvet.
Guillot, épse de Bureau.
Guillot, épse de Froge.
Guillot, épse de Gosselin.
Guillot, épse d'Houde.
Guillot, épse de Trudel.
Guimbé, épse de MacDonald.
Guimond, épse de Bernard.
Guimond, épse de Bernier.
Guimond, épse de Gagné.
Guimond, épse de Robichaud.
Guimont, épse de Roy.
Guinard, épse de Carly.
Guiot, épse de Jacquereau.
Guitte, épse de Carestille.
Guy, épse de Berthelet.
Guy, épse de Gervais.
Guyard, épse de Baudry.
Guyard, épse de Nicole.
Guyet, épse de Ledoux.
Guyon, épse de Bélisle.
Guyon, epse de Talon.
Guyonnet, épse de Puet.

H

Haché, épse de Bonhomme.
Haché-Galand, épse de Saulnier.
Haché, épse de Savoye.
Haché, épse de Vivier.
Hachin, épse d'Archambault.
Haguenier, épse de Lefebvre.
Haguin, épse de Courtemanche, Daveluy.
Hainaut, épse de Houde.
Halaire, épse de Testard.
Halay, épse d'Augeron.
Haldimand, épse de Dale, Cassé.

Hallay, épse de Courtois.

Hallé, épse d'Huot.

Hallé, épse de Morel.

Hallier, épse de Bordeleau.

Ham-Chaussé, épse de Prévost.

Hamel, épse de Charland.

Hamel, épse de Desjordy.

Hamel, épse de Drolet.

Hamel, épse de Fréchette.

Hamel, épse de Gauron.

Hamel, épse de Houde, Morand.

Hamel, épse de Lemarié.

Hamel, épse d'Ossant, Raimbaut.

Hamel, épse de Richard.

Hamel, épse de Richer.

Hamel, épse de Sévigny.

Hamel, épse de Tétreau.

Hamel, épse de Vésinat.

Hamelin, épse de Charets.

Hamelin, épse de Mornay.

Hamelin, épse de Paquet.

Hamelin, épse de Sauvageau.

Hamelin, épse de Tessier.

Handlan, épse de Donavan, Sullivan.

Hanneton, épse de Reguindeau.

Harbaude, épse de Dardois.

Harbour, épse d'Arbaris.

Harbour, épse de Coutancineau.

Harbour, épse de Duclos.

Harbour, épse de Froment.

Harbour, Mie, épse de Laroche, Innocent.

Hard, épse de Cholet, Sensar.

Hardy, épse de Charon.

Hardy, épse de Connors.

Hardy, épse de Déguise.

Hardy, épse de Maillet.

Hardy, épse de Pagé.

Hardy, épse de Trotain.

Hareau, épse d'Hardouin.

Harel, épse de Bocage.

Harel, épse d'Hotesse.

Hariot, épse de Vandé.

Haristain, épse de Wroman.

Harnois, épse de Dufour.

Harnois, épse de Fortier.

Harnois, épse de Moreau.

Hate, épse de Boucher.

Haulin, épse de Lorrain.

Hautbois, épse de Houde.

Hayot, épse de Duval.

Hayot, épse d'Hamel.

Hayot, épse de Veillet.

Hazeur, épse de Sébille.

Hébert, épse d'Arseneau.

Hébert, épse de Bergeron.

Hébert, épse de Bourc.

Hébert, épse de Bourg.

Hébert, épse de Caselier.

Hébert, épse de Comeau.

Hébert, épse de DeFoy.

Hébert, épse de Doucet, Ricard.

Hébert, épse de Forest.

Hébert, épse de Grenon.

Hébert, épse de Gueric.

Hébert, épse d'Haché, Goguet.

Hébert, Hélène, épse d'Hébert, Doucet.

Hébert, Marie, ép. de Landry, Charles.

Hébert, epse de Leblanc.

Hébert, epse de Leclerc.

Hébert, épse de Maillet.

Hébert, épse de Marion.

Hébert, epse de Michel.

Hébert, épse de Pedremant.

Hébert, épse de Quenay.

Hébert, epse de Schiller.

Hébert, épse de Syre.

Hébert, épse de Terriot.

Hebert, epse de Thibaudeau.

Hébert, épse de Trahan.

Hédouin, épse de Barbeau.

Hélie, Margte, épse de Langevin, Michel.

Hélot, épse de Dubois.

Hély, epse de Batrio.

Hély, épse de Vandé.

Hémond, épse de Doyon.

Hénaut, épse de LeSiège.

Hénaut, épse de Robillard.

Hénaut, Thérèse, épse Robillard.

Hennequin, épse de D'Amours.

Henri, épse de Chèvrefils.

Henri, Mie-F., épse de Lapointe, Ls.

Henrie, épse d'Hériché.

Henrie, épse de Richer.

Henrisson, épse de Barsolon.

Henry, épse de Flageole.

Henry, epse de Thibaudeau.

Hérault, épse de Filastreau.

Héraut, épse d'Hayet.

Hermel, épse de Baptiste.

Héron, épse de Galarneau, Picard.

Héron, épse de Gelinas.

Herpin, épse de Descotes.

Herrau, épse de Villieu.

Hertel de Lafrenière, ep. de Bélisle, Pothier.

Hervé, épse de Migret.

Hervé-Lagrandeur, ép. Millet.

Hervé, épse de Ruparon.

Hervé, épse de Thibierge.

Hervieux, épse de Curaux.

Hervieux, épse de Daunet.

Hervieux, epse de Gautron.

Héry, épse de Constant.

Héry, Cecile, épse de Lalonde, J.-Bte.

Hestue, épse de Beaudenesse.

HÉTU, épse de Houde.
HEUDES, épse d'Herbin.
HÉVAIN, épse de Richard.
HIARDIN, Mie, épse de Lancougnier, P.
HILL, épse de Hill.
HILL, épse de Houel.
HIOUT, épse de Ledoux.
HIRAGUE, épse de Pambrun.
HIRHART, épse de Crépa.
HISOIR, épse de Jourdain.
HOBBÉ, épse de Roy.
HODGES, épse de Degerlais.
HONORÉ, épse de Sel.
HORÉ, épse de Beaugrand.
HORNÉ, épse de Gosset.
HORTEZ, épse de Laprise, Marassé.
HORTEZ, épse de Maréchal.
HOSTAIN-MARINEAU, ép. Tessier.
HOTESSE, épse de Bau.
HOTESSE, épse de Lebeau.
HOUAMILLER, épse de Houssery.
HOUART, épse de LeGuay, Noland.
HOUDAN, épse d'Asselin.
HOUDE, épse d'Alaire.
HOUDE, épse de Baron.
HOUDE, épse de Biron.
HOUDE, épse de Bonin.
HOUDE, épse de Cauchon.
HOUDE, épse de Champagne.
HOUDE, épse de Charon.
HOUDE, épse de Croteau, Cauchon.
HOUDE, épse de Fréchette.
HOUDE, épse de Grenier.
HOUDE, épse d'Hamel.
HOUDE, épse de Houde.
HOUDE, Marie, épse de Houde.
HOUDE, Marie-Frse, ép. Houde-Desruisseaux, Houde, Jean-Bte.
HOUDE, Louise, épse de Lambert, Pierre.
HOUDE, épse de Marot.
HOUDE, épse de Morisset.
HOUDE, épse de Normand.
HOUDE, épse de Rognon.
HOUDE, épse de Valois, Martel.
HOUÉ, épse de Bayard, Poitevin.
HOUÉ, épse de Bequet.
HOUETTE, épse de Houde.
HOUGHTON, épse de Mondelet.
HOUI, Marie, épse de Lagrave, François.
HOUL, épse d'Ouatté.
HOULE, épse de Beaufort.
HOULE, épse de Belhumeur.
HOULE, épse de Casaubon.
HOULE, épse de Croteau.
HOULE, épse de Gilbert.
HOULE, Marie-Lse, épse Lafleche.
HOULE, épse de Lemay.
HOULE, épse de Marcot.
HOULE, épse de Tessier.
HOULE, épse de Verner.
HOUSSEAU, épse de Meunier.
HOUY, épse de Maillot.
HUARD, épse de Fontaine.
HUARD, Veronique, ép. Lasalle, Pierre.
HUBERDEAU, épse de Plouf.
HUBERT, épse de Bernard.
HUBERT, épse de Bolduc.
HUBERT, épse de Chartier.
HUBERT, épse de Faucher, Chenay.
HUBERT, épse de Fournier, Gachet.
HUBERT, épse de Gautier.
HUBERT, épse de Gendron.
HUBERT, épse de Gusilier.
HUBERT, épse d'Hamel.
HUBERT, épse de Lafontaine.
HUBERT, épse de Leclerc.
HUBERT, épse de LeSieur.
HUBERT, épse de Marcot.
HUBERT, épse de Ponsart.
HUBERT, épse de Précour, Bourgeois.
HUBERT, épse de Tousignan.
HUBINOT, épse de Fournel.
HUBOU, épse de Desorcy.
HUBOU, épse de Dumaine.
HUBOU, épse de Millouer.
HUDON, épse de Bériau.
HUDON, épse d'Auteuil.
HUDON, épse de Miville.
HUDON, épse de Moreau.
HUÉ, épse de Boesme.
HUGUES, épse de Chouinard.
HULIN, épse de Guietier.
HULIN, épse de Hervieux.
HUMELOT, épse d'Hardy.
HUNAULT, épse de Bougret.
HUNAULT, épse de Dufort.
HUNAULT, épse d'Hayot.
HUNAULT-DESCHAMPS, épse de Marion.
HUNAULT-DESCHAMPS, épse de Moreau.
HUNAULT-DESCHAMPS, épse de Noiseux.
HUNAUT, épse d'Audibert.
HUNAUT, épse de Brazeau.
HUNAUT, épse de Brosseau.
HUNAUT, épse de Forest.
HUNAUT, épse de Mazuré.
HUNAUT, épse de Migneron.
HUNAUT, épse de Monet.
HUOT, épse de Cote.
HUOT, épse de DeFoy.
HUOT, épse de Fugère.
HUOT, épse de Genest.
HUOT, épse de Houde.
HUOT, épse de LeFrançois.
HUOT, épse de Martin.
HUOT, épse de Poulin.

Hurault, épse de DuMarché.
Hurault, épse d'Haimard.
Hurdouil, épse de Savard, Réaume.
Hureau, épse de Lemarché.
Huronne, épse de Montour.
Hurtaut, épse de Monet.
Hus-Lemoine, épse de Cottenoire.
Hus, épse de Pelloquin.
Hutré, épse de Sureau.
Hyardin, épse de Vérieul.
Hyrt, épse d'Hurtado.
Hysard, épse de Prou.

I

Idreau, épse de DuPont.
Illinoise, épse de Charles.
Illinoise, épse de Goulet.
Illinoise, épse de Maréchal.
Illy, épse de Berard.
Indian, épse de Blondin.
Ingel, epse de Cooper.
Inghest on, E., épse de Jones, Bénoni.
Irlandaise, épse de Warren.
Iroquoise, épse de Visse.
Isabel, épse de Boucher.
Isabelle, épse de Pelletier.
Isambert, épse de Denis.
Ister, épse de Carbonneau.
Itagisse-Chrétienne, epse de Brillant.
Itasse, épse d'Aubuchon.
Itasse, épse de Dupont.
Ivory, épse de Dionne.
Izartier, épse de Ducondu.

J

Jacob, épse de Dupont.
Jacob, épse d'Hébert.
Jacob, Marie, épse de Julien, Joseph.
Jacoti, épse de Godet.
Jacquelin, épse d'Amiot.
Jacques, épse de Duhamel.
Jacques, épse de Grenier.
Jacques, épse de Grondin.
Jacques, épse d'Hébert.
Jacques, Frse, épse de Lavergne, Amb.
Jacques, epse de Marchand.
Jacques, épse de Parant.
Jacquot, épse de Proteau.
Jahan, épse de Fournier.
Jahan, épse de LeHoux.
Jalbert, epse de Daigle.
Jallais, Marie, épse de Lauzet, Jean.
Jallais, épse de Leclerc.
Jallais, épse de Lizot.
Jallaut, épse de DeRepentigny.
Jallaut, épse de Francheville, Poulin.
Jalodin, épse de Malerne, Audouin.
Jamare, épse de Duval.
Jamer, épse de Jamer.
Jamin, épse de Loiseau.
Jammes-Larivière, ép. Vinet.
Janelle, épse de Dumas.
Janelle, épse de Laforest, Frs.
Janière, épse de Denys.
Janière, épse d'Hombourg.
Jannière, épse d'Hombourg, Denis.
Jannot, épse de Morel.
Janot, epse de Baudry.
Janot, épse de Bougret.
Janot, épse de Chaput.
Janot, épse de Chartier.
Janot, épse de Germain.
Janot, Mie-Chtte, épse Langlois, Pierre.
Janot, épse de Morisseau.
Janot, épse de Pérault, Martin.
Janot-Belhumeur, épse Ratel.
Janot, épse de Rivet.
Janrel, épse de Frapier.
Janson, épse de Cusson.
Janson, epse de Janson.
Janson, épse d'Odiorne.
Jaquière, épse de Dalaux.
Jardet, épse de Rousseau.
Jared, épse de Deslandes, Casavan.
Jaret, épse de Bernier.
Jaret, épse de Blanchard.
Jarnet, épse de Daudin.
Jaroussel, épse de Levreau, Coutart.
Jarred, epse de Palardy.
Jarret, épse de Deslandes.
Jarret, Margte, ép. de Deslandes.
Jarret, épse de Ducharme.
Jarret, epse de Lunegant.
Jarrot, epse de McCracken.
Jarry, épse de Boyer.
Jarry, épse de Lorin.
Jasmin, epse de Drogue.
Jasselin, épse de Deneau.
Jaudoin, épse de Courchêne.
Jaudon, épse de Barbault.
Javelot, épse de Lebeuf.
Jay, épse de Baudon.
Jean, épse de Bossu.
Jean, épse de Boutot.
Jean, épse de Cassé.
Jean, épse de Debien.
Jean, épse de De la Rue.
Jean de Grandmaison, épse de DeRosy.
Jean, épse de Fortier.
Jean, Louise, épse de Koenig, Edm.-Vic.
Jean, Elisa.-Madne, ép. Lamotte, Martin.
Jean, Marie-Anne, épse Larue, Augustin.
Jeanbon, épse de Lefebvre.
Jeanchoux, épse de Colin.
Jean-Godon, épse de Tessier.
Jeanne, Elisa., épse de Kellarman, J.-F.

Jeanneau, épse de Beaubien.

Jeanpart, Frse, ép. de Lamirande, Jean.

Jeffrays, épse de Hust.

Jeffrey, épse de Hust, Perkins.

Jéhan, épse de Laviolette.

Jehanot, épse de Lemay.

Jenkill, épse de Villiers.

Jérémie, épse de Dumay.

Jérémie, épse de Gonnet.

Jérôme, épse de Brasseux, Duhamel.

Jérôme, épse de B[illegible]sseau.

Jérôme, épse de Lemay.

Jetho, épse de Lemplâtre.

Jetté, épse de Bougret.

Jetté, épse de Gozaille.

Joanne, épse de Fortier.

Joanne, Mie-Anne, ép. Lacroix, Pierre.

Jobin, épse de Dandonneau.

Jobin, épse de Lajeunesse.

Jodoin, épse de Major.

Jodoin, épse de Pelletier.

Johnston, épse de Manning.

Join, épse de Chartran.

Jolicœur, épse de Goriau.

Jolicœur, épse de Parisien.

Joliet, épse de Fournier.

Jolivet, épse de Girardin.

Jolivet. épse de St. Michel.

Joly, épse de Cadieu.

Joly, épse de Chapdelaine.

Joly, épse de Charon.

Joly, épse de Damien.

Joly, épse de Desjardins.

Joly, épse de Drapeau.

Joly, épse de Dufour.

Joly, épse de Fréchette.

Joly, épse de L'Escuyer.

Joly, épse de Perthuis.

Joly, épse de Prevost.

Joly, épse de Rival.

Joly, épse de Roy.

Joly, épse de Tessier.

Joncas, épse de Cloutier.

Jonce, épse de Letphénéens.

Jones, épse d'Huggins.

Joppy, épse de Cadoret.

Joppy, Anne, épse de Cadoret, George.

Jordis, épse de Genest.

Jorin, épse de Garceau.

Joseph, épse d'Orde.

Jossard, épse de Pothier.

Jouard, epse de Goulet.

Jouard, épse de Richard.

Jouard, Madne, ép. de Richard, Pierre.

Joubaut, épse de Fafard.

Joubert, épse de Houde.

Joubert, épse de Petit.

Jouin, épse de Rondeau, Dubois.

Jouineau, épse de LeNormand.

Jourdain, épse de Bertaut.

Jourdain, épse de Cunningham.

Jourdain, épse de Delpeches, Maillou.

Jourdain, épse de Gladu.

Jourdain, épse de Gladus, Colin.

Jourdain, épse de Leblanc.

Jourdain, épse de Nel.

Jousselot, épse de Gervais.

Jousselot, épse de Senelé.

Jousset, Lse, épse de Maugue, Claude.

Joyel, épse de Tourigny.

Joyelle, Marie-A., ép. Larivière, J.-Bte.

Joyelle, Margte, ép. de Mackenen, J.-Bte.

Joyelle, Marie-A., ép. Martin, Jacques.

Joyelle, Marie-Lse, ép. Tourigny, Claude.

Juchereau, épse de Champagne, Dugas.

Jude, épse de Peachy.

Jude, Marie, épse de Peachy, Jean.

Judith, Madne, épse de Lequien, Louis.

Jugnac, épse de Galarneau.

Jugnac, Cath., épse de Marcot, Alexis.

Jugnac, Frse, épse de Marcot, Michel.

Jugnac, Thérèse, ép. de Matte, Alexis.

Jugnac, épse de Pichet.

Jugnac, M.-A., épse de Pichet, Alexis.

Juin, épse d'Ancelin.

Juin, épse de Perrin, Favreau.

Juineau, épse de Rivard.

Julien, épse de Choquet.

Julien, épse de Genois.

Julien, épse de Guyon.

Julien, Marie, épse de Laquerre, Frs.

Julien, épse de Messaguier.

Julien, Théotiste, épse Messagué, Gabriel.

Julien, épse de Niquet.

Julien, épse de Verger.

Julien, Thérèse, ép. de Verger, Jean.

Juneau, épse de Meunier.

Juneau, épse de Paplau.

Juneau, épse de Vesinat.

Just, épse de Dioux.

Just, épse de LeGuay.

Just, epse de Levasseur.

Just, épse de Vaufelson.

Just, épse d'You.

Jutras, épse de Dupuis.

K

Kaorate, épse de Gagnon.

Kape8apnok8e, épse d'Amiot-Villeneuve.

Karel, épse de Noël.

Kelly, épse d'Edmund.

Kelly, épse d'Haimond.

Kembal, épse de Lemoine.

Kenny, épse de Wintworth.

Kensey, ép. de Falardeau.

Kérami, épse de Legras.

KÉRAMI, épse de Léonard.
KESSIS-ROGER, épse de Mangeant.
KEST, épse de Turvet.
KEY, épse de Lhuillier.
KIMPER, épse de St. Pierre.
KINDREMANINE, ép. de Steindre.
KINDREMANINE, Agnès, ép. Steindre, Jos.
KINII8ENA, épse de Chevalier.
KISE, Elisab., épse de Kise, Jean.
KITHI8ANNE, épse de Martin.
KITOULAGUE, épse d'Amiot.
KOESKI, épse d'Huquerre.

L

LABADIE-WARREN, épse Cameron.
LABADIE, épse de Dasilva.
LABADIE, épse de Lemarié.
LABADY-NORMANDEAU, épse de Racine.
LABARBE, Jeanne, epse Duval, Pierre.
LABARBIDE, Marie, épse Marsolet, Nicolas, LeMaitre, Denis.
LABARRE, épse de Morin.
LABASTILLE, Renée, ép. Réaume, René, Gautier, René.
LABAUVE, Mie-Jos., épse Laforest, Jos.
LABAUVE, épse de Marchand.
LABBÉ, épse de Boucher.
LABBÉ, épse de Colin.
LABBÉ, Anne, épse de Gilles, Guillaume, Girard, Marc.
LABBÉ, epse d'Helie.
LABBÉ, Jeanne, épse d'Hélie, Jean.
LABBÉ, épse d'Hivin.
LABBÉ, épse de Lefebvre.
LABBÉ, épse de Lepage.
LABBÉ, épse de Mercier.
LABBÉ, épse de Paquet, Guillet.
LABEAUME, épse de Varennes.
LABELLE, épse de Chiquot.
LABELLE, épse de Lecompte.
LABELLE, épse de Maguet.
LABELLE, épse de Migneron.
LABELLE, épse de Morin.
LABELLE, épse de Nadon.
LABELLE, épse de Réaume.
LABELLE, épse de Riquet.
LABELLE, épse de Taillon.
LABELLE, Margte, ép. de Taillon.
LABELLE, épse de Truchon.
LABELLE, épse de Vaillancour.
LABERGE, épse de Choulte.
LABERGE, épse de Duret.
LABERGE, épse de Georget.
LABERGE, épse de Quentin.
LABONTÉ, épse de Goguet.
LABONTÉ, épse d'Hamel.
LABONTÉ, J.-Chtte, épse Lauzon.
LABONTÉ, épse de LeBer.
LABONTÉ, épse de Lefebvre.
LABONTÉ, épse de Renaud.
LABORDE, épse de Dubois.
LABORDE, épse de Morin.
LABOURIÈRE, épse de Lévesque.
LABOURLIÈRE, épse de Marchand.
LABRANCHE, épse de Desgranges.
LABRANCHE, épse de Grange.
LABRANCHE, Cath., ép. de Laforge.
LABRANCHE, Anne, ép. Laur, Joseph.
LABRANCHE, Cath., ép. de Perdriel, Julien.
LABRAYE, épse de Garnier.
LABRÈCHE, épse d'Auclair.
LABRÈCHE, épse de Beauchamp.
LABRÈCHE, épse de Filiatreau.
LABRÈCHE, épse de St. Louis.
LABREC-LECLAIR, ép. de Brosseau.
LABRECQUE, épse de Dubois.
LABRECQUE, épse de Fournier.
LABRECQUE, épse de Laurent.
LABRECQUE, epse de Tanguay.
LABRIE, épse d'Arseneau.
LABRIE, épse de Beauséjour.
LABRIE, épse de Drapeau.
LABRIÈRE, épse de Houde.
LABROSSE, épse de Cardinal.
LABROSSE, épse de Triolet.
LABRYE, épse de Connors.
LAC, épse de Merlot.
LACASSE, épse d'Alaire.
LACASSE, épse de Dorceval.
LACASSE, épse de Labrecque, Forgues.
LACASSE, Mie-Anne, ép. Labrecque, Jos.
LACASSE, Mie-Lse, ép. de Langlois, Thomas.
LACHALLE, épse de Pelletier.
LACHANCE, épse de Guyon.
LACHANCE, Mie-Lse, ép. de Lachapelle.
LACHANCE, épse de Rosa.
LACHAPELLE, épse de Brunel.
LACHAPELLE, épse de Desmarets.
LACHAPELLE, épse de Fogarty.
LACHAPELLE, épse d'Hardy.
LACHAPELLE, épse d'Hunault.
LACHASSE, Mie, ép. de Landroche, Jos.
Lachaussée, épse de Caron.
LACHINE, épse de Roy.
LACOMBE, épse d'Alarie, Gibaut.
LACOMBE, épse de Baudry.
LACOMBE, épse de Charles.
LACOMBE, épse de Cotty.
LACOMBE, épse de Giroux.
LACOMBE, épse de Grenier.
LACOMBE, Mie-Jos., Lalande, Chs.
LACOMBE, Mie-Frse, ép. Lauzon, Frs-Marie.
LACOSTE, épse de Jeanne.
LACOUDRAY, épse d'Alogny.
LACOURSE, épse de Lemery.
LACROIX, épse d'Andirand.
LACROIX, épse de Bricaut.
LACROIX, épse de Cadieu.
LACROIX, épse de Cassin.

Lacroix, épse de Charbonneau.

Lacroix, épse de Cloutier.

Lacroix, épse de Dorval.

Lacroix, épse de Gagnon.

Lacroix, épse de Gautier.

Lacroix, épse de Guillemet.

Lacroix, épse d'Hébert.

Lacroix, Elis., épse de Laforest, Pierre.

Lacroix, Mie, épse de Languedoc, Jacq.

Lacroix, Ang., épse de Larose, Frs-Jean.

Lacroix, épse de Ledoux.

Lacroix, épse de Lefebvre.

Lacroix, épse de Monarque.

Lacroix, épse de Mousseaux.

Lacroix, Cath., épse de Mousseaux.

Lacroix, Madne, ép. de Mousseau, Jean.

Lacroix, épse de Munro.

Lacroix, Judith, ép. de Munro, Jacq.

Lacroix, épse de Savaria.

Lacroix, Suz., épse de Savaria, Jacques.

Ladéroute, épse de Rolet.

L'Admiraud, épse de Martel.

Ladouceur, épse de Charlebois.

Ladouceur, épse de Parant.

Ladouceur, épse de Plante.

Ladouceur, épse de Prejeau.

Lafantaisie, épse de Gautier.

Lafaudière, épse de Paquet.

Lafaye, épse d'Emond.

Laferrière, épse de Vignau.

LaFerté, épse de Lorimier.

Laferté, épse de St. Germain.

Lafeuillade, épse de Thibaut.

Laflamme, épse de Ouellet, Vaudry.

Laflèche, épse de Chaulet.

Lafleur, épse de Barabé.

Lafleur, épse de Boisverd.

Lafleur, épse de Brenèze.

Lafleur, épse de Bruneau.

Lafleur, épse de Chartran.

Lafleur, épse de Delisle.

Lafleur, épse de Duplanty.

Lafleur, épse de Geoffroy.

Lafleur, épse d'Hélie.

Lafleur, épse de Lafontaine.

Lafleur, Mie-L., ép. de Laprise, Guill.

Lafleur, Mie, épse de Larose, Jacq.

Lafleur, épse de La Violette.

Lafleur, épse de Maillot.

Lafleur, épse de Martin.

Lafond, épse de Biguet.

Lafond, épse de Fafard.

Lafond, épse de Lefebvre.

Lafond, épse de Moniter.

Lafond, épse de Tifault.

Lafont, épse de Ouilem.

Lafontaine, épse de D'Ateret.

Lafontaine, épse de Boissel.

Lafontaine, épse de Boisson.

Lafontaine, épse de Dalcret.

Lafontaine, épse de Dornon.

Lafontaine, épse de Dubord.

Lafontaine, épse de Foucher.

Lafontaine, épse de Janson.

Lafontaine, Mie, épse Lajeunesse, E.

Lafontaine, épse de Marquet.

Lafontaine, epse de Quay.

Lafontaine, épse de Rivard.

Laforce, Elis., épse de Lavigne, Ls.

Laforest, épse d'Alard.

Laforest, épse de Dominé.

Laforest, épse de Goguet.

Laforest, épse de Parant.

Laforge, épse d'Hamelin.

Laforge, épse de Louineaux.

Laforge, épse de Sédilot.

Laforme, épse de Moreau.

Lafortune, épse de Batinier.

Lafortune, épse de Grain.

Lafortune, épse d'Hayet.

Lafortune, Mie-A., ép. Lajeunesse.

Lafosse, épse de DeGoutin.

Lafosse, épse de Puyperoux.

Laframboise, Mie, épse Labissonnière.

Laframboise, Mie.-J., ép. Lamotte, J.-M.

Laframboise, épse de Lemeilleur.

Laframboise, épse de Patenotre.

Laframboise, épse de St. Martin.

Laframboise, épse de St. Pierre.

Lafrance-Cartier, ép. Bélisle.

Lafrance, épse de Bertrand, Huot.

Lafrance, épse de Boisverd.

Lafrance, épse de Boucher.

Lafrance, épse de Cocheu.

Lafrance, épse de DeNevers.

Lafrance, épse de Desroches.

Lafrance, épse d'Enaud.

Lafrance, épse de Houde.

Lafrance, épse de Lacoste, Moreau.

Lafrance, Mad., ép. de Lacoste, Guill.

Lafrance, épse de Malbœuf.

Lafranchise, épse de Tranchant.

Lafrenaye, épse de Bonet.

Lafrenaye, épse de Gautier.

Lafrenière, épse de Ferland.

Lafrenière, Mie-A., ép. Laferrière, Ant.

Lafrenière, épse de Martin.

Lafrenière, épse de Petit.

Lagacé, épse de Caron.

Lagacé, épse de Cristin.

Lagacé, épse de Morin.

Lagacé-Minier, épse de Riou.

Lagarde-Bonvouloir, épse de Racicot.

Laginodière, épse de Riel.

Lagiroflée, épse de Renaud.

Lagotterie, épse de Dumouchel.

Lagoue, épse de Valières, Dupille.

Lagout, épse de Guillebert.

LaGrandeur, épse de Dubreuil.

Lagrange, épse de Gibaut.

LaGrange, Jac., ép. de Labière, Laurent.

Lagrange, épse de Théodore, Glory.

Lagrave, épse de Beaunoyer.

Lagrave, epse de Berza.

Lagrave, épse de Boisverd.

Lagu, épse de Poirier.

Laguerche, épse de LeSaullenier.

Laguerche, épse de St. Michel.

Laguerre, épse d'Armand.

Laguerre, épse de Lemerle.

Lagueux, épse de Brunet.

LaGuide, épse de Perrot.

Lahaie, epse de Comptois.

Lahaie, epse de Poitevin.

Lahaise, épse de Fréchette.

Lahaize, épse de Mercier.

Lahaye, épse de Boileau.

Lahaye, épse de Brunet.

Lahaye, épse de Coulon.

Lahaye, épse de Gaudin.

Lahèze, épse de Fissiau.

Lahouchine, épse de Nempech.

Lahrenouatha, épse d'Hotesse.

Lainé, épse de Garneau.

Laisné, épse de Bisson-Lepine, Tessier.

Laisné, épse de Caron

Laisné, épse de Clément.

Laisné, épse de Contant.

Laisné, épse de DeBordeaux.

Laisné, épse de Massier.

Laisné, épse de Mesny.

Laisné, épse de Mondin.

Laisné, épse de Noël.

Laisné, épse de Perrot.

Laisné, epse de DeVauchy.

Laite, épse de Smith.

Lajeune, épse de Marin.

Lajeunesse, épse de Castonguay.

Lajeunesse, épse de Girard.

Lajeunesse, épse de Marck.

Lajeunesse, épse de St. Germain.

Lajeunesse, epse de Vincent.

Lajoie, épse de Longpre.

Lajus, épse d'Abain, Couillard.

Lalande, epse de Fortier.

Lalande, epse de Ladouceur.

Lalande, épse de Parant.

Laleu, Margte, épse de Laleu, Jean-Bte.

Laliberté, epse de Chevalier.

Laliberté, epse de Gagnon.

Laliberté, épse de Larose, Alexandre.

Laliberté, épse de Pitre.

Laliberté, épse de Poulin.

Lalime, epse de Mers.

Lalimondière, épse de Brosseau.

Lalonde, épse de Brousseau.

Lalonde, épse de Daoust.

Lalonde, épse de Daussy.

Lalonde, épse de DeGannes.

Lalonde, épse de Fiore.

Lalonde, épse d'Hemond.

Lalonde, épse d'Hunault.

Lalonde, épse de Poirier.

Lalonde, épse de St. Denis.

Lalonde, épse de Triolet.

Lalongé, epse de Dumans.

Lalongé, Madne, ép. de Lamarche, Nic.

Lalor, épse de Chanse.

Lamain, épse de Mercier.

Lamain, épse de Rognon.

Lamains, épse de Chaumaux.

Lamalice, épse d'Hervieux.

Lamarche, épse de Courville.

Lamarche, épse de Desjardins.

Lamarche, Ursule, épse Lamotte, J.-Bte.

Lamarche, M.-Lse, epse Lapierre, Pierre.

Lamarche, épse de Martin.

Lamarche, épse de Richard.

Lamarine, épse de Barbier.

Lamarque, épse de Laviolette.

Lamarque, épse de Testard.

Lamarre, épse de Briquet.

Lamarre, épse de Duquet.

Lamarre, épse de Huot.

Lamarre, épse de Larchevêque, Harnois.

Lamarre, épse de Martin.

Lamarre, épse de Supernant.

Lambert, épse de Bellire.

Lambert, épse de Better.

Lambert, épse de Clozel.

Lambert, épse de Flip.

Lambert, épse de Gély.

Lambert-de-Baussy, ép. Hautmesny.

Lambert, épse de Houde.

Lambert, épse de Laborde.

Lambert, Mie-A., ép. de Lambert, Jos.

Lambert, épse de Lebeuf.

Lambert, épse de Marchand.

Lambert, épse de Picoté.

Lambert-Aubin, ép. de Plante.

Lambert, épse de Quevillon.

Lambert, épse de St. Pierre.

Lamercière, epse de Lochet.

Lamère-Rapidieux, ép. Joly, Martin.

Lamétif, épse de Marchand.

Lami, épse de Lepine.

Lamontagne, épse de Benoit.

Lamontagne, épse de Brunet.

Lamontagne, épse de Panis, Frs.

Lamontagne, épse de Parant.

Lamontagne, épse de Poitras.

Lamotte, épse de Baret.

Lamotte, épse de Chaillé.

LAMOTTE, épse de Doucet.
LAMOTTE, épse de Dubeau.
LAMOTTE, épse de Dubord.
LAMOTTE, épse de Houde.
LAMOTTE, épse de Lemarié.
LAMOUREUX, épse de Biset.
LAMOUREUX, épse de Charles.
LAMOUREUX, épse de Gareau.
LAMOUREUX, épse de Girouard.
LAMOUREUX, épse de Levitre.
LAMOUREUX, épse de Norrice.
LAMY, épse de Chèvrefils, Duval.
LAMY, épse de Desorcy.
LAMY, épse de Marot.
LANAUDIÈRE, épse de Baby.
LANCELEUR, épse de Gilbert.
LANDAIS, epse de Desrochers.
LANDEAU, épse de Baudoin.
LANDREAU, épse de Hubert.
LANDRILLE, épse de Sauvageau.
LANDRY, épse d'Asselin.
LANDRY, épse de Babin.
LANDRY, épse de Bériau.
LANDRY, épse de Cailleau.
LANDRY, épse de Chemit.
LANDRY, épse de Comptant.
LANDRY, épse de Coutance.
LANDRY, épse de Cioteau.
LANDRY, épse de Déry.

LANDRY, épse de Doucet.
LANDRY, épse de Dugas.
LANDRY, épse de Dupuis.
LANDRY, épse de Guitet.
LANDRY, épse d'Hamelin.
LANDRY, épse de Janot.
LANDRY, épse de Leblanc.
LANDRY, épse de Masson.
LANDRY, épse de Millet.
LANDRY, epse de Préjean.
LANDRY, épse de Ratel.
LANDRY, épse de Robichau, Montambault.
LANDRY, épse de Robichaud.
LANDRY, Mie, épse de Robichaud.
LANDRY, épse de Sincennes.
LANDRY, épse de Smith.
LANDRY, epse de Theroux.
LANDRY, épse de Trahan.
LANEUVILLE, épse d'Aubuchon.
LANEUVILLE, épse de Lemenne.
L'ANFILÉ, épse de Roche.
LANGE, épse de Moreau.
LANGELIER, épse de Morin.
LANGELLE, Cath., ép. de Jusseau, Frs.
LANGEVIN, épse de Champlain.
LANGEVIN, épse de Huet.
LANGEVIN, épse de Jardinier.
LANGEVIN, épse de Mana8iat.
LANGEVIN, épse de Marion.

LANGEVIN, épse de Raoul.
LANGLADE, épse de Moreau.
LANGLAIS, épse de Vinet.
LANGLAISE, épse de Cesire.
LANGLOIS, épse de Baillargeon.
LANGLOIS, épse de Balan.
LANGLOIS, épse de Beaulieu.
LANGLOIS, épse de Branche.
LANGLOIS, épse de Brunet.
LANGLOIS, épse de Cauchon.
LANGLOIS, épse de Chevalier.
LANGLOIS, épse de Clavet.
LANGLOIS, epse de Coutancineau.
LANGLOIS, épse de Desroches.
LANGLOIS, épse de Fenasse.
LANGLOIS, épse de Galipeau.
LANGLOIS, épse de Gallet.
LANGLOIS, épse de Garnier.
LANGLOIS, épse de Germain.
LANGLOIS, épse de Gingras.
LANGLOIS-GLADU, ép. de Grenier.
LANGLOIS, epse de Guillet.
LANGLOIS, épse de Hardy.
LANGLOIS, Marie, ép. de Josse, François.
LANGLOIS, epse de Juchereau.
LANGLOIS, Marie, ép. de Juneau, Pierre.
LANGLOIS, M.-Mad., ép. Laperche, Pierre.
LANGLOIS, Anne, ép. de Laverdière, René.
LANGLOIS, épse de Lemieux.
LANGLOIS, épse de Martin.

LANGLOIS, épse de Moreau.
LANGLOIS, épse de Nau.
LANGLOIS, épse de Noiseux.
LANGLOIS, épse de Nolin.
LANGLOIS, épse de Paré.
LANGLOIS, épse de Paris.
LANGLOIS, épse de Pichet.
LANGLOIS, épse de Poirier.
LANGLOIS, épse de Poitras.
LANGLOIS, épse de Prou.
LANGLOIS, épse de Simon.
LANGLOIS, épse de Simoneau.
LANGLOIS, épse de Titly.
LANGOUMAIS, épse de Paron.
LANGOUMOIS, M.-F., ép. Latour, Etienne.
LANGOUMOIS, epse de Morel.
LANGUEDOC, épse de Jarret.
LANGUEDOC, epse de Lemonde.
LANGUILLE, epse de Grouard.
LANGUILLE, épse de Lanceleur.
LANGUIRON, épse de Pinsonneau, Mathieu.
LANGY, épse d'Hamelin.
LANIEL, epse de Desmoulins.
LANIEL, Jeanne, ép. de Lajeunesse, Nic.
LANOIS, épse de Belleville.
LANOUE, épse de Miville.
LANOUE, épse de Thibaudeau.
LANOUX, épse de Jarry.
LANOUX, Marie, ép. de Languedoc, Jacq.

Lanoux, épse de Meunson.
Lante, épse de Blaide.
Lanticosty, épse de Fort.
Lantier, épse de Chevaudier.
Lantier, épse de Lépine.
Lapérade, épse de Blondeau.
Laperche, épse de Bouteiller.
Laperche, épse de Nadeau.
Laperche, épse de Rivet.
Laperche, épse de Rochereau.
Laperche, El., épse de Rochereau.
Lapérière, épse de Gauvin.
Laperle, épse de St. Onge.
Lapierre, épse de Bilodeau.
Lapierre, épse de Bonin.
Lapierre, épse de Cauchon.
Lapierre, Périnne, ép. Dauny, Honoré, Yves, Lucas.
Lapierre, épse de David.
Lapierre, épse de Dumas.
Lapierre, épse de Favrat.
Lapierre, épse de Jacques.
Lapierre, épse de Nau.
Lapierre, épse de Parant.
Lapierre-Pepin, ép. de Rocheron.
LaPintarde, épse de Bourbonnais.
LaPistole, Ang., ép. de Lacroix, Bonav.
Laplace, épse de Brébant.
Laplace, épse de LeSiège.
Laplante, épse de Déguire.
Laplante, épse de Dumont.
Laplante, épse de Gonneville.
Laplante, épse d'Harel.
Laplante, épse d'Hébert.
Laplante, épse de Hus.
Laplante, Elis., ép. de Langlois, Michel.
Laplante, épse de Lévesque.
Laplante, épse de Raymond.
Lapointe, épse d'Ardouin.
Lapointe, épse de Corbeil.
Lapointe, épse de Dubreuil.
Lapointe, épse de Gariépy.
Lapointe, Marg., ép. de Lallemand, Jacq.
Lapointe, Cath., ép. de Larocquebrune, A.
Lapointe, ép. de Lemaitre.
Lapointe, épse de Morin.
Lapointe, épse de Sareau.
Laporte, épse d'Aubin.
Laporte, épse de Bazière.
Laporte, épse de Bonin.
Laporte, épse de Charbonneau.
Laporte, Mie-Lse, épse Charbonneau.
Laporte, épse de Charpentier.
Laporte, épse de Chaussé.
Laporte, épse de Chénier.
Laporte, épse de Choquet.
Laporte, épse de Deneau.
Laporte, épse de Desmarets.
Laporte, epse de Dumay.
Laporte, epse de Favreau.
Laporte, épse de Forest.
Laporte, épse de Gariépy.
Laporte, épse de Gravel.
Laporte, épse d'Hébert.
Laporte, Mie-A., épse Latouche, Luc.
Laporte, Lse, épse de Laurence, Jos.
Laporte, épse de Lizé.
Laporte, épse de Martin.
Laporte, épse de Moreau.
Laporte, épse de Mousseaux.
Laporte, épse de Payan.
Laporte, épse de Pellant.
Laporte, épse de Perrot.
Laporte, Mgte, ép. de Perrot.
Laporte, épse de Picard, Leclerc.
Laporte, épse de Plouf.
Laporte, épse de Richer.
Laporte, épse de Robillard.
Laporte, Mie-J., ép. de Robillard.
Laporte, épse de Sabourin.
Laporte, épse de Sévigny.
Laporte, epse de Sylvestre.
Laporte, épse de Vignau.
Laporte, Mgte, épse de Vignau.
Laprise, epse de Bélanger.
Laprise, epse de Charland.
Laprise, Mie-A., ép. de Lagu, Jean.
Laprise, épse de Mignier.
Laprise, épse de Nadeau.
Laraire, épse d'Aridé, Rivière.
Laramée, épse de Campeau.
Laramée, épse de Fouquereau.
Laramée, épse de Portugais.
Laraut, épse de Payet.
Larche, épse d'Assiné.
Larche, épse de Gibaut.
L'Arche, épse d'Houlet.
Larche, Mie-F., ép. de Larrivé, J.-Bte.
Larche, épse de Lhuillier.
Larche, épse de Mousseaux.
Larcher, épse de Voisin.
Larchevêque, épse de Dubuc.
Larchevêque, épse de Gagné.
Larchevêque, épse d'Hernaud.
Larchevêque, épse de Mousseaux.
Larchevêque, epse de Poncy.
L'Archevêque, épse de Royer.
Lareau, épse d'Hodiesne.
Larent, Marie-Lse, ép. Labauve, Paul-Ol.
Larin, épse de Sanche.
Lariou, épse de Ouellet.
Larivée, épse de Chartier.
Larivière, épse d'Alard.
Larivière, épse de Blondin.
Larivière, épse de Jérôme.
Larivière, épse de Parnier.
LaRivière, épse de Peras.
Larivière, épse de Verdon.

Laroc, épse de
Sotho.
Laroche, épse de
Bastien.
Laroche, épse de
Béchard.
Laroche, épse de
Brousseau.
Laroche, épse de
Bussière.
Laroche, épse de
Houde.
Laroche, épse de
L'Escuyer.
Laroche, épse de
Masse.
Laroche, épse de
Mornay.
Laroche, épse de
Regeas.
Laroche, épse de
Rochereau.
Larocque, épse
d'Héry.
Larocque, épse de
Prou.
Laronde, Marie-A., ép.
Lallemand, Frs.
Larose, épse de
Berthody.
Larose, épse de
Boule.
Larose, épse de
Marchand.
Larose, Marie-Elis., ép.
Racine,
Derome.
Larose, epse de
Renaud.
Larosée, Suzanne, épse
Lajeunesse, Frs.
Larosette, épse de
Sauvage.
Larouine, épse de
Poirier.
Larrivée, épse de
Colin.
Larrivée, épse de
Després.
Larrivée, épse de
Girard.
Larrivée, épse de
Lenoir.
Larrivée, épse de
Sicotte.
Larry, épse de
Lepage.
Lartache, épse de
Richard.

Larue, épse de
Amiot-Villeneuve.
Larue, épse de
Courier.
Larue, épse de
Suzor.
Lasablonnière, ép. de
Liberge,
Martin.
Lasarre, épse de
Janson.
LaSauvagesse, épse de
Pelletier.
Laselle, épse de
Dubois.
Laselle, épse de
Lemédèque.
Laserte, épse de
Sylvestre.
Lasnon, épse de
Ferré.
Lasnon, épse de
Ledoux.
Lasonde, épse de
Legaré.
LaTaigne, épse de
Gagné.
LaTerreur, épse de
Martin.
LaTouche, épse de
Cauchon.
Latouche, epse de
Manseau.
Latouche, Marg., ép. de
Manseau, Jacques.
Latour, épse de
Cordeau.
Latour, épse de
Généreux.
Latreille, épse de
Lefebvre.
Latreille, épse de
St. André.
Latrémouille, épse
d'Adam.
Latulippe, épse de
Paquet.
Latulippe, épse de
Roy.
Laubier, épse
d'Enard.
Launière, épse de
Pinard.
Laur, épse de
Chaillot.
Laur, èpse de
Comeau.
Laur, Elisab., épse de
Comeau.

Laur, épse de
Michel.
Laure, épse de
Brosseau.
Laurence, épse de
Journet.
Laurence, épse de
Lambert.
Laurence, épse de
Roberge.
Laurence, épse de
Vignau.
Laurencel, épse de
Pageot.
Laurendeau, épse de
Gagnon.
Laurent-Larose, ép.
Bourgoin.
Laurent, épse de
Chènier.
Laurent, épse de
Desroches.
Laurent, épse de
Gaudin.
Laurent, épse de
Goguet.
Laurent, épse
d'Hebert.
Laurent, épse
d'Hilarest.
Laurent, épse de
Journot,
Michelon.
Laurent, Jeanne, ép.
Laforest, Frs.
Lauriot, épse de
Regimbal.
Lausé, épse de
Rivard.
Lauvergnat, épse de
Bareau.
Lauzon, épse de
Babin.
Lauzon, épse de
Bertrand.
Lauzon, epse de
Brien.
Lauzon, épse de
Hoc.
Lauzon, Elisab., ép. de
Larrive, Frs.
Lauzon, épse de
Moreau.
Lauzon, épse de
Noel.
Lauzon, épse de
Phanef.
Lauzon, épse de
Terrien.

Laval, épse de
DeFoy.
Laval, épse de
Girault.
LaVallée, épse de
Beauchemin.
Lavallée, épse de
Bélair.
Lavallée, épse de
Chataigne.
Lavallée, Mgte, ép. de
Laforce, Joseph.
Lavallée, épse de
Tessier.
LaVallière, épse de
Morier.
Lavaltrie, épse de
Boucher.
LaValtrie, épse de
Leclerc.
Laventure, épse de
Fagnant.
Laverdière, épse de
Blouin.
Laverdière, épse de
Plante.
Laverdure, épse de
Chatenay.
Laverdure, épse de
Crépeau.
Laverdure, épse de
Forest.
Laverdure, Cath., épse
Lacroix, Pierre.
Laverdure, épse de
Pineau.
Lavergne, épse de
Gagné.
Lavergne, épsé de
Lecomble.
Lavergne, épse de
Marchand.
Lavigne, épse
d'Amiot.
Lavigne, épse de
Dorion.
Lavigne, épse de
Goguot.
Lavigne, Ang., ép. de
Langlois, Frs.
Lavigne, épse de
Neuvillon.
Lavigne, épse
d'Odelin.
Laville, épse de
Goguet.
Laviolette, épse de
Bélanger.
Laviolette, épse de
Chalifour.

LAVIOLETTE, épse de Champagne.
LAVIOLETTE, épse de Doutre.
LAVIOLETTE, épse d'Engay.
LAVIOLETTE, épse de Nadeau.
LAVIOLETTE, épse de Pagési.
LAVIOLETTE, épse de Primeau.
LAVOIE, épse d'Aubry.
LAVOIE, épse de Barbeau.
LAVOIE, épse de Colombe.
LAVOIE, épse de Girouard.
LAVOIE, Mie-A., ép. de Labrie, Bernard.
LAVOIE, Chtte, épse de Lavallée, Ch.
LAVOIE, épse de Levron.
LAVOIE, épse de Patoile.
LAVOIE, épse de Pinaut, Cote.
LAVOYE, épse de Girard.
LAYER, épse de Dufour.
LEBARBIER, épse de LeMaître.
LEBASQUE, épse de Sainton.
LEBEAU, épse d'Archambault.
LEBEAU, épse de Cadieu.
LEBEAU, épse de Dusseste.
LEBEAU, épse de Gozaille.
LEBEAU, Véronique, ép. Laporte, J.-Bte.
LEBEAU, épse de Lesueur.
LEBEAU, épse de Suzor.
LEBEL, épse de Bouchard.
LEBEL, épse de Philippe.
LEBELEC, epse de Desnoyers.

LEBER, épse d'Albrin.
LEBER, épse de Gipoulon.
LEBER, épse de Guiboche.
LEBER, épse de Pinsonneau.
LEBERT, épse d'Hébert.
LEBERT, épse de Tessier.
LEBEUF, épse de Bignon.
LEBEUF, épse de Gervais.
LEBEUF, épse de Houde.
LEBEUF, Marie, épse de Houde.
LEBEUF, Marie-Frse, ép. Houde.
LEBEUF, épse de Lemieux.
LEBLANC, épse d'Alain.
LEBLANC, épse d'Arceneau, Debidabé.
LEBLANC, épse de Beaulorier.
LEBLANC, epse de Bélisle.
LEBLANC, épse de Blanchard.
LEBLANC, épse de Boudreau.
LEBLANC, épse de Bourdages.
LEBLANC, épse de Bourgeois.
LEBLANC, epse de Brossard.
LEBLANC, épse de Chevalier.
LEBLANC, epse de Cloutier.
LEBLANC, épse de Després.
LEBLANC, épse de Dragon.
LEBLANC, épse de Forest.
LEBLANC, épse d'Harel.
LEBLANC, epse d'Hebert.
LEBLANC, épse de LeBorgne.

LEBLANC, épse de Lefebvre.
LEBLANC, épse de Marchand.
LEBLANC, Victoire, ép. Marchand.
LEBLANC, épse de Mesnage.
LEBLANC, épse de Parant.
LEBLANC, épse de Picot.
LEBLANC, épse de Rabuty.
LEBLANC, épse de Richard.
LEBLANC, épse de Robichaud.
LEBLANC, épse de Thibaudeau.
LEBLAU, épse de Galarneau.
LEBLOIS, épse de DeGannes.
LEBLOND, épse de Bissonnet, Colombe.
LEBLOND, épse de Gourdeau.
LEBLOND, épse de Huot.
LEBOEME, épse d'Achafot.
LEBŒUF, Mie, épse de Lacombe, Ant.
LEBŒUF, épse de Lemieux.
LEBON, épse de Bédard.
LEBORGNE, epse de Bazire.
LEBORGNE, épse de Robichaud.
LEBORGNE-BÉLISLE, ép. Rouer.
LEBOURDAIS, épse de LeBrice.
LEBRET, épse de Moyen.
LEBRETON, épse de DeVillieux.
LEBRETON, épse de Grenier.
LEBREUIL, épse de Deneau.
LEBRUN, épse de Barbarin.
LEBRUN, epse de Couturier.

LEBRUN, épse de Doucet.
LEBRUN, épse de Grandmaison.
LEBRUN, épse de Préjean.
LEBUFFE, épse de St. Jorre.
LECAMUS, épse de Gautier.
LECAMUS, épse de Guertin.
LECAVELIER, épse de Viau.
LECHASSEUR, épse de Bosché.
LECHASSEUR, épse de Chrétien.
LECLAIR, épse de Brault.
LECLAIR, épse de Chaput.
LECLAIRE-LAFRENAY, ép. Plouf.
LECLERC, épse de Bergeron.
LECLERC, épse de Blouin.
LECLERC, épse de Bloys.
LECLERC, épse de Boucher.
LECLERC, épse de Branchaud.
LECLERC, épse de Bussière.
LECLERC, épse de Chrétien.
LECLERC, épse de Coutancineau.
LECLERC, épse de DeLaunay, Daleret.
LECLERC, épse de Déry.
LECLERC, épse de Duval.
LECLERC, épse de Fortin.
LECLERC, épse de Hubou.
LECLERC, épse de Lagu.
LECLERC, épse de LeBer.
LECLERC, épse de Leblond, Rabouin.
LECLERC, épse de Lemay.

LECLERC, épse de L'Escuyer.
LECLERC, épse de Pastourel.
LECLERC, épse de Poiré.
LECLERC, épse de Riffaud.
LECLERC, épse de Sansoucy.
LECLERC, épse de Taillon.
LECLERC, épse de Thibaut.
LECLERC, épse de Tremblay.
LECLERC, épse de Trudel.
LECLERC, épse de Vaudry.
LECLERC, épse de Vivier.
LECOCQ, epse de Laverdure.
LECOCQ, épse de Moreau.
LECOMPTE, épse d'Averty.
LECOMPTE, épse de Biset.
LECOMPTE, épse d'Hubert.
LECOMPTE, M.-Ang., ép. Laflèche, Pierre.
LECOMPTE, epse de Leduc.
LECOMPTE, épse de Prou.
LECOQ, épse d'Albert.
LECOQ, épse de DuBau.
LECOURS, épse d'Amstrong.
LECOURS, épse de Forbes.
LECOURS, épse de Garand.
LECOURS, épse de Gautier.
LECOURS, épse de Girard.
LECOURT, épse de Samson.
LECOUTURIER, épse de Chantelou.
L'ECUIER, Jeanne, épse Joly, Laurent.
LÉCUYER, épse de Beaufort.
LÉCUYER, épse de Boisverd.
LÉCUYER, épse de Dumont.
LÉCUYER, Mie-Jos., épse Jobin, Jean-Bte.
LÉCUYER, Marthe-T., ép. Launière, Jos.
LÉCUYER, épse de Lelièvre.
LEDET, épse de Nepveu.
LEDOUX, épse de Grimot.
LEDOUX-LATREILLE, ép. Mercier.
LEDUC, épse de Darois.
LEDUC, épse de Denote.
LEDUC, epse de Gervais.
LEDUC, épse de Gilbert.
LEDUC, Mie-Jeanne, ép. Juneau, Jean-Bte.
LEDUC, épse de Lienard.
LEDUC, epse de Pariseau.
LEDUC-DENAUT, épse de Robidou.
LEFEBVRE, épse d'Alard.
LEFEBVRE, épse de Bériau.
LEFEBVRE, épse de Bernier.
LEFEBVRE, épse de Bertin.
LEFEBVRE, épse de Bertrand.
LEFEBVRE, épse de Bigot, Dubuc.
LEFEBVRE, épse de Bonhomme, Bourbonnier.
LEFEBVRE, épse de Boyer.
LEFEBVRE, épse de Brousson.
LEFEBVRE, épse de Charets.
LEFEBVRE, epse de Chrétien.
LEFEBVRE, épse de Clouet.
LEFEBVRE, épse de Cosset.
LEFEBVRE, épse de Dagenais.
LEFEBVRE, épse de DeL'Astre.
LEFEBVRE, épse de Delorme.
LEFEBVRE, épse de Déry.
LEFEBVRE, épse de Deshaies.
LEFEBVRE, épse de Dodier.
LEFEBVRE, épse de Dorval.
LEFEBVRE, épse de Duchesne.
LEFEBVRE, epse de Dufresne.
LEFEBVRE, épse de Frénet.
LEFEBVRE, épse de Frigon.
LEFEBVRE, épse de Gatien.
LEFEBVRE, épse de Gautier, Paquin.
LEFEBVRE, épse de Guilbaut, Gendron.
LEFEBVRE, épse de Gerbault.
LEFEBVRE, épse de Gervais.
LEFEBVRE, épse de Goguet.
LEFEBVRE, épse de Guilbaut.
LEFEBVRE, épse d'Hilaire.
LEFEBVRE, épse d'Hunault.
LEFEBVRE, Mie-Jos., ép. Joubert, J.-Bte.
LEFEBVRE, Frse, ép. de Juneau, Prisque.
LEFEBVRE, Mie-Lse, ép. Juneau, Alexis.
LEFEBVRE, M.-Chtte, ép. Lafond, Antoine.
LEFEBVRE, Frse, ép. de Laisne, Jean-Mie.
LEFEBVRE, épse de Lalonde, Antoine.
LEFEBVRE, Madne, èp. Lamy, Jos.-Marie.
LEFEBVRE, Mie-A., ép. Langevin, Frs.
LEFEBVRE, Mie-Jos., ép. Larrivé, Chs.
LEFEBVRE, Cath., ép. de Lefebvre.
LEFEBVRE-LASISSERAY, ép. de Lefebvre.
LEFEBVRE, épse de L'Espagnol.
LEFEBVRE, épse de Liénard-Durbois, Rouillard.
LEFEBVRE, épse de Limousin.
LEFEBVRE-VILLEMUR, ép. de LeSieur.
LEFEBVRE, épse de Pilon.
LEFEBVRE, épse de Poirier.
LEFEBVRE, épse de Queret.
LEFEBVRE, épse de Rochereau.
LEFEBVRE, épse de Sentenne.
LEFEBVRE, épse de Soulard.
LEFEBVRE, épse de Terrien.
LEFEBVRE, épse de Thibaut.
LEFEBVRE, épse de Trotier.
LEFEBVRE, épse de Trove.
LEFEBVRE, épse de Trudel.
LEFEBVRE, épse de Turgeon.
LEFEBVRE, épse de Villebrun.
LEFLOT, épse de Perrot.
LEFORT, épse de Brouillet.
LEFORT, epse de Rivard.
LEFOUIN, epse de Dupuis.
LEFRANC, épse de Niel.
LEFRANÇOIS, épse de Bélanger, Martineau.
LEFRANÇOIS, epse de Daunet.
LEFRANÇOIS, épse de Fafard.
LEFRANÇOIS, Frse, épse Lavergne, Frs.

Lefrançois, épse de
Martineau,
Paquet.

Lefrançois, épse de
Nogard.

LeGardeur, épse de
Boucher.

LeGardeur, épse de
Sicard.

Legault, épse de
Martin.

Legaut, épse de
Brisebois.

Legaut, épse de
Brunet.

Legaut, épse de
Cesire.

Legaut, épse de
Damours.

Legaut, épse de
Dubois.

Legaut, épse de
Roy.

Legaut, épse de
Triolet.

LeGendre, Mie-A., ép.
Lambert, P.-Jos.

Legendre, épse de
Sauvageau.

Léger, épse de
Cannavan.

Léger, épse de
Rouillard.

Legrain, épse de
Bertrand.

LeGrain, epse de
Rolet-Ladéroute,
Olivier.

LeGrand, épse de
Caillabé.

LeGrand, épse de
Marié.

LeGrand, épse de
Nepveu.

Legrand, épse de
Noël.

Legris, Marie-Lse, épse
Jolin, Charles.

Legris, Marie-Lse, épse
Jusseau, Alexis.

Legris, épse de
Parant,
Cotin.

LeGros, épse de
Boisson.

LeGuay, épse de
Garnier.

LeGuay, épse de
Grenier.

LeGuay, Madne, ép. de
L'Archevêque, J.

Lehou, épse de
Martel.

Lehoux, épse de
Moineau.

Lejeune, épse de
Doiron.

LeLaboureur, épse de
LeNormand.

Lelièvre, epse de
Gosselin.

Lelièvre, Ursule, épse
Lacasse, Joseph.

Lelièvre, épse de
Lavoye.

Lelièvre, épse de
Roy,
Molinet.

LeLong, épse de
Bonneau.

Lelong, épse de
Dumas.

LeLoup, épse de
Nafrechon.

Leloutre, épse de
Grevier.

Lemaine, epse de
Boucher.

Lemaine, épse de
Girard.

Lemaire, épse de
Blain.

Lemaire, épse de
Bourdezeau.

Lemaire, épse de
Charon.

Lemaire, épse de
Deslauriers.

Lemaire, épse de
DuLignon.

Lemaire, épse de
Favreau.

Lemaire, épse
d'Hulin.

Lemaire, epse de
Préjean.

Lemaire, épse de
Ratel.

Lemaire, épse de
Sourin,
Bonin.

Lemaistre, épse de
Cahel.

Lemaistre. épse
d'Hamel.

Lemaistre, épse de
Perras.

Lemaitre, épse de
Blanquet.

Lemaitre, épse de
Bouré.

Lemaitre, épse de
Durand.

Lemaitre, épse
d'Harnois.

Lemaitre, épse de
Lelac,
Chartier.

Lemaitre-Augé, ép. de
Sicard.

Lemant, épse de
Lefebvre.

LeMarchand, épse de
Leneuf.

LeMarchet, épse de
Dautour.

Lemarié, epse de
Chevalier.

Lemarié, épse de
Cotineau.

Lemarié, épse de
Girard.

LeMarié, épse de
Muloin.

Lemarié, epse de
Ouimet.

Lemay, epse
d'Adam.

Lemay, épse
d'Alary.

Lemay, épse
d'Audet.

Lemay, épse de
Bourgeois.

Lemay, epse de
Bourgoin.

Lemay, epse de
Gauron.

Lemay, epse de
Grenier.

Lemay, epse
d'Hamel.

Lemay, epse de
Houde.

Lemay, Elisa., épse de
Houde.

Lemay, Angel., épse de
Lapointe, Ignace.

Lemay, Cath., épse de
Lapointe, Michel.

Lemay, épse de
Lemarié.

Lemay, épse de
Lemay.

Lemay, épse de
Maillot.

Lemay, épse de
Morier.

Lemay, Mie-A., épse de
Tousignan.

Lemelin, épse de
Bisson.

Lemelin, Mie, épse de
Lacroix, Joseph.

Lemer, épse de
Chevrier.

Lemer, épse de
Dicaire.

Lemer, épse de
Dulin.

Lemer, épse de
Hulin.

Lemère, Madne, ép. de
Lambert, J.-Bte.

Lemerle-d'Aupré, épse
Bory.

Lemerle, épse de
Desrochers.

LeMesle, épse de
Morin.

LeMeunier, épse de
Daubigeon.

Lemieux, épse de
Cléroux.

Lemieux, Gen., épse de
Langlois, Ls-Jér.

Lemieux, epse de
Lecourt.

Lemieux, epse de
Morneau,
Guyon.

Lemieux, épse de
Poissant.

Lemieux, épse de
Roy.

Lemieux, épse de
Vautour.

Lemire, épse de
D'Au.

Lemire, epse de
Fissiau.

Lemire, epse de
Giroux.

Lemire, épse
d'Hamel.

Lemire, épse de
Jolliet.

Lemire, épse de
Lefebvre.

Lemire, épse de
Nègre.

Lemoine, épse de
Bindre.

Lemoine, épse de
Doyer.

Lemoine, épse de
Leduc.

LEMOINE, épse de
Messier.
LEMOINE, épse de
Niquet.
LEMONIER, épse
d'Hodiau.
LEMOYNE, épse de
Bienvenu.
LEMOYNE, épse de
Duhaut.
LEMOYNE, épse de
LeBer.
LEMOYNE, épse de
Messier.
L'ENCLU, épse de
Boulé.
LENEUF, épse de
Godfroy.
LENEUF-DUHÉRISSON,
épse de Poutrel.
L'ENFILÉ, épse de
Roche.
LENOIR, épse de
Dandonneau.
LENOIR, épse de
Lebeuf.
LENOIR, épse de
Marchand.
LENORMAND, épse de
Chevalier.
LENORMAND, épse de
Martel.
LENORMAND, épse de
Rondeau.
LEODET, épse de
Nepveu,
Pinel.
LÉONARD, épse de
Bergeron.
LÉONARD, épse de
Cardin.
LÉONARD, Mie-J., ép. de
Latreille, Gabriel.
LÉONARD, épse de
Loiseau.
LÉONARD, épse de
Rémy.
LEPAGE, épse do
Beausseron.
LEPAGE, épse de
Bouc.
LEPAGE, épse de
Boulan.
LEPAGE, épse de
Cadet.
LEPAGE, épse de
Coté.
LEPAGE, épse de
Desmarais,
Petit.

LEPAGE, épse de
Dubé.
LEPAGE, épse de
Garinet.
LEPAGE, Cath., épse de
Labadie, Ls.
LEPAGE-DE LA MOLAIS,
ép. Maisonneuve.
LEPAGE, épse de
Métivier.
LEPAGE, epse de
Peuvret.
LEPAGE, épse de
Renaud.
LEPAGE, épse de
Théory,
Peuvret.
LEPAGE, épse de
Triolet.
LEPARC, Suz., épse de
Keneré, Thomas.
LEPELLÉ, épse de
Rivard.
LEPELLETIER, épse de
Chartier.
LEPELLETIER, epse de
Duplessis.
LEPETIT, Mie, épse de
Laurent, Jean.
LÉPICIER, épse de
Gilbert.
LÉPINE, épse de
Boucher.
LÉPINE, épse de
Buteau.
LÉPINE, épse de
Chasle.
LÉPINE, épse de
Desjardins.
LÉPINE, épse de
Houde.
LÉPINE, Ang., épse de
Laberge, Aug.
LÉPINE, Mie-Jos., ép. de
Latour, Amable.
LÉPINE, epse de
Lenoir.
LÉPINE, épse de
Payet.
LEPOUPET, épse de
Beaurenom.
LEPREUVIER, épse de
Meneux.
LEPRÉVOST, épse de
D'Amours.
LEPRINCE, épse de
Doiron.
LEPROHON, épse de
LeBellet.

LEQUINT, épse de
Gaigneux,
L'Eveillé.
LEQUINT, épse de
Léveillé,
Girard.
LERAT, épse
d'Anest.
LERAUX, épse de
Fiquet.
LEREAU, épse de
Bisson.
LERICHE, épse de
Fugère.
LERMONGE, épse de
Sireude.
LEROUGE, épse de
Carreau.
LEROUX, epse de
Bonnedeau.
LEROUX, épse de
Borneuf.
LEROUX, épse de
Dufour.
LEROUX, Mie-Anne, ép.
Laigu, Frs.
LEROUX, épse de
Moreau.
LEROUX, épse de
Ravary.
LEROUX, épse de
Rouleau.
LEROY, épse de
Bouchard.
LEROY, épse de
Champlain.
LEROY, épse de
Chardonneau.
LEROY, épse de
Duplessis.
LEROY, epse de
Ferrot.
LEROY, épse de
Fribaut.
LEROY, épse de
Leblanc.
LEROY, épse de
Millouer.
LEROY, épse de
Paladeau.
LEROY, épse de
Perusseau.
LEROY, épse de
Prevost.
LEROY, épse de
Quatrebarbe.
LEROY, épse de
Rodrigue.
LESABLE, epse
d'Hamelin.

LESAGE, épse de
Berthiaume.
LESAGE, épse de
Chatelain.
LESAGE, épse de
Frapier.
LESAGE, Mie-Anne, ép.
Frapier.
LESAGE, Mie-Jos., ép. de
Frapier.
LESAGE, Ursule, ép. de
Frapier.
LESAGE, épse de
Pariseau.
LESAGE, épse de
Pichet.
LESAGE, épse de
Pivert.
LESAGE, épse de
St. Pierre.
LESAINT, épse de
Maranda.
LESCARBOT, epse de
Froment.
L'ESCARBOT, épse de
Gautier.
LESCARBOT, épse de
Gour.
LESCARBOT, épse de
Moret.
LESCARBOT, épse de
Perrot.
LESEIGNEUR, épse de
Sasseville.
LESEUR, épse de
LeBer.
LESIÈGE, épse de
Paquin.
LESIEUR, épse de
Gautier.
LESIEUR, épse de
LeSieur.
LESIEUR, épse de
Rivard.
LESONT, épse de
Desmarets.
LESONT, épse de
Lafortune,
Pinet.
L'ESPÉRANCE, épse de
Nican,
Catel.
LESPÉRANCE, épse de
Ponsart.
LESPINE, épse de
Faure.
LESSARD, épse de
Boucher.
LESSARD, épse de
Cote.

Lessard, épse de Roussin.
LESTAGE, épse d'Augé.
LESUEUR, épse de Vivier.
LÉTANG, épse de Cousineau.
LETARD, épse de Roussin.
LETARTE, épse de Béland.
LETARTE, épse de Halay.
LETARTE, épse de Martel.
LETARTE, épse de Morin.
LETARTE, épse de Trudel.
LETARTRE, épse de Bourbeau.
LETARTRE, épse de Mathieu.
LETARTRE, Ang., ép. de Mathieu.
LETELLIER, épse de Gerbert.
LETENDRE, épse de Lamarche.
LÉTOURNEAU, épse de Belanger.
LÉTOURNEAU, épse de Chartier.
LÉTOURNEAU, Th., épse Chartier.
LÉTOURNEAU, épse de Gagnon.
LÉTOURNEAU, épse de Simard.
LÉTOURNEUX, épse de Choret.
LÉTOURNEUX, Mie, épse Choret.
LETROFILE, Frse, ép. de Lagu, Chs.
LETRU, epse de Cadou.
LEVAIGNEUR, épse de Montreau.
LEVALET, épse de Mourier.
LEVASSEUR, épse d'Audivert.
LEVASSEUR, épse de Coté, Pierre, Coté, Jean-Bte.
LEVASSEUR, épse de Drolet.
LEVASSEUR, épse de Gaudin, Coté.
LEVASSEUR, épse de Gautier.
LEVASSEUR, épse de Guyon.
LEVASSEUR, épse d'Hayot.
LEVASSEUR, épse de Pelletier.
LEVASSEUR, épse de Ruel.
LEVAVASSEUR, épse de Tesson.
LÉVEILLÉ, épse d'Arcouet.
LÉVEILLÉ, épse de Godfroy.
LÉVEILLÉ, épse de Letellier.
LÉVEILLÉ, épse de Paradis.
LÉVEILLÉ, épse de Roy.
LÉVÊQUE, épse de Boucher.
LÉVÊQUE, epse de Chevalier.
LÉVÊQUE, épse de Dube.
LÉVÊQUE, épse de Gautier.
LÉVÊQUE, Ang., épse de Lancognard, P.-R.
LÉVÊQUE, épse de Perrot.
LEVERD, épse de Lamothe.
LEVERRIER, épse de Chiquot.
LÉVESQUE, épse de Banville.
LÉVESQUE, épse de Migneron, Mondor.
LÉVESQUE, épse de Miville.
LÉVESQUE, épse de Mousseaux.
LÉVESQUE, épse de Plourde.
LÉVESQUE, Madne, ép. Plourde.
LÉVESQUE, Mie-M., ép. Plourde.
LÉVESQUE, épse de Riel.
LÉVESQUE, épse de Rochereau.
LÉVESQUE, épse de Roy.
LEVIER, épse de Incydre.
LEVIEUX, épse de Neveu.
LEVITRE, épse de Renaud.
LEVRARD, épse de Morin.
LEVREAU, épse de Bernard.
LEVREAU, epse de Chaumelot.
LEVREAU, épse de Foran.
LEVREAU, épse de Guy.
LEVRET, épse d'Arnould.
LEVRON, épse de Dubois.
LHÉRAUX, épse de Poitevin.
LHEUREUX, épse de Lemay.
LHEUREUX, épse de Perusse.
L'HOMME, épse de Duclou.
L'HOMME, épse de Filteau.
LHUISSIER, épse d'Abraham.
LIBERGE, épse de Boivin.
LIBERGE, épse de Policain.
LIÉNARD, épse de Gour.
LIÉNARD-DURBOIS, épse Greenhill.
LIÉNARD, Chtte, ép. de Jobin, Pierre.
LIÉNARD, Mie-Lse, ép. Labaubier, Jacq.
LIÉNARD, épse de Sansoucy.
LIÉNARD, épse de Vilaire.
LIERCOUR, Mie-Ant., ép. Juillet, Blaise.
LIGNOT, épse de Turgeon.
LIMOGES, épse de Laurence.
LIMOGES, Marie, ép. de Laurence, Noël.
LIMOGES, épse de LeCerclé, Dufaut.
LIMOGES, épse de Lemarié.
LIMOGES, épse de Pepin.
LINIÈRE, épse d'Horne.
LIONETTE, épse de Dupré.
LISOT, épse de Gravelle.
LISOTTE, épse de Gagnon.
LISOTTE, épse de Meneux.
LITTLEFIELD, épse d'Austin.
LIVERNOIS, épse de Gautier.
LIVERNOIS, épse de Pilet.
LIZOT, épse de Gagnon.
LIZOT, épse de Mignier.
LOCAT, épse d'Aubert.
LOCKERT, épse de Lockert.
LOISEAU, épse de Dubeau.
LOISEAU, épse de Gendron.
LOISEAU, Margte, ép. de Lafresnière, J.-B.
LOISEAU, épse de Lemire.
LOISEAU, épse de Loiseau.
LOISEAU, épse de Ménard.
LOISEL, épse d'Audivarique.
LOISEL, épse de Chalifour.
LOISEL, épse de Coiteux.
LOISEL, épse de Fafard.
LOISEL, épse de Grenier.
LOISEL, épse de Ménard.
LOISELLE, épse de Gervais.
LOISY, épse de Bouchet.

Lombard, épse de Macarty.
Lombard, épse de Morin.
Lomme, épse de Vincent.
Longchamp, épse de Bilodeau.
Loppé, épse de Valiquet.
Lorain, épse de Dagenais.
Lorain, épse de Duclos.
Lorain, épse de Taillefer.
Lorancé, épse de Campeau.
Lorange, Mie-Mad., ép. Kerie, Jean-Louis.
Loranger, épse de DeSalle.
Lord, épse de Barberousse.
Lord, épse de Littlefield.
Lord, épse de Roy.
Lord, épse de Savoye.
Lore, épse de Bau.
Lore, épse de LeBrice.
Lorgueil, épse d'Hunault.
Lorion, epse de Baudry.
Lorion, épse de LeBer.
Loriot, Mie-Thér., ép. Landry, Charles.
Loriot, épse de Mainguy.
Lorrain, épse de Descaris.
Lorrain, épse de Duval.
Lory, épse de Lebeau.
Lothier, épse de Jousset.
Lothier, épse de Legier.
Loubié, épse d'Esnard, Huquerre.
Loubier, épse d'Huquerre, Bonin.
Louineau, Mie-Gen., ép. Lataille, Jean-Bte.
Louise, épse de Dominique.
Louvet, épse de Brassard.
Louvette, épse de LeBourdais.
Loyer, épse de Blanchard.
Loyer, épse de Grégoire.
Loyseau, épse de Trotier.
Lowisse, épse d'Hiesecke.
Lucas, épse d'Aubert.
Lucas, épse de Bellesœur.
Lucas, épse de Fafard.
Lucas, épse de Mossart.
Lucié, épse de Boutet.
Lucos, épse de Moreau.
Lukin, épse de Ferland.
Lunau, épse de Dufaut.
Luneau, épse de Lafond.
Lupien, épse de Brisset.
Lupien, épse de Gilbert.
Lupien, épse de Pinard.
Lupien, épse de Rivard.
Lusignan, épse de Fortin.
Lusignan, Urs., ép. de Lamoureux, J.-B.
Lusignan, épse de Petit.
Lusignan, épse de St. Germain.
Lussier, épse de Darris.
Lussier, épse de Desmarets.
Lussier, épse de Guyon.
Lussier, épse de Meunier.
Lussier, épse de Tétreau.
Lussier, Cath., ép. de Tétreau.
Lyonnais, épse de Mery.

M

Mabile, épse de Salois.
Macard, épse de Cadieu.
Macatemic8c8e, épse de Letellier.
Macdonald, épse de Macdonald.
Macdonald, Mgte, épse MacDonald.
Macdonell, épse de McIntyre.
Macé, épse de Courier.
Macé, épse de Gaillon.
Macé, Marie, épse de Laporte, Denis.
Macé, épse de Rocheri.
Machard, épse d'Alavoine.
MacKenzie, épse de McIntosh.
Maclin, épse de Chiquot.
Macouce, épse de Davignon.
Macré, épse d'Enaud.
Madelaine, Mie, ép. de Langelier, Michel.
Madeleine, épse de Barthélemi.
Madelon, épse de Gyboise.
Mador, épse de Monet.
Madore, épse de Brunet.
Madoue, épse de Fontaine.
Madran, épse de Leriger.
Magdelain, épse de Tapin.
Magnan, épse de Gallien.
Magnan, épse de Gautier.
Magnan, épse de Gauvin.
Magnan, Mie-Jos., épse Carrier, Joseph, Labadie, Pierre.
Magnan, Mie-Lse, épse Laroche, Gabriel.
Magnan, épse de Mailly.
Magnan, épse de Ruel.
Magnié, épse de Chartier, Jinchereau.
Magot, épse de Berthiaume.
Maguet, épse de Chevaudier.
Maheu, épse de Caron.
Maheu, épse de Ledoux.
Maheu, épse de Lesage.
Maheu, épse de Migneron.
Maheu, épse de Parant.
Maheux, épse de Moreau.
Mahiet, épse de Besnard.
Mailhot, épse de Guilbaut.
Mailhot, épse de Raté.
Maillard, épse de Simon-Boucher.
Maillé, épse de Blau.
Maillet, épse de Bringodin.
Maillet, épse de Cadieu.
Maillet, épse de Circé.
Maillet, épse de Courtemanche.
Maillet, épse de Forget.
Maillet, épse de Gagnon.
Maillet, épse de Rasset.
Maillet, épse de Lépine.
Maillet, épse de Renaud.
Maillet, épse de Roy.
Maillet, épse de Trotier.

Maillier, épse de Goulet.
Maillot, épse de Bienvenu.
Maillot, épse de Brunet.
Maillot, épse de Claveau.
Maillot, épse de Cloteau.
Maillot, épse de Cotineau.
Maillot, épse de Francœur.
Maillot, épse de Freslon.
Maillot, épse de Gareau.
Maillot, épse de Lebeuf.
Maillot, épse de Tousignan.
Maillou, épse de Bacon.
Maillou, épse de Cocheu.
Maillou, épse d'Hélie.
Maisonnat, épse de Treilli.
Maisonneuve, épse de Bourbon.
Maisonneuve, épse de Caron.
Maisonneuve, épse de Cusson.
Maisonneuve, épse de Gipoulon.
Maisonneuve, épse de Ouimet.
Maisonneuve, épse de Payet.
Maisonneuve, épse de Pelletier.
Majo, épse de Sustier.
Major, épse de Courcy.
Major, épse de Maillet.
Major, épse de Roy.
Malbeuf, épse de Huot.
Malbœuf, épse de Filiatreau.
Malbœuf, épse de Thibaut.
Malet, épse de Boucher.
Malet, épse de Dicaire.
Malet, épse de L'Escuyer.
Malet, épse de Lucas.
Malet, épse de Perthuis.
Malherne, épse de Guérin.
Malier, épse de Roulois.
Mallet, épse de Rouillard.
Malleterre, épse de Gauron.
Malo, épse de Boin.
Malo, épse de LaPensée.
Malo, épse de Lebrun.
Malo, épse de Marion.
Malouin, épse de McKinal.
Malteau, épse de Foucher.
Malteau, épse de Roy.
Malvineau, épse de Borni.
Manchon, épse de Provencher.
Manègre, épse de From.
Manevely deRainville, ép. de Pelletier.
Manié, épse de Chartier.
Manitouabeurich, épse de Prevost.
Mansard, épse de Guyon.
Mansard, épse de Melain.
Mansard, épse de Pineau.
Manse, épse de Levrard.
Manseau, Mie, épse de Labrecque, Chs.
Manseau, épse de Parant.
Manseau, épse de Voyne.
Mansion, épse de Charlot.
Mansion, épse de Tudault.
Manteau, épse de Lefebvre.
Maquin, épse de Gomain.
Maranda, épse d'Andre.
Maranda, épse de Couvret, Robineau.
Maranda, épse de Gaudreau.
Maranda, épse de Gosselin.
Maranda, épse de Griau.
Maranda, épse de Morin.
Maranda, épse de Parant.
Maranda, épse de Pinel.
Marceau, épse de Bourchaine.
Marceau, épse de Tirar.
Marchand, épse d'Archambault.
Marchand, épse de Caron.
Marchand, épse de Cœur.
Marchand, épse de D'Auvine.
Marchand, épse de Desrochers.
Marchand, épse de Fafart.
Marchand, épse de Guèvremont, Ledoux.
Marchand, épse de Labbé, Martel.
Marchand, épse de Nafrechon.
Marchand, épse de Sicard.
Marchesseau, épse de Boutin.
Marcheteau, épse de Cousineau.
Marcot, épse de Delomé.
Marcot, épse de Déry.
Marcot, épse de Germain.
Marcot, épse de Labourslère, Chèvrefils.
Marcot, épse de Martineau.
Marcot, épse de Montambault.
Marcot, épse de Nau.
Marcot, Mie-Mdne, ép. Nau.
Marcot, épse de Rivard.
Marcotte, épse de Groleau.
Marcotte, épse de Tassé.
Marcou, épse de Charly.
Marcou, épse de Jahan.
Maré, épse de Bole.
Maréchal, épse de Doyron.
Maréchal, épse d'Hélie.
Mareschal, épse de Thoison.
Maret, épse de Charon.
Maret, épse de Gallien.
Maret-Lépine, Mie-L., ép. de Langlois, F.
Maret, épse de Plamondon.
Maret, épse de Petitclerc.
Marette, épse de Massue.
Marette, épse de Petit.
Marette, épse de Robillard.
Marguerie, épse d'Hertel, Moral.
Marguet, Mie-C., ép. de Laboursodière, J.
Marié, épse d'Antinael.
Marié, Anne, épse d'Arguineau.
Marié, épse de Barbeau.
Marié, Hélène, épse de Bédard.
Marié, épse de Charon.
Marié, épse de Chevery.

MARIÉ, èpse de Dérer.
MARIÉ, èpse de Duchiray.
MARIÉ, èpse de Filion.
MARIÉ, èpse de Gagnon.
MARIÉ, èpse de Gatien.
MARIÉ, èpse d'Hébert.
MARIÉ, èpse d'Herpe.
MARIÉ, èpse de Maisonneuve.
MARIÉ, èpse de Morin.
MARIÉ, èpse de Quenneville, Gilbert.
MARIET, èpse de Desponts.
MARIGNY, èpse d'Andiran.
MARIGNY, èpse de Davis.
MARIN, èpse de Forin.
MARIN, èpse de Rigal.
MARIN, èpse de Thibaudeau.
MARION, èpse de Depeiras.
MARION, èpse de Houde.
MARION, èpse de Lebeau.
MARION, èpse de Malbœuf.
MARION, èpse de Mazuré.
MARISAL, èpse de Poupardeau.
MARISSAR, èpse de Pompardeau.
MARLET, èpse de Chenneville.
MARLOT, èpse de Manègre.
MARMET, èpse de Lobon.
MARNESSE, èpse de Dellard.
MAROIS, èpse de Mathieu.
MAROIS, èpse de Soucy.
MAROT, Marie-Lse, èp. Lagrave, Frs.
MARQUET, èpse de Cauchon.
MARQUET, èpse de Lefebvre.
MARQUIS, èpse d'Albert.
MARQUIS, èpse de Dufaut.
MARQUIS, Mie-Ang., èp. Laurent, Sylvain.
MARSAN, èpse de Cuvillon, Parant.
MARSAN, èpse de David.
MARSAN, èpse de Gauron.
MARSAND, èpse d'Aubin.
MARSILLE, èpse de Longpre.
MARSOLET, èpse de Legris.
MARTEL, èpse de Gagné.
MARTEL, èpse de Gaudreau.
MARTEL, èpse de Lemay.
MARTEL, èpse de Meloche.
MARTEL, èpse d'Ouvrard.
MARTEL, epse de Parant.
MARTEL, èpse de Rocheron.
MARTEL, èpse de Truteau.
MARTHE, èpse de Dumont.
MARTIGNY, èpse de Desardeau.
MARTIN, èpse d'Arcan.
MARTIN, èpse d'Auzou.
MARTIN, èpse de Baudoin, Gautier.
MARTIN, Margte, èp. de Beaudoin.
MARTIN, èpse de Beaupre.
MARTIN, èpse de Beignet.
MARTIN, èpse de Bertrand.
MARTIN, èpse de Blanchard.
MARTIN, èpse de Blau.
MARTIN, èpse de Brideau.
MARTIN, èpse de Brunet.
MARTIN, èpse de Campagna.
MARTIN, èpse de Catin.
MARTIN, epse de Charpentier.
MARTIN, èpse de Chartier, Courtet.
MARTIN, èpse de Charuel.
MARTIN, epse de Chatigny.
MARTIN, èpse de Courtemanche.
MARTIN, èpse de Custelius.
MARTIN, èpse de DeLavau.
MARTIN, èpse de Desrosiers.
MARTIN, èpse de Février.
MARTIN, èpse de Filion.
MARTIN, èpse de Fontaine.
MARTIN, èpse de Fortin.
MARTIN, èpse de Gaillard.
MARTIN, èpse de Janeau.
MARTIN, èpse de Leduc.
MARTIN, èpse de Maguet.
MARTIN, epse de Martin.
MARTIN, èpse de Mercier.
MARTIN, epse de Merlot.
MARTIN-VERSAILLES, èp. de Métayer.
MARTIN, èpse de Micharny.
MARTIN, èpse de Morin.
MARTIN-BEAULIEU, èp. Paquet.
MARTIN, èpse de Parant.
MARTIN, èpse de Picard.
MARTIN, èpse de Piton.
MARTIN, èpse de Plante.
MARTIN, èpse de Regnier.
MARTIN, epse de Richard.
MARTIN, èpse de Rival.
MARTIN, èpse de Rivet.
MARTIN, èpse de Samson.
MARTIN, èpse de Simon.
MARTIN, epse de Simoneau.
MARTIN-AMELIN, èp. de Vallée.
MARTINBAULT, èpse de Marin.
MARTINEAU, èpse de Dubreuil.
MARTINEAU, èpse de Duquet.
MARTINEAU, Mie, èp. de Lamoureux, E.
MARTINEAU, èpse de Lorrain.
MARTINEAU, èpse de Rousseau.
MARTINET, èpse de Tondret.
MARY, èpse de Chanluc.
MASSARD, èpse de Frenet.
MASSARD, èpse de LeCacheux.
MASSÉ, èpse de Barbeau.
MASSÉ, èpse de Campeau.
MASSE, èpse de DeRainville.
MASSÉ, èpse de Dorval.
MASSÉ, èpse de Jacobs.
MASSÉ, èpse de Laforest.
MASSÉ, Mie-Jos., èp. de Lamotte, Pierre.
MASSÉ, èpse de Pepin.

Massé, épse de Rogery.
Masseron, épse de Cordier.
Masseron, épse de Marcel.
Massicot, épse de Lefebvre.
Massicot, épse de Mongin.
Massiot, épse de Lefebvre.
Massiot, Mie-Cath., ép. Lefebvre.
Masson, épse de Béic, Tessier.
Masson, épse de Bouteiller.
Masson, épse de Favron.
Masson, epse de Gallien.
Masson, epse de Gavillon.
Masson, épse de Macé.
Masson, épse de Nau.
Masson, épse de Renaud.
Masta, épse de Bissonnet.
Masta, épse de Coderre.
Master, épse de Story.
Masters, épse de Bower.
Mathieu, épse de Gautier.
Mathieu, épse de Germain.
Mathieu, épse de Ouimet.
Mathieu, épse de Trefflé.
Mathon, épse de Bénodique, Bissonnet.
Mati, épse de Braquil.
Matte, épse de Baudry.
Matte, épse d'Hamelin.
Matte, epse de Houde.
Matte, épse de Lefebvre.
Matte, Mie.-Ang., ép. Lefebvre.
Matte, Thérèse, ép. de Lefebvre.
Matte, épse de Ruel.
Maufait, épse de Duport.
Maufet, épse de Rousseau.
Maugé, épse de Buron.
Mauger, épse de Gadois.
Maugis, épse de Miville.
Maugras, épse de Couturier.
Maugue, epse de Courault.
Maugy, épse de Berthiaume.
Maure, épse de Lagrange.
Maureau, épse de Faye.
Maurice, épse d'Arrivée.
Maurice, épse de Delisle.
Maurice, épse de LeTendre.
Maurice, épse d'Olivier.
Maurice, épse de Risserac.
Maurice, epse de Souhé.
Mauriceau, épse de Beauchamp.
Mauriceau, épse de Grégoire.
Mauriceau, Mie-J., ép. Lachapelle, Bern.
Mauriceau, épse de Séré.
Mauvoisin, épse de Gariteau.
Mayer, épse de Guerout.
Mayet, épse d'Ethier.
Maynard, épse de Valiquet.
Mazard, épse d'Yvon.
Mazoué, épse de Garneau.
Mazure, epse de Goguet.
Mazuré, épse de Rivet.
McAuley, épse de Bagnel.
McCowden, épse de Farrell.
McDonald, épse de Macline.
McDonald, épse de McGillis.
McDonald, épse de McLaughlin.
McDonell, épse de Campbell.
McDonell, épse de MacDonald.
McDonell, Mie, ép. de MacDonald.
McGillis, épse de Lefebvre.
McIntosh, épse de Campbell.
McIntyre, épse de MacDonald.
McIntyre, épse de McMalem.
McKay, epse de McPherson.
McKensy, épse de Bourguignon.
McKenzie, épse de Connor.
McKenzie, épse de Raly.
McLeod, épse de Macarty.
McLeod, épse de Plumby.
McMurray, épse de Guilness.
McNaily, épse de McNaily.
McNeil, Mie, épse de Kennedy, Daniel, McIntyre, Rodrig.
McNeil, épse de McIntyre.
McNeil, épse de McNeil.
McPherson, épse de Lemoine.
McWilling, épse de O'Hara.
Meason, épse de Chennequi.
Méchin, épse de Pepin.
Méchin, épse de Prieur.
Megnemaré, épse de Nicole.
Meilleur, épse de Libersan, Gaudin.
Meilleur, épse de Mathieu.
Meilleur, épse de Perron.
Mejane, épse d'Hubert.
Melançon, épse de Bastarache.
Melançon, épse de Beliveau.
Melançon, épse de Bergeron.
Melançon, épse de Doucet.
Melançon, Mie, ép. de Doucet.
Melançon, épse de Dugas.
Melançon, Anne, ép. Landry, Joseph.
Melançon, Marg., ép. Landry, Jean.
Melançon, épse de Lebrun.
Melançon, épse de Thibaudeau.
Mélange, épse de Prevost.
Méliot, épse de Bonnier.
Méliot, épse de Routier.
Mellière, épse de Quitel.
Meloche, épse de Dufour.
Meloche, épse de Franche.
Meloche, Marg., ép. de Lacelle, J.-Bte.
Meloche, Marg., ép. de Latour, Frs.
Mélunion, ép. de Roy.
Menacier, épse de Ledran.
Ménard, épse de Barthe.
Ménard, épse de Belair.
Ménard, Mie-Anne, ép. Belair.
Ménard, épse de Belhumeur.

MÉNARD, épse de Blau.
MÉNARD, épse de Brunet.
MÉNARD, épse de Déguire.
MÉNARD, épse de Delisle.
MÉNARD, épse de Diganne.
MÉNARD, épse de Dumas.
MÉNARD, épse de Duquet, Charpentier.
MÉNARD, épse de Giard.
MÉNARD, épse de Lachaise.
MÉNARD, Margte, ép. de Lamoureux, Frs.
MÉNARD, épse de Lebeau.
MÉNARD, épse de Martel.
MÉNARD, épse de Ménard.
MÉNARD, épse de Michel.
MÉNARD, epse de Roy.
MÉNARD, épse de Taillon.
MÉNARD, épse de Vermet.
MÉNAUT, épse de Gautreau, Gousare.
MENÉ, épse de Michel.
MENEUX, épse d'Helie.
MERCEREAU, épse de Renaud.
MERCIER, épse d'Archambault.
MERCIER, épse de Baugy.
MERCIER, épse de Bolduc.
MERCIER, épse de Bonin.
MERCIER, épse de Boudard.
MERCIER, épse de Bruneau.
MERCIER, épse de Chabaudier.
MERCIER, épse de Chevaudier.
MERCIER, épse de Dupuis.
MERCIER, épse de Gendron.
MERCIER, épse de Geoffroy.
MERCIER, épse de Maillou.
MERCIER, épse de Poulain.
MERCIER, épse de Richard.
MERLIN, épse de Loriot.
MERLOT, épse de Paré.
MERNIN, épse de Bonnelisse.
MERRIN, épse de Jarry, Perrin.
MERRIN, épse de Moreau.
MERSAN, épse de Charpentier.
MERSON, épse de Pears.
MÉRY, épse de Brassard.
MÉSANGE, épse de Chabot.
MESNIÉ, épse de Montambault.
MESNIER, epse de De la Naue, Herbecq.
MESSAGUET, épse de Marette.
MESSAYER, épse de Dombournay.
MESSIER, épse d'Hebert.
MESSIER, Mdne, ép. de Lalonde, Edouard.
MESSIER, épse de Primot.
MÉTAYER, épse de Baillargeon.
MÉTAYER, épse de Dion, Dupont.
MÉTAYER, épse de Lepage.
MÉTHOT, épse de Fortin.
MÉTHOT, épse de Rivet.
MÉTIVIER, épse de Fily.
MÉTIVIER, épse de Marcheteau.
MÉTIVIER, épse de Quirigou.
MÉTOT, épse de Cahouet.
MÉTOT, épse de Chateau.
MÉTOT, Frse-Régis, ép. Lamarche, Jacq.
METRU, épse de Philippaux.
METRU, épse de Samson.
METTAY, épse de Pelletier.
MEUNIER, épse d'Alard.
MEUNIER, épse d'Amiot.
MEUNIER, èpse d'Aubert.
MEUNIER, épse de Bérard.
MEUNIER, épse de Bolduc.
MEUNIER, épse de Bonin.
MEUNIER, épse de Bourdon.
MEUNIER, épse de Chrétien.
MEUNIER, épse de Coderre.
MEUNIER, épse de Drolet.
MEUNIER, épse de DuBois-Morel.
MEUNIER, épse de Dufour.
MEUNIER, épse d'Eugène.
MEUNIER, epse de Fiset.
MEUNIER, épse de Giard.
MEUNIER, épse de Guillet.
MEUNIER, épse de Hudde.
MEUNIER, épse de Langevin.
MEUNIER, épse de Lemerle.
MEUNIER, épse de Létourneau.
MEUNIER, épse de Moisan.
MEUNIER, épse de Petit.
MEY, épse d'Aubois, Guyon.
MEY, épse de Hautbois.
MEZONAT, épse de Desmarets.
MICHAU, épse d'Ainé.
MICHAU, épse de Chandler.
MICHAUD, épse de Chénier.
MICHAUD, épse de Dagneau.
MICHAUD, épse de DeLavoye.
MICHAUD, épse de Girard.
MICHAUD, épse de Lévesque.
MICHAUD, épse de Martin.
MICHAUD, épse de Mignau.
MICHAUD, épse de Mignier.
MICHAUD, épse de Pavillé.
MICHAUD, épse de Roy.
MICHEL, épse de DeRainville.
MICHEL, épse de Deslauriers.
MICHEL, épse de Doiron.
MICHEL, épse de Gagné.
MICHEL, épse d'Hébert.
MICHEL, épse de Leblond.
MICHEL, épse de Masseaut.
MICHEL, épse de Morin.
MICHEL, épse de Paviot, Masseaut.
MICHEL, épse de Mérieu.
MICHEL, épse de Poirier.
MICHEL, épse de Vincent.
MICHELANDE, épse de Gratiot.
MICHELIN, épse de LePelé.

Michelin, épse de Pineau.
Michelle, épse de Brault.
Michelle, épse de Dupont.
Michon, épse de Meunier.
Micla, épse de Cavelier.
Micmac, épse de Brault.
Micmac, épse de Martin.
Midunaquel, épse de Normand.
Miet, épse de Villers.
Migaud, épse de Trotier.
Mignault, épse de Daniaux.
Mignault, Mélina, ép. Lajeunesse, Jos.
Migneret, épse de Tessier.
Migneron, épse de Berloin.
Migneron, épse de Chaperon.
Migneron, épse de Charland.
Migneron, épse de Dufour.
Migneron, épse de Duplessis.
Migneron, épse de Fournier.
Migneron, Gertrude, ép. Fournier.
Migneron, épse de Galipeau.
Migneron, Mie-Jos., ép. Labrie, Joseph.
Migneron, Marie, ép. de Laurence, Nicolas.
Migneron, épse de LeGrand.
Migneron, épse de Mercier.
Migneron, épse de Poutré.
Migneron, épse de Regnier.
Migneron, épse de Rivière.
Mignet, épse de Loisel.
Mignolet, épse de Minson.

Mignon, épse de Frédéric.
Mignon, épse de Guay.
Mignot, épse de Duval.
Mignot, épse de Fortier.
Mignot, épse de Fortin.
Mignot, Lse, épse de Laforest, Pierre.
Mignot, épse de Lemoyne.
Mignot, épse de Ouellet.
Mignot, épse de Pinel.
Mignot, épse de Poirier.
Milard, épse de Colin.
Millasse, épse de Beauchamp.
Millet, épse d'Aubuchon.
Millet, épse de Bezeau.
Millet, épse de Boileau.
Millet, épse de De la Comble.
Millet, épse de Fissiau.
Millet, Marie-Mad., ép. Laigu, Pierre.
Millet, épse de Morin.
Millet, épse de Touin.
Millet, épse de Vidal.
Millot, epse de Bourgoin.
Millot, épse de Dubord.
Millot, epse de Lepicq.
Milois, épse d'Henne.
Milot, épse de Parant.
Mimaux, épse de Gautier.
Mimaux, épse de Muloin.
Minaoure, épse de Janot, Valo.

Minau, épse de Desjardins.
Minau, épse de Hérodo.
Minaux, épse de Larose.
Mineau, épse de Boisverd.
Mineau, Genev., ép. de Lafantaisie, Jean.
Mineau, épse de Mauriay.
Minguy, épse de Bonin.
Minville, épse de Gautier.
Minville, épse de LeSieur.
Miot, épse d'Alaire.
Mirande, épse de Cordeau.
Mirande, épse de Migneau, Deslauriers.
Mirault, epse de Dupuis.
Mireau, épse de Gourdeau.
Mireau, épse d'Hébert.
Mireau, épse de Marouin.
Miscoue, épse de Nouschaux.
Missalim8k8e, épse d'Héry.
Mite8ameg8k8e, ép. de Couc.
Mitron, épse de Bruneau.
Miville, épse de Bonin.
Miville, epse de David.
Miville, épse de Gaudreau.
Miville, épse de Gingras.
Miville, épse de Hudon.
Miville, epse de Michaud.
Miville, épse de Miville.
Miville, epse de Niquet.
Miville, epse de Ouellet, Grondin.

Miville, épse de Petit.
Miville-Dechêne, épse Valière.
Moine, épse de Jacquiers.
Moisan, épse de Brunet.
Moisan, épse de Giroux.
Moisan, épse de Marette.
Moisan, épse de Mousseaux.
Moisan, épse de Tapin.
Moisan, epse de Tardif.
Moisson, épse de Ptolomé.
Moitié, épse de Chesne.
Moitié, épse de Gautier.
Moitié, épse de Magnan.
Moitié, épse de Viger, Poirier.
Moizan, épse de Perthuis.
Molière, épse d'Aucheu.
Molin, épse de Berman.
Molleur, Mgte, ép. de Lavaux, J.-Bte.
Monarque, épse de Belanger.
Monarque, épse de Hogue.
Moncharmon, épse de Griveau.
Monciau, épse de Bail.
Moncion, épse de Graton.
Mondin, épse de Moreau.
Mondor, epse de Leblanc.
Mondor, épse de LeSiége.
Mondor, épse de Perrot.
Moneau, épse de Dany.
Monet, épse de Fortin.

Monet, épse de Migneron.
Monet, épse de Portais.
Monet, épse de Poulin.
Monet, épse de Renaud.
Monet-Belhumeur, ép. Riel.
Monfort, épse de Parant.
Mongeau, épse de Cartier.
Mongeau, épse de Cotineau.
Mongeau, épse de Lussier.
Mongrain, épse de Lefebvre.
Mongrain, épse de Rivière.
Monier, épse de Dufresne.
Monier, épse de Morand.
Montaille, épse de Duguay.
Montarchy, épse de Dupré.
Monteil, épse de Daudelin.
Montess, épse de Hamond.
Montigny, épse de Desrivières.
Montmeillants, ép. de Ferdinand.
Montmini, Barbe, épse Lacroix, Pierre.
Montminy, épse de LeBreton.
Montminy, épse de Lucelle-Champagne, Coté.
Montour, épse de Montary.
Montrachy, épse de Desprès.
Montreuil, épse de Gautier.
Monty, épse de Courtin.
Moore, epse de Trafton.
Morais, épse de Levesque.
Moran, épse de Contant.
Moran, épse de Duchesneau.
Moran, épse de Leblond.
Morand, épse de Vachon.
Morare, épse de Grenier.
Moras, Marie, épse de L'Archevêque, Ph.
Moras, épse de Maillot.
Moras, épse de Riou.
Moreau, épse d'Aubuchon.
Moreau, épse de Barihaut.
Moreau, epse de Bérubé.
Moreau, épse de Boucher.
Moreau, epse de Desmoulins.
Moreau, épse de DeVau.
Moreau, épse de Faille.
Moreau, épse de Grignon.
Moreau, epse d'Harbour.
Moreau, Cath., ep. de Juneau, Chs.
Moreau, Elisab., ép. de Lafoy, Antoine.
Moreau, Gen., épse de Lapointe, Ls.
Moreau, épse de Larue.
Moreau, Mie-J., ép. de Laurent, Jos.
Moreau, Mie, épse de Lavallée, Ls.
Moreau, épse de Lecompte.
Moreau, épse de Lefort.
Moreau, epse de Letellier.
Moreau, épse de Loyer.
Moreau, epse de Menard.
Moreau, épse de Michaud.
Moreau, epse de Montay.
Moreau, épse de Morin.
Moreau, épse de Paillerault.
Moreau, épse de Rivard.
Moreau, épse de Robineau.
Moreau, épse de St. François.
Morel, épse de Gagné.
Morel, épse de Goguet.
Morel, épse de Lebel.
Morel, épse de Saillant.
Morel, épse de St. Pierre.
Morel, épse de Tardif.
Morgeau, épse de Pitalier.
Morignié, épse de Guérin, Bertrand.
Morille, épse de Chalut.
Morille, épse de Pelletier.
Morin, épse de Baudry.
Morin, epse de Beausoleil.
Morin, épse de Bélanger.
Morin, épse de Bernier.
Morin, épse de Bourdon.
Morin, épse de Bourg.
Morin, Mie-Félicité, ép. Bourg.
Morin, épse de Bourguignon.
Morin, épse de Boissel.
Morin, épse de Chaignon.
Morin, épse de Chouinard.
Morin, épse de Cloutier.
Morin, épse de Cocheu, Pinet.
Morin, épse de Couture.
Morin, épse de Dauphin.
Morin, épse de Deneau.
Morin, épse de Destroismaisons.
Morin, Marie-Frse, ép, Destroismaisons.
Morin, épse de Dodier.
Morin, épse de Dubé.
Morin, Rose, épse de Dubé.
Morin, Ursule, ép. de Dubé, Joseph, Labbé, Charles.
Morin, épse de Dubeau.
Morin, épse de Dumay.
Morin, epse de Dumont.
Morin, épse de Fontaine.
Morin, épse de Fortin.
Morin, épse d'Harbour.
Morin, épse d'Hilarest.
Morin, Mie-Lse, ép. de Lacroix, Paul.
Morin, Angél., ép. de Lagorce, Chs.
Morin, Marie-Lse, ép. Langlois, Jos.
Morin, Madne, ép. de Laurence, Nicolas.
Morin, épse de Ledroit.
Morin, épse de LeGendre.
Morin, épse de Lemarié.
Morin, épse de Lorion.
Morin, épse de Louet.
Morin, épse de Marceau.
Morin, épse de Masson.
Morin, épse de Michon.
Morin, épse de Pain.
Morin, épse de Perron.
Morin, épse de Poitevin.

Morin, épse de Pous.
Morin, épse de Tanguay.
Morin, épse de Thomas.
Morin, épse de Vertefeuille.
Morin, épse de Vignar.
Morineau, épse de Darois.
Morineau, épse de Marchand.
Morineau, épse de Petit.
Morion, épse de De la Roche.
Morison, épse de Parant.
Morisset, épse de Bergeron.
Morisset, épse de Cauchon.
Morisset, épse de Houde.
Morisset, épse de Lesage.
Morisset, épse de Petit.
Morissonneau, épse de Chaillet.
Mornay-Léveillé, ép. Lescarbot.
Morné, épse de Prudhomme.
Morneau, épse de David.
Morneau, épse de Lévesque.
Mornet, épse de Morneaux.
Morton, épse de Baudoin.
Morvé, épse de Bernard.
Morvent, épse de Gareau.
Mosny, épse de Choret.
Motté, epse de Loumeaux.
Moucheron, épse de Maillardet.
Mouchotte, épse de De la Roche.
Mouet, Frse, épse de Joubert, Ant.
Moufflet, Anne, epse Tsihène, Rene.

Mouillard, épse de Chapelain.
Moulin, épse d'Alexandre.
Mounier, Perrine, épse Deligneron, Jean.
Mounier, épse de Jacquet.
Mousseau, Mie-M., ép. Laperche, Jos.
Mousseau, Mie-R., ép. Laporte, Nicolas.
Mousseau, Madne, épse L'Archevêque, F.
Mousseau, épse de Pellerin.
Mousseau, épse de Roy.
Mouton, épse de Quessi.
Moyen, épse de Closse.
Moyen, épse de Duguay.
Moyen, épse de Dugue.
Moyen, épse de Malbœuf.
Muir, épse de Taché.
Muloin, épse de Desorcy.
Mulois, épse de De St. Ours.
Mulois, épse de Pezard.
Munro, épse de Denny, Chartier.
Murray, épse de De St. Ours.
Murray, épse de O'Donald.
Muzet, épse de Hade.

N

Nachita, épse de Hogue.
Nadeau, épse de Banne.
Nadeau, épse de Beaune.
Nadeau, épse de Cirier.
Nadeau, épse de Grenet.
Nadeau, épse de Guillaume.

Nadeau, Marthe, ép. de Labrecque, Math.
Nadeau, Chtte, épse de Laurent, Chs.
Nadeau, épse de Michaud.
Nadeau, Brigitte, épse Michaud.
Nadeau, épse de Parant.
Nadeau, épse de Philibert.
Nadeau, épse de Ritche.
Nadeau, épse de Roy.
Nadreau, épse d'André.
Narmay, épse de McMurray.
Nau, épse de Desmarets.
Nau, épse de Houde.
Nau, Marg., épse de Lafontaine, Frs.
Nau, épse de Nau.
Nau, épse de Paquin.
Nau, épse de Rinfret.
Nau, épse de Roy.
Naud, épse de Plante.
Nau de Fossembault, ép. de DeLauzon.
Navarre, épse de Mailly.
Navarre, épse de Moreau.
Navarre, épse de Roy.
Négresse, épse de Jasmin.
Négresse, épse de Nègre.
Négresse, Mie, ép. de Nègre.
Négresse, Mie-A.-Vic., ép. de Nègre.
Négresse, Mie-Frse, ép. Nègre.
Négresse, Mie-Mdne, ép. de Nègre.
Negret, épse de Dupuis.
Nesle, épse de Lachance.

Nesle, épse de St. Onge.
Neuville, épse de Boucher.
Neuvillet, épse de Garneau.
Neveu, épse de Gautier.
Neveu, Mie-Anne, ép. Lantier, Chs.
Neveu, épse de Pilon.
Neveu, épse de Roy.
Neveu, épse de Sarrobert.
Neveu, épse de Sauvé.
Neveu, épse de St. Denis.
Neveu, épse de Villeneuve.
Nicolas, épse de Magnide.
Nicolet, épse de Dusceau.
Nicolet, épse de Rioussel.
Niel, épse de Charles.
Niel, épse de Meunier.
Nigouette, épse de Lacroix.
Nipissing, épse de Cadot.
Nipissing, épse de Letellier.
Noblé, épse de Pauperet.
Noel, epse de Desnoyers.
Noel, épse de Drapeau.
Noel, épse de Dufaut.
Noel, epse de LeGrand.
Noel, épse de Marchand.
Noel, épse de Noël.
Noel, épse de Roy.
Noget, épse de Paysan.
Nogue, épse de Desiève.
Noiret, épse de Saucours.

Noiseux, Claude-E., ép. Laignier, Frs.

Noizet-Labbé, épse de Martin.

Nolet, épse de Lepage.

Nolet, épse de Minet.

Nolin, épse de Blau.

Nolin, épse de Minet.

Nonsordine, épse de Primeau.

Normand, épse de Baret.

Normand, épse de Bonnet.

Normand, épse de Girard.

Normand, épse de LeVallier.

Normand, épse de Morin.

Normand, épse de Normand.

Normand, épse de Sareau.

Normand, épse de Tessier.

Normandeau, épse de Miner.

Normandeau, épse de St. Denis.

Normandin, épse de LePelé.

Normandin, épse de LeRiche.

Nuiret, épse de Painchaud.

Nutting, épse de Farneth.

O

Oaber, épse de Damours, J.-Frs.

Odihorn, épse de Batson.

Odin, épse de Gariépy.

Odiorne, épse de Badson.

Odiorne, épse de Stilson.

O'Flaherty, épse d'Aldanrath.

Oinville, épse de Barabé.

Olive, épse de Petit.

Olivier, épse d'Aubry.

Olivier, épse de Duguay.

Olivier, Mie-Rose, ép. Laroche, Pierre.

Olivier, épse de Leroux.

Olivier, épse de Mouilleron.

Olivier, épse de Rousseau.

Olivier, épse de Sivadier.

Omieux, épse d'Honias.

Oneille, épse de Glackemeyer.

Oppen, épse d'Atchers.

Orillon, épse de Gaudreau.

Oruatayon, épse de Jacob.

Ouabanois, Frse, ép. de Lagrave, Pierre.

Ouabanquiquois, ép. de Roy.

Ouabenaquiquoy, ép. de Guillemot.

Ouabert, épse d'Hotesse.

8agak8at, épse de Cottenoire.

Ouard, Marie-Lse, épse Judith, Antoine.

8atagamie, épse de Sabourin.

Ouatson, epse de Godard.

Ouellet, épse de Bouchard.

Ouellet, épse de Dumont.

Ouellet, épse d'Emond.

Ouellet, épse de Gagnon.

Ouellet, épse d'Hayot.

Ouellet, épse d'Hudon.

Ouellet, épse de L'Escuyer.

Ouellet, épse de Michaud.

Ouellet, épse de Mignier.

Ouellet, épse de Perrot.

Ouellet, épse de Phocasse.

Ouellet, épse de Vaillancour.

8et8kis, épse de Letellier.

Ouilième, épse d'Houlier.

Ouilincotia, epse de Gouin.

Ouimet, épse de Brousseau.

Ouplard, èpse de Descaris.

Outaouaise, épse de Chesne.

Outaouaise, épse de Macous.

8ta8oise, épse de LePelé.

Ouvrard, épse de Coté.

Ouvrard, Genev., épse Coté.

Ouvrard, épse de Letartre.

Ouvrard, Mgte, ép. de Letartre.

Ouvrard, épse de Tardif.

Ouvrard, épse de Tinon.

P

Pacaud, épse de Chapacou.

Pachat, Mgte, ép. de Jolivet, Chs.-Frs.

Pacquet, épse de St. Pierre.

Pacrau, épse de Ducharme.

Pacrau, épse de Pichon.

Padoka, épse de Cuillerier.

Padoka, épse de Pichard, Dorion.

Pagé, épse de Casault.

Pagé, épse de Derome.

Pagé, épse de Gibaut.

Pagé, épse de Greenhill.

Pagé, épse de Imbaut.

Pagé, Marie, épse de Laurent, P.-Geo.

Pagé, épse de Morin.

Pagé, épse de Pelletier.

Pageau, épse de Paquet.

Pagnoux, épse de Minet.

Pahin, épse de Coirier.

Paille, épse de McKenzie.

Paillé, épse de Pichet.

Paillé, épse de Prudhomme.

Pain, épse de Cloutier.

Pain, épse de De la Rue.

Pain, épse de Morin.

Pain, épse de St. Pierre.

Palange, Mie-Lse-An., ép. Laurencel, P.

Palin, épse de Couerier.

Palin, épse de Dufresne.

Pallier, épse de Saucier.

Palmier, épse de Manègre.

Pampalon, épse de Trudel.

Pancatelin, épse de Goulet.

Panie, épse de Gory.

Pani8ensa, épse d'Aubuchon.

Panis, épse de Bigot.

Panis, épse de Blanchetière.

Panis, épse de Brunet.

Panis, épse de Goguet.

Panis, épse de Martin.

Panise, épse de Chauvet.

Panise, épse de LeGardeur.

Panise, épse de Lorrain.

Panise, épse de Maupetit.

Panise, épse de Mervillon.

Panise, épse de Morand.

Panise, épse de St. Cerny.

Papin, épse de Cachelièvre.

Papin, épse de Demeules.

Papin, épse de Séguin.

Papineau, épse de Fling.

Papineau, épse de LaMargue (De).

Papinot, épse de Marchand.

Paplau, épse de Déry.

Papiau, épse de Normandin.

Paquet, épse de Charland.

Paquet, épse de Chevalier.

Paquet, épse de Coté.

Paquet, épse de Doré.

Paquet, épse de Dubois.

Paquet, épse de Fournier.

Paquet, épse de Fraser, Spénard.

Paquet, épse de Guilbaut.

Paquet, Mie-Jos., épse Laurent, Paul.

Paquet, épse de Mongeon.

Paquet, épse de Normandeau.

Paquet, épse de Ouimet.

Paquet, épse de Plante, Queret.

Paquet, épse de Quéret, Montmesnil.

Paquet, épse de Sorel.

Paquet, épse de St. Pierre.

Paquet, épse de Syre.

Paquet, épse de Taillon.

Paquin, épse d'Alary.

Paquin, épse de Dubeau.

Paquin, épse de Gilbert.

Paquin, épse de L'Escuyer.

Paquin, épse de Sauvageau.

Paquin, épse de Savoye.

Parabego, épse de Denis.

Paradis, épse de Bourget.

Paradis, épse de Giroux.

Paradis, épse d'Huot.

Paradis, Mie-Ang., ép. Langlois, Frs.

Paradis, épse de Leclerc.

Paradis, épse de Miville.

Paradis, épse de Morel.

Paradis, épse de Roy, Nadeau.

Parant, épse de Barbeau.

Parant, épse de Beaubien.

Parant, Thér., ép. de Beaubien.

Parant, épse de Bédard.

Parant, épse de Bonet.

Parant, épse de Boulanger.

Parant, épse de Bourdon.

Parant, épse de Chouinard.

Parant, épse de D'Eterville.

Parant, épse de Gagnon.

Parant, épse de Garneau.

Parant, épse de Gaté.

Parant, épse de Girard.

Parant, épse de Giroux.

Parant, épse d'Hyvon.

Parant, épse de Levasseur.

Parant, épse de Lusignan.

Parant, épse de Mainguy.

Parant, épse de Marly.

Parant, epse de Metivier.

Parant, epse de Pelletier.

Parant, epse de Perillard.

Parant, épse de Poitevin.

Paré, epse de Baudry.

Paré, épse de Beique.

Paré, epse de Bluteau.

Pare, epse de Boucher.

Paré, épse de Caron.

Paré, épse de Charland.

Paré, epse de Chevalier.

Paré, épse de Giguère, Gravel.

Paré, épse de Leclerc.

Paré, épse de LeSiège.

Paré, épse de Pepin.

Parement, épse de Lory.

Parenteau, épse de Fauve.

Parenteau, épse de Gagnon.

Paris, epse de Petitclerc, Helie.

Pariseau, épse de Bernard.

Pariseau, épse d'Harnois.

Parisien, Jeanne, épse Lalonde, Jean-Bte.

Parmentier, épse de Martin.

Pars, épse de Picoté.

Parsons, épse de Berman.

Parsons, épse de DeBerman.

Parthenais, épse de Perrot.

Pasqué, épse de Biville.

Patenote, épse de Boyer.

Patenote, épse de Gladu.

Patenote, épse de Goisneau.

Patenote, Lse, épse de Laisné, Pierre.

Patenote, Ursule, ép. Laporte, Pierre.

Patenote, épse de Mabriant.

Patenotre, épse de Plante.

Patou, épse de Morel.

Patri, épse de Grenier.

Patry, épse de Cauchon.

Patry, épse de Jarry.

Patry, Marie, épse de Labrecque, Mathu.

Paul, épse de Brault.

Paul, épse de DeChambe.

Paulet, épse de Drapeau.

Paulet, épse de Huot, Dubois.

Paulinier, épse de Gouin.

Paulo, épse de Campeau.

Paumereau, épse de Cowen.

Pavie, épse de Migneron.

Pavis, épse de Martin.

Payen, épse de Coquillier.

PAYEN, épse de Cornuo.
PAYET, épse de Barbier.
PAYET, épse de Cadieu.
PAYET, épse de Gautier.
PAYET, Mie-Mdne, ép. Lasarte, Joseph.
PAYET, épse de Perrot.
PAYET, épse de Rivet.
PAYET, épse de Roland.
PAYETTE, épse de Bélisle.
PAYETTE, épse de Malart.
PAYETTE, épse de Terrien.
PAYFER, épse de Masson.
PAYMENT, épse d'Aubertin.
PAYMENT, Barbe, ép. de Lapointe, Ant.
PÉCHINA, épse de Gourot, Hayot.
PÉCODY, épse de Boucher.
PEDENELLE, epse d'Arrivée.
PEDRO DE VILESCA, Maria, épse de *Juchereau, J.-C.
PEK, épse de Thompson.
PÉLAGIE, épse de Richard.
PÉLISSIER, épse de Braquemare.
PÉLISSON, epse d'Harnois.
PELLERIN, épse de Doucet.
PELLERIN, epse de Gaudin.
PELLERIN, épse de Lebrun.
PELLERIN, épse de Suret.
PELLETIER, épse de Bernard.
PELLETIER, épse de Bousquet.
PELLETIER, épse de Caron.
PELLETIER, épse de Charland.
PELLETIER, épse de Cochery.
PELLETIER, épse de Delguiel.
PELLETIER, épse de Dubé.
PELLETIER, épse d'Emond.
PELLETIER, épse de Fortin.
PELLETIER, épse de Gagnon.
PELLETIER, épse de Gamache.
PELLETIER, épse de Gariepy.
PELLETIER, épse de Goulet.
PELLETIER, épse de Harbour.
PELLETIER, épse de Leclerc.
PELLETIER, épse de Lévesque.
PELLETIER, épse de Meunier.
PELLETIER, épse de Morin.
PELLETIER, épse de Papin.
PELLETIER, épse de Pinard.
PELLETIER, épse de Pineau.
PELLETIER, épse de Poisson.
PELLETIER, épse de Renaud.
PELLETIER, épse de Roy.
PELLETIER, épse de Soulard.
PELLETIER, épse de Tremble.
PELTIER, épse de Petau.
PENNY, épse de Daly.
PÉORIAS, épse de Cadieu.
PEPIN, épse d'Audet.
PEPIN, épse de Bélair.
PEPIN, épse de Boule.
PEPIN, épse de Calve.
PEPIN, épse de Campagna, Martineau.
PEPIN, épse de Campeau.
PEPIN, épse de Caron.
PEPIN, épse de Carpin.
PEPIN, épse de Desjordy.
PEPIN, épse de Fortin.
PEPIN, épse de Gaulin.
PEPIN, épse de Gautier.
PEPIN, épse de Gibaut.
PEPIN, épse de Gingras.
PEPIN, épse de Goulet.
PEPIN, épse de Janot.
PEPIN, épse de Leclerc.
PEPIN, épse de Maillot.
PEPIN, épse de Marcoux.
PEPIN, épse de Michel.;
PEPIN, épse de Papin.
PEPIN, épse de Paquet.
PEPIN, épse de Paschal.
PEPIN, épse de Rivard.
PEPIN-LACHANCE, épse Thibaut.
PERÈS, épse de Taché.
PÉRIAR, épse de Spaer.
PÉRIER, épse de Leblond.
PÉRIER, épse de Martin.
PÉRIER, épse de Romain.
PÉRIGNY, épse de Courtois.
PÉRIGNY, épse de Lefebvre.
PÉRIGNY, épse de Tessier.
PÉRIGORD, épse de St. Laurent.
PÉRILLARD, épse de Bergspaer.
PÉRILLARD, épse de Dumans.
PÉRINEAU, épse de Castagnet.
PERNAY, épse de Comiré.
PÉRODEAU, épse de Staims.
PERRAS, Cath., épse de Laroche, Jean.
PERRAULT, épse de Basseler, Hartman.
PERRAULT, épse de Blais.
PERRAULT, épse de Chatel.
PERRAULT, épse d'Ethier.
PERRAULT, Cécile, épse Laperche, Jos.
PERRAULT, M.-Gen., ép. Laperche, Louis.
PERRAULT, épse de Lemay.
PERRAULT, épse de Lemoine.
PERRAULT, épse de Mazuré.
PERRAULT, épse de Rinfret.
PERRAULT, épse de Vassal.
PERRAUT, Marie-L., ép. Lauzon, Jacques.
PERRIN, épse de Grimard.
PERRIN, Elisa., épse de Lalande, Jean.
PERRIN, épse de DeMonchy.
PERRIN, épse de Rochereau.
PERRON, épse de Despitaud.
PERRON, épse de Gagné.
PERRON, épse de Mathieu.
PERROT, epse de Blais.
PERROT, épse de Desforges.
PERROT, épse de Gené.

PERROT, M.-Anne, épse Laneau, Frs.

PERROT, épse de Nau.

PERSONNE, épse de Gour.

PÉRUSEAU, épse de Rondeau.

PÉRUSSE, épse de Lemay.

PÉRUSSE, Mie-Jos., ép. Lemay.

PESCHER, épse d'Harel.

PETEL, Margte, épse de Larsonneur, N.-F.

PETIT, épse de Bellefleur.

PETIT, épse de Bo'f.

PETIT, épse de Brière.

PETIT, épse de Brousseau.

PETIT, épse de Bruno.

PETIT, épse de Bourgeois.

PETIT, épse de Coiteux.

PETIT, épse de Dauphiné.

PETIT, épse de Delage.

PETIT, épse de DeLaurice.

PETIT, épse de Frapier, DeChambre.

PETIT, épse de Gagnon.

PETIT, épse de Gaudin.

PETIT, épse de Gautier.

PETIT, épse de Germain.

PETIT, épse de Giguère.

PETIT-BRUNO, épse de Hus.

PETIT, Mie-A.-Chtte, ép. Juchereau, Ant., Martin, Joachim, Maheu, Jean-Paul.

PETIT, Madne, épse de Lafresnière, Jos.

PETIT, épse de Laurent.

PETIT, épse de Leblanc.

PETIT, épse de Martin.

PETIT, épse de Melon.

PETIT, épse de Meson.

PETIT, épse de Poirier.

PETIT, épse de Séguin.

PETITBOIS, épse de Lebeuf.

PETITCLERC, épse de Marette.

PETITCLERC, épse de Moisan.

PETITCLERC, épse de Poreaux.

PETITCLERC, épse de Raté.

PETITPAS, épse de Sevestre.

PEUVRIER, épse de Lizot.

PEYET, Mie-Anne, ép. Lamy, Nicolas.

PEYET, épse de Phanef.

PEYRA, épse de Caron.

PEZARD, épse de Valière.

PHANSÈQUE, épse de Cardinal.

PHILIBOT, épse de Gibaut.

PHILIPOT, épse de Frontigny.

PHILIPPE, epse de Baquet.

PHILIPPE, épse de DeBoulogne.

PHILIPPE, épse de Lamontagne, Marquet.

PHILIPPE, épse de Tousignan.

PHILIPPON, épse de Morin.

PHINES, épse de Maclure.

PHOCAS, épse de Marteau.

PICARD, épse de Biron.

PICARD, épse de Charon.

PICARD, épse de DeMonmarque.

PICARD, epse de Denis.

PICARD, épse de Gagné.

PICARD, Marie, épse de Gagné.

PICARD, Mie-Chtte. ép. Gagné.

PICARD, épse de Godet.

PICARD, Mie-Renée, ép. Lamy, Pierre.

PICARD, Mie-Madne, ép. Lavergne, Pierre.

PICARD, épse de Lereau.

PICARD, épse de Marien.

PICARD, épse de Meloche.

PICARD, épse de Milot.

PICARD, épse de Monmerque.

PICARD, épse de Morin.

PICARD, épse de Pruneau.

PICHÉ, épse de Gaudin.

PICHÉ, Mie-Madne, ép. Laroche, Jean-Frs.

PICHÉ, épse de Morin.

PICHÉ-LAMUSETTE, ép. Payet.

PICHÉ, épse de Richard.

PICHÉ, épse de Sansoucy.

PICHER, épse de Boisverd.

PICHER, Mie-Mad., épse Boisverd.

PICHET, épse de Dupuis.

PICHET, épse de Giard.

PICHET-DUPRÉ, épse de Houde.

PICHET, Agathe, ép. de Lacasse, Ant.

PICHET, Mie-A., epse de Latouche, Luc.

PICHET, épse de Paillart.

PICHET, épse de Pilon.

PICHET, épse de Raymond.

PICHETTE, épse de Roy.

PICHINA, épse de Bourd.

PICHON, épse de Sevestre.

PICOT, épse de Roy.

PICOT, épse de Thibaut.

PICOTE, épse de Coiteux.

PICOTE, épse de Guédry.

PIÉDALU, épse de Blain.

PIEMAN, épse de Willis.

PIERREJEAN, épse de Fournier.

PIERREJEAN, épse de Gagnon.

PIERRET, épse de Frapier.

PIERRE-THOMAS, épse d'Alexandre.

PIET, Mie-Anne, ép. de Laventure, Frs.

PIET, épse de Montmarquet.

PIÉTON, épse d'Achin.

PIÉTON, épse de St. Andre.

PIETTE, épse de Pelletier.

PIGAROUICHE, Mgte, ép. Lamoureux, P.

PIGEON, épse de Baudry.

PIGEON, épse de Desautels.

PIGEON, épse de Descaris.

PIGEON, épse de Paré.

PIGEON, épse de Vaudry.

PIGGOTT, épse de Tanguay.

PILET-LASONDE, épse d'Aubuchon.

PILET-PLAT, épse de Charon.

PILET, Chtte, épse de Juillet, Antoine.

PILET, épse d'Olivier.

PILETTE, épse de Choret.
PILLIAR, épse de Charron, Brisson.
PILMENT, épse de Willis, DeFlecheur.
PILOIS, épse de Barsa.
PILON, épse de Dubois.
PILON, Rosalie, ép. de Lalande, Ant.
PILON, Madne, épse de Lamy, Thomas.
PILON, épse de Lefebvre.
PILON, épse de Merlot.
PILON, épse de Périer.
PILON, épse de Rouleau.
PILON, épse de Sabourin.
PILON, épse de Sabourin, Dom.
PILON, épse de Triolet.
PILOTE, épse de Gour.
PILOTE, épse de Masson.
PILOTE, épse de Pichet.
PILOTE, épse de Poitou.
PILOY, épse de Cassé.
PIN, épse de Couturier.
PIN, épse de Pincente.
PINARD, épse d'Arnault.
PINARD, épse de Cécile.
PINARD, epse de Papin.
PINAU, épse de Morand.
PINAUT, épse de Bouillon.
PINAUT, épse de Favreau.
PINAUT, épse de Godbout.
PINAUT, épse de Petit.

PINEAU-LAPERLE, ép. de Germain.
PINEAU, épse de Janson.
PINEAU, épse de Ménard.
PINEAU, épse de Mercier.
PINEAULT, épse de St. Denis.
PINET, épse de Doucet.
PINET, épse de L'Europe.
PINGUET, épse de Gautier.
PINGUET, épse de Labonté.
PINGUET, épse de Lambert, Boisverd.
PINGUET, Madne, ép. de Lambert, Chs.
PINOCHET, épse de Dharmes.
PINOT, épse de Botquin.
PINOT, épse de Desautels.
PINSON, épse de Milot.
PINSONNEAU, épse de Poineau.
PION, épse de Casavan.
PION, épse de Chevigny.
PIRON, épse de Bonhomme.
PITALIER, épse de Boutet.
PITON, épse de Bergevin.
PITRE, épse de Boudreau.
PITRE, épse de Boudreau, Frs.
PITRE, Agnès, épse de Boudreau.
PITRE, Margte, épse de Boudreau.
PITRE, Mie-Judith, ép. Boudreau.
PITRE, épse de Boudrot, Provencher.
PITRE, Judith, épse de Laur, Jos.
PIVAIN, épse de Gagnon.

PIVAIN, épse de Glinel, DeLouvais.
PIVIN, épse de Lert.
PIVIN, épse de Martin.
PLAGNOL, épse de Dubois.
PLAGNOL, Jeanne, ép. Laguerche, Frs.
PLAIS, épse de Vandais.
PLAMONDON, épse d'Albeuf.
PLAMONDON, épse de Gilbert.
PLAMONDON, épse de Petitclerc.
PLANTE, épse d'Allard, Michon.
PLANTE, épse de Boissel.
PLANTE, épse de Brunet.
PLANTE, épse de Fourre.
PLANTE, épse de Frapier.
PLANTE, épse de Gagne.
PLANTE, épse de Montmesnil.
PLANTE, épse de Morin.
PLANTE, épse de Raymond.
PLANTE, epse de Terrien.
PLANTE, épse de Thierry.
PLANTE, épse de Vernet.
PLANTEAU, épse de Talon.
PLANTOME, épse de Girard.
PLANTOME, épse de Girardin.
PLEMAREST, epse de Renaud.
PLESSIS-BÉLAIR, ép. de Falaise.
PLICHON, épse de Gautier.
PLOUART, épse de Viau.
PLOUF, épse de Beaugrand.

PLOUF, épse de Brière.
PLOUF, épse de Charon.
PLOUF, épse de Derome.
PLOUF, épse de Ducharme.
PLOUF, Mie-Ang., ép. Labruyère, Ls.-A.
PLOUMELLE, épse de Poulain.
PLOURDE, épse de Bérubé.
PLOURDE, Ang., ép. de Lafrance, Chs.
PLUCHON, épse de DuBuisson.
PLUCHON, épse de Marchet.
PLUCHON, épse de Savaria.
PLUTON, ép. de Camus.
POÈTE, épse de DeRainville.
POIDRAS, Mie-Anne, ép. Lajeunesse, Pierre.
POIGNET, épse de Cousson.
POIGNET, épse de Langevin.
POINEAU-PRIMOT, épse de Boursier.
POINEAU, épse de Chauvin.
POINTEL, épse de Benoit.
POINTEL, Gilette-P., ép. Joquin, Guill.
POIRÉ, épse de Dussaut.
POIRÉ, épse de Guay.
POIRÉ, épse de Hardy.
POIRÉ, Mie-Madne, ép. Lamontagne, J.-B.
POIRÉ, épse de Roy.
POIREAU, épse de Biron.
POIRIER, épse de Bergante.
POIRIER, épse de Bossua.
POIRIER, épse de Bouilleron.
POIRIER, épse de Bourdeau.

Poirier, épse de Bourg.
Poirier, épse de Chefdeville.
Poirier, épse de Doucet.
Poirier, épse de Filteau.
Poirier, épse de Fournel.
Poirier, épse de Fournier.
Poirier, épse de Gagné.
Poirier, épse de Gallien.
Poirier, épse de Guilbaut.
Poirier, épse de Lemay.
Poirier, épse de Sédilot.
Poirier, épse de Syre.
Poisson, épse d'Aubuchon.
Poisson, épse de Celles-Duclos.
Poisson, épse de Gautron.
Poisson, épse de Lucault.
Poitevin, épse de Bourassa.
Poitevin, épse de De la Haye.
Poitevin, épse de Denis.
Poitevin, épse d'Isabel.
Poitevin, épse de LeRouge.
Poitevin, epse de Roy.
Poitevin, épse de Théroux.
Poitier, épse de Corneau.
Poitier, epse de Gilbert.
Poitiers, épse de Prayé.
Poitras, épse de Barbe.
Poitras, épse de Beaupré.
Poitras, épse de Leduc.
Poitras-Lucien, ép. de Robitaille.

Poitras, Margte, ép. de Robitaille.
Poitras, épse de Rocheron.
Poitrau, Marie, ép. de Laserre, Charles.
Poitreau, épse de Bruneau.
Poitvin, épse de Valentin.
Poliquin, épse d'Octeau.
Poliquin, épse de Parenteau.
Poliquin, épse de Tessier.
Polo, epse de Panier.
Pomeroy, épse de Champagne.
Pommeray, épse de Searls.
Pommereau, épse d'Hervieux.
Pommeroy, épse de Segner.
Pomponnelle, épse de Petit.
Ponsant, épse de Dumouchel.
Ponteau, Anne, ép. de Lamotte, Chs.
Pontenier, épse de Gadois.
Pontonier, Mie, ép. de Langlois, Honoré.
Pontonnier, épse de Langlois.
Porche, épse de Roy.
Portas, épse de LeComte.
Portelance, épse de Chêne-Lagrave, Blangé.
Portelance, épse de Gervais.
Portelance, épse de Marcot.
Portneuf, épse de Maréchal.
Potel, épse de Bourdon.
Potier, epse de Rondel.
Pottier, épse de Prevost.
Potvin, épse d'Ambelton.

Potvin, épse de Baquet, Roy.
Potvin, épse de Benoit.
Poujol, épse de Bois.
Poujol, épse de Chalifour.
Poulain, épse de Foubert.
Poulet, épse de Toupin.
Poulin, épse de Belanger.
Poulin, épse de Belhumeur.
Poulin, épse de Bolduc.
Poulin, épse de Bonneau.
Poulin, épse de Bonnefoye.
Poulin, épse de Clesse.
Poulin, epse de Deblois.
Poulin, épse de Dubois.
Poulin, epse de Fortin.
Poulin, épse de Guillot.
Poulin, épse de Jacques.
Poulin, épse de Parant.
Poulin, épse de Quemeneur.
Poulin, epse de St. Hilaire.
Pouliot, épse de Bouvet.
Pouliot, épse de Filteau.
Pouliot, épse de Mondin.
Pouliot, épse de Vien.
Poupart, épse de Gavillon.
Pourciau, épse de Roy.
Pournain, épse de De la Bardelière, Testard.
Pournain, Mie, ép. de Lamarque, Jac.-R.
Poussart, épse de Pognot.

Pousset, épse de Panie.
Poussin, Marie, ép. de L'Archevêque, J.
Poutré, épse de Migneron.
Poyer, épse de Grisé.
Prairie-Piédalu, ép. Rivière.
Praise, épse de Filde.
Prat, épse de Dauphine.
Prat, épse de Giard.
Prat, épse de Guyard.
Pré, épse de Pichet.
Pré, épse de Turcot.
Précour, épse de Bélisle.
Prégien, épse de Bertrand.
Préjean, épse de Bois.
Prémont, épse de Gaultier.
Prémont, épse de Perrot.
Prénouveau, épse de Châteaufort.
Présot, épse de Triolet.
Presseau, épse de Duquet.
Presseau, épse de Pineau.
Préville, épse de Dumay.
Préville, épse de Salois.
Prévost, épse d'Amiot.
Prévost, épse de Bonin.
Prévost, epse de Boutoné.
Prévost, épse de Brunion.
Prévost, epse de Cirier.
Prevost, épse de Druineau.
Prévost, épse de Dussaut.
Prévost, épse de Guay.

PRÉVOST, épse de Prévost.
PRÉVOST, épse de Renard.
PRÉVOT, épse de Bruneau.
PRIEUR-ST. LÉGER, ép. Parant.
PRIJEAN, épse de Thibaudeau.
PRIMOT, épse de Boursier.
PRIMOT, épse de Bouvier.
PRIMOT, épse de Deneau.
PRIMOT, épse de Durand.
PRIMOT, Mie-Anne, ép. Laberge, Pierre.
PRIMOT, épse de Lemoine.
PRINCE, épse de Bourg.
PRINCE, épse de Durand.
PRINCE, épse de Leduc.
PROTEAU, épse d'Audet.
PROTEAU, épse de Doubram.
PROTOT, épse de Campeau.
PROU, épse de Blanever.
PROU, épse de Boisverd.
PROU, épse de Chapelain.
PROU, épse de Doucet.
PROU, épse de Gendron.
PROU, épse de Grégoire.
PROU, Reine, épse de Laberge, Nicolas.
PROU, épse de Picard.
PROU, épse de Robitaille.
PROU, épse de Talon.
PROU, épse de Triolet.
PROULX, épse de Blanever, Soulard.
PROULX, épse de Bourguignon.
PROULX, épse de Cotton.
PROULX, épse de Dupuis.
PROULX, épse de Guillot, Dubois.
PROULX, Marie, ép. de Larue, Aug.
PROULX, épse de Quemeneur.
PROULX, épse de Sebille.
PROUX, épse de Guichard.
PROUX, épse de Trudel.
PROVENÇAL, Mie-C., ép. Laurent, Guill.
PROVENCHER, épse de Leblanc.
PROVENCHER, épse de Maudoux.
PROVENCHER, épse de Picard.
PROVENCHER, épse de Rochereau.
PROVOST, épse d'Arrivée.
PROVOST, epse de Biron.
PROVOST, épse de Boutoné.
PROVOST, épse de Chevalier.
PROVOST, épse de Circé.
PROVOST, épse de Forestier.
PROVOST, épse de Foucault.
PROVOST, epse de François.
PROVOST, épse de Gagnon.
PROVOST, epse de Hazeur.
PROVOST, Mie-Lse, ép. Lachapelle, Frs.
PROVOST, Mie-A., épse Lamy, Joseph.
PROVOST, Gen., ép. de Langelier, J.-Bte.
PROVOST, Mie-Lse, épse Langlois, Frs.
PROVOST, épse de Poisson.
PROVOST, épse de Robillard.
PROVOST, épse de Salois.
PROVOST, épse de Voyne, Fortier.
PRUDHOMME, épse de Chevaudier.
PRUDHOMME, épse de Coderre.
PRUDHOMME, épse de Février.
PRUDHOMME, épse de Mondor.
PRUDHOMME, épse de Montmesnil.
PRUDHOMME, epse de Payet.
PRUDHOMME, épse de Tifault.
PRUDHOMME, épse de Touin.
PRUNEAU, epse de Métivier.
PRUNIER, épse de Gaillou.

Q

QUAI, épse de Gouviou.
QUAI, épse de Guignolet.
QUATREPATTE, épse de Gagnon.
QUELUÉ, épse de Brassard.
QUEMLEUR. épse de Blanchet.
QUENET, épse de Poisset.
QUENNEVILLE, épse de Bourdon.
QUENNEVILLE, épse de Charbonneau.
QUENNEVILLE, épse de Chardon.
QUENNEVILLE, épse de Chateauneuf.
QUENNEVILLE, épse de Gautier.
QUENNEVILLE, Cath., ép. Lasarte, Frs.
QUENNEVILLE, épse de Meseray.
QUENNEVILLE, épse de Parseillé, Lecompte.
QUENTIN, épse de Chanas.
QUEQUEJEU, épse de Rivaut.
QUERCY, épse de Coignac.
QUERCY, épse de Ducharnay.
QUÉRET, épse de Filteau.
QUESNEL, épse de Lecourt.
QUESNEL, épse de Lefebvre.
QUESNEL, épse de Picard.
QUESSI, epse de Margeon.
QUESSY, épse de DeVau.
QUESSY, épse de LePrevost.
QUESSY, épse de Malbœuf.
QUESSY, épse de Syre.
QUESSY, épse de Thibaut.
QUÉVILLON, épse de Cadieu.
QUÉVILLON, épse de Lemeilleur.
QUÉVILLON, épse de Masson.
QUÉVILLON, épse de Monet.
QUÉVILLON, épse de Parant.
QUÉVILLON, épse de Sorin.
QUIGESIG8K8E, épse de Couc.
QUILLON, épse de Casseneuve.
QUINQUENELLE, épse de Fayen.
QUIREMOND, épse de Chaperon.
QUITEL, épse de Verreau.
QUORAN, épse de Sylvestre.
QUOZ, Mrgte, épse de Laroche, Innocent.

R

Rabady, épse de L'Escuyer.

Rableau, épse de Chamare.

Rabouin, épse de Caron.

Rabouin, épse de LeFêté.

Rabut, épse de Bienvenu.

Rabuty, épse d'Hamel.

Rachel, épse de Berger.

Racicot, épse de Fournier.

Racine, épse d'Alaire, Gagné.

Racine, epse de Dubois.

Racine, épse de Friche.

Racine, épse de Gravel.

Racine, épse de Guyon.

Racine, Thérèse, ép. de Guyon.

Racine, épse de Houde.

Racine, Mie-A., épse de Lajoie, Pierre.

Racine, épse de Morel.

Racine, épse de Pepin.

Racine, épse de Poulin, Cauchon.

Racine, épse de Racine.

Racine, épse de Savard.

Racine, épse de Simard.

Raclos, epse de David.

Raclos, épse de Baudoin.

Raclot, épse de Perrot.

Radisson, Elis., ép. de Jutrat, Claude.

Radisson, épse de Volant.

Rafaré, épse de Brunet.

Ragau, épse de Samson.

Rageot, épse de Focque.

Raimbault, épse de Boucher.

Rainville, Mie, ép. de Jourdain, Louis.

Raisin, épse de DeNiger.

Raizenne, épse de Chérier.

Ramage, épse de Gaudin.

Rancin, Jeanne, ép. de Lacroix, Jean.

Rancour, épse de Citoleux.

Rancour, épse de Deslauriers.

Rancour, épse de Gastelier.

Rancour, épse de Gautier.

Rancour, épse de Raymond.

Randal, épse de Cole.

Ranger, épse de Dagneau.

Ranger, Gen., épse de Lacroix, Jacq.

Rapidiou, Mie-Lse, ep. Kiri, Frs.

Rasné, épse de Morel.

Rasoir, épse de Guerbois.

Rasset, épse de Gautier.

Rasset, épse de Gilbert.

Rasset, épse de Marois.

Rasset, épse de Mousseaux.

Raté, épse de Fraser.

Raté, épse de Gingras.

Raté, épse de Gosselin.

Raté, épse de Gravel.

Raté, épse de Grenier.

Raté, Thècle, épse de Larrivé, Michel.

Raté, épse de Petitclerc.

Rateau, épse de Létourneau, Guillot.

Ratel, épse de Drousson.

Raveau, épse de Malerbaut.

Raymond, épse de Belisle.

Raymond, Anne, ép. de Landry, Jos.

Realens, épse de Dorlet.

Réaume, épse de Baret.

Réaume, épse de Blais.

Réaume, épse de Drolet.

Réaume, épse de Grenier.

Réaume, épse de Guay.

Réaume, épse de Guérin.

Réaume, épse de Hay.

Réaume, Marie, épse de Julien, Michel.

Réaume, Mie-Mdne, ép. L'Archevêque, A.

Réaume, épse de Noël.

Réaume, épse de Parant.

Rebotteau, epse de Biron.

Rebours, épse de Guitaut.

Rebours, épse de Raguideau.

Redié, epse de Dumay.

Refort, épse de Begard.

Refort, épse de Brunet.

Regeas, epse d'Ethier.

Regnault, épse de Damours.

Regnault, épse de Plusson.

Regnaut, épse de Sabourin.

Rehel, épse de Coté.

Reignier, épse de Martin.

Reily, épse de MacDonald.

Relot, épse de Badié.

Rémi, épse de Letailleur.

Rémillard, épse de Guyon.

Rémillard, épse de Lebeau.

Rémond, épse de Boucher.

Remondière, épse de Rondeau.

Rémy, épse de Desautels.

Renard, épse de Dion.

Renard, épse de Guyon.

Renaud, epse d'Alaire, Normandeau.

Renaud, épse d'Aubin.

Renaud, épse de Besnard.

Renaud, épse de Biron.

Renaud, épse de Boissy.

Renaud, épse de Boisverd.

Renaud, épse de Brunet.

Renaud, épse de Douillet, Dubois.

Renaud, épse de Doyle.

Renaud, épse de Ducharme.

Renaud, épse d'Ethier.

Renaud, epse de Gabatier.

Renaud, Margte, ép. de Lagrave, Raym.

Renaud, Mie-A., ép. de Laverdière, Frs.

Renaud, épse de Leroux.

Renaud, épse de Ouimet.

Renaud, épse de Pelletier.

Renaud, épse de Perthuis.

Renaud, épse de Petitclerc.

Renaud, épse de Roy.

Renaud, épse de Sabourin.

Renaud, épse de Syre.

Renaudeau, épse de Brouillet.

Renaudeau, épse de Poirier.

Renaudin, épse de Levieux.

Renault, épse de Boivin.

Renault, épse de Bouin.

Renault, épse de Douillet.

Renault, A., épse de Laspron, Jean.

Renault, épse de Loisel.

Renault, épse de Loppez.

Renault, épse de M.rienne.

Renault, épse de Vaudry.

Renaut, Mie, épse de Langevin, Math.

Renaut, épse d'Olivier.

Rencontre, épse de Thibaut.

Renos, Jeanne, ép. de Jobin, Pierre.

Renouard, épse de DuCarreau.

Renouard, épse de Durand.

Renouard, épse de Giffard.

Rentier, épse de Roy.

Renusson, épse de Chamaillard, Alonze.

Repoche, J., épse de Bilodeau, Jérome.

Repoche, épse de Jamein.

Reproche, Mde, ép. de Garnier, Julien.

Resnard, épse d'Augeard.

Retbingue, épse de Stengell.

Reynier, épse de Grimard.

Rho, épse de Cauvet.

Ribeau, Agathe, ép. de Joyelle, Ant.

Riberville, épse de Cecire.

Ricard, épse de Germain.

Ricard, Mie-C., ép. de Larose, Pierre.

Ricard, épse de Montmarquet.

Ricard, épse de Payet.

Ricard, epse de Remillard.

Ricard, épse de Rouillard.

Ricard, épse de Tailleur.

Richard, épse de Béliveau.

Richard, épse de Bernard.

Richard, épse de Bourgeois.

Richard, Frse, épse de Bourgeois.

Richard, épse de Chaumard.

Richard, épse de Cordonnier-Ritaboire, Dubois.

Richard, épse de Daunet.

Richard, épse de Denis.

Richard de Goigni, ép. DesBergères.

Richard, epse de Dionne.

Richard, épse de Doiron.

Richard, epse de Dupuis.

Richard, epse de Fafard.

Richard, épse de Favreau.

Richard, épse de Gariépy.

Richard, épse de Gatien.

Richard, epse de Gautier.

Richard, épse de Gervais.

Richard, épse d'Hébert.

Richard, épse de Jahan.

Richard, Margte, ép. de Lacasse, Frs.

Richard, Mie-Jos., ép. Lavigne, Jos.

Richard, épse de Leblanc.

Richard, épse de Ledoux.

Richard, épse de Lefebvre.

Richard, épse de Levasseur.

Richard, épse de Maillou.

Richard, épse de Marcot.

Richard, épse de Melançon.

Richard, Elisa., ép. de Melançon.

Richard, épse de Mercure.

Richard, epse de Mireau.

Richard, epse de Moras.

Richard, epse d'Orion.

Richard, epse de Page.

Richard, epse de Pelletier.

Richard, epse de Perrot.

Richard, epse de Prince.

Richard, épse de Quessi.

Richard, épse de Robichaud.

Richard, épse de Sprinne.

Richard, épse de St. Pierre.

Richard, épse de Talbot.

Richard, épse de Thibaudeau.

Richard, épse de Tousignan.

Richard, épse de Troy.

Richardville, épse de Plessy.

Richaume, épse de Ferré.

Richaume, épse de Jeannot.

Richaume, Mie, ép. de Laraue, Joseph.

Riche, épse de Baudoin.

Riche, épse de Payet.

Richer, épse de Bonneau.

Richer, épse de Bouvard.

Richer, épse de Dupuis.

Richer, Mie-Jos., ép. de Lagrave, Chs.

Richer, épse de Poulois.

Richer, épse de Verdon.

Richerville, épse de Champlain.

Riel, épse de Boyer.

Riel, epse de Gervais.

Riel, Cécile, épse de Laurence, Marc.

Rigau, épse de Poirier.

Rigaud, épse de Lafranchise.

Rigaud, épse de Lemaistre, Duhemme.

Rigaud, epse de Terrien.

Rigault, épse de De la Planche.

Rigault, épse de Pottier.

Rigault, épse de Têtu.

Rigaut, épse de Duhemme.

Rigaut, épse de Têtu.

Rinfret, épse de Perrot.

Riopel, épse de Noël.

Rioult, épse de La Vallée.

Rioux, Genev., ép. de Larrivé, Jean.

Riton, épse de Leblanc.

Rival, épse d'Aubin.

Rocher, épse de Lepage.
Rocher, épse de Rougeau.
Rochereau, épse de Cusson.
Rocheron, épse de Gaulin.
Rocheteau, épse de Boutin.
Rochette, épse de Beaumont.
Rochon, épse de Chènevert.
Rochon, épse de Graton.
Rochon, épse de Grenier.
Rochon, épse de Tinon.
Rocque, épse de Lépine.
Rodier, épse de Maurice.
Rodriguez-L'Espagnol, épse de Sauvageau.
Roger, épse de DeLage.
Roger, épse de LeBreton.
Roger-Latouche, épse Riche.
Rognon, épse de Martel.
Rognon, épse de Tapin.
Rogué, épse de Chiron.
Roirou, épse de Courteau.
Roirou, épse de Lemay.
Roiroux, épse d'Auger.
Roiroux, épse de Maupas.
Roland, épse de Blondeau.
Roland, épse de Leblond.
Rolet, Suzanne, ép. de Larrivé, Pierre.
Rolet, épse de Roberge.
Rolin, épse de Caumont.
Rollet, épse d'Hébert.

Rollevillе, épse de Senécal.
Rondeau, épse de Charbonneau.
Rondeau, épse de Chouinard.
Rondeau, épse de Gravel.
Rondeau, Genev., épse Lapointe, Pierre.
Rondeau, épse de Mimaux.
Rondeau, épse de Parenteau.
Rondeau, épse de Pepin.
Rondeau, épse de Plante.
Rondeau, épse de Plouf.
Roque, épse de Baudoin, St. Denis.
Rosa, épse de Bourbon.
Rosa, Thérèse, ép. de Bourbon.
Rosa, épse de Sansoucy.
Rose, épse de Burgesse.
Rosée, épse de Gagné.
Rossignol, épse de Forget, Fouquereau.
Rossignol, épse de Fouquereau, Huard.
Rossignol, épse de Petit.
Rotteau, épse de Moisan.
Rouau, épse de Marois.
R8ecanga, épse de Delaunay.
Rouelle, épse de Bourgaud.
Rouhaut, épse de Gautier.
Rouillard, épse de DeTrépagny.
Rouiller, épse de Defarge.
Roujeau, épse de Beauchemin.
Rouleau, épse de Franche.

Rouleau, épse de Gaboury.
Rouleau, épse d'Hubert.
Rouleau, épse de Moleur.
Rouleau, épse de Pilet.
Rouleau, épse de Plouf.
Roulier, Marie, ép. de Lafarge, Jean.
Roullois, épse de Derome.
Rouly, épse de Buther.
Roume, épse de Chèvremont.
Rousseau, épse de Blanchet.
Rousseau, épse de Boucher.
Rousseau, épse de Dagneau.
Rousseau, épse de Destroismaisons.
Rousseau, épse d'Hayot.
Rousseau, épse de Huard.
Rousseau, épse d'Huot.
Rousseau, épse de Jalbert.
Rousseau, épse de Jobin.
Rousseau, épse de Jouineau.
Rousseau, Mie, épse de Labrière, Jacq.
Rousseau, Lse, épse de Lamarre, Jos.
Rousseau, Mie-J., épse Langlois, Jean.
Rousseau, Mie-A., épse Langlois, J.-Bte.
Rousseau, épse de Laviolette.
Rousseau, épse de Melvin.
Rousseau, épse de Paquet.
Rousseau, epse de Pafant.
Rousseau, épse de Pasquier.
Rousseau, épse de Tunio.
Roussel, épse de Doré.

Roussel, épse de Gautier.
Roussel, épse de Glinel.
Roussel, épse de Lesage.
Roussel, épse de Moussard.
Rousselière, épse de Gaudin.
Rousselin, épse de Leblanc.
Rousselot, épse de Flibot.
Rousselot, épse de Fribaut.
Roussillier, épse de Cottin.
Roussin, épse d'Asseline.
Roussin, épse d'Huppé.
Rousson, épse de Charbonneau.
Rousson, épse de Dufour.
Roussy, épse de Pelletier.
Rousty, épse de Renaud.
Routier, épse de Dubord.
Routier, épse de Franchère.
Routier, épse de Goulet.
Routier, épse de Moreau.
Routy, épse de Guillaud.
Rouville, épse de Martel.
Roux, épse de Mercier.
Roux, épse de Tinon.
Roy, épse d'Alain.
Roy, épse d'Amelot, Filion.
Roy, épse d'Auclair.
Roy-Lapensée, épse de Baraire.
Roy, épse de Barême.
Roy, épse de Barteron.

Roy, épse de Baubin.
Roy, épse de Bauché.
Roy, épse de Baudin.
Roy, épse de Berard.
Roy, épse de Bisson.
Roy, épse de Bobin.
Roy, épse de Bouchard, Guimond.
Roy, épse de Boucher.
Roy, épse de Bouvier.
Roy-Lapensée, épse de Boyer, Valois.
Roy, épse de Cameron.
Roy, épse de Catti.
Roy, épse de Charlebois.
Roy, épse de Chartier.
Roy, Marie-Angél., ép. Chartier.
Roy, épse de Chevaudier.
Roy, épse de Citois, Mignau.
Roy, épse de Clesse.
Roy, épse de Corbeil.
Roy-Desjardins, ép. de Cote.
Roy, épse de Couture.
Roy, épse de Darragon.
Roy, épse de DeFerrière.
Roy, épse de Drogué.
Roy, épse de Dupont-Leblond, Dupuis.
Roy, épse de Dupre.
Roy, epse de Dupuis.
Roy, épse d'Ethier.

Roy, épse de Filteau.
Roy, épse de Fournier.
Roy, épse de Fraser.
Roy, épse de Gareau.
Roy, épse de Gaudin.
Roy, Marie-Rose, ép. de Gaudin.
Roy, épse de Hadnin.
Roy, épse de Harbour.
Roy, épse de Henry.
Roy, Margte, épse de Joubert, Jean.
Roy, Mie-Jos., épse de Lacroix, Jacques.
Roy, Clémence-A., ép. Lagimaudière, J.
Roy, Cécile, épse de Lamontagne, Chr.
Roy, Lse-Ang., ép. de Lanctot, Antoine.
Roy, Madne, épse de Laroche, Pierre.
Roy, Adélaïde, épse de Larue, Nazaire,
Roy, Mie-Joséph., ép. Latour, Balthazar.
Roy, épse de Lebœuf, Campagna.
Roy, épse de Leclerc.
Roy, épse de Lefebvre.
Roy, épse de Lemieux.
Roy, épse de Lepage.
Roy, épse de Levraux.
Roy, epse de Lorrain.
Roy, épse de Maillet.
Roy-Chatellereau, ép. Marchildon.
Roy, épse de Menard.
Roy, épse de Metaine.
Roy-Desjardins, ép. de Miville.

Roy, épse de Morel.
Roy, épse de Nevers, Cureux.
Roy, épse de Niquet.
Roy, épse de Ouellet.
Roy, épse de Paquet.
Roy, épse de Payet.
Roy, épse de Petitclerc.
Roy-Lapensée, ép. de Pilet.
Roy, épse de Pineau.
Roy-Chatellereau, ép. Proteau.
Roy, épse de Prudhomme.
Roy, épse de Ratel.
Roy, épse de Renaud.
Roy, épse de Rivard.
Roy, épse de Roberge.
Roy, épse de Robert.
Roy, Agathe, épse de Robert.
Roy, épse de Robidou.
Roy, épse de Robin.
Roy, épse de Rougieu.
Roy-Desjardins, épse Soulard.
Roy, épse de St. Denis.
Roy, épse de St. Denis, Dubois.
Roy, Mie-Lse, épse de St. Denis.
Roy, épse de Thibaudeau.
Roy, épse de Trahan.
Roy, épse de Tremblay.
Roy, épse de Turgeon.
Royer, épse de Demillets.

Royer, Mie, épse de Laigu, René-Chs.
Roza, épse d'Etienne.
Rozotty, épse de Poitevin.
Ruais, épse de DeLavoye.
Ruel, épse de Cazeau.
Ruel, épse de Rivard.
Ruest, épse de DeLayoye.
Ruest, épse de Hughes, Gasse.
Ruibel, épse de LeBaron.

S

Sabourin, épse de Brazeau.
Sabourin, épse de Cadieu.
Sabourin-Chaunière, epse de Maillou.
Sabourin, épse de Périer.
Sacatchi8c8a, épse de Robillard.
Sacboule, épse de Labonté.
Saché, épse de Lenoir.
Sacokie, épse de Couc.
Sacyboule, épse de Bailles.
Sageot, épse d'Adhémar.
Sagola, épse de Ranger.
Sainctar, épse de Baillif.
Sainctar, Cath., ép. de Juillet, Chs.
Saint-Louis, épse d'Adam.
Salazar, épse de Gaillard.
Salé, épse de Marcot.
Salle, epse de Legras.
Sallé, épse de Raimbaut.

Salouer, épse de Gasse.
Salouer, Mgte, ép. de Lamy, Jean.
Saloy, épse de Petit.
Salvaye, épse de Cauchon.
Samson, épse de Beaugrand.
Samson, épse de Bougrand.
Samson, épse de Brisson.
Samson, épse de Carrier.
Samson, épse de Guay.
Samson, Frse, épse de Laroche, Frs.
Samson, épse de Martin.
Samson, épse de Sédilot.
Samuel, épse de Prevost.
Sansaveu, épse de Daniel.
Sanscrainte, épse de Perron.
Sansfaçon, épse de Baillargeon.
Sansfaçon, épse de Beau.
Sansfaçon, épse de Gravel.
Sansfaçon, Mie, ép. de Joly, Frs.
Sansoucy, épse de Charly.
Sansoucy, épse de Chearby.
Sansoucy, épse de Giguère.
Sansoucy, épse de Gordon.
Sansoucy, épse de Stebbens.
Sansoucy, épse de Stébenne, Menard.
Sansoucy, épse de Sylvestre.
Sansquartier, épse de Blais.
Sarazin, épse de Boudria.
Sarazin, épse de Dufaye.
Sarazin, épse de Fouquereau.
Sarlin, épse de Cornelier.
Sarrazin, épse de Marcel.
Sarrell, épse de Martin.
Satigan, épse de Boivin.
Saucier, épse de Beaulieu.
Saucier, épse de Charon.
Saucier, épse d'Hunault.
Saucier, épse de Lemaitre.
Saucier, épse de LeSieur.
Saulnier, épse d'Aucoin, Gaudreau.
Saulnier, épse de Brochu.
Saunier, épse d'Hébert.
Saunois, épse de Lecompte.
Sauteuse, épse de Chesne.
Sauteuse, épse de Couvret.
Sauteuse, épse de Fontenay.
Sauteuse, épse d'Hamelin.
Sauteuse, M.-Anas., ép. d'Hamelin.
Sauvage, épse d'Amiot.
Sauvage, épse de Benoit.
Sauvage, épse de Boesmé.
Sauvage, épse de St. Castin.
Sauvagesse, épse d'Artaut.
Sauvagesse, épse d'Attina.
Sauvagesse, épse de Brault.
Sauvagesse, épse de Cardinal.
Sauvagesse, épse de Celier.
Sauvagesse, épse de Chevalier.
Sauvagesse, épse de Chevalier, Barth.
Sauvagesse, épse de Chevery.
Sauvagesse, épse de Couc.
Sauvagesse, épse de Daunet.
Sauvagesse, épse de Denis.
Sauvagesse, épse de Drouet.
Sauvagesse, épse de Dumouchel.
Sauvagesse, épse de Duquet.
Sauvagesse, épse de Gagnon.
Sauvagesse, Lis., ép. de Langlois, Jos.-M.
Sauvagesse, épse de DeLatour.
Sauvagesse, épse de L'Eveillé.
Sauvagesse, épse de McPherson.
Sauvagesse, épse de Parisien.
Sauvagesse, Marie, ép. Pelletier.
Sauvagesse, épse de Rehel.
Sauvagesse, épse de Rhodes.
Sauvagesse, épse de Rival.
Sauvagesse, épse de Valo.
Sauvé, Louise, épse de Lajeunesse, Nic.
Sauvenier, épse de Berubé.
Sauvenier, épse de Soucy.
Savaire, épse de Dutaut.
Savard, épse de Barbeau.
Savard, épse de Berdin.
Savard, épse de Couture.
Savard, épse de Drouet.
Savard, épse de Fiset.
Savard, épse de Fréchette.
Savard, épse de Lefebvre, Jean, Lefebvre, Pierre.
Savard, épse de Sanschagrin.
Savare, épse de Filteau.
Savarie, Mie-Jos., ép. Larrivé, Joseph.
Savary, épse de Custaud.
Savary, épse de Doiron.
Savary, épse de Harnois.
Savary, épse de Lereau.
Savary, épse de Marin.
Savignac, Judith, ép. Laventure, Jos.
Savignac, épse de Paris.
Savinier, épse de Brien.
Savoie, épse de Boudreau.
Savoie, épse de Boudrot, Arcan.
Savoie, épse d'Hébert.
Savoie, épse de Montour.
Savoie, épse de Thibaudeau.
Savonet, épse de Bérubé, Miville.
Savoye, épse de Poirier.
Savoye, épse de Robert.
Sceau, épse de Thomas.
Sceuné, épse de Montambault.
Schouarden, Mdne, ép. Lahaie, Jean.
Seamen, épse de Godfroy.
Sédilot, épse de Chéon.
Sédilot, épse de Dubeau.
Sédilot, Mie-Anne, ép. Jugnac, Ant., Drouillard, René.
Sédilot, épse de Nau.

Sefton, épse de Chouteau, Syre.
Seguillet, épse de Gilbert.
Seguillet, épse de Millet.
Séguin, épse de Bertrand.
Séguin, épse de Blau.
Seguin-St. Julien, ép. Duval.
Séguin, épse de Gautier.
Séguin, Mie-Anne, ép. Lacroix, Pierre.
Séguin, Mie-Chtte, ép. Larocquebrune, J.-B.
Séguin, épse de Lemaire.
Séguin, épse de Leroux.
Séguin, épse de Proteau.
Séguin-Ladéroute, ép. Sabourin.
Sel, épse d'Auriot, Chausse.
Selle, épse d'Aurio, Louis.
Selle, épse de Guillemet.
Sellerin, epse de Denis.
Sellière, Marie, ép. de Joussay, Louis.
Sem, épse de Beine.
Semiot, épse de Georgeot.
Sénard, épse d'Hamel.
Senécal, épse de Groinier.
Senécal, épse de Guilbaut.
Senécal, épse de Ouimet.
Senelle, épse de Dubois, Corby.
Senelle, epse de Jahan.
Senez, épse de Rosa.
Ser, epse de Morisseau.

Séran, épse de Cabanac.
Seré, épse de Cole.
Sergent, épse de Robin.
Serin, épse de Coutancineau.
Serisié, épse de Rodde.
Serre, épse de Cole.
Serre, épse de Gourdon.
Serré, épse de Lachasse, Périllard.
Serry, épse d'Hamelin.
Servignan, épse de Ronseray.
Sétau, épse de Mayrand.
Sévestre, épse de Bibaut.
Sévigny, épse de Blais.
Sévigny, épse de Semper.
Sévigny, épse de Vacher.
Sexton, épse de O'Bryan.
Sháwp, Margte, ép. de Knip, Fréd.
Shea, épse de Carley.
Siambre, épse de Poiré.
Sibo, épse de Girard.
Sicard, epse de Brouillet.
Sicard, épse de Bruneau.
Sicard, épse de Fleury.
Sicard, épse de Guillot.
Sicard, épse de LeSieur.
Sicard, épse de Ménard, Carié.
Sicard, épse de Miau.
Sicard, epse de Petit.
Sicard, epse de Renaud.

Sicard, épse de Vinet.
Sierre, épse de Shindelman.
Sigouin, épse de Boisjoli.
Sigouin, épse de Gautier.
Sillerie, Anne, ép. de Larocque, Jean.
Simard, épse de Balan.
Simard, épse de Caron.
Simard, épse de Gagné.
Simard, épse de Gontier.
Simard, épse de Hudon.
Simard, épse de LeGuay.
Simard, épse de Mercier.
Simard, épse de Pare.
Simard, épse de Poitevin.
Simard, épse de Racine.
Simon, epse de Castonguay.
Simon, épse de Coignac, Dufaut.
Simon, épse de Gasse.
Simon, Marie, épse de L'Archevêque, C.
Simon, épse de Létourneau.
Sincenne, Anne, ep. de Landry, Jean.
Sincennes, épse de Boudreau.
Sincennes, épse de Raymond.
Sincerny, epse de Galipeau.
Sindon, epse de Bergeron.
Sindon, Angel., ép. de Bergeron.
Sindon, épse de Guichard.
Singelin, épse de Paillart.
Sinnallon, épse de Rousseau.

Sionnaux, Margte, ép. Lacasse, Antoine.
Siouse, Marg., ép. de Landry, Firmin.
Siouse, épse de Magnan.
Sire, épse de Fournier.
Sire, épse de Gaudreau.
Sirois, épse de Moreau.
Sirois-Duplessis, ép. Morin.
Sirois, épse de Roy.
Sivigny, épse de Praye.
Ska8ennati, Madne, ép. Keller, Daniel.
Sloeis, épse de St. Germain.
Smeed, épse de Nimbs.
Smith, épse d'Adams.
Smith, épse de Murray.
Socokie, épse de Montour.
Sohier, épse de Thibaut.
Soldé, épse de Beauvais.
Sommeillard, épse de Fleuricourt.
Sommillard, épse de Fortin.
Sonnois, épse de Vacher.
Soreau, Anne, épse de Lagaudié, Jean.
Soreau, épse de Maneau.
Soreau, épse de Petit.
Sorieul, épse de Bibaut.
Sorin, épse de Gignard.
Souard, épse de DeLahaye.
Souart, épse de Lemoine.
Soucy, épse de Berube.
Soucy, épse de Miville.

Soucy, épse de Robinson.
Souzt, épse de Robillard.
Soulage, épse de Boutet.
Soulange, épse de Bellorget.
Soulange, épse de Berlinguet.
Soulange, épse de Cadron.
Soulard, épse de Constantin.
Soulard, épse de Coté.
Soulard, épse de Duprat.
Soulard, épse de Gaboury.
Soulard, épse de Gagné.
Soulard, épse de Gilbert.
Soulard, épse de Quentin.
Soulard, épse de Tessier.
Soulière, épse de Maréchal.
Soulinié, épse de Leduc.
Soumis, épse de Barbier.
Soutar, épse de Dutertre.
Souvigny, épse de Lévesque.
Sozo, épse de Petit.
Spelman, épse de Meaux.
Spratern, épse de Vaumarne.
Sproat, épse de Nelson.
St. Amant, épse de Coderre.
St. Amant, épse de Gibaut.
St. Amant, épse de Reaume.
St. André, Mie, ép de Lacasse, Jos.
St. Aubin, épse de Chesne.
St. Aubin, épse de Denis.

St. Cyr, épse de Cayou.
St. Denis, Chtte, épse Lalonde, Jos.
St. Denis, épse de Poulin.
Stèdre, épse de Réaume.
Ste. Marie, épse de Rivard.
St. Etienne de la Tour, ép. de Leborgne.
St. Etienne, épse de Messaguier.
Stevens, épse de Paquet.
St. François, épse de Boulanger.
St. George, épse de Brisset.
St. George, épse de Campeau.
St. George, Mie.L., ép. Jobin, Pierre.
St. George, Cath., ép. Lacombe, Ls.
St. George, épse de Lecompte.
St. George (De) épse d'Amyault.
St. Germain, épse de Bertrand.
St. Germain, épse de Cosset.
St. Germain, épse de Cristin.
St. Germain, M.-F., ép. Labrosse.
St. Germain, épse de Malbœuf.
St. Germain-Lamoureux, ép. Paillart.
St. Germain, épse de Paille, Cantara.
St. Hilaire, épse de Coté.
Stilson, épse de Cardinet.
St. Jean-Lavallée, ép. Bredel.
St. Jean, épse de Fournaise.
St. Jean, épse de Fournier.
St. Jean, épse de Galarneau.
St. Jean, épse de Gautier.

St. Jean, épse de Gibaut.
St. Jean, Mie-Jos., ép. Joseph, Pierre.
St. Jean, épse de Rivet.
St. Jean, épse de Sicard.
St. Joseph, épse de Gélinas.
St. Julien, épse de Boutin.
St. Laurent, épse de Carry.
St. Laurent, Ang., ép. Lafleur, Ignace.
St. Laurent, Mie, ép. Lagrave, Frs.
St. Laurent, épse de Marois.
St. Laurent, épse de Pelletier.
St. Laurent, épse de Pineau.
St. Martin, épse de Bequet.
St. Martin, épse de Fray.
St. Martin, épse de Lemoine.
St. Martin, épse de Marion.
St. Maurice, épse de Diers.
St. Maurice, épse de Prévost.
St. Michel, épse de Boisverd.
St. Michel, épse de Brisebois.
St. Michel, Mie-J., ép. Jobin, Eustache.
St. Michel, Mie., épse Jubinville.
St. Michel, épse de St. Jean.
St. Onge, épse de Glinel.
St. Onge, Mie-An., ép. Lavigne, Jos.
Story, épse de Dagueil.
St. Ours, épse de Dussaut.
St. Per, épse de Rivard.
St. Pierre, épse de Chaussé.
St. Pierre, épse de Couillard.

St. Pierre, épse de Coutaut.
St. Pierre, épse de Gagnon.
St. Pierre, Mie, ép. de Lamarque, Chs.
St. Pierre, Mie-L., ép. Larrivé, Etienne.
St. Pierre, épse de Nildavy.
St. Pierre, épse de Phocas.
St. Pierre, épse de Robitaille.
St. Pierre, épse de Tranchemontagne.
Stuart, épse de Jean.
St. Yves, épse de Forsapt.
St. Yves, épse de Guignard.
St. Yves, Mie-J., épse Lamirande, Frs.
St. Yves, épse de Moreau.
Sullivan, épse de Dunbar.
Sureau, épse de Carabin.
Suret, épse de Doucet, Pitre.
Suret, épse de Fasche.
Suret, Frse, épse de Jugnac, Jacques.
Suret, Mgte, épse de Laur, Daniel.
Suret, épse de Sincennes.
Surette, épse de Giguère.
Surget, épse de Clement, J.
Surget, épse de Marette.
Suronne, épse de Picard.
Sivaine, épse d'Hardy.
Swarten, épse de De la Haye.
Sweeney, épse de Condon.
Sweeny, épse de Finn.
Sylvain, Mgte, épse de Laramée, J.-Bte.

Sylvain, épse de Verreau.

Sylvestre, épse de Pleau.

Sylvestre, épse de Prévost.

Sylvestre, épse de Sarazin.

Sylvestre, Mie-J., ép. Sarazin.

Syre, épse de Colombe.

Syre, épse de Gaudreau, Hamel.

T

Tabanau, épse de Montaine.

Taget, épse de Piot.

Tailbot, épse de Gareau.

Taillant, épse de St. Onge.

Taillefer, epse de Corbeil.

Taillefer, épse de Frenier.

Taillefer, M.-Mad., ép. Langlois, J.-Bte.

Taillefer, épse de Matte.

Taillefer, épse de Plouf.

Taillefer, épse de Sansoucy.

Taillon, épse de Charbonneau.

Talbot, épse de Gareau.

Talon, épse de Huard.

Talon, épse de Nègre.

Talon, epse de Sanche.

Tamanikoue, épse de Douaire.

Tamni, épse de Dominique.

Tanguay, épse de Boulé.

Tanguay, épse de Carbonneau.

Tanguay, épse de Rouillard.

Taoues, épse de Godfroy.

Tarayre, épse de Miquel.

Tardif, épse de Brousseau.

Tardif, épse de Goslin.

Tardif, epse de Robitaille.

Tardif, épse de Touchet.*

Tardy, épse de Levry.

Tareau-Champagne, ép. Fontaine.

Tareau, épse de Sejourné.

Targé, épse de Gerbert.

Targer, épse de Boyer, Tourneroche.

Targer, épse de Royer.

Tariau, épse de Suret.

Tarieu, Mie-Chtte, ép. Jolliet, Barthélemi.

Tarragon (De), épse de Couturier.

Tartarin, Marie, ép. de Lambert, Jean.

Tarte, Marie-A., ép. de Joseph, Guillaume.

Tarté, épse de LeVerrier.

Taupier, épse de DeLeugré.

Taurey, epse de Marcot.

Tavenelle, épse de De la Barre.

Tavernier, épse de Bacon.

Tavernier, épse de Gravel.

Tavernier, épse de Mosion.

Tebre, épse de Dubois.

Teckel, épse de Decker.

Teganiha, épse de Limousin.

Tegoussi, épse de Pelletier.

Tellier, épse de Belaigle.

Tellier, épse de Glinel.

Tellier, épse de Hilaire.

Tellier, épse de Jetté.

Tellier, Mie-Jos., ép. Joubert, Pierre.

Tellier, Elisab., ép. de Lacombe, Angers.

Tellier, épse de Leclerc.

Tellier, épse de Pelletier.

Tellier, épse de Petit.

Tellier, épse de Pichet.

Tellier, épse de Rinfret.

Tellier, épse de Rocque.

Teltown, épse de Pagé.

Tenard, épse de Boyer.

Tenue, epse de Demeules.

Térien, epse d'Alaire.

Terillon, épse d'Herbec.

Tériot, épse de Pitre.

Ténoux, épse de Cristin.

Terriault, épse de Blauson.

Terriault, Mie, ép. de Lalande, Jacques.

Terrien, épse de Bouchard.

Terrien, épse de Comes.

Terrien, épse de Dumas, Marot.

Terrien, épse d'Herve.

Terrien, Mie-Mad., ép. Laborde, Pierre.

Terrien, Mie, épse de Lapointe, Ant.

Terrien, épse de Marchand.

Terrien, épse de Michon.

Terrien, épse de Paré.

Terrien, épse de Tesson.

Terrien, épse de Vincent.

Terriot, épse de Thibaudeau.

Tertochot, épse de Girardeau.

Tessier, épse de Badaillac.

Tessier, épse de Bonet.

Tessier, épse de Clocher.

Tessier, épse de Damours.

Tessier, épse de Debien.

Tessier, épse de Delbec.

Tessier, épse de DuConge.

Tessier, épse de Forcier.

Tessier, épse de Gaboury.

Tessier, épse de Gautier.

Tessier, épse de Harel.

Tessier, épse de Joly.

Tessier, Cath., ép. de Lamotte, J.-B.-S.

Tessier, Mie-Jos., ép. Lamotte, Frs.

Tessier, épse de Laviolette.

Tessier, épse de Lefebvre.

Tessier-Lavigne, épse Métot.

Tessier, épse de Morisseau.

Tessier, épse de Pinsonneau.

Tessier, épse de Rochereau.

Tessier, épse de Rondeau.

Tesson, épse de Maheu.

Testu, épse de Joubert.

Testu, épse de Pepin.

Tetard, epse de LeBer.

Tetard, épse de Rivière.

Tétrau, épse de Fontaine.

Tétreau, épse de Guertin.

Tétreau, épse de Jarret.

Tétreau, Mie-A., épse Lamoureux, J.-B.

Tétreau, épse de Lebeau.

Tétreau, épse de Martel.

Tétro, épse de Godu.

Tétro, épse de Guyon.

Tétro, épse de Truteau.

Tétu, Marie, épse de Lamarche.

Théodore, épse d'Amelot.

Théolurié, epse de Fissiau.

Théolurié, épse de Gouget.

Théoret, épse de Rabau.

Théret, épse de Brunet.

Thibaudeau, épse de Benoit.

Thibaudeau, épse de Cormier.

Thibaudeau, épse de Damours.

Thibaudeau, A., ép. de Landry, Frs.

Thibaudeau, épse de Syre.

Thibault, épse de Bourbon.

Thibault, épse de Guillemet.

Thibault, épse de Prévost.

Thibaut, épse de Despeignes.

Thibaut, épse de Fortin.

Thibaut, Mie-J., ép. de Juneau, Jacq.-A.

Thibaut, épse de Quentin.

Thibaut, épse de Rasset.

Thibierge, épse de Coté.

Thibierge, épse de St. Denis.

Thibodeau, épse de Brault.

Thibodeau, épse de Quesnel.

Thibodeau, épse de St. Germain.

Thibodeau, épse de Vilaire.

Thiboutot, épse de Métivier.

Thierry, Mie, épse de Lamarche, Nic.

Thirement, épse de Depeiras, J -Bte.

Thomas, épse de Desrochers.

Thomas, épse de Godambert.

Thomas, Anne, épse de Jodouin, Claude.

Thomas, épse de Lizé.

Thomas, épse de Mabile, David.

Thomas, épse de Simon.

Thomas, épse de Thomas.

Thomas, épse de Trudel.

Thompson, épse de Lecompte.

Thompson, épse de Summers.

Thouin, épse de Deguise.

Thrébert, épse de Bossé.

Tibaudeau, épse de Brault.

Tibaudeau, épse de DeGoutin.

Tibaudeau, epse de Grandmaison.

Tibaudeau, épse d'Hébert.

Tibaudeau, épse de Maillet.

Tibaudeau, épse de Pitre.

Tibaudeau, épse de Poirier.

Tibaudeau, épse de Prince.

Tibaudeaux, épse de St. Pierre, Lesperon.

Tibaut, épse de Breillé-St. Pierre, Vinet.

Tibaut, épse de Gauchon.

Tibaut, épse de Chaillé.

Tibaut, épse de Charpentier.

Tibaut, épse de Choyer.

Tibaut, épse de Clavet.

Tibaut, épse de Desrivières.

Tibaut, épse de Gendron.

Tibaut, épse de Gingras.

Tibaut, épse de Leroux.

Tibaut, épse de Milot.

Tibaut, épse de Nepveu.

Tibaut, épse de Rivet.

Tibaut, épse de Samson.

Tibaut, épse de Valière.

Tibaut, épse de Villeray.

Tiberge, épse de Poitron.

Tiberge, épse de Gobeil.

Tibierge, épse de Morel.

Tibierge, épse de St. Denis.

Tibodeau, épse de Lemire.

Tibodeau, épse de Robichaud.

Tibois, épse de Duchesne.

Tierce, épse de Coulon, Guignard.

Tierce, épse de Guignard-d'Olonne, Vigne.

Tifaut, épse de Cadot.

Tifaut, épse de Gariépy.

Tiganne, épse de Gaudin.

Tilis, épse de Desguittes.

Timan, épse de Sanguinet.

Tinon, épse de Gauvin.

Tinon, épse d'Ouvrard.

Tirmont, épse de Bertin.

Tisserand, épse de Charpentier.

Tisserand, épse de Malepart.

Tisserand, épse de Parenteau.

Tivierge, épse de Roy.

Toine, épse de Malaire.

Tomelet, épse de Grenard.

Tondreau, épse de Bernier.

Topsan, épse de Dumont.

Torbingue, épse de Cornu.

Torchein, épse de Saulnier.

Toron, épse de Holmes.

Totar, épse de Labrecque.

Touchard, épse de Caillau.

Touchette, épse de Marette.

Touin, épse d'Archambault.

Touin, épse de Migneron.

Touin, épse de Ouellet.

Touin, épse de Tifault.

Toulouse, Mie-Jos., ép. Landonais, J.-Bte.

Toulouse, épse de Samazin.

Toulouse-Larose, ép. Thibaut.

Toupin, épse d'Amiot-Villeneuve, Gaboury.

Toupin, épse d'Audelin.

Toupin, epse de Beaudoin.

Toupin, épse de Gagné.

Toupin-Dussaut, Renée ép. Langlois, Jacq.

Toupin, épse de Lefebvre.

Toupin, épse de Major.

Toupin, épse de Monier.

Toupin, épse de Simon.

Tourangeau, épse de Ferdisson.

Tourangeau, épse de Séguin.

Touraude, épse d'Arrivé.

Toureau, épse d'Archambeault.

Toureau, épse de Preuirau.

Tournois, épse de Maisonneuve.

Tousignan, épse d'Adam.

Tousignan, épse de Boucher.

Tousignan, épse de Houde.

Tousignan, épse de Nadeau.

Toussaint, épse de Bouchard.

Toussaint, épse de Carpentier.

Toutan, épse de Rivard.

Toutant, épse de Houré.

Toutant, épse de Lemay.

Touzé, épse de Gazaille.

Tradan, épse de Biron.

Trahan, épse de Cyr, Gauvin.

Trahan, épse de Daigle.

Trahan, épse de Deschamps.

Trahan, épse de Marquis, Daigle.

Trahan, épse de Marteau.

Trahan, épse de Pinet.

Trahan, épse de Syre.

Tréguin, épse de Gour.

Treilli, épse de Cacheneau, Casseneau.

Tremblay, épse de Bourbeau.

Tremblay, épse de Caucher.

Tremblay, épse de Chrétien.

Tremblay, épse de Debien.

Tremblay, épse de DeLavoye.

Tremblay, épse de Gautier.

Tremblay, épse de Gauvin.

Tremblay, Mdne, épse Lapointe, Barth.

Tremblay, Mie-J., épse Laur, Pierre.

Tremblay, epse de Malteste.

Tremblay, epse de Perron.

Tremblay, épse de Poutré.

Tremblay, épse de Sax.

Trémont, épse de Marmignon.

Trémou, épse de Duchesnay.

Trépagny, épse de Lafleur.

Trépanier, épse de Carpentier.

Triolet, Madne, épse Lantier, Jos.

Triot, épse de Lefrançois.

Trochet, épse de Pertier.

Trotier, épse d'Adam.

Trotier, épse d'Alaire.

Trotier, épse d'Aquien.

Trotier, épse de Baudet.

Trotier, épse de Bertrand.

Trotier-Pombert, épse Carbonneau.

Trotier, épse de Gauvin.

Trotier, Mie-Lse, épse Laquerre, Jos.

Trotier, Suz., épse de Larrivé, Pierre.

Trotier, épse de Lepage.

Trotier, épse de Leroux.

Trotier, épse de Lesage.

Trotier, épse de Lévesque.

Trotier, épse de Nau.

Trotier, épse de Rivard.

Trotier, épse de Rivia.

Trotinne, épse de Bouchard.

Trouillet, épse de Bertrand.

Trouillet, Vér., ép. de Lacoste, J.-Bte.

Troye-Lafranchise, ép Robichaud.

Truchon, épse d'Alary.

Truchon, épse de Chalifour.

Truchon, épse de Poufle.

Truchon-Léveillé, ép Renaud.

Trud, épse de Métanier.

Trudeau, épse de Benoit.

Trudeau, épse de Casavan.

Trudeau, épse de Forget.

Trudel, épse d'Amiot.

Trudel, épse de Beausoleil.

Trudel, épse de Bonhomme, Guyon.

Trudel, épse de Campbell.

Trudel, epse de Charles.

Trudel, épse de Cote.

Trudel, epse de Desnaux.

Trudel, épse de Fournier.

Trudel, épse d'Hamel.

Trudel, épse d'Helie.

Trudel, épse d'Huot.

Trudel, Angél., ép. de Jobin, Louis.

Trudel, Thérèse, ép. de Jobin, Louis.

Trudel, épse de Levasseur.

Trudel, épse de Manseau.

Trudel, épse de Messaguier.

Trudel, épse de Moisan.

Trudel, épse de Pepin.

Trudel, épse de Plante.

Trudel, épse de Rinfret.

Trudel, épse de Sulte.

Trudel, épse de Tremblay.

Trudel, épse de Trudel, Robitaille.

Trudel, épse de Vignau.

Trudel, épse de Vilion.

Trumelle, épse de Bosché-Morency.

Trutaut, épse de Poitou.

Truteau, épse de Fournier.

Truteau, épse de Vincent, Ste-Marie.

Tullia, épse d'Hervieux.

Turbal, épse de Gely.

Turcot, épse de Benoit.

Turcot, épse de Dubois.

Turcot, épse de Guyon.

Turcot, Mie-Anne, ép. Lanoix, J.-Bte.
Turcot, épse de Tifault.
Turcotte, épse de Damours.
Turcotte, épse de Métayer.
Turgeon, épse de Coté.
Turgeon, épse de Forbes.
Turgeon, Mie-Anne, ép. Landry, Alexis.
Turgeon, Mie-Anne, ép. Larivière, Bosché.
Turgeon, épse de Lavot.
Turgeon, épse de Prévost.
Turpin, épse d'Ethier.

V

Vacherie, épse de Meunier.
Vachery, épse de Petitclerc.
Vachon, épse de Désorcy.
Vachon, épse de Maheu.
Vadeboncœur, épse de Devin.
Vafé, épse de Trotochau.
Vagenet, épse de Cottenay.
Vagné, épse de Gendron.
Vahorde, épse de Derosette.
Vaillancour, épse de Gendron.
Vaillancour, épse de Hains.
Vaillancour, épse de Poitevin.
Vaillant, épse de Dagneau.
Vaillant, épse de Plouf.
Vaine, épse de Lévesque.
Valade, épse de Bolduc.
Valade, épse de Cadieux, Boudier.
Valade, épse de Lemeilleur.
Valade, épse de L'Homme.
Valcour-Trotier, épse Lemaître.
Valentin, Angél., épse Laboissière, Claude.
Valentin, épse de Martin.
Valet, épse de Bisson.
Valet, épse de D'Orange.
Valière, épse de Bouchard.
Valière, épse de Leblanc, Séguin.
Valière, épse de Paquet.
Valières, épse de Chevalier.
Valières, épse de Cotin.
Valières, épse de Forais.
Valin, épse de Plamondon.
Valin, épse de Robillard.
Valin, épse de Robitaille, Gauvin.
Valiquet, épse de Charles.
Valiquet, Marie-J., ép. Labelle, Jean-Bte.
Valiquet, épse de L'Estang.
Vallay, épse de Bourassa.
Vallé, épse de Boucher.
Vallée, épse de Borgia.
Vallée, épse de Cauchon.
Vallée, épse de David.
Vallée, épse de Debart.
Vallée, épse de Denis.
Vallée, épse d'Edeline.
Vallée, épse de Gingras.
Vallée, épse d'Herpin.
Vallée, épse de Leblond.
Vallée, épse de LePlein.
Vallée, épse de Ménard.
Vallée, épse de Moisan.
Vallée, épse de Nadeau.
Vallée, épse de Richard.
Vallet, épse de Gautier.
Vallet, épse d'Halay.
Vallier, épse de DeHornay.
Vallier, Ang., épse de Joly, J.-Bte.
Vallière, Chtte, ép. de Larrivé, Jos.
Vallières, épse de Lecourt.
Valogne, épse de Goyer.
Valois, épse de Babeu.
Valois, épse de Bertrand.
Valois, épse de Corpel.
Valois, Mie-Chtte, épse Joly, Jean.
Valois, Mie-Chtte, épse Lafond, J.-Bte.
Valois, épse de Plante.
Valois, épse de Sylvestre.
Vanasse, épse de Quevillon.
Vanasse, épse de Tetreau.
Vandal, épse d'Hayot.
Vandandaique, épse de Charbonneau.
Vandandaique, épse de Gravel.
Vandandaique, épse de L'Eveillé.
Vandandaique, épse de Paquet.
Vandandaique, épse de Thibaut.
Vandet, épse de Doraire.
Vanier, épse de Becquet.
Vanier, épse de Guignard.
Vanneck, épse de Dumont, DeNiort.
Vanneck, Sophie, épse Scott, Edouard, Lambert, Eust.
Vannesy, épse de Moreau.
Vannier, épse de Pelletier.
Vara, épse de Baritault.
Varennes, épse de Caron.
Variaux, épse de Fleury.
Varin, épse de Boyer.
Varin, épse de Lacroix.
Varin, épse de Tessier.
Vassal, épse de LeCacheux.
Vasseur, épse de Quevillon.
Vaucher, épse de Delguel.
Vauclin, Madne, ép. de Jodouin, Claude.
Vaudry, épse de Brien.
Vaudry, épse de Caderon.
Vaudry, épse d'Eber.
Vaudry, épse de Goguet.
Vaudry, épse de Rasset.
Vaudry, épse de Robidou.
Vautour, épse de Courois.
Vauvilliers, épse de Basset.
Veau, épse de Racine.
Végiard, épse de Pineau.
Veillet, épse de Brouillet.

Veillet, épse de Trépagny.
Veillet, épse d'Hayot.
Veilleux, épse de Bouteiller.
Veillon, épse d'Aufroy.
Veillon, épse de Royer.
Venne, épse de Dubord.
Venne, épse de Fournier.
•Venne, épse de Giguère.
Venne, Mdne, épse de Lacombe, Jean.
Venne, épse de Lecompte.
Venne, épse de Vadal.
Venot, épse de Jacquet.
Verdon, épse de Dubeau.
Verdon, épse de Gaudin.
Verdon, epse de Triolet.
Veré, Jeanne, épse de L'Ardoise, Guill.
Verger, épse de Cotard.
Verger, épse de Goulet.
Verger, épse d'Hué.
Verger, épse de Hus.
Vermet, épse de Blais.
Vermet, Mie-Frse, ép. Blais.
Vermet, épse de Dubois, Carrier.
Vermet, épse de Forin.
Vermet, épse de Frutier.
Vermet, Mie-Mdne, ép. Laisné, Nicolas.
Vermet, Genev., ép. de Landry, Joseph.
Vermet, épse de Petel.
Vermet, épse de Sajot.

Vermet, épse de Sargeaux.
Vermet, épse de Tartas.
Vermette, épse de Chamberlan.
Vernin, épse de Lantier.
Vernon, épse de Banlier.
Verret, épse d'Irlande.
Verret, épse de Lemajeur.
Verret, épse de Morand.
Verret, épse de Tinon.
Verrier, épse de Rondeau.
Versaille, épse de Lépine.
Vertefeuille, épse de Piette.
Verton, épse de Corbineau.
Vertour, épse de Corbineau, Pacaud.
Verville, épse de Genest.
Vésina, épse de Beaulieu.
Vésina, épse de Bonhomme.
Vésina, épse de Carpentier.
Vésina, épse de Derome.
Vésina, épse de Dubord, Brunet.
Vésina, epse de Forest.
Vésina, épse de Gagné.
Vésina, épse de Grenier.
Vésina, épse de Huot.
Vésina, épse d'Otisse.
Vésina, épse de Prou.
Vésina, épse de Renvoizé, Coté.
Vesina, épse de Terrien.

Vésina, épse de Thibaut.
Vésina, épse de Touchet.
Vésina, épse de Tremblay.
Vésina, épse de Valin.
Vésina, épse de Vocelle.
Vésinat, épse de Garnier.
Vésinat, épse d'Ossant.
Veuillot, épse de Ganet.
Veuillot, épse de Guenet.
Vézel, épse de Smit.
Vianne, épse de Panneton.
Viard, épse de Godard.
Viard, épse de Inard, Serran.
Viart, épse de Besnard.
Viau, epse de Boutillet.
Viau, épse de Brodeur.
Viau, épse de Cadieu.
Viau, épse de Derome.
Viau, Marie-Anne, ép. Lauzon, Gilles.
Viau, épse de Morel.
Viau-Lespérance, épse Rivière.
Viau, épse de Thibaut.
Vidal, épse de Cote.
Viedon, épse de Montmesnil.
Viel, épse de Boyer.
Viel, epse de Royer.
Vieillot, épse de Dubois.
Vien, épse de Béchard.
Vien, épse d'Herbecq.

Vien, Marie, épse de Larocquebrune, P.
Vien, épse de Richard.
Vieville, épse de Gotereau.
Viez, épse de Simon.
Vigeant, épse de Boileau.
Viger, épse de Deblois.
Viger, épse de Pineau.
Vignau, épse de Greslon.
Vignaux, épse de Foubert.
Vignaux, épse de Gautier.
Vigneau, épse de Bourgeois.
Vigneau, épse de Morin.
Vigneau, épse de Schuffalizky.
Vigneux, épse de Morin.
Vigny, épse d'Amaury.
Vigoureux, épse de Caillas.
Vigoureux, épse de LeGraverant.
Vilers-St. Louis, épse Duroseau
Vilers, épse de Levasseur.
Villain, épse de Bernier.
Villedieu, épse de DeMosny.
Villeneuve, épse de Baudoin.
Villeneuve, D., ep. de Baudoin.
Villeneuve, épse de Choron.
Villeneuve, épse de Gautier.
Villeray, épse de Jutreau.
Villeray, Gen., ép. de Lauzon, Frs.
Villeray, epse de Léger.
Vincelot, épse de Godfroy.

VINCENT, épse de Barthélemy.

VINCENT, épse de Crisaque.

VINCENT, épse de Froment.

VINCENT, épse de Giroir.

VINCENT, épse de Grenier.

VINCENT, épse de Greysac.

VINCENT, épse d'Hébert.

VINCENT, Madne, épse Lantier, Frs.

VINCENT, Thérèse, épse Lantier, Pierre.

VINCENT, épse de L'Erouine.

VINCENT, épse de Senécal.

VINCENT, épse de Thibaudeau.

VINCENT, épse de Vincent.

VINDERIS, épse de Hiauzau.

VINET, épse de Boyer.

VINET, Thérèse, ép. de Labrosse, Michel.

VIOLETTE, épse de Poulain.

VITARD, épse de DeNevers.

VITRÉ (DE), épse de Desquerat.

VITRY, épse de Déry.

VIVARENNE, épse de Ridé.

VIVIÉ-LALIME, épse de Lemay.

VIVIEN, épse de Boudeau.

VIVIER, épse de Brousseau.

VIVIER, épse de Dumoulin.

VIVIER, épse de LeNormand.

VIVIER, épse de Poitras.

VOISIN, épse de Girard.

VOLANT, épse de Bonin.

VOLANT, épse de Duhamel.

VOLIGNY, épse de Rouillard.

VOYER, épse de De la Porte.

VOYER, épse de Drolet.

VOYER, épse de Dussault.

VOYER, épse de Galarneau, Vésinat.

VOYER, épse de Gauvreau.

VOZEL, épse de Loizeux.

VRIGNON, épse de Préjean.

VUILLIS, épse de Lecompte.

VYTERHEIM, épse de Reybooconn.

W

WABERT, épse de Holes.

WADEL, épse de Mills.

WALKNER, épse de Steinger.

WAMDER, épse de Coron.

WARREN, épse de Theys.

WATERS, épse de Renaud.

WEBB, épse de Price.

WELLS, épse de Brown.

WHEELRIGHT, épse de Parsons.

WIDERSCHUMIN, épse de Regenbogen.

WILBRIGHT, épse de Rishwoth.

WILLARD, épse de Foster.

WILLIAMS, épse de Brooks.

WILLIAMS, épse de Lahé.

WILLIS, épse d'Arnault.

WISTE, épse de Prévost.

WOODS, épse de Tarbel.

Y

YARDIN, épse de Chalou.

YONNE, Anne, épse de Keller, Michel.

YUON, épse de Buisson.

YVON, épse d'Hayot.

YVORY, épse de Dionne.

Z

ZACHARIE, épse de Guyon.

ZACHÉ, épse de Chartier.

ZACHÉE, épse de Xaintes.

LISTE DES FEMMES

DONT LE NOM DE

BAPTÊME SEUL EST MENTIONNÉ. (1)

Anne, épse de Moreau, Pierre.
Anne-Elisabeth, ép. de Letellier.
Catherine, épse de Bagizil.
Catherine, épse de Bélisle.
Catherine, épse de Dunkin.
Catherine, épse d'Hudon.
Catherine, épse de Javalle.
Catherine, épse de Micole.
Cécile, épse de Savignac, Lelièvre.
Charlotte, épse de L'Archevêque, Frs.
Domitilde, épse de Villeneuve, Mouet.
Elisabeth, épse de Coté.
Elisabeth, épse de Michaud.
Elisabeth, épse de Pich.
Esther, épse de McFerland.
Françoise, épse de Baron.
Françoise, épse d'Onaquacomenne.
Geneviève, épse d'Arguineau.
Geneviève, épse de Janot.
Jeanne, épse d'Arseneau.
Judith, épse de Robillard.
Louise, épse de Chatellereau.
Louise-Gert., épse de Defonttrouver.
Madeleine, épse de Niquet.
Madeleine, épse de Sanscartier.
Marguerite, epse d'Auger-Baron.
Marguerite, épse de Baron.
Marguerite, épse de Bourg.
Marguerite, épse de Brissau.
Marguerite, épse de Couc.
Marguerite, épse de Guillot.
Marie, épse de Baron.
Marie, épse de Gamache.
Marie, épse de Garrion.
Marie, épse d'Hélie.
Marie, épse de Sainton.
Marie, epse de Sanders.
Marie-Amable, épse de Martin.
Marie-Angélique, épse d'Audin.
Marie-Angél., épse de Couturier.
Marie-Angél., épse de Salois.
Marie-Anne, épse de Briant.
Marie-Anne, épse de Monaster.
Marie-Anne, épse de Moneste.
Marie-Anne, épse de Mony.
Marie-Anne, épse de Radoul.
Marie-Anne, épse de Shaw.
Marie-Blanche, épse de Brau.
Marie-Catherine, épse d'Andirand.
Marie-Catherine, ép. de Baron.
Marie-Catherine, ép. de Blau.
Marie-Catherine, ep. de Dube.
Marie-Catherine, épse d'Aymont.
Marie-Charlotte, ép. de Ouellet.
Marie-Claire, épse de Deshaies.
Marie-Claire, épse de Lalande, Ant.
Marie-Clotilde, épse de Lecompte.
Marie-Frse, épse de Perchand.
Marie-Jos.-Her., ép. de Blanche.
Marie-Joseph, épse de Delisle.
Marie-Joseph, épse de Destin, Plante.
Marie-Joseph, épse de Miller.
Marie-Louise, épse de Pain.
Marie-Louise, épse de Queri.
Marie-Rose, épse de Brochu.
Marie-Suzanne, ép. de Lemarié.
Marie-Thérèse, épse de Comète.
Marie-Thérèse, épse de Perron.
Reinhart, épse de Chaperon.
Rousseau, épse de Chaperon.
Thérèse, epse de Dauphin.
Thérèse, épse de Gour.

(1) Le lecteur voudra bien se rappeler que le nom des femmes d'origine indienne se trouve dans les Ier et VIIme volume, au mot SAUVAGE.

NOMS DES BLANCS

MARIÉS AUX

FEMMES INDIGÈNES.

AMIOT-VILLENEUVE, Daniel-Joseph, époux de Kape8apnok8e, Marie, (Outaouaise).

ARTAUT, Sieur de la Tour, Pierre, époux de Sauvagesse, Louise.

ATTINA, Gabriel, époux de Sauvagesse, Marie.

AUBUCHON, Joseph, époux de Pani8ensa, Marie.

BAILLARGEON, Antoine, époux d'Aco, Marie, et de Ch8ping8a, Domitilde.

BIGOT, Guillaume, époux de Panis, Marie.

BLANCHETIÈRE, Sulpice, époux de Panis, Cath.

BOUCHER, Pierre, époux de Chrétienne, Madne.

BOURGERY, Jean-Louis, époux d'Alimacoua, Anne, (Kascakaon).

BRAULT, Etienne, époux de Sauvagesse, Margte.

BRILLANT, Jean-Baptiste, époux d'Itagisse-Chrétienne, Françoise, (Sauteuse).

BRUNET, Louis, époux de Panis, Louise.

CADIEU, Charles, époux de Péorias, Marie-Cath.

CADOT, Jean-Bte, époux de Nipissing, Anastasie.

CARDINAL, Jean, époux de Sauvagesse, Marie.

CELIER, François, époux de Sauvagesse, Margte.

CHARLES, Jean-Bte, époux d'Illinoise, Madeleine.

CHAUVET, Pierre, époux de Panise, Marie-Madne.

CHESNE, Antoine, époux de Sauteuse, Marie.

CHESNE, Léopold, époux d'Outaouaise, Marie.

CHEVALIER, Amable, epoux de Kinii8ena, Cath.

CHEVALIER, Barth., époux de Sauvagesse, Marie.

CHEVALIER, Luc, époux de Sauvagesse, Marie.

CHEVERY, Dom., époux de Sauvagesse, Marie.

COTÉ ou BOTTÉ dit SORAK8A, Abraham, époux d'A8endea, Marie, (Onontaise).

COTTENOIRE, Jean-Baptiste, époux de 8agak8at, Marie-Joseph.

COUC, Jean-Baptiste, époux de Sauvagesse, Anne.

COUC, Louis, époux de Sacokie, Madeleine, et de Quigesig8k8e, Jeanne.

COUC, Pierre, époux de Mite8ameg8k8e, Marie.

COUTURIER, Jacques, époux d'Annennontak, Catherine, (Huronne) veuve de Jean Durand.

COUVRET, Joseph, époux de Sauteuse, Charlotte.

CUILLERIER, René-Hilaire, époux de Padoka, Elis.

DAUNET, Antoine, époux de Sauvagesse, Marie.

DEMITTE, François, époux d'Antaya, Marie-Lse.

DENIS, Nicolas, époux de Sauvagesse, Marie.

DENIS, Richard, époux de Parabego, Anne.

DORION, Joseph, époux de Padoka, Marie-Anne, veuve de Louis Picard.

DOUAIRE, Charles, époux de Tamanikoue, Marie.

DROUET, Joseph, époux de Miamis, Marie.

DUDEAU, Laurent, époux d'Arontio, Marie-Felix, (Huronne).

DUMOUCHEL, Louis, époux de Sauvagesse, Frse.

DUQUET, Pierre, époux de Sauvagesse, Marie.

DURAND, Jean, époux d'Annennontak, Catherine, (Huronne).

FAFARD, Jean-Bte, époux de Quéroti, Marguerite, (Huronne).

FONTENAY, François, époux de Sauteuse, Marie.

GAGNON, Jean-Bte, époux de Kaorate, Cécile.

GAGNON, Jos., époux de Quatrepatte, Angélique.

GAUTIER, Jean, époux de Capei8suec8e, Suzanne.

GILL, Jos.-Ls, époux d'Abenaquise, Mie-Jeanne.

GODFROY-DENORMANVILLE, époux de Taoues, Thérèse.

GOGUET, François, époux de Panis, Marie-Madne.

GORY, Jean, époux de Panie, Isabeau, fille de Jacques et de Marie Pousset, de St-Maclou, Rouen.

GOUIN, Jos.-Nic., ép. de 8ilincotia, Mie, (Miamis).

GOULET, Charles, époux d'Illinoise Marie-Frse.

GUILLEMOT, Jean, ép. d'Ouabenaquiquoy, Cath.

HAMELIN, Charles, époux de Sauteuse, Marie-Atha, et de Sauteuse, Marie-Anas.

HÉRY, Louis, époux de Missalim8k8e, Marie-Anas.

HOGUE, Pierre, époux de Nachita, Catherine, (Puteotamite.)

JACQUES, Pierre, époux d'Abénaquise, Mie-Anne.

JANOT, époux de Minaoure, Mie-Anne, (Micmac).

KELLER, Daniel, époux de Ska8ennati, Madeleine.

LAFORCE, Ignace, époux de Ga8ennontié, Marie.

LAMOUREUX, Pierre, époux de Pigar8ich, Malia.

LANGLOIS, Jos.-Marie, ép. de Sauvagesse, Lisette.

LATOUR DE (Juge de Champlain), époux de Sauvagesse, Louise.

LEGARDEUR, Charles, époux de Panise, Suzanne.

LETELLIER, Antoine, époux de 8et8kis, Charlotte.

LETELLIER, J.-Bte, époux de Nipissing, Marie-Jos.

LETELLIER, René-Frs, époux de Macatemic8c8e.

L'EVEILLÉ, Barnabé, epoux de Sauvagesse, Marg.

LIMOUSIN, LS, ép. de Teganiha, Mie, (Iroquoise).

LORRAIN, ..., époux de Panise, Catherine.

MACOUS dit FAFARD, Joseph, époux de Ang8irot, Marie-Jeanne, (Huronne).

MARTIN, Etienne, époux de Micmac, Charlotte.

MARTIN, Jean, époux de Kithi8anne, Rose.

MAUPETIT, Gaspard, époux de Panise, Mie-Anne.

MCPHERSON, ..., époux de Sauvagesse, Marie.

MERVILLON, René, époux de Panise, Marguerite.

MORAND, Jean-Louis, époux de Panise, Mie-Anne.

PARISIEN, Jean, époux de Sauvagesse, Françoise.

PELLETIER, Frs, époux de Sauvagesse, Dorothée.

PELLETIER, Nicolas, époux de Tégoussi, Madeleine, (veuve d'Auguste Sauvage) et de Sauvagesse, Marie, fille du grand chef Jean-Bte Nanabesa.

PICHARD, Louis, époux de Padoka, Marie-Anne.

RANGER, Claude, epoux de Sagola, Felicité.

REHEL, Julien, époux de Sauvagesse, Madeleine.

RHODES, Gérard, époux de Sauvagesse, Marie.

RIVAL, Ignace, époux de Sauvagesse, Marie.

ROBILLARD, Adrien, époux de Sacatchi8c8a, Domitilde, (Illinoise).

ROY, Pierre, époux de Quabanquiquois, Madne.

SABOURIN, J.-Bte, époux de 8atagamie, Mie-Jos.

ST. CERNY, Pierre, épse de Panise, Isabelle.

VALO, René, époux de Minaoure, Marie-Anne, veuve de Janot, (Micmac).

VALO, Thigan, époux de Sauvagesse, Marie.

VISSE, Julien, époux d'Iroquoise, Mie-Angelique.

www.ingramcontent.com/pod-product-compliance
Lightning Source LLC
Chambersburg PA
CBHW071131270326
41929CB00012B/1716

* 9 7 8 2 0 1 2 6 4 9 8 7 3 *